JN280725

華僑・華人事典

可児弘明
斯波義信 編
游仲勲

弘文堂

刊行にあたって

　第2次世界大戦後、アジア四小龍の世界の予測をこえる経済成長のなかで、世界は改めて華僑・華人の経済、文化、政治にわたる潜在力を見直した。さらにこの四半世紀、中国の経済改革、対外開放政策により、市場経済、自由民主制、科学技術などの近代価値を吸収した華僑・華人が中国の経済開放区の経済と連携し、中国の内外にわたり市場経済を拡大させ、その勢いが世界の注目と関心をいっそう高めている。私たちが日常的に中国系の人たちと隣り合って暮らすようになったり、また国内産業が生産拠点を中国へシフトさせたりする流れは、どちらもその影響によるものである。このトレンドに伴って、華僑・華人の研究も急速な進展を示し、研究成果が年ごとに蓄積されてきており、中国や東南アジアではその知識を集成した中国語、英語の華僑事典の一足早い刊行を可能にしている。その人口3500万人ともいわれる華僑・華人は、どこに根を定めても、現地国家、中国、他地域の華僑・華人社会とのつながりを模索するので、そのアイデンティティや行動パターンは一元一様でありえない。華僑・華人の研究に、経済学や政治学、社会学、歴史学、文化人類学、あるいは東南アジア研究とかアメリカ研究、中国研究などといった個々別々の研究分野、研究領域がそれぞれ組み上げる華僑・華人のもつ個別像が不可欠であるのはこのためである。しかし、それによって研究が完結するわけではなく、諸学の学際的研究によって華僑・華人の多様性のなかの普遍まで明らかにして初めて完成に近づくのである。この達成目標からすれば、華僑・華人に関する私たちの現在知識はひかえめに評価しなければならない。それにもかかわらず、先学の驥尾に付して、あえて研究の現在成果を利用しやすくまとめた事典として刊行するのは、用語・訳語の整理をはじめとして研究の方向や問題意識の自己点検を基点に、上述した目標達成を容易にするのを助けることが期待されるからである。

　しかしわが国で創始となる華僑事典の刊行を構想したのは、学術的な

目的を唯一とするものではない。目的のもう一つは、華僑・華人と関わる実務家、企業、団体はいうまでもなく、中国、東南アジア、環太平洋の研究者、学生、報道や研究機関、あるいは世界規模で活動する個人、団体、政府機関などに役立つ「引くため」の工具を提供するところにある。また気軽に頁をめくり、日本が日常的に直面するようになった労働市場国際化の根源や、独自なアジア的特性をもつ近代社会と文化を築きつつある華人ないしは華裔の態様、近未来的な彼らのビジネス構想、よく耳にする経済的存在感の重みなど、国際化、情報化、そして相互依存の底流のなかで生きる時代に「読むため」に利用いただくことも歓迎する。身近な日本華僑・華人について、我が国の研究蓄積を生かし、日本関係項目を重視して本事典の特色の一つとしたのも、こうした利用法に十分応えられるようにとの願いからである。

　とりわけ強調したいのは、21世紀における華僑・華人の存在意義である。華僑・華人はどの移住先においてもマイノリティである。シンガポールは華人がマジョリティである唯一の国家とされるが、東南アジア域内からみればマラヨ・イスラムの大海に浮かぶマイノリティとみる方が正しい。移民でありマイノリティである華僑・華人が、異文化を背負ったマジョリティの先住民、他文化圏からの移民にたいしどう自らを定位してきたかその文脈を探り、あるいは中国的な理念、システムに異文化の価値を加味してどう自らを再定位していくかは、地球規模で高度移動化、高度情報化が加速していくであろう21世紀に、人類が民族間の衝突や地域紛争のない「移動と交流」の新パラダイムを創出する上で、有効な討論素材を提供するにちがいない。多元多様の利用を期待してやまない。

　2002年5月

『華僑・華人事典』編集委員

可児弘明　斯波義信　游仲勲

編集委員会

50音順

編集委員

可児弘明
斯波義信
游仲勲

編集協力

伊藤泉美	菅谷成子	西澤治彦	三平則夫	廖赤陽
岩崎育夫	高橋晋一	原不二夫	安井三吉	
川勝守	戸張東夫	樋泉克夫	山下清海	
許淑真	中西徹	松岡環	吉原和男	

執筆者

50音順（中国音よみも含む）

明石陽至	伊藤泉美	小川正志	川崎有三	黄鏡明
赤松明彦	伊東利勝	小川陽一	川島英子	幸節みゆき
赤嶺守	井上裕正	小木裕文	河部利夫	国分健史
秋道智彌	今冨正巳	小熊誠	川本邦衛	小林英夫
阿部健一	岩切成郎	小倉貞男	樹中毅	小林文男
綾部恒雄	岩佐和幸	尾上兼英	宜野座伸治	佐伯弘次
荒井茂夫	岩崎育夫	過放	木下恵二	嵯峨隆
飯島渉	岩﨑義則	風間純子	許紫芬	坂井臣之助
家近亮子	江上志朗	片山裕	許淑真	酒井忠夫
生田滋	王効平	加藤榮一	金文京	坂出祥伸
石井米雄	王柏林	可児弘明	櫛田久代	佐々木宏幹
石田浩	大石圭一	金子芳樹	窪田新一	貞好康志
市川健二郎	大野美紀子	鎌田茂雄	倉沢愛子	佐藤百合
市川信愛	岡田臣弘	柄木田康之	黒木國泰	塩出浩和
一谷和郎	小川博	川勝守	黒田景子	志賀市子

司馬純詩	棚橋訓	中西啓	深尾康夫	山岸猛
斯波義信	田辺眞人	中西徹	藤村是清	山崎勝彦
島尾伸三	田村慶子	中原道子	古田和子	山下清海
嶋尾稔	田村志津枝	中間和洋	帆刈浩之	山田修
朱炎	段瑞聡	中村哲夫	星野龍夫	山田辰雄
周偉嘉	段躍中	中村楼蘭	星山京子	山田賢
末成道男	蔡史君	西澤治彦	馬暁華	山本信人
菅谷成子	張祥義	西村成雄	増田あゆみ	游仲勲
杉原薫	陳天璽	二宮一郎	松浦章	横山宏章
洲脇一郎	陳東華	根本敬	松岡環	吉田建一郎
瀬川昌久	陳正雄	野口鐵郎	松田康博	吉原和男
関根久雄	陳來幸	能登路雅子	松本武彦	容應萸
関根政美	津田守	長谷部楽爾	松本ますみ	藍璞
関本照夫	曾纓	濱下武志	水野広祐	李国梁
芹澤知広	卓南生	濱本良一	三橋秀彦	李柏如
曽士才	唐亮	林晃史	三平則夫	劉暁民
大道寺慶子	涂照彦	林陸朗	壬生昌子	劉進慶
高木桂蔵	土佐弘之	原不二夫	宮原暁	劉文甫
高田洋子	戸張東夫	原口泉	村上由見子	凌星光
高橋茂男	飛山百合子	原田博二	望月敏弘	廖赤陽
高橋晋一	中川學	原田正己	森川眞規雄	若林敬子
高橋保	中嶋幹起	樋泉克夫	森田靖郎	和田博徳
田仲一成	中園和仁	日暮高則	安井三吉	渡辺利夫
田中恭子	永積洋子	符順和	柳田利夫	渡邊欣雄

装幀　森枝雄司

凡例と使用の手引き

【見出し】
表記と配列
◆原則として、常用漢字、人名漢字を使用した。
◆人名は漢字名と現地名がある場合は一般に知られている方を見出しとした。

◆項目は下記の原則に従い配列した。
・濁点、半濁点、記号類(中黒や長音)を無視して読みの五十音順に配列した。
・その結果、同音となる項目は、下記の方法で配列を決定した。
  −直音→促音(ッ)、直音→拗音(ャ、ュ、ョ)
  −清音→濁音→半濁音
  −中黒(・)はある方を優先する。
  −長音(ー)はない方を優先する。
・上記により配列が決定しない場合、下記の方法で配列を決定した。
  −見出し語表記のかな→カナ→漢字の順
  −漢字は諸橋轍次『大漢和辞典』の文字番号順
  −人名は出生年順

◆漢字表記は原則として日本語読みにより配列した。
ただし外国語音が定着していると認められる単語は、その読みに従い配列した。
例:広東、香港、客家

◆人名は姓名の順で表示・配列した。姓名の区切りには「・」を用いた。漢字表記の場合は読みにのみ記入した。
ただし、各国の人名の形式により、下記の処理をほどこした。
・欧米式の人名 姓、名の順で表示し、区切りに「,」を用いた。
・ベトナム式の人名 中国語音由来の場合も、「・」を二か所付した。
・インドネシア式の人名 姓がないため、便宜上、同国内で配列に使用される名、その他の名の順に表示し、区切りに「,」を用いた。
・タイ式の人名 習慣的に姓を本人を同定するのに用いないため、名を配列の第一規準として用いた。欧文表記では、ファミリーネームを大文字で表記した。
・日本の人名 本人の使用した読みが明らかな場合は、その読みで配列している。

付加情報
◆見出し2列目は、組織などの場合は正式名称、漢字の名称など、人名の場合は本名、別名、漢字名などである。
◆組織名、団体名などに付けられている冠詞(the など)は原則として省略した。
◆人名のアルファベット表記は、各固有の姓名のならび順に従い表示。姓を大文字表記した。
◆インドネシア式人名では、配列に使用した名を大文字で表記。通称、筆名など、姓名の別を認められない場合は大文字表記はしていない。
◆中国語音のアルファベット表記は、姓と名のあいだだけにスペースを入れ、第2音と第3音はつなげる表記を原則とした、ただし、本人がこれと異なる表記を用いていることが確認できる場合は、本人の使用表記に従った。

見よ項目
◆他項目で解説される用語は、⇨で参照先を示した。

【本文】
◆原則として、現代かなづかい、常用漢字、人名漢字を用いた。

◆解説文中に立項語がある場合は語頭に適宜▼を付けて示した。ただし表題との関係の稀薄な場合は省略している。
◆姓名を表記する際は各固有の姓名の順で示した。
◆種族を民族と表記するなど、表記は原則として統一したが、一部の用語については執筆者の用法を尊重して必ずしも統一されていない。

【⇨】
◆とくに関連のある項目で本文中に当該語が登場しない場合、⇨により参照の指示を付した。

【参】
◆参考となる文献を参のあとに挙げた
◆表記内容は以下の通り。
・書籍
　編著者名．書名（和文・漢文は『　』、その他の言語ではイタリック体で示す）．発行地：発行所，発行年．
・雑誌掲載論文
　著者名．論文名（和文・漢文は「　」、その他の言語では" ．"で示す）雑誌名（和文・漢文雑誌は『　』、その他の言語の雑誌はイタリック体で示す）．巻-号，発行年．（掲載頁は省略）
・単行本収載論文
　著者名．論文名（和文・漢文は「　」、その他の言語では" ．"で示す）書名（以下、書籍の場合と同じ）．（掲載頁は省略）
◆文献の出版地は自明の場合と日本の出版社については省略した。
◆刊行年は原則として初版の西暦で示した。西暦以外の暦法で刊年が表記されている文献は下記の方法で西暦に換算した。
・仏暦　　→　　仏暦－543年＝西暦　　で換算
・民国暦　→　　民国暦＋11年＝西暦　　で換算
◆多項目で参照指示のある文献や頻出用語は略号化した。次頁以下に略号とその指示する内容を示した。

【執筆者名】
◆解説文末尾の（　）内に示した。

略号一覧

項目末尾の参欄、および図版出典中で以下の略号を適宜使用した。それぞれの指示する内容は以下のとおりである。

◆**文献**　文献の略号には〈書名〉〈編著者名，刊行年〉〈雑誌の頭文字（欧文のみ）〉の3種がある。それぞれを和・漢文献、欧文献に分けて略号の50音順または、アルファベット順に配列した。編著者表記が同じである場合は刊行年順に並べた。

『厦門華僑志』	厦門華僑志編纂委員会『厦門華僑志』鷺江出版社，1991.
『大阪市史』4	大阪市役所編・刊『大阪市史』4，1953.
『海外華人百科全書』	潘翎主編『海外華人百科全書』香港：三聯書店（香港）有限公司，1998.
『海外著名華人列伝』	超金『海外著名華人列伝』北京：工人出版社，1988
『華僑華人僑務大辞典』	荘炎林・伍傑主編『華僑華人僑務大辞典』済南：山東友誼出版社，1997.
『華僑華人百科全書』教育科技巻	華僑華人百科全書編輯委員会編『華僑華人百科全書』教育科技巻，北京：中国華僑出版社，1999.
『華僑華人百科全書』社団政党巻	華僑華人百科全書編輯委員会編『華僑華人百科全書』社団政党巻，北京：中国華僑出版社，1999.
『華僑華人百科全書』人物巻	華僑華人百科全書編輯委員会編『華僑華人百科全書』人物巻，北京：中国華僑出版社，2001.
『華僑華人百科全書』新聞出版巻	華僑華人百科全書編輯委員会編『華僑華人百科全書』新聞出版巻，北京：中国華僑出版社，1999.
『華僑華人百科全書』法律条例政策巻	華僑華人百科全書編輯委員会編『華僑華人百科全書』法律条例政策巻，北京：中国華僑出版社，2000.
『華僑経済年鑑』	華僑経済年鑑編輯委員会（僑務委員会→華僑経済年鑑編集委員会に変更）『華僑経済年鑑』台北：僑務委員会.
『華僑大辞典』	華僑協会総会編『華僑大辞典』台北：正中書局，2000.
『革命逸史』	馮自由『革命逸史』1-5，人人文庫，台北：台湾商務印書館，1969.
『広東省志・華僑志』	広東省地方志編纂委員会編『広東省志・華僑志』広州：広東人民出版社，1996.
『近代華僑投資国内企業史資料選輯（広東巻）』	林金枝・荘為璣『近代華僑投資国内企業史資料選輯（広東巻）』福州：福建人民出版社，1989.
『近代華僑投資国内企業史資料選輯（福建巻）』	林金枝・荘為璣『近代華僑投資国内企業史資料選輯（福建巻）』福州：福建人民出版社、1985.
『上海近代百貨商業史』	『上海近代百貨商業史』上海社会科学院出版社，1988.
『新加坡華族会館志』	呉華編『新加坡華族会館史』シンガポール：新加坡南洋学会，1975-77.
『新加坡華文碑銘集録』	陳荊和・陳育崧編『新加坡華文碑銘集録』香港中文大学出版部，1970年序.
『世界華僑華人概況』欧洲・美洲巻	劉漢標・張奠漢編『世界華僑華人概況－欧洲・美洲巻』広州：曁南大学出版社，1994.
『世界華僑華人詞典』	周南京主編『世界華僑華人詞典』北京大学出版社，1993.
『大南寔録』	慶應義塾大学言語文化研究所編・刊『大南寔録』全20冊，1961-.
『長崎市史』	長崎市編・刊『長崎市史』全8巻，1923-38.
『南洋華僑ト其本国送金・投資問題』	台湾銀行東京頭取席調査課編刊『南洋華僑ト其本国送金・投資問題』1941.

『菲華商聯総会銀禧記念特刊』	菲華商聯総会銀禧記念特刊編集委員会編『菲華商聯総会銀禧記念特刊』台北，南湖実業有限公司，1980．
『福建華僑檔案史料』上・下	福建省檔案局編『福建華僑檔案史料』上・下，檔案出版社，1990．
『福建省志・華僑志』	福建省地方志編纂委員会編『福建省志・華僑志』福州：福建人民出版社，1992．
『香港事典』	庄義遜主編『香港事典』上海科学普及出版社，1994．
『横浜華僑誌』	王良主編『横浜華僑誌』横浜：中華会館，1995．
『横浜市史』	横浜市編・刊『横浜市史』1-5；『横浜市史』資料編1-21；補巻；索引，1958-．
『横浜市史Ⅱ』	横浜市・横浜市総務局市史編集室編・刊『横浜市史Ⅱ』1-2, 1993-2000．
『横浜中華街』	横浜開港資料館・横浜開港資料普及協会編・刊『横浜中華街－開港から震災まで』横浜開港資料館，1994．
『落地生根』	中華会館編『落地生根：神戸華僑と神阪中華会館の百年』研文出版，2000．
The Encyclopedia of the Chinese Overseas	Lynn Pan (general ed.). *The Encyclopedia of the Chinese Overseas*. Singapore: Landmark Books Pte Ltd., 1998.
飯島渉編，1999．	飯島渉編『華僑・華人研究の現在』汲古書院，1999．
井上隆一郎編，1987．	井上隆一郎編『アジアの財閥と企業』日本経済新聞社，1987．
岩崎育夫，1990．	岩崎育夫『シンガポールの華人系企業集団』アジア経済研究所，1990．
岩崎育夫，1997．	岩崎育夫『華人資本の政治経済学』東洋経済新報社，1997．
内田直作，1949．	内田直作『日本華僑社会の研究』同文館，1949．
可児弘明，1979．	可児弘明『近代中国の苦力と「豬花」』岩波書店，1979．
可児弘明編，1996．	可児弘明編『僑郷　華南』行路社，1996．
可児弘明・游仲勲編，1995．	可児弘明・游仲勲編『華僑 華人―ボーダーレスの世紀へ』東方書店，1995．
許淑真，1984．	許淑真「川口華商について」『近代日本とアジア－文化交流と摩擦』東京大学出版会，1984．
許淑真，1990．	許淑真「日本における労働移民禁止法の成立―勅令352号をめぐって」松田孝一ほか編『東アジアの法と社会』汲古書院，1990．
呉騰達，1984．	呉騰達『台湾民間舞獅之研究』台北：大立出版社，1984．
酒井忠夫編，1983．	酒井忠夫編『東南アジアの華人文化と文化摩擦』巌南堂，1983．
斯波義信，1983．	斯波義信「在日華僑と文化摩擦―函館の事例を中心に」山田信夫編『日本華僑と文化摩擦』巌南堂書店，1983．
朱炎，2000．	朱炎『アジア華人企業グループの実力』ダイヤモンド社，2000．
須山卓，1972．	須山卓『華僑経済史』近藤出版社，1972．
戴国煇編，1974．	戴国煇編『東南アジア華人社会の研究』下，アジア経済研究所，1974．
田仲一成，1981．	田仲一成『中国祭祀演劇研究』東京大学出版会，1981．
田仲一成，1989．	田仲一成『中国郷村祭祀研究』東京大学出版会，1989．
沈福水，1991．	沈福水「菲律濱工人運動史上光輝的一頁―華僑労聯会的戦闘歴程」広州菲律濱帰国華僑聯宜会編『雁来紅』第5期，1991．
鄧英達，1988．	鄧英達『我在商総三十年』1988．
成田節男，1941．	成田節男『華僑史』蛍雪書院，1941．
原不二夫編，1993．	原不二夫編『東南アジア華僑と中国』アジア経済研究所，1993．
楓楠，1990．	楓楠「哀悼長城先生」『華人月刊』第106期，1990．
松本三郎・川本邦衛編著，1991．	松本三郎・川本邦衛編著『東南アジアにおける中国のイメージと影響力』大修館書店，1991．

毛起雄・林曉東編，1993.	毛起雄・林曉東編『中国僑務政策概述』北京：中国華僑出版社，1993.
山岡由佳，1995.	山岡由佳『長崎華商経営の史的研究』ミネルヴァ書房，1995.
山下清海，1987.	山下清海『東南アジアのチャイナタウン』古今書院，1987.
山下清海，2000.	山下清海『チャイナタウン―世界に広がる華人ネットワーク』丸善，2000.
山田信夫編，1983.	山田信夫編『日本華僑と文化摩擦』巌南堂書店，1983.
游仲勲，1969.	游仲勲『華僑経済の研究』アジア経済研究所，1969.
游仲勲，1990.	游仲勲『華僑』講談社現代新書，1990.
游仲勲，1995.	游仲勲『華僑はアジアをどう変えるか－中国系経済圏の挑戦』ＰＨＰ研究所，1995.
游仲勲編，1991.	游仲勲編『世界のチャイニーズ』サイマル出版会，1991.
游仲勲編，1998.	游仲勲編『中国系の経営の研究（序説）』亜細亜大学アジア研究所，1998.
游仲勲編，2001.	游仲勲編『21世紀の華人・華僑』ジャパンタイムズ，2001.
楊昭全・孫玉梅，1991.	楊昭全・孫玉梅『朝鮮華僑史』北京：中国華僑出版公司，1991.
李学民・黄昆章，1987.	李学民・黄昆章『印尼華僑史』広東高等教育出版社，1987.
梁上苑，1988.	梁上苑「轟動一時的『華僑商報』案－記菲華報人長城兄弟遭迫害的始末」『華人月刊』第78期，1988.
林金枝，1988.	林金枝『近代華僑投資国内企業概況』厦門大学出版社，1988.
Kenneth Gaw, 1988.	Kenneth Gaw. *Superior Servants*. Singapore: OUP, 1988.
Tempo (eds.), 1986.	Tempo (eds.). *Apa & Siapa sejumlah orang Indonesia 1985-86*. Jakaruta: Grafitypers, 1986.
JMBRAS	*Journal of the Malaysian Branch of the Royal Asiatic Society*

◆その他［組織，地名，用語，単位］各略号のアルファベット順

ANU	Australian National University
CUP	Cambridge University Press
HMSO	Her Majesty's Stationary Office
MPH	Malaysia Publishing House Ltd.
OUP	Oxford University Press
SIU	Southern Illinois University at Carbondale
SOAS	School of Oriental and African Studies
HK	Hong Kong
NY	New York
Bhd.	Berhad
Co.	Company
Ltd.	Limited
n.p.	no publisher given
UP	University Press
HKドル	香港ドル
Mドル	マレーシア・ドル

ア

ICCインターナショナル アイシーシー・インターナショナル
愛詩詩英徳（大衆）有限公司
I.C.C. International Public Co., Ltd.

タイの▼サハ・パッタナーパイブーン・グループ傘下の上場企業。ICCは International Cosmetics Co. の略。グループ主力製品の化粧品、衣料、日用雑貨などを扱う商社。経営トップはグループの総帥である▼ブンシット・チョークワッタナー。グループに加え、チョークワッタナー一族が個人的に投資している。「国際華商500」（『亜洲週刊』香港）では1996年まで400位台の前半に位置していたが、97年の経済危機以降は消えた。96年時点の資産総額は3億6300万ドルだった。　（樋泉克夫）

アイデンティティ
identity

同一性、自己同一性、人の独自性の意味で、人が特定の文化、エスニック・グループなどに属しているという認識。1970年代頃からエスニック研究の分野で注目されるようになった概念である。第2次大戦後、国際情勢の変化や中国および華僑・華人の居住国の社会変動は、華僑・華人社会に大きな変化をもたらし、これらの変化を説明するために華僑・華人研究においてもアイデンティティの概念が導入され、社会的、政治的、文化的、経済的などさまざまな側面から華僑・華人の同一性または独自性を表す。代表的研究は、1985年にオーストラリア国立大学で開催されたシンポジウム "Changing Identities of The Southeast Asian Chinese Since World War II" で華僑・華人研究学者▼王賡武が発表した複合アイデンティティ（multiple identities）理論である。王の研究によると、戦後の華僑・華人社会の変化により、

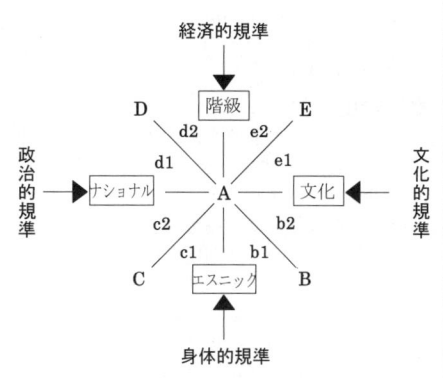

(出典) Jennifer Cushman & Wang Gung-wu (eds.). *Changing Identities of The Southeast Asian Chinese Since World War II.* Hong Kong UP, 1988. 表中の用語は執筆者訳。

東南アジアの華僑・華人のアイデンティティは、歴史的アイデンティティ、中華ナショナリスト・アイデンティティ、共同社会アイデンティティ、現地ナショナリスト・アイデンティティ、文化的アイデンティティ、エスニック・アイデンティティ、階級的アイデンティティの7種類から成り立っている。このような複合アイデンティティを説明するために、王は四つの規準（norm）を用いたモデルをつくった。つまり、身体的規準、政治的規準、経済的規準、文化的規準の四つの規準が、階級、文化、エスニック、ナショナルなどの標準アイデンティティへの働きによって、「エスニックと文化」アイデンティティ、「ナショナルとエスニック」アイデンティティ、「階級とナショナル」アイデンティティ、「文化と階級」アイデンティティなどの複合アイデンティティを形成する。

1990年代からアメリカや日本などの研究者も華僑・華人のアイデンティティ問題に注目し、あらゆる側面からさまざまな研究成果があげられている。たとえば、▼トゥ・ウィミン編 *The Living Tree* (Stanford UP, 1994)、永野武『在日中国人』（明石書店、1994年）、過放『在日華僑のアイデンティティの変容』（東信堂、1999年）など。　（曾嶸）

📖 Jennifer Cushman & Wang Gungwu

(eds.). *Changing Identities of The Southeast Asian Chinese Since World War II*. Hong Kong UP, 1988.

愛同学校 あいどうがっこう

シンガポールの華語学校。1912年に宣教師汪嘉謨によって設立され、翌13年に開学した。17年「マラヤの'錫王」林推遷から10万海峡ドルの寄付を得て校舎を建設したが、20年以降財政難に陥り、閉校の危機に立たされた。23年'タン・カーキーから1万海峡ドルの寄付を受けて、危機を脱した。27年以降、'シンガポール福建会館の援助を受け、29年からは学校財政を安定させるために、福建会館の下に帰属することとなった。第2次大戦後は児童数が急増し、61年には2300人に達した。62からは公立校となっている。（田中恭子）

赤井電機 あかいでんき
Akai Electric Co., Ltd.

電気音響機械器具製造が主業務の日本の東証第1部上場企業。1929年設立。本社東京都小平市。95年より世界的な'セミテック・グループに属する'香港のセミテック・グローバル（善美環球）が筆頭株主、同社を通じてTV製造大手の港華集団（Kong Wah Holding）を買収。99年善美環球は雅佳控股（Akai Holdings）に改称。2000年夏、雅佳控股と港華集団は高額欠損により香港で清算命令を受け、赤井は債権者の'スタンレー・ホー（何鴻燊）財閥所有の嘉域集団（Grande Holdings）の子会社が獲得。日本でも倒産。

（山崎勝彦）

アカプルコ貿易 アカプルコぼうえき

スペイン領マニラとメキシコのアカプルコ間の太平洋を往復した'ガレオン船により行われた重商主義的な制限貿易。フィリピン史上、マニラ・ガレオン貿易として知られる。'福建からの'ジャンク船がもたらした生糸、絹織物、陶磁器などを、マニラのスペイン人市民が特権としてアカプルコに輸出し、その代価としてメキシコ銀を輸入することを主たる内容とした。1571年にスペイン領となったマニラは、16世紀末葉までに福建と新大陸市場を結ぶ交易結節として急速に勃興し、これにより大量のメキシコ銀が中国に流入した。その背景には、中国における銀、新大陸にお

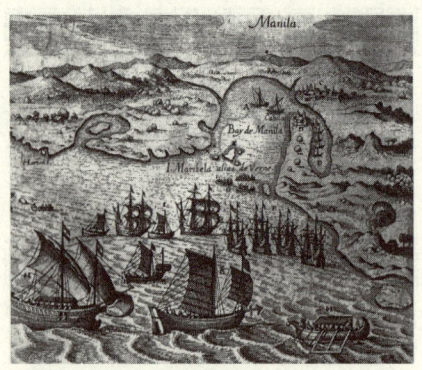

17世紀（前半）の図版に描かれた、ガレオン船（オランダ船団）やジャンクなど、マニラ湾周辺で見られた船。出典：Carlos Quirino. *Maps and Views of Old Maynila*. Manila: Maharnilad, 1971.

ける生糸・絹織物に対する高い需要、およびスペイン世界と中国世界における金銀比価の差があった。アカプルコ貿易の隆盛は、スペイン人にも中国貿易商人にも莫大な利益をもたらし、マニラの総督府財政を潤したが、スペイン本国の絹織物産業は衰退し、セビリャの特権商人の利益を損なった。そのため、1593年にマニラにおける積み荷価額は25万ペソ、帰り荷としての銀の積載価額は50万ペソに制限されるなどしたが（18世紀に増額）、必ずしも遵守されなかった。この間、銀を求める小売商人、職人など多数の中国人移民もマニラに殺到した。17世紀初頭にはこれらの移民は一時滞在者も含め2万人に達し、彼らに対する「叛乱・虐殺事件」も起こった。他方、スペインのフィリピン経営は財政・経済的に、アカプルコ貿易と中国人の経済活動に依存するものとなった。その後、清朝の遷海（界）令の下で中国人の貿易活動が阻害されたのを機に、イギリスは不正手段によりマニラ貿易への参入を本格化し、インド綿布が新大陸への重要な輸出品の一つとなった。イギリスの海上活動の活発化はガレオン船の航行を危険にしたので、総督府は1760年代以降、貿易の多角化と自由化を進め、マニラは18世紀末葉には実質的に諸外国の船に開かれた（全面開港は1834年）。1815年に最後のガレオン船がアカプルコより入港した。　（菅谷成子）

🔃 マニラの華僑虐殺事件

📖 William Lytle Schurz. *The Manila Galleon*. NY: Dutton, 1939; rpt. ed., NY: Everyman Paperback, 1959; Manila: Historical Conservation Society, 1985.

アカルチュレーション
acculturation

　文化変容ともいう。一部の人間集団、または社会全体の観念および行動様式が変化すること。通常は、他の文化との接触による変化を指して用いる。複数文化の間の対等な接触によっても生じうるが、多くの場合は植民地における植民者の支配的文化と先住民文化、移民社会におけるホスト社会の文化と移民マイノリティの文化、といった非対等な文化接触の中で生じる。また、文化要素により変化しやすい表層的なものと、変化しにくい深層的なものがあるともいわれる。華僑・華人社会の場合、そのアカルチュレーションはおもに居住地域のホスト社会の言語や生活習慣への▶同化というかたちで現れる。華僑・華人はマイノリティではあっても経済的優位者である場合も少なくないので、他のマイノリティに比べて文化変容を生じにくい人々とのイメージが通用しているが、実際には彼らの間でも居住地域の社会状況や移住後の世代深度により、多様なアカルチュレーションが生じている。　　　　　　　　　　（瀬川昌久）

アキノ、コラソン 1933-
Corazon COJUANGCO AQUINO

　フィリピンの戦後第7代の大統領（1986-92年）。愛称コリー（Cory）。福建省から19世紀後半に渡比し中部ルソン地方のタルラク州で高利貸しによって土地を集積し一大砂糖地主にのし上がったホセ・コファンコ（Jose COJUANGCO）の孫ホセ・コファンコ・シニア（Jose COJUANGCO, Sr.）の六女。弟に製糖業のホセ・ジュニア（Jose, Jr.）、従弟に、▶マルコス・クローニーとして名を馳せたエドワルド（Eduardo, Jr.）やフィリピン長距離電話会社（PLDT）の総帥ラモン（Ramon）がいる。マニラに生まれ、アメリカのマウント・セントビンセント大学に留学し、数学、フランス語を学んだ。卒業後の1954年にベニグノ・アキノ（Benigno AQUINO, Jr.）と結婚し、一男四女をもうけた。夫ベニグノは上院議員となったが、マルコスに政敵と見なされ、戒厳令下の72年に逮捕される。80年に心臓病手術のため渡米を許されたが、83年の帰国時に射殺される。この事件によってコラソンは反マルコス運動の象徴的存在となって政治活動に入り、86年2月の大統領選に野党候補として出馬した。議会はマルコス当選を宣言したが、エンリレ国防相らがマルコスから離反したことにより形勢が逆転し、2月25日大統領に就任した。92年6月30日に任期満了となった。　（中西徹）
🔗 コファンコ家

アクアイ
Ah Qwai

　1860年6月、横浜に進出したイギリス系商社・ドッドウェル商会の▶買弁。漢字名、生没年不詳。横浜華僑のなかで最も初期に進出してきた者の一人。アクアイは同商会の敷地内の屋敷に家族と暮らしていた。また倉庫係、会計、集金係の3人の中国人がドッドウェル商会で働いていた。アクアイの死後も、同商会では関東大震災まで中国人買弁が活躍した。　　　　　　　　　　　　　　　（伊藤泉美）
🔗 横浜買弁
📖 Edward Wrade (ed.). *The House of Dodwell*. London: Dodwell, 1958.

アーコン・フンタクーン 1945-
雲大功　Aakor HUNTRAKUUL

　タイのニュー・インペリアル・ホテル・グループ（新南宮酒店集団）の創設者。バンコクを中心にタイ全土十数か所にホテルを展開。1990年代初期、バンコクに巨大ホテルを建設したが、観光不況に直撃されグループ経営が悪化。同時期、政治志向を強めたことで政治を企業経営に利用したと批判され、さらに自身の健康問題も重なり、企業経営から離れた。94年にはグループ中核ホテル株式の70％を▶チャローン・シリワッタナパックディーに売却。フンタクーン家は海南系の名門。　（樋泉克夫）

亜彩 ?-1928
Ah Toy

　▶マリア・セイゼに続き、1849年にサンフランシスコに移民した広東女性。本名不詳。▶纏足をした美形の自由娼妓で、50年、中国人娼妓2人を雇いパイク街に娼家を開業した

のを手はじめにして、同地で名うての娼家経営者となり、しばしば法廷を騒がせた。52年、中国人娼妓の大量導入にも関係したとされる。晩年、富裕な華人の妻としてサンノゼに隠棲、100歳まで生きたといわれる。　(可児弘明)
　㊀猪花
　㊤ Curt Gentry. *The Madams of San Francisco*. NY: Doubleday & Co. Inc., 1964.／呉尚鷹『美国華僑百年紀実 加拿大附』香港：同人, 1954.／劉伯驥『美国華僑史』台北：黎明文化事業, 1976.

アジア華文作家会議 アジアかぶんさっかかいぎ

　アジア華文作家協会が数年ごとに開催する学術討論会。第1回の会議は1981年台北で開催された。アジア各地の華文作家の連携と交流を深め、華文文学の創作水準の向上を目的に開催されている。華文文学を通した華人文化ネットワークの一形態である。季刊誌『アジア華文作家』の発行や文芸基金を設置。シンガポール、マレーシア、タイ、フィリピン、ベトナム、台湾、香港、韓国、日本などから華文作家が参加している。最近は世界華文作家会議と合同で学術討論会を開催している。　(小木裕文)

アジア銀行 アジアぎんこう
亜洲銀行　Bank of Asia

　タイの華人系銀行だったが、1997年の経済危機の後、外資のABNアムロ銀行に買収された。1939年に潮安系で精米業を手広く経営していたロー・ティアック・チュアンブンスック（盧膾川ねむ？）によって設立された亜洲工商銀行が前身。第2次大戦後、経営権は国軍指導者、東方国際発展などを経た後、▼ウテン・テチャパイブーンの手へ。68年、ウテンの実弟サティアン・テチャパイブーンが董事経理（社長）に。70年代半ば、サティアンの岳父でタイのプラスチック産業の先駆者の一人、チャローン・ウアチューキエット（余作隆）が経営権を取得、長男のヨット・ウアチューキエット（余再堅）に経営を委ねた。これが遠因でテチャパイブーン一族は同行経営から撤退。94年にはノンバンクのファイナンス・ワン・グループなどが株式の4分の1強を買収、16％ほどをウアチューキエット家が保持したが、97年に行き詰まった。　(樋泉克夫)

アジア系アメリカ人 アジアけいアメリカじん
Asian Americans

　アメリカ合衆国に在住するアジア系人。19世紀から20世紀にかけて、廉価な労働力としてアメリカに導入された中国系や日系などの移民は経済競争や文化的差異による差別を受けたが、現在では勤勉で教育熱心な「▼モデル・マイノリティ」として中産階級に属する者が多い。非アジア系との交婚も進んでおり、その子どもたちは「アメラジアン（Amerasian）」と呼ばれている。1965年の移民法改正により国別割当て制度が廃止された結果、アジアからの移民が急増し、国内でもアジア系の政治意識が高まった。それまでの「オリエンタル」に代わって、文化的ルーツとアメリカへの帰属をともに表す「アジア系アメリカ人」という呼称が定着したのもこの時期である。現在では、先住ハワイ系、サモア系などを含む「アジア太平洋系（Asian Pacific）」という呼び方も一般化している。2000年に1024万人を数えたアジア系はアメリカ総人口の3.6％であったが、80年からの20年間で人口が3倍に急成長し、2050年までにさらに3倍の増加が予想されている。アジア系で最大の集団は中国系（24％）で、フィリピン系（18％）、インド系（16％）が続く。70年代以降は韓国系が急増し、また80年の難民法によってベトナム、カンボジア、ラオスなどから多くの難民が移住した。当初はアメリカ政府による分散政策がとられたが、近年、カリフォルニアなどに集中する傾向が見られ、伝統的な▼チャイナタウンや日本人町に加え、リトル・サイゴンなども形成されている。政治・教育・芸術活動における汎アジア系意識が広がる一方で、アジア系は多様な文化的背景をもち、第1世代の移住時期によっても現在の社会的・経済的地位に大きな格差が見られる。また、出身地域における過去の対立関係もアジア系という連帯に影を落としている。　(能登路雅子)
　㊀多文化社会, 遠隔地ナショナリズム
　㊤明石紀雄・飯野正子『エスニック・アメリカ』有斐閣, 1997.／村上由見子『アジア系アメリカ人』中央公論社, 1997.

アジア商業銀行 (アジアしょうぎょうぎんこう)
亜州商業銀行　Asia Commercial Bank

　シンガポールの華人銀行の一つ。1959年に鄭光添らが資本金1億Sドルで創設し、鄭が理事長に就任する。銀行業のほかにも、ファイナンス、投資、保険、不動産開発・管理などの子会社を有する多角的金融グループを形成した。しかし、経営不振に陥ったため、82年にシンガポール三大華人銀行の一つ、▼華聯銀行が株式の19.5％を取得し、同グループの傘下に入った。
　　　　　　　　　　　　（岩崎育夫）

アジア人女子の家 (アジアじんしのいえ)
東亜女館　Methodist Home for Chinese and Japanese Girls

　カナダのビクトリア市にあったミッション・ハウス。売買または略売されてきた中国人娼妓と女婢を収容し、授洗した後で工芸技術を習得させ、カナダで結婚の道を開いたり、あるいは中国に送還した。1883年に創業してから延べ数百人が収容されたが、1920年代に至り閉鎖した。なお創業時には日本人児童8人も収容されている。
　　　　　　　　　　　　（可児弘明）
　㊐猪花
　㊨『世界華僑華人詞典』

アジア内貿易 (アジアないぼうえき)

　東アジア・東南アジアにまたがる歴史的な国際秩序原理であった中国を中心とした朝貢体制は、▼朝貢貿易による貿易関係をその主要な内実としていた。東アジア・東南アジアのさまざまな商人グループのみならず、インドのグジャラート商人、さらには西アジアから東アフリカにかけてダウ船に乗ったイスラム商人が参加する、インド洋から東シナ海にまたがる広域貿易圏を形成した。ただし、アジア域内貿易というとき、とりわけ東アジアから東南アジア、インドにかけての歴史的な交易圏を意味することが多い。
　15世紀の記録には、域内の通商港として、コーチン、チャムパ、シャム、バンタム、ジャカルタ、カンボジア、パタニ、パレンバン、マラッカ、アチェ、パハン、ジョホール、トレンガヌ、スカダナ、ハンジャルマッシム、ルソン、スル、ブリアス、シブゲイ、ダピタン、モルッカ、ブルネイ、基隆、淡水が挙げられている。台湾の米・砂糖が、対岸の福建省に対して供給されるのみならず、より広域な商品になっていく過程が存在しており、福建省から琉球に渡来した「▼久米三十六姓」と呼ばれるグループは、琉球と中国との間に行われていた朝貢貿易を担った。琉球は朝貢品を▼マラッカをはじめ東南アジアにおいて調達しており、この状況から、福建・広東商人が東南アジアとの交易を拡大する過程において、東アジアとの交易関係をも拡大したことがわかる。
　日本のアジア貿易についても、17世紀に奄美大島に漂着した中国商人は、蘇州府呉県の官許の銅貿易商人であった。上海を出発し、長崎には絹織物、繻子、薬材、砂糖製品を装載した。帰路には、長崎から銅の延棒、▼昆布（こぶ）、煎海鼠（いりこ）（▼ナマコ）、天草（てんぐさ）、干鮑（ほしあわび）、銅器、鱶鰭（ふかひれ）（▼フカひれ）、銅皿、鯣（するめ）、漆器などを装載したが、帰路に遭難したものである。この遭難船には合計47人がおり、内訳は蘇州人23人、松江人15人、福州人11人であった。
　1630年代に江戸幕府は、いわゆる▼鎖国の指示を行い、長崎を対外交易の開港場とした。しかし、以降の対中国貿易は、この長崎のみに限定されることはなく、長崎以外に、北海道の松前藩とアイヌとの交易、対馬の宗氏を介した朝鮮経由と薩摩藩を介した琉球経由の、合計四つの窓口を通してアジア域内貿易に参加していたといえる。
　歴史的に形成されたアジア域内交易網は、いくつかの経路によって域外の交易と接続しており、それらに沿って西欧諸国はアジアに到達した。すなわち、スペイン、ポルトガルに次いで、オランダ、イギリス、アメリカが、アジアの特産品を求めてこのアジア域内貿易圏に参入した。1494年のトルデシリャス条約によって、スペインとポルトガルは世界を2分割し、アジアは基本的にポルトガル側に区分された。スペインがマニラに拠点を築いた後は、アジア貿易に直接には参入することができないため、中国商人を吸引して、マニラと中国との間の貿易を担当させ、銀と生糸との交換を行った。この動きは、基本的には、東アジアが中国を中心とした銀貨圏を形づくりつつあり、その銀がおもに日本と新大陸から供給されたことによって成り立ってい

た。1850年代に入り、茶の輸出構造の変化が現出した。すなわち、日本茶、インド茶の登場である。近代アジア市場は、それに先行するアジア銀貨圏の存在を前提とし、19世紀中葉以降、銀本位圏としての金融的特徴をもつにいたった。

東南アジアへの移民が行う本国送金は、華僑の場合には▼民信局、銀信匯兌㋜局など、インド人の場合にはチェティア（チェティ・カーストで金融業者が多い）などの現地の小為替業者が存在し、アジアに流入する銀も加わって、アジア域内の送金＝金融網が形成されてアジア域内貿易が強化された。しかもこれは必ずしも西欧と交錯しない経済活動であり、この送金網により、貿易金融、投資、地金市場に独自の資金が流入した。19世紀以降のアジア域内貿易を条件づけた内容は、世界市場との相互浸透過程のなかで、(1)中国、日本、インド3国間の茶輸出競争として、また、(2)アジア銀本位圏の成立として、さらには、(3)▼苦力貿易と本国送金網の成立として現れたという特徴をもつ。このように、世界市場に編入されつつ、域内貿易の特徴を現在に至るも保持している。
〔濱下武志〕

▣浜下武志・川勝平太編『アジア交易圏と日本工業化1500-1900』藤原書店、2001.

アジアワールド・グループ
亜洲世界集団　Asia World Group

フィリピン華人の▼タン・ユーが創設した、フィリピン、台湾にまたがり、中国大陸、香港、アメリカ、カナダその他にも進出する多国籍企業グループ。亜世集団と略称。台湾では1971-72年頃からアジア・トラスト（亜洲信託有限公司）が中核となって出発、最大のホテル、最高層のオフィスビル（アジア・タワー）の建設・経営といった土地、建物の不動産への投資で急成長した。87年頃から始まったフィリピンでの大規模投資でも、173ヘクタールに及ぶマニラ湾埋立地に225億ドルが投入され、89年にホテル、マンション、高級住宅、オフィスビル、ショッピングセンター、病院の建設など十大プロジェクトからなるアジアワールド・ニューシティ（亜洲世界新城市）の建設に着手、その一つに、総工費5億ドルをかけた世界最大規模高級ホテルのアジアワールド・プラザホテル・マニラがある。93年末には、台湾の東帝士集団やフィリピン政府と協力して200億ドルの初歩的な投資を行い、スビック湾で2か所の元米軍基地を開発、観光地区に変身させた。このほか事業範囲は商事、製造業、農業関連事業など多岐にわたり、香港、アメリカ、カナダなどでも投資を行い、中国でも中亜機構が活躍中である。韓国の大手財閥とも手を組んで、フィリピンでは第1弾としてセメント事業を興した。早くから家族の仕事分担を行ったことでも有名。1980年代初期から、台湾は次女の▼エミリア・ビエンビエン・ロハス（鄭綿綿）が、香港は三女の鄭瓊瑤㋜が、中国の洛陽では次男の鄭松林が、フィリピンは四女の鄭麗麗（エレナ・T.コユィト夫人）が、洛陽以外の中国大陸はタン・ユー自身が経営を担当、最初はエミリアと長男のエルトンがタン・ユーを補佐した。
〔游仲勲〕

▣游仲勲『華人経営者の素顔』時事通信社、1995.／『華僑華人僑務大辞典』

『亜洲週刊』あしゅうしゅうかん

香港の華字週刊誌。発行部数は約9万4000部（香港ABC調べ、2000年上半期）。香港内の購読部数は36％で、残り64％は台湾や東南アジア諸国の華人社会で読まれている。アメリカのタイム・ワーナー社によって1987年に香港で創刊。94年から香港紙『明報』が買収し経営権が移ったが、2001年2月に香港のネット企業tom.comが同社の株式の50％を購入、『明報』と共同経営となった。tom.comは香港最大のビジネスマン▼リー・カシンが率いるチュンコンとハチソン・ワンポアが31.2％の株式を保有。
〔濱本良一〕

⇨チュンコン・グループ

『亜洲文化』あしゅうぶんか
Asian Culture

▼シンガポール・アジア研究学会（新加坡亜洲研究学会、Singapore Society of Asian Studies）が1983年2月から発行している雑誌。83年から90年までは年2回、その後は年1回6月に発行している。2000年度の編集代表は、▼シンガポール国立大学政治学科の▼レオ・スリヤディナタ助教授が、副編集長はシンガポール歴史博物館館長のリム・ハウセン（林孝勝）が務めている。雑誌に掲載される

論文や資料は英文もしくは華文で、研究学会会員だけが執筆するのではなく、会員以外の研究者の論文や史・資料が、▼シンガポールのみならず、中国、▼香港、フィリピン、日本、オーストラリアなど海外からも寄稿される。内容は、アジアとくに東南アジアの歴史、文化、言語、文学や人物評伝など多岐にわたり、東南アジア華人社会の構造や華人文化の特徴を知るうえで重要なものも多く含まれている。

（田村慶子）

アストラ・グループ
阿斯特拉集団　Astra Group

インドネシアの代表的な企業グループ。▼サリム・グループに次ぐ売上げ順位第2位を▼シナル・マス・グループと争う位置にある。持株会社アストラ・インターナショナル（AI）社は同国上場企業中最大であり、子会社73社を含む1997年の連結売上高は16兆ルピア（55億ドル）。主要な事業はトヨタ、ダイハツ、いすゞ、ホンダ二輪車などの自動車・機械工業、アグリビジネス、金融で、自動車では5割の市場シェアを握る最大のメーカー。西ジャワ生まれの▼ウィリアム・スルヤジャヤが創業者で、92年まで所有経営主。母企業AI社は57年ジャカルタに設立、スハルト時代初期の69年、工業省局長や商業相の信頼を得て国営ガヤ・モーター社の再建、トヨタ自動車の総代理権取得に成功、自動車事業に参入した。その後ホンダ、富士ゼロックス（事務機）、ダイハツ、小松製作所（重機）の総代理権を取得する一方、トヨタ・アストラ・モーター社など日系合弁企業を組立て・部品製造で次々と設立、80年代初頭までに企業グループを形成した。同グループは財務管理や生産管理の近代化、インドネシア社会に根ざしプリブミに開かれた「経営哲学」で知られている。92年創業者ウィリアムの長男が率いるスンマ・グループの財務が破綻し、創業者家族は債務弁済のためAI社持株を売却してグループの所有経営から姿を消した。経営は社長であったウィリアムの甥が継続したが、所有はその後変転を重ねた。96年ボブ・ハサン（▼モハマド・ハサン）とスハルト家が所有経営するヌサンバ・グループをはじめとするスハルト大統領に近い5企業グループが所有の過半を制した。しかし97年からの経済危機でボブ・ハサンが破綻、持株分は政府管理下で▼シンガポールのサイクル・アンド・キャリッジ社に売却された。同社は創業者と関係が深く、ウィリアムの次男が2000年にAI社監査役に返り咲いた。

（佐藤百合）

📖 井上隆一郎編, 1987. ／佐藤百合「インドネシアにおける経営近代化の先駆者」『アジア経済』36-3, 1995.

圧冬 あっとう

明代末期の張燮による『東西洋考』の「呂宋」の条に「華人すでに多く呂宋に詣り、往々久しく帰らず、名づけて圧冬と為す。澗内に聚まり居りて生活し、漸く数万に至り、まま髪の長きを削る子孫もあり」とある。「圧冬」はマニラの▼パリアン（澗内）で冬をすごす越年者という意味にちがいない。1603年までマニラで植民地経営に参与した▼アントニオ・デ・モルガは、中国の▼ジャンクが5月末から6月上旬にかけて吹く南西季節風で帰ることを伝え、そのときまでに商用を済ませないと、マニラで越年しなければならないと記している。清代の尤侗の『外国竹枝詞』の「呂宋」の条にも「華人の澗内に流寓する者を圧冬と名づく、その衆は数万に到る」との記述がある。

（小川博）

アップタウン・チャイニーズ
uptown Chinese

北米大都市部郊外の住宅地に住む中国系人を指す。かつての北米の中国系移民は貧しく、都市部ダウンタウンのスラムである▼チャイナタウンに居住していたが、近年の香港・台湾からの移民は富裕な都市中・上流層出身者が多く、彼らは環境のよい郊外の住宅地に住み、一部の地域ではいわゆる「▼郊外型チャイナタウン」を形成している。彼らはチャイナタウン居住者と区別する意味で、しばしば「アップタウン・チャイニーズ」と呼ばれる。

（森川眞規雄）

⇒ ダウンタウン・チャイニーズ

アデレード
阿得雷徳　Adelaide

オーストラリア、サウスオーストラリア州の州都。1850年代後半には▼ゴールドラッシュにともない1万人を超える中国人が同州に

定住していたが、1901年からの移民制限によりその数は減少の一途をたどり、1950年代には400人ほどに減った。そのほとんどがアデレードに定住、中華料理店や雑貨店の経営、近郊での菜園農業に従事した。60年代からの移民制限の緩和にともない人口は増加、80年代には華人系人口は1万人を超えた。2000年には中国系のアルフレッド・ファンが市長に就任した。

（増田あゆみ）

アトランタ中国城
亜特蘭大中国城　Atlanta Chinatown

アメリカの新しいチャイナタウンの一つ。ジョージア州州都アトランタ市で建てられ、1988年8月8日に落成した。総面積は約6000m²。レストラン、スーパーマーケット、銀行などのほか、華人活動センター、中文学校、図書館なども設立され、あらゆる文化活動が行われる。

（曾櫻）

アヌマーンラーチャトン 1888-1969
李光栄　Anumaanrajadhon

タイ華裔で、タイ近現代の代表的文学・言語・民俗学者。曾祖父は広東省潮州出身で、父は製材所の職員。生活苦のため17歳で退学。以後は独学を通す。1906年に政府医薬局見習からオリエンタル・ホテルに転職。ここで語学の才能を開花させる。のち、税関に勤務。たぐい稀な事務能力を発揮し局長に。32年、立憲革命を機に退職したが、新設の芸術局に招聘される。局長、王立研究院院長などを務める。48年の退官後も旺盛な著作、研究、教育活動を継続。チュラロンコン、タマサート両大学特別教授、シルパコン（芸術）大学学長、タイ正史編纂委員長、百科全書編集委員長、サイアム・ソサエティ会長など。この間、上院議員などを務め、閣僚入りを求められたこともあるが辞退している。名利に恬淡とし、独学で築きあげた実証的手法、絶えることのなかった探求心に対し、タイ国王は「プラヤー（Phrayaa）」の称号を与え讃えた。経歴、手法、著作量などから「タイの柳田国男」の声もある。

（樋泉克夫）

⇨ 華人の官爵［タイ］
参 プラヤー・アヌマーンラーチャトン『祭りと信仰』（『タイ民衆の生活誌』1）、井村文化事業社（勁草書房発売）、1979.

アファーマティブ・アクション
affirmative action

「差別撤廃措置」の意味で、アメリカ社会における長年のマイノリティ差別や女性差別を是正・撤廃させるために、大学、企業、組織、団体などでマイノリティや女性などを積極的に受け入れるようにした是正促進策。アメリカでは1950年代から黒人の間で人種差別的社会構造に対する抗議の声が盛り上がり、権利平等を訴える公民権運動へと発展した。これを受け、64年ジョンソン大統領は「雇用等の際に人種、肌の色、宗教、性別、出身国で差別することを禁じる」とした公民権法に署名。同時に発足した雇用機会均等委員会（EEOC）は雇用差別を監視し、機会均等を促進するとともに、市民からの相談を受ける窓口となった。翌65年ジョンソンはアファーマティブ・アクションを浸透させるべく「大統領行政命令11246」に署名。これにより雇用等における人種と性の多様化が進み、黒人や女性の社会的地位も向上した。黒人やラテン系のマイノリティのみならず、アジア系マイノリティも大いに恩恵を受け、とくにアジア系の大学入学率は70年代から急増、全米の各大学ではアジア系学生数は黒人やラテン系をはるかに超え、今では白人の数を追い抜いている大学もある。現在、カリフォルニア大学などではアジア系学生の3分の1は中国系で占められている。一方、白人の側からは「市民平等を原則とする憲法に違反する」という不満の声もあり、78年にはカリフォルニア大学デイビス校入学を人種を理由に拒否されたと訴えた白人学生アラン・バッキを支持した最高裁判決も出た。80年代から90年代初めの不況を背景に、アメリカでは不寛容の空気が高まり、マイノリティ優遇措置に対しても厳しい批判の声が沸き起こった。カリフォルニア州では96年の選挙でアファーマティブ・アクションの是非を問う住民投票「提案209」が出されたり、カリフォルニア大学機構で97年からアファーマティブ・アクションを撤廃するなど、逆風が吹いている。

（村上由見子）

⇨ ヘイト・クライム
参 上坂昇『アメリカ黒人のジレンマ』明石書店, 1987.

アブラヤシ
油椰子　oil palm

　熱帯性多年生草本のヤシ科に属し、ココヤシと並ぶ油糧作物の代表格。学名は *Elaeis guineensis* Jacq.。果実の果肉からパーム油、核からパーム核油が採取される。パーム油は汎用性が高く、即席麺やフライ油といった食用のほか、洗剤など非食用分野でも幅広く普及しているのが特徴。現在は、世界全体の植物油脂生産において大豆油に次ぐ品目であり、輸出量では最大となっている。アブラヤシの原産地は西アフリカだが、1960年代以降の東南アジアでの農業開発政策の影響から、主要な栽培地はマレーシアとインドネシアに移行している。パーム油は、農園→搾油→精製の各段階を経て各種製品となるが、マレーシアでは、とくに精製段階以降の「下流」部門で、華人資本の存在が大きい。しかし近年では、ラムスーン社のように「上流」から「下流」までの一貫統合や、クォック・グループのような海外農園開発、さらには世界最大の消費国の一つである中国への市場進出といった国境を越えた事業展開も注目されている。

（岩佐和幸）

アフリカの華僑・華人

　中国とアフリカとの関係は古く、早くも前漢時代に中国の紡織品がシルクロードを通ってアフリカにまで届いていた。宋代には中ア間に公的関係が存在し、明代には7回にわたる鄭和の使節団が現在のソマリアやケニアに到達した。こうして、早くから通商貿易のため中国人がアフリカに滞在したものとみられる。ただ、オランダ東インド会社によって1660年に万寿（ホワチョ）という名の中国人がインドネシアのバタビア（ジャカルタ）から蘭領ケープ植民地（今日の南アフリカ共和国南部）に追放され、これがアフリカに移住した最初の中国人だという説もあるが、確証はない。当時同社は排華政策を採って、無業者を中国、セイロン島、ケープ植民地に強制的に追放した。同時に、債務を返済できない中国人や政治的理由から歓迎されない中国人なども、囚人としてアフリカに追放した。したがって、当時アフリカに複数の中国人が住んでいたことはまちがいない。1740年のバタビア華僑虐殺事件（紅河の役または紅渓惨案）の惨劇のあと、アフリカに追放される中国人が激増した。これら囚人の刑期はまちまちだが、共通するのはいずれも奴隷とともに厳しい苦役に従事したことで、彼らの死亡率はきわめて高かった。だが、刑期満了後インドネシアに帰った者もあれば、旅費がないなど種々の理由から現地にとどまった者もいた。アフリカは地球の陸地面積の20.2％を占め、資源も豊富だが、経済の未発展で住民は貧しく、この大陸で中国人が生活するのは容易なことではない。数百年にわたって中国人がやってきたとはいえ、定住した者は多くない。このため、アフリカは一貫して華僑・華人人口が最も少ない大陸にとどまり、1990年代初めで約9万人である。

　地理的に見て、大部分の華僑・華人が、中国、アジアに近い東岸、南岸と、とくにインド洋上の島々に集中しており、西部、北部には少ない。内陸部はほとんどが空白地帯である。今日、アフリカ52か国・地域中、40前後に華僑・華人がいるが、多くて1万人、ふつうは数百人、国によっては数十人、なかには3～4人というところもある。最も多いのはモーリシャスで、蘭領、仏領、英領を経て1968年に独立、92年に共和国となったが、言語、文化などフランスの影響が大きい。中国人は18世紀後半に広州のフランス商人に連れられて渡来、また英領下の1826年以降は福建人が到着した。1860年までは福建人、広東人だけだったが、同年太平天国の乱に敗れて客家がやってきた。現在、約3万3000人、全人口の3％を占め、95％が現地生まれ、政治家も出現し、約80％がカトリックである。商業従事が多い。フランスの海外省レユニオンの中国系人は広東系と客家系の2種で、約2万5000人、全人口60万人中の4％以上を占め、サトウキビ園労働者の後裔で、現在は商業従事が多い。1989年、アンドレ・ティエンアークン（曾憲建）が国会議員に当選。マダガスカルは仏領だったが、1960年に独立、全人口1400万人中、中国系約1万8000人、1896年以降契約華工としてインドシナ、中国から来た者と、自由移民として中国、レユニオン、モーリシャスから来た者との2種の人々の後裔である。独立後1972年までの中

国系・インド系の入国制限、経済国有化、マダガスカル語の学校語化などのため、今日までにそれぞれ2000人、1000人、数百人の中国系人がフランス、カナダ、レユニオンに去った。ほとんどが広東系、商業従事である。以上の島嶼部を除くと、華僑・華人はアフリカ最大の経済大国、南アフリカ共和国に集中している。1994年現在、全人口3970万人中、華僑・華人は3万人に近い。1795年には、蘭領ケープ植民地に数百人の華僑がいた。1860年から、広東系、客家系が東南アジア、インド、モーリシャスからやってきた。1903年、金、ダイヤモンドが発見され、翌04年5月から06年11月にかけて、5万5000人が中国山東省の芝罘（今日の烟台）、河北省の秦皇島から到着した。かつては台湾と外交関係があり、台湾出身者も少なくなかったが、98年中華人民共和国と国交が正常化した。（游仲勲）

㊀トランスバール、ナタール法
㊂梅顕仁「華人移居非洲溯源」『八桂僑史』2期、南寧：広西華僑歴史学会、1998.／『海外華人百科全書』

アヘン戦争　アヘンせんそう

アヘン没収を機に特許貿易の打破を狙うイギリスと清朝との間に生じた戦争（1939-41年）。アヘン戦争によってイギリスは、それまでの朝貢貿易体制のもとで広東十三公行に独占されていた貿易を「自由貿易」とし、清朝に5港開港を行わせる南京条約を結んだ。そこではフェアバンクのいう「朝貢システムから条約システムへの転換」が行われたとされる。ただし、この経緯を在外華僑商人の役割の変化から見るとどのような特徴があるであろうか。

まず、朝貢貿易の担い手は、ほぼ大部分が華僑商人であったということができる。1839年5月に清朝は朝貢政策の転換を行う。アヘン戦争の開始直前の時期に、拡大する華南と東南アジアとの貿易により積極的に介入しようとし、海外華僑商人を含む華南および東南アジアで活躍する貿易商人の反発を招いた。このことは、これまでのアヘン戦争に対する理解に再検討を迫っている。なぜならば、これまでアヘン戦争はもっぱらイギリス、アメリカ側の貿易利益を貫徹するための、閉鎖的なアジア各国の市場を開放するための戦争として理解されてきたからである。この朝貢政策の転換に見られるように、むしろちょうどこの時期に、清朝も朝貢貿易関係のみに依存するのではなく、独自の重商主義的政策をとろうとしていたということが伺える。すなわち、朝貢政策を転換させることによって、清朝中央が急増しつつある広東貿易に新たに介入し、財源をそこから吸収しようとしたということである。

同時にこのことは、広東の地域主義として、貿易に特化し、かつ広東貿易を拡大しようとする華南地域の利害も大きく働いており、それが中央の財政政策と対抗していたことを意味する。これがいわゆる、アヘンの厳禁論と弛禁論との対立である。同時に、広東十三行の商人たちが外国商人と密接な交易関係を強めていたという状況が存在していた。これに対して清朝中央は重商的政策に移行しようとし、そのために、独自の利益を追求しようとする広東地方の動きを、林則徐（1785-1850年）を派遣することによって中断させようとした、と見ることもできよう。その意味ではアヘン焼却事件を、広東貿易の利益をめぐる中央と地方の衝突、北と南の対立、さらには在外華僑商人の朝貢政策への反発として見ることも可能であろう。

このように、清朝が朝貢政策を転換したという動きは、アヘン戦争を外圧からのみ考える視点の転換を迫っている。ただし、当時の状況として、ベトナムで内紛が起こっており、またシャムと南掌（カンボジア）の争いもあり、そしてこれらの争いがヨーロッパにからんだものであっただけに、ヨーロッパの力を内部に引き込むことによって自らの勢力を拡大しようとする内紛の様相も見ておかなければならない。すなわち、周辺地域における政治的抗争がヨーロッパを引き込んで、清朝に反対する勢力を作ろうとするグループと、清朝寄りのグループとに分かれたともいえるであろう。清朝中央は、地方が力を持ちつつある朝貢体制の変化の中で、中央の力を強めるべく模索していた。そしてそこでは、朝貢貿易のもとで管理されていた海外華僑商人側の清朝の貿易政策への反発も強く見て取ることができる。　　　　　（濱下武志）

㊂Carl A. Trocki. *Opium, Empire and the*

Political Economy. London & NY: Routledge, 1999.

アヘン問題 アヘンもんだい

アヘンの取引や使用をめぐる諸問題のこと。アヘン（阿片、鴉片）とは、ケシ科のケシ（*Papaver somniferum* L.）の未熟な蒴果に傷をつけ、浸出した乳液を弱く加熱乾燥させたもの。モルヒネなどのアヘンアルカロイドを含み、代表的な麻薬の一種である。アヘンは中枢神経を麻痺させ、鎮痛、鎮静、鎮痙、鎮咳、止瀉、催眠などの作用があるが、習慣性と耽溺性があり、連用すると慢性中毒を起こす。ケシは地中海沿岸の原産であるが、中国には唐代にアラビアよりもたらされたらしい。当初、アラビア語アフィユムからの音写で阿芙蓉と呼ばれていた。李時珍の『本草綱目』には製法と薬効の記述がある。清代に中国人の間でエキス状のアヘンをキセルで加熱して吸う習慣が広まった。

中国でアヘンが社会問題として認識されるのは、1757年にイギリス東インド会社がインド産アヘンの専売権を得て、大量に中国への輸出を始めてからである。このため、それまで茶の輸出で中国側の出超であった中英貿易はイギリスの黒字となり、中国からの銀流出が激しくなった。その量は1833-34年には9000両にも達している。清朝はたびたびアヘン禁止令を出したが、その効果は少なかった。1839年アヘン厳禁論者であった湖広総督林則徐が欽差大臣として▼広州に派遣された。林は外国商人からアヘンを没収した。この結果、中英間で▼アヘン戦争が起き、1842年南京条約が締結されて、中国は強制的に世界市場に組み込まれていく。また、香港島がイギリスに割譲されて、中国近代史におけるいわゆる半植民地化の過程が始まったのである。

中国本土へのアヘン輸入がピークを迎えたのは1880年代であったが、その後、20世紀に入りアヘン取引の国際的な規制が強まる中で減少していった。一方、海外華僑・華人の社会でアヘン吸煙の習慣が問題となるのは19世紀末から20世紀初頭にかけてである。中国系社会が経済的に貧しく政治的結束も弱いのはアヘンの悪習のためであるという認識が広まったのである。▼辛亥革命前後の中国本土における民族意識の高まりなど政治的覚醒の影響もあった。

オーストラリアでは1905年、▼メルボルン華僑の組織である新民啓智会がオーストラリア外相にアヘン輸入の禁止を要求し、ビクトリア華人戒煙会を成立させた。この会は、署名・募金を集め、アヘン中毒治療薬を患者に配布した。ニューサウスウェールズ州でも同様の団体が成立している。これらの運動の結果、1905年12月、オーストラリア政府は医療用を除くアヘンの輸入を禁止した。シンガポールでは1906年に振武善社（その名称は中国国内の反アヘン団体「振武社」からとられた）というアヘン禁止団体が成立している。相前後して、▼クアラルンプール、▼イポー、▼ペナンでも華僑によって同様の団体が組織され、第1次大戦の時期までマラヤ各地でアヘン禁止大会を開いていた。アメリカではまず1907年にサンフランシスコで振武社が成立し、アヘン禁止運動を進めた。これは当時の駐サンフランシスコ清国総領事孫士頤と中華会館が発起したものである。反アヘン宣伝活動、治療薬の配布などを進め、一定の成果をあげたという。同じような組織は、ニューヨークやロサンゼルスでも活動した。このような運動の一つの成果として、アメリカ大統領の提案によって1909年、上海で国際アヘン会議（参加13か国）が開かれ、アヘン取引の国際的規制が始まった。

しかし現在でも、アヘンをはじめとする薬物の乱用問題は華僑・華人社会から根絶されてはいない。▼香港がいまだに国際的な麻薬製造・取引の拠点となり、改革・開放後の中国がふたたび麻薬の世界的供給地かつ消費地になりつつあるのである。　　　　　（塩出浩和）

→チャイナ・コネクション，チャイナ・ホワイト，ゴールデン・トライアングル

参西順蔵編『原典中国近代思想史』1「アヘン戦争から太平天国まで」岩波書店，1976．／『世界華僑華人詞典』

アマ

阿媽　amah

家庭、とくに外国人家庭の住込み中国人メイド。1939年に出現したインド英語で、語源はポルトガル語の ama（子守り）とされる。同じインド英語のアヤ（ayah）と混同され

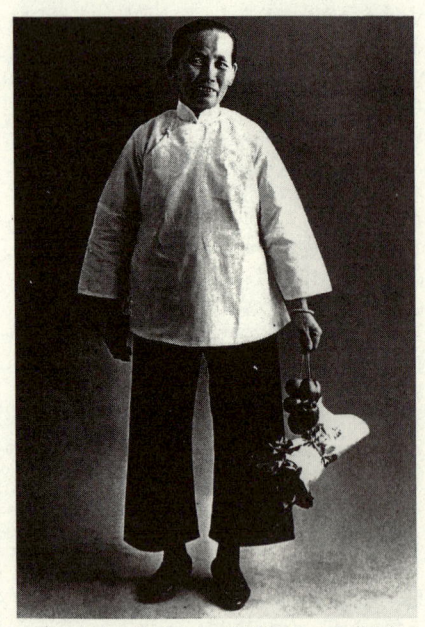

白い上衣、黒ズボン、典型的なアマ（紅毛工）の服装。出典：Kenneth Gaw, 1988.

ることがあるが、アヤはインド人女性の子守りを意味する別語である。▼アヘン戦争前に▼マカオで外国人に雇用された「漢乳媽」（中国人乳母）がアマの早い例であるが、アヘン戦争後は▼香港や条約港にも出現した。本来は料理（煮飯）、洗濯・アイロンかけ（洗燙）、掃除・洗濯（打雑）、子守り（湊仔）のいずれかを受け持ち、プロの技能と働きをみせる関係で、富裕な家庭では数人が雇用された。また一人で一切をこなすアマもあり、この場合アマを「一脚踢」と呼んだ。労働は1日15時間にわたり、休暇は1か月に2日半にすぎなかったが、女性に開かれた数少ない職業の一つであった。アマの多くは▼広東の農村女性であり、なかでも順徳県などの、宗教的理由その他によって一生結婚しない誓いを立てた「自梳女」、すなわち順徳方言でいう「媽姐」が供給源として有名であった。独身であることが住込みの労働条件と合致したのである。しかしアマは必ずしも独身とはかぎらなかった。アマは自己の職業を「工人」、仕事を「住家工」といい、外国人家庭で働く場合は「紅毛工」といって同国人家庭で働く場合と区別した。紅毛工は賃金、居住環境は良いが、言語、食事、生活様式の違いがあり、白の上衣に黒ズボンというアマ特有の服装を強制されることからも敬遠するアマがあった。その一面、早くから、帰国する外国人雇主一家について海外へ渡るアマもあった。一般にアマの海外出稼ぎが顕著になるのは広東蚕糸業が没落してからで、香港統計では1906年3533人、07年2619人、20年2833人がメイドとして出国している。都心再開発前の▼シンガポールでは南京街にアマ公司が組織され、相互の慰安と共通する利害問題の処理をはかった。
(可児弘明)

⊟ 女子移民, 斎堂, セイゼ, マリア, 広東料理
⊠ Kenneth Gaw, 1988.

奄美諸島 あまみしょとう

琉球列島に連なる薩南諸島を形成する鹿児島県の島々。北から喜界島、奄美大島、加計呂麻島、請島、与路島、徳之島、沖永良部島、与論島の有人8島などからなる。7世紀から律令政府へ入貢、▼大宰府で「㐁美嶋」の木簡が出土。奄美大島は▼日宋貿易の中継基地であったことが、宇検村の倉木崎海中遺跡から出た12〜16世紀の大量の青白磁からわかる。15世紀から琉球王国の支配下。1609（慶長14）年島津氏の琉球侵攻により、薩摩藩の直轄地となり、「道之島」と称される。17世紀末以降、黒糖の主産地となり、薩摩藩の財政を支えた。奄美諸島への中国人漂流民は、長崎経由でなく、琉球経由で送還される特例が適用され、奄美の要港には▼唐通事が配置された。
(原口泉)

⊠ 名瀬市誌編纂委員会『名瀬市誌』1968.

アムステルダムのチャイナタウン

オランダの憲法上の首都アムステルダム（阿姆斯持丹）の中国人街。同国に住む華僑・華人は約12万人。かつてはインドネシアから来る者が多かったが、今日では香港、中国大陸からの者が多い。この12万人の過半がアムステルダムに集中している。1911年にオランダの船員大ストによって多数の中国人船員が雇用され、翌年バンタメル街に彼らに宿や食事を提供する店が出現した。20年代には十数軒に達し、それにともない雑貨、理髪、食

堂、洗濯などの店も現れた。80年代には10社の流通企業を中心に中華料理店その他からなる多機能センターに発展、地域も拡大した。英語が欧州の大陸部で最もよく通じ、ギャングを含む香港移民も少なくない。交通の便もよく、欧州華人社会の中心的組織も多い。「飾り窓の女」で有名な歓楽街に接し繁盛しているが、建物は老朽化、環境もよくない。300mほど離れたところに第2のタウンをつくり、運河を橋で繋ぐ計画が進行中。建設費1億ドルの貿易センターや会議場、ショッピングモール、劇場、図書館、住宅などからなる欧州最大の中国系商業複合施設も含まれる。　　　　　　　　　　　　　　　　（游仲勲）

▷ヨーロッパの華僑・華人，パリのチャイナタウン，水手館

アムヌアイ・ウィラワン 1932-
林日光　Amunuai VIRAWAN

タイの元副首相。父親は広東省潮陽県出身。ミシガン大学商業管理学博士。1977年大蔵次官を辞し、▼ダムリー・ダーラカーノン率いる▼サハ・ユニオン・グループに迎えられる。81年▼ブンチュー・ロジャナスティエン副首相の下で大蔵大臣。82年末に最高顧問として▼バンコク銀行入り。83年同行執行役員会議長に就任、同行機構改革を進める。92年新希望党から副首相としてチュワン政権に参加。97年のバーツ危機の責任をとるかたちで政界から引退し、サハ・ユニオン社長に専心。

　　　　　　　　　　　　　　（樋泉克夫）

アムポーン・ブーンパクディー 1909-87
黄作明　Amporn BOOLPAKDEE

元タイ中華総商会主席（1962-87年、連続12期）。バンコク生まれで▼澄海育ち。15歳でタイに戻り精米工場で働く。55年、同益泰（タンヤ・タイ）有限公司を創業し、米や農産物の輸出を始める。▼張蘭臣の知遇を得て、タイ政府の米輸出政策関連機関の責任者に就任。主席就任以後、▼華僑学校での中国語授業支援、華人生活援助などを進める。中華総商会の影響力が長期低落傾向にあった時代の主席。総商会最高責任者としては歴代最長。

　　　　　　　　　　　　　　（樋泉克夫）

アムヨ、ジャック 1920-？
Jacques AMYOT

カナダのケベック州出身の人類学者。元イエズス会士で、1947年秋から52年5月まで中国に赴任。52年から55年にかけてマニラに赴任。主として中国大陸を逃れてきた修道士の教育に従事した。55年シカゴ大学人類学学科大学院に進学し、58年3月から59年5月までマニラでフィールドワークに従事。その成果が *The Manila Chinese: Familism in the Philippine Environment* (Quezon City: Institute of Philippine Culture, Ateneo de Manila Univ, 1973) である。同著は、▼モーリス・フリードマンの薫陶により、当時不可能であった中国大陸での調査のかわりに、漢族の親族組織、社会組織の様態を遡及的に明らかにしようとする色合いが濃い。同著を通してフィリピン華僑・華人の範型――しばしば他の研究者から「チャイナタウン・チャイニーズ」として引合いに出される――を提示しえたことは、その後のフィリピン華僑・華人研究にとっての大きな救いとなっており、40数万人ともいわれるマニラの華僑・華人を対象とした包括的な民族誌が、アムヨ以降、カロリン・チェオン（Caroline CHEONG）の広東系華僑・華人に関する民族誌を除いて出されていないこととも相まって、十分に評価されるべきであろう。同著以降、タイでの農村社会学的研究に従事し、華僑・華人研究とも、フィリピンとも離れていたが、僧籍を離脱、マニラに帰還し、生涯を閉じる。

　　　　　　　　　　　　　　（宮原曉）

▷フィリピンの華僑・華人，マニラの華僑・華人

アメリカ・アジア銀行　アメリカ・アジアぎんこう
美国亜洲銀行　American Asian Bank

華僑・華人がサンフランシスコに開設した銀行。1974年香港の華人海運王董浩雲がシンガポールの▼ウィ・チョーヤオ、タイの▼チン・ソーポンパニット、フィリピンの李其昌、余経文らの海外金融界華僑・華人から資金を集めて組織。本店はサンフランシスコ。登記資本額1000万ドル。76年ロサンゼルス支店開設。成長著しく、83年段階で資本額6500万ドル。預貯蓄・ローン業務以外に、製造・貿易業を統合して輸出入業務、信用状発行、顧客融

資なども行う。世界各国120行と業務提携。84年カリフォルニアのトロント道明銀行を買収、資産総額1億3000万ドルとなり、州内に5支店開設。87年、州で30位以内の序列となったが、同年、安全太平洋銀行に買収された。
(司馬純詩)

『アメリカ華僑実録』アメリカかきょうじつろく
The Real Chinese in America

アメリカ華人に関する英文書。1923年にアメリカのアカデミープレス (Orang, New Jersey: The Academy Press) より出版され、1924年に上海で中国語版 (『旅美華僑実録』) が出版された。著者屠汝涷とし (Julius Su TOW) は駐ニューヨーク総領事館の外交官で、当時アメリカ社会における中国系移民問題に対して、「中国人は洗濯屋だけではない」など、エリートの角度からアメリカ華人の状況を紹介し、中国系人に対する偏見や一般的なステレオタイプを打破しようとした。
(曾櫻)

アメリカ華人歴史学会 アメリカかじんれきしがっかい
美国華人歴史学会
Chinese Historical Society of America

アメリカ華人歴史研究の学術団体。略称CHSA。公民権運動の最中、1963年にサンフランシスコで設立され、陳参盛 (Thomas CHINN) が最初の会長を務めた。66年にサンフランシスコで初めての中国系アメリカ人歴史博物館を創立し、写真、歴史文献、歴史遺品などを展示することによって、社会的に中国系アメリカ人の歴史への認識をアピールする。出版物に Bulletin (1966年以後) のほか、A History of the Chinese in California (1969)、The Life, Influence, and the Role of the Chinese in the United States, 1776-1960 (1976)、The Chinese American Experience (1983) など。87年に年刊学術誌 Chinese America: History and Perspectives を創刊し、以来、学術論文、口述歴史、翻訳論文など中国系アメリカ人社会と歴史に関する研究の最前線の成果を掲載することに多大な貢献を果たしている。
(曾櫻)

アメリカ洪門致公堂 アメリカこうもんちこうどう ⇨ 致公堂

アメリカ三邑会館 アメリカさんゆうかいかん
旅美三邑総会館
Sam Yup Benevolent Association

広東省の南海、番禺、順徳の3県出身者によって、1850年にサンフランシスコに組織された▼同郷団体。旅美三邑総会館が正式名称。目的は連絡交流と相互扶助の活動を行うことであり、協義堂という▼善堂がおもに葬儀のための互助組織としてあった。会館の主席は輪番制で選出される。現在も慈善活動や、華語学校の3県出身子弟に対する奨学金支給を行っている。
(吉原和男)

📚 朱杰勤主編『美国華僑史』広州：広東高等教育出版社, 1989.

アメリカ西北華人歴史学会 アメリカせいほくかじんれきしがっかい
美国西北華人歴史学会 Chinese Historical Society of the Pacific Northwest

アメリカ華人歴史研究の団体。1980年にワシントン州▼シアトル市で設立され、アメリカ北西部におけるアメリカ華人の歴史の研究と記録を目的とする。おもな活動は年次大会、歴史遺跡の見学、専門家による講演会など。84年から東アジア研究センター (The Center for East Asian Studies) および西ワシントン大学と提携し、年刊誌 The Annals of the Chinese Historical Society of the Pacific Northwest を出版する。
(曾櫻)

アメリカ同盟総会 アメリカどうめいそうかい

▼中国同盟会の支部組織。1909年12月末、▼孫文が在米華僑の反清団体を基礎に、ニューヨークで同盟会分会を組織したのを皮切りに、シカゴなど各地で分会がつくられ、翌年3月、サンフランシスコで各地の分会を統轄する組織としてアメリカ同盟総会が成立した。同会は李是男を会長として、博愛・平等・自由を宗旨とし、中国の民族・民権・民生の三大革命の実現を目標として掲げた。12年8月、国民党アメリカ総支部と改称した。
(嵯峨隆)

⇨ 中国同盟会

アメリカナイゼーション運動 アメリカナイゼーションうんどう
Americanization movement

19世紀末から20世紀初頭のアメリカにおける移民同化運動。南・東ヨーロッパからの移民が増加し、文化的な多様性を増した19世紀

末のアメリカでは、社会的統一性と国家的アイデンティティへの危機感が深まり、移民のアメリカ社会への同化を進める、いわゆる「アメリカナイゼーション運動」が始まった。当初この運動は、アングロ・サクソン文化への一方的な同化（いわゆる anglo-conformity 論）を主張する土着主義的右翼団体も、労働者福祉を通じて移民の適応力向上を図ろうとする寛容な社会運動団体も参加するものであったが、アメリカの第1次大戦参戦によるドイツ系移民への猜疑心や戦後の赤化労働運動への警戒心の中で、急速に右傾化し、文化的多様性を否定し、英語およびアングロ・サクソン文化を至上とする偏狭な同化運動になっていった。在米中国人もこの運動と無縁ではなく、中国人社会のさまざまなレベルで同化運動が進められた。だが、中国人側の意図はともかく、▼排華法下のアメリカにあっては、中国人はホスト社会によってアメリカナイゼーションからも排除されていたといえる。

〈森川眞規雄〉

📖 Philip Gleason. "American Identity and Americanization." In *Harvard Encyclopedia of American Ethnic Groups*. Cambridge, Mass.: Belknap Press of Harvard UP, 1980.

アメリカの華僑・華人 アメリカのかきょう・かじん

古代の中国船が用いた石の錨が米国西海岸で見つかっており、また西暦458年には中国人仏僧の一団が北米に上陸したものともみられ、米国にはコロンブスの「アメリカ発見」以前に中国人が来たともいう。だが、1785年に広州からボルティモア港に着いた米国船パラス号の船員のなかに中国人が3人おり、彼らが最も早く米国の土地を踏んだ中国人とするのが通説である。それでも、1820年代末のハワイのホノルル華僑は30〜40人、本土でも19世紀中葉で50人を超えなかった。多数の中国人がやってくるのは、48年1月のカリフォルニア州での金鉱発見以後のことである。▼ゴールドラッシュは中国人労働者を急増させ、52年には同州の全人口23万3856人中、中国系は2万5000人、全体の11％を占めた。その後金は枯渇するが、50年代以降、同州の新興産業に中国人労働者が従事しだした。彼らは同州でエビやアワビの捕獲を始めた最初の人々である。62年に米国議会で計画が可決された東西を結ぶ大陸横断鉄道建設にも多数雇用された。68年には1万2000人にのぼり、雇用労働者の5分の4を占めた。このほか荒地の開墾、農業などにも従事した。84年には、カリフォルニア州の農業労働者中、中国人が半分以上を占めた。当時、中国人労働者の多くは奴隷に近い状態で、▼苦力、豬仔などと呼ばれた。各地に▼チャイナタウンが形成されたが、広東省の六つの▼同郷団体である六大公司がこれを牛耳った。仲間争い（▼械闘）が絶えず、「トン（▼堂）戦争」と呼ばれた。斧を持った殺し屋がハチェット（斧）マンと呼ばれて恐れられた。だが、多数の中国人が殺到したため、脅威を感じた白人による人種差別の▼黄禍論が台頭、各地で中国人労働者が排斥された。82年5月には中国人排斥法（▼排華法）が議会を通過、中国人労働者は10年間入国を禁止された。その後、1943年までの61年間に中国人排斥のために制定された法令は15を数える。中国人労働者従事の職種は、料理業、理髪業、裁縫業のいわゆる▼三刀業や、▼洗濯業、家事使用人、零細雑貨商などに限られ、在米華僑は激減した。1920年には史上最低の8万5202人となった。すでに形成されていたチャイナタウンの多くも消滅した。

第2次大戦後の1952年、米国は▼移民割当制度に移行した。50年代には、中国人排斥の各州の条例も続々と廃止された。とくに65年には公民権運動、ベトナム反戦運動などが高揚する中で新移民法が可決され、華僑も増えだした。公式統計（センサス）によると、50年15万0044人、60年23万7214人、70年43万5062人、80年80万6027人、90年164万5472人と、10年ごとにほぼ倍増した。最近、中国からの▼外流が盛んとなり、新移民、▼新華僑とも呼ばれるが、その多くがアメリカ、カナダ、オーストラリアのアジア太平洋英語圏先進3か国とヨーロッパに向かっている。ここ20年ほどの間に、中国から少なくとも200万人が外流、うち60万人が北米地域に住みつき、同地域全体の中国系人口は不法移民も含めて（このため実際の数字は公式統計より多い）全部で400万人に達したという評価もある。毎年、米国に渡る中国人は約10万人で、ここ20年間に米国に入った中国人不法移民は合法移民を

はるかに上回る。98年に米国議会が発表した97年現在の全米人口2億6679万人中、アジア系は956万人、全体の4％を占め、うち中国系はアジア系の24％、239万人前後（2000年センサスでは結局約243万人、10年間の増加率は47.8％の高率だった）。僑団、僑校、僑報の「僑社三宝」も増えている。たとえば、僑校は97年現在634か所、生徒数8万人余りにのぼる。

90年の就業人口統計では、経営者、専門職の上層は全華僑・華人の35.9％と最も比重が高く、全体の3分の1以上、技術・販売、管理職の補助の中層は31.2％、サービス業、機械関係労働者その他の下層が3分の1で、全米平均よりずっと上・中層の割合が高い。かつての"三刀業"から多様化し、とくに学歴の高い「六師」業（律師〔弁護士〕、工程師〔技師〕、医師、教師、会計師〔会計士〕、高級技師）従事者が増えている。90％の中国系家庭の少なくとも1人の子どもが大学に通っている。留学生でも95年には中国系が11万人、全留学生の4分の1を占めた。米国で修士の学位をもつ者は25歳以上の人口中の7.2％を占めるが、中国系はニュージャージー州32.6％、テキサス州29.7％、ペンシルベニア州29.6％、カリフォルニア州、ニューヨーク州ともに15.1％である。95年に大統領賞を得た学生中、中国系は11人、全体の7％を占めた。中国系新移民の科学技術専門家は全米総数の2％を占め、宇宙飛行、航空、電子工学、コンピュータ、天文学、物理学、生物学、化学、医学、機械、全自動交通システム等々の分野ですぐれた人材を輩出している。米国現有の一流の科学者・技術者12万人中、中国系は3万人余り、全体の25％である。米国機械工程協会の12人の分会長中の半数以上、米国コンピュータ科学研究センターの19人の部長中の12人が中国系である。やや古い数字だが、80年代には全米80万人の中国系人中、科学研究・教育従事者約5万人、うち大学教授1500人、有名大学の学部長の3人に1人が中国系だった。97、98年と連続して中国系人がノーベル賞を受賞している。政界でも上院議員に加えて、98年には台湾生まれのデイビッド・ウー（呉振偉 David WU、1955年生）がオレゴン州民主党選出の最初の下院議員に当選。平均所得もここ数年アジア系がトップで、そのなかでも中国系が最高である。少し古いが、90年には一般家庭の平均所得4万3803ドルに対し、中国系はニュージャージー州6万7555ドル、カリフォルニア州6万5298ドル、テキサス州4万9173ドルだった。もっとも、移民時期、英語能力、専門的技能の有無等々で違い、貧富の差はかなり大きい。このため、主として貧困層の住むチャイナタウンも増えている。　　　　　　（游仲勲）

㊀華僑・華人の排斥［北米］，ニューヨークの華僑・華人

㊙劉漢標・張奧漢編『世界華僑華人概況』欧州・美洲巻，広州：暨南大学出版社，1994．／方美「近年来美国華僑華人経済発展蠡測」『八桂僑史』2期，南寧：広西華僑歴史学会，1997．／「新華人崛起演繹新角色」『亜洲週刊』（香港）1998年12月14-20日号．／餞開「当今美国華人族群意識種種」『華僑与華人』2期，広州：広東華僑華人研究会，1999．

アメリカの中華会館

アメリカには広東省のいくつかの地域からの出身者が結成したそれぞれの同郷会館や同姓団体、職業団体などがあったが、"中華会館はそれらの上位機構として位置し、各種団体間の紛争解決や利害調整、共通の問題への対処を目的とした。中華公所という名称も使用されている。

サンフランシスコには中国語で駐美中華総会館と表記される全米の中華会館（公所）の統合機構があり、中国の出身地区別に組織された三邑会館、陽和会館、人和会館、寧陽会館、合和会館、岡州会館、肇慶会館の代表によって構成される。アメリカの華僑・華人社会の最上位機構ともいえよう。当地の華僑はすべて広東省の出身とはいえ、方言や生活慣習にも違いがあって利害対立が表面化することがあったので、会館間の紛争解決と利害調整がおもな機能であった。また、在米華僑の商業活動に関わる業務のほか"チャイナタウンの治安維持をも業務とした。1908年に中華総商会の前身団体ができると、商業に関わる業務をこれに譲った。以後サンフランシスコ以外にも中華会館は設立されるが、中国の駐米総領事館などと地元華僑社会との仲立ちの役割をも担っている。

ニューヨークには1883年に中華公所が成立

している。組織名称は異なるが、機能は中華会館と同一である。カリフォルニア以外にも華僑の人口増大が見られた結果である。一方、華僑の入植が早かったハワイにも、1882年には駐米中国公使の働きかけによって檀香山（ホノルル）中華会館が設立されている。現在では、これ以外にカリフォルニア州に8か所（サクラメント、ストックトン、サンタクルス、フレスノ、ベイカーズフィールド、サンタバーバラ、ロサンゼルス、サンディエゴ）、シカゴ、ボルティモア、ボストン、ワシントンDC、フィラデルフィア、ピッツバーグ、オーガスタ、サンアントニオ、シアトル、ポートランドにも中華会館ないし中華公所がある。　　　　　　　　　　　（吉原和男）

⇒アメリカの中華総商会
參内田直作『東洋経済史』Ⅱ、千倉書房、1976.

アメリカの中華総商会

アメリカ華僑・華人の経済団体のうち、1904年12月に設立され商務局を名乗ったニューヨーク、05年に設立され金山華商総会の名をとったサンフランシスコ、11年に設立され当初は華人商会としたハワイのそれが、アメリカ三大中華総商会である。他の中華総商会と同様、いずれも相互の経済協力を促進するために設立された。ニューヨークの組織は、永和昌、広源盛など30社の企業が発起して結成された。1907年にサンフランシスコの例に倣って華商総会と改名、33年に始めた募金運動が成功を収め、新ビルに移るとともに規約改正を行い、州政府にニューヨーク中華総商会名で登録した。50年代と60年代の2回、新しい場所に移転、規約を改正した。サンフランシスコの組織は、客商など二つの公所が合併したもので、加盟企業は139社、毎年職員選挙を行い、当初は清朝政府の農商部に報告したが、▼辛亥革命後の1913年からは大使館に報告するだけにとどめた。17年には名称を旧金山中華総商会（サンフランシスコ中華総商会）に改めた。ハワイの組織は1926年、今日のハワイ中華総商会（別名ホノルル中華総商会）名を名乗った。95年現在の会員数は300人余り、ほとんどが▼華裔の資産家である。経済力が大きく、同地で最も有力な社団の一つである。50年から春節4週間前の週末に▼水仙祭りを設け、▼舞獅、歌舞音楽、ファッションショーなどを行うほか、クイーン、プリンセスを選び、各地を親善訪問している。以上のほか、1917年設立のニューヨーク大陸総商会、55年設立の羅省（大ロサンゼルス地区）中華総商会などもある。
（游仲勲）

⇒中華総商会
參『世界華僑華人詞典』／『華僑華人百科全書』社団政党巻.

アメリカ保皇会

アメリカ華僑の改良派組織。1899年7月、▼康有為らによってカナダのビクトリアで▼保皇会が結成された後、各地に組織がつくられた。このうち、アメリカでは1903年までの間にカリフォルニアなど6総部（67支部）が組織された。06年9月、清朝が預備立憲の詔勅を発すると、同会は翌年「海外五洲中華憲政会僑民」の名義で請願書を送り、国会即時開設の建議を行った。このほか、華僑に▼辮髪を切ることを呼びかけるなど風俗改良運動も行っている。
（嵯峨隆）

アメリカ留学組

第2次大戦後、アメリカへ留学した頭脳流出組のなかには、のちにノーベル物理学賞を受賞する▼サミュエル・C.C.ティン（丁肇中）や、ノーベル化学賞受賞のユアン・T.リー（▼李遠哲）がいる。1979年の改革開放以後、中国本土からの留学生が増えるとともに、中国共産党幹部子弟「太子党」のアメリカ留学組も多く、卒業後は米中間を橋渡しするバイリンガル・エリートとしてハイテク分野や国際ビジネス、国際金融分野に参入している。
（村上由見子）

『アメレイシア・ジャーナル』
Amerasia Journal

アジア系アメリカ研究学術誌。1970年にエール大学▼アジア系アメリカ人学生協会（Asian American Students Association）のメンバーにより創刊された。71年にエール大学で2号が発行された後、編集者のチュン・ホン（CHUN-HOON）とともにカリフォルニア大学ロサンゼルス校のアジア系アメリカ研究センターへ移った。以来、同センターより発行している。アジア系アメリカ研究分野で最初の学術誌として、多分野にまたがる学術論文やアジア系アメリカ文学作品などを

収集し、年3回刊行されている。掲載されている論文や文学作品の多くはアジア系アメリカ研究分野で優れた業績をあげている学者や新鋭作家によるものであり、同分野に多大な貢献をもたらし、教育者、研究者および学生に大きな影響力をもっている。
（曾纓）

アモイ
厦門　Amoy

　福建省南東部アモイ湾にある港市。厦門の福建音が英語化してAmoyと呼ばれる。アモイ島の南西岸に位置し、同省最大の漁港であるとともに、福州と並ぶ大商港の一つである。行政上は九龍江の流域に当たる漳州に属するが、漳州府の所在地は海に臨んでいないため、アモイ湾内にいくつかの外港ができ、その一つとして成長した。宋、元時代から外国貿易港として栄えた泉州に近いため、アモイ湾内の港湾は泉州の衛星港となった。また付近には▶金門島をはじめ小島が多いため、早くから海賊や密貿易者の根拠地であった。明滅亡後、1650（順治7）年に▶鄭成功がここを根拠地として思明州と改めて以来30年間、鄭氏一族の領地であった。80（康熙19）年完全に清の領有となってからは、水師提督を駐在させ、のち泉州海防同知を、次いで興泉永道を駐在させた。鄭氏の領有時代からすでにイギリスやオランダの商船が出入りしたが、1842（道光22）年の南京条約によって5港の一つとして開港されてからは、上海、香港、台湾、東南アジアを結ぶ中継貿易地として発展した。茶、紙、果実、海産物などを輸出するほか、米穀、肥料、綿糸などを輸入し、貿易額は全省の半ばに達した。南洋（東南アジア）華僑の主要な出発港の一つであり、ことに台湾との関係は密接で、台湾移住の漢人はほとんどここを経由した。対岸の鼓浪嶼（コロンス）は1904（光緒30）年万国共同租界として開放されたところで、アモイとは対照的な美しい市街が見られる。

　上海海関税務司であったH.B.モースは1903年の貿易報告の中で、アモイ海関税務司による華僑送金額の概算をまとめている。すなわち、マニラ、ジャワ、海峡植民地で働く250万人のアモイ出身者は、年間1000万ドル以上を送金しているし、1903年に海外から帰郷した6万6000人は、現金でおよそ600万ドルを携帯して帰った。これらの無形（invisible）の資金の供給は、貨幣という有形貿易の輸出超過を相殺するのに十分な額であり、数百万人の華僑からの送金は、債務超過国である中国の輸出入の入超の一部を埋めるものであった。

　現在のアモイも、改革・開放政策の進展にともなって、華僑の故郷としての地位を利用した海外からの本国送金・華僑投資が相次ぎ、郷鎮企業と呼ばれる、農村における中小規模の工業化が盛んで、アモイを中心に閩南三角地帯計11県の経済開放区をなしている。
（濱下武志）

厦門亜熱帯植物農場　アモイあねったいしょくぶつのうじょう
厦門亜熱帯植物引種場

　アモイ帰国華僑連合会が企画、海外華僑の支持を得て1959年創設された亜熱帯植物農場。移植・栽培地面積は約13ヘクタール。創設当初から66年の▶文化大革命まで、東南アジア華僑を通して、食糧、油、果物、野菜、花、香辛料などの12類、300種目近くの亜熱帯植物を移植・栽培。文化大革命中ははなはだしく破壊された。現在、中国におけるおもな亜熱帯植物研究センターの一つとなっている。
（廖赤陽）

參『厦門華僑志』

アモイ式簿記　アモイしきぼき
厦門簿記

　華僑系中国簿記の一種。福建南部出身の閩南華僑が故郷を離れ、東南アジアや日本などで商店を構えても、同帳簿システムを用いる。台湾における在来の中国簿記法も同簿記の原理と共通する。19世紀末から20世紀前半のアモイ出身長崎華商・▶泰益号の帳簿が同簿記の実例を提供した。同帳簿は金銭の収入と支出に基づいて記録・計算するもので収支式簿記と呼ばれ、中国固有のある段階まで成熟した一種の複式簿記。
（廖赤陽）

団 華僑帳簿
參 戸田義郎「南支系中国簿記の研究」『支那研究』23-1, 1942.／山岡由佳, 1995.

厦門商業銀行　アモイしょうぎょうぎんこう

　1920年6月、華僑の廖中和、葉清池が資金を集めて▶アモイに創設した銀行。21年5月

アモイ簿記の一種。長崎華商「泰益号」の決算帳簿『結彩豊盈』。辛丑（1901）年損益計算書

に30年間の経営権で北京政府に登録、払込資本金は60万銀元。会長は廖中和、社長は欧陽沢。26年、上海に支店を、寧波に事務所を設けた。営業範囲は定期預金、普通預金、当座預金、定期貸付、担保付貸付、国内外為替など、すべての商業銀行業務にわたったが、34年に世界恐慌に見舞われて営業停止となり、35年11月に倒産した。

(劉暁民)

厦門浄水場会社 アモイじょうすいじょうがいしゃ
厦門自来水公司

▼華僑投資で1923年にアモイに設立された水道会社。インドネシア華商の▼黄奕住が筆頭株主。浄水場や関連施設を建設、市民に良質な水道水を提供、アモイの淡水供給不足とその衛生状況の改善に貢献。日本占領期に日本軍によって厦門水電公司に合併される運命になり、はなはだしい破壊を受けた。日本投降後に経営権回復、56年▼公私合営化。

(廖赤陽)

圏『近代華僑投資国内企業史資料選輯（福建巻）』／『厦門華僑志』

厦門小刀会 アモイしょうとうかい

シンガポール華僑の陳慶真が▼アモイに創立した清朝反対の民間▼秘密結社。闘南小刀会、福建小刀会ともいう。1850年6月タイ帰国華僑の王真らと厦門旗杆脚五祖廟で小刀会を創立、その勢力は福建省南部各県、台湾島に及んだが、51年1月、創立者らが清政府に捕殺された。53年初めに江源・江発兄弟により再建され、会員数が1万人近くもあったが、江兄弟も殺害された。同年5月、黄徳美らが率いた小刀会の義兵も失敗に終わった。

(劉暁民)

厦門大学 アモイだいがく

1921年4月にシンガポール華僑▼タン・カーキーが福建省▼アモイ市に創設し、現在は中国政府教育部直轄の総合大学。初代学長は▼林文慶。創立当初はタンが企業利益と東南アジア華僑の寄付金をその日常経費に当てていた。37年に国立大学となり、抗日戦争中は校舎が福建省西部の長汀県に移されたが、46年アモイに戻った。62年に国家の重点大学に指定されたが、その後も華僑・華人からの支援が大きい。現在は敷地面積が145.9ha、図書館の蔵書が約190万冊あり、経済学院、化学化工学院など12の学院、28の学部、62の専攻をもち、また▼厦門大学南洋研究院、陳嘉庚研究室など、41の研究機関がある。教師および研究者が1400人、そのうち教授、助教授が800人近くいる。在学生1万人余り、大学院生1600人余り、外国人留学生250人余りがおり、台湾、▼香港、▼マカオからの学生が180人余りいる。華僑・華人、海外、台湾、経済特区向けの学校運営に特色がある。

(劉暁民)

厦門大学南洋研究院 アモイだいがくなんようけんきゅういん

▼厦門大学に所属する研究機関。その前身の厦門大学南洋研究所は1956年10月、中国最初の華僑・華人問題および東南アジア政治・経済・歴史の専門的研究機関として設立され、その下に華僑研究室、政治経済研究室、歴史研究室、翻訳編集室、資料室、事務室が設置

された。創立当初から東南アジア華僑の研究に重点を置き、なかでも▼帰国華僑、福建省晋江地区▼僑郷、▼契約華工、▼広東・▼福建・上海の華僑系国内企業史などに関する調査研究が目立った。華僑・華人研究はもとより、東南アジアの政治、経済、文化、教育、民族、宗教、中国・東南アジア関係史、発展途上国経済の研究も展開し、多くの業績をあげた。96年4月、南洋研究院に昇格し、華僑・華人研究所、東南アジア経済政治研究所、中外関係史研究所、また『南洋問題研究』（74年創刊）、『南洋資料訳叢』（57年創刊）の両季刊誌の編集部などが所属、研究者は38人、蔵書数約4万冊、中国語・外国語の雑誌・新聞が1630種類ある。
(劉暁民)

厦門中山医院　アモイちゅうざんいいん

シンガポール華僑の▼林文慶、帰国の▼黄奕住が、地方の有力商人と計って1933年創設した慈善病院。「孫中山を記念し、地方福利を増進する」という主旨のもとに発起された。林文慶が初代院長に就任、貧窮者は無料診察が受けられた。38年日本占領下では日本海軍医院、60年代の▼文化大革命中はベチューン医院と改称、81年中山医院に戻った。88年基金会が創設され、海外華僑・華人から医療機器や寄付金が贈られている。
(帆刈浩之)

厦門電力会社　アモイでんりょくがいしゃ

厦門電灯公司

1913年、アモイ商人陳耀煌・黄慶元、華僑洪雪堂・鄭定坤らにより創設された電力会社。34年厦門電灯電力公司に社名変更、資本金を140万元に増資、うち80％は華僑資本。日本占領期に、厦門水道会社と強制合併され厦門水電公司に改名。日本降服後に福建省政府に接収され、51年の▼公私合営化を経て、56年国営厦門電廠に改組。
(廖赤陽)

圏『近代華僑投資国内企業史資料選輯（福建巻）』／『厦門華僑志』

厦門淘化食品缶詰会社　アモイとうかしょくひんかんづめがいしゃ

厦門淘化食品罐頭公司

1908年にフィリピン華僑の楊格非が▼アモイ鼓浪嶼に設立した食品缶詰製造工場。果物、漬物の缶詰や醤油などを製造し、東南アジアにも輸出した。後に楊は社長をやめ、13年▼タン・カーキーと共同出資して、アモイ虎頭山麓に大同醤油工場を設立した。27年に淘化・大同両工場は合併・増資して厦門淘化大同公司となった。第2次大戦中、日本占領下に麻痺状態となり、戦後復興後、55年公私合営化され、翌年厦門醤油工場に合併された。
(劉暁民)

アモイ・ネットワーク

福建省南部沿海部に位置する貿易港に▼アモイ（厦門）がある。明代には沿海の水軍の防衛基地として中左所と呼称され、明朝崩壊以降、明朝を復興しようとした▼鄭成功が同地を根拠地として復明活動を行い、思明州と呼ばれた。鄭成功が台湾に遷って、清朝の統治が行われ「厦門」と呼ばれた。アモイは港市としては、明代後期より東南アジアをはじめとする海外諸国との交易を行う貿易船の港として栄えた。とりわけ清代になり台湾が清朝の支配下に入ると、台湾へ渡航する福建、広東の人々の渡航口ともなったのである。清代においてアモイは、マニラ、ジャカルタ、シンガポールをはじめとする東南アジア島嶼部の港市、さらには中国大陸沿海部の港市を結び、沿海貿易・海外貿易の重要な基点の一つになった。1903（光緒29）年のアモイ税関の資料では、中国人のアモイからの出国は9万7034人あり、そのうちシンガポールへ6万9000人、フィリピンへは5100人、サイゴンへは2300人、香港は5600人である。外国から帰国しアモイに上陸した人数は6万6115人、そのうちシンガポールから2万7000人、フィリピンから1300人、サイゴンから465人、香港から2万1700人であった。これら海外渡航者1人当たりの外国から持ち帰った金額が100元と概算すると、1年に外貨600万元がアモイ港から中国国内へ流入し、さらに海外で生活する中国人が250万人以上にのぼり、これら海外華僑各人が毎年郷里に送金する金額を5元とすると1000万元以上となり、計1600万元もの金がアモイを通じて中国国内に流入していたと推定される。アモイは外貨獲得の重要な窓口でもあった。このようにアモイは明代後期以降、漸次20世紀中頃まで、日本も含めインドシナ大陸以東の沿海港湾都市をほぼ包含する巨大な交易圏を形成するのである。このような交易圏を形成した背景には、海外

へ渡航し、東南アジアにおいて生活基盤を形成した福建、広東などの移民が、望郷の念を思い日常生活物資などに故郷の物資を求め、それらを媒介する形態で海外貿易が拡大していった側面も否定できない。1980年代以降中国の対外開放政策の展開により、アモイは▼経済特区の重要な拠点として、外資流入の、あるいは対外貿易港としても注目されている。　　　　　　　　　　　　　　　（松浦章）

圏 Ng Chin-Keong. *Trade and Society*. Singapore UP, 1983.／厦門市編纂委員会ほか編『近代厦門社会経済概況』厦門：鷺江出版社, 1990.／田汝康『17-19世紀中葉中国帆船在東南亜洲』上海人民出版社, 1957.

アモン、ロウレンス 1949-
劉国昌　Lawrence AH MON

香港を本拠とする映画監督。南ア共和国のプレトリアに生まれ、香港に移り高校を卒業。その後南カリフォルニア大学に留学し、映画学で修士号を取得。1978年に帰国、一時▼ツイ・ハークの助監督などを務めたが、香港電台（RTHK）に入り、社会派TVドラマシリーズ『獅子山下』や『香港香港』などの演出を担当した。86年に退社、翌87年『ギャングス』で映画監督デビュー。不良少年たちの生態をリアルに描いて注目された。1、2部に分かれた『リー・ロック伝 大いなる野望』（91年）では、60年代・70年代の香港警察裏面史を描き、▼アンディ・ラウ、アーロン・コク（Aaron KWOK、郭富城）という二大スターの起用もあって話題になった。さまざまな傾向の映画を撮っているが、リアルな描写には定評があり、香港国際映画祭では『跟我走一回』（95年）が95年のクロージング・フィルムに、『無人駕駛』（2000年）が2000年のオープニング・フィルムに選ばれている。（松岡環）

アヤ ⇨ アマ

アユタヤ
阿瑜陀耶　Ayutthaya

タイ国のアユタヤ王朝（1351-1767年）の首都。チャオプラヤー川とロップリ川の合流

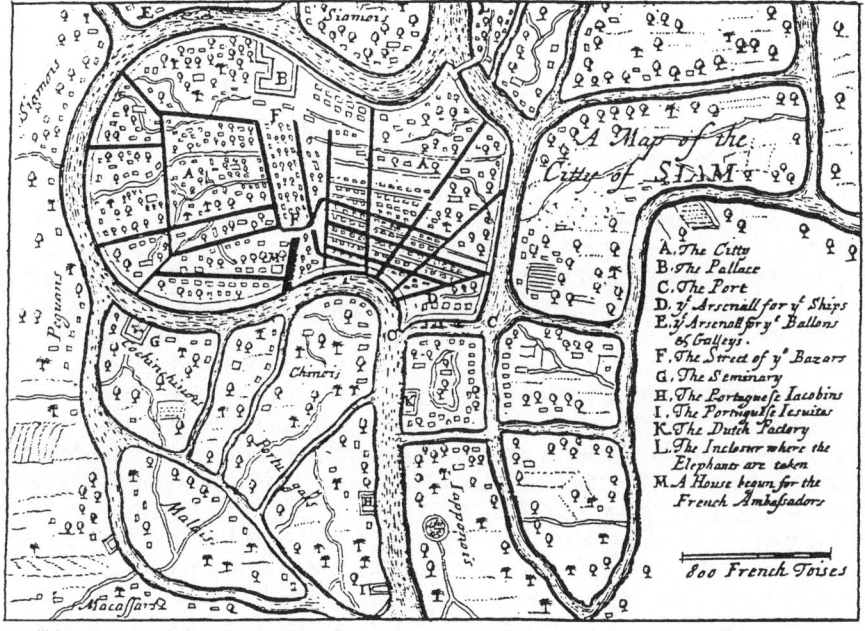

17世紀アユタヤの市街図。中央左側に Chinois の表示が見られる。
出典："A Map of the City of Siam." In La Loubère. *A New Historical Description of the Kingdom of Siam*. 1693.

点に位置し、西方はマレー半島西海岸の諸港を経てベンガル湾交易圏に接する一方、東に向かってはタイ湾を経由して中国の市場に通じるという立地条件に恵まれ、1819年に英領シンガポールが登場するまで、後継のトンブリ、バンコクとともに東西の物産の集まる東南アジア大陸部最大の港市として王室貿易を中心に繁栄した。後背地の産する米は、マラッカやバタビアなど、島嶼部の諸都市へ輸出されてその人口を支えた。南宋の宰相陳宜中が元軍に追われて走ったとされる「暹だ」をアユタヤに比定するとすれば、同地には13世紀末までにはすでに華人の居留地があったものと思われる。1324年に創建された首都南東郊の大仏は、今日もなお華人の信仰を集めている。租税として国内各地から集荷された物産は、王室華人などの運航する「唐船」によって輸出され、その利益は王庫を富ませた。
(石井米雄)

アユタヤ銀行
大城銀行　Bank of Ayudhaya

　タイの華人系銀行。1945年、プラサート・ルチラウォン警察長官を頭取にタイの政界・国軍の要人によって古都アユタヤで設立。48年に本店をバンコクに移す。57年の「兵団クーデタ」で実権を握ったプラパート将軍の後ろ盾を得たチュワン・ラッタナラックが総経理に就任。翌年にワン・ブアスワン（王慕能）の手から経営の実権を掌握。以後、73年の「学生革命」でプラパート将軍が失脚するまで、同将軍の強大な政治的影響力を背景に経営を拡大した。82年、株式の40％前後を取得、実子のクリット・ラッタナラックが行政総裁に。93年にチュワンが亡くなるとクリットは従来の家族経営体制を改め、自らは主席兼行政総裁となり、外部からアナン・タンタサワッディー（陳増錦）を総裁に迎えた。この経営改革が奏功し、97年の経済危機でも経営権を守った。現在、アユタヤ銀行は華人系第3位の規模で、同行とサイアム・シティ・セメント（タイ全体で第2位）、アユタヤ保険の3社を中心に、運輸、保険、航空、倉庫、セメント、不動産開発、建設、サイロ、証券、製粉、金属加工、TVなどの系列企業があるアユタヤ銀行グループを形成している。

さらに韓国企業と合弁でアユタヤ・ディベロップメント・リースを興す一方、サハウィリヤ・グループにも投資し製鉄部門に進出している。
(樋泉克夫)

アライド・グループ
聯合集団　Allied Group

　リー・ミンティーが創立した香港上場企業。1986年にリーが兆安地産と新昌地産を買収し、アライド・グループ（AG）、アライド・プロパティーズ（AP）と改名して上場。AGを持株会社として、多数の企業の買収、売却を繰り返した。93年リーが顧問に退いた後は、息子のリー・センフイ（LEE Seng Hui、李成輝）がAGのCEO（最高経営責任者）となった。ユナイテッド・アジア・ファイナンス社（消費者金融）、AP（HK）社（不動産投資）、サンフンカイ・プロパティーズ（一部出資）、ティアン・アン・チャイナ投資会社（中国本土への不動産会社。サンフンカイの子会社）などを傘下に有する。センチュリー香港ホテル、ウェスティン・フィリピン・プラザ・ホテルに次ぎ、香港の北角インズポに大型ホテルを建設。鹿島建設との合弁のアライド・カジマ社が建てた湾仔ワンチャのアライド・カジマ・ビルに本社を置く。
(山田修)

アリババ商法
Alibaba Business

　マレーシアやインドネシアで企業経営形態について使われる言葉。「アリババ」は漢字では阿里峇峇。「アリ」はマレー人によくある名前、「ババ」はババ華人、ひいては華人一般を指す。マレーシアでは1957年の独立後、多数派のマレー人の経済発展を促そうと、マレー人に種々の特権を認める一方、華人にはさまざまな規制を加えた。そのため華人は、企業経営を容易にするため、マレー人の名前で企業を設立したり、名目的な経営者にマレー人を迎え、実際の経営権は自ら握るという手段で、これに対抗した。このような手法をアリババ商法という。インドネシアでも独立以来同様な事態が起きており、スハルト時代の大統領一族と華人大企業家（チュコン）との結び付きも、アリババ経営の一種といえる。マレーシアでは、1970年代からの新経済政策によってマレー人企業家が台頭、

今日では華人企業家と対等に近い、場合によっては対等以上の力をつけたため、アリババが批判されることはほとんどなくなった。

(原不二夫)

RHB銀行
興業銀行　RHB Bank Bhd.

華人銀行から1990年代にブミプトラ銀行に転換したマレーシアの銀行。1965年に▼リー・ハウシクが Development and Commercial Bank (DCB) の名称で設立、76年▼新経済政策に合わせてブミプトラに株式の30％を売却、83年クアラルンプール証券取引所に上場。80年代には資産規模で国内5位の地場銀行。88年のリー死去後、持株会社ロクシー (Roxy Malaysia Bhd.) は次男のアレックス・リー (李裕盛) が継いだが、アレックス自身は経営陣に加わらず、ロクシー社もしだいにDCBの持株を売却、90年にはマレー人実業家ラシド・フサイン (▼ロバート・クオク・ホクニエンの女婿) が筆頭株主となり、同行は華人銀行から名実ともにブミプトラ銀行となった。97年ラシド主導下に広益銀行と統合、RHB銀行 (Rashid Hussain Bhd. の略記だが、これが正式名称) が誕生。ただ華語名は「興業銀行」が引き続き用いられている。RHB銀行は中央銀行から十大基幹銀行に指定され、99年にはサイム銀行 (Sime Bank) の吸収が決まった。

(原不二夫)

アルカイセリア・デ・サン・フェルナンド
Alcaicería de San Fernando

スペイン領マニラのパシッグ川河口のサンティアーゴ要塞の対岸に設けられた中国商人・乗組員、ムスリム商人など非カトリック教徒の一時滞在者を収容する商業・宿泊施設。「アルカイセリア」は絹市場・絹問屋街を意味する。1755年のアランディア総督による非カトリック教徒中国人追放を機に設置され (1758年完成。62年説もある)、82年には税関も置かれた (1829年まで)。一方、▼パリアンは、カトリック教徒中国人移民を主体に他の諸島住民も活動する商業センターに変容した。アルカイセリアは、アーケードを備えた1階が店舗で2階は宿泊施設などからなる建物が八角形の中央広場を取り囲み、その背面に沿って壁がめぐらされた特異な形態で、パシッグ川に面した出入り口は埠頭になっていた。その後、貿易の自由化、税関のイントラムロス (マニラ城壁内、すなわち本来のマニラ市) 移転、中国人移民に対する宗教上の制限の撤廃などにより、その存在意義は減じた。1856年にタバコ倉庫になったが、63年の地震で破壊された。跡地は現在、小学校になっている。

(菅谷成子)

安海港
Anhai gang

帆船時代を通じて、福建省の南部で隣り合う▼泉州と▼漳州という貿易の中心地には、それぞれの湾口に二つずつの衛星港 (鎮市) が育った。安海港は泉州晋江湾のすぐ西にあり、唐の開元・天宝 (713-755年) 期からアジア貿易の海商が輩出、北宋半ばから泉州市舶司の支庁があり、日本、朝鮮半島、東南アジアへの華僑活動も生じた。明代に安平鎮と呼ばれ、安平商人は徽州商人 (▼新安商人) と並んで、華東・華南から海外にかけての通商でその名を広く記録にとどめている。明代の▼海禁政策と晋港湾の浅瀬によって市舶港の泉州が衰え、これに代わって月港 (漳州澄海港、▼アモイの対岸)、および安海港が浮上したためである。安海港はフィリピン、シャム、マレーをはじめとする貿易、そして華僑送出の中心の一つとなり、明末の▼鄭芝龍もこの地から現れた。現在は開放政策のもと、「閩南の黄金の三角地帯」すなわちアモイ市以下11県のなかの重要な一角をなしている。

(斯波義信)

安海港史研究編輯組編『安海港史研究』福建教育出版社, 1989.

安渓民営自動車運送会社
安渓民弁汽車路公司

▼華僑投資により福建省安渓県に設立された運送会社で、自動車道路の建設も行ったところから商号を汽車路公司といった。1928年▼アモイの安渓県同郷会会長の葉采真と華僑の陳丙丁らの発起でインドネシア、シンガポール、マラヤなどの華僑から100万銀元を集め、安渓県北石・同安県小西間を幹線とし、安渓・魁斗間、安渓官橋・西坪間を支線として自動車道路の建設を始めた。同年末、官橋経由の安渓県澳江・龍門間の道路15kmが開通

し、31年4月には安渓・同安間の道路62.38kmが全線開通した。10月、福建省建設庁は同社に営業免許を発行し、30年間の特許を与えた。その後、安渓・魁斗間10km、官橋・西坪間20kmの道路も相次いで開通した。安渓・同安間道路の開通は「帰国華僑が安渓県へ出入りする交通条件を改善したばかりでなく、安渓とアモイとの物資交流をも促進した。抗日戦争中、同自動車道路はすべて破壊されたが、戦後の46年7月に資金6億元（国幣）を集めて修築し、同年末、まず龍門・同安間の道路を開通させた。55年国営企業に合併。

(劉暁民)

圏『近代華僑投資国内企業史資料選輯（福建巻）』／『世界華僑華人詞典』

アン・シー、テレシタ 1949-
洪玉華　Teresita ANG SEE

フィリピン華人の現地社会への統合を目指す「フィリピン華裔青年聯合会（KAISA）の創立メンバー、役員。「世界海外華人研究学会（International Society for the Studies of Chinese Overseas / ISSCO）副会長。アテネオ・デ・マニラ大学等講師。夫は人類学者「チンベン・シー。中西学校（Anglo Chinese School）、中正学院（Chiang Kai Shek College）を経て、国立フィリピン大学卒業。華人の文化伝統・歴史的貢献を尊重しつつ統合を進める立場から英語・フィリピノ語による隔週刊 *Tulay*（橋）の編集長。フィリピン華人による社会文集 *Crossroads* など、英・華文の編著作多数。反組織犯罪の政府委員会委員長、反麻薬使用市民運動などに従事し、保守的華人の傍観者的態度を批判。2001年1月のエストラーダ大統領退陣時にも市民集会に積極的に参加した。

(菅谷成子)

安政開港　あんせいかいこう

幕末の安政期（1854-59年）、日本が長年にわたる鎖国を解いた対外開放。19世紀中葉に中国と日本の開港をもたらした西欧諸国の東アジア進出は、ヨーロッパ商人がインド・中国貿易を中核とするアジア域内交易（地方貿易）に進出する18世紀後半から本格化した。1840-42年の「アヘン戦争でイギリスに敗れた中国は42年南京条約を結び、上海など5港を開港し公行を廃止して自由貿易に移行した。中国の開港はこのようにイギリス主導で行われたのに対し、日本の開港はアメリカ合衆国が主導した。アメリカでは当時、対中国貿易拡大のためにカリフォルニアと中国沿岸を結ぶ太平洋横断蒸気船航路の開設が求められており、石炭補給のための中間寄航地確保が課題であった。また北太平洋での捕鯨船の漂流民保護と薪炭・食料補給、避泊港も必要としていたアメリカは、1853（嘉永6）年東インド艦隊司令長官ペリー（Matthew C. PERRY）を日本に派遣し、翌54（安政元）年日米和親条約が締結された。58年駐日領事ハリス（Townsend HARRIS）との間に日米修好通商条約（14条、付属貿易章程7条）が締結され、神奈川（横浜）、長崎、箱館、新潟、兵庫（神戸）の開港と江戸、大坂の開市が決まった（神奈川、箱館、長崎は翌年開港）。アメリカに続いてオランダ、ロシア、イギリス、フランスと修好通商条約が締結された（安政五か国条約）。領事裁判権、協定関税（関税自主権の喪失）、片務的最恵国待遇などの条項を含む不平等条約であったが、外国人の遊歩区域は開港場10里（約39km）四方に限定され、1858年の清と英仏などとの天津条約が認めていた商業目的の内地旅行は禁止され、居留地貿易制度がとられた。アヘン貿易禁止も明記された。

(古田和子)

圏石井孝『日本開国史』吉川弘文館、1972. ／石井寛治・関口尚志編『世界市場と幕末開港』東京大学出版会、1982. ／梅村又次・山本有造編『日本経済史』3「開港と維新」岩波書店、1989.

『アンティ・チャイニーズ・バイオレンス・イン・ノース・アメリカ』
Anti-Chinese Violence in North America

北米における排華運動の暴行に関する英文論文集。編者はアジア系アメリカ研究の学者ロジャー・ダニエルズ（Roger DANIELS）。1978年にニューヨークのアルノー・プレス（Arno Press）から出版された。19世紀末から20世紀初期までワシントンD.C.、「シアトル、ロサンゼルス、バンクーバーなど北米各地に起きた反中国系人暴行を記述した論文十数編を収録している。

(曾櫻)

晏店　あんてん

1950年代まで香港にあった広東系の大衆食堂の業態で、打店ともいう。晏は広東語で昼

食を指す。往時の労働者は夕食は家で、昼食は外食で簡単にすませるのが習慣で、晏店はそういう人たちに、焼臘飯（とり類や叉焼などのロースト類のぶつ切りをのせたご飯）、礤頭飯（おかずをのせた皿盛りのご飯）、粗品小菜（粗末な郷土料理や総菜）などを供した。潮州系の晏店は打冷で、「苦力のようなつらい仕事につく出稼ぎ同郷人のために24時間営業した。

(飛山百合子)

安藤百福 あんどう・ももふく 1910-
呉百福

日本に帰化した台湾出身の実業家。本名は呉百福。台湾台南県東石郡の生まれ。小さいうちに両親を亡くし、繊維織物の問屋業を経営する祖父母に兄妹とともに育てられた。22歳のとき、日本から仕入れたメリヤス製品を販売する最初の会社「東洋莫大小」（東洋メリヤス）を台北市永楽町に設立した。1933年、大阪に進出してメリヤス製品の集荷と問屋業務を主とする会社「日東商会」を創設した。34年に立命館大学専門学部経済科を卒業するまでに、会社の業務に携わりながら多忙な社長生活を送った。戦後まもなく、大阪府泉大津市に国民栄養科学研究所を設立して、牛や豚の骨からエキスを抽出したタンパク栄養剤を製造した。55年頃、理事長を引き受けた信用組合が倒産、事業に失敗した。すべての事業から身を引いたあと、57年に大阪府池田市の自宅で即席めんの開発研究を始め、その成果として翌年8月25日にインスタントラーメンの第1号、チキンラーメンが日清食品（前身はサンシー殖産）によって製造・販売された。同社はこの日を「ラーメン記念日」と定め、63年東京と大阪両証券取引所第2部に株式上場を果たした。99年11月には発祥の地である池田市にインスタントラーメン発明記念館がオープンした。このほか、試行錯誤を繰り返しながらも、71年9月18日にお湯さえあればどこでも食べられるカップヌードルの開発も成功した。82年勲二等瑞宝章を受章。収益を社会に還元することにも熱心で、83年に私財41億円を投入して日清スポーツ振興財団を設立した。食品技術の向上にも強い関心をもち、94年に創設した安藤百福記念基金は、新しい食品の創造・開発を奨める「食創会」活動の一環として、食品の基礎科学の研究、創造的・革新的な食品の生産加工技術開発などに貢献した者を対象に、表彰事業を展開している。食文化の功績が認められたことで、96年に立命館大学から名誉経営学博士号を授与された。現在（2001年9月）、日清食品の会長を務めており、次男の安藤宏基は85年から社長に就任。著書に『食は時代とともに』（旭屋出版、1999年）がある。

(劉文卿)

参 楊文魁「日清のチキンラーメン」宮本貢編『最新華僑地図』朝日新聞社、1994.

『安南供役紀事』 あんなんくえききじ

明朝滅亡後1659年に日本に亡命し儒学をもって水戸藩に仕えた朱舜水が1654年から3年間、明末の動乱を中部ベトナムのホイアン（会安）の日本町に避けた時期の日記体滞在記。全1巻。当時のレー（黎）朝安南は南北に分裂し、南方の広南クアンナム領は世襲の主チュア（大領主）グエン（阮）氏が統治していたが、グエン氏4代阮福瀕グエンフクタンが命じた出仕を舜水が拒んだために軟禁抑留された経緯を中心に記した記録。関連して「致安南国王書」「代安南国王書」「辞別安南国王書」を付すが、阮福瀕を故意に安南国王に誤っている。

(川本邦衛)

参 湯寿潜・馬浮撰『舜水遺書』1913.

『安南志略』 あんなんしりゃく

13世紀にベトナムに侵入した元朝の軍が中国に連行したベトナムのチャン（陳）朝の父安ゲ鎮守、黎崱レタクが書いた地理、歴史、制度、人物、物産、詩文などにわたる国情概説。ベトナム人による現存する最も古い漢文文献で、巻二十「名公題咏安南志」が失われたが、20巻よりなる。ベトナムにかかわった歴史上の中国人伝、中越関係史の記事を含む。文淵閣四庫全書に収められて伝わったが、1884年岸田吟香が上海楽善堂から活字本を出版した。原本は1285-1307年の間に書かれ、その後の2年間に加筆されたと考えられている。

(川本邦衛)

イ

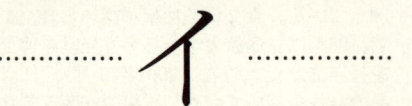

イエドウ号事件 イエドウごうじけん
伊豆号事件
　1866年に起きたイエドウ（Jeddo）号（中国語では伊豆号と表記）での、゛契約華工（゛苦力ﾝﾘｰ）による反乱事件。66年3月18日、イエドウ号は480名の契約華工を載せ、南米にある英領ギアナに向けて、゛アモイを出航した。その途上、60名の華工が全乗組員の殺害を密謀したが、密告により、3月27日、密謀者は船長に捕らえられ、方向舵に鎖で繋がれた。4月16日、航行中に突然火災が発生し、脱出をめぐって混乱が発生、最終的に一等航海士と2名の水夫、161名の華工が死亡し、船は目的地に着くことができなかった。
（西澤治彦）

参『世界華僑華人詞典』

イェン、ジェームズ Y. C. 1893-1990
晏陽初　James Y. C. YEN / YEN Yang-chu
　中国系アメリカ人教育家、社会教育運動家。本名は晏興復、陽初は字あざな、別名は晏遇春。四川省巴中県の生まれ。1918年エール大学を卒業、20年プリンストン大学から修士、29年上海の聖ヨハネ大学から博士学位を取得。1918年にフランスで中国系人労働者の教育に従事、20年帰国し、北京で大衆教育聯合会を発起した。23年に中華平民教育総会を設立し、24年から51年まで自ら総幹事長を務めた。26年から36年まで河北省定県に農村改革実験区をつくり、農民教育と農村建設に尽力した。その後、湖南省、貴州省、四川省など各地に平民教育実験区をつくった。47年にアメリカ議会から援助を受け、翌年、南京に中美農村復興聯合総署を設立した。50年に米国へ移住し、翌年国際大衆教育運動（IMEM）を組織し、65年まで会長を務めた。1952年よりフィリピン農村再建運動のアドバイザーとなり、フィリピン政府からさまざまな賞を与えられた。ニューヨークで死去し、マニラの郊外で埋葬された。
（曾櫻）

壱岐・対馬 いき・つしま
　前期゛倭寇の時代、゛倭寇によって中国や朝鮮半島の人々が捕らえられ、日本に連れて来られた。これを被虜人という。倭寇の根拠地であった壱岐・対馬にも明の被虜人がいた。1419年の応永の外寇のとき、朝鮮軍は対馬で、計146人の明の被虜人を保護している。15世紀半ば、対馬宗氏のもとで文引（朝鮮への渡航証明書）発行業務を担当した秦盛幸は、「゛唐人」であった。被虜人の可能性が高い。
（佐伯弘次）

参宮田登ほか『玄界灘の島々』（海と列島文化3）、小学館、1990。

郁達夫 いくたっぷ 1896-1945
ユー・ターフ　YU Dafu
　現代中国を代表する作家。本名は郁文、達夫は字。浙江省富陽人。1913年日本へ留学、東京大学経済学部卒。21年郭沫若とともに文芸団体創造社を結成。最初の短編小説「沈淪」で文壇に登場。帰国後、教職に就きながら、多数の作品を発表。また、魯迅との親交を深める。38年3月、武漢に赴き、抗日宣伝工作に従事。同年12月、シンガポールの華字紙『゛星洲日報』（゛胡文虎の経営）に招聘され、シンガポールに赴任する。『星洲日報』副刊「晨星」「文芸」を主編し、『星洲晩報』副刊「繁星」、ペナンの『星檳日報』「文芸」半月刊、『星光画報』文芸欄、『華僑週報』などの編集も行った。また、゛許雲樵、゛姚楠らと゛南洋学会を組織し、シンガポール文化界抗日聯合会主席なども務めた。現地の華文文学の発展に尽くしたばかりか、抗日救国の鋭い論説を執筆した。シンガポール陥落まで3年2か月という短い滞在期間であったが、文化啓蒙活動と社会思想活動の面で、彼の残した功績はきわめて大きい。陥落直前、郁達夫は゛胡愈之とともにインドネシアのスマトラに逃れ、パヤクンブーという町で趙廉という偽名で酒造業や製紙業を営んだ。日本語が堪能であったことから、日本軍憲兵隊の通訳の仕事をさせられた。戦後の混乱期、数名の憲

兵が保身のために郁達夫を秘かに拉致殺害した。　　　　　　　　　　　（小木裕文）
　📖鈴木正夫『スマトラの郁達夫』東方書店，1995.

イグナシア・デル・エスピリトゥ・サント
1663-1748
Ignacia del Espiritu Santo
　スペイン統治下のフィリピンで、清貧の中で慈善活動を行ったドミニコ修道会のシスター。教皇庁により聖女に列聖された。現在に至るまで、フィリピン女性の理想像として考えられている。▼アモイからの中国移民ホセ・イウクオ（Jose IUCUO）とフィリピン人マリア・フェロニマ（Maria JERONIMA）の長女として生をうけたことは、中国人社会のカトリック化を象徴する。18世紀以降、中国人はカトリックに改宗して初めて、現地社会に融合することが可能になった。　　（中西徹）

育民公学 いくみんこうがく
　バンコクの海南系華僑学校。▼辛亥革命前後、バンコクでは潮州系の▼培英学校、広肇系の明徳学校、客家系の進徳学校など郷党別の華僑学校の開設が続いた。この動きに遅れまいと、海南系は瓊州公所の責任者である▼コソン・フンタクーンを中心にバンコク市内のヤワラートに瓊僑夜校を開設、1921年、同校を発展させ育民公学とし、タイ、広東省両政府の設立認可を受けた。38年に閉鎖。46年のタイの海南会館発足にともない幼稚園と中学を増設して再開。現在、同会館に併設。
　　　　　　　　　　　　　　（樋泉克夫）
　🔗タイ海南会館

『異国漂泊記』 いこくひょうはくき
　在日華僑郭光甲（1919年生）の自費出版自伝『赴日渡世記』（1984年）をもとに上海人民芸術劇院、上海映画製作所、牡丹江TV局によって製作されたTV連続ドラマで、中国中央TVはじめ中国各地50余のTV局で放映された。NHK大阪が1990年8月に放映して話題となり、中国版『おしん』と評された。貧困にあえぐ生家（山東省栖霞県楼底村）を後にして、1933年コックをしていた叔父を頼って来日し、コック見習いから始まって、66年大阪に中華料理八仙閣や不動産業を経営するにいたるまでの苦労が描かれている。
　　　　　　　　　　　　　　（許淑真）
　📖郭光甲『従童工到経理』長春：北方婦女児童出版社，1985．／同『東渡謀生記』北京：中国婦女出版社，1992.

移住 いじゅう
migration
　中国史における移住一般の問題は、広く華僑に関連する問題を理解するうえでも重要である。清末以降における海外への移住ばかりでなく、広く国内の移住の歴史に目を向けてみると、中国社会は、頻繁な人の移動を伴う非常に流動性の高い社会であった。
　漢民族の南下と華南の開発は、中国史を貫く大きな潮流であり、北方の異民族に押しやられ、あるいは▼人口圧力の問題を解決すべく、漢民族は「余地」のある南方へと大移動を繰り返してきた。そして、17世紀後半から18世紀全般は、爆発的な人口増加とそれにともなう大規模な国内移住の時代であった。大きなところでは、明代の湖南と雲南への移住、清代の揚子江上流域の四川、雲南、および台湾への移住、清末から民国期にかけての東北地方と太平天国後の揚子江下流域などへの移住があげられる。海外への移住もこの時期のものであり、それは巨視的にみると、中国国内の大規模な移住の波動の一部として位置づけられるものである。また華中から海外への移民が出なかった要因の一つとして、太平天国後に華中には労働力の需要があり、海外に出る必要がなかったから、との指摘もなされている。
　こうした歴代の移住を概観すると、大規模な移住には地域的な連続性が認められる。すなわち、移住先の地域内において、未開墾地が多く残された奥地へと小移動が繰り返され、その先端部分から、隣接する他地域への再移住が繰り返される、という構造が認められる。したがって移住には地域ごとに時間差がみられ、一つの地域においても人の移動には何度かの波が認められる。歴史的な事例のなかでこのパターンに合致するものに、江西から湖南・湖北へ、湖南・湖北から四川へ、四川から雲南への連続的な移住があげられる。これらの大移動と平行して、それぞれの地域内では小規模な再移動が繰り返されており、移住の実態は、地域と時代によって非常に複

雑な動きをしていた。

　移住にみられる地域的な連続性と再移住の構造は、個人、および世代のレベルにおいても認められる。すなわち、個人の意志によって再移住が行われるだけでなく、何世代もかけてA地点からN地点までの移住が繰り返されることもある。移住先にとどまるか、再移住を繰り返すか、さらには母村に戻るか、といった選択は死の直前まで行われうるため、外地での居住は、当初はあくまで暫定的なものである。それが時間の経過とともに定住へと移行していくが、その境も流動的である。暫住から定住への移行にともない、送金など、母村との関係も希薄になっていく。

　また▼宗族の組織が特定地域への移住に関与している場合には、連鎖的な移住が生じる。この場合には、農地の不足や人口圧力といったプッシュ要因に加えて、先発組の引きあいなど、媒介者の存在というプル要因が大きく作用している。移住先では、先住民と移住民の関係のほかに、先発移住民と後発移住民との関係が加わる。概して、先発移住民のほうが優位な立場に立つことが多い。

　漢族の特徴的な社会制度として考えられてきた貫籍観念や▼会館・公所なども、漢族の流動性の高さを考えると、たやすく理解できる。▼原籍にこだわるのは遠く故郷を離れた結果であるし、会館・公所は、異郷にあって同郷の者が助け合う場として発生したものである。貫籍観念と会館・公所の設立は清代に至ってピークを迎えるが、これはこの時期に大規模な移住が行われたことと無関係ではない。また、盛んに編纂された▼族譜も、祖先の原籍と移住の経路を記すものであった。

　こうした漢族の国内移住の構造は、そのまま海外への移住にもあてはまることが多い。移住先からの再移住、▼連鎖移住、華僑による送金、ホスト・カントリーの住民と華僑、および▼老華僑と▼新華僑との問題、会館・公所の設立などがそれで、華僑の移住に関する諸問題も、国内の移住の歴史や構造との関連でとらえる視点が必要である。　　（西澤治彦）

　㊂中国人の海外移住、連鎖移住、台湾移住、陸路移住、新村
　㊩ Ping-ti Ho. *Studies on the Population of China, 1368-1953*. Cambridge: Harvard UP, 1959.／田方・陳一筇主編『中国移民史略』北京：知識出版社，1986.／西沢治彦「村を出る人・残る人、村に戻る人・戻らぬ人——漢民族の移動をめぐる諸問題」『シンポジウム華南』慶応義塾地域研究センター，1992（可児弘明編『僑郷・華南』行路社，1996に再録）．

移情閣（いじょうかく）　⇨　**孫中山記念館**（そんちゅうざんきねんかん）

『イースタン・ウェスタン・マンスリー・マガジン』
『東西洋考毎月統紀伝』
Eastern Western Monthly Magazine

　1833年英国の宣教師ロバート・モリソン（Robert MORRISON）とチャールズ・ギュツラフ（Charles GUTZLAFF）が▼広州で創刊した最初の中国語月刊誌で、木版印刷であった。キリスト教教義のほか政治・科学・商業関係の記事を載せた。西洋事情の紹介も積極的に行っている。たとえばその記事「新聞紙略論」は西欧ジャーナリズムについて初めて解説した中国語論文であった。宗旨は「広州とマカオの外国人の利益を進展させ弁護すること」であり、植民地主義的傾向が強いとされる。1834年から35年にかけて一時停刊。1838年停刊。　　　　　　　　　（塩出浩和）

『イースタン・サン』
Eastern Sun

　1966年7月16日にシンガポールで創刊、発行部数6000部のタブロイド判英字紙。発行人は星系報業グループの日刊華字紙『星洲日報』の社長・胡蛟（AW Kow）。71年5月、シンガポール政府は新聞業界に対して一連の取締まり活動を行い、（「報業風波」「五月風暴」と呼ばれた）、『イースタン・サン』は中国政府の代理人から130万ドルの援助を受け、反共に見せかけて中国に味方する編集方針をとった、と当局は主張。胡蛟は当局の指摘を否認しようとせず、『イースタン・サン』編集部は全員辞職、同紙は廃刊した。　　（卓南生）

イスラム教受容（イスラムきょうじゅよう）

　中国本土には回族などムスリムの少数民族も存在し、その一部が山地づたいにタイやミャンマーなどへ移住した例もみられる。が、ここではおもに海路で東南アジア島嶼部へ移住・定着した、漢族を中心とする華僑・華人のイスラム教受容について考える。この場合、

東南アジアの歴史区分に即し、(1)西洋勢力による植民地化以前、(2)植民地期、(3)▼ナショナリズムと国民国家の時代、の3段階に大きく分けて考えることができる。

東南アジア島嶼部におけるイスラム教の受容は、15世紀から16世紀初頭に栄えたマラッカ王国の時代に本格化した。注目すべきは、東南アジアの海上交易が隆盛したこの時代、多数の中国系商人が渡来・定着しただけでなく、その中にイスラム教徒がかなりいたとみられることである。▼鄭和の航海に随行した馬歓も、西アジア諸国からのムスリムとは別に、ジャワに定着した「唐人の多くがイスラム教を信じ」ているようすを記録している。東南アジア王権のイスラム化が進むなか、現地支配層と婚姻関係を結んだり、港務長官(シャバンダール)や大臣などとして重きをなした中国系人は少なくないが、こうした政治的・社会的な上昇や商業上の利便のうえで、イスラム入信が重要な鍵だったと推測される。もっとも、これに先立って中国沿岸部でもイスラム教の受容ないしイスラム教徒の漢化が進んでいるから、東南アジアへやってきた中国系人が(鄭和や馬歓自身のように)もともとムスリムだった可能性も否定できない。そこから一歩進んで、東南アジアへのイスラム布教に中国系人が重要な役割を果たした、との説も根強い。たとえば、ジャワにおける最初のイスラム王権デマク王国の創始者や、ジャワ社会にイスラムを広めた9聖人(ワリ・ソンゴ)の主要な部分が中国系の血統を引いていたり、中国式の別名をもっていたことを、中国側の史料のみならず現地語史料も示唆している。ただし、この説を強調した歴史家スラメット・ムリョノの著作が1970年代から禁書扱いとされているように、インドネシアでは反華人感情と相まって、イスラム受容における中国系人の役割を議論することは政治的にタブーとなっている。

そうした事態を招来する遠因となったのが植民地支配である。東南アジアを植民地化した西欧勢力はキリスト教を奉じていたから、いまやイスラム教は被支配者の宗教となった。中国系人にとってムスリムとなることは、一般に社会上昇より下降を意味する事態となったのである。それでも東インド会社が支配した17世紀から18世紀頃までは、中国系かつムスリムという存在は、各地に残存するイスラム小王権の貴族層として、オランダ語史料にも少なからず記録されている。彼らを指して▼プラナカンと呼び、ムスリム以外の「中国人」と区別する慣習は19世紀初頭まで続いた。プラナカンからムスリムの含意が消え、彼らを含めた中国系人を「▼外来東洋人」として「原住民」と対置する図式ができあがったのは19世紀半ば以降のことである。とくにインドネシア・ナショナリズム運動がイスラムと結びついて大衆化した1910年代以降、少なくともジャワやスマトラなどでは「イスラム教徒」と「原住民=将来のインドネシア人」というアイデンティティが結びつき、中国系人は敵対すべき異教徒として観念されるようになった。

これに対し、現地社会への統合や融和を念頭においた華人自身のイスラム改宗運動は植民地末期から各地でその芽が見られたが、本格化したのは1949年のインドネシア独立後である。63年にインドネシア・イスラム華人連合(略称PITI)が結成されたほか、81年には▼イスラム兄弟協会も設立された。植民地期以来の対立の構図や生活習慣の違いなどもあり、華人とイスラム教徒一般の相互偏見は根強く、これらの組織の運動は必ずしも成功していない。が、より個人レベルの(婚姻などにともなう)改宗は、全体中の比率はともかく実数としては漸増しているとみられる。最後に述べた点は、イスラムを国教と定める隣国のマレーシアでも同様の状況であろうと推測される。

(貞好康志)

㊁宗教問題、イスラム同盟、イスラム兄弟協会、プラナカン

㊆今永清二『東方のイスラーム』風響社、1992./ Amen Budiman. *Masyarakat Islam Tionghoa di Indonesia*. Semarang: Tanjung Sari, 1979. / Ann L. Kumar. "Islam, the Chinese, and Indonesian Historiography." *The Journal of Asian Studies*. 46-3 (August), 1987.

イスラム兄弟協会
Yayasan Ukhuwah Islamiyah

インドネシア華人を中心とするイスラム教団体。1981年10月にジャカルタで創設され

た。1960年代から同化主義者として知られ、79年にプロテスタントから改宗したハジ・ユヌス・ヤヒヤ（Haji Junus Jahja、1927年生）が中心人物。ムハマディヤなど既存のイスラム組織とも協力しつつ、80年代半ばをピークに華人をおもな対象とするセミナーやイスラム布教の各種活動を行った。この時期、比較的学歴のある中産・若年層の華人がイスラムに改宗する際の有力な媒介組織となった。

(貞好康志)

▷ イスラム教受容，宗教問題，イスラム同盟

イスラム同盟
Sarekat Islam

インドネシアで最初の大衆的民族運動団体。1911-12年ジャワの数か所で始まり、蘭領東インド各地へ急速に勢力を広げた。母胎となった中部ジャワのスラカルタの組織がイスラム商業同盟と称していたとおり、とくに当初はアラブ系人を含むムスリムの団結を通じて、華僑商人に対抗しようとする要素が強かった。1912年、おりしも▶辛亥革命の成功によって中華ナショナリズムを高揚させた一部の華商に対し、ジャワ各地でイスラム同盟員の関与したとみられる暴動やボイコットが頻発、今日まで続く反華僑・華人暴動の原型となった。なおイスラム同盟は1920年代にイスラム同盟党、インドネシア・イスラム同盟党と改称、その組織上の系譜は独立後のインドネシアのイスラム系諸政党にまで引き継がれている。

(貞好康志)

▷ 宗教問題，オランダ東インド政庁，イスラム兄弟協会

偉関晴光　いせきせいこう　1962-

中国広西チワン族自治区南寧市出身の卓球選手。1997年に▶帰化し、現在は日本国籍。旧名は韋晴光。幼少から英才指導を受け85年に中国のナショナルチーム入り。87年世界選手権と88年ソウル五輪でダブルス金メダル。90年北京アジア大会でも混合ダブルス優勝。クララグループ卓球部の生田一義監督の誘いで91年来日し、グループ中核企業の熊本・寿屋に入社。活動の舞台を日本に移し、社会人大会でトップの地位を占める。97年、98年、2000年の全日本選手権で優勝した。

(日暮高則)

イタリアン・タイ・ディベロップメント
意大泰集団　Italian-Thai Development

タイ最大の華人系建設企業。「イタルタイ」と略称。元タイ陸軍燃料局医師の▶チャイユット・カーナスットがイタリア人ジョルジョ・ベルリンギエリ（Giorgio BERLINGHIERI）と合弁で1948年に創業。発展の基礎は50年代に日本企業に代わって政府の水道工事を請け負ったこと。以来、歴代軍人政権中枢との繋がりを背景に大型公共工事を受注、現在でも受注の60％前後は政府発注公共工事という。タイ建設市場の40％前後のシェアをつねに押さえる。外国企業と組まず単独で大型工事を受注できるタイ唯一の建設企業との評価がある。80年代末以降、国内ではバンコクの新都市交通システムのスカイトレインや国際空港の建設などを手がけたほか、ラオスでは発電所、フィリピンでは製鉄事業や米空軍跡地開発にも参画。タイーマレーシアーシンガポールを結ぶオリエンタル特急株の40％をもち、オリエンタル・ホテルなどの高級ホテル、不動産開発、海運、電機、メディア、リゾートのほか、航空機、戦艦、武器の商社も傘下に置く。

(樋泉克夫)

136部隊　いちさんろくぶたい
Force 136

イギリス軍が日本軍占領地でゲリラ活動や攪乱工作を行うため1942年初めに設立した特殊部隊。本部はニューデリー、のちスリランカのキャンディ。A（タイ・ビルマ担当）、B（マラヤ）、C（中国）の3グループのうち、Bは、マレー人班（114人）と、英国政府と重慶の国民政府との合意に基づいて結成された華人班（60余人）により、44年4月正式設置。華人班の班長は▶リム・ボーセン。隊員は43年5月から英兵とともに潜水艦や落下傘でひそかにマラヤに送り込まれ、▶マラヤ共産党の協力を得て抗日活動を行った。

(原不二夫)

▷ マラヤ人民抗日軍

一貫道　いっかんどう
Way of Unity

中国大陸で生まれて海外華人にも伝えられている宗教的秘密結社。無生老母を最高神として祀るほか、儒教、仏教、道教、キリスト

教、イスラム教の思想を崇敬する。▼扶乩儀礼を行う。教義面では白蓮教および先天道の流れを引き、三期末劫思想を伝える。清朝末に盛んになり、張天然によって組織化された。台湾や韓国、東南アジアにも伝えられた。天道とも呼ばれ、日本では兵庫県に天道総天壇がある。

(吉原和男)

参 窪徳忠「一貫道について」『東洋文化研究所紀要』4，1953。

イップ、サリー 1961-
葉蒨文　Sally YIP

香港を拠点に1980年代後期、90年代初頭を中心に活躍した女優出身歌手。サリー・イェー（Sally YEH）とも。台湾に生まれ4歳でカナダ移住。80年台湾でスカウトされ、映画デビュー。同年歌手デビューするが大きな注目は浴びなかった。後に香港に拠点を移し、84年香港で初広東語アルバムを発表するが、映画を第一に活動していたこと、広東語が母語でないこともあって、チャートを賑わすものの、トップの一角を占めることはなかった。88年「祝福」のヒットで注目され、歌手としても本格活動を始める。90、91年には台湾曲のカバー曲を多く歌うようになり女性ベスト歌手賞の常連となった。91年台湾でも歌手として再デビュー、北京語盤「瀟洒走一回」が全中国語圏でヒット。その後中国本土にも本格進出、95年「我的愛、対你説」がヒット、マレーシア、シンガポール、韓国などでも人気を得る。96年、林子祥との結婚を機に活動をセーブしているが、北京語圏の人気は根強い。台湾―香港―台湾―中国と所、時を変えての活動、ヒットは、中国語圏内の文化的グローバル化を考察するとき、興味深い。

(小川正志)

井出季和太　1880-？

第2次大戦前・戦時期、▼成田節男、▼福田省三らとともに、日本の華僑研究を担った研究者の一人。長野県南佐久郡臼田町生まれ。1909年東京帝国大学卒業、樺太庁勤務の後、15年台湾総督府に転じ、以後中国南部と▼南洋（東南アジア）地域の調査研究に一貫した。とりわけ38年に満鉄東亜経済調査局勤務となってからは、南洋華僑の調査と研究に傾倒、英領のマレー、ビルマ、オーストラリア、およびフィリピン、台湾の現地調査を行い、数多くの著書、論文を発表した。日本における華僑研究の草分けで、その業績は『満鉄南洋華僑叢書』全6巻（1939-41年）に集約される。同局の▼須山卓、岡本嘉平次らとともに執筆した。これらを含む中国関税の研究で、東京大学より学位を授与される。晩年は拓殖大学の教授を務めた。主要著作は『現下の華僑概観』（東洋協会、1940年）、『南洋と華僑』（三省堂、1941年）、『華僑』（六興商会出版部、1942年）、『支那民族の南方発展史』（刀江書院、1943年）、満鉄弘報課との共編『南方華僑論』（中央公論社、1943年）など。

(市川信愛)

糸割符

日本近世前期に施行された中国産生糸（白糸）の輸入制度。白糸割符ともいい、ポルトガル人は▼パンカダ（pancada）といった。江戸時代初頭の1604（慶長9）年に創始され、ポルトガルの貿易独占と白糸輸入超過による銀流出に対処し、その輸入統制を目指し、堺、京都、長崎の町人に仲間を組織させ、代表を糸割符年寄とした。輸入生糸に標準値段をつけて一括購入させ、それを諸国商人に時価で売却し利益を得た。明末の浙江省嘉興府海塩県の人、姚士麟の『見只編』巻上に、「日本所須」として「湖之絲」（湖糸＝太湖南岸の湖州府産生糸）とある。明は生糸を貿易禁制品としたので、密貿易が盛行した。16世紀の倭寇▼王直（五峰先生）、明末の海寇▼鄭芝龍らが日本との間を往来し、ポルトガル商人と連繫していた。幕府は糸割符制度によりポルトガル貿易を統制し、これを▼長崎奉行の管理下に置いた。外国商人は白糸の販路確保は歓迎したが、糸価の抑制には不満であった。1610年のマードレ・デ・デウス号事件が起こると、幕府は糸割符制度を強化し、ポルトガル船の貿易独占を排除した。オランダとイギリスに▼平戸に商館を設置させ、中国明船をとくに優遇し来航を促進した。鄭芝龍は平戸に屋敷を構え、やがて日本人妻との間に▼鄭成功をもうける。幕府は1631（寛永8）年以降に糸割符制度の改定を行い、組織の強化と、江戸・大坂2都市商人を仲間に加え、五ヵ所糸割符仲間とした。幕府はさらに同年

より長崎に来航する▼唐船の白糸をポルトガル船同様に糸割符制度に従わせるとしたが、唐船はこれを嫌い、長崎以外に向かった。幕府は1635年唐船の長崎以外の着港と貿易を禁止、1641年には平戸オランダ商館を長崎出島に移転、長崎体制が確立すると、糸割符制度は一応の確立に向かう。反面、博多、平戸、▼坊津（ぼうのつ）、▼臼杵など古来▼唐人町をもつ九州各地の対外貿易は衰微する。博多などは分国と呼ばれ、全体の5％程度の白糸割当てであった。

(川勝守)

📖 中田易直『近世対外関係史の研究』吉川弘文館、1984．／中村質『近世長崎貿易史の研究』吉川弘文館、1988．

稲佐唐人墓地 いなさとうじんぼち

江戸時代、長崎稲佐に開設された中国人共同墓地。▼唐船の入港が徐々に増え、居留する中国人も出はじめた1607（慶長7）年頃、福建省▼漳州出身の欧華宇と張吉泉は、稲佐山の麓にあった▼悟真寺（1598年建立）の檀家となり、幕府に申し出て同寺隣接の100間四方の土地を中国人共同墓地として使用する許可を得た。これが稲佐唐人墓地の始まりである。鎖国時代に建てられた墓碑は、年号が判明するものだけでも230基あり、そのほとんどが▼福建および三江出身の船員のものである。明治初期、この墓地は▼福建幇の▼長崎福建会館に継承され、その隣接地に▼広東幇と▼三江幇が新たに共同墓地を開設、管理も3幇別々に行われた。第2次大戦後、これら三つの共同墓地は一本化され、稲佐国際墓地管理委員会により管理されている。この墓地の祭壇で毎年行われる▼清明節の伝統行事は今日も続けられている。長崎にはこのほかに唐三か寺（▼興福寺、▼福済寺、▼崇福寺）にも唐人墓地がある。

(陳東華)

📖 長崎福建会館

イー、ビル 1945-
余宏栄　Bill YEE

カナダ華人政治家。元バンクーバー市議会議員。中国生まれ。ブリティッシュ・コロンビア大学卒業後、弁護士となる。1983年バンクーバー市議会選挙に新民主党より出馬、当選し、バンクーバー最初の中国語を母語とする議員となる。2期8年議員を務め、その間、華人の地位向上とカナダ社会との融和に尽力した。議員退任後は弁護士活動を続ける一方、連邦人種平等委員会、バンクーバー警察委員会などの委員として活動している。

(森川眞規雄)

📖 カナダの華僑・華人，華僑・華人と政治，バンクーバーの華僑・華人

イポー
怡保　Ipoh

マレーシアのペラ州の州都。イポー（30万人、1991年）は、▼クアラルンプール（115万人）、ジョホールバル（33万人）に次ぐマレーシア第3の都市である。世界的な錫産地であるキンタ川流域の中心都市で、市内をキンタ川が南北に流れる。19世紀中頃までマレー人の小さな集落にすぎなかったが、その後の錫採掘の開始により急速に発達した。イポーは、錫開発の拠点都市としてイギリスによって建設され、多くの中国人が錫採掘労働者として導入された。ペラ州では、同様に錫鉱山都市として発達した例として▼タイピンがあげられる。今日においても、イポー郊外には広大な錫の露天掘りが広がっている。

イポーの華僑・華人社会は、▼広東人と▼客家が中心となってきた。中国南部においても相互に対立することが少なくなかった両集団は、イポーにおいても錫鉱山の利権をめぐって、衝突を繰り返してきた。イポーの市街地中心部の大部分は、▼チャイナタウンの様相を呈している。キンタ川を挟んで、イポーのチャイナタウンは二つに分かれる。古くからのチャイナタウンは右岸（西側）に形成され、マラヤ鉄道のイポー駅や行政機関なども右岸の旧市街地に位置する。一方、キンタ川の左岸（東側）は、新しく形成されたチャイナタウンであり、各種商店のほか、スーパーマーケット、レストラン、ホテルなども多く、繁華街になっている。イポー市の南郊の石灰岩地帯には、三宝洞と呼ばれる鍾乳洞の華人廟があり、華人の信仰を集めている。1989年以来、福岡市と姉妹都市関係を締結し、市民の相互訪問など友好交流を続けている。

(山下清海)

📖 山下清海，1987．／F. K. W. Loh. *Beyond the Tin Mines: Coolies, Squatters and New Villagers in the Kinta Valley, Malaysia, c. 1880-1980*. Singapore: OUP, 1988.

イポー花園 イポーかえん
怡保花園　Ipoh Garden Bhd.

マレーシアの最大手不動産開発会社。正式名称 IGB Corporation Bhd.。1964年タン・キムユー（TAN Kim Yew、陳錦耀）がペラ州都▼イポー市に設立した住宅建設会社 Ipoh Garden Sdn. Bhd. が起源。76年株式公開、Ipoh Garden Bhd. に。81年クアラルンプール証券取引所に上場。84年現社名に。業務はその後、不動産、宅地開発、工業団地・ゴルフ場造成、商業ビル建設、ホテル、化学工業、持株会社などに拡大、営業区域も▼クアラルンプールなど国内各地だけでなく、オーストラリア、イギリス、ベトナム、ミャンマー、イタリアなどに広がる。97年現在 IJM Corporation Bhd.（怡保工程）など64の子会社・系列会社をもつ。タンは95年引退、現在はタン・チンナム（Dato' TAN Chin Nam、陳振南）が会長を務める。タン一族企業が筆頭株主だが、2位は国営持株会社。

（原不二夫）

📖 Kuala Lumpur Stock Exchange. *Annual Companies Handbook.*（各年）

イー、マエ
鄧稚鳳　Mae YIH

中国系アメリカ人政治家。上海で生まれたが、1947年にアメリカへ移住した。コロンビア大学を卒業後、オレゴン州に移り、政治活動に携わる。76年からオレゴン州下院議員を2期連続して務め、州上院議員を4期連続で務めた。中国系アメリカ人の参政運動および米中友好交流に力を注ぐ。

（曾櫻）

今堀誠二 いまほりせいじ 1914-92

日本の中国学者。中国各地の社会構造についての実態調査、なかんずくギルドの研究によって高名。1966年からマレー半島の▼ペナン、▼マラッカ、▼シンガポールの華僑団体の調査をした。大阪市に生まれ、32年広島高等師範学校に入学、36年に広島文理科大学史学科に入学、39年に卒業。外務省留学生として中国に赴き、40年から44年にかけみずから河北各地、満洲および内蒙古綏遠・察哈爾で社会調査をし、この間41年より仁井田陞とともに北京の工商ギルドの調査をした。その成果は『中国封建社会の機構』（日本学術振興会、55年）、『中国封建社会の構造』（同、78年）、『中国封建社会の構成』（勁草書房、91年）に公刊され、50年文学博士、80年日本学士院賞受賞。戦後の華僑調査では『マラヤの華僑社会』（アジア経済研究所、73年）がある。中国商業史、商工ギルド史の第一人者であり、一貫して調査研究が社会構造研究の前提であることを説いた。

（斯波義信）

移民 いみん ⇨ 移住 いじゅう
移民制限 いみんせいげん ⇨ 排華法 はいかほう
移民割当制度 いみんわりあてせいど
national origin quota system

アメリカの移民・帰化法で各国別の移民割当数を定めている制度。移民クオータ制度とも呼ぶ。1882年の排華法以降、1921年に第1回の割当法が成立、移民総数を35万7803人とした。各国の割当ては1910年のアメリカにおける当該国出身人口の3％とされた。24年に第2回割当法が成立、移民総数を16万4667人とした。各国の割当ては1890年の在米当該国人口の2％とされた。ただし中国人への割当ては、43年に排華法が廃止されるまで保留、ゼロとされ、かつて許可されていた商人の妻やアメリカ生まれの中国人女性も、永住入国が許可されなくなった。43年に排華法が廃止されたときに中国人（2分の1以上の血統的中国人）に当てられた総数はわずか105人であった。この時代の割当ては出身（血統による）が第1順位であった。商人、教員、学生、旅行者と公務ビザ以外の中国人は、単純労働者▼苦力クーリーとして排斥されたのである。52年の▼マッカラン・ウォルター移民帰化法では、アジア全体への移民割当数を2990人に限った。ヨーロッパへの割当ては14万9667人、アフリカは1400人である。65年の移民法改定では、出身より職業を第1順位とする選好制度を採用し、68年から実施された。割当ては生地主義をとり、西半球以外の出身は均等に2万人とされた。90年の移民法改定では、50万人になった移民割当総数を一時70万人まで増やし、3年後に67万5000人に下げると決定された。現在は「移民多様化計画」に従って、うち5万5000人は割当てのない国の移民申請者を抽選で選んでいる。

（司馬純詩）

⇨ 排華法［アメリカ］

📖 G. Victor & Brett de Barry Nee. *Long-*

イム・ホー 1952-
厳浩 YIM Ho

香港の映画監督。香港生まれ。高校卒業後銀行に入るが、1973年ロンドン・フィルム・スクールに留学。75年香港に戻り、無線電視台（TVB）でTVドラマやドキュメンタリーの演出を手がけ、海外からも高く評価される。78年映画『茄喱啡（The Extras）』で監督としてデビュー。香港と中国の文化的ギャップを浮き彫りにした84年の『似水流年（ホームカミング）』で監督としての地位を確立する。

（戸張東夫）

『イヤー・オブ・ザ・ドラゴン』
"Year of the Dragon"

ハリウッド映画（1985年）。監督はマイケル・チミノ、脚本はチミノと、後に監督になるオリバー・ストーン。ニューヨークのチャイナタウンを舞台に、香港マフィアの抗争を描いた作品。主役の白人刑事をミッキー・ロークが、香港マフィアのボスをジョン・ローンが演じた。原作は元ニューヨーク市警察副本部長だったロバート・デイリーの小説で、実際にチャイナタウンを牛耳っていた香港出身のエディ・チャンをモデルにしたといわれる。封切りの際、中国系は映画館の前でピケを張り、「ハリウッドに連綿と続く中国人の悪役ステレオタイプ」だと抗議してボイコットを呼びかけ、「辱華」を掲げたプラカードも現れた。アメリカのマイノリティとして人種差別的描写に抗議を表明するのは当然であるが、その一方、中国語を理解しない中国系アメリカ人は、香港マフィアの複雑な実態を把握できていないとも批判されている。

（村上由見子）

⇨香港マフィア，チャイナ・コネクション
▣村上由見子『イエロー・フェイス』朝日新聞社，1993．

入江商店 いりえしょうてん

長崎の海産物貿易商社の一つ。1897（明治30）年入江米吉により長崎市西浜町に創設され、海陸物産委託販売、白米輸出販売などを業とした。長崎港における海産物の輸出貿易は旧来より華僑貿易商の手を経由する、いわゆる居留地貿易の慣習に則って行われた。入江商店はこれら華商に海産物を提供する荷受問屋として活躍した。1919（大正8）年当時の長崎における海産物貿易商は、日本人経営17軒、華僑経営22軒であった。入江米吉は、1913年から長崎商業会議所常議員を務めた。

（陳東華）

怡和軒倶楽部 いわけんクラブ
Ee Hoe Hean Club

長い歴史をもつシンガポールの華人団体。1895年に創設。1923年以降、一時期を除いて47年まで福建出身のタン・カーキー（陳嘉庚）が会長職を務めた。タンのリーダーシップのもと、クラブは活動の発展拡大に努め、門戸を他幇に開放するとともに、「貧富で人を差別しない」「民族と祖国に関心を寄せる」「公益に努める」の怡和軒精神を発揚した。同クラブはアヘン吸飲の禁止や衛生の改善を唱えた。38年、シンガポールに集まった南洋各地の華僑代表は南洋華僑籌賑祖国難民総会の設立を決議、怡和軒に本部を置き、タンが会長に就任。怡和軒倶楽部はその後一時活動を停止していたが、戦後に活動を復活、社会福祉活動を積極的に行う。時代の変化とともに、活動内容は華人社会一辺倒から社会全体に及ぶものとなった。

（卓南生）

▣新加坡怡和軒倶楽部編・刊『怡和軒九十周年紀念特刊 1895-1985』シンガポール，1996．

怡和号 いわどう

神戸で広東系の代表的華僑である麦少彭が経営した商社。1888（明治21）年の調査では神戸と大阪に店舗があり、それぞれ5万円以上の取引高があった。麦少彭は1879年に来神し、栄町に店があった。神戸のマッチ製造業者である滝川弁三と深い関係にあり、マッチ輸出などに活躍した。1908年株の投機の失敗から横浜正金銀行に360万円の債務を負って破綻した。呉錦堂の支援もあったが、再建できなかった。麦は失意のうちに10年に死去。

（洲脇一郎）

▣『落地生根』

インキリーノ
inquilino

スペイン領フィリピン諸島における修道会

所領などの大所有地（hacienda）の借地人。修道会所領などは、放牧地、米作農園などとして経営されたが、18世紀中葉以降の商業的農業の発展によって、放牧地や未開墾地が中国系メスティソなどを借地人として農地として開発されるにいたった。この時期の借地人は、定額借地料を支払って広大な土地を借り、刈分け小作（kasama）に転貸して耕作させたため、収量の増大により富を蓄積した。このような借地制度が、フィリピン植民地社会の有産階級の形成と密接にかかわっていた。
（菅谷成子）

イングルウッド号事件 イングルウッドごうじけん

▼苦力クー貿易期に福建省▼アモイで発覚した少女の売買事件。1855年2月24日アモイに入港したイギリス船イングルウッド号（the Inglewood）の船室に少女多数が詰め込まれているとの通報がイギリス領事館にあり、調査の結果、浙江省の▼寧波、鎮海、慈鶏などにおいて1人5～8ドルの身価を支払い両親もしくは親権者から買い取った少女44名であることが判明した。最年長者は8歳であった。買主は▼マカオ生まれのポルトガル人であり、アモイで少女たちの身柄を引き取り、リレー式にマカオへ輸送し、マカオからスペイン領へ転売する予定であったとされる。苦力貿易が少女まで巻き込んだ事実を示す事件の一つであるが、この背後には契約移民に一定割合の女子を含めることを規定したスペイン領土の存在があった。
（可児弘明）

㊂ 豬花
㊈ 可児弘明「清末の「豬花」から見た中国の鎖国」『史潮』新15、1984.

隠元 いんげん 1592-1673

日本▼黄檗宗の開祖。福州（福建省）福清出身、林氏の生まれ。費隠通容の法を継ぎ福州黄檗山万福寺に住持。長崎▼興福寺の中国人僧逸然と檀信徒らの再三再四の招聘に応じて1654年に東渡。弟子20余人を伴って長崎に着く。臨済禅正統の意識をもち、近世日本の禅僧に多大の影響を与える。大老酒井忠勝ら武家大名からの支持もうけ、明風の黄檗文化の流行の発端をなす。京都宇治に寺領を得、63年黄檗山万福寺と号して祝国開堂した。
（赤松明彦）

㊂ 福清人、渡来僧

イン、ジェームズ
応行久　James YING

中国系アメリカ人実業家。上海の生まれ。上海滬江大学を卒業した後、自動車販売業に入り、アメリカ産自動車を販売する会社を創立。のち、化学製品の輸出入業にも進出し、成功を収めた。1948年にアメリカへ移住し、ニューヨークでギフトショップを開き、のちチェーンショップに発展させた。カーター大統領在任中、民主党全国委員会の大統領会議特別委員を務めた。
（曾纓）

殷雪村 いんせつそん 1876-1958
YIN Suat Chuan

シンガポール華人の医師。祖籍は江蘇省常熟。アモイ生まれ。シンガポールに渡り政府の福建語通訳となったが、医による救済を志し、1899年からミシガン大学、トロント大学で医学を学んだ。シンガポールに戻り、▼林文慶と九思堂西薬房を開設、また振武善社でアヘン患者の治療に当たった。1910年にはマラリア診療所を開設、無料で治療を行った。11年に海峡華人フットボール協会を組織したことでも知られる。
（曽士才）

インターネット・ニュースサイト

中国国内でニュースを配信するホームページ（HP）は約700あるといわれている。ネット人口の急速な増加にともない、中国政府は2000年11月、「ネットニュース管理暫定規定」を施行、ネットでの報道は大幅に管理・規制された。官製ニュースをどのように読み取るかが中国情報収集の焦点となる。こうした前提で、中国の動向を知るには、共産党機関紙『人民日報』の「人民網」（peopledaily.com.cn）と国営通信社『新華社通信』の「新華網」（xinhuanet.com）が代表的。いずれも24時間体制により更新されており、重要ニュースをチェックできる。これに、人民解放軍機関紙『解放軍報』（pladaily.com.cn）や、英字紙『チャイナ・デイリー（中国日報）』（chinadaily.com.cn）を加えれば、現代中国の政治、経済、社会、軍事などの最新の情報が得られる。各サイトとも、特集記事をまとめて見ることができ、全国人民代表大会、日中関係、台湾問題など時事テーマを通読するのには便利である。また、地方紙については

『光明日報』(gmdaily.com.cn) 内にある「新聞媒体」欄をクリックすると、地方紙や雑誌を網羅した「中国網上報刊大全」があり、興味のある地域・分野の情報が得られる。一方、最近では、インターネット上だけに掲載されるニュースサイトが人気を集めている。重要ニュースは「人民網」や「新華網」からの転載が多いが、あまり知られていない地方ニュースが写真とともに転載されることもある。代表的なのは「新浪網」(sina.com.cn) や「網易」(163.com)、「捜狐」(sohu.com)、「東方網」(eastday.com)、「千竜新聞網」(21dnn.com)、「中国網」(china.org.cn)。いずれも官製ニュースの色が濃いが、事件・事故関連では、独自情報が掲載されることもある。

海外華人社会の動向を知るニュースサイトとして代表的なのは、米国から情報を発信している「多維新聞網」(chinesenewsnet.com)。中国国内では流れない指導者人事や事件、事故について独自情報が多く、興味深い。同ネット内の「華人天地」欄には世界の華人の情報もあり、世界の華人社会の動きを知ることができる。このほか、シンガポールの『聯合早報』(zaobao.com) やマレーシアの『南洋商報』の「南洋網」(sea.nanyang.lycosasia) などの華字紙のニュースサイトで華人情報が得られる。　　　　(江上志朗)

インチク
阿叔／引叔　inchik / encek / encik
中国（唐山）から移住したての▼新客♂男性華僑を意味する東南アジア各国共通の語。阿叔が、オジさんを意味する親族呼称であることから、この呼称が派生したものか。▼『世界華僑華人詞典』はフィリピン、マレーシア、シンガポール、インドネシアでの呼称というが、『南洋華語俚俗辞典』のような小辞典にこの語は見られない。別に唐山阿叔とも称する。　　　　　　　　　　(中間和洋)

インティ・インドレーヨン・ウタマ
印尼化繊廠　Inti Indorayon Utama
インドネシアのラジャ・ガルーダ・マス・グループ（所有主はスカント・タノト、LIM (HE) Sui Hang）所有のパルプ・レーヨン繊維企業。1989年創業。年産能力パルプ24万トン、レーヨン6万トン。持株会社APRIL社（バミューダ登録）は▼シナル・マス・グループのAPP社と並ぶアジア有数の紙・パルプ企業。北スマトラのトバ湖畔に立地し、環境汚染訴訟の第1号となった。同社側が勝訴したが、その後も住民の反対運動が続き、2000年にレーヨン工場閉鎖の政府決定が下った。
　　　　　　　　　　　　　　　　　(佐藤百合)

インドシナ難民　⇨　難民

『インド商報』
『印度商報』
1969年カルカッタで創刊された▼華字紙。▼中国国民党員で皮革製造工場を経営する李雲真が代表。日刊で約700部を発行したが、90年代初め以降400部程度に減少。代表も李彰明に交替。内容は華人商売の秘訣、外地の親戚・友人の消息、冠婚葬祭の挨拶文、▼武俠小説、広告など。記者をもたず、ニュース源は現地の英字紙や香港、台湾の放送。カルカッタでは、他に1933年創刊の華字紙『印度日報』がある。
　　　　　　　　　　　　　　　　　(帆刈浩之)

インド中華総商会
印度中華総商会
インド華僑商工業者の上部組織。1944年1月カルカッタで成立。華僑の商工業、および中国との貿易の発展を図り、商工業者の福利を増進することを主旨とする。初代の会長は余清波、副会長は李渭浜。　　　(帆刈浩之)

インド難民華僑事件
1950年代末から60年代初頭、中印対立の中でインドからの多数の難民華僑が発生した事件。当時、インドと中国との国境紛争を契機にインドで排華風潮が強まり、多くの華僑が追放、あるいはキャンプに拘束されるという事件が発生した。中国政府は交渉を重ね、63年4月から8月にかけて3艘の船を派遣し、2300人余の難民華僑を引き取った。その多くは雲南の▼華僑農場に配置された。　(帆刈浩之)

インドネシア外僑雇用法
1958年インドネシア政府が外国籍華僑の就業を管理するために制定した法律。文書による労相の認可なしに外国籍華僑を雇用することを禁止。労相の認可に際しては労働、社会、教育文化、宗教、商業、工業、財政、外

務など12省の代表からなる委員会での審議を経なければならないとした。同法施行時にすでに雇用している場合は当面6か月だけ雇用することが認められ、6か月後に再雇用の認可を申請することを定めた。　　　（三平則夫）

インドネシア共産党 インドネシアきょうさんとう ⇨ 9月30日事件 くがつさんじゅうにちじけん

インドネシア国籍評議会 インドネシアこくせきひょうぎかい
国籍協商会　Badan Permusjawaratan Kewarganegaraan Indonesia

スカルノ大統領期インドネシアで1954年に設立された華人大衆団体の一つ。略称バペルキ（BAPERKI）。ショウ・ギョクチャンに率いられ、インドネシア社会へのヴ同化（asimilasi）」ではなく、華人の社会文化的特質を保持しつつインドネシア社会へ「統合（integrasi）」すべきとの立場から華人の権利確保を目指した。60年代に入ってしだいに親スカルノ・共産党寄り傾向を強め、華人組織としては最大の勢力となったが、65年のヴ9月30日事件直後に禁止された。　（三平則夫）

『印度尼西亜日報』 インドネシアにっぽう
Harian Indonesia

インドネシアで発行されているヴ華字紙。1965年9月に発生したヴ9月30日事件以後、インドネシア政府は厳しい対華人政策を実施した。その一つとして、従来発行されていた多数の華字紙の発刊を停止した。そして、インドネシアにおける唯一の華字紙として、『印度尼西亜日報』のみが、ジャカルタおよびスマトラのヴメダンで発行されることになった（スマトラ版は1974年から停止された）。同紙は66年12月に、『首都日報』『忠誠報』『生活報』などを前身とする新聞が合併して誕生した。もともとおもな読者として、インドネシア語が読めない華人を対象にしていたが、紙面にはインドネシア語のページも設けられている。同紙は、インドネシア政府情報省の出版委員会の管轄下にあり、記事の内容は検閲を受けたものであり、政府の意向を反映したものになっている。　（山下清海）
🕮 戴国煇編, 1974.

インドネシアの華僑・華人 インドネシアのかきょう・かじん

インドネシアは世界最大の華僑・華人人口を抱える国である。中国の公表数字によれば、インドネシア在住華僑・華人人口は1986年に600万人。これは同年のインドネシア総人口の3.6％にあたる。かりにこの割合に変化がなければ、2000年現在その数は760万人に達する。しかし華僑・華人人口の成長率は総人口の成長率より高いと推定されるので、現在の実際の華僑・華人人口と人口比はより大きい可能性がある。先の中国公表数字によると、インドネシアと並んで華僑・華人人口が多いのはタイの500万、マレーシアの468万だが、総人口に占める割合はタイ9％、マレーシア29％。すなわち、華僑・華人の絶対数は大きいが人口比ではきわめて小さいのがインドネシアの特徴といえる。インドネシアでは先住のマレー系住民をプリブミ（土地の子）と呼び、移民である非マレー系住民をノン・プリブミと呼ぶ。ノン・プリブミにはアラブ系、インド系、中国系がある。このうちアラブ系住民はプリブミとの同化の度合が高く、インド系住民は20万人に満たない少数派である。したがってノン・プリブミといえば事実上、移民の中で多数を占め、同化の度合が低い中国系住民を指すのが通常である。アラブ系はプリブミの大多数と同じくイスラム教徒だが、中国系住民のほとんどはキリスト教徒または仏教徒であることが、プリブミとの通婚が進まない一因になっている。人口比に較べて明らかに大きな経済力をもつことへの妬みもあって、中国系住民を指す「ノン・プリブミ」「ノン・プリ」またはより直截的な「チナ」という表現には差別的な意味合いが含まれる。これらの蔑称は中国系住民をひとくくりにして使われ、華僑か華人かは区別されない。しかし実際には、中国生まれの華僑と、古くは7代～10代を数える土着化した華人との間には言語、文化、生活・行動様式に大きな違いが見られる。前者はヴトトクまたはシンケ（ヴ新客）、後者はヴプラナカンまたはヴババ（峇峇）と呼ばれる。

中国からインドネシアへの移民は古くは12世紀に遡るが、本格化したのは17世紀初頭の中国明朝末期、オランダ東インド会社が植民地経営に際して中国人の入植を奨励して以降である。東インド総督府は華僑の指導職カピタン（甲必丹）を設けて同胞を統治させた。18世紀になると、ジャワではオランダ東イン

ド会社が地方領主（ブパティ）を通じて村落をまるごと華僑に賃貸し、華僑は賃借料を会社に支払う代わりに農民から地租として農作物を徴収し販売するという村落賃貸制が導入された。後に農作物は米からサトウキビ、藍に拡大、総督府から土地を購入するカピタンや製糖工場を興す華僑企業家も現れた。こうしてカピタンを頂点とする華僑は、▼徴税請負いと農産物流通を通じてオランダと植民地社会との仲介的地位を確立した。一方、ジャワ外の外領では鉱山の採掘や新開地の開墾に中国人労働者が流入した。西カリマンタンには18世紀末から1世紀の間、流入した▼広東出身者が独自の年号や軍隊をもつ共和国▼蘭芳公司を建設した。1930年の国勢調査では、華僑・華人は総人口の2％にあたる123万人、うち47％がジャワ（うち79％が現地生まれ）、53％が外領（48％が現地生まれ）に居住し、祖籍は▼福建45％、▼客家16％、▼広東11％、▼潮州7％。19世紀末以降ジャワでは華人商人の工業への進出が盛んになり、製糖業で財を築いた建源公司の▼黄仲涵などの傑出した人物が現れた。華僑・華人の勢力伸長はインドネシア人の対抗運動と民族覚醒を触発した。

日本軍政期（1942-45年）に入るとオランダ時代に支配階級に属した華人エリートの多くはオランダに脱出した。49年インドネシアが主権国家として独立した後、プリブミ育成政策が実施されたが実効はあがらず、華僑・華人が貿易、国内流通、小工業で一定の役割を担う構造が存続した。ただし、59年の村落における華僑の商業禁令は一部の華僑に打撃を与えた。65年の▼9月30日事件後に吹き荒れた共産党狩りで少なからぬ華僑・華人が殺害されたり国外脱出したりした。同事件を契機に発足したスハルト政権は、華僑による結社、中国語教育・出版、中国名の使用、中国文化・社会活動を全面的に禁止する代わりに、外国籍華僑に身分の保護を与え、彼らの資本を国内資本と位置づけること（67年▼華人問題解決基本政策）、インドネシア国籍華人にインドネシア国民と同等の法的身分を保証すること（69年インドネシア国籍華人基本政策）を定めた。この基本政策に則り、華僑・華人の資本は経済開発に動員されると同時に、彼らのインドネシア国籍化が進められた。こうしてスハルト時代には、スカルノ時代と違って華僑・華人は政治や文化活動の場から排除され自由を制限される一方、ビジネスの場では活動の自由を与えられた。スハルトを頂点とする政府官僚・軍高官は有能な華僑・華人企業家に経済特権などの便宜を供与して工業投資をさせ、その利益分配に与るという互酬関係が成立した。政治権力者と華人との癒着が社会から非難されると、政府はたびたび▼プリブミ優先政策を実施したが、これらの政策は華人規制効果をもたらなかった。その結果、70年代には▼チュコン（主公）＝政商と呼ばれ、80年代末には「コングロムラット」と呼ばれるようになった一群の華僑・華人企業グループが出現した。典型的な例はスハルトとの信頼関係を基礎に東南アジア最大の規模に成長した▼サリム・グループである。また▼アストラ・グループは日本との合弁事業を基礎に企業グループを拡大した。98年のスハルト政権崩壊と経済危機を受けて、これら企業グループは事業の再構築を迫られている。またスハルト時代の反省に立って、華人の政治参加や文化活動を自由化すると同時に、経済面では華人とプリブミとの有機的な連携が模索されている。　　　　（佐藤百合）

㊍ ジャカルタの華僑・華人, オランダ東インド政庁, 分割統治

㊎ 満鉄東亜経済調査局『蘭領印度に於ける華僑』1940．／リチャード・ロビソン『インドネシア』三一書房, 1987．／游仲勲編, 1991．／Twang Peck Yang. *The Chinese Business Elite in Indonesia and the Transition to Independence 1940-1950*. OUP, 1998.

『インドネシアン・チャイニーズ・イン・クライシス』
Indonesian Chinese in Crisis

オーストラリアの研究者コペル（Charles A. COPPEL, 1937年生）の主著。1975年モナシュ大学へ提出された学位論文をもとに、83年オックスフォード大学出版会から刊行された。スカルノ体制からスハルト体制へと急転回する1960年代インドネシアの政治過程を背景に、華人をめぐる政治力学の展開や華人社会内部の動向、両体制への適応の形態を描く。とくに、スカルノを支持する大衆組織バ

プルキ（Baperki、インドネシア国籍協議体）と、華人同化論を掲げ軍部と結びついたLPKB（民族一体性促進協会）両派の対立を軸とする華人指導層の政治闘争のプロセスを緻密に跡づけ、国内外の情勢と結びつけて分析しており、当時の状況を知るうえでいまだに必読文献である。1994年ジャカルタのPustaka Sinar Harapan社からインドネシア語版が出版された。 （貞好康志）

⇨ 東ジャワ事件，草埔事件

殷碧霞 いんぺきか 1884-1972
イン・ペクハー YIN Peck Har

シンガポールの女性社会活動家。▼林文慶夫人。▼原籍は江蘇省常州、生まれは▼アモイ。福州のミッション・スクール美以美女学校で学び、卒業後、同校で教鞭をとる。美貌の才媛として知られる。1908年、アモイにおいてシンガポール華人林文慶と結婚。11年に夫とともにドイツ、イタリアで開催の世界衛生研究会に中国（清朝）代表として出席。13年アモイに養老院と保良所を設立。14年シンガポール華人婦女協会を創立、また、▼保良局委員に任命される。27年中国山東省災害救援会婦人部主任。30年厦門養老院院長、保良所所長。37年シンガポール救援会婦人部主任。38年シンガポール華人婦女協会会長、華人孤児院院長、青年犯罪法廷顧問兼監獄視察員。45年▼胡文虎の寄付による孤児院の院長。48年、シンガポール社会への顕著な貢献が評価され、▼太平紳士に任じられる。 （田中恭子）

ウ

ウ・イエセイン 1924-
陳孺性 U Ye Sein

ミャンマー（ビルマ）華人の歴史学者。広東省台山系でビルマ生まれ。ビルマ語学校、英語学校に学んだ後、第2次大戦中は連合軍と援蔣ルート建設隊に通訳として従軍。戦争終結後、ビルマの古代史と華僑史の研究に従事。ビルマ歴史委員会漢籍資料研究員、ラングーン大学東方史・歴史科兼任講師、ビルマ歴史研究所、ラングーン外国語学院顧問などを歴任の後、1988年に教育省ビルマ語研究所委員。『仰光華僑史略』（61年）、『模範緬華辞典』（62年）、『緬甸華僑史話』（64年）などの著書がある。 （樋泉克夫）

ウィ・キムウィー 1915-
黄金輝 WEE Kim Wee

シンガポール第4代大統領（在任1985-93年）。シンガポール生まれ。1929年にラッフルズ学院卒業後、ジャーナリストとなる。英字紙▼『ストレーツ・タイムズ』編集部長、駐マレーシア大使、駐日本大使、駐韓国大使などを経て、84年にシンガポール放送局会長に就任し、その後に華人では初の大統領に任命された（それまでの大統領3人はマレー系、ユーラシア系、インド系）。 （田村慶子）

ウィシット・リーラシトン 1932-
李光隆 Visit LEELASITHORN

タイ・ルッタ証券などを経営するタイ華人の実業家。生年は1936年とも。広東省潮陽生まれ。1956年に渡タイ。南タイの▼ハジャイでの日用雑貨商を経て自動車部品販売。70年代にバンコクでリー・パッタナー飼料を設立し、シンガポール、香港などに支店網を展開。80年代初期、タイ政府と合弁でアグリビジネスに本格参入する一方、▼バンコク銀行

会長チン・ソーポンパニットの強い支持を背景に金融業界に進出。80年代後半以降、業績を拡大。傘下にウォールストリート証券、香港華人銀行など。
（樋泉克夫）

ウィジャヤ、エカ・チプタ 1923-
黄奕聡　Eka Tjipta WIDJAJA

インドネシアの有力企業グループ、シナル・マス・グループの創業者・所有経営主。中国名ウェイ・エクチホン（OEI Ek Tjhong）。福建省泉州生まれ。1932年9歳のとき両親とととにスラウェシ島マカッサルに渡った。50年代にスラウェシ駐屯中の陸軍に物資納入を始め、陸軍保有船の帰り船を利用して北スラウェシ産コプラをジャワへ搬送した。57年スラウェシで地方反乱が起きると東ジャワのスラバヤに移った。66年ジャカルタで貿易会社シナル・マス社設立。続いて北スラウェシで食用油、スラバヤ南方で製紙、ジャカルタ周辺で繊維、ビスケット、ブリキ缶など、広範囲に雑多な事業を始めた。このうち食用油と紙・パルプ事業を拡大、金融業にも参入、80年代半ばまでにシナル・マス・グループを築いた。

エカには妻子が多い。妻は少なくとも4人、正確な子どもの数は本人もわからないという。正妻との間に6男2女があり、そのうち4男1女がシナル・マス・グループの所有経営に当たっている。長男トゥグー・ガンダ・ウィジャヤはおもに紙・パルプ事業、三男インドラ・ウィジャヤ（黄鵬年、OEI Pheng Lian）は金融、四男ムクタル・ウィジャヤ（黄祥年、OEI Siong Lian）は不動産、六男フランキー・ウスマン・ウィジャヤ（黄栄年、OEI Jong Nian）はアグリビジネス、消費財、工業団地などを担当。彼らがそれぞれ中国、シンガポール、カナダ、日本に留学している間、エカを支えたのが次女スクマワティ・ウィジャヤ（OEI Sui Hoa）の夫ルディ・マエロア（Rudy MAELOA、頼文輝）であった。エカの妻方の甥でもあるルディは、エカの片腕として80年代のグループ急拡大を牽引したが、88年に肝炎で急死。夫の死後スクマワティがグループ経営に参加した。次男ウィ・ホンレオンは兄弟と離れて81年からシンガポールで独自にUICグループを築いた

が、90年サリム・グループに同グループを買収された後は香港に移り、中策投資公司を設立した。中策投資は中国の国有企業を多数買収して上場させる事業を展開、エカも側面支援をした。
（佐藤百合）

ウィジャヤ、トゥグー・ガンダ 1944-
黄青年／黄志源　Teguh Ganda WIDJAJA

インドネシアのシナル・マス・グループ創業者エカ・チプタ・ウィジャヤの長男。グループ最大の事業会社インダ・キアット・パルプ・アンド・ペーパー社社長。スラウェシ島マカッサル生まれ。北京大学卒。グループ全体の経営でエカを補佐するほか、主力事業の紙・パルプ部門の経営を統括。ただし所有は兄弟間の均等所有。グループ経営に携わる5人の兄弟の最年長者としてグループ後継者に最も近い立場にある。
（佐藤百合）

ウイスキー戦争

1970年代末より80年代初めにかけタイで展開されたウイスキー専売をめぐる華人企業家間の争い。タイ有力産業の一つであるウイスキー業は、政府所有のアルコール醸造工場のリース権を取得した企業が独占的に経営していた。1960年に始まったこの制度で最初にリース権を得たのは、華人指導者で当時のタイの最高権力者サリット元帥の親友張蘭臣だった。彼の下で経営の実務を担当していたウテン・テチャパイブーンとタラーン・ラオチンダー（劉延勲）の2人は80年の契約更改を前にそれぞれ別会社を設立し、全国ブランドのメコン・ウイスキーの独占を狙った。両陣営は有力閣僚、高級官吏、国軍首脳、バンコク銀行などを巻き込み熾烈な争いを展開し、クリアンサク首相に近いウテンが15年間のリース権を獲得、一方のタラーンは大蔵省の支援を得て安売りウイスキーで対抗した。政治と華人ビジネスの関係を示す典型例といえる。95年以降、ウイスキー（蒸留酒）の製造は自由化され、政治が介入する余地はなくなった。
（樋泉克夫）

ウィチエン・タンソムバットウィシット 1930-
鄧文福　Vichier TANGSOMBATIVISIT

タイ最大の醬油業者。バンコク生まれ。広肇学校卒業後、17歳で家業に。父親の死をきっかけに近代的製法を採用し、現在のヤン

ワーユン（仁和園）醬園の基礎を築く。同社は日本、アメリカにも販路を拡大。醬油事業で得た資金を不動産に投資。1990年代中期には不動産開発のためのVCT社を設立。タイ・バスケットボール協会理事長のほか、▼タイ広肇会館主席、▼タイ中華総商会常務会董、▼天華医院常務董事、崇徳善堂副董事などを務める。
（樋泉克夫）

ウィ・チョーヤオ 1929-
黄祖耀　WEE Cho Yao

シンガポールを代表する華人銀行グループの▼大華銀行会長。福建省の金門で、男5人、女10人兄弟に第2夫人の子として生まれた。父親のウィ・ケンチャン（黄慶昌、1890-1978年）はサラワクの▼クチン生まれで、当地でガンビールとゴム事業を営み、1920年には銀行業にも進出した。息子のウィ・チョーヤオは1937年に母とともにクチンに行くが、2年後、シンガポールに渡り、当地の中華中学、中正中学で学ぶ。卒業後、20歳で家業の貿易会社、ケンリョン（Kheng Leong、慶隆）社に加わり、29歳で経営を任され、クチンとシンガポール間のコショウやゴムの取引に携わった。兄弟の間でクチンとシンガポールのビジネスを分担する体制がとられると、ウィはシンガポールを担当し、大華銀行の経営に加わる。1958年に取締役、60年に引退した父親に代わって社長就任、74年に会長に就任し（社長兼任）、完全に同行の経営を任された。これがウィの主要事業となり、1960年にウィが大華銀行に参加したときは支店一つの小銀行だったが、インドネシア関連取引を増やして同行を発展させていく。そして70年代以降、タイガーバーム製薬のオー（胡）兄弟が創った崇僑銀行をはじめ、▼リーワー銀行、遠東銀行、工商銀行など、シンガポールの同業華人銀行を次々と買収し、大華銀行をシンガポール最大の銀行グループに育て上げた。

ウィはシンガポール華人社会指導者ともなり、▼シンガポール中華総商会会長（1969-71年）、▼シンガポール福建会館会長（1972年以降）、▼南洋大学理事長（1970-80年）、シンガポール宗郷会館連合総会会長（1986年以降）など、華人主要団体の要職を歴任している。子どもは5人で、大華銀行の経営には長男ウィ・イーチョン（WEE Ee Cheong、黄一宗）が参加している。
（岩崎育夫）

　📖 Melanie Chew. *Leaders of Singapore*. Singapore: Resource Press, 1996.／岩崎育夫, 1990.

ウィックバーグ、エドガー 1927-
魏安国　Edgar WICKBERG

カナダ在住の歴史学者。アメリカのオクラホマ生まれ。ブリティッシュ・コロンビア大学名誉教授。博士論文執筆のため、フィリピン古文書館で日比関係史に関する資料を渉猟していた際、中国系住民および中国系メスティソに関する豊富な資料に遭遇し、中国系住民の歴史に関する研究に方向転換する。その成果は、19世紀後半フィリピンの中国系住民および中国系メスティソに関してつぶさに記述した好著 *The Chinese in Philippine Life 1850-1898* (New Haven and London: Yale UP, 1965) に結実している。同著は、フィリピノ・ナショナリズムが高揚するなかでほとんど省みられることのなかった中国系住民、中国系メスティソのフィリピン史における位置づけを明らかにしたこともさることながら、資料の発掘という面で、中国系住民の歴史研究におけるスペイン期文書の有用性を示した点で高く評価される。1992年ブリティッシュ・コロンビア大学退官後は、おもに18世紀中葉、および1920年から今日に至るフィリピンにおける中国系住民の歴史を研究している。また、(1)トランス・ナショナルとしての中国系住民の、複数の国民国家、複数の異文化体験、および連綿と引き継がれる中国との関わり、(2)近年の華僑・華人事典の登場と華僑・華人研究への影響、(3)主として北米の華僑・華人研究者による、華僑・華人研究をグローバル化しようとする試み、の三つの関心から、中国系ディアスポラ研究の分野で積極的に発言している（たとえば、*From China to Canada: A History of the Chinese Communities in Canada*. Tronto: McClelland & Stewart, 1982）。
（宮原暁）

　🔗 メスティソ、ディアスポラ

ウィーバービルの械闘
Weaverville War

19世紀に起きた在米中国人労働者同士の争い。1854年、カリフォルニア州ウィーバビ

ルの金鉱に数千人の中国人労働者が集まった。そのうち広東省'三邑地域出身の三邑幇と客家出身の人和幇は地盤を争うためにたがいに敵視し、摩擦を生じる。やがて紛争が拡大し、'械闘に至った。なかでも最も大規模な械闘に人和幇900人と三邑幇1200人が参加し、後者の勝利で終わったが、死傷者数十人を出した。　　　　　　　　　　　　(曾櫻)

ウイハルジョ、ウェラワティ 1957-
Verawati WIHARJO

1970-80年代インドネシアの著名な華人系女子バドミントン選手。国立教育大学で体育学を専攻。76年の国内選手権優勝をはじめ、79年の全英女子ダブルスや80年の世界バドミントン大会女子シングルスでの金メダル獲得など、数多くの国内外の大会で活躍した。現役引退後は保険会社の管理職を務める。99年6月総選挙に国民信託党から立候補したが落選。79年イスラムに改宗し、ウェラワティ・ファジリン(Verawati FAJRIN)に改名。

(深尾康夫)

ウィビソノ、クリスティアント 1945-
黄建国　Christianto WIBISONO

インドネシアの経済評論家。中国名はファン・チェンクオ(HUANG Chien-kuo)。インドネシア大学在学中の1965年に'9月30日事件が勃発、共産党・スカルノ大統領を批判した学生行動戦線機関誌の記者となる。以後週刊誌 *Tempo* などの発刊に参画、記者活動を74年まで継続。その後学業に戻り、77年社会政治学部卒。81年マリク副大統領の後ろ盾を得て会員向け企業グループ情報を中心とした情報誌を刊行する企業PDBIを設立、自身も評論活動を再開。98年5月のジャカルタ反華人暴動で長女の家が放火されたのを機に一家を挙げて渡米、折にふれて帰国しては評論活動を行っている。

(三平則夫)

ウィー・ブンピン 1936-98
黄文彬　WEE Boon Ping

マレーシアの実業家、マレーシア中華工商連合会指導者。サラワク州'クチン生まれ。祖籍は福建省晋江。父・承恩は1921年に渡来、雑貨商を営んだ。ブンピンは高等中学卒業後長兄の店を手伝ったが、60年に独立、建築請負業を始めた。63年友人とサバ州で木材業に進出、これが事業成功のきっかけとなった。サバで得た森林伐採権は20万ヘクタール余りで、「木材王」の異名を得た。クチンでウィー・ケンチャンなど有力者の企業の役員となって緊密な関係を築き上げる一方、70年不動産、石油精製などにも進出。華人社会の経済・社会・文化・教育活動にも熱心で、77年サラワク中華工商連合会会長、78年マレーシア中華工商連合会会長に就任、後者にはその死まで在任。マレー人企業家との協力を終始目指しつづけた。マレーシア政府から Tan Sri Datuk Amar の称号を受けた。

(原不二夫)

⊡ ダトゥー

ウィ・ホンレオン 1948-
黄鴻年　OEI Hong Leong

香港、シンガポールを拠点に活躍する華人実業家。インドネシア生まれ。父親は同国第2の財閥'シナル・マス・グループの総裁'エカ・チプタ・ウィジャヤ。1960年、12歳のときに父親の命令で中国に送られ、'文化大革命期を農村で過ごす。70年初めインドネシアに戻り、父親の会社でビジネス活動を開始。80年、シンガポールの休眠洗剤メーカー聯合工業(UIC)を買収。同社の株式を売却し、91年香港に進出。上場企業の紅宝石を香港中策投資有限公司と改名し、92年から中国に投資。赤字に悩む国営企業を次々と買収・改造し、95年までに約200社を傘下に。おもな業種はビール醸造、タイヤ製造など。「中策現象」と呼ばれたそのやり方は「買収した企業の付加価値を付けるより、短期的利潤に関心が強すぎる」など評価はさまざま。99年12月、保有する中国事業をすべて処分、米ハイテク投資にまわすと発表。香港でも中策は、同年末までに通信関連事業トライコム、スターテレコム、中国網路などすべて譲渡した。

(坂井臣之助)

ウイ・モンチェン 1913-
黄望青　WEE Mon Cheng

シンガポールの共産党活動家、のち企業家、外交官。アモイ生まれで、'厦門大学を卒業。その後シンガポールに渡り、1930年代後半から40年代初頭にかけて'マラヤ共産党きってのイデオローグかつカリスマ的指導者として活動、38年にはシンガポールの各団

体を広範に結集して抗日運動を組織し、それを率いた。イギリス植民地政府および日本軍政によってそれぞれ逮捕・投獄された経験をもつ。戦後は共産党活動から離れ、ビジネス界に身を投じて同国でも有数の企業家として成功、会社経営、銀行顧問などを経て、60年代にはシンガポール華人商工会議所の要職に就いた。さらに70年代には外交官に転じ、在日本大使（73-80年。78-80年は在韓国大使兼任）を務めた。在日大使時代にはチームワークや労働倫理といった日本型経営の要素をシンガポールに導入することを進言、「日本に学べ」キャンペーンを主導した。大使引退後、シンガポール放送公社（SBC）の会長を務めた。共産党時代の30年代までは黄耶魯（NG Yeh Lu）の名を用いる。　（金子芳樹）

ウィリアムズ、サミュエル・ウェルズ 1812-84
衛三畏　Samuel Wells WILLIAMS

米国伝道会社宣教師。1833年に渡る。著書 *The Middle Kingdom*（1948）で知られる中国研究者である。日本では一般に1837（天保8）年のモリソン号事件、1858（安政5）年ペリー艦隊通訳としての来日、マカオにおける日本漂流民との交流などで知られる。中国初の欧文定期刊行物 *The Chinese Repository*（20巻、1832-51年）のうち1848年以降分はウィリアムズの編集にかかる。同誌は近代初頭の中国に関する重要な資料を含んでおり、華僑研究、僑郷研究にとっても無視できないものがある。　（可児弘明）

ウィリアムズ、リー・E. 1924-
Lea E. WILLIAMS

アメリカの東アジア政治学者で東南アジア華僑史論研究者。第2次大戦中・戦後（1944-48年）中国で米国政府の海外情報工作に参加。除隊後、コーネル大学で東アジア地域研究を専攻し、卒業後（52-53年）マサチューセッツ工科大学国際研究センターのインドネシア華僑社会調査に参加。その研究成果をまとめてハーバード大学から Ph.D. を取得。61-63年シンガポール大学客員教授（歴史学）、66年からロードアイランドのブラウン大学で準教授、教授、大学付属アジア研究センター所長を歴任。著書に『華僑民族主義論』（イリノイ州、1960年）、『東南アジア華僑の前途』（ニューヨーク州、1966年）、論文に「インドネシアの華人企業」「企業家の歴史的背景」「中国──インドネシア外交」など多数あり、北京政権支持派と台湾政権支持派の東南アジア華僑が現住地の社会へ同化するための米国の外交政策を提言した。彼の同化論は華僑商店焼打ち事件などによって現実離れした説ともいわれる。　（市川健二郎）

ウィリアム・E. 1932-
云達忠　William E. WILLMOTT

カナダとニュージーランドの国籍を持つ人類学者。四川省成都でカナダ人宣教師の家庭に生まれた。成都のカナダ人学校、アメリカ、カナダなどで教育を受け、1959年にカナダのマックギル大学から人類学修士学位、64年ロンドン大学から博士学位を取得した。1961年からブリティッシュ・コロンビア大学で教鞭をとり、講師、助教授、教授を歴任し、73年にニュージーランドに移住し、カンタベリー大学社会学教授を務める。1960年代からカンボジア華人の研究を始め、のちカナダ華人社会の研究や、南太平洋華人史研究などに専念する。著書に *The Political Structure of the Chinese Community in Cambodia*（1970）、*Economic Organization in Chinese Society*（1972）、*From China to Canada*（1982）ほかがある。　（曾櫻）

ウィルモット、ドナルド・アール 1925-
雲達楽　Donald Earl WILLMOTT

カナダの社会学者。華人社会問題専攻。中国四川省仁寿生まれ。父母は教員で、仁寿、重慶、上海、成都などを転々とした。渡米して1950年、オバーリンカレッジで社会学文学士。51年ミシガン大学修士。次いでコーネル大学進学、インドネシア・中ジャワのスマラン市で1年間の実地調査後、56年 "Sociocultural Change among the Chinese of Semarang, Indonesia" で Ph.D.。相前後してカナダのセントジョンズ市のニューファウンドランド記念大学、サスカチュワン大学、トロントのヨーク大学グレンドン校などで教育・研究に従事。主著は上記学位論文のほか *The Chinese of Semarang*（1960）、*The National Status of the Chinese in Indonesia, 1900-1958*（1961）。　（三平則夫）

外郎（ういろう）

　丸薬の名で、正名は透頂香（とうちんこう）。外郎の薬といったのは、元朝の滅亡によって日本に亡命してきた医師陳宗敬（陳外郎）の子孫外郎氏が京都で製造販売したことによる。消化器や痰の薬、口中清涼、髪の臭気止めなどに用いられた。宇野氏を称した子孫の一族が北条氏に招かれてからは小田原でも製造販売が行われ、江戸時代には2代目団十郎が扮する外郎売の人気も手伝い、東海道の道中薬として有名になった。店はいまも小田原で受け継がれている。

（可児弘明）

圏『東海道名所図会』5

ウィーロック
会徳豊有限公司　Wheelock and Co. Ltd.

　貿易・流通、金融、貨物ターミナル、不動産、情報通信などの各事業を統括する香港最大級の上場企業。英国系商社ウィーロック・マーデン（会徳豊馬登。1857年成立）が起源。1985年頃までに▼Y. K. パオの持株会社ワールド・インターナショナル（隆豊国際）が支配権を握り、86年のパオ引退で女婿の▼ピーター・ウー・クォンチン（呉光正）が継承。93年にグループ代表会社の隆豊国際を現在の会徳豊（ウィーロック）に改称して組織改革を行い、96年以後はゴンザガ・リー（李唯仁）が集団主席として経営を担当。傘下に、総合企業の▼ワーフ・ホールディングス（九龍倉集団）や不動産事業の新亜置業信託、聯邦地産（以上、上場企業）、流通業のレーンクロフォード、情報通信の i-CABLE などがある。2001年3月末で、売上高37.6億HKドル、保有不動産総床面積70万m²。

（山崎勝彦）

圏山崎勝彦『香港の財閥と企業集団』日本経済調査協議会、1995.／『会徳豊有限公司年報』会徳豊有限公司, 1999-2000.

ウィンオン・インターナショナル・ホールディングス
永安国際集団有限公司
Wing On International Holdings Ltd.

　香港の大手流通企業。1883年に広東省からオーストラリアに移住した郭泉、郭楽ら郭氏4兄弟が、帰国して1907年に香港で創業した▼永安百貨店（永安公司）が始まり。70年に永安人寿（集団）有限公司に半分の株式が売却され、同社が80年代にウィンオン・インターナショナル・ホールディングスと改名されて上場された。その後、▼ニューワールド・グループが27％の株式を取得し、日本の西友も一時資本参加して「無印良品」の店舗を共同展開したが、98年には撤退して資本関係も解消している。この間93年に子会社の永安銀行が大新銀行に売却されている。永安公司として香港、中国本土（天津、武漢）に10以上の百貨店を展開。他に富都酒店、永安中心、永安大厦、永安広場、九龍湾倉庫、永安保険などを有する。アメリカ、オーストラリアで不動産、カナダで自動車販売も。3代目の郭志権（Karl KWOK）会長ほか、郭一族の推定資産は50億HKドル。

（山田修）

ウィンタイ・ホールディングス
永泰　Wing Tai Holdings

　▼シンガポールの有力不動産会社の一つ。もともとは1955年▼香港に設立されたガーメント製造会社で、63年シンガポールに進出してウィンタイ・ガーメント製造社を設立し、87年に不動産業に参入した。以降、不動産業が主要事業となり、ほかにもアパレル、小売、貿易を手がける。89年社名が現在名に変更された際、上場された。同社をチェン一族が支配し、現在チェン・ワイクン（CHENG Wai Keung）が会長を務める。

（岩崎育夫）

ウェイ、アンナ・メイ　1907-61
黄柳霜　Anna May WAY

　中国系アメリカ人女優。本籍は広東省台山だが、ロサンゼルスで生まれた。12歳のとき映画 "The Red Lantern" にエキストラとして初登場し、以来家族の反対を振り切って、エキストラや脇役として映画界で頑張る。1923年に "Toll of the Sea" で初主演を果たし、好評を収めた。24年の "The Thief of Bagdad" は彼女に世界的な注目をもたらした。大スターになった彼女は映画、舞台、そしてモデルとしても活躍し、英語、中国語、フランス語、ドイツ語とイタリア語を流暢に操る。ハリウッドのステレオタイプ東洋人女性役から逃れるために2度ヨーロッパへ渡り、イギリス、ドイツ、フランスの映画と舞台で活躍した。42年に35歳の若さで引退し、静かな余生を送った。代表作は "Daughter

of the Dragon""Chu Chin Chow""The Flame of Love""Daughter of Shanghai""Limehouse Blues""King of Chinatown"ほか。
（曾櫻）

ウェイ、キャサリン 1930-
楊小燕　Katherine (Kathie) WEI

　ブリッジの女王。中国名はヤン・シャオエン。北京生まれ、祖籍は湖南。1949年渡米し沈昌瑞と結婚。コロンビア大学の看護学校で学ぶ。38歳でブリッジを始め、68年に魏重慶（チャールズ・C.ウェイ、1914年上海生まれ、華人船舶王。プレシジョン・ビディング・システムを考案したブリッジの王者）と再婚した。ブリッジ競技に打ち込むために72年、医院を退職。71年、80年の春季北米女子選手権（73年、82年は2位）、78年の世界選手権女子ペアほか、世界各地のブリッジ競技会で100以上の優勝歴を誇る米国の主要なブリッジ選手の一人となった。また69年にバミューダ・ボウルで2位に入った台湾チームの共同キャプテン兼マネージャーを務め、80年には上海ブリッジ協会の顧問を務める一方、81年に中国初の国際ブリッジ・トーナメントに参加、84年には北京女子ブリッジ・チームのコーチに就任するなど中国のブリッジ競技の水準向上に貢献した。自伝のほかに Action for the Defense（1980年）などブリッジ関係の著書が多数ある。
（櫛田久代）

ウェスト・レイク不動産
西湖地産公司　West Lake Development Co., Inc.

　浙江省▼寧波出身の▼張済民が1974年にアメリカ西海岸で創業した不動産会社。本社は北カリフォルニアのサンマテオにあり、シリコンバレー、サンフランシスコ市、サクラメント市を中心にオフィスビル、ショッピングモール、ホテル、高級マンション、計40数か所（96年現在）を所有、北カリフォルニア最大の不動産会社と称される。顧客の9割以上が現地白人層であり、主流社会向けビジネスの開拓に成功したモデルケースである。傘下に華人向け中国語放送の華声TV社がある。
（王効平）

ウェハート・チャムルーン
天明殿　Wehaas Camruun

　タイ王室の離宮内にある中国式宮殿。1889年、▼華裔有力者がバンコク北郊の古都▼アユタヤのバンパインに建造し、当時のラーマ5世に寄贈。材料はすべて中国より取り寄せた。内部正面中央には中国式の玉座が設けられている。宮殿はタイ王室の祠堂でもあり、壁には清朝皇帝と見まがう龍袍姿の歴代国王の肖像画が掛かっている。国王と王妃のための寝室、『三国演義』などの中国書をもつ書庫もある。ラーマ5世が寒期の離宮として愛用。
（樋泉克夫）

ウェリントン中華会館　ウェリントンちゅうかかいかん

　1909年、中国領事の黄栄良の提唱により、ウェリントン（恵霊頓）で創立されたニュージーランド最初の華僑団体の一つ。黄栄良が初代の会長を務めた。会員は約2000人。会館は会員の中国との連絡を強化し、その合法的権益を守ることを趣旨としたが、20年代初頭に政治的観点の違いによって二つの派閥が出現、加えて経費が困難となり、24年に解散した。
（李国梁）

ウェン、バイロン 1934-
翁松燃　Byron S. J. WENG

　香港を代表する憲法学者・政治学者。台湾の台中生まれ。台湾大学法学部卒業。ウィスコンシン・マディソン大学で政治学博士を取得後、同大学の専任講師、助教授、教授。1978年より香港中文大学政治行政学部高級講師、助教授、教授、学部長。99年より台湾の▼曁南国際大学教授。香港在住期間中は、香港政庁の諮問委員や台湾の国家統一委員会研究委員などを歴任。中国、香港、台湾の政治問題について積極的な言論活動を展開した。
（松田康博）

ウォード、バーバラ・E. 1919-83
Barbara E. WARD

　イギリスの社会学者。ロンドン大学、ケンブリッジ大学、香港中文大学などで教鞭を執るかたわら、中国人社会についてのフィールドワークに従事した。1950年代には、サラワクの客家▼系華人社会についての文献研究を行い、その互助組織である「▼公司」の分析などを行っている。また、1950年代以来、

香港東部の離島・滘西洲において、現地の漁民社会を長期的に参与観察し、その社会組織や経済生活、子どもの社会化、女性の役割などに関する詳細な研究を行った。　　　（瀬川昌久）

🔃サバ・サラワクの華僑・華人

ウォラウィー・ウォンリー 1931-
陳天聴　Voravii WANGLEE

タイの「ウォンリー・グループ」の総帥。ナコントン（呑府）銀行董事長も務める。父はタンシウモン・ウォンリー（陳守明）の下でウォンリー家を経営してきたタンシウモンの弟のタンシウティン・ウォンリー（陳守鎮）。アサンプション学院卒業後、アメリカのデューク大学商学部に留学。ニューヨーク銀行、カルテックス、テキサコ、スタンダード・オイルなどに勤務した後、一族系列の証券会社に。ナコントン銀行副董事長（バンキング部門統括）当時の1994年、それまでグループを率いていたスウィット・ウォンリー（陳天爵）の航空事故死を機に現職へ。　　　（樋泉克夫）

ウォン・カーウァイ 1958-
王家衛　WONG Kar-wai

スタイリッシュな映像で国際的評価の高い香港の映画監督。香港の中国返還を目前に控えた1997年5月の第50回カンヌ国際映画祭で『春光乍洩（ブエノスアイレス）』によって監督賞を受賞し、カンヌ国際映画祭で監督賞を受賞したイギリス植民地香港の最初で最後の映画監督となった。

上海生まれ。5歳のとき家族とともに香港に移る。香港理工学院でグラフィックデザインを学び、卒業後1981年に無線電視台（TVB）のTVドラマ制作者養成のための脚色、演出訓練班に採用される。訓練期間終了後はTVBに残り連続TVドラマの制作に当たる。82年TVBを離れ、フリーランサーとして映画のシナリオを書きはじめる。88年自作のシナリオを映画化した『旺角卞門（いますぐ抱きしめたい）』で監督としてデビュー、『阿飛正伝（欲望の翼）』と『重慶森林（恋する惑星）』で91年と95年の香港電影金像奨（香港アカデミー賞）の最優秀作品賞と最優秀監督賞を受賞する。　　　（戸張東夫）

📖『八十年代香港電影（修訂本）』香港臨時市政局, 1999.

ウォン、ダニエル・K. 1943-
黄錦波　Daniel K. WONG

中国系アメリカ人政治家。本籍は広東省台山だが、香港で生まれた。ユタ州ソルトレークシティー大学で医学博士号を取った後、産婦人科医師として活躍した。カリフォルニア州セリトス市に移住してから社会公益活動に身を捧げ、1978年から3回連続市議員に当選し、84年に副市長、87年4月に市長に就任した。　　　（曾櫻）

ウォン・ハウ、ジェームズ 1899-1976
黄宗霑　James WONG Howe

ハリウッドの撮影監督。日本では「ホウ」「ホー」とも表記。本名 WONG Jung Jim（黄宗霑）。広東省生まれ。5歳でアメリカへ渡る。父親は北西部ワシントン州で雑貨店を経営。父親の死後、ボクサーに憧れて家出するが、1917年にハリウッドのラスキー・スタジオ撮影部に雑用係として入り、まもなくセシル・B.デミル監督に気に入られてアシスタントに。22年に撮影監督となる。以後、『ピーターパン』（24年）、『ゼンダ城の虜』（37年）、『オクラホマ・キッド』（39年）、『ヤンキー・ドゥードル・ダンディ』（42年）、『老人と海』（58年）など生涯に70本以上の映画を撮影し、ハリウッドの名物カメラマンとして名をはせた。抑えた調子のスタイルから映画界では「ロー・キー・ハウ」の愛称で親しまれ、また早くからディープ・フォーカスの手法を確立。『薔薇の刺青』（56年）と『ハッド（Hud）』（63年、ポール・ニューマン主演）でアカデミー賞撮影賞を2度獲得。遺作は『ファニー・レディー』（75年）。　　　（村上由見子）

ウォン、ピーター 1942-
黄肇強　Peter WONG

オーストラリア最初の反人種差別政党の設立者。広東省生まれ。8歳のとき家族とインドネシアに渡る。クリスチャン・スクール修了後、18歳のとき豪州へ移住、シドニー大学で薬学を学ぶ。父親の影響でキリスト教活動に熱心に取り組み、地域医療への献身とともに華人社会で信望を得る。1990年には天安門事件で困窮する中国人留学生のためにチャリティ財団設立。96年の反アジア移民論争時には自由党籍を捨て、反人種差別の団結党

(Unity Party)を結成、99年の選挙で党首として当選、州上院議員となる。　（増田あゆみ）
🔗 ワン・ネーション・パーティ

ウォン・プハーダ、エンリーケ 1947-
Enrique WONG PUJADA
　中国系ペルー人医師、政治家、国会議員(1985-90年)。カリャオ生まれ。アルフォンソ・ウガルテ校卒業後、奨学生としてメキシコ高等医学校で留学生活を送る。ウガルテ校在学時からアプラ党（APRA、アメリカ人民革命同盟）の政治活動に参加。1980年帰国後、カリャオで同党の宣伝活動を指揮。翌年、情宣部書記長となる。85年の総選挙で、党首アラン・ガルシアの大統領当選と同時に、下院議員に選出される。　（柳田利夫）
　📖 M. Guimarey. *Quién es quién, Congreso de la República 1985-1990*. Lima: MGS & MGS Editores, 1986.

ウォン、マイケル 1965-
王敏徳　Michael WONG
　香港で活躍するアメリカ華人の男優。ニューヨークに生まれ、アメリカと上海で育った。兄ラッセル・ウォン（Russell WONG、羅素）も、▼香港映画『歌舞昇平』（1985年）や▼ウェイン・ワン監督作品に出演した男優。83年▼ツイ・ハーク夫人シー・ナムサン（施南生）により兄と同時にスカウトされ、香港映画界入り。85年『飛虎奇兵』でデビュー。▼ブルース・リーの遺児ブランドン・リー（Brandon LEE、李国豪）と共演した『ファイヤー・ドラゴン』（86年）の悪役で注目された。その後『トップレディ』（86年）、『皇家戦士』（87年）などでバタくさい二枚目として活躍していたが、警察の特殊部隊を描いた『ファイナル・オプション　香港最終指令』（94年）の隊長役が評判になり、以後刑事が当たり役に。その英語訛りの広東語が植民地下の香港警察の雰囲気をよく醸し出すため、『月黒風高』（95年）、『飛虎』（96年）、『野獣刑警』（98年）などでたびたび刑事役に起用され、映画を成功に導いている。他の代表作に『世界の涯てに』（96年）などがある。
（松岡環）

ウォン、ラッセル 1963-
王慎徳　Russell WONG
　俳優。ニューヨーク生まれ。父親は中国系、母親はオランダ系白人。180cmの長身と甘いマスクの二枚目俳優。『夜明けのスローボート』で主役を演じ、『ニュージャック・シティー』『ジョイ・ラック・クラブ』などのハリウッド映画に出演。1995年にTVシリーズ「バニシング・サン」で主役を演じ人気を博す。最近作はコンピュータ・ハッカーを追い詰めた日本人ツトム・シモムラに扮した"Takedown"（99年）。　（村上由見子）
🔗『ジョイ・ラック・クラブ』

ウォンリー・グループ
鱟利集団　Wanglee Group
　タイ有数の名門華人財閥。前身は広東省潮州隆都生まれの陳宣衣（一名を「船主仏」）が1851年に香港に設立した米商社の乾泰隆行。陳の息子でグループの実質的な創業者である陳慈鱟は1844年に生まれ、20歳前後で乾泰隆行の経営を任された。事業拡張のため渡タイし、チャオプラヤー川を挟んだバンコク対岸のトンブリーに陳鱟利行を開き、乾泰隆行の支店とした。以後、一族の拠点はバンコクに移る。陳鱟利行はタイ特産の米を香港、シンガポール、中国に輸出するほか、精米業に進出する。米需要の多いスワトウに鱟利桟を設立、タイ最有力の華僑米業者に成長。90年代以降、鱟利桟に次いでシンガポールに陳元利行、香港に陳鱟利分行、サイゴンに乾元利行を設立、東南アジア全域の米市場に強い影響力を発揮した。サイゴンには精米工場に加え倉庫群も設立。1890年代から1930年代、陳鱟利分行は香港最有力の米商社だった。1903年に23歳で慈鱟から家業を譲られた次男の陳立梅は第1次大戦後に海運業務に着目、ノルウェーのBK海運のアジア地区の代理店となり、東南アジア全域と香港・中国間の貨客船業務に覇を唱えた。鱟利桟匯総荘を創業し、スワトウ、香港、東南アジア主要都市を結ぶ送金業務に進出。立梅の死により家業を継いだ立梅の長男のタンシウモン・ウォンリー（陳守明）は33年に鱟利桟銀行と鱟利保険を設立、タイを軸にスワトウ、香港、ベトナム、マレー、シンガポールを結び、海運、精

米、貿易、金融、新聞、タバコ、不動産など を経営した。妻は▼ラムサム家出身。タンシ ウモンは45年8月15日にヤワラートで暗殺さ れたが、日本軍に請われて中華総商会主席を 務めたことが遠因という。この暗殺を機に、 一族は華僑・華人社会の関係を断った。後を 継いだ実弟のタンシウティン・ウォンリー (陳守鎮)は73年に囊利桟銀行をウォンリー (囊利)銀行に改組(後にナコントン銀行)、 60～70年代に▼家族経営の改善に努めた。97 年の経済危機の後に経営が悪化。スタンダー ド・チャータード銀行に買収されスタンダー ド・チャータード・ナコントン銀行となる。一 族の中心はタンシウティンから、タンシウモ ンの長男でタイ商工会議所会頭などを務めた スウィット・ウォンリー(陳天爵)を経て、 現在はタンシウティンの長男の▼ウォラウィ ー・ウォンリー。
(樋泉克夫)

毛世昇・丘克軍主編『中国商幇伝記 四海潮人 潮汕幇』広州:広東経済出版社、2001.

ウォン・リンケン 1931-83
黄麟根　WONG Lin Ken

シンガポールの歴史学者、政治家。▼ペナ ン生まれの広東系▼華裔。マラヤ大学を経て ロンドン大学に留学、1959年博士号取得。帰 国してシンガポール大学で教鞭をとるかたわ らマラヤ錫鉱業史の研究に従う。64年▼人民 行動党外交局主任、67-68年駐米国、ブラジ ル大使。68年国会議員に当選、70年より内政 部長に就任するなど政界でも活躍した。著書 に *The Malayan Tin Industry to 1914, with Special Reference to the States of Perak, Selangor, Negri Sembilan and Pahang* (Tucson: Univ. of Arizona Press, 1965)。
(可児弘明)

ウー・クォンチン、ピーター 1946-
呉光正　Peter WU Kwong-ching

▼香港最大級の総合企業団である会徳豊 (▼ウィーロック)/九龍倉集団グループ(ザ・ ワーフ)の代表。1986年に「香港の船舶王」 と呼ばれた創始者▼Y.K.パオからグループ を引き継ぐ。ウーは上海生まれで、幼少時に 香港へ移住。米国のシンシナティ大学で理数 系の修士、コロンビア大学でMBAを取得 (72年)後、チェース・マンハッタン銀行に就 職し、73年に九龍支店へ転勤。同年、パオの 次女・蓓容(ベッシー)と結婚し、まもなく 岳父の海運グループに加わった。その頃、パ オは海運以外への事業展開を開始したが、そ の際にウーは司令塔の投資持株会社・隆豊国 際(ワールド・インターナショナル社、現会 徳豊)でパオの右腕となって活躍し、厚い信 頼を勝ち取った。おもな買収活動には、イギ リス系名門財閥ジャーディン・マセソン傘下 の港湾運営の上場会社・九龍倉(現、九龍倉 集団(ワーフ・ホールディングス社)の前身、 70年代末)や、現グループ名の由来となった イギリス系名門商社・会徳豊馬登(ウィーロ ック・マーデン社、85年頃)等がある。86年 のパオ引退で、パオの長女の女婿ヘルムト・ ソーメンが海運部門、ウーがグループ中核の 隆豊国際を継承。91年のパオ死去でウーが実 質的な後継者となり、後に名称変更と組織改 革を行って現在の総合企業集団を確立した。 なお、実際の経営は95年頃までに李唯仁(ゴ ンザガ・リー)に委譲されている。現在、ウ ーは(香港)医院管理局の大会主席(理事 長)を長く務めるほか、土地委員会委員など の多くの重要な公職に就いている。初代▼香 港特別行政区行政長官の選挙(96年12月)出 馬の際には▼董建華に敗れたが、次期選挙へ の再出馬が噂されている。
(山崎勝彦)

ワーフ・ホールディングス

山崎勝彦『香港の財閥と企業集団』(1995年 版)日本経済調査協議会、1995./馮邦彦『香港 華資財団』香港:三聯書店、1997./『会徳豊有 限公司年報』香港:会徳豊有限公司、1999./ 『九龍倉集団有限公司年報』香港:九龍倉集団有 限公司、1999.

ウー・ゴードン・インシュン 1935-
胡応湘　Gordon Ying Sheung WU

香港の代表的企業家で、ホープウェル・グ ループ(合和実業集団)の総帥。米国プリン ストン大学卒(土木工学修士)。貧農出身の 父・胡忠(1991年没)はタクシー運転手を経 て、新的士社を率いるタクシー大王となっ た。三男のゴードン・ウーが1969年に父親と ともにホープウェルを創立、72年に上場、巨 大企業に育て上げた。中国本土に最大の投資 をしている香港企業で、その投資額は50億ド ル以上にのぼる。交通、発電、不動産開発な

どの大規模開発プロジェクトを、中国だけでなくタイ、インドネシア、フィリピンなど、東アジア一帯に広げている。54年の米国留学時に初めて高速道路を見て、ウーはアジアにおけるその可能性を確信したという。深圳市・広州市間高速道路の建設を手始めに、珠江デルタを周回する高速道路網の実現に邁進している。広東省内の発電事業や広州市のチャイナ・ホテル、九龍のパンダ・ホテルの経営なども行う。
(山田修)

ウー・シエンビオー 1937-
呉仙標 WOO Shien Biau

アメリカ華人の物理学者、政治・社会活動家。上海市生まれ。1949年両親とともに台湾に移住。香港で教育を受けたのち渡米。ジョージタウン大学、ワシントン大学で物理学を学び、64年にワシントン大学より物理学の博士学位を取得。66年デラウェア州立大学で教鞭をとり、のちに同大学教員組合の創立者となった。米国大学教授協会全国委員会の最初の華人メンバー。社会活動に積極的で、82年デラウェア州華人コミュニティセンター理事長。84年民主党の候補者としてデラウェア州の副知事に当選、米国史上初の華人州副知事となる。87年には▼モントレーパークで▼華裔政治委員会の創設を呼びかけ、89年米国華人協会会長に就任するなど、積極的に政治参加する新しいライフスタイルをもつ代表的な華人。
(馬暁華)

ウジュンパンダン
烏戎潘当 Ujung Pandan

インドネシア西部スラウェシ（セレベス）島の南部にある同島の中心都市。この地に住む中国系住民は、13世紀にモンゴル人の侵攻を逃れて中国華南から移り住んだ人々の子孫とされる。明代中国人の墳墓なども残されており、オランダによる植民地支配の進展とともに形成されたインドネシアの他地域の華人集住地とは様相が異なる。1980年4月に発生したウジュンパンダン事件では、大規模な排華暴動の中で、100軒をこえる華人商店が破壊された。
(松本武彦)

ウー、ジョン 1948-
呉宇森 John WOO

香港からハリウッドに進出した映画監督。▼広州に生まれ、香港で学校教育を受けた。19歳のときから実験映画に手を染め、1969年に記録係として映画界入り。助監督を経て73年『カラテ愚連隊』で監督デビュー。粤劇映画『帝女花』（76年）、コメディ作品『滑稽時代』（80年）などを撮ったあと、86年チョウ・ユンファ主演の『男たちの挽歌』が大ヒット、香港ノワール映画（英雄片）というジャンルを流行させた。以後『男たちの挽歌II』（88年）、『狼 男たちの挽歌・最終章』（89年）など、男の美学と友情を描く映画をヒットさせ、アジア諸国はもちろん欧米でもカルト的ファンを獲得した。それによりハリウッドに招かれ、93年『ハード・ターゲット』を完成、続く『ブロークン・アロー』（96年）は世界的ヒットとなって一流監督の仲間入りを果たした。さらに『フェイス／オフ』（97年）、『M：I-2』（2000年）も全世界で好成績をあげ、大監督としての地歩を着々と築いている。
(松岡環)

臼杵 うすき

大分県東部、臼杵湾に臨む港市。天正年間（1573-92年）には▼唐人町の記録が見える。大友義鑑・義鎮（宗麟）時代に、▼唐船やポルトガル船が入港していた。来航唐人、ポルトガル人、「高麗人」らの海商との取引に、唐人町在住の▼唐人たちがかかわったであろう。唐人町名請人52人のうち、徳鳳、陳元明、九右衛門、平湖の4人は、豊臣秀吉の方広寺大仏造営の際に漆喰塗り技術者として徴用されている。ほかに三官、帯漢、二高などの唐人がいた。平戸在住唐人の大工古道など他地域の唐人とのネットワークも知られている。
(黒木國泰)

圏 中村質「近世日本の華僑」『外来文化と九州』平凡社、1973.

ウタイ・ヤンプラパーコン 1926-
楊海泉 Uthai YANGPRAPHAAKR

「世界のワニ王」と呼ばれるタイのワニ園経営者。バンコク南郊のサムットプラカーン生まれ。家が貧しかったためバンコクの広肇学校を1年で中退し就職。15歳で独立し日用雑貨商。太平洋戦争の影響を受け倒産し失業。戦後、ワニ皮製品の高騰に着目し、次兄から借金しワニ皮商を始める。1949年、バン

コクでワニの養殖に着手。試行錯誤のすえ、54年には養殖に成功、ワニ皮製品の製造・販売・輸出を始める。翌年、現在ワニ園のあるサムットプラカーンに養殖場を移転・拡充。67年には観光事業拡大を目指すタイ政府の方針に応じ、動物園を併設した観光ワニ園を開設した。現在、3万頭を超えるワニを擁する世界最大のワニ園（サムットプラカーン・ワニ動物園）に加え、皮革製品の輸出、不動産開発などを手がける。バーンパコンでも観光ワニ園を経営。ワニの養殖技術は国際的にも高く評価されている。タイ訪問の中国要人の多くがワニ園を訪問する。華人社会の慈善事業にも熱心。

（樋泉克夫）

ウー、チェンシュン 1912-
呉健雄　Chien-Shiung WU

中国系アメリカ人物理学者、教育者。上海近郊で生まれた。蘇州女子師範学校を卒業した後、中央大学に進学し、1934年卒業。36年アメリカへ留学、40年カリフォルニア大学バークレー校から博士学位を取得。同校で研究助手として勤めたが、42年在米の物理学者袁家騮（Luke YUAN）と結婚し、ともに東海岸へ移った。スミス学院、プリンストン大学、コロンビア大学で教鞭をとった。57年にのちノーベル物理学賞を受賞したツンダオ・リーとチェンニン・ヤンが提案した「弱い」核相互作用でそれ以前は成立していた「対称性」が破れているという理論を確認し、世界物理学界に大きな衝撃を与えた。プリンストン大学、スミス学院、エール大学、ハーバード大学などから名誉博士学位が与えられ、初の女性受賞者として米国科学アカデミーよりカムストック賞、リサーチ・コーポレーション賞、ナショナル・サイエンス・メートルをはじめとするさまざまな大賞を受け、75年に米国物理学会史上初の女性会長となった。90年に中国科学院南京紫金山天文台により発見された小惑星に呉健雄星と名がつけられている。

（曾櫻）

内田直作 うちだ・なおさく 1905-87

日本華僑史、華僑社会史の研究者で、晩年は東南アジア華僑の研究でも著名。福井県出身。1931年神戸高等商業学校を卒業、31-40年上海東亜同文書院教授、40-49東京商科大学助教授・同東亜経済研究所員、49-76年成城大学経済学部教授。この間、52年に神戸大学経済学博士。中国に固有の合資経営、ギルド的組織、帳簿会計、買弁などの商事慣行を究明してその近代への展望を論じた根岸佶の方法、論点を継承しながら、『日本華僑社会の研究』（同文館、1949年）において、日本華僑の団体形成を対象としてとりあげ、実証的手法で江戸時代の長崎、明治期以降の長崎、神戸、大阪、横浜、函館の華僑団体史を克明に論じ、中華会館、総商会、同職団体にも言及した。この書は日本華僑研究の古典的典範の位置を占める。この続編というべき塩脇幸四郎と共編の『留日華僑経済分析』（河出書房、1950年）は、1947、48年次に在日華僑の人口、職業動態、各都市別動態について塩脇、宇佐美和彦とともに行った調査に歴史的展望を付したもので、戦後に混乱と窮迫を経験した在日華僑が、貿易・雑業の分野において買弁性、同郷性において強靭さを温存していたことを論じた。井口貞夫との共著『中華民国・華僑』（鹿島平和研究所、1967年）は、東南アジア華僑経済に問題を広げ、郷党的な経済構造、華僑独自の資本形態に言及。『東洋経済史研究』Ⅰ（千倉書房、1970年）は、宋代の市易法、清代の広東十三公行などについての歴史論文ほか、粤漢鉄道建設をめぐる官民の摩擦、マレーシアの陸佑財閥の研究を収め、『東洋経済史研究』Ⅱ（同、1976年）は、1958-59年にスタンフォード大学滞在時に調査したサンフランシスコ・チャイナタウン、ならびにその秘密結社の研究成果であり、『東南アジア華僑の社会と経済』（同、1982年）は、バンコク、ラングーン、シンガポールにおける、会館、総商会、郷幇の詳細な研究である。

（斯波義信）

ウー、チャーウェイ 1937-
呉家瑋　Chia-Wei WOO

中国系アメリカ人物理学者、天文学者、教育者。上海で生まれたが、香港で高等学校までの教育を受け、1955年アメリカへ留学、56年ジョージタウン大学から理学士、61年ワシントン大学から修士学位、66年に博士学位を取得。カリフォルニア大学サンディエゴ校で2年間物理学の研究を続けた後、68年からノ

ースウェスタン大学で教鞭をとった。72年米国に帰化。79年からカリフォルニア大学サンディエゴ校レベル学院院長を務め、83年にサンフランシスコ州立大学学長に就任、アメリカ史上初の中国系アメリカ人大学学長となった。88年に香港科技大学学長に就任。量子多体理論、低温物理学、表面物理学、液体水晶と重合体、核天体物理学、技術移転と経済発展など、幅広い分野で研究業績を収めた。北京大学、深圳大学、復旦大学名誉教授。

(曾櫻)

ウ・チュリアン 1890-1974
余子亮　U Chuliang

タイのバンコク・メトロポリタン銀行(京華銀行)元董事長で、大地系財閥創業者。タイ名をパイチット・ウワッタナクーン(Paichit UWATTANAKUL)。広東省饒平県生まれ。1899年生まれとも。渡タイ後、余源記顔料行、余源興工廠などを経営。1937年蘆溝橋事件を機に、シャウフッセン・シーブンルアンを会長に中国勧募公債暹羅分会を組織し、蟻光炎、鄭子彬らと抗日・救国運動を展開する。38年には『中国日報』『中原報』を創刊。同年、潮州米業平糶公司を創業し潮州一帯の米不足を支援する。42年、抗日活動家として日本軍によってペナンで逮捕・投獄された。戦後、ウテン・テチャパイブーンらとバンコク・メトロポリタン銀行を創業。慈善事業家で知られる。

(樋泉克夫)

⧆ 慈善・義捐・献金

宇津木麗華(うつぎれいか) 1963-

河北省出身のソフトボール選手。現在は日本国籍。旧名は任彦麗。1981年に中国のナショナルチーム入りし、86年世界選手権で準優勝。中国に遠征した宇津木妙子選手(現日立高崎、日本代表監督)のプレーに魅せられ、日立高崎入りを希望。88年3月に来日し、95年に監督の名字をもらい帰化。アトランタ五輪参加を目指したが、母国中国の拒否権に遭って実現しなかった。2000年のシドニー五輪には37歳で参加。中軸バッターの三塁手として日本の銀メダル獲得に貢献した。

(日暮高則)

ウー、デイビッド・Y. H. 1940-
呉燕和　David Y. H. WU

台湾生まれの米国籍人類学者。元ハワイ東西センター上級研究員、元香港中文大学教授。華人社会研究を基礎に、精神衛生、児童の社会化の比較研究、食文化、アジア青年文化など多彩な研究活動を行っている。また、多数の国際共同研究の組織者としても著名で、華人研究のキー・パーソンの一人である。著書に *The Chinese in Papua New Guinea, 1880-1980* (Hong Kong: The Chinese UP, 1982)などがある。

(森川眞規雄)

ウテン・テチャパイブーン 1913-
鄭午楼　Uthen TECHAPHAIBUUL

タイ華人社会の代表的指導者。テチャパイブーン(鄭)一族の総帥。生年は1915年とも。戦前のタイ華僑指導者の一人で広東省潮陽出身のチュピン・テチャパイブーン(鄭子彬)の長男(8人兄弟)としてバンコクに生まれる。新民、培英の両華僑学校を経て華僑子弟が多く学んだアサンプション商業学院を卒業。父を手伝い醸造・酒販売、質店、製材工場などを経営。44年に父が亡くなるや、家長として傘下企業経営の全権を掌握。49年、一族の関連企業を春和有限公司に統合し董事長に就任。以後、父の友人であったウ・チュリアンとともに、シー・ムアン保険(46年)、バラ・ウィンザー(47年)、タイワーホン製糖(47年)、バンコク・メトロポリタン銀行(京華銀行、50年)などを創業。80年代初期には同銀行の経営の全権を掌握し、一族傘下・系列企業の中核とした。60年、国営企業改革の一環として国営アルコール工場の経営権を取得。当時の華僑最高指導者の張蘭臣やラムサム家とともにメコン・ウイスキーの醸造・販売に乗り出すが、70年代末、同社の利益独占を目指し別会社を設立、「ウイスキー戦争」の当事者となる。肉親を新規企業のトップに据え血縁の結束を図る一方、有力政治家との関係を重視し事業拡大に努めた。バンプー工業団地(80年)、世界貿易センター(84年)など新規事業開拓にも意欲的だった。チン・ソーポンパニット、ワンチャイ・チャラーティワット、ブーンソン・シーファンフンなど華人有力企業一族との共同事業も多い。36年に

▼華僑報徳善堂董事長に就任して以後、タイのみならず中国での慈善事業にも熱心。▼タイ中華総商会、▼タイ潮州会館などで永久名誉主席。90年に華僑崇聖大学を提唱し、同大学設立の中心的存在。バンコク・メトロポリタン銀行の国有化に象徴されるように、97年の経済危機は一族に大きな打撃となる。

(樋泉克夫)

圏 段立生『鄭午楼伝』広州:中山大学出版社, 1994./子凌『一個人的修養与実践』バンコク:泰商日報, 1983.

ウー、ハリー 1937-
呉弘達　Harry WU

アメリカの人権問題運動家。上海で裕福な銀行家の息子として生まれる。北京地質学院に入学するが、「反革命右派分子」として労働収容所へ送られ辛酸をなめる。1985年にカリフォルニア大学客員研究員として渡米。91年ひそかに帰国、隠し撮りした監獄労働のビデオ映像がTV局CBSで放映されて大きな話題に。95年ふたたび中国に潜入し逮捕され、米中間で外交問題に発展するが、のちに釈放。現在はスタンフォード大学フーバー研究所研究員。

(村上由見子)

圏 ハリー・ウー、キャロリン・ウェイクマン『ビター・ウィンズ』日本放送出版協会, 1995./ハリー・ウー『労改』TBSブリタニカ, 1996.

ウー、マイケル 1951-
胡紹基　Michael WOO

中国系アメリカ人政治家。ロサンゼルスで生まれた。カリフォルニア大学サンタクルーズ校を卒業後、同大学バークレー校から都市計画の修士学位を取得。1985年にロサンゼルス市議会の初めての▼アジア系アメリカ人議員として当選し、ロサンゼルスの都市開発に力を注いだ。93年からハーバード大学で都市政治学を教える。94年に州書記官に立候補したが落選。

(曾櫻)

海の中国（うみのちゅうごく）

1990年代に日本の東アジア研究者が使いはじめた、広くは中国大陸の外に住む在外華人の世界、狭くは▼香港、台湾、東南アジアの華人世界を指す言葉。歴史的に中国政治を支配してきた北京を中心にした大陸部を「陸の中国」と呼ぶことに対応した概念で、「海の中国」は経済に活路を求めてきたことを特徴とする。この概念を使うと、1980年代以降に本格化した中国の経済開発に香港、台湾、東南アジアなどの在外華人資本が果たした役割がよく浮かび上がってくる。

(岩崎育夫)

圏 渡辺利夫・岩崎育夫『海の中国』弘文堂, 2001.

梅ヶ崎唐船繋場（うめがさきとうせんつなぎば）

長崎港に注ぐ中島川下流左岸に位置する近世の港。1680（延宝8）年埋め立てた十善寺郷の地を、長崎奉行牛込忠左衛門が梅香崎と名づけた。▼唐船の船着き場であったが、1688（元禄元）年梅香崎遠見番所が置かれて入港船が監視された。なお、梅ヶ崎に倉庫もあったが、1698年に付近一帯が大火となり、22町、家屋2044戸、土蔵33棟を焼き唐船貨物多数を失ったので、西浜町先の海中に新地を造り土蔵を設け、これを▼新地蔵所と称した。

(川勝守)

盂蘭盆会（うらんぼんえ）⇨ 普度（ふど）

ウー・リエンテー 1879-1960
伍連徳　WU Lien Teh

マレーシアの医学者。医学博士、理学博士。ゴー・レアントゥクとも。▼ペナン生まれ。祖籍は広東省台山。英国女王奨学金を得てケンブリッジ大学で医学を修め、最優秀の成績で卒業。英国、ドイツ、フランスの研究所勤務後、1903年帰国、翌年ペナンで開業。08年中国に招かれて天津の国立病院勤務、10～11年、20～21年には旧満洲（東北地方）で蔓延した黒死病の治療・▼防疫に尽力。北京総合病院など中国に17の病院を設立。37年帰国し▼イポーで開業。アヘン追放運動、儒教復興運動の推進者でもあった。

(原不二夫)

⊟ 防疫

烏勒吉（ウルジ）1922-
吾勒吉和希格

横浜華僑の教育者、華僑の権益を守る運動の指導者。元横浜中華学校・▼横浜山手中華学校校長。本名は吾勒吉和希格（ウルジホシグ）。内モンゴル自治区赤峯市出身。1944年来日。盛岡農林専門学校（現岩手大学）卒。50年横浜中華学校に赴任。52年春、校長陳継昌の突然の辞職により校長代理に。同年8月、▼横浜華僑学校事件発生。事件解決のため先頭に立ち、翌年、山手に臨時校舎を建設。のちに、宿舎建

設、高中部設立など、横浜山手中華学校の民族教育の発展に大きく寄与する。72年勇退。▼横浜華僑聯誼会、▼横浜華僑総会（大陸系）副会長などを歴任。　　　　　　　（符順和）

運棺（うんかん）

前近代の中国で、旅先とか、よその土地で死んだ者の棺を故郷に持ち帰る習慣。棺内に久しく置かれ埋葬されない遺体が悪霊に変ずる僵屍（キョンシー）の怪談が知れわたっていたように、現実には棺を故郷まで運ぶことは裕福な▼宗族か、運棺援助に積極的で富力の大きな▼同郷団体でもなければ困難なことであった。海外でも、「▼落葉帰根」としてその総体が把握された時代の華僑は、遺体を故郷にある宗族の墓地に埋葬してもらう願望が強かったが、時間と経費の点で、国内の場合より一層の困難が伴った。シンガポールの富商▼胡亜基（1880年没）のように故郷広州対岸の一小島に帰葬された例は稀であった。比較的距離の近い日本華僑の場合をみると、死者を頑丈な棺に納めて仮埋葬するか、石灰詰めにして棺預かりの御堂に安置しておき、船を見つけて棺を託し、死者の故郷に持ち帰ることが当初のうち行われた。横浜では1873（明治6）年神奈川県から中国人専用の墓地造営の用地が華僑に貸与されたが、当初のうちは棺安置場であり、3〜8年後には船に積み中国へ回葬した。しかし1923年になると横浜から棺を運ぶ船が出なくなり、以後は共同墓地に土葬するか、棺のまま共同墓地内の安置所に置かれるようになっている。運棺が行われなくなったことは華僑の現地定着が進行したことを意味するが、そのぶんだけ家族あるいは同郷人が来世で今生と同じ人間関係を維持できるよすがとして、まとまって埋葬される共同公共墓地の造営・拡大が同郷団体の事業として促されることになる。また東南アジアでは、中国回帰の願望を果たせない死者に仲間が中国の土で焼いた陶器を副葬して和めることが一部で行われた。また出移民または帰国する船上で死亡した者についても水葬を避けて死者を故郷に帰すため、香港の慈善団体▼東華三院が早くからアメリカ航路の汽船に棺木を積んだ。　　　　（可児弘明）

東華義荘の内部。1973年1月当時、遺体511、遺骨1007体分が保管されていた。香港の東華三院が経営する東華義荘は、香港在住中国人だけでなく世界中から送られてくる華僑・華人の遺骨・遺体を中国へ帰葬する中継的な棺安置場であった。撮影：可児弘明

エ

永安百貨店（えいあんひゃっかてん）
永安有限公司　Wing On Co., Ltd.

上海などにあった大型百貨店。創業者は広東省▼中山県出身でオーストラリアからの▼帰国華僑の郭楽・郭順兄弟。シドニーでの果物販売業で得た資本に他の華僑からの投資を加え、在豪イギリス商人の百貨店経営法にならい百貨店経営に着手する。1907年の香港永安公司開設を皮切りに、次々と国内外に店舗や事務所を拡張した。上海への進出は1918年。パーマー＆ターナー設計による古典主義の高層建築を誇り、遊戯場や旅館、レストランなども併設され、都市文化の最先端を演出した。日本人による『上海年鑑』（1926年）には「三越と花屋敷に旅館を加へたもの」と思えば近いとある。百貨店業に付随させて保険や金融、サービス業、そして紡績などの各種軽工業経営へも進出し、永安系企業集団を形成した。近代資本主義に基づく民族資本企業の先駆けであったが、その一面、経営はおもに郭氏を中心とした血縁や同郷者によって占められ、多分に▼広東帮の性格をももちあわせていた。解放後、国営化され、上海第十百貨商店と商号を変える。　（大道寺慶子）

📖『上海近代百貨商業史』

永安紡織会社（えいあんぼうしょくがいしゃ）
永安紡織印染公司
Wing On Knitting Factory

オーストラリアからの▼帰国華僑の郭楽・郭順兄弟が、他の広東出身のオーストラリア華僑から資本を集め上海で経営した大型紡織企業。「実業の復興、利権の回復」を掲げて投資を行い、国産品推奨の波に乗り、永安系企業集団の一角として国内に市場を広げた。1921年に華僑の出資者5302人、資本金約600万元から始まったが、抗日戦争前夜までには資本金は初期の2倍に、固定資産は4倍にまで増加した。紡織工場や捺染工場、合わせて6工場を所有し、紡織から染色までの全工程を自前で行うことができた。各工場最多で1万2000余人の職工を抱え、その規模や生産量において申新公司に次ぐ中国第2の紡織企業へと成長する。民族資本の綿紡織業において、生産力や技術の向上、人材育成などの面で大きく貢献したが、抗日戦争や国共内戦中は工場が戦禍を受け、また、郭楽がアメリカに戦火を避け、郭順の経営に委ねられるなどのこともあった。解放後は郭棣活による経営で回復し、1956年に国営化された。　（大道寺慶子）

📖『華僑華人詞典』

永安和（えいあんわ）
Wing On Woh & Co.

1905（明治38）年から23（大正12）年頃まで存在した横浜華僑の貿易店。所在地は1905年から06年は山下町201番地、07年から23年は同220番地。経営者は広東省南海県出身の▼呉植垣。日本橋の貴金属商・吉沼又右衛門をおもな取引相手として、美術品、香水、綿花類などの輸出入を行っていた。神戸支店は広興昌で、支配人は廖道明。またバンコクに支店・徳和隆を開いていた。　（伊藤泉美）

📖『横浜中華街』

『瀛涯勝覧』（えいがいしょうらん）

明初の永楽帝朱棣（しゅてい）が▼鄭和に命じた南アジア遠征に随行した馬歓による見聞記。東南アジア、インド洋方面の見聞記事が貴重な資料として構成されている。中国人がジャワ、スマトラ（三仏斉、旧港）におり勢力をもっていたという記事は、琉球の▼『歴代宝案』の記録と並んで価値がある。『瀛涯勝覧』の伝本は『紀録彙編』に2種の版が伝わり、近代では馮承鈞の活字本（中華書局）がある。

（小川博）

📖 小川博編訳『中国人の南方見聞録・瀛涯勝覧』吉川弘文館、1998.

永記号（えいきごう）

長崎の▼福建帮の華僑貿易商社の一つ。福建省▼永春府出身の鄭永超（？-1917年）が、1892（明治25）年広馬場町に創業。海産物の輸出に従事。▼長崎福建会館、▼泉漳帮の会

員。鄭は、1917（大正6）年館内町（▼唐人屋敷跡）にある▼観音堂改築に際し多額の寄付をするなど祭祀事に熱心であった。同号は、17年に長男の鄭国璽が継承、30年まで存続。次男の鄭廷堅は新地町に永興号を設立。

（陳東華）

永吉昌匯兌信局 （えいきちしょうかいだしんきょく）

海南島出身でシンガポール華僑の黄義華が同地に設立した華僑送金取扱店。黄は1910年に永吉昌公司を設立し反物の売買に従事。海南島出身者が増えたため、20年におもに海南島向け送金部門を増設。42年日本軍占領時、店の品物がすべて略奪され、黄も死亡。戦後、子の黄正本が再興、海南島の海口に支店を出し、シンガポールからの▼華僑送金を海南島各地に送り届けた。50年代以降、海口支店は▼中国銀行海口支店に取って代わられた。

（山岸猛）

㋥民信局

エイサー・グループ
宏碁集団　Acer Group

台湾の電子企業集団。グループの総帥施振栄は1944年生まれ、台湾省彰化県鹿港出身。国立交通大学電子研究所で修士号を取得後、71年に環宇電子公司、72年に栄泰電子公司に勤務。76年9月エイサーの前身である宏碁有限公司（Mulitech Corp.）を設立、マイクロプロセッサーの技術とその応用開発に力を入れた。81年新竹科学工業園区に宏碁電脳公司（Acer Incorporated）を設立、パソコンの製造に本格的に乗り出した。台湾企業の従来の創業者は商業から身を起こした者が多いが、宏碁のような技術者が創業者になるケースは比較的少ない。86年米国大手のIBM社に先駆けて32ビットパソコンを発表すると、海外からの注目を集め、台湾のパソコン業界のリーダー的存在として知られるようになった。87年宏碁グループ全体の株式を集め、宏碁電脳がグループの中核になる。98年現在パソコンの生産台数世界第3位、自社ブランドではデスクトップ第7位、ノートブック第8位。

グループは96年の時点ですでに台湾および海外にある80数社の企業から構成されており、従業員は1万7000人に及ぶ。パソコン工場（製造工場17か所と組立て工場26か所）は台湾の新竹のほか、米国、オランダ、カナダ、メキシコ、フィリピン、中国など世界各地にある。99年米国IBM社と技術・業務提携を発表、同社は宏碁電脳をアジアでの生産・調達拠点と位置づけている。株式市場への情報機器メーカーの上場は88年の宏碁電脳が第1号。グループ中の上場企業には明碁電脳、宏碁科技、国碁電子も入っており、店頭登録企業は揚智科技、第三波資訊である。しかしシンガポールで上場されていた Acer International は99年末に上場廃止。パソコン、ミニコン、マザーボード、各種モニターなどを製造している宏碁電脳は、94年に初めて台湾の輸出入実績企業第1位となったが、これは新興企業集団である宏碁グループ発展の速さを雄弁に示している。

（劉文甫）

㊆水橋佑介『電子立国台湾』星雲社，1999.／周正賢『施振栄的電脳伝奇』台北：聯経出版事業股份有限公司，1996.

『エイジアン・ウォール・ストリート・ジャーナル』
The Asian Wall Street Journal

アメリカのダウジョーンズ社（ニューヨーク）が1976年9月1日に香港で創刊した経済紙で、『ウォール・ストリート・ジャーナル』のアジア版。83年にはベルギーのブリュッセルに同ヨーロッパ版も創刊。ニューヨーク、香港、ブリュッセルの3本社が記事を共有、各版の編集長が独自の紙面を作成する global と local を合わせた「グローカリズム」方式が採用され、アジア各地で購読されている。発行部数は7万2298部（香港ABC調べ、2000年上半期）。

（濱本良一）

永春 （えいしゅん）

福建省南東部に位置する主要▼僑郷の一つで、現在は泉州市に属する県。938年に泉州府永春県となり、1734年に永春州、▼辛亥革命後の1913年に再び永春県となる。徳化県や安渓県、南安県に隣接する内陸県である。山地が多いため主要産業は茶業で、人口に比して耕地が少なく、歴史的に大量の華僑・華人を▼華工や▼苦力として東南アジアに排出してきた。移民先はマレーシアが最多で、▼マラッカや▼ペナンには▼福建人や閩南人、なかで

も永春出身者が多いことから、1801年にマラッカに福建会館、その後に永春会館を創設している。次いでインドネシアが多く、1986-88年僑情調査によれば20数か国に60数万の▼華裔を擁している。▼帰国華僑や▼僑眷も多く、90年統計では総人口50万人に対して帰国華僑や僑眷は24万人と48％を占めている。解放前から海外華僑・華人との結びつきは強く、送金や▼華僑学校建設などが行われてきたが、1970年代末の改革・開放後には華人企業投資も増加し、その関係は緊密化している。

(石田浩)

圏 張瑞尭・盧増栄編『福建地区経済』福州：福建人民出版社, 1986.

永昌和事件 えいしょうわじけん

1893年（明治26）年から94年に横浜で起きた日本人商人による対中国人商権回復運動の一つ。商権回復運動とは、外国資本・商人が貿易を支配している状況で、日本人商人が自由に、あるいは公正に商取引ができるよう、対等な商取引関係の確立をめざした運動である。居留地貿易においては、しばしば外国商館による一方的な契約不履行や不公正な取引習慣が行われていた。中国人の砂糖・海産物貿易商などは、貿易品の輸入・輸出地であるアジア地域に張りめぐらした情報ネットワークの広さなどから、日本人商人より優位な立場にあった。また、▼買弁はその語学力と商業知識などから居留地貿易において隠然たる勢力であり、日本人の引取商（輸入商）や売込商（輸出商）が外国商館と取引するためには、つねに中国人買弁との交渉が必要であった。そのため、秤量立会い料の「看貫料」、取次手数料の「南京口銭」などを中国人に払っていた。こうした状況は中国人商人が日本人商人に対して圧倒的優位を保っている間は甘受されたが、日本人商人が西洋の言語や商習慣に習熟するにつれ、不公正商習慣とみなされ、1873年の砂糖看貫料廃止布告以来、運動がくりひろげられた。

永昌和事件は、横浜砂糖取引商・安部幸兵衛と中国人貿易商・永昌和が1893年12月20日頃に契約したルソン産砂糖2600俵の引取りをめぐる事件である。永昌和は▼横浜居留地190番地で砂糖・薬種・米の輸入と海産物・乾物などの輸出に従事していた。契約では横浜に砂糖を積載した船が入港しだい引き取る、ということになっていたので、安部商店では入港船からの引取りを12月28日に行おうとした。しかし永昌和は、後船の積荷砂糖が少なく、砂糖価格の高騰が予想されたため、にわかに受渡しを拒否した。このため、安部商店はこうした行為は従来の慣習にも反する不当行為であることを主張し、永昌和に取引の進行を促したが、これに応じなかったので、横浜砂糖引取商組合に提訴した。組合では臨時集会を開いて対策を協議し、永昌和の行為を不当と認め、組合委員を通じて折衝することを決めるとともに、決着をみるまでは永昌和との取引を拒絶することとした。また、東京砂糖問屋組合もこの決定に賛同し、横浜砂糖引取商組合と連動する態勢を整えた。しかし、翌94年1月初旬には永昌和は砂糖引取商組合の申入れを承諾して和解、決着した。この永昌和事件で再燃の兆しを見せた対中国人商権回復運動は、1894年7月の日清戦争勃発によって、全面的な展開を見せる。まず大阪で対中国人貿易商取引改善運動が起こり、それを受けて、横浜でも貿易商青年会が取引慣習改善運動を開始し、口銭や看貫料の廃止を唱えた。全廃には至らなかったが、中国人商人も一定の譲歩を迫られることとなった。

(伊藤泉美)

㊀ 横浜買弁，看貫事件
圏『横浜市史』4-下.

衛生保養院 ［神戸］ えいせいほようい

神戸の宇治野村（現中央区中山手通7丁目）にあった旧中華義荘の第3次拡張のあと、1901年に墓地正面入り口東側に建てられた17部屋を備えた2階建て洋館。もともと伝染病感染者の隔離医療施設として▼神阪中華会館によって建設された建物だが、墓地に隣接しているため入院する者がなく、3、4年空家のまま放置していたのを貸家として日本人に賃貸し、中華会館の収入に当てることとなった。現存しない。

(陳來幸)

㊀ 神阪中華義荘

永生隆 えいせいりゅう

広東省広州新会県出身の華尭階によって長崎に創設された商号。1915年（大正4年）の「重建広東公所碑記」に名が見える8家の一

つ。このとき、永生隆の正董事は同南海県出身の潘達初（▼万昌和）、副董事は新会県出身の簡心茹（▼裕益号）であった。広州では李萃石の▼晋恒号、黄業堂の▼三和号も新会県出身で、8家中で4家と多い。19年長崎の新地町、広馬場町、梅ヶ崎町に店舗を開いている在留長崎華僑貿易商22軒の一つで、本店は▼香港にあった。

（川勝守）

永定 えいてい

福建省南西部、広東省との省境に位置する県。西端部を汀江が流れ、これに注ぐ永定河と金豊渓の流域から構成される。ほぼ全域で▼客家語の汀州方言の上杭下位方言が話される。いわゆる閩西客家の居住地域とされる福建省西部内陸地域のなかでは、最も代表的な▼僑郷であり、現在の40万人強の人口に対し、県出身の華僑・華人の総数は9万人弱、また▼帰国華僑や華僑・華人の家族・親族の数は6万人以上にのぼる。出身者の移住先としては、ミャンマーなど東南アジア諸国をはじめ、世界各地に及ぶ。おもな僑郷は県の東部の下洋、湖坑、古竹、岐嶺、撫市などの地域である。これらの地域は独特の円形住宅「円形土楼」が見られる地域としても知られる。永定出身華僑・華人のなかで著名な人物としては、塗り薬「▼万金油」の創始者として有名な▼胡文虎、▼『星島日報』財閥を率いる女流実業家▼胡仙などがあげられる。（瀬川昌久）

▷客家

永楽銭 えいらくせん

中国明代の銅銭、「永楽通宝」の通称。明朝の貨幣制度は、洪武初めに紙幣にあたる宝鈔と銅銭とを兼用する方法を用いた。1375（洪武8）年に「大明宝鈔」を発行する。そして宝鈔1貫は銅銭1000文（枚）、銀1両を等価とした。しかし宝鈔はしだいに価値が下落して行われなくなる。これに対して銅銭は、洪武初めに造幣局にあたる宝源局を南京の応天府に設置して、「大中通宝」銭を鋳造し、歴代の銅銭とともに通行させた。その後、「洪武通宝」も鋳造し、1411（永楽9）年には浙江、江西、広東、福建各省の布政司において「永楽通宝」を鋳造させている。1434（宣徳9）年には「宣徳通宝」を鋳造した。1481（成化17）年に歴代の銅銭と、洪武通宝、永楽通宝、宣徳通宝の銀との交換率を定めている。各銭とも、銅銭8文を銀1分、銅銭80文を銀1銭に定め、私鋳銭の交換などを禁止した。この永楽銭が日本に輸入され、中世遺跡の多くから発掘されており、日本の中世社会において重要な流通貨幣の一つとなったと考えられている。

（松浦章）

衛良局 えいりょうきょく

19世紀末に成立したアメリカ華僑の自治組織。当時のアメリカ華僑社会で異なる帮会の間に内争が頻繁に発生し、堂闘がひっきりなしに起こった。治安を維持するために三邑会館陳大照司事の提議で、1893年に▼サンフランシスコ中華会館が衛良局を設置し、殺人犯などの犯罪者を捕らえるために賞金を定める衛良条例を設立するほか、治安自治を図ったが、その効果は短期間にすぎず、いっそう激しくなった堂闘に効き目は微々たるものであった。

（曾櫻）

潁川官兵衛 えがわかんべえ 1592-1671

長崎の▼唐通事、のち▼黄檗宗僧侶。浙江省紹興府の人（一説に安徽省鳳陽府）。本姓は陳、九官と称した。1610（慶長15）年長崎に来航し、▼住宅唐人として潁川官兵衛と名乗った。32（寛永9）年唐通事に任用された。大小通事の区別のない時代である。また長崎▼興福寺の檀越として逸然の▼隠元招請に協力し、隠元渡来後はその身辺にあって通訳にあたった。55（明暦元）年唐通事の職を辞し、子の久次郎が襲名してその職を継ぎ、自らは出家して黄檗僧独健性乾となった。しかし58年2代官兵衛が死去したので召されて大通事の職に就いた。61（寛文元）年70歳で大通事の職をふたたび辞して黄檗僧独健に戻り、主として渡来僧独立に従った。とくに独立は医師として4度も岩国藩主吉川広嘉に招かれ、そのつど独健も同道した。また65年即非が小倉の▼福聚寺を開くにあたってその侍者を勤め、69年には▼長崎奉行の唐僧渡来の故実についての諮問に対して応答した。

（林陸朗）

▷唐通事の家系

江川金鐘 えがわきんしょう 1922-2000

植民地時代の台湾・新竹で生まれた企業経営者。旧名は陳金鐘。1938年、機械工学を学

ぶため17歳で来日。21歳で大阪に機械会社を立ち上げるが、第2次大戦の空襲で工場は全焼。戦後は中華料理店、飲料、教育用品の会社などを経営する。安いすしを提供したいとの発想から、大阪の回転寿司システム開発者に専用使用許諾を求める。67年「元禄寿司」1号店を仙台市にオープン、現在、東日本に100店舗以上のチェーン店を展開する。81年日本に▼帰化し、97年に社名を「元禄」から「平禄」と変更。

(日暮高則)

潁川君平 えがわくんぺい 1843-1919

幕末の▼唐通事、明治政府の官僚。先名は駒作。諱は雅文。葉姓の潁川氏分家の出身。1864（元治元）年、唐小通事並のとき神奈川詰となり、68（明治元）年東京府の市場通弁・少属を経て、71年外務省漢語学所に勤め、▼日清修好条規締結の大使伊達宗城に随行した。のち各省を歴任したが、80年外務省書記官となり、ニューヨーク駐在領事に就任した。その後神戸税関長となったが、97年退官した。▼『訳司統譜』の編者でもある。

(林陸朗)

潁川重寛 えがわじゅうかん 1831-91

▼唐通事の葉姓潁川氏の第8代。通称保三郎。1857（安政4）年唐小通事助のとき江戸学問所詰となり、維新のとき小通事過人。80（明治3）年外務省書記官に任ぜられ、外務省漢語学所に勤めたが、しばしば大使の通訳として清国に赴いた。のち文部省に移り、東京外国語学校教諭、高等商業学校教授になったが、89年病のため退官して長崎に帰った。没後▼崇福寺第一峰門前に「潁川重寛先生之碑」が建てられた。

(林陸朗)

潁川藤左衛門 えがわとうざえもん 1616-76

長崎の唐大通事。福建省漳州府龍渓県出身の▼住宅唐人陳冲一の子。諱は道隆。1640（寛永17）年小通事に任用され、翌年大通事となった。長崎▼福済寺の大檀越として大雄宝殿や山門の建立に尽くし、▼隠元、木庵と親交があった。53（承応2）年アーチ石橋の一瀬橋を寄付した。75（延宝3）年吉左衛門と改名し、同郷の葉茂猷を養子として潁川藤左衛門を襲名させた。子孫は代々▼唐通事を世襲した。▼潁川君平はこの家の分家の出身である。

(林陸朗)

③ 唐通事の家系

エクイタブル銀行 エクイタブルぎんこう
建南銀行 Equitable Banking Corporation

フィリピンのマニラに本店を置いていた華人系商業銀行。1950年創立。90年代に入って規制緩和と自由化の波を受け、ジョージ・ゴー会長の下、積極的な再編に取り組む。香港やシンガポールなどに営業拠点をもつ。国内支店数は94年の60から98年までに230に増加した。99年5月、もう一つの有力華人系商業銀行、▼フィリピン商業国際銀行の株式72％を取得・合併。合併後の名称はエクイタブルPCI銀行、同国で総資産第2の大手銀行（支店数500）となった。

(津田守)

エクラン
伊佳蘭 Ekran Bhd.

マレーシアの企業。1991年にウィラダヤ（Wiradaya Sdn. Bhd.）として設立、92年に現名、同年上場。創業会長のティン・ペキン（TING Pek Khiing, Tan Sri Dato'、陳伯勤）は1945年サラワク生まれで、祖籍は▼福州。91年末マハティール首相のお声掛かりで開催されたランカウィ島（同首相の選挙区）航空博に際し、高級ホテルを100日以内で完成させたことで同首相の高い評価を受け、以後の急速な事業拡大に道を拓いたとされる。不動産開発のWembley Industries Holdings Bhd. のほか、航空、木材、賭博場（フィリピン）などの系列企業をもつ。94年、総発電量240万kWのバクン水力発電所（サラワク）建設を受注、97年後半からの不況で98年には工事は無期延期、事業の権利そのものも大蔵省に売却。この痛手から立ち直るため、不動産開発中心に事業を再編成した。

(原不二夫)

📖 Kuala Lumpur Stock Exchange. *Annual Companies Handbook*. (各年)

エスニシティ
ethnicity

エスニック・グループが表出する性格の総体のこと。世界の華僑・華人の9割は東南アジアに居住しているが、従来の東南アジア華僑研究では華僑の在り様についてさまざまな見方がされてきた。華僑は居住国にあっても高い民族意識をもち、変わらない存在である

とする華僑不変論（たとえば▼ケネス・ペリー・ランドン、ビクター・パーセル）や、居住国に▼同化すると見なす華僑変動論（▼G.ウィリアム・スキナー、R. J. COUGHLIN）、そして、居住国に定着し、政治参加するが、中国人としての民族意識は失わないとする第三中国論（▼C. P.フィッツジェラルド、河部利夫）などがその代表的なものである。居住国における華僑の置かれた環境によってもアイデンティティの在り方はさまざまであるが、第2次大戦後、東南アジアに多くの新興国家が誕生すると、華僑社会は大きな転機を迎えた。東南アジア諸国は生地主義の国籍法をとり、中国も華僑の二重国籍を認めなくなったため、各国で華僑の9割が居住国の国籍になった。そして、居住国側は華僑とその資本に対し同化政策を実施した。また、▼文化大革命期の中国の極左政策によって、華僑の土地・家屋が没収され、華僑の眷属（▼僑眷）が地主富農扱いされたため、華僑と中国との関係が疎遠になった。このため、従来の華僑社会は華人社会へと変貌し、急速に現地の社会や民族と同化し、融合していった。アイデンティティも「▼落葉帰根」から「▼落地生根」へと変化した。葉が落ちて根に帰るように、第1世代の人たちは居住国で成功すると、故郷に家屋敷や田畑を買い、死者が出ると遺体を故国に運んで埋葬する傾向があったが、第2、3世代になるとその土地に根づくように、現地国風に改名し、遺体も現地に埋葬するようになった。生業や経済的地位は伝統的な産業部門から多元化、国際化へと向かい、政治的には居住国の公民として積極的に政治活動に参加している。教育水準は伝統的な華語教育から近代的な西洋式教育へと移行している。

(曽士才)

🔖 河部利夫『東南アジア華僑社会変動論』アジア経済研究所、1972.／郭梁「戦後東南亜華僑、華人変化発展的特点」『戦後海外華人変化国際学術研討会論文集』北京：中国華僑出版公司, 1990.／Wang Gungwu. "The Study of Chinese Identities in Southeast Asia." In Wang Gungwu (eds.). *China and the Chinese Overseas*. Singapore: Times Academic Press, 1991.

エスニック・チャイニーズ
ethnic Chinese

政治的意味での中国国民とは区別した、文化的・民族的な意味での「中国人」を指す言葉。いわゆる「華人」という概念にほぼ対応する。清代から20世紀半ばまでに東南アジアや欧米など、海外へ移住した中国系の人々は、overseas Chinese、華僑と呼ばれてきたが、彼らは一時的滞在者として位置づけられる傾向が強かった。だが、移住先の社会への定着が進むと同時に、中華人民共和国の成立、インドネシア、シンガポール、マレーシアなどの独立国家の誕生によって、もはや中国国民ではなくホスト社会の国民の一部でありながら中国文化を有し、中国人としての意識を保持する人々が誕生した。このように、移住先の多民族国家社会の一構成要素をなす中国系の人々をエスニック・チャイニーズと総称している。彼らは出身地の別により方言や文化も一様でなく、またホスト社会への同化の程度においても多様であるが、自他からの「中国人」、"Chinese"として認識が続いているかぎりにおいて、彼らはエスニック・チャイニーズである。

(瀬川昌久)

⊟ 華僑・華人，中国人の海外移住

エスノセントリズム
ethnocentrism

自分の文化を基準として、他者あるいはその文化を評価すること。自民族中心主義、あるいは自文化中心主義ともいう。多くの場合は他者や異文化に対する否定的な評価や偏見、排除を含む。ほとんどすべての個人あるいは人間集団には、意識的、無意識的とを問わず、この傾向が存在すると考えられる。対等な個人間、あるいは集団間での異文化間接触において現れるそれは、単なる自己優越意識と他者に対する違和感、不信感の表明にとどまるが、それがなんらかの権力関係や暴力機構に結びついて発動される場合には、大がかりな民族間紛争や一方的な抑圧、虐待を引き起こすこともある。いわゆる「華夷観念」「中華思想」なども、エスノセントリズムの中華版と考えることができる。エスノセントリズムの対極にあるのが「文化相対主義（cultural relativism）」だが、これは学術的

な認識のうえではある程度まで可能でも、実践することは難しい。
(瀬川昌久)
⇒華夷秩序

粤僑公塚（えつきょうこうちょう）

ビルマ（ミャンマー）のラングーン（ヤンゴン）に設けられた広東系共同墓地。1859年、イギリス植民地政府はラングーンの約9エーカー（約3.6ヘクタール）の土地を広東系に共同墓地として提供。東地区を仮埋葬用、西地区を永久埋葬用とした。19世紀中期以降、広東系はシンガポールなどを経由し、ラングーンなどの都市部に大量移住。広東系の人口増に応ずべく、ラングーン市政府は1917年、新たに約6エーカー（約2.4ヘクタール）を広東系共同墓地に提供。前者を広東旧山場、後者を広東新山場とも呼ぶ。
(樋泉克夫)

粤曲茶座（えつきょくちゃざ）

難民流入や禁輸の影響による1940年代末から50年代中頃の不況時の香港で、▼茶楼は夜の▼飲茶タイムに、広東語の歌を聴きながらお茶を飲む粤曲茶座を営業し、庶民の娯楽の場としておおいに賑わった。広東、香港、マカオ、東南アジアでいまも盛んに演じられている広東の地方劇が粤劇で、粤曲は粤劇の伝統的な曲調や演目を基調に、その時々の出来事や心情を盛り込んで作られた。その後のラジオの普及と娯楽の増加により、粤曲茶座は廃れた。
(飛山百合子)

エッグ・フウヨン
芙蓉蟹　egg fuyung

玉子をフヨウにたとえた、カニ玉。実際にはカニが入ることは少なく、鶏肉やネギなどを玉子でとじ、あんかけにする。ご飯にかけてすばやく安価に食べられるので、▼チャプスイや炒麺（焼きそば）と同様、華人労働者に親しまれてきたアメリカのチャイナタウンの代表的料理。これらに加え1970年代以降、ホットサワースープ（酸辣湯）、北京ダック、ディムサム（点心）、ハッピークッキー（おみくじが入っている）などの人気で、華人以外の人も中華料理を外食するようになった。
(飛山百合子)

粤語（えつご）

中国大陸で話されている中国語方言を六大支系に分けたとき、北方語、呉語、湘語、▼客家（ハッカ）語、閩（ビン）語とともに一支系をなすのが粤語である。広東省内で話されている小方言を含めた複合的方言群を指していう場合、「粤語」と呼ばれる。ふつうは「広東語」と呼ばれている。粤語は広東省の大部分および東南アジアにかけて広く話されている。珠江デルタの北端に位置する▼広州市の言葉が標準的な地位を占めている。▼香港では広東語が日常語になっている。香港に居住する中国人の内訳を出生地別にみれば、香港生まれが過半数を占め、広州市および▼マカオがそれに続き、次に▼四邑と▼潮州が多く、残りが広東省を除いた中国各省となっていて、居住民の圧倒的多数が広東語を母語としていることになる。使用人口は、中国の3500万、それに1000万と推定される海外華僑・華人（アメリカ、カナダ、オーストラリアなどの移民も入る）を加えて約4500万。

16世紀、西洋諸国が東洋に進出し、広州は18世紀以降、中国の唯一の対外貿易港として繁栄した。▼アヘン戦争後、香港島がイギリスに領有されてからは、香港が広州やマカオの繁栄を奪って発展を続けた。西洋諸国が通商を求めて中国へ来たとき、耳にしたのはまず広東語であった。当時、Chinese（中国語）はCantonese（広東語）と同義であるとまで考えられていた。
(中嶋幹起)

越青幇（えつせいパン）

▼ニューヨークのチャイナタウンの幇派の一つ。ベトナム青年幇とも。ベトナム難民の華僑を中心に構成されている。チャイナタウンのゴッドファーザーといわれる影の支配者▼堂（トン）の配下につくことなく、制御のない凶悪が特徴としてあげられる。強力な武器を持ち、アメリカ軍がベトナム戦争のときに使った軍団名BTK（Born To Kill）をその名に用い、「生まれながらの殺し屋」という異名をもつほど恐れられている。同様な幇派に、未成年を中心としたカナル・ボーイズ（Canal Boys）がある。
(森田靖郎)

『越南華僑商業年鑑』（えつなんかきょうしょうぎょうねんかん）

インドシナ3国華僑の社会・経済の概況を紹介した刊行物。1953年ベトナム中華総商会の編集・発行。歴史沿革、土地、人口、居民・

風俗、政制、財政、政体・政府組織、金融、商業、工業、鉱業、漁業、牧畜、農業、林業、交通、華僑（総説、人口、経済など）、総商会その他18編に分かれ、全部で784頁。付録にサイゴン、プノンペンなどの商業名鑑を掲載。ベトナム南部の華僑経済に関する記述が充実しているが、北部の記載は少ない。

(帆刈浩之)

『越南雑記』（えつなんざっき）

ベトナムの歴史・社会の概況を紹介した李文雄の編著書。1947年▼チョロンの万国公司の出版。内容は、ベトナムの歴史、地理、財政、経済、名勝古跡、社会風俗、文学芸術、人物など。華僑については、コーチシナ華僑の歴史、▼明郷制度、団体組織、寺廟、文化教育、華僑有力者などにわたる。　(帆刈浩之)

越隆潮州山荘（えつりゅうちょうしゅうさんそう）

潮州山荘

バンコク市内のワッドンにある▼潮州人共同墓地。1899年創建。正式名称は潮州山荘。通称は義山亭。約16万m²。1942年に▼タイ潮州会館の管理下に入る。これ以前には誰でもが利用できたが、以降は使用料負担が義務化され、墳墓も規格化された。また1934年以降、無縁化した遺骨を火葬して「万人墓」の地下に収納している。1982年からは用地不足により新規埋葬を停止した。▼清明節には公祭、旧暦7月24日には盂蘭勝会（うらんしょうえ）（盆行事）が毎年実施されている。　(吉原和男)

　『泰国潮州会館成立四十週年紀念暨新館落成掲幕紀念特刊』バンコク：潮州会館，1979．

エバーグリーン・グループ

長栄集団　Evergreen Group

台湾の企業集団。▼張栄発が1968年に設立した長栄海運公司（Evergreen Marin Corp.）を皮切りに、89年長栄航空公司（Eva Airways Corp.）を設立、国際航空業にも参入したことで、長栄集団の成長ぶりは内外から注目されている。単独出資の長栄海運は初期に1隻の古い貨物船でスタートしたが、創業資金の不足を克服、やがて69年極東-中東定期船路を開設して、遠洋定期航路に進出した。1975年に初のコンテナ船が極東-米国東海岸間のフルコンテナ定期航路を処女航海。77年極東-中南米、78年極東-紅海・地中海、79年極東-欧州航路のフルコンテナ定期航路を相次いで開設。84年東向・西向世界一周航路に投入。このように長栄海運はコンテナ船腹数で世界一のコンテナ船社に躍進した。

コンテナの製造・修理・再生などの業務を目的に長栄重工公司を82年に設立。翌年桃園県南崁に極東地区最大の内陸コンテナ集散場として長栄貨櫃公司も建設。海運と陸運だけでなく、長栄集団は台湾交通部が88年に発表した「オープンスカイ」政策に応じて、翌年に長栄航空を設立、91年正式に開航。98年4月、全日空の子会社エアーニッポンと共同運航する長栄航空機が、台湾機として23年ぶりに日本の関西国際空港に飛来した。長栄集団は日本、米国、パナマ、イギリス、ドイツ、▼香港、フィリピンなどにも現地法人を有する。このほか、台中、基隆、バンコク、ペナン、パリでホテルを経営、ホテル名はすべて「長栄桂冠酒店（エバーグリーン・ローレルホテル）」に統一。長栄集団が国内外に投資設立した関連企業は20社余り、各関係企業を管理・監督するのが84年に設立された長栄国際公司である。企業集団のカラーを緑色に統一した長栄集団は、張栄発のもとで長栄海運、長栄空運、長栄国際を三大主軸として経営を展開している。

(劉文甫)

　張栄発『張栄発自伝』中央公論社，1999．

蝦麺（えびめん）
prawn noodle in soup

マレーシア、シンガポールの華人社会で食されるエビそば（prawn noodle in soup）の一種。エビの殻でとったスープに茹麺を入れ、具にエビと空心菜を添えたもので、トウガラシの調味料で味わう。店内の貼り札、メニューに略字で「虾面」と表記することが多い。商うのは本来▼福清人が主で、「一業一帮」が軽食堂業にまで浸透していた時代の名残である。

(可児弘明)

　海南鶏飯，コーヒー店

エフリン 1933-
趙春琳　Evlyn

インドネシアの舞踊家、歌手。西ジャワ州バンドゥン市生まれの▼トトク。1920年代に両親が▼広東からインドネシアへ渡航。7歳

からバレエを学び、後に西ジャワ宮廷舞踊やバリ舞踊など各地の舞踊を学んでその名手となり、舞台・映画で活躍。60年代からは歌手活動も開始、62年歌謡コンクール優勝、スカルノ大統領の知己も得て、国内外で歌舞の舞台に立った。65年の▼9月30日事件後▼シンガポールに移住、さらに▼香港へ移住したと伝えられる。

（三平則夫）

MBfホールディングス〈エムビーエフ・ホールディングス〉
馬婆控股有限公司　MBf Holdings Bhd.

マレーシア最大手金融企業の一つ。▼ロイ・ヘアンヘオンが1963年に設立したIsland Hotels & Properties Bhd. が前身。74年Malaysia Borneo Finance Corp. [M] Bhd. を買収し金融部門に参入。81年現名称に。上場子会社に MBf Capital Bhd. がある。買収以前の経営者はヌグリ・スンビラン州スルタンの弟トゥンク・アブドゥラー（Tunku Abdullah）だったが、彼とその子がいまもロイ一族と共同経営陣を形成している。積極経営（87年には海外投資開始）により90年代半ばまで事業は急拡大したが、97年後半からの不況と同年11月のロイの病死により業況は悪化、傘下の MBf Finance Bhd. は99年初めに中央銀行の管理下に。

（原不二夫）

エリアス、ドミンゴ　1805-67
Domingo ELIAS

ペルー共和制初期の政治家、大農園主。スペイン人を両親にペルーで生まれる。7年間ヨーロッパで教育を受けて帰国。南部イカ県で綿花・ブドウ栽培を行う大農園を所有し、1849年、国会で承認された中国人労働者の導入を目的とした「移民法」の主唱者となる。同法により、フアン・ロドリゲスとともにリマ県とラ・リベルタ県への中国人労働者の導入に関し4年間の独占権を獲得する。▼チンチャ諸島のグアノ採掘に大量の中国人労働者を投入し成果を挙げた。

（柳田利夫）

📖 J. Miranda. *Apuntes sobre cien familias establecidas en el Perú.* Lima: Rider Ediciones Nacionales, 1993.

エレク・アンド・エルテク・インターナショナル
Elec & Eltek International Co. Ltd.
依利安達国際

PCB（プリント配線板）製品を世界市場向けに輸出する。▼シンガポールでは数少ないハイテク分野で活動する華人企業。同社の事業は1972年に▼香港で始まり、PCBを製造するパイオニア会社の一つとなった。その後、シンガポールに移転して93年に新会社を設立、94年社名を現在名に変更して公開会社となる。現在、グループ拠点はシンガポールに置かれているが、香港2か所、タイ2か所、中国5か所、合計9工場をもち、従業員は4200名を上回る。デイビッド・ソー（David SO Cheung Sing）が創業者会長で、持株会社のエレク・アンド・エルテク・インターナショナル・ホールディングス社がグループ企業を所有する体制をとる。

（岩崎育夫）

延安華僑救国聯合会〈えんあんかきょうきゅうこくれんごうかい〉

1940年9月、帰国した東南アジアや欧米の華僑が、▼中国共産党の根拠地陝西省延安において結成した抗日救国組織。抗日戦争に対する華僑の理解を深め、抗日根拠地建設への▼帰国華僑の参加を促進することなどを目的とした。中国共産党と華僑の連絡や資金の仲介を行ったほか、延安に製薬工場を設けた。抗日戦争勝利後、延安華僑聯合会、中国解放区帰国華僑聯合会と改称しつつ、解放区に入った華僑の組織として49年まで活動を続けた。

（松本武彦）

沿海地域経済発展戦略〈えんかいちいきけいざいはってんせんりゃく〉

1987年、当時の中国共産党総書記趙紫陽によって打ち出された経済発展のための新戦略。この戦略において、労働集約的製品輸出の担い手として沿海地域の郷鎮企業がその主役として登場したことが画期的であった。この戦略の発想のもとになったのは、王建が『経済日報』（1988年1月5日）に寄せた「正しい長期発展戦略を選択せよ――国際大循環経済発展戦略構想について」である。この時点の中国経済が直面する最大の課題に立ち向かう新しい方向を示唆した中国における初の「開発戦略」であった。労働集約的製品の「輸出志向型工業化」を展開し、それがもたらす強い雇用吸収力を通じて農村労働力の余剰問題を解消し、次の段階として、輸出によって入手した外貨資源を重工業に振り向けてその成長を促すという戦略である。この王建

論文をベースにして趙紫陽は「沿海地域経済発展戦略」を提唱し、王建の戦略基点に位置する労働集約的製品輸出の担い手として、沿海地域の郷鎮企業に照準を合わせた。趙紫陽は、郷鎮企業を中核とする沿海地域の労働集約的加工業は、内陸経済との開発資源の争奪を避けるために、国際市場から原材料を購入し、付加価値を高めた後、ふたたびこれを国際市場に輸出するという「進料加工」(輸入原材料加工) を大々的に展開すべきだと主張した。すなわち、沿海部加工業は原材料入手と製品販売の両端を外におく「両頭在外」を基本とした。「大いに入れて大いに出すべきだ」というのである。同時に沿海地域郷鎮企業の競争力強化のために外国資本の積極的導入を許可すべきであり、独資企業、合弁企業、合作企業の「三資企業」をその品質向上、技術更新、企業管理改善、製品販路開拓に寄与させようとも主張した。中国対外開放の斬新な戦略であった。

(渡辺利夫)

遠隔地ナショナリズム えんかくちナショナリズム
long distance nationalism

遠隔地ナショナリズムとは、おもに政治的・経済的・社会的理由によって近隣また遠隔地の異国へ移民・難民として移住した後、長期定住しているにもかかわらず、出身国あるいは出身地域 (故郷) に対する望郷の念から、あるいは政治・経済的理由から、故国・故郷の政治・社会、文化問題などへの関心を強くもちつづけ居住国の文化に容易に同化せずに、ときには居住国の国益に反して、故国や故郷の同胞のための政治的・経済的援助活動を行う傾向の強い人々のもつ▼ナショナリズムのことをいう。こうした、異国にいても人々 (第2、3世代も含む) がもちつづける故国・故郷への強い民族的愛着意識や原初的愛着感情は、多文化主義の促進原因となる。

この言葉はベネディクト・アンダーソン (Benedict ANDERSON) が使いはじめ、この言葉によって、20世紀後半の世界各地での民族・エスニック紛争の増加を説明しようとした。彼らは、居住国政府にとってはいつまでも故国・故郷への強い民族感情をもちつづける厄介な人々と考えられるが、ここではより一般的な形で定義した。それは、今日のように通信・交通手段が発達していない時期に世界に移住した華僑・華人、印僑 (インド人移住者) などの間にも存在したと思われるからである。20世紀後半のマス交通・通信手段の発達が故国に関する情報を大量に届けるようになると同時に、電話、ファックスなどの個人的な通信手段の発達も遠隔地ナショナリズムの登場を促すとアンダーソンは指摘するが、華僑・華人やユダヤ人などはそうした時代以前より存在していたことは注意したい。しかし、今日のインターネットや通信衛星・放送網の拡大は、遠隔地ナショナリズムを強め華僑・華人などのネットワークをさらに強化するとともに、その他の人々の民族的ネットワークの登場を促すにちがいない。

(関根政美)

⊡ナショナリズム、多文化社会
⊠ B.アンダーソン「〈遠隔地ナショナリズム〉の出現」『世界』1993年3月号。／ O. Fuglerud. *Life on the Outside.* London: Pluto Press, 1999.／ Z. Skrbis. *Long-distance Nationalism.* Aldershot: Ashgate, 1999.

燕京華僑大学 えんきょうかきょうだいがく

1984年10月、北京市帰国華僑聯合会が、海外の教育に熱心な人の支援を得て北京市に新しいタイプの高等教育機関として設立した文科系統の大学。対象は▼帰国華僑とその親族のほか、▼香港・▼マカオの中国人および一般の学生で、在学生400人の3分の1は前者が占める。教学の目的は、中国の近代化建設に寄与する専門の人材、とくに渉外に役立つ人材を育てること。89年段階で、外国語系、中文系、法律系、経済系の4学部、英語、秘書、経営管理、経済法、会計、渉外、工業・外国貿易の7専門課程。学制は学部が4年、専門が3年で、董事会で運営、教授陣には北京大学、中国人民大学、北京師範大学、北京外国語学院、外交学院などから著名学者43人を招聘。

(市川信愛)

エンジェル島 エンジェルとう
天使島　Angel Island

華人が埃崙アイランと呼んだサンフランシスコ湾内の小島。烟治埃崙、丁治埃崙、烟租埃崙とも。島上に移民が入国許可待ちをする移民局の隔離施設があった。1882年▼排華法の施行以後、中国移民はサンフランシスコ海岸に

あった船会社パシフィック・メールの荷揚げ倉庫に隔離されて厳しい移民審査を受けた。続いてニューヨークのエリス島にならって、1910年1月から40年11月までの間、エンジェル島で移民審査が行われた。中国以外の各国移民は数時間、長くても数日間で審査を終えたが、中国移民は他の移民と隔離され最短でも3-4週間、ときには何か月、はなはだしいときは裁判の判決を待って1-2年も拘留された。このため常時、男子棟に200-300人、女子棟に50-60人が、外部との面会を禁止され、郵便物も検閲される状態で足留めされた。また十二指腸虫検査や、ヨーロッパ人と日本人に免除されたジストマ検査を強制された時期があった。こうした侮辱を痛恨して、棟内の板壁に書いたり刻んだりした詩句が多数見つかっている。なお、太平洋戦争でFBIに拘束されたハワイ・サモア在住の日系人も一時ここに拘留された後、大陸各地の収容施設へ移された。　　　　　　　　　（可児弘明）

㊂排華法［アメリカ］
㊐Him Mark Lai. "The Chinese Experience at Angel Island." *East West*. vol. 10, nos. 7～9, 1977.／H. M. Lai, Genny Lim & Judy Yung. *Island: Poetry and History of Chinese Immigrants on Angel Island, 1910-1940*. San Francisco: Hoo Doi, 1980.

『遠東日報』えんとうにっぽう

旧南ベトナムの代表的▼華字紙。1940年3月、現在の▼ホーチミン市の▼チャイナタウン、▼チョロンで蔡文玄社長が創刊した。41年日本軍の占領で停刊させられたが、45年日本の敗戦で復刊をとげる。55年ベトナムは南北に分裂するが、『遠東日報』はベトナム共和国（南ベトナム）側にあって、1930年創刊の歴史を誇る『中国日報』『中国晩報』はじめ『世界日報』『新聞日報』など有力8紙と声価を競った。とりわけ『遠東日報』の中立的な論調、迅速な報道、細部に目配りした紙面が広く歓迎され、読者はラオス、カンボジアにまで及んだ。55年『遠東日報』の発行部数は1万部に達し、2番手『中国日報』の6000～7000部を引き離した。これを見て南ベトナム政府は『遠東日報』を容共的として同年いったん停刊させた。半年余りの停刊を挟んで同紙は55年10月復刊するが、65年グエン・カオキ政権は華字紙の統廃合を命じ、『遠東日報』は『新越晩報』を吸収する。その後の『遠東日報』は朱烈登社長の経営手腕も手伝って1万3000部まで部数を拡大したものの、75年北ベトナムによる南ベトナム統合で、同紙は波乱の歴史に幕を閉じた。
　　　　　　　　　　　　（岡田臣弘）

㊐陳烈甫『東南亜州的華僑、華人与華裔』台北：正中書局、1983.／『世界華僑華人詞典』

エン、ベニー
伍佳兆　Benny ENG

▼ニューヨーク・チャイナタウンの協勝堂の終身顧問であり、中華公所の終生名誉議長。生年不詳。アンクル・セブンとかチャイナタウン版ゴッドファーザーとして知られる。1980年代に▼堂を封建的で派閥色の強い組織から地域全体の問題にかかわる組織へとイメージ改革を行った。また長年、中華公所の非民主性を批判、86年中華公所総会における規則変更を導いた。以後、堂会員が中華公所の役員に立候補できるようになった。その一方で中華公所に対する堂の支配力強化とする批判もあった。
　　　　　　　　　　　　（櫛田久代）

㊐P.クォン『チャイナタウン イン・ニューヨーク』筑摩書房、1990.

厭穢えんわい

ムスリム王国の▼マラッカに流寓する中国人（華僑）のなかには、イスラムの戒律である豚肉を食用とすることへの禁律に従わない者があり、これを厭穢といったことが、明代の1536（嘉靖15）年に成った黄衷『▼海語』巻上「満剌加」条に見える。これはムスリム化した華僑が多数生み出されたことを物語っている。厭穢という語は「厭離穢土」という語文に由来したかもしれない。日本の恵心僧都の『往生要集』にも見られる。
　　　　　　　　　　　　（小川博）

才

王永慶 1917-
WANG Yung-ching

　台湾の経済人。台北県新店鎮直潭里出身。祖籍は福建省安渓。家庭が貧しいため、小学校卒業後、台湾中部の嘉義にある米屋で丁稚奉公として働いたが、のち独立して精米所、煉瓦工場を興した。経営の行き詰まりで、43年に材木業に進出、戦後、建築業界の好景気により材木価格が高騰したため利益を得て、35歳のときには5000万元の富を蓄積した。54年米国の援助のもとに進められた民営企業育成の一環として、台湾プラスチック（台湾塑膠公司、57年台湾塑膠工業公司と改称）の設立に名乗りをあげ、58年に台湾プラスチックに供給するPVC（ポリ塩化ビニル）の余剰分を利用するため、南亜塑膠加工廠公司の建設に着手、64年紡績業に進出、彰化県で台湾化学繊維工業公司を創設、68年日本の旭化成との合弁で台旭繊維工業を設立。これで台湾プラスチック企業グループの雛型が完成した。

　78年より米国企業十数社の買収に乗り出し、テキサス州に投資したPVC工場は83年生産開始、台湾の民間企業による大型海外投資はこれが初めてである。88年テキサス州ヒューストンに約13億ドルを投資して石油化学プラントを設立、PVC関連品目では世界有数の工場にまで成長した。90年中国訪問、福建省▼アモイ市海滄区に総額70億ドルを投資、大型石油化学コンビナートを建設する計画を伝えられたが、台湾産業空洞化を恐れる台湾当局の反対で実現できなかった。その後福建省漳州での火力発電所の発電設備拡張計画も台湾当局の対中投資慎重政策で挫折。対中投資が難しい状況のもとで、弟の王永在（1922年生）は91年第6ナフサ分解工場を雲林県麦寮郷に建設する長期計画を発表。投資総額約37億ドルを要するこのプロジェクトは台湾の民間投資として最大規模であり、今後企業グループの重要な収益部門となるであろう。5万人の従業員を擁するグループは、進取の精神に富む王永慶と穏健な王永在の2兄弟を中心に運営されてきた。ともに高齢者になったことで、その後継者体制への移行が注目されているが、有力な後継者の一人と目され、南亜塑膠工業を掌握してきた王永慶の長男・王文洋は、女性のスキャンダル事件でグループの権力中枢から当分離れている。資産総額58億ドル（99年）の王永慶は教育にも熱心で、父の名前をとって87年に桃園県で長庚医学院を設立（97年大学に昇格）。
　　　　　　　　　　　　　　　　（劉文甫）

王栄和
WANG Jung-ho

　清末の軍人。祖籍は福建省龍渓県。生没年不詳。ペナンで生まれ、英語による教育を受け、英語を流暢に話すことができた。清朝の軍人となり、太平天国と戦ったイギリス軍人ゴードンの通訳として従軍、次いで清仏戦争（1884-85年）では北京からトンキンに至る電信敷設の任務に従った。1886年、両広総督張之洞の奏議に基づき、東南アジアに領事館を設置して▼華商を保護し、かつ華商の財力によって軍艦を建造する可能性を探るため官吏を東南アジアへ派遣することが構想された。このとき、総兵、両広尽先副将であった王は、塩運使、候選知府でかつて長崎領事官であった余鑵（広東省新寧県人）とともにその任に当たる委員に任命された。両人は86年8月26日▼広東を発ち、マニラ、シンガポール、▼マラッカ、▼ペナン、ラングーン、▼メダン、スンダカラパ、スマラン、スラバヤなどの華商集住地を歴訪し、続いてアメリカの動向に連動して排華運動の強まるオーストラリアに向かい、3か月余にわたりシドニー、メルボルン、さらに▼バララット、アデレード、▼ブリスベンなど中小都市まで視察した。華商のみに課税される人頭税の廃止、各自治植民地の境界を越えた移動の自由、中国茶と野菜の▼行商に対する暴力行為の処罰などを求めるオーストラリア華商の請願を聞き、87年8月広東に戻った。視察結果は張之洞によっ

て要約され、光緒帝に上奏された。この公式視察は清国の組織的オーストラリア進出の前兆として警戒心を抱かせたが、ロンドン駐在の公使劉瑞芬による民族差別に対する抗議ともなった。なお張之洞は洋務に熟達した王をマニラ総領事に任命したが、華商と清国の間を割きたいフィリピン側の拒否にあって、王の赴任は実現をみなかった。

(可児弘明)

🔲 清国領事, オーストラリアの華僑・華人

📖 Sing-Wu Wang. *The Organization of Chinese Emigration 1848-1888 with Special Reference to Chinese Emigration to Australia.* San Francisco: Chinese Material Center, Inc., 1978.／『華工出国史料滙編』1-1，北京：中華書局, 1985.／成田節男, 1941.

王家外事件 おうかがいじけん

1946年9月7日、フィリピン地方警察による左派華僑・王家外の銃殺事件。王は福建省南安県人、華僑左派団体民主大同盟（民盟）のサン・フェルナンド分盟責任者の一人。▼9月5日事件が発生した2日後、警察は民盟会所を捜査し王を連行、当日夜、サン・フェルナンド郊外で銃殺。事件発生後、労聯・民盟などの左派華僑組織は大規模な抗議活動を行い、葬儀には1000人以上の華僑が参列した。1920年代から30年代以降、フィリピン華僑社会には中国国内の国共両党の政権争いに基づく深刻な対立があった。フィリピン政府は両派の争いに巻き込まれまいとしたが、華僑左派組織とフィリピン共産党、人民解放軍が連携するのを恐れて、ついに国民党派に有利な立場をとった。これらの事件を経て左派華僑は大量帰国、日本占領期を経て高まった左派華僑運動は沈静化した。

(廖赤陽)

📖 沈福水, 1991.／廖赤陽「フィリピン左派愛国華僑組織の変容」原不二夫編, 1993.

王敬祥 おうけいしょう 1871-1922

清末、中華民国初期に、▼孫文など革命派および国民党を支援して活動した神戸華僑。福建省▼金門島出身。父親の▼王明玉が創業した貿易商社▼復興号を引き継ぎ、海産物、マッチ、綿布、雑貨などの輸出、米穀、砂糖、豆粕、綿花などの輸入に従事した。取引先は、台湾、アモイ、上海、営口、マニラ、長崎、大阪など。▼神阪中華会館理事長、神戸華僑同文学校副董事長、神戸福建公所理事長、日支実業協会（神戸日華実業協会）評議員を務めたほか、▼辛亥革命時に中華民国僑商統一連合会会長、民国に入り国民党神戸支部副支部長、中華革命党神戸・大阪支部長として日本華僑の組織化を図った。また、横浜正金銀行神戸支店で対華僑為替仲買人としても活動した。父明玉と2代にわたり、出身地である金門島山後郷の発展にも尽力し、中堡地区に多数の住宅を整備したほか、遠く江西から資材を運んで家塾「海珠堂」や家廟を創建した。

(松本武彦)

🔲 王敬祥関係文書

王敬祥関係文書 おうけいしょうかんけいぶんしょ

清末、中華民国初期に、▼孫文など革命派および国民党を支援した神戸華僑▼王敬祥にかかわる一連の史料群。南京臨時政府から王敬祥に対し発給された公文や、孫文、▼黄興、▼華僑聯合会、福州商務総会などからの書簡のほか、王執筆のものと思われる時局に関する論文の下書きなどが含まれる。中華民国の成立前後における、革命支持の日本華僑の思想と活動の実際を知ることができる貴重な文書である。兵庫県立歴史博物館所蔵。

(松本武彦)

🔲 復興号

王慶仁 おうけいじん 1920-

横浜華僑社会の近現代史で重要な転換点となった▼横浜華僑学校事件発生の際の中心人物。黒龍江省出身。1939年新潟県立高田師範学校に留学、教員を志す。翌年▼中国国民党に入党。日本軍に捕まり長春で拘禁。50年GHQ（連合軍最高司令部）の要請を受けた中華民国国防部より日本に派遣される。52年華僑社会の政治思想教育の混乱を調整するよう民国政府からの依頼で横浜中華学校校長に就任。これをきっかけに学校が分裂、横浜華僑社会での政治闘争が激化、流血事件の中心人物となる。60年校長離任後、親台派の華僑組織で活躍、理事など多数務める。

(陳天璽)

王傑 おうけつ 1962-

台湾の歌手。作詩、作曲も手がける。台湾生まれ。3歳のとき両親とともに香港に移る。早くからピアノに親しみ、ギターをひいたり歌ったりするのが好きだった。両親の離婚後台湾に戻るが、才能を認められて歌唱力

をみがく特訓を受ける。1988年台湾映画『黄色故事』の挿入歌「一場遊戯一場夢」で歌手として知られるようになる。88年から89年にかけて出版した「忘了你、忘了我」など3枚のレコードが台湾や香港で大ヒットした。映画やTVでも活躍している。　　　　（戸張東夫）

王賡武 おうこうぶ 1930-
ワン・ガンウー　WANG Gungwu

　世界を視野に収めた華僑研究、および中国の東アジア海域発展史研究において第一人者として活躍中の学者。▼原籍は江蘇省泰県。インドネシアのスラバヤで生まれ、両親に従ってマラヤに移住、1947-49年南京中央大学で学んだのち、55年マラヤ大学で修士学位を取得。次いでロンドン大学でD. Twittchettに中国史を学び、57年Ph.D.学位を取得後、マラヤ大学歴史学科で教え、63年教授。68年からオーストラリア国立大学大学院アジア太平洋研究所に移り、講座主任、大学院長を歴任。86-96年香港大学学長を務めたのち、▼シンガポール国立大学に招かれて南洋研究所の教授となった。93年から国際華僑・華人学会（ISSC）を設立して会長に任じ、これまで4回国際会議を主宰した。その学問はシノロジーの学統に立ちながら、東南アジアの経済史、国際関係論を包摂するもので、主著に*Community and Nation: Essay on Southeast Asia and the Chinese*（81年）、『東南亜与華人』（87年）、『南海貿易与南洋華人』（88年）など多数があるほか、主要な国際会議集録に▼アイデンティティ論議、▼ディアスポラ論議、学問動向についての達観的な巻頭論文を載せている。　　　　（斯波義信）
　　　🔲華商

『黄金海岸』おうごんかいがん

　▼秦牧著、香港の犀声出版社より、1954年刊。作家としての著者の自己体験をふまえてのノンフィクション的叙述は、南中国の貧農が家郷を離れ、裸一貫で海外に渡り、▼華商となって財を得る一生を生々しく伝えている。財をなす地たるがゆえに、黄金海岸である。56年の再版では出版社の希望により通俗的書名『一個老華僑的故事』（一人の老華僑の一生）にされた。さらに、「一個工人的遭遇」（出版年不明）の書名も続く。▼華工は華

僑以前の表現である。
　　　　　　　　　　　　　（河部利夫）
　📖河部利夫『華僑』潮出版社、1972.

王貞治 おう・さだはる 1940-

　中国人の父、日本人の母の間で東京に生まれたプロ野球選手、のち監督。1959年早稲田実業を卒業後に巨人に入団。一本足打法でレギュラー（一塁手）となり、中心打者として活躍。80年に引退するまで安打2786本、本塁打868本、打点2170点、生涯打率0.301を記録。とくに本塁打はハンク・アーロンの米大リーグ記録も超え世界一に。引退後は巨人の助監督、監督を歴任、95年から福岡ダイエーホークス監督を務める。77年初の国民栄誉賞を受け、94年に野球殿堂入りした。
　　　　　　　　　　　　　（日暮高則）

柱死城 おうしじょう

　メキシコのユカタン半島北端にあるメリダ一帯の耕地を指す。1891年、広東省台山の衛老英は▼マカオや▼香港などから中国人労働者1800人余りを募集。メリダで開墾を行わせたが、厳しい自然環境の中で数か月間に大半が死亡した。19世紀末のメキシコでは、急速な国土の開発にともない大量の労働力需要が発生し、中国人労働者が劣悪な環境の中で無秩序に導入され、彼らの意に反した非業の死（柱死）が頻発した。1896年、同じくメキシコのカリフォルニア半島北部にあるサンフェリペ鉱山でも、800人の中国人労働者の多くがずさんな安全管理のもとで事故のために死亡したので、サンフェリペは第二柱死城と呼ばれた。さらに1898年、アメリカの会社と契約した馬灌に雇用された中国人労働者1000人余りがオアハカ州の鉄道工事に従事するなかで、トンネル掘削中の事故などで多数死亡した。そのため、鉄道沿線は中国人労働者たちによって第三柱死城と呼ばれた。　（松本武彦）

王守善 おうしゅぜん 1881-?
WANG Shoushan

　中国の外交官。上海人。進士。字は穉紅。日本の高等工業学校卒。農工商部主事などを経て、1911年1月から13年8月まで駐神戸領事。14年5月に横浜総領事に就任。18年11月には帰国して蕪湖関監督兼交渉員、東海関監督を務め、23年11月から駐朝鮮漢城総領事。36年8月、再び神戸に赴任し、日中戦争で総

領事館が閉鎖される38年2月まで総領事であった。北京に成立した日本の傀儡政権による駐神戸僑務弁事処が38年8月に開設されると、その主任となる。

(陳來幸)

王省吾 おう・しょうご 1920-
WANG Sing-wu

オーストラリアの図書館学者、オーストラリア華人史の研究家。英名はシドニー・ワン（Sidney WANG）。浙江大学を経て国立オーストラリア大学歴史学修士。中国、台湾の諸図書館での勤務、大学での図書館講師の後、1964年にオーストラリアへ移住し、85年まで国立図書館に東方部主任として在職。The Organization of Chinese Migration 1848-1888 with Special Reference to Chinese Emigration to Australia (San Francisco: Chinese Materials Center, Inc., 1978) のほか、中国語・英語で図書館学、華僑史、中外交渉史の著書・論文を発表している。

(可児弘明)

🔲 オーストラリアの華僑・華人, 苦力貿易
📖『世界華僑華人詞典』

王松興 おう・しょうこう 1935-95

台湾の人類学者。台湾中部の雲林の生まれ。台湾大学で人類学を専攻、日本の東京大学で博士号を取得、その間ロンドン大学で2年間▼モーリス・フリードマンの下で学んだ。調査は、台湾原住民を皮切りに、台湾離島の漢族漁村を対象として学位論文を仕上げた。その後、香港の中文大学在職中、香港のさまざまな民系に関する▼エスニシティ論をまとめ、晩年には清朝から台湾に派遣された高官の出身のショ族研究や、サイゴンの▼チョロンの調査にも関心を広げていた。中心テーマは、漢族としての▼アイデンティティを、出身地である台湾をはじめ周辺地域から模索することで、華僑・華人研究もその視野に置かれていた。

(末成道男)

📖 末成道男「王松興教授の業績」『民族学研究』61-4, 1997.

汪少庭 おう・しょうてい 1899-1981

横浜で国民党・政府の僑務・党務組織の基礎を確立した功労者。安徽省の農家生まれ。1914年上海への出稼ぎを経て20年来日、神戸で中華料理店経営。信望が厚く交友関係が広かったため、彼を中心に安徽、江西、湖北3省出身者が集まり相互扶助組織として皖江聯盟会を結成、初代会長に。事業が拡大、35年より横浜を拠点とする。27年蔣介石来日の際、▼中国国民党に入党、以後、党・国家活動で活躍。国民党第7次全国大会代表、華僑新聞社社長など多数歴任。慈善活動にも熱心で、日・台両社会で評価が高い。

(陳天璽)

王昭徳 おう・しょうとく 1899-1963

神戸の華商。台湾台中県大甲郡出身。大甲に本店のある徳明商店の神戸支店代表者として来日し、1930年頃に40人の同業者とともに台湾帽子聯盟会を結成し、会長 (-45年)。また戦前は、パナマ帽の原料輸入、帽体加工、製品輸出で発展した台湾帽子興業の代表を務めるとともに、神戸台湾商工会会長。戦後は、徳明商行代表 (45-63年) を務めるとともに、47年、台湾出身の有力者とともに出資金を募って▼華僑福利合作社（華僑信用金庫および▼神栄信用金庫の前身）を発足させ董事長 (47-51年)、華僑信用金庫理事長 (52-63年)。50-63年神戸華僑総会会長、53-56年日本華商貿易協会会長、55-58年▼神戸中華同文学校董事長も務めた。

(陳來幸)

王心渠 おう・しんきょ 1594-1678

長崎の▼住宅唐人、▼唐年行司。福州府の人。諱は引。三官と称した。貿易商として元和から寛永初年 (1615-30年) 頃、福建省福州府から来日した。1632 (寛永9) 年▼崇福寺創建のときから▼林太卿（林楚玉）、▼何高材とともに大檀越であった。55 (明暦元) 年▼隠元禅師を崇福寺に迎えるとき檀越の筆頭であり、58 (万治元) 年即非禅師のときも同様であった。78 (延宝6) 年唐年行司に任ぜられたが、この年に没した。子孫は唐年行司、のち▼唐通事を世襲した。

(林陸朗)

王任叔 おう・じんしゅく 1901-72

中国の作家、インドネシア史研究家。浙江人。巴人、碧珊、趙冷などのペンネームをもつ。師範学校卒業後、教員生活をしながら文筆活動。1941年にシンガポールに渡り、▼『南洋商報』の常連寄稿者となって、反ファシズム文学運動の論陣を張る。42年シンガポール陥落後、抗日分子として手配され、スマトラ島へ逃走。▼リアウ諸島で亡命生活。戦後、

「メダンでスマトラ華僑民主同盟の設立に参加、インドネシア語紙『民主日報』にもかかわったが、対オランダ独立戦争中に逮捕され、48年中国に送還。帰国後は河北省で▼中国共産党の文芸工作員として活動するとともに、インドネシアの歴史と文化にも深い関心を示す。50-52年に駐インドネシア特命全権大使。▼文化大革命中に迫害されて死去。『水客と工頭』『一個頭家』など東南アジア華人社会に取材した小説、スマトラ島メダンのタバコ農場華工を題材にした新劇戯曲『五祖廟』などの作品がある。　　　　　　　（張祥義）

圏王欣栄『王任叔（巴人）的年譜』全国巴人研究学会，1990．

王先生 おうせんせい

かつて朝鮮人が華僑または▼華商をいった俗称。19世紀末から20世紀初頭にかけて、朝鮮では中国人の絹織物商人が増え、「絹織物売り」が中国人または華商の代名詞となったほどである。朝鮮人の間では「絹織物売りの王先生ワンさん」という意味で「王先生」という言葉が使用された。1930年代末、金貞九という歌手の「王先生の恋文」という歌が評判となり、「王先生」は一時の流行となった。
　　　　　　　　　　　　　　　　　（中間和洋）

圏『世界華僑華人詞典』

汪大淵 おう・たいえん ⇨ 『島夷志略』 とういしりゃく

王直 おう・ちょく ?-1559

明代の密貿易業者、また▼倭寇の頭目。汪直とも書かれる。安徽省徽州府歙県の人。初め塩商を営み失敗すると、硝石、硫黄、生糸、綿布などの禁制品を持ってシャム（タイ）、▼マラッカに向かい、1542（天文11）年以降に日本貿易を開始し、銀、硫黄、コショウ、象牙、香料などを中国に輸入して巨富を築いた。▼五島を根拠地に、薩摩島津氏、平戸松浦氏、さらには博多を支配する山口大内（義隆）氏らと通商した。文之玄昌の『鉄炮記』には、種子島に鉄砲を伝来したポルトガル人は王直の船で到着したとし、王直を五峰先生と尊称している。博多の豪商神屋宗湛と箱崎社頭で会見したとの伝承もある。舟山群島の瀝港を根拠地とし、密貿易を公然と行っていたが、1546年に浙江巡撫朱紈が取締まりを強化すると海寇に転じ、2000人の亡命の徒を率いて五島・▼平戸に移り徽王と称した。1557年に浙江総督胡宗憲の計略にかかり帰国したところ逮捕され、2年後に殺害された。このとき、明から蒋洲が豊後大友氏に派遣された。16世紀の華僑・華人居留地（▼唐人町）建設にかかわる史実である。
　　　　　　　　　　　　　　　　　（川勝守）

黄檗宗 おうばくしゅう

日本禅宗の一。宗祖は▼隠元隆琦。福州黄檗山万福寺の住持であった明の高僧隠元は、1654年長崎▼興福寺の中国僧逸然らの招請に応じて来日し、61年徳川幕府より下賜された京都宇治の寺領に故山と同じ号をとって黄檗山▼万福寺を開山した。これを本山としたことから、隠元下の宗派を黄檗宗と呼ぶ。隠元自らは、臨済義玄下32世であり、臨済禅正統の意識が強い。それゆえ、ときに黄檗宗は「臨済正宗」と名乗る。中国から日本に伝えられた仏教の宗派としては最後のものであり、当時すでに純日本化していた日本臨済宗の禅とは大きく異なり、伽藍の様式も法要の仕方も法服も、さらに僧たちの衣食住にわたる生活様式もすべて明風を用いたことを特色とする。読経にも特色があり、「黄檗梵唄ぼんばい」と呼ばれる歌唱性の強い読経法は、現在でも経文を読むのに明代の南京官話の発音を用い、金属打楽器の演奏を伴うので、中国的雰囲気に満ちている。黄檗宗の経典には当時の中国語音（唐音）をカナで注記したものがあり、それらは近世唐音を研究する資料としても重要なものとなっている。本山の住持は中国からの▼渡来僧をもって当てるべきことが「預嘱語よとく」に残されているが、事実第13世まではすべて中国僧であった。隠元の法嗣は23人。うち日本僧は3人。残りの中国僧のうち渡来したのは、木庵、即非をはじめとして7人であった。江戸期に大流行した明風の黄檗文化を担ったのはじつに彼ら中国僧であり、建築、絵画、書、彫刻、工芸などの各分野で当時最新の中国文化を日本にもたらした。また、中国人仏師范道生による木彫の仏像は、日本の仏像彫刻に影響を与えた。さらに黄檗画像は、写実的で洋風でもあり特異な画法を見せている。また、彼らの山内での食習慣から出て、当時の中国趣味の流行の中で普及したものに「普茶ふちゃ料理」がある。「普

茶」とは、普く大衆に茶を施すこと。禅門の中国風精進料理である。　　　　　（赤松明彦）
　㊀福清人
　㊆大槻幹郎ほか編著『黄檗文化人名辞典』思文閣出版，1988．

汪慕恒 おう・ぼこう 1927-
WANG Muheng

中国の代表的な東南アジア経済（華僑・華人経済を含む）研究者。インドネシア生まれ。▼原籍は台湾台南市。1951年▼厦門大学経済系卒業後、51-58年同大学教員。59年以後一貫して同大学南洋研究所（現▼厦門大学南洋研究院）で研究活動に従事。長く同所の所長を務め、その後、とくに改革・開放後、中国各地で設立された同種の研究所設立を支援したことでも知られる。全国政治協商会議代表、台湾民主同盟中央委員、アモイ経済特区特別顧問なども務めた。おもな著作には『当代新加坡』『当代印度尼西亜』（ともに四川人民出版社、94年、96年）、『東南亜華人企業集団研究』（厦門大学出版社、95年）、共著に『東南亜五国経済』（北京人民出版社、81年）、『東南亜国家経済発展戦略研究』（北京大学出版社、87年）、監訳書に『華僑資本的形成与発展』（福建人民出版社、85年）、『東南亜華僑経済論叢』『台湾経済発展与成就与問題』（ともに厦門大学出版社、87年、96年）などがある。　　　　　　　　　（游仲勲）

王明玉 おう・めいぎょく 1843-1903

神戸の商社▼復興号を興した華僑。別号は国珍。福建省同安県出身。同治年間（1862-74年）に来日したが、最初は長崎に来たといわれる。その後、神戸海岸通と大阪川口本田町に店舗を構えて復興号を興した。血族や同郷の者を呼び寄せ、復興号の経営に当たらせた。1902年に王明玉が書き残した『復興本号行規条約』には、粒々辛苦して40余歳で復興号を創設し、10年余りでその経営規模を大きくしたことが綴られている。初期の代表的な神戸華僑。　　　　　　　　　　（洲脇一郎）
　㊆『落地生根』

汪明荃 おう・めいせん 1947-

香港の女性TVタレント。香港公営TV局香港電台が選んだ80年代香港十大演芸紅人（80年代香港の人気芸能人ベストテン）の一人。上海市郊外青浦県に生まれる。1957年家族とともに香港に移り住む。蘇浙公学卒業後、外国企業に就職して会計の仕事に従事するが、66年TV局麗的電視台のタレント訓練班のテストに合格した。翌年麗的電視台に正式入社し、音楽番組やTVドラマに出演するなどTVタレントとしてデビューした。70年日本に渡ってダンスの技術に磨きをかけ、翌71年香港に戻り無線電視台に転じ、「歓楽今宵」や「万里長江」などの番組で司会を担当するとともに、「清宮残夢」や「書剣恩仇録」など20本以上のTVドラマで主役を演じた。東南アジアをはじめアメリカやカナダでも人気があるが、とくにアメリカの華人社会にファンが多いという。香港の慈善団体保良局の総理や中国の全国人民代表大会代表に選ばれたこともある。　　　　　　　　（戸張東夫）
　㊆『香港事典』

王爺 おう・や

おもに中国南部の▼福建・台湾地方で信仰されている神。その神格は多様であるが、もとは▼瘟疫神、すなわち疫病をもたらす神として信仰されていたとされる。王爺はまた、天の最高神である玉皇上帝の命を受け、人間界を巡視し守護する（代天巡狩）神であるとも考えられている。王爺を祀る廟では、定期的・不定期的に王醮と呼ばれる祭りが行われる。木製の巨大な「王船」に乗せられた王爺神像が地域を巡行、最後に王船を川や海辺に流し（現在では焚化）、王爺を天に送るとともに瘟疫を追放する。王爺の起源伝説には、張天師の法力によって誤殺された360人の進士説などさまざまなものがあるが、共通するのは、非業の死を遂げた一群の人々の鬼魂を神に祀りあげたという点である。こうした出自をもつ王爺は祟り神として恐れられているが、霊力もそれだけ強いとされ、人々の信仰は厚い。王爺信仰は福建華僑によりマレーシア、フィリピンなどに伝えられ、各地に王爺廟が建立された。▼マラッカには朱府千歳廟ほか五つの王爺廟があり、1930年代まで王醮を行っていた。　　　（高橋晋一）
　㊆劉枝万『台湾民間信仰論集』台北：聯経出版事業公司，1983．

オウヤン・フィフィ 1949-
欧陽菲菲

　台湾出身の女性歌手。台北生まれ。1967年台北のレストランシアター「中央酒店」でデビュー。71年来日、同年「雨の御堂筋」で日本レコード大賞新人賞を受賞した。翌72年にはNHKの紅白歌合戦に初の外国人歌手として出場。香港や東南アジアでも活躍した。78年の結婚後引退していたが、81年にカムバックした。87年アメリカで開かれた世界の人権とアフリカの飢えた人たちのためのチャリティーコンサートに参加した。
　　　　　　　　　　　　　　　　（戸張東夫）

欧陽雲台 ?-1646

　長崎の▼住宅唐人、▼唐年行司。福建省漳州府（一説に江西省南昌）の人と伝える。貿易商として慶長（1596-1614年）頃に来日したと見られる。1623（元和9）年、江西出身の僧真円が欧陽氏の別荘の地に▼興福寺を建てたという。35（寛永12）年、唐年行司がおかれたとき初めて任ぜられた一人である。45（正保2）年に退職し、翌年没した。雲台はまた漆器に絵を彫る雲台雕を始めたと伝える。子孫は陽の1字を姓とし、▼唐通事を世襲した。
　　　　　　　　　　　　　　　　（林陸朗）
　　→陽惣右衛門

欧陽可亮 1918-92

　甲骨文研究者として名高い在日中国文化人。楷書の書聖・欧陽詢の44代目の子孫。3歳で歴史学者で甲骨文研究の権威である王国維の手ほどきを受け、甲骨文字に興味を覚え、1927年から31年まで北京の西山石居漢文塾で甲骨文字の書法を学んだ。42年に上海東亜同文書院講師となって以来、中国語教育と日中文化交流に尽力した。54年に来日し、外務省研修所、国際基督教大学、産業能率短期大学、拓殖大学などで教鞭をとるかたわら、59年から甲骨文書道展覧会を毎年開催した。
　　　　　　　　　　　　　　　　（曽士才）

欧陽奇 1897-1988
OWYANG Chi

　シンガポール華人の外交官、銀行家。広東省生まれ。幼いとき両親とタイに移住、最初は仏教寺院の学堂でタイ語教育を受け、▼辛亥革命後に中国語教育を行う新設の小学校に転校。中学校から中国で過ごし、1921年復旦大学を卒業。中国銀行、重慶華聯銀行などの銀行で要職を務めた。48年にシンガポールに移住し、49年▼華聯銀行を創設。63年シンガポール公民となる。69年にはシンガポール国家発展銀行顧問、71年から88年まで駐タイ国特命全権大使を務めた。
　　　　　　　　　　　　　　　　（曽士才）

大分

　大分県東部、別府湾に臨む港市。戦国時代の大友氏の時代の府内図に▼唐人町が記されている。天正年間（1573-92年）の伊勢参宮帳により、唐人町の構成員に▼唐人の存在が確認できる。1557年に胡宗憲に誘殺された海商▼王直は、このとき大友宗麟のもとにいた。宗麟は明との貿易を目指し、僧徳養を派遣し、その通訳に広東省潮州府出身の呉四郎をつけている。また、1562年にイルマンのアイレス・サンチェズは、府内において日本人と中国人の少年15人に読み書きや音楽を教授したという記録がある。在住華人は江戸時代の鎖国体制の中で、日本人社会の中に溶け込んでいる。
　　　　　　　　　　　　　　　　（黒木國泰）
　📖小葉田淳『金銀貿易史の研究』法政大学出版局，1976.

大阪衛済堂病院

　1886（明治19）年、華僑のコレラ患者のために▼大阪関帝廟敷地内に設立された隔離病院。1877年、85年のコレラ流行で窮状に陥った大阪府は、府知事から清国理事（領事）あてに、在阪居留民のうち伝染罹患のある場合、清国の規則に準拠して処置されたいとの申入れをし、大阪清国病院衛済堂が建てられた。設立資金は三江幇、広東幇、福建幇から各1200円を拠出して充当した。関係文書のメモ書に「明治31年　避病院衛済堂　医院管主美野松嶺」とあり、避病院として明治30年代までは機能していた。美野松嶺なる人物は第8代清寿院住職にあたる。
　　　　　　　　　　　　　　　　（二宮一郎）
　📖『新修大阪市史』5，1991．／鴻山俊雄『神戸大阪の華僑』華僑問題研究所，1979.

大阪華僑青年会

　大阪華僑の青年組織。大陸系と台湾系がある。かつて▼大阪華僑総会（大陸系）の下に留日華僑青年聯誼会が活動していたが、日本の大学紛争の影響を受けて分裂状態になり、現在は存在していない。規約や年齢制限など

はとくになかった。一方、'大阪中華総会（台湾系）事務局によれば、青年会は華僑青年の交流の場として1960年頃までは旅行やスポーツ交流を行っていたが、現在は存在していない。とくに規約はなく、年齢制限もなかった。
（二宮一郎）

大阪華僑総会（おおさかかきょうそうかい）

大阪在住華僑の自治組織。大陸系。現在登録されている会員は約400世帯。会長は金暉(きん き)。1960年2月、人民共和国政府支持の立場をとる大阪の有志華僑が北区中崎町に華僑聯合会を組織し、74年に西区靱本町に移転した。戦後設立されていた大阪華僑総会が'大阪中華総会と改称したのを受け、78年に大阪華僑総会と称するようになった。現在の事務所は北幇公所大厦にあり、大阪中国総領事館に隣接。'神戸華僑総会および京都華僑総会と協同して月刊の'『関西華僑報』を発行している。
（陳來幸）

大阪華僑婦女会（おおさかかきょうふじょかい）

大阪華僑の婦人組織。大陸系と台湾系がある。大陸系は日中国交回復後の1973年4月に結成。結成時の名簿によれば、山東、江蘇、福建、河北各省出身の婦女により構成。現在は第3代黄信子会長。おもな活動は、3月8日の国際婦人デー集会の開催と年1回の親睦旅行である。会員は自営業の主婦が多く、青年会と同様、後継者問題を抱えている。'大阪華僑総会内に事務所をおく。台湾系は旅日大阪中華婦女会と称し、一時断絶していたが98年に再結成。旅行行事など親睦交流活動を行っている。事務所は'大阪中華総会内におく。
（二宮一郎）

大阪華商商会（おおさかかしょうしょうかい）

戦前に'大阪中華北幇公所内にあった大阪華商の総商会。清末に創設された大阪中華商務総会は、中華民国成立後、1915年の中華民国商会法に基づき18年に'大阪中華総商会に改組した。国民革命軍による北伐の結果成立した国民政府は、29年に新たに商会法を公布した。その施行細則にしたがい、海外の'中華総商会は華商商会に改組改称するよう規定され、大阪華商商会はこれに忠実に準拠して31年に改称した数少ない海外の中華総商会組織である。小規模ながら大阪振華小学校を経営し、国民党の強い影響が見られた。日中戦争による教員と華商の帰国により学校は閉鎖され、華商商会も活動を停止した。
（陳來幸）

大阪川瀬商店（おおさかかわせしょうてん）

大阪の川口30番の華商'呉錦堂が出資し実質経営していた洋傘商店。1893（明治26）年12月10日付『商業資料』記事「大阪に於ける外人の工業」によれば、店主名義は川瀬与三郎で、所在は大阪市高麗橋1丁目としている。1898（明治31）年度『日本全国商工名録』洋傘卸商の項にも川瀬与三郎の名がある。1923（大正12）年度『大阪市商工名鑑』では洋傘製造卸商として記載され、地元大阪で製造するほか、東京、イギリスから製品を仕入れて上海、インド、南洋諸島に輸出している。なお営業所は西区靱北通2丁目に移転している。
（二宮一郎）

参 堀江保蔵「明治大正年間の大阪の工業」上『明治大正大阪市史紀要』41, 1932.

大阪関帝廟（おおさかかんていびょう）

大阪市天王寺区勝山2-6-15にある'黄檗宗清寿院（通称南京寺）。関帝、媽祖、財神爺を祀る。もと浄土宗の寺であったが、1764（明和元）年中国僧大成和尚を請うて中興開山となし、本堂を再建して黄檗宗の末寺となった。中国伝来の関羽像を安置、山門に「武帝廟」の額を掲げ関帝堂とも称せられた。1885（明治18）年広東系華商が中心になって、本堂、拝所、表門などを中国風に改築、関帝廟と改称した。毎年旧暦5月13日には、江蘇省出身者による関帝生誕祭が開催され、数十名の参加を得て親睦交流が図られる。また別個に秋季関帝祭が旧暦9月13日に開かれ、持ち回りで伝統の'福建料理がふるまわれ、福建出身者間の旧交を温める年中行事となっている。最近では、台湾からの'新華僑で本廟を訪れる者が増えている。
（二宮一郎）

参 二宮一郎「大阪華僑の伝統行事 大阪関帝祭の三十五年」『大阪春秋』87, 1997. ／同「大阪関帝廟と大阪華僑」『中国研究月報』599, 1998.

大阪居留地（おおさかきょりゅうち）

明治初年に大阪西部に設けられた'外国人居留地で、いわゆる川口居留地。安治川、木津川の分岐点に位置する。元来、居留地は開港場に設定されるもので、商売をする間だけ

大阪関帝廟の祭礼。関聖帝君坐像と供物類。
撮影：二宮一郎

滞在する開市場では居留地の設定はないが、大阪では開港（1868年7月15日）、開市（1867年12月7日）以前、すなわち1867（慶応3）年4月13日、諸外国と「兵庫港並びに大阪に於て外国人居留地を定むる取極」において大阪に居留地と雑居地の設定を約していた。68年7月、現川口の地7746坪余を26区に画して居留地とし、永代租借権競買の結果、英13、仏2、プロシア4、ベルギー1、米4、オランダ2区と決定（実際は29区画。英13、仏2、プロシア5、米6、オランダ3）。商都として栄えていたので神戸より高価で競落されたが、大阪港の不備が露見したため、外国商社の神戸移転が続出、77年残留商社は2社となった。しかし締約国の領事館や、ミッションスクール、聖バルナバ病院などの牧師、教師、職員など居留民は増加して狭隘となったため、86年南西隣接地2667坪余を拡張編入して総坪数1万0414坪余、36区画となった。広いベランダをもったバンガロー風の瀟洒な建物が並び、整備された広い道路の各所にガス灯が点じられ、馬車が走り、洋風文化発進の基地となった。

居留地は1869年より99年まで居留地会議によって運営された。同会議は居留地および雑居地に住む外国人の自治組織として大阪在住の各国領事および住人から投票で選ばれた3人の委員で構成された。英語を公用語とし、消防組織をつくり、周辺8か所に関門を設け、守衛が置かれた。また、69年より浪花隊（1868年6月頃府兵隊を組織、8月浪花隊となる）が居留地の警備も担当したが、74年6月20日の居留地会議で、日本の巡査が居留地を巡回しないこと、居留地は居留地会議の完全な支配下に置かれるべきことが約束された。居留民は遊歩規定によって行動範囲は制限されたが、治外法権、領事裁判権が認められたので、外国商人の横暴が目立った。1899年改正条約発効とともに内地雑居が認められ、7月17日、最後の居留地会議が開かれ、各国領事立合いのもと、所有する動産・不動産目録と帳簿・記録類が大阪府知事に渡され、居留地は撤廃された。

大阪府は1870年3月、中国人に対して、外務局に住所姓名を届け出れば雑居地に住むことを許可し、中国人を取締向き世話係に雇用、74年以降は政府制定「在留清国人民籍牌規則」によって全国統一的な取締まりが行われた。
　　　　　　　　　　　　　　　　（許淑真）

㊦『大阪の華僑・華人』、川口華商
㉖『大阪市史』4／堀田暁生・西口忠共編『大阪川口居留地の研究』思文閣出版、1995.／許淑真、1984.／大阪市役所産業部調査課『大阪在留支那貿易商及び其の取引事情』大阪市役所、1927.

大阪江蘇同郷会 おおさかこうそどうきょうかい

在阪の江蘇出身華僑の同郷団体。1969年結成。在日一世は揚州、鎮江周辺地域から理髪職人として渡日した者が多数を占める。かつて大阪華僑の理髪業者は江蘇と福建出身者が折半していた。現在も理髪業を営む者もいるが、飲食、不動産、パチンコなど自営業や医師、会社員を職業とする者が多くなっている。日中国交回復後、縁故を頼って来日する江蘇出身者が増えている。江蘇出身者は第2次大戦後から、大阪関帝廟において福建出身者とは別個に関帝生誕祭（旧暦5月13日）と年3回の観音祭を挙行している。

(二宮一郎)

📄 二宮一郎「大阪華僑の伝統行事」『大阪春秋』87, 1997.

大阪三江公所 おおさかさんこうこうしょ

1882-83年頃、大阪の三江(江蘇、浙江、江西、安徽)出身の▼華商を中心として創設されたといわれる▼同郷団体。その後、華北以北の出身者も加入したが、その数が増加して独自に大清北幇商業会議所(のち▼大阪中華北幇公所)を設けた。残留した南幇華商は大清南幇商業会議所と改称、1919年6月、新館落成と同時に社団法人となり、▼大阪中華南幇商業公所と改名した。会員は商工業を営む16歳以上の男子とされ、貿易関係にとどまらず、在留者の救済、本国の災害に対する義捐金の募集、慶弔に関する事項も併せて行った。公所のホールには祭神として関帝と天后聖母が祀られていた。

(陳來幸)

大阪三光社 おおさかさんこうしゃ

1889(明治22)年8月、大阪府西成郡九条村(現大阪市西区九条)に設立されたマッチ製造所。1893年12月10日付『商業資料』記事「大阪に於ける外人の工業」によれば、資本金1000円、職工人員130名、山本孫七名義であるが、実質は川口65番▼華商祥隆号の資本によるとある。1892(明治25)年度『大阪府統計書』では、資本金2500円、職工人員155となっている。このように華商の保証金を前借りして事業資本を捻出する形態は、主として阪神地方の小企業に見られた。華商が日本のマッチ工業発展に果たした役割は少なくない。

(二宮一郎)

📄 武知京三「明治後期在阪燐寸製造工業経営の一展開」『近代大阪の歴史的展開』大阪歴史学会, 1976.

大阪商船 おおさかしょうせん

1884(明治17)年に阪神、瀬戸内海の小汽船船主が合同して設立した海運会社。1890年大阪-釜山線を開設して朝鮮航路に参入し、その後朝鮮沿岸全線にわたる航路を経営した。日清戦争後には、上海-漢口線を開始して長江航路に進出したが、長江航路をめぐる熾烈な国際航路競争に直面し、1906年に▼日本郵船などの日本系会社と共同して日清汽船を設立した。一方、日清戦争によって日本が領有した台湾では、台湾総督府補助金によって航路の拡充が図られた。大阪商船は日本内地と台湾を結ぶ総督府命令航路の大半を受命し、日本郵船を抑えて台湾航路の独占的な運営にあたり、中国大陸対岸との経済関係をいったん遮断し、島内経済の開発と統一を推進して日本経済圏に包摂するという台湾総督府の課題を、運輸面から推進する役割を果たした。この間、東アジア域内の貿易に従事する長崎、神戸、大阪在留華僑は、中国人荷主として大阪商船諸航路の重要な顧客であった。

(古田和子)

🔗 日清貿易

大阪中華学校 おおさかちゅうかがっこう

大阪における華僑・華人子弟のための台湾系教育機関。大阪市浪速区敷津東1-8-13に所在。現在の校長は第7代張桐齢。幼稚園部から中学部および中国語文専修部を置く。校務分掌は、教務、生活指導、事務、進学指導の4部に分かれ、『学校通訊』を年6回発行し、生徒、保護者、教職員および地域間の交流を図っている。生徒募集要項には、「学生の健全な心身を涵養し、中国語文能力を養成するだけでなく日本語・英語にも力を入れる。更に高校進学あるいは就職のための良好な基礎を育成する。心身を発展させ知性を追求する自由学園である」と謳う。

在阪華僑の子弟に対する最初の教育機関は、▼大阪中華総商会が発起人となって、西区本田二番町の▼大阪中華北幇公所内に1930年に開設された振華学校である。しかし37年の日中戦争以降は生徒数が漸減し、45年3月に閉校した。現在の大阪中華学校は戦後の46年3月、大阪市内本田国民学校の一部を借用して、関西中華国文学校として開校した。同年9月、中華民国「僑民中小学校校董組織規程」に従って学校理事会を結成し、6年制国民小学校の規模を備えて、校名を大阪中華学校に改めた。48年8月には中学部を増設。その後、市内浪速区に730坪の校地を得て、56年4月から新学舎に移り、67年4月には幼稚園部を創設。翌年中国語文専修部を増設し、95年6月から大阪府学校法人となっている。生徒数は2001年現在153人と、ここ数年微増傾向にある。生徒の国籍・出身別分布を見る

大阪中華学校正門。「中国人要会説中国語」の標語、中華民国旗が掲揚。撮影：二宮一郎

と、約半数を台湾が占め、以下華人、中国大陸、華僑の順で、両親ともに日本人子弟も数名在籍している。保護者の意見のなかには、「華僑は海外に出る機会が多いので、英語教育によりいっそう力を入れてほしい」とか「卒業後の高校進学について不安である」など、外国人学校ならではの切実な要求がある。
(二宮一郎)

🔖二宮一郎「創立53年をむかえた大阪中華学校」『現代 台湾研究』19, 2000.

大阪中華従善会 おおさかちゅうかじゅうぜんかい

1924年に▼大阪中華北幇公所内に設置された華北出身者の慈善・救済組織。28年における会員数は186人。28年には▼大阪中華南幇商業公所にも華南出身者による同様の慈善組織「中華楽善会」が置かれた。
(陳來幸)

大阪中華総会 おおさかちゅうかそうかい

大阪華僑の自治組織。台湾系。第2次大戦後まもない1945年9月15日、張友深(三江出身)の呼びかけによって大阪華僑総会が設立され、本町の旧「満洲国」総領事館(通称満洲ビル)3階に事務所を開設。台湾同郷会も同ビルに入居しており、同年両者は合併してあらためて大阪華僑総会と称し、梁永恩を会長に選出した。同総会は城北、東成、梅田などの自治会を従え、大阪華僑の中心的組織となった。ほどなくしてビルを駐日代表団神阪分処に明け渡した大阪華僑総会は中央区東心斎橋1丁目8の15に移転し、77年10月、大阪中華総会に改称し、現在に至る。
(陳來幸)

㊂大阪華僑総会

大阪中華総商会 おおさかちゅうかそうしょうかい

1918年9月、中華民国商会法に基づいて設立された大阪の中華総商会組織。前身は清朝末期の1909年5月、商会簡明章程に準拠して設立された大阪中華商務総会。事務所は西区本田二番町の北幇公所ビル内にあった。会員によって選出された会董(理事)15名から会長1名、副会長2名を互選し、任期2年で運営。役員のほか顧問、書記など有給の職員を置き、経費は会を構成する▼大阪中華北幇公所と▼大阪中華南幇商業公所の所属員が2対1の割合で負担した。会の趣旨は加盟大阪華商の団結と国内外各商会との交流および商業状況の調査とされ、工商業関連の制度や法規の制定に関し政府に建議を行い、商事仲裁を実施するほか、会員に対してパスポートを発行する機能も有した。現地華商間の対内的仲裁は所属各公所でなされ、総商会は日本人商人と華商との対外的商事仲裁に特化した。中国国内外の他地域の華商との商事事件については、先方が所属する総商会に連絡をとり調停を行った。1927年末時点の会員は310余名、うち北幇に属する者280名。30年7月▼大阪華商商会に改称。日中戦争中に消滅し、現存しない。
(陳來幸)

大阪中華南幇商業公所 おおさかちゅうかなんぽうしょうぎょうこうしょ

華中出身者を中心とする大阪在住の貿易商組織。「南幇」は「ナンパン」とも称する。1895年に前身の▼大阪三江公所から北方出身者が分離して大清北幇商業会議所(のち▼大阪中華北幇公所)を組織、所属員の大半が神戸に本拠を移したあと、残留した南幇華商は大清南幇商業会議所と改称。1919年6月、西区本田三番町に新館が落成したのを機に社団法人となり、この名称に変更した。会員は上海、寧波、漢口出身者を中心とする江蘇、浙江、江西、安徽、湖北各省の人々。満洲事変直前に会員50名を数えたが、解散、現存しない。
(陳來幸)

大阪中華北幇公所 おおさかちゅうかほっぽうこうしょ

関西在住の北方(河北・山東以北)出身華僑による親睦組織。「北幇」は「ペイパン」とも称する。現在理事長は金曇きん。事務所は

西区靱本町北幇公所大厦にある。前身の˙大阪三江公所から分離して1895年に創設。初期の頃は大清北幇商業会議所と称した。1916年12月、西区本田二番町に会館が落成したのを機に大阪中華北幇公所と改名し、貿易の発展と災害の救済を目的とする社団法人となった。戦前の会員は大阪川口一帯で商工業に従事する河北、山東、遼寧、吉林ほか北方諸県の出身者であった。会員数は満洲事変直前280名に達したが、常時増減が激しく、事変後は180名に激減している。毎年12月に会員大会を開催し、会館内に˙大阪中華総商会と神戸総領事館の分館があった。また、30年には大阪振華小学校が付設されていたが、ビルは戦災で焼失した。戦後は現在地に移転し、会員制限が緩和され、同郷者の親睦組織として存続している。
(陳來幸)

⊟ 大阪中華南幇商業公所,大阪居留地

大阪の華僑・華人 おおさかのかきょう・かじん

(1)開港から明治前期 大阪は神戸と地理的に近接し、双方に商店を開設するもの、˙神阪中華会館、神阪兼管の理事府、駐日代表団神阪僑務分処など、終始神戸華僑と協力関係にあった。大阪の華僑・華人は時代によって消長変容した。開港時、在留清国人は無条約国国民だったので、締約国国民の使用人としてコック、ボーイ、洋服仕立業、理髪業などが多数来阪、いわゆる˙三刀業のさきがけとなった。明治初年の在留中国人21名。1869(明治2)年8月、神戸にも商店を有する成記号、˙徳泰号、同孚泰など貿易・日用品華商が川口に18店あった。初期来阪の˙華商は海産物買付けの˙広東幇が多く、90年代に至るまで優勢だった。1871年˙日清修好条規締結後の78年、神戸に大阪兼管の理事府が開設された。82年、83年頃、˙三江幇商人が来阪、長崎からは福清行商が来阪して、在留中国人200~300人となり、87年頃に˙大阪三江公所を設立した。88年外務省に報告された居留清国商民調べによると、在留華商51家、雑貨・酒館・客桟・住宅35家を除くと商社は16、そのうち同孚泰、裕貞祥号、祥隆号など広東幇が8社、豊記号、養生成号など浙江幇が4社、怡錩号、復興号など˙福建幇4社で、広東幇が優勢だった。85年日本人と協力して˙大阪関帝廟再建に努め、僑民親睦協力の場とした。華商は海産物、銅などの食料・原料品を輸出、砂糖、大豆などの食料品を輸入した。居留地・雑居地在留の華僑・華人は西洋料理、中華料理、洋服、ハム、バター、ラムネ製造、鍛冶などを導入し、大阪の近代化、欧米化に貢献した。

(2)日清戦争から第2次大戦まで 1894年日清戦争後、日本の華北・東北進出、軽工業の発達、˙日本郵船(89年)と˙大阪商船(99年)による華北航路開設などによって、黄河以北の北幇商人が多数来日、川口にある同郷経営の˙行桟に止宿して˙川口華商と称された。輸入は綿花、鉄鋼、石炭など工業用原料へと変化し、輸出も綿布、絹織物、雑貨(石鹸、人絹、毛織、鉄製品、ボタン、売薬、マッチ、タバコ)の完成品となった。北幇商人は綿糸、綿布、雑貨などを華北・東北に向けて大宗輸出し、95年、三江公所から分離して大清北幇商業会議所(本田二番町。1916年˙大阪中華北幇公所と改名、三江公所は大清中華南幇商業公所と改名)を設立した。1910年、南北両幇商人によって大阪商務総会(18年˙大阪中華総商会と改名)を設立した。北幇公所は堅固な同郷同業結束の紐帯となり、公所内には大阪商務総会、神戸中華民国領事館大阪分館が同居、30年大阪振華小学校を付設し、公所理事長馬敏卿が校長を兼任、本国教育との一貫性をもたせ、国民政府教育部の審査を経て卒業証書を授与した。また神阪中華会館(1892年創立)の維持管理に協力し、28年神阪5幇の華商商店計93家、神戸広東幇33、福建幇17、三江幇9、大阪南幇17、北幇17であったが、中華会館の社費負担はそれぞれ465、155、130、120、450元であった。日中戦争開始前年の36年、大阪在住中国人は約3200人(川口華商約1400、行商人約1000、コック・洋服業・理髪業など約800)。川口華商綿製品の貿易額は大阪港対華輸出の95.7%、全国の72.2%を占めた。東南アジアにほとんど存在しない北幇の行桟制度に支えられた活躍は大阪華僑・華人の特色をなすものである。コック、洋服商、理髪業者、行商人など雑業者の同職団体は、師父と学徒、親方と行商人に血縁・地縁関係が存在し、同職団体即˙同郷団体であった。公所・˙会館より民主的で全員

参加可能だったので、各団体の構成員は数百名を数えた。職人から老板（店主）への地位向上の余地があったので、第2次大戦後、大半の職人が独立して店主となった。行商人は一部が長崎から、大半は1899年の勅令352号（▼内地雑居令）発令後に来日し、市岡、九条方面に住み、大きな風呂敷包みを背負って家々を回って行商したので、風呂敷南京と呼ばれた。

日中開戦（1937年）後、北幇川口華商は撤退を余儀なくされ、39年日本政府による華僑一地方一組織の方針により公所は解散、雑業者も含めて総商会に統合された。大阪総商会会員には個々に議決権、選挙権、被選挙権などの諸権利があったが、雑業者は団体代表者にのみ与えられた。しかしこれによって、雑業者が発言の場を得、戦後に華僑各業者が自主統合する素地となった。

(3)第2次大戦後　終戦時、約3500人の台湾出身者が華僑社会に参入し、総数約5500人となった。台湾出身者は商人、留学生、徴用少年工のほかに、徴兵逃避のため、同郷の先輩を頼って尼崎、都島、四貫島など大阪の軍事工場へ就職した工員が多数いた。台湾商人は戦前は特産品の米、バナナ、大甲蓆を輸入、海産物、綿製品、雑貨を輸出していた。戦後は製菓、製麺など生産部門への資本転化を図るが、泡沫的なものが多く、大陸出身者同様、戦後の台湾出身華僑・華人は飲食業、不動産業、パチンコ、キャバレーなど消費娯楽部門への進出が目立った。最も成功した台湾出身者は、郷里の「鶏糸麺」にヒントを得てインスタントラーメンを考案、日清食品を創業した呉百福（▼安藤百福）である。台湾出身者は二世的な性格をもち、医者、弁護士、教員、芸術家などを輩出、華僑社会に変容をもたらすとともに牽引車となって、GHQや日本政府との交渉に重要な役割を果たした。有志が各地を訪ねて名簿を作成、45年8月末頃台湾同郷会を設立、のちに大陸出身者が設立した▼大阪華僑総会（45年9月設立）と合併し、全民参加・全民平等の原則のもとに46年4月設立された全国的組織、中華民国留日華僑総会の傘下に入った。

大阪における大陸出身者と台湾出身者の割合はずっと伯仲していたが、80年代後半、日本の経済成長は労働力の不足をきたし、苦学志願の大陸出身留学生、就学生が急増した。また残留孤児およびその家族の帰国は東北出身者の人口増となった。
（許淑真）

⊟大阪居留地、歩引
⊛内田直作, 1949. ／内田直作・塩脇幸四郎共編『留日華僑経済分析』河出書房, 1950. ／許淑真「留日華僑総会の成立に就いて」山田信夫編, 1983. ／『大阪市史』4／大阪市役所産業部調査課『大阪在留支那貿易商及び其の取引事情』大阪市役所, 1927. ／商工省貿易局『阪神在留ノ華商ト其ノ貿易事情』商工省, 1938. ／許淑真, 1984.

大阪博愛診療所　おおさかはくあいしんりょうじょ

第2次大戦後、大阪華僑総会が設立した医療機関。当時の大阪市難波新地五番町43番地に建てられた。戦後の経済状況のため、設備・薬品ともに不足しており、1年半ほどで鰻谷へ移転した。木造2階建てに変わったが医療設備・薬品不足は続き、1、2年で初代の劉進雄医師が退職し潘以宏医師に代わった。1960年に廃業したと思われる。跡地には66年10月、華僑総会（現▼大阪中華総会）の建物が落成した。
（二宮一郎）

⊛許淑真「留日華僑総会の成立に就いて（1945-1952）」山田信夫編, 1983. ／友田博『南医師会人国記』（南区医師会40周年記念）、南区医師会, 1987.

大阪博覧会事件　おおさかはくらんかいじけん

1903（明治36）年3月、大阪市天王寺で開催された第5回内国博覧会での中国人風俗展示内容をめぐる抗議行動。日本では「学術人類館事件」といわれる。学術人類館は博覧会正門前に開館したが、中国人のアヘン吸飲および婦人の▼纏足等写真を展示するなど、当初見せ物風のところがあったため、東京の清国公使から外務省に撤去要請などを受けた。しかしながら、識者の意見を容れ改良したため大いに好評を博した、とは当事者の弁である。『世界華僑華人詞典』には、東京から来館した中国留学生が中国を侮辱した陳列内容を東京留学生会館に打電し、会館の代表が抗議・交渉した結果日本側が展示を撤去したとあり、事実関係に異同が見られる。
（二宮一郎）

⊛『東京人類学会雑誌』205, 1903. ／『世界華僑華人詞典』

大阪兵庫外国人居留地約定書（おおさかひょうごがいこくじんきょりゅうちやくじょうしょ）

1868年1月1日（新暦。旧暦では慶応3年12月7日）の神戸（兵庫）開港・大阪開市にともなって、同年8月7日に▼外国人居留地を神戸、大阪に設定するために日本政府と各国公使の間に取り決められた約定書。横浜や長崎などの居留地運営の経験を踏まえ、居留地会議などの自治行政組織や自治財源を規定した。条約改正によって99（明治32）年7月17日に居留地が廃止されるまで、神戸・大阪の外国人居留地はこの約定書に基づいて運営された。朝鮮の仁川の各国租界章程にも影響を及ぼしている。　　　　　　　　（洲脇一郎）

　📖 大山梓『旧条約下に於ける開市開港の研究』鳳書房，1967.

大阪福井商店（おおさかふくいしょうてん）

大阪の川口14番の▼華商同孚泰が出資経営していた石鹸商。所在は大阪市東区備後町4丁目。1893（明治26）年12月10日付『商業資料』記事「大阪に於ける外人の工業」によれば、石鹸製造業に限らず資本を外人に頼るため経営権を奪われるものが少なくないと述べられている。1898（明治31）年度『日本全国商工名録』に「福井商行　福井松之助」の名が見えるが、その後は不詳である。
　　　　　　　　　　　　　　（二宮一郎）

大阪福建同郷会（おおさかふっけんどうきょうかい）

在阪の▼福建出身華僑の▼同郷団体。1973年結成。かつては理髪業に従事した▼福州出身者が多かった。現在は不動産、金融、飲食、パチンコなど自営業のほか、医師、会社員など職業は多岐にわたる。2年に1度、総会を開き役員を改選。会長は協議して決定する。在日三世の8〜9割は国際結婚のため、民族意識が薄れてきており、同郷会として後継者問題が深刻である。第2次大戦後から、福建出身者によって▼大阪関帝廟で秋季関帝祭（旧暦9月13日）が毎年挙行されている。
　　　　　　　　　　　　　　（二宮一郎）

　📖 二宮一郎「大阪華僑の伝統行事」『大阪春秋』87，1997.

大阪分銅社（おおさかふんどうしゃ）

1886（明治19）年12月、大阪府西成郡今宮村（現大阪市西成区）に設立されたマッチ製造所。1893年12月10日付『商業資料』記事

「大阪に於ける外人の工業」によれば、資本金5000円、職工人員300名、名義は木谷定次郎であるが、川口3番華商広昌隆が一切の権利を有した。　　　　　　　　（二宮一郎）

　🔁 大阪三光社
　📖 横山源之助「大阪工場めぐり」『内地雑居後之日本』岩波文庫，1954.／武知京三「明治後期在阪燐寸製造工業経営の一展開」『近代大阪の歴史的展開』大阪歴史学会，1976.

大鶴商店（おおつるしょうてん）

長崎の商人中島栄三が営んだ貿易商店。長崎は天与の海岸線と豊富な漁場を有し、その海産物市場として中国大陸を近くに控えていた。加えて、歴史的には近世以来の▼俵物たる煎海鼠（いりこ）、干鮑（ほしあわび）、鱶鰭（ふかひれ）、▼昆布、鶏冠草（とさかぐさ）、鯣（するめ）などの海産物の日本各地からの集散地であった。1919（大正8）年の長崎商業会議所の調査では、中島栄三の大鶴商店、入江米吉の▼入江商店、松本庫治の松庫商店を代表とする17軒を数える。反面、上海に本店のある中国側の俵物輸入業者は長崎からさらに産地に近い神戸、横浜、函館に支店を出し、直接取引に応じたので、長崎の業者は不利になった。　　　　　　　　　（川勝守）

鳳蘭（おおとり・らん）1946-

在日華僑の子弟で神戸市出身の歌手兼女優。本名荘芝蘭。1962年に宝塚歌劇団に入団し、64年に初舞台を踏む。70年に星組男役のトップスターとなる。愛称ツレちゃん。『風とともに去りぬ』『誰がために鐘は鳴る』などのヒット作に出て好評を博す。79年に「結婚して子供を産みたい」として退団。80年、医師と結婚して2人の娘を設けたが、86年に離婚。芸能界に復帰し、歌手やミュージカル女優として活躍している。
　　　　　　　　　　　　　　（日暮高則）

沖縄の華僑・華人（おきなわのかきょう・かじん）

沖縄では、明代初期に中国への進貢や東南アジアとの貿易に従事する職能集団として中国人の居留する華僑社会が、現在の那覇市久米一帯（▼久米村）に形成されている。その居留地は後に「唐営」そして「唐栄」と改称されるようになるが、16世紀後半頃から著しく凋落し進貢にも影響をきたすようなったことから、王府は新たに中国人や首里・那覇士族らを入籍させ久米村強化策を打ち出し、官

人組織として国家組織の中に組み込んでいる。久米村を構成する人々の3割は、そうした首里・那覇人らの入籍者を祖とする人々で、近世の久米村は王府によって意図的に再生されたきわめて特殊な華僑社会であったといえよう。久米村人は学問・教育の分野でもひろく活躍し、中国文化の導入にも大きな役割を果たしている。しかし、明治期の王国の消滅によって官人組織としての身分的な保証が失われ、久米村を離れて他の地に移り住む者が多くなるなかで、居住地域としての久米村は解体していった。王国消滅後、久米村の至聖廟(孔子廟)は国有となり、1902年には敷地・建物が那覇区に移管されているが、長い間修繕されず腐朽がひどかったことから、12年に久米村人士が中心となり至聖廟修繕の募金運動が起こっている。同時に至聖廟および明倫堂の維持管理、祭典の執行などを目的とする崇聖会が結成され、14年には法人登記を済ませ社団法人久米崇聖会を創設している。至聖廟、明倫堂は第2次大戦で焼失したが、波の上護国寺に隣接する天尊廟、天妃宮の敷地内に再建され、現在は久米崇聖会の理事長が祭主となり、毎年、釈奠や天尊、天妃の下天祭、上天祭などの祭典が行われている。久米村の後裔の間では国鼎会(毛氏)、呉江会(梁氏)、我華会(阮氏)などの親睦団体が結成され、子弟の育英事業などが行われている。しかし、彼らは完全に琉球化(土着化)し華僑としての文化的独自性を認めず、近代以降に新たに形成された華僑社会とは一線を画している。

明治以降の集団的な移住による新たな華僑社会の形成は八重山諸島で起こった。明治の中頃、八重山の西表炭坑の採掘が始まり、明治の末頃からは日本の植民地下にあった台湾から坑夫が徴用されるようになり、昭和期に台湾人謝景の経営した炭坑には数百人もの台湾人坑夫が働いていたといわれている。しかし彼らは厳しい監視下におかれた使役労働者で、中国人社会を形成するに至っていない。家族を中心としたコミュニティとしての華僑社会が形成されるようになるのは、石垣島に1935年に台湾人の出資によるパイン缶詰の製造を行う大同拓殖株式会社が設立され、台湾から名蔵、嵩田に開拓農家として集団入植が始まったことに起因する。沖縄本島での集中的な人口移動による華僑社会の形成は第2次大戦後、とくに60年代に台湾、香港からの移住で始まった。71年3月には琉球華僑総会が結成され、台湾渡航のビザ発給業務を一時期代行している。91年9月に台湾の僑務委員会の資金援助を受け琉球華僑文化センター(琉球華僑文化中心)が設置され、華僑子弟の語学教育を中心に文化活動が行われている。また98年1月には琉球華僑総会のメンバーを中心に琉球台湾商工協会が組織されている。一時月刊の僑報『琉華』を発行していたが、現在は休刊。八重山分会と併せて約300人ほどの維持会員がいる。こうした国府系(台湾系)の僑団に対して1973年には大陸系の沖縄華僑総会が結成され、当初会員も60人ほどいたが、現在は組織としてほとんど目立った活動をしていない。現在、沖縄には約4000人(八重山700人)の華僑・華人が住んでおり、貿易業、建設業、旅行・サービス業、農業、飲食業などさまざまな分野で活躍している。文化センター以外に、華僑学校などの子弟教育のための僑校は設立されてない。

(赤嶺守)

⇨ 久米三十六姓
参 久米崇聖会編・刊『久米至聖廟沿革概要』1975./池宮正治・小渡清孝・田名真之『久米村』ひるぎ社、1993.

オーシャン・トランプ
ocean tramp

貨物を探して巡航する不定期遠洋貨物船をいう。19世紀後半、定期的に就航する客船にまじり投機的な移民輸送を行ったことは、中国移民輸送の場合でも認められる。ハワイに寄港せず中国から直航してきた汽船からサンフランシスコで中国移民を移乗させ、1883年春ホノルル港へ入港、天然痘感染者で問題を起こしたイギリス船マドラス号はその一例である。

(可児弘明)

参 Ralph S. Kuykendall. *The Hawaiian Kingdom*. vol. 3, Honolulu: Univ. of Hawaii Press, 1967.

オーストラリア僑青社
澳州僑青社

オーストラリアの華僑青年団体。インドネシア独立運動を支持したことで有名。1945年

シドニー、メルボルン両港で、インドネシア独立運動鎮圧のための武器・弾薬を満載した30隻の船の船員がインドネシアへの出航を拒否、ストライキを起こした。僑青社は半年にわたるストライキを物心両面から支え、インドネシア初代首相スタン・シャフリールから高い評価を受けた。48年僑青社主席黄家権はアジア航空会社を通じてインドネシア支援の医薬品を空輸することを図ったが、メルボルンで飛行機を観閲する際に事故死した。

(廖赤陽)

オーストラリア籌餉会 オーストラリアちゅうしょうかい
澳大利亜籌餉会

1918年成立のオーストラリア華僑による"孫文グループ支援団体。これより前、1916年にシドニー華人共済会は洪門籌餉局を設置し、指導者がオーストラリア各地を遊説していた。このとき彼らは2900ポンドの募金を集めた。この活動を引き継ぎ、華人共済会と中華革命党オーストラリア支部がオーストラリア籌餉会を組織した。これは孫文の呼びかけに応じたものである。主席は黄柱穏、副主席は梅東星。成立の年、籌餉会は2300ポンドを第1次広州政権（広東軍政府）に贈っている。オーストラリア華人籌餉会あるいはオーストラリア籌餉局ともいう。

(塩出浩和)

オーストラリアの華僑・華人 オーストラリアのかきょう・かじん

オーストラリアの華僑・華人についての記録は1827年に2人の中国人が豪州人に雇用されたことから始まる。その後48年に、荒野開拓のための安価な労働力として、中国華南地域から大規模な中国人労働者の導入が開始された。50年代の金鉱発見は多くの中国人を引きつけた。80年代まで続いた"ゴールドラッシュ期には、同国在住中国人の90％が金鉱に集中。この期の急激な中国人人口の増加が、同国の英国系の人々から英国的文化・環境への脅威と感じられはじめた。また、金鉱での賃金、労働条件の低下に対する不満が、中国人鉱夫をスケープゴートとする苛立ちへ発展、50年代半ばから始まる金鉱での反中国人の気運が大規模な暴動に拡大した。ビクトリア州その他各州で中国人の上陸を阻む法律も成立した。90年代の金鉱衰退にともない、多くの中国人が都市部へ移住、菜園農業、家具製造、雑貨商などに従事したが、白人系の反発を招き、中国人排斥運動が発生、排華法が制定された。このことが中国人の母国への関心を強め、反満・興漢を掲げる秘密結社「義興」の設立などをもたらした。すでに金鉱において成立していた義興は、都市でも政治的目的や会員の相互扶助を掲げ、一種の汎中国人組織として活動した。出身地ごとに中国寺廟を中心に同郷会も次々に創設された。1901年の移民制限法によって中国人の上陸は阻止され、中国系人口は同年の4万人弱から50年後の6500人弱にまで減少した。"シドニーでは1905年に、賭博・アヘン吸飲によるマイナスイメージ解消のため、アヘン吸飲禁止運動が中国人によって組織された。シドニーと"メルボルンはすでに中国人が集中する二大都市だった。ここでは1900年代初め、変法派と共和派が華人社会を二分していた。21年の孫文の豪州訪問は、三民主義を支持する"中国国民党の影響を強化、華人社会では日本の中国侵略に対して活発に反対運動が繰り広げられた。

豪州人の中国人に対する認識は第2次大戦後、徐々に変化している。中国と同盟国として戦ったこと、"白豪主義がナチズムに関わると指摘されたこと、華人が同国の軍隊に率先して入隊したことなどが、戦後の華人社会の社会的地位の向上に貢献した。49年の新中国誕生で中国帰国を断念する人々が増加、60年代初期の"文化大革命はいっそうそれを助長、中国系の人々の現地社会への"同化を促進した。66年の市民権授与条件・入国制限の大幅緩和によりマレーシア、"シンガポール、"香港など出身の中国系人口が増加、70年代からはインドシナ難民が加わり、同国の華人社会は多様化し、規模も拡大した。76年には約5万人の中国系人口が在住。72年の豪中外交関係の開始により、華人社会、中国系として誇りをもつに至る。また66年の移民政策の緩和により専門職や事務職につく割合も上昇、ブルーカラーに属することが多かった中国系のイメージも徐々に変化してきている。73年の多文化主義政策導入により、沈滞していた中国系組織が次々と誕生した。70年代以降に設立された中国系組織は出身地域の制限がない汎中国系組織が中心で、会員の相互扶

助以外に現地社会との友好関係促進を目的とする。会員の関心も現地社会に向かい、華人社会の社会的地位向上に強い関心を示す組織が出現している。これらの新しい中国系の人々によって現地政治への関心が近年、華人社会で強化されている。80年代に相次いで起こった反アジア移民論争で異議を唱え、政治参加の必要性を強く主張する姿勢は、従来の華人社会のイメージと相反する。90年代に入って起こった反アジア移民論争では、反人種差別を中心綱領とする政党（団結党）が史上初めて出現、党首▼ピーター・ウォンは中国系である。同国でアジア系移民グループを代表するのは中国系であり、現在でもなお人種差別によって不利益を被るグループの代表でもある。その存在が、華人社会自身の変化と近年のアジア地域の経済発展とともに、豪州社会の中でしだいに積極的に評価されはじめた。　　　　　　　　　　（増田あゆみ）

㊀華僑・華人の排斥［オーストラリア、ニュージーランド］、排華法［オーストラリア］

㊅増田あゆみ「オーストラリアにおける中華系コミュニティと政治活動」『神戸法学雑誌』45-2，1995．／J. Jupp (ed.). *The Australian People*. North Ryde: Angus and Robertson Publishers, 1988．／*The Encyclopedia of the Chinese Overseas*.

オーストラリア連邦華人大会　オーストラリアれんぽうかじんたいかい
澳太利亜連邦華人大会

オーストラリア、▼メルボルンで開催された最初の華人系組織連合大会。オーストラリア華人第1次大会ともいう。1905年、クイーンズランド州を除く各州から代表16名が参加。議題はアヘン吸飲の禁止、豪米両国の中国人移民制限への反対であった。オーストラリア政府に対してはアヘン輸入の禁止を要求し、華人社会にはアヘン吸飲をやめるよう呼びかけた。また、豪州政府に中国人商人、学生、教師、旅行者の入国緩和を要求し、中国人に対する米国の差別的政策に反対することを決議した。　　　　　　　　　（増田あゆみ）

㊅『世界華僑華人詞典』

オスメニャ、セルヒオ 1878-1961
呉士敏　Sergio OSMEÑA

フィリピン華人の政治家。コモンウェルス期（1935-46年）の副大統領。日本占領後、44年ワシントン亡命政府の大統領。セブ有力華僑の呉文鲱（Pedro GOTIAOCO、晋江石獅出身）とセブ・パリアンの有力メスティソの娘ファナ・オスメニャ（Juana OSMEÑA）の間に生まれた。1904年セブ州知事に任命される。22年に上院議員、35年に副大統領。前妻エステファニア・チョン・ベロソとの間に9人、後妻エスペランサ・リムハップの間に3人の子をもうけ、大統領候補、上下院議員、州知事、市長といった幾多の政治家を輩出する政治家一族を築き、今日なおセブの民衆に敬愛されている。また父と第一夫人の間の異母兄に戦前の中華民国在セブ名誉領事であった呉天為（Manuel GOTIANUY）、第三夫人の間の異母妹にガイサノ百貨店の呉莎治（Modesta Singson GAISANO）がおり、後者との仲はきわめて親密であった。　（宮原曉）

㊅黄棟星「宿務，超級富有」『Forbes 資本家』1993年6号．

オモフンドロ、ジョン・T.
John T. OMOHUNDRO

アメリカ在住の生態人類学者。ミシガン大学大学院で中国研究と中国語学を学び、「(中国系)海外居住者」の研究へ進む。中国系海外居住者は文化進化論の実験において優れた対象であるとし、類似した背景に端を発しながら、アムステルダムからタヒチまでの偏差に富む環境への適応により、各地でコミュニティを形成する中国系海外居住者がどう変容していくか、異なる地域に居住する中国系居住者の適応の違いを比較の枠組みとした。1971年10月から73年3月までフィリピン中部、パナイ島イロイロ市においてフィールドワークに従事。その成果 *Chinese Merchant Families in Iloilo* (Quezon City: Ateneo de Manila UP, 1981) で、同地における華僑・華人の商業活動（および商人文化）、政治活動、移民動態、親族組織、婚姻などを詳細に記述し、商業社会において適応的であるために、華僑・華人は出自集団のかわりに婚姻紐帯を強調し、「フィリピン化」に抗していることを明らかにした。また同著は、華僑・華人社会における「うわさ話」に社会統制機能を見出すことでデータとしてすくい上げており、単なる「公式見解」の羅列に陥ることを回避しえている。現在、ニューヨーク州立大学ポ

ツダム校人類学科教授。　　　（宮原曉）

お雇清国人 おやといしんこくじん

　幕末および明治初期に中央および地方の政府、あるいは民間人によって雇用された中国人で、とくに特殊技能によって顧問的立場にあった中国人をいう。日本の近代化の過程において、政治法制、産業、自然科学、交通、建築土木、教育など広い分野で、近代的技術や知識を教授した外国人顧問いわゆる「お雇外国人」が果たした役割は重要である。お雇外国人については、主としてイギリス、フランス、アメリカなどの西洋人が注目されがちであるが、中国人のお雇いが果たした役割も看過できない。中国人は製茶、海運、建築、洋裁、語学ほか学術関係、音楽・興行などの分野で活躍した。雇用主は工部省灯台寮、開拓使、勧業寮、東京外国語学校、神奈川県庁などの官庁・学校、神戸、横浜ほかの民間の個人・会社など多岐にわたった。（伊藤泉美）

　📖 ユネスコ東アジア文化研究センター編『資料御雇外国人』小学館、1975。／ザ・ヤトイ編集委員会編『ザ・ヤトイ』思文閣出版、1987。

オランダ東インド政庁 オランダひがしインドせいちょう

　19世紀初頭から約1世紀半、バタビア（現ジャカルタ）を本拠に東インド（最終的にほぼ現在のインドネシア全域に相当）を支配したオランダ植民地政府の通称。1799年オランダ東インド会社の解散後、ジャワを中心とする東インド植民地はイギリスによる短期支配（1811-16年）をはさみ、オランダ本国が自ら経営するところとなった。植民地政府としての東インド政庁は、東インド会社時代の華僑政策を大筋で継承し、一層徹底しながら領域的に拡大した。各都市に華僑の居住区を指定し、▼マヨールやカピタンなどの頭目を任命して間接統治を行う一方、村落における農産物の集荷や輸入商品の小売り、▼徴税請負いに華僑を利用したことなどがそれである。加えて19世紀半ば以降には、「人種」カテゴリーに基づく支配の様式が確立する。東インドに代々定着した▼プラナカンであっても「▼外来東洋人」に分類され、「ヨーロッパ人」や「原住民」とは別の法体系下に置かれた。これらの結果、中国系住民は社会経済的にも政治的にも、植民地における特異な中間層としての地位に固定されることになった。

　20世紀初頭にかけて、新たな中国系移民が増大し、中国情勢の激動が東インドへも及ぶようになると、政庁は華僑問題担当局を設けて（1900年）対応に努めた。移民に対する入国管理を厳格化する一方、中華ナショナリズムに影響されはじめたプラナカンに対しては、居住や旅行制限などの緩和・撤廃（1900～10年代）、オランダ式学校の設立（1908年以降）、出生地主義に基づくオランダ臣民法の発布（1910年）などで懐柔・取込みを図った。しかしヨーロッパ人並みの地位は与えず、あくまで「外来東洋人」として処遇しつづけた。これらの政策は、中国系住民、とくにプラナカンの民族アイデンティティの分裂や重層化を招くとともに、先述の社会経済的な地位を背景とするインドネシア・ナショナリズムとの対立や住民間の反目を助長し、インドネシア独立後まで「▼華僑・華人問題」が構造化されるうえで、決定的な歴史的要因をなした。（貞好康志）

　🔁 カピタン制、ナショナリズム

　📖 W. J. Cator. *The Economic Position of the Chinese in the Netherlands Indies*. Oxford: Basil Blackwell, 1936.

阿蘭陀風説書 オランダふうせつがき

　長崎に来航したオランダ船が幕府に提出した海外情報。1641年に江戸に参府した商館長が、大目付兼宗門奉行から、ローマ教徒やポルトガルを中心とする旧教勢力の日本に対する企てについての情報提供を義務づける命令を読み聞かされて以後、1659年から参府賜暇の際、この命令の伝達が慣例化した。船の到着直後提供される情報を、和文で書き、商館長が署名し、通詞らが連名で黒印を押した、宛名のない定形的な和文風説書は、1667年からつくられた。その内容も、ヨーロッパと東インドへと、拡大された。江戸時代中期にはこれが形式化した時期もあったが、▼アヘン戦争を契機に、1842年から「別段風説書」が作成されるようになった。その後1845年のオランダ国王ウィレム2世の開国勧告の親書の予告、1852年のペリー来航の予告など重要な情報が伝えられた。風説書は▼長崎奉行・目付、翻訳担当の通詞しか見ることを許されず、幕府が秘匿する建前だったが、幕末に

は、大名、蘭学者など海外事情に関心のある人々の間にかなり流布しており、極東の情勢を認識するのに役立った。　　　　　（永積洋子）

🔲 法政蘭学研究会編『和蘭風説書集成』全2冊、日蘭学会、1976、79。

オラン・チナ
Orang Cina ／ Orang Tjina

インドネシアでは、華人はオラン・チナと呼ばれることが多い。オランは「人」、チナは「中国」を意味する。オラン・チナは、さらに▼新客（またはトトク）と▼プラナカンに分類される。新客は中国生まれの華人をさし、インドネシア生まれの華人はプラナカンと呼ばれる。「チナ」は日本語の「シナ」と同様に蔑称的なニュアンスを含んでいるため、インドネシア華人にとっては、屈辱的に聞こえる。1965年に発生した▼9月30日事件以前、政府は中国の表記を「ティオンコック（中国、Tiongkok）」あるいは「ティオンホア（中華、Tionghoa）」としていたが、1967年以来、公文書で中国のことを「チナ」と表記するようになった。　　　　（山下清海）

🔲 戴国煇編、1974。

オリエンタル・スクール
遠東学堂　Oriental School

アメリカの人種隔離教育政策の下で、中国系子弟のために設立された差別的な学校。1882年排華法成立後の85年にサンフランシスコに設立。教員は不足ぎみ、カリキュラムや設備は不備で、評判は悪かった。1906年の大地震前の生徒数は325人。排日の気運が生ずると、カリフォルニア州議会は日本人子弟も強制収容する決定をしたが、日本政府の抗議にあい挫折。以降、華僑・華人子弟の隔離教育の場として維持された。　　　（司馬純詩）

▷排華法［アメリカ］

オリエンタル・ホールディングス
東方控股有限公司　Oriental Holdings Bhd.

マレーシアの企業。1963年▼ペナンの実業家ロー・ブンシュウ（LOH Boon Siew, Tan Sri Dato'、駱文秀、1916-95年）が設立、64年に上場。ローは福建省恵安県生まれ、10歳のときマラヤのペナンに。父は人力車夫で学資を出せず、ローはバス洗い、自動車修理工として働いた。中古車を買って修理して売ることで資金を蓄え、日本占領期にミニバスを購入して営業を開始（兄の上秀は占領期に抗日分子として処刑された）。戦後このバス会社が、黄色バス社（Yellow Bus Co.）としてローの事業の出発点に。57年に日本に旅行した際、ホンダのオートバイを見かけて一目でその性能の優秀さを見抜き、本田宗一郎に面会、12台を試買、まもなくマラヤでの販売代理権を獲得。本田とは初対面から意気投合、終生緊密な関係を続けた。オリエンタル・ホールディングス社も本田のオートバイ販売で急成長、60年代から70年代にかけてオートバイと自動車の組立て・部品生産、不動産開発などにも事業を拡張。ペナンの土地の半分は同社の所有という。死後は、次女のロー・チェンヤン（LOH Cheng Yean, Dato'、駱清燕）、長女の夫ウォン・ルムコン（WONG Lum Kong, Dato'、黄臨江）が経営の中心になっている。　　　（原不二夫）

瘟疫神　おんえきしん

瘟疫（ペスト、マラリアなどの熱帯伝染病）を司る神の総称。往時、華南の沿岸地域では、高温多湿の気候と医療衛生の未発達などの要因により、しばしば瘟疫が流行し、多くの死者を出した。人々は瘟疫流行の原因を瘟疫神（または疫鬼）の祟りによるものと考え、これを祀り、瘟疫による災厄から逃れようとした。明代の『五雑俎』によれば、▼福建の沿岸地方では、瘟疫が流行すると瘟疫神を祀り、最後にその神像を船に乗せて海に流し瘟疫を追放する風習があった。華南地域には、現在も瘟疫神信仰とそれにまつわる祭儀習俗が濃厚に分布している。瘟疫神を追放する儀礼は各地で行われてきたが、福建・台湾地方では、瘟疫神の一種である▼王爺（おうや）と呼ばれる神の神像を、王船という木製の船に乗せて海に流し去る（または焚化する）行事（王醮　おうしょう）が広く行われてきた。瘟疫神信仰としての王爺信仰、瘟疫神送りとしての王醮の風習は、福建華僑により、マレーシア、フィリピンなどの移住先にも伝えられた。

（高橋晋一）

🔲 劉枝萬『台湾民間信仰論集』台北：聯経出版事業公司、1983。

オン・エンチー 1896-1980
王炎之　ワン・ヤンチ　ONG Yen Chee

1930年代後半の▼マラヤ共産党指導者。本名は王宣化、別名は厭之、克振。福建省南安県生まれ。1914年にフィリピンに渡航、17年フィリピン大学卒。23年シンガポール渡航。28-30年東京大学留学。31年上海に。32年▼中国共産党入党。34年マラヤ入りし、マラヤ共産党に参画、▼イポーの『中華晨報』の編集、抗日組織「抗敵後援会」の指導に当たる。38年英国植民地当局により中国に強制送還。新中国で政治協商会議委員（2〜5期）、帰国華僑聯合会委員（1・2期）。
（原不二夫）

オン、オマール・ヨクリン 1917-
翁毓麟　Omar Yoke Lin ONG

マレーシアの政治家、実業家。▼クアラルンプール生まれ。1952年、クアラルンプール市議会選挙でマレー人政党・統一マレー国民組織と華人政党・マラヤ華人公会との提携を成功させ、連立与党・連盟党結成に道を拓いた。55年第1回総選挙で当選、55年以後、郵政・通信相、労働・福祉相、保健・福祉相、無任所相、駐米大使などを歴任、73-80年上院議長。政界引退後は実業界に転じ、OYL Industries Bhd.（翁毓麟工業）など多数の企業の経営に携わる。イスラム教に改宗、マレー人・華人の修好に意を砕く。マレーシア政府から Tun Dato' の称号を受けた。また、メッカ巡礼者を示す Haji の称号をもつ。
（原不二夫）

オング、ジュディ 1950-
翁倩玉　Judy ONGG

台湾出身で日本籍の歌手。女優としても知られる。幼い頃家族とともに来日して1974年日本に帰化。63年日米合作映画『大津波』で映画デビュー。その後台湾や香港の映画にも出演する。66年歌手としてデビュー。「魅せられて」で79年度日本レコード大賞受賞。英語や中国語もできることから中国やアメリカなどで活躍している。92年北京で開かれた日中国交正常化20周年記念交流祭では司会を担当した。
（戸張東夫）

温敬賢の二重国籍問題

オランダ領東インド生まれの▼華商・温敬賢の▼二重国籍問題をめぐって、中国・オランダ政府間に起きた訴訟事件。温は1926年オランダの法律を犯して中国に逃げ、上海で逮捕された。オランダ当局は生地主義の国籍法に基づいて温がオランダ人であると主張し、身柄引渡しを要求。それに対し、中国は血統主義の国籍法に基づき温が中国人であると主張して引渡しを拒否。結局、上海の混合法廷の裁決により中国側が勝訴した。
（廖赤陽）

温佐慈 1907-
WEN Zuoci

中国の軍人。のちスイスに移住。広東省梅県出身。黄埔軍官学校第2期生。17歳のときから▼孫文の革命運動に投じ、北伐戦争に参加した。1930年代半ばにアメリカの陸軍士官学校に留学し、37年の蘆溝橋事件後帰国して抗日戦争に参加、国民党軍と中・英・米からなる連合軍の指揮にあたった。一時期、南京歩兵専門学校校長に任じ、50年代にはイギリス軍事学校教官をも務めた。スイスに移住後、「中国将軍」を称し、中国の建設と発展に関心をもちつづけた。
（陳來幸）

温州大学

1988年、浙江省温州市に中文秘書、外国貿易、企業管理、電子技術、建築、食品加工、財務管理の7学科が開設された総合大学。前身は84年に浙江省政府、海外華僑、地元進出企業の出資1100万元で創立され、工業技術・経済管理学院が置かれた3年制の単科大学。90年現在段階で、在学生1073人、教職員123人、校舎・建物面積3万6400m²、図書11万冊。将来は各種の短期訓練生を収容する4000人規模の多層大学を目指す。日本華僑・林三漁の拠出10万元の基金による「愛国華僑・林三漁奨学金」がある。
（市川信愛）

オン、ジョン 1918-
翁紹裘　John S. C. ONG

アメリカ華人のジャーナリスト。タイ生まれ。中学校から中国で教育を受け、後に上海暨南大学を卒業。1944年以降、カナダ『新民国日報』、ニューヨーク『民気日報』、テキサス州『華声報』などの▼華字紙に関係。60年代から『華声報』を通して中華人民共和国と毛沢東思想を紹介しはじめた。米中人民友好協会、中国平和統一促進会の発起人。主著『我在旧金山四十年』（上海人民出版社，1988

年)。　　　　　　　　　　　(馬曉華)

オン・テクスーン、スティーブン 1954-
王德純　Stephen ONG Teck Soon

ブルネイの実業家。祖籍は福建省金門島。生年不詳。祖父・王文邦が1906年にブルネイに渡り、テクグアン（德源）社を設立、30年代にはスルタンからカピタンに任命された。テクグアンは父オン・キムキー（ONG Kim Kee、王金紀、1931年生）の下でブルネイ屈指の企業集団となる。テクスーンはキムキーの次男で、現在専務取締役として▼テクグアン・グループを取り仕切る。ブルネイ中華商会副理事長、ブルネイ全国商工会議所共同会長（もう一人はマレー人実業家）、ブルネイ政府経済評議会金融・銀行委員会委員でもある。

(原不二夫)

温德林 おん・とくりん 1867-1925

横浜華僑の実業家。広東省高明県出身。1885（明治18）年、17歳で来日、日中間の海産物、雑貨などの貿易に従事し、その後貿易商・德和号公安泰を興す。1914年に横浜中華総商会副会長、19年に横浜中日協会副会長、23年に横浜の華僑子弟の中等教育機関・志成中学校校長に就任。その後、横浜中華総商会会長など要職を歴任した横浜華僑の重鎮。関東大震災の際には、避難先の神戸で横浜華僑震災善後会を結成し、華僑社会の復興に尽力した。25年3月に逝去した際には、『横浜貿易新報』（大正14年3月8日）に写真入りの訃報記事が掲載され、「中華実業団の長老、温德林氏逝く、遺産三千余万円」と報じられた。▼横浜中華義荘に永眠。

(伊藤泉美)

⇨関東大震災と横浜華僑

オンピン、ロバート 1937-87
王彬，羅伯特　Robert ONGPIN

フィリピンの華人経済学者、政治家。フィリピン革命に貢献した▼ローマン・オンピンの孫。祖籍は福建省晋江。マニラの生まれ。アテネオ大学で商業管理を学んだ後、アメリカのハーバード大学に留学、工商管理を研究。帰国後、会計事務所に勤める。1979-86年には、マルコス政権下で工商大臣および投資局長を務め、その後、アキノ政権下では大蔵大臣に就任。

(山下清海)

オンピン、ローマン 1847-1912
王彬，羅曼　Roman ONGPIN

フィリピンの富商、慈善家。フィリピン人と華人の▼メスティソ（混血）として生まれた。祖父は福建省晋江県出身。マニラで父親の商売を継承し、鉄器、大工道具、文具、美術用品などを取引し、巨商となった。フィリピン独立運動の指導者で、華人とタガログ人の混血であるエミリオ・アギナルド（Emilio AGUINALDO、1869-1964年）のスペインおよびアメリカからの独立運動に資金援助した。1902年にアメリカによって拘束されたが、出獄後、革命を支持した。傷病兵や戦争難民などの救済をはじめ社会事業にも貢献した。フィリピン革命への功績を顕彰するため、15年マニラ市議会は、チャイナタウンのメインストリートをオンピン街（王彬街）と改称した。また、1973年には「中菲友誼門」を建立し、オンピンの銅像と記念碑を設立した。

(山下清海)

⇨オンピン、ロバート

📖山下清海，1987.

温炳臣 おん・へいしん 1866-1955

横浜華僑の実業家・活動家。▼孫文の革命運動に貢献。広東省台山県出身。本名芬、炳臣は字、別号国勲。1878年、13歳で横浜に渡る。その後▼横浜居留地121番地で両替商を営む。95年、横浜に亡命中の孫文と知り合い、▼興中会横浜支部に入会。横浜における初期興中会の活動を支えた。孫文は98年8月29日、温炳臣宅に転居、恵州蜂起の計画はここで練られた。この時期の温は孫文の同志であるとともに、通訳、ボディガードのような存在で、日本各地への活動に同行した。▼辛亥革命後、南京を訪れ、孫文より革命に貢献した功績を表彰された。55年に横浜で死去した際には、中国国民党横浜支部評議員、横浜中華学校董事会顧問、▼横浜華僑総会顧問、留日広東会館顧問などの要職にあった。

(伊藤泉美)

📖『革命逸史』4．

温雄飛 おん・ゆうひ 1888-?
WEN Xióng Fei

中国の華僑史家。字は定庸、▼広東省台山の人。カリフォルニア大学に学び、1909年に

▼中国同盟会に入り、『開智報』などを編集。
▼辛亥革命後に帰国し、13年参議院議員、42年には立法院立法委員となり、中華人民共和国成立後は広西文史館館員に任ぜられた。『南洋華僑通史』(1930年) の著作があり、「闍婆非爪哇考」の論考について▼李長傅の「読闍婆非爪哇考」(『南洋通史』1931年刊所収) との論戦がある。　　　　　　(小川博)

オン、ロクサン・ケイ・ソン 1953-
周雅定　Roxanne Kay Song ONG

中国系アメリカ人女性裁判官。アリゾナ州フェニックスで生まれた。1975年アリゾナ州立大学から教育学士、78年アリゾナ大学法学院から法律博士の学位を取得。フェニックス検察官事務所の実習弁護士などを経て、79年に正式に弁護士となり、のちフェニックス市の検察官補佐、スコッツデール市臨時検察官などを歴任、86年にスコッツデール市裁判官に任命され、同市初めての中国系人女性裁判官となった。　　　　　　　　　　(曾櫻)

カ

ガイアナ華人移民記念碑〈ガイアナかじんいみんきねんひ〉
　中国人のガイアナ移民を記念する碑。初の中国人移民が1853年1月12日にガイアナ（当時の英領ギアナ）に到着したのを記念して、1986年7月にガイアナ政府が記念碑を建てた。ハミルトン・グリーン首相が記念碑を除幕した。150年にわたり中国系人はガイアナの発展に貢献し、1970-80年中国系人ライモント・アサー・チューが2回、ガイアナ大統領に当選した。　　　　　　　　　　（曾縈）

『海外恩平人』〈かいがいおんへいじん〉
　海外在住の広東省恩平出身者に関する文集。広東省恩平政協文史資料委員会編による「恩平文史」叢書の1冊。恩平は広東省の▼僑郷の一つで、本書には恩平出身の著名人15人の事跡が紹介されている。そのなかには中国最初のパイロット馮如、恩平公路をつくった呉星楼、孫文の友人・梁菊東、東南アジア華僑の馮相、アメリカ最初のアジア系女性パイロット張瑞芬などがいる。
　　　　　　　　　　　　　　　　（曽士才）

『海外華裔精英』〈かいがいかえいせいえい〉
　黄文湘が著した、外国で活躍した華僑・華人の紹介書。1989年に第1、2輯、91年に第3輯が香港文匯出版社より出版。あわせて計52人を取り上げ、対象は政治家、実業家、銀行家から音楽家、芸術家、映画俳優にいたるまで多岐。黄は米国籍華人で、1925年広東省台山生まれ、39年米国に移住。50年代から▼香港に移り大公報社に勤務のかたわら翻訳、著作活動に従事。　　　　　　　（容應萸）

海外華人経済叢書〈かいがいかじんけいざいそうしょ〉⇒曾慶輝〈そうけいき〉

海外華人研究学会〈かいがいかじんけんきゅうがっかい〉
中華民国海外華人研究学会
　1988年2月に台湾で設立された海外華人研究者の組織。中央研究院の張存武、陳三井、呉剣雄教授らにより「中華民国海外華人研究学会」として結成され、世界各地にいる華僑研究者との連携を促進してきた。過去、現在にわたり海外華僑の生活、事業、思想、行為などを究明し、また海外華人に関する各方面の史料、訳書、書評および研究書を集める。89年6月から『海外華人研究』を出版、第3集まで発行している。　　　　（許紫芬）

『海外華人作家散文選』〈かいがいかじんさっかさんぶんせん〉
　木令耆編、1986年香港三聯書店刊。欧米在住の華人作家19人の散文53編を収録、各作家の状況も紹介。廖彙「心声」、張錯「郷遠征人有夢帰」、許達然「六十三街」、蔣心「等待奇跡―節日随筆」、叔華「愛山盧夢影」、張充和「手・黒」、木令耆「希望」、夏志清「〈胡適雑憶〉序」、唐徳剛「"新詩老祖宗"与"第三文芸中心"」、秦松「一個冬日的下午」、聶華苓（▼ファーリン・ニエ）「黒色、黒色、最美麗的顔色」等々がある。　　（今冨正巳）

『海外華人作家小説選』〈かいがいかじんさっかしょうせつせん〉
　李黎編、1986年香港三聯書店刊。欧米在住の華人作家21人の作品1編と、その略歴とおもな作品を紹介。白先勇「夜曲」、▼陳若曦（ツン・ルオシー）「向着太平洋彼岸」、聶華苓（▼ファーリン・ニエ）「桑青与桃紅」、於犁華「雪地上的星星」、李黎「近郷」、劉大任「蝶」、王璇「再見南国」、水晶「無情游」、方方「職業婦女丁美娟」、伊犁「堕胎」、李渝「関河蕭索」、東方白「奴才」、欧陽子「考験」、馬森「等待来信」、庄因「夜奔」その他がある。　　　　　　　　　　　　　（今冨正巳）

海外華人社会研究叢書〈かいがいかじんしゃかいけんきゅうそうしょ〉
　台湾中央研究院民族学研究所は1962年、おもに中国東亜学術研究計画委員会の財政的協力のもとで、華僑社会の研究を開始した。研究の目的は、実地調査を通じて、中国文化や中国人の社会組織が海外の華僑・華人社会にどのように適応し、発展してきたかを明らかにすることにあった。海外の華僑・華人社会と中国本土・台湾社会との比較も研究テーマ。その後、財政面の困窮で、海外の調査計画も大幅に縮小された。しかし李亦園、郭振羽、文崇一の3教授が82年秋頃、民族学研究所の華僑研究の伝統を守るために「海外華人社会

研究叢書」の発行企画を決定し、85年5月13冊の叢書を台北正中書局より出版した。東南アジア関係9冊、米国関係3冊、オセアニア関係1冊。著者は▼フリードマン、グリック（Clarence GLICK）、ロイウェン（James LOEWEN）ら3人の欧米学者以外、呉元黎、呉春熙、呉燕和、麦留芳（▼マク・ラウファン）、廖建裕、陳約翰（John CHIN）、前述3教授。

(劉文甫)

海外華人青少年叢書 かいがいかじんせいしょうねんそうしょ

台湾の華僑協会総会が編集した、海外の華僑・華人青少年を対象に、中華文化や台湾および各国の華僑事情を紹介した叢書。読みやすいように文章は簡潔に書かれており、1冊の字数は3万字を限度。編集責任者は▼高信・華僑協会総会理事長、編集長は黄乾・同会常務理事、台北正中書局が出版。内容は、(1)中華文化の源流、倫理道徳、学術思想、中国の歴史、地理、生活芸術、(2)台湾の政治、経済、社会、教育、海外貿易、歴史、地理、名勝、古跡、(3)海外の華僑概況、つまり各国の事情、華僑の人口分布、開拓史、経済、文化教育、社団組織の現状、現地の入国に関する法令、投資環境など。テーマ別に100冊に及ぶ叢書の執筆者陣には陳立夫、婁子匡、宋越倫、鄭彦棻、楊慶南、陳剣秋、関春如、胡志強、梁明らがいる。高信は89年に『中華民国之華僑与僑務』を出している。

(劉文甫)

『海外華人百科全書』 かいがいかじんひゃっかぜんしょ
The Encyclopedia of the Chinese Overseas

▼シンガポール宗郷会館聯合総会の▼華裔館によって1998年、同地のランドマーク・ブックス社（Landmark Books Pte Ltd.）から出版された英文の華僑・華人事典。各国・地域の有力華人企業人が寄付、▼パン・リン（潘翎）を主編者、▼崔貴強を中国語版への編訳者とし、7人の学術顧問、世界の57人の執筆者が協力。テーマ別の原籍地、移民、組織、関係、社区の5章からなり、700点以上の写真が含まれる。1章：概述、原籍地、▼僑郷の概念、2章：中国域内の移民、外国への移民、移民モデル、3章：中国の社会秩序、海外華人家庭、海外華人の宗教信仰、海外華人の社団組織、華人の商業組織、4章：海外華人と中国の関係、華人と非華人の関係、5章：東南アジア、米州、豪州・大洋州、欧州、東アジア、インド洋・アフリカ州。B5判より大判で400頁。5章が半分以上、38の国・地域を扱う。中国語版は『海外華人百科全書』（香港：三聯書店、1998年）。アメリカ版（Harvard UP, 1999）も出版されており、フランス語版もある。

(游仲勲)

『海外紀事』 かいがいきじ

広州長寿寺の僧大汕(ダーシャン)（除石濂）が1695年にベトナムの広南(クアンナム)領主阮福淍(グエン・フク・チュー)の招きで中部ベトナムに渡り、▼フエ（順化）や▼ホイアン（会安）に滞在した間の見聞録。全6巻（1699年成立）。約1年半の居留時の自作詩文に交えて、南北分裂期のベトナムの南方政権が支配する広南領の実態、中越間の海上交通事情、ベトナム人の風俗などのほか、現地の華人社会を観察し、ホイアンの大唐街に沿って福建商人が軒を連ね、フエに閩会館や関夫子廟を建てて華人が集居する情景や、華人が交易の便宜のために必ず現地女性と通婚することなどを述べている。

(川本邦衛)

▷フエ
▷余思黎点校『海外紀事』北京：中華書局，1987.

『海外月刊』 かいがいげっかん

1930年代から海外華僑・華人を対象に発行された月刊誌。1932年中華民国の首都南京で創刊した当時は、世界各国の華僑・華人をめぐる政治・経済がらみのトピックス、実業家の消息から時事問題の解説・評論など、多彩に紹介した。たとえば、世界恐慌の影が覆う34年3月号から4月号では、蔣展民署名で「世界不況から今後の華僑を語る」といった論文で、華僑・華人に指針を示した。49年中華民国政府が台湾に移った後、51年9月から60年1月までは台北の海外月刊社が事業を引き継いだ。その後、海外月刊社は60年2月から本拠を香港に移して、華僑・華人の動向、中国の歴史文化、台湾当局のニュース、反共活動など紹介した。63年8月にはふたたび台湾に戻り、海外出版社の名称で『海外文摘半月刊』と改題して、同様な事業を継続している。

(岡田臣弘)

▷陳烈甫『東南亜州的華僑，華人与華裔』台北：正中書局，1983. ／『世界華僑華人詞典』

『海外排華百年史』〈かいがいはいかひゃくねんし〉

華僑・華人排斥史を扱った中国語図書。著者は中国系アメリカ人イヤオ・シエン（I-yao SHEN、沈已堯）。香港文芸書屋から1970年に出版された。80年に中国社会科学出版社から再版本、85年に増訂第2版本がそれぞれ刊行されている。各国における中国人に対する移民政策や排斥史が分析されている。ただしベトナム以外の東南アジア地域は含まれていない。

〈曽士才〉

『海外福建名人録』〈かいがいふっけんめいじんろく〉

世界各地の福建出身著名▼華僑・華人の紹介書。呉恵玉・葉嵐編、福建図書館、1985年10月出版。日本、タイ、オーストラリア、ミャンマー、ブルネイ、ドイツ、オランダ、アメリカ、カナダなどを中心に、政治、企業、科学技術、文化芸術、医療などの分野で活躍する福建籍華僑・華人490人を収録。関連データは氏名、出生年月日、国籍、原籍、所属企業・機関、職歴、肩書、ビジネスの範囲、専門領域、著作などを含む。

〈廖赤陽〉

会館〈かいかん〉

中国国内や国外の都市にあって、同郷者が相互扶助、情報交換、親睦のために組織する任意加入団体。またその集会所の建物をいう。同郷出身者や▼原籍を同じくする者は方言や生活文化を共有するために、経済・社会関係を築きやすく、また相互協力も必要であった。起源は唐・宋代の官吏の同郷組織といわれ、明・清代に発展した。原籍に基づき受験させる科挙制度が確立するにつれて同郷の官僚と商人は会館を拠点にして交流を深め、また同業の商人どうしはギルド的な活動を展開した。16世紀初頭の北京に組織された江西省出身者の江西会館は、初めは故郷の神を祀る寺廟であったといわれるが、寺廟が同郷人の結集所の原初的形態であったことは19世紀の華僑の同郷組織にも見られる。子弟の教育や同郷の科挙受験者のためにも、会館の一隅に教育施設や宿泊施設を有することもあった。管理者を常駐させ、また会議室や宴会場と舞台をもつ会館もあった。

「会館」は、広義には同郷者の組織を指し、狭義にはその会所を意味する。なお、「会館」ではなく「▼公会」の語を用いる場合もある（たとえば、マレーシアのクチン潮州公会、シンガポール嘉応五属公会など）。一方「公所」は、「公会」とともに同業者の連絡・会合のための組織、すなわちギルド的な組織や会所を意味することが多いが、▼宗親会の名称（たとえば、カナダ李氏総公所など）にも使用される場合がある。会館・公所は現代では広く組織名称に使用されているが、▼根岸佶『中国のギルド』によれば、かつての中国では同郷者が国内の大都市で相互扶助、情報交換を目的に組織した任意加入団体が▼同郷団体と総称されるが、そのうち有力商人、金融業者など、経営者が発起人となり合資して会所を設立した組織を「会館」と呼び、そこでは従業員・職人は排除された。そして、これに遅れて同郷者がその職業・身分を問わず会員の権利と義務を一律に平等なものと規定して組織したのが同郷会であるという。現代の海外の華僑・華人団体では、構成員の社会階層の区分・相違が曖昧になっているが、会館のほうが同郷会よりも組織規模と威信において上位とされている。たとえば、1980年代の事例では、サンフランシスコ潮州同郷会は会員の居住地分布と経済力の上昇にともない、その名称を北カリフォルニア潮州会館と変更している。

今日、会館は多角的役割を果たしているが、同郷者の連絡・交流の拠点であると同時に、同郷者に故郷の情報を提供したり、同郷者のネットワークにかかわる情報の編集・公開をする機能が重視されてきた。たとえば香港潮州会館は、香港潮州商会や▼潮州の県別同郷会などをその下属構成団体として有するが、イギリス植民地であった香港の中国への主権返還が決定した1984年から、▼潮州人のための国際ニュースとして『国際潮訊』という年刊誌を発行している。これは世界に分布する潮州人の会館や同郷会が参加して3年ごとに開催する懇親大会の報告のほか、中国や香港に関係した国際的ニュース、世界各地の潮州系諸団体の歴史や活動の紹介、故郷の歴史文物にかかわる論考やニュース、著名な潮州出身者の紹介といった記事で構成されている。インドシナから中国系ボートピープルが多数流入した北米とヨーロッパには、1980年代以降に多くの潮州会館・同郷会が設立され

て、潮州人のネットワークが拡大されたのであるが、ネットワークの維持・拡大にとっても、この『国際潮訊』が果たす役割は小さくはない。シンガポールとタイの潮州会館も東南アジア地域とそれぞれの国内の潮州系諸団体の連絡・交流拠点であると同時に、出版活動を活発に行っている。

グローバリゼーションの時代に、会館を連絡拠点にした国際的懇親会の開催を通して会館が役割を復活させている例は他に、客家系、福建系、広東系にも見られる。

(吉原和男)

🔲 中華会館

📖 何炳棣『中国会館史論』台北：学生書局、1966./全漢昇『中国行会制度史』台北：食貨出版社、1978./根岸佶『中国のギルド』日本評論社、1953./李明歓『当代海外華人社団研究』厦門大学出版社、1995.

会館録 かいかんろく

おもに、シンガポールやマレーシアの華僑会館が年に一度刊行する、▼会館の会務報告書をいう。中国の官吏、商人、手工業者は職業上、故郷を離れて都市に住むことが常であったが、そのとき同郷人または同業者の互助の便宜から会合用の建物を建てることが多かった。これを公所または会館という。当初は官吏の利用が多かったが、民国以後は商工業者の利用が多くなる。おおむね会議室に守護神を祀り、なかには守護神の▼廟を名乗るものもある。華僑の場合、▼シンガポール、▼ペナンに多くの同郷会館、商工会館がある。シンガポールでは、寧陽会館（広東省寧陽県人）、応和会館（▼客家人）、義安公司（▼潮州人）、天福宮（▼福建人）、瓊州天后宮（▼海南人）など、ペナンでは、嘉応会館（客家人）、汀州会館（同）、香山会館（広東省香山県人）、福徳祠（福建人）、潮州会館（潮州人）などが中国人街の中心部に軒を列ねる。会館録には、年度の収支、幹部の氏名、祭祀の概況などを記す。華僑の活動を知る重要な資料である。

(田仲一成)

📖『新加坡華族会館志』1.

海圻事件 かいきじけん

清国海軍の軍艦「海圻」の乗組員が、▼辛亥革命の勃発に呼応して、反乱を起こした事件。革命勃発前の1911年8月、「海圻」はキューバを訪問した。その際、キューバ三民閩書報社などの革命派組織が、艦の公開の機会をとらえて乗組員に対しビラの配布や演説による革命宣伝活動を行った。その後、「海圻」が帰国して上海に入港したとき、ちょうど武昌蜂起の発生をみたため、艦は清朝の黄龍旗を降ろして革命に参加した。

(松本武彦)

🔲 書報社

海客 かいきゃく

古く海外出稼ぎ者をいった語。明末・清初以来、福建・広東両省の沿海では富裕者が資本を、無資本者が労働力を出しあって海外出稼ぎを行った。この方式を結伙あるいは合伙といった。伙とは組になるとか、仲間を組むという意味であり、結伙方式によって出海する人々を海客と称した。その際、伙のなかで威信のある人物1人を立て「▼客頭」とか「▼客長」とした。客長の語については、清の乾隆年間（1736-95年）の『▼海録』巻中、ポンティアナックの条に、▼蘭芳公司の▼羅芳伯を客長とした例がある。結伙方式は乾隆、嘉慶（1796-1820年）年間に海外出稼ぎ者の間で広くみられた。結伙方式によって▼海南島東岸潭門港から西沙群島へ赴きホラガイ漁を行ったり、広東省電白・徐聞一帯からはタイ、カンボジア、ベトナムへ出稼ぎして木材伐採、造船、水利灌漑、水田開墾などの季節労働に従ったことが知られている。

(可児弘明)

📖 陳沢憲「十九世紀盛行的契約華工制」『歴史研究』1963年第1期.

海峡華人 かいきょうかじん
Straits Chinese

▼海峡植民地に居住した華人の総称。ただし、とくに海峡植民地で生まれ育った華人だけを指す場合が多い。マレー半島の▼マラッカには14世紀末あるいは15世紀初めから1511年までの王国時代、ポルトガル時代（1511-1641年）、オランダ時代（1641-1795年）を通じて福建省出身の華人の集落があった。彼らの多くは男性で、マレー人、バリ人など現地の女性と結婚して混血児の社会をつくりあげていた。1786年に▼ペナン、1819年に▼シンガポールにイギリス東インド会社の植民地が建設されると、この両地にも移住した。1824年にマラッカがイギリス領となり、1832年にこ

の三つの植民地がまとめて「海峡植民地」と呼ばれるようになると、それにともなって「海峡華人」と呼ばれるようになった。彼らはマレー半島、ボルネオ、▼リアウ諸島、リンガ諸島などの錫鉱山、ゴム園、木材業などに投資し、現地のマレー人女性と結婚し、ヨーロッパ文化、マレー文化を取り入れて独自の生活文化をつくりあげた。やがて20世紀の初頭から中国人女性の移住が始まると、現地人女性と結婚する必要性が減じ、より中国的な文化への回帰が始まったが、現在でも彼らは社会組織、言語、宗教、民俗の面において独自のアイデンティティを保持している。

(生田滋)

⇨クリオール, ババ

📖 Khoo Joo Ee. *The Straits Chinese: A Cultural History*. Amsterdam & Kuala Lumpur: The Pepin Press, 1996.

海峡交流基金会 かいきょうこうりゅうききんかい
Straits Exchange Foundation

海峡両岸交流の台湾側民間窓口機構。略称海基会（SEF）。当局（行政院大陸委員会）を代行して政治問題を含め商務、民事、刑事などの諸事項を扱い、相互信頼の助長に努める。1990年11月に設立、董事長に和信グループの総師で台湾財界のリーダー▼辜振甫が就く。大陸の▼海峡両岸関係協会（会長汪道涵）をカウンターパートとして、93年4月、シンガポールで汪・辜会談が実現し、両岸の重要なパイプ役を果たしている。

(劉進慶)

⇨華人経済圏

海峡植民地 かいきょうしょくみんち
三州府／叻嶼岬 Straits Settlements

イギリス東インド会社が出先機関を置いて直接統治していた▼ペナン、▼マラッカ、▼シンガポールという三つの港市の総称で、1867年から1946年までイギリスの直轄植民地であった。19世紀末までは飲料や食料、香辛料、アヘンなどがこれら三つの港市で取引されていたが、20世紀になってイギリスの本格的開発が行われるにつれて、主要交易品に錫鉱石やゴムが増加し、とくにシンガポールはゴムと錫の交易地となり、イギリスの東南アジア支配の政治的・軍事的中心地として発展した。また、これら三つの港市は仕事を求めたアジア各地からの移民労働者の中継・集積地ともなり、とくに中国からの移民が多く住みついた。15世紀から東南アジア交易の拠点として確立し、多くの▼華僑・華人が住んでいたマラッカからシンガポールやペナンに移り住む者もいた。彼らは海峡華人社会という、祖国中国の中国人社会とも、また他のマラヤの都市とも異なった独特の社会をつくりあげた。

(田村慶子)

海峡両岸関係協会 かいきょうりょうがんかんけいきょうかい

中国大陸と台湾の海峡両岸の往来と交流を促進し、両岸の平和統一を実現させることを目的として設立された中国の組織。ふつう「海協」と略称する。1991年12月に社会団体法人として北京に設立された。会長は汪道涵。国務院台湾事務弁公室など関係部門の委託を受けて、両岸関係問題について台湾側の▼海峡交流基金会と連絡・協議し、両岸各界の相互理解、両岸住民の往来に関する問題の解決、両岸住民の正当な権益の保護に努力する。

(劉暁民)

海禁 かいきん

中国の元末から明・清朝にかけて、中国船舶、人民、商品、禁制品の海外への出洋を禁じ、兵律などで罰則を設けた一連の政策を指す中国語。「通蕃下海之禁」「外藩交通之禁」などと呼ばれたものをまとめ、略称したもの。明・清政府の一貫して消極的、かつ防御的な対外交、対貿易の姿勢を示している。華僑の出洋はそれが自由であった宋～元半ばに比べてブレーキをかけられたが、禁令の運用には時期により強弱の波があり、背景にある海外貿易関係の推移、沿海の治安の推移もあり、華僑サイドでもさまざまな対応を講じたから、実効のほどは柔軟に考えるべきである。

出洋を規制する海禁は、諸外国が中国に入国して外交および貿易を開くことを規制する朝貢の制とペアをなしている。朝貢は中華主義に基づき、内政と外交とを不可分離に運営する制度であるため、中国外の世界で生じた「対等条約交渉」とか「開国・鎖国」とかの政策とは次元を異にし、太古から1727（雍正5）年の露清キャフタ条約、1842（道光22）年の南京条約まで続いた。唐末に海上交渉が起こってから、陸上交渉の「互市」施設のほ

かに「互市舶」の機関を東南沿岸の▼広州などの要港に設けて、朝貢事務の事前処理、貿易希望品への関税、その専売事務、港市在留外国人の処遇、および遠洋に出洋する中国商船の船籍処理、関税、禁制品の監視をした。市舶の制自体は朝貢と貿易の運営を兼ねるもので、禁制品（通貨＝銅銭・金銀、重要書籍、地図）などの流出禁止（銅禁など）を除けば、ただちに海禁というには当たらない。しかし明初から市舶港を通じて厳しい海禁が行われた。その運営はシャム、▼チャンパ、カンボジア、日本など勘合符を支給して制限をかける国々、朝鮮、琉球など国王の奏文のみで許す国々という差等を付した。1567（隆慶元）年に市舶制度はやめられて中国商船の出洋は緩和されたが、海禁の姿勢そして朝貢の体制は続き、清が鄭氏政権の拠る台湾を平定して統一をとげた直後、1684（康熙23）年から東南沿岸の4港に海関を設け、明の政策を継承して▼アヘン戦争に至った。

明の海禁では出洋禁制品に馬牛、鉄貨、銅銭、緞子、紬絹、生糸、木綿などを掲げている。鉄は専売品のため、銅銭は通貨のためであるが、東アジアの海上貿易では中国の銅銭、生糸、絹、木綿（清初から）は、中国陶磁、砂糖、東南アジア産の染料、香料、香辛料、あるいは日本産、メキシコ産の銀と並ぶ基幹商品だったから、中国および諸外国の商人はさまざまな対応をした。その一つは密貿易であり、舟山群島の▼双嶼島、台湾島、アモイ近くの月港、ベトナムのトンキン湾は有名である。また琉球や李氏朝鮮の公認貿易ルートによる方策もあった。バタビア、ボルネオ、ベトナム、シャムで▼唐船を造船し、それらの国々の公貿易の形をとり、またむしろ外地で華僑が製糖、機織、鉱山採掘をして、産物を外国製品として貿易した。

明・清時代に海禁政策がとられた直接の背景は複合していて、(1)明初の統一において朱清、張瑄らの海上反乱勢力による海上治安の悪化に悩まされたこと、(2)明初、宝鈔（紙幣）建ての貨幣政策を支えるための銅銭の海外流出が深刻だったこと、(3)元後半期の失政と疫病流行の後をうけ、政策が農本主義、中華主義、内陸重視へと回帰したこと、(4)中国沿海の海岸域は長くかつ島嶼に富み、有効な海防策を編み出せぬままに海上商業の興隆期に直面したこと、(5)すでに宋代に兆していた文化中心主義、内向閉塞的な傾向が明・清で増幅されたこと、などが挙げられる。

（斯波義信）

⊟ 朝貢貿易
⊠ 佐久間重男『日明関係史の研究』吉川弘文館，1992.

『海語』（かいご）

明代、嘉靖15（1536）年の自序をもち、東南アジアの風俗、物産、怪奇談などを収録する書。3巻。撰者の黄衷は広東省南海の人、1496（弘治9）年の進士、官は兵部右侍郎まで進む。自序によれば、撰者が晩年、退官後に、故郷にあって船員ら「▼海客」から聞き取った情報を整理したものという。内容は風俗、物産、畏途、物怪の4部からなる。風俗の部は「暹羅（シャム）」と「満剌加（マラッカ）」の2条から構成され、それぞれの風俗、地誌が記されているが、両地域における華僑についても言及されている。「暹羅」の条では、「華人」の居住区が形成されていたこと、インドシナ半島における生胆を取る風習に関連して「華人」の生胆が最上とされていることが述べられている。

（井上裕正）

⊠ 可児弘明「東南アジアにおける華僑のイメージとその影響力」松本三郎・川本邦衛編著，1991.

外国僑民登録（がいこくきょうみんとうろく）

1975年に北ベトナムが南部を解放して樹立した革命政権がおもに華僑を対象として行った、社会主義体制下で居留を継続する外国商人に居住・営業申請を、出国希望者に出国申請をする権利を与えた外国人登録のこと。その結果、サイゴンのザーディン地区では台湾旅券所持者と香港旅券所持者4131人が登録を行ったと発表されたが、この登録者数は、「在住華僑はベトナム国籍とする」ことをうたった55年のベトナム労働党と▼中国共産党の合意に基づき、約130万人の大陸出身華僑はすでに外国僑民ではないとする革命政権の解釈を明らかにした。78年の華僑の大量帰国などによる中越関係悪化の中で中国政府は、ベトナムにおける華僑迫害と、56年に僑生のベトナム籍編入を定めたゴ・ディン・ジエム政権の「国籍法」（55年）と「国籍法第16条改

正令」(56年)を革命政権が継承していることを非難し、南部の華僑に対して国籍を回復することを要求するとともに、55年の中越両党の合意の内容は華僑個人の意志尊重を前提としたことを指摘して、外国僑民登録の実態に厳重に抗議した。

(川本邦衛)

外国人居留地 がいこくじんきょりゅうち

慣習上あるいは条約上で外国人の居住営業を認めた一定区域をいう。古くは長崎の出島と▼唐人屋敷が外国人居留地といえる。キリシタン禁制の強化によって、1634年、長崎出島の埋築が行われ、それまで長崎市中に雑居状態であったポルトガル人の居住が出島に限定された。その後ポルトガル人が追放され、オランダ人が居住することになり、出島は阿蘭陀屋敷とも呼ばれた。また1689年、禁教や密輸防止を名目に唐人屋敷が設けられ、中国人についても、市中雑居から唐人屋敷への限定居住となった。

1858(安政5)年、江戸幕府とイギリス、アメリカ、フランス、オランダ、ロシアとの間で締結された安政五か国条約において、開港場と開市場を設けることが定められた。開港場は外国人の居住貿易のため、箱館、神奈川(横浜)、長崎、兵庫(神戸)、新潟またはその代替地の港市を開き、条約締結国は一区域の土地を借地し、建物を購入し、住宅倉庫の建築が認められた。開市場は外国人の商売のため江戸、大坂の市街の一部を開き、外国人は借家を借りることが認められた。また開市・開港の日程は、1859年7月1日に箱館、横浜、長崎の開港、1860年1月1日に新潟の開港、1862年1月1日に江戸の開市、1863年1月1日に神戸の開港と大坂の開市が取り決められた(年月日はいずれも西洋暦による)。しかし実際は条約どおりにはいかず、日程の遅延のほか、大坂は開港場に変更され、大坂と江戸にも居留地が設けられた。一方で新潟には居留地は設けられなかった。したがって、幕末に開設された外国人居留地は、北から▼箱館居留地、築地居留地(東京)、▼横浜居留地、川口居留地(大阪)、▼神戸居留地、▼長崎居留地であった。これらの居留地の実態もさまざまであった。築地と神戸の場合は、居留地の周囲に▼雑居地が設けられ、箱館の場合は市内雑居の慣行が定着し、居留地は有名無実であった。なお、日本の外国人居留地は、中国や朝鮮などの居留地(租界)と比較して、外国居留民の自治行政が発達しなかったという特徴が指摘できる。

幕末に日本の各開港場に居留地が開設された当時、清朝中国と日本の間には条約は締結されておらず、したがって、条約締結国の国民の居住営業を認めた外国人居留地に中国人が居住する法律的根拠は存在しなかった。しかし日本と中国との歴史的関係や居留地貿易における中国人の重要性などから、中国人の上陸居住は事実上黙認の状態であった。そのため、旧来の唐人屋敷を擁する長崎のほか、横浜、神戸には多くの中国人が居住することとなり、各地に中国人の居住地域、いわゆる中華街が形成されていった。長崎の場合は、居留地に編入された旧唐人屋敷前の広馬場と新地の一帯に中華街が形成され、横浜も居留地の一角に中華街が形成された。神戸の場合は、居留地に隣接する雑居地に中国人が居住した。

居留地制度は領事裁判権、協定関税制度、片務的最恵国待遇といった不平等条約と表裏一体となった制度であったため、1899(明治32)年7月の条約改正とともに撤廃された。居留地撤廃に際しては、外国人の「内地雑居」の是非について、国家的規模の議論が展開された。その結果、「内地雑居」は実施されたが、実質的には中国人を対象とする「▼内地雑居令」が発布され、中国人については旧居留地・雑居地外で居住営業する際には▼職業制限がなされた。

(伊藤泉美)

参 横浜開港資料館編・刊『図説横浜外国人居留地』1999./大山梓『旧条約下に於ける開市開港の研究』鳳書房, 1967.

外国人登録法 がいこくじんとうろくほう

日本在留外国人の登録義務・手続きについて規定した法律。1952年4月28日平和条約発効の日、外国人登録令(1947年5月2日)に代わって法律第125号として公布された。外国人登録令に含まれていた退去強制手続きなどは出入国管理令に全面的に委ねられ、外国人登録法には純粋に登録手続きのみが継承された。写真のほかに、同一人物確認の手段として▼指紋押捺制度が採り入れられ、同年10

月同法に基づく最初の登録が行われた。現行登録法では外国人は上陸した日から90日（当初は60日）以内に、また日本において出生、もしくは日本国籍を離脱（喪失）した場合には、60日以内に居住地の市町村長に対して、外国人登録を申請し外国人登録証明書の交付を受けるべきこと、生年月日、性別、出生地、国籍、▼在留資格など20の登録事項、16歳以上には登録証明書随時携帯の義務などを規定している。それぞれの在留資格は依拠する出入国管理法令の条項号によって、証明書に番号で表示されていたが、数次にわたって登録法の一部が改正され、1990年6月より、資格名称に変更された。2000年4月1日実施の法律第134号により、指紋押捺が廃止され署名に代わった。永住者および特別永住者に対しては、切替え期間が5年から7年に伸張され、登録事項の職業および勤務所の一部削減を認め、同居の親族による確認（切替え）申請や登録証明書の申請および受取りが可能になった。また市町村の長に対して登録原簿の適切な管理を課し、一定の範囲で、その内容の開示を認めた。

(許淑真)

⊞ 出入国管理

📖 田村満著、重見一崇補訂『外国人登録法逐条解説』日本加除出版、1993．／法務省入国管理局外国人登録法令研究会編『Q&A 新しい外国人登録法』日本加除出版、1993．／外国人労働者雇用研究会編著『こんなときどうする外国人の入国・在留・雇用Q&A』第一法規出版、2001．

外国籍小売商排斥 がいこくせきこうりしょうはいせき

1950年代にインドネシアで経済ナショナリズムの高まりを背景に行われた政策。独立直後の経済構造は、重要産業の多くをオランダ企業が、それ以外を中小規模の外国籍華人企業が占めていた。とくに土着の民族系企業家は、華人の経済支配を植民地支配の負の遺産と断じ、政府規制を強く求めた。精米、荷役、運送などでの華人排斥と土着の民族系資本家育成を経て、59年には農村部外国人小売商の排斥を意図する大統領令第10号が発令された。その結果、華人の州都や県都以外での商業活動は全面的に禁じられた。発令後、西ジャワでは生業を失った華人が都市への移住を阻まれ、約10万人が中国へ出国する事態となった。ただし運用は各地で異なり、多くの外国籍華人は名義上インドネシア人との合弁形式に改めたりして危機を脱した。その背景には、政府中枢が華人資本の徹底的な排除を意図していなかったことと、外国籍華人に代わるべき土着の民族系資本家や協同組合の能力不足があった。

(深尾康夫)

『海国聞見録』 かいこくぶんけんろく

清代、雍正8（1730）年の原序をもち、中国の沿海と世界各地に関する地誌。撰者の陳倫炯は福建省同安の人で、中国東南沿海地方の海軍武官を歴任し、1710（康熙49）年夏には日本を訪れた。その間に伝聞した海外事情を主とする本書は上下2巻からなり、上巻は「天下沿海形勢録」「東洋記」「東南洋記」「南洋記」など8編の地誌であり、下巻は「四海総図」「沿海全図」など6幅の地図を収める。本書は東南アジア（▼南洋）各地の華僑についても記述しており、たとえば「東南洋記」ではカトリックに改宗してフィリピン女性と結婚する華僑の姿を伝え、「南洋記」ではジャワに10余万人の「中国人」が居住していること、最近、「新唐」（新来の華僑）をオランダ当局が規制していることなどが述べられている。

(井上裕正)

📖 可児弘明「東南アジアにおける華僑のイメージとその影響力」松本三郎・川本邦衛編著，1991．

海山会 かいざんかい

マラヤ華人「▼秘密結社」の一つで、海山公司ともいう。マラヤの初期華人社会では、▼公司は地縁的な▼郷幫の一種として理解され、▼会館の不可分の一部であった。したがって公司も合法的世界の諸活動に参加、成員に合法組織の有力者を含んだ。しかし中国からマラヤへの移民増大にともない、一部の公司は華人社会の諸制度から分離していき、暴力的部分が著しくなってくる。海山会はこのカテゴリーの結社で、1820年にまず▼ペナンで結成され、次いで古都▼マラッカで1834年に結成された。また▼シンガポール、▼クアラルンプールなどにも存在した。V.パーセルは、その名称から会の意図が海運、海賊行為にあったとしている。初期の主な成員は広東人であり、ペナンの広東系華僑の義興会（義興公司）との対立関係もなかった。1845-60

年の間、太平天国の影響でペナンに▼客家ハッカが大量流入すると、客家を成員に加入させるようになり、また既存の華生公司（客家系）を併合したといわれる。以後は▼広東省籍客家と広東人の鉱山労働者で構成される結社に変質した。一部マレー人の加入も許したようである。海山会の活動として最も有名なのは、錫鉱業中心地のペラ州ラルで1872、73年に同地の▼義興会と展開した武闘であり、この争いで州全域が麻のように乱れ、大虐殺と大量破壊の結果ペラを荒廃させ、イギリスのマラヤ内陸介入を招いた。この大事件は通説では▼客家幇の海山会と広府幇の義興会との分類械闘とされるが、錫鉱業中心地を支配する客家間の、嘉応・恵州という出身地を異にする▼頭家の対立とみる別説もある。またスランゴール州では、大手の▼前貸し頭家で、スランゴールの華人カピタン、後には州参事会のただ一人の民間議員でもあった恵州客家▼葉亜来がクアラルンプールからアンパン地方のおもに▼恵州客家を構成員とする海山会の首領であり、カンチン地方に住む嘉応客家の義興公司と激しい対立関係にあったことが知られている。しかし葉が海山会の首領であったことはおろか、同地海山会の存在自体についても、葉の伝記である『葉阿来札記』（『南洋学報』13-1、1957年所載）にはいっさい出てこない。葉の存在は、第1に、有力な徴税請負人、前貸し頭家、▼港主などが公司首領または有力幹部という別の顔をもち、また公司首脳という別の顔があってこそ華人カピタンの地位維持を容易にした時代がマラヤ華人社会のある時期にあったことを示唆する。さらに第2には、公司との関係を公言しないかぎり、表の顔で地方政府に対してさえも少なからぬ影響力ないし一種の互恵関係をもつことができたことを物語っている。裏返せば、公司と密接な関係をもつ有力者は表向き合法的世界の諸活動にようやく参加しにくくなったのである。この時期を経て、やがて華人社会の民族エリート、有力者の公司離れが進むことになる。ちなみに海山会の早いものは1874年、遅いものは1910年代まで活動を継続したと思われる。また一部は福建系の大伯公会に吸収されたとする説もある。

（可児弘明）

海上企業 かいじょうきぎょう

中世・近世における商業資本の興隆期から初期の資本主義への移行期には、巨大資本を要する海上企業が資本の集中、出資と経営の分離という、経営技術の進化をもたらすことが知られている。大型▼ジャンクによる海運の成長につれて、華僑・華人の間でも資本の形成、運営、仲間的結合の組織の成長のうえで、海上企業から生まれた経験が先導的な役割を果たした。まず造船は巨費を要するため、自船自運の形式はまれで、陸上にしばしば合資企業（▼合股、大公司）の船舶所有者（船主、▼東家）がいて、たいていは荷主でもあって、倉庫や集荷問屋を兼営した。船上の役職には出海（船長。荷主の雇人）、財副（荷主の番頭）、▼総管（事務長）、操船の役職では舵工（航海長）以下、大繚、亜板（掌帆長）、頭錠（碇係）、押工（船大工）が続き、以下に水手（水夫）がいる。1825（道光5）年に杭州乍浦から長崎に渡航した小型の得泰号（長さ38m、幅13m、乗員116人）の人員構成は、水夫は福州府下44、泉州同安29、恵安1、寧波3、嘉興府平湖11、蘇州1、一方、出海は、杭州、平湖人計2、財副も同上2、総管は福州1、随使（荷主の手代）に蘇州12、平湖4、附搭（同乗の商人団）に同安1、福州5、火長（乗船仲間の長）に福州1、であった。福建、広東の200〜300人を乗せる大型船であれば、同乗商人団（附搭）の人数は全体の2〜3割を占め、郷党の縁でも当該地域の港市の後背地が中心をなした。出海（船長）は航海、売買とともに乗船者の掌握の責任を負い、航海要員を雇う権限をもっていたので、おのずから郷党関係が人員の構成に反映した。また、中国の水運・海運では、船員は実質的な賃金として、私貨を携帯して利益をあげる習わしがある。このため船員は同族・同郷・近隣の縁者から寄託された資本・貨物を携えていた。こうして海上企業で育成された資本の形成と運営、仲間的な兄弟団の結成が、華僑・華人に共通している組織の原理、経済的活動のベースになっていたことはまちがいない。

（斯波義信）

参 松浦章ほか編『文政九年遠州漂着得泰船史料』関西大学出版、1989. ／松浦章「長崎来航唐船の経営構造について」『史泉』45, 1972.

開漳聖王 かいしょうせいおう

唐代の▼漳州刺史・陳元光を神格化したもの。威恵聖王、聖王公、陳聖王、陳将軍などとも呼ばれる。陳元光は、当時未開の地であった閩びん（福建地方）に赴き、漳州の開拓に尽力、善政を敷いたという。漳州華僑の守護神として祀られ、その統合の象徴として篤い信仰を集めている。また、陳姓の始祖ともされる。ペナンの陳氏穎川堂えいせんどうは、開漳聖王を守護神として仰ぎ、その加護のもとに一族の団結を図っている。

〔高橋晋一〕

海鮮 かいせん

香港名物、生きた魚介類を使った料理。広東語ではホイシン。多くの▼広東料理店は海鮮酒家と名乗り、海鮮料理を看板にする。香港仔の水上レストラン、海鮮檔（活魚屋）と料理屋が並ぶ西貢、鯉魚門、ラマ島（南丫島）は海鮮街として人気がある。清蒸石斑魚（活ハタの姿蒸し）、白灼蝦（活エビのボイル）、蒜茸蒸带子（タイラギのニンニク風味蒸し）などが代表料理で、価格は手頃。広東、潮州、福建、タイ、シンガポールなど海に近い所では、海鮮料理をよく食べる。1950年代までは（中国では現在も）、活けでない魚介類、海産乾物、淡水の魚や甲殻類も、海鮮と称していた。

〔飛山百合子〕

海賊 かいぞく

現代の中国語で海賊は一般に「海盗」と表現される。しかし中国の史書では「海賊」の表現は古くから使われている。後漢以降、中国大陸沿海における航海活動が活発化する時期から顕著に見られる。後漢安帝の時代、109（永初3）年7月、海賊の張伯路らが沿海の9郡を攻略したのが中国史上最初の海賊の記録であろう。唐代、821（長慶元）年3月の平盧節度使の薛平せつへいが朝廷に、海賊が朝鮮半島新羅国の人々を略奪して、沿海の諸郡県に売ることの禁止を求めている。海賊の略奪は人身売買にまで及んでいた。日本へ渡ろうとした▼鑑真が渡航途中の748（天宝7）年12月頃に海南島の南部へ漂着し、出会った海賊の馮若芳は、毎年中国に来航するペルシャの船を襲撃し蓄財していた。この頃の▼広州にはインドやペルシャ、マレー半島などの東南アジアからの船が来航していたため、これらの船を1年に2、3艘襲うのはさほど困難なことではなかったろう。元朝は江南を平定するとまもなく長江河口の張瑄や朱清らに平底海船60艘を造船させて、江南の税糧を北京に向かって海上輸送させて、海運を開いた。遊牧騎馬民族のモンゴル族は海上活動が不得意と思われるが、中国の海商や海賊をその配下に吸収することに成功し、元寇の際の海軍力を増強したり、長江河口から北京への税糧輸送に航運関係者を使って、歴代王朝になかった海運を行った。明代には倭寇が沿海地域を襲撃し、明朝を困らせている。清代の有名な海賊として、嘉慶時代（1796-1820年）において中国沿海部を荒らしまわった蔡牽がいる。彼は配下の者から「大出海」と呼ばれ、1800（嘉慶5）年から05年にかけて浙江、福建、広東、台湾を結ぶ海域において30余隻から70余隻の船団を率いて海賊行為を行い、06年には鎮海王と自称し、海上帝国を建設しようとした。蔡牽は海船の船主に一種の通行証を売り財源の一部にし、航行の安全を保証した。海賊は一般には小型船舶数隻で商船を襲撃するようであったが、清代の後期になると大型船数隻で襲撃するなど海賊の集団も組織化されていた。

〔松浦章〕

📖 田中健夫『倭寇』（歴史新書66）教育社、1982。／佐久間重男『日明関係史の研究』吉川弘文館、1992。／林仁川『明末清初私人海上貿易』上海：華東師範大学出版社、1987。／鄭梁生『明代倭寇史料』1, 2、台北：文史哲出版社、1987。／「中国地方志の倭寇史料」『日本歴史』465、1987。／松浦章『中国の海賊』東方書店、1995。

華夷秩序 かいちつじょ

ユーラシア大陸の東部において集中した王権が形成されるようになり、唐代以降、中央集権的な皇帝権として、より広域地域を含む権力を構成し、権威的な統治をすることになった広域地域秩序理念である。皇帝権を中心として、その周辺に同心円的に地方、土司・土官、藩部、朝貢国、互市国など、周辺にゆくにしたがってゆるやかな秩序関係を形成していた。この華夷秩序は19世紀から20世紀の清朝末期の▼辛亥革命において、制度的には廃止されるのであるが、広域秩序統治の理念としての宗主権的な統治は東アジアの朝貢国のなかにおいて共有され、また分有された。

これは、華夏主義という中国中心主義であったのみならず、朝鮮、日本、越南なども小中華を主張し、華と夷としての自他認識をもち、徳治的な位階秩序で成り立っていた中華思想に基づいた中華世界であった。その下では朝貢-冊封関係が形成されており、朝貢国は貢使を定期的に北京に派遣し、中国皇帝は朝貢国の国王の代替わりに際して、▼冊封使を派遣し、国王を認知する形をとった。この朝貢関係は、政治関係であると同時に経済関係・交易関係でもあった。朝貢使節は、自らが携行する貢品を皇帝からの絹織物を中心とした回賜品と交換する以外に、特許商人の一団を同行させて、北京会同館で取引を行った。また、これらに十数倍する商人団が国境または入港地に至って交易を行った。この▼朝貢貿易には、東アジア・東南アジアの華人商人グループのみならず、インド商人、イスラム商人、さらにはヨーロッパ商人も参加しており、とりわけ華人商人は、シャム、ベトナム、琉球などにおいて、国王からの委託を受けて朝貢貿易を担当し、そこでは自らの交易・移民のネットワークを活用した。

(濱下武志)

海澄 かいちょう

明代に福建省南部の沿海部に設置された県。現在は龍海市に属している。龍海市の人口約77万人、面積1128km²（1999年現在）。海澄県の地は南朝梁の時代に龍渓県が置かれ、明代の1567（隆慶元）年に龍渓県と漳浦県の地を割譲して設置され、▼漳州府に属していた。清代も漳州府に属した。1949年9月に解放され龍渓専区に属したが、その後、93年に漳州市に属する県と同クラスの龍海市となった。現在、市政府にあたる龍渓市人民政府は石碼鎮にある。石碼の旧名は錦江で、▼福建の代表的な華僑の故郷の一つである。月港は海澄県にあり、明代の東南沿海における対外貿易の主要な港市の一つであった。福建省では漢から唐時代において▼福州が、宋元時代には▼泉州、清代には▼アモイが対外貿易の歴史上の商港とされるが、明代はこの海澄（別称月港）がそれであり、これが福建省の歴代四大港である。月港は海澄県の県城に近い八、九都の地にあり、外は海に通じ、内は山に接し、その形状が月に似ているので名づけられたとされる地である。1561（嘉靖40）年正月に月港の24将が巡海道に対して反乱を起こしている。

(松浦章)

⊟ 澄海

④ 佐久間重男『日明関係史の研究』吉川弘文館、1992。／福建省地誌編纂委員会ほか編『福建省地図集』福州：福建省地図出版社、1999。

海天楼 かいてんろう
ホイテンラオ　Hooithianlao

バンコクの著名な中華料理店。1913年にユックローン・ラムサム（伍佐南）、▼コソン・フンタクーンら当時の華僑有力者数人の共同出資で、孫文のバンコク初の革命演説にちなんで演説街と呼ばれたヤワラートの中心街で創業。80年代初期にチャオプラヤー河畔の現在地に移転。バンコク最高の味と格式を誇り、華僑・華人上流社会の社交場として知られたが、80年代末以降、タイの経済成長により多くの高級店が生まれたことで客足が遠のいた。

(樋泉克夫)

会党 かいとう ⇨ 秘密結社 ひみつけっしゃ

械闘 かいとう

械闘の「械」は武器のことで、武器を用いた同族、同姓村、郷党同士の血闘のこと。「持械相闘」の四字句を省略したもの。「械斗」とも書くが「斗」は音通の当て字。武器には棍棒、鋤・鍬、槍、銃など手に入りやすいものを使う。旧中国の官憲は、山賊や反乱ではないし、「良民」間の私闘で国事犯でもないので、本来は直接的に介入すべき争乱とは見ていなかった。しかし、清朝になって福建、広東、台湾などの親族間の連帯が強い地域を中心に械闘が頻発して全国に広がる勢いとなり、これに明・清交替期に起こった天地会系の▼秘密結社の地下運動が重なって、大きな械闘には官兵を動かして鎮圧する事態となった。台湾の三大争乱の平定がその例である。以上の東南地域をおもな出身地とする華僑の間の各郷党集団は、外地で治安秩序が確立するまでは、あるいは自衛のため、あるいは他派の制圧のため、秘密結社の組織と表裏をなして械闘を繰り返した時期があり、内戦に発達したマレー半島のスランゴール戦争などがある。現在でも暗黒街の私闘はアメリカはじめ各地で知られているが、海外における

華僑械闘は、その国で近代的な法治が浸透する前夜にそのピークに達した。
(斯波義信)

回頭紙 かいとうし

海外の華僑が居留国から国外へ一時出国する際、居留国の外務省または移民局から発行される再入国証をいう中国語。回頭准照ともいう。指紋、および正面、側面の顔写真添付を要求した国や時代もあった。移民制限政策のもとで、再入国証が実効をもたず、再入国できない場合も生じた。
(曽士才)

海南 かいなん

中国広東省南方に位置する海南島のこと。瓊崖とも呼ぶ。もとは広東省に属したが、1988年に海南省に昇格した。華僑▼五大幇のうち▼海南幇の出身地。おもな移民送出地は北東部で、文昌、瓊東(旧会同)、楽会などの諸県である。なお、瓊東と楽会は1959年合併し瓊海県となった。海南島の移民とそれにともなう島外との関係の基本構造は1928年までの50年を超える下記の移民盛行期に形成されたが、29年以降、世界恐慌、日本軍の占領、内戦、革命、冷戦、▼文化大革命などのために混乱と中断の50年を余儀なくされた。しかし、79年以降の改革・開放路線のもと、今日の同島の▼経済特区としての開発に海外▼海南人はふたたび大きく寄与している。

在来の出入国手段は季節風を利用する▼ジャンクで、舗前(文昌県)、清瀾(同)、博鰲(楽会県)などの地元港から、冬の北風で出帆し夏の南風で帰帆していた。たとえば、1847年末からの冬季4か月間に同島から23隻のジャンクが320人の乗客をシンガポールに運んだという記事や、同島の海賊が夏にジャンクで帰島する移民を待ちかまえたという1868年の海南島旅行記などが残されている。汽船がおもな移民手段となった後も、汽船に比べ運賃が安いジャンクは、上記地元港の地の利からも、とくに出港に際して根強く利用されつづけたという。

北東部の海口港が汽船寄港地となり、1876年から1939年の62年間(統計無記載の1929-30年を除く)の海口港経由中国人旅客は、香港を除く国外との直航者だけで出国98万4550人、帰国61万2785人を記録した。1880年代に東南アジアとの定期航路が運航されてから19 28年までが同島移民の盛行期で、なかでも移民が最大規模になった1890-1928年の香港を含む年平均出国者数は2万4533人(うち香港4912人)で1927年4万7695人(うち香港1万2134人)が最多、帰国平均1万8944人(うち香港7933人)で1928年4万0627人(うち香港7438人)が最多である。出入国先は、直航ではおもにシンガポールとバンコクで、他にインドネシアなどがあり、海南人の▼会館は早くも1900年前後に北京と対岸雷州半島のほかに東南アジアのシンガポール、ペラク、サイゴン、バンコク、▼フエ、ツーラン、クイニョン、▼マラッカ、ビンタンなど、合わせて11地域を数えた。移民はおもに単身男性からなり、東南アジアで漁業や船頭など在来ジャンク関連分野、ヨーロッパ系ホテル従業員や家事使用人、▼コーヒー店経営者などの新サービス分野で活躍したが、他方、女性の出国は、1920年代には島内治安の悪化などもあって相当数にのぼったとはいえ、規制ないし慣習上の理由のために五大幇のなかでも最も少なかった。

移民盛行の結果、たとえば文昌県では人口約40余万人(1928年当時)中、島外居住者は約10万人に達し、また、住民中の帰島華僑とその親族の比率は、1950年代に、文昌県約34%、瓊東県約35%、楽会県約29%を占めた。信局を通じる海外からの送金は、1930年代後期には年500〜1200万元ともいわれるが、それを扱う同島の▼銭荘は1930年前後には海口に20余軒を数え、当時の同島のおもな輸出品であった豚の輸出為替を買い取るなど貿易金融にもかかわった。また、島外からの投資は、▼林金枝・▼荘為磯(『近代華僑投資国内企業史資料選輯(広東巻)』、1989年)によれば、1862-1949年で約1800件約2900万人民元にのぼったという。このような金融(送金)や貿易面における島外との同郷的結合の形成は、同島移民の動機であるとともに出国者数の短期変動をも左右した経済的要因(貧困や不作)と並び、出入国者数双方の深層をゆっくりと底上げした長期要因とみなすことができ、その作用は今日にまで及んでいるのである。
(藤村是清)

🔲 海南人、海南幇
📖 藤村是清「中国南部四港における出入国者数

の推移（1855-1939年）」神奈川大学大学院経済学研究科『研究論集』24，1995．／同「還流的労働移動の社会的条件」冨岡倍雄・中村平八編『近代世界の歴史像』世界書院，1995．

海南華僑中学 かいなんかきょうちゅうがく

▼海南省で最も伝統ある華僑子弟のための省立中学（中・高）。前身は1938年設立の私立育僑中学。40年設立の雲南保山国立第一華僑中学、44年設立の四川江津国立第二華僑中学と合併、46年海口市内に統合校舎を新設、国立第一僑民中学といったが、50年現在名に。▼文化大革命以前は24クラス、在校生1300人余りの広東省の重点僑校の一つ。文革中の校名変更後、79年ふたたび現在名に。校舎2400m²。日本の大阪華僑・陳学忠の建てた科学館もある。89年段階で36クラス、在校生1886人、うち▼帰国華僑・華僑親族（▼僑眷）の子女が3分の1、教職員171人。創立以来の卒業生は2万人をこえる。 （市川信愛）

海南鶏飯 かいなんけいはん

ハイナンジーファン Hainanese chicken rice
東南アジア華人社会における代表的な海南料理。シンガポールに移住した海南島出身者が創出した料理で、新鮮な鶏を煮たものを、ショウガ汁、醤油、チリソースなどに漬けながら、鶏ガラスープを入れて炊いたご飯といっしょに食べる。欧米、日本など海外のシンガポール・マレーシア料理店には、必ずこのメニューが含まれる。 （山下清海）

⊟海南，海南幇
⊛山下清海「東南アジア華人の食文化に関する地理学的考察」『国際地域学研究』（東洋大学国際地域学部）創刊号，1998．

海南人 かいなんじん

海南島（おもに北東部）在住者および同地出身の華僑・華人。対岸の雷州半島出身者を含む場合もある。1940年前後には、同島人口約240万人（1935年）に対し、東南アジアの海南人の数は約51万人（タイ25万人、マレー半島10万人、オランダ領東インド5万人、フランス領インドシナ南部5万人など）とみなされた。今日では、同島人口約700万人（1993年）に対し、約200万人が50以上の国に住むという。言葉では▼福建人・▼潮州人と同じ閩南語に属し、また、定住永続化に結びつく女性の移民を嫌う気風が強く、マレー半島で

は、1910年代に海南人集団による同島女性帯同者に対する2件の襲撃事件が記録されているほどで、1931年に至っても、女性の比率はわずか1割から1割5分であったが、のち、徐々に改善され正常となった。いわゆる「宋家の三姉妹」（孔祥熙、孫文、蔣介石の妻となった）の父の宋嘉樹は、同島文昌県出身の海南人で、ジャワからアメリカへ行き、上海に戻って成功した実業家であった。
 （藤村是清）

⊟海南，海南幇，閩語

海南大学 かいなんだいがく

▼海南省海口市にある省唯一の総合大学。1983年、海南出身華僑の寄付と広東省政府の出資により、国務院の批准を得て設立。47年創立の私立海南大学、49年の海南師範専科学校、51年の海南農学院と海南医学専科学校が▼文化大革命で解体された後に統合再建されたもの。理工、農学、医学、師範、法商学、文学、芸術、経営管理の8学部その他。98年現在、教職員874人、在学生7000人。▼香港、▼マカオのほか日本、東南アジア華僑の寄付で整備され、現在キャンパス面積20万m²、建物面積1万9000m²、蔵書36万冊。
 （市川信愛）

海南幇 かいなんパン

▼海南人の集団あるいは勢力。瓊(州)幇ともいう。その経済活動は、人数や富力の点で▼潮州幇などの大きな幇にはひけをとったとはいえ、19～20世紀の移民盛行期には、トンキン湾（漁業）、マレー半島東部沿岸（物資、移民の運搬）、マラッカ海峡（海南キャプテンの名で知られるジャンク船頭）、中国と東南アジア間の汽船航路（船員）などの海域や、タイ北部のチャオプラヤー川上流の水系（造船、チーク製材、内陸物産交易）で在来ジャンクを駆って活躍し、また、カンボジア南部（コショウ栽培）、マレー半島（ゴム農園）、タイのバンコク（製材業）で農林業にも従事した。マレー半島、インドシナ半島、タイなど都市部のヨーロッパ系ホテル従業員や家事使用人に海南人が多いことは19世紀中頃から認められており、また、レストランやカフェのコックやボーイも多かった。▼コーヒー店経営における海南人の優位は有

名で、関連する清涼飲料水や製氷工場、飲食店、パンやケーキの製造販売、また、街頭の理髪業などにも従事した。これらは、ヨーロッパ系施設における経験の活用とも考えられるが、他方、海口の汽船航路の開設が遅れたために海南人の大量移民が遅れをとり、長時間労働で薄利の職種しか残っていなかった事情も指摘されている。今日では、その職種はいっそう多様化し、専門職にもついている。

組織活動では、海南、瓊州、瓊崖などの名を冠した会館を作り、たとえばタイでは、水尾聖娘など3廟をもつ海南会館（1946年に瓊州公所などの統合により設立）が育民公学（学校）や義山（墓地）を運営し、また、雲氏祖祠、陳家社、符氏祖祠、韓氏祖祠などの▼同姓団体や、バンコクの火鋸公会（製材業。潮州人に次いで海南人が多い）などの▼同業団体が知られている。シンガポールでは、天后（▼媽祖）宮を有する瓊州会館（1857年設立）が育英学校や義山、病院を運営し、また、瓊楽同郷会、瓊崖重興同郷会、瓊崖沙港同郷会などの地域別▼同郷団体、符氏社、韓氏祠、陳氏公会などの同姓団体、咖啡公会、匯兌公会などの同業団体があったという。

（藤村是清）

⊡ 海南

開発独裁 かいはつどくさい

一部の軍・政治エリートが開発戦略を立案し、これを施行するためのシステムが「権威主義的開発体制」であり、しばしば「開発独裁」とも称される。朴正熙-全斗煥時代の韓国、蔣介石-蔣経国時代の台湾、▼リー・クアンユー時代の▼シンガポール、スカルノ-スハルト時代のインドネシアなどがその典型。政治支配権を握った軍・政治エリートが「開発」を至上の目標として設定し、それを達成するために彼らが育成した官僚テクノクラート群を経済政策の立案・施行の任に当たらせ、経済開発の成功をもって自らの支配の正統性の根拠とするシステムである。意思決定への国民大衆の参加は限定される。開発の手段として採用されたのは、多くの場合、資本主義的方式であったが、経済への国家介入も強力であった。開発を最優先の課題とし、開発の成果を速やかに掌中にするための組織、制度、政策を追求することが「開発独裁」体制の著しい特徴である。村上泰亮は遺著『反古典の政治経済学』（中央公論社、1992年）の中で、「自由主義経済学は、イギリスという最も純粋な先発国に近かった国の文脈で作られたものであり、殆どの大部分の国にそのままあてはまらない。大部分の国にとって現実に意味をもつのは、先発国に追いつくことを目標とするいわば『開発主義』（Developmentalism）の政治経済学である」と述べて、「開発主義」という表現に初めて正当な位置を与えた。そして「純粋資本主義の経済学の視点からする限り、開発主義は資本主義の基本形からの逸脱であり、あるいは過渡期にのみ許される例外でしかない。しかし産業化の経済学の視点からみれば、開発主義は——古典的な経済自由主義と並んで——産業化の経済学のありうべき形態となるだろう」と論じた。村上の言う「開発主義」を体現した政治体制がすなわち「開発独裁」だということができる。

（渡辺利夫）

街媠坊 がいびぼう
ニャーヴォフオン Phuong Nha Vo

ベトナムのチャン（陳）朝（1225-1400年）期の昇龍（▼ハノイ）の中国人集居地区。13世紀後半の宋末・元初の動乱を避けてベトナムに渡った中国人は少なくなかったが、1274年、30艘の船に家族とともに分乗し財産を運載して紅河デルタの蘿葛源に漂着した宋人の集団がチャン朝の保護を求めると、聖宗は昇龍に入ることを許し城下南東に集居させて、ここを街媠坊と呼び、移住した宋人は自らを回鶏と称した。のち、レ（黎）朝初期に形成される昇龍36坊中の唐人坊の淵源となった。媠はベトナム語でvo（妻）を表記する民族文字チューノム。街（nha）は漢字音nhaiの異音で漢字「街」の意味のうち、とくに道が二叉に分かれる分岐点をいう。この名の坊はチャン朝滅亡後の明の侵略期（1406-27年）には消滅したと考えられるが、媠を姁の誤りとし、これを街姁坊とする史料もある。根拠、意味ともに不詳。

（川本邦衛）

該府・記府（がいふ・きふ）
Cai phu, Ky phu

　ベトナムのチョロンの華僑自治組織の責任者とその補佐役。17世紀頃からチョロンに上陸した華僑は広州、潮州、瓊州、福州、泉州、漳州、寧波の出身者が比較的多数を占め、それぞれ出身地別の自治互助組織である府に属した。1807年ベトナムのグエン（阮）朝は7府のそれぞれの大商を選ばせ、該府として府を管理させるとともに、各府の武廟に公所（事務処）を設けて官吏と連絡の任に当たる記府を置かせた。後にグエン朝は5幇の分幇制を定めたが、仏領期のコーチンシナ政府は7府を踏襲した7幇による華僑の自治と管理を行わせ、該府に代わる幇長を置いた。

（川本邦衛）

『華夷変態』（かいへんたい）

　江戸幕府の初期外交文書集。幕府は、三藩の乱勃発の1673年に儒官林春勝（恕、鵞峰）に命じ、1644年の明清交替（華夷変態）以来、長崎奉行が集めた唐船の情報（風説書）を編修させた。林家では子信篤（鳳岡）のときの1717（享保2）年まで約2200通を収集し、これを35巻35冊とした（内閣文庫本）。さらに1722年分までの記事を載せる続編『崎港商説』3巻があり、島原松平家本がそれである。情報は各年度の南京船、寧波船、福州船、広州船などと、長崎に入港した唐船の出港地を明記し、各船の航路、乗組員、積荷などを挙げているほか、とくに初期の風説は明清交替に際しての詔勅、檄文、書簡などの一次史料を載せ、また各時期の皇帝の代替わりや地方・諸民族の反乱などの清朝の大事件を示し、はなはだ有用である。華僑史の観点からみても、中国情報が現地政府の華僑政策にいかにかかわるかを示す好事例となっている。「東洋文庫叢刊」15に翻刻されている。

（川勝守）

　📖 浦廉一「華夷変態・解説」『華夷変態』上巻、東洋文庫叢刊15，1958．

『開放雑誌』（かいほうざっし）

　香港の中立系総合時事月刊誌。発行部数は公称2万部。1987年1月に『解放月刊』として創刊、90年1月号から『開放雑誌』に改名。編集長の政治評論家金鐘は論評記事を執筆。中国大陸の政治・経済など内幕情報が多く、香港以外にも台湾、東南アジア、アメリカ、ヨーロッパなど華人社会で幅広く購読される。99年に民間団体「国際ニュースと人権組織」（本部・ニューヨーク）より「人権ニュース賞」を受賞、対象となった連載記事は『共産中国五十年』として単行本出版。

（濱本良一）

会芳楼（かいほうろう）

　1870（明治3）年頃から横浜にあった中国劇場兼料理店。横浜居留地135番地に所在。経営者は韋香圃で、当時の横浜中華会館理事。同楼では中国から名優を招いての演劇、西洋人の軽業、日本人の綱渡り、アメリカ南北戦争の人形写し絵などが上演され、西洋人も日本人も楽しめる娯楽施設だった。74（明治7）年5月に韋香圃が病没、一時休業の後、75年3月再開するが、その後の消息は不明。83年8月には同地に清国領事館が竣工した。

（伊藤泉美）

　📖 『横浜中華街』

外来アジア人（がいらいアジアじん）
Asiatiques étrangèrs

　フランス植民地期のベトナムにおいて人口統計上で分類される外来アジア人は、中国人、インド人、マレー人、ジャワ人、アラブ人、日本人などを含んだ。このうち圧倒的多数を占めた中国人の法的地位は、ヨーロッパ人およびスペイン領事館に登録されたフィリピン人、また日本人などと比べてきわめて差別的であった。華僑は営業税または地税の額によって6級に区分けされた等級別の人頭税をも課せられた。

（高田洋子）

外来東洋人（がいらいとうようじん）

　オランダ東インド会社および蘭印（オランダ領東インド、現インドネシア）の統治下で、ヨーロッパ人（混血も含む）および在地の住民に対して、華人、アラブ人などのアジア系住民に対して用いられた法律上の住民区分。オランダ語の vreemde oosterlingen の訳語。「東洋外国人」と邦訳されることもある。1824年までは、相続婚姻を除く華人らの民事訴訟はヨーロッパ人法廷が扱い、刑事訴訟は王侯領では住民法廷（ランドラート）において、バタビア、スマランなどではヨーロ

ッパ人法廷で扱った。24年、華人らの民事および刑事訴訟は、すべて住民法廷が扱うこととなった。48年、華人らは契約法については個人申請によりヨーロッパ人法廷に持ち込むことができるようになった。55年総督令はジャワ島の華人らへの蘭印民法の適用を定めた（相続婚姻を除く）が、刑事訴訟は住民法廷が扱うことを定められ、これは以降長く継続された。また、地方行政官が即決・執行する警察裁判所が軽微な犯罪を扱い、19世紀末より華人らは、その訴訟が住民法廷や警察裁判所に委ねられていることを批判した。その結果、1914年に警察裁判所が廃止された。17年、非ヨーロッパ人はすべての民事訴訟を個人でヨーロッパ人法廷に申請できるようになった。また、19年にはジャワ島などで、さらに24-25年には蘭印全体で、養子縁組みを除く家族法（相続を含む）についても蘭印民法が蘭印臣民（蘭印で生まれた華人ら）に適用されることになった。ただし、華人らの間ではその後も家族法については慣習法が用いられることが多かった。また、刑事訴訟は日本軍侵攻まで住民法廷に委ねられた。

（水野広祐）

🔲 オランダ東インド政庁

海陸豊 かいりくほう

広東省東部の沿岸の海豊県、陸豊県地域を併せた呼び方。陸海豊と呼ぶこともある。現在は海豊県南部に汕尾市、陸豊県北部に陸河県が分置されている。住民の多くは▼潮州語の海陸豊方言を話すが、北部には▼客家語、また西部には広東語系の少数方言の話される地域もある。1922-27年には、彭湃の指導下に海陸豊ソビエトが存在した。清末以来、香港、▼スワトウを経て東南アジア方面への移住者を出しており、また香港居住者のなかにも同地域出身者が多く含まれている。移住先の華人社会では、外部からは▼潮州人、あるいは▼福佬のカテゴリーに含まれるものとして認識されている場合が多いが、スワトウ方面の潮州語とは方言差があり、潮州人の間ではマイナーなグループとして区別されている。行政的にかつて恵州府管轄下に置かれてきたことから、「恵州～」の社団名を名乗ることもあるが、恵州の他県出身者が主として客家系であるのに対し、陸海豊出身者の構成するそれは主として福佬系である。

（瀬川昌久）

🔲 恵州客家

外流 がいりゅう

中国から外方向に向かって動くヒト、モノ、カネ、企業、サービス、情報などの動き。今日ではいろいろの面で大きく変化した。かつては、ヒトが直接中国から動く第1次外流が圧倒的だったが、今はいったん▼香港、▼マカオ、台湾、および東南アジアを中心とした海外に移住し住みついた人々が、そこからさらに海外に再移住する第2次以上の外流が主流となった（中国では一括して再移住、再移民と呼ぶ）。また、外流はときとして数世代にわたる。たとえば、祖父が中国から香港に（第1次外流）、父親がカナダに（第2次外流）、息子が米国に行き住みつく（第3次外流）。出発点から見た五つの外流が重要である。(1)東南アジアその他全世界から、とくに1965年以降および98年にはインドネシアから、(2)70年代後半に始まったベトナムをはじめとするインドシナから（初期の▼難民のほとんどが中国系だった）、(3)84年に97年の中国返還が決まった香港から、(4)対中関係が厳しい台湾から、(5)中国大陸から、である。もっとも、(1)(2)(3)が一段落すると、ふたたび(5)の中国からの第1次外流が主流となることも予想されるが（ただし学歴の高い者の比重が高まるなどの内容の変化がある。後述）、グローバル化のもとで多様化するのではなかろうか。行き先としては、かつての東南アジアに代わって、アメリカ、カナダ、オーストラリアのアジア太平洋地域英語圏先進3か国や、移民受入れ地域に変化したヨーロッパあるいはロシア行きが増えている。人の構成を見ても、かつてはほとんどが底辺の人々だったが、今では資産家、金融やコンピュータの専門家、ビジネスマンなども少なくない。中国からの場合も、底辺に近い人々もいるとはいえ、高学歴の者もいる。本来は人の流れ（人流）について言ったが、今日では人流とともに、モノ、カネ、企業やサービス、情報、その他のものも動く。これらの移動も大きな意味をもち、中国から見て外向け

海路華僑 かいろかきょう

海路で東南アジア各港に渡った華僑の俗称。おもな渡航手段が▶ジャンクから汽船に変わってから1928年に至るほぼ50年間が盛んで、なかでも1920年代に最も多く、28年には▶アモイ、▶スワトウ、海口、▶香港の4主要出国港の東南アジア方面出国者数は合わせて52万2877人、同帰国者数は37万8392人を記録した。　　　　　　　　　　　（藤村是清）

🔁 陸路移住

📖 可児弘明「香港移民統計資料（東南アジア・インド洋方面関係）」慶応義塾大学地域研究センター『CASニューズレター』55, 1993.／藤村是清「中国南部四港における出入国者数の推移（1855－1939年）」神奈川大学大学院経済学研究科『研究論集』24, 1995.

『海録』 かいろく

清代、広東省嘉応出身の謝清高（1765-1821年）が、1782-95（乾隆47-60）年、外国船の船員としてヨーロッパの地を含む海外各地で見聞したところをマカオで口述し、それを同郷の知識人楊炳南が筆録・加筆して1820（嘉慶25）年に刊刻した世界地誌。本書の内容は、東南アジア、インドからヨーロッパ、アフリカ、南北アメリカに及ぶ各地の地誌であるが、ヨーロッパ諸国のアジア進出、アヘン情報に加えて、東南アジアにおける華僑についても記されている。すなわち、「麻六呷（▶マラッカ）」「新埠（▶ペナン）」「噶喇叭（ジャガタラ）」「新当国」などの地域で、「閩粤人」つまり福建、広東の出身者が、貿易、採鉱、耕種などの分野で、しかも地域によっては「万余人」「数万人」といった規模で活動していたことを伝える。また、ボルネオ島西部において▶蘭芳大総制を樹立した▶羅芳伯の活動を最初に記したのも本書である。（井上裕正）

📖 井上裕正「『海録』小考」『奈良女子大学文学部研究年報』29, 1985.

華裔 かえい

「華裔」とは、まず一般的にいえば、華僑の子孫たちを総称する漢語であり、近い表現として「▶僑生」「華人」ともいい、また「▶老華僑」「老僑」「老移民」に対する「▶新華僑」「新僑」「新移民」などがあり、いわば日本語の一世、二世に対する三世、四世のような世代の新旧の区別である。しかし「華裔」というとき、1950～60年代以降の現象として、高学歴化、都市中産層化し、高い社会的・地理的移動性を伴い、したがって▶落葉帰根」でなく▶落地生根」に傾き、コスモポリタン化する新世代の華人を指すきわめて現代的な問題意識がある。▶王賡武は華僑の発展史について、これを「華商型」→「華工型」→「華僑型」→「華裔型」の4段階の時系列の推移という見取図で示し、「華商型」は草創的な原型で今日にも続き、「華工型」は19世紀半ばから1920年代までの一現象であり、「華僑型」は▶辛亥革命、▶孫文、国民党時代から1950年代まで、愛国民族主義、国語教育、中国人意識への回帰が高揚した時期の現象であり、近年の「華裔型」は上に述べたように、ボーダーレスでしかも社会移動性に富み、よりよい教育の機会を求め、より差別の少ない受入れ地を選択して2次、3次の移住を辞さない新しいタイプの華僑の時代に入りつつあるとしている。こうして、「華僑型」世代が同時代のナショナリズムとのかかわりで郷里への情念が強いのに対して、「華裔型」世代は居住国の市民としての自覚を備えたうえで、ルーツとしての中国文化、歴史への思い入れも心中にとどめている。アメリカ移住の現世代華人が自らをチャイニーズ・アメリカン、シンガポールではチャイニーズ・シンガポーリアンと自称するようになったのも、彼らの間のアイデンティティ意識の世代変化の表れである。　　　　　　　　（斯波義信）

🔁 華僑・華人、華商、華工

📖 Wang Gungwu. *China and the Chinese Overseas*. Singapore: Times Academic Press, 1991.

華裔館 かえいかん
Chinese Heritage Centre

シンガポールの華裔研究団体。1995年5月、▶シンガポール宗郷会館聯合総会の支援を受け、世界的な華裔研究センターにすべく旧▶南洋大学の図書館棟（のちの「行政楼」）に設立。各国華裔に関する史料の収集・整理、中華文化と各国華裔コミュニティに対する人々の認識と理解の増進などの活動を行う。

また、各国の同種の研究所との連携・交流を行い、98年には『海外華人百科全書』を出版（英、中、仏文版がある）。同年から華人の移民と定住過程の写真文物展を開催、さらにシンガポールの図書館、文物館、研究機関、新聞社、コミュニティ組織など8団体と共同で華人データバンク（Chinese Overseas Databank）と華裔ネット（Huayi Net）を立ち上げ、文献や口述記録などの資料を集積し、各国の華人団体とインターネットで結んだ。初代館長は▼パン・リン、第2代館長は▼キー・プーコン。
（蔡史君）

華裔政治委員会 かえいせいじいいんかい

1987年にロサンゼルス近郊の▼モントレーパーク市における在米知名華人の集会で華人政治活動家▼アンナ・シェンノート、▼ウー・シエンビオーらの呼びかけによって創設された、アメリカ華人の政治的地位向上・政治参加促進を目的とする政治団体。70年代以降、華人の政治参加意識が高まる中で地方選挙における華人候補者または華人に友好的態度をもつ候補者を支援する複数の政治団体が誕生したが、同会は大統領立候補者に、連邦平等就職促進委員会、人権委員会、国家科学院への党派を超えた有能な華人人材の登用を要求、積極的に活動している。アンナ・シェンノート、ウー・シエンビオーが共同会長を務め、組織内に財務、人材資源、候補者連絡、署名募集の四つのグループを置き、募金、遊説、政界人物への働きかけ、署名活動などを展開している。
（王効平）

華裔退役軍人会 かえいたいえきぐんじんかい
Chinese American Veterans Association

第2次大戦後にアメリカで設立された華人の退役軍人組織。1945年設立のニューヨーク分会は太平洋戦争で戦死した劉国梁を記念して「劉国梁中尉記念会」とも称される。サンフランシスコ分会は46年設立。シアトル退役軍人会は50年に大戦で戦死した将兵の追悼大会および記念碑除幕式を挙行。
（司馬純詩）

嘉応州 かおうしゅう

現在の広東省▼梅県を中心とする地域に清代に設置された行政単位。広東省北東部の韓江支流・梅江上流地域にあたり、いわゆる▼客家系の華人の故郷（▼僑郷）としては、最も代表的な地域として知られる。同地域には、南朝・斉時代（5世紀）に程郷県が置かれ、後に宋・元代には梅州に改名されたが、明代にはふたたび程郷県となった。清代に入り、1733（雍正11）年に直隷嘉応州となり、1807（嘉慶12）年には嘉応府、1812（同17）年には嘉応州へと変更になったが、民国期以降はふたたび梅県、梅州の地名が用いられて現在に至っている。狭義の嘉応州は、州治の周辺にあたる今日の梅県ならびに梅江区（梅県の中心市街地区）のみを指すが、清代の行政上は周辺の興寧、平遠、長楽（今日の五華）、鎮平（今日の蕉嶺）の4県をも統括していたので、嘉応州本体と併せてこれら5県を「嘉応五属」と呼び、その全体を嘉応州と呼ぶ場合もあった。同地域への客家系漢族の移住は、一部に唐代以前に遡るとの主張もあるが、大半は宋・元以降とされている。明末から清代前半には、経済開発や政情不安、政府の移住政策などの諸要因から、この嘉応州地域から西隣の恵州地域や広東省中・西部、広西、四川、台湾などへ客家系の人々の大規模な移住が生じた。また清代後半以降は、東南アジアやアメリカなどへの出稼ぎ移民の母村地区にもなっていった。1980年代末の統計では、嘉応五属地域出身で海外および香港、マカオ、台湾に居住する者の総数は約170万人にのぼる。このように数世紀にわたり国内外に多数の移民を送り出してきたことから、▼客家語の嘉応方言（梅県方言）は広い地域に移植され、また他地域に暮らす客家系の人々の間では嘉応州地域が客家の中心的な故郷であるとの認識が定着するようになった。今日、梅県が客家の中心地とされ、梅県方言が最も標準的な客家語であるとみなされている理由もここにあると考えられる。なお、今日でも同地域出身の客家は「嘉応客家」の名で呼ばれることがあり、また社団組織の名称などにも「嘉応」がしばしば用いられつづけている。
（瀬川昌久）

圏 李栢林『梅州史跡縦覧』広州：広東人民出版社、1989。／広東省国土庁他編『広東省県図集』広州：広東省地図出版社、1990。／瀬川昌久『客家』風響社、1993。

嘉応大学 かおうだいがく

▼広東省▼梅県市にある総合大学。1988年、

梅州女子師範学校（1913-40年）、私立嘉応大学（24-28年）、省立梅州師範（37-49年）、広東梅州師範（49-70年）、梅州地区師範（70-82年）、嘉応師専（82-88年）の伝統を受けるかたちで設立。直接の前身は85年梅県市に、梅県籍（▼客家ｶｯｶ）の華僑と▼香港・▼マカオの同郷人の出資7000万元によって設立された理工系大学。数学、物理、化学、中文、外国語、生物、政法、地理、財経、電子技術、計算機、土木工学、美術、体育の14学部。2000年現在、面積76万5000m^2、建物面積18万m^2、蔵書30万冊、教職員628人、全日制と通信・夜間を含む在学生7000人余り、卒業生は2万人をこえる。客家研究所は著名。「全世界客家人の最高学府」を目指す。

（市川信愛）

カオ、チャールズ・クーエン 1933-
高錕　Charles Kuen KAO

アメリカ華人の電子工学者。上海市生まれ。ロンドン大学で学び、1965年同大学より電子工学博士学位を取得。香港中文大学電子工学科主任、イギリス、ドイツ、アメリカの著名電子工学機関の主任研究員など、またアメリカの国際電話電報会社（ITT）技師長、エール大学電子工学科教授など歴任、87年10月から香港中文大学学長に就任。光ファイバーの研究領域で優れた業績を有し、85年電子工学のノーベル賞といわれるマルコーニ賞受賞。

（馬暁華）

『華夏海外科技精英』
Huaxia haiwai keji jingying

海外で活躍する、華僑・華人出身の自然科学技術者や高等技術（ハイテク）の専門家を紹介した単行本。蘇輪・郭栄恵主編で、北京の学術期刊出版社から1989年に出版。収録されている人数は404名にのぼり、科学技術者やハイテクの専門家の姓名（中国語と英語の両方）、略歴、最新の職場とその連絡先、自宅住所などが記されている。大部分のデータは本人から直接提供されているか、本人のチェックを受けているため、正確で信頼性が高い。人名索引のほか、海外の高等研究機関名の中英対照表などが付されている。

（西澤治彦）

参『世界華僑華人詞典』

華僑運動講習所 かきょううんどうこうしゅうじょ

第1次国共合作時期の1926-27年、広州に開設された華僑幹部養成所。国民党中央海外部の運営によるもので、正式には中国国民党華僑運動講習所といった。所長は彭沢民で、教員には鄧演達、郭沫若、惲代英らもいた。三民主義、社会主義、帝国主義、さらには華僑団体とその活動に関する授業などのほかに、社会調査や宣伝活動など実践的科目も重視され、卒業生は各地で華僑運動に従事した。学生は80名で、1期だけで廃止された。

（安井三吉）

参『世界華僑華人詞典』

華僑会館［台湾］ かきょうかいかん

1952年8月、台湾を訪問した華僑を接待するために建設された▼僑園は、華僑人材の育成や集会、宿泊、研修、展示など多機能の備えた施設建設の必要性から、91年10月より華僑会館として改築に着工した。土地紛争のため、台湾▼僑務委員会が運営管理するこの会館は98年11月ようやく完工、正式に開館した。華僑会館は「逸仙」「僑光」「華光」と命名した3棟の建物から構成され、中央に庭園がある。講堂、コンピュータ教室、図書室などの施設を備えている。所在地は台北市北投区泉源路25号。

（劉文甫）

華僑・華人 かきょう・かじん

中国人、より広くは中国系人で、海外に居留する人々を中国漢語で包括的に総称して「華僑」と表現する。彼らが居留する海外で彼らのことをオーバーシーズ・チャイニーズ（overseas Chinese）、チャイニーズ・オーバーシーズ（Chinese overseas）、チャイナメン（Chinamen）、チノ（Chino）、チナ（China）などと総称するが、これと同程度に曖昧ながら汎用性のある便利な漢字用語なので、漢字圏内で広く用いられ、現在に及んでいる。「華僑」という言葉は、1870、80年代に、清国が条約に基づく外交関係に入ったときに、在外居留の商民を定義する必要に迫られて「僑居華民」という四字句を用い、二字熟語に倒置して「華僑」という用語を新造したことに始まる。それ以前では華人、中国民と呼ぶ例も稀にはあるが、たいていは「▼唐人」を用いていた。「僑」は僑寓、僑居、つ

まり一時の滞在を意味する形容詞で、華僑というのは漢語としては無理な用法だが定着してしまい、帰僑（▼帰国華僑）、僑務、▼僑報などの派生語を生んだ。19世紀末から20世紀半ば過ぎまで、中国は強い▼ナショナリズムを内外の同胞に呼びかけていて、▼国籍法も血統主義（親が中国人なら子は自動的に中国市民）の政策をとった。これは在外の中国系人を二重国籍者にし、心情的に中国寄りにする▼中国回帰（resinification）を促す作用をもったが、その反面で第2次大戦後に独立を果たして新しい国民形成に励む東南アジア地域などでは、市民権、兵役、納税、教育義務をてことする受入れ国側の同化推進政策との間で摩擦を醸した。1970年代から、中国側は受入れ国に協調して現地市民権を取得することを呼びかけ、郷里への帰属意識の強い老僑（一世、二世）はともかく、▼華裔（三世、四世）の現地同化が進んだ。「華僑」と並んで「華人」の用語が普及しはじめたのはこの頃からであり、国際化とともに意識して「華人」を用いる風潮にある。ただし一連の用語変化の裏には、政策問題だけでなく、表意文字としての漢語独自の要素があって、漢字文化圏内でなければぴんとこない部分もある。なおインド系移民を「印僑」、日本系移民を「日僑」というが、これも漢語の「華僑」から派生した類縁語である。　　　（斯波義信）

😀 唐人、旧華僑、老華僑、新華僑
📖 Wang Gungwu. *Community and Nation*. Singapore: Heinemann Educational Books, 1981.

華僑・華人経済の産業構造〔かきょう・かじんけいざいのさんぎょうこうぞう〕

一国の産業構造を見ると、規模が小さくて国民経済といえるほどのものがないところは別として、かつては途上国・先進国を問わず、農業・工業の第1次・第2次の物的生産部門の比重が高かった。しかししだいに第3次部門の比重が高まり、とくに今日の先進国ではIT（情報技術）化の進展とともに、新型のサービス産業化が急速に進みつつある。ところが華僑・華人の場合、かつては一世の華僑には移民として短期投資に基づく商人が多かったから、資本を長期に寝かす農業・工業の比重は低かったかというと、そうではない。華僑農民もけっこういたし、工業従事者もしだいに増えていた。たとえば、就業人口構成を見ると、1930年の蘭領東インド（インドネシア）では農業・工業を含む生産部門従事者が全体のうちの50.8％を占め、57年のマラヤ連邦（マレーシア）では68.4％の高率だった。生産型である。もっとも、流通型や生産・流通混合型もあったし、また生産型でも流通部門の比重がかなり高かった。今日では、農業従事者は減っているが、他方二世、三世等々の華人・▼華裔が増えるとともに、長期投資による工業従事者が増えている。学歴も高く、IT関係従事者も少なくない。　　　（游仲勲）

😀 華僑・華人農民
📖 游仲勲、1669.

華僑・華人財閥〔かきょう・かじんざいばつ〕

華僑・華人企業が結合・集中して構成する企業集団。その特徴を列挙すると、まず組織形態では、(1)個人企業→▼合股〔ごうこ〕→股份〔こふん〕制度（株式会社）→企業集団の発展過程は一般的でなく、財閥を構成する個別の企業には個人企業、合股が少なくない。むしろ、株式会社が大規模個人企業・合股による企業集中の結果として組織される場合が少なくなく（持株会社もある）、株式会社が発達しないわりには企業集中が進んでいる。個人企業→合股→財閥→株式会社である。(2)高度の資本・生産の集中は一般的でなく、企業集中に一般的なカルテル→シンジケート→トラスト→コンツェルンの発展形態は支配的でない。(3)生産の集中をもたらす同一産業部門の企業集中よりも、異業種部門にわたるコンツェルン形態が多い。(4)かつては企業集中は流通部門に比較的多く見られ、コンツェルンも工業企業よりも、金融・貿易の両流通企業、とくに前者を中核とするものが少なくなかったが、今日ではさまざまな形態のものが出現、多様化。(5)異民族・人種・種族・エスニックグループ企業との結合として、外資企業や土着・先住民族企業（政府企業も含む）との合弁（結合）企業を含む企業集団が見られる。(6)国境を超えて他国企業と結びつき、多国籍企業集団化するものが増えている、等々。次に内容的特徴として、(1)大企業にすら個人企業が多い。(2)株式譲渡の制限、その他企業資本の私的性格のため、株式取得による参加などの先進資本主義国に一般的な資本的方法による企業の結

合・集中方式は一般的でなく、(3)直接企業の所有主または支配者との人的結合（政略結婚を含む）による企業の結合方式が少なくない。(4)資本的方法がとられても、多くの場合人的結合が先行し、その結果として行われる。(5)外資企業や政府企業との関係が深い。(6)国境を超えて膨張するものが増えている、等々。
（游仲勲）

🖃 華人経営

📖 游仲勲，1995.／同編，1997.／朱炎，2000.

華僑・華人資本主義〔かきょう・かじんしほんしゅぎ〕

中国人移民は借金をして移住したから、移住先で自給自足経済を始めるわけにはいかず、返済のために最初から現金を入手する必要があった。このため、彼らの経済は出発点からして商品・貨幣・市場経済として営まれた（華僑経済の商品経済的特質）。しかも移住先では東南アジアの発展途上国であれ米大陸の先進国であれ、資本主義経済のもとに組み込まれたから、彼らの商品・貨幣・市場経済から資本主義経済への転化まではすぐだった。これは移民一般にいえることで、「ディアスポラ（離散民）資本主義」である。もともと東南アジアでは、華僑は主として帝国主義によるこれら地域開発のための労働力として導入されたが、そこで大量に資本を蓄積して、華僑経済自身の資本主義的発展の出発点（「資本の原始的蓄積」。カッコ付きなのはこれにより華僑経済が完全に資本主義化したわけではないため。いわば特殊な原蓄）となったのは、19世紀後半の▶徴税請負い制度である。第2次大戦後は外国先進資本主義勢力が後退し、代わって▶ナショナリズムによる民族資本主義経済の発展が図られるなど、彼らが居住する国の政治経済は激動した。華僑から現地化した華人への変化もあり、中国経済の飛び地経済的でもあったかつての華僑資本主義はほとんど消滅する一方、居留国経済の新たな発展をみずからの経済発展に取り込んで華人資本主義（民族資本主義の一部）が形成された。それでも、社会主義中国成立時に中国から旧中国資本主義が流れ込むなど、今日の彼らの資本主義は、旧中国資本主義の伝統を残す一方、東南アジアでは各植民地宗主国資本主義の影響も受け、第2次大戦後は現地民族資本主義、さらには東南アジアに進出した日本資本主義、最近ではメガ・コンペティション（大競争）下にグローバル・スタンダードとして機能するアメリカ資本主義の影響（近代化・現代化）を強く受けつつあり、複雑である。東洋・欧米両型資本主義を総合しようとするかにも見える資本主義で、今後の行方が注目される。
（游仲勲）

📖 游仲勲，1969.

華僑・華人政策〔かきょう・かじんせいさく〕

〔中国〕

中国の華僑・華人に関する政策。僑務政策とも。中国の歴代王朝は、海外居住の中国人を棄民として扱ってきた。しかし、19世紀半ばの開国によって、清朝はこのような扱いが妥当でないことを知らされる。第1は、各国との外交関係の樹立にともなって、公使・領事が実際に海外に駐在し、排華運動などや海外中国人の財力などをじかに認識することになったからである。「華僑」という言葉は1880年代、このような背景の下で生まれた。第2は、華僑の実力を認識することにより、経済的、政治的に彼らの力を活用しようという考えが生じてきたからである。このような認識は、王朝の側だけでなく、▶康有為や▶梁啓超らの変法派・立憲派、▶孫文ら革命派にも共通しており、彼らは華僑の支持を求めて競った。そこで、二つの問題が提起される。第1に、海外華僑に対してどのような政策をとるのかということ、それは、華僑と居住国、中国と華僑の居住国との関係をどうしていくのかという問題でもあった。第2は、帰国した華僑と華僑親族をどう処遇するのかという問題である。

1912年、中華民国が建国されると、12月、福建行政会議は華僑の帰国手続きなどを定めた帰国華僑保護弁法を制定している。北京の北洋政府は、華僑の国内での参政権問題に取り組んだり、海外中国人労働者の保護のために17年僑工事務局を設置するなどしたが、実効は乏しかった。孫文の広東政府や国民政府も、華僑問題に積極的に取り組んだ。日中戦争の時期、国民政府の華僑問題への取組みは、華僑の経済的政治的力をどのようにして抗日と国家建設に動員するのかという考えに基づいていた。なお、41年のアジア・太平洋

戦争の勃発は、それまでの中国から海外への移民の流れを断絶させた。

中華人民共和国建国後、中国は、華僑の人的物的技術的力をおおいに必要とし、彼らの帰国、送金・投資を呼びかけた。とくに▼華僑送金は、貴重な外貨として国家建設において重要だった（1950-88年の送金総額は96億ドル）。中国は送金や帰国した華僑の生活を保障するため積極的な措置を講じた。また55年、インドネシアとの間で二重国籍を否定する条約を結び、周恩来らが東南アジアを歴訪して華僑の居住国への融合を勧めるなど居住国との友好的関係の樹立に努めた。しかし、57年の反右派闘争に始まり、▼文化大革命において頂点に達した階級闘争の強調は、華僑政策にも大きな問題をもたらした。「海外関係」批判、華僑はブルジョアジー、「七悪分子」といった攻撃で、帰国華僑だけでなく、僑務政策関係者もさまざまな批判や迫害を受けた。さらには、華僑に居住国の政権に反対するデモや集会を呼びかけたりもした。こうした中国の政策は、海外華僑・華人を中国から離反させ、居住国化を促進する契機となった。一方で文革中も、1971年以降、米中関係改善、国連での議席回復、日中国交正常化、東南アジア諸国との外交関係樹立など対外関係は転換を開始していたが、華僑・華人政策についての是正は、文革の終結を待たねばならなかった。

1978年、改革・開放政策への転換とベトナムとの対立は、海外華僑の投資（1979-90年の華僑・香港からの投資総額は115億ドル）や東南アジア諸国との関係改善など、中国にとって華僑問題が重要であることをあらためて認識させた。これは、帰国華僑と華僑の親族の権益を保護する必要を生み出し、90年の「▼帰国僑眷権益保護法」の制定へと至る。

なお、台湾では、1947年の中華民国憲法により、華僑の二重国籍を認め、国民大会などの議席を与えることなどを定め、華僑団体の育成や華僑教育に力を入れている。　　（安井三吉）

㊀帰国華僑・華僑親族政策，二重国籍問題，華僑投資

㊁毛起雄・林暁東編，1993．／林金枝主編『華僑華人与中国革命和貢献』福州：福建人民出版社，1993．／田中恭子ほか編『原典 中国現代史』7「台湾・香港・華僑華人」岩波書店，1995．

[台湾]

華僑・華人政策（僑務政策）について、台湾の憲法（国民政府が1947年1月公布、同年12月施行）は「華僑の権益保護」（第141条）、「国外に居留する国民に対しては、その経済事業の発展を扶助し、保護しなければならない」（第151条）、「国外に居留する国民の教育事業で、成績優良な者に対し、奨励または援助する」（第167条の2）などを明記し、僑務を国民政府の基本的政策の一部と規定した。したがって、台湾は海外における華僑・華人の経済事業への支援および中華文化に対する華僑・華人の認識を高める文教政策の強化を重点課題としている。かつて海外華僑・華人を重視した国民政府は1932年4月、前年12月に制定した僑務委員会組織法に基づいて、南京で行政院に所属する▼僑務委員会を発足させ、閣僚レベルの委員長で組織した。国共内戦の敗退で国民党政権が台湾に撤退すると、50年5月に僑務委員会委員長を兼務した葉公超外交部長は、中国大陸の共産勢力に対抗するため、反共を基調とする華僑・華人政策をとって海外華僑・華人の連帯を求めた。僑務委員会は52年10月台北で僑務会議を開催、華僑救国聯合総会の設立と華僑反共救国公約の採択を承認、同時に台湾の華僑・華人政策の基本方針となった▼僑務綱領も可決した。52年4月に就任した▼鄭彦棻委員長は華僑・華人による台湾投資の誘致に力を入れ、在任中の55年11月に公布された華僑帰国投資条例は、法的に華僑・華人資本に対する各種の特恵および保障を供与した。国民党中央委員会は61年、華僑・華人教育を重視するなどの華僑文教決議案を可決、その後の台湾の華僑・華人文教事業発展の原則となった。90年4月に台北で開かれた全世界僑務会議は、華僑社団の組織と方針、華僑教育の状況と推進、華僑経済事業の開拓などを討議して、90年代の華僑・華人政策の方向性を示した。外交的に孤立している台湾は、生地主義と父母両血統主義の▼国籍法を採用する一方、諸外国との実質関係維持の必要性もあって、華僑の居住国での国籍取得を奨励する、つまり華僑の華人化を促進しながら、華僑・華人との連帯感の強化に努めている。　　　　　　（劉文甫）

㊦ 僑務委員会編・刊『光輝的軌跡──僑務委員会六十周年会慶実録』台北：1992.

[東南アジア、南北アメリカ、オセアニア]

　華僑・華人に対する受入れ国（居留国）政府の政策については、彼らが受入れ国政府の法的支配下にあるかどうかの国籍問題がきわめて重要であるが、これ以外でも事業経営、教育等々、政策の範囲は広く、また国・時期によって政策が違い、一律に規定することはできない。ただ、かつての華僑は主として東南アジアと米大陸・オセアニアの二つの地域に集中しており、その限りで政策全体の性格として、それぞれの地域に共通する特徴をもっている。

　まず前者の東南アジアについては、旧植民地時代、独立後、今日の三つの時期に区別できる。第1の旧植民地期では、帝国主義列強は植民地において土着・先住の原住民との間に華僑を置き、後者の仲介を通じて原住民と経済関係を結ぶことが多かった。政治的にいえば間接統治で、主としてイギリスがとったやり方だが、経済関係でも多くの国で見られ、華僑がこのために利用された。したがって、当時は原住民からすれば、在住華僑も支配者としての外国人の一部と見なされ、華僑経済も外国人経済の一部と見られることが多かった。このため、▼ナショナリズムが高揚した第2期の独立後初期には、民族主義政権は在留華僑に対して多くの制限・迫害を加え、むしろ排除する政策を採った。これに対抗して、華僑は海外に逃避したり、あるいはとどまる場合でも現地国籍をとったり、あるいは企業の持ち主を現地国籍保有の二世・三世や、純粋の現地人の名義に切り替えたりした。しかし、こうした排華的な政策は結局、国民経済の形成、民族経済の発展を阻害し、各国政府はしだいに華僑・華人を利用する方向へと方針変換しはじめた。その結果、東南アジア諸国の多くが急速に経済発展を遂げだした。たとえば、ベトナムではベトナム戦争、中越戦争、社会主義改造、中国系排除を経て、多くの華僑・華人が海外に逃避した。ベトナムは民族防衛戦争で大国アメリカに打ち勝ち、彼らの民族主義は守られたが、経済の発展、国民の生活向上からすると、他の東南アジア諸国にはるかに遅れをとった。今日、同国政府はその非に気づき、逃避した華僑・華人を呼び戻すための努力を続けている。また、1965年の▼9月30日事件以後、華僑・華人に対して厳しい政策を採ったインドネシアでも、スハルト政権になって彼らを利用する政策に転じた。もっとも、中国語の教育は認めないなど、種々の厳しい制限が加えられたままだったし、また政権と華人系大資本家との癒着を生んだ。

　後者でも、今日先進国となったかつての英領植民地アメリカ、カナダ、オーストラリアなどでは、比較的共通した政策が採られた。多くの移民を受け入れたといっても、それは主として欧州からの白人、とくに大英帝国をバックとしたアングロサクソン系だった。このため、単なる移民ではなく植民だったが、これら諸国の独立ないし政治的自立化、経済発展とともに、欧州からの移民では足りず、黒人奴隷や、非欧州世界からの移民労働力の導入が図られた。とくに、19世紀中葉の金鉱の発見にともなう▼ゴールドラッシュが多数の中国人の殺到をもたらした。だが、それも束の間で、ついには白人労働者の反対を招いて、早くも同世紀末には中国人排斥法（▼排華法）が制定された。この政策が変更されるのは第2次大戦後のことである。

　こうして、受入れ国の政策は排斥か利用かの二面政策の間で揺れ動いてきた。今日、華僑・華人は東南アジアと米大陸・オセアニアだけでなく、全世界で膨張しているが、排斥は入国の制限・禁止と、特定業種への従事禁止（排除）・制限を含む種々の差別・迫害の2種からなり、長期的方向としては各国政府は入国禁止、排除よりも、グローバリズムのもと中国系人を受け入れ、彼らを含めて在住華僑・華人を利用し、政府の支配下に組み入れる方向へと動いている。
　　　　　　　　　　　　　　　　（游仲勲）
㊥ アリ・ババ商法，華僑・華人の排斥，難民
㊦ 游仲勲，1969.

[日本]

　日本の華僑・華人政策は一貫して、日本の国益に沿った管理統制策である。日本の政治、社会、経済、文化に資する人材、特産、特技は積極的に受容し、それ以外は法令を制定してその流入を制限または阻止してきた。その結果、日本の需要に対応可能な郷幇が進

出し、その時代の華僑社会において優勢となった。官許の中日貿易が開始された江戸時代、幕府は船隻・貿易歳額制限（1685年貞享令など）、唐人屋敷居住制限（1688年）、銅貿易の信牌（免許証）発行（1715年正徳新令）などを施行して華僑の居住、自由交易を制限して幕府の貿易独占体制を固め、主要輸入品である絹糸・絹織物の産地▼三江幇に有利な局面が生じた。

(1)開港から明治前期　▼安政開港（1858年、安政5年）時、日清両国は条約未締約だったが、日本が欧米人の使用人随伴を認めたので、日本人と筆談可能な▼買弁・通訳をはじめコック、ボーイ、理髪業、洋服仕立業などが西洋人付属として、開港の先進地広東、江浙から多数来日した。実際には多くの▼華商が独立営業を行い、広東幇商人は欧米商人の強敵となって華僑社会で優位に立ち、コック、理髪業、洋服仕立業などは▼三刀業として日本で多数を占める業種となった。日本は各開港場において有力華僑を取締兼通訳として雇用し、華僑の一切の事務に当たらせた。▼日清修好条規締結（1871年、明治4年）後は、締約各国国民と同等の扱いをするべきであったが、実際には清国人に対して取締まりが厳しく、各地でさまざまな取決めがなされたが、1874年4月10日「在留清国人民籍牌規則」（太政官布達）によって全国統一的な清国人取締まりを実施した。遵守すべき諸規則を定め、保護のため戸数、人員を登録させて▼籍牌を交付、上下2等級、各2円、50銭の手数料を徴収した。

(2)日清戦争から第2次大戦まで　1894年日清戦争時は、入国制限、登録義務、居住区域制限、処分退去などを規定した防諜的な意図を含んだ勅令137号（▼居留清国人に関する勅令）によって敵国国民となった華僑・華人の行動を規制した。欧米各国との改正条約発効を前にして、▼内地雑居令すなわち勅令352号（1899年）を発布、無条約国国民、主として中国人労働者に対し原則として流入を禁止した。その施行細則▼内務省令42号第2条において労働者の種類を定めたが、家事に使用せられる者、または炊爨、給仕に従事する者はこの限りにあらずとして規制の範囲から除いた。華僑・華人政策においても、欧米各国に配慮せざるをえない日本の対外姿勢が窺われる。内務省の勅令草案では労働者とともに、▼行商も規制の対象だったが、枢密院の討議過程において行商が除外された。中国における日本人の行商、また行商に身をやつした日本の軍事スパイの存在を意識したものと考えられる。以後この分野は歴史的・地理的にまた移動戦略的に優位な福建省福清出身者によって独占され、日本華僑社会の多数を占める結果となった。労働者にダブルパンチを与えたのは内務省令第1号（1918年1月24日）で、公安を害する者、風俗を乱す者、貧困者、救助を要するおそれある者として、中国人労働者の入国を禁止した。その一方で、第2次大戦中、労働力不足のため、東条内閣は1942年11月27日「華人労務者内地移入に関する件」を閣議決定し、3万8939人の労働者を大陸から強制連行した。また優秀な14、15歳の台湾少年を研修の名目で徴用、日本の軍事工場で働かせた。研修制度は戦後の1980年代に農村、工場の人手不足解消にも採用され、大陸から多数の技術研修人員を受け入れた。

華僑・華人政策に深く関与したのは外事警察である。1920年内務省警保局に外事課が保安課から独立、外事警察専管となった。外事警察は特高警察の一翼として、外国人に対する監視と取締まりに当たった。その特徴は強烈な排外性と特高化である。防共・防諜を主力として、内外の情報収集はじめ、華僑・華人や留学生、移入中国労働者、行商、国民党員も監視と取締まりの対象となった。あらぬ嫌疑で尾行、逮捕、拷問され命を落とした華僑もいた。監視と取締まりの成果は逐一外事課に報告され、極秘に各府県に配布されて外事警察上の参考研究資料にされたが、戦後『外事警察資料』『外事警察概況』『外事警察報』『外事月報』などとなって刊行され、戦前・戦中の華僑・華人政策を知る貴重な資料となっている。

(3)第2次大戦後　戦後、台湾出身者が華僑社会に参入したが、日本政府は「中国人」と容易に認めず、国会の答弁においてもしばしば「第三国人」と称して当事者の不快感を募らせた。当時、ヤミ、密輸、縄張り争いなど犯罪に加担する「不逞の輩」がおり、連合国

民に与えられた民事・刑事などの特権を享受させることは治安維持の面から好ましくないとの判断によるとされる。1947年5月2日になって日本政府はGHQからの通達によって、台湾出身者を中国人、連合国民として認めた。▼中華民国駐日代表団が本国政府からの指令（1946年6月22日）により「弁理旅日僑民登記弁法」に基づいて華僑の登録を実施、登録者に証明書を発給して国籍取得を認め、その旨GHQに通達していたからである。

(許淑真)

㊂内地雑居令
㊐許淑真「日本における華僑受容の変遷」衛藤瀋吉先生古希記念論文集編集委員会編『20世紀アジアの国際関係』Ⅱ、原書房、1995.／同、1990.／HSU Shu Zhen "Japan." In *The Encyclopedia of the Chinese Overseas.*

華僑華人第三民族論 かきょうかじんだいさんみんぞくろん

第2次大戦後に独立した東南アジア諸国の熾烈な▼ナショナリズムを省みると、各国政府の打ち出した諸種の華僑政策は、いずれも華僑弾圧として際だって印象づけられよう。しかし、そうした表面的な政治現象に眩惑されることなく、経済的社会的な側面における現地民社会と華僑社会の対応関係を実態調査すると、相互の社会的融合が広く深く進んでいるのを認めることができ、そうした過程のなかで両社会融合のうちに、新しい第三民族社会の形成を指摘することができる。そして、さらに第三民族社会の成立は、イギリスの社会学者ファーニバルの唱える異質的人種集団を基準とした階層的複合社会の後退を意味するものであり、アイデンティティの等質的現地社会形成の進展を意味するものである。すなわち、現在の東南アジアの各国は現地民と華僑の両社会の混融の上に、第3の新生社会が実体化している。そして、混融のあり方は、タイの高度の融合型、マレーシアのような複合型、フィリピンのごとく中間的な混合型などに類型化することができるであろう。

(河部利夫)

㊂複合社会
㊐河部利夫『華僑』潮出版社、1972.／河部利夫編『東南アジア華僑社会変動論』アジア経済研究所、1972.

華僑・華人と技術移転 かきょう・かじんとぎじゅつついてん

華僑の出国はふつう商業・労働力の面で捉えられがちだが、近年では書物による伝習に増してヒトの移動にともなって生ずる技術の移転が、移住史に秘められた見逃せない側面であることが注目されている。中国がアジア、広くは世界に冠たる技術大国であった時期は太古から16、17世紀まで続いていたから、目立つ技術移転の歴史は古い。なお技術というとき、狭く生産技術に限らず、組織技術も含めなければならない。

陸続きのベトナムと朝鮮半島、その先の島伝いの日本は、古くから官僚行政その文書行政（したがって漢字）や官僚哲学である儒教を中国から伝習し、その媒介者は中国人やその子孫、日本の場合は朝鮮半島の人を含めた▼渡来人であった。その伝播技術は文筆・外交の職、馬飼、馬具つくり、木工、造船、製陶、機織、裁縫、画工に及び、都城や仏寺、仏塔の建造、仏画、彫刻、庭園も同様であった。組織技術といえば、船舶の業務組織、経営技術、都市・港湾の造営、建築土木で華僑の技能が注目されていたことは、後世のオランダ領大円（台南）、バタビア、スペイン領マニラ、▼ゴールドラッシュ時代のサンフランシスコで知られている。海洋時代に入って、▼唐船は修船・現地造船のために船大工を伴っていた。佐賀の値賀島などで中国の船匠の手で日本の海洋船が造られた。17、18世紀にボルネオのカリマンタン、ジャワのバタビア、シャムのアユタヤ朝、▼チャクリー朝で、王室貿易の海洋船が華僑の船匠によって造られた記録がある。サトウキビ栽培と製糖術はオランダ治下の台湾へ1620年代から、次いで同じくジャワ島西部へ1670年代から、フィリピンへは16世紀末から、ベトナムへは17世紀に、シャムへは17世紀に、マレー半島、ビルマ、ハワイへは19世紀に伝わった。もともと中国での製糖は四川南部で起こり、江西の西部と福建の南部で発展をとげ、▼広東に波及したものだが、明代に精白糖の製法が成って黒糖は内地大衆市場に、精白糖は輸出最有力商品に加わったのである。明・清朝の▼海禁への対応として▼華商は海外に産地を拡大し、フィリピンでは現地民が生産して、華商が買

い手として生産を管理し、ジャワでは農園主として製品をオランダ当局に売った。▼勘合貿易や鎖国政策で入国を阻まれた日本では、逆に輸入代替品を奨励する国策として精白糖の技術が伝わり、琉球でも政策として福建から技術が導入され、次いで▼奄美諸島にこれが移転した。砂糖と並んで海外で市場性が高かった生糸・絹織技術でも、清初の三藩の乱(1673-81年)と台湾の鄭氏の反抗の時期、ベトナムのトンキン、クアンナム政権の地が生糸・絹の生産・輸出基地になった。鉱業についても、17、18世紀、西部ボルネオの金銀鉱山の開発は、福建、広東山地の客家系の商人、鉱夫が現地スルタンのために開いたものであり、同様の例は19世紀のマレー半島、ジャワのバンカ島における錫鉱山の開発にも見られる。ほかに羅針盤、印刷術、中国医学、鍼灸術、囲碁、双六、料理法、音楽などの芸能についても、唐船の乗船者が現地に残り、あるいは招請されて永住して伝播を媒介した事例が多い。要するに、華僑の海外活動は商業や労務にだけ限定して考えるべきではなく、幅広い文化・経済交渉の流れとして捉えていく必要がある。　　　　　　　　　　(斯波義信)

圏 Christian Daniels. *Science and Civilisation in China*. vol. 6. Biology and Biological Technology, part 3. Agro Industries, Sugarcane. CUP, 1996.

華僑・華人と政治

▼華僑・華人と政治との関係は、政治志向の相違の点で、第2次大戦をはさんだ戦前と戦後に分けてみる必要がある。東南アジアを例にとると、戦前は、華僑の政治社会意識は中国に向いていた。彼らが東南アジアに来たのは出稼ぎ目的にすぎず、大半が家族を中国に残し、いずれ中国に戻ることを考えていたからである。20世紀前までは中国とは、故郷の村や町を指したが、1911年の▼辛亥革命前後の頃から「中国」概念が成立した。華僑は中国にいたときは、中国国家や中国人意識は希薄だったが、海外社会で異民族と交わることで中国人・中国国家意識に目覚めたのである。その際、中国とは満洲民族支配の清王朝ではなく漢人国家のことで、革命指導者▼孫文が東南アジア華僑に財政支援を求めるなど、華僑は中国革命の財政的人的基盤、何よりも精神的基盤とみなされたのである(これが「華僑は革命の母」の意味)。また、1930年代に日本軍が中国侵略を開始すると、東南アジア華僑は日貨ボイコット運動や、国民党や共産党の日本軍抵抗運動を支援するために、▼タン・カーキーを指導者に南洋華僑祖国救援基金を創設した。「愛国華僑」が戦前期の代表的な政治の顔であった。

しかし、戦後は華人の政治志向は一転して現地社会へと向かう。東南アジア諸国が独立すると、華僑は中国に戻るか、定着するかの選択に迫られ、大半が現地にとどまる道を選んだ。これが華僑の土着化、華僑から華人への転換である。例えば、マレーシアでは華人は▼マレーシア華人公会を結成し、1957年の独立から一貫して連立政権を担いつづけている。とはいえ、現地社会での政治参加はけっしてスムーズではなく、土着民族集団の間では依然として反華僑意識が強かったし、一部華人は▼マラヤ共産党など反政府運動に参加した(ただし、いずれも失敗に終わっている)。東南アジア諸国で華人は、政治権力へのアクセスを拒否されたので、経済活動に活路を求めていったのである。　　　(岩崎育夫)

圏 原不二夫『東南アジア華人と中国』アジア経済研究所、1955。

華僑・華人と兵役

中華民国は1929年の国籍法で清朝の血統主義国籍を継承、外国籍取得の中国血統者に二重国籍を認め、兵役を完了しないかぎり中国国籍離脱を認めないとした。2000年施行の現行「中華民国国籍法」では、「兵役未服者は国籍を離脱できないが、国外に僑居する者はこの限りでない」と定めている(12条)。兵役は現在、19～40歳の男子に1年10か月間義務づけられている。僑居の身分を認められるのは、僑居国の永住権取得者や累計4年以上同国に居住した者などである。僑居者や二重国籍者でも台湾に戻って満1年を経た時点で兵役義務が生じるが、10万元以上の投資者、技術者などは免除される。台湾に留学した僑生学生は、卒業または離校後に僑居国に戻らないまま満1年を経た時点で兵役義務が生じる。兵役未履行者の旅券にはその旨が記される。中華人民共和国は在外華僑に対して兵役義務を課していないし、募集もしていない。

東南アジア各国では、自国の国籍をもつ華人に対しても軍への入隊を規制しているところが多い。例外は▼シンガポールで、同国では16歳以上のすべての男子国民・永住権取得者が、2年間の完全兵役とその後40歳もしくは50歳まで（職種による）の年間40日の予備役が義務づけられる。タイでは1975年まで、タイ国籍を取得した第1世代には兵役義務はあるものの、軍学校には入れず、また幹部にはなれなかった。75年の中国との国交樹立後、国籍取得条件が緩和され、同時に第1世代も第2世代以降と同様、土着タイ人とほぼ対等な扱いとなった。ただし第2世代以降でもまだ軍高級幹部にはなれない。マレーシアの軍は植民地時代の1933年に設立されたマレー人のみの軍隊、マレー連隊に起源をもち、今日でも華人兵の数は少ない。憲法で国家特定部署の民族別比率は国王が定めることになっており、軍でのマレー人と、華人を含む非マレー人の比率は4：1と思われる。一時期、華人政党が人口全体の民族比率を軍隊に反映させようと皆兵制導入を求めたが、マレー人与党は拒否した。インドネシアでは、華人が国軍に入ることはまだ認められていない。

（原不二夫）

參 暨南大学東南亜研究所・広州華僑研究会編著『戦後東南亜国家的華僑華人政策』広州：暨南大学出版社、1989．

華僑・華人ナショナリズム かきょう・かじんナショナリズム
overseas Chinese nationalism

中国人移民は、第2次大戦後に多くが移民先国家の国籍を取得して「華僑」から「華人」となり、また独立政府も国民統合の一環として華僑・華人の同化政策を進めると、大半は消極的ながら受容した。しかし、一部の華僑・華人は同化政策のかたわら「中国的なもの」の擁護や「華僑・華人国家」の建設を目指した。この運動を支えた意識が華僑・華人ナショナリズムである。中国的なものの擁護運動は多くの海外華僑・華人社会で見られ、▼帮など伝統的組織の維持、▼華僑学校の運営、▼華字紙の発行などがそうだが、「華僑・華人国家」運動は東南アジア地域に限定された。中国から遠く離れ華僑・華人社会が小規模な土地では、強力な現地民族ナショナリズムの中に埋没せざるをえなかったからである。東南アジアの「華僑・華人国家」運動は、華僑・華人が住民の約30％を占めたマレーシア、それに77％のシンガポールで起こった。

マレーシアでは、華僑・華人を中心に1930年に結成された▼マラヤ共産党が、戦後、独立気運が高まる中で共産主義国家マラヤを目指し48年に武装蜂起した。しかし華僑・華人社会は一枚岩ではなく、ビジネス・エリートはマレー人と協調する道を選択して運動から距離を置き、現地マレー人も強く反発した。そのため、植民地政府、続いてマレーシア政府の弾圧を受け、参加者はタイ国境のジャングルに逃れ▼中国共産党支援の下で運動を続けたが、80年代末に運動は完全に終息した。シンガポールの華僑・華人社会は、戦後、英語教育を受けた西欧的国家を志向するエリートと、華語教育を受けた中国的国家を志向する学生、労働者大衆、企業家に分裂していた。後者が華僑・華人ナショナリズムの担い手であったが、両者は独立という共通目的の下、1954年に「共闘」して▼人民行動党を結成する。しかし政権獲得後に分裂し、60年代前半に熾烈な政治抗争を繰り広げ、結局は英語教育エリートが勝利した。華僑・華人ナショナリズムは現地民族ナショナリズムと鋭く対立しただけでなく、中国革命の輸出、▼複合社会に「華僑・華人ショービニズム」を持ち込む運動だとして抑圧されたのである。

（岩崎育夫）

⊟ナショナリズム、遠隔地ナショナリズム

參 原不二夫編『東南アジア華僑と中国』アジア経済研究所、1993．／金子芳樹『マレーシアの政治とエスニシティ』晃洋書房、2001．

華僑・華人農民 かきょう・かじんのうみん

華僑・華人には商人が多く、農民（牧・林・漁民なども含む広義。しかし中心は狭義の文字どおりの農民）はいないと見るのは誤りである。もともと中国人移住の最盛期には、直接農村から海外に向かった者が少なくなく、海外でも彼らができるのは同じく農業に限られた。ただ、故郷では必ずしも金儲けのための農業でなく、自給自足部分も大きかったが、海外には渡航費や当面の生活費など、前借りして行くことが多く、借金を返さねばならなかったから、最初から金儲けだった。このため、米などの穀物よりも、ゴムやサトウ

キビ、タバコ、パイナップル、蔬菜、果物等々、商品作物の栽培に従事し、より儲かる作物栽培への転換も早かった。これはとくにマレーシア、インドネシア、タイで多く見られた。マレーシアではこのほか、第2次大戦中の日本軍政下、都市の華僑住民が食糧を求めて、また難を逃れて農村に疎開、不法占拠民（▼スクォッター）となった。今日では農業、農民、農村から離脱した者も多いが、国・地域によってはまだ残っている。東南アジアのほか、ラテンアメリカを含む「新大陸」でも、蔬菜栽培、畜産など従事の華僑・華人がいる。
(游仲勲)

㊁ 華僑・華人経済の産業構造

華僑・華人の階層構成

華僑・華人については多くの誤解があるが、その一つは華僑・華人には資産家が多いとするものである。華僑・華人には資産家もいるが、貧困者も多い。それは彼らが歴史的に形成された企業家精神をもち、独特の企業経営を行い、強力なネットワークをもつとはいえ、スポーツや芸術が好きな者、運不運等々、一人一人の置かれた条件が違い、受入れ国の差別政策もあって、全部が全部経済的に成功するとは限らないからである。このため、階層構成も単純でないが、この点の研究は遅れている。最新の数字を示せないが、筆者はかつて1960年代末に次のような推定を行った。国・地域による差もあるが、全世界的には、有産階級3％弱、うち上層0.5％弱、中下層2.5％弱、農民以外のさまざまな都市中産階級25％弱、無産階級60％弱、農民階級10％弱、失業者5％前後。華僑・華人には資産家が多いとする俗説はとくに日本で根強いが、日本では開国の最初から手に技術をもったいわゆる▼三刀業者しか入国させず、華僑はそこから出発して地位上昇したことも影響していよう。
(游仲勲)

📖 游仲勲, 1969.

華僑・華人の企業家精神

華僑・華人一人一人がもつ金儲け精神（「徒手空拳から家を起こす」という▼白手起家」の精神）。彼らの経済ダイナミズムについては、とくに日本では▼ネットワークのせいだとする見解が支配的であるが、それは不正確、むしろ誤りである。個人レベルの企業家精神に加えて、複数・集団・組織レベル（インフォーマルなものも含む）の企業（経営）とネットワークの二つがあり、重要度からいってこの順序である。企業家精神は歴史的にみて4層の訓練を経て蓄積された。第1に、中国は古くから人口増加、自然破壊、異民族侵入などによって、北方から南方へとヒトの移動を繰り返した。このため、カネをもつことが重要で、貨幣・商品・市場経済が早くから発達した。第2に、歴代王朝の首都はいちばん南で南京あたりまでであり、歴代皇帝は安全保障上の理由から、海を通じる諸外国との貿易を首都から遠く離れた華南で行わせた。このため、華南では早くから外国との交易が活発で、貨幣・商品・市場経済が発達した。第3に、中国人移民は移住先で植民地宗主国資本主義の洗礼を受けた。最後に、これが他の移民と違うところだが、彼らは海外で一生懸命に働き、カネを貯めては故郷に送金した（▼華僑送金）。こうしたやり方は土着・先住民族の反感を買い、妬まれては迫害され、彼らは中国に逃げ帰った。だが、社会主義中国成立後は、財産を没収されるので、華僑は帰国を諦め、居留国で背水の陣を敷き、二世以降の華人、▼華裔が増えた。世界で最も多数の移民を出したのはインドだが、インド人移民とその子孫は今日世界に1000万人ぐらいしかいないのに、華僑・華人は3000万人以上もいる。ただ、差別・迫害がひどければ逃避せざるをえず、彼らは北米、中南米、オーストラリアなどに再移住した。しかし、それにはいっそう多くのカネが必要であり（▼投資移民が歓迎された）、華僑・華人は従来以上に一生懸命働いた。移民一般がもつハングリー精神に輪をかけたハングリー精神の二乗である。
(游仲勲)

📖 游仲勲編, 1998.

華僑・華人の経済力

「経済力」あるいは類似の「経済的勢力」「経済的実力」等とは何かを明らかにする必要があるだろうが、ふつうは一国ではGDP（国内総生産）とか、あるいは食糧生産高とか工業生産高など、また企業では売上高、個人では資産額とか所得などの数字で示され

る。中国、▼香港、台湾などの地域についてはこれらの数字があるが（それでも在住外国人のものが含まれ、全部が中国系ではない）、華僑・華人、とくに華人についてはこうした数字を示すことは難しい。彼らの多くが住む東南アジアをはじめとする発展途上国では、統計が十分に整備されていないことに加えて、一般に統計、とく経済統計は国籍別で、現地国籍をもつ華人の経済力を知ることは不可能に近いからである。第一、彼らの人口数字さえ曖昧である。したがって、彼らの経済力を示すためにはなんらかの工夫が必要だが、この点の研究は遅れている。ただ、筆者はかつて何回か華僑・華人所得や華僑・華人資本についての量的推定を行い、種々の比較を行った。それによると、たとえば1990年頃で華僑・華人の1人当たり所得は4000ドル近くとなり、華僑・華人所得に中国大陸、香港、▼マカオ、台湾を加えた中国系諸経済全体のそれは約4000億ドル、日本の4分の1程度、米国の8ないし7分の1である。比喩的にいうと、香港プラス台湾ほどの人口と、香港のそれをはるかに上回る所得とを、東南アジアを中心として世界にばらまいたのが、世界華僑・華人の人口と所得ということになる。ただ、その後中国系の人・経済力は世界中に膨張したので、現在ではもっと大きいだろう。シンガポールの▼リー・クアンユー上級相が99年秋にメルボルンで開催された第5回▼世界華商大会で示したところでは、2050年には中国のGDPは20兆ドル、米国の5分の4程度、香港、マカオ、▼広東省の合計はフランスのそれに匹敵する。

経済活動の現場にいる人々の推定は計算の根拠が不明で、どこまで信頼できるか疑問だが、参考にはなる。たとえば少し古いが、中国の『人民日報（海外版）』（1993年12月23日）が示した数字はこの類のものとみられ、香港、マカオ、台湾も含めて大陸外中国系人の流動資産約2兆ドル、日本のそれの約3分の2、GNP5000億ドル、中国大陸を含めて外貨準備高は2398億ドルという数字を伝えた。また、とくに米国では世界の富豪、とくに企業家としてのそれの調査研究が盛んであり、これによって華僑・華人の経済力の一端を知ることができる。たとえば『フォーブズ』誌によれば、東南アジアでは大企業家10人をとると（資産額順位）、10人中10人全部あるいは9人（2000年）が中国系である。これによって東南アジアの経済発展が主として華僑・華人によることがわかる。世界のトップ10人を見ると、1995年には米国2人に対して中国系3人（香港2人、台湾1人）、96年は3人と4人（香港2人、台湾・フィリピン各1人）だった（同誌は「アジアの時代」が来たと書いたが、正しくは「中国系の時代」が来たと書くべきだった）。一方での好調な米国経済、他方でのアジアの「経済危機」を反映して97年は6人と2人（香港2人）、98年、99年ともに7人と1人（香港）だった。2000年は11人（10位は同額のため2人）中10人が米国で、中国系は31位に香港の▼リー・カシンが入るだけだが、例年一族として一括されてきた息子（▼リチャード・リー）が別とされたので（119位）、後者と合わせた資産額では20位になる。リーの▼チュンコン・グループは豪州サウスオーストラリア州で2000年から電力発電を200年間請け負い、パナマ運河の大西洋・太平洋両出口の港湾管理権、北部ヨーロッパ主要港湾10か所中7か所の管理権を手に入れた。IT関係でも膨張している。筆者はもう一つ、世界の▼チャイナタウンの動向にも注目し、数が増えたり、面積が拡大していれば、その方向に中国系の経済力も膨張していると見る。97年の香港の中国返還で資本や人が海外に逃避したが、世界では香港タウンが増えた。

(游仲勲)

㊂ 華僑・華人の富豪，中国系の世紀
㊈ 游仲勲，1969．／同『華僑政治経済論』東洋経済新報社，1976．／同，1995．／同編，1991．／同編，2001．／陳懐東『海外華人経済概論』台北：黎明文化事業公司，1986．

華僑・華人の宗教 かきょう・かじんのしゅうきょう
［伝統と変容］

本土の政治的・社会的情勢から海外に流出せざるをえなかった中国人が、異郷に生活の場を求めるとき、その拠りどころとしたものは、現実的には血縁的繋がり、あるいは本土の地縁的繋がりを基礎に置く▼会館とその活動であったし、精神的にはその宗教世界であった。華僑とその後裔としての華人の精神的拠りどころとしての宗教は、彼らが故国から

引きずってきたそれが主体であり、その信仰の期待が、家族・身体・財産の安全に始まるもろもろの願いと先祖の供養であることは、中国人の伝統的信仰の枠を外れない。

崇拝される神仏は、儒教の孔子、道教の老子、仏教の釈迦などの、いわば正統的な神格のみではなく、仏教でいえば観音、地蔵、閻王などのような、道教でいえば関帝、▼媽祖、娘々神、城隍のような、むしろ民間に伝承された民衆的な神仏が主勢を占めるが、さらに多いのが大哥爺、二哥爺、虎爺、泣童、斉天大王、龍神、鍾馗などの俗信仰の神仏である。そしてそれらのほかに、たとえばクアラルンプールの広東省河婆出身華人が霖田古廟に祀る三山国王や、恵州華僑が仙四師爺宮に祀る鐘公仙四師爺のような、移住した人々の故郷の狭い地域の信仰対象であった地方神も、見逃せない。華僑・華人の間の神仏の世界は、中国本土における信仰形態をそのままに継承して、まさに渾然とした道教的な姿相を見せており、シンガポール政府がこれらの廟宇をシンガポール道教総会の名によって統合したことも、首肯できる。

これらの神仏は、おそらく本来的にはそれぞれの会館内に祀られて、現実生活と精神生活の拠りどころが密接に結びついていたにちがいない。しかし、その後のそれぞれの地域の政治情勢と会館の置かれた環境の変化に対応して、中国的宗教信仰は原則的に会館の活動から切り離されて、独立した廟宇を構築する方向がとられた。とくにシンガポール、マレーシアなどの東南アジアの華人社会においてこの傾向が著しく観察されることは、この地域の第2次大戦後における華人の地位の微妙な変化を反映した結果といえる。現地人に比して相対的に華人の数の少ない地域社会では、こうした傾向は必ずしも顕著ではない。

一方、異文化との接触による渡来文化の現地化という文化変容も看取できる。現地への適応と、現地人との円滑な人間関係の樹立による自己の生存の確保の必要から生じたとされる▼ババ（峇峇）や▼ニョニャ（惹娘）の出現に似た現象が、宗教世界においても見られるのである。渡来した中国人が現地人との摩擦を避けるために考え出したと思われる▼大伯公信仰や▼徳教信仰がそれである。大伯公は、もと▼潮州を中心とする地方の神であったとされたり、土地公であるといわれたりするが、現在のマレー半島の華人社会ではけっして珍しくない崇拝対象である。他方、マレー人の信仰を集める守護神の▼ダトゥー（ダト、拿督）は、港湾や家屋・道路の建設現場などによく祀られているが、そのような場所に「唐蕃那督尊」、もしくは「唐蕃拿督公」という漢字表記の神牌が見られることは、マレー人の信仰を華僑・華人が受容した証左であろう。そして、祀られる神の性格と発音の類似から、ダトゥー信仰に華僑が故郷から将来した神を重ね合わせて、今日の大伯公信仰の流行がもたらされた、と考えられている。シンガポールのクス島に建つ福建華僑の大伯公廟の福山宮と並んでDato Kong（拿督公）の祀廟が存在することも、この範囲の現象である。徳教は、1939年に潮陽で開教され、儒教、道教、仏教の伝統的三教一致を主要教説とする▼潮州人の宗教であった。しかし、1944年に「大道将南行」の乩示（▼扶乩によって示された神意）を得て以後、第2次大戦末期の南部中国の政治的・社会的不安を回避しようとする潮州華僑の南洋進出にともなって東南アジアに移植された徳教は、そこが西欧諸国の植民地であった現象を踏まえて、キリスト教やイスラム教の神を教義の中に導入して、五教一致の宗教に変身し、現在では大きな勢力を維持している。

しかし、現地生まれの華人の数の増大は、やがて中国系宗教信仰の衰微をもたらすであろうし、すでにいくつかの側面に、その徴候が現れてもいる。
　　　　　　　　　　　　　　　（野口鐵郎）

⊟ クス大伯公廟
圏 窪徳忠編『東南アジア華人社会の宗教文化』耕土社, 1981.／野口鐵郎「シンガポール・マレーシア華人社会と宗教信仰」『歴史人類』10, 1982.／野口鐵郎「東南アジアに流伝した二つの中国人宗教」酒井忠夫編, 1983.

[**信仰と社会生活**]

華僑・華人は人間界を神界、鬼界からの影響を強く受ける世界としてイメージしているが、そこでの生活の安寧（福禄寿）を得るため、祭祀を通して神格や鬼魂、さらに両者の中間的存在である祖先を操作しようとする。

A.エリオットが▼神教（Shenism）と特徴

づけた華僑・華人の宗教がもつこのような創造性は、現実世界でのさまざまな欲求を吸収しつつ、彼らの信仰や祭祀を多様化させていく。カトリックの影響の強いフィリピンでイエス・キリストが玉皇三太子の異母兄、玉皇二太子とされることや、各地の▼観音信仰のバリエーションは、その例である。

　華僑・華人が信仰の拠り所の一つとするのは、▼廟や寺、場合によっては教会などの宗教施設であるが、彼らは祭祀を通して獲得しうる現世利益をある種ゼロ・サム的に捉えている。このため宗教施設は、小商いを含めた社交の場であるとともに、現実世界での富の偏在に伴う嫉妬や不満が渦巻く場ともなる。事実、宗教施設内部における信者間の反目や宗教施設間の信者の移動・分裂は日常茶飯事である。華僑・華人の各宗教施設が祭祀対象や儀礼、託宣、唸経、祖先の扱い、献金方法においてかなりの独自性を見せるのも、現世利益の獲得法をめぐって施設側が他とは異なる斬新さを人々に提案する必要に迫られるからである。華僑・華人社会の廟や寺は、定番である▼媽祖や関帝、玉皇大帝、土地公、仏祖（観自在菩薩）などできるだけ多くの神格を祭祀しようとするとともに、主祭神において、▼斉天大聖であったり、包公（包青天）であったり、北斗娘娘、五国夫人、七国夫人、清水祖師、斗母や九皇であったりと、各寺廟ごとにバラエティに富んでいる。また、華僑・華人の多くは、ホスト社会の宗教セクターや外来の新宗教をも含めて、複数の宗教施設に出入りするが、このことも、現世利益のチャンネルが増えることで、より生活の安寧が期待できるとの考えを背景としているのである。

　華僑・華人社会における宗教施設の多様性、個々の施設の独自性は、一つには宗教的職能者のあり方から、二つには宗教施設の乱立から跡づけることができる。華僑・華人社会における現世利益の追求は、宗教的職能者が託宣によって神々のメッセージを信者に伝達することを基本的な図式としている。宗教施設の設立には、宗教的職能者を中心として設立されるもののほかに、有志の発願や有力者の寄進によって設立されるものもある。この場合、発願者や寄進者は、関係をもつ教派・教団を選ぶことで独自性を顕示する。

　今日、華僑・華人社会には、さまざまな教派・教団が乱立状態にある。こうした教派・教団には、儒・仏・道の三教合一を唱える全真教、真大道教、太一教、浄明忠孝道、▼三一教、先天教、▼真空教があり、さらにイスラム教とキリスト教を加えた五教合一を説くものに▼徳教、▼道院紅卍字会、万国道徳会などがある。加えて仏光山などの台湾の仏教教団各派の傘下に入る宗教施設も、1990年代以降、華僑・華人の「中国文化」への回帰にともなって増えている。また、創価学会や崇教真光などの日系新宗教、長老派や聖公会などの非中国系の外来宗教も独自性という点で有力な提携先である。これらの教団・教派のなかには慈悲や救済を強調するなど、従来の現世利益追求型民俗宗教とはかなり趣の異なるものもある。今日、華僑・華人社会は、移民第1世代が苦労して商店を創業し、成功を収めるというかつてのサクセス・ストーリーはもはや成立せず、むしろ、成功を祖先に頼むにはあまりに複雑化した職業、内部の階層分化、アイデンティティの危機が顕著になってきている。魂の救済を求め、脱・現世利益化する教派・教団の受容は、そうした世相を反映しているのである。

　かつて中国大陸で共産党政権ができた際、フィリピンの華僑・華人は、中国大陸から移管されたカトリック中国人教区の再興に力を尽くした。キリスト教徒として振る舞うことが、共産主義者であるとの嫌疑を逃れる手だてだったからである。今日、同じ華僑・華人が、台湾・中台禅寺の天にもそびえる本堂建立に多額の寄付をする。華僑・華人の宗教は、たんに彼らの心の拠り所となってきたばかりでなく、積極的な意味で周囲の環境を意味づけ操作する手段となってきたのである。

〔宮原曉〕

参 佐々木宏幹「東南アジア華人社会における童乩信仰のヴァリエーション考」直江広治・窪徳忠編『東南アジア宗教文化に関する調査研究』南斗書房，1987．／渡辺欣雄『漢民族の宗教』第一書房，1991．

華僑・華人の人口 <small>かきょう・かじんのじんこう</small>

　世界にあまねく広がる華僑・華人人口については、1953年の中国第1回人口センサス

表1　5万人以上の華人人口を有する国

地域	国名	人口(万人)	統計年次
アジア	マレーシア	528	1991
	インドネシア	500	1994
	タイ	400	1994
	シンガポール	223	1993
	ミャンマー	150	1991
	ベトナム	100	1996
	フィリピン	100	1996
	カンボジア	20	1994
	インド	14	1986
	日本	13	1990
	韓国・北朝鮮	10	1986
	ブルネイ	6	1996
	トルコ	5	1995
南北アメリカ	アメリカ	200	1994
	カナダ	71	1995
	パナマ	14	1995
	ブラジル	10	1986
	ペルー	5	1986
ヨーロッパ	フランス	30	1991
	イギリス	23	1991
	旧ソ連	7	1987
	オランダ	6	1990
オセアニア	オーストラリア	30	1995

華人経済年鑑編輯委員会編『華人経済年鑑1996年』北京:社会科学文献出版社,1996.により作成。
(注)上記の華人人口は、各種統計等による中国側の推定であり、正確な華人人口の把握は困難である。
出典:山下清海『チャイナタウン』丸善,2000.

で、国外華僑と留学生を調査対象として2133万人と公表されて以後、正確な数字は不明である。ただ75年に2200万人、82年に2423万人、84年『人民日報』で3000万人近いと報道された。86年に帰国華僑は90.7万人とも。

一般に国籍が中国にある人を「華僑」といい、その二・三世で国籍が居住国にある人を「華人」といい区分されるが、第三国に移住したりして両者の境は流動的である。とりわけ後者の居住国の国籍を取得した狭義の「華人」人口は、他の民族との混血が進んでいくなかで、どこまでを入れるかの基準が不明確である。

表は推定人口で、統計年次はおおむね1980年代から90年代前半、世界140の国・地域に広く分布し、これらの総計は約2529万人である。うちアジアに2081万人(82%)が集中、南北アメリカに317万人(13%)、ヨーロッパに78万人、オセアニアに42万人、アフリカに11万人である。

インドネシアでは古くは600万~620万人ともいわれてきたが、1960年頃の中国人排斥事件による華僑の帰国などで、83年以降に380万人に減少、94年には約500万人といわれる。

ベトナムでは、1975年の社会主義化(南北統一)以前の145万人から70年代後半の中国系難民の流出で70万人、さらに87年28.5万人に減少したが、96年に100万人に回復した。他方オーストラリアでは、83年の12万人が86年に21.5万人に、95年30万人に増加した。

シンガポールでは、1990年センサスで270.5万人の全人口のうち210.3万人(77.7%)が華人で、その内訳は▼福建・閩南人88.7万人(42.2%)、▼潮州人46.1万人(21.9%)、▼広東人31.9万人(15.2%)、▼客家人15.4万人(7.3%)、▼海南人14.7万人(7.0%)である。

カナダの華人人口は91年63万人で、うち約68%は香港出身、大陸が22%、台湾9%と続く。日本の中国籍人口は1998年27万余である。

なお、最近の研究書などでは3000万人から3500万人の間の推定が多い。

(若林敬子)

華僑・華人の排斥

[総論]

華僑・華人の大部分が東南アジアに集中していた前近代にあっては、ボルネオにおけるダヤ族との争いなどはあったが、総体的にみれば現地諸民族との間に持続的な、あるいは重大な緊張状態が生じたことは知られていない。記録に残るのは、マニラとバタビアの流血事件で代表されるヨーロッパ植民者との摩擦、競合である。華僑・華人の分布が世界的に拡散する近現代華僑・華人は、奴隷制度の廃止に伴い、世界資本主義が生み出した半奴隷的移民労働者に始まる。産業化が急速に進みフロンティアが開拓されていく当時の新世界では多くの労働力を必要としていた。とりわけ中国からの移民の場合、成人男性の単身移民が主であったことから、出生数の増加をまたず、また教育費など社会資本の投資をも必要とせずに労働力不足の空隙を埋めることができた。東南アジアの中心的労働市場シンガポールを含むマラヤで、英植民地当局のとった入移民政策がきわめて寛容であり、世界

経済恐慌に巻き込まれ失業者がピークに達する1930年まで、中国からの移民受入れに制限を設けなかった。劣悪な自然と労働条件を忍耐強く克服し、勤勉と節約、仲間的結合によって与えられた労働をこなす中国人労働移民の受入れが、経済発展に大きな効果をもたらすと認識されていたからである。これに対して新大陸では必ずしも受入れが円滑に進行したわけでなく、早くから排華の機運が作り出され、活動抑制を目的とする差別的な運動が起こり、差別の暴力的な表示までなされた。その総決算がアメリカの1882年排華法であり、同様の立法は即座にカナダ、中南米諸国に移り、さらに海を越えてオーストラリア、ニュージーランドにまで波及した。立法の背後には、単なる経済的要因だけでなく、社会、文化、宗教、思想、心理などの諸要因が複雑にからみあっており、それが政治的要因と連動して排華法へと発展したことは疑いの余地がない。新大陸は東南アジアと異なり、イギリス（アイルランドを含む）からだけでも1840年から1938年までの間に1830万人、ヨーロッパ全体では第1次大戦までの100年間に6000万人ともいう白人の大移動をみたのである。そこに中国から新たな移民労働力が大量参入することは、企業家にとってみれば好ましい労働賃金の低減圧力となるが、白人労働者にとっては賃金低下や失業を招きかねない不安、危惧があったのである。とくに白人は家族移民であったから、賃金低下は家族の死活にかかわる問題であったのである。また華僑・華人のトータル的な活動力が本国送金によって中国の貿易赤字を解消に向かわせるほど大きく発揮されたことに、手強いライバルとして白人の警戒心を起こさずにはおかなかった。さらに身近に送り込まれてきた異文化のマイノリティが「国の中の国」を形成し、そこで前近代的な人身売買と変わらぬ労働を義務づける年季契約や一夫多妻婚が行われたり、あるいは男性の単身移民だけの生活からくる▼賭博、▼売春、アヘン吸飲などの慣行や、どの移民集団でも発生する犯罪、未知の疾病流行などが加わり、誤解や誇張がそこに含まれるにしても、憂慮すべき問題として無関心ではいられなかったと考えられる。一方、東南アジアでは別種の問題を残した。それはアジア各地からの入移民を植民地統治者が民族別に分断して統治する政策をとったため、同じアジア移民が隣り合って住みながら互いに交わることのない複合社会をつくり、共通の社会的意思を欠いた。太平洋戦争後に、独立を達成した華僑・華人の居住国では、植民地支配時代の限定的な関係の改善策として、現地民族を優先的に位置づけし直す政策をとった。それが華僑・華人への圧力増大となり、活動の制限、暴力的な排斥、極端な場合には国外追放などを生じた。　　　（可児弘明）

[**東南アジア**]

近代以前の東南アジアでは、中国からの移民は一般的に歓迎され、排斥されたケースはまれである。しかし、19世紀以降、大量移民の時代に入ると、華僑排斥のケースが現れる。早い例はスペイン統治下のマニラであろう。1930年代にはタイのピブン政権が排華政策をとっているが、さほど実効はあがっていない。

第2次大戦後、東南アジア諸国が独立し、ナショナリズムが高まるなかで、華僑・華人排斥事件が頻発するようになった。ここでは、大きな事件だけ示す。1947年インドネシアで起こった事件では、華僑・華人の死傷者1017人、行方不明者403人を出したという。また59-60年、インドネシア政府は華僑・華人の農村居住を禁止するなどの排華政策をとったため、13万6000人が中国へ帰国した。65年の▼9月30日事件（反共クーデター）後、全国的な共産党員虐殺の嵐のなかで、多数の華僑・華人が殺害されたといわれる。67年には、中国の▼文化大革命の影響が一因となって、ビルマ（現ミャンマー）、カンボジア、インドネシアで反華人暴動が起こり、その結果、ビルマとインドネシアは中国との国交を凍結し、カンボジアは▼華字紙の発行を禁止した。69年にはマレーシアで反華人暴動が起こり、その結果翌年から「▼ブミプトラ政策」が導入された。76-78年、中越関係の悪化とベトナム南部の社会主義化過程で華僑・華人が排斥され、推定100万人余が国外に逃れたといわれる。ベトナム政府は華僑・華人の反政府活動を恐れて北ベトナムでも華僑・華人を排斥したので、北ベトナムから20万人近くが陸路で中国に帰国したという。インドネシアで

は華人商店の焼討ちがたびたび起こっているが、最近では98年の政変のさなか、5000以上の華人商店と住宅が襲撃を受け、1200人余が死亡し、数十万人が国外へ避難したといわれる。
(田中恭子)

[北米]
アメリカでは中国人は1790年の帰化法によって「帰化不能外国人」とされていたが、1882年に連邦議会が中国人移民禁止法を可決するまでは、カリフォルニア州を除いて、制度的な移民排斥は行われなかった。82年法は施行当初は10年間の期限つきであったが、結局1943年まで延長され、移民法制では中国人は人種・民族差別的な取扱いを受けた。この間、商人、外交官、留学生、一時滞在者だけが入国を許されたが、一般労働者は許可されず、在米中国人の性比も著しく偏っていた。また、1924年には中国人を含むアジア系移民の全面的禁止が行われた。43年以降65年までは、年間105人の入国割当てがされたが、これは出身国の市民権にかかわらず中国人だけを人種・民族的な基準によって取り扱った差別的な対応であった。しかしこの間、第2次大戦に従軍した数千の中国系人の兵士の妻と、共産党政権成立に伴う政治難民は別枠で入国を許された。戦後、18世紀初頭には帰化不能外国人とされた中国系人の帰化申請が認められるようになり、中国人の人権にも配慮がされるようになった。65年の移民法では、出身国別の移民数の割当てを撤廃し、さらに市民権あるいは永住権をもつ者の家族や親族を優先的に入国させることにしたので、中国系人口も増加することになる。

1850年代のカリフォルニアでは、反中国人的感情は一部にあったものの、州全体が中国人労働者に敵対的であったわけではなかった。しかし、さまざまな出来事が時間的経過のなかで累積するうちに組織的・制度的な排斥になっていった。中国人が移民として排斥された理由については、定住・同化を志向しないで閉鎖的に結束する出稼ぎ労働者であると見なされたこと、低賃金労働に甘んじて労働組合の活動を阻害する勢力と見なされたこと、政党間の勢力争いに利用されたこと、白人の文化的偏見の強さなどが指摘されるが、単一の要因に帰結させることは難しい。

カナダでは1880年代に西部の鉄道建設(▼カナダ太平洋鉄道)が始まると中国人労働者が雇われ、工事の終了後は、多くが帰国したり合衆国へ渡った。低賃金で働いたので、やがて排斥の社会的圧力が強まった。人頭税を徐々に高額にする排斥は、ついに1923年の中国人移民法となり、1962年の移民法改正までは、中国人は差別的扱いを受けた。
(吉原和男)

⊡排華法［アメリカ］, 排華法［カナダ］, バンクーバーの華僑・華人

⊛ S. M. Lyman. *Chinese Americans*. NY: Random House, 1974./油井大三郎「一九世紀後半のサンフランシスコ社会と中国人排斥運動」油井大三郎ほか『世紀転換期の世界』未来社, 1989.

[中南米]
一般に外国人排斥は、上からの政府によるものと、下からの一般国民によるものとの2種があり、また前者は入国制限・禁止と、入国後の特定業種への従事禁止(排除)・各種の制限を含む種々の差別・迫害からなる。中南米でも、キューバ、ペルー、グアテマラなど多くの国が、一方では中国人を利用して政府の支配下に組み入れるとともに、他方では彼らを排斥した。19世紀後半以降彼らの導入を歓迎したが、19世紀末には経済恐慌が生じて現地人労働者の雇用を圧迫、中国人排斥に繋がった。第1次大戦期にはヨーロッパ経済破壊、途上国経済発展で、中南米でも中国人の再導入が図られた。1929-33年の大恐慌期にはふたたび排斥が強化された。このため、各国華僑は中国政府に居留国政府との交渉、華僑保護を求めた。この時期以降、中国政府と多くの中南米諸国政府との外交関係が樹立された。49年の新中国成立後、多くの中南米諸国が米国に追随して台湾と外交関係を維持したことから、台湾人が台中間の衝突を恐れて海外に逃避する際の主要目標地域、もしくはそこを経由して米国に入るための中継地域となった。中国との関係を各国が樹立後、大陸中国人の渡来が増加。今日では排斥よりも受入れ・利用が重要になった。
(游仲勲)

⊡排華法［中南米］, 中南米の華僑・華人, 華僑・華人政策［受入れ国］

[オーストラリア、ニュージーランド]
オーストラリアにおける華人系の人々への

排斥は、1850年代の▼ゴールドラッシュにともなう金鉱での中国人・白人鉱夫間の摩擦が反中国人の風潮を強めたことに始まる。とくに家屋の放火、財産の破壊などが行われ、200人をこえる中国人が被害、死者も出た57年のビクトリア州アララットとバックランドリバーでの暴動を皮切りに、金鉱近くの中国人集住地域で次々と排華暴動が発生した。60年のニューサウスウェールズ州レーミングフラットでの同様の事件、73年のビクトリア州での中国人金鉱鉱夫雇用反対集会、78年の中国人船員雇用反対運動、86年のクイーンズランド州での中国人菜園農家制限、96年のニューサウスウェールズ州、ビクトリア州での中国人家具職人締出し運動などが多発した。これらにより各地で白人による反中国人連盟が形成された。

ニュージーランドでも、金鉱で急増した中国人・白人鉱夫間の摩擦が豪州と同様の結果をもたらし、1881年に同様の中国人の上陸を制限する排華法が成立した。豪州での排華運動が伝わり、1925年にはホワイト・ニュージーランド連盟が結成された。　　　(増田あゆみ)

▷排華法［オーストラリア］、オーストラリアの華僑・華人、白豪主義

［持ち越される華人問題］

1979年から鄧小平が主導した中国の改革・開放政策は、アジア華僑(中国籍の華僑、現地国籍の華人を含む広義の華僑)の経済活動に新天地を開いた。華僑は元来イデオロギーを超越した「商才民族」であり、中国の全球化(グローバリゼーション)に乗じ、中国と国際経済社会を繋ぐ恰好の仲介者になった。91年12月ソ連邦の解体による東西冷戦の終結、国際的市場経済化は、中国と華僑の連携に拍車をかけ、皮肉にもアジア各地の華僑排斥感情(▼黄禍論)を際立たせた。

華僑への反感が根強いのは東南アジアの盟主を自任するインドネシアである。65年華人系のアイディット共産党書記長が指導したと伝えられるクーデタ未遂事件(▼9月30日事件)以来、インドネシア政府の華僑に対する警戒・規制は一貫している。インドネシア国籍を取得した華僑でも、身分証明書には「華人」と明記され日常生活で有形・無形の差別がある。90年華人大企業の経済支配批判を受け、株式の25％をプリブミ(原住民)共同組合へ譲渡するよう義務づけられた。94年4月スマトラ島北部▼メダンで発生した労働争議では華人経営者が殺され、略奪、放火があり、波紋はジャカルタまで広がった。99年5月アチェ特別州で分離独立を掲げる武装ゲリラ闘争が表面化すると、華僑が集団避難するなど、発火点は至るところに潜伏する。

華僑側も政府の政策を巧みに先取りしている。69年5月マレーシア反華僑暴動(▼5月13日事件)後の▼ブミプトラ政策で、華人の100％出資企業を禁止されると、マレー人の名義を借りて華人支配を継続する▼アリババ商法が横行した。宗教戒律が厳格でないフィリピンでは、華人が先住民系フィリピン人と偽装結婚して先住民として活動している。

97年タイを震源地とした金融危機で、華僑はバブル体質と逃げ足の早さを見せ、先住民の華僑不信感を逆なでした。日本や欧米投資の拠点になった当時のタイでは、華人が海外資金を不動産中心に投機目的で転がし、バブル崩壊が兆すや一斉に海外逃避したのである。この結果、バブル崩壊は華僑ネットを通じて瞬く間にインドネシア、韓国、香港などに拡大した。ルピアが売りたたかれたインドネシアでは、98年スハルト政権と大物華僑(▼チュコン)との癒着が白日の下にさらされ、国家経済を支配する大企業経営華僑と、政権維持のスケープゴートにされてきた一般華人との亀裂が21世紀に持ち越された。

(岡田臣弘)

▷ブミプミ優先政策
📖 岡田臣弘『21世紀の中国像』有斐閣、2001./岩崎育夫『華人資本の政治経済学』東洋経済新報社、1997./朱炎『華人ネットワークの秘密』東洋経済新報社、1995.

華僑・華人の富豪(かきょう・かじんのふごう)

中国系の富豪は、中国大陸は別として、香港、台湾、東南アジアに多く、米国その他の先進国でも増えているが、後発のため経済力は小さい。彼らの企業は、最大でも世界レベルでは中小企業で、彼らは多数の企業、財閥を所有することによって世界レベルの富豪となっている。宣伝・広告は企業についてなされ、有名企業の創業者・持ち主ということで企業人も有名になるが、世界的に見て中国系

の富豪の名があまり知られないのは、世界的な大企業がなく、企業について世界全体で宣伝・広告するということがないためである。

(游仲勲)

⇨ 華僑・華人の経済力, 華僑・華人の階層構成, 華人経営

『華僑華人百科全書』（かきょうかじんひゃっかぜんしょ）

1993年1月中国で出版の『世界華僑華人詞典』を細分化し詳細にした事典。同年11月同じく周南京を主編者として全12巻の編纂に着手、99年7月に社団政党巻が中国華僑出版社から出版（B5判770頁）、以後続刊中。他の11巻は総論、人物、経済、教育・科学・技術、新聞・出版、法律・条例・政策、歴史、著作・学術、社会・民俗、文学・芸術、僑郷。一部の『世界華僑華人詞典』項目がそのまま収録されているが、大幅に項目が増やされ、時期も新しい。

(游仲勲)

華僑・華人問題（かきょう・かじんもんだい）

マレーシアやインドネシアなど国内に多数の中国系人口をもつ東南アジア諸国において、現地住民と中国系住民とのあいだにみられる摩擦・軋轢をさす。東南アジア諸国には19世紀以来多数の華僑が居住していたが、第2次大戦後、東南アジア諸国の独立と中華人民共和国の成立のなかで、彼らに対して中国への帰属意識を捨て、新国家の一員とならせようとする圧力が強まった。この結果、華僑の「現地化」・華人化が進められたが、伝統的な民族対立感情に加えて、植民地時代から商業・流通に広く従事し、現在も経済的支配力の強い華僑・華人に対して、東南アジア諸国では反華僑・華人感情が強く、インドネシアの▼プリブミ優先政策やマレーシアの▼ブミプトラ政策のような政府レベルの反華僑政策からインドネシアの▼9月30日事件に代表されるような虐殺事件まで、さまざまな問題が生じてきた。華僑・華人問題は、東南アジア諸国の政権が支配維持のために中国系住民をスケープ・ゴートとして利用してきた側面も強くもつが、元来、多民族的な地域である東南アジア諸国において「国民国家」を成立せようとすることがもつ本来的な矛盾のあらわれでもあり、また、経済力をもつ少数派華人と貧しい多数派現地住民という階級的対立をも含むことから、容易に解消されない問題だといえる。この問題は、東南アジア諸国の全般的な経済発展や民主化による非抑圧的な政権への移行、そして、華裔世代の増加と彼らのより一層の「土着化」によって漸次的に緩和される可能性ももつが、一方で、香港、台湾、大陸沿岸部を含む東アジア中国系社会の発展や、これらの地域から世界各地に移動した新しい移民たちによって、巨大な経済力を背景とするゆるやかな華人ネットワークと新しい中国系アイデンティティが形成されつつあり、東南アジア華人もその一部として華人意識を強めていく側面ももつ。おそらく現実にはこの二つの過程が、華人社会内部の二極化を伴いつつ、並行的に進行すると考えられるが、国際的な華人ネットワークの拡大とともに、華僑・華人問題は「国民国家内部」の問題から「国民国家と華僑・華人」の問題に確実に変化してゆくといえる。

(森川眞規雄)

華僑・華人問題解決基本政策（かきょう・かじんもんだいかいけつきほんせいさく）
Hasil-Hasil Panitya Perumus Kebidyaksanaan Penjelesaian Masalah Tjina

インドネシアでスハルト体制下、1967年6月7日に公布、即日施行された、全文17条からなる対華僑・華人政策。同年4月28日付の内閣幹部会決定でスハルト大統領代行によって設置されたスナルソ准将を長とする華人問題解決／政策立案委員会が5月16日に提出した中間報告に基づいている。骨格は、外国系インドネシア人の改名奨励、華僑・華人の宗教・信仰・習俗の公の場での制限、外国人学校禁止と外国籍住民の教育・教化の奨励、▼華字紙は『印度尼西亜日報』のみに限定、術語としての「チナ（Tjina）」の使用勧告、華人問題特別スタッフの内閣幹部会内での創設（69年以降は国家情報局バキン（BAKIN）の華人問題調整局に移された）、華人の社会集団結成減退努力、58年の二重国籍法の破棄、村落部からの外国人の小売商排斥を意図した59年大統領令第10号の再活性化などである。華僑のインドネシア国民への編入を意図したスハルトの強権的かつ差別的華僑同化政策である。

(山本信人)

⇨ 二重国籍問題, 同化

設立年次別東南アジアの僑校数（1900～1930）

年代	ビルマ	その他英領	ジャワ	その他蘭領	フィリピン	仏印	タイ	その他	合計	（日本）
～1900	-	1	2	-	1	-	-	1	5	（-）
～1911	8	20	13	-	-	-	-	14	55	（3）
～1921	51	48	14	5	14	2	5	29	168	（3）
～1930	40	95	4	10	23	2	2	32	208	（2）
合計	99	168	33	15	38	4	7	76	436	（7）

出典：『南洋華僑教育調査研究』廈門大学南洋研究院・1935年（推定)、日本は概数：市川

華僑学校（かきょうがっこう）

　華僑学校（以下僑校と略称）には、大別して三つのタイプがある。第1は居留地・国で華僑が自ら子弟のために教育を行うもの。たんに母国語の習得を中心とした読み・書き・計算を教えるものから、中華思想＝民族教育を行う学校まで多様だが、おおむね初等教育機関である。第2は居留地・国で初級教育を受けた華僑子弟が帰国・進学するための受け皿として本国に設立されるもの。本国政府の設立にかかわる中高等教育機関が主流で、その典型は清朝末期に見られた。第3は華僑が郷里の教育レベルの向上に貢献するためのもの。

　第1のタイプのルーツは東南アジアに見られる。その設立の始期は、冊封体制下の▼南洋（東南アジア）交易に触発された私商人が交易基地を東南アジアの主要港市に設け、唐人町が形成された13～14世紀頃と推定される。ピークは▼辛亥革命後の1920年代の▼ナショナリズム高揚期。その背景には、1903年保皇派の▼康有為らが南洋各地の華僑を訪問、僑校の設置を説いてまわったこと、清朝政府が「華僑学堂規則」を制定、05年両広総督を派遣、南洋各地の僑校を調査し振興を訴えたこと、▼孫文に代表される革命派も華僑に民族教育の必要性を説いてまわったこと、などがある。僑校が設立されたのは英領が多く、蘭領、比島と続く（表参照）。日本では横浜、神戸、長崎の順に革命派、改革派、清朝政府派と異なる背景で開校。第2次大戦後は、相次ぐ植民地の独立にともなう新興国のナショナリズム台頭とネーション・ビルディングの過程で、僑校の存立そのものが否定される事態が生じた（インドネシア、インドシナ3国）。これに対し1955年のバンドゥン会議で周恩来中国首相は華僑教育政策として、「居留地の言語・文化・技術を習得し、現地に貢献する子弟の教育」を提言した。しかし僑校の存続を許されている所でも厳しい規制を受けている（タイ、マレーシア、フィリピン）。このような中で、高等教育設立の動きがシンガポールの▼南洋大学（60年代）タイの報徳善堂大学（90年代）などで見られた。規制の比較的緩やかな日本、韓国でも減少傾向にあり、居留国の僑校はいま転機に直面している。日本は終戦直後に11校を数えたが、現在5校に半減。ただ、バイリンガルとしての実用中国語教育が注目されつつある。

　第2のタイプとしては、1906年清朝政府によって孫文らの海外華僑工作に対抗し、独自の子弟を収容する学校として南京に設立された暨南学堂があり、清朝転覆後も18年国立暨南学校として復校。新中国でも58年国務院の批准を経て広州に▼暨南大学が再建され、64年国家教育委員会直属となった。また新中国成立直後の海外華僑子弟の大量流入への対応や、50年代のインドネシア華僑難民の大量引揚げに応じる僑校の新・増設に、新政府は追われつづけた。華僑子弟が帰国勉学するための補習学校が52年北京、53年集美、54年広州、59年スワトウ、60年には昆明、南寧、武漢の7か所に開設された。76年からの▼文化大革命期は僑校の受難期で一斉に休・廃校、80年以降の改革・開放で僑校は復権した。一方、台湾政府はゼロから出発、一貫して華僑子弟の帰国就学政策を推進、各種の優遇措置を講じたから、文革期の追い風もあって小・中・高・大の卒業生は推定5万人といわれる。

　第3のタイプでは、戦前から▼僑郷に僑校を設立する伝統が継続している。その典型はシンガポール華僑▼タン・カーキーで、1913年郷里の福建省同安県集美に小学校を創立した

のに始まり、17年2月女子小学校、18年3月師範学校と中学校、19年2月幼稚園、20年2月水産学院を開設、21年2月にはこれらを総称して福建私立集美学校と名乗った。特色のあるものでは、▼客家の故郷で知られる広東省▼梅県市に華僑の出資によって85年に設立された▼嘉応大学がある。客家研究所を有し、客家文化の資料収集を行っている。日本では神戸の麦少甫が戦前に郷里の▼寧波に建てた師範学校、戦後では神戸の▼林同春、熊本の▼林康治が郷里の福清に建てた中心小中学がある。小規模のものでは、日本華僑の林三漁による浙江省温州市にある専科大学の「愛国華僑・林三漁奨学金」、同じく陳学忠による海南省海口市の海南省立完成中学の科学館など。華僑の僑郷文教への貢献は枚挙にいとまがない。　　　　　　　　　　　（市川信愛）

㊂華僑補修学校、海南大学、集美学権
㊥張泉林主編『当代中国華僑教育』広州：広東高等教育出版社、1988./顧明遠主編『教育大典』4巻、上海教育出版社、1992．

華僑汽船会社 かきょうきせんかいしゃ
華僑輪船公司

1893年に設立された中朝合弁船舶輸送会社だが、実質的には在朝華僑と清朝官僚による合資会社。当時、日本商人による漢江-仁川間への進出と輸送独占に対して、華僑商人が同航路の利権と対中貿易ルートの確保のため、朝鮮駐在通商事務委員会（全権委員袁世凱）に中国貿易と華僑利権の保護を求め、結局、中朝合弁の形で資本金2.5億ドルで発足。船舶2隻、清政府が毎年3000ドルの運営費を補助し、同順泰貿易商行が運営の実権を握っていた。　　　　　　　　　　　　（涂照彦）

華僑救国聯合総会 かきょうきゅうこくれんごうそうかい
Federation of Overseas Chinese Associations

台湾の華僑関係反共救国運動推進組織。1952年10月21日に台北で開催された▼世界僑務会議により同30日正式に成立、秘書処は台北に置く。略称は僑聯会。第1回代表大会は57年10月21日に台北市中山堂で開催、36か国・地域から約300名の華僑団体代表が参加。大会は4年ごとに10月に開くことになっている。反共救国運動推進のほか、海外各地の華僑団体の連携強化、華僑事情の研究、華僑文教事業の奨励、華僑向けサービスセンターの設立を目的としている。　　　　　　　　　　（劉文甫）

華僑銀行グループ かきょうぎんこうグループ
Overseas Chinese Banking Corporation

▼シンガポール最大の華人企業グループで、グループ中核の華僑銀行は第2次大戦前に設立された名門企業。略称OCBC。華僑銀行は、1912年設立の華商銀行（Chinese Commercial Bank）、17年設立の和豊銀行（Ho Hong Bank）、それに19年設立の華僑銀行（Oversea Chinese Bank）の3行が、世界大恐慌による経営悪化の中で、32年に合併して誕生したもの。すでに設立時点で資本金1000万Sドル、総資産3800万Sドル、それに2000万Sドルを超える預金規模をもち、マレーシア、インドネシア、中国、▼香港、ミャンマー各地に合計17の支店をもつ東南アジア最大の華人銀行となった。前身3行にはシンガポール、マレーシアの多数の有力華人企業家が関与したが、華僑銀行創設の中心的人物はゴム事業家▼リー・コンチェンで、1930年代後半に同行の所有株式を増やし、華僑銀行を有力華人の共同銀行から、リー家の銀行へと変えていく。ただ、華人企業では珍しく所有と経営の分離が行われ、経営者には▼タン・チントゥアン、ヨン・プンハウ（YONG Pung How、楊邦孝）など外部の専門経営者が登用された。

企業グループの形成は1950年代、60年代に専門経営者タン・チントゥアンによってなされた。50年代にシンガポール、マレーシアで▼ナショナリズムが高揚すると、多くのイギリス系大企業は植民地での企業経営を諦めるか、生残り策として株式の一部を現地資本に売却する方針を打ち出した。当時タンは、イギリス植民地政府の総督代理、立法・行政評議会委員などを務めており、植民地政府との太いパイプを活かし、これらイギリス系大企業買収を精力的に進めたのである。この時期に買収されたおもな企業には、錫精錬のストレーツ・トレーディング社、ソフトドリンクのフレーザー＆ニーブ社、ビールのマラヤン・ブルアリー社（後にパシフィック・ブルアリー社に改名）、デパートのロビンソン社、保険のグレート・イースタン・ライフ・アシュ

アランス社、英字新聞のストレーツ・タイムズ社、自動車販売のウーン・ブラザーズ社、機械のユナイテッド・エンジニアーズ社などがある。これらの企業はシンガポール、マレーシア地域における各業界のトップ企業というだけでなく、各社それぞれ企業グループを形成していて、これにより華僑銀行は一躍地域最大の巨大企業グループとなった。このほかにも、シンガポール銀行（59年）、フォーシーズ・コミュニケーション銀行（73年）の買収を行い、本業でも銀行グループが形成された。87年にはグループ主要企業のフレーザー＆ニーブ社が名門食品スーパーのコールド・ストレッジ社を買収しているし、シンガポールの目抜き通りオーチャードの有名なショッピングセンターであるセンター・ポイントを経営するセンター・ポイント・プロパティーズ社もグループ傘下企業の一つである。

シンガポールには政府系企業グループや世界的に有名な多国籍企業が数多いが、華僑銀行グループの特徴は、イギリス植民地期から活動を始めた有力大企業を傘下に抱え、現在でもその規模を維持していることにある。ただ、ハイテク分野など新規産業への投資が少なく、経営は「保守的」だといわれる。そのなかで、本業の銀行業では積極的な海外支店開設がみられる。　　　　　　　（岩崎育夫）

㊁　リー・センウイ
㊇　Dick Wilson. *Solid as a Rock*. Singapore: OCBC, 1972.／岩崎育夫『シンガポールの華人系企業集団』アジア経済研究所、1990.

『華僑経済年鑑』かきょうけいざいねんかん

海外華僑・華人の経済活動に関する動向、情報を記述した中国語年鑑。1958年に台湾僑務委員会が初めて出版、59-69年に華僑経済年鑑編集委員会が、70年以降は世界華商貿易会議連絡組が、近年はふたたび僑務委員会が出版。世界経済情勢の回顧と展望のほか、アジア、アメリカ、ヨーロッパ、オセアニア、アフリカ別に各地の華僑・華人の経済活動を詳細に解説している。世界各国経済、各地の華僑経済のデータは、各国政府の公式統計を利用するほか、台湾当局の各国駐在出先機関や現地の華僑団体が提供した資料を使用。その点で統計数字は豊富、最近では統計表も統一的に表示されるように努めている。華僑経済と台湾との関連する動きも記述。世界各地の華僑・華人の経済活動を知るには最適の年鑑。　　　　　　　　　　　　　（劉文甫）

華僑興業会社　かきょうこうぎょうがいしゃ
華僑興業公司

1940年代前半、東南アジア華僑と福建省政府の「合弁」で創立された総合開発・投資株式会社。株は福建省政府側が出資する「公股」と華僑側が出資する「僑股」の2種類に分かれた。僑股は500万元の資本金の大半を占めた。僑股募集の責任者は顔子俊、陳済民、鄭玉書。農業、林業、漁業、牧畜、信託、融資、産業、交通運輸など、幅広い分野に及ぶ経営活動を計画したが、経営管理の問題や貨幣の平価切下げにより、南平付近の王台農場の経営にとどまった。　　（廖赤陽）
㊇『近代華僑投資国内企業史資料選輯（福建巻）』

『華僑志』かきょうし

台湾僑務委員会は1955年4月12日、台北で華僑研究の学者や専門家を招聘、華僑に関する資料を集める華僑志編纂委員会を設立、各国の華僑志を体系的に出版することにした。編纂委員会の主任委員は李樸生、編集長は祝秀侠。『華僑志』は総志と分志に分かれ、総志は華僑の歴史、人口分布、社団の組織と活動、文化・教育、経済事情、社会生活、台湾および世界に対する貢献、華僑政策の展開を記述。総志の初版は56年、改定版は64年（主任委員祝秀侠）、増訂版は78年（主任委員黄炯第）に出版。増訂版には50年3月から77年12月までの「海外僑情動態及僑務工作大事記」が付録として加えられた。分志は地域を基準に、日本をはじめ、韓国、タイ、ベトナム、カンボジア、ラオス、シンガポール、インド、ビルマ、マカオなど各地華僑の概況を記述している。　　　　　　　　（劉文甫）

華僑資本企業　かきょうしほんきぎょう

海外華僑・華人資本が中国に投資してできた企業。僑資企業ともいう。改革・開放後に大規模な対中投資を始めた華僑資本企業に対して、中国政府は外貨管理、外資系企業、法人税など一連の外国投資関連法の中で、華僑資本企業を外資系企業の一部として位置づけ、さまざまな優遇策を設けた。1990年に国

務院は「華僑と香港・マカオ同胞の投資の奨励に関する規定」を策定し、投資の分野、形態などの面で一般の外資よりも有利な条件を華僑資本企業に与えた。ただし、華僑資本企業に関して、中国政府は明確な定義や認定基準を設けたわけではなく、海外にある華僑・華人が所有する企業はすべて含まれる。また、外国企業の対中投資の拡大にともない、90年代半ば以降、華僑資本企業への優遇策が外資全体に拡大されたため、現在、華僑資本企業は外資系企業の中で大きなウェートを占めているが、政策上では一般の外資系企業として扱われている。　　　　　　　　（朱炎）

華僑事務委員会（かきょうじむいいんかい）⇨ 僑務弁公室（きょうむべんこうしつ）

華僑住宅政策（かきょうじゅうたくせいさく）

中華人民共和国成立後の政治運動の中で没収・占拠された華僑およびその親族が中国に所有する不動産の権利を回復するための政策。1950年代の土地改革、1963年からの四清運動（農村での社会主義教育運動）によって華僑の国内不動産が没収されたのに続いて、▼文化大革命期間中はいわゆる「海外関係」の罪名のもと、多くの住宅が占拠された。改革・開放政策後、政府は華僑の不動産権利回復に乗り出す。1978年、全国僑務会議予備会で占拠されている華僑住宅の返還が提議され、翌79年の全国僑務会議、第2次帰僑代表大会において▼廖承志副委員長は華僑の不動産所有権の保護と被占拠住宅の早期返還を強調した。82年4月、国務院▼僑務弁公室と国家城建（都市建設）総局の主催で北京において広東、福建など20都市の代表を集めて住宅政策についての討論がなされた。そして1984年には「華僑住宅政策を早急に解決することに関する意見の通知」が発布され、返還が促進された。これらにより79年から91年末までに、文革中に占拠された310万m²の住宅はすべて返還され、土地改革などによって没収された2301万m²のうち2200万m²（95.6％）が返還された。また、社会主義改造時期に奪われた住宅245.6万m²のうち216.3万m²（約88％）が返還された。ただし、すでに発生から数十年が経過し、かつ問題が複雑なため、なお600万m²もの華僑不動産が未解決となっている。歴史的に華僑は、国内の親族のため、あるいは老後帰国したときのために不動産を購入してきた。その意味で、華僑が有する不動産は華僑と故郷を繋ぐ役割を果たしてきた。奪われた華僑の住宅を返還することは、彼らを中国に繋ぎ止め、華僑投資を促す側面がある。　　　　　　　　　（帆刈浩之）

参 毛起雄・林暁東編『中国僑務政策概述』北京：中国華僑出版社、1993.

華僑城（かきょうじょう）⇨ チャイナタウン

華僑小説（かきょうしょうせつ）

▼馬華文学など▼華人文学の小説は、作者の関心の向かうところにより、現地の華人社会を描くものと中国社会を描くものに大別される。シンガポールの文学理論家▼方修はその著『馬華新文学及其輪廓』（1973年）で、前者を現地独自の文学、後者を僑民文学と概略大別した。南洋華僑の文学は中国の五四運動の余波として興ったものなので、前者は華人社会の消極面の暴露、反帝・正義への熱意、民族の融和などを主題とする現実主義文学に傾いた。

駝鈴の短編「下女」（1980年）では、華人公務員の家の女中である華人の「私」の受け持ちは、3人の子どもの面倒を看ること。もう一人の女中インド少女ラチミは、掃除、洗濯、皿洗い、庭の水まき、草取りまで受け持つ重労働。冷酷な華人主婦の下で働く2人の間には、皮膚の色の違いをこえて友情が湧く。ある日、子どもの積み木のお相手をしていたラチミは、倒れた積み木を拾おうとしたが、「まったくでかいなあ」という声に思わず見上げると、ソファに座っている主人の足許に近寄りすぎ、はずみに胸元の中まで覗き込まれていたのだった。翌日、ラチミは残りの賃金も貰わぬまま決然と辞めて帰っていった。使用人に対する主人の許しがたい侮辱には「私」も怒りを覚えるとともに、ラチミの潔癖な行動に対しては尊敬を禁じえなかった。作者は華人官吏一家の無教養を批判し、インド少女の毅然たる態度に共鳴している。梁良貫の短編「相識和不相識」（1976年）の主人公の「私」は、自宅の近くで始まった工事の現場の無秩序と騒音に悩み、華人業者の態度を憎むが、以前仕事をしてもらったマレー人の職人を思い出す。マレー人職人は優しく、壁に釘を打つのも人に断るほどだった。

「私」は来訪した友人に対してもそんな話をしたが、友人は、わずかの事例で華人・マレー人全体のことを律するのは誤りで、要するに相手のことを識っているかどうかによって、見方は変わるものだと言う。その後、華人の親方が溝に落ちた「私」の子どもを救ってくれたことから、急に親しさが増し、「私」の見る目もすっかり変わった。この２編は華人の健全な民族観を物語っている。

方北方の長編「樹大根深」（1984年）の主人公翁華仁は若年時代に南渡し、営々として労働し、ついに財を成し農園をもつにいたったが、第２次大戦後の動乱の中で死ぬ。しかしその子孫たちは数も増え、種々の困難も克服し、一家は巨樹のごとく根を張り葉を繁らせる。作者は華人の勤労生活を謳歌し、華人社会の堅実な精神を讃えている。韋暈の「還郷願」（1958年）の主人公古東老人は、若いとき妻子を残して一旗揚げるため南洋に来たが、その時期が第２次大戦に重なり辛酸を嘗め、すべてに失敗した。戦後に帰国船に乗ろうとして船待ちしている間に、病を得て死ぬ。華僑には故郷に錦を飾る者もいるが、人生に敗れて異郷に骨を埋める者の数ははるかに多い。この悲劇は多くの華僑の共感を得た。同じ作家の「浅灘」（1960年）は、戦争中に権力に近づき悪事の限りを尽くして栄耀栄華を極め、戦後も隠匿物資で財を成し、地方の華僑指導者におさまった悪党張鐸の一部始終を描いた。この作品の中で作者は、張の対極にある人物としてインテリ李金輝を描いた。彼は実直、臆病で、自分を陥れる友人と闘う勇気もなく、乱世に生き残る唯一の方法として、人のいない島に逃れて、荒地を拓いて自分だけの生活をする。作者は張に対置して李を描いたが、作家▼苗秀は、現実逃避の李の態度が悪党の存在を許す原因をつくるのだと、作者の筆致を批判した。原上草の「乱世児女」（1984年）は、マレー半島に住む華僑の若者たちが、戦争中彼らなりに難を逃れるべく日本軍支配下のマラヤを流浪する。ときには危うく日本軍の労務者にされかかったこともある。戦後は遠く離れた故郷を目指して下層大衆に紛れた旅をする。于沫我の「客」（1954年）は、商店主麦三の店に死去した旧友の息子が来て助けを求めるが、邪慳に拒絶する物語。謝克の「暗流」（1955年）は、バス会社の元職員が社長に協力するやくざの脅迫を受けスト破りに利用されたが、ストが終わると見捨てられる。それを見て怒った労組が、やくざを抑えて社長反対に立ち上がる。

（今冨正巳）

参 苗秀ほか編『新馬華文文学大系』全８巻，シンガポール：教育出版社，1970-71.

華僑商法 かきょうしょうほう ⇨ **華人経営** かじんけいえい

華僑商報事件 かきょうしょうほうじけん

1970年５月、フィリピン『華僑商報』社長・于長城、編集長・于長庚兄弟が台湾に引き渡され実刑に処された事件。同紙は1919年に小呂宋中華商務総会の支持を受けて創設、同兄弟の父・于以同が編集と経理を担当。日本占領期に以同は日本軍によって殺害された。第２次大戦後、兄弟のもとで復刊、フィリピンにおける発行部数第１位の▼華字紙に成長した。中華人民共和国を支持する立場をとったため、62年、68年の２回にわたってフィリピン政府は▼中国国民党総支部の要求に応じて兄弟を逮捕した。70年３回目の逮捕に遭い、台湾に身柄を引き渡された。中華民国の国籍放棄を声明した兄弟は死刑判決からは逃れたものの、それぞれ２年、３年の実刑判決が言い渡された。刑期満了後に兄弟はアメリカ、カナダに移住、86年アキノ政権下のフィリピンに戻り、同紙を『商報』に改名して発行した。

（廖赤陽）

参 梁上苑，1988．／楓楠，1990.

華僑資料 かきょうしりょう

華僑・華人研究は近現代の大きな、また魅力的なテーマであるが、独立の研究分野としての華僑学・華僑史というものはまだ成り立っていない。問題への関心は、送出側、受容側の双方にかかわる国民形成の経過として、あるいは国際政治、国際経済の協調のなかでの華僑・華人の寄与とその力量の展望として、あるいはこうした流れの前史、ルーツとして広がりを見せているが、一面では普遍性をもちながらも一面では特殊中国的な様相が随所にからむこの問題を、方法的、理論的に整頓する努力は萌芽状態にある。これを反映して資料の体系、史料学はまだ草創の過程にある。参考になる２著を挙げる。（Ａ）中国華

僑出版社（北京）で出版中の⌈『華僑華人百科全書』(1999年より)。これは全12巻を計画し、1.総論、2.人物、3.社団・政党、4.経済、5.教育・科技、6.新聞・出版、7.法律・条約・政策、8.歴史、9.著作・芸術、10.社区・民俗、11.文学・芸術、12.僑郷の項目を掲げ、各巻とも総論と地域別の各論を述べようとしている。これまで5巻、6巻、10巻、3巻、4巻の順で出され、7巻の刊行も近いとすれば、中国側での資料整理はおよそこの順でなされていると見てよい。(B) ⌈陳翰笙編⌉『華工出国史料滙編㊇』(北京：中華書局、1980-84年、10巻)は、1.中国官文書選集、2.英国議会文件、3.美国外交和国会文件選訳、4.関于華工出国的中外綜合性著作、5.関于東南亜華工的私人著作、6.拉丁美洲華工、7.美国与加拿大華工、8・9・10.(合冊)大洋洲華工、非洲華工、第1次大戦時期赴欧華工を収めている（呂芳上主編『清季華工事出国史料：1863-1910』中央研究院近代史研究所、1995年も参照)。この書は（テーマの性質もあって）外国（人）資料の抄訳を織り込んで全体像を復元する努力が見られる。A、Bを通じてわかることは、(1)中国側から提供され、総合的に全体像を示せる資料は、国内的には政府・外交文書、公私中国人の関連著述・研究書、雑誌・新聞・郷報、教育・学校関係、海外ではチャイナタウン、同郷・同業・信仰・社交などの諸団体の情報の分野で強く、人口とその構成、経済・貿易活動の情報でも年鑑に記録が充実している。(2)その反面、海外における歴史の復元、そして常民（一般庶民）としての華僑・華人の生活史、社会史、現地の文化・宗教への順応・同化、文化変容、文化帰属、アイデンティティ形成にまつわる資料では、AやBなどの努力にもかかわらず手薄なままである。

現地社会史関係の資料の筆頭に挙げるべきは口述（とくに古老の）記録の集成であり、すでにシンガポールなどでその資料館ができて、国際会議も行われている（P. Lim Pui Huen, J. Morrison, Kwa Chong Guan (eds.). *Oral History in Southeast Asia*. Singapore: Institute of Southeast Asian Studies, 1988）。日記、書簡の整理も重要で、さまざまなレベルの成功者の個人伝記、ライフヒストリーの海外での刊行が着実に増えている。日本の長崎華商の⌈『泰益号』、⌈『生泰号の商業帳簿ならびに書簡、⌈『函館中華会館の帳簿の整理ほか、海外各地における⌈『会館（公所、公会、総会など）、⌈『公司、⌈『善堂、医院などの規約、章程、会計録、年報、十年報の類、会員・役員の名簿、紀功碑、該地の電話帳・新聞広告、中華墓地（山荘）の碑文の整理、金融・通信機構（⌈『民信局）の記録、信仰と年中行事などは、華僑・華人の現地社会における状況を直接に知るために欠かせない。現地言語で書かれた華僑・華人文学、『三国志演義』などの通俗書が現地でどう訳され読まれているかも注目に値する。

経済・貿易・金融事情そして⌈『華僑送金、あるいは市民権法、移民政策については、19世紀末以後、近代統計や政府刊行物などの資料が各地域で整ってきたので知識は充実してきた。しかし、華工史はともかく、ルーツ史にあたる10～18世紀にわたる華僑活動史の資料整理は遅れていて、バランスのある華僑・華人史を描くために、また比較考察を推進するために開拓が望まれる。この点、9世紀このかた、⌈『渡来人、⌈『渡来僧の歴史、明・清時期の⌈『唐人、⌈『唐船、⌈『唐通事の長崎史料、⌈『安政開港以降の開港場の史料が充実している日本は例外中の例外である。東南アジアの古文献は貝葉系の植物繊維なので残存しにくく、いきおい華僑碑文集（タイ、マレー半島、インドネシア既刊）以外ではスペイン、ポルトガル、オランダ総督文書（仕分帳、商館長日記、一般政務報告など）、旅行記、イギリス王立アジア学会支部報告などを積極的に活用しなければならない。華僑史というよりは、アジアの海事史、海事交渉史、また環日本海史、環西太平洋史、沖縄の海事交渉史、あるいはこれにまつわる商品の国際分業関係、金融決済のネットワークの形成という視点からのアクセスや必要な資料学の整理が望まれる。近年、中国学者により、⌈『広東、⌈『福建、浙江などの華僑送出地域の地域発展史のなかに華僑活動が織り込まれるようになったことは、注目に値する。

（斯波義信）

華僑信用金庫 かきょうしんようきんこ ⇨ **神栄信用金庫** しんえいしんようきんこ

華僑崇聖大学 かきょうすうせいだいがく

1990年タイの「華僑報徳善堂理事長」ウテン・テチャパイブーンが、同善堂創立80周年記念事業として提唱、バンコク郊外に創設が決まったタイ最初の華僑大学。ウテンは1936年以来善堂の改革に取り組み、71年理事長に推されて以来運営中枢にあった。78年華僑医院の22階建て近代病棟を完成したのに続き、80周年記念事業として四つの分院建設と同時に大学設立を提案した。提案の動機は、彼が90年カナダで開催された第21回世界商会大会の討論に示唆を受けたためという。バンコクに全日制の総合大学を創設する提案は、理事会の賛成を得てただちに設立準備会を結成、自ら1億バーツを拠出、91年6月には26団体と個人で3億5000万バーツが集まった。当初、華僑医院付属華僑理学院を昇格させ3年以内に商学部と文学部を設け、文学部には華文学科をおく、タイ政府の基準に合う総合大学を目指したが、それ以上に実現した。「崇徳」とはタイ皇帝への感謝と尊敬を意味する。2000年3月現在、校舎は2か所、一つはバンコク市内の華僑医院内に看護学部、いま一つの校舎は郊外のバングナ・トラト・ハイウェイにあり、社会福祉、文学（英語、中国語）、工学、理学、薬学、経営（ビジネス）、情報科学、自然科学、厚生環境の9学部。学生数約5000人、教員は専任122人、非常勤110人。キャンパス面積は約22万m²。中国式校舎が並び名所となっている。

（市川信愛）

華僑青年交流会 かきょうせいねんこうりゅうかい

在日華僑・華人の青年男女の交流と出会いの場。以前にも同様のものが各地にいくつかあったが、1962年から京都普度勝会が主催する集いが恒常的に行われている。華僑の結婚については、中国人同士であることが理想とされ、とくに同郷人重視の観念が強かったが、実際には第2次大戦前から華僑男性と日本人女性との国際結婚が多かった。1960年代になると、華僑女性の配偶者に占める日本人男性の割合も高くなり、深刻な問題と受け止められるようになった。親族や知人のつてを頼りに相手を探す従来の方法は行き詰まりかけていた。61年9月、京都で開催された「旅日福建同郷懇親会で子弟の」結婚問題が議題となり、同郷人に限定しない青年男女の出会いの場として、毎年10月宇治「万福寺で行われる盆行事「普度勝会」を活用することが決まった。また、98年からは岡山や姫路の福建華僑が各地の華僑総会・同郷会に呼びかけ、毎年全国規模の華僑青年交流会が各地で開かれている。

（曽士才）

⇨普度

華僑青年聯歓節 かきょうせいねんれんかんせつ

1956年から68年まで開かれた在日中国人青年の祭典。56年5月、日本生まれも含む中国人留学生によって組織された留学生同学会（同学総会）成立10周年を記念して、東京で華僑青年聯歓節（友好祭）が開催され、日本全国から600人余りが参加した。これを受けて、全国各地に華僑青年聯誼会などの青年組織が出現、以後この聯誼会が聯歓節開催の主催者となった。68年に横浜で開かれた第10回でその役割を終えた。その成功を受けて、66年から旅日華僑少年聯歓節も開かれた。

（游仲勲）

華僑節 かきょうせつ

華僑日ともいう。1952年10月21日、35か国から308名の華僑が出席した第1回世界僑務会議が台北で開催された。会議では曹挺光、黄伯耀ら7名による「華僑節」の制定を政府に要請する提案が可決された。行政院は1953年7月、正式に同年10月21日を第1回華僑節として承認した。

（劉文甫）

華僑総会 かきょうそうかい

華僑の団結と生活を守るために第2次大戦後、日本各地で誕生した自治組織。当初は華僑聯合会の名称を用いる組織もあった。1945年10月に成立した神戸華僑総会が最初にできた組織で、会員は大陸出身華僑であった。46年11月には台湾出身者（戦前は日本国籍）の組織、「台湾省民会と合併して、改めて「神戸華僑総会が組織された。神戸華僑総会成立後、東京、横浜、大阪などの順に全国42か所で相次いで結成された。同時に、各地の華僑総会を網羅する全国組織として中華民国留日華僑総会が46年4月熱海で結成された。その後、49年に中華人民共和国が成立すると、政治的立場の違いから、華僑内部は大陸支持と台湾支持に分かれた。大陸支持の組織の多く

は華僑聯誼会と名乗り、72年日中国交正常化後に華僑総会と改称した。台湾支持の組織の多くは引き続き華僑総会と名乗っている。現在、大陸系も台湾系も都道府県別に華僑総会があり、▼東京華僑総会(大陸系)や留日東京華僑総会(台湾系)のように組織名に地名を冠している。なお、台湾系では▼大阪中華総会のように中華総会の名称を用いる組織も多い。また、各地の華僑総会を繋ぐ全国組織として、大陸系では▼留日華僑聯合総会(99年まで各地の総会の連絡協議機関としてあった▼留日華僑代表会議が発展的に改組したもの)があり、台湾系では▼日本中華聯合総会がある。

発足当初の華僑総会の大きな仕事は、連合国国民である中国人に実施された食糧などの特配の申請や配給、大陸からの▼強制連行者と台湾の軍属、徴用工の送還問題、生活困窮の華僑に対する救済活動などであった。その後も華僑の福利厚生や権益保護、本国の在日公館や日本の役所との折衝など重要な役割を担っている。しかし、大陸系と台湾系とでは会員のメンバーシップに違いがある。大陸系華僑総会では中国国籍を保持する者だけが会員となるが、台湾系では日本に▼帰化していても会員として認められている。 (曽士才)

華僑送金 かきょうそうきん

華僑・華人、とくに前者が、家族・親族、故郷、さらには広く中国に送る各種の送金(中国語で「僑匯きょう」=正確には華僑送金為替の意)。旧中国では貿易収支は大幅な赤字で、それを埋めたのが華僑送金だった。それをめぐって、華僑と香港・中国の送金業が、また批局、信局、▼民信局(いずれも送金機関)、銭荘(両替を本業とし銀行業を兼ねた)、銀行などの各種送金取扱機関が発達した。新中国成立後も僑匯は大きな役割を果たし、政府は1962年から僑匯証を発行して物資購入で優遇した。極左化を強めた66、67年の▼文化大革命時には、僑匯を受け取るものは「ブルジョア的」といって迫害され、物資の優待制度も66年8月に廃止されたが、今日では大きく変化した。僑匯証も78年4月復活。住宅購入・建築でも優遇され(80年3月)、家族扶養用送金は80年10月から所得税を免除された。

だが近年、貿易構造の変化による輸出超過や、外国投資の増大による外貨準備高増が生じる一方、故郷に家族・親族を置き送金の主たる担い手だった一世華僑の減少により、華僑送金も減少した。

かつては華僑送金は、中国に残した家族・親族を扶養するための国許送金または扶養送金(「唐人批」とも呼ばれた)が大部分だった。これに対して、同族・同郷人のための▼廟や学校、道路、橋梁、その他の建造・運営のために贈与・寄付として送られる、いわば献金的な愛郷的愛国的送金がある。日中戦争時には、東南アジア華僑を中心に多くの献金が寄せられたが、これはその一種である。さらには、金儲けをするために送られる投資送金もある。新中国成立前、福建省晋江県石獅鎮の例では、広義の生活用95%、地方公益事業3%、工商業投資2%、新中国後では福建省の例で、広義の生活用90%、公益事業と投資合わせて10%だった。これは目的別の種類だが、送る方法についてもいくつかの種類がある。たとえば、海外からの一時帰国時に直接現金を手渡す場合もある。現金ではなく、実物でなされる場合もある。実物についても、送るか携帯かの区別がある。1960年代初期の大災害時には、実物で大量のものが送られた。▼香港経由が多く、同地そのものからの送金もあって、香港が華僑送金業の重要拠点である。

長期的に見て送金の増減を決める要因としては、(1)中国に送金したいと思う華僑・華人の動機、(2)その送金能力、(3)居留国と中国の政治経済情勢などがある。文化大革命時には(3)が大きく影響、香港を通じる送金は30%も減ったとみられている。(1)からして、今日では国許家族の経済力向上により、扶養送金よりも、華僑なら愛郷的愛国的送金、華人・華裔なら投資送金が重要となりつつある。(2)からしてもそうである。アメリカ、カナダ、オーストラリアなどが家族合流移民を優遇したのも、扶養送金の重要性を減じた。このため、とくに投資送金が重要であるが、そこでは現金や実物だけでなく、経営者能力、ノウハウなどの企業経営に必要なもの全体を含むパッケージ的輸出が重要となり、もはや華僑送金の範囲内に収まらない。儲からなければ

いつでも撤退し、投資送金というよりは、文字どおり華僑・華人投資である。

華僑送金の額については、旧中国時代は統計が整備されていなかったこと、新中国になっても公表されないことなどから、はっきりした数字は不明だが、▼厦門(アモイ)大学南洋研究院の▼林金枝教授の研究によれば、1864年から新中国成立直前の1948年までの華僑送金額は35億1000万ドル、うち投資額は1億2800万ドルで、全体の3.65％だった。1864-1980年の100年余りで送金額約108億ドル、うち3分の2は新中国成立後である。　　(游仲勲)

㊂民信局，建築僑匯
㊨游仲勲『東南アジアの華僑』アジア経済出版会，1970.／同「研究ノート，旧中国時代の華僑本国企業投資」Ⅰ-Ⅲ『国際大学大学院国際関係学研究科研究紀要』3，4，6，1985-1986.

華僑大学 かきょうだいがく

華僑・華人青年の育成を主旨として、福建省泉州市に1960年に創立された国立総合大学。初代学長は▼廖承志、現在の名誉学長は葉飛、学長は呉承業。「海外に向け、▼香港・▼マカオ・台湾に向け、▼経済特区に向け」が基本教育方針。理・工・文・商・法・旅遊・芸術など14学院・23学科、32実験室、29研究所、および成人教育学院、華文教育センター、進学予備別科など設置、教職員数1500余人、全日制の学生数7300余人。　　(廖赤陽)

㊨『福建省志・華僑志』／『中国高等学校大全』／『華僑大学30年』

『華僑大辞典』 かきょうだいじてん

2000年5月、台北で出版された華僑関係の大事典。1942年成立の華僑協会総会が発行所、販売は正中書局。89年に編集委員会が組織され、高信総理事長が委員会主任委員、黄乾委員が総編集に就任。しかし紆余曲折があり、実際に発足したのは94年、死去した高信に代わって理事長となった張希哲が主任委員に。97年5月の総会55周年完成を目指したが、遅れて99年3月編集完了。歴史・文化、社団、学校、経済、著名人、その他の六つの細目からなり、数千項目を含む。全巻997頁。
(游仲勲)

華僑帳簿 かきょうちょうぼ

第2次世界大戦まで▼華商が伝統的に用いてきた収支簿記。記帳の様式、用語に地方差はあるが、▼アモイ式簿記が広く用いられている。伝統的簿記法は金銭の収支関係につき、資産、負債、資本に関するあらゆる取引を計算、整理する方法であって、現実に金銭収支のある取引も金銭収支のない取引もこれに従う。ただし収支用語の概念は、日常の家事の会計および国家財政における会計経理法と等しく、会計の主体をなす企業の立場からの主観的会計経理方法といえる。西洋の貸借簿記法において勘定項目を主体とする客観的会計経理方法に従うのとは基本的に違う。▼アモイ出身の長崎華商▼泰益号の簿記史料(1907-34年)はこの伝統的収支簿記法で記帳し、形式的には複式簿記の二重記録をしていて、資産負債表と損益表の二重決算の機能をもつ中国式の複式簿記の実例である。
(許紫芬)

㊂結彩豊盈
㊨山岡由佳，1995.

華僑投資 かきょうとうし

華僑・華人の中国本国への投資。華僑本国投資とも称する。歴史的には、清末から新中国成立直前まで、新中国成立から▼文化大革命開始まで、文革期、改革・開放政策実施以後の4段階に区分することができ、新中国成立後は誘致主体をもとに区分すれば、共産党政権の中国大陸と国民党政権の台湾とに分けることができる。

1862年から新中国成立直前の1948年まで、▼華僑・華人の対中投資は1億2800万ドル、2万5700件余り、うち広東省55％、福建省約20％、上海15％。業種は華南では不動産、上海では工業のウエイトが高かった。同時期の35億ドル強の対中送金と比べるとはるかに少額である。同時期・同地域の国内民族資本による投資と比べれば、広東省では40％、福建省50％、上海10％、全国平均5％と大きなばらつきが見られたが、主要▼僑郷の華南地域の経済発展に大きく貢献した。

第2段階では、大陸においては資本主義商工業に対する社会主義改造の影響もあり、▼国営華僑投資会社向けの愛国的投資の形で1億ドルの投資がなされた。しかし文革期間中はいわゆる極左路線の影響で皆無だった。本格的に再開し、急増を見せたのは、改革・開放政策実施後である。台湾に渡った国民党

政権も外資導入にあたって、海外華僑・華人資本誘致に焦点を絞り、そのウエイトは50年代から70年代までの間、外資受入れ件数の50％以上、送金額の30％以上に達した。

両当局とも華僑・華人資本誘致のためさまざまな優遇措置を採った。中華民国政府は1929年から、安全の保障、投下資本と債権の利子保証、補助金の支給などの「華僑帰国興弁実業奨励法」を優遇策として実施（48年12月修正）してきたが、55年1月には、(1)開業後10年間は徴用禁止、(2)現物出資の許可、(3)満2年後海外送金の許可、(4)基準を満たしたものへの営利事業所得税免除などからなる「華僑帰国投資条例」(22条)を発表、60年、83年、85年にはさらに優遇条件を加え修正した。

大陸側も何度か政治運動の影響を受けながら華僑投資優遇措置を制定し、海外華僑・華人資本の誘致に努めた。55年8月、農林牧畜業開発優遇措置として、(1)土地の使用権と合法的経営権の国家保障（使用期限20～50年）、(2)個人経営、私的資本による共同経営、公私合弁など多種経営様式の容認、(3)一定の使用料、農業税納付などを内容とする「華僑申請使用国有荒山荒地条例」が可決されたが、これらは次年度から始まった生産所有制の社会主義改造、度重なる極左的政治運動により空文化された。そのなかでも57年8月、8％の投資利益率の保証、投資利益の半分を上限に海外への送金許可などを内容とする「華僑投資国営華僑投資公司的優待弁法」が発表され、一種の国有投資信託会社の形態を通じて、華僑・華人資本を吸収、国内経済開発に運用した。

文革の空白期を経て、経済開発資金の不足を補うべく外資誘致に乗り出した中国は、最初の開放試験地として、華僑・華人の主要出身地に▼経済特区を設け、華僑・華人資本による直接投資を促した。多数の外国企業投資奨励規定が発表され、▼三胞資本特別奨励措置（88年6月「台湾同胞の投資奨励に関する国務院規定」、90年10月「華僑、香港・マカオ同胞の投資奨励に関する国務院規定」）も制定、民族感情に訴える反面、居住国の政治状況に配慮した現実的な誘致姿勢を見せるようにもなってきた。

両岸ともに受入れ外資に占める華僑・華人資本の比重が低下しつつあるが、台湾側では情報関連産業における北米留学・移民組による創業・投資がきわめて重要な役割を果たす一方、大陸側では受入れ外資中の大陸外中国系資本の比重が依然として50％超と見られ、基幹産業における大型投資にまで直接投資の形で参入しており、感情投資の段階からビジネスライクの投資が中心を占めるようになった。

(王効平)

⇨ 華僑送金、三資企業

📖 林金枝「海外華僑・華人在中国大陸投資歴史的回顧和展望」『南洋問題研究』1991年1号，厦門大学南洋研究所. ／中華民国僑務委員会編『華僑経済年鑑』台湾：1994年版；1995年版. ／王効平「華人系資本の対中投資」『華僑・華人経済圏の動向分析』(財)国際東アジア研究センター，1993.

華僑同胞 かきょうどうほう ⇨ 三胞 さんぽう

華僑農場 かきょうのうじょう

一般には中国内外に設けられた華僑の農場をいうが、中国では主として難民華僑（難僑）を含む▼帰国華僑（帰僑）のために国内に作られた国営農場を指す。最初1950年代に英領マラヤ植民地当局から追放された難僑のために、広東省の興隆（後の海南省）、陸豊、花県、珠江、福建省の北硿、雲霄常山などに設置。最初は集団農場として設置されたものも、56年の社会主義改造期に国営農場となった。海南島の興隆は52年に万寧県で設立。86年の帰僑・難僑1万0130人。陸豊は52年に帰僑頂埔集団農場として、花県は55年に華僑集団農場として、珠江は51年に東莞県（後に番禺県に移る）に万頃沙華僑集団農場として創設。北硿華僑茶果場は54年に永春県に設立、59年9月末までに230人の帰僑、69年9月までに延べ2405人の帰僑・難僑を収容。雲霄常山は雲霄県に53年創設、59年9月までに帰僑602人、69年9月までに帰僑・難僑延べ4870人を受け入れた。60年代、70年代にインドネシア、ベトナムで華僑・華人排斥事件が発生、30万人が帰国した。福建省の華僑農場（一部一般の国営農場を含むが、最も有名なのは▼武鳴華僑農場）が60-65年に収容の難僑は1万9253人、69年9月まででは延べ2万3678人。78-79年に福建省の華僑農場が収容の難

僑は1万9693人。華僑農場が最も多い広東省では、78年以降ベトナムからの難僑10万人以上（中国全体で27万人）、うち華僑農場に8万人以上を受け入れた。84年当時、広東、福建、広西、雲南、江西、吉林、河北などの省・自治区に全部で86の華僑農場、288の農場経営工場、15の独立採算工場があり、その人口59万3000人、うち帰僑・難僑は22万3000人。土地面積は304万km²、小・中学550校、生徒13万人、病院・診療所473か所。85年、共産党中央と国務院は国営華僑農場について、過去の中央・省僑務部門による管理・指導体制の地方主導への転換を決定した。90年代末には華僑農場でも経済開発区の形成が見られる。
(山岸猛)

▷難民、泉州双陽華僑農場、武鳴華僑農場
▣王京治主編『僑務知識手冊』北京：中国華僑出版社，1989.／『福建省志・華僑志』／『広東省志・華僑志』／『華僑華人僑務大辞典』

華僑福利合作社　かきょうふくりがっさくしゃ

1947年10月、▼王昭徳、▼陳義方ら台湾省出身の有力華僑が中心となり、141名の出資によって神戸市生田区（現中央区）栄町通2丁目に設立された金融組織。のちに52年6月華僑信用金庫へと発展し、さらに78年9月▼神栄信用金庫と改称された。戦後各地に華僑による合作社や信用組合が設立されたが、唯一神戸の合作社だけが信用金庫に発展した。戦後日本の金融機関が華僑に対する融資に消極的であった時代に、華僑自身による近代的金融機関が設立された意味は大きい。　(陳來幸)

華僑文教サービスセンター　かきょうぶんきょうサービスセンター
華僑文教服務中心

中華民国▼僑務委員会は1985年から海外各地に「華僑文教服務中心」をおき、中国文化の伝承とその広報に努めている。センターは華僑に集会の場所を提供するとともに、(1)中国語、中国文化研修のクラスを設け、教材を無料で配布し、(2)華僑団体の組織強化を図るため、親睦会、講演会、座談会などを行う、(3)図書室を設けるほか、インターネットを通じて、「全球華商資訊網」「全球華文網路教育中心」「中華函授学校」「海外華僑文教服務中心」「海外華文報刊資訊站」「華人地球村」「宏観電子報」などの情報を提供する、(4)文芸作品を展示する「海華文芸祭」ほか、年に

1度のスポーツ大会「海華体育祭」を挙行する。現在ではサンフランシスコ、ロサンゼルス、▼シアトル、▼ヒューストン、シカゴ、ニューヨーク、アトランタ、ボストン、トロント、ロンドン、パリ、▼シドニー、▼メルボルン、バンコク、マニラなど16か所に設置されている。
(許紫芬)

『華僑報』　かきょうほう
Journal "Va Kio"

1937年11月創刊のマカオ第2の▼華字紙。香港『華僑日報』社長岑▽維休が、趙斑斕と雷渭霊を▼マカオに派遣して創刊させた。現社長は2代目社長趙汝能の寡婦鄭秀明。創刊当時から比較的公平な報道をしており、中立的だといわれてきた。紙面の充実度や発行部数で一時は▼『澳門日報』に匹敵していたが、現在は大差をつけられている。香港、珠海、中山、広州でも発売されており、台湾やアメリカでも定期購読されている。(宜野座伸治)

『華僑報』　かきょうほう

▼東京華僑総会（大陸系）の機関紙。1948年に創刊、最初は中国語・日本語の両国語版が発行され、全4頁中1頁が中国語だった。のちに、全頁日本版に改められ、2頁、旬刊、毎月5・15・25日発行となった。発行部数は5000部。90年代の編集責任者は当時東京華僑総会副会長の殷秋雄だった。読者は主として東京華僑総会の会員と在日華僑・華人。日本の華僑・華人社会に占める同総会の地位の高さからして、在日華僑・華人の代表的な新聞といえる。内容は中国の政治、経済、文化などの最新のニュース、日中関係、在日華僑・華人の最新情報など。「戦後華僑・留学生運動史」を特別連載したが、長いので一部はすでに1冊にまとめられた。すでに1500号に近い。広告も掲載され、紙面の約4分の1程度を占める。
(游仲勲)

▷『戦後華僑・留学生運動史』

『華僑報業史』　かきょうほうぎょうし
Huaqiao baoyeshi

海外華僑の新聞業について論述した単行本。馮愛群の編著で、台湾の台湾学生書局から1967年に出版。11章からなり、海外華僑新聞の分布状況、100年来の香港華僑新聞、多難なインドネシア華僑新聞、変わるシンガポ

ール・マレーシアの華僑新聞、立場の明確なベトナム華僑新聞、アジアのその他の地域の華僑新聞、および北米や欧州、豪州における華僑新聞の状況などが紹介されている。世界五大陸の華僑新聞をカバーしているものの、国民党系の新聞に偏重している傾向がある。

(西澤治彦)

㋱ 華字紙
㋱ 『世界華僑華人詞典』

華僑報徳善堂 （かきょうほうとくぜんどう）

タイで最古・最大の華僑・華人慈善団体。1897年、潮州の潮陽出身者が故郷で信仰されていた宋大峯祖師の像を持参し信仰が始まる。当時バンコクで流行していた疫病の被害者を信者が率先して葬ったことが慈善活動の出発だった。1911年、▼ホン・テチャワーニットら当時の華僑社会有力者の手で報徳堂と名づけられた▼廟が建立される。37年、華僑報徳善堂の名でタイ政府に正式登録。ホンから現董事長の▼ウテン・テチャパイブーンまで、例外なく華僑・華人社会のトップが善堂の指導者を務めた。当初は華僑社会や中国国内を対象としたが、現在ではタイ社会全般に拡大。タイ全土に展開する救急救護隊や移動医療隊が典型例。総合病院、看護婦学校、ラジオ局、共同墓地などをもつ。91年には創立80周年を記念し、ウテン・テチャパイブーン、▼タニン・チョウラワノンら華人有力企業家の募金を基金にバンコク東郊に総合大学を目指す▼華僑崇聖大学を創設した。

(樋泉克夫)

華僑北伐後援会 （かきょうほくばつこうえんかい）

国民政府が軍閥支配に抗して行った北伐に対し、華僑が結成した支援組織。1926年、▼広州で正式に成立した。北伐に要する軍費など経済的支援、北伐の政治的意義の宣伝、前線の兵士の慰労などを主たる目的として活動した。海外諸地域に500余りの分会が設立され、会員は100万人をこえた。各地分会を通じて、26年だけで100万元以上の資金が寄せられた。宣伝活動に応じ、中国に帰国して直接北伐戦争に参加する華僑も続出した。

(松本武彦)

華僑補修学校 （かきょうほしゅうがっこう）

華僑・華人や▼香港、▼マカオ・台湾からの中国人子弟、▼帰国華僑・華僑親族（▼僑眷）などが勉学・進学するために中国政府が設けた補修学校。1952年北京、53年福建省集美、54年▼広州、57年▼スワトウ、60年昆明、南寧、武漢の7か所に開設、国務院▼僑務弁公室所管。▼文化大革命以前はほぼ毎年1000人余りが入学。当時は華僑・華人子弟のみ。文革中の閉校を経て、78年以降随時復校したが、82年の「工作会議」の決定で北京、集美、広州の3か所に集約。海外一般研修生にも中国語、中国文化、武術、音楽、舞踊、針灸の学習を提供。北京の場合、学習班は短期と長期、初級・中級・高級に分け、毎年9月と2月に学生を募集。

(市川信愛)

㋱ 集美学村

華僑問題研究室 （かきょうもんだいけんきゅうしつ）

中華民国国民政府▼僑務委員会の下に置かれた華僑問題の研究機構。1942年5月重慶で設立。主たる研究対象は、諸国の移民関係の法令、華僑の経済、文化と教育事業、華僑の組織団体、華僑史および僑務活動など。抗日戦争勝利後、南京に移った。さらに49年台北に移ったが、53年10月中国僑政学会が設立され、その研究を引き継いだ。

(過放)

華僑問題研究叢書 （かきょうもんだいけんきゅうそうしょ）

台湾の華僑協会総会は1959年、華僑問題の研究と海外華僑の文化教育事業を強化するため、華僑文教事業委員会を設立した。主任委員の張希哲を中心に、高信、李樸生、祝秀俠、梁子衡ら十数人の学者が「華僑問題研究叢書」の出版を企画したが、資金不足で、5冊の叢書を出版したのち、中断。叢書はいずれも63年に台北の正中書局から出版された。すなわち、(1)『五十年来的華僑与僑務』(李樸生・黄珍吾ほか著)、(2)『華僑政治生活』(梁子衡著、97年に改訂版)、(3)『華僑史論集』(李東海・許雲樵ほか著)、(4)『美国華僑史略』(孫甄陶・張希哲共著、97年に増補、書名を『美国華僑史略与美国華僑社会之発展』と改名)、(5)『華僑与抗日戦争論文集』(上・下2冊)。

(劉文甫)

華僑抑留所 （かきょうよくりゅうじょ）

第2次大戦中、日本軍占領下のインドネシアで華僑は、▼中国国民党や▼中国共産党を支持して▼抗日運動に参加した経歴のある「敵性」華僑と、そういった政治性のない「非敵

性」華僑に分類され、前者とみなされた者は敵国人としての扱いを受け、オランダ人らとともに抑留所に身柄を拘束された。一方「非敵性」とみなされた者は、日本軍への忠誠を宣誓して外国人登録を行えば、自由な市民として生活することが許された。華僑の抑留所（集中営）は、当初は北スマトラのプマタンシアンタル（華僑抑留者90人）、西ジャワ北海岸の町セラン（同約600人）、そしてバンドゥン近郊のチマヒなどに作られたが、このうちセランの抑留者はまもなく全員チマヒに移された。チマヒ抑留所は、33か国の敵性国人（計約9500人）が収容されていた大キャンプで、ここでは全員強制労働に従事させられた。日本の降伏後1945年8月27日に解放された。またシアンタルの抑留所では約半数の抑留者が死亡したが、ここも45年9月1日に解放された。 (倉沢愛子)

📖 Nio Joe Lan. *Dalem Tawanan Djepang*. Djakarta-Kota: Lotus Co., 1946.

華僑予備軍 かきょうよびぐん

華僑となる可能性を秘めた候補生。予定終了後も定住を続ける留学生、研修生、労務輸出の労働者などもそうだが（準華僑とも呼ぶ）、中国では、市場経済の農村への浸透により求職者が排出される一方、雇用先不足のため失業者の一部は海外に向かう華僑予備軍となる。開発が進むほど失業者が増え、国有企業・金融・行政三大改革によるリストラ、WTO加盟によるいっそうの市場経済化、一人っ子政策や戸籍制度の緩和、西部大開発などによって予備軍は増大しよう。 (游仲勲)

⇨ 不法移民，盲流

華僑聯合会 かきょうれんごうかい

▼辛亥革命による清朝の崩壊と中華民国の成立に対応して、急遽東南アジアや日本から帰国した華僑が上海で結成した組織。各地華僑社会における革命・共和制支持の動きを集約して、1912年3月に正式発足。▼孫文らの支持を得て、実業振興などによって民国の建設に参加するとともに、中国における華僑の政治的発言権の確保を目指した。東南アジアの華僑社会と関係の深かった汪精衛が会長となった。機関誌『華僑雑誌』を刊行。

(松本武彦)

霍英東 かくえいとう 1923-
Henry FOK Ying-tung

香港の代表的華人財閥グループの総帥。不動産王。裸一貫から身を起こし、一代で莫大な財産を築いた立志伝中の人物。香港の水上生活者の家に生まれる。家が貧しかったうえ、7歳のとき船の転覆事故で父親を亡くしたため、早くからボイラー工や自動車修理工として働かなくてはならなかった。1945年はしけによる水上輸送業を始めたが、朝鮮戦争が一大転機となった。西側諸国の禁輸政策で物資不足に陥った中国に香港の戦争余剰物資を運び込み、短期間に巨額の利益をあげることができたのである。54年立信置業有限公司を設立して不動産業に進出。さらに霍興業堂置業有限公司や有栄有限公司などをつくり、不動産業のほか海運、ホテル、賭博などに手を広げた。中国の全国人民代表大会常務委員や人民政治協商会議全国委員会副主席などを歴任した。中国に対する寄付も積極的で、84年から93年までの10年間にスポーツ振興などの名目で15億HKドル以上を贈った。

(戸張東夫)

📖 曹淳亮主編『香港大辞典・経済巻』広州：広州出版社，1994．

学縁 がくえん

同じ学校の卒業生や学生の親、または同じ教育程度や同じ地域での勉学歴などを通じて結ばれた華僑・華人のネットワーク。学縁（同学）は、地縁（同郷）、血縁（同族）、業縁（同業）、神縁（同一宗教信仰）と並んで五縁と称されることもある。1980年代以降、伝統的な三縁（地縁、血縁、業縁）社会の弱体化、留学生を主とする新移民の大量発生にともなって、▼老華僑・▼新華僑の社会のいずれも、学縁の重要性が増している。たとえば、シンガポールの▼南洋大学（1956-80年）の全球校友会は学縁組織の一つ。かつての華文教育センターである同大学は世界各地に1万2000人の卒業生を抱え、シンガポール、マレーシアの各分会を中心に、毎年盛大な例会を行っている。日本では、神戸、横浜（2校）、東京、大阪の5つの華僑学校も校友会と家長会（PTA）を組織している。なお、新華僑の学縁組織は、地縁や業縁を重ねるケ

ースが多い。たとえば、在日遼寧留学人員聯誼会は日本に就職した特定地域出身の元留学生の組織であり、中国留日同学総会、日本九州地区在職中国留学人員聯誼会などは事実上、日本就職者の業縁組織である。　（廖赤陽）

㊀神戸中華同文学校校友会，横浜中華学院校友会，横浜中華学校校友会

郭克明 かく・こくめい 1900-75
KWEE Kek Beng

インドネシアの華人ジャーナリスト、作家。ジャカルタ生まれ。オランダ語による教育を受け、1925-47年マレー語紙『新報』編集にかかわる。その間、▼朱茂山らと「華人民族主義」の立場を堅持して新報集団を形成、オランダ国籍法、植民地政策に反対し、華人のインドネシア民族主義運動への参加を主張。『暴風雨中の中国』(オランダ語)、『独立への路』(インドネシア語)を著して中国を紹介、抗日戦争を宣伝した。50年インドネシアに帰化。　（張祥義）

郭瑞人 かく・ずいじん 1905-95
GUO Ruiren

▼帰国華僑実業家。福建省▼泉州市生まれ。厦門ア禾山商業学校中退後、1925年にインドネシアに渡りスマトラで店員となり、34年からシンガポールで商業に従事、振亜公司代表取締役、ジャカルタ公大行有限公司代表取締役などを歴任、51年に帰国、福建省に定住した。52年に福建華僑投資公司を設立、副社長、社長となる。78年から全国帰国華僑連合会副主席、福建省副省長、全国政治協商会議委員、全国人民代表大会代表などを歴任した。　（劉暁民）

郭嵩燾 かく・すうとう 1818-91

中国初の海外駐在公使。1875年初代中英公使となる。76年、華僑の保護と華僑事務の処理を行う領事館をシンガポールに設置するよう清朝政府に建議。ペルー、キューバ、ルソン、スマトラにおける華僑・華商に対する虐待を知った清朝はこの建議を受け入れた。同年末、郭は英国外務省との交渉に成功、▼広東幇指導者の▼胡亜基が初代領事（1876-80年）に任命された。　（蔡史君）

霍成 かく・せい 1893-1955

戦前・戦後の横浜華僑リーダー。広東省南海県仏山出身。1923年、関東大震災の年に来日。中華街善隣門脇の平安楼でコック長を務め、その後、伊勢佐木町に杏花楼など3店舗を設立。仲間内から侠気のある人と慕われ、親方的存在。戦前、▼横浜中華義荘に安骨堂を寄進し、地蔵王廟の修復に尽力するなど、中華会館の葬墓地管理などを司る慈務理事として活躍、「中華義荘」銘の石碑の裏面にその功績が称えられている。戦後の▼横浜華僑総会初代会長。太平楼を創設。　（符順和）

郭琰 かく・たん 1863-1927
QUACH Dam

広東省潮安県出身の著名なベトナム華人企業家。14歳のときに身ひとつでサイゴン（現▼ホーチミン市）へ渡って事業を興し、40歳を過ぎてからはベトナム工商業界の実力者となった。精米工場から事業を始め、その後は製糖業、綿織業、船舶業なども経営した。とくに船舶業においてはサイゴンと▼スワトウ、▼アモイなど中国との間に航路を開いた最初の華人企業家である。中年以降は足が不自由になったため自宅の2階に寝ていたが、関連会社の支配人たちはそこへ商売の指示を求めに集まったといわれる。また会社はすべて「通」の字がついていたので、人々は郭琰のことを「跛通」とも呼んだ。ホーチミン市華人社会において現在も「新街市」として親しまれている第6郡の「平西市場」は、建築費用の全額を郭琰が寄付して1926年に完成したものである。当時政府はその偉業をたたえて郭琰の銅像を建立した。この像は75年のサイゴン解放まで残されていた。現在は礎石部分のみが残る。　（芹澤知広）

郭得勝 かく・とくしょう 1912-90
KWOK Tak Seng

香港の▼サンフンカイ・プロパティーズ創業者。生年は1911年とも。▼原籍は広東省中山。幼時から父の雑貨商を手伝い、日中戦争でマカオに避難。香港に戻り、雑貨店鴻興合記（後に鴻昌合記）を設立。さらに鴻昌進出口有限公司に改組し、日本のYKK代理店にもなる。ともに「三剣俠」と称された▼馮景禧、李兆基（▼リー・シャウキー）と永業公司、続いて新鴻基企業を設立して不動産事業を開始。1972年にサンフンカイ・プロパティ

ーズの起源となる新鴻基（集団）を興して独立。没後は郭炳湘（クオック・ピンシュン）、郭炳江、郭炳聯の息子3人が事業を継承。
（山崎勝彦）

郭彪 かく・ひょう 1948-

フランスの華人弁護士。本籍は広東省潮州で、カンボジア生まれ。1972年フランス留学、パリ第2大学、第10大学に相次ぎ入学し、11年間、法律・政治を専攻した後、法律学と政治学の修士号を取得。後にフランス華裔互助会、フランス潮州会館の法律顧問を務める。とくに経済関係法規に長じ、卒業後パリで弁護士事務所を開設。順調に業績を伸ばし、「華人への奉仕努力」を標榜、顧客の85％が華人である。
（王効平）

郭炳湘 かく・へいしょう 1950-
Walter KWOK Ping-sheung

香港最大級の不動産企業集団であるサンフンカイ・プロパティーズ・グループの代表で、中核企業の新鴻基地産（サンフンカイ・プロパティーズ）の主席兼行政総裁。原籍は広東省中山。マカオ生まれで、1972年ロンドン大学インペリアル・カレッジ土木工学科で修士、後に新鴻基地産へ参加。90年創業者の父郭得勝が死去、2人の弟とともに事業を継承する。郭炳湘（ウォルター）は英国土木学会会員や広州市名誉市民であるほか、香港の各種企業団体役員、港事顧問や（中国）全国政治協商会議委員会委員などの公職を歴任。現在、郭3兄弟は新鴻基地産の株式を約45％保有し、香港最大級の財閥（推定資産160億ドル以上）を形成。次弟の郭炳江（トマス）はロンドン大学理学修士、三弟の郭炳聯（レイモンド）はケンブリッジ大学法学修士、ハーバード大学MBA。ともに同社の副主席兼董事総経理。
（山崎勝彦）

郭茂林 かく・もりん 1921-

日本植民地時代の台北市で生まれた建築家。台北工専建築科を卒業後、東京大学建築学科研究生となり、岸田日出刀、吉武泰水に師事。日本国籍を取り、東大助手を経て1962年に三井不動産の建築顧問となる。日本初めての高層ビルである霞が関ビル（36階）の建設に参画、その後世界貿易センター（40階）、新宿三井ビル（55階）、サンシャイン60ビル（60階）などを手掛けたほか、故郷の台北市内の主要なビルや都市開発にかかわる。
（日暮高則）

何啓抜 か・けいばつ 1913-
HE Qi Ba

中国の社会学者、東南アジア問題研究者。海南省文昌生まれ。1920年代シンガポールで華文教育を受け、33年帰国。西南連合大学、南開大学などでの研究・指導を経て、56年厦門大学南洋研究所研究員。49年までに、『東方雑誌』を中心に、東南アジア政治、経済、社会、文化ないし時事評論など、幅広い範囲に及ぶ論稿を発表した。その研究のなかで、最も注目されたのは東南アジア、なかんずくシンガポールの人口問題である。主著『南洋華僑問題』『新加坡簡史』。
（廖赤陽）
厦門大学南洋研究院

何賢 か・けん 1908-83
ホー・イン HO Yin

マカオ中華総商会理事長。広東省番禺県生まれ。広州と香港で滙隆銀号を経営。1941年マカオに移住後、大豊銀号（のちの大豊銀行）を創業。55年マカオ居住中国人の代表としてマカオ政務会議委員。56年中国政治協商会議特別招請人。66-67年、中国系住民とマカオ政庁が対立したマカオ事件の中では調停役を果たした。以後、中国政府の意向に沿ってマカオにおける政治的影響力を発揮し、「影の総督」と呼ばれた。76年マカオ立法委員会委員。彼を記念する何賢公園が市内にある。マカオ特別行政区初代行政長官の何厚鏵は息子。
（塩出浩和）

華語 か・ご

北京語音を標準とした標準中国語を、中国大陸では「普通話」（標準語）といい、台湾では「国語」といい、また、言語学では「漢語」といわれる。東南アジア華僑・華人の間では、「華人」（中国人）によって話されている標準中国語のことを「華語」といっている。「普通話」「国語」「華語」の三つは同義であり、この言語は中国大陸、台湾のほか、シンガポール、国連においても公用語となっている。全世界で2200万から3000万に達すると推定されている海外華僑・華人の総人口のうち、中国語の諸方言を母語とする海外華

僑・華人の人口は1500万から2000万とみられている。華僑・華人の間では、主として閩方言（福建語）、粤方言（広東語）、客家語の3種が話されているが、標準語としての地位を占める華語の役割は華人の社会では重要であるとの認識から、第2次大戦以後、学校教育を通じて教えられているところが多く、普及率が高い。
（中嶋幹起）

⊟ 閩語、粤語

華工 かこう

華人史研究では、外国に出稼ぎ、ないしは居留している中国人労働者をいう。海外に居留する中国人を特定化して華僑と総称することは20世紀初頭から普遍的になったもので、漢籍で見るかぎり、それ以前は▼唐人、中国人、華人などの普通名詞、あるいは閩人、粤人、閩粤人、広州人、潮州人、漳泉人など出身地を示すだけであり、特定する語の記載はない。ところが清末になると中国商民、▼華商、華工のように、海外に居留する中国人を商と工に区別した記載例が増えてくる。中国人の海外居留に、海上商業活動を軸とする商とは別に、工すなわち労働者を区別して立項することが便利である、あるいは立項しないと不便である背後事情が生じたことを示唆している。東南アジアの広範囲にわたり中国人の農業、鉱山労働者が登場するのは16世紀にさかのぼり、18世紀末カリマンタン、サラワクでは万をもって数える移民労働者が居留した。▼アヘン戦争後ともなると中国人労働者は東南アジアの枠を越えて世界的に拡大し、華僑社会に厚い底辺を築いた。こうした変化が華工の立項を促したとみられる。

現実の華工は裸一貫で海外に渡り、低賃金で苛酷な労働に従事する底辺労働者であった。とくに19世紀中葉以後、▼欠費制度あるいはヨーロッパ人との労働契約によって南中国から直接海外に買い取られていった移民労働者は、同国人からは蔑称である猪仔（子豚の意）、外国人からは▼苦力としてさげすまれ、苦力調達はセリング・ピグとまで呼ばれた。日本の企業も日露戦争後の旧満洲開発で河北、河南、山東省からの苦力を大量調達した。さらに苦力の一部は20世紀初頭にアフリカのトランスバールの金鉱で契約労働者の形で雇用された。また第1次大戦では20万人のいわゆる▼参戦華工が調達され、ヨーロッパの軍需工場、戦場での輸送、伐採、塹壕掘りなどの後方労務についた。現在でもシベリアでの森林伐採など中国からの労働輸出が続いている。
（可児弘明）

⊟ 猪仔客，苦力貿易，招工章程
▣ 陳翰笙主編『華工出国史料滙編』1-10，北京：中華書局，1980-85.

何香凝 かこうぎょう 1878-1972
HE Xiangyi

中国の政治活動家、画家。広東省南海県出身。1902年日本に留学し、10年まで滞在し、東京目白女子大学、女子師範学校、本郷女子美術学校などで学業を修める。05年に▼孫文に追随して▼中国同盟会に参加。革命家の▼廖仲愷と結婚、長女廖夢醒（宋慶齢の秘書）、長男▼廖承志をもうける。▼辛亥革命後に討袁護法運動に参加。24年に孫文の国共合作政策を支持、▼中国国民党中央執行委員と婦人部長に就任し、▼周恩来・鄧穎超夫妻と親交を深めた。25年に夫の廖仲愷が暗殺された。27年の4月12日事件後に蔣介石と決別し、29年からイギリスに渡り、のちにパリに僑居。31年末帰国。日中戦争期に抗日民主運動に参加。国共内戦期に連合政府を主張し、48年1月に中国国民党革命委員会の発起人の一人として中央常務委員に就任。49年に第1期中国人民政治協商会議に参加し、中央人民政府委員に就任。その後、中国国民党革命委員会常務委員、副主席および主席、全人代副委員長、政治協商会議副主席、華僑事務委員会主任、中華全国婦女連合会名誉主席などを歴任したが、ほとんどは名誉職。画家として『何香凝詩画集』などを出版し、中国美術家協会主席を務めたこともある。
（唐亮）

▣『中国共産党党務工作大辞典』北京：中国展望出版社，1989.

華工禁約 かこうきんやく

華工禁止条約の意味で、1894年3月17日成立の米清協定（清国移民取締条約）を指す。10年間の時限を設け▼華工に対しアメリカへの門戸を閉じたものである。1904年12月の条約満期に際しアメリカはさらに苛酷な条項を加え条約の継続を主張したが、清国は禁約の解除、もしくは改善した新条約を要求して対

立した。在米華人の禁約反対運動に呼応し、国内でも1905年に中国政府に抵抗、調印拒否を要求する集会と▼反米ボイコットが全国的に広がり、運動は海外華人社会にも及んだ。中国初のボイコットであったが、結果は清朝の軟弱、民間における主張の対立、一部商人のボイコット破りなどによって運動が失敗し、禁約は1943年12月17日まで続くことになる。禁約反対運動の展開と前後して、在米華僑・華人が受けた虐待、禁約反対運動を叙述した論著や、華工の惨苦を反映させた小説が現れた。阿英『晩清小説史』(1937年) は、▼梁啓超『新大陸遊記』(後に『記華工禁約』と改題)、支那自憤子『同胞受虐記』、民任社出版の『抵制禁約記』を論著の代表作とし、作者不詳『苦社会』(1905年)、中国涼血人『拒約奇譚』(1906年)、碧荷館主人『黄金世界』(1907年) を小説の代表作としてあげている。華工禁約小説8編を集成した阿英編『反美華工禁約文学集』(中華書局、1960年) があり、また日本でも平凡社『中国現代文学選集』第1巻 (1963年) には増田渉による邦訳『苦社会』が収録されている。このジャンルの小説は、恣意的な選択であるが、▼秦牧『一個老華僑的故事』(香港:自学出版社、1956年)、李過『浮動地獄——扎根第一部』(シンガポール:青年書局、1961年)、洪永宏『海囚』(福州:福建人民出版社、1980年) のように現代に至るまで間歇的に現れており、華工禁約、華工虐待が中国人、華人の心に深く残るできごとであったことを物語っている。

(可児弘明)

㊂排華法[アメリカ]、馮夏威、馬華文学
㊃張存武『光緒31年中美工約風潮』台北:中央研究院近代史研究所、1965./阿英『晩清小説史』平凡社東洋文庫349、1979.

何高材 かこうさい 1598-1671

江戸時代初期の長崎の▼住宅唐人。字は毓楚、一粟と号し、法号は性崇。福建省福州府福清県の人。1628 (寛永5) 年長崎に来住した。▼崇福寺の大檀越として46 (正保3) 年大雄宝殿の建立に貢献し、また68 (寛文8) 年清水寺本堂を再建した。▼隠元、即非と親交があり、その別荘一粟園を訪れる黄檗僧も多く、自身は宇治▼万福寺にも上道している。58 (万治元) 年長男仁右衛門が唐小通

事に任用され、その子孫は何姓のまま▼唐通事を世襲した。

(林陸朗)

㊃唐通事の家系

『華工出国史料滙編』 かこうしゅっこくしりょうかいへん

中国の労働移民に関する内外の史料を集成した中国書。主編は▼陳翰笙。1980年から85年にかけて北京の中華書局から刊行された。中国第一歴史檔案館や北京図書館、外貿部、中国社会科学院近代史研究所、同経済研究所、中国科学院、北京大学などの各図書館のほか、個人研究者所蔵の資料から重要なものを選択して編輯している。中国公文書 (第1輯、4冊、1985年)、イギリス議会文書 (第2輯、1980年)、アメリカ外交ならびに議会文書 (第3輯、1981年)、内外の関係著作 (第4輯、1981年)、東南アジア華工に関する個人著作 (第5輯、1984年)、ラテンアメリカ華工 (第6輯、1984年)、アメリカ・カナダ華工 (第7輯、1984年)、オセアニア・アフリカ華工と第1次大戦の▼参戦華工 (第8〜10輯、合冊、1984年) の10輯、11冊からなる。外国史料に関してはすべて中国語に翻訳されている。外国語固有名詞、普通名詞にアルファベット表記が付されていない不便さは免れないが、これまで利用・入手が困難であった史料までが多数集成されていて、華工研究上の利用価値は高い。

(可児弘明)

華語学校 かごがっこう ⇨ 華僑学校 かきょうがっこう

「華語を話そう」運動 かごをはなそううんどう
"Speak Mandarin" Campaign

1979年シンガポール政府が華人市民に呼びかけ、大成功を収めた運動。▼華語とは中国標準語を指し、華人が伝統的に家庭言語として使ってきたそれぞれの方言 (福建語、広東語など) に代えて華語を話せというものである。当時、ほとんどの子どもが英語で教える学校 (英語校) へ通うようになっていた。政府は英語の必要性を認める一方、アジア文化を忘れないように▼二言語教育を強化し、華人生徒には華語を必修とした。二言語必修は負担が重いという反対があったので、政府は、家庭でも方言をやめて華語を話せば子もの負担を軽減できると、この運動を始めた。政府内に運動の事務局が設置され、政府職員は率先して華語を話すよう奨励され、国

営TVには華語専用チャンネルが開設された。また、市民も政府の呼びかけに積極的に反応し、家庭でも町でも華語を話す人々が急激に増えていった。　　　　　　（田中恭子）

🔄 閩語, 粤語
📖 河野健二編『近代革命とアジア』名古屋大学出版会, 1987.

何三官 かさんかん ?-1670頃

江戸時代初期の長崎の▼住宅唐人。明末の渡来人であるが、本名および渡航年次などは不詳。1635（寛永12）年に設置された最初の▼唐年行司の一人。三江系の有力者と推定される。三官はまた糸掛役を兼ねて▼糸割符(いとわっぷ)貿易の実務にかかわった。69（寛文9）年唐年行司を退き、同じ頃に糸掛役も辞した。子の三右衛門は糸掛役を継ぎ、子孫も代々糸掛役を世襲した。皓台寺後山の墓碑に子孫何茂雄（1814-50年）撰文の碑文がある。（林陸朗）

華字紙 かじし

中国語（漢字）を媒体にした新聞を総称することばで、華文報ともいう。華字紙のうち、華僑・華人を主要な読者として華僑・華人の多数居住する国ないし地域で華僑・華人の経営によって発行されるものをとくに「僑報」として区別することもある。華僑・華人の集住地には、英語または現地語の地元紙があるが、華僑・華人の読解力に限度があることや、紙面的にも中国とくに僑郷のニュースが少ないところから、華僑・華人にとって華僑・華人社会の動静、僑郷のできごと、海外での活動や生活に直結する居住国、世界の時事などを伝える在住地、在住国の僑報は、「三宝」の一つとして必要とされ、日常生活に入り込んでいる。

台湾・香港の華字紙が使用する漢字の大半は、今日の台湾で使われている伝統的な繁体字で、中華人民共和国の簡体字はあまり多くはないが、香港の華字紙には一部簡体字の影響を受けた字体、用語が用いられるなど、政治・経済面で超大国化する中国の影響も広がりつつある。

1881年シンガポールで薛有礼が創刊した▼『叻報』が東南アジア華字紙第1号とされる。同紙は1932年停刊するまで半世紀余維持された。清朝末になると、本国の保皇派（王政維持）対革命派（王政改革・打倒）の対立を反映して、アジア各地の華字紙は、政論紙が主流となって活発なキャンペーンを張ったが、営業面では不振で短命に終わった。1908年シンガポールで陳楚楠が創刊した『図南日報』は、▼孫文の「滅清興漢」を支持する先頭に立ったものの読者の広がりを欠き、営業面での行き詰まりから3年で停刊した。一般に僑社をベースにした華字紙が短期に終わったのは、政論紙にかぎらず、僑社が一枚岩の社会ではなく、発行部数に限りがあり、広告収入に大きく期待できず廃刊に追い込まれがちであったことによるとされる。その一面、限定された社区の僑報から出発して1国、さらには複数国に販路を拡張し、記事内容も僑報的要素を残しながら現代の新聞の体裁へと脱皮し、華字紙と呼ぶ方がより近いものもある。

福建省アモイ出身でアジアのゴム王にのし上がった▼タン・カーキー（陳嘉庚）が、1923年シンガポールで▼『南洋商報』を発行した。商業広告にもページを多く割り、現在の新聞の様式に基礎となり、そのマレーシア版を経て後に独立したマレーシアの華字紙となった。また同紙が影響力を見せつけると、同地では宿命のライバル▼胡文虎も29年▼『星洲日報』で対抗するなど、華僑世論を二分した。同紙のペナン版も39年マレーシアの姉妹紙『星檳日報』へと発展している。41年太平洋戦争でアジア各地を占領した日本軍は、反日・抗日的な華僑のマスメディアを廃刊させた。代わって42年シンガポールでは唯一の華字紙▼『昭南日報』を発行し、日本の敗戦まで宣伝媒体として活用した。

1945年日本敗戦後の海外華字紙は、各国で高揚する▼ナショナリズム、権力抗争や、東西冷戦の谷間で大揺れした。たとえば65年9月インドネシア共産党の軍事クーデタ未遂（▼9月30日事件）で、華字紙は廃刊に追い込まれ、シンガポール、台湾、香港からの華字紙輸入も禁止された。インドネシア政府はしばらくの間、華僑向けの華字官報で政府の布告・指針、政策を伝達した。またタイの十大華字紙の一つ『世界日報』は、60年代は反中国色で他紙をリードしたが、74年タイの対中国交樹立で広告収入が大減収となって廃刊寸

前まで追い込まれた。ところが76年反共的な軍事政権樹立でふたたび盛り返すなど、政論紙らしい浮沈を繰り返した。もっとも78年からの中国の改革・開放により、アジア華字紙は政治的には中道を志向し、経済報道や娯楽・生活報道に力を注いでいる。

海外華字紙の特色は、第1に、華僑・華人社会のニュースを詳細に報じており、他の新聞とはっきり異なっている。読者である華僑・華人は華字紙によって同胞の動向を知り、大物華僑の経営指針、投資を見て自らの事業、資産・投資管理のヒントをつかんでいる。第2に、中国、台湾情報に多くの紙面を割いている。華僑・華人にとって中国、台湾に住む近親者、知己の消息は大きな関心事であり、中台関係の行方は自分が住む国の政治、経済、社会生活に直接・間接の変化をもたらすからである。20世紀末から中国で流行した毛沢東バッジ、Tシャツは、アジア華僑の若者ファッションともなった。第3は、漢字教育の役割である。アジアの華僑学校は現地政府から現地語教育の充実を迫られ、同時にグローバリゼーションへの配慮から英語教育も重視せざるをえなくなっている。この結果、おろそかになった漢字・漢語教育を補う手段として学校や家庭での華字紙購読が欠かせない。

海外華字紙をめぐる近頃の環境は厳しくなるばかりである。在住国のナショナリズム、政変や政策変更で揺さぶられる不安定性、購読者の高齢化に加えて、英字紙、映画、TV、ビデオ、インターネットの普及で、購読者の華字紙離れに歯止めがかからない。一般に華字紙の採算ラインは1万部とされるが、販売・広告の減少により発刊から1年足らずで廃刊になる例もある。シンガポールの代表的な華字紙だった『南洋商報』『星洲日報』などは、1984年政府の指導で合併して『聯合早報』(19万部)に衣替えする中で生残りを図った。他にも提携・合併により1社で数紙を発行して、多様化する読者のニーズに応えようとする例があるが、かえって華字紙に個性を失わせて窮地に立たされるなど、活路を探しあぐねているのが実情である。

(岡田臣弘)

⊟ 僑社三宝, 世界中文報業協会, 在京華字紙

参 陳烈甫『東南亜州的華僑, 華人与華裔』台北:正中書局, 1983. ／同『華僑学与華人学総論』台北, 台湾商務印書館, 1987. ／夏茜「日本軍占領下のシンガポール華字紙『昭南日報』における中国からの借用語について」『月刊言語』, 1999年8月号. ／むすびめの会編『世界の新聞ガイド』日本図書館協会, 1995.

『華字日報』かじにっぽう

1864年創刊の香港▼華字紙。創刊者は英文紙の翻訳者をしていた陳藹亭。清末の先駆的ジャーナリスト王韜(1873年後は『循環日報』主筆)が「普法戦記」を連載した。のち、潘飛声が主編となり、西洋新思潮の紹介に努めた。清末から民国初年にかけては、▼孫文ら革命派の主張からは距離を置き、▼香港、広州の保守的な中国人商紳層の政治的態度を反映した紙面作りとなったが、事実報道は客観的で信頼でき、第一級の史料となっている。記事は国際ニュースから香港、▼マカオの地域の話題までカバーしていた。また、文芸欄、市況欄、港湾情報も充実しており、広告媒体としても重要であった。1919年に株式会社組織となり、20年代と30年代を通じて香港の代表的な新聞であるとともに、時事問題についての出版活動も行っていた。41年12月、日本軍の香港占領により停刊。

(塩出浩和)

何芍筵 かしゃくえん

神戸華僑、実業家。江蘇省出身。生没年不詳。東盛堂公記・元勝を経営し、雑貨輸出を営む。▼神戸三江公所理事長、1938年3月から40年10月まで▼神阪中華会館理事長。38年7月▼神戸華僑新興会会長、40年3月全日本華僑総会会長に就任。42年10月▼神戸東亜貿易株式会社の発起人となる。

(安井三吉)

参『落地生根』

ガジャ・トゥンガル・グループ
象記集団　Gajah Tunggal Group

インドネシアの企業グループ。国内最大のタイヤ会社ガジャ・トゥンガル社、ダガン・ナショナル・インドネシア銀行が中核事業で、1990年代にはエビ養殖、石油化学へ多角化。売上げ順位は8位(95年)。シャムスル・ヌルサリム(Sjamsul NURSALIM、林徳祥、42年ランプン生)が51年に自転車タイヤで創業、イチー夫人も経営に参与した。しかしグ

ループ内金融に依存した多角化は97年からの経済危機で破綻、98年銀行は清算され、政府管理下に入ったタイヤ、エビなどの優良事業は売却予定である。
(佐藤百合)

華商 かしょう

華商は海外で活躍する中国ないし中国系商人のことだが、華僑・華人の発展史のごく大づかみな流れのイメージを類型的な図式によって示す試みとして、「華商型 (trader pattern)」「華工型 (coolie pattern)」「華僑型 (sojourner pattern)」「華裔型 (descent or re-migrant pattern)」という4範疇を挙げ、この順の時系列に沿って重点比重が推移したことが説かれている（▼王賡武）。この説のメリットは、華僑問題を包括的・歴史的に捉えているところにある。この類型図式を使えば、華商にリードされた華僑出洋の草創からその展開、▼チャイナタウンの叢生、これに続く▼苦力(クーリー)移住の高潮、20世紀の華僑愛国主義の問題、そして現代の華僑・華人（一世、二世、三世）が直面しているアイデンティティ問題とその行方、という重要な諸問題を、それぞれの歴史的意義において包括的かつ相互関連的に視野の中に位置づけることができる。

「華商型」の活動は歴史時代に限らず、現在でもその旺盛さを減じていないが、上の図式展望の中では、発生・発展期、つまり10～17世紀において比重の高い出洋・移住のパターンであり、外地とのコンタクトの創出に貢献した。その中心にあったのは▼ジャンク船の▼海上企業であり、定常的な航路・航海が生じ、中継港にチャイナタウンを発生させ、現地の風土、国情、貿易産業の知識を中国に伝え、中国の東南地域を含めてアジア全域にわたる多国間の物流を促し、これがふたたび華僑の出洋を誘った。海上企業は荷主、船上の役員、水夫からなる郷党集団の成長にも関係が深く、その一例が長崎の▼唐四か寺である。その一面で、海上企業における商業慣行の中から、出資と経営、委託投資、合資組織が育った。また▼海禁への対応の方策として、あるいは華商が外地でジャンクを造船したり、外地に中国の生産技術をもたらして、生産あるいは集荷を管理することも16、17世紀以降には起こり、華工出洋の先鞭をなしたことも生じ、「華商」類型の役割は多角的に見なければならない。
(斯波義信)

📖 Wang Gungwu. *China and the Chinese Overseas.* Singapore: Times Academic Press, 1991.

何肖胭 かしょういん 1902-76

▼横浜華僑学校事件後の華僑婦人運動のリーダー。広東省番禺出身。戦後に設立された華僑聯合会の第2期理監事名簿に、女性として初めて名を連ねる。1952年8月に起きた学校事件がきっかけで、新たに結成された管理委員会副委員長として、事件解決の先頭に立つ。のちに委員長となり、当時結成された横浜の華僑婦女会会長を兼任し、民族教育の発展と婦人の団結と地位向上運動に貢献する。
(符順和)

華祥製糖会社 かしょうせいとうがいしゃ
華祥製糖公司

1909年にオランダ領東インド（現在のインドネシア）華僑の郭禎祥兄弟が閩南(ミンナン)に創設した中国初の近代的製糖工場。台湾からサトウキビの苗25万株、日本から製糖機械を購入し、龍渓（今日の龍海）、同安（同じく南安）2県でサトウキビ農場と製糖工場を建設して生産に入った。しかし漳州地方官庁の圧迫を受けて発展が阻まれ、経営不振で失敗に帰した。
(廖赤陽)

📖『近代華僑投資国内企業史資料選輯（福建巻）』

火神営 かしんえい
Batallon Vulcano

チリとペルーなどとの間で1879年に起こった硝石戦争において、ペルーに侵攻したチリ軍に呼応して決起した中国人部隊の名称。当時、ペルーの▼プランテーションでは、多くの中国人労働者が苛酷な労働を強いられており、彼らのうち1500人がチリ軍に加わりペルー軍と戦った。リーダーのキンティン・デ・ラ・キンタナ（Quintin de la Quintana）は、その勇猛果敢さをチリの人々から賞賛され、東洋のスパルタクスと呼ばれた。
(松本武彦)

華人系イスラム教徒 かじんけいイスラムきょうと

東南アジアに住む華僑・華人のなかには、

少数ではあるがイスラム教徒がいる。これは9世紀に中国人が東南アジアに進出するようになった時期から始まっているといってよい。広東省、福建省に生まれたイスラム教徒の集団から東南アジアに進出する人々が現れたとしても不思議ではない。また、東南アジアのいわゆる「イスラム化」において、これらの中国人イスラム教徒がある程度の役割を果たしていたことも事実であろう。こうした状況が大きく変化するのは1567年に明が▼海禁令を解除したことによって、多くの中国人が東南アジアに渡航するようになってからのことであろう。彼らの多くは仏教、道教の信者であり、中国人イスラム教徒は当然のこととして少数派となったにちがいない。しかしこのようにして来航した中国人のなかからも、現地でイスラム教徒の女性と結婚し、イスラムに改宗する者も現れた。彼らは現地住民の集まるモスクで礼拝を行うこともあったにちがいないが、むしろ彼らだけで集団を形成し、独自のモスクを構えた場合のほうが多かったと思われる。彼らはこうしたモスクを中国語で「清真寺」と呼んだ。その例としては▼マラッカの中国人モスクがある。20世紀に入り、中国人女性が東南アジアに来航するようになると、中国人社会の形成が進み、中国人イスラム教徒はますます現地住民の社会に接近し、彼らの政治的・経済的・文化的指導者となる場合が多くなった。そういう点ではアラブ人、ペルシャ人、および彼らと現地住民の混血児集団と同じような役割を果たしたということができる。　　　　　　　　　(生田滋)

華人経営 かじんけいえい

　広義には中国系の人々の企業経営、狭義には華僑・華人の企業経営。後者は俗に華僑商法とも呼ばれる。華僑・華人については多くの誤解があるが、その一つは、彼らの▼ネットワークが強力で、これによって経済的に成功したとするものである。彼らは最も重要な個人レベルでの企業家精神をもっており、その基礎の上に複数人による集団・組織(インフォーマルを含む)レベルでの企業経営とネットワークの2要因がある。今日ではかつての華僑同士よりも、異民族間の取引が圧倒的で、彼ら同士のネットワークよりも、すべての華僑・華人がもつ企業組織(個人企業も含む)、その経営のほうが重要である。

　彼らの企業(経営)の特徴を列挙すると、組織形態では次の点があげられる。(1)個人企業が大多数。他の形態、とくに株式会社はまだ少ない。(2)大企業でも個人企業が少なくない。(3)海外で変容されているとはいえ、「▼合股」(一種の合資会社)の重要度が比較的高い。(4)しかし股份公司(株式会社)の重要度がしだいに高まりつつある。世代交替が進むと、いっそうそうなるだろう。(5)ただ、株式会社でも上場しないものや、事実上株式の他人への譲渡を制限するなど、真に株式会社化していないものも依然少なくない。(6)民族的・人種的・エスニックな限界を超えて、外国資本や土着・先住民族資本(政府資本も含む)との結合も見られる。(7)国境を超えて多国籍企業化するものも増加している。

　次に、内容的な特徴。(1)零細ないし小企業、少なくとも中小企業が多い。(2)かつては移民経済からして短期的・投機的性格が強く、資本回収の速い流通・サービス企業が多く、経営が不安定で、倒産が激しかったが、華僑から華人への変化とともに、この性格はしだいに改善され、安定的・長期的・生産的投資が増加。(3)業種では、かつては外国貿易を含む商業・流通業、高利貸を含む金融、地域によっては錫、ゴムの生産が主要部門。今日では多様化し、工業部門への進出も目覚ましい。IT(情報技術)分野の通信・コンピュータ関係への従事も増加中。ただ、中国大陸、台湾などを除けば、先進国並みの重厚長大の重化学工業の発達は遅い。(4)多角経営。一つには危険分散のためだが、主として、市場が狭く、獲得利潤を再投資して企業規模を拡大しても利益は得られず、他の分野に投資されるため。しかし中産階級が増え、市場が拡大すれば、1業種での集中が増えよう。(5)資本構成が特定個人、その家族、同族、同郷人の所有を中心とする私的・家族主義的構成をとることが多かったが、この面でもしだいに多様化。自己資本の比重がきわめて高く、危機管理に強いが、先進国のビジネススクールに留学した二世、三世などは他人資本に頼ることが増加。他人資本を借りる場合も、同族、同郷人、その金融機関、企業によるのが一般的

だったが、外資、政府を含めて、外部からの借入れが増加中。(6)人事構成では家族的・同族的・同郷人的、ひと口に言って家族主義的構成をとることが多かったが（雇用でのネポティズム）、新たに来る同郷の低賃金移民がいなくなったこともあって、現地系の雇用が増加。(7)ただ、企業の中核部分では依然家族主義的構成をとることが多く、政治家や有力者を取り入れることも増加。(8)オーナー経営者が多く、意志決定が速く、小回りがきいて、事業展開に有利。(9)労資の矛盾・対立が顕在化しにくかったが、非中国系などまったくの他人の雇用が増えるにつれて、この面でも変化中。(10)家父長制的支配のもと、近代的・資本主義的に合理的な透明な企業経営が行われにくいが、ここでもとくに1997年からの「経済危機」後、欧米資本に協力を求めたため、しだいに能力主義、専門家主義、透明経営が進んでいる。

　近年、中国では「儒商」をめぐっての議論が盛んで、華僑・華人にも適用される。「儒商」とは、儒家の核心が「仁」であるため、仁をもってビジネスをする人ということになろう。人本主義、奉仕の精神などをその特質とする見方もあり、欧米的経営に対する中国系的ないし東洋的・アジア的経営の重視である。

（游仲勲）

⊟ 華僑・華人の企業家精神，家族経営，華僑・華人財閥，華人経済圏

圏 游仲勲，1969.／同編，1998.／楊松主編『世紀華人風雲実録』上，北京：経済日報出版社，1998.

華人経済圏 かじんけいざいけん

　中国大陸、香港、マカオ、台湾、および各国華僑・華人の中国系諸経済間の結びつきの総体。これらの結びつきには、地域的経済統合と民族的・人種的・エスニックな結合との2種がある。中国から見ると、中国大陸（第1地域）の外側に歴史的に見て中国の領土だった香港、マカオ、台湾があり（第2地域。香港、マカオはすでに中国に復帰したが、制度的には別）、その外側の純粋の外国（第3地域）に華僑・華人がいて、3層の地域構造をなしている。これらは投資、貿易その他の経済関係で相互に結びついていて、その結びつきの総体を経済圏と呼べば、「中国系経済圏」といえる。これがいわゆる「華人経済圏」であり、「大中華経済圏」、共通通貨でいえば「華人通貨圏」、その他いろいろの名前で呼ばれる。これを細分化すれば、中国大陸、とくに福建省と台湾との間の「▼両岸経済圏」や、広東省・香港間の「▼華南経済圏」（狭義。広義には両岸経済圏も含む）、あるいは大陸・香港・台湾間の「両岸三地」「▼スリー・チャイナ」、マカオも入れた「両岸四地」「大中華」「▼グレーター・チャイナ」など、種々のものが含まれる。これらはいずれも彼ら同士の▼ネットワークを通じて結びついているが、ネットワークはそもそもは旧中国時代に彼らの出身地、▼広東、▼福建などの華南の故郷から発して、国内の北京、上海、▼広州などや香港、マカオ、台湾、さらには海外の華僑・華人に向かって伸びていた。だが、新中国成立後は中国大陸内ではネットワークは消滅し、大陸外でのみ機能した。したがって、線も細かった。ところが、1970年代末の改革・開放後、中国大陸内でもネットワークが復活し、線も太くなった。だが、今度は大陸外から発して大陸内に向けて張り巡らされ、しかも新ネットワークの担い手は二世、三世の華人・華裔で、彼らの▼僑郷との結びつきは弱い。今日の大陸外中国系大企業家を見ても、彼らが大きくなったのは、かつての旧ネットワークを利用してではなく、新たなネットワークの形成を通じてである。

　経済圏はEU（欧州連合）やNAFTA（北米自由貿易協定）などのように、ふつうは上からの政府間協定に基づく、一定の地理的範囲をもった経済統合体を指すが、中国系の場合も中国大陸、香港、マカオ、台湾間の地域的経済統合を目指す「▼中華経済協作系統」結成の動きがある。しかし華僑・華人をも入れたそれは地域的なものではなく、いわば民族的・人種的・エスニックな経済結合体であり、この場合は「結合体」であっても「統合体」というには弱く、カッコ付きで「中国系経済圏」と呼ぶ。「▼世界華商大会」がその一種である。民族的・人種的・エスニックなといっても、結びつきには強弱種々のものがあり、一義的には経済的利益があるから結びついていて、利益がなくなれば多くの結びつきは解消されよう。したがって、その範囲もし

ばしば変わり、一定していない。下からの市場の動きによるものであり、「市場主導型経済結合体」（ミシガン大学ディアボーン校のユーミン・チャウ教授）である。彼らの経済取引関係（ネットワーク）を見ても、かつては同族、同郷人とのそれが多かったのに対して（言葉が通じたこともある）、今日では非中国系との取引が圧倒的大部分を占める。

　以上は中国側から見た視角で言えることで、居留国側から見れば、華人・華僑経済は国民経済の一部を構成し、居留国国民経済が上からの政府間協定によって、たとえばAPEC（アジア太平洋経済協力会議）やAFTA（ASEAN自由貿易協定）、さらには前出NAFTAやEUなどの地域経済統合体（経済圏）に統合されている限りで、在住華人・華僑の経済もそれら地域経済統合体に組み込まれている。
(游仲勲)

⊟ 海の中国
參 Yu-min Chow. "The Role of Foreign Investments in the Formation of an Economic Region: With Reference to China." *RIAD Bulletin*. 2, International Univ. of Japan, 1993.／游仲勲, 1995.／同編, 2001.

『華人経済年鑑』かじんけいざいねんかん
Yearbook of the Huaren Economy

　中国で出版される華人経済専門の年鑑。北京華人経済技術研究所が編集し、社会科学文献出版社が出版する。1994年に創刊された。同年鑑には、中国国内の研究者と政府関係者が執筆した世界経済情勢、世界各国の華僑・華人経済と所在国経済の動向、華僑・華人経済に関する研究、中国経済の動向、香港・マカオ・台湾経済の動向、中国経済に関連する法律・法令、参考資料、統計などの内容が含まれる。
(朱炎)

華人国家 かじんこっか

　マレーシア、インドネシア、フィリピンというマレー系人口が多数を占める国に囲まれるなかで華人人口が多数の▼シンガポールのことを指す。もっともシンガポールの人口は、華人77％、マレー系14％、インド系7％で、けっして「華人国家」ではないが、マレー系が多数を占める近隣諸国とはまったく異質であり、1965年の独立直後から70年代までは中国本土と東南アジア各国在住の▼華僑・華人との関連で「第三の中国」とみなされがちであった。とくに国内にマレー系と華人との深刻な対立を抱えるマレーシアとインドネシアとの関係は、マレーシアからの分離・独立の経緯からくる摩擦、60年代のインドネシアの「対決政策」によって緊張したものとならざるをえなかった。ゆえにシンガポールは「マレー系の大海に浮かぶ華人国家」といわれて猜疑と敵視の対象となり、独立シンガポール政府のあらゆる政策に大きな影響を与えることになった。
(田村慶子)

華人参事局 かじんさんじきょく
Chinese Advisory Board

　イギリス植民地政府がシンガポール、▼ペナン、サラワクに設立した華人諮問機関。1889年12月、まずシンガポールに設立され、翌90年2月、第1回会議が開かれた。主要な任務は、華人コミュニティの意見を植民地統治に反映させること、華人の利害、慣習、教育などについて提言することである。議長には▼華民政務司があたり、参事には行政評議会と立法評議会の議員でない華人が任命された。任命は、総督が華民政務司と華人議員の意見に基づいて行った。参事は20名以内で、任期は3年、再任が許されていた。第1期の参事は13名、イギリス人議長のほか、福建籍5人、潮州籍4人、広東籍2人、海南籍1人の幇別構成になっていた。1890年、ペナンにも華人参事局が設けられた。1942年、日本軍によって華人参事局はすべて廃止されたが、第2次大戦後の47年、イギリス当局は、新たにサラワクに設立している。
(田中恭子)

華人事務司 かじんじむし

　近代タイにおける華人を管轄する地方行政機構。▼チャクリー朝ラーマ4世（在位1851-68年）が華人管理を強化する目的で、ラーマ3世（在位1824-51年）が設置した華人県長の事務部門を拡大して設置した。▼秘密結社洪門会の取締まりや華人と当局との関係改善に機能を発揮した。華人の名望家や華人官僚の子弟が長を務めたが、おもな職務はタイ人の行政長官である府尹の指導のもと、華人の保護、援助、管理に当たり、華人に関する問題について府尹の顧問役となること、常務副府尹に協力して華人の民事紛争の処理に当

ること、華人の法律顧問役となること、華人の盗賊の取締まりに当たることなどである。1868年にラーマ5世（在位1868-1910年）が即位すると、華人事務司のもとに華人法廷を置いた。法廷では中国語が使用され、華人の習俗に則り民事事件が審理された。なお、刑事事件はタイの通常法廷で審理された。その後、ラーマ5世は地方行政機構改革の一環として、華人事務司を廃し、特別事務司を設置した。これにより華人官僚の職務は府尹の顧問役あるいは府尹の命を受けて公務に当たることに限定され、それまで有していた華人の管理や民事訴訟事件の受理といった権限はなくなった。1910年には廃止された。　（曽士才）

華人事務特別機構［かじんじむとくべつきこう］
Staf Chusus Urusan Tjina

インドネシアの華人問題の解決策施行を調査・監督・調整することを任務とした機関。1967年末から69年半ばまで存続。同国共産党のクーデタ未遂事件とされる65年の'9月30日事件後に登場したスハルト政権は、華人の間に少なからぬ共産党シンパが存在するとの判断から華人の政治活動を規制する方針を打ち出した。内閣幹部会は67年4月27日、華人問題解決のための政策を策定する国家委員会の設置を決定。委員会は華人事務特別機構（SCUT）の設置を決定。同年8月3日大統領決定で同機構の任務・組織を定めた。9月27日機構職員を任命、12月9日ジャカルタで正式に発足、スナルソ准将が長官に就任。機構は当初は内閣幹部会直轄、後に大統領直轄。69年6月廃止され、その任務は新規設立の情報機関である国家情報調整庁（BAKIN, Badan Koordinasi Intelijen Negara）の華人問題調整局に移管された。
（三平則夫）

『華人週報』［かじんしゅうほう］

2000年6月22日に在日中国人によって東京で創刊された、週刊の中国語総合新聞。毎週木曜日発行、タブロイド判40頁（2001年9月現在）。おもな紙面は「重大ニュース」「論壇」「日中関係ニュース」「華人社会ニュース」「テーマ特集」「中国重大ニュース」「日本ニュース」「科学技術ニュース」「軍事ニュース」「芸能・スポーツニュース」など。発行元は日中ネットメディア。　（段躍中）

📖華人週報ホームページ http://www.chinanews.co.jp/

華人政党［かじんせいとう］⇨ 華僑・華人と政治［かきょう・かじんとせいじ］

華人政務司［かじんせいむし］

初期アメリカ華僑社会の社会組織。19世紀末にサンフランシスコで成立し、協勝堂の陳霑、安益堂の湯琼、新萃堂の黄鄧根、秉公堂の黄寛、合勝堂の李海など五大堂の'出番人（英語通訳者）を中心に組織され、華僑社会にはびこる暗黒面の改革を試みた。現地の政界、警察関係、および法曹界と緊密な関係をもち、賭博、売春業を激しく攻撃するとともに'堂'の械闘調停に参与した。1906年サンフランシスコ大地震後、自然解散となった。
（中間和洋）

📖『世界華僑華人詞典』

華人の官爵［タイ］［かじんのかんしゃく］

伝統的なタイ社会は、国王を頂点とする王族、一代限りの官僚貴族、平民、奴隷の4階層から成り、それぞれの身分の上下を象徴的に示す「位階田（サクディナー）」の大きさによって社会的地位が数量的に規定されていた。港市であった首都'アユタヤの人口は高度に国際的で、17世紀末には43か国の人々がいたという同時代人の報告があるほどであるが、とりわけ明清交代期以降は、華人の大量流入により、華人人口がタイ人のそれを凌駕するほどに増加した。19世紀半ば、欧米先進諸国との条約締結によって国際法秩序、世界的な自由貿易体制に編入されるまで、タイの交易形態は王室が貿易を独占する高度な管理貿易であった。移住華人たちは、その商業管理能力や'ジャンク船運航などの専門的技能を評価されて王宮政府に仕え、王室独占貿易のさまざまな分野において重要な役割を果たした。華人たちは、官僚組織の担当部署に応じて官爵を与えられた。官途についた華人はオークヤー（プラヤー）、プラ、ルアン、クン、ムーンの5階級の「爵位（ヨット）」「位階田（サクディナー）」「官職名（タムネン）」とともに「欽賜名（ラーチャティンナナーム）」を与えられ、叙爵後は史料に個人名が現れなくなるので、華人であることを特定することは不可能となる。官爵の具体例を、状況証拠から華人役人が多いと考えられる「プ

ラ・クラン（財務・外務局）」について見ると、位階田１万のオークヤー以下、300のムーンまですべてに及び、たとえば次官は「ブラ」、欽賜名は「ピパットコーサー」でこれは「王庫の発展」を意味する。港湾局長の位階は「ルアン」、欽賜名は「チョードゥック・セーティ」すなわち「光輝ある国王の富豪」である。このほか、「クン・ラクサー・ソンバット（財産の守護）」「クン・ティップコーサー（神の御蔵）」など、交易とのかかわりを示唆する欽賜名の多いことが注目される。

〈石井米雄〉

華人文学 かじんぶんがく

[アメリカ　華語]

　東南アジアの例にみるように、華人は他国に移住した後、同郷集団を組織し、その帰属感の基礎の上に▼馬華文学のような文学を築いた。しかし政治的な環境や時代の違うアメリカではまったく異なった型の華文文学が成長した。アメリカには125万人の華僑・華人が住んでいるが、彼らは戦後世代の▼留学生を中心にして一部に年配者やヨーロッパの華人を加え文学活動に従事するグループを発足させ、海外華人文学をつくりあげた。華人という名詞には定義があり、華僑が中国籍を放棄して居住国の国籍を取得すると華人になるわけだが、アメリカの華人文学の「華人」にはそのような意味はない。第２次大戦後、国民党の時代から、留学生はたえまなく中国から欧米、とくにアメリカに向かっていたが、国民党が大陸で敗退し台湾に移って以後は、自由な中国人のアメリカ留学は実際は台湾からの留学になる。彼らは大陸を離れたときの年齢や境遇によっては中国的教養の程度もまちまちであるが、やや年長の世代は抗日戦争の惨苦を知り、妥協なき国共内戦の厳しさを知り、長く辛い旅と台湾に移ってからの流亡者の悲哀を知っている。これらの深刻な生活体験は個々の作品に違った色彩を与えるが、このことがこの集団の特徴にもなっている。彼らの作品には、故郷、親戚友人や祖国の文化に対する強い念想が貫かれており、また祖国の家郷を離れて暮らす漂泊者の思想感情があり、静かな感傷がただよっている。そして中国を早く離れた者ほど帰属感がもたらす束縛が弱く、作家としては自由の境地にあるといえる。華人文学作家は広く各地に分散しており、アメリカ西部には荘因、心笛、張錯が、南西部には蒋心瑩、陳之藩が、中部には聶華苓（▼ファーリン・ニエ）、許達然が、東部には廖彙紓、唐徳剛、夏志清が、またカナダには東方白が、ロンドンには叔華がいる。

　海外華人文学の発展の裏にはきわめて重要な背景がある。それはアメリカの中国学関係者や政府の側からの支援である。たとえばアイオワ大学にある米国籍華人作家聶華苓夫妻の提唱で設けられた国際創作センターは国務省の資金援助を受け、台湾海峡両岸はじめ世界各地の華人作家を招請し、創作や討論の場を提供し、華文文学の発展と交流に寄与しており、1960年代から90年にかけて五大陸の70余国から300人の作家がここに招かれた。そのなかには台湾の白先勇、余光中、欧陽子、瘂弦、鄭愁予をはじめ、香港の戴天、大陸の蕭乾、艾青、王蒙、劉賓雁ら、多数の当代一流の代表的作家たちがいる。またこのセンターで育成された華人作家も少なくない。アメリカ華人文学の特色は、参加者が東南アジアの華文文学に見られるような限られた華南地域や移住地の古い華人社会の出身ではなく、中国の各地から出自し、現代中国の激動と苦悩をさまざまな形で体験した知識人が多いことである。

　中国新文学が往年の日本留学生の文学活動から出発したのはよく知られるが、アメリカ華人文学も留学生文学の殻を破り、十分な風格と影響力をそなえるまでになった。聶華苓の長編「桑青与桃紅」（1976年）は、中国女性桑青という具体的な形象を借りて、戦後30年の時代に生きた中国人の思想意識を表現している。抗日戦争時代16歳だった桑青は避難のため奥地に向かうが、途中、長江の難所で小舟が座礁する悲運に遇う。時が変わって国共内戦の最中、彼女は共産軍に囲まれた北平で、若い富豪の妻になる。後日、夫婦は台湾に行くが、夫は公金横領で指名手配され、夫婦は恐怖のうちに一室に隠れる。自由に憧れ密出国を試みるが、失敗が続く。さいわいに渡米は成功するが、彼女は精神分裂症となり、桃紅と改名し、桑青なる女性は死んだことにする。桃紅は入国審査局の厳しい取調べ

を経たあげく、性的な変態者になり、精神的に崩壊し破滅する。この小説は中国の純真な少女が大時代の浪に翻弄されながら落魄していく悲劇を寓話的に構成した。夏志清の「中国現代小説史」(1979年)は、中国内外の作品を比較分析し、革命的作家と作品が政治的偏見のために正しく評価されていないと指摘した。　　　　　　　　　　　　（今冨正巳）

[アメリカ　英語]

アメリカに中国移民が流入したのは19世紀半ばからだが、英語で書かれた文学作品がアメリカで本格的に出版されるのは20世紀に入ってからだった。19世紀末には中国人の血を引くイーディス・イートン（Edith EATON）がSui Sin Farという中国風ペンネームでデビューし、混血の葛藤を描いた自伝的エッセイ Leaves from the Mental Portfolio of an Eurasian (1909)、中国系の現実を描いた短編集 Mrs. Spring Fragrance (1912) が出版された。一方、When I Was a Boy in China (1887) を著したリー・ヤンフォー（LEE Yan Phou）、My Life in China and America (1909) を書いた容閎、The Real Chinese In America (1923) の著者でニューヨークの中国領事館員だったJ.S.トウ（J. S. TOW）など、自伝的作品を英語で著した初期の中国系作家たちは、キリスト教信者のエリート階級が多く、アメリカ社会へ向けて中国の社会や慣習や文化を「紹介・解説」したものがほとんどだった。そこには、「西洋社会に理解・受容してもらいたい」というエリート層の願望もうかがえる。

1930年代の国際情勢は米中関係を好転させ、アメリカは弱者中国を同情的に見るようになる。H.T.ツィアン（H. T. TSIANG）の And China Has Hands (1936) はニューヨークのチャイナタウンの洗濯屋が主人公の小説だった。中国文化の「通訳者」と目された作家林語堂（LIN Yutang）は、My Country and My People (1937) や A Chinatown Family (1948) など多くの著作を出し人気を博したが、アメリカ人受けする中国人ステレオタイプを強化したといわれる。パーディー・ロウ（Pardee LOWE）の Father and Glorious Descendant (1943) は、アメリカ生まれの二世によって書かれた初の本格的長編だった。また、ジェイド・スノウ・ウォン（Jade Snow WONG）が24歳で書き上げた The Fifth Chinese Daughter (1945 & 1950) は全米で評判を呼び、多くの読者を獲得した。しかし、両作品とも白人読者を想定し、より「アメリカ化」した二世の自分をアピールする傾向にあった。57年出版のチン・ヤン・リー（Chin Yang LEE）の Flower Drum Song はサンフランシスコ・チャイナタウンが舞台の小説で、59年にはロジャース＆ハマースタイン二世のコンビによりブロードウェイ・ミュージカルに、61年にはハリウッド・ミュージカル映画になった。戦後まもなくのニューヨーク・チャイナタウンを描いたルイス・チュー（Louis CHU）の小説 Eat A Bowl of Tea (1961) は88年にウェイン・ワン監督により映画化された（邦題『夜明けのスローボート』）。

1960年代以降は、マイノリティ運動の洗礼を受けた若いアジア系アメリカ人が台頭してくる。劇作家フランク・チンは「中国系マルコムX」と呼ばれた戦闘派で、The Chickencoop Chinaman (1972)、The Year of the Dragon (1974) で注目を集めると同時に、アジア系作家の初のアンソロジー Aiiieeeee! (1974) の編者の一人として、アジア系作家のプライドを高らかに宣言した。中国系二世のマキシーン・ホン・キングストンは The Woman Warrior (1976、邦訳『チャイナタウンの女武者』) で全米的な評価を得るが、チンはこれを白人に受容されたい告白的自伝と批判し、2人の間に熱い論争が展開された。劇作家デイビッド・ヘンリー・ワンは FOB (1979) でオビー賞を受賞、88年にはブロードウェイ演劇 "M. Butterfly" でトニー賞を獲得した。89年にはエイミ・タン（Amy TAN）の『ジョイ・ラック・クラブ』が出版と同時にベストセラーとなる。このほか、Bone (1993、邦訳『骨』) のフェイ・ミエン・イン（Fae Myenne NG）、Typical American (1991)、および Mona in the Promised Land (1996) のギッシュ・ジェン（Gish JEN）、Hunger (1998) のラン・サマンサ・チャン（Lan Samantha CHANG）、China Boy (1991) のガス・リー（Gus LEE）など、最近は数多くの中国系アメリカ人作家

が輩出し注目を集めている。また、中国からの新一世ハ・ジン（Ha JIN）が書いたWaiting（1999、邦訳『待ち暮らし』）が1999年の全米図書賞と2000年のPEN/フォークナー賞をダブル受賞するという快挙を遂げた。

(村上由見子)

［シンガポール　英語］

　マレー系14％、中国系78％、インド系7％、その他からなる多民族国家▼シンガポールには、中国系作家による英語の文学がある。だがそれを華人文学というカテゴリーに組み入れることは妥当性を欠くかもしれない。概して英語作家たちは民族的出自を意識しながらもむしろシンガポール人としての▼アイデンティティを追求する傾向がある。したがって、シンガポール英語文学を担っている人たちのなかに中国系シンガポール人（華人）が存在すると捉えるほうが実情に適っていよう。シンガポールでは植民地時代から英語が特権的な地位を占めてきたが、ことに1987年にそれを教育における第一言語と制度化して以来、英語の識字率は確実に伸びた。こういう情況下、おおむね英語以外の表現手段をもたない人たちによって創られつつある文学がシンガポール英語文学で、第2次大戦後、当時の英語教育の牙城マラヤ大学（現▼シンガポール国立大学）において、数世代にわたってマラヤに生きる華人（▼ブラナカン華人）を中心に始まった。質量とも充実しつつある現在、中国系をはじめ各民族出自の作家が活躍している。

　詩の試みは19世紀イギリス詩の模倣から始まり、1940年代末から50年代にかけての反植民地運動と▼ナショナリズムの高揚期には、当地の現実に根差した詩が模索された。その頃から詩作を始め英語詩の「父」として後の世代に影響を与えているのが、インド系の父と中国系の母をもつエドウィン・タンブー（Edwin THUMBOO）で、その主題は、愛や死などの個人的なものから国の発展を称揚しシンガポール人としてのアイデンティティを探求するという公的なものへと変化した。第2世代のうち、アーサー・ヤップ（Arthur YAP）は鋭敏な感性で言語を攪乱することにより、またリー・スー・ペン（LEE Tzu Pheng）はキリスト教信仰の深みから、社会と人間のありように対する批判を表現している。65年独立後生まれの第3世代のボイ・キム・チェン（Boey Kim CHENG）、ヘン・シオク・ティアン（HENG Siok Tian）、アルビン・パン（Alvin PANG）らは英語で詩を書くことに対して身構えることなく、国民や民族としてのアイデンティティよりはむしろ個人としてのそれを追求している。総じて抒情詩が中心で、その本質上、華人としての民族的要素が前面に出てくることは小説に比べて少ない。小説の分野では、詩に10年ほど遅れて60年代に短編が、80年代後半には長編が次々に現れた。ほとんどが写実主義的小説で、その性質上、民族的要素を相対的によく反映している。おもな中国系作家としては、戦中および日本占領下のシンガポールを記録するリム・シアン・スー（LIM Thean Soo）、1972年の初の長編『長過ぎた夢』で新旧の価値の対立を描いたゴー・ポー・セン（GOH Poh Seng）、父権的華人社会をフェミニスト的立場から描く▼キャサリン・リム、日常性を描くなかで、国家、制度、父権といった抑圧的な力をしなやかに受け止めながら個を模索する独立後世代のクリスティン・リム（Christine LIM）、タン・メイ・チン（TAN Mei Ching）、コリン・チョン（Colin CHEONG）らがいる。戯曲についても、独立前後からシンガポールの現実を扱った英語戯曲が書かれたはじめた。その後の順調な経済発展にともなう政府の文化育成支援、また70年代末の英語の事実上の第一公用語化などの結果、英語戯曲が多く書かれるようになり、以前華語で書いていたクオ・パオ・クン（KUO Pao Kun）も英語に転じた。様式的にも写実的なものから象徴的、寓意的なものに広がった。中国系作家として、ほかにステラ・コン（Stella KON）、ロバート・ヨー（Robert YEO）、エレナー・ウォン（Eleanor WONG）、オビディア・ユー（Ovidia YU）らがおり、自然な英語の台詞で社会のさまざまな層を描出し、検閲を睨みつつ社会を観察し写し出すことによってそれに揺さぶりをかけている。

(幸節みゆき)

▷ ブラナカン，馬華文学

▣ Edwin Thumboo, et al.(eds.). *The Poetry of Singapore*. Singapore: n.p., 1985. / idem.

The Fiction of Singapore. Singapore: n.p., 1990. / *10 Years of Singapore Theatre: 1987-1997*. Singapore: The Necessary Stage, 1997.

華人マレー語 かじんマレーご
Baba Malay / Bahasa Melayu Tionghua

マレー語は、マレー半島南部の方言が標準語となっていて、マレーシアとインドネシア全域で第二言語として広く使用されており、約1000万人の母語でもある。ふつうインドネシア語と呼ばれているのは、「インドネシア共通語（Bahasa Indonesia）」（Bahasaは「言語」という意味）のことであり、1949年以来、インドネシアの公用語となっている。

マレー語のもう一つの形態に、ババ・マレー語（Baba Malay）といわれるものがあって、マレーシア生まれの中国人の間で使用されている言語を指す。▼ババ（Baba、中国語では「巴巴」あるいは「峇峇」と書く）とは、中国人男性とマレー人女性との間に生まれた中国人のことを区別していう言葉である。ババ・マレー語は、マレー語とは以下の諸点において明確に異なっている。(1)マレー人には理解できない中国語の語彙が相当数混入している。英語、ポルトガル語、タミル語からの借用語も混入している。(2)ババ・マレー語の話し手はマレー語の大半を理解することができない。(3)ババ・マレー語では、マレー語の単語をそれと聞き分けができないほどに音形を変化させている。(4)文の構造が中国語の影響を受けている。

インドネシアの華僑・華人人口は約600万人。彼らの話す言語「通俗マレー語（Bahasa Malayu Rendah）」には、多くの閩南びんなん語の語彙が混入している。これは、厳密には通俗マレー語とはいえないものであって、この言語は「華人マレー語（Bahasa Melayu Tionghua）」と呼ばれる。　　　（中嶋幹起）

▷クリオール

鎹止め職人 かすがいとめしょくにん

小さな鎹を使って割れた茶碗などを修繕する職人。往時の中国・日本において津々浦々を回って重宝がられたが、1899（明治32）年7月28日の勅令352号（▼内地雑居令）ならびに施行細則▼内務省令42号発令後、中国人が入国を拒否され問題となった。非労働者を主張する中国側が外交ルートを通じて抗議したが、日本側は技術者とは認めがたいと抗議を斥け、雑業者と認めた。同日発布の内務大臣訓令第728号において雑業者はいちいち内務大臣の指揮をまって許否するべきとされていたが、許否の基準が明確でなかった。

（許淑真）

📖許淑真「労働移民禁止法の施行をめぐって」『社会学雑誌』7，1990．／外務省外交記録「大正11年度支那労働者入国取締関係一件」MT.3.9.4.121．／内務省警保局編『外事警察関係例規集 昭和6年』龍渓書舎，1979.

『華声月報』かせいげっぽう
Huasheng Monthly

中国で発行されている華僑・華人向けの月刊総合誌。国内向けの全国誌でもある。1995年4月創刊。前身は83年1月創刊、週2回発行の『華声報』。編集の趣旨は「世界に中国を理解してもらう」ことで、広い視野に立ち社会の現状を深くかつ全面的に報道することを目標に掲げる。報道の分野は中国の社会、経済、文化など多方面にわたり、「特別寄稿、神州経済、華商ネット、海宇紀聞、学者論壇、海外人物、新移民、負笈札記、芸文春秋、鑑珍識宝」など20数種類の特別欄が設けられている。中国語の繁体字で編集、全頁カラー印刷、1冊は108頁。北京のほか香港、ブダペストに事務所がある。また北米、ヨーロッパ、オーストラリア、日本、スペインなどに代理事務所がある。現在、北京で編集、▼深圳で印刷され、香港から世界118の国と地域に向かって発行。最近電子版も出るようになった。

（過放）

柯全寿 かぜんじゅ 1893-1948
KWA Tjoan Sioe

インドネシアの華人医師。中部ジャワの生まれ。祖籍は福建省。1920年アムステルダムの医科大学卒業。アムステルダムで熱帯病を研究し、翌年インドネシアに戻り、ジャカルタの病院に勤務。22年個人診療所を開設。貧困と医学・衛生知識の欠如、妊婦・嬰児の高い死亡率といった当時の実状から、25年華人医師とともに養生院を創立し、インドネシアでも著名な婦人科・小児科病院とする。日中戦争中は養生院医師・看護婦医療隊を組織して前線に派遣し、またインドネシア民族解放運

動にもかかわり、戦後はインドネシア独立闘争にも積極的に身を投じた。
(張祥義)

華族(かぞく)

中国籍を喪失あるいは放棄して居留国の国籍を取得した「華人」と、外国の生まれ(一部は中国本土、台湾、▼香港、▼マカオ)で外国市民権をもつ中国系人の子弟である▼華裔をひとまとめにしていう中国語で、外籍華人ともいう。この場合の「華人」は、中国の血統を引く者の意味であり、英語の▼エスニック・チャイニーズ(ethnic Chinese)に相当する。
(中間和洋)

⇨ 華僑・華人

華族(かぞく) ⇨ ホア族

家族経営(かぞくけいえい)

「華人型経営」モデルを形成してきた、華人企業に特徴的で根源的な経営の形態。企業の発展段階や規模の大小を問わず、華人企業に共通的に存在する。また、中国本土内の▼公司が近代経営に脱皮していく際に、手本とされ影響を受けるモデルと考えられるので、21世紀のアジアにおける最も重要な経営モデルになると考えられる。移民直後および定住初期の華僑たちは言語的・社会的制約から、▼幇に所属・依存して、肉体労働者や職人としての生活を開始することが多かった。中国系人の文化的特徴の一つである独立志向の強さから、彼らの多くはやがて商業行為を伴う小企業家への脱皮を試みた。その際、まず家族だけで家屋兼用の店(▼ショップハウス)の経営を開始したのが家族企業経営の始まりであり、原点である。典型は父親がオーナー兼店長、母親が会計係を担当して、子どもたちもみな小さいときから店に出て手伝うという、現在でも東アジアでよく見られる小店舗営業の形態である。家族企業の規模拡大の初期においては、言語的・資本的制約から、親族や同郷人を優先的に採用してきた。この傾向は企業規模が大きくなっても堅持される。企業の存続目的はそれを所有するファミリーの資産形成にある。その目的達成のために、企業の成員の多く、少なくとも幹部社員はオーナー会長の家族、親族、友人、同郷出身者などで占められ、大家族あるいは拡大家族主義、かつ家父長主義的な企業文化が形成された。血縁を優先とした信頼感の存在が人を企業成員に参加させる場合、非常に重要なものとみなされている。華人企業内における中国系文化、とくに儒教的な価値観の影響は大きい。勤勉や、先祖、家父長への敬愛、孝養などの、本来は文化的・社会的な価値観が企業内価値観として存在する。これらの価値観を共有するので、華人型企業の内部では大家族的結束の強さ、勤勉度の高さ、オーナー会長の強いリーダーシップなどが形成されてきた。中国本土への進出の際は、まずファミリーの出身地域が選ばれるのも、文化的価値観の影響によるものと理解できる。

企業の意思決定は、オーナー会長によるトップ・ダウン型である。意思決定がトップあるいは小人数のファミリー幹部に集中しているので、意思決定の要請がトップに提示されれば迅速に行われる。しかしこの集中的意思決定は、ビジネスに対する組織としての対応の開発が遅れるという弊害を有し、有能な中堅管理職の養成や、外部からの経営管理職の登用には不適な経営モデルでもある。また、リスクをとりつつ迅速な企業意思決定が行われるので、その意思決定は試行錯誤的とならざるをえない。その結果、華人企業の成功の大きな部分が家長であるオーナー会長の企業家としての資質によることになる。事業展開にあたっては、「▼関係」が重視される。三縁といわれる「血縁、地縁、業縁」を手がかりに、華人型経営のもう一つの特色である「ネットワーキング」を形成していく。この結果、華人企業が進出する地域や業界などには、あまり関連性や必然性のない傾向がある。上場されるほどの規模になると、複数国や複数産業に展開するミニ・コングロマリットの様相を呈することが珍しくない。華人企業が国際的にビジネス展開をする場合も、華人企業を取引先相手に選ぶことが多い。経済合理性を最優先しつつも、華人同士の助け合いの伝統から、取引相手との共存共栄的なビジネス展開を図ろうとするのも特徴である。一方、中国系文化の影響が大きいので、「華人型経営」モデルは華人文化圏では有効だが、他の国や異なる文化における企業の中では有効に機能しないものと思われる。

(山田修)

⊟三縁関係，ネットワーク
圖山田修『華僑最強の家業経営』日本実業出版社，1996.／ミン・チェン『東アジアの経営システム比較』新評論，1998.

華泰電力会社 かたいでんりょくかいしゃ
華泰公司

シンガポール華僑林秉祥の投資で福建省漳州地区龍渓県石碼鎮に創設された電力会社。漳州地区電力業の嚆矢。1913年着工，17年から電力供給開始，照明用電力のほか，精米工場の電力も提供。37年日中戦争勃発後，精米工場は内地に移転，同社所有の3台の発電機も福建省西部の龍岩に移された。
（廖赤陽）

圖『近代華僑投資国内企業史資料選輯（福建巻）』

カタリナ 1601-88
美蘭姑娘　Catalina

メキシコ華僑。1614年に両親と旅行中に海賊に襲われ，奴隷として転々と売られたすえ，メキシコのプエブロ市のソサー将軍に買われた。子どもがいなかった将軍夫婦は彼女を養女にし，カタリナと名づけた。将軍夫婦が亡くなってから，彼女はもらった遺産をプエブロ市の公益事業に寄付し，自らは刺繍と裁縫の才能を発揮して生計を立てた。彼女が作った「中国風プエブロ婦人服」は大好評を博し，現代まで伝わっている。死後，現地の人々が彼女を記念するために墓碑を建て，彼女の人格を称賛する言葉を残した。
（曾櫻）

カチョン・ティンターナティクン 1909-
丁家駿　Khacor TINGTHAANATHIKUL

タイ・ペトロリアム，キャセイ証券などの創業者。広東省東莞生まれ。シンガポール留学後，約10年，香港と広州でアジア石油勤務。戦後，広州煤油公会理事長。1952年に渡タイし，タイ・ペトロリアムを創業。アメリカのバタ潤滑油総代理店となり，事業を東南アジア一帯に拡大。日本のいすゞ，三菱とも取引がある。朝鮮戦争中は中国の石油輸入に協力。80年代前期，'チャーチャーイ・チュンハワン元首相らとタイ中友好協会を設立。教育，医療などで慈善事業を展開。　（樋泉克夫）

⊟慈善・義捐・献金

合勝堂 がっしょうどう

アメリカ華人の'秘密結社。1875年にサンフランシスコで設立され，19世紀末十二大堂会の一つである。当時の中国系人社会で内部紛争が頻発し，しばしば堂闘が行われた。1912年初めに合勝堂と萃勝堂の間に'械闘が勃発，萃英堂と協勝堂も巻き込まれ，のち中華会館の調停で和解した。26年7月に秉公堂との間に勃発した械闘は和解まで4か月にわたり，'シアトルまで西海岸各地に広がり，数十人の死傷者を出し，最後の大規模堂闘となった。
（曾櫻）

夏東開 かとうかい 1941-

横浜華僑の事業家。日本大学商学部卒。貸ビル業のかたわら貸画廊を経営し，中国の新進画家を広く紹介，中国絵画や美術の普及に一定の役割を果たす。母校でもある'横浜山手中華学校家長会（PTA）会長を5年間務め，その後，同校の学園理事会副理事長・理事長として活躍。広東省華僑の'同郷団体である'旅日要明鶴同郷会会長として，会の活性化，華僑団結に取り組んでいる。
（符順和）

神奈川県山東同郷会 かながわけんさんとうどうきょうかい

横浜で設立された山東省出身者の'同郷団体。1975年6月創立と台湾行政院'僑務委員会に届け出があった。創立当時会員数は74人とある。会の所在地は横浜市中区山下町。
（符順和）

圖『横浜華僑誌』

神奈川県中日調理師会 かながわけんちゅうにちちょうりしかい

神奈川県，おもに'横浜中華街で働く調理師のクラブ。成立年は不詳。'京浜華厨会所は同業・同郷（広東省）のコッククラブだが，この会は国籍，出身を問わない。上海出身者もいれば'福建人，'広東人もいるし，もちろん日本人の加入もある。会長兼総務部長は揚井国雄。所在地は横浜市中区山下町。
（符順和）

カナダ太平洋鉄道 カナダたいへいようてつどう
Canadian Pacific Railway

1881年から85年までにカナダで建設された北米大陸を横断する最長の鉄道。本来東はモントリオールから，西はブリティッシュ・コロンビア州のムーディ港までだったが，のち

東側はハリファックスまで、西側はバンクーバーまで延長され、全長3800km余りとなる。鉄道建設当時、華人労働者が1万7000人以上低い俸給で雇われ、数千人が労働災害や過労によって命を落とした。劣悪な地理的条件を克服し、鉄道が完成した後、当時のカナダ首相マクドナルドは国会演説の中で華人労働者の貢献を認めた。1981年トロント市は中国系人のカナダ鉄道建設への貢献を記念する記念碑を建てることを決議し、82年にカナダ鉄道華人労働者記念基金会が成立され、89年に高さと幅各90cm、厚さ25cmの記念碑が完成、カナダ首相をはじめとする各界の代表者が除幕式に参加し、鉄道建設のために命を捧げた華人労働者に敬意を払った。　　　　（曾櫻）

カナダの華僑・華人 _{カナダのかきょう・かじん}

カナダ（加拿太）における中国人移民の歴史は、1858年にブリティッシュ・コロンビア州フレーザー川流域で始まった▼ゴールドラッシュに、カリフォルニア州での中国人金鉱山労働者が移動してきたことに始まる。その後、多くの中国人が直接中国から移民するようになり、鉱山労働者や農・漁業労働者として、また、1881年に始まる大陸横断鉄道（▼カナダ太平洋鉄道）建設での安価な労働力として利用された。中国人移民は鉄道建設終了後（1885年）も続き、増加した中国人移民によって1910年代にはビクトリアやバンクーバーなどの西海岸都市だけでなく、内陸部の都市にも小規模なチャイナタウンが形成されるようになった。中国人労働者は移民の初期には歓迎されたものの、やがて白人労働者への脅威として、また、カナダ白人社会の純粋性を脅かすものとして激しい排斥の対象となった。とくに、鉄道完成後は法制上も差別が強化され、中国人移民への連邦レベルでの人頭税課税（1886年）をはじめとして、州および連邦において中国人を投票権、土地所有、就業からさまざまに排除する法制が相次いだ。中国人は「同化不能なグループ」(unmeltable ethnics)とされ、1923年にはついに、中国人の移民を実質的に禁止する移民法（排華法）が制定された。カナダの中国人社会はこの法律に激しく反発し、制定日を以後「▼僑恥日（Humiliation Day）」として抗議活動を続けたが、移民法は以後、1947年に廃止されるまで24年間継続された。カナダ中国系社会はこれによって深刻な打撃を受け、長期にわたってチャイナタウンという都市ゲットーに閉じ込められ、差別と排斥のなかで限られた労働に従事する、ほとんど男性からなるいびつな社会であることを余儀なくされた。

第2次大戦後、排華法をはじめとする差別的法制はしだいに改められ、また、人頭税賠償要求をはじめとする市民的権利の回復と人種差別解消への要求も積極的に主張されるようになった。こうしたなかで中国系カナダ人は高学歴と勤勉さを背景に急速にその社会的地位の向上、中流化を進め、日系カナダ人とともにしばしば「▼モデル・マイノリティ」と呼ばれるようにもなったが、一方でこの過程は、医師、弁護士などの個人の資格に依存する専門職への偏りや、「▼ガラスの天井」と呼ばれる暗黙の差別による中国系エリートの社会上層からの排除といった、現在も完全には解消されていない問題を含むものでもあった。

カナダの中国系社会は1967年に人種差別を排除した新移民法が施行されてから、さらに大きく変化してきている。これ以後カナダでは中国系の移民は急速に増加し、70年代のインドシナ（中国系）難民や開放政策後の中国からの移民、さらには80年代末からの香港の中国返還問題による香港からの大量移民などのいくつかの波を重ねて、96年時点では中国系人口は86万人をこえるようになっている。すでに91年の時点で中国語はウクライナ語、ドイツ語を抜いて使用者数でカナダ第3の言語となり、また、中国系の多いトロントやバンクーバーなどの都市部では中国系は人口の1割をこえるようになっているのである。こうした中国系人口の増加は、また、中国系社会の多様性の増大でもあった。かつての南中国の農村出身者からなる均質な社会とは大きく異なり、現在のカナダ中国系社会では、(1)富裕で高い適応力をもち、差別や同化とは無縁な中流・上層中流層を形成し、経済エリートやさらには連邦総督（▼アドリアンヌ・クラークソン）、州総督（▼デイビッド・ラム）さえ輩出している最大多数の香港系グループ

や、(2)同様に豊かな台湾系や一部の大陸系エリート、(3)適応力が弱く、旧来のチャイナタウン生活を再現しがちな多くの大陸中国系やインドシナ難民、(4)カナダへの同化が著しい旧移民の二、三世たちなど、言語（方言）、文化、教育程度、出身階層などの点で著しく異なるグループからなっている。これら多様な中国系グループが、かつてとは異なりエスニック・グループ間の垂直的階層性が大きく緩んでいるカナダ社会において、よりそれぞれの階層的異質性を強めていくのか、または、中国系としての「基底文化」の共通性や、ゆるやかに生じつつあるトランス・ナショナルな中国系・華人ネットワークの中で新たな「中国系」グループを生み出していくのかは、現時点では予測できないところである。

(森川眞規雄)

⇨ ゴールドラッシュ［カナダ］、キング報告書、排華法［カナダ］、香港特別行政区、トロントの華僑・華人、バンクーバーの華僑・華人、モントリオールの華僑・華人

📖 E. Wickberg, et al. (eds.). *From China to Canada*. Toronto: McClelland and Stewart, 1982.

華南経済圏　かなんけいざいけん

▼広東省、▼福建省、▼海南省などの華南沿海部と、▼香港、台湾、東南アジア華人社会との間に形成された経済圏。1980年6月の第5期全国人民代表大会で「広東省特別区条例」が公布され、広東省内の▼深圳、▼珠海、▼スワトウの3市に▼経済特区を設置した。香港ならびに香港の背後に広がる在外華人資本の「▼内流」を求めての試図であった。また同年10月には台湾の対岸にある福建省▼アモイにもう一つの経済特区が設置された。台湾経済力の「内流」が目的であった。85年には深圳や珠海の背後地である珠江デルタ地帯、アモイの背後地である閩南デルタ地帯が開放地区に指定された。88年にはそれまで広東省の行政区内にあった海南島を省に格上げし、同時に全島を経済特区とした。中央はこれら経済特区・開放地区に対して、財政、外貨留保などの諸面で幅広い自主裁量権を与えるとともに、外資系企業に対する税制上の恩典付与権限を認めるなど、内陸諸地域とは異なった自由な管理体系の採用を許容し、もって華南を中国の対外開放政策の「窓口」とすることを意図した。華南を開放してここに香港や東南アジアに蓄積されていた「▼海の中国」の資本主義を導入し、華南を改革・開放の先導地域としていこうというのが鄧小平の戦略であった。この戦略なくして改革・開放期中国の経済的高揚はありえなかった。実際、改革・開放の開始期において広東省の国内総生産額は当時30の1級行政単位のうち第7番目であったが、89年には第1位となり、現在なお中国最大の経済規模をもつ省である。

中国の市場経済化を牽引する最強の省が広東省である。そしてこの広東省の潜在力を掘り起こした最も重要な要因が、香港企業ならびに香港を中継点とする在外華人企業の対広東省進出であった。実際、90年から98年までの対広東省海外直接投資のうちの80％という圧倒的部分が香港からのものであった。広東省のなかでも最大の工業生産地域は、珠江が南シナ海に注ぐ沖積土地域に形成された珠江デルタである。深圳がその中核であるが、▼広州市、仏山市、▼東莞市、▼珠海市といった有数の工業地域が珠江デルタには散在しており、これらが香港を中心とした外資系企業の代表的な集積地となっている。広東省は中国において傑出した輸出省である。ちなみに98年の中国の総輸出額は1837億ドルであったが、このうち広東省の輸出額は756億ドル、じつに30％以上を1省で占めた。この広東省の輸出額のうち5割以上が委託加工関連輸出であり、そのほとんどを香港企業が担った。

香港企業は広東省において480万人の雇用を創出している。広東省の第2次産業就業者数は98年において1004万人であり、つまりは香港企業は広東省の工業労働者の2人に1人近くを雇っていることになる。また香港ドルは広東省内を広く流通している。「グレーター・ホンコン」の形成である。近年では、香港企業の進出に加え、台湾企業の広東省への進出が目立っており、これが「グレーター・タイワン」、すなわち「▼両岸経済圏」を形成している。

(渡辺利夫)

嘉南堂不動産会社　かなんどうふどうさんがいしゃ
嘉南堂置業公司

1919年に張立才が▼帰国華僑やクリスチャ

ンに呼びかけて広東省広州に共同設立した不動産会社。募集資本は計画の50万銀元を大幅に下回る10万元にとどまり、21年30万元へ増資、社名を当初の嘉南実業団から嘉南堂置業公司に改称。広州市東山直街のビル5棟、太平南路のビル2棟の建設に莫大な資金を投入、業務を拡張するが、29年以後世界恐慌の影響や預貯金の取付けを被り、資金繰りが悪化。33年嘉南実業貯蓄銀行に改組するが、業績不振が続き、34年3月清算された。

(王効平)

カーニー、デニス 1847-1907
Denis KEARNEY

アメリカの排華運動指導者。アイルランド移民。1868年にサンフランシスコへ移住して組合活動家となり、76年アメリカに▼帰化。翌77年10月、不況下のサンフランシスコで白人労働者を基盤とするカリフォルニア勤労者党 (Workingmen's Party of California) を結成、白人労働者の失業の原因が低賃金で雇用される中国人にあるとし、中国人排斥を主張した。78年同党はカリフォルニア州議会で議席の3分の1を占める勢力となり、70年代末の地方政治に多大な影響を与えただけでなく、82年連邦議会で▼排華法を可決するうえでもきわめて大きな影響を及ぼした。勤労者党による排華運動はカーニズム (Kearneyism) と呼ばれ、19世紀のアメリカにおける労働者階級の人種差別主義の代表例として、多くの歴史書に登場している。

(馬暁華)

華菲タバコ会社 かひタバコがいしゃ
華菲烟草公司

フィリピン華僑の資本によって上海に創設されたタバコ製造会社。フィリピンでタバコ製造で成功した林書晏・林朝聘兄弟などによって、1936年に資本金50万元で始められた。品質の良さなどで消費者に支持されたが、日中戦争の勃発により上海の工場は深刻な被害を受けた。戦後は他社との競争もあって業績が振るわず、原料輸送を円滑にし資本金の減少に対応するため本社を鄭州に移転したが、経営難から53年に営業を停止した。

(松本武彦)

カピタン制 カピタンせい
甲必丹制

東南アジア各地に分布する華僑の社会で、彼らの権益を守るため形成された自治組織が選出した代表者をカピタンと呼び、現地の当局者も移住華人の統制に適宜これを利用した。「カピタン」の語はポルトガル語の capitão に由来し、頭人、指揮官、司令官などを意味し、英語の captain、フランス語の capitaine と、意味範囲に若干のずれはあるが、ほぼ同義語である。とりわけ、大航海時代、ポルトガル語では、一船あるいは一船団を統括し、その進退を決定し、その船ないし船団全体を代表する権限と地位をもつ者をカピタンと称したが、この語法は当時の東南アジアの交易圏に活動する諸国民の間にも広く用いられ、陸上の商館長や城塞・堡塁の指揮官、居留民の代表者などに対しても適用された。日本でも「甲必丹」「甲比丹」などの文字をあて、長崎出島のオランダ商館長を「紅毛甲必丹」などと称した。この場合、日本に居留するオランダ人に対して一定の裁治権をもつオランダ人の代表者という意味合いがある。

中国人の海外移住とその同郷集団の形成は8世紀以来の歴史をもち、今日、全世界の華僑人口、推定2500万人のうち、9割弱が東南アジアとオセアニアに分布するが、とりわけ東南アジア一帯に集中的に分布している。このような分布状況は、15、16世紀、明代中国の経済発展を背景に、東アジアから東南アジアに展開した中国人の海外進出と交易活動に起因している。彼らは移住先の社会で積極的な商業活動を行い、東南アジアの地域間交易に主導的な役割を果たした。彼らの旺盛な経済活動はときとして現地の当局者や植民地政府から忌避され、排斥されることがあり、17、18世紀のマニラやバタビアでの中国人大量虐殺などの悲劇も生じた。そして、現地政府などの庇護が期待できない状況の中で、彼らは同じ出身地や方言などの縁で結ばれた「▼郷幇」という地縁的な相互扶助集団を結成した。また、華僑の村や町では代表を選び「▼公司」というコミュニティをつくった。その内部には、出身地や使用方言による細かい

集団があり、保安のために▼秘密結社ができ、本土との連繋も密であった。植民地政府はこのような華僑集団の代表者をカピタンなどの職に任じて一定の自治を認め、華僑の組織を間接的に統制するための一助とした。

このように、交易の拠点となる地域で、現地の当局者が各地から移住してきた異国民をその民族や出身地に応じて居住区を割り当てて集住させ、代表者すなわち頭人を選出させ、これにそれぞれのコミュニティの統制や異国船との交易の管理、徴税、地元官憲との交渉の仲介などの任に当てるという制度（▼シャーバンダル制）は、前近代の東南アジアから中国南部にかけての港市で普遍的に見られた制度であった。カピタンはそのような代表権をもつ頭人であった。

平戸のイギリス商館長コックス（Richard COCKS、平戸在住1613-23年）の日記では、当時平戸で活動していた中国人貿易家の▼李旦や華宇、オランダ商館長のスペックス（Jacques SPECX）や三浦按針（ウィリアム・アダムス、William ADAMS）らにCaptainの肩書を付しているが、この「キャプテン」には船舶の指揮官といった職掌だけでなく、中国人の頭人、オランダ人の頭人といった、居留民の代表者というニュアンスが濃厚である。とりわけ、李旦らに対するChina Captainには、平戸在留中国人の代表者という意味合いがあり、カピタン制との関連が示唆される。　　　　　　　　　　（加藤榮一）

⇨オランダ東インド政庁, 徴税請負い, マヨール, 青雲亭, マニラの華僑虐殺事件, バタビア華僑虐殺事件

📖斯波義信『華僑』岩波新書、1995.／戴国煇編『もっと知りたい華僑』弘文堂、1991.／『歴史学事典』1「交換と消費」；7「戦争と外交」弘文堂、1994；1999.／京都大学東南アジア研究センター編『事典 東南アジア』弘文堂、1997.

『華風新聞』 かふうしんぶん

1997年7月1日に在日中国人によって東京で創刊された、初の娯楽情報専門の中国語新聞。創刊当初は月刊、のち半月刊、2000年6月からは総合週刊紙になった。毎週火曜日発行、タブロイド判48頁（2001年9月現在）。おもな紙面は「重大ニュース」「論壇」「在日華人」「世界華人」「日本ニュース」「中国ニュース」「芸能ニュース」「スポーツニュース」「特集」など。発行元は東華実業。
　　　　　　　　　　　　　　　　（段躍中）

📱華風新聞ホームページ http://www.toka-web.co.jp/

『華埠暴風雨』 かふぼうふうう

アメリカの▼チャイナタウンの黒社会の活動を描いた李勇の代表的な作品。「華埠」はチャイナタウンの意。副題は「紐約唐人街地下社会内幕」（▼ニューヨーク・チャイナタウンの地下社会の内幕）。1984年に香港博益出版集団有限公司より出版。著者の李勇は台湾や香港で記者を務めた後、アメリカに渡って、アメリカ華人社会、とりわけニューヨークのチャイナタウンの黒社会の実状に深く踏み込んだ著作で注目を浴びた。（山下清海）

⇨三黒問題
📖『世界華僑華人詞典』

華文学校 かぶんがっこう ⇨ 華僑学校 かきょうがっこう

華文大学設立運動 かぶんだいがくせつりつうんどう

マレーシア華人が華語主体の私立大学設立を求めて行った運動。1967年に教育大臣が「外国留学は英連邦資格試験とマレー語資格試験合格者に限る」と発表したため、華人社会は私立華文中学（日本の中学＋高校）卒業生の受け皿として私立華語大学の設立を求める運動に乗り出した。68年には名称が独立大学（Merdeka University）と決まり、独立大学発起人大会で設立計画草案を採択。69年5月8日大学設立準備機関として独立大学有限公司が設立され、同月10日の総選挙で設立運動に加わった華人系野党の躍進をもたらす原動力となったが、直後の▼5月13日事件で活動は中断した。同公司は78年1月にふたたび国王、政府に独立大学認可を申請したが、政府は同年9月拒否した。公司側は80年9月設立認可を求めて訴訟を起こしたが、82年に連邦裁、枢密院が却下、運動は収束した。しかし華文高等教育機関設立を求める運動はその後も続き、90年代に入って政府も規制を緩和、南方学院（Southern College）、新紀元学院（New Era College）など華語を柱とする私立学校が出現した。
　　　　　　　　　　　　　　　　（原不二夫）

『華文毎日』 かぶんまいにち

1938年大阪毎日新聞社が大阪で創刊した中

国語半月刊誌。42年の毎日新聞社社史が自ら記しているように、「中南支方面への使命達成のため現地編集印刷による『華文毎日上海版』を発刊」した。初めは東北・華北から、のちしだいに華中・華南へと日本軍とともに拡大していった。日本の国情を紹介し、有名人を登場させ、小説を載せたが、結局、大東亜共栄圏を推進する国策宣伝、親日反共の宣撫工作の一翼を担った。一部華僑も翻訳などで雇われた。

(陳正雄)

何炳松 かへいしょう 1890-1946
HE Bingsong

中国の華僑史研究者、教育家。字は柏丞、浙江金華の人。1912年官費でアメリカに留学。ウィスコンシン大学とプリンストン大学で経済学と西洋史学を修め、帰国後、北京高等師範学校、法政大学(北京)、北京大学の教授を務めた。教員の給与遅配への抗議運動が軍に弾圧されたことに抗議して辞職し、一時商務印書館編訳所所長となる。35-46年の戦中の困難な時期に暨南大学学長を務め、42-46年にはキャンパスを上海から福建の建陽に移転するなど、華僑教育と研究および暨南大学の運営に多大な貢献をした。『歴史教学法』『大学管理法』など著書多数。

(陳來幸)

何炳棣 かへいたい 1917-
HO Ping-ti

中国系米国人学者で、人口史、社会移動史、農業史の専門家。内地移住と合わせて華僑移住についても論じ、また会館の歴史を論じた。天津に生まれたが本籍は浙江省金華市。1917年新華大学を卒業して渡米、52年コロンビア大学 Ph.D. 取得。ブリティッシュ・コロンビア大学、シカゴ大学を経て現在カリフォルニア大学アーバイン校教授。中国の史籍ならびに社会史史料、統計史料に通暁し、*Studies on the Population of China, 1368-1953* (Harvard UP, 1953)、*The Ladder of Success in Imperial China, Aspects of Social Mobility, 1368-1911* (Columbia UP, 1962)、『中国会館史論』(台北:学生書局、1966)、*The Cradle of the East: An Inquiry into the Indigenous Origins of Techniques and Ideas of Neolithic and Early Historic China, 5000-1000 B.C.* (The Chinese Univ. of Hong Kong Press and Univ. of Chicago Press, 1975) などを著した。

(斯波義信)

華宝鉱山会社 かほうこうざんがいしゃ
華宝鉱務公司

1914年、翁松郎・容観彤らの南洋華僑の投資で福建省南平の胡蘆山銅鉱区に創設された鉱山会社。資本金10万元。鉱区面積約87ヘクタール。シンガポール、マラヤ、国内の華商が延べ200万元をこえる資金を投下したが、不安定な地方情勢により、発展を阻まれた。22年福建省にクーデタ発生、鉱山は軍人に占拠されて堡塁と化し、銅鉱の開発は挫折。

(廖赤陽)

📖『近代華僑投資国内企業史資料選輯(福建巻)』

鎌倉義烈荘 かまくらぎれつそう

1900(明治33)年孫文が日本の警察の監視を避けるために隠棲した所。現在の鎌倉市極楽寺にあったが、建物は現存しない。なおこの付近一帯は陣鐘山と称する新田義貞遺址であり、その碑文には、当地は第2革命に敗れた李烈鈞が1913(大正2)年10月日本に亡命した際、仮寓を定めて再起を画策した土地でもあると記されている。

(一谷和郎)

📖『世界華僑華人詞典』/陳錫祺主編『孫中山年譜長編』上、北京:中華書局、1991.

華民政務司 かみんせいむし
Secretary for Chinese Affairs

香港、海峡植民地など旧英植民地政庁で中国人関係事務を所管した官職。香港では1858年に華民保護司(Protector of Chinese)として新設され、註冊司署の長(Registrar-General)がこのポストを兼務した。註冊司署から分離して単独機関となったのは1913年7月である。同時に、中国人を軽視するものとして不評であった保護の名称を改め、華民政務司とした。華民政務司は、日本占領期を除き、1969年民政司(Secretary for Home Affairs)に引き継がれるまで存続した。また中国移民の出入境が自由であった海峡植民地では、1877年3月になって初めて中国移民条例が制定され、シンガポールに同条例に基づく護衛司(Protector of Chinese)が任命された。ペナンでは1877年助

理護衛司（80年護衛司）が任命された。マラッカでは主任警察官が中国人関係事務を代行し、助理護衛司の配置は1901年、庁舎開設は1911年になってからである。さらに1874年のパンコール条約以後イギリスがマレー諸州を保護下におくようになると、英駐在官の中国人関係問題の助言者として、1883年のペラ州を皮切りにマレー諸州にも護衛司署が開設されていった。海峡植民地とマラヤ連合州に権限が及ぶ華民政務司が任命されるのは1903年になってからである。

　華民政務司は、個人・団体の登記事務に始まり、各種請願の受理、中国人代表との接見、中国語の条例・布告類の配布など中国人事務すべてをもっぱら担当した。元来、被統治者の伝統秩序を破壊せず、伝統秩序を利用して間接的に統治していく英植民地政策の下では、強行的なイギリス法と抵触しないかぎり、中国人相互の関係は中国の法と慣行に委ねるのが基本原則であった。護衛司・華民政務司の制度はこの基本原則に逆行するものであった。これは、遂年の増加によって人口の圧倒的多数を占めるようになった中国人社会に対し、干渉せざるをえなくなったためである。とりわけ会党活動にどう対処するかは植民地統治上の難しい問題となった。また中国人住民・移民の保護からは付随的に女子移民と妹仔の保護、娼妓登録などが派生し、直接あるいは中国人慈善団体、自警団体を媒体として、中国人社会のほぼ全般にかかわった。中国人も当初この役職者を「大人」と呼んで、あたかも中国の地方官に相当するかのように考え、ありとあらゆる民事問題を持ち込んで解決と助力を求めた。しかし中国本土の政情に影響されて華人社会が著しく政治化した1920、30年代になると、華民政務司は規制を強化し、大人と呼ばれた時代の人気を失った。
〔可児弘明〕

⇨ピカリング、ウィリアム・アレキサンダー

📖 G. B. Endacott. *A History of Hong Kong*. rep. London & Hong Kong: OUP, 1969. / Victor Purcell. *The Chinese in Malaya*. rep. in Oxford in Asia Paperbacks, Kuala Lumpur, etc.: OUP, 1967. / C. M. Turnbull. *A History of Singapore 1819–1975*. 5th impression, Singapore, etc.: OUP, 1985.

夏夢 かむ 1933–

香港の映画女優。のちに映画プロデューサー。本名夏濛。上海生まれ。1947年家族とともに香港に移る。瑪利諾英文書院で学んだのち、50年長城電影制片有限公司に入り、処女作『夢婚記』に出演したところ、香港だけでなく東南アジア各地で大ヒットした。その後、同公司で『孽海花』や『絶代佳人』など42本の映画に出演し、67年に引退した。しかし79年青鳥影業有限公司を設立してプロデューサーに転じ、許鞍華監督の『投奔怒海（望郷ボートピープル）』（82年）や厳浩監督の『似水流年（ホームカミング）』（84年）などの作品を手がけた。中国人民政治協商会議全国委員会委員に80年に選ばれて以来、連任している。
〔戸張東夫〕

📖『香港事典』

カム・ワァ・チュン博物館 カム・ワァ・チュンはくぶつかん
金華昌博物館
Kam Wah Chung & Company Museum

オレゴン州ジョン・デイ市にある華僑・華人博物館。1974年設立。建物は雑貨・漢方薬商店であった旧金華昌公司（1866年創立）。1887年梁光栄と伍子念がこれを買い、1940年まで営業。鉱山の工具、漢方薬、信書、帳簿・伝票類を展示している。
〔司馬純詩〕

カヤルティ号事件 カヤルティごうじけん

ペルーのカリャオからパケメーへ清国人苦力、推定49人を輸送中のペルー帆船カヤルティ号（the Cayalty、198トン）の船上で、1868年1月に発生した苦力の叛乱事件。苦力は斧・小刀・棒を持ってヨーロッパ人乗組員全員を殺害してカヤルティ号を奪取し、助命した船長に船を中国へ回航させ、「氷島」と称する所（比定地不明）からは日本人の水先案内に助けられ68年8月19日夕刻、箱館（函館）へ入港した。西洋型帆船でありながらヨーロッパ人の乗務がなく、清国人のみ41人が乗り組み、かつ甲板や船室が血で汚れていたところから、箱館府では広東人を通訳にして尋問を開始する一方、各国領事の立合いを得て船内の調査に着手したが、箱館戦争によって中断し、アメリカ領事による尋問続行に委ねられた。結局この事件は維新の混乱に加え、多人数を長期間抑留する経費の問

題があり、全員をひとまず上海に送還して清国側の処置に委ねることにし、抑留1年2か月後の69年10月15日、アメリカ蒸気船で送還し事件を穏便にすませた。また、船は明治政府が経費償却のうえペルー政府の代理であるアメリカ領事に交付し、71年末、一切を落着させた。しかし翌72年7月には▼マリア・ルス号事件が横浜で発生し、日本はふたたび▼苦力貿易に巻き込まれる。なお、箱館戦争中、抑留清国人が榎本軍に役使されたようである。史料ではないが、箱館戦争を扱った久保栄の戯曲『五稜郭血書』で、南京人として彼らのことが取り上げられている。　(可児弘明)

▣『函館市史』史料篇2, 同市, 1975. ／可児弘明「ペルー帆船カヤルティ号の苦力叛乱について」『史学』49-2・3合併号, 1979.

唐絵目利 からえめきき

唐・オランダ貿易は輸入品の鑑定・評価を行う「目利」という特殊業務を生み出し、長崎地役人の組織に組み込まれて、糸目利、薬種目利、鮫目利などが生まれた。唐絵目利もその一つで、1697年制度化されて渡辺秀石がこの職に就いたのが始まりという。以後、渡辺家に加えて広渡家、石崎家、荒木家からも任ぜられ、石崎融思、渡辺秀実といった実力ある画家を輩出した。彼らの作品は写実を基調とした長崎派絵画の中核に位置づけられている。　(中西啓)

ガラスの天井 ガラスのてんじょう
glass ceiling

北米において有色少数グループが一定以上の社会的上昇を図ろうとする際にしばしば直面する、目に見えない差別を指す。現代の北米において、法的には人種差別は許されず、また、少数グループの社会的地位も向上してきている。このため、上昇志向の強い少数グループのメンバーは、あるレベルまでは差別を受けることなく地位的・階層的向上を図ることが可能になっている。彼らにはしばしば、上昇の「階段」には障碍がなく、より高く上っていくことが可能に見えるのである。だが、北米の上部階層に近づくにつれ、そこには白人主流層がより多くなり、非白人を排除しようとする圧力も強くなる。こうした圧力を、「階段」の途中にある目に見えない障碍として「ガラスの天井」と呼んでいる。この現象はどの少数グループにも見られるが、比較的階層性の高い中国系などアジア系にとって現在も深刻な問題となっている。
　(森川眞規雄)

唐津 からつ

佐賀県北部、もと東松浦郡にあり、玄界灘に臨む港（現在は唐津市内）。古来、朝鮮渡海の要津、次いで博多を出航した遣唐使船の次の寄港地となった。大伴狭手彦の新羅出兵にかかわる松浦佐用姫の伝説は、後世、入唐説話となる。中世期を通じて博多に次ぐ第2の港の位置を占め、16世紀後半には博多の焼失により朝鮮や明との通商地となった。神屋宗湛の『宗湛茶湯日記』に唐津の記事がある。陶磁器唐津焼は長江流域、とくに中国景徳鎮とのかかわりが指摘される。　(川勝守)

唐泊 からどまり

福岡市西区宮浦の地名。江戸時代に筑前五か浦（今津、浜崎、残島、宮浦、唐泊）と呼ばれた港の一つ。博多湾の北西部に位置し、湾に直面するため、奈良・平安時代の遣唐使、遣新羅使一行がここで船待ちをした。「韓亭」の表記が『万葉集』『筑前国続風土記』に見える。唐や新羅の商人の船が到来し、異国人宿泊施設が置かれ、近世に至るまで唐泊の名が伝えられたことから、宋・元・明各時期の貿易に使用されつづけたことがわかる。
　(川勝守)

唐物道具目利 からものどうぐめきき

江戸時代、▼唐船やオランダ船が長崎に輸入する小間物・雑貨の中国物産を鑑定・評価した役。1671年の市法、貨物商法の開始にともなって創設され、小間物・雑貨取引に実績のある商人を当初は4名、幕末には2名任用。▼長崎会所設立後は会所役人。▼唐船貨物改帳に小間物と特記されたうち、時計、眼鏡、鏡や、香箱・香炉・花生けなど調度什器類、硯・墨入れなど文具、菓子・漬物など食品、石鹸・簾だなど日用品その他の物品で、華僑の生活に必需な品が多い。　(川勝守)

カリーニョ、テレサ
Chong Theresa CARIÑO

シンガポール出身の華人で、マニラ在住の

政治学者。シンガポール大学で政治学を専攻し、フィリピン大学アジア・センターにおいて中国政治学を専攻して修士。デ・ラサール大学 China Studies Program 主任を経て、Philippine China Development Resource Center 常務理事。中国現代政治を専門としながら、フィリピンだけでなく広く東南アジアの華僑・華人について論文を発表している。現在は、香港を拠点に活動している。

(小熊誠)

📖 Theresa Cariño. *Chinese Big Business in the Philippines.* Singapore: Federal Publications, 1998.

カリフォルニア広東銀行 カリフォルニア・カントンぎんこう
加州広東銀行
Bank of Canton of California

華僑・華人集団がカリフォルニアで開設した商業銀行。1937年創立。前身は『香港広東銀行のカリフォルニア支店。35年に同行が倒産したので、宋子文たちが出資・開業した。登記資本440万ドルだったが、49年宋子文・子安兄弟が3億ドルで買収した。67年宋子文死去後は子安が引き継いだ。一般銀行業務のほか、華僑・華人への相互補助や財務コンサルタントも行う。74年には傘下にカリフォルニア広東国際銀行を子会社として設立、国際金融業務にも進出。84年にサンフランシスコ金融街の新社屋に移転。サンフランシスコ、南カリフォルニア、バハマ諸島、台湾などに支店など10店舗余り。中国系人を対象とした営業、教育および社会的活動で賞賛を得ている。

(司馬純詩)

カリフォルニア太平洋銀行 カリフォルニアたいへいようぎんこう
加州太平洋銀行
United Pacific Bank, California

華人資本がロサンゼルスに開設した銀行。泰平銀行と略称。1980年設立準備開始、81年7月開業。資本金540万ドル。理事長に兪立、総経理に李銘浩。82年1月チャイナタウンに分行開設。87年の従業員50人余、華人所有株が5割以上。顧客を限り、海外および中型企業の国際業務に主として投資。

(司馬純詩)

カリム、アブドゥル 1905-88
Abdul KARIM

インドネシアのイスラム指導者、社会活動家、政治家。西スマトラの裕福な華僑一家にウィ・チェンヒエン(OEY Tjeng Hieng、黄清興)の名で生まれた。オランダ式教育を受けたがイスラムに改宗、1930年代に華人系ムスリム組織を創設し、以後、布教指導者として活躍した。社会団体ムハマディヤ支部長時代に流刑中のスカルノと親交を結び、独立後の50年代に国会議員を務めた。スハルト政権下では華人の同化運動に深く関わるとともに、実業家としても著名だった。

(深尾康夫)

カルカッタ
加爾各答 **Calcutta**

インドの西ベンガル州にあって、同国華僑・華人が最も多い都市。とくに『客家(カッカ)』による皮革製造、その関連事業で有名。市内にもあるが、とくに東部郊外の工業区タナ(タングラ)には、客家系の中華料理店や皮革鞣し業者など、5000人近い中国系人が密集する大きな『チャイナタウンがある。1990年代初めに最高裁判所は衛生上の理由で業者に市を出るよう命じ、西ベンガル州政府は18km離れた村を新しい皮革製品製造業者のための場所に指定、紆余曲折あったが、結局96年に移転を余儀なくされた。家内工業式の手工業から機械制生産に移行しつつある。そのほか皮革製造との関連で製靴(同じく客家)、また中華料理、歯科、食品加工、木材加工、木製家具製造などに従事する者が多い。客家が圧倒的に多いが、広東人、湖北人もいる。歯科も有名だが、湖北人である。

(游仲勲)

⊡ 南アジアの華僑・華人

カルカッタ華僑皮革工場スト カルカッタかきょうひかくこうじょうスト

1947年春、カルカッタにある華僑経営の皮革製造工場で発生したインド人労働者によるストライキ。皮革製造はインド華僑の主要産業であるが、待遇改善を求めてインド人労働者がストライキを挙行。中国総領事館の調停の結果、給与増額、労働者の福利施設の設置、労働者子弟の教育費補助などが決められ、ストは収束した。49年1月になって、皮革工場主の組織として工場理事会(塔垻廠商理事会)が成立、技術改良、市場開拓、福利増進などに努めるようになった。

(帆刈浩之)

ガルポン
寮棚　galpón

　ペルーの大農園で労働に従事した黒人奴隷や中国人労働者に供された、粗末で非衛生的な住居。アドベ（日干し煉瓦）ないし土壁造りの細長い平屋を細かく仕切り、入り口を付けただけの狭隘な小部屋が、道路に面して長く続く建物。床は土間のまま、天井はワラと土、ないし植物を編んだムシロなどで造られ、内部には粗末なベッドと上掛け1枚が備え付けられているだけであった。夜間は移民の逃亡を防ぐため、外から施錠されることも多かった。
〈柳田利夫〉
　→ペルーの華僑・華人

カルヤ、トゥグ　1937-
Teguh KARYA

　インドネシア華人で、同国で最も著名な映画監督。出生時の名はリエム・チョアンホック（LIEM Tjoan Hok）。映画ドラマ芸術大学や国民演劇学院を経て、1961-62年ハワイのイースト・ウェスト・センターに留学、映画監督の基礎を学ぶ。帰国後は劇団を主宰し演劇で活躍。70年代に映画に進出、過去から現代に至るさまざまな社会の矛盾や人間行動をメロドラマ風に包み込む手法で『ふたりは十八歳』『追憶』など多くの優秀作を発表した。後進の育成にも努め、若手の監督や俳優を育てている。
〈深尾康夫〉

何礼之（かれいし）　1840-1923

　幕末の▼唐通事、明治政府の高官、貴族院議員。先名礼之助。何海庵（-1694年）を祖とする唐通事何氏の第8代。1859（安政6）年、小通事末席のとき▼鄭幹輔らと英語を学び、63（文久3）年長崎の英語所学頭、67（慶応3）年海軍伝習所通弁頭取となる。維新後、大坂語学校長となり、71（明治4）年岩倉遣欧大使に随行し、帰国後に外務書記官となり、のち元老院議官、高等法院予備裁判官などを経て、91（同24）年貴族院議員に勅撰された。
〈林陸朗〉

ガレオン
galleon / galeón

　15〜18世紀の大型帆船。高い船首楼と船尾楼に対し、中央部甲板の低さに特徴がある。初期のものは3本マストに補助の櫂を備えていたが、後に大型化し、櫂は消滅、前檣と主檣に横帆、後檣と最後檣にラテン・セールの4本マストにスプリット・セール、10〜80の砲という威容を誇り、最大級のものは2000トンに達した。スペイン無敵艦隊の主力やマニラ-アカプルコ間貿易の帆船として知られ、後者のガレオンは、良質の木材が得られることから、おもにマニラ湾のカビテにおいて中国人や現地住民を動員して建造された。
〈宮原曉〉
　→アカプルコ貿易
　William Lytle Schurz. *The Manila Galleon*. Manila: Historical Conservation Society, 1985.

カレッサ
馬車　kalesa

　フィリピン諸島における二輪の馬車の呼称。木製の車輪の接地面は、ゴムや鉄板で補強されている。現在ではマニラ・チャイナタウンなど限られた地域でのみ見られる。スペイン植民地統治によってもたらされたとされるが、一般への普及は、中国系商人を経由した可能性もある。かつてフィリピンの民族運動家▼ホセ・リサールは、日本滞在中に▼人力車を、馬のかわりに人が車を引くとして批判したが、東南アジアの多くの地域では、▼苦力（クーリー）が車夫として流入したことで、馬車は経費の安い人力車に替わられた。この点、フィリピンで馬車が存続し、人力車が普及しなかったことは、同地の華僑がおもに商業に従事し、大規模な労働者階層を形成しなかったことを示している。
〈宮原曉〉
　前川健一『アジアの三輪車』旅行人，1999．

華聯銀行（かれんぎんこう）
オーバーシーズ・ユニオン・バンク
Overseas Union Bank

　華僑銀行、▼大華銀行と並ぶ、シンガポール三大華人銀行の一つ。略称はOUB。潮州生まれの▼リエン・インチョウが一代で築き上げたもので、設立の経緯は、第2次大戦時の日本軍のシンガポール侵略直前に中国重慶に避難したリエンが、当地で▼華僑送金を目的に華僑聯合銀行を設立したことにある。リエンは戦後、シンガポールに戻り、1949年に資本金200万Sドル、従業員20人で華聯銀行を設立する（華僑聯合銀行は閉鎖）。創設者に

は、▼胡文虎、▼タン・ラクサイ、▼ロク・ワントーなど著名華人企業家が名前を連ねたが、リエンが副会長兼社長に就任し、68年には会長兼社長となって、リエン家の銀行となった。設立後10年ほどで銀行は軌道に乗り、マレーシア、▼香港、東京、ロンドンに支店が拡大された。70年代になると華聯銀行を中核に、マンダリン・ホテルを所有・経営するOUエンタープライズ社なども設立され、巨大な企業グループとなった。

(岩崎育夫)

川口華商 かわぐちかしょう

幕末の大阪開港から日中戦争が激化するまで、大阪川口で商活動を行った▼華商。大阪に来た華商は、当初は無条約国国民だったため▼外国人居留地（7746坪、1867年）南西隣接地2667坪に増設された▼雑居地に居住していたが、1899（明治32）年の条約改正により内地雑居が認められて神戸または市内に移転した欧米人の跡地に移住して川口華商と称された。本国から派遣された東北・華北出身者（北幇）が大半を占め、同郷の経営する▼行桟に止宿し、行桟経営者の銀行保証と通訳などの援助を得て、綿糸布、雑貨を仕入れ、本国各地の本支店に発送した。1895年同郷同業のギルド大清北幇商業会議所（1916年▼大阪中華北幇公所と改称）を創立し、日本側生産、運輸、保険各方面との交渉を有利に運ばせ、経費、商況、需給、流通各方面で優位に立ち日本商社を圧倒した。1889年▼日本郵船、99年▼大阪商船が華北航路を開き、華北・東北地方の厚地綿布需要により日本製品が大量輸出され、日中戦争前年の1936年、川口華商人口1446人、綿製品の貿易額は大阪港対華輸出の95.7％、全国の72.2％を占めた。商売の巧み大阪商人の手本になったといわれる。

(許淑真)

㊂ 大阪の華僑・華人
㊅ 大阪市役所産業部調査課『大阪在留支那貿易商及び其の取引事情』大阪市役所、1927.／商工省貿易局『阪神在留ノ華商ト其ノ貿易事情』商工省、1938.／許淑真、1984.

関偉林 かんいりん 1881-1961

▼帰国華僑企業家。字は崇昌、広東省開平人。18歳のときに渡米、1927年息子名で関勒銘自来水毛筆光滑墨汁股份有限公司を創立、28年工場を上海に移転、家族とともに帰国。翌年から万年筆、金ペンの生産を始めた。30年代の▼日貨ボイコット運動を機に好景気を迎えたが、日本軍の上海租界占領や、戦後のインフレなどにより経営困難に。新中国成立後、上海で最も早く▼公私合営化された企業の一つ。

(廖赤陽)

韓槐准 かん・かい・じゅん 1891-1970

中国古陶磁研究家。海南省文昌県出身。1951年シンガポールに移住、ゴム園や薬局で働きながら、中国陶磁貿易史の研究を始めた。1960年その成果をまとめ、『南洋遺留的古外銷陶瓷』を刊行、古陶磁研究に新分野を開くものとして注目をあび、ロンドンの東洋陶磁協会会員に推挙された。またシンガポール南洋学会会員としても活動した。62年帰国、多年にわたって収集した中国貿易陶磁の遺品276件を国に献納、褒賞を受けた。その後、北京故宮博物院顧問、文史研究館館員として研究を続けた。

(長谷部楽爾)

看貫事件 かんかんじけん

▼華商が用いる商慣習をめぐり日本の居留地商業社会との間で生じた争い。看竿事件ともいう。旧中国では「売り方は買い方に色をつける」不文律があり、また取引では秤量はその市場（いちば）を牛耳る側が設定する。日本では長崎は別として、横浜、神戸、函館で看貫問題を生じた。函館を例にとると、開港の当初から、西洋ポンド秤を用いて買い方が自分で計る、代価の0.5％を買い方が手数料として取る＝看貫料、「五斤飛び」すなわち端数を五・十の桁に切り上げる、総量1割の見本商品を無償で求める、などがあった。その背景に、華商側が資本力があり、本土の消費・流通事情を知悉して有利であり、日本側の生産者・集荷問屋が組織を欠き商況情報も不足して対抗できなかった事情がある。ようやく1885年に水産商、物産商、荷受問屋、仲買商の4組合ができて、物産商を代表として清商の団体、▼函館同徳堂三江公所の惣代と交渉して妥協に達し、秤の点検、県への報告、取引方法の是正の約束をとりつけた。日本側はその後、国策会社の推進、海産物同業組合法の発足（1915年）をてことして対抗を進め、華商の組合への加盟をとりつけて看貫流の商戦に決着をつけた。

(斯波義信)

📖 斯波義信，1983.

関係かんけい ⇨ **関係**グァンシ

完劫寺 かんごうじ
Wihara Buddhayana

インドネシアの首都ジャカルタにある華人廟。新家廟（Klenteng Sentiong）、牛郎沙里仏寺、古農沙里廟（Kleteng Gunung Sari）とも呼ばれる。もともとオランダ東インド会社の高級官吏の邸宅であったものを、華人カピタンらが購入し、拡充して1761年に華人墓地をつくり、邸宅を改造して完劫寺とした。のちにインドネシア名でウィハラ・ブダヤナと呼ばれるようになった。　（山下清海）
📖『世界華僑華人詞典』

官工所 かんこうしょ

19世紀後半のキューバにおいてスペイン植民地当局が運営した、逃亡中国人契約労働者の拘禁・労役施設。雇用主が発行する契約満了の証明書「▼満身紙」や植民地当局など官庁が発行する「行街紙」を所持しない者は、強制的に収容された。収容後は、道路工事などに無償で従事させられた。満身紙の発行を拒む雇用主は後を絶たなかったから、実質的には奴隷労働を強制する機関として機能した。　（松本武彦）
⇨ 糖寮

勘合貿易 かんごうぼうえき

室町中期から戦国期の遣明船（勘合船）による日明貿易。「勘合」とは明の皇帝から日本国王（足利将軍）に与えられた渡航証明書で、日本よりも古くから、シャム、▼チャンパ、カンボジアなどの国王に与えられていた。明皇帝の代替わりごとに、政府の礼部が発行し、「日本」の2字を分けた本字勘合と日字勘合底簿が、日本に送付された。遣明船は1404年から1547年に17回、のべ84艘が渡航した。名義は日本国王の使節であるが、有力な守護大名や大寺社が実際の経営を行い、堺や博多の商人が活躍した。進貢貿易は、皇帝に馬、太刀、硫黄、金屏風などを進貢し、白金、絹織物、銅銭などを下賜された。公貿易と私貿易があり、公貿易とは幕府の貨物、遣明船経営者の貨物、客商の貨物で、北京で取引が許された。私貿易には▼寧波の牙行貿易、北京の会同館市易、北京から寧波への帰途に行われる貿易の3種があった。応仁の乱（1467年）以後は、守護大名細川・大内両氏が主導権を争い、1523年の寧波の乱以後は大内氏が貿易を独占した。　（永積洋子）
📖 佐久間重男『日明関係史の研究』吉川弘文館，1992.

『韓国華僑教育』 かんこくかきょうきょういく

韓国の華僑教育についての中国語専門書。張兆理著、華僑教育叢書編輯委員会編集・発行、台北、1957年刊。韓国華僑教育の社会背景、韓国教育概観、韓国華僑教育の発展略史、華僑学校の地政的分布と政府の管理、華僑学校の行政組織と施設状況、学級と学生、教学課程と生活指導、家庭教育、社会教育、問題点と展望からなる。10章、94頁。写真（25枚）、文中の図表（25点）などは貴重。著者は中華民国駐韓国大使館員（当時）。韓国の排外運動と反共主義の危機感が著者の意図の底流をなす。　（涂照彦）

『韓国華僑経済』 かんこくかきょうけいざい

韓国の華僑経済についての中国語専門書。盧冠群著、華僑教育叢書編輯委員会編、海外出版社、台北、1956年刊。韓国華僑の歴史と社会的特色、戦前戦後の華僑経済団体、韓国経済の概況、戦前華僑の経済的地位、戦後華僑経済の盛衰のほか、巻末に華僑の地政的分布図と職業別地域別人数統計表を添付し、計5章、95頁からなる。戦前戦後を通じて統計資料に裏付けられた記述は貴重。「華僑教育叢書」（台湾僑務委員会）シリーズの一書。国民党政府の華僑政策に資する目的で企画された。　（涂照彦）

『韓国華僑志』 かんこくかきょうし

韓国華僑について中国語で書かれた総合書。華僑志編纂委員会編集・発行、台北、1958年刊。総編纂者は王治民、執筆者は卓献書ほか5名。韓国の地勢と国勢・歴史、中韓間の交通史と中国人の移住、華僑の人口推移と職業分布、戦前・戦後華僑経済の盛衰、華僑の教育現況とマスコミ、社団組織、華僑の生活と宗教・国民外交、地元社会への奉仕と韓国政府の華僑政策、華僑人物誌の9章と、挿入図表17点からなる。全文175頁。総合性と資料価値は評価が高い。　（涂照彦）

韓国華僑自治区 かんこくかきょうじちく

韓国で設けられた華僑の地域的自治組織。1947年に中華民国駐韓国ソウル総領事館が中国国内の地方行政組織にならって、韓国華僑の僑務行政を推進するために、華僑自治組織を導入した。つまり華僑社団を48自治地区に区画し、各地区に区公所、ソウルにそれらを総括する自治総会を設けた。朝鮮戦争期に区公所は自治区に、自治総会は聯合弁事処に改められ、後者は停戦後54年、韓国華僑自治聯合総会となる。自治区は保甲制度を活用し、甲長・保長、区長は各自選出、管理・教育・民生・防衛を統括、韓国華僑組織の特色をなした。62年8月に自治区は華僑協会に改組され、51協会となった。韓国華僑協会総会も同時に設けられた。　　　　　　　　　(涂照彦)

『関西華僑報』 かんさいかきょうほう

京都、大阪、神戸の3地区の華僑総会が合同で発行している月刊日本語新聞。1972年の日中国交回復後それぞれ『京華通訊』『華聯報』『神戸華僑報』を出していたが、78年5月よりそれらを統合して一つの編集部を作り、「中華の振興と祖国の統一」を目指し、華僑の親睦と相互理解を深めるために、それらに関連する記事を載せている。タブロイド判8面立て。3500部発行。編集長は初代が陳東華、現在は金輦、編集委員は陳金銘、蔡宗傑、黄仁群。　　　　　　　　　(陳正雄)

　→大阪の華僑・華人

顔思斉 がんしせい 1588-1625

明末の海寇。江日陞『台湾外記』に、「福建省漳州府海澄人、字は振泉、年三十六、身体雄健、武芸精熟。宦家の欺凌に因り、拳を揮い其の僕を斃し、日本に逃げ、裁縫もて生と為す」とある。▼鄭芝龍ら28人と盟約を結び、日本と台湾・福建間を往来し、密貿易と海寇を行った。西洋史料のチャイナ・カピタン、アンドレア・ディッティス (Andrea DITTIS) に比定されたが、岩生成一は、顔思斉も鄭芝龍も▼李旦の配下、李旦死後に初めて両者は台頭できた、カピタンは李旦である、とする。顔思斉は平戸華僑の楊天生、陳哀紀、陳徳、洪陞に推戴されて海寇首領となり、やがて鄭芝龍の起家を助けた。鄭芝龍は李旦配下でもあったので、顔・李同一人物説

が出る。16世紀の倭寇▼王直も、日本の五峰先生王直とは別人とする説も同様であるが、とかく倭寇や海寇に関する史料は官憲の捜査史料、海外史料との突き合わせに難航する。華僑史研究の宿命であろうか。　(川勝守)

　📖岩生成一「明末日本僑寓支那人甲必丹李旦考」『東洋学報』23-3, 1936. ／鄭広南『中国海寇史』華東理工大学出版社, 1999.

函授教育 かんじゅきょういく

［大陸］

通信教育のこと。1940年、中国政府華僑事務委員会は重慶市に僑民教育函授学校を設立した。設立当初は僑民常識、教育基礎、生活応用の3課程を開設し、教育概論、華僑史など11の科目を設け、学生1200余人を募集した。学生のほとんどが東南アジア諸国の華僑・華人である。修業年限を2年とし、修了した者には卒業証書を与える。41年に東南アジア各地が相次いで日本軍に占領されたため、同校は42年12月に通信教育を中止したが、抗日戦争後、46年12月に南京で再開し、中学教育と小学教育の2組を設け、四つの必修科目と15の選択科目を開設、修業年限を1年に、主として▼華僑学校の教師を対象に募集した。2期にわたり約2000人募集したが、内戦のため48年末頃に閉鎖された。

1956年10月、中国大陸唯一の通信教育機関である厦門大学華僑函授部が設立された。設立当初は数学、物理、化学という専修科目を開設、学制を2～3年とし、おもに東南アジア華僑学校の教師を対象に募集した。57年に中国語専修課程を増設し、学制を3年とした。59年に漢方医学専修科を増設。62年に厦門大学海外函授部と改称し、授業対象を華僑から華人へと拡大した。66年に生物専修科を増設。▼文化大革命中、同函授部は中止された。80年から再開し、81年海外函授学院に改称。84年11月に鍼灸研修班を設け、85年以降、簡明中国歴史、民俗学などの課程や篆刻研修班、漢方医学高級研究班・漢方婦人科・漢方整骨科研修班などを増設した。87年、海外函授学院が国際教育センターと合併し、91年に厦門大学海外教育学院と改名、93年から通信教育でも本科生を募集するようになった。現在、同学院には中国語部、漢方医学部、留学生部があり、中国語、漢方医学、鍼

灸、対外漢語という四つの専攻が開設されている。教師が60人おり、創設以来80か国・地域から通信教育学生2万人余り、外国人留学生3000人以上が受講した。　　　　　（劉暁民）
　🕮『厦門大学院系館所簡史』アモイ：厦門大学出版社、1990。

[台湾]
　中華民国行政院▼僑務委員会は、通信教育方式を通じて主として海外での華僑学校の教員を育成するため、1940年7月に重慶で僑民教育函授学校を設立。第2次大戦で一時中断を余儀なくされたが、46年12月南京で復校し、中学教育と小学教育の二つのコースが設けられた。国共内戦でふたたび中断したが、56年7月に台北で復校、華僑教育関係者だけでなく、一般人の入学も認められた。66年9月、中華函授学校（Chung Hwa Correspondence School）と改称、華文教育、職業教育、青年就業の三つのコースに分けた。教材は無料、74年度には学生数が1万人を超えた。一部の国で郵便事情が悪いということを考慮して、79年2月国民党営の中国広播公司（BCC）と提携して中華函授学校▼空中書院（Radio Institute Chung Hwa Correspondence School）も設立、海外華僑向けのラジオ通信教育を行った。台湾で復校してから98年まで、入学者数は延べ43万人に達し、うち9万余人が修了証書を授与された。　（劉文甫）

鑑真 がん じん 688-763
　奈良時代の日本に渡来した唐の高僧。俗姓は淳于。揚州江陽県（江蘇省）で誕生。14歳のとき父に従って仏門に入り、大雲寺に住し、以後修行を積み、708（景龍2）年長安実際寺で弘景から具足戒を受けた。その後、長安、洛陽を巡歴し諸宗を研鑽し、江淮の地で律を説いた。授戒の弟子が4万余人といわれる。当時日本は戒律制度の移入を必要とし、733（天平5）年僧栄叡、普照らが揚州大明寺にいた鑑真に渡航を懇願した。それを容れた鑑真は、5度の渡航計画に失敗し、視力を失うなどの悲運に見舞われたが、753（天平勝宝5）年日本渡航に成功した。日本において鑑真は東大寺大仏殿前に戒壇を設け、聖武太上天皇、光明皇太后をはじめとして多数に授戒した。758（天平宝字2）年大和上とされ、翌年建立された唐招提寺に安置された。日本律宗の開祖といわれる。
　　　　　　　　　　　　　　　　（林陸朗）
　🕮安藤厚生『鑑真大和上之研究』平凡社、1960。／同『鑑真』（人物叢書）吉川弘文館、1967。／蔵中進『唐大和上東征伝の研究』桜楓社、1976。

韓振華 かん・しん か 1921-93
HAN Zhenhua
　中国の歴史学者。中外関係史、海外貿易史、東南アジア史、華僑史など専攻。本籍は海南省文昌、福建省アモイ生まれ。1948年広州中山大学大学院卒、厦門大学南洋研究所研究員、教授。国務院学位委員会学科評議組員。最も優れた研究は南シナ海に関する歴史地理の考証である。70年代末、その歴史地理考証の成果を、南沙・西沙群島の主権を主張する中国外務省の声明文に取り入れられたことで一躍有名となる。主著『南海諸島史地考証論集』『中国与東南亜関係史研究』『西沙群島与南沙群島自古以来就是中国的領土』など。
　　　　　　　　　　　　　　　　（廖赤陽）
　🏛厦門大学南洋研究院
　🕮「歴史学・専門史（中外関係史）」『中国社会科学家自述』

顔清湟 がん・せい いこう 1937-
YEN Ching-hwang
　マレー半島、シンガポールの華僑・華人につき、これを社会史として開拓した第一線級の学者。オーストラリア在住。福建省泉州北部の永春地方の出身でマレーに移住。▼クアラルンプールの華語中学、シンガポールの▼南洋大学、オーストラリア国立大学で学び博士号を取得。アデレード大学、香港大学で教えたのちアデレード大学教授。主著に *The Overseas Chinese and the 1911 Revolution: With Special Reference to Singapore and Malaya* (Kuala Lumpur: OUP, 1976)、*Coolies and Mandarins: China's Protection of Overseas Chinese during the Late Ch'ing Period 1851-1911* (Singapore: Singapore UP, 1985)、*A Social History of the Chinese in Singapore and Malay 1800-1911* (Oxford: OUP, 1986)、*Studies in Modern Overseas Chinese History* (Singapore: Times Academic Press, 1995) などがある。
　　　　　　　　　　　　　　　　（斯波義信）

カーンチャナブリー
干乍那武里　Kaancanaburee

　バンコク西方の都市で、古くからタイとビルマ（ミャンマー）間の軍事・交通の要衝。中国ではかつて北碧と表記。近郊を流れるメクロン川はシャム湾に注ぐ。メクロン川沿いに遡った華僑により形成された▼チャイナタウンが、旧市街に残る。バンコクとタイ西部を結ぶ流通の中心として発達。19世紀初頭以降、▼潮州人農耕者が同地を拠点に西方に進出した。かつては華僑によって▼錫の採鉱も行われた。サトウキビ栽培が盛んで、華僑・華人の製糖産業の拠点の一つでもある。

〈樋泉克夫〉

関帝廟　かんていびょう

　三国時代の蜀漢・劉備の武将、関羽（？-219年）を祀った▼廟の呼称。中国で最も多い廟と推測されている。関羽は劉備を助けて漢王朝を再建しようとし、孫呉と戦って敗れ殺された。その死後、彼の忠義や仁徳に感銘を受けて人々が廟を建てて祀った。唐代まではその祭祀はあまり盛んではなかったが、宋代以後、一君のもとでの官僚制が確立するとともに、彼の忠・孝・節・義の行為を利用して臣民の統治に利用されるようになり、顕烈王、義勇武安公などの称号が加えられて歴代王朝の尊崇するところとなったが、『三国志演義』の成立後、関羽は民衆の人気絶大となり、儒教、仏教、道教いずれにもかかわるようになり、3教共通の崇拝対象となった。

　関帝信仰は中国全土に伝播しているが、関帝を祀る廟には2種あり、関帝を主祀するものは関帝廟、関聖廟、関聖帝君廟、白馬関帝廟、武帝廟、老爺廟などと称される。関羽の郷里、山西省解州関にある関帝廟は関帝祖廟と称され、全国で最もスケールが大きく壮観であり、保存が最もゆきとどいていて、秋の大祭には国内、海外の崇拝者を集めている。他の一種は、関帝を他の神と合祀した廟であり、双関帝廟（関羽、岳飛）、武廟（劉備、関羽、張飛）、五虎廟（関羽、張飛、趙雲、馬起、黄忠）、七賢廟（関羽、趙公明、土地爺、天仙聖母、二郎神、財神、火神）などと称される。関帝は本来が武神であったために、邪悪を駆逐したり病災を除くという効験にとどまらず、商業の庇護、財宝の招来、寿命福禄、科挙試験合格などの効力をも備えているとされる万能神である。関帝の誕生日は陰暦5月13日とされていて、この日にはどの関帝廟でも盛大な祭祀行事が行われ、関帝の塑像をかついで市街を巡行し、沿道の人々は焼香して祈禱する。

　東南アジアでは、タイのスコタイに1872年に建立された関帝廟をはじめ11座ある。ベトナムの▼ホーチミン市デイアン地区は広肇人が多いが、ここの関帝廟の祭祀は盛大であり、マレーシアの▼ペナンの大伯公街の武帝廟、インドネシアではジャカルタの▼南靖廟や▼メダンの武帝廟などをはじめ、関帝を祀る廟が多い。欧米では、カリフォルニア、ニューヨーク、ハワイ諸島など、華僑・華人の多く住む都市にはたいてい関帝廟がある。日本では函館、神戸、横浜、長崎などの華僑・華人の在住地に建てられている。世界各地の▼チャイナタウンの寺廟で、最も多いのは媽祖廟で、次は関帝廟といわれるが、関帝廟は、▼宗族や同郷出身者の機関である▼会館に付設されていることが多い。したがって関帝廟は彼らによって管理運営されているだけでなく、彼らの民事、司法を扱う機関となったり、貧困者の救済機関となっている場合もある。

〈坂出祥伸〉

　📖 井上以智為「関羽祠廟の由来並に変遷」『史林』26-1, 2, 1941.／鄭土有『関公信仰』北京：学苑出版社, 1994.

関東大震災と横浜華僑　かんとうだいしんさいとよこはまかきょう

　1923年9月1日の関東大震災は、45年の横浜大空襲とともに、横浜華僑社会に甚大な被害をもたらした出来事である。関東大震災により横浜市全域は大きな被害を受けたが、市中心部の関内地区の西部一帯を占める▼横浜中華街の被害は凄惨をきわめた。中華街には狭い路地に料理店、雑貨店、貿易商、洋服店などが密集していた。建物の多くは、古い木造の骨組みに重たい煉瓦の外壁をめぐらしただけの脆弱な造りであったため、大部分は第1震で瓦解、路地は倒壊した建物で埋まり、多くの人々が逃げ場を失った。倒壊・焼失した建物のなかには、駐横浜中華民国総領事館、大同学校、華僑学校、中華学校、中華会館、▼横浜関帝廟、横浜中華総商会、▼横浜親

仁会、▼横浜三江公所、▼同志劇場など、横浜華僑社会の政治・経済・文化の中核的組織の大半が含まれた。震災以前の横浜華僑の人口は5721人だったが、震災による死者は1700人余りで、人口の約30％にのぼった。さらに震災により人心が乱れる中で、日本人による華僑虐殺も起こった。東京の大島町事件は有名だが、横浜市内でも100人余りが殺害・傷害に遭った。生き残った人々はまず神戸、大阪に避難した。神戸、大阪では神阪華僑救済団が結成され、▼神戸関帝廟、▼神戸三江公所、▼神戸福建会館などに収容された。避難した横浜華僑の多くはさらに故郷の▼広東、上海などへ帰国していく。その結果、震災後の9月末段階で横浜の華僑は175人までに激減した。しかし、10月には神戸で横浜華僑▼温徳林らが横浜華僑震災善後会を結成し、横浜では▼孔雲生が中心となって復興にあたった。1924年10月末には華僑人口は1602人にまで回復、中華街には料理店、理髪店、籐家具店などが復活した。しかし大手貿易商は神戸にとどまる者が多く、開港期以来、海産物、乾物、砂糖、薬種などの輸出入に従事してきた横浜華僑貿易商は大きな転機を迎えた。以後横浜華僑の職業は料理業、理髪業といった震災以後の社会の需要に応じた業種へと移行していった。

(伊藤泉美)

圏伊藤泉美「関東大震災と横浜華僑」『横浜開港資料館紀要』15、1997.

広東 カントン

▼中国南部の行政区域。▼福建と並ぶ中国の二大華僑出身地。かつての粵ｴﾂ。広東(歴史的には、今日海南省となった地域、あるいは「両広」として広西も含む)・福建両地域は、北は山地(高度は高くないが)に面する一方、南は海に面して、人口に比して面積が狭く、しかも山地が多いため、耕作に適する土地は少なく食糧が不足した。一方、海を通じて山地の陸路よりも海路の方が便利なぐらいで、海外との関係も深かった。歴史的に見ても、支配者の歴代王朝は安全保障上の理由から外国との貿易その他の経済活動を、首都から遠く離れた南方地域で行わせた。このため、華南地方は早くから外国との関係が深く、食えない余剰人口は海外を目指した。不足する食糧も、福建は台湾に依存したのに対

して、広東は海外、とくにタイやカンボジアから輸入した。海外では物価が安く、しかも開発が進むと中国人の技術や大量の労働力が必要とされた。明朝や清朝でも一時、海禁令が敷かれたが、それが緩和されると多くの移民が海外に流出した。このため、海外に出る者も山地部よりは海に近い平野部の住民が多かった。これが広東の「僑郷」である。方言からいって三つの地域に分かれる。第1は韓江地域の潮州を中心とした地域で、▼潮州語を話す潮州人の出身地、第2は東北地域の▼梅県を中心とした地域で、▼客家ﾊｯｶ語を話す客家の出身地、第3は▼広州および珠江デルタ地帯を中心とした地域で、広府と呼ばれ、広東語(▼粵ｴﾂ語)を話す広府人の出身地である。第3の地域が最も大きく、さらに▼三邑(南海、番禺、順徳)人、▼四邑(台山、開平、恩平、新会)人などに分かれる。これに▼中山、▼東莞、増城、鶴山、高要、高明を加えた13県が広州周辺にある。もっとも、同じ地域出身者でも、彼ら同士の争い(▼械闘)が見られた。また、行政区画が変わったところもある。このうち台山は有名な僑郷で、1990年代初めの人口100万人、海外・▼香港・▼マカオ在住者110万人余りで、大陸外の方が多かった。

今日、世界の華僑・華人はおおざっぱに3000万人以上、うち広東系が2000万人以上で、3分の2を占める。1949年の新中国成立前夜には、世界に分布する広東系華僑は1000万人に近かった。第2次大戦後、とくに新中国成立後、現地籍をもつ華人が増え、広東系でも80年代の推定では全華僑・華人の80〜90％を華人が占めた。改革・開放後、ふたたび中国からの移民が増え、江門市管轄下の各県の統計では、すでに79-87年に7万〜8万人が出国を許可された。年平均1万人近い。80年代では、世界華僑・華人の増加率がいちばん高いのはアメリカ、カナダ、フランス、イギリス、オーストラリアだったが、広東系の大部分は東南アジア地域、次いで北米に集中している。方言別でいうと、潮州語系は大部分がタイ、インドシナ3国、シンガポール、マレーシア、インドネシアに、客家語系はインドネシア、マレーシア、タイ、シンガポールに、広東語系の広府人は北米、オセアニア、

とくにアメリカ、カナダ、オーストラリアに（東南アジアでも少なくない）、海南語系はタイ、シンガポール、マレーシアに集中している。90年代初めで、広東省出身の海外華僑・華人1500万人、同省人口の28.1％。省内の華僑親族・▼帰国華僑1940万人、全人口の36.4％で、全国の省・市・区中、最多、最高だった。改革・開放後、▼深圳、▼珠海、▼スワトウ、▼アモイの四つの▼経済特区（のちに▼海南島を入れて五つ）が設けられたが、初めの三つは広東省にある。華僑・華人からの投資に加えて、深圳は香港、珠海はマカオ、アモイは台湾からの投資を期待し、スワトウは同港を利用して海外に出た潮州人、客家を期待してのもの。広東省への外資導入はすでに78-87年だけで利用額約55.7億ドル、うち華僑・華人、香港・マカオ人によるもの80～90％、その支援でつくられた個人企業・集団企業4万社余り、資金総額10億元以上、雇用者50万人。公益事業に対して23億元の寄付がなされたが、小中学3200校余り、スワトウ、五邑、嘉応、深圳、海南の5大学は寄付でつくられた。

(游仲勲)

▣『広東省志・華僑志』

広東会所 カントンかいしょ

長崎の▼広東幫の商工団体。嶺南会所ともいう。1862（文久2）年以降長崎に渡来した広東幫貿易商により、69（明治2）年1月、旧▼唐人屋敷大門付近に創設され、初代総代に林雲逵ソン（長発源号）が就任。94年に焼失した会所建物は、1915（大正4）年広馬場町1番地に立派な洋館風の本館と媽祖堂が再建され、「重建広東会所碑」と媽祖像は聖福寺に移された。日中戦争最中の38年に解散、建物は売却された。馮鏡如（広裕隆号）、繆玉庭、潘達初（▼万昌和）、簡心茹（▼裕益号）、潘景波（万昌和）らが歴代総代を務めた。

(陳東華)

広東兄弟ゴム会社 カントンきょうだいゴムがいしゃ
広東兄弟橡膠公司

マレーシア華僑が▼広州に設立した中国最初のゴム製造会社。1919年、イポー華僑の陳玉波、張志端、鄧鳳墀が共同出資で広州河南鰲洲に創設。原料はマレーシアから輸入し、おもにゴムの靴底を生産、製品は広東および華南各地に広まった。数年後、鄧鳳墀は香港、上海に最初のゴム製造会社を設立した。24年には広州のゴム製造会社は20を数えるまでに成長した。

(帆刈浩之)

『広東僑報』 カントンきょうほう
Guangdong Overseas Chinese News / Guangdong Qiaobao

広東省僑務機構発行の華字紙。1956年10月広州で創刊、66年6月停刊。79年11月復刊、おもに広東省僑務弁公室が編集。紙名の題字は広東出身の葉剣英筆。最初は4頁の週刊紙。90年代初め週2回刊行に変え、カラー2頁を含む8頁紙になる。重要ニュース、特約文章、僑郷、市場経済、海外華人、世界の窓、香江万花筒の欄目などが設けられた。国内・海外へ発行、香港に連絡処があったが、99年停刊。

(過放)

広東語 カントンご ⇨ 粤語 えつご
広東港 カントンこう

東マレーシア、サラワク州シブ市郊外の広東人農業開拓者による開墾地のことで、広東港とか広東芭と通称された。三水県人鄧恭叔がブルック家の第2代ラジャ、チャールズとの協定に基づき、広東農業公司を組織して広東省で農業移民を募集し、1903年からルジャン川沿岸のラジャ指定地に入植してプランテーション開発に着手したのが契機となった。17年までに広東人合計676人が入植して穀類、コショウ、ゴムの栽培などを試みた。福建省閩清人▼黄乃裳を▼港主として1901年から始まった福州人のシブ開拓（▼新福州）にならったものである。また広東港に続いて12年から福建省興化人によるシブ開拓（興化芭）も行われている。広東港の各開拓地は各種の悪条件が重なり、そのほとんどが損失を生じて失敗に終わり、入植者は四散したが、後年その子孫によるルジャン川流域開発の基礎となった。

(可児弘明)

⊟ 新福州

▣ 劉子政編『黄乃裳与新福州』南洋学会叢書21、シンガポール：新加坡南洋学会、1978. / John M. Chin. *The Sarawak Chinese*. Oxford in Asia Paperbacks, Kuala Lunpur, etc.: OUP, 1981.

広東省華僑実業総公司 カントンしょうかきょうじつぎょうそうこうし

主要な▼僑郷である広東省において、▼帰国

（帆刈浩之）

華僑による農場開拓支援を担ってきた広東省華僑農場管理局を改組し、1989年7月に新設された国有の企業集団。旧来の省内の主要▼華僑農場（深圳湾の沙河華僑農場や広州市郊外の花県華僑農場）、管轄下の直営企業をベースに、海外華人系資本（台湾、香港、マカオ資本を含む）を積極的に誘致し、加工貿易、農副産品の研究開発にかかわる多数の共同事業を行ってきた。改革・開放政策の深化にともない、中央政府による従来の華僑・華人資本投資優遇措置や広東省、福建省など主要僑郷当局による特別政策と外資優遇政策一般とのギャップ（部分的差別化）がなくなり、あらゆる地域、異なる所有制の企業を相手にする事業展開が可能となってきたなか、優位性が薄れてきているが、既存の経験、傘下農場・企業の良好な立地条件を生かしうるため、依然として魅力的受け皿となっている。

（王効平）

広東人 カントンじん

中国西南部「嶺南」に住み、広東語を話す漢族内のエスニック・グループ。古代の越族の流れを汲むともいい、言葉、生活習慣などにおいて北方の漢族とは異なる特質を備えている。厳しい生存条件ゆえに開拓精神に富み、開放的な気風を有す。広東省を▼原籍とする華僑・華人は約2000万人、世界の華僑・華人人口の約70％を占めるといわれ、主として南北アメリカ、東南アジア、オーストラリア、イギリスに分布している。本来は広州府と肇慶府出身者だけを指すが（狭義）、行政単位である広東省に所属する関係から、広東語（▼粤語）を話す「本地」、広東語系の水上生活者「蜑家」、潮州語など閩南語系の「鶴佬」、客家語を話す「客家」、それに1988年、省として独立するまでは広東省の一部であった「▼海南人」（瓊州人）を含めることもある（広義）。▼同郷団体も広東省籍の者全員を含むものから、より細かく「▼四邑」「▼中山」などとして組織化されることがある。とくに近代以降、広東省籍華僑の活躍はめざましく、代表的人物として、中国人で最初のエール大学卒業生である▼容閎、マレーシアの中国系カピタンとなった▼葉亜来、近代外交官として著名な伍廷芳などがいる。

□ 広東幇

広東幇 カントンパン

明清以来、福建幇と並んで海外で活躍し、海外華僑・華人の主力を占める同郷グループ。「広幇」とも称される。厳密には広州府と肇慶府出身者のみの組織を指すが（狭義）、広東省に所属することから、▼潮州幇、▼客家幇、▼海南幇も含めることがある（広義）。たとえば、シンガポールではもともと潮州八邑会館、広東会館、南洋客属総会、瓊州会館が分立しているが、連瀛洲OUB銀行総裁のように一個人が広東会館と潮州八邑会館の要職を兼任することはふつうに見られる。また、1990年代以降、世界規模で広東幇のネットワーク形成が進むなかでも潮州幇や客家幇などが含まれることが多い。このほかにも、移住規模などに応じて「広肇」（広州府と肇慶府）、「▼三邑」（番禺・南海・順徳の各県）、「▼四邑」（台山・恩平・新会・開平の各県）などのカテゴリーもある。広東幇の活動範囲はほぼ全世界に及んでいるが、19世紀後半期に苦力など華工タイプの移民が急増したため、北米、ハワイ、オーストラリア、マレーシア、南アフリカなどの華僑社会では主流をなしている。

▼広東人は宋・元時代からベトナム、シャムなどの東南アジア各地に移住したり通商していた。明代では16、17世紀の後期倭寇の時期に、福建、浙江、ポルトガル、スペイン、日本の海商とともに銀、絹、生糸など密貿易に従い、▼海禁を敷く政府から「海寇」視された。清初に粤（広州）、閩（アモイ）、浙（寧波）、江（上海）の4海関が設けられて海上貿易が管理されるようになり、1757年（乾隆22）年から南京条約（1842年）まで、西洋諸国との貿易に限りこれを粤海関に専管し独占させる体制になり、これまで海上貿易や海外移住を主導してきた▼福建幇の勢力を凌いで、広東幇が躍進するようになった。広州に舶載される「洋貨」（西洋諸国の商品）と交易される内地の茶、陶磁、砂糖、絹、シベリア産の毛皮などの集散、あるいは華僑や内地民が消費するシャム米、広東産の鉄鍋などの集散のために、広東幇の拠る広東（嶺南）会

館や同省内各府県の会館が、内地の東南海岸部、長江流域の諸港市に、またシャム、ジャワの外島部などの東南アジアの諸港市に普及した。粤海関において西洋諸国との貿易の斡旋を公許されていた十数軒の牙商は「公行」とか「十三公行」として知られ、▼アヘン戦争後には▼買弁業に転化し、近代における広東幇ビジネスの典型となった。海外における広東幇勢力の拡大の背景には欧米資本主義の香港進出がある。買弁となった広東商人(多くは▼中山県出身者)は欧米商社のアジア展開と歩調を合わせて発展したのである。たとえば、日本の横浜開港時に進出してきた外国商人は香港や上海から広東人買弁を伴ってきたのである。こうした華商型が主として珠江デルタ流域出身者であるのに対して、華工タイプの移民には「四邑」出身者が多い。彼らは手に職をつけ、身体で稼ぎ出そうとする傾向が強く、金銀細工、銅鉄器などの手工業、屠殺、皮革、塗装業などの職人から、コック、洗濯、旅館などのサービス部門にも進出し、鉱山や農園の労働者も多い。

(帆刈浩之)

⇨ 広東人, 行, タイ米貿易
参 黄啓臣・黄国信『広東商幇』香港:中華書局, 1995.

広東幇[長崎] カントンバン

長崎で▼福建幇、▼三江幇と並ぶ三大幇の一つ。嶺南幇ともいい、新会県、南海県、三水県などおもに▼広州、肇慶両府の出身者で構成。同幇の華商は、唐商(▼唐人屋敷)貿易の流れを汲む三江幇、福建幇と違い、安政開港後の1862(文久2)年以降、欧米商社の▼買弁もしくは雇用人として渡来、初期は大浦外人居留地を中心に貿易を営み、独自で▼悟真寺に広東義荘(墓地)を開設、▼唐三か寺とは系統を異にする▼聖福寺を菩提寺とした。1869(明治2)年1月、自らの権益擁護と官署との折衝の必要から▼広東会所を創立。会員はおもに香港に本店をもつ貿易商で、いずれも対香港貿易における雑貨や海産物の輸出、米穀の輸入に従事した。このほかに大工、理髪業などの雑業者もいた。やがて同幇は福建幇、三江幇と共同して▼長崎華商商会や▼華僑学校の運営に大きな役割を果たした。日中戦争の最中、同幇のほとんどが本国に引き揚げたり神戸などへ移転し、長崎に残留した者はごく少数で、戦後も変わることはなかった。

(陳東華)

広東料理 カントンりょうり
粤菜

広東省の料理。中国八大菜系の一つ。広州菜(羊城菜)、順徳菜(鳳城菜)、客家菜(梅江菜または東江菜)、沿海の潮州菜、海南島の海南菜がある。フカひれ、干しアワビなどの高級宴席料理、▼海鮮、▼飲茶、野味(野生の鳥獣や蛇)、焼臘シウラッ(ロースト類)、郷土料理、総菜、屋台料理までバラエティに富む。食材、調理法、メニューの種類が多く、食材の鮮度や季節に応じた味つけ、酸甜苦咸辣さんてんくかんらつの五味を極めた、中華料理を代表する料理。蠔油(オイスターソース)、魚露(魚醬)、南乳(豆腐の発酵調味料)など調味料の種類も多い。広東省の順徳は古来より名厨師を輩出して料理界を担い、また女性も▼アマとして、広東、香港、東南アジア、北京、上海で200年間に100万戸の家庭で雇われ鳳城風味を広めたので、広東料理の故郷と呼ばれる。広東菜は広東の地方風味、外省菜、移民先の国や西洋料理を吸収し、発達しつづけている。香港、ベトナムの華商料理は広東菜の影響が色濃い。

(飛山百合子)

⇨ 潮州料理

観音信仰 かんのんしんこう

仏教の観世音菩薩(道教の観音大士)は姿を33身に変えて衆生を救済するとされ、その霊験と御利益によって厚い信仰を集めた。東南アジアの華人社会においても関帝、土地神、▼媽祖(天后聖母)などと並んで広く信仰され、観音を主祀とする観音廟が造営され、あるいは他の寺廟に併祀された。華人社会では南海大士、南海観世音菩薩ともいい、また民間信仰では観音娘娘クンインニョンニョンといった。旧暦7月の▼中元会会場に、地獄から出てきてこの世を徘徊し饗応を求める亡者を取り締まる憤怒の形相をした大士爺の紙張子が置かれる。これは男形をした観音である。しかし一般には華人社会でも女身として認識され、産褥死によって血池地獄に落ちた女性を吊り上げるなど、女性の苦難一切を救済してくれる慈母として女性の尊崇を集めた。また民間に

地獄の責苦から衆生を救済する慈悲救済の菩薩（大士）として描かれた観音。出典：善書『絵図玉歴宝鈔観世文』香港五桂堂版

流伝した観音信仰の民衆向けテキストである『香山宝港』や▼木魚書が観音の身世に関連して、女性が独身を通すことが道徳的に悪いことではなく、彼岸往生など宗教上で有利であることを説いたこともあり、珠江デルタなどで結婚を回避して純潔を守る自梳女を生んだ。こうした不嫁主義の広東女性が住込みのメイド（▼アマ）となって▼シンガポールなど海外に出稼ぎし、観音信仰を紐帯にして無尽的な共済組織をつくるなど相互扶助を図ったことが知られている。観音をはじめ媽祖、西王母（王母娘娘）、三奶夫人など女性サイドに立つ女神信仰が華人社会に浸透したことは、ある時期までの華人社会が、概して男子中心の前近代的要素をもったことを裏返しの形で示している。 (可児弘明)

⇨ 斎堂

⊕ Marjorie Topley. "Marriage Resistance in Rural Kwangtung." in M. Wolf & R. Witke (eds.). *Women in Chinese Society*. Stanford UP, 1905.

観音亭 かんのんてい ⇨ 青雲亭 せいうんてい
観音堂 かんのんどう

長崎▼唐人屋敷内に建立された観音を奉祀するお堂。その脇にある瓢簞池の石の刻字から1737（元文4年）の創建とされる。1784年の天明大火で焼失、87年に改築された。その後も改修を繰り返し、現在の建物は1917（大正6）年▼永記号の鄭永超の寄進により改修されたもので、面積12坪、煉瓦造、瓦葺き、単層、切妻造。観世音菩薩と並んで商業神の関帝が祀られている。入口のアーチ形の石門は唐人屋敷時代のもの。74年に長崎市指定文化財となる。 (陳東華)

官梅三十郎［初代］かんばいさんじゅうろう 1687-1743

長崎の唐大通事。諱は盛家。▼唐内通事平井仁右衛門の子として生まれ、大通事▼林道栄の養子として初め二木を称し、その隠居分家の官梅家を継いだ。1704（宝永元）年稽古通事に任じ、以後、小通事を経て17（享保2）年大通事に任じ、33年御用通事を兼ね、36（元文元）年唐通事諸立合になり、43（寛保3）年病没した。本家の林三郎兵衛の三男が継いで2代官梅三十郎（諱は盛春、1704-73年）となり、以後官梅家は▼唐通事を世襲して幕末に至った。 (林陸朗)

肝肺虫事件 かんはいちゅうじけん

20世紀初期アメリカにおける排華事件。1910年10月19日、アメリカ移民局は肝肺虫（hookworm）病が不治の伝染病であるという理由で、中国人の入国を制限した。23年7月から24年2月まで60名以上の中国人が肝肺虫病だと判断され、入国を禁止された。なかに中国へ帰省した後、アメリカに戻ろうとする移民もいた。▼サンフランシスコ中華会館をはじめとする中国系社会組織の抗議活動によって、27年10月にこの法案はA級からB級に変えられた。 (曾櫻)

⇨ 排華法［アメリカ］、出入国管理

カンフー映画 カンフーえいが

中国古来の伝統的拳法による闘いを中心に据えたアクション映画。カンフーは英語のKung fu。中国語では功夫。中国拳法のこと。カンフー映画は中国では「功夫片」という。もとは武侠片（チャンバラ映画）と区別されていなかったが、後年、剣や槍などの武

器を操る武芸者中心の武俠片から切り離されて独立した。徒手空拳で強敵に立ち向かうヒーローの拳法の技と演技が売り物である。武俠片や警匪片（ギャング映画）などと並んで▼香港のアクション映画のジャンルの一つに数えられている。実在したカンフーの達人である広東省南海県生まれの黄飛鴻を取り上げたアクション映画が1940年代末から50年代半ばにかけて香港で大量に作られたが、その頃からカンフー映画が独立したジャンルとみなされるようになったらしい。だがカンフー映画を内外に認知させたのはやはり▼ブルース・リー（李小龍）というべきであろう。1971年アメリカから戻ったブルース・リーは同年香港で『唐山大兄（ドラゴン危機一発）』を作ったが、これが大ヒットしてこの年の興行収入ナンバーワンを記録した。続く『精武門（ドラゴン怒りの鉄拳）』と『猛龍過江（最後のブルース・リー ドラゴンへの道）』も大好評で、カンフー映画ブームに火をつけることになった。ブルース・リーはさらにアメリカの大手映画会社ワーナーブラザーズと提携して"Enter the Dragon（燃えよドラゴン）"を発表して一躍国際的スターとなったが、73年急逝した。後を継いだ▼ジャッキー・チェン（成龍）は独特のスタイルのコミカルなカンフー・アクションを生み出してファンの幅を広げた。また80年代初めには中国の武術家の李連傑（ジェット・リー）の『少林寺』が作られた。だが80年代半ばになると警察と犯罪組織の闘いや暴力組織どうしの抗争が香港のアクション映画の主流となり、カンフー映画は少なくなってしまった。カンフー映画のスターたちも現代を舞台にしたさまざまなアクション映画に転進していった。

(戸張東夫)

📖 周毅之『香港回帰叢書 香港的文化』北京：新華出版社，1996．

官文森 かん・ぶんしん 1886-1957
GUAN Wen-sen

▼中国致公党の指導者。祖籍は広東省恵陽で、マレーシアのスレンバン生まれ。錫鉱山やゴム園を経営するかたわら、▼中国同盟会に加入し、恵州会館連合会総務などを務める。抗日戦争期には恵州出身の華僑を組織して、▼広東の東江遊撃隊を支援し、太平洋戦争期はスレンバンにおいて華僑の抗日武装を組織した。戦後、中国民主同盟を組織し、中国致公党に加入。1949年には致公党の代表として帰国し、第1回政治協商会議に参加、その後、全国人民代表、政治協商委員、全国僑聯委員、広東省僑聯副主席などの役職を歴任。▼広州で病死。

(西澤治彦)

📖『世界華僑華人詞典』

甘文芳 かん・ぶんほう 1901-86

中華人民共和国支持の立場で指導した戦後の日本の華僑運動指導者。台湾彰化生まれ。1926年台北医学専門学校卒業後、38年に来日、慶応義塾大学医学部薬理学教室研究員、41年医学博士、医院を開業した。戦後、積極的に華僑運動に参加、46年以後、留日華僑総会副会長、華僑民主促進会委員長、東京華僑医師会会長、59-82年の23年間にわたり▼東京華僑総会（大陸系）会長を務めた。54年、第2期中国人民政治協商会議全国委員に就任。

(游仲勲)

『寛宝日記』かんぽうにっき

江戸時代の長崎の町方役人の日記。1633（寛永10）年5月から1708（宝永5）年12月まで記事がある。出島築造から▼鎖国など長崎形成過程の重要な記事に始まり、▼唐船やオランダ船の到来、長崎▼唐寺の建設、▼隠元和尚渡来のこと、▼糸割符制度のこと、▼唐船貿易のこと、その他長崎の町雑事、等々が具体的に描写されている。長崎県立図書館と長崎市立博物館に各1冊が所蔵され、近年に翻刻が「長崎文献叢書」（長崎文献社、1977年）に収録された。

(川勝守)

カンボジアの華僑・華人 カンボジアのかきょう・かじん

カンボジアでの華僑・華人の歴史は古く、アンコール時代の13世紀末にすでに華僑社会の存在が知られるが、その後フランスの植民地時代（1863-1953年）にその勢力は増大した。1953年の独立以後70年初めまでのシアヌーク施政下での平和な時代を通じて、政府の華僑活動制限諸政策の実施にもかかわらず、華僑・華人は貿易をはじめ商業・流通機構において独占的地位を占め、また中小工業振興の担い手になるなど、カンボジアの経済社会開発において重要な役割を果たした。70年初め当時、華僑・華人人口は約50万、そのうち約半数はすでにカンボジア国籍を取得してお

り、現地人との混血もかなり進んでいた。出身地別人口構成では、▼潮州（総人口の約8割）が最多で、以下、▼広東（約1割）、▼海南、▼客家、▼福建の順となっていた。

カンボジアでは、70年3月のロン・ノル将軍によるクーデタ発生以降90年代初めまで、内戦と国内政情の混乱が続いた。このため、ロン・ノル政権時代（70-75年）には、同国からタイ、ベトナムなど近隣東南アジア諸国へ脱出する華僑・華人もおり、なかにはさらにフランスなどへ2次移住する者もあった。またポル・ポト政権時代（75年から79年初め）には全都市住民の農村への強制移住が行われたため、華僑・華人の活動は壊滅的打撃を受け、さらに大量虐殺の犠牲になった者も出た。ヘン・サムリン政権成立（79年初め）以後、華僑・華人の活動が少しずつ再開されたが、同国の平和と政治的再統一が実現した93年9月のカンボジア王国の再樹立以後に、その活動は本格的に再活発化している。

2000年末現在で、華僑・華人人口は約50万までに回復したと推定されるが、首都プノンペンをはじめ、国内西部で米作地帯の中心に位置するバッタンバン市、メコン川沿いで畑作地帯の中心地であるコンポンチャム市をはじめ、南東部で華僑居住史の古いカンポット市や新興の海港都市シアヌークビルなど、国内地方諸都市の表通りは、ほとんど華僑・華人の店で占められている。
（高橋保）

カンポン・チナ
kampung cina

カンポンはマレー語で「集落」、チナは「中国」の意味で、したがってカンポン・チナは「中国人集落」という意味になる。海域東南アジアの港市では来航する中国人を一定の区画に集住させた。これがカンポン・チナである。各地のカンポン・チナではその住民に対して自治が認められ、16世紀以後はその頭目はカピタン・チナと呼ばれていた。なおジャワでは中国人集落のことをパチナン（pacinan）と呼ぶが、その実態は同じである。
（生田滋）

カン、ユエーサイ 1947-
靳羽西　Yue-Sai KAN

中国系アメリカ人の女性TVジャーナリスト、プロデューサー。広西省桂林で生まれたが、3歳のとき両親と香港に移り、マリノ書院を卒業し、1963年アメリカへ留学した。71年香港に戻り、ヒルトン・ホテル広報部に勤めた。73年アメリカに移住し、中国商品の輸入ビジネスをしながら、ある中文TV局を兼職した。80年代初期、TV事業に投資し、「東洋を見る（Looking East）」と題したアジア、ことに中国を紹介する番組を作り、83年からケーブルTVを通してアメリカ全土で放映され、好評を得る。のち中国の中央TV局（CCTV）に要請され、世界各地の経済、文化、風習などを紹介する番組「看世界（One World）」を作り、86年春から中国で放映され、大好評を得て、一躍中国全土で有名人になった。初めて同時に中国を世界に、世界を中国に紹介した外国人のTVプロデューサーとして、東西文化の交流に多大な貢献を果たした。
（曾櫻）

関勒銘公司　かんろくめいこうし

アメリカ華僑の資本によって20世紀初めに創設された上海の万年筆メーカー。創業者の関勒銘は広東生まれ。15歳でアメリカに赴いて万年筆製造を学び、30歳のとき帰国。1927年に上海で会社を興したが、資本金の15万元は華僑から集めたものだった。万年筆や各種インクを国内だけでなく▼南洋各地に販売することで、業績を拡大した。49年の新中国成立後の社会主義改造で▼公私合営に移行した。
（松本武彦）

················· **キ** ·················

義安公司 ぎあん こうし

　現在の▼シンガポール潮州八邑会館の母体となった団体。「義安」は▼潮州の旧称で、▼潮州人の海外での団体名にしばしば使用される。1820年代から、▼澄海、掲陽の2県の出身者12人が協力して資金調達して、シンガポールのフィリップ街に玄天上帝と天后聖母を祀る粤▼海清廟を建造し、共同墓地を開設することを目的として活動。1845年に団体設立。1906年には瑞蒙学堂を開設した。財産管理上の理由から1929年にシンガポール潮州八邑会館を別組織として設立し、また公司は改組されて信託慈善機構となった。　　（吉原和男）

　㊃潮州幇
　㊇『新嘉坡潮州八邑会館四十週年紀念暨慶祝新嘉坡開埠百五十週年特刊』シンガポール：潮州八邑会館, 1969.

鬼影幇 きえい バン
Ghost Shadows

　▼ニューヨークのチャイナタウンのストリート・ギャング。英語ではゴースト・シャドーズ。チャイナタウンの影の支配者・安良堂（アンリョンドン）の配下の幇派である。「同郷の人間を守る」という大儀名分のもとに、広東人街の用心棒としてストリートを支配する。同郷の商店主から保護費を取り立て、賭博場を仕切ることで生計を立てている。幇派の収入はいったん▼堂に入り、取決めによって幇派に還元される。鬼影幇は、安良堂の傘下であっても独立した組織として、とくにヘロインの密輸ではニューヨークやシカゴのマフィアとも通じている。同様な幇派に、▼飛龍幇、▼白鷹幇、▼福青幇などがある。　　　　　（森田靖郎）

　㊇グウェン・キンキード『チャイナタウン』時事通信社, 1994.／森田靖郎『ニューヨーク・チャイナタウン地下経済の新支配者』角川書店,

1991.

キエット・ワッタナウェキン 1911-
丘細見　Kierti VATTANAVEKIN

　タイのキアッタナキン証券創設者。客家系指導者。バンコク東郊の▼華僑学校卒業後、バンコクで酒造会社に就職。戦後、源香隆醸酒廠を設立し、東部、南部、中部タイにおける酒造権と販売権を獲得し財を成す。1960年代以降、国軍主流に接近、タイ開発銀行を設立し、金融界に進出。77年、中東方面への労働力輸出会社を設立。82年にはアマリン開発を設立し、大型ショッピングモール経営に乗り出す。チャンサモーン夫人はタイ婦人運動指導者。　　　　　　　　　（樋泉克夫）

キエン・ティーラウィット 1935-
馮権耀　Khien THEERAVIT

　タイの政治学者、アジア政治専門家。チュラロンコーン大学教授、同大学アジア研究所所長。父は広東系▼客家。バンコク西郊のカーンチャナブリー生まれ。▼華僑学校を経て、タイの高校へ。1957年チュラロンコーン大学政治学部へ、同時にタマサート大学で法律を学ぶ。64年ハーバード大学修士。71年ワシントン大学政治学博士。「タイの民主主義時代」と呼ばれた73年から74年の間、立法議会議員となる。タイの政治学、社会科学分野での最高権威。70年代半ば以降のカンボジア紛争においては、徹底した反ベトナムの論陣を張り、タイ政府によるベトナムとの融和姿勢を批判。80年代末に▼チャーチャーイ・チュンハワン首相の掲げた「インドシナの戦場を市場に」政策を、タイ外交の枠を逸脱し、ASEANを軸とする外交的信頼関係を破るものと批判した。日本、中国の政治に関する著書多数。　　　　　　　　　　（樋泉克夫）

帰化 きか

　自らの意志に基づいて原国籍を離脱し、居住国の国籍を取得すること。各国の国籍法によって帰化に必要な条件が異なる。帰化という語は、もともとは中華思想から出たもので、化外の国々から、その国の王の徳治を慕い、自ら王法の圏内に投じ、王化に帰附するという意味であった。日本では古代からこの語を使用しており、日本に来た帰化人（▼渡来人）のうち、秦の始皇帝の後裔と称する秦

氏㽜と後漢霊帝の子孫と称する漢氏㽜はとくに有名で、当時の社会・文化の発展に大きく寄与した。秦氏は帰化後に秦大蔵、秦物集、依智秦など秦の字を冠した複姓を名乗った。漢氏は7世紀までに、坂上、書、民、池辺、荒田井など多くの姓に分かれていった。現在の日本の国籍法では、通常の帰化に必要な最低条件は、居住期間が5年以上、年齢が20歳の成年に達していること（父母とともに帰化する未成年者はこの条件を必要としない）、素行が善良であること、自己または生計を一にする配偶者などの資産や技能によって生計を営むことができること、帰化により二重国籍とならないことである。日本の帰化制度では、日本で生まれ、日本に永住していても権利として帰化が認められるのではなく、法務大臣の裁量で帰化が認められる国籍取得制度となっている。また、1984年頃まで、法務局の窓口では帰化を申請する人に対して日本式の姓名を名乗るよう指導しており、行政の実務レベルで▼同化を強いる傾向が強かった。定住外国人のなかには、独自の文化的アイデンティティの放棄や、祖国喪失感を嫌い、帰化するのではなく、原国籍のまま永住する人も多い。現在の中国の扱いでは、華僑が居住国の国籍を取得すると、華僑から外籍華人にカテゴリーが変化する。東南アジア諸国では現地国籍を取得して華人になっても、華人団体を組織しているが、同化を強いる要素の強い日本では、帰化した中国人が「中国系日本人」を名乗れる雰囲気はない。　　　　（曽士才）

義会（ぎかい）⇨銀会（ぎんかい・ちぃい・んかい）

帰僑安置委員会（ききょうあんちいいんかい）

▼帰国華僑の居住や就職など生活全般の世話をする中国政府の専門機構。1950年代以降、東南アジアの一部の国で、排華運動が発生。その迫害を受けて帰国したがる多くの華僑を迎えるために、60年2月国務院の指示に基づいて設立された。全称は「中華人民共和国接待和安置帰国華僑委員会」、委員会主任は▼廖承志。▼広州、▼スワトウなどの港市に受入れの窓口を設け、帰国華僑を福建、広東、広西などの省・自治区に就職・居住させた。設立したその60年だけで9万人余のインドネシア帰国華僑の生活と仕事の世話をした。61年解散、以後活動は華僑事務委員会に引き継がれた。　　　　（過放）

帰僑安置章程（ききょうあんちしょうてい）

（A）1919年中華民国北洋政府が定めた、ヨーロッパなどからの帰国中国人労働者の再就職に関する12項目の法規。内容は、(1)中国人労働者がヨーロッパなどから帰国する前に、工場や農場など働き先から職種、職能および業績についての証明書を取得すること。(2)帰国時、中国僑工事務局は彼らの基本事項を登録し、本人の意思に基づき、専門知識や技術の発揮できるような就職先を斡旋する。(3)新興企業や軍用工場はそれらの人材を選ぶ優先権をもつ。(4)彼らは再度外国で働く選択の自由がある。(5)品行不良者の再出国を禁止する、など。

（B）1960年2月中国国務院が決めた▼帰国華僑に関する規定。全称は「国務院関於接待和安置帰国華僑的指示」。おもな内容は、(1)▼廖承志を主任とする▼帰僑安置委員会を設立。(2)▼広州、海口などの港市で帰国華僑を迎え、居住や就職の世話をする専門機構を設ける。(3)個人の志願と国家の需要を結びつけて居住先、就学と就職先を斡旋するという活動原則を決定。(4)帰国華僑が持ち帰った荷物は免税、個人所有とする、など。　（過放）

⇨ 参戦華工、帰国華僑

帰僑僑眷権益保護法（ききょうきょうけんけんえきほごほう）

中華人民共和国帰僑僑眷権益保護法の略称。1990年9月7日の第7期全国人民代表大会（全人代）常務委員会第15回会議で可決され、91年1月から施行された。22条からなり、帰僑（▼帰国華僑）・僑眷（華僑親族）の定義、権利と義務、華僑事務方針について明確な法的規定が定めてある。おもな規定として、(1)帰僑は帰国し定住した華僑のことで、僑眷は華僑の配偶者、父母、子女とその配偶者、兄弟、祖父母、母方の祖父母、孫、外孫、その他の親族である。(2)全人代と帰僑の多い地域の地方人民代表大会には一定の帰僑代表が置かれる。帰僑・僑眷は法律により社会団体をつくり、その合法的権益を守る権利がある。(3)帰僑・僑眷が公益事業、企業経営、その他生産に従事する場合、地方政府はそれを支持し、その合法的権益を守る。(4)帰僑・

僑眷の進学、就職、出国に配慮する。(5)帰僑・僑眷の国内における私有家屋を保護する。

(劉暁民)

㊀帰国華僑・僑眷親族政策、全国人民代表大会華僑代表
㊁『世界華僑華人詞典』

蟻光炎（ぎこうえん）1879-1939

▼タイ中華総商会の元主席（1936-39年）。戦前のタイ華僑有力指導者。広東省澄海県の農家生まれ。サイゴンを経て20世紀初頭、バンコクに。何回か転職した後、水運業が成功し、50艘以上の貨物船、客船を擁する光興利航業行を設立。さらに浚渫業、精米業、新聞業（『中国日報』『華僑日報』）にも手を広げ、1930年代の最盛時にはベトナム、カンボジアで事業を展開、10万人を超える従業員を抱えていた。慈善事業に熱心だったが、中華総商会主席就任前後から抗日運動に力を注ぐ。国共両陣営の別なく支援し、39年には香港で共産党組織と接触。重慶では国民参政会委員に任命され、蒋介石らにタイの華僑抗日運動の実情を報告。同年10月にタイに戻り、西南中国開発への積極投資を呼びかけた。蟻の中国滞在中にバンコクで親日華僑商人の暗殺事件が発生。主犯は反日組織のリーダーである蟻と見なす被害者親族により、同年11月、バンコク市内ヤワラートの路上で暗殺された。

(樋泉克夫)

㊀蟻美厚、華僑報徳善堂
㊁蟻錦中『蟻光炎伝』香港：世界華人企業家伝記編委会（北京）、1994.

義興会（ぎこうかい）
Ghee Hin Konsi

マレーシアの華人私会党（▼秘密結社）。義興公司ともいう。1790年に▼ペナンで成立したあと、1818年に▼マラッカで、1825年には▼シンガポールでも、それぞれ組織がつくられた。義興会のメンバーの多くは、▼原籍が広東省新会、肇慶などであり、手工業従事者や錫鉱山労働者が多数を占めた。1861-73年、ペラ地方のラルートの錫鉱山地帯において、義興会と▼海山会の両派により、10年余りにわたる長期の大規模な▼械闘が発生し、死傷者多数が出た。海山会の会員には、広東・福建出身の▼客家の錫鉱山労働者が多かった。錫産出量の減少を危惧したイギリス植民地政府は、73年、この械闘を鎮圧するために軍隊を派遣した。翌74年、海山会と義興会は協議のうえ、械闘を停止し、将来の平和を祈って、ラルートは「太平（▼タイピン）」と改称された。1889年、イギリス植民地政府は、華人の私会党を取り締まる法律を公布した。義興会と海山会の械闘において、ペラ地方のマレー人とインド人の秘密結社「白旗会（Whigt Flag Society）」は、義興会支持、反海山会の立場をとったので、義興会は白旗会のマレー人会員の加入を許すようになった。義興会の最盛期の会員数は約2万5000人を数えた。また1863年、77年、81年には、義興会と秘密結社「義福」の械闘が発生した。義福の会員には福建を原籍とする商人が多く、義福は海山会と連合し、義興会に対抗した。第1次大戦後、シンガポールにおいて新しい義興会が結成されたが、すでに義興会の勢力は衰退していた。日本が現在のシンガポール、マレーシアを侵略したとき、義興会は鎮圧され、械闘も発生しなくなった。第2次大戦後、義興会の活動は復活したが、1969年に発生したマレー人と華人の民族衝突である▼5月13日事件以降、義興会の活動は禁止された。

(山下清海)

㊁『世界華僑華人詞典』／渡辺惇「十九世紀植民地マラヤにおける華人社会と会館・会党」酒井忠夫編、1983.

帰国華僑（きこくかきょう）

外国から中国に帰って定住する中国人のこと。「帰僑」と略称。帰国華僑の概念は1924年広東革命政府の華僑に関する法規によって規定され、当時、「回国的中国公民（帰国した中国公民）」と呼ばれた。後の南京国民政府期には、華僑と帰国華僑をそれぞれ「海外僑胞」と「回国僑民」と区別して名づけた。中華人民共和国成立後、多くの華僑がそれぞれの居住国から祖国に帰り、社会主義建設に身を投じる。57年中国政府は「帰国華僑は帰国した華僑の通称である」と定義し、彼らに対して「根拠特点、適当照顧」すなわち「特性に基づき特別の取扱いをし、適切な配慮を与える」とする「八字方針」の保護政策を打ち出す。しかし▼文化大革命のなか、多くの帰国華僑が批判と迫害を受けた。文化大革命後、中国政府は帰国華僑の名誉回復を図ると

ともに、保護政策をふたたび打ち出した。さらに90年「中華人民共和国▼帰僑僑眷権益保護法」が公布され、帰国華僑の定義および保護が法的に規定されるようになる。当該保護法によれば帰国華僑は「帰国定住の華僑」を指す。この定義は二つの特徴をもつ。(1)帰国華僑は帰国する前に華僑であること。すなわち中国国内の諸機構から派遣される外国駐在者、留学生、客員教授、一時的出国者、労務契約による派遣者および辺境出入りの地域住民などは含まない。(2)華僑が中国国内で定住してこそ帰国華僑になる。帰国定住の目的ではなく、一時的な里帰り、国内旅行、友人訪問、大学の講義、貿易商談、投資、起業および教育機関での勉強などの目的で帰国する者は帰国華僑ではない。すなわち、中国国内で定住するかどうかは帰国華僑と海外華僑を区分する重要な基準とされたのである。帰国華僑はその他の中国公民と同じように、憲法と法律で定められる中国公民の権利をもつと同時に公民の義務を果たさなければならない。なお「中華人民共和国帰僑僑眷権益保護法」の名で示されたように、中国政府は、「帰国華僑（帰僑）」と「華僑親族（▼僑眷）」を一括して扱うことが多い。　　　　　（過放）

⊟ 十六字方針
［参］『華僑華人百科全書』法律条例政策巻.

帰国華僑・華僑親族教育政策 きこくかきょう・かきょうしんぞくきょういくせいさく

帰国した華僑とその親族、海外華僑の中国内の親族に対する教育政策。1957年、中華人民共和国華僑事務委員会（中僑委）の解釈では、国外華僑の子女で中国に帰国して就学している者を一律に帰国華僑学生（帰僑学生）としていたが、84年、▼僑務弁公室は、帰国華僑の定義にならって、「国外から戻り、定住して就学している学生」と改め、一時帰国により就学している学生（華僑学生）と区別するようにした。帰僑学生に対しては、第1に、入学の面で一般の受験生に比べて優遇措置が講じられている。たとえば、華僑系大学として有名な▼暨南大学、▼華僑大学などでは、全国統一入試の合格レベルを一般受験生より低くしている。第2に、1983年の僑務弁公室・教育部「高等学校卒業生の分配工作における帰国学生、帰国子女、華僑学生、国内にいる華僑の子女に対する適切な配慮を行う

ことについての通知」では、帰国華僑学生の就職については、可能なかぎり、父母や配偶者の居住地域へ配属すること、また、父母が中国内に居住していない場合は、可能なかぎり本人の希望する地域に配属するよう指示している。第3は、国外留学についての特別措置である。帰僑学生や華僑学生とその配偶者、子どもなどについては、大学卒あるいはそれと同等以上の学歴を有する場合、国外留学に際して、「培養費」（当該学生に対して国家が提供した教育費）の返還が免除され、また、卒業後一定期間の国内での「服務期間」についても免除するものとしている。また、彼らの兄弟姉妹などについても「培養費」を返還すれば、「服務期間」の方は免除されるものとされた。

（安井三吉）

⊟ 僑生，帰国華僑・華僑親族政策
［参］毛起雄・林暁東編、1993.／田中恭子ほか編『原典 中国現代史』7「台湾・香港・華僑華人」岩波書店、1995.／『華僑華人百科全書』教育科技巻

帰国華僑・華僑親族政策 きこくかきょう・かきょうしんぞくせいさく

▼帰国華僑（帰僑）とその親族および華僑の中国内の家族・親族（▼僑眷）に対する政策。中国国内には、帰僑と僑眷が約3000万人いるとされ、こうした人々は、▼広東、▼福建、広西、▼海南など中国南部、とりわけ広東省に集中している。最近では、上海の増加が目立つ。

【帰僑・僑眷の定義】　帰僑とは、1957年の中華人民共和国華僑事務委員会（中僑委）「華僑、帰僑、帰国華僑学生の身分についての解釈」では、単に「帰国した華僑」とするだけで、定住者と旅行や探親などで一時帰国した華僑とを明確に区別していなかったが、▼文化大革命後、84年、▼僑務弁公室「華僑、帰僑、華僑学生、帰国華僑学生、華僑家族・親族、外国籍華人の身分についての解釈（試行）」は、あらためて帰僑の定義を下し、この点を明確化した。すなわち、帰僑とは第1に、帰国前に華僑であり、第2に、帰国後定住している者であるとされた。また、彼らが帰国華僑として特別措置を受けるのは中華人民共和国の管轄領域内であることも明記された。

僑眷についても、57年の中僑委の解釈で

は、僑眷の条件と範囲について明確な規定がなかったが、84年の僑務弁公室の解釈を経て、90年の「帰僑僑眷権益保護法」では、「華僑、華僑の配偶者、父母、子女とその配偶者、兄弟姉妹、祖父母、外祖父母、孫子女、外孫子女および華僑、帰国華僑と長期にわたる扶養関係を有するその他の親族」と定義された。こうした帰僑と僑眷に対しては、一般の中国人とは異なった特別の措置が講じられてきた。その基本は、文革以前は、「八字方針」、すなわち「一視同仁・不得岐視」で、帰僑・僑眷を他の中国人と平等に扱う、というものだった。文革後は、さらに「根拠特点・適当照顧」を加え、「十六字方針」とし、彼らの来歴などその特殊性に基づき、適切な配慮を加えることが明確化された。

【社会主義改造期の帰僑・僑眷政策】 1950年から全国的に始まった土地改革において、広東、福建など華僑と関係の深い地域では、土地改革の実施にあたって華僑関連の土地については一定の配慮がなされたが、他方で、海外からの華僑送金を不労所得として没収したり、彼らを搾取階級に区分して土地没収を行ったり、さらには地主として追及され、死に追いやられるといったケースもあった。53年から始まった社会主義改造時期には、帰僑や僑眷をどのように社会主義改造に参加させるかという一般的課題とともに、華僑送金をいかに確保し、増加させるかが重視された。土地改革時期に地主と規定された華僑の身分についての変更も一定の条件のもとでなされ、合作社への加入も認められた。また、華僑送金を保障するために、これらを帰僑や僑眷の正当な収入として認定し、また、彼らにむりやり公債を購入させたり、投資に振り向けさせたりすることなどの強制を禁止した。また、華僑の家屋新築についても一般とは区別して優遇措置を講じた。

【反右派闘争から文革期の帰僑・僑眷政策】 1956年社会主義改造完了後、彼らの住居、職や勉学の保障、華僑送金の確保を進めるため、一連の方針が提起されている。しかし、社会主義の徹底が目標とされる時期にあって、海外の資本主義社会と深い関係をもち、海外からの送金などによって生活を維持している多くの帰僑や僑眷をどう位置づけ、彼らに対してどのような政策をとるべきか、難しい事態を迎えることになる。少なくない華僑労働者が、「精簡」の名の下に農村に送られ、帰僑学生も「上山下郷」運動に動員されて、都市を離れることを余儀なくさせられていた。60年代初期、「海外関係」を理由に帰僑・僑眷に対して、「ブルジョア的関係」「複雑な政治関係」などと称して、さまざまな政治的迫害を加えることが起こっており、また、帰僑や僑眷には、共産党への入党、人民解放軍への志願にも特別厳しい審査が課せられ、進学、就職、結婚などの面でも差別がなされた。農村の社会主義教育運動の過程では、あらためて階級区分や「海外関係」が問題にされて追及されたりした。

1966年からの文化大革命時期は、帰僑と僑眷にとって最も苦しい時期となった。僑務機関はまったくの活動停止に陥った。彼らのなかには「海外関係」「ブルジョア的関係」などとの批判を受け、なかには死に追いやられた者もあった。

【改革開放期の帰僑・僑眷政策】 1976年、文化大革命が終わると、文革批判の中で、文革中の僑務政策に対する批判、華僑・僑眷関係事件の再審査がなされるとともに、僑務機構の再建が進んだ。改革・開放政策のもとで、帰僑・僑眷の役割が再認識され、「海外関係」は、批判されるべきものではなく、むしろ歓迎すべきものと考えられるようになった。海外華僑・華人の投資が、改革・開放政策、経済建設を推進するうえで重視されるようになったこともこのような変化の背景にあった。僑務政策の基本が「八字方針」を補充して「十六字方針」とされたのは、こうした変化の反映といえる。帰僑・僑眷の特徴に基づき、適切な措置を講ずることをいっそう明確化したものといえ、この考えは1990年に全国人民代表大会で採択された「帰僑僑眷権益保護法」に法的に具体化されている。その第4条には、住居と職の保障、全人代の議席枠の確保など、経済、政治、教育、出入国など多方面にわたって、彼らの権益を保障することをうたい、これらの諸項目の実施は、国務院と関係機関において進めるものとされている。

（安井三吉）

㊂ 帰国華僑・華僑親族教育政策

⊠毛起雄・林暁東編『中国僑務政策概述』北京：中国華僑出版社，1993．／田中恭子ほか編『原典 中国現代史』7「台湾・香港・華僑華人」岩波書店，1995．／安井三吉「中国にとっての華僑華人」可児弘明・游仲勲編，1995．

帰国率 きこくりつ

海外に移住した人々のうち帰国する者の割合。かつてのヨーロッパ人移民、とくに初期のそれは帰国率が低く、一方、中国人移民を含むアジア移民の帰国率は高かった。前者は植民地への植民も少なくなく、家族同伴の移住（定住型）であったのに、後者は男が単身で行くことが多く（還流型）、男女の性比に大きな差があった。前者が移住すると最初にすることは、家族の住む環境を整えることだったが、後者は移住したその日から金儲けに没頭した。前者では多少とも資力のある階層が移住したが、後者は社会の最底辺に近い層だった。こうした違いは、たとえば中国人移民の場合、▼祖先崇拝、祖先の墓を守り、家（イエ）を守る、そのためには家族を後に残して出稼ぎに行き、いずれは故郷に帰らなければならない、といった文化の違いからもきていよう。しかし、飛行機で行けば簡単に往来できる交通手段の発達、祖先崇拝・イエ観念の稀薄化、その他社会・文化の変化によって、今日では両者の違いは小さくなった。

(游仲勲)

魏五平次 ぎごへいじ 1659-1712

長崎の▼東京トンキン通事。先名は喜（または熹）。1672（寛文12）年貿易商▼魏之琰ぎしえん・魏高ぎこう父子に従って東京（ベトナム北部）から長崎に渡来して永住した。1699（元禄12）年東京ﾄﾝｷﾝ久蔵の後任として東京通事となる。以後、東京・広東語の通事として活躍し、1712（正徳2）年没した。子孫は代々東京通事として幕末に至ったが、曾孫五左衛門（号は龍山）の東京・中国・日本3か国語の対訳辞書『訳詞長短話』は唐通事の教本として知られている。

(林陸朗)

魏之琰 ぎしえん 1517-1689

東京ﾄﾝｷﾝ（ベトナム北部）の貿易商、のち長崎の▼住宅唐人。字は双、号は爾潜。九官と称した。福建省福州府福清県の出身。兄魏毓禎ぎいくてい（-1654年）とともに東京に移り、東京・長崎間を往来して大規模な貿易を営んだ。長崎▼崇福寺の檀越として媽祖堂の石敷を寄進し、大雄宝殿を重層に改築し、▼隠元、即非を迎えるなど同寺の興隆に努めた。1672（寛文12）年に子の高、貴、および従者の喜とともに帰化し、長崎永住を許された。翌73（延宝元）年上京して内裏において明楽みんがくを奏し、長崎における明楽の祖といわれる。79年中島川にアーチ石橋を架けた。この年男子2人は魏氏の祖籍の地である河北省鉅鹿にちなんで鉅鹿きょろくを姓とし、清左衛門、清兵衛と改名し、之琰は明服着用を許された。のち清兵衛の子孫が▼唐通事を世襲した。長崎西山町にある之琰・毓禎兄弟の墓は中国風の墳墓として県指定史跡になっている。

(林陸朗)

⊠宮田安『唐通事家系論攷』長崎文献社，1979．

棋樟山 きしょうさん

聖約翰島棋樟山検疫站
St. John's Island Quarantine Station

シンガポールのセント・ジョン島に設けられた、英領▼海峡植民地に入国する華人移民の収容所、検疫所。海峡植民地に到着した華人移民は、すべてここで検疫検査を受け、硫黄水で消毒された。設備は簡素で、食事や宿泊施設も劣悪だったので、しばしば華人コミュニティから抗議を受け、後に改善された。第2次大戦後1948年「非常事態」の下、この島に拘留所が設けられ、55年には麻薬中毒治療所が設置され、毎年数百人の患者を収容していた。

(田中恭子)

魏書騏 ぎしょき 1921-
WEI Shuqi

ブラジル華人の企業家。▼原籍は江蘇省泰興。上海生まれの上海育ち。同地の復旦大学卒業後、1943年に上海実業銀行就職、46年香港支店勤務、56年に5万ドルを持ってブラジルに移住。初めは綿・麻の輸入出貿易に従事したが、のちに事業範囲を拡大。60年代末以降70年代までに35社の綿花、大豆、ハッカ、コーヒー、ラッカセイ油などの加工工場、米、ラッカセイ、大豆などの栽培園を創立、サンパウロ魏氏公司（Braswey）を設立してその社長に。同社はブラジル全土十数か所に支店、工場、倉庫、農場、輸出入用埠頭をも

ち、総合的農産物生産・加工・販売グループを形成した。輸出品は肉牛（年間輸出量5000～1万頭）、冷凍肉、米、ラッカセイ、ラミー、コーヒー、ハッカ、植物油など。80年代中葉以後、さらに事業範囲を拡大、コンピュータ・プリンタ工場設立。同グループ全従業員1500人中技師250人、技術者400人で、工場はコンピュータで操作される。政府の経済顧問を務めたこともある。

（游仲勲）

紀政 きせい 1944-

世界最優秀スポーツ・ウーマン（1970年）に褒賞され、「アジアの飛ぶアンテロープ」とも呼ばれた、アジアで最高の女子陸上競技選手。台湾新竹出身。台湾で最初の国費留学でアメリカの体育教育学博士を取得。1966年第5回アジア大会で女子走り幅跳びの金メダルを受賞、68年メキシコ・オリピックでは80m障害で銅メダルを獲得。70年欧米の63のレースを制覇、ポーランドでの招待陸上競技会では100m、200m、100m障害、100ヤード、220ヤードに世界新記録をマークした。同年12月バンコク・アジア大会でのけががもとで競技から引退。76年台湾に帰国、80年から3回立法委員に当選、台湾スポーツ界に貢献した。87年台湾陸上連盟幹事長、89年同会長に選ばれた。90年9月北京アジア大会の台湾陸上競技監督を務めて、海峡両岸の若手選手の育成に活躍している。

（許紫芬）

偽装難民 ぎそうなんみん

1989年、ベトナムからのボート・ピープルを装って、中国から偽装難民が日本に上陸するという事件が発生した。1989年といえば、改革以降のさまざまな矛盾が噴出し、学生らの民主化運動が6月の天安門事件となって終結した年であった。その夏の偽装難民事件は、しかし天安門事件とは直接の関連はなく、むしろ華僑の出国という伝統のうえに、ベトナムからのボート・ピープルに便乗したものであった。

89年に海上救助なり、直接到着のかたちで日本に上陸した難民船は、計38件、人数にして3498名に達した。ところが、8月になって、ベトナム難民と思われていたこれらの人々の中に中国人が紛れ込んでいることがわかり、その後も同様の船が陸続として日本に上陸したため、偽装難民事件として日本中に大きな波紋を呼んだ。最終的に、ボート・ピープルのうち偽装難民船は22件、人数は2804人であることが判明した。その後の捜査で、偽装難民船は福建省の平潭県の海壇島などが出航基地になっていたこと、出航者の多くも海壇島や福清県の海口鎮、隣接する長楽県の若者など、福建省の特定の地域から輩出していたこと、数千元の費用を地元のブローカーに支払うなど、組織的な出国であったことなどが、明らかにされた。

偽装難民事件がこの年に発生した背景であるが、プッシュ要因として、かつての華僑の出国の際にみられたように、人口増加と人の移動、中央政府の弱体化、社会の無秩序化と拝金主義の蔓延などをあげることもできようが、農村の貧しさからいったら、改革以前の方が格段に厳しかったはずである。89年の事件はむしろ、40倍近い所得格差の魅力という、日本側のプル要因のほうが大きな働きをしたように思われる。またその際、先に就学生などとして来日していた同郷の者が、何らかのかたちで関与していたことも考えらる。

その後、難民を装った入国者は89年から3年間かけて本国に送還され、その情報が現地にも伝わったため、難民を装っての入国は激減したが、それ以降は密航というかたちで、日本への不法入国が続いているのが現状である。

（西澤治彦）

⇨ ボート・ピープル，蛇頭
📖 西沢治彦「偽装難民現象の意味するもの」『別冊宝島』105号，1990．

北オーストラリア鉄道 きたオーストラリアてつどう
北澳鉄路　Northern Australia Railway

中国人労働者によって建設されたオーストラリアの鉄道。1886年に北部準州の金鉱パインクリークから州都ダーウィンまで鉄道が敷かれることになり、鉄道建設のための労働力として中国人が導入された。賃金は他民族労働者の半分で、厳しい労働に耐えなければならなかった。88年鉄道は完成したが、この間約5000人の華工が鉄道建設の重労働に従事、北部準州の中国人人口も7000人を超えた。

（増田あゆみ）

北カリマンタン共産党 きたカリマンタンきょうさんとう
北加里曼丹共産党
North Kalimantan Communist Party

マレーシアのサラワクを拠点に活動していた非合法政党。1954年3月20日に結成されたサラワク解放同盟が起源。結党は1971年9月19日。60年代半ば、「マレーシア」を新植民地主義の産物と見る急進左派華人が旧英領ボルネオ（北カリマンタン）の独立を主張して武装闘争を開始し、▼サラワク人民連合党を脱党した知識青年がその中核を担った。闘争の途上で複数の勢力を結集してできた政党だが、非主流派勢力は74年3月に州政府と和平協定を結んで戦線を離脱、残る主流派も90年10月に同様な協定によって活動を停止した。

(原不二夫)

▷ マラヤ共産党

北山寿安 きたやまじゅあん ?-1701

近世大坂の医師。名は道長。友松または友松子と号し、寿安と称した。長崎の▼住宅唐人馬栄宇（-1654年）の庶子。北山を姓とした。▼渡来僧の化林性侃、独立ど性也について医学を修め、大坂に移って開業した。小倉侯、尾張侯に召されたが仕官せず、市井にあって尊卑の区別なく診療して名医と称され、文才もすぐれ黄檗僧とも交流した。『北山医案』『北山医話』『方考評議』その他の著書がある。実家は長崎で中山氏を称し、代々▼唐通事を世襲した。

(林陸朗)

キティー・ダムノーンチャーンワニット 1930-
張錦程　Kitti DAMNERNCHAANVANICH

タイのスンホワセン・グループ（順和盛米業集団）の総帥。中国名は張珂旭とも。バンコク北郊のサラブリで小さな精米業者から出発。タイ政財界の実力者で中国（饒平）とタイ（チャチョンサオ県）の二つの故郷が同じ▼プラシット・カーンチャナワット（最終的にはスンホワセン・グループ会長）の知遇を得たことが、その後の事業拡大を助けた。1970年代には米の輸出業界へ。既存大手が未開拓のアフリカ、ヨーロッパの市場に進出し、米とタピオカを中心に農産物輸出業界のトップに。80年代半ばから製紙、不動産開発などを進める。80年代末に李鵬・中国首相の支持を得て広東省汕尾でユーカリの栽培に着手。90年代前半、チャチョンサオ県でパルプ製造・製紙を軸とする巨大工業団地建設を進めたが、97年の不況に直撃され経営が悪化。99年のプラシットの死によって最大の債権者である▼バンコク銀行との間の調停役を失い、経営再建が大幅に遅れる。ただし、製紙部門は好調。バンコク銀行役員を務めたこともある。

(樋泉克夫)

暨南局 きなんきょく ⇨ 福建暨南局 ふっけんきなんきょく

暨南国際大学 きなんこくさいだいがく

華僑人材の育成のため、中華民国（台湾）政府が1995年、台湾中部の日月潭近くの埔里に設立した国立の華僑の高等教育機関。初代学長袁頌西の企画のもとに、実用科学に人文教養を加味した華僑人材を育成するため、人文、管理、科学技術の3学部を設立した。また東南アジア研究センターを設置、東南アジア各国の政治、経済、人文、社会、民族の研究にも力を入れ、さらに政府と産業界にも情報を提供し、将来東南アジア研究における重要な大学に発展することを目指している。99年9月21日台湾中部大地震でキャンパスは災害を受けた。第2代学長李家同は台湾大学の校舎に6か月間移転した。この移転の責任を問われて李家同学長が辞任したのち、第3代代理学長徐泓が指揮をとり、校舎の災害復帰に努め、2000年3月埔里に戻り、大学は軌道に乗り、埔里復興の一役を担った。2000年9月の学生数は2600人、華僑の学生数は3割を占める。

(許紫芬)

🌐 国立暨南国際大学ホームページ http://www.ncnu.edu.tw

暨南大学 きなんだいがく

▼広東省▼広州市にある国務院▼僑務弁公室直属の、華僑・華人、▼帰国華僑・華僑親族（僑眷）、▼香港、▼マカオ・台湾青年対象の最高学府。前身は1907年、清朝政府によって南京に設立された暨南学堂。初代堂長は▼鄭洪年。翌年小・中学を併設。宿舎、学費免除の優遇措置をとり、11年には240人が在学。校名は『尚書』禹貢篇の「朔南暨、声教訖四海」に由来し、広く中国文化の海外伝播を意図して「暨南学堂」といった。11年の武昌蜂起で清朝が転覆、学堂も閉鎖されたが、17年▼黄炎培は北洋政府の派遣で▼南洋視察、翌年

南京に国立曁南学校として復校、師範と商科の2学部となった。21年上海に商科が移り、東南大学と合併。22年董事会を設け鄭が復帰、南京に女子部を創立。23年男子部が分離、上海国立曁南商科大学となる。27年女子部と合体し国立曁南大学となり、18クラス、602人が在学。その後拡張して、商学、外国貿易、管理、会計、銀行の5学部制。30年代には男女共学の大学として大学・中学・実験小学の一貫教育システムを採用。35年⦅何炳松⦆校長となり、南洋華僑教師訓練班を設けた。37年上海事変が勃発すると上海共同租界へ移動、42年日中戦争に突入すると福建省建陽県に疎開。戦後46年上海に戻ったが、49年の上海解放・新中国成立時に財政上の理由で文科系統は復旦大学に、理科系は交通大学に統合され、事実上閉校された。

58年国務院の批准を経て広州に曁南大学として再建。63年董事会が整備され、⦅廖承志⦆が董事長就任、64年国家教育委員会直属となり、66年に文、理工、経済、医科など9学部の総合大学となる。⦅文化大革命⦆期間、中山大学に統合されたが、78年に文、理工、医学、経済の4学部で復校した。96年現在、20の課程と在学生1万2360人、うち中国大陸外の中国系学生が75％を占める。文革前の卒業生4037人、78年以降1万人余りの卒業生は、世界70か国・地域に及ぶ。面積約94万m²、建物面積43万m²、図書館2万m²、図書151万冊。出版物は『曁南学報』『曁南理医学報』『東南亜研究』『曁南研究』など。付置研究機構として、特区・香港マカオ研究所、生殖免疫研究センター、生物医学工学研究所、水棲生物研究センター、東南アジア研究所、古籍研究所、華僑研究所など。　　(市川信愛)

　遠藤誉『中国大学全覧』厚生出版, 1996./中華人民共和国国家教育委員会計画建設司『中国高等院校大全』（第2版）北京：中国高等教育出版社, 1994.

キー、ノーマン・ラウ 1927-
劉徳光　Norman Lau KEE

アメリカの華人弁護士。ニューヨーク生まれ。1948年マサチューセッツ工科大学卒業後、建築技師となるが、その後フォードハム大学ロースクールに進み、56年よりニューヨークで弁護士活動を開始。69-73年ニューヨーク市人権委員会の委員を務め中国系アメリカ人社会の代弁者として活躍、79-80年には連邦移民帰化局の諮問委員会委員長を務めた。キーは、長年アメリカ移民法に対して批判的であったが、移民問題の専門家としての手腕を買われ、カーター大統領の任命で80年にマドリードで開かれた欧州安全協力会議に米国政府代表として出席するなど、連邦、地方の要職を歴任した。また、米国のアジア理解を深めるため79年にジョージ・コノシマらとともに首都ワシントンに米国アジア協会 (the U.S.-Asia Institute) を創設し、理事、後に会長を務める。同協会は国際会議、セミナー、交換留学、連邦議会関係者のアジア視察旅行などを手がけ、とくに米中関係の進展に大きな役割を果たしている。

(櫛田久代)

蟻美厚(ぎ・び こう) 1909-94

中国の僑務工作者。⦅帰国華僑⦆。広東省澄海県生まれ。1922年にタイ華僑指導者の⦅蟻光炎⦆に拾われて義理の甥となり、渡タイ。蟻の系列企業で働く。日中戦争勃発を機に抗日運動に参加。39年に蟻が暗殺されて後、⦅タイ中華総商会⦆常務委員に。45年、暹羅(シャム)華僑各界建国救郷聯合総会を組織し、会長として中国共産党を積極支持。49年の建国式典に招待され帰国したが、タイに戻らず一貫して僑務工作を担当。中央人民政府華僑事務委員会委員、全国人民代表大会常務委員、中華全国帰国華僑聯合会副主席など歴任。

(樋泉克夫)

ギーヒン　⇒　義興会(ぎこう・かい)

義福(ぎふく)

19世紀中頃から20世紀までシンガポールに存在した⦅秘密結社⦆。義興公司（会）の構成員のうち⦅福建人⦆のグループが分派を結成したもの。1860年頃には800人程度、1889年には1万4500人ほど構成員がいたとされる。宗教的色彩をもつ入社式を実施して義兄弟の契りを結び、組織への忠誠と相互扶助を誓った。第2次大戦後はたんなる犯罪集団と化した。

(吉原和男)

　義興会

　Irene Lim. *Secret Societies in Singapore*. Singapore: National Heritage Board, Singapore History Museum, 1999.

キー・プーコン 1947-
紀宝坤　KEE Pookong

　オーストラリアの華人学者。マレーシア生まれ。1967年豪州に。オーストラリア国立大学で心理学博士。ハワイ大学、メルボルン大学などを経て豪州移民・人口研究局副局長。その後、ビクトリア大学アジア太平洋研究所所長、シンガポールの▼華裔館所長。エスニック評議会幹部評議員、アジア系豪州人リソース・センター長、中国系作家協会評議員など歴任。現在、豪州・太平洋諸島華僑・華人研究会会長、同国移民・民族問題省次官、外務省中国問題顧問。メディアでも活躍。*The Asianisation of Australia?*（Melbourne UP, 1999）が主著。
（増田あゆみ）

キムロウ、ベンジャミン・ラルフ 1918-44
劉国梁　Benjamin Ralph KIMLAU

　中国系アメリカ人軍人。マサチューセッツ州コンコルドで生まれた。1942年にペンシルベニアの軍事大学を卒業した後、陸軍に入り、まもなく空軍に転した。パイロットとしてオーストラリア、フィリピンなどの戦場で活躍し、44年にネグロス島の日本軍との戦いで戦死。彼の功績を記念して、▼ニューヨークのチャイナタウンにある広場が彼の名前で命名された。
（曾櫻）

客長 きゃくちょう

　中国帆船の運航に関する乗員とは別に、商業目的をもって乗船した商人すなわち客商の長となった者を、一般に客長と呼称した。17世紀初めの福建のアモイを中心とする地から海外に進出していた商船について記述された張燮の▼『東西洋考』巻九「舟師考」に、各船には舶主がおり諸商人が蟻のように群がり搭乗していたことを記している。この諸商人こそ客商で、自己の荷物を積載させ目的地で交易を行った。これら商人の長が客長である。また清代の海外移民の際に、移民者に資金を調達し、目的地までの保護・監督を行ったものを▼客頭、客長と呼んだ。
（松浦章）

㊀海客
㊤ 斯波義信『宋代商業史の研究』風間書房、1968.／陳沢憲「十九世紀盛行的契約華工制」『歴史研究』1963-1, 1963.／松浦章「長崎来航唐船の経営構造について」『史泉』45, 1972.／同「清代福建の海船業について」『東洋史研究』47-3, 1988.／同「清末民国初期の福建省海外移民事情」藤善真澄編『中国華東・華南地区と日本の文化交流』関西大学出版部、2001.

客頭 きゃくとう

　海外移民において、移民と雇用主の媒介を業とした者で、客販、招工頭、猪仔頭ともいう。▼苦力貿易期に、外国商会から依託を受けて、労働移民として海外へ出稼ぎする者を国内で募集し、外国商会に引き渡した斡旋業者である苦力ブローカーが一般にはよく知られている。しかし、(1)もともとは裕福な者から出資を得て、仲間を組んで海外へ出稼ぎをした「▼海客」のリーダーのことである。すなわち海客は仲間のうち信望の厚い人物1人を立てて客頭（▼客長）とし、仲間を管理する権限を付与したのである。海客には労働所得の一部を客頭に割戻す慣行があったとされ、また客頭のなかに出資者を兼ねる者もあったという。合伙というこの方式の詳細を示す資料は豊富に残っているわけではないが、清の乾隆（1736-95年）、嘉慶（1796-1820年）年間、華南一帯で広く見られたとされる。(2)また、合伙とは別方式の▼欠費制度にあっては、客頭は移民募集にとどまらず、応募した移民志願者をみずから引率して渡航し、現地における雇用主探しまで関与したのである。その際、移民の船賃を客頭の責任においてとりあえず掛けにして渡航するので、これを欠費制度というのである。移民の船賃を支払った雇用主に移民を引き渡した段階で客頭と移民の関係が消滅する。この点が、移民募集と引率渡航だけでなく、引き続き現地での労働監督（工頭）にも当たるインドの移民斡旋業者カンガニとの違いである。(3)苦力貿易期に暗躍した客頭は上に挙げた(1)(2)の客頭と役割が異なり、華南の港市にやってきた外国商会もしくは外国の契約移民募集機関、またはその代理人である▼買弁・中国商人からえた内金を資本にして、提示された人数、代価に従ってそのつど契約移民募集の請負いを業としたもので、その人数を中国の港市で外国商会に引き渡すまでが業務であった。「大客頭」が配下に募集担当者「小客頭」を擁し、民衆と接触させて移民を勧誘させた例もあり、大客頭4、小客頭30余、見張りと炊事役2、水夫18、合計54人余で構成する大がか

りな組織の存在も知られている。移民の勧誘に直接当たる客頭には頭数によって報酬が支払われるしくみであったため、彼らの移民勧誘には騙しや、誘拐、暴力拉致などが混在するのを免れなかった。客頭が「人口販子」すなわち人買い商人と呼ばれたのはこのためである。(4)中国と東南アジアの間を専業的に往復して、金銭・手紙・衣服・産物を配達する広東の「水客」(走水客) も客頭といわれた。郷里からの移民募集も行ったからである。水客が移民に移住資金を貸与するときは5〜10割の高利を加え、返済期限は約4か月、延滞部分には30％の利子を加えた。高利の分が水客の手数料と、水客への資金提供者に対する利子となったという。　　　　　　　(可児弘明)

⇨ 契約華工、自由移民

📖 福田省三『華僑経営論』厳松堂書店, 1939.

キャセイ・オーガニゼーション
国泰機構　Cathay Organization

マレー半島の一大娯楽コンツェルンで、一時は香港、台湾にも影響力をもった。マレーシアの華僑財閥ロク・ユウの未亡人や遺児のロク・ワントーらにより1935年に設立されたアソシエーティッド・シアターズ社が前身で、まもなく同社を傘下に入れたキャセイ・オーガニゼーションが設立された。37年にはシンガポールのオーチャード・ロードにキャセイ・ビルを建設、39年ビル内に映画館キャセイ・シネマをオープンした。イギリス留学中の37年から映画部門を担当していたロク・ワントーは40年シンガポールに戻り、キャセイの長として、マレー半島各地に建設した映画館やレストラン、ホテルなどの経営にあたった。日本軍占領期、キャセイ・ビルは軍に接収され、ワントーも海外に逃れたが、戦争が終結するとすぐキャセイ・シネマを再開、事業を立て直した。ライバルであったショウ・ブラザースには数年遅れをとったが、53年にホー・アロク (HO Ah Loke、何亜六または何亜禄) 所有のクリス・フィルム・プロダクションと手を結んでキャセイ・クリス・プロダクションを設立、スタジオを建設してマレー語映画製作にも着手した。56年には香港の映画スタジオ永華を買い取って映画会社国際電影懋業 (略称電懋、MP & GI) を設立、『四千金』(57年)、『空中小姐』(58年) など北京語映画のヒット作を多数世に送ったほか、日本の東宝との合作で『香港の夜』(62年) などを製作したり、月刊誌『国際電影』を発行するなど華やかな活動を繰り広げた。しかしながら絶頂期の64年、ワントーが台湾で飛行機事故死、妹婿のチュー・コクリョン (CHOO Kok Leong、朱国良) が後を継いだものの経営は悪化、シンガポールの映画スタジオは70年に閉鎖された。香港のスタジオも77年ゴールデン・ハーベスト社に売却、キャセイは香港から撤退した。その後、経営はコクリョンの娘メイリーン・チュー (Meileen CHOO) に引き継がれ、現在は映画配給、映画館経営、映画製作などの事業を行っている。　　　　　　　(松岡環)

📖 Lim Kay Tong. *Cathay: 55 Years of Cinema*. Singapore: Landmark Books (for Meileen Choo as an Edition Limited to 1500 Copies), 1991.

客家 きゃっか / ハッカ　⇨ 客家

キャメロン、ドナルディナ　1869-1968
金美倫　Donaldina CAMERON

サンフランシスコ・チャイナタウンで中国人女性の救済と厚生に生涯を捧げた女性。ニュージーランド生まれのスコットランド人。2歳のときに牧羊場の監督であった父親とカリフォルニアに移住。教員養成課程に入ったが父親の死によって退学し、1895年長老派教会のホームで院長助手となる。以後死去するまで、中国からサンフランシスコに売買もしくは誘拐されてきて、堂会の監視下で売春に従事したり、女婢として無償労働に従事する薄幸な女子を救出し、ホームに収容し職業訓練を施して厚生を助けた。保護された女子は3000人を超え、彼女らからは「老媽」と慕われたが、堂会の勢力からは「白鬼」と嫌悪された。ナイン・トゥエンティとかキャメロン・ハウスと通称されたサクラメント通り920のミッション・ハウスには、日本人女性も収容された。　　　　　　　(可児弘明)

⇨ 猪花、妹仔

📖 Carol Green Wilson. *Chinatown Quest*. revised edition, Stanford UP, 1950.

キャリコ銀鉱　キャリコぎんこう
Calico

カリフォルニア州にあった華人労働者の重

要銀採掘・居住遺跡の一つ。1881年に採掘開始、一時繁盛を極めたが、銀価格の急落に遭遇したため1907年に閉山、全住民が転出した。全盛期に3000人いた鉱山労働者の大半が華人であり、住宅、学校、教会、繁華街、遊戯施設をもつ活気に満ちた町はゴーストタウン化したが（「鬼城」の名がある）、66年カリフォルニア州により観光名所の指定を受けた。
(王効平)

キャンパス・ギブアウェー事件 キャンパス・ギブアウェーじけん

1979年にカナダで起きた中国系グループに対する差別的TV番組をめぐる事件。同年9月カナダのTV局CTVが公共番組"W5"で、主として中国系からなる「外国人」学生（実際には中国系カナダ人も含む）の増加によって、カナダ市民の子弟が高等教育から排除されている、という趣旨のドキュメンタリー「キャンパス・ギブアウェー（Campus Giveaway）」（乗っ取られる大学）を放送した。カナダの中国系社会はこれを露骨な差別番組として抗議・糾弾行動を起こし、抗議運動はトロントを中心にバンクーバー、カルガリーなど全国規模に広がった。運動は約7か月続き、80年4月CTVが公式に謝罪することで終息した。この事件は出身地や移民時期などで異質性の高いカナダ中国系グループが一致して全国的規模で行動した初めての事件であり、89年の天安門事件への抗議運動とともに特筆される事件であった。この事件を契機に設立された「臨時人権委員会」は、現在も有力な中国系人権団体である「▼平権会（CCNC）」に発展した。
(森川眞規雄)

⇨ 平権会

▩ Anthony B. Chan. *Gold Mountain*. Vancouver: New Star Books, 1983.

邱永漢 きゅう・えいかん 1924-

日本華人の経済評論家、作家、料理評論家。本名邱炳南。台湾出身、現在は日本国籍。台湾人を父親、日本人を母親として台南市に生まれる。台北一中、台北高校を経て、1945年9月東大経済学部卒。翌年台湾に帰って働くが、48年の2月28日事件で香港に逃避、同地で商売を始めるとともに結婚、台湾独立運動に関与。54年来日、翌年小説『香港』で第34回直木賞受賞。しかしその後の小説は売れず、生活のため株式評論などの経済記事を書き、経済調査・評論活動に従事、『日本天国論』『台湾人を忘れるな』などで日本のジャーナリズムにデビュー。『食は広州に在り』など料理随筆も数多く発表する一方、日本、中国、香港、台湾等々で蓄財を実践、経営コンサルタントも営み、「金儲けの神様」とも呼ばれて、経済評論家としても活躍。72年、台湾政権から招かれ、24年ぶりに台湾に帰る。92年に香港に居を移した。93年出版の『中国人と日本人』はベストセラーとなった。
(游仲勲)

旧華僑 きゅうかきょう

▼新華僑の反対概念。この語には、「新華僑」同様、3種類の意味ないし用語法がある。第1は、新しく華僑となった者から区別された旧来からの華僑。第2は、第2次大戦後まもなく台湾から日本に来た者に対して、戦前からずっと居住した中国大陸出身華僑。第3は、中国の改革・開放以前から華僑となっていた者。他に「▼老華僑」の語があり、ときとして「旧華僑」と同じ意味で用いられるが、本来は古くからの華僑、老人華僑などの意。ただ、厳密に定義するとなると、これらには問題が多い。
(游仲勲)

九皇斎節 きゅうこうさいせつ

▼九皇信仰における斎節。旧暦9月1日の「迎九皇爺」と9月9日の「送九皇爺」の間に「派糧」「過火坑」のような節目がある。▼クアラルンプールの南天宮では多くの斎友が宿泊し、白衣白褌で潔斎し、黄旗を掲げた船を作り、九皇を送る。斎女は糧食を用意し、窮人に喜捨し、斎友はみな長い香火を掲げ、送迎の列をつくる。過火坑は火渡りの行事で、斎節が終わるとその灰を持参して避邪を願う。すべてのことは罪障消滅を祈るためである。
(原田正己)

九皇信仰 きゅうこうしんこう

北斗七星に補星、弼星を加えた九星（九皇）に対する道教系の信仰。東南アジアの九皇信仰は、▼福建、▼広東など中国南部の省から伝来、また、雲南からミャンマー、タイを経て、▼ペナン、マレーシア、▼シンガポール各地に流伝したともいう。九皇大帝の神像には、美髯の武将を連れたものや、観音を思

わせる多臂の神像もある。しかし九皇の母とされる斗母と結びつき、形態をもたず、斗皇仏祖とか斗姥（斗母）元君と呼ばれることもある。クアラルンプールのアンパン（Ampang）村の南天宮と呼ぶ廟宇は大規模で、清朝末にスランゴール州の蘆骨から錫鉱採掘の華人が来て病死したので、その霊を祀り廟宇を建てたといわれる。この廟の説話はスランゴール内戦の苦難のこと、華人会党のことなどをうかがわせる。Ampangはマレー語でダムのことで、漢字では暗邦とか安邦とかの2字があてられる。この神には『楚辞』九歌の「司命神」に見られる人間の生死、運命をつかさどる性格があるので、広く各地の華人に増益延寿を願って尊崇されると思われる。

（原田正己）

▷斗母信仰、北斗神

牛車水 ぎゅうしゃすい
ニューチャーシュイ Kreta Ayer

旧市街地のほとんどが▶チャイナタウンであったシンガポールでことさら「チャイナタウン」という場合、広東人街であるこの「牛車水」をさす。大規模な都市再開発により伝統的なチャイナタウンの景観が消失しつつあるシンガポールで、この地区だけは、華人らしい生活臭が一部残されている。牛車水地区では、外国人観光客を引きつけるために、1980年代に▶ショップハウスの大規模な修理・保存工事が進められた。ショップハウスの前面はできるだけ旧来の様式を継承し、ペンキを塗り変え、リフレッシュさせ、屋内は全面的に改造されている。このように改築されたショップハウスには、高いテナント料を払って、スーベニア・ショップ、画廊、レストラン、骨董品店のようなハイカラな店が入っている。

（山下清海）

▷南京街上段
⧈山下清海，1987．／山下清海，2000．

九州華僑華人研究会 きゅうしゅうかきょうかじんけんきゅうかい

九州在住の華僑・華人研究者を中心とした研究団体。1989年6月、市川信愛により▶長崎華僑研究会（1984年設立）を発展させ九州華僑華人研究会とした。発起人は他に中村質、和田正広、黒木国泰ら。同年12月福岡の九州大学文学部で第1回大会。会長川勝守のほか、中村質、市川信愛、黒木国泰が世話人。年1度の大会、会誌発行、交流活動などを行う。第4回大会までは九州大学、以後、鹿児島市、平戸市、長崎市、福岡市、宮崎市、北九州市、長崎市（1999年）と九州各地で大会開催、斯波義信、游仲勲、安井三吉、浜下武志、松浦章らの講演のほか、現在の九州華僑関係問題に関するシンポジウム・研究発表が行われた。九州地区以外、関東・関西や中国、台湾など国内外研究者と華僑・華人の交流の場として優れた成果をあげ、▶泰益号文書の研究を継続した。長崎を中心とした九州各地の華僑・華人の歴史は日本華僑の発生の母体であり、その研究をおもな活動とする本研究会の存在意義は重要である。事務局は九州大学文学部東洋史研究室にある。

（川勝守）

▷長崎華僑研究会，神戸華僑華人研究会，横浜華僑華人研究会

『九十年代』 きゅうじゅうねんだい

中国の政治改革と民主化を求める立場から、主として中国の政治や文化の動向を批判的に報じた香港の硬派の月刊誌。規制の厳しい中国国内の言論人に活動の場を提供するという役割も果たしていた。また台湾における▶中国国民党の独裁政治を批判したり、香港返還を論じながら香港の民主化と中国の干渉排除を主張するなど、政治的立場を鮮明にしていた。海外の華人知識層や中国研究者の貴重な情報源になっていた。

1970年2月創刊されたが、当時は親中国の立場で、雑誌名は『七十年代』だった。81年

牛車水の一角（1980年代）。シンガポール中国人街のクロス街以南一帯を俗に牛車水と称した。牛車で水売りする光景が語源という。
撮影：可児弘明

に中国の政治改革と民主化を求める立場に転じ、「文化大革命を批判するだけでなく毛沢東や「中国共産党の誤りを追及した。84年5月号から『九十年代』となったが、中国に対する姿勢は変わらず、89年の天安門事件では国内の民主化運動を支援する論陣を張ったことから中国当局に批判された。90年には台湾版も創刊したが、香港返還後の98年5月号を最後に停刊になった。編集長は創刊以来「李怡。
(戸張東夫)
📖『九十年代』(香港) 1998年5月号.

九州の華僑・華人 きゅうしゅうのかきょう・かじん

日本の九州は地理的・政治的・経済的・社会的・文化的な要因で、「華僑・華人にとって格別な土地である。地理的要因としては、一衣帯水の至近な地の朝鮮半島経由で島伝いが可能、緯度の差が小で風土病や熱気などの害が少なく、西風を利用して中国からの往路が容易なことなどがある。政治的要因としては、中国の動乱や王朝交替にともなう亡命の民、難民が一時的避難場所とすることができ、ときに日本政府の協力援助も期待できた。経済的には、日本の金銀、銅、硫黄、「俵物などは中国が必要とし、生糸、絹、綿、薬種、茶、陶磁器の中国物産は日本が求め、輸出入の貿易バランスがとれる。日本が中国社会文化を模範とし、華僑・華人を尊敬の念で迎え、とくに九州の人が古来中国とのかかわりをよく自覚した点も重要である。大陸との接点の九州には外交官庁として「大宰府が設置され、その外港として那津＝博多が貿易を受け持った。遣唐使時代の日中間の航海は、山東半島から朝鮮半島を目指し、同半島沿岸を南下して、「壱岐・対馬両島に渡り、呼子から「唐津・博多への行程、または、長江下流域から直接に東海を横断し、「五島列島から「平戸・長崎、唐津・博多へ。両路ともに博多・大宰府がターミナルである。もう一路は、琉球、南西諸島から九州南部の「坊津に向かう海路で、四国沖経由で畿内に至る。8、9世紀以降は唐・新羅系の船がこの3路により九州に来て貿易をしたが、五代・宋以降に龍骨など構造船が開発されると、九州各地に居住するようになる。とくに博多には「宋商百余家」という集住が進み、「大唐街」と呼ばれ

る中華街を構成し、世界各地に先駆けて華僑集住地の成立があった。近世では長崎に「唐人屋敷が建てられ、日本唯一の華人居留地となり、近代では幕末の5港開港後、上海との航路が開設され、近代長崎華僑が成立し、やがて福岡、佐賀、熊本、宮崎、鹿児島、大分と九州各地に定着した。飲食店では長崎の「四海楼、福岡の福新楼、鹿児島の美華園が有名、熊本のスーパー「ニコニコ堂」もユニークな存在である。
(川勝守)
🔄 唐人町, 長崎の華僑・華人

邱菽園 きゅうしゅくえん 1874-1941
QIU Shu Yuan

シンガポールの華僑名士。原名は徳馨。星洲寓公と号した。「福建省の「海澄の出身。7歳でシンガポールへ渡った後、帰国し、20歳で郷試に合格。1895年北京で会試を受け、不合格。日清戦争敗戦に際し、台湾割譲に反対し、「上書」に参加。その後、シンガポールへ戻り、父親から遺産相続し大富豪となった。維新派人士と交わり、98年末、「林文慶らと『天南新報』を発行。1900年「康有為をシンガポールに招き、康に「保皇会南洋英領各邦分会会長へと推挙された。唐才常の自立軍に資金援助するが、自立軍失敗後、自分の援助が康の懐に入ったのではと疑い、また維新派の活動に失望し、康や維新派との関係断絶と清朝政府擁護の立場をとった。05年投資に失敗して破産。民国成立後、軍閥割拠、戦禍の継続に憤り、『振南日報』紙上で批判。19年招聘に応じて『「星洲日報』副刊主任となるが、1年後、老いを理由に辞職。晩年、仏教を篤信し、居士となった。
(木下恵二)
📖 楊進南編著『世界華僑名人伝』第3冊, 台北：馬華企業有限公司, 1985.

邱新民 きゅう・しんみん 1914-96
CHIU Sin Min

シンガポール華人の歴史学者。福建省恵安生まれ。「厦門大学を卒業、1934年から教師となる。41年昆明の西南聯合大学に入学、地理学を専攻。卒業後、昆明師範学院講師。48年シンガポールに移住し、シンガポール、マレーシア、ブルネイなどの中学の教務主任や校長を歴任。その間、61-62年シンガポール大学教育学院、66-69年「南洋大学歴史学部

でも教えた。78年退職後から著作活動に専念。『東南アジア文化交通史』(亜洲研究学会・文学書屋聯合出版、1984年)、『新加坡先駆人物』(増訂本、勝友書局、1991年)などの著書がある。
(曽士才)

9・30事件（きゅうてんさんれいじけん） ⇨ **9月30日事件**（くがつさんじゅうにちじけん）

9・20事件（きゅうてんにれいじけん） ⇨ **9月20日事件**（くがつはつかじけん）

キューバの華僑・華人（キューバのかきょう・かじん）

キューバ(古巴)には1847年以降、▼契約華工514人が福建省▼アモイからやってきた。奴隷解放で労働力不足に直面したアメリカはこれに目をつけ、キューバ経由で中国人労働者をアメリカに導入した。しかし、やってきた華工は奴隷に近い状態での労働を強いられ、当時の清朝政府はキューバに調査団を派遣した。清国総領事の報告では、47年から74年までの27年間にアモイ、▼マカオ、黄埔、▼香港などから出発した14万3000人中、無事到着したのは12万6000人であり、10人に1人以上が途中で死んでいる。1902年にキューバは独立するが、アメリカの影響が強く、同年にはキューバも中国人排斥の法令を公布した。第1次大戦で砂糖の需要が増加、中国人労働者の再導入が認められ、最盛時の1922年には6万〜7万人いたとみられている。ハバナの▼チャイナタウンも1850年代末から60年代に出現したが、発展するのは20世紀前半からである。第2次大戦後の最盛期にはキューバ華僑・華人は12万6000人に達し、300余りの市町で中国料理、小売り、蔬菜栽培、小型工業などに従事するもの5000軒に及んだが、1960年以降の社会主義化で海外に脱出する者が増え、彼らの人口は激減した。87年の同国中華会館の統計では華僑1300人余り、現地生まれ1600人余り、現地生まれでない華人600人余り、その他合わせて3700人余りだった。この間、スペインからの独立戦争(その功績を称えて「華僑紀功碑」が建てられた)、キューバ革命にも彼らの一部が参加する一方、日本軍に侵略された中国支援のため、華僑抗日後援総会が組織された。現在は1万人前後ともいい、広東省台山・新会・恩平・中山籍で、台山籍が最も多い。しかし現存の者はほとんどがキューバ生まれで、首都ハバナや東部の港湾都市サンチャゴなどで小商業を営む。

(游仲勲)

㊂中南米の華僑・華人
㊅『世界華僑華人詞典』／『世界華僑華人概況』欧州・美洲巻./楊松主編『世紀華人風雲実録』上、北京：経済日報出版社、1998.

僑園（きょうえん）

華僑招待所ともいう。台湾▼僑務委員会は1952年8月、とくに台湾視察や双十節の式典に参加するため海外からの華僑を接待するため、台北市近郊の新北投の泉源路に「僑園」と名づけた宿泊施設を建設した。91年からの改築を経て、98年11月▼華僑会館として再出発、多様化する華僑へのサービスに対応している。

(劉文甫)

僑匯（きょうかい） ⇨ **民信局**（みんしんきょく）, **華僑送金**（かきょうそうきん）

僑改戸（きょうかいこ）

1950年からの土地改革において誤って地主または富農の階級身分に比定され、後に中国政府の再審査によって是正された華僑の家庭を指す。土地改革のとき、一部の▼僑郷では多くの華僑や香港・マカオ在住の同胞の家庭を地主または富農階級と誤って比定した。53年になって▼中国共産党中央委員会の指示によって土地改革の再審査が行われ、それら華僑の家庭の階級身分は工商業者、小売商、労働者、店員、自由業などに是正された。

(過放)

僑刊（きょうかん）

「郷訊」と併称されるが区別はあいまい。華僑の故郷(▼僑郷)において行政の指導下に民間で編集・出版される刊行物であり、新聞や小冊子の体裁をとる。華僑・華人、香港・マカオ・台湾の同胞、▼帰国華僑(帰僑)、華僑の家族・親族(▼僑眷)に故郷のニュースを提供することを目的としている。広東省での刊行が最も盛んである。1988年6月に広東省の▼僑務弁公室と新聞出版局は「広東省僑刊郷訊管理弁法」を公示している。これは僑刊の質を高めることにより、華僑・華人、同胞や帰僑および僑眷のいっそうの支持協力を集め、台湾統一の実現と四つの現代化の促進に役立たせることを意図している。僑刊の質的向上のために、広東省僑務弁公室は1984年に第1回の僑刊編集者の養成訓練を行い、85年には僑刊業務に関わる者の研修会を主催して

いる。またこの頃、広東僑刊郷訊研究会が成立している。

このように新中国成立前の時代とは違い、現代の僑刊は行政の監督を受けるので資料としての限界性は明らかであるが、それにもかかわらず僑刊に特有の資料的価値はあると思われる。その根拠の一つは、記事執筆と編集を、多くの場合に小中学校の教員および元教員が担当しているためである。したがって、農村地域で刊行される出版物としては記事内容の正確さが比較的高いといえよう。編集者は定年退職した教員がふつうであり、長期間地元で教員生活を送ったことにより地域の事情に精通していることのほかに、なによりも住民の信望が厚く取材活動に対する協力を得やすいのである。第2に、これらの教員が勤務する学校が華僑・華人の母校である場合が多く、その子弟関係と同窓会組織を通じて国外の華僑社会との連絡が密であり、そのことにより当該僑郷と国外華僑・華人の関係について資料的価値のある情報が多く記載されているからである。

1909年に広東省台山県で発行された『新寧雑誌』は、20世紀初頭に頂点に達した米国における排華運動のために帰郷した華僑・華人によって創刊された。彼らは国内では革命勢力の一員でもあった。この雑誌はその読者層を華僑・華人に限定したものではなく、県内外の政治・社会情勢、ニュースなどを記事内容としながら、社会改革を目標にしていた。『新寧雑誌』に続いて多くの「族刊」が出版された。華僑・華人の資金援助を受けた宗族によって出版された族刊など類誌は、抗日戦期以前では全県で63件あった。1910年には譚姓宗族によって『光裕月刊』が出版され、19年には隣県の開平県と新会県でも族刊が新たに出版された。20年代と30年代に僑刊は、台山、開平、新会、恩平、鶴山の5県で合計して約100件が創刊された。49年までに台山全県で115件が創刊されたが、その内訳は県単位によるもの15件、郷単位によるもの16件、族刊61件、校刊23件であった。内訳にみる族刊の多さが注目されるが、同県における宗族の多さ、強大さを反映しているようである。これらのなかには、華僑に抗日救国を訴えるために創刊された『三台青年』『時代』『戦時

〈広東省の僑刊発行数内訳〉

表1　刊行主体別

市刊	21
県刊	30
鎮・郷村・族刊	71
校刊	4
合計	126

表2　所属行政単位別

江門市	74
中山市	8
梅州市	7
仏山市	6
広州市	5
汕頭市	5
珠海市	3
肇慶市	3
その他10市合計	14
総合計	125

出展:「陳山鷹」「広東僑刊郷訊概況及其在海外的巧能」『僑史学報』21期,1990.

表3　江門市の僑刊・郷訊の内訳

台山県	31
開平県	20
新会県	14
恩平県	4
鶴山県	2
江門市区	3
合計	74

萃村』などが含まれる。なお、「校刊」とは華僑の寄付によって開設された学校や華僑・華人子弟の学んだ学校の同窓会誌やその記念出版物などを指す。

新中国成立後から文化大革命開始までに広東省全体では65件前後の僑刊が復刊あるいは創刊されているが、やはり台山県が多かったようで、このうちの50種を占めている。文革期にはすべての僑刊は刊行停止となるが、文革終了後にすみやかに復刊されている。また同時に創刊されたものも多い。83年には全省で42件が刊行され、87年には103件まで増加している。90年ではさらに増えて、全省で126件が刊行されている。その内訳を見ると表1、表2のとおりである。現代でも四邑地方を含む江門市で刊行される僑刊が圧倒的に多いことが歴然としている。江門市属の僑刊の県別内訳は表3のようになる。　(吉原和男)

吉原和男「僑刊・郷訊を利用した僑郷研究の可能性」可児弘明編,1996.

僑郷 きょうきょう

一般には中国における華僑・華人の故郷の意味だが、実際にはさまざまに使われる。たとえば出国者が多いとか、華僑親族(僑眷)・

キョウキョウ

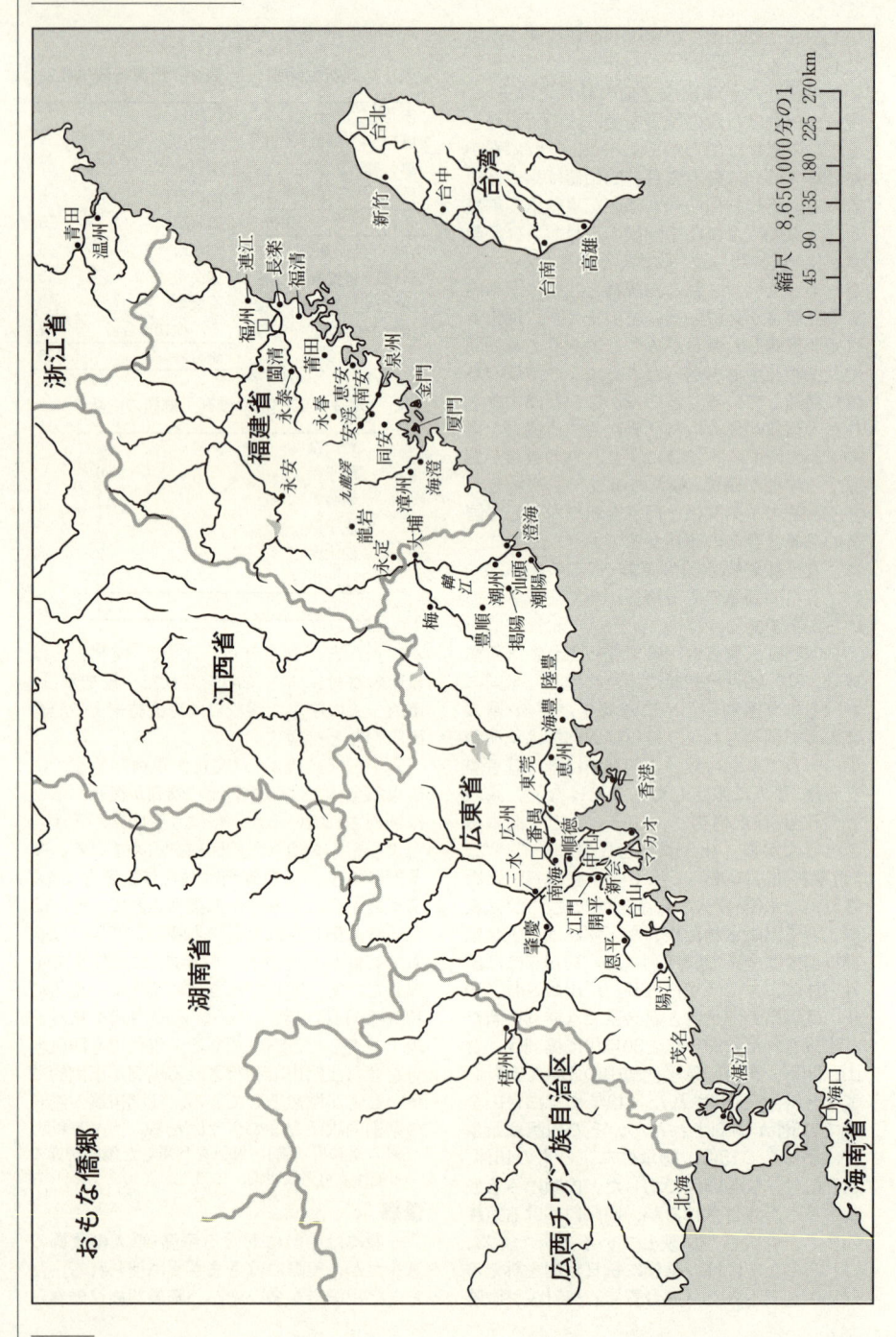

おもな僑郷

縮尺 8,650,000分の1
0 45 90 135 180 225 270km

浙江省
　青田
　温州

福建省
　建江
　長楽
　福州
　閩清
　莆田
　永春
　永安
　恵安
　安渓 南安　泉州
　同安　金門
　九龍渓　漳州
　　　　海澄
　龍岩　大埔
　永定　韓江
　　　梅　潮州　澄海
　　　　豊順　汕頭
　　　　　揭陽　潮陽
　　　　　　　陸豊

広東省
　三水　広州
　肇慶　口番禺　東莞　恵州
　　　南海　順徳　　　　香港
　　　　　中山　　　　マカオ
　　　　　江門
　　　新会
　　開平　合山
　　恩平　陽江
　　　　　　茂名
　　　　　　湛江

広西チワン族自治区
　梧州
　　　　　北海

海南省
　海口

台湾
　台北
　新竹
　台中
　台南　高雄

江西省

湖南省

190

▼帰国華僑（帰僑）が多い、海外親族が多いなどである。過去の出国者数は推定の域を出ないが、国内の帰僑・僑眷と海外親族の数は把握されている。たとえば1990年頃の帰僑・僑眷（香港人、▼マカオ人のそれを含む）は、▼広東、▼福建、広西、▼海南の各省・自治区がそれぞれ1940万人、520万人、115万人、100万人で、これらが四大僑郷省である。僑郷よりもっと広い意味で「僑区」の語が使われることもある。海外華僑・華人（香港人、マカオ人を含まない）数は広東、福建、海南、広西がそれぞれ1500万人、700万人、170万人、100万人であるが、なかには国内人口よりも海外人口のほうが多い僑郷もある。たとえば80年代末、有名な僑郷、広東省台山県は、県内95万人、香港・マカオを含む国外110万人であった。僑郷の多くは農村に位置し、「僑村」と呼ばれるものもある。海外在住者が同地域人口の20％以上の「重点僑郷」と、5％あるいは7％以上の「一般僑郷」の区別があるともいう。僑郷では所得、経済発展の度合いも高く、海外風の建物が少なくなく、特色ある景観を呈している。

（山岸猛）

僑眷 きょうけん

一般には華僑の中国国内にいる直系の親族（配偶者、父母、子女）を指すが、中国政府の用語としては、1957年に中華人民共和国華僑事務委員会（中僑委と略称）が「華僑・僑眷・帰国華僑・帰国華僑学生身分についての解釈」を出し、84年に同委員会の後身の国務院▼僑務弁公室がこれを修正して出した「華僑・帰国華僑・華僑学生・帰国華僑学生・僑眷・外国籍華人身分についての解釈（試行）」によると、僑眷には配偶者、父母、子ども（息子の妻、娘婿を含む）、兄弟姉妹、父方・母方の祖父母、孫（男女）、外孫（男女）、扶養者、その他の主として海外華僑に生活費を依存する親族が含まれる。それ以外の親族は「僑属」という。華僑が帰国した後でも国内親族はやはり僑眷の身分をもてる。外国籍華人の中国国内親族で中国国籍を有している者は僑眷と同等待遇を享受できる。華僑が死亡した後に生まれた親族は僑眷の身分をもてない。僑眷の権益は91年1月から施行された「▼帰僑・僑眷権益保護法」で保護される。改革・開放以前は極左主義的政治風潮のため、▼帰国華僑・僑眷は「海外関係がある者」として批判・迫害された。

（山岸猛）

⇨ 文化大革命, 帰国華僑・華僑親族政策

僑工 きょうこう ⇨ 華工 かこう
僑校 きょうこう ⇨ 華僑学校 かきょうがっこう
僑興公司 きょうこうこんす

1908年に主としてマラヤ▼華僑投資によって海南島で設立された総合企業。創業者は、▼イポーで中国産特産物を扱い、錫業にも従事していた区賛佐卿。清朝政府の呼びかけに応じて、息子の区慕頤、区干寅と胡子春らを海南島に派遣、儋県欽錫鉱その他の調査にあたらせた。株主にはフィリピン、南米華僑もいた。傘下の子会社に僑立墾植公司、僑豊公司、僑輪公司などを有し多分野の事業を興したが、30年代初頭、世界大恐慌の影響で閉業した。

（廖赤陽）

僑光堂 きょうこうどう

台湾▼僑務委員会は1953年、台湾に留学した華僑学生に臨時の宿泊施設を提供するため、台北市基隆路に第1華僑学生宿舎、翌年に第2華僑学生宿舎をそれぞれ建設した。いずれの宿舎も建設した年の10月21日の▼華僑節に落成式を挙行した。68年3月、台湾を訪問した華僑を接待する施設として、華僑学生宿舎を改築、「僑光堂」と改称した。華僑学生活動センターおよび華文教育促進会の事務所が、僑光堂内に設置されている。

（劉文甫）

僑資 きょうし ⇨ 華僑投資 かきょうとうし

『僑史資料』 きょうししりょう

中国華僑歴史学会の不定期の刊行物。1987年1月創刊、91年11月停刊、計9号を発行。各地の華僑個人の回想録と第一次資料の整理・発表を中心とした。文字資料としての書籍、刊行物、書類、書簡、手稿、電報のほか、写真、旗標、諸団体の称号などの資料も重要視されている。内容は海外華僑および華僑団体、▼華僑学校、▼華字紙や刊行物の歴史、文化と諸活動、居住国の社会発展に携わる華僑の経歴や、居住国国民との友好交流など多方面にわたる。

（過放）

僑社三宝 きょうしゃさんぽう

華僑社会（僑社）における華僑組織・団体（▼僑団）、▼華僑学校（僑校）、華僑新聞（▼華

字紙）と刊行物（▼僑報）を一括した俗称。僑団は華僑社会の核心的存在であり、同郷会など互助団体は多い。僑校と華字紙・僑報は華僑の社会生活の必要に応じて作られたものである。華僑社会では、生活の基盤の確保と発展、文化的伝統の保持、母語としての中国語教育のレベル維持・向上などのため、団結と協力、確実・豊富な情報伝達を欠くことができない。そのための重要な存在であることから、3者は三つの宝物と呼ばれるのである。
(過放)

行商（ぎょうしょう）

店舗を持たず、自己の商品あるいは信用借りした商品を売り歩く▼小売業、またはその商人。(1)青田石の彫り物をヨーロッパに輸出、行商した浙江省青田人、温州人や、呉服や雑貨を日本に行商した福建省福州人、福清人、鉄道で旧ソ連、東欧へ商売に行く現代の担ぎ屋など、国境を越えた国際行商、(2)ホスト国家にあって、商業の未発達な村落はもとより、奥地や離島にまで入り込んで商品を売り歩き、同時にその土地の一次産品や資源を買い集めて帰る中間媒介機能を備えた行商、(3)都市の市場周辺や商店街などで露天の坐売りをする行商、(4)荷物を担ったり、さげたりして街路を往来して商品を売り歩く呼売り的な行商などに大別される。いずれにせよ、商業の一部とはいえ肉体労働的要素の強い職業であり、また流通の最末端にあって店舗商人以上に消費者と広く、あるいは日常的に接触する位置にあったことが特徴的である。歴史的に労働契約期間が満了した▼華工が海外で次に就く職業の一つであったように、蓄えたわずかな元手でそれなりに開業できる利便性があり、また親族や同郷人を頼って渡来した▼新客（シンケ）にとっては、農作物を栽培するよりは借金を返済する早道であった。売上げを次の品物に替えてまた売ることの繰返しによって次々と元手を殖やしていけたからである。▼チャイナタウンの店舗商人には店の前で行商が坐売りするのを許す慣行があった。行商の荷が売れれば、それだけ人が集まるという読みだけでなく、行商で資金を蓄え商店を構えるようになった自分史を重ね合わせるからだともいわれる。物売り行商からスタートして一代で富豪になった成功者の物語は東南アジアの華人社会でよく聞くところである。行商全体からすれば、プログラム化されたように行商から大商人になった成功者はほんの一握りにすぎなかったのだが、出稼ぎ移民にとって、行商が経済的な上昇を達成する身近な手段であったことは確かである。また行商には失業した華僑・華人あるいは▼華裔が一時しのぎに生計をつなぐクッション的な役割もあった。その一方、広域を移動し情報の収集、伝達機能をもつ行商が、防諜・治安上から政治権力の監視、取締まり対象となった歴史がある。また労働移民の流入を禁止する国家では、行商を偽装した労働者の入国が問題となった。さらに植民地期に欧米輸入商が決定する価格に対して無権利であった半買弁的な華僑仲介商業の行商は、現地民族に不可避的に高利の掛売りをせざるをえなかったことから「民族間矛盾」の批判にさらされた。この問題はポストコロニアルの時代にまで尾をひき、華僑・華人の再定位に影響を与えている。
(可児弘明)

📖 黄枝連『馬華社会史導論』シンガポール：万里文化企業公司，1971．／許淑真「労働移民禁止法の施行をめぐって」『社会学雑誌』7，神戸大学社会学研究会，1990．

僑親（きょうしん）⇨ 僑眷（きょうけん）

『僑訊』（きょうじん）

台湾の▼華僑救国聯合総会が1953年、反共救国運動を推進する一環として創刊した華僑専門紙。発行日は毎月1日と16日。主として華僑・華人に関するニュース、各地の華僑団体や華僑の文教活動などを報道するほか、海外における華僑・華人の個人の消息や連絡をとるための欄も設けている。
(劉文甫)

『僑人の檻』（きょうじんのおり）

▼マリア・ルス号事件を素材とした早乙女貢の歴史小説。1968年11月講談社から出版され、同年下半期の直木賞を受賞した。同人誌『小説会議』に連載した「野鶏路（イエチールー）」に手を加えてまとめたもので、中国人のもつ不死身に近いたくましさを描いている。
(可児弘明)

↔ 苦力貿易

📖 早乙女貢『僑人の檻』角川文庫，1974．

龔慎甫（きょうしんほ）

明治初年に神戸で活動した華僑。生没年不

詳。兵庫県は華僑の取締まりのために、1871（明治4）年に「▼清国人取締仮規則」を制定したが、それに先立ち横浜の例にならって70年に広東人龔慎甫を雇用し、華僑関係の事件一切を受理させた。この頃、華僑関係の事件が多くあったためである。龔慎甫は71年▼日清修好条規締結のために中国を訪問した伊達宗城に随行した。このため兵庫県は別の華僑を雇用した。72年、事故があって県は龔慎甫を罷免した。　　　　　　　（洲脇一郎）
參『落地生根』

僑生 きょうせい

(1)英語の local-born Chinese で、現地生まれの▼華裔をいう。すなわち、中国から海外移住した者が、居留国で次世代を出生した場合、その子弟のことを僑生という。「僑生公会」などと用いるが、(2)の僑生とまぎらわしいので注意を要する。

(2)帰国華僑学生の略称である。1950年代から60年代にかけて、中国では、海外から帰国した華僑学生を一時帰国あるいは定住の別を問わず、「帰国華僑学生」とし、略して僑生と呼び、中国本土内から進学した一般子女と区別していた。また華僑の子女ではあるが、まだ中国からの出国経験のないものが進学すれば、在外華僑の家族を示す「▼僑眷きょう」にちなみ、「僑眷生」と称した。就職した後には、一般にこの名称は使用しない。
　　　　　　　　　　　　　（中間和洋）
參 ババ，帰国華僑・華僑親族教育政策

僑政委員会 きょうせいいいんかい

台湾で憲法第67条の規定に基づいて立法院に設立された華僑関係の委員会。略称は僑政委。委員会は海外の華僑団体代表から構成され、任期は3年。僑務に関する法律と法令の制定、修正、審議、採決などがその職権である。毎年、2回の委員会議を開き、僑務関係部門の報告を求めるとともに、質問することもできる。　　　　　　　　　　（劉文甫）

僑生公会 きょうせいこうかい
Peranakan Association

▼シンガポールで▼ストレーツ・チャイニーズ・ブリティッシュ・アソシエーション（SCBA）の後身として、第2次大戦後に改称・成立した▼ババの組織。マラヤ、シンガポールの独立後は▼海峡植民地時代に享受した政治的地位を喪失、独立後の現実に適応するため各地SCBAは相次いで改組・改称した。65年、シンガポールのSCBAはシンガポール・チャイニーズ・プラナカン・アソシエーション（Singapore Chinese Peranakan Association）に改称、翌年さらにプラナカン・アソシエーション（Peranakan Association）に改称して現在に至る。シンガポール人、またはシンガポールに居住するマレーシア人であれば、民族を問わず入会できる。そのほか、64年、▼ペナンのSCBAはステート・チャイニーズ（ペナン）・アソシエーション（State Chinese [Penang] Association）に改組・改称。81年、▼マラッカのSCBAはプルサトゥアン・プラナカン・チナ・ムラカ（Persatuan Peranakan Cina Melaka）に改称。各協会はさまざまなババ文化活動の推進に力を注ぎ、一般華人市民にも開放的である。　（蔡史君）

強制栽培制度 きょうせいさいばいせいど
cultuurstelsel

19世紀半ばより20世紀初頭までジャワ島を中心に行われた▼オランダ東インド政庁管掌栽培制度。通称は「栽培制度」で、ふつう「強制栽培制度」と意訳される。当時、オランダは深刻な財政危機に陥り、その再建のため1830年以降、インドネシア農民に対しオランダ商事会社が世界市場で販売するコーヒー、サトウキビ、藍などの輸出用作物を耕地の一部で栽培するよう義務づける政策を、現地支配層の協力により実施した。オランダは同制度が廃止されるまでの間、莫大な利益を得て本国の産業革命を支えた。他方、農民は、市場価格に比べ低い供出価格、収穫物輸送や道路建設にともなう労役などに苦しんだ。とはいえ、ジャワ農村では貨幣経済の急速な浸透とともに経済生活全般が上昇した。華人は東インド会社時代よりアヘンなどの各種▼徴税請負いを通じ、村落市場への独占的アクセスを握っていたが、同制度下では、政庁と契約した製糖工場がその支援を受け、製品化の過程で一定の役割を担うなど、華人のさまざまな事業拡大に繋がった。　（深尾康夫）

僑生証 きょうせいしょう

インドネシア、オランダ領東インド時代の

華僑子女の現地出生証明書。僑生字、出生証ともいった。子女出生時に家長は華人公館に報告し、併せて僑生証を申請する必要があった。申請書にカピタンあるいはライテナントの署名をもらい、写真2枚と印紙税をつけて提出、移民局から僑生証を受領した。当地で出生した永久合法居留民であることを証明し、所持者はオランダ領東インド籍人民条例に基づいてオランダ領人民と見なされた。

(張祥義)

強制連行 きょうせいれんこう

日中戦争、アジア太平洋戦争期に日本が中国人、朝鮮人に対して行った強制的な労務動員。1935-45年、華北から「満洲国」へ、また39年-45年、朝鮮から日本などへの大量の人的動員がなされた。さらに42年、東条内閣は、「華人労務者内地移入ニ関スル件」を策定、主として華北一帯から3万8935人を日本へ連行、鉱山、港湾荷役、発電所建設など35社135事業所で働かせた。このうち、日本への船中や日本の事業所で6830人(全体の17.5%)が死亡した。45年から58年の13年間北海道の山中に隠れていた劉連仁(1913-2000年)や、▼花岡事件は強制連行事件の代表的事例である。53-64年、中国人労働者の遺骨の送還、殉難者慰霊祭が行われた。現在、強制連行補償請求訴訟が起こっている。

(安井三吉)

📖 中国人強制連行事件資料編纂委員会編『草の墓標』新日本出版社、1964。/NHK取材班『幻の外務省報告書』日本放送出版協会、1994。/田中宏ほか編『中国人強制連行資料』現代書館、1995。/陳景彦『二戦期間在日中国労工問題研究』長春:吉林人民出版社、1999。

僑属 きょうぞく ⇒ 僑眷 きょうけん

僑団 きょうだん

華僑・華人団体のことで、華僑社団の略。▼同郷団体、▼同姓団体、▼同業団体のほか、同窓会組織、スポーツ団体、趣味・同好の団体、宗教・慈善団体などがある。たとえばタイで出版された『泰国僑団名録』の構成は掲載順に、(1)商会・同郷会、(2)慈善団体、(3)同業公会、(4)宗親会、(5)宗教団体、(6)華文報界となっている。マレーシアでは「華僑」よりも「華人」の語が多用されるので、「マレーシア華団」のように、ほぼ同じ意味で「華団」が使用される。

(吉原和男)

📖『泰国僑団名録』バンコク:四海出版社、1988。

僑恥日 きょうちび
Humiliation Day

カナダ華人恥辱記念日。カナダへの中国人の移民を実質的に禁止した1923年移民法(排華移民法)に抗議して、カナダの華人諸団体はこの日を「僑恥日」と名づけ、以後、法律発効の日であり、自治領記念日(Dominion Day)でもある7月1日には商店を閉め、自治領記念日の祝日慶祝行事のいっさいを拒否することとした。

(森川眞規雄)

⇨ 排華法[カナダ]

僑通行 きょうつうこう

シンガポールで福建グループの華僑送金を扱った大規模な▼民信局。福建省安渓県出身の林樹彦が創業した。林はインドネシア華僑であったが、1937年にシンガポールに移り、翌年に同行を開設した。▼泉州など中国内地や香港などに支店を設け、42年日本軍のシンガポール占領期は停頓したが、戦後は、同業組織である南洋中華滙業総会とともに大きく発展した。中国、シンガポール、マレーシア、インドネシアを広く営業し、香港、上海、アモイ、福州、泉州からジャカルタ、マラッカ、イポー、ペナンにいたるまで25か所に支店を設けた。シンガポールの和豊、信通、正大など先行する民信局よりも大規模であった。その後、航運業に進み、1953年後は貿易業が業務の中心となる。

(濱下武志)

協天宮 きょうてんぐう
Hiap Thian Kiong Bandung / Wihara Satyo Budhi

インドネシアの▼バンドゥンにおける最古の華人廟。1885年にバンドゥンの南部に建立された。主神として関聖帝君を祀る。協天宮基金会が組織され、同廟の管理を行っている。1972年から華人社会における仏教信仰の発展に合わせて、協天宮の左に海山堂、そして右側には霊山寺が新設された。また、霊山寺右側には観音学校大楼がつくられた。協天宮基金会は、さまざまな慈善活動、社会福祉事業を行っている。

(山下清海)

📖『世界華僑華人詞典』

京都華僑光華小学校 きょうとかきょうこうかしょうがっこう

京都の華僑子弟のための学校。1928年創立当時、教師3～4人、生徒40～50人。9月18日事変（いわゆる満洲事変）後休校するが、33年再開。「排日」教科書問題や国民党一斉検挙など度重なる困難を克服して続行。日中戦争開始後ふたたび休校。以後再々開の動きもあったが、実現したのは47年。寺町四条の大雲院の一角に京都華僑学校として100人ほどで開校、スクールバスもあった。50年東山七条の智積院に移り、57年頃閉校した。

(陳正雄)

京都福州同郷会成立の記念撮影（大正13年）。
写真提供：陳正雄

京都の華僑・華人 きょうとのかきょう・かじん

京都に華僑・華人が来住するようになったのは、1899（明治32）年の▼内地雑居令以後である。開港場の華僑とは30年以上の隔たりがある。中国人の在住は1911年に100人、24年に705人、30年になっても1164人にすぎなかった。職業も典型的な三把刀（▼三刀業）と▼行商が中心で、経済力もあまりなかった。そのなかでつねに一定の役割を果たしたのは東京に次いで多かった留学生たちであり、彼らと華僑が互いに影響しあい、僑日共済会京都支部（23年）、中華民国福州同郷会京都本部（24年）、京阪神華僑聯合会京都本部（26年）、華僑理髪聯合会京都本部（26年）、国民党京都支部（27年）、▼京都華僑光華小学校（28年）、黄檗山▼万福寺の▼普度勝会（30年）、中国国民党駐京都分部（31年）などが次々設立された。9・18事変（いわゆる満洲事変）から日中戦争開始以後、帰国者が増え、終戦直前、京都には中国人389人（華僑254、留学生135）、「台湾人」572人（うち学生・生徒419）、「満洲国人」15人（うち留学生13）、「華人労務者」189人、計1165人が在住した。

戦後、京都華僑聯合会（48年以降、京都華僑総会と表記）を再編成、中国留日京都同学会とともに華僑と留学生の生活を守るために積極的に活動。京都華僑学校の創立や華僑墓地の設立、中華料理組合の成立が続いた。49年新中国成立後、新中国を支持する者は京都華僑倶楽部を結成、65年には事務所を購入し京都華僑聯誼会となった。▼京都福建同郷会や京都華僑青年会も成立、各地から▼光華寮に集まった青年・学生も愛国団結、日中友好の活動を行った。72年日中国交回復後、「中華民国」系だった京都華僑総会は中国大陸支持となり、京都華僑聯誼会と合併した。旧華僑の比率は下がり、中国残留日本婦人・孤児関係者や留学生、就学生、日本人配偶者などが増え、現在6000人余り。日本の華僑・華人全体に占める比率は低下している。

(陳正雄)

📖 陳正雄「京都華僑光華小学校」『社会科学』57、宮崎大学教育学部、1985.

京都福建同郷会 きょうとふっけんどうきょうかい

京都府およびその周辺に住む福建省出身の華僑・華人の▼同郷団体。1924年12月8日、岡崎公会堂で設立総会が開催された「中華民国福州同郷会京都本部」がその前身。30年、宇治黄檗山▼万福寺で普度勝会を始める。戦後一時期は福清同郷会を名乗ったが、福建省出身者の団結のため京都福建同郷会とした。61年、第1回▼旅日福建同郷懇親会が京都で開催されたが、それは室町を中心に日本全国を行商して各地にネットワークをもつ人々によるところが大きい。

(陳正雄)

🔍 京都の華僑・華人, 普度

| 郷幇 きょうパン | ⇨ | 同郷団体 どうきょうだんたい |
| 業幇 ぎょうパン | ⇨ | 同業団体 どうぎょうだんたい |

僑報 きょうほう

華僑・華人が経営する新聞。僑社内部から自生したもの、僑社内部と中国の関係者または関係機関との連携によるもの、外部からの働きかけで僑社内部のエージェントが経営するものなどがある。「▼僑社三宝」というように、僑団（華僑・華人団体）、僑校（華僑・華

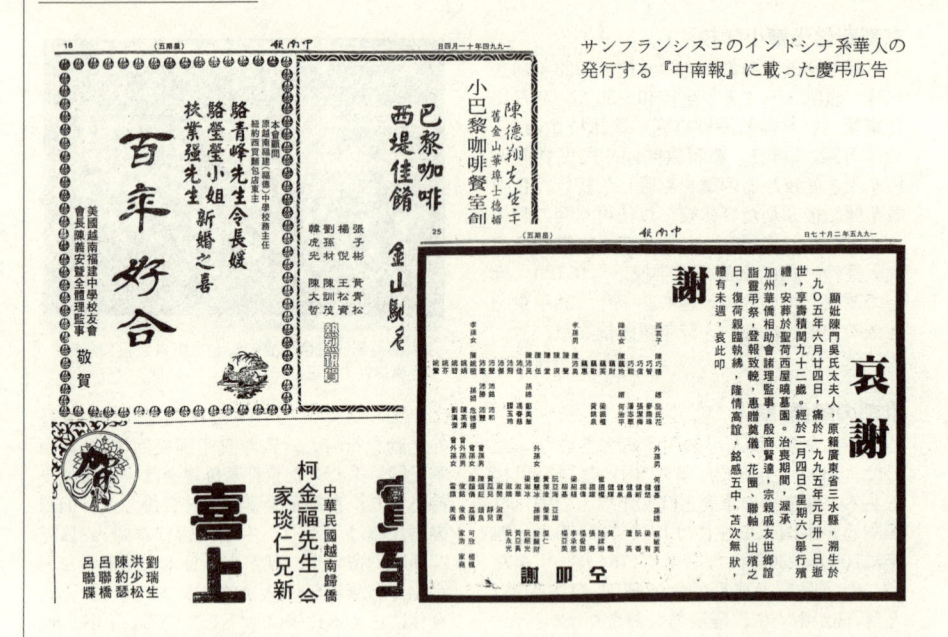

サンフランシスコのインドシナ系華人の発行する『中南報』に載った慶弔広告

人学校）と並んで重要視される。元来、華僑・華人をおもな読者とする▼華字紙であるが、華裔世代の人口比率上昇、あるいは現地国家の華僑政策などにより、中国語だけの新聞以外に、中国語と現地社会の共通語によるバイリンガル紙、もしくは現地の言語を媒体とするものも刊行されるようになった。日本で▼東京華僑総会（大陸系）が発行する『華僑報』（旬刊）と京都・大阪・神戸の各華僑総会が共同で発行する『関西華僑報』（月刊）が日本語を媒体とし、また▼9月30日事件後▼『印度尼西亜日報』が中国語・インドネシア語を併用したのはその例である。また僑社への政治的・経済的コミットメントの手段として、中国大陸や台湾でもっぱら僑社向けに刊行される教育宣伝工作の華字紙は、読者層と記事からいえば僑報の実をもつ。このほか中国大陸や台湾の有力華字紙の海外版で、華僑・華人に広く読まれるものもある。

華僑・華人を読者とした定期刊行物として史上最初のものは1815年に▼マラッカで創刊された『察世俗毎月統記伝』とされるが、これはイギリス人宣教師によって編集されたものであり、教義以外に諸外国のニュースが掲載された月刊紙で、6年半継続した。また日刊紙で最古のものは、1856年にカリフォルニア州サクラメントで創刊された『沙架免度新録』といわれる（1858年まで継続）。アジアでは1881年にシンガポールで創刊された▼『叻報』がある。19世紀末になるとシンガポール、▼ペナン、▼クアラルンプール、フィリピンなどでも創刊され、40〜50年間継続したものが多い。

僑報は1815年以降1990年代中期までに、52か国で累計4200タイトルが刊行された。▼辛亥革命の頃には革命派と保皇派の論争メディアとなった。1920年代から30年代には各地で新移民が増加したので創刊件数が多い。インドネシアでは1910年に『新報』が週刊で、21年には『天声日報』が日刊で創刊されている。タイでは22年に『暹京日報』、25年に『聯僑報』が創刊されたが、過激な帝国主義批判の記事によって政府から刊行停止命令を受けている。1980年代にインドシナからの▼ボート・ピープルに混じって多くの華人が北米へ出国してカリフォルニアやテキサスなどに定住しはじめると、彼らのコミュニティで中国語を使用した新聞が発行された。ロサンゼルスの『越棉寮報（*Indochinese News*）』やサンフランシスコとヒューストンの『中南

報（*The New Comers News*）』はいずれも使用言語は中国語である。一方、オーストラリアではやはり1980年代には香港・中国・台湾そしてボートピープルを含む東南アジアからの中国系新移民が急増したため、『澳洲新報（*Austrarian Chinese Daily*）』や『華声日報（*The Daily Chinese Herald*）』が発行部数を増やした。僑報においては華僑・華人の母国である中国への関心が編集・刊行側に強い場合、中国のナショナリズムや政治思想と連動したり、あるいは居住国政府の華僑政策批判の色彩を強めて、統制・弾圧の対象になることがあった。

印刷メディア以外に情報媒体が少なかった時代には僑報はとくに重要で、現在でも多面的な役割を果たす。発行地および母国中国関係、そして他国の華僑・華人社会のニュースに重点が置かれる。これ以外に一般的ニュースも掲載するが、独自の取材力には乏しい新聞が少なくない。文芸、ゴシップ、スポーツなどの記事もある。僑報の一つの特色は華僑・華人の慶弔記事の掲載であろう。子弟の結婚や還暦などの通過儀礼に関する慶事、叙勲や各種団体の役員就任の祝い、開業・落成祝い、団体の創立周年祝いなど、団体や個人にかかわる慶事には朱色印刷の大広告が、個人の連名あるいは団体名の掲載依頼者明記で掲載され、当事者の互恵関係の確認と広告に利用されている。知人とその家族の葬儀の場合には黒字印刷の弔意表明広告が、慶事の場合と同様に掲載される。遺族が死亡通知を掲載したり、弔意広告に対して謝意を表明する広告の場合には、被葬者との親族・姻戚関係が表記される。華僑・華人団体の行事についての予告や報告記事は、担当記者の直接取材による場合もあるが、多くの場合は当事者団体の関係者による記事原稿がほとんどそのまま掲載される。したがって、ときには主観性の強い表現や誇張された数量表記も見られる。

（吉原和男）

📖『華僑華人百科全書』新聞出版巻／巫楽華・譚天星編『華僑史概要』北京：中国華僑出版社、1994.

僑胞（きょうほう） ⇨ **三胞**（さんぽう）

僑民（きょうみん）

外国に居住して生活しているものの、母国の国籍を保持している公民のこと。たとえば、中国僑民（すなわち華僑のこと）、インド僑民、日本僑民などという。在外の大使館・領事館などに勤務する外交官や、その他の派遣代表団などは、公務のために外国に住んでおり、任務が終了すると帰国するので、僑民とみなすことはできない。同様に、留学生も、勉学のため短期間出国し、終了すれば帰国するため、やはり僑民とはいえない。外交官が退職してその地に定住したり、留学生が卒業後もその地で仕事を探して住めば、僑民と呼びうる。

（西澤治彦）

📖『世界華僑華人詞典』

僑民保護専章（きょうみんほごせんしょう）

1924年1月、広東政府内務部僑務局が作成した法律。「僑務局長▼孫文」の署名がある。全文20条。中華民国人民で外国に居住しているか帰国した者を▼僑民と規定し、この僑民に対して、中国内での居住、旅行、起業などについて▼僑務局が指導と援助を行うこと、国内に居住している僑民の家族・親族への保護をうたっている。また、国外在住の僑民の子弟に対しても、帰国や帰国後の就学、海外での居住や就職などについても便宜を与え、国外の僑民の紛争の調停にも在外公使館や領事館などと協力して解決にあたるものとしている。この「専章」は、中国の華僑保護政策についての最初の比較的まとまったもので、後の僑務政策の基本を打ち出したものである。ただし、当時の広東政府の実力は微々たるもので、さらには孫文自身、翌25年3月に死去したこともあって、この「専章」が提起した事項の実行は後のこととなる。

（安井三吉）

僑務委員会（きょうむいいんかい）

台湾の華僑関係最高行政組織。▼孫文が1924年に華僑工作を推進するため、大元帥府広州大本営に僑務局を付設した。26年10月、海外華僑代表の提案により、国民政府直轄のもとで▼広州に僑務委員会が設置され、秘書、移民、指導、調査などの科を設けた。国民政府が27年に首都を南京に移すと、僑務委員会も翌年9月4日、南京で常務委員5人、委員7人を置く形で成立。31年12月7日、僑務委員会組織法が公布・実施され、翌年4月16日

には同委員会は国民党の管轄から行政院に所属するようになった。秘書、僑民管理、僑民教育の3処のほか、文書、事務、僑民指導、移民、教育指導、文化事業の6科が設けられた。改組後の僑務委員会は、34年に上海で僑務局を設置したのを皮切りに、「アモイ、「広州、「スワトウ、「福州、香港など各地に僑務機構を設置した。日中戦争が始まると、重慶に移転して『華僑動員半月刊』などの雑誌を発行、華僑に抗日の協力を求めた。

戦後、南京に戻った僑務委員会は、海外各地へ戻る3万余人の華僑出国の業務に携わった。国民政府は46年11月15日に開かれた国民大会で、憲法の条文に初めて華僑の国民大会代表、立法委員、監察委員への選出規定を設け、華僑の国政への参政権を正式に認めた。50年に台湾に移転した僑務委員会は、40年7月に通信教育方式で海外の華僑に学習の機会を与えるため重慶で設立した僑民教育函授学校を中華函授学校に改称・復校させた。52年10月21日、台北で「世界僑務会議を開催、海外から35地区、216名の華僑代表が参加、「僑務綱領を制定し、台湾の僑政策の基礎となった。また、57年10月21日、台北で「華僑救国聯合総会を開き、各地の華僑団体の連携強化を図った。海外華僑の高級人材を養成するための大学設置を積極的に推進、95年7月、南投県埔里鎮桃米坑で国立「曁南国際大学が開設された。僑務委員会は委員長1名、副委員長3名、僑務委員180名の体制で運営されている。

(劉文甫)

㋳ 華僑・華人政策[台湾]、函授教育[台湾]
㋕ 僑務委員会編・刊『光輝的軌跡――僑務委員会六十周年会慶実録』台北：1992.

僑務関係組織［中国］ きょうむかんけいそしき

中国の華僑・華人関係の組織。「中国共産党の中で華僑問題を扱うのは中央弁公庁、中央統一戦線工作部、国務院「僑務弁公室（僑弁）党組などである。

権力機関として、全国人民代表大会（全人代）には帰国華僑の代表が一定数選ばれて参加している。また、全人代常務委員会には1983年に、華僑委員会が設置されている。

行政部門では、国務院に属する僑務弁公室とその地方機関がある。もともとは1949年10月、中央人民政府華僑事務委員会として発足、54年、中華人民共和国組織法により国務院の下に属することになり、中華人民共和国華僑事務委員会（中僑委）と呼ばれた。「文化大革命時期の70年、廃止され、その業務は外交部が担当した。文革後の78年1月、国務院華僑弁公室が設置され、各省・自治区（チベットを除く）・中央直轄都市に地方政府の僑務弁公室が設置されている。中国の華僑政策の立案とその実施にあたる中心機関である。

大衆団体としては、中華全国帰国華僑聯合会（僑聯）がある。1940年に成立した延安華僑救国聯合会が起源。共産党・政府と華僑・華人を繋ぐ架け橋を目標としている。56年に成立したが、文革時期は活動停止、78年に再建された。91年、共産主義青年団、総工会、婦

華僑関係組織（中央）

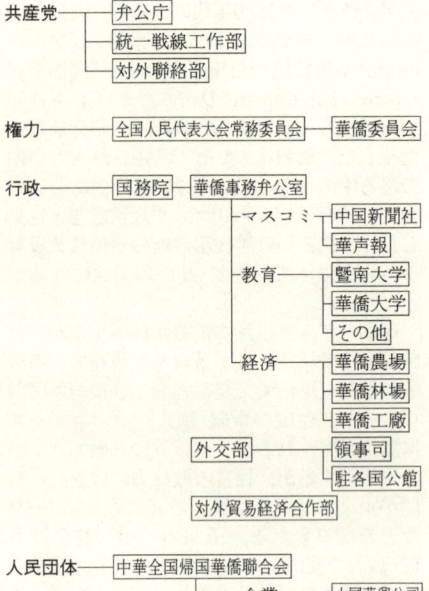

- 共産党
  - 弁公庁
  - 統一戦線工作部
  - 対外聯絡部
- 権力――全国人民代表大会常務委員会――華僑委員会
- 行政――国務院――華僑事務弁公室
  - マスコミ
    - 中国新聞社
    - 華声報
  - 教育
    - 曁南大学
    - 華僑大学
    - その他
  - 経済
    - 華僑農場
    - 華僑林場
    - 華僑工廠
  - 外交部
    - 領事司
    - 駐各国公館
  - 対外貿易経済合作部
- 人民団体――中華全国帰国華僑聯合会
  - 企業
    - 中国華興公司
    - 中国華聯国際服務聯合公司
    - その他
- 政党――致公党
- 統一戦線組織――中国人民政治協商会議常務委員会――華僑委員会

女聯合会など「八大人民団体」の一つに認定される。各省・自治区（チベットを除く）・直轄都市や華僑と深い関係のある都市、必要に応じて県・郷・村レベルにも地方組織が置かれている。中国華興公司など直営企業を抱えている。

民主党派の政党として、華僑（主として▼客家ｶｯｶ）を基盤とした▼中国致公党がある。1925年10月、アメリカ洪門致公堂を母体としてサンフランシスコで成立、主席は陳炯明であった。33年、世界各地に組織ができ、香港を本部に党員40万人を数えたが、41年活動停止。46年復活、47年、李済深が主席となり、民主諸党派の一員として、中華人民共和国建国に参加したが、56年、海外での活動を停止した。文革後は復活し、帰国華僑・親族の間の高級知識人を組織し、海外との関係強化を目指している。97年現在、党員数約1万5000人。

統一戦線組織としての中国人民政治協商会議全体会議（全国政協）には▼帰国華僑の代表が選ばれて参加している。また、1988年、全国政協常務委員会に華僑委員会が設置されている。

なお、国務院僑務弁公室の下には、▼中国新聞社、華声報社などマスコミ関係の企業があり、また、▼暨南大学、▼華僑大学などの教育機関、さらには▼華僑農場、華僑林場、そして華僑工場など帰国華僑の受入れ機関がある。　　　　　　　　　　（安井三吉）

㈢ 全国人民代表大会華僑代表
毛起雄・林暁東編、1993.／田中恭子ほか編『原典 中国現代史』7「台湾・香港・華僑華人」岩波書店、1995.

僑務幹部学校 きょうむかんぶがっこう

中国国務院の▼僑務弁公室に所属する僑務幹部を育成・訓練する教育機構。1955年北京で設立。全国各地にわたる末端組織の僑務幹部のリーダーを教育・訓練することを旨とし、中国共産党史、華僑史、哲学、僑務政策などの科目が設けられていた。69年運営中断、86年再開。学習期間は1か月から6か月。大学教授と専門家を講師に、経済、法律、現代管理理論、外国語などの科目が増設された。▼福州と▼広州でセミナーも開かれている。

（過放）

僑務局 きょうむきょく

中華民国時期各政府の僑務機関。北洋政府の下、1922年に設立されたのが始まり。▼孫文の広東政府では、24年大元帥府の中に設置されたが、孫文の死後、機能を停止した。国民政府時期は、27年外交部の中に設置されたが、28年僑務局はいったん廃止され、行政委員会の下に僑務委員会が設置された。34年には僑務委員会の下に、▼広東、▼福建、雲南、上海など各省・大都市に僑務処を、上海、▼アモイ、▼江門、▼広州、▼スワトウ、梧州、青島、天津などの各港に僑務局が置かれた。これら各港僑務局は、僑民の出入国時の保護、手続き、交通の斡旋、関税の納付、統計、労働者の非合法な募集・送出しや不当に高い交通機関の斡旋の取締まりなどの事項を扱い、僑務処は、帰国子弟の就学の斡旋、帰国後の起業への協力、そのほか僑務委員会からとくに依託された事項を取り扱った。（安井三吉）

圖 李盈慧『華僑政策与海外民族主義』台北：国史館、1997.

▼僑務月報 きょうむげっぽう

1931年に南京で僑務月報社によって創刊された国民政府の僑務に関する月刊誌。おもに華僑事情、移民政策、国際貿易、および海外各国における華僑の動向などを掲載している。37年に休刊。52年7月に台湾政府によって台北で復刊。世界各国の華僑・華人の動向、台湾の政局、華僑に関する立法、華僑・華人人士の台湾訪問のニュースなどがその主要な内容である。85年に華僑通訊社の『四海之友月刊』と合併、あらためて『海華雑誌月刊』を発行している。

（劉文甫）

僑務綱領［台湾］ きょうむこうりょう

1952年10月21日に台北で開催された▼世界僑務会議が制定した、台湾の僑務政策の重要方針となる綱領。(1)華僑の抱えている諸問題は政府と華僑が共同で努力して解決する、(2)華僑の団結を図るには健全な華僑団体を組織する必要がある、(3)華僑団体は経済的・地域的組織であるにとどまらず、正確な政治認識も備えていなければならない、(4)華僑の同胞としての地位の根本的改善は華僑教育の発展に基づき華僑の教育水準を高めることによる、などを掲げている。

（劉文甫）

僑務政策（きょうむせいさく） ⇨ **華僑・華人政策**（かきょう・かじんせいさく）

僑務弁公室（きょうむべんこうしつ）

中国の華僑・華人の問題を扱う行政機関、正式には華僑事務弁公室。国務院の管轄下にあり、部（省）級の部門で、現在チベット以外の各省にも弁公室があり、また県級以上では1300以上もの僑務機関が設置されている。

中華人民共和国は、建国後の1949年10月、中央人民政府の下に華僑事務委員会を設置して華僑問題を統括した。初代の主任には、孫文の側近として活躍し、1925年暗殺された廖仲愷の夫人で中国国民党革命委員会中央常務委員の何香凝があたった。54年国務院の下に移り、59年からは何香凝の息子の廖承志が引き継いだ。文化大革命中は解体され、70年僑務関係事項は外交部の管轄となった。78年国務院僑務弁公室として再建され、廖承志が主任となった。83年廖承志が死去すると、84年息子の廖暉が主任となり、さらに97年廖暉の澳門事務弁公室主任への転出後は、郭東坡が引き継いだ。

共産党中央と国務院の指示の下で、僑務工作の方針、政策を立案するのが主要な任務であるが、同時に華僑関係事項の指導と管理を行う。華僑の中国と彼らの故郷（僑郷）との関係の緊密化、また帰国華僑やその一族の生活の保障、権益の擁護を行って、彼らの現代化建設、祖国統一などへの積極的対応を促すことを目標としている。

僑務弁公室は、暨南大学、華僑大学などの大学、北京、広州などの華僑補修学校などを主管し、さらには、中国旅行社や、中国新聞社、華声報社などのマスコミ、僑務幹部学校、深圳特区の華僑タウンなどの経営を指導している。また、帰国華僑のための華僑農場、華僑林場、さらには華僑工場の運営も担当している。

(安井三吉)

📖 毛起雄・林暁東編, 1993./『世界華僑華人詞典』

『僑務報』（きょうむほう）

中国政府僑務事務委員会発行の中国語の刊行物。1956年10月創刊、67年1月停刊、計86号を国内・外に発行した。読者は国内の僑務関係者、華僑親族（僑眷）と帰国華僑および海外華僑など。61年を境に月刊から隔月刊に。内容は、中国僑務政策の紹介と解釈、僑務活動の記事、業績のある関係者の表彰、華僑親族と帰国華僑（華僑学生を含む）の生活と仕事のレポート、読者の声、華僑史および海外華僑の紹介、華僑問題に対する論評など。

(過放)

⇨ 僑務関係組織［中国］

共和大学（きょうわだいがく）
Universitas Res Publica

インドネシアの華人系政治社会団体バペルキ（Baperki）が中心になり1958年設立した私立大学。インドネシア名レス・ププリカ大学。共産党系華人学生の牙城とみなされ、65年9月30日事件への関与を問われて10月11日に閉鎖。しかし、11月になるとバペルキに対抗し同化主義を唱えていた華人団体の民族統一促進協会（LPKB）が再建に乗り出し、11月29日トリサクティ大学（Universitas Trisakti）として「復活」。現在では、ジャカルタ有数のキリスト教系私立大学として知られている。

(山本信人)

共和党華人協会（きょうわとうかじんきょうかい）
Republic Council

アメリカの華人政治組織。共和党中国系アメリカ人党部（リパブリック・クラブ）の前身。第2次大戦後、サンフランシスコに設立。責任者は超祖光、雷龍信、許鴻釣ら。主要な目的は華人の政治参加、とりわけ共和党支持を促すこと。70年にリパブリック・クラブに引き継がれた。

(司馬純詩)

許雲樵（きょうんしょう）1905-81
HSU Yun Tsiao

シンガポールの東南アジア史学者。本名は許鈺、字は雲樵、号は夢飛、希夷室主。江蘇省蘇州に生まれる。上海東呉大学（現在の蘇州大学）に学ぶ。1931年シンガポールに移住、マレー半島とタイの中学校などで教鞭を執る。38年シンガポールに定住、星洲日報社に入り『星洲十年』、副刊「南洋史地」（のちに「南洋文化」に改称）の編集を担当。40年姚楠、劉士木などと南洋学会を創設、同会理事に就任、会報『南洋学報』の編集責任者を第13巻26期まで務める。日本軍占領期、研究活動を休止。戦後、華僑虐殺事件の犠牲者数を調査して「馬来亜華僑殉難名録」

を作成。45-49年週刊誌『華僑生活』と『華僑経済』を発行。46-48年『南洋雑誌』と『馬来亜少年』の編集長を務める。46-73年英国アジア学会マラヤ分会（Royal Asiatic Society, Malayan Branch）理事。57-61年南洋大学歴史地理学科助教授と南洋研究室主任を兼任。紀要『南洋研究』を編集。61年東南アジア研究所を創設、『東南亜研究』を発行（71年廃刊）。64-68年義安学院教授。著書・訳書40余、論文200余。主著に『南洋史』『馬来亜史』『馬来亜近代史』『文心雕虫』『南洋文献録長篇』『希夷室詩文集』など。71年に着手した『新馬華人抗日史料 1937-1945』編纂は蔡史君が引き継ぎ84年に刊行。　　（蔡史君）

🔗 シンガポール華僑虐殺事件

清河磯次郎 きよかわいそじろう 1823-1900

幕末長崎の▼唐通事。▼住宅唐人▼張三峯を祖とする清河（初め清川）氏の9代。三峯の孫久左衛門のときの1693（元禄6）年、初めて唐内通事小頭となり、以後、子孫は唐通事を世襲した。磯次郎は大通事清河源十郎の後を継ぎ、幕末に小通事となり、幕府の命によって江戸昌平黌で漢語を教えたが、1868（明治元）年外国官（外務省の前身）の上等訳官、次いで漢語教授となった。74年長崎裁判所権中属、訳官に転じ、79年辞任した。

（林陸朗）

🔗 唐通事の家系

漁業移民 ぎょぎょういみん

[東南アジア]

東南アジアのおもな漁業国をみると、まずインドネシアでは漁民数の増加が著しく、近年では専業・兼業合わせて約200万で、専業はその半数。マラッカ海峡沿岸のスマトラ北東部とジャワ北東沿岸の専業率が高い。後者は諸都市に隣接しインドネシア人漁業が主体であるが、前者は外領諸島各地の辺境漁業とともに華僑・華人漁民の地域で、全体では推定70万人から80万人を下らないとされる。大部分は20世紀以降、とくに太平洋戦争以後の個別的流入で、無国籍者も少なくないと思われ、蛋民などの系譜にも繋がる▼福州、▼潮州出身が多い。この層はかつての苦力移民に似て、都市労働やインドネシア語になじまず、僻地離島の単純な労務に従事する。外領島嶼の前記スマトラ北東、▼リアウ諸島、カリマンタン南西部などの華僑・華人漁業は、漁民集団の統率から経営まで幇組織と推察される秩序がある。高級鮮魚はシンガポールへ国境を越えて輸送される。他方ジャワその他の都市には、先住の華僑・華人で生産地への漁労資材・漁船の補給、鮮魚・漁獲加工物の輸送、保管、販売などを営む問屋組織が支配網をめぐらし、とくに必需品の塩蔵魚・塩乾物の国内流通網は強固である。また輸出小型エビの汽水養殖池（タンバック）の多くは華僑・華人が所有し、さらにジャワ、スラウェシの小型エビ集荷、冷凍、輸出などの事業も日本資本と並んで華僑・華人の進出が著しい。次に西マレーシア西岸では小型動力漁船での底引網、刺網の海峡漁業が発展しているが、すべて華僑・華人漁民5万人から6万人の操業であり、幇経済の信用で高額の漁船建造なども水揚げ代金の長期抵当で清算される。華人、華裔がおもで、マレー語と華語の両用である。なお▼ジョホールのオラン・ラウトは華僑・華人の血も混ざるが、いまは減少した。また東マレーシアのサバ、サラワクでは筏式海面養殖でカキなどの生産が増大してきたが、西マレーシア華僑・華人の移住と広東系移民の就労が多いようである。ちなみにフィリピン漁業生産への華僑・華人の参入は見られないし、スル諸島のバジャウ漂海民は華僑・華人とは無縁の民族である。　（岩切成郎）

🔗 バガン・シャピアピ
📖 岩切成郎『東南アジアの漁業経済構造』三一書房，1979.／同『写真野帳・海村島人』風響社，1994.

[アメリカ・カナダ]

新大陸においても中国移民の漁業活動が見られた。すでに1850年代中頃にはサンフランシスコのミッション・クリーク河口近くに150人前後の漁業村落が確認されている。漁民の一部は採鉱税の引上げに耐えかねて金鉱を下りた移民であった。70～80年代の盛行期になると、北のオレゴンから南のサンディエゴに至る沿海に中国漁民の村落がいくつも出現するようになった。一般魚類の捕獲を目的とした漁業以外に、中国製漁網によるサンフランシスコ湾のエビ底引網漁、サンディエゴのアワビ漁、サンタカタリナ沖のサメ漁、モント

レー半島の海藻採取、サンフランシスコ市場向けのカニ漁など特色ある漁業も見られた。漁獲物は生鮮品もしくは干しエビ、フカひれをはじめ塩干物として主に在米の同国人に販売されたほか、潤滑油原料（サメ肝臓）、寒天原料（海藻）としてサンフランシスコ市場に出荷されるものもあった。また白人漁業者の組合の圧力によって漁業からは閉め出されたが、アラスカ、ブリティッシュ・コロンビア、オレゴン、ワシントン、サクラメントのサケ缶詰工場で、1882年排華法以前、季節労働者として中国移民がほぼ独占的に雇用された例もあり、1881年コロンビア川の工場では3950人のうち中国人が3100人を占めた。しかし、たとえばエビ底引網漁はイタリア、ギリシャ、アドリア移民の圧力による網目サイズの制限（1870年代中頃）、過重な漁業免許料（1880年代）やベテラン漁民の離散を真の目的とした禁漁期の設定（1901年）、あるいは剝きエビ、干しエビのカリフォルニア州外搬出禁止（1905年）など排華的な活動制限処置を受けた。その結果、サンフランシスコ湾に1897年26か所あったエビ漁のキャンプ地が14か所（1930年）にまで減少したように、中国移民の漁業活動は大きく伸びることができなかった。ちなみにハワイにおいても、ハワイ人を除くと、当初のうち中国移民が沿岸漁業と養殖業の重要なマンパワーであり、1844年ホノルル在留中国人男性4712人のうち114人が漁業に従事していた。

(可児弘明)

 T. W. Chinn (ed.), *A History of the Chinese in California*. San Francisco: Chinese Historical Society of America, 1969.

玉山科学技術協会 ぎょくざんかがくぎじゅつきょうかい
Monte Jade Science & Technology Association

カリフォルニアのシリコンバレー在住の華人エンジニアとハイテク関連華人系企業によって、1990年2月にサンノゼで創設された華人系業界親睦団体。台湾出身者が中心。サンフランシスコ湾域と台湾との科学・技術交流の促進が創設の主旨の一つ。そのため台湾最高峰の玉山を組織名とした。だが台湾出身に限定せず華人系全体に入会者を増やし、定期的に華人系事業家による講演会、シンポジウム、経験交流会を組織。目下全米に支部を広げ、2000年5月現在、法人会員263、個人会員1864名。

(王効平)

許泗漳 きょししょう 1797-1882
KHAW Soo Cheang / KAW Su Chiang

南部タイの錫業で成功した漳州海澄県華人。許泗璋とも表記。同地の錫採掘はラーマ3世（在位1824-51年）、4世（在位1851-68年）時代に、東岸はおもに中国から直接、西岸はおもにペナンから福建人を吸引して盛んになったとされる。許はタイ領当時のペナンに移民、辛苦のすえに小資本を蓄えて豊かな錫鉱脈をもつ南部タイ西岸のラノンに移り、やがて錫の徴税請負い権を手中にして巨富を築き、小村落であった同地を発展させた。その希有な税額がラーマ3世の耳に達し、爵位を与えられた。心正、心広、心泉、心欽、心徳、心美（心を森と表記する文献もある）の6子がある。うち、心広、心欽、心徳、心美はおのおの南部タイで地方府の長官に任命され、有力タイ人、華人との婚姻を通じて許一族は南部タイに勢威を振るい、あたかも土侯国の観があったという。とくに許心美はラーマ5世（在位1868-1910年）に重用され、1901年辮髪を切ってタイ人となり、プーケット省長官に任用されたことで知られる。

(可児弘明)

 王賡武著、張奕善訳註『南洋華人簡史』水牛文庫99、台北：水牛出版社、1969. / *The Encyclopedia of the Chinese Overseas*.

居住制限 きょじゅうせいげん

ヨーロッパ列強による植民地時代、植民地支配者側からみると、華人は、安い賃金で勤勉に働く労働者であり、植民地経済の発展にとって不可欠な集団であった。その一方で、華人の勢力が強くなりすぎることは、植民地支配者側にとっては警戒すべきことでもあった。また、華人が他の民族集団と対立し、抗争事件などに発展することも、植民地経営にとってはマイナスであった。そこで、地域によっては、植民地支配者側が、特別に華人居住地を設定したり、華人が居住できる地区を限定したりした。華人に対する居住制限は、植民地支配者側からみて、華人と現地住民との間において、必要以上に政治的・社会的な相互関係が深まることを抑制する意味も含まれていた。このような華人の居住制限につい

て、以下は、植民地時代の東南アジアを例に見てみる。

スペインの植民地支配下にあったフィリピンのマニラにおいて、スペイン政庁は、異教徒である華人の人口増加と勢力拡大に脅威を抱いて、1582年、パリアンと呼ばれる一種の華人居留地を設けた。そして、それまで市内各地に分散居住していた華人を、パリアンに集めて住まわせた。そこには店舗や倉庫などが建てられ、華人はパリアン内でのみ商業取引を許されるようになった。パリアンの建物は、たび重なる火災や、フィリピン政庁の圧政に対する華人の暴動などにより、破壊や改築が繰り返され、パリアンの設立場所もたびたび移動した。パリアンは1860年に廃止されるまで、植民地都市マニラの商業活動の中心地として重要な役割を果たしてきた。

植民地時代のジャカルタにおいても、オランダ東インド会社は、植民地経営における華人の経済的能力の高さに期待しつつも、華人勢力の発展によって生じる危険性を重視した。このため、オランダ東インド会社は、オランダ人が居住する市街地の中心部に華人が居住することを許さず、華人に対しては、設定された特定の地区に集中して居住させた。さらに、華人がこの地区から外へ出る場合には、特別な許可を必要とした。現在のジャカルタのチャイナタウンは、市街地北部のコタ地区のグロドック付近に形成されているが、上述の華人居住区が、このチャイナタウンの起源になっている。

一方、シンガポールでは1819年、イギリスの植民地行政官であったスタンフォード・ラッフルズがシンガポール川河口に上陸し、シンガポールを自由貿易港として開港した。新しい都市建設に取りかかったラッフルズは、華人、マレー人、インド人などの民族間における言語、生活習慣、職業などの差異を考慮して、互いに混在して居住させずに、それぞれの民族集団ごとに居住地を区画した。この民族別居住区画の設定に際して、ラッフルズは華人の勤勉な民族性を評価した。また、華人がつねにシンガポール社会の中心をなすであろうと予想し、さらに植民地経済の発展への貢献を期待して、華人の居住地を商業活動に便利なシンガポール川の河口南部の商業地区に隣接した場所に設定した。この地区はその後、シンガポールの大規模なチャイナタウンに発展していった。ラッフルズの民族別居住区画において、当初設定されていたシンガポール川の北岸のヨーロッパ人居住区は、ヨーロッパ人が低湿の土地を好まず、多くは高燥な高台へ居住した。このため、本来のヨーロッパ人居住区には、予想を超えて大量に移住してきた華人が居住し、シンガポール川南岸のオールドチャイナタウンに対して、この地区はニューチャイナタウンとも呼ばれるようになった。

〈山下清海〉

⊡ ジャカルタの華僑・華人, マニラの華僑・華人, シンガポール

参 山下清海, 1987. / 同『シンガポールの華人社会』大明堂, 1988.

許承基 キョショウキ 1912-47
KHOUW Sin Kie

1930年代から40年代にかけて活躍したテニスの名選手。福建籍だがインドネシアの中部ジャワ、バニュマスに生まれた。少年時代から絶妙のプレーで頭角をあらわし、インドネシアのトッププレーヤーとなったのみならず、中国テニス界でも第一人者となった。34-46年に中国代表として国際試合で活躍した。英国貴族出身のジーン・バルフォアと結婚したが、第2次大戦中に別居、47年1月、傷心のうちに肺炎となりロンドンで急逝した。

〈貞好康志〉

許心美 キョシンビ 1857-1913

南タイ地方の華人行政官、企業家。許森美とも表記。タイ名はプラヤーラーシャダヌー・プラディシャ・タマヒシャ・バクティ (Phraya Rashadanu Pradisha Thamahisha Bhakti)。南タイでの錫鉱山経営、徴税などで財をなしタイ王室よりプラヤー (Phrayaa) に任命され、南タイを代表する名家のナ・ラノーン家を創設した許泗漳の六男。南タイ生まれ。12歳から3年間、父の故郷の広東省漳州で伝統的私塾教育を受ける。1882年、父が死亡した当時はルアン (Luang) として次兄の許心広 (シムコン・ナ・ラノーン) ラノーン県知事の下で働く。後にプラヤーとなり、92年のタイの行政区画再編にともない南タイ5県を管轄するプーケット省長に就任。行政官としては法整備、道

路網整備など民生向上、南タイでのゴム産業の創出など経済開発に努める。企業家としては父創業の錫鉱山事業を拡大し、20世紀初頭にはタイ全体の採掘量の4分の1強を生産していた。マレーの華僑商人と手を組み、南タイとマレー北部との経済・交易関係を緊密化させる。華人としては行政区画内の華僑・華人、ことに同姓を優遇した。錫専門のイギリス企業の南タイ進出を押さえる。1913年に謀殺された。

(樋泉克夫)

⇨ 華人の官爵[タイ]

魚生(ぎょせい) ユイサン

広東語で刺身のことをいう。▼広東幇と▼潮州幇華人が故郷から伝えた食文化で、薄づくりの魚生に野菜類の千切りをあえ、ゴマ油、チリソースなどで食する。その年における栄達、向上を願う正月料理で、▼福建幇華人の一部でもみられる。また魚生と生菜(チシャ)を誕生日に食す習俗は、両方とも料理した後も魚生・生菜で「死のない」食材であるとし、永生の縁起をかつぐのである。熱い粥に魚生をくぐらせて食す魚生粥は、粥や麺類の軽食堂である華人街の粥麺店で周年供されている。

(可児弘明)

⇨ 粥麺専家

📖 周達生『中国食物誌』創元社、1976.／可児弘明「広東の魚生食について」慶応義塾大学東洋史研究室編『西と東と』汲古書院、1985.

大牌檔には人気メニューがあった。潮州系の魚生粥もその一つ。撮影:可児弘明

許甦吾(きょそご) 1908-？ KOH Soh Goh

シンガポール華人の歴史学者。本名は許振勲。福建省恵安生まれ。泉州の学校を卒業後、小中学校の教師となる。1933年アモイ近郊で教師をしながら、教会の翻訳の仕事に従事。41年に改名し、香港を経由してシンガポールに移住。日本軍占領時代は商売を営んだが、戦後は出版社に勤務。63年に南海印務私人有限公司を興すとともに、研究・執筆活動を行う。著書に『新加坡華僑教育全貌』(聯枢印務有限公司、1949年)、『南洋学会与南洋研究』(南洋学会、1977年)、編著『椰陰館文存』(南洋学会、1983年)がある。

(曽士才)

居留清国人に関する勅令(きょりゅうしんこくじんにかんするちょくれい)

日清戦争時、敵国人となった在留清国人管理に関する勅令第137号。計10条。宣戦布告の3日後、1884年8月4日、「帝国内ニ居住スル清国臣民ニ関スル件」として発布された。入国制限、登録義務、居住区域制限、処分退去の規定など、防諜的な意図が含まれている。99年勅令352号(▼内地雑居令)発布によって廃止された。

(許淑真)

⇨ 日清修好条規

📖 許淑真「日本における労働移民禁止法の成立——勅令352号をめぐって」松田孝一ほか編『東アジアの法と社会』汲古書院, 1990.／明治27年8月5日官報.

居留地撤廃と横浜華僑(きょりゅうちてっぱいとよこはまかきょう)

19世紀中葉に幕府が諸外国と結んだ条約は、領事裁判制度、協定関税制度、片務的最恵国待遇を認めた不平等条約であった。1899(明治32)年7月および8月に改正条約が実施され、日本各地の▼外国人居留地が撤廃されることになると、「内地雑居」の賛否をめぐる議論が沸騰した。「内地雑居」とは、それまで外国人居留地の中に居住・経済活動を制限されていた外国人が、日本国じゅうで居住・経済活動が可能になることである。国内の世論では、内地雑居は風俗習慣、経済、宗教などさまざまな面で問題を引き起こすという議論がなされた。なかでも中国人に内地雑居を許可するか否かが大きな問題となった。条約上の観点からみれば、諸外国との条約改正と同時に中国人に内地雑居を許可しなければならない根拠はなかった。つまり、1894年

の日清戦争勃発にともない、中国人の領事裁判権は否定され、中国人は交戦国人として登録制度の下で管轄された。そして96年の日清通商航海条約では、日本は中国国内での領事裁判権を一方的に保持することになり、日本に居住する中国人に内地雑居を許可しなければならない条約的根拠はなかった。しかしそれゆえ中国人内地雑居問題はさまざまな議論を呼び、改正条約実施の直前まで解決がつかなかった。まず、社会風俗・衛生面などの観点から、アヘン吸飲などの風俗習慣が日本国内に蔓延するという反対意見が唱えられた。また、内地雑居を全面的に許可すれば、大勢の中国人労働者が来日し、日本人労働者の就職機会が奪われるという危惧も広がった。一方、隣邦の中国人に対してのみ内地開放を制限するのは、国際友誼上・外交上信義に悖るとして、欧米人同様の内地雑居に賛成する意見もあった。

こうした情勢に対し、横浜華僑自らも行動を起こした。改正条約実施以後、自分たちだけが居留地内に居住・経済活動を制限されるのを恐れ、98年の段階から、自国駐日公使・領事に対して日本政府への内地雑居許可の提議を陳情した。また99年6月、"横浜中華会館"に横浜、神戸、長崎、函館の華僑代表が会して対策を協議し、日本の政府と民間有志に中国人の内地雑居許可を陳情することを決した。そして、東京で言論界の人々を集めた会合を開き、"梁啓超"が中国人内地雑居許可を訴える演説を行った。さらに横浜中華会館理事"鮑煜"が総代となり、在日華僑143名連署の陳情書を内務大臣西郷従道、外務大臣青木周蔵、大蔵大臣松方正義などに提出した。

99年7月27日、中国人は制限的雑居とする勅令第352号、いわゆる"内地雑居令"が公布された。その第1条で「労働者」は行政官庁の許可がなければ旧居留地・"雑居地"以外で居住・経済活動を行えないとした制限的内地雑居となった。また内地雑居令の施行細則として内務省令第42号が公布され、勅令第352号でいう「労働者」とは農業、漁業、鉱業、土木建築、製造、運搬などの労働に従事する者(家事・給仕は除く)とされた。この勅令と施行細則は中国人の旧居留地・雑居地以外での経済活動に厳しい制限を課し、事実上未熟練労働者の入国を禁止した。またこれにより、それ以前は居留地内において西洋建築、家具製造に従事する者もあった横浜華僑の職業は、以後、内地雑居で制限されなかった中華料理業、理髪業、洋裁業のいわゆる"三刀業"などへと特化していき、その傾向は関東大震災などで貿易業、金融業が大きな打撃を受けることによって加速していく。なお、中国人は制限的内地雑居とした日本政府の措置に対し、横浜華僑の反応は肯定的なものであった。内地雑居許可の陳情書に名を連ねた華僑はじめ、当時の日本華僑の大半は商人層に属するものであり、内地雑居令が商人の活動に制限を加えるものではなく、彼らの利益は損なわれなかったと判断したと考えられる。なお、全面的な改正条約実施当日の8月4日には横浜の中国人商業会議所である横浜華商会議所が開設され、内地雑居時代に向けて日本経済界とのいっそうの交流を目的の一つに掲げた。

(伊藤泉美)

⇨ 横浜居留地, 内地雑居令, 横浜華商会議所
圏『横浜中華街』/伊藤泉美「横浜における中国人商業会議所の設立をめぐって」『横浜と上海』横浜開港資料館, 1995.

キリスト教改宗 <small>キリストきょうかい・しゅう</small>

洗礼を受けてキリスト教信者となること。近年、海外各地生まれの中国人の間では、教育水準の高まりとともに西洋的・近代的価値受容の一環として、キリスト教が広まる傾向がある。歴史的にみると、中国人が古くから移住した東南アジアでは、16世紀よりヨーロッパ人宣教師がキリスト教(カトリック)を伝えたが、その当時、大陸部には上座部仏教、島嶼部にはイスラム教が広がっており、スペイン領フィリピンなどを除いて、改宗者は少数にとどまった。プロテスタントは、17世紀にオランダ改革派が伝えたが、布教活動の本格化はイギリス、ドイツ、アメリカなどの各派宣教師が到来した19世紀・20世紀以降で、精霊信仰にあった少数民族に多くの改宗者を得た。キリスト教への改宗者は、少数民族のほか、ベトナム人、マレーシアやインドネシアなどの中国系やインド系などの移民社会に比較的多い。しかし、フィリピンや東ティモールを除いて、各国のキリスト教徒は、概して総人口の10%に満たない。

ここで、キリスト教徒が9割を占める国として フィリピンを例にとると、16世紀後半に植民地としたスペインは、カトリシズムの伝道を植民地支配の正統性原理とし、各派修道会の布教活動が展開された。当時、イスラム化した南部を除いて、精霊信仰が主であったため、カトリシズムは比較的容易に受容された。アメリカ植民地支配下では、プロテスタントの宣教師が来島して、山岳少数民族に多くの改宗者が出た。中国人移民にも16世紀以降、ドミニコ会が改宗事業に従事した。とくに18世紀中葉から19世紀前葉の間は、事実上、中国人移民をカトリック教徒に限る政策がとられたため、中国人社会はカトリック化し、現地女性との婚姻から混血の子孫、中国系メスティソが生み出された。彼らは商業活動や土地集積により富裕化し、知識階層として19世紀末葉のフィリピン革命に繋がる民族意識の形成にも貢献した。現在では中国系民俗宗教の信徒も多いが、カトリック教徒のほか、プロテスタントも多く、▼フィリピン中華キリスト教会なども組織されている。

（菅谷成子）

参 D. V. バレット『世界キリスト教百科事典』教文館、1986.／T. V. シトイほか『アジア・キリスト教史』2、教文館、1985.

義理の親子関係 ぎりのおやこかんけい

　実の親子以外の他人と親子関係を結ぶことによって生じる関係のこと。中国では、儀礼的な養子縁組関係を結ぶことによって運気が強まるという信仰があり、子どもの無事成長を願う成育儀礼の一つとして広く行われた。一般に子どもが生まれると、易者に頼んで子どもの八字（生まれた年月日時の干支の組合わせ）が父母の八字と相克するところがないか看てもらう。もし父母と八字が相克する場合は、一定期間子どもを忌避したり、親しい他人に「乾父母」（養父母）になってもらう。子だくさんで幸福な家庭を築いている人が養父母として好まれる。▼広東ではこうした儀礼的養子縁組を結ぶことを「過契」または「契過」という。男性が養親になる場合は「契爺」、女性が養親になる場合は「契媽」「契娘」、養子となる子どもは男子なら「契仔」、女子なら「契女」と呼ばれる。このほか、人を養親とする以外に、神仏を養親とする慣行もある。広東省仏山では、子どもの病気平癒を祈願する際、子どもの八字を記した紅紙を神像に貼り付け、神仏と親子関係を結ぶという風習があった。養親となる神は、広東では金花夫人（子授けの神）や呂祖（八仙の一人、呂洞賓）が好まれる。台湾では▼媽祖、臨水夫人、玄天上帝、保生大帝などがある。さらに自然崇拝と結びついて、石や樹木などが養親と見なされる場合もあった。粤北では「認寄娘」といって、子どもの八字を看て五行のうちどれかが欠けていると判断された場合、子どもを岩や松、柏などの樹木に預けて運気を補うという風習があった。広東省東莞県や香港新界でも、子どもが生まれると、「伯公」と呼ばれる土地神の依代とされる樹木や石に祈願し、義理の親子関係を結ぶという風習が行われてきた。子どもの死亡率が著しく低下した現代でも、こうした慣行は多くの華僑・華人社会でいまなお盛んである。

（志賀市子）

参 可児弘明「誼子の慣行について」『史学』47-1、1974.／劉志文編『広東民俗大観』広州：広東旅遊出版社、1993.

キレンキア
kirenkia

　▼潮州語で、マレーシアのインド人に対する蔑称。同地域におけるインド人たちの社会的地位は、マレー人や中国人に比べて、上下にはっきりと二分化している。専門職としての医師や教師たちも少なくないが、多くを占めているのはゴム園労働者や鉄道保線などに従事する肉体労働者たちである。中国人たちはインド人たちに対して同じ移民としての共感を抱くと同時に深い差別意識をもっていて、それがこうした蔑称やからかいとなって表れる。

（川崎有三）

銀会 ぎんかい

　中国で行われている民間庶民金融の内部ネットワーク。この組織は地域によって合会、義会、標会、揺会などと名称は異なり、また形式も異なっているが、内実は基本的には同じである。同様な民間庶民金融は朝鮮の契、日本の頼母子講、インドネシアのアリサン、インドのトンティンなど、東南アジアからインドを経て、トルコから北アフリカにかけて

見られる。銀会という名称からも明らかなように、この集まりは、地方の社会秩序に基盤をもち、臨時的に組織される。会員から拠出された金は、会首が最初に、次いで会員が一人ずつ輪番に受け取ることとし、一巡すると解散する。構成員は地方社会の構成員と重なっており、受け取った金は個人的資金として活用するほか、ときには公共的な目的にも使用される。商業的な資金もこの会の組織を通して調達されることも多い。

ここで、地域社会という観点から銀会の経済行為を見てみると、まず、銀会の中心である会主は、地域社会の有力者と重なっている。また、銀会の運営において、かりに会主がすべて資金を必要とする人を会員にして銀会を構成した場合には、利息は非常に高くなってしまうため、次回からはその会主が組織する会には参加しなくなる。他方、利息を得たい人のみで銀会を構成した場合には、利息は非常に低くなるため、利殖目的でこの銀会に参加した人は、次回からその会主が組織する銀会には参加しないことになる。したがって、会主は、金を貸したい人と金を借りたい人のバランスをとることが重要となる。そして、個人が参加する会は一つだけではなく、いくつか繋ぎ合わせて組織され、地域内資金循環の結合の連鎖を作ることになる。

1980年代の改革・開放以後の中国の郷鎮企業の資金は、多くの地域でこの銀会によって捻出され供給されている。これは、中国史の中で特徴的な資金の貸し借りの形であり、地域社会の人間関係が背景となって地域のリーダーとしての会主の力量が発揮される構造になっている。ただし、その投機性を警戒して、1980年代には香港、シンガポールでは禁止されたが、改革・開放政策下の民間金融の一種として地方社会では依然として行われている。　　　　　　　　　　　（濱下武志）

▷ ネットワーク

◈ 姜旭朝『中国民間金融研究』山東人民出版社，1996.

キングストン、マキシーン・ホン 1940-
湯婷婷　Maxine Hong KINGSTON

アメリカの中国系作家。中国系移民の娘としてカリフォルニア州で出生。カリフォルニア大学バークレー校卒業後、作家となる。19 76年に自伝的小説 *The Woman Warrior: Memoirs of a Girlhood Among Ghosts*（『チャイナタウンの女武者』晶文社，1978）を発表し、ベストセラーとなった。女性であり中国系であるという二重の疎外状況にある立場から自身と父母の世代の世界を描いており、この視点はエイミ・タンなど後の世代の女流作家に引き継がれる祖型になった。また、ムーランという女性を主人公とした一章は近年ディズニーのアニメーション映画『ムーラン』としてとりあげられ話題となった。80年代には男性移民の立場から初期の中国人移民史を描いた小説 *China Men*（『チャイナ・メン』）を発表し、前作と同様ベストセラーとなった。アメリカの中国系作家として最も知られている一人である。　　　　（森川眞規雄）

▷ 華人文学［アメリカ英語］，『ジョイ・ラック・クラブ』

キング報告書　King's Statement

カナダ首相マッケンジー・キングが1947年に下院に提出した移民政策に関する報告書。正式には、"Prime Minister W. L. Mackenzie King's Statement in the House of Commons of May 1, 1947"という。第2次大戦後のカナダでは、中国系カナダ人からの批判、人道主義の高まり、また、同盟国としての中国との関係から、1923年移民法（排華法）への批判が強まり、47年には同法が撤廃された。ただ、カナダ政府はこれによって移民の差別的取扱いを全廃したわけではなく、一方で、依然として移民統制への意思を維持していた。「キング報告書」はこの時期のカナダ政府の見解を明確に示したものであり、移民の受入れによってカナダの人口拡大と経済発展を図ることを明言する一方、政府は有用な移民を選別する権利があり、また、アジア人などの大量移民によってカナダの社会的特質を変化させてはならないと主張した。　　　　　　　　　　（森川眞規雄）

▷ 排華法［カナダ］

金行　きんこう

装飾品を中心とする金製品販売店。大金行、金舗などとも呼ばれ、東南アジアのチャイナタウンに多く見られる。顧客が金製品

を購入する主たる目的は、戦争、社会混乱などにより物価が急騰し、あるいは従来流通していた貨幣が価値を失った場合など、手持ちの金製品を売却し、当面の生活を維持するためである。顧客は移動や避難に際しての利便性、安全性、確実性を考慮し、おもに首飾り、腕輪などの身につける装飾品を購入する。手持ちに資金に余裕が生まれた場合、顧客はより高価な品物に買い替えることを常とする。混乱の続く国家にあっては、その政府の発行する貨幣が価値をもたないことを熟知する華僑・華人にとっての庶民生活の知恵といえるだろう。1960年代シンガポールでは、メイドなどの金銭を預かり、それに利息をつける。わが国の郵便貯金的な機能をもっていた。70年代末期、タイのカンボジアとの国境一帯に設置されたカンボジア難民収容施設において、カンボジア華人難民がタイの華人業者に手持ちの金装飾品を売却し、当面の生活費(具体的にはタイの貨幣)を入手しているのがしばしば目撃された。金行はまた、華人庶民経済活動のバロメーターともいえる。たとえばインドシナ3国の華人社会をみると、政府が外資導入政策に踏み切り、経済の市場化が機能するようになった90年代半ば前後を境に、各地の華人居住区において、それまで活動を停止していた金行の営業活動がみられるようになった。これなどは、華人庶民層の消費活動が始まった証左といえるだろう。シンガポール、香港など所得水準の高い地域では、庶民層でも株式、不動産投資など新しい利殖方法が手軽に利用できることもあり、質屋業と同様に、金行もまた華人の庶民金融機関としての役割は低下しつつあるようだ。

(樋泉克夫)

金山亜伯 きんざんあはく

アメリカ帰りの華僑。金山伯ともいう。1849年のカリフォルニアの▼ゴールドラッシュを機に、多数の中国人が鉱山労働者などとして働くために、サンフランシスコに向かった。当時中国ではサンフランシスコを金山と呼び、中国人を輸送する船を▼金山船と称した。帰国する中国人のなかには、契約年限を果たした後、元手を増やし、さらなる仕事につき、小銭をためて帰った者、故郷に錦を飾る者、また挫折して帰国する者などさまざまであった。

(中間和洋)

㈠ 猪仔客

金山銀行 きんざんぎんこう
LippoBank, California

華僑・華人資本がサンフランシスコで1961年に創設した銀行。アメリカ財務省のマイノリティ銀行開設計画によるもの。87年インドネシア華人▼モフタル・リアディのリッポー資本が増資参加後、ロサンゼルス支店も開設、国際金融業務に拡大。

(司馬純詩)

金山商務学校 きんざんしょうむがっこう
金山商務学堂

▼サンフランシスコ・チャイナタウンに1941年開設された華僑・華人のビジネス学校。アメリカのビジネススクールを模範として、中国人教授が夜間、会社組織と経営、投資法、国際貿易、銀行学、会計学を教えるほか、中国語、英語などのカリキュラムがあった。

(司馬純詩)

金山船 きんざんせん

▼華工を輸送してアメリカ、のちにはオーストラリアに向かう船のこと。その華工を「金山客」といった。アメリカでは1848年にカリフォルニア州で、またオーストラリアでは51年にビクトリア州で金鉱が発見され、その後約20年間にわたる▼ゴールドラッシュが起こった。このブームの期間、▼広州の近辺、珠江デルタ南部から多数の中国人が出稼ぎのために乗船した。金山船の名は、サンフランシスコを金山または金山埠と称したことに由来する。のちにメルボルンのことを新金山、サンフランシスコを旧金山と呼んだ。

(中間和洋)

金山荘 きんざんそう

アメリカへ移民した華工が需要する物資を調達する香港の商店の通称であり、サンフランシスコ(金山と呼ばれた)のみならず、1890年代以降のオーストラリアへの移民華工に対する物資調達も行うようになる。1842年に▼香港が開港されると、いわゆる▼苦力貿易が始まり、60年に移民協定が成ると、契約移民が増大した。まずアメリカ、そしてオーストラリアと続く金鉱開発ブームにともなって、多くの鉱山労働力が必要とされた。金山

荘は、これらの両地の華工に消費物資を提供したり、本国送金を扱ったりした。

(濱下武志)

『金山日新録』きんざんにっしんろく
Golden Hill's News

1854年4月22日にサンフランシスコで創刊された米国初の▼華字紙。「金山」はサンフランシスコのこと。当初は週2回（水曜、土曜）発行、のちに週刊（土曜）。創刊後わずか数ヵ月で廃刊。発行人は米国人ウィリアム・ハワード（William HOWARD）。読者対象はサンフランシスコの華僑。中国と米国のニュース、商品相場、船舶出入港日、広告のほか、華語と英語の社説、文芸的な文章もあった。文体は文語で、広東語が混在。

(卓南生)

⊠ 麦礼謙「十九世紀美国華文報業発展小史」呉沢主編『華僑史研究論集（一）』上海：華東師範大学出版社，1984.

金星バー事件 きんせいバーじけん
Golden Star Bar Massacre

1982年12月22日、ニューヨークのイースト・ブロードウェイのゴールデンスター・バーに自動小銃を持った4人の覆面の華人青年が押し入り、死者3人と負傷者8人を出した無差別殺人事件。犯人は逃走し逮捕されていないが、洪門堂のたまり場を狙い打ちにしたことから、事件の背景には、イースト・ブロードウェイ一帯の支配をめぐる協勝堂と洪門堂との勢力抗争があったとされる。

(櫛田久代)

⊟ 洪門, 堂

金星門 きんせいもん

広東省珠江デルタの▼中山県（もとの香山県）の港で、▼マカオ北方に位置する。小型船舶の停泊に適し、マカオ、香港への交通が容易なため、ここから香港経由で出入する移民が多かった。たとえば1879年、すぐ近くの翠亨村出身の▼孫文が兄に招かれハワイに向かったのは、当港からマカオ、さらに香港を経てであった。

(藤村是清)

金銭態度 きんせんたいど

日常の行動や社会生活における金銭の価値づけなど、華僑・華人の金銭にたいする観念をいう。▼広東人の新年は「お金持ちになるようお祈りします（恭禧発財）」と挨拶をかわすことで始まるが、広東人に限らず、華僑・華人といえば「発財」（金もうけ）が昔からステロタイプとなっている。排華期に華僑・華人を露骨に差別した蔑称に至っては、どれもが英語のJewと同じく、強欲、守銭奴、奸商などの意味を言外に含んだ。しかし漢族という古い民族の古い文化では、理想とする人生を「福禄寿」の3文字で簡潔に表したが、これは神仏の賜る幸運、俸禄、寿命のことをいったものであり、金満をむき出しにしてはいない。またアモイ出身の文学者、言語学者でアメリカに定住して中国文化を紹介した林語堂は、穏健、素朴、自然への愛、忍耐、無関心、老獪、多産、勤勉、倹約、家庭愛、平和主義、足るを知る、ユーモア、保守的、好色の15を民族的特徴としてあげたが（『我国土・我人民』）、ここでも金儲けは入っていない。しかし、拝金主義的なステロタイプを抜きにして華僑・華人が語られないとすれば、渡航先のホスト社会が主に歴史的に欧米の植民地もしくは欧米人の統治する国家であり、被統治者には経済活動だけが確実に構想できる上昇可動手段であったこと、また▼僑郷がもともと商業先進地であった上、華僑・華人の移住目的自体も「▼白手起家」すなわち無一物から一家をなすことであったことが考慮されるべきであろう。身分の低い家から身を起こして名利を得ることができた科挙国家中国は、個人が自分の社会的・経済的地位を向上させ、成功していくことを否定しない風土を残し、それに連動して、中国式の個人主義、個人を社会につなぐ中国的コネクション、能力主義、勤勉、倹約など、中国社会の核心となる価値が不断に働いたのである。商売で穏やかな定価売買よりは秘術をつくした口論まがいの激しい相対売買が、労働では決まった額の日給・月給など時間給よりは生産量に応じて支払われる出来高払い、個数賃金が好まれたのはその顕著な表れである。これら実利主義的行動が外集団のイメージ形成を助けたのであって、華僑・華人の金銭態度は半ばは先天的な▼中国人性、半ばは海外での後天的な教育結果である可能性を念頭において論ずべきものであろう。ちなみに華僑・華人の生活エネルギー源を道教に求める意見もある。商売の神関帝をはじめ、華僑・華人が

虫のいい招財、大利大吉の願いをかける財神類は道教神に数えられているが、もともとは老子と関係のない民間信仰の神であって、道教が教勢拡張のために取り込み、利用したとみるべきであろう。　　　　　　　　（可児弘明）

　圏 林語堂『我が中国論抄』黄河，1992.

キン・チェー
kin chee

　キンはタイ語で食（べる）の意。チェーは斎。▼潮州人（タイ語コン・テーチウ）が多数派のタイ華僑・華人一、二世が農暦9月初一から初九まで、肉、魚、ネギなどを3食とも摂らず豆・野菜料理を植物油を用いて作り食す習慣。行事は初一の▼廟への参詣、白衣での斎食、仮装軍行列などがあり、南タイの▼福建人の間で盛大。ふだんでも多くの食堂でこの精進料理アハーン・チェーを注文できる。三世華人はホテルでの同種料理会食に積極的に参加する。熱心な大乗教徒や宗教者は毎日キン・チェー食である。由来は仏・道教の経典、宋末、大平天国などの歴史上の事件で説明されている。　　　　　　　　（星野龍夫）

金德院　きんとくいん
Wihara Dharma Bhakti

　ジャカルタのグロドック地区のチャイナタウンで最も規模が大きく、つねに大勢の参拝者で賑わっている、華人が建立した▼廟。1650年頃に創建され、その後、1755年に華人カピタンにより金德院と命名された。廟内の中央には、仏光普照、関聖帝君（関羽）、観音仏祖が安置されている。そのほか、天后聖母（▼媽祖）、十八羅漢、城隍爺、福德正神、達磨などの神仏を祀る。　　　　（山下清海）

　⊟ ジャカルタの華僑・華人
　圏 山下清海，1987.

金馬奨映画祭　きんばしょうえいがさい
台北金馬影展　Golden Horse Film Festival

　台湾で毎年開かれる映画祭で、名称は少しずつ変わったが一貫して「金馬奨〇〇〇」と呼ばれ親しまれている。台湾、香港などで制作される中国語映画を対象に、各種の賞として馬をかたどったトロフィーが授与され、国際映画祭も同時開催される。発足のきっかけは、1959年に行政院が「国語影片奨励弁法」を発布して、映画制作を奨励したことである。だが同法の真の目的は、50年代、60年代にブームとなった台湾語（閩南ミナン語）映画を押さえ込み、45年以降国語とされた標準中国語の映画を定着させることにあった。零細企業で制作されていた台湾語映画は、公的な援助からも閉め出されて消滅していく。政府は金馬奨映画祭を盛り上げて映画による政治宣伝や世論づくりを行い、70年代には『梅花』（劉家昌監督）、『仮如我是真的』（王童監督）など反共国策映画の受賞も目立つ。80年代に入ると、自由化に伴って国語以外の言語の使用を容認し、▼侯孝賢監督作品など台湾語を取り入れたニューシネマ作品を海外に広める役割も果たした。90年に主催者は民間団体へと替わり、世界中の華人監督への働きかけを強めた。90年代後半には、中国大陸からの参加も定着しつつある。　　　　（田村志津枝）

　⊟ 台湾映画
　圏 金馬奨映画祭パンフレット（毎年主催者が発行）./ 杜雲之『中国電影七十年』台北：中華民国電影図書館出版部，1986.

金美齢　きんびれい　1934-

　台湾独立運動家。台北生まれ。1959年日本に留学、早稲田大学文学部英文科入学、71年同大学大学院文学研究科博士課程修了。ケンブリッジ大学客員研究員、早稲田大学の英語講師、東京北区のJET日本語学校校長などを歴任。日本で評論家として雑誌、TVなどで活躍。2000年5月に陳水扁政権の総統府国策顧問に就任。著書に『金美齢の直言』（ワックス出版部，1999年）などがある。夫は75年に台湾独立建国聯盟日本本部委員長を務めたことのある、東京理科大学大学院教授、周英明。　　　　　　　　　　　（劉文甫）

金門島　きんもんとう

　福建省南部アモイ市の東方洋上の島。面積約131km²。1916年同安県から分離、金門県となる。現在は「中華民国」の実効支配下にある。住民の生活は貧しく、島外への出稼ぎや移住が多く、華僑の輩出地でもあり、▼シンガポールを中心に広く東南アジアに分布している。日本でも長崎▼泰益号の▼陳世望一族や▼孫文の革命運動に参加した神戸▼復興号の▼王敬祥一族は有名。王が1900年に故郷の山後郷に建てた閩南様式の建物群は「金門民族文化村」に指定されている。　　（陳正雄）

金庸 1924-
Gam Yong

▼香港の代表的な日刊紙の一つ『明報』の創設者、また▼武俠小説の人気作家。本名は査良鏞、ペンネームの金庸は本名の最後の字を分けたもの。浙江省海寧県の名門の生まれ。外交官を目指し、1944年重慶の中央政治学校外交系に入ったが、まもなく退学、46年上海の東呉法学院の聴講生として国際法を専攻するかたわら全国紙▼『大公報』の翻訳員を務め、48年『大公報』の香港特派員となる。新中国成立後、北京に行き外交官を志願したが受け入れられず、香港に戻り『大公報』『新晩報』に記事を寄せる一方、『絶代佳人』など映画のシナリオをも手がける。55年武俠小説の第1作『書剣恩仇録』を『新晩報』に連載。59年『明報』を設立、自作の武俠小説を連載、また中国批判の論説を書き、左派系新聞と激しい論戦を繰り広げた。▼文化大革命当時、その真の目的が劉少奇打倒にあることをいちはやく指摘、林彪の失脚をも予言する。この間発表した武俠小説はみなベストセラーとなり、映画やTVドラマ化されたが、72年、『鹿鼎記』の連載完了を機に停筆を宣言、全作品に改訂を加え、82年に『金庸作品集』を出版。85年香港特別行政区基本法起草委員を委嘱され、政治体制小組の責任者として案をまとめたが、その現実的路線が民主派から攻撃された。89年北京での民主化運動弾圧（天安門事件）に抗議して委員を辞職、93年『明報』社長の地位を退く。99年以来、杭州の浙江大学人文学院院長を務める。その武俠小説は、おもに清や元など異民族が中国を支配した時代に取材し、共産党と国民党の双方を暗に風刺したため、大陸、台湾で長く禁書とされたが、香港をはじめ海外の華僑・華人世界では圧倒的支持を誇り、とくに知識人にファンが多く、もっぱらその作品を研究する「金学」という学問さえ生まれた。現在では大陸でも高い評価を得ている。

（金文京）

参 岡崎由美監修『武俠小説の巨人——金庸の世界』徳間書店，1996．／『金庸武俠小説集』徳間書店，1999-．

金龍酒家事件
Golden Dragon Restaurant Massacre

1977年9月4日、▼サンフランシスコ・チャイナタウンにあるゴールデンドラゴン・レストランに覆面をした3人の華人青年が押し入り銃を乱射、5人が死亡し11人が負傷した無差別殺人事件で、ワーチン（華青）とワーチンから分かれたジョー・ボーイズ、両ギャング間の抗争が背景にあった。当時の市長G.モスコーネは、観光都市の生活を脅かすチャイナタウンのギャング抗争に対処するため警察特別ギャング対策委員会を設置した。翌年、1人を除いて犯人を逮捕した。

（櫛田久代）

⇨ 堂

70年代初頭のクアラルンプールのチャイナタウン。撮影：可児弘明

クアラルンプール
吉隆坡　Kuala Lumpur

　マレーシアの首都。1857年、スランゴールのスルタンの一族、ラジャ・ジュマート、ラジャ・アブドゥラー兄弟が、▼マラッカの華僑商人から資金提供を受け、中国人労働者（▼苦力グー）87人を雇い入れてゴムバク川流域で錫鉱脈を探らせたのが、集落形成の発端。事業は難航して労働者の大半が死亡したことから、この地はアンパン（Ampang。暗邦に由来する）と呼ばれるようになった。その後、中心はクラン川との合流地点（現在、国立回教寺院マスジド・ジャメやセントラル・マーケットがあるあたり）に移り、しだいに多くの中国人労働者が流入、都市に発展した。19世紀の典型的なブーム・タウンである。当初は輸送にクラン川が使われたが、しだいに道路・鉄道（1886年クアラルンプール－クラン間完成）が整備されていった。この頃、スルタンの継承権と錫採掘権をめぐる内乱（1867-73年）や華僑▼秘密結社間の抗争が、錫産業ひいてはクアラルンプールの発展を妨げ、また一方でイギリスの介入・支配の強化を招いた。混乱をくぐり抜けて秩序を回復、1875年以降錫の生産・集散地としての町の急拡大をもたらしたのは、68年にクアラルンプール初代華人カピタンに任命されたヤップ・アーロイ（▼葉亜来）だった。彼は▼客家グーの海山公司の最高指導者「山主」でもあった。クアラルンプールは1880年にはスランゴール王国の、95年には同年結成されたマレー連邦州の首都となり、シンガポールと並ぶイギリスのマラヤ統治の拠点として発展することになった。20世紀に入ると周辺にゴム園が急速に広がり、人口はある資料によれば1879年の2600人から1901年3万2000人、11年4万7000人、21年8万人、31年11万1000人と増えた。ゴム園には中国人ばかりでなくインド人労働者も導入され、行政府の下級官吏にはマレー人が採用されたから、住民の構成はある意味で複合民族国家マラヤの縮図となったが、1970年代の▼新経済政策実施まで華僑の比率はマラヤ全体よりはるかに高いまま推移した。別の資料では、1891年の人口4万3786人中、華僑3万4469人（79％）、マレー人6149人（14％）、インド人2771人（6％）、その他396人（1％）だった。また、ヤップ・アーロイが客家だった関係もあって、このときの華僑人口中71％が客家だった。
　▼カピタン制度は1902年まで5代続き、ヤップ・クワンセン（YAP Kwan Seng、葉観盛）など有力華僑（錫鉱経営者）が就任した。この時期▼ロク・ユウなど大実業家が現れ、華僑社会の指導者として植民地行政にも参画した。クワンセン、ロクは▼広東人で、華僑社会の中心も客家から広東人に移った。20世紀初頭、▼孫文の革命運動の拠点の一つとなり、彭沢民（PENG Ze Min、1877-1956年。1924年英国植民地当局が国外追放、中国で国民党海外部長、農工民主党副主席など歴任）らが愛国運動を展開した。第2次大戦後、1946年にはマラヤ連合の、48年にはマラヤ連邦（独立は57年）の、63年にはマレーシアの首都となり、政治、経済、文化の中心地として急速に発展した。74年にはスランゴール州から切り離され連邦直轄区となった。人口は、1947年17万6000人、57年31万6000人、80年93万8000人、90年155万人と急増したが、衛星都市として50年代にペタリンジャヤ、60

年代にシャー・アラム（74年にスランゴール州の州都に）、90年代にプトラ・ジャヤ、サイバー・ジャヤが造成され、クアラルンプールそのものの人口は近年むしろ減少している。人口中の華人の比率は70年57.7％、80年51.9％、91年44.2％、他方マレー人の比率はそれぞれ24.5％、32.8％、38.3％で、華人の街としての特色は薄まった。　　　　（原不二夫）

　📖 マレーシアの華僑・華人
　📖 大阪市立大学編『世界の大都市』6，東京大学出版会，1989．／生田真人・松沢俊雄編『アジアの大都市』3，日本評論社，2000．／李業霖編『吉隆坡開拓者的跡――甲必丹葉亜来的一生』クアラルンプール：華社研究中心，1997．

クアラルンプール・クポン
吉隆坡甲洞　Kuala Lumpur Kepong Bhd.

　マレーシアの企業。錫鉱山経営者▼リー・ロイセンが英国系ゴム園企業（Kuala Lumpur Kepong Amalgamated Ltd.）を買収、1973年社名変更、翌年上場。国内に保有する農園（アブラヤシ、ゴム、ココア）は6万ヘクタール以上でマレー系3社に次いで4位。96年インドネシアのスマトラで2万7600ヘクタールの農園買収。73年から不動産開発も同社集団の柱となり、とくにクアラルンプール郊外のゴム園の宅地化が膨大な利益をもたらした。現在、子会社・系列会社110社を超える。95年から中国で農産物加工などの事業を行っている。ロイセン死去後、長男のリー・オイヒアン（李愛賢）が後を継いだ。筆頭株主はリー一族の持株会社バトゥ・カワン社（Batu Kawan Bhd.）。2位は国営持株会社で、役員に73年当初からマレー人有力者を迎えている。　　　　　　　　　　　　（原不二夫）

クイティアオ
粿条　rice stick

　米の粉から作る加工品で、糸状の米粉（ビーフン）に比べると太く、幅は5mmから1cm。もとは▼福建や▼潮州など閩南地方の食品で、カンボジア、タイ、ベトナムに伝わり、いまでは東南アジア各地の日常食となっている。香港の▼粥麺専家では河粉（粿条の同じ音に「貴刁」を当てることもある）といい、庶民に親しまれている。熱湯で蒸らして戻し、麺類のように肉類やモヤシの具を入れたスープに加えたり、炒めたりして食べる。　　　　　　　　　（飛山百合子）

クウィック・キアンギー　1935-
郭建義　KWIK Kian Gie

　インドネシアの経済評論家、企業経営者。中ジャワ生まれの▼プラナカン。インドネシア大学経済学部に1年在学の後、オランダへ留学。1963年ネーデルラント経済大学卒。インドネシア駐オランダ大使館の現地スタッフを経て、オランダでインドネシア関連の貿易会社を2度設立するが成功せず、70年帰国。71年金融投資会社を設立、社長に就任。3年後フリーの企業財務コンサルタントに転身。かたわら外国直接投資による経済支配への警戒を促す論陣を張る。78年欧州の家電企業の代理店企業および農園管理会社を設立、社長に就任。並行してトゥリサクティ大学、プラスティア・ムリア学院（非公認のMBA教育機関）などの教育機関の役員を務める。97年からのインドネシアの経済危機に際して同国最有力紙『コンパス』で定期的に歯切れのよい経済評論を展開、IMFのコンディショナリティを率直に批判するなど人気を博した。98年メガワティらと闘争民主党を結党、幹事長に就任。99年10月ワヒド政権発足とともに経済・財政・産業担当調整大臣に就任したが、IMFとの折衝不調などで2000年8月に更迭される。　　　　　　　　　　　　（三平則夫）

空中書院
Radio Institute Chung Hwa Correspondence School

　中華民国▼僑務委員会がラジオ放送局「空中」を通じて海外華僑・華人、中国文化愛好者に、中国の歴史、文化、言語、科学知識、生活技能を講義する通信教育の学校。1939年設立の僑民教育函授学校の後身で、66年に中華函授学校と改名、79年に中国広播公司の協力で空中書院を設けた。授業内容は「華文会話」「中華の歴史」「中華の文化」「商用華文」の4科目。放送範囲はアジアを中心として、世界の大部分の国に及ぶ。受講生は宿題を空中書院に送り、教師が添削・採点して返送し、1年の授業ののち合格者には卒業証書が授与される。語学の学習放送は中国語が主で、英語、タイ語、インドネシア語、ベトナム語、韓国語を副とし、中国の歴史・文化の授業は

中国語(標準語)、広東語、福建語で放送される。99年から先端科学情報技術を利用した「全球華文網路教育中心」の計画に加わって、教材のインターネット化を図っている。

(許紫芬)

 ▣僑務委員会ホームページ http://www.ocac.gov.tw

クエック・レンチャン 1944-
郭令燦　QUEK Leng Chan

 マレーシアの実業家。総合企業集団▼マレーシア・ホンリョン・グループの総帥。▼シンガポール・ホンリョン・グループの創設者クエック・ホンプン(郭芳楓)の甥。同グループのマレーシア部門を引き継いだクエック・ホンライ(郭芳来、1915-96年)の長男。祖籍は福建省同安。英国で法律を学び、弁護士資格を得て1965年帰国、ただちにマレーシア事業の責任者に。当時マレーシア・ホンリョンは貿易、金融などわずか5社を擁するにすぎなかったが、レンチャンの積極経営下に80年代に金融、貿易、製造、不動産などにまたがる大企業集団となる。90年代末ヒューム・インダストリーズ(Hume Industries Malaysia Bhd.)、OYLインダストリーズ(翁毓麟工業)、南洋報社(Nanyang Press Holdings Bhd.)、ホンリョン銀行など11社が上場。長年銀行をもたないことが弱点とされていたが、94年MUI銀行(馬聯銀行)を買収、現行名とし、集団の金融面での核を作ることに成功。当時レンチャンがマハティール首相派に近く、MUI銀行の経営者クー・ケイペン(郭継炳)が反マハティール派のマレー人有力者に近いために起きた事態との風評が流れた。レンチャンはマレー人有力者との関係を重んじ、マレーシア移住後国籍をすんなり取得できたのも当時の内務大臣との緊密な関係が有効だったとされる。逆に華人社会の活動にはあまり積極的でなく、華人大衆からは異端視される傾きがある。シンガポール、▼香港、フィリピンにも上場企業をもち、おもに香港のグオコ社を通じて中国に、OYL社を通じて欧米に、多数の系列企業を擁する。99年政府が発表した10行への銀行整理・再編計画でも、ホンリョン銀行は存続が決まっている。マハティール首相とアンワール副首相(当時)の抗争で副首相派に与し、同副首相

逮捕(98年)後は政府とは距離をおく。2001年には▼マレーシア華人公会が南洋報社を買収した。

(原不二夫)

 ▣岩崎育夫『華人資本の政治経済学』東洋経済新報社、1997.／荘炎林主編『世界華人精英伝略：新加坡与馬来西巻』南昌：百花洲文芸出版社、1995.

クエック・レンベン 1940-
郭令明　KWEK Leng Beng

 シンガポールの代表的コングロマリット型企業グループ、▼シンガポール・ホンリョン・グループ(豊隆集団)の最高経営責任者。グループ創業者クエック4兄弟の一人クエック・ホンプン(KWEK Hong Png、郭芳楓)の長男で、ロンドン大学で法律学を修得後、家業に加わった。グループ企業は、持株会社ホンリョン・インベストメント・ホールディングス社の下に、金融、不動産・ホテル、製造業、貿易の4分野に整理され、各分野が中核会社の下に多数の有力企業をもつ。レンベンが主要企業の会長を務めるが、グループ企業の経営と所有には、創業者4兄弟の第2世代30数名がかかわり、巨大企業グループながらも典型的な同族所有と経営が行われているのを特徴とする。弟のクエック・レンジュー(KWEK Leng Joo、郭令裕)は、現在、▼シンガポール中華総商会会長。

(岩崎育夫)

 ▣岩崎育夫, 1990.

グエン・フック・アイン 1762-1820
阮福映　NGUYEN Phuc Anh

 ベトナム最後の王朝グエン(阮)朝を興した君主。中部▼フエの地方政権クアンナム・グエン氏の出身。漢字名は阮福暎とも。1774年クアンナム・グエン氏一族は、タイソン・グエン氏蜂起の混乱に乗じてフエに侵攻したチン(鄭)氏の軍に追われ南部▼ザーディン(嘉定)に逃げた。しかし、77年に最後の王グエン・フック・トゥアンらはタイソンのグエン・フエ(阮恵)の追撃を受け滅亡した。トゥアンの甥であるグエン・フック・アインはクアンナム・グエン氏の後を継承し80年にザーディンで即位したが、タイソン・グエン氏に追われ84年、タイの▼チャクリー朝の下に亡命した。87年にバンコク朝の援軍を受け帰国し再起を図り、また宣教師ピニョー・ド・ベーヌに皇太子カインを託してフランスの支援を求め

たが、いずれも失敗に終わった。しかし、翌88年南部の拠点ザーディンを回復し、タイソン・グエン朝の内紛と衰退に乗じ反撃に転じた。1802年に全国を統一し、フエに都をおき、ザーロン（嘉隆）帝として即位した。04年には越南国王として清朝の冊封を受けた。レー（黎）朝末期以来分裂していた南部・北部の統治を総鎮に託し、急激な中央集権化を避けた。相次ぐ戦乱で荒廃していた税制・行政を整え、「大清律例」をもとに「皇越律例」を制定した。興朝に至るまでの過程ではザーディンの華人勢力の支援を受け、その傘下にはフランス人義勇兵が参加、バンコク朝とも兄弟関係をとった。しかし、即位後、徐々に中華主義を強め、フランスの通商要求を拒否しバンコク朝ともカンボジアやラオスへの影響力をめぐって対立した。ベトナム国内では従来、農民起義であるタイソン・グエン朝を倒した封建勢力として、外国勢力に依存し後年のフランスによる侵略の端緒をつくったという批判的評価であったが、近年は全土を再統一・復興しベトナム最大の版図を達成した業績について急速に見直しがなされている。廟号は成祖高皇帝。　　　　　（大野美紀子）

㊀七府五幇
㊣『大南寔録正編第一紀』（『大南寔録』2, 3）.

クオク・ホクニエン、ロバート 1923-
郭鶴年　Robert KUOK Hock Nien

　マレーシア華人で、マレーシア、香港の実業家。「砂糖王」として知られる。ジョホール生まれ。父のクオク・ケンカン（郭欽鑑）は1909年に兄弟3人とともに福建省福州からジョホールバルに移り、食料品店東昇公司を設立。兄弟たちはまもなく中国に帰ったが、同公司はジョホール王室の信頼を得て州内全域に米、砂糖、小麦粉などを供給。ケンカンは事業成功には近代的教育が不可欠とみなし、中国から呼び寄せた甥たち、クオク・ホーヤオ（郭鶴尭）、クオク・ホクチン（郭鶴青）らや自分の息子たちに、当時最高の英語教育を受けさせた。ロバートもジョホール・バルー英語学校を出て41年にシンガポールのラッフルズ・カレッジに入学。同カレッジでの勉学は日本軍の侵攻で中断せざるをえなくなったが、同期生に、後にマレーシア首相となるラザク、フセイン・オン、シンガポール首相となるリー・クアンユーらがおり、貴重な人脈を培うことができた。日本占領期にロバートはシンガポール三菱商事の米穀部門で働き、日本企業の手法を学んだ。49年ケンカンが死去、長男フィリップ・クオク・ホクキー（郭鶴挙、1921年生）、次男ロバートは、ホクチンら従兄弟たちと共同で東昇公司の事業をすべて引き継ぎ、郭兄弟有限公司（Kuok Brothers Sdn. Bhd.）を設立。兄弟中で最も聡明といわれた三男ウィリアム・クオク・ホクリン（郭鶴麟、1926-53年）は、占領下マラヤ共産党の抗日軍に加わり、49年から抗英武装闘争の指導者となっていたが、53年戦死。また、当初グループを率いていたフィリップは66年に外交官となり（オランダ、西ドイツ、EC大使など歴任）、以後経営はロバートの手に引き継がれた。

　郭兄弟公司は、まずシンガポールの英国系貿易商社を買収して日本、英国との取引関係を打ち立て、次いで50年代末から60年代初頭にかけ、独立マラヤ政府の工業化促進策に沿って精糖（Malayan Sugar Mfg.、日本企業との合弁）、製粉（Federal Flour Mills、政府系機関との合弁）、サトウキビからの一貫製糖工場（Perlis Plantation、同上）を設立、これが以後の事業の急速な拡大・多角化への跳躍台となった（砂糖は世界取引の10％を支配するという）。父の時代から培われたマレー人有力者との緊密な関係が役立ったわけだが、ロバートが「新経済政策」の実施されるはるか以前からマレー人重用策を採り、関連会社にマレー人株主・役員を迎え入れていたのは、彼の先見の明を物語る。また、政府系企業の設立にも直接協力、68年設立のマレーシア国際海運会社（MISC）、マレーシア・シンガポール航空（MSA、72年分離）に出資、双方の初代会長となった。70年代初頭からは、シャングリラ・ホテルなどホテル経営を世界各国で展開。74年には中国を中心に世界各国での事業展開を狙って香港にケリー社（Kerry Trading Co.）を設立、78年ロバート自身同地に拠点を移し、ケリー・グループを拡大。中国への進出は84年の杭州シャングリラ・ホテル、85年の北京国際貿易センター建設で始まり、96年末にはホテル13、精油工場、飼料工場、コカコーラ工

場、「上海ケリー不夜城」、工業団地造成など多様な事業への投資が50億HKドルにのぼった。鄧小平、江沢民など中国の最高指導者とも緊密な関係を築き、93年に香港『サウスチャイナ・モーニング・ポスト』の筆頭株主兼会長になった際には中国政府の意向を体したものといわれた。

現在彼の事業は世界各地に広がり、つねに世界華人長者番付の五指に入る。アジア諸国の富豪、▼リー・カシン、▼スドノ・サリムらとの提携事業もしばしば手がけている。マレーシアでの活動も拡大、故国としてなお強い愛着をもつ。80年代半ばに▼マルティパーパス・ホールディングス社が行き詰まった際に救済を引き受けたり、▼タン・クンスワンの身元保証人になったりしたのはその表れ。最初の夫人(故人)との間にクンチェン(孔丞、1954年生)、クンヤン(孔安)、再婚した夫人との間にクンホア(孔華)の息子が、甥にクンホー(孔輔)らがおり、事業はしだいに彼らの手に引き継がれつつある。長女のスエ(淑蔻)は89年にマレー人実業家ラシド・フサイン(Abdul Rashid Hussain、▼RHB銀行経営者)と結婚した。

(原不二夫)

圏 原不二夫『マレーシアにおける企業グループの形成と再編』アジア経済研究所、1994. ／春萌・藍潮『郭鶴年伝』香港：名流出版社、1997.

クォータ制度(クォータせいど) ⇨ 移民割当制度(いみんわりあてせいど)

クォン、ピーター
鄺治中　Peter KWONG

アメリカ国籍をもつ華人政治学者。四川省重慶市生まれ。コロンビア大学政治学博士、ニューヨーク州立大学教授。代表的著作は *Chinatown, New York: Labor and Politics, 1930-1950* (NY: Monthly Review Press, 1979)、*The New Chinatown* (NY: Hill and Wang, 1987.『チャイナタウン・イン・ニューヨーク』筑摩書房、1990年)。これらの著作は、1930年代から50年代までの▼ニューヨークのチャイナタウンにおける華僑労働運動、70年代以降のニューヨークにおける新しい▼チャイナタウンの発展とその問題点などについて詳述している。

(李国梁)

9月5日事件(くがつついたちじけん)

フィリピン政府が行った左派華僑の組織取締まり強化、逮捕事件。1946年9月5日、政府は国民党華僑便衣隊に協力、マニラの洪光学校、義務小学校、連合中学、『華僑導報』、『僑商公報』、「華支之友社」、「華僑婦女救国会」、「青年追撃団」、「労聯」会所、『華僑商報』、『新聞日報』の左派華僑およびマニラ中華商会系統の組織11か所を一斉捜査、その場に居合わせた61人を逮捕した。

(廖赤陽)

参 王家外事件
圏 沈福水、1991.

9月30日事件(くがつさんじゅうにちじけん)
Peristiwa Gerakan Tigapuluh September (G-30-S)/PKI

1965年9月30日、インドネシアで起こったクーデタ未遂事件。事件の全容はいまだ明らかになっていないが、スハルト政権期のインドネシア政府は事件について、権力奪取を狙った▼インドネシア共産党が仕組んだものとしてきた。具体的には、インドネシア共産党を支持する大統領親衛隊長ウントゥン中佐を中心に結成された「インドネシア革命評議会」が、9月30日深夜から10月1日未明にかけて、ヤニ中将ら6人の将官を、「アメリカのCIAの支援を受け反スカルノ・クーデタを起こそうとしている」という理由で拉致、殺害した。しかし10月1日夕刻までに、スハルト陸軍戦略予備軍司令官が率いる部隊により、ウントゥンらの軍は鎮圧された。この事件への対応を誤ったスカルノ大統領は結局失脚し、スハルトが翌66年、全権を掌握することになった。

インドネシア政府側は、事件の背後に▼中国共産党の関与もあったと主張し、このため両国間の関係は険悪になり、67年には両国間の国交は断絶し、国交断絶状態は90年の再開まで続くことになった。内政面では、この事件を契機に、クーデタに関与したとされるインドネシア共産党に対する徹底的な弾圧が行われ、同党は壊滅したが、その間、共産党員や大陸系華人など、50万人から100万人の人々が大量虐殺の犠牲になったほか、数多くの大陸系華人が中国への帰国を余儀なくされた。教育・文化面でも、インドネシア政府は、▼華僑学校における民族教育、語学教育の禁止、また▼華字紙の発行停止、さらに中国政府と取り決めた二重国籍協定の適用停止な

ど、インドネシア国籍をもたない華人に対する差別待遇措置をとった。スハルト体制崩壊後、事件に対する見直しの機運が高まり、ワヒド大統領は2000年3月、彼の出身母体であるイスラム団体ナフダトール・ウラマのメンバーが当時の虐殺に関与していたことについて謝罪を行ったほか、事件に対する再調査、共産党の合法化などを示唆したが、インドネシアにおける共産主義者や華人に対する偏見などは依然として根強い。　　　（土佐弘之）

⊟ *Gerakan 30 September.* Jakarta: Sekretariat Negara Repblik Indonesia, 1994.／Benedict O'G Anderson and Ruth McVey. *A Preliminary Analysis of the October 1, 1965 Coup in Indonesia.* Ithaca: Cornell Modern Indonesia Project, 1971.／Robert Cribb. *The Indonesian Killing 1965-66.* Clayton, Victoria: Centre of Southeast Asian Studies, Monash Univ., 1990.／戴国煇・井草邦雄「9・30事件前後のインドネシア華人・華僑事情」戴国煇編『東南アジア華人社会の研究』下、アジア経済研究所、1974.

9月20日事件

1943年9月20日、日本軍がインドネシアのスマトラ島で華僑や抗日組織に対して行った大量逮捕事件。日本軍の同島占領後、▼メダンなどの各地で華僑が相次いで華僑抗日協会やスマトラ人民反ファシスト同盟などの地下抗日組織を結成、華僑を指導して抗日闘争を展開した。43年9月、華僑抗日協会の会員1人が日本軍に逮捕されたことにより、事態は一変した。同月20日、日本軍はスマトラ島全域の大捜索を行い、その結果、スマトラ人民反ファシスト同盟は壊滅的打撃を蒙った。華僑とインドネシア人約2000人が逮捕され、545人がシアンタール収容所に拘禁された。華僑抗日協会の創設者で主席でもあった陳吉梅をはじめ幹部十数名は44年3月23日銃殺され、その他はそれぞれ5年の禁固刑に処せられた。日本軍政下、華僑は精神的、肉体的に苦しい境遇に置かれたが、多くの華僑は日本軍の厳しい監視のもと、地下組織により、ときには反日インドネシア人と連帯して▼抗日運動を続けた。　　　　　　（張祥義）

⊟ 華僑抑留所

狗紙 ガアウジ Dog Licence

南アフリカのイギリス植民地政府発行の有色人種身分証明書に対して同地華僑が呼んだ蔑称。1904年植民地政府は通行証法を公布、有色人種の在留登録や身分証明書などについて規定した。身分証明書の形が犬（狗）の名札に似ており、かつ外出する際には首にかけなければならないため、華僑はそれを「狗紙」と呼んだ。　　　　　　　　（廖赤陽）

⊟ Melanie Yap & Dianne Leong Man. *Colour, Confusion and Concessions.* Hong Kong UP, 1996.

クス大伯公廟　亀嶼大伯公廟

シンガポールの観光地として知られるセントサ島の南東に位置するクス（亀嶼）島にある廟堂。同島のラグーンに巨亀が住んでいるとの伝承から、華人により亀嶼島と呼ばれるにいたった。クス大伯公廟は海岸にある華麗な建物である。▼大伯公は土地公、福徳正神とも呼ばれる商売繁昌の神、華僑・華人の守護神として有名。10月の大祭には1か月にわたり数万人の参詣者で賑わう。観音も祀られており、観音廟とも呼ばれる。（佐々木宏幹）

グダン・ガラム・グループ　塩倉集団　Gudang Garam Group

インドネシアの有力企業グループ。売上げ順位ではサリム、アストラ、シナル・マス、リッポーの四大グループに次ぐ第5位。同国特産の香料チョウジを刻み込んだ丁字タバコの製造を本業とするグループで、中核のタバコ会社グダン・ガラム社（塩の倉庫の意味）は単独事業会社としては民間最大、1997年の年商7兆5000億ルピア（25億ドル）、年産能力1000億本、従業員数4万4000人を擁する。創業者スルヤ・ウォノウィジョヨ（Surya WONOWIDJOJO、蔡雲輝）は1925年中国福建省福清に生まれ、29年母とともに父のいる東ジャワ沖のマドゥラ島に渡った。父の死後、東ジャワのクディリに移り、叔父の丁字タバコ会社で働いた。58年同じクディリでグダン・ガラム社を従業員50人で創業、独特の香料調合によって競争市場を勝ち抜き、生産を拡大した。保守的な同社は手巻き式だけで

タバコを生産していたが、79年機械巻きを導入。翌年生産量を倍増させ、機械化で先んじていたライバルのベントゥール社、ジャルム社を抜いて業界トップの地位を不動のものにした。現在まで市場シェア4割を維持している。

　長男ラフマン・ハリム（Rachman HALIM、蔡道行、47年クディリ生）が社長を継いだ翌85年、創業者は心臓病で死去した。次男スシロ・ウォノウィジョヨ（Susilo WONOWIDJOJO、蔡道平、54年生）が副社長、三男シギット・スマルゴ・ウォノウィジョヨ（Sigit Sumargo WONOWIDJOJO、蔡道安、58年生）が取締役で、四男スマルト・ウォノウィジョヨ（Sumarto WONOWIDJOJO、蔡道升、59年生）と長女、次女が監査役。所有は家族持株会社と、創業者の妻・4男2女で8割近くを占める典型的な家族企業。先代は多角化の範囲をタバコ巻紙、包装用紙・印刷、販売会社に限定したが、2代目に移行後、銀行、観光開発、パルプ生産などに進出した。しかし銀行、観光は成功せず、グループ内財務部長の横領事件や経済危機が重なり、パルプ事業も売却した。
(佐藤百合)

　🕮 Rhenald Kasali. *Studi Kasus PT Gudang Garam.* Jakarta: Univ. of Indonesia, 1989.／朱炎，2000.

口之津 <ruby>くちのつ</ruby>

　島原半島の南端に位置する長崎県の港町。早崎瀬戸を挟んで天草諸島に接する。9世紀後半、唐商船が往来して以来、中世を通じて有明海・肥前肥後方面への港となった。北部の▼平戸、▼唐津、博多と南部の▼坊津などの中間に位置し、▼五島から来る船が風次第で当地に着いた。ポルトガル船やキリシタン宣教師の船も寄港し、島原への布教の拠点であった。逆に、近代明治中期の「からゆきさん」もこの港から出た。筑豊・有明石炭の積出港でもあった。
(川勝守)

クチン
淡港／古晋　Kuching

　東マレーシアに位置し、面積122km²を有するサラワク州の州都。金、銀、ダイヤモンド、石油、石炭など鉱物資源を産し、木材、ゴムなどの集散地で、南シナ海に臨む貿易港である。クチンは1830年代までブルネイ王国の支配下にあったが、41年イギリス人▼ジェームズ・ブルックがラジャ（王）の地位につき独立主権を獲得後、3代約100年間にわたり世界史に稀な「白人土侯国」の首都として存続した。サラワクの人口は195万4300人（1997年現在）であるが半数がクチンに集中しており、ブルック治世以来の華僑優遇策によって華僑が多く、商業、工業、金融流通機構などの経済活動はほとんど華僑の手中にある。市内各所に中国人公会があり漢字が氾濫、中華料理店が軒を並べている状況は、ここが「華僑の街」であることを思わせる。出身地別では▼客家<ruby>ハッカ</ruby>（大埔など広東5属）と▼潮州人が多い。太平洋戦争期間、日本軍の占領下にあった。
(小林文男)

　🕮 ブルック、ジェームズ，サバ・サラワクの華僑・華人

　📖 河部利夫編『東南アジア華僑社会変動論』アジア経済研究所，1972.

クッシュマン、ジェニファー・ウェイン 1945-89
Jennifer Wayne CUSHMAN

　アメリカの華人研究学者。18世紀末から19世紀初期のタイにおける華商の商業活動をテーマにした博士論文でアメリカのコーネル大学から博士学位を取得した。1975年からオーストラリア国立大学で教鞭をとり、タイ、マレーシア、オーストラリアにおける華人研究に精力的に取り組んだ。共編した *Changing Identities of the Southeast Asian Chinese since World War II* (1988)、*Family and State: The Formation of a Sino-Thai Tin Mining Dynasty 1810-1932* (1991) は華人研究学界で大きな反響を呼んだ。著書に *Fields from the Sea: Chinese Junk Trade with Siam during the late 18th and early 19th Centuries* (1984) ほか。
(曾櫻)

グッドウッド・パーク・ホテル
良木園酒店　Goodwood Park Hotel

　▼シンガポールの最高級ホテルの一つ。1900年に東南アジアに在住するドイツ人の社交クラブ、チュートニア・クラブハウスとして、ライン川沿いの城をイメージして建てられた。1914年の第1次大戦勃発とともにイギリスの管理下に置かれ、その後イギリス人兄弟

が買い取り、イギリスの有名な競馬場グッドウッド・レースコースにちなんでグッドウッド・パーク・ホールと改名されて、社交場や結婚式場として使われた。1929年に建物を増築、14のテニスコートや乗馬場、プールをもつ優雅な最高級ホテルとなった。1942年から45年の日本占領期には日本海軍の司令部が置かれ、戦後もしばらくは連合軍管理下に置かれていたが、1947年に現在のホテルとして再オープンした。現在のオーナーは華人企業家▼クー・テックパで、彼はホテルのほかに不動産や金融業も手がけている。彼の企業グループ名はホテルにちなんでブッドウッド・グループ(良木園集団)という。　　　　(田村慶子)

クー・テアンテク 1826-91
邱天徳　KHOO Thean Tek(Teik)

19世紀後半、マラヤの▼ペナンの華僑社会指導者。ペナン生まれ。英国臣民。祖籍は福建省海澄三都新安社村。チョプ・クンホー(坤和号)、チョプ・チンビー(振美号)という二つの商社で財を成し、サトウキビ農園、ココナツ農園、錫鉱山を経営するかたわら、▼苦力貿易、麻薬専売も行った。1860年▼秘密結社トアペコン(大伯公会)、別名キエンテク(建徳会)の責任者に。以後その死までペナン華僑社会の最有力者だった。1859年、67年の2度にわたり、▼徴税請負いをめぐって別の秘密結社ギヒン(▼義興会)と▼械闘(武力衝突)を行い、イギリス植民地当局は一時クーに死刑判決を下した(のち懲役2年に)。81年ペナン平章会館(今日の華人大会堂)設立に携わり、同会館総理に。86-90年ペナン福建公塚(墓地)総理。息子のクー・フンヤン(邱漢陽)も華僑社会の有力者だった。　　　　(原不二夫)

クー・テックパ 1917-
邱徳抜　KHOO Teck Puat

シンガポール生まれの華人銀行家、ホテル投資家。父親は、貿易商だが多くの不動産を所有し、また華僑銀行の前身銀行3行のうち2行の株主であった。クーは、英語教育学校を卒業後、華僑銀行に入行し、すぐさま頭角を現すが、後に華僑銀行会長となる▼タン・チントゥアンにライバル視され、1959年に同行を去る。翌年、マレーシアで▼ロク・ワントーらと共同でマラヤ銀行(Malayan Bank)を設立、クーは資本金1000万Mドルのうち400万Mドルを出資して社長に就任した。同行は、クーのマレーシア政治家とのコネを活かして急成長を遂げる。他方でクーは、ブルネイ王室と共同で62年にブルネイ国民銀行(National Bank of Brunei)を設立したり(クーの所有比率は75%といわれる)、63年にはシンガポールの名門グッドウッド・パーク・ホテルやキャセイ・ホテル、ラッフルズ・ホテルなどに投資した。

65年のマレーシアとシンガポールの分離後、マレーシア政府はマラヤ銀行を政府管理下に入れ、クーはグッドウッド・パーク・ホテル株式を個人的に買い受けることを余儀なくされた。この後、クーはシンガポールで、ホテルを中心に多面的な不動産・銀行投資を行い、80年代には香港のスタンダード・チャータード銀行への投資(株式の15%)も行う。しかし、86年にクーが所有するシンガポールのホリデーイン・ホテルをブルネイ王室に「割高」で転売したのを契機に、同王室との蜜月関係が崩れ、ブルネイ国民銀行が国有化されただけでなく、同行経営者の長男クー・バンホック(邱万福)が不正経営罪で実刑判決を受け、クー・テックパはタイに逃れた。これ以降、クーは事業家としての信用を失い、現在はグッドウッド・パーク・ホテルと銀行投資が中心になっている。　(岩崎育夫)

📖 Ranjit Gill. *Khoo Teck Puat*. Kuala Lumpur: Sterling Corporate Service, 1987./ *Goodwood Park Hotel. The Goodwood Heritage, 1900-1980*. Singapore: 1981.

神代四郎八 ?-1741
くましろしろはち

長崎の唐大通事。▼住宅唐人熊氏の初代神代四郎左衛門(?-1718年)の子。「神代」は日本人妻の姓かと見られる。四郎左衛門は1693(元禄6)年に南京方内通事を勤めている。四郎八は1704(宝永元)年▼唐年行司となったが、翌年稽古通事に転じ、小通事を経て、14(正徳4)年大通事となった。さらに26(享保11)年目附役となり、翌年には直組立会▼大通事に昇格した。子孫は▼唐通事を世襲した。画家の▼熊斐はこの家の分家の出身である。　(林陸朗)

🔖 唐通事の家系

久米三十六姓 くめさんじゅうろくせい

近世琉球の中国人居留地▼久米村（現那覇市久米）にあった姓家。久米三十六姓について、琉球の正史である『中山世鑑』(1650年)には、1392年に明の太祖によって「閩人三十六姓」が下賜されたことが記されている。閩人とは▼福建人のことで、久米三十六姓の名称はこの「閩人三十六姓」の渡来に由来する。彼らは通事、舟工（船乗り）といった職能集団として進貢および東南アジアとの貿易などに従事していた。「三十六」という数字はとくに36種の氏数を示したものではなく、中国でよく用いられる「多くの」といった程度の意味である。『中山世鑑』の記述は『大明会典（万暦）』(1587年)に基づいて採られたものであるが、三十六姓の下賜については、他の中国側記録である『殊域周咨録』(1583年)では洪武31年、『明史』(1735年)では洪武29年として下賜年代が一致しておらず、『大明会典（万暦）』もその史的根拠は不明である。しかし1431年に琉球国王尚巴志が礼部に送った咨文の中で、1390年に水梢（船乗り）として琉球入りし進貢船の火長（船長）をしていた81歳の福州府長楽県人潘仲孫の帰郷を願い出ており、また『明実録』の永楽9 (1411) 年4月の条にも1372年頃琉球に渡り察度王に仕えた長史程復の帰郷許可を請う記述があることから知れるように、1392年以前に中国人はすでに移住しており、閩人三十六姓は1392年に下賜され一度に琉球にやってきたというわけではない。命を奉じて進貢船に乗船した水梢・通事らが、とくに洪武・永楽年間（1368-1425年）に数次往復して久米村に定着したものと理解したほうがよい。久米村は16世紀後半に衰微し、蔡、鄭、林、梁、金の5家を残すのみとなり、王府によって新たに中国人や首里・那覇士族を入籍させるといった強化策が講じられるようになると、蔡、鄭、林、梁、金の5家を中心とする門閥意識が生まれている。　　　　　（赤嶺守）

　⊟ 沖縄の華僑・華人
　▣ 田名真之「古琉球の久米村」『新琉球史――古琉球編』琉球新報社, 1991.

久米村 くめむら

明初に中国から進貢に従事する通事や舟工（船乗り）といった職能集団として琉球に移住した中国人の居留地（「唐営」のちに「唐栄」と称された）で、現在の那覇市久米の地域にあった。15世紀中葉の『海東諸国紀』所収の「琉球国図」では「久面里」と記され、久米村の地名はそれが転訛したものといわれている。16世紀後半頃から著しく凋落し進貢にも影響をきたすようになったことから、王府は新たに中国人や首里・那覇士族らを入籍させ、久米村強化策を打ち出している。近世期の久米村を構成する人々の3割は、そうした首里・那覇人などの入籍者を祖とする人々で、久米村はまさに王府の意図に基づいて再生された特異な存在であった。16世紀後半には久米村人で采地（領地・知行）を得る者が登場し、以後、久米村は進貢を軸に編成された特別な官人組織として王府組織の中に組み込まれている。明治政府の断行した琉球処分により王国が瓦解するなかで、久米村もその解体を余儀なくされた。現在は久米村の後裔の間で親睦団体として国鼎会（毛氏）、呉江会（梁氏）、我華会（阮氏）などが結成されている。　　　　　　　　　　　　　　（赤嶺守）

　⊟ 久米三十六姓，沖縄の華僑・華人
　▣ 池宮正治・小渡清孝・田名真之『久米村』ひるぎ社, 1993.

クラークソン、アドリアンヌ 1939-
伍冰枝　Adrienne CLARKSON

カナダ総督。香港で生まれ、3歳のとき家族と難民としてカナダに移住した。トロント大学からイギリス文学の学士と修士学位を取得後、フランスのソルボンヌ大学に留学した。1965年から作家、プロデューサー、ジャーナリストとして活躍し、TV局CBCをはじめとするマスコミの領域で名をあげ、カナダとアメリカでさまざまなTV賞を与えられた。99年10月7日にカナダ総督に就任し、史上初のアジア系人総督となった。　　（曾纓）

クラパ
加留吧　Kelapa

西部ジャワの貿易港市ジャカトラの前身。クラパという名称はマレー語のクラパ（ココヤシ）から来ており、同地にココヤシの林があったところからそう呼ばれたものと考えられる。初めパジャジャラン王国の支配下にあったが、1528年頃パサイ出身のイスラム聖人

スナン・グヌン・ジャティがここを占領して、「勝利の町」を意味するジャヤカトラと命名した。これがのちに訛ってジャカトラ、次いでジャカルタとなった。1619年にオランダ東インド会社が同地を占領してバタビアと命名した。
(生田滋)

苦力 クーリー
咕哩／估里　coolie

旧中国で、特技をもたず最低限度の生活維持賃金で未熟練労働に従事する底辺労働者を称した。転じて、低賃金で雇用され海外において単純、苛酷な労働に従う移民労働者をもいう。ヒンディー語のkuli（種族名）またはタミル語のkuli（労賃）が語源で、イギリス人がインド人未熟練労働者をクーリーと呼んだのを漢字の苦力にあてたとされるが、▼許雲樵は逆に、漢語の苦力が福建語の咕哩になったとみる。苦力の語には軽蔑の意味が込められているので、現代用語では▼華工という。日本では日露戦争後に漢語から苦力の語を受容したとされる。
(可児弘明)

- 苦力貿易, 山東移民
- 許雲樵編『南洋華語俚俗辞典』シンガポール：世界書局, 1961.

クリエイティブ・テクノロジー
創新科技　Creative Technology

▼シンガポールの代表的ハイテク華人企業。1956年にシンガポールに生まれたシム・ウォンフー（SIM Wong Hoo, 沈望傅）が81年、27歳で設立し、83年に会社登録をしたパソコン部品関連会社で、パソコン関連のデザイン・製造（サウンド・ブラスター）を主体にするが、コンパック社やデル社などのOEM（相手先商標製品）生産も行っている。売上高は91年の2500万ドルから95年には12億ドルへと飛躍的に増大し、94年にシンガポール証券取引所に上場された。巨大政府系企業や名門華人銀行に伍して上場企業時価総額ランク上位10社の常連となり、92年にはニューヨーク株式市場ナスダックにも上場され、この分野でシンガポールを代表する多国籍企業に成長した。世界全体で従業員3500人。創業者会長シムは、同社株式の32％を所有し、92年と97年、シンガポール「最優秀企業家賞」を受賞している。
(岩崎育夫)

クリオール
Creole

クリオールは、ピジン語が母語化したものをいう。ピジンは異なる言語を話す人々の間での、交易、労働、航海などの限定された状況の中での伝達の手段である。これに対して、クリオールは、必要とされる状況が持続して、語彙的・文法的など言語構造面でも発達をとげ、使用者や使用地域が拡大して、ピジン語を母語として使用する世代的・地域的集団が現れる。このとき、そのピジン語はクリオール化したとみなされる。クリオールという用語は、crioule（ポルトガル語）に由来しており、本来は、植民地で生まれ育ったヨーロッパ系の人間のことを指していた。その後、この地域生え抜きの人々を指していうようになり、彼らの話す言語そのものを意味するようになった。クリオールは、ふつう「英語基盤」「フランス語基盤」などのように分類されるが、以下のように、中国語の影響を強く受けたものも多数ある。(1)ハワイ・ピジン／クリオール　英語基盤で、中国語、日本語、ハワイ語、ポルトガル語、フィリピン諸語の影響を受けている。話者約50万。(2)マカオ語（Makista／Macauenho）　ポルトガル語基盤のクリオールで、中国語語彙が多量に混入している。マカオで使用されている。(3)マレー語には、ババ・マレー語（Baba Malay）といわれるものがある。マレーシア生まれの中国人の間で使用されている言語を指す。▼ババとは、マレーシア生まれの中国人のことを中国生まれの中国人と区別していう言葉である。

なお、日本では、江戸時代、長崎の唐通事の間で使われた中国語（主として福州語や南京語）は、ピジン／クリオールの様相を呈している。
(中嶋幹起)

- 華人マレー語
- John R. Clammer. *Straits Chinese Society*. Singapore UP, 1980.

クリスマン、ローレンス　1940-
Lawrence William CRISSMAN

アメリカの人類学者。アイオワ州で生まれたが、アメリカとオーストラリアの国籍をもつ。1973年にコーネル大学から人類学博士号を取得した後、イリノイ大学で教鞭をとる。

78年にオーストラリアのグリフィス大学へ移り、94年から同大学のアジア空間情報と分析ネットワーク・センター（ACASIAN）のディレクターを務める。海外華僑・華人の社会組織に関して研究成果を多数あげ、代表作に"The Segmentary Structure of Urban Overseas Chinese Communities"など。

（曾櫻）

クリット・ラッタナラック 1946-
李智正　Krit RATTANARAK

タイの▼アユタヤ銀行主席兼行政総裁。同行を創業した▼チュワン・ラッタナラックの一人息子。米国のイースタン・ニューメキシコ大学商業管理学修士号取得。70年代中期に英国留学より帰国後、家業のアユタヤ銀行に就職。82年、行政総裁に就任。93年、父の死を機に銀行経営の全権を掌握して主席となり、経営・管理システムの近代化に着手する。83年以降、上院議員（2期）、立法議会議員に就任するなど、若手企業家の代表格として国政への参加が目立つ。

（樋泉克夫）

苦力貿易　クーリーぼうえき
Coolie trade

▼アヘン戦争（1840-42年）の数年後から、清朝の空文化した渡航禁止、棄民政策、国力の低下などを狙いすまして、欧米人が中国南部沿海において直接に破産農民や失業者を買い取り、欧米船で海外へ運び使役した出来事をいう。フランス人船荷監督が1845年、▼アモイで▼苦力を調達し、フランス船でブルボン島に輸送したのが最も早い例である。清朝の1860年渡航公認、渡航規則を成文化した66年続定招工章程条約以後も、清朝の束縛が及ばない香港、▼マカオをおもな基地にして強行され、国際世論の非難やイギリスの積極的働きかけによってマカオが1874年3月27日、苦力募集を停止するまで続いた。この間いわゆる苦力として輸送された労働移民は50万人（▼サミュエル・ウェルズ・ウィリアムズ）とも128万人（陳沢憲）ともいう。募集、輸送、現地での過重労働など黒人奴隷貿易の延長と内外で認められたところから「新奴隷貿易」とか、子豚売買「ピグ・トレード」（猪仔貿易）とも呼ばれた。

18世紀末から19世紀にかけて、新たなアフ

1853年1月12日グレンタナー号で英領ギアナに初めて到着した苦力の労働契約書。出典：House of Commons' Paper, No. 986, 19 Aug. 1853.

リカ黒人奴隷の輸送禁止、すでに輸送された黒人奴隷の解放に直面した熱帯植民地では、黒人奴隷に代わる労働力の導入が企業の存続にとって焦眉の課題となっていた。一方、18世紀初め頃より、中国南部からマカオ経由で東南アジアに相当数の労働移民が流入しており、苛酷な自然条件のもとでも激しいうえに単純な労働に耐える身体と労働意欲をもつことを証明していた。欧人植民者にとってみれば、アヘン戦争によって中国が世界市場に巻き込まれたことで、中国本土で直接、好ましい労働移民を大量に調達する途が開けたのである。労働移民すなわち欧人のいう苦力の募集は、外国植民地当局、半官半民の外国機関、私企業である外国商会が中国の▼買弁や奸商（大客頭、猪仔頭、招工頭）を代理人にし、代理人はさらに配下の下請け組織（小客頭、猪仔販、客販）を募集担当の手先として行った。いずれも報酬方式により、そのつど外国側の提示する人数と価格に従って、渡された内金を資本に、募集を請け負ったのであ

る。応募者には衣服や船上雑費にあてる支度金、家族の生活費などが前貸しされるたてまえであったが、その全額もしくは大部分が▼客頭らに着服された。この請負い額外の収入と人数を集めるほど利得となる報酬方式にひかれ、手先の客頭らは高賃銀と騙したり、賭博に誘って負債を背負わせるなど、あらゆる悪質な手段によって員数を駆り集め、ときには誘拐や暴力拉致も辞さなかった。マカオでは苦力が▼辮髪でたがいに数珠繋ぎにされ、港町に設置された監獄式の収容施設（猪仔館、売人行、バラクーン）に引かれていく光景が見られた。猪仔館で外国商会に引き渡されてからは監禁状態で乗船を待った。また契約移民の形式をとるため、乗船に先立ち、一定期間、一定条件の下で就労することを明文化した労働契約書に署名し、契約相手方の費用負担で渡航するのであるが、甘言や詐称、無理強いによる署名も多く、また署名を拒否すると署名するまで殴打・監禁された。輸送に用いられた商船（招工船）はイギリス船を筆頭にフランス、ペルー、スペイン、ポルトガル、アメリカ、オランダ、イタリア、ベルギー、サルバドル船などにわたり、当初は船足の遅い小型帆船、後になって大型汽船が投入された。苦力は招工船にすし詰めにされたうえ、洗面、水浴、洗濯、飲食、医薬の設備・支給も十分でなく、さらに欧人船長・船員による虐待が加えられ、抵抗すれば監禁、ときには殺害までなされた。このため病死以外に自殺をとげる者も稀でなく、輸送中の死亡率が30％以上に達する事例さえ生じた。苦力の集団自殺や、集団反乱によって活路を求める事件も少なくなかった。招工船を「浮き地獄（floating hell）」と形容したヨーロッパ人もいたほどである。輸送先は南北アメリカ、オーストラリア、ハワイ、東南アジア、インド洋方面に広がっていた。このうちキューバとペルーにおける苦力の虐待がひどく、到着後に裸にされて値ぶみされ、競売によって雇用主へ渡された。その後、笞を打ち犬をけしかける白人の監督下で、1日20時間の労働をサトウキビ・プランテーション、タバコ・プランテーション、鉄道敷設、荷役、グアノ（鳥糞）採掘、帽子やパンなど各種工場で強制された。その実態は、清朝が派遣した▼陳蘭彬らのキューバ苦力実態調査、李鴻章の要請で▼容閎が試みたペルー苦力の実態調査中に赤裸々に証言されている。欧米植民地主義の収奪に苦しみながらも、海上商業を軸とする前近代華僑社会が、労働移民を厚い底辺にして人口規模を増大させ、グローバルに展開する近代華僑社会へと脱皮していく先駆けをなしたところに、苦力貿易の歴史的個性がある。 　　　　　　　　　　　　（可児弘明）

㊂ 招工公所、招工章程、猪仔客、華工、カヤルティ号事件、唐人墓、ドン・ファン号事件

㊅ 容閎著、百瀬弘訳注・坂野正高解説『西学東漸記』平凡社東洋文庫136，1969．／可児弘明，1979．／ P. C. Campbell. *Chinese Coolie Emigration to Countries within the British Empire.* London: P. S. King & Son, Ltd., 1923．／陳翰笙主編『華工出国史料滙編』1-1，北京：中華書局，1985．／同前書4，1981．

クルニアワン、ルディ・ハルトノ 1949-
Rudy Hartono KURNIAWAN

インドネシアで最も有名なバドミントン選手。出生時の名はニオ・ハップリアン（NIO Hap Liang、梁海量）。15歳のとき国内大会で優勝。1968-74年、76年と通算8回にわたり全英選手権男子シングルスで優勝タイトルを保持し、バドミントン王国インドネシアの名を世界に高めた。国民を熱狂させたルディは、80年代初期に現役を退き、スポーツ用品販売業に携わるかたわら、バドミントン協会役員として後進の育成に努め、有力選手を生み出している。 　　　　　　　　（深尾康夫）

グレーター・チャイナ
大中華圏 Greater China

中国大陸、▼香港、▼マカオ、台湾の4地域を含む中国系の経済的結合から生まれたパラダイム。中国大陸の内部だけでなく、大陸外の、歴史的にかつて中国の領土であった地域を含む経済的結合、ないし地域的統合に使われる。中国大陸の外側に位置する地域を「外華（External China）」と呼ぶ学者もおり、また大陸中国を「陸の中国」とし、これに対して台湾、香港、東南アジア華人社会を「▼海の中国」と捉える研究者も現れた。この「外華」または「海の中国」の両者を統括して「大中国」もしくは「大中華」という人もいる。結局、経済、とくにその結合関係、そ

の結果としての結合体に着眼し、前記の四つの地域間の地域的な「中国系経済圏」に収斂される。これはいわゆる「大中華経済圏」(狭義)であるとみられるが、誤解するイメージを与えかねないことで、同用語は政府関係者を含む中国系人の多くはあまり好まない。ただ、▼「中華経済協作系統」に比べてイメージとしてなじみやすい。 (涂照彦)

⇨ 華人経済圏

クレメンティ-スミス、セシル 1840-1916
Cecil CLEMENTI-SMITH

イギリス植民地行政官。香港政庁の中国語を理解できる行政官を養成しようとするキャデット (cadet) 制度の第1回候補として1862年9月に香港に渡る。北京語・広東語を学習中の64年、香港政庁の註冊司署長官に任用された。78年▼海峡植民地行政長官に転出、84-85年総督代理。セイロンに2年間転勤した後、87-93年海峡植民地総督。在任中、会党対策をめぐり、弾圧は会党活動を地下に潜らせるだけとする▼ピカリングらと対立した。88年ピカリングの退任によって、89年団体登録条例を成立させ、会党活動に対処した。
(可児弘明)

⇨ クレメンティ、セシル、秘密結社
⚇ C. M. Turnbull. *A History of Singapore 1819-1975*. 5th impression, Singapore, etc.: OUP, 1985.

クレメンティ、セシル 1875-1947
金文泰 Cecil CLEMENTI

イギリス植民地行政官。▼セシル・クレメンティ-スミスの甥で、キャデットとして北京語・広東語を身につけた。▼香港の行政長官を経て、英領ギアナ、セイロンで勤務の後、1925-30年香港総督、30-34年海峡植民地総督兼マラヤ高等弁務官を歴任した。▼海峡植民地を襲った世界大恐慌にたいし中国移民を制限することによって対処し、また▼華僑学校に対する補助金の打切り、国民党活動の抑制などで華僑社会から反発を招いた。ギアナ在勤中に著した英文 *The Chinese in British Guiana*. (HK: Argosy & Co., 1915) がよく知られている。同地に移民した▼華工の定着度が低く、急速に減少していった現象を、男性移民が同国人女性移民数に鞘寄せして縮小した結果であると分析し、これを自然再調整作用 (natural readjustment) と称し、移民労働力の定着、確保には同国人女性の導入が好ましいとする認識を示した。
(可児弘明)

⇨ 中南米の華僑・華人、苦力貿易
⚇ 『華工出国史涯編』6、北京:中華書局、1984./ C. M. Turnbull. *A History of Singapore 1819-1975*. 5th impression, Singapore, etc.: OUP, 1985.

黒子島媽祖廟 くろこじままそびょう

長崎県▼平戸市の平戸瀬戸、平戸港の入り口に位置する黒子島に祀られる▼媽祖廟。平戸島側の小祠は領主平戸氏 (後の大名松浦氏) が▼五島の小値賀から遷祀したという。観音菩薩との区別は問題であるが、平戸市川内の鄭成功生誕地に建つ観音堂にも媽祖像があり、16、17世紀に倭寇や海寇が福建・浙江地方の媽祖を九州各地に将来したことを物語る。南九州では鹿児島県▼坊津ぼうのつ、同川辺郡笠沙町野間権現に媽祖像の遺品が残る。
(川勝守)

グローバル・ユニオン銀行 グローバル・ユニオンぎんこう
国際合衆銀行 Global Union Bank

1979年11月、香港の海運王董浩雲がアジア、アメリカ各地の華商資本と連合してニューヨークに開設した銀行。本店はニューヨーク金融センター地区に位置。国際貿易、取引業務、財務、会計および信用状担当の各部がある。預貯金、輸出入外国為替、とくに国際貿易と華商経営の各種業務支援に力点を置いたが、85年に売りに出された。
(司馬純詩)

関係 グワンシ
Guanxi / Kuan-hsi

中国人や中国系人 (華僑・華人) に特有とされている対人関係のあり方、そうした社会文化的な通念を表す中国語。日本語の縁故、英語のコネクション、ネットワーク、フレンドシップがこれに近いが、不十分である。「関係」が注目されはじめたのは、1970年代末からの改革・開放政策の推進、内外にわたる市場経済活動の拡大のなかで、中国人、中国系人に固有な商業戦略、人間・社会関係のあり方が見直されたこと、また1949年の革命後、社会主義的で普遍的な個人や組織をつくって旧態から脱皮すべく「同志」「単位」という用語を励行してきたが、ふたたび「関

係」の役割が評価されてきたことによる。「関係」の代表格は「三縁」（同族・同郷・同業）ないし「五縁」などの、個人を社会に繋ぐ集団帰属の絆である。昨今の「関係」の再評価は、旧道徳をそのまま復活させるのではなく、歴史性と土着性をもつ社会的な行動パターンをプラス面で活用しようとするものである。日本人は「会社人間」のごとく集団への埋没を重んじがちだが、「関係」では個人の集団への帰属を状況（父子・君臣・兄弟・夫婦・朋友）ごとに区別して、個人を中心に置いて絆を使い分ける。さらに、集団は閉鎖的でそのネットワークは自派中心になり、過度になれば自縄自縛になるが、中国人はこれを避ける工夫もしている。官界で同族・同郷者の任用を「回避」する、近親でも勘定尻ははっきりさせる（好兄弟、明算帳）、「商売は商売、道理は道理（数環数、路環路）」、郷里の近くでは商戦はしない、など。つまり個人から集団（社会）に向けて多元的に「関係」の網の目を張って多重に社会投資をし、活動機会を広げつつチェックもしているのである。中国人の生活倫理は人間中心的なもので、「孤独な他人」になることを避けようとする。広くは「関係」、狭くは「人情」「感情」という用語で「他人ではない」社会関係を重んじ、これを「拉関係」（親しくなる）、「給人情」（目をかける）と呼ぶ習わしがその底流にある。 (斯波義信)

↔ 三縁関係，五縁関係

📖 Ambrose Yeo-chi King. "Kuan-hsi and Network Building: A Sociological Interpretation." In Tu Wei-ming (ed.). *The Living Tree: The Changing Meaning of Being Chinese Today*. Stanford UP, 1994.

クワン・タート 1850-1903
梅光達 Quong Tart

オーストラリアの華人系実業家、社会活動家。正式の英語名は MEI Quong Tart。同国の華人系として初めて積極的に社会活動に貢献した。広東省生まれ。1859年豪州に渡る。英国人家族から英語を習い、通訳となる。鉱業会社共同経営で富を築き、地元の教会や学校建設などコミュニティ活動に貢献。71年豪州国籍取得。83年シドニーで中国茶・絹貿易を開始。86年英国女性と結婚。1903年豪州政府から名誉中国領事に任命される。華人社会に関する問題には積極的に発言し、生涯にわたってホスト社会との橋渡し役を務めた。 (増田あゆみ)

クワン、ミシェル 1980-
関穎珊 Michelle KWAN

フィギュア・スケーター。父親は広東省出身、母親は香港出身で、1974年にアメリカへ移住。96年、15歳で全米選手権と世界選手権で優勝して注目を集める。98年1月の全米選手権で再び優勝したが、続く長野冬季五輪では銀メダル。以後も世界選手権、国際オープンなど各大会でつねに好成績を挙げ、2002年のソルトレーク冬期五輪では再び期待されながら銅メダルに。その芸術的で華麗な演技には定評がある。 (村上由見子)

軍禁区事件 ぐんきんくじけん

タイの第2次ピブン・ソンクラーム内閣時代に起こった華僑弾圧事件。泰緬鉄道敷設のためラーチャブリー県バーンポーン郡に進駐していた日本軍鉄道部隊兵士が、1942年12月18日、タイ人僧侶を殴打し、タイ人労働者を殺傷したために、日本、タイ双方の軍・警察が衝突、双方に多数の死傷者が出た。日本軍はこの事件を華僑が扇動したと主張、バーンポーン郡などから華僑を追放するようタイ政府に要求した。タイ内務省は12月28日、外国人に対しバーンポーン郡とカーンチャナブリー県全域から10日以内に退去するよう命令した。事実上この命令は華僑を対象としていた。その後、43年1月22日には、タイ北部の諸県も華僑立ち入り禁止地区とされ、数十万人の華僑がやむなく出国、家産を失う者、病死・餓死者、自殺者が続出した。 (曽士才)

郡号牌 ぐんごうはい

建物の入り口に掛ける扁額（横に細長い額）の一つであり、たとえば「林氏西河堂」というように、姓氏と郡号を大書あるいは彫刻して示すところからその名がある。「林氏西河堂」の場合、林氏の祖先が華南に移住してくる以前にいたとされる発祥地を古い郡名（西河郡、いまの山西省内）で表したのである。堂と称するのは、祖先あるいは守護神を祀る祠堂を建物の中心にするからである。また陳氏はその発祥地が穎川（いまの河南

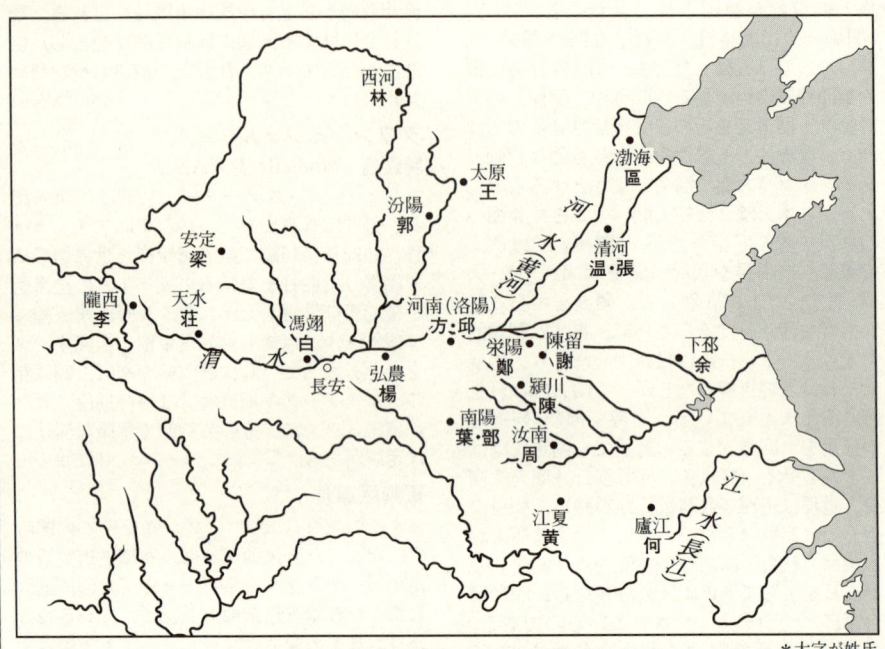

おもな姓氏に伝承される始祖原住地　＊太字が姓氏

省中部)であるといって「陳氏潁川堂」を称し、その5文字を郡号牌に示すのである。そのほか、李氏なら隴西(甘粛省)、梁氏なら安定(同)、王氏なら太原(山西省)などというように、郡号牌によって姓氏とその発祥地を一目瞭然とさせるのは、故郷は直接には同じでなくても、姓の同じ者は本源をたどると同じ地、同じ祖先から出たはずであるという擬制の血縁、地縁によってできるだけ多く同姓の者を吸収し、同姓組織を拡大、強化しようとしたからである。故郷を離れ異国で生活する華僑は団結の強固な組織を構築して集団安全保障を得ようとしたのである。なお姓氏と祖先発祥の地を一目瞭然とさせることは、直接故郷を同じくし、系譜関係がたどれる同族団体の場合にもみられた。▼ペナンの「邱氏龍山堂」は福建省海澄県出身の邱氏の祠堂であり、龍山というのは祖先発祥の地の山名をとったものである。

おもな姓氏の発祥地とされるのは荘氏の天水、郭氏の汾陽(一説に太原)、区氏の渤海、温氏・張氏の清河、白氏の馮翊、楊氏の弘農、方氏・邱氏の洛陽(河南)、鄭氏の榮陽、謝氏の陳留、葉氏・鄧氏の南陽、周氏の汝南、余氏の下邳、何氏の廬江、黄氏の江夏などである。

(可児弘明)

▷同姓団体、宗族、原籍

クンコエム・スラタナカウィクーン 1910-75
蘇君謙　Kunkhoem SURATANAKAWIKUL

▼タイ潮州会館の元主席(1963-75年)。広東省澄海県信寧郷生まれ。祖父と父はともにバンコクの▼サンペン街で貿易商を営む。中国で初等教育を受けた後、17歳で渡タイし、イギリス人経営のセント・ピーター中学などで学ぶ。後に父親の元泰興入口行を有限公司に組織変えし、香港、▼スワトウ、シンガポール、日本などの商品を扱った。また祖父の興した蘇利盛号の支店をスワトウに開設し、タイ産品の中国向け輸出を図った。38年前後より潮州会館、中華会館を中心に社会活動に積極参加。日中戦争当時は抗日地下活動に参加する一方、延安へ支援物資を送っていた。スワトウに潮州会館常駐事務所を設置し、

ケ

潮州からの渡タイとタイからの帰国を支援した。戦後、▼バンコク・メトロポリタン銀行の設立に参加するなど、おもに▼ウテン・テチャパイブーンと共同事業を進めた。中国における国共内戦初期、潮州地方が自然災害に襲われた際にはウテンらとともに暹羅華僑救済祖国糧荒委員会を組織するなど、華人社会指導者として重きをなした。
　　　　　　　　　　　　　　　　(樋泉克夫)

『訓女三字経』くんじょさんじきょう

シンガポール最古の中国語出版物。作者名は馬典娘娘となっており、イギリス人女性ソフィア・マーティン（Sophia MARTIN）が作者。1832年に出版されている。彼女は1823年に姉夫婦のいるバタビアで暮らしはじめ、中国語を習得した。29年に London Missionary Society の宣教師である夫の Medhurst とともにシンガポールに赴任し、同会が設立した中国人の子女を対象とした女学堂の中国語教師となり、キリスト教の倫理観、道徳観を女子生徒たちに広めるために、中国の伝統的な識字用の『三字経』を模倣して、この本を出版した。▼木版印刷で全9頁の小冊子である。
　　　　　　　　　　　　　　　　(曽士才)

グーン・ディップ 1862-1933
阮洽　GOON Dip

アメリカ華人の実業家。広東省台山人。1876年初渡米。タコマのグーン一族に寄宿後、一時帰郷、のち再渡米。オレゴン州ポートランドで婦人服工場を設立。1900年にシアトルに移住、缶詰会社や鉄道に勤めた。06年清国シアトル名誉領事。09年シアトル華僑学校を開設。同年ミルウォーキー・ホテルを建設。続いてアラスカの鮭缶詰会社、金鉱会社に投資。31年シアトル副領事に任じられる。
　　　　　　　　　　　　　　　　(司馬純詩)

『恵安県華僑志』けいあんけんかきょうし

福建省恵安県で1990年7月に刊行された華僑案内書。同県華僑事務弁公室と帰国華僑連合会が共同で編集、張省民が責任編集して、新中国成立後福建省における最初の地方華僑誌として出版された。93頁の小冊子だが、重大な出来事、恵安華僑の海外分布状況、華僑と居住地の経済・政治・文化教育・公益事業・社会団体、華僑と故郷の経済・政治・文化教育、▼帰国華僑・華僑親族（▼僑眷）の分布とおもな▼僑郷、恵安県華僑事務、華僑事務機関、人物伝（49人）の8章からなる。
　　　　　　　　　　　　　　　　(劉暁民)

瓊安ゴム園　けいあんゴムえん
瓊安膠園

中国の海南島で最初のゴム農園。東南アジア華僑で同島楽会県（現在は瓊海県に属す）出身の何麟書が、1906年に瓊安公司を設立して定安県落河溝でゴムの試植を行い、栽培を開始した（栽培開始を1910年とする説もある）。以後、同島にゴム農園設立が相次ぎ、1938年頃には大小60園を数えるほどになった。
　　　　　　　　　　　　　　　　(藤村是清)
　▷華僑投資
　▣『近代華僑投資国内企業史資料選輯（広東巻）』

渓安自動車運送会社　けいあんじどうしゃうんそうがいしゃ
渓安汽車公司

華僑の陳清機、許昌濬が1927年に発起・創設した自動車運送会社。社長は許書亮。資本金16万余元のうち華僑資金が70％余りを占め、なかでも南洋華僑許経権の出資額が多かった。同社は28年に南安県梅花嶺経由の晋江県安海・南安県渓尾間の自動車道路建設を開始し、32年8月全線30kmが開通した。32-38年には自動車十数台、従業員40数名を有した

が、抗日戦争で自動車道路が破壊され、38年に閉業した。　　　　　　　　　　（劉暁民）
　📖『近代華僑投資国内企業史資料選輯（福建巻）』

桂家 けいか

　1658年、南明の桂王永暦帝に従ってビルマのエーヤーワディ流域地方に逃げ込んだ中国人の子孫で、桂王の名にちなんで桂家または貴家と称した。マンダレーの北にあるマダヤーに定着し、主として農業に従事していたが、18世紀中葉この中から出た宮裡雁は、中国側からの流民を使って▼ボードウィン銀鉱を再開発し一大勢力を形成した。おりしもエーヤーワディ流域南部のペグーに興った勢力と連合してニャウンヤン王朝を倒したが、シュエボーに拠ったアラウンパヤーの軍勢に1753年に壊滅させられた。
　　　　　　　　　　　　　　　（伊東利勝）

挂沙 けいさ
クアサ　Kuasa

　かつてインドネシアおよびマレーシアの華人が用いていた資本家代理人に対する俗称。もともと力、権力、職権などを意味するマレー語のKuasa（サンスクリット起源）の音訳である。一般に挂沙は、大挂沙（Kuasa Besarあるいは Kuasa Nomor 1)、二挂沙（Kuasa Kedua）、小挂沙（Kuasa Kecil）に区分される。　　　　　　　　（山下清海）
　📖『世界華僑華人詞典』

経済改革対外開放 けいざいかいかくたいがいかいほう

　1978年末に開かれた中国共産党第11期第3回中央委員会総会の決議により、中国の経済体制の大転換がなされた。毛沢東時代の集権的経済体制から鄧小平時代の市場経済体制への転換であり、閉鎖的経済体制から開放的経済体制への転換であった。転換後の現在の中国経済を語るキーワードが「経済改革対外開放」、つまり「改革・開放」である。集団農業を中心に組み立てられた人民公社方式を個人（家族）農業方式に転換する農業改革がまず試みられ、この改革によって中国農村は歴史的な増産を記録した。農村改革に力を得て84年より都市改革と称される国有（国営）企業改革が開始された。幾多の曲折を経て今日では国有企業への株式制の導入を通じて、「両権分離」（所有と経営の分離）とこれによるコーポレートガバナンス（企業統治）の強化を図ろうというところまで改革が進展している。きわめて限られた貿易しかなく、外国企業による対中投資もほとんど許されなかった毛沢東の時代に比べて、鄧小平の時代において中国の対外開放は大いに進展した。実際、現在の中国はWTO（世界貿易機関）への加盟も成り、アメリカや日本などの先進国とも分かちがたい「統合」過程を歩んでいる。
　　　　　　　　　　　　　　　（渡辺利夫）

経済特区 けいざいとっく
special economic zone

　中国で対外開放、外資導入のために特別な優遇政策が施行された地域。1980年に、広東省では香港に隣接する▼深圳、マカオに隣接する▼珠海、同省東部の▼スワトウ、福建省では台湾に近い▼アモイの4都市の一部が経済特区に指定され、その後それぞれの都市部全体に範囲が拡大された。また、88年に海南島が省に昇格すると同時に、島全体が経済特区に指定された。経済特区は対外貿易、外貨管理、外資導入、財政など、さまざまな面で中央政府から優遇政策が付与された。いままで、経済特区はこうした優遇政策、海外とのリンケージを生かして、経済改革の「試験の場」、対外開放の「窓口」という役割を果たしてきた。外資、とくに香港、台湾と東南アジア華人資本の導入などにより、五つの経済特区はいずれも大きく発展した。しかし、中国経済の発展と中国全土への対外開放の拡大により、現在、経済特区の役割は相対的に低下している。　　　　　　　　　（朱炎）
　🔗経済改革対外開放

恵州客家 けいしゅうハッカ

　広東省中部、恵州地域に居住するか、またはそこを出身地とする▼客家系の人々を指す。恵州を中心に恵陽、恵東、河源、龍川、紫金、博羅など東江流域の諸地域、ならびに隣接する海豊、陸豊など沿岸地域（▼海陸豊）を含み、東江客家もほぼ同義。歴史的には明代以降に広東省▼梅県や汀州など韓江流域から移住してきた人々の子孫で、同じ▼客家語系の方言を話しているが、東江下流域では広東本地人、また沿岸部では▼福佬の影響が見られ、梅県客家などとは風俗習慣などの点に

おいて違いが見られる。東南アジアや欧米の華僑・華人のなかでは、恵州客家は梅県地域、汀州地域出身の客家に比較して少数であるが、クアラルンプール周辺など、一部地域では客家系の主流を占める。香港では、地理的な近さもあって恵州地域出身者は少なくないが、通常は梅県方面出身の客家とは別個な社団組織を形成している。
（瀬川昌久）

慶祝事件（けいしゅくじけん）

1919年7月19、20日、シンガポール華僑が中国の五四運動に呼応して、海峡植民地政府が挙行した連合国戦勝祝賀会への参加を拒否した事件。パリ講和会議における山東省のドイツ権益の日本への譲渡容認は東南アジア華僑の反日運動を惹起し、シンガポールでは同年6月19日に日本商品ボイコット事件が発生、さらにイギリスに抗議する「慶祝事件」へと発展した。これに対し植民地政府は民族運動の拠点となっていた華僑学校の統制を強化し、翌年「学校登録令」を制定し、華僑の政治運動を抑圧した。
（西村成雄）

京浜華厨会所（けいひんかちゅうかいしょ）

京浜地区華僑の中華料理のコッククラブ。同業団体のなかでもかなり古く、創立は1917年とも18年ともいわれている。ほとんどが広東省出身者で、同郷団体的要素をもっている。古くは、横浜市中区山下町の会館内に蚕棚のようなベッドがずらりと並んでいて、親類縁者を頼って出稼ぎに来たばかりの、住む所がない者のために提供されていたという。いまでは、1階が事務所、2階が談話室兼娯楽室になっている。現会長は盧栄枘（ろえいだん）。
（符順和）

京浜三江公所（けいひんさんこうしょ） ⇨ 横浜三江公所（よこはまさんこうしょ）

京浜日華協会（けいひんにっかきょうかい）

日中戦争下において、「日華和親」の具現化と「東亜新秩序」の建設に寄与するという目的を掲げ、京浜地域の日本人政財界人と華僑とが組織した団体。1940年2月8日、中華民国臨時政府東京弁事処長逯提、横浜中華会館理事長陳洞庭、東京日華親交会の中村良三海軍大将らが参加し、横浜の開港記念横浜会館で京浜日華協会の発会式が行われた。会長は元横浜市長で横浜商工会議所会頭の有吉忠一。また、陳洞庭ら地元華僑と親交の深かった宗教家金子光和も同会の発足に重要な役割を果たした。横浜華僑は日中戦争勃発以後、祖国政府支持か日本の傀儡（かいらい）政府支持かで揺れ動いたが、長年横浜に暮らし、生活の基盤を日本に置く華僑の多くは帰国しなかった。そして抗日の態度を表さず、「日華融和」の道を選択した。京浜日華協会への参加はそうした姿勢の表れといえる。陳洞庭と金子光和らは、戦後は横浜の日中両国人の親睦団体である中日協会を興す。
（伊藤泉美）

⇨ 日中戦争と日本華僑

恵民公司（けいみんこうし）

第1次大戦期、中国交通銀行がフランスに行くいわゆる参戦華工を募集するためにつくった会社。1916年5月に設立。天津、香港、浦口、青島などに支社を設けた。フランス陸軍との間に結んだ契約に基づき、16-17年の2年間に、上記各支社より3万2647名の華工を募集してヨーロッパに送った。これらの華工は、戦時下フランスの軍需工場や、鉄道、ガス、石炭、運搬、鉄鋼、化学などの部門で働いた。
（廖赤陽）

契約華工（けいやくかこう）

中国の港市において、乗船に先立ち、あらかじめ外国商会と一定期間、一定条件の下で就労することを明文化した労働契約書を作成し、相手方の費用立替えでとりあえず渡航する中国人の移民労働者。悪質な外国人船長や中国人客頭の暗躍を抑止し、秩序ある移民募集によって労働移民を中国から大量調達する目的で、外国人が持ち込んだものである。契約書には通例、移民の姓名、原籍、年齢、搭乗船名を明記したうえ、上陸後は現地の労働周旋業者あるいは契約書所有者が指定する労働に現地で通例とされる期間、労働することをまず誓約し、次いで、5年を満期とし、満期後は自由となることとし、その間における月給の額や、1日の支給食料、病気休業の取扱い、年に支給される物品などについての約束がある。さらに、代理人の外国商会によって支払われた船賃、船上の食事代、上陸に備えての衣服などの合計金額を記し、その負債は毎月一定金額を月給から差し引くとしている。19世紀、西欧列強の植民地において次々とアフリカからの奴隷貿易が廃止され、これ

に代わる労働力としてアジア系移民が求められた▼苦力貿易期に、植民地当局または外国商社は▼アモイ、▼スワトウ、▼マカオ、▼香港、▼広州などにおいて客頭を介して移民を半強制的に集め、アメリカ、キューバ、ペルー、チリ、ハワイ、西インド諸島などに契約移民のかたちで▼苦力クニーを輸送した。現実には契約書が作成されなかったり、署名を強制されたり、あるいは異なる港に連行されることがあった。▼華工の移民方法には、誘拐から役務契約によるもの、さらに渡航費の信用貸し（クレジット・チケット制）などがあったが、これら相互の移民システム間に明確な線引きをすること自体はあまり意味がない。「▼自由移民」という形式も奴隷的待遇を隠蔽しようとする欺瞞性を示したにすぎず、苦力を取り巻く同族・同郷、客頭、会党、外国商社、客桟・船頭行などが果たした役割および相互の有機的連関の解明こそが重要である。

（帆刈浩之）

⇨ 欠費制度

⚇ P. C. Campbell. *Chinese Coolie Emigration to Countries within the British Empire*. London: P. S. King & Son, Ltd., 1923.／可児弘明, 1979.／陳翰笙主編『華工出国史料匯編』北京：中華書局, 1985.

ケザダ、ゴンサロ・デ
Gonsalo de QUEZADA

第2次キューバ独立戦争（1895-98年）の革命軍将軍。生没年不詳。独立戦争中、華人兵士の勇敢なる戦いぶりに感銘を受け、のちキューバ駐ドイツ大使在任中、*The Chinese and Cuban Independence* と題した回想録を書き、1925年に出版された。その中国語訳『華工賛助古巴独立史略』は『華工出国史料匯編』第6輯に収録された。（曾纓）

ゲシュタポの華僑逮捕事件 ゲシュタポのかきょうたいほじけん

第2次大戦中のドイツのゲシュタポ（国家秘密警察）による華僑逮捕事件。1944年5月13日、ゲシュタポはハンブルクとブレーメンの華僑集住地区を急襲、スパイ活動容疑で華僑合計160人（ハンブルク128人、ブレーメン32人）を逮捕した。彼らはフールスビュッテル強制収容所に送られ、過酷な強制労働、栄養失調、虐待などにより多数の死者が出た。45年、イギリス軍のハンブルク占領によって解放された。

（曾土才）

血液検査法 けつえきけんさほう

アメリカの移民審査方法。1952年にアメリカ合衆国連邦検察官ロージが始めた方法で、アメリカ国民の子と名乗って移民を申請する者に対して、血液検査の実施によって血液型でその真偽を弁別する。同年よりアメリカ駐香港領事館もこの方法で移民申請者を審査する。

（曾纓）

⇨ 出入国管理，排華法［アメリカ］
⚇『世界華僑華人詞典』

月港 げっこう ⇨ **海澄 かいちょう**

結婚問題 けっこんもんだい

華僑・華人の結婚問題は移民の特性によって生じた問題である。それは、中国の伝統文化と結婚観念による影響のほか、華僑社会の人口、性別比、年齢構成による制限や、居住国の文化慣習や社会制度や法律による制約、および中国と居住国との国際関係による影響などの事情があるからである。民族の伝統文化として家の血統の永続などを重んじる中国人社会では、それがことに重大視される。華僑の結婚は中国と居住国双方の社会文化や生活様式、風俗慣習によって影響されると同時に、両国の法律、政治事情や国家関係にも制約される。これが本国における中国人同士の結婚や居住国の国民同士の結婚と最も異なるところである。他方、華僑社会においては、華僑の人数の多寡やその分布、居住の国別を問わず中国人社会の存続への志向が強かった。そのため華僑同士の結婚が望まれた。これは華人社会に関してもいえることであった。しかし、中華人民共和国成立後の1950年代を境に海外華僑の意識が「▼落葉帰根」から「▼落地生根」へと変化し、彼らの結婚にも異なる特徴が現れだした。それまでは祖国と深くかかわり中国人同士の内婚を志向していたものが、それ以降、世代交替とともにしだいに居住国社会に同化または融合するにつれ、国際結婚の受容も進んできた。（過放）

結彩豊盈 けっさいほうえい

長崎華商▼泰益号の決算帳簿の表題。泰益号に残された膨大な帳簿文書の一部で、この表題がついた決算帳簿は1901（明治34）年から30年までのものがある。各種帳簿の表題に

は縁起のよい言葉が多く使われている。泰益号は,旧暦の年末に決算し,各元帳より「財神日結冊」と呼ばれる損益決算書と「存欠録」と呼ばれる資産負債表(貸借対照表)を作成し,「結彩豊盈」に記入した。これは複式簿記の原則に合致する記帳法である。

(陳東華)

㈢ 華僑帳簿, アモイ式簿記

欠費制度 けっぴせいど
credit-ticket system

職業的な移民周旋業者である▼客頭が海外出稼ぎ移民を中国で募集する方法の一つ。客頭が自己の責任において船賃を後払いにしておき,中国で募集した移民をつれて乗船し,船が目的地に着くと移民を船内に留めておいて上陸し,移民の雇主を探す。雇主との交渉が成立すると,客頭は雇主から受領した金銭で船賃を支払って移民を下船させ,雇主に引き渡し取引が完了する。移民の船賃と渡航雑費を差し引いた金額が客頭の利益となる。一方,雇主が客頭に支払った金額は,▼広東幇,▼海南幇の場合,1年以内に移民の賃金から分割して返済し,また▼潮州幇では宿泊の提供,衣食の支給を除き半年間雇主のために無報酬の労働をすることによって返済する慣行であった。船賃・渡航雑費をあらかじめ支払わずに渡航し,海外における労働所得から借金を返済していくこの慣行は,無資本者にも海外出稼ぎの途を開いた反面,幾多の弊害によって移民に不利益を与えた。客頭は雇主に対し可能なかぎり高額な対価を提示し,また雇主は自己の投資から可能なかぎり利潤を析出しようとし,しかも客頭との取引金額を移民に明示しなかったところから,移民は実際の額以上に負債を背負わされ,そのぶん苦役を増したのである。また現地の労働市況によって客頭が僥倖を得ることがあるが,逆に雇主を探すのが長びくと諸経費がかさみ,その分が移民に転嫁され,移民にしわよせされた。投機の弊害の最大は,労働市場に影響力をもつ会党と客頭の結びつきによって,雇主が見つからない移民が会党の手中に捕らえられたことである。

(可児弘明)

㈢ 契約華工

⑱ P. C. Campbell. *Chinese Coolie Emigration to Countries within the British Empire*. rep., London: Frank Cass & Co. Ltd., 1971.

顕蔭和尚 けんいんおしょう 1902-25

中国仏教界の伝説的な天才僧侶。江蘇省崇明県人。17歳のとき寧波観宗寺で出家。天台宗教義の研究に没頭。1923年秋,関東大震災による被災華僑に対する慰問を目的に来日し,その後高野山で密教の研究に従事,日中間の仏教文化の交流に力を尽くした。24年9月,▼神阪中華会館と華僑同文学校で講演を行い,祖国の宗教文化に対する華僑の理解と関心を啓発する役割を果たした。彼の訪問を機に,華僑による海外初の仏教研究団体とされる▼神戸華僑講学会が組織された。帰国後病に倒れ,23歳で死去。

(陳來幸)

献戯 けんぎ

中国人は守護神の祭祀において神の恩恵に酬いるために演劇を奉献することが多い。「酬神戯しんぎ」と称する。ただし,新中国ではこの習慣は「宗教迷信」として禁止されて消滅し,現在では香港,台湾,および東南アジアなどの海外中国人社会に残存するにすぎない。華僑は海外に移住するにあたって中国本土の故郷から守護神の神像や香炉を捧持して出てくることが多い。海外で成功すれば,その守護神の▼廟を建て,故郷から捧持してきた神像や香炉を安置して,祭祀を盛大に行う。その祭祀においては,人口が多く財力が豊かなグループは,ときには故郷の劇団を招いて演劇を献じる。ただ劇団招聘には莫大な費用がかかるので,一般には平素より子弟から演劇愛好者を選んで素人専属劇団を編成し,これを育成維持する場合が多い。シンガポール,マレーシア,タイなどの東南アジア華僑の場合,故郷の演劇を演じる専属劇団を保有するのは,▼福建人(泉州人,漳州人),▼潮州人,▼海南人,莆田人などであり,それぞれ祭祀にあたって閩南劇(歌仔戯),潮州劇,瓊劇,福州劇,莆仙劇を神に献上している。大グループの福建,潮州,海南は複数の専属劇団を擁する。逆に貧困な▼客家,および少数派の上海人は独自の劇団をもたず,祭祀では同好者が故郷の音楽を献ずるにとどまる。演劇を献ずる時期としては,正月15日の元宵節,7月15日の中元節を挟む季節祭祀が選ばれるほか,それぞれの守護神の誕

ケンギ

祭りの間仮設される舞台で演じられる酬神戯は、誰でも無料で入場できるが舞台は必ず神壇に向いている。
撮影：可児弘明

生日も重要な機会である。

　シンガポール、ペナン、バンコクなどの都市では、街区の同郷人が祭祀を組織し、野外の街路の半分を占めるかたちで、神像や香炉を奉迎した神殿と演劇の舞台（戯台）を対面して架設し（周囲と屋根を布で囲う小屋がけのもの）、自己の属するエスニック・グループの専属劇団を招き、守護神に故郷の演劇を捧げる。演劇は1日2晩、2日3晩などの祭祀期間の間、おもに午後と夜に上演され、夜明けまで徹夜で続けられることも少なくない。別にグループによっては、野外ではなく、同郷会館の会議室の神殿の前で祭祀儀礼を行い、宴会を開き、その席で専属劇団に演劇を演じさせる。結婚式に先立ち、家族だけで祖先に感謝し、新婚夫婦の子宝を祈るために木偶戯の「北斗戯」を演ずることもある。これは「家礼戯」とも呼ばれる。木偶戯または布袋戯は費用が安くてすむので、資力の乏しい祭祀集団が愛用している。このような祭祀演劇は方言による郷里の演劇と音楽・歌謡を通して、グループの結束を再確認する意味がある。

　東南アジアでは、華僑の世代交代にともない、若い世代が方言を失う傾向があり、そのため方言で演ずる酬神演劇は衰退してきている。とくに大グループの福建系華僑は、本来もっていた正統派の福建南曲、「梨園戯」を維持できなくなり、かわって若者に人気のある流行歌を土台に編曲された台湾の「歌仔戯」を演ずることが多くなった。元来が少数派の福州人、莆田・仙游人も後継者難のため福州劇、莆仙劇を維持できなくなり、これも「歌仔戯」に転換している。したがって現在、東南アジア華人社会で伝統的な故郷の酬神戯を保持しているのは、潮州人と海南人だけである。とくに潮州人は西洋楽器を交えない固有の潮州音楽と潮州方言の歌曲による伝統的潮州劇を固守しており、福建人もときには洋風化した「歌仔戯」を忌避して潮州劇を招くことがあるほど、重きをなしている。台湾では客家人の北管劇団が俳優の老化と後継者難で衰微し、閩南人の「梨園戯」も衰退して、酬神戯の舞台は「歌仔戯」一色となった。香港では、広東人の広東劇（粤ㇰ劇）、潮州人の潮州劇、恵州人（海陸豊県人）の海陸豊劇（俗に福佬劇という。正字戯、西秦戯、白字戯の3種を含む）の3種の酬神戯が鼎立していたが、近年は少数派の恵州海陸豊人の劇団が消滅し、ほとんどは多数派の広東劇に転換してしまった。潮州劇はここでも複数の劇団を擁して健在であるが、多数派の広東劇が香港の酬神戯の舞台を席巻する傾向が強まっている。

（田仲一成）

㋔ 地方劇
㋙ 田仲一成，1989．

源昌号（げんしょうごう）

長崎の▼三江幇の有力華僑貿易商社の一つ。1889（明治22）年に長崎に来た蘇道生（1870-1916年、上海出身）により新地町8番地に設立された。おもに華中・華北方面からの木綿、雑貨の輸入と、肥料、雑貨の輸出に従事。蘇道生は▼辛亥革命前後（1910-16年）の混乱期に▼長崎華商商会会長を務め、その任期中に急死。▼三江会所総代、▼長崎華僑時中小学校名誉校長などを歴任。同号は、同郷人で同号職員の載寿隆が号主となり継承、1923年まで存続。
（陳東華）

元帥府（げんすいふ）

同じ村出身の親族組織の一例。1960年に成立した▼京都福建同郷会の会員には福建省福清県の出身者が多いが、このうち高山村出身の林姓の人々は春秋の祖先祭祀の行事を続けてきた。1939年から始められたこの行事は「元帥府の行事」という意味で「元帥府」と通称され、ある一人の祖先のために毎年10月の生誕祭と3月の命日を行う。その昔、▼倭寇の襲撃を受けたときに村を護った祖先を形象する木製の武将像を祭壇に祀り、故郷の料理を供える。福清県出身者の同郷組織の核となる父系血縁関係といえよう。
（吉原和男）

㋙ 吉原和男「在日福建華僑の組織化過程」宗教社会学の会編『宗教ネットワーク』行路社，1995．

原籍（げんせき）

中国人にとって個々人の「出身地」あるいは「もともとの戸籍があった場所」を指す。「祖籍」「籍貫」とも呼ばれ、より口語的には「老家（ラオチャ）」「家郷（チャシン）」ともいう。「老家」は日本語に訳せば実家、「家郷」は故郷だが、それは単純に生まれ育った場所を指すのではなく、自分の父系祖先が清代あるいはそれ以前から戸籍を有し、住みつづけてきた場所を意味する。したがって、本人自身はいちどもその原籍地への居住や訪問の経験がない場合もありうる。もともと、清末以前には一般人民は中国のいずれかの省のいずれかの県（または州）に戸籍をもち、納税などの義務を負うとともに、科挙の受験資格もその戸籍を有する場所においてのみ保証される制度であった。清末以前にも戸籍のある場所を離れて他郷で暮らす人々がいたが、彼らは現住地での科挙受験を認められないなど、種々の点で差別された扱いを受けた。また、「落籍」すなわち移住先での新たな戸籍の確立・定着が認められた後も、原籍地の同じ者どうしが団結し、たがいに争うこともあった。たとえば清代台湾では、福建省を原籍とする閩人（ びんじん ）と広東省を原籍とする粤人（えつじん）（大部分は広東省東端部出身の客家人）、さらには閩人のなかの泉州出身者と漳州出身者とが、たがいに▼械闘したことで知られる。海外への移住によって生じた華僑・華人社会においても、原籍の違いがしばしば重要な意味をもった。中国の多様な地域からの移住者が混在する海外の移民社会は、中国人の中のサブ・エスニシティの違いがとくに顕在化する場であったため、いわゆる▼幇（ぱん）や▼同郷団体のような原籍地の異同を指標とした集団形成が行われた。このように原籍の認識は社会関係の一部として組み込まれていたことから、移民第1世代から第2、3世代へと交代が生じても、それは容易には失われない傾向にあった。ただし今日では、ホスト社会への定着の進展や、華人アイデンティティの再編により、原籍へのこだわりの程度は個人によって著しく多様になりつつあり、自己の原籍を知らない若い世代も多くなりつつある。
（瀬川昌久）

㋔ 同郷団体，中国人の海外移住
㋙ 陳其南『台湾的伝統中国社会』台北：允晨文化実業公司，1987．／瀬川昌久『客家』風響社，1993．／山田賢『移住民の秩序』名古屋大学出版会，1995．

源泰号（げんたいごう）

長崎の▼三江幇の華僑貿易商社の一つ。明治後期、新地町28番地で創業。主として華中・華北方面との海産物、雑貨の輸出貿易に従事。号主の兪子常（1858-1936年）は、浙江省▼寧波出身、▼三江会所会員。1937年廃業。家督を継いだ四男の兪宝善（1914-85年）は、第2次大戦後に成立した長崎華僑連合会初代会長を務めた後、台湾系の▼長崎領事館に勤務。
（陳東華）

現単新客（げんたんシンケ）⇨ 自由移民（じゆういみん）

建築僑匯 けんちくきょうかい

　華僑・華僑親族が中国で建築、家屋修理、家屋購入などのために用いる建築用送金(為替)。セメント、鉄筋、木材などの国家統制物資の建築材料が公定価格で購入できる。旧家屋の購入や新家屋の建築、家屋の私的所有が可能で、社会主義改造を免除された。固定資産の税制面では、旧家屋には免税3年、新家屋には免税5年が保証され、期間満了後は当地住民と同等に納税。華僑向け住宅に便宜を提供するため、華僑新村設立計画委員会を作った地方もある。これらは華僑・華僑親族の権益を保護し、便益を与えると同時に、▼華僑送金を増加させるために中国政府が1960年代から採った政策である。57-64年には全華僑送金の13%、87年には広東省全体で1762万ドル、華僑送金額5294万ドルの33%以上を占めた。華僑送金は改革・開放後、種々の理由から大幅に減少したが、建築用送金は大都市(とくに広州市)の住宅販売と関連し(親族農民の都市戸籍への変更も可能)、現在でも盛んである。　　　　　　　　(山岸猛)

ゲンティン・グループ
雲頂集団　Genting Group

　マレーシアの企業集団。▼リム・ゴートンが1968年にクアラルンプール郊外50km、海抜千数百mのゲンティン(山道の意)山上に建てたカジノつきのホテル、ゲンティン高原ホテル社 (Genting Highlands Hotel Sdn. Bhd.) が起源。71年上場。70年代ゴム、アブラヤシなどの農園企業にも事業を拡大、83年同部門を子会社アジアティック開発社 (Asiatic Development Bhd.) 所管に。ADB社の96年の経営面積は4万ヘクタール余り、農園業界5位。82年カジノ、ホテル、観光部門を子会社のリゾーツ・ワールド社 (Resorts World Bhd.、名勝世界有限公司) に移管。ゲンティン高原ホテル社は78年に経営多角化を反映してゲンティン社 (Genting Bhd.) に改称、集団を統括する持株会社となる。そのほか不動産、製造、通商などにも参入、90年代末現在、国内45社、国外19社の子・系列会社を擁する。国内では上記3社が上場。ゲンティン社はラザク、フセイン両元首相の義父モハメド・ノアをその死(86年)まで役員として迎えていた。　　　(原不二夫)

現物前貸し制度 げんぶつまえがしせいど

　マレー半島西海岸一帯で産出する▼錫、いわゆる海峡錫を採掘するために19世紀中頃から大量進出した中国人の採掘活動を推進するうえで、中心装置となった金融方式。当時の優良鉱床は沖積層の比較的浅層にあり、労働集約的な露天掘り方式によって錫が採掘された。このため設備(苦力小屋、木炭精錬の炉小屋、選鉱装置、排水用の水車)や鍬、モッコなど工具の準備は少額の投資ですみ、錫企業にとって成否を分ける鍵となったのは、(1)中国南部から大量の移民労働者を不断に補充し、鉱山からの逃亡などが発生しないよう厳重に統制すること、(2)現地で鉱山労働者を一定期間維持するのに不可欠な必需物資を確保することであった。大手の▼前貸し頭家は、錫鉱山開発に乗り出そうとする企業家に対し、食糧や衣類のほか、鉱山での生活に欠くことのできないアヘン、酒類、煙草などの物資を現物で、しかも市価より法外な高値で前貸しした。いわば現物で前貸される運転資金である。その一方、生産された錫を独占的に、しかも時価より安く買い取るしくみになっていた。この二重の利得によって、現物前貸しはきわめて高利な融資となったが、リスクの高い企業に無担保で行われる融資では、高利は当然の代償とみなされていたのである。しかしこのしくみによって鉱山労働者が不法な債務を背負い、それを返済するため苛酷な労働に従ったことは否定できない。現物前貸しが大手の融資元から錫鉱業の中心地を拠点とする中・小の前貸し頭家、企業主、鉱山労働者へと順次行われ、末端の労働者に万事がしわよせされたからである。しかしこの具体的な人的関係の跡づけは限られた時期、部分にとどまるのが研究の現状である。なお中国人経営の海峡錫採掘は、浅層の錫鉱床が掘りつくされて深層に移り、19世紀末を始期とする資本集約的なイギリス系ドレッジャー(浚渫船)による機械採掘が主役となるのにともなって後退し、また現物前貸しの方も20世紀に入ってから禁止となった。　(可児弘明)

圏　山田秀雄編『植民地経済史の諸問題』アジア経済研究所、1973。

源豊水 (げんほうすい)

近代長崎に店舗を開いていた華僑貿易商号。1919年（大正8年）に編纂された長崎商工会議所編『長崎商工会議所二十五年史』によれば、同年に新地町、広馬場町、梅ヶ崎町に店舗を開いている在留長崎華僑貿易商22軒の一つ。店舗の所有者は汪印章で、三江会所所属の『三江幇の一員と思われる。華中・華北方面に海産物・雑貨の輸出を行い、中国物産を輸入していた。本店およびおもな取引先はいずれも上海である。

（川勝守）

コ

胡亜基 (こあき) 1816-80
フー・アーキー　HOO Ah Kay

シンガポール華人社会のリーダー。字は璇沢、号は琼軒、別名胡南生。祖籍は広州黄埔。1830年にシンガポールに渡り、父を助けて商業に従事、黄埔先生と呼ばれる。父が黄埔（Whanpoa）公司を創業、シンガポールに停泊する艦船に食料品を供給する業務に従事。父の死後、事業を継ぎ、拡大する。パン工場を開設し、イギリス艦船の食料品供給を請け負う。44年平民病院名誉財政。55年ラッフルズ女子校を援助し、女子教育を奨励。59年、60エーカーの所有地をイギリス植民地政府の所有地と交換し、ここに植物園を開設。華人社会における声望とシンガポール社会への貢献により、数多くの名誉職を委任される。たとえば、64年法廷の陪審員、69年立法評議会初の華人民間議員、兼行政評議会特別議員、71年『太平紳士、74年ラッフルズ図書館および博物館委員。英ビクトリア女王よりセント・マイケル勲章、セント・ジョージ勲章を受章。77-80年中国（清朝）の初代駐シンガポール領事、兼ロシア名誉領事。79-80年日本の名誉領事（初代）も兼任。80年シンガポールで死去、遺骸は『広州近くの小島に埋葬。

（田中恭子）

顧維鈞 (こいきん) 1888-1985
Wellington KOO

中華民国期の外交官。江蘇省嘉定人。上海のセント・ジョーンズ大学に学んだ後、米国コロンビア大学に留学、1912年帰国。15年から北洋政府と国民政府の外交部長、英、米、仏公使・大使などを歴任。45年中国政府の代表としてサンフランシスコ会議で国連憲章の採択に調印。56年から国際司法裁判所判事

に。引退後は米国に定住。著書に『顧維鈞回憶録』(全11巻)。内容は外交、政治、軍事、経済にわたり、近代中国外交史の重要な資料である。第5巻は41-42年の英国との香港返還交渉に言及。
（容應萸）

行 こう

行は行業とも呼ばれ、商業を指すが、歴史的には手工業などの製造業や交通・運輸、金融業などをも含んだ営利業総体を行業として分類している。その数は、伝統的には吉数をとって「行業七十二行」とも表現されてきた。もちろん商業や手工業の数が72に収まるわけではないが、時代や観察者によって異なる行がそのなかに数えられてきたという歴史も興味深いものがある。清末民初時期の▼広州の七十二行業について、日本の調査では、表1の72行が数えられている。

この調査に比べて清末の『番禺県続志』には、、南北行、上海行、四川行、金山行(▼金山荘)、天津行など、広州外地の、または海外の貿易商を数多く含んでいる。

1921年に広州総商会が会長を選挙した際、同時に選出された商会代表委員の出身行業の業種は、表2のとおりであり、特産品の交易商が重要な位置を占めていることがうかがわれる。

対外交易関係や華僑経済に関連する行として、歴史的には「広東十三公行」など、海外貿易に従事した官許の商人グループも行と呼ばれている。

▼広東の公行組織(広東十三行)は1720年に始まるが、行商の原籍は多くは福建省▼漳州府・泉州府に属し、▼アモイを中心とする沿海貿易を背景に組織化され、広東十三公行はその一部であり、彼らはコーチシナ、シャム、マレー半島、ジャワ、フィリピンへも活動範囲を伸ばしていた。しかし、西洋貿易の独占を図る公行の設立が行商潘振成によって1760年になされると、粤海関(広東税関)は、西洋貿易を専門とする洋行、南洋(東南アジア)貿易を扱う本港行、▼福州と▼潮州の貿易を扱う福潮行の三つに分割して課税を行っている。

▼香港の南北行公所が成立したのは1868年であるが、この商業会議所が設立されるはるか前から南北行は存在していた。文字どおり南と北の商品を交易する商人グループが香港に南北行として活躍した背景には、広東の十

表1　清末民初時期の広州の七十二行業

銀行[1]	菜欄行[3]	銅鉄行	錫器行
金行	高楼行[4]	缸瓦行	檀香行
当行	餅行	磚瓦行	長生行[13]
土糸行	布行	泥水行[9]	茶箱行
出口車糸行	疋頭行[5]	杉行	鮮果行
土茶行	染料行	雑木行[10]	洋貨行
熟膏行	鞋行	竹器行	蓆行
生土行[2]	帽行	搭棚行	戯班行
柴行	顧繡行[6]	石行	宮粉行[14]
米行	新衣行	鉄梨行[11]	絨線行
油行	故衣行[7]	車花行[12]	刨花行[15]
醤料雑貨行	戯服行	油漆行	金線行[16]
酒行	玉器行	牌匾行	金箔行
海味行	煙糸行	儀杖行	象牙行
鹹魚行	熟薬材行	洋灯行	燒料行[17]
猪肉行	臘丸行[8]	香行	花紗行
鮮魚行	参茸行	山貨行	紙料行
雉鴨行	豆腐行	顔料行	機房錦綸行[18]

〈注〉1) 外省の銭荘に相当。2) 生鴉片。3) 蔬菜卸。4) 酒楼。5) 綾羅綢緞。6) 五彩金線織造の衣服、屏障など。7) 古衣。8) 中成薬。9) 建築。10) 杉以外の一般木材。11) 鉄梨木。12) 雕刻木器。13) 棺木。14) 化粧品。15) 婦女の化粧品。16) 繡花用。17) ガラス器具。18) 糸織手工業。
〈出所〉外務省通商局編『清国事情』2, 1907年.

表2　広州総商会の商会代表委員の出身行業(1921年)

茶行	油行	酒楼茶室行	燕梳保険公会
南海布行	絨線行	菜欄行	金行
北江転運行	疋頭行	土糸行	酒米行
銀業行	鮮魚欄行	北江紙行	紅磚瓦蓋行
報税行	鮮果行	銅鉄行	糠米行
天津公幫行	洋装糸業公会行	煙糸行	雑木行
花生芝麻行	客桟行	西猪欄行	礦務公会
白糖行	米埠行	南北行	煙葉行
瓷器行	酒行	南番下則押行	玉器行
京果海味行	南番押行	熟薬行	靴鞋行
顔料行	広肇青磚行	生薬行	杉行
醤料行	広州織造土布行	参茸行	電器行
薄荷如意油行	洋雑貨行	青竹行	広州屠牛行
豆行	故布行	丸散行	顧繡斑靴行

〈出所〉外務省通商局編『清国事情』2, 1907年.

三行の歴史がある。1760年に十三行のなかではすでに分化が始まっており、外洋行は9家あり、もっぱら西洋商品を扱っていた。本港行は4家あり、南洋諸国からの広東への貿易船を扱っていた。福潮行は7家あり、もっぱら近隣諸省から広東に来る貿易の船を扱っていた。十三行はこのように南線、北線、そしてヨーロッパ線に分かれており、実際には南北行はすでにその頃から始まっていたと考えることができる。香港が1842年に開港した後、ヨーロッパ線にいたイギリス商人の地位が一転して、香港の権力を握ることになった。彼らはすべて中国貿易を中心としており、みな中国から香港に移り住んだ。たとえばジャーディン・マセソン商会などは1843年に広州から香港に移った。その後、南線と北線の商人もまたすべて香港にやってきた。ただし彼らの社会的地位はイギリス商人とは同じではなく、統治者と被統治者の区別があり、このような環境の下で当然のことながら、商人たちは結束して南北行公所を組織したわけであり、それが今日にまで至っている。

金山荘は、香港においてアメリカへ移民した華工が需要する物資を調達する商店の通称であり、サンフランシスコのみならず、1890年代以降のオーストラリアへの移民華工が需要する物資をも含むようになる。1842年に香港が開港されると、いわゆる苦力貿易が始まり、66年に移民協定が成ると、いわゆる契約移民が増大した。まずアメリカへ、そしてオーストラリアと続く金鉱開発ブームにともなって多くの鉱山労働力が必要とされた。金山荘は、香港の商店がこれらの両地の華工に消費物資を提供したり、本国送金を扱ったりした。 (濱下武志)

黄亜福 こうあふく 1837-1918
WONG Ah-Fook

マレーシアのジョホールバルの黄亜福街、シンガポールの黄福山（義塚）にその名が残る新客成功者。黄福ともいうが、もともとの名は黄福基。広東省台山県人。シンガポールに移民し大工職人から身をおこし、建築請負い業で成功した。またジョホールの豊盛、徳興両港の港主となり徴税請負いで富を築き、シンガポールで広益銀行（東南アジアで最も古い華僑銀行）を創立、さらに中国の潮汕鉄路や華商銀行の大株主となり、また広州で大量の不動産投資を行った。「華僑社会から得たものは華僑社会のために使う」を生活信条とし、慈善病院や華語による教育を資助した社会活動家でもある。またジョホール王宮の改築を請け負ったことでも知られる。ジョホールバル兆現街に名が残る実業家黄兆現は次男、オックスフォード大学に学んだ法律家黄兆鎮は三男である。 (可児弘明)

⇒ ロク・ユウ

圏 柯木林主編『新華歴史人物列伝』シンガポール：教育出版公司, 1995.

興安丸 こうあんまる

第2次大戦後初期、中国在留日本人の引揚げに使われた船であるが、往路には在中国人の帰国にも使用された。中国に在留する約3万人の日本人を帰国させるため日本赤十字社、日中友好協会、日本平和連絡会の3団体が交渉した結果、中国側は秦皇島、天津、上海の3港、日本側は舞鶴港を使用することにし、第1陣2009人が1953年3月23日、興安丸で舞鶴港に帰国。またその当時、東京華僑総会が日中両国政府間の仲介役を果たしていたが、興安丸のニュースを得てただちに日本外務省や上記3団体と交渉、在日華僑・留学生の帰国希望者を乗船させるよう申し入れ、同意を得た。国連軍、韓国、台湾が安全は保障できないと難色を示したため一時頓挫、53年6月下旬になりようやく第1陣が舞鶴で興安丸に乗船、7月2日天津港に上陸。同年、前後3回にわたって、日本から2649人の華僑、留学生が興安丸で帰国した。 (凌星光)

⇒ 戦後華僑の帰国, 中国への帰国ブーム

黄偉初 こういしょ 1940-

横浜山手中華学校校長。広東省高明県人。同校の卒業生出身の初めての校長で、現校歌の作曲者である。1962年、当時の烏勒吉ウル校長から音楽教師にと誘われ同校教員に。かたわら黄河合唱団の指揮や青年運動のリーダーとして、のちには華僑運動のリーダーとして活躍。老朽化した設備の改修、コンピュータ導入、冷暖房設置など教育環境の整備、教育内容・教授法の改革、教師の待遇改善等々、いくつもの難題に取り組む。その成果は創立

100周年の記念行事や増加する生徒数が物語っている。
(符順和)

高一覧 こういちらん 1602-66

長崎の▼唐通事。明末の亡命渡来人▼高寿覚の子。母は朝鮮人妙ायといい、薩摩に生まれる。渤海久兵衛但有を名乗り、渤海を「ふかみ」と読み、深見を姓とする。一覧は号、またの号を大涌、字は応科、超方。成人して長崎に移住し、唐通事となる。敬虔な仏教徒で、黄檗宗の▼隠元招聘に尽力し、興福寺参道の中島川に架橋した石橋は一覧橋と称される。橋碑文に「明暦三年(1657年)渤海久兵衛募建、南無度人師菩薩」とある。その子の貞恒、玄岱は幕府儒官。
(川勝守)

㊀都城

孔雲生 こう・うんせい

1887(明治20)年頃より横浜で両替商・万泰を営んでいた▼三江帮の重鎮。生没年は不詳。浙江省鄞県出身。万泰は▼横浜居留地72番地にあり、一時期▼横浜三江公所は同店の中にあった。孔雲生は1899年に横浜の中国人商業会議所、▼横浜華商会議所が設立時の役員を務めた。また万泰のほかに居留地136番地に貿易商・恒大号を開いていた。1923年の関東大震災の際には、▼横浜中華会館代表として活躍した。横浜総領事館が倒壊、長福総領事が圧死し、混乱した状況が続いたため、孔雲生が徒歩で東京の中華民国公使館臨時事務所に赴き、張元節代理公使と面会、横浜副領事の孫士傑を代理横浜総領事とするように要請した。孔はその後、孫とともに華僑犠牲者の遺体処理や永代借地権の復活登記などに尽力した。
(伊藤泉美)

㊀関東大震災と横浜華僑
㊁『横浜中華街』／伊藤泉美「横浜における中国人商業会議所の設立をめぐって」『横浜と上海』横浜開港資料館, 1995.

黄薯蘇 こう・うんそ 1882-1974
HUANG Yun Su

▼アメリカ同盟総会の創始者、▼中国国民党元老。字は魂蘇。広東省台山出身。第1期公費留学生としてアメリカへ。▼孫文の委託を受けた李是男とともに1910年サンフランシスコでアメリカ同盟総会を設立。同年『少年中国晨報』編集長となり、保皇党と論戦を展開。▼洪門籌餉局責任者となった。孫文の臨時大総統就任期のみ帰国、その後再びアメリカへ。袁世凱の帝制をニューヨークで論難。21年帰国。29年以降、駐ホノルル領事、駐サンフランシスコ総領事など歴任。抗日戦争開始後に帰国。40年、訓政時期立法委員。戦後、アメリカで華僑教育事業に従事。
(木下恵二)

黄栄遠堂 こうえい・えんどう

ベトナム華僑の黄文華一族が福建省▼アモイ市に創設した不動産会社。黄文華(1855-1955年)は泉州市生まれで、若い頃ベトナムに移住。その息子の黄仲訓は1918年に帰国して同社を創設し、120万銀元を出資して鼓浪嶼岩仔脚に瞰青別荘を、田尾に欧米人用の洋館十数棟を建てた。黄一族が鼓浪嶼に投資・建設した建物は54棟あり、総面積は1.7万m²余りであった。鼓浪嶼の「黄家渡」という大型埠頭は、鼓浪嶼の海上交通や輸出入で重要な役割を果たした。
(劉暁民)

㊁『世界華僑華人詞典』

黄奕住 こう・えきじゅう 1868-1945
Oei Ek Tjoe

インドネシアと中国で活躍した華人企業家、銀行家。Oei Ik Tjoeと表記することもある。福建省に生まれ、1884年にシンガポールに、のちスマランに移る。小商業から身をおこし、90年代には糖業を経営、砂糖などをシンガポールやヨーロッパに輸出する。第1次世界大戦直後は、ジャワの4大砂糖商の一人に数えられる。1907年、スマランの中華商会の設立に加わり、後に副会長を務める。第1次大戦の後、植民地政府より多額の税を課され、1919年に▼アモイに移り住み、1920年代に経済活動の場をジャワから中国に移す。1921年に上海で中南銀行を興す。同行は中国において多額の投資を行った。アモイでは、水道会社や、電話会社を興すなど活躍した。スマラン在住時、▼華僑学校の発展にも尽力し、また中国の救国運動に参加して中国における慈善事業に多額の支出をするなど、あくまで華僑として生きインドネシア社会との同化を拒否する▼トトクの代表的企業家であった。
(水野広祐)

㊀厦門浄水場会社, 中華劇場

黄炎培 1878-1965
HUANG Yan Pei

中国近代の著名な教育家。1917年に設立された中華職業教育社を通して、教育活動と社会活動を積極的に展開し、その業績は高く評価され、中国近代職業教育の創始者といわれている。同年夏、中華民国政府教育部の委託を受け、シンガポール、マラヤ、インドネシア各地の華僑社会を訪問し、現地の華僑教育の詳細な実態調査を行った。この調査を基に書き上げられた意見書『南洋華僑教育商権書』は華僑教育史研究の資料として価値がある。　　　　　　　　　　（小木裕文）

参 田正平・李笑賢編『黄炎培教育論著選』北京：人民教育出版社，1993．

黄遠庸暗殺事件

1915年12月、サンフランシスコで起きた政治的暗殺事件。黄遠庸は江西人。日本留学後、進歩党外交部長および袁世凱の機関紙『亜細亜報』主筆を務めた。袁の皇帝自称後に離脱を宣言、15年シアトルを経て11月26日にサンフランシスコ着。『少年報』に記事を載せ、帝政反対を唱えたが、12月25日、チャイナタウンで暗殺された。　　　（司馬純詩）

黄禍
yellow peril

「黄色人種」が「白色人種」に禍をもたらすであろうという主張。ドイツ皇帝ウィルヘルム2世が1895年に唱えだした思想で、J. A. deゴビノーの『人種不平等論』の影響を受けており、のちにヒトラーの『わが闘争』の思想にも影響した。こうした黄禍論が実際に適応された格好の例としては、アメリカやカナダにおいて「黄色人種」とされていた中国や日本人の移民への排斥運動があげられる。アメリカでは19世紀半ばから、鉱山や大陸横断鉄道に従事する低廉労働力の需要が高まり、大量の中国人が流入した。大陸横断鉄道の完成後、中国人はサンフランシスコ地区に集住し、靴、タバコ製造などで競合関係にあったアイルランド系移民らと対立するようになった。とくにアイルランド系の扇動政治家デニス・カーニーは排華主義で民衆の支持を獲得、1882年には連邦議会において排華移民法が制定された。カナダにおいても同じような経過をたどって1923年に、中国人移民を禁止する中国人移民法が制定された。アメリカの排華移民法制定の後、日本人のアメリカへの移民が急増するが、この場合も1924年の排日移民法によって移民が全面禁止となっている。移民国家であるカナダやアメリカでヨーロッパからの移民（白色人種）には寛大でありながら「黄色人種」である中国人（華人）や日本人の移民は災禍をもたらすと差別的に考えたところに、当時の欧米白人社会の人種観をみることができる。　（綾部恒雄）

⊟ 排華法

公会

上海や北京など中国の大都市や海外の中国人社会で、主として職人や商工業者によって形成された▼同業団体。とくに華僑・華人社会においては、職業と出身地は密接な関係をもっているから、実質的には、しばしば▼同郷団体との人的・組織的重なり合いをもつことにもなった。華僑・華人社会にとっては、マイノリティであるがゆえに被る経済的不利益を集団的に補い、また、居住国・地域における多数派民族との交渉の団体としての役割を果たしている。そもそも中国社会では、大きな傾向として、血縁のみならず、同郷（出身地）、同学（出身学校）、同教（信仰）、同業（職業）、親分子分関係（擬制的血縁関係）、兄弟分関係などといった社会的結合関係を人為的かつ重層的に形成して、自己や自己の属する集団の生命・財産の安全を図ることが行われてきた。こうした傾向は、とくに明・清以降、商業・手工業の発達を背景に、たとえば山西商人や新安商人といった特定地域出身商人の全国的活動や主要都市での活発な商業活動にともなって、歴史的に形成されたものである。したがって公会の存在は、中国人社会が歴史的に獲得したいわば社会的生残り戦略の一つとして、理解することができる。具体的なその機能については、公会メンバーによる業務の独占、メンバー間の無制限な競争の排除、価格や賃金の規制といった経済的側面、徒弟制度を内包する教育制度としての側面、職業祖神ないし守護神に対する信仰や宗教儀礼をもつ組織としての側面、メンバーに対する救済事業を行う組織としての側面、メ

ンバー外の一般人に対して社会福祉事業を行う組織としての側面が指摘されている。

(松本武彦)

⇨ 会館
📖 仁井田陞『中国社会とギルド』岩波書店、1951。／根岸佶『中国のギルド』日本評論社、1953。／吉原和男「中国人社会の同郷結合と社会関係ネットワーク」可児弘明・游仲勲編、1995。

郊外型チャイナタウン こうがいがたチャイナタウン
suburban Chinatown

北米大都市部郊外に形成された中国系の多く住む居住地域を指す。かつての北米中国系移民は主として農村出身の単純労働者からなり、北米社会での適応力も弱く、また、差別と偏見のもとで、都市最貧部の▼チャイナタウンと呼ばれる中国系スラムに押し込められて居住していた。こうした居住形態は、第2次大戦後、専門職化の著しい中国系二世・三世が白人中流層の住む都市郊外に移動することによってしだいに変化していったが、この動きは1970年代末以降、新しい局面を見せることになる。この時期以降、北米では、経済成長の著しい香港・台湾からの移民が急増することになり、元来、富裕な都市中・上流層からなるこれらの「新移民」は、移民当初から環境に恵まれた郊外住宅地を選好した。ロサンゼルス郊外の▼モントレーパークやトロントのスカーボロ、バンクーバーのリッチモンドなどが代表的だが、こうした「新移民」の嗜好に合った地域では、中国系住民の急速な増加が見られ、それにともなって香港・台湾系銀行、中華レストラン、中国系ショッピングモールなどの中国系の生活施設も充実され、いわゆる「郊外型チャイナタウン」が形成されることになった。こうした「郊外型チャイナタウン」の出現については、しばしばその文化的異質性や白人住民との摩擦が指摘されるが、一方で、「郊外型チャイナタウン」は伝統的なチャイナタウンに見られる特徴をほとんどもたないことに注意する必要がある。そこには中国系の排他的集住は見られないし、同郷会、▼宗親会などの伝統的組織もない。むしろ「郊外型チャイナタウン」は中国系の比率の高い中流住宅地域にすぎないといってもよく、そこにおける中国系の生活も、世界中の大都市中流市民の生活とおおむね共通したものといえる。この点で、「郊外型チャイナタウン」はむしろ世界の大都市の多文化化傾向というより広い文脈から理解される必要があろう。

(森川眞規雄)

⇨ 中国人のビバリーヒルズ，アップタウン・チャイニーズ
📖 J. Horton. *The Politics of Diversity*. Philadelphia: Temple UP, 1995.／David. Lai. *Chinatowns*. Vancouver: Univ. of British Columbia, 1988.

行街紙 こうがいし ⇨ 官工所 かんこうしょ

黄河合唱団 こうががっしょうだん

フィリピンの華人アマチュア合唱団。1978年マニラで結成。聯誼、体促、東方の3華人団体の合唱団が拡大してできた。比中両国・民族の友好関係促進のため両者の架け橋となることが目的。公演は無報酬、ときには団員が費用を集めなければならず、専門家の指導を受けるのも団員が費用を納める。洗星海作曲の「黄河大合唱」などがよく歌われる。なお、日本にも同名の合唱団があり、神戸、横浜の華僑・華人が参加して、似た活動を行っている。

(游仲勲)

『広角鏡』 こうかくきょう
Wide Angle

▼香港の代表的な親大陸系月刊華字誌。1972年10月創刊。毎月16日発行。内容はおもに中国大陸の政治・経済問題だが、独自のソースで中国人民解放軍の人事や軍事戦略などに強い。主要な販売先は香港と中国本土。北アメリカ、ヨーロッパ、オーストラリアの華僑・華人の間にも広範な読者層をもつといわれる。公称発行部数3万部。中国本土の読者は主として党・政府・ビジネス界の指導者や学者など。93年、中策投資の華人実業家▼ウィ・ホンレオン会長が買収。ウィは同誌を利用して中国のトップ指導者にインタビューしたり、中国の経済改革を推進する必要性を強調する文章を書いた。2000年5月現在、会長は簡福飴、発行人翟暖暉、編集長曹驤雲。前編集長李国強は中国問題専門家としてTVや新聞コラムで活躍している。広角鏡出版社は中国研究叢書シリーズなど各種分野の書籍を出版しており、月刊誌『軍事文摘』や『艦船知識』は姉妹誌。

(坂井臣之助)

黄花崗事件 こうかこうじけん

　1911（宣統3）年4月27日に、▼中国同盟会によって▼広州で起こされた武装蜂起。同盟会側犠牲者72名が祀られた場所にちなみ、黄花崗事件の名がある。広州蜂起、広州の役、黄花崗の役ともいう。1910年11月13日、▼孫文はペナンに南洋華僑の代表を含む同盟会の幹部を集め、広州での再度の武装蜂起を決定し、その後、香港に趙声、▼黄興を正副司令官とする作戦本部を設置した。蜂起に先立つ4月8日、広東出身のマレーシア華僑温生才（1870-1911年）によって、広州将軍孚琦が暗殺され、加えて蜂起計画自体が漏れたことから、蜂起を前にして広州市内には厳戒態勢がしかれてしまった。こうした不利な状況下、黄興は120名の決死隊を組織し、4月27日、総督衙門などを襲撃した。戦闘は一昼夜にわたったが、両広総督張鳴岐を取り逃がすなど、結局は蜂起は失敗に終わり、黄興はかろうじて難を逃れたものの、多数の犠牲者が出た。
(三橋秀彦)

侯加昌 こう・かしょう 1942-
HOU Jia-chang

　帰国華僑のバドミントン選手、コーチ。祖籍は広東省▼梅県で、インドネシアの生まれ。1960年に帰国し、広東省体育学院に入学。72-79年、中国バドミントン団の主力団員で、国内やアジア、世界レベルの大会で、男子シングルスやダブルスにおいて優勝の経験をもつ。79年以降ナショナル・チームのコーチとなり、多くの人材を育てた。国家体育委員会より8回にわたり体育運動栄誉賞を授与されたほか、81年に国家級コーチの資格を授与され、87年には全国最優秀コーチの称号を与えられた。
(西澤治彦)

参『世界華僑華人詞典』

洪遐昌 こう・かしょう

　第7代神戸駐在清国理事（領事）。生没年不詳。神戸の理事在任期間は1891年4月～93年4月。駐日公使李経方の支持を得て、横浜にならって中華会館の創建を神戸、大阪の華僑に呼び掛けた。兵庫県に対しては、中華会館と貧困者の施療病院のために土地の永代借地を認めるよう強く求めたが、日本政府は他の国の宗教施設や学校などへの影響を考慮して承認しなかった。▼神阪中華会館は93年3月に竣工。李経方とともに会館の寄付者に名を連ねている。
(洲脇一郎)

同 清国領事
参『落地生根』

黄河大学 こうがだいがく

　1984年河南省鄭州市にアメリカ華僑と省政府の共同出資で設立、同省教育委員会所管の工業技術系総合大学。別名黄河技術大学。省政府が土地・建物と国内のいっさいの経費を負担、アメリカ華僑が56万ドルの教育機器、図書および必要な外貨を負担した。85年まず大学院の経済管理、計算機ソフト、英米言語文学、アメリカ研究の4研究科設置、学制は2年。86年董事会と海外基金会を置き、▼孫文の孫娘の孫穂芳を名誉会長とし、工業、建築学、計算機の3学部・4年制を設置。次いで対外貿易、建築経済管理などの2年制の専科設置。著名な学者・研究者60人（うち外国人40人）を招聘、英語で講義する。88年アメリカ華僑からの支援で整備拡充、アメリカ研究所を増設。2000年現在、工学、商貿、コンピュータ、体育、医学、芸術の6学部となり、キャンパス約73万m^2、建物面積6万m^2、在学生420人、教職員340人余り（うち教員80人）、図書3万余冊。
(市川信愛)

光華寮 こうかりょう

　京都の中国人学生寮。左京区に所在。地上5階、地下1階。もとは民間経営の洛東アパートメントだったが、日中戦争末期に日本政府が賃借、京都大学が管理して、中国人留学生の集団教育のため、おもに京都と東京の学生を中心に100名ほど居住させた。1945年4月29日の「天長節」に催された開寮式で、羽田亨・京大総長が「光華寮」と命名した。戦後、中国（当時中華民国）駐日代表団は、学生たちの生活を守り、勉学を保証するため、華僑総会や同学会を通じて特別配給や救済金の支給などの措置をとり、さらに寮を買収して国有財産とした。管理・運営は寮生たちみずからの自治組織によって行われた。このおかげで学生たちは勉学のほか、▼僑団、僑校（▼華僑学校）、▼僑報をはじめ各分野で活躍することができた。その後、中国から留学生が来られなくなり、かわって入寮した各地の華

僑青年学生たちも、いま各地で活躍している。日中国交回復後、中国政府は寮を改修し、新たに多くの留学生を入寮させた。現在、最高裁に係属中。建物の老朽化が著しく、防災上からも一日も早い解決が待たれている。
(陳正雄)

洪業 こうぎょう 1893-1980
HUNG Yeh / William HUNG

中国系米国人学者で、中国学研究者の代表格。ハーバード大学教授で同大学燕京図書館の創設者。門下に多くの中国系史学者を育てた。福建省福州の出身で、父(県令)に従って山東省済州の客籍学校で漢学を修めるが、1911年福州英華学校に入り、15年からアメリカのオハイオ・ウェスレイアンに進学、コロンビア大学で神学を修め、牧師を志して帰国。しかし中国伝統学術の再興に情熱を注ぎ、燕京大学の創設に際し23-46年文学部長、図書館長に任じ、一連の『哈仏燕京学社引得』を公刊。戦後、同大学の廃校とともにハーバード大学に移り、燕京図書館の発展に尽力した。『洪業論学集』(北京:中華書局、1981年)がある。
(斯波義信)

📖 Susan Chan Egan. *A Latterday Confucian: Reminiscences of William Hung (1893-1980)*. Harvard UP, 1987.

広業商会 こうぎょうしょうかい

明治初期の1876-90年、▼昆布はじめ北海道海産物を清国の上海市場に「直輸出」することによって、殖産興業と本位貨幣獲得を目指した国策会社。▼安政開港後の幕府・明治政府は、外貨獲得と殖産興業のため海産物の対清国直輸出に力を入れた。73年、開拓使は開通社(保任社)を設け、76年、大久保利通政権下の内務省勧商局、大蔵省国際局は、開拓使と議して本店を函館に、出張所を東京、長崎、神戸、大阪、上海、のち香港に置く広業商会を設立(店長は鹿児島商人笠野熊吉)、生産資金の前貸しによる海産物の集荷、関連の荷為替業務、清国向け直接輸送、直接販売を行って成績をあげた。しかし生産の過剰、開拓使の廃止(82年)、松方財政下での農商務省勧業費の削減、横浜正金銀行の荷為替業務の開始、銀行制度の整備などによって行き詰まり、赤字企業となって90年に整理された。
(斯波義信)

📖 籠谷直人『アジア国際通商秩序と近代日本』名古屋大学出版会, 2000.／黄栄光『明治初期対清貿易と広業商会』(東京大学博士論文), 2001.

興業不動産会社 こうぎょうふどうさんがいしゃ

フィリピン華僑の投資で福建省▼アモイ市に設立された不動産会社。1929年に楊孔鶯らが50万銀元の資本金で創設した。最初は南普陀寺南東側に20数万銀元で133haの土地を購入して家屋を十数棟建設、「大南新村」と命名した。市内の大生里にも2000m²余りの土地を購入して、道路の両側に家屋を数十棟建設、「東里」「西里」と名づけたが、その後、世界恐慌で不況に襲われ、倒産した。
(劉暁民)

📖『世界華僑華人詞典』

黄金徳 こうきんとく 1873-?
ファン・ジンド

アメリカ合衆国最初の中国系公民。本籍は広東省台山だが、サンフランシスコで生まれた。17歳のとき台山に帰り、1895年サンフランシスコに戻った際、1882年の排華法によって移民局に逮捕された。黄および彼の家族が訴訟を起こし、97年に最高裁判所による公開審判が社会的に反響を呼んだ。結果として、最高裁判所は合衆国憲法第14条の修正条目に基づいて、黄金徳が合衆国公民であることを認める判断を下した。
(曾櫻)

🔗 排華法[アメリカ]

広恵肇方便留医院 こうけいちょうほうべんりゅういいん
Kwong Wai Shiu Free Hospital

シンガポールの華人の慈善病院。1910年、▼シンガポール中華総商会の呼びかけに応じ、広東籍商人黄亜福らにより、陳篤生医院の跡地に建てられた。中医部(中国医学部門)と西医部(西洋医学部門)が設けられた。患者は低廉な費用で診察、治療を受けることができた。初期は広東籍の病人だけを対象にしていたが、シンガポール政府の意向を受けて、1974年からすべての人に開放された。
(山下清海)

📖『世界華僑華人詞典』

合股 ごうこ
partnership

地方、時代によって合夥、合伙、その

他多くの名称で呼ばれた旧中国伝統の企業形態で、熟知者同士の仲間的結合による一種の合資会社。一般に、遊休資本（遊資）を集め、資本の結合・集中を行うためには、銀行その他の金融機関を媒介として遊資を集めるか、それとも遊資の所有者が直接出資するかの2種類がある。前者の資本は企業にとり他人資本であるが、後者は自己資本である。一般に、前者では利息が、後者では配当が支払われるが、中国系の場合は後者では「官利」（配当金）のほかに「紅利」（特別配当金）が支払われることが多い。後者はさらに二つに分かれる。強固な人的信用関係下、少人数の熟知者同士の出資者（股東）が出資するか、純然たる証券売買関係のもとで多数の相互に未知の者同士が出資するかのいずれかである。後者が株式所有である。これに対して前者が中国系の場合、合股である。異郷にあって、市場の狭さ、競争力の弱さ、優秀で低廉な労働力の欠如などの問題を解決し、危険を排除ないし最小限に食い止めながら資本の集中を行わざるをえない▼華人経営では、前者、旧中国に伝統的な合股化の道が一般的だった。後者の近代的な株式会社化の道を選ぶ場合でも、株式の未上場、同族・同郷人による集中、株式譲渡の制限など、事実上合股と違わない場合が少なくなかった。商法上その他の理由から変容し、国・時期によっていろいろのものがある。たとえば、▼シンガポールには公衆有限公司（public limited company）と私人有限公司（private limited company）があり、ともに有限責任であるが、株式が無制限に他人に公開される株式会社の前者に対して、公開が制限される後者は合股の一種の変容形態と見ることができるかもしれない。しかし、合股では巨額の資本を集めることは難しく、今日ではしだいに株式会社化、それも上場するそれへと変化しつつある。　　　　　　　　　　　　　　　（游仲勲）

㊂ 股份制度，華僑・華人財閥
㊈ 游仲勲，1969．／同編，1998．

黄興 こうこう 1874-1916

中国の革命家。▼中国同盟会の中心人物。湖南省善化県（現在の長沙市）生まれ。別名は克強。1893年城南書院に入り、県試に合格。97年張之洞の武昌両湖書院入学。1902年官費留学生として日本に赴き、宏文書院で学ぶ。03年6月長沙の明徳学堂を中心に革命を宣伝。11月宋教仁らとともに華興会を結成。04年10月長沙で挙兵を図るが、失敗、日本に亡命する。05年夏▼孫文と出会い、11月中国同盟会を結成。11（宣統3）年4月黄花崗起義を指揮するが失敗し、▼香港に逃れる。同年10月▼辛亥革命が勃発すると、武漢に赴き、戦時総司令となる。12年1月南京に臨時政府が建つと、陸軍総長兼参謀総長に就任。同年8月同盟会が国民党に改組すると、理事となった。13年7月第2革命勃発に際し南京で挙兵するが、失敗し日本に亡命する。14年7月の孫文の中華革命党結成には不参加を表明し、欧事研究会を結成。その後アメリカに赴き各地で革命の支援を求める。16年6月帰国し、反袁闘争に参加するが、同年10月上海で病死する。著作に『黄興集』がある。

（家近亮子）

㊂ 中国同盟会，黄花崗事件
㊈ 毛注青『黄興年譜』長沙：湖南人民出版社，1980．／左舜生『黄興評伝』台北：伝記文学出版社，1968．

侯孝賢 こう・こうけん 1947-
ホウ・シャオシエン　HOU Hsiao Hsien

台湾のニューシネマを代表する映画監督。広東省梅県に生まれ、1歳で台湾に移住。兵役後に国立芸術学院映画演劇科で学ぶ。1973年から李行監督、陳坤厚監督らのスタッフとなり、多くのシナリオを執筆。80年に『ステキな彼女』で監督デビュー、第3作の『川の流れに草は青々』の演出が注目される。83年、『坊やの人形』（黄春明原作）で台詞に台湾語（閩南語）を使ったリアルな表現が評価される。子ども時代を振り返った作品『冬冬の夏休み』（84年）、『童年往事』（85年）、『恋恋風塵』（87年）などは戦後の台湾を庶民の目から描き、「郷土映画」と賞賛された。香港や中国大陸の監督らとの交流を試みる一方で、89年、台湾近代史のタブーだった47年の2月28日事件を織り込んだ『悲情城市』を制作。同作品でベネツィア映画祭のグランプリを獲得し、社会的にも大きな衝撃を与えた。続く日本植民地時代を背景に伝統芸人の半生をつづった『戯夢人生』（93年）、植民地時代から戦後の思想弾圧の時代を生きた男女

を描いた『好男好女』(95年) と併せて現代史三部作とされる。以降『憂鬱な楽園』(96年)、張愛玲原作の時代物『海上花』(98年) などの作品がある。
(田村志津枝)

㊀台湾映画,金馬奨映画祭
㊨田村志津枝『スクリーンの向うに見える台湾』田畑書店,1989./同『侯孝賢の世界』岩波書店,1990./同『悲情城市の人びと』晶文社,1992.

高行健 こうこうけん 1940-
ガオ・シンジェン GAO Xingjian

2000年度ノーベル文学賞受賞の中国系フランス人。小説・劇作家。祖籍は江蘇省。江西省生まれ。北京外国語学院フランス語科卒。中国共産党専制を一貫して批判、▼文化大革命時には下放したのか、強制労働に従事と伝えられ、多くの原稿を書いたが、燃やしたという。81年北京人民芸術劇院座付き作家。86年以後脚本は中国国内では上演禁止。87年フランスに渡り、翌年政治難民を申請。89年天安門事件を機にフランス国籍に▼帰化。亡命詩人・北島主宰の地下文芸誌『今天』の復刊にも参加、天安門事件をモチーフにした『逃亡』などを発表。おもな作品は『バス停』(83年)、『野人』(85年) など。また長編小説『霊山』は「東洋のオデッセイ」として高く評価された。いくつかの作品は日本語に翻訳され、『逃亡』は96年と97年に日本で上演。『現代中国戯曲集』(晩成書房) に『逃亡』などが収録。2001年には『ある男の聖書』(集英社) も出た。中国外務省はノーベル賞受賞を「政治目的」と論評、不快感を示した。2001年に台湾を訪問、陳水篇総統とも会談した。
(游仲勲)

行桟 こうさん

幕末の大阪開港から日中戦争が激化するまで、大阪川口において北幇 (東北・華北出身者) 華商が経営する客桟と牙行の機能を兼備した機構。行桟は「はんさん」とも読む。中国の諸都市に遍在する牙行は、官庁から牙帖 (免許状) を貰い、牙税 (仲立営業税) 納付義務がある官許の仲立人であるが、大阪の行桟には本国官庁の免許は必要なかった。客商に宿舎を提供し、売買の仲介もした。業主即資本主とは限らない。本国に出資者を有し、共同経営のものと、たんに経営を任されているものとがあった。ほとんどが来日古参の北幇、とくに河北省の天津または山東省の渤海湾に面している港の出身者が多かった。いずれも民船や▼ジャンク業など海運業の盛んな港で、古くから大陸・朝鮮半島沿岸を往来する民船乗組員相手の客桟経営に長い歴史をもっている地方であり、東北出稼ぎ者の送出港でもあり、東北出身者が行桟に止宿する一因となった。

止宿客は東北・華北地方に本店を有する貿易商の出張員である。大桟 (客数40～50名)、中桟 (20名前後)、小桟 (数名) を問わず、通常、業主の下に経理、店友 (店員)、学徒 (見習い、使い走り) がいて、客商1名につき特定の店員1名が付き添い、取引先との通訳、紹介、貨物の引き取り、運送、保険、銀行などその他一切の業務に同行し幇助した。1室が5～6坪で、椅子、机とベッドを備え、寝室、居間、客間、事務所の機能を果たし、取引の場ともなった。家賃は50～60円から200円まで。新参者に対しては宿泊は無料とし、取引高の0.5～1％の報酬を取ることもあった。行桟主は、出張員の中国帰国時には、買付けを代行して、売主より綿布1％、雑貨2％の口銭を受け取った。ときにはコミッション・マーチャントとして本国からの依頼で買付けを代行し、概して手数料2％を取った。また、2～3年に1度、2か月ないし半年の予定で帰国し、出資先との計算、取引先との打合せのほか、銀行保証人の立場から宿泊客商本店の資産、信用状態を調査してくる。1927年に16軒あった行桟は、蘆溝橋事件翌年の38年には13軒に減少、出張員の本店所在地は、341店中、東北243、華北86、華中12。東北と華北が圧倒的に多かった。

明治前期、日本綿布の織布技術はまだ後進状態にあり、1894年日清戦争後でも手織綿布が圧倒的に多く、機械織はその3分の1程度だったので、気候と経済的な理由から厚地綿布を需要する東北・華北市場において歓迎された。日清戦争に続く1905年日露戦争における日本の勝利、▼日本郵船と▼大阪商船の華北航路開通はさらに好条件をもたらした。日本商社は国の上下をあげてのバックアップによって欧米各国を凌駕していったが、行桟に止宿した出張員の営業額は日本商社を圧倒し

た。同郷同業のギルドである北幇公所の強靭な紐帯により仕入れ、保険などを有利にし、本国からのオーダーに基づいて、本店を中心に一大ネットワークをなしている各地の連号（または分号、支店）に商品を発送した。経費一切は業者と保険会社からのバック・マージンと▼歩引、計取引高の3％のうち1.5％で賄い、残る1.5％を本店に届けることができた。1936年当時、行桟を中心とする▼川口華商は261軒、資本金総額702万円。資本金50万円以上は大連に本店を有する協茂桟のみである。行桟業者も出張員も川口華商と称せられた。
(許淑真)

㊂日本の華僑・華人、大阪の華僑・華人
㊆内田直作、1949．／大阪市役所産業部調査課『大阪在留支那貿易商及び其の取引事情』大阪市役所、1927．／商工省貿易局『阪神在留ノ華商ト其ノ貿易事情』商工省、1938．／許淑真、1984．

恒山亭 こうざんてい

シンガポールのサイラート・ロードにある▼福建人（泉州人、漳州人）の義塚（共同墓地）。シンガポールに流寓し、死亡した▼福建南部、▼泉州、▼漳州の出身者で、身よりのない者を葬る共同墓地である。区域内に大伯公廟を建て、福徳正神を祀って墓地の中心とした。シンガポール福建人の最初の同郷組織である。1828年に漳州商人の薛ぶ仏記（文舟）が同郷人100余人を糾合して拠金を募り建設した。シンガポールに入港する泉州人、漳州人の船から毎隻銀4元を徴集し、シャム、安南の船で船籍が泉州、漳州に属するものからは銀2元を徴集してその維持費に当てた。亭に和尚を住まわせ、▼清明節、中元節、中秋節には大伯公を祀り、幽魂を祀った。1846年に山が手狭になったため、さらに一山を購入し、拡張した。他のグループのものとしては、広州府、恵州府、肇慶府の3府の▼広東人の碧山亭、▼潮州人の泰山亭、嘉応州人（▼客家）の緑野亭などがあるが、この恒山亭が最も古い。
(田仲一成)

㊂シンガポール天福宮
㊆「恒山亭関係碑記」／『新加坡華文碑銘集録』

公司 こうし

現在では「某々有限股份公司＝有限株式会社」のごとく、日本語の合資会社を表す中国語であるが、もともと中国の東南諸省で「公司」（福建語音はコンシ）といえば、持株企業（中国語で別に▼合股、合夥ごうか、合伙ごうか、大公司など）、同族の祠堂、鉱山などの飯場＝工棚、▼秘密結社のことである。華僑・華人、ことに福建、広東の山岳部の▼客家かっかが、ボルネオ、マレー半島、ジャワの▼バンカ島などで採鉱に従事したとき、公司と呼ばれる組織を営み、それが転じて秘密結社の本部、同族の祠堂の名称となった。ワン・タイポン（WANG Tai-peng）の近著によると、明代に福建、広東の鉱山の採鉱は、大手のものは官山であったが、大半を占める中小規模のものは民間に任され、その際に資本提供者と熟練の鉱夫が中心となって仲間組合をつくり、採鉱して官府に税を払った残りを仲間で分配した。明代半ばから納税を拒んだヤミの経営や反乱が頻発し、自主・自営の気風が育った。17世紀半ばにボルネオ西部で土着のスルタンが福建、広東から客家の鉱夫を招いて金銀の鉱山を開発したとき、公司の慣行が普及した。仲間は各自が応分の米、水、燃料を供出し、毎晩鉱物を四分し、その一を税に、一を共用費に、一をリーダー（火長）に、一を出資に案分して分け、火長、鼎工（職長）、財庫（会計係）の役職を輪番の互選とした。公司は会員が数十人、数百人の小公司がさらに連合して、▼蘭芳公司、▼和順公司などの1万人内外の巨大な公司にまとまっていた。19世紀のマレー半島の錫鉱山の開発にも同じような制度が用いられた。オランダ、イギリスなどの当局は、初め共和的な自治団体とみなしていたが、鉱山ブームで採掘権をめぐる争い、鉱夫の補充にからむ郷党の争いが激化し、天地会分派の組織が介入するようになると、秘密結社として取り締まった。公司は同族の宗祠に姿を変え、▼ペナンなどでは現在でも宗祠化した公司を見ることができる。
(斯波義信)

㊆Wang Taipeng. The Origins of Chinese Kongsi. Selangor Kongsi Darul Ehsan: Pelanduk Publication, 1994.

孝子公 こうしこう

▼ペナンや▼シンガポールの華人が発財（金儲け）を祈った民間信仰上の▼財神。現在でも華人廟に、痩せ細った長身に麻布の喪服を着け、「一見大吉」の4文字を入れた烏帽子

孝子公。マレーシア、シンガポール華人の間で人気のある民間信仰の財神の一つ。撮影：可児弘明

をかぶり、右手にビンロウの葉で作った蒲葵扇、左手に馬鞭を持った髭もじゃの孝子公の紙張子の神像を見る。紐に通した銭貨を首から下げ、口にアヘンを塗りつけている。旧暦7月の盂蘭盆会では、同じ姿をしてこの世を徘徊し、厚くもてなしてくれる信奉者に財を与えるという死霊「無常鬼」の紙張子が祀られる。孝子公の場合、伝説によると前身は富裕な商家の子息で、父親の死により喪に服し、髭も剃らず商売を投げうち何年も棺に付き添った。そのため発病し、家業も傾き、それを苦にして発狂し、ついに死亡した人物とされる。銭貨は貧苦の心配をさせまいとする妻の心遣い、アヘンは病苦を和らげるために与えたものだという。天がその孝心を憐れんで財神として神格化したとされる。

(可児弘明)

⊠ C. S. Wong. *A Cycle of Chinese Festivities*. Singapore: MPH, 1967.

公私合営 こうしごうえい

新中国成立後、中国政府が行った私営企業（資本主義工商業）に対する社会主義改造の方式。建国初期、おもに私営企業内の官僚資本に対しての国有化を実施し、1953年以降、「過渡期の一般方針」に基づいて、業界全体にわたる公私合営化が実施された。文面としての公私合営化とは、政府（国家＝公）と民間（資本主義＝私）による共同経営化の意である。たとえば工業では、政府がたんなる原材料の供給、納品日の指定などの流通過程での統制（初級形態）から、役員の派遣による生産過程での統制（高級形態）へと踏み込んでいき、ついには中小・零細企業を含む業界企業全体を組織して、そこへ政府が役員を送り込むという、業界全体の「業種別公私合営」が56年に完成し、計画・管理・生産・流通・利潤の配当に至る過程において、国家＝公の企業に対する支配権を確立した。これによって資本家は企業の経営権を失い、年率で持ち分の5％の「定息」（定率利子）を受け取るだけとなって、公私合営企業は事実上の国有企業に移行した。66年9月、政府は定息の支払いを停止、公私合営企業は名実ともに国有企業となった。もっとも、▼文化大革命後も定息を支払ったともいうが。

(廖赤陽)

洪絲絲 こうしし 1907-89
HONG Sisi

中国のジャーナリスト、僑務工作者。▼帰国華僑。本名洪永安。福建省金門出身。1928年インドネシアのスマトラ島へ行き、中華学校で教鞭をとるかたわら、▼メダンの『南洋日報』の評論記者となる。その後、日本など各地で▼華字紙の編集や記者を務め、50年9月インドネシアの『南僑日報』の社長を最後に帰国。帰国後は僑務工作、あるいは帰僑組織、華僑史研究団体に関与した。

(曽士才)

孔子廟 こうしびょう

儒教の祖孔子を祀るお堂。文廟ともいい、山東省曲阜にある大聖堂が総本山とされる。孔子の教えである『論語』が日本に伝わってきたのは応神天皇の時代のことだと『古事記』は記している。701年に大宝律令が制定されると、『論語』は官僚たちの必修課目となり、以後、貴族や為政者たちに広く読まれるようになった。江戸時代、幕府が朱子学を中心とする儒学を幕府の学問として奨励したことにより、全国各地に儒学を指針とした学校がつくられ、孔子廟が建設された。現存する日本最古のものとされる栃木県足利市の足

利学校孔子廟（1668年）や湯島聖堂（東京都文京区）、多久聖廟（佐賀県多久市）、水戸藩校弘道館（水戸市）などはよく知られている。1647年長崎の儒学者向井元升が造営した長崎聖堂（中島聖堂ともいう。長崎市）には▼唐船船主らもたびたび参拝した。この聖堂が明治初期に廃滅したあと、1893（明治26）年に駐長崎▼清国領事張桐華の提唱で唯一華僑により建立された▼長崎孔子廟には▼華僑学校も付設された。日本全国に現存するおもな孔子廟は15か所を数える。

(陳東華)

孔子プラザ こうしプラザ
孔子大厦　Confucius Plaza

▼ニューヨークのチャイナタウンにある、連邦政府資金による低中所得者層向けの30階建て複合住宅ビル。李氏公所の指導者、ユナイテッド・オリエント銀行（▼東方銀行）の李文彬の尽力により1975年に完成。マンハッタンのチャイナタウン内、バワリー・ストリートのチャタムスクエア北東にある。バワリー・ストリートとディビジョン・ストリート交差点（住宅の南角の広場）に国民党（台湾）政府肝いりで建てられたランドマーク、孔子像があることから、この名がついた。74年の建設当時、中国本土の▼文化大革命と公民権運動の影響を受けた中国人青年左派組織「義和拳」の中国人労働者雇用促進運動の標的にされた。チャイナタウンの真ん中にあるため総戸数762の90％は中国系の住民であるが、連邦資金3700万ドルを使っていることから、公式には、人種に関係なく、所得階層により住宅が振り分けられている。

(司馬純詩)

📖 ピーター・クオン『チャイナタウン・イン・ニューヨーク』1990.／森田靖郎『地下経済の新支配者』角川書店，1991.

港主 こうしゅ
kangchu

マレー半島の▼ジョホールで1884年にスルタンが創始した港主制の下で、スルタンの招募に応じて、スルタンが河岸に区画した一定区域（港区）内で、政治的に承認され、各種経済的特権を付与され、ガンビール栽培などを請負い、収益から一定比率をスルタンに納付した一種の徴税請負人。港主は区域内の行政的管理、例えば結婚、出生、死亡の証人

となったり、紛争の解決、発生後6時間以内の軽犯罪の捜査、殺人犯などの逮捕命令、貨幣発行、河港における徴税などを許され、また区域内における樹木伐採、鉱山開発や、質店、酒店、賭場、アヘン館の兼業も認められた。1917年イギリス植民地当局が港主制を廃止したとき109港存在し、その過半数が華僑とくに▼潮州人港主によるもので、地名より豊盛、順天など中国語でつけた港名のほうが通りがよかったほどであった。その後、化学染料の登場でガンビール栽培は衰退するが、ジョホールに潮州系華人が多い人口地理的現象を残した。ジョホール港主で大をなした華僑に潮安人タン・ヨクニー、台山人黄福がいる。港主制はサラワクなどでも行われた。

(可児弘明)

🔗 広東港，新福州
📖 Cheng Lim-Keak. *Social Change and the Chinese in Singapore*. Singapore UP, 1985.／中村孝志編『華僑の社会』天理教東南アジア室，1972.

広州 こうしゅう

広東省の省都。古来、欧人にカントン（Canton）と呼ばれた。広州が貿易港としてめざましく発展したのは唐代からで、とくに8世紀初めからアラブ商人の来航する者が多く、9世紀のアラブ地理書には、広府を音訳してカンフ（Khanfu）と記されている。唐は市船司という役所を置いて貿易を管理し、また在留外人のためにとくに蕃坊という寄留地まで設けた。北宋時代には中国最大の貿易港となり、貿易額は全国総額の9割を占めた。しかし南宋になると、国都に近い福建の▼泉州が盛んになり、元代にかけて貿易はいくぶん衰えた。明になってヨーロッパ人の進出が始まり、まずポルトガル人が1557年に▼マカオを占領してカントン貿易を独占した。やがてオランダ、イギリス、フランスが後に続いたので、清朝は1685（康熙24）年広州に粤海関を置き、官許商人である十三行を仲介として貿易を統制し、1757（乾隆22）年からは外国貿易を広州1港に限ることとした。

広州の公行組織（いわゆる広東十三行）は1720（康熙59）年に始まるが、▼行商の▼原籍は多くは福建省彰州府・泉州府に属し、▼アモ

イを中心とする沿海貿易を背景に組織化され、広東十三公行はその一部であり、彼らはコーチシナ、シャム、マレー半島、ジャワ、フィリピンへも活動範囲を伸ばしていた。しかし、西洋貿易の独占を図る公行の設立が行商潘振成によって1760（乾隆25）年になされると、粵海関（広東税関）は、西洋貿易を専門とする外洋行、南洋（東南アジア）貿易を扱う本港行、福州・潮州の貿易を扱う福潮行の三つに分割して課税を行っている。従来、カントン貿易におけるギルド商人としては外洋行（広東十三公行）がおもに扱われてきたのであるが、他の2者にむしろ注目する必要があろう。すなわち、中国の対外貿易は、広州、アモイ、福州、潮州を中心とし、一方においてはそれが南洋との交易を行い、とりわけシャム米（暹羅ｾﾝ米）は華南米市場にとって不可欠の商品であり、他方、広州から天津に至る南北沿岸貿易が行われていた、という点からである。とりわけ、東南アジアとの貿易には、シャム朝廷の特許を受け、シャムで製造された▼ジャンクによるシャム―日本―アモイの間の三角貿易も含まれていた。

19世紀になると、イギリスの毛織物・綿製品の広州への輸入につき、東インド会社と個人（地方貿易商人）との比較では、前者が圧倒的に多くを運搬しており、他方、カルカッタから広州へ向かった船舶は地方貿易船が圧倒的に多い。これらの地方貿易船が取り扱った貨物は、インド産綿花とアヘンとを二大商品とし、このほかには、インド・東南アジアに産する香料、海産物、薬草などを中国に輸入しており、在来のアジア域内交易に登場していた貨物を運搬する中継貿易である。

（濱下武志）

📖 梁嘉彬『広東十三行考』広東人民出版社、1999．

広州華商電灯会社 こうしゅうかしょうでんとうかいしゃ
広州華商電灯公司

アメリカ華僑が▼広州で最初に創設した民間電灯会社。1889年サンフランシスコの華僑商人黄秉常らは清政府に広州での電灯事業を申請、湖広総督張之洞の批准を得て、翌年に会社設立（資本金10万元）。アメリカより機器を購入し、同年広州市内40余の街路、公共施設に電灯を灯した。火災の減少、利便性と

いうメリットにもかかわらず、資金不足から99年に倒産した。

（帆刈浩之）

黄重吉工場 こうじゅうきちこうじょう
黄重吉工廠

マラヤ華僑の黄重吉が福建省▼アモイ市に投資・創設したいくつかの工場の総称。1946年10月、黄重吉はアモイに工場建設のための事務所を設立、翌年10月から相次いでタバコ、酒、サイダー、ビスケット、鉄工、石鹸、電池製造の各工場を完成し生産を始めたが、輸入原料が税関に差し押さえられたり、インフレに影響されたりして、49年3月生産を停止。のち、しだいに回復し、56年に▼公私合営となった。

（劉暁民）

📖『世界華僑華人詞典』

岡州古廟 こうしゅうこびょう

▼サンフランシスコ・チャイナタウンの中心街ストックトン通りに面した岡州会館（1862年成立）の建物の最上層階に祀られている廟。1849年に成立した四邑会館が51年に関帝を祀ったのが始まり。その後、四邑会館は分裂したが、新会県と鶴山県出身者で構成される岡州会館により廟が維持された。岡州とは、隋代における現在の新会県の呼称。1906年の大地震の際には関帝像は難を逃れ、77年に新築された現在の会館内に祀られている。

（吉原和男）

広州市華僑投資優遇規定 こうしゅうしかきょうとうしゆうぐうきてい

1984年10月28日、広州市人民政府公布の▼華僑投資への優遇規定。全13条の「広州市華僑香港澳門同胞投資優恵暫行弁法」の略称。内容は、(1)土地使用料は市価の8割とする、(2)一定条件下で国内販売の割合を高めてよい、(3)一定額の投資者の親族は戸籍を農村部から企業所在都市部に移すことができる、(4)国内親族・友人を代理人にできる、(5)投資者の親族が紹介者として好成績を収めた場合は1回限りの報奨金を払う、(6)親族に2万元未満の自家用生産設備を贈る場合は輸入税を免ずる、(7)投資で貢献した者には記念碑を建設、名誉市民等の称号授与を認める、などである。

（廖赤陽）

広州電鉄会社 こうしゅうでんてつかいしゃ
広州電車公司

アメリカ華僑伍学熀、伍籍盤の出資で広東

岡州古廟。サンフランシスコ岡州会館の最上階にある。撮影：吉原和男

省広州市に設立された電鉄会社。1918年に広州市政府による公開入札制度での電鉄会社設立計画の公表を受け、広州市内における電車とバスの専営許可（期間20年）を獲得。香港に取締役会を、広州市に事務所を設けた後、アメリカ華僑、香港人向けに株式を発行し180万元の運転資金を調達した。しかし相次ぐ広州市長の非協力的施政に起因して電鉄事業はついに実現の日を見ず、日本軍広州占領後、敷設済みのレール、全機材が略奪され、会社も消失した。 　　　　　　　（王効平）

高寿覚 こう・じゅかく

明末の亡命渡来人。生没年不詳。福建省漳州府の人で、渤海高氏の裔と称す。号は贊胡、別号は六官。儒医者を業とした。16世紀末の慶長初めに日本へ渡航し、薩摩国（鹿児島県）川内に居住した。時の薩摩藩主島津家久の知遇を受け、儒医として仕えた。良医の評判とともに朱子学者として聞こえた。薩摩では鎌田信右衛門と称したという。1617（元和3）年に故国の老母の見舞いのために一時帰国した。このとき子の▼高一覧も同行したが、寿覚は中国で病死したという。

　　唐通事の家系　　　　　　　（川勝守）

黄遵憲 こう・じゅんけん 1848-1905
HUANG Zunxian

清末中国の知日派外交官、変法派、詩人。字は公度、別号に東海公、観日道人、法時尚任斎主人などがある。広東嘉応州（いまの梅州市）に生まれた。▼客家の出身。生家は裕福な大家族で、曾祖父・祖父はこの地の名望家、父は挙人で戸部主事を務めた。遵憲は幼少時より古典教育を受け、1876（光緒2）年、29歳のとき郷試に及第して挙人となった。まもなく、同じ広東出身の何如璋が初代駐日公使に任命されると、参賛官（書記官）として外交官の道を選んだ。この職業選択には植民地▼香港での見聞が影響していた。77年上海を出発し東京に到着、以後約4年間日本に滞在し、集中的に日本研究を進めた。明治維新後の日本では、伊藤博文ら政治指導者や学者文人とも広く交際し、早くも滞在2年目に詩集『日本雑事詩』2巻を刊行して当時の日本事情を中国に紹介した。82年サンフランシスコ総領事に転任すると、米国で高まっていた排華運動のただ中（同年、米国議会では中国人移民制限法が通過）で、衛生状態を理由に収容所へ送られた華僑の釈放など移民保護に尽力した。この時期の詩作『逐客篇』は米国による中国人移民への差別を正面から批判したものである。85年日本経由で帰国した後、嘉応州の自宅にこもり、大著『日本国志』40巻を87年に完成させた。著述の意図は、日本の明治維新以後の諸改革を紹介することで、中国の改革を進め富強国家を実現することにあった。この広範で詳細な日本研究の著作は、遵憲の変法論を体現したものである。90年ロンドンに赴任、翌91年から3年余り初代シンガポール総領事を務め、華僑の利益保護の立場から英国政府との粘り強い交渉を進めた。帰国の後、外交実務に携わると同時に変法派の政治活動にも加わり、96年には改革を宣伝するため『時務報』を上海で発刊、若い▼梁啓超を主筆に招いた。翌97年には湖南の長宝塩法道に任じられ、地域の改革に全力を傾けた。98年駐日公使に任命されたが、着任前に起きた▼戊戌の政変により軟禁・解任された。釈放後、故郷の嘉応州に戻り、7年ほどで永眠した。　　（望月敏弘）

　　島田久美子注『黄遵憲』岩波書店、1963．／

実藤恵秀・豊田穣訳『日本雑事詩』平凡社東洋文庫，1968．／張偉雄『文人外交官の明治日本』柏書房，1999．

広駿源事件 こうしゅんげんじけん

明治初期に華僑の製造業営業に対して政府が介入した事件。神戸の商社広駿源号は福建省出身の黄北蘭が経営，1879（明治12）年からマッチの輸出と併せマッチ製造業を営んでいた。華僑は製造業を経営できるのか、また日本のマッチ製造業者のマッチ商標を模造したのではないかが問題になった。兵庫県の請訓に対して外務省は88年，華僑と西洋人とは同一に扱うべきでないとして，マッチ製造の差止めを指示した。広駿源号は営業をイギリス人に譲渡して対抗した。商標の模造については，神戸商法会議所が仲裁した。

(洲脇一郎)

⇒『落地生根』

公所 こうしょ ⇨ 会館 かいかん

高縄芝 こうじょうし 1879-1913

タイ華僑で，広東省潮汕地区における初期民族工業発展に尽力した実業家。生年は1878年とも。広東省澄海生まれ。タイで最初の近代的設備をもつ精米工場経営者の祖父と，タイから日本に渡った商人の父の財力を背景に，1908年には澄海振武布局，09年には汕頭開明電灯公司，10年には汕頭自来水公司（汕頭水道会社），11年にはスワトウ市商会会長となり，汕澄電話公司を設立し，潮汕地区のインフラ投資の先駆者となった。中国革命同盟会に参加。11年10月の▼辛亥革命直後，スワトウ民政長に就任。病身のまま社会混乱収拾に奔走し死去。

(樋泉克夫)

香蕉人 こうしょうじん
banana man

海外出生の▼華裔，とくに三、四世層をいう俗語。外皮が黄色で内の果肉が白いバナナ（香蕉）にたとえて，外見は中国人に見えるが言語，生活様式，価値観などが西欧化した華裔の境位をいったもので，アメリカ生まれの華裔をいう俗語 ABC（American-born Chinese）と同じく，老世代の華僑や本国人の華裔に対する嘆息，侮蔑，羨望などが複雑に混じりあった心情が込められている。

(可児弘明)

⇒ 竹升仔

広昌隆号 こうしょうりゅうごう

神戸にあった広東系の有力商社。1883（明治16）年に開業したといわれる。88年には神戸と大阪に店舗をもち，各5万円以上の取引高があった。店主は初め黄直卿で，その後、李耀旒 りょうが経営を引き継いだ。血縁，地縁によって入社した店員たちが店を大きくし，1904年には雇人が17人で取引高約47万円の大きな商社に成長した。米，綿花，砂糖，大豆，豆粕，鉛，錫などを扱っていた。神戸の栄町2丁目に店舗があった。

(洲脇一郎)

⇒『落地生根』

黄紹倫 こうしょうりん 1948-
WONG Siu-lun

香港の社会学者。専門は中国人・華人の社会論および社会・経済発展論。香港大学社会学系を卒業後，香港中文大学で修士号，オックスフォード大学で博士号取得，その後は香港大学で社会学系主任・教授，亜洲研究中心主任・教授，副学長を務める他，香港政庁の「社区」（地域コミュニティ）関連の公職も歴任。代表作は，上海綿業の香港進出を研究した *Emigrant Entrepreneurs* (NY, Hong Kong: OUP, 1988)，『中国宗教倫理与現代化』（編著，香港：商務印書館，1991年），『社会学新論』（編著，香港：商務印書館，1992年）など。

(山崎勝彦)

高信 こうしん 1905-93

台湾の学者，政治家。逢甲学院長，行政院僑務委員長，国民党中央委員，総統府資政，国民大会代表などを歴任し，第2次大戦後の台湾で華僑事務の重要人物であった。広東省新会出身。広東新会中学校卒業後，ベルリン大学に留学，政治経済学を専攻。留学中に▼中国国民党に加入，党務を担当した。帰国後，中央政治大学の地政学院に教鞭をとり，広東地政局長も務めた。1950-58年台湾教育部次官に任ぜられ，▼帰国華僑青少年の大学進学募集に関する仕事の責任者となり，61年僑務委員会委員長に昇任，このとき「海外青年技術訓練班」を創設した。また，台湾で就学する華僑子弟の健康保険を設けて健康問題を解決した。84年刊の自叙伝『八十自選集』は戦後台湾の華僑事務を理解するのに役

立つ参考書。　　　　　　　　　（許紫芬）

📖 高信『華僑的時代使命与努力方向』台北：華僑出版社，1967.／同『中華民国之華僑与僑務』台北：正中書局，1989.

行神（こうしん）

特定の職業の守護神として、同業者集団によって祀られる神。一般に、その職業を創始した職業祖神が行神として祀られる。華僑・華人社会においては、行会（▼公会、▼会館ともいう）と呼ばれるギルド的な同業者団体が多く見られるが、伝統的な行会では、その本部施設に行神を祀り、会員（行友）の精神的統合の核としていることが少なくない。行神の誕生日には会員が集まり定期的に祭祀を行い、業務の安全・発展を祈願するとともに会員相互の親睦を深める。代表的な行神には以下のようなものがある。魯班—大工・石工・左官、軒轅皇帝（黄帝）—仕立屋・裁縫師、老君（老子）—鉄工業、文昌帝君—印刷業・書店、孫臏—靴匠、呂洞賓—床屋・製墨業者・算命師、陸羽—茶商、蒙恬—筆匠、神農氏—薬屋、華陀—医者、杜康—酒造業。

セランバン（マレーシア）の建造行会は、建築・土木関係者約300名で構成されている。行会の本部2階に、古来、工匠の祖師として信仰されてきた魯班の画像を掲げて祀る。6月13日の魯班の誕生日には会員が参集し、五牲などを供えて祭祀を行う。同じくセランバンの中医中薬連合会は、神農氏を祖師として祀り、4月28日の祖師の誕生日には、仕事を休み、祭祀を行う。▼ペナンの胡靖古廟は、打金行（金銀細工業者）の行会となっており、▼廟の奥正面に胡靖祖師の神像が祀られている。12月6日が祖師の誕生日で、会員が廟に集まって祭祀を行う。▼ジョホール州ムアー（マレーシア）の雑貨商公会では九天雷祖、金商公会では胡靖祖師、建築工友会では魯班祖師を祀る。このように、とくに伝統的な行会にあっては、祖師信仰が会員の精神的結合の紐帯になっている点が注目される。

（髙橋晋一）

📖 直江広治「マレーシア華人社会における地縁的・業縁的・血縁的団体の組織・機能ならびにその信仰的基盤について」『東南アジア華人社会の宗教文化』耕土社，1981.

郷神廟（ごうしんびょう）

華僑が中国の出身地の神仏を祀った廟。タイのバンコクを例にとると、▼潮州人の信仰を集める大峰祖師廟は1910年に建築された。慈善事業（橋の修築、医薬品の無料提供）で有名な宋代の仏僧を祀り、報徳堂と名づけられた（報徳善堂の前身）。他に、大本頭公廟（1824年創建、最初は土地公だけを祀ったが1863年に玄天上帝を合祀、潮州人）、水尾聖娘廟（1841年創建、▼海南人）、順天宮（1872年創建、▼福建人）、呂帝廟（1902年創建、▼客家）があげられよう。

（吉原和男）

黄崇英（こうすうえい）　?-1875
HUANG Chong Ying

ベトナムに寄寓していた広西農民黄旗軍首領。もとは広西農民蜂起軍呉亜終の大将で、武装部隊を率いて黄旗軍と称した。1867年ベトナムに入り、北部数省地区に勢力を拡大、数万人を擁した。70年代初めには、▼劉永福率いる黒旗軍とともに北部華僑の主要武装勢力となった。フランスの勢力拡大過程で、フランスと手を結び、清・グエン（阮）両政府の援助を受けた黒旗軍と対抗。75年清・グエン両軍と黒旗軍に撃滅され、処刑された。

（木下恵二）

江青（こうせい）　1946-
CHIANG Ching ／ JIANG Qing

アメリカ華人の舞踊家。広東省出身で北京生まれ。1956-61年北京舞踊学校でダンスを習い、62年香港に移る。主演女優として20余本の映画に出演し、67年台湾「金馬奨」最高主演女優に選ばれる。70年アメリカに移住。73年江青舞踊団を設立、ダンスの研究、創作と演出に専念する。アメリカ国家芸術家賞・舞踊賞、ニューヨーク芸術家賞およびその他の芸術家賞を相次いで受賞。近年、講演と公演でときどき中国に帰る。

（過放）

広西チワン族自治区（こうせいチワンぞくじちく）
広西壮族自治区

中国南部に設けられている少数民族自治区。少数民族も移住した重要▼僑郷の一つ。▼幇としては広東、福建、潮州、客家、海南の▼五大幇より規模が小さく、福州、三江両幇と並ぶ程度。1990年代初めで同区出身華僑・華人100万人余り、同区人口の2.7％。▼帰

国華僑（帰僑）・華僑親族（▼僑眷）115万人、3.2％。広東、福建、海南各省がそれぞれ数十％台であるのに及ばない。90年代半ばでは華僑・華人200万人といい（260万人余りで、現在では300万人余りとの説もある）、そのおもな分布はベトナム100万人、マレーシア50万人、タイ5万人、シンガポール1万人。同区には漢族のほか、チワン（壮）、ダイ（岱）、ノン（儂）、ヤオ（瑶）、ミャオ（苗）、フイ（回）など全部で12の民族がおり、そのうち岱・儂・瑶・苗の各族は、起源的には現在のベトナム北部のそれらと同一の民族であるが、今日の広西籍華僑・華人の半分、90年代半ば当時で130万人は、のちに近代になって広西から移住した少数民族華僑とその子孫である。広東、福建両省と似て、北は山地、南は狭いが南中国海トンキン湾に面し、全国唯一の沿海少数民族自治区である。ただ、沿海地域には少数民族は多くなく、海路出国したのは主として漢族だった。ベトナムに隣接し、陸路同国へ向かった者が少なくないが、そのなかに少数民族が含まれる。前漢以降移住が始まり、唐宋代には比較的多数の移民が出現した。

しかし近代以降の華僑・華人による有名な老僑郷としては、玉林、梧州、欽州などがあるが、難民などの受入れによる新僑郷もある。東部・南部は漢族の、西部・南西部は少数民族の僑郷である。70年代以降、ベトナムをはじめとする中国系インドシナ難民（難僑）が多数西側諸国に流出したが、広西籍は30万人余り、それ以前の者も含めて同区の受入れは22万人余り、同区にとどまった者10万4000人。改革・開放により91-95年に受け入れた外資利用額76億0600万ドル、うち華僑・華人などの大陸外中国系人によるものが8割前後、97年の華僑関係企業の工農業生産額6億8000万元、90-97年に2237戸、8687人が帰僑・僑眷貧困者の地位から脱した。　　　　　（游仲勲）

　📖 広西壮族自治区地方志編纂委員会編『広西通志・僑務志』南寧：広西人民出版社、1994. ／広西百科全書編纂委員会編『百科全書』北京：中国大百科全書出版社、1994. ／広西華僑歴史学会主弁『八桂僑刊』（もとの『八桂僑史』）各号.

江西の友聯誼会　こうせいのとも れんぎかい
江西之友聯誼会

2000年5月に▼新華僑によって設立された江西省関係者の地縁団体。略称「江西之友」、日本語の略称「江西の友」。会員には一般の同郷会と異なって、江西省出身者、または同省で生活したことのある者だけでなく、同省に関心をもつ日本人も受け入れている。江西省の経済・社会・文化・教育・科学事業の発展に協力し、日本と同省の友好・交流、会員相互の交流・親睦の促進を目的としている。東京都江東区亀戸に事務局を設置。（廖赤陽）

　⇨ 同郷団体、日本の新華僑

侯西反　こうせいはん　1882-1944
HAU Say Huan

シンガポールの社会活動家。福建省南安県出身。クアラルンプールに居住した後、1901年シンガポールに移住。反清・反袁世凱の運動に参加。20年代から抗日運動に積極的にかかわる。32年陳嘉庚ゴム製造会社の営業主任に就任。▼『南洋商報』総経理も兼任。同済医院理事長、福建会館委員、中華総商会役員、南洋華僑中学など華語学校の理事を歴任。南僑総会において▼タン・カーキー（陳嘉庚）の右腕として活躍するが、39年12月に英国植民地当局から退去を命じられる。中国帰国後も東南アジア華僑の抗日運動を支援。44年11月、航空機事故により昆明で死去。（蔡史君）

黄世明　こうせいめい　1934-
HUANG Shiming

中国の社会活動家。日本からの▼帰国華僑。福建省アモイの人。神戸に生まれ、▼神戸中華同文学校の戦後第6期卒業生。1953年に帰国。中国共産党中央対外連絡部と中国人民外交学会で通訳を務めたのち、71年から中国対外友好協会に移り、副処長、日中友好協会秘書長を歴任。86年中国対外友好協会副会長・中日友好協会副会長に。全国政治協商会議委員でもあった。2001年現在の役職は中日友好協会副会長。　　　　（陳來幸）

黄宗佑　こうそうゆう

明治初期に日本で活躍した華商。広東省香山県出身の商人で、函館華僑社会の惣代を務め、のち横浜を経て神戸に移った。1875（明治8）年8月、開拓使函館支庁は黄を通訳・

訳文、兼清国人取締まりのため、月給60円の「お雇清国人」とし、9月、在函館清国人2名を惣代事務とした。76年にその惣代の申請で開拓使より中華墓地が貸与された。惣代は黄宗佑、副惣代は楊厚載（寧波出身）である。79年、黄と「潘延初（湖州出身）が訴訟で争い、横浜領事范錫明の調査で黄は任務を解かれ、後年に神戸を本拠にして商人として成功した。

（斯波義信）

皓台寺 こうだいじ

1608年頃に和僧亀翁が長崎の風頭山麓に開基した曹洞宗仏寺。海雲山普昭皓台寺。はじめ洪泰寺といい、1642年に中興開山一庭が明正天皇から皓台寺の号を下賜された。幕府により長崎のキリスト教徒を改宗させ、復興を抑える任務を帯びた。そのために住持は老中が任命し、長崎仏寺中筆頭の寺格をもつ。本尊の釈迦、文殊、普賢の三尊像は、1665年に「高一覧が3代住持月舟の請いにより寄進したもの。その子「深見玄岱の仏像碑記がある。官梅、鄭、呉、東海、彭城らの「唐通事家の位牌や仏壇を置き、多くの来航唐人、「住宅唐人を埋葬した。

（黒木國泰）

📖『長崎市史』地誌篇仏寺部上.

黄乃裳 こう・だい・しょう 1849-1924
WONG Nai-siong

清末から民国初期にかけて南洋華僑の発展に尽くし、サラワクのシブ地域の荒地を開墾し「新しき村」（「新福州）を創設した革命家。福建省閩清県人でキリスト教徒であったが、早くから政治に目覚め「康有為らの変法・自強運動に参加し、政変が挫折するやシンガポールに逃れ新聞『星報』を創刊、東南アジアの広範な華僑に向けて革命の要を宣伝し、1906年には「孫文と組んでシンガポール中国同盟会を設立した。11年の「辛亥革命に際しては華僑青年を中心に革命突撃隊を組織したのをはじめ、資金・教育両面において革命の成功のため多大な貢献を行った。と同時に、黄乃裳は「福建の発展を願い、シブを中心とした広大な地域が未開発なまま放置されていることに着眼、青年を主とする福州人をこの地に入植させ、開拓に従事させることで福州人の新天地を作るべく、第2代サラワク王チャールズ・ジョンソンと協定を締結、1901年に始まる開拓事業は3年後に完成し、合計1118人の新規移民が入植した。その後、移民数は徐々に増加し、荒地だったシブ地域は生まれ変わり、福州方言が飛び交うようになったため「新福州」と呼ばれ、現在もこの地域はサラワクの中で福州人が最も多くを占めている。黄乃裳は「新福州王」と呼ばれ、いまでも崇められている。彼は1920年、孫文に随って「広州に赴き大元帥府高等顧問に就任したが、病を得て翌年、福建に帰郷した。彼には『自述墾荒志』という著書があり、「新福州」建設にまつわる開拓の苦難が語られている。

（小林文男）

↩ ブルック、ジェームズ、新福州
📖 宋哲美『馬来西亜華人史』香港：香港中華文化事業公司，1964．／『世界華僑華人詞典』

興中会 こうちゅうかい

清代末に創立された中華キリスト教徒系の民族革命結社。初めの組織は1894（光緒20）年11月、ハワイの「ホノルルにある何寛の家で20人余りが結成したとされる。しかし、1904年1月に「孫文が正式に再興するまでは、それら初期の会員は「康有為ら保皇会に吸収されていた。創設の原点は香港にある。「韃虜を駆除し、中国を回復し、合衆政府を創立する」というのが結盟の趣意である。「もし二心あれば、神明に鑑察する」という神前宣誓の儀式語で結ばれる。そこには、華僑社会に流布したキリスト教に帰依した者が連合し、宗派を超え中華人のキリスト教運動の自立思想がある。中華の復興を地上の福音運動とする理論原点をもつ。初期の理論的な指導者は、医学者の何啓である。西医書院（現・香港大学医学部）の創立者である。孫文の師で、変法思想家としても知られ、法律家を兼ねた、香港人社会改良の指導者である。これに加え、反清意識の強い下層民の「秘密結社の成員を実行部隊として連結したのが、実行家の孫文である。1895年2月21日（異説では28日）、香港島のスタンレー・ロード13号に「乾享亭」を設け機関とし、謝讃泰を会長とした秘密組織を形成する。広州起義を準備し、孫文が実行行為を推進。しかし、失敗に終わり、初期の会組織はもろくも壊滅する。1899年に、あらためて恵州起義のため、香港総本部が再建される。広州分会は、1895年3

月に創設され、すぐに壊滅。1900年に再建されるが、すぐに閉鎖。台湾分会は、1887年に楊心如の家を拠点として開設されるが、機関をもたない連絡組織のみ。

なお、横浜分会は、定説では、▼馮鏡如を会長に1895年に成立したとされる。しかし、馮鏡如は康有為の万木草堂の弟子たちと通じあい大同学校の創設準備、康有為、▼梁啓超らの保皇派支援に専心し、その立場から孫文との合作を推進する。孫文は合作に応じたけれども、康有為の反対で合作は流産する。興中会の名義の活動と組織性の保持は1900年までである。義和団戦争の危機と東南互保という情勢を背景として唐才常が率いた自立軍のクーデタに連動した1900年の恵州起義が挫折し、香港を本部とする指揮系統が瓦解したことは、謝讃泰『中華民国革命秘史』で確認できる。孫文の神格化のため、▼馮自由が『革命逸史』で興中会の活動を誇大宣伝し、そのうえ謝讃泰らキリスト教徒系の運動を異端視し、あわせて康有為らの役割を蔑視する孫文正統主義の革命運動史の像が創作された事実が存在したことをここに指摘しておかねばならない。

「チャイナをリフォームしたい」、それが保皇、革命、変法、維新などの政治言語の判別を超えた当時の海外華僑社会の共通願望であった。　　　　　　　　　　　　（中村哲夫）

圏 中村哲夫『孫文の経済学説試論』法律文化社、1999。／謝讃泰『中華民国革命秘史』(CD版、英文原文・漢語訳・日本語訳付載）、ディスグラフィ社、2000。

興中会横浜支部 こうちゅうかい よこはましぶ

1894年、▼孫文は▼ホノルルからの帰路、横浜港に立ち寄り、船上で演説を行った。演説に感銘を受けた華僑陳清が孫文より興中会章程を託され、横浜華僑の▼馮鏡如・▼馮紫珊兄弟らも孫文の革命思想に心酔した。翌95年広州蜂起に失敗した孫文が横浜に亡命すると、馮鏡如・紫珊らが孫文を受け入れ、馮鏡如の経営する文経文具店で、興中会横浜支部の結成を協議、▼横浜居留地175番地に設立された。会長に馮鏡如、会計に趙明楽、幹事に馮紫珊が就任、会員は20名余りだった。同支部は孫文の初期の革命運動の拠点であった。

（伊藤泉美）

㊀ 興中会
圏『革命逸史』1.

黄仲涵 こう・ちゅうかん 1866-1924
OEI Tion Ham

インドネシア華人の企業家。▼スマランで生まれる。1858年にジャワに来た福建省出身の父・黄志信（OEI Tjie Sien、1835-96年）が63年にスマランで起こした貿易会社である建源公司（米、ガンビール、香料などの貿易とアヘンの専売請負事業で発展）を24歳のときに受け継ぎ、砂糖貿易を発展させて、93年に会社を建源貿易有限公司とし、のち五つの砂糖工場を支配下に置いて砂糖会社（Algemeene Maatschappij tot Exploitatie der Oei Tion Ham Suikerfabrieken）を設立、ジャワの砂糖王と呼ばれるようになった。砂糖のほか、タピオカ、カポック、ゴム、茶の貿易も発展させ、建源貿易有限公司は、ロンドン、シンガポール、ロッテルダム、イポーなどに支社や事務所を開設した。倉庫会社（N. V. Midden Java Veem）、銀行（Bank Vereenings Oei Tion Ham）、汽船会社（Heap Eng Moh Steamship Co.）、シンガポールに設立、5隻の汽船をもつ）を設立し、大規模なタピオカ工場も1918年に設立した。これらにより建源貿易有限公司を中心とする企業グループは、黄仲涵企業グループ（Oei Tion Ham Concern Group）と呼ばれ、当時の東南アジア最大のコングロマリットになった。黄仲涵は、1886年にライテナントに任命されるが、のちに華人居住区官職を辞退した。▼オランダ東インド政庁への依存傾向の少ない企業家で、植民地政府は1921年に多額の戦争税をかけ、黄仲涵はシンガポールに移って蘭印国籍を離脱、シンガポールで死去した。一族外からの経営人材登用、華人大卒者やオランダ人技術者の大量雇用、近代的な砂糖工場の建設など、当時の伝統的華人経営と異なる近代的な経営を行った。8人の妻、26人の子ども（13人が男、13人が女）がいたが、事業の継承者（8人の男）を指定した。その死後、グループは30年頃までは黄宋宣（OEI Tjon Swan）が、50年までは黄宋考（OEI Tjong Hauw）が中心となって経営した。大恐慌までは貿易がいっそう発

展、33年には上海にアルコール工場をつくり、さらに30年代以降はゴムの生産を大々的に行うなど事業が拡大した。貿易事業の国際的展開のほか、生産に重点を置くなどの黄仲涵以来の方針が維持された。大恐慌後の蘭印政府による貿易管理、日本軍政、独立闘争期の生産施設破壊、独立政府による▼プリブミ優先政策のなか、その経済活動は制約を受けた。61年、インドネシア政府は、経済法違反を理由に建源公司を没収管理し、国営企業「ラジャワリヌシンド株式会社」とした。海外各地の建源公司は建源私人有限公司となって、それぞれの黄氏各兄弟とその子女により経営が継続された。　　　　　　（水野広祐）

⇨インドネシアの華僑・華人

広肇医院 こうちょう ういいん
Hopital Cantonnais

ベトナムのサイゴン（現▼ホーチミン市）、▼チョロン地区に開設された広肇幇（広東省広州・肇慶地域の出身者のグループ）の病院。広肇善堂、中華第一医院とも呼ばれた。1907年の創建。当時疫病が流行し、チョロンの穂義祠に医療を施す▼善堂を建てて患者を収容することからサービスが始まった。経費はサイゴン地区とチョロン地区の広肇公所が負担し、理事も両公所が6人ずつを出した。75年のサイゴン解放後は政府が接収し、現在はグエン・チフォン病院という。　　（芹澤知広）

⇨潮州六邑医院，福善医院

広肇会館 こうちょう かいかん

広東省の旧広州府の台山県、新会県と旧肇慶府の開平県、恩平県、鶴山県の出身者が合同して組織する▼同郷団体およびその建物。▼三邑（南海・番禺・順徳3県）、▼四邑（新会・台山・開平・恩平4県）、▼五邑（四邑と鶴山県）、岡州六邑と呼ばれる地域からの出身者が組織する。広東省の広東語を常用する華僑・華人の同郷会館ともいえよう。▼タイ広肇会館、旅法広肇同郷会などのように両地の出身者が比較的少ない場合に合同して結成され、逆に横浜、マレーシア、シンガポール、米国などそれぞれの出身者が多い国では別個に同郷団体が結成されている。たとえば横浜では、1919年から21年にかけて商人団体として▼横浜四邑公所、▼横浜要明公所、▼横浜三

邑公所が結成されている。戦後になって52年には高明、高要、鶴山の出身者により▼旅日要明鶴同郷会が結成されたが、広東省の他地域出身者の同郷会は結成されず、そのため同じ年、四邑の台山県出身者が主唱して広東省出身者の同郷団体として留日広東会館の準備委員会を組織した（会所は1954年に完成）。
（吉原和男）

⇨会館，粵語

黄長水 こうちょう うすい 1904-80

中国の僑務工作者。▼帰国華僑。福建省恵安人。1913年父親についてフィリピンに移る。22年帰国、大学で学ぶ。28年ふたたびフィリピンに赴き、父親の商売を手伝う。その間、イロイロ華僑商会の理事、華商中学校の理事、ネグロス・オクシデンタル華僑抗日後援会のリーダーを歴任。戦後46年香港に移住、47年中国民主同盟に加入。49年華僑代表として中国人民政治協商会議第1回全体会議に参加。50年帰国永住、福建省政治協商会議副主席に就任。52年以後、広州市副市長などの役職を担当。55年中国華僑事務委員会副主任に就任、そのほか中華全国帰国華僑聯合会副主席や全国人民代表大会代表を歴任。
（過放）

⇨全国政治協商会議華僑代表

黄帝子孫 こうてい しそん

華僑の団結を示す標語。「炎黄子孫」とも。黄帝は伝説上の中国最初の帝王であり、同じく最初の帝王と伝える炎帝とともに炎黄と併称される。華僑は黄帝・炎帝を中華民族の共通祖先と考え、▼族譜においても姓の相違する宗族がそれぞれ初祖を黄帝や炎帝と記し、彼らはみなその子孫であると称する場合が多い。福建、広東など華南出身の華僑が遠く華北の陝西省北部にある黄帝陵へまで参詣に行く慣習が盛んなのも、「黄帝子孫」としての▼祖先崇拝の表れである。これらの「黄帝子孫」や「炎黄子孫」は、外国に住む華僑たちの中華民族団結の必要から生じた称呼であろう。
（和田博徳）

⇨華夷秩序

📖 Lynn Pan. *Sons of the Yellow Emperor, the Story of the Overseas Chinese.* Boston: Little, Brown, 1990.

紅頭船 こうとうせん

明・清時代に中国と東南アジアを往復した帆走ジャンク。もともと徴税の便宜上、船の舳先を赤く塗らせて識別の便にしたことから紅頭船の称がある。19世紀の前半まで中国と東南アジアを結ぶ海上輸送の一翼を担った。潮州幇がタイ往来に多用したことから潮州華僑の象徴となった。船首の両側に眼を描いて航路を見誤らないように祈願したことから「大鶏眼」ともいった。アヘン戦争以降は、しだいに蒸気船に取って代わられた。
(中間和洋)

⇒青頭船、トンカン

黄登保 こう・とうほ 1918-88

中国の軍人。帰国華僑。福建省アモイ人。1935年フィリピンに移る。38年帰国、八路軍に入隊、同年中国共産党に入党。抗日戦争中、延安砲兵学校隊長に就任。東北戦場で砲兵師参謀長などの軍職を歴任。遼沈戦役と平津戦役ではみずから砲兵を指揮して戦った。中華人民共和国成立後、人民解放軍砲兵部隊で要職を歴任、砲兵司令部副司令官まで昇任。84年中国僑聯副主席に選ばれ、僑務活動に専念。88年北京で死去。
(過放)

侯徳健 こう・とくけん 1956-
ホウ・トゥチエン　HOU De Jian

台湾のシンガーソングライター。高雄県岡山鎮に生まれる。政治大学会計科に在学中に「捉泥鰍」「帰去来兮」で注目される。1978年、「龍的伝人」が台湾、中国大陸をはじめアジア全域で大ヒットとなる。83年、俗謡を巧みに取り入れた「酒矸倘売無」が評判を呼んだが、そのさなかに香港経由で北京に亡命。北京で「新鞋子、旧鞋子」「信天遊」「三十歳才明白」などを発表。89年6月、天安門広場での抗議行動に参加。90年、鄧小平への公開状で逮捕者の釈放を要求し、「反革命宣伝煽動」の罪状で台湾へ強制送還される。楊徳昌監督の『牯嶺街少年殺人事件』(91年)、日本の林海象監督の『我が人生最悪の時』(94年) などに出演。95年、リチャード・ゴードンおよびカーマ・ヒントン監督による記録映画『天安門』で天安門事件当時の行動が明らかにされ、また監督インタビューに答えて事件について語っている。97年、台北に伝人出版有限公司を設立、現在は易経を広める活動に従事しているという。
(田村志津枝)

江南事件 こうなんじけん

1984年、中国系アメリカ人作家江南(本名劉宜良)が殺害された事件。江南は1932年に江蘇省靖江で生まれたが、のち台湾へ移住し、『台湾日報』の記者を務めた。67年アメリカへ留学し、のち商業を営みながら、中文紙『時代報』のコラムニストを務める。彼が書いた『蔣経国伝』は72年から74年に香港の雑誌で連載され、75年出版された。蔣経国が総統に就任した後、新しい資料を書き加え83年からアメリカの『論壇報』でも連載された。さらに『呉国楨八十憶往』では国民党の内部事情を告発した。84年10月15日午前9時半頃、江南が車でサンフランシスコ郊外の自宅から市区へ移動する途中、射殺された。事件後、台湾情報部門の関与が明かされ、世論におおいに非難された。中国系アメリカ人は江南事件委員会を組織し、署名運動を起こし、事件の真相を追究するよう、レーガン大統領に訴えた。事件の実行犯人董桂森は台湾政府の事件への参与を供述したが、91年3月に獄中で殺された。90年江南の妻崔蓉芝と台湾政府は法廷外で和解し、台湾政府は崔に146万ドルを払う代わりに、事件への責任を否認した。
(曾櫻)

江南大学 こうなんだいがく

1981年江蘇省の無錫市人民政府の投資1000万元と各界からの出資金3000万元をもとに同省の龍山の麓に設立された総合大学。初め無錫職業大学といい、84年無錫大学に、85年江南大学に改名。無錫市人民政府所管、名誉董事長栄毅仁。前身は47年に同地出身の有力実業家栄徳生が設立した私立江南大学で、新中国成立後、栄徳生が董事長に留任、副董事長に息子の栄毅仁が就いたが、文化大革命で閉鎖された。96年4月現在、電子、建築、経済管理、中国文、医学ほか8学部。面積27万㎡、校舎12万㎡、教職員723人、図書26万冊。アメリカ、日本、ニュージーランド、韓国に友好6大学をもつ。
(市川信愛)

黄二官 こう・にかん ?-1670

江戸時代初期の長崎の住宅唐人、唐年行司。明末の渡来人であるが、本名および来

航年次は不詳。漳泉系の有力者と推定され、1640年代（寛永末〜正保）頃に唐年行司に登用された。70（寛文10）年12月在職のまま病死した。1693（元禄6）年稽古通事に任ぜられた黄安右衛門（先名久右衛門）は二官の子か孫とみられ、以後この家は1735（享保20）年まで▼唐通事の職を世襲していたことが確認される。

(林陸朗)

抗日運動 こうにちうんどう

日本に対する抵抗運動。中国の抗日運動は、1874（明治7、同治13）年の日本の台湾出兵に対する抵抗に始まるが、華僑の抗日運動は1908年広州で起こった第二辰丸事件からである。その後、15年の二十一か条要求、19年のパリ講和会議、28年の山東出兵と続く日本の中国に対する侵略の拡大に応じて、華僑の抗日運動も広がり見せる。その基本的形態はボイコット運動で、その担い手は▼華商たちであった。とくに24年以降、国共合作が進展し、さらに28年、国民党が全国統一をなしとげると、僑務機関と僑務政策が整えられ、中国政府の影響力は外交部と国民党という二つの系統を通して、海外華僑の間にしだいに浸透していった。

1931年9月、日本は柳条湖事件を起こし、32年1月、上海事変によって戦火を華中へと広げ、3月には「満洲国」を樹立した。日本は33年2月、熱河を攻略、長城線を越えて華北へ侵入し、5月、塘沽停戦協定によって1931年以来の満洲事変に一応の区切りをつけるとともに新たに華北進出の橋頭堡を築いた。37年7月、盧溝橋事件を契機に戦火は中国全土に拡大し、国民政府も日本との全面戦争に踏み切った。日本はさらに41年12月、英米に宣戦してアジア・太平洋戦争へと突入、多数の華僑の住む東南アジア一帯も戦場と化した。

このような日本の対中国、対東南アジア侵略の拡大は、世界各地の華僑と中国人留学生を抗日に立ち上がらせた。1931年に柳条湖事件が起こると東南アジア各地で日本の侵略に抗議する集会が開かれ、日本商品ボイコットが始まる。全面抗戦に至るや38年、シンガポールの▼タン・カーキー、蘭領東インド（インドネシア）の荘西言、フィリピンの李清泉らの呼びかけにより、マラヤ、タイ、フィリピン、蘭領東インドなど各地の華僑の代表176名が参加して、シンガポールで南洋各属華僑籌賑祖国難民大会（南僑総会）を結成、献金を中心とした中国の抗戦支援活動を開始した。41年12月、タンらはシンガポール華僑抗敵動員総会、その下部組織として華僑義勇軍を結成し、日本軍の上陸に激しく抵抗した。日本軍は、華僑を徹底的に弾圧し、約7万名を逮捕し、そのうち殺害された者は万を数えるという。

マラヤでは、すでに1938年2月、日系の龍雲鉄鉱山で華工によるゼネストが起こっており、41年のアジア・太平洋戦争勃発後、42年1月、▼マラヤ共産党の武装組織で華人を中心とする▼マラヤ人民抗日軍が結成され、翌2月にはその外郭団体としてマラヤ人民抗日同盟が組織されている。また、国民党系の華僑抗日軍も別個に組織されている。蘭領東インドでは42年5月、スマトラで華僑抗日協会が組織され、ジャワでは44年、ジャカルタに本拠を置く抗日民族解放大同盟が結成されている。フィリピンでは、華僑抗敵後援会が抗日運動を展開、戦後彼らの抗日運動を称えて、華僑は日本軍によって処刑された人々の殉難烈士紀念堂を建てている。ベトナムでは38年に南圻華僑救国総会が結成され、南ベトナムの華僑の抗日闘争を指導し、41年11月、ベトナム共産党の指導下で南圻華僑救国同盟を結成、武装闘争に参加した。海南島出身の華僑は38年11月、香港で瓊崖華僑救郷聯合総会を結成、南ベトナムでも瓊崖華僑聯合総会を結成して、抗日闘争を展開した。

ヨーロッパでは、1931年に柳条湖事件が起こるやフランスで中華民衆抗日救国会など抗日団体が結成され、36年イギリス、ドイツなどでも華僑や留学生を中心とした抗日団体が次々とでき、9月にはこれらを統合するものとして全欧華僑抗日救国連合会が結成されている。アメリカでは31年9月、サンフランシスコで中華拒日後援総会が設立され、36年には中華民国国民抗日救国会が、37年に日中全面戦争が勃発すると各地の抗日団体を統合するものとして旅美（米）華僑統一義捐救国総会が結成された。サンフランシスコでは38年12月、華僑を中心として日本への屑鉄輸出阻

止行動が起こっている。

　海外華僑の抗日運動は、次のようにまとめることができよう。(1)日本商品のボイコット。これは、日本からの輸入、日本への輸出の双方に関係していた。1905年のアメリカの排華法延長反対以来、中国ブルジョアジーの対外闘争の主要形態であり、華僑の抗日運動においても伝統的なものだった。(2)中国への送金、献金（1937-45年、約13億ドル）。華僑の中国との結合を示す伝統的な行動形態であるが、抗日戦争中においては、それ自体が国民政府の財政的基盤を強化し、中国の抗戦力を支えるものとなっていた。(3)飛行機、戦車など軍需品の献納。(4)帰国して、兵士となったり、道路建設などへ従事。(5)居住国における新聞、雑誌などを通じての抗日宣伝。(6)抗日団体や抗日武装部隊を結成して、直接日本軍と戦う。居住国の軍隊に参加して、ファシズム陣営との戦いに参加。(7)各国の政府と世論への働きかけ。

　このように、華僑の抗日運動は広い範囲にわたり、また大きな役割を果たした。しかし、日本の華僑は、激しい弾圧を受け、また組織的再編を余儀なくさせられるなど、抗日運動を行うのはきわめて困難だった。

（安井三吉）

📖 曾瑞炎・李世平『華僑与抗日戦争』成都：四川大学出版社，1988.／中国抗日戦争史学会・中国人民抗日戦争紀念館編『海外僑胞与抗日戦争』北京出版社，1995.／菊池一隆「国民政府と世界の華僑」池田誠ほか編『中国近代化の歴史と展望』法律文化社，1996.

広幇 <small>こうパン</small> ⇨ 広東幇 <small>カントンパン</small>

公班衙 <small>こうはんえい</small>

　連合東インド会社（Vereenigde Oostindische Compagnie、オランダ東インド会社）の Compagnie の音を写したもので、中国人が同社を指す称名。公班牙とも書く。会社は1799年に解散し、バタビアは1800年からはオランダ領東インドとなるが、オランダ人以外の人々にとっては格段の変化はなかった。したがって▼オランダ東インド政庁も引き続き「コンパニー」と呼ばれた。

（生田滋）

広福宮 <small>こうふくきゅう</small>
Kong Hock Keong Temple

　マレーシアの▼ペナン最古の華人廟（仏教寺院）。イギリスによるペナン領有のわずか13年後、1799年に福建・広東両省出身者によって建立され、以後も両省各10名の代表によって運営されている。名前はそこからきている。観音菩薩を祀る。ジョージタウン市の中心部にあり、今日でも多くの参拝者を集めている。1799年に刻まれた最古の碑には「梹榔嶼甲必丹（ペナン・カピタン）胡始明」の記載があり、この頃すでにペナンに華人社会の自治機構が形成されていたことがわかる。

（原不二夫）

広福古廟 <small>こうふくこびょう</small>

　シンガポールのラベンダー・ストリートにある▼広州、肇慶両府出身者が建てた▼廟。斉天大聖（孫悟空）を主神とし、左に医霊先師、右に玄壇元帥を祀る。同治2（1863）年の額がかかる。1880年の重修には700余名にのぼる多数の寄進者が名を列ねる。1901年には演劇用の戯台が増設されている。非常に影響力の大きい廟であり、広州府と肇慶府の出身者の同郷会館としての役割を演じていたといえる。

（田仲一成）

📖「広福古廟関係碑記」『新加坡華文碑銘集録』

興福寺 <small>こうふくじ</small>

　長崎市寺町にある▼黄檗宗の寺。東明山興福寺。長崎▼唐三か寺の一。▼三江幇の菩提寺で、俗称南京寺。元和年間（1615-24年）の初め、▼欧陽雲台の別荘にあった三江幇集会所の神祠から発達し、初めは▼媽祖を主として祀っていた。1620年頃、江西省饒州府浮梁県の人、劉覚（法名真円）が草庵に入って、当時の幕府の峻烈なキリスト教禁令に対処するため、23年赦免を得て剃髪して小規模ながらも仏寺を建立した。1632年、唐僧▼黙子如定が興福寺に入った。如定は、34年に市中最初の石橋、▼眼鏡橋架設の技術指導をした。翌年、興福寺2代住持に就任。この頃、船主・商人の寄進によって本殿、諸堂宇の建設が始まった。1641年に至って初めて寺院の基礎ができたのである。創設当初、元和年間の三江幇のおもな檀家として、欧陽氏のほか山西省出身の通事▼馮六ホウ、1617年に来崎した

浙江省紹興府の徐敬雲、元和・寛永の交に来た江西省新城県の何毓楚らが数えられる。1645年に浙江省杭州府仁和県人の第3代住持逸然が請に応じて渡来。逸然は福州黄檗山万福寺の住持▼隠元の来日を4度懇請し、1654年実現をみた。隠元は福州府福清県人であるため、▼穎川えがわ官兵衛ら三江系のみならず、▼林仁兵衛ら福州系、▼穎川藤左衛門、▼高一覧ら泉州漳州系の長崎華僑社会の大立者の▼唐通事・船主10余人が招請状に名を連ねている。隠元は興福寺に入り法筵を開いたが、▼崇福寺、▼福済寺にも滞在した。隠元を別格として、歴代住持は開基の真円から1723年渡日の最後の唐僧、9代竺庵浄印までに、浙江籍が6人、江西2人、山西1人であり、すべて三江幇の同郷出身者を招聘していた。しかし元文年間(1736-41年)以後には来航唐船が減少したため、唐僧招請の費用を捻出できなくなった。幕末開港後の華僑の増加により1868(慶応4)年に本寺内に▼三江祠堂が設けられ、さらに▼三江会所に発展した。幕末から荒廃し、1873(明治6)年に取り壊されていた大殿も、彼らの寄進によって中国で切り組まれた建材により、清人大工の手で1883年に今日の姿に再建された。　　　　(黒木國泰)

㊂唐寺［長崎］
㊥宮田安『長崎唐寺の末庵』黄檗山万福寺文華殿、1990。／劉序楓「明末清初的中日貿易与日本華僑社会」『人文及社会科学集刊』11-3、1999。／李献璋『媽祖信仰の研究』泰山文物社、1979。

神戸華僑会館こうべかきょうかいかん

▼神戸華僑総会のビル。中央区下山手通2丁目にあり、1969年に竣工した。鉄筋3階建てのビルは華僑関係の会議や集会、文化活動などに利用されている。1階には華僑総会の事務局が入っている。もとこの敷地には▼神戸中華青年会が建てた神戸中華青年会館があり、文化事業や諸活動に利用していた。50年4月には同青年会館内に付属幼稚園も設置されていた。　　　　　　　　(曽士才)

神戸華僑海務聯合会こうべかきょうかいむれんごうかい

1925年に神戸で設立された広東省出身の▼タリーマン(検数業者)による同業組合。通常1隻の船に対し10名、陸揚げに2名のタリーマンが必要であった。1910年代末から20年代初期が中国人タリーマンの最盛期で、神戸ではその数100名に達したといわれる。
　　　　　　　　　　　　　　(陳來幸)

神戸華僑華人研究会こうべかきょうかじんけんきゅうかい

阪神地区を中心とする華僑・華人研究者、華僑・華人による研究会。1987年5月、神戸大学文学部で創立、神戸華僑研究会と称したが、92年6月、神戸華僑華人研究会に改称。会員約80名、研究者、大学院生、華僑・華人、市民と多彩。研究報告とともに、現在第一線で活躍している華僑の話を聞くことを会の重要な活動の一環としている。とくに総会には、華僑の代表的な人物を招いて記念講演会を開いている。会員を中心として神戸華僑についての調査研究を行ってきたが、その成果に『神戸華僑に関するアンケート調査』(93年)、『阪神大震災と神戸華僑』(97年)、『近百年の日中関係と神戸華僑』(97年)、そして中華会館編『落地生根——神阪中華会館と神戸華僑の百年』(研文出版、2000年)などがある。▼孫文研究会と共同で国際シンポジウム「孫文と華僑」(1996年)を開いたほか、市民講座を開催している。ニューズレター『通訊』を発行。　　　　　　(安井三吉)

神戸華僑講学会こうべかきょうこうがくかい

1924年9月に神戸を訪問した▼顕蔭和尚が神戸華僑に対して講演を行ったことが契機となって結成された、華僑による仏教研究団体。文化の普及に熱心であった当時の駐神戸領事柯鴻烈と▼神戸中華総商会傘下の神戸華商や、神戸華僑同文学校、華強学校、神戸中華学校の校長や教員を中心に数十名によって組織された。和尚の勧めにより▼鄭祝三(広東代表)、王文達(浙江代表)、許桂芳(福建代表)が中華仏教連合会への参加を委嘱された。　　　　　　　　　　　　　　(陳來幸)

神戸華僑商業研究会こうべかきょうしょうぎょうけんきゅうかい

1914年に設立された神戸の青年華商を中心とする組織。代表者は楊寿彭。所在地は下山手通3丁目65。16年に会報『神戸華僑商業研究会季報』(楊が編輯)を創刊。論説、商品学、翻訳などのコラムからなり、日本の商法や貿易方法の紹介などを行った。38年時点で会員40余人。青年商社員による商事研究会としてスタートしたが、実際は社交クラブとし

ての機能にとどまったとされている。現存しない。
(陳來幸)

神戸華僑新興会 こうべかきょうしんこうかい

日中戦争期、神戸華僑が組織した団体。1937年7月、蘆溝橋事件を契機に日中全面戦争へ突入すると、日本政府は日本国内の国民党支部と党員に対して激しい弾圧を加え、▼神戸中国領事館も38年2月閉鎖された。こうした弾圧の一方、華僑を日本の戦争に協力させる政策もとっていった。とくに神戸華僑は、東南アジア華僑との繋がりが強く、日本側はその利用を考えた。37年12月に北支那方面軍の手により北平（北京）に中華民国臨時政府（王克敏委員長）が組織されると、翌38年1月、神戸華僑の間に臨時政府支持の動きが出てきた。こうした動きを利用して38年7月、県外事課の指導下で神戸華僑新興会が結成された。会長には▼神阪中華会館理事長の▼何苟筵がぜんが就任、日本との提携を提唱した。新興会は40年3月、内務省指導下での全日本華僑総会結成において重要な役割を演じた。
(安井三吉)

参『落地生根』

神戸華僑総会 こうべかきょうそうかい

1945年秋に設立された神戸華僑の自治組織。兵庫県内の華僑を構成員とし、姫路自治会の200世帯を含め、会員約1100名余り。家族を含めた登録者は約5000名。理事55名、監事5名。互選で会長1名と副会長5名を選出する。▼神戸中華青年会のメンバーを中心に大陸出身者による神戸華僑総会がまず成立し、46年▼台湾省民会と合併、あらためて神戸華僑総会を組織した。▼李万之が初代会長。一方、本国の国共対立の政治的影響を受け、57年2月、別に▼神戸華僑聯誼会が結成された。72年日中国交正常化を契機とし、76年には神戸華僑総会会員大会が開催され、総会と聯誼会との統一、および総会会則の改正が行われ、李万之が会長に選出された。現在、中央区下山手通の華僑会館1階の大陸系の神戸華僑総会と、同区北野町の台湾系の中華民国留日神戸華僑総会という二つの総会が存在する。76年以降の歴代会長は▼林同春、黄耀庭。
(陳來幸)

🔁 神戸華僑総会［台湾系］

神戸華僑総会［台湾系］ こうべかきょうそうかい
中華民国留日神戸華僑総会

神戸にある台湾系の▼華僑総会。第2次大戦後、大陸系華僑と▼台湾省民会を中心とする台湾省出身者が一つになって結成された神戸華僑総会は、中華民国駐日代表団の指導の下で各地の華僑総会とともに留日華僑総会（華僑連合総会）を組織した。72年の日中国交正常化を契機に神戸華僑総会は、1976年の会員大会を経て実質上二つに分裂、駐大阪中華人民共和国領事館とチャンネルを築いた側は中央区下山手2丁目の神阪華僑会館に事務所を置いた。以後、同区北野町の方は中華民国留日神戸華僑総会と称されるようになった。
(陳來幸)

🔁 神戸華僑総会

神戸華僑同志会 こうべかきょうどうしかい

神戸在住の上海・寧波出身のコック（料理係）やボーイ（雑役係のコック見習少年）らからなる同業者の親睦相互扶助組織。1925年設立。広東人コックとは違い、上海方面出身のコックは個人の家庭に雇用されるハウス・コックが多かった。欧米の公館、銀行、商館のスタッフが神戸の▼外国人居留地へ進出した際、上海経由で神戸に派遣された者が多く、彼らがコックやボーイなどを帯同してきたのがその始まりといわれている。
(陳來幸)

🔁 神戸華僑厨聯義会, 神戸皖江聯盟会

神戸華僑南洋輸出協会 こうべかきょうなんようゆしゅつきょうかい

1934年11月、主として広東省出身の神戸雑貨輸出商によって設立された同業組合的組織。社団法人として認可された。31年満洲事変、32年上海事変など、相次ぐ日本軍の中国における軍事行動が日中間の緊張を強め、蘭領東インド（インドネシア）、マレー半島、フィリピンなど東南アジア（南洋）華僑の反日感情が高まって、▼日貨ボイコット運動に発展した。このような状況に輸出業者としての立場から対処する目的でこの協会が設立された。
(王柏林)

神戸華僑婦女会 こうべかきょうふふじょかい

中国紅十字会訪日団の歓迎を機に1955年2月に設立された神戸華僑女性の親睦組織。神戸に寄港する中国人船員の世話をしたり、中国からの来客を手作りの料理でもてなすな

ど、社会活動を展開した。毎年9月15日に70歳以上の華僑老人を招待して敬老会を開き、中国の敬老の伝統を実践する。また、月に1、2度中華会館に集い、茶話会を開催し、春と秋に旅行を実施するなど、会員交流も活発である。会長は黄慧児。会員約130名。

(陳來幸)

神戸華僑貿易商社会（こうべかきょうぼうえきしょうしゃかい）

1958年5月の▼長崎国旗事件で中断した日中貿易を発展させるため、事件後に解散した神戸の協同組合▼日本華僑貿易商公会の旧組合員が再結集し、67年に組織した任意団体。初代会長に陳仰臣が選ばれた。別名「華僑の愛国商社会」とも呼ばれ、日中両国間の交易事業の発展に積極性を発揮、日中友好事業にも大きく貢献した。90年代に日中貿易の一般化で会員の求心力が低下したが、会員間や協賛銀行との親睦活動で、なお一定の役割を担っている。

(王柏林)

神戸華僑貿易振興会（こうべかきょうぼうえきしんこうかい）

1958年3月、主として広東系の貿易商社によって設立された神戸華僑の貿易振興組織。神戸市生田区（現中央区）海岸通1丁目にあった神戸商工会議所ビル3階に事務所を設けた。加盟商社の多くは、第2次大戦前から香港や東南アジア地域との貿易を営んでいた歴史ある商社が多く、会員相互の親睦や貿易事業の振興で活発に活動した。当時、雑貨や繊維製品の輸出は低コストと円安為替レートで十分な競争力があり、1960～70年代が最盛期であった。

(王柏林)

神戸華僑幼稚園（こうべかきょうようちえん）

▼神戸中華青年会が1950年に開設した付属幼稚園（関貞真園長）と、翌年湯欽明和尚が▼神戸関帝廟に開設した光華幼稚園（黄潜園園長）が52年に合併して設立された幼稚園。歴代園長は黄潜園、甘木雅、李智偉、陳錦蓮、王子玲。理事長は李義招、▼陳徳仁、黄燿庭、劉友栄。53年に購入した園舎は中央区山本通にあり、その改修と完成を記念し、12月12日を創立記念日とする。60年、現在の同区中山手通6丁目に園舎を新築、翌年学校法人となる。現在園児は約110人。うち中国系でない日本人園児が約5割を占める。

(陳來幸)

神戸華僑洋服商組合（こうべかきょうようふくしょうくみあい）

神戸の華僑洋服商により1922年に設立された、団結、親睦、相互扶助を目的とした同業同職組合。江蘇・浙江出身の洋服商と仕立職従業員によって構成された。明治初期の頃、一部の欧米人顧客を除き、洋服仕立ての需要はそれほど多くなかったが、▼辛亥革命で清朝が倒れると、▼辮髪を切り落とすと同時に在留華僑社会では一斉に着衣の欧風化が始まり、20年代には日本人の洋服着用も普及しはじめた。36年には300名ほどの組合員が存在し、仕立職人のほとんどが組織化されていた。戦後、(有限会社)関西華僑洋服公会として組織は存続しているが、同業組合としての機能は有名無実となっている。中央区山本通3丁目の事務所は現在▼兵庫県浙江省同郷会の事務所として使われている。

(陳來幸)

神戸華僑理髪業組合（こうべかきょうりはつぎょうくみあい）

江蘇省（おもに揚州と鎮江）出身の神戸在住理髪業主・従業員によって1925年に設立された、団結、親睦、相互扶助を目的とした同業同職組合。神戸の華僑理髪業のルーツは▼辮髪の調髪、すなわち剃頭にあり、日露戦争の頃には5軒ほどが開業していたにすぎなかった。時代が民国に変わると、散髪の需要増に比例して床屋の数が急増、耳掃除や按摩など、理髪以外のサービスで日本人客も引きつけた。26年には450名の組合員がおり、仕立職人と並んでほとんどの職人が組織化された。戦後は神戸華僑理容公会として細々と活動を継続している。

(陳來幸)

神戸華僑理容公会（こうべかきょうりようこうかい）

神戸の華僑系理髪店の協同組合。1925（大正14）年に成立し、正式名を神戸華僑理髪業聯合会という。会員は揚州と鎮江を中心とする江蘇省出身者で占められ、同郷団体としても機能していた。大正末期から昭和50年代まで就業人口は3桁であったが、その後は急速に減少し、現在は▼兵庫県江蘇省同郷会に引き継がれている。大阪、名古屋、横浜、東京にもかつて理髪業の団体があったが、会員はいずれも江蘇省出身者であった。

(曽士才)

神戸華僑臨時弁事処（こうべかきょうりんじべんじしょ）

▼神戸華僑総会の前身。第2次大戦末期、神戸電鉄の修復に動員されていた華僑の青壮

年が代償として自給自足の食糧調達のため鈴蘭台の土地を借用した。奇しくも開墾を開始するべく45名が現地集合した1945年8月15日、終戦の放送を耳にし、衆議一決して神戸華僑青年会を組織し、▼陳徳仁を総幹事に推した。各団体に呼びかけて、当時の生田区中山手通の黄統瑋方で神戸華僑臨時弁事処を組織（1945年8月20日頃）、のち1945年10月に神戸華僑総会と改称した。日本全国各地華僑総会のさきがけとなった。　　　　　(許淑真)

　㋑神戸の華僑・華人
　㋒許淑真「留日華僑総会の成立に就いて」山田信夫編、1983．

神戸華僑歴史博物館 こうべかきょうれきしはくぶつかん

神戸開港以来の貴重な華僑の歴史的文献や文物が展示されている博物館。1979年10月、▼陳徳仁が中心となって社団法人▼神戸中華総商会により開設された。1868年、神戸が開港した直後、少数の中国人貿易商が長崎から移住してきた。以来、神戸に定住する華僑が増加し、貴重な文物が多い。1980年、兵庫県より「ひょうご文化100選」に選定された。所在地は神戸市中央区海岸通3丁目1-1、KCCビル2階。　　　　　　　　　　(王柏林)

　㋑孫中山記念館

神戸華僑聯誼会 こうべかきょうれんぎかい

1957-76年、北京政府支持の立場で活動した神戸の華僑の組織。1945年10月に華僑の自治組織である▼神戸華僑総会が成立したが、49年新中国成立にともなう二つの政府の出現と華僑の政治的見解の違いにより、北京政府を支持する理事たちが華僑総会を離脱、57年2月に聯誼会を結成した。72年に日中国交正常化が実現したのちの76年9月、両団体は統一され、神戸華僑総会に一本化された。一方、台湾政府支持派は留日神戸華僑総会の名の下で活動を続けている。　　　　(曽士才)

　㋑神戸華僑総会［台湾系］

神戸華厨聯誼会 こうべかちゅうれんぎかい

神戸在住の広東省出身の料理職人による親睦友誼団体。1922年に設立。中山手通に拠点があった。代表者は鄧日輝ら。上海や安徽出身のコックと違い、戦前の広東人コックは個人の家庭に使用された者ばかりでないのが特徴的であった。外国人クラブやホテル、病院のコックはすべて広東出身者だった。従来外国船でコックをしていた者が下船し、ホテルのコックになったのが多かったという。
　　　　　　　　　　　　　　　　　　(陳來幸)

　㋑神戸華僑同志会，神戸皖江聯盟会

神戸皖江聯盟会 こうべかんこうれんめいかい

神戸在住の安徽省出身の料理職人による同業者協力組織。1927年に設立。皖は安徽省の略称。1921年ころに、盧承意、江世栄らが相前後して上海より神戸に渡来。27年には同業者が30数名に達したのでこの会を組織したが、その後山東省出身者を加え、33-34年頃には約80名の会員に増加した。　(陳來幸)

　㋑神戸華僑同志会，神戸華厨聯義会

神戸関帝廟 こうべかんていびょう

神戸の華僑・華人の信仰が篤い三国志・蜀の将軍関羽を祀る廟。中央区中山手通7丁目にあり、1888（明治20）年に建立された。横浜、大阪に次いで日本で三つ目の▼関帝廟である。寺格としては、もと河内国布施村（現在の東大坂市）にあった▼黄檗宗の末寺で廃寺になっていた長楽寺をこの地に移して再興したものである。初代住職には長崎の▼聖福寺から松井宗豢を迎えた。寺の本尊は本来は十一面観音像であったが、再興後はさらに関聖帝君、天后聖母、観音大師、財帛星神の4体を合祀しており、神戸市民からは「南京寺」と呼ばれていた。1945年6月の大空襲により全焼したが、48年に再建された。その後も火災と震災に遭っているが、現在の本堂は98年秋に修復されたもの。またこれとは別に、1888年▼寧波出身の▼華商によって中央区加納町2丁目に作られた黄檗宗の説教所も関帝廟と呼ばれていたが、戦災によって焼失した。　　　　　　　　　　　　　　　　　　(曽士才)

　㋒『落地生根』

神戸広東公所 こうべカントンこうしょ

神戸における▼広東幇の正式名称。広業公所ともいう。大阪の広業公所から分離し独立したようである。1903年には、神戸市栄町の海岸通に会館が設立された。組織としては、1877年の兵庫県庁の文書に、広東人総管の住所「栄町広東公所」と見えるから、その頃には確実に成立していた。神戸華僑社会の最有力の団体である。第2次大戦後は、他郷の出

身者とも融和を図るため、郷党組織としての再興を避け、神戸中華総商会（KCC）として現在も活動している。　　　　　　　（中村哲夫）
　㊀神戸華僑歴史博物館
　㊂『落地生根』

神戸義勇軍（こうべぎゆうぐん）
　上海軍政府の要求に応じ日本各地から▼辛亥革命に参加した▼旅日華僑敢死隊のうち、神戸隊のことを義勇軍という。敢死隊は各地からばらばらに上海に参集した者もあったが、主力は、1911年12月8日に44名の横浜決死隊が38名の神戸義勇軍に合流し、9日の博愛丸に乗船してさらに長崎からの参加者数名と合流したグループである。武昌蜂起の成功が神戸に伝わると、店員や生徒らを中心に、若者たちが一意武昌に馳せ参じて国家のために尽くしたいと主張し、70余名が血判を押したが、家族の引留めによって断念を余儀なくされた者もいた。　　　　　　　（陳來幸）

神戸僑務弁事処（こうべきょうむべんじしょ）
　正称は中華民国臨時政府駐神戸僑務弁事処。1938年開設。37年12月14日中華民国臨時政府（北平［北京］、王克敏委員長）が樹立されると、神戸華僑は日本側からの働きかけにより、12月18日、中華会館において600人が参加して新政府成立慶祝擁護大会を開催し、翌年7月30日、兵庫県外事課の斡旋により▼神戸華僑新興会を結成、8月1日に弁事処が開設された。建物は重慶国民政府の神戸総領事館を使用、主任は前総領事の▼王守善。後に38年3月成立の中華民国維新政府（南京、梁鴻志首席）の代表部も兼務。40年3月30日に汪精衛が南京に中華民国政府を樹立すると、8月1日、中華民国駐神戸総領事館に格上げされた。　　　　　　　　（許淑真）
　㊂『落地生根』／鴻山俊雄『神戸・大阪の華僑（在日華僑百年史）』華僑問題研究所、1979.

神戸居留地（こうべきょりゅうち）
　1868年9月（旧暦では慶応4年8月）に完成し、99年7月17日の廃止まで存在した神戸の▼外国人居留地。現在の中央区の地域、生田川（現フラワーロード）と鯉川（現鯉川筋）の間、海岸通から西国街道（現大丸前東西道路）までの範囲に設定され、合計126区画からなった。知事、各国領事、住民代表からなる居留地会議が設けられ、居留外国人による自治行政が実施された。外国人に永代借地権が与えられ、競売代金の一部や地税、警察税を街路や下水の整備、警察隊の維持にあてるなど、完備したシステムの下で居留地自治は長く存続した。ただし、当初造成の完成をみないうちに68年1月1日（慶応3年12月7日）の神戸開港を迎えたので、各国公使の求めに従い、兵庫県は生田川から宇治川、北は山麓までの範囲で外国人の雑居を認めた。これが99年に開始された外国人の全面的内地雑居化以前に存在した神戸の雑居地である。清国は条約国ではなかったので、華僑の商社や商店は隣接する雑居地に集中し、現在の南京町に発展した。　　　　　　　（陳來幸）
　㊀神戸南京町

神戸三江会館（こうべさんこうかいかん）
　神戸にある三江地方出身者の団体。戦前の▼神戸三江公所（三江商業会）は1939年に▼神戸中華総商会に統合され名称を失ったが、会員の結束は以後も維持された。83年、中華総商会から独立し財団法人三江会館として兵庫県より認可、再建された（神戸市中央区多聞通2丁目1-12）。構成員は、上海、江蘇、浙江など長江下流域の出身者とその子孫である。現在は教育面での支援、老人福祉、中国との交流など多方面の活動を行っている。
　　　　　　　　　　　　　　　　（安井三吉）
　㊂『落地生根』

神戸三江公所（こうべさんこうこうしょ）
　神戸にあった三江幫の▼同郷団体。明治初年には寧波幫として組織されていた。その代表は成記号の張徳澄であった。神戸の三江公所は寧波幫を中心に周辺地域の出身者を含んだ形で成立したと考えられる。1888（明治21）年までには成立しており、神戸の3幫のうちで最も早く公所の建物を所有した。1912年に社団法人三江商業会の設立許可があり、▼呉錦堂らが理事に就任している。39年に法人の解散を決議した。83年に社団法人三江会館が設立されている。　　　　　（洲脇一郎）

神戸三師学友会（こうべさんししがくゆうかい）
　医療関係者としての自覚を有し、社会福祉活動、勉強会の開催、会員相互の親睦などを目的とする神戸華僑医師・歯科医師・薬剤師の

3師の学生の会（略称神戸三師会）。1970年設立されたが、2001年現在、活動が中断している。前身は63年発足の師友会。当時会員のほとんどが社会人になったのを機に会員80名で再発足。大学医学部・歯学部・薬学部に在籍する神戸在住あるいは神戸出身の華僑学生を正会員とし、特別会員、賛助会員からなる。特別会員は神戸在住華僑の3師。賛助会員は本会趣旨に賛同する指導的立場の華僑。
（王柏林）

神戸台湾帽子商業組合 こうべたいわんぼうししょうぎょうくみあい

1939（昭和14）年、神戸市においておもに台湾の大甲・清水地方産出のパナマ帽子を取り扱う業者により結成された同業組合。帽子は台湾の生産地で、半成品のかたちで神戸の出先機関に向けて送り出された。神戸でさらに完成品に加工した後、日本国内向け（内地売り）や、神戸を経由して欧米諸国へ輸出された。この組合加盟業者の多くは大成し、その子孫や後裔のなかには華僑・華人の有力者が多い。
（王柏林）

📖『落地生根』

神戸中華会館 こうべちゅうかかいかん ⇨ 神阪中華会館 しんぱんちゅうかかいかん
神戸中華義荘 こうべちゅうかぎそう ⇨ 神阪中華義荘 しんぱんちゅうかぎそう

神戸中華基督教改革宗長老会教会
こうべちゅうかキリストきょうかいかくしゅうはちょうろうかいきょうかい
Kobe Chinese Reformed Presbyterian Church

神戸在住華僑をおもな信者とするキリスト教会。歴代の宣教師は明楽林牧師（W. C. MCLAUCHLIN、1949-61年）と魏理信牧師（K. W. WILSON、1960-69年）。牧会者は譚雅各牧師（1953-58年）と楊彰奮牧師（1958年以降）。1949年12月、改革派元町伝道館に設立。51年、現在の中央区中山手通2丁目に木造平屋建てを購入して移転、翌年3層の礼拝堂を建設。78年、旧礼拝堂を改築、現在の明楽林記念礼拝堂が落成。54年から仁愛幼稚園（現園長は楊彰奮）を経営するほか、旅日華人服務中心を付設、「老人いこいの場」の機能も果たす。中国人船員や留学生、国際結婚者、帰国子女や近所の老人らに対し、茶菓子や書籍、通訳、相談などの奉仕活動を続けている。
（陳來幸）

神戸中華倶楽部 こうべちゅうかクラブ

1939年10月、▼王守善を名誉会長に、神戸華僑の親睦団体を統合して結成された組織。戦中の日本政府による華僑団体統合政策の一環である。戦後の53年5月、生田区（中央区）下山手通2丁目に復活、貿易業や中華料理業の広東人中心の親睦組織となる。一時期、会員100人をこえ、親睦・情報交換の娯楽場所であった集会所には貸出し図書が備えられ、野球チームも活躍するなど、活発な活動を展開した。のちに会所は移転、現在、下山手通3丁目三石ビル3階にある。会長は陳因。95年の▼阪神淡路大震災以後、会費の徴収とともに会務も停頓し、2001年6月に業務を▼兵庫県広東同郷会に委託した。
（陳來幸）

神戸中華商務総会 こうべちゅうかしょうむそうかい

清国領事の指導により1909年5月に創設された神戸華商の商業会議所。清朝が公布した商会簡明章程に準拠して設立され、▼神阪中華会館に事務所が置かれた。総理（会長）は広東幇同孚泰号▼鄭祝三、協理（副会長）は福建幇復奥号王大川と三江幇復和裕号▼馬聘三。正式に関防（官印）が下賜されたのは5か月後。11年11月26日、革命政権への支持を決めた神戸華商は清朝政府と直結する商務総会をいったん▼中華民国僑商統一聯合会に改組したが、翌年3月31日、役割を終えた聯合会を解散、商務総会を復活した。18年、中華民国商会法に準拠し神戸中華総商会と改称した。
（陳來幸）

神戸中華青年会 こうべちゅうかせいねんかい

日本で最初に結成された在日華僑の青年団体。前身の神戸華僑開墾隊は、神戸電鉄の保線作業に従事しながら、電鉄所有の山地に入植し、自活するために組織された。1945年8月15日、現地に到着したその日に終戦となったため、開墾隊は解散したが、隊員たちは討論の結果、青年会を結成した。戦後の復興期における華僑の救済活動を進める一方、同年10月にはこの青年会のリーダーシップのもと、神戸華僑の自治組織である▼神戸華僑総会が誕生している。
（曽士才）

神戸中華総商会 こうべちゅうかそうしょうかい
Kobe Chinese Chamber of Commerce

神戸華商の中枢機関。第2次大戦中、日本の華僑団体統合政策の結果、1918年成立の旧神戸中華総商会が改組のうえ1939年1月、神

戸広業公所、▼神戸福建公所、▼神戸三江公所を吸収統合合併し、広業公所の所在地（現中央区海岸通3丁目）に再組織され、中日親善と貿易振興が目標とされた。▼神阪中華会館内に存続してきた旧神戸中華総商会（前身は▼神戸中華商務総会）はほとんど機能停止状態にあったが、改組された中華総商会は社団法人として華商の中心組織として復活し、日本の法定団体となった。45年の空襲で建物は破壊されたが、48年、華僑商工業界の世論の結集、華僑経済の改善と国際貿易の振興を謳う、新たな機関として再建がなり、呉玉臣を会長に選出。以後、会務停滞の時期が続くが、71年に会長となった▼陳徳仁の下で活動が活発化する。『神戸中華総商会会報』を創刊し、16名の会員も翌年70名に増加した。79年同地にKCCビルが落成し、2階に▼神戸華僑歴史博物館を開設、陳徳仁が初代館長となる（現館長は林天民）。近年になり隔年ごとに開催されている世界華商会議に総商会単位で参加している。現会長は▼林同春。　（陳來幸）
　㋺ 神戸中華商務総会

神戸中華同文学校 こうべちゅうかどうぶんがっこう

　1939年、神戸華僑同文学校と神阪中華公学の合併によって発足した神戸の華僑・華人学校。華僑同文学校は、1899年5月28日に亡命中の▼梁啓超が▼神阪中華会館で行った演説に応じ、広東人▼麦少彭（1910年まで総理）を中心に学校建設の議が結実して創設された。初代校長には犬養毅が就任、翌1900年3月中山手通3丁目に新校舎が落成、広東語で教育を行った。14年、華僑人口が急増したため中山手通2丁目に広東語で授業をする華強学校（関蕙荃校長）が新設され、19年には福建幇と三江幇が北長狭通5丁目の▼神戸三江公所に国語（北京語）で教育を行う神戸中華学校（楊雲竹校長）を設立した。両者は28年に合併して中華会館理事会の経営による神阪中華公学となり、国語授業を行った。39年、日本政府の華僑団体統合政策の結果、神阪中華公学は神戸華僑同文学校と合併、国語教育で統一された。
　第2次大戦前は幼稚園、小学、中学の3部からなった。1945年6月の空襲で校舎が壊滅したが、翌46年6月6日、中井一夫・神戸市長の協力によって市立大開小学校を借用して授業を再開、小学・中学の2部制となった。今日、この日を復校記念日としている。59年9月30日、もと中華会館所在地の無償提供と神戸市から東部・北部地面の換地提供を受け、中央区中山手通6丁目の現在地に新校舎が落成、現在に至る。梁啓超が講演を行った5月28日を建校記念日と定め、1999年5月に建校100周年を盛大に慶祝した。2001年5月現在の学生数は618人（小学部399人、中学部219人）。9学年19学級。1946年以後の卒業生総数は4991人。歴代の校長は劉振謙、▼李万之、曾健卿、文啓東、金翼（現校長）。理事長（ただし、58年までは董事長）は呉玉臣、▼王昭徳、▼陳徳仁、▼林同春、黄耀庭、林同福（現理事長）。
　戦後、華僑の現地化が進み、現在、卒業生のほとんどは日本の高校に進学する。また、日本国籍の中国系も急増し、2000年1月現在の国籍の割合は中国46.5％、日本50.9％。最近の現象として注目すべきは、▼新華僑（14.0％）や中国系ではない日本人（10.6％）の増加と、韓国、ベトナム、アメリカなど国籍が多元化していることである。毎月『学校通訊』を発行。校友会と家長会（父母の会）があり、家長会は『同文通信』を発行している。
　（陳來幸）
　㋺ 神戸中華同文学校校友会

神戸中華同文学校校友会 こうべちゅうかどうぶんがっこうこうゆうかい

　▼神戸中華同文学校の全卒業生が会員の親睦団体で、同校教職員会、家長会（PTA）とともに学校役員選出母体の一つ。同校の校舎が第2次大戦の空襲で焼失、1946年に神戸市から小学校舎を貸与されて教育活動を再開、翌47年に復校第1・2届（期）卒業生により本会が組織された。以来、卒業生は自動的に会員とされ、2001年3月現在、会員総数約5000名弱。各卒業年度の会員がそれぞれ互選した3名前後の世話役で構成する「班届代表会議」（班はクラス）が、会員大会に代えて2年ごとに開催される。
　（王柏林）

神戸中華料理加工品組合 こうべちゅうかりょうりかこうひんくみあい

　1946年設立の神戸華僑中華料理業者の同業組合。北幇出身者を主とする。初代理事長は楊良。組合員約30人。事務所は神戸市中央区

栄町通の旧日産ビル地下にあり、組合のおもな仕事は加盟組合員の納税事務の代行であった。69年5月兵庫県中華料理業環境衛生同業組合が成立、本組合と▼兵庫県中華料理業組合の会員はこれに協同して参加した。環境衛生同業組合はほとんど活動のない組合であったが、93年再建されたのを機に、加工品組合は解散した。
(陳來幸)

🔗 兵庫県中華料理業生活衛生同業組合

神戸中国慈善会 こうべちゅうごくじぜんかい

1899年に創立された神戸の広東省出身者による相互扶助を旨とする慈善組織。1938年当時、中山手通2丁目90番地に所在した。貧困者や本国の罹災民への救援資金を集めるために、バザーや慈善演芸会などを催すこともあった。1931年時点の会長は楊官勝、会員数100人。38年における会長は鄭伯齢。正会員は42人、賛助会員は40人と記録されている。その後、解散し、現存しない。
(陳來幸)

神戸中国領事館 こうべちゅうごくりょうじかん

神戸の中国領事館(当初は理事府)は、1878(明治11)年6月に司法省から神戸に清国理事官(領事)派駐の通知があり、9月に海岸通6丁目に開設された。初代の理事官は▼劉寿鑑であり、神戸と大阪を兼管した。理事府は82年頃に下山手通7丁目に移転した。理事府は華僑に対して領事裁判権を行使するとともに、兵庫県による華僑の統治方法(籍牌制度など)を踏襲した。日清戦争では理事府が閉鎖され、居留民の保護はアメリカ副領事に委任された。日清戦争後に理事府は再開され、96年領事府と改められた。さらに99年の条約改正の実施とともに領事館と改称された。1906年領事館は下山手通2丁目に移転した。12年中華民国の成立によって中華民国領事館となり、25年に総領事館に昇格した。翌26年には大阪に分館として駐大阪弁事処が置かれた。38年総領事館が警察によって閉鎖され領事館員は帰国したが、これに代わって臨時政府の駐神戸僑務弁事処が開設された。40年弁事処は総領事館に格上げされた。第2次大戦後、神戸には領事館は置かれていない。
(洲脇一郎)

📖 鴻山俊雄『神戸大阪の華僑』華僑問題研究所, 1979.

神戸東亜貿易株式会社 こうべとうあぼうえきかぶしきがいしゃ

太平洋戦争期、神戸の華僑貿易商が自らの存亡を賭けて30余の商社を統合して設立した貿易会社。1941年12月太平洋戦争の勃発で日本政府は物資の確保と円滑な調達を期し、同年5月の▼貿易統制令に続き12月22日に▼貿易業整備要綱を通達した。このため、華僑貿易商が参入できる輸出地域が狭められ、経営困難に直面した。潘根元、▼詹廷英、呉振東ら神戸の華商12人が発起人となり、資本金100万円で同社の設立を日本銀行に申請、42年10月に認可された。
(王柏林)

📖『落地生根』/「神戸東亜貿易株式会社檔案」東洋文庫蔵『中華民国国民政府(汪精衛政権)駐日大使館檔案』

神戸塗業同業公会 こうべとぎょうどうぎょうこうかい

神戸の華僑塗装業者・従業員により1925年に設立された、団結、親睦、相互扶助を目的とした同業同職組合。20年代の最盛期には250～260人が就業、大半が広東省宝安県出身であった。会員数は36年に140名、41年には80名となる。日本にはペンキを使う習慣がなかったので、開港場の居留地に洋館が建築されるようになると、神戸にも上海や広東からペンキ職人が渡来した。明治初期の材昌、章興、籍安号(現存)が有名で、外国船舶の塗替えにも従事した。
(陳來幸)

神戸南京町 こうべナンキンまち

神戸市中央区の旧居留地西辺と元町通に隣接する地域で、中華街的雰囲気の漂う商店や中華料理店などが集中している街。1868年兵庫(のちの神戸)が開港、条約に基づき、海辺に近い一角に居留地が造成され、欧米商館が次々と建った。その頃、中国(当時は清国)とはまだ条約の締結がなかったため、中国人は▼外国人居留地に近いこの海岸通や栄町通などのいわゆる▼雑居地に、貿易商館、店舗、住居などを構えた。現在は南京町の名で市民に親しまれているこの一帯に、華僑が経営する中国雑貨店、中華料理材料卸・小売店、豚肉店、鮮魚店、八百屋、そして中華料理店などが集中、賑わった。最古の店として1915(大正4)年創業の豚饅頭店「老祥記」がいまなお健在である。1977年設立の南京町商店街振興組合(中央区栄町通1丁目3-18、

神戸南京町の賑わい。撮影：王柏林

臥龍殿3階）によれば、2000年11月現在、組合員94、加盟店103、無店舗2、賛助会員8。組合員の約半数は二世、三世の華僑青年たちで、日本人組合員と協力し、活動している。1995年1月17日、「阪神淡路大震災の大きな試練に直面したが、早くも同年3月12日には「南京町復活宣言」を発して神戸市民に再起を呼びかけ、甚大な打撃を克服して、震災前をしのぐ繁栄を取り戻した。同振興組合は1982年に南楼門、83年にあずまや、85年には東楼門に漢白玉楼門の長安門を完成させた。毎年、旧正月にちなんで神戸南京町春節祭が行われ、多数の市民や観光客であふれ混雑する。97年10月、神戸市より春節祭が神戸市地域無形民俗文化財に指定され、同年12月には兵庫県より兵庫県自治賞が贈られた。生気溌剌とした小型の「チャイナタウンである。

（王柏林）

参 南京町商店街振興組合編・刊『'95・1・17神戸南京町、私たちの一年』1996.／南京町商店街振興組合ホームページ http://www.nankinmachi.or.jp（店舗情報中心）; http://www.wck.co.jp/NANKINMACHI（イベント中心）

神戸日華実業協会 こうべにっかじつぎょうきょうかい

大正期に神戸で設立された日本実業家と神戸華僑の親善団体。原名は神戸日支実業協会。神戸華僑の「呉錦堂、「馬聘三、「鄭祝三、「王敬祥、楊寿彭らが日本の実業家と神戸華僑との親善のため、1917年2月16日、在神華僑60人余りの連名で、中華会館で中日親善会を開催した。次いで2月28日、神港倶楽部で第2次の親善会が開かれた。それをうけ3月29日、中華会館で日本側より草鹿甲子太郎、本多一太郎ら10人余が参加し、正式な創立総会が開催され、役員と規約が設けられた。25年「日支」を「日華」と改名。この会の活動は現在も持続されている。

（中村哲夫）

㊂『日華実業』
参 西島函南「神戸日支実業協会の成立由来と現状一斑」『日華実業』1922年9月、10月号.

神戸の華僑・華人 こうべのかきょう・かじん

神戸華僑の歴史は、1868年1月の兵庫開港とともに始まる。この年、早くも十数人の中国人が神戸に来たといわれる。当初彼らは「無条約国民」として扱われていたが、「日清修好条規が71（明治4）年調印、73年批准され、「神戸居留地、「雑居地への居住が公認された。78年、清国駐神戸理事府（領事館）が開設された。神戸華僑は98年の「戊戌の政変以降は「梁啓超ら変法派・立憲派との繋がりをもっていたが、1911年、「辛亥革命勃発に際しては中華民国僑商統一連合会を結成、革命政府に義捐金を送り、義勇隊を派遣した。その後、国民党交通部、中華革命党支部を結成するなど「孫文らとの提携を強めた。28年の国民党の全国統一後は、領事館と国民党神戸支部の二つの系統、「阪神中華会館と「神戸中華総商会などを通じて本国と深い関係を築いたが、日中全面戦争期は、日本による弾圧と懐柔により、抗日運動は困難だった。

兵庫県在住中国人数（その大部分は神戸市）は、1893年には1000人を超え、戦前最高は1930年の6780人、2000年には1万5710人、このうち永住者・特別永住者は7419人で東京に次ぐ。出身地を見ると、1940年は広東、江蘇、浙江、福建の順だったが、2000年には台湾、福建、広東、上海、遼寧、江蘇となっている。「神戸南京町は居留地西の雑居地（現中央区栄町通）に形成され、現在は神戸の名所の一つ。

職業を見ると、1904年の統計（兵庫県）では貿易商が81人と多く、日露戦争前後の時期は浙江系で怡生号の「呉錦堂、福建系で神戸「復興号の「王敬祥、広東系で「怡和号の「麦少彭などが有力だった。戦前の神戸華僑は、輸出ではおもにマッチ、寒天、硫黄など、輸入では米、大豆、豆粕などを扱い、神戸から中国、東南アジアへの輸出は彼らを通して行われる割合が高かった。29年の神戸港における対南洋輸出取引においては華僑貿易商がその

71%を扱っており、アジア太平洋戦争の始まった41年でも31%を占めていた。しかし戦争は、神戸港貿易における神戸華僑の役割を著しく低下させた。料理業、散髪業、仕立て業などいわゆる▼三刀業（三把刀）関係者も比較的多かった。現在は、第1は事務関係者、以下サービス業、販売業となっている。華僑系金融機関の▼神栄信用金庫は戦後47年創設の▼華僑福利合作社から発展したものである。

現在の華僑団体として、▼同郷団体には▼兵庫県広東同郷会、▼神戸福建会館（閩南系）、▼神戸福建同郷会（閩北系）、▼神戸三江公所、▼兵庫県台湾同郷会、▼兵庫県江蘇省同郷会、▼兵庫県浙江省同郷会、▼兵庫県山東省同郷会などがあり、同業団体としては中華料理、洋服、理容など三刀業（三把刀）関連の団体、学校としては小中あわせて600人を超える世界最大の民族学校▼神戸中華同文学校（1899年創立）、▼神戸華僑幼稚園がある。同文学校はまわりに多くの華僑が住み、華僑社会の中心的存在となっている。他国には多い同族の▼宗親会は少ない。▼僑報には▼『関西華僑報』がある。こうした各種の団体を総括する機関としては、戦前は神阪中華会館と神戸中華総商会があった。戦後まもなく▼神戸華僑総会が結成されたが、1949年の中華人民共和国建国にともない、大陸系の人々は57年、▼神戸華僑聯誼会を組織、さらに72年に日中国交が正常化されると、76年5月、神戸華僑総会会員大会を開催、9月総会と聯誼会は合同した。台湾系の組織は中華民国留日神戸華僑総会として並存している。

神戸華僑は、日中関係においても重要な役割を果たしてきた。1913年3月と24年11月の孫文の来神に際しては、兵庫県・神戸市、地元の政治家、実業界の人々と協力して孫文を歓迎し、また17年には実業界の人々と共同で日支実業協会（後に日華実業協会と改称）を設立している。また、全国に先駆けて73年には神戸・天津の友好都市、83年には兵庫県・広東省の友好県省関係樹立に貢献、翌84年には舞子の移情閣を兵庫県に寄贈、▼孫中山記念館を開設するうえで重要な役割を果たしている。

（安井三吉）

📖 内田直作『日本華僑社会の研究』同文館、1949.／鴻山俊雄『神戸大阪の華僑』華僑問題研究所、1979.／羅晃潮『日本華僑史』広東高等教育出版社、1994.／『落地生根』

神戸買弁 こうべばいべん

1868年1月1日（旧暦では慶応3年12月7日）の神戸開港直後、中国で活動していた欧米企業が、神戸進出に際し中国から連れてきた▼買弁は主として▼広東人であった。神戸の買弁は三つの形態で見ることができる。(1)貿易買弁 日本の業者が神戸の外国商館に商品を納入する際、番頭口銭、倉番口銭、看貫料などの名目で商館所属の中国人「番頭」に手数料を支払ったとされており、彼らが貿易買弁であった可能性は高い。しかし、1894年日清戦争の勃発で彼らが中国へ引き揚げた後には復活しなかった。(2)船会社買弁 神戸の場合、営業対象を華僑貿易商に絞っていたが、輸出貨物の積込み、輸出許可や船荷証券に関する諸手続きなどは日本の運送業者と競合し、運賃徴収も運送業者を通じて行われることが多かった。そのため、神戸の船会社買弁の主要業務は、華僑の輸出貨物の獲得に限定された。さらに追い打ちをかけたのが、華僑の輸出貿易の衰退で、買弁の請負人的性格が弱まり、会社に対する従属性が増大した。神戸に支店を置く外国系船会社で買弁が廃止された時期は定かではないが、太平洋戦争前に船会社買弁は、「買弁」と呼ばれてはいたものの、その実態はたんなる会計兼営業係であり、手数料も会社から支給される「手当」として扱われていた。(3)銀行買弁 上述の二つの形態の買弁に対し、保証人的性格が明確なのが、銀行買弁であった。中国における銀行買弁の職責は、顧客の獲得、銀行のために取引を行い保証すること、金銭取扱事務の担当と保証（偽造貨幣の排除）、銀行のための情報収集などであった。▼香港上海銀行神戸支店の場合も、基本的には同じであったが、主要業務は華僑振出しの為替手形類の保証と現金取扱いであった。太平洋戦争前、大部分の華僑貿易商は自己の輸出先（おもに香港、タイ、インドネシア、マレーシア、シンガポール）に支店をもつ外国為替取扱銀行に荷為替手形を持ち込んだが、外為銀行側はリスク回避のため自行の買弁に割り引かせ、買弁は取引額に応じて定期的に銀行側から買弁手数料

を受け取った。香港上海銀行の場合、現金取扱いに関する一切の業務は買弁の責任であり、現金輸送、集金、窓口での現金受渡し、現金計算、銀行直接雇用の行員が作成した計算書類の点検などは、すべて「弁房」所属の、複数の買弁使用人の手で行われた。現金の保管に関しても責任を負う買弁は、金庫の複数の異なった鍵を、イギリス人支配人と二分し、両者の鍵が同時にそろわなければ金庫を開くことができない仕組みになっていた。典型的な買弁制度を採用していた香港上海銀行神戸支店に対し、横浜正金銀行(現・東京三菱銀行)神戸支店の買弁は現金取扱業務には携わらなかった。

(藍璞)

神戸八閩公所 こうべはちびんこうしょ

明治初年に神戸で組織された福建系の華僑の▼同郷団体。1870(明治3)年に設立、▼復興号に商人が集まったといわれるが、明らかではない。73年の▼神戸中華義荘の地券には福建▼総管王元辰の名が見られる。76年に福建系の商社▼源昌号が家屋の取戻しをイギリス領事に訴えた事件では、兵庫裁判所に提出した文書に八閩公所総管黄景鋪の署名がある。これらの例から考えると、神戸開港後ほどない時期に同地の▼福建帮の形成がある程度進んでいたと考えられる。

(洲脇一郎)

▩『落地生根』

神戸福建会館 こうべふっけんかいかん

神戸に在住する福建省南部の泉州、漳州出身者の▼同郷団体。1983年に財団法人として設立。前身の福建公所は有力商人の団体で、▼神戸三江公所(江浙系)、▼神戸広東公所(広東系)とともに戦前の神戸華僑社会を支えてきた。1939年には親日派の汪精衛政権の意向を受け、華僑団体の大同団結と中日親善の観点から、三つの公所は解散し、▼神戸中華総商会に統合された。戦後の54年に福建公所として活動を再開し、85年には中央区北長狭通5丁目に福建会館ビルが竣工している。

(曽士才)

神戸福建公所 こうべふっけんこうしょ

神戸にあった福建系華僑の▼同郷団体。明治初年設立の▼神戸八閩公所を受け継いだもの。神戸の福建帮は広東帮、三江帮と比較して公所の法人化が遅れた。公所の建物は1903年に北長狭通に建築、翌04年に▼王敬祥、林清志、柯謙友の名義で土地を取得した。30年に社団法人の設立登記。法人の目的は、東南アジア貿易の発展、福建省出身者の相互和親などとされている。39年に総会で解散を決議した。第2次大戦後、任意団体として活動していたが、公所の公産は83年に財団法人化された(▼神戸福建会館)。

(洲脇一郎)

▩『落地生根』

神戸福建同郷会 こうべふっけんどうきょうかい

神戸を中心とする兵庫県に在住する福建省北部の福清、▼福州出身者の▼同郷団体。前身は1935年に設立された旅日兵庫県華商綢業公会。呉服行商の同業団体でもあった。71年5月に社団法人福建同郷会となる。▼神戸関帝廟で行われる在日華僑の盆行事「普度勝会ぉど」の担い手である。全国の福建華僑の集まりである▼旅日福建同郷懇親会の設立にあたっては▼京都福建同郷会とともに中心的な役割を果たした。団体誌『郷友』(1972年創刊)。

(曽士才)

⊟ 普度

合弁企業 ごうべんきぎょう

一国の企業が他国の企業と共同出資し、経営する企業形態。ボーダーレス・エコノミーの今日、企業の海外直接投資が盛んである。海外直接投資とは、海外子会社への経営参加を求めて移動する資金のことである。日本企業がアジアのある国で土地を買い、工場を建設し、機械・設備を据え付け、原材料を購入し、労働者を雇用し、そうして生産を行い、製品を販売したり第三国に輸出する、といった形の事業を展開する。そのための投資が海外直接投資である。こういう形の投資は、日本の企業が単独でこれを行うこともあるが、通常は相手国の企業と出資しあって合弁企業を設立することが多い。1990年代に入って香港、シンガポール、台湾、韓国などNIES企業が東南アジアや中国を舞台に合弁企業を設立するようになった。

(渡辺利夫)

⊟ 中国系NIES

巧明マッチ工場 こうめいマッチこうじょう
巧明火柴廠

1879年に日本華僑・衛省軒が広東省仏山に設立した広東最初のマッチ工場。▼華僑投資

によって設立された同工場は中国民族マッチ工業のはしりで、中国マッチ工業の発展を促した。1908年になって黄寿銘に売却され、巧明光記火柴廠と改名。黄寿銘の父・黄文山は神戸華僑で、大阪マッチ会社の製品を香港、中国などで販売していた関係で、後に日本側90%、黄10%出資のマッチ工場となり、商号ももとの巧明火柴廠となった。30-31年、▼日貨ボイコット運動が激化、日本側は撤退した。日中戦争後の49年、大光火柴廠との共同経営となり、巧大聯合火柴廠と改めた。56年▼公私合営化、社名を巧明火柴廠に復した。

(廖赤陽)

紅毛 こうもう

現代広東語では西洋人を意味するが、広東華僑のカナダに対する呼称でもあった。ちなみに旧時、華僑が「紅毛埠」といったのは旧英領ギアナのことである。

(可児弘明)

江門 こうもん

広東省南部、珠江三角洲の西部に位置する市。東端に流れる西江を隔てて▼仏山市、▼中山市と接し、また市の中央部を潭江とその支流が流れているので、河川交通が経済的・社会的に重要な役割を果たしている。1985年に国務院は珠江三角洲経済開放区に指定した。市区(市街区と郊外区)では紡績、衣料、製紙、食品加工、建築材料、電子機器、化学工業品などの製造業が盛んである。市区のほかに新会、台山、開平、恩平、鶴山の5県(▼五邑)を管轄する。人口は、87年には、市区の約22万5000人を含めて総計約340万人。19世紀後半以降は広東省の有名な"僑郷"の一つであり、香港、▼マカオのほか北米や東南アジアに多くの華僑を送り出した。1897年に梧州、三水などが開港するとともに、広東省沿海と西江上流、北江上流を結ぶ内河航路の貨客揚卸場として急激な発達をみせ、新寧鉄道の終点ともなった。

(吉原和男)

洪門 こうもん

清代に起源を発する天地会、▼三合会の流れを汲む▼秘密結社。天地会「一家」が姓を「洪」としたことにより、洪幇、紅幇(ホン)とも称する。起源伝承によれば天地会の起源は福建省の少林寺にあるとされるが、今日ではそれが白蓮教系宗教結社から派生した相互扶助組織であり、そこから宗教性を剝離させつつ「反清復明」の傾向を備えていったとする説が有力である。その存在が清朝によって知られるようになるのは、台湾での林爽文の反乱(1786年)によってである。以後、清朝から苛酷な弾圧を被るが、清末の列強の侵略による社会構造の変化にともなう流氓(ルマン)・遊民の増大によって、彼らの相互扶助組織として飛躍的な発展を遂げることになる。革命運動の進展の中で会党は重要な役割を担うことになるが、なかでも洪門は▼孫文との繋がりが緊密であったという点で特徴的であった。

洪門は清代半ば以降、華南地域からの移民の増大にともない、華僑の間にもその勢力を伸ばしており、1770年にボルネオのカリマンタンに▼蘭芳公司が創設されたのをはじめとして、18世紀から19世紀にかけて東南アジア各地に洪門組織がつくられ、その後、欧米各地にも組織がつくられていた。アメリカでは19世紀半ば以降発展が目覚ましく、その過程でいくつかに分かれていた組織はしだいに▼致公堂に統一されていった。孫文がこれを支持母体として活動したことはよく知られ、1904年の渡米時の上陸拒否騒ぎは洪門会員の尽力によって解決され、また彼自身も同年ハワイで洪棍の地位に封ぜられている。当時、アメリカの華僑の70%が会員であったという。▼辛亥革命に際しては、北米の致公堂は▼洪門籌餉(チュウシャン)局を設立して資金援助を行った。25年には致公堂は▼中国致公党と改称し、抗日戦争でも資金ならびに人的援助を行い、中華人民共和国成立後は民主諸党派の一つとなった。

(嵯峨隆)

㊂三合会,秘密結社,致公堂,紅幇,中国致公党

㊟平山周『支那革命党及秘密結社』(復刻版)長陵書林,1980./佐々木正哉『清末の秘密結社』前編,巖南堂,1970./山田賢『中国の秘密結社』講談社現代選書メチエ,1998.

江門製紙会社 こうもんせいしがいしゃ
江門造紙廠

1913年広東省江門郊外で生産を開始した華南最大の製紙会社。日本留学経験をもつ台山人実業家・余覚人が1909年香港で設立、翌年4月212人の株主から資本金12.6万元を集め(90%は台山出身のアメリカ、カナダ華僑)、

江門製紙股份有限公司を正式発足させた。日中戦争中は原料不足のため一時製糖に転じ、戦後、新聞用紙などの生産・加工にも取り組んだが、増設した製糖工場が不振で一時営業停止。54年▼公私合営に移行。現在は数十倍の生産規模を有する大手製紙会社に成長。

(王効平)

洪門致公堂 こうもんちこうどう ⇨ 致公堂 ちこうどう

洪門籌餉局 こうもんちゅうしょうきょく

アメリカ華僑の革命機構。「籌餉」は資金を調達するの意味で、対外的には国民救済局と称した。1911年夏、▼アメリカ同盟総会とアメリカ洪門致公堂(▼致公堂)が連合し、▼孫文の提議によってサンフランシスコに成立。責任者は▼黄蕓蘇。董事・弁事両部を設置し、董事部は旧致公堂から19名、旧同盟会から10名で構成された。調達した資金は革命活動支援のため孫文に渡された。全米各地華僑に革命活動への寄付を呼びかけ、▼辛亥革命の年に40万ドルを調達、革命党員の活動経費の重要な調達源となった。

(木下恵二)

📖 中国社会科学院近代史研究所近代史資料編輯組編『華僑与辛亥革命』北京:中国社会科学出版社, 1981.

鴻山俊雄 こうやまとしお 1907-91

華僑研究者。神戸市出身。幼時に父親の関係から▼康有為、▼梁啓超などとも接触。1930年北平(北京)に留学。32年、帰国して兵庫県警察部外事課(通弁)に勤務、華僑の貿易と生活などの調査にも従事。日中戦争期には通訳として華僑に対する監視、取締まりに当たる。戦後、華僑問題研究所を設立、同研究所より雑誌『日華月報』(1966年創刊)、『神戸と在留中国人』(54年)、『神戸大阪の華僑――在日華僑百年史』(79年)を刊行。

(安井三吉)

康有為 こうゆうい 1858-1927
KANG You-wei

1898(光緒24)年の戊戌ぼじゅつ変法の立役者。華僑社会に対し本国政治への参加意識を飛躍的に高めた。広東省南海県の人。別名は祖詒、字は広厦、号は長素。朱九江から漢学と宋学を兼採する学を受けたが、まもなく陸九淵と王守仁の学に傾き、さらに、公羊学に転じそれと関連させ大同の説を抱いた。この新学説をもとに万木草堂で急激な改革論を主張した。日清戦争直後に、会試のため北京に来ていた全国の挙人1200余名を糾合し、連名で「拒和、遷都、変法」の3項目からなる公車上書を行い、北京、上海に強学会を設立した。98年1月、範を明治維新にとり改革の国是を確立することを請う上書を行った。しかし、光緒帝は西太后に制され専制権力をもたなかった。戊戌変法は「百日変法」に終わり瓦壊した。イギリスの保護で天津、上海を経て香港に落ちのび、▼梁啓超の手配で日本へ亡命する。西太后の捜査が厳しく、日本からさらにアメリカ、カナダなど華僑社会を転々として、鉱山利権会社の株式募集の形式で会員を集め、光緒帝を仰ぎ政治改革を進める「▼保皇会」の会員を募集した。1900年頃をピークに、世界の華僑・華人は「保皇会」に引き寄せられた。が、01年、新政の開始にともない新設された商部が、世界各地の華僑・華人に呼びかけ、総商会を組織化することを奨励したため、華僑にも本国政治への正式参加の回路が開かれた。「保皇会」熱は、その頃が最高潮である。しかし、満洲人貴族が特権を維持し、政権延命の手段の色彩を強めたため、新政は行きづまり、国会開設を求める内地の声とともに、海外では、▼孫文の▼中国同盟会が政治道徳の面で華僑・華人社会を「民主」「共和」の「新中華」の方向へ導き、康有為の人気は急速に失われた。康有為は08年の光緒帝の病死、西太后の死去ののち、君主立憲論をもとに帝政を維持し、共和に反対する方向に傾き、華僑社会の信頼を完全に失う。にもかかわらず、11年▼辛亥革命後は、満洲皇帝政治の復活、孔子教を国民宗教とする復古政治の夢を実現するため画策したので、弟子からも見放され、寂しい晩年を青島で過ごした。主著は『大同書』。

(中村哲夫)

⇨ 戊戌の政変

📖 小野川秀美『清末政治思想の研究』みすず書房, 1969.

紅利 こうり ⇨ 合股 ごうこ

小売業 こうりぎょう

華人系のビジネスは、資本を集積して卸業を大規模に行うというより、むしろ▼ネットワークを張りめぐらすことによって、中小規模のビジネスを行うことが特徴的である。こ

れはビジネスのネットワークが同郷や同族のそれと重なっていることによってネットワーク全体を維持する費用が必要であり、固定資本に大きく投資することはできないということに規定されていると考えられる。

1930年代の同時代人は以下のような観察を加えている。華人資本が郷族的色彩の強い高利貸、商業資本であることは、その活動に種々の制約を与えている。すなわち、(1)事業の種類においては生産業に投資を欲せず、(2)地域的には郷族的色彩の強いところ、たとえば中国の出身地、南洋の居住地などに投資地を限る、(3)人的には郷族の結合を中心とし、たんなる事業の有利性にのみよっては動かない（『華僑研究資料』第2集）、というものである。

ただしタイの精米業を中心とするアグリビジネスは、同じネットワークに拠りながらも大規模を誇っているが、その場合も流通業に特化しているという点では、おもに商業・金融業などの領域において経済力を発揮しているということができる。したがって、華人企業における小売業は、厳密な意味で卸業と対比されたそれではなく、むしろ華人企業、とりわけ移民先における社会経済的また政治的な環境に規定されたものであるということができる。

またこれを別の面から見るならば、小規模な資金を元に、それをネットワークで繋げることによって危険分散をはかり、予想される損失を最小限に止めようとする経営上の工夫であるともいえる。すなわち、ネットワークは、これを経済活動という点から見ると、市場と組織の間に位置している一種の経営体である。ネットワーク的な経営は、市場におけるような不特定多数が不特定多数とたえず交換・取引できる状況に対しては、排他的に自己の利益を守ろうとする。しかし他方、ネットワーク的な経営は、会社などのような硬い組織体ではなく、より柔軟で選択的ある。

したがって小売業に代表される華僑・華人の経営方式は、ネットワークが基本的な形態であるということができる。また、在外華僑のビジネスは、現地における資金調達が困難であるため小売業に進むという側面があると同時に、東南アジア各地においては、広大な農村地域において小売業が存在せず、むしろ小売業の需要があるという状況を利用したビジネスであるということができる。1930年代の東南アジア華僑に関しては、華僑経済の中心は、現地の中に食い込んで、配給集貨網を打ち建てている中小商業にある。そして現地人資本の発達は困難であるため、この華僑経済力は他のものをもってしてはとうてい取って代わることはできないという状況であった。

しかしこのことは同時に、近年のインドネシアなどにおいて見られるように、政治的・社会的な変動状況が起こったときには、このような小売業が現地住民の批判や攻撃の対象となりやすいことを意味する。1930年代のフィリピンにおいては選挙のたびごとに「フィリッピン」化が叫ばれた。また国会において小売商店の国家経営、野菜市場の「フィリッピン」人経営が提案され、華僑の小売商および野菜商に対し閉店を迫ったりしているが、「南洋社会では中国人なくして決して繁栄を期待する事は不可能である」（『南洋華僑研究資料』）、として、その力が、小売業においてきわめて強いことが強調されている。

同時に、植民地政策から受ける影響も無視することはできない。全般的には、植民地政策として現地産業資本を抑制する傾向からくる障害を受けるほか、ことに華僑の経済勢力は、各属領ともできるだけ制限しようとした。そしてこの華人の経済的勢力に対する抑制政策は、第2次大戦後の独立以降も継続されたと見ることができる。総じて、資本の蓄積が不十分であることが、小売業に集中させる大きな原因であることが指摘できよう。

以上を経済的・社会的な面からまとめると、華僑は出稼ぎ的であるがため、剰余金は故郷への不動産購入資金、または生活費などとして送金する。1930年代には、全世界華僑の年間送金額は3億元前後、華僑の献金、公債応募、救済金などは8億元に達していると見積もられたが、資本の移動はきわめて少なかった。ことに広東華僑は、「成功のうえは故山に帰臥する」という考えが強く、現地資本の蓄積を阻害している。故郷へ送られた資金もほとんど生活費に消費され、資本の再生産はきわめて少ない。さらに華僑の遺産相続が均

分制であるため、資産はしだいに細分化され、2～3代中には富豪が普通の人になってしまうことは珍しくなかった。　　　（濱下武志）

小売業の現地化 こうりぎょうのげんちか

フィリピンで第2次大戦後にとられた、▼小売業を華僑から現地人の手に移す政策。フィリピンの中国人は、16世紀、▼アカプルコ貿易によって商業支配への第一歩を踏み出し、その後、地方商業を支配した。こうした歴史から、フィリピンでは、植民地時代から中央政府には中国人による商業、とりわけ小売業支配への警戒があり、独立後はインドネシアのような大きな衝突こそ起こらなかったが、しばしば中国人を排斥する法案が提出され、中国人は弾圧されてきた。まずスペイン統治下では、1589年の小売業スペイン化法が、その後に重ねて行われた中国人虐殺と追放を前に制定された。こうした中国人排斥によって、一時期、小売業の支配は中国系メスティソの手に渡るが、1834年のマニラ開港後、スペイン政庁は中国人をふたたび受け入れざるをえず、中国人による商業支配が復活した。かくて、第2次大戦時の日本による侵略が行われる直前には、主要作物である米やトウモロコシをはじめ、マニラ麻やココナツなどの輸出商品作物にいたるまで、小売業の8割が中国人によって支配されるという状況になったといわれる。このため1939年に議会へ提出された小売業国民化法案は、日本人に加え中国人の強い反対によって廃案となった。こうした事態を背景に、46年の独立後には、政府はいち早く公設市場の賃借権をフィリピン人に限り、54年には新しく提出された小売業国民化法案が議会で可決成立した。この法律によって、64年以降、外国人による小売業は零細な雑貨店（▼サリサリ・ストア）にいたるまで、全面的に禁止されるにいたった。これは、明らかに華僑への対応を意味している。資格要件が厳しくなった帰化法によって、多くの中国人にとって、75年の中国との国交回復までフィリピン国籍を取得することは困難だったからである。独立後もアメリカの半植民地の状態にあったため、国民化の高揚の矛先が中国人に向けられたとも解釈できるであろう。　　　　　　　（中西徹）

広利行 こうりこう

カナダで最も早く創立された華人商社。サンフランシスコの華商李祥が1858年にバンクーバー島ビクトリア市に来て設立。サンフランシスコ広利行の支店にあたる。各種中国雑貨、米、砂糖、茶葉、食品の輸入販売を業として繁昌し、李祥自身も「広利」（広く利を得る）と称された。1860年代初め、ビクトリア市ではハドソン・ベイ・カンパニーに次ぐ第2の商社となった。　　　（司馬純詩）

⇨職業制限

黄麗松 こう・れいしょう 1920-
Rayson Lisung HUANG

教育者。広東省▼スワトウ生まれ。▼原籍は広東省掲陽。1925年▼香港に移り、42年香港大学理学部卒業。47年オックスフォード大学哲学博士。51-59年にシンガポールの、59-69年に▼クアラルンプールのそれぞれマラヤ大学で教鞭をとる。69-72年▼南洋大学学長、72-86年香港大学学長。また香港の立法評議会議員、香港基本法起草委員会委員などを歴任。　　　　　　　　　　　（容應萸）

黄老仙師慈教 こうろうせんしじきょう

マレーシア華人社会に発した新宗教。1951年広東省出身の▼客家系華人廖俊（1900-72年）により創唱された▼童乩（華人社会のシャーマニックな職能者）信仰的性格の濃い宗教。廖俊に憑依した黄老仙師は、「玉皇上帝の直命により、法門（教団）を開き弟子を養成し、教理を弘め人々を善に導き、世の災厄から救う」と託宣した。最初、客家を信者とする小集団であったが、59年頃、廖俊の弟子朱順と李有晋が『黄老仙師道理書』を出してから信者は他の民系にも拡大し、教線はマレーシアの都市部とシンガポールに拡大した。信者数は不明。各地の▼廟には童身と呼ぶ専任の職能者がおり、憑霊状態で信者・依頼者に応じる。信者になるためには過法堂という入門式を経ることが義務づけられ、守るべきタブーが課される。教理は儒教的道徳と道教的利益を強調する。「百鳥帰巣慈字一家」をスローガンとし、華人の宗教的団結を目指している観がある。　　（佐々木宏幹）

呉栄宗 ごえいそう ?-1678

長崎の▼住宅唐人、▼唐年行司。一官と称

す。福建省泉州府晋江県の人。唐通事呉氏の祖。渡来年代は不詳。1651(慶安4)年に唐年行司に登用され、その職で没した。子孫は唐年行司を継承したが、5代目の市左衛門の晩年の1775(安永4)年、稽古通事となって唐通事に転じ、以後その職を襲い、幕末の呉泰蔵(9代)は大通事になった。その子の栄正(三千松、忠三郎)は維新のとき小通事であったが、のち陸軍通訳官として日清戦争に従軍した。

(林陸朗)

五縁関係(ごえんかんけい)

親縁、地縁、業縁、神縁、物縁を紐帯として結びつけられた人間関係および社会的ネットワーク。親縁は同族あるいは親族が結びつく関係、すなわち血縁関係である。業縁は同一業種従事であるために結びつく関係、すなわち同業者関係である。地縁は郷里を同じくする人々が結びつく関係、すなわち同郷関係である。神縁は同じ宗教を信仰することによって結びつく関係、すなわち信者関係である。物縁はある地方の特産地と関係する活動を行う(たとえば銘酒祭、銘茶祭、花祭、凧祭など)ことによって結びつく人間関係である。一般的に、物縁はそれぞれの郷土の有名な物産に関係しているので、地縁関係の派生的関係ということにもなる。五縁関係は海外の華僑・華人社会を結びつける強力な紐帯であり、中国国内と海外華僑・華人がともに中華文化のアイデンティティを保持する心の懸け橋として、世界全体の華僑・華人間の交流と連絡に重要な役割を果たしている。五縁関係の概念の提唱者は中国上海社会科学院の林其鎀研究員である。

(李国梁)

⇨三縁関係、同姓団体、同宗団体、同業団体、同郷団体

5月13日事件(ごがつじゅうさんにちじけん)

1969年5月13日にマレーシアの首都クアラルンプールで起きたマレー人と華人の衝突事件。反華人暴動。マレーシアは57年の独立以来ラフマン首相の下で連盟党による連立政権が組まれてきた。中心になったのはマレー人の政党・統一マレー国民組織(UMNO)、華人政党・マラヤ(マレーシア)華人公会(MCA)、インド人政党・マラヤ(マレーシア)・インド人会議(MIC)で、政治的にはマレー人が実権を握るものの経済は大筋で自由放任策がとられ、実質的に華人の経済発展に介入しないものだった。この間、主要輸出産品のゴム、錫に支えられてマレーシア経済は比較的順調に発展を遂げ、外資導入による工業化も緒についた。しかし、こうした経済発展の恩恵にあずかったのは都市部に住む一華人だけで、農村に取り残されたマレー人の間には不満が鬱積することになった。華人の多くは逆に、MCAが華文教育問題などでUMNOに譲歩しすぎると批判していた。69年5月10日に行われた総選挙では、こうした不満を背景にマレー人野党、華人野党双方が大きく議席を増やし(それぞれ9から12、5から25に)、逆に与党・連盟党は議席を減らした(UMNOは59から51へ、MCAは27から13へ)。とくにペナンでは華人野党マレーシア民政運動党が州政権を握り、クアラルンプールのあるスランゴール州では与野党が同議席となった。野党系華人が12日クアラルンプールで行った「勝利の行進」にマレー人急進派が危機感を強め、翌13日対抗して市内マレー人居住区カンポン・バルー(Kampung Baru、「新しい村」の意。華人の新村とは別)から始めた行進が居住区で暴徒化し多数の華人が死亡する結果になったのが、この事件である。UMNO青年部指導者の関与が取り沙汰されたが、いまだに真相は明らかでない。70年に発表された政府白書は、死者数をマレー人、華人それぞれ22人、123人、その他とも計172人としているが、華人の死者は実際にはこれより1桁は多いとする意見も根強い。

この後マレー人と華人の小規模な小競合いが各地で起きた。全土に非常事態が宣言されて議会は71年2月まで停止、代わってラザク副首相(当時)を議長とする国家運営評議会が設置された。この事件を契機にラフマン首相は実権を失い、70年9月に就任したラザク新首相の下でマレー人優先の「新経済政策」が実施されることになる。騒乱を招いた最大の原因は、本来この土地で固有の権利をもつはずの土着の民ブミプトラ(マレー系住民)が経済的に取り残され、外来の民の華人やインド人がより高い生活水準を享受している、と見られたことにある。政治の枠組みも変わ

り、民政運動党や、サラワクの華人主体の穏健左派政党・人民連合党（SUPP）、それにマレー人の宗教政党・全マレーシア回教党（PAS）など野党が与党入りして72年に新たに大連立与党▼マレーシア国民戦線が結成され（PASは77年離脱）、UMNOは与党内でいっそう立場を強めていく。事件前MCAに配されていた大蔵、商工の二大経済閣僚の椅子も、UMNOに握られることになる。▼マラヤ労働党など急進左派政党は、院内闘争は欺瞞だとして総選挙をボイコット、この事件後、民主主義は葬られたとして院外闘争、武装闘争への傾斜をさらに強めた。　　　　（原不二夫）

㊥マレーシア華人公会
㊦アジア経済研究所『アジア動向年報』1970年版。／Leon Comber. *13 May 1969*. Kuala Lumpur: Heinemann Asia, 1983.

胡漢民 こ・かん・みん 1879-1936
HU Han-min

▼中国国民党広東派の指導者。広東省番禺県生まれ、字は展堂。『広州嶺海報』の記者を経て、1904年日本に渡り法政大学速成科に留学。05年に▼中国同盟会に加入し、機関誌▼『民報』の編集に携わり、保皇派と論戦を交えた。07年から▼辛亥革命に至るまで、日本を追われた▼孫文に追随し、ハノイ、シンガポール、バンコク、クアラルンプールなど東南アジア各地で革命活動を展開した。胡漢民は、東南アジアの華僑は経済的実権を握ってはいるが、政治を判断する能力に欠けるとして、華僑に愛国精神と民族の自覚を持つべきことを訴え、革命への参加を呼びかけた（シンガポール『中興日報』発刊の辞）。のちに胡は「保皇派が滅びて、ようやく華僑は徐々に革命の旗の下に集まるようになった」と回想している。09年に香港で中国同盟会南方支部が成立し、支部長として広州新軍蜂起、黄花崗蜂起（▼黄花崗事件）を画策した。孫文没後、右派の指導者として南京国民政府の成立に貢献し、28年から立法院長を務めた。しかし訓政時期約法の制定をめぐって蒋介石と対立し、31年に蒋に監禁され、立法院長を罷免された。晩年は、広東の陳済棠に依存しながら反蒋運動を続けたが、ふたたび権力中枢に復帰することなく、病死した。　（樹中毅）

㊦『胡漢民自伝』台北：伝記文学出版社、19 69. ／周聿峨・陳紅民『胡漢民』広東人民出版社、1994.／蒋永敬『胡漢民先生年譜』台北：中国国民党中央委員会党史委員会、1978.

胡菊人 こ・きく・じん 1933-

香港の時事評論誌▼『百姓』（華字半月刊）編集長。広東省順徳生まれ。16歳のとき香港に移る。香港珠海書院卒業。1967年『明報月刊』編集長。81年みずから『百姓』を創刊して編集長に。コラムニストとしても著名で、▼『東方日報』や▼『明報』紙上で健筆を振るった。香港の中国返還後も香港紙に執筆を続けている。著書に『坐井集』『旅遊閑筆』などがある。85年香港特別行政区基本法諮問委員会委員に選ばれる。　　　　　（戸張東夫）

五脚基 ご・きゃ・く・き
ゴカキ　five-foot way

東南アジアのチャイナタウンでは、日本の雪国の雁木（がんぎ）と同じように▼ショップハウスの店舗の前に、強い日ざしやスコールをよけるための通路が設けられているところが多い。この形態は、シンガポールやマレーシアでは「五脚基」（ゴカキ、go-kaki と発音される）と呼ばれる。日本植民地時代の台湾では「亭仔脚（ていしゃく）」とも呼ばれ、市街地の主要な通りに亭仔脚が設けられた。五脚基や亭仔脚は、中国大陸では一般に騎楼と呼ばれる。ゴカキのカキはマレー語でフィート（英語のfeet）を、ゴは福建語で数字の5を、それぞれ意味する。五脚基は、中国人が移住する際に、現地の風土にも適した華南の伝統的建築様式を東南アジアへ移植したものである。最近、シンガポールをはじめ東南アジア各地のとくに大都市では、都市再開発の進展にともない、五脚基が消滅していく傾向が見られる。　　　　　　　　　　　　（山下清海）

㊦山下清海、2000.

胡季犛 こ・り 1336-1407
ホー・クイ・リー　HO Qui Ly

ベトナムのホー（胡）朝を興した華裔。チャン（陳）朝外戚として実権を掌握し、1400年にティウデーから帝位を簒奪した。その祖は浙江人でゲアンに移住、後にタインホアへ遷りレー（黎）氏に改姓した。即位後にその祖にちなみ姓を胡、国号を大虞と定めた。即位後まもなく子ハン・トゥオンに譲位し、自

らは上皇となり実権をふるい、大土地所有の制限、通貨・税制改革や国語公用化などの画期的な政策を実施した。しかし、1406年に侵入した明の遠征軍に捕らえられ一族とも金陵に送られ、処刑された。
(大野美紀子)
📖 陳荊和編校『校合本 大越史記全書』上，東京大学東洋文化研究所附属東洋学文献センター刊行委員会，1984.

呉錦堂 ごきんどう 1855-1926
ウ・ジンタン　WU Jintang

寧波系華僑の一員。別名は呉作鏌。生年については1854年説がある。浙江省慈渓市東山頭を郷里とする農家の出身。水害で棄農、上海の虹廟の蠟燭店で商業を学び、のち長崎との交易に転ずる。大阪の川口を経て日清戦争前に神戸に定住。マッチ貿易で信用を築き、海運業を創業、石炭、原綿などの日清間貿易に従事、やがて鐘ヶ淵紡績の経営に参画。日露戦争の前夜には、神戸の華僑社会の指導者となり、中華義荘や中華会館、華僑学校の創設などに関与。のち、雑誌『日本及日本人』に伝記が紹介されるほど、在日華僑社会を代表する著名人となる。尼崎に東亜セメント、大阪にメリヤス工場を創業した。大正年間には、その持株会社・呉錦堂合資は、阪神間の財閥16社の第13位に数えられる規模となる。1903年に来日した張謇 (ちょうけん) と知り合い実業愛国を志す。また、郷里の水害救済と上海と▼寧波を結ぶ汽船会社の共同経営参加を通じて、虞洽卿 (ぐこうけい) と姻戚関係を結び、上海の寧波幇の有力な一員となる。立憲派とも革命派とも支援関係を保ち、▼梁啓超、▼孫文との交際記録が残されている。1913年に企画された▼中日興業公司（のち中日実業公司）の株主名簿には、中日の双方に名を連ねている。やがて、蔣介石の昇進にともない、その親族は国民党浙江派、▼浙江財閥と関係を結ぶ。なお、漢冶萍製鉄の所有株式を学校資産とする私立の師範学校を郷里に創設し、養蚕と初等教育の教員養成に寄与した。浙江省の近代教育事業史にその名「錦堂学校」が残されている。神戸市の西部、当時は明石郡の舞子浜に別荘として松海荘を建て、還暦記念には八角形3層の移情閣を建てた。瀬戸内航行の標識を兼ねた建造物である。窓の外に広がるパノラマ式の風景により故郷を偲びながら、余生

を送る。交際のあった上海の著名な文化人の揮毫 (きごう) を壁面に掲げた。孫文逝去の翌年に死去。第2次大戦直後、呉錦堂合資は破産。故人の遺志により、兵庫県に寄贈、孫文を記念する歴史博物館（▼孫中山記念館）として修復されている。
(中村哲夫)
🔗 日露戦争と華僑
📖 中村哲夫『移情閣遺聞』阿吽社，1990.／山口政子「在神華僑呉錦堂について」山田信夫編『日本華僑と文化摩擦』巌南堂書店，1983.

国営華僑投資会社 こくえいかきょうとうしがいしゃ
国営華僑投資公司

新中国成立後、西側による経済封鎖、中国自身の鎖国に起因する開発資金の不足を補うため、海外華僑の資金を吸収する目的で主要華僑出身地に中国政府によって創設された金融信託投資会社。広東華僑投資公司が代表的で、沿海主要省市に計11社。57年8月に全人代常務委員会認可の「華僑投資国営華僑投資公司的優待弁法」により、これら▼華僑・華人の投資に対して、(1)所有権の保証、(2)8％の投資利益率の保証、(3)投資利益の半分を上限に海外への送金の許可、(4)投資者の投資先企業での職務ポストの確保、などの主要優遇条件が適用された。▼文化大革命を契機に事業が中止、80年代初頭の改革・開放政策の施行とともに事業が再開される。当初、「国際信託投資公司」と「華僑投資公司」との二枚看板を掲げていたが、88年から華僑資金を専門的に調達し、華僑投資関係事業への融資・投資に特化する企業として分離独立した。開放政策の深化にともない公司の事業も多角化、国際化の方向へ展開するようになった。
(王効平)
🔗 華僑投資

国外僑務政策 こくがいきょうむせいさく　⇨　華僑・華人政策 かきょう・かじんせいさく

黒号 こくごう

第1次大戦期間中のフランス軍からの脱走参戦華工に対する別名。大戦中、フランス政府は中国から▼参戦華工を労働部隊として軍需品生産、塹壕掘り、戦場の後始末に大量に導入した。各人に陸軍から通し番号が付けられ、脱走者が出現した場合、その番号が欠如したところから、「黒号」と称された。大戦後1920年の統計数字では3000人超。身分証が

取り上げられており、言葉も通じないため、昼眠り夜動いて流浪、盗賊となる者も出現。逮捕後に投獄か強制送還の運命をたどった。

(王効平)

国際化 こくさいか
internationalization

国際化とは、人が比較的自由に海外、他民族と往来・交流し、居住、結婚、雇用、就職、事業経営、国籍、▼アイデンティティなどでも一国主義、さらには広く一民族主義にとらわれないことをいう。中国人の海外移住は彼らの国際化の一種だが、彼らは古くから海外に移住し、その限りで国際的または国際人といえる。王朝によっては、また時期によっては、中国人の海外移住を禁止した場合があったが(▼海禁)、長続きしなかった。彼らの移住は国家・政府の支援によらず、むしろ政府の圧制に耐えかねて自らの力で行われた。彼らは国家に重きをおかず、その法的所属(国籍)についても同様だった。これは一つには異民族の国家・王朝の支配のもとにあって、その国・異民族の籍にこだわらなかったことによるのかもしれない。だが、中華民族意識・中華思想は強烈で、他国国家の国籍取得に対して便宜的であるのとは対照的である。これは国家・中央政府意識よりも、同郷人・同一民族意識に対応している。したがって、国際的ということも、単に国境を超えるというよりも、むしろ脱国家的であり、その限りでインターナショナルというよりも、ステートレスといったほうが正確だろう。彼らの移住は単なる人間国際移動(国際人流)で終わらず、移住後も長く続く民族的・人種的・エスニックな問題という連続した過程または問題領域を含む。最近では、強烈だった中華民族意識も、二世、三世等々の華人、▼華裔が増えるに及んでしだいに力を失い、脱中国民族化・トランスナショナル化が強まりつつある。ただ、後者は脱中国民族化という後向きの否定・消極概念として捉えられることが多かったが、居留国民族との融合の結果として、中国民族でもなければ現地民族でもない、新しいいわば第三民族として形成されるという、前向きの肯定・積極概念としてのトランスナショナル化が進行中である。しかし、経済的にはグローバル化が進んでいるが、国際化を超えてグローバル化した世界人(コスモポリタン)となるかは疑問であり、なるとしてもまだ先のことである。

(游仲勲)

国際華文文芸営 こくさいかぶんぶんげいえい
International Chinese Literature Camp

シンガポールで開催の国際華語作家セミナー。第1回は1983年1月に開かれた。主催団体はシンガポール『星洲日報』、人民協会、シンガポール文芸研究会、シンガポール作家協会。華語文芸界の交流促進が主旨。中国の艾青せい、蕭乾けん、蕭軍ぐん、台湾の洛夫らくふ、米国の於梨華おりか、聶華苓じょうふん(▼ファーリン・ニエ)、マレーシアの▼方北方など17か国・地域の著名作家・専門家が多数出席。『▼聯合早報』と『聯合晚報』によって85年1月に第2回、87年5月に第3回が開催された。

(卓南生)

『国際新聞』 こくさいしんぶん

第2次大戦後、台湾出身者康啓階によって大阪市西区江戸堀下通1丁目53番地に設立された国際新聞社が発行した日本語による日刊新聞。ニュースソースが広く、国際事情に明るかったので、販路が広く、評判も上々だった。各種印刷引受け、その他関連事業も推進していた。1948年4月紙名を『中華国際新聞』に名称変更、株式会社に改組、黄万居を社長に1株100円、総株数22万、資本金2200万円で再発足したが、59年経営不振で倒産。記者は日本人が3分の2、華僑が3分の1であるが、日本人記者はレッドパージに遭った者が多かった。

(許淑真)

図 許淑真「留日華僑総会の成立に就いて」山田信夫編、1983./『中華民国駐日代表部神阪僑務分処檔案』華僑団体巻(1948年2月-1949年10月)。

国際労働力移動 こくさいろうどうりょくいどう
international labour migration

国境をこえた労働力の移動。歴史分析では主権国家間の移動だけでなく、植民地への移動も含めることが多い。経済学的には、移動する側のプッシュ要因(飢饉や貧困など)と受入れ側のプル要因(労働力不足や相対的な高所得など)、および移動にかかるコスト(渡航費、情報の収集、安全の確保など)が移動を決定する主要な要素で、得られる所得

の格差が移動のコストよりも大きくなれば、遠隔地であっても移動を誘発する条件が生ずると考える。要するに就業機会と所得を求める労働者の国際的移動が国際労働力移動である。歴史的には、そのような自由な選択に基づく移動がつねに主流だったわけではない。19世紀前半に鉄道建設などのための労働者(「苦力」)としてアメリカへ渡った多くの中国人は、劣悪な渡航条件のうえに、契約とは名ばかりで渡航費の前借りなどを根拠に事実上の強制労働を強いられた。だが、蒸気船が就航しはじめた1870年代から1930年代にかけて、中国人が華南から東南アジアに大量に移住し、労働者として鉱山・プランテーション労働に従事するようになると、大部分が自由な移民になった。広東、福建などの言語や同郷性に基づくネットワークの内部では、血縁関係がなくても信頼関係が強かったために、ネットワークが移動の心理的障害を和らげた。この時期に1700万人を超えた華南からの出国者数の大部分(約85％)は帰国した。もっとも移動のパターンは必ずしも単純な出稼ぎ型だけではなく、「シンガポールを中心としたネットワークを転々とする環流型の労働者もいた。そこでは就業機会や賃金格差に敏感に反応する国際労働市場が成立していたといえよう。第2次大戦後は国民国家が世界的に成立し、自然な国際労働力移動はむしろ制限されるようになった。　　　　　(杉原薫)

⊟移住、中国人の海外移住、外流、内流
⊞杉原薫『アジア間貿易の形成と構造』ミネルヴァ書房, 1996. ／『岩波講座世界歴史19移動と移民』岩波書店, 1999.

国際労務輸出 こくさいろうむゆしゅつ

中国が海外での土木工事、労務提供などを請け負った結果、労働力が輸出されることをいう。1970年代に中東の産油国は、石油価格の急上昇によって得た多額の外貨収入を元手に大規模な経済開発・建設を行ったが、技術と労働力に欠け、外国企業、外国人労働者の請負いに依存した。世界最大の国際労務請負い市場の出現である。中国も外貨獲得のため、また中国人労働者の技術習得のため、これらの土木工事・労務を請け負った。これが当時、中国が国際労務請負い市場を開拓する主要地域となった。労務請負いでは労働力の提供だけだが、土木工事請負いでもたんなる工事の請負いだけでなく、中国人労働力の提供を伴った。だが、乾燥、酷暑、ときには炎天下で働かねばならないなど労働は苦しく、種々の優遇策をとって労働者を集めた。当時、中東にはパキスタンなど南アジアやその他の国々からも外国人労働者が多数来ていたが、彼らは政府や労務企業によって国内で募集され、飛行機の切符をもらって現地に行き、あとは仕事を探すのをはじめ、自分の責任だった。これに対して、中国人労働者の場合はすべて中国の請負い公司が責任をもった。1979年に最初の契約がイラクとの間に結ばれ、それがイエメン・アラブ共和国、アルジェリア、クウェート、ヨルダン等々の中東諸国、ロシア極東地方、「香港・「マカオ地域、その他のアジア諸国、さらには全世界に広がった。81年には、イラクで中建総公司が同国政府とともに日本、ドイツ、フランスなどの諸国の企業と契約を結んだが、そのなかでも最大のものは日本企業に対して請け負った製油所開発への労務提供だった。こうして中国の国際労務輸出が発展したが、なかには請負い終了後も現地に残る者が出てきて、華僑となった。労務輸出は華僑発生の一つの誘因であり、そこで働く中国人労働者は「華僑予備軍の一種である。　　　　　(游仲勲)

⊞程慶錕「大陸労工在海外」『海内与海外』5月号, 北京：海内与海外社 (中華全国帰国華僑聯合会), 1994.

国術会 こくじゅつしゃ

中国伝統の武術拳法の結社。拳館、武館ともいう。空手の拳法のほか、武器を使う武技、さらに「舞龍、「舞獅など集団の技を含む。多くの流派がある。拳術としては、少林拳、白鶴拳、詠春拳、羅漢拳、太祖拳、蟷螂拳、大聖拳、蔡李仏拳、梅花拳などの流派がある。また、武器については、鈀、単刀、鐽刀、斉眉棍、盾牌、大刀、上二、斬馬刀、鈎、双刀、鉄尺、双掛鈎、盾牌刀、鉄叉、双鐧、剣、七尺槌、十二尺槌、九尺槌、踢刀、鈎鎌、矛、三節棍、八斬刀、鉄双鞭、双斧、梅花槍、柳公拐などがある。また演技の種類としては、空手の単独演技、空手の格闘演技、武器の単独演技、空手対武器の演技、武器と武器との演技などがある。拳法には北拳

と南拳の別があるが、上海には第2次大戦前に南北を兼ねた中央精武総会があり、▼広州には南拳派の両広国術館があった。シンガポール、マレーシアにも多数の精武会が成立しているが、多くは南派に属する。香港には健身院と称する国術社が乱立している。これらの武術結社は、そのエスニック・グループによって、▼同郷団体や祭祀団体に所属し、祭祀において、舞獅や舞龍を担当し、神輿の巡遊の隊列を形成する。また、演劇の俳優も武戯の演技の必要上、国術の修行を必要としている。たとえば、孫興作『戯曲武功教程』(中国戯劇出版社、1980年)によると、京劇俳優の武技の鍛錬教科として、基本功、硬毯子功、軟毯子功、双人翻騰、翻撲臥倒、卓子功、弾板功などの修行を要求している。舞台では主役、脇役を問わず、トンボをきる動作など、集団での武技が必要だからであろう。広東劇では北派の武技を伝承しているという。香港、シンガポール、マレーシアなどの同郷会館や同業会館、さらには▼宗親会などの毎年の祭祀典礼の機会には、同郷人の親睦会の席上、演劇と並んで故郷の国術の演技が披露されることが多いのも、国術が伝統文化、民族文化の一つとして重視されているからである。

(田仲一成)

⑲ 呉騰達，1984．

国籍法 [中国] こくせきほう

中国人の国籍について定めた法律。最初の国籍法は、清末の1909年に制定された「大清国籍条例」である。父系の血統主義によるもので、自発的に外国籍を取得する場合は事前の中国国籍離脱の届け出を定めているが、罰則規定もなく、二重国籍を否定したものではない。1929年国民政府が制定した「中華民国国籍法」も父系の血統主義に基づくものであり、また、自発的に外国籍を取得した場合は内政部の許可により中国籍を離脱できるとしているものの、これも二重国籍を否定してはいない。

中華人民共和国は、建国後、華僑の多い東南アジア諸国との間の友好関係を樹立するために、二重国籍を否定した。この点を国内法の上で明確化したのが、80年制定の「中華人民共和国国籍法」である。この法律は、伝統的な血統主義を一面で継承しているが、父母双系主義をとり、また父母双方あるいは一方が「中国公民」ではあるが、外国に定住し、出生と同時に外国籍を有する者は「中国国籍を有しない」とするなど、生地主義もとっている。何よりも清朝や国民政府の国籍法とは異なるのは、第3条で「中国公民が二重国籍を有することを認めない」と明確に規定している点である。なお、中国公民で「外国人の近親者」あるいは「外国に定住している者」は中国政府の承認により「中国国籍を放棄することができる」(第10条)とも規定している。総じていえば、父母双系主義という点で男女平等の考えに立ち、二重国籍の否定により東南アジア諸国との関係に配慮し、中国国籍からの離脱を容易にすることによって海外(主として東南アジア)の中国系の人々の現地化を促進しようとしたものである。

(安井三吉)

⊟ 二重国籍問題

⑳ 李盈慧『華僑政策与海外民族主義』台北：国史館，1997．／田中恭子ほか編『原典 中国現代史』7「台湾・香港・華僑華人」岩波書店，1995．

国籍法 [台湾] こくせきほう

1929年2月5日に国民政府が公布・施行した5章20条の国籍法を、その後2000年1月14日に初めて台湾立法院で修正・可決したもの。29年の国籍法は血統主義と生地主義の混合制を採ったので、居住地の国籍法ですでに外国籍を取った華僑に対し、中華民国国籍の保持を排除していなかった。つまり、実際に華僑の二重国籍を認めているのである。そこでは父系血統主義が採用されてきたが、新国籍法は生地主義とともに父母両血統主義を導入したので、母親が中華民国国籍を有する場合も子が中華民国国籍を取得することができる(第2条)。また、外国人または無国籍者の▼帰化の条件として、20歳以上の生活能力のある者で、台湾で合法的に居留している事実が5年以上継続し、毎年の在留日数が183日以上であることが必要となっている(第3条)。

外国人配偶者およびその子女、養子女の帰化の条件は、台湾で合法的に居留する事実が3年以上継続、毎年の在留日数183日以上が必要となっており、未成年の外国人または無

国籍者でその父母または養父母が現在中華民国国籍である者は、台湾領域内に合法的に居留している事実が3年未満でも帰化申請できる（第4条）。一方、外国人が帰化を申請するときは、本来の国籍を喪失した旨の証明を提出しなければならないが、当事者の責任に帰さない事由によりその証明を取得できない場合は、その限りでない（第9条）。したがって、日本政府が台湾と国交がないという理由で、中華民国国籍の取得を目的にした日本国籍の離脱を認めないとすれば、日本人は日本国籍を放棄しなくても、中華民国国籍を取得することが可能である。このほか、外国人または無国籍者は帰化した後、総統、副総統、国民大会代表、立法委員、行政院長、政務委員、全権大使、陸海空軍将官などの公職に就くことはできない。ただし、この制限は帰化した日から満10年後に解除される（第10条）。　　　　　　　　　　　　　（劉文甫）

▷ 二重国籍問題
📖 丘式如『華僑国籍問題』台北：正中書局，1966.

国民型小学 こくみんがたしょうがく

マレーシアの小学校は国民小学と国民型小学に分かれる。国民小学は教授用語が国語（マレー語）であり、政府の全面的財政補助を受けている。これに対して、国民型小学は国民型華語小学と国民型タミル語小学に分かれ、教授用語は華語とタミル語である。政府からはおもに学校行政費の財政補助を受けるだけである。現在、90％を超える華人が自己の子弟を国民型華語小学に入学させ、母語教育を受けさせている。国民型華語小学の学校数は1284校、生徒数は62万人（2000年統計）である。　　　　　　　　　　　　（小木裕文）

▷ 独立中学

国民参議会 こくみんさんぎかい
Volksraad

▼オランダ東インド政庁が倫理政策の一環として蘭領東インドに設置した議会。1917年5月18日議員就任、18年5月第1回議会開催、太平洋戦争で42年廃止。当初議員総数39名、うち1名をオランダ女王が議長に任命。議員の半数は東インド総督が任命（オランダ人・▼東洋外国人14、インドネシア人5）、残りは地方参議会が選出（オランダ人・東洋外国人9、インドネシア人10）。後にインドネシア人の比率が高められたが、翼賛議会の域を出ることはなかった。
　　　　　　　　　　　　　（三平則夫）

国民統合促進協会 こくみんとうごうそくしんきょうかい
Lembaga Pembinaan Kesatuan Bangsa

インドネシア出生華人の全面的同化を主張する情報省管轄の公的団体。略称LPKB。第2次大戦前・戦後を通じ最も高い動員力をもった華人の政治団体バプルキ（インドネシア国籍住民協議会）がスカルノ政権下で共産党寄りに傾斜していくことに反発した華人系知識人が、1963年に陸軍の後援で結成した。華人が改名、改宗、婚姻を通じて中国の文化的特徴を失うことで、真の同化が実現すると主張した。その設立は同化の進展ではなく、政治的・思想的対立が華人社会へ持ち込まれたにすぎない。67年に解散したが、74年に類似の民間団体が一部の元幹部を迎え、ジャカルタで設立された。
　　　　　　　　　　　　　（深尾康夫）

▷ 同化

黒六条 こくろくじょう ⇨ 六条規定 ろくじょうきてい

呉継岳 ごけいがく 1905-92

タイの代表的な華人ジャーナリスト。広東省梅県生まれ。1928年ジャカルタで『巴城新報』記者となる。30年に渡タイし記者生活を続けるが、39年に国外退去となり、シンガポールに移り▼『星洲日報』で編集兼記者。戦後46年タイに戻り『中原報』に勤務。58年、防共条令違反により同紙は廃刊処分となり、呉は共産党員容疑で5年間の刑務所生活を送る。70年代以降、記者活動の再開と前後して華僑をテーマの小説を発表。▼郁達夫と親交があった。
　　　　　　　　　　　　　（樋泉克夫）

呉桂顕 ごけいけん 1922-2001

横浜華僑の事業家。広東同郷会名誉会長。広東省中山県人。横浜出身。1937年の蘆溝橋事件後、横浜に戻り、店を手伝いながら法政大学で学ぶ。故郷▼中山市に小・中学、師範学校などの校舎、体育館、図書館、教育設備、図書などを寄贈し、教育基金を設立する。また僻地に学校をつくる希望工程を支援し、中国の僻地教育普及にも貢献をする。中山市名誉市民。中山大学董事、▼暨南大学董事でもあった。86年より▼横浜山手中華学校の運営母体の横浜山手中華学園理事長として経営や

教育に尽力し、学校の発展に大きな足跡を残した。　　　　　　　　　　　　　　（苻順和）

📖 徐文沢『興学報国情——旅日華僑呉桂顕先生』広州：曁南大学出版社、1994.

呉啓太 ごけいた 1858-95

明治の外交官。福建省漳州府出身の呉振浦を祖とする唐通事呉氏に生まれ、父雄太郎が早く死去したので祖父碩三郎（碩）の養子として家督を継ぐ。碩三郎は幕末の唐大通事過人。啓太は外務省に勤めて通弁見習、外務書記生、清国北京公使館勤務を経て、ベルギーに官費留学し、帰国して大臣官房に勤め、1892（明治25）年外務大臣秘書官に至った。その間フランスおよびシャム国の勲章を受領した。95年現職で死去した。
　　　　　　　　　　　　　　　　（林陸朗）

呉剣華 ごけんか

清末の外交官。生没年不詳。1881年、第2代駐アメリカ・スペイン・ペルー3か国公使となった鄭藻如の随員。当時、ペルーは清国と74年に締結した中秘通商条約により中国からの契約移民を受け入れていたが、劣悪な労働条件はなかなか改善されなかった。呉は鄭公使の命を受けてペルー国内を視察し、中国人の置かれている苦境を「視察秘魯華工記」にまとめた。その後、鄭公使の尽力により85年にはペルー最大の華僑組織、中華通恵総局が創設された。　　　　　　　　　　（曽士才）

📖 李తా輝・楊生茂『美洲華僑華人史』北京：東方出版社、1990.

ゴー・ケンスイ 1918-
呉慶瑞　GOH Keng Swee

シンガポールの人民行動党指導者の一人で、リー・クアンユーの片腕としてシンガポール経済開発の立役者。マラッカに生まれ、1960年代にマレーシア政府の蔵相を務めたタン・シュウシンは従兄弟。シンガポールのラッフルズ・カレッジ卒業後、植民地政府税務局で働く。第2次大戦後、ロンドン大学で経済学を学ぶが、同地では1949年に創設された独立を目指す留学生団体マラヤ・フォーラム初代会長を務めるなど、この頃から政治への志向をもっていた。51年にロンドン大学博士号を取得し、帰国後、植民地政府内でイギリス人官僚の特別待遇に抗議する運動を組織する。人民行動党設立の54年には再度のイギリス留学中だったが、59年総選挙で国会議員に当選。当選後は、人民行動党政府の蔵相（59-65年、67-70年）に就任し、その後も国防相（65-67年）、教育相（70-79年）、第一副首相（81-84年）などの要職を歴任した。この間、シンガポール経済開発戦略の中心的役割を担い、60年代に開発されたシンガポール西部の沼地を埋め立てたジュロン工業団地はゴーのアイデアといわれる。また、中央銀行に相当するシンガポール通貨庁会長も長いあいだ務め、マクロ経済運営には定評がある。人民行動党中央執行委員としてリー・クアンユー、ラジャラトナム、トー・チンチャイ（杜進才）らと中核メンバーを構成したが、政治家としてはリーとは対照的に穏健な合理主義者で、63-65年にリーがマレーシア中央政府と激しく対立した際、マレーシア政府の側ではゴーをシンガポール首相にする動きがあったといわれる。84年に政界を引退後、通貨庁副会長、東アジア哲学研究所所長に就く。85年には中国政府の華南地域開発顧問に就任している。　　　　　　　　（岩崎育夫）

📖 Goh Keng Swee. *The Practice of Economic Growth*. Singapore: Federal Publications, 1977. / Linda Low (ed.). *Wealth of East Asain Nations*. Singapore: Federal Publications, 1995.

辜鴻銘 ここうめい 1856-1928
GU Hong Ming

中国晩清の文人。名を湯生、他に漢浜読易者、晩年は東西南北老人と号した。本籍は福建省のアモイ。マラヤのペナン生まれ。10歳でスコットランドに留学し、1877年エディンバラ大学で文学修士学位を取った。ドイツのライプツィヒ大学の工科でも学んだ。英語、フランス語、ドイツ語、ラテン語、ギリシャ語などに精通。80年マラヤに戻り、シンガポール英植民地政府で任職。のち、香港へ。85（光緒11）年両広総督張之洞の幕僚に加わり、洋文案を担当。1904年黄埔江浚治局督弁、08年外務部員外郎、郎中、左丞を歴任。辛亥革命後、清廷に忠を尽くすと宣言し、辮髪ぺんぱつを留めた。13（民国2）年5国銀行団通訳を担当。17年蔡元培により北京大学に招聘された。五四運動期には林琴南らと白話運動に反対。24-27年招かれて京都大学

で講義し、西洋文化を多くの点で非難し、周公、孔孟の道について全力で宣伝した。著書に『張文襄幕府紀聞』『春秋大義』、訳書に『論語』『中庸』(英訳)などがある。
(木下恵二)

五股頭（ごことう）

19世紀後半期のシンガポール▼福建幇の五大商号で、その所在地の名称ともなっている。五家頭ともいう。所在地は、源順街、順豊街、中街、興隆街、三美街であるが、これらは中街を除いてすべて商号の名称である。これらの店が大規模で目立ち、その所在場所がよく知られていたため、その場所を商号で呼ぶようになったものである。
(田中恭子)

孤魂（こごん）

戦死者、自殺者、夭折者、横死者など、非業の死を遂げた者の魂。中国の農村では、こうした魂は、子孫を欠いていて祀る者がないため「孤魂」と呼ばれ、あるいは浮かばれずに空中をさまようために「遊魂」とも呼ばれた。彼らはときには村を襲って水害、干害を起こすと信じられ、恐れられた。とくに季節が夏から秋に向かう旧暦7月には、寒気が迫り、自然界に食物がなくなるため、彼らが村の作物を襲うおそれが高い。このため、村人は7月15日の中元節を中心に、近隣にさまよう遊魂、孤魂の群れを招いて、僧侶・道士による読経の儀礼を献じ、あわせて大量の食物、衣類(紙製)などを施して、その恨みと怒りを鎮める慣わしがあった。孤魂を救うことを仏教・道教の用語で「超度」「▼普度」などと呼び、この孤魂救済の祭礼行事を「水陸道場」「普度勝会」「盂蘭勝会」などと呼ぶ。その歴史は宋・元に遡る。広東系では「超度」、福建系では「普度」と呼ぶことが多い。華人社会においても、普度は重要な行事として守られている。ただ孤魂を恐れるだけでなく、満足させればこの世の人間にさまざまな福利をもたらすとする互恵関係が強く意識されている。
(田仲一成)

⇒財神、百八兄弟神

ゴコンウェイ・ジュニア、ジョン・L. 1927-
呉奕輝　John L. GOCONGWEI, Jr.

フィリピン華裔の実業家。食品工業を中核とするゴコンウェイ財閥の総帥。19世紀前半に福建省から渡来した中国人の末裔で、1927年セブ州の比較的裕福な家庭に生まれたが、第2次大戦で一族の富は失われた。しかし、ジョンは小麦貿易商を経て、50年代からコーヒー(CFC)と製粉食品産業(ユニバーサル・ロビナ)によって蓄財し、86年にパシグ市のオルティガス地区の土地を買収、翌年には巨大デパートのモール・ロビンソンを築き、96年には航空会社セブ・パシフィックにも進出した。2001年に▼エクイタブル銀行と合併した▼フィリピン商業国際銀行(PCI)のように、最近では、金融への進出も行っている。
(中西徹)

伍子念（ごしねん）1863-1952
WU Zinian

中国系アメリカ人漢方医。▼契約華工として渡米したが、のち漢方医として活躍した。1918-19年、オレゴン州東部に流行したインフルエンザにより、おびただしい人の命が奪われた。伍子念は漢方で数多くの病人を助け、名医として現地の人々に愛されていた。華人労働者と彼がオレゴン州東部開発に果した貢献を記念し、オレゴン州ジョン・デー市は毎年の6月を「中国祭」と定めた。
(曾纓)

参『世界華僑華人詞典』

呉主恵（ごしゅけい）1907-94
WU Chu hui

『華僑本質論』『華僑本質の分析』の著書で知られた社会学者。台湾生まれ。早稲田大学政治経済学部卒業。同大学大学院で社会学、民族学を専攻、1933年修了後、同大学商学部助教授・教授を経て、51年から東洋大学文学部教授、社会学科主任を歴任、78年停年退職した。また太平洋戦争後の一時期、中華交通学院院長などを歴任、中華民国学術奨賞を受賞している。著書『華僑本質論』(千倉書房、1944年)の主要課題は、華僑それ自体が包蔵する根本的特質を究明したものであり、『華僑本質の分析』(東洋大学社会学研究所、1961年)は、華僑の民族社会を民族社会学の対象として捉えて華僑の本質を社会学理論的に分析したものである。
(明石陽至)

呉笑安（ごしょうあん）1910-

▼横浜華僑総会(台湾系)の長老。広東省

高明県生まれ。父は、1921（大正10）年に来日し、横浜名物の崎陽軒のシューマイをつくりあげた呉遇孫。笑安は29年日本に移住。崎陽軒を経て45年独立、順海閣を開業、事業の面でも成功。71年華僑総会の第13期会長に選出され、以後23期まで長年、会長を務める。72年日本と中華民国が断交するが、国交のない政府を支持する華僑総会の会長として、厳しい状況下に華僑の保護と社会の安定維持に尽力。▼横浜中華学院理事長その他多数の役職を歴任した。80歳を記念し92年に回顧録を出版。妻は▼横浜中華保育園の理事長を務めた葉肖麟。　　　　　　　　　　（陳天璽）

参『高明呉笑安先生八十回顧集』順海閣株式会社、1992.

呉尚賢 ごしょうけん ?-1751

中国・ミャンマー（ビルマ）国境沿いの雲南省滄源ワ（佤）族自治県にあった茂隆銀鉱の開採者。雲南省臨安府石屏州の貧家に生まれ、1743年に当時「葫蘆国」と呼ばれた少数民族のワ族の居住地に入り、葫蘆国王（ワ族の首長）蜂筑と契約して茂隆廠で銀の採掘を始めた。18世紀の中国は経済発展により、貨幣としての銀の需要がはなはだ大きかったので、たちまち多くの中国人が茂隆廠へ採銀に来集し、中国内地へ巨額の銀をもたらした。茂隆廠における莫大な銀産の利益を占め、多数の中国人採鉱者を配下に擁した呉尚賢の勢力は急速に強大となり、雲南のみならずビルマにまで及んだ。1751年にはビルマのタウングー朝の国王に清朝への朝貢を説いて北京へ遣使させた。タウングー朝は南明の永暦帝を擒送して以後、長く中国との国交を断っていたので、これがビルマ最初の清朝への朝貢となった。この朝貢に呉尚賢は同行したが、途中の昆明で彼の勢力拡大を危惧した清朝の雲南官憲に捕らえられて獄死した。呉尚賢の死後、茂隆廠は荒廃し、銀産も激減していき、やがてまったく封閉された。（和田博徳）

□ ボードウィン銀鉱、送星廠、陸路移住
参 和田博徳「清代のヴェトナム・ビルマ銀」『史学』33-3・4, 1961./方梅樹『滇南碑伝集』巻末付録「呉尚賢伝」、国立北平図書館、1940./方国瑜『雲南史料目録概説』巻十「呉尚賢開弁茂隆銀廠木契」北京：中華書局、1984.

呉植垣 ごしょくえん 1863-1914

横浜華僑の貿易商。広東省南海県出身、字は廷奎。父昇祥は郷里で雑貨商を営んでいたが、火災で産家を失った。その後父母をなくした呉植垣は、21歳のとき奮起して横浜に渡り、永義和を開いた。ただし、『横浜貿易新聞』（明治32年12月3日）の商号登記広告によれば、永義和の主人は盧冠廷（住所は広東省広州府香山県北山村）、呉植垣は支配人となっている。このことから、呉植垣は永義和の実質的な経営者と考えられる。永義和は▼横浜居留地71番地（のち56番地）に所在し、美術品、工芸品、海産物、絹織物の輸出、砂糖、洋酒、茶、タバコなどの輸入を行っていた。呉植垣はその後、1905（明治38）年頃▼永安和を開く。永安和は山下町（旧居留地）201番地（のち220番地）にあり、美術品、香水、綿製品などの輸出入を行っていた。永安和は神戸とバンコクに支店を開いていた。神戸支店は広興昌で、支配人は廖道明、神戸市栄町に所在した。バンコク支店は徳和隆である。呉植垣は商才にたけていただけでなく、華僑社会内での人望もあつく、横浜大同学校の設立、中国人内地雑居許可への請願運動、▼横浜華商会議所創設などにあたり、つねに中心的役割を果たした。とくに横浜華商会議所の設立時には総幹事に就任し、同会議所が▼横浜中華商務総会となった後、13年には総理に推挙された。こうした活動の中で、日本人の実業家・政治家である柏原文太郎との親交を深めた。11年に徳和隆が広興昌から送られた香水を販売したところ、バンコクのフランス商館金鶏洋行から商標侵害として訴えられる事件が起きた。その際、呉植垣は柏原文太郎を代理人として、裁判に関するいっさいの法律行為、日本政府との交渉などを委任している。その委任状を含む文書が成田山霊光館所蔵「柏原文太郎文書」に収められている。呉植垣はまた、日本に亡命中の▼康有為、▼梁啓超らの世話人を務めた。1914年4月癌のため死去。訃報が『横浜貿易新聞』で報じられた。　　　　　　　　　　（伊藤泉美）

参『横浜中華街』

互助団体 ごじょだんたい

華僑・華人が相互扶助のために結成した団

体。互助活動のための組織や経済基盤の維持方法は、中国国内の都市におけるそれと連続性をもつと思われる。中国人の*親族組織である*宗族においても互助機能が重視されるが、この面で連続性を見せるのが*宗親会、宗親総会である。村・郷・県・府・省などの各レベルの*同郷団体（同郷会・*会館）も互助活動を重視している。*同業団体も同様である。そしてこれらとは別に、葬儀のための互助・慈善活動を専らとする団体が組織されることがある。たとえばタイの*報徳善堂のように、身元不明の遺体収容・埋葬を行う団体は*潮州人によって創設されたが、潮州会館や潮州人の県単位の同郷会とは独立した団体となっている。また、たとえばタイの義徳互助社、華僑互助社は葬儀実施のための団体である。香港の潮商互助社は潮州人の商人によって構成され、会員の葬儀支援のほか被災者救援など慈善事業、クリニック経営、会員のスポーツ・娯楽・趣味にかかわるレジャー活動の支援を業務として社交クラブの性格も有して、潮州商会や同郷会の機能と一部重複しながらも補完するものとなっている。かつての*秘密結社も互助機能を果たしていた。　（吉原和男）

　📖 香港潮商互助社編『香港潮商互助社四十周年紀念特刊』1970.

悟真寺 ごしんじ

　長崎市稲佐にある浄土宗仏寺。長崎住民の大半がキリスト教徒であった16世紀末、慶長初年に、*長崎奉行の許可を得て、聖誉玄故が創建した。長崎来航の唐商、欧（一説に欧陽）華宇と張吉泉の両人は、聖誉に唐人死者の管理を依頼し、悟真寺が*唐人の菩提所となった。しかし、唐人の埋葬を行う墓地がなかったので、幕府に願い出て、100間四方の地を唐人墓地とする許可を得た。ところが1623年*興福寺の創立のののち、*福済寺、*崇福寺が相次いで建立されるにいたり、本寺の唐人檀家が減じた。さらに1689（元禄2）年の*唐人屋敷の設立によって、唐人の参詣者が途絶えた。そこで13代住持香誉は開創者欧・張2氏の墓を修復し、唐商との因縁を深くした。それにより、寄付が増え、寺勢も旧に復したという。唐人のみならず、1654（承応3）年オランダ人の墓所ともなり、のちロシア、イギリス、アメリカともにこの例に倣った。したがってこの地を稲佐国際墓地という。
　　　　　　　　　　　　　　　（黒木國泰）

　⊟ 稲佐唐人墓地
　📖『長崎市史』地誌篇仏寺部上.

辜振甫 こしんぽ 1917-
クー・ツンフー　KOO Chen-fu

　台湾の経済人。本籍は彰化県鹿港鎮。台北生まれ。父辜顕栄（1866-1937年）は1934年台湾人として初めての日本貴族院議員に勅選された。40年に台北帝国大学法学部卒業後、東京大学で財政および企業管理を研究。48年清朝末期の学者厳復の孫である厳倬雲（1925年生まれ）と結婚、2男（啓允、成允）、3女（懷群、懷箴、懷如）がいる。53年の農地改革時に経済部顧問に招聘され、セメント、製紙、農林、工鉱の4公営企業の民営化に参画。54年、農地改革により台湾セメントの株式を取得、同社の常務となり、59年総経理兼任、73年董事長就任。71年に中国信託投資公司の董事長も務め、台湾セメントと中国信託は*和信グループの中核を形成した。また、58年に台湾工商協進会（日本の経団連に相当）の理事長に選出され、台湾の経済界に影響を及ぼす人物として知られる。61年に開設された台湾証券取引所の創設者の一人で、長年にわたって株式上場請負業務を意のままに操ってきた。台湾の有力政治家と幅広い親交があり、台湾政治に影響力をもつ典型的な政商。81年台湾出身者として林挺生（大同企業グループ総帥）に次いで2番目の国民党中央常務委員に選出された。93年*海峡交流基金会理事長の身分で中国側の*海峡両岸関係協会の汪道涵会長とシンガポールで、初の民間による中台会談を実現。96年と97年のAPEC（アジア太平洋経済協力会議）非公式首脳会議に李登輝総統の代理として出席。和信グループの2代目で、中国人寿保険の総経理を務めたことのある長男の啓允（1953-2001）は、和信超媒体（TV経営）の理事長在職中に48歳の若さで死去、次男の成允（1954年生）は台湾セメントの総経理として活躍。もう一人、和信グループを支えている実力者は資産総額18億ドルを擁する甥の辜濂松（1933年生）。88年中国信託投資公司理事長、94年台湾工商協進会理事長を歴任、海外の経済事情に明るい国際派の実業家で、長男の仲諒は93

年に中国信託商業銀行の経営を引き継いで頭角を現している。
(劉文甫)

ゴ・スイキ 1922-
呉瑞基　GOW Swie Kie

インドネシアの企業家。トトク。インドネシア名ダスキ・アンコスブロト（Dasuki ANGKOSUBROTO）。インドネシア食糧調達庁（BULOG）の一代理店として米、砂糖、その他食糧農産物輸入、国内流通・倉庫保管業から成長した企業集団グヌン・セウ・グループを率いる。1970年代初頭までにBULOGの最大手代理店となる。以後、不動産、建設請負い、農園、農産加工へ事業多角化した。ジャカルタのそこかしこにショッピングセンタービルとオフィスビルをもつ。95年インドネシアの企業グループ別売上げ順位で第59位となったが、不動産の比率が高まっていたこともあって97年からの経済危機で大打撃を受けた。
(三平則夫)

呉清源 ごせいげん 1914-

中国福建省出身の囲碁棋士。北京の少年期から「碁の天才」と呼ばれ、その風評が日本に届き1928年、14歳のときに渡日、瀬越憲作名誉九段の門下生となる。33年木谷実六段（当時）とともに新布石法を発表し、同年日本選手権戦で優勝。本因坊秀哉名人との記念対局で三々、星、天元の布石で話題を集めた。36年に日本に帰化し、呉泉と名乗ったが、のちにふたたび清源に戻す。39年から56年にかけての「打ち込み十番碁」で木谷や橋本宇太郎、坂田栄男、高川格ら一流棋士をことごとく退けて「昭和の碁聖」の名声を確立。大手合優勝6回。タイトル戦では58年、61年に日本最強決定戦で優勝。抜群の戦績と華やかな芸風でつねに斯界一の実力者として遇された。83年に引退。その後も東京・新宿の自宅で研究会を主宰し、多くの弟子を育てた。門下生は林海峯九段ら。著書に『呉清源打碁全集』全4巻、『以文会友』などがある。
(日暮高則)

胡仙 こせん 1931-
サリー・アウ　Sally AW / Sian AW

香港の女性企業家。塗り薬タイガーバーム（万金油）で巨万の富を得て東南アジア各地で不動産事業やマスメディア事業を展開して「万金油大王」と呼ばれた胡文虎の長女。1931年ミャンマーのヤンゴン（旧ラングーン）で文虎の遠縁の娘として生まれ、5歳のときに文虎の養女となった。文虎は中国大陸での事業展開を目指して32年、シンガポールから香港に進出。胡仙も香港聖ステファン女子校を卒業後、21歳で文虎の香港マスメディア会社・星系報業有限公司で働きはじめる。54年文虎が米国で病死。跡継ぎ養子となっていた長男は52年に事故死していたため、星系報業をはじめ、文虎と弟の胡文豹が別荘として建てたタイガーバーム・ガーデンなど、文虎の遺産の大半は胡仙が相続した（タイガーバームの製造販売は、シンガポールの親族が相続）。57年米ノースウェスタン大学へ留学して新聞学を学び、72年には星系報業を星島報業有限公司と改称して香港株式市場に上場。78年には華字紙の『星島日報』『星島晩報』、英字紙の『ホンコン・スタンダード（英文虎報）』に加えて『星島日報海外版』を世界各地で刊行。さらに、星島地産有限公司をはじめ、印刷、旅行、音楽制作、投資事業などの会社を次々に創設し、星島集団会長として香港返還前の97年春には「アジアを代表する女性経営者50人」にも選ばれた。しかし、星島集団はすでに90年代初めから経営危機に陥っており、不動産売却でしのぐ状況だった。97年夏、広告収入をつり上げるために『ホンコン・スタンダード』の発行部数を水増ししていたことが発覚、幹部3人が有罪となったが、胡仙は不起訴処分となり、「香港当局は中国との関係が深い胡仙を政治的理由からかばっている」と、市民の批判を受けることになった。98年末にはタイガーバーム・ガーデンをリー・カシンに売却、99年春には星島集団の全持株を英系投資銀行ラザード・アジアに売却した。
(国分健史)

呉宗園 ごそうえん 1603-38

長崎の住宅唐人。名を宗円とする史料もある。福建省漳州府龍渓県の人。唐通事呉氏の祖。日本渡来の年月は不詳。肥前佐嘉郡寺井の商人寺井源助の娘を娶って一子を儲けたが、1638（寛永15）年不慮の死をとげた。その子市郎右衛門は唐内通事となり、1693（元禄6）年内通事小頭に挙げられた。その

子孫はその職を襲ったが、のち稽古通事に転じ、▼唐通事本役の家筋に列した。　　（林陸朗）

小束野 こそくの

日露戦争後、▼呉錦堂が兵庫県のあっせんで入手した開拓地。今の神戸市西区神出町、雌岡山めっこうの西麓に位置する。開墾のため松材を伐採、道路、製材所を設け、尼崎に開業した東亜セメント会社用のセメント樽を製造した。1918（大正7）年より神出村と山田村から入植者を募り、宮ケ谷池（現、呉錦堂池）を灌漑用水として建設し、これを基に水田68町歩が開墾されることになる。神戸市西区における原野開発史の最初の事業。
（中村哲夫）

📖 落合重信・有井基『神戸史話』創元社、1967.

コソン・フンタクーン 1883-1959
雲竹亭　Kosol HUNTRAKUL

タイの海南系華僑・華人指導者。中国名は雲茂修とも。広東省文昌県生まれ。父親はタイで徴税業者。瑞和製冰廠、瑞和汽水廠、BMC洋行、BMC製薬廠、華暹かせん銀行などを経営。中国革命同盟会に参加。後に国民政府僑務委員、中国国民党第1期中央評議委員など。実弟のプラヤーシリーサーンワーチャー（雲天樑）大佐はタイで蔵相、外相などを務める。戦後、タイ海南会館を組織し理事長に就任。次男の▼ソムマイ・フンタクーンも80年代前半に蔵相。
（樋泉克夫）

⊟ アーコン・フンタクーン

五大幫 ごだいパン

華僑・華人社会で最も代表的な五つの同郷幫、すなわち▼広東幫、▼福建幫、▼潮州幫、▼客家幫、▼海南幫。五大幫は地域分布と経済活動においてそれぞれ特質がある。各幫は各自の▼会館または協会、同郷組織を有し、また学校、病院、共同墓地、慈善団体などを経営している。広東幫は広東省の広肇地区（広州市周辺の市、県）と▼五邑地区（台山、新会、開平、恩平、鶴山）の出身者を中心とする地縁団体および社会的ネットワークで、広州方言を使う。福建幫は閩南びんなん方言を使い、福建省南東部の▼泉州、▼アモイ、▼漳州地区出身者を中心とする。潮州幫は潮州方言を使い、福建南部に近いスワトウ、潮州地区出身者を中心とする。客家幫は客家方言を使い、

福建省西部と広東省北部の▼客家居住区（梅州市を中心）出身者を中心とする。海南幫は海南方言を使い、その出身地が海南島で、「琼けい幫」とも呼ばれる。　　（李国梁）

⊟ 幫，同郷団体，同業団体

コタキナバル
亜庇　Kota Kinabalu

マレーシアのサバ州の州都。1947年に、▼サンダカンに代わり英領北ボルネオの首都となる。イギリス植民地時代からジュッセルトンと呼ばれてきたが、1967年にコタキナバルに改称。華人は、「アピ（亜庇、亜比、Api）」（マレー語で「火」を意味する）と呼んできたが、この呼称は今日でも用いられている。近年、ミンダナオ島などフィリピン南部からのイスラム教徒難民の流入が著しい。
（山下清海）

📖 山下清海, 1987.

ゴー・チョクトン 1941-
呉作棟　GOH Chok Tong

▼シンガポールの首相。1964年シンガポール大学（経済学専攻）を卒業後、大蔵省役人となる。66年にアメリカのウィリアムズ大学に留学して開発経済学（修士）を学ぶ。帰国後、69年に政府系企業の海運会社ネプチューン・オリエント・ラインの経営者に転出し、赤字会社を見事に建て直す。これが▼リー・クアンユー首相の目にとまり、76年に政界に転出して国会議員となる。79-81年に通産相、81年に教育相、81-84年に厚生相、そして85年、第一副首相に就任してリー後継者の立場を確立する。90年11月に首相、92年にはリーの後任として▼人民行動党書記長に就任した。就任直後は権威主義的なリーと違ったソフトな統治スタイルを掲げたが、最初の総選挙で得票率を減らすと、リーのスタイルへと方向転換した。2001年11月に実施された総選挙で完勝し、次回総選挙前には首相を後任に譲る意向を表明している。
（岩崎育夫）

📖 Alan Chong. *Goh Chok Tong*. Petaling Jaya: Pelanduk, 1991.

国華銀行 こっかぎんこう

中華民国時代の中国における主要な商業銀行の一つ。1927年、邵敏初、鄧瑞民らによって上海で設立準備がなされ、翌年1月から正

式な営業を開始した。払込資本金100万銀元だったが、31年、資本金を400万元に拡大、うち払込資本額は230万元となった。株主には揚子江流域出身者のほか、華南、東南アジア華僑も多く含まれていた。会長は邵敏初、社長は唐寿民。本店を上海に置き、上海、北平（北京）、天津、青島、南京、蚌埠、無錫、常州、蘇州、広州、アモイ、スワトウ、香港などに支店を開設、貯金、信託、外貨為替などの業務を行った。また、▼華僑送金を吸収するため、マカオ、バンコクに事務所を設置した。上海では成業実業公司を設立して、物産貿易を行った。太平洋戦争勃発後、香港、常州、広州の各支店が上海に撤退せざるをえなくなり、営業成績に大きな影響を与えた。52年12月、他の銀行と合併、▼公私合営化された。

（廖赤陽）

胡鉄梅 1848-99

日本に亡命した安徽省出身の画家。1879（明治12）年頃から日中間を往来し、多くの優れた山水図などの作品を残す。89年頃神戸に来て新聞発行に携わっていたという。日清戦争後帰国したが、98年戊戌変法が失敗に終わり、日本に亡命した。日本人を妻とし、上海で新聞を発行していたこともある。永井荷風の父で漢詩人でもあった日本郵船上海支店長永井久一郎とも交遊があった。神戸市中央区の追谷墓園に埋葬されている。

（洲脇一郎）

参 神戸市立博物館編・刊『日中歴史海道2000年』1997。

五島

長崎市の西約100kmにある五島列島は、長崎県福江市、南・北松浦郡に属し、東シナ海にある。中国大陸に最も近く、福江島、久賀島、奈留島、中通島、小値賀島、宇久島をはじめ大小さまざまの島が約100kmの海上に連なる。五島の地名は中世鎌倉時代以降に見える。遣唐使時代には値嘉島として知られ、九州博多から▼平戸田浦を出た船の寄港地。中国大陸からは、五島から平戸、▼唐津、博多を目指すか、南へ▼坊津へ行く2海路があった。中世には松浦党に属す青方氏ら▼倭寇の拠点となり、朝鮮軍の掃討を受けた。16世紀には大倭寇▼王直が居宅を構え、その活動拠点となった。中世五島の領主は宇久氏で、豊臣秀吉の朝鮮出兵に際し姓を五島氏に変えた。その頃五島氏はキリシタンであったが、徳川幕府が成立すると、棄教して教徒に弾圧を加えた。▼李旦、▼顔思斉、▼鄭芝龍が相次いで到来し、ここから平戸へ向かった。中国大陸伝来の椿が早くから自生し特産となっている。

（川勝守）

御唐船造り御物目利

近世長崎貿易において▼長崎奉行の委託を受け唐物輸入に当たった役。『長崎鑑』に、「唐造り御船出来之事 御公儀従り、唐造り船御造りを為し成さ被れ候、末次平蔵承る二而て十善寺二而造り候、寛文九酉（1669年）十二月朔日二小屋入り有り。翌戌正月五日二かはらすへ仕候」とあり、幕府が▼唐船を造り、輸入した唐物御物を目利きする役19人、うち、伽羅2、鮫3、端物5、書物3、唐物道具3、唐絵3とあり、内訳合計19人となる。次に薬種10人以下が示されている。

（川勝守）

㊂『続長崎鑑』。
参 柴秀夫編『長崎遺響』双林社，1943。

胡徳　フー・ダ

中国系キューバ軍人。生没年不詳。本名は胡開枝。広東省開平で生まれた。若い頃借金を返すために、▼苦力としてキューバへ渡り、サトウキビのプランテーションで働いた。のち雑貨店を経営し、1895年からのキューバ独立戦争中に革命軍に資金や食料を提供したことで、当局に逮捕された。革命軍に救出された後、軍に参加し、上尉まで務めた。1902年キューバ独立後、サンタ・クララ省の衛生局長、ハバナ移民局役員などを務めた。

（曾櫻）

コー、トミー 1937-
許通美　Tommy KOH

▼シンガポールの外交官。同地生まれ。▼原籍は福建省。シンガポール大学法学院を卒業、ハーバード、ケンブリッジ両大学に留学。シンガポール大学で教壇に立ち、同法学院長となる。後に国連大使、駐米大使を歴任。第3回国連海洋法会議議長を務め、1982年に国際海洋法条約の採択に携わった。92年

ブラジルで開催された地球サミット準備委員会議長、本委員会議長を務めた。また90年からは外務省無任所大臣、政策研究院院長を歴任。

(容應萸)

呉伯康 ごはくこう 1901-66

横浜華僑の教育者。広東省▼珠海市出身。日本大学卒。1922年父呉肇揚（元中華公立学校校長）と来日、大同学校で教鞭をとる。23年関東大地震直後に帰国するが、翌年春には横浜に戻り、中華公立学校の再建に尽くす。同校の教師、校長を歴任。戦後、復興された横浜中華学校の董事長として華僑教育に貢献。56年▼興安丸で帰国。広東省江門市図書館館長、江門市政協副主席、▼中国致公党江門市委員会名誉主任委員、江門市僑聯会名誉主席など歴任。

(符順和)

→ 横浜の華僑学校

コーヒー店 コーヒーてん
咖啡店 coffee shop

▼シンガポール、マレーシアをはじめ、東南アジアでよく見られる、華人が経営する大衆食堂。名前から連想されるようなコーヒー専門店でもなく、日本の喫茶店のようなものでもない。主として、コーヒー、紅茶、ソフトドリンク、ビールなどの飲料とともに、麺類、パン、ケーキなどの軽食を低料金で提供し、華人の庶民生活にはなくてはならないものである。コーヒー店の経営といえば、東南アジア華人社会では▼海南人が多いことがよく知られている。コーヒー店の経営は、早朝から夜遅くまでの長時間労働が要請されるわりには、利益が少ない商売とみなされている。海南人は、海外への移住時期が遅く、また人口的にも少数派であり、そのことが、海南人の経済活動がコーヒー店経営に特化した要因の一部である。しかし、海南人の社会的地位の向上につれて、その経営主体が、東南アジアでより少数派である福州人に移る傾向も近年顕著になってきた。

(山下清海)

📖 山下清海, 1987.

コファンコ家 コファンコけ
許寰哥家 COJUANGCO

フィリピンの中部ルソン地方タルラク州をアキノ家と二分するサトウキビ農園主を出自とする華人系財閥一族。19世紀後半にマニラに渡った福建省出身の許寰哥（CO Guioc Huang）を始祖とする家系で、洗礼後に彼はホセ・コファンコ（Jose COJUANGCO）を名乗り、タルラク州で高利貸商人を営みはじめ、土地の買収を繰り返して、有名なルイシタ農園（ハシエンダ・ルイシタ）を形成し、大地主かつ大財閥としての基礎を築いた。その後は、政局に応じて、ホセの子孫がその時々に政財界の中心人物として台頭し、コファンコ家を支えてきた。すなわち、マルコス戒厳令以前の1960年代から70年代前半にかけては、息子メレシオの三男アントニオ（Antonio）の息子ラモン（Ramon）が、フィリピン長距離電話会社（PLDT）などのコングロマリット企業体の実業家として栄華を極めた。その後、70年代の戒厳令下では、メレシオの四男エドワルド（Eduardo）の息子エドワルド・ジュニア（Eduardo, Jr.、通称ダンディン、Danding）が、ココナツ産業を独占し、▼マルコス・クローニーとして権勢をほしいままにした。ダンディンは、86年2月政変直後はアメリカに渡るなど一時期、実業界から離れていたが、最近では、スペイン系財閥の雄ソリアノ家の中心企業サンミゲル社の経営権を獲得した。そして、2月政変によって大統領となったのはメレシオの長男で砂糖地主であるホセ・シニア（Jose, Sr.）の娘▼コラソン・アキノであった。

(中西徹)

胡文虎 こぶんこ 1882-1954
オー・ブンホー AW Boon Haw

20世紀前半を中心に活躍した▼客家出身の著名な華僑企業家・慈善家。ビルマ（ミャンマー）のラングーン（ヤンゴン）生まれ、▼原籍は福建省▼永定県金豊里忠川郷。10歳のとき父の命を受けて帰国、中国文化を学び、4年後ビルマに戻って父が創設した永安堂国薬行の手伝いをしながら、中国医学を研鑽した。26歳のとき父が亡くなり、弟の胡文豹（オー・ブンパー、AW Boon Par）とともに家業を受け継いだ。翌年事業の拡大を図って中国、タイ、日本などの各地を視察、ビルマに帰った後、東洋と西洋の医師や化学者を雇って漢方の薬剤、丸薬、貼り膏薬などを研究、ついに▼万金油、頭痛粉、清快水、止痛散、八卦丹の5種類の漢方薬の開発に成功、

事業の基盤を固めた。同系列の商品は虎の模様を商標にして「虎標」と称され、東南アジアやインド各地で広く歓迎された。胡はビルマの事業を弟の文豹に託して自らヾシンガポールで虎標製薬会社を設立、さらにマレー半島、ヾ香港、ヾマカオ、フィリピン、ベトナム、ヾ広州、ヾスワトウ、ヾアモイ、ヾ福州、上海、天津、重慶、貴陽、昆明、梧州、桂林などに支店を設けた。シンガポールと香港両地に建てた虎豹別荘（ヾタイガーバーム・ガーデン）は、改修を経てアミューズメントパークとして公開され、観光スポットとして人気を集めている。事業の成功とともに、胡は社会活動に積極的に参与、シンガポール、香港などで客属会館、崇正総会館の事業を推し進め、ヾ客家幇のリーダーとしての名声をあげた。彼は中国と植民統治当局の両方から評価され、中華民国の第12期国民参政に選ばれ、大英帝国の勲位OBEを授けられた。

事業の基盤である製薬会社のほか、胡の一生の企業・社会活動は、おもに新聞の発行、寄付による学校建設、および寄付による病院・養護施設の創立、という三つの分野に集中している。民国初年、胡はラングーンで華字紙『仰光日報』『晨報』の創刊に参与、1929年から50年の間にヾ『星洲日報』の創刊をはじめとして、シンガポール、スワトウ、アモイ、福州、広州、香港、ヾペナン、タイ各地で『星華日報』『星光日報』『星中日報』『星粤日報』ヾ『星島日報』『星檳日報』『星閩日報』『星滬日報』『星暹日報』などのヾ華字紙、および『英文晨報』『星洲英文虎報』などの英字紙を創刊、星系新聞グループを形成した。胡は文化教育事業に熱心で、海外で創設・寄付したヾ華僑学校は40余校を数え、中国国内ではヾ厦門大学、嶺南大学、中山大学、ヾ暨南大学、福建学院などの大学や、汕頭廻瀾中学校・市立第一中学校、汕頭女子中学校、厦門中学校、双十中学校、大同中学校、海口瓊崖中学校などの学校に多額の寄付を行った。30年代、胡は国民政府に350万元を寄付、全国に1000の小学校を建てることを計画した。日中戦争勃発までに300余の校舎を完成したが、戦争の影響で計画が遂行できず、国民政府は残った寄付金で救国公債を購入した。学校のほか、胡の寄付によって設立また

は援助を受けた病院や養老院、孤児院などの施設数は、中国国内だけでも40か所以上ある。第2次大戦中、胡はしばらくの間、日本軍に拘留され、その後、東京に赴き東条英機と会見した。会談の内容ははっきりしないが、胡に対する世評の分かれ目の一因につながる。54年胡は病気治療のためアメリカへ行き、帰国の途中ヾホノルルで生涯を閉じた。

（廖赤陽）

㊀胡仙
㊂華僑協会総会編纂『華僑名人伝』台北：黎明文化事業公司，1984.

股份制度 _{こふんせいど}

「股份」は株式、「股份公司」は株式会社であり、したがって「股份制度」は株式（会社）制度を意味する。遊資（遊休資本）を集める際に、遊資の所有者が直接出資する自己資本の場合、中国系では強固な人的信用関係下、少人数の熟知者同士の出資者（股東）が出資するヾ合股が支配的だったが、しだいに純然たる株式売買関係のもとで多数の相互に未知の者同士が出資する株式会社化が進んできた。合股形態の基礎の上に、株式会社形態が発達しつつあると言ってよいだろう。ただ、株式会社化の道を選ぶ場合でも、株式の未上場、同族・同郷人による結合・集中、株式譲渡の制限など、事実上合股と違わない場合が少なくなかったが、これでは不特定多数の人々から巨額の資本を集めるのは難しく、今日ではしだいに株式を公開・上場する真の株式会社化が急速に進行中である。それは欧米のビジネススクールで学んだ二世、三世への世代交替期にあること、グローバル化（グローバル・スタンダードといっても、実際はアメリカン・スタンダード）の進行により世界市場で競争に勝つことが要求され多額の資本を要すること、1997年からのアジアの「経済危機」で中国系諸企業も大なり小なり損害を蒙り、そこから脱出するために企業の透明性を要求する欧米企業に支援を仰がざるをえなかったこと、などによる。上場は地場での上場だけでなく、伝統的なヾ香港（かつて東南アジアの中国系遊休資本はヾシンガポールに集められ、運用するのは香港でといわれた）、さらにはニューヨークその他の海外市場でも行われる。株式の公開・上場は資本集中だけ

でなく、企業そのものを広く宣伝することになり、企業の名声、信用度を高めて、ビジネスを行うのに有利である。だが同時に、株主に対して企業を透明化する義務が生じ、公私の混同、どんぶり勘定などを回避させ、所有者・同族経営よりも専門家経営へ移行するなど、企業経営の効率化をもたらす一方、意志決定の速いワンマン経営、他人資本に依存せず、自己資本に依存して危機管理が強力であるなどの▼中国人性（チャイニーズネス、中華性）の保持は難しくなる。世界レベルでは中小企業程度の企業を多数持つことによって、全体としては世界有数の大富豪であるという状況も（このため世界では彼らの名はあまり知られない）、今後は一世が依然権力を握って旧態依然としたままか、それとも急浸透しつつあるグローバル化のもとで、世代交替による次世代への権限委譲とともに、資本を集中して所有企業を世界的な大企業化するかのせめぎあいとなるだろう。　　（游仲勲）

㊀華人経営、華僑・華人財閥、華僑・華人の富豪
㊁游仲勲, 1969. ／同編, 1998.

呉正男 ごまさお 1927-

横浜華僑の実業家。台湾雲林県斗六市生まれ。太平洋戦争が勃発した1941年、13歳で来日。16歳で日本軍の特別幹部候補生となり、45年朝鮮半島に送られ終戦を迎える。その後ソ連に抑留され、47年に日本に戻る。54年法政大学を卒業、信用組合横浜華銀に就職。一時華銀を離れるが、復帰後、99年に華銀理事長を勇退。現在は▼横浜台湾同郷会名誉会長、▼横浜華僑商公会副会長、▼横浜華僑総会（台湾系）顧問などの要職にある。　　（伊藤泉美）

コミュナリズム
communalism

現代のインドや東南アジアにおいて見られる、宗教、言語、人種、民族、カーストなどによって区別された諸集団間の排他的な対立関係をいう。マレーシアでは、最大の民族集団であるイスラム教徒のマレー人と多神教的な▼神教や仏教を信奉する華僑・華人集団とは宗教的に相容れない関係にあるが、これに政治・経済的問題が結びついて、深刻な対立を生み出した。1969年5月13日に勃発したマレー人青年グループと華僑・華人グループとの流血暴動事件（▼5月13日事件）は、マレー・コミュナリズムの象徴的な出来事であった。その背景には、▼ブミプトラ（土地の子）政策によってマレー人を優遇しようとするマレー人政治エリートと、これに反発する華僑・華人指導者との長年の対立があったとされる。マレー人優遇政策に反発して、華僑・華人の有能な青年たちがマレーシアを離れ、アメリカやオーストラリアに大挙移住するという現象も生じた。　　（佐々木宏幹）

㊀黄老仙師慈教

ゴム

タイヤ、チューブ、ホースなどゴム製品の主原料。ゴムノキが分泌する乳液状のラテックスに酸を加えてゴム分を凝固・分離したのち乾燥して得る天然ゴムと、化学的に合成して得る合成ゴムとがある。野生ゴムノキはアマゾン原産、その種子をロンドン西郊キューの国立植物園で発芽させ、種子・苗木がセイロン、シンガポールに送られたのがアジアでの栽培ゴムノキの母体。1877年シンガポールに到着した苗木22株がシンガポールとペラ州のクアラカンサールで試植され、植物園長リドレイの研究と指導によって普及が図られた。ゴム栽培に最初に投資した華僑はマラッカの陳斉賢（1871-1916年、祖籍福建省海澄県）で、1896年のこととされる。2年半後、陳はゴム園を英人のマラッカ・ゴム会社に売却し、6倍の利益を得た。以来、利益を見逃さない華僑のゴム栽培が続出し、またヨーロッパ人の投資額も年ごとに増加した。ゴム栽培が飛躍的に発展するのは20世紀、自動車・自転車のタイヤ工業という広大な新市場が生まれてからであり、栽培面積が急速に拡大し、▼錫と並んでゴムはマレーの代表的産業となり、またシンガポールが世界的なゴム取引市場、輸出港となった。1913年マレーではゴム園がすでに28万ヘクタール開かれた。一方パラゴムの栽培は1902年にスマトラへ伝わり、13年ジャワで10万、スマトラなどで9万7000ヘクタールとゴム園が急成長した。マレーでは100エーカー（約40.47ヘクタール）以上の大ゴム園（エステート）にあっては華僑所有の割合は10％強にすぎなかったが、100エーカー以下の小ゴム園（スモール・ホール

ディングス）ではその半数以上を華僑が所有した。華僑ゴム農家ともいうべきスモール・ホールディングスの小生産は、まず第1段階の買付け小商人によって集荷され、第2段階の買付け商人を経て大輸出商のもとで大きくまとめられ、最終的にシンガポールの総輸出入商へ渡されたが、幇派ごとにそれぞれの買付け系統ができていた。またゴム栽培の発展はエステート労働者として中国からマレー、タイ、インドネシアへの出稼ぎ移民を誘引した。たとえば1931年マレー連合州のゴム園に10万0789人、非連合州のそれに6万1374人の中国人が雇用されていた。男性はおもに熱帯雨林を切り開いてゴム園の用地を造成する労働や、ラテックス採取のためにゴムノキの表皮に切り口をつけるタッピングに、女性は除草などに従事した。ゴム園ではインド移民の方がより多人数であり、また中国人は出来高払いの賃金を好む上、一般に扱いにくい集団とされたが、勤勉かつ器用で、賃金が高くても安心して雇用できるとされた。マレーのゴム栽培における主要な華僑としては、前述陳斉賢のほか、マラッカの曾江水、陳楚楠、林文慶、パイナップル／ゴム大王といわれた林義順、1920年代前半の全盛期に1万6000エーカー（約6475ヘクタール）のゴム園と男女6000人が働くゴム製品製造工場、それに支店80余か所を所有した陳嘉庚（タン・カーキー）、余東璇、ジョホールの陳永らがあった。ただし華僑のゴム園は、かりに充実した資本を有しても、緊密な組織と合理的経営においてヨーロッパ人のゴム園に及ばない弱点があり、20年代末の世界経済恐慌では大きな犠牲と混乱を体験した。1940年のマレーでは1000エーカー以上のゴム園557のうち華僑の所有はわずか58（総面積10万3039エーカー）、これに対しヨーロッパ人の所有は499（129万3353エーカー）であり、足もとにも及ばなかったことがわかる。なお戦後のゴム業界で顕著であった人物は李光前（リー・コンチェン）と陳六使（1897-1972年、福建省集美出身の新家実業家、南洋大学創立の中心人物）であった。

（可児弘明）

📖 V. Purcell. *The Chinese in Malaya.* Kuala Lumpur, etc.: OUP, 1967.／中村孝志編『華僑の社会——東南アジア』天理教東南アジア研究室, 1972.

小山ちれ こやま ちれ 1964-

上海市出身の卓球選手。現在は日本国籍。旧名は何智麗。4歳から卓球を始め、英才教育を受けて17歳で中国のナショナルチーム入りする。1987年に世界選手権女子シングルスで優勝。アジア選手権は3連覇。85年、大阪での日中友好大会で池田市職員の小山英之と知り合い、89年に結婚（その後離婚）。一時卓球から離れたが、91年に池田銀行に入り、本格的に活動を再開。92年に帰化したあとの全日本選手権に3連覇。94年のアジア大会でも中国ナンバーワンの選手を破り金メダルを獲得した。

（日暮高則）

五邑 ごゆう

珠江三角洲西部の広東省新会、台山、開平、恩平、鶴山の5県を指す。江門市に属する直轄県。このうちの前4者を四邑と呼ぶ。広東省の有力な僑郷であり、華僑の寄付金により1985年に創建された五邑大学が江門市の市区北部にある。

鶴山県は清の雍正9（1731）年に新会、開平の2県の一部地域を分割して新設されたため、四邑の4県とは結びつきが深い。1959年には隣接する高明県と合併して高鶴県となったが、81年に分離してふたたび鶴山県となった。県北東部が西江に面しているため、舟運により珠江三角洲の他地域と結ばれ、県内産の農作物、商品作物（タバコ、茶など）を移出するだけではなく、香港などへも輸出する。毛織物工業の伸張が顕著である。

（吉原和男）

五邑大学 ごゆうだいがく

広東省江門市出身の華僑、香港・マカオの中国人が提唱、同市政府が賛同協力して設立された理、工、管理、文の総合大学。1983年建設開始、85年国家教育委員会の承認を得、広東省高等教育局所管。「五邑」は広東省の中心僑郷、新会、台山、開平、恩平、鶴山の5県を指す。96年までに24万m²の建物が完成。中文、外国語、経済、管理、コンピュータ、建築、機械、化学など16の専攻コースをもち、夜間学部、通信教育部を含む学生4000人、教職員336人。卒業生は開学後の13年間に一般学生7436人、社会人学生1万68

36人。99年現在、アメリカ、ロシア、ベトナムなど14の海外大学と学術交流をもち、図書35万冊。　　　　　　　　　（市川信愛）

胡愈之 こゆし 1896-1986
HU Yuzhi

中国のジャーナリスト、政治家。本名は学愚。浙江省上虞県の生まれ。上海商務印書館編訳所の練習生を経て、『東方雑誌』の編集者となった。また上海エスペラント学会と文学研究会などに参加した後、1928年にパリ大学国際法学院に留学。帰国後『モスクワ印象記』の本で名を馳せた。33年中国民権保障同盟の執行委員、同年▼中国共産党特科の秘密党員となる。抗日戦争開始後、上海、武漢、桂林で抗日宣伝活動に従事。41年シンガポールに行き、『▼南洋商報』の編集長に就任。またシンガポール華僑抗敵動員総会の執行理事・宣伝主任として華僑界の抗日宣伝と組織化に尽力。42年シンガポール陥落後、スマトラ島などの島嶼で転々と亡命生活。終戦後、妻の▼沈茲九とともにシンガポールで新南洋出版社などを創設、『南僑日報』の社長。47年中国民主同盟マレー支部主任委員。翌48年帰国、新中国成立後、『光明日報』編集長、国家出版総署長、文化部副部長、民盟中央副主席、全国政協副主席、全人代常務委員会副委員長などの要職を歴任。（周偉嘉）

⊟『南洋商報』、沈茲九
⊞ 胡愈之『我的回憶』南京：江蘇人民出版社、1990.／費孝通・夏衍ほか『胡愈之印象記』(増補版) 北京：中国友誼出版公司、1996.／于友『胡愈之伝』北京：新華出版社、1993.

コラポット・アッサウィンウィチット 1956-
馬鴻金　Korapote ASAVINVICITR

タイの大手米輸出業社、セントン（勝通）貿易の総帥。父のアウイチャイ・アッサウィンウィチット（馬定偉）は渡タイ後、米の販売に従事、1968年にセントン・ライス（勝通米業）を設立。未開拓の中東、アフリカへの販路開発に成功。90年代初期、中東資本の支援を受けユニオン銀行の経営権を取得。コラポットはタマサート大学を経て米国留学から帰国、同銀行に送り込まれた。91年の立法議会議員就任を機に若手企業家代表として国政に参画。国軍の政治介入反対、民間主導の経済運営、民主政治の確立を掲げる。のち上院議員。　　　　　　　　（樋泉克夫）

估里間 こりかん

出稼ぎ先の東南アジアで初期の中国移民が共同で賃借した住居をいう閩南びんなん語。「こりけん」とも読む。居住者は単なる同居関係でなく、会館、▼宗親会が機能する以前に家族的な互助の役割を果たした。なお「咕哩房」と▼シンガポールで呼ばれたのは、住込み▼アマのために雇主が用意したアマ部屋のことである。　　　　　　　　　　（可児弘明）

⊟ 華工

五柳 ごりゅう
Wu Liu

▼海峡華人の文筆家。本名は黄存燊こんえんしん (WONG Choon San)。生没年不詳。マレーシアの▼ペナン生まれ。1928年▼海峡植民地政庁に入り、57年マラヤ連邦独立まで勤務。在職中からペナンの『サンデー・ガゼッタ』にマラヤ華人の歴史と事物誌を執筆。59年最終引退後に *Temple of Paradise* (1963年)、*A Gallery of Chinese Kapitans* (同年) を出版。67年刊行の *A Cycle of Chinese Festivities* (Singapore: MPH) はマラヤ華人の年中行事、信仰生活を探るよい手引きとなる。ちなみに初代駐米シンガポール大使▼ウォン・リンケンは実子である。（可児弘明）

⊟ ペナン極楽寺、カピタン制度、華僑・華人の宗教

古琉球 こりゅうきゅう

1609年の薩摩島津氏侵攻後の沖縄を近世琉球というのに対して、それ以前をいう古琉球の称がある。古代琉球・中世琉球を統合した言い方であり、必ずしも妥当な表現でない。「琉球」は『隋書』以来の中国文献に見え、その指す所が沖縄諸島か台湾か議論が分かれる。12、13世紀の宋・元時代に中国陶磁器の遺物が確認され、按司あじと呼ばれる領主の城ぐすくが建設され、各地域城間の抗争が続いた。14世紀に入る頃には中山、山南、山北の3山国に沖縄本島は三分され、1368年に明王朝が成立すると、まず中山王が、次いで山南王、山北王が使節を明帝国に派遣し、その冊封体制に参加した。1429年中山王は3山国を統一し、首里を拠点に王国を建設し、明に進貢船を派遣した。明帝国洪武帝は、▼倭寇対策も

からみ、琉球国との外交交渉に積極的であり、その一環として▼福建地方から36姓（閩姓(びんせい)三十六姓）の移民を琉球に派遣した。南洋華僑の先鞭とも見るべきものである。

(川勝守)

⊟ 沖縄の華僑・華人，久米三十六姓

ゴールデン・トライアングル
golden triangle

ミャンマー（ビルマ）、タイ、ラオスの国境地帯（シャン高原）は、アヘン、ヘロインを生産するケシの栽培地。栽培面積約2000 km²、取引高約2000億ドルと世界最大の麻薬地帯をゴールデン・トライアングルと呼ぶ。ケシを栽培しているのはミャンマーのシャン州に住む山岳少数民族たち。収穫された生アヘンを買い付けてきたのがSUA（シャン同盟軍）を名乗る武装集団であった。その集団の頭目だったのは、中国人を父にもつシャン人の張奇夫ことクンサ。1970年代後半からこの地帯に君臨する麻薬王であった。ビルマ政府から分離独立を要求するシャン族らと軍事組織を結成、ビルマ政府からの独立を要求して戦う少数民族とともにホンモンに独立帝国を構えた。クンサが本拠を構えたホンモン周辺には40数か所の精製所があり、ここから全世界に向けてヘロイン、アヘンが供給された。96年1月、ミャンマー軍が本拠地を制圧、ヘロイン密輸の利権を支配してきたクンサも逮捕された。しかし、その後も麻薬取引には、「チャオ一家」や「ビルマ共産党」などが代わって君臨している。

(森田靖郎)

⊟ チャイナ・コネクション
▣ 森田靖郎『チャイナ・コネクション』日本評論社、1992．

ゴールデン・パシフィック・ナショナル銀行
金洋銀行　Golden Pacific National Bank

華僑・華人がアメリカで創設した銀行。1972年庄光雄（Joseph CHUNG）らが設立準備、77年4月開業。本店は▼ニューヨークのチャイナタウンにある。払込資本金400万ドル。78年ロサンゼルスとヒューストンに代表事務所を開設、82年ニューヨーク・クイーンズに支店設立。85年に経営不振に陥り、当局から破産宣告、▼香港上海銀行に吸収された。

(司馬純詩)

ゴールデン・ハーベスト
嘉禾電影有限公司　Golden Harvest Ltd.

香港の主要映画製作会社。▼香港映画の象徴的存在である映画会社▼ショウ・ブラザースで宣伝部長や製作部長を歴任した▼レイモンド・チョウらが1970年設立した。71年香港に帰った▼ブルース・リーと契約を結んで第1作『唐山大兄（ドラゴン危機一発）』と第2作『精武門（ドラゴン怒りの鉄拳）』を発表して香港映画の新たなヒーローを生み出したことで知られる。その後も許冠文（マイケル・ホイ）、許冠英（リッキー・ホイ）、許冠傑（▼サミュエル・ホイ）3兄弟のコメディ「ミスター・ブー」シリーズや▼ジャッキー・チェン（成龍）のカンフー（功夫）アクションなどのヒット作を送り出して存在感をアピールした。設立当初、資金が十分になかったことから、独立のプロダクションと提携して製作費の一部を負担する代わりに完成した作品をゴールデン・ハーベスト名義で発表するシステムを採用したが、この方式はその後、香港の映画業界で広く用いられるようになった。

(戸張東夫)

⊟ 香港映画，カンフー映画
▣ 曹淳亮主編『香港大辞典・経済巻』広州：広州出版社、1994．

ゴールデン・ベンチャー号事件
Golden Venture incident

1993年6月、ニューヨーク沖合で座礁した船ゴールデン・ベンチャー（Golden Venture）号に286人の中国人密航者が乗っていたことが判明、アメリカで大きな問題となった。80年代の中国開放政策とともに、中国沿岸部、とくに福建省から出稼ぎ目的で海外へ密航する中国人が激増、80年代から90年代にかけて合計で数十万人の中国人がアメリカへ密航したといわれる。同事件の密航者286人のうち10人は溺死などで死亡、6人が行方不明、残り270人は審査を経て難民と認定された者、中国へ送還となった者、と明暗を分けた。事件から4年後の97年に最後の拘留者53名が釈放された。また、この事件と時期を同じくして、カリフォルニア沿岸部でも中国人密航者151人を乗せたエンジェル号、同128人を乗せたペリカン号が発見され、全員が逮捕された。中国からの密航者を手引きしている

のが、世界中にネットワークを張る▼蛇頭（スネークヘッド）だといわれている。

(村上由見子)

☞ 福青幇，不法移民，ボート・ピープル，偽装難民

ゴールドラッシュ
gold rush

［アメリカ］

アメリカの金鉱の発見による大規模で急速な人口の移動。最も著名なのは1848年、カリフォルニア州での金鉱発見に伴うものである。人々は家族、仕事、ときには良識まで捨て、一攫千金を求めて金鉱に集まった。1848年から53年までの5年間で25万人以上がエル・ドラドに殺到し、2億ドル相当以上の金が発掘された。世界各国からの採金者がカリフォルニアの金鉱に集まり、ほとんどがアメリカ人だが、中国人も多数いた。当時、自然災害や清朝末期の腐敗した政府に苦しめられていた中国人は、カリフォルニアの金鉱発見に希望を抱き、ゴールドラッシュに参加した。「金山（Gold Mountain）」はアメリカの代名詞となり、1852年までには2万5000人の中国人が続々到着した。しかし、採掘しやすい金鉱が掘りつくされると、中国人やメキシコ人などはしだいに白人採金者から排斥され、たびたび暴行を受けた。1850年にカリフォルニア州では中国人を標的にした外国人採鉱鑑札料や交換税（commutation tax）が次々に設けられ、中国人は排斥され、多くは金鉱の仕事から締め出された。しかし、1882年の排華法の施行までアメリカへの中国人移民は依然として増加を続け、1880年に中国人の人口は10万人を超えた。金鉱が掘りつくされた1860年代半ば以降は、多くの中国人はアメリカ大陸横断鉄道の建設に参加し、のち農業、漁業、商工業、各種サービス業などに転業していった。

(曾櫻)

［カナダ］

北米に最初の中国人移民の波をもたらしたカリフォルニアでのゴールドラッシュから10年後の1858年、現在のブリティッシュ・コロンビア州にあたるカナダ西海岸のフレーザー川流域で金が発見され、カナダでのゴールドラッシュが始まった。カナダのゴールドラッシュには、当時すでに産出量の減っていたカリフォルニアの鉱山からの労働者が大挙して押し寄せることになったが、その中には多数の中国人労働者が含まれていた。また、ブームが始まるや、時をおかず香港から大量の中国人労働者の導入が組織的に行われ、1860年代初頭には6000～7000人の中国人がブリティッシュ・コロンビアに送り込まれた。カナダにおける中国人移民の歴史はこれらの移民労働者から始まる。中国人労働者は最も安価な労働力としてしばしば白人鉱山主に雇われたが、一方で、カリフォルニアですでに始まっていた反中国人感情はカナダでも強く、全体としてゴールドラッシュにおける彼らは採算性の悪い鉱山や砂金採取など周辺的な領域に押しやられていたといえる。とはいえ、中国人移民はゴールドラッシュの中で鉱山労働以外にも進出している。ブームによって急成長したビクトリアのような町やバーカービルに代表される突如出現した鉱山町では、増大した（しかもほとんど独身労働者からなる）住民の生活需要をまかなう必要があり、中国人移民は▼洗濯業、食堂業、家事使用人として、また、野菜農家や干魚加工業として町に定着していった。初期のチャイナタウンは彼らによって形成されていくのである。カナダのゴールドラッシュは1870年代には下火になり、中国人移民の多くは仕事を失い窮迫することになったが、80年代初めには大陸横断鉄道（▼カナダ太平洋鉄道）の建設が始まり、ふたたび安価な労働力として動員されることになり、新たな中国からの移民も増大することになる。

(森川眞規雄)

☞ ゴールドラッシュ［アメリカ］，ビクトリアの華僑・華人，バーカービル関帝廟

［オーストラリア、ニュージーランド］

1851年にオーストラリアで金鉱が発見されて以来、多くの中国人が金鉱を目指して上陸した。80年代まで続くゴールドラッシュ期には、在豪中国人の90％以上が金鉱に集中した。1858年頃には金鉱鉱夫の10％以上が中国人で占められ、61年頃のニューサウスウェールズ州では約60％、ビクトリア州では約25％だった。容姿・生活習慣の違い、低賃金で働くことなどが白人鉱夫には脅威と映り、ストレスの強い金鉱で中国人鉱夫は、スケープゴートとして攻撃の対象となった。1854年の

▼ベンディゴでの中国人鉱夫締出しの動きをはじめ、各地の金鉱で反中国人暴動が発生した。なかでも、57年のアララットとバックランドリバー、60年のレーミングフラットでは、死者を多数出した。55年のビクトリア州での中国人上陸制限法成立をはじめ、各州での中国人上陸制限法の可決は、こうした金鉱での反中国人の風潮が大いに反映したものだった。91年までには豪州のゴールドラッシュは衰退しはじめ、中国人は金鉱から都市部へ移住するようになった。都市部では、家具製造、雑貨商、菜園農業などに就く中国人が多く見られたが、ここでも同業者から反感を招き、反中国人の運動が広まった。

ニュージーランドでは、1861年にオタゴで金鉱が発見され、オーストラリアで働いた中国人鉱夫が流入した。数年後のオタゴ金鉱の衰退と西海岸の金鉱発見とともに、多くの金鉱鉱夫がオタゴから流出したが、他方同地に残る者も少なくなく、同市の発展とともにコミュニティを発展させた。　　　　（増田あゆみ）

⇨ 排華法［オーストラリア］、華僑・華人の排斥［オーストラリア、ニュージーランド］、オーストラリアの華僑・華人、白豪主義

📖 C. F. Young. *The New Gold Mountain: The Chinese in Australia 1901-1921.* Adelade: Raphael Arts, 1977.／増田あゆみ「オーストラリアにおける中華系コミュニティと政治活動」『神戸法学雑誌』45-2，1995.

コンゴ大西洋鉄道 コンゴたいせいようてつどう
Congo Atlantic Ocean Railway

1921年にフランスが仏領コンゴ（現コンゴ共和国）の首都ブラザビルと大西洋沿岸のポアント・ノワール間で着工した全長520kmの鉄道。今日でも同国交通の大動脈。労働力不足のため、中国で▼華工を募集、工事を完成。80人余りの華工が犠牲となり、彼らの中国式の墓が残っている。竣工後、多くが帰国したが、代表の劉永順など一部が残留した。劉は鉄道監督となり、独立後の1961年、国家勲章を受けた。　　　　　　　　　（游仲勲）

公司 コンス ⇨ 公司 こうし

ゴンドクスモ、スハルゴ 1926-
呉家熊　Soehargo GONDOKOESOEMO

インドネシアの▼ダルマラ・グループの創業者・所有経営主。中国名ゴ・カヒム（GO Ka Him）。福建省▼泉州生まれ。1948年叔父を頼って東ジャワのスラバヤへ渡来、貿易、飼料製造、金融を中心に企業グループを築いた。長男スヤント・ゴンドクスモ（呉端賢、GO Twan Hian、1956年生）が後継者。三男トリヨノ・ゴンドクスモ（呉端生、GO Twan Seng）は不動産開発中心のPSPグループを所有経営。トリヨノの妻は不動産中心のグヌン・セウ・グループ創業者ダスキ・アンコスブロト（Dasuki ANGKOSUBROTO、呉瑞基）の娘。　　　　　　　　　　　（佐藤百合）

『今日僑情』こんにちきょうじょう

1954年から57年まで台北で出版された、1950年代の海外における華僑・華人の社会状況を論述した中国語文集。全部で4集、▼中国僑政学会編集、海外出版社発行。台湾の華僑政策の一環として、海外の華僑・華人との連帯感を強めるために出版された文集だが、たとえば『各国対華僑入境限制及待遇述要』（第1集、54年）、『婆羅乃事件与北婆羅洲華僑』（第4集、57年）など、華僑・華人が直面する諸問題も取り上げている。
　　　　　　　　　　　　　　　（劉文甫）

『コンビネーション・プラター』
"Combination Platter"

アメリカ映画（1993年）。香港生まれでニューヨーク育ちのトニー・チャン（Tony CHAN）が25歳で自主製作した映画。サンダンス映画祭で脚本賞を受賞。ニューヨークの中国レストランでウエイターとして働く香港からの▼不法移民の青年が主人公。アメリカの永住権ほしさに白人女性との偽装結婚を目論むが、嘘をつきとおすことができずに失敗する。レストランを舞台に香港系と台湾系の確執や、近年増加している不法移民の実態をコメディタッチで描く。
　　　　　　　　　　　　（村上由見子）

昆布 こんぶ

褐藻類コンブ科の一群の海藻をいう。語源は中国古代の字書『爾雅』である。まず「綸布」ができ、これが「昆布」となった。この語が藤原朝頃日本に伝えられ、木簡などに「軍布」と記されたが結局「昆布」となり、現在に至る。種類はマコンブ、リシリコンブ、ミツイシコンブ、ナガコンブなどあり、ラウスコンブも著名。主産地は北海道、青森、岩手、宮城の太平洋側の寒流地帯であ

る。ナガコンブは琉球（沖縄）を経て、中国に送られていたが、明治初年に廃止され、中国人は直接函館に来て昆布を1940年頃まで求めた。第2次大戦後は、52年の日中民間貿易協定により58年の「長崎国旗事件まで交易が続けられた。現在では、中国では促成昆布栽培に成功し、商品として推定約30万トンを収穫し、日本にも72年より輸出している。ちなみに日本近年の最高産額は75年の3.47万トン、最低は99年の1.74万トンである。この数値は商品として扱われる風乾物のものであるが（業者と北海道庁）、日本政府の数値は生鮮物である。

(大石圭一)

参 大石圭一『昆布の道』第一書房, 1987.／同「日中昆布貿易の逆転」『ニューフレーバー』118, 1982.

サ

サイアム・モーター・グループ
暹羅機器集団　Siam Motor Group

日産車の製造・販売を中心とするタイの製造業グループ。タイ語ではサイアム・コラカーン（Siam Korakaan）。第2次大戦前、広東省掲陽県（一説に台湾）出身の陳大隆が興した古物・中古自動車部品販売のタントンファット（陳同発）が前身。戦後の混乱期、三男のターウォン・ポンプラバー（陳龍堅）が戦時使用の不要軍用車の販売を始めた。1952年に日産自動車と代理店契約、一方、当時の政治の実権を握っていた軍人のうち▼プラマーン・アディレクサーン少将（陸軍輸送局長）や▼チャーチャーイ・チュンハワン准将の支援を得て事業を拡大する。62年には日産車の現地組立ても開始、以後、スズキ、スバル、ホンダ、ヤンマーなどと技術提携。自動車、バイク、自転車、楽器（ヤマハ）、ホテル、倉庫、旅行業など、傘下に30数社を擁する。当初はターウォンを中心に兄弟で事業を進めていたが、彼が経営の実権を自分の子どもに譲り、経営権をめぐって一族内で繰り返された内紛が、グループ拡大の妨げとなったとの見方が強い。2001年初め、株式を日産本社に売却し、自動車事業から事実上撤退した。

(樋泉克夫)

再移住^{さいいじゅう} ⇨ 外流^{がいりゅう}

蔡温^{さいおん} 1682-1761

近世琉球を代表する政治家。字は文若、号は澹園。▼久米村の梁氏の出で、父・鐸は蔡家の養子となり、温はその家統を継ぐ。位階は三司官まで昇った。王府財政の再編、行政機構および地方支配の再編強化、林政の確立、羽地川改修工事、元文検地などの多くの功績を残している。また「御教条」三十二か条を発布して儒教イデオロギーの強化確立を図り、啓蒙家としても名高い。『家内物語』『簑翁片言』『独物語』『自叙伝』など著書も多く残している。

(赤嶺守)

西家^{さいか} ⇨ 東家^{とうか}

崔貴強^{さいききょう} 1935-
CHOI Kwai Keong

シンガポール華人の歴史学者。▼南洋大学で歴史学を専攻。卒業後、マレーシアの華僑中学の教員をした後、1961年南洋大学歴史系助手となり、東南アジア史を担当。67年ハワイ大学で東南アジア史研究により修士号を取得。南洋大学に戻り、歴史系主任となる。80年に南洋大学とシンガポール大学が合併した▼シンガポール国立大学で引き続き教鞭をとる。著書 The Response of the Malayan Chinese to Political and Military Developments in China 1945-1949 では、第2次大戦後のシンガポールとマレーシアの各党派の中国国共内戦に対する態度およびその変化に関して分析している。とくに▼中国国民党と中国民主同盟の現地における各組織間の闘争状況や、現地の政治状況との関係などについて論述している。『新馬華人国家認同的転向』では1945年から59年にかけてのシンガポールとマレーシアにおける華人の帰属意識の変化過程を分析している。The Encyclopedia of the Chinese Overseas の中文版▼『海外華人百科全書』の訳者。

(曽士才)

在京華字紙^{ざいきょうかじし}

1996年11月11日に創刊された『時報』（東京都練馬区）は、日本国内で唯一の日刊華字紙。2000年12月26日から休刊し、2001年6月下旬に週刊誌として復刊した。週刊新聞は、『東方時報』（水曜日発行）、『中文導報』（木曜日発行、東京・品川区、大阪・中央区）、『聯合新報』などがある。『唐人報』は月3回発行の新聞。月2回発行の半月刊新聞では『台湾新聞』（10日、25日発行）や『中華時報』『留学生新聞』などがある。

(濱本良一)

崔国因^{さいこくいん}
CUI Guo Yin

清末の中国外交使節。安徽省太平県生まれ。生没年不詳。1889-92年▼張蔭桓の後任で外交使節としてアメリカ、スペイン、ペルー

を訪れ、94（光緒20）年『出使美日秘日記』を著した。日記の記述はおもに当時のアメリカでの中国人移民排斥運動のようすである。サンフランシスコにおける運動の実態や、アメリカ議会へのその影響と新しい排華条例制定の動きを伝える。またアメリカに移住した華僑人口や、秘密団体の活動などを記載している。
（一谷和郎）

蔡・呉事件（さいご じけん）

冷戦時代の1951年にタイで発生した▼華字紙に対する弾圧事件。親米反共の立場を堅持した当時のピブーン政権は、親北京の論調を掲げる『全民報』の編集と経営の責任者である蔡志宏と呉天栄を防共条令違反で逮捕。国内外からの釈放要求を拒否し、タイ政府は同年末に両人を国外追放処分とした。以後、タイの華字紙は新中国関連の報道を自粛し経営難に陥る。またタイ政府は華僑の送金や探親帰国などは続いて許可したが、タイへの再入国は禁止した。
（樋泉克夫）

サイゴン ⇨ ホーチミン［市］

祭祀公業（さいしこうぎょう）

▼宗族（同族）により、祖先祭祀を目的として設定された共有財産。祭祀公業には、家産を分割する際にその財産の一部を拠出して設立されるものと、子孫が共同始祖を祀るために土地または金銭を拠出しあって設立されるものとがある。祭祀公業は、春秋に行われる祖先祭祀のほか、宗族の子弟の結婚資金や奨学金、貧困者への援助費、各種福祉事業などにも使われ、移民社会における宗族の団結を維持強化する機能を果たしてきた。
（高橋晋一）

⇨ 廟産

採芝堂（さいしどう）

明治期に横浜にあった華僑貿易商会。採芝林とも称す。経営者は梁観三。1889（明治22）年には居留地192番地に所在、その後は186番地、81番地と中華街の中を何度か移転。薬種、砂糖、綿花、米などの輸入と、海産物、乾物の輸出に従事していた。
（伊藤泉美）

蔡少卿（さいしょうけい）
CÀI Shao-qing

南京大学歴史学系教授。中国の会党（＝幫会。旧中国の▼秘密結社＝秘密社会を会党または幫会という。天地会、▼三合会、哥老会については会党、▼紅幫、青幫に対しては幫会といったほうがよい。なお紅幫・青幫の並称は、1900年頃始まる。それ以前は、▼洪門、清門とか、天地会、哥老会などの呼び名が行われる）研究における戦後の第一人者。中国本土の紅幫・青幫の両幫会だけでなく、海外の会党についても論著を出している。その著書の代表的なものは、『中国近代会党史研究』（1987年）、『中国秘密社会』（89年）である。後者の第8章は、海外華僑社会の会党について多くの史料を用いて詳しく論述している。
（酒井忠夫）

⇨ 致公堂

財神（ざいしん）

財貨を司る神明の意で、金儲け（発財）、商売繁昌を叶える神。現世利益を説く道教には、『三国志演義』の英雄、関羽を神格化した関帝（関聖帝君）をはじめ、殷の紂王の武将で蓄財の才にもたけたという趙玄壇、紂王を諫めて殺された忠臣の比干、背中を掻く道具「孫の手」の語源となった女仙麻姑、増福財神、五路財神など多彩な財神があり、昔はその姿を木版刷りにした紙の財神像が新年に売り出された。中国本土の財神中、昔から華僑に厚く崇拝されたのは関羽であり、華僑の集住する地には必ず▼関帝廟があったといってもよい。張飛・劉備との結義に厚かったことで人の知る関羽の身世から、地縁・血縁・業縁による団結を重視する華僑社会で、武神として関帝の信仰が厚かったことはよく肯ける。本来は武神である関帝をなぜ財神とするかについて、俗説では関羽が金銭に淡白であり、発財を願えば惜しまず願いを叶えてくれるからとか、算盤や金銭出納簿を作ったからだとする。しかし華僑の間に、関帝廟に行き、関帝の道像を前にして誓いを立て、大型の取引を結んだり大事な約束ごとを交わす古俗があったことを思うと、やはり経済活動に必須な信義に関連しての信仰であったと考えられる。そのほか、マレー半島の華人社会では「▼孝子公」と呼ぶ財神信仰が現在でも濃厚に見られる。この道教神は、祀ってくれる者がない死霊（幽鬼）を厚くもてなせば、それ相応の大利大吉を授けてくれるとする「無

常鬼」、あるいは「好兄弟」の類である。▼海南幇の「▼百八兄弟神」も同じであろう。経済的な上昇を強く指向した華僑・華人社会では、道教、民間信仰を問わず、発財願望に連動した信仰・俗信が多数見られた。▼広東幇の商店・家宅にはひと昔前まで必ずといってもよいほど、「五方五土龍神　唐番地主財神」と金文字で刻んだ赤い木札が見られた。風水説に基づく土地神の一種であり、家内安全の守り神だが、商売繁昌の財神にもなっていた。　　　　　　　　　　　　(可児弘明)

⇨道教と華僑・華人、風水

蔡仁龍 さいじんりゅう 1931-
CAI Renlong
中国の東南アジア華僑・華人歴史・経済研究者。インドネシア生まれ、1962年北京大学卒。華僑大学などを経て73年厦門大学南洋研究所入所、副教授、華僑研究室主任。▼中国華僑歴史学会常務理事、福建省華僑歴史学会副会長などを歴任、94年定年退職。共著書に『インドネシア華僑史』(85年)、『東南亜著名華僑華人伝』(86年)、『華僑抗日救国史料選輯』(87年)、『東南亜華僑通史』(94年)などがあり、▼『世界華僑華人詞典』(93年)の編集委員も担当した。　　　　　(劉暁民)

⇨厦門大学南洋研究院

蔡世金 さいせいきん 1910-86
日本華僑の実業家。江蘇省無錫生まれ。貧農の出身。13歳のときに家を離れ上海でコックになり、1933年誘われて東京茅場町などでコックをし、自分の店をもつ。のち店をやめ、商売のため東山株式会社設立。公益事業に熱心で多額の寄付を行い、81年に中国女子バレーボール・チームが日本で初めて世界選手権をとると種々援助、84年20万元で「蔡世金排球運動発展基金会」設立。日本でも60回以上の表彰を受け、9回は総理大臣奨。死後、遺骨は無錫に埋葬。　　　　　(游仲勲)

斎堂 さいどう
斎教が在俗教徒のために設けた教堂。本来は教徒が集い祈祷する施設であるが、▼シンガポールでは女性移民の老後施設としても利用された。生涯独身を通す▼アマなど女性移民が、働いている若い時期に収入の一部を斎堂に積み立て、老いてから斎堂に身を寄せ

シンガポールの飛霞精舎。引退したアマが余生を過ごすホーム。一般に斎教の斎堂が独身のアマの老人ホームとなった。
出典: Kenneth Gaw, 1988.

た。彼女らは斎堂で擬制家族を形成し、その「家族」が死亡した斎友の葬儀や供養を行ったので、子孫をもたない独身女性も自分の死後の祭祀について安心感をもつことができた。別にアマの間では、▼観音信仰を媒介にした仲間が毎月一定の会費と年決めの掛け金(香油銭)を納入しておき、帰国するときには旅費の補助を、死亡時には死亡保険金の給付を受ける、観音会や桃園堂と称する無尽のような共済組織があった。　　　　(可児弘明)

⇨銀会

📖 Marjorie Topley. "Immigrant Chinese Female Servants and Their Hostels in Singapore." *Man.* 59, 1959. / (MS), Ho It Chong. *The Cantonese Domestic Amahs.* A Research Paper for the Dept. of Social Studies. Singapore: Univ. of Malaya, 1958.

蔡二官 さいにかん
江戸時代初期の長崎の▼住宅唐人。本名や生没年、渡航年次などは不詳。▼平野繁十郎の『唐通事始之覚』に蔡二官は「蔡権蔵祖」とある。蔡権蔵(？-1755年)は1754(宝暦4)年に小通事から目附役になった人で、その父は1675(延宝3)年に内通事になった権三郎宗寿であるから、この人の父親であろ

う。子孫は▼唐通事を世襲したが、唐通事蔡氏にはもう一系統、福建省泉州府出身の蔡昆山(三官。?-1664年)を祖とする家系がある。
(林陸朗)

🔄 唐通事の家系

在日吉林同郷会 ざいにちきつりんどうきょうかい

1997年2月に▼新華僑によって設立された吉林省関係者の地縁組織。会員は在日の吉林省出身者または同省で生活した経験のある者で、その数はおよそ140名。うち日本人約20名。相互交流を深め、親睦と相互協力を図ることを目的としている。活動としては、会員集会の開催、吉林省への募金などを行っている。
(廖赤陽)

🔄 同郷団体, 日本の新華僑

在日湖北同郷会 ざいにちこほくどうきょうかい

湖北省▼僑務弁公室のバックアップで、2000年7月に東京で▼新華僑によって設立された同省関係華僑の地縁組織。会員資格は、同省出身者、あるいは同省で勉学、生活、仕事をしたことのある者、および同省出身者と親戚関係のある者。設立の趣旨は、会員間の相互交流と協力、団結互助の促進、会員とその親族の合法的権利の保護、湖北省と日本との友好的交流への貢献にある。
(廖赤陽)

🔄 日本の新華僑, 同郷団体

在日台湾籍華僑 ざいにちたいわんせきかきょう

日清戦争終結の1895(明治28)年の下関条約で中国籍を失った日本居住の台湾出身者は、第2次大戦の終結にともない、多くの人が中国国籍を回復した。1948年の日本法務庁の統計によると、台湾出身者は1万4046人で、在日華僑総人口の40.7%を占めていた。72年の日台国交断絶後の数年間、少なくとも1万人以上が▼帰化した。その後、中国大陸から日本への渡航者が増加するにつれて、台湾籍を主とする華僑社会も変貌するようになった。98年の在日華僑総数は27万2230人で、一般的に台湾籍華僑(留学生を除く)は約半分といわれ、おもに東京、横浜、大阪、神戸、名古屋、福岡などに居住している。
(劉文甫)

🔄 日本の華僑・華人

在日中国科学技術者聯盟 ざいにちちゅうごくかがくぎじゅつしゃれんめい
Association of Chinese Scientists and Engineers in Japan

日本最大の中国人科学技術者の組織。略称ACSEJ。1993年5月設立。日中法律研究諮詢会、機械技術者協会、生物と環境科学協会、コンピュータ技術協会、医学と薬学協会、企業家聯誼会、在日中国人材料研究者学会の七つの加盟組織によって構成されている。会員の国籍を問わず、総数700余名のうち半数以上は博士号をもっている。設立趣旨は、在日中国人科学技術者の相互交流、および中国、日本やその他の国・地域との学術交流の促進にある。設立以来、中国科学院をはじめとする各研究機関と共同で各種国際シンポジウムを開催、共同研究プロジェクトを実行し、会員の帰国や中国での調査研究の架け橋となったため、聯盟の代表は江沢民主席の接見を受けた。刊行物に『会報』(季刊、1998年まで)、『ニュースレーダー』(月1~2回)、『日本伝統医学現状与趨勢』(在日中国人医学与薬学協会企画、戴昭宇・趙中振主編、(北京)華夏出版社、1998年)など。
(廖赤陽)

🔄 日本の新華僑

再入国証 さいにゅうこくしょう ⇨ 回頭紙 かいとうし

蔡万霖 さいまんりん 1924-
ツァイ・ワンリン　TSAI Wan-lin

1980年代後半、台湾の経済自由化政策により急速に台頭してきた金融・保険企業グループの総帥。苗栗県竹南鎮出身。貧しい農家に生まれ、8歳のときに15歳の兄の万春(1907年生)について台北市に働きに行った。成淵中学校を経て、苦学しながら開南商工学校を卒業した。万春は野菜の行商を皮切りに、醬油販売、日常百貨、建材、建築、保険などの仕事を経験、57年に台湾第十信用合作社(十信)の主席理事に就任、初めて金融界に足を踏み入れた。「一元口座開設」による「幸福貯金」運動を展開、台湾内部で貯蓄ブームが起き、数か月内に預金額が1億元を軽く突破。61年当局が保険業の民間への開放を決定したことを受けて、万春・万霖兄弟は、豊富な資金力を背景に同年3月国泰物産保険公司、62年8月国泰人寿保険(生命保険)をそ

れぞれ設立、台湾で民間による保険業経営の先駆者となる。79年、万春が脳梗塞を患ったことと国民党の圧力により、兄弟は資産総額25億ドルに達した国泰グループの家業を分割、万霖が中核企業となった国泰人寿保険や国泰建設を、弟の万才（1929年生）が国泰物産保険（現在は富邦物産保険）、富邦建設の経営権をそれぞれ掌握。万霖は十信の経営株を甥にあたる辰洲に移譲したが、85年十信が国泰グループに不良貸付をしていたことが発覚、台湾史上最悪の金融スキャンダルにまで発展、いわゆる「十信不正融資事件」が経済界を震撼させた。もう一人の甥辰男（1940年生）は国泰信託投資を経営。

79年頃から頭角を現した万霖は、弟の富邦グループとは別に、台湾保険業界トップの国泰人寿保険と建設会社として台湾で初めて上場された国泰建設を中心に、匯通銀行、東泰物産保険、国泰投資信託、国泰医院、三井工程などを設立、霖園グループを形成。99年6月の米誌『フォーブス』によると、台湾で最高の富豪で蔡万霖で、資産総額は59億ドルに達している。80年ニューヨークのセント・ジョンズ大学から名誉商学博士号を授与された。性格は堅実で、社交家でない。4男3女がおり、次男の宏図と三男の鎮宇を中心に次世代へのバトンタッチが行われている。

（劉文甫）

在留資格（ざいりゅうしかく）

日本を訪れるすべての外国人に与えられる資格。これによって在留期間が決まり、活動が規制される。2001年3月現在、以下の27の在留資格が定められている。1.外交、2.公用、3.教授、4.芸術、5.宗教、6.報道、7.投資・経営、8.法律・会計業務、9.医療、10.研究、11.教育、12.技術、13.人文知識・国際業務、14.企業内転勤、15.興行、16.技能、17.文化活動、18.短期滞在、19.留学、20.就学、21.研修、22.家族滞在、23.特定活動、24.永住者、25.日本人の配偶者等、26.永住者の配偶者等、27.定住者。

1952年4月28日平和条約発効の日、ポツダム政令として制定された「出入国管理令」（1951年政令第319号）に法的効力を与えるため、「ポツダム宣言受諾に伴い発する命令に関する件に基づく外務省関係諸命令の措置に関する法律」（法律126号）が制定公布され、在留外国人は3か月以内に在留資格を申請しなければならないこととされた。その第2条6項において、45年9月2日以前から引き続いて日本に在留している朝鮮人および台湾人は別に法律で定めるまで当分の間は、在留資格を有することなく在留することができるものと規定した。台湾出身者は中華民国行政院の「在外台僑処理弁法」（46年6月22日）に従って中華民国駐日代表団僑務処が「弁理旅日僑民登記弁法」を公布、登録を実施して証明書を交付して中華民国国民と認定しており、日本政府は外国人登録令（47年、勅令207号）施行規則第10条においてこれを認めていたので、台湾出身者は▼外国人登録法（法律第125号、52年4月28日）に基づいて、52年10月最初の登録をすることができ、在留資格が付与された。それぞれの在留資格は、依拠した出入国管理令の条項号によって証明書に番号で表示されていたが、90年6月入管法改正により資格名称に変更された。在留期間は永住者の無期限から3年、2年、1年、6か月、3か月、短期滞在の90日、15日までである。

（許淑真）

▷出入国管理、指紋押捺制度

▣飯塚五郎『外国人登録とその実態』日本加除出版、1975。／財団法人入管協会『外国人のための入国・在留・登録手続の手引 5訂版』（和英対訳）日本加除出版、1998。／外国人労働者雇用研究会編著『こんなときどうする外国人の入国・在留・雇用Q&A』第一法規出版、2001。

再和成偉記滙兌信局（さいわせいいきかいだしんきょく）

シンガポールにおいて潮州系グループの▼華僑送金を扱った大規模な▼民信局。広東省潮州籍の李偉南が清末期に友人と共同出資して設立した。当初の営業範囲は、潮州各地域への華僑送金業務を中心としており、その他の地域への送金は少なかった。創業して数年後、李偉南がすべての株をまとめて引き受けることになり、信用が高まった。第1次大戦後には、▼スワトウと▼香港とにそれぞれ聯号（共同出資の支店）と代理店を設けたほか、潮州と▼梅県の両地に営業範囲を広げ、潮安、澄海、潮陽、普寧、黄崗、掲陽、南澳、棉湖、河婆、陸豊、大埔、梅県、松口、丙村、

興寧、五華などの各地にわたっていた。これらのすべての地に特約代理店を置き、手紙や送金の移送を専門に行っていた。規模が大きいことで知られる潮州グループの民信局のなかでも抜きん出た存在であった。しかし、1950年代以降、東南アジア各国で外国為替の管理が強められるようになると、華僑送金もこの影響を受けて業務が大幅に縮小した。
(濱下武志)

『サウスチャイナ・モーニング・ポスト』
The South China Morning Post

1903年11月6日に香港で創刊された英字紙。97年の香港返還後も地元主力紙として影響力を保持している。93年、親中派のマレーシア華人実業家のロバート・クオク・ホクニエンが同社株式34.9%を購入して会長に就任。中国の英字紙『チャイナ・デイリー』の幹部を入れるなど中国化が進み、2000年秋に中国の内部情報を書く特ダネ記者ウィリー・ラム（林和立）氏を解雇して話題になった。発行部数は10万8626部（香港ABC調べ、2000年上半期）。
(濱本良一)

ザオ・ウーキー 1921-
趙無極 ZAO Wou-ki

中国系フランス人画家。江蘇省南通出身、北京生まれ。1935年杭州芸術専科学校に入学。卒業後母校の教員となり、前衛派の画風を表す。48年パリへ留学。50年代からフランス前衛芸術界で活躍、中国古代の象形文字を記号で表現、奔放な形態と色彩で中国哲学や詩的情緒を表現、「エコール・ド・パリ」の主要なメンバーとなる。58年から「ギャラリー・ド・フランス」（パリ）の専属画家、それ以降、作品の題名を創作の日付とサイズのみで表現する。彼の「抒情的抽象」系譜の作品は中国と西洋を融合させた独自の画風を示し、「中国の伝統的美術を世界の画壇に持ち込んだ初めての画家」といわれる。64年フランス国籍取得。80年国立装飾美術高等学校（パリ）の教授。これまで日本や中国を含め各国での個展は160回余、国際美術展への出品は300回余。フランスおよび国際芸術賞を数多く受賞、94年高松宮殿下記念世界文化賞受賞。作品は世界20余国の美術館などに所蔵。72年以降よく中仏を往来し、フランス中国の戸県農民画展を開くなど中仏芸術の交流に努める。
(過放)

彭城宣義 さかきせんぎ 1633-95

唐大通事。福建省福州府長楽県出身の劉一水（-1658年）の子。名は仁左衛門。宣義は諱。字は耀哲、東閣と号した。1655（明暦元）年隠元禅師の上京に通訳として従って名を挙げた。58（万治元）年小通事に任用され、翌年大通事に昇格した。中国語の方言土語にまで通じ、名通事といわれた。また詩文にすぐれ、黄檗宗の高僧と交わって多くの詩文を残した。奉行牛込忠左衛門はその才を愛し、詩宴を開き、杜甫の詩にちなんで東閣の号を贈った。
(林陸朗)
↪ 唐通事, 林道栄

サクストン、アレクサンダー 1919-
Alexander SAXTON

アメリカの歴史学者、小説家。1971年にカリフォルニア大学出版社から出版された The Indispensable Enemy: Labor and the Anti-Chinese Movement in California は19世紀末カリフォルニア州における排華運動に関する重要な研究著作である。労働問題の角度から排華運動を克明に分析し、排華運動の根本的原因は企業主と白人労働者の間の政治的・経済的対立にあると論じる。
(曾櫻)

冊封使 さくほうし

明・清王朝から琉球国中山王の冊封に派遣された使節。「さっぽうし」とも読む。明太祖は1372（洪武5）年、楊載を琉球国に派遣し、中山王察度を詔諭した。王は弟泰期らを明に遣わし表をたてまつり方物を献じた。太祖はこれに大統暦や織金文綺・紗羅を下賜した。察度が没し、その子武寧が即位すると、1404（永楽2）年、時中が冊封使として来島し、武寧を冊封して琉球国中山王とした。これが冊封の始まりで、以後明・清両王朝を通じて、明代に14回、清代に8回が確認される。琉球国王は代替わりごとに中国王朝の冊封を受けて、正式に即位したことになる。冊封使は北京から福建に下り、福州から船員・従者・兵員など300～600人をもって、2隻の外洋船に乗って渡海し、琉球に3～8か月間滞在し、その間に、諭祭・冊封の儀礼を着岸した那覇港から首里城正殿に至るまで随所

で挙行した。冊封使の旅行記事は冊封使録と呼ばれ、残存最古は1534（嘉靖13）年、尚清冊封使▼陳侃の使録である。

(川勝守)

鎖国　さこく

江戸幕府の対外政策。戦国末期以後、キリスト教の浸透は封建支配の倫理と矛盾をきたし、1587年豊臣秀吉の伴天連追放令以後たびたび禁教令が出された。江戸幕府は1616年、唐船以外の貿易を平戸と長崎の2港に限り、24年にはスペインとの通交を拒否、その後キリスト教禁制、日本人の海外往来禁止、貿易取締まりなどの政策を次々と発布、39年ポルトガル船の来航を禁止した鎖国令によって最終的に鎖国体制が完成した。以後、オランダ、明、朝鮮を除く外国との通交は禁止された。鎖国は、表面的にはキリスト教の浸透に対する幕府の禁教政策であるが、同時に、オランダの日本貿易独占の意図や、西南諸藩の外国貿易による富裕化への恐れ、▼糸割符などを通じた幕府の貿易独占の意図などがからんだものであった。

対中国貿易においても、幕府は当初豊臣秀吉の朝鮮侵略ののち国交が絶えていた明との講和交渉を試みたが成功せず、正規の国交が回復しないまま明の商船が九州各地の港に来航するようになった。1633年以後貿易制限が強化されるにつれて、唐船は最初は平戸、薩摩、長崎に、後には長崎だけに入港を許された。長崎では中国人は船宿に宿泊を許されたが、密貿易を取り締まるため、1689年から▼唐人屋敷に閉じこめられた。1635年に朱印船の海外渡航が禁止された後は、トンキン、交趾シナなどに残留した日本人が、現地発の唐船に委託して、17世紀末まで貿易を続けた。唐船がもたらす書籍を検査するため、長崎には▼書物目利がおかれ、キリスト教関係の本の輸入を取り締まったが、8代将軍吉宗は漢訳洋書の輸入を緩和し、1720年から天文、暦法などの書物が輸入され、洋学の発展を助けた。

(永積洋子)

⊟ 安政開港

サザン・パシフィック鉄道　サザン・パシフィックてつどう
南太平洋鉄路　Southern Pacific Railroad

1881年に開通した北米大陸で2番目の大陸横断鉄道。サンフランシスコからカリフォルニア州南部の主要都市を通り、アリゾナ州、ニューメキシコ州、テキサス州を通ってルイジアナ州ニューオリンズに至る鉄道として建設が始まった。ニューオリンズまでの全通は83年。建設途中で農地通過をめぐり既存開拓民の反対を受けたが建設は進展し、85年に▼セントラル・パシフィック鉄道と合併、大陸東西間の交通を支配する一大鉄道財閥となった。とりわけカリフォルニア州では運輸・倉庫部門を独占する企業として経済界に君臨した。その建設には多くの中国人労働者が参加したが、約3000人の中国人がかかわったサンフェルナンド大トンネルがとくに有名である。1976年、南部カリフォルニア華人歴史学会（雷純光らが75年に創設した歴史研究団体で会員300ないし350人、講演会を開催し、会報を発行。カリフォルニア大学ロサンゼルス校と協力してとくに口述歴史調査に力を入れている）が、このトンネルの建設を記念して「サザン・パシフィック鉄道およびサンフェルナンド大トンネル中国人労働者記念碑」を建立した。碑には「中国人が建設に参加したこの鉄道が、カリフォルニアの一大南北鉄道となり、カリフォルニアの歴史を変革した」と書かれている。

(塩出浩和)

参『世界華僑華人詞典』

サタウット・テーチャブーン　1951-
鄭芷蓀　Satavut TAECHAVBUUL

タイのリゾート企業、カントリー社の主席。同社は、父親で▼タイ潮州会館副主席を務めた建築業者の鄭継烈が1980年代半ばに創業したもの。94年の上場を機に、経営の全権を譲り受ける。90年代前半のタイ経済の高度成長を背景に、東部海岸でホテル、ヨット・クラブ、商業地区などを併設した大型リゾート地区を開発。90年代半ば、中国、オーストラリアなどへのホテル展開も明らかにしていたが、97年に発生した経済危機により、投資活動は全般的に低調。倉庫業も経営。

(樋泉克夫)

雑居地　ざっきょち

幕末・明治初年から新潟、夷港、大阪、東京（江戸）、神戸、函館（箱館）など開港場と開市場に設定されていた内外人雑居の地域。外国人は日本人との契約によって土地・

建物の賃借が可能であったが、家屋を建築することができなかった。その設定の方法および原因から、(1)条約、(2)地方官憲と各国領事間の覚書ないし約束、(3)慣行等による3種に区別できる。条約上の取決めによってつくられた雑居地は新潟および夷港（雑居地だけで居留地はなかった）、大阪、東京の場合である。神戸は▼外国人居留地の造成が1868年1月1日（旧暦では慶応3年12月7日）の開港にまにあわず、各国公使の要請により同68年3月30日（旧暦慶応4年2月21日）伊藤俊輔知事が日本人との雑居を認めた。生田川から宇治川まで、北は山麓まで。長崎も居留地の埋立てが着手後まもなかったため、市中の日本人住家を相対借家させることにしたので、一時的に出島の北西方の海岸、樺島町一帯に雑居の状態が生じたが、それ以外は居留地として終始し、雑居地は生じなかった。函館は地形の関係で最初から内外人の雑居が慣行的に成立し、居留地は有名無実のものであった。1855年（旧暦安政元年12月）日露和親条約では樺太を日露両国民の雑居地としている。横浜は雑居地ならびに練兵場をつくる「横浜居留地覚書」に調印（1864年、旧暦元治元年11月21日）したが、指導的立場をとった英国公使オールコック（Rutherford ALCOCK）の離任によって死文同様になり、満2年後廃止され、横浜には条約上の取決めによる雑居地は生ぜず、また慣行上の雑居地もなかった。

1871（明治4）年▼日清修好条規が締結されるまで無条約国国民だった中国人は正式には居留地に居住することはできなかったので、締約国外国人の使用人として外国人付属の中国人という名目で居住し、居留地に永代借地権を取得することはかなわなかった。大多数の中国人は雑居地に居住し、永代借地権取得が可能だった。99年▼内地雑居令が施行されると、居留地、雑居地に居住制限されていた改正条約国国民は広大な市内各地へ自由に移住し、神戸、横浜の跡地に中国人が移住したり、残留したりして、中国人街（▼チャイナタウン）を形成した。　　　(許淑真)

㊀ 大阪居留地，神戸居留地，長崎居留地，函館居留地，横浜居留地

㊁ 大山梓「安政条約と開市開港」英修道博士還暦記念論文集編集委員会編『外交史及び国際政治の諸問題』慶応通信，1962. ／重藤威夫『長崎居留地と外国商人』風間書房，1967. ／菱谷武平『長崎外国人居留地の研究』九州大学出版会，1988.

ザーディン
嘉定　Gia dinh

ベトナム南部の地名。現在はホーチミン市の一地区。16世紀以降のベトナムは南北に分裂し、北の北河と南の広南をそれぞれ世襲のチュア＝領主が支配したが、広南のチュア・グエン（阮）氏は南方に版図を拡張し、17世紀初めカンボジアの内紛に乗じてその東浦地方を領土とした。グエン氏は1679年に亡命してきた龍門総兵▼楊彦迪や雷鎮総兵▼陳上川らを鎮辺（後のビエンホア）や定祥などの東浦各地に入植させ、分住した中国人によってこの地方に中国の言語・風俗が行われ、やがて清国商船の往来や華僑の上陸が頻繁に見られるようになった。このため98年に嘉定府が設置され、同時に藩鎮営が置かれて軍隊が駐屯し、メコン・ドンナイ・デルタを統括してベトナム領化が進められた。グエン氏滅亡（1777年）後に宗室再興と天下統一を画したグエン氏の裔が築いた嘉定城は、グエン朝創立（1802年）後、▼ハノイの北城総鎮に対して嘉定総鎮が置かれ、ベトナム南部の行政の中心となった。1832年の省制施行で南部が6省に区分されると嘉定（ザーディン）省となったが、広南領時代から華僑の定住が積極的に行われてきた省内にはベトナムの戸籍に入った▼僑生の家系が少なくなく、華僑もベトナム人と雑居した。第2次大戦後の省内の華僑は約2万、華人商店848という統計がある。　　　(川本邦衛)

砂糖（さとう）　⇨　**唐貨**（とうか）

サハウィリヤ・グループ
偉成発集団　Sahaviriya Group

鉄鋼を中核とするタイの企業集団。創設者は広東省潮州饒平を祖籍とするプラパー・ウィリヤプラパイキット（呉玉音、1932年生。1929年または28年生とも）とウィット・プラパイキット（呉光偉、1934年生。1935年生とも）の姉弟。1955年にプラパーが亡夫の経営していた鉄鋼貿易を引き継ぎ、これに実弟のウィットが参加、当初は鉄鋼とロープを販売

していたが、64年にはサハウィリヤ・パニット（偉成鉄絲廠）を創設、鉄鋼生産に進出した（60年代初期、プラパーは泰商銀行の支店の買弁だったともいう）。これが奏功し、以後70年代末までにサハウィリヤ・メタル・インダストリー（偉豊鋼鉄廠）、サハウィリヤ・スティールワーク（偉雄鋼板）、サハウィリヤ・ライトゲージ・スティール（偉昌鋼鉄。日本のNKKと合弁）など13工場を建設、ワイヤーロッド、棒鋼、薄板など、年間70万トン生産体制を整えた。政府の保護とタイ経済の発展が鉄鋼需要を増加させ、同グループをタイ最大の民間鉄鋼業者に押し上げた。中核の鉄鋼部門を支える柱の一本が不動産開発、もう一本が80年代後半から本格参入した情報産業である。80年代後半からのタイ経済の急成長に沿って、バンコクを中心にタイの中南部、東北部に所有する土地を開発し、工業団地、住宅・商業地を建設した。これと歩調を合わせ情報関連20社余を創設し、自社ブランドのパソコン、プリンターの生産・販売に着手。90年代前半の好調時には国内OA市場の30%前後を押さえた。プラパーと近かったチャーチャーイ・チュンハワン首相当時、同グループは圧延鋼板国産化モデルとして90年から10年間の独占的権限を与えられた。90年代に入り、中核の鉄鋼部門では圧延工場、熱延鋼板工場、冷延鋼板工場などを建設したが、国内外同業他社の参入、巨額投資の重圧による経営不振などが重なったうえに97年の経済危機に直撃され、リストラを余儀なくされた。プラパーはタイ中華総商会副主席をはじめ数々の華人団体幹部を務め、タイ華人女性社会の代表的存在でもある。90年前後のチャーチャーイ政権時、スチャイ・ウィラメタクン、サマーン・オーパーサウォンなどと共同で工業団地建設を推進した。　　　（樋泉克夫）

🔖 Viira Thiraphathr. *Ketmaa Ruai*. Bangkok: Dear Book, 1989.／朱炎編『徹底検証 アジア華人企業グループの実力』ダイヤモンド社、2000.

サバ・サラワクの華僑・華人　<small>サバ・サラワクのかきょう・かじん</small>

サバ、サラワクともマレーシアを構成している州で、サバはボルネオ島の北東角、南シナ海とスル海にまたがる地域を占め、サラワクはブルネイ王国を挟んで南シナ海に面する同じくボルネオ島の北西部に位置している。サバの州都はコタキナバル、サラワクの州都はクチンである。サバの面積は約8万km²、人口259万3400人、サラワクの面積は122万km²、人口195万4300人（1997年現在）を数える。前者の特産は木材、ゴム、ココヤシ、後者の特産は金、銀、石油、石炭、木材、ゴムなどで、ともに広大な熱帯雨林を擁している。しかも両者に共通しているのは、商業、工業、金融流通などの基幹経済のほとんどを華僑・華人が握っていることで、両地域の総人口に占める華僑・華人の比率は前者で25%、後者はマレー人および土着のダヤクを抜いて35%を超えている。

同じマレーシアとはいえマレー半島と海を隔てた島であるボルネオに多くの華僑が住み着いた原因は、第1に、18世紀中葉、広東客家の羅芳伯による西ボルネオの金鉱開発の成功（蘭芳公司）に触発された客家の大量移民が考えられ、第2に、19世紀初頭にサバの開発権益を得、サラワクのラジャ（王）となったジェームズ・ブルックに始まるブルック家3代の治世が華僑との融和を図り経済面の発展を促進させたからであろう。ブルック家は華僑の頭の良さと勤勉さ器用さを高く買っていた。一方、華僑側の資料もおしなべてブルック治世を称賛している。19世紀後半に頻発する本国の政変（太平天国、日清戦争、戊戌変法、等々）も独立国に等しいボルネオには無縁であったようである。サバ、サラワクが現在にいたるも「母国の伝統文化」を遵守しているのは以上のような地の利、人の利を得たからであろう。現在、政府の所得格差是正策（NEP）にもかかわらず華僑の所得、生活水準はマレー人に比して依然として高い。なおサバ、サラワクとも太平洋戦争期間、日本占領下にあったが、彼らは抗日ゲリラを組織し各地で日本軍と戦った。

（小林文男）

🆔 黄乃裳

🔖 北婆羅洲客属公会編『北婆羅洲客属公会新会所開幕記念特刊』1957. 6.／小林文男「サラワクの華僑」『アジア経済』1970. 5.

サハ・パッタナーパイブーン・グループ　協成昌集団　Saha Pathanaapibul Group

タイ最大の日用雑貨製造・販売グループ。

「サハ・パタナ」と通称。創立者はバンコク生まれで潮州普寧系のティエム・チョークワッタナー（李興添、1916-92年）。ティエムは父の経営する雑貨店「表合」で修業の後、1940年にバンコク市内のヤワラートで「ポンチャイ（協合）」の屋号をもつ日用雑貨仲買い商店を始めた。41年、ヒャップセンチャン（協成昌）公司を設立、利益率の高い香港や上海からの靴下、衣料、化粧品などの輸入・販売に切り替えた。戦争を前に商品の在庫に努め、大戦中の品薄状況を切り抜ける一方、国内に独自の販売ルートを開拓した。52年、社名をサハ・パッタナーパイブーンに改名（華語表記はそのまま）、日本、アメリカ、シンガポールなどから低コスト商品を大量に買い付け、仲買い業者を通さずに直接販売しはじめた。その結果、宣伝費の節約に加え全国販売網の確立という副産物が生まれた。61年、義弟の▼ダムリー・ダーラカーノンが日本のYKK吉田工業と始めた合弁事業に資本参加、サハ・パッタナーパイブーン・グループとダムリーのサハ・ユニオン・グループとの資本・役員を相互に入り組ませた関係が本格化した。翌年、ティエムは日本のライオン油脂と合弁でライオン・バンコクを設立、念願の製造業進出を果たした。同時期、女性販売員を全国展開させ、またマスコミを積極利用するなど、企業イメージの向上に努めた。以後、日本のワコール、柳屋、エーザイ、三和食品、イトキンなどと次々に合弁事業を進め、80年代半ばにはタイ最大の日用雑貨製造・販売集団の地位を確固たるものとした。本業に特化したことが、97年の経済危機で大きな打撃を受けなかった最大の要因といえる。現在、建設、物流、警備なども手がける。ティエムの後継者である三男の▼ブンシット・チョークワッタナーの下で兄弟が傘下企業の要職を押さえている。　　　　　　　　　　　（樋泉克夫）

🕮 Viira Thiraphathr. *Ketmaa Ruai*. Bangkok: Dear Book, 1989.／樋泉克夫編『Thailand 1500 PROMINENT PERSON'S PROFILE Supplement』国際関係研究所、1989.

サハ・ユニオン・グループ
協聯集団　Saha Union Group

サハ・ユニオン社を中核に紡織、プラスチック製造を中核とするタイの製造業グループ。創立者は▼ダムリー・ダーラカーノン。1961年、タイ政府の打ち出した「輸出代替産業育成路線」に呼応して日本のYKK吉田工業と合弁でジッパー製造を開始。以後、義兄のティエム・チョークワッタナーが率いる▼サハ・パッタナーパイブーン・グループと資本・人材の相互乗入れを行う一方、アナン・パンヤラチョン元首相、▼アムヌアイ・ウィラワン元副首相など外部の優れた人材を積極的に取り入れ経営のトップに据え、経営の近代化と規模・内容の拡大に成功。現在、紡織・繊維、プラスチック製品、電子機器、靴、国際貿易、建設・不動産開発、発電、投資・株式、金融を柱に、傘下に50社余りを擁し、200を超える企業に投資、2万人を超える従業員を抱える。90年代前半のバブル期にも本業中心の健全経営を守り、97年の経済危機の影響をあまり受けなかった。　　　　　　（樋泉克夫）

サマーン・オーパーサウォン 1926-
胡玉麟　Samaan OPHASAVONG

タイのホワイチュワン・グループ（匯川（かいせん）企業集団）総帥。バンコク生まれの潮安系2代目。培英学校、アサンプション学院卒業後、シンガポールのシンガポール商学院に留学。1953年、米輸出商社の匯川米業を創設。政府の米輸出振興策も奏功し事業を拡大。現在、繊維、ゴム、バイク、銀行、化粧品、不動産、ホテルに及ぶ。60年代以降、▼チン・ソーポンパニットと▼チャートリー・ソーポンパニット親子の支援を受けバンコク銀行の資金を背景に、血縁・同業の▼プラチャイ・リョウパイラットの協力も得て「5頭の虎」と呼ばれた五大米輸出業者（すべて華人経営者）を束ねる一方、政府の貿易院の米部会長、米輸出商会主席を務め、米、メイズ、ゴムなどのタイの主要農産品輸出政策に大きな影響力を発揮している。80年代後半には、▼スチャイ・ウィラメタクーン、▼タニン・チョウラワノンなどと工業団地デベロッパーの明泰工業城を創設。長男以下、6子はすべて傘下企業の経営に参加。2001年に▼タイ潮州会館主席に就任。上院議員でもある。　　（樋泉克夫）

サムセン
samsengs

流氓（りゅうぼう）、無頼漢、凶漢などに相当するマ

レー語。旧海峡植民地や英領マラヤにおいて法治主義が確立する以前の英文文書、記述中に、中国人▼秘密結社配下の暴力分子をサムセンと表記する例をよく見る。シンガポールや▼ペナンの苦力収容施設が野放し状態であった1873年以前、▼苦力の逃亡や、同業者による逃亡苦力の横取りを防止するため、見張り役として苦力ブローカーに雇用された「ならずもの」はその一例である。

（可児弘明）

サーラシン家 サーラシンけ
黄家　SAARASIN

「タイのケネディー家」の別名をもつ海南系名門一族。▼海南出身のプラヤー・サーラシン・サワーミポット（黄天異）が初代だが、2代目の▼ポット・サーラシンが事実上の創設者。ポットは第2次大戦後の1940年代後半から70年代初期まで首相、副首相、外相を務めるなど政界で活躍する一方、家業である南タイの錫鉱山開発から得た資金を基礎に、銀行（タイ・ダヌー銀行）、清涼飲料水（コカ・コーラ、タイ・ピュア・ドリンク）などの事業で成功し、サーラシン家の基礎を築いた。長男のポン・サーラシンは70年代から80年代半ばに政界で活躍。社会行動党幹事長、副首相などを歴任。次男のパオ・サーラシンは80年代末に警察長官退任後、▼タイ・ファーマーズ銀行副総裁。アナン政権（91-92年）に副首相として入閣。三男のアーサー・サーラシンは外務次官、駐米大使を経てアナン政権で外相。タイ日協会会長を務めた。四男のバンディット・サーラシンは大蔵次官。五男のスパット・サーラシンは国軍幹部。70年代末から90年代初頭にかけ、一族で内閣が構成できるとまでいわれた。

（樋泉克夫）

サラダ・ボウル論 サラダ・ボウルろん
"salad bowl" theory

アメリカ合衆国が「人種のるつぼ」であるというのは神話であって、実際はさまざまな民族がその特色を維持しながら多元的社会を形成しているという考え方。アメリカ史家カール・デグラー（Carl N. DEGLER）が現代アメリカを分析した1959年の著書 *Out of Our Past* で、「サラダが異質な野菜から成立しているように、レタスはレタス、トマトはトマトとして溶け合うことなく、全体の調和の中で存続する」という比喩を使ったのが最初で、60年代の黒人など少数集団による政治的発言権の拡裁や文化的覚醒のなかで、「るつぼ」よりも現実的な社会的統合の原理として支持されるようになった。アメリカ的生活様式を基本的に受け入れながら、民族・宗教などの多様性を認識し、各人種・民族集団の文化的伝統を維持発展させていくというこの考え方は「モザイク論」「人種のパッチワーク」などともいわれるが、最近では、中心的文化の存在を否定し、多様な文化の対等性を強調する多文化主義がより優勢になっている。

（能登路雅子）

㊉ メルティング・ポット論，多文化社会
㊔ 野村達朗『「民族」で読むアメリカ』講談社，1992.

「さらば南洋」 さらばなんよう
「告別南洋」

中国の抗日歌曲。1932年の上海事変後に田漢が作詞、▼聶耳じょうじが作曲。歌詞は、「さらば南洋よ！　……なんじは自然の豊かな育みを受く。だが帝国主義の搾取のもと、無数の被抑圧者は飢えに苦しむ」と▼南洋における米英植民地主義者の容赦なき支配と搾取を語り、また「さらば南洋よ！　屍は長白山に横たい、血は黒龍江に流るるを見ずや。これは中華民族の存亡！　さらば南洋よ！　輝く希望をかち取らん！」と日本の対中侵略の現状を指摘して、華僑青年に対し帰国して抗日援中運動に参加するよう訴えている。当時、この歌は南洋華僑社会に一定の影響を与えた。

（蔡史君）

サラワク人民連合党 サラワクじんみんれんごうとう
砂拉越人民聯合党
Sarawak United Peoples' Party

マレーシアのサラワク州の政党。イギリス植民地下の1959年6月、サラワク初の政党として結成。華人知識人が中心だったが、全民族の協力による独立を目標に掲げ、第1期役員は委員長に華人、副委員長にダヤク人（サラワクの最大民族）2人、マレー人1人の構成だった。62年、「マレーシア」結成反対運動の過程で強硬派の左派が脱党、逆に非華人の多くはマレーシア受入れの立場から党を離れた。63年9月のマレーシア結成後、徐々に

中道・現実路線に転換、70年以来、連立与党に加わっている。　　　　　　　　　（原不二夫）
🔗 マレーシア国民戦線，北カリマンタン共産党

サリサリ・ストア
sarisari store

　フィリピン諸島における雑貨店であり、乾物、飲料、燃料など家庭用品を幅広く扱い、ばら売りや掛売りも可能。福建華僑は菜仔店（ツァイアティアム）と呼んだ。19世紀半ば以降、中国系新移民が行商を主とする従来の中国系メスティソを凌駕していくうえで大きな役割を担った。20世紀に入ると、とくに米作地帯で種籾の貸付けと商品の掛売り、農作物の集荷をとおして、サリサリ・ストアや精米所への農民の依存体質が確立、反華感情の一因となった。1954年、幾度かの挫折の後、小売業国民化法が成立、外国籍華僑の小売業従事は禁止され、今日、サリサリ・ストアは中国系の独占とはなっていない。　　（宮原曉）

　📖 Khin Khin Myint Jensen. "The Chinese in the Philippines during the American Regime 1898-1946." Ph.D. Dissertaion, Univ. of Wisconsin, 1956.

サリム、アントニー 1949-
林逢生　Anthony SALIM

　インドネシア最大の▼サリム・グループ社長兼CEO。創業者▼スドノ・サリムの三男。中国名リム・フンセン（LIEM Fung Seng）。中ジャワのクドゥス生まれ。ジャカルタで中国式（中学）、インドネシア式（高校）教育を受け、英国で経営学を学んだ。1970年末からグループの海外展開、国内中核事業の所有経営者として手腕を発揮、80年代半ばから現職。グループ内の経営組織化を進めた。出生の前日に父が大事故に遭い奇跡的に助かったことから、2人の兄の命名「聖斌」「聖宗」を踏襲せず「逢生」と名づけられた。
（佐藤百合）

サリム・グループ
沙林集団　Salim Group

　インドネシアを拠点とする同国最大の多国籍企業グループ。三林集団とも。1997年前の経済危機前の規模は年間売上高180億ドル、従業員約28万人（うち23万人が国内）、グループ傘下企業数400社以上（うち250社が国内）。サリム・グループは創業者▼スドノ・サリムが22歳のときに裸一貫で中国福建省から中ジャワに渡ってから一代で築き上げた。1950年代初めにサリムは国軍への物資納入業者としてスハルト将校の知己を得た。50年代にグループの前身となる貿易会社ワリンギン・クンチャナ社と▼セントラル・アシア銀行を設立、スハルト政権誕生後に事業の急拡大が始まった。スハルト大統領との関係をいかして、60年代末にコーヒー輸出、チョウジ輸入、製粉業、軍服製造で特権的措置を受け、初期蓄積を果たすと同時に製造業に参入した。70年代にセメント業と銀行業を拡大、それぞれ業界最大手の地位を獲得した。セメント事業（インドセメント社）では当初タイの▼バンコク銀行の▼チン・ソーポンパニットと台湾セメントの協力を得た。セントラル・アシア銀行は、辣腕の銀行家である▼モフタル・リアディを招請して業務拡大を推進した。80年代にはスズキなどの自動車組立て（インドモービル社）、インスタント麺などの食品（インドフード社）、乳製品（インドミルク社）、そのほか鉄鋼、石油化学、アブラヤシ農園などで企業買収や新規投資を重ねた。この結果、グループは70年代初めの政商（▼チュコン）から、80年代初めには国内最大の企業グループへ、90年代初めには東南アジア最大規模のコングロマリットへと成長を遂げた。

　サリム・グループの海外事業は81年に▼香港に▼ファースト・パシフィック・カンパニーを核とするファースト・パシフィック・グループ（第一太平洋集団）を発足させたのが本格的な始まりである。当初このグループはオランダの老舗商社ハーヘマイヤーなど欧米企業を買収したが、85年以降香港と東南アジア中心に事業を再編成した。事業分野は日用消費財の流通販売、携帯電話などの情報通信、金融、不動産である。これとは別に、90年▼シンガポールでKMPグループを発足させ、さらに92年からシンガポール企業とも一部共同して中国に投資を始めた。中国での事業には創業者の故郷である福清での工業団地開発、上海・北京など都市部でのインスタント麺製造などがある。グループの所有経営は創業者を含む4人を核とし、最大7人からなるリ

ム・インベスターズ（The Liem Investors）と呼ばれる株主集団が主体であった。ここには創業者と三男▼アントニー・サリム、創業者と同郷同姓の▼ジュハル・スタントとその長男、従弟、スハルトの従弟である非華人のスドウィカトモノが含まれる。グループが新しく開拓してきた製粉、セメントや、ファースト・パシフィック・グループなどはこのメンバーによって担われてきた。しかし80年代後半グループの所有は家族中心に、経営はグループCEOとなったアントニーと専門経営者を中心に再編が進んだ。所有形態は個人所有から法人所有へ、経営は最高経営組織と事業部制が敷かれ、経営の近代化と組織化が図られた。スハルト大統領に最も近い華人企業グループの一つと目されていたサリム・グループにとって、98年5月のスハルト政権崩壊の影響は大きかった。スハルトの長男・長女が株主として参加していたセントラル・アジア銀行に取りつけ騒ぎが起きた。同行は国有化され、その後政府持株が株式市場で売却された。同行には中央銀行から流動性支援融資が行われ、政府は銀行株主にこの融資額を返済させる決定をしたため、サリム家は返済額に相当するグループ資産を銀行再建庁に提出した。このうち、2000年末までにアブラヤシ農園、油脂化学、石油化学、乳製品、調味料、蚊取り線香などの事業が第三者に売却された。国内の食品会社と海外の事業統轄会社は残ったものの、サリム・グループは資源立脚型の優良事業の多くを失うことになった。

(佐藤百合)

🔎 佐藤百合「サリム・グループ」『アジア経済』33-3，1992．／同『アジアの次世代ビジネスリーダー』日本貿易振興会，1997．／朱炎，2000．

サリム、スドノ 1916-
林紹良　Soedono SALIM

インドネシア最大の▼サリム・グループの創業者・所有主。インドネシア国内では、同国名より中国名リム・スィウリオン（LIEM Sioe Liong）として呼ばれることが多い。福建省福清県海口鎮牛宅村生まれ。1938年叔父と兄スハンダ・サリム（林紹喜）を頼って蘭領東インドの中ジャワのクドゥスへ渡った。後に弟スダルモ・サリム（林紹根）も渡来。クドゥスでは▼シンガポール経由でタバコ用の香料であるチョウジの調達で成功、45-49年のインドネシアの独立闘争期に国軍への物資納入を始めた。有能な納入業者として50年代初めに中ジャワ第4軍管区のスハルト中佐の信頼を得た。66年スハルトが政権を握ると、チョウジ輸入、コーヒー輸出、製粉業などで特権的措置を与えられ、70年代初めには「▼チュコン（主公）」＝政商として知られるようになった。その後セメント、銀行、自動車、鉄鋼などで事業を確立、80年代前半までに国内最大の企業グループを築いた。

インドネシア名「サリム」は3兄弟の「3人の林」からとったが、事業を3兄弟で興したことはない。クドゥスでは同郷出身の▼ジュハル・スタントや福清会館に支援を頼み、68年以降ジュハル・スタントに、スドウィカトモノ（スハルトの従弟）、イブラヒム・リシャドという2人のプリブミ（先住のマレー系住民）を加えた4人が The Liem Investors「4人組」と呼ばれるサリム・グループの所有経営の中核となった。▼バンコク銀行の▼チン・ソーポンパニット（潮州）とも▼幇を超えた事業協力を続けた。クドゥス時代に結婚した華人女性リラニとの間に3男1女。長男アルバート・ハリム（林聖斌）、グループ副社長の二男アンドレー・ハリム（林聖宗）、グループCEOで後継者である三男アントニー・サリム（林逢生）。スハルト政権崩壊前夜のジャカルタ暴動（98年5月）で住み慣れた自宅を焼打ちされた後は、シンガポール在住。

(佐藤百合)

🔎 佐藤百合「サリム・グループ」『アジア経済』33-3，1992．／蔡仁龍「林紹良」『東南亜著名華僑華人伝』北京：海洋出版社，1989．

サルモン、クローディーヌ 1938-
Claudine Marie Helen SALMON

フランス人のインドネシア／マレーシア華僑・華人学者。夫ドゥニ・ロンバールもインドネシア史家で、フランス極東学院長。共著に *Les Chinois de Jakarta: Temples et Vie Collective*（Paris: 1977）がある。1962年、Ecole nationale des Langues orientales vivantes 中国語科を卒業、66-69年北京大学で中国史を学んだのち、インドネシアで実地調査をし、70年国家文学博士を取得、C.N.R.Sの主任研究員となる。重要な論文は30

篇近く、マレー語の華僑文学、マカッサル、バンテンなどのプラナカン社会とその宗教、華僑関係碑文ないし華語史料などを論じ、著書に Literary Migrations: Traditonal Chinese Fiction in Asia（17th-20th Centuries）（Beijing: International Culture Publishing Co., 1987）などがある。
（斯波義信）

サワット・ホールンルアン 1941-
何国雄 Savas HOORUNGRUANG

タイのニュー・タイ・スティール・グループ（泰京鋼鉄集団、略称NTS）の総帥。砂糖工場技師の父親を見て、他人の下で働いていては事業拡大は望めずと痛感し、兄と1970年にクルンタイ鋼鉄を興す。70年代後半、建築鋼材生産を主力とするNT鋼鉄を設立。これが現在のNTSグループの前身。80年代後半以降のタイ経済成長の波に乗り、傘下のヘマラート地産はタイ国内の工業団地開発に加え、ラオスや香港などでも不動産開発を目指した。傘下にサンテック社。
（樋泉克夫）

三一教 さんいつきょう

明代に福建省莆田の林兆恩（1517-98年）が開教した、儒教、仏教、道教の三教合一の宗教。三一教の名称は「三教合一」の意味である。林は30歳のときに科挙合格による栄達を断念して以後、巡り会った道士の影響を受けて三教の合一を説いた。その宇宙観は陽明学の影響を受けているともいわれる。1576（万暦4）年に『聖学統宗』を著している。当初、信徒の多くは読書人であったが、福建省域を越えて江南にまで広がる頃には信徒層は多様化した。16世紀終わり頃には福建省には18座、南京には1座の祀堂があった。18世紀、清朝は2度の取締まりを行ったため、三一教の勢力は衰えた。清末には台湾や東南アジアにも伝えられた。台北には三一教総堂ほかいくつかの祀堂がある。シンガポールとマレーシアでは、伝来初期には福建省中部出身の興化（莆田）人が信徒の大部分を占めたが、その後は他の方言使用者も信徒に加わった。その祀堂の祭壇には孔子、老子、釈迦の像とともに教祖とされる林兆恩の像も祀られるが、他に道教の仙人や観音も祀られている。スランゴール、ペラ、▼ペナン、ケダー、▼ジョホールの各州の都市部には祀堂がある。
（吉原和男）

三縁関係 さんえんかんけい

華僑・華人社会における人的結合関係の基盤を形成する「血縁、地縁、業縁」関係の略称。伝統的華僑社会は血縁（▼宗族・姓氏）、地縁（出身地）、業縁（同業的結合）の三つの要素を紐帯として各種社会組織を形成し、移民、送金、投資、貿易などの▼ネットワークを編み出す。第2次大戦以降、ことに最近20年間、居留国への融合や国際資本のボーダレス化などの時代の流れにともなって、華僑・華人社会における人的結合関係は三縁関係にとどまらず、より多様な選択幅を示したが、三縁関係は依然として華人ネットワーク形成の重要な結節点の一つである。（廖赤陽）
🔁 五縁関係

三行 さんこう

かつてビルマ（ミャンマー）などにおいて、華僑がおもに従事した木工（大工）、鉄工（鍛冶職）、泥瓦工（左官職）の総称。1886年にイギリスがビルマを領有すると、道路、橋梁、役所、住宅などの建設のため、上記職種の技術労働者を大量に必要とした。現地労働者の技術が低いため、イギリスはマレーシアで中国人労働者を募集して充当した。応募者は広東出身者が多数を占めた。ほかに石工やペンキ職人も多かった。（曽士才）
📖 陳烈甫『華僑学与華人学総論』台北：台湾商務印書館, 1987.

三合会 さんごうかい

19世紀から20世紀初頭にかけて、▼広東、▼福建をはじめとする中国華南地域を中心に存在した▼秘密結社。18世紀後半において福建に出現した天地会の流れを汲む。三合会のメンバーとなることは、「洪」家という擬制的な家の兄弟となることであるとイメージされていた。加入儀礼を経て三合会への入会を認められれば、すなわち、「洪」姓の一家の兄弟として再生するのであり、もはや「兄弟」である以上、原則としてメンバーは相互に無条件に援助を行わねばならないものと観念された。この点から見れば、三合会の社会的機能は、メンバー相互の安定的な相互扶助を実現することにあったといえよう。その一

方、三合会には、「反清復明」（清朝を打倒し、明朝を復興する）という宗旨と、これにかかわる独特な起源伝承が伝えられていた。彼らの伝える起源伝承によれば、康熙年間（1662-1722年）、西域討伐に多大な貢献を果たしながら、康熙帝の裏切りによって滅ぼされた少林寺武芸僧の残党が、盟約によって兄弟の契りを結ぶとともに、明朝皇帝の末裔を主と戴いて結束したことが組織の始まりであるという。このような起源伝承と宗旨をもっていたために、三合会は▼辛亥革命前夜、▼孫文ら革命派の注目を集め、その働きかけを受けて反清運動の一翼を担うことになった。

しかし以上のような起源伝承は、むしろ彼らが組織の正統なる伝統を誇示するために創出した虚構と見るべきであろう。そもそも、史料の上で天地会が初めて姿を現す18世紀は、人口の急速な増加とともに、周辺諸地域への開発移住が進展をみせた時期である。この時期の福建は何よりも対岸の台湾への移住基地であり、人口の流動化が最も昂進した地域の一つであった。このような移住社会において、社会的下層に沈殿する非成功者の相互扶助組織として出発したものが、原「天地会」であった。彼らの間には、自らの威信を周囲に認知せしめるべく、明朝の末裔を戴く組織であるとの虚構が説かれたのである。したがって、18世紀から19世紀にかけて華南地域で頻発した天地会系結社の「反乱」も、反清政治目的によるものではなく、おおむね移住民社会内部における資源・富の争奪をめぐる暴動に端を発している。すなわち、少なくともその出発点においては、三合会は政治目的をもった秘密結社ではなく、移動する人々が取り結ぶ相互扶助的な盟約集団であったといえるだろう。　　　　　　　　（山田賢）

　📖 山田賢『中国の秘密結社』講談社選書メチエ，1998.／蔡少卿『中国近代会党史研究』北京：中華書局，1988.／荘吉発『清代秘密会党史研究』台北：文史哲出版社，1994.

三江会館　さんこうかいかん

「江浙」とは長江下流域の江蘇省と浙江省を併せた略称。この名称を用いる会館はタイのそれだけであるが、江蘇、浙江の2省に江西省を加えた略称である「三江」を用いる会館は多い。華北出身者を組み込んで組織している場合がある。上海系と寧波系を包括して商業資本として有力。明治初めに長崎には三江公所が開設されている。シンガポールの三江会館の下には寧波同郷会、江西会館、上海公会、両湖会館などが属する。マレーシアの三江総会（1978年成立）はスランゴール、ペラ、ペナン、サラワク、サバの各州の三江公会ないし三江出身者の連合組織である。レストラン経営、家具の製造・販売や書店経営に強い。1965年には浙江人によってオランダ華僑総会が結成されている。1990年代には浙江省南部の温州、▼青田からヨーロッパや北米への行商、移民が多く、南米とアフリカにもまとまった移民人口が見られる。　（吉原和男）

　📖 *The Encyclopedia of the Chinese Overseas.*

三江会所　さんこうかいしょ

長崎の▼三江幫の商工団体。▼唐船貿易の流れを汲む三江幫は、幕末の▼安政開港後の自由貿易に参加、1878（明治11）年に三江会所を彼らの菩提寺である▼興福寺内に創設、その2年後に会所建物と門を建立した。建物は原爆投下時に倒壊したが、門と「三江会所碑」は現存する。同会所は、1937年上海事変勃発で会員の多くが本国へ引き揚げたため38年に解散、梅ヶ崎にあった通称「上海クラブ」も売却された。徐鍾舫（鼎泰号）、張政和（順記号）、朱輔清（▼豊記号）、沈明久（三余号）、蘇道生（▼源昌号）、范茂桐（豊記号）らが歴代総代を務めた。
　　　　　　　　　　　　　（陳東華）

三江祠堂　さんこうしどう

長崎に設けられた三江出身物故者を祀る祠堂。幕末の▼安政開港後、長崎で貿易に従事していた▼三江幫の虞菁庵（久記号）と余在皐（裕豊号）は1868（明治元）年、同郷人から資金を募り、先輩の位牌を供養し死者の棺を安置する祠堂を、彼らの菩提寺である▼興福寺内に建立した。その後、同幫の発展にともない▼三江会所の設立、興福寺大殿の再建などをなしとげる。祠堂は、1916（大正5）年に一度建て替えられたが、原爆投下時に倒壊した。　　　　　　　　　（陳東華）

三江幫　さんこうパン

広東幫、福建幫と並ぶ、中国東南沿海部の三大同郷商工団体の一つ。浙江と江蘇の両省および江西の一部地域から出身した商工業者

の連合した団体、つまり蘇浙集団と考えたらよいが、この地域の中心をなす上海に、19世紀の後半から活動の拠点を置くようになり、おのずから「上海人」のアイデンティティが育っているので、いまでは「上海グループ」と呼んでもよいだろう。また、三江幇は広東幇、福建幇をはじめとする伝統的な同郷商工団体としては最も新しく、清代に上海の成長につれて起こり、上海の近代化とともに近代的な商工団体に転生したことでも知られている。華僑・華人とのかかわりでいうと、三江幇はもともと海運とのかかわりで起こり、輸出入業、▼買弁、これらに資金を提供する銭荘（旧式銀行）や近代銀行、次いで海産物、洋服、内外木綿の取引をその得意な業種としていた。このため、その商圏を広げるにあたって、上海を枢軸としながら、内地の水運、および沿岸航路、海外航路における重要な商港に「三江公所」「蘇浙会館」などのギルドのネットワークを張りめぐらした。記録の上でのその分布は、蘇州、湖州、杭州、鎮江、南京、漢口、沙市、宜昌、重慶、広州、香港、スワトウ、アモイ、台北、淡水、福州、温州、台州、膠州、芝罘ジー（煙台）、天津、北京、瀋陽、営口、大連、日本では長崎、神戸、函館に及び、さらに三江幇の発足以来、その中核を占めつづけてきた寧波幇、あるいはこれが近隣地方を包摂した「大寧波幇」の勢力圏についていえば、東南アジアから北米の大都市も三江幇のネットワークの中にあるといってよい。

三江幇の歴史は以下の3段階に分けて見ることができる。(1)清初の日本銅貿易（1685年以降）、沙船会館＝商船会館（上海、1684年設立）、銭業総公所（上海、1776年設立）。清の国内統一（1683年、康熙2年）の翌々年に開かれた4海関のうちに、華中では寧波と上海が選ばれ、▼寧波に鋳銭材料に使われる日本銅の輸入を専管させつつ、蘇州・杭州の特許の官商1軒、額商12軒に蘇州・杭州・湖州の絹・生糸を集荷させて日中貿易を行った。ここに江蘇・浙江の海商と特許商荷主とが結びつくが、これに先立ち長崎の▼興福寺（南京寺）は、すでに1623（元和9）年に三江幇の会所となっていた。清代に華北・遼東からの豆粕・雑穀と、長江デルタの綿布、福建の砂糖を交易する沙船海運（山東・遼東海運）が盛況となり、北方の沙船（小型ジャンク）に対抗して、寧波・上海の沙船業が沙船会館を1684年につくった。銭業総公所（1776年）は銭荘業者のギルドとして上海城内に置かれ、寧波人・紹興人がその中心であった。(2)上海の開港。初め広東人がイギリス商社買弁あるいは洋行として有利であったが、やがて五大輸出入業（西洋綿布、鉄鋼ガラス、洋雑貨、茶、生糸）は江蘇人・浙江人の手に帰し、寧波・紹興の銭荘、寧波の▼買弁も発展をとげた。(3)上海総商会、上海市政の誕生。日清戦争後に諸外国との商戦が自覚されたとき、1902（光緒28）年に上海商業会議公所が発足し、03年の中央の商部設立の翌年に上海商務総会、12年に上海総商会、30年に上海市商会と改称されていくが、この02年を転機として、これまで同郷・同業・同族の要素がまだ強かった商工団体は、近代的な組織に脱皮していった。その会規には「上海で実業に従事していること」を条件としていた。一方、寧波幇をはじめとする在上海の商紳は、同仁輔元堂などの民営の福祉・公益施設を広く推進してきたが、05年、これを土台にして上海市政が発足した。「上海グループ」は、寧波人にせよ、蘇州人・杭州人・湖州人にせよ、もとをただすと徽州、山西、福建、広東などからの移住者の血を交えていて、適応性と積極性に富んだ地縁集団の一つである。　　（斯波義信）

㊂上海，上海人，函館同徳堂三江公所，横浜三江公所，大阪三江公所，神戸三江公所

㊋根岸佶『上海のギルド』日本評論社，1951.／徐鼎新・銭小明『上海総商会史（1902-1929）』上海社会科学院出版社，1991.／張桓忠『上海総商会研究』中和：知書房出版社，1996.

三江幇 ［長崎］ さんこうバン

長崎で▼福建幇、▼広東幇と並ぶ三大幇の一つ。三江、つまり浙江、江蘇、江西の各省出身者で構成され、福建幇とともに長崎開港以来の▼唐船貿易に従事してきた。同幇は幕府のキリスト教禁教令に対応し、▼興福寺を建立して貿易の安全確保に努めた。幕末の▼安政開港後の自由貿易に参加した同幇は、1868（明治元）年に彼らの菩提寺である興福寺内に▼三江祠堂を建立、▼稲佐唐人墓地に共同墓地を確保した。▼三江会所の創設は、他幇の

▼長崎福建会館と▼広東会所が創設された69年より大きく遅れ、78年であった。同会所の商号は主として華中・華北方面への海産物、雑貨の輸出に従事する貿易商で、そのほとんどは上海に本店があった。そのほかに若干の洋服商もあった。同幫は福建幫、広東幫と共同して▼長崎華商商会や華僑学校の運営にあたった。1937年上海事変で同幫の多くが本国に引き揚げ、第2次大戦後も長崎に留まる者はごく少数であった。
(陳東華)

三黒問題 さんこくもんだい

　黒工、黒家、黒社会を指して三黒といい、現代中国の社会問題となっている。黒工とは、都市戸籍をもたない農民が無許可で都会に出て不法就労する、いわゆる「▼盲流」といわれる人口移動問題のこと。改革・開放政策にともなって海外に出稼ぎに出る盲流現象は労賃の高いニューヨークや東京に集中し、不法入国、不法滞在、不法就労という深刻な問題を投げかけている。黒家は、戸籍に載らない不法家族のことを指す。▼香港や台湾に居住する者が、許可なく大陸で商行為を行い、さらに大陸に現地妻をもつことである。婚姻関係は法的に成立せず、夫婦は戸籍にも載らないために黒家といわれる。また黒家に子どもができた場合には、戸籍のない子ども、「黒孩子ヘイハイズ」といわれ、香港や台湾の父家と相続などの問題を生じることがある。黒社会は、一般でいうところのヤクザのことである。法を無視し、暴力を問題解決の手段とし、社会を恐怖に陥れる。さらに黒社会の中には、麻薬を扱い、都市部では風俗営業で利益を得るなど社会秩序を乱す者もいる。黒社会の一部は犯罪プロ集団として、犯罪目的でアメリカや日本などに進出する傾向にある。こうした三黒問題は改革・開放後の金儲け主義がはびこる社会の裏面として現れた。
(森田靖郎)

三山公所 さんざんこうしょ

　長崎の▼福州幫により組織された▼崇福寺の維持団体。三山公幫ともいう。三山は▼福州の別称。福州幫は▼泉漳幫とともに長崎開港以来の▼唐船貿易にかかわってきた。1629 (寛永6) 年、福州幫船主らは独自に崇福寺を建立、これを菩提寺として貿易の安全確保を図った。崇福寺は安政開港後も長崎に在留した福州幫に継承され、1899 (明治32) 年には崇福寺の維持団体として正式に三山公所を新地町14番地に設立し官署に届け出た。同公所はもっぱら崇福寺の祭祀を執り行うことを目的とし、媽祖祭、▼清明節、関帝祭などの祭祀は九州一円の呉服雑貨の行商を主とする福州出身の同郷者が集まって営まれ、彼らの相互親睦と結束の場ともなった。公所の初代総代には張維平、陳文煥が就任。公所は今日も存続し、崇福寺の祭祀は忠実に守り継がれている。とくに▼普度勝会プートゥションフィ(中国盆)の祭りは長崎の夏の風物詩として多くの見物人で賑わう。ただし、同幫の業種は、かつての▼行商は姿を消し、中華料理業がおもな職種となっている。
(陳東華)

三山大王 さんざんだいおう

　▼客家系の信仰する神。この神は元来、▼潮州の饒平県にある独山、明山、巾山の3山の3柱の神で、伝説によると陳有連の叛乱に追われて進退きわまった宋の昺帝(?)を奇跡を顕して救ったことから、王号を与えられて、祀られるようになったという。この神は饒平県だけでなく、近接の▼大埔県、豊順県などに住む潮州籍の客家の信仰を集めている。台湾の中部以北に集居する客家、および香港の▼海陸豊人(▼福佬)も、▼廟を建ててこの神を祀る。客家系移民の象徴といえる。
(田仲一成)

参 田仲一成, 1981.

散仔機関 さんしきかん

　アメリカの初期華僑宗親団体が管理下に置いた武装組織。半独立的な組織で、宗親団体のメンバーは必ずしもこれに参加するわけではないが、この組織のメンバーは必ず宗親団体に所属する定めであった。堂会や宗族どうしの▼械闘が発生すると出動する。黄氏運山公所、李氏敦宗堂などがあった。
(司馬純詩)

三資企業 さんししぎょう

　中国における外資系企業による直接投資の3形態、すなわち合弁、合作、独資(単独投資)の各事業をいう。合弁事業とは、外資系企業と中国国内法人・経済組織との共同出資によって設立され、登録資本に占める外資のシェアが25％以上で、出資持ち分に基づく有

限責任会社（法人）のことである。合作事業とは、契約式共同事業（持ち分割合によらず双方の合意による事業運営）形態で、通常、出資者による現物出資が多い。独資事業とは、外資100％の法人のことである。中国への技術移転を促進するため、1970年代末からの開放政策実施後約10年間、前２者が推奨されていたが、開放地域・業種の拡大につれて、独資による投資形態も幅広く認められるようになった。台湾・香港・マカオ資本とともに、海外華人系資本による対中投資も同じく３形態を中心としており、その他の西側資本の対中投資の水先案内人の役割を果たした。

（王効平）

『三洲日記』 さんしゅうにっき

清末の外交官 張蔭桓が米国、スペイン、ペルーの３国公使として勤務した1885年から90年にわたる日記。1906年に上海で初版、全８巻。張は米国在任中、中国人労働者が迫害・虐待されるのを目撃、その保護に尽力した。同日記は米国の中国人労働者、華僑の金鉱採掘、鉄道建設、商売などの艱難辛苦の状況、米国に対する貢献、華僑の生活や社団、さらには各地の排華などについて詳しい。華僑史研究の重要な資料である。

（容應萸）

▷ 張蔭桓

三水婆 さんすいば
サムスイポー　Sam Sui Po

三水表嫲さんすいひともいう。広東省仏山市の北西部、珠江デルタの北西端に位置する三水県を原籍とするシンガポール在住の女性労働者に対する愛称。三水婆は19世紀初め以降、シンガポールに多数移住してきた。三水出身者は方言集団別の分類では、広東人に属する。三水婆は、シンガポール川の南岸の広東人集中地区の一角である豆腐街（Upper Chin Chew Street、珍珠街上段）のショップハウスに集中して居住した。三水婆には、経済活動においても、服装面においても大きな特色がある。彼女たちの多くは、建築現場において日雇い労働に従事した。また、三水婆は、中国式の黒っぽい上着とズボンを着用し、頭には四角の赤い頭巾をかぶっていた。このため、シンガポールでは、彼女たちは「紅頭巾」とも呼ばれた。1970年代初め、豆腐街周辺は都市再開発により、伝統的なチャイナタウン的景観は消失し、三水婆の高齢化にともない、彼女たちの姿も見られなくなった。

（山下清海）

山西商人 さんせいしょうにん

山西省出身の商人のことで、晋商などとも呼称した。彼らの活躍したことが顕著に知られるようになるのは明代から清代中期にかけてであり、おもに政府の専売塩を販売する許可を得て各地に運送する役割を担った。その関係で各地の特産の物資を輸送し地域間の価格差を利用して利益を得て、巨大な資産を形成した者も多く出た。とりわけ、清代初期より政府の御用商人すなわち皇商として活躍した商人の多くが山西商人であったといわれる。彼らのなかには清朝政府が銅銭を鋳造するために必要とした銅を、当時の世界的な銅の産出国であった日本に求めた者もいた。史書に明らかなものとして山西省汾陽府介休県出身の范氏は４代にわたって清朝政府の皇商として活躍し、乾隆時代（1736-95年）において40数年間、日本の長崎から銅を輸入する事業に関係した。その後、山西商人は清代後期から20世紀初頭まで、票号と呼ばれる一種の為替取引の分野で活躍している。

（松浦章）

▷ 寺田隆信『山西商人の研究』東洋史研究会, 1972.／松浦章「山西商人范毓馪一族の系譜と事蹟」『史泉』52, 1978.

山西同友会 さんせいどうゆうかい

2001年１月、東京で新華僑によって創設された山西省関係華僑・華人の地縁組織。同省生まれ、または同省を原籍とする者のほか、同省で仕事や生活をしたことのある者、および特別な感情を抱いている者は、国籍や民族を問わずに入会できる。同会創設の趣旨は、山西省と日本の連係および交流を強化し、山西省を宣伝し、発展させ、山西出身者と日本国民との友好を促進することにある。

（廖赤陽）

▷ 日本の新華僑, 同郷団体

参戦華工 さんせんかこう

第１次大戦による軍事労働力需要のためヨーロッパへ働きに行った中国人労働者。1916年下半期からイギリス、フランス、ロシアの

募集に応じて合計23万人が参加した。アルジェリアやモロッコも含めてフランスへは15万人が行き、鉄道で働いたり、軍需品の運搬、塹壕掘りをした。イギリスに応募した5万人は、おもにバルカン半島や西部戦線に赴き、2000人が戦死している。ヨーロッパへは青島、威海衛、秦皇島などの港から乗船し、喜望峰を経由してマルセイユに着いたが、途中ドイツの潜水艦に撃沈されることも多かった。後に東回りで大西洋から行くようになった。ロシアへは3万人がシベリア鉄道に乗って行き、ドン川流域の鉱山や東部戦線で働いた。前線で7000人が戦死したが、ロシア側の待遇はかなり悪く、耐えかねて反乱を起こして殺された者もいる。大戦終了後に帰国したが、数千人がフランスに残留し、現地の女性と結婚した。

(曽士才)

→ ヨーロッパの華僑・華人、黒号、曾広培、仁記公司、青田

参 陳三井『華工与欧戦』台北:中央研究院近代史研究所、1986。/陳碧笙『世界華僑華人簡史』厦門大学出版社、1991。

サンダカン
山打根　Sandakan

マレーシア東部サバ州の、州都コタキナバルに次ぐ同州第2の都市。人口13万(1997年)。イギリス植民地時代には北ボルネオの首都であった。第2次大戦中、日本軍により占領され、その際、抗日ゲリラを中心に多数の華人が日本軍により虐殺された。戦後、これらの犠牲者を悼む中国烈士紀念碑が建立された。大戦中、市の中心部は戦災で大きな被害を受けたが、戦後の都市計画で道路や建物が規則正しくつくられ、中心部は3、4階建てのビルが建ち並ぶモダンなチャイナタウンの景観を呈している。戦後、市は南洋材の積出港として栄えたが、その後、森林資源の枯渇により、経済も停滞を余儀なくされた。サバ州全体では▼客家が最大多数を占めるが、市中心部の華人社会では▼広東人の商業従事者が多く、広東語が華人社会の共通語の役割を果たしてきた。港町サンダカンは「小香港」とも呼ばれる。香港との距離も近いため、香港との結びつきが強い。街中には広東人経営の▼飲茶を味わえる中国料理店が多い。市の中心部では広東人に次いで客家が第2の華人方言集団となっているが、郊外では客家が卓越しており、農林業関係に従事する者が多い。地元▼華字紙として、『山打根日報』(1960年創刊)がある。

日本ではサンダカンは、「からゆきさん」を描いたノンフィクション、山崎朋子著『サンダカン八番娼館——底辺女性史序章』の舞台になったことで知られている。市の中心の北に位置する丘陵には「からゆきさん」の墓として知られる日本人墓地があるが、その近くには広大な華人墓地が広がっている。

(山下清海)

参 山下清海、1987。/同「東マレーシア、サバ州サンダカンにおける華人系カカオ・プランテーション農業」『秋田大学一般教育総合科目研究紀要　諸民族の社会と文』I、秋田大学教育学部、1990。

山東移民　さんとういみん

中国山東省からの移民を指していう。山東移民は地政的に朝鮮半島に多く、移住の歴史が長い。1887年に山東籍の王姓と姜姓の移民が煙台から野菜の種を仁川に持ち込んで入植・栽培したことが華僑農業の朝鮮での始まりとみられる。朝鮮半島で農業に従事する華僑は1922年には約4500人を記録し、彼らは猫の額のような狭い耕地面積に労働を集約的に投入し、苦しい生活を支えた。山東移民は朝鮮華僑全体の90％以上を占め、全体のピークは1930年の6万7794人を記録した。一方、ソウルには地方主義に基礎をおく幇会と、その幇会を背景に商会が発展するという、朝鮮華僑特有な構造が定着し、そこでは山東華僑が最大経済勢力を誇る北幇に結集、他の広幇(広東幇)と南幇(南洋幇)を凌駕、おもに絹地と服装、日常用品雑貨の小売店、レストランを営んでいた。そのなかで資本力において、裕豊徳号(公司、代表者周慎九)が最大。同号は三井物産の代理店として綿花の輸入と朝鮮人参の輸出を独占し、ソウルに莫大な地所を蓄財した。仁川にも山東同郷会(北方会館)が中国との航路に船舶を走らせ、厚い経済基礎を築きあげた。一方、華僑経済の最盛期(1920年代)には華商人口に劣らない、いわゆる「▼華工」(山東苦力)が、技工と熟練工を含めて朝鮮に流入し、その約70％が北部に定住、工業労働者として働いた。日

本植民地経営における「南」の農業に対する「北」の工業という地政的産業構造を見事にそのまま反映した形を呈したが、低賃金で勤勉な「華工」を駆使して「朝鮮工」(朝鮮人労働者)に低賃金を強い、それによって中朝両国の国民感情に「挑発」的要因を芽生えさせるという日本の植民政策の意図が込められていたと、中国人研究者はみている。他方、北部の▼ピョンヤン(平壌)には華僑商人が集中し、1930年には華僑全体として473戸、1995人を記録したが、31年に起こった排華運動で甚大な被害を受けた。
(涂照彦)

三刀業 さんとうぎょう

中華料理業(包丁)、散髪業(剃刀)、洋服仕立て業(鋏)の刃物を用いる3種類の職業をいい(中国語では三把刀)、それに従事する人々を三刀業者と呼ぶ。かつて中国から流出して華僑となった者の多くは農民その他、まったく技術をもたぬ人々だったが、なかには少数ながら手に技術をもった人々がいた。日本は開国した当初から最底辺の人々の入国は認めず、手に技術をもったこれら三刀業者だけが入国を許された。
(游仲勲)

山東省華僑中学校 さんとうしょうかきょうちゅうがっこう

山東省平度市新河鎮に設立された華北唯一の▼華僑学校。同鎮は日本軍の山東出兵時に難を避けてインドネシア、インドに移住した華僑の故郷として有名。1956年華僑の拠出で初等中学を設立、当初は2クラス、生徒数90人、うち華僑の子弟70%だった。59年高等中学を併設、文革前の在校生850人がピークだった。文革期に校名変更、のち元に復した。96年の創立40周年に記念堂建設。現在は高等中学のみの重点校。99年末、校長・劉炳波、書記・董振東以下教職員95人、在校生1000余人、うち僑生14%、創立以来の卒業生7万人余。
(市川信愛)

📖 山東華僑中学校編・刊『四十周年記念誌』斉南:1996.

山東村 さんとうむら

山東芭

東マレーシア、サバ州▼コタキナバル郊外パナムパンの華北農業移民による開拓地。山東省の黄河洪水被災者を募集する計画であったが、実際には河北省農民107世帯、433人が1913年頃、イギリス北ボルネオ会社の旅費負担、収穫までの期間の生活費支給などの条件で、清国官員に引率され入植した。現代でも山東村の呼称で知られ、1000人の住民が住む。
(可児弘明)

📖 *The Encyclopedia of the Chinese Overseas*.

サンパウロ
聖保羅 São Paulo

ブラジル南部の大都市。リベルダーデ地区の東洋人街に、中国、日本、朝鮮などアジア系移民とその子孫が集住する。19世紀初め以降、▼マカオのポルトガル人が▼広東、▼福建から中国人労働者を集めて送り込んだのが、▼チャイナタウン形成のきっかけとなった。1822年ブラジル建国後も、同国政府の労働移民招致政策によって中国人労働者が着実に導入された。第2次大戦後は、香港、マカオ、台湾などからブラジル経済の中心であり南米最大の都市となったサンパウロに移住がなされた。中国系人のほとんどがレストラン、雑貨店、食料品店、家具店などといった商業分野に従事しており、工場や農場の経営者は比較的少数である。現在、ブラジルの華僑・華人約10万人のうち、約8万人が居住している。サンパウロ中華会館、ブラジル華人協会などが設立されており、1980年創立のブラジル華人協会は、中国商品見本市や中国語教室の開催・運営も行っている。
(松本武彦)

🔗 ブラジルの華僑・華人、ブラジル移民節

サンパン協会 さんパンきょうかい

フランス華僑・華人の慈善団体。1987年4月13日、ベトナムから脱出した▼ボート・ピープルを救援するために組織された。フランス潮州同郷会など31団体が共同で設立し、各種のチャリティ活動を行い、その収益金により救援船をチャーター、ベトナムと中国の海域で救出活動を行った。サンパンとはボート・ピープルが乗るはしけのこと。
(曽士才)

サンフランシスコ華人仁済医院 サンフランシスコかじんじんさいいいん
金山華人仁済医院

1899年サンフランシスコに開設された華人経営の病院。当時の中国総領事が中心になって資金の募集、州政府への届け出などを行っている。西洋医学による診断・治療を行う病院であったが、華僑は一般的にまだ中国医学

しか信用していなかったため患者は増えず、支持を失い翌年には業務停止となった。

(吉原和男)

サンフランシスコ・チャイナタウン
旧金山唐人街／三藩市唐人街
San Francisico's Chinatown

サンフランシスコのチャイナタウンは、ニューヨークとともにアメリカ最大規模のチャイナタウンであり、アメリカ華人社会の中心地としての役割を果たしてきた。その歴史は、カリフォルニアの▼ゴールドラッシュに始まる。1848年、シエラネバダ山中のコロマにおける金発見のニュースが伝わるやいなや、アメリカ国内はもとより、中国を含む世界各地から一獲千金の夢を抱いた人々が、カリフォルニアに押し寄せた。これら華人にとってアメリカ最初の上陸地点となったのがサンフランシスコであった。華人はここでより小さな船に乗り換え、次の大きな町サクラメントに到着し、そこからは陸路で金鉱山に向かった。当時の華人の多くは、広東の珠江デルタ出身者であった。サンフランシスコに限らず、ニューヨーク、ロサンゼルスをはじめアメリカの華人社会は▼広東人（とくに台山地方出身者）が中心になって構成され、チャイナタウンは広東語の世界であった。1851年、港町サンフランシスコには2万5000人もの華人が住むようになり、大規模なチャイナタウンが形成されていった。サンフランシスコは、華人のあいだでは「金山」あるいは「大埠」（大きな町、港の意味）と呼ばれた。そして、1851年にオーストラリアのメルボルンで金が発見され、ゴールドラッシュが起こると、メルボルンは「新金山」と呼ばれ、サンフランシスコは「旧金山」と称されるようになった。ゴールドラッシュ、その後の大陸横断鉄道の建設時期以降、白人による華人排斥の動きが高まるにともない、華人はより安全を求めて、同市のチャイナタウンに集中するようになった。

今日、サンフランシスコは世界的な観光都市であるが、チャイナタウンは同市の重要な観光名所になっている。同市を訪れる内外からの観光客のほとんどは、ケーブルカーに乗り、チャイナタウンで中国料理を味わう。高級ホテルやデパートが周辺に集まっている観光名所ユニオンスクエアから北西へ5分足らず歩けば、グラント街に▼牌楼が設けられている。南北に走るグラント街はチャイナタウンのメインストリートであり、その両側には観光客相手の中国料理店やみやげ物店が軒を連ね、その賑わいは▼横浜中華街の中華街大通りを思い起こさせる。一方、グラント街の西隣のストックトン通りには、観光客向けというよりも華人向けに野菜、鮮魚、肉、書籍、衣類などを売る商店や、中華会館、岡州会館などの華人の諸団体、中華学校などが多く見られ、華人の庶民生活のにおいがする。チャイナタウンの外に住む華人にとって、チャイナタウンは週末に家族で食事に出かける場所という意味が強い。同市のチャイナタウンにおいて、最も重要な年間行事は、旧暦の正月を祝う春節である。春節には、全米▼ミス・チャイナタウン選考会、バザール、マラソン・競歩大会などの一連の春節行事の最後を飾るのは、「新年大巡遊」という名の盛大なパレードである。舞獅、▼舞龍、企業・学校・団体などによる花車、ブラスバンド、仮装行列、そして市長をはじめ同市の著名人、在郷軍人、警察、消防のパレードなど、参加者も華人に限らず、民族集団の枠を越えた、全市をあげての大イベントとなっている。

近年、サンフランシスコのダウンタウンにあるチャイナタウンは、建物の老朽化、住民の高齢化、駐車場難などにより、来訪者数が頭打ちになっている。香港や台湾出身の新移民などは、市内西部のリッチモンド区に形成されたニューチャイナタウンの周辺や、対岸のオークランド周辺、市の南に位置するシリコンバレー一帯に居住する傾向がみられる。

(山下清海)

⊡サンフランシスコ中華会館
⊗山下清海，2000.／内田直作『東洋経済史研究』Ⅱ，千倉書房，1976.

サンフランシスコ中華会館 <small>サンフランシスコちゅうかかいかん</small>
旧金山中華会館　Chinese Consolidated Benevolent Association of San Francisco

19世紀半ばにサンフランシスコに設立された華僑・華人団体。アメリカ各地には華人関係の諸団体の連合組織として、▼中華会館が結成されているが、それらのなかで最も早く

設立されたのが、このサンフランシスコ中華会館である。1848年にサンフランシスコ東部のシエラネバダ山中における金の発見を契機に始まった゠ゴールドラッシュは、広東の珠江デルタから一獲千金の夢を抱いた人々をサンフランシスコに引きつけた。彼らは、出身地や方言の違いごとに会館を結成した。四邑会館（新会、台山、開平、恩平の4県出身者により構成）、陽和会館（中山県出身者により構成）、三邑会館（南海、番禺、順徳の3県出身者により構成）、人和会館（゠客家により構成）の四つの会館が設立された後、それらの会館の連合組織として1853年に中華会館が結成された。新たに設立された寧陽会館の中華会館への加入を契機に、中華会館の名称は中華公所に変更された。また、1862年の合和会館の加入にともない、中華公所はふたたび中華会館の名に戻った。地方自治体への団体登録の際、中華会館は中国六大公司（Six Companies、1862-1925年）に改称された。対外的には中国六大公司の名称が用いられたが、対内的には中華会館と呼ばれた。その後、1878年には肇慶会館が加入し、七大会館となる。中華会館の主要な機能としては、華人の利益の維持、紛争の調停、文教福利事業の発展などである。1901年、カリフォルニア州政府に登録する際に、英文名称をChinese Consolidated Benevolent Association（中華連合慈善会）とした。会所は1906年のサンフランシスコ大地震で大きな被害を受けたが、中国、アメリカの援助により再建された。サンフランシスコに続いては、1883年にニューヨークで、そして1906年にシカゴで中華会館が設立され、その後、1959年までに、全米31の゠チャイナタウンに中華会館が建てられた。

（山下清海）

⇨サンフランシスコ・チャイナタウン
参 内田直作『東洋経済史研究』Ⅱ、千倉書房、1976. /『世界華僑華人詞典』

サンフランシスコ中華文化センター
さんふらんしすこちゅうかぶんかセンター
Chinese Culture Center of San Francisco

1965年にサンフランシスコ中華文化基金会として発足した、華人の文化団体。1973年に改称。文化・芸術活動を通じて中国文化および華人文化への認識を高めることを目的とする非営利団体。所在地はチャイナタウンの北辺に隣接する有名ホテル、ホリデイ・インの一隅。映画上映、絵画・造形などの展覧会、中国人移民史についての展示などを通じて、中国系アメリカ人としてのアイデンティティの形成過程を理解させ、またそのことに誇りを感じていることを訴える企画が多い。華僑・華人の歴史や文化研究に関する講演会や討論会が継続的に開催されている。イベントの終了後に開かれる立食パーティは華人の懇親と交流の場として重視される。一方ここを拠点にして、青少年を対象にした中国大陸へのルーツ探しのツアー企画など意欲的な場外活動をも展開している。関連書籍や記念品を販売するコーナーも常設されている。

（吉原和男）

サンフランシスコ通商銀行
さんふらんしすこつうしょうぎんこう
金山通商銀行　San Francisco Bank of Trade

1961年サンフランシスコに設立された華僑・華人とアメリカ資本の合資銀行。雷淪海、胡棠燕、郭育之が設立。77年末まで順調に発展し、預金総額が1600万ドルあった。

（司馬純詩）

サンプルナ、プトラ 1947-
林天宝　Putera SAMPOERNA

インドネシアのサンプルナ・グループの3代目所有経営主。中国名はリム・ティエンパオ（LIEM Tien Pao）。同グループは丁字タバコ業界で、グダン・ガラム、ジャルム、ベントゥールに次ぐ第4のメーカー。祖父リム・センティー（林生地、LIEM Seng Tee）は福建省安渓から幼少時に東ジャワのスラバヤに渡り、12歳で丁字タバコ会社の工員として働きはじめた。1913年「234（ジ・サム・スー）」ブランドの丁字タバコ会社ハンデル・マスカパイ・サンプルナ社を創業。56年創業者の没後、その次男アガ・サンプルナ（林天霊、LIEM Swie Ling、1922年スラバヤ生）が事業を継ぎ、80年から3代目プトラが経営責任者となった。彼はグループ内の複数の丁字タバコ企業を88年ハンジャヤ・マンダラ・サンプルナ社に統合、これをグループの中核事業会社として同社の社長に就いている。

プトラはオランダに生まれ、初中等教育は香港、オーストラリアで、大学は米国で学ん

だ。保守的な丁字タバコ業界にあって、欧米で教育を受けたプトラの事業展開は異色である。まず食品、飲料、銀行、小包配送、不動産などの非関連部門に多角化した。しかしバンク・サンプルナ・インターナショナルは業績がふるわず、数年後に売却した。海外には▼香港や日本にタバコ販売会社、▼シンガポールに投資会社を設立したほか、マレーシア、台湾、カンボジアにタバコ製造で進出した。またプトラは国内の優良企業に投機的な株式投資を仕掛けることでも知られる。96年最大の上場企業であるアストラ・インターナショナル社（▼アストラ・グループ持株会社）の株式を買い集め、一時は25％を保有。その後一部をボブ・ハサン（▼モハマド・ハサン）とスハルト家が所有経営するヌサンバ・グループに売却し、結果的にアストラ・グループにスハルト周辺の資本が参加するための呼び水を提供した。▼サリム・グループの食品会社インドフード・サクセス・マクムル社の株式も一時的に6％保有した。

(佐藤百合)

▷グダン・ガラム・グループ

サンフンカイ・プロパティーズ
新鴻基地産　Sun Hung Kai Properties

不動産事業を中核とする▼香港最大級の上場企業で、中文名は新鴻基地産発展有限公司。通常「新地」と略称される。当主は▼郭炳湘だが、弟の郭炳江、郭炳聯の2人を含めたいわゆる「郭3兄弟」が共同で保有（株式の約45％）、運営する。1999年6月の連結決算では、純資産1402億HKドル、売上高237億HKドル。各種の不動産事業を行うが、とくに高層住宅建設を核としたニュータウン総合開発に強く、グループが擁する不動産の量は香港最大ともいわれる。このほか、傘下企業を通じて、交通（九龍バス社、ウィルソン・パーキング社など）、インフラ（三号幹線有料道路など）、通信（スマートン・テレコム社など）、中国不動産事業（北京新東安広場など）、港湾運営、エンジニアリングなどの各事業を統括する。同社は、▼馮景禧、▼郭得勝、李兆基（▼リー・シャウキー）の3人（「三剣俠」と称された）が1958年永業公司として共同で設立し、63年に改組・再設立した不動産会社・新鴻基企業が起源。なお、「新鴻基」の名称は、馮景禧の新禧公司、郭得勝の鴻昌合記、李兆基の「基」に由来する。新鴻基企業は工場用ビルを建設して各階ごとに分譲する方式で成功したが、70年頃に3人が順次独立する。うち、郭得勝は72年に不動産会社・新鴻基（集団）を興して分離・上場、翌年、これを改組・改名して現在に至る。郭得勝は90年末に死去したが、あらかじめ3人の息子への経営引継ぎを進めていたため、継承は混乱なく行われた。最近同社は情報通信事業や中国不動産にも事業を拡大しているが、主力の香港における住宅用不動産関連事業でもサービス、管理、技術の質に定評があり、優良不動産会社としてしばしば賞を受けている。

(山崎勝彦)

📖 山崎勝彦『香港の財閥と企業集団』（1995年版）日本経済調査協議会, 1995.／馮邦彦『香港華資財団』香港：三聯書店（香港）有限公司, 1997.／『新鴻基地産発展有限公司年報』香港：新鴻基地産発展有限公司, 1999.

サンペン街
三聘街　Sampheng

バンコク・チャイナタウンの発祥地。18世紀末、タイ王室は王宮建設予定地に居住していた華僑を王宮よりやや離れたチャオプラヤー川沿い下流の湿地帯に移した。同地がサンペンと呼ばれていたことから三聘街と表記。華僑は同川を利用し内外の物資を集め、この街を内外の物流センターとし、ここから華僑居住区が拡大、ヤワラート（Yavaraach）と呼ばれる▼チャイナタウンを形成することとなる。第2次大戦前はタイ華僑のヒト・モノ・カネの中心だった。

(樋泉克夫)

▷バンコクの華僑・華人

三胞
中国において、海外僑胞、港澳同胞、台湾同胞の3者を一括する呼称。海外僑胞とは、中国領土以外の外国に定住し中国国籍をもつ者、すなわち華僑を指す。港澳同胞は香港人と▼マカオ人を指し、台湾同胞は台湾人を指す。中国語では胞は、血縁関係をもつ者、また共通な国家あるいは民族に所属する者を意味する。したがって三胞は、香港・マカオと台湾の中国人、および外国に住む中国人（華僑）に対する、身内意識のこもった呼び名といえる。

(過放)

三保公廟 さんぽうこうびょう

15世紀前半、明朝によって派遣された提督▼鄭和を神格化した三保公（三宝公とも表記）を祀る廟。三宝公廟ともいう。7度にわたって現在の東南アジアやインド洋沿岸諸国まで大艦隊を率いて遠征した鄭和にまつわる史跡は数多く、三保公廟の名を正式にまたは俗称としてもつ廟は、タイ、マレーシア、インドネシアなどの各地に散在する。なかでも最も有名なのが中部ジャワ、▼スマランの廟である（スマランの漢字表記「三宝壟さんぽうろう」は三宝廟のある町の意）。15世紀当時海岸だったと伝えられる市街西郊の岩山に古くから鄭和すなわち三保公を祀る洞穴があり、18世紀頃から華人社会の指導層が岩屋を囲む形で廟を建て増しした。現在では、三保公の神像を祀る主廟のほか、孔子像や古い錨・無縁仏を祀った諸廟、福徳正神廟などの複合建築となっている。このほか境内にはこの地で没した鄭和の副官・王景宏のものと伝えられるイスラム式墓があり、ジャワ人など地元民の崇敬を集めている。毎年旧暦6月30日は鄭和来航の記念日として地元の華人コミュニティを中心に盛大な祭りが催される。　　　　（貞好康志）

🗒 三保山, 保山亭

三保山 さんぽうざん
ブキット・チナ　Bukit cina

▼マラッカの背後にある小高い丘。マラッカは明の▼鄭和の指揮する1405-33年の「西洋下り」の基地となったことから港市国家としての発展の端緒になり、中国人の南進に寄与したので、三宝太監鄭和の伝承を祀る廟が伝えられている。三宝廟（Poh San Teng

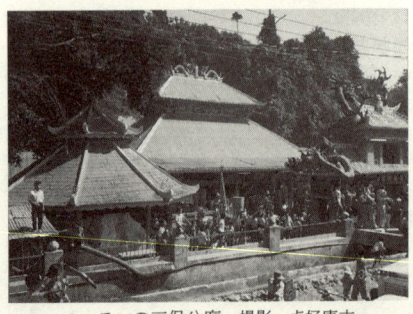

スマランの三保公廟。撮影：貞好康志

temple）といわれ、ブキット・チナの麓にあり、かなり後世の1795年に鄭和の西洋下りを記念して建てられたという。ここには三宝井（スルタンの井戸）があり、この井戸に背を向けて投げこんだコインが輝きながら沈んでいくとふたたびマラッカを訪れることができるとの言伝えがある。ブキット・チナは中国人の丘という意味で、明廷からマラッカ国王へ嫁いできた公主の一党の住居地であったといわれる（『スジャラ・マラユ』の記事）。その後は居住する華僑の墓所となっていまに続いており、▼青雲亭寺院により三宝廟とともに管轄されているという。
（小川博）

🗒 保山亭

三宝飯 さんぽうはん

▼ニューヨークのチャイナタウンの中華料理店の最も代表的な定食メニューである。出稼ぎ移民の中国人はチャイナタウンにいさえすれば、中国語を話し、中国人の下で働き、中国料理を食べることができる。そのなかで、安い、早い、うまい定食が考案された。カモの丸焼きのぶつ切りと、醬油で味付けした鶏肉やソーセージ、これら3種をご飯の上にのせただけの簡単なファストフード。三宝飯の出現は移民たちに簡単な独立稼業であるテイクアウト・ショップを生み出す要因ともなった。　　　　　　　　　　（森田靖郎）

📖 ピーター・クォン『チャイナタウン・イン・ニューヨーク』筑摩書房，1990.

三民主義青年団 さんみんしゅぎせいねんだん
Three-People's-Principles Youth Corps

抗日戦争期に組織された▼中国国民党の青年組織。略称は三青団。1938年に設立され、蔣介石総裁が団長、陳誠（のちに張治中）が書記長に就任。その事実上の前身は復興社といわれ、黄埔系軍人の影響力が強い。青年層の戦時動員に成功し、最盛期の団員数は約155万。43年より海外団務計画委員会が設置され、林翼中、梁寒操が責任者となった。C・C派（陳果夫・立夫兄弟を中心とした国民党内の派閥）の影響が強い国民党組織と対立。国民党内の団結を図るため両組織は47年に合併し、三青団は解消された。（松田康博）

🗒 中国国民党

三毛 1943-91

　自伝的散文や旅行記で知られる台湾の女性作家。外国での生活や海外旅行をとくに好み、生前、世界各地の59か国を歴訪した。1962年19歳のときから作品を発表しているが、初め「陳平」を用い、74年から「三毛」のペンネームに改めた。台湾や中国だけでなく海外の華人居住地区で青少年層を中心に広く読まれており、各地で「三毛旋風」や「三毛熱（ブーム）」を巻き起こした。48歳で入院中の台湾の病院で自殺し、ファンに衝撃を与えた。

　本名陳懋平。重慶生まれ。1948年一家を挙げて台湾に移り住んだ。中学2年のとき自閉症のため休学、以後7年間独学を続けた。その後、台湾中国文化学院の聴講生となるが、失恋したため67年スペインに留学。そこで知り合ったスペイン人青年と74年に結婚してサハラ砂漠に新居を構えた。当時の生活を題材にした一連の作品を収めた『撒哈拉的故事（サハラの物語）』は彼女の代表作とされている。
(戸張東夫)

　⊠ 張瑞徳・陳愛璞『三毛伝奇』広州：広東人民出版社、2000.

三邑［広東］

　広東省では番禺、南海、順徳の3県。番禺県は広州市の、後2者は仏山市の管轄。3県とも珠江デルタに位置し、往古より行政単位として合併・分離が繰り返されたため、文化を共有する。19世紀のアメリカでは四邑出身者に次いで多かった。サンフランシスコには1850年に三邑会館が成立している。マレーシアのペナンへの進出も早く、1820-30年代に南海会館と順徳会館が成立している。シンガポールでは1879年に番禺会館、1948年には順徳会館ができているが、三邑としての特別なまとまりは見せていない。三邑は広州に近いため華僑資本の投入時期が早かったし、現在でも在外華僑の投資や送金が経済発展の重要な基礎となっている。香港に近く、香港には多くの三邑出身者が住むことも経済発展に有利に作用している。
(吉原和男)

三邑［福建］

　福建の三邑とは泉州市管轄の晋江、南安、恵安をいう。アモイと泉州に隣接し、海に面し山が多いことから、飢饉や動乱が発生すれば困窮した農民は華工や苦力として海を渡った。歴史のある海洋都市の泉州やアモイから大量の農民が東南アジアへ移民し、1990年の統計で泉州出身華裔はマレーシア168万人、インドネシア154万人、フィリピン124万人、シンガポールに86万人が在住している。国外在住の晋江人は116万人、南安人125万人、恵安人80万人と多く、帰国華僑・僑眷の割合も70％、66％、51％と非常に高い。それゆえ、三邑一帯は歴史的に東南アジアの華僑・華人と太いパイプをもち、改革・開放後の華人資本と結びついた経済開発モデルは「晋江モデル」と呼ばれ脚光を浴びている。
(石田浩)

　⊠ 泉州市華僑志編纂委員会編『泉州市華僑志』北京：中国社会出版社、1996.

サンレイ
sangley

　スペイン領フィリピン諸島において、来往または居住した中国人に対して使用された呼称。閩南語で商売を意味する「生理」によると考えられるが、現代の華僑・華人の間では「商理」という説もある。16世紀末葉の手抄本（Boxer Codex）の中国人図に"Sangley（サンレイ、サングレイ）"および"常来（サンライ）"と示され、18世紀中期編纂のタガログ語辞書には"sanglay（サンライ）"が挙がっている。スペイン語文書では"sangley"と綴られ、19世紀前葉まで使用例があるが、しだいにもっぱらチノ（chino）が使用されるようになった。なお「商旅」を語源とする説もある。
(菅谷成子)

　⊠ C. R. Boxer. "A Late Sixteenth Century Manila MS." *Journal of the Royal Asiatic Society*. 1950.

三和号

　「中華民国四年（1915年）歳時乙卯仲秋吉旦」の年次銘のある「重建広東公所碑記」によれば、広東省広州新会県出身の黄業堂が所有者の三和号という商店が長崎にある。これは1919（大正8）年に長崎の新地町、広馬場町、梅ヶ崎町に店舗をもっていた在留長崎華僑貿易商のリストにも登場する。裕益号の簡心茹を総代とする広東幫の有力一員である。
(川勝守)

シ

シアトル
西雅図　Seattle

　アメリカ北西部太平洋岸、ワシントン州の主要都市。ピュージェット湾の奥に位置する。太平洋航路の要衝で、中国移民の歴史は古い。市制は1869年より。人口約60万。周辺都市（ベルビュー、エベレット、タコマ市などを含む諸郡）を合わせたシアトル圏では約380万。市内人口の75.3％は白人、アジア系は11.2％（アフリカ系10.1％より多い）。そのうち中国系は2.92％、1万5000人余（日系は1.9％）、周辺諸郡を含めると2万6000人弱（1990年センサス）。チャイナタウンは市南部、サウスキング街と中国風パゴダのある「ヒンヘイ（興起）公園」を中心に位置し、日系の商店も混じり、「インターナショナル地域」と称される。初期はやや西の海岸沿いにあったが、1910年代に現在の位置に移動した。

　この地域への中国系移民は1850年代後半から記録されている。初期は北上したゴールドラッシュに伴う中国系の移動があり、その後は大陸横断鉄道完成で労働需要が減ったカリフォルニアから移動した契約労働者や商人が、最初の頃の集団である。シアトルへの中国系移民は1860年のチン・チュンホックが最初とされる。おもな職業は料理業、家事使用人、洗濯業、缶詰工場労働、および周辺地域の製材所、運河や鉄道建設である。70年代までは、中国系の移民は歓迎され、73年刊行の週刊新聞『インテリジェンサー』には中国系人チュン・ワ（1841-73年）の葬儀と、市内のシアトル墓地に埋葬された報道がある。

　1880年の地域各郡には3176人の中国系人口があり、総人口の4％を占めていた。82年の排華法以降は、不況のあおりを受けて白人労働者との競争が激化し、中国人労働者をスト破りと見る労働組合との対立が起き、労働騎士団（The Knights of Labor）を名乗る排華団体が組織される。85-86年には排華運動が頂点に達した。時の判事トマス・バークと市長ヘンリー・イェスラーは激化する暴動を鎮圧する一方、中国人追放措置を考えた。86年2月7～8日には暴徒が中国系住民を追い出す騒ぎに発展し、200人が船でサンフランシスコに送り出され、さらに150人が次の船を待って追放された。警察の発砲で暴徒の一人が死亡したと警察記録にある。州知事スクワイアと大統領クリーブランドは戒厳令を敷いてこのときの暴動を沈静化した。アメリカ議会はその後、西海岸一帯の排華暴動に対して清国政府に27万6619ドルの補償を支払ったが、実際の被害者には行き渡っていない。追放された中国系人はすぐに戻り、89年のシアトル大火後に早くもクオン・タック商事のチン・ギーヒーが煉瓦建造物を建てたとの記録がある。

　20世紀に入るとオレゴンで成功したグーン・ディップがシアトルに移住、1908年に清国シアトル名誉領事に任ぜられ、09年にシアトル華僑学校を設立、ミルウォーキー・ホテルを建設する。62年3月、ウィン・ルーク（Wing LUKE）が大陸部の主要都市で初めて中国系市議会議員に選ばれたが、65年に飛行事故で亡くなる。シアトルにあるウィン・ルーク・アジア系博物館には、華僑・華人に関係する記録などが所蔵されている。市内チャイナタウンの側に生まれ育った中国系人ゲーリー・ロック（駱家輝）はワシントン州下院議員を務め、96年に大陸部で初めてのアジア系人の州知事（ワシントン州）に選出された。
　　　　　　　　　　　　　　　（司馬純詩）
　⇨排華法［アメリカ］，反米ボイコット

シイ、ヘンリー　1925-
施至成　Henry SY

　フィリピン華人の実業家で、資産保有額20億ドルを上回る（『フォーブズ』誌）といわれているショッピングモール王。現在、シューマート社（Shoe Mart）を統括するSMプライム・ホールディングス（SM Prime Holdings Inc.)の総帥で、デ・オロ銀行、中興銀行および極東銀行の株主でもある。福建省の貧困家庭に生まれ、1937年家族とともにマニラに移住。下町のキアポ地区で両親は細々と乾物業を経営していた。けっして恵まれてはいなかったこうした家庭環境の中で、ヘンリーは苦学してファーイースタン大学に学び、学資を稼ぐために在学中から靴の売買をしていた。それは彼に貯蓄をもたらし、成功へと導く。すなわち、大学卒業後、48年ついに念願の店舗つき靴屋を開業したのち、55年にプロペラ機でアメリカから靴の輸入を始めてその事業を軌道に乗せた。その後、60年までにマニラ市内に靴屋のフランチャイズ化を達成し、シューマートの名は広く知れ渡るようになった。85年にはシューマートは巨大なショッピングデパートの代名詞として生まれ変わり、マニラ首都圏のケソン市に巨大な百貨店が誕生した。その後も店舗の数と規模の拡大を図り、現在のモールと呼ばれる大規模ショッピング街を一代で築き上げた。マニラ首都圏のエドサ通り店やオルティガスのメガモール以外にも、カビテ州、パンパンガ州、あるいはセブ州やイロイロ州などの地方都市に店舗を拡張した。このようなモールは、通常の百貨店店舗に加え、映画館、ゲームセンターやレストランを兼ね備える巨大な施設である。さらに、現在、ヘンリーはマニラ湾埋立地に5ヘクタールという世界最大級のモールを建設中であり、アジア全域での事業展開を視野に入れている。　　　　　　　　　（中西徹）

子曰館 しえつかん

アメリカに散在した私塾形式の▼華僑学校。儒教の伝統に重きを置き、『論語』の「子曰く」からこの名をとった。カリフォルニアのオークランドだけでもかつて13校あった。上級レベルの私塾ではとくに「専館」と呼ばれ、サンフランシスコに多かった。
（司馬純詩）

シェン、イヤオウ 1926-
沈己尭　I-Yao SHEN

中国系アメリカ人歴史学者。広東省平遠の生まれ。1949年中山大学を卒業したのち台湾へ移り、57年アメリカへ留学、60年コロンビア大学から社会学修士、61年ラトガーズ大学から図書館学修士学位を取得。メリーランド大学図書館館員、米国議会図書館館員などを歴任し、78年からコロンビア特別区大学で教鞭をとる。海外華人・華僑史研究に深く取り組み、著書に A Century of Chinese Exclusion Abroad (1970)、Southeast Asia (1985) ほかがある。
（曾櫻）

シェン、チェンパイ
沈堅白　Chien-Pai SHEN

中国系アメリカ人企業家。上海の生まれ。1945年に上海交通大学を卒業した後アメリカへ留学し、マサチューセッツ工科大学から理学修士学位、ハーバード大学からMBAを取得。52年にベンディクス社に就職し、同社研究所所長、副総裁などを歴任した。74年に自らの会社を創立し、電子産業、通信産業、航空産業など幅広く業務を広げた。83年に北京で▼中国旅行社と合弁経営するホテル長城飯店を開業させた。
（曾櫻）

シェンノート、アンナ 1925-
陳香梅　Anna CHENNAULT

アメリカの華人政治活動家。共和党のニクソン大統領に協力したり、共和党少数民族委員会の委員長を務めるなど共和党との関係がとくに深い。米中関係が好転する1970年代初めまでは、▼中国国民党政権を擁護するアメリカの保守派グループ「チャイナ・ロビー」の活動家として暗躍した。

北京生まれ。1936年家族とともに香港に移ったが、41年香港が日本軍に占領されたためふたたび中国に戻った。大学卒業後の44年、国民党の党営通信社である中央社の昆明支社の記者となる。47年中国空軍の顧問に招かれた米陸軍航空隊のクレア・リー・シェンノートと結婚した。クレア・リー・シェンノートは、日中戦争で中国空軍として日本と戦ったアメリカの隠密空軍部隊アメリカ義勇軍（フライング・タイガース）の創設者で、蔣介石夫妻とも親交があった。58年の夫の死去を機に台湾からアメリカに居を移した。『往事知多少』などの著書もある。
（戸張東夫）

📖 吉田一彦『シェンノートとフライング・タイガース』徳間書店、1991．／『世界華僑華人詞典』

四海楼 しかいろう

長崎中華料理の老舗、ちゃんぽんの元祖。

創業者の陳平順（1873-1939年）は、福建省福州府福清県出身、1892（明治25）年新地町で同郷人が営む益隆号を頼って長崎に渡来。反物の行商をして資金を蓄え、1899年仲間3人と共同して広馬場町に中華料理店四海楼を創業した。当時の写真に写った店の看板には「官許大清国四海楼御旅館茶園酒館時点雅菜各国料理」「四海楼清国御料理并＝御旅館」と書かれている。ちゃんぽん、皿うどんは、陳平順が留学生のために安くて栄養たっぷりのものをと作ったのが始まりとされ、以後、長崎食文化の名物の一つとなった。同店を継承した陳平順の次男の陳揚春は、1973年に店を広馬場からグラバー園などの観光地に近い松ヶ枝町に移転、大型店舗を新築して事業拡大を図るとともに、▼長崎孔子廟を観光施設として活用することに尽力した。陳揚春の長男の陳名治は、同店創業百周年を記念し、2000年に店舗を改築一新した。
(陳東華)

シカゴ・チャイナタウン
Chicago Chinatown

米国シカゴ（芝加哥）市の華僑・華人居住区。1860年から華僑はイリノイ州とその最大都市シカゴに住みつくようになった。シカゴでは1880年代から、とくにミシガン湖畔一帯に華僑経営の飲食店、雑貨店が増え、中国語学校や華僑団体も相次いで設立され、ダウンタウンに▼チャイナタウン（「北チャイナタウン」）の雛型が形成された。華僑・華人人口が増加したため、20世紀初頭にダウンタウンの華僑・華人は南方に追いやられ、そこがニューチャイナタウンとして、「南チャイナタウン」となった。長年の発展につれて、いまや南チャイナタウンはいくつもの通りをもつ華僑・華人居住区となった。近年、チャイナタウン広場も建設された。1970年代半ば以降、大量のインドシナ各国の華人難民が殺到したため、シカゴの「北チャイナタウン」が活気づき、主要華僑・華人居住区の一つとなった。そのほか、シカゴの西郊外にも新しいチャイナタウンが出現した。公式統計によると、90年にイリノイ州（シカゴを含む）の華僑・華人数は約4万9000人であった。
(李国梁)

☞チャイナタウン

慈苦大老師 ??-1879
じくだい ろうし

ジャワの諸廟で祀られる神明。ジャワ島に逃れてきた太平天国の武将ともいうが、姓名・経歴は不詳。東ジャワで苦行者の生活を送り、ジャワ人を弟子にしたと伝えられる。その墓地は現地出生華人とインドネシア人の聖地となっている。
(張祥義)

シクロ ⇨ トライショー

重藤威雄 1905-95
しげふじ たけお

長崎華僑経済史研究の先駆者。長崎市生まれ。1937年母校長崎高商、のちの長崎大学に就職。39年、43年の2回中国東北地方（いわゆる満洲）と仏領インドシナで約3か年間現地調査。専攻はイギリス中世経済史だが、戦時下アジア各地での華僑の見聞・接触が契機となり、戦後は▼長崎居留地貿易を中心とする華僑経済史の研究に没頭、その研究成果は『長崎居留地貿易時代の研究』（酒井書店、1961年）、『長崎居留地と外国商人』（風間書房、1967年）、『長崎居留地』（講談社、1968年）など。学位論文、また長崎華僑史研究の基本文献である。
(市川信愛)

四抗
しこう

日本占領期のフィリピン華僑社会における四つの▼中国国民党系華僑抗日ゲリラ組織に対する略称。四つの組織とは「菲律賓戦地民主血幹団」「菲律賓華僑青年戦時特別工作総隊」「菲律賓華僑義勇軍」「追撃団三九九部隊」。各組織の活動は、抗日宣伝、華僑保護、米軍のフィリピン上陸への協力などを中心とした。戦後、犠牲者を記念して四つの追悼碑が建てられ、合わせて四抗記念碑と呼ばれる。
(廖赤陽)

シシップ家
シシップ ブナ
SYCIP

フィリピンの華人財閥一族で、アモイ出身のホセ・シシップ（Jose SYCIP。中国名 SY Bin Lo）を始祖とする。ホセは、北はカガヤン地方から南は西ビサヤ地方まで幅広く商人として活躍、土地を買収・集積し、財閥の基礎を築いた。息子の弁護士アルビノ（Albino、薛з敏老）は、土着銀行のチャイナ・バンキング社を設立した。その後は、アルビノの長男デイビッド（David）と三男のワシントン（Washington）の活躍が目立つ。デイ

ビッド・シシップはユーチェンコ財閥の▼リサール商業銀行の頭取となり、アキノ政権下では資産民営化信託長官の重責を務めた。他方、ワシントン・シシップは、名目上は一線から退いているとはいえ、現在シシップ財閥の総帥である。

ワシントン・シシップは1921年マニラに生まれ、サント・トーマス大学を首席で卒業後、アメリカのコロンビア大学で博士号を取得した。戦後帰国したワシントンが一人で46年に開設した W. SyCip 社は、東アジア全域に拠点を設けることに成功し、SyCip Gorres Velayo 社（SGV）というアジア最大規模のコンサルティング会計事務所にまで成長した。70年代までに、アメリカのコンサルタント会社との提携を軸に、人材育成に重点を置き、フィリピンのトップ100の企業のうち、63とのクライアント契約を結ぶに至った。身内びいきを排した厳しい経営方針の下で、政治経済における権勢は不動のものと評価されている。最近では、フィリピン停滞の原因は、中間層が育っていないことであり、それは課税制度の不備など高額所得者が極端に優遇されている社会制度に起因すると指摘してエリートを批判し、資産税の導入を主張している。

（中西徹）

CCTV大富　シーシーティーブイだいふ

1998年7月1日からスタートした24時間放送の中国語専門チャンネル。京セラとフジテレビジョンなど日本の大手企業の出資によって設立。中国最大のTV局CCTV中国中央電視台の番組を、中国本土と同時放送。ニュース、ドラマ、芸能、スポーツ、ドキュメンタリー、教養、バラエティなど、多彩な番組を網羅する。番組情報紙『大富節目報』がある。所在は東京。

（段躍中）

🌐 CCTV大富ホームページ http://www.cctvdf.com/

施進卿　し・しんきょう　?-1421

15世紀初めに▼パレンバン（旧港）で活動していた中国人海賊の頭目。パレンバンは1380年頃にジャワの▼マジャパイト王国の攻撃を受け、無政府状態となった。このため同地は中国人海賊の根拠地となり、そのなかでも梁道明と陳祖義が有力であった。2人は1405年に明の使節が同地を訪れた際に使節を中国に派遣している。こののち梁道明に代わって施進卿が台頭し、陳祖義と対立した。1407年に▼鄭和の西征隊が同地を訪れた際に、陳祖義は彼に反抗して船隊を攻撃したために捕らえられ、本国に連行されて処刑された。一方、施進卿は鄭和に協力したので、その地位を認められ、旧港宣慰使という官職を与えられた。彼は1421年に死去して、その子の施済孫（または智孫）が、次いで妹施二姐がその後継者となった。なお施進卿、済孫は日本にも貿易船を派遣したことがある。

（生田滋）

慈善・義捐・献金　じぜん・ぎえん・けんきん

[中国への諸寄付]

慈善・義捐・献金のいずれも海外華僑・華人を含む中国大陸外の中国人・中国系人（総称して中国系人と略称）から中国大陸へ送られる寄付的送金である（現物形態もある）。必ずしも区別は明確でないが、おおざっぱに言って「慈善」（寄付金）は哀れみ助けるためのもので、たとえば旧中国時代の「中華民国海外同胞（僑胞）救済・慈善寄付金決算報告書」によれば、1937年から38年6月までに世界各地の華僑・香港中国人が為替で中国国内に送金した罹災者救済・慈善寄付金総額は4368万元に達し、その大部分は広東籍の人々によった。これで老人ホーム、孤児院などが▼広東、▼福建、上海などに作られた。「義捐」は不幸や災難にあった人々への見舞金（物）で、規模が大きく、範囲が広い。たとえば、91年夏の長江中下流域、淮河流域、松花江流域を襲った大洪水災害時には、大陸外中国系人からの中国大陸罹災者救済基金への義捐送金は、同年7月30日までに台湾から4億新台湾元、タイ、フィリピン、アメリカ、シンガポール、マレーシアなど30余か国の華僑・華人から人民幣換算5000万元以上、同年12月までに香港、▼マカオから8億HKドル以上に達した。「献金」はカネ（モノも）を上に奉るの意であり、「元旦献金」、「七・七献金」、「慶功献金」（慶祝献金）、「結婚献金」（政府指導者などの結婚への）などがある。「七・七献金」は「七・七」が日中戦争開始の1937年7月7日を意味する抗日戦争支援の献金であり、たとえば39年、シャム（タイ）政府が親

日的であったので、当地の華僑は秘密裡に100万元を集め、祖国中国に送金（献金）した。
(山岸猛)

▣ 方雄普・謝成佳主編『華僑華人概況』北京：中国華僑出版社，1993．／巫楽華主編『華僑史概要』北京：中国華僑出版社，1994．／『広東省志・華僑志』

[華僑社会のなかの慈善]
　華僑の血縁、地縁、業縁に基づく相互扶助は、華僑の高い自治能力の表れであり、法的に保障されることの薄かった華僑の海外生活擁護に果たした役割を過少評価することはできない。また、たのみとする▼宗族や▼同郷団体をもたない弱者には、「方便の門」と呼ばれた▼善堂の存在があり、それなりの意味をもったことも疑いない。その一面、切り口を変えて慈善事業を見ると、私財を慈善事業に寄付して善堂や各種華僑社団の役員に選任された商業資本家が、慈善・相互扶助の表看板と自己の影響力によって巨額の寄付・義捐金を集め、受益者に救済を施すことを通して下層社会の不満を和らげ、ひいては自己の商業基盤である身分的雇用制度が下から脅かされるのを防いだだけでなく、恩恵行為を通じて自らの政治的基盤を同国人の間に扶殖した姿が見えてくるのである。善堂や華僑社団役員の経歴を多年にわたり保持することが、華僑社会での紳商・名流、いいかえれば民族リーダーの条件となったからである。また慈善事業が共同体規制を発揮したことは、「助葬」すなわち貧家に棺を施したり、義荘とか義山と称した同族または同郷団体造営の共同墓地利用によく示される。生死連続の観念が強く意識された時代に、貧富の別なく、華僑の間で関心がもたれたのは、死後に葬儀・埋葬が立派に営まれ、その後も絶えることなく供養を受けられる保証であった。海外では、来世で現世と同じ宗族、同郷の社会関係を持続するためには、族人あるいは同郷人の眠る共同墓地に一緒に埋葬される必要があった。ところが同族や同郷団体の規約に服従しなかった者には埋葬許可が与えられなかったところから、共同墓地が共同体規制を発揮する決め手として役立ったのである。さらに一例加えると、老人・未亡人・孤児、人身誘拐などの災難にあった婦女子に対する人身保護事業があげられるが、未亡人の生活を援護するのと同時に儒教道徳の「節」を鼓吹したように、前近代の土壌に根ざした「家」制度を擁護するのが主眼であり、近代理念に基づく人権や女性解放を指向したものではなかった。
　植民地時代の華僑社会で、こうした封建的原理に立つ慈善事業が曲がりなりにもヨーロッパ近代と同居しえたのは、植民地の底辺にある中国人労働者の大群がもつ愚痴や不満を他に転化させ、彼らに批判の武器を与えないことで、植民地統治者と中国人商業資本家とが共通の利害関係を有したからである。また旧英国植民地では、華僑が持ち込んできた伝統的な慈善事業を通して形成されるヒエラルヒーの上部を占める華僑を、▼太平紳士、立法評議会・行政評議会・市政評議会などの民間議員に任用し、あるいはイギリス貴族制の位階を授け、植民地体制の維持に利したのである。こうした慈善事業のあり方は1920年代末から30年代初めまで確認することができる。
(可児弘明)

七股頭　しちことう
　19世紀シンガポールの▼広東幇七大商家の総称。七家頭とも。シンガポール華僑社会の中心的存在であった広垣、朱有蘭、朱広蘭、朱富蘭、羅啓生、羅致生、同徳を指す。
(蔡史君)

七府五幇　しちふごバン
That phu ngu bang
　ベトナム南部に設置された華人統括組織。1758年にベトナム中部のクアンナム・グエン氏政権は南部在留の華人を▼清河社、明香社（▼明郷）に編成した。その後、華人はベトナム籍の華裔と区別されるようになり、1790年にグエン・フック・アインは華人を出身地別に七府に編成し、▼該府・記府に統括させた。フランス植民地期までこの制度は踏襲され、七府は後に解体され五幇となった。一説には、府および幇は並称されていた。在越華人はすべて幇に属し、幇長は出入国管理・徴税いっさいの責任を負った。
(大野美紀子)

▣『大南寔録前編』『大南寔録正編第一紀』（『大南寔録』1－3）．／Ly Tana & Nguyen Cam Thuy (ed.). *Bia chu han trong hoi quan nguoi hoa tai Thanh pho Ho Chi Minh*. Hanoi: 1999.

七府武廟 しちふぶびょう

ベトナムのサイゴン(現▼ホーチミン市)の華人社会において中心的な役割を果たした▼関帝廟。▼チョロン地区にあった。創建年は不明だが、1878年の第3次改修時の碑文が、かつては残されていた。福州、漳州、泉州、広州、潮州、瓊い、徽州の7府からなる七府公所の事務所が廟内に置かれ、第2次大戦後、その組織は西堤(サイゴン・チョロン)中華理事総会と改称した。廟の建物はサイゴン解放後の1976年に老朽化を理由に取り壊され、その関帝像は隣接する三山会館(天后廟)へ移された。

(芹澤知広)

シー、チンベン 1932-86
施振民　Chinben SEE

フィリピン出身の華人文化人類学者。福建に生まれ、4歳のときに両親とセブ島に移民した。台湾大学考古人類学系に進学し、文化人類学を専攻。1970年代からマニラで学術・文化活動に従事した。フィリピン華人社会の研究に従事したほか、70年に合一協進会(Pagkakaisa sa Kaunlaran)を結成し、多元文化を有する多民族国家としてのフィリピンにおいて、華人はその一員として融合すべきだとする「華非融合論」を唱えた。▼テレシタ・アン・シーは妻。

(小熊誠)

▷ フィリピン華裔青年聯合会

実業華僑爵賞章程 じつぎょうかきょうしゃくしょうしょうてい

清政府が制定した華僑実業家の帰国投資を奨励する条例。1908(光緒34)年に在外公館を通して海外華僑に公表された。8項目の規定からなり、主要内容は、(1)単独投資、合弁、資本参加のいずれの形式でも、投資規模、雇用者数に応じて報償を与える、(2)実業向けの投資、資源採掘、製造業など国民福祉の向上に貢献した華僑資本が適格とされる。

(王効平)

シッポク料理 シッポクりょうり

中国料理の影響を濃厚に受けた長崎の名物料理。6、7人が朱塗りの円卓を囲み、一つの器に盛られた料理をめいめいが取り分けて食べる中国の食事様式を取り入れたもの。円卓には、刺身、酢の物、口取りなどを盛った小菜が並べられており、客が着席すると、おひれ(澄まし汁)が出され、宴が始まる。続いて大鉢、中鉢(角煮など)、煮物、ご飯、香の物が出され、最後に梅椀(しるこ)で終わる。季節物や山海の珍味が美しく盛られ、豪華さを誇る。豚の角煮(東坡肉)に代表される中国料理のほか、南蛮、ポルトガル伝来の珍しい料理と日本料理が渾然一体となったもので、さまざまな文化・料理が混在してきた長崎の歴史を反映している。由来は、鎖国時代に長崎貿易が許された中国人の影響である。享保年間(1716-36年)にはすでに「しっぽく」といわれていた。漢字では卓袱料理と表現されるが、長崎では卓子料理とも称される。▼唐寺で出される普茶ふちゃ料理は、シッポクの精進料理版である。

(横山宏章)

祠堂 しどう

中国人社会において、祖先や神祇じんぎの位牌を祀った建物を呼ぶ名称。とくに▼宗族やその分節集団が祖先祭祀の施設として建てたものを呼ぶ場合が多い。その場合には、宗祠、家祠、公祠、祖堂、家廟などの名称で呼ばれることもある。明代にはおもに高級官吏個人を顕彰するための施設であったが、清代になって宗法重視の政策がとられると、歴代の祖先を合祀するかたちの祠堂がしだいに一般化し、清末には▼福建、▼広東などとくに宗族組織の発達した地域では、一般庶民の間にも祠堂を建てる習慣が普及していった。祠堂の規模は大小さまざまだが、一族の命運を左右するものとして▼風水上の好地に立地し、重厚な構造と華麗な装飾を伴った立派な建築物であることも珍しくない。大規模なものは、中庭をもつ二進式、三進式の建物で、中央奥の正庁に始祖を頂点とする祖先の位牌を祀っている。福建・広東地域などでは、一つの宗族村落の中に、全体始祖を祀る祠堂と、その下位分節がおのおのその初代の始祖を祀る分節祠堂が多数併存する場合もあった。他方、▼広州など拠点都市には、地域内の同姓宗族の連合組織が遠い共通始祖を祀る「合族祠」と呼ばれる祠堂が建てられる場合もあった。いずれの場合も、祠堂では新年や春分、秋分、冬至などの機会に子孫たちが集まって祖先祭祀の儀礼を行った。祠堂での祖先祭祀の費用をまかなうため、族田などの共有財産(▼族産)をもつことも多かった。しかし、す

べての族員が死後その祠堂に位牌を納めてもらえるとはかぎらず、とくに業績のあった祖先や寄付金を納めた者の位牌のみが安置されることもあった。また、祠堂にはこのような祖先祭祀の場としての機能のみでなく、一族の長老たちが集まって会議をする集会所としての機能や、教師を招いて一族の子弟に教育を受けさせる私塾としての機能を備えている場合もあった。中国本土では、▼文化大革命の時代には破壊の対象となり、位牌や祭壇が破棄・焼却されたり、工場や役所、病院、倉庫などに転用されたりしたが、現在では福建・広東地域を中心に、華僑・華人からの出身宗族への寄付金などによって復活・再興が著しい。

(瀬川昌久)

司徒賛 しと・さん 1900-78
SOETO Tjan

インドネシアの華僑教育家、社団指導者。広東省開平県生まれ。1919年インドネシアに移住、60年帰国するまでジャワ、スマトラ各地の▼華僑学校で教育に当たるかたわら、広肇会館、中華僑団総会などの社団指導者として活躍。60年帰国後、▼暨南大学理事・東南亜研究所副所長、全国人民代表大会代表、全国帰国華僑聯合会委員およびその他の要職を歴任。開平県赤坎に司徒賛を記念した司徒賛科学館がある。

(張祥義)

シドニー
悉尼/雪梨　Sydney

オーストラリア最大の都市で、ニューサウスウェールズ州の州都。1827年に中国人2人が同市に到着した。これが同国最初の中国人である。48年には18人の中国人が使用人、職工、労働者として同市に滞在。以後、中国人は中国華南地方からの安価な労働力提供者として、シドニー湾経由で豪州に流入した。1990年代には同市の人口の約3％が華人系で、同国の全都市中、最も高い割合である。同市の華人系組織のなかで最も早く創立されたのは、1875年の広東省出身者による悉尼公義堂で、中国人への慈善活動を行った。1901年の移民制限法成立から60年代の移民政策の緩和まで、華人系組織の活動・創設には勢いがなかったが、同郷会が次々に設立された。70年代の多文化主義政策開始以降、相次いでさまざまな組織が創設され、活動も活発に行われるようになった。なかでも74年設立の▼シドニー澳華公会は2000人を超えるメンバーをもつ同市最大の組織で、豪州社会と華人社会の相互理解の促進、華人系の人々の豪州への適応の援助を目的とし、州政府からも援助を受けた。83年には老人ホーム澳華療養院を設立し、他のエスニック系の人々も入院している。現在では、30を超える組織が公益団体として同市に登録されている。教育機関としては、1910年創立のシドニー中華学校、13年のシドニー光華学校、77年のシドニー中文学校、87年のシドニー中華語文学校などがある。中国式庭園のシドニー中国花園、別名「誼園」が建国200年を記念して88年につくられた。同市中心部に約7000m²の敷地を持ち、中国本土外では最大である。華人系の政治家の躍進が著しいのも同市の特徴で、市政でも90年代後半は華人系の▼ヘンリー・ツァンが副市長だった。

(増田あゆみ)

> 📖 増田あゆみ「オーストラリアにおける中華系コミュニティと政治活動」『神戸法学雑誌』45-2，1995．/『世界華僑華人詞典』/ J. Jupp (ed.). *The Australian People.* North Ryde: Angus and Robertson Publishers, 1988.

シドニー澳華公会 シドニーおうかこうかい
Association for Chinese Community in Sydney, Australia

オーストラリア、▼シドニー市の中央駅近く、ヘイ・マーケット街にあるシドニー市華僑・華人の協会。ビクトリア州、その隣のサウス・ニューウェールズ州は1850年代から▼ゴールドラッシュで広東から多くの華僑労働者が移住した地域であるが、1888年からの▼白豪主義のもとでアジア系移民の排斥が1958年まで続き、ために華僑社会は激減し、一部は混血して残留しつつ、しだいに大都会であるシドニーの市部や郊外に移って八百屋、家具屋、レストランなどを営んだ。66年から同国はアジアを重んずる政策をとりはじめ、73年、中華人民共和国との国交が回復して、華人、▼華裔人口が増えた。同年、政府は2000年をめどに多民族の融和した国家をつくる計画を建て、国勢調査にともなって華僑・華人代表者の委員会の意見をきいた。シドニーの華僑・華人はこの委員会をベースにして自

治団体をつくるべく、会長、会則、役員を規定し、74年に澳華公会の第1回大会を開いた。会員は84年に2000余人に上り、その9割がシドニー市部の人々である。委員は保険業、弁護士、技師、商人、ソーシャルワーカー、経済学者、文学者、料理店主、医師、主婦などであった。同会は福祉団体として政府に登録し、養老院をもつが、一般業務として、(1)移民局に付設されたサービス機関に代表を送り、会長は政府の種族社会協議会、行政委員会、社会奉仕局に会を代表して参加する、(2)マス・メディアを通じて政府が音頭をとる移民教育、華僑事務、法律相談、政府奨励金などのニュースを会員に流す、(3)自分たちの手で図書館を設け、慈善福祉を進める、(4)政府の「オーストラリア伝統文化計画」を賛助して、中国移民の貢献をPRして、種族的な差別の解消に努める、などを活発に行っている。同会はオーストラリアでは最大の規模を誇り、第1回大会以後、十年報を編んでその歴史を伝えている。　　　　（斯波義信）

司徒美堂 しとび どう 1868-1955

アメリカ愛国華僑の指導者。原名は羨意、字は基賛。広東省開平県赤坎の破産農民の出身。1880年、香港よりサンフランシスコに渡り、初めはコックや子守の仕事に就く。『揚州十日記』『嘉定屠城紀略』などの書を読み、民族主義的感情にかられ、85年地元の▼秘密結社である洪門致公堂に加入し、94年には致公堂内に別組織として安良堂を組織した。そして訪米した▼孫文の革命思想に触れ、1905年にニューヨークで安良総堂を創立、武装蜂起のための資金調達など、孫文の革命運動を支援した。その後40余年にわたって安良総堂総理として華語学校の創設や幇派争いの調停などで活躍した。31年の満洲事変後に抗日運動に参加、37年にはニューヨーク華僑抗日救国籌餉しゅうしょう総会の設立にかかわり、アメリカ華僑社会から義捐金を募り、中国の抗戦を支援した。41年国民参政会の華僑参政員の身分で帰国、日本占領下の香港を脱し、翌42年重慶に入る。43年アメリカに戻る際に重慶政府の任務を受け、南米各地を訪問して華僑に抗戦の宣伝を行った。45年ニューヨークでカナダ、アメリカ、キューバ、メキシコなどの

▼致公堂組織の代表が集まり、中国洪門致公党への改組がなされ、司徒美堂が全米総部の主席に選出された。抗日勝利後の46年、アメリカ洪門致公党の代表とともに一時帰国して、華僑政党の身分で祖国の建設事業へ参加しようと図ったが、内戦のため実現せず、蔣介石の政治姿勢に対する不満が高まった。49年9月中国に帰国後、全国政治協商会議委員、全国人民代表大会常務委員会委員、華僑事務委員会委員などを歴任。55年、脳溢血のため北京で死去、八宝山革命公墓に葬られた。　　　　　　　　　　　　（帆刈浩之）
→ 全国政治協商会議華僑代表
参 北京市政協文史資料研究委員会・広東省政協文史資料研究委員会編『回憶司徒美堂老人』北京：中国文史出版社，1988.

シナル・マス・グループ
金光集団　Sinar Mas Group

インドネシアの代表的な企業グループ。売上げ順位第2位を▼アストラ・グループと争う位置にある。1997年の推定売上げは19兆ルピア（64億ドル）、傘下企業数200社以上。主要事業は紙・パルプ、農園・食用油、金融、不動産の4分野。紙・パルプ事業はアジア有数の規模で、シンガポール登録企業のアジア・パルプ・アンド・ペーパー（APP）社がインドネシア国内7社と中国、マレーシアインドの製紙事業を統括する。製紙年産能力60万トンのチウィ・キミア社、パルプ年産能力80万トンのインダ・キアット・パルプ・アンド・ペーパー社はグループの収益源である。アブラヤシ農園と食用油を垂直統合するのがシナル・マス・アグロ・リソース・アンド・テクノロジー（SMART）社で、年産30万トンの油脂加工能力を擁する。金融業は民間銀行第3位のバンク・インターナショナル・インドネシア（BII）が中心。シナル・マス・グループは97年からの経済危機の下で主力の紙・パルプ、ヤシ油の輸出が好調を続け、銀行も清算または国有化を免れたが、2000年末になってAPP社が120億ドルもの債務を抱えることが発覚した。

グループは中国福建省生まれの創業者▼エカ・チプタ・ウィジャヤが一代で築いた企業グループである。幼少時にスラウェシ島マカッサルに渡来したエカはインドネシア独立後、

329

スラウェシ、東ジャワのスラバヤ、ジャカルタの3地点を拠点に事業を興し、80年代初めには製紙、食用油、銀行という主力事業を整えた。この過程で企業の買収・売却を多用しているのが特徴。グループの所有は5人の実子の均等所有による家族持株会社が統括する一方、経営は実子がそれぞれ事業分野を決めて役割分担している。次男の'ウィ・ホンレオンは香港を拠点に中国投資を行う中策投資集団(CSIグループ)を形成、シナル・マス・グループの中国での製紙事業の展開にも一役買っている。 (佐藤百合)

㊐ ウィジャヤ、トゥグー・ガンダ
㊙ 井上隆一郎編『新版・アジアの財閥と企業』日本経済新聞社、1994.

シナワット・グループ
Shinawatr Group

タイの'タクシン・シナワット首相夫妻が創業した通信事業を中核とする企業集団。アメリカ留学より帰国後の1979年、タクシンは警察庁コンピュータ・センター勤務のかたわらポチャマーン夫人とともにICSIを創業しIBMの代理店となる。83年、シナワット・コンピュータを創業。事業が軌道に乗るやタクシンは警察官を辞職して経営に専心。タイで最初の衛星通信事業権を取得。通信事業専門持株会社のシン・コーポレーション(SHIN)を中核に、携帯電話のアドバンスト・インフォ・サービス(AIS/ADVANC)、衛星通信のシン・サテライトなど20社を超える関連企業を擁する。フィリピン、カンボジア、ラオス、インドなどにも進出。2001年7月、SHINが買収したタイで第3位の携帯電話会社をAIS/ADVANCと合併させた結果、グループは携帯電話市場シェアの60%を押さえる。「国際華商500」(『亜洲週刊』香港、2000年10月30日)ではSHINはタイの華人企業第3位。 (樋泉克夫)

死の儀礼 (しのぎれい)

華僑・華人社会における伝統的な死者儀礼の流れは、おおよそ以下のようなものである。家に死者が出た場合、遺体はひとまず正庁(表座敷)に安置される。続いて遺体の汚れを清めるべく、沐浴(湯灌)を行う。遺体の沐浴には一般に死者の近親者(子ども)が当たる。沐浴の終わった遺体には寿衣と呼ばれる死者専用の衣服を着せ、棺に納める(入殮にゅうれん)。棺には死者が生前好んでいた品を副葬品として入れる。マレーシアの華人社会では、死者が生前官位にあった場合には、寿衣もその階位にふさわしい華美なものを用意する。しかし現世で官位をもたなかった者でも、来世における立身出世を願い、高位の者が使う礼服を着せてもかまわない。寿衣には毛皮、皮革、ゴムは使用してはならないとされる。毛皮や皮革を禁ずるのは、死者が来世で動物として生まれ変わるのを恐れてのことである。しかし、こうした寿衣にまつわる習俗も近年しだいに消滅しつつある。遺体に寿衣を着せた後、釘を打ちつけて棺を封じる。棺は喪家の正庁に設けられた祭壇の前に安置される。遺族は3~7日程度喪に服し(守喪)、弔問客の応対をする。守喪の最終日、道士または僧侶を呼び読経をしてもらい、死者の霊魂を供養する(做功徳)。出棺(出殯)の日、死者に最後の別れを告げる儀式を行い、一同葬列を組み墓地に向かう。墓地に着くと遺体を埋葬するが、このとき故人の神主(位牌)を墓前に置く。埋葬が終わると神主を家に持ち帰り、祖先を祀る祭壇に安置する。シンガポールの華人社会には、神主を'廟にも奉祀する習慣がある。なお、埋葬された遺体が腐敗し骨のみになった頃に掘り起こし、洗い清めて改葬する(洗骨)習慣も一部に見られる。 (高橋晋一)

㊐ 運棺、東華義荘
㊙ Tong Chee Kiong. "Death Rituals and Ideas of Pollution among Chinese in Singapore." *The Preservation and Adaptation of Tradition.* Ohio State Univ., 1990. / L. Comber. *Chinese Ancestor Worship in Malaya.* Singapore: Eastern UP, 1963.

CPグループ (シーピー・グループ)
正大集団 Charoen Pokphand Group

アグリビジネスを中核とするタイ最大の多国籍企業。チャローン・ポカパン・グループ。別名卜蜂集団とも。広東省澄海県出身の'謝易初が1923年(30年説あり)にバンコクのヤワラート創業した種苗販売専門の正大荘菜行が前身。戦前、謝易初はタイの風土に適した種苗の開発と栽培方法の改良に努め、タイ

全土だけではなく、マレー半島各地にまで販路を拡大した。戦後、謝易初は正大荘菜行の経営を実弟の謝少飛に任せ、▼スワトウに正大荘種子農場を設立、優秀な種苗を開発し東南アジア各地に輸出した。謝少飛の手で種苗、化学肥料、農薬、飼料、養豚・養鶏、プラスチック、麻袋などを扱うアグリビジネスへと変質した正大荘菜行は、53年タイでチャローン・ポカパン（華字名を卜蜂または正大。Charoen Pokphand の頭文字をとったCPが一般的）・グループを設立。65年香港での正大貿易出口公司設立を機に海外展開を開始した。以後、インドネシア、アメリカ、台湾、トルコなどに飼料工場、漁業会社などを設立。68年グループ経営を謝易初の四男の▼タニン・チョウラワノン（謝国民、現総裁）が継承。70年代以降、タニンの積極路線の下に飼料生産、畜産と水産養殖でタイでトップの企業になるなど、急成長を遂げた。80年代以降、系列企業である香港の卜蜂国際を拠点に中国市場に積極参入し、90年代半ばの段階で中国全土にアグリビジネスを中心に製造業、流通、金融など約170社を設立（資産総額は430億ドル）。中国投資の最も多い外国企業として知られる。90年代に入ると、香港に亜太通訊衛星公司を設立する一方、タイではアジア・テレコムが政府から電話200万回線の経営権を取得するなど通信・衛星事業にも積極参入。97年危機を機に不採算部門の切捨て、系列企業の整理・統廃合など経営体質の強化に努める。タイではアグリビジネス、電話・通信部門を強化する一方、流通部門から撤退。中国では上海を拠点とする流通網の全国展開とアグリビジネスの統合。台湾、インド、ベトナム、トルコに置く系列企業の統合。タイ料理チェーン店の海外展開など、新たな動きをみせる。　　　　　　　　　　（樋泉克夫）

　参 曹淳亮主編『香港大辞典・経済巻』広州出版社，1994．

私費留学出国規定　しひりゅうがくしゅっこくきてい
自費留学出国規定

（1）1982年7月の帰国華僑子女の私費留学に関する中国政府の規定。全15条項。とくに第5条に留学申請者の学歴や職歴などによる出国の制約が定められていると同時に、▼帰国華僑と華僑親族（▼僑眷）は同制約を受けないと明確に書かれている。

（2）1984年中国政府が定めた私費留学の暫定的規定。それによれば、申請者に学歴、年齢、就業年数および職業の制限はなく、正当かつ合法的手続きによって得た外国の入学許可証明書および外国の奨学金あるいは外貨援助の証明書を関係部門に提出すれば出国申請の手続きは許可される。以降、中国政府は幾度か関係ある規定を定めた。重要な一つは90年2月国家教育委員会による私費留学出国の補充規定で、帰国しない公費留学生は国家の教育費を返却すべしとし、他に申請者の学歴、職歴や業績などに基づく異なる対応措置も定められた。また93年8月国家教育委員会は「支持留学、鼓励回国、来去自由（留学を支持、帰国を歓迎、出国・帰国は自由）」の十二字原則を決めた。
　　　　　　　　　　　　　　　　（過放）
　関 留学生

シブ　⇨　新福州　しんふくしゅう

シベリア鉄道　シベリアてつどう
西伯利亜鉄路　Trans-Siberian Railroad

ロシアのモスクワからイルクーツクを経てウラジボストークに至る1万3000km余りの鉄道。ナホトカなどへの支線をもつ。1891年に建設が始まり、当初はロシア人、次いで日本人の労働者を動員したがうまくいかなかった。結局、その後の建設作業には中国人労働者とロシア人服役囚を使用した。中国人労働者はおもに山東から導入され、その数1万人に達した。97年にイルクーツクまで開通。同年、東端のハバロフスク－ウラジボストーク間も開通した。全通は1916年。危険・苛酷な労働で多くの中国人労働者が殉職したが、同鉄道はロシアそしてソ連の東部開発の大動脈となった。　　　　　　　　　　（塩出浩和）
　参『世界華僑華人詞典』

思明劇場　しめいげきじょう
思明戯院

1927年にインドネシア華僑の曾国新・曾国聡兄弟が▼アモイに投資・創設した映画館。建築費は10万元で、座席が700席あり、もっぱら外国映画を上映していたが、世界恐慌に影響されて経営不振に陥った。38年、アモイが日本軍に占領され、戯院も「日本共栄会」に強制的に借り上げられた。43年、莫大な債務

で経営が困難になり、所有権を安く共栄会に売った。45年にアモイ市政府が接収・管理し、49年に厦門電影院と改称した。　　　(劉暁民)

⬛『世界華僑華人詞典』

指紋押捺制度（しもんおうなつせいど）

▼外国人登録法（1952年4月28日成立）において本人確認のため採用された制度。同法の前身となる外国人登録令施行（47年5月2日）以来、密入国が多かったこと、米の二重配給を狙って二重登録が多発したことなどへの対策として導入されたが、指紋押捺を強制された者の心理的負担や尊厳を傷つけるものとして、しばしば論議をよんだ。その後、登録証偽造防止の技術が進歩したことなどから、87年指紋押捺は1回かぎりとする改正が行われた。さらに第123国会（92年2月）において外国人登録法の一部改正案が可決され（92年6月1日法律第66号として公布、翌年1月8日施行）指紋押捺に代わる同一性確認の手段として、鮮明な写真、署名、一定の家族事項を登録することでこれに代えることができることになった。さらに法律第134号（99年8月13日可決、2000年4月1日実施）により非永住者に対する指紋押捺制度も廃止された。

(許淑真)

⊟ 在留資格、出入国管理
⬛ 田村満著、重見一崇補訂『外国人登録法逐条解説』日本加除出版、1993.／法務省入国管理局外国人登録法令研究会編『Q&A 新しい外国人登録法』日本加除出版、1993.／外国人労働者雇用研究会編著『こんなときどうする外国人の入国・在留・雇用 Q&A』第一法規出版、2001.

謝易初 （しゃいし） 1896-83

タイの▼CPグループ総帥の▼タニン・チョウラワノンの父。タイ名をエクチョー・チョウラワノン。広東省澄海県生まれ。1922年に渡タイし、バンコク市内ヤワラートで種苗を商う正大荘を開業。24年にスワトウ支店を開設。36年にチェンマイで農園経営を試みる。45年にバンコクで鴨の毛の輸出業を創業。その後、スワトウに光大荘を創業し、農場経営と東南アジア一帯での種苗販売に成功。53年、実弟の少飛らとバンコクにCPグループ前身のチャローン・ポカパンを創業。57年から65年の間、中国に戻り国営白沙農場副場長

兼技術員。65年、タイへ。　　　(樋泉克夫)

シャウフッセン・シーブンルアン 1862-1940
蕭仏成　Siyauhudseng SIIBUNRUANG

タイのジャーナリスト。バンコク生まれ。バンコクの▼孫文支持派の指導者。20世紀初頭、革命思想宣伝用の▼華字紙『華暹新報』と不偏不党を掲げるタイ字紙を創刊。華僑を「東洋のユダヤ人だ」と糾弾する国王ラーマ6世に対し批判論陣を張る。1912年、バンコクの福建公所を福建会館に拡充し初代会長に就任するなど、華僑指導者として活躍。24年以後は国民党シャム地区代表として中国での政治活動が中心。37年にタイに戻り抗日を支持。▼ラムサム家と姻戚関係があった。

(樋泉克夫)

⊟『東洋のユダヤ人』

社会主義戦線（しゃかいしゅぎせんせん）
社会主義陣线　Socialist Front

マラヤーマレーシアの左翼連合政党。華人主体の▼マラヤ労働党とマレー人主体の人民党（1955年11月結成）がマラヤ独立の当日（57年8月31日）に結成。58年9月社会主義青年同盟（54年8月結成、58年10月非合法化）が、63年マレーシア成立後の64年3月国民議会党（63年7月結成）が加わる。真の独立、国語（マレー語）教育推進、各民族平等、勤労人民の権利獲得などを謳い、労働党委員長の著名なマレー人作家イシャク（Ishak Muhammad）が戦線委員長となり、マレー人と華人との融和に貢献。下院選で59年に8議席、64年に2議席獲得。しかし言語問題などで労働・人民両党に亀裂が生じ65年12月人民党が脱退、戦線は消滅した。

(原不二夫)

謝家麟 （しゃかりん） 1920-
XIE Jia-lin

加速器を専門とする物理学者。黒龍江省のハルピン生まれ。1943年に燕京大学物理系を卒業。47-51年、カリフォルニア工科大学、スタンフォード大学大学院などで学び、修士号、博士号を取得。51-55年、スタンフォード大学などで教学と研究に従事し、当時世界最高水準の医学用電子直線加速器を開発した。55年帰国し、中国科学院近代物理研究所の電子研究所で研究を行ったほか、清華大学

の教授を務めた。73年以降、中国科学院の高エネルギー研究所において、さまざまな加速器の研究開発に携わり、78年に全国科学大会賞を受賞。著書に『速調管群聚理論』などがある。80年、中国科学院学部委員に選出された。　　　　　　　　　　　　　（西澤治彦）

参『世界華僑華人詞典』

ジャカルタ効忠大会（ジャカルタこうちゅうたいかい）

1965年の▼9月30日事件の後、インドネシア国内では反共・反華僑の雰囲気が強くなり数多くの華人が迫害を受けたことから、翌66年4月15日、反共主義の立場に立つ中国系インドネシア人がジャカルタで開いた政治集会。9月30日事件に対する中国の関与が取り沙汰されたことを意識し、同集会に集まった約5万人の華人たちは、インドネシア共和国への忠誠を誓うとともに、中国との国交断絶などを要求した。集会後、参加者の一部が中国大使館を襲撃し、中国側はこれらの行動を蒋介石一派の画策と非難した。実際には、インドネシア国軍と協力関係にあった同化派の華人組織「民族統一指導協会（Lembaga Pembina Kesatuan Bangsa）」の指導部が関与していたとされている。　　（土佐弘之）

⇨ 9月30日事件

参 Charles A. Coppel. *Indonesian Chinese in Crisis*. Kuala Lumpur: OUP, 1983.／貞好康志「インドネシアにおける華人同化主義の国策化」『東南アジア歴史と文化』25, 1996.

ジャカルタの華僑・華人（ジャカルタのかきょう・かじん）

インドネシアの首都ジャカルタ（Jakarta、雅加達）は、オランダ植民地時代にはバタビア（Batavia）と呼ばれた。1596年オランダ人が初めてジャカルタに入港し、1602年にはオランダ東インド会社が設立された。1619年イギリスとの戦いで勝利し、その土地の名前をバタビアと改称した。その後、オランダ東インド会社の本部がここに置かれ、バタビアは、オランダ領東インドの最大中心都市として、また植民地貿易の一大拠点として発展していった。オランダ人は、この植民地都市の建設に際して、オランダ本国の都市をモデルとした。このため、運河が縦横に掘りめぐらされた。植民地時代の都市の中心は、現在のジャカルタの北部に位置するコタ地区であり、▼チャイナタウンもコタ地区のグロドック周辺に形成された。

オランダ東インド会社は、植民地経営における華人の経済的能力に期待しつつも、華人勢力の発展によって生じる危険性を考慮して、華人を市街地の特定の地区に集中して居住させた。この地区が、ジャカルタのチャイナタウンの起源となった。1740年には、オランダ側の厳しい政策に反発した華人が蜂起した。その結果、オランダ人によってジャカルタ在住の華人約1万人が虐殺されるという大事件（▼バタビア華僑虐殺事件）に発展した。流血が河水を真紅に染めるほどの虐殺事件ということで、華人はこの事件を「紅渓惨案」と呼んだ。

ジャカルタのチャイナタウンには、大小の華人の▼廟が多数見られ、線香の煙が絶えない。なかでも、ジャカルタ在住の華人にとって最も重要な廟は▼金徳院である。その歴史は古く、1650年頃に金徳院の前身が建立された。また、植民地都市ジャカルタには、福建や広東から多くの大工も移住してきた。彼らは1794年、大工の始祖として崇められた魯班を祀った魯班廟を建立した。

華人関係の団体組織をみると、ジャカルタの華人団体・華語学校の連合組織として、ジャカルタ中華総会が1945年に設立された。49年に中華人民共和国が成立した後には、新中国を支持する華人たちによって、ジャカルタ中華僑団総会が結成された。華語学校については、インドネシアの華語中学のなかでは最も著名であるジャカルタ中華中学が1939年に創立された。また、同じくジャカルタの著名な華語中学である巴城（バタビア）中学が45年に開設された。巴城中学は、広肇会館、客属公会、および福建会館が、広東人、客家、福建人という幇派の境界を越えて協力して創設したものである。60年代の生徒数が最も多い時期には、3700人に及ぶ華人子弟が巴城中学で学んでいた。

1965年に発生した▼9月30日事件をきっかけに、インドネシア政府は華人に対して厳しい政策をとるようになった。同事件の後、漢字の使用が禁止され、インドネシア各地のチャイナタウンから漢字の看板が消えてしまった。また、華人相互の扶助組織として重要な役割を果たしてきた華人会館や華人子弟の華

語教育を担ってきた華語学校も閉鎖された。スハルト大統領の退陣のきっかけとなった98年5月に発生した暴動の際には、ジャカルタの各所で華人経営の商店やスーパーマーケットなどが略奪・放火され、さらに多数の華人女性が暴行されるという事件が発生した。とりわけチャイナタウンは、この5月暴動において、放火・略奪などの大きな被害を受けた。

(山下清海)

⇨ オランダ東インド政庁
⊛ 須山卓, 1972./山下清海, 1987./山下清海, 2000./温広益・蔡仁龍・劉愛華・駱明卿編『印度尼西亜華僑史』北京:海洋出版社, 1985.

謝玉謙 しゃぎょくけん 1936-
CHEA Geok Kian

マレーシア華人の画家。祖籍は広東省潮洲市。ジョホール州コタティンギ生まれ。シンガポール華僑中学、南洋美術専門学校を卒業、画家として活動を始めた。1956年に初個展を開く。59年にパリに留学。62年留学終了後、ヨーロッパ各地で個展を開く。帰国後はカンポン生活を主題とした油彩を多く発表、郷土画家と呼ばれた。

(荒井茂夫)

蛇口 じゃこう

中国初の対外開放の工業団地。深圳経済特区の西部、南頭半島の南端に位置し、面積は11km^2、行政区画上は`深圳市の南山区に所属。1979年国務院の認可により、`香港にある中国政府系海運会社の招商局が主体となって、外国直接投資の誘致を主要目的とした蛇口工業団地の開発が始まった。政府ではなく企業が開発を行う工業団地であり、しかも他の経済特区の設立より早かった。蛇口は中国で率先して市場経済のさまざまな制度、方法を導入して団地の開発を進め、経済改革のモデル、対外開放の窓口にもなった。現在、招商局傘下の蛇口工業区有限公司という企業が工業団地を管理・運営している。南シナ海の油田開発の後方基地として、油田開発に参加する国内外の石油企業は蛇口に進出、石油関連産業が工業団地内の最も重要な産業となっている。また、コンテナ港も重要な位置を占めている。

(朱炎)

謝国明 しゃこくめい

13世紀初め、博多に居住して対外貿易に活躍した、南宋首都臨安府(杭州)出身と伝えられる商人。生没年不詳。1242(仁治3)年に宋から帰国した弁円円爾(聖一国師)を迎え、万松山`承天寺を建立した。弁円は博多祇園山笠の創始の由来に関係する。当時、謝国明は博多集住の宋商人の代表たる`博多綱首と呼ばれ、櫛田神社付近に居住し、日本人女性を妻とした。宗像社・筥崎宮に対し対外貿易を介して所領を与えられるなどの特権をもった。

(川勝守)

謝国権 しゃこっけん 1925-

東京生まれだが、台湾籍をもつ産婦人科医(医学博士)。東京慈恵会医科大学を卒業し日赤本部産院産婦人科に入る。1960年同産婦人科医局長のときに、独自に開発した人形を使って性行為の体位などを科学的に説き明かした『性生活の知恵』(池田書店)を出版。戦後日本人の性意識を大きく変えたといわれ、200万部近い大ベストセラーとなった。その後『性生活の知恵・続編』と『結婚前後の知恵』も書き、三部作は計300万部を超えた。62年に医院を開業、現在も東京都世田谷区内で続ける。

(日暮高則)

謝尚成 しゃしょうせい 1902-56

横浜華僑の事業家。広東省高明県出身。12歳のとき横浜に。博雅亭で中華料理の修業に励む。戦後、料理店を経営。1951年、3代目の横浜中華学校理事長に就任。その後、`横浜華僑総会(台湾系)の監事を1期、`旅日要明鶴同郷会副会長を2期務めている。

(符順和)

⇨ 鮑博公
⊛ 『横浜華僑誌』

佘単新客 しゃたんシンケ ⇨ 自由移民 じゆういみん

ジャック・チア・MPH ジャック・チア・エムピーエイチ
Jack Chia-MPH

`シンガポールを中心とする多角的華人企業グループ。グループ創業者は1922年`潮州の製造業者一族に生まれたジャック・チア(Jack CHIA、謝傑立)で、上海の大学(化学専攻)卒業後、父親が香港で営むオーストラリア製薬会社代理店の仕事を手伝う。これが成功して発展すると、活動地域をタイ、マレーシア、シンガポールへと広げた。71年にはオー(胡)一族の傘下にあった有名なタイ

ガーバーム（**万金油**）の製造販売権を取得する。グループ中核企業のMPH社は、1890年にイギリス退役軍人がキリスト教布教のために創った印刷所で、1927年マラヤ出版社（Malaya Publishing House: MPH）に改組され、地域最大の出版会社であった。第2次大戦後、経営不振に陥ると、72年にジャック・チアが買収し、現在の名称に変更したもの。同社買収後、チアのビジネスは製薬と出版が中核となり、現在は第2世代が経営に参加している。
(岩崎育夫)

参 Peter Hutton. *Make What I Can Sell.* Singapore: Jack Chia-MPH, 1978.

謝廷玉 しゃてい ぎょく 1905-90
Tin Yuke CHAR

ハワイの華人で歴史研究者。ホノルル生まれ。北京の燕京大学を卒業後、1932年ハワイ大学で修士号を取得、その後コロンビア大学の博士課程に進学したが、おりからの恐慌により研究活動を断念してハワイに戻る。36年広東省の嶺南大学に勤務するが、2年後、日本軍の侵略を機にふたたびハワイに戻り、以後、保険事業で社会的成功を果たした。カピオラニ・コミュニティ・カレッジとの親交が始まると、ハワイの豊かな多民族社会に注目するようになり、カピオラニ図書館へ膨大な個人蔵書を寄贈し、さらには新図書館内に「謝アジア太平洋研究室」を設立する基金を寄付した。同研究室はハワイ華人社会に関する研究会をはじめ、アジア・太平洋の多様なテーマについて討論する場を提供したり、各界の広範な人材の参加する各種研究会を主催し、多様な研究事業に積極的にかかわってきた。主著に、オーラル・ヒストリーなどの歴史資料を踏まえてハワイ華人の歴史を記述した、*The Sandalwood Mountains* (Honolulu: UP of Hawaii, 1975) などがある。
(中間和洋)

蛇頭 じゃ とう
snake head

中国から海外への密航者を不法斡旋する中国人ブローカーのこと。英語でスネーク・ヘッドとも。歴史的にみると、蛇頭の出現は1世紀以上も前に遡る。明代や清代の頃、**福建人**や**広東人**は同郷・同族が集団でアジアやアメリカに出稼ぎに出た。港から出航する出稼ぎたちは出発時に、**客頭**といわれるブローカーとの間で労働契約を交わす代わりに船賃を前借した。この客頭こそ現代の蛇頭のルーツである。現代の蛇頭は単一組織でなく、指揮系統が異なる組織が協力しあい、競い合ってビジネスを成立させる。蛇頭は大きく分けて三つの仕事を分担する。地元で密航者を募る「勧誘蛇頭」、そして人蛇ジャ（密航者）に付き添って目的地まで運ぶ「付添い蛇頭」、さらに目的地で密航者を受け入れる「出迎え蛇頭」、これら一本のパイプラインを形成してはじめて蛇頭というシステムが成り立つ。現代では労働契約書の代わりに密航者との間に「密航協議書」を取り交わす。密航費用は、目的地に着いてから支払う成功報酬である。
(森田靖郎)

⊟ 不法移民
参 成田節男、1941. ／森田靖郎『蛇頭と人蛇』集英社、2001.

シャーバンダル
syahbandar / shahbandar

ペルシャ語で「港の王」を意味し、主として**マラッカ王国**などの東南アジアの港市において、貿易や居留外国人商人の管理に当たった港務長官。各港市の支配者に代わって、外国商船との折衝、関税としての商品の受領、外交・領事業務に当たり、多くは居留外国人から任命された。各港市に通常1名置かれたが、マラッカ王国では4名存在した。出入港する船を航路によって、グジャラート、ベンガルなどの西方、ジャワなどの東方、中国などの北方の4方面に分けて、各方面出身の外国人が任命され、円滑な交易および関税徴収に益した。
(菅谷成子)

『ジャパン・ディレクトリー』
Japan Directory

幕末から1941年にいたるまで、横浜、神戸、長崎、香港などで発行されていた英文の年鑑。発刊元はジャパン・ヘラルド社 (Japan Herald) とジャパン・ガゼット社 (Japan Gazette) などである。各**外国人居留地**所在地の官公庁、外国公館、会社、商人、宣教師などを収録したディレクトリーは、日本に居住する外国人、外国資本の動向を知るうえで貴重な資料である。華僑の会社・個人

に関する記載も多い。　　　　　（伊藤泉美）

ジャマイカの華僑・華人 ジャマイカのかきょう・かじん

　中国人の初めてのジャマイカ（牙買加）到来は、1854年にパナマから二次移住した契約労働者のグループであった。19世紀末まで契約労働者は断続的にジャマイカに到着し、プランテーションや製糖工場で働いた。これらの労働者のほとんどは契約期間終了後もジャマイカに残り、多くは小売商やサービス業に転業した。第2次大戦の食料不足によって、農業に従事する者も増加した。戦後、一部の華僑・華人の経済的状況はしだいに改善され、貧困華僑を収容する養老院（頤老院）、無料医療施設である留医所、公立華僑学校などの教育・慈善施設が寄付金で次々と創立された。1891年に首都キングストンで成立した中華会館は、20世紀初期の内部紛争などの混乱を乗り越え、華僑・華人の権益を代表する機関として、華僑・華人の教育・慈善事業に尽力している。　　　　　　　　　　　　　（曾纓）

暹羅通事 シャムつうじ

　▼長崎奉行配下のシャム（タイ）語の通訳官。「暹羅」は「せんら」とも読む。広義の▼唐通事に含まれる。1656（明暦2）年来航したシャム国船の国書をシャムで山田長政に仕えていた森田長助が翻訳したことに始まると伝えるが、『訳司統譜』では1644（正保元）年の任用を初めとする。その後72（寛文12）年泉屋七三郎が登用され、以後この2氏がその職を世襲したが、しだいにシャムとの交易も減少し森田氏だけとなり、しかも軽い地位となった。1855（安政2）年阿蘭陀オランダ通詞に吸収された。　　　　　　　（林陸朗）
　🔲 唐通事

ジャヤ・グループ Jaya Group

　建設・不動産開発を中核とするインドネシアの企業グループ。1996年の同国企業グループ別売上高順位で22位。60年ジャカルタ特別州スマルノ知事はさまざまな首都施設建設を構想、翌61年その設計・建設を主として担う企業として PT Pembangunan Jaya（PJ）を▼チブトラらと合弁（特別州庁60％、チブトラら3人40％出資）で設立した。チブトラらが経営を担当、当初は知事が社長に就任、68年からチブトラが社長。66年知事就任のアリ・サディキンはジャカルタにカジノ開設を認可、そこから潤沢な事業税収入を得て、初めて実質的な首都施設建設を開始し、PJは中心的役割を演じた。66年からのスハルト政権下の経済開発加速という追い風も受け急成長、不動産開発、テーマパーク、ホテル、貿易、国内流通、自動車組立て、銀行などに相次いで進出、PJを持株会社とする有力企業グループとなった。70年代サリム、アストラの両グループとともに三大企業グループの一角を占めたが、80年代▼サリム・グループによる建設部門の人材引抜き、チブトラらが各自の企業グループ経営に注力しはじめたことから勢いを失い、97年からの経済危機でも大きな打撃を受けた。　　　　　　　（三平則夫）

ジャヤ・ティアサ・ホールディングス 常成控股有限公司 Jaya Tiasa Holdings Bhd.

　マレーシアの木材企業。1960年に設立された紡織企業サウス・パシフィック・テクスタイル・インダストリーズ（South Pacific Textile Industries Bhd.、69年上場）が起源だが、その後ビンセント・タン（陳志遠）のブルジャヤ・グループに買収されてブルジャヤ・テクスタイルズ（Berjaya Textiles Bhd.）となり、製造業部門を子会社にまわして持株会社となる。95年木材業のティオン・ヒュウキン（TIONG Hiew King, Datuk、張暁卿）が買収、現社名に。彼自身の古くからの拠点だった木材企業リンブナン・ヒジャウ社（Rimbunan Hijau Sdn. Bhd.、常青私人有限公司）など、多数の木材関連企業を子会社にもつ。JT社はサラワクに70万ヘクタールの木材伐採権をもつマレーシア最大の木材輸出商、パプアニューギニア最大の木材商でもある。ニュージーランド、中国、ロシア極東などにも伐採権をもつ。現役員はティオン一族4人、マレー人3人（退役将軍、サラワク州首相実弟など）で構成されている。▼華字紙▼『星洲日報』は88年にティオン傘下に入った。　　　　　　　　　　　（原不二夫）

佘有進 しゃゆうしん 1805-83 SEAH Eu Chin

　一代で富を築き上げたシンガポール華僑。

広東省澄海出身。1823年シンガポールに渡り、船の記録係を務めたが、5年後に船主の代理商として船荷を売って手数料を稼いだ。その後、土地を大量に購入、コショウやガンビールの大規模な農園を営んだ。30年頃には▼潮州幇のリーダーとなった。また、ヨーロッパの綿織物や中国茶の貿易を通じ、欧州人社会との関係を深め、40年にはシンガポール商業会議所初の中国人会員となった。シンガポールには彼にちなんだ有進街という通りがある。パイナップルの缶詰で巨万の富を築いた佘連城は彼の次男である。
(曽士才)

佘連城 しゃれんじょう 1850-1925
SEAH Liang Seah

▼シンガポールの華人富商。華人社会のリーダーであった「ガンビール王」▼佘有進の次男。祖籍は広東省澄海県。シンガポールに生まれる。聖ヨセフ学院に学ぶ。パイナップル缶詰工場を経営、巨富をなす。1880年海峡植民地立法議会議員、83年同永久議員、85年▼太平紳士となる。90年議員職を辞す。94年に陳若錦の辞職にともない議員に復帰するが、翌年辞職。シンガポールの連城街(Liang Seah Street)は佘連城を記念して命名。
(蔡史君)

ジャンク
戎克 junk

中国の大型海洋帆船の総称で、マレー語に由来し漢語になったもの。日本などでは▼唐船と呼んだ。積載重量トン数は、小は100トンぐらい、平均して300〜500トン、大は1000トンにも及ぶ。長江の内河船は60〜100トン、大運河船は20〜60トン前後なので、明らかに大型の海洋船の呼び名である。ジャンクは就航する海域によって形、構造、呼び名、大きさが分かれていた。渤海湾、黄海の海域つまり上海から北の海域(北洋。業者は北幇ないし北号)の沙船というジャンクは100トンほどで、平底で龍骨がない。上海と天津、遼東の間を年に3〜4回も往復できる。上海から南の海域(▼南洋。業者は南幇、南号)の南洋ジャンクの中心は福建の▼アモイ一帯であり、そのうち、ベトナム海域に就航する船は100〜200トン、シャム、マレー、ジャワ、フィリピンは300〜500トン、日本へは北洋船、南洋船がともに来た。南洋船は北洋にも入れたが、おもにモンスーンに乗じて航海するため、冬に南下して夏に北上する。このため風待ちの寄港地(住冬)を要し、▼マラッカ、▼パレンバンがインド洋への航海、あるいはインド、アラブ、西洋船との交易での南限の要地となり、トンキン、▼フエ、プノンペン(の外港)、▼アユタヤ、ブルネイ、マニラ、バタビア、スラバヤ(の外港)、平戸、長崎などの港も、同じように寄泊、販売と集荷、修船ないし造船の基地として育って華僑・華人街ができた。南洋船は単純にピストン状に往復するのが常態ではなく、出港ののち5年、10年と周航を続け、そのつど小修理、大修理を繰り返すものである。北洋船を除き、アジア海域に出ていたジャンクの総数は、1810年の中国統計で約300隻、平均トン数は300トンで、総計トン数は当時イギリス東インド会社の管理下の船のそれの4倍であった。ジャンクの速度は9ノット程度であるが、順風を得たときは上海〜九州間を5日、▼泉州〜▼寧波間を3日で渡り、積載容量でも、運賃でも、もっぱら駄獣による陸運よりも10倍、内河船よりも3〜5倍も効率的だった。元朝の半ばに朝鮮半島東南端の木浦で沈んだ寧波発のジャンクからは、10万個の陶磁、底荷(バラスト)として積まれた28トンの銅銭が出土している。

ジャンクの船体構造は、まず楕円形のずんぐりした形をしていて、東南中国産の松、杉の船腹板を鉄釘を多用して接合し、外側を桐油の黒色タールで塗布している。さらに両舷側の船腹板を前後方向に十数枚の隔壁板(バークヘッズ)によって固定し、それらの間の空間をおもに船倉、一部は船員室に当てる。舳先に滑車を付した鉄か石の錨を置き、艫はいちだんと高くして客室を置き、その後ろに長大な梶板を備える。舳先から艫にかけての船底に龍骨を走らせ、その中央部に主檣(マスト)を建て、その前後の補助用の檣を合わせて2〜5檣を用いる。帆は綿布ないし草蓆(アンペラ)だが、形が全体に四角で、すだれ状に折り畳みする。港への出入りや瀬戸の乗り切りには、船腹に並ぶ四角の小窓からオールを出して漕力に頼る。航海は羅針盤、測距儀、方位測定器、海底土砂の採取、針路図

(海図)を用い、僚船と組み武器も携行する。造船費は巨額であり、自船自運にせよチャーターにせよ、陸上に船主、荷主がいて、出洋船には綱首(同船仲間の長)、出海(船長)、財副(荷主の代理人)、総管(事務長)、直庫(武器・船神係)、舵工(航海長)、以下掌帆長、碇係、船大工などの甲板員、水夫、ほかに1船20～30人の夥伴(商人団)、2～3人の通訳を乗せる。同船者は100～200人にのぼり、同郷の縁で結ばれ、この結束から海上企業の運営法が発展した。

(斯波義信)

:book: 斯波義信『宋代商業史研究』風間書房、1968. ／永積洋子編『唐船輸出入品数量一覧:1637～1837年』吉川弘文館、1987. ／大庭修「平戸松浦史料博物館蔵〈唐船之図〉について」『関西大学東西学術研究所紀要』13, 1980.

シャングリラ・ホテル
香格里拉酒店　Shangri-La Hotels

マレーシアの実業家▼ロバート・クオク・ホクニエンが世界各国に展開するホテル。シャングリラはチベットにある桃源郷の意。砂糖取引、製糖業の成功で「砂糖王」の異名を得たロバートは、1960年代末、第2の投資先を求めていた。国策会社マレーシア・シンガポール航空(MSA)、マレーシア国際海運会社(MISC)役員に就任していた関係もあって、白羽の矢を立てたのがホテル業だった。最初のシャングリラ・ホテルは、71年に▼香港の著名な映画人▼ラン・ラン・ショウらとの合弁で▼シンガポールに建設された。当初は赤字だったが、2年目から順調に収益を伸ばした。マレーシアでのホテルは73年ペナン島バトゥフェリンギに開業したラササヤン・ビーチ・ホテル(Rasa Sayang Beach Hotel Sdn. Bhd.)社が嚆矢で、同社はまもなく近隣の2ホテルの買収に成功、▼クアラルンプール、▼ペナンの中心街にシャングリラ・ホテルを建設した後、92年シャングリラ・ホテルズ・マレーシアと改称、クアラルンプール証券市場に上場。シンガポール、ペナンでの成功に意を強くしたロバートは、以後内外で積極的な事業展開を図った。各地のシャングリラの開業年次は次のとおり。81年香港(香港の▼リー・カシン、バンコク銀行の▼チン・ソーポンパニットらとの合弁)、フィジー、84年杭州、85年クアラルンプール、86年ペナン、バンコク、87年ソウル(88年撤退)、北京、88年カナダ(Pacific Palisade Hotel)、90年北京(中国大飯店)、上海、91年香港(アイランド・シャングリラ)、深圳、92年マニラ(東方広場)、93年フィリピン(マニラ、セブ)、シンガポール(国際)、94年ジャカルタ、台北、95年スラバヤ、96年北海、沈陽(国際飯店)、長春、サバ、ミャンマー(ヤンゴン国際)、97年大連、青島。この間、93年に香港証券市場でシャングリラ・アジア社が上場された。97年現在、グループの経営するホテルは10か国・地域に40以上、客室数は2万1000を超える。

(原不二夫)

:book: 周少龍『郭鶴年伝』香港:明窓出版社、1993. ／王永志編著『郭鶴年』北京:公明日報出版社、1997. ／春萌、藍潮『郭鶴年伝』香港:名流出版社、1997.

上海 シャンハイ

中国の最大の商工業都市であり、また金融の中心地。歴史的には江蘇省南部は江南と称され、「米魚之郷」といわれるほど自然資源に恵まれ、また古くから蘇州を中心として商工業が盛んな、中国有数の経済先進地域であった。近代においては上海の後背地として繁栄し、人民共和国になると集団農業組織のもとで資本形成が進み、今日では町や村を所有・経営主体とする郷鎮企業が最も発展した地域として有名である。清は1685(康熙24)年に江海関を設けたが、ここを外国貿易に開いたわけではなかった。18世紀中頃イギリス東インド会社は当地の調査を行い、1832(道光12)年にリンゼー(H. H. LINDSAY)を派遣して通商を要求したが拒絶された。▼アヘン戦争末期、42年イギリス軍はここを占領し、南京条約により5港の一つとして開港させた。45年から正式に土地章程をとりきめ、県城の北、洋涇浜から蘇州河までの土地を買収する権利を獲得して、租界の経営を始めた。次いで、48年にはアメリカも蘇州河の北に、翌年にはフランスもイギリス租界の南にそれぞれ租界を設定し、のちにイギリス、アメリカは63年から合併して共同租界を形成した。

清朝にあっても、洋務派官僚の曾国藩による江南製造局や李鴻章による上海器機織布局など官督商弁の新式工場を建てて洋務運動の

中心とした。しかし、日本を含む諸外国が自国資本による工場を建設する権利を獲得して、本格的な経済侵略を始めたのは日清戦争後の95年の下関条約からである。租界はしだいに拡張され、その行政は工部局という特別の役所によって行われたが、共同租界の実権はイギリスが握っていた。諸外国の投資もイギリスが第1で約3分の1を占め、これに次ぐ日本は第1次大戦後、主として在華紡と呼ばれる紡績業を中心に発展したものである。中国の民族資本は、浙江財閥が新商工業地に進出し、揚子江流域を勢力下に収め、金融界をも支配してついに国民政府の経済的背景をなすにいたった。

　1932年、37年の2度にわたる上海事変が日本軍によって引き起こされるなど、30年代以降、上海資本は内陸へと避難し、45年の日本の敗戦により、47年には「黄金潮」という戦後の経済ブームが起こるが、49年の人民共和国の成立により、商工業の社会主義的改造が行われた。79年からの改革・開放政策ではその中心的役割を担い、98年には、上海市総生産額は実質で前年比10.1％増の3688億2000万元。輸出は欧米市場の開拓努力が功を奏し、前年比10.9％増の163億2800万ドルに達した。また、海外からの投資は、国際的に知名度の高い大企業による直接投資が増加し、契約ベースで前年比9.9％増の58億4800万ドルに達した（『金融時報』1999年1月13日、『経済日報』1999年1月14日）。直接投資のうち欧米、カナダからの分が急増して40億0100万ドルに達し、とくにアメリカからの投資が前年比69.8％増で国別では第1位、ドイツからが9.75倍増で前年の7位から2位へと顕著な伸びを示した。これに対し、香港からは42％減で国・地域別では首位から3位へ、また日本からの契約額はじつに72.2％減で3位から6位へそれぞれ後退している（『解放日報』1999年1月5日）。アジアからの減少分を欧米からの増加で補うという関係は、貿易相手国の変化とも対応している。したがって上海への華僑投資もこのような欧米を中心としたものであり、比較的規模が大きいという特徴をもつ。

　金融面では、上海はアジアの金融センターの一つとして重要な位置を占めつつあり、返還された香港との間で、相互補完的な役割を分担し、香港が窓口となって諸外国から資金を吸収し、これを上海の各種金融市場、機関を通じて全国各地の資金のニーズに応えるという、いわば上海・香港金融センター2極構造が生まれつつある。また、「蘇南モデル」として知られる郷鎮企業は、1978年から始まる一連の経済体制改革が進行するにつれて、中国型市場経済体制の特質として中国内外の注目を浴びてきた。「蘇南モデル」が中国の地域経済の発展にもたらすモデルとしての意義のみならず、農村工業化をめぐる世界的な規模での理論、政策面で有する重要性を明らかにしてきたのは費孝通である。江蘇省江陰市に本部と工場があり中国の羊毛加工企業を代表する江蘇陽光集団公司の営業業種は、ウール、紡毛糸、羊毛布、洗浄毛、衣服（ノーブランド）の加工と販売であり、生産設備は、10万スピンドルの精紡、ナイロン年間製造能力2000万m^2、粗紡100万m^2、洋服35万着、羊毛製品加工企業としては中国最大の規模を誇る。原材料を海外に依存するとともに、製品のかなりの部分を海外へ輸出しており、まさに「両頭材外」（原材料と製品を海外に依存する）戦略を具体化している。

（濱下武志）

　参 高橋孝助・古厩忠夫編『上海史』東方書店，1995．／古田和子『上海ネットワークと近代東アジア』東京大学出版会，2000．

上海人 シャンハイじん

　明清以来、中国沿岸および長江流域における交易の要衝として繁栄した上海には各地の客商が集まり、同郷会館が林立した。さらに近代の開港や外国貿易の発展に加えて、太平天国など兵乱によって大量の移住民が上海に流入、典型的な移住民都市となる。そして、都市上海の経済や文化の成熟を背景に、独自のアイデンティティが形成された。1930年代頃、近代上海の都市性（資本主義経済の発展やモダン文化）を経験する中で、価値観を共有し、上海方言を操る「上海人」というカテゴリーが成立する。それは上海という地域そのものではなく、西洋文化崇拝、功利主義、「北方人」への対抗意識といった経済・文化上の特質を根拠に成立している。上海人の「われわれ意識」を表現した「阿拉上海人」が寧

波方言に由来するように、上海人の形成における▼寧波出身者の影響は大きい。海外へは日本をはじめ世界各地に移民しているが、▼広東、▼福建のように▼同郷団体は発達せず、個人ベースで活躍することが多い。

(帆刈浩之)

上海料理 シャンハイリョウリ
滬菜

上海の料理。中国十大菜系の一つ。江蘇料理、浙江料理を総称して呼ぶこともある。甘辛味や濃厚な味つけが多く、紹興酒の産地が近いため、酒の肴に向く総菜や屋台料理も多い。店頭にセイロや煮物用の大鍋がある庶民的な店構え、従業員は全員が上海幇の男性、店名に漢数字を使うのも特徴。代表料理は秋の大閘蟹（上海カニ）、炒鱔糊（田ウナギの炒め物）、小籠包（スープ入り肉まん）のほか、湯葉、押し豆腐、臭豆腐（発酵豆腐）など豆腐製品も多い。

(飛山百合子)

ジャンパーズ・ディープ金山ストライキ

南アフリカ共和国の産金地帯（通称ランド）での中国人契約労働者のストライキ。ボーア戦争（1899-1902年）後、アフリカ人鉱山労働者不足に悩む南ア鉱山会議所は1904年に移民法を制定して中国（おもに華南）から契約労働者を移入したが、中国人労働者は、低賃金、契約条件を満たさない場合の賃金カット、厳しい処罰に反対して05年4月、ジャンパーズ・ディープ（Jumpers Deep）鉱山でストライキを起こした。その結果、翌年、契約条件は若干改善された。

(林晃史)

▷ナタール法、トランスバール

ジャンプ・シップ
jump ship

ジャンプ・シップは船員が船から逃亡する場合に使用される語彙であるが、中国帆船の記録としてはきわめてまれである。清代には海外に流出する中国民衆の移動が船舶関係の史書に記されており、通常、中国帆船は正規の手続きを行って港湾を出て、沖合もしくは入江の多い島陰などで密航者を多数乗船させて海外に至ったことなどが知られる。この場合、海外渡航者のみならず、乗員もその密航に加わった可能性が考えられる。

(松浦章)

松浦章「16-19世紀の中国・フィリピン間の海上貿易」『海事交通研究』23, 1984.

シャンホー、ヘレン 1943-
沈慧霞　Helen SHAM-HO

オーストラリア最初のアジア系州議員。香港生まれ。18歳で単身豪州に渡り、シドニー大学で社会政策を学ぶ。華人社会でソーシャルワーカー、ラジオ放送の中国語アナウンサーとして働いた後、大学院で法律を学び、弁護士資格を得る。86年に大学院時の指導教授の勧めで自由党入党、88年の州上院選挙に立候補して当選。95年再選されたが、96年の反アジア移民論争を黙認した自由党党首に反発して離党、独立議員となる。

(増田あゆみ)

▷ワン・ネーション・パーティ

シューアド、ジョージ・F.
George F. SEWARD

米国の外交官。在米華僑の研究者。1870年代の米国では不況や金融危機のもと、低賃金で働く中国人労働者に対する白人労働者からの反発が強まり、政府は1880年に▼バーリンゲーム条約修正で中国からの労働移民を調整、制限できるとした。駐上海公使であったシューアドは米中両国の親善関係を損なわないために、移住制限を犯罪者、売春婦、病人、契約労働者に限定しようとした。しかし、彼の後任者によって調印された「清国移民取締条約」では、中国人労働者の移入が制限された。著書に Chinese Immigration, in its social and economic aspects (NY: Charles Scribner's Sons, 1881) がある。

(曽士才)

四邑 しゅうゆう

▼江門市に属する広東省新会、台山、開平、恩平の4県を指す。19世紀中葉以来、北米へ多くの華僑を送り出している。新会県は1987年には人口84万人、在外華僑23万人、香港・▼マカオ・台湾在住者（港澳台同胞）は32万人である。1979年以降、華僑や港澳同胞の資本の積極的導入により化繊紡績工業を柱とする経済成長を遂げている。台山県は1987年には人口95万人、在外華僑と港澳台同胞が世界78か国に約110万人いる。1980年代には外資導入により電子・電器工業、紡織業、医薬、建材、食品の製造業が発達している。開平県は1987年には人口60万人、在外華僑と港澳同胞

約60万人である。県内人口のうち約40万人が▼帰国華僑および華僑と港澳同胞の家族である。県都の三埠は潭江の舟運の中心的な河港である。紡織、食品、化学などの工業発展はやはり外資導入により促進された。恩平県は人口40万弱であり、約22万人の在外華僑および港澳同胞を擁する。紡績・繊維工業が盛んである。
(吉原和男)

㋥ 五邑

周一良 しゅういちりょう 1913-

中国の歴史家。安徽省出身。▼帰国華僑。中国民主同盟員で、1956年に▼中国共産党入党。1935年燕京大学卒、44年ハーバード大学で博士号取得。帰国後、中央研究院語言研究所、精華大学で教鞭をとる。中華人民共和国建国後、清華大学、北京大学などの教授として、また、中国日本史学会副理事長、北京大学日本研究センター顧問などとして活躍した。1973年、初来日。主著に『魏晋南北朝史論集』『中日文化関係史論』『周一良集』『畢竟是書生』ほかがある。
(安井三吉)

十一点 じゅういってん

土生すなわち現地生まれの▼僑生をいう俗称。「十」と「一」を組み合わせると「土」という文字になることに由来する。土生両字人、土生唐人のことであるが、僑生女子をいう「半佬妹」や「客家」が僑生をいう「半脳子」と同じく、僑生を見下した意がこめられていた。
(中間和洋)

㋥ 竹升仔、香蕉人

自由移民 じゆういみん

移民を分類する単位の一つで、いわゆる支払い移民をいう。中国では旧来から移民を「現単」と「賒単」とに二大別していた。前者の語は、たとえば現単新客というように用いるが、自己資金であれ、親類・友人などからの借金であれ、自分で乗船切符を購入して海外へ渡航し、第三者とりわけ外国人に負債を有さず、したがって移民先で職業選択の自由をもち、人身上でなんらの制約をうけない者のことをいった。表面的には支払い移民とか自由移民 (independent emigrants) と呼べるのであるが、現実には借金を背負った者があったのである。これに対して賒単、すなわち未払い移民というのは、同国人もしくは外国人の雇用主、移住機関などの渡航費負担によって移民する者のことであり、負債は移民先での労働、賃金によって漸次返済していくことになる。中国方式の▼欠費制度 (credit-ticket system)、外国人が持ち込んだ契約移民 (indentured emigrants)、▼補助移民 (assisted emigrants) などがこれに相当する。ただし未払い移民も債務の償還、労働契約の満期などによって自由な身となることはいうまでもない。
(可児弘明)

㋥ 契約華工、賒単新客

周恩来 しゅうおんらい 1898-1976

中国の政治家。▼原籍は浙江省紹興、生まれは江蘇省淮安。1917年天津南開学校卒業後、日本に留学。19年帰国して五四運動に参加した。20年フランスに渡り、21年▼中国共産党に入党、24年に帰国、黄埔軍官学校政治部主任となる。27年8月の南昌蜂起を組織、上海で活動した後、31年中央ソビエトに入る。36年12月の西安事件の平和的解決を実現、抗日戦争中は、国民党との交渉、南方局などの指導にあたる。45年重慶交渉に参加した。49年中華人民共和国建国後は総理(終身)として、また外交部長(58年まで)として活躍した。55年インドネシアとの間の「二重国籍問題に関する条約」の締結、また▼華僑送金の保護や▼帰国華僑の生活の保障など華僑問題の基本方針の策定、実施にあたった。
(安井三吉)

㋥ 二重国籍問題

㊸ 金冲及主編『周恩来伝』上・中・下, 阿吽社, 1992. ／中共中央文献研究室編 (金冲及主編)『周恩来伝』1-4, 北京:中央文献出版社, 1998.

就学生 しゅうがくせい ⇨ 留学生 りゅうがくせい

四邑汽船会社 しゆうきせんがいしゃ

四邑輪船公司

清代末の1905年に北米在住の▼四邑出身者(おもに台山、新会の両県)が出資して現在の広東省江門市に設立した汽船会社で、香港との間に定期航路を開設した。最初は汽船2隻で始めたが、やがて持ち船を増やし、貨物も運送した。資本金60万HKドルの90%が華僑資本であった。同じ頃、江門に駅がある新寧鉄道がアメリカ華僑の投資で建設され、この後続く華僑資本による交通整備事業の嚆矢

ごとなった。30年代の日本軍の侵攻により業務が停止した。
(吉原和男)

参 林金枝『近代華僑投資国内企業概論』厦門大学出版社，1988.

宗教問題 （しゅうきょうもんだい）

▼華僑・華人の宗教や信仰をめぐる問題は多岐にわたるが、移民としての華僑・華人とホスト社会の関係において、双方の宗教の異同や類似性などが、社会的統合や融和の重要な条件となる場合が多い。華僑・華人を大量に擁する東南アジア諸国のうち、華人の統合や融和が最も進んでいると評されるタイでも、20世紀前半には排華の時代があったなど歴史的な留保は必要だが、同国の国教である上座部仏教と華人一般の宗教的志向の親和性が高かった点を否定できない。またスペイン統治以来のフィリピンや、近年の欧米、オーストラリアなどで、キリスト教会が中国系移民と他住民との共同の場を提供し、華僑・華人の現地社会への融合を促進している例も挙げられる。

これらに比し、インドネシア（とくにジャワ、スマトラ、スラウェシ）やマレーシア（とくに半島部）などイスラム教徒が多数派を占める国や地域では、ムスリム住民と華僑・華人の関係は一般に対立的であり、近年に至るまでしばしば相互差別や反華人暴動の発生をみている。こうした「華人問題」には、住民間の経済関係や中国の絡む国際関係、政治的な扇動などさまざまな要素が含まれており、すべてを宗教に帰するわけにはいかない。ただし、宗教がしばしば集団のシンボルや政治・社会的動員のイデオロギーになりうること、とくにイスラムの場合、豚肉食の禁忌など日常的な生活習慣の違いを生み、民衆レベルでの相互偏見や対立の原因となりやすいことから、軽視することもできない。

歴史的にみると、華僑・華人とイスラム教はつねに相互排斥的な関係にあったわけではない。とくに15世紀初め、明朝による▼鄭和（彼自身ムスリムの家筋に生まれ、部下にもムスリムが少なくなかった）の航海を一つの契機に、東南アジアを中心とする海上交易が活性化すると、マラッカ王国をはじめ多くのイスラム王権が成立してネットワークを形成した。この時代には、交易を担う商人や各地王権の貴族層として、イスラムに入信した中国系の人々が多く活躍した。東南アジアのイスラム化自体に、アラビアなど西方からの布教者と並び、中国系のイスラム指導者が重要な役割を果たしたとの説もみられるほどである。儒・仏・道教の混淆や祖先崇拝との結びつきに特徴づけられる「伝統中国的」な信仰者にとって、厳格な一神教であるイスラム教は多くの規律や禁忌を伴い、改宗の壁は確かに高い。だが、基本的には民族的出自を問わぬ世界宗教であり、ひとたび入信すれば、同じ信仰共同体のメンバーとして現地社会との融合が容易になる点、前述のタイ仏教やフィリピンその他のキリスト教と同様の機能を果たしていたといえる。

こうした事態を大きく変えた契機は西欧勢力による東南アジアの植民地化である。これ以降、イスラム教は支配者の宗教たるキリスト教に対して被支配者の宗教となり、社会上昇を目指す中国系人にとっての入信の誘因は失われた。19世紀後半以降、植民地開発にともなう中国からの新来移民（▼新客）の大量流入や、人種・民族の区別にもとづく植民地政策の強化などによって、「中国人」と「原住民」のカテゴリーが峻別され、同時におのおのが「中国的信仰」「イスラム教」と結びつけられることになった。20世紀初頭、ジャワやスマトラを中心に高揚した大衆的ナショナリズム運動の中では、イスラムが被支配者たる原住民の宗教的シンボルとされ、異教徒であり経済的搾取者と目された華僑・華人への暴動やボイコットが発動された。華僑・華人の側でも中華ナショナリズムの影響から自らを「中国人」として純化する方向が大勢を占めるようになり、イスラムに対する偏見が醸成されることになった。1949年のインドネシアの独立後、▼イスラム兄弟協会など、社会的融和の観点から華人をイスラム教に改宗させようとする組織が作られたが、めぼしい成功には至っていない。むしろ華人のキリスト教改宗が急速に進むなか、「多数派のイスラム教徒である生粋のインドネシア人」と「少数派のキリスト教徒である華人」という新しい対立の構図が生まれつつある。マレーシアでも、特権的な「ブミプトラ」の中核たるマレー人の要件として、イスラム教

徒であることが憲法で定められており、非ムスリムを大多数とする華人とのマクロな利害対立の構図はいぜん根強いといえる。

(貞好康志)

→ 同化、イスラム教受容、マラッカ、プラナカン、イスラム同盟、イスラム兄弟協会、キリスト教改宗、華僑・華人の宗教

▲ Anthony Reid (ed.). *Sojourners and Settlers*. St. Leonards (Australia): Asian Studies Association of Australia in Association with Allen & Unwin, 1996.／可児弘明・游仲勲編『華僑華人』東方書店, 1995.／酒井忠夫編『東南アジアの華人文化と文化摩擦』巌南堂, 1983.

周興華楽器店 しゅうこうかがっきてん

横浜華僑経営の楽器店。浙江省鎮海県出身の周宝生・周筱生兄弟は、上海でピアノ製造の技術を身につけ、1900（明治33）年頃横浜に渡り、スェーツ商会で働いた。12年、周筱生は▼横浜中華街の一角、山下町123番地に周興華楽器店を開業する。同店ではピアノの製造・販売をはじめ、各種の西洋楽器を製造・販売した。その後現横浜市南区堀ノ内に工場を開いたが、23年の関東大震災で中華街の店舗は焼失し、周筱生も命を落とした。震災以後は、筱生の長男譲傑が家業を継いで工場を再開させた。33年の『横浜市商工録』によれば、名称は周興華洋琴工場、営業種目はピアノ製造、営業所は堀ノ内となっている。42年頃には中国人と日本人の職人が20人ほど働いていたが、45年4月の空襲で工場は焼失した。現在確認される周ピアノには「S. CHEW SON CO.」と記され、譲傑の時代のピアノ店であることがわかる。また周家は、▼李兄弟ピアノ製作所を創設した李家とは同郷の姻戚関係にあった。

(伊藤泉美)

→ 関東大震災と横浜華僑

▲ 伊藤泉美「ピアノ製造と横浜華僑」『開港のひろば』51, 横浜開港資料館, 1996.

『自由時報』じゆうじほう

台湾の日刊華字紙。本社は台北市。発行部数は公称125万部（2001年3月現在）。企業家で元監察院副院長だった林栄三が1980年4月に台中市の地方紙『台中自強日報』を買収してスタートした。81年1月に『自由日報』に改名、88年に現在の『自由時報』と名称を変えた。89年6月に本社を台中市から台北市に移転、全島紙としての地位を築いた。林は総統だった李登輝と親しく、李政権の意向を最もよく伝える新聞といわれた。

(濱本良一)

周錚 しゅうそう 1910-91

中国の僑務工作者、帰僑指導者。▼帰国華僑。海南省瓊崖生まれ。1926年タイに赴き、28年帰国、上海美術専科学校で学ぶ。34年タイに戻り、工場を経営する。第2次大戦中、タイ瓊崖同郷会主席として抗日活動に従事。46年中国民主同盟に加入。49年帰国、華僑代表として中国政治協商委員会第1回会議に出席。その後、中央政府華僑事務委員会委員、広東省華僑事務委員会委員、全国人民代表大会代表などを歴任。

(過放)

→ 全国政治協商会議華僑代表

「自由タイ」運動 じゆうタイうんどう

第2次大戦中のタイ国内と国外でタイ人が駐留日本軍に抵抗した地下工作。戦後に「自由タイ」抗日運動と命名された。対日協力したピブン政権に代わり、1944-47年「自由タイ」政権をプリディ摂政が背後で指導し、戦後の商業、保険業、金融業の復興を担う華商とインド商人の起業家を育成した。その結果、▼バンコク銀行の▼チン・ソーポンパニットやバンコク・メトロポリタン信託のキアット・シーファンフン（鄭亮蔭）らが金融、貿易、保険業界の戦後復興を推進した。

(市川健二郎)

→ 抗日運動

住宅唐人 じゅうたくとうじん

中世末から▼鎖国の頃までに日本に定住した中国人。中世末には西日本各地に住んでいたが、しだいに長崎に集中した。1639（寛永16）年中国人の新規在住が禁止されたが、住宅唐人は貿易のために来航する渡航唐人と区別されて市内に住宅取得が認められ永住した。幕府は彼らを▼唐通事や▼唐年行司に任じて▼唐船貿易の掌握や唐人社会の統制を図り、また保護を加えて出身地別に「興福寺（南京地方）、▼福済寺（▼泉州・漳州）、▼崇福寺（▼福州）の▼唐三か寺が建立された。住宅唐人の有力者には朱印船貿易家の欧陽華宇、林三官、唐通事の初祖となった▼馮六をはじめ劉一水、陳冲一、▼林公琰、▼俞惟和など、町乙名となった徐前園、郭一官などがいた。彼ら一世の住宅唐人は多く中国姓を称し

たが、二世以降は日本的な姓や名を名乗り、服装も日本化して長崎の貿易や行政・文化に貢献した。
(林陸朗)
参 中村質「近世の日本華僑」箭内健次編『外来文化と九州』平凡社, 1973.

周富徳 しゅうとみとく 1943-

中国広東省順徳県出身の両親をもち、▼横浜中華街の中で生まれ育った料理人、料理評論家。神奈川県武相高校卒業後、1961年に東京新橋の中国飯店に就職、父の後を継いでコックの道に入る。その後、京王プラザホテル、聘珍楼、璃宮勤務を経て95年に独立し、青山で「富徳」を開業する。かたわら、NHKの「きょうの料理」番組に出演したほか、雑誌などにも執筆。TVタレントとしても活躍、中華料理の普及に努める。弟もコックで、横浜で料理店「生香園」を経営する周富輝。
(日暮高則)

周南京 しゅう・なんきょう 1933-
ZHOU Nanjing

中国の東南アジア史、華僑・華人史、中国・東南アジア関係史の研究者。▼帰国華僑。祖籍は福建省安渓。▼『世界華僑華人詞典』▼『華僑華人百科全書』の主編者として名高い。北京大学アジア・アフリカ研究所教授、同大アジア太平洋研究センター長。インドネシア生まれの四世で、1948年に15歳で単身アモイの集美学校に入学、1年後インドネシアに帰り、53年北京大学歴史系入学、58年卒業後同大学で教職に就く。現在、▼中国華僑歴史学会副会長、中国東南アジア研究会副理事長。93年の『華僑華人百科全書』全12巻の出版は、まったくの寄付により、シンガポールで出た▼『海外華人百科全書』の出版費が200万ドルだったのに対して、フィリピン華人企業家襲⿰言其詩鈞が提供した24万ドルだけだという。先に出た『世界華僑華人詞典』とともに、文字どおり周南京の心血を注いだ結晶である。
(游仲勲)

周培源 しゅう・ばいげん 1902-
ZHOU Pei-yuan

宇宙物理学者。江蘇省宜興の生まれ。1924年に▼清華学校を卒業、渡米してシカゴ大学、カリフォルニア工科大学で学び、物理学博士号を得る。その後、欧州で研究に従事し、29年に帰国し清華大学教授となる。36年にはプリンストン高等研究所でアインシュタインのもとで相対性理論や宇宙論を研究。その後も米中間を往来し、47年に帰国、清華大学教授のほか、北京大学校長、中国科学院副院長を歴任。全国人民代表、政治協商委員などを務めたほか、中国科学院学部委員にも選出された。
(西澤治彦)

住蕃 じゅうばん

宋代、海外に赴き、かつ当年度を過ぎても渡航地に住みつづけて帰らなかった者を「住蕃」と称した(朱彧『萍洲可談』巻二)。「住」は仮住まい、「蕃」は外国の意。13世紀以降、ジャンク貿易が盛んに行われたが、1974年泉州湾で発掘された宋代の古船は、当時における海のシルクロードの繁栄ぶりを物語っている。こうした海外貿易の進行とともに、多くの中国人が海外に移住して「住蕃」となった。
(廖赤陽)

集美学村 しゅうびがくそん

▼福建省同安県南端の小半島に位置する文教地区。1913年シンガポール華僑▼タン・カーキーが郷里の同地に2000元を出資して小学校を創立したのが始まり。17年女子小学校、18年師範学校、中学校、19年幼稚園、20年水産学院、21年女子師範を開設、23年これらを「福建私立集美学校」と総称。23年秋、戦火が及ぶのを防ぐため、▼孫文から永久平和地区にするとの承認を得、「集美学村」の名称が確定。29年世界恐慌で、経営が行き詰まり、福建省政府の支援を得た。日中戦争中は内陸部の安渓県に疎開。49年国共紛争で破壊されたが、タンが帰国して再建に取り組み、高等、中等、初等を加え10校となる。大学部は▼アモイの経済特区への指定後、既存の航海、水産、体育、財経、師範の5単科大学をベースに、96年工商、芸術2学部を加え7学部の総合大学として集美大学となった。99年末現在、教職員2200人余り、学生数7200人余り、キャンパス総面積117万m²、建物数24棟45万m²、図書100万冊余り。
(市川信愛)

四邑廟 [オーストラリア] しゅうびょう

広東省新会、台山、開平、恩平(いわゆる▼四邑)を祖籍とするオーストラリア華人によって建てられた▼廟。現在、▼メルボルン、

▼シドニー、▼ベンディゴの3か所にある。宗教施設であると同時に、四邑会館として、同郷華人の相互扶助組織・機関としても機能している。メルボルン四邑廟は1856年建立の▼関帝廟を64年に拡大再建したもので、関帝、▼財神像、および歴代先人の位牌を祀る。シドニー四邑廟は1898年に創建、関帝、財神像を祀る。

(髙橋晋一)

14K じゅうよんケイ
sappsei kei

第2次大戦後の香港で急激に勢力を拡大した黒社会（組織暴力団）。広東語でサブセイケイという。1949年、国民党による観劇会を名目に、対▼中国共産党としての組織暴力団の再結成が、広東省広州市西関宝華路14号で行われた。中華人民共和国誕生にともない、国民党に協力した黒社会も50年代に、中国から香港、台湾、東南アジアへ逃れた。香港では60年代に再組織化され「14K」と呼ばれ、8万人もの構成員を抱えるまでになった。自らを「▼洪門」の正統と称したが、香港警察は国民党特務の隠れ蓑として警戒してきた。97年の中国への香港返還を機に、幹部が南北アメリカ大陸などへ脱出、アメリカでは麻薬の流れなどに影響を与えたとされる。近年は中国大陸への進出が盛んで、広州、上海に拠点を構え、雲南ルートの麻薬を動かし、金融、不動産を手掛ける。▼マカオではカジノの利権をめぐってマカオの黒社会「水房」などと激しい武闘を繰り広げている。

(島尾伸三)

十六字方針 じゅうろくじほうしん

中国における▼帰国華僑と華僑親族（▼僑眷）に対する僑務活動の基本政策。「一視同仁、不得歧視、根拠特点、適当照顧」という十六文字、すなわち「平等に、差別してはならない、特性に基づき特別の取扱いをし、適切な配慮を与える」政策の原則を指す。1957年中国政府は「根拠特点、適当照顧」の「八字方針」を打ち出したが、▼文化大革命中、華僑を特殊に優遇するものとして批判・否定された。77年十六字に増やして改めて提起されたのち、78年の全国僑務活動会議において国内の僑務政策の「十六字方針」として明確に打ち出され、以降今日に至る。その趣旨は、(1)帰国華僑と華僑親族は中国公民であり、国内のほかの公民と同じく、中国の憲法と法律で定められたすべての権利を享受すると同時に義務を果たすべきである。あらゆる差別を許さない。(2)海外での生活体験をもち、海外で暮らす親族と繋がりをもつ彼らの特性に基づいて特別の配慮をするのは、合法的、合理的かつ人情に従うものである、の2点。

(過放)

珠海 しゅかい

中国の▼経済特区の一つ。広東省南部の珠江デルタ地区の西岸に位置し、▼マカオと隣接している。現在、珠海市の面積は1592km²、1県8区を管轄、総人口約130万人。そのうち、特区面積は121km²である。マカオに隣接するという条件が活かされ、珠海市は1979年に設立、80年に▼深圳などと同時に経済特区に指定された。珠海は経済特区のさまざまな優遇政策を利用して、香港資本などの外資導入、中国国内企業の誘致に力を入れて、経済発展を遂げた。また、工業のみならず、産業を全面的に発展させる発展戦略のもとで、工業、商業、貿易、観光、金融、不動産、情報、運輸、農漁業などを含む産業構造を形成させた。開発にあたっては都市建設、環境保護をとくに重視。そのため、珠海市は国家レベルの「衛生都市」「公園都市」「環境模範都市」「観光都市」などに指定された。マカオが中国に返還された現在、珠海はマカオ経済を支えることも求められている。

(朱炎)

儒教と華僑・華人 じゅきょうとかきょう・かじん

華僑・華人の海外における旺盛な活動・組織を支えている生活信条について、これまで道教ないし道教と習合した仏教の信仰が注目されてきた。また彼らの根強い「▼中国人性」を説明するにあたっても、伝統的な儒教倫理に通底する家族・郷里への愛着、家族や▼宗族への帰属観、祖先から子孫へと伝わる血統の連続性という社会文化的な動機が説かれてきた。だが、現代の世界中の華僑・華人の多数が、海外居住地において現代的価値、市場経済の環境に適応し、また先端的な自然、社会、人文科学分野でも成功者を輩出し、なおかつ中国文化への愛着心も心底にもちつづけ

ている状況はまぎれもない。ここから、華僑・華人の信条を、旧式な土着の宗教・道徳観念への閉塞的な固執として袋小路に捉えるのでなく、むしろ固有観念の中に現代世界に適応できる、あるいは付加できる積極性があることを見直そうという提言が生じつつある。儒教的ヒューマニズムの論、儒教資本主義の論、「文化中国」に共属する世界を創出しようとする提案、「▼関係グワンシ」ネットワークの底に儒教的人倫観念を見る説、などがそれであり、「改革・開放」「社会主義的市場経済」のドクトリンが登場した1980、90年代以降に活発となった。儒教的ヒューマニズムの論（▼トゥ・ウィミン、C. A. MOOR）は、人間らしさ、寛容・博愛を唱える「仁」によって、個人主義、機械的合理主義に偏する西洋式の人間主義を補完する説、儒教資本主義の論（余英時）は、新しい禅宗、新しい道教を包摂して成った新儒教（宋学）の流れが、商人層の台頭、士大夫（官僚）と商人との融合に見合うものであり、中国の商人精神は、プロテスタンティズムのエトスに匹敵する役割を帯びていた、とするものである。「文化中国」世界を創ろうという呼びかけ（トゥ・ウィミン）は、大陸・台湾の中国人、華僑・華人、さらに中国文化を理解する人々に語らって、21世紀の文化共有産として中国の知恵を発揚しようとするもので、広義に解された儒教の再生を説いている。「関係」流の人間関係の秘密を儒教に遡ると見る説では、五倫・五常に表される個人と集団の関係は、権威と従属のそれとばかりはいえず、むしろ「為仁由己」（『論語』）、つまり個人を中心に置きつつ、多角・相対的な集団帰属（社会投資）を勧める中国的な考案であるとする（Ambrose Yeo-chi KING）。　　　　　　　　（斯波義信）

祝秀俠 しゅく・しゅうきょう 1907-86

台湾の学者、教育家、ジャーナリスト。広東省番禺の生まれ。原名は庚明、字号は仏朗。上海復旦大学中文学科を卒業、1931年中山大学文学部教授に招聘される。37年広東省政府の秘書長、40年中国国民党の中央海外部の秘書を歴任、41年ジャカルタに派遣され『天声日報』の編集主任となる。帰国後46年広州市教育局長に任命され、広州文化大学の教授を兼任。49年▼マカオに移住、越海学院を創設した。51年また台湾に移り、僑務委員会の主任秘書を経て、52年顧問に昇任、『華僑誌』の総編集を兼任した。79年台湾華僑協会総会の秘書長に選ばれ、『華僑雑誌』を編集。晩年は中国文化大学の華僑研究所の教授も務めた。　　　　　　　　　（許紫芬）

粥麺専家 しゅくめんせんか

ツオッミンジンガー

香港の市街で安価な日常食の粥と麺類を提供する広東系の店。裏通りに立地し、早朝から深夜まで営業、潮州系の店も多い。丼の底に生のモツや魚の切り身などの具を入れ、熱い粥や麺を注ぐ。雲呑（ワンタン）、油条（揚げパン）、蒸し餃子、青菜炒めもある。麺類は麺（汁そば）、炒麺（焼きそば）、撈麺（あえそば）、米粉（ビーフン）、河粉ホーフン（米の粉で作った麺）があり、具が同じなら同一料金。具は魚蛋（魚のすり身団子）、墨魚丸（イカ団子）、牛丸（牛肉団子）など多種ある。　　　　　　　　　　　　（飛山百合子）

ジュク・ユエントン 1930-
易潤堂　JEK Yuen Thong

▼シンガポールの▼人民行動党指導者の一人。広東系華人としてシンガポールに生まれ、中華中学卒業後、新聞記者となり、1954年結成の同党に加わる。最初は左派グループに属したが、のちに転向して右派となり、63年総選挙で国会議員に当選し、労相（63-68年）や文化相（68-79年）を務めた。88年に政界を引退したが、華語教育指導者の一人として、政府や党の英語教育エリート重視や「社会の英語化」に批判的態度をとっている。　　　　　　　　　　　　　　（岩崎育夫）

朱傑勤 しゅ・けつきん 1913-90
ZHU Jieqin

中国の歴史学者。秦漢史、東南アジア史、中外関係史、華僑・華人史専攻。広東省順徳生まれ。1936年中山大学大学院文科研究所歴史部卒業、▼暨南大学歴史系教授、暨南大学華僑研究所所長など歴任。南シナ海の歴史地理考証に長け、80年代に『東南亜華僑史叢書』を主編、ベトナム、カンボジア、ラオス、ビルマ、タイ、インドネシア、フィリピン、シンガポール、マレーシアの計9か国の

華僑史が刊行され、中国初の東南アジア国別華僑史となる。その他の論著は『東南亜華僑史』、『世界華僑史叢書』(主編)など。

(廖赤陽)

📖『中国現代社会科学家伝略』／『当代中国社会科学家』

朱虹 しゅこう 1938-

香港の映画女優。雲南省昆明生まれ。1955年家族とともに香港に移り住む。高校生のとき香港の映画会社鳳凰影業公司の監督に見いだされて同公司の女優として『男大当婚』や『夜夜盼郎帰』などに出演したところたちまち人気スターに。その後『屈原』『三鳳求凰』『金鷹』などに出演して女優としての地位を固める。鳳凰影業公司社長の陳静波と結婚するが、結婚後も方育平監督の『父子情』などに姿を見せている。

(戸張東夫)

朱士嘉 しゅしか 1905-89
ZHU Shijia

中国の歴史地理学者。江蘇省無錫の出身。1932年北京の燕京大学で学士号を取得。輔仁大学の講師のほか燕京大学図書館の中国書目録主任となり、35年、地方誌の総目録『中国地方志綜録』を公刊、アメリカに渡り『美国国会図書館蔵中国地方志目録』を著し、公文書館所蔵の中米関係史料をマイクロフィルム複製した。編著の Historical Records on the Oppresssion of Chinese Labor in America (Shanghai: 1958) はこれに基づく。46年コロンビア大学 Ph.D. を取得、ミシガン大学、ワシントン大学で教え、50年帰国して武漢大学教授、図書館長、79年湖北省文史館副館長などに任じた。

(斯波義信)

朱舜水 しゅしゅんすい 1600-82

明清時代の思想家、儒学者。名は之瑜、字は魯璵、楚璵。舜水は号。浙江省余姚に生まれる。清朝に抵抗し、明朝再興を目指し挺身したが成功せず、1659(万治2)年日本に亡命。後に徳川光圀に厚遇され水戸の賓師となり、安積澹泊らの水戸の学者と交流し、実理、実学を重視する独自の学風は当代の水戸学者らに大きな影響を与えた。

(星山京子)

⇒水戸学

📖 石原道博『朱舜水』(人物叢書83)、吉川弘文館、1961./稲葉岩吉編『朱舜水全集』文会堂書店、1912.

シュー、チンイ 1934-
徐靖沂 Ching-yi HSU

中国系アメリカ人画家。福建省仙遊で生まれたが、12歳のときマレーシアに移住した。1960年シンガポールの▼南洋大学を卒業後、アメリカへ留学し、ミネソタ大学から図書館学修士学位を取得。同大学の図書館に就職した後、趣味の水彩画を数多くの展覧会に出品し、さまざまな賞を獲得した。78年からミネソタ大学で美術教授として教鞭をとる。

(曾纓)

出港票 しゅっこうひょう

初期のアメリカ華僑が一時帰国する際、慣習によりサンフランシスコの所属華僑団体に納めた会費の一種。金額は変動したが、中華会館、本人の所属会館、現地死亡者の遺骨の送還に要する検査と運賃、あるいは東華医院、友好組織の和平総会などの諸費用にあてられた。

(司馬純詩)

術士 じゅつし

依頼者の求めに応じて予言もしくは卜占を行う宗教的職能者の総称。多くは陰陽五行説に基づき人事万物を推測しようとする方術(術数)を用いる。術士には地理師(風水師)、択日師(看日師)、算命師、相命師(看相師)、卜卦師などがあり、それぞれ専門分野の看板を掲げて営業している。地理師は、廟、墳墓、住居などの建設にあたり、その地相(▼風水)の吉凶を判断し、適地を指示する。看日師は、依頼者の八字(生年月日時の干支)をもとに、▼通書(民間の暦書)を参照しながら婚姻、葬送、建築、祭礼などの吉日良時を選定する。算命師は、人の八字に陰陽五行説を加え、運命の禍福、事業の成否、寿命の長短などを推測する。相命師は、人相や手相により人の運命、禍福を判断する。卜卦師は、▼籤、銭、米などさまざまな道具を用い、人の運命、禍福を推測する(籤卦、銭卦、米卦)。術士は、民衆の日常的な問題解決(未来予知、吉凶判断)の指針を与える者として、現在も重要な役割を果たしている。

(高橋晋一)

出入国管理 しゅつにゅうこくかんり

日本の出入国管理制度は大別すると四つの柱があると考えられる。(1)出入国に関する管

347

理：日本人の出帰国や外国人の出国の認証、または入国についての許否を決定する。(2)外国人の在留に関する管理：在留外国人に、原則として一定の▼在留資格を付与し、在留資格によって在留活動を制約する。また、それぞれの在留資格に応じて在留期間を定めている。さらに、在留資格の変更や在留期間の更新あるいは資格外活動や再入国を希望する者については、その申請に基づいてこれを審査し、許否を決定する。たとえば、留学生の在留資格では就労ができない。アルバイトする場合には、必ず、地方入国管理局において事前に資格外活動の許可を得なければならないが、留学生としての活動の範囲内に限られ、風俗営業や風俗関連営業におけるアルバイトは許されない。大学、専門学校などの正規生のアルバイトは1週間につき28時間以内、教育機関の長期休業中は1日8時間以内と規定している。在留期間は1年または2年、更新可能である。(3)強制退去：不法入国した外国人や在留中に一定の犯罪を犯した外国人あるいは日本の利益または公安を害した外国人など、法定の退去強制事由に該当した者は、所定の手続きにより強制退去させる。強制退去該当者であっても、特別の事情のある者については、これを救済する手続きが定められている。(4)外国人登録：在留外国人の管理に資することを目的として、外国人の居住関係および身分関係を明確に登録させる。

以上は「出入国管理及び難民認定法」(入管法)または「▼外国人登録法」に基づき行われている。入管法は1951年10月4日政令第319号として公布施行されたが、「ポツダム宣言の受諾に伴い発する命令に関する件に基く外務省関係諸命令の措置に関する法律」(1952年法律第126号)第4条により法律としての効力を有している。また、「出入国管理及び難民認定法施行規則」(1981年10月28日法務省令第54号)によって在留資格の審査基準や運用の手続きなどがより詳細に定められた。入管法はその基本的枠組みとして「在留資格制度」を取り入れ、2001年11月現在、27の在留資格が定められており、日本を訪れるすべての外国人はこの27の在留資格のいずれかに該当しなければならない。

外国人登録法(1952年4月28日法律第125号)はその前身である「外国人登録令」(1947年5月2日勅令第207号)を廃し、公布施行された。外国人は上陸した日から90日以内に、また日本において出生、もしくは日本国籍を離脱(喪失)した場合には、その事由が発生した日から60日以内に居住地の市区町村長に対して、外国人登録の申請をしなければならない。生年月日、性別、出生地、国籍、職業、上陸年月日、在留資格、在留期間など20の登録事項のほかに、写真提出、14歳以上の登録証明書の携帯義務、本人であることの確認手段として指紋押捺制度が取り入れられた。その後、数次にわたって登録法の一部が改正され、指紋押捺は原則1回のみ、証明書携帯義務年齢を16歳に引き上げ、確認申請期間が3年から5年に伸長された。1993年1月8日(法律第55号)より16歳以上の永住者と特別永住者(日本国との平和条約に基づき、日本の国籍を離脱した者などの出入国管理に関する特例法に基づく永住)については指紋押捺の代わりに写真、署名制度を採用し、登録証明書は偽変造防止のため、プラスチック・カード化された。1999年3月10日法務省より改正法律案が国会に提出され、8月13日可決された法律第134号によって、非永住者に対しても指紋押捺制度が廃止された。また永住者および特別永住者に係る登録証明書の切替え期間が5年から7年に伸長され、同居の親族による確認(切替え)申請や登録証明書の申請および受取りが可能になった。

(許淑真)

㊀指紋押捺制度
㊤出入国管理法令研究会編『新版 出入国管理法講義』日本加除出版，1998．／(財)入管協会編『外国人のための入国・在留・登録手続の手引 5訂版』(和英対訳)日本加除出版，1998．／法務省入国管理局外国人登録法研究会編著『Q&A 新しい外国人登録法』日本加除出版，1993．／外国人労働者雇用研究会編『こんなときどうする外国人の入国・在留・雇用Q&A』第一法規，1999．

出番人 しゅつばんじん

一般華僑が、外国人(とくに欧米人)とかかわりをもち、外国人の手先となっている中国人を軽蔑していう語。出番も同義で、通事などをいう。中国大陸の海港都市、▼香港や▼マカオ、華僑の受入れ先である東南アジア、

欧米などで、外国大使・領事、植民地行政官、外資系商会などの欧米人と接する機会をもち、一般華僑とは立場を異にすることから、外国人嫌いの中国人が、ろくでなしとか、同朋を害するものとみなす時代があった。

(中間和洋)

㊂ 華人政務司

朱佩章 しゅ・はい しょう

▼『通航一覧』『清朝探事』に見える中国人。生没年不詳。18世紀前葉の享保時代頃に長崎に到来、荻生観の質問に答えて清朝事情を語る。荻生は将軍吉宗の命で長崎に下向し、深見有隣とともに、康熙『大清会典』の検討をしていた。朱佩章の語る清朝制度の説明は重要であった。朱佩章はもと軍官とも、儒士ともいわれる福建省汀州府人。1725（享保10）年2月5日に入港、翌年2月28日に出航。兄弟に医者や馬医もおり、一緒に日本を訪問している。

(川勝守)

朱茂山 しゅ・も さん 1891-1925
TJOE Bon San

インドネシアの華人ジャーナリスト。ジャカルタ生まれ。オランダ中華学校で学び、独学で英語、マレー語、華語を修得、ジャカルタ、スラバヤで政論紙を編集。次いで1917年華字紙『新報』の姉妹紙で僑生層に影響力をもつマレー語紙『新報』に移り、19年社長兼任、▼郭克明らとともに「華人民族主義」の立場を堅持した新報集団を形成、その中核人物となり、華語教育を宣揚、オランダ国籍法に反対し、▼僑生の中国籍保留、▼新客と僑生の団結、兵役反対、中国政治への参加を主張した。

(張祥義)

朱蓮芬 しゅ・れ ふん 1943-
ジュ・レンフン　ZHU Lien-fen

香港の有名な女性企業家。広州市生まれ。▼原籍は広東省▼梅県。1949年に香港に移住、師範学校卒。19歳で観塘にエリザベス幼稚園を創立し、園長となる。小学校も興し、生徒3000名にのぼる学校を経営。学校が土地と建物を購入したのをきっかけに不動産事業に参入。株式投資にも成功して、70年代半ばに東匯證券公司を創業した。78年創業の新沢国際貿易有限公司は不動産、証券、製造業、貿易、衣料製造、飲食サービス業などを営む。

また70年代には夫の呉多泰と、カリフォルニアに500エーカーの土地を購入、不動産、商業、農業に進出した。84年に広東省梅県で「五洲城」（ホテル、レストラン、ショッピングセンター、娯楽、住宅などの複合施設）を開設（中国五洲城発展有限公司）、85年の建国35周年の式典に中国政府から招かれ、パレードを観覧、中国政府ともパイプを結ぶ。香港作家協会会長であり、▼『文匯報』の「思旋天地」（思旋はペンネーム）というコラムも有名。香港中華総商会会長。

(山田修)

ジュン、ダグラス
鄭天華　Douglas JUNG

カナダ華人政治家、弁護士。第2次大戦に従軍後、1957年総選挙に保守党からバンクーバー中央区に立候補。当時優勢とみられた現職の国防長官を破って当選。カナダ華人初めての下院議員となる。62年にも再選された。任期中、中国との国交回復の推進に努め、また、非合法中国系移民へのカナダ国籍付与や、移民法改正による中国系移民の家族呼び寄せの促進に尽力した。

(森川眞規雄)

㊂ カナダの華僑・華人，バンクーバーの華僑・華人，華僑・華人と政治

順天宮 じゅんてん きゅう
Soon Thian Keng Temple

19世紀初頭に建立されたと伝えられるシンガポールの古廟。マレー半島各地の華僑・華人の間で厚い信仰を得ている▼大伯公を祀る。19世紀末には福建華僑がこの祭祀を宰領したが、20世紀初頭には広東華僑によって宮屋が改築された。1906年創建の崇正学校の経費を賽銭収入から拠出していたが、やがて学校経営を分離し、現在は▼華商が結成した順天宮有限公司がその運営に当たっている。

(野口鐵郎)

㊆ 『世界華僑華人詞典』

順和桟 じゅん わさん

明治・大正期の横浜の華僑貿易店。台湾高雄の巨商・陳福謙が興し、陳中和が発展させた砂糖商・順和桟の横浜支店。明治の初年に▼横浜居留地186番地に店を開いた。横浜では数少ない▼福建幇貿易商である。1899年の商業登記広告によれば、順和桟の営業内容は、砂糖、雑穀類、綿花、雑貨輸出入となってい

る。　　　　　　　　　（伊藤泉美）

📖『横浜中華街』

『ジョイ・ラック・クラブ』
The Joy Luck Club

アメリカの中国系女性作家エイミ・タン（Amy TAN）の1989年発表の処女作小説。中国からアメリカに移民した4人の女性の回想、アメリカ育ちの娘との確執、和解を描き、全米ベストセラーとなり、映画化もされた（▼ウェイン・ワン監督作品）。著者のタンは1952年カリフォルニア生まれ。作品は他に The Kitchen God's Wife（邦題『キッチン・ゴッズ・ワイフ』）、The Hundred Secret Senses（『私は生まれる　見知らぬ大地で』）などがある。

（森川眞規雄）

醮 [しょう]

道教の儀礼。そのつど必要に応じて行われる醮もある。寺廟の慶成醮、神仏像の開光醮、疫病しずめの瘟醮その他、火災、交通事故に際してなど多数の醮がある。1年をこえる周期で実施され、香港の新界の上水で行われる60年に一度の醮もある。道士を招き、疫病駆除や平和を神々に祈り、あるいは祈願成就のおりに感謝の儀礼を行う。数日間かけて行い、費用も高額に達し、春節と並ぶ華僑の里帰りの機会でもある。香港では各地で行われる太平清醮が有名であり、祭壇の正面に設置された舞台では芝居が奉納され、地域社会の祭礼でもある。北米でも行われる。

（吉原和男）

📖 劉枝万『中国道教の祭りと信仰』上、桜楓社、1983.

葉［姓］[しょう] ⇨ ▼葉[よう]

商会 [しょうかい]

清朝末期1903年に商部が制定した「商会簡明章程」により国内各地に商務総会が組織されはじめたが、民国になって1915年に「商会法」が制定されて、「商会」の名称に統一される。現在、世界各地には中華商会や▼中華総商会があり、当該華人社会の華僑・華人団体の上位に位置して経済・商業分野以外にも影響力が大きいのは、清朝期以来の傾向である。1930年に発布された改訂商会法が中華総商会を基本的に規定している。商会の結成は経済界で当時すでに重要な役割を果たしていた▼公会すなわちギルドの存在を前提にして考案され、海外の中華商会や中華総商会は中国国内の商人団体の基本的性格を継承しつつ、さらに現地社会の諸事情を反映した組織構成と機能を要求されるようになった。

商務総会の成立から商会成立までの歴史的背景に遡って見ておこう。アヘン戦争後の南京条約（1842年）の締結以降の開港によって外国商社の活動が活発化するにつれて、業種別に結成されていた公会が再編成を余儀なくされ、さらに個別業界を越えた対応を迫られるようになって、商務総会が洋務派官僚の指導によって結成された。劉坤一によって日清戦争後に設立された上海商務総会、張之洞による漢口商務局などがその例である。1902-19年期には各地で約1000の商会の前身組織が結成されているが、四川、浙江、江蘇、江西、広東の各省や北京が多かった。外国貿易が盛んになりつつあるなかで国内商人の組織化によって諸問題の解決を図るとともに、外国資本に対抗できる国内の制度的整備が目指されたのであった。公会が特定地方の出身者によって構成されることも珍しくなかったし、また同郷会館には種々の公会の役員も多かったので、こうした商業団体の成立は方言別の同郷会館の相互交流を促した一方、中華総商会内部でのイニシアティブを争う幫派闘争を引き起こすことにもなった。

（吉原和男）

📖 曽田三郎「商会の成立」『歴史学研究』422, 1975.／福田省三『第三調査委員会報告書——南洋華僑抗日救国運動の研究』東亜研究所, 1945.／大塚恒雄『中国商業経済史概説』法政大学出版局, 1956.／虞和平『商会与中国早期現代化』上海人民出版社, 1993.

商業移民 [しょうぎょういみん]

華僑のいくつかのタイプのなかで、一般に▼華工（▼苦力[クーリー]）タイプが大きく映るが、これは19世紀の特別な現象で、将来に同じことが再度起こるとも思われない。長期の歴史において華僑の出洋をつねにリードしてきたものは商業型移民（華商型）である。▼華商は海運業と深く関係し、駐在地に商社（▼会館・公所）、倉庫（▼行桟）を設け、商業コロニー（唐人街）をつくり、集散機能を営んだ。これは16、17世紀インド沿岸諸港のおける中東・ユダヤ商人の活動と軌を一にしている。

江戸時代の長崎華僑も商業型に属する。

(斯波義信)

圏 Wang Gungwu. *China and the Chinese Overseas*. Part I, Singapore: Times Academic Press, 1991.

ショウ・ギョクチャン 1914-81
蕭玉燦　SIAUW Giok Tjhan

インドネシア華人の政治家、ジャーナリスト。スラバヤ生まれ。1930年代にインドネシア華人党（Partai Tionghoa Indonesia）に参加。34-42年プラナカン紙『マタ・ハリ（*Mata Hari*）』の編集にも携わる。独立戦争期にはインドネシア民族主義者と共闘した。46年にインドネシア中央国家委員会委員、47年にはプラナカン関連大臣に就任。社会革命期には『リベルティ（*Liberty*）』と『プムダ（*Pemuda*）』の編集に携わる。48年にマディウン事件（共産党による反共和国蜂起）への関与で投獄された。ほどなく政界に復帰し、50-66年華人代表として国会議員。50-53年にはインドネシア共産党機関紙『ハリアン・ラヤット』編集長。54年、スカルノ期の華人政治の中核に位置した華人系政治社会団体「インドネシア国籍評議会（バペルキ）」を設立し、65年まで中央局議長。同時に機関紙『レプブリク（*Republik*）』を編集。65年の9月30日事件への関与を問われ、66年に議員の職を罷免され、その後オランダに亡命。スハルト時代の反体制的市民運動家アリフ・ブディマンは子。

(山本信人)

邵結萍　?-1908

横浜華僑の両替商。通称阿金。浙江省湖州出身。1862（文久2）年単身で横浜に渡り、その後横浜居留地52番地に両替商・源泰号を開く。源泰号は英語名がYuen Tai & Co.で、『ジャパン・ディレクトリー』には1896年から1923年まで記載がある。邵結萍自身は約50年を横浜で暮らした。

(伊藤泉美)

招工公所

1859年11月、広州においてイギリスが開設した移民募集機関。アロー戦争で1857年12月、英仏連合軍に占領された広州では、悪辣な手段によって同国人を苦力として外国人に売り渡すことが盛行し、民衆の激昂を招いていた。充満する不穏な空気を和らげるため、イギリスは広東巡撫柏貴に迫り、59年4月9日、広東省民の海外渡航を公認させた。北京の承認したものではないが、近代中国初の渡航公認である。続いて同年11月には、広州太平門外に招工公所を開設し、契約移民の募集規則と、外国人が招工公所において移民を募集することを許可する旨の署両広総督の通達を公示させた。フランス、スペインの招工公所がこれに続いた。ここで西インド諸島、キューバ向け契約移民の応募を受け付け、清国地方官の面前で本人に登録をさせ、さらにヨーロッパ人官吏による面接を受けさせる二重チェックを行い、自由意思による移民の増大を図り、悪質な斡旋業者の暗躍を抑止しようとしたのである。

(可児弘明)

苦力貿易

圏 可児弘明『近代中国の苦力と「猪花」』岩波書店、1979.

小広州　Little Canton

華僑がアメリカのサンフランシスコを指す俗称。サンフランシスコは金山（旧金山）ともいう。また、19世紀末、華僑が北米南部に広がるなかで、メキシコ北部バハ・カリフォルニア州メヒカリ（Mexicali）市も「小広州」「小金山」と呼ばれた。北米、オーストラリアでは、広東省出身者が多かったところから、「小広州」の呼称はバンクーバー、シドニーなど主要な華僑集中地を指す意味でもしばしば使われている。また、「金山」「小金山」という呼称も同様に広く使われている。

(森川眞規雄)

▷ チャイナタウン

招工章程

1866（同治5）年3月5日、北京においてイギリス、フランスと調印した清国最初の移民法。続定招工章程条約の略。22項目ならびに恭親王の宣言文3か条からなる。1860（咸豊6）年英清北京条約第5条、仏清北京条約第9条を履行するため、移民渡航の基本原則を正文として規定した。宣言文は、本人の意思に反し人身を海外へ強売すれば死刑と明言していた。前々64年、刑部と総理衙門が、人身を威嚇して渡航させた者の罪名を斬首・絞首、しかも立決と定めた。これとあいまって法による移民保護を明確にしたのである。労

働契約期間5年満了者の帰国費用の負担問題から英仏は批准を拒否したが、清国はこれを唯一の移民法とした。以後、招工章程の束縛を免れる便法として、清国の主権の及ばない『香港、『マカオの利用が増大する。

(可児弘明)

📖『籌弁夷務始末』同治朝,巻三十九,八十一./ W. F. Mayer. *Treaties between Empire of China and Foreign Powers.* 5th ed., Shanghai, 1903.

聶耳 1902-35
ニエアル

現代中国音楽の先駆者。中華人民共和国国歌の作曲者。名は中国語音のニエアルでも知られている。雲南省昆明出身。本名は聶守信。雲南省立第一師範学校卒業後、独学でバイオリンと作曲を修得。歌劇団や映画会社に籍を置き作曲を担当。1935年左翼文芸工作者への弾圧を逃れ日本へ。同年7月、藤沢市鵠沼海岸で遊泳中死去。54年鵠沼海岸に記念碑が建立され、86年に没後50周年記念広場が完成しレリーフが除幕された。代表作は国歌となった「義勇軍行進曲」「大路歌」「卒業歌」など多数。

(符順和)

鍾焯興 しょうしやくこう

東北タイの華人実業家。タイ東北部主要都市のコーンケンで事務機器商社（坤敬文教体育楽器両合公司）を経営。バンコクのヤワラート生まれ。広東省普寧県で初等教育を受けた後、14歳でタイに戻り、雑貨店店員、アヘン販売店経理など。1950年代末、政府のアヘン販売禁止措置を機にコーンケンに移り書店経営。現在、一族で建築、木工、農場、貿易などを手がける。86年には東北タイで最初のコンピュータ訓練センターを立ち上げた。

(樋泉克夫)

漳州 しょうしゅう

福建省南部の市。漳江の二大支流（北渓と西渓）を合わせた九龍江が形成する平野部の九龍江西渓左岸にあり、『アモイの上流40余km、同省南部の中心都市である。宋代以後に発展した地域で、南海貿易の一根拠地でもあり、明代の1604（万暦32）年にはオランダ艦隊が来航して通商を迫ったこともあった。九龍江西渓と九龍江の合する石碼鎮は漳州の外港として発達した都市で、かつて漳州の分県衙門が置かれていた。アモイが発達するまでは海港としても繁栄しており、ここから東南アジアや台湾への出稼ぎや移民を多く輩出しているが、19世紀半ばアモイが移民と交易のネットワークの中心となってからは、アモイにその地位を譲った。現在では漳江流域商圏の中心地として、農産物や紙、サトウキビなどを集散する。

(濱下武志)

漳州大学 しょうしゅうだいがく

1984年『福建省『漳州市馬鞍山に設立された3年制の高等専門学校。省政府が設立を提唱、『香港・『マカオ在住の同地出身知名人に呼びかけ、校舎と教学設備を整えた。董事長に張全金、龍渓地区党委員と香港の出資者が役員に就任。学生の募集範囲は近隣の9県1市出身者。コンピュータ、食品工業、経済管理、工業・建築、英語の5コース。87-88年段階の在校生491人、教職員104人。蔵書2万冊、キャンパス約20万m²、建物1万m²。将来は学生2000人規模の総合職業大学を目指している。

(市川信愛)

少数民族 しょうすうみんぞく
ethnic minority

多数民族としての漢（民）族以外の、中国に住む民族。中国大陸以外でも、香港、マカオ、台湾はもちろん、他の多くの国に華僑・華人としての彼らが住んでいる。中国には現在公式に55の少数民族がいる。1990年の統計で総人口のうちの8％程度を占めるにすぎないが、それらの多くは、中国の中心から見て辺境である新疆ウイグル自治区、チベット自治区、内モンゴル自治区や、東北、西北、西南の諸地方を居住地域としている。もともと中華帝国の時代の冊封体制下においては、現代とは異なり国境の概念が希薄であった。人々に海外移動を禁ずることを定めた清朝の『海禁策も、隣国と陸続きの辺境の民には厳しく適用されなかった。しかし、清国と隣接国家との間で条約体制が整えられつつあった19世紀末には、従来のゆるやかな冊封体制も変更を余儀なくされた。

新疆では、19世紀末から20世紀半ばまで帝政ロシア、旧ソ連の中央アジア諸共和国、ウズベキスタン、カザフスタン、キルギスに向

けて人々が移動したが、それには大別して三つの原因が存在した。第1に、強制的移住措置。1881年のイリ条約によって約4万から5万人のウイグル人が強制的にロシア領内に移住させられた。第2に、20世紀初頭から1930年代に、ロシア、ソ連へ出稼ぎ労働者が向かった。とくに1920年代、ソ連がネップ政策を実行した時期には毎年2万から3万人のウイグル人、カザフ人が出稼ぎに出ていた。第3に、国家間の対立が政治的移民を生んだ。中ソ対立が激しさを増していた1962年、新疆からソ連に移ったウイグル人、カザフ人などは6万人にのぼった。彼らの多くが人民公社の社員であった。一方、陝西、甘粛では、一部の回民(現在の回族)が新疆経由でロシア・ソ連領内に移動し、定住した。1873年の中国西北における回民叛乱失敗後に中国から中央アジアに逃れた回民とその子孫は、東干(トンガン)人と呼ばれる。1989年の統計によると、東干人の人口は現在のキルギス、カザフスタンにおいて約7万2000人であり、陝西、甘粛方言の漢語にトルコ語、ロシア語の語彙を多く取り入れた言語を使用している。現在、新疆から旧ソ連内に入った人々とその子孫たちの総数についての正確な統計はないが、20万人は下らないとされる。新疆ウイグル自治区政府は、これら旧ソ連に住むウイグル人、カザフ人などに対して、住宅の提供、職業の紹介を優先的に行うなどして、積極的に帰国を呼びかけている。これは、旧ソ連の解体と独立した中央アジア諸国経済の不振に対する措置としての側面が大きい。

中国西南地方に隣接するミャンマー(ビルマ)、タイ、ラオス、ベトナム方面では、19世紀半ばまでは陸路による人的・物的交流が比較的盛んに行われていた。とくに、タイ族、ヤオ族、ハニ族などは、居住地域が国境を超えて広がっており、親族や同一宗教間ネットワークを中心とした交易が自然に行われていた。しかし、戦乱や弾圧を逃れての出国もあった。その顕著な例が、雲南回民叛乱(1856-72年)後、ビルマに逃れた回民である。彼らはパンゼーあるいは、チン・ホーとも呼ばれ、ビルマの山間部に留まった。1979年の改革・開放後、パンゼーと雲南回族との間に交易が復活している。また、その他の少数民族間でも旧来の関係を復興、発展させるかたちで交易や交流が盛んになっている。

チベットでは新中国成立後の戦乱によって、多数のチベット人が国外に逃避した。ダライ・ラマ14世が1959年にインドに逃れ、ヒマラヤ山中のダラムサーラに約1万人の亡命チベット人が居住している。また、チベット人はインド以外にも欧米を中心に居住し、その総数は数十万人にのぼるといわれる。その多くがダライ・ラマに賛同するかたちで中国の枠内におけるチベットの高度自治を要求する運動に参加している。その意味で、亡命チベット人とその子孫たちは、中国の国是である安定統一を攪乱しかねない不安要因となっている。このほか、東北地方では朝鮮族がおり、1992年の中国・韓国国交正常化以来、韓国への出稼ぎを中心とした移動が問題となっている。

(松本ますみ)

📖 新疆維吾爾自治区地方志編纂委員会『新疆通志』第26巻「僑務志」、新疆人民出版社、1994. / Andrew Forbs. "The Čīn-hǭ (Yunnanese Chinese) Caravan Trade with North Thailand during the Late Nineteenth and Early Twentieth Centuries." *Journal of Asian History*. vol. 21, no. 1, 1987. / 韓景旭『韓国・朝鮮系中国人=朝鮮族の研究』中国書店、2001.

招清相 しょうせいしょう ?-1915

明治から昭和戦前期にかけて横浜に存在した塗装店・相記の創業者。広東省順徳県出身で、上海で塗装の技術を学び、横浜に渡ったといわれる。横浜では居留地の洋館建設、船体塗装などのため、開港当初からペンキ塗装の技術をもつ中国人職工が活躍していた。初め中華街の▼横浜居留地103番地で開業、その後中華街近くの山手町184番地に本店を開く。日本郵船の船舶などを扱う。船体の塗装や船底のさび止めの作業には多数の職工を必要としたため、繁忙期には数百人の職工を抱えていた。相記は事業を大規模に展開して成功し、▼横浜中華街の中にいくつかの不動産を有するようになる。『ジャパン・ディレクトリー』では、1908年版から23年版まで山手町184番地に本店相記の記載がある。関東大震災以後も同地で工場を復活させ、昭和戦前期まで営業していた。招清相の墓は▼横浜中華

義荘にある。　　　　　　　　（伊藤泉美）
　📖『横浜中華街』

饒宗頤(じょうそうい) 1917-
JAO Tsung-I

　中国の歴史学者、文化史家。広東省潮安県出身。アジア史研究、中外関係史、考古学、経学と広い範囲の学術を修めており、とくに文学の領域の業績が大きい。また、中山大学広東通志館纂修（1935-37年）、汕頭南華大学文史系主任教授兼潮州志総編纂（47-48年）、広東省文献委員会委員（48年）などを通して、潮州の社会・文化・歴史研究に大きな足跡を残している。国立シンガポール大学中文系の主任教授・系主任（68-73年）、香港中文大学中文系教授兼系主任（73-78年）などを歴任、1978年9月に退任した。また、エール大学、フランス高等研究院、日本の京都大学、同人文科学研究所などの客員教授も歴任した。東南アジアの華僑史に関する主要な著作では、『星馬華文碑刻系年』（1972年にシンガポールで刊行された『選堂集林』に収録）、『蜀布与 Cinapatta ——論早期中・印・緬之交通』のほか、『説詒』に収録の「論述中緬文化関係」、『阮荷亭往津日記鈔本跋』に収録の「論述中越文化関係」などがある。　　（濱下武志）

上帝廟(じょうていびょう)

　玄天上帝廟の略称。玄天上帝は俗に上帝公、真武大帝、玄武大帝とも称される。古代から天の四神の一つ、北方の守護神・玄武を信仰する習俗があって、亀蛇合体の形で象徴されていたが、北宋の真宗のとき、聖祖趙玄朗の諱(いみな)を避けて玄武を真武と改めた。元朝の末、朱元璋が元の支配を倒したとき、玄天上帝が援助したと伝えられ、そこで朱元璋は帝位に就くと、南京と武当山に玄天上帝廟を設けた。以後、玄天上帝の信仰は中国南部、とくに福建、広東に広まり、さらに台湾や東南アジアに伝播するようになった。▼鄭成功が台湾を支配していたとき、台湾にも玄天上帝を祀る上帝廟が設けられるようになった。東南アジアでは、バンコクのダナオ通りにある玄天上帝廟では、陰暦1日と15日には多くの人々が参詣し焼香し拝礼する。また、陰暦3月3日は玄天上帝の誕生日とされ、9月9日は昇天日とされていて、参詣する人々がとりわけ多い。マレーシア、シンガポール、インドネシアにも玄天上帝を祀る廟が多く、ジャカルタのタンジュン・グロゴル（Tanjung Grogol）玄天上帝廟は1669年に建立され、当地のサツマイモ栽培に従事する華僑が厚く信仰している。　　　　　　　（坂出祥伸）

承天寺(じょうてんじ)

　福岡市博多区博多駅近くにある臨済宗東福寺派の寺。山号は万松山。開山は弁円円爾、開基檀越は博多綱首(こうしゅ)▼謝国明と大宰少式の武藤氏という。栄西開山の▼聖福寺（博多）に続き、宋風の禅寺である。中世博多の中国商人、華僑の菩提寺として、対外交渉に重要な役割を果たし、南北朝時代には諸山、室町時代には十刹に列せられた。かつては「塔頭四十三」といわれた。木造釈迦如来及両脇侍像、絹本著色禅家六祖像、朝鮮鐘などの重要文化財がある。　　　　　　　　（川勝守）

昭南島華僑協会(しょうなんとうかきょうきょうかい)
Syonan-to Overseas Chinese Association

　日本軍占領期シンガポール（昭南島）の華僑傀儡(かいらい)団体。記録の混乱により正式な成立期日は不明だが、1942年3月4日に会の結成を指示され、同月7日に会則を採択。会長は▼林文慶、副会長は黄兆珪、理事長は呂天保。理事会は各幇の代表21人で構成。当初の名称は昭南島華僑総協会であったが、6月6日にマラヤ華僑総協会が組織されたのにともない「総」の文字を取り、マラヤ華僑総協会の一支部となった。所在地は吾廬倶楽部（ゴールークラブ）。「大日本帝国の政令に従い、全華僑を指導して一切の施政に服従する」ことを旨とし、日本軍への「奉納金」5000万海峡ドルの調達が当初の最重要任務であった。日本の文化政策の推進、戦時経済の遂行、労働力の徴集、食糧増産運動などに協力。45年、日本降伏後の8月23日に解散。　　（蔡史君）
　📖 許雲樵・蔡史君編『新馬華人抗日史料』シンガポール：文史出版社、1984.

『昭南日報』(しょうなんにっぽう)

　日本が太平洋戦争で占領したシンガポール（昭南島）で、1942年2月21日、陳日輝経理、林宗一、王元通主編の下で発行した唯一の▼華字紙。反日感情が強い中国系住民を対象に、皇民化教育を進める有力な宣伝媒体とな

った。日本国内の戦意高揚のもようや、娯楽・文化情報、アジア各地の戦況、日本軍部や昭南島特別市長の通告、生活・民生管理に関する告示などを掲載した。華字紙なのに用語、表現、語順などを日本語化した。戦況悪化を反映して「特攻精神」「完遂聖戦」「神風特攻隊」などの言葉が頻出したが、45年8月下旬、日本軍の撤退で廃刊した。 （岡田臣弘）
▣夏茜「日本軍占領下のシンガポール華字紙『昭南日報』における日本語からの借用語について」『月刊言語』1999年8月.

聖福寺［長崎］しょうふくじ

長崎市玉園町にある寺。長崎▼唐四か寺の一つで、▼黄檗宗万福寺の末寺。俗称広東寺。福建省漳州府石馬の▼住宅唐人陳朴純と日本人西村氏との長男鉄心道胖が、1678年に建立した。▼興福寺（南京寺）、福済寺（泉州寺、漳州寺）、▼崇福寺（福州寺）の▼唐三か寺と合わせて▼唐四か寺と並び称される。ただし、三か寺とは異なる面も多く、幕府、唐商、華僑社会から三か寺と同等に扱われないことも多かった。創建が三か寺より半世紀ほど遅く、鉄心が法脈から「和僧」とされ、のち歴代住持が日本僧であったこと、檀家の出身地が漳州、泉州、三江の3割にわたり、檀家との間に特定の同郷関係がなかったことなどのために、拠って立つ基盤が脆弱であった。広東出身者との繋がりも幕末開港後のことである。また▼唐船の▼媽祖を預かることも許されず、唐船寄進の配分額も唐三か寺より少額に抑えられた。唐人墓が1基もないことなど、▼唐寺とはいえない側面も多い。
（黒木國泰）
▣中村質「近世日本の華僑」『外来文化と九州』（福岡ユネスコ協会編『九州文化論集』2）、平凡社、1973.

聖福寺［博多］しょうふくじ

福岡市博多区御供所町にある臨済宗妙心寺派の禅寺。山号は安国山。入宋から帰国した栄西が博多在住の華僑、宋人貿易業者らの支援で建立した「扶桑第一の禅窟」である。同区にある東福寺派の▼承天寺とともに檀越は宋商人で、達磨禅が禁制の下、日本における禅宗が華僑から開始されたことは重要。鎌倉時代に諸山、室町時代に十刹に列し、九州探題による聖福寺造営料▼唐船が派遣された。

付近には「宋商百余家」と呼ばれる世界最古の中華街「大唐街」が形成された。 （川勝守）

ショウ・ブラザース
邵氏兄弟（香港）有限公司
Shaw Brothers (Hong Kong) Ltd.

1960年代の▼香港映画界をリードした▼香港最大の映画製作会社。映画事業家の▼ラン・ラン・ショウ（邵逸夫）が1958年設立した。邵逸夫は、上海で染物屋を営むかたわら映画の輸入を手掛けていた邵行銀の六男。3人の兄（邵酔翁、邵邨人、邵仁枚）が1925年上海につくった映画会社「天一影片公司」の仕事を手伝ったのが映画にかかわるきっかけだった。その後も▼シンガポールで邵仁枚とともに「天一影片公司」が製作した映画の上映館獲得に奔走したり、香港に移った邵酔翁と協力して広東語（▼粤語）のトーキーを製作するなど映画事業に専念してきた。邵逸夫はこうした経験を武器に映画産業の盛んな香港に乗り込んだのである。香港では、九龍の清水湾地区に東南アジア最大の近代的な撮影所「邵氏影城」をつくるや、売れっ子スターや大物監督を集めて映画作りに乗り出した。娯楽映画に徹し、宮廷劇からアクション映画までさまざまなジャンルの映画を送り出したが、『江山美人』『後門』『梁山伯与祝英台』『万古流芳』『藍与黒』『独臂刀』『十三太保』『大決闘』など高く評価された作品や大ヒットした作品も少なくない。製作した作品の数も60年から69年までの10年間で200本を超える勢いで、ショウ・ブラザースの黄金時代となった。

70年代末から80年代初めにかけて香港がTV時代を迎えたこともあって映画産業にかげりが見えはじめると、ショウ・ブラザースは映画だけでなく、TV、劇場経営、不動産投資などに進出して経営の多角化を図った。80年に邵逸夫が電視広播有限公司（TVB）会長に就任した頃にはTVに重点が移っており、83年には「邵氏影城」の大部分のスタジオを電視広播有限公司にリースしてしまった。映画の製作本数は激減し、87年に映画の製作をストップしてしまった。だが94年、1億HKドルを投じて低予算の映画を20本作ると発表して映画に復帰した。 （戸張東夫）

📖 詹幼鵬・藍潮『邵逸夫伝』香港：名流出版社，1997.

章炳麟 しょうへいりん 1869-1936

近代中国の学者であり民族革命家。字は枚叔、号は太炎。浙江省余杭県の人。早くから排満革命論を説き、蘇報事件での逮捕・投獄を経て日本に渡り、▼中国同盟会に加入した。▼孫文、黄興と並んで「革命の三尊」と称せられるが、孫文との確執には激しいものがあった。1909年8、9月の間、▼『民報』再刊の資金のために南洋華僑の間で募金活動を行った。しかし、それが失敗に終わるやこれを孫文の妨害によるものと判断し、同年11月陶成章とともに東京と▼南洋地域で「孫文罪状」（南洋革命党人宣布孫文罪状伝単）と題する文書を発布し、孫文が私腹を肥やすべく南洋各地の華僑から金品を詐取したと告発した。また、『民報』が汪精衛によって再刊されると、「偽『民報』検挙状」を『日華新報』『南洋総匯報』に掲載し、激しい孫文批判を行った。これらは、いずれも南洋・北米華僑の支持の獲得を狙ったものであり、孫文の海外での活動に一時的に打撃を与えることとなった。
　　　　　　　　　　　　　　　（嵯峨隆）

章芳琳 しょうほうりん 1841-93
CHEANG Hong Lim

シンガポールの富商。慈善家。シンガポールに生まれる。祖籍は福建省長泰。家業の商店を継ぎ、会社名を長越号から章芳琳公司に、さらに苑生号に改称。社会事業に熱心で、シンガポール孤児院の創設時に建設費の10％を支援。1875年章葆生華文義学を創設、のち英文学校に改編。76年星洲修道院義学の建設に3000海峡ドルを援助。華人居住区に広大な土地を購入して公園を造営、芳琳埔（Hong Lim Green、ホンリム・グリーン）とする。同敷地は1957年にシンガポール政府が接収して芳林公園（Hong Lim Park）となる。19世紀の華人リーダー中、寺廟の建立を最も熱心に支援。生涯にわたり貧民救済に努め、中国の被災民救済にも巨額の援助を行う。清朝政府への献金で道員の官位を得る。1873年植民地当局から熱心な社会事業活動を評価され、▼太平紳士となる。▼保良局委員に任命され、フランス政府も勲章を授与。現在、芳林路（Hong Lim Road）、章芳林街（Cheang Hong Lim Street）、章苑生坊（Cheang Wan Seng Place）、芳林苑（Hong Lim Complex）などの道路・施設名に名をとどめる。
　　　　　　　　　　　　　　　（蔡史君）

祥茂号 しょうもごう

長崎の▼三江幫の華僑貿易商社の一つ。明治後期、新地町20番地に設立。号主は翁栄綏（おうえいすい）（浙江省▼寧波出身）。主として華中・華北方面との海産物、雑貨の輸出に従事。▼三江会所会員。日中間の情勢が厳しい最中の1940年頃、一家は次男の翁徳昌に同号を託して上海に引き揚げる。翁徳昌は、▼長崎華僑時中小学校董事長、▼長崎華商商会董事などを務めた。
　　　　　　　　　　　　　　　（陳東華）

ショウ、ラン・ラン 1907-
邵逸夫　Run Run SHAW

映画事業家。香港最大の映画会社▼ショウ・ブラザース（邵氏兄弟（香港）有限公司）を設立したことで知られる。本名は邵仁楞。浙江省寧波生まれ。1925年3人の兄（邵酔翁、邵邨人、邵仁枚）が上海に設立した映画会社「天一影片公司」を手伝って配給を担当、カメラマンやシナリオライターの仕事にも携わった。26年アメリカ人の経営する上海青年会英文中学卒業後、三兄仁枚のいるシンガポールに赴き、映写機やスクリーンを積み込んだ自動車でシンガポールやマレーシアの町や村を回り映画を上映して、「天一影片公司」が作った映画の市場開拓に尽力した。その後娯楽施設の経営も手がけるようになり、30年シンガポールに「邵氏兄弟公司」を設立した。その頃中国ではトーキーに対する関心が高まっていたが、ショウはトーキー製作に必要な器材を購入するため、31年初めてアメリカを訪れた。50年代に入り香港の映画産業が盛んになってきたことから香港に移り、58年ショウ・ブラザースを設立した。67年無線電視台による香港初の無線TVの放映が始まったが、このTV局を擁する香港電視広播有限公司に董事（理事）として参加してTV界進出を果たした。ショウ・ブラザース総裁兼香港電視広播有限公司董事会主席。
　　　　　　　　　　　　　　　（戸張東夫）

📖 詹幼鵬・藍潮『邵逸夫伝』香港：名流出版社，1997.

商話別所 しょうわべっしょ

1899年に組織された神戸在住有力華商による商業協議と娯楽を趣旨とする親睦機関。商和別所とも。歴代の神戸領事を名誉会員とし、1926年当時の会員数は40人。36年の会員数は70人。38年当時の会長は、神戸広業公所前会長で、当時の神戸華商南洋輸出協会理事長であった東南公司の陳樹彬。下山手通3丁目65に所在した。戦時中に解散、現存しない。

(陳來幸)

徐勤 じょきん 1873-1945

横浜華僑の教育者。広東省三水出身。字は君勉。▼康有為の高弟。1896年広州万木草堂の学長となる。98年、▼戊戌ぼじゅつの政変の年、マカオで『知新報』の編纂に当たり、変法を宣伝。同年横浜大同学校初代校長に就任。翌年犬養毅を名誉校長に迎える。儒教を教え、▼孫文の来訪を拒絶。のち香港やシンガポールで保皇党の広報活動を行う。▼辛亥革命成功後も東南アジアやアメリカで活動し、民主革命への反対の立場をとりつづける。

(符順和)

⊟ 横浜の華僑学校

職業制限 しょくぎょうせいげん

華僑の経済活動が拡大し、現地住民の職業選択範囲を狭め就業機会を圧迫し、現地経済活動にマイナスの影響を与えていると見なされると、初期には現地社会一般に素朴な華僑排斥感情を生むが、この動きが昂ずると、華僑が居住する国や地域の政権の手で、職種・経営規模などの面から華僑の経済活動に対しさまざまな制限が加えられる。華僑の大量進出が顕著になる19世紀後半以降、世界各地で華僑に対する職業制限措置がとられるようになったが、第2次大戦以後の日本を例に見ると、戦後の混乱期にあった1948年、日本人零細業者を守るため華僑などの食堂経営、衣料販売などが禁止された。職業制限を厳格に実施することで華僑の中国国籍離脱と現地国籍取得(=華僑から華人へ)を強制的に促すことになる。こういった動きは戦後、国民国家建設を目指した東南アジアで顕著に見られた。たとえばフィリピンでは54年、華僑の小売業を停止しフィリピン人に限り新規許可証が発行される措置がとられた結果、中国国籍を離れフィリピン国籍を取得する者が少なくなかった。これ以降、56年に旧南ベトナムは魚・肉販売、雑貨商、油商、質屋、精米業、水陸運輸業など11種、57年にカンボジアは税関や移民局職員、武器商、印刷商、飾り職人、穀物商など18種、59年にラオスは水陸運送、武器商、運転手、印刷商、林業など12種を指定し、外国人の就業を禁止した。インドネシアでは58年に各企業に対し、インドネシア公民以外の雇用を禁止した。タイでは72年に理容、不動産など58の職種への従事と外資単独の企業経営を禁止した。これらの措置の対象は主として華僑であった。営業継続が困難となった華僑は現地籍の配偶者や成人子女に名義を変更するか、現地人に名義を借りるか、自身現地籍を取得することになる。旧南ベトナムの場合、60年代には100万人を超える華僑が国籍を切り替えている。これら措置の背景には、華僑と中国の関係を断つことで共産主義思想の浸透を断つという政治的思惑もあったとみられる。

(樋泉克夫)

⊟ 小売業の現地化

食糧特別配給制度 しょくりょうとくべつはいきゅうせいど

第2次大戦後に日本で、1946年8月15日より49年4月30日まで連合国国民、中立国国民、および無国籍人に対して連合軍の指令に基づいて実施された食糧加配制度。48年1月9日以降はドイツなど旧敵国国民を含む外国人に対しても実施されたが、朝鮮・韓国出身者で日本人と同様の配給を受配している人は適用範囲外だった。▼中華民国駐日代表団は僑民登録を実施して登録証明書を発行していたので、台湾出身者で「中国領事館による証明ある者」は受配対象者となった。 (許淑真)

⊟ 在留資格

⊠ 許淑真「留日華僑総会の成立に就いて」山田信夫編、1983./『中華民国駐日代表団神阪僑務分処檔案』華僑特配巻(1946-1952年).

徐広坤 じょこうこん

清国神戸理事府の秘書兼通訳。生没年不詳。1884年に神戸に着任。▼神戸中華義荘(義園)が87年に拡張・整備されたのを記念して作られた木刻「日本神戸中華義園記」(▼神戸関帝廟蔵)の文章を撰した。王原明の行倒れの旅人を弔った塋旅文に心をうたれたことを述べながら、同文の国であるとはいえ、遠

女子移民(じょしいみん)

前近代華僑社会の一大特色は「男社会」であって、男性が既婚者であっても単身で移民し、家族を中国に残したことである。帆船時代の航海が危険であるうえ、移民先が未開で死亡率も高く女性が暮らすのに適さず、さらには儒教的家制度のもと、家にあって祖父母・両親に仕え、兄弟や子女を育て、男性が外へ出れば田畑を耕し、祖宗の墳墓を守ることが女性の本務とされたからである。地方官も、男性の出国を黙認しても、女性のそれだけは厳重に取り締まった。このため前近代の華僑社会では、中国生まれの女性が皆無ないしは稀であった。華僑のなかには、現地の地理・習慣をよく知り、広い人脈をもち、一時帰国しても留守を委ねられる現地妻と家庭を営む「▼両頭家」があった。当時の記録に「中国女性」とあっても、現地妻の産んだ父系血縁の中国女性であった可能性が高い。

近代になって1860年、清朝は海外移民を公認した。また、しだいに汽船が投入されたり、移民先の生活条件が整うようになるが、官民ともに婦女子の渡航にはいぜん消極的であった。1853年アモイ商人がシンガポールに家族を帯同して大センセーションを巻き起こしている。シンガポールの場合、中国人女性が恒常的に到来するのは63年以降である。70年代後半から女性の実数は増大するが、男女比からいえば僅かであった。1878年から1901年の間、旧▼海峡植民地に到着した中国移民のうち、女性は82年の2.61%を最低とし、最高の97年でさえ6.54%にすぎなかった。またタイの場合でも、1893年から1905年までの間、中国からの移民中女性が占める比率が5%をこすことはなく、1906年から17年までの間でも10%にすぎなかった。▼海南幇では社会慣行上、1921年まで女性の渡航を承認しなかったとされる。女性移民の後発性から、華僑社会は近代以後も長期間にわたり男性過剰の状態を続けた。性比のアンバランスは、都市と地方、▼新客(シンケ)と▼僑生、▼東家と西家、幇派や職種によって異なるが、マラヤ全域を例にとると、男性1000人につき女性247人(1911年)、384人(21年)、436人(31年)である。男性偏向の人口構成に連動して▼排華運動、あるいは▼豬花・▼妹仔の供給など諸問題が生じた。東南アジアの場合、性比がバランスに向かうのは1930年代以降、とくに日中戦争の拡大にともなって中国から家族呼寄せが増えたり、太平洋戦争で中国からの移民が止まってからである。ただし戦後の華人社会では女性の政治・経済・文化・芸術・芸能など諸分野にわたる社会的進出が著しく進み、画期的な変化をとげている。　　　　(可児弘明)

シンガポールに上陸する広東人女性移民(1930年代)。出典: Kenneth Gaw, 1988.

▣『落地生根』
⊟ アマ, 三水婆

徐四民(じょしみん) 1914-

香港の華字月刊誌『鏡報』社長。ビルマの首都ラングーン(ヤンゴン)生まれ。父は中国革命同盟会ビルマ分会のリーダー徐賛周(1873-1933年)。中国に帰って厦門(アモイ)大学で学ぶ。日中戦争が始まるとビルマに戻り、ビルマ華僑の抗日運動に参加。戦後ラングーンで▼華字紙『新仰光報』を創刊。1964年中国に移住して華僑関係の仕事に従事するが、76年香港に移り『鏡報』を創刊する。全国人民代表大会代表や政治協商会議全国委員会委員などを歴任した。　　　　(戸張東夫)

徐小明 1953-

香港の映画監督。香港生まれ。両親が広東オペラの役者だったため5歳のときから子役として舞台に上がっていた。中国武術(カンフー)が好きで13歳で武術の指南の資格を取得し、17歳で武術を教えはじめた。1973年アジアTV(ATV)の前身である麗的電視に入り、TV俳優や制作者として活躍。80年映画監督として第1作『仏掌羅漢拳』を発表。引き続き『風生水起』(83年)、『木棉袈裟』(85年)などを監督。一部の作品では武術指導も担当した。

(戸張東夫)

書信

書信とは手紙の意味もあるが、もともとは伝統中国における地方官の書記または文書係を指した言葉である。在外華僑・本国間の手紙の交換形態は多様であった。まず、華僑自身の識字率が低いことから、手紙の代筆をする専門家(「書信」「代書」または「写信」。通常は路上で営業)に書信の作成を依頼した。このとき、単純な口述筆記ではなく、用件に応じてあらかじめ用意された数パターンの文書から適当なものが選ばれる場合が多かった。手紙の輸送については、中国が1917年まで国際郵便協定に入っていなかったため、帰国者や客頭(移民斡旋業者)に委託するか、送金とともに信局(銀信局、批局)を経由する方法がとられた。書信を受け取った者も、近親の読書人か専門家に代読してもらったのである。

(塩出浩和)

⊟ 民信局,水客

ショップハウス
店屋 shophouse

世界の華僑・華人の8割以上が集中する東南アジアのチャイナタウンで見られる棟割り長屋形式の店舗兼用住宅を、ショップハウス(中国語では「店屋」)と呼ぶ。チャイナタウンの最も顕著な伝統的居住景観である。一般に、ショップハウスは、煉瓦造りの2、3階建てが多く、1階が店舗に、そして2階以上は居住部分になっている。1階の道路に面した部分には、五脚基が設けられたところも多い。ショップハウスは長屋形式であるため、1軒の店舗の平面形態を見ると、間口は比較的狭く、これに対し奥行きが深い短冊型になっている。食堂の場合を見ると、店舗の奥の方は調理場や便所になっており、そして、裏口に通じる。福建、広東、海南の各省出身の華人の故郷でも、ショップハウスとよく似た建物が見られる。すなわち、中国南部の伝統的な都市建築様式が、中国人の海外移住にともない、東南アジアに「移植」されたのである。一方、ショップハウスの前面を見ると、観音開きの木製の鎧窓や、壁にはヨーロッパ・スタイルの模様を施したものが多く、中国とヨーロッパの建築様式の合体も

手紙の代筆、代読を含め、代書を請負う街頭の「書信」。撮影:可児弘明

シンガポール、サーキュラーロードのショップハウスの旧景観。撮影:可児弘明

見られる。
　ショップハウスの2階以上の居住部分を見ると、窓の数が少ないため部屋の内部が暗く、通気もよくない。また、できるだけ多くの住人を収容するために、本来の部屋割りを変更して、小部屋を増やす場合が多かった。台所、トイレ、シャワーなどは共用で、衛生状態も良くなかった。第2次大戦前、人口密度の高い東南アジアのチャイナタウンでは、一つのベットを複数の人が、時間によって使い分けるケースもあった。このように、ショップハウスの居住条件は悪く、老朽化したショップハウスはしだいにスラム化していった。　　　　　　　　　　　　　（山下清海）
　🔲南京街上段
　🔲山下清海, 1987./山下清海, 2000.

徐徳政 じょとくせい

　長崎の▼唐通事東海氏の祖。生没年不詳。▼住宅唐人徐敬雲（1593-1649年）の子。敬雲は浙江省紹興府蕭山県の人。1617（元和3）年長崎に渡来した。子の徳海は東海を姓として徳左衛門と称し、のち方山と名乗った。60（万治3）年木庵の通訳として摂津普門寺に随行した。61（寛文元）年小通事に任用され、99（元禄12）年目附役に昇り、1705（宝永2）年まで勤めた。長崎春徳寺の後山に父母のための壮大な墓を建てた。子孫は唐通事を世襲した。　　　　　　　　　　　（林陸朗）
　🔲唐通事の家系

『諸蕃志』しょばんし

　南宋の1225年、福建路提挙市舶使（泉州駐在）の趙汝适が、自己の見聞や他の記録を集めて著した書で、東・東南アジア海域、インド洋海域の国々の政情、民情、物産・通貨・貿易事情、航路・航程の情報を載せる。この書は、中国▼ジャンクのアジア海域への出洋が劇的に拡大し、政府も貿易を奨励した時期に、市舶使（貿易監督官）の参考資料として編まれた。そのため華僑の存在・活動について直接に伝える記述は乏しいが、「住冬」つまり季節風を待ち現地での越年を指摘し、中国船の諸国への周航、中国の産物や貨幣の流布、中国需要品の産地の分布、などが詳しく記されていて、初期の華僑史を知るための基本史料であり、のちに頻繁に編まれるようになる同種の記述の先鞭となった。なお、記述の中に趙汝适本人の調査でなく、伝聞を利用して信憑できない部分もかなりあるので、校注本、注釈本を参考するべきである。
　　　　　　　　　　　　　　　　（斯波義信）
　📖 Friedrich Hirth & W. W. Rockhill. *CHAU JU-KUA: His Work on the Chinese and Arab Trade in the Twelfth and Thirteenth Centuries, entitled Chu-fan-chi.* St. Petersburg: Printing Office of the Imperial Academy of Sciences, 1911./馮承鈞『諸蕃志校注』1956.

徐福 じょふく

　神仙の術に長じた方士で、秦の始皇帝の時代の人物。始皇帝に不老長寿の神仙薬を求めて東海上の蓬莱など三神山に行くことを上申し、五穀の種子や童男童女数千人、さまざまな技術者を乗せた船団を率いて渡海したが、それ以後のことは不明である。司馬遷の『史記』巻6「秦始皇本紀」17などに記載があるものの、長らく伝説上の人物とされていた。1984年江蘇省連雲港近郊に「徐福村」があったことが明らかになり、中国では実在が確実視されるようになった。一方、日本全国約20か所に徐福伝説があり、とくに和歌山県新宮市には蓬莱山の麓に徐福の墓と供の7人を祀った七塚之碑があるほか、阿須賀神社が徐福の上陸地とされており、境内の徐福宮の式典や供養祭もある。新宮徐福協会、佐賀県徐福会、丹後徐福会など各地に民間研究者の団体があり、中国の徐福会や研究者との交流を行っている。また、91年には全国組織の日本徐福会が発足し、徐福にロマンを感じる人たちの親睦の場となっている。　　　　（曽士才）

書報社 しょほうしゃ

　20世紀初めに▼中国同盟会が東南アジア（▼南洋）各地に設立した革命宣伝機関。閲書報社ともいう。これによって東南アジア華僑の中国民族主義が鼓舞された。当時、東南アジア華僑は清朝政府、保皇派、革命派の争奪の対象となっていたが、「滅満興漢」を掲げ「華僑は革命の母」とする▼孫文ら革命派は、書籍、新聞、雑誌などの宣伝物の出版を通じて東南アジア華僑に革命思想を宣伝し、資金援助を獲得していった。南洋革命党の拠点シンガポールでは、▼張永福、▼陳楚楠らが鄒容

の『革命軍』を『図存篇』と改名して印刷し、東南アジア各地に配布した。また彼らは1904年には最初の南洋革命党機関紙『図南日報』を創刊し（資金難のため2年後に停刊）、06年には『中興日報』を発刊して保皇派との論戦を展開した。この革命派の宣伝機関となったのが書報社であり、03年に張永福、陳楚楠らが創設に参加した▼星洲書報社を嚆矢とする。おもなものに、シンガポールの同徳書報社、公益書報社、開明書報社、同文書報社、マラッカの中華書報社、ペナンの閲書報社、クアラルンプールの隆邦書報社、ジョホールの公民書報社、バタビア（現ジャカルタ）の華僑書報社、大バンダの書報社、スラバヤの明新書報社、パレンバンの中華書報社、スマランの楽群書報社、ラングーン（現ヤンゴン）の覚民書報社などがある。このうち、シンガポールの同徳書報社は、張永福や▼林義順、陳楚楠らによって「開通民智、推倒満清」を主旨とし、11年8月に設立された。13年には代表の呉湘を北京に派遣して、中華民国第1回国会代表選挙に参加させ、呉は当選して6人の華僑議員の一人となった。22年の章程改正で「政治に干渉せず」とし、南洋女子学校などを設立したが、その後の中国の抗日運動に支援を与えた。　　　（西村成雄）

徐福の来朝
出典：『西国三十三ヶ所名所図会』（嘉永6 [1853] 年刊）新宮湊

シンガポール同徳書報社。民国6年孫文書の匾額を入り口に掲げる。撮影：可児弘明

ジョホール
Johore

マレー半島最南端に位置するマレーシアの一州。州都はジョホール水道に面したジョホール・バルで人口34.5万人（1991年）。水道にかかる架橋コーズウェイ（1923年竣工）上を通ずる鉄道、自動車道路、送水パイプによってシンガポール側と結ばれている。古くはマラッカ王国支配下のスルタンが統治する王国であったが、王族の争いやポルトガル人、オランダ人の攻略で国力を弱めた。▼シンガポールが英領となるに及んでイギリスの影響を強く受け、1885年その被保護国となった。19

14年にマラヤ非連合州に加盟、第2次世界大戦を経て、48年マラヤ連邦結成とともにその一州となった。スルタン統治の頃には開発も遅れたが、州東部の錫鉱山と西岸スリメダン鉄山の開発、コショウやガンビール、ゴム、アブラヤシ、パイナップルなど特産物のプランテーションによってジャングルが伐り開かれ、生産物を移出する交通、輸送路が形成されて人口も激増していき、半島マレーシアでも最もよく開けた地方の一つとなった。80年代末以降工業化の影響でジョホール州以外の州で出生した人の流入が続き、158万人(1980年)から207万人へと増大したが、植民地時代に錫鉱業、農業入植者として華人の大きな流入があったことから、華人が総人口のかなり高い比率を占めている。

(可児弘明)

🔲 港主

書物目利 しょもつめきき

江戸期、長崎に置かれた輸入中国書籍の評価・鑑定役。1662年、江戸の唐本商田中(唐本屋)庄右衛門が初発。延宝年間(1673-81年)、長川伊左衛門、太原善左衛門を加えたが、太原家が1713年に断絶。翌年、熊本治兵衛を加えた3家が代々書物目利を勤めた。▼唐人らの唐館(▼唐人屋敷)持込み書籍類や遊女貰物に含まれる書籍類の検査のほか、禁制書籍類の焼却現場にも立ち会う。幕末期、長崎聖堂助教・同手伝を兼務した長川東洲・政徳らが著名。

(岩﨑義則)

🔲 薬種目利

ジョリビー・フーズ

快楽蜂(峰)食品 Jollibee Foods Corporation

フィリピン随一のファストフード・チェーン。創業者トニー・タン・カクティオン(Tony TAN Caktiong、陳覚中)はサント・トマス大学卒業後、父から20万ペソを借り、クバオにマグノリア・アイスクリーム・パーラーを開業。のち兄弟と渡米、ファストフード・チェーン経営のノウハウを習得し、1978年ジョリビーを創業した。今日、ピザのグリーンウィッチ、中華ファストフードの超群(Chowking)を傘下に収め、国内300店のほか、ベトナム、インドネシア、米国カリフォルニア州などでも事業展開している。

(宮原暁)

📖 PMA-AGORA Publication Committee (ed.). *AGORA: The Search for Marketing Excellence.* 2nd edition, Manila: Philippine Marketing Association / AMA-DDBN Foundation, 1994.

シララヒ、ハリー・チャン 1934-
Harry Tjan SHILALAHI

インドネシア華人の政治学者、政治家。出生時の名はチャン・チュンホック(TJAN Tjoen Hok)。高校・大学在学中より華人系、カトリック系各学生組織役員として活躍、1965-66年の政権交代時期に政治の表舞台に登場した。65年パンチャシラ戦線書記長を務め、インドネシア・カトリック党書記長、同党首、国会議員を71年まで歴任。その後政界の表舞台から引退し、枢密院議員や▼戦略国際研究所(CSIS)役員として、スハルト政権初期から中期の政策立案に深く関与した。

(深尾康夫)

シリチャイ・ブンクン 1940-
馬釣利 Sirichai BULKUL

タイの企業集団マーブンクロン・グループの総帥。祖父は広東省台山出身で、戦前にはタイ最大の精米工場を経営した馬棠政。父親は戦前から1960年代中期にかけタイの米業界に大きな影響力をもったマー・ブンクン(馬立群)。シリチャイは5男1女の兄弟の四男ながら、一族の長として経営に当たる。米国留学の後、ノルウェー、香港などでホテル業務を学び帰国。74年に父親の名前にちなんだマーブンクロン社を設立、メイズ、米、キャッサバなどの輸出を始めた。翌年にはキャッサバ積出し用の巨大サイロと港湾施設をバンコク東郊のシーラチャーに建設し、マーブンクロン・サイロを創業。以後、82年にバンコクの一等地で不動産開発に着手し、翌年東急デパートも入った巨大ショッピングモールのマーブンクロン・センターを設立。80年代末期には野心的な経営が災いし、有力株主との間で経営権をめぐっての裁判が発生し、一時は経営の中枢から追われた。

(樋泉克夫)

使琉球録 しりゅうきゅうろく

中国から琉球に派遣された使節の記した使録類のことで、琉球の場合はすべてが冊封使

節によって記されていることから「冊封使録」とも呼ばれている。使録の最も古いのは1534年に尚清王の▼冊封使として渡琉した▼陳侃の『使琉球録』で、そのほかに明代の使録として郭汝霖撰『重編使琉球録』、蕭崇業・謝杰撰『使琉球録』、夏子陽撰『使琉球録』、胡靖撰『琉球記』(『杜天使冊封琉球真記奇観』) が残っている。清代の使録には張学礼撰『使琉球紀』『中山紀畧』、汪楫撰『使琉球雑録』『中山沿革志』、徐葆光撰『中山伝信録』、周煌撰『琉球国志略』、李鼎元撰『使琉球記』、斉鯤・費錫章撰『続琉球国志畧』、趙新撰『続琉球国志略』などがある。明代の使録は陳侃の使録に代表されるように、出使の際の実用を重んじたのに対し、清代のは清代考証学の影響を受けた研究色が強いといった傾向が見られる。　　　　　　　(赤嶺守)

　📖夫馬進編『使琉球録解題及び研究』榕樹書林、1999.

新亜ホテル〈しんあホテル〉
新亜酒店

　1929年に華僑と香港の中国人の資本によって▼広州で設立された大型ホテル。中国名は東亜酒店。発起人は馮達純。30年代に事業を拡大し、香港、上海でも営業するとともに、香港に本社を移した。日中戦争により38年広州が陥落、ホテルも日本軍に占拠されたが、戦争終結後に再開した。　　　　(廖赤陽)

新安商人〈しんあんしょうにん〉

　安徽省南部の徽州府出身の商人のことで、徽州商人とか徽商とも呼称した。明代の徽州府は江南省に属し、清代の徽州府には歙県、休寧県、婺源県、祁門県、黟県、績渓県の6県が属しているが、このうち婺源県は現在江西省に属している。清代には徽州府出身の商人は全国に名を馳せた。その商業活動の中心は専売塩の販売に関係する輸送にあり、大きな成果をあげ、おもに政府の専売塩を販売する許可を得て各地に運送する役割を担った。その関係で各地の特産の物資を輸送し地域間の価格差を利用して利益を得て、巨大な資産を形成した者も多く出た。彼らは揚州を一つの根拠地にして商業活動を各分野に拡大していったのである。新安商人でとくに海外に進出したのは明代嘉靖期 (1522-66年) に活躍した▼王直である。彼は明朝にとって大倭寇の中心人物と目されるが、日本では汪五峰と呼ばれ多くの有力者から信頼されていた。彼の活動は日本との貿易が中心であった。　　　　　　　　　　　　(松浦章)

　📖藤井宏「新安商人の研究」『東洋学報』36巻1-4、1953-54. ／傅衣凌『明清時代商人及商業資本』北京：人民出版社、1956. ／松浦章「徽州海商王直と日本」『栃木史学』13、1999.

新営職業技術学校〈しんえいしょくぎょうぎじゅつがっこう〉

　1979年、国務院▼僑務弁公室と福建省政府の支持を得て、フィリピン華僑李玉樹・陳秀琼夫妻の寄付によって李の故郷・同省南安県水頭郷新営村に設立された職業技術学校。同省重要僑校の一つ。81年秋から普通中学として生徒募集開始。83年職業技術学校に改められたが、初級・高級中学は引き続き募集。同時に、建築、電気修理の二つの専門職業班を設けた。86年段階で、初中、高中、職業高中合わせて在校生1200人。78-85年の間の李夫妻の寄付総額は305万元にのぼる。　(市川信愛)

　⇨華僑学校

神栄信用金庫〈しんえいしんようきんこ〉

　神戸にある華僑・華人系信用金庫。日本の華僑・華人が経営する金融機関では最大規模。華僑・華人の従業員も多い。1947年10月、▼王昭徳、陳義ら台湾出身の有力者が中心となり、141人から出資金を募って、現在の中央区栄町通に「▼華僑福利合作社」を発足させたのが始まり。52年には「華僑信用金庫」と改称した。おもな顧客は華僑・華人であったが、日本人にも親しまれ、脱華僑・華人を図るために、78年に現在の名称に変更した。しかし、バブル崩壊と阪神大震災の影響を受け債務超過に陥り、2002年1月18日自主再建を断念し、金融庁に破綻処理を申請した。
　　　　　　　　　　　　　　　(曽士才)

神縁〈しんえん〉　⇨ 五縁関係〈ごえんかんけい〉

辛亥革命〈しんがいかくめい〉

　清朝を打倒し、中華民国を建立した、▼孫文を中心とした革命派によるブルジョワ民主革命をいう。革命が勃発した1911年10月10日が中国の旧暦「辛亥」の年にあたったため、この通称がついた。広義では袁世凱に対する13年の第2革命、15-16年の第3革命までを

含む。

　19世紀に入っていわゆる「ウェスタン・インパクト」を受けた清朝においては、相次いで洋務・変法の改革運動が起きたが、同時に、これに満足しない漢民族による排満民族革命運動も起きた。ハワイの華僑として成功していた兄をもつ孫文は、1894年11月24日、ホノルルで華僑を中心とする▼興中会を結成する。翌年香港に興中会総部を創設し、民族革命を鼓吹する。1905年8月20日、東京で他の革命団体（▼黄興らの華興会、▼章炳麟らの光復会）と連合して▼中国同盟会を結成する。このとき革命綱領として、「駆除韃虜、恢復中華、創立民国、平均地権」が提起される。翌年11月、同盟会は機関誌▼『民報』を創刊し、革命を宣伝する。同誌の「発刊の詞」で孫文は三民主義の原型となった「三大主義」を発表した。

　中国同盟会は清朝支配下の中国においては非合法組織であったため、主たる活動拠点は海外にあった。辛亥革命前の1907年の調査では、海外華僑の総数は600万人から700万人に達していた。彼らはおもにタイ、マラヤ、ベトナム、ビルマ、フィリピンなどの▼南洋諸国およびアメリカの西海岸に移住していた。同盟会はこれらの地域を中心に支部を増やしていった。華僑たちは漢民族による国家の復興と「富強で民主的」な国家の創設に期待をかけ、資金面での協力を惜しまなかったばかりでなく、革命運動にも積極的に参加した。たとえば、黄花崗七十二烈士のうち、3分の1が華僑であったといわれる。したがって、辛亥革命における華僑の役割は非常に大きいといえる。孫文は、「華僑は革命に功労」し、「革命の母」となったと述べている。

　中国同盟会は1907年3月の潮州黄崗の役、5月の恵州七女湖の役、8月の欽州防城の役、9月の恵州汕尾の役、鎮南関の役、08年4月の雲南河口の役などの武装蜂起を中国国内で相次いで起こしたが、華僑たちはその資金を調達することに多大な貢献をした。これらの蜂起はいずれも失敗したが、全国的に革命の機運を高めることには役立ち、各地に農民の抗粗・抗捐運動などが起きた。11年5月、清朝が英仏独米の四か国銀行団と「湖南湖北両省境内粤漢鉄路・湖北省境内川漢鉄路借款合同協定」を締結すると、湖南、湖北、四川省などで大規模な「保路運動」が起きた。この機運の中、同年夏に上海に成立した同盟会中部総会と湖北の革命団体・文学社、共進会が共同で武装蜂起を計画する。10月10日夜、湖北新軍工程兵第八営内の革命党人が起義を発動し、武昌城を占拠し、翌日、湖北軍政府が成立する。いわゆる武昌新軍蜂起の勃発であったが、これが口火となって全国に革命が起き、2か月内に16の省が呼応する。

　このとき孫文はアメリカのデンバーにいたが、急遽帰国し、12月25日、上海に到着する。29日、南京で17省代表会議が開催され、孫文が臨時大総統に推挙される。翌12年1月1日、孫文は南京で中華民国臨時大総統就任を宣誓、3日、中華民国が成立する。同月28日には臨時参議院が成立し、31日にはアジアで最初の民主的憲法である「中華民国臨時約法」が起草される。2月12日、清朝最後の皇帝溥儀が退位し、数千年続いた封建的専制政治が終結する。しかし、この退位は中国国内に権力基盤をもたなかった孫文の力では達成されず、北洋軍閥袁世凱に頼らざるをえなかった。袁は共和制承認などの条件つきで孫文に代わり3月10日、臨時大総統に就任する。辛亥革命の失敗はここから始まり、中国は新たな革命の途を歩むことになる。　　　（家近亮子）

　㊀孫文, 中国同盟会
　㊉中国社会科学院近代史研究所編『華僑与辛亥革命』北京：中国社会科学出版社, 1981.／孫健『華僑与辛亥革命』『辛亥革命史論文選』北京：生活・読書・新知三連出版社, 1981.／黄美真・郝盛潮主編『中華民国史事件人物録』上海：上海人民出版社, 1987.

新華僑　_{しんかきょう}

▼旧華僑の反対概念。この語には、3種類の意味ないし用語法がある。第1はごく一般的な言い方だが、新しく華僑となった者を、旧来の華僑から区別していう呼び方。第2は日本で見られた用法だが、第2次大戦前からの中国大陸華僑に対して、戦後まもなく台湾から来た中国人を指した呼び方。当時、日本は台湾政権と外交関係があり、大陸側とは国交がないという不正常な状態が1972年の日中国交正常化まで続いたため、中国大陸からの中国人の来日は基本的に停止する一方、台湾

からの渡来が増え、一時は全華僑の半数近くを占めた。第3は1979年からの中国大陸での改革・開放後、海外に出た者。新移民と呼ばれることが多いが、新華僑とも呼ばれる。ただ、増加している▼不法移民も新華僑か、そもそも華僑は漢（民）族だけで他の少数民族は含まないのかなどをめぐって議論があり、また、台湾人はもはや中国（大陸）出身の中国人ではなく、台湾出身者は華僑ではないとする見解もあるなど、厳密に定義するとなると、問題は多い。

（游仲勲）

回 少数民族

新華劇場 しんかげきじょう
新華戯院

1931年に華僑資本によって広東省広州市で設立された中国最初のトーキー映画館。張枝超らが金華実業公司を設立、新華劇場と金華銀行を経営した。同劇場は座席数1445、最新の設備を備え、立地もよいため、良好な営業業績をあげることができ、広州市三大劇場のトップの座を占めた。日中戦争期の38年に日本軍、戦後45年に広州市政府に一時接収されたが、所有権回復後、リースに出された。

（王効平）

新華社 しんかしゃ

中国最大の国営通信社。本社は北京市。1931年11月に紅色中華通訊社として発足。37年に新華社に改名。国内だけでなく、世界100か国以上に支局を構える。総従業員数は約7000人。本来の報道業務では、中国語ニュースのほかに、英語、ドイツ語、フランス語、ロシア語、アラビア語、ポルトガル語の7言語で記事を配信。週刊誌『瞭望』、月2回発行の雑誌『半月刊』など40種類余りの刊行物を発刊している。最も人気があるのは世界の新聞記事を翻訳した日刊華字紙『参考消息』。

（濱本良一）

振華商店 しんかしょうてん

▼横浜居留地で▼廖翼朋が経営した商店。清朝末期、中国人留学生によって出版された新聞・雑誌の多くはこの振華商店を取次店としていた。廖は▼孫文と同時期に▼広州の博済医院に在籍したことがあり、1903年に▼三合会会員となっている。横浜では孫文と同居していた時期があった。

（伊藤泉美）

新型の華僑・華人社会 しんがたのかきょう・かじんしゃかい

中国出身者でもなく、現地出身者でもないその他の第3、第4……の地域出身者が大多数を占める、その他の新しい特徴をもつ華僑・華人社会。かつての伝統的な華僑社会は一世の華僑から成ったが、今日の標準的な華僑・華人社会では、たとえばタイではタイ生まれの二世、三世等々の華人・▼華裔が圧倒的大多数を占める。華僑（中心）社会から華人（中心）社会への変化である。それでも、前後者ともに中国から外流した一世およびその子孫中心の第1次外流中心型社会である。ところが、たとえばオーストラリアの華僑・華人社会は、現地のオーストラリア生まれ中心型ではなく、中国からいったんベトナム、マレーシア、▼香港、台湾、▼シンガポールなどに▼外流した一世（華僑）から生まれた二世、三世たち（華人・華裔）のうち、さらにオーストラリアに外流（第2次、第3次……）した者が圧倒的大多数を占める第2次・第3次……外流中心型である。中国語と現地語（英語）だけでなく、マレー語、ベトナム語等々、多種多様な言語が使われ、文化もこれら出身地域の影響を受けて、変容したものが多い。▼チャイナタウンも当然影響を受けて、従来のものとはだいぶ趣が違ってくる。これはきわめて新しい現象であり、中国生まれが中心の華僑社会や、現地生まれが中心の華人社会ではなく、その他の第3、第4……の地域生まれが中心の華人社会である。世界から華僑・華人の集まるイギリスでもそうであり、アメリカやカナダなどでも、こうした傾向が生じている可能性がある。ただ、ベトナム難民を中心としたインドシナ難民や香港移民などの大量流出が終わり、他の地域も安定してその中国系人が出国しなくなると、ふたたび中国からの移民が最も多い第1次外流中心型に戻る可能性もないことはない。オーストラリアでも若干その気配が見える。

（游仲勲）

圏 游仲勲，1990．／同「オーストラリア華人・華僑研究序説」同編『最近の中国系の政治、経済、社会、文化等の変化に関する研究』亜細亜大学アジア研究所，2000．

シンガポール
新加坡 Singapore

1965年に独立した、華人が国民の77％を占

める東南アジアの島国都市国家で、高い経済発展段階と厳格な政治体制を特徴とする。歴史的にはマレー半島の*ジョホール王国の一部に属し、1819年にイギリスの東インド会社職員のラッフルズ（Thomas Stamford RAFFLES）が、インド・中国貿易における水や食糧の補給基地としてシンガポール島を租借したことから近代史が始まった。当時はマレー人と中国人が住む人口1000人の寒村にすぎなかったが、イギリスが東南アジア貿易の拠点として街づくりを開始すると、*マラッカの中国人、南インドのタミル人、近隣地域のマレー人、さらにはアラブ人などが集まった。当初、中国人移民は、シンガポールを拠点にマレー半島やジャワ島などへと渡航したが、19世紀末にマレー半島がイギリス植民地となってゴムや錫の大規模開発が始まると、シンガポールは英領マラヤの経済拠点として発展し、多数の中国人移民が集まった。

シンガポールの華人社会は、*福建人、*広東人、*潮州人、*海南人、*客家*の五大集団で構成されるが、福建人が約43％を占める。植民地時代は、マラヤ経済の拠点、東南アジアの中継貿易基地という二つの機能をもち、シンガポールとマラヤの両地で活動する巨大企業家が誕生した。1930年代に日本軍が中国侵略を行った際は、ゴム企業家*タン・カーキーが指導する東南アジア華僑の「南洋華僑祖国救援基金」運動の拠点となった。第2次大戦で日本軍が42年にシンガポールを占領すると「昭南島」と改称され、45年8月まで、「3年8か月」の過酷な日本軍支配が続いた。とりわけ、占領直後の華僑大量虐殺と5000万海峡ドルの強制献金は、いまでも華人住民の間で日本軍政の苦い記憶として生々しく残っている。

戦後、*ナショナリズム意識と独立運動が顕在化し、その担い手としてイデオロギーや社会価値志向がまったく違う二つのグループが登場した。一つは、現地生まれの英語教育エリートである。このグループは第2次大戦直前には華人人口の20％ほどを占め、*リー・クアンユーや*ゴー・ケンスイが代表的指導者であった。彼らは英語教育を受けイギリスの大学に留学するなど、社会意識はイギリスを志向していた。もう一つは、移民世代やシンガポール生まれながら華語教育を受けたグループで、これが多数派を占め、一般労働者、華語中学や*南洋大学の学生、華字紙記者、それに有力華人企業家が結集する*シンガポール中華総商会がこのグループの中核をなした。二つのグループは、イデオロギーや社会価値観がまったく違い鋭く対立したが、実際の政治過程では相互に必要としたため「共闘」して、54年に*人民行動党を結成する。59年総選挙で人民行動党政権が誕生したのは、華人大衆の力によるところが大きかった。しかし、二つのグループはすぐに分裂し、共産系グループは独自に*社会主義戦線を結成し、60年代前半には人民行動党と社会主義戦線が死闘を繰り広げたが、63年に実施されたシンガポール州議会選挙で人民行動党が勝利し最終的な決着がついた。これ以降、共産系グループの政治運動は消滅していく。

シンガポールは、1959年に完全な内政自治権が与えられ、63年にボルネオ島のサバ、サラワクとともにマレーシア連邦に加わって植民地支配を終えた。しかし、マレーシア中央政府との経済政策や政治体制をめぐる対立が、しだいにマレー人と華人という民族対立へと転化し、65年8月9日マレーシアから「追放」され、単独独立国家となった。分離独立後、人民行動党政府は「生存のための政治」をスローガンに一党支配体制を築きあげ、これを基盤に経済開発を精力的に進めていく。60年代後半に工業化が本格化するが、開発の基本戦略は造船、石油精製など重化学工業化に置かれ、その担い手は日米多国籍企業と政府系企業とされ、商業や金融を得意にする華人企業は工業化過程の外に置かれた。しかし、70年代末になると華人企業も発展を遂げ、戦前期の有力銀行（たとえば華僑銀行）を軸にした企業グループだけでなく、さまざまなタイプの企業グループや大企業が登場した。とはいえ、シンガポール経済発展の軸である製造業では外国企業優位の構造に変わりはない。

シンガポールの国家形成は、北のマレーシアと南のインドネシアの「マレー人国家」に囲まれた「*華人国家」であること、政治権力を握ったのが英語教育グループであることから、「非華人社会」を軸に進められた。ま

た、華人以外にもマレー人やインド人を抱える複合社会として宗教の自由も保障され、言語もマレー語を国語にしながら、英語、華語、タミル語の四つの言語が公用語とされた。とはいえ、実質的な国語の役割を英語が担ったことから社会の英語化が進み、80年には、南洋大学卒業生は就職が難しいとの理由で、英語教育のシンガポール大学に統合された。しかし他方で政府は、79年に▼「華語を話そう」運動の開始、80年代後半に儒教教育を強調したり、華人資本の中国投資を奨励するなど、中国的民族性を前面に出した政策を追求している。そのため、シンガポールの国家アイデンティティはきわめて複雑といえるが、一方では、地域諸国への配慮から「非華人国家」政策を進め、他方では、社会統合や国際経済関係の点で華人性を活用した国づくりや政策を進めているように思える。シンガポールの政治体制は、1959年以来、一貫して人民行動党の政治独占が続くが、民主化が世界のキーワードになっている現在、リーらの第1世代指導者を継承した第2世代や第3世代指導者が、今後はどのような国家社会を創っていくのか、国家形成の第2段階が注目される。　　　　　　　　　　　　　　（岩崎育夫）

⇨ 海峡植民地, シンガポール華僑虐殺事件

🕮 Cheng Lim Keak. *Social Change and the Chinese in Singapore*. Singapore UP, 1985. / Lee Kuan Yew. *The Singapore Story*. Singapore: Times, 1998. / 岩崎育夫『リー・クアンユー』岩波書店, 1996.

シンガポール・アジア研究学会 シンガポール・アジアけんきゅうがっかい
Singapore Society of Asian Studies

シンガポールの学術団体。国民文化と思想に関心をもつ学者や社会人を糾合して、学術研究活動を計画的に進めることを趣旨に1982年創設。アジア諸国の学者との学術交流などを通じ、アジアの政治、経済、歴史、哲学、社会、文化の研究を促進している。83年2月、学会誌▼『亜洲文化』を創刊（第2期から年2回発刊）、84年8月から亜洲文化叢書を出版。そのほかの刊行物に東南亜研究叢書、英文学術叢書などがある。　　　（蔡史君）

シンガポール華僑虐殺事件 シンガポールかきょぎゃくさつじけん
華僑検証大屠殺

第2次大戦下のシンガポール陥落直後に起きた日本軍による華僑住民集団虐殺事件。1942年2月21日から3日間にわたり、市内5か所に集められた18〜50歳の華僑男子を訊問、問題なしと判定された者は「検」の文字を押印した紙を渡すか、衣類や身体に「検」の印を押して解放した。華僑社会は同事件を「検証大屠殺」と呼ぶ。拘束された華僑はトラックで海岸などに運ばれ殺害された。『朝日新聞』は検挙行動で7万0699人の華僑容疑者を逮捕と報道。戦後、華僑社会は被害者を5万人と推計。46年6月2日、「シンガポール華僑集体鳴冤委員会」（鳴冤は無実を訴える意）が設置された。同委員会は、日本軍統治下で華僑がこうむった生命・財産の損失を調査し、戦犯法廷に証拠を提出するとともに、被害者の遺体を発掘、埋葬して紀念碑を建立し、強要された「奉納金」と血債の償いを要求することを任務とした。47年3月10日、シンガポールにおいて日本軍人7人に対する戦犯裁判が行われ、4月2日、国際法違反と一般市民虐殺の罪で2人を死刑、5人を終身刑とする判決を下した。62年、シンガポール各地で虐殺遺体が続々と発見された。67年、▼「日本占領時期死難人民紀念碑」を建立し、犠牲者の遺骨を安置して霊を弔った。　　　（蔡史君）

🕮 許雲樵・蔡史君編『新馬華人抗日史料』シンガポール：文史出版社, 1984.

シンガポール華僑義勇軍 シンガポールかきょうぎゆうぐん
星洲華僑義勇軍　Dalforce

シンガポールで日本軍と戦った華僑義勇軍。1941年末に結成された星洲華僑抗敵動員総会の下に▼マラヤ共産党の主導で民衆武装部が設置され、同部がイギリス軍当局に要求して42年1月中旬に編成。同部主任の共産党中央委員林江石が責任者。司令官はイギリス軍のダリー（J. D. Dally）大佐で、英語名は彼の名にちなむ。華僑青年3000名ほどが応募、旧式武器しか与えられなかったが、ブキティマ高地などで日本軍を苦しめ多数が戦死した。シンガポール陥落2日前の42年2月13日に解散した。　　　　　　　　（原不二夫）

⇨ タン・カーキー, マラヤ人民抗日軍

シンガポール華僑ゴム公所 シンガポールかきょうゴムこうしょ
新加坡華僑樹胶公所　Singapore Chinese Rubber Dealers' Association

1919年に▼タン・エンキムらが設立した、マレーシア、▼シンガポール地域で活動する華人ゴム商人のための協会。11年に欧米商社が設立したゴム取引協会に対抗するねらいをもち、会員の80%を福建商人が占めた。第2次大戦前、シンガポールの有力華人経済団体の一つとして、積極的な社会文化活動も行った。戦後、シンガポール・ゴム取引協会 (Rubber Trade Association of Singapore、新加坡樹胶公会)と改名され、37-50年、▼タン・ラクサイが会長を務めた。　　（岩崎育夫）

シンガポール華僑総会 シンガポールかきょうそうかい
新加坡華僑総会　General Association of Overseas Chinese in Singapore

1946年に設立されたシンガポールの華僑団体。創建者として、▼胡文虎、▼リー・コンチェン、▼タン・ラクサイ、楊溢隣、▼林文慶などが名を連ねた。中国内部の▼械闘をやめさせ、中国の民主主義の実現を助け、シンガポールにおいては、各人種・民族間の融和および労資の協力を促進し、華人社会内部の過度の同郷意識をなくし、中国の政治に参与し、華人の利益保護のために政府に協力援助する、などを会の目的に掲げたが、実際の活動は展開しないままであった。　　（山下清海）

⇨シンガポール中華総商会
參『世界華僑華人詞典』

『シンガポール華文碑銘集録』シンガポールかぶんひめいしゅうろく
『新加坡華文碑名集録』

シンガポールの華僑関係碑文119件を集録した華文書籍。▼陳荊和・▼陳育崧共編、香港中文大学出版部刊、1970年9月序、327頁＋写真17頁。1830（道光10）年の恒山亭碑を最古として、1945年に至るまでの碑文が、寺廟、会館、共同墓地、宗祠、学校、医院、墓誌、教会、記念碑の9区分で整理されている。華文碑銘が主体であるが、華僑社団あるいは華僑に関係のある英文碑銘を一部に含む。都市再開発による史料散逸をおそれ、当初シンガポール、マレーシアを対象に調査が進行したが、69年の▼5月13日事件によってマレーシアのそれが中断した経緯がある。

（可児弘明）

シンガポール広東会館 シンガポール・カントンかいかん
新加坡広東会館
Singapore Kwangtung Hui Kuan

シンガポールの広東省籍の華人▼同郷団体。福建省籍の華人が組織する福建会館と同様に、広東省籍の華人によって組織される省レベルの同郷会館。シンガポールにおける広東省籍の華人は、主として四つの方言集団からなる。すなわち、おもに珠江デルタ周辺から移住してきた▼広東人、広東省東部の潮州地方の▼潮州人、スワトウに注ぐ韓江の上流部の山地から多く移住してきた▼客家、そして1988年に単独で海南省に昇格するまで広東省に属していた海南島の▼海南人である。それぞれの方言集団は、府・県レベルなどさまざまな同郷会館を組織していたが、広東省内の方言の差異が大きく、互いに意志疎通もままならず、方言集団相互の感情的な隔たりも大きかった。そこで、広東省籍どうしの相互扶助、友好などを目的に、1937年に広東会館が設立された。42-45年の日本占領期には会務は停滞したが、46年に会務を再開し、いまに至っている。　　（山下清海）

參呉華『新加坡華族会館志』1、シンガポール：南洋学会、1975.

シンガポール瓊州会館 シンガポールけいしゅうかいかん
新加坡瓊州会館
Singapore Kiung Chow Hwee Kuan

シンガポールにおける海南島籍の同郷会館。瓊州は海南島の別称。東南アジアに数多くある▼海南人の会館のなかで最大規模の会館で、海南人社会の中心的な組織となっている。海南島は、1988年に単独で海南省に昇格するまで広東省に属していたために、瓊州会館は広東会館に属する。海南島の漢族の多くは、宋・元代に海南島の開発のために福建省南部から移住してきたので、海南方言は閩南語に近い。シンガポールをはじめ東南アジアへの海南人の移住は、▼福建人、▼潮州人、▼広東人などに比べると遅かった。シンガポールの開港は1819年であるが、瓊州会館が設立されたのは、1857年であった。1880年、ビーチロードの現在地に会所を建設し、内部に▼媽祖（天后聖母）を主神とする天后宮を設

けた。会所の周辺には、多くの海南人が居住し、海南人街を形成していた。1942-45年、シンガポールが日本に占領された時期には、会務は停滞した。シンガポールの海南人の代表的な職業として、▼コーヒー店の経営があげられるが、瓊州会館の会員にもコーヒー店経営者が多かった。また、▼客家とよく似て、海南人は子弟の教育に熱心であり、教師や研究者などを多く輩出し、彼らのなかには、瓊州会館の運営や活動に積極的にかかわっている者も少なくない。　　　　　（山下清海）

圏呉華『新加坡華族会館志』1，シンガポール：南洋学会，1975.

シンガポール国立大学　シンガポールこくりつだいがく
National University of Singapore

シンガポールの最高学府。イギリス植民地政府は1905年、シンガポール初の高等教育機関としてエドワード7世医学校（King Edward VII College of Medicine）を創設し、また29年には文科系の▼ラッフルズ・カレッジを創設した。いずれもイギリスの大学をモデルとして、英語で教育・研究を行うエリート校で、教授たちはおもにイギリス人であった。第2次大戦後の49年、これら2校は合併し、マラヤ大学となった。同校は、クアラルンプールに分校を開設したが、マラヤ連邦独立後の62年、クアラルンプール校はマラヤ大学として独立し、シンガポール本校はシンガポール大学と改称した。80年華語系の▼南洋大学と合併してシンガポール国立大学と改称、従来3か所に分散していたキャンパスを、現在のケントリッジ・キャンパスに統合した。現在、医、文・社会科学、理、工、法、建築、経営・会計の7学部および大学院、付属病院、東アジア政治経済研究所を擁し、東南アジアを代表する総合大学となっている。
　　　　　　　　　　　　　（田中恭子）

シンガポール社団法令　シンガポールしゃだんほうれい
新加坡社団法令　Singapore Societies Act

1967年、私会党（暴力団、犯罪組織）の活動を取り締まるために、シンガポール政府が制定した法律。当時、シンガポールでは私会党が暗躍し、一般の市民生活にまでかなり浸透していた。また、私会党のグループ間でのなわばり争いなども頻発し、シンガポールの治安はかなり悪化していた。そこで、シンガポール政府は社団法令を制定し、シンガポールのすべての社団（団体）に対して、政府に登録することを求めた。そして登録審査の結果、不法な活動を行ったり、公共の治安、福祉、秩序などを乱すおそれがあるとシンガポール政府が判断した社団は、登録が拒否されることになった。登録を拒否された団体は不法団体とみなされ、そのような団体に加入して活動を行った者は取締まりの対象となった。とくに「▼三合会＝天地会」とのかかわりのある者は、罰金、懲役などの厳罰に処せられることになった。　　　　　　（山下清海）

圏『世界華僑華人詞典』

シンガポール宗郷会館聯合総会　シンガポールそうきょうかいかんれんごうそうかい
新加坡宗郷会館聯合総会

かつての▼シンガポール中華総商会にも匹敵すべき同地華僑・華人社団の最高組織。シンガポール宗郷会と略称。1986年1月、127の同族・同郷団体の代表1000人近くが参加して設立、▼大華銀行（UOB）頭取の▼ウィ・チョーヤオが会長に就任した。傘下団体は広東、福建など7会館が発起会員、蕭氏総会、岡州会館など91団体が普通会員の計98団体だった。92年に旧南洋大学図書館内に華族宗郷博物館を設け、▼華裔館と命名。94年1月には▼南洋大学卒業生協会、シンガポール・アジア研究聯合会と「東南アジア華人文化・経済・社会」国際シンポジウムを共催、95年から▼パン・リンを主編者に▼『海外華人百科全書』（英語版）の編集に着手、98年に完成した（同時に中国語訳も）。95年12月、10周年記念の晩餐会を開催、集まった102万ドルを総会の基金とし、UOBも100万ドルを寄付した。同月には傘下団体は183に達した。　（游仲勲）

シンガポール中華総商会　シンガポールちゅうかそうしょうかい
新加坡中華総商会　Singapore Chinese Chamber of Commerce

シンガポールにおける華人商業団体の最上位に位置する組織。1986年にシンガポール宗郷会館聯合総会が設立されるまで、同国の華人社会における最高の指導的組織であった。1906年、シンガポール中華商務総会として創立され、初代会長は呉寿珍。中華民国成立後、政治観念の違いから、12年、沈子琴（潮

州人)らは新たな組織としてシンガポール華僑総商会を設立した。この二つの組織の合併についての話合いが行われたが、合併には至らなかった。14年、華僑総商会は活動を停止した。翌15年、中華商務総会は、現在の名称である中華総商会に改められた。日本のシンガポール占領期には、同会の活動は停止を余儀なくされたが、第2次大戦後、活動を回復。64年、11階建ての新会所が完成。会員は、個人、公司、商団の三つに分類される。雑誌『経済季刊』を発行。歴代の会長は、シンガポールの華人方言集団の構成を反映して、▼福建人が最も多く、▼潮州人がこれに次いだ。設立以降、70年までの35期の会長を方言集団別にみると、福建人が21期、潮州人が11期、▼広東人が2期、▼客家が1期、それぞれ務めていた。会長、役員選挙では、たびたび幇派間の紛争が発生した。今日のシンガポール中華総商会は、同国における工商業の発展、経済繁栄、文化教育活動、社会福利の促進を主要な目的としている。91年8月には、シンガポール中華総商会が中心となって第1回▼世界華商大会をシンガポールで開催した。

(山下清海)

㊂ シンガポール華僑総会
㊔ 呉華『新加坡華族会館史』3, シンガポール：南洋学会, 1977. ／『華僑華人百科全書』社団政党巻. ／『世界華僑華人詞典』

シンガポール中華総商会。撮影：可児弘明

シンガポール潮州八邑会館 シンガポールちょうしゅうはちゆうかいかん
新加坡潮州八邑会館
Singapore Teochew Poit Ip Huay Kuan

▼シンガポールの▼潮州人同郷団体の最高組織。▼義安公司から発展して成立。潮州各県出身者の最大の慈善福祉団体である義安公司は1830年頃に創設されて以来、▼余有進の家族が代々支配、財務は非公開であった。1927年末、企業家林義順らは義安公司の資産を潮州人の共同管理下に置くよう要求し、交渉を継続するとともに、潮州八邑会館の創設を準備、29年8月26日に第1回理事会を招集、同会館の発足を宣言した。34年マラヤ潮州公会聯合会（のちマレーシア潮州公会聯合会に改称、略称は馬潮聯会）の創設によりこれに加わるが、65年のシンガポール独立にともない脱退、その後は馬潮聯会と兄弟組織の関係を維持した。第2次大戦下、42年のシンガポール陥落で活動を中止。戦後、活動を再開。▼シンガポール宗郷会館聯合総会（1985年設立）の創設に積極参与。80年代以来、文化教育センターを設置し、各種文化団体に活動の場所を無料提供している。さまざまな文化活動を組織、潮州八邑会館叢書を出版。

(蔡史君)

シンガポール天后廟 シンガポールてんこうびょう
瓊州天后廟

シンガポールに移住した▼海南人の▼廟。海南人の集居する小坡のビーチ・ロードにある。同郷会館の瓊州会館を併設している。1857年の創建。シンガポールで最も古い▼同郷団体の一つである。海南人がシンガポールに移民してきたのは1821年から26年の間といわれるが、移住が本格化したのは50年以後である。最初、マーラバー・ロードに間口3間の小廟を建てて会所としたが、57年にビーチ・ロードに改建した。廟内には小廟当時から、天后聖母を中心に右に水尾娘娘、左に昭烈百八兄弟を祀る。海南人は行政区域としては▼広東人であるが、エスニック・グループとしては福建語を話す福建系居民である。天后を主神とするのは福建系漁民の伝統であるが、水尾娘娘も航海の守護神である。また百八兄弟も航海の途中で犠牲になった祖先の英霊であるという。シンガポールには海南人の

廟が多数散在するが、瓊州会館天后宮はその本山であり、サムソン・ロードに義塚を経営している。　　　　　　　　　　（田仲一成）
　㊂百八兄弟神
　㊊『新加坡華族会館志』1．

シンガポール天福宮　シンガポールてんぷくきゅう

　シンガポールに移住した閩南（びんなん）系▼福建人（▼泉州・漳州出身者）のために教育・慈善事業などを運営する会館。テーロック・アイヤー・ストリートにある。会館は福建人の守護神の天后を祀る天后廟（媽祖宮）として、1839年に創建された。中殿に天后聖母、東殿に関聖帝君、西殿に保生大帝、廟内に創建当初の道光20（1840）年の「光被四表」の扁額がかかる。また本殿奥の寝室に観音大士を祀る。この会館の成立以前は福建人の総機構はサイラート・ロードの▼恒山亭大伯公廟（1828年創建）に置かれていたが、天福宮落成後は、すべて天福宮に移され、「天福宮福建会館」と呼ばれるようになる。現在の▼シンガポール福建会館が公司条例に則って政府に正式に登記し、福建会館を正式名称としたのは1937年である。さらに第2次大戦後、51年に福建会館は天福宮と別に独立の6階建てビルを建設し、55年に落成している。シンガポールでは福建系華僑が当初天福宮を総会所としたように広東系は▼広州、▼客家、▼潮州の各派を含めて、玄天上帝と天后聖母を併祀する▼潮州人の粤海清廟（チューリア・ストリート）を合同会所とした。光緒帝は粤海清廟に「曙雲祥海」、天福宮に「波靖南溟」の親筆扁額を下賜している。天福宮の地位の高さをうかがうことができよう。　　　　（田仲一成）
　㊊『新加坡華族会館志』1．

シンガポール福建会館　シンガポールふっけんかいかん
新加坡福建会館
Singapore Hokkien Huay Kuan

　▼シンガポールの▼福建人同郷団体。成立年は1860年以前と推測される。当初は▼シンガポール天福宮に属し「天福宮福建会館」と称した。同会館は少数の有力者に支配されてきたが、▼タン・カーキーの改革提唱で1929年に改組。タンを主席に選出（1929-49年）、37年に福建会館として登記。30年代以降、狭隘な地縁性を徐々に脱し、中国の天災救援や抗日支援に活動を拡大し、シンガポールおよび東南アジアの華僑を団結させる中核の役割を担った。こうした運動を通じて、タンは東南アジア華人社会の指導者となった。日本軍占領期は活動を停止。50-72年、同会館は陳六使主席のもと公益・教育事業を積極的に推進。53年東南アジア初の華文高等教育機関▼南洋大学（1955-80年）の創設を提案。同会館は土地2116km²を建設用地として提供するとともに、東南アジア華人各階層に建設資金の寄付を呼びかけた。72年以降は黄祖耀を主席とし、各種奨学金の原資となる福建基金を創設、文化芸術活動を推進し、公益事業の対象を華人以外の各民族にも拡大した。　（蔡史君）

シンガポール・ホンリョン・グループ
新加坡豊隆集団
Singapore Hong Leong Group

　▼シンガポールを代表するコングロマリット型華人企業グループ。他の有力華人企業グループが銀行基盤型であるのに対して、製造業基盤型であることを特徴にする。グループの発端は、福建省出身のクエック・ホンブン（郭芳楓）らクエック4兄弟が1941年、貿易業ホンリョン（豊隆）社を設立したことにある。飛躍的発展を遂げるのは第2次大戦後のことで、50年代末にスタートしたシンガポールの工業化で、小野田セメント、三井物産との3社合弁によるセメント事業でグループの基礎を築く。その後、セメントの生産・販売の一貫体制を作り上げ、シンガポール、マレーシア地域の有力企業に成長した。60年代になると不動産、ホテルなどに投資して製造業以外にも拡大、65年のシンガポールとマレーシアの分離独立後はマレーシア支社を分離（のち▼マレーシア・ホンリョン・グループとなる）するが、60年代後半にはファイナンス会社を設立して金融業にも進出した。さらに80年代にオーストラリア資本の有力製造企業（コンクリート管、パイプ管、LPGコンテナ製造など）を次々と買収し、製造業部門を強化する。その結果、80年代後半には名門▼華僑銀行グループに次ぐ規模をもつ巨大企業グループとなった。グループ体制は、創業時のホンリョン社が82年にホンリョン・インベストメント・ホールディングス社と改称されて

グループ持株会社となり、事業は金融、不動産、ホテル、貿易・製造業の4分野に分けられ、金融をホンリョン・ファイナンス社、不動産をシティー・ディベロップメント社、ホテルをCDLインターナショナル社、貿易・製造業をホンリョン・コーポレーション社が統括する。96年現在、グループ総資産160億ドル、年間売上高25億ドル、総従業員数3万人で、シンガポール企業売上高上位100社に10社を超えるグループ企業がランク入りしている。グループの最高経営責任者はクエック・レンベン。グループ企業経営には、クエック一族第2世代の多数が参加する。　　(岩崎育夫)

📖 Kwek Hong Png. *A Lifetime with Hong Leong.* Singapore: Hong Leong, 1987. ／岩崎育夫, 1997.

仁記公司 じんきこうし

天津の四大洋行(外国商社あるいは外国と取引する商社)の一つで、仁記洋行ともいう。おもな業務は貿易であったが、1904-07年にイギリスが南アフリカ戦争後の南ア金鉱山労働者不足を補うために中国人労働者を募集(招工)した際、その実務にかかわり、また、1916-18年にはやはりイギリスのために第1次大戦期のヨーロッパにおける後方支援のための中国人労働者の募集にもかかわった。　　(藤村是清)

🔗 トランスバール，参戦華工

📖 陳三井『華工与欧戦』台北：中央研究院近代史研究所，1986. ／黄献廷「英商仁記洋行在天津」天津市政協文史資料研究委員会編『天津的洋行与買弁』天津：天津人民出版社，1987.

新客 しんきゃく ⇨ 新客 シンケ

神教 しんきょう
Shenism

各地華(漢)人社会、とくに東南アジアの宗教現象の特徴を示すために人類学者や宗教学者により使用される用語。人類学者のA.エリオットは、シンガポール華人の宗教に現存する観念的特徴として、(1)人間の運命は神(shen)によって統御されている、(2)多くの悪霊の活動により人間の不幸・災厄が生じるが、悪霊に有効に対処しうる唯一の力ある存在が神である、(3)人々は霊媒(童乩やその他のシャーマニックな宗教者)を通じて神々に直接交流、祈願できる、の3点を挙げ、こ

の宗教観念とこれに基づく宗教行動の総体を神教(Shenism)と呼んだ。また人類学者のV.ウィーは神教の概念について、「(それは)一個の空っぽな容器であり、時と場合により、仏教、道教、儒教のような制度的諸宗教および中国的な混交宗教、さらにはキリスト教やヒンドゥー教によってさえ満たされうる」と述べている。つまり、必要とあらばどの宗教的伝統に属する神仏であれ自由自在に導入・受容し、その力にあやかろうとする華人の宗教的態度が神教であるということになる。こうした態度はとくに童乩などを中心とする霊媒信仰に顕著に見られる。童乩がかかわる廟や宮の祭壇には、ふつう10体から15体、多い場合は50体以上の神仏像が祀られている。フィリピンのマニラの華人街にある大千寺には総計65体の神仏像が安置されており、道教の広沢尊王、元始天尊、関帝、仏教の阿弥陀仏、釈迦仏、観音、地蔵、キリスト教のイエス・キリスト、聖母マリア、聖マーチン、さらにイスラムの象徴(神の座)などを含む。家内安全、長寿、多産、利財などの現世利益を強く希求する華人は、力ある存在ならば宗教の差異を無視してあらゆる神仏を利用しようとする。この傾向が霊媒廟や類似の宗教施設に見られるということは、神教が華人の霊媒信仰(華人社会のシャーマニズム)と深くかかわっていることを示しているといえよう。　　(佐々木宏幹)

📖 A. J. A. Elliott. *Chinese Spirit-medium Cults in Singapore.* London: The London School of Economics and Political Science, 1955 (アラン・エリオット『シンガポールのシャーマニズム』春秋社、1995). ／ V. Wee. "Buddhism in Singapore." In R. Hassan (ed.). *Singapore: Society in Transition.* Kuala Lumpur: OUP, 1976.

真空教 しんくうきょう

1862年、江西省贛州府において真空祖師廖帝聘によって創始された宗教。中国南東部に流布するとともに、1926年以後は東南アジア各地の華人社会に伝播。南洋真空教天霊総堂がシンガポールに置かれて、マレーシア、タイ、インドネシアなどの道堂を総括している。16世紀に開教された羅教の影響下に成立した宗教で、その主要な4部経典は、

羅祖の5部6冊を下敷きとしている。反社会的・反国家的教説はなく、むしろ国家統治を扶助するための慈善活動をおし広めることが目的。身体障害者や貧民の保護・治療団体として活動している。創始の年代の地域に蔓延して社会問題化していたアヘン毒の中和と治療の宣伝が、この宗教の流行を生み、中国商人の南方発展とともに東南アジア華僑のなかに広められた。　　　　　　　　（野口鐵郎）

→アヘン問題

參羅香林『流行於贛閩粤及馬来亜之真空教』香港：中国学社、1962.／劉伯奎『砂勝越之真空教』シンガポール：Hoong Fatt Press, 1977.／野口鐵郎「東南アジアに流伝した二つの中国人宗教」酒井忠夫編、1983.

新客 シンケ

singkeh / singkek

中国で生まれ育ち、その後初めて東南アジアなど海外へ出た中国人のことをいう。新家と記す場合もある。元来は、インドネシア、マレーシアなどの東南アジアの地に移民したばかりの中国人（新来者）に限って新客といったという説もある。出稼ぎの性質上、独身者が多く、かりに既婚者であっても妻子を故郷に残して移民するため、新客社会では男子偏重となり、当初のうち男女人口比の不均衡は著しかった。また、中国の伝統を保守し、自己完結的な指向を強く示すことは後年まで残った。なお、まだ一人前の構成員とみなされていない華僑・華人の意味で「新客」を用いることもある。　　　　　　（中間和洋）

→新唐、自由移民

新経済政策［マレーシア］しんけいざいせいさく

New Economic Policy

マレーシアで実施されたマレー系住民（ブミプトラ）優先政策。1969年の▼5月13日事件を受けて政府はマレー人の経済水準引上げの必要性を痛感、ラザク副首相（当時。70年首相就任）は同年7月、政府の積極的経済介入によるマレー人助成をめざして「新経済政策」骨子を発表した。新政策は71年の第2次5か年計画から実施されたが、90年までの長期目標として具体的な数値が明らかにされたのは72年に発表された「第2次5か年計画中間報告」だった。計画では、雇用におけるブミプトラ比率、株式会社におけるブミプトラ資本比率が最も重要な指標として設定された。第2、3次産業における雇用のブミプトラ比率は70年にそれぞれ30.6％、37.9％だったが、これを90年に51.9％、48.4％にまで、同期間にブミプトラ資本比率は1.9％から30.1％にまで引き上げるとされた。90年に実際に達成されたとされる数値はそれぞれ48.0％、51.0％、20.3％だった。逆に華人資本を中心とする非ブミプトラ資本比率は70年32.3％、90年目標40％、90年達成数値46.2％だった。マレー化の雇用目標はほぼ達成、資本保有目標はまだ不十分というのが政府の結論だが、華人資本比率は過大で、マレー資本比率目標は実際にはすでに達成されているとの見方が多い。新経済政策を引き継いで実施された1991-2000年の長期経済計画は「国家開発政策（NDP）」と呼ばれ、ブミプトラ優先を貫いてはいるが、効率・能力重視を謳い、具体的なブミプトラ化数値は挙げていない。

（原不二夫）

→ブミプトラ政策

進香 しんこう

▼分香によって創建された子廟の信徒（地域住民）が、定期的に進香団（巡礼団）を仕立て、分霊神像と香炉を携え、祖廟に参詣（謁祖）すること。分霊の霊力を更新・強化するために行われる。とくに祖廟の祭礼前後の香期には各地から進香団が殺到、大規模な人口移動が起こる。福建省莆田県湄州の媽祖廟（媽祖廟の総本山）への進香は有名である。進香は、分香という関係を通じて▼廟（地域）間のネットワークが発現する場といえる。なお、分香関係がない著名廟に詣でることも一般に進香と呼ぶ。　　　　　　（高橋晋一）

人口圧力 じんこうあつりょく

population pressure

人口圧力は、人口の数量と生活空間との間のバランスの問題として生じる。この均衡が壊れて、人口を構成する成員が生活空間の狭さを意識し、生活上の圧迫として感じるとき、この圧迫を一般に人口圧力という。人口過剰によるこの圧力を解決する方法としては、移民や出生率の抑制などがあり、人類はできうるかぎりの方法を駆使して、人口圧力の緩和・解決に努めてきた。

中国の中でも華僑送出の最も多い福建省は、「人多地少、山多田少」という人口過剰と可耕地の零細化により、生活の困窮、政治・社会の不安（つまり人口圧力）、開拓精神などの土壌が背景にあるといわれる。また少数民族ヤオ族には、限られた狭い耕地をめぐって漢族と争わないよう扶養力に適応した伝統的人口抑制の社会慣習、堕胎法などの伝統がみられるのはその一例である。
　　　　　　　　　　　　　　　（若林敬子）

晋恒号　しんこうごう

「中華民国四年（1915年）歳時乙卯仲秋吉旦」の年次銘のある「重建広東公所碑記」の建立8家の冒頭に見える、広東省広州新会県出身の李萃石の店舗。また、1919（大正8）年の長崎商業会議所編『長崎商業会議所二十五年史』には新地町、広馬場町、梅ヶ崎町に店舗を構える在留長崎華僑貿易商22軒中の一家に李偉抜所有の晋恒号が見える。▼広東幇の中心の一家と思われる。
　　　　　　　　　　　　　　　（川勝守）

清国商人保護規則　しんこくしょうにんほごきそく

保護清商規則

1894年朝鮮李朝政府が公布した在朝鮮華僑に関する保護・管理規則。9条あり、おもな内容は次のとおり。居留地の指定。内地進入の禁止。在留登録手続きと開業制限。輸入貨物の検査と制限。在留華僑を統轄する全権は朝鮮政府にあり、その判断により華僑を逮捕、裁判、投獄、処罰ないし国外追放することができる。同規則は、前年の日清戦争における清国の敗北をうけ、中国との旧来の条約をすべて廃止することを明記、従来の清朝・朝鮮間の宗藩関係の実質的な変化を反映している。
　　　　　　　　　　　　　　　（廖赤陽）
　📖 楊昭全・孫玉梅, 1991.

清国人集会所　しんこくじんしゅうかいじょ

横浜で最初に組織された中国人の団体で、▼横浜中華会館の前身。1867（慶応3）年、▼横浜居留地59番地に、張熙堂、▼陳玉池、胡達朝らによって設立された。この年の11月に実施された籍牌規則に基づき、横浜在住中国人社会をとりまとめ、「籍牌（居住登録）の手続きを行う、対官庁機関として組織された。この清国人集会所は史料によっては「中華会議所」とも表記される。また「中華会議所」は設立後まもなく中華会館と呼称されるようになるため、この三つは同一組織の名称であると考えられる。
　　　　　　　　　　　　　　　（伊藤泉美）
　📖『横浜中華街』

清国人取締仮規則　しんこくじんとりしまりかりきそく

兵庫県が1871（明治4）年11月に制定した華僑取締まりの規則。華僑の取締まりのうえで、最も基本となるのは居住華僑の把握であった。この規則は華僑の登録制度、日本の取締まりへの服従義務、会所の事務などについて規定している。▼同郷団体の性格をもつとみられる会所は、登録の受理・審査、地所・家屋の借受の審査・届出、県の布達の回覧などを行った。74年に太政官布告「在留清国人民籍牌規則」が制定されたため廃止。
　　　　　　　　　　　　　　　（洲脇一郎）
　📖『落地生根』

清国人留学生　しんこくじんりゅうがくせい

清朝末期に中国は諸外国から攻撃を受けた。最初はイギリスとの▼アヘン戦争（1840-42年）であり、洋式武器の優秀さを知った。続いて起こった太平天国運動（1851-64年）を、曾国藩は湘軍、李鴻章は淮軍を組織して防いだが、イギリス、フランス、アメリカの洋式武装兵力を借りてようやく鎮圧し、富国強兵のためには洋式武器の購入と自力の製造の必要を痛感し、留学生の派遣を考えた。帰国する宣教師に同行してアメリカで学んだ▼容閎の勧めで、曾は1872年から毎年30人を4年間、アメリカに留学させた。76年には福州船政学堂が英仏へ約30人派遣したが、いずれも軍事学習得のためであった。これらの留学生が洋風に染まらぬようにと、張之洞が『勧学篇』（1895年）で、あくまでも「中体西用」（伝統的経学を中心に据え、洋学は技術として学べ）で清朝の政体を維持しようとしたが、日清戦争（1894-95年）の敗北によって曾らの洋務派は影響力を失い、明治維新をモデルに立憲君主制を目指した変法派によって日本への留学に切り替えられた。近距離による経費の節約、日本は西学を濾過し基本は忠君愛国教育である、漢字を共有するので言語習得が容易、などが理由である。1896年に最初の留学生として13人が来日、嘉納治五郎のもとで日本語を学び、7人が卒業した。嘉納は1902年に牛込に弘文学院をつくり、その

後、学生の増加に応じて5か所に校舎を増築し、日本語と普通学のあと、3年生にはⅠ部は文科、Ⅱ部は理科系進学の準備教育をした。他に急務の実学教育のために1年、8か月、6か月の速成師範科、速成警務科、速成理化科、速成音楽科などをおいた。卒業生の多くは参謀総長が校長である成城学校を経て、陸軍士官学校に入学した。1900年の7月には45人が陸士を卒業している。03年に文科生のクラスを開設し、武科生を参謀本部設立の振武学校に吸収した。その多くは中央政府である総理衙門や、各省派遣の官費留学生であるが、01年に科挙の廃止、学校の開設、地方官僚昇任の条件に海外遊学を義務とするなど西太后の新政で、私費の留学生も含めて来日者は、06年には約8000人にのぼった。清国政府の目的は武備警務、農工商学、教育の人材養成だったが、勉学に励む学生は1900年に欧米の法政の名著を紹介する『訳書彙篇』(雑誌)を発行して啓蒙活動に、急進派は折からの日露戦争を専制対立憲ととらえ留日同郷会をつくって反満運動に走る者が多かったので、清国政府は派遣学生を厳選すると同時に文部省に要望して、05年「清国留学生取締規則」によって規制しようとした。そのため学生は一斉帰国という抗議行動をとって、3分の2の者が帰国したので、一時留学生は激減したが、ある者は海外遊学歴取得のために残った。その受入れに、04年に法政大学清国留学生政法速成科では新政に対応する再教育のために通訳つきで講義をし、05年に3年制の早稲田大学清国留学生部が設置され、普通教育と教員養成にあたった。官立では、第一高等学校が1899年に浙江巡撫の派遣した8人の聴講生を受け入れたのが最初であり、1903年に北京大学堂派遣の31人を入寮を条件に入学を許可した。また07年に文部省と清国公使の間で官費留学生の受入れ協定が結ばれ、一高など直轄5校に毎年165人入学させることになったので、翌年4月に特設予科を創設し、日本語、英語、数学などを1年半教育して各高校に配分した。駐日官吏や留学生の家族の女性のために、04年に実践女学校では清国留学生部を設置し、05年には湖南省派遣の20人を速成師範科(1年)に入学させ、また工芸速成科(6か月)などをおいた。

(尾上兼英)

⧠ 実藤恵秀『増補・中国人 日本留学史』くろしお出版社, 1970. ／ 厳安生『日本留学精神史』岩波書店, 1991. ／ 王暁秋「二十世紀初的中日文化交流」『近代中日文化交流史』北京：中華書局, 1992.

清国領事 しんこくりょうじ

1877年から辛亥革命の1911年までの間に、清朝政府が海外華僑の居住地に派遣・駐在させた外交官。外国への公使・領事の派遣は、19世紀後半における清朝近代外交政策の展開の重要な一環を構成しているが、同時期における華僑政策の転換が領事派遣の直接的契機であった。1860年代以降、従来の▼海禁・棄民政策の見直しを迫られ、清政府は華僑保護の政策に転じた。1893年、政府は海外渡航に関する禁令を正式に廃止、何度か華僑保護の勅令を発布した。1865-73年に清政府がアメリカ、スペインなどと締結した海外華工関係の条約のいずれにも、領事駐在に関する条項が記入されていた。▼華商・▼華工の人数が最も多い▼南洋、アメリカ、スペイン領ペルー、キューバなどが領事駐在の主要地域である。

1877年、清国初の公使館がロンドンに設立され、公使郭嵩燾の提議により同年10月に初の領事館を▼シンガポールに設立、現地の華僑巨頭▼胡亜基が領事に任命された。90年代に至るまで同領事館は、清朝の南洋における華僑事務を処理する中心となった。1879年ハワイとペルーに、翌年サンフランシスコに、89年キューバに領事館が設立された。また、長期にわたる交渉のすえ、98年スペイン領マニラ、1911年オランダ領ジャワの領事館を、それぞれ設立した。日本では、1878年に横浜兼築地、神戸兼大阪、長崎などの開港場に理事府(のち領事館)を設立、86年に函館兼新潟・夷港領事館を設立。清朝滅亡まで海外に延べ46の領事館が設立された。

清国領事はおもに、(1)華僑保護、(2)海外華僑社会のコントロール、という二つの機能をもった。海外▼華僑学校や▼中華総商会の創設を推進し、19世紀末の華僑ナショナリズム形成に重要な役割を果たした。

(廖赤陽)

⧠ 廖赤陽「晩清『護僑』政策的実施及評価」『華大論叢』1984年1月／故宮博物院明清檔案部・福建師範大学歴史系共編『清季中外使領年

表』北京：中華書局，1985．／高士華「論晩清駐外使領館的建立在華僑史上的作用」『華僑華人歴史研究』1991年3月

沈茲九 （しん・じきゅう） 1898-1989
SHEN Zijiu

中国の婦人解放運動宣伝教育家、社会活動家。▼胡愈之の夫人。浙江省徳清県生まれ。1921年日本留学、日本女子高等師範学校卒業。25年帰国後『申報』『婦女生活』の編集担当、39年▼中国共産党入党。41年シンガポールに渡り、華僑抗日活動に参加。その後スマトラに逃れるが、第2次大戦後、シンガポールで胡愈之と南洋出版社を創始、月刊『新婦女』を編集刊行、のちに『南僑日報』編集。47年中国民主同盟マラヤ支部婦女部主任。49年政治協商会議出席。第1～3期および第5、6期全人大代表、第1～3期政協会議代表歴任。　　　　　　　　　　（段瑞聡）

人種問題（じんしゅもんだい）⇨ 黄禍（こうか）

『新小説』（しんしょうせつ）

明治期、横浜で出版された月刊の中国語雑誌。内容は論説、政治小説、法律小説、広東戯本などで、▼蘇曼殊などが投稿している。第7号と第2年第7号が東京都立中央図書館実藤文庫に収められている。第7号の発行は1903年9月（光緒29年7月）、第2年第7号は発行年月日不明。発行所の新小説社は山下町160番地、新民叢報社の所在地と同じで、印刷は新民叢報活版部となっている。『新小説』は『▼新民叢報』の小説部門を充実させるために発行されたと考えられる。　（伊藤泉美）

　⇨『清議報』
　▼『横浜中華街』

新新百貨店 （しんしんひゃっかてん）
新新百貨公司

上海在住の広東人とオーストラリア華僑の投資による大型百貨店。創業人は広東省中山県出身の劉錫基。先施公司（▼先施百貨店）の幹部であったが、内部の権力争いや利潤分配問題で先施から離脱した。広東銀行からの出資に加え、オーストラリアまで出向いて利権回復、国産品推奨を名目に掲げ、華僑からの資金を募った。1926年、上海南京路に開業。設計はC.H.ゴンダによる尖塔をもつ古典主義様式の7階建ての高層建築である。内部には遊戯場、レストラン、旅館、ダンスホールなどを設置、さらに屋上には築山や池、花壇などを配し「屋頂花園」と称した。また、エスカレーターを設置したのも人々の人気を呼んだ。民族資本による上海の大型百貨店としては初めて中国政府登記となった。薄利多売を方針としたが、他の地に支店をもたなかったため企業内での資金・商品調達ができず、つねに資金不足に悩まされた。1956年に国営化され、上海第一食料品商店と商号を変え現在に至る。　　　　　（大道寺慶子）

　▼『上海近代百貨商業史』

深圳 （しんせん）

中国で最も知られている▼経済特区。広東省の南部に位置し、現在の深圳市面積は2020km^2、そのうち特区は328km^2。中国最初の対外開放地区となった▼蛇口工業団地が西部にある。1980年に経済特区に指定され、対外貿易、外資誘致、外為管理などさまざまな優遇政策を付与された。経済特区の優遇政策、柔軟措置、香港と隣接する地理的条件を活用し、香港資本などの外国投資を積極的に導入、経済成長を進めた。中国国内各地の政府機関と企業も深圳に投資し、窓口企業を設立した。また、経済改革の「実験場」という役割も果たし、市場経済制度を確立、証券取引所も設立した。経済発展の初期段階には労働集約的産業を発展させたが、近年、国内外のハイテク企業を誘致してハイテク産業を発展させることに力を入れている。深圳市は現在、総人口約400万人の一大経済都市に発展、1人当たりGDPおよび対外貿易額が国内1位の地位を維持している。今後は華南地域の経済センターとして、返還後の▼香港との経済一体化を進める。　　　　　　　（朱炎）

『清俗紀聞』（しんぞくきぶん）

江戸時代の1799（寛政11）年、旗本中川忠英が編纂した、清代中国の生活習俗を記した文献。忠英は95-96年長崎奉行を勤め、このとき近藤重蔵とともに唐通事16名と画工石崎融思らに命じて、渡来した清人7名から福建、浙江、江蘇地方の風俗、生活慣行、文物の実情を詳細また具体的に聴取し、これを絵入りの和漢混交の文で解説し、全6冊、13巻の実務書として編纂、大坂懐徳堂の教授中井

竹山の子、中井曾弘の序を付して刊行した。記述、図は正確であり、日本でこの種の情報が強く求められていたことがわかる。忠英はのち勘定奉行、大目付に栄進した。

(斯波義信)

▣ 孫伯醇・村松一弥編『清俗紀聞』1, 2, 平凡社東洋文庫, 1966.

親族組織 しんぞくそしき

　華僑・華人社会の親族組織は移民社会での変容以上に中国社会におけるその基本的特色を引き継いでいると思われる。東南アジア、ニューギニアなどを含む太平洋地域、北米における華僑・華人社会のモノグラフには、入植者世代とその後続世代における家族・親族の組織とそれを支える思想についての、連続性と変化の側面を扱ったものが少なくない。家族が複数の世代の夫婦とその子どもからなる拡大家族の構造を維持することが、現実には相当に困難であっても理想とされ、▶家族経営の商業が生計の基盤となることが多いのは、連続性の一面である。父系出自原理による家族の形成と継承は移民社会においても実現は難しくないが、土地所有と相続の制度および親族組織の統合シンボルである祖先祭祀を支える儒教的倫理観の継承という親族にかかわる状況が中国とは異なるため、世代深度が進んでも、必ずしも中国固有の親族組織たる▶宗族は形成されない。このため父系出自に基づく親族組織に代わって機能的に重要なのは、母方、妻方、娘の嫁ぎ先を含む親戚（いわゆる母党）との交流・相互扶助であるが、親戚はその構造上、継続性と共同性に欠ける。また、祖国と居住国の外交関係によって送金の授受関係や往来機会の点で母国の宗族とはしだいに縁遠くなるにしたがって、宗族の海外出先機関としての性格をもっていた親族組織が変容しはじめ、やがて代替機能を果たす親族類似の団体も形成されてくる。それが▶宗親会や宗親総会である。これらは、中国姓が同じであれば父系祖先を共有するはずであるという考えを基礎にして結成されている。不動産などの共有財をもつこと、共同事業を行うことがあるという点で、宗族を擬制したものである。

(吉原和男)

▣ Maurice Freedman. *Chinese Family and Marriage in Singapore*. London: Her Majesty's Stationary Office, 1957. / Jaques Amyot. *The Chinese Community of Manila*. Chicago: Philippine Studies Program, Department of Anthropology, Univ. of Chicago, 1960. / Richard J. Coughlin. *Double Identity*. Hong Kong UP, 1960. / David Y. H. Wu. *The Chinese in Papua New Guinea: 1880-1980*. Hong Kong: Chinese UP, 1982. / J. ワトソン『移民と宗族』阿吽社, 1995.

新村 しんそん
new villages

　英領時代末期のマレー半島、ことにその西部で、1948-60年に共産ゲリラ鎮圧のため布告された「非常事態」宣言のもと、華僑を主体とする零細不法土地占拠者を480余りの「新村」に強制移住させ、反英共産勢力との連携を防ごうとした制度に始まる。これより先、日本軍の侵略時期（1941年12月～45年8月）に、抗日運動を警戒した軍部が食料増産を掲げて、おもに都市、鉱山町に集住していた中国系人を山村に移住させてマレー人地区に混住させたことがあり、これが日本の降伏後にイギリス植民政府の「新村」政策の下地をなしたことは否定できない。マレー半島で華僑の一部が不法な土地占拠者ないし暫定土地保有者としてその数を増やしてきた経過は、すでに1880年代から現れていた。すなわち近代的な錫鉱の採掘法が普及して旧技法の鉱山が衰え、▶華工が職場を失う一方で、新技法の鉱山町が栄え、その人口が求める食料需要に応ずる園芸農業に従う華僑が激増した。植民地の土地法のもとでは毎年更新する暫定保有が認められてはいたが、土地を渇望する華僑の多くは不法占拠者となり、これによっておもに農村部に在住するマレー人農民との摩擦が生じていた。これらが「新村」成立の背景である。1949年に結成され、華僑・華人の利害を代表する馬華公会（現▶マレーシア華人公会）は、「新村」の生活条件の改善、教育の普及に向けて一歩進めた。57年、マラヤ連邦が植民地支配から独立して、統一マレー国民組織（UMNO）のイニシアティブのもとに複合民族国家づくりに入り、60年に「非常事態」を終結させ、「新村」に加えられてきた隔離、出入・移動の不自由も廃棄されるが、「新村」は保留され解散は行われなか

った。その後、マレーシア経済全体の成長のなかで、54年に57万であったその人口は95年では168万に増え、マレーシア総人口の8％に達し、教育・生活状態の向上、都市進出が著しい。　　　　　　　　　　　（斯波義信）

 📖 Loh Kok Wah. "From Tin Mine Coolie to Agricultural Squatters." In P. J. Rimmer & Lisa M. Allen (eds.). *The Underside of Malaysian History*. Singapore UP, 1990.／林廷輝『馬来西亜華人新村』華社研究中心出版、2000.

新地蔵所 しんちくらしょ

唐館（▼唐人屋敷）貿易時代の長崎に造られた▼唐船貨物倉庫。1698（元禄11）年、後興善町からの出火による大火で、唐船貨物を収蔵していた市中の貸倉庫が罹災し、貨物の大半が焼失した。これを受けて火災防止のため市中と切り離して貨物倉庫を建設することになり、唐人屋敷前方の長崎港海面を埋め立て1702年に完成。面積3500坪、土蔵12棟のほか荷役場、役人詰所などの建物があった。1868（明治元）年▼外国人居留地に編入され、現在その中心部は▼長崎中華街となっている。
　　　　　　　　　　　　　　　（陳東華）

 🔗 長崎居留地

新唐 しんとう

新来の▼唐人をいう。華僑を唐人として記すことは南宋の趙汝适による▼『諸蕃志』（1225年刊）以後諸書に見られるが、新唐については1744年に成った陳倫炯▼『海国聞見録』南洋記に見られるくらいである。▼新客に相当する語であるが、新客ほど一般化しなかったことは疑いない。　　　　　（中間和洋）

シン、ハイメ 1928-
辛海棉　Jaime Lachica SIN

ローマ・カトリック教会の枢機卿。フィリピンのパナイ島で辛胡安（Juan SIN、アモイ出身）とフィリピン人の母 Maxima Reyes LACHICA の子として生まれる。イロイロ市のセント・ビンセント・フェレル・セミナリーに入学、1954年、聖職者の列に加わる。72年華僑・華人が多く居住するイロイロ市ハロ教区司教、74年マニラ大教区司教、76年に枢機卿となって現在に至る。マルコス政権下、国際映画祭の資金集めのための暫定的ポルノ解禁を皮切りに、歴代の政権に対して政策論争を挑むことで、政界への影響力を強めてきた。マルコス政権末期の86年2月、国軍内部の反マルコス派とアキノ陣営の間を取り持ち、ラジオを通じて民衆を動員、アキノ新政権誕生の立役者となった。また94年、ラモス政権下における反避妊キャンペーン（ラモス大統領はプロテスタントであった）、さらに2000年から2001年にかけては、新宗教のエル・シャダイを支持基盤とするエストラダ大統領の不正蓄財を糾弾、アロヨ新大統領の擁立と、なお力を見せつけている。　（宮原暁）

振発紡織 しんはつぼうしょく
振発布廠

第1次大戦前に日本華僑▼高縄芝一族が全額出資して広東省▼澄海県に創設した紡織工場。日本の機械設備を導入、日本人技師を招聘して生産を指導。労働者50～60人を擁した。生産した澄海布は広東省東部で売れ筋商品となった。第1次大戦期には東南アジア各地に市場を拡大し、澄海土着布業の勃興をもたらしたが、日中戦争勃発後まもなくして休業した。　　　　　　　　　　（廖赤陽）

神阪華僑聯衛会 しんぱんかきょうれんえいかい

神戸・大阪地区の既存華僑団体の代表を会員とする、関西華僑最大の連合組織。1925年に成立。会長は▼鄭祝三、副会長は楊寿彭。事務所は▼神阪中華会館内におかれた。両市における華僑の最も有力な「自衛機関」といわれた。設立の時代背景からみて、本国の国民革命の進展に歩調を合わせて組織された、華僑の大同団結を目的とした新進の団体である。国民政府実業部の調査員は「その活動最も希望有り」と評価した。日中戦争の始まりとともに解散し、現存しない。　　　（陳來幸）

神阪中華会館 しんぱんちゅうかかいかん

神戸、大阪を中心とする阪神地区の華僑の総合的社団とその建物。正式には社団法人中華会館、一般には神阪中華会館あるいは神戸中華会館。1893年、現在の神戸中華同文学校所在地（神戸市中央区）に建設された。関帝を祀る協天宮、李鴻章の名に由来する李中堂（集会所）があり、後に▼媽祖を祀る天后宮が設けられた。当時神戸には、▼神戸八閩公所、神戸広業公所、▼神戸三江公所などの▼同郷団体があったが、これらを総合し、華僑の団結を図り、兵庫県など日本側との折衝にあたる

機関の設立が求められていた。おりからの▼横浜中華会館の大改修や、清・北洋艦隊の神戸寄港（1891年）も刺激となった。会館は第7代駐神理事（領事）▼洪遐昌の呼びかけにより、李経芳公使、日本全国の華僑の寄金を得て建設された。孔子生誕2450年にあたる1899年には▼孔子廟建設の話が持ち上がった。館内に孔子像が置かれ、1920年頃まで孔子祭の行事があったという。1904年、社団法人となる。以後会館は、毎年20円を出資する社員により構成され、三江幇、福建幇、広東幇から交代で理事（長）を出して運営した。大阪の北幇（▼大阪中華北幇公所）、南幇（▼大阪中華南幇商業公所）の代表も運営に参加。30年代に入ると、会館経費は全居留民から徴収する方式に変わった。会館の機能は、祭祀典礼、▼神戸中華義荘や華僑学校の経営への援助など慈善公益の事業を柱とし、▼康有為、▼孫文ら要人の歓迎会、北伐など華僑社会にとっての重要事に、関西一帯の華僑が参集して協議する場となった。1938年、▼神戸華僑新興会が設立されると、会館の役割は中華義荘など祭祀典礼、慈善公益に限定されるようになる。45年6月の神戸大空襲で焼失した。戦後は、会館の組織は継続したが、▼神戸華僑総会などが新たに組織されたことにより、中華義荘、▼神戸関帝廟の管理・維持が主要な仕事となった。70年以降、三江幇、福建幇、広東幇、北幇に台湾幇を加えて5幇運営体制となり、80年からは理事長は5幇が輪番で担当するようになっている。98年、念願の新しい会館の建物が中央区下山手通2丁目13-9に完成した。
(安井三吉)

㊑神戸広東公所
㊓内田直作『日本華僑社会の研究』同文館、1949.／『落地生根』

神阪中華会館創建寄贈者芳名録 しんぱんちゅうかかいかんそうけんきぞうしゃほうめいろく

1893年1月に落成した▼神阪中華会館創建に際し、募金に応じた日本各地の華僑の名前と商店名が刻まれた石碑。「謹将神戸各捐金芳名開列」と題されている。1945年6月の空襲で崩壊した中華会館の壁面に「▼創修中華会館記」とともに埋め込まれていたものが、戦後に▼神戸関帝廟（長楽寺）境内に移設され現存している。募金総額は2万6000円余。

創建開始当時の清国公使李経方1000円、駐神理事（領事）▼洪遐昌500円をはじめ、857人の寄付者名が認められる。うち661人は阪神華僑。
(陳來幸)

神阪中華会館定款 しんぱんちゅうかかいかんていかん

1904年に社団法人として認可された▼神阪中華会館定款は6章24条からなり、日清両国の祝祭日の祝賀、両国臣民の友好、商業上の信用と公徳の増進、日本有事の際の義捐、悲境にある在留清国民の救護が目的として挙げられ、25年には第1条に第4項「共同墓地の管理と宗教心の向上・発展」が付け加えられた。73年には「日清」を「中日」に修正、日本有事の義捐の項は削除、華僑子弟の教育が追加された。97年には中日、華僑相互の協力体制の強化を掲げた。
(陳來幸)

神阪中華義荘 しんぱんちゅうかぎそう

主として阪神地区の華僑・華人が使用する墓地。1868（慶応3）年兵庫（神戸）開港とともに、多数の外国人が神戸に在住するようになったが、中国人は欧米人が使用する小野浜外国人墓地（旧生田川河口付近。現在の中央区浜辺町6丁目）への埋葬が認められなかった。そこで1870年に有力な華僑商社10社が宇治野村（現在の中央区中山手通7丁目）の土地を借用し、中国人のための墓地を創建した。88年には墓地の傍らに中華医院を開設した。また、これとは別に1901年にも▼衛生保養院という医院が建てられている。当初、墓地は仮埋葬するためのものであり、ある期間を経ると「回葬」といって霊棺を故郷に持ち帰り、埋葬していた。しかし、華僑の定住化にともない、墓地に本埋葬するものが多くなり、1936年を最後に回葬は行われなくなった。その後、墓地周辺の市街地化により、41年には長田区滝谷町の現在地に移転した。
(曽士才)

㊑日本神戸中華義園記，運棺，東華義荘
㊓『落地生根』

秦斌 しんぴん 1921-
QIN Bin

中国雑技芸術家。秦偉田の名前を使っていたこともあった。湖北省生まれで、生後、父母につれられてインドに渡る。1927年からヨーロッパ各地を公演、37年に帰国し、中国国

内を公演でまわる。51年、中華雑技団に加わり、第3回世界青年学生和平大会に参加、そのまま東欧、ソ連で公演。52年に帰国し、中国雑技団を創建する。馬戯隊長や副団長を務めたほか、中国雑技芸術家協会副主席を務めた。　　　　　　　　　　　　　　（西澤治彦）

参『世界華僑華人詞典』

新福州 しんふくしゅう

東マレーシア、サラワク州第3区のルジャン川流域に福州人が農業開拓者として入植し、シブ市発展の契機をつくった開拓地。入植者にとって第二の故郷という意味で新福州と呼んだ。ブルック家第2代ラジャのチャールズと▼黄乃裳との協定に基づき、1901-02年に入植した推定1118人によるスンガイ・メラ（中国名新珠山）の開墾に発端する。入植者は1人30元（児童は1人10元）と渡航費として5元ずつの前渡し金を受けていたが、開墾は困難をきわめ、死亡のほか、帰国と逃亡が続出し、残留したのは負債を返済できないまま残った主として家族づれであった。そこで契約を改め、ラジャに地税を納付することを条件に負債を免除した。これ以後家族づれの移民が増加していき、1925年には8000人に達し、雑貨店、キリスト教会、学校、慈善団体、会館なども出現するにいたった。また入植者の一部は農業開拓者としてサラワク州各地に拡散した。なお▼ジョホール州など、マレー半島には福州人による開墾地を「小新福州」と称するところがあるのは、シブの新福州にちなんだものである。　　　　　（可児弘明）

→黄乃裳，広東港
参劉子政編『黄乃裳与新福州』南洋学会叢書21，シンガポール：新加坡南洋学会，1978.

沈慕羽 しんぼう 1913-
SIM Mow Yu

マレーシア華人で、教育界の重鎮。祖籍は福建省晋江市。▼マラッカ生まれ。華人社会および華語教育の発展に貢献。第2次大戦時、抗日運動を指導して日本軍に逮捕され、投獄されたが逃走してタイピンに隠れ、地下工作を行った。1967年華語による独立大学の設立運動に尽力。87年マレーシア華校教師聯合会総会首席となる。同年国家安全法により逮捕され、1年間投獄された。　　（荒井茂夫）

秦牧 しんぼく 1911-92
チン・ムー　Qin Mu

帰国華僑作家。本名は林覚夫。広東省澄海人。香港生まれ。3歳のとき父に従ってシンガポールへ移住。幼少期と少年期をシンガポールのアングス・ロード一帯で過ごす。13歳のとき父親が商売に失敗し、一家はやむなく中国へ帰国する。帰国後、故郷や▼スワトウ、香港の学校で学ぶ。抗日戦争期は韶関、桂林、重慶で教師や編集の仕事に従い、戦後は香港で執筆活動を行った。新中国成立以後は、▼広州で文芸活動に従事し、中国作家協会広東分会副主席、『羊城晩報』副総編集者などを歴任し、広東省人民代表大会代表に選出された。また、広東省帰国華僑作家聯誼会の顧問となる。代表作に、▼苦力として海外に搬送される▼華工を題材にした小説『黄金海岸』があり、清末の『苦社会』など華僑の苦難を描いた「▼華僑小説」の系譜に繋がっている。『秦牧華僑題材作品選』（福建人民出版社、1984年）には、海外に移り住んだ華僑の生活や苦難の歴史を題材にした小説・散文が収められている。　　　　（小木裕文）

→華工禁約，馬華文学

『新馬華人抗日史料 1937-1945』 しんまかじんこうにちしりょう
Malayan Chinese Resistance to Japan 1937-1945 — Selected Source Materials

マラヤ（シンガポールを含む）華人抗日史料集。1930年代中国の抗日戦争に対する支援運動、第2次大戦下の日本軍のマラヤ占領・支配、戦後の戦犯裁判、対日賠償要求、「▼日本占領時期死難人民紀念碑」建立などに関する史料を収める。▼136部隊マラヤ区副区長であった荘恵泉が収集した史料を主とし、日本降伏後に接収した文書類のほか、回想録、新聞・雑誌記事などを収める。▼許雲樵が編纂に着手、許の死後は蔡史君が作業を引き継ぎ、84年にシンガポール文史出版社から出版。全6章、1120頁。『日本軍占領下のシンガポール』（青木書店、1986年）は、その第4章中のシンガポール部分の日本語訳。　　（蔡史君）

人民行動党 じんみんこうどうとう
People's Action Party

1959年から続く▼シンガポールの政権党。シンガポールでも独立気運が高まるなか、54

年11月21日、▼リー・クアンユーを指導者とする英語教育グループと、華人労働者、学生、知識人など共産主義志向の華語教育グループが「共闘」して結成。リーが書記長に就き、59年総選挙で51議席中43議席を獲得して第一党になり、リーが自治国首相に就任した。マレーシア加盟問題を契機に共産系グループが離脱して▼社会主義戦線を結成、両党の決戦の場となった63年総選挙で人民行動党が37議席を獲得して勝利した。これ以降、人民行動党は「社会主義」の看板を下ろし現実主義と能力主義を掲げるエリート政党になり、シンガポールの開発に邁進していく。65年マレーシアから分離独立後、最初の68年総選挙で全議席を独占、これは80年総選挙まで続いた。その後の選挙では野党が1～4議席を得るが、最近の97年総選挙でも83議席中81議席（得票率65.0％）を獲得し、現在も一党支配が続いている。
（岩崎育夫）

『新民叢報』 しんみんそうほう

1902年から横浜で発行された保皇派の機関誌で、主編は▼梁啓超。前身の『清議報』が1901年12月に100号の記念号を出して廃刊。翌年2月、それを継承するかたちで『新民叢報』が発刊された。西太后らによる清朝の政治を批判し、民権思想を広めるため、西洋近代の政治思想を紹介した。その言論は留日学生をはじめ当時の中国思想界に大きな影響を与えた。おもな内容は、論説や学説の紹介、政治・教育分野における国内外の状況紹介、小説などだった。05年、東京で▼中国同盟会が組織され、機関誌▼『民報』が創刊されると、革命と民主主義を主張する『民報』と、保皇と立憲政治を主張する『新民叢報』との間で激しい論戦がくりひろげられた。結局、反動的傾向を強めた『新民叢報』から青年層は離れていき、07年7月第96期で廃刊となった。『新民叢報』の編集兼発行人は▼馮自由の叔父にあたる▼馮紫珊だった。発行元の新民叢報社は1号から32号までは山下町152番地、33号から96号までは同160番地にあった。
（伊藤泉美）

⇨『新小説』
⇨『横浜中華街』

『人民日報海外版』 じんみんにっぽうかいがいばん

中国で最も権威ある▼中国共産党機関紙『人民日報』が1985年7月1日から海外華僑らのために発行を始めた日刊華字紙。当初、香港、台湾で使用される繁体字だったが、現在は国内版と同様に簡体字を使っている。国内9か所（香港を含む）のほか、東京、サンフランシスコ、ロサンゼルス、ニューヨーク、パリ、トロント、シドニーで印刷・発行している。発行部数は約30万部（『人民日報』国内版は約270万部）。主要ニュース以外は独自の紙面となっている。
（濱本良一）

神明会 しんめいかい

同郷、同姓、同業など属性を同じくする人々が、共同の信仰対象を中心として組織した団体。奉祀する神明の名をとり「媽祖会」「王爺会」などと称する。会員が金を出しあって購入した田畑などの共有財産の収益に基づき、定期的に参集し、祭祀を行う。祭事の責任者を▼炉主と呼び、会員のなかから擲筶によって選出される。神明会の主たる目的は神明祭祀にあるが、同時に会員の相互扶助（経済的援助など）、親睦などの機能も果たしている。
（高橋晋一）

⇨筶

新銘号 しんめいごう

在日中国人の帰国に用いられた中国船。1931年9月、満洲事変が起こると、中国人の日本からの大量帰国が起こった。このとき、華僑たちは国民政府に対して帰国の便を図るよう強く要請した。国民政府は新銘号をチャーターして日本に送り、華僑の帰国に当たらせた。31年12月、横浜港、神戸港から約1200人の中国人を上海へ運んでいる。
（安井三吉）

⇨『落地生根』

秦裕光 しんゆうこう 1917-

韓国華人の実業家、ジャーナリスト。『旅韓六十年見聞録』（台北：中華民国韓国研究学会、1983年）の著者。朝鮮平安道新義州生まれ、祖籍は山東省日照県。1920年父秦鴻文と中国へ。青島市礼賢中学卒業、37年ソウルに戻り鴻升楼旅館開設。55-60年当時設けられていた▼韓国華僑自治区のなかのソウル自治区の副区長、58年『韓華日報』（▼華字紙）副社長、65年ソウル華僑中学常務理事、69-

71年と73-75年ソウル華僑協会会長、80年中華料理同業協会会長など、23の華僑社団組織会長・役職を歴任。

（涂照彦）

人力車 じんりきしゃ

人または荷物を乗せ、車夫が引いて走る二輪車。1869（明治2）年に和泉要助らが考案し、翌年、東京府下において営業と製造の官許を得た。以後、日本国内で急速に普及するとともに、中国、東南アジア、インドなどへ輸出され、また現地での製造も行われた。上海では黄包車、他の中国諸都市では東洋車ないし洋車（「東洋」は中国語で日本の意味）、東南アジアやインドではリキショーなど異なる名で呼ばれ、都市の貨客運搬手段として利用された。1915年頃上海では約1万3000輌、シンガポールでは約2万4000輌が営業していた。人力車夫の供給源は、生活の糧や成功を求めて都市へ流入してきた移民・出稼ぎ労働者たちであった。たとえばシンガポールの人力車夫の多くは福建省南部、同省北部の福清、興化地方、広東省▼潮州地方からの無資本移民によって占められていた。シンガポールで人力車夫は、社会・経済的に下位に位置づけられた「エ人」のなかでも低く見られた下層労働者であったが、人力車の借り賃だけで元手がいらず、無資本労働者の職として好まれた。しかし重労働とフラストレーションから人力車夫の多くがアヘン吸飲、賭博、買春にかかわったため、自己の人力車を購入したり、複数の人力車を所有して賃貸するあるいは資金をためて露天の呼売り、行商から、零細小店主、小規模プランテーション経営へと経済的上昇を遂げた者は、ごく少数にとどまった。日本では明治末期頃から車輌数が減少したが、他のアジア地域ではそのまま残存した。しかし1930年代、人力の三輪タクシーの本格的普及によって、その役割を人力の三輪タクシーに譲った。現在、都市交通手段としての人力車はおもにカルカッタで見られるだけであるが、インドネシア、ベトナムなどのアジア諸国では、人力の三輪タクシーが都市交通の主役として活躍しつづけている。

（吉田建一郎）

㊀トライショー

㊆斎藤俊彦『人力車』産業技術センター，1979./ James F. Warren. *Rickshaw Coolie*. Singapore: OUP, 1988.

振利号 しんりごう

長崎の▼福建幇の華僑貿易商社の一つ。号主の林芝英（林光投、1857-1927年）は福建省▼泉州府同安県出身、明治中期に長崎に渡来。1895（明治28）年に同号の前身であった振泰号を新地町32番地に創業、海産物輸出に従事。その倒産のすぐ後、1908年新地町18番地に振利号と店名を変えて再開、29年頃まで存続。▼泉漳幇、▼長崎福建会館の会員。

（陳東華）

『真臘風土記』しんろうふどき

元代半ばの周達観（浙江、温州人）が記述したカンボジア（真臘）についての見聞録で、初期の華僑史の貴重な史料。著者は1296年、97年に元の使節団の一員としてカンボジアを訪れ、国情、宗教、文字言語、家族社会、風俗風土、産業経済、貿易事情、集落形態、動植物など40項目にわたって詳述して1巻の本にまとめた。その「貿易」「欲得唐貨」の項には中国とカンボジアの貿易内容、これにまつわる中国商人の現地滞在、取引のようすを詳記している。

（斯波義信）

㊆Paul Pelliot. *Mémoires sur les coutumes du Cambodge de Tcheou Ta-kouan*. Œuvres Posthumes de Paul Pelliot, vol. 3, Paris: Librairie d'Amerique et d'Orient, 1951.

19世紀末のシンガポールの人力車夫と人力車。出典：James Francis Warren. *Rickshaw Coolie*. Singapore: OUP, 1986.

ス

萃英書院 せいえい しょいん
Chui Eng School

シンガポール初期の華文義塾。1854年、▼陳金声などの福建籍商人によって創立され、61年にアモイ街に新校舎を建設。当初は学費免除であったが、第2次大戦後に毎月3海峡ドルを徴集し維持費にあてた。1900年前後に新式学校が相次いで登場するなか、旧式塾の性格が色濃く時代後れとなった。54年、閉鎖にともない▼シンガポール福建会館が管理、60年に福建会館帰属となった。　　　　（蔡史君）

水客 すい きゃく

▼客頭と類似の機能をもち、移民の斡旋人のこと。すなわち、移民を募集し、経費の貸付け、渡航その他の周旋を行った。また、各地間の商品取引をも手がけた。数か月に一度各地を巡回しているため、また移民者のほとんどすべてが同郷の水客の手を介しているため、郷里への送金が手紙とともに依頼された。とりわけ▼民信局の影響が及ばぬ地域などへはこの方法が用いられた。19世紀末以降、▼華僑送金の形態を、送金の担い手から見るとき、郵便送金、帰国者による携帯、水客による送金、信局・外国銀行による送金の5形態があった。このうち、在外華僑が外国の郵便局を利用することはきわめて少なく、また帰国時に自ら金銀や為替、現地紙幣を持ち帰る、あるいは委託されるという形態も限られたものであった。

華僑の移民ならびに移民先からの本国送金は、移民が出稼ぎとしての性格をもっていることから発生した。なぜなら、移民者の稼ぎは、故郷の家計のなかに組み込まれていたからである。同時に、移民する際に必要とした諸費用を仲介者に返済しなければならなかったことも、送金を余儀なくさせる要因であった。さらに、とりわけ、中国人移民の圧倒的部分を占めた福建・広東からの移民と彼らによる送金は、在来の華南—東南アジア交易圏の存在を背景とし、交易上の資金需要を満たしていた点が注目される。そして、在外華僑から投資を目的とした送金が行われたことも無視できない。これらの点のそれぞれが互いに因となり果となって、華僑送金にたんなる本国送金にとどまらない、貿易決済、投資に深くかかわった中国の対外金融関係の要所を占めさせていた。　　　　（濱下武志）

水手館 すい しゅかん
Chinese Boarding House

20世紀初頭、オランダのロッテルダムやアムステルダムなどの主要港湾都市に出現した中国人船員向け船上宿。1911年にオランダ船員組合が大規模ストライキを敢行した際、オランダ船会社は中国人船員の雇用増でこれに対処した。その結果、荷積み、手続き待ち、あるいは疾病などで港湾都市に逗留する中国人船員が著増。翌年以降ロッテルダムとアムステルダムに中国人が中国人船員向けに宿泊と食事を供する船上宿数十軒を開設した。大は300〜400人、小は20〜30人の収容能力をもち、水手館と通称された。オランダ船会社にとって労働力調達の拠点と化し、水手館の主が船員を船会社に差配した。30年代大恐慌時、▼ピーナツ飴生産が盛んになると、各水手館は逗留中の失業中国人船員によるピーナツ飴製造工場と化した。30年代末オランダ政府は中国人船員を本国送還する方針に転じ、監視を厳しくしたため水手館での集住は困難化、また中国人船員もピーナツ飴の▼行商などで各地に散り、40年頃には水手館は姿を消した。　　　　（三平則夫）

水仙祭り すいせん まつり
水仙花節　**Narcissus Festival**

ハワイ中国系住民の祭り。旧暦正月（1月後半または2月）をはさんで数週間、▼ホノルルの▼チャイナタウンで行われる。ホノルルの中華総商会が、華人の団結、コミュニティ精神の発揚、中国伝統文化の保持などを目的として祭りの開催を提唱し、1950年に第1回が開かれた。祭りの期間中は、中国の古典

舞踊や音楽、▼舞獅が演じられ、灯籠が飾りたてられる。メインイベントはミス水仙（水仙花后）選びで、ハワイの中国系女学生が参加する。ミス水仙は次の水仙祭りまで1年間、ホノルル華人社会を代表して世界各地のチャイナタウンを友好訪問する。　　（塩出浩和）

🔄 レイ・デー

水牢 すいろう

マニラ近辺の工程島（中国名）に対しての華僑の俗称。1950年代、フィリピン政府は刑期満了の華僑服役者や、移民法違反などの華僑を、「歓迎されない不良外国人」として本国へ強制送還する政策を打ち出したが、当時外交関係のあった台湾側は、賭博者のような問題の小さい者も含まれるなどとして、受入れを拒否。このため、送還対象の華僑は同島に無期限に拘留された。後に交渉のすえ、59年にフィリピン・台湾両当局は合意に達し、事件は解決した。　　（廖赤陽）

崇正総会 すうせいそうかい
Hakka Association

▼客家の親睦と相互扶助のための社団。世界各地に崇正公会、崇正客属総会などの名称で組織され、世界的ネットワークをなしている。原則として隔年ごとに▼世界客属懇親大会を開催し、1921年の第1回（香港）から2000年の第16回（中国福建省龍岩市）まで、台北、サンフランシスコ、東京、シンガポール、クアラルンプール、バンコク、モーリシャスなど、客家の居住する世界各地で盛大に挙行されてきた。大きく2系統に分けられ、▼香港崇正総会と台北の世界客属総会がそれぞれ本部とされる。世界大会は両者が合流して親睦を旨とし政治に関与せず国籍を超えて組織され、毎回1000名から3000名の代表が参集する。とはいえ中台統一をめぐる問題が影を落とす場面もあり、香港とイギリスの崇正総会の協議により1990年にヨーロッパ（全欧）崇正聯合総会（▼ヨーロッパ崇正総会聯合会）が結成されてから、世界客属崇正会聯合総会を組織して新しい世界大会を企画する動きもある。日本では東京崇正公会と関西崇正会が活躍している。　　（中川學）

崇文閣 すうぶんかく
Chung Wen Ke

シンガポール最初の華文義塾。1849年、福建籍商人の▼陳金声などが▼シンガポール天福宮横に創設。1971年発見の『興建崇文閣碑記』に創設の理由と趣旨が記載されている。1887年、陳金声の子・陳憲章（別名・陳明水）の呼びかけで改修。1913年に増築。15年、福建会館の事務所、および会館が新設した崇福女学校が校舎として借用した。70年代に同女学校が移転したのち建物は使用されずにいたが、94年から茶館、芸術ギャラリーとして利用されている。　　（蔡史君）

崇文書院 すうぶんしょいん
Philippine Scholastic Academy

マニラのキアポ地区にある▼華僑学校。1917年、最古の華僑学校である中西学校の分校として設立された。中西学校と同様、華僑教育会の経営であった。21年に普智学校と改称したが、32年には華僑教育会の経費不足によって中断。すぐに理事会を組織して再開した。第2次大戦後、焼失した校舎を再建し、教育を再開。72年に中等教育部を増設し、名称を渓亜婆キァポ中西学校とした。学校教育のフィリピン化が行われたが、中華文化の涵養と華語教育を継続している。87年に崇文書院に改称した。　　（小熊誠）

スエット・ショップ
苦汗工場　sweat shop

違法な条件で労働者を雇っている衣料品工場。▼ニューヨークのチャイナタウンの中国人移民が経営する衣料品工場の大半は、出稼ぎ移民を労働者として雇う。こうした工場は「ニューヨーク車衣商会」という組合に加盟し、ニューヨーク州で定められた労働基準を遵守しなければならない。しかし、▼不法移民を雇い最低賃金を守らない一部の工場をスエット・ショップあるいは苦汗工場という。スエット・ショップで生み出される製品をホットグッズといい、百貨店などでは取り扱わない。　　（森田靖郎）

📖 ピーター・クォン『チャイナタウン・イン・ニューヨーク』筑摩書房，1990.／森田靖郎『蛇頭と人蛇』集英社，2001.

スカブミ
蘇加巫眉　Sukabumi

インドネシアのジャワ島西部の地方都市。1966年6月、スカブミのインドネシア籍をもつ華人6600人余りが、集団で姓名をインドネシア風に改めた。スカルノの失脚、スハルトの権力掌握過程における排華情勢、インドネシア民族主義の高揚の影響を受けた出来事だった。社会学者▼メリー・G.タンによって、現地生まれの華人、新来の華僑、インドネシア現地人3者の相互関係に関する調査フィールドともなった。　　　　　　　　　（松本武彦）

スキナー、G.ウィリアム 1925-
施堅雅　G. William SKINNER

米国の人類学者。コーネル大学大学院で人類学博士を取得。コロンビア大学、コーネル大学、スタンフォード大学の教授を歴任し、1990年よりカリフォルニア大学デイビス校教授。コーネル大学大学院のとき四川省の成都盆地で農村の市場町システムを研究、さらにタイに赴いて華僑の社会構造、リーダーシップ、▼同化、国民統合を研究した。市場町研究はその後、中国全土にわたる定住・都市化・地域分析の総合的な理論に結晶し、華僑研究は *Chinese Society in Thailand* (1957) にまとめられて、華僑分析、華僑史の屈指の名著となった。またインドネシア、フィリピン、マレーの華僑クリオール化（▼プラナカン、▼メスティソ、▼ババ）を同化率の高いタイのケースと比較した労作もある。コーネル大学教授時代、英国オックスフォード大学の人類学者▼モーリス・フリードマンと親交を重ね、中国社会論において互いに啓発し摂取しあうところがあった。　　　　　　　　（斯波義信）

スクォッター
squatter

鉄道敷地や河川敷、空き地、埋立地など自分の所有地でない場所に不法に住み着いた人々、すなわち不法占拠者のことをスクォッターと呼び、そのような集落をスクォッター集落という。スクォッター集落は、民族別、出身地別ごとに形成されることが多い。第2次大戦後のシンガポールにおいても、華人によるスクォッター集落が各所につくられた。▼クアラルンプールでは、マレー人、華人、インド人がそれぞれの集団別にスクォッター集落を形成していた。　　　　　　（山下清海）

スコタイ

タイの陶磁器の一種。製作地はサワンカロークの南方にあるスコタイ王朝旧都城址の北側にあり、スコタイ窯と呼ばれる。15世紀頃に最も盛んに活動した窯で、製品には国内用の無釉陶器、青磁、建築装飾などもあるが、圧倒的に多いのは輸出用の皿・鉢類である。灰色の粗い素地に白土を化粧掛けし、中央に鉄絵具で魚1匹を大きく描いたものを量産し、盛んに海外に輸出した。なお、その開窯にあたって中国の陶工が関与したという伝説があるが、確証はない。　　　　（長谷部楽爾）
　⇨スンコロク

スサストロ、マルウォト・ハディ 1945-
Marwoto Hadi SOESASTRO

インドネシアの民間シンクタンク所属のトップエコノミスト。中国名タン・ユエミン（TAN Yueh Ming）。東ジャワ州マラン市生まれの▼プラナカン。1963-71年西ドイツのアーヘン工科大学へ留学、航空工学を修める。71年、欧州留学仲間や▼ユスフ・ワナンディらとともにインドネシア戦略国際問題研究センター（CSIS）設立。米国ランド大学院へ留学、78年経済学博士。CSISでは経済部長などを歴任、現在は Executive Director。コロンビア大学客員教授、オーストラリア国立大学フェローなど歴任。インドネシアの通商・投資・産業、ASEAN、太平洋などの経済に関する著書・論文100点以上。　（三平則夫）

スシ・スサンティ 1971-
王蓮香　Susi Susanti

インドネシアのバドミントン選手。西部ジャワのタシクマラヤ生まれ。両親とも華人系。1990年、91年に全英杯女子シングルスで優勝。バドミントンが正式種目となった92年のバルセロナ五輪の女子シングルスでも優勝し、インドネシアのみならず東南アジア諸国にとって初のオリンピック金メダルをもたらした。96年のアトランタ五輪で銅メダルを獲得したのち、現役を引退。バルセロナ五輪の男子シングルス優勝者、アラン・ブディクスマ（華人系）と結婚した。　　（貞好康志）
　⇨許承基

錫 すず

ブリキ、機械軸受け、ハンダなど近代工業に不可欠な原料となる金属元素の一つ。アジアでは主産地がタイ、マレーシア、インドネシアに偏る。東南アジアの錫のほとんどは母岩から分離・流出して堆積した「砂錫」であり、採掘と選鉱が容易である。もともと流水中で揺り鉢を動かして中の鉱泥を洗い流し、比重の重い錫だけを残す「椀掛け」（dulang washing）によって現地住民が採鉱していたと思われる。後年に「海峡錫」の銘柄で呼ばれるマレー半島周辺産の錫は、早くからアラブ、中国、ヨーロッパ商人によってその存在が知られていたが、18世紀の終わり近くになると、マレー半島北部のジャンク・セイロン（Tongkah または Ujong Salang）、パレンバン沖の'バンカ島などで錫を生産する中国人が出現する。しかし中国人錫鉱業が'海峡植民地を基地にしてマレー西海岸の錫地帯へ続々と進出するのは1840年以降である。その進出はイギリスなど資本主義工業の錫需要によるが、国内的にはスルタンの権力崩壊によりマレーの政情不安が続くなかで、錫の収益によって自己の勢力強化を図ろうとするマレーの地方的首長の誘致によるものであった。中国人錫鉱業を特徴づけたのは、鍬とモッコの露天掘方式による労働集約的な小規模経営であり、設備も苦力小屋、流水利用の木製選鉱装置、水車を使用する排水装置（転車）、木炭による精錬小屋ぐらいであった。こうした企業体質の中国人錫鉱業が中国人特有の'公司の形態をとって40年代から60年代にかけてペラ、スランゴール両王国にいくつも成立し、州内人口で中国人鉱夫がマレー人をしのぐようになると、マレー首長の統括が不可能となり、中国人カピタンによる一種の自治に委ね、みずからは各種の税を徴収する側にまわるのである。伝統的な首長制の収拾のつかない状態の総決算が1874年の'パンコール条約に始まるイギリスのマレー介入である。イギリスの介入は駐在官（レジデント）の個別的派遣から植民地当局が一元的に掌握する連邦制（1896年マラヤ連合州発足）に移るが、1900年の時点においてもマレー錫は生産量の90%が中国人錫鉱業の手中にあった。1912年になってイギリス資本により機械掘削装置を備える資本集約的な浚渫船（ドレッジャー）が登場し、世紀転換期に浅層の優良鉱床が涸渇ししだいに深層の鉱床に移る追い風もあって、ヨーロッパ資本のドレッジャーによる錫生産が1920年に生産量の36%を占めるまで着実に増大し、その分だけ中国人錫鉱業の独占的優位が後退する。この間、中国人錫鉱業においても機械装置を利用するグラベル・ポンプ法が導入されている。任意の方向に回転させることのできる自在筒先（モニター）を坑底に据え、高圧水流を噴射して鉱床の砂礫を削って水溜に流し落としてから、砂礫ごと櫓を積み上げた高い流し樋にグラベル・ポンプで吸い上げ、そこで錫以外の砂礫を水とともに流していく比重選鉱を行う方法である。資本も比較的わずかですみ、また小さな鉱床でも稼働が可能であったが、ドレッジング法に比べ生産性はかなり低かった。1929年になってヨーロッパ系錫鉱業の生産量はマレー錫の61%を占めるまで拡大し、中国系の39%を制し、その優位を実現した。また採掘、比重選鉱を経た錫精鉱は、純度を高めるためにまず還元剤と融剤を加えて溶解還元して荒錫を得、次いで精製炉で不純物を酸化させて除去し、さらに電気精製するのであるが、この錫精錬業においても第1次大戦前後から英国精錬会社が中国系精錬業者に取って代わり、マラヤ錫鉱石の大部分を買い占める体制ができあがった。1939年の主な採掘別の錫鉱坑数（従業員数、生産高）をみると、ドレッジング96（1万6400人、2万1410トン）、グラベル・ポンプ538（3万6600人、1万6270トン）、水力法33（3500人、2550トン）、露天掘20（1万1400人、1710トン）となっており、大資本・高技術のヨーロッパ系鉱業会社とピグミー的な中国人錫鉱業の相違が理解できる。しかしマレーなどの錫鉱山開発は多年にわたり中国南部から大量の'広東人、'客家労働者や福建商人を錫鉱山に誘引し、少なからぬ成功者を出したもので、華僑史では重要な研究分野である。　　　　　　（可児弘明）

㊀葉亜来, 前貸し頭家, 許泗漳, ブーケット
㊁山田三郎『世界の商品Ⅲ——錫』アジア経済研究所, 1968. ／山田秀雄編『植民地経済史の諸問題』アジア研究所, 1973. ／Yip Yat Hoong.

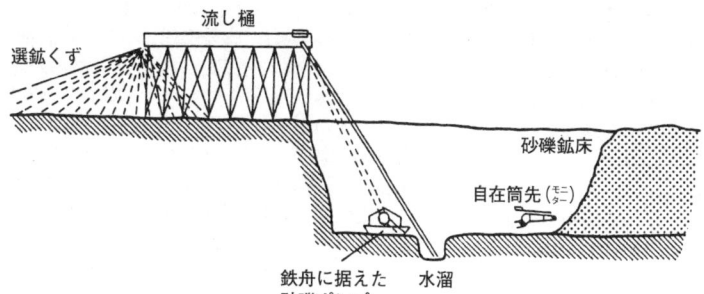

図　砂礫ポンプ法による砂錫の採鉱
出典：Yat Hoong Yip.*The development of the tin mining industry of Malaya.* Kuala Lumpur:Univ. of Malaya Press,1969.

The Development of the Tin Mining Industry of Malaya. Kuala Lumpur & Singapore: Univ. of Malaya Press, 1969.

錫王 すずおう

シンガポールの南、スマトラ島とカリマンタン島の間に位置する▶バンカ島と▶ビリトン島は、錫鉱業が盛んである。蘭領東インド（現インドネシア）の植民地時代、バンカ島とビリトン島では、錫鉱山で採掘に従事する中国人労働者たちは、オランダ人の錫鉱山主や経理責任者などを「錫王」と呼んだ。

(山下清海)

圏『世界華僑華人詞典』

スターTV スターテレビ
Star TV

1991年、香港のリー・カシン・グループ、とくに▶リー・カシンの次男▶リチャード・リーが担当・設立した多言語衛星TV放送ネットワーク。通信衛星アジアサットを使い、当初は5チャンネルで、北東アジアから中近東まで全アジアの約1800万世帯に番組を流していた。とくに中国大陸への浸透が期待されたが、2年後の93年、世界のメディア王ルパート・マードック率いるニューズ・コーポレーションに売却。98年にはリー・グループが全持株を手放し、完全にニューズ社の傘下に入った。2001年1月現在、スターTVのチャンネル総数は30。有料、無料合わせて約8550万世帯、約2億7000万人に番組を提供している。中国語圏では北京語放送のフェニックス・チャンネル（4500万世帯）のほか、スター台湾チャンネル、音楽専門のチャンネルVなどが知られる。ニューズ社は年間売上高100億ドルを超える世界第3位の総合メディア企業で、放送、新聞、出版から映画、マルチメディアまで多角的に事業を展開中。

(国分健史)

スタント、ジュハル 1927-
林文鏡　Djuhar SUTANTO

インドネシア最大の▶サリム・グループの創業メンバー。中国名リム・ウェンキアン（LIEM Oen Kian）。福建省福清県生まれ。グループ総帥の▶スドノ・サリムと同郷同姓で、サリムより先に中ジャワのクドゥスに渡った。クドゥスの福清会館でサリムと活動を共にし、スハルト政権による華僑の結社禁止後はシンガポール福清会館の有力会員となった。ジャカルタで1950年代にサリムとともに事業を興し、その後のグループ成長期に所有・経営の両面でサリムの右腕となった。

(佐藤百合)

スチャイ・ウィラメタクーン 1925-
李景河　Suchai VIRAMETAKUL

タイの企業集団MT（Ming Thai）グループ（明泰集団）の主席。広東省普寧生まれ。1945年渡タイ、製氷工場で経理担当。数年後に独立、貿易と製造業に進出、タイ最初のカーバイト工場を興す。60年代に▶アユタヤ銀行の▶チュワン・ラッタナラックらと香港工商銀行を設立するが、70年代初期に同行株式を売却、企業活動は低調となる。86年に▶泰中促進投資貿易商会を組織し主席に。80年代後半から90年代半ばまで続いたタイ経済成長期に企業活動を活発化。国内では▶チャーチャーイ・チュンハワン首相の支援を得て、プラパー・ウィリヤプラパイキットらと合弁で工業団地開発を行う一方、中国では汕頭国際銀行を設立。タイ軍人銀行が経営から離れた後、姻戚関係にある▶タニン・チョウラワノ

ン、『パンヨン・ラムサム、『サーラシン家の資本参加を得て、96年同行を上海で外資単独出資第1号の『泰華国際銀行に改組。同時期、香港最大の中国資本企業の華潤公司と合弁でバンコクで商業ビル経営にも進出。　(樋泉克夫)

スーチン・ガオワー 1950-
斯琴高娃　Siqin Gaowa
中国の映画女優。本名は段安琳。広東省広州生まれ。幼い頃父親と死別し、母とともに内モンゴル自治区に移る。1979年『帰心似箭』に主演女優として出演してデビュー。中国の作家老舎の小説を映画化した『駱駝祥子』で83年中国の映画賞百花奨と金鶏奨の最優秀主演女優賞を受賞して注目される。また香港映画『似水流年（ホームカミング）』で85年香港電影金像奨（香港アカデミー賞）の最優秀主演女優賞を贈られた。ジュネーブ大学教授陳亮生と結婚後スイス在住。　(戸張東夫)

スチンダー・クラープラユーン 1933-
Suchindaa KHURAAPRAYUUR
タイの元首相で陸軍大将。陸軍司令官当時の1991年2月、『チャーチャーイ・チュンハワン政権打倒のクーデタに決起。92年5月、前言を翻して首相に就任したことに猛反発する民主派を強引に押さえ込むべく軍を動員。5月事件と呼ばれる流血の惨事を引き起こし、国王から叱責され辞任。三世華裔ともいわれ、政敵で民主派リーダーのチャムロン・シームアン（盧金河）が華人二世であることから、一連の政治的混乱を華人の世代間権力闘争と見なす声もあった。　(樋泉克夫)

『ストレーツ・タイムズ』
Straits Times
シンガポール・プレス・ホールディングス（SPH）が発行するシンガポール最大の朝刊英字紙。近年は国内報道と並びASEAN情勢の報道にも力を入れている。1845年7月、週刊紙として発刊され、創業時の発行部数は4万部未満。日本軍占領期に『昭南新聞』と改題したが、その後、日刊紙として発展し、1999年末発行部数は40万部弱。政府系金融機関、投資会社を株主とするSPHは、もともと83年『『星洲日報』と『『南洋商報』の合併で設立したSNPの上に、84年ストレーツ・タイムズ・グループを吸収した企業である。SPHは、『ストレーツ・タイムズ』をはじめ、華字紙の『『聯合早報』『聯合晩報』やマレー語紙、タミル語紙など4言語、11紙、6種類の雑誌を発行する。『リー・クアンユー首相（当時）は「米国のようにメディアが政府の監視役になるのを許さない」として、75年1月、新聞・印刷報道法を施行。同法による個人・親族の出資規制と新聞発行の許可制で、84年12月シンガポールの全新聞が合併した。その後、シンガポール政府は、海外からの報道管制批判に応えて2000年6月メディア自由化策を打ち出し、新聞社と放送局の相互乗入れを始めた。しかし、政府は許可制を堅持し、市場も狭いため、SPH社の独占体制は揺るがない。　(岡田臣弘)

🔖 共同通信社編・刊『世界年鑑』2001.

ストレーツ・チャイニーズ・ブリティッシュ・アソシエーション
海峡英籍華人公会
Straits Chinese British Association
『海峡植民地（シンガポール、マラッカ、ペナン）の英国籍華人を代表する団体。略称SCBA。1900年8月17日、シンガポールに設立、会員は約800人。同年10月、マラッカ分会を設置、会員は約200人。ペナン分会は1920年に設置。英女王と英国の利益に奉仕し、英国籍華人の福利向上に努めることを創立趣旨とする。多くの公会指導者が海峡植民地の立法議会議員、『太平紳士に任ぜられた。01年、シンガポール志願兵部隊に華人連隊を創設。05年、寄付を募りシンガポール初の医学校（1912年にキング・エドワード7世医学校と命名）を設立、第1次大戦中に英文冊子『英国への義務』を出版、英国に航空機30機と資金を提供した。1930年代に英語教育の普及を提唱、英語を共通語にするよう植民地当局に要求した。第2次大戦後、マラヤの独立に反対し、海峡植民地をマラヤから分離させることを主張した。マラヤ、シンガポールの独立後は植民地時代に享受した政治的地位を喪失、独立後の現実に適応するため、シンガポール分会が『僑生公会と改組したほか、マラッカ分会、ペナン分会も改組・改称した。
(蔡史君)

🔖 僑生公会

スナボイ
Senaboi

　スマトラ、リアウ州北東岸のマラッカ海峡に面した華人漁業集落の一つ。ロカン川および近隣小河川の濁泥流が湿原岸辺を崩して地形を変え、海峡沖合いの潮流は時速4〜5ノットもあり、干満差は3mに近い。この自然条件に対応して粗放的な大型敷設漁具の袋待網、簀建魚柵^{たけす}がおもな漁法である。集落は高さ5mないし10mのココヤシ樹幹や孟宗竹の杭木を臨海の海底に密生して埋め込み、桟をかけて板木を並べて床を張る。逆扇形に沖だし50m、幅100mもある杭上集落には道教廟、網・魚干場、居住長屋があり、付属の水産加工場や造船場もある。集落住民は新旧の華僑・華人漁民で、華語だけを話し、国内華僑・華人だけでなく対岸各地の華僑・華人との通婚も続いている。ただしカピタンを長とするインドネシア行政村デサでもある。清水はなく天水に依存し、地形変化が進み船舶発着が困難になれば集落を移動する。華僑・華人漁業基地の機能をもつ典型的な集落である。
(岩切成郎)

▷ バガン・シャピアピ

■ 岩切成郎「東北スマトラの華僑水上部落の生態」『季刊人類学』4-2、1973.

スネーク・ヘッド ⇨ 蛇頭^{じゃとう}

頭脳流出^{ずのうりゅうしゅつ}
人才外流

　一般には、専門的な知識や技術をもつ有能な者が他の部門、企業、職種、地域、または国外に流出することを指す。中国では1990年代初め、多くの公費派遣の▼留学生が、学業を修め勉学の約束期限を過ぎた後も中国に帰国せず留学先で再進学、または就職した。最初、この現象を指したが、のちに私費留学生や研究者などを含めて人材の外国流出現象を表すこととなり、いわゆる▼外流の一形態となった。中国の公式発表では、1978年から2001年半ばまでの公費・私費留学生の総数は38万人、そのうち帰国した者は13万人。2001年8月、「さまざまな方法で国にサービスを提供するよう」という新しい留学生政策が公布された。中国政府の人材確保政策と国内の変化にともない、最近、帰国留学者の人数が増えている。
(過放)

スマトラ島の華僑・華人^{スマトラとうのかきょう・かじん}

　15世紀頃から南西インドから伝わったコショウがスマトラでも生産されるようになると、スマトラ島、とくにその北部・東部の海岸や河口域の港市国家は、インド洋交易圏と中国の「▼南洋」交易圏の境界域にあったこともあり、香料貿易の中心地として栄え、華僑も多く到来し、華僑社会が本格的に形成されはじめた。たとえば、▼パレンバンには、▼鄭和の遠征と相前後して主として▼広東から華僑が移り住み、その規模は1万人をこえるまでに至ったとされる。

　多数の華僑がスマトラにふたたび到来するようになるのは、香料貿易のピークが過ぎ港市国家が衰退した後、つまり商業資本主義の時代から産業資本主義の時代へ移行してからである。17世紀以降の広東や▼福建における人口増加が労働力押出し要因になる一方、スマトラ周辺における植民地経済の形成が労働力の吸引要因となった。まず18世紀に入って▼バンカでの錫採掘が始まると、客家などの華僑が同地に移るようになる。さらに19世紀後半以降、オランダ植民地支配の下、スマトラ島北東部を中心に、タバコ、ゴムなどの▼プランテーションが急速に拡大すると同時に、▼苦力として数多くの▼華工が▼シンガポール、▼ペナンなどの英領▼海峡植民地から、さらには広東などの中国南部から連れてこられた。1888年から1900年の間にスマトラ東部に来た苦力は、海峡植民地から約1万8000人、中国本土から約7万人とされている。やがて苦力の禁止などで中国人労働者の調達が困難になり、ジャワ人労働者に取って代わられるようになり、1930年代までには新たな流入はほぼ停止するが、残った華僑の多くは▼メダン、パダンなどに定着し、今日もこれらの各都市には▼チャイナタウンが残っている。
(土佐弘之)

▷ デリ社

■ Jan Breman. *Menjinakkan Sang Kuli*. Jakarta: PT Pustaka Utama Grafiti, 1997. / Vincent J. H. Houben, et al. *Coolie Labour in Colonial Indonesia*. Wiesbaden: Harrassowitz Verlag, 1999. / Barbara Watson Andaya. *To Live As Brothers*. Honolulu: Univ. of Hawaii Press, 1993.

スマラン
三宝壟／壟川 Semarang

インドネシアの中部ジャワ州の州都。ジャカルタ、スラバヤと並ぶジャワ北岸の三大港湾都市として、植民地時代から行政や産業の中心として発展した。1996年の統計で121万の市人口のうち、中国系人口は6万人強（うちインドネシア国籍取得者が95％以上）と見積もられる。▼鄭和ゆかりの″三保公廟が存在することからも、古くから中国系移民の集住地だったと推測される。オランダ植民地時代、とくに19世紀には砂糖や米などの集散と▼徴税請負いを軸とする経済システムに乗じた華僑の成功者を輩出、なかでも砂糖生産・輸出を核に東南アジア最初の近代的華僑財閥を成したといわれる▼黄仲涵一族の本拠地であった。植民地時代には▼プラナカンによるマレー語出版の一大中心地でもあり、ジャーナリストの林天佑（LIEM Thian Joe）による郷土史『スマランの歴史（Riwajat Semarang）』などが書かれた。繊維問屋や金銀商などを中心とする旧▼チャイナタウンにはいまもかなりの割合で華人が集住し、最大の大覚寺廟をはじめ中国系寺廟が点在するほか、古い▼ショップハウスが立ち並び、独特の景観を残している。
(貞好康志)

スミット・ロートスミットクーン 1935-
陳卓豪　Sumitr LEASSUMITRAKUL

タイの企業集団シータイ・プラスチック・グループの創設者。生年は1933年とも。アユタヤ生まれで、一時中国で生活、戦後にタイに戻る。ポマード工場工員を経て両親とともに刃物の行商。後にバンコクの▼サンペン街で刃物と玩具の店を開業。31歳でシータイ・プラスチック（陳華泰行）を設立し、プラスチック製玩具の製造・販売に乗り出す。海外向けには玩具、国内向けには家庭用品を主力に、3万人を超える従業員を抱える。80年代末より不動産業にも進出。中国では玩具工場を経営するほか、武漢で宅地開発を進める。
(樋泉克夫)

須山卓 すやまたく 1910-81

第2次大戦前・戦後にかけての日本の華僑経済研究者。法政大学卒業後、東亜経済調査会に入り中国で現地調査。次いで南満洲鉄道（満鉄）東亜経済調査局に移籍、アジア・中国民族の研究に従事。戦後は大東文化大学、奥州大学、長崎大学、九州産業大学各教授歴任、アジア経済論、世界経済論担当。華僑経済史の研究を進め、1955年から相次いで労作を発表。その手法は戦中・戦後の現地調査を踏まえた実証的研究の積上げで、その集大成としての『華僑経済史』（近藤出版社、1972年）は、包括的・体系的な華僑経済史研究として注目され、経済学博士の学位授与論文となった。晩年は華僑社会の特質を「幇派主義」に求め、▼幇をギルドとする見解や、たんなる方言集団とする西欧の規定と鋭く対立、たまたまシンガポールで幇派存廃問題が論議されていたのと連動して、いわゆる「幇派論争」を国際的に展開し注目された。他の著作に『華僑社会』（国際日本協会、1955年）、共著『華僑』（改訂版、NHKブックス、1974年）、同『華僑社会の特質と幇派』（長崎大学東南アジア研究所、1976年）などがある。
(市川信愛)

㊨ 井出季和太，成田節男

スラット・オーサターヌクロ 1930-
林探知　Surat OSATHANUKHROH

タイの企業集団テックヘンユー・グループ（徳恒裕集団）の総帥。チュラロンコン大学予科の後、香港に留学。アメリカのコロラド大学で会計・商学を専攻。1952年に帰国、内務省警察局に勤務。55年に警察大尉で退官、父サワット・オーサターヌクロ（林徳発）の経営する製薬業のテックヘンユー社へ。同社の創業者は祖父の林白育で、下痢止め薬で築いた財を王室に寄進し、ラーマ6世からオーサターヌクロのタイ姓を賜った。チュラロンコン大学医学部を中退したサワットは新薬の開発などを手がけ、業務を飛躍的に拡大させた。60年代末よりスラットは政界に進出。下院議員、交通相、内務副大臣などを歴任し、80年代初期には自前の政党をもったこともある。だが、80年代後半からタイ経済が急成長を見せはじめるや、経済活動に力点を置くようになった。90年代に入り、金融、建設、ホテル、輸送部門などに積極進出した結果、家業である薬部門の売上げは全体の10％程度となった。インドシナ、ASEAN市場進出にも

積極姿勢を見せる。62年、バンコク学院を創設。　　　　　　　　　　　　　（樋泉克夫）

スラバヤ
泗水　Surabaya

　東部ジャワのマス川の河口に位置するインドネシア第2の都市。古くは蘇魯馬益などと書かれたこともある。マジャパヒト王国時代から重要な港市で、その頃から住民の大半は中国人であったと思われる。15世紀の中頃に同市のアンペル地区にイスラム聖人スナン・ガンペル・デンタがモスクを建立し、イスラム王国を建設した。王国は1625年にマタラム王国に征服されるまで独立を保った。1743年にはオランダ東インド会社の領土となった。以後スラバヤは東部ジャワの中心地となった。

　華僑・華人の活動についていえば、1848年に福建省泉州出身の蔣既淑（または既宿）が労働者として同地に移住し、一代で財産を築き、故郷に錦を飾った。以後この蔣氏一族が同地に移住し、一大勢力となった。1875年にはスラバヤに初めて孔子廟（文廟）が設けられた。最初は小規模のものであったが、1906年に華僑・華人からの寄付を仰いで、インドネシア最大のものが建設された。1902年には同地で華僑・華人の手によってマレー語の新聞 Pewarta Soerabaia が発刊された。20世紀の初めにはこの蔣氏一族を中心として泗水光復会（のちに同盟会と改称）が結成され、孫文の革命運動を援助した。08年に同地で創刊された『泗浜日報』はその機関紙の性格をもっている。また12年に中華民国が成立すると、同地のマヨール、ハン・チオンキン（韓章慶）が当局に清朝の国旗であった五色旗の掲揚の禁止を働きかけたので、広東省出身の華僑・華人が彼の自宅を襲撃する、いわゆる五色旗事件が起こった。32年5月にスラバヤ・サッカー協会主催のサッカー・ゲームを取材しようとした華字紙の記者が取材を拒否されたことから、人種差別反対の運動が起こった（スラバヤ・サッカー事件）。この年、同地の華僑・華人がインドネシア中華党を結成した。同党は42年まで活動を継続した。33年には同地で出版された共産主義者の出版物である『赤潮』の関係者が逮捕され、国外追放などの処分を受けた。

　45年8月15日に太平洋戦争が終結すると、翌日スラバヤでは泗水大衆社が結成され、青年運動を組織した。同年11月にはイギリス軍がスラバヤを占領しようとしたのに抵抗して、各種の団体が連合して泗水戦時華僑服務団が結成された。同団は包囲中のスラバヤで華僑・華人の救援活動だけでなく、インドネシア国軍に対しても協力を行った。同団はイギリス軍による占領後も活動を続けたが、48年10月にオランダ当局によって解散させられた。このとき泗水大衆社も解散させられたが、49年のインドネシアの独立とともに復活した。しかし66年にインドネシア政府の命令によって解散させられた。なおこの間に泗水服務中学（46年）、泗水連合中学（同）、泗水中華中学（48年）、泗水開明中小学（53年）、泗水華僑師範専科学校（同）が設立され、活発な教育活動を行っていたが、いずれも65年あるいは66年に政府によって閉鎖された。スラバヤの華僑・華人はこのようにインドネシアの独立に積極的に協力したにもかかわらず、68年と77年にはスラバヤで華僑排斥事件が起こった。　　　　　　　　　　（生田滋）

スラバヤ・サッカー事件　スラバヤ・サッカーじけん

　1932年東ジャワのスラバヤで、サッカー大会をめぐるトラブルから、「反オランダ・反白人支配」を旗印とするアジア系諸団体の協力が実現した事件。この年5月、同地で開催予定のサッカー大会がオランダ人中心に運営されていることに反発したインドネシア人、華人、アラブ人などの諸団体が林群賢を中心に集会を開き、「有色民族委員会」の結成と大会のボイコットを決議した。林は当局に拘束されたが、インドネシア人ナショナリストらの抗議によって釈放された。この事件は林にアジア系民族間の協力の手応えを与え、同年9月、彼を党首とするインドネシア華人党（PTI）の結成につながった。　　（貞好康志）

スリ・アッサダートン　1908-
関元年　Suri ASSADAATHR

　タイの砂糖王。広東省高要県生まれ。11歳で渡タイ。1950年前後の砂糖不足に着目、製糖機械を考案し製糖業界に。50年代中期以後、各地に製糖工場を設立し、タイ・ルンル

ワン製糖グループを形成。最盛期の80年代初期には全国で砂糖生産量の40％前後を押さえた。73年、▼ウテン・テチャパイブーンと共同でルンルワン証券を創設。「世界の砂糖王」の▼ロバート・クオク・ホクニエン系列の『シャングリラ・ホテル（バンコク）の経営に参加。▼スチンダー・クラプラユーン大将らタイ国軍首脳との関係を経営に反映させた。

(樋泉克夫)

スリーチャイナ
three China

中国、▼香港、台湾の3者を括る用語として使われる。いわゆる「三つの中国」のこと。香港の中国返還（1997年）の際に、返還後の香港の運営についてイギリスと中国との間で、いわゆる「一国家両制度」（一国両制、つまり一つの国の中で二つの相違する制度を共存・機能させるという統合方式）が共同声明（1984年）のなかに明記・確認されたことから、この用語が生まれた。そもそも「一国家両制度」はいわゆるチベット方式（「チベットの平和解放に関する協定」1951年）にそのルーツをたどることができるが、中国が台湾統一に同様の方式を適用するとなると、現状のように3者がそれぞれの関税制度と自己の通貨制度をもつ三つの「国民経済」が今後とも共存することになる。その点で「スリーチャイナ」は経済学的意味にも使われる。もっともOECD（経済協力開発機構）が『経済展望 Economic Outlook』（1992年12月）において3者を括って「チャイナ・エコノミック・エリア（CEA、中華経済圏）」という用語を使っている。CEAによるOECD諸国からの輸入急増（1980年の輸入全体に占める2.5％から91年の5.1％に2倍以上の上昇）を指摘し、かつて欧米で流行したいわゆる「▼黄禍論」の再現を危惧している。一方、APEC（アジア太平洋経済協力会議、1989年発足）に中国、香港、台湾が同時加入（1991年）したことも、この用語の現実性を高めた。他方、華僑・華人との関係においては、中国経済の「改革・開放」の進展に伴い、台湾と東南アジア（▼シンガポールおよびASEAN）系華人資本の対中国投資と貿易が香港を中継地として増大する。このように、スリーチャイナはASEAN華人を含む対中投資・貿易のネットワークの集散と基幹の部分をなす。つまり、中国一香港・台湾一シンガポール（ASEAN）というトライアングルが華人ビジネスネットワークとオーバーラップし、スリーチャイナの経済的相互緊密化とASEAN系華人経済の膨張化が連動する。スリーチャイナの外貨準備高は合計3601億ドル（99年）を記録し、日本のそれを上回って世界一である。

(涂照彦)

⇨ 海の中国

スリナム
蘇里南　Surinam

南米大陸北東部に位置する共和国。1975年オランダより正式に独立。1853年に中国人契約移民18人が、蘭領東インドよりサトウキビ農園の労働力として導入される。62年に495人、63-72年の間に2036人の中国人労働者が、おもに中国本土から送られた。その後、中国人に代わって、73年からインド人契約移民、90年からはジャワからの移民の導入を開始した。労働力確保のため移民の土地所有や主食である米の栽培などを認めたことから、契約満了後も移民が残留し、現在では人口の過半数をアジア系が占める。中国人労働者は、しだいに飲食店、商業活動などに進出し、華人人口も1905年1160、21年1310、50年2371、64年5544、71年6400と増加した。90年現在、首都パラマリボを中心に約700軒の華人系商店が見られる。蘇里南広義堂、中華会館などさまざまな華人団体も組織され、70年代には『蘇里南周報』などの▼華字紙の発行も始まった。

(柳田利夫)

参『世界華僑華人詞典』／ J. Hung Hui. *Chinos en América*. Madrid: Editorial Mapfre, 1992.

スリプト、アテン 1941-
Ateng SURIPTO

1960～90年代のインドネシアで、短軀と軽妙なお笑いを売り物に活躍した華人系コメディアン。78年に出生時の名コー・チェンリー（KHO Tjeng Lie）を改名。ジャカルタの私立大学在学中に仲間と組んだ漫才トリオが大当たりし有名になる。70～80年代には『アテンの求婚』『アテン知ったかぶりをする』など数多くのコメディ映画に主演し、人気を博

した。95年までは国営TVのレギュラー番組に出演したが、その後姿を消した。

(深尾康夫)

スリヤディナタ、レオ 1941-
廖建裕　Leo SURYADINATA

インドネシアを中心にした東南アジア華人をめぐる政治・国際関係の研究者。インドネシアのジャカルタに生まれ、同地の中国語学校卒業後、1959年にシンガポールの▼南洋大学で中文、歴史を、そして63年からインドネシア大学でインドネシア史を学ぶ。その後、オーストラリアの大学で東南アジア史修士を取得。アメリカの大学で教鞭をとった後、75年にコーネル大学で博士号を取得、同年からシンガポール東南アジア研究所上級研究員となり、82年には▼シンガポール国立大学政治学科に移り国際関係論を教える。現在、同大学助教授。インドネシア華人研究を中心に多数の著書があり、「ジャワにおける華人政治」「インドネシア著名華人伝」「インドネシア華人の政治思想」「ASEAN諸国の華人」などがおもなテーマ。85年にシンガポール国籍を取得。

(岩崎育夫)

　📖 Leo Suryadinata. *Prominent Indonesian Chinese*. Singapore: Institute of Southeast Asian Studies, 1995.

スルヤジャヤ、ウィリアム 1922-
謝建隆　William SOERYADJAYA

インドネシアの有力企業グループ、▼アストラ・グループの創業者。1992年まで所有経営主。中国名チア・キアンリオン（TJIA Kian Liong）。西ジャワのマジャレンカ生まれ。渡来してから7代目と伝えられる典型的な▼プラナカン（土着化した華人）で、中国語は話せない。宗教はプロテスタント。12歳で孤児になり、古紙販売などで貯めた資金で次弟チア・キアンティ（謝建智）をオランダの大学に留学させ、追って自分もオランダの職業学校に2年間留学。57年アストラ・インターナショナル（AI）社を設立、当初は雑貨販売や公共事業請負いを営んだ。スハルト時代初期にAI社がトヨタ自動車と合弁企業を設立してから急速に成長、日本の自動車・重機製造を中核事業とするアストラ・グループを形成した。末弟のベニヤミン・アルマン・スリアジャヤ（謝建友、TJIA Kian You）、甥のテオドル・ブルマディ・ラフマット（黄玉英、OEY Giok Eng）も70年代初めにグループ経営に加わった。弟のキアンティはAI社の設立者の一人で、70年代の事業拡大の牽引役を果たしたが、79年急逝した。

ウィリアムはインドネシア社会への貢献、顧客サービス、チームワーク、愛社精神などを謳った「経営哲学」を提唱、グループ経営にプリブミを積極的に登用、プリブミ中小企業振興を目的とした財団をグループ内に作った。これらは創業者が中国生まれの▼トトクであるサリム、シナル・マス両グループには見られないプラナカン的な特色といえる。ウィリアムには2男2女がある。長男エドワード・セキ・スルヤジャヤ（謝重生、TJIA Han Sek）は79年スンマ・グループを設立、次男エドウィン・スルヤジャヤ（謝漢本、TJIA Han Poen）はアストラ・グループ後継者の含みでAI社副社長に昇進。しかし92年スンマ・グループの破綻によりウィリアムと4人の実子はアストラ・グループの所有を手放した。持株のない血縁経営者であった甥ラフマットがアストラ・グループの経営を継承した。

(佐藤百合)

　📖 佐藤百合「インドネシアにおける経営近代化の先駆者」『アジア経済』36-3, 1995.

スワトウ
汕頭　Swatow

広東省東部の港市。汕頭の地方語よみが英語化してSwatowとなった。日本でもそれに準じてスワトウと呼ぶ。1858（咸豊8）年天津条約で潮州の開港が定められると、その外港の名目で60年開港場となり、以後急速に発展した。現在の市街は、1920年市政実施に伴って計画的に建設されたもので、市域は旧来のスワトウ、琦磧（旧外国人居住地）、および湾を挟んだ対岸の角石の3部に整然と分かれている。清末から民国に至るまで、潮海関をはじめとする各種官公署、アメリカ、イギリス、ドイツ、日本などの各国領事館が設置されていた。広東省東部、江西省と福建省の南部で形成する韓江流域経済圏を背後に担うため、商取引はきわめて盛んである。また▼アモイとともに南洋（東南アジア）華僑の出入港としても有名で、民国時代には貿易輸

入超過分は華僑の送金で調整されていた。

第2次大戦前には、東南アジアの批局（ʼ民信局）がスワトウの銀号（為替・両替銀行）に為替送金を依託する方法には3種類あった。第1は、香港ドル建ての電信為替または為替手形を香港の取引銀号に送る方法、第2は香港ドル建ての電信為替または為替手形をスワトウへ送り、当該銀号のスワトウ支店あるいは取引銀号がタイの批局のスワトウ取引銀号に香港で現金化する為替手形1通を支払う方法、第3は、中国元建ての電信為替または為替手形をスワトウに送る方法である。このうち、第1の方法が最も一般的で、第2がこれに次ぎ、第3はきわめてまれである。為替手形による送金方法を利用するとき、手紙の発送と為替送金はつねに同時に行われる。電信為替の場合、両者の間に時間の差があることはやむをえないが、ふつうは手紙がスワトウに到着する数日前に電信為替が香港に到着する。

香港からスワトウへの送金についてみると、両地間の為替相場はいわゆる「過汕水」（異常なスワトウにおけるプレミアム）と称されるように、その変動はときによってはきわめて激しい。この区間における批局の損益は完全に香港手形価格の変動に左右される。この価格変動が、全体の送金の損益を主要には決定していた。かりに批局が送金資金を受け取っているときに為替価格が不利であると判断し、しかも後に有利に向かうときには、むしろ行動せずに為替価格が好転する時期を待つ。当然、待つことができる期間は、手紙がスワトウに到着するまでの2〜3日を越えない範囲であった。　　　　　　（濱下武志）

　🔲澄海

汕頭開明電力会社 スワトウかいめいでんりょくがいしゃ
汕頭開明電灯股份有限公司

1908年日本華僑で広東省澄海人のʼ高縄芝が資本を集めてʼスワトウで創業した電力会社。資本金20万銀元、うち華僑資本50％、09年10月営業開始。初期の発電量は毎晩25Wの電灯6160燭光分、35年には家庭3000戸、工場18、街灯916に電力を供給、毎月の発電量は55万kW。39年6月日本軍のスワトウ占領後、同社を汕頭電力廠と改称、軍専用とし、市民用は厳しく制限した。日中戦争終結後、同社に返還され、銀行借款によって発電機を増設、47年6月電力供給を再開した。56年ʼ公私合営となった。　　　　　　　（山岸猛）

　🔲汕頭水道会社，華僑投資

スワトウ-樟林軽便鉄道 スワトウ-しょうりんけいべんてつどう
汕樟軽便鉄路

大埔人楊俊如・簫也玉の呼びかけで華僑資本と台湾資本が合弁で創設した、広東省のʼスワトウ・樟林間鉄道。1917年から着工、資本金23万5000元。軽量化のため車両本体は籐と竹により、動力装置はなく人力で動かした。兵士の無賃乗車、重税、動乱や水害などにより営業不振に陥り、29年から全敷地・レールは台湾銀行の担保に。33年スワトウ・樟林間の自動車道路開通後、乗客を奪われ運行中止。　　　　　　　　　　　（廖赤陽）

　🔲スワトウ-樟林自動車道路
　📖『南洋華僑ト其本国送金・投資問題』／『近代華僑投資国内企業史資料選輯（広東）』

スワトウ-樟林自動車道路 スワトウ-しょうりんじどうしゃどうろ
汕樟自動車路

ʼ華僑投資によって建設された広東省のスワトウ・樟林間自動車道。創設者は陳少文。資本金32万元。うちタイ華僑資本5万元、香港華人資本4万元、シンガポール華僑資本3万元。1927年から着工、32年竣工。全長35km。軍閥割拠や兵隊の無賃乗車などによる損失が大だったが、立地条件により営業は好調。日中戦争中、スワトウは日本軍に占領され、自動車道も破壊され休業。　（廖赤陽）

　📖『南洋華僑ト其本国送金・投資問題』／『近代華僑投資国内企業史資料選輯（広東）』

汕頭水道会社 スワトウすいどうがいしゃ
汕頭自来水公司

日本華僑ʼ高縄芝がʼスワトウで創業した水道会社。華僑の本国投資の一例。スワトウは20世紀初頭すでに人口が20万人に達していたが、生活環境は悪く、飲料水は不潔だった。そこで高は68万銀元を集め（うち華僑資本50％）、商業部の認可を得て1910年から工事を始め、14年上水道供給を開始。韓江から取水し、スワトウ市全体の用水量を同社が供給した。39年6月の日本軍のスワトウ占領で破壊された。日中戦争終結後に復興。56年ʼ公私合営となった。　　　　　　（山岸猛）

⇨汕頭開明電力会社，華僑投資

汕頭大学 スワトウだいがく

広東省▼スワトウ市西北郊に同省潮安生まれの香港大企業家▼リー・カシンが設立した総合大学。リーは1992年までに6億5000万HKドルを寄贈。81年設立準備委員会、83年旧建物利用で開学、90年落成式。90年代初期すでに13学部があった。初代学長は許滌新。リーは理事会の名誉主席。華僑・華人や外国人への貢献のほか、経済特区スワトウの経済発展に必要な人材育成などに期待がもたれている。
(山岸猛)

スンコロク
宋胡録

タイの陶磁器の日本における俗称。地名のサワンカロークが訛ったとみられる。タイ陶業の中心地はサワンカローク北方のシサッチャナライ付近一帯で、その製品はサワンカロークから各地に送られたため、サワンカローク陶器（サンガローク）と呼ばれたとされる。シサッチャナライのおもな窯場は、コーノイ窯とパヤン窯で、およそ14世紀から16世紀にかけて、青磁、黒褐釉、白濁釉、釉下鉄絵など多様な陶磁器を生産し、海外へも輸出した。なかでも淡青色の透明性の釉薬が厚くかかった青磁は美しく、なかに器形や色調、文様が、中国元代の龍泉窯青磁に酷似したものがあり、注目されている。釉下鉄絵の初期のものは、魚文、草花文などを鉄絵でのびやかに描き、青磁釉をかけて焼き上げたもので、意匠・作風に中国陶磁の影響が認められている。遺例の多いのは輸出用として量産された皿・鉢や合子で、細かい文様をびっしり描き込んだ上に透明釉をかけて焼き上げてある。江戸時代の茶人が「すんころく（宋胡録）」と呼んで珍重したのがこれで、作風は変化に富み、独特の味わいがある。これらのほか、白濁釉や黒釉、褐釉などをさまざまに使った飲食器や壺・甕など、また建築装飾や動物・人物像なども製作されている。シサッチャナライの陶業の起源については、13世紀末、スコタイ王朝のラーマカムヘン王が中国訪問の際、陶工を伴って帰国し、陶窯を開いたという伝説があるが、確証はない。またその廃絶については、貿易構造の変化による輸出の不振、中国陶磁の大量の流入、あるいは洪水や戦争の結果などの理由があげられているが、明らかでない。
(長谷部楽爾)

⇨スコタイ

スントーン・ウォンクソンキット 1940-
汪東発　Sunthorn VONGKUSOLKIT

タイのミトラポン（両儀）製糖機構董事長。父が米・タピオカから戦後にサトウキビ栽培に転じたことにより、1958年に長兄とともに製糖工場を設立。現在、三つの製糖工場を抱え、年産で約60万トン、市場の20％前後を押さえるタイ最大の製糖集団に成長。▼キエット・ワッタナウェキンとともにアマリン開発を経営するほか、82年にはバンプー鉱業を設立し、地下資源開発や発電業に進出。現在、中国広西東亜糖業機構董事長、タイ製糖組合理事長、タイ汪氏宗親総会主席など。
(樋泉克夫)

スーン・ペンヤム 1912-
孫炳炎　SOON Peng Yam

シンガポールの中規模華人企業グループの創設者。福建省同安の小雑貨商に生まれ、14歳のとき一家でシンガポールに渡った。1932年に兄弟で材木商シムリム社（Sim Lim、森林公司）を設立。戦後、事業の多角化を進め、製鉄、ファイナンス、不動産などに投資して多角的企業集団を創りあげた。スーンは▼シンガポール中華総商会会長ポストに就いた経歴をもち、現在、グループ企業の経営は四男のスーン・チューテクが継承している。
(岩崎育夫)

セ

施［姓］セ ⇨ 施 し

星雲大師 せいうんだいし 1927-

　台湾仏教の最高指導者。12歳で出家、法名は悟徹、今覚と号した。南棲霞山で6年間修行。1945年焦山仏学院に入学。49年台湾に移住し、高雄に仏光山を開創した。88年ロサンゼルスに北米最大の仏寺と称される西来寺を創建、同年11月、西来寺において世界仏教大会などを挙行した。現在、仏光山派の最高の指導者であり、国際仏光会世界総会などを組織している。仏光山派の道場は世界各地にある。　　　　　　　　　　　　　　（鎌田茂雄）

　參『世界華僑華人詞典』

青雲亭 せいうんてい
Cheng Hoon Teng

　▼マラッカの古い仏教寺院。本尊は観音菩薩で、その左右の脇侍として天后聖母と関帝、さらに▼媽祖と大蔵爺が祀られている。観音菩薩のほかは道教の神々である。一般に観音亭と呼ばれており、マラッカ川の西岸の▼チャイナタウンのテンプル・ストリートに位置している。本堂は1646年に中国から運ばれた材料で建られ、その屋根の上には動物や人の小像が装われており、海上守護のおまもりの天后が祀られているので参詣者は多い。

　青雲亭はマラッカのオランダ統治時代に華僑に協力させるべく任命されたカピタン（甲必丹）の役易として利用され、会所、法廷のほか華僑の精神的慰安の場であり、共同の利益を団結する場であった。英国の統治下ではカピタンは廃されたが、華僑社会の有力者が亭主（Teng choo）の名のもとに内外の交渉にあたっていた。彼らは依然としてカピタンとも呼ばれていた。いまでも青雲亭の本堂の背後に、歴代のカピタンや亭主の神主（位牌）を安置した一角がある。

　亭主の制度は20世紀の初めになくなり、仏寺となって福建出身の僧侶が住職をしているが、マラヤ最古の寺院として華僑に支持され寺産を維持している。明末に福建の泉州同安県よりマラッカに来た李為経（君常）は2代目のカピタンとなり、77歳で没するまでその職にあり、ブキット・チナ（▼三保山）の地に墓地を寄付したりした。青雲亭には紫色の明朝の官服を着て椅子に坐した等身に近い李為経の寿像が、歴代カピタンの画像としては唯一、伝えられている。マラッカの華僑は亭主を中心に結束し、青雲亭をもとにして彼らの社会の絆を結びつけていた。　（小川博）

　⊟ カピタン制、仏教と華僑・華人
　參 日比野丈夫「マラッカのチャイニーズ・カピタンの系譜」『東南アジア研究』6-4、京大東南アジア研究センター、1969./「同、補遺」同9-1、同センター、1971./「同、近年の新発見資料について」『南方文化』16、天理南方文化研究会、1989.

清華学校 せいかがっこう

　清末、アメリカの賠償返還を基礎に北京に開設、民国・新中国に引き継がれた高等教育機関。清朝政府は、1900年の義和団事件で列強8国に北京を占拠された紛争処理に、銀価4億5000万両という膨大な賠償金支払いを余儀なくされた。いわゆる「庚子賠款」に対し、アメリカはその大部分を中国人のアメリカ留学の費用に充てることを決めた。その事業の一つとして留学生の予備校を11年北京市北西に建設開校し「清華学堂」と名づけ、英語を使う洋式の教育を行った。まもなく▼辛亥革命で民国になり、校名を「清華学校」と変え存続した。16年周貽春校長の下で東南アジア華僑の子弟が中等科へ入学できる経路を開き、21年には北京大学の一部も華僑子弟のために開放された。28年国立清華大学に昇格するが、その基礎は周校長の指導によって確立したといわれる。なお、同名異校が日本にあった（1899-1903年）。　　　　　（市川信愛）

清河社 せいかしゃ
Thanh ha xa

　ベトナム国籍に入り基本的権利を得て納税の義務を負った華僑や▼僑生の南ベトナムにおける居住区の一つ。「社」はもともと村落

共同体ごとの行政単位。南北分裂期（1558-1777年）の広南グァンナム領に移住し順化トゥアン〔▼フエ〕北郊の香茶フォンチャ県で大明客庸ターミンカッチあるいは大明客属清河庸を称して商業活動を行った華僑は、17世紀から18世紀にかけてフエの交易港地区を形成して経済力を貯えた。のちにその一部が、広南政権の南方への領土拡張にともない、もとカンボジア領の東浦ドンフォ地方に進出して鎮辺チェンビエン（後のビエンホア）につくった集居地が1698年に清河タインハー社とされ、社民はベトナムの戸籍に編入された。

（川本邦衛）

『清議報』 せいぎほう

1898年12月（光緒24年11月）に▼馮鏡如・▼馮紫珊兄弟ら横浜華僑の援助を得て創刊された保皇派の機関誌。主編は▼梁啓超。「中国の清正の言論を維持し、国民の覚醒を促す。中国人の学識を増長させる。中国と日本との友誼を密にする。東亜の学術を興し、アジアの文化を保存する」ことを目的とした。西太后らの清朝政治を批判し、変法と立憲政治の必要性を主張した。東南アジアや▼ホノルルなど海外の華僑社会はもとより、中国国内でも大きな反響を呼んだ。

（伊藤泉美）

⇨『新民叢報』、『新小説』

制限誓約 せいげんせいやく
restrictive covenant

排華時代のアメリカ諸都市において、白人住民がいかなる非白人に対しても居住区域内の土地・建物を売却したり貸与・質入れ・供与しない私的契約またはその契約文書。これにより、区域ぐるみで有色人種の侵入を防止して、居住区域の社会的評価と不動産価値の下落を予防した。誓約の間隙をついて白人居住区への転入に成功した例もある。華僑の場合、この居住制限が▼チャイナタウンにおける高密度人口の一因ともなった。

（可児弘明）

⇨排華法［アメリカ］

📖 Wen-Hui Chung Chen. "Changing Socio-Cultural Patterns of the Chinese Community in Los Angels." Ph. D. Dissertation, Dept. of Sociology, Univ. of Southern California, 1952.

成之凡 せいしぼん 1928-

フランスの大統領選挙に出馬した華人。パリのヨーロッパ音楽院教授。上海国立音楽専科学校を卒業し、上海音楽学院の教師となった。1951年フランスに渡り、53年フランス人と結婚、79年フランス国籍取得。絵画、ファッション・デザインの分野でも才能を発揮する一方、「成道協会」を設立し、老子の教えを広めた。「一元二位制」（男女1名ずつからなる2人の大統領による統治体制）を唱え、81年から3度大統領選に挑戦した。

（曽士才）

星洲書報社 せいしゅうしょほうしゃ
Singapore Reeding Room

シンガポールの▼書報社。1903年3月に華人牧師鄭席珍（聘廷）、イギリス人牧師ジョン・カー（John KER）が創設した東南アジア華人の最初の図書館。当初、会員は数十名で、キリスト教の宣伝、図書の無料貸出し、講演会の開催などを行ったが、▼中国同盟会シンガポール支部の結成後はその外郭団体となり、三民主義の宣伝活動を展開、13年には会員数は500名余りに達した（大部分は福建籍）。▼陳楚楠、▼張永福らの有力会員が同社を経済的にも支えた。

（西村成雄）

『星洲同盟会録』 せいしゅうどうめいかいろく

中国同盟会シンガポール支部の活動の歴史に関する資料集。シンガポール華僑の▼林義順が編集した。全39頁。内容は1906年の同支部成立の経過および活動状況、会員122人の名簿、福建・広東両省に寄付を行った会員名録、1905年▼孫文がシンガポールで当地同志とともに記念撮影した写真などである。中華民国史および華僑史研究の重要資料。厦門アモイ大学図書館に稀覯本として所蔵されている。

（一谷和郎）

『星洲日報』 せいしゅうにっぽう
Sin Chew Jit Poh

シンガポールの代表的▼華字紙の一つ。「万金油大王」と称される▼胡文虎と弟の胡文豹が1929年1月15日に創刊。さらに胡兄弟はスワトウの『星華日報』、香港の『▼星島日報』、バンコクの『星暹日報』など10紙以上の華字紙を創刊、41年に星系報業有限公司を設立し、大きい影響力をもつ新聞グループを形成した。『星洲日報』は創刊当初、「国人の知識を高め、学校教育の不足を補う」を標榜し、内外のニュースに加え、時評、国際時事、

『南洋問題』のコラムなどにも力を入れた。傅無悶、関楚璞など著名ジャーナリストが同紙主筆を担当、中国の著名作家「郁達夫も同紙の主筆と文芸欄編集長を務めた。42年2月、シンガポール陥落前に休刊。45年9月8日、『総匯報』との連合版の形で復刊、46年6月1日から単独発行。本社は「シンガポール。60年代に「クアラルンプールや「ペナンなどマラヤ各地に事務所を置き、さらにファクシミリでクアラルンプールに清刷を送りマレーシア版を印刷発行、その後の独立したマレーシア『星洲日報』へと発展していった。シンガポールとマレーシアの分離、および新聞事業への外資の参入を認めないマレーシア政府の方針により、胡一族は81年にマレーシア『星洲日報』をペナンの建築会社社長「リム・ケンキムに売却。87年、人種問題報道で発行停止となるが、翌年、サラワクの木材商張暁卿が買収し、現在はマレーシアの「華字紙のなかで発行部数最多を誇る。なお、シンガポールの『星洲日報』は1982年に「『南洋商報』と合併、83年3月16日に『南洋・星洲聯合早報』(「『聯合早報』)と『南洋・星洲聯合晩報』(『聯合晩報』)を創刊。　　(卓南生)

卓南生編『従星洲日報看星洲50年 1929-1979』シンガポール：星洲日報社、1979./マレーシア星洲日報編・刊『星洲日報55年』クアラルンプール：1984.

正昌号 せいしょうごう

長崎にあった華僑貿易商店。1919(大正8)年の長崎商業会議所編『長崎商業会議所二十五年史』には、新地町、広馬場町、梅ヶ崎町に店舗を構える在留長崎華僑貿易商22軒中の一家に銭鴻翔の所有する正昌号が見える。福建会館福建幇の一家と思われる。
(川勝守)

セイゼ、マリア
Maria SEISE

サンフランシスコ早期在住の中国女性。中国名不明。ポルトガル船員とマカオで結婚したが、夫が上海で行方不明となる。アヘン戦争前の1837年、アメリカ人一家のメイド(「アマ)としてハワイに渡る。43年帰国、「香港、「マカオでアメリカ商人ジレスピー(Charles GILLESPIE)に雇用されたが、この一家について48年サンフランシスコに渡り、夫人のメイドとして働くかたわら、敬虔なクリスチャンとして過ごした。49年7月竣工の同市エピスコバル派教会の最初の信者18人の1人となったことが知られる。ハワイ、そしておそらくサンフランシスコを見た最初の中国人女性である可能性がある。
(可児弘明)

Tin-Yuke Char (ed.). *The Sandalwood Mountains*. 2nd printing, Honolulu: UP of Hawaii, 1976.

生泰号 せいたいごう

長崎の「福建幇の華僑貿易商社の一つ。号主の「陳尚智により1884(明治17)年頃、新地町24番地(後に同15番地に移転)に創設された中国雑貨の荷受問屋。2代目の「陳天珍のとき隆盛を誇った。初期においては、中国から楽器、陶器、文具品、茶道具、絹織物、家具、薬、薬材などを輸入して日本各地に卸した。1920年頃からは、海産物の輸出貿易もするようになった。最盛期における販売網は約1000軒に及び、国外は211軒(上海、台湾、福州、朝鮮など)で、国内は766軒(九州、中国、四国、近畿、中部、関東などの地方)であった。3代目の陳日峰が継承した第2次大戦後においては、日中貿易の断絶に加え、47年の新地大火災で同号が焼失したのを契機に貿易をやめ、中華料理店(桃華園)に転業した。同号には、福州商人様式の収支簿記法形態の一つとして貴重な帳簿資料95冊(1936-43年)が残っている。
(陳東華)

華僑帳簿

正大集団 せいだいしゅうだん ⇒ CPグループ シーピー・グループ

青単客 せいたんきゃく

広東省スワトウから出国した「契約華工の古い呼び名。雇主と移民との間に契約が成立すると緑色の船票(青単)を渡されるので、この船票を持つ者を他と区別してこう呼んだ。旅費前借り(除単制)移民の一種で、出洋する意思をもっているが旅費に困る者が船賃を前借りして出洋する方法である。
(藤村是清)

除単新客
『世界華僑華人詞典』

青田 せいでん

浙江省南部の県で、西欧・南欧華僑の主要な「僑郷の一つ。同省の南部を流れる甌江流

域に位置する。特産の青田石の彫り物は19世紀以来、浙江から欧米への主要な輸出商品であった。また、青田出身者は温州出身者とともに第1次大戦中、▼参戦華工としてフランスで働いていた。大戦後の世界恐慌により販路が停滞し、青田石彫貿易は崩壊した。また、穀物不足による離村を余儀なくされ、大量の青田・温州出身者が親戚・友人の助けを借りるために、上海からフランス行きの船に乗った。途中、行く先々で青田石の彫り物を行商したため、フランスやイタリアの華僑では青田出身者が多数を占めている。第2次大戦後は青田からの石の補給がきかなくなったが、ナチスによって追われたユダヤ人の間隙を縫って、革靴や鞄などの皮革製造業に従事するようになった。1970年代初め、中国の移民制限が緩和されると、ふたたび青田、温州からの移民が西欧、南欧に流入した。

(曽士才)

⇨ヨーロッパの華僑・華人

斉天大聖（せいてんだいせい）

『西遊記』の主役として知られる孫悟空のことで、大聖爺（だいせいや）、猴仔公（こうさいこう）、美猴王（びこうおう）などとも呼ばれる。台湾や東南アジアの華人社会では斉天大聖または大聖爺の語が多用される。男性▼童乩（タンキー）に憑依（ひょうい）する強力な神として信仰され、「斉天大聖廟」という名の童乩廟も各地にある。『西遊記』によると、孫悟空は石の卵から生まれた石猿であり、長じて不老長生の法を求めて旅に出、七十二般変化の術や勤斗雲（きんとうん）の法を修得し、後に玄奘三蔵に随行して天竺に入り、玄奘に経文を得させるうえで大きな功を立てた。このことから斉天大聖は仏教の神と見なされることもある。童乩が斉天大聖に憑依されるときには、彼は黄色の衣裳を身につけ、金冠をかぶり、右手に如意棒を握るなど神像そっくりの姿になり、猿のように素早く行動する。数多くの仙術を自在に駆使するとされることから、その役割は万般に及ぶが、とくに病気治しに効能があるとされ、姿を印した符が珍重される。

(佐々木宏幹)

青頭船（せいとうせん）

福建系海上商人が使用した3本マストの木造帆船、いわゆる▼ジャンクで、船首が青く塗られていたことから、その名がある。毎年4～5月、北東季節風に乗って中国から東南アジアへ向かったが、1831年シンガポールに碇泊した18隻のジャンクのうち11隻が広東諸港からきた▼紅頭船で、2隻が▼アモイからきた100～400トンの青頭船であった。また残り5隻は上海からで、これらも船首を青く塗っていたという。こうしたジャンクは唐貨（中国の物産）と土貨（現地の物産）を積んで各埠を巡航するだけでなく、移民の輸送で大きな役割を果たした。

(中間和洋)

『星島日報（せいとうにっぽう）』
Sing Tao Daily

香港を代表する▼華字紙。夕刊（『星島晩報』）も発行する唯一の日刊紙で、発行は星島報業社。発行部数は朝刊12万部、夕刊6万5000部。香港の夕刊紙は『星島晩報』以外には『新晩報』しかない。『星島日報』は1938年に▼胡文虎が創刊した伝統ある中立系紙。54年胡文虎の死去で養女▼胡仙が後継者として実権を握ると、香港はもとより海外華僑・華人からも香港と中国を窺えるメディアとして信頼された。ところが『星島日報』は95年4月、共産党上海市委員会の機関紙『解放日報』と提携して、関係者を驚かせた。香港では97年7月香港の中国返還を前に、70紙、200万部を越える日刊紙の目まぐるしい統廃合があり、中立系紙『星島日報』の選択は、生残りのために中国の軍門に下ったと受け取られた。『星島日報』は、『解放日報』の協力で週1回中国経済ニュースを発行している。中国の改革・開放で高まる経済情報を迅速・詳細に伝えて、香港経済紙『信報』や最大の大衆紙▼『東方日報』（60万部）などの競争紙と差別化している。90年代後半のバブル崩壊までは、第1面を不動産の全面広告に提供する大胆な紙面づくりをした。現在は大陸系企業の広告や、香港はもとより隣接する深圳経済特区もカバーするきめ細かい求人広告で収入を確保する。同時に『星島日報』海外版も発行するなど、香港、中国大陸、アジア華僑を商圏に取り込んでいる。

(岡田臣弘)

📖 むすびめの会編『世界の新聞ガイド』日本図書館協会，1995．／共同通信社編・刊『世界年鑑』2001．

『西南日報』

1941年に創刊され、第2次大戦中マカオで発行されていた親日的華字紙。台湾人劉伝能が主宰していた。香港、広東、広州湾や中山にも支社があった。ポルトガル語新聞や英字新聞、他の華字紙を凌駕しており、当時のマカオでは最大の新聞社であったといわれている。41年8月に付属日本語学校を開校、45年7月に雑誌『衆星』を創刊している。「大東亜共栄圏」や「聖戦」を鼓吹していたことから、日本政府の一機関であると見られていた。

(宜野座伸治)

清明節

二十四節気の一つで、春分から数えて15日目にあたる日をいう。新暦では4月5日前後に相当する。清明節には、一族そろって祖先の墓所に出向き、墓域を掃除(掃墓)し祖先を拝礼する習慣がある。墓所に到着すると、まず墓域を清掃し雑草を取り除く。続いて墓前に三牲または五牲、菓子、果物、酒、茶などの供物を供え、一同祖先に拝礼したあと、紙銭を焼く。最後に墓前で爆竹を鳴らし、邪気を祓う。そのあと、参列者一同は適当な場所に移り会食をする。清明節は、定期的に死者(祖先)と生者(子孫)との交流を図るとともに、共通の祖先を祀ることを通じて、生者同士(一族)の関係を強化するという機能も果たしている。なお、シンガポールの華人は廟にも死者の位牌を置いているので、清明節には廟にも詣でて祖先を拝礼する。また各家庭で祖先を拝することもある。横浜、長崎、神戸など日本各地の華僑社会でも清明節の墓参の慣行は存続しているが、様式は個人化・簡素化が進んでいる。

(高橋晋一)

参 窪徳忠「清明日の墓参」『宗教研究』264, 1985.

西洋 ⇨ 南洋

世界海外華人研究学会

International Society for the Studies of Chinese Overseas

海外華僑・華人研究の国際学術団体。略称はISSCO。1992年11月にアメリカのカリフォルニア大学バークレー校で開催された「落地生根」海外華人研究国際学術会議を機に93年7月に創立され、9月にニュースレターISSCO Bulletinの第1号が出版された。事務局がバークレー校におかれ、創始人事は会長 WANG Gungwu (王賡武)、副会長 Teresita ANG SEE (テレシタ・アン・シー、洪玉華)、事務局長 L. Ling-chi WANG (リンチ・ワン)、各地域の代表として、アフリカは Karen L. HARRIS、中南米は Ramon MON、北米に L. Ling-chi WANG、東北アジアは SHIBA Yoshinobu (斯波義信)、東南アジアは Teresita ANG SEE、ヨーロッパは Emmanuel Ma MUNG、オーストラリアは YEN Ching-hwang (顔清湟)、中国大陸は ZHUANG Guotu (庄国土)、台湾は CHANG Tsun-wu (張存武)、香港は Elizabeth SINN、そして全地域代表は Claudine SALMON (クローディーヌ・サルモン) と Leo SURYADINATA (レオ・スリヤディナタ) を決めた。

1994年12月に第1回ISSCO国際学術会議 The Last Half Century of the Chinese Overseas (1945-1995): Comparative Perspectives が香港大学で開催され、同時に開かれた第1回会員大会による選挙も行われ、ISSCOの事実上のスタートとなった。その後96年にアモイ、98年にマニラ、99年にハバナ、2000年にソウル、2001年に台北で国際学術会議を開催し、95年からはメールによるネットワーク (ISSCO E-mail Network) も発足した (ISSCOcommunity@uclink2.berkeley.edu)。海外華僑・華人研究の唯一の国際学術団体として、世界中の華僑・華人研究学者のための学術交流と成果発表の場所提供に大いに貢献している。

(曾縷)

世界海南郷団聯誼大会

世界各地に居住する海南省出身華僑・華人の親睦会。マレーシア、ブルネイ、タイ、アメリカ、香港、台北などの代表約400人が参加して、1989年にシンガポールで第1回大会を開催し、併せてシンガポールにおける海南出身者の同郷団体である瓊州会館の設立135周年を祝った。以後、シンガポール瓊州会館に事務局をおき、タイのバンコクをはじめ世界各地で2年に1回大会を開催するなどの活動を行っている。

(松本武彦)

『世界華僑華人詞典』 せかいかきょうかじんしてん

世界最初の華僑・華人関係事典。北京大学教授▼周南京を主編者に、主として中国の研究者の筆により、1993年1月北京大学出版社から出版された。世界華僑・華人・チャイナタウン概況、歴史地理、文物遺蹟・著名建築、人物、社団、経済組織、学校、文化福祉機関、政党・政治組織、歴史的事件・重大活動、法律・条例・政策、条約・協議、政府機関・制度・官職、歴史的文献、新聞、著作・理論、固有名詞の17の分野、7000項目を収録、B5判1025頁。歴史関連が多く、情報・理論も80年代末ないし90年代初めまでである。中国から見てのもので、台湾関係が少なく、他方抗日関係が多いなど、日本の読者には物足りない点がないことはないが、世界最初のものだけに価値は高い。このあと、シンガポールの『▼海外華人百科全書』、同じ周南京を主編者とした『華僑華人百科全書』全12巻、荘炎林・伍傑主編『華僑華人僑務大辞典』(済南：山東友誼出版社、1997年)、華僑大辞典編集委員会編『華僑大辞典』(台北：華僑協会総会、2000年)など類似のものの出版が相次いだ。
　　　　　　　　　　　　　　(游仲勲)

『世界華商経済年鑑』 せかいかしょうけいざいねんかん
Yearbook of the World Chinese Entrepreurs

中国で発行される華人経済・企業専門の年鑑。1995年に発刊された。中国社会経済文化交流協会が編集し、中国国内のいくつかの華人経済専門の研究機関も編集に協力し、世界知識出版社によって出版される。同年鑑の内容は、華人企業経営の国際環境、中国経済と投資環境、世界各国・地域の華人企業や中国国内企業の経営動向、華人経済・企業に関する研究論文と研究の動向、などで構成される。他の華人経済に関する年鑑と比べ、この年鑑には三つの特徴がある。第1に、世界各国・地域の華人企業の経営、華人企業家、華人経済組織の動向に関する研究と紹介を主要内容とする。第2に、執筆陣はおもに中国国内と海外の華人経済専門の研究者で構成されるため、掲載された論文の高い学術レベルが保たれる。第3に、『▼世界華商大会』の特集を設け、いままでに開催された大会を詳細に紹介する。
　　　　　　　　　　　　　　(朱炎)

世界華商経貿会議 せかいかしょうけいぼうかいぎ
World Chinese Traders Convention

第2次大戦後、台湾に逃れた国民党政府が組織した華僑連帯の組織。1956年10月台北開催の華僑経済検討会議がその嚆矢であり、(1)各地華僑の団結、(2)華僑ビジネス事業の改善、(3)華僑資本の台湾誘致、(4)中共（中国大陸）の経済浸透防御、等が重要課題とされた。62年10月には「華僑経済発展研討会」(台北)が開かれ、(1)華僑ビジネス事業の近代化助成、(2)台湾向け投資貿易の促進、(3)華僑貿易ネットワークを通じての地域協力の探求、等が議題とされた。同研討会において、亜洲華僑国際貿易会議の創設と各地巡回で年1回の開催が決議・採択された。それを受けて、63年4月東京にて「亜洲華商国際貿易交誼会」の名称で第1回会議（日本華商貿易公会主催）が開催され、第2回会議（台北、1964年）からは「亜洲華商貿易会議」に、そして第6回会議（東京、1968年）から「世界華商貿易会議」に、さらに第18回会議（台北、1992年）から「世界華商経貿会議」に、会議出席者の居留国・地域が拡散するに伴い、名称が改められた。第22回会議（サンパウロ、2000年）では電子商取引など華商産業の対応に取り組んだ。ちなみに、第8回会議（ロサンゼルス、1971年）以降、原則として2年ごとに台北と海外の華僑居留都市で交互に開催している。なお、同会議とは別に台湾系企業家中心の「亜洲台湾商会聯合会総会」(Council of Taiwanese Chambers of Commerce in Asia)が1993年に発足し、第8回（2001月）にいたっている。
　　　　　　　　　　　(涂照彦・劉文甫)

世界華商大会 せかいかしょうだいかい
World Chinese Entrepreneurs Convention

世界の華人企業人同士の交流とビジネス情報交換の場。1991年に発足し、2001年までに6回開催された。毎回の大会では、大会に参加する世界各国・地域の華人企業人は、関心のある共通した問題を大会で検討し、相互間の交流と協力の強化を図った（表）。世界華商大会は、発足以来、世界の華人企業・企業家の情報交流、▼ネットワークの構築、相互協力に大きく貢献した。毎回の大会では、参

世界華商大会

	開催年	開催地／参加国数／人数 主要テーマ
第1回	1991	シンガポール／30／750 華人企業の発展と世界経済への影響
第2回	1993	香港／22／850 世界経済の新潮流と華人企業の役割
第3回	1995	バンコク／24／1500 華人企業の交流と共同発展の促進
第4回	1997	バンクーバー／30／1400 情報化への華人企業の対応
第5回	1999	メルボルン／20／800 新時代の華人ネットワーク
第6回	2001	南京／77／4700 新世紀の華人企業の共同発展と繁栄
第7回	2003	クアラルンプール

加者は設けられたテーマについて意見を交わしたほか、各種セミナー、商談会、展示会なども催され、各国・地域の代表団も所在国・地域への華人企業の投資を呼びかけた。第2回大会の提案により、95年に▼シンガポール中華総商会が世界の華人企業の経営情報を内容とするインターネットのサイトを開設した。このような交流の中で、各国・地域の華人財界組織が大きな役割を果たしている。シンガポール、香港、バンコクの三つの中華総商会が大会の幹事であり、開催地の中華総商会は大会の主催者を務め、各地の華人財界組織が代表団を組織して大会に参加する。99年の第5回大会は、世界華商大会の常設機関として、秘書処（事務局）をシンガポール中華総商会内に設置することを決定した。これは、情報交換の場から組織化の方向に発展することを意味する。また、開催地は華人企業が集中するアジア地域のみならず、北米、オーストラリアにも及ぶ。中国も第3回大会以降積極的に参加するようになり、国内の民間企業のオーナーや経営者が多数参加したことが注目される。　　　　　　　　　　　（朱炎）

世界客属懇親大会　せかい・きゃくぞく・こんしんたいかい

世界各地に居住する客家系華僑・華人の親睦組織。相互扶助や情報交換、▼客家としてのアイデンティティの確認など多様な役割を果たしている。シンガポールの南洋客属総会など世界各地の客家組織の緩やかな上部団体的存在として、1971年9月に香港で第1回懇親大会が開催された。その後、台北、東京、バンコクなどで開かれ、88年10月のサンフランシスコでの第9回大会には、初めて中国大陸からの参加者が加わった。同大会では広東省梅州の梅州市山歌祝賀団が客家の民族音楽を演奏し、一般参加者との合唱なども行って、客家の文化的アイデンティティを高揚させた。懇親大会の開催は2年に1回であり、大会開催地の客家組織が中心になって持ち回りで運営されている。客家アイデンティティを媒介とすることで、政治的立場を異にする大陸系・台湾系双方の華僑・華人が、同一のテーブルにつくことができる貴重な場でもある。
（松本武彦）

世界僑務会議　せかいきょうむかいぎ
全球僑務会議

台湾政府の▼僑務委員会が主催し、世界から華僑代表が集まって台北で開かれる会議。第1回会議は1952年10月21日から同月30日まで開催、台北僑務会議とも呼ばれる。海外の35地区、216名の華僑代表が出席。僑務政策の方針である▼僑務綱領を制定し、▼華僑救国聯合総会の成立を可決、華僑反共救国公約を決定し、華僑の台湾への投資を呼びかけた。90年4月23日から同月30日まで開かれた第2回会議には、僑政史上最高の582名が参加した。中台両岸関係の平和的解決を呼びかけた第3回会議は、2001年5月16日から2日間の日程で開催され、参加者は377名であった。
（劉文甫）

世界許氏宗親総会　せかいきょしそうしんそうかい

世界各地に居住する許姓の▼同姓団体。フィリピン、シンガポール、香港などの許氏が発起人となり、許姓の同族間の親睦と団結を図ることを目的として、1982年10月、台北で組織された。以後、香港、マニラなどで懇親大会を開催している。フィリピン許氏の後裔とされる▼コラソン・アキノが大統領であった時期には、世界各国の許氏からの募金50万ペソをフィリピンの社会経済問題解決に寄付するなどの活動を行っている。
（松本武彦）

世界広西同郷聯誼会 せかいこうせいどうきょうれんぎかい

中国南部広西地域出身の華僑・華人の親睦団体。1983年5月、シンガポールにおいて創立。出身地を同じくする者同士の提携を促進し、地域的かつ国際的経済発展を図り、互助互恵、固有の道徳・文化の発揚を目指している。任期2年の役員のもと、各地団体の持ち回りで大会と役員選挙を行っており、過去にタイのバンコク、マレーシアのイポーなどで大会を開催した。広西の雅称である「桂」を用いて、「世桂聯」と略称される。

(松本武彦)

世界至徳宗親総会 せかいしとくそうしんそうかい

呉・周・蔡・翁・曹の姓をもつ華僑・華人の同姓団体。1908年にサンフランシスコで成立した至徳三徳総公所を淵源とする。1974年12月に香港で成立。香港を開催地として、2年に1回、大会を開いている。88年の大会で組織拡大を行い、董事会を増員して、名誉主席・主席のほか、香港、台湾、フィリピン、シンガポール、アメリカ、カナダ、マレーシアから12名の副主席を選出した。同姓の親睦、僑郷・祖国への社会貢献などを標榜し、活動している。

(松本武彦)

世界中文報業協会 せかいちゅうぶんほうぎょうきょうかい
Chinese Language Press Institute

華字紙を発行する各国の新聞社・団体からなる業界団体。1968年11月華字紙の資質向上・普及と報道の自由確保を目的に創設された。加盟するのは、中国大陸を除く世界各地の約100の新聞社と一部雑誌社で、発足当初の会長は香港『星島日報』社の胡仙会長、協会執行委員会主席は香港『華僑日報』岑才生社長。香港に事務局を置く。年1回の年次大会は、隔年に香港で開き、香港以外では世界各地で持ち回る。90年23回大会はマレーシア観光年に合わせ、首都クアラルンプールでマハティール首相を迎えて盛大に開催した。香港の中国返還を受けた98年11月大会には香港特別行政区董建華長官が出席した。同大会では、金融不況の逆風の中で華字紙の国際的協力が打ち出された。現在の協会主席は董建華長官に近い香港の大陸系紙『商報』李祖沢会長。『商報』が発行する株式の49％(1億5000万HKドル)は、『深圳特区報』が所有する。2001年11月大会は、68年の創設以来初めて中国大陸の深圳経済特区で開催。今後予想される大陸系新聞社の協会加盟により、協会は中国の影響を受けることになろう。

(岡田臣弘)

『華訊新聞網』(ホームページ http://ttnn.com) 2001年5月23日./『世界華華人詞典』

『世界日報』 せかいにっぽう
The Chinese World

ニューヨークを拠点に米国、カナダ各地の5か所で発行されている台湾系の有力華字紙。1976年2月、国民党中央委員であり台湾「聯経集団」を率いる王惕吾がニューヨークで創刊した。会長・王惕吾のもとに子・王必成が社長と編集局長を兼任した。同紙は台湾の政治・経済報道を重視し、華僑同胞・華僑団体の団結強化、台湾・米国の友好促進など、政治色を鮮明にした。ニューヨーク版、サンフランシスコ版の発行を足掛かりに、ロサンゼルスからカナダのバンクーバー、トロントで発行する米国最大の華字紙となった。『世界日報』は78年からの中国の改革・開放、79年米中国交樹立を背景に、82年から中国大陸関連の報道を大幅に増やした。なお『世界日報』の題字で発行されている華字紙はほかにも数多くあり、創刊の早さでは1891年サンフランシスコで立憲派が発行した旧『文憲報』がある。同紙は1906年『世界日報』に改称したものの、その後、さらに『文奥報』と改称した。タイの『世界日報』も反共華字紙として、1960年代の冷戦時には多くの読者を獲得したことがある。

(岡田臣弘)

世界中文報業協会
『世界日報』ホームページ http://WWW.chineseworld.com/『世界華僑華人詞典』

世界福州十邑同郷総会 せかいふくしゅうじゅうゆうどうきょうそうかい

福建省福州出身の華僑・華人の親睦団体。シンガポールおよびマレーシア在留の福州出身華僑・華人によるリーダーシップのもとで、1990年5月、10の国と地域から1600人余りがシンガポールに集まり、第1回大会を開催した。世界各地に居住する同郷人の親睦を深め、文化交流や経済交流を促進することを目的としている。シンガポールに事務局をおき、アメリカ西地区、アメリカ東地区、日本、カナダなど12の国や地域における福州出

身華僑・華人団体の長がこれを支えている。

(松本武彦)

🔁 福州, 福州幫

世界福清同郷聯誼会 せかいふくせいどうきょうれんぎかい

福建省福清県出身の華僑・華人の親睦団体。インドネシアの財閥▼サリム・グループの総帥▼スドノ・サリムのリーダーシップのもとで、1988年に創設された。シンガポール福清会館を中心に活動がなされており、中国系の文化的アイデンティティの保持と発展を標榜しつつ、同郷人間の親睦や相互扶助を推進しており、福清県出身者の企業による商品見本市を開くなど、同郷者のネットワークを経済活動の面で積極的に活用している。

(松本武彦)

🔁 福清幫

世界頼羅傅宗親聯誼会 せかいらいらふそうしんれんぎかい

頼姓、羅姓、傅姓をもつ各地華僑・華人の同姓親睦団体。3姓の深い血縁関係が歴史的に形成されてきたという共通認識のもとで、1981年▼香港で創設された。世界各地に居住する3姓の親睦を図り、情報を交換し、工商業での連携を促進することを目的としている。フィリピンのマニラで第1回大会を開いた。以降、常設の事務局組織はないが、▼マラッカ、台北、▼シンガポールなどで、それぞれの開催地にある3姓の団体が持ち回りで大会を開いている。

(松本武彦)

🔁 同姓団体

世界林氏懇親大会 せかいりんしこんしんたいかい

世界各地に居住する林姓の▼同姓団体。同姓・同族間の親睦と団結を図ることを目的として組織されている。1986年12月、タイのバンコクにおいてタイ林氏宗親会のもと第1回懇親大会が開かれ、世界各地から900人余りが参加した。さらに第2回懇親大会は、88年12月にマレーシアのサラワクで開催された。以降、2年に1回の大会での懇談や『林氏族譜』の編纂・配布などによって、強い同族意識の喚起がなされている。

(松本武彦)

石慧 せきけい 1933-

香港の映画女優、歌手。本名孫慧麗。南京生まれ。幼時よりピアノやバレエを学ぶ。1947年家族とともに香港に移り、英文書院に学ぶ。51年女優を志し泰山影片公司の『淑女図』でデビューした。同年長城電影制片有限公司に入社、『一家春』で人気女優に。その後、所属する長城電影制片有限公司と鳳凰影業公司の2社で『児女経』『雷雨』『生死牌』『寸草心』など50本以上の映画に出演するなど、女優として香港映画界で活躍した。明るく活発で純真な少女を演じるのが得意だったことから若いファンが多かったという。また64年初の個人リサイタルを開いたのち、フィリピンやシンガポールをたびたび訪れて舞台活動を行った。また81年以後は北京や上海など中国各地でリサイタルを開いた。レコード「石慧歌集」も作られた。香港華南電影工作者聯合会理事長や銀都機構有限公司僑発貿易部総経理などを歴任。中国の全国人民代表大会代表や香港基本法諮問委員会委員に選ばれたこともある。

(戸張東夫)

📖『中国大百科全書（電影）』北京：中国大百科全書出版社, 1991.

籍牌 せきはい

1867（慶応3）年11月に実施された籍牌規則に基づく名籍・居住登録のこと。

【居留地における条約未済国人】 1859（安政6）年7月の開港当初より中国人は▼横浜居留地に進出してきたが、当時日中間には条約はなく、条約を締結した国の人々に居住と経済活動を営むことを許可した居留地に、中国人が存在できる法的根拠はなかった。しかし、居留地貿易の現場では、中国人は西洋人と日本人との間で仲介者として重要な役割を果たし、ほとんどの外国商館は横浜での開業にあたり、中国人を伴ってきた。中国人の入国・上陸は黙認の状態にあった。横浜では1860年、中国人の来住者を取り締まろうとする動きが現れる。その頃長崎では日本の居留地における条約未済国人居住の最初の法的根拠である長崎港湾規則が制定され、その第15条において、条約国人の使用人（servant）の名目で、その責任下において、条約未済国人の居留地内居住を認めた。この条文は西洋の冒険的商人と華僑商人とが手を結ぶ道を与えた。西洋の冒険的商人は華僑に使用人の名義で居留権を与えることによって、実際は鎖国時代以来の伝統を有する華僑商人の経験を利用することが可能で、華僑商人は旧来の唐館体制を脱し、正式に居留地で経済活動を営む法的根拠を得たのである。しかし、しだいに

独立して商売を営む華僑商人が増え、その勢いが条約国人にとって好ましくない状況を呈すると、英・米領事は▼長崎奉行に条約国人随行の中国人の処分について申し立てた。この問題は江戸の幕府と英・米公使との交渉となったが、英・米側は唐館内に居住する者と外国商館に所属する者以外の中国人の上陸は禁止するよう要請した。幕府はこれに対し、入国当初は所属でもその後独立商人となるなど、条約国人への所属か否かは判断しがたく、所属の者の国外退去も、外国商人側の責任において行うことを要請した。これに対し英・米公使は、条約未済国人は日本の裁判所の支配に属し、条約国の領事が裁判所を補助するという方策を提案した。幕府と条約国側双方が条約未済国人取締まりの責任を相手に負わせようとしたのである。こうした交渉の結果、双方で責任分担をするかたちで籍牌規則が制定された。

【籍牌規則の制定】 条約未済国人取締まり問題は、1867年11月に発効した「横浜外国人取締規則」第4条によって決着し、条約未済国人は神奈川奉行の裁判下に置かれ、外国領事および外国人取締役の援助を受けて管理するということになった。第4条に基づき、外国人取締役にM.ドーメンが任命され、条約未済国人取締まりのため神奈川奉行所において名籍（籍牌）を取り調べるため、「籍牌規則」が制定された。籍牌規則では横浜在住の中国人は神奈川奉行所に氏名・職業・住所などを届け出、手数料を払って籍牌（住民登録）を受けることが義務づけられた。籍牌手数料は上中下の3等級に分けられ、上級は洋銀15ドル、中級は同7ドル、下級は同3ドルとされた。これにより籍牌を受けた中国人は660人であった。また、この籍牌規則導入に対応して、同じく11月中に▼清国人集会所（のち▼横浜中華会館）が張熙堂、▼陳玉池らによって居留地59番館内に発足した。その後、69（明治2）年の籍牌登録者数は1029人と倍増し、70年には手数料が上等年16ドル、中等8ドル、下等4ドルへと値上げされた。

【在留清国人民籍牌規則】 1871（明治4）年4月、▼日清修好条規が調印され、中国人は条約国人となった。しかし依然として領事が着任しなかったため、領事館開設までの暫定措置として74年2月、「在留清国人民籍牌規則」が新たに設けられた。これにより、中国人は着港日より3日以内に神奈川奉行に届け出て、30日以内に籍牌を受けること、手数料は上等は2円、下等は50銭を納めること、家屋の貸借売買などには中国総代の証印が必要であることなどが取り決められた。78年2月、駐横浜清国領事館が正式に業務を開始すると、それまで神奈川奉行が管理していた▼横浜清国人民入籍名簿などの書類が清国領事館に移管され、実質的にも日本の地方行政機関による中国人居住者の管理体制は終了した。
（伊藤泉美）

㋻ 横浜買弁，清国領事
㋥ 伊藤泉美「横浜華僑社会の形成」『横浜開港資料館紀要』9，1991.

石龍軍事件（せきりゅうぐんじけん）

1889年バンコクで起きた、華僑精米工場労働者が組織する▼秘密結社間の▼械闘（武力闘争）事件。福建系の寿理居と潮州系の大公司が6月16日、バンコク市内の華僑商店が集中するチャローンクルン通り（石龍軍路）で武力衝突、タイ政府は陸海軍を動員、ようやく鎮圧に成功した。
（曽士才）

セダン・チェアー
sedan chair

中国語の轎にあたる語。轎夫と呼ばれる2〜8人の人夫が、椅子式の屋根なしカゴの底につく2本またはそれ以上の長柄を、肩に担いだり手で腰のあたりに支えて人を運ぶ、中国の伝統的乗り物。19世紀半ば頃には香港やシンガポールなどで、洋服、ヘルメット帽姿のヨーロッパ人を乗せて、上半身裸の中国人▼苦力が担ぐ植民地的行路風景が見られた。19世紀後半以降、▼人力車の普及により減少し、坂道の多い香港などで1920年代頃までわずかに残った。
（吉田建一郎）

浙江財閥（せっこうざいばつ）

中華民国期、上海経済を支配し、蒋介石政権を支えた浙江省出身の資本家グループ。歴史的には19世紀後半以来、上海に移住し、▼買弁や銭荘経営で財をなした寧波商人の流れを汲む。海外との繋がりでは日本華僑の▼三江幇と密接な関係を有した。▼寧波出身で神戸華僑の有力者であった▼呉錦堂の甥にあ

たる呉啓鼎は上海で浙江商業儲蓄銀行を設立して、浙江財閥の一翼を担った。また、錦堂の長男呉啓藩は浙江財閥の大立者虞和徳（鎮海出身）の一族の娘と結婚している。

(帆刈浩之)

薛性由 せっせいゆ ?-1678

江戸時代初期の長崎の▼住宅唐人。▼唐通事薛氏の祖。六官と称した。出身地・渡来年次などは不詳。1649（慶安2）年▼唐年行司に任用され、78（延宝6）年没するまで長くその職にあった。子孫は唐年行司を世襲したが、7代四郎助のときの1798（寛政10）年、唐小通事末席を兼ね、それ以後、唐通事を家職として幕末に至った。　(林陸朗)

⊟ 唐通事の家系

薛祖恒 せっそこう 1912-
XUE Zuheng

ブラジル華人の企業家。薛は、解放前の上海に七つの工場を有する富豪だった。国民政府のバチカン駐在宗教代表だった関係で、中国の社会主義化の際に中国を脱出、台湾に行くことなく、直接カトリック国ブラジルに新天地を求めた。人造繊維、紡織品、プラスチック製品、化学製品などを生産する18社を擁するセルブラス（Celbras）企業王国を有し、60歳をすぎた長男のドメス（薛多瑪斯）が責任を負っているが、90年代半ば当時、彼自身も働いていた。1億8000万ドルを投じて、世界5位のPET（プラスチック製品を繰り返し原料として利用できる製品原料を生産）工場を建設した。敬虔なカトリック教徒で、財産の半分を慈善基金として、貧しい人々の救済、社会還元に使っている。90年代半ば当時、その資産額は約2億ドルといわれた。

(游仲勲)

薛八官 せっぱっかん 1597-1678

江戸時代初期の長崎の▼住宅唐人。諱や字は不詳。福州人と見られるが、渡航年次は不詳。1663（寛文3）年設置された最初の▼唐船請人の一人。子孫は代々唐船請人を世襲したが、1804（文化3）年嘉右衛門のとき唐内通事小頭となり、それ以後、同職および稽古通事を幕末まで3代にわたって勤めた。

(林陸朗)

⊟ 唐通事の家系

薛福成 せっふくせい 1838-94

清末の外交官。江蘇省無錫人。1889年英・仏・伊・ベルギー4国公使。在任中イギリスと交渉し、ビルマ国境問題を解決。また、華僑保護のため、▼南洋各地をはじめ、オーストラリア、ビルマなどに領事を配置するのに功績があった。西洋事情に通じ、また海外からの帰国を禁じた康熙帝の上諭が撤回されていないため帰国華僑が圧迫をこうむることを上奏（『庸盦全集』出使奏疏、巻下）、外交団の要請もあって、清末の1893年、康熙の旧法廃止の上議が出され、華僑が海外から自由に帰国する道を開いたことでも知られる。

(容應萸)

薛仏記 せっぶっき 1793-1847
SI Hoot Keh

シンガポール華人社会の指導的人物。字は文舟。祖籍は福建省東山県、▼マラッカに生まれる。1820年代に▼シンガポールに移転。26年当時、シンガポール華人社会で最大の土地所有者であった。28年▼恒山亭の創建で五大理事の筆頭となる。40年▼シンガポール天福宮の創建でも大理事を務める。43年頃にマラッカに帰り▼青雲亭亭主となるが、シンガポールの福建人宗郷組織と関係を維持。生涯にわたり福建人社会の団結と発展に尽力した。

(蔡史君)

薛来宏 せつらいこう 1914-83

横浜華人の実業家。戦後の華僑社会のリーダー。福建省▼福清人。横浜出身。73年日本に帰化。帰化名は林宏一。12歳で日本各地を、やがてサイパンまで▼行商。戦後、中華街で露天商から身をおこし、大型中華料理店を何か所ももつ実業家に。華僑のための金融機関▼横浜華銀の設立に尽力。福建省人華僑の来日手続きや保証人になるなどの便宜を図り、生活の援助も惜しまないなど人望篤く、慕われる。▼横浜華僑総会（台湾系）理事、副会長、▼横浜中華学院の理事長を歴任した。

(符順和)

ゼネラル通商銀行 ゼネラルつうしょうぎんこう
General Bank of Commerce

1981年6月にロサンゼルスに創設された華人系銀行。中国人社会では万国銀行とも略称。主要出資者は台湾の統一企業の台南紡織

集団と、一部在米華人系資本である。設立時、会長呉金川、総経理呉澧培、副総経理呉平原。持株会社による100％所有の有限会社形式をもつカリフォルニア州政府認可の金融法人である。業務内容は預貯金、為替、融資、クレジットカード発行を含む。営業開始後、業務が順調に成長し、1年後資本金が設立当初の660万ドルから800万ドルへ増額され、新たに3支店が増設された。80年代以後の米国への中国系移民の増加にともない、「ニューカマーズ・サービスセンター」を設け、特別サービスの提供で積極的対応に努めた。サービス内容は金融・財務コンサルティングのほか、移住、保険、住宅購入や医療などにかかわる情報の提供と幅広く、複数の専門家を配置している。

〔王効平〕

セブ
宿務　Cebu

フィリピンのビサヤ諸島中東部および北部ミンダナオの流通拠点をなす都市。約6万100人の華僑・華人が居住（セブ市全人口の10％）。中国大陸との往来は古く、コロン通り（Calle Colon）東端パリアン地区に中国系のメスティソ・サンレイ（Mestizo Sangley）のコミュニティが発展、19世紀半ばに絶頂期を迎えるが、1850年の移民奨励や1860年のセブ開港にともない中国系新移民に地位を譲る。多数派の福建省晋江県出身者に加え、アモイ、とくに禾山出身者が比較的多く、プラリデル（Plaridel）通りを中心に商店が軒を連ねる。セブには華僑系学校が10以上あり、最も歴史ある宿務東方中学は1905年設立の中華学校に淵源をもつ。同校初代校長の劉春沢、フィリピン最大の食品会社ゼネラル・ミリング創業者で元セブ中華商会主席の黄發仕（士）、アジア最大のヤシ油生産・輸出の行裕油廠（Lu Do & Lu Ym Co.）創業者の呂裕（呂文余）はアモイの禾山出身で、一族は通婚関係にある。一方、元在セブ中華民国名誉領事の呉天為（Manuel GOTIANUY）、その息子で元セブ副市長の呉華昌（Augusto GO）、ロビンソン百貨店の呉ゴンウェイ・ジュニア、ビサヤ・ミンダナオ最大のガイサノ百貨店チェーンの呉莎治（Modesta Singson GAISANO）、コモンウェルス期（1935-41年）副大統領のセルヒオ・オスメニャ（のち亡命政府大統領）は、いずれも晋江石獅出身の呉文鉥（Pedro GOTIAOCO）の子孫である。他に海運業フィリピン1位の樹必寿船務公司の呉玉樹、元シンガポール大使の周清琦（Francisco BENEDICTO）、華僑・華人研究者のチンベン・シー、風水研究者の蘇豪傑（Jorge SO）らもセブ出身。

〔宮原曉〕

セブ呂氏

フィリピンのセブ最大の華人家族企業である恒裕公司を経営する華人家族。原籍は福建省アモイ。呂裕（LU Do、1860-1933年）が1899年石鹸・蠟燭工場を創設、1907年、子の呂音（LU Ym）とともにヤシ油の生産を開始。40年呂裕・呂音公司（Lu Do & Lu Ym Corp.）に改名、通称恒裕公司。呂音の3人の息子希宏（Cayetano Ludo）、希宗（Paterno Ludo）、希福（Cipriano Ludo）が経営活動に参加、「呂氏3傑」と称された。同社のヤシ油生産量は1日平均600トン、フィリピンの「ヤシ油大王」ともいわれた。植物油も生産。80年代初めに希宏、希福が相次いで亡くなった後、希宗が経営。同家は恒裕完全小学校を創設、地元の教会に男子・女子小学校各1校を建設。その他、華僑義山（墓地）の寄付や災害の救済など、公益事業にも熱心。

〔廖赤陽〕

セミテック・グループ
善美集団　Semi-Tech Group

ジェームズ・ヘンリー・ティン（James Henry TING、丁謂）が率いる、カナダに本拠を有する企業集団。世界中に3万人の社員を擁する。ティンは1949年上海生まれ。7歳のときに香港に移住、高校からオーストラリア、さらにカナダへ移住してトロント大学卒（電子工学博士）。83年、香港でセミテック・グローバル（SG、善美環球）社を創業。86年にはトロント市にセミテック・コーポレーション社を創業し、SG社をその子会社とした。88年に世界的なミシン・メーカーのシンガー・ミシン社を、89年にはヨーロッパの大手ミシン・メーカーであるドイツのゲーエム・バフ・アーゲー（PFAFF）社も買収した。一方、SG社は家電製品、なかでも音響機器分野を主としてビジネス展開してい

る。香港で上場後、95年にはともに日本の上場企業である▼赤井電機と山水電気を、当時の親会社であったイギリスの会社から、わずか1ドルで買収、傘下に収めた。また同年、赤井電機の子会社という形で、香港の代表的音響機器メーカー、コンワ・ホールディングス社も買収している。さらに香港でもう一社の代表的な音響機器メーカーとして知られるトーメイ・インターナショナル・ホールディングス社を、コンワと山水両社の子会社として買収した。コンワ（港華）とトーメイ（東茗）は中国内に複数の製造工場を有するため、高級オーディオとして知られる赤井および山水の両ブランド製品をコストダウンして製造、世界中に輸出販売する戦略とみられる。このようにミシンと音響を両軸にしてカナダから世界展開を図ってきたセミテック・グループだが、その後順風満帆というわけではなく、99年には香港SG社の株の一部を売却して社名変更、アカイ・ホールディングス社となるも、2000年には清算命令により買収された。シンガー・ミシン社が倒産した。

（山田修）

セラム人 Orang Selam
息覧人

バタビア人（Orang Betawi）ともいう。もともとオランダ領東インド（現インドネシア）のバタビア（現ジャカルタ）の住民のことである。中国との長い交流のなかで、華人と現地人との混血が進み、華人の伝統文化の一部を継承しながらも、生活様式が現地化し、イスラム教を信仰する人々を指す。セラム（Selam）の語源は、もともとイスラム（Islam）に由来するもので、本来、セラム人とはイスラム教徒を意味した。

（山下清海）

⇒ババ、ニョニャ
📖『世界華僑華人詞典』

籤

▼廟に備えられた、日本のみくじに似た占具。霊籤（神籤）と薬籤の2種がある。霊籤は転居、墓の造営、遺失物、婚姻、商売、試験など一般的な問題に関して神意を問うときに、薬籤は神仏に医薬の処方を求めるときに使われる。霊籤・薬籤とも、神前で祈願をした後、籤筒と呼ばれる容器に入った60～100本余りの竹製の籤のなかから1本を引き、その番号に相当する籤札（チェム）に書かれた詩文から神意を判断する。薬籤の詩文には医薬の処方が記され、薬局で調剤してもらい服用する。

（高橋晋一）

泉安自動車運送会社
泉安汽車公司

日本華僑の陳清機が発起人となり、華僑資本を集めて創設した、福建省南部最初の自動車運送会社。陳は1919年4月同社の設立を計画、華僑資本が80％を占めた25万元で7月から自動車道路建設を始めた。22年に全線27.5kmの安海・▼泉州間道路を、25年に青陽・石獅間道路7.5kmを開通させた。31年に資本金を50万元に増資、33年にバスを20台保有、32年から泉囲汽車公司（▼泉囲自動車運送会社）などいくつかの運送会社にも投資した。56年、国営福建省運輸公司と合併した。

（劉暁民）

泉囲自動車運送会社
泉囲汽車公司

1932年フィリピン華僑の李清泉、李文炳らが資金を集めて福建省▼泉州市に創設した自動車運送会社。最初は15万銀元の資本金を集めたが、後に47万銀元に増やした。泉州・囲頭間の47kmの自動車道路を建設、自動車も7～8台購入した。抗日戦争中、道路が破壊されたが、戦後、華僑が同社の経営を再開し、その利益を南僑中学校の経費に当てた。その後、インフレのため経営不振に陥り、50年に泉安汽車公司（▼泉安自動車運送会社）と合併した。

（劉暁民）

📖『世界華僑華人詞典』

泉永徳自動車運送会社
泉永徳汽車公司

福建省南部で華僑が投資・経営した大規模自動車運送会社。全長122kmの泉永徳道路が1932年に開通、▼泉州、南安、▼永春、徳化の4市・県を通った。33年に華僑資本と現地資本が合弁で払込資本金27万6000銀元で泉州に同社を設立、泉永徳道路や詩山・呉林間道路など計209kmを借り受けて経営したが、抗日戦争中、車両が収用され、すべての道路が破壊された。戦後修復し、30年間の経営権を獲得したが、55年に国営運送会社と合併した。

善会 ぜんかい ⇨ 善堂 ぜんどう

全家逃 ぜんかとう

明初の『瀛涯勝覧』の「旧港国」の条に見られる語。「洪武年間に広東人、陳祖義が一家をあげてここに逃げこみ、ついに頭目になり、勢威を振るい、おおよそここを通る客船があればその貨財を奪い取った」とあり、▼鄭和により生け捕られ、明廷において処罰されたとの記事がある。旧港はおそらくパレンバンの地で、当時、単身男子の移住が多く、一家をあげての移住はわずかであったらしい。

(小川博)

全禾民営自動車運送社 ぜんかみんえいじどうしゃうんそうがいしゃ

全禾民弁汽車公司

華僑が▼アモイに創設した自動車運送会社。1926年マラヤ華僑の黄晴輝は馮開譲ら8人と1万元余りを集めてバス2台を購入、美仁宮・江頭村間6.2kmの旅客運輸を開始、大いに繁盛した。それを見て、資本金10万元を集めて同社を設立、27-31年にアモイ市内・郊外禾山間の道路を建設し、運送里程が62kmにのぼり、アモイ市内・禾山間の交通を発展させた。のちに内戦の影響で経営が停頓し、漳泉厦汽車公司と合併した。

(劉暁民)

戦後華僑の帰国 せんごかきょうのきこく

第2次大戦後の日本からの大陸華僑の帰国は、1946年1月2日の連合軍司令部の命令によりに始まった。49年新中国成立後、50年6月東京の留学生組織同学総会に学業を終えた留学生に帰国を促す手紙が届き、教育部指導の下にすでに「留学生帰国事務処理委員会」が成立していると知らせてきた。その後帰国した留学生たちからの便りが次々と届き、郭沫若副総理兼中国科学院院長が政府を代表して海外留学生に帰国歓迎を呼びかけたこともあって、新中国成立以来52年末までに帰国した留学生は300人余りに達し、帰国希望の華僑・留学生1000人余りが船を待っている状態であった。52年12月趙安博中国政府スポークスマンが談話を発表し、中国東北部とその他の地方に残された4万人以上の日本人が帰国要求をしているとし、日本政府に対して日本人帰国問題を協議するための人の派遣を要請

(劉暁民)

した。これを受けて日本赤十字社、日中友好協会、日本平和連絡会の3団体が代表団を北京に派遣して▼廖承志中国紅十字会代表と協議した結果、日本から船を出し日本人を帰国させること、迎えに行く船に帰国を希望している華僑を乗船させることなどが了承された。▼東京華僑総会が全日本華僑の帰国希望者を募り、名簿作成や整理にあたった。日本外務省は帰国船を配船する段になって、帰国船の航行の「安全保障」を米軍、韓国、台湾に求めたときに、日本から出航する帰国船には乗客、貨物を乗せないという条件がつけられているとし、華僑の帰国を引き延ばし、日本人の帰国を迎えることばかりに専念したが、東京華僑総会と3団体やその他の友好団体・友好人士の協力のもと華僑の帰国が実現した。帰国船による華僑帰国はこうした紆余曲折を経て、その数は53年6月27日第1次帰国船▼興安丸の551人を皮切りに、58年6月9日の第13次白山丸12人まで、合計3744人である。

(符順和)

中国への帰国ブーム

高木武三郎『最後の帰国船』鴻盟社、1958。／日本華僑・華人研究会編集委員会『戦後華僑・留学生運動史』東京華僑総会、1995。

『戦後華僑・留学生運動史』 せんごかきょう・りゅうがくせいうんどうし

第2次大戦後の日本の華僑・華人・中国人留学生運動の歴史を記した記録。戦後50年以上を経過して、日本華僑・華人・中国人留学生の各種の運動・活動が記録もなしに埋もれてしまうのを苦慮して、各地の運動・活動を掘り起こし、記録にとどめる目的で1990年12月日本華僑・華人研究会が組織され、当時▼東京華僑総会(大陸系)会長だった▼陳焜旺が理事長に就任。その調査結果が95年1月から約5年間にわたって、東京華僑総会の機関誌『華僑報』に連載されたが、2000年1月、それまでのぶんが同研究会編集委員会によって、『戦後華僑・留学生運動史』と題して1冊にまとめられた。東京を中心としているが、この種の記録が少ない現状からして、日本華僑・華人研究、とくに東京のそれにとって唯一無二ともいえるきわめて貴重な資料であり、公刊・市販される予定である。その後についても、ひきつづき『華僑報』に連載中であり、続刊が期待される。

(游仲勲)

全国人民代表大会華僑代表 ぜんこくじんみんだいひょうたいかいかきょうだいひょう

中国の全国人民代表大会（全人代）の華僑代表。1954年の第1回全人代では、華僑人民代表は30人が選出された。59年の第3期からは、人数は同じだがすべて▼帰国華僑（帰僑）のなかから選出されることになった。文革後の78年、第5期全人代では35人に増員された。90年に制定された「▼帰僑僑眷権益保護法」により、全人代に帰僑が一定の席（35人）を占めることが法的に定められた。帰僑の多い地方の人民代表大会についても、彼らに一定数の議席が確保された。代表の選出についての協議と推薦には、帰国華僑聯合会があたるものとされている。1983年、全人代常務委員会の中に華僑委員会が設置された。この委員会は、僑務に関する議案と法案を策定すること、その執行状況を監督すること、関連する対外活動を行うことを任務としている。

(安井三吉)

▷ 全国政治協商会議華僑代表

全国政治協商会議華僑代表 ぜんこくせいじきょうしょうかいぎかきょうだいひょう

中国人民政治協商会議全体会議（全国政協）の華僑代表。1949年の全国政協には「国外華僑民主人士」として▼タン・カーキー（陳嘉庚）、▼司徒美堂ら17人が、また華僑を基盤とした政党として▼中国致公党の代表が参加したが、54年の第2期からは国外華僑は参加単位とはならず、華僑と▼帰国華僑という枠で代表選出が行われることになる。これは対外関係を考慮しての措置であった。▼文化大革命中、全国政協は活動停止に追い込まれたが、文革終結後に復活した。91年の全国政協第7期第12次常務委員会の決定により、全国帰国華僑聯合会が全国政協の代表選出単位と認定された。

全国政協常務委員会の専門委員会の一つとして華僑委員会がある。1949年の全国政協の華僑事務組が始まりで、88年華僑委員会となる。海外華僑との交流、華僑関係事項の調査研究、法案の検討などが任務とされている。

(安井三吉)

▷ 全国人民代表大会華僑代表

先施百貨店 せんしひゃっかてん

先施有限公司　Sincery Co., Ltd.

上海などにあった大型百貨店。創業者はオーストラリアからの▼帰国華僑の馬応彪（1860-1944年）、広東省▼中山県の人。シドニーへ渡り果物販売業を営んで蓄積した資本にオーストラリアおよびアメリカの華僑12人の資金を加え、1900年に香港先施公司を開設。11年に広州、続いて広く国内外へ店舗や事務所を拡張、17年には上海南京路に進出する。レスター・ジョンソン＆モリス事務所の設計による尖塔をもつ古典主義調の高層建築。内部には旅館やレストランを付設し、屋上には「先施楽園」と称する遊戯場を設け、上海では大世界・小世界と並ぶ一大娯楽施設でもあった。おもに欧米や日本からの中・高級品を取り扱い、初めての「不二価」（掛け値なし正価）の導入や女性従業員の雇用、日曜休日、通信販売などの画期的な商法で近代中国の百貨店経営に先駆的な役割を果たした。後年、増改築を繰り返して規模を拡大し、香港先施、広州先施をも凌ぐほどであった。1956年に国営化され、上海時装商店と商号を変え現在に至る。

(大道寺慶子)

📖『上海近代百貨商業史』

泉州 せんしゅう

福建省東南、泉州湾内、晋江河口にある港市。人口約650万人、面積約1万1000km²（1999年現在）。三国時代の260（永安3）年に呉が建安郡東安県としたのが泉州の始まりで、唐の711（景雲2）年に泉州と改名され、その後長く泉州の名で世界に知られることになり、北宋末から明の1567（隆慶元）年まで市舶司がおかれた。清代の1734（雍正12）年に泉州府は晋江、南安、恵安、同安、安渓の5県を有する府となり、現在の泉州市は鯉城、豊沢、洛江の3区と石獅、晋江、南安の3市、恵安、安渓、永春、徳化、金門の5県を統括する市であり、▼アモイを中心とする閩南三角地帯という経済開放区に含まれている。宋代、元代には泉州の名は世界有数の港市として知られ、マルコ・ポーロの『世界の記述（東方見聞録）』やイブン・バットゥータ『三大陸周遊記』に「ザイトン」として記述された。事実、泉州には対外交渉に関する遺跡が多く、泉州市内および近郊に、インド、西アジア諸国の言語で記された石刻碑文が大量に出土している。これらの多くは、現在は

▼泉州海外交通史博物館に収蔵されている。泉州は▼僑郷の一つとして有名であるが、具体的には泉州の晋江、石獅、安海（安平）などの出身が多くを占めている。さらに、泉州市に隣接し現在アモイ市に属する同安も華僑の郷里として知られている。
（松浦章）

泉州海外交通史博物館 せんしゅうかいがいこうつうしはくぶつかん

福建省泉州市にある海外交通史をテーマにした博物館。創設されたきっかけは、1975年に泉州湾の堆積した土砂の中から南宋時代と見られる海船の船体が発見され、その後の調査と研究の結果、海外貿易に関係した龍骨（キール）を有する帆船の船体であると判明したこと。泉州の開元寺境内に泉州湾古船陳列館を設け発掘船体を展示していたが、泉州市東湖街に帆船船体を擬した新館を建築し、泉州の海外交通史に関する石刻、碑文、帆船の模型、民俗資料など多くを展示している。同館の主編により78年12月に『海交史研究』第1期を刊行し、84年まで第6期であったが、85年以降は1年2期で2001年6月までに総第39期を刊行している。
（松浦章）

泉秀自動車会社 せんしゅうじどうしゃがいしゃ
泉秀汽車公司

1931年フィリピン華僑の投資で福建省に設立された自動車運輸会社。34年以降は主要株主・呉記霍の自己資本のみで経営。資本金25万銀元。職員数50余人、自動車8台、そのほか車整備工場、材料倉庫、停留所など所有。38年▼泉州・秀涂間11kmの自動車道全線開通。不穏な地方情勢により赤字経営、42年創立者の死亡により5万5000元の見積価格で全資産を泉安汽車公司（▼泉安自動車運送会社）に譲渡。
（廖赤陽）

參『近代華僑投資国内企業史資料選輯（福建巻）』

泉州双陽華僑農場 せんしゅうそうようかきょうのうじょう

1960年にインドネシアからの▼帰国華僑のために福建省泉州市北郊外、双陽山麓に作られた国営農場。総面積10km²近く、90年代初めには人口1万2000人、うち帰国華僑約3000人。63年インドネシアからの難民華僑・帰国華僑2433人を、さらに70年代末までにインドシナからの難民522人を受け入れた。当初は集団農場であったが、のち国営農場となる。改革・開放後、経営請負制を実施。83年から利益が出はじめ、89年には農林業以外に製紙、果物缶詰、家具、ビニール製サンダル、電力供給、自動車運送なども経営。ビニール製サンダル工場は福建省で規模最大。
（山岸猛）

⇨華僑農場

泉州電力会社 せんしゅうでんりょくがいしゃ
泉州電灯電力公司

1916年泉州電灯股份公司の名で営業を開始した▼華僑投資設立の電力会社。主要株主は林淑荘。おもに日本の技術、管理システムを採用。30年代初め福建事変で高まった華僑救郷運動を背景に、▼帰国華僑蔡子欽を中心に経営組織を改組、資金を集めて規模を拡大。32年4月泉州電灯電力股份有限公司の名で再出発。新株主はおもにフィリピンと日本の▼華商、董事長の陳清機、重要株主の周起搏は神戸の福建華商。改組後の業務は好調だったが、日中戦争期、日本軍の侵攻に備えて工場内に爆弾が仕掛けられ、主要設備は内地の▼永春に移された。戦後も内戦などの影響で経営不振。新中国成立後、56年▼公私合営化。
（廖赤陽）

參『近代華僑投資国内企業史資料選輯（福建巻）』／『厦門華僑志』

泉漳幇 せんしょうバン

福建省南部の泉州府の各県（晋江、南安、安渓、恵安、同安）および漳州府の各県（龍渓、永泰、南靖、海澄、漳浦、平和）、計11県の出身者からなる▼同郷団体。泉州府では晋江が泉州湾に、漳州府では九龍渓が泉州府との境のアモイ湾に注いでいて、しかもそれぞれの河口にある泉州港とアモイ港が近いので、経済・社会活動において共同することが多く、ために2府一体の▼郷幇をなした。▼アモイ・ネットワーク、▼福佬の本拠でもある。ただし両府グループ間の▼械闘も少なくない。その際、泉・漳同士の争いというより、港とそれに通ずる水域の民が連盟するので、たとえば、泉州同安県人はアモイ側に入る。
（斯波義信）

泉漳幇［長崎］ せんしょうバン

長崎の▼福建幇に属し、泉州府、漳州府、永春府など福建省南部出身者の団体。泉漳永

センショシ

清代の泉州府・漳州府

公所ともいう。唐館（▼唐人屋敷）貿易の流れを汲む同幇は、ほとんどが貿易に従事し、▼福州幇と比べ人員数は少ないが、貿易商としての経済的地位はそれをはるかに凌ぎ、福建幇貿易商の団体である▼長崎福建会館にあってはつねに主導的地位を占めた。同幇独自の活動としてはおもに菩提寺である▼福済寺の維持や祭祀の運営。同幇は、大正初期には5軒ほどまでに減少し、第2次大戦後は貿易から転業を余儀なくされた。
（陳東華）

先薯祠 せんしょし

16世紀末、サツマイモの種イモを竹筒に隠してフィリピンから持ち帰って巡撫使に献上し、サツマイモが救荒作物として普及する契機をつくった先覚者陳振龍（長楽県出身華僑）を祀る▼祠堂。福州烏石山にあった。サツマイモは別に▼広東人の林懐蘭がベトナムから持ち帰ったことから広がったともいい、広東省呉川に林を祀る蕃薯林公廟が建てられたという。愛媛県越智郡上浦町の甘藷地蔵や、島根県江津市の芋代官と同じく、食糧不足や飢饉に悩んだ風土を物語る。（可児弘明）

参 田中静一ほか編『中国食物事典』柴田書店、1991.

銭荘・銭鋪 せんそう・せんぽ

銀荘、銭鋪とも中国の旧来の金融業の呼称で、銀と銭との両替機能をもつ商業金融機関。銭店、銭局、銭号など地域によりさまざ

福州市烏石山の先薯亭。撮影：劉珠妹

まな名称があるが、銭鋪は歴史も古く、比較的小型な両替業務を主とした。銭荘は華中を中心に18世紀後半から発展し、清代の嘉慶年間（1796-1820年）に銭票を発行し、現金払出しを始めた。また少数の出資者が合股によって多額の銀を預金したので、銀票を発行して融資も行った。さらに会票という送金為替を扱って銀行業務の実態をほぼ備えるようになった。1842（道光22）年5港の開港以来、外国銀行が進出するが、銭荘・銭鋪はその下で繁栄した。辛亥革命前後から票号の代わりに荘票・匯票かひを運用して国内送金の便宜を図り、外国銀行は折票という短期信用貸付を銭荘・銭鋪に対して行ってその分業化を促進した。近年の農村工業化の金融のなかでも公式、非公式に話題となっている。（濱下武志）

銭存訓 せん・そんくん 1910-

アメリカ華人の歴史学者、図書館学者。江蘇省泰県生まれ。金陵大学を1932年卒業後、上海交通大学図書館副館長。47年渡米、シカゴ大学で博士学位を取得。シカゴ大学の10万

冊の中国語図書文献を整理・分類、49年から同大学極東図書館館長、78年退職後は名誉館長。図書館学と歴史学研究に優れた業績を残し、『中国古代書籍史』(法政大学出版局、1980年)、『紙和印刷』(共著。上海:科学出版社、上海古籍出版社、1990年)など多数の著書を著したが、とくに紙・墨の製造と印刷史の世界的権威とされる。
(馬曉華)

川内（せんだい）

鹿児島県北西部に位置する河港市。中世には千台(「千台之津」)と史料に見える。川内川河口の船着き場という説と、近世には「渡唐口」とされた川湊とする説がある。15世紀の朝鮮李朝時代に申叔舟が記述した『海東諸国記』に「戊子年(1468年)遣使来朝、書称薩州市来・千伐・太守大蔵氏久重」とあり、この「千伐」は千代の誤りとされる。川内川口の京泊・船間島、対岸の久見崎は中世以降に▼唐船の出入りが多い。明末の亡命渡来人、▼高寿覚も当地に到着したという。
(川勝守)

洗濯業（せんたくぎょう）
Chinese laundry

洗濯業は、中国からの移民がアメリカやカナダで長い間、主たる職業としていた。中国人ランドリー(「衣館」といった)は、1851年にワー・リーがサンフランシスコにつくったものが最初といわれる。カリフォルニアの移民が▼苦力(クーリー)労務を脱して、故郷から家族を呼び寄せると、次の仕事は家内制手工業の手洗い洗濯業であった。19世紀末にはサンフランシスコだけで、中国人の手洗い洗濯業者は1000軒もあったという。炭火で暖めたアイロンは8ポンドの重さがあったため、「8ポンド人生」と自虐を込めて呼ばれた。やがてスチームアイロンや洗濯機械が発明されると、手洗いの洗濯業はすたれ、一時中国系業者は減少する。その後は安い料金を武器に、ふたたび盛り返した。19世紀末のサンフランシスコでは、火を使う洗濯業は煉瓦もしくは石造りの建物でなければ許可されないという、中国人を狙い撃ちした法律が制定された。1896年の「イック・ウオ対ホプキンス裁判」は、▼排華法施行後のそのような中国系人迫害に対して闘った裁判であり、ウオは勝訴している。東部では、中国人洗濯業者連合(華僑衣館聯合会、Chinese Hand Laundry Alliance)が、1930年代に大恐慌の波をかぶって、権利を主張して戦闘性を発揮し、いさかいを収めようとする伝統的な▼チャイナタウンの支配組織(公所、▼会館、▼幫、▼堂)などと対立する。第2次大戦では反日・反ファシズムの世論を喚起する活動を行った。戦後は左派弾圧の波を受けて、その活動は縮小した。やがて日本人移民の増加につれ日本人の洗濯業が増え、80年代以降は韓国系移民がこれに取って代わり、中国系人はしだいに比率が低下した。
(司馬純詩)

📖 Jack Chen. *The Chinese of America*. San Francisco: Harper & Row, 1980.

詹廷英（せんてい・いえい）1889-1960

神戸華僑、実業家。福建省安渓県人。1911年来神。裕興号を設立、雑貨買付けに従事。30-39年福建公所理事。34-38年および44-47年▼神阪中華会館理事長、39-45年▼神戸中華同文学校総理(理事長)。この間、39年1月より▼神戸中華総商会副理事長。47-57年、神阪中華会館理事長として会館の再建と▼神戸関帝廟復興に尽力。
(安井三吉)

📖『落地生根』

先天大道（せんてんだいどう）

先天教とも呼ばれるシンガポール華僑の間で信仰された中国系宗教。清朝の雍正年間(1723-35年)に江西省饒州府で黄徳輝が創設した金丹道の主要経巻である『皇極金丹九蓮正信皈真(きしん)還郷宝巻』の思想を継承し、三期末劫の理念を信じ、龍華三会への期待をもった。中国内で邪教として弾圧されたことから、東南アジア、とくにシンガポール華僑の間に秘密に伝播された。6祖慧能(えのう)以後の禅宗の法燈は在家の信者に移ったといい、釈迦仏教の消滅と弥勒仏教の生起とを説き、集団的宗教行事としての龍華三会を年3回開くことを始めた。現在の存在形態の詳細は不明。
(野口鐵郎)

📖 Majorie Topley. "The Great Way of Former Heaven: a group of Chinese religious sect." *Bulletin of the School of Oriental and African Studies*. 26-2, 1963.

善堂（ぜんどう）

明末の郷約・保甲・社倉・社学一体の里甲体制下の中国社会において、郷紳、士人、地

主、富商、および耆老層を代表する同善の士によって結ばれた社会福祉的集団結社を善堂・善会という。万暦期（1573-1619年）の高攀龍らの無錫の同善会が影響して江浙各地で、さらに清代に全国各地に成立した。崇禎（1628-44年）の初め、陳龍正は郷里浙江省嘉善県で同善会を設けた。天啓（1621-27年）・崇禎のとき、福建省漳州府平和県で、顏茂猷の主持した雲起社の善縁会も善堂（会）である。顏茂猷は復社に属していたから、高攀龍、陳龍正と同じく朱子学派に属し、朱子学系代表的善書文化人である。その雲起社は善書を作製し善書の教えを実践する文社的宗教結社であり、その善縁会によって雲起社は、善堂・善会でもある。宗教結社が善堂的善挙を行うことは、明末清初の居士仏教結社（結社の領袖的居士は、善堂の領袖と同じく、郷紳・士人である）が善挙放生を行う事例にも見られる。なお溯って嘉靖（1522-66年）のときの福建興化府の三教先生林兆恩の宗教結社が、▼倭寇による兵災および疫災による人民の屍体を埋葬したことも特筆すべき善挙である。善書の会が善堂と一体となる事例、宗教結社が善挙を行う事例は、清末から現代中国には多くなった。後者の代表的なものは▼道院紅卍字会である。

東南アジアの華人社会では、▼福建幫、▼広東幫、▼客家幫の各会館が、同郷人のために各種の善堂的社会福祉の善挙を行った。貧窮者を救済し、学校を経営して同郷人の子弟を教育し、医薬を備えて同郷人を施療する。さらに兵災・疫災・風水災のため死亡した民衆の屍体および無祀の死者を埋葬することは、善堂共同体・会館の行う重要な善挙である。中国古代の「（人）鬼の帰するところなきは、厲となる」との厲鬼思想を受けて、厲鬼の民間信仰がある。この民間信仰と中国近世社会の善堂の行う無祀の死者や兵災・疫災・風水災による死者を埋葬する善挙とは、別の問題である。

海外に移住僑居する華人が外地で死亡した場合、屍体を中国本土の郷里の先祖代々の墓地に帰葬（安葬）するのが礼である。帰葬できないときは、▼宗族人であれば現地の宗祠に祀祭し、家族人であれば、会館が設置し管理する公塚に埋葬し、その家の屋宇内の祖堂に死者の位牌が安置される。家族の葬礼を受けられない無祀の貧困死者は、会館が「大衆爺」の義塚に埋葬する。これは会館の行う重要な善挙である。中国本土の各州県で組織される善堂の董事（値事）は、各州県地域社会の指導層、「郷紳、士人、地主、富商、耆老層」から公挙される。会館の董事は、会館共同体の上級富裕層から公挙される。会館を創めた董事や有力董事には、マラヤ・イスラム各土侯国のスルタンから貴族の称号「▼ダトゥー（拿督）」を授けられる者もあった。このダトゥーは善堂の上級董事「郷紳」に対比される。清末宣統（1909-11年）のときに万国紅十字会（万国赤十字社）の影響を受け、これまでの善堂およびその系統の慈善救済会を改組して中国紅十字会を発足させた。民国時代には軍閥戦争・抗日戦争などのため、中国紅十字会やその下部組織の旧来の善堂・慈善救済会の活動よりも、新興宗教結社の社会福祉や兵災による死者の埋葬などの善挙を行うものが目立ってきた。その代表的なものは民国初めには道院紅卍字会が起こり、日中戦争（満洲事変、日華事変）期では、1939（民国28）年に広東省潮州府潮陽県で▼徳教が創立された。東南アジアでは20世紀を通じて会館が継続して善挙を行ったが、宗教結社ではまず紅卍字会が、つづいて徳教が善挙を行った。マレーシア、シンガポールの各地では徳教が、修徳善堂、報徳善堂、明修善社などの名で善挙を行っている。　　　　　　（酒井忠夫）

㊀ 慈善・義捐・献金，華僑報徳善堂，三一教，運棺

㊅ 酒井忠夫『増補中国善書の研究』下、国書刊行会、2000.／夫馬進『中国善会善堂史研究』同朋舎出版、1997.／野口鉄郎「東南アジアに流伝した二つの中国人宗教」酒井忠夫編、1983.

船頭行 せんとうこう

▼水客（▼客頭）とともに19世紀後半に発達した、移民の調達・運搬・移動全般に関わる業務を行う運送業者のこと。移民を募集し、経費の貸付、渡航その他の周旋を行い、また各地間の交易品の運搬を行う。水客と共同して、華南と東南アジアとの間を巡回し、それぞれ同郷の移民者の本国送金を担当したり、帰郷の手段を提供した。船頭行の上にはより大規模な潮福行と呼ばれる東南アジアとの交

千灯寺 せんとうじ
Sakaya Muni Buddha Gaya Temple

▼シンガポールのレースコース通りにあり、よく知られた観光名所の一つであるが、タイ系上座部仏教寺院であり、とくに4月8日の灌仏会は人出で賑わう。歴史的には英語を常用する海峡華人のなかに信奉者があった。

(可児弘明)

セントラル・アジア銀行 セントラル・アシアぎんこう
中央亜州銀行　Bank Central Asia

インドネシア最大の民間商業銀行。略称BCA。1998年まで▼サリム・グループの中核的銀行。同グループ創業者▼スドノ・サリムによって57年ジャカルタに設立。しかし74年まで活動は低調で、ウィンドゥ・クンチャナ銀行（1967年設立）の方がグループ銀行として有名であった。74年にサリムが辣腕銀行家▼モフタル・リアディ（後の▼リッポー・グループ創業者）を副頭取に招聘してから急成長、78年に最大の民間銀行となった。同じ74年にスハルト大統領の長女と長男が株主兼監査役となり、その後スハルトの主宰する財団からの預金があったとされる。スハルト＝サリムの互酬関係の象徴的存在である一方、支店数と金融サービスの近代化でつねに銀行界をリードした。98年5月スハルト辞任の翌日から預金引出しラッシュに見舞われ、同行はいったん国有化、政府持株が株式市場を通じて売却された。サリム家の持株は7％に減少。

(佐藤百合)

セントラル・グループ
Central Group

東南アジア最大の売場面積をもつタイ最大のデパート・チェーン。前身はティエン・チラーティワット（鄭汝常）が1947年に創業した雑貨商の中央洋行。その後、57年に長男のサムリット・チラーティワット（鄭有華）がセントラル・デパート（中央洋行百貨公司）を創業、タイで最初の本格的デパートとして再発足。68年にティエンが死去し、30人近い異母兄弟の頂点にサムリットが立ち、デパートの全国展開を進める。デパート・チェーンの傘下に、貿易、衣料、スポーツ用品、ホテル、建築、不動産、化粧品関連企業を擁する。93年サムリットの死去により、次男の▼ワンチャイ・チラーティワットがグループを継承。

(樋泉克夫)

セントラル・パシフィック鉄道 セントラル・パシフィックてつどう
中央太平洋鉄路　Central Pasific Railway

1869年に全通したアメリカの大陸横断鉄道。カリフォルニア州サクラメントからユタ州を経て、ネブラスカ州オマハでユナイテッド・パシフィック鉄道に接続している。1862年リンカン米国大統領は議会を通過した「太平洋鉄道法案」に署名し、セントラル・パシフィックとユナイテッド・パシフィックの両鉄道会社に建設許可を与え、貸付けを行った。セントラル・パシフィック鉄道は63年1月、サクラメントから建設が開始されたが、労働力が不足し、工事の進捗は緩慢であった。会社は中国人労働者の導入を決め、65年に中国人の雇用を始めた。当初3000人であった中国人労働者は、最盛期には1万2000人を数えた。山岳地帯での作業のため、土砂崩れや風雪・低温により多くの労働者が命を落とした。中国人労働者は、ユナイテッド側で働くアイルランド人労働者と競争して、1日に16マイルという鉄道建設の記録を残している。69年5月10日、両鉄道は正式に繋がったが、同日の式典ではカリフォルニア州知事、会社首脳らから中国人労働者への賛辞が述べられたという。

(塩出浩和)

全日本華僑総会 ぜんにほんかきょうそうかい　⇨　日本中華聯合総会 にほんちゅうかれんごうそうかい

全日本崇正聯合総会 ぜんにほんすうせいれんごうそうかい

日本の客家籍華僑・華人の▼同郷団体。東京崇正総会、東京客家同郷会ともいわれた日本崇正総会が前身、1999年に現在名。63年に会員約70人で設立された。親睦、相互扶助、信仰の自由尊重などを設立の趣旨とした。初代会長に李茶珍が就任、81年には会員数380人に拡大した。政治に参加せず、国籍を区別せず、傘下に東京、関西、名古屋、西日本の各崇正公会（関西と名古屋は崇正会）を擁する。現在の会員数は約5000人、会長、副会長、幹事長などの主要役員は、各地崇正公会が責任をもって構成、定期年次総会で選挙により決める。邱添寿が71年から連続して会長

を務めたが、現在、名誉会長邱添寿、会長邱進福。邱添寿は関西崇正会の会長も務める。毎年、盛大な親睦会を開催し、大陸、台湾の両方に訪問団を派遣している。1年おきに世界各地の客家組織が▼世界客属懇親大会を開催しているが、80年には日本崇正総会によって東京で第5回大会が開かれ、33の団体、1100人が参加した。事務局は東京都中央区築地2-15-13。

(游仲勲)

仙人堂 せんにんどう

長崎▼唐人屋敷内に設置された霊安所。幽霊堂、霊魂堂ともいう。市中にあった▼唐寺の使用が許されなくなったため、1779（安永8）年、屋敷内▼土神堂近くに建立された。▼唐船乗組員上層部の死者の棺をここに一時安置し、唐船出港時に積んで持ち帰った。一般船員の死者は通常、▼稲佐唐人墓地に埋葬された。1868（明治元）年唐人屋敷処分後は、▼長崎福建会館が継承したが、唐寺が使えるようになったため、その役目を終え解体された。

(陳東華)

⇨ 中国人墓地, 運棺

全米黄氏宗親総会 ぜんべいこうしそうしんそうかい
Wong Family Benevolent Association

アメリカ在住で黄姓をもつ華僑・華人の親睦団体。1875年、サンフランシスコに創設された。もともとは中華会館の内部組織。現在、20以上の分会からなり、全米最大の同姓華僑・華人団体である。互助互恵、同郷者間の連絡などを目的とし、アメリカにおける華僑・華人の社会的地位の向上、権利の確保、華僑・華人社会の発展を求めて活動してきた。▼香港、カナダ、タイなどの黄氏宗親総会とも関係が深く、世界的に活動している。

(松本武彦)

⇨ 同姓団体, サンフランシスコ中華会館

『先民伝』 せんみんでん

江戸時代長崎の人物伝。『長崎先民伝』ともいう。2巻。著者盧千里は諱は元驥。医師栗崎道意の子で、長崎の聖堂学頭の▼盧艸拙の養嗣子となり、1725（享保10）年唐稽古通事となる。『先民伝』は養父艸拙の意図を継ぎ、31年に成稿した。長崎の先人100余人を、学術、談天、善著、忠孝、貞烈、処士、隠逸、任俠、医術、通訳、技芸、緇林、流寓に分けてその略伝を記したもの。1819（文政2）年版。また雑誌『海色』第1輯に収録。

(林陸朗)

戦略国際研究所 せんりゃくこくさいけんきゅうじょ
Centre for Strategic and International Studies

インドネシアの民間のシンクタンク。略称CSIS。1971年に時の大統領私設顧問アリ・ムルトポならびにスジョノ・フマルダニらによって作られた。設立メンバーや役員に、▼ユスフ・パンライキム、▼ハリー・チャン・シララヒ、▼ユスフ・ワナンディ、▼ソフヤン・ワナンディ、マルウォト・ハディ・ススストロら華人研究者やビジネスマンが多く名を連ねていることから、華人系のシンクタンクとみなされることが多い。

(倉沢愛子)

善隣門 ぜんりんもん

▼横浜中華街の中心に立つ▼牌楼。現在の門は1989年竣工の2代目。初代牌楼は、横浜の第2次大戦後復興の一策として、中華街を観光の呼び水にという地元政財界の要請に、華僑の▼薛来宏、▼龐柱琛ほうちゅうしん、▼陳洞庭らと、中日協会の金子光和が共鳴して建設された。また華僑側にはそれまでの呼称「南京町」を嫌い、「中華街」という名称を普及したいという意図もあった。牌楼は1954年9月10日に着工し、翌55年2月2日に竣工式が行われた。門には「親仁善隣」と「中華街」の文字が掲げられた。

(伊藤泉美)

ソ

曹亜志（そうあし）1782-1830
CHOW Ah Chey / CHOW Ah Chi

ラッフルズの▼シンガポール上陸の協力者。元の名は曹符義、またの名は曹芝、曹亜珠。広東省台山県に生まれる。私塾教育を受けたのちマカオに出て徒弟となる。反清復明の秘密組織に参加。1802年マラヤの▼ペナンに移住、職業は大工。19年1月28日、ラッフルズ艦隊のシンガポール上陸に協力。シンガポールで最も古い会館である曹家館と寧陽会館の建設用地をラッフルズに要請し獲得。華人秘密結社▼義興会を組織し反清活動を行う。

(蔡史君)

荘為璣（そういき）1909-91
ZHUANG Wei Ji

中国の歴史学者、考古学者、文化人類学者。福建省泉州に生まれ、1933年▼厦門（アモイ）大学文学院卒。同歴史学部、人類学部教授。歴史学、考古学、民族学の手法を総合的に運用し、長年にわたって地味なフィールドワークを行い、国民国家の視点を超えた地域研究、海洋史観で泉州学のフロンティアを開拓したことで注目された。そのうち、とくに以下の3領域での研究が高く評価された。(1)中国における地方志編纂の新たな体系の確立、(2)著名な泉州湾宋代古船の発見・発掘と研究、(3)▼僑郷調査、とくに華僑投資調査、福建僑郷と台湾関係の▼族譜調査。主著に『晋江新志』『閩台関係族譜史料選編』や『近代華僑投資国内企業史料選編』(共編)、『海上集』など。

(廖赤陽)

［目］泉州海外交通史博物館

曹永和（そうえいわ）1920-

台湾の歴史学者。中国の海上発展史の権威であり、ことにオランダ古籍も解読できる数少ない専門家。学者の家に生まれ、若いとき両親が希望する医学を捨てて人文学を選び、1939年台北州立第二中学卒業後、戦局で進学ができなくなったため、台湾大学の楊雲萍と陳紹馨両教授の紹介で台湾大学図書館に入り、定年退職まで勤めた。同図書館在任中は文学部の講義をよく傍聴し、日本の桑田六郎教授が講じる古代中西交通史に感銘を受け、中西交通史と海上交通史に精力的に取り組み、16、17世紀オランダ領時代の台湾史の先駆的研究者として高く評価された。64歳のとき中央研究院の研究員と台湾大学史学系の兼任教授に招聘され、若手研究者養成に尽力、さらに88年に栄誉ある中央研究院の院士に選ばれた。

(許紫芬)

荘炎林（そうえんりん）1921-

中国の僑務工作者。シンガポール、マレーシアからの▼帰国華僑。福建省アモイ出身。東南アジア華僑指導者で中華全国帰国華僑聯合会（僑聯）主席だった▼荘希泉の子。1938年から革命活動に参加、49年までの間に中国共産党広西大学地下党支部書記長、桂林市労働組合書記長、上海『華僑通訊』記者などを歴任。49-62年、福建省共産主義青年団委員会秘書長、書記長、および同省の青年、体育、文化、教育分野の役職を歴任。63-78年、福建省人民代表大会委員会秘書長、晋江県中国共産党委員会書記長、その後北京に移り、中国対外経済連絡部弁公庁主任などを歴任。78-89年、国家旅游総局副局長兼中国国際旅行社本社副取締役、国務院▼僑務弁公室副主任、僑聯中国共産党組織書記長など歴任。89年より僑聯主席に就任。第6～8回中国政治協商会議全国委員。

(過放)

宋旺相（そうおうそう）1871-1941
ソン・オンシアン　SONG Ong Siang

シンガポール華人の弁護士、社会活動家、学者。祖籍は福建省南靖県、シンガポール生まれ。父は▼マラッカ生まれの▼海峡華人。宋旺相は7歳でラッフルズ学院に入学。1887年▼林文慶と共同で、英字誌『海峡華人雑誌(Straits Chinese Magazine)』を創刊、華人に断髪（▼辮髪を切る）、アヘン撲滅などを呼びかけた。88年イギリス女王奨学生となり、ケンブリッジ大学法学部に留学。93年イギリ

スで弁護士資格をとり、シンガポールで開業。余暇にキリスト教伝道活動に従事。99年林文慶らとシンガポール華文女学校（Singapore Chinese Girls' School）創設、副理事長に就任。1900年林文慶、陳若錦らとともに海峡英籍華人公会（ゞストレーツ・チャイニーズ・ブリティッシュ・アソシエーション）を組織。23年英文の名著 One Hundred Years' History of the Chinese in Singapore を上梓。この間、立法評議会議員をはじめ、多数の政府委員会で活躍。36年英国王からシンガポール華人初の勲爵士に列せられ、サーの称号を授与された。遺言により遺産の3分の1を華文女学校基金に寄贈。　　　　（田中恭子）

総管 そうかん

明治初年の兵庫県は華僑を統治するにあたって、三つの幇（寧波、広東、福建）の自治的な組織を利用した。幇の代表が総管（総代。総官とも書く）であった。1871（明治4）年、兵庫県は華僑を三つの組に分け、総代、副総代を置かせた。次いで73年のゞ神戸中華義荘の地券は3幇の総管宛に発行されている。総管は県や関機などへの申請、紛争の調停などにあたった。78年に神戸に理事府が置かれた後も総管を中心とする統治制度が維持された。　　　　　　　　（洲脇一郎）

⇨『落地生根』

双喜会 そうきかい

日本華僑間の結婚促進を目的として設けられた出会いの場。1962年頃に京都華僑張晃禎（初代会長）の提案によって設立された（事務所は京都華僑会館内）。「華僑青年男女の健全なる交際及び結婚を促進し」、省別意識を打ち破って交流の範囲を広げ、「華僑の愛国団結のためにつくすこと」を目的に掲げ、会員資格は男20歳以上、女18歳以上とした。たとえば同郷会名簿が作成されると、会員とその両親に閲覧を許可し、希望者には相手方の同意のうえ、交流を図ることができた。
　　　　　　　　　　　　　　　　（陳來幸）

⇨華僑青年交流会

崇記号 そうきごう

長崎のゞ福建幇の華僑貿易商社の一つ。号主の詹ぴん敏崇（1876年生、福建省ゞ福州出身）は日清戦争直後の1895（明治28）年に長崎へ渡来し、同郷人の貿易商社で修業。大正初期、新地町17番地に海産物貿易商社を創業。詹はゞ福州幇のリーダーとしてゞ三山公所総代、ゞ長崎福建会館副総代、ゞ長崎華僑時中小学校名誉校長を務めた。日中戦争中、日本の国策に沿って組織された長崎新華僑民団代表も務めた。　　　　　　　　（陳東華）

荘希泉 そうきせん 1888-1988

東南アジア華僑の領袖。マラヤ華人抗日闘争の指導者荘恵泉は弟。ゞ原籍は福建省安渓、アモイ生まれ。1906年父親が経営する荘春成上海支店に勤め、22歳で経理となる。この上海時代に反清革命の影響を受け、武昌蜂起後に革命に参加。12年中華実業銀行のビジネスのため東南アジアに行き、マラヤでゞ中国同盟会に入る。シンガポールで中華国貨公司を創設、また南洋女子師範学校創立に携わるなど活躍したが、21年イギリスの植民地政策に反対して迫害され、22年アモイに帰った。革命が興隆するなか、25年にゞ中国国民党に入り、福建臨時省党部執行委員となり5月30日運動を支援。27年国共分裂後、離党しフィリピンへ去ったものの、日中戦争勃発後の38年に香港に入り福建救亡同志会を主宰、41年以降は桂林、重慶で閩台協会を組織した。46年から東南アジアで暮らし、49年末に帰国。全人代第1、2期代表、第3〜5期常委員会委員などを歴任し、82年ゞ中国共産党に入党した。　　　　　　　　（中村楼蘭）

㊂陳楚楠，荘炎林

⇨『世界華僑華人詞典』／尹中卿主編『全国人大常務委員会名録』北京：解放軍出版社，1995.

曾慶輝 そうけいき 1949-

TZENG Cheng-hui

台湾の華僑・華人経済研究者。雲林県出身。中国文化大学民族与華僑研究所を卒業。『海外華商銀行之経営及其発展』（台北：華僑協会総会、1987年）が代表作（華僑協会総会、世華聯合商業銀行文化基金会、逢甲大学経済研究所が共同編纂し、華人経済概況、華人経営の主要業種、現地の重要問題を論述した『海外華人経済叢書』第2種に収録）。海外華商銀行設立の背景、海外華商金融発展の現状とその傾向を論述、付録にアジア、北米を中心とした海外華商金融機構のリストを掲載。

ほかに『21世紀華人経済活動之潜力』(台北：中華民国海外華人研究会、98年) などの著書および「東南亜華人経済現代化的課題」(74年) などの論文がある。
(劉文甫)

曾広培 そうこうばい 1896-?

フランスからレジオン・ドヌール勲章を授けられた華僑。広東省海豊生まれ。困窮のため香港で働いていたが、第1次大戦中に▼参戦華工としてフランスへ赴き、大戦終結後もフランスに留まり、自動車工場やレストランで働いた後、クリーニング店や中華料理店を経営した。1916年から17年にかけて、英仏両国の募集に応じ、フランスの戦場で軍事労働に従事した中国人は14万人にのぼり、そのうち3000人が戦死・病死している。フランス政府は第1次大戦における中国人の功績を認め、88年11月、彼を含めた▼老華僑2人に勲章を授けた。
(曽士才)

曾広庇 そうこうひ

19世紀の代表的ビルマ華僑企業家。生没年不詳。アモイ出身。1863年前後、マレー半島経由でラングーンに。当時、シンガポール経由で広東系商人の中部ビルマ行きが始まった。水運業、絹織物業などを経て、70年代前半には日用雑貨を手がける一方、英国石油 (BOC) の代理商となって財産を築き、膨大な不動産を取得。曾氏祠堂の建設、ラングーン大学への施設寄付など慈善事業に熱心だった。ラングーンには彼の住居にちなみ曾媽庇街と名づけられた通りがある。
(樋泉克夫)

捜冊 そうさつ

パスポート調査の意。19世紀後半のアメリカ合衆国における一連の排華法の頂点に位置する、1892年のギアリー法 (Geary Act) の下で行われた。同法は中国系人に居住権証明の申請を義務づけており、当局はしばしば恣意的に彼らを逮捕・拘留し、パスポートを調べ、居住権をもつ者は釈放、もたない者は中国へ送還した。1902年のボストンでの逮捕事件が有名。
(田中恭子)

📖 Lee Lai To(ed.). *Early Chinese Immigrant Societies.* Singapore: Heineman Asia. 1988.

『瘠山の海』 そうざんのうみ
瘠山之海
In the Sea of Sterile Mountain

カナダのバンクーバーの医師ジェームズ・モートン (James MORTON) によるブリティッシュ・コロンビア州華僑通史。1973年バンクーバーの J. J. Douglas 社から出版。中国語訳名は『瘠山之海』。主として新聞記事をもとにした記述からなり、1858年から1970年代までの主要な歴史的経緯を網羅している。一般読み物として書かれており、学術的正確さに欠けるが、70年代に出版された先駆性と、著者の華僑に対する比較的公平な視点のために、現在も広く読まれている。
(森川眞規雄)

⇒ バンクーバーの華僑・華人

創修中華会館記 そうしゅうちゅうかかいかんき

1893年落成の▼神阪中華会館創設の由来を記した石碑。寄付者名を列記した碑「謹将神戸各捐金芳名開列」とともに戦後▼神戸関帝廟境内に移築され現存する。碑文の作者は第7代駐神戸正理事 (領事)▼洪遵昌。広東、福建、三江と派閥に分かれていた中国人に祖国熱愛の趣旨を広めようと思い立ち、公使李経方の支援を受け、横浜にならい会館の建設を呼びかけるに至った経緯、日本人榎並伝七から730坪の敷地を借り受け、建設に2万5000円を要したことなどが記されている。末尾に光緒壬辰嘉平月 (1893年1月) とある。
(陳來幸)

⇒ 神阪中華会館創建寄贈者芳名録

双嶼島 そうしょとう
Liangpo

浙江省の北東角、東シナ海中にある舟山群島 (現舟山市) のうち、六横島の南西にある小島。蝶の羽の形をしているので双嶼 (嶼＝島) といい、▼寧波の鎮海県 (現北侖区) の西海岸と至近の距離にある。明代の有名な海上密貿易の基地。ポルトガルが▼マラッカの占領 (1511年) 後、▼広州で明国との正式の交易を求めて斥けられ、▼アモイの海賊の誘導で1525年にここに密貿易の基地をつくり、家屋1000軒、教会2、市庁舎、病院を設け、市長もいた。この島は▼南洋、明国、琉球、日本、朝鮮半島を結ぶ貿易ルートの要にあた

419

る寧波に代替する役割を帯びた。1523年の寧波事件で▼勘合貿易を差し止められた日本の商船、浙江、福建、広東、マレー半島海域の中国人密貿易商船がこれに合流した。いわゆる後期倭寇の舞台であり、1557年、64年に明の海軍に攻められて衰え、67年に市舶制度をやめて▼海禁を開いたことで幕を閉じた。双嶼に拠っていた▼華商の頭目は日本、シャム、カンボジア、フィリピンに移り、華僑の活動域はさらに発展した。
(斯波義信)

📖 藤田豊八『東西交渉史の研究：南海篇』岡書院，1932.

艚人 （そうじん）
Tau nhan

18世紀以降中国商人の多くは大型帆船に商品を積載してベトナムに渡ったため、大型船を「艚」の字音 tàu で呼ぶベトナム語では、華僑を người Tàu（グオイタウ、người はベトナム語で人の意）と称した。「艚人」はこの湯桶語に漢字を当てなおしたもので、口語では字音語 Tàu nhân としては用いなかった。tàu は giê Tàu（中国産絹）、mực Tàu（中国製墨）のようにも使われ、やがて中国を nước Tàu（nước は国）、中国語を tiếng Tàu（tiếng は言葉）というように「中国（の）」を意味する慣用が生じたが、しだいに差別的意味を含んだ。現在では稀用。
(川本邦衛)

📖 川本邦衛「ヴェトナムにおける『華僑』と『華裔』および『華人』などについて」三田ASEAN研究会編『現代アジアと国際関係』慶応通信，1991.

宗親会 （そうしんかい）

父系の血縁関係を重視する中国人の親族観を反映した社会組織。同姓の者が、同姓すなわち父系祖先の共有という考えを根拠にして、相互扶助と親睦を目的に結成する任意加入団体。宗親会の基本モデルとなった社会組織は父系親族組織としての▼宗族である。宗族は父系血縁で繋がる多くの家族からなり、共有財産と祖先祭祀の共同によって結ばれる共住集団を構成する。華僑・華人の出身地である広東省や福建省ではしばしば一つの村あるいは複数の村が単一の宗族の族員によって占められていた。村人である族員の生活基盤を保障すると同時に、強い規範で族員を律し

て一族の凝集力を維持した。しかし国外の移民先ではこのような親族組織ができにくかったので、宗族に代わるものとして、たんに同姓関係を根拠にして結成されたのが宗親会である。

宗親会は宗族をモデルあるいは先行組織として、移民社会に結成された団体であるが、宗族との関係のあり方は幾とおりかある。現代の香港では、たとえば1964年に設立された「僑港開平県茅岡下洞郷周氏雲山宗親会」のように、隣接する小村に存在する周雲山公を共通祖先とする周姓宗族の族員のうちで香港に居住する人々が任意加入して組織した宗親会がある。宗族は新中国の成立以降は経済基盤を失って解体されたが、この宗親会は族員意識が強く残存していたことによって結成された事例であり、大陸の宗族が存続していれば香港における出先機関ともいえるものである。19世紀の▼ペナンや▼シンガポールにはこうした宗親会が結成されていた。現在の香港や東南アジアでは、広東省や福建省など華僑・華人を多く送出した県や府を範囲とする同姓者によって組織された宗親会が多い。この場合、モデルとされているのは複数の同姓宗族が共同して共通祖先と主張される人物を祀った合族祠を建造した際のクラン的同族結合である。中国語の方言など文化的背景が同じ移民とその子孫によって構成されている点でエスニック・グループといえよう。しかしそうではない同姓の複数の宗親会が連合して宗親総会を結成した事例がタイのバンコクに多く見られるように、異なる方言を母語とする人々によって組織される団体も多い。

香港では宗親会聯誼総会が1960年に結成され、親台湾国民党系の宗親会と宗親総会が68団体、参加している。バンコクには65年に宗親総会の代表幹事が2か月ごとに会食を伴う聯誼会を発足させていて、90年代には55団体が加盟し、タイ華人社会の慈善事業と中国とタイの親善促進を聯誼会の目標に掲げて活動している。同様な活動はシンガポールでも見られ、86年に▼シンガポール福建会館など同郷会館7団体が発起し、ほかに宗親会・宗親総会、県単位の同郷会など華人の185団体が参加して結成されたシンガポール宗郷会館聯合総会があり、政府や▼シンガポール中華総

商会の支持を受けて発展を遂げている。機関誌『源』(季刊)を発刊し、青少年に中国語教育を通じて中国的伝統文化を継承させることを目的にしたさまざまな活動を行って、シンガポールの国民文化発展の一翼を担っている。

一方、日本では明治以来、中国人労働者の入国がなく貿易業者の同郷組織が強かったため、華僑社会には公式に成立した組織はきわめて少ないが、父系血縁が確認される同姓親族間での交流はあるようである。台湾出身者による日本林氏宗親会(東京)が1983年に結成されて現在も活動しているのは希有の例である。　　　　　　　　　　　　(吉原和男)

⇨僑団, 同姓団体, 同郷団体, 会館

圖呉華『新嘉坡華族会館志』2, 南洋学会出版, 1975./施振民「菲律浜華人文化的持続」『中央研究院民族学研究所集刊』42, 台北：同研究院, 1976./吉原和男・鈴木正崇・末成道男編『「血縁」の再構築』風響社, 2000.

送星廠 そうせいしょう

ベトナム北部の華僑が開採した銀鉱。ベトナムの当時の太原省通化府の白通州にあり、中国では宋星廠とも記す。18世紀になると、中国では経済発展の結果、銀が貨幣として流通し、銀の需要が増大したので、ベトナムの送星銀鉱へ多数の中国人が採銀に赴いた。18世紀中頃に広西省の地方官であった有名な史学者の趙翼は、広西省から国境を越えてベトナム宋星廠へ採銀に行く中国人がはなはだ多いと記している。またベトナムの『大南寔録』正編巻二百二にも「我国(ベトナム)の送星廠の産銀はきわめて豊富で、清人(中国人)が採鉱に来て、毎年200万両にのぼる巨額の銀を中国へもたらし帰った」とある。18世紀の中国が海外貿易によってスペイン・ドルなどの西洋銀を大量に輸入していたのは周知の事実であるが、同じ頃、ベトナムの送星廠から多くの越境中国人によって、巨額の銀が陸路輸入されていたことを忘れてはならない。送星廠で採銀した越境中国人すなわち華僑は、近くの広西省のみならず、遠くの広東省の潮州府と韶州府から来た人々も多かった。彼らはそれぞれ▼潮州幇と韶州幇を結成して対立抗争し、送星廠で激しい▼械闘を惹起した。1765(乾隆35)年に両幇は採銀の坑道をめぐって械闘し、相互に多くの死傷者を出したが、当時ベトナム北部を支配していたレー(黎)朝の権臣鄭氏はこれを制圧できなかった。1775年には両幇のさらに大きな械闘が発生したので、鄭氏は大軍を送って弾圧し、送星廠を破壊して、採鉱の華僑たちをすべて駆逐した。これに対して、伝統的な華僑禁圧政策を採る清朝はまったく抗議せず、かえって送星廠から逃げ帰ってきた華僑たちを捕らえて厳罰に処し、ふたたびベトナムへ行くのを禁止した。しかし、19世紀以後、清朝はアヘン輸入による銀流出のため、銀が不足しはじめると、送星廠における採銀の再開を企てたが、アヘン戦争敗北の結果、実現しなかった。　　　　　　　　　　　(和田博徳)

⇨ボードウィン銀鉱, 呉尚賢, 陸路移住

圖和田博徳「清代のヴェトナム・ビルマ銀」『史学』33-3・4, 1961./故宮博物院文献館編「安南脱回廠徒案」『史料旬刊』21, 22, 40, 1930-31./趙翼『簷曝雑記』巻四「緬甸・安南出銀」1810 (北京：中華書局, 1982新刊)./『同慶御覧地輿誌図』東洋文庫, 1943.

宗族 そうぞく

中国人社会において父系親族集団を指して用いられる名称。字義的に「宗」は父系出自を、また「族」は人の集まりを指し、古代からその用例があるが、具体的に指すものの内容は時代により地域により多様に変異してきた。共有財産をもち、一個所に集居するタイプの宗族は宋代江南に現れ、やがて明代後期から清代にかけて、▼福建・▼広東地域を中心に団体性のとくに強いものが発達した。同地域では、一つの村や郷鎮が基本的に単一の宗族から構成されることも稀ではなく、祖先の墓、その位牌を祀った▼祠堂、共有地などの▼族産を保持し、ときにはたがいに武器を持って争う▼械闘を引き起こした。こうしたタイプの親族組織は、基本的に農村社会を基盤としたものであり、香港、台湾の都市社会および海外へ渡った華僑・華人社会に発達した擬似親族組織としての▼宗親会、▼同宗団体とは性格を異にしている。ただし、清代に華僑を送り出した地域と、団体的な宗族の顕著に発達した地域はおおまかにはオーバーラップしており、母村での宗族形成に対する▼華僑送金の寄与や、母村地域の宗族観念が華僑社

会での宗親団体形成に及ぼした影響など、相互的な影響関係が予想される。　　　（瀬川昌久）

相続 そうぞく

家の系統や財産を継承すること。前近代中国の相続は血筋の継承と家産の均等分割を二本柱としたが、祖先祭祀を継承するのは直系男子であり、直系であっても女子による祭祀は祖先が受けないと観念されたため、直系女子に相続の権利・義務はなく、また原則として家産の分割にも与れなかった。したがって自己に直系男子がない場合、兄弟の子（姪児）を収養して相続させた。父系の血筋を資格としない日本の養子相続とこの点で異なる。これほど父系血縁を大事と観念したことから、家を継承する次世代の男子を十分確保するためという名分で、一夫一婦を補完する侍妾が正式な結婚とされ、侍妾の産んだ子も妻の産んだ子と同等の権利・義務を有した。華僑社会で古く行われた▼両頭家はこの妻妾制度に準拠したものである。また家産の均分相続が華僑の経済活動を妨げかねなかったことも知られている。均分相続とは、年齢の長幼、嫡庶の別を問わず、家産を兄弟など同世代の父系男子間で均等に相続することである。▼内田直作の紹介しているマレーシア華僑▼ロク・ユウ（1845-1917年）財閥の場合をみると、妻のほかに侍妾3人があった。妻に子がなく養子を収養したが、侍妾との間に3男4女の出生をみたので、遺産は4男の間で均分され、女子には嫁入り支度、いわゆる粧奩費ショウレンヒには、妻妾には居住する家屋と身の回り品程度が譲渡された。妻妾制度は子の世代にも踏襲され、多妻多子による財産の急速な細分化が進行した。さらに事業の多くが傍系親族によって事実上経営されるか、第三者への賃貸、経営代理に委ねられるところとなった。事業経営に直接関与しない金利生活者となった子以下の世代は奢侈シャシ的生活態度に終始し、分割財産はいっそう費消傾向を強めた。ただ末子の▼ロク・ワントーだけは幼少であったため信託財産が消費されずに増加していき、かつ財産管理人に人材を得たことでワントーの資産だけが巨大化した。　（可児弘明）

📖内田直作『東洋経済史研究』Ⅰ，千倉書房，1970．

曾卓軒 そう・たくけん

横浜華僑。居留地にあったイギリス系総合商社アスピノール・コーンズ商会の▼買弁。生没年は不明。1899年8月に設立された▼横浜華商会議所の初代幹事の一人で、当時の横浜華僑の有力者。　　　　　　（伊藤泉美）

曾徳深 そう・とくしん 1940-

現▼横浜華僑総会（大陸系）会長。横浜生まれ。父曾耀全は広東省清遠県出身で、1919年に来日。徳深は1963年大学卒業後、▼横浜華僑商公会の前身の伊勢佐木町自治会に就職。現在は珠江飯店、菜香、悟空、新光貿易、耀盛号、珠江実業公司を傘下に収める珠江グループを率いる。新光貿易はウーロン茶の日本初の輸入代理店。横浜華僑商公会会長、▼横浜中華街「街づくり」団体連合協議会副会長、▼日本中華総商会理事などの要職を務める日本華僑社会の重鎮。　（伊藤泉美）

宋美齢 そう・び・れい 1901-
SONG Meiling

中華民国総統蔣介石の夫人。▼中国国民党指導者。英語名 May-ling SOONG。▼孫文の革命活動の支援者であった宋嘉樹の三女。靄齢（孔祥熙夫人）、慶齢（孫文夫人）、子文の妹で、子良、子安の姉にあたる。▼原籍は海南島。上海生まれ。1908-17年米国留学。27年上海で蔣介石と結婚後、蔣の英文秘書などを務める。34年2月蔣介石は新生活運動を発動するが、美齢は36年2月婦女新生活運動指導委員会を結成し、指導長に就任。36年12月西安事変発生後、西安に赴き、▼周恩来らと会談し、事変の平和解決に尽力。日中戦争勃発後の38年5月、盧山で共産党を含む全国の婦人運動指導者を招集し、抗戦建国への女性の参加を呼びかけた。戦時中、靄齢、慶齢とともに被災地で難民・孤児の救済などに携わり、国際社会に中国の抗戦状況を紹介し、海外華僑に救援物資の寄付などを募った。42年から43年にかけて訪米し、米国の中国抗戦支持を呼びかけた。43年蔣介石とカイロ会談に出席。50年台湾に移るが、75年蔣介石の死去後、米国に移住。現在ニューヨーク在住。　　　　　　　　　（段瑞聡）

崇福寺 そうふくじ

長崎市鍛冶屋町にある▼黄檗宗の寺。聖寿

山崇福寺。▼唐三か寺の一。福州幇の菩提寺で、俗称福州寺。1629年に渡来した超然が、32年に官許を得て開基した仏寺。はじめは▼媽祖の祠堂のみであったが、35年頃から伽藍の建造が始まった。44年に福州出身の▼住宅唐人の▼林太卿(楚玉)とその子の▼林仁兵衛(守壂)が「第一峰門」(国宝)を喜捨し、▼何高材、▼魏之琰らが大雄宝殿(国宝)を寄進、1646年に落成した。2層の大殿だが、創建時は単層であったという。翌47年に梵鐘を寄進した何高材、王引、林仁兵衛らの住宅唐人檀家が中心となり仏寺として整備された。禅寺としての宗教的な発展をもたらしたのは、▼隠元の逗留とその弟子即非の渡来による。即非は崇福寺中興開山として、禅風おおいに興ったという。この頃、唐船主による禅堂、媽祖堂前の石畳の寄進や山門(三門)の建設がなされた。仏殿の十八羅漢像が施進され、千呆の広福庵や林仁兵衛の広善庵のほか、境内内外に末庵が13庵、創建された。この時期の崇福寺の発展は、1661年、清の遷界令のもと鄭氏配下の福建海商が長崎貿易を独占していたことによる。一方、▼三江幇の▼興福寺は困窮した。しかし1684年、清の展海令発布ののち、福建商人は信牌(貿易許可証)の取得をめぐる競争に敗れた。また1689年▼唐人屋敷ができると、市中での取引が困難となった。そこで彭城仁左衛門の斡旋により、来航▼唐船からの寄進(大縁)の▼唐寺への配分率を増大するなどの方策により窮状を乗り切ろうとした。開基超然、2代百拙、3代道者、開法隠元、中興開山即非、2代千獣、3代大衡から1722年来日の8代大成までの住持は唐僧であった。以後は、和僧の監寺のみで住持はおかない。唐僧の住持・監寺の出身地は隠元を含めると福州人14人、延平人4人、興化人2人、泉州人1人であり、福州方言圏域の出身者が大半である。江戸時代からの華人檀徒は少ないが、今日でも日本全国の福州出身者が盂蘭盆会や媽祖祭に集い、信仰と交誼の結節点となっていて、創設以来の福州幇同郷会館の機能を持ちつづけている。 (黒木國泰)

宮田安『長崎崇福寺論攷』長崎文献社、1975./『長崎市史』地誌篇仏寺部上.

草埔事件 そうほじけん

1968年にインドネシアで発生した反華人暴動事件の一つ。この年1月21日、ジャカルタ華人街のグロドック地区(中国語の通称「草埔」)で陸軍特別空挺隊員の一人が数人の華人青年といざこざを起こした。25日同空挺隊から約50人が報復にやってきたのに乗じ、同地区の商店が打ち壊されたり居合わせた華人が殴打されるなど、約40人の負傷者(一説には数百人の死傷者)が出た。当時の政治的混乱と反華人感情を反映するとともに、華人側の軍に対する怨恨や不信感を助長した事件といえる。 (貞好康志)

『インドネシアン・チャイニーズ・イン・クライシス』

『争鳴』 そうめい
Cheng Ming

香港の華字月刊誌。世界各地の華人地区で広く読まれている。1977年11月創刊。編集長は創刊以来、香港の中国系紙▼『文匯報』出身の温煇。▼『九十年代』や『鏡報』などと並ぶ香港の代表的政治評論誌で、中国の民主化を支持する立場から、共産党政権の独裁を批判したり、改革・開放政策に声援を送るなどの論陣を張ってきた。中国政局の内幕報道や中国国内の口コミ情報で定評がある。だが、中国当局からは目の敵にされており、創刊以来、中国国内へ持ち込むことを禁止されている。編集長の温煇も、81年3月号から11月号にかけて約4万字に及ぶ長大な論文を掲載して中国当局を批判したため、それ以後中国への入国を拒否されてしまった。 (戸張東夫)

『争鳴』1997年11月号, 98年11月号.

荘明理 そうめいり 1909-91

中国の華僑指導者、僑務工作者。福建省泉州人。別名は荘漢光。1925年に出国して、マレーシアのペナンとインドネシアで商売に従事。28年済南事件の後、スマトラ島で抗日活動に身を投じ華僑社会のリーダーになる。蘆溝橋事件後、ペナンで華僑を動員し、多くの機材・物資を中国に運ぶなど、精力的に愛国活動を行う。そのため29年以降、幾度もインドネシアとマレーシア両国の植民地当局より強制出国させられた。46年中国民主同盟に加入。49年帰国。以降、中国華僑事務委員会副

主任、中国僑聯副主席、全国人民代表大会代表などの要職を歴任。　　　　　　　　(過放)

🔲『世界華僑華人詞典』

双林寺(そうりんじ)

▼シンガポールの中国寺院。1898年創建。中国福建省の禅宗古刹を模倣して造られた。福建出身の賢慧禅師が住持となり、1909年に完成。20年、35年、50年の3回にわたって重修、現在シンガポール最大の華人寺院となっている。この寺は中国の臨済正宗の正系を継承しているため、大雄宝殿、禅堂、功徳堂、方丈、祖師堂、斎堂などが完備している。シンガポールにある60余の寺院中最も古い寺院である。　　　　　　　　　　　(鎌田茂雄)

🔲『世界華僑華人詞典』／鎌田茂雄『中国の仏教儀礼』大蔵出版、1986。

ソウル
漢城 Seoul

大韓民国（韓国）の首都。1392年朝鮮王朝（李朝）創立後、漢陽府から漢城府に改称、約500年間朝鮮の首都となる。日本帝国下の1910年に京城府に改められ、かつ首都の地位を失う。45年解放と同時にソウルに改称、48年大韓民国の成立とともに首都とされ、翌年特別市に。定住する華人とその後裔はソウル華人と呼称される。1882年の壬午事変で清兵がソウルに進駐した。また朝鮮との間に「中国朝鮮商民水陸貿易章程」も調印され、ソウル定住が始まった。翌83年に清商務衙門が設けられ、陳樹棠が朝鮮商務委員総弁となった。その後、華商租界が開設され、定住する華人が増えつづけた。1913年に居留地が廃止されたが、ソウルが仁川、元山、釜山とともに四大華人集中地の一つであることに変わりはない。30年当時、608戸、5987人を記録。第2次大戦後、50年には1111戸、6603人に増えた。同年、華僑貿易商倉庫が国有化され（損失30億ウオン）、その後53年の貿易再開では華人系2社（僑豊公司と天徳洋行）しか認可されず、他の華商は国内貿易に限定された。李承晩時代（48-60年）の通貨改革（デノミ）で華人は蓄積資産の大半を失う。60年代を通じて貿易、観光、採掘業などにおける単独経営が禁じられ、韓国人との合資経営と経営陣の韓国人採用を強いられた。67年外国人土地所有権制限により華人は住宅200坪、出店50坪1軒限りという厳しい抑制を受け、金融業への進出も禁じられ、ただ高い金利で金を集める信用協同組合が数社しか認められなくなった。教育面における差別政策なども導入され、若年華人の海外移住（アメリカ、カナダ、オーストラリア、フランスなど）が後を絶たず、ソウル華人は80〜90年代を通じて半減したとみられる（韓国華人全体は99年現在2万1806人）。ソウルには戦後47年、中華商会とは別に全国地方48自治区を総括する韓国自治総会が国民党政府によって立ち上げられたが、54年に両者を統合して「韓国華僑自治聯合総会」に編成、異例の組織が創られた。95年現在、ソウルには飲食業235軒があり、他の大都市を圧倒している。　(涂照彦)

挿炉金(そうろきん)

長崎▼泰益号文書の帳簿に見える福建会館加盟費で、1901（明治34）年に30円と見える。長崎▼唐四か寺の本尊仏・菩薩、脇に併祀される▼媽祖・関帝に供する香炉や灯明用料たる香油金が、華僑各幇、▼会館・公所の入会金や年会費、ないし出資金を意味した。九州では古く中世期に、博多にしても▼坊津(ぼうのつ)、▼平戸その他にしても、華僑は各出身地の仏教・道教の信仰を継承し、寺院の建設、僧侶の招聘、仏像・神像の将来を図った。危険な航海を伴い、それは必ずしも容易なことではなかったので、せめて香炉ないしそれに入れる灰を故郷出身地から持参した。神像中、媽祖・関帝は故郷から持参のそれが大事にされ、同郷出身者＝幇の結合のシンボルになった。とくに、福建出身者はときに郷里の福建省莆田県の本山に持ち帰り、元気をつける必要もあった。同郷・同業組織たる会館・公所などへの入会資格は、「長崎三江公所条規」によれば、老号2家の連名保結を必要とし、入会金は60元、40元、20元の3階級（1885年）。▼神戸広東公所は入会金50元、▼神戸福建公所は200円という。▼神戸三江公所、▼大阪中華北幇公所は10元の出資金という。　(川勝守)

🔲 分香、進香

族産(ぞくさん)

父系親族集団である▼宗族やその下位分節が保有する財産をいう。明末から清代、とく

に▼福建・▼広東地域で発達した団体的性格の強い宗族の多くは、族産、▼族譜、▼祠堂などを備えていた。これらの族産は典型的には耕地であり、1930年代の広東省では、全耕地の3割以上がなんらかの親族集団の共有地であったという報告もある。こうした共有地は、族員や部外者に貸し付けられ、収益は祖先祭祀の費用に充てられた。族産には、そのほかに建物、墓地、山林、養魚池などの不動産、製造場（工場）、家作（借屋）、店舗の株、預金口座などの形態もあった。海外に出かけて成功を収めた者たちが、故郷の族産の創設や増置に貢献する場合も過去には多々見られた。新中国成立以降、族産の多くは解体されたが、今日、閩南（びんなん）地域など宗族復活の顕著な地域では、族員の寄付により祠堂を再建し、余剰金をプールするなどして族産が復興されている。なお、海外の華人社会では、宗族組織の発達は顕著でないが、擬似的親族組織としての▼宗親会などにも、通常なんらかの共有財産が形成されている。　　　（瀬川昌久）

『続長崎鑑』（ぞくながさきかがみ）

長崎の歴史・地誌書。1663年の長崎大火は、数町を残して市中を焼き尽くした。長崎奉行所などの役所や町家にあった記録類がことごとく焼失したため、1681年にいたり、人々が寄り合い、本書を作成したという。内容は「長崎建始之事」に始まり、唐・オランダ貿易、▼住宅唐人、長崎の行政・地誌全般に及ぶ。『長崎鑑』や『長崎遺響』所収の『長崎鏡』は同系統の正徳年間（1711-16年）の写本。類書に『長崎拾芥』『長崎根元記』『長崎記』『長崎集成』などがある。　　（中西啓）

族譜（ぞくふ）

中国漢族の父系親族関係を記した書物。宗譜、家譜ともいい、父系集団▼宗族の結合を示す重要な指標の一つとされる。一般に記憶される系譜関係の世代深度は一定の限界があるが、族譜のように文字として記録された場合、しばしばその限界を超え太古以来の系譜も示される。遠祖や顕祖との関係を考証し、一族全体にわたる系譜を世代ごとに改訂する修譜作業は、たいへんな労力と費用を要し、すべての宗族が族譜を持っていたわけではなく、裕福な宗族においてのみ可能であった。

故郷との繋がりを強く意識している華僑は、移住地で自らの出自を明らかにするため近祖の系譜を書き留めているが、余裕ができると、故郷の族譜への編入を依頼したり、故郷の族譜を取り寄せ補充して移住地で出版する例が少なくない。こうした新しい族譜は、旧式のものと違って写真入りの紳士録的な体裁をもつものが多い。また、移住地で同系でない同姓間での連帯を強調したい場合、それぞれの系譜を合わせた連譜ないし合族譜をつくることもある。　　（末成道男）

㊅連宗通譜
㊃多賀秋五郎『中国宗譜の研究』上・下，日本学術振興会，1981，1982．

蘇芮（そ・ぜい）1952-
スー・レイ

台湾のミュージシャン。本名は蘇瑞芳。台北生まれ。10代のころからアメリカのロック・ミュージックを聴きはじめ、ソウル・ミュージックの黒人音楽の影響を受けた。1983年台湾の若手アーティストらが集まって制作した映画『搭錯車』の挿入歌「酒干倘売無」（空き瓶はありませんか）は、台湾をはじめ、香港、シンガポールやタイなどで大ヒットとなった。「沈黙の母」「親愛なる子ども」など、ダイナミックなロック・ナンバーとスローなバラードを巧みに歌い分け、台湾ポップスに新風を吹き込んでいった。蘇芮以後の台湾ポップスは、ロック-ニューミュージック寄りのサウンドへ大きく方向転換して今日に至っている。　　（許紫芬）

祖先崇拝（そせんすうはい）

祖先を、個人的または集合的に、その死後も一定期間ないし継続的に崇拝・祭祀の対象とすること。祖先祭祀ともいう。死者全般とは区別された意味での「祖先」に対する崇拝は、東アジアおよびアフリカ、オセアニアの一部社会でとくに発達した形態のものが見られる。中国人（華僑・華人を含む）の場合には、父系直系祖先に対する崇拝の慣行がとくに顕著である。父系の祖先は、その死後、葬送儀礼の中で死者から祖先へと変換された後、遺骨を納めた墓地あるいは位牌を安置した▼祠堂や家庭内の正庁において、▼清明節、冬至、春分、秋分などの年節に定期的な祭祀

を受ける。子孫は祖先に対し、食物や紙製の衣類（紙衣）、紙銭などを供えて祭祀を行う義務を負うが、そのようにして正しく祀られた祖先は、子孫に対し庇護と恩恵をもたらすと考えられてきた。他方、近親者でも父系直系祖先以外の死者は、正式の祭祀の対象からは除外された。また、墓地における祖先崇拝に▼風水説が密接に結びついている点も特徴的である。
(瀬川昌久)

㊂ 中国人墓地
㊂ 渡辺欣雄編『祖先祭祀』（「環中国海の民俗と文化」3）凱風社，1989.

袖の湊 (そでのみなと)

かつて福岡市の博多にあったという貿易港。中山平次郎によれば、12世紀中葉に平清盛が大宰大弐となった1158（保元3）年以後に出現するもので、平家が▼日宋貿易に使用した貿易港という。1952年博多区呉服町から中世の遺構と多くの中国陶磁器が発見され、1970年代には墨書銘のある貿易陶磁器が出土し、袖の湊の所在が確認された。▼聖福寺、▼承天寺にも繋がる地域で、「大唐街」（中華街）の実在が確認された。最古の華僑遺構の一つ。
(川勝守)

㊂ 中世九州の華僑遺跡

祖炳民 (そへいみん) 1928-

アメリカ華人の政治学者、高級官僚。吉林省生まれ。日本留学後に渡米、ジョージア大学で政治学博士学位を取得。ノースウェスタン大学極東学院院長、スタンフォード大学フーバー研究所教授、ジョン・ケネディ大学アジア・太平洋学院院長など歴任、後にニクソンとフォード両大統領の顧問、89年7月ブッシュ大統領により連邦教育部長に任命された。
(馬暁華)

ソーポンパニット、ロビン 1932-
陳有慶　ロビン・チャン
Robin SOPHONPANICH / Robin Y. H. CHAN

香港の企業家。▼チン・ソーポンパニットの長男で、アジア・ファイナンシャル・ホールディングス社の会長。香港上場の同社は傘下にアジア・インシュアランス社（保険）、アジア商業銀行（前▼香港商業銀行）、アジア・インベストメント・サービス社（投資会社）などを有し、個人として台湾の世華銀行の一部株式も保有する。母親がタイから中国へ里帰りする船中で生まれ、14歳で香港に移住するまで▼スワトウ市育ち。18歳でタイに移り、21歳から3年間ニューヨークに留学、金融と経済を学ぶ。その後は香港に定住。香港中華総商会副会長、香港潮州商会終身名誉会長。温厚な性格から「好好先生」の異名をもつ。潮州系華僑の代表的な存在として知られた父は、香港商業銀行と▼バンコク銀行の創業者。ソポンパニット一族は、国や地域をこえて活躍する潮州系華僑の代表的な例で、チンの死後、長男のロビンが香港商業銀行を、弟の▼チャートリー・ソーポンパニットがバンコク銀行を引き継いだ。
(山田修)

蘇曼殊 (そ・まんじゅ) 1884-1918

清末民初の詩人・作家。本名は蘇戩(せん)、後に蘇玄瑛(げんえい)。字は子穀、曼殊は僧号。▼原籍は広東省中山県。横浜で茶貿易商万隆茶行を営む蘇傑生と日本人河合若との間に生まれる。少年時代に一家は故郷に戻るが、1898年に日本に留学。横浜大同学校に学び、▼馮自由らと親交を深め、革命団体「青年会」に加入。1903年に広東省恵州で落髪し僧侶となる。その後、上海、タイ、インドなどを放浪し、また各地で教壇に立つとともに、『民国日報』などに作品を発表。代表作は1912年の「断鴻零雁記」。
(伊藤泉美)

ソムサック・リーサワットラクーン 1950-
李石成　Somsak LEESWADTRAKUL

タイの企業集団サイアム・スティール・パイプス（SSP）・グループ（泰興鋼管集団）の総帥。両親は広東省潮陽出身で、バンコクで小さな家具店を経営。ソムサックは商業学校卒業後、父親の仕事を手伝うかたわら屑鉄売買を始める。1970年代初期、泰興鋼管を興し製鉄業界に進出。これがSSPの前身。80年代以降、経営は順調に推移したが、ことに80年代後半から90年代初期のタイの高度経済成長期に急拡大。製造、サービス、建築、貿易、不動産開発業へと進出した。海外進出も積極的で、香港ではY. K. パオ一族、▼リー・カシン、▼チェン・ユートン、さらに香港最大の中国系企業である華潤公司などとホテル、建設などで合弁事業を展開。シンガポール、インドネシアの華人資本とも提携。90年代前半に

は2人の実弟を˚バンコク銀行の˚チャートリー・ソーポンパニット会長の長女、タイ・メロン・グループ総帥のブンナム・ブンナムチャート（許植楠）の長女と結婚させるなど、閨閥作りに積極姿勢をみせた。90年代前半には上院議員にも選ばれた。　　　　　　　（樋泉克夫）
　參『世界華人精鋭伝略』泰国巻，南昌：百花洲文芸出版社，1995.

ソムマイ・フンタクーン 1918-
雲逢松　Sommai HUNTRAKUL
　タイの元蔵相。˚コソン・フンタクーンの次男。アサンプション学院卒。戦前、日本の慶応義塾大学に留学（1974年名誉博士）。1943年にタイ中央銀行に。50年代末から70年代末、ヤンヒー電力公社総裁、タイ工業金融組合専務理事、サイアム商業銀行頭取、政府住宅銀行総裁、農業組合銀行理事長、サイアム・セメント社長など政府・民間の重要経済ポストを歴任。80年代前半に二つの政権で蔵相を務め、タイ財政の再建に貢献。タイで数少ない知日派。　　　　　　　　　（樋泉克夫）

ソレクトロン社
旭電　Solectron Corporation
　IBMを退職した台湾出身の˚陳文雄が1978年に1000万ドルで買収、米国大手電子メーカーに育て上げた77年創業のシリコンバレー企業。現在も本社をシリコンバレーにもつ。旭電は陳が名づけた中国語名である。陳がCEO（最高経営責任者）としてIBMの目標管理システム、日本的集団主義や中国的温情主義を経営に導入し急成長。94年まで平均年収益60％の成長達成、94年以後IBM時代の同僚・日系人西村公一にトップの座を譲り、取締役に退く。99年現在、米国売上規模最大の電子製品受託製造サービス企業（EMS）になる。91年国家品質賞（Malcolm Baldrige National Quality Award）受賞。　　（王効平）

ソンクラー呉氏
宋卡呉氏　Songkhla Wu Family
　南タイの港市ソンクラー（Songkhla、宋卡）において18世紀後半から約120年、8代にわたって領主であった˚福建人一族。初代呉譲は、1750年ソンクラーに至り、燕窩（˚燕の巣）税官吏などを経て、75年トンブリー朝˚タークシン王からソンクラーの国主に任ぜられる。タイ（シャム）の中央宮廷は王国再建に華人の財力とコネクションを必要とした。呉氏はタイの地方政権の長である国主として華人が正式に登用された初期の例である。第2代国主の文輝（Bun Hui）は、タイ南部の交易利権をめぐって同じタイの有力地方政権であるナコーンシータマラートと熾烈に争い、タークシン死後にラーマ1世の開いた˚チャクリー朝においても重用され、1791年には南タイで最高位の地方国の国主に上りつめた。文輝の死後、3代目志従（Thien Cong）の時代はナコンシータマラート国主の強権によって抑圧されるが、4代目志生（Thiang Sen）の時代、1821年以降のクダー、パタニなどマレー系朝貢国の反乱によってナコーンシータマラートの政治的影響力が減ずると、自身の領地と管轄する諸地方の範囲を拡大し、以後、南タイ最大の地方国として黄金期を迎える。1836年にはソンクラー河口南部のボーヤーン岬に城壁都市の建設を計画。42年には国礎柱、46年には中国風建築の城皇廟を建てて街の中心を河口北側のレムソン地区からボーヤーン地区に移し、タイ語、漢文、ジャウィー文字によるマレー語の3言語で書かれた三朗橋の碑文（1845年）や中央寺の壁画に見られるようなタイ人、中国人、マレー人の共存繁栄を謳った統治を行った。5代目志仁（文爽、Bun San）の時代にはクダーとの直通道路が整備され、先の3言語が記された独自の貨幣「振興通宝」（メキシコ銀と兌換）を1878年に発行するなど地域の交易中心として安定し、しばしばタイ王の行幸を受けて政治的にも確固たる地位を保ちつづけた。6代目綿（Men）、7代目乃寵（Chum）を経て、8代目の登籤（Chom）の時代の1893年、タイ地方行政制度の改編により呉氏の世襲領主制度は廃止された。呉氏の代々の墓はレムソン山頂に祀られている。
（黒田景子）
　參 呉翊麟『暹南別録』台北：台湾商務印書館，1985./『ソンクラー史』ソンクラー公務員事務所，1996（タイ語）.

孫継五 1876-1924
　ロシア華工。沿海州中国人ゲリラのリーダーの一人。黒龍江人。1902年中ロ国境を越えた黒龍江北側の森に住み、狩猟で生活。13年

ハバロフスクに入り、華商・紀鳳台の麺粉工場で働く。18年ボルシェビキに加入、▼華工の中で革命活動に従事。同年6月党の命令を受け、中国人ゲリラを組織し、白軍、シベリア出兵の列強干渉軍と戦った。内戦勝利後、ハバロフスクに戻って宣伝幹部となり、同市で病死。

(廖赤陽)

孫中山記念会 そんちゅうざんきねんかい

1982年11月▼孫文を記念する博物館として神戸市舞子海岸の移情閣を修理し、その維持管理組織を生み出す必要から「財団法人孫中山記念会設立準備会」が創立された。1988年7月20日、兵庫県教育委員会より財団法人としての正式認可がおり、初代理事長に元兵庫県知事・坂井時忠が就任、舞子海岸の国道2号線沿いのもとの移情閣を拠点に記念館活動が開始された。設立当時の戸谷副知事、貝原部長(前県知事)、須田神戸大学長、▼陳徳仁、山口一郎らの尽力は大きい。 (中村哲夫)

㊟ 呉錦堂、孫中山記念館、孫文研究会
㊐『財団法人孫中山記念会10周年記念誌』同記念会、1998./http://www.china-study.net

孫中山記念館 そんちゅうざんきねんかん

1966年▼呉錦堂の子孫より孫文生誕100周年を記念して寄贈された移情閣を母体に、84年に神戸市に設立された記念館。明治30年代と推定されるが、呉錦堂は舞子海岸に松海荘という別荘を開いた。そこに、▼孫文が1913年3月、▼中日興業公司(のち中日実業公司)を設立する陰の推進者である呉錦堂を表敬訪問した。その当時の建物は、松海荘の本館である。移情閣は、呉が還暦を記念して建てたもの。明石大橋の架橋工事のため解体したところ、移情閣の壁の一面から、もとの松海荘本館の壁面が発見された。寄贈を受けた兵庫県は、服部一三知事の孫文亡命支援の奇縁、県立神戸高等女学校(現県庁所在地)での歴史的な講演「大アジア問題」を顕彰するため、多大な県費をかけて修復・復原工事を行い、2000年度より明石大橋の傍らの埋立地、垂水区東舞子町の県立舞子公園内へ移設し、再開館した。移情閣の命名の由来には俗説が多いが、八角形3層からなる塔様式の建物の第1層には、移情閣の命名由来の額をはじめ、王震など民国時代の代表的な文化人の墨書の作品が現物展示されている。 (中村哲夫)

㊐ 中村哲夫『移情閣遺聞』阿吽社、1990./http://www.china-study.net

孫忠利 そんちゅうり 1934-
ポール・スン Paul SUN

日清食品の▼安藤百福、元熊本ニコニコドーの▼林康治とともに、日本の三大華人企業家の一人と一時いわれた実業家。東京生まれ。▼原籍は浙江省寧波。日本国籍への帰化を果たせず、シンガポール国籍。横浜の華僑学校、疎開先の軽井沢小学校、同地の外国人学校に通い、日中英3か国語習得。都立高校に通うが、日本では中国人は一流企業に就職できないため中退。15歳のとき、亡くなった父親同様、洋服業から出発、英語を武器に米軍目当ての洋服業、次いで山王ホテルでカメラ販売・貸衣装業従事。ベトナム戦争終結後に不動産業に転じ、1985年から海外に向かい、88年香港に総面積3万坪、総額400億円の香港サンプラザ建設。こうして香港、シンガポール、中国、北米などで不動産業を経営。企業名はスーンズ・エンタープライズ(孫氏企業有限公司)。資産総額20億ドルともいわれたが(他方負債があり、個人資産は2億ドルとも)、景気が悪化、98年10月債務払い逃れのため賃料収入を隠した容疑で逮捕。借金総額は同年2月530億円、8月176億円と報道され、裁判中。 (游仲勲)

孫眉 そんび 1854-1915
SUN Mei

▼孫文の12歳年長の兄。字は徳彰。広東省香山県(現中山県)翠亨村の農民出身。少年の頃、大地主のもとで労働に従事。18歳のとき、母方の叔父楊文納を頼ってハワイに渡り、農園労働で刻苦奮闘し成功、郷里の家族に仕送りを続けるかたわら孫文を呼び寄せ、イオラニ・スクールで英語による中等教育を受けさせた。1894年孫文がハワイで組織した▼興中会に加入、後に自ら政治に関与しようとしたが孫文に反対された。マカオで病死。

(王柏林)

孫文 そんぶん 1866-1925
スン・ウェン SUN Yat-sen

中国の政治家。広東省香山県(現▼中山市)翠亨村の農家に生まれる。名は文、字は逸

仙。号の中山は、日本亡命中につけた中山樵の仮名に由来する。当時香山県からは多くの人々が海外に働きに出ていたが、兄▼孫眉もその一人であった。孫文と華僑の深い繋がりは、このような出身環境によるところが大きい。1879年、孫文は母とともにハワイに渡り、兄の経営する農場で働きながら英国人経営のイオラニ・カレッジに通って勉強した。孫文が英語を得意としたのはこのような少年期の教育による。帰国後、キリスト教に入信、▼広州や▼香港の学校に通って医学を学んだ。

1894年、日清戦争勃発後の9月、ハワイに渡り、孫眉など香山県出身華僑を中心に振興中華、すなわち▼興中会を結成して、清朝打倒の革命活動を開始した。翌95年10月、広州で武装蜂起を企図したが失敗して日本に亡命、神戸を経て横浜で▼興中会横浜支部をつくった。当時孫文の活動は、人と資金は華僑、武力は▼秘密結社に依拠するものだった。その後孫文は、日本を拠点にして東南アジアアメリカなどに出かけて清朝打倒の宣伝を進め、資金の調達にあたった。こうした海外華僑の居住地域は、98年▼戊戌の政変の結果海外での活動を余儀なくされた▼康有為ら保皇派・立憲派との勢力争いの場ともなった。1903年から05年、孫文はヨーロッパで活動、この間、留学生との交流を通じて彼らを革命の有力な勢力として受け入れるようになったが、孫文にとって活動の基盤はやはり華僑であった。

1905年、孫文は、華興会、光復会など革命派を結集して、東京で▼中国同盟会を結成し、総理に就任し、民族、民権、民生を柱とする三民主義と、軍法、約法、憲法という国民革命の三段階構想を提起した。しかし、中国南部とベトナム国境での相次ぐ武装蜂起の失敗により、革命派内での孫文の威信は低下した。11年▼辛亥革命が起きたとき、孫文はアメリカに滞在していた。彼はヨーロッパを経由して12月帰国、12年1月、南京で中華民国臨時大総統に就任、建国を宣言した。2月、清朝が滅亡した後、孫文は臨時大総統の地位を清の総理大臣袁世凱に譲り、自らは鉄道建設など民生主義の実現に努めようとした。13年2月、来日して日本の朝野と交流、日中合弁事業の推進を計画したが、袁世凱の独裁化に反対して7月、再度武装蜂起を起こして失敗、日本に亡命した。14年7月、東京で中華革命党を結成し、革命運動の再起を図った。15年末、袁世凱の皇帝制度復活の企てに反対する第三革命が起こり、結局、袁は自ら皇帝の地位を下り、16年6月死去した。

袁世凱死後の中国は、軍閥の混戦が続き、孫文は上海や広州を中心に北京政府に対抗した。1919年、五四運動後、孫文は▼中国国民党を結成して第1次大戦後の新しい情勢に呼応して革命の再興に乗り出した。21年▼中国共産党が結成、孫文はソ連との提携の下で国民党改組を断行、共産党員を迎え入れ（第1次国共合作）、反帝国主義反軍閥の国民革命に取り組んだ。24年末、神戸を訪問したあと天津に戻り、25年3月、北京で肝臓癌のため死去した。

孫文は、1923年12月▼僑務局を設置し、華僑保護専章を制定するなど、後の僑務政策の基礎を築いたが、その具体化は後の人々に委ねられた。「華僑は革命の母」というほどに、孫文の活動は華僑に依拠するところが大きかったが、一方で孫文は、死後も国民党からは「中華民国建国の父」、共産党からは「中国ブルジョア民主主義革命の偉大な先行者」として称えられ、また華僑の信望も厚く、統一中国のシンボルとして生きつづけている。

（安井三吉）

⇨孫文銀紙，孫文研究会，孫中山記念会，孫中山記念館

参 広東省社会科学院歴史研究室ほか合編『孫中山全集』1-11，北京：中華書局，1981-86.／山口一郎・伊地知善継監修『孫文選集』1-3，社会思想社，1985-86.／日本孫文研究会・神戸華僑華人研究会編『孫文と華僑』汲古書院，1999.

孫文銀紙（そんぶんぎんし）

アメリカの華僑が発行していた革命のための債権。中華民国金幣券の通称。▼孫文は、革命運動を進めるうえで、資金を華僑に仰ぎ、各地で革命債券を発行して資金を集めようとした。この銀紙は、1910年、孫文がサンフランシスコに開設した中華革命軍籌餉（ちゅうしょう）局が発行したもので、10ドル、100ドル、1000ドルの3種類があった。アメリカ華僑が積極的に購入して、翌11年4月、広州▼黄花崗

孫文研究会 そんぶんけんきゅうかい

日本を代表する†孫文に関する全国学会。1982年6月5日、†神戸中華総商会の会議室で設立総会があり、山口一郎を代表理事として発足、その後、†孫中山記念館の開館にともない、事務局は舞子に移転。記念館の活動補佐しつつ、孫文研究の国際交流に献身。おもな国際学会の主催・共催だけでも4回を数える。とくに1990年8月に広東省孫中山研究会と共催した「孫文とアジア」という会議は、1949年以来断絶していた台湾と大陸の直接の学術交流を実現した画期的なものと評価されている。機関紙は『孫文研究』。

(中村哲夫)

㊂ 孫中山記念会
㊅ 孫文研究会編『孫文とアジア』汲古書院、1993. ／http://www.china-study.net

ソン、ベティー・リー
李瑞芳 Betty Lee SUNG

中国系アメリカ人歴史学者、教育者。ワシントンD.C.で生まれた。1948年にイリノイ大学を卒業した後、ラジオ局ボイス・オブ・アメリカでパーソナリティを務め、中国系アメリカ人の歴史や生活現状を紹介する番組をもつ。67年に中国系アメリカ人の歴史に関する著作 *Mountain of Gold: The Story of Chinese in America* を出版した。69年にニューヨーク市立大学の招聘を受け、アジア研究の教授として教鞭をとり、†アジア系アメリカ人移民問題の教育と研究に専念する。著作に *The Chinese in America* (1972)、*A Survey of Chinese-American Manpower and Employment* (1976)、*The Adjustment Experience of Chinese Immigrant Children in New York City* (1987)、*Chinese American Intermarriage* (1990) ほか。

(曾櫻)

タ

泰益号 たいえきごう

▼アモイ東方の▼金門島出身の長崎華商▼陳世望、次代陳金鐘にわたる貿易商社の商号。1890（明治23）年から1959年まで長崎の新地町25番地で、海陸物産の輸出入業を営み、上海、台湾、アモイ、香港、シンガポールなどに販路を有し、最も手堅い貿易商として名声が高かった。1919（大正8）年長崎在留中国貿易商は22軒あり、陳世望は▼長崎福建会館の総代を務めていた。泰益号の活動は幕末の嘉永年間（1848-54年）に第1代▼陳国樑が長崎の「新地」付近に貿易業を営んだときに始まる。2代陳世望は父の家業を継承して、福建幇海産物輸出入商のリーダーの地位に登り、40年に没するまで長崎華商の間では、膨大な資産と人望とで知られた。華商伝統の価値観を身につけ、社会活動においても、(1)▼長崎華僑時中小学校の理事に就任、郷里から来た子弟を教育する、(2)献金によって「監生」（国子監の学生の身分）と「同知」（官位の身分）を得、(3)中国政府筋とかかわって、長崎地区における福建省の諮議員となり、また長崎中華総会の会長に任じることで、その地位の上昇を図った。泰益号は福建出身商人たちと経営のネットワークをもち、直接販売、委託販売、共同販売の三つの方式で販路を拡大した。3代陳金鐘は泰益号の経営を59年まで続けた。泰益号は個人出資の▼家族経営商社で、利益はすべて出資者の資本金の増加となった。1914-27年の間、毎年利益の増加が見られ、陳世望の資本金は累年累積で1万円から9万円と直線的に上昇したのち、27年以後は減少の途をたどった。職員構成は10～17人、経営規模は華商のグループのなかでは上位に位する規模の商社であった。泰益号の帳簿などの経営史料はほぼ完全な状態で陳家の子孫から長崎市立博物館に寄贈、保管されている。その史料を利用して山岡由佳、朱徳蘭、廖赤陽らが博士論文を出版した。　　（許紫芬）

⇨ アモイ式簿記，華僑帳簿，結彩豊盈
⇨ 山岡由佳，1995．／朱徳蘭『長崎華商貿易の史的研究』芙蓉書房，1997．／廖赤陽『長崎華商と東アジア交易網の形成』汲古書院，2000．

タイ海南会館 タイかいなんかいかん
泰国海南会館

タイ在住▼海南人の▼同郷団体およびその建物。前身団体の一つである瓊州けい公所は1875年成立。1881年創立の昭応廟、1921年創立の育民学校、越敦瓊州山荘（共同墓地）などを吸収・統合して1946年海南会館となる。▼海南島出身者の▼同姓団体、国内各地の寺廟の管理団体や各地域の瓊州会館が、バンコクの海南会館の関連団体として密接な関係を維持している。被災者救援、クリニック経営、三清水尾聖娘廟、泰華聖無娘廟、昭応廟の管理維持、共同墓地2か所の管理維持、奨学金支給、懇親活動などを行う。　　（吉原和男）

⇨ 海南幇，百八兄弟神，会館
⇨ 『泰国海南会館三十四週年紀念特刊』バンコク：海南会館，1980．

タイ華僑建国救郷運動 タイかきょうけんこくきゅうきょううんどう

第2次大戦直後のタイで起こった華僑による救国・祖国再建運動。1945年9月、▼華字紙『真話報』はタイ華僑社会における中華民族主義の高まりを背景に建国救郷運動を呼びかけ、10月には政府支援・漢奸糾弾、帰国投資・政府経済建設支援などを骨子とする6項目の運動提綱を発表。これに応じ、12月に全国規模で暹羅せん華僑各界建国救郷聯合総会が宋慶齢を名誉会長、▼蟻美厚を会長にバンコクで設立され、潮州地方での解放軍の活動を支援する一方、タイ国内での義捐活動や華僑学校再開運動に貢献した。　　（樋泉克夫）

大華銀行 だいかぎんこう
United Overseas Bank

シンガポールの華人銀行のなかで最大規模を誇る銀行。略称UOB。マレーシアのクチン生まれのウィ・ケンチャン（WEE Kheng Chian、黄慶昌）がシンガポール、サラワクの企業家と共同で1935年10月、資本金400万Sドルで設立したもの。当初はUnited Chi-

nese Bank の名称だったが、65年に現名となる。発展と飛躍は第2次大戦後、ケンチアンの四男▼ウィ・チョーヤオが経営参加したことにあり、チョーヤオは58年に取締役、60年に父親に代わって社長に就任した。チョーヤオは積極的に事業の多角化を進め、ファイナンス、保険、不動産、ホテルにも進出して企業集団を創りあげたが、最大のハイライトは同業他行の買収でシンガポール最大の銀行グループを形成したことにある。まず71年に、父親がクチンに設立した連昌銀行を買収し（78年売却）、同年には1950年に▼胡文虎が設立した崇僑銀行も買収する（同時に、ホーパー・ブラザーズ社も買収）。72年には、ユー・トンセン（余東旋）が1920年に設立した名門▼リーワー銀行が経営不振に陥ると買収し、84年にはゴム事業家ン・クィーラム（黄桂楠）が設立したファーイースタン銀行（遠東銀行）も買収、そして87年に、1953年設立の工商銀行が創業者の死後、息子たちが内紛を起こすと同行の買収を行う。これにより1935年の設立時には従業員35人だったものが、90年には5行を系列に収める従業員4000人強、国内支店60店舗強のシンガポール最大の銀行グループとなった。東南アジア、中国、日本などに40の海外支店をもつ。銀行のほかにも、ユーオーランド社（UO Land）、ホテル・プラザなどを傘下にもつ多角的企業グループでもある。現在、経営陣にはチョーヤオの長男ウィ・イーチョン（黄一宗）が参加している。
（岩崎育夫）

🔲 大華銀行『大行華年』シンガポール：大華銀行，1985．／岩崎育夫『シンガポールの華人系企業集団』アジア経済研究所，1990．

泰華国際銀行 たいかこくさいぎんこう

上海に本店をもつタイ華人企業家経営の銀行。おもに潮州系華人資本の中国投資支援を目的として、1992年にスワトウ経済特区に設立された。2000万ドルの資本金は、▼泰中促進投資貿易商会主席で不動産ディベロッパーのMTグループ（明泰集団）総帥の▼スチャイ・ウィラメタクーンとタイ軍人銀行とが出資。MT銀行とも呼ばれ、中国初の外資単独出資の銀行であり、銀行業務全般と本・支店の中国国内開設権を与えられていた。その後、資本金を1億ドルに増資し、本店を上海の浦東地区に移した。96年8月に行われた本店開店式典は、中国訪問中のタイのシリントーン王女によって主宰された。新本店発足にあたって公表された役員の顔触れを見ると、董事長はスチャイのまま。副董事長は泰中促進投資貿易商会副主席で▼CP（チャローンポカパン）グループ代表の▼タニン・チョウラワノンと同商会顧問で▼タイ・ファーマーズ銀行を頂点とする▼ラムサム家を率いる▼バンヨン・ラムサムの2人。董事にはCPグループの海外・中国進出の拠点である香港正大集団で総裁を務めるスメット・チョウラワノン（タニンの実兄で、華字名は謝中民）、▼サーラシン家を代表するポン・サーラシンとパオ・サーラシンの兄弟。パオは警察長官退職後、副董事長としてタイ・ファーマーズ銀行入り。実務の最高責任者を務めるのはスチャイの2人の息子だが、彼らは本店開設の数年前に、それぞれタニンとバンヨンの娘と結婚している。同行の経営陣はスチャイ親子を中軸に、血縁と業縁で結ばれた華人企業家一族によって占められていることになる。視点を変えると、同行は、中国と深い繋がりをもつが、タイ国内の基盤が磐石とは言いがたいMT、CPの二つの新興華人企業家集団と、いち早く華僑色を脱し、それゆえに中国市場との関係が希薄だが、その反面でタイ王室と政官界に強い影響力をもつ二つの華人系タイ財閥、この四つの企業集団の経営戦略上の思惑が一致したものともいえそうだ。
（樋泉克夫）

🔲 樋泉克夫「ASEAN華人資本の最近の展開」『香港回帰と中国経済』日中経済協会，1997．

タイガーバーム・ガーデン
虎豹別墅　Tiger Balm Garden

▼シンガポールを拠点に活躍した企業家▼胡文虎（オー・ブンホー）がシンガポールと▼香港に創った中国式公園。シンガポールの公園は島南西部のパシール・パンジャンの約3万坪の土地に1929年に建設を始め31年に完成、香港の公園は香港島ビクトリア・パーク一角の1万坪の土地に1600万HKドルを投資して35年に完成した。公園の名称はオー兄弟の主要製品▼万金油（タイガーバーム）にちなんだもので、兄弟の名によりホーパー・ビラ（Haw Par Villa、虎豹別墅）とも呼ばれる。公園には、日本の相撲取りの土俵入りなど世

界各国の珍しい風俗、天国と地獄の想像図、中国の歴史神話に登場する人物などが原色を施した彫像が展示され、有名な観光スポットとなった。しかし、香港の公園は80年代初めに敷地の約半分が▼リー・カシンの手に渡ってマンションが建てられ、シンガポールの公園も85年にシンガポール政府系企業の所有となり、改修後の90年、アミューズメントパークとして再公開された。　　　　　　(岩崎育夫)

参 谷川晃一・ねじめ正一編著『タイガーバーム・ガーデン』新潮文庫, 1987.

タイ客属総会 タイキャクゾクソウカイ
泰国客属総会

タイ在住▼客家の同郷団体およびその建物。トンブリー地区の三奶夫人廟、バンコクの▼関帝廟、本頭公廟、漢王廟、観音宮などの管理にかかわる客家によって1862年に集賢館が成立したが、その後1910年に暹羅客属会所として再編された。16年には会所が新設され、この中には関帝廟と創設されたばかりの進徳学校も移転した。27年に法人登録。広東省▼梅県出身者が多く、▼大埔と豊順の2県出身者は潮州会館傘下の各同郷会に所属するのがふつう。この頃までには既存の客属義山、呂祖廟も管理下に入り、さらに1949年には客属公立医院（後に崇正公立医院）が設立された。　　　　　　　　　　(吉原和男)

㊀ 客家帮, 大埔帮
参『泰国客属総会五十週年紀念特刊』バンコク：客属総会, 1978.

タイ・キーユン 1849-1919
戴喜雲　TYE Kee Yoon

マラヤの教育家、実業家。別名タイ・チュンヨン（戴春栄）。広東省▼大埔生まれの▼客家。24歳のとき徒手空拳で▼ペナンに渡り、刻苦奮励の後、漢方薬、酒、アヘン、賭博店で成功、20世紀初頭には東南アジア最大の実業家の一人となる。1907-12年に駐ペナン副領事、11-12年駐シンガポール総領事代理。慈善事業、教育事業に熱心で、キング・エドワード記念病院、▼ペナン極楽寺、フリースクール、中華学校（いずれもペナン）、郷里・大埔の学校建設などに多額の寄付を行った。大埔には彼を顕彰する戴公亭がある。子のタイ・ペイユエン（戴培元）も1912-30年の駐ペナン領事。　　　　　　　　　　(原不二夫)

大空襲と華僑 だいくうしゅうとかきょう

アジア太平洋戦争期、米軍による日本本土空襲は、1942年4月18日に始まった。空襲が本格化するのは44年に入ってからである。44年6月、中国の四川省成都を飛び立ったB29、47機が福岡を襲った。7月以降、米軍はサイパン、グアムなどマリアナ諸島に空軍基地を建設、ここから日本本土爆撃が可能となった。45年3月10日の東京大空襲にはB29、325機が参加、死者8万余を出した。12日名古屋、13〜14日は大阪、17日は神戸と、日本の都市に対する大空襲が連続して行われた。神戸は6月6日、3度目の空襲を受け、街はまったく灰燼に帰した。空襲は、日本降伏前夜まで地方の小都市も含め行われた。米軍が日本に投下した爆弾は16万トンを超え、B29の出撃回数は延べ3万3000回を超えた。こうした空襲による華僑の犠牲者と家屋の被害の実態については不明だが、神戸、横浜では関帝廟や中華会館などが焼失している。

(安井三吉)

参 日本の空襲編集委員会編『日本の空襲』全10巻, 三省堂, 1980-81.／朝日新聞東京本社企画第一部編『ドキュメント写真集 日本大空襲』原書房, 1985.

太空人 たいくうじん
タイフンヤン　astronaut

元来は、1997年の香港返還を前に、移民準備のために妻子をひとあし先に北米に住まわせ、一時的に独身生活をするようになった香港人男性を指す用語であったが、近年では、より一般的に、妻子を北米やオセアニアの移民先に住まわせ、自身は仕事の本拠を▼香港におき、頻繁に太平洋を飛行機で往復する香港人移民を指すようになっている。中国語での意味は「宇宙飛行士」であり、また「太々」（奥さん）が「空」（いない）人の意味にも読める。専門職や高級ビジネスマンなど香港で高収入をあげることのできる階層に多く、彼らにとって移民資格を維持しながら経済的利益も追求できる便法となっている。こうした移民のあり方は、北米やオセアニアでの国籍を金で買うものとして、また、移民先に定着する気のないものとして、ホスト社会の非難を浴びることにもなっている。ただ、太平洋貿易の専門家として移民先社会へ

の経済的貢献度の高いのもこの階層であり、一面的に非難されるべきものともいえない。もっとも、当事者にとって精神的・経済的負担の大きい生活であり、新しい移民家族問題ともなっている。

(森川眞規雄)

大圏仔 だいけんし
taaihyunn chai

▼香港のやくざ。広東語ではタイヒュンチャイ。香港やくざは▼広州との因縁が深く、彼らは広東省広州市一帯を「大圏」と呼ぶ。大圏とは本土とか内地といった意味。1960年代半ばから、▼文化大革命の混乱と軋轢により広州を脱出してくる者が激増した。解放軍、民兵、紅衛兵の経験のある彼らは武器の扱いに長じ、組織犯罪集団と化し、「大圏仔」と呼ばれた。80年代になると、香港の組織が計画を立て、実行部隊が広州など大陸から出撃してきて、引き返していくという事件が恒常化した。この頃から、大陸から犯罪とは無関係の仕事にやってくる者も「大圏仔」と呼んだ。97年の中国への返還後、香港黒社会は中国大陸へ進出し、開放政策後に育ちはじめたばかりで未熟だった中国黒社会を傘下に収め、それぞれの組織名がつけられるようになった。その結果、「大圏仔」という言葉は使用頻度が少なくなった。90年代になると、中国高級官僚、中国共産党員幹部などの子弟が香港で悪事を働き、その集団は「太子党」と呼ばれ、中国政府や共産党の威光を傘に、香港政府に圧力を加える政治的な力さえ蓄えた暗黒勢力となった。

(島尾伸三)

タイ洪字会 タイこうじかい

タイで最初の華僑▼秘密結社。1809年、南部の▼プーケット島で結成された。翌年マレーの▼ペナンの洪字会と連携をみせ、以後、沿海、中部の華僑居住区へと組織は拡大。南部の同会が地域間連携により組織を拡大・強化したのに対し、沿海、中部においては方言別に細分化される傾向が強かった。義鑫会、公恩会、▼義興会などが著名。厳格な内部規律に基づく相互扶助を標榜したが、さまざまな違法行為を行う暴力組織でもあった。構成員の多くは労働者であり、各地で労働争議を起こす一方、▼械闘など組織間の対立が治安を乱すことから、タイ政府は1897年の結社法に代表されるような政策によって洪字会活動を取り締まった。20世紀初頭、バンコクのいくつかの洪字会は▼孫文の指導によって▼中国同盟会に合流。▼ホン・テチャワーニット、▼林玉興などが代表的指導者。1932年の立憲革命以降、タイ社会の近代化にともない洪字会の影響力は低下の一途をたどった。

(樋泉克夫)

タイ広西会館 タイこうせいかいかん
泰国広西会館

タイ在住の広西省出身者の▼同郷団体およびその建物。1973年頃から設立準備を開始し、81年バンコクに成立。83年に会所が完成。タイには約10万人の広西出身者が住む。全世界で約200万の人口規模を有する広西出身者の同郷組織が78年には世界広西同郷聯誼会を結成しているが、この第5期代表大会が91年にバンコクで開催されている。

(吉原和男)

📖『世界華僑華人詞典』／方雄普・謝成佳編『華僑華人概況』北京：中国華僑出版社, 1993.

タイ江浙会館 タイこうせつかいかん
泰国江浙会館

タイ在住の江蘇省と浙江省出身者により1923年バンコクに成立した▼同郷団体およびその建物。これ以前に同郷者により江浙山荘が開設されていた。会員には木工業者が多かった。60年頃には劇団(曼谷業余平劇社)や青年会員の親睦と娯楽のために青年組を組織し、会所には舞台を設置した。64年には新しい山荘を開設し、68年には養老院を開設している。

(吉原和男)

📖『泰華僑団史略』バンコク：四海出版社, 1975.／『泰国華僑大辞典』バンコク：威提耶功出版社, 1967.

タイ広肇会館 タイこうちょうかいかん
泰京広肇会館

タイ在住の広肇地区(広東省広州周辺)出身者の同郷団体およびその建物。1877年、バンコクに広東省の三邑人、四邑人が中心となり広肇別墅が開設された。広肇山荘、広肇医局(後に広肇医院)が付属していた。1909年には華益学校が創立され、後には30年代までに創立された他の5校とともに46年に広肇学校(小学校)として統合される。65年には広

肇中学を開設。1936年広肇会館として登録される。管理する寺廟は会館敷地内の広肇廟のほかにはないが、50年代中期より毎年8月、山荘で盂蘭勝会を挙行している。

(吉原和男)

㊂ 広肇会館、四邑、三邑
㊕『泰京広肇会館一百週年紀念刊』バンコク：広肇会館，1977．

『大公報』だいこうほう

香港の中国系朝刊▼華字紙。香港には『大公報』以外にも▼『文匯報』（朝刊）や『新晩報』（夕刊）などの中国系紙があり、いずれも中国政府の影響下におかれている。重要な問題の報道にあたっては中国当局の指示を受けるといわれるし、当局の意図的なリークと思われる報道も少なくない。海外航空版も発行しており、100を超す国や地域で読まれている。サンフランシスコでアメリカ版と英語版を発行している。

1902年天津で創刊された。36年上海で上海版の発行を始めたが、日中戦争が勃発したため天津も上海も停刊を余儀なくされた。『大公報』はこの時期、漢口、香港、重慶、桂林で新たに発行を始めたが、戦火が迫ってきたことからどれも長続きせず、戦争を生き延びたのは重慶だけ。戦後新たに天津と上海で発行を開始、48年に香港版も復活した。中華人民共和国成立後、中国国内の『大公報』は停刊や改組でいずれも姿を消し、いまも残っているのは香港版だけになってしまった。

(戸張東夫)

㊕ 周雨『大公報史（1902-1949）』江蘇古籍出版社，1993．

戴国煇 たいこくき 1931-2001
タイ・クオフエイ　DAI Guo-hui

台湾の歴史学者。台湾省桃園県平鎮に生まれる。祖籍は広東省▼梅県。▼客家。台中農学院を卒業した後、1955年日本に留学、66年東京大学で農学博士号を取得。アジア経済研究所主任研究員を経て、76年から立教大学教授を務めた。96年台湾に戻り、国家安全会議諮問委員に就任。99年から台湾の文化大学の歴史学教授。華僑史や華僑問題について強い関心をもち、華僑よりも華人としてのニュー・アイデンティティの視点から分析している。主著に『中国甘蔗糖業の展開』（アジア経済研究所、67年）、『華僑──「落葉帰根」から「落地生根」』（研文出版、80年）、『台湾霧社蜂起事件・研究と資料』（編著、社会思想社、81年）、『もっと知りたい台湾』（編著、弘文堂、86年）、『台湾──人間・歴史・心性』（岩波書店、88年）などがある。

(劉文甫)

㊂ 馬立群，陳守明，蟻光炎，雲竹亭，ブンソン・シーファンフン（鄭明如）
㊕『泰国中華総商会成立八十五周年　新大厦落成掲幕紀念特刊』泰国中華総商会，1995．

台山第一中学 たいざんだいいちちゅうがく

広東省台山県台山市の県立中学校で、おもに北米華僑の寄付金によって1919年に開校。最初の校名は新寧公立学堂。その後も寄付金により図書館や宿舎・校舎が増設される。30年代には高等学校を増設した。▼文化大革命で被害を被ったが、華僑や国内の卒業生の寄付金で再開された。普通科以外に工業科、農業科、商業科があり、卒業生は約5万人。

(吉原和男)

㊕ 台山僑務弁公室編・刊『台山県華僑誌』江門：同弁公室，1992．

大使廟 たいしびょう
Wihara Dharma Wijaya

インドネシアの首都ジャカルタにある福建省漳州長泰地方出身者が建立した華人廟。鳳山廟とも呼ばれる。1751年頃の創建。ジャカルタのチャイナタウンにある▼金徳院からも遠くないところに位置する。▼廟の主神として大使を祀る。大使は福建省長泰や同安地方一帯で熱心に信仰されている神であるが、東南アジア華人社会ではあまり見られない。大使廟は後にインドネシア式に多磨維賈亜廟（Wihara Dharma Wijaya）と改名された。

(山下清海)

㊕『世界華僑華人詞典』

大朱 だいしゅ

インドネシア、オランダ領東インド期の華人カピタン配下の書記官の俗称。朱葛礁（オランダ語セクレタリスの音訳）ともいう。1742年バタビア政庁設立後、カピタンの業務が繁雑となり、各種文書の処理に専従者が必要になった。50年、華人カピタン黄箴観の要請により華人書記官1名の任用が認められ、黄市鬧が初代書記官になった。66年には華人カピタン林緝光の要請で副書記（小朱）

1名が認められ、カピタン公署の郵便、文書などの処理に当たった。
（張祥義）

泰昌号 <small>たいしょうごう</small>

安政開港後、いち早く創設された長崎の▼福建幇の有力華僑貿易商社の一つ。1861（文久元）年、福建省▼泉州府出身者7名による合資会社で、完成まもない大浦外人居留地22番地に開設、1868（明治元）年に同8番地に移転、その後さらに新地町2番地に移転。中国の上海、煙台、天津、営口や、香港、東南アジア、ロシア領ウラジボストークなどの広域的貿易ネットワークを形成。海産物、茶、和薬などの輸出と、綿花、砂糖、豆類などの輸入に従事、最盛期には長崎・上海間のチャーター船を使うほどであった。同号は陳明達、黄信侯（黄礼庸）、蕭敬輝（蕭仰斎）、▼陳国樑（陳発興、陳瑞椿）が歴代号主を務め、▼長崎福建会館の最有力商社としてつねに長崎の▼福建幇、▼泉漳幇の中心的存在であった。1901年、陳国樑は同号を解散、その商業活動は彼が興した▼泰益号により継承された。泰昌号の帳簿など貿易文書158冊（1863-1900年）が泰益号文書の一部として残されている。
（陳東華）

◎華僑帳簿

大新百貨店 <small>だいしんひゃっかてん</small>
大新公司

上海にあった大型百貨店。創業者はオーストラリアからの▼帰国華僑の蔡興、蔡昌、ともに広東省▼中山県の人。先施公司（▼先施百貨店）、永安公司（▼永安百貨店）、新新公司（▼新新百貨店）の経営陣とは同郷であるとともに、姻戚関係もあった。若くしてオーストラリアに渡り1912年に帰国。蓄積した資本に他のオーストラリア華僑からの資金を加えて400万元を集め、香港大新公司を開設した。16年には広東、36年には上海南京東路へ進出する。ともに華僑資本が全体の9割を占める民族資本企業だが、初期は香港英国政府登記であった。上海に進出する前に日本の百貨店を視察し、その経営法を学んだという。設計は、当時の上海で人気だったアメリカ帰りの中国人建築事務所、基泰工程司によるアール・デコ風の10階建て建築で、徹底した最新技術の導入による地下室や客用エレベータ一、冷暖房施設などが話題を集めた。画廊や遊戯場、レストラン、ダンスホールなどをも付設した。抗日戦争により租界に移り、解放後の苦難を経て1956年に国営化され、上海第一百貨商店となる。
（大道寺慶子）

圖『上海近代百貨商業史』

戴宗漢 <small>だいそうかん</small> 1902-89

ペルー華僑。広東省▼広州出身。ペルーにおける華僑・華人の最高組織である中華恵通総局主席、顧問など歴任。16歳でペルーに渡り、雑貨店や野菜畑などで働き、しだいに富を得て各地に農場をもち、中国農業技術を実践し伝授した。荒地を耕作地に変える灌漑・用水法として「平面湾形引水法」を開発、ペルー北部沿岸地方を米作地帯に変えたほか、養豚の近代化にも貢献し、ペルー議会から勲章を授与された。▼暨南<small>きなん</small>大学に多額の寄付をするなど、中国の教育や医療の発展にも多大な貢献を行った。
（松本武彦）

タイ台湾会館 <small>タイたいわんかいかん</small>

タイの台湾系▼同郷団体。前身は1935年に張春木が初代の会長を務めた台湾公会。戦後、拘留された華僑の釈放と華僑財産の返還などについて、タイ当局、同国駐留の英国軍と交渉。46年、陳大櫬、紀沢東、蔡錦松らがタイ当局と国民政府の僑務委員会にタイ台湾同郷会として登録、初代会長に紀沢東が就任。翌年、タイ台湾会館に改称。台湾同郷人の親睦と社会慈善事業の活動などに力を入れている。58年にバンコクの四丕耶路の泰興実業公司内にあった会館が廊曼第4路に永久住所として移転。
（劉文甫）

『大地報』 <small>だいちほう</small>

1954年3月1日、東京で創刊され、70年1月12日915号で廃刊された中国語新聞。第2次大戦後日本華僑は多くの新聞を発行、いちはやく大阪では華僑組織の会報として『僑声』が、東京では『華僑聯合総会会報』がともに47年2月、『東京華僑聯合会報』が同年9月創刊された。一方、商業紙として45年3月に大阪で『国際新聞』が、翌年1月に東京で『中華日報』が創刊。また中国通訊社が48年に設立され、中国関係のニュースを報道した。一般の雑誌や機関誌も続々と発刊された。『華光』『桃源』『民鐘』『僑風』『黄河』

『中国文化』『大同』『中華公論』『中国パック』『新世紀』『大都会』『特ダネ』『華文国際』『文化建設』『新主婦』『淑女』『中国少年』等々、多くは短命。単行本も出版。こうしたなかで『大地報』は各界代表が発起人となり、同学総会、国際新聞、アジア通信社、▼日本華僑経済合作社、▼東京華僑総会（大陸系）などの支援を得て、前東京華僑聯合会会長の林慶英が初代社長、韓慶愈が編集発行人。最初は月1回だったが、のちに週刊に、またタブロイド判から普通新聞サイズとなった。58年4月の「▼長崎国旗事件」後、東京華僑総会が大地報社を吸収合併、64年11月420号からふたたび大地報社が発行した。

（游仲勲）

⇨『華僑報』

タイ中華会館 タイちゅうかかいかん
泰国中華会館
Chinese Association in Thailand

タイの華僑・華人団体。革命宣伝のためにバンコク入りした▼孫文は、1907年に中国革命同盟会総支部（総支部長に▼シャウフッセン・シーブンルアンを指名）と中華会所を組織し、前者を秘密、後者を公然組織とした。中国での革命活動で犠牲になった会所の会員もいる。12年の中華民国成立を機に会所を現在名に変更。31年9月の満洲事変をめぐって内部対立が起こり、国民党在タイ総支部長のシャウフッセンが広東に留まりタイに帰らなかったため活動を停止。45年、▼コソン・フンタクーン、▼ウテン・テチャパイブーンらによってタイ政府に慈善団体として正式登録され、中タイ友好促進、華語教育などを活動の中心に再発足した。49年の新中国成立後は台湾系華僑・華人組織の中核的存在として活動してきたが、75年にタイが台湾と断交、人民共和国と国交を樹立した後は、政治活動に代わって華語教育、体育活動、慈善事業などの公益活動が中心。

（樋泉克夫）

大中華経済圏 だいちゅうかけいざいけん ⇨ 華人経済圏 かじんけいざいけん

タイ中華総商会 タイちゅうかそうしょうかい
泰国中華総商会　Thai-Chinese Chamber of Commerce, Bangkok, Thailand

タイ最大の華人企業家団体。海外華僑は居住地で中華商会を組織せよとの清朝の方針に呼応し、タイ在住の高暉石（当時、タイ最大の精米グループ「元発盛」の総帥）、陳立梅（ウォンリー家）、伍佐南（▼ラムサム家）ら華僑有力商人の手で1910年（1909年説あり）にバンコクのヤワラートに暹羅中華総商会として発足。総理、会長、主席と代表の役職名は変わったが、馬立群、陳守明、▼蟻光炎、雲竹亭（▼コソン・フンタクーン）、▼張蘭臣など華僑・華人社会内外に強い影響力を発揮する人物が代表者を務めてきた。現在の主席は▼ブーンソン・シーファンフン。血縁・地縁・業縁に基づいた組織を統括し、華僑・華人社会内の最高意思決定機関として秩序維持・相互扶助に中心的役割を果たす一方、タイ政府や中国政府に対しては経済活動のみならず、社会生活全般にわたって在タイ華僑・華人の権利保護に努めた。中国での自然災害の被害者や抗日戦争時の難民救済、抗日戦争支援なども行った。75年のタイ・中国国交正常化以後、華人企業家の純然たる職能団体に変質したことから、77年には華語と英語はそのままに、タイ語表記のみを改めた（タイ語で意味は「タイ国中国商人公会」から「在タイ国中国人商工会議所」へ）。70年代半ば以降、タイ生まれが主要役員の大部分を占めるようになった。戦後、タイ国商工会議所など各種経済団体が組織される一方、有力華人企業家の多くが華人色を薄めた経済活動を進めるようになったことから、華人企業家の経済団体としての影響力は低下し活動も低迷した。だが80年代末以降、タイだけではなくASEAN諸国の経済が活発化する一方、中国市場が急成長を遂げ、台湾や香港の資本がタイに流入し、華人色を強めた企業活動が活況をみせるようになり、タイの華人企業家の代表的団体としての影響力を内外に対して発揮するようになった。95年、成立85年を記念し高層の新ビルを建設すると同時に、同ビルを会場に第3回▼世界華商大会を開催したことなどは、その好例だろう。周辺諸国の▼中華総商会との交流、中国への投資環境視察、タイ国内での慈善活動を進める。

（樋泉克夫）

⇨ 慈善・義捐・献金

『泰国中華総商会成立八十五周年　新大厦落成掲幕紀念特刊』バンコク：泰国中華総商会, 1995.

泰中促進投資貿易商会 （たいちゅうそくしんとうしぼうえきしょうかい）

タイと中国間の貿易・投資活動の促進を目的とするタイの民間団体。1986年、不動産ディベロッパーのMTグループの総帥でタイ・中国友好協会副主席の▼スチャイ・ウィラメタクーンが呼びかけ、タイの華人企業家を糾合し、(1)タイと中国間の経済・貿易活動を緊密化させ、(2)対中投資を促進させるべく設立された。名誉主席に▼チャートリー・ソーポンパニット、顧問にタイ・中国友好協会創設者で主席の▼チャーチャーイ・チュンハワン副首相（当時）とシッティ・サウットシラ外相（同）、副主席に▼サマーン・オーバーサウォン、▼ディロック・マハーダムロンクーン、▼タニン・チョウラワノン、▼スミット・ロートスミットクーンなどが就任。改革・開放された中国市場への参入に意欲的な姿勢を示す大多数の有力華人企業家が会員として参加した。成立後、両国間の投資案件の仲介や法律問題の調整などを通し、両国間の経済活動を民間の側から補完する機関として機能している。94年には中国国際貿易促進センターと提携。

（樋泉克夫）

タイ潮州会館 （タイちょうしゅうかいかん）
泰国潮州会館

タイ在住▼潮州人の▼同郷団体およびその建物（会所）。1938年にバンコクに成立。会館成立以前には、1896年創設のバンコクの中華街に近い大峯祖師廟が会所としての役割を果たした。この会館は、中国のスワトウ市の潮州商人の万年豊会館（1866年成立）にならって開設された。発起人は▼潮州地方北東部出身の▼蟻光炎、頼渠岱、陳景川、余子亮（▼ウ・チュリアン）を中心として、潮州南西部出身の鄭子彬らを含む抗日救国公債の引受け運動にも参加した有力華僑たちであった。会館成立後の重要な事業は米穀業者のギルド的機能を果たす潮州米業平糶公司を設立してタイ米を潮州に安価に輸出することであった。▼潮州幫の最上位機構として潮安、潮陽、揭陽、普寧、澄海、大埔、豊順、饒平、恵来、南澳の各県の同郷会の代表、および各姓の宗親総会の代表によって構成されている。管轄する培英学校（小学校、1920年創立）、普智学校（小学校、1951年）、弥博中学（小中学校、1962年）およびその卒業生が組織する交友会は潮州人のネットワーク構成に重要な役割を果たしている。共同墓地は▼越隆潮州山荘のほか、バンコク郊外に3か所ある。ソンクラーや▼ハジャイなど地方都市にも潮州会館がある。

（吉原和男）

㊀会館、同郷団体、タイ米貿易
㊥『泰国潮州会館成立五十五週年紀念特刊』バンコク：潮州会館、1993.／内田直作『東南アジア華僑の社会と経済』千倉書房、1982.

邰肇玫 （たいちょうばい） 1958-

台湾のキャンパス・フォークソング時代（1975-85年頃）の重要な歌手、作曲家。台湾では1960年代、西洋音楽や日本の歌謡曲の氾濫の刺激を受けて大学生たちが地方民謡を歌うために「校園民歌（キャンパス・フォークソング）」のブームを起こした。75年楊弦の『中国現代民歌集』が発行されて以降、民謡の創作に取り組まれ、キャンパス・フォークの著名な歌手は邰肇玫、范広慧、李建復など。77年、邰肇玫は清純で文学性豊かな曲「如果」で第1回「金韻奨」受賞。その後、作曲に情熱を注ぎ、「心痛的感覚」「留一灯盞」「雪歌」「沈黙」など400曲も作った。現在、台湾フォークソング時代の歌の整理に取り組んでいる。『邰肇玫創作専輯』（台北：光美）を発行。

（許紫芬）

『大同』 （だいどう）

▼横浜華僑総会（台湾系）が発行する季刊紙。1998年3月創刊。日本語が使われており、発行部数3000部。紙面は縦A3サイズ4面。「大同」の名は「礼運大同篇」から取っており、一面右端のタイトルは▼孫文の筆跡。おもな内容は、総会のニュース、催し物のお知らせのほか、大陸や台湾に関するニュース、論評、そして華僑社会にかかわる事柄を掲載。同紙は総会会員、各地僑団、▼横浜中華学院校友生（台湾も含む海外）に郵送され、連絡・交流の役割を果たしている。

（陳天璽）

台南 （たいなん）

台湾南西部の市。現在の台南市の安平地区を、オランダ人はタイオワン（大員）と呼び、これが後に全島を指す台湾の語源となった。17世紀の初めに、中国本土の産物の中継貿易港として繁栄し、長崎の代官末次平蔵な

どが朱印船を派遣した。オランダ人は、ここにゼーランディア城を築き、港湾設備を整えた。1635年に朱印船の海外渡航、39年にポルトガル船の日本来航が禁止されると、オランダの台湾貿易はその頂点に達した。オランダ船がインドシナ各地の朱印船貿易を継承すると、中国産物の中継地としての台南は、急激に衰えた。61年4月に鄭成功がここに進攻し、翌年2月にオランダは降伏して、台湾を去った。清は61年に遷海(界)令を発して沿岸の住民の渡海を禁止し、84年に清軍が台湾に入り、鄭氏は降伏した。　　　(永積洋子)

　㊦ブリュッセイ、レオナルド
　㊢村上直次郎訳注・中村孝志校注『バタヴィア城日誌』全3巻, 平凡社東洋文庫, 1970-75.

タイの王室貿易 タイのおうしつぼうえき

　タイではアユタヤ朝(1351-1767年)、現在のチャクリー朝(1781年以降)を通じて、海外貿易は基本的には王室の独占であった。「独占」とは、タイ側で来航する外国船に対して貿易活動を行うことができるのは、基本的には王室、その代理人、あるいは王室から特許を受けた商人だけであり、海外に派遣される貿易船も基本的には王室あるいは王族、貴族の所有するものに限られるという意味である。そして実際の貿易業務に従事するのは、おおむね外国人商人で、彼らは王室から官職を授かり、官僚の一員となっていた。また貿易船の乗組員はそのほとんどが中国人であった。こうした制度はアユタヤ朝時代のかなり早い時期のその原型が作られ、時代が下るとともに確立していったものと考えられる。しかしチャクリー王朝時代になると、時代の変化に応じて部分的な自由化、すなわち民間商人の参入が認められることもあった。こうした形の王室貿易は1855年のバウリング条約による自由貿易の開始によって事実上終わったということができる。　　(生田滋)

タイの華僑・華人 タイのかきょうかじん

　タイにおける華僑の確たる足跡を遡れば、13世紀から14世紀にかけ、南タイのナコーンシータマラートなどを拠点とし東西貿易に従事していた商人にたどりつく。以後、元、明、清とタイに移住する中国人は増加し、アユタヤ朝時代(1424-1758年)は王都のアユタヤに中国人街が確認されている。彼らアユタヤ在住華僑の多くは、貿易に従事していたが、なかには王朝に仕え、中国王朝との交渉に当たった者もいた。清代中葉、南中国沿海地域から農業に従事すべく村を挙げてタイ東部の沿岸地方に移住した例もみられることから、華僑は必ずしも商業従事を目的にタイ移住を果たしたわけではない。アユタヤ王朝を滅ぼしたビルマの侵略に対抗しトンブリー朝(1767-82年)を樹立したタークシン王の父親が潮州華僑だったことから、同王朝では潮州華僑優遇策が講じられた。その結果、経済的にも潮州華僑優位が進む一方、潮州からの人口流入が顕著になった。経済界における潮州華僑の優位は次のチャクリー朝(1782年から現在)でも継続され、かくしてタイ経済は潮州華僑を中心とする華僑が実権を握ることとなる。華僑のうち有力官吏や企業家などは国王より官爵号やタイ式の姓を賜りタイ人化し、華僑社会とは明確に一線を画する者も少なくなかった。

　20世紀初頭、タイで徴兵制度が施行されるや、華僑は「われわれはタイ人ではない」と華僑が兵役に就くことに反対した。当時、経済の大部分を掌握しながらタイ国民としての義務を果たさない華僑を国王のラーマ6世は「東洋のユダヤ人」と強く批判しているが、華僑のシャウフッセン・シーブンルアンをはじめとする華僑知識人は強く反発した。1932年の立憲革命以後の政権担当者の中に華僑子弟は多く、彼らは「タイ人のタイ」を掲げ国家的統合を目指した。そのため経済的な既得権益を禁止・制限することで華僑のタイ人化の方向を打ち出し、華僑の主力産業である精米業に制限を加えるなど、それ以後に続く一連の華僑職業制限政策を推し進めた。だが、華僑の経済力に依存するという従来より続くタイの財政体質が改善されることはなかった。1920年代末以降、日本の中国侵略が顕著になるや、タイ華僑は日貨排斥などの抗日運動を展開する一方、中国における抗日運動を支援した。タイ政府は日本との関係を考慮し、華僑学校閉鎖、華字紙発行停止などの華僑活動禁止措置を実施したが、華僑の抗日運動がやむことはなかった。

　第2次大戦直後、タイ華僑は世界の五大国

の仲間入りした中国の影響力を背景に大戦中のタイ政府の華僑政策に強い反発をみせ、▼華僑学校を急増させるなど、華僑としての立場を強く主張する。だが中国に共産党政権が発足する一方、タイには華僑を敵視するピブン・ソンクラーム反共軍人政権が誕生し、両国は国交を断絶。その結果、華僑の多くは国籍の選択を迫られ、1952年から54年にかけタイ華人へとその法的立場を転換させることとなる。50年代後半になり、ピブンは華人を「タイ経済に大いに貢献した国内少数民族」と見なし教育や経済面での同化政策を推し進めた。華人企業家もまたタイ政府要人との連携を強め、タイの経済政策に協力すると同時に、自らの企業経営の拡大に努めた。50年代前半ではピブン首相と▼バンコク銀行経営者の▼チン・ソーボンパニット、50年代後半から60年代初期にかけてはクーデタでピブン政権を打倒したサリット・タナラット元帥と▼張蘭臣の関係がその典型である。60年代から73年まで続いた軍人政権下でも、華人企業家の多くは有力軍人や政治家を経営に名目的に参加させ、政府の経済政策を自らの企業経営に反映させる努力を惜しまなかった。このような傾向は、80年代後半の高度経済成長以降にはみられなくなる。80年代後半以降に影響力を増した若手華人企業家のなかには、有力軍人や旧来型政治家がタイ経済の成長を阻害する要因との考えをもち、自らの政界進出に強い意欲をみせる者も現れるようになった。

政界では、第2次大戦後のタイを代表する政治家の一人であるククリット・プラモートは林姓の華人と自ら名乗り、また80年代後半以降にタイの首相に就任した▼チャーチャーイ・チュンハワン、▼スチンダー・クラープラユーン、アナン・パンヤラチョン、▼バンハーン・シルパーアーチャー、▼チュワン・リークパイ、▼タクシン・シナワットなどは華人である。このほか、上下両院で構成される国会には華人政治家が少なくないなど、政界にも華人は進出している。

経済界でも、第2次大戦前から続く▼ラムサム家、ウォンリー家(▼ウォンリー・グループ)などの有力ファミリーは華人系である。戦後に創業され、軍人政権下で有力軍人と連携することで経営規模を拡大させたバンコク銀行、▼アユタヤ銀行、▼サイアム・モーター・グループ、イタルタイ・グループ、▼バンコク・メトロポリタン銀行など、70年代以降に有力政治家や軍人との関係をもつことなく順調に経営を伸ばした▼セントラル・グループ、▼サハ・パッタナーパイブーン・グループなど、さらには80年代の後半以降の経済成長期に経営の多角化に成功した▼CPグループ、バンコクランド、▼シナワット・グループなど、インフラ、通信、ハイテクを含む全産業にわたり、タイ経済の80%前後を華人企業グループが押さえているといわれる。その特徴は、グループ化による多角経営と海外、ことに周辺ASEAN諸国から中国市場への進出にある。97年の経済危機の影響を受け、華人企業グループも経営再建の道を歩んでいる。

文化・社会面でも、古くからタイ語訳された『三国志演義』が現在でも民衆に好まれるなど、華僑がもたらした中国文化の影響は大きい。バンコクを中心に七つほどの潮州劇団が活動を続け、全国に散在する▼廟での酬神戯を演ずる。これらの劇団は、マレーシアの▼ペナン、ラオスのビエンチャンなどの華人向けの公演も行っている。中国語を話せる世代は少数派だが、中国の対外開放・経済発展の影響を受け、中国語を学ぶ若い世代も生まれつつある。南タイを中心に、華僑学校による連合した文化活動がみられる。

華人団体としては、宗親団体、▼同郷団体、▼同業団体、慈善団体は全国各地に存在し、全国規模での相互交流活動を展開する一方、中国を中心とする海外の同系統団体との連携も密にみられ、これらの活動はバンコクで発行されている▼華字紙によって報じられている。最近の傾向としては、主として宗親・同郷団体が従来の出身省・県レベルから郷鎮レベルへと細分化される一方、▼善堂組織もまた全国的に数多く組織化され、東北タイの善堂のなかには国境を接するカンボジアの華人支援に乗り出すものも現れた。バンコクにある▼タイ中華総商会を頂点とするタイ全土の華人団体の活動を概観すると、(1)タイ王室への寄付、(2)タイ社会向けの社会貢献、(3)華人に対する生活支援、(4)海外の関連団体との連携などだが、その根本には彼らにとってのホスト社会であるタイでの安全確保という伝統

的な考えが色濃く反映されているようだ。

(樋泉克夫)

㊂ 華人の官爵、タイ米貿易、潮州の華僑史、バンコクの華僑・華人

㊥ Economic Outlook. Khonciin 200Pii Phaaitaiphrabarompoothisamphaar, Economic Outlook, Bangkok, 1983. /Economic Outlook: Khonciin 200Pii Phaaitaiphrabarompoothisamphaar Phaakh 2, Economic Outlook, Bangkok, 1987.

大牌檔 だいはいとう
タイパイトン

香港の路上飯屋。庶民が多く住む下町の盛り場には必ず大牌檔の屋台街がある。おもに夕方から深夜にかけて営業。固定された厨房（ビルの1階を使う店もある）で調理し、夕方になると歩道や道路に折畳み式のテーブルと椅子で客席を設え、雨の日や冬にはビニールシートで屋根を張る。油麻地の廟街、旺角の女人街、上環の士丹利街などが有名で、いまも毎夜賑わっている。酒楼と変わらないような料理を出す大規模な店から、粥、麺、煲仔菜(ポーチャイ)（土鍋煮込み）、煲仔飯(ポーチャイファン)（土鍋炊込みごはん）、火鍋(フォウォ)（寄せ鍋）、▼海鮮、甘味

移民労働者の食を支えた屋外の大牌檔。都市再開発で大方ビル内に移った。撮影：可児弘明

など日常食の小規模な専門店までいろいろある。香港はその昔、▼広東や▼潮州からの出稼ぎの移住者によって形成された。ほとんどが単身男性だったため、大牌檔、▼冬店、打冷など、安価な日常食を提供する飲食店で毎日食事をとっていた。その後、移住者が妻帯して定住するようになった古い雑居ビルや、大陸からの難民を収容したアパートには炊事場がないことが多かったので、それらの店は人々の台所として日常の食を支えつづけてきた。また▼広東人、▼潮州人、▼福建人には宵夜（夜食）をとる習慣があったので、大牌檔は宵夜を食べる人たちで賑わった。疲労や睡眠不足が続くと「虚火」という熱でのぼせの症状が出ると信じられていたので、「降火」（熱を鎮める）の効果がある粥が、宵夜に好んで食べられた。シンガポールやタイなどの海外華人社会でも事情は同じで、より多くの時間を労働に割いて金を稼がねばならなかった移住者たちの共同炊飯の役目を担って大牌檔は発展、しかも安く郷土の味を提供した。また同郷人とお国言葉で情報交換し語り合える場や夕涼みの場としても機能した。現在の香港では、大牌檔は電気と水道を備え、政庁の許可証をもらうことが義務づけられている。また交通事情や公衆衛生から、大牌檔は政庁が作った熟食中心（電気と水道を備えた屋内のフードセンター）にまとめられつつある。

(飛山百合子)

大伯公 だいはくこう

福徳正神の俗称。一般には土地公と呼ばれる。中国の広東・福建両省、とくに広東の▼客家(ハッカ)の間で「伯公」「大伯公」などと呼ばれて広く信仰され、清代初めには華僑により東南アジアにも伝えられた。マレー半島ではマレー人の土地神である▼拿督神（Datoh）と習合し、唐番拿督公とする神位も現れた。同地の華人はトーペーコン、トペコンなどというが、これについては、マレー語・中国語の複合とする説や福建語起源とする説などがある。いずれにせよ中国人の開拓者として守護神化したことは確かで、家屋や事務所などの床の上に祠が置かれ、赤色の木片に神名が書かれている。ちなみに、タイでは▼本頭公と呼ばれる。

(吉原和男)

📖 酒井忠夫「シンガポール・マレーシア地域の華人の習俗・信仰と文化摩擦」酒井忠夫編, 1983.

タイピン
太平 Taiping

マレーシアのペラ州の都市。旧名をクリアンパウ（Klian Pauh）という。また、ラルート（Larut）とも呼ばれていた。1848年にタイピンの小川で錫が発見され、それ以後、多数の中国人が錫を求めて、タイピンに移住してきた。しかし、「▼義興会」および「▼海山会」の二つの▼秘密結社に分かれ、▼械闘と呼ばれる大規模な流血の争いを繰り返した。1873年、イギリス植民地政府は軍隊を投入して事態の収拾に乗り出し、翌74年、両者は和解に応じた。そして、永遠の平和を祈って、ラルートをタイピン（中国語で「太平」）に改称した。1855年、マラヤで最初の鉄道が、タイピンとポート・ウェルド間に敷設された。市の中心にあるタマン・タスク（Lake Garden）は、かつての錫採掘場の跡である。タイピンの郊外12kmにあるラルートの丘（Bukit Larut）は、標高1035mのヒルステーション（高原避暑地）として知られている。

（山下清海）

🔗 イポー

📖 内田直作『東洋経済史研究』1, 千倉書房, 1970.／山下清海, 1987.

タイ・ファーマーズ銀行 ᵗᵃⁱ・ファーマーズぎんこう
泰華農民銀行 Thai Farmers Bank

タイで最も収益性の高い華人系銀行で、▼ラムサム家傘下の企業グループの中核。1944年、当時のラムサム家の総帥であったチョート・ラムサム（伍柏林）とチューリン・ラムサム（伍竹林）兄弟が同じ客家系企業家とともに、四弟のカセム・ラムサム（伍克誠）を総裁にバンコクで創業。62年航空機事故で死亡したカセムの後任にチョートの長男のバンチャー・ラムサム（伍班超）が就任。米国留学の後にタイで最初の近代的生保会社を興したバンチャーの手で近代的経営を取り入れ、ATM、コンピュータなどをタイで最初に導入し、80年代末期以降は▼バンコク銀行に次ぐタイ第2の民間商業銀行。92年バンチャーの死去にともない弟の▼バンヨン・ラムサムが経営のトップに立つ。王室、軍、政治家との太いパイプを経営に利用してきた。97年の金融危機はシンガポールの▼華聯銀行（OUB）などからの海外資金の調達に成功し乗り切ったが、ラムサム家は創業以来の筆頭株主の地位は確保している。

（樋泉克夫）

タイ福建会館 ᵗᵃⁱふっけんかいかん
泰国福建会館

タイ在住▼福建人の▼同郷団体およびその建物。1872年創立の順興宮を会所として福建公所がバンコクに成立、1911年これを改組して成立したもの。▼シャウフッセン・シーブンルアン（蕭仏成）が初代主席となる。会員約1800人。学校（1914年開設の培元義務学校、21年開設の中心公学）、共同墓地（1894年開設の閩山亭、1969年開設の福建山荘）、寺廟（順興宮、福蓮宮、新興宮、福興宮、本頭媽宮、観音亭）の管理維持などを行う。教育基金委員会を有し、会員の子弟に奨学金を支給。福祉活動のために慈善基金会を組織している。

（吉原和男）

🔗 福建商人

📖『泰国福建会館成立七十週年紀念特刊』バンコク：福建会館, 1981.

太平華興農林会社 ᵗᵃⁱへいかこうのうりんがいしゃ
太平華興公司

1917年に福建省永春県籍のマラヤ華僑李輝芳、鄭文炳ら23人が2万8000元を集めて同県に創設した農林会社。虎巷で山地を借りて開墾、18年に茶の木7万本を、約7.2haにわたり植えた。数年後、茶園を13ha余りに増やし、杉、油茶などの経済作物を33ha余に栽培し、年産1万1500kgの茶葉の多くを東南アジアに輸出した。50年、龍坑村にも茶園18.6haを開拓した。56年に▼公私合営となり、60年には永春北硅華僑茶果場と合併した。

（劉暁民）

📖『世界華僑華人詞典』

太平紳士 ᵗᵃⁱへいしんし

イギリスで軽微な民事、刑事事件を裁判したり、重大事件被告の予備審問を行った下級裁判所の裁判官、Justice of the Peace（略語 J.P.）の中国訳。日本では治安判事と訳す。東アジアでは英領植民地にこのJ.P.が導入され、土地の民間人中、知的エリートと目される人物や同国人に人望の厚い富商がこの無給の名誉職に任用された。香港では太平

紳士、マラヤ華人社会では太平局紳というのが普通である。植民地当局に協力して植民地統治とりわけ秩序維持に当たるのが最も期待された任務であり、身分的には民間人であったが、治安維持上で疑わしいと判断されれば家屋の立入り捜査を行う権限や、ボイコットや騒動などが発生した場合、付近の人々を指揮して群衆を解散させたり、容疑者を逮捕する権限を与えられた。また民事関係では植民地政庁の華民政務局が中国人、華人関係の職務を遂行する際、中国人、華人のJ.P. が参考人の召喚などで協議を受けるなど、植民地統治者との間に介在してミドルマン的役割を果たした。植民地当局の市政評議会、州参事会、立法局、行政局などの民間議員に選任された中国人、華人の「名流」「紳商」は、人生の一時期にたいてい太平紳士に任用された履歴を有している。

(可児弘明)

大埔（だいほ）

広東省の東端、福建省との境界部に位置する県。梅江と汀江が合流して韓江となる地点に位置し、梅県や閩西（びんせい）の客家（はっか）地域と▼潮州、▼スワトウ方面とを繋ぐ交通の要衝であった。西隣は▼梅県、北隣は福建省▼永定県であり、言語的にはほぼ県内全域で▼客家語の梅県方言が話されているが、音韻的特徴において梅県とはなお微差がある。同県はまた代表的な▼僑郷の一つであり、東南アジアや欧米、それに香港などに在住する同県出身者は、現在の同県の人口約50万人に匹敵する数にのぼるとされる。こうした移住者のなかには成功した実業家として著名な人々も少なくなく、たとえば清末にジャカルタを拠点に南洋貿易や酒造業などで財を築いた張弼士や、1960年代に香港でプラスチック製造業の中心となった▼田家炳なども大埔県出身者である。同県出身者は、いわゆる梅県客家の一部とみなされることもあるが、清代の行政区画上は▼嘉応州ではなく潮州府に属していたこともあり、狭義の梅県客家とは区別して認識される場合もある。

(瀬川昌久)

▷ 客家

大埔幇（だいほバン）

韓江の上流、福建省に隣接する広東省▼大埔県を出身地とする▼客家（はっか）が組織した幇派をいう。大埔県は行政上では旧潮州府に属したが、潮州府10県は大埔・豊順両県を除く8県までが▼潮州語を常用する▼潮州人の居住が支配的な地域であった。このため大埔客家は潮州八邑会館に加わらず、自己の幇派を組織したのである。また同じ潮州府の豊順客家、北接する福建省永定県の客家（旧汀州府）と結び「豊永大」を称することがあった。

(可児弘明)

▷ 客家幇

タイ米貿易（タイまいぼうえき）

▼潮州はタイ（暹羅（せんら）、シャム）への移民がとりわけ顕著である。タイ米（暹羅米）は、朝貢品の中に含まれるとともに、独立した商品としても輸入された。商船貿易は、朝貢船が入港を定められていた広州にではなく、むしろ▼アモイや寧波に多く入港しており、かつ、これを担った商人は華南各地の商人であり、中国華南の米需要に応じた交易がなされていた。ただし、18世紀中葉になると、アモイ商人によるタイ米の輸入は減少し、潮州商人に取って替わられるようになった。米の輸入が恒常化し、貿易利益が減少したため、アモイ商人はより利益が多い中国沿海交易に集中し、それに代わり、タイ移民と関係が深い潮州商人が米輸入を担うようになった。暹羅行（タイ貿易を扱う商人組合）は、その出発点において南郊と称されるベトナム、マラヤ、蘭領インドネシア各島、香港との貿易に従事した行会と活動範囲を共有していたが、タイとの独立した貿易利益を確立するために運輸面の強化を行い、1930年代には南郊に匹敵する力を保有した。暹羅行はタイの二大輸出品である米と木材とを取り扱い、南郊とともに、拡大された華僑経済圏すなわち華南と東南アジアとを商業・交易網で結合した交易圏を形成する重要な担い手であった。

(濱下武志)

▷ 朝貢貿易

泰密寺（タイミツじ）
Wat Traimit

1832年に3人の華僑によって創建されたとされるタイの仏教寺院。バンコク市内ヤワラートの一角にある。1939年の改修で三華人寺から現在の名前に。タイ名ワット・トライミ

ットの意味は三友寺。境内に13世紀のスコータイ時代に鋳造された約5トンの黄金仏を祀る。盗難を避けるためか表面が土で覆われていた。建都当時のバンコクに運ばれたが、どの寺院も引き取ることを拒否、最終的に泰密寺に落ち着く。1956年に黄金仏であることが発見され、国宝に指定される。タイで亡くなった日本人の菩提寺としても有名。

(樋泉克夫)

泰緬鉄道（たいめんてつどう）
Burma-Siam Railway

アジア太平洋戦争中に建設された、タイのノーンプラドックとビルマ（ミャンマー）のタンビュザヤを繋ぐ全長415kmの鉄道。1942年6月に建設命令が下り、1年3か月という驚異的な短期間で完成した。鉄道建設には日本兵1万3000、および連合国の捕虜6万2000、タイ、ビルマ、マレーシア、インドネシア、ベトナムから労務者18万が強制労働に駆り出された。無理な建設計画、劣悪な食料と住環境、重労働、医薬の不足と医療施設の欠如、病気の蔓延、日本兵による暴行・虐待などのため、捕虜の死亡率約20%に達し、労務者の死亡率は、日本側は38%と主張、連合国側調査では少なく見積もっても51%とされている。労務者のなかには多くの女性、子どもが含まれていた。労務者は初めは募集をしたが、しだいに強制連行するようになった。多くの犠牲者を出したこの鉄道は「死の鉄路」と呼ばれ、戦後、捕虜に対する虐待などは重大な戦争犯罪として裁かれた。　　　(中原道子)

　参 内海愛子, G.マコーマック, H.ネルソン編著『泰緬鉄道と日本の戦争責任』明石書店, 1994.

大量帰化政策（たいりょうきかせいさく）
集体帰化案　mass naturalization

フィリピンと中華人民共和国の国交樹立直前の1975年4月21日、マルコス政権下で出された国籍取得手続きの簡便化に関する大統領令（270号）。国交樹立を前に華僑への▼中国共産党の影響力を排除することを目的とした。それ以前、華僑によるフィリピン国籍の取得は、煩雑な裁判手続きと多額の費用を要したが、この大統領令の発布以後、有資格者は特別帰化委員会による簡単な審査と500ペソの手続料でフィリピン国籍を取得できるよ うになり、多数の華僑がフィリピン国籍を取得した。

(宮原曉)

台湾移住（たいわんいじゅう）

最初に台湾へ移住してきたのは、南洋諸島から島伝いに北上してきたマレー・ポリネシア系住民である。漢人の台湾移住は大航海時代以降のことである。中国沿岸漁民や海賊は台湾に居住していたが、大量移住はオランダ時代に始まる。1624年にオランダは台南を占拠し、台湾を貿易中継地としてだけではなく、対岸の貧しい農民を招致して入植・開墾させ、開墾地を王田として経営した。これにより台湾の人口は一挙に2万数千人に達した。1662年に▼鄭成功は「反清復明」を掲げてオランダを駆逐し、台湾を対清闘争基地とした。鄭氏政権は軍人やその家族の食糧を賄うために、対岸の福建省から農民を招致し開墾させた。一方、清朝は渡台を禁じ、遷海（界）令を敷いて海岸線より30里以内の居住を禁止したが、貧しい農民は禁を犯して台湾へ移住した。鄭氏政権末期に人口は十数万に達した。1683年に清朝は施琅将軍を派遣して鄭氏政権を倒し、台湾を清朝の版図に入れるが、「化外の地」の経営に関心を示さず、反清闘争基地となることを恐れ、渡航を禁じた。しかし、福建・広東での飢饉と人口圧力は農民を対岸へ押し出した。乾隆期から嘉慶期（1736-1820年）に入ると、西部台湾はほぼ開墾しつくされ、開発は「原住民居住区」を侵し、東部の宜蘭から花蓮、台東へと進展した。1895年、日本は下関条約により50年間台湾を領有し、その結果、漢人移住は途絶え、移住の中心は日本人となった。1945年の敗戦で日本人は引き揚げ、中華民国は台湾を接収するために軍人や役人を送り込んだ。1949年には国共内戦に敗れた国民党は中央政府とともに、大量の軍人や公務員とその家族を移住させ、台湾の人口は一挙に約600万人に増加した。その結果、1945年以降の台湾移住者を「外者人」と称し、以前からの居住者「本者人」と区別し、両者の対立は台湾政治に大きな影響を与えてきた。

(石田浩)

　参 曹永和『台湾早期歴史研究』台北：聯経出版, 1979.／王世慶『清代台湾社会経済』台北：聯経出版, 1994.

台湾映画（たいわんえいが）

日本の植民地時代の台湾では、台湾人による映画制作は『怪紳士』『望春風』など数少ない。戦後になると抑圧されていた伝統芸能が復活し、歌仔戯の舞台を映画化した台湾語（閩南（ミンナン）語）映画が人気を博した。大衆娯楽作品を中心とした台湾語映画は1950年代、60年代に大ブームを巻き起こし、やがてTV放送の開始や国語（標準中国語）映画の普及政策などにより姿を消す。60年代後半から70年代にかけては、国民党経営の中央電影公司が「健康写実主義」を標榜して劇映画制作をリードし、李行監督の『養鴨人家』など、庶民の生活を描いた国語映画が東南アジアを中心とする華人社会でも一定の人気を得た。80年代に入ると、政府の映画産業振興策によって戦後生まれの監督が活躍を始める。同時に映画に対する規制が緩和されて台湾語など国語以外の言語の使用が容認されたことがリアルな表現を促し、台湾ニューシネマ作品群が生まれた。87年の戒厳令解除で自由化が進むと、▼侯孝賢監督の『悲情城市』、▼楊徳昌監督の『牯嶺街少年殺人事件』など近現代史に素材を得た秀作が作られ、国際的にも高い評価を得た。その後は50年代生まれの李安監督、蔡明亮監督らの国際的な活躍が目立ち、欧米およびアジアの華人社会に大きな影響を与えている。だがさらに若手の林正盛監督、張作驥監督らは逆に土俗的な味わいを強めている。　　　　　　　　　　　　（田村志津枝）

㋙ 金馬奨映画祭，中国語圏映画
㋱ 田村志津枝『台湾発見』朝日新聞社，1998.／同『はじめに映画があった』中央公論新社，2000.

台湾黒幇（たいわんこくパン）

台湾ギャング。現地ではタイワン・ヘパンという。二大黒幇は、構成員4万人ともいわれた「竹聯幇」と、宗教がかった「天道盟」。他に「蛍橋幇」（賭博）、港町に巣くう「海口幇」、中国沿岸の漁民と組み密輸や海盗（海賊）を働く「新二十四K」「西北幇」「七賢幇」、大量の武器密輸で名をあげた「四海幇」、香港系「十三太保」など無数。香港最大の「▼14K」や福建「蛇頭」も無関係ではない。偽札造りのフィリピンの台湾系黒社会や、麻薬につながるタイの台湾系黒社会もその存在は大きい。台湾は先住民との対立、外省人と本省人の対立、1949年5月から87年7月まで続いた世界一長かった戒厳令に象徴されるような国民党政権による白色テロなどの特殊事情から、90年代半ばまで社会の歪みが放置され、黒社会がはびこった。90年6月の掃黒（反黒運動）で、中国本土、タイ、フィリピンへ逃亡した老大（大ボス）たちは、投資と称し福建省の▼福州や▼アモイや▼スワトウに居を構えた。
　　　　　　　　　　　　（島尾伸三）

台湾省民会［神戸］（たいわんしょうみんかい）

第2次大戦後に結成された神戸の台湾出身者による▼同郷団体。戦後まもなく一部の台湾青年たちが台湾青年隊を結成したところ、▼陳義方、李金倉、施木樵らが発起人となって台湾出身者全体に組織づくりを呼びかけ、1945年9月頃、神戸会員会館で台湾省民会が発足した。その後、組織は拡大、生田区（現中央区）中山手通4丁目に事務所を置き、陳義方を会長に選び、渉外部、救済部、医療部などを設け、活動を広げた。46年11月、神戸華僑総会と合併、あらためて神戸華僑総会を組織した。また、台湾省民会の残りの公産により、同時に神戸華僑文化経済協会を設立、陳義方が会長。　　　　　　　　（陳來幸）

㋙ 神戸華僑総会

台湾幇（たいわんパン）

台湾幇とは、台湾から外国へ移住した台湾人の集合名称である。台湾幇の歴史は日本と他の諸国とで異なる。第2次大戦前、台湾は日本の植民地であり、台湾人は日本人であったが、戦後は、在日朝鮮人が朝鮮籍となったのと同様に在日台湾人は中国（中華民国）籍となった。しかし、中国籍には▼福建幇や▼広東幇、▼三江幇などがあり、台湾幇はその一つとして華人社会の構成メンバーとなった。ところが、アメリカの台湾幇の歴史は比較的新しく、戦後に移民・留学した高学歴者で構成されており、中国からの▼老華僑との交流は少なく、しかも▼チャイナタウンではなく郊外に居住している。老華僑の多くが▼孫文の▼辛亥革命を支援し、中華民国を支持する中国大陸出身者であるが、台湾幇の出身地は台湾であり、彼らの多くは反国民党である。1972年の日中国交締結と日台国交断絶によ

り、日本では中華民国籍の台湾人と中国人の対立が鮮明化した。現在、台湾幇は世界各地に「台湾同郷会」を組織している。　（石田浩）
圕『落地生根』

ダーウィン
達尓文　Darwin

オーストラリア北部準州の州都。同地に最初に到着した中国人は1847年の約20人で、その後▼ゴールドラッシュとともに70年代から80年代までに金鉱鉱夫として、また北オーストラリア鉄道の労働者として流入、80年代後半には約5000人の中国人が来住した。ゴールドラッシュの終了、1901年の移民制限法導入、第2次大戦時の日本軍の攻撃などで、戦争終結時には500人余りにまで減少。1970年代からはティモールやインドシナから難民として、80年代からはマレーシア、香港などから技術者として、華人系の人々が多く流入した。　（増田あゆみ）

ターウォン・リーサウァウェット
張蔡雨　Thavorn LEESAVAVECH

タイの企業集団チョーカンチャーン・グループ（建設集団）の総帥。生年は不詳。潮州系。1972年にチョーカンチャーンを創立。企業成長の第1の要因は、81年に東急建設と提携し、日本の先進技術を採用したこと。第2は、80年代半ばから国軍実力者として頭角を現し、90年代初頭には新希望党を組織、後に首相を務めたチャワリット・ヨンチャイユット大将との関係を深めたことで、軍関連施設の工事を多く受注し、経営基盤を強化・拡充。90年代半ば以降はバンコク第2高速道路の建設と経営に当たる。　（樋泉克夫）

ダウンタウン・チャイニーズ
downtown Chinese

北米都市部のダウンタウンにある旧来の▼チャイナタウンに居住する中国系人を指す。元来チャイナタウンは、社会的適応力が弱く、差別の対象でもあった初期の中国人移民が居住する都市スラムであり、その性格は今日でも大きく変わっていない。かつての中国人移民の二世・三世世代の多くは階層的上昇を果たし、チャイナタウンに居住するのはごく一部の社会的弱者となっているが、かわりにチャイナタウンでは、1980年代以来増加した合法・非合法の大陸中国人移民やインドシナ系中国人難民などの非熟練労働者が多数派となっている。これらのチャイナタウン居住者に対して、近年大都市の郊外では、富裕で適応力の強い香港・台湾出身の移民たちが、いわゆる「▼郊外型チャイナタウン」を形成し、しばしば「▼アップタウン・チャイニーズ」と呼ばれるようになっている。今日の北米の中国系グループは階層的に二極化しつつあり、「ダウンタウン・チャイニーズ」はこの状況を反映する言葉といえる。　（森川眞規雄）

滝川儀作（たきがわ ぎさく）　1874-1963

神戸華商との親密な交際で知られた実業家。奈良県吉野生まれ。旧姓は梶岡。大阪商業学校卒業後、▼滝川弁三長女と結婚、養嗣子となり、神戸でマッチ製造業に従事。1901年の良燧合資（日中合弁。16年清燧社と合併して滝川燐寸）を筆頭に、14年上海燧生、17年東洋燐寸、18年青島燐寸、24年朝鮮燐寸、27年大同燐寸を設立、社長に。日本燐寸連会長、神戸商工会議所会頭（21-25年）歴任、貴族院議員に。21年日華実業協会会長就任。24年に▼孫文が神戸に来たときに講演を依頼したことでも有名。28年中国政府から三品嘉禾章受章。　（陳來幸）

滝川弁三（たきがわ べんぞう）　1851-1925

神戸の華僑社会から信用が厚かった実業家。長門国長府町生まれ。神戸でマッチ製造に従事、マッチ輸出をおもに担当した華商たちとの関係も親密。1880年清燧社設立。97年良燧社買収、養子の▼滝川儀作に経営を委ねた。中国市場に輸出の日本製マッチは主力商品に成長、マッチ業は神戸工業の先駆となる。1909年、良燧社のパートナー▼麦少彭の正金銀行に対する負債を引き受けた。12年、辛亥革命祝賀パレードをめぐって起きた提灯行列事件で警察当局と華僑社会との仲裁役を務める。2度にわたり神戸商業会議所会頭（10-11年、15-17年）を務めた。15年滝川高校の前身・兵庫中学創立。教育にも熱心だった。　（陳來幸）
圕中華民国僑商統一聯合会

タークシン　1734-82
鄭昭／鄭信　Taksin

18世紀末、ビルマ軍の攻撃によって王朝の

絶えたタイ王国を復興させ、都をアユタヤからさらに下流のトンブリーに移して新王朝を立てた救国の英雄。タイ国王夫妻は、今日もなお即位記念日にあたる「鄭王節」には、トンブリーの「鄭王記念碑」に詣でてその治績を称える。タークシンの父は、潮州の澄海華富里出身の華僑で、賭博場徴税請負人となってKhun Phatという欽賜名を与えられた。母はNok Yengという名のタイ婦人。タークシンはその才能を認められて高官チャオプラヤー・チャクリーの養子となり、シンと名づけられた。宮廷近習としてアユタヤ王に仕え、のち要衝タークの国主プラヤー・ターク（Phraya Tak）に任命された。タークシンの名はこの史実による。1767年ビルマ軍のアユタヤ攻撃の報を受け、ただちに救援に赴いたが果たせず、父の同郷人潮州華僑の勢力下にあった南東部タイのチャンタブリーに赴き、華僑の動員に成功してビルマ軍への反撃を開始、まずチャオプラヤー川河口に近いトンブリーの要塞を奪回、ついにビルマ侵略軍の撃退に成功した。同年11月、港市トンブリーを新たな都と定め、翌68年12月28日、タイ国王として即位した。タークシン王は、各地に平定の兵を進め、3年にして全土の混乱を収拾し国内の統一に成功した。中国との交易による国富の増大に基づく国力の充実を目指し、たびたび清朝に使節を派して入貢を乞うた。アユタヤ滅亡後の不安定さを危惧した清朝は、タークシンの支配の承認を躊躇したが、ようやく1781（乾隆46）年になり、暹羅国鄭昭の使節の入貢を正式に受理した（『高宗実録』巻1140）。これ以後中国史料に、ラーマ4世（在位1851-68年）に至る歴代のタイ国王を鄭姓を冠して呼ぶ。王は晩年、仏教信仰が嵩じたとされる奇行が目立って人心の離反を招き、1782年、部下の手によって処刑され、トンブリー王朝は1代14年で滅亡した。

（石井米雄）

⊟ 華人の官爵［タイ］

タクシン・シナワット 1949-
Thaksin SHINAWATRA

タイの首相、愛国党党首、シナワット・グループ総帥。曾祖父の邱春盛が中国南部より渡タイした客家系。タイ北部のチェンマイで生糸業を始めた祖父の邱昌の代にシナワット姓を名乗る。父親のラック・シナワットはタイ・シルク製品の製造・販売で成功。1970年代中期、独立党を組織し下院議員に。タクシンは73年に警察学校を卒業。政府の奨学金を得て米国留学し犯罪学博士号を取得。この間、コンピュータ技術を習得。帰国後、警察中佐。70年代末頃から警察勤務のかたわらチェンマイで映画館、バンコクでマンションを経営。83年に政府向けのコンピュータ・リース業開始。90年代に入り電話のほか、衛星事業に乗り出す。現在、シン・コーポレーション傘下に衛星・通信・ハイテクなどの事業を展開。タイ有数の個人資産をもつ。94年の外相就任を機に政界に進出。副首相などを歴任の後、98年愛国党を組織し党首に就任。2001年1月総選挙で第一党となり第23代首相に。

（樋泉克夫）

武林唯七 たけばやしただしち 1672-1703

赤穂義士47人の一人。名乗りは隆重。孟子61代目の後裔で浙江武林（今日の杭州）生まれの孟二寛（?-1597年）が1592年に朝鮮に行き、豊臣秀吉の軍隊に敗れて捕虜となり、日本に連行後、長門の国で医官となり、武林治庵に改名、広島で病死、墓碑が残る。その子孫が唯七。芸州（広島）浅野家の分家が1645（正保2）年赤穂に転封。唯七は元浜奉行渡辺平右衛門の次男で、父とは別に召し出されて渡辺姓から武林姓に。1702（元禄15）年吉良邸討ち入りにより、大石内蔵助らと切腹した。

（游仲勲）

大宰府 だざいふ

日本の律令時代、いまの福岡県太宰府市に置かれた官庁で、西海道の九つの国と三島（壱岐、対馬、多褹）の行政を統べるほか、東アジア諸国からの往来に対する外交と軍事の上で重要な拠点であった。その外港であった博多津と一体となり、博多には使節を接待する鴻臚館があった。日唐、日明間の貿易が拡大するにつれて、華商が在住する唐人街が栄えた。

（斯波義信）

ダスマリニャス殺害事件 ダスマリニャスさつがい・じけん

1593年10月、フィリピン総督ゴメス・ペレス・ダスマリニャス（Gómez Pérez Dasmariñas）がマルク諸島のテルナテ島遠征途

上、乗船のガレラ船上で潘和五らを指導者とする中国人漕手250人の反乱により殺害された事件。中国人は総督殺害後、ガレラ船を奪取し、中国を目指したが果たせず、ベトナム中部において在地の領主に舶載品を奪われ四散した。この事件は、翌年、福建官憲派遣の艦隊がマニラに来航したこととも相まって、スペイン人の中国人に対する恐怖感、不信感、警戒感を増大させ、1603年の中国人殺戮事件への底流となった。　　　　(菅谷成子)

↪ マニラの華僑虐殺事件

達明一派 たつめいいっぱ

香港の社会派ボーカルグループ。1980年代後半のバラード、ラブソング、カバーソング、アイドル偏重に対するアンチテーゼとして、香港音楽シーンに起こったバンドブームの代表的存在であるユニット。86年、DJであった黃耀明が劉以達(ともに1963年生)のボーカル募集を見て会いに行き結成された。彼らの音楽は、ユーロビート、テクノの影響を色濃く受けているが、その歌詞は社会的メッセージを含み、当時の香港人の心情を映していて学生を中心に支持が高かった。90年に発表された「神経」は、抽象的な歌詞ながら89年の天安門事件を題材にした数少ないアルバムの一つである。90年に活動停止、96年に結成10周年を記念して再結成された。インディーズからメジャーへと育て上げるシステムが確立されていない香港で、インディーズ的ポジションからメジャーになった点、天安門事件を題材にしたアルバムで人気を博した点を含めて、80年代後半から90年代初頭の香港音楽シーンを語るとき、重要な存在である。

(小川正志)

ダトゥー
拿督　Dato / Datuk

ダトゥーは、イギリス植民地政府下のマラヤのラジャースルタン制各土侯国のスルタン、20世紀のマライ(マラヤ)連邦国の元首が、マレー人社会、華人社会の上層領袖に授与する貴族称号。ダトゥクとも。拿督はその音訳漢字。Dato は元来、家族の中の「祖父」のマレー語である。マラヤ華人社会で流通する『通書』(1968年香港版)収載の「馬拉語粤音訳義」には、祖父を「拿督」と記し、「地方」官をも「拿督」と記す。「地方」とは郷村のような特定の土地空間のことで、マラヤの華人は、ダトゥーの称号を授けられるほどのマレー人社会、華人社会の領袖を「官」と意識した。なおマレー人は、地方を守護する土地神を Da(k) To(k) Kong (拿督公) と称する。なお、社会的イスラム教的体制が類似するインドネシアのスマトラのマレー人部落およびフィリピン南部のムスリム社会でも、このDato の語が、その部族長、部族長老、身分の高い者に用いられている。

(酒井忠夫)

↪ 華僑・華人の宗教

⦿ 酒井忠夫「シンガポール・マレーシア地域の華人の習俗・信仰と文化摩擦」酒井忠夫編、1983./『世界華僑華人詞典』

タートリー銀行　タートリーぎんこう
達利銀行　Tat Lee Bank

1973年に設立されたシンガポールの華人銀行の一つで、現在はケッペル銀行として政府系企業グループの傘下にある。資本金3600万Sドルで設立された、シンガポールの華人銀行のなかではいちばん新しい銀行。創業者は1906年に中国に生まれたゴー・チョイコク (GOH Tjoei Kok、呉水閣)。ゴーは15歳のときにインドネシアに渡り、スマトラで仲間と共同でゴム事業を始め、貿易会社も設立した。54年にタートリー貿易社を設立して独立し、57年にはシンガポール国籍を取得して、60年代に当時シンガポール国策会社であった製鉄会社への投資を行った。その後、ゴーの事業は多角化されていくが、金融業への参入はファイナンス会社設立で始まり、73年にタートリー銀行を設立して本格化した。しかし、同行は経営不振に陥り、88年にケッペル社に買収されてケッペル銀行と改名される。ケッペル・グループは造船、海運、不動産、金融に広がる巨大政府系企業グループ。

(岩崎育夫)

タナブーン・キマーノン 1912-
金崇儒　Thanabuul KIMAANON

タイ華人指導者。広東省饒平県生まれ。6歳で母親とともに渡タイ。中学卒業後、実社会へ。28歳のとき、叔父がバンコク市内ヤワラートで経営していた旅館を譲り受け、金両成崇記大旅社を開業。1960年代中期、貿易業に進出。82年にはバンコク東北郊のプラチン

ブリに金峰地産を設立。70年代末より80年代にかけて▼タイ潮州会館主席を務め、同会館の業務拡大に尽くす。戦後、中国からの移住者支援に乗り出して以来、熱心な慈善事業家としても知られる。　　　　　　　　（樋泉克夫）

🔁 慈善・義捐・献金

タニン・チョウラワノン 1939-
謝国民　Thanin CHAORAVANON

タイのチャローンポカパン・グループ（通称▼CPグループ。正大集団）総帥。グループの創業者である▼謝易初の四男としてバンコクに生まれる。スワトウ、香港で教育を受けた後、58年にバンコクに戻る。タイ国営企業を経て63年に家業のCPに転職。68年にCPの総裁に就任して以後、飼料と養鶏・養豚が中核であったCPをタイ最大の多国籍企業集団へと急成長させる。「アジアで最も優れた企業家」に選ばれた88年、タイのタマサート大学名誉商学博士。90年代初期以降、立法議会議員、上院議員などに任命されタイの国政に参画。姻戚関係にある▼スチャイ・ウィラメタクーンを通じ▼バンヨン・ラムサムと▼泰華国際銀行を経営。▼泰中促進投資貿易商会副主席。泰中友好協会副主席。▼華僑崇聖大学の創設に参加するほか、潮州劇のタイ公演を積極支援するなど華人文化の養成・普及に努める。中国での文化・慈善・社会活動にも積極的である。97年の香港返還に際し中国政府より港事顧問に任命されたほか、実兄で香港在住のスメット・チョウラワノン（謝中民）とともに中国政府の返還事業に積極協力。

（樋泉克夫）

ダバオ
納卯　Davao

フィリピンのミンダナオ島南東部の都市。旧名ヌエバ・ギポスコア（Nueva Guipozcoa）。フロンティア開発の遅れと太平洋戦争前の基幹産業であったアバカ（マニラ麻）生産に関連して多くの日本人・沖縄人が移民したことから、中国系にとっての商業上の妙味は薄く、戦前、フィリピン諸島で多数派を占める晋江系やアモイ系のかわりに、少数派の福建省南安県や広東省出身者がそれぞれ中国系の50％、40％を占めていた。戦後、アバカ生産から木材業への産業転換、南部ミンダナオにおける流通拠点としてダバオが確固たる地位を築いたこともあって、スル、サンボアンガ、さらには▼サンダカンから南安出身者をはじめとする福建系が新たに流入、広東系の影響力は低下した。依然、南安出身者優位であり、洪姓が多いことでも知られる。中国系人口の推移は、1903年14人、18年493人、39年2234人、60年3790人。広東系は旧市街サン・ペドロ（San Pedro）通りを中心にホテル、レストラン、旅行業、貿易などに従事、南安系はマグサイサイ通り（Magsaysay、旧名 Uyanguren）の海側サンタ・アナ（Santa Ana）地区に集中、おもに服飾、靴、ハードウェアなどの流通に従事する。

（宮原暁）

📖 Daniel F. Doeppers. "Ethnicity and Class in the Structure of Philippine Cities." Ph.D. dissertation, NY: Syracuse Univ., 1971.

タ・ビン ?-1966
謝栄　TA Vinh

ベトナムの▼チョロンの華僑。1966年3月14日、南ベトナムの軍事政権によって贈賄ならびに投機と公定外貨価額に違反する商行為の経済事犯として、サイゴン（現▼ホーチミン市）都心のベンタイン市場前のロータリー広場で銃殺によって公開処刑された。63年10月のクーデタによるゴ・ディン・ジエム政権崩壊後に成立した軍事革命政権がその後もクーデタで交替を反復して混迷を深めた南ベトナム政府が、65年2月29日に解放民族戦線の工作員の被疑者として高校生レ・バン・クエンを同じ場所で銃殺したのに次ぐ見せしめの公開処刑として、世論に衝撃を与えた。「タ・ビン」は、中国名「謝栄」の漢越音読みベトナム名。福建省出身の父の代にベトナムに移住し親子2代でチョロンの黎光廷（レ・コアンディン）街に本拠を置く永興（ビンフン）行を首都の有力商社に発展させ、60年代初めには巧みにゴ政権の実務者と連絡して永興行を特別外貨輸入組合（特別外滙入口組合）21行の一つに公認させていた。65年6月に成立したグエン・カオ・キ軍事政権は解放戦線に対する大規模な軍事作戦を遂行する一方で、ゴ政権が55年以後に実施した華僑圧迫政策の撤回を要望する華僑団体に強権をもって臨み、福建出身のタ・ビンを意図的に選んで公開処

刑することで、約8割を広東省出身者が占めるチョロンの華僑に対して恫喝的な対策に出たと理解された。
(川本邦衛)

多文化社会 たぶんかしゃかい
multicultural society

一般には、多民族からなる社会をさす。民族＝文化という考え方は、言語、文学、美術、音楽、料理、衣服、建築、宗教……など様式化された伝統文化を創りあげてきた集団は民族だという考えからきている。人間の移動が激しく、グローバル化が進んでいる現代では、いかなる特定民族にも属さない共通文化も明らかに存在するが、ここでは多文化を多民族と同義に考え、複合社会、文化多元主義、多文化主義などにも言及していく。

現在、世界には国連加盟の国が189か国（2001年）あり、非加盟国を含むと190余か国と考えられる。ところが、いわゆる民族ないしは民族集団の数は4000〜5000といわれる。ここから明らかなことは、世界のほとんどすべての国の国民が多民族から構成されているという事実である。こうした多文化社会を、最初に「複合社会（plural society）」と呼び、植民地下のマラヤやオランダ領東インド（ほぼ現在のインドネシアにあたる）などの民族、宗教、言語、慣習等において多様な社会の性格と政治統合の問題を論じた（1939年）のが、イギリスの政治経済学者J. S. ファーニバルである。当時植民地下にあったビルマ（ミャンマー）、マラヤ、インドネシアには白人、「先住民」、華人、インド人などが混住していたが、彼は、こうした複合社会では、異なった要素間の繋がりは経済の場を中心に成立するが、共通の社会的意志を欠くため、民族紛争や政治的衝突へと発展しやすいとしている。

第2次大戦後、上述の植民地はすべて独立を達成するが、植民地がそのまま独立した国々の多くは、白人の支配こそなくなったが、多くの民族からなる国民国家として、その統合を図ろうとしている。したがって、これら新興独立国のほとんどすべてが多民族社会なのである。しかし、多文化社会は、旧植民地社会にのみ観察されるわけではない。たとえば、アメリカ、カナダ、オーストラリアなど、いわゆる「移民国家」も、多種多様の民族集団を抱えた多文化社会である。ただし、これらヨーロッパ系人を中心とした国々における多文化社会の状況は、上述植民地における多文化社会とは異なっていた。アメリカ合衆国の場合を例にとると、イギリスの植民地であった当初のアメリカでは「同化論」が強く主張され、後続の、アングロサクソン民族以外の移民は、アングロサクソン文化への同化を強制された。社会の実態は多民族・多文化ではあるが、イギリス植民地政府の政策は、後続のヨーロッパからの移民がすべてアングロサクソンの文化に同化することを強制し、これはAngro-conformity（アングロに一致させること）と呼ばれた。このような同化の思想はアメリカのみでなく、第2次大戦後独立を果たした新興国の多くでも、権力を握った強力で多数派である民族への、他の多様な少数民族の同化政策として登場してきている。アメリカの場合、同化に失敗した結果、18世紀末には融和論的考え方が現れる（たとえばクレブクールの『アメリカ農夫からの手紙』1782年）が、メルティング・ポットという言葉自体は、イズラエル・ザングウィルの劇『ザ・メルティング・ポット』（1908年）がブロードウェイでヒットしてからだといわれる。しかし、諸民族の融和が容易でないことに気づいたアメリカ社会では、1910年代から20年代にかけて白人を中心とした文化的多元論が現れた。黒人、アジア系移民、ヒスパニック、先住民をも考慮に入れた多文化主義が台頭してきたのは、1950年代以降であった。多文化主義の先進国はカナダで、1971年に当時のトルドー首相によって政策に取り入れられた。本項目の多文化社会との関係でいえば、同化論、融和論、文化的多元主義、多文化主義のいずれも、多文化社会において生まれた思想である。東南アジアの場合、マレーシア、インドネシア、シンガポール、タイ、ブルネイなどの諸国が多文化社会とみなされるのは、先住民としてのマレー人、ジャワ人、タイ人などのほかに多数の華人が土着化し、必ずしも現地の文化に同化していないことが一つの大きな要因であろう。多文化社会は必ずしも多文化主義を意味するわけではない。
(綾部恒雄)

㈣民族問題，ナショナリズム，メルティング・ポット論，サラダ・ボウル論
㊥西川長夫・渡辺公三・カバレ・マコーマック編『多文化主義・多言語主義の現在』人文書院，1997．

タム、アラン 1950-
譚詠麟　Alan TAM

香港の歌手、俳優。父は著名なサッカー選手。1974年英語バンド "The Wynners" のリードボーカリストとしてデビュー、主演映画と連動して人気は東南アジアにまで及ぶ。79年ソロデビューから現在まで、広東語ポップスヒット、台湾での北京語ヒット多数。80年代には香港コロシアムにおけるロングコンサートを定着させるなど、音楽産業の発展に寄与した。84年日本語アルバム「夏の寒風」で日本デビュー、谷村新司、チョー・ヨンピルらとアジア平和音楽祭 "PAX MUSICA" に出演、アジア地域の音楽交流に貢献。89年NHK紅白歌合戦に出場。俳優としては81年台湾制作の『仮如我是真的』で金馬奨最優秀主演男優賞受賞、他に▼ジャッキー・チェンとの共演『龍兄虎弟（サンダーアーム）』（86年）など主演映画多数。80年代に華人社会全体で絶大な人気を誇った香港のビッグスターだが、実業家としても知られ、99年よりジャッキー・チェンら芸能人多数と出資したアジアの娯楽ネット、東方魅力集団有限公司の主席。　　　　　　　　　　　（壬生昌子）
㊥大須賀猛ほか編『エイジアン・ポップ・ミュージックの現在』新宿書房，1993．

タム、ビビアン 1956-
譚燕玉　Vivienne TAM

ファッション・デザイナー。広州生まれ、香港育ち。1980年代初めにニューヨークへ渡り、93年に自分の名前でブランドを立ち上げる。95年春に毛沢東の顔をプリントした「マオ・プリント」で一躍話題に。東洋色を取り入れた斬新なデザインで、米ファッション界をリードする存在になる。顧客にスーパーモデルのナオミ・キャンベルや女優のシャロン・ストーンなどがいる。2000年春・夏は辰年を意識した「ドラゴン」のプリントや刺繍を発表。　　　　　　　　　　　（村上由見子）

ダムリー・ダーラカーノン 1932-
陳竹如　Damree DAARAKAANON

タイの企業集団▼サハ・ユニオン・グループ主席。チョンラクサー夫人はサハ・ユニオン社執行副社長。バンコク生まれ。培英中学（中文課程）卒。1948年に後に義兄となるティエム・チョークワッタナー（夫人の実兄）の率いるヒャップセンチャン（協昌）に就職。59年に独立し貿易業を開始。61年に日本のYKK吉田工業と合弁でジッパー生産に、69年にはプラスチック工業に進出、現在の日用雑貨、繊維、衣料、洗剤、プラスチック製品、スポーツ用品、食品加工、化粧品などを中心とする同グループの基礎を築く。70年に中核の持株会社（ユニオン・キャピタル）を、72年にティエムとともにサハ・パッタナーパイブーンを設立。▼サハ・パッタナーパイブーン・グループとサハ・ユニオン・グループは、ダーラカーノンとチョークワッタナーの両家が資本と役員とを相互乗入れする形態をとっている。ダムリーは経営に外部の血を入れることに積極的で、アナン・パンヤラチョン元首相、▼アムヌアイ・ウィラワン元副首相などを経営のトップに据えている。　（樋泉克夫）

ダムロン・ナワサワット 1901-84
鄭良淡　Thamrong NAVASAVAT

タイの元首相。ルアン（Luang）の爵位をもつ。アユタヤ生まれ。幼時、広東省潮州で育つ。海軍練習所を卒業。最終階級は海軍少将。1932年の立憲革命への参加を機に政界へ。内閣秘書長、内相、法相などを歴任。第2次大戦中は抗日組織の▼「自由タイ」運動を指導。46年に発生した国王ラーマ8世の死亡事件で引責辞任したプリディー首相の後任として法相より首相に。47年の変政団クーデタで政権を追われ広州に亡命。帰国後はアジア・シティ銀行を経営するなど政界を離れる。　　　　　　　　　　　（樋泉克夫）

ダララット・アン 1935-
洪林　Dararat ANG

タイ華人の女性作家、文化人。筆名はANG Lim とも。バンコクの華僑学校卒業後、1952年に▼華字紙の『中原報』に就職。55年に中国に渡り中等教育を受けた後、教員養成課程を経て、南昌で教員となる。74年、

病気治療のためにタイに戻り、以後、『泰華報』『新中原報』『星暹日報』などの華字紙の文化欄を担当。80年代以降、たびたび訪中して習得した中国伝統医学のタイでの普及に努める。タイ華人著述家の集まりである泰華写作人協会の理事を務めたこともある。

(樋泉克夫)

タリーマン
tallyman

戦前の神戸や横浜で、船舶による輸出入貨物の件数を勘定し、船舶から艀(はしけ)または陸上に荷揚げし、あるいは反対に船舶への積載するときに立会いをし、受け渡しをする専門職人。当初は華僑にしかできない専門職だった。タリーとは計算する、符合させるという意味。タリーマンと呼ぶのはアメリカ式で、イギリス式ではタリー・クラーク (tally clerk) という。多くの場合、ステベ (stevedore、沖仲士)を手配する貨物受渡会社から雇用された。1920年頃がピークで、41年以降は外国船が入港しなくなり、激減した。

(陳來幸)

㊀華僑海務聯合会.[神戸]

ダルマディ、ヤン 1939-
霍佐幼　Jan DARMADI

インドネシアのダルマディ・グループの創業者・所有経営主。中国名フク・ヨヤン (FUK Jo Jan)。ジャカルタ生まれ。父ダディ・ダルマディはスカルノ時代からジャカルタの有力な賭博場経営主。高校の途中で▼シンガポール留学、米国で経営学を学んだ後、スハルト時代初期から不動産売買を始め、ジャカルタのオフィスビル経営、観光開発で企業グループを形成。日本の商社との結びつきが深い。弟エディ・ダルマ（霍佐笙、FUK Jo Sien）がシンガポールの不動産開発など海外事業を担当している。

(佐藤百合)

ダルマラ・グループ
大馬集団　Dharmala Group

インドネシアの有力企業グループ。売上げ順位の10位から15位に位置。経済危機前の1997年の推定売上げ4兆ルピア（14億ドル）、傘下企業数178社。おもな事業は重機、電機、一次産品などを扱う貿易商社のほか、飼料製造、金融、不動産。創業者▼スハルゴ・ゴンドクスモは中国福建省▼泉州生まれで、サリム、シナル・マスと並び1代目華僑が築き上げた上位企業グループとして知られる。

スハルゴは48年東ジャワのスラバヤに渡来、農業労働者から始めたが、54年に母企業マンスル社を設立、中国に残してきた妻を呼び寄せた。▼香港、▼シンガポール、ヨーロッパへの一次産品輸出、ヨーロッパからの機械輸入を開始、スハルト時代初期にはキャッサバを主原料とする輸出向け飼料製造を開始した。80年前後に不動産と金融業に参入。金融業はリース、保険から着手、88年の金融自由化後にダルマラ銀行を設立、さらに証券取引や消費者金融などを合わせて金融統括会社ダルマラ・サクティ・スジャトラ（DSS）社の下に組織した。不動産業は住宅地開発を中心に、オフィスビル、工業団地開発を手がけ、ダルマラ・インティランド社がこれを統括した。このように部門ごとに投資持株会社を設けて上場、これら持株会社を家族持株会社ダルマラ・インティ・ウタマ社が所有するという部門別法人所有構造が整備された。海外事業はルクセンブルクに設立したダルマラ・マニュファクチャリング・トレーディング（DMT）社がアジア、欧米80以上の貿易事務所を統括し、グループ全体の3～4割の売上高を稼ぎ出した。しかし97年から経済危機によりダルマラ・グループ、創業者の三男が経営するPSPグループはそれぞれ2兆3000億ルピア、4兆5000億ルピアの返済不能国内債務を抱え、資産売却を迫られている。2兆ルピアもの赤字を抱え債務返済不能に陥ったDSS社は、カナダ企業に株式40％を売却した。

(佐藤百合)

㊙佐藤百合「華僑・華人グループの躍進と変容」游仲勲編、1991.

俵物(たわらもの)

江戸時代、日本から清国への重要輸出品としての海産物干物のこと。代表格の俵物三品は「いりこ」（熬海参＝海鼠）、「干し鮑(あわび)」（鰒魚）、「▼フカひれ」（海翅）を指し、ほかに諸色(しょしき)として「▼昆布」（海帯）、「するめ」（鯣）、「貝柱」（干貝）、「干し鰯(いわし)」などがあった。これらは▼寧波、▼上海で卸したのち、長江の中流域で広く消費された。北海道沿岸の海産物への清国内の大量需要は清初からあ

ったが、清国からの生糸、絹、砂糖の輸入増によって金・銀および砂銅が決済用に過剰に輸出され、貨幣制度（金銀銅三貨制）を崩すため、江戸幕府が市法商法（1672-84年）、貞享令（1684年）、正徳新例（1715年）と相次いで唐船の船隻数、貿易額（ことに銅）を制限し、銅の代替として俵物を充てた。同時に、蝦夷地（北海道）の海産物の開発を松前藩に命じ、'長崎会所に俵物による代替貿易を統制させた。この貿易図式は幕末開港後、明治期の日清貿易にも影響を残し、広業商会の設立、函館華僑の活動が生じた。

（斯波義信）

㋻ ナマコ
㋕ 荒居英次『近世海産物貿易史の研究』吉川弘文館、1975.

タン、アントニオ・S 1932-88
陳守国　Antonio S. TAN

フィリピン華人の歴史学者。パンパンガ州アンヘレス生まれ。サント・トマス大学からフィリピン大学院に進む。1969年、博士論文"The Emergence of Philippine Chinese National and Political Consciousness, 1880-1935"をカリフォルニア大学バークレー校に提出、博士号を取得、*The Chinese in the Philippines, 1898-1935: A Study of Their National Awakening* (Quezon City: R. P. Garcia, 1972) を著した。フィリピン大学アジア研究センター教授などを歴任。フィリピン、中国双方の'ナショナリズムの狭間で、中国系フィリピン人、中国系メスティソがいかなる位置を占め、いかなる対応を示したかを一貫したテーマに研究。"Chinese Mestizo and the Formation of the Filipino Nationality" (In Theresa Cariño, ed., *Chinese in the Philippines,* 1985) では、歴史的な意味での中国系メスティソが、いかにフィリピン・ナショナリズムの形成に中心的役割を担ったかを、中国系メスティソとフィリピンの知識人、学界との関係も含めて論じた。また、亡くなる直前の会議で報告された"Five Hundred Years of Anti-Chinese Prejudices" (施華謹訳『菲律濱五百年的反華岐視』マニラ：菲律濱華裔青年聯合会、1988年所収）では、そうしたフィリピン・ナショナリズムが、いかに反華感情の母胎となりえたかについて論じている。

（宮原暁）

譚雲山 たんうんざん 1898-1983
TAN Yun-shen / TAN Yun-shan

インド華僑の人文学者。本名は啓秀。湖南省生まれ。1924年マレーシアに赴き、25年シンガポール、28年インドに移り、文豪タゴール創立の国際大学で教鞭をとる。中国とインドを往来、48年からはインドに定住。中国・インド間の文化大使ともいうべき存在で、中国で中国インド学会を創設、インドで中国学院や仏教の研究機構をつくるなど、生涯、中国とインドの文化研究と交流に力を捧げた。中国の古典と詩歌や仏教およびインド哲学の造詣が深く、著書は多い。息子の譚中はインド華裔の歴史学者。

（過放）

タン・エンキム 1881-1942
陳延謙　TAN Ean Kiam

戦前に'シンガポールで活躍したゴム事業家。福建省同安県に生まれ、父親とともにビルマ（ミャンマー）を経て1899年シンガポールに渡った。1908年仲間と共同でゴム商の裕源公司を設立して20年代に大きな利益を得、21年には中国の故郷にもゴム会社を設立し、33年創設の華僑銀行役員も務めた。タンは教育熱心で、シンガポール中華学校理事長や'タン・カーキーが創った'厦門アモイ大学理事に就任している。

（岩崎育夫）

タン・カーキー 1874-1961
陳嘉庚　TAN Kah-kee

シンガポール華僑財閥、教育事業家、抗日募金運動指導者。普通話ではチェン・チアケン（CHIEN Chia-keng）。福建省'アモイに近い同安県に生まれ、1890年'シンガポールへ移住し父の米販売店で働く。まもなく自立して果樹園とゴム園を経営し、1906年までに大資産家・経営者の一員となった。10年'中国同盟会星州シンガポール支部会員、11年福建保安会主席となり、福建革命政府を支援した。同年12月に'孫文が米欧旅行の帰途、シンガポールへ寄港したとき、タンは5万海峡ドルを孫文へ寄付した。また、06年からシンガポールで、13年から同安県集美で、小・中学校、師範学校（共学）を創立して人材育成のために私財を投資し、19年私学基金会運営のため同安教育会をつくった。商業では中国商業銀行

を12年に創業して理事を務め、23年『南洋商報』(日刊紙、1万8000部発行)を創刊し、29年に'福建会館(会員数1000余名)を創設して理事長となった。第1次大戦ではゴムの輸出と船舶による兵員と物資の海上輸送で巨利を蓄えて地元の財閥にのしあがった。戦後、山東半島への日本軍出兵による山東難民を救済するため、27-28年タンは134万海峡ドル募金運動を展開したが、英国植民地政庁が植民地内での対日政治活動を取り締まったため、タンら華僑団体指導者は無党無派の立場で現住地社会に生きる姿勢を守った。30年以降の経済不況の嵐の中で、ゴム園経営不振が続き、34年経営権を手放して商業活動から退き、社会事業に没頭した。

日中戦争直前の35年に、国民政府は勲二等勲章をタンへ授与し、37年国民参政会委員に'胡文虎とともに任命した。戦争が始まると、タンは37年8月母国負傷兵難民救済マレー華僑大会を創立してその主席となり、38年10月郷里のアモイに日本軍が南下したとき、シンガポールで母国難民救済南洋華僑総会(地域代表168名が参加)を創設してその主席となった。総会は月平均400余万元の募金額を国共両党宛に寄付し、42年2月シンガポールが日本軍に占領されるまでに中国軍の軍事費の約3年分に相当する物資と現金を送った。当初、日英両国は戦争状態に入っていなかったため、植民地政庁は華僑が対日戦費募金運動を展開することを許さず、難民救済の社会事業に限り許可した。そこで、タンは39年秋から欧州戦場でドイツ軍と戦う英国軍傷病兵への救援金募金運動と連動して祖国難民救済運動を続けた。40年春から秋にわたり華僑祖国慰問団に加わり重慶、延安と福建を歴訪したタンは、国民政府が華僑の献金を着服した事実を知り、祖国の政治民主化を唱え、中国民主同盟の設立を支援した。42年2月、日本軍がシンガポールを攻撃したとき、タンは英国軍の要請を受けて華僑義勇軍を組織して戦ったが、敗れて東ジャワに潜伏し、100万ギルダーの懸賞金つきで指名手配された。

戦後、45年秋にシンガポールに戻ったタンは、華僑遺族の救済と戦災学校の復興の募金運動を再開し、47年9月中国民主同盟マレー全州代表者会議を創設して祖国の民主改革を唱えた。復刊した『南洋商報』紙上で郷土社会の民主革命を説き、48年11月、郷土の福建革命軍民主促進会を香港の国民党革命委員会の指揮下に吸収した。タンの民主革命運動を評価した毛沢東は、49年9月北京の中国人民政治協商会議へタンを華僑代表として招き、全国人民代表大会議、全国回国華僑連合会、中央僑務委員会の各委員に任命した。50年初めにシンガポールへ帰ったタンは英国籍を失い、国外退去となり、アモイへ隠居して郷土開発に努めた。61年までに集美湾の港湾、養殖池、水道、工場、陸上交通網、病院、図書館、華僑博物館、'厦門大学、'集美学村の各種学校の整備に私財を投じた。61年、87歳で逝去し、集美海浜の鰲園墓地(生前に造園)に葬られた。遺言により遺産300万元を基金会が管理し、集美学校、大学、福利施設、華僑博物館の運営に利用している。没後、'文化大革命期に資本家として批判されたが、80年代の現代化政策の下で、「偉大的愛国者」として名誉を回復し現在に及んでいる。

(市川健二郎)

シンガポール華僑義勇軍

📖 市川健二郎「ある華僑の心の故郷」東南アジア史学会編『東南アジア 歴史と文化』13、山川出版社、1984.

タン・カーホー 1939-
陳家和　TAN Kah Hoe

ガラス製造で有名なシンガポールの企業家。祖先は海南島瓊海出身で、マレーシアの'ジョホール州に生まれた。1950年代にシンガポールのガラス会社で働き、62年に和興玻璃工程有限公司を設立して独立する。ジュロンに工場をもち、国内市場シェア80%を占め、世界でも有数の企業に発展した。現在は中国の北京、上海、'広州に工場をもち、他の産業分野にも投資して、多角的企業グループを形成している。

(岩崎育夫)

譚乾初　たん・かんしょ
TAN Qianchu

清代末期の外交官。字は子剛。広東省順徳県の生まれ。生没年不詳。1879年に清国駐キューバ総領事に任命され、キューバ華工の権益を求めるため努力を尽くした。キューバ各省に慈善団体をつくり、中国系人の相互援助を奨励し、資金を集めて図書を購入し、各地

の中国系人に送った。またキューバにいる中国系人の人口分布や毎年の移住人口を統計し、記録した。キューバ在住の見聞に基づいて、『古巴雑記』を書きあげた。　　　　（曾櫻）

㊀官工所、満身紙
㊁『世界華僑華人詞典』

童乩 タンキー

各地華(漢)人社会の民俗宗教を代表する宗教者の一人で、その性格・役割は著しくシャーマン的。男女いるが、東南アジアや台湾では男性が多く、中国大陸(福建省、広東省)では女性が多い。童乩のおもな役割は、守護神(仏)をみずからに憑依させての託宣、予言、治病である。同じ性格の女性宗教者に尪姨がおり、死霊・祖霊との交流をおもな役割とする。童乩(尪姨)は、神に選ばれて心身異常となり、やむなくこの道に入ったと告白する。巫病体験を経ての地位獲得は、各地のシャーマンの例に酷似する。童乩の多くは若くしてその地位に就き、50歳頃に引退する。老化し肉体が衰弱すると守護神が憑依しなくなるといわれるが、男性童乩の憑霊は激しいトランスに陥り、しばしば身体毀傷を伴う。憑依する神霊には地域差があるが、男性童乩には斉天大聖、関帝、玄天上帝など、女性童乩には観音が多い。華人大衆の篤い信仰対象であり、シンガポールには童乩の廟が数百もあると推定されている。
　　　　　　　　　　　　　　（佐々木宏幹）

タン・キムチュア 1926-
陳錦泉　TAN Kim Chua

マレーシア、シンガポールの実業家。マレーシアのジョホールバル生まれ。祖籍は広東省潮陽。ジョホールバル・フンユウ(寛柔)中学、シンガポール華僑中学、北京大学卒。卒業後インドネシアに渡り、機械、金属、自動車部品を扱う貿易商となる。60年代初めシンガポールで金融会社(Singapore Financial Co.)を設立。65年インドネシアの「マレーシア対決政策」で経営が行き詰まっていたアジア商業銀行(Asia Commercial Banking Corp.、57年設立)を再建し頭取に就任、シンガポール、マレーシアに金融企業網(Asia Commercial Finance社など)を広げていく。86年香港恒隆銀行頭取に。世界各地に12の大ホテルももつ。79年マレーシアの『南洋商報』で「マレーシア・シンガポール十大企業家」の一人にあげられた。マレーシアのラフマン学院など教育事業への多額の寄付でも知られる。ジョホールバル中華商会副会長、シンガポール・オリンピック委員会副会長など、社会活動も両国にまたがる。マレーシア政府からDatukの称号を受けている。
　　　　　　　　　　　　　　（原不二夫）

㊀ダトゥー

タングラン事件 タングランじけん

1946年5月から6月にかけて西ジャワのタングラン(Tangerang)で発生した、独立インドネシアでの最初の反華人暴動。オランダ植民地から日本軍政期にかけて、オランダ、日本という支配者側と現地住民であるインドネシア人との間に社会経済的に位置していた華人に対する反感を、独立後のインドネシア民族主義者が搔き立てた結果である。反華人暴動はおもに共和国派の勢力下で発生したが、タングラン事件はその代表的なものであった。一連の暴動の結果、村落部を離れ、オランダ支配下であった都市部へと移住する華人が急増した。
　　　　　　　　　　　　　　（山本信人）

上：トランス状態の女性童乩　下：女性童乩と依頼者。撮影：佐々木宏幹

タン・クンスワン 1940-
陳群川　TAN Koon Swan

マレーシアの実業家、政治家。1982年与党▼マレーシア華人公会副委員長。20か月の党内抗争を経て84年委員長。下院議員（77-86年）。クアラルンプール郊外の貧農の出身で、電力開発庁、税務署職員を経た後、ゲンティン高原ホテル社社長に迎えられて辣腕を謳われた。74年錫鉱山を買収、独自の企業経営への第一歩を踏み出す。77年には華人公会が華人企業現代化を目指して75年に設立した▼マルティパーパス・ホールディングスの指揮を任され、同社は以後、企業買収などによって農園、貿易、金融、製造、海運業など多方面に積極的に事業を拡大した。しかし80年代前半の不況で諸事業が行き詰まったうえ、86年に自ら会長を務めるシンガポール企業パン・エレクトリック社（Pan Electric Industries Ltd.、汎電）の株式を操作し巨額の損害を与えた（のち倒産）として懲役刑を受け、政財界からの引退を余儀なくされた。刑期満了後、財界活動再開。　　　　　（原不二夫）

　㊐ゲンティン・グループ

譚慶秋 (たん・けい・しゅう) 1941-

現▼横浜華僑総会（台湾系）会長。譚樹釗の次男として東京新宿に生まれ、戦後一家は横浜に戻る。横浜中華中学で小学部から高等部まで学び、1963年に東京写真大学卒業。現在は▼横浜中華街で中華料理店の酔楼、酔楼別館、酔龍の3店舗経営のほか、貸ビル業を営む。また、▼横浜中華学院理事長、中華民国▼僑務委員会僑務顧問、▼日本中華聯合総会副会長、▼留日広東会館監査などの要職にある。父祖の地は広東省高明県。　（伊藤泉美）

タン・シオンキ 1916-
陳祥基　TAN Siong Kie

インドネシアのロダ・マス・グループ（金輪集団）の創業者・所有経営主。中ジャワのスマラン生まれ。上海のセント・ジョーンズ大学経済学部卒。スハルト時代初期の1967-71年、調味料、洗剤、板ガラスなどの相互に関連のない業種に外国資本と提携して相次いで企業を新設、輸入販売業から製造業に進出した。「ササ」ブランドの調味料は「味の素」と市場シェアを長らく争ったが、87年味の素の第2工場の合弁パートナーとなった。「ディノ」ブランドの洗剤は多国籍企業ユニリーバの「リンソ」と市場シェアを争った。板ガラス製造は旭硝子との合弁事業、自動車用特殊ガラス、樹脂類（VCM、PVC）でも合弁、いずれも国内最初の生産者となった。このほか、大日本印刷、サロンパス、花王、住友商事（オフィスビル）などとの合弁事業があり、日本企業と最も関係の深いインドネシア企業家の一人。後継者は長男タン・ペイリン（陳倍凌、TAN Pei Ling）。　（佐藤百合）

　㊐合弁企業
　㊒井上隆一郎編、1987.

短袖人 (たんしゅうじん) ⇨ 長袖人 (ちょうしゅうじん)

タン・シュウシン 1916-88
陳修信　TAN Siew Sin

マレーシア華人の企業家、政治家。馬華公会（MCA、現▼マレーシア華人公会）の初代会長▼タン・チェンロクの子。▼マラッカ生まれ。マラッカ市政府委員を経て、1948年マラヤ連邦立法評議会委員、61年MCA会長となる。1957年から74年の間、マラヤ政府商工大臣、財務大臣、政府特命大臣を務め、74年以降は財政顧問に就任、華人の利益代表として尽力した。政界から退いた後、企業活動に重点を移し、プランテーション事業を中心としたサイムダービー・グループの主席となって、本社をシンガポールから▼クアラルンプールに移し、多国籍企業に発展させた。80年マレーシア政府よりトゥンク・ラザク奨を受け、86年にはマレーシア・ババ協会から「最も敬愛される先人」に選ばれた。死後、葬儀は国葬として執り行われた。　（荒井茂夫）

探親 (たんしん)

「探親」とは、標準中国語で、離れたところに住む両親や配偶者などの親族に会うため、訪問することを意味する。また広く一般に、親戚への挨拶回りを意味することもある。休暇をとる際や旅行の目的をきかれたときに、「探親」と答えるわけである。これが華僑の場合であれば、移住先の外国から祖国への里帰り訪問を意味する言葉となる。お忍びの帰国もあれば、盛大な歓迎を受ける場合もあろう。　　　　　　　　（西澤治彦）

　㊐落馬

タン・チェンロク 1883-1960
陳禎禄　TAN Cheng Lock

　マレーシアの代表的な華人政治家、かつ企業家。タンの先祖は福建省出身だが100年ほど前から'マラッカに定住する名門華人で、大地主であるとともに、海運業、タピオカ栽培などを営む実業家一族。シンガポールの'ラッフルズ・カレッジ卒業後、同カレッジで6年間教鞭をとるが、1902年にマラッカに戻って、家業のゴム事業に加わりアシスタント・マネージャーとなる。その後、数多くのゴム会社経営陣に参加したり、銀行役員も務めた。タン家がマラッカの名門なことから、タン・チェンロクは数多くの社会的ポストにも就いた。マラッカ市評議会委員（1912-22年）、イギリス海峡植民地立法評議会委員（1923-35年）がおもなものだが、ほかにも海峡植民地執行委員会、海峡華人協議会、コミュニティ融和委員会各委員、さらにはラッフルズ大学（のちの'シンガポール国立大学）創設にかかわったり、マラッカ中華総商会や海峡華英協会（SCBA）会長も務めた。1935-39年に妻の療養のためヨーロッパに滞在したが、この間、37年に'海峡植民地を代表してロンドンでジョージ6世の戴冠式に参列している。第2次大戦中はインドに滞在したが、戦後、タンはマレーシア政治に積極的に関与していく。46年に全マラヤ共同行動協議会会長に就き、49年にはマレーシア華人が創設した政党'マレーシア華人公会（MCA）の初代委員長に就任して、マレーシア華人の政治指導者となった。しかし、58年に委員長選挙で敗れると、政界から引退する。タンは男1人、女4人の子どもをもち、息子の'タン・シュウシンは、MCA委員長やマレーシア政府蔵相を務めた。
〈岩崎育夫〉

　圏 Alice Scott-Ross. *Tun Dato Sir Cheng Lock Tan*. Singapore: the Author, 1990. ／Yeo Siew Siang. *Tan Cheng Lock*. Petaling Jaya: Pelanduk, 1990.

タン・チーベン 1950-
陳志明　TAN Chee Beng

　マレーシア出身で香港在住の文化人類学者。元マラヤ大学、現香港中文大学教授。*The Baba of Melaka: Culture and Identity of a Chinese Peranakan Community in Malaysia*（Malaysia: Pelanduc Publications, 1988）の著者。この主著では'マラッカのマレー語や英語をも話す華人のエスニック・アイデンティティを分析している。自ら福建系華人である利点を活かして、マレーシアの華人社会の文化とりわけ宗教を精力的に調査して、文化変容論やエスニシティ論に関する著作が多い。香港では観光や食文化の研究も手がけている。
〈吉原和男〉

タンチョン・モーター・ホールディングス
陳唱摩多控股有限公司　Tan Chong Motor Holdings Bhd.

　マレーシアの自動車関連企業。1948年にタン・キムホー、'タン・ユエフォー兄弟が設立したタンチョン社（Tan Chong Co.）が起源。社名は父・陳唱にちなむ。軍・警察への食糧供給を請け負っていたが、57年タンチョン父子自動車社（Tan Chong & Sons Mortor Co.）を設立して日産自動車と代理店契約を結んで以後拡大への道をたどり、72年持株会社としてタンチョン・モーター・ホールディングスを設立。74年上場。70年代半ばに日産と組んで自動車組立て・部品生産にも進出したが、主業務は依然自動車販売にある。マレーシアではトヨタ車を上回る市場占有率を誇ったが、手厚い税制の保護を受けた国民車プロトンの登場で乗用車販売は大きな打撃を受けた。以後海外での事業に力を入れ、96年現在、系列企業は国内56、国外23。主要海外事業は中国、ベトナムの自動車部品製造、'シンガポールの住宅建設、インドネシアの金融など。当初会長だったユエフォーの死後、キムホーが会長。実務はタン・エンスーン（TAN Eng Soon、陳栄順）など2代目が担当。
〈原不二夫〉

タン・チントゥアン 1908-
陳振伝　TAN Chin Tuan

　シンガポールの華僑銀行（OCBC）会長として巨大な'華僑銀行グループを創りあげた功労者。シンガポールに生まれ、専門経営者として銀行界をのぼりつめるが、銀行員キャリアは1925年に中国商業銀行に勤めたことに始まる。33年に華僑銀行に移り、42年に社長、73年に会長に就任する。この間、イギリス植民地政府のさまざまな公職に就き、総督

代理をはじめ、行政評議会委員（48-52年）、立法評議会委員（48-55年）を務めた。タンが所有する華僑銀行株式は1％にも満たないが、専門経営者として、またイギリス植民地政府との繋がりを活かして、50年代、60年代にグレート・イースタン・ライフ・アシュアランス社（保険）、フレーザー＆ニーブ社（ソフトドリンク）、マラヤン・ブルアリー社（ビール）、ストレーツ・タイムズ社（新聞）など、イギリス系の代表的企業を次々と買収して華僑銀行の傘下に収め、シンガポール、マレーシア地域最大の企業グループを創りあげた。83年に会長を退任。 （岩崎育夫）

タン・ドゥン 1957-
譚盾　TAN Dun

アメリカ在住の中国人作曲家。西洋と東洋の音楽を融合させた作品で評価される。指揮者としても活躍している。湖南省生まれ。▼文化大革命で2年間農作業を強いられた後、1976年湖南省京劇団のバイオリニストになり、編曲も手掛ける。その後、北京の中央音楽学院で8年間学び、86年奨学金を授与されて米コロンビア大学に留学した。バルトーク賞やASCAP作曲賞などを受賞。代表作に歌劇『マルコ・ポーロ』や香港返還記念の『交響曲1997〈天・地・人〉』がある。 （戸張東夫）

タン、トニー 1940-
陳慶炎　Tony TAN Keng Yam

シンガポールの著名な企業家であり政治家でもある。シンガポール最大の地場銀行であった華僑銀行（OCBC）会長▼タン・チントゥアン（陳振伝）の甥として生まれ、シンガポール大学で物理学を専攻、米国マサチューセッツ工科大学でも学び、1967年に豪州アデレード大学大学院で博士号（応用数学）を取得した後、67年からシンガポール大学講師、78年からは華僑銀行の取締役を務めた。79年の補欠選挙に与党▼人民行動党から出馬して政界入りし、当選直後から教育担当国務相、その後は教育相や通商産業相、蔵相という重要職に任命され、2001年2月現在は副首相兼国防相を務めている。政界入りした当時から▼リー・クアンユー首相（在任1959-90年）の後を継ぐ「第2世代指導者」として注目された。94年に事業に専念するために辞任したが、すぐに請われて閣僚に戻り、現在は▼ゴー・チョクトン首相を支える有力政治家の一人。 （田村慶子）

段柏林 だん・はくりん 1907-91

経済活動に携わる人が多い日本の華僑社会で、学問に専念し見聞が広いことで知られた知識人。日・中に限らず英語にも長け、かつ雄弁。遼寧省生まれ。幼い頃から勉学に励み、1930年第一高等学校入学のため来日。39年東京帝国大学法学部卒。中央大学などで教鞭をとる。戦後、台湾に戻り公務員に。64年再び来日、東大大学院で学ぶ。73年博士課程修了。▼横浜華僑総会（台湾系）主任秘書、アジア文化財団中国部秘書などを務める。華僑研究や国際法などに関する著書多数。横浜で亡くなった際も文筆活動の最中だった。 （陳天璽）

📖 段柏林『中華思想と華僑』アジア文化総合研究所出版会, 1992.

譚発 たん・はつ

▼興中会横浜支部設立メンバーの一人。生没年不詳。広東省三水県出身で、開港後まもない横浜に渡り、1865年には▼横浜居留地149番地で清涼飲料水製造工場を開く。その後70（明治3）年頃、洋裁店の均昌洋服店（英語名称はCock Eye）を開業。95年の興中会横浜支部設立の際には▼馮鏡如らと協力し、幹事に就任。中華民国成立以後は南京で一時洋服店を興したが、晩年は▼広州で過ごした。 （伊藤泉美）

📖『革命逸史』1.

タン・フレール
陳氏兄弟公司　Tang Frères A.R.L.

フランスの有名な華人系企業。パリ13区の「中国城」にあり、創立者と経営者は広東省潮陽市出身のもとラオス華僑の陳克威・陳克光兄弟。陳兄弟（タン・フレール）はラオスにいたとき、精米所、調味料工場、靴工場などを経営していたが、1975年に一家をあげてフランスに逃避、76年に「陳氏兄弟会社」を創立した。最初は東南アジア製食料品などの卸売を主としたが、数年後、経営規模を拡大し、81年に新しいタン・フレール（陳氏百貨店）を開設して、中国大陸、台湾、タイ、日本、シンガポール、韓国などからの食料品、

工芸品、日用品、特産品などの小売・卸売を行った。経営がうまくいったため、早くもフランス華人系企業のトップとなった。87年の売上げは2億7000万フランを超えた。89年にはフランス大蔵省によって同国大企業5000社の一社とされ、最良企業1000社中983位となった。華人系企業として全フランスの有名企業となったのはこれが初めてである。いまでは、タン・フレールはヨーロッパでも最大の華人系企業となっている。その傘下には、5店のスーパーマーケット、3店の大型アジア系レストランがあり、またアジア系特産物商、不動産会社それぞれ1社がある。さらにパリ郊外のビトリ・シュル・セーヌにオフィスビル、商店、倉庫、レストランを含む3万5000m²の総合商業センターを建設した。タン・フレールは厳しい人事制度、管理制度を実行し、市場情報を随時読み取り、薄利多売の経営方針に基づいて、巨額な財力を投入すると同時に、コンピュータなど先進的な経営手段で日常事務をとりしきっている。それが、強烈な競争の中で発展でき、つねに先頭を走っているゆえんである。　　　　　　　　　(李国梁)

📖『世界華僑華人詞典』/『華僑経済年鑑』

タン、メリー・G. 1930-
陳玉蘭　Mely G. TAN

インドネシアの社会学者。中国名タン・ギョクラン(TAN Giok Lan)。ジャカルタ生まれのプラナカン。1959年インドネシア大学文学部中国語学科卒。61年コーネル大学社会学修士。帰国後アトマジャヤ大学教員。63年インドネシア科学院経済社会研究所に。直後カリフォルニア大学バークレー校留学、68年社会学修士。帰国後同研究所(改組後は社会文化研究センター)で研究。華人問題・ジェンダー問題のインドネシアにおける第一人者として国内外で活躍。97年から2001年アトマジャヤ大学研究所長。　　　(三平則夫)
　🗾スカブミ

タン・ユー 1927-
陳友　TAN Yu

フィリピン華人の実業家。本名は鄭周敏。福建省晋江生まれ。'アジアワールド・グループ(亜洲世界集団、亜世集団)創設者。父は鄭保哥、母は鄭龔でちゃ抱umi。10歳のとき父母に連れられてフィリピンに移住、'ルソン島南部のアルベイで成長。最初、食品の小商売に従事、のちに'華裔の鄭宗卿の援助でしだいに発展。第2次大戦後マニラに移り、1950年代初めに兄の鄭周揚と紡織業、衣料業に従事、60年代には紡織業が発展。70年代からベニグノ・アキノ上院議員を支持、政敵マルコス大統領が72年に軍事管制を宣言すると台湾に逃避(鄭友はこのときからの名か)、同地にアジア・トラスト(亜洲信託有限公司)を設立して台湾市場開拓のための本部とし、亜洲聯合金融公司、亜信観光発展公司、環亜大飯店などの企業を設立。暗殺されたベニグノの妻'コラソン・アキノが86年にフィリピン大統領になると、タンは台・比間を往復、事業は大発展。フィリピンでは地理的に見て福建から台湾経由同国に移住した者が多く、新中国成立後も台湾との関係が深く、台湾の実業家としても成功したフィリピン華僑・華人は少なくないが、タンはその代表的な人物。財産は基本的には土地で得られ、フィリピンでも、とくにマルコス財閥によって遺棄されたマニラ湾の埋立地100ヘクタール余りを買収、大儲けをした。80年代には紡織業のほか農園、木材、不動産、旅行、金融業などの企業を経営、香港、アメリカ、カナダでも多くに投資。89年、マニラでアジアワールド・ニューシティ(亜洲世界新城市)建設に着手、中国大陸でもタンの中亜機構が洛陽市政府と共同で同市を開発、92年に同市の栄誉市民に叙された。『フォーブズ』誌によれば、個人資産は97年からの「経済危機」により72億ドル(98年4月6日号)から30億ドルに激減した(同年7月6日号)。主として台湾の企業を担当している'エミリア・ビエンビエン・ロハスは次女。
📖游仲勲『華人経営者の素顔』時事通信社、1995。/『華僑華人僑務大辞典』

タン・ユエフォー 1925-85
陳月火　TAN Yuet Foh

マレーシアの実業家。祖籍は福建省安渓。1940年に父タン・チョン(陳唱)の事業を継ぎ、48年兄のタン・キムホー(TAN Kim Hor, Dato'、陳金火、1922年生)とともにタンチョン社設立。57年タンチョン父子自動車社(Tan Chong & Sons Motor Co.)を

設立、日産自動車のマレーシア、'シンガポールにおける販売代理権を得たことが、タンの事業拡大の跳躍台となった。72年'タンチョン・モーター・ホールディングスを設立、自動車組立てのほか、部品の国内製造にも力を注いだ。社会福祉事業への熱心な支援でも知られる。マレーシア政府から Tan Sri Dato' の称号を受けた。
(原不二夫)
→ ダトゥー

タン・ユホック 1937-
陳有福　TAN Joe Hok

バドミントン王国インドネシアの基礎を築いた名選手・コーチの一人。Hendra Kartanegara のインドネシア名ももつ。西ジャワのバンドン生まれ。1957年に全国選手権の男子シングルスで優勝。翌年から64年まで3度にわたりトーマス杯の代表。この間、59年には全英カップや米・加カップで優勝、62年のアジア大会で金メダル獲得。70年前後からコーチとして国際的に活躍、84年にはインドネシア代表チームをトーマス杯優勝に導いた。
(貞好康志)
→ スシ・スサンティ

タン・ラクサイ 1897-1972
陳六使　TAN Lark Sye

ゴム事業で財を成した企業家で、戦後のシンガポール華人社会指導者の一人。'タン・カーキーと同郷の福建省同安県で7人兄弟の6番目に生まれ、18歳でシンガポールに移民した。最初、タン・カーキーの会社で働くが、1925年に兄弟とともにゴム会社、アイクホー社（Aik Hoe Co.、益和樹膠公司）を設立し、これで巨大な富を築く。戦後は、タン・カーキーの後継者としてシンガポール華人社会指導者となり、'シンガポール中華総商会副会長や'シンガポール福建会館会長を務めた。とくに55年に開設された'南洋大学では、シンガポール西部の土地を寄付するなど尽力した。タンは、'人民行動党政府の英語化政策を厳しく批判し、59年総選挙では'シンガポール中華総商会が創った民主党、63年総選挙ではシンガポール・共産系グループが創った'社会主義戦線の南洋大卒候補者に資金援助を行い、選挙後、共産主義者に資金援助したとの理由で一時期市民権を剥奪された。

(岩崎育夫)

タン・リンジェ 1904-69
陳憐如　TAN Ling Djie

中国系インドネシア人として独立運動や社会主義運動などに活躍した一人。東ジャワの'スラバヤに生まれ、ジャカルタ法律高等学校を経て、オランダのレイデン大学に留学。留学中、中国ナショナリズムを志向するオランダ中華会に加わるが、その後、同会を離脱し、32年インドネシア・ナショナリズムを志向するインドネシア華人党（Partai Tinghoa Indonesia）を結成、39年から42年の間、同党の機関誌『新直報』の編集長も務める。45年のインドネシア独立後、インドネシア共産党に合流する。インドネシア共和国がオランダとの独立戦争をしている最中の48年9月に、インドネシア共産党総書記であったムソらが武装蜂起に失敗し（マディウン事件）、インドネシア共産党は壊滅的な打撃を受けたが、その後、生き残ったタンらが中心になって党再建を図った。しかし51年、当時の中国共産党の影響を強く受けたアイディッドら若手が党執行部を握ると、タンはブルジョア的な機会主義（タン・リンジェ主義）の責任者として批判され、53年には党中央委員の職を解かれた。65年の'9月30日事件以降、アイディッドらの率いるインドネシア共産党は徹底的な弾圧を受け壊滅するが、タンも67年、党員であることを理由に逮捕され、69年、獄中で死亡した。
(土佐弘之)

📖 Leo Suryadinata. *Peranakan Chinese Politics in Java*. revised edtition, Singapore UP, 1981.／Donald Hindley. *The Communist Party of Indonesia 1951-1963*. Berkeley: Univ. of California Press, 1966.／Justus M. van der Kroef. *The Communist Party of Indonesia*. Vancouver: Univ. of British Columbia Publications Center, 1965.

タン、ルシオ 1934?-
陳永栽　Lucio TAN

現代フィリピンを代表する新興華人実業家。フィリピン航空、フィリピン・ナショナル銀行、アライド銀行、アジア・ビールなど製造業から金融、運輸、通信産業に至る各分野の主要企業を傘下に置く。福建省'アモイの生まれ。4歳のとき両親とともに'セブ島

に渡る。ファー・イースタン大学で用務員として働きながら化学エンジニアリングを学ぶ。タバコ会社に技師として勤めた後、1960年頃北イロコス州にヒンメル産業という会社を設立した。これはタバコ製造に必要なグリセリンを生産する工場であった。次に畜産業に参入、さらに66年にフォーチュン・タバコ社を設立した。72年の戒厳令布告後はマルコスの「ダミー」ないし「フロントマン」の一人として急速に事業を拡大、やがて有力な「▼マルコス・クローニー」（取り巻き財閥）にまで成長した。脱マルコス化を最大の正当性原理とした▼アキノ大統領期（1986-92年）には大統領行政規律委員会（PCGG）によってその資産の多くを凍結ないし接収され、また直接税徴収率向上を優先事項に掲げたラモス政権期（1992-98年）には巨額脱税者として厳しい追及を受けたが、優秀な弁護士を雇って法廷闘争を繰り広げ、同時に選挙時に大量の政治資金をばらまき、有力政治家の保護を得ることによって窮地を脱した。この間、傘下の企業群は質・量とも目覚ましく拡大した。エストラダ政権（1998-2001年）に入るとその活躍はさらに際立ち、大統領の最も信頼の厚い財界人として大きな影響力を行使した。タンの成功物語最大の秘訣は企業活動の展開において政治家、とりわけ大統領を筆頭とする有力政治家とのコネクションを最大限に活用する、いわゆるレント・シーキングにある。政治家の「ひいき」をかちうるため、彼ほど直截的かつ攻撃的に多額の政治資金を投入する企業家は最近のフィリピンでは見られない。支援した政治家が当選すると、タンはただちに資金の回収を図るべく、露骨なレント・シーキング活動に出る。エストラダ政権では、それが政治スキャンダルとしてしばしば新聞の一面を飾ったが、アロヨ政権（2001年発足）に入ってからは、なりをひそめている観がある。

（片山裕）

チ

チアン、ユン 1952-
張戎　Jung CHANG

中国のノンフィクション作家。四川省宜賓市生まれ。祖母、母、そして自分の3代にわたった苦難の伝記を書いた『ワイルド・スワン（鴻）』（1992年、邦訳講談社）が全世界のベストセラーとなる。少女期に紅衛兵活動を経験。農村に下放し、農業に携わったほか、「はだしの医者」（農村の巡回看護婦）、機械工場の鋳造工、電気工となる。その後、四川大学英文科の学生となり、のちに講師に。1978年に英国に留学。ヨーク大学などで学び82年博士号を取得、ロンドン大学東洋アフリカ研究所で教鞭をとる。

（日暮高則）

チェン、ジャッキー 1954-
成龍　Jackie CHAN

香港の▼カンフー映画スター。カンフーを駆使した独特のスタイルのコミカルなアクション映画を作り上げた。ジャッキー・チェンは「ブルース・リーの後継者という触れ込みで登場した。無敵のリーと違い、チェンは弱みもあるが最後には勝つコミカルなヒーロー像を定着させて人気者になった」。アメリカ週刊誌『ニューズウィーク』（1996年2月19日号）はこう評している。

本名陳港生。香港生まれ。幼い頃両親とともにオーストラリアに移住するが、7歳のとき香港に戻り、中国戯劇学校で10年にわたり京劇や中国武術を学びながら映画俳優を志す。1978年袁和平監督の『蛇形刁手（スネーキーモンキー　蛇拳）』と『酔拳（ドランク・モンキー　酔拳）』の2本で一躍カンフー映画のニュースターに。翌79年の『笑拳怪招（クレージーモンキー　笑拳）』では主役を演じただけでなく、脚本や監督まで手がけた。自分

で監督をした映画も少なくない。歌手としても知られている。　　　　　　　　（戸張東夫）

　🕮『八十年代香港電影（第十五届香港国際電影節）（修訂本）』香港臨時市政局, 1999.

チェン、ジャック　1908-
陳依範　Jack CHEN

　中国系アメリカ人作家、歴史学者、教育者。本籍は広東省中山だが、トリニダード・トバゴの首都ポートオブスペインで生まれた。幼い頃両親とイギリスに移住したが、高校卒業後トリニダードで大学教育を受けた。1920年代末に中国の武漢で記者として勤めたが、のちソビエトへ留学し、モスクワ芸術学院で美術を専攻した。50年から中国で『北京週報』誌の編集者として20年間勤め、中国の芸術・文化・歴史などを紹介する著作を数冊出版した。70年に渡米し、ニューヨーク州教育庁中国研究顧問、コーネル大学中国研究上級研究員などを歴任し、78年にアメリカ国籍を申請した際の経験から移民史に深く興味をもち、80年出版の *The Chinese of America* は中国系アメリカ人史の代表作となった。86年からサンフランシスコの「アメリカ華人歌劇と舞台芸術センター」の総裁に就任。（曾櫻）

チェン、ジュアン　1924-
蔣震　Juan CHEN

　香港の企業家。プラスチック機械の製造で世界的に有名な震雄集団の創業者。元の名は蔣震遠。生年は1926年とも。山東省の貧しい農家に生まれ、幼くして両親を失ったため苦労した。日中戦争勃発とともに熱血漢のチェンは日本軍に抵抗するため軍隊に入り、国民党に入党。戦後、内戦で国民党が敗北、家族をつれて香港に脱出、▼粤語が話せないため、ここでも苦労したが、34歳で航空機工程会社に就職、ここから彼自身の機器工場が始まった。共同経営者・譚雄の名も入れて、震雄と命名。のちに共同経営を解消したが、震雄の名は残った。プラスチック産業は香港で一時おおいに発展し、チェンは中国、台湾にも工場を設けた。1998年度の売上額は10億HKドル近く、資産総額約11億ドルである。70歳をすぎても毎日10時間以上働くという。また、ナショナリストであり、香港の中国返還の際には、財産が中国に没収されてもかまわないと言い、こうしたチェンの性格が「▼中国系のノーベル賞」を生み出したものと思われる。子が多いが、妻も子も勤勉でみな震雄集団で働くほか、社会的にも活動している。たとえば、四女蔣麗莉は、中学以後米国で学んで機械学博士となり、のちにはMBA（経営学修士）も取得した。親の仕事に従事するほか、両岸三地で重要ポストに就いている。たとえば、香港では人民入境事務審査決定委員、汚職取締局汚職通報審査諮問委員会委員、香港道徳発展諮問委員会委員など10近い公職、中国大陸では山東省政治協商会議委員など、台湾では台湾工商協会常務副会長などを務める。子どもたちもナショナリストであり、「一つの中国」実現に向けて努力している。　　　　　　　　　　　　　　（游仲勲）

　🕮游仲勲『世界経済の覇者』時事通信社, 1995.

チェン、ジョアン　1961-
陳冲　Joan CHEN

　アメリカ華人として国際的に活躍する中国出身の女優、映画監督。上海生まれ。14歳で上海撮影所の俳優養成所に入所、1977年シエ・チン（XIE Jin、謝晋）監督作品『青春』でデビュー。80年『戦場の花』で百花賞主演女優賞を受賞。81年に渡米し、ニューヨーク州立大学とカリフォルニア州立大学で演技を学んだ。卒業後の87年、『ラストエンペラー』の皇后婉容役に抜擢され、国際派女優としての第一歩を踏み出した。以後アメリカ映画『天と地』（93年）や、▼香港映画のクララ・ロー監督作品『誘僧』（93年）、スタンリー・クワン（Stanley KWAN、関錦鵬）監督作品『赤い薔薇 白い薔薇』（94年）など意欲的な作品に出演し、その演技が注目された。98年にはアメリカ資本で初監督作品『シュウシュウの季節』を撮り、同年の台湾▼金馬奨映画祭では作品賞、監督賞、主演男・女優賞など主要な賞を独占して話題を呼んだ。この作品の成功により、監督第2作はリチャード・ギア、ウィノナ・ライダーという人気スター主演の『オータム・イン・ニューヨーク』（2000年）となった。　　　　　　　（松岡環）

チェン、チェリー 1960-
鍾楚紅　Cherie CHUNG

　香港の映画女優。香港生まれ。1979年無線電視台（TVB）主催の香港小姐競選（ミス香港コンテスト）に参加したが落選する。だがこれが映画界入りのきっかけとなる。杜琪峰監督の80年の武侠映画『碧水寒山奪命金』に請われて出演して映画デビュー。その後、許鞍華（▼アン・ホイ）監督の『胡越の故事』（81年）や蔡継光監督の『男与女』（83年）などで女優として認められるようになった。張婉婷監督の『秋天的童話（誰かがあなたを愛してる）』（87年）で香港監督協会賞を受賞した。

〈戸張東夫〉

チェン・チーナン 1947-
陳其南　Chi-nan CHEN

　台湾の文化人類学者。台湾生まれ。台湾大学、エール大学で学位修得後、アカデミア・シニカ研究員（台北）、香港中文大学人類学系主任を経て、現在、交通大学（台湾）人文社会科学院長。中国人研究者の立場から▼モーリス・フリードマンの中国親族組織モデルの西欧的偏向を批判した「房」理論で知られる。また、李登輝政権下で行政院文化建設員会顧問（文庁副長官）を務め、2002年の陳水扁政権では政務委員（無任所閣僚）に任名された。ワン・ガンウー（▼王賡武）、▼デイビッド・ウーらとともにアジア太平洋地域の中国系研究者ネットワークのキーパーソンの一人でもある。

〈森川眞規雄〉

　㊂ 親族組織
　㊡ 陳其南「房と伝統的中国家族制度」橋本満ほか編訳『現代中国の底流』行路社，1990．

チェン、ツービン 1941-
陳之彬　Tsebin TCHEN

　オーストラリア最初のアジア系国会議員。重慶生まれ。1958年豪州に渡り、シドニー大学で都市計画を学び、ニューサウスウェールズ、ビクトリア両州で都市計画に携わる。96年ビクトリア州の反人種差別人権委員会会長に選任され、人種問題などの社会活動に積極的に貢献する。98年ビクトリア州選出の上院議員となる。

〈増田あゆみ〉

チェン・ティアン 1923-90
陳田　CHEN Tian

　▼マラヤ共産党の指導者。シンガポール生まれ。祖籍は潮州。本名カオ・ツァイチエ（高才傑）。幼時に祖母について中国に渡り、12歳でふたたびシンガポールに。1941年マラヤ共産党入党。日本占領下で▼マラヤ人民抗日軍に参加、44年初めに第4独立隊隊長。戦後45年12月から発行された抗日軍退伍同志会機関紙『戦友報』編集長。52年党中央政治局員兼宣伝部主任。55年にマラヤ共産党とマラヤ自治政府との間で行われたバリン和平会談に参加、英語通訳を務めた。61年中国入り、▼チン・ペン書記長らと党指導にあたり、中国で生涯を終えた。

〈原不二夫〉

チェン・ヘンジェム、ウィリアム 1944-
鍾廷森　William CHENG Heng Jem

　マレーシアの実業家。鉄鋼業を中心とする企業集団▼ライオン・グループを率い、「マレーシアの鉄鋼王」と呼ばれる。祖籍は広東省潮陽の潮州華人。シンガポール生まれ。父・鍾水発が郷里からシンガポールに渡り、1939年に Teck Chiang Foundry Co.（徳昌製造廠）を設立、鉄製家具の製造・販売を開始、57年マラヤ（マレーシア）に業務を拡大。長男（ウィリアムとは腹違い）のチェン・テンキー（CHENG Theng Kee、鍾廷基）がシンガポールの事業を継いだ。次男ウィリアムは63年にマレーシアの事業に加わった後、78年にこれを引き継いだ。68年に設立された鋼材生産企業 Lion Metal Manufacturing が政府から「創始産業」の指定を受け、以後マレーシアの工業発展とともにウィリアムの事業は拡大・多角化する。80年代後半から海外への投資も積極化、とくに中国にはビール醸造、オートバイ生産などを中心にすでに数十社を設立。チェンに対する中国の評価は高い。中華工商連合会の活動にも積極的に関与する一方、マレー人との関係も重視し、LCBのみでなく多数の系列企業にマハティール首相の長男ミルザンを役員として迎えている。90年代末のアジア金融危機で内外系列企業の不振が伝えられる。酒豪としても有名。70年代初期香港の美人女優チェルシー・チャン（Chelsea CHAN、陳秋霞）夫人との間

に3女がある。　　　　　　　　（原不二夫）

圏 Forbes 資本家編集部『世界華人富豪列伝』
香港：三思伝播有限公司，1992．

チェンマイ
清邁　Chieng Mai

タイ北部の中心都市。人口16万（1991年）。チャオプラヤ川の支流のピン川沿いに形成された盆地に位置し、周辺には水田が広がる。13世紀終わりに成立したランナータイ王国の王都として栄え、市内には由緒ある多くの寺院があり、観光名所になっている。また、周辺の山岳地帯には、モン（メオ）族、アカ族、ヤオ族などさまざまな山地民族が暮らしており、これら山地民族の特色ある生活様式は、国内外から多くの観光客を引きつけている。観光業はチェンマイ経済の重要な部門であり、観光産業への華人資本の投下も少なくない。ピン川の右岸（西岸）では、城壁と堀がめぐらされた囲郭都市の形態が留められている。城外の東側のピン川との間に挟まれた市街地には、本頭古廟や武廟などの華人廟があり、かつて華人が多く居住したことを物語っている。今日、華人は市内各地で商業活動に従事している。　　　　　　　（山下清海）

圏 山下清海，1987．

チェン・ユートン 1925-
鄭裕彤　CHENG Yu-Tung

不動産・ホテル事業を中心とする香港最大級の総合企業集団・新世界集団（*ニューワールド・グループ）の創始者・当主で、その中核上場会社・新世界発展（ニューワールド・ディベロップメント）の主席。広東省順徳の生まれ。1940年頃*マカオに移住、父の知人・周至元の経営する貴金属業・周大福金舗（現、周大福珠宝金行）に就職、周の娘と結婚後に経営を任される。45年*香港に転勤、後にこの会社を香港一の貴金属会社に発展させるとともに、61年には貴金属以外の事業を行う周大福企業（チョウタイフック・エンタープライゼス）を設立して不動産事業に進出。さらに70年5月に何善衡（恒生銀行創始者）、*郭得勝（*サンフンカイ・プロパティーズ創始者）らと新世界発展を創設、弟・鄭裕培とともに董事に就任。72年に同社は上場を果たし、以後、新世界集団の中核会社となる。70年代中頃に傘下に収めた上場不動産会社・啓徳置業を通じて行った新世界酒店（ニューワールド・ホテル）などの買収（78年）によりホテル事業の基盤を確立（現在は非上場会社・新世界酒店（集団）が事業を統括）。その後も不動産・ホテル事業を中心に事業拡大を図る。89年実質的に第一線を退き、上場時から董事に就いていた長男の鄭家純（チェン・カーシュン）が董事総経理として実務を引き継ぐ。ユートンは現在、新世界発展と傘下の新世界酒店（集団）および周大福企業の主席、恒生銀行の董事などを務めるほか、香港基本法諮詢委員会委員、港事顧問、*香港特別行政区政府推選委員会委員など中国と香港の重要な公職を歴任している。また、*マカオ大学、香港中文大学などから名誉博士号、マレーシアから*ダトゥー（Dato'）の称号を受けている。　　　　　　　　　　（山崎勝彦）

圏 山崎勝彦『香港の財閥と企業集団』（1995年版）日本経済調査協議会，1995．／馮邦彦『香港華資財団』香港：三聯書店，1997．／『新世界発展有限公司年報』香港：新世界発展有限公司，1999．

チェン・リン 1915-
陳霖　CHEN Lin

中国系アメリカ人企業家。福建省福州の生まれ。1940年に昆明西南聯合大学を卒業、45年アメリカへ留学し、48年ニューヨーク大学からMBAを取得。56年に*帰化した。1948年サミット輸入会社（Summit Import Corp.）に入社し、食品輸入部門の担当を経て、57年に副社長兼総支配人に就任する。ほかに金門（Kam Man）食品会社、金国（Kam Kuo）食品会社、ニューヨーク金洋銀行（Golden Pacific National Bank）などの社長を兼任する。　　　　　　　　　　　　　（曾櫻）

チェン、ルーシー
成露西　Lucie CHENG

中国系アメリカ人歴史学者、教育者。本籍は湖南省だが、香港で生まれた。シカゴ大学から修士学位、ハワイ大学から博士学位を取得後、カリフォルニア大学ロサンゼルス校で教鞭をとった。1971年から同校アジア系アメリカ研究センター長に就任し、*アジア系アメリカ人の歴史の教育と研究で業績をあげた。全米アジア系アメリカ人協会（Asian and Pacific Islander American Organization、APAO）の主席を務める。　　　　（曾櫻）

チェン、レイモンド 1951-
陳卓愉　Raymond Cheuk Yu CHAN
　カナダ華人の政治家、前外相。香港で小学校教師の子として生まれる。ブリティッシュ・コロンビア大学物理工学科卒業。1979年のTV番組による中国人差別事件「キャンパス・ギブアウェイ」への抗議運動から生まれた人権団体 Chinese Canadian National Council for Equality（平権会）の活動家、天安門事件での民主派学生支援運動などを経て、92年自由党入党、国会議員となる。翌93年自由党政権誕生とともに連邦政府外務大臣（アジア太平洋地域担当）となり、現在（2001年）も在任中である。　　　（森川眞規雄）

地下経済　ちかけいざい
　華僑経済の商習慣である私的金融機関のこと。その代表が祖国送金として利用される地下銀行。かつて、香港の薬問屋には、送金部というのがあった。大陸商行へのついでに華僑の祖国送金を請け負う窓口である。台湾では、いまでも「銀楼」と呼ばれる貴金属店が銀行業務を代行する地下銀行を行っている。1990年代後半になって、日本で不法就労の中国人が、祖国への送金や借金返済のために地下銀行を利用している。地下銀行は、中国の村ごとにある基金会がベースになっている。基金会というのは、飢饉や自然災害に備えた共済組合のような民間金融機関である。地下銀行は正規の銀行と違って、身分を明かすことなく、24時間営業、しかも依頼人の指定する相手に即日もしくは翌日には届けられる。手数料は1％と、正規の銀行より高い。こうした送金代行業は日本では、財政省の銀行免許を取得していない違法行為であるため、発覚すれば摘発される。また、華僑たちの間で「▼銀会」とか「義会」といわれる頼母子講は日常的な地下銀行である。一定の積立資金を出しあい、資金がプールされたところで利子を高くつけたものが会首となり、融資を受ける権利を得る。華僑が地下経済を動かすのは、一つには為替の利ざや稼ぎと隠し資金、そしてマネーロンダリングであるが、さらに大きな目的は税の回避である。脱税、避税、逃税など所得隠しのために、私設の金融機関を利用する。私設の銀行では、同郷、同族などの縁者たちから金を預かり、必要であればお互いが無担保で融資しあう。こうした資金がプールされれば華僑投資に向けられ、世界各地の華僑のシンジケートが▼ネットワークとなり、ときには株価の操作や金の相場さえ動かすこともある。　　　（森田靖郎）
　▣ 華僑送金、民信局
　▣ 涂照彦『東洋資本主義』講談社現代新書、1990.／森田靖郎『ニューヨーク・チャイナタウン地下経済の新支配者』角川書店、1991.／同『東京チャイニーズ』講談社、1998.

竹渓事件　ちくけいじけん
　1870（明治3）年に横浜で起こった偽札事件。横浜在住で広東省香山県出身の竹渓は、英国公使館雇いの亜福や日本人の金細工職人らとともに、英国公使パークスの留守中に公使館で偽札を偽造した。だが、事件は日本人使用人に密告されて発覚、日本と中国とは条約を締結していない段階にあったため、裁判の行方が注目されたが、日本の法規に基づき、主犯の竹渓は死刑となった。　（伊藤泉美）
　▣『横浜市史』3-下.

竹升仔　ちくしょうし
　アメリカに早期移民した広東籍の華僑たちの子孫で、アメリカで生まれた華人（ABC, America born Chinese）を指す呼称。アメリカで育てられ、教育を受けた彼らには、中国文化の影響が薄くなり、中国語がほとんど流暢に話せなくなったことで、節と節の間に隔たりがあって「通じない」竹に例えた語であるが、上にも下にも可動不可能なことに由来するともいう。　　　　　　　（曾櫻）

竹聯幇　ちくれんパン　⇨ 台湾黒幇　たいわんこくぱん

致公堂　ちこうどう
　明末・清初、清に抵抗した将軍史可法の幕僚洪英を伝説上の始祖とする華僑の互助・慈善団体。洪門致公堂ともいう。▼洪門は天地会の対内名称であったが、太平天国滅亡（1864年）後、海外に活動の拠点を移し、多くの団体に枝分かれした。これら団体はしばしば「▼堂」を名乗ったが、「致公堂」を採用することが多かった。団結一致を意味する「致力為公」からとられたとされる。
　アメリカでは1863年頃、サンフランシスコ

でアメリカ洪門致公堂が組織され、やがてアメリカ各都市に分堂が設立された。新移民への職業紹介、金融、福利厚生などの互助的活動をしていた。19世紀末、リーダーの黄三徳は▼孫文の主張に共鳴し、章程を改訂して「駆除韃虜、恢復中華、創立民国、平均地権」を宗旨として革命活動に資金援助した。1902年サンフランシスコで『大同日報』を創刊(総編輯欧榘甲、12年『中華民国公報』に改称、29年ワシントンに移って『公論報』と改称、32年停刊)。▼辛亥革命後の12年、中華民国公会の母体の一つとなった。25年▼中国致公党に改組されるが、各都市に互助組織としての「致公堂」は残され、現在でも▼ホノルルなど各地で細々と活動している。

カナダのバンクーバーでは1910年にバンクーバー致公堂が成立。『大漢報』という新聞を出版。11年バンクーバー洪門籌餉(ちゅうしょう)局を設立し孫文を支援した。

オーストラリアのシドニーには1919年にオーストラリア致公堂(前身はオーストラリア義興会と華人共済会)が成立。中国を政治的に支援し、機関紙『公報』を出していた。現在も存続し、会員福利や中国武術の普及活動などをしている。

ニュージーランドでは1901年、ウェリントンやオークランドの華僑グループが堂口組織を設立し、ニュージーランド洪門致公堂と総称した。会員権益の保護や福利活動をするかたわら、孫文の革命運動を支援した。22年以後は陳炯明(けいめい)を支持し、国民党ニュージーランド支部と対立したが、20年代は活動の全盛期であった。30年代に消滅。　　(塩出浩和)

🔁中国致公党
📖周淑真ほか『中国民主促進会 中国致公党 九三学社 台湾民主自治同盟 歴史研究』北京：中国人民大学出版社，1996．

致祥号 ちしょうごう

「中華民国四年(1915年)歳時乙卯仲秋吉旦」の年次銘のある「重建広東公所碑記」の建立8家中に見える、広東省広州三水県出身の黄守庸の店舗。また、1919(大正8)年の長崎商業会議所編『長崎商業会議所二十五年史』には、新地町、広馬場町、梅ヶ崎町に店舗を構える在留長崎華僑貿易商22軒中の一家に同名所有の致祥号が見える。▼広東幇の中心の一家と思われる。　　(川勝守)

千歳丸 ちとせまる

幕末に中国に派遣された貿易船。1862(文久2)年4月29日、幕府は勘定方根立助七郎、長崎奉行支配調役沼間平六郎、オランダ小通詞岩瀬弥四郎、唐小通詞周恒十郎、同蔡善太郎らをイギリスから購入した帆船千歳丸に乗せて上海に派遣した。総勢51人の乗員中には、根立ら江戸の役人3人、沼間ら長崎の役人・地役人7人、長崎商人3人、他に会津林三郎、佐賀納富介次郎、尾張日比野輝次、長州高杉晋作、薩摩五代才助らがいた。イギリス人船長以下も乗り組み、その他オランダ商人トンブレンキが貿易の臨時御雇として乗船した。上海でオランダ領事の斡旋を期待した。千歳丸派遣の目的は、外国(とくに清国)貿易の事情を探り、かたわら試験的に通商を試みるもので、石炭、人参、煎海鼠(いりこ)、干鮑(ほしあわび)、鱶鰭(ふかひれ)、鶏冠草(とさか)、▼昆布、樟脳、形付布、上白糸などを商品として積んでいた。各藩士の乗員は外国貿易の実情視察のほか、太平天国の乱下の清国事情を探ろうとするものであり、幕末政治に影響を与えた。

(川勝守)

チーファ chifa

ペルー、エクアドルなどで中華料理店を指す呼称。広東語の「吃飯」を語源とするペルー一方言といわれる。19世紀の後半に労働移民としてペルー海岸地帯の大農園に入った中国人が持ち込んだエスニック料理は、ペルー人の食生活に大きな影響を与え、中華料理店は廉価な食堂としてペルー全土に広まった。なお、チーファという呼称が一般化するのは1940年代以降で、2000年版のスペイン王立アカデミー『西語辞書』によりスペイン語として公認された。　　(柳田利夫)

🔁ペルーの華僑・華人

チプトラ 1931-
徐清華　Ciputra

インドネシアの企業家。中国名チ・チンホアン(TJIE Tjin Hoan)。▼ジャヤ・グループを率い、チプトラ・グループを所有。インドネシアの中スラウェシ州パリギ生まれ。父は福建省アモイ出身。チプトラ12歳のとき、

父が反日活動の嫌疑で日本軍に連行され、獄死。苦学してバンドゥン工科大学建築科入学。在学中の1959年、バンドゥン市で学友2人と建築設計会社を設立。61年卒業とともに先の学友と首都ジャカルタ特別市庁と合弁で、首都施設の設計・建設の株式会社 PT Pembangunan Jaya（PJ）を設立、一貫して経営を担う。66-76年のアリ・サディキン知事の下でPJは急成長、事業を多角化、企業グループ化する。70年代後半に▼サリム・グループと共同出資で PT Metropolitan Group を設立、不動産・住宅開発を積極展開、80年代に商業・不動産開発中心のチプトラ個人所有のチプトラ・グループを立ち上げた。また、インドネシア不動産業協会会長を長く務め、80年からアジア太平洋不動産連盟会長、82年から国際不動産業協会連盟副会長、さらに私立タルマヌガラ大学評議員会議長や私立MBA教育機関評議員など社会貢献活動にも積極的。　　　　　　　　　　　　　　　（三平則夫）

地方劇 ちほうげき

中国には300種をこえる地方劇があり、独自の方言と音調（土腔どきょう）で独自の演目を演じている。このうち、東南アジアの華僑に伝承されているのは、彼らの故郷の▼福建、▼広東の劇、つまり閩粤びんえつ地方劇である。福建系地方劇は閩北系と閩南系に分かれる。閩北系は福州人の福州劇、莆田・仙游両県人の莆仙劇が伝わっている。このグループは少数派のため結束が固く、寄寓地でもそれぞれの地方

劇をよく保存している。閩南系は泉州人、漳州人が梨園戲、高甲戲を伝えていたが、多数派のため伝承に熱意を欠き、流行に流されて、最近は▼漳州の田舎から出た「歌仔戲」に替わってしまった。これは台湾の閩南系移民も同じである。香港の▼福建人は細々と梨園戲と高甲戲を伝承している。広東系は広州人が広東劇（粵劇）、潮州人が潮州劇、恵州（海陸豊）人が海陸豊劇、▼海南人が瓊けい劇を伝承する。▼客家はっかは故郷の外江漢劇（広東漢劇）を愛好するが専属劇団をもたず、ときどき大陸から招いている。　　（田仲一成）

㈥献戯

参 田仲一成, 1981./田仲一成, 1989.

チャイナ・キャンプ
China camp

中国人労働者が仮小屋やテントで宿営する場所、またはその仮小屋、テントをいう。(1) 1848年シエラネバダ山脈西側斜面のコロマで金が発見されたのを契機として起こった▼ゴールドラッシュでアメリカに入植した広東人採掘者が、採鉱地帯で河川の堤防などに設けたものや、(2)熱帯プランテーションなどで中国人契約労働者を収容した宿営施設などがある。後者では道路その他の構造物によって民族別に宿営施設を隔離する「住み分け」がとられ、契約移民間の紛争や連帯を予防した。
　　　　　　　　　　　　　　　（可児弘明）

チャイナ・コネクション
China connection

純度99.9%のヘロイン「▼チャイナ・ホワイト」の密輸ルートのこと。タイ国境からミャンマーの山岳地帯に築かれた▼ゴールデン・トライアングルで栽培されるケシはヘロインに精製され、バンコク、香港経由で▼ニューヨークのチャイナタウンに運ばれる。国民党残党からアヘン取引の利権を奪ったミャンマーのシャン同盟軍（SUA）のクンサ将軍は、1970年代に、シャン族の領地を通過するアヘン商人から税金を課し、ヘロインを精製する制度を設け、ニューヨークの中国黒社会を通じてヘロイン市場を一手に握るコネクション・ルートを確立した。88年にニューヨークで中国人売人が逮捕され、中国黒社会がヘロイン密売のシェアの60%を支配、チャイナ・

広東劇。広東華人の祭祀は広東戯団を招く幇派主義の貫徹がみられた。撮影：可児弘明

コネクションが主流となっていることが判明した。
（森田靖郎）

チャイナタウン
Chinatown

中国人が海外で群居して住む町。1902年にイギリスのジャーナリストのジョージ・シムズ（George SIMS）がロンドンのライムハウスの中国人居留地（現存しない）をチャイナタウンと呼んだのが始まり。唐人街、華埠、中華街、中国城、日本の神戸では南京町等々の名で呼ばれ、最近では華人街というのもあるが、唐人街と呼ぶのがいちばん多い。海外で多い広東人がそう呼ぶからだという。華僑・華人の経済力拡大、その世界への膨張とともに、チャイナタウンも世界各地に新しいものが出現したり、既存のものが膨張したりしている。とくに香港の中国返還を機に、世界中に香港タウンが出現した。

チャイナタウンの本質については、中国の飛び地（方言で暮らせ、中国的生活が再現される）、周囲の多数民族から身を守るための避難場所、多数民族の中に打って出る根拠地等々、いろいろの説がある。しかし場所・時期によって強弱に違いがあるにしても、全体としてはこれらすべての性格ないし機能をもっていた、ないしもっていると見てよい。中国出身者が多い伝統的な旧来型や、後述のような、華人が多いその他の特徴をもつ新型、あるいはチャイナタウンといえるほどまでに成熟しておらず、いわばその前段階にある準型等々、いろいろのタイプがある。各同郷人が棲み分けるサブタウンもあり、それが一つに繋がってチャイナタウンを形成する統合もある。また、チャイナタウンを円の中心とし、その周りに円形に中国系人が住む結果、これを「チャイナタウン群落」と呼ぶ人もいる。中国や台湾の都市はチャイナタウンとは呼ばれないのに、香港は世界三大チャイナタウンの一つだという。シンガポールがもう一つだが、残りの一つは日本の横浜山下町という人もいる。だが、山下町は中国系人口は少なく、職住分離してもはや本来のチャイナタウンではなく、観光型である。残りの一つはやはりニューヨークのマンハッタンのそれだろう。だが、21世紀にはカナダのトロントが北米最大の中国人系都市となるといわれ、すでにチャイナタウンがいくつか出現している。

米国では19世紀後半の中国人の殺到とともに数多くのチャイナタウンが形成されたが、同世紀末には中国人排斥によってほとんど姿を消した。その一つにサウスダコタ州ローレンス郡ブラックヒルズのデッドウッドがある。金採掘の中心地の一つで、とくにその北部ではゴールドラッシュが始まった1876年から1900年もしくはその直後までの四半世紀の間、中国人労働者が重要な役割を果たした。ここのチャイナタウンから撤退が始まるのは遅く1915年から20年で、最後の1人が去ったのは32年のことである。100年以上も前に掘られたトンネル内の地下タウンが現存しており、その一つは幅1.8m、高さ2.1m、地上の通りが狭くなったので掘られ、商品の貯蔵、賭博、アヘン吸飲、その他の不法事業に使われた。あるいは最後の1人はここに隠れ住んだのかもしれない。

かつて移民の最盛期には、中国から多数の農民が海外に移住、農業に従事し、農村に村落を形成した。これはチャイナタウンならぬチャイナビレッジである。今日、一世華僑から二世・三世など華人への変化とともに、チャイナタウンの実態も華僑タウンから華人タウンへと変化し、現地系の人々も参入している。外観でも近代化・高層ビル化して、中国風の町ではなくなりつつある。オーストラリアでは新型の華僑・華人社会として、マレー語、ベトナム語などの看板を掲げる店も少なくない。中国系インドシナ難民、香港移民、台湾移民が、リトル・サイゴン、リトル・ホンコン、リトル・タイペイを形成し、とくに既述のように香港タウンの出現が目覚ましい。香港移民には資産家も少なくないが、彼らは最初から旧来のチャイナタウンには住まない。米国では、台湾その他出身の裕福な中国系人の移住とともに、豪邸の立ち並ぶ「中国人のビバリーヒルズ」が形成された。これも一種の新型チャイナタウンである。ロサンゼルスから東に20kmのモントレーパークがそれで、米国最初の郊外型チャイナタウンと呼ばれ、マイノリティ・マジョリティ・シティ（少数民族だがそこでは多数民族）ともい

う。1970〜80年代に形成され、「リトル・タイペイ」と呼ばれたが、90年代にはさらに東のローランドハイツ、ハセンダハイツなどに拡大、中国系住民が郊外に溢れている。

　ヨーロッパでもチャイナタウンが発展している。歴史の古いものと新しいものとの2種類があり、ロンドン、アムステルダムは前者、パリ、ローマは後者で、中国から香港、インドネシア、インドシナ半島などに出たあと（第1次外流）、さらにヨーロッパに向かった第2次以上の外流者による点で共通している。ローマでは2000年4月、国際空港近くに20万m²、150軒の店舗を擁する新しいチャイナタウンが発足した。ローマ建国2753年を記念してのもので、ヨーロッパ最大の中国系人所有商業センターとなると見られている。ここも新しいタイプのチャイナタウンとなる可能性を秘めている。

　世界のチャイナタウンは、90年代初めに比較的規模の大きいものだけで60か所以上、五大州、26の国・地域に分布する。最近では、中国大陸に台湾人の進出による台湾村ができ、シンガポールは蘇州工業団地の建設に熱心だった。台湾タウン、シンガポール・タウンなど、今度は中国国内にもこの種のものが増えるだろう。　　　　　　　　　（游仲勲）

　▷リトル・チャイナ，神戸南京町，横浜中華街，長崎中華街

　▣游仲勲「バンコク等のチャイナタウン」『文芸春秋』1997.7〜98.6．／同「世界のチャイナタウンと人間国際移動論」『国際関係論要』9巻1・2合併号，亜細亜大学国際関係研究所，2000.

チャイナビレッジ ⇨ 華僑・華人農民（か・きょう・か・じん・のう・みん）

チャイナ・ホワイト
China White
　密輸ヘロインの俗称。1980年代から▼香港や台湾の犯罪組織が麻薬密輸を拡大し、▼ゴールデン・トライアングル産の高純度のヘロイン「チャイナ・ホワイト」をアメリカの▼チャイナタウン経由で大量に密輸していることから、アメリカ当局ではこれを▼チャイナ・コネクションとして警戒を強めている。中国人の犯罪組織は麻薬密輸と密航ビジネスで世界中にネットワークを張りめぐらせ、一説ではグアテマラ在の台湾人が組織を動かしている

としてマークされている。
　　　　　　　　　　　　（村上由見子）

チャイナマン
Chinaman
　中国系人に対する蔑称。"A Chinaman's chance"というカナダの日常語は19世紀の▼ゴールドラッシュ時代に起源し、中国系移民に対する人種差別を表す。　　　（曾櫻）

　▷チャーリー，パケ

『チャイナ・メール』
The China Mail
　1845年2月20日創刊の香港で最も古い英字紙。同紙の社員でのちに社主となったイギリス商人アンドリュー・ディクソン（Andrew DIXON、中国語訳は徳臣）の名をとって『徳臣報』とも呼ばれる。毎土曜の同紙華字面「中外新聞七日報」（71年3月11日掲載開始）は『香港華字日報』（72年4月17日創刊）の前身。『香港華字日報』は1941年、日本軍の香港占領後に廃刊、長期にわたり発行された香港華字紙の一つであった。『チャイナ・メール』は74年8月、129年の歴史に幕を閉じた。　　　　　　　　　　　　　（卓南生）

　▣卓南生『中国近代新聞成立史 1815-1874』ぺりかん社，1990．

『チャイナ・メン』
China Men
　中国系アメリカ人作家▼マキシーン・ホン・キングストンの自叙伝的英文文学作品（邦訳『アメリカの中国人』晶文社、1983年）。原作には『金山闘士』という中国語タイトルが付されている。アメリカ華工の歴史を描いたこの作品は処女作 The Woman Warrior: Memoirs of a Girlhood Among Ghosts（1975年刊．邦訳『チャイナタウンの女武者』晶文社、1978年）に続いて1980年にニューヨークの Alfred A. Knopf より出版されて大好評を博し、81年に全米図書賞（National Book award）が与えられた。　　　　　　（曾櫻）

チャイニーズ・アメリカン銀行（チャイニーズ・アメリカンぎんこう）
中美銀行　Chinese American Bank
　アメリカ東海岸初の華人系銀行。1967年にニューヨークで登記された。前身はアメリカ華僑の対中送金を主業務としてきた▼中国国民党政権管理下の中国銀行ニューヨーク支店（チャイナタウンに立地）。当時、中米間は冷

戦状態にあり、いっさいの対中直接経済取引が禁止されていた。生き残りのため、チャイニーズ・アメリカン銀行に改名、現地法人として再登録し、預貯金、為替、融資業務を行う。初代会長は余鄂賓（Robert O. P. YU）、頭取は岳尚忠（Raymond S. D. YOH）。

（王効平）

チャイニーズ・シアター
Mann's Chinese Theatre

ハリウッド大通りにある映画館の名前。正式名称はマンズ・チャイニーズ・シアター。1927年、『キングス・オブ・キングス』（セシル・B.デミル監督）のプレミア・ショーでオープンした。中国寺院を模して造ったといわれる建物は、アメリカ人がイメージするエキゾチックな中国を表している。映画館の前にある、歴代スターたちの手型・足型を押した一画が有名。映画館は現在もロードショーの封切り館として使われている。

（村上由見子）

チャイユット・カーナスット 1921-
Chaiyuth KARNASUTA

タイの企業集団イタルタイ・グループの総帥。祖先は19世紀中頃に広東省潮州より渡タイ。1913年、ナコンチャイシリ県知事を務めた父の陳天徳がタイ王室よりカーナスットの姓を授けられた。チャイユットは44年にシリラート医大を卒業後、同大学付属病院、陸軍燃料局勤務を経て、48年にイタリア人ジョルジョ・ベルリンギエリ（Giorgio BERLINGHIERI）とともにイタリアン・タイ・ディベロップメント（イタルタイ）を設立。以後、歴代軍人政権中枢との関係をてこに主として政府発注大型建設工事を手がけ、事業を拡大させた。80年代初めより8年半以上の長期政権を担ったプレム大将との関係はつとに知られたところ。82年よりイタルタイ・グループ会長として建設、海運、電機、武器、新聞、医薬、ホテル、ビール、不動産、リゾートなどの企業を傘下に置く。オリエンタル、ロイヤルオーキッド、エアポートなどの高級ホテルを経営することから、タイのホテル王とも呼ばれる。プレム政権当時に上院議員を務める。ニット夫人はタイ王室出身。

（樋泉克夫）

チャオ、エレーン 1953-
趙小蘭 Elaine CHAO

アメリカのジョージ・ブッシュ政権の労働長官。2001年1月の政権発足時に就任。アジア系アメリカ人の閣僚入りは前年のノーマン・ミネタ商務長官に次いで史上2人目、中国系では初。8歳で台湾から移民。ハーバード大学ビジネススクール卒業後、国際金融畑を歩み、1980年代共和党政権では連邦海運委員会の委員長および運輸副長官を歴任、90年には平和部隊長官に就任。その後、全米でも大手の慈善団体ユナイテッド・ウェイ会長となり、汚職で腐敗していた同団体を建て直し、その手腕を評価された。ワシントンの保守系シンクタンク「ヘリテージ財団」フェロー兼編集者を経て現職に。アファーマティブ・アクション廃止や不法移民対策に厳しい姿勢をとるなど、アジア系のなかでも保守派ナンバーワンとして知られる。上院議員ミッチ・マコーネル（共和党、ケンタッキー州選出）の夫人。

（村上由見子）

チャオ・スワ
座山　cao-sua

タイ語でおもに華人富豪を指す言葉。精米が最有力産業だった時代、豊富な資本力と盤石な経営基盤を山に譬え、精米工場主をとくに「座山」と呼んだが、座山の潮州音「チォーサン」から転化したタイ語だとの説、また、タイ語で金満家を意味するチャオ・クルワ（cao）を華人が語原俗解、さらにタイ人が語原俗解したとの説がある。唐山（＝中国）に生まれ、座山（＝富豪）になり、義山（＝共同墓地）に永眠する。これを「華僑三山」と称し、かつての華僑の理想的人生。

（樋泉克夫）

チャオ、ユアンレン 1892-1982
趙元任　Yuan Ren CHAO

中国系アメリカ人言語学者。字は宣重。本籍は江蘇省常州だが、天津で生まれた。1910年に清国の官費留学生に選ばれ、同年8月に渡米、コーネル大学に入学した。18年ハーバード大学から博士学位を取得。「国語ローマ字ピンイン方式」を定め、現代中国言語学の創始者といわれる。38年にアメリカへ移住し、ハワイ大学、ハーバード大学、カリフォ

ルニア大学などで教鞭をとり、アメリカ言語学学会、アメリカ東方学会の会長を歴任した。　　　　　　　　　　　　　　（曾櫻）

チャオ、リロイ 1960-
焦立中　Leroy CHIAO

　NASA宇宙飛行士・工学博士。ウィスコンシン生まれの中国系二世。カリフォルニア大学バークレー校で学士号、同サンタバーバラ校で化学工学で修士号と博士号を取得。ローレンス・リバーモア研究所の研究者を経て、1990年にNASAへ、91年宇宙飛行士に。94年7月、ミッション・スペシャリストとしてスペースシャトル・コロンビア号で初飛行した際には日本人の向井千秋と同乗、また96年1月には若田光一とともにエンデバー号に乗船した。　　　　　　　　　　（村上由見子）

チャオ、ロザリンド 1949-
趙家玲　Rosalind CHAO

　女優。中国名はチャオ・チャリン（CHAO Jyalin）。カリフォルニア生まれ。北京歌劇の劇団に入り、7歳のときからTVやCMで活躍。南カリフォルニア大学卒業後、ラジオ局の記者になるが、1972年にTVシリーズ「アンナと王様」でセリーナ姫の役を演じる。その後も、「Aチーム」「M★A★S★H」「マイアミバイス」「シカゴホープ」など数多くのTVドラマに脇役で出演する一方、ウェイン・ワン監督の初ハリウッド作品『スラムダンス』（87年）や、19世紀末にアメリカ西部に移民した中国女性を描いた"Thousand Pieces of Gold"（ナンシー・ケリー監督）に出演。93年、エイミ・タンのベストセラー小説『ジョイ・ラック・クラブ』の映画化で、中国系アメリカ人女性ローズ役を好演して注目を集める。同年から人気のTVシリーズ「スター・トレック」の中でケイコ・オブライエン役でレギュラーに。最近の映画出演は"What Dreams May Come"（98年）、"Enemies of Laughter"（2000年）など。
　　　　　　　　　　　　　（村上由見子）

チャクリー朝　チャクリーちょう

　1782年に前トンブリー朝と交替し、現在のラーマ9世まで継承されているシャム（現タイ）の王朝。バンコク朝、ラタナコーシン朝ともいう。ラーマ1世プラプッタヨートファーは母親が「美しい中国女性」（ラーマ4世の言）であった。この始祖の父方にもアユタヤ朝期中国系人がいたという。また反華僑王ととられがちなラーマ6世の母親は純血の華僑女性であった。タイ王室と中国移民の混血関係は現代のタイ社会で進行している事態に先行していた。　　　　　　　　　（星野龍夫）

チャーチャーイ・チュンハワン 1922-98
Chartchai CHUNHAVAN

　タイの元首相で陸軍大将。父方の祖父は広東省澄海県出身の漢方医。母方の祖父はスワトウ出身の商人。バンコク市内ヤワラート生まれ。1988年末に訪中した際、「自分は華僑三世で姓は林。（母方の）祖父母の墓は上海郊外にあり」と語っている。父は、絶対的権力を誇りながら、57年のクーデタでスイス亡命を余儀なくされたピン・チュンハワン元帥。父の失脚により、アルゼンチンなどの大使として「準国外追放処分」を受ける。73年、次姉の夫のプラマーン・アディレクサーンらとタイ国民党を結成するが、76年には実業界へ転身。タイ・中国友好協会を組織し、北京との関係をてこにポル・ポト政権下のカンボジア観光事業を手がける。80年、工業相として政界に再復帰。88年に首相就任。国内的には経済急成長を背景に大胆な民活路線を採用。国際的にはカンボジア和平を先取りした「インドシナを戦場から市場に」政策を掲げ、注目を集めた。国軍軽視が禍し、91年にクーデタで政権を逐われた。以後、国家発展党を組織する。　　　　　　　　　　　　（樋泉克夫）

チャートリー・ソーポンパニット 1934-
陳有漢　Chaatree SOOPHONPHANICH

　タイのバンコク銀行常務董事会主席。バンコク銀行創業者のチン・ソーポンパニットと劉桂英夫婦の次男。長兄は香港商業銀行董事長、香港中華総商会副会長、中国全国人民代表大会（第7、8期）代表などを務めるロビン・ソーポンパニット（一般にはロビン・チャンで知られる）。バンコク生まれ。初等・中等教育は母親の住むスワトウで受ける。1952年香港の広大高級会計学院を卒業。イギリスに滞在した53年より57年の間、ロンドン・リージェント・ストリート工学院に学んだ後、王立スコットランド銀行で銀行業務を研修。

58年にタイに戻り、亜洲信託副経理を経てバンコク銀行会計部副経理。以後、会計部経理(63年)、高級経理(70年)、常務董事兼総裁補佐(71年)、副総裁(74年)を経て、80年に退任した▼ブンチュー・ロジャナスティエンの後任として総裁に。92年に総裁をウィチット・スラポンチャイ(郭仲誼)に譲り常務董事会主席に。94年末には長男のチャートシリー・ソーポンパニット(陳智探)が総裁に就任。経営体制の整備とコンピュータ導入などによる銀行管理の近代化に積極的に取り組み、84年にはタイで最も優れた銀行家として表彰された。同年、カリフォルニアのペッパーダイン大学より名誉法学博士号取得。88年には上院議院に選任された。タイ外務省経済顧問、タイ銀行協会会長、ASEAN銀行家協会主席のほか、泰華報人公益基金会会長、タイ中友好協会副会長などを歴任。スマニー(曾金萍)夫人はタイ障害者救済基金会会長などを務める。長男のチャートシリーは元タイ中央銀行総裁の長女と、長女のサウィットリーは▼ソムサック・リーサワットラクーンの実弟と結婚。▼サマーン・オーパーサウォン、▼プラチャイ・リョウパイラットとは仕事の上でも緊密な関係にある。　　　　(樋泉克夫)

📖 樋泉克夫編著『THAILAND 1500 Supplement』国際関係研究所、1989。／陳再明『華僑財団 龍虎榜』台湾：聯経出版、1996。／Veera Thiraphathr. *Kedmaa Ruai*. Bangkok: Dear Book, 1989.

チャニット・ピヤウイ 1921-
王金玉　Chanit PIYAUI

タイのドゥシット・ホテル・グループ総帥。海南系の育民公学、タマサート大学を経てアメリカ留学。帰国後、ホテル勤務の後、1970年に王室財産管理局など王室資金を導入し、タイで最初の近代的大型ホテルのドゥシット・ホテルをバンコクの中心部に建設。以後、王室を軸にした幅広い人脈をてこに全国各地に高級ホテルを建設。グループの海外進出も目指す。80年代後半、マーブンクロン・グループの経営権をめぐり▼シリチャイ・ブンクンと激しい法廷闘争を繰り返した。(樋泉克夫)

チャプスイ
雑砕　chop suey / chop sooy

おもにアメリカの華人に食べられてきた野菜と肉類のごった煮。炒め物より汁気が多いので、ぶっかけ飯にしてそれ一品で食事がすみ、またどんな食材でも作れるため、労働者に食べられてきた安価な大衆食。李鴻章の考案という説もあるが、アメリカに多い広東の台山、新会、開平、恩平からの移住者が、郷土の残り物料理の雑錦菜を伝えたとするのが有力。広州や香港で雑砕はメニューにないが、より高級な食材で作った五目(ごった)煮を八珍、雑会と呼ぶ。　　(飛山百合子)

チャーリー
Charlie

アメリカで中国移民経営の洗濯店を白人が呼んだ言葉。アメリカ社会に同化しようとする意思表示として洗濯店の多くが店名を「チャーリー」としたことによるのであるが、▼洗濯業が中国移民のシンボル的な職業であったことと重ね合わされ、「チャーリー」の呼称は中国移民を侮蔑する言外の意味をもった。　　　　　　　　　　　　(可児弘明)

⇨ チャーリー・チャン、パケ

📖 Rose Hum Lee. *The Chinese in the United States of America*. Hong Kong UP, 1960.

チャーリー・チャン
Charlie Chan

ハリウッド映画に登場して人気を博した中国人探偵の名前。推理小説家アール・デア・ビガーズ(Earl Derr BIGGERS)が1925年に書いた原作をもとにハリウッドが映画化し、30年代にはB級シリーズのキャラクターとして定着した。「チャーリー・チャン」はハワイの中国人探偵で、13人の子持ち、という設定。チャン役を演じて有名になったのはスウェーデン出身の白人俳優ワーナー・オーランドで、恰幅のよい体軀、緩慢な動作、なまず髭、細い目、一人称を欠いたたどたどしい英語、といった中国人ステレオタイプの一種が確立された。2代目チャンはシドニー・トラー、3代目はローランド・ウィンターと、チャン役はつねにメーキャップした白人によって演じられつづけ、シリーズ合計は50年代までに40本を超える。現在、中国系アメリカ人の間で「チャーリー・チャン」はステレオタイプの同義語に近く、人種偏見の屈辱的なシンボルとしての意味合いが強い。(村上由見子)

⇨ チャーリー

⑧村上由見子『イエロー・フェイス』朝日新聞社, 1993.

茶楼 ちゃろう

広州と香港で発達した▼飲茶専門店。朝の早茶、昼の午茶、夜の晩市の茶市（ティータイム）に、各種銘茶と点心を提供。多くは3階建てで、1階は茶代が安く庶民向け、上に行くほど茶代は高くなり、調度もよく、鳥籠かけも備える。1940年代まで「茶楼は料理を扱わず、酒楼は飲茶を営業しない」という不文律があったが、戦後不況期から業態が混然とし、70年代には茶の品質と点心の種類でも酒楼が茶楼を凌駕、また設備の老朽化で茶楼は衰退する。
(飛山百合子)

チャローン・シリワッタナパックディー 1945-
蘇旭明 Charoen SIRIVATHANAPHAKDEE

タイのウイスキー王。祖先は広東省スワトウ出身。タイを代表するメコン、ホントンの両銘柄を生産するスラ・マハーラート、スラ・テップ両社株の半数以上をもつ。かつて▼ウテン・テチャパイブーンとともに▼ウイスキー戦争を戦う。ビール、銀行、証券、保険、ホテル、不動産などに積極投資。1994年には、▼アーコン・フンタクーン所有のニュー・インペリアル・ホテルの株式70％を買収。中国投資ではビール、高速道路に。90年代半ばより投資活動はやや低迷。92年、上院議員就任。
(樋泉克夫)

チャワラット・チャーンウィラクン 1941-
陳景鎮 Chavarat CHARNVIRAKUL

タイのシノ・エンジニアリング（聯泰工業建築）経営者。タイ生まれ。1962年に大学を卒業した後、同社を設立。創業時はベトナム戦争が最も激しかったこともあり、苦境に立つこともあったが、70年代半ばの戦争終結を機に政府やタイ進出の外資からの発注が続き、経営の基盤固めに成功。建設以外に機械、電子、不動産などに進出。▼サワット・ホールンルアン経営のヘマラート社にも資本参加。95年、大蔵副大臣。実務は息子のアヌティン・チャーンウィラクン（陳錫尭）が担当。
(樋泉克夫)

チャン、N.C. 1909-
陳汝舟 N.C. CHAN

中国系アメリカ人ジャーナリスト。1935年暨南大学を卒業、41年にパリ大学から法学博士と文学博士の学位を取得。ハーバード大学で1年間研究をし、42年に中国駐米国民外交協会主任に就任した。50年に香港へ移り教鞭をとった。60年にアメリカへ移住し、アリゾナ大学の図書館に勤める。72年に月刊『美国華人』を創刊した。おもな著作に『美国華僑年鑑』『美国華人年報（American Chinese Report-book of the Year）』ほか。
(曾纓)

チャン、アグネス 1955-
金子陳美齢 Agnes CHAN

日本で活動する香港生まれの女性歌手・タレント。もとの名は陳美齢。教育学博士（スタンフォード大学）で、目白大学などで大学客員教授も務める。父は香港生まれの元国民党軍兵士、母は貴州省出身。カトリック系のメリノール・スクールに学び、15歳のとき歌手デビュー。1971年に「香港十佳歌手奨」を受けた。日本では73年に「ひなげしの花」が大ヒットとなる。芸能活動を続けながら上智大学に進学。76年、歌手生活を一時中断しトロント大学に留学、その後スタンフォード大学大学院に進んだ。修了後、日本に戻り歌手活動を再開。自ら作詞・作曲してアルバム「私の海」を発表。84年、中国中央電視台の招きで北京の国慶文芸晩会に参加。翌85年、北京首都体育館で宋慶齢基金会のためにコンサートを開いた。同年、バチカンで開かれた国際青年世界平和シンポジウムに文化放送の特派員として参加。90年代にはFM横浜のプログラム「アグネスの点心タイム」でパーソナリティを担い、広東語、北京語、英語、日本語を混ぜた破天荒なディスクジョッキーは一部の聴取者に人気があった。外国出身の在日タレントとして最も成功した者の一人である。日本ユニセフ協会大使。著書に『ひなげし語録』など。
(塩出浩和)

⑧『海外著名華人列伝』

チャン、アンソン 1940-
陳方安生／方安生
Anson CHAN / CHAN-FANG On-sang

▼香港特別行政区元政務長官。もとの名は方安生。上海で生まれ、1948年に家族とともに香港に移住。香港で教育を受け、香港大学で英文学を学ぶ。チャンはキャリアの公務員

で、62年に香港政庁に行政官として採用された。それ以来、金融、経済、社会福祉などの分野で高い地位に就いてきた。93年には香港政庁の政務長官に任命された。政務長官は行政長官の筆頭顧問、行政長官に次ぐナンバー・ツーの地位で、19万人の公務員のトップでもある。その職務は行政長官に政策の助言を行うほかに、行政長官不在中にはその職務を代行する。150年間イギリス人によって占められていた職位に就いた最初の中国人であり、最初の女性でもある。「香港の良心」「鉄の女」とも呼ばれ、指導者としての香港での人気は最も高かった。2000年1月に定年退職の予定であったが、その才能と人気を買われ、董建華行政長官の任期が切れる2002年6月まで留任が決定した。しかし、公務員の「中立性」をめぐって、董行政長官との間に意見の対立が深刻化し、チャンは2001年4月末辞任した。

(中園和仁)

チャン、エディ
陳子超　Eddie CHAN

ニューヨーク・チャイナタウンにある安良堂の顧問。生年不詳。元香港警察の警部補で、汚職の嫌疑がかけられたことから台湾に出国し、その後、1975年アメリカに移民した。ロバート・デイリーが著した『イヤー・オブ・ザ・ドラゴン』(1981年出版、85年にジョン・ローン、ミッキー・ローク出演で映画化)で、チャイナタウンを支配下におこうとくろむミスター・コイのモデルとされ、84年には中国人組織犯罪の黒幕として組織犯罪に関する大統領諮問委員会によって告発された。その一方、華人福利協会の会長として米国における中国系アメリカ人の権利拡大のために活動している。82年に起こったビンセント・チン事件ではアジア系アメリカ人の団体を結集して全国的な人種差別反対運動を展開した。また、自称共和党員であり、政治活動にも熱心な側面をもつ。

(櫛田久代)

📖『イヤー・オブ・ザ・ドラゴン』、堂
📖 P.クォン『チャイナタウン イン・ニューヨーク』筑摩書房、1990.

チャン、キット　1971-
陳潔儀　Kit CHAN

シンガポール華人の歌手、女優。16歳からCMソングを歌いはじめ、その後シンガポールのラ・サール芸術学院に入学、演劇を学んだ。1993年「不要傷了和気」で歌手デビュー。翌94年台湾のレコード会社と契約を結び、「心痛」をリリースした。歌唱力と洗練されたファッション性が話題を呼び、台湾、香港をはじめとする華人社会で人気沸騰。97年にはジャッキー・チュン (Jacky CHEUNG、張学友) 主演の香港製ミュージカル『雪・狼・湖』に出演、演技力も証明した。

(松岡環)

チャン、コニー　1946-
宗毓華　Connie CHUNG

アメリカのTVニュースキャスター。ワシントンDCに生まれる。父親は蔣介石軍の外交官だったが1945年に家族でワシントンに移住。メリーランド大学卒業後、ワシントンの地元TV局WTTGに入社。20代半ばでCBSニュースに抜擢され、ウォーターゲート事件などをレポートする。アジア系女性キャスターの存在自体がまだ珍しかった76年、CBSロサンゼルス局のニュース番組アンカーウーマン (総合司会者) に。83年にはNBCの全国ネットへ移り、数々のニュース番組を担当、切れのよい独特のスタイルが人気を博す。89年に戻ったCBSでは "Saturday Night with Connie Chung" や "Eye to Eye with Connie Chung" など名前を冠したニュース報道番組で、世界の要人に堂々とインタビューし、あるいは現地からの臨場感あふれるレポートを送り、その存在感をアピールした。97年にABCへ移り、人気報道番組 "20／20" でアンカーを務める。84年に結婚、1児の母。

(村上由見子)

チャン、ジュリアス　1939-
陳仲民　Julius CHAN

パプアニューギニア華人の政治家。ドイツ、オーストラリアの植民地を経て1975年に独立したパプアニューギニアの首相を2回務めた (80-82、94-97年)。広東省台山生まれの父親がパプアに移住、タンガ島で生まれた。日本軍占領下、一家は労働キャンプに収容された。のちラバウルの小学校、豪州ブリスベーンの全寮制学校・大学で学んだが、事故で中断、60年パプアに戻り、豪州政府のた

めに働く。差別が大きく、政府や欧州人企業で働くことに見切りをつけ、62年家業に就く。68年植民地立法議員当選。母親が現地系であり、パプアニューギニアでは投票権をもつ中国系市民が少なく、親族、地域的結びつきが重要なことから、70年共同でピープルズ・プログレス・パーティを設立、その後同党の指導者となる。現在、豪州市民権を取得、サーの称号をもつ。▼粤語に堪能だが、豪州よりもアジア重視の「ルック・ノース」を進めるべきだとの批判があった。
(游仲勲)

チャーン・シンシェン 1911-
陳省身 CHERN Shiing-Shen

中国系アメリカ人数学者、教育者。浙江省嘉興の生まれ。1930年南開大学を卒業、34年に清華大学から二つ目の理学士学位を取得した後、ドイツのハンブルク大学に留学し、36年に同大学から博士学位を取得。37年から清華大学、昆明西南聯合大学で教鞭をとり、43年からプリンストン大学で2年間研究員を務めた。46年に中国中央研究院数学研究所を創立し、自ら代理所長を務めた。48年に一家でアメリカへ移住し、61年に▼帰化した。1949年からシカゴ大学教授、60年からカリフォルニア大学バークレー校教授、同名誉教授を歴任、81年からバークレー数理諸科学研究所長を3年間務め、84年に名誉所長。1940年代に完成したガウス-ボネ定理に対する証明で世界に知られる。米国国家科学賞(1975年)、スティール賞(1983年)、ウォルフ財団賞(1983/84年)などを受賞し、85年イギリスのロイヤル・ソサエティ史上初の中国系人会員となった。米国科学アカデミー会員、米国芸術科学アカデミー会員。
(曾纓)

チャン、スーチェン 1941-
陳素貞 Suchen CHAN

中国系アメリカ人学者、教育者。上海で生まれたが、香港、マレーシア、シンガポール、アメリカなどで教育を受けた。1965年ハワイ大学から修士学位、73年カリフォルニア大学バークレー校から博士学位を取得。その後、同校で教鞭をとり、アジア系アメリカ人研究の教学と研究に専念する。78年に教育殊勲賞(Distinguished Teaching Award)が授与された。84年にカリフォルニア大学サンタクルーズ校オークス学院院長に就任し、のちカリフォルニア大学サンタバーバラ校アジア系アメリカ人研究の主任を務める。86年に出版した *This Bittersweet Soil: The Chinese in California Agriculture, 1860-1910* は学界でさまざまな賞を得、アジア系アメリカ人研究の先端に立つ学者としての地位を確立した。著作に *Asian Americans: An Interpretive History* (1991) のほか、多数の編著がある。
(曾纓)

チャン-ディアス、フランクリン・R. 1950-
張福林 Franklin Ramon CHANG-DIAZ

アメリカの宇宙飛行士。広東系▼華裔(一説には祖籍南京)であるが、コスタリカのサンホセで生まれたヒスパニック系初の宇宙飛行士として知られている。1967年宇宙飛行士を目指して渡米、高校を経て73年にコネティカット大学で学士号を取得。77年にマサチューセッツ工科大学から応用プラズマ物理学の博士号を取得後、同州チャールズ・スターク・ドレーパー研究所で核融合炉の研究に従事した。80年5月、アメリカ航空宇宙局(NASA)の宇宙飛行士に選ばれ、86年1月に初めてスペースシャトル、コロンビア号に乗船した。その後89年のアトランティック号など幾度かの宇宙飛行を経験する一方、マサチューセッツ工科大学研究所で客員教授を務める。中国系の宇宙飛行士としては、85年4月にチャレンジャー号に宇宙飛行士兼科学者として乗船した▼テイラー・ワン(祖籍は江蘇省、1940年生まれ、一説に42年生まれ)、94年7月のコロンビア号に乗船した▼リロイ・チャオがいる。
(櫛田久代)

チャンパ
林邑/占城 Champa

インドシナ半島南東部、現在の中部・南部ベトナムにあったマレー系のチャム族を主体とする国家。漢の日南郡象林県(現在の▼フエの付近)を137年に周辺の住民が占領して林邑国を建てた。4世紀後半にインドのグプタ文化が伝わり、インド化した国家が成立したものと考えられる。これがチャンパ王国である。林邑国は以後、国際貿易の中心地として繁栄したが、749年を最後として史料から姿を消し、875年以後は「チャンパ」を翻訳

した占城国として現れる。王国は一時はカンボジアに侵入したこともあった。しかし11世紀からは北のベトナムの侵略を受けてしだいに圧迫され、1471年には首都ビジャヤを奪われ、王国は滅亡した。残ったチャム族は南に移動し、小規模な政権を建て、中国人やオランダ東インド会社と貿易を行った。またこの間にイスラムを受け入れた。1644年に明が滅ぶと、多くの中国人がチャム族の支配する地域の港市に移住してきた。チャム族の地方的政権はほぼ18世紀の末まで残存した。

(生田滋)

🈁 南投華人

チャン、ビクター・P. 1937-91
張任謙　Victor P. CHAN

オーストラリアの世界的な華人心臓外科医。上海で生まれ、幼年期、シンガポールで過ごす。その後、香港を経てオーストラリアに移住。シドニー大学で医学を学び、英国、アメリカに留学。心臓外科主任としてシドニーの病院に勤めるほか、国立心臓外科センターの主任としても活躍。約5000件もの手術を行い、オーストラリア人のみならず、東南アジアの要人の命も数多く救った。1984年には華人系では初めてオーストラリアン・オブ・ザ・イヤーに選ばれる。86年、同国で最も社会に貢献した人物として最高栄誉賞のAC勲章受章。中国の発展にも強い関心を示し、77年には中国における医学技術発展のため、心臓手術発展諮問委員になる。91年7月、勤務先の病院の駐車場で、何者かによって殺害された。華人社会のみならず、多くのオーストラリア人が悲報を悼んだ。

(増田あゆみ)

チャン、マイケル 1972-
張德培　Michael CHANG

テニス選手。ニュージャージー生まれ。父親は広東省出身で、戦後に台湾へ移り、1966年に渡米したのちに化学研究者に。母方の祖父は中国政府の外交官で、のちに国連の中国代表。両親はアメリカで出会い結婚。父親の手ほどきのもと、6歳から兄とともにテニスを始める。まもなく頭角を現しジュニア部門で活躍。14歳でジュニア・デビスカップのチームに最年少として参加、15歳でUSオープンに優勝し、大きな注目を集める。彼の才能を伸ばそうと家族が一致団結の体制を固め、翌年には高校を中退してプロの道へ進む。89年、17歳でフレンチ・オープン男子シングルスで優勝、最年少記録樹立とともに34年ぶりのアメリカ選手優勝となり、世界中から注目される。その後も世界各地の大会に出場するが、グランドスラム（世界の四大大会）の優勝からは遠ざかっている。世界ランキングは96年の2位が最高で、99年は50位。テニス選手としては小柄で身長は約173cm。

(村上由見子)

チャン・ミンチュエ 1908-91
張明覚　CHANG Min Chueh

中国系アメリカ人生物学者、教育者。山西省嵐県の生まれ。1933年清華大学から理学士、39年イギリスのエディンバラ大学から農学士、41年ケンブリッジ大学から生物学博士、69年同大学から科学博士の学位を取得。45年に渡米し、52年に▼帰化した。51年からボストン大学で教鞭をとり、避妊薬や試験管ベビーの研究で業績をあげ、アメリカ生育学会をはじめ、さまざまな機関から賞が与えられた。

(曾櫻)

チャン、レスリー 1956-
張国栄　Leslie CHEUNG

香港の歌手、俳優。英国に留学、帰国後歌謡コンテストがきっかけで1978年歌手デビュー、俳優活動も始める。84年以降▼アラン・タムと並んで香港流行歌手のトップに立つが、90年に歌手引退。ウォン・カーウァイ監督『阿飛正伝（欲望の翼）』（90年）ほか、俳優活動に専念し、93年カンヌ国際映画祭でパルムドール賞を受賞した陳凱歌監督の映画『覇王別姫（さらば、わが愛）』で世界に注目される。95年歌手活動再開、独自の耽美的世界を映画と歌唱で演出中。不惑の年を過ぎても精力的にワールドツアーをこなす現役のスーパースターである。

(壬生昌子)

チュア・シェンチン 1933-
蔡善進　CHUA Sian Chin

1960年代に活躍した▼シンガポールの▼人民行動党指導者の一人。マラヤ大学で学んだ後、イギリスに留学するが、当地で独立を目指す留学生組織マラヤ・フォーラムに参加する。帰国後、政治活動を始め、1959年に誕生

した人民行動党政府では内務相や保健相を務め、▼リー・クアンユー体制を支えた。人民行動党中央執行委員にも就任して、財務係を務めた。91年に政界を引退。　　　　（岩崎育夫）

中央アジアの華僑・華人　ちゅうおうアジアのかきょう・かじん

中央アジアの華僑・華人ではウイグル族と回族（東幹族とも称する）が多数を占める。そのほかに漢族、カザフ族などもいる。旧ソ連の時期に、中央アジア地区に定住する華人のうち、ウイグル族が約22万人、回族が約5万3000人であった。ウイグル族華人はカザフスタンに約15万人、キルギスに約3万人、ウズベキスタンに約2万5000人住んでいた。ウイグル族華人のほとんどが農村または郊外に住み、農業に従事している。都市に住むウイグル族華人はインテリ、技術者などが多い。東幹族華人は5万人余りがキルギスに住む。土着少数民族の一つだが、もともとは甘粛省、寧夏省から移住した回族で、今日まで中国の文化的伝統と習俗を守っている。1980年以降、とりわけ旧ソ連解体後、中国・中央アジア諸国間の貿易、人的交流が盛んとなり、多くの中国人が中央アジアに定住して、「▼新華僑」となった。近年、中央アジアに移住する新移民が増加するのにともなって、中華料理店、鍼灸、貿易会社を経営する華僑が増えている。　　　　　　　　　　　　　（李国梁）

🔄 ロシアの華僑・華人

『中央日報』　ちゅうおうにっぽう

▼中国国民党の機関紙。本社は台北市。発行部数は公称35万部（うち5万部が海外向け、2001年4月現在）。1928年2月1日、上海市で創刊、47年末に台湾に移転。87年7月の戒厳令解除まで、国民党と当局が完全に一体だった関係で、行政機関に配布されたほか、海外留学生にも配布された。しかし、戒厳令解除後、民間の新聞発行が一斉に解禁され、『中央日報』の読者は激減した。2000年3月に国民党政権は野党に転落、党機関紙としての任務は正念場を迎えている。
　　　　　　　　　　　　　　　　（濱本良一）

中華会館　ちゅうかかいかん

海外各地域の華僑全体の団体、またその建物のことをいう。この名称が用いられたのはほぼ1870年代以降で、日本では横浜が1873年、神戸が1892年、函館が1910年である。その名は今日でも残っているが、いまでは中華総会、中華聯合会、中華聯誼会などという。▼会館はもともと16世紀頃から中国本土の商業都市に滞在する同郷別の商工業者らの互助・共益のための団体組織のことで、公所ともいった。このため蘇浙会館、広東会館、潮州会館、四明（寧波）公所、香山会館など、同郷の数省、1省、1州、1県単位の名を冠して団体が結成されるのが一般的であるが、こうした郷幇を超えてわざわざ中華（中国人の）会館と命名するようになった背景には歴史的な因縁がある。すなわち1860（咸豊10）年の北京条約の結果、1870年代から条約を結んだ諸外国に対して中国領事が派遣されて、現地在住の中国の商民にその保護を及ぼすようになった。これがきっかけとなり、また華僑の間にも民族意識や愛国心も高揚して、郷幇の閉鎖性を乗り越えた中国人としての連帯が強まり、中華会館を生み出したのである。当初は本国から領事が必ず派遣されるとは限らず、そうした場合は現地の▼華商が相談して惣代（正董事、副董事）を選任して、事実上の領事の役目をした時期がある。日本の横浜、神戸、函館にしても、中華会館の建物の竣工以前から、その地の全華僑の利益を代表する組織が先行して存在していた。サンフランシスコでは1854年から62年にかけて、すでに成立していた岡州、三邑、陽和、寧陽、人和の五大会館の上位に、俗に「五公司」と呼ばれて共通事項を調整する団体としての「中華公所」があった。62年に六大会館、90年代末に七大会館と増えるにつれ、旧中華公所は「中華会館」と改まり、同じような例はカリフォルニア州で8例ほか、全米で11例がある。ペナンの「平章会館」、クアラルンプールの「中華大会堂」、チョロンの「七府公所」も実質は中華会館である。　　　（斯波義信）

🔄 神阪中華会館, 函館中華会館, 横浜中華会館, ウェリントン中華会館, サンフランシスコ中華会館, タイ中華会館, 七府五幇, マレーシア中華大会堂総会

📖 斯波義信『函館華僑関係資料集』（『大阪大学文学部紀要』22）, 1982. ／内田直作『東洋経済史研究』Ⅱ, 千倉書房, 1976. ／内田直作, 1949.

中華街関帝廟通り会 ちゅうかがいかんていびょうどおりかい

▼横浜中華街の大通りと平行して地久門と天長門の間にある、長さ約300mの通り（関帝廟通り）に位置する店舗の団体。この通りは当初「本通り」と呼ばれていたが、大通りと混同されることから、「中央通り」への改名を経て、現在の名称に。名前の由来にもなっている中華街の名所▼横浜関帝廟はこの通りに位置する。歩道の建設、街灯の設置などの事業運営を目的に1978年頃、会を発足。初代会長は渡辺広助。約70店舗の会員から組織されている。通りのロゴや旗などがある。

（陳天璽）

中華街西門通り振興会 ちゅうかがいにしもんどおりしんこうかい

▼横浜中華街の西門（通称延平門）から善隣門に至る西門通りの各店舗が、同通りの振興と発展のために1980年代半ばに結成した組織。代表者は和田晃治、中区山下町216番地に会所を置く。人々が横浜中華街を訪れる際、石川町駅から大通りへと西門通りを素通りするという状況を改善するため、人目を引く商品の展示方法、通りの歩行者天国化などを考案し、西門通りの活性化を図っている。

（陳天璽）

中華義荘 ちゅうかぎそう ⇨ 中国人墓地 ちゅうごくじんぼち

中華経済協作系統 ちゅうかけいざいきょうさくけいとう
coordination system for the Chinese economies

中国大陸、▼香港、▼マカオ、台湾間の地域経済統合体。「中華経済協作系統」の語は黄枝連（香港浸会学院上級講師）が1980年に提起したことに始まる。第1回目の「中華経済協作系統国際研討会」（香港、92年1月）を機に学界と実業界、マスコミの注目を浴びる。名称をめぐって大陸側と台湾側（「中華文化経済共同体」）に相違が見られたが、今の名称に定まった。同国際研討会は第2回（海口、93年11月）、第3回（台北、96年10月）、第4回（マカオ、98年2月）、第5回（海口、99年2月）、第6回（広州、2000年11月）、第7回（東京、2001年11月）と続く。中国大陸、香港、マカオ、台湾の四つの中国ないし中国系諸経済を「四つの中国経済」（「四つの中華経済」ともいう）と表示せず、またあえて「大中華経済圏」「華人経済圏」「華人共同市場」「華人経済共同体」などの名も使わない。東洋的発想の濃い「経済圏」の類や政治意識による「大中華」の類、さらには国家主権にかかわる「経済統合」（「共同市場」「経済共同体」）の名は避け、独特な、かつ緩やかなコーディネートの枠組みとして同タームが使われたという。

（涂照彦）

⇨ グレーター・チャイナ，華人経済圏

中華劇場 ちゅうかげきじょう
中華戯院

華僑が資金を集めて▼アモイで経営した映画館。1928年に中南銀行がアモイの中華路に同戯院を建設、経営していたが、まもなくシンガポール華僑の林紹裘が会社を設立、4万元でその上映権を借り受け、主として外国映画を上映した。林は、華商銀行創立者で▼シンガポール中華総商会会長を務めた富商林秉祥の息子で、文化娯楽事業に熱中していた。抗日戦争中、日本人が戯院を強制的に借り上げ、「鷺江第二戯院」と名づけて経営した。また林がシンガポールから送金して開設した鼓浪嶼戯院も日本人に差し押さえられた。戦後45年末、林は弟の維楽、紹宗、金澄と4人で和楽影業公司（＝和楽映画会社）を設立、中華戯院など4戯院を経営。投資総額2万5000ドルで、アモイ市最初の映画トラストといわれた。46年2月、再開された中華戯院の月間売上げが約5000元で、1000元余りの利益が確保できた。49年、市の文化局が管理、いまは中華電影院となっている。

（劉暁民）

📖『近代華僑投資国内企業史資料選輯（福建巻）』

中華公所 ちゅうかこうしょ ⇨ 会館 かいかん

中華ショービニズム ちゅうかショービニズム ⇨ 華僑・華人ナショナリズム かきょう・かじんナショナリズム

中華崇仁医院 ちゅうかすうじんいいん
Chinese General Hospital

マニラにある華人病院。スペインのフィリピン統治末期、華僑を統率するカピタンであった▼カルロス・パランカが、華僑の増加にともなって、中国語で医療が受けられる病院の設立のために義捐金を募った。1891年に崇仁医院が落成した。当初は漢方医部門だけであったが、1921年に西洋医部門が開設された。以来、同地の華僑・華人社会の中心的医療機

関として、˹フィリピン華僑善挙公所の管理の下、華僑・華人の義捐金を中心に運営されている。また、貧困者には華僑・華人だけでなくフィリピン人にも無料で受診や施薬が行われ、地域の福利施設となっている。

(小熊誠)

中華総商会 ちゅうかそうしょうかい

中国および国外各地における中国系商工業者全体を網羅する経済団体。起源的には、中華総商会は旧中国時代の19世紀末から1920年代末に政府の規制下、西欧、日本の商工会議所をモデルとして設立された。海外の華僑社会では、中国政府の在外公館があれば、設立は中国外交官の勧告・指導に基づいて行われた。当然、本国政府に設立が登録された。他方、在留西欧人企業による商工会議所の設立が、華僑企業に刺激を与えたところもある。中国で中華総商会が形成されるまでには、何回かの変遷があった。たとえば、清朝政府時代の1895（光緒21）年以後の商務局、1901年以後の商業会議所ないし商務公所、03年の簡明商会章程による商務総会、北京政府時代の15（民国4）年の新商会法による総商会ないし商会、国民政府時代の29年の商会法による商会ないし商会連合会などである。したがって、中華総商会という名称をもつ組織がなくても、上記各種ないし類似の名称をもつものがあれば、それが事実上の中華総商会組織であると見てよい。その後、日中戦争、国共内戦、社会主義中国の成立等々のことがあり、各地の中華総商会は消滅したり、機能停止したところもある一方、新たに創られたものもある。中国では当初、企業を単位とし、企業ないし店舗の所有者ないし経営者、もしくは˹同業団体を会員としたが、海外ではしだいにその機能が商事から華僑社会全般に及びはじめ、会員も˹同郷団体を加えるにいたった。このため、主として同業団体別構成をとった旧中国本国のそれとは異なって、海外では主として同郷団体別構成をとった。その成立の経緯を見ても、旧中国本国では同業団体が連合して、その上部団体として中華総商会が設立されたのに対して、海外では主として同郷団体の上部団体として形成された。同業団体はむしろ総商会が成立したあとに、その機能分化として形成されることが多かった。このため、総商会の活動は経済中心的でなく、華僑社会全体の問題にわたる。この点では、とくに戦前の˹シンガポール中華総商会が有名である。同会は各同郷団体の連合組織、その上部機関として、ヒエラルキー的に構成され、一種の自治組織として同会の統制のもとに全華僑社会の秩序が保たれた。このため、旧中国政府の在外公館のないところでは、むしろ総商会がその機能を果たした。本国公館の設置を必要としないところもあった。本国政府が総商会主席を中国政府外交部商務専員に任命し、総商会発行の送り状が領事証明書として広く受け入れられた場合もある。総商会の事務所が華僑地区になく、外交公館地区に位置した場合もある。社会主義中国の成立後は、中国内部のものは消滅したが、海外では多くが台湾政権との関係下にひきつづき活動を続けた。今日ではこうした本国政府の規制を受けることなく、新たに設立される場合もある。1999年に設立された˹日本中華総商会がそうである。

(游仲勲)

㊀ 商会
㊥ 游仲勲, 1969.

中華民国僑商統一聯合会 ちゅうかみんこくきょうしょうとういつれんごうかい

˹辛亥革命に呼応して˹神戸三江公所内に成立した、上海の軍政府を支持する留日華僑組織。1911年秋、武昌蜂起が成功すると、神戸では革命的機運が一気に盛り上がり、清国領事に代わる神戸華僑の代表機関設立が日程にのぼる。11月26日、˹神阪中華会館で700人の参加者を集め、˹神戸中華商務総会を改組して中華民国僑商統一聯合会の成立大会が挙行され、˹王敬祥が会長、周子卿と廖道明が副会長に選出された。革命政権との連絡と商務の維持を目的と定め、軍政府を支持するための募金が行われた。北京政府と各省政府に対し、民国の樹立と各省の連合統一を促す打電を行い、各国の華商団体にも同様の打電をするよう促した。次いで「清商」という呼称を˹華商と改め、宣統年号をただちに廃止し、商店名につく「号」も廃止、委員の˹馬聘三と黄卓山が中国へ向かう˹旅日華僑敢死隊に同行し、上海軍政府との連絡を保つこととなった。12年3月3日、中華民国の成立を祝した提灯行列を主催する。僑商統一聯合会は3

月31日、役割を終えて解散し、神戸中華商務総会の復活が決議された。
（陳來幸）

中華民国駐日代表団

1945-52年、日本が連合国に占領されていた時期の中華民国大使館代行機構。初代団長は商震。第2次大戦終結時、中華民国は抗日戦争による国軍疲弊と国共内戦のため、日本への駐留軍派遣を断念し、駐日代表団を派遣した。東京に本部、大阪に神阪僑務分処、長崎に長崎僑務分処を置いた。管轄範囲はそれぞれ、関東以北、名古屋以西下関までと四国、それに九州である。代表団はGHQ、日本政府との折衝、在日華僑の保護・管理をその職責とした。終戦の秋に来日すると、「中華民国駐日代表団僑務処弁理僑民登記弁法」（21条）を公布、僑民に登記を義務づけ、僑民掌握に着手した。全民参加・全民平等の全国的な華僑総会の成立を促し、台湾出身者に対しては中華民国行政院の「在外台僑処理弁法」（1946年6月22日）に従って「弁理旅日僑民登記弁法」を公布、登録を実施して証明書を交付、中華民国国民と認定した。連合国国民に与えられた食糧特別配給制度、刑事・民事裁判権などの特権の行使によって絶大な権限をもち、華僑総会、華僑を政治的にコントロールする原因となった。
（許淑真）

 ㊁中国領事館
 ⊕許淑真「留日華僑総会の成立に就いて」山田信夫編、1983. ／『中華民国駐日代表団神阪僑務分処檔案』（1946-1952年）．

中華民国留日横浜東北同郷会

1967年に王慶仁、張柩、陳福坡など横浜在住中国東北部出身者によって結成された親台湾派の同郷組織。中区山下町221番地に会所を置く。一般に中国移民には広東や福建など南部沿海地域の出身者が多く、東北出身者・北幫は少数派だが、日本では旧満洲など歴史的な影響で北幫が少なくないことが特徴。また、東北出身者には国共内戦期に大陸より台湾に流れ、留学などで来日した知識階級が多いのも特徴。同郷人の親睦、日中文化交流を目的とし、結成の翌年、不定期刊行物『東北研究』創刊。
（陳天璽）

中華民国臨時政府駐横浜弁事処

日中戦争期の北京臨時政府の在横浜外交機関。戦争勃発後、横浜華僑は中華民国南京政府支持か日本傀儡の北京臨時政府支持かで混乱したが、1938年1月16日、日本政府が「国民政府を相手とせず」との声明を発すると、横浜中華会館は北京臨時政府支持を表明した。中華民国政府の外交団は帰国し、横浜総領事館も閉鎖された。翌39年4月5日、横浜市中区山下町の横浜親仁会事務所に中華民国臨時政府駐横浜弁事処が開設された。40年9月1日には、正式に汪精衛国民政府の領事館が開設された。
（伊藤泉美）

 ㊁日中戦争と日本華僑

中華留日聖公会

横浜に存在した華僑のキリスト教信者の会の一つ。1921（大正10）年、付属の夜間英語学校を開設、華僑に英語教育を行う。横浜華僑の教育機関としては初期の代表的なものの一つ。校長は同年設立された日・中・英3か国語教育を行う志成中学校長の法士徳牧師が兼任、教員は羅孝明、鄧志文など4人、生徒数50人ほど。23年、関東大震災により学校運営を一時停止。30年、礼拝堂建設、英語学校再開。羅孝明が礼拝堂副経理や英語教師を担当。所在地や存続期間などは不詳。
（陳天璽）

中元会

毎年旧暦7月（地獄の門が開き、祀られない孤魂が人間界に降りてくるとされる）に行われる、中元の盆（施餓鬼）行事、またはその行事の執行組織。行事それ自体を指す場合、中元会は中元節、普度と同義である。すなわち、死者を供養するとともに（祖先祭祀よりは、孤魂の饗応という側面が強い）、コミュニティの安寧を祈願するために行われる行事である。中元会は巨大な華人人口（250万5400人、2000年）をもつシンガポールにおいてとくに盛行をみており、その数はじつに4桁台に達しているという。ここでは以下、シンガポールの事例を紹介する。中元会は、多くの場合コミュニティを単位として組織されるが、それ以外にも、同郷団体、同業団体、職場、新興団地など、都市社会におけるさまざまな社会集団を単位として中

シンガポールの中元会。神前に供えられた縁起物のオークション。撮影：可児弘明

元会が行われる。▼炉主、副炉主、▼頭家など会の役員は擲筶、すなわち神意により選出される。中元会の会場は、広場や路傍に臨時に設けられる。会場には孤魂を統制管理する普度公（大士爺）などの神々を祀る神棚、神々へ奉納する地方劇を上演する戯棚、孤魂に振る舞う米・菓子・飲料などの供物（福物）を並べる孤魂棚などが設けられる。中元会は旧暦7月中の適当な数日間を選んで開かれる。日程はコミュニティによって異なるが、その理由の一つは、ふだん親睦・協力関係にある人がたがいに中元会の宴席に招きあい、関係を強化することにある。行事としては、一般的に、道士または僧侶を招いて孤魂を供養する儀礼を行い、孤魂棚に並べた食物（福物）を孤魂に振る舞ったあと、大士爺の神像を焼いて孤魂を送り返す。福物を中元会の会員に平等に分配したあと、同じ場所に椅子やテーブルを並べて大宴会を開き、その席上で神物（神前に供えられた縁起物）を競売に付すといった流れになっている。縁起物にあやかろうという信者で競売は賑わいをみせ、売上げは中元会の大きな収入になる。死者供養を一応の名目としながらも、中元会は実際には生者同士の関係を強め、現世利益を授かろうという生者のための祭りとなっている。

(高橋晋一)

㊂ 普度, 筶

㊉ 可児弘明『シンガポール　海峡都市の風景』岩波書店, 1985.／曽士才「在日華僑盆行事」『民俗学評論』27, 1987.

中興劇場 ちゅうこうげきじょう
中興戯院

　アメリカからの▼帰国華僑、陳漢子、伍瑞龍によって1930年に広東省広州市で創設された僑興公司が中山七路で経営した劇場。同公司は173人の出資者による台山系海外華僑資本11万9200元で設立され、劇場は32年に映画上映事業開始。日中戦争期、広州市陥落後にリースに出されたが、戦後47年に回収。自己経営で映画、粤劇の上演を再開。50年代初期に廃業した。

(王効平)

中国回帰 ちゅうごくかいき

　ヒトやモノ、カネ、企業、サービス、情報などが中国に戻る動き。1997年の▼香港、99年の▼マカオの中国復帰は中国回帰と呼ばれたが、これはヒトやモノその他だけでなく、国土までもが中国に戻る動きであった。中国回帰はヒトの動きでいうと、中国から外に向かう▼外流に対して、外から中国に戻る▼内流がこれにあたる（中国の場合は回流と呼ぶ人もいる）。ところが、ヒトの動きとともに、カネや情報その他も動くようになり、いまでは外・内流ともにこれらを含めて、もっと広い意味で使うことができる。中国回帰はさらに広く、国土の中国復帰だけでなく、華人が文化的に中国の影響を受け、先祖帰りする場合も含めてよいだろう。実際問題としては、一世が老齢化して故郷に戻るのを除けば、華人が中国に行って住みつくのはそう多くあるまいが、たとえば中国経済の発展とともに中国文化に関心をもち、中国語を学び、中国の古典に関心をもつ人は少なくない。華僑・華人以外にもそういう人が増えているが、華僑・華人の場合、人の流れとしては中国に戻る方向で動くわけではないとはいえ、文化的には中国回帰である。

(游仲勲)

㊂ 中国の遠心力と求心力

中国華僑国際文化交流会 ちゅうごくかきょうこくさいぶんかこうりゅうかい

　1989年、中華全国帰国華僑聯合会の主催でつくられた民間の文化交流機構。華僑、華人、帰僑（▼帰国華僑）、▼僑眷、および香港・マカオ同胞に奉仕することを旨とする独立した法人団体。民族文化の継承を通じて海外華僑・華人との連携を強め、各国人民との友好関係を促進するために、文化講座、展覧会、

文芸演出、芸術、学術交流など多種多様な形式で、中国文化の発揚と国際交流の文化活動が行われている。会則の賛同者は個人と団体を問わず、申請が許可されれば入会できる。
(過放)

中国華僈撮影学会　ちゅうごくかきょうさつえいがっかい

▼帰国華僑や▼僑眷、台湾、香港、▼マカオなどの中国人写真家、撮影関係の職業人、愛好家の組織。1986年北京で発足。すべて中国写真家協会の全国会員または省分会の会員。海外にも会の顧問がいる。中国内外での展示会、出版活動を通じて、写真家間の交流を図るのが目的。
(曽士才)

中国華僑出版社　ちゅうごくかきょうしゅっぱんしゃ

中華全国帰国華僑聯合会に所属する出版社。1989年北京で中国華僑出版公司として設立、91年現在名に改称。出版物を通して華僑、華人、▼帰国華僑と華僑親族(▼僑眷)の祖国愛・故郷愛と仕事の業績や貢献を宣伝し、彼らに奉仕し、相互連携を強めることを主旨とする海外向けの出版機構。僑務政策、▼僑郷、華僑・華人の著作、外国の学術図書の翻訳のほか、海外華僑の私費出版も受け入れ、幅広い業務内容を展開している。これまで『南洋華人小説選』『華僑華人百科全書』など多くの図書を出版。
(過放)

中国華僑旅遊僑匯服務総公司　ちゅうごくかきょうりょゆうきょうかいふくむそうこうし

1984年に設立された、華僑・華人、香港人、マカオ人、台湾人、その大陸親族、▼帰国華僑とその親族、中国在住外国人、出国して親族訪問する中国人、自費留学生などに、商品・サービスを提供する中国企業。略称「中僑総公司」。全国各地に支社、免税店、出荷店(国外で貨物引渡書を発券、国内で商品を引き渡す)をもつ。職員数2000人。事業は、各種の旅行商品、▼華僑送金で購入する商品、外貨免税品などの販売や商品の修理、出荷店業務、華僑寄付物資の輸入手続き、また▼華僑投資の誘致、観光施設への物資供給など。
(廖赤陽)

中国華僑歴史学会　ちゅうごくかきょうれきしがっかい

中国の全国的学術団体。1981年に華僑歴史学会として設立、86年現在名に改称。中国内外の華僑・華人歴史研究者と連携し、学術研究の成果と文献資料の交流を積極的に進め、華僑・華人史と現状の理解を促進するのが目的。歴代の会長は▼荘希泉、▼洪絲絲、▼張楚琨。現在の会長は中華全国帰国華僑聯合会主席林兆枢の兼任。84年2月中華全国帰国華僑聯合会所属の華僑歴史研究所が設立され(90年中国華僑華人歴史研究所と改称)、また、広東、福建など全国各省・自治区・市にも華僑歴史学会が設立されるにいたった。学会誌『華僑華人歴史研究』は国内華僑史研究分野の唯一の全国学術誌であり、海外にも読者も多い(82-86年『華僑歴史学会通訊』、86-87年『華僑歴史』を称し、88年から現名称)。現在、中国華僑華人歴史研究所によって編集・発行されている。学会誌編集部の職員はまた学会大会運営の事務も担当している。学会の全国会員代表大会は、第1回結成大会を81年12月北京で開き、第2回(86年)と第3回(91年)も北京、第4回(96年)は▼アモイで、第5回(2001年)は北京で、計5回開かれている。ほかに全国華僑華人歴史学術討論会が91年北京、96年アモイで開催されている。また華僑華人問題国際学術討論会は85年広州、89年アモイ、93▼スワトウ、96年アモイ、99年▼広州でそれぞれ関係諸団体・大学との共催の形で5回開かれ、論文集も出された。そのほか、学会はこれまで『僑史資料』(不定期)のほか、『華僑華人資料報刊剪輯』『華僑華人史書刊目録』『華僑華人史研究集』『僑史研究十年』ほか華僑・華人史の叢書と資料集などを出版。とりわけ『僑史研究十年』(1991年)は文献資料、人口統計や研究機構と活動、会員名簿などを含み、国内華僑史研究の成果を集大成したものといえる。また、学会は中華全国帰国華僑聯合会企画の「20世紀の華僑華人」大型図表写真展や華僑歴史博物館の設立活動にも協力している。
(過放)

中国河　ちゅうごくかわ

19世紀初頭、ベトナムの現在の▼ホーチミン市に華僑が開削・改造した河川。グエン(阮)朝初代の嘉隆帝(▼グエン・フック・アイン)は藩安鎮(後のサイゴンと▼チョロン)に在住する1万人余りの華僑を動員し、安通河と渡犠河を改造し、新しい川筋を開削することを華僑官吏の黄公理に命じた。1819年1

月から約3か月の工期で完成。黄公理は工事の完成をグエン朝に報告。華僑の功績を記念し渡蟻河を中国河と改称した。　(樋泉克夫)

中国帰国者問題 ちゅうごくきこくしゃもんだい

第2次大戦以降、主として中国の東北地方(旧満洲)に取り残された日本人とその家族が、1972年の日中国交正常化後、日本での肉親探し、帰国、就職、教育などをめぐって発生させた、歴史的に残された問題。戦前、日本の中国侵略政策の一環として中国への開拓移民が行われ、東北地方を中心に多くの日本人が居住、敗戦とともに婦女子だけが取り残された。彼らは中国人の親に養育され、あるいは中国人と結婚してその地で生活、「中国残留邦人」と呼ばれる。日中国交正常化後、肉親探しなどを通じて日本に帰国した者は、おもに中国残留孤児、中国残留婦人とその家族であり、合わせて「中国帰国者」と呼ばれる。中国からのニューカマーとして、彼らは新華僑と性格上の共通性をもっている。1972年から2001年に、日本永住の中国帰国者は3万0400人、一時帰国者は1万3001人。90年代に、作家の山崎豊子が残留孤児を題材にして書いた小説『大地の子』と同小説に基づいた日中共同製作の同名TVドラマが大ヒットし、この問題は広く関心を集めた。　(廖赤陽)

中国共産党 ちゅうごくきょうさんとう

中国の政党。1921年、上海で結成された。1999年には党員6100万人を数える世界最大の政党となっている。新民主主義革命の路線により、2度の国共内戦と抗日戦争を戦いぬき、49年10月、中華人民共和国を建国した。

1949年の建国以降、中国共産党(中共)は毛沢東の強力なリーダーシップの下で、新民主主義の路線を経て、社会主義建設を強力に推進した。56年のスターリン批判からソ連共産党との対立を深め、国内では反右派闘争、大躍進・人民公社、さらには▶文化大革命と激烈な路線闘争を繰り返し、中国社会に大きな傷跡を残した。76年毛沢東が死去し、「四人組」の逮捕により、文革は終止符を打たれた。78年末の中共第11期第3回中央委員会総会で鄧小平の指導下に文革を完全否定し、改革・開放路線へ大転換した。今日、社会主義市場経済論を唱え、21世紀半ばには富強・文明・民主の社会主義強国の実現を目標としている。

中共としての華僑問題への本格的取組みは、1936年に結成された中共中央海外工作指導小組に始まるが、49年の政治協商会議には、「国外華僑民主人士代表」が17人参加している。中共の華僑政策の目標は、社会主義建設への華僑の人的・物的支援を得ることと、華僑の居住国での地位と権利の保障におかれた。しかし、東南アジア華僑の反政府運動との繋がりも問題にされ、国内でも▶帰国華僑に対して「海外関係」、ブルジョアジー規定などにより攻撃を加えるなど問題点も多かった。78年以降、改革・開放政策の下では、中国の経済発展との関係で華僑の位置と役割をいっそう重視する方針をとっている。

(安井三吉)

㊀ 中国国民党
📖 中央檔案館編『中共中央文件選集』1-18, 北京：中共中央党校出版社, 1989-92./日本国際問題研究所中国部会編『中国共産党資料集』1-12, 勁草書房, 1970-75./野村浩一編『講座 現代中国』1「現代中国の政治世界」岩波書店, 1989.

[日本]

中国の社会主義は河上肇、堺利彦ら日本の社会主義者の影響を受け、1921年の中国共産党創立大会には日本留学生の周仏海が参加している。1928年10月、中国共産党日本特別支部（一説には東京支部、東京市委員会）が鄭疇（ていちゅう）らを中心に結成される。東京、横浜、京都、神戸、長崎、仙台に支部があり、党員約100人。日本帝国主義打倒、中国国民党打倒、対支非干渉などを掲げたが、29年10月、警察による一斉弾圧で215人が逮捕された。36年、留学生解樹椿を中心に中共中央北方局の指示の下、中共東京特別支部が結成された。機関誌『星火』を発行、マルクス主義、抗日、中共の宣伝を行った。39年、「満洲国」からの留学生を中心とする35人が「中国共産党東京支部」結成の容疑で逮捕されている。

(安井三吉)

📖 王奇生「九一八事変後中国留日学生的抗日救亡活動」『抗日戦争研究』1996年第3期./内務省警保局保安課外事係編『中国共産党日本特別支部検挙事件』/井上久士・山辺昌彦「中国共産党東京支部事件について」『歴史評論』569, 19

97年.

中国僑政学会 ちゅうごくきょうせいがっかい

1953年10月に台湾で設立された僑務問題を研究する学術団体。専任の職員以外、理事、監事は権威のある学者や専門家が兼職している。学会は僑務問題に関する多くの著作を出版しており、台湾の華僑・華人政策に強い影響力をもっている。1942年5月に重慶で設立され▼僑務委員会に所属、49年に台湾に移転した華僑問題研究室の研究も学会が引き継いだ。この研究室は、おもに各国の移民法令、華僑の移民史、華僑の経済・文化・教育事業などを調査・研究している。
(劉文甫)

中国銀行 ちゅうごくぎんこう

中国の中央銀行。同行の創設は戸部銀行に遡ることができる。1904年、試弁銀行章程に基づき、清国の国家銀行として最初の銀行が、資本金400万両で北京に設立された。これが戸部銀行である。08年、戸部銀行は整備されて大清銀行となり、純然たる中央銀行となった。大清銀行は10年の上海におけるゴム恐慌の危機を切り抜けることに成功したが、11年の▼辛亥革命の勃発により、銀行資金は各政府党派に没収されるか兵士の強奪にあい、また兌換準備のない銀行券を乱発して、倒壊の一歩手前にまでたちいたった。そこで民間株主が連合会を組織して、民国政府に働きかけて、新政府の中央銀行として改組発足し（1912年2月5日）、中国銀行が生まれた。つづいて13年4月15日、大総統令によって中国銀行章程が公布され、その後も順調に発展した。南京国民政府のもとでは、民間資本に政府資本が加わり、特許銀行として国際為替の専門銀行となった（1928年10月）。34年の増資にあたり、政府持株を半分にまで引き上げ、翌年の幣制改革では、中央銀行、中国農民銀行、交通銀行とともに法幣の発行権が与えられ、政府系銀行となり、同時に宋子文らの官僚資本の一つの拠点となった。49年の人民共和国の成立の際、官僚資本40万株が没収されたが、民間株20万株はそのまま返還され、公私合営銀行となって現在にいたっている。しかしその後、政府持株が増大し資本主義の社会主義改造が基本的に終わった55年から56年頃に、実質的には社会主義的な国家銀行に変わったものと思われる。現在は北京に本店をおき、国内重要諸港に支店をもつほか、香港、シンガポール、ラングーン、カルカッタ、ロンドン、ニューヨークなどに支店をおいている。

中国銀行の個人外貨預金状況は、1985年に個人外貨預金が2億ドル以下であったのに対し、87年には6億ドル以上に、翌88年には12億ドル以上、90年には32億ドル、92年には倍近い61億ドル弱、93年には91億ドル、96年には153億ドルで、同年の全国外貨預金全体の約半分を個人外貨預金が占めるまでになっている。

僑匯きょうかい（▼華僑送金）の具体的使用方法については、海外華僑・華人、香港・マカオ同胞からの僑郷眷属への送金は、1975年以降は中国銀行（それ以前はおもに「僑批業」）を通じて行われ、国内各地の中国銀行は振り込まれた外国貨幣を人民幣に交換するが、一般中国人の使用する人民幣とは異なる匯票を眷属に手渡す。これを「解付僑匯」という。この僑匯票は、一般中国人が自由に購入できなかった食糧、食用油、布、肉などの生活必需品や、家屋建築のための材料なども購入できた。しかし、改革・開放政策以降、国家の「統購統銷（統一購入統一販売）」物資も政策により市場で自由に購入できる部分が増大してきた。以上のような変化から、中国銀行振込の僑匯額は80年代以後、減少してきた。
(濱下武志)

中国系人 ちゅうごくけいじん

総称的に、中国大陸、▼香港、▼マカオ、台湾に住む中国人、海外の華僑（中国人）・華人（中国系人）すべてを含めて呼ぶ呼び方。彼ら全部を一括して呼ぶのだから、正しくは「中国人・中国系人」とすべきだが、華僑・華人では圧倒的に華人が多いし、また中国系人には当然中国人も含まれるから、全体としても略称して「中国系人」と呼ばれる。日本で使われる用語法で、中国系の人々自身は「華人」（広義）とか「▼華族」とか、とくに前者を使う。しかし「華人」には中国人で現地国籍に▼帰化した人（最狭義。中国の公式な用語法）、あるいは二世、三世等々という意味（狭義。中国の公式な用語法では▼華裔）もあ

り、混同を生む。むしろ狭義のそれが本来の意味であり、他はのちに派生した。このため「中国系人」の語が使われるが、人だけでなく、たとえば香港、マカオ、台湾（の中国人）、華僑・華人からの対外投資の場合などにも、（中国）大陸外中国系（人）外資のように、「中国系」という言葉が広く使われる。

(游仲勲)

中国系NIES　ちゅうごくけい・ニーズ
Chinese NIES

台湾、香港、シンガポールの3か国・地域を指していう。NIES (Newly Industrialising Economies) とは、新興工業経済地域または新興工業経済群の英文略称であり、1988年のトロント・サミットによって名づけられた。アジアには韓国を含む4か国・地域が存在し、「4匹のリトルドラゴン」ともいわれる。そのなかの前記3か国・地域が中華系である。台湾と香港はいうまでもないが、中華系が人口の約76％（98年）を占めるシンガポールも、第1回▼世界華商大会（91年8月）が同国で開催されたように、中華系に数えられる。以上の中華系NIES-3はそれ自体として共通の枠組みが生まれているわけでないが、また中港、中台、中星というそれぞれ複雑な政治的関係におかれているが、経済的な結びつきがますます強まる一方、それぞれ地域的（リージョナル）なセンターとしての地位を目指し、その中で一定の役割を果たしている。「海」の中華系経済のダイナミズムを象徴し注目される。

(涂照彦)

◯海の中国

中国系の世紀　ちゅうごくけいのせいき

「中国系の世紀」とは、中国だけでなく、中国系（人）全体の経済力が世界最大となる世紀。21世紀には中国系の経済力が世界最大の経済大国アメリカのそれを凌駕することは間違いないとみられる。カッコをつけたのは二つの理由から。第1に、ここでは経済だけに限って言っている。「何々の世紀」と言えるものが来るためには、経済だけでなく、政治、社会、文化、軍事等々、多くの点で世界最高の水準に到達しなければならないが、たとえば中国系に共通の国防軍など存在しえず、カッコなしの中国系の世紀は論理的にありえない。第2に、経済でもGDPや工業生産高等々のトータルな角度から言っている。1人当たりでは、▼香港、台湾、▼シンガポールは21世紀のそう遅くない時期に世界最高の水準に達するともみられるが、中国は無理である。カッコなしの中国だけの世紀については、人口が巨大であり、また生産を無限に発展させることは可能か、資源、食糧、環境等々の問題や国際関係、とくに戦争の可能性があるかなどからして、将来到来可能かは不明である。

(游仲勲)

◯中国系人，華僑・華人の経済力

中国系のノーベル賞　ちゅうごくけいのノーベルしょう

中国大陸や▼香港、▼マカオ、台湾などの中国系地域でなされたすぐれた発明・発見に対して贈られる「蔣氏工業慈善基金」の俗称。これはプラスチック成形機製造で成功した香港の企業家▼ジュアン・チェン（蔣震）が1990年に設立したものである。これらの地域には▼帰国華僑・華僑親族がたくさんいるし、また海外華僑・華人との共同研究もありうる。これに対して中国政府は1999年、科学技術研究奨励のための「国家最高科学技術賞」を創設、「中国のノーベル賞」ともいわれる。

(游仲勲)

中国国民党　ちゅうごくこくみんとう

1919年10月▼孫文の指導下に中華革命党を改組・改称した政党。国民党（Guomindangあるいは Kuomintang、略称はGMD、KMT）と通称される。中華民国期の革命と国家建設を指導した。1912年に結成された議会主義政党の「国民党」とは異なる。その前身は、▼興中会、▼中国同盟会、「国民党」、中華革命党である。1894年に興中会はハワイの華僑が中心となって結成され、その指導者である孫文の兄▼孫眉がハワイで成功した華僑であったことに示されるように、国民党に連なる革命運動は伝統的に海外華僑の支援を受け、1920年代に至るまで海外党部は国民党に大きな影響力をもっていた。また、▼辛亥革命をはさんで革命運動を指導した中国同盟会と中華革命党は東京で組織され、日本と密接な関係をもっていた。

(1)党の再生と国共合作の時期（1919-27年）
1919年の五四運動以後、国民党は孫文の指導

下で反軍閥・反帝国主義を主張して、ソ連・中国共産党へ接近していった。24年1月の国民党第1回全国代表大会（1全大会）で国共合作が成立、労働者、農民、民族ブルジョワジー、知識人からなる反帝国主義的諸階級の統一戦線が結成された。25年3月の孫文の死後、国民党内の集団指導体制が続いたが、26年3月の中山艦事件で蔣介石と共産党との対立が表面化した。26年7月国民革命軍が北伐に出発するなかで、27年1月に国民党左派と共産党は武漢に国民政府を移したが、蔣介石は反共クーデタを起こし、4月に南京にもう一つの国民政府を樹立して対抗した。やがて、武漢の国民党左派は反共化し、27年7月国共合作は崩壊した。

(2)蔣介石の台頭と国家建設の時期（1927-37年）　国共合作崩壊後に再統一された国民党は、1928年4月、蔣介石の指導下で北伐を再開し、6月には北京から張作霖を追放し、同年末、日本軍に爆殺された父の後を継いだ張学良が国民党に帰順を誓ったので、ひとまず中国は国民党によって統一され、革命の段階は軍政時期から訓政時期に移行した。北伐が地方の軍事指導者との妥協によって達成されたために、蔣介石による国民党の中央集権化の動きはこれら指導者の反発を招いた。29-30年の4回にわたる反蔣戦争がそれである。31年、蔣は訓政時期約法を制定し、国民党の独裁を正当化した。31年9月の満洲事変勃発を契機に国民党内は融和の方向に向かう。国民党は、一方では汪精衛の指導下に日本に対し「一面抵抗、一面交渉」の態度で臨み、他方では蔣介石の指導下に「安内攘外」の政策によって共産党を弾圧した。共産党は深まる日本軍の侵略に直面して、毛沢東の指導下に抗日民族統一戦線を提唱した。盛り上がる大衆的抗日の気運のなかで、36年12月、張学良の東北軍と楊虎城の西北軍が西安で蔣介石を監禁し、抗日を迫る西安事件が発生した。この時期の国民党は、全国統一と対外的独立を達成し、徐々に蔣介石の下で中央に権力が集中していった。その基盤に立って、軽工業を中心とする産業や運輸・通信手段の発達、財政の近代化、通貨の統一、反共運動・新生活運動などを通しての権力の浸透がみられた。しかし、党の独裁化と大衆的基盤の欠如、地方勢力の残存、外国資本への依存などの要因は、国民党の指導による近代化を阻害することになった。

(3)抗日戦争の時期（1937-45年）　1937年7月盧溝橋事件を契機に日中全面戦争が勃発した。国民党は、38年3月の臨時全国代表大会で「抗日建国綱領」を制定、4月には第5期中央委員会第4回全体会議が国民参政会の設立を決定し、39年1月の5中全会は党・政府・軍の統一的指揮のために国防最高委員会を設置して蔣介石を委員長に選出した。この間、日本軍の急速な侵攻の前に国民政府は38年末、南京から重慶へ移転を余儀なくされた。40年には日本との和平を唱える汪精衛の南京政府が樹立されるにいたり、抗日体制は困難に陥った。しかし、国民政府は、共産党を含む中国人民の抗戦、主要都市と幹線だけを確保した日本軍の作戦上の限界、41年の日米開戦以来のアメリカを中心とする連合国側の援助などの要因によって、これらの困難を克服していった。国民党は、抗日とともに39年から反共攻勢をふたたび強めていった。39年の「制限異党活動弁法」の施行、共産党軍を弾圧した41年の新四軍事件などがその代表的な表れである。45年8月、抗日戦争に勝利したものの、国民党は反共政策によって、農村に浸透していった共産党と農民を遠ざけ、保守化していった。

(4)国共内戦の時期（1945-49年）　抗日戦争勝利を目前に控えて1945年5月に開催された国民党6全大会は、戦後の政権構想として国民党の一党独裁を主張し、連合政府を唱える共産党と対立した。アメリカ大使ハーレーの仲介による蔣介石・毛沢東の重慶会談を経て、アメリカ特使マーシャルの調停により46年1月、各政党政派の参加する政治協商会議が開かれたが、一党独裁に固執する国民党は各党との協力を決めた政治協商会議の方針を46年3月の第6期2中全会で拒否したため、国共間に内戦が勃発した。国民党の軍事的優位は、47年秋を境にして共産党の優位に転じた。このような力関係の転換の背後には、共産党の土地革命による農民の動員の成功、国民党と国民政府軍の腐敗と戦略戦術の誤り、インフレと国民党の反動化による知識人と大衆の離反などの要因があった。48年末から49

年にかけて国民党軍は遼瀋、淮海、平津の三大戦役に敗れ、以後、広東、重慶、成都へと敗走し、49年12月、台湾にたどりついた。

(5)台湾統治の時期(1949年以降) 台湾における国民党は、蔣介石の指導下に、国家機関、社会団体の中に党組織を張りめぐらし、一党独裁体制を確立した。その後、蔣介石の後を継いだ息子の蔣経国主席(1975-88年)は台湾本省人の登用を拡大し、李登輝主席(1988-2000年)は民主化を促進した。国民党は2000年の総統選挙で敗退し、下野した。海外工作会は海外の反共華僑を動員し、華僑工作に従事した。　　　　　　　　(山田辰雄)

㊂中国共産党

㊟山田辰雄『中国国民党左派の研究』慶応通信、1980./中国現代史研究会編『中国国民政府史の研究』汲古書院、1986./李雲漢『中国国民党史述』全5巻、台北：中国国民党中央委員会党史委員会、1994.

[日本]
中国国民党は国民政府とともに党・政2系統によって僑務を担当した。この体制は1931年国民党中央政治会議において決定され、32年4月に成立した。すなわち党関係部門として海外党務設計委員会(のちに海外党務委員会、海外党部と改名)を中央執行委員会の指導下に、行政部門をまとめて'僑務委員会として国民政府行政院の下に置いた。広東の大元帥府が1924年1月'僑務局を発足させてから、幾多の変遷、名称変更を経た結果である。僑務委員会には下部組織がなく、中国国内においては34年9月、'スワトウ、'アモイ、海口、上海、'広州など主だった港に僑務局を置き、僑務の具体的実施に取り組んだ。しかし海外には常設の機関はなく、その活動は国民党支部と領事館、たとえば神戸においては、中国国民党神戸直属支部と中華民国駐神戸総領事館を通じてなされた。

1929年3月3日、東京で中国国民党駐日総支部が結成され、下部組織としてさらに東京、仙台、横浜、神戸、広島、長崎に六つの支部が設けられた。しかし、30年4月、駐日総支部は内紛がもとで解消され、本国の党との関係を密にするために東京、神戸、長崎、横浜、仙台の各支部は党中央の直属支部となった。支部の下には各地に分部が設けられ、たとえば神戸支部は、名古屋、三重、奈良、京都、大阪、岡山、広島の各分部を統轄した。

蘆溝橋事件後、日本官憲は華僑に対する監視・弾圧を強行した。神戸においては戦争中大きな弾圧が3回あった。前2回は国民党関係者、3回目は呉服行商に対するものであった。1回目は蘆溝橋事件からまもない9月15日、楊寿彭、'鮑穎思ら13人が一斉検挙され、苛酷な拷問のすえ、12月鮑ら4人が中国に強制送還された。検挙理由はすべて外諜容疑となっているが、確かな証拠があったわけではない。楊寿彭は出獄後の38年1月、拷問が原因で亡くなった。楊は'孫文が1914年東京で中華革命党を結成したときから神戸大阪支部長'王敬祥とともに中心人物となり、王が22年に病没すると、国民党神戸支部長として活躍した。また、'中国同盟会に参加していたともいわれる。2回目の弾圧は37年12月12日の一斉検挙である。逮捕者は神戸20、大阪35、京都24、長崎79、全国で295人に及んだ。なお、38年1月にも神戸では2人が国民党員として検挙され、中国に送還された。38年5月までに全国で326人、神戸だけで44人の国民党員が逮捕され、これにより日本の国民党組織は壊滅した。国民党神戸直属支部が再建されるのは戦後、46-49年の間のことである。
　　　　　　　　　　　　　(許淑真)

㊟『落地生根』/内務省警保局保安課『特高外事月報』(1937年)./『世界華僑華人詞典』

中国国民党革命委員会　ちゅうごくこくみんとうかくめいいいんかい

中国民主諸党派の一つ、民革と略称。1934年の福建事変失敗後、陳銘枢ら反蔣勢力は中華民族革命同盟に結集した。43年、譚平山、陳銘枢らは'中国国民党民主同志聯合会(のち三民主義同志聯合会、民聯と略称)を創設。46年、李済深、蔡廷諧らは中国民主促進会(のち中国国民党民主促進会、民促と略称)を設立。47年12月に中国国民党民主派連合代表大会を開催、二つの政党組織が合流、翌年1月に中国国民党革命委員会を結成した。李済深は初代主席。　　　　(周偉嘉)

中国国民党駐横浜直属支部　ちゅうごくこくみんとうちゅうよこはまちょくぞくしぶ

横浜の'中国国民党支部。中区山下町166番地の中山記念堂に事務局を置く。世界各国の

党支部や党員との連絡がおもな活動。国民党の創設者ゝ孫文も華僑で、革命活動を主として中国国外で行った。なかでも横浜やハワイは重要な拠点。1894年、民主中国の樹立を唱え、ハワイで秘密結社ゝ興中会を結成。翌年、広州蜂起に失敗、横浜に亡命した際、ゝ興中会横浜支部を設立したのが党支部の起源となる。初代会長は'馮鏡如'。中華民国成立後、中国国民党が正式に成立してから現名称に変更。　　　　　　　　　　　　　（陳天璽）

中国語圏映画 ちゅうごくごけんえいが

中国語を主要言語にしている中国、台湾、香港映画の総称。ひとくちに中国語圏といっても、中国では普通語と呼ばれる標準語を使っているし、台湾では台湾語（閩南語）、香港では広東語（ゝ粤語）をそれぞれ話している。また、それぞれの歴史的背景も社会状況も異なっている。だから、政治色の強い中国映画、市井の人たちを温かく見つめるゝ台湾映画、コマーシャリズムに徹したゝ香港映画というぐあいに多様である。いずれも1970年代末から80年代初めにかけていろいろな意味でおもしろくなってきたことから国際的にも高く評価されるようになった。その後、中台関係が緩和したばかりでなく、香港の中国返還が実現したこともあって、これらの国と地域の経済的一体化が急速に進んだ。映画界の相互交流や相互協力も目立って活発になってきた。中国、台湾、香港映画の枠を超えてそれらを一体化した中国語圏映画の方向に進んでいるといってよいであろう。　（戸張東夫）

⊟ 関連

⊜ 戸張東夫「中国語圏映画のエネルギー」田村穣生・鶴木真編『メディアと情報のマトリックス』弘堂堂、1995.

中国語TV・ラジオ ちゅうごくごテレビ・ラジオ

世界最大の国営TV局である中国中央電視台（CCTV）は九つのチャンネルをもち、合計1日約140時間、全国に向けて放送している。1ch―総合編成（ニュース中心）、2ch―総合（経済、社会教育番組）、3ch―総合（娯楽）、4ch―国際放送、5ch―スポーツ、6ch―映画、7ch―子ども向け、農業、科学技術、軍事、8ch―ドラマ、音楽、9ch―国内向け英語放送。国際放送（4ch）は海外の華僑・華人を対象に始められたもので、75％を北京語、残りを広東語（ゝ粤語）と英語で放送しており、カバーエリアはほぼ世界全域に及ぶ。中国には国家レベルのCCTVのほかに、省・市レベルのTV局が約360ある。中国では海外の衛星放送受信が厳しく制限されているが、香港の「鳳凰衛視」（フェニックスTV）に限って黙認の形で一般市民に視聴が許されている。ラジオは中央人民放送局の下に省・市レベルの局が約300あるほか、海外向けの国際放送局が38の外国語と北京語、広東語などで放送している。

香港のTVでは地上波のTVB、ATVがそれぞれ広東語と英語の2チャンネルをもつほか、30を超えるチャンネルをもつ有線TV（ワーフ・ケーブル）がある。衛星放送ではゝスターTVと北京語でほぼアジア全域をカバーするギャラクシーTVがある。ラジオは香港政府が全額出資しているラジオ・TV香港（RTHK）が7チャンネル、民間の商業ラジオとメトロ・ラジオがそれぞれ3チャンネル。

台湾では地上波の台湾電視、中国電視、中華電視、全民電視、公共電視の5局のほか、普及率が70％の有線TVを通じてNHK・BS、TVBS（香港との合弁）などの衛星放送も見ることができる。ラジオは国民党経営の中国広播広司（BCC）など228局がある。海外に向けては、台北国際放送が12の外国語と北京語、福建語（ゝ閩語びん）、広東語、客家語などで放送している。　　　　　　（高橋茂男）

⊜ 『中国統計年鑑2000』北京：中国統計出版社、2000. ／『香港1999』香港特別行政区政府、2000.

『中国時報』 ちゅうごくじほう

台湾最有力の日刊紙。発行部数は公称118万部（2001年4月現在）。1949年に蔣介石政権とともに台湾に移った余紀忠（1909年江蘇省生まれ）が50年10月2日、台北で創刊した日刊紙『徴信新聞』が母体。68年9月1日に『中国時報』に名称変更。ゝ『聯合報』と並ぶ台湾の二大紙。同社の系列紙・誌に夕刊紙『中時晩報』（88年3月5日創刊）、経済紙『商工時報』（78年12月1日創刊）、週刊グラフ誌『時報周刊』（78年3月5日創刊）などがある。　　　　　　　　　　（濱本良一）

中国社会科学研究会 ちゅうごくしゃかいかがくけんきゅうかい

1986年に▼新華僑によって設立された在日中国人の人文・社会科学関係の代表的学術研究団体。事務局は東京都港区の国際文化会館に設置されている。会員数は500余名。中国人留学生の学術レベルの向上、日本と中国の学術交流の促進を趣旨とし、毎月1回定例研究会と特別講演会を行い、毎年1回のシンポジウムを開催している。88年から会誌『東瀛求索』(年刊)を発行している。　(廖赤陽)

⇨ 日本の新華僑

中国人性 ちゅうごくじんせい
チャイニーズネス
Chineseness / Chinese characteristics

中国人や中国系人(華僑・華人)の社会文化、またその発展過程で、他の文化・文明世界と比べて特筆に値する諸相をいう。かつては他者から見た「中国人らしさ」「中国風」についての指摘だったが、現中国の文化再建に絡んで、中国人自身のセルフ・イメージつまり▼アイデンティティ問題が新たに生じている。中国人性について、「地政的中国」の角度から、中国の政治領域の内部ではすべて同質であると考えることは当を得ない。領域は歴史の産物であるし、また漢族と少数民族との混在や同化過程も歴史とともに変動しているからである。むしろ文化への共属の角度から「文化中国」を考えれば、中国人性は見やすくなるし、海峡両岸はもとより、「華僑・華人」、さらにはすでに外地で同化を遂げた人々までを含む包括的な考察ができる(The Encyclopedia of the Chinese Overseas, Introdiction)。

さて、この「文化中国」の推移は千古不易ではなかった。中国文明の黎明期の姿は他世界と大きく隔たらなかったが、殷(商)から秦・漢に至る間に独自な要素(天下、天人相関、天子の観念、漢字漢語の文化、主権観念、正統観念、人倫重視の観念、そして官僚帝国という制度枠)が生じて、他世界とは異なる道を歩みはじめた。やがて外から仏教文化を受容したり、遊牧民からの強権概念の注入を摂取する間に南方中国に文化領域を広げ、12世紀からは宋学による中国人性の洗練・発揚を経て、明・清にかけて求心的な中華・華夏文化への共属感が強められた。この見取図からいえば、一般に中国人性の中核の部分にあるとされる官僚制やこれを支える儒教の政治哲学、高度に人間中心的な社会文化の諸関係や組織、それらを広げかつまとめあげる漢字文化の成長は、歴史の原初から与えられたものではなく、長期の歴史のなかで練り上げられ、さらに外来要素と交雑しつつ弾性を付加してきたものである。しかも文化中枢＝華夏と目される地域もまた時の流れに応じて移り変わってきた。いいかえると、同質で不変と考えられがちな中国人性の実態は、じつは文化変容(▼アカルチュレーション)を重ね、状況の変化に適応して今日に至ったものなのである。「ワンス・ア・チャイニーズ、オールウェーズ・ア・チャイニーズ」(中国人は常に変わらない)という諺、あるいは「▼黄帝子孫」という言いまわしは、誤解か誇張なのである。

清末から民国革命、五四の文化運動、国民革命、人民革命を通じて、政治化がことさらに目立つ渦の中で、文化再建の営みが連綿と続いてきた。この文化再建は科学技術、市場経済、自由民主制という外来の価値観を吸収して伝統文化に接合する役割を帯びていて、そこから新しい中国人性を創出しようとするものである。その一つの現れは華南、華東の先進的な経済開放区の経済と、四つの小龍の台頭以来の華僑・華人の活力との連携であって、その未来像としては中華的資本主義圏の創出、あるいはヒューマニズムを盛り込んだ中国的な近代化、いいかえれば西洋の脅迫的な啓蒙主義の不足を補うような、つまり近代価値に中国的な人間の自覚を加味した理念・システムの創出であるとされる。中国とその他の世界との相互依存の関係を唱えるこの文化再建においては、これまでのように他者から見た中国人性にとどまらず、中国人、中国系人サイド内部から規定する中国人性の構築が問われている。すなわち世界の中の中国人というアイデンティティづくりである。海外のほとんどの国で少数派をなす華僑・華人が、中国との連携を視野に入れながら模索するアイデンティティは多様多元にならざるをえない。それは単一基準からは描けず、歴史文化の角度、▼エスニシティの角度、国民形成の

角度、経済・階級の角度を、あるいは複数で組み合わせ、あるいはいずれかを選択して、自らのポジションを定めることにある。その結果として、どのような中国人性が生まれてくるかが、近い将来の関心事なのである。

(斯波義信)

📖 Wang Gungwu. *The Chineseness of China*. Hong Kong, NY: OUP, 1991. / Tu Wei-ming (ed.). *The Living Tree: The Changing Meaning of Being Chinese Today*. Stanford UP, 1994.

中国人船客法
Chinese Passengers Act

イギリス船に中国人輸送の基準を課して▼苦力クーリー貿易の鎮静化を図った法令。イギリス議会が1855年8月に発布し、これに基づき香港政庁が56年1月26日布告を発した55年中国人船客法が重要である。中国人船客を乗せて▼香港を出港する全船舶と、20人以上の中国人船客を乗せて中国の諸港あるいは中国の沿岸100マイル以内から出港するイギリス船が適用対象となった。移民官が備えるべき食料・医薬品・備品、あるいは艤装や人員配置を検査して、船客法の規定に合致しており、かつ移民が自発的意思による出国であり、移民先と契約内容を承知していることを確認した後でなければ、中国人を乗せて7日以上の航海に出られないとした。また風帆によって香港から海外諸港埠に至る航海日数の算定基準を4~9月、10~3月の2期に分けて示した。しかし香港における監視体制の弛緩や、イギリス船以外の中国沿海における▼苦力の輸送が対象にならなかった関係で、目的を十分達成できなかった。

(可児弘明)

📖 G. B. Endacott. *An Eastern Entrepôt*. London: HMSO, 1969.

中国人の海外移住

中国の歴史上、その文明中心地域から周辺への人の▼移住はたえまなく生じており、そのなかには西北や東北地域、あるいは南方へ向かっての陸路による国内移住も含まれているが、「海外移住」といった場合には、主として海路による国外への移住を指している。ただし、近代的な国境概念が成立する以前については、国内移住と国外移住を厳密に区別することは難しい。唐末に海上交易活動が活発化して以来本格化し、福建沿岸部の住民を中心とする人々が、交易ルート沿いに▼広東、▼海南島、ベトナム、クメールから遠くインド洋まで進出していたことが知られている。16世紀から19世紀半ばには、西洋人の進出と東南アジアの開発により、やはり中国東南部沿岸地域出身者を中心とした商人、技術者、労働者の出稼ぎが生じ、明・清両朝の海禁政策もこの流れをおしとどめることはできなかった。17世紀からは台湾への移住も生じている。

しかし、今日「▼華僑・華人」として知られる海外居住の中系の人々の多くは、19世紀半ばから20世紀半ばに生じた大量出国期に海を渡った人々およびその子孫たちである。1840年代にプランテーション、鉱山、港湾などの労働力としていわゆる「▼苦力クーリー」の出稼ぎ移民が始まり、東南アジア、アメリカ、オーストラリアなどへ多くの人々が渡った。主要な移民の輩出地としては、福清、閩南ミンナン、▼潮州、▼嘉応州、恵州、珠江デルタ南部、海南島などの地域であったが、こうした▼僑郷地域は人口圧や社会不安などの要因を抱えつつも、必ずしも当時の中国国内で最貧地域だったわけではない。むしろ、東南アジアの開発、アメリカの西部開拓などといった海外からのプル要因が重要であったと考えられる。また、汽船の就航にともなう渡航の容易化も一因であった。東南部沿岸地域が主要な僑郷となったのは、それ以前の時代から閩南地区を中心とした海外交易の伝統があったことに加えて、18世紀半ば▼香港、▼広州、▼スワトウ、▼アモイが自由貿易港になったことによるところが大きい。移住先の情報は僑郷にもたらされ、成功者の例が後の者を刺激したので、一定の僑郷地域から海外の一定地域に対する▼連鎖移住（チェーン・マイグレーション）が生じた。そして移住先では▼原籍を同じくする者どうしが互助のための社団組織を形成し、故郷についての情報を交換しあったので、海外居住が長期に及んでも僑郷との絆は容易には途切れない場合が多かった。

そもそも、海外へ出かけた中国人たちは、ほとんどの場合当初から永久的な移住を意図していたわけではなく、いわゆる「衣錦還郷」（故郷に錦を飾る）を目標としていた。

実際には、海外で行方不明になったり、財を築くのに失敗した者も多かったが、成功した者は故郷の家族・親族などに送金を行い、あるいは海外で貯めた資金を持ち帰って故郷に土地や家屋を購入した。こうした「僑匯きょうわい」(▼華僑送金)の還流は僑郷社会に対して大きな影響を与え、それは洋風の建築など新しいものをもたらす一方、▼宗族の▼祠堂や▼廟など伝統的な文物の再建や新設にも用いられた。さらには、宗族や村落間の▼械闘の資金として使われる場合もあった。また、この時期までの海外移住はほとんどが男性単身であり、僑郷には出稼ぎ者の妻子や近親者の大家族(▼僑眷きょうけん)が残されて送金に依存した生活をするなど、特殊な家族形態をも生み出した。

やがて20世紀半ばになると、中華人民共和国の成立、東南アジア諸国の独立といった国際情勢の変化が、中国人の海外移住に新たな局面をもたらした。タイ、マレーシア、インドネシアなどの諸国の反共政策により、僑郷地域からの移民の連鎖が断絶の危機に瀕し、また一部の華僑の帰国が生じる一方、反華、排華運動の高まりからホスト社会との共存の模索が進んだ。さらには、ヨーロッパなどの中華料理店への出稼ぎが盛んになった。1979年の開放政策以降、中国本土からの新たな出稼ぎ移民の波が生じ、20世紀半ばまでの「▼老華僑」と新来の「▼新華僑」の区別が発生することとなった。同時に「老華僑」のコミュニティにおいても、世代交代とホスト社会への定着の進展から華人アイデンティティの再編が生じている。 (瀬川昌久)

📖 斯波義信『華僑』岩波新書、1995。/可児弘明編『僑郷華南』行路社、1996。/J. L. ワトソン『移民と宗族』阿吽社、1995。

中国人のビバリーヒルズ ちゅうごくじんのビバリーヒルズ
Chinese Beberly Hills

カリフォルニア州▼モントレーパークの異称。第2次大戦前期の中国人移民とは異なり、1970年代以降の北米中国人移民には台湾・香港の富裕な移民が多数含まれるようになった。彼らは古い▼チャイナタウンを嫌い、郊外の白人中流地域に居住し、一部では地域の急速な「中国人化」「郊外型チャイナタウン化」が生じた。モントレーパークはそうした変化が早く見られた地域であり、富裕な中国人居住地として、ビバリーヒルズの名称が使われた。 (森川眞規雄)

📖 Timothy Fong. *The First Suburban Chinatown*. Philadelphia: Temple UP, 1994.

中国新聞社 ちゅうごくしんぶんしゃ
China News Service

1952年9月14日に創設された海外華僑向けの中国の通信社。英語名の略称はCNS。本社は北京市。国務院僑務弁公室の管轄下にある。新華社通信の記事と内容に大差はないが、▼新華社が発表しない記事や写真を配信することもある。社会ダネなど比較的柔らかい記事を得意としている。中国内のさまざまな発展の様子を記事と写真で海外華僑に伝えるのがおもな役割。国内、香港のほか、アメリカ、日本、フランス、オーストラリアに海外支社を構え、社員の総勢は約500人。香港の『文匯報』『大公報』『信報』『星島日報』、マカオ『澳門日報』、フランス『欧州時報』、シンガポール『聯合早報』、タイ『新中原報』『星暹日報』、マレーシア『星洲日報』、アメリカ『僑報』など世界の親中国系の▼華字紙と提携関係を結ぶ。香港の通信社・香港中国通訊社は系列下にある。映画製作も手がけ、『原野』『春桃』『老店』など200本を超える作品を生み出している。 (濱本良一)

⇨ 『星洲日報』

中国人墓地 ちゅうごくじんぼち

一般に義山、山荘(庄)などと呼ばれる。華僑・華人の人口が多い都市やその郊外には土葬の共同墓地があり、方言集団の▼会館や同姓団体、宗教・慈善団体が経営する墓地には大規模なものが見られる。タイの例で見ると、墓地の立地に関しては良好な▼風水を考慮して設計され、また墓そのものも同様である。墓は費用のかけ方により豪壮なものから簡素なものまで種々ある。生前に用意される墓も多い。墓の形態は大きなものでは亀甲墓、小さなものでは高さ1m程度の石塔である。前者も後者もともに、墓石の前面には被葬者および配偶者の氏名・生年・没年・籍貫(父方祖先の出身地)が記載されている。20世紀後半以降に造られた墓には、タイルに焼きつけられた生前の写真が墓石上部に嵌め込

チュウゴクジンボチ

バンコク郊外の中国人墓地にある亀甲墓。手前は風水池。撮影：吉原和男

まれていることがある。墓石の背後あるいは下部には骨壺が収められている。バンコク市内の福山亭におけるように、土葬した石棺の前面が墓碑となっている形態もある。

位牌が霊魂の拠り所と考えられるのに対して、墓は遺骨を収納する所である。骨は父方祖先の気を継承するものと考えられているので、遺骨を祀る墓は重要視される。父系子孫によって適切に祀られない死者は生者に祟りをすると考えられているので、身元不明死体の収容・埋葬・追善供養の行事が各種の華僑・華人団体によって行われてきた。慈善団体や▼善堂と呼ばれる宗教組織、あるいは会館などがこうした活動を行い、また義祠（万人墓）を建設・管理する理由もここにある。共同墓地は出身地や文化を共有する人々が冥界においても共同生活する場所と意義づけられ、故郷を離れた異郷で生活し生涯を全うしながらも故郷・祖先と繋がる世界であるとされる。

▼タイ潮州会館の執行委員会は全部で15の委員会からなるが、その一つが「山荘（共同墓地）委員会」である。管轄する墓地はバンコク市の▼越隆潮州山荘、サラブリー府の匯西㊙潮州山荘、サムットプラカーン府の潮州山荘、チョンブリー府の金獅山荘の4か所ある。19世紀末に開設された越隆山荘は市内中心部に位置し、潮州会館に近い。総面積が約13.8ヘクタールある。1940年代初めまでは義山亭と呼ばれていた。敷地は内山荘と外山荘に二分される。内山荘が敷地の大半を占めるが、用地不足によって82年に新規埋葬を停止、当時の墓穴総数は1万3000近くあった。義山亭は創設当初は▼潮州人を多く埋葬したが、潮州人以外の者の埋葬を拒絶することはなかったようである。また、おもに子孫によって祀られることのない遺骨、すなわち無縁仏を対象としていた「義塚」であったと伝えられている。1938年に潮州会館が管轄するようになって以降、遺族が独自に墓を設計・建設したり、あるいは山荘側が統一規格の墓を分譲するようになった。義山亭には当初から「福徳祠」「寄棺処」「礼堂」があり、敷地は塀で囲まれて入口には「大門」が設置されていた。墓地面積が限られていること、埋葬骨の永久的管理が困難などの理由で、第2次大戦前から「火化先僑法会」を行って埋葬遺骨の火葬を実施している。戦後47年の「清明節」に第2回目が実施された。墓地の敷地不足は新しい墓地建設によって解消されていくことになる。墓地での行事には、潮州会館と潮州10県の同郷会が共同主催での清明節と盂蘭勝会（盆行事）がある。前者は被埋葬者とりわけ潮州会館の関係者を供養する春の彼岸であり、後者では被埋葬者の遺族による追善供養儀礼と、潮州会館と墓地周辺を含む地域社会の祀られない霊を対象とした鎮魂儀礼が併せて実施され（「施陰」）、また地域住民を対象に食糧配布や慈善事業施設への寄付行為も行われる（「済陽」）。

墓の分譲価格について触れておこう。一般に占有面積・所在場所によって格差が大きい。墓地の格や墓の大きさと風水の良さで分譲価格は決められている。墓には被埋葬者の生前の財力や遺族の孝心が反映している。1968年に開設のサラブリーの潮州山荘では、最低3000バーツの簡素な墓から最高6万バーツの墓まであるが、造成費用が低廉な時代に開設されたので、概して低価格である。チョンブリー府にある潮州山荘では81年開設時に、最低1万5000バーツ、最高30万バーツである。フィリピンではマニラ市、▼セブ市の墓地の富裕者の埋葬区画には、たんに墓石を置くだけではなく棺を安置する建物を有し、墓参した親族を収容できる広さをもつものもある。

（吉原和男）

🔁 マニラ華僑義山，神阪中華義荘，横浜中華義荘

圖 泰国潮州会館編『泰国潮州会館成立六十週年紀念特刊』バンコク：同会館，1998.

中国信用組合 ちゅうごくしんようくみあい

1963年、周木松らによって組織された大阪の華僑・華人の信用組合。戦後、大阪華僑の出資によって創立された信用組合大阪華銀と信用組合大阪中銀は、前者が小豆相場投機で、後者が専務の身内への不正融資が原因で短期間で倒産、かわって設立されたのがこの信用組合。82年には資本金約1億5000万円、組合員887人、従業員36人の規模であったが、バブル崩壊後の98年に大阪府下の他の四つの信用組合とともに大阪庶民信用金庫として吸収合併された。

(陳來幸)

中国致公党 ちゅうごくちこうとう

▼中国共産党によって活動を許されている「民主党派」の政党。▼帰国華僑と華僑子弟を主体とする。その前身はアメリカ洪門致公堂である。1925年サンフランシスコで開かれた洪門懇親大会で華僑政党として設立が決定された。初代の総理は陳炯明、副総理は唐継堯。31年香港に中央党部を設立。日中戦争時は活発に抗日救国募金活動を展開するが、41年日本軍の香港占領によって事実上消滅。46年陳其尤らが党組織を復活させ、翌年中国共産党の指導する人民民主統一戦線に参加、李済深が主席となった。現在は北京に党中央を置き、党員約8000。在外華人に中国現代化への協力を呼びかけている。

(塩出浩和)

⇨ 致公堂，洪門

中国通信社 ちゅうごくつうしんしゃ

在日華僑・華人の中国関係通信社。1948年に中国通訊社が設立されたが、49年10月1日の新中国成立により中国国営の新華社や北京放送局が海外活動を開始、規模のもっと大きいものが必要で、華僑の出資による亜細亜通信社が設立された。だが、日中両国共産党の対立による内紛から67年に解散、新たに中国通信社が設立された。新華社からのニュースを日本の各メディアに提供、一般読者向けに日刊『中国通信』を発行。社長薛永祥。東京華僑総会（大陸系）と同じ東京都中央区銀座8-2-12に所在。

(游仲勲)

中国同盟会 ちゅうごくどうめいかい

近代中国の反清革命団体。1905年8月20日、日本（東京）で300余名の参加のもとに成立大会を開いた。本部は東京に置かれ、総理には▼孫文、執行部庶務長には▼黄興が就任した。翌年には▼章炳麟が加入し、▼『民報』の主筆となった。綱領には「駆除韃虜、恢復中華、創立民国、平均地権」が掲げられた。中国同盟会の海外組織としては欧州同盟会が最も古いが、これはベルギー在住の留学生らを中心とするものであった。同盟会が武装蜂起を行うには華僑からの資金援助が不可欠であり、そのため華僑居住地域に組織をつくる必要があった。同年10月に劉易初、李卓峰らを中心に▼サイゴンと▼チョロンで分会がつくられたのをはじめとして、翌年から▼ペナン、▼クアラルンプールなど▼南洋各地でも組織がつくられていった。そのなかには、以前の▼興中会の分会を改組したものもある。08年秋には、南洋各地の分会を統轄するために、同盟会南洋支部が設立され、▼胡漢民が支部長となった。シンガポール同盟会の中心となったのは▼陳楚楠、▼張永福、▼林義順らで、彼らは以前からの反清団体「小桃園」の成員であった。一般に南洋では、国内では発禁とされていた革命派の書物が自由に購読でき、これが革命的気運を増大させ、同盟会の募金活動に役立つこととなった。また、ベトナムの同盟会員は本国での蜂起にも参加している。南洋地域での出版物には『中興日報』（シンガポール）、『光華日報』（ラングーン、ペナン）などがある。アメリカ在住の華僑に対する工作は、09年11月に同盟会本部が書簡を送り、孫文訪米への協力を要請したのが実質的な始まりである。翌月にはニューヨークで同盟会分会が組織されたのをはじめ、各地で分会が組織され、10年3月にはサンフランシスコで▼アメリカ同盟総会が組織され、機関誌として『少年中国晨報』を発行した。当地では▼洪門との関係が密であった。このほか、カナダ、ハワイ、キューバにも分会がつくられている。

(嵯峨隆)

⇨ 辛亥革命

圖 張玉法『清季的革命団体』台北：中央研究院近代史研究所，1975./任貴祥『孫中山与華僑』哈爾浜：黒龍江人民出版社，1998.

中国の遠心力と求心力 ちゅうごくのえんしんりょくときゅうしんりょく

中国人を、出身地（▼僑郷）、さらには中国

から離れさせようとする力と、逆の、もとに戻らせようとする力のこと。中国人の▼外流は前者の作用により、▼内流は後者による。中国人は政府の政策や戦争、内乱、旱魃・洪水等による飢饉、失業などから、職を求めて他の農村、都市へと出稼ぎを迫られるが（遠心力＝プッシュ要因＝国内移住の可能性の作用）、移住先を決めるのはプル要因（相手の求心力＝国内移住の必然性。途中の旅費などの問題も含む）の作用である。もしも国内で適当な職がなければ、海外に向かう可能性が生まれる。これは国内移住の可能性・必然性両者の比較秤量の結果生じるもので、これが海外向けの遠心力（海外移住のプッシュ要因、第2の可能性）となる。だが、どの国のどの地域に向かうかを決めるのは相手国・地域のプル要因、求心力の作用である。海外移住の必然性（国内移住のそれに次ぐ第2の必然性）だが、国内・海外の要因すべて、とくに最後は相手国・地域のそれを考慮して初めて移住は現実化するので、海外移住の現実性と呼ぼう。つまり海外移住は可能性、必然性、現実性の3要因（段階）で決まる。中国への内流の場合も原理的には同様である。中国の求心力だけでなく、相手国の遠心力との両者、しかも国内移住のそれらも含めた全要因の作用の比較秤量の結果初めて実現される。外流は一般的には、相手国政府の政策が中国人流入に禁止的でなく、所得水準が高く、雇用や金儲けの機会が多いなどの求心力が強い先進国に向かうが、中国人が今日の途上国としての東南アジアに多く向かったのは、現地政府の政策のほか、資本蓄積、労働力需要の求心力のせいである。しかし今日では、もともと移民受け入れ地域の「新世界」の米加豪3国だけでなく、かつては移民を受け入れていなかった「旧世界」の欧州など、先進国に向かう者も多くなった。中国国内、相手国・地域の遠心力・求心力の相互作用の変化である。

（游仲勲）

📖 游仲勲, 1969./同編, 2000.

中国への帰国ブーム

新中国への憧れと中国政府の海外留学生帰国歓迎の呼びかけにより、1949-52年に在日留学生300人余りが帰国した。ほかにも帰国希望者が日本に多くいたが、当時は▼香港経由で運賃がかなりかかり、障害となっていた。そこへ中国在留日本人の引揚げ船▼興安丸に無料乗船できるという朗報が入り、53年6月から10月に帰国ブームが起こった。興安丸で帰国した人数は前後3回、2649人に及ぶ。さらに55年508人、56年412人が帰国。当時帰国した華僑、留学生は、だいたい3グループに分類できる。第1は在日留学生。50年代後半に極左的傾向が強くなるにつれて、出身家庭（大部分が地主など搾取階級出身）や日本での社会関係が問われ、能力を十分発揮することができなかった。第2は在日華僑子弟。大学生、高校卒業生が大部分で、その多くは帰国後、大学教育を受けた。政府部門、教育関係、研究機関などの分野で日本関係の仕事に従事、改革・開放後その活躍はより顕著となっている。第3は日本での生活貧困者。帰国後の現実は厳しく、日本人妻の要望もあって、その多くは日本に戻った。

（凌星光）

◨ 戦後華僑の帰国

中国名変更

インドネシアのスハルト政権は1966年の発足当初より華人同化政策を強力に推進、中華学校の閉鎖や華字マスメディアの原則禁止と並んで、外国人の子孫であるインドネシア国籍人（華人）の名をインドネシア風に改める手続きを簡素化、改名を奨励した（66年12月27日付内閣幹部会決定66年第127号）。67年3月施行令を制定、69年に改名に関する内務大臣訓令69年第6号として公布。政党、大衆組織、各段階の地方自治体の代表者にインドネシア国籍華人の改名の意義と手続きを周知せしめ、改名手続きに便宜を図るよう指示した。初代のスカルノ大統領期、現地社会への華人の関わり方は「▼同化（asimilasi）」と「統合（integrasi）」が混在していた。統合派の▼インドネシア国籍評議会がしだいに力をつけ、インドネシア共産党と共同歩調をとるようになったが、同党のクーデタ未遂事件とされる65年の▼9月30日事件後にともに壊滅した。共産党を掃討して登場したのがスハルト政権だった。

（三平則夫）

中国領事館 ちゅうごくりょうじかん

1877（光緒3）年より1910（宣統2）年までに清朝政府が海外に設置した領事館は46といわれる。領事館は▼華工・▼僑民の権益を保護し、僑務、商務を推進することをその目的とした。また海外華人教育、▼中華総商会の設立にも力を注ぎ、国内投資を促して中国の近代化に資する努力をした。

中国最初の領事館は1877年シンガポールに設置され、初代領事には当地の広東幇華商▼胡亜基が任命された。設置に至るまでには郭嵩燾の努力があった。郭は華僑数十万のシンガポールに領事館設置の必要性を上奏し、イギリスとの難交渉を経て設置に至らしめた。郭は1875年マーガリー事件交渉のため正使として渡英して交渉に当たり、翌76年清朝最初の駐英使節駐英公使に任命された。

華僑の経済力とその望郷愛国の志も有識の士に認知されつつあった。両広総督張之洞は華商保護の重要性から、1886年、副将▼王栄和を東南アジア各国に派遣、僑民商務調査に当たらせ、通商条約締結後は、欧米各国の通例に倣って、領事館を設置して自国商人の保護に当たらせるべきことを上奏した。英・仏・伊・ベルギー公使▼薛福成も90年、東南アジア各地に領事館増設を上奏した。すなわち、「各国は商務を富強の根本とし、他国の通商港において必ず領事館を設けて自国商人の保護に当たっている。領事は僑民を管轄する権利はないが、保護する責任を有している。締約当初、中国は他国の事情に疎く、華人の外国移住の多数なることも把握していなかった。他国はわが国に領事館を設置したが、わが国は外国に領事館を設置する一文すら設けることがなかった」と自国の不覚を嘆じ、熱心に領事館設置の肝要なることを説いた。▼黄遵憲は領事館の制度化に貢献した一人である。日本の参贊、サンフランシスコとシンガポール総領事の経験から、清朝政府に海禁を解く必要を説き、パスポートとビザを発給して、華僑が安心して帰国し再出国できるようにして、これが制度化された。

日本においては領事を理事、領事館を理事府と称した。1878年横浜・築地と神戸・大阪、長崎に理事府を設置。91年築地に副理事を設け、横浜理事府に駐在させた。また同年、大阪に副理事を設け、神戸理事府に駐在させた。97年横浜理事を総理事に格上げした。86年函館に副理事を設け、新潟、夷港を兼摂したが、91年になって理事府を設置した。

〈許淑真〉

⇨函館中国領事館、横浜中国領事館、神戸中国領事館、長崎領事館

📖 王鉄崖編『中外旧約章彙編』1、北京：生活・読書・新知三聯書店、1981．／故宮博物院明清檔案部・福建師範大学歴史系合編『清季中外使領年表』北京：中華書局、1985．／陳翰笙主編『華工出国史料匯編』1、中国官文書選輯1-4、北京：中華書局、1985．

中国旅行社 ちゅうごくりょこうしゃ

略称は中旅社。かつて別称「中国華僑旅行社」だった。1957年北京で本社成立、全国各地に支社がある。前身は1949年創立のアモイ華僑服務社。主として国外の華僑・華人を対象とし、華僑・華人と香港およびマカオ同胞の国内旅行案内の最大の窓口で、55-65年だけで80カ国、120万人の華僑・華人と香港およびマカオ同胞の旅行案内を行った。80年代以降外国人を主たるサービス対象としてさらに発展し、現在、支社は300余。ホテル170余、旅行バス会社50余、外国旅行会社300余と業務連携を行うまで規模を拡大した。

〈過放〉

中国論壇 ちゅうごくろんだん
China Forum

コンピュータ・ネットワークを利用して、在日中国人、在華日本人、および中国に興味のある人々に対して、交流の場を提供する電子メディア。略称はCF。1994年11月に在日中国人を中心に東京で設立され、99年9月経済企画庁より特定非営利活動法人に認証され、2001年より内閣府が管轄。2万余りの会員がネット上の20の会議室において日中の文化、経済、歴史、娯楽などさまざまな意見交流を交わす。

〈段躍中〉

📖 中国論壇ホームページ http://ngo.china.jp/

中山 ちゅうざん

広東省南部、珠江河口部西側に位置する市。1925（民国14）年に、孫中山（▼孫文）の生誕地であることを記念して、香山県より改名して中山県となる。1983年に中山市となった。広東省の有力な▼僑郷の一つで、1987

年には総人口107万3000に対して、在外華僑30万人、香港・▼マカオ・台湾在住者30万人といわれる。河川を利用した舟運によって▼広州、マカオあるいは香港などと結ばれ、北米やハワイなどに多くの華僑を送り出した。

(吉原和男)

チュウ、ジュディ・M. 1953-
趙美心　Judy M. CHU

中国系アメリカ人政治家、教育者。本籍は広東省新会だが、カリフォルニア州で生まれた。1974年カリフォルニア大学ロサンゼルス校を卒業、79年カリフォルニア心理学大学院から臨床心理学博士学位を取得し、イースタン・ロサンゼルス大学で教鞭をとった。88年に最高票数でモントレーパーク市の市議員に当選、90年同市の市長に就任し、アメリカで数少ない中国系女性市長の一人となった。公益事業へ貢献が認められ、数々の賞が与えられた。

(曾櫻)

鈕春杉　ちゅう・しゅんさん　1811-?

長崎▼唐人屋敷総代、後に▼長崎福建会館総代を務めた人物。江蘇省長洲県出身。1844年以来、▼唐船脇船頭としてたびたび長崎に来航。1859（安政6）年渡来時、江南一帯が太平天国革命の戦乱下にあるため帰帆できず、唐人屋敷に居留、唐人屋敷総代（唐館公司）として奉行所との折衝にあたった。唐人屋敷処分後、1869（明治2）年に成立した長崎福建会館（八閩会館）の初代総代に就任、以後、1878（明治11）年の清国駐長崎領事館開設までの間、▼福建幇、▼三江幇などの権益擁護に努めた。

(陳東華)

中世九州の華僑遺跡　ちゅうせいきゅうしゅうのかきょういせき

12世紀から16世紀に至る日本中世、宋・元・明の時代、華僑活動は盛大になった。九州は、銀や硫黄という、この時期の中国ににわかに需要の高まった物資が集中する博多以下の港湾があり、▼唐船が頻繁に訪れ、華僑活動が空前の盛況を見せた。博多のほかに、▼壱岐・対馬、▼唐津、▼平戸、▼五島、▼口之津、▼川内、▼坊津、山川、高鍋、▼臼杵、▼大分など、九州沿海の港湾に華僑遺跡が分布し、媽祖像などの華僑の信仰に結びつく遺品が各地に残る。

(川勝守)

⊟ 袖の湊

中世博多の華僑遺跡　ちゅうせいはかたのかきょういせき

中世初め、博多に▼袖の湊という▼日宋貿易の港があった。12世紀中葉に平清盛が大宰大弐となった1158（保元3）年以後に出現する。これを中心に鎌倉時代の中世都市博多の港湾が形成された。1970年代には中世華僑関係の住居址や都市遺構、それにおびただしい数量の墨書銘のある中国陶磁器が出土し、袖の湊が確認された。▼聖福寺・▼承天寺一帯を含む「大唐街」（中華街）の実在も確認され、中世博多の華僑遺跡は増大している。

(川勝守)

中台問題　ちゅうたいもんだい

台湾の政権と主権をめぐる中国大陸と台湾の対立関係を中心に、米中関係を巻き込む地域係争問題である。第2次世界大戦後、台湾はいったん中国に復帰するが、1949年中華人民共和国の成立と▼中国国民党政権の台湾撤退により、大陸とふたたび分断状態になる。翌50年の朝鮮戦争を契機に米国は、第7艦隊を台湾海峡に派遣して中国人民解放軍の台湾解放を阻止、「台湾地位未定論」を打ち出す。続く冷戦体制と米中対立の長期化で中台分断状態は固定化し、今日に至る。中台問題は、まさしく戦後東アジア冷戦の歴史的申し子である。台湾主権係争について、中国大陸が一貫して「一つの中国」の立場に立つのに対し、台湾はこの間、二つの政権下で立場を異にする。まず、蔣介石父子政権下の49-88年、双方とも「一つの中国」を堅持、国連中国代表権問題に特徴づけられた正統政府をめぐる厳しい対立が展開された。次に、李登輝政権登場後の88年から現在まで、事情が一変し、中台は「統独」（統一、独立）問題または「二国論」で対立する。2000年、台湾の国民党政権が下野、台湾独立を党の綱領にもつ民主進歩党の陳水扁政権が登場して、中台関係は新たな段階を迎える。陳政権は、「独立主権」を主張して実質的には「二国論」路線を継承し、一方で意識形態や歴史教育の面で本土化（台湾化）、「脱中国化」政策を推し進めている。これに対して中国大陸は、あくまで「一つの中国」の立場と平和統一、「一国家二制度」の政策を堅持、場合によっては国運をかけて武力行使をも辞さない姿勢を崩さず、

中台間の厳しい対立が続いている。

この間、米国は79年、中国と国交を正常化するが、台湾関係法を制定して武器供与を続け、中国の武力統一を牽制してきた。米国はアジア太平洋地域の平和と安定に配慮して、「一つの中国」、両岸対話、平和的解決の立場をとり、中台双方の自制を促している。中台問題はいわば米中関係の核心問題でもある。一方、日本は、中台軍事衝突への懸念から日米安保の再定義と「周辺事態安全確保関連法」（新しい日米防衛協力のための指針）を制定してこれに備えている。中国は日米の台湾政策が台湾独立の動きを助長し、中台分治を長期化・固定化させるものと警戒して、軍事力増強の手を緩めていない。このように中台問題は中国の内政問題にとどまらず、日米が深くかかわる国際問題にもなっている。

しかし、政治対立とは裏腹に、中台の経済交流は年ごとに深まり、とくに、70年代末からの中国の改革・開放政策により、急速に接近する動きをみせている。たとえば、中台貿易の輸出入総額は、1981年の4億6000万ドルから1990年の51億6000万ドル、そして2000年の323億9000万ドルに激増している。その特徴は民間主導、間接交流、台湾の対中一方通行であり、大陸はすでに台湾の最大の投資市場、米国に次ぐ第2の輸出市場、最大の貿易黒字地域（2000年で199億ドル）となっている。2001年末のWTO（世界貿易機関）への中台同時加盟は、両岸の「三通（通商、通信、通航）直通」の実現をもたらし、両岸経済の一体化と、香港、マカオを加えた4地を跨ぐ華人経済圏の形成を加速させよう。なお、中台間には、大陸の海峡両岸関係協会と台湾の海峡交流基金会が、民間交流の窓口機構として重要なパイプ役を果たしている。台湾民衆の大多数は、平和と安定、繁栄を願い、性急な統一または独立を避けて現状維持に傾いている。

海外の華僑・華人の中台問題を見る目は複雑である。とくに台湾出身の華僑・華人は、台湾内部の事情を反映して、戦前から台湾に住みついた「本省人」出身の人たちは、概して中台統一になじまず、台湾独立または「二国論」に傾く心情が強い。だが、華僑・華人全体からみれば、この部類は少数でしかない。民進党の陳水扁政権登場後、台湾の華僑・華人政策が台湾出身者を優先する本土化の方向に傾いたことから海外華僑・華人社会の不満を招き、わだかまりが生じている。一般に華僑・華人は祖国・中国の統一と強大化こそ願い、中台問題にみるような祖国の分裂は望まず、台湾独立や「二国論」には違和感をもっている。中台が平和的に統一に向かうのが、華僑・華人の最大公約数の願いである。両岸住民はともに中国人として血縁、地縁、言語、習俗、信仰、歴史文化などで共通性をもっている。人的交流による相互理解と経済相互依存の深化は、いずれ政治的対立の緊張をほぐし、時を経て中台関係の将来は、緩やかな統合の方向に向けて進むことになろう。

（劉進慶）

参 黄昆輝『大陸政策与両岸関係』台北：行政院大陸委員会、1994．／国務院台湾事務弁公室『中国台湾問題』北京：九州図書出版社、1998．／山本勲『中台関係史』藤原書店、1999．

チュウ・チュエイリャン 1938-
邱垂亮　CHIOU Chwei Liang

オーストラリアの華人系政治学者。台湾生まれ。国立台湾大学卒業、1966年米国のカリフォルニア大学で政治学博士。71年豪州のクイーンズランド大学に赴任、中国の政治をおもに研究。毛沢東の政治改革および鄧小平の改革、中国および台湾の民主化に深い関心をもつ。クイーンズランド州中国語促進協会会長、オーストラリア台湾友好協会会長を務める。華人社会のなかでも、とくに台湾系コミュニティにおいて積極的に活動をしている。

（増田あゆみ）

チュウ、トーマス・フォーン 1890-1931
趙燦垣　Thomas Foon CHEW

中国系アメリカ人企業家。本籍は広東省新寧だが、幼い頃、父親趙賢とアメリカに移住した。1906年に父親がサンフランシスコ南部のアルベーソで創立した安豊公司（Bayside Canning Co.）の経営を手伝い、のち経営権を継ぎ、同社を全国第3位の缶詰工場に発展させた。20年代オールトンで工場を建て、アスパラガスを選別・加工する機械を発明し、アスパラガスの缶詰製品を作り出したことから、「アスパラガス（芦筍）王」と呼ばれる。

（曾櫻）

中南米の華僑・華人 ちゅうなんべいのかきょう・かじん

中国人労働者（▼華工）が直接中南米に導入されたのは、1810年にブラジルが茶葉栽培技術工400人を中国から導入した一時的な事件を別とすると、1847年に▼アモイからキューバに到着した▼契約華工514人が最初である。その後、ペルー、英領ギアナ（現ガイアナ）と続き、同地域の▼苦力（クーリー）貿易時代が始まった。わずか20年余りの間に中国沿海地域から30万人前後が農園、鉱山、建設、工業などに導入された。黒人奴隷が解放され、それに代わるものだったが、事実上奴隷と変わらなかった。各国が独立し、1874年には契約華工の制度が廃止されたが、到来する中国人は増えた。だが、早くも19世紀末には多くの国が経済恐慌を経験、各国で排華法が制定され、中国人移民の渡来を禁止した。1914-18年の第1次大戦期には、欧州が戦火に見舞われ、発展途上国の工業化が進んだため、禁止・制限策は緩められた。中国では清朝期から民国期にかけて大きな変化が生じ、20世紀初頭までは中南米の華工は主として南米のペルーと中米のキューバに集中、一時はペルーが首位を占めたが、30年代初期にはメキシコとキューバがペルーを超え、中米とカリブ海地域の華僑が増えた。ペルーとキューバの二つの中心が出現したあと、しだいに北と南の両端に向かって発展、中米ではパナマが最多、西インド諸島ではキューバは別としてトリニダード・トバゴとジャマイカが最多だった。南米ではペルーが依然多かったが、全人口に占める比重では蘭領ギアナ（現スリナム）などが高かった。1929-33年の大恐慌期には華僑も大きな困難に直面した。第2次大戦終結時には、中南米の華僑は12万7000人だった。戦後の国共内戦・中国革命時に、上海をはじめとする中国各地の企業家、知識人、その他の職業人が戦乱を避けて、中南米に到着。これが第1のピークで、60年代末には16万5000人余りに達した。中南米諸国が国際関係では米国に追随したため、これら諸国は依然台湾政権との外交関係を維持したが、70年代以降中国との外交関係が回復、中国大陸からの移住がふたたび増えた。これが第2のピークで、82年には20万人以上の華僑・華人、うち中国籍を含む外国籍所持の者17万人以上が、29の国・地域に分布した。

その後も、中国による武力解放を恐れて台湾から、中国復帰を嫌って香港から、中国系排斥を嫌って東南アジアから、多数の▼中国系人が移住した。台湾からは、70年代後半以降中南米へのヒト、カネの動きが活発化し、旅券を入手して中南米に向かうことがはやった。86年頃から、風向きが変わった。台湾からのヒトとカネの移動が、アメリカ、カナダ、オーストラリア、ニュージーランド向けに増えはじめた。75-86年にパラグアイに約8万人が流入したが、圧倒的大多数が台湾からで、そのかなりが同国に1泊することなく、すぐに他の国、たとえばアメリカに出国した。90年代前半現在、中米の華僑・華人は22万人ほど、最も多いのはパナマで11万人以上、また南米のそれは80万人ほど、最多はペルーで約54万人、次いでブラジルで12万人以上、中南米のなかでは南米がより重要である。南米老華僑の多くは▼広東の台山、▼中山などと▼福建の沿海地域の出身で、浙江や山東からの者も多少いるが（とくにアルゼンチン）、香港、台湾、東南アジアからの新来者もいる。しかし現地生まれが多く、パラグアイでは3分の2、スリナムや仏領ギアナでは80%前後にのぼる。第2次大戦後、とくにここ20～30年来、中南米華僑・華人経済はたえず発展しつつあり、とくにペルー、ブラジル、コロンビア、ベネズエラ、エクアドルなどの諸国では成長部門となっている。93年末には、南米だけで華僑・華人企業1万0557社、資本総額16億1305万ドル、うち雑貨・よろず屋それぞれ39.9%、21.7%、料理業28.4%、18.4%、外国貿易2.8%、9.3%などが主である。国・地域別では、ブラジル46.9%、60.2%、ペルー8.5%、11%の順で、経済力ではブラジルが圧倒的に大きい。料理・理髪・裁縫の▼三刀業を脱したとはいえ、依然サービス業が主で、華僑・華人企業の83.9%、資本総額の59.3%がこの部門に属する。　（游仲勲）

⇨ 排華法［中南米］、キューバの華僑・華人、ブラジルの華僑・華人、ペルーの華僑・華人

📖 游仲勲「中南米、とくにブラジル」可児弘明・游仲勲編、1995.／李君哲『戦後海外華僑華人社会変遷』瀋陽：遼寧教育出版社、1998.／楊

松主編『世紀華人風雲実録』上，北京：経済日報出版社，1998．

中日興業公司 ちゅうにちこうぎょうこうし
中日興業会社

1913年に日本で設立された対中国投資機関。同年2月20日，三井集会所で山本条太郎が中心となり，中日興業公司の第1回発起人会が開催された。のち，名称は中日実業公司と改められる。外交文書には中日興業会社の称で記されていることが多い。三井財閥は近衛篤麿と旧前田家の関係を深め，中国では王震（日清汽船）を介し鄭官応ら親日的な中国人実業家との縁を深めていた。それにより，東亜同文会を媒介とする▼康有為，▼梁啓超，▼孫文の支援の裏面に三井が介在する機縁がつくられていた。孫文が袁世凱政権のもとで，全国の鉄道建設のため全権を得て外資の導入を企画し，これに三井側が応じて，日本財界の全体を網羅する投資シンジケートの会社として中日合弁会社を企画した。袁世凱はこの企画に危機感をもち，第2革命で孫文を海外に追いやり，その主導権を奪った。その結果，袁世凱は帝政の承認と交換に，15年，日本の対華21か条要求を受諾するという政治選択に追い込まれる。当時，日本では日露戦争以後の余裕ある外貨運用の先を中国に求めていた。過剰流動性を解消するため，親日度を政治担保とする対中資金の供与が行われた。それが，発展期にある中国民族資本の市場と競合し，反日感情の高揚と衝突することになる。

（中村哲夫）

㊀呉錦堂
㊁日本外務省編『日本外交文書』大正2年第2冊「中国興業株式会社ニ関スル件」．

『中日新報』 ちゅうにちしんぽう

1992年6月1日に在日中国人によって大阪で創刊された日中2国語新聞。月刊で毎月1日発行，ブランケット判8頁（2001年9月現在）。編集局を中国と日本に置き，日中両国の共同取材・編集による経済，文化情報を中心記事とする。関西でいちばん読まれている中国情報紙である。おもな紙面は「重大ニュース」「政治経済」「社会」「文化交流」「文芸・学芸」など。発行元は中日新報新聞社。

（段躍中）

㊁中日新報ホームページ http://www3.ocn.ne.jp/~cjnews/homepage.htm

中菲友好条約 ちゅうひゆうこうじょうやく
中華民国-菲律濱共和国友好条約 Treaty of Amity between the Republic of the Philippines and the Republic of China

中華民国とフィリピン共和国の友好を定めた第2次大戦後の条約。1947年4月18日にマニラで調印。全10条。両国民の相手国への入国，旅行，居住の自由（5条），相手国における僑民学校設立（6条），身分，財産保証，司法手続き，徴税面での同等の地位（7条）を定める。また9条でアメリカ国民向け特恵待遇への配慮がなされている。当時，フィリピンとアメリカは特殊な関係にあり，フィリピン側はアメリカ人と中華民国国民の権利の調整に苦慮していた。中華民国領土内に居住する自国民が少ないこともあって，交渉は難航したが，五大国の一角として外交的に強い立場にあった中華民国国民（華僑）の国内における権利を大幅に認める方向でフィリピンが譲歩。その後，条約にもかかわらずフィリピン側は外国人登録，▼ナショナリズム政策により華僑の権利を実質的に制限したが，中国大陸から撤退した中華民国になすすべはなかった。

（宮原暁）

㊁蕭曦清『中菲外交関係史』台北：正中書局，1995．

『中文導報』 ちゅうぶんどうほう
Chinese Review Weekly

1992年9月25日に在日中国人によって東京で創刊された，在日中国人向けの中国語総合新聞。毎週木曜日発行，ブランケット判40頁（2001年9月現在）。中国と日本の政治，社会，経済，在日中国人情報，芸能，スポーツなど，あらゆる情報を網羅。おもな紙面は「政治経済重大ニュース」「総合ニュース」「華人ニュース」「社会ニュース」「特集」など。発行元は中文産業。

（段躍中）

㊁中文導報ホームページ http://www.chubun.com/

チュウ，ポール 1941-
朱経武　Paul CHU

アメリカ華人の物理学者。祖籍は広東だが湖南生まれ。7歳の頃，両親とともに台湾に移住。1963年米国に留学。カリフォルニア州

立大学サンディエゴ校より博士学位を取得後、アメリカ電話電報会社ベル研究所で研究活動に従事、後にヒューストン大学で教鞭をとった。87年超伝導の物質を発見、物理学研究の分野で大いに注目され、US News and World Report 誌で「1990年アメリカで最も優秀な研究者」に選ばれた。
（馬暁華）

チュコン
主公　cukong

インドネシアのスハルト政権下で権力中枢と癒着して事業を多角展開した富裕な華人企業家。福建語でボスあるいはマスターの意味。1966年のスハルト体制発足初期から権力中枢と癒着して事業を多角展開する富裕な華人企業家が輩出、彼らをチュコンと呼び慣わすようになった。
（三平則夫）

チュー・チョン 1830-1920
周祥　CHEW Chong

中国系ニュージーランド人企業家。張朝ともいう。広東省新会で生まれたが、のちシンガポールで教育を受ける。1855年オーストラリアに移り、66年ニュージーランドで金鉱が発見された後、南東部の港市ダニーディンで中国への輸出貿易を経営し、成功を収めた。87年にニュージーランド初の冷蔵設備完備の乳製品工場をつくり、ニュージーランド乳製品輸出産業の創始者となる。『ニュージーランド百科全書』に伝記が載せられた唯一の中国系人。
（曾櫻）

参『世界華僑華人詞典』

チュムポン・ポンプラパー 1941-
陳志鴻　Chumpol PHORPLAPHAA

タイのSPインターナショナル・グループ（通称SPグループ。億彬企業集団）総帥。父の陳龍燦は「サイアム・モーター・グループを築いたターウォン・ポンプラパー（陳龍堅）の兄。龍燦の死後、同グループを追われ独立し、SP国際を創設。トヨタ、スズキ、クボタなどの日系企業と提携する。1990年代に入りターウォンの衰えとともに顕在化した同グループの後継争いに積極介入。不動産、金融業にも積極進出。90年代初頭より若手経営者代表として政治的発言が目立ったが、97年に発生した不況以後、企業活動も低調化は否めない。
（樋泉克夫）

チュー、ロドリック・G. W. 1962-
趙光華　Roderick G. W. CHU

オハイオ州教育評議会会長。祖籍は広東省台山。ニューヨークのマンハッタンで生まれる。国連国際学校、ミシガン大学を卒業、1971年コーネル大学MBA。アンダーソン・コンサルタントに入社、81年重役となる。チャイナタウンの友好組織「美華協会」のボランティアに参加。83年、34歳でニューヨーク州税務財政局長官に任命され、その後ニューヨーク州立大学理事を経て98年より現職。アメリカ中部・東部地域で最も期待される中国系人の一人である。母の梁淑儀は上海生まれで、大同大学卒業。ニューヨークで20歳前に結婚し、中国系銀行の女性筆頭副総裁を務め、アメリカ航空業界のオンライン座席予約システムを作った人物である。
（司馬純詩）

参　超金ほか『海外著名華人列伝』北京：工人出版社出版、1988.

チュワン・タンマティタム 1936-
陳蔭全　Chuan TANGMATITHRRM

タイのMKグループ（建全置業集団）主席。昼間は父の陳樹照が始めた家業の建材店を手伝いながら、夜間学校へ。25歳で独立しMK（建全置業）を創業、東北タイで建築・不動産開発を手がける。1968年に建設・住宅資材の輸入商社を手始めに、カーペット、セメント、ユニット住宅の生産を開始。90年代より中国に進出し、北京郊外に高級住宅団地、天津にショッピングモール、商業ビル、建材工場などを建設。北京の都市再開発事業にも参入。タイ不動産協会理事長。
（樋泉克夫）

チュワン・ラッタナラック 1920-93
李木川　Chuan RATTANARAK

タイのアユタヤ銀行グループ（大城銀行集団）の創始者。1926年、広東省澄海より渡タイ。青年時、勉学のため一時中国に戻る。戦後、バンコクを流れるチャオプラヤー川で艀輸送事業を始め、54年に聯合運輸を設立、陸軍の実力者の一人プラパート将軍の後ろ盾を得てバンコクの艀輸送の権利を取得。57年、同将軍が「兵団クーデタ」で政権の中核に位置することになり、チュワンの立場は強化された。以後、同将軍の中央政界と国軍内

での絶対的な政治的影響力を背景に事業を拡大する。58年に˹ラムサム家からタイ航運を、ワン・ブアスワン（王慕能）から˹アユタヤ銀行を、さらに61年には同じワンからアユタヤ保険、アユタヤ生命保険を、65年には˹ディロック・マハーダムロンクーン一族からサイアム・シティ銀行を買収。60年代末、˹モンコン・カーンチャナパート一族と合弁でユニオン金属、サイアム・シティ・セメントを興した。73年に発生した「学生革命」によってプラパート将軍が失脚し長年の後ろ盾を失いはしたものの、その後もアユタヤ銀行を中核に事業を拡大した。一時、香港工商銀行の経営に参画するが、60年代には同行株式を売却、アユタヤ銀行の経営に専念した。82年に同行株式の40％前後を取得、英国留学から帰国した実子の˹クリット・ラッタナラックを総裁に据え経営の第一線から引退した。中華総商会会董（役員）を経験したことがあるが、これは例外中の例外で、93年に亡くなるまで基本的には自らの素顔を対外的に示すことはなかった。この点は他の成功した華人企業家とは肌合いを異にする。

（樋泉克夫）

チュワン・リークパイ 1938-
呂基文　Chuan LEEKPAI

タイのもと首相。南タイのトラン生まれ。家庭が貧しかったことからバンコクの寺に寄宿しながら学校へ。教育省付属の美術学校卒業後、タマサート大学法学部へ。1964年に弁護士資格取得。バンコクで弁護士活動の後、69年の総選挙に民主党から立候補。以来、連続当選を果たしている。70年代半ばより、司法、首相府、商務、農業・組合、教育、保健の各大臣、下院議長、副首相などを歴任。92年から95年、97年から2001年まで2期首相を務める。民主党党首でもある。

（樋泉克夫）

チュンコン・グループ
長江実業集団　Cheung Kong Group

˹リー・カシンが率いる香港最大の企業グループ。プラスチック製造業だった長江工業有限公司を経営していたリーが、1960年代から不動産事業を開始、71年に長江地産を設立、72年に長江実業（集団）有限公司に社名変更して上場した。以下のグループ内の主要企業4社はいずれも上場され、その株価総額は香港市場の1割以上を占める。97年の売上合計額は3670億HKドル。長江グループは90年代末から、衛星、通信、放送、ITなどのハイテク分野に戦略的に事業参入しはじめた。また、投資地域的には中国を重視している。(1)長江ホールディングス（CKH、長江実業）：不動産を主体とし、他の子会社群を統括する持株会社でもある。直接にはHWLを傘下とする。リー・カシンが会長で、長男のビクター・リー（李沢鉅）が代表取締役副会長。カナディアン・インペリアル銀行との合弁によるCEF商業銀行も所有。(2)ハチソン・ワンポア（HWL、和記黄埔）：不動産、金融、流通、コンテナ・ターミナル、製造、通信、エネルギー、ホテル経営など、香港を代表するコングロマリット。リー・カシンが会長で、次男の˹リチャード・リーが副会長。アジア、北南米、ヨーロッパに展開中で、カナダのハスキー・オイル社も子会社。次のCKI株も保有。(3)長江インフラストラクチャ・ホールディングス（CKI、長江基建）：高速道路、橋梁、発電所などの建設を行う。中国内に最大の金額を投資している海外企業の一つ。次のHKEを傘下におく。ビクター・リーが会長。子会社に長江チャイナ・インフラストラクチャ社、グリーン・アイランド・セメント社、アンダーソン・アジア社など。(4)香港エレクトリック（HKE、香港電灯）：香港で電力の3割近くを供給。子会社の香港電灯国際公司、アソシエート・テクニカル・サービス社を通じてそのノウハウを売るコンサルタント事業を中国、アジア、中近東で行っている。

（山田修）

圀 朱炎, 2000.

チョア、マーガ 1943-
蔡良珠　Marga TJOA

インドネシアの華人系女流小説家、医師。チョア・リアンチョエ（TJOA Liang Tjoe、蔡良珠）の名をもつが、マーガ・チョアが一般的。少女期より文才に恵まれ、学校誌に短編を寄稿した。大学卒業後医師になるが、都市に住む若い男女の恋愛をテーマに文筆活動を続け、1971年の『カルミラ（Karmila）』でベストセラー作家となった。以後も精力的に小説を著し、一部は映画化された。ていね

いなインドネシア語を用いた作風は、高学歴層を中心に読者を魅了している。　　（深尾康夫）

張愛玲 ちょうあいれい 1920-95

中国の女性作家。「梁京」のペンネームも。封建的な価値観に縛られ精神的にも経済的にも自立できない中国人女性の悲劇を好んで取り上げ、1940年代日本軍占領下の上海で人気作家となる。魯迅に匹敵する作家とも評された。その後アメリカに移り、台湾や香港のメディアを中心に作家活動を続けた。みずから映画の脚本も書いたが、「怨女」など一部の作品は映画化された。『張愛玲全集』15巻も出版されている。

本名は張瑛。上海生まれ。祖父は清朝の名臣張佩綸、祖母は李鴻章の娘李菊耦。没落した名家の末裔である。1939年香港に渡り香港大学に入学するが、日本軍の香港攻撃が始まったため42年卒業を待たずに上海に戻る。生活のため映画評などを書いたが、43年に発表した小説「沈香屑――第一炉香」などで、一躍上海の人気作家に。新中国成立後の52年香港に脱出。55年に渡米した。一時イギリスに移るが、77年以後アメリカ在住。　　（戸張東夫）

　📖 于青『張愛玲伝』台北：世界書局, 1999.

張煜南 ちょういくなん 1851-1911

オランダ領東インド華僑の企業家。字は榕軒。広東省▼梅県松口の貧しい農家に生まれ、1868年スマトラの▼メダンに渡って巨商▼張振勲の企業に入る。のちに独立して万永昌号を設立し、弟の張鴻南（1861-1911年、字は耀軒）を招いて荒地の開墾を行い、▼ゴムとヤシの▼プランテーションや錫鉱山を経営。さらに賭博の▼徴税請負いやタバコ、不動産業の経営で莫大な財産を築きあげ、慈善・公益事業などを通して社会的声望を得た。植民地政府により華僑社会を管理するカピタンに任命され、清朝政府によりメダンの中国副領事に任命された。居住国および中国で災害救済や、学校、病院、養老院、墓地などの建設に多くの資金を寄付。1904年から資金を集めてスワトウ・潮安間全長42kmの潮汕鉄道を建設。06年正式に開通、▼華僑投資によって中国でつくられた最初の鉄道となった。　（廖赤陽）

　📖 李学民・黄昆章, 1987.

張蔭桓 ちょういんかん 1837-1900

清末の外交官。広東省南海人。1882年総理衙門に勤め、85-90年米国、スペイン、ペルーの3国公使。在任中、米国で中国人労働者の保護に尽力。90年帰国し総理衙門に勤務。97年関税問題などの交渉のため、英、米、仏、独、露に赴いた。戊戌変法運動の際、▼康有為、▼梁啓超らを支持したため、政変後、新疆に流され、1900年に清政府によって殺された。▼『三洲日記』の著者。　（容應萸）

　🔗 戊戌の政変

チョウ・ウェンチュン 1923-
周文中　CHOU Wen-chung

中国系アメリカ人作曲家、教育者。山東省煙台の生まれ。1945年重慶大学を卒業、翌年奨学金を受けて渡米し、エール大学建築科に入ったが、ニューイングランド音楽学校に転校、のちコロンビア大学で作曲の勉強を続け、54年に音楽学修士学位を取得。55年から同大学で教鞭をとり、76-87年芸術学院副院長を務めた。78年に米中芸術交流センター（The Center for U.S.-China Arts Exchange）を創立し、自ら所長を務める。作曲した曲は世界各大楽団によって演奏され、さまざまな賞が与えられた。　（曾櫻）

張瑛 ちょうえい 1919-84

香港の映画俳優。本名張鑑生。福建生まれ。幼いとき父親と香港に移る。華仁書院卒業後、1937年大鵬影業公司に入り、『古墓霊魂』で主役を演じてスターとして認められる。また40年『人海涙痕』の主役を演じて「華南影帝」（華南映画界の帝王）と称された。400本以上の映画に出演したが、そのうち300余の作品で主役を務めた。その間、映画会社を7社設立した。なかでも協力者と共同でつくった中聯電影公司はよく知られている。65年以後は麗的電視台（亜洲電視台の前身）と無線電視台の二つのTV局で番組の司会を務めたりTVドラマに出演するなどの活躍を見せた。主役を演じたTVドラマの代表作には「満江紅」や「苦海明灯」などがある。映画撮影のために訪れたカナダで病死した。　（戸張東夫）

　📖『香港事典』

張栄発 ちょう・えい・はつ 1927-
ツァン・ロンファ　CHANG Yung-fa

▼エバーグリーン・グループ（長栄集団）の総帥。台湾基隆市出身。1941年に南日本汽船の基隆駐在員事務所の用務員をしながら、夜間は勤労学生として台北高等商業学校付属の実践講習所で学ぶ。戦後、独学で一等航海士の資格を取得。61年に共同出資者として新台海運公司を創業、他の株主との経営理念の相違から、65年新たに中央海運公司を設立。68年中央海運を離れて、長栄海運公司を創設、英語名は Evergreen と決め、生き生きとした緑色をカンパニーカラーに選んだ。船齢20数年の中古船1隻でスタートしたが、その後、船の追加購入により、コンテナ船運送による遠洋定期航路の開拓に情熱を傾けた。89年国際航空業に参入、93年国際チェーンホテル業にも進出、多角経営を展開した。個人資産額は約15億ドル。財団法人「張栄発基金会」董事長、パナマ共和国駐台湾名誉総領事、フィリピン大統領経済顧問、その他多数の公職を兼務。　　　　　　　　　（劉文甫）

📖 張栄発『張栄発自伝』中央公論社, 1999.

張永福 ちょう・えい・ふく 1871-1958
HWANG Ye Ching

中国同盟会シンガポール支部の指導者。シンガポール生まれ。▼原籍は広東省潮州市饒平県。裕福な南洋華僑の家に育つ。青年期に改良派の思想に傾倒するが、その後、鄒容の『革命軍』などに影響を受け、革命家尤列らと知り合うことで、革命運動に身を投じるようになる。1904年▼陳楚楠と『図南日報』を創刊。05年▼孫文と会見、翌年同盟会シンガポール支部を創設、副会長に就任。中華民国成立後、国民党南洋交通部長などを歴任。26年中央銀行スワトウ分行経理、スワトウ市長に就任。33年『南洋与創立民国』を著す。42年汪精衛の南京政府に参加、日中戦争終了後に入獄。釈放後は香港に居住。　（家近亮子）

澄海 ちょう・かい

明代の1563（嘉靖42）年に広東省東北沿海部に設置された県。人口約70万、面積397.8km²。清代には潮州府に属し、1666（康熙5）年にいったん海陽県に含められるが、69（同8）年に再び設けられた。澄海県の商港である沙汕頭は1858（咸豊8）年のイギリスとの天津条約によって対外開放され、ここに外国との貿易に関する税関である洋関の一つ、潮海関が設けられて以降、外国人からは Swatow (▼スワトウ, 汕頭) として知られるようになる。沙汕頭は、とくに潮州府治下で産出される砂糖を東北・華北・華東一帯に沿海貿易船で搬出する港として繁栄していた。他方、対外開放以降は広東の東北部出身者の海外渡航の重要な港となる。1902（光緒28）年のスワトウの税関の資料では、スワトウから海外へ出国した中国人は10万9492人、帰国したのは7万5747人であった。これらの人々の渡航先はタイ、シンガポール、スマトラが大部分を占めており、その渡航目的の多くは「招工」であり、労働者募集に応募するという出稼ぎであったようである。　　（松浦章）

📖 海澄

肇記号 ちょう・きごう

長崎の▼福建幇の華僑貿易商社の一つ。号主の葉肇忠（葉書琳、福建省福州府福清県出身）は明治中期に長崎に渡来、1890（明治23）年新地町7番地に同号を創業。雑貨、呉服の輸入貿易に従事、福清幇行商人の胴元として商品を提供。1928（昭和3）年に倒産。▼福清幇の重鎮として▼三山公所総代、▼長崎福建会館副総代を務めた。1922（大正11）年▼崇福寺開創三百年記念大遠忌においては3名の檀家総代の一人であった。　（陳東華）

張光直 ちょう・こう・ちょく 1931-
ZHANG Guang-zhi

アメリカ在住の考古学者・人類学者。英語の著者名など、アメリカでは Kwang-chih Chang の表記で知られている。北京生まれ。1946年に北京を離れ、50年から台湾大学で考古学と人類学を学ぶ。54年に台湾大学を卒業。翌年渡米し、60年ハーバード大学で人類学の博士号を取得。エール大学考古系主任、ハーバード大学人類学系主任などを歴任したほか、アメリカ国家科学院会員、台湾中央研究院会員などに選ばれる。中国古代史の分野において、考古学的な資料に加え、文献学や人類学など隣接分野の成果をも取り入れながら、斬新な研究を数多く発表してきた、著名な研究者である。代表的な著書に、The Archaeology of Ancient China (New Haven: Yale UP, 1963.『考古学よりみた中国古代』雄山閣、1980)、Ealy Chinese Civilization (Cambridge: Harvard UP, 1976.『中国青銅時代』香港：香港中文大学出版社、1982年。『中国青銅時代』平凡社、1989年)、編著に Food in Chinese Culture (New Haven: Yale UP, 1977) などがある。台湾においても考古学的な調査を指導しているが、70年代以降は中国本土をたびたび訪れ、山東大学、厦門大学、北京大学の客員教授を歴任したほか、各種の学術シンポジウムに参加し、積極的な学術交流を行っている。　　(西澤治彦)

朝貢貿易　ちょうこうぼうえき

15世紀頃から、中国はその対外関係において、朝貢関係というゆるやかな統治関係を作りあげ、その内部では、朝貢貿易と呼ばれる貿易関係が形成されていた。すなわち、朝貢は、アジア域内とりわけ東アジアの貿易網を形作る前提であり、両者は相互促進的関係にあった。したがって朝貢は、それに伴って民間貿易の拡大を促すとともに、アジア域内貿易の主要なルートを作ったのである。シャム（タイ）、マラッカ、ベトナム、ジャワ、フィリピン、琉球、長崎、朝鮮その他の各地と中国（華南、華北、東北）とを繋ぐ朝貢貿易網は、地域間の沿岸貿易を結合させつつ、移民の拡大と表裏一体をなして進行した。たとえばシャムの例を考えると、シャム朝廷は在シャムの中国人商人に特許を与え、朝貢品の調達・運搬その他全般を担当させたため、さらには、その中国商人の原籍は福建地方が多いため、きわめて容易に貿易関係が形成され、朝貢貿易に伴う私貿易がしだいに増加するようになるにいたる。

この中国をめぐる朝貢・貿易関係はインドに発する沿岸ジャンク貿易関係とともに、中継地貿易を維持・拡大するための移民（とりわけこの時期は商人移民）を促したのである。インドのジャンク貿易は、西は中東のマスカット、アデン、アフリカのモンバサ、モザンビークとインド西海岸のスラトとの間に、また、東南アジアとはビルマのペグーのほか、マラッカ、スマトラのアチンとインド東海岸のマスリパタムとの間に行われていた。

清朝の朝貢貿易政策は、1839年（道光19年3月）、道光帝の上諭によって変更が企てられる。それまで越南は2年1貢、4年ごとに使節を1回北京に派遣した。この二つが平行して行われていた。琉球は1年1貢、暹羅さんは3年1貢であった。しかし、その後、越南、琉球、暹羅はすべて4年〔1貢〕に改めて使節を派遣して、朝貢を行えという指示であった。これは清朝が、これまで朝鮮を除いて政治的に最も近いと考えたベトナム、また米の定期的な輸入を行っていたシャム、そして1年1貢を行っていた琉球に対して、それまでの朝貢ならびに朝貢貿易の大きな転換を命じたものであった。

この背景には、シャム米（暹羅米）が朝貢品の中に含まれるとともに、独立した輸入品として商船による交易が拡大したことがある。そしてこのシャムからの商船貿易は、朝貢船が入港を定められた広州にではなく、むしろアモイや寧波に多く入港しており、華南の交易の活況に対応しようとする動きであったが、失敗に帰すことになる。

(濱下武志)

張国基　ちょうこくき　1894-1992
ZHANG Guoji

中国の教育家。別名は頤生。湖南省益陽出身。私塾を経て1915年湖南省第一師範学校に入学、毛沢東らと同学。18年新民学会入会。20年新民学会から派遣されてシンガポールへ行き、道南中学校、華僑中学校、南洋女子中学校で教鞭をとる。22年インドネシアに赴き中華学校校長を務める。26年帰国して北伐に参加。27年毛沢東に招かれ武昌中央農民運動講習所で教務担当、同年中国共産党入党。同年の武昌蜂起に参加したが、蜂起失敗後、28年インドネシアに戻り、バタビア広仁学校校長、バタビア中華会館学校訓育主任を経て39年中華学校を創立、副校長のかたわら華僑社団で活躍。58年10月帰国、北京華僑補習学校校長に就任。74年北京市文史研究館副館長、次いで館長。85年燕京華僑大学理事長。1～7期全国人民代表大会代表、中華全国帰国華僑聯合会第3期委員会主席などを歴任。94年『張国基詩文選』出版。　(過放)

張済民 ちょう・さいみん 1920-
T. M. CHANG

カリフォルニアの▼ウェスト・レイク不動産創業者、会長。浙江省▼寧波生まれ。1935年シンガポールに移住、第2次大戦直後に日本に移住、薬品販売会社を創業、ドイツの製薬会社シェンリング社の日本総代理に。74年アメリカに移住、1100万ドルでサンフランシスコ湾域デイリー・シティのショッピングセンターを買収、「ウェスト・レイク (West Lake)」と改名したのを皮切りに現地白人社会向けの不動産事業の開拓に成功。▼サンフランシスコ中華会館、サンフランシスコ中華総商会の保守的体質に不満を抱き、80年に一部華人実業家とともにアメリカ華商総会 (Chinese American Association of Commerce) を創設、初代会長に。 〔王効刀〕

張三峯 ちょう・さんぽう ?-1628

江戸時代初期の長崎の▼住宅唐人。諱は岳。▼唐通事清川氏の祖。四川省達陽府の出身と伝える。初め五島に渡来し（年次不詳）、五島一官といわれた。▼鄭成功の旧友で、その子久右衛門は▼福州で成功と起居を共にしたという。祖籍江蘇省淮安府清河県にちなんで清川（のち清河）を氏とした、と伝える。3代久左衛門は1693（元禄6）年唐内通事小頭に任用され、子孫は内通事、次いで唐通事を世襲した。 〔林陸朗〕

▷清河磯次郎, 唐通事の家系

潮州 ちょうしゅう

広東省東部沿海に位置する有力▼僑郷。旧潮州府のうち、韓江下流の潮州語圏8県（潮安、潮陽、掲陽、饒平、恵来、澄海、普寧、南澳）を便宜的に、あるいは漠然と潮州とする。また現在の潮安県の県政府所在地で潮汕平野の農産物集散地である潮州市のことでもある。広東省の東部を南に流れる韓江は、下流で平野に入り、広さでは珠江デルタに及ばないが、肥沃な韓江デルタとなる。北回帰線が南澳、澄海、普寧を通過しており、韓江源流の一つである梅江流域の▼嘉応州より緯度にして1度近く南にあり、気候条件においても農業に良好な影響を与える。しかし山地の多い広東省で限られたデルタであるため人口が集中し、人口密度が500人/km²（1953年）

と高いように、歴史的に農民1人当たりの耕地面積が制約されてきた。糸抜きかがり（抽紗）、陶磁器、木彫、刺繡などの伝統工芸を発達させた一方、住民は生活の維持を海に向かって図らざるをえない土地柄であった。内での食文化における海産物の採捕と利用、外でのタイ米（暹羅シャムロ米）輸入を中心とする商業貿易活動と、それと表裏一体の関係にある移民のタイ往来などはその顕著な表れである。

1858（咸豊8）年になって天津条約で潮州（潮安）が条約港に定められると、その外港の名目で60年韓江河口の▼スワトウが開港場となり、スワトウが一寒村から梅江流域を含む韓江流域経済圏をはじめとする広東省東部、福建省西南部を海外と結合する移民と交易のネットワークの中心として急発展する。1852年、潮州移民についてイギリスの外交官ハリー・S.パークスは、潮州が▼宗族間の▼械闘が激しい土地柄から、潮州移民は喧嘩好きで掟に従わぬところがある。福建省漳州は土地の肥沃さと産物、活動傾向で潮州と類似するが、漳州移民の方が性格が従順である。しかし潮州移民は農業者として卓越しており、サトウキビやアイ（藍）の栽培において天賦の才能に恵まれるところからプランテーション労働に適しており、また潮州移民自身も農業労働に就くことを好む、と報告している。事実、潮州移民は高い農業技術を持ち込み、薬剤・染料・革なめし剤の原料となる熱帯植物ガンビールとコショウの独占的栽培を▼リアウ諸島、▼シンガポール、▼ジョホールなどで展開し、農産物・海産物の商取引を活動基盤に商業貿易に勢力を築いた。しかし潮州商人には保守的傾向があり、あえて新たなベンチャーに就かず、海外成功者のなかに郷里に戻り裕福な生活を楽しむ者があったことや、同郷人どうし互いに用心深く、相互扶助の精神に欠ける側面があったところから、第2次大戦前までついに▼福建商人の勢力にトータルでは及ばずに終わる一因となったとされる。しかし対外交流は潮州に新しい文化をもたらし、西洋医療や新約聖書のスワトウ方言訳、あるいは潮州とスワトウを結ぶ鉄道建設などが早くから始まった。 〔可児弘明〕

▷潮州人, 潮州幇, 潮州の華僑史, タイ米貿

易，港主，潮州料理

潮州語 ちょうしゅうご

▼閩び語を福建省沿海部に分布する閩東語と閩南語に二大別したとき、閩東語に対立する一方の方言群を閩南語という。潮州語はこの閩南語の下位方言の一種である。同じく閩南語の一種であるアモイ語とは言語的には相当な隔たりがある。潮州語の分布は、広東省東部の▼スワトウ市、▼潮州市、潮安、饒平、澄海、揭陽などの海岸部である。▼香港にも潮州人が多く住む。使用人口は約500万人。東南アジア華人社会では福建省南東部、広東省の潮汕地区、海南島出身で閩南語を話す者が多く、フィリピン、タイ、▼シンガポール、マレーシア、インドネシア、カンボジアなどでは▼潮州人の華人社会がある。　　（中嶋幹起）

長袖人 ちょうしゅうじん

第2次大戦前、下ビルマの福建華僑をいう俗称。「長衫まん人」ともいい、ビルマ語では Let She という。福建華僑は主として米穀や地元の物産を扱う交易に従事し、商店で長袖衣（長衫）を着用していたので、こう呼ばれていた。これに対し広東華僑は主として飲食業、木材業、建築業などの職人が多く、仕事に便利な半袖服を着用していたため、「短袖人」と呼んで区別した。戦後はこうした着衣による区別はできなくなった。　（曽士才）

陳烈甫『華僑学与華人学総論』台北：台湾商務印書館，1987.

潮州人 ちょうしゅうじん

広東省東部の旧潮州府（大部分は1983年の行政区画変更により▼スワトウ市）の在住者および出身者で、▼潮州語、▼潮州料理、潮州工夫茶を常用する。ただし、▼客家語が使用される北部の▼大埔、豊順の2県出身者は除く。タイに約390万人、シンガポールには約40万から50万人が住むといわれる。そのほか、香港、インドネシア、マレーシア、ベトナム、カンボジアにも多くの潮州人が住む。1970年代後半以降にインドシナ難民あるいは▼ボート・ピープルとして出国した人口が、北米や欧州にも散在する。華僑・華人で世界的に有名な人物としては、タイでは▼バンコク銀行創設者の▼チン・ソーポンパニット、▼バンコク・メトロポリタン銀行創設者の▼ウテン・テチャパイブーン、チャルンポーカパン・グループの創設者である▼謝易初とその息子である▼タニン・チョウラワノン、香港では▼チュンコン・グループの総帥にして▼汕頭大学の創設者でもある▼リー・カシン、カナダでは前ブリティッシュ・コロンビア州総督の▼デイビッド・ラムらがあげられる。　（吉原和男）

孫淑彦・王雲昌編『潮汕人物辞典』広州：中山大学出版社，1991. ／蔡俊挙主編『現代潮汕名人録』香港：奔馬出版社，1989. ／『泰国潮州会館成立四十五週年紀念特刊』バンコク：潮州会館，1983.

潮州の華僑史 ちょうしゅうのかきょうし

17世紀以来、潮州系華人がとくに大量にシャム（現タイ）に移民・移住したのであるが、この時期はちょうど▼朝貢貿易関係が隆盛となった時期と対応している。清朝とシャム（暹羅さん）との国交は、1652（順治9）年に始まり、この年初めてシャム（▼アユタヤ朝）は中国に入貢し、以降1786年▼チャクリー朝に交替し、1852（咸豊2）年に至るまで、合計50回近くの朝貢を行った。中国への朝貢使節の派遣は3年1貢と規定されているが、1789（乾隆54）年から停止直前の1850（道光20）年までの期間で見ると、平均2年1貢と規定よりも多い。なぜこのようにシャムと中国との朝貢が多かったのかという理由としてシャム米（暹羅米）の中国への輸入があった。すなわち、1715（康熙61）年から開始されたシャム米の輸入が、中国の華南経済にとって重要な食糧政策となったからであった。おりから中国では華中地域において米価の騰貴があり、それを鎮めると同時に、輸入米穀を販売して財源の補助に当てるという目的にも沿うものであった。

中国史上、1920年代は国内・国外ともに移民がピークに向かった時期である。潮州地方の人口の変化と移民との関係を見ると次のような傾向が浮かんでくる。まず、中華民国時代が始まると同時に移民が急増し、1910年代末から20年代初めにかけてピークに達している。この移民のピークは同時に帰国者の増加を示しており、移民は必ずしも出国の一方向のみではなく、出国と帰国との両方向の増大を意味している。この時期の移民は、移民先すなわち東南アジアの側の吸引力（プル要

因）が勝っていると見なすことができよう。東南アジア経済は、二つの世界大戦の戦間期の経済的好況の影響を受けて拡大しており、ゴム、錫、米など東南アジアの主要生産物の輸出が拡大している。また、20年代に次ぐ移民のピークは40年代に訪れる。これは、第2次大戦における日本軍の東南アジア支配と関係し、移民先において押し出す要因（プッシュ要因）が強く働いていたと見ることができよう。

タイにおける華人組織は、比較的規模が大きいもので、バンコクに180、それ以外に120、計300程度がある。これらの華人組織のなかで潮州系の影響力はきわめて強いといえよう。そして、潮州系の組織の中心に▼タイ潮州会館がある。また、1940年代後半に相次いで成立した出身各県の▼同郷団体がある。それらは、潮安同郷会、潮陽同郷会、掲陽会館、普寧同郷会、澄海同郷会、豊順会館、大埔公会、饒平同郷会などであり、恵来、甫換の同県会も設立されている。潮州会館は一つの行政的組織の機能を備えており、各種委員会は財政事業、山荘（墓地）、学校、医院などに携わっており、それを運営する事務機構も備わった執行機関である。また、会館活動の中に、福利組、娯楽組、婦人組などの親睦活動、文化活動も含まれている。これらの会館活動その他に功績を残した人物は、会館志の名人伝の中に記録される。この潮州系の指導者の出身を見ると、潮陽、澄海、普寧、掲陽、潮安の順に多く、沿海地域ならびに内陸の中心部からの出身者が多い。主席、副主席を担当した人物の出身地もやはり沿海地と中心部が比較的多い。これも移民元の同郷その他の社会関係が維持されている結果であると見なせよう。

潮州において資本額が多い上位の行業は、正允荘、南北港行、蘇広雑貨、甫郊（ベトナム、マラヤ、オランダ各属地との貿易を行う商人ギルド）、暹郊（シャムとの貿易を行う商人ギルド）、僑批局（華僑送金業）、収批荘、旅舗客棧、輪船公司、洋行、保険と続いている。これらはすべて、貿易業や貿易金融業ならびに貿易関連事業であり、先に見たシャムとの往来の増大もこの商業貿易活動の拡大と表裏一体の関係にあったことを窺うことができる。

(濱下武志)

㈢ タイ米貿易

📖 周昭京『潮州会館史話』上海古籍出版社, 1995.

潮州幇 ちょうしゅうパン

広東省東部の旧潮州府出身者によって組織された▼幇。中国国内の大都市や海外在住の商人や労働者は▼会館や同郷会などさまざまな団体を組織して、相互扶助・情報交換・親睦などの活動をしたが、▼潮州人も他の出身地・方言グループと同様であった。国内では、蘇州、南京、上海、北京、天津の各市に潮州会館や潮州同郷会があった。国外にも会館や同郷会が組織された。香港、シンガポール、マレーシア、ベトナム、タイのそれらはよく知られる。トンブリー王朝の▼タークシン王（鄭昭）の父は潮州人で母がタイ人であったこともあって、潮州人の多いタイでは、現在でも潮陽、潮安、掲陽、普寧、▼澄海、恵来、饒平、南澳の各県ごとに同郷会が組織されている。香港やシンガポールでもほぼ同様である。幇の構成は、同郷会館（府県別）、同郷会（郷村別）、▼宗親会、同業公会、慈善・宗教機構（寺廟、葬儀互助会）、芸能・娯楽団体からなり、最上位機構は旧潮州府の出身者が合同して組織する潮州会館である。規模によって異なるが、会館は一般に、寺廟、共同墓地、学校、病院などを管轄しているし、建物としての会館には事務所のほかに会議室、ホール、資料室、スポーツ施設などがあり、会員の結婚式や各種の祝賀会、奨学金授与式、敬老行事、娯楽活動などに利用されている。会館の建設費は役員の寄付が大部分を占め、そうした貢献者の肖像がホールや会議室に掲げられているので、幇の歴代有力者が一目瞭然である。潮州幇も構成団体間の相互連絡と交流は国内・国際的にも密であり、マレーシアのように国内各地の潮州人の会館が連合して「マレーシア潮州公会聯合会」を組織している場合もある。1981年から2年おきに開催される国際潮団聯誼年会には30～40団体の代表が参加している。香港潮州会館からは、84年以降『国際潮訊』（年2回刊）が発行されている。

(吉原和男)

📖『国際潮訊』16, 香港潮州会館, 1992. ／周昭京『潮州会館史話』上海古籍出版社, 1995. ／『全美潮団聯合第七届国際潮団聯誼年会紀念特

刊』カリフォルニア州サンホゼ：サンホゼ潮州会館，1993．

潮州料理 ちょうしゅうりょうり
潮州菜

広東省東端の福建省に接する潮安、スワトウ一帯の閩南ﾐﾝﾅﾝ料理。▼海鮮やフカひれや▼燕の巣など高級乾物から、粥、粉果（蒸し餃子）、魚蛋（魚のすり身）、米粉（ビーフン）など日常食まで多彩。あっさりした味つけで、沙茶醤（サテソース）、蝦醤（子エビの発酵調味料）、魚露（魚醤）など調味料の種類が多く、食前食後に濃くいれた烏龍茶を杯状の茶器で飲む工夫茶ｸﾝﾌｰﾁｬｰも特徴。潮州系飲食店は早朝から深夜まで営業し、移住地で同郷人の食生活を支え、タイ、カンボジア、シンガポール、香港の華商料理に影響を与えている。　　　　　　　　　　　　（飛山百合子）

⊟潮州

潮州六邑医院 ちょうしゅうろくゆういいん
Hopital de Trieu-Chau

ベトナムのサイゴン（現▼ホーチミン市）、▼チョロン地区に開設された▼潮州幇の病院。韓江六邑医院、中華第二医院とも呼ばれた。前身となる診療所は1885年に建てられた。1916年にこれを六邑善堂とし、45年からは西洋医学も導入して六邑医院という名称を使うようになった。75年のサイゴン解放後は政府が接収し、現在はアンビン病院という。94年に安平免費医院輔助会がつくられ、以後は無料の医療サービスも行われている。　（芹澤知広）

⊟広肇医院，福善医院

張振勲 ちょうしんくん 1841-1916

著名な南洋客家ﾊｯｶの華僑実業家。字は弼士。広東省大埔県生まれ。58年に蘭領東インド（現インドネシア）のバタビア（現ジャカルタ）に渡り、雑貨商の見習いから婿となり、事業継承後、インドネシア、マレー半島におけるプランテーション、貿易、アヘン専売、▼徴税請負い、海運などの事業多角化に成功、93年に清政府から駐ペナン初代総領事に、96年には駐シンガポール総領事に任命された。中国における実業振興、とくに鉄道建設事業に尽力したことで清政府により高い褒賞、官位を授けられた。中国通商銀行総裁、粤漢ｴﾂｶﾝ鉄道総監、鉄道建設大臣、全国総商聯合会会長を歴任。中国に創設した事業のなかで張裕酒造公司（山東省煙台市）がとくに有名である。バタビアで死去。　　　　（王効平）

⊟張裕酒造会社

張枢 ちょうすう 1921-92

1960年より89年まで▼横浜中華学院校長を務め、華僑の民族教育に尽力した人物。遼寧省の大地主の家に生まれる。国共内戦期、▼中国国民党とともに台湾に渡る。52年横浜中華学校の教師として招聘され来日。明治大学でも学び、論文「中日戦争と中共」執筆。68年校長在任中、横浜中華学院が学校法人化、新校舎も設立。親台派華僑組織での理事や▼横浜梅桜獅子会会長などを務め、日華親善の促進にも積極的だった。横浜で没した。

（陳天璽）

徴税請負い ちょうぜいうけおい

19世紀後半、一部の有力華僑が各国・地域で徴税を独占的に請け負った制度。東南アジア、とくにタイ、マレーシア（当時の英領マラヤ）、インドネシア（当時の蘭領東インド）では、華僑・華人資本主義の出発点となった最初の資本蓄積として、この独占的徴税請負い制度が大きな役割を果たした。請負いは徴税に限らず、多くの面で独占的になされた（初期独占）。有力華僑（前期的華僑商業・高利貸資本）は、コショウ、皮革、アヘンなどの輸出入、アヘン、酒、富くじ、賭博などの徴税、さらには酒の生産などでの独占的請負いによって莫大な利益を獲得、多額の富を蓄積した。これらの項目の消費は、ほとんどが各国・地域に導入された多数の中国人労働者によっており、華僑社会内部で富・資本の蓄積がなされた。なかには錫鉱山開発やゴム栽培園などで多数の中国人労働者を導入し、一種の自治権を得て（長はカピタンと呼ばれた）、徴税を請け負った者もいた。タイの例でいうと、アヘン、酒、富くじ、賭博の4項目への課税に対する独占的請負い額だけで、19世紀後半の大部分を通じてタイ政府歳入の40〜50％を占めた。1855年の▼バウリング条約による開国の結果として、有力華僑は貿易独占のいくつかを失ったが、他方ではこれに代わる新税の創出など、徴税請負いによって多くの利益を得た。しかし、この制度は1910

年代までには基本的に廃止されることとなり、この分野で蓄積された多額の華僑資本がタイの植民地経済化によって開かれた新たな投資分野、外国貿易、金融、運送、精米、製材、錫採掘、ゴム・プランテーションなどへと向かい、タイ華僑経済の資本主義的発展を促す役割を果たした。ただ、その後、とくに第2次大戦後、東南アジア諸国の政治経済情勢は一変した。このため、かつて徴税請負いで大きくなった華僑・華人資本家の多くは没落し、今日の華僑・華人大資本家のほとんどは、戦後、とくにここ数十年のうちにアジア経済が急速に発展するなかで、事業を拡大、資本蓄積を行った人々である。 (游仲勲)

📖 游仲勲, 1969.

チョウ・センチー 1962-
周星馳
CHIAU Sing-chi / Stephen CHIAU

香港の俳優、映画監督。TV局の俳優養成所出身。1983年TVの子ども向け番組司会の破天荒なキャラクターで人気を得る。TVドラマ出演を経て、88年映画デビュー。そのキャラクターを生かしたコメディ映画で次々と香港興行収入記録を更新しつづけた。ナンセンス言語によるアドリブや▼香港映画のパロディが笑いの源のため日本公開作品は少ないが、華人社会では大ヒットしたコメディを多数、監督、制作、主演している。70〜80年代のマイケル・ホイ(許冠文)の後を継ぎ90年代香港の笑いを創造した感性のエンターテイナーである。 (壬生昌子)

📖『キネマ旬報』臨時増刊『中華電影人物・作品データブック』キネマ旬報社, 1994.

朝鮮半島の華僑・華人 ちょうせんはんとうのかきょう・かじん

朝鮮半島は長白山、図們江(豆満江)、鴨緑江の天然国境により中国に隣接し、史上最初の中国人移住先であると同時に、中国が朝鮮族の最大の移住先になった(190万人)。「隠者の王国(Hermit Kingdom)」といわれるほど西洋との関係が希薄であったが、中国からの近代的移民は1882年の「中国朝鮮商民水陸貿易章程(規則)」調印を皮切りに、その後83年、仁川、釜山、元山の華商租界が開設され、85年中国招商局の定期汽船が上海、煙台と仁川間に就航、93年同順泰(貿易商)など合資の華僑輪船公司(▼華僑汽船会社)がソウルと仁川の内海に就航するなどで急速に増加、10年間に13倍増の2182人(93年)、1910年には1万人の大台(1万1818人)に乗った。彼らの多くは▼ソウルと上記三つの租界地に居住し、出身地によって北(洋)幇(山東人、湖北人)、広東幇、南(洋)幇(浙江人、江蘇人、華南出身者)に分かれる。日本が植民地経営(道路、鉄道、港湾など交通網の整備)の労働力(華僑苦力(クーリー))を中国東北と山東省に求めたこともあって、朝鮮華僑は30年に6万7794人のピークに達した(1910-30年に6倍増)。翌31年のいわゆる万宝山事件を機に排華運動が高揚し華僑に多くの死傷者(142人死亡、546人重傷)と財富の破壊が生じ、人口が一気に半減の3万6778人となった。第2次大戦終戦直前には中国からの回流で6万人に回復。戦後東北に分断され、北朝鮮では国籍法(63年)による華僑の▼帰化が進められ、58年の中国国籍人の数は、1万4351人から90年には約8000人に減少した。一方、韓国では初期の通貨改革で華僑の蓄積資産は皆無に等しくなり、その後、外国人土地所有権制限(住宅200坪、出店50坪。67年)や創業・教育差別政策などが導入され、華人経済は多くの制約を受けて衰微を余儀なくされた。また、韓国国籍取得は厳しく、就職難も加わって、アメリカ、カナダ、オーストラリア、ブラジルなどに向かう華人移民が増えた(70年代に約1万人)。92年の中韓国交正常化を機に、中国からの朝鮮族出稼ぎが増えたが、これを除く華人人口は57年の2万2734人から99年には2万1806人に逆に減った。

(涂照彦)

張綜霊 ちょう・そうれい 1916-68

タイの▼華字紙記者。広東省梅県生まれ。▼スワトウで『汕報』を創刊した父の張懐珍(または懐真)の薫陶を受け新聞記者の道に。故郷で記者修業の後、1946年渡タイし『中原報』に。中央社バンコク主任特派員、『世界日報』総編集などを経てふたたび『中原報』に。58年『中原報』が当時のタイ政権から発刊禁止処分を受けたことから、筆名で香港、台湾の新聞に記事を発表する一方、『実用新聞学』『報学概論』『泰国華僑大辞典』などを

張楚琨 1912-2000
ZHANG Chukun

中国の僑務工作者。▼帰国華僑。福建省泉州出身。1923年シンガポールに一家で移住するが、25年学業のため帰国。37年シンガポールに戻り、『南洋商報』編集主任に就任、中華民族解放先鋒隊南洋総隊で抗日宣伝運動に従事する。日本軍占領期間中はインドネシアに一時避難。46年シンガポールに帰り、『南僑日報』を創刊、中国民主同盟に加入。49年9月帰国。新華社華僑放送編集部副主任、▼アモイ市副市長、中華全国帰国華僑聯合会副秘書長、▼中国華僑歴史学会会長などを歴任した。

(過放)

張尊三 1843-1918

函館にあった裕源成号店主で、▼函館同徳堂三江公所で長期に董事長を務めた人物。寧波府城の西門郊外の出身で、寧波租界の税関吏ののち上海に移り、1870年に26歳のとき函館仲浜町のデント商会系ブラキストン・マール商社に属する海産物荷受問屋万順号の帳場となり、神戸で修行ののち、73年に再度函館で公泰号に勤め、78年独立して徳新号店主(のち裕源成号)となる。85年、いわゆる▼看貫事件で清商董事司レ永祥の退任を受けて同徳堂三江公所董事に就任し、1916年に帰国するまでの32年間、終身董事職にあった。この在任中、▼函館中華会館(▼函館関帝廟)の建立ほか、中国向けの北海道海産物輸出をめぐり、日本側の広業商会、日本昆布会社などの国策会社、商業会議所、物産商、水産商らが結束を固めて清商と商戦を展開したが、張尊三は清商を統率して互角以上に日本商人を圧倒した。函館で白鳥氏の娘と結婚、四男の定卿が後を継ぎ、尊三の帰国後は定卿が潘蓮夫(▼潘延初の姪)とともに三江幇の余勢を守った。寧波市湖西中営教場の地で死去。生前、日本政府より紫綬褒章を受章。 (斯波義信)

参 斯波義信, 1983.

張大千 1899-1983
ザン・ダーチェン CHANG Dachian

中国の画家。四川省内江生まれ。本名は張正権、のち張爰と改名、別名張季、季爰。大千は字、別号大千居士。9歳から絵画を習いはじめた。1917年4月兄と渡日、京都で絵画と染織を習った。19年に上海へ戻り、画家李瑞清、曾熙の門下生となり、絵画、詩、書道を学んだ。一時江蘇省の寺で出家したが、3か月後に還俗し、結婚した。24年に初めて個展を開いた。29年に全国美術展覧会評議員を務め、34年から南京中央大学国画系教授を務めた。41年から2年間かけて敦煌の壁画を模写し、44年に個展を開き、46年に12点の作品がパリの現代画展に選ばれた。48年に香港に移り、アジア、ヨーロッパ、南米などを旅行し、個展を開いた。78年に台湾に移住し、余生を過ごした。張は中国古典絵画に西洋画の手法を取り入れ、独自の画風を創り出した。ヨーロッパ、アメリカでしばしば個展を開き、中国画の代表的画家として名が知られている。作品集に『張大千長江万里図冊』『張大千画集』『張大千書画集』ほか。 (曾櫻)

張方広 1909-95

横浜華僑の長老の一人。浙江省寧波人。横浜出身。日本の小中学校で学び、1923年の関東大震災後に上海へ。3年後横浜に戻り、高校を経て、横浜専門学校(現神奈川大学)を卒業。洋服店トムサン商会を開設。戦前戦後にわたり京浜華僑洋服組合会の長であり、戦後は京浜三江公所の会長として華僑救済の事業に奔走。46年横浜華僑総会初代副会長に選ばれ、翌年会長に就任。48年会長辞任後も長く▼横浜華僑総会と横浜中華学校の理事、▼横浜中華学院(台湾系)の顧問を務める。

(符順和)

参『横浜華僑誌』

張法寿 1847-?

大阪蓬萊社の製紙技師。広東生まれ、神戸在留。機械の取扱いなどに熟練していたので、1874年、28歳で蓬萊社製紙並製糖製造局長真島襄一郎に製紙・製糖の機械方職人として月給30円で雇用され、神戸に陸揚げされたまま雨ざらしになっていた製紙機械の手入れを任された。この機械は73年、伊藤博文の米国視察に同行した百武安兵衛(平野屋安兵衛)が洋紙製造に感銘を受け、英国から輸入したもので、金詰まりになったため蓬萊社(大阪中之島、1870年後藤象二郎によって創立)に売ったのである。同年に雇用された洋

紙製造技師マクファーレン（William MC-FARLANE、英国人、28歳）よりも機械の取扱い、勤務ぶりなどにおいて熟達、精勤だったので、同年末、真島から金貨120元の賞金や感謝状を贈られた。マクファーレンとともに雇用を1年延長され、76年マクファーレンは雇用期限が到来すると帰国したが、張法寿については真島から大阪府知事経由外務省に対し、月給50円に増額してさらに2年間雇用したい稟請りんせいが出された。

(許淑真)

㋙中野敏雄編著『中之島製紙の沿革』朝陽印刷、1928.／宮本又次『大阪商人太平記』明治維新、創元社、1961.／鴻山俊雄『神戸・大阪の華僑（在日華僑百年史）』華僑問題研究所、1979.

張裕酒造会社 ちょうゆうしゅぞうがいしゃ
煙台張裕葡萄醸酒公司

インドネシア華僑実業家▼張振勲によって山東省煙台に創設された洋酒醸造メーカー。張は1892年に鉄道修築、鉱山開発にかかわる現地視察のため煙台をまわり、気候、水質、土壌がブドウの成長に最適であることを確信、酒造工場投資計画を策定し、94年に清政府から認可を受けた。直隷、山東、奉天などでの15年間の特許保護、3年免税の優遇条件を得、ヨーロッパのブドウ優良品種を導入した広大なブドウ園、近代的醸造設備を備えた工場、貯蔵庫を計300万元の投資で作り上げ、5人のヨーロッパ人醸造師を招き、最上質のワイン、ブランデーの醸造に成功した。同社製品が20年代に各種博覧会で受賞。37年の日本軍山東半島攻略、40年代の内戦を経て破産。50年代再興し、中国を代表する洋酒メーカーとして現在に至る。

(王効平)

長楽 ちょうらく
Changle

福建省の北部、省都である▼福州市の東部の沿海部、閩江南岸に位置する県で、県人民政府は呉航鎮にある。人口58万。水産業が盛んで、工業は農機具や陶磁器生産のほか、造船業も盛んである。▼アモイを中心とする閩南に対して、この地域は閩北と称され、近隣の福清県とともに、伝統的に▼僑郷としても知られる。

在日華僑の歴史は江戸時代の長崎での唐人貿易に端を発するが、1661年の清国の遷海（界）令により福建商人はそれまでの勢いを失い、さらに1715（正徳5）年の正徳新令を機に、口船（浙江系）独占時代となり、福清・長楽人らは以降、下級船員として来日していた。こうした歴史的な背景の結果、在日福建系華僑の主体は、福清県を中心として近隣の長楽県などの出身者で占められるようになった。また、近年ではこの地域からの就学生も多く、1989年の▼偽装難民事件では、出国者の多くがやはりこの地域の若者であった。

(西澤治彦)

張蘭臣 ちょうらんしん 1895-1961
チャン・ランチェン CHANG Lan-ch'en

タイ実業家、▼タイ中華総商会主席（在任1940-41年、48-61年）、潮州会館、潮安同郷会各主席。タイ名はサハー・マハークン（Sahat MAHAKUN）。広東省普寧生まれ。1914年タイへ移住し、ナコンパトムで父と兄の材木店で働く。20年バンコクへ移り源連泰公司を創立し、中央郵便局、警察署、国立大学校舎、ドンムアン空港駅舎、タバコ専売工場、マッチ工場など国・公立庁舎や軍需工場を建設し、40-41年中華総商会主席に選ばれた。第2次大戦中は万豊公司を設立して駐留日本軍用の物資調達と、また、『中原報』新聞社長に就任して広報活動に協力した。戦後、バンコク・ユニオン銀行を49年に創立し、▼胡文虎ら150人余の華僑の投資によるマハークン財閥（資本金1000万バーツ）へと経営規模を拡大した。56年タイ国籍を取得し、メコン・ウイスキーの製造と販売に成功するほかに、外国貿易、金融、保険の分野に乗り出した。60年サリット政権の産業奨励政策を支持して外資合弁企業を開拓し、台北と東京を訪問。

(市川健二郎)

チョウ、レイモンド 1927-
鄒文懐 Raymond CHOW

香港の有力映画会社▼ゴールデン・ハーベストの創設者、映画プロデューサー、実業家。▼ブルース・リーを「発掘」したことで知られる。香港生まれ。アメリカ聖公会が中国に設立した教会学校、上海のセント・ジョンズ大学新聞学部を卒業。1948年上海の新聞『申報』の見習い記者に。49年香港に戻り、英字紙『ホンコン・スタンダード』のスポーツ記者となる。51年アメリカに渡り米国海外情報

局（USIA）に入る。その後USIAの香港出先機関に転じる。59年香港最大の映画会社▼ショウ・ブラザースに入社。宣伝部長や製作部長を歴任するが、70年同社を離れてゴールデン・ハーベストを設立、ブルース・リーや▼ジャッキー・チェンらの作品を送り出して卓越した映画人としての地位を確立した。香港映画に貢献したことから88年第4級大英帝国勲爵士（O.B.E.）を贈られた。

（戸張東夫）

⊟ 香港映画，カンフー映画
⊞『中国大百科全書 電影』北京：中国大百科全書出版社，1991.

兆和缶詰会社 ちょうわかんづめがいしゃ
兆和公司

1927年、東南アジア華僑の黄欽書らが中国国内実業家と資本金40万元で▼アモイ市に創立した缶詰製造会社。同社は5万元で工場敷地を購入、7万-8万元で工場を建て、7万元で新型機械を購入して、醬油、味噌、魚肉、野菜など各種の缶詰を製造した。「寿星」「和字」を登録商標にしたその製品は主としてマレー半島に輸出されたが、巨額の欠損、株主の意見の食違い、同業者との競争などの原因で経営不振に陥り、日本軍占領中、倒産した。

（劉暁民）

猪花 ちょか

人身売買ないし略売によって海外へ連れ出された女性をいう広東方言。海外娼妓としての意味合いを込めた蔑称で、男性の猪仔（苦力移民）と対をなす語。▼海禁下の清朝では、男性の海外渡航を黙認することはありえても、女性の渡航だけは厳禁であった。ところが▼アヘン戦争後、1850年代に入ると▼アモイ、▼広州、香港などで猪花が出現しはじめる。以後、海外各地で華僑人口が男性過剰のまま増加するのと比例して顕著な現象となっていき、70年代には内外各地で社会や政治の問題となった。広州の「船妓」など中国で娼妓であった者だけでなく、貧家から金銭で買い取られた者や、誘拐、騙し、威し、暴力などで略売された女性が、猪花に少なくなかったからである。史料であとづけできるかぎりでも、略売先は南北アメリカ、ベトナム、タイ、ボルネオ、シンガポールに広がり、さらにスマトラ、マレー半島にルートが伸びていた。彼女らは富裕な商人の侍妾や、男性の一時的な慰みものである娼妓として売買された。猪花の主要な乗船地であった香港で民間の人身保護団体である▼保良局が略売防止、保護、厚生にあたったが、その抑止効果は限られていた。経済的な困窮や植民地でのずさんな移民審査だけでなく、女性を「揺銭樹」（金のなる木）としてあやしまぬ男性中心の考えや、人身売買と不可分な売買養女（▼妹仔）の慣行などが社会に根を下ろしていたからである。そのため猪花は▼辛亥革命前夜になっても終息をみなかった。変態ではあるが、猪花は中国人女性が海外へ移民する先駆けとしての歴史的意味をもった。ちなみに、海外において▼売春を強要されたというありかただけでいえば日本の「からゆきさん」に相当するが、猪花は▼広東の全体社会にかかわる問題であり、部分社会の現象にとどまった「からゆきさん」と共通の歴史的体験であったとは言いがたい。

（可児弘明）

⊞ 可児弘明，1979.

チョケ踊り チョケおどり
cokek

ジャカルタ近郊に住むブタウィ族と華人の社会で発達した社交舞踊。成立年代は不明。中国、マレー、ジャワの音楽をミックスした民族音楽ガンバン・クロモンの伴奏がつけられて、20世紀初頭には盛んに楽しまれていた。チョケの名称は、女性の踊り手が身につけていた中国風のシルク製の長ズボンからとられたものである。踊り手は初め裕福な華人の使用人の女性で、素朴な踊りを舞いつつ歌をうたい、酒を飲んだ。華人の男たちは踊り手とともに踊ることができ、踊り終えると踊り手に対して金を払った。チョケの会はかつて華人の富裕層の結婚式や宴会に際して夜通しで行われたほか、後にインドネシア人社会でも好まれるようになったが、現在はめったに見られない。類似の舞踊はジャワ島を中心にいくつか見られるが、関連は不明である。チョケという名のつく別の様式の芸能や「チョケ風」という名のつけられた音楽の様式が現在も残ることから、チョケ踊りは20世紀前半のジャワ島ではかなり幅広く好まれたと考えてよい。

（風間純子）

チョー・ケンクワン 1931-
朱慶光　CHOO Keng Kwang

シンガポールのみならず東南アジアで最も著名な油絵画家の一人。彼の世代の東南アジアの画家はほとんどが中国もしくは西洋で教育を受けてきたのに対して、シンガポールに生まれて南洋美術専門学校（1953年）とシンガポール教育学院（1958年）を卒業したチョーは、「シンガポール油絵第1世代」と評されている。チョーはまた、中国の木版、東南アジアの▶バティック・ペインティング、西洋の印象派を取り入れた独特の画風をつくりあげ、「南洋画派」を代表する人物ともいわれている。彼が好んで描くのは、1970年代と80年代の▶チャイナタウンの喧騒や市場などの庶民の生き生きとした生活であり、近年では鳥や鯉、猿などの小動物である。1976年にはシンガポール政府からパブリック・サービス大賞を受けた。東南アジア美術協会会長、シンガポール芸術協会副会長、中華美術会秘書、シンガポール政府の出版物である『シンガポールの画家』選考委員などを歴任している。

(田村慶子)

猪仔客　ちょしきゃく

19世紀に広東省西部から新大陸などへ向かった男性の苦力のうち、「猪仔」のうち、成功して帰国した者をいう。1920（民国9）年刊『赤渓県志』巻八に、「労働期間が満期になると商業を自営することが許された。同治6（1867）年赤渓庁が設けられた後、海外で資産を築き赤渓へ戻り家室を建てる者があり、世間ではこれを猪仔客と呼んだが、戻ってきたのは100人のうちわずか1、2人」とあり、経済的成功者が少なかったことを物語っている。

(可児弘明)

◱ 苦力貿易, 猪花

チョロン
堤岸　ショロン　Cholon

ベトナムのサイゴン（現▶ホーチミン市）の一部として商工業によって発達した同国最大の中国人街。ショロンは仏領コーチンシナ時代に慣用になったフランス語読み。中国語では堤岸と称し、中国城ともいった。チョロンはベトナム語で「大きな市場」を意味し、その名は19世紀より一帯で最大の市場、ビンタイ市場が地区の中心にあったことに由来する。

ドンナイ川（仝𤥁川、福隆ﾌｸﾛﾝ江）流域からメコン・デルタに至る地域はもとカンボジア領で、チョロンは、副王が居住する政治と商業の中心であったプレイノコールの南西に接する集落であったが、この地方を東浦ﾄｳﾎと呼んで進出してきたベトナム広南ｸｱﾝﾅﾑ政権が1623年にプレイノコールを柴棍ｻｲｺﾞﾝの地名に改めて領土に編入したときに、ともにベトナム領となった。ベトナムは1679年に亡命してきた明の遺臣を称する▶陳上川らとその麾下の兵を東浦地方に入植させたため、各地に中国人居住地ができて中国の風俗が行われた。ドンナイ川の支流に入るタフー運河沿岸にも清国の商船の往来が盛んになり、そこにしだいに交易と商業が活発に行われる華僑の集居地が形成されて発展し、柴棍の口語形サイゴンに音通する広東語でタイゴン（Tai Ngōng）という堤岸の地名や、柴棍を華僑が広東語で西貢ｻｲｺﾞﾝ（Sai Gung）と称するのもこの頃に発祥した。

広南領時代の1698年、南方統治のために東浦に嘉定ｻﾞﾃﾞｨﾝ府が置かれ、柴棍はその新平ｼﾝﾋﾟﾝ県となり堤岸はその一部であったが、広南政権グエン氏の滅亡後、その裔が率いる後のグエン朝勢力が軍事拠点として嘉定城を築くと、堤岸は城下の政治都市柴棍の需給を賄う商業区となり、グエン朝創立（1802年）後も不可分的関係を維持した。かつてドンナイ河畔の福隆ﾌｸﾛﾝ（今日のビエンホア）に多かった華僑も、18世紀末からしだいに堤岸に移り、19世紀半ばには約2万人の華僑がベトナム人と雑居し、グエン朝の文献にも幣獻ﾍﾞｲｹﾝの文字で記録された。

フランスの侵略によってメコン・ドンナイ・デルタが仏領コーチンシナとなった当初はチョロン市（1879年）、翌1880年コーチンシナの首府サイゴンと合併したが、88年に分離した。デルタの米穀の集散地として発展し、仏領インドシナ時代はその最大の商業都市であるとともに精米、製材、皮革や織物工業も盛んに行われ、後に金融の中心にもなった。華僑人口は1931年にサイゴンと再合併した頃に約10万を超え、インドシナ戦争末期に65万となった。55年ベトナム共和国が成立、サイゴ

ンがその首都になった後、チョロン地区の人口増が著しく、ベトナム戦争が終わる頃には約80万に達し、市の人口の半数近くを占めた。

チョロンの華僑は▼広州、▼潮州、瓊州（▼海南島）、▼福建、▼泉州、▼漳州、▼寧波（または徽州）などの出身別の7府に属し、各府はそれぞれの▼関帝廟内に公所を設けてそれぞれ自治的管理を運営するのが初期の自治組織の形態であったが、後にグエン朝政府が言語と風俗の自由を認めるとともに華僑を広肇、福建、潮州、▼海南、▼客家の5幇に属さしめ、新たな上陸者もいずれかの▼幇に属すことを義務づけた分幇制による自治を定めた。仏領期のコーチンシナ総督府は7府の自治管理制を継承し、各府の幇長に政令の伝達、税金の徴収、紛争の調停、各種の許可申請の責任をもたせ、1874年に設置した移民局に7幇と▼僑生が属す明郷幇の事務所を置いた。85年▼福州幇を▼福建幇に、瓊州幇を▼海南幇に編入してグエン朝の5幇分幇制に復し、5幇制は太平洋戦争終結後、幇長を中心とする運営が廃止され西堤（サイゴン・チョロン）中華理事総会が華人社会の管理に任ずるまで継続した。5幇のうち広肇幇に最多数の僑民が属したため堤岸の共通語は広東語になり、サイゴン地区の目抜き通りが小パリと呼ばれる欧風の景観を特徴としたのに対して中国風の街路が通じていた。グエン朝初めに嘉定省嘉盛から移築された嘉盛会館が18世紀以来の華僑史を偲ばせる堤岸明郷廟として保存されるほか、潮州幇と客家幇が創建した借富廟ともいう堤岸関帝廟や堤岸七府武廟、▼媽祖を祀る堤岸天后廟などの文化財が今日でも小香港的雰囲気を醸している。

1908年に創立された堤岸博愛学院は華僑とフランス人の合弁による中学校で、フランス人を校長としフランス語で教育を行ったが、▼華僑学校としては12年に堤岸穂成学校が、翌年潮州幇の公立校として義安中学が開校、22年創立の崇正学校のあとも堤岸嶺南中学、知用中学（39年）、堤岸国民中学（40年）の開校をみた。ほかに福建幇の公立中学校もあり、北ベトナム軍の南部解放前に小中学校は73校に及び、中等普通教育ではサイゴン地区のベトナム人の学校数と規模に匹敵した。西

チョロン。サイゴン陥落による華僑出国後の堤岸の同慶（ドン・カイン）大路、僅かに残る中国語の看板が昔日の面影を伝える。撮影：川本邦衛

洋医学病院としては早くから崇正医院が創立され（1926年）、第2次大戦後に最大規模の中西病院のほかに▼広肇医院、六邑医院などの大小医院が開かれた。共同墓地とともにこれらの教育福利事業は西堤中華理事総会の管理下に置かれ、その後援で▼華字紙『遠東日報』と『成功日報』が発行されていた。ゴ・ディン・ジエム政権崩壊後には『中国日報』『越華晩報』があり、また『自由報周刊』『太平洋月刊』などの定期誌も発行され、おのおの華僑文化の喧伝に貢献した。　　　〈川本邦衛〉

チョン・チョクホン 1848-?
張卓雄　CHEONG Cheok Hong

オーストラリア、▼メルボルンの華人指導者・宣教師。広東省生まれ。1863年同国に移住。メルボルン大学に学び、80年牧師に。84年には教会の長老に選ばれる。ビクトリア州英国国教会監督に就任、終生を宣教活動に捧げた。華人社会での社会活動に精力的に取り組み、反中国人差別運動、華人系への反アヘン吸飲の啓蒙運動を行った。1901年メルボルン華人代表委員会の委員長になり、オーストラリアおよび英国政府に対しても積極的に種々の要求を行った。　　　〈増田あゆみ〉

地利鉱山会社 （ちりこうざんかいしゃ）
地利公司

1918年に華僑の簡英甫、陳廉伯が100万元を資本調達して広東省北部に設立した石炭採掘会社、鉱山開発会社。韶関・楽昌・乳源県境で、既存の炭鉱・採掘機械を買収、採鉱事業を進め、好業績をあげた。22-23年、従業員

800人、石炭日産量100トンを超す規模に成長。輸送条件の制約から現地簡易炉でコークスに練成、広州市各工場に供給。24年の湘軍の反乱で鉱区が略奪され莫大な損失を被り、26年に倒産。全設備を譚和庭が経営する富国炭鉱公司に売却した。

(王効平)

地理師 ⇨ **術士**

沈〔姓〕 ⇨ **沈**

陳育崧（ちんいくすう）1903-84
TAN Yeok Seong

▼シンガポールの史学者。名は慎、号は椰陰館主。▼ペナンに生まれる。祖籍は福建省海澄県。ペナンの鍾霊中学、英華中学、シンガポールの南洋華僑中学に学んだ後、21年福建省へ赴き、26年▼厦門大学を卒業、シンガポールに帰る。26-35年シンガポール教育局視学官。35年▼南洋書局を創設、華語学校の教材を出版、業務はマレー半島、ビルマ、インドネシアに拡大。日本軍占領期に休業を余儀なくされたが、46年に業務を再開。47年『南洋児童文庫』『馬来亜少年』『南洋雑誌』などを出版。英国アジア学会マラヤ分会（MBRAS）理事、▼南洋学会名誉会長、南洋大学李光前文物館顧問などを歴任。個人蔵書をシンガポール国立図書館に寄贈。編著書に『椰陰館文存』全3巻、▼『新加坡（シンガポール）華文碑銘集録』（▼陳荊和と共編）などがある。

(蔡史君)

陳怡老事件（ちんいろうじけん）

インドネシア華僑の陳怡老が、1749（乾隆14）年に中国帰国後、清朝政府によって厳罰に処せられた事件。陳怡老は福建省漳州府龍渓県人。海外渡航禁止政策下にあって、許可なくジャワのバタビア（現在のジャカルタ）に密航、長い間貿易活動に従事、中国人のリーダーとなる。1743-49年、オランダ東インド会社から華人カピタンの補佐役であるライテナントに任命された。49年陳は職を辞し、家族を連れて帰国、ただちに逮捕されて裁判。清朝の海外移住禁止法の適用を受け、国外追放と携帯した財産の没収という刑に処せられた。この事件は清朝政府が海外渡航を厳しく取り締まった一例で、その情報はまもなくして海外に伝えられた。その結果、海外に居住する華僑は処罰を恐れて帰国を控えるようになったという。

(張祥義)

陳学書（ちんがくしょ）1915-84
CHEN Shou Soo

イタリアで30年間活動した肖像画家。海南島生まれ。8歳のときに家族とマレーシアに移住。14歳で上海美術専門学校で洋画を学び、その後、日本大学芸術学部に留学。20歳でローマへ赴き、王立美術学院のサビーニョのもとで、油絵を学んだ。ヨーロッパ画壇で確固たる地位を築いたが、64年に家族で北京に移り、中央美術学院で教えた。▼文化大革命のため71年に出国、香港で没した。妻の陳麗娜（イタリア人）も肖像画家として知られた。

(曽士才)

陳嘉庚（ちんかこう） ⇨ **タン・カーキー**

陳嘉庚魚（ちんかこうぎょ）

▼タン・カーキー（陳嘉庚）の生地、福建省同安県の海域で、1920年代に発見された文昌魚の新種につけられた漢名。また同じ海域で発見された新種のクラゲも陳嘉庚水母と命名されている。タン・カーキーが私財を投じて学術研究に貢献したことを顕彰した命名である。

(可児弘明)

⊟ 陳嘉庚星
📖 陳碧笙・陳毅明編『陳嘉庚年譜』福州：福建人民出版社、1986.

陳嘉庚星（ちんかこうせい）
タン・カーキー星

中国科学院紫金山天文台が1964年11月9日に新発見した小惑星。国際小惑星センターの正式番号は2963番。▼タン・カーキー（陳嘉庚）の教育事業に対する貢献を顕彰して、中国科学院はこの小惑星に陳嘉庚星と命名することを国際小惑星命名委員会にはかり、90年同意を得た。

(可児弘明)

⊟ 陳嘉庚魚
📖『世界華僑華人詞典』

陳侃（ちんかん）1489-1538

琉球に渡来した明の使節。字は応和、号は思斎または思菴。浙江省鄞県人。琉球国王尚清の冊封正使として1534年に副使高澄（1494-1552年）とともに渡琉。琉球派遣時の官職は吏科左給事中。約4か月間琉球に滞在し、その琉球出使の記録を『使琉球録』としてまとめている。当書は冊封使節の「使録」

としては初めてのもので、琉球語を収めた「夷語附」は琉球語研究の好資料としても知られている。帰国後、南京太僕寺少卿まで昇った。
(赤嶺守)

㊂ 冊封使, 使琉球録
㊆ 夫馬進編『使琉球録解題及び研究』榕樹書林, 1999.

陳翰笙 ちん・かんせい 1897-
CHEN Hansheng

国際的に著名な中国の農村経済史家であり、近代華僑の研究でも重鎮。江蘇省の無錫出身。若くして英、米、独、露に留学、社会学を学び、1920年シカゴ大学で修士を得、21-22年ハーバード大学大学院で西欧社会史を修め、ベルリン大学大学院で東欧社会史を研究して24年博士号を取得。商務印書館編集部ののち、中央研究院社会科学研究所に入り、20年代末から30年代に黄河、長江、珠江流域の農村経済を調査し、*The Relationship of Production and Productivity in the Rural Areas of Kuangtung*（1934年、米国出版）などの一連の著述を著した。のち北京大学、モスクワ大学、ワシントン大学の教授に任じ、50年に帰国、外交部顧問、中国社会科学院顧問、北京大学教授などを務めた。80-85年に『『華工出国史料匯編』1～11冊（北京：中華書局）の編集を主幹した。自著『陳翰笙文集』（上海：復旦大学出版社、1985年、北京：商務印書館、1999年）がある。
(斯波義信)

チン・ギーヒー 1844-1929
陳宜禧　CHIN Gee Hee

アメリカ華僑の実業家。広東省新寧県（現台山市闘山鎮）生まれ。1859年に帰国した同郷の在米華僑陳宜道について渡米し、米国人鉄道技師の下で見習いとなり、西部鉄道の敷設工事に参加。88年から▼シアトルで労働者斡旋と工事請負いを主要業務とする広徳号を経営。1904年に帰郷し、自力で資金を調達、新寧鉄道公司を設立、自ら社長と総設計者を務め、05年から14年間かけ、全長約140kmの新寧鉄道を完成させた。24年、▼孫文から銅鼓商埠開設委員会委員に任命された。26年に広東省政府から鉄道公司経営不振の責任を問われ、罷免され、失意の余生を送った。
(王効平)

陳義方 ちん・ぎほう 1897-1972

神戸華商。台湾苗栗県苑裡鎮出身。戦前はパナマ帽などを扱う義豊商会代表（-1945年）。戦後、神戸華僑信用金庫副理事長、神戸華僑文化経済協会会長。戦後まもない1945年9月、李金倉や施木樵らとともに神戸で▼台湾省民会を組織し、会長に就任。翌年11月、大陸出身者が組織する▼神戸華僑総会と合併、新たに神戸華僑総会として発足、陳は副会長、会長を歴任した。57年2月、林水永、陳恒華、陳德勝、石嘉成、黄慧児ら有志と「協商会議」（のちに▼神戸華僑聯誼会と改称）を設立、人民共和国政府支持の立場を明確にした。神戸華僑聯誼会会長も務めた。代々漢方医の家系。民間漢方医として華僑の声望を集めたといわれている。
(陳來幸)

陳玉書 ちん・ぎょくしょ 1941-
TAN Giok Sie

インドネシアからの▼帰国華僑企業家。スラバヤ生まれの▼トトク。1960年中国へ渡って北京師範学院歴史系に進学。64年大学卒業後、中学教師となる。72年▼香港に移住。企業の倉庫管理人などを経て中国大陸景泰監（七宝焼きの一種）の輸出で成功。次いで時計製造業、不動産業、出版業を興し、香港繁栄集団公司を創設、90年代前半までに傘下企業11社へ拡大。社会福祉事業、北京海外聯誼会会長、香港作家協会名誉会長などとしても活躍。
(三平則夫)

陳玉池 ちん・ぎょくち

横浜華僑で、オーガスティン・ハード商会（The Augustine Hard & Co.）の▼買弁。生没年不詳。別名陳亜九。広東省番禺県出身。オーガスティン・ハード商会は香港、▼広州で貿易業を展開し、開港後まもない横浜に進出したアメリカ系商社。1860年6月7日、陳玉地は香港で同商会と買弁契約をかわす。また父陳三谷が保証人となり、オーガスティン・ハード商会と信用保証書（保単）を結ぶ。65年に病気のためハード商会の買弁を辞すが、その後も横浜にとどまった。明治初年には中華会館の理事として活躍した。70（明治3）年の▼竹渓事件には竹渓の減刑を嘆願、71年には墓地用地の貸借を神奈川県に申請している。また、72年の▼マリア・ルス号事件の

際にも、その解決に奔走したと思われ、事件の顚末をつづった『夜半鐘声』や、事件の解決を感謝して横浜華僑が神奈川県令大江卓らに寄贈した大旗にその名をとどめている。ハーバード大学ベイカー図書館所蔵のハード商会文書中の横浜支店からの手紙に、買弁時代の陳玉池に関する記述がある。
(伊藤泉美)

▷『横浜中華街』

陳旭年 ちん・きょくねん 1827-1902
タン・ヨクニー　TAN Hiok Nee

シンガポール、マラヤの華人富豪。別名陳毓宜。広東省潮安県生まれ。青年時代にシンガポールに渡る。綿布商人として頻繁に▼ジョホールへ出向くうちに、ジョホールのスルタン、アブ・バクルと義兄弟の契りを結んだ。1866年ジョホール第1港から第10港の経営権を獲得して、マラヤ最大の▼港主となった。70年にはジョホール華僑の僑長（Major China）に任命され、宰相銜（▼ダトゥー）を授与された。85年シンガポールのイスタナの近くに中国伝統様式の建築、陳旭年大厦（資政第）を建てた。1900年引退して故郷へ帰り、2年後に没した。
(田中恭子)

陳金鍾 ちん・きんしょう 1829-92
タン・キムチン　TAN Kim Ching

シンガポールの華人富豪。シンガポール生まれ。祖籍は福建省▼海澄県。父▼陳篤生の死後、篤生商行を継承し、金鍾兄弟商行、金鍾公司と改称。当初は東南アジア産品一般の貿易を行っていたが、後に米のみを扱う専門商社となり、サイゴン（現▼ホーチミン市）、バンコクなどに精米工場を開設した。社会事業に熱心で、1860年天福宮の責任者となり、また▼シンガポール福建会館の創立に尽力し初代主席となった。78年には陳明水とともに▼保赤宮を創建し、陳氏の宗祠および陳氏一族の集会所とした。また、タン・トックセン病院の設備改善のために3000海峡ドルを寄付し、90年代の華北の自然災害に際しては、被災者救済のために4000海峡ドルを寄付している。社会的貢献が認められて、数々の名誉職、栄誉を得ている。たとえば、65年法廷陪審員、同年▼太平紳士、72年名誉推事、86年シャム国駐海峡植民地高等弁務官兼総領事、同時にシャム王から爵位を授与された。80年代にはシンガポール市の行政評議会議員に任命され、日本から勲三等旭日章を得ている。
(田中恭子)

陳金声 ちん・きんせい 1805-64
タン・キムセン　TAN Kim Seng

シンガポールの華人富豪。字は巨川。▼マラッカ生まれ。祖籍は福建省永春県。幼くしてマラッカの私塾で華語を、教会学校で英語を学び、1824年シンガポールへ出て金声公司を創立、事業を拡大し、やがてマラッカと上海に支店を開設した。公益事業に熱心で、44年▼陳篤生と共同で平民病院を運営、49年にはシンガポール最初の華語学校といわれる▼崇文閣、54年には▼萃英書院を創立、華人子弟に無償で教育の場を提供した。57年シンガポールの貯水池整備のために多額の寄付をした。シンガポール社会への貢献が認められて、44年には法廷陪審員、50年には太平局紳、57年にはシンガポール税務局秘書に任命された。82年植民地政府は彼を記念して銅像を建て、新設道路をキムセン・ロードと名づけ、またマラッカにもキムセン・ブリッジなる橋を建設した。彼の事業は、子の陳明水、孫の陳若錦に引き継がれた。
(田中恭子)

陳金和 ちん・きんわ 1918-

鹿児島県華僑の代表的経済人。鹿児島県華僑総会名誉会長。中国料理店「美華園」のほか貿易業の新東京産業などの代表取締役会長。▼原籍は福建省福清市。鹿児島県横川町生まれ。父陳和泉・母フチノ（旧姓黒田氏）の7男5女の長男。18歳のとき長崎県対馬に来た和泉は、鹿児島県溝辺町で和泉屋商店を開業。呉服ほか百貨を扱う。金和は長崎高商を終業した1939年和泉屋商店に入る。47年新たに鹿児島市で美華園のほか、旅館、金物店を開業。55年リバティ商会を経て今日に至る。現在の美華園社長は長男の陳芳博。
(原口泉)

陳煚 ちん・けい 1218-77
チャン・カイン　TRAN Canh

ベトナムのチャン（陳）朝（1225-1400年）の初代の国王。諡号は陳太宗（在位1225-58年）。陳氏の祖先は福建省出身とされ、代々ナムディン（南定）のトゥクムク（即墨郷）に住んでいた。リー（李）朝（1009-1225年）

末期の混乱に乗じて伯父にあたる陳守度（チャン・トゥ・ド）が勢力を伸ばし、リー朝を滅ぼして彼を即位させ、チャン朝を建てた。彼は在位中▼チャンパに遠征したほか、1257年にはモンゴル帝国の侵入を陣頭に立って撃退した。
（生田滋）

陳慧瑛 ちん・けいえい 1946-
CHEN Huiying

中国のジャーナリスト、散文家。▼帰国華僑。▼原籍は福建省▼アモイ。シンガポールに生まれ、少女時代に帰国。1967年▼厦門大学中国文学部卒。79年教員から『厦門日報』に転職、文芸担当記者を経て編集主任。中国散文詩学会副会長、アモイ市作家協会主席、中国作家協会委員などを兼任。『無名の星』『神奇の緑島』『陳慧瑛散文選粋』など、数多くの文学作品を発表。89年「新時代華僑界の十大新聞人」に選ばれた。
（過放）

陳啓沅 ちん・けいげん 1825-1905

ベトナム▼帰国華僑で、民族資本による中国最初の機械制製糸工場を創設した実業家。字は芷馨。広東省南海県西樵地方の出身。生没年は推定。年少より官を目指し、諸子百家、星学、輿地（地理学）に精通したが、科挙に失敗。1859年、次兄陳啓枢に同行してベトナムに渡り、雑貨、呉服などの商売に従事し、十数年で巨富を築く。その間、タイやビルマを視察し、蒸気機関を用いた製糸工業に注目する。72年資本を携えて帰国、フランス製の機械を購入し、翌年故郷の簡村郷に機械制製糸工場「継昌隆」を創設。女工600〜700人を雇って生産を行い、欧米向けに輸出を伸ばした。帰国華僑による工業投資の先例として、中国近代工業の発展に果たした役割は高く評価されている。当初、蒸気機関の利用は異端視されたが、数年後広東省の南海、順徳両県の製糸工場は数十を数えるに至る。81年広東の手工業者が騒動を起こし、機械制製糸工場の打壊しを行った。そのとき継昌隆も破壊され、軍隊を派遣した南海知県・徐賡陛によって閉鎖されたため、陳啓沅は工場を▼マカオに移転し、「和昌」、さらに「復和隆」と改称して生産を再開した。しかし約3年後には簡村郷に戻り、「世昌綸」と改名、1928年まで経営は続いた。この間、1901年には広東省のすべての製糸工場で機械製糸が採用されるようになる。陳啓沅は製糸業以外にも鉱山業にも従事して利益をあげた。両広総督・陶模の要請で韶州におけるアンチモン採掘問題をめぐる訴訟事件に関与し、現地調査によって事件を解決したため、陶模によって採掘権が与えられた。著書に『蚕桑譜』1巻、『陳啓沅算学』13巻、『理気溯源』7巻、『周易理数通会』8巻などがある。
（帆刈浩之）

鈴木智夫「清末・民初における民族資本の展開過程」東京教育大学アジア史研究会編『中国近代化の社会構造』教育書籍、1960.／『近代華僑投資国内企業史資料選輯（広東巻）』

陳荊和 ちん・けいわ 1917-95
Chingho A. CHEN

東南アジア史学者、言語学者。台湾省台中市生まれ。漳州系人。字は孟毅、号は蒼崖、洗礼名 Augustin Georges。日本に渡り、東京の番町小学校、麻布中学校を経て、1942年慶応義塾大学文学部史学科卒業。同大学語学研究所助手となり、43年にハノイ極東学院に留学したが、同地で終戦となり台湾に帰国した。46年から台湾大学、58年からはフエ、サイゴン両大学、62年から82年まで香港中文大学において東南アジア史、華僑史、日本研究の諸講義を担当した。82年に創価大学に移り中国文化研究所長、アジア研究所長に就任、93年退職し、米国へ移住した。16〜17世紀の東南アジアの華僑研究、ならびに漢字を利用してベトナムでつくられた字喃などの研究業績で国際的に知られ、招かれて慶大、南イリノイ大、ソウル大、高麗大、北京大などに出講した。95年▼ホーチミン市で客死。『十六世紀之菲律賓華僑』『承天明郷社陳氏正譜』『新加坡華文碑銘集録』などの研究業績と年譜は『創大アジア研究』15に掲載されている。
（可児弘明）

陳建民 ちん・けんみん 1919-90

東京の四川飯店の創業者。四川省富順生まれ。上海、台湾、香港などの料理店で修業し、1952年に来日。四川の代表的家庭料理、麻婆豆腐などを日本人の口に合うようにアレンジして紹介し、四川料理をはじめとする中華料理の普及に貢献した。54年に日本に帰化。58年に四川飯店を開業。87年に労働省より「現代の名工」に選ばれた。息子は同じく

四川料理人の陳建一。　　　　　（伊藤泉美）

陳綱 ちん・こう
陳紫衍
　初代の在マニラ清国領事。マニラ・ビノンド最後のカピタン、▼カルロス・パランカの子。生没年不詳。当地の中国系商人にとって悲願であった領事館設立を1898年、カルロスがフィリピン諸島のスペインから米国への割譲を機に達成した功績により、福建省同安で学問を修め進士となっていた息子・陳綱が初代領事に着任。在任期間数か月で特筆すべき実績はない。陳綱の履歴は、むしろ僑生の子を中国風に教育した父の偉大さを伝える美談として理解すべきである。　　　　（宮原曉）

陳浩盛 ちん・こうせい ?-1823
TAN Kou Sing
　シンガポール唯一の華人カピタン。広東省潮州に生まれ、のちインドネシアの▼リアウ諸島に移民。1819年に▼シンガポールが英国植民地となった後、同島に移転。▼買弁、土木工事請負いなどに従事。22年英国植民地政府によってシンガポールの初代華人カピタンに任命され、賭博税の徴収などを請け負う。同年10月、市区計画委員会の華人代表に任命され、各民族の居住区画定に参画。　（蔡史君）

陳国樑 ちん・こくりょう 1840-1908
　長崎の▼福建幫の有力者、▼泰昌号・▼泰益号号主。陳瑞椿、陳発興ともいう。福建省泉州府同安県金門出身。1864（元治2）年頃長崎に渡来、合名貿商社泰昌号の経営に参加、後に号主となる。1901（明治34）年に同号を解散、その業務を継承して、新たに▼家族経営の泰益号を設立。2年後、老衰のため長男の▼陳世望に同号を託し帰国。次男（養子）の陳世科（高山七太郎）には神戸で泰益洋行を興させる。▼長崎福建会館総代在任中の1897年、同会館▼天后堂を再建。▼泉漳幫総代、▼福済寺檀家総代なども務めた。（陳東華）

陳焜旺 ちん・こんおう 1923-
　中華人民共和国を支持して日本の華僑・華人運動を長年にわたって指導してきた最長老。台湾台中県生まれ。1941年日本留学、49年▼東京華僑総会（大陸系）理事、50年3月中央大学法学部卒業後に同5月26歳で同総会副会長に就任、82年に会長、92年名誉会長。この間、▼東華教育文化交流財団創設に努力、88-98年理事長。後進に道を譲って今度は99年の▼留日華僑聯合総会の創立に努力、現在会長。2000年1月、陳を指導者とする日本華僑・華人研究会によって『▼戦後華僑・留学生運動史』が発刊。現在は▼長崎孔子廟中国歴代博物館理事長、▼留日台湾省民会、日中友好会館の各理事、▼横浜山手中華学校顧問理事、中国華僑大学、曁南大学の各董事など。　　　　　　　　　　　（游仲勲）

陳志瑋 ちん・し 1963-
　横浜の台湾系華僑で社会活動家。台北生まれ。生後8か月頃、家族と父▼陳福坡の留学先の日本に移住、横浜で育つ。▼横浜中華学院、横浜高校などを経て、回台僑生（帰国子女）として台湾大学社会学部で学び87年卒業。90年より▼横浜中華会館事務局長として、戦後▼横浜華僑総会に委ねられていた華僑の財産管理などの業務を中華会館が再び独自に運営する基礎を確立。94年タウン誌『匠（jang）』創刊。「横浜発アジア向け」をキャッチフレーズに日・中はもちろんアジア系の人々の繋がりを強調する活動を行う。
　　　　　　　　　　　　　　（陳天璽）

陳若曦 ちん・じゃくぎ 1938-
ツン・ルオシー
　中国系カナダ人作家。本名は陳秀美。台北の労働者家庭で生まれた。台湾大学在学中に学内の文学結社に参加し、短編小説を続々と発表、1960年に作家の白先勇などと『現代文学』を創刊した。61年に大学を卒業、翌年アメリカへ留学した。65年ジョンズ・ホプキンズ大学創作科から修士学位を取得。66年に物理学博士の夫と中国大陸に移り、▼文化大革命の影響で2年間北京で待機したのち、南京の華東水利学院で英語教師を務めた。7年間滞在した間に農場で働かされるなど文化大革命の嵐を経験した。73年に香港へ渡り、翌年カナダへ移住し、▼帰化した。79年にアメリカに移り、執筆活動に専念する。74年に発表した『尹県長』をはじめとする文化大革命を描いた数々の作品は国際的に注目を浴び、多種の言語に翻訳された。作品に『老人』『帰』『城里城外』『突囲』『遠見』『二胡』『耿爾在

北京』ほか。　　　　　　　　　（曾櫻）

陳舜臣 ちん・しゅんしん 1924-

小説家、歴史家。神戸市の生まれ、本籍は台北市。1943年大阪外国語学校印度語科卒。貿易に従事。61年『枯草の根』で江戸川乱歩賞、69年『青玉獅子香炉』で直木賞、71年『実録アヘン戦争』で毎日出版文化賞など受賞。中国史を素材にした歴史小説を次々に発表。『残糸の曲』(71年)、『桃花流水』(76年)など在日華僑を主人公にした作品も多い。『青雲の軸』(84年)は自伝小説。『中国の歴史』(全15巻、平凡社、80-83年)、『中国の歴史 近・現代篇』1－4、平凡社、1986-91年)、『陳舜臣全集』(全27巻)がある。　　　（安井三吉）

陳祥水 ちん・しょうすい
CHEN Hsiang-shui

台湾出身の人類学者。『紐約皇后区新華僑的社会結構』(台北：中央研究院民族学研究所、1991年。Chinatown No More: Taiwan Immigrants in Contemporary New York. Cornell UP, 1992)の著者。英文版が公刊された時点では、台湾・清華大学の人類学助教授。1965年の移民法施行以後に台湾からニューヨーク市に移住した人々を、労働者、商店経営者、専門職の三つの階層に分類して調査し、旧来の▼チャイナタウンとは異なるコミュニティの性格を描いている。　　（吉原和男）

陳上川 ちん・じょうせん ?-1715

清初に現在のベトナム南部に移住した▼南投華人。広東省高州府呉川県の出身。字は勝才。明朝滅亡後、沿海の反清活動に参加。清朝に逐われ▼楊彦迪、黄進らとともに1680年頃にベトナム中部を支配していたグエン(阮)氏政権に帰順。その部隊は、中部山地への入り口にあたるビエンホアに駐屯を許され、ここに大規模なマーケットタウンを建設した。楊彦迪らの死後メコン・デルタに進出し、グエン氏のカンボジア攻撃にも参加。死後、グエン氏は彼の功績を称え春秋2祭を行わせた。サイゴンの陳将軍祠をはじめベトナム南部各地に彼を祀る廟が建てられた。
　　　　　　　　　　　　　　（嶋尾稔）

㊂鄭玖、ザーディン、チョロン
㊂陳荊和「清初鄭成功残部之移植南圻」上・下、『新亜学報』5-1, 1960, 8-2, 1968.

陳尚智 ちん・しょうち

長崎の▼福州幇の華僑貿易商社▼生泰号の創始者。福建省福州府長楽県出身。船員をしていた陳尚智は20歳を過ぎた明治初期、長崎に上陸し雑貨の行商を始めた。1884(明治17)年頃、新地居留地に中国雑貨の荷受問屋である生泰号を開業、その基礎を築いた。その後、子の▼陳天珍、陳天杖、陳天鹿らに継承され、号主に長男の陳天珍が就き、兄弟による共同経営方式をとり、同号は福州幇のなかで有数の貿易商社にまで発展した。　　（陳東華）

陳昌福 ちん・しょうふく 1935-
CHEN Changfu

中国の華僑・華人研究者。浙江省鄞県生まれ、1958年華東師範大学歴史学部卒業。同学部教授・副主任を経て、現在、上海市社会主義学院副院長。日本華僑史、日本華僑・華人社会などの研究に従事。著書には『日本華僑研究』(上海：1989年)などがあり、▼『世界華僑華人詞典』、▼『華僑華人百科全書』の日本部分の主要執筆者。▼中国致公党第10、11回中央委員、致公党上海市委員会副主任、▼中国華僑歴史学会副会長、上海市華僑歴史学会会長。　　　　　　　　　（劉暁民）

陳世卿 ちん・せいけい 1943-

アメリカ華人の電子工学者。福建省生まれ。米国に留学、コンピュータ分野の博士学位を取得。82年、高速の状態下で大規模な科学統計処理のできるCray X-MPスーパーコンピュータの研究・製作に成功し、コンピュータのハードウェア分野で大いに注目され、航空機、石油、自動車、薬品、気象などの分野で応用された。91年米国国家エンジニアリング学院院士に選ばれ、米国エンジニアリング界最高の栄誉を与えられた。生物科学、株式市場、国家経済などの予測に適用できる最新型のスーパーコンピュータを研究。　　（馬暁華）

陳世望 ちん・せいぼう 1869-1940

長崎華僑社会の有力者、▼泰益号号主。陳媽映ともいい、▼陳国樑の長男として福建省泉州府同安県金門に生まれる。1893(明治26)年に来日し、父が号主を務める▼泰昌号で修業。1903年、父が創設した▼家族経営の泰益号を継承し号主となる。陳世望は、泰昌号の貿易網を基礎に、上海、▼アモイ、台湾、

香港などとの貿易を拡大発展、とくに台湾・上海間の仲介貿易に力を入れ、つねに長崎の▼福建幇のトップの地位にあった。父の家訓「故郷を忘れないこと、政治に介入しないこと」を忠実に守った。▼長崎福建会館総代（1912-40年）を28年務めたほか、清国福建省諮議局参議員（1909年以降）、▼長崎華商商会会長（1923-26年）、▼長崎華僑時中小学校創設者代表（1923-25年）、▼泉漳幇代表、▼福済寺檀家総代などを務め、長期にわたり長崎華僑社会のリーダーの一人であった。神戸華僑のリーダー▼王敬祥（神戸復興号号主）とは金門の同郷でもあり、公私ともに親交があった。陳世望亡き後、泰益号は長男の陳金鐘に継承されたが、日中戦争の最中、その貿易業務は終止符を打った。

（陳東華）

陳楚楠 ちん・そ・なん 1884-1971
TAN Chor Nam

中国同盟会シンガポール支部会長。シンガポール生まれ。▼原籍は福建省アモイ。裕福な雑貨商の家に育つ。1903年▼張永福とともに革命家尤列らと知り合う機会を得、革命運動に身を投じる。04年張と『図南日報』を創刊。05年▼孫文と会見し、翌年同盟会シンガポール支部を創設、会長に就任。07年『中興日報』創刊。17年帰国し、中華民国軍政府参議。28年以後、南京国民政府の下で福建省政府委員を歴任。33年シンガポールに戻り、同地で死去。

（家近亮子）

チン・ソーポンパニット 1910-88
陳弼臣　Chin SOOPHONPHANICH

タイの▼バンコク銀行（BB）創業者。バンコクで生まれ、初・中等教育は広東省潮陽とスワトウで。父の失業によりバンコクに戻り、水上バスのキップ切りを振出しに、コック、▼苦力などを経て、建設資材、文具、紙、薬品、保険などを扱う会社を経営。1944年にBBを創業。52年の経営危機に際し共同出資者から株を買い取り、経営の全権を掌握。経営面では▼ブンチュー・ロジャナスティエン、政界工作では▼プラシット・カーンチャナワットの協力を得て経営を軌道に乗せると同時に、歴代政界実力者を経営陣に加えタイ政府の援助を得て経営規模を拡大。58年のクーデタを機に香港に亡命、▼香港商業銀行の経営に参加、香港拠点と海外支店網をつくる。5年後に帰国、▼サイアム・モーター・グループや▼サハ・パッタナーパイブーン・グループなど有力華人企業集団に積極融資を行う一方、インドネシアの▼スドノ・サリムなど周辺諸国の有力華人企業家への支援も続けた。70年代末にブンチューに代わって第一夫人の次男の▼チャートリー・ソーポンパニットを総裁とし、経営の実権を親子で掌握。80年代半ば、チャートリー一族と第二夫人の▼ブーンスリー・ソーポンパニットの子たちの間で内紛が発生したが、ブーンスリー側が銀行経営から撤退することで事態は収拾。同時期、経営てこ入れのために▼アムヌアイ・ウィラワンを最高執行役員に迎えた。第2次大戦中は抗日組織である▼「自由タイ」運動に協力。▼タイ中華総商会と▼タイ潮州会館の永遠名誉主席のほか、タイ社会公益基金の名誉主席。タイの華人銀行家としてはいち早く家族経営を脱し、近代的経営を取り入れたと評価されている。

（樋泉克夫）

陳埭 ちん・だい

福建省晋江市北東部の鎮名。中国における著名な僑郷であり、郷鎮企業発展のモデル地域。面積35.6km^2、人口7万3000。イスラム教徒である回族が多く、帰国華僑および僑眷の人口は全人口の70％以上を占め同鎮の郷鎮企業は靴製造業を筆頭に、機械、プラスチック製日用品、印刷業、包装業などの業種が相次いで発展した。1984年、福建省初の「億元鎮」（総生産額が1億人民元に達する）として、中国国務院、農業部、福建省政府からの表彰を受けた。

（廖赤陽）

陳台民 ちん・たい・みん 1927-83

マニラ生まれのフィリピン華僑歴史家。祖籍は福建省。日本軍のフィリピン占領時に地下抗日工作に参加。1950年大学卒業後、中国－フィリピン関係史とフィリピン華僑社会問題を研究。『華僑商報』に「中菲関係与菲律浜華僑」を連載し、61年に2冊本にして出版。60年代から70年代は康利銀行に勤務するが、心臓病を患い退職。81年にマニラで創刊された『世界日報』の総編輯人となる。

（石田浩）

陳達 ちん・たつ 1892-1975
Ta CHEN

華僑問題の研究者。浙江省余杭人。1916年北京清華大学卒業。16-23年アメリカに留学、コロンビア大学で博士号を取得。23年帰国後、清華大学で教鞭をとる。38年西南連合大学社会学系教授、清華大学国情普査研究所所長に任命される。新中国成立後、52年中央財経学院、人民大学の教授を経て、労働部労働幹部学校教授兼副校長、労働部労働保護司副司長などの任に就き、全国政治協商会議委員も務めた。代表的著作である *Emigrant Communities in South China: A Study of Overseas Migration and its Influence on Standards of Living and Social Change*（New York: Institute of Pacific Reations, 1939. 邦訳は雪竹栄訳『南洋華僑と福建・広東社会』満鉄東亜経済調査局、1939年）は、東南アジアへの移民が▼僑郷社会に与えた影響を調査したもの。調査は34-35年に▼アモイおよび▼スワトウなどで行われた。▼華僑送金によって学校、道路、鉄道がもたらされ、近代化が促進されたと結論づけた。　　　　（帆刈浩之）

チンチャ［諸島］
Chincha

ペルー南部海岸イカ県ピスコ市西方約20kmに浮かぶ、3島からなる小列島。1840年代以降、ペルーの外貨獲得の中心となったグアノ（鳥糞）の最大の産地。ペルー人やチリ人労働者に加えて、当時導入が始まったばかりの中国人労働者も同諸島でのグアノ採掘事業に投入された。1850年代に500〜600人、60年代には700〜800人の中国人が同諸島で就労し、グアノ採取の実質的な中心となっていた。　　　　（柳田利夫）

⇨ ペルーの華僑・華人、エリアス、ドミンゴ
※ C. Méndez. "Los chinos culíes y la explotación del guano en el Perú." *Primer Seminario sobre poblaciones inmigrantes.* 2, Lima: CONCYTEC, 1988.

チン、ティファニー 1968-
陳婷婷 Tiffany CHIN

アメリカのフィギュア・スケーター。広東系▼華裔（一説には台湾華人）。カリフォルニア州オークランド生まれ。7歳の頃からスケートを始め、1984年のサラエボ・オリンピックでは総合4位、85年には中国系フィギュア・スケーターとして初めて全米選手権で優勝した。85年および86年の世界選手権では3位の成績を残し、その後プロのフィギュア・スケーターに転向した。エレガントなスケーターとして知られている。
　　　　（櫛田久代）
⇨ クワン、ミシェル

陳天珍 ちん・てんちん 1883-1943

長崎の▼福州幇の貿易商▼生泰号の2代目号主。生泰号の初代▼陳尚智（福州府長楽県出身）の長男で、父に招かれ1903年（明治36）頃に長楽県から長崎に渡来、その後同号を継承し号主となる。さらに弟の天杖、天鹿らと合資経営体制をとり、雑貨の輸入に加え海産物の輸出にも進出、最盛期には国内外に約1000軒の取引先をもつ有力商社に発展。▼福州幇の有力者で▼三山公所、▼長崎福建会館の会員。とくに華僑子弟教育に力を入れ、▼長崎華僑時中小学校董事長を務めた。　　　　（陳東華）

陳道秀 ちん・どうしゅう 1631-93

▼唐通事西村氏の初代。父прият明（-1632年）は長崎の▼住宅唐人。福建省漳州府の人。道秀は生母の姓に従って西村氏を称し、七兵衛と名乗った。号は石林。初めは貿易商を営んでいたとみられるが、1666（寛文6）年内通事小頭に登用され、72年小通事となる。77（延宝5）年異父弟鉄心（1641-1710年）が開山となった▼聖福寺の建立に尽力した。子孫は代々西村氏を称し、唐通事を世襲した。　　　　（林陸朗）

陳洞庭 ちん・どうてい 1897-1966

横浜の華僑で社会活動家。広東省▼中山県生まれ、幼少時に来日。大同学校など横浜で▼華僑学校が創設された時期に教育を受ける。関東大震災を経て満洲事変など日中関係が悪化する中、1933年より▼横浜中華会館理事に就任、日本政府との関係維持などのために努力。43年同清医院の借地権問題で功績があり、日本政府から四等瑞宝章授章。中国人では初の受賞者。51年▼横浜華僑総会第7期会長就任。死後、▼横浜中華義荘に葬られた。
　　　　（陳天璽）

陳徳仁 ちん・とくじん 1917-98

神戸華僑の貿易商。▼孫文・華僑研究者。広東省南海人、神戸市生まれ。1944年大阪外国

語学校支那語科卒。同校講師、大阪毎日新聞（華文）勤務。45年8月15日、ᵛ神戸中華青年会を結成し、ᵛ神戸華僑総会結成に参画。48年中美商行を設立。58年ᵛ神戸中華同文学校新校舎建設に奔走、同校理事長として活躍した。71年ᵛ神戸中華総商会会長に就任。79年神戸中華総商会（KCC）ビル完成、2階にᵛ神戸華僑歴史博物館を設置、館長となる。82年ᵛ兵庫県広東同郷会成立。顧問就任。84年勲五等瑞宝章受章、ᵛ孫中山記念館完成、副館長に就任。87年神戸華僑研究会創立に参画。86年兵庫県国際交流功労賞受賞。孫文に関する国際シンポジウムを組織、華僑博物館（アモイ）、福建師範大学、ᵛ厦門ｱﾓｲ大学などに多額の基金を提供。97年孫中山記念館館長に就任。著作に『辛亥革命と神戸』（編著、孫中山記念館、1986年）、『孫文と神戸』（共著、神戸新聞出版センター、1985年。2002年補訂版）。『学校法人神戸中華同文学校八十周年紀念刊』（1984年）、『社団法人神戸日華実業協会七十年史』（1987年）を編纂。

(安井三吉)

⑱『孫文研究』24、1998.／華僑博物館編『陳徳仁先生紀念集』厦門大学出版社、2000.

陳篤生 ちん・とくせい 1798-1850
タン・トックセン　TAN Tock Seng

シンガポール華人社会の指導的人物、慈善家。元の名は陳卓生。祖籍は福建省海澄県（現在の龍海県）。ᵛマラッカに生まれる。1819年にᵛシンガポールに移り、野菜・家禽の販売に従事。のちに陳篤生商行を設立。英国人のパートナーとして物産交易で財をなす。44年、民族の別なく診療を行う平民医院を創設、潮州帮と広東帮の指導層もすすんで資金を提供し、ᵛ帮の枠を越えた協力の手本となった。同医院は57年、植民地政府が接収、管理下に置いた。30年ᵛシンガポール天福宮の大理事に名を連ねる。45年餓死した貧民75人を棺に収めて埋葬、大慈善家と称えられた。46年シンガポール華人初のᵛ太平紳士となる。現在、陳篤生医院（Tan Tock Seng Hospital)、道路名の惹蘭陳篤生（Jalan Tan Tock Seng）などに名をとどめる。

(蔡史君)

陳必挙 ちん・ひっきょ 1902-1994

函館の華僑社会の昭和期のリーダー。福建省福州府の福清県高山市の出身。1919年、17歳のとき大阪の姉を頼って来日し、義父の徒弟として中国・日本産の緞子の内地行商を習い、23年に郷里の妻、3兄弟とともに函館の福清帮に加わり、道内の行商に従い東祥号商店を興した。第2次大戦中、華僑団体を帮派から統合に向ける日本側の働きかけもあり、また維持困難となってきたᵛ函館中華会館（ᵛ函館関帝廟）の運営を三江帮以外に広げる必要も生じ、声望のある陳必挙は団体の重要な役員に任じた。41年、ᵛ函館中華会館が賃借中の敷地を買収取得したとき、陳は全道の福清帮など華僑に呼びかけてこれを成功させた。陳家の同族・姻戚の第2世代は函館で活躍中で、必挙の甥の陳上梅は函館華僑総会の会長である。

(斯波義信)

⑱許淑真「函館における福清帮」飯島渉編、1999.

陳福寿 ちん・ふくじゅ 1932-
CHEN Fushou

中国のバドミントン選手、監督。ᵛ帰国華僑。祖籍は福建省同安。インドネシア生まれ。1954年帰国してバドミントンの中国ナショナルチームに入り、57年全国シングルス優勝、第6回世界青年交歓会でシングルス、ダブルス、混合ダブルス3種目優勝。63-69年福建チーム監督、72年から女子ナショナルチーム監督就任、国際試合で連続優勝。国家、福建省、国際バドミントン連合会より数多く受賞。82年中国バドミントン協会副主席、90年中華全国体育総会委員など歴任。

(過放)

陳福坡 ちん・ふ・くは 1923-

華僑社会内に限らず、国際社会で学問や文化交流に励み、国民外交に尽くしたことで知られる知識人。号は中天。黒龍江省生まれ。生家が地主のため共産党の敵とされ、国共内戦期に父とともに台湾に。内務省に勤務ののち、61年来日、明大・東大両大学院で国際政治を学ぶ。在学中よりᵛ横浜華僑総会（台湾系）事務局長、70年より理事。華都飯店、福華商事など経営。国民外交を行うほか、華僑やᵛ孫文に関する研究も行い関連著書出版。ᵛ万国道徳会日本総会、ᵛ日本中華宗親譜系学会など学問・文化親善組織を多数発起した。2000年、（日本）中国和平統一促進会を発足

させ、同会会長に就任した。　　　　（陳天璽）

圏陳福坡『中天文集』北京：東方出版，1996.

チン、フランク 1940-
趙建秀　Frank CHIN

中国系アメリカ人作家、劇作家。カリフォルニア州バークレーで生まれた。1966年にカリフォルニア大学バークレー校を卒業し、▼シアトルに移り、TV局KING-TVでドキュメンタリーフィルムを作り、のちキング・スクリーン・プロダクションで「セサミストリート」の脚本作家を務めた。1972年に執筆した "The Chickencoop Chinaman" は▼アジア系アメリカ人劇作の第一号としてニューヨークの劇場で上演され、成功を収めた。74年に上演された "The Year of the Dragon" はPBSよりTVドラマ化された。73年にAsian American Theatre Workshop（AATW）を創立し、77年まで責任者を務め、80年代以降は劇創作をやめた。終始アメリカにおけるアジア系アメリカ人のステレオタイプと戦い、共編者として出版したアジア系アメリカ文学選集 Aiiieeeee! (1974年)、The Big Aiiieeeee! (1991年) では、批評家としてアジア系アメリカ文学の在り方を激しく批判した。作品に "The Chinaman Pacific & Frisco R.R. Co.," "Donald Duk," "Gunga Din Highway" ほか。　　　　（曾櫻）

陳文雄 1941-
Winston H. CHEN

米国の電子製品製造サービス大手▼ソレクトロン社の前CEO（最高経営責任者。1978-91年）、取締役会長（92-94年）。台湾生まれ。台湾成功大学土木学部卒業後、1965年渡米、70年ハーバード大学数学博士。IBM（70-78年）を経て、78年ソレクトロン社を買収、中国語名を旭電と名づける。経営不振の同社を中小企業から米国の代表的電子製品製造サービス最大手に育て上げた。90年シリコンバレー最優秀企業家賞・全米最優秀企業家賞受賞。現在ベンチャーキャピタル六度投資公司会長、慈善事業の六度慈善基金会理事長。　　　　（王効平）

陳璧君 1891-1959

中国国民党員。汪精衛の夫人。ペナン生まれ。▼原籍は広東省新会県。ゴム農園を営む裕福な家に育つ。1908年に中国同盟会ペナン支部ができると、これに参加する。汪精衛がペナン支部を訪れた際に知り合い、12年上海で結婚。その後はつねに汪と行動をともにし、国民党の女性党員として活躍する。44年3月の汪の死後も「南京政府」に留まるが、日中戦争終結後は▼香港に逃れる。その後、香港で「漢奸条例」違反で逮捕され、46年5月、無期懲役の判決を受ける。59年6月、上海の監獄病院で死去。　　　　（家近亮子）

陳碧笙 1908-
CHEN Bisheng

中国の中国史、華僑史研究者。福建省福州出身。日中戦争前には雲南とビルマ（ミャンマー）との辺境地帯でタイ族および陸路交通に関する調査に従事。▼厦門大学歴史系教授・台湾研究所所長を歴任。著書に『滇辺経営論』『台湾地方史』『陳嘉庚伝』『南洋華僑史』、編著書に『華僑華人問題論文集』『世界華僑華人簡史』など。　　　　（曾士才）

チン・ペン 1924-
陳平　CHIN Peng

▼マラヤ共産党書記長。ペラ州シティアワン生まれ。祖籍は福建省福清の▼客家。本名は王文華（ONG Boon Hua）。1940年▼マラヤ共産党入党。日本占領下で党書記長ライテク（ベトナム人）の信任を得、党ペラ州地区委員、同委書記、▼マラヤ人民抗日軍中央軍事委員。▼136部隊との連絡にもあたった。戦後ライテクが日本軍やイギリス植民地当局のスパイだったことが暴露されると、その罪状究明の責任者となる。47年書記長就任。合法的な反植民地闘争が英国の強圧政策によって行き詰まりを見せた時期で、マラヤ共産党は翌48年6月抗英武装闘争を開始した。しかし英軍の武力の前に闘争の拡大は困難だった。55年チンはマラヤ連邦自治政府のラフマン主席大臣に独立獲得という共通目的実現のために和平会談を提唱、バリンで会談したが、ラフマンがマラヤ共産党合法化を拒否したため決裂、これを最後にチンは公開の場から姿を消した。以後数年密林内でゲリラ闘争を指導、61年ひそかに中国に脱出、同国から闘争を指導した。68年▼中国共産党や東南アジア諸国共産党の武装闘争重視路線への再転

換を受け、マラヤ共産党もふたたび武装闘争を活発化したが、それもしだいに行き詰まり、チンは80年代初頭からマレーシア政府との話合いを模索する。89年12月、南タイの▼ハジャイで和平協定が成り、マラヤ共産党の武装闘争は終わった。協定の席に34年ぶりに姿を現したチンは現在おもにタイに住み、南タイの元ゲリラ隊員居住地をしばしば訪れているという。　　　　　　　　　（原不二夫）
　参原不二夫『マラヤ華僑と中国』龍渓書舎、2001.

陳正雄 ちん・まさお 1953-

　台湾の彫刻家。貧しい家庭に生まれ、幼少の頃、仏像の彫刻店で丁稚として彫刻の技術を学び、その後、生計を助けるため廟の彫刻を手がけたが、19歳のとき、その才能が有名な木彫の芸術家である水欽師に認められ、木彫芸術を専門に創作活動を展開した。台湾の三峡にある祖師廟の首席木刻師、台北市立桃源国民中学校の木彫教師などを務める。1980年日本新構造社の年次展に入選、94年台湾の第3回民族工芸木彫部門の佳作に入賞。
（劉文甫）

陳蘭彬 ちん・らんひん 1816-94
CHEN Lan Bin

　清末、中国最初の米州向け外交官。字は荔秋。原籍は広東省呉川県。1853年進士。後年洋務を専任する。72年アメリカへの第1期留学生30名の監督官として渡米。74年ペルー、キューバでの中国人労働者に対する虐待問題を▼容閎とうとともに実態調査し、後のスペイン公使との移民協定改訂交渉で清朝側を有利に導いた。75年初代駐米公使（スペインおよびペルー公使兼任）に任命され78年渡米。81年帰国し、翌年総理各国事務大臣に就任した。　　　　　　　　　（一谷和郎）

陳里特 ちん・りとく 1908-
CHEN Lite

　中国のヨーロッパ華僑史研究家。浙江省永康出身。1925年に▼中国国民党に入党。28年パリ大学に入学。29年から33年まで中国国民党駐フランス総支部執行委員会代理常務委員、欧州浙僑協会常務委員兼秘書長を務める。33年に帰国、軍事委員会政治部、党政工作考核委員会、立法院専門委員会などの部署

で働く。48年には中国国民党革命委員会に参加した。『欧州華僑生活』『中国人在欧州』『中国海外移民史』などの著作がある。
（曽士才）

陳烈甫 ちん・れっぽ 1909-

　フィリピン華僑の教育者、フィリピン問題・東南アジア史研究者。▼原籍は福建省同安。南京国立政治大学行政学部卒業、イリノイ大学政治学修士。江蘇省高淳県県長、▼厦門アモイ大学政治学教授、厦門市議会議長など歴任。1950年フィリピンに移住。マニラ中正学院教授、セブ東方中学校校長、東方学院院長などを務めた。おもにフィリピン華僑・華人問題を研究し、その代表作『東南亜洲的華僑・華人・華裔』（台湾：正中書局、1983年）は東南アジア華人史の概説書として広く読まれている。その他の著書は『菲律濱民族文化与華僑同化問題』『菲律濱歴史与中菲関係的過去与現在』『菲律濱的資源経済与菲化政策』『菲律濱民治制度的理論与実際』『李光耀統治下的新加坡』『菲律濱華僑教育』『華僑与華人学総論』。
（廖赤陽）

ツ

ツァイ、ジェリー 1928-
蔡志勇　Jerry TSAI
　アメリカ華人の金融家、事業家。フォード社の上海地区支配人の息子として上海に生まれる。1947年米国留学、52年ボストン大学で経済学士、修士号を取得後、有能なポートフォリオ・マネージャーとして証券業界で頭角を現す。65年に蔡氏管理・研究所を創設、投資コンサルティング、投資基金運営業務を開始、翌年、マンハッタン基金会を創設、株式投資にあたっての相場読みの凄腕から『ファイナンシャル・タイムズ』誌により「金融魔術師」と呼ばれた。不遇の70年代を経た後、82年から米国大手缶詰メーカーの重役に迎えられ、同社の金融サービス企業への改造に成功、87年に社名をプリメリカ・コーポレーション（Primerica Corporation）に変更、会長に、88年に17億ドルでコマーシャル・クレジット（Commercial Credit）に合併・買収された後、CEOを務めてきた。
（王効平）

ツァイ・チン 1937-
周采芹　Tsai Chin
　イギリスの華人女優、舞台監督。著名な京劇俳優・周信芳の二女。上海生まれ。幼名はアイリーン・チョウ（Irene CHOW）。1953年に渡英し、中国人として初めてロンドンのロイヤル・アカデミーを卒業、"Flower Drum Song"、"The World of Suzie Wong"など多数の舞台に出演した。81年に米国マサチューセッツ州のタフツ大学で演劇文学の修士号を取得、英米で舞台監督としても活躍している。また、"The Inn of Sixth Happiness"、"Blood of Fu Manchu"、"The Joy Luck Club"、"My American Vacation"などに出演し、映画女優としても有名。
（曽士才）

ツァイ・チン
蔡琴　TSAI Chin
　台湾の歌手、女優。キャンパスフォークのコンテストから1979年歌手デビュー、80年代の台湾フォークソングブームの先駆けとなり、汎アジア的ヒット曲を生む。85年女優デビュー。94年、映画『独立時代』で監督の楊徳昌と共同で担当した衣裳デザインでその年の金馬奨にノミネートされた。98年台北で『天使不夜城』、2000年香港アートフェスティバルで『花天走地』とミュージカル女優としても活躍中。映画監督楊徳昌はもと夫。
（壬生昌子）

ツァイ・ミンリャン 1957-
蔡明亮　TSAI Mingliang
　マレーシア華人の映画監督。都会人の孤独を描いた映画を撮りつづけている。サラワク州クチンで生まれ、1977年台湾に渡って文化大学演劇科に入学。映画と演劇を学んでいた在学中から才能を発揮し、卒業後は演劇、映画、TVの各分野で脚本家あるいは監督として活躍した。ワン・トン（WANG Tung、王童）監督の『陽春老爸』（86年）では台湾金馬奨映画祭の脚本賞を受賞、TVドラマでもたびたび賞を受けた。92年『青春神話』で映画監督としてデビュー、台北の歓楽街を舞台に若者たちの閉塞感を描いた作品として高く評価され、数々の賞に輝いた。第2作『愛情万歳』（94年）はベネツィア国際映画祭グランプリ、第3作『河』（97年）はベルリン国際映画祭銀熊賞、第4作"Hole"（98年）はカンヌ国際映画祭国際批評家連盟賞を受賞するなど、すべての作品が世界の主要な映画祭で賞を受けるという快挙を成し遂げている。
（松岡環）

ツァオ、ウィリー
曹誠淵　Willy TSAO
　香港のダンサー、映画プロデューサー。生年不詳。中高校時代にモダンバレエに興味をもつ。経営管理学を学ぶべくワシントン大学留学、そのかたわらでダンスを習得。1977年香港大学の経営管理学修士課程に進学。79年香港でシティコンテンポラリー・ダンス・カンパニー設立。多数のダンサーを育てる一方、

香港や世界各地の芸術祭で作品を発表、高い評価を得る。また大陸内地でのダンス芸術啓蒙に執心、92-98年広東モダンダンス・カンパニー、99年から北京モダンダンス・カンパニーの芸術総監督を務める。『東宮西宮（インペリアル・パレス）』（96年）、『瘋狂英語（クレイジー・イングリッシュ）』（99年）など中国のドキュメンタリー映画監督張元の映画のプロデューサーとしても知られる。芸術活動により93年英国女王より「栄誉勲章」、99年7月▼香港特別行政区政府から「銅ジャスミン勲章」を受ける。香港ダンス連盟副主席。96年から香港芸術発展局委員を務める。

（壬生昌子）

ツァン、ヘンリー 1942-
曾筱龍　Henry TSANG

オーストラリア最大の都市▼シドニー最初のアジア系副市長。広西省生まれ。1949年香港移住。61年豪州に渡り、ニューサウスウェールズ大学で工学を学び、シドニー大学で建築学修士。77年建築事務所をシドニー・チャイナタウンに構え、同チャイナタウンおよび中国式庭園の建築顧問となる。88年反アジア移民論争時にエスニック系ロビー団体、エスニック評議会（ECC）の初のアジア系副会長に選ばれる。91年労働党選出のシドニー市会議員、95年同市副市長。99年副市長辞職、ニューサウスウェールズ州上院議員に選出される。

（増田あゆみ）

▷ハワード論争

ツイ・ジェン 1961-
崔健　CUI Jian

中国を代表するロックミュージシャン。北京生まれの朝鮮族。父は軍楽隊員、母は歌舞団員で、文革中の少年期も音楽に親しむ。高校卒業後、トランペット奏者として北京歌舞団に入るが、ロックに傾倒、1986年自作のロック「一無所有」で国際平和年記念コンサートに鮮烈デビュー。多義の解釈可能な歌詞と中国的風格が特徴で、民主化運動の際は学生に愛唱され世界中で報道された。コンサート活動などに規制を受けることが多いが、華人社会にとどまらず世界レベルで評価される中国ロックのカリスマ的存在。

（壬生昌子）

📖 林穂紅編『チャイニーズ・ポップスのすべて』音楽之友社，1997.

ツイ・ハーク 1951-
徐克　TSUI Hark

▼香港映画界をリードする映画監督、プロデューサー。生まれは広東省で、本名徐文光。生後まもなくベトナムに移住。1966年香港に移り、その後69年にアメリカ留学。テキサス州立大学で映画を学んだのち、77年香港に帰国した。TV局で制作・演出に従事したあと、79年『蝶変』で映画監督デビュー。香港ニューウェーブを担う監督の一人として『ミッドナイト・エンジェル／暴力の掟』（80年）などを撮るが、アメリカ式SFXを駆使した作品『蜀山奇伝／天空の剣』（83年）で本領を発揮、香港独特のワイヤーワークによる特撮を発達させた。その後は監督兼プロデューサーとして、夫人シー・ナムサン（施南生）の助けもあって活躍、ときには俳優として出演もした。『ワンス・アポン・ア・タイム・イン・チャイナ』（91年）シリーズをヒットさせたあとハリウッドに招かれ、『ダブル・チーム』（97年）、『ノック・オフ』（98年）を監督したが、その後は香港に戻って映画製作を続けている。

（松岡環）

『通航一覧』 つうこういちらん

幕末の1850（嘉永3）年に江戸幕府が林大学頭健（壮軒）らに命じて編纂させた外交交渉関係の史料集成。昌平坂学問所内の沿革調所で作業が進められた。同学問所を世襲的に主宰する林大学頭は幕府の外交当局でもあり、19世紀の異国船来航の対外危機に対処するためのきわめて時局性の強い修史事業であった。内容は、1566（永禄9）年の三河国への安南船漂着に始まり、1825（文政8）年の異国船打払令の公布に至るまでの外交交渉に関する史料を、宮崎成身以下12人の編集者が分担し、琉球国、朝鮮国以下、安南、南蛮、唐、阿蘭陀オランダ、諳厄利亜イングランド（イギリス）、暹羅シャム、魯西亜ロシア、北亜墨利加きたアメリカなど国別に外交起源、交渉、漂着などの項目に分類して収め、別に「長崎港異国通商総括」「南蛮総括」や付録に「海防」を立てるなど、実用実際を考慮した包括的史料集成である。本書の完成は1853（嘉永6）年、まさにペリー来航時である。将軍手元の紅葉山文庫に蔵され、

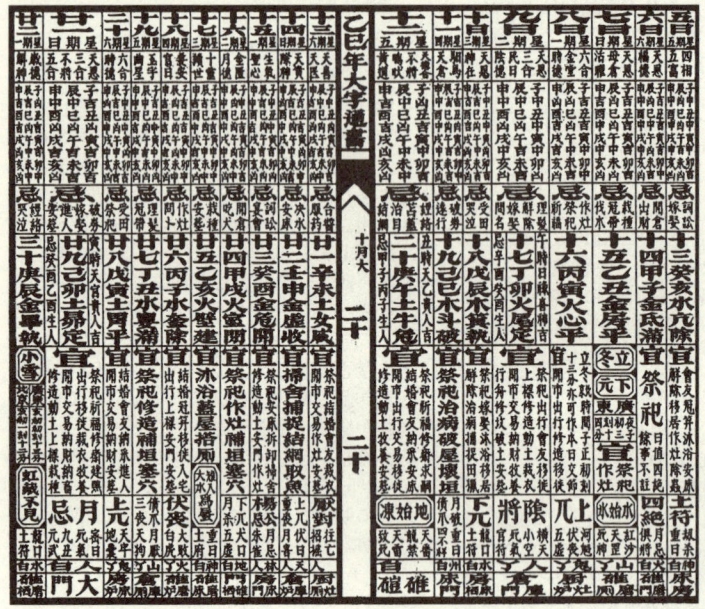

通書の暦。天象・七曜・干支と・十二直などの暦注のほか吉凶の選日を示す。麒麟閣通勝1965年旧暦10月13-30日の部分

秘密文書視されたものと思われる。　　(川勝守)

通行バス会社 つうこうバスがいしゃ
通行公共汽車公司

　アメリカ華僑の許伯高が資金調達し、1928年に広東省広州市に設立した市内路線経営のバス会社。募集資本5万銀元のうち80%相当分は海外華僑の所有であり、当初は3路線を10台のバスで運行。本社は当時の財政庁前にあり、西濠口行きのイエローライン、東山行きのレッドライン、一徳路行きのグリーンラインに分かれた。経営業績が順調に伸びたため、30年模範公共汽車公司、31年僑商公共汽車公司、32年徳記汽車公司を相次いで設立した。この時期が同社の黄金時代にあたり、計40台のバスを擁し、全市総車両の40%強を占めた。33年以後、世界経済の不景気のあおりを受け、新規参入者との厳しい競争にも直面、業績が悪化していくが、日中戦争で広州市が陥落、営業停止に追い込まれた。

(王効平)

通事 つうじ ⇨ **唐通事** とうつうじ
通書 つうしょ

　吉日を選び凶日を避ける(趨吉避凶)ための情報を主に、占卜や日常生活の知識も収めた民間暦。暦書、黄暦、民暦、日暦、通勝とも称されてきた。香港や広東では「通勝ツン」が使われる。「通書」の名は「天と人の間を通じるための書」の意(黄一農の説)とされる。中国および華人社会で、長く広く用いられてきた。日本の運勢暦に類する。その歴史は1975年に湖北省雲夢睡虎地から発掘された秦代の竹簡の『日書』にさかのぼる。そこにすでに十二直(日の吉凶を示す民間暦の用語。12の日からなる)のことが見える。敦煌文書の中には宋初のもの(S612)がある。宋代を経て明清期に最盛期を迎えた。現在も、大陸(とくに広東)、香港、台湾のみならず、広く華人社会で必需品となっている。暦と通書は、英語でcalendar, almanacと使い分けられるように、明らかな違いがある。中国は古来、国家経営の必要から、天体観測と数学的計算による暦の作成に力を注ぎ、その刊行を国家の独占事業とし、民間による刊行を清初まで禁止してきた。にもかかわらず、古くから暦の類似品、つまり通書が作られてきた。こちらは、朔望、日・月蝕、二十四節気などは官暦を借用しつつも、さら

に天体としては存在しない架空の星神や十二直などにかかわる日時や方位などの吉凶という術数的側面を重視した。内容は、冠婚葬祭から交易、旅行、建築、医薬、入浴、セックスにいたるまで、日常生活全般の行為の日時や方位の吉凶に及んだ。さらに▼風水、占卜、まじないや、倫理、文字、書道教育などを収めるものもある。中国社会の縮図ともいえる。その規模、寿命は多様で、明の熊冲宇刊行『応福通書』は40巻にのぼり、『玉匣記通書』という道教系の通書は明清時代から今日に至るまで行われている。その流行は趨吉避凶を重んじる民族性とかかわるだろう。通書の研究は欧米で見られるものの、中国や日本では進んでいない。　　　　　　　　（小川陽一）

📖 黄一農「通書」『漢学研究』14-2, 1996. ／リチャード・J.スミス『通書の世界』凱風社, 1998.

通商章程 つうしょうしょうてい

1871（明治4）年大蔵卿伊達宗城と清朝李鴻章との間で結ばれた▼日清修好条規に付属する通商章程。幕末開港後、各開港都市への華僑の進出は、いまだ無条約国人のため外国商社の名義やその▼買弁・使用人などの便法を用いることが必要であった。華僑が貿易商として公然進出しえたのは日清修好条規の締結後のことであった。「両国好ミヲ通セシ上ヘ海岸ノ各港ニ於テ　彼此共ニ場所ヲ指定シテ商民ノ行来貿易ヲ許スベシ」と規定されていた。また、通商章程はなお内地商業の禁止など制限はあったが、開港場における自由な借地使用を認めるなど、華僑貿易商たちが居留地外のいわゆる▼雑居地に居住のうえ貿易に従事することを実現させた。その後99年の条約改正による治外法権撤廃と▼内地雑居令の公布により、貿易商以外の雑業者たちの内地進出が許可された。とくに華僑の起家の根元といわれる▼三刀業（料理、理髪、裁縫）での日本進出を可能にした。　　　（川勝守）

通信教育 つうしんきょういく　⇨　函授教育 かんじゅきょういく

燕の巣 つばめのす
燕窩

中華料理の代表的な食材の一つで、華僑・華人企業家の有力資金源。燕の巣（アナツバメ属の数種の巣）は、東南アジアでは主としてジャワ、モルッカ、ボルネオ、ミャンマー、タイの沿海の洞窟で採取される。中国語では燕窩といい、ソンクラーの呉譲が燕窩の徴税を許されていたとされるが、専売権を得た華僑・華人商人が現地労働者を使って採取し製品化する方式は、現在でも行われている。たとえば最高品質とされているタイ南部のシャム湾沿岸産の場合、18世紀半ば以降、華僑・華人がほぼ独占してきた。現在ではタイの有力華人企業家▼モンコン・カーンチャナパートと▼ディロック・マハーダムロンクーンの経営する金島燕窩公司が1960年代にタイ政府より専売権を獲得。以来、現地で製品化された燕の巣は、バンコクのヤワラートの本店から世界中の系列レストランを経て中華食材店、漢方薬局に販売され莫大な富を生み出し、モンコンの不動産開発やディロックの銀行経営、政界工作の原資となっている。

（樋泉克夫）

⇨ ソンクラー呉氏

テ

ディアスポラ
Diaspora

　離散と訳され、国や地域からの集団移住を指す語。ギリシャ語の dispersion が語源で、もともとはバビロン捕囚後、ユダヤ人がパレスチナ以外の地へ離散したことを意味するが、のち広義に「アフリカン・ディアスポラ」や「チャイニーズ・ディアスポラ」のように祖国を離れて四散した移住者集団のことを指すようになった。ことに冷戦後、グローバリゼーションが進んでいくなか、世界的人口移動が活発化し、「ワールド・ディアスポラ」現象は学界をはじめ社会的に注目を集めている。「チャイニーズ・ディアスポラ」の場合、第2次大戦前まで中国系人はおもに東南アジアや北米へ移住していたが、国際情勢の変化につれ、とくに中国で改革・開放政策が実施されてからは、移住先は五大陸の隅々にわたるようになった。この現状を研究した代表的な学術成果は論文集 *The Chinese Diaspora* などである。　　　　　　　　　　　　　　（曾櫻）

　📖 Wang Ling-chi & Wang Gungwu (eds.). *The Chinese Diaspora*. Singapore: Times Academic Press, 1998.

ディアスポラ資本主義　⇨ 華僑・華人資本主義

程毓林　1887-?

　事業経営と同時に横浜華僑社会のために貢献した人物。広東省南海県生まれ。妻とともに日本に渡る。横浜で商業に従事。関東大震災や第2次大戦を経験、終戦後最も厳しい時期に▼横浜中華会館理事長、日本華商総会会長、▼横浜親仁会会長など多数務め、華僑の相互扶助や国民外交に励んだ。また横浜華商貿易公会の発起など、華僑経済界でも指導者的存在だった。1964年、夫人との結婚60周年を記念し夫婦の銅像が華僑各界によって建てられた。　　　　　　　　　　　　　　（陳天璽）

鄭永寧　1829-97

　江戸時代末期の▼唐通事で、明治政府の外交官。祖先は明末に渡来した、福建省▼泉州府晋江県出身の呉氏。明治政府では、初め翻訳方、後に柳原前光、伊達宗城の通訳官として、北京駐在の公使代弁の立場で李鴻章との交渉を助け、▼日清修好条規、天津条約の締結など日清戦争以前の日本の対清外交に通訳としてまた交渉者として参画した。中国人▼苦力（クーリー）を横浜港で解放したマリア・ルス号事件の解決に尽力し、また『大清会典』の翻訳に加わり法典編纂にも協力した。（松本武彦）

　📖 東亜同文会編『対支回顧録』下，原書房，1968 (復刻).

ティエン、チャン・リン　1935-
田長霖　Chang-Lin TIEN

　中国系アメリカ人工学者、教育者。湖北省武漢で生まれたが、1949年家族と台湾へ移った。55年台湾大学を卒業、56年アメリカへ留学し、57年ルーイビル大学から工学修士、59年プリンストン大学から文学修士（MA）と学術博士（Ph.D.）を取得。59年からカリフォルニア大学バークレー校で教鞭をとり、熱伝導や環境科学などの専門分野で研究成果をあげた。69年にアメリカに▼帰化。83年からバークレー校副校長、アーバイン校常務副校長を歴任し、90年にカリフォルニア大学バークレー校校長に就任、7年間務めた。98年から米国工学アカデミー評議員を務める。ルーイビル大学、香港理工大学など11の大学から名誉博士の学位を与えられた。台湾科学院、日本熱伝導学会などの学術機関の名誉会員。中国科学院熱物理学研究所、清華大学、中国科技大学、上海交通大学、浙江大学などの名誉教授。　　　　　　　　　　　　　　（曾櫻）

鄭懐徳　1765-1825
チン・ホアイ・ドゥック　TRINH Hoai Duc

　ベトナムのグエン（阮）朝期の政治家、文人。艮斎と号す。その祖は福建出身で代々明朝に仕えた官人であったが、清初にベトナムに渡り、中部▼フエ、後に南部に遷居した。父の代からクアンナム・グエン氏に仕えるよ

うになり、クアンナム・グエン氏滅亡後は'グエン・フック・アイン'によるグエン朝興朝を助けた。1802年グエン朝が成立すると、たびたび正使として清朝に遣使し、嘉慶帝にも拝謁した。09年より南部の嘉定城協総鎮となり、次代ミンマン帝期には協弁大学士、吏部礼部尚書と高官職を歴任した。フエで病没、没後、中興功臣に列せられた。当代の文人として内外に名声高く、レー（黎）朝末以来の戦乱で散逸した資料を収集し、1820年に『嘉定城通志』6巻を著した。同書は当時のベトナム南部の山川風俗歴史について書かれた唯一の史料として貴重である。他に『艮斎詩集』『北使詩集』などの著作がある。　　(大野美紀子)
　参『大南正編列伝初集』巻11『大南寔録』4)。

鄭幹輔 ていかんぽ 1811-60

幕末の唐大通事。先名は大助、来助。号は敏斎。福州長楽県の人鄭宗明を祖とする'唐通事'の家に生まれ、稽古通事見習から出仕し、1837（天保8）年江戸昌平黌に4年間出向し、57（安政4）年大通事となった。満洲語を学び、また唐通事の英語兼学を建白し、みずからアメリカ船に赴いて英語を学び、この方面の先覚者とされる。また'崇福寺龍宮門'建設の発願者の一人である。崇福寺門前に遺徳碑がある。養子の永寧は明治初期の外交官となった。　　(林陸朗)

テイ・キアホン 1914-
鄭鏡鴻　TAY Kia Hong

皮革と不動産開発で活躍するシンガポールの華人企業家。広東省'潮州'に生まれ、1932年にシンガポールに渡って皮革会社で働く。5年後に独立し、なめし革工場を設立するが、日本軍政中に日本人なめし革業者と知りあってから成長を遂げる。60年代に日本でなめし革工場を設立し、70年代以降、マレーシアの'ジョホール州'を中心に不動産開発やゴム園、錫鉱山などの投資で多角化した。マレーシア政府の爵位'ダトゥー'をもつ。
　　(岩崎育夫)

テイ・キアンウィ 1935-
戴建偉　THEE Kian Wie

インドネシアの最も息の長い第一線の経済学者。ジャカルタ生まれの'プラナカン'。1959年インドネシア大学経済学部卒、インドネ

シア科学院（LIPI）の前身インドネシア科学評議会（MIPI）研究員。米国ウィスコンシン大学へ留学、69年経済学博士。以後一貫してLIPI経済社会研究所（後に経済・開発研究センターに改組）に所属、直接投資、通商、開発、所得分配などの分野の著書・論文を精力的に発表。ESCAPをはじめとした国際機関からの受託研究も多数実施。インドネシア大学などの講師。　　(三平則夫)

鄭琴淵 ていきんえん 1946-
タン・キン・ユン　King Yung Anna TANG

香港の著名な社会活動家。帰僑女性。原籍は福建省'福州'だが、マレーシアに生まれ、19歳から香港に居住。玩具メーカーなど企業経営のかたわら、湾仔地区の社会活動家として活躍。1980年居住するビルの自治・自衛活動を皮切りに、81年には行政組織である湾仔分区委員会委員をはじめ湾仔地区のさまざまな住民団体の役員を務め、社会活動家として歩みだす。とくに83年には女性住民の社会参加のための団体、賢毅社を結成した。社会福祉の専門家としての一連の社会活動が評価され、85年に湾仔区議会の民選議員、91年には市政局議員（湾仔区議会代表）に選ばれる。返還後初の99年の区議会選挙でも民主建港連盟所属の区議会議員に当選し、現在に至っている。また、香港中国法律学会名誉会長、蘇州大学法学院兼職助教授など、研究・教育面でも活躍。　　(三橋秀彦)
　参『海外著名華人列伝』

程君復 ていくんふく 1937-
CHENG Junfu

中国系アメリカ人の数学者。江蘇省生まれ。1949年に家族と台湾に移り、6年後に米国に移住。テンプル大学で数学の教授となる一方、フィラデルフィア華人総商会理事長、フィラデルフィア世界文化交流学会理事を務める。80年の訪中をきっかけに、河南省の遅れた教育状況を改善するために河南省人民政府に協力、米国籍華人たちと'黄河大学設立準備委員会を組織し、85年に創立させた（91年に鄭州大学に統合、重点大学となる）。
　　(曽士才)

鄭彦棻 ていげんふん 1902-90

台湾の教育家、政府要人。広東省順徳の生

まれ。広東高等師範学校卒業後、国費でフランスに留学、パリ大学法学部で統計士の学位を取得。国際連盟秘書部に7年間勤めたのち帰国、中山大学教授兼学院長に招聘された。1949年から「中国国民党中央党部秘書長に任じられ、党海外工作の責任者となる。52-58年行政院僑務委員会委員長を兼任、海外の僑胞を歴訪し、全球僑務会議、華僑文教会議、華僑経済検討会議など世界的な会議を最初に開催した。「無僑教即無僑務」（華僑への教育がなければ、華僑への仕事もない）と主張、華僑の中国文化教育に力を尽くした。60-67年司法行政部長（法務大臣）、67年総統府副秘書長、72年総統府秘書長、78年総統府国策顧問、国民党中央常務委員を歴任。著書『僑胞的動向和路向』（台北：海外出版社、1952年）、『華僑文教工作的方針与任務』（同、1955年）、『当前華僑処境与海外党務方針』（1962年）。

(許紫芬)

鄭孝胥 ていこうしょ 1860-1938

日本華僑と関係密接な清国外交官。福建省閩侯県出身の挙人。字は蘇戡、蘇龕、号は海蔵。文と書に長じ、張之洞の幕僚として活躍し、後に上海で立憲運動を起こした。1891（明治24）年6月、清国駐日本公使館随員として来日。築地副理事を経て、93年4月に第8代神戸兼大阪正理事に就任、翌年8月の日清開戦まで神戸理事府（領事館）で執務した。着任が「神阪中華会館の落成と重なり、会館の運営や、開戦による帰国の手配などにかかわった。晩年、溥儀（宣統帝）の教育係となり、国務総理として「満洲国」設立に参画した。

(陳來幸)

鄭洪年 ていこうねん 1876-1958

清末から民国・新中国にかけて華僑教育に多くの功績を残した人物。字は韶覚、群庵。広東省番禺の人。清末科挙で挙人に。両江法政学校卒業。清朝政府の江寧学務処幕僚に任命され、暨南学堂創立に参画、堂長を併任。「孫文の国民革命に参加、政府の各役職、とくに立法院・僑務委員会・教育部全国大学委員会各委員、また1921年交通大学常務董事、22年「暨南大学董事、27年同学長を歴任。日中戦争勃発で香港に転居、華夏学院・漢華中学を創立、52年上海へ帰り、56年同市人民政府参事室参事。おもな著書『鄭洪年華僑教育言論集』。

(市川信愛)

⊟ 暨南大学

鄭子瑜 ていしゅ 1916-

シンガポールの華人学者。中国修辞学史の研究で有名。福建省龍溪県（現在の漳州市）生まれ。清代の詩人・鄭開禧の子孫。家が貧しく、省立第八中学に学んだが、高校課程を修了せずに集美学校師範特別組や「厦門大学に開設されていた中等学校教師研修クラスで学んだ。1939年からカリマンタン（ボルネオ島）の各地で教壇に立ち、54年にシンガポールに移った。シンガポールでは「南洋学会理事、教育部教科書委員会中国語文および文学科顧問、『南洋学報』編集主任を歴任。58年から晩清詩人の「黄遵憲の研究を始め、『南洋学報』に特集を組んだり、62年には訪日して黄遵憲と日本との関係について講演した。68年に実藤恵秀と共編で『黄遵憲与日本友人筆談遺稿』を出版。また、64年に早稲田大学語学教育研究所客員教授となり、日本での講義録をもとに『中国修辞学的変遷』を出版、84年には大幅に手直しした『中国修辞学史稿』を出版した。

(曽士才)

亭主 ていしゅ ⇨ 青雲亭 せいうんてい

鄭祝三 ていしゅくざん
ZHENG Zhusan

神戸の広東幇貿易商同孚泰号の支配人。字は瑞図。「鄭雪濤の長男。広東生まれで30歳頃来日した。花翎道銜の科単官位を有し、詩文に長じ、号を豆眼道人といった。1909年5月設立の神戸中華商務総会の初代総理。18年神戸中華総商会に改称されてからも会長を務めた。政治に関心をもち、同志が神戸を訪れたときには食客として迎えて世話をするなど、「孫文の革命運動にも支援を惜しまなかった。25年に成立した「神阪華僑聯衛会の会長。孫文の部下でのちの上海市長呉鉄城は従兄弟。

(陳來幸)

鄭順栄批館 ていじゅんえいひかん

「福建で最初に華僑の郵便ならびに送金業務を専門に始めた「民信局。安海鎮埕の鄭竈伯と鄭貞伯兄弟が1871年、華僑の故郷として知られる晋江県の安海鎮で開業した。当初の業務は順調に発展したが、当時は送金や

支払いのための華僑送金は、アモイと安海の間の陸路を徒歩で往復していた。そのため強盗に遭うことが多く、大損害を受けて倒産してしまった。
(濱下武志)

程順則 ていじゅんそく 1663-1734

近世琉球の▼久米村を代表する文人。字は寵文、号は念菴。父・泰祚が首里から、断絶していた程氏を継いで久米村入りしている。▼福州で碩学陳元輔、竺天植について学び、詩集に『雪堂燕遊草』『雪堂雑俎』があり、詩は『皇清詩選』にも収められている。数度の渡清経験があり、福州で『六諭衍義』や那覇・福州間の航海の指南書である『指南広義』を琉球館蔵版として板行し持ち帰っている。久米村孔子廟内の明倫堂は程の建議により創建されたものである。
(赤嶺守)

鄭紹隆 ていしょうりゅう 1938-

フィリピン華僑の水彩画家。▼原籍は広東省▼中山。1968年フィリピン国立大学研究院卒、数学修士。幼少から絵画を好み、風景画に長じた。フィリピン美術協会、同水彩画協会の永久会員。64年からフィリピン、▼香港、▼ホノルル、中国などで個展を開く。フィリピンの風景を描いた代表作として「マニラ小景」「華人区一角」「内湖風光」「マニラ湾の朝日」「バギオ風光」などがある。
(廖赤陽)

ティ、ジョージ・S.K.
鄭少堅 George S. K. TY

フィリピン華人で、同国最大の銀行グループ、▼メトロポリタン銀行（Metropolitan Bank and Trust Company）の総帥。世界でも有数の富豪。1930年代初期の幼少時に家族とともに福建省からフィリピンへ移住し、同国で育った。62年弱冠29歳でマニラのチャイナタウンのビノンドにメトロポリタン銀行（メトロ・バンク）を設立する。この銀行は、当初、地方への積極的な進出によって実績をあげ、やがてフィリピンでは初めての海外進出を果たした。台湾政府によって台北支店が許可されたのである。さらに70年代には、メトロポリタン銀行はアメリカへの進出を果たし、カリフォルニア、グアム、ニューヨーク、サンフランシスコの主要都市で支店を開設するに至った。このようにして77年までに、メトロポリタン銀行の支店ネットワークは100を超えるに至った。現在では、台湾、アメリカ以外にも、中国（香港を含む）、日本、韓国、イギリスの主要都市に支店を有し、国外総支店数は16、国内支店数は800を超えている。さらに、81年に証券業務を兼ねるユニバーサル銀行として許可され、80年代にはいっそうの繁栄をみた。これは昨今の金融ビッグバンを考えるとき、いかに彼が先見性に秀でた経営者であるかを如実に物語っている。証券業務を手中に収め、メトロポリタン銀行は多くの企業の株式保有を果たし、経営権を取得する。かくて同行は92年に国内最大の市中銀行となり、95年には国内最大のユニバーサル銀行となった。さらに、96年には資本はフィリピンの銀行として初めて10億ドルを超え、フィリピンにおける金融の中心としての地位を不動のものとした。
(中西徹)

鄭芝龍 ていしりゅう 1604-61

明末・清初の海寇の首領。福建省泉州府南安県石井鎮の人。字は飛黄、飛皇、飛虹、通称は一官、老一官、平戸一官。西洋人はIquan、Yquan、Equanと呼んだ。父の鄭紹祖も日本に来たという。弟に芝虎、芝鳳、芝豹がいる。17世紀初頭の海寇大首領▼李旦の配下で頭角を現し、その死後に首領となり、福建・浙江から日本九州間の東海・南海に覇権をもつ。▼平戸に屋敷を構え、日本人妻との間に▼鄭成功をもうける。1628年明の招撫に応じ、海防遊撃により総兵官から都督、官権をもって競争者を倒し海上権を握った。明滅亡後、45年に南京福王朱由崧から南安伯、福州唐王隆武帝朱聿鍵から平虜侯、太師平国公に封ぜられた。唐王の失敗後に明復興に見切りをつけて清に降り、しきりに鄭成功を招撫するが失敗、最後は一族皆殺しに遇う。鄭成功が民族英雄とされるのに対して、清に降って鄭成功の義挙を妨害した人物とされて歴史的評価が低かったが、最近では鄭芝龍の生き方も理解されはじめた。
(川勝守)

鄭成功 ていせいこう 1624-62

明末・清初、明朝復興運動の志士。日本肥前国（長崎県）▼平戸の生まれ。幼名は福松、華人名は森、字は明儼、号は大木、諡は忠節。明の国姓「朱」を賜ったので国姓爺として日中両国に名高いが、自ら朱成功を名

乗ることはなかった。近松門左衛門『国性爺合戦』では和藤内（和＝日本人と藤＝唐人との内）、日中混血児である。西洋にはCoxinnga、Koxinga、Koxinjaなど20種余の呼び名がある。父は福建省泉州府南安県石井鎮人の海寇▼鄭芝龍、母は平戸の田川七左衛門の娘まつ、弟に次郎左衛門のほか、異腹の4弟がいる。4弟は木火土金水の五行にちなんで兄の森に続き、焱・垚・鑫・淼と命名された。1630年、7歳のとき、父の指示で単身明に渡り、南安県生員、その後44年に南京太学に学び銭謙益に師事した。華僑出身の日中混血男子が中国エリートとして生きるには、中国の伝統教育を受け、儒学教養や中国文化を修得することが必要であった。

1944年明朝が滅亡し、翌45年に南明の唐王隆武帝朱聿鍵の知遇を得、朱姓を賜り、成功と改名、忠孝伯に封ぜられた。当時、成功は父▼鄭芝龍と行動を別にしていたが、父が清軍に降り、中国に渡った母まつも福建泉州府安平城で自害する悲運に出遇い、抗清復明の決意を固めた。父鄭芝龍の海寇的海上覇権を継承し、広東、福建から浙江省沿海、舟山群島、江蘇省の長江下流域、南京付近まで経略し、中国沿海の制海権を手中に収めた。50年には▼アモイ、▼金門島の福建南部を奪い、55年にはアモイの中左所を思明州と改めて根拠地とした。鄭成功の地方政権として徴税地方は福建省が福州、興化、泉州、漳州、広東省が潮州、掲陽、浙江省が温州、台州の各府の州県に及び、北伐して清朝打倒の機会を窺った。沿海地方の民政安定に腐心する一方、いわゆる東洋、西洋、▼南洋に跨る海上交易、国際貿易を行い、直属の五大商や五常五行にちなむ十商行などを派遣して、日本、琉球、台湾から▼呂宋（マニラ）、安南交趾（ベトナム）、暹羅（タイ）などの南海諸国に及んだ。とくに▼長崎貿易は83年まで呉三桂ら三藩とともに鄭成功政権がほぼ独占し、清朝の日本貿易は不振であった。鄭成功は唐王没後、永明王永暦帝朱由榔に臣従し、威遠侯から漳国公に封ぜられた。日本に対して乞師、義勇軍の派遣を数回（1648年、51年、58年、59年、60年）も要求したが、幕藩体制の安定を希望する徳川幕府は同意しなかった（▼日本乞師）。53年には延平郡王に封ぜられ、清朝からも海澄公に封建される条件で投降を勧められたが受けず、55年永明王からはさらに潮王に封ぜられた。この頃が鄭成功の最も強大な勢力を誇る時期で、56年にかけて父鄭芝龍の招降が繰り返されたが、一切拒絶した。そして58年に乾坤一擲の南京攻略の戦いに赴く。戦いは翌59年まで続き、先行の張煌言との連絡も絶え、一敗地にまみれてアモイに逃れた。従軍した朱之瑜が日本投化を決意したのはこのときである。朱之瑜は長崎に来て以後、初め筑後柳河藩の安東省庵の知遇を得、安東は禄の半ばを彼に与えた。後に水戸藩主徳川光圀に大儒として迎えられた▼朱舜水その人である。同じころ、日本乞師のために、黄宗羲（梨洲）もまた長崎に来ていた。彼は顧炎武、王船山と並ぶ明末清初の三大思想家の一人である。儒の大物が相次いで国外、とくに▼倭寇の地たる日本を目指したことは中国人・漢人の日本に対する意識を一変させ、▼隠元禅師ほかの日本行きを奨励することになる。華僑史、中国人の海外発展史上の一大事件である。清朝は海上戦で鄭成功に勝てぬことを知ると、61年遷界令を布いて、鄭成功の上陸を沿海各地で封じた。そこで鄭成功は2万5000の将兵を率いて台湾のオランダ勢力の駆逐に向かい、プロビンシア（赤嵌城、承天府）、ゼーランディア（台湾城）を陥落させた。オランダ側にはバタビア総督からの援軍や清朝の協力の申込みもあった。台湾解放に続き、62年には呂宋招諭を試みるうちに病死、子鄭経（錦舎）に譲る。台湾自立の父として今日、台南には成功大学がある。一方、日本近世では近松『国性爺合戦』は1715（正徳5）年、正徳新例発布の年が初演、大坂での興行は大当たり、17か月のロングラン興行となった。時に、大坂では清朝向けの銅が住友の精錬所で作られていた。　　　　（川勝守）

> 📖 川勝守『日本近世と東アジア世界』吉川弘文館，2000．／石原道博『国姓爺』（人物叢書）吉川弘文館，1959．

鄭雪濤 ていせつとう 1835?-99

神戸華僑、広東系の有力商人。明治初年、華僑をめぐる事件が多数発生していたため、兵庫裁判所は1874年9月鄭雪濤を通訳として採用した。鄭雪濤は広東帮の総代を務め、73年には▼神戸中華義荘の借地の名義人の一人

となった。日本語にも通じていた。76年病気のため通訳を辞任。その後も海岸通で同孚泰号を経営し、神阪中華会館の創建にも貢献した。死去に際して神戸の英字紙『コーベ・クロニクル』は著名な中国人の死として報道した。
(洲脇一郎)

⚑『落地生根』

鄭伯信 ていはくしん 1927-
THE Pik Sin

オランダの華人天文学者。インドネシア生まれ。1960年、米国・クリーブランドの大学で天文学の博士号取得。インドネシアに帰国し、国立天文台の研究員、台長を務めた。68年にオランダに移住、80年にアムステルダム大学で天文学の教授となった。中質量の若い恒星の研究で優れた業績をあげたほか、星間塵についても研究成果をあげた。近年はオランダと中国との天文学分野の交流を進めている。
(曽士才)

丁部領 ていぶりょう ?-979
ディン・ボ・リン DINH Bo Linh

ベトナム最初の独立王朝であるディン(丁)朝の創始者。ディン・ティエンホアン(丁先皇)とも呼ばれた。父丁公著は中国支配時代の驩州の刺史であった。ゴ・クェン(呉権)が独立を回復した後の混乱期に台頭し、968年に北部ベトナムを統一して即位し、国号をダイコベト(大瞿越)と定めた。しかし979年に息子とともに暗殺され、ディン朝は翌年レ・ホアン(黎桓)によって滅ぼされた。
(生田滋)

鄭明通宝 ていめいつうほう

タイのチャクリー朝ラーマ4世(在位1858-68年)の時代に鋳造された金貨。円形のコインで、表は王冠の図案、裏は中央にタイ語で「暹羅京都」、上下左右に漢字で「鄭明通寶」と刻まれている。「鄭明」とはラーマ4世の中国名。
(曽士才)

鄭明明 ていめいめい
ゼン・ミンミン CHENG Ming Ming

香港を拠点に東南アジア各国で活躍する国際的な美容師。インドネシア華僑で、原籍は福建省。16歳のとき香港に留学。その後、日本で美容を学んだ。1965年香港に帰り、翌66年蒙妮坦美髪美容学院を設立し、自らも校長として教壇に立った。この学校は、香港で初めて生物学、生理学、栄養学、解剖学、衛生学などの科目を教える本格的な美容専門学校であった。インドネシア、シンガポール、マレーシア、台湾、マカオなどに分校を開設。香港ではTV、ラジオの番組や雑誌で美容相談コーナーを設け、美容知識の普及に努めている。香港の多くの芸能人のメーキャップを手がけ、自身も芸能誌ゴシップ欄の常連である。国際美容協会の香港支部長、東南アジア地区主席。81年、入れ墨の技術を応用した眉の書入れ法「紋眉」を開発した。この手法は東南アジア全域で華人女性の間で大流行している。84年の第38回世界美容大会で「世界の美容師500人」に選ばれている。夫は香港の実業家陳樹徳。
(塩出浩和)

ティモール [島]
帝汶 Timor

インドネシア南東部、小スンダ列島の一島。インドネシアに属し、東ティモール(旧ポルトガル領)と西ティモール(旧オランダ領)に分かれていたが、東ティモールは1999年、住民投票によりインドネシアからの分離独立を選択した。乾燥した隆起サンゴ礁の島で、農業的には豊かではなく、数少ない天然資源がビャクダン(白檀)である。そのビャクダンを、中国人は、象眼細工や扇子などの工芸品、香水、薬、そしてとりわけ檀香として珍重し、すでに7世紀には島を訪れ、直接交易にあたっていた。16世紀以降、ポルトガルとオランダは、ビャクダンを求めて島の覇権を争うことになったが、その結果が今日見られる国境線である。中国市場で価値の高かったビャクダンは、中国の絹・茶と交換するためなくてはならないものだった。一方、中国人商人も着実に増えつづけ、島民相手に大量に安い商品を扱い、植民地勢力の脅威となった。西ティモールの中心地クパンには、19世紀初めに、中国人居留地がマレー人居留地とともにあったことが記録されている。
(阿部健一)

ディロック・マハーダムロンクーン 1931-
呉多禄 Dilok MAHAADAMRONGKUUL

タイの実業家で元上院議員。海南系の父親経営の銀信局倒産のため、兄のディレック・

マハーダムロンクーン（呉多福）、弟のチャイロート・マハーダムロンクーン（呉多禎）とともにバンコク市内ヤワラートで時計商を始める。ラドー、シチズンなどの代理店となり業績を拡大する一方、モンコン・カーンチャナパートと組み燕の巣（燕窩）の採取権を獲得。1983年に兄弟でサイアム・シティ（京都）銀行の経営に乗り出すが不調。80年代後半、上院議員に就任するとともに海南島投資を進める。80年代末以降、ふたたびモンコンと組み不動産部門に参入。　　（樋泉克夫）

鄭和 てい わ ？-1434？
CHENG Ho / TCHENG Houo / ZENG He

中国明代の武人、航海者。鄭和の「西洋下り」といわれる遠征は、明の永楽帝朱棣の雄図で中国史上における海上行動であり、1403年より33年まで7回にわたって、当時、西洋と称された東南アジアからインド洋、ペルシャ湾、アラビア南岸、紅海、東アフリカ東岸にまで至った。インド洋に西欧の航海者が到達する約65年前のことである。この西洋下りにより、その至った国々の君長をほとんど明廷に朝貢させることとなった。この行動が西洋取宝船とか宝船とか記されていることからすると、各地の物産との交易が主となり、軍事行動は従であったらしい。すでにスマトラ島の旧港（パレンバン）、爪哇（ジャワ）の新村には中国人の在留地が存在しており、マラッカは鄭和の勢威により、交易港市としての発展の素地がつくられ、東南アジア史に一時代を画した。この西洋下りは、占城、爪哇、旧港、暹羅、満剌加、蘇門答剌、南浡里、錫蘭、小葛蘭、柯枝、古里、溜山、祖法児、阿丹、榜葛剌、忽魯謨斯、天方国に到達している。

鄭和は伝記によると宦官であった。朱棣は宦官を重用している。鄭和は雲南昆陽の人で姓は馬氏、哈只と字すとあるからイスラム教徒である。朱棣から鄭姓を賜り、内官監太監にのぼった。一方「三宝」または「三保」といわれていることや、朱棣の幕下にあったことから、菩薩戒をうけて仏教徒にもなっている。永楽元（1403）年に鄭和の施財により印行された『摩利支天経経後題記』には「今、菩薩戒弟子鄭和、法名福善」とあり、永楽18（1420）年の鄭和の施印した昆明の『五華寺大蔵経題記』には「大明国奉仏信官太監鄭和、法名福吉祥」ともある。

鄭和の西洋下りは東南アジア在留の中国人には印象は深く、蘇門答剌には三宝廟があり（張燮『東西洋考』）、1933年にシャムのアユタヤを訪れた東恩納寛惇（当時、東京府立高校教授、沖縄史の研究者として著名）は華僑街にある仏寺の中の三宝公という廟を視察している。ジャワのセマラン市の西方にある三宝廟という洞窟寺院は鄭和を祀り、初めはモスクであったが、在留中国人が増えるにつれ中国寺院の色彩が強くなり、イスラム教徒、仏教徒ともに崇敬されており、鄭和の船隊の残した錆びた錨があるという。マラッカにも三宝廟、三宝井がある。ブキット・チナというマラッカ近郊にある丘（三保山）の麓にある五つの井戸は三宝井といわれ、そのうちのスルタンの井戸の水を飲んだ者はマラッカに戻ってくるという伝承がある。三宝廟はこの丘の麓にあり、1795年に建立された。また中国の南京の白雲寺にある簷葡花と、皇城や報恩寺にある五穀樹は、三宝太監が西洋から持ってきたといわれる。南京の江寧府の静海寺にある「水陸羅漢像」は太監鄭和の将来したもので、夏になると展観されたという記録もあり、ある種の海棠も同寺に植えたといわれている。またこの西洋下りは語り物の素材になり、羅懋登により1599（万暦25）年に『三宝太監西洋記通俗演義』（二十巻一百回）が作られた。封神伝などにならった怪力乱神の登場する物語であるが、西洋についての事情は『瀛涯勝覧』によっている。しかしこの西洋下りの記録は明廷の職方郎中の劉大夏（1436-1516年）の意見により無用のこととして破却されてしまった。

なお鄭和は7次の西洋下りの後、1434（宣徳9）年頃、65歳ぐらいで死去したという。この西洋下りにより知られた各地の知識と情報は、随行者である馬歓の『瀛涯勝覧』、費信の『星槎勝覧』、鞏珍の『西洋番国志』に記録され、『武備志』の中の「鄭和航海図」には海路図がある。この情報は、黄省曾『西洋朝貢典録』、鄭暁『皇明四夷考』、厳従簡『殊域周咨録』、張燮『東西洋考』に引

き継がれてくる。　　　　　　（小川博）

📖 鄭鶴声・鄭一釣共編『鄭和下西洋資料匯編』上・中(上)・中(下)・下，済南：斉魯書社，1980～1989.

ティン、サミュエル 1936-
丁肇中　Samuel Chao Chun TING

アメリカ華人の物理学者、ノーベル賞受賞者。ミシガン州生まれ。中国大陸で幼年期を過ごしてから、1948年台湾に移住。56年ミシガン大学に進学、62年博士学位（物理学）を取得後、スイスのジュネーブにあるヨーロッパ核センターで研究、次いで米国に帰国、64年からコロンビア大学で教鞭をとる。67年からマサチューセッツ工科大学で、主として基本粒子の研究に従事。74年J/ψ粒子（新しい寿命の長い中性粒子）を発見、高エネルギー研究の分野で高く評価され、76年にノーベル物理学賞受賞、翌年米国科学院院士に選ばれた。79年にはドイツのハンブルクの研究所で正負電子の衝突の中で新しい粒子を発見、再び注目される。　　　　（馬暁華）

擲斗籮 てきとら

ビルマ（ミャンマー）の華僑社会で行われていた葬儀支援募金。華僑貧困家庭で死者が出た際、華僑社会からの援助で棺を購入し葬儀を行い、出身地別の共同墓地に埋葬した。義捐金集めに小さな籠（斗籮）が使われ、これに義捐金を擲げ入れたことから、擲斗籮と呼ばれた。現在では出身地の違いにかかわらず、ヤンゴンの広東観音古廟と慶福宮の信託委員会が公開・平等を原則に義捐金を一括管理し、貧困家庭の場合は同委員会の資金で葬儀を行っている。　　　　（樋泉克夫）

テクグアン・グループ
徳源集団　Teck Guan Group

ブルネイの企業集団。1906年に福建省▼金門島から渡来した王文邦が、ゴム、金などを取引するテクグアン（徳源）社を創設、これがグループ（徳源集団）の起源となる。52年事業を継いだ子オン・キムキー（王金紀）の下で、ホテル、不動産、貿易、保険企業などをもつブルネイ屈指の企業集団に成長。キムキーはブルネイ中華商会の18、19、22、23期（65-68年、75-78年）の理事長。90年代半ばの傘下企業は徳源店、徳源市場、徳源発展、徳源産業管理、シェラトン・ホテルなど9社、2001年現在、キムキーの次男オン・テクスーン（王徳純）が統括。長男のオン・テクモン（Timothy ONG Teck Mong、王徳望）は国民保険公司（National Insurance Co. Bhd.）副会長、2000年にはAPECビジネス諮問委員会（ABAC）会長。海外にも事業を拡張、90年代末の累積資産総額8000万ドル。首都バンダル・スリ・ブガワンにある本社屋テクグアン・プラザには米国大使館など多くの外国公館や百貨店が入っている。
　　　　　　　　　　　　　　（原不二夫）

デッキ・パッセンジャー
甲板乗客　deck passenger

船室がなく、正甲板（メイン・デッキ）あるいは中甲板（ツイーン・デッキ）の割り当てられた場所で寝起きする乗客。外国汽船で東南アジアへ移民する中国人の多くが甲板乗客であった。木枕が貸与されるが、ベッドも寝棚もなく、板張りの甲板にマットを敷くか、鉄の甲板なら板を置くだけである。日射よけの天幕はあるが、悪天候や台風の際は安全上、甲板下に移される。女性は中甲板で周囲に荷物を積み、仕切りをつくった。1日に2回、干魚と野菜を添えた簡素な食事が支給されたが、船によっては自分で食材を用意して自炊した。1日数回水栓が開かれて真水が供給される。しかし装備の比較的良好な船であっても、洗濯や衛生設備は十分とはいえなかったが、10日以上にわたる航海でなければ、なんとかがまんできる程度の設備であった。船員のなかには甲板乗客に食料・飲料を売る屋台を開いたり、部屋貸し、あるいはアヘン吸飲や賭博に甲板乗客を誘う者があった。もともとは▼アヘン戦争後、香港、▼マカオ、▼広州間の沿岸汽船で甲板乗客を乗せたもので、どの区間を乗船しても甲板乗客の料金はそれぞれ1人1回一律1ドルで、スピードと安全、規則的な運行で人気を博し、在来▼ジャンクの乗客を奪った。続いて東南アジアなど外国航路の移民輸送でも外国汽船の甲板乗客搭載が始まり、以後1920年代末から30年代初頭まで外国汽船会社の大きな収入源となった。　　　　　　　　（可児弘明）

📖 A. D. Blue. "Chinese Emigration and the Deck Passenger Trade." *Journal of the Hong*

Kong Branch of the Royal Asiatic Society. 10, 1970.

テ・ニンキン 1931-
鄭年錦　THE Ning King

インドネシアの企業グループ、アルゴパンテス・グループ創業者。西ジャワ州▼バンドゥン生まれの▼プラナカン。父親はバンドゥンの繊維商。高校在学中の1947年から父の商店を手伝い、49年一家はジャカルタへ移転。52年父親の繊維商を引き継ぐとともに、従兄弟たちとともに中部ジャワのサラティガに織布工場PT Daya Manunggal を建設。58年、華人S．ノトウィジョヨ、政治活動家上がりのムサを採用。ともにニンキンと同年齢で、後日、前者は鉄鋼2次加工部門の経営、後者は繊維部門で対政府折衝を担当、業界の顔となった。67年の外資法制定後まもなくから、繊維（ファイバー生産、紡績、織布）、鉄鋼2次加工（亜鉛鉄板、丸棒、線材）で日本企業9社と合弁事業を興し、両事業とも業界最大手に成長。80年代前半から繊維品輸出を開始、最有力輸出製造業企業となる。97年からの経済危機でも損害は軽微だった。　　　（三平則夫）

テー・ホンピョウ 1930-
鄭鴻標　TEH Hong Piow

マレーシアの実業家。シンガポール生まれ。祖籍は▼潮州。幼時に母を亡くし、夜学に通いながら露天商の父を手伝う。1950年シンガポール華僑銀行に入って書記として腕を磨き、60年創立まもないマラヤ銀行に迎えられ、64年総務部長に。65年自ら▼パブリック銀行創設。順調に業績を伸ばし、▼香港、中国や東南アジア各国にも事業を拡大。現在、頭取兼最高経営責任者（CEO）。99年マレーシアの経済誌 Business Times の「最良のCEO」に選ばれた。潮州会館役員のほか、多数の国際的経営者団体の会員でもある。89年マラヤ大学から名誉博士号を授けられた。マレーシア政府からは Tan Sri Dato' の称号を受けた。　　　　　　　　　　（原不二夫）
　　㋱ダトゥー

デリ社
日里公司　Deli Maatschappij

1869年、オランダ人起業家ヤコブ・ニーンハイス（Jacobus NIENHUYS）がスマトラ島北部のデリ（現在のメダン周辺）に設立したタバコ会社。ニーンハイスはデリのスルタンから土地を借り受け、タバコの▼プランテーションを始めたが、同社を中心にプランテーションは1870年代から80年代にかけて急速に拡大、発展していった。こうしたプランテーション経済を底辺で支えたのは中国やジャワからの労働者で、多いときで、1年に約2万人の中国人が▼苦力としてプランテーションに投入された。こうした労働力に支えられながら、デリ周辺で生産されたスマトラ葉は、蘭領東インドからの主力輸出品となり、第2次大戦前には世界2位の輸出高にまでなった。　　　　　　　　　　　　（土佐弘之）
　㋱『世界華僑華人詞典』／Ann Laura Stoler. *Capitalism and Confrontation in Sumatra's Plantation Belt, 1870-1979*. Ann Arbor: The Univ. of Michigan Press, 1985.

天安門事件と華僑・華人

1989年6月4日、民主化を要求して北京の天安門広場を中心に集まった学生・市民に治安当局が人民解放軍による武力弾圧を行い300余人の死者を出した天安門事件は、海外に居住する華僑・華人にも強い反響を呼び起こし、法的には居留国人である華人だが、華人であるがゆえに中国の社会変動や政治的大事件に依然として強い関心をもっていることを示した。当時、華僑・華人が住む多くの国や地域においては、「民主派弾圧反対」を基調とする中国政府批判が主流であったが、華人社会では「中国人よ、中国人を殺すな」といった主張が多くみられた。事件発生前、華人社会では高まりをみせる民主化運動を歓迎し、1949年の建国以来続いた政治運動中心路線から経済発展を目指す路線に方向転換したことで、中国に民主的な政体が生まれる可能性を期待する声が強かった。政治指導者と民主派との協力・協調による民主的な中国の建設を主張する▼華字紙もみられた。事件が発生し多くの犠牲者が生まれたことが伝わるや、華人社会には強行手段に訴えた政治指導者への強い批判の声が沸き上がり、世界各地で中国政府反対のデモが行われた。中国政府への抗議の意味を込め、中国旅行のとりやめを訴える華人団体もあれば、中国政府からの公式招待の拒否を表明した華人指導者もい

る。事件を失敗した五四運動になぞらえ、「徳先生（デモクラシー）」も「賽先生（サイエンス）」も根づかない中国社会の後進性への失望感をあらわにする華字紙もあった。だが事件後の混乱が政府側の方針に沿って収拾されはじめるや、現実軽視・無視の急進的政治改革要求こそが社会混乱の原因との考えが浮上し、華人社会の大勢は民主派批判に傾く。以後、安定し強大な中国こそが海外華僑・華人の立場を強固にするとの考えに基づき、華人社会は政治改革よりも経済発展優先路線を掲げる政府を支持することになる。

（樋泉克夫）

参「北京学運」編輯委員会『北京学運——歴史的見証』香港：星島日報，1989．／樋泉克夫「タイ華僑の見た『天安門事件』」松本三郎・川本邦衛編著『東南アジアにおける中国のイメージと影響力』大修館書店，1991．

天一信局 てんいちしんきょく

シンガポール華僑の郭有品が同地に設立した華僑送金取扱店。郭は同地に移住して行商に従事、後に▼水客となった。1880年同地に「天下第一」を号して天一信局を設立。分支店を▼アモイ、▼泉州、石獅、南安、▼漳州、香港、マニラ、スラバヤなどに設けた。郭は福建省漳州の龍海出身で、同信局を「アモイの華僑送金取扱店」ともいったから、のちに本拠をアモイに移したのかもしれない。規模で当時の一般銀行を凌いだが、信局自身が発行する信用状（山票）の投機が失敗、1932年に倒産。

（山岸猛）

→民信局，華僑送金

天華医院 てんかいいん

Loongphayabaal Thianfaa

バンコクのヤワラートにある華人経営の病院。▼ラムサム家の創始者ゴーウシエムグワン・ラムサム（伍淼源。▼客家）や、劉継賓（潮安）、高暉石（澄海）、劉聡敏（福建）、王杏洲（中山）ら19世紀末から20世紀初めにかけてバンコクの華僑社会を構成していた各同郷グループを代表する人物を発起人に、彼らを含む有力華僑商人の資金提供を受けて1905年に創立。開院式典に臨席した国王ラーマ5世から建設基金が下賜された。創設当初は広東や香港からの漢方医師が治療に当たった。伍淼源の次男でバンコク中華総商会主席のユックローン・ラムサム（伍佐南）が董事長を務めた30年代初期、西洋医学部門を併設。第2次大戦後も▼張蘭臣、ユックローンの次男のチューリン・ラムサム（伍竹林）、張蘭臣の長男のスパシット・マハクン（張卓如）、さらにはサニット・ウィラワン（林来栄）などの華人指導者が董事長に就任し、施設の拡充に努めた。かつて医療施設が整っていなかった当時は、「生きては天華医院、死しては報徳善堂」と親しまれた。内科、外科、産婦人科、小児科、眼科などに加え看護士学校をも併設する総合病院だが、現在のバンコクの医療水準からして中規模といったところ。

（樋泉克夫）

田家柄 でん・か・ぺい 1919-

▼香港在住のインドネシア▼帰国華僑企業家。広東省大埔県生まれの▼客家。もともとジャカルタでプラスチック工場などを経営していたが、1950年代香港に投資して海浜を埋立て工場を建設。所有するプラスチック工場および田氏化学工業有限公司は、香港および東南アジア最大のレザー製造企業である。故郷の文化教育、公益などの事業の発展に大きく貢献、それを記念するため、大埔県政府はもとの湖寮中学校を家柄第一中学校に改名。

（廖赤陽）

天公 てんこう

中国では福建、台湾を中心に、広く巷間に信仰されている天上の最高神。東南アジア華人社会では、主として福建閩南系、客家系、広東海南系に認められる。天公とは、玉皇上帝、玉皇大帝と称される道教の最高神の別称や俗称とされる。唐代の『酉陽雑俎』には「天翁」の説話が載っており、初め劉姓を名乗る神だったが、張堅にだまされて玉座を奪われ、のちに張姓を名乗る天翁となったといい、唐代の玉刻にも「天公は姓を張、字を伯明という」とある。この点から唐代には、一般に玉皇上帝が官方の祭典対象から脱して、民間の最高神として崇められるようになったとされる。最高神だから目視できず神像もないとされるが、これに反して多くの廟で神像を安置しており、東南アジア各地の廟では天公殿や天公亭を設けたり、香を供える天公炉や灯火を据える天公灯を設けている。

日常生活のうえでは、天公は天候を左右する神として観念されることが多く、また旧暦正月9日を天公の誕生日（天公生）だとして、廟で盛大な祭典が催されている。
(渡邊欣雄)

天后堂［唐人屋敷］てんこうどう

長崎▼唐人屋敷内に建立された▼媽祖を祀るお堂。1736（元文元）年、唐人屋敷を留中の南京地方の船主たちにより建立され、航海安全の神である媽祖（天后聖母ともいう）が祀られた。唐船係留中は唐船に祀っていた媽祖像も陸揚げされ、このお堂に安置された。これをボサアゲといった。現在の建物は、1906（明治39）年日本各地の華僑の寄付で建てられたもので、面積25坪、木造、瓦葺き、煉瓦壁、単層、切妻造。74年に長崎市指定文化財となる。
(陳東華)

天后堂［福建会館］てんこうどう

▼長崎福建会館内に建立された▼媽祖を祀るお堂。1869（明治2）年、福建省出身▼華商が長崎市館内町（▼唐人屋敷跡）の聖人堂跡に福建会館を創設した際、航海安全を祈願して同会館敷地内に建立された。88年に焼失。現在の建物は、97年同会館総代▼陳国樑らにより神戸福建幇などからも寄付を募り再建されたもので、面積42坪、木造、瓦葺き、煉瓦壁、単層、切妻造。2000年に長崎市指定文化財となる。
(陳東華)

田汝康 でんじょこう 1916-

中国現代の人類学者。また中国の対アジア貿易史、またこれにかかわって東南アジア、とくにボルネオへの華僑移住を研究し、清代のジャンク貿易の研究業績で世界的に著名。欧米の言語・学界にも詳しい。雲南省昆明の出身。1935年北京師範大学教育心理系に入学、日中戦争のため西南聯合大学に移って40年に卒業。太平洋戦争後、ロンドン大学政治経済学院に学んでPh.D.学位を取得。帰国して上海復旦大学歴史系教授となり、同時に広く米国のコーネル大学などの諸大学、英国、オランダ、日本、オーストラリアの大学・研究所を歴訪して、東南アジア海域史の研究に貢献している。この間、中国社会学学会副会長、中国華僑歴史学会副会長、中国東南アジア研究会の顧問に任じた。▼アモイをベースとする中国ジャンクの貿易を論じた『17-19世紀中葉中国帆船在東南亜洲』(1957年)、『中国帆船貿易与対外関係論集』(1986年)、広東客家華僑のボルネオ島西部への移住と鉱山開発、とくに▼蘭芳公司、▼和順公司などの大公司制度を論じた Social Structure of the Overseas Chinese in Sarawak (1958年。上掲『中国帆船貿易与対外国関係論集』に収録)は名著として知られる。
(斯波義信)

纏足 てんそく

女児のときに、足に布を巻き第1指以外の指を足裏に折り、大きくしないようにした旧中国の風俗。▼僑郷の▼福建、▼広東両省、とくに農村部は纏足の圏外にあったとされるが、たとえば福建省▼漳州、広東省▼東莞県付近、西江流域などのように、一部に纏足傾向の強いとされる地方があった。こうした地方差が海外の華僑社会でどのような形で表出していたかは把握されていない。労働移民を底辺にして形成された近代華僑社会の成立経緯からいえば、華僑社会では一般に纏足が稀であった、とみることも不可能ではない。ただし江蘇省揚州（江都）や浙江省▼寧波など纏足地帯からの移住者を構成要素とする華僑社会では、纏足女性がいた可能性は否定できない。菅原幸助は、太平洋戦争後の▼横浜中華街では、纏足女性が「数えるほどしかいなくなった」と言い、江蘇出身の料理人の妻で、83歳になる纏足女性1人を確認している。恣意的な選択であるが、河北省定県における1929年の調査では、纏足は9歳以下で皆無、年齢が高くなるほど纏足の割合が上昇し、25～29歳では女性の81.5%が纏足をしていた。この年齢層は計算上、1970年代末に70歳代後半になる。纏足に限らず、華僑日常の原風景を視野に入れた研究は、将来に残された課題の一つである。
(可児弘明)

圏 永尾龍造『支那民俗誌』6，支那民俗誌刊行会，1942．／菅原幸助『日本の華僑』朝日新聞社，1979．

天地会 てんちかい ⇨ 三合会 さんごうかい

テン、テレサ 1953-95
鄧麗君 Teresa TENG

台湾出身の女性歌手。台湾だけでなく中国や世界各地の華人社会のスーパースターだった。「80年代後半くらいから香港や台湾で若

い歌手たちが華々しい活躍を始めるまで、テレサは東アジアと東南アジアに広がる中国系社会で圧倒的な人気をもつ最大のスターであり、数多くの中国語のオリジナルヒットを生み出した。各地に散らばる中国系の人々がテレサを共有することで一体感を保っている、との見方さえあった」。音楽評論家の中村とうようはこう論評している（『朝日新聞』1995年5月11日夕刊）。彼女を一躍有名にした「何日君再来」をはじめ、「甜蜜蜜」や「月亮代表我的心」など彼女の歌は華人の愛唱歌になっている。彼女の歌は1980年代初め中国にも伝わりたちまち大流行、「白天鄧小平、晩上鄧麗君」（昼間は鄧小平の天下、夜は鄧麗君の天下）といわれた。鄧小平の「老鄧」に対して「小鄧」と呼ばれ、中国の人たちにも愛された。日本デビューは1974年で、この年「空港」で日本レコード大賞新人賞を受賞した。NHKの紅白歌合戦にも3回出場している。

(戸張東夫)

📖『九十年代』（香港）1995年6月号.

天然痘 てんねんとう

痘瘡ウイルスによって感染する高熱病。解熱後に主として顔面に発疹を生じ、痘痕を永久に残すことで知られる。ジェンナーの牛痘による種痘法発明（1796年）に先立ち、中国では、死を免れた天然痘患者が二度と天然痘にかからないところから、患者の膿を用いる人痘接種が15世紀から開発されていた。また早くから善堂などによる無料接種が広く行われたが、国家的な強制接種でなかったところから天然痘を制御することができなかった。このため中国国内だけでなく、移住先の海外においても、天然痘はコレラ、マラリアなどの伝染病と同様、華僑たちを苦しめることになった。マレー方面の華僑間では、昔は天然痘患者を暑くて風通しのきかない部屋に隔離したため、患者にとっては致命的な結果となった。一般に古い華僑社会では、外科治療では西洋医術（西医）の方が上であるが、内科治療では中国医術（中医）の方が西洋医術より上であると認識する風潮が強く、中国人医師の指示と草根・木皮の漢方薬処方とに依存することが多かった。古い時代のこうした環境下で、華僑の疾病は華僑自身の身体を苦しめただけでなく、ホスト社会の華僑に対する警戒心や忌避を招き、ひいては排華運動に口実を与えることになり、華僑を二重に圧迫する結果となった。たとえば、王国時代のハワイでは、1825年、何の根拠もなくハンセン病をマイパケ（中国人病）と呼んだ。また、1819年以降春と秋の2回ハワイに寄港し、おのおの2〜3か月滞在するようになった捕鯨船が持ち込んだと疑われる麻疹、百日咳、流行性感冒、天然痘などは棚上げにして、中国移民の天然痘を問題視したのである。1881年中国から契約移民を輸送してホノルルに到着した汽船4艘に天然痘患者があり、とくにキンタ号上の天然痘はオアフ、カウアイ両島に伝染し、6か月間で797人の感染者を発生させ、うち287人が死亡した。この場合にも、乗船地の検疫体制や輸送船内の衛生管理、医療設備の問題として取り上げられるのではなく、中国移民の「不衛生」とか、天然痘の「病源」として中国移民だけがクローズアップされ、排華感情を醸成することになった。

(可児弘明)

天福宮 てんぷくきゅう ⇨ **シンガポール天福宮** シンガポールてんぷくきゅう

ト

トアマシナ-アンタナナリボ道路　トアマシナ-アンタナナリボどうろ

マダガスカルのトアマシナ（タマタブ）とアンタナナリボ（タナナリブ）間の道路。労働力不足のため、フランスは1896年、仏領インドシナ、今日のベトナムの▼モンカイ（川を隔てて中国広西チワン族自治区東興県に接する）で▼華工を募集、工事を完成。労働条件は劣悪をきわめ、罹病率、死亡率が高かった。
（游仲勲）

ドイフェンダク　1889-1954
Jan Julius Lodewik DUYVENDAK

オランダのライデン大学を活動の中心とした東洋学の先駆的な学者の一人。北京で通訳ののち、ライデン大学東洋学講座の2代G.シュレーゲル（スフレーヘル）、3代デ・ホロートを継ぎ、中国語を講じ、『通報』誌を主幹。『商子』研究で博士号を取得、『老子道徳経』の訳注や▼『瀛涯勝覧』の研究で有名。中国人の宗教のほか実社会の生活にも関心が深く、東南アジア華僑の婚姻、慣習法、▼秘密結社、宗教祭祀についても研究がある。
（斯波義信）

堂　どう　⇒　斧頭仔　ふとうし

『東亜報』　とうあほう
Eastern Asia News

神戸で発行された清朝末期の維新変法派による中国語雑誌。1898年6月29日創刊の旬刊。停刊時期は未詳。同年10月6日発行の第11冊まで確認できる。光緒帝による戊戌変法の実施時期と一致し、孔子紀年を使用する。発行者東亜報館の総理は広東新会人簡敬可（石癡、大阪広業公所書記）。編輯は番禺人韓雲首、南海人康同文、番禺人韓文挙。ほか3名の日本人翻訳者を置く。中国沿海諸省や環太平洋地域の華僑集住地に販売拠点をもっていた。
（陳來幸）

⇒ 戊戌の政変

『島夷志略』　とういしりゃく

元代の末、中国と東南アジア・インド洋海域諸国との航海・貿易について、おもに国別に計100項目を記述したもので、華僑史の貴重な史料。著者の汪大淵は江西の南昌で1311年に生まれ、1330年代、40年代に2度これらの海域を巡歴して、その見聞を1351年までに1巻の書にまとめ、初めは『島夷誌』（海上の島々の民の記録）としたが、のちに伝写されるうちにいまの題名となった。本書は▼『諸蕃志』▼『真臘風土記』と並んで、南アジア地域における初期の華僑の活動の情勢、居留国の地理風土、国制、産業と貿易について、中国サイドから体系的に記述した地理書系列の文献の祖型をなすものであり、明の鄭和の遠征にかかわる▼『瀛涯勝覧』『星槎勝覧』、同じく明の▼『東西洋考』などにその影響をとどめ、本書からの引用、転載もしばしば見られる。テキストとして使うときは、藤田豊八『島夷志校注』（『雪堂叢刻』1915年）が便利。
（斯波義信）

📖 Roderich Ptak.

道院紅卍字会　どういんこうまんじかい

1920年に山東省済南で杜黙靖によって開教された道院が、その宗旨である儒教、道教、仏教、イスラム教、キリスト教の五教一致による民衆の災厄解消と慈善救済のために設立した事業団体。道院には、必ず紅卍字会が併設された。乩示（▼扶乩によって示された神意）に従って誠意をもって救済に当たることを奨励し、学校、病院、銀行の設立や穀物の備蓄などの多方面にわたる事業を展開し、とくに貧民や身体障害者を対象とする活動において際立っている。1923年に中華民国元大総統徐世昌の実弟が指導者となったことに影響されて、急速に力を強めた。中華民国政府や中華人民共和国政府は邪教として禁止・弾圧したが、台湾、シンガポール、マレーシアなどで活躍を続け、日本にも支部があり、大本教との協力関係があるという。
（野口鐵郎）

📖 武田順江「世界紅卍字会」日本国際協会婦人部『支那に於ける宗教の研究』日本国際協会, 1942.

トゥ・ウィミン 1940-
杜維明　TU Weiming

　中国系アメリカ人歴史学者、哲学者。雲南省昆明で生まれたが、台湾で教育を受けた。1961年に台湾の東海大学を卒業後、アメリカへ留学し、ハーバード大学から63年に修士（東アジア研究）、68年に博士（歴史と東アジア言語）の学位を取得した。プリンストン大学（67-71年）とカリフォルニア大学バークレー校（71-81年）で教鞭をとった後、81年にハーバード大学で中国史と中国哲学の教授に就任。孔子思想など儒教研究で多様な成果を収め、「第三代新儒家」（第二代という説もある）と称され、中華思想の学界で強い影響力をもつ。代表的著作に Neo Confucian Thought（1976）、Centrality and Commonality（1976）、Humanity and Self-Cultivation（1979）、Confucian Thought（1985）、Way, Learning and Politics（1989）ほか、編著多数。　　　　　　　　　　　　　（曾櫻）

東欧・旧ソ連の華僑・華人
とうおう・きゅうれんのかきょう・かじん

　東欧については、かつては社会主義国として、外交官、ジャーナリスト、留学生などを除けば、在留中国人はほとんどいなかった。旧ソ連も同様である。もっとも、旧ソ連では中国に近い中央アジアの社会主義諸国に回族その他の中国からの▼少数民族が定住していた。中国側も社会主義国で、ヒトの海外移動は制限されていた。ところが、中国が変化し、とくにヒトの海外移動については1985年からかなり緩和される一方、東欧・旧ソ連側でも90年以降、社会主義体制が崩壊するとともに自由化が中国以上に進み、多数の中国人がやってきた。中国人の急増に驚いたこれら諸国では、中国人の流入を制限しはじめ、▼不法移民を追放した。このため、中国人人口は急減したが、他方、不法在留者が増えた。今日、ハンガリーに約2万人、旧チェコスロバキアに約1万人、ポーランドに約1500人の中国人がいるものとみられている。

　東欧で最初に市場経済化の試みを始めたハンガリーと、旧ソ連、今日のCIS（独立国家共同体）を見てみると、ハンガリーには多くの中国人が殺到し、首都ブダペストには東欧最初の▼チャイナタウンが形成された。同国が88年に中国とビザ免除の相互協定を結んだためである。一時は全人口1000万人中、中国人は5万人にのぼった。彼らはブダペストを経て西欧に向かおうとしたが、西欧諸国が東欧からの経済難民の流入を厳しく制限したため、ブダペスト在留を余儀なくされた。最初は携帯した物品を売ったが、のちには一部が小商売を始め、臨時居住権を得た。しかし急増を恐れた同国政府は管理を強化、91年10月、ハンガリー・中国両国政府はビザが必要との規定を復活させ、期限を超えて在留する者に一律に出国を強制したため、中国人人口は約1万人に激減した。97-98年現在、2万人近い不法中国移民が在留、毎年約1億7000万ドルを稼ぐという。

　ロシアでは清朝初期にモスクワ近辺に中国城（文字どおりの城）があったといい、17～18世紀までには中国人が来て交易に従事した。新疆商人も中央アジアを経てトルコに至り、国境を越えた少数民族の往来もあった。ロシアは中国から領土を獲得、中国人を招いて開発さえ行った。19世紀末にはシベリア鉄道の開通、アムール州の金採掘などで大量の山東・河北人労働者が殺到し、シベリア経由で欧州部ロシア、さらには東欧、西欧に向かう者、また海路の者も増えた。第1次大戦時には▼参戦華工がいたし、アジアの東部沿海地域には山東、山西、河北からの華僑30万人がおり、山東が約90％を占めた。1917年十月革命に参加した者もいたが、革命後多くが帰国、激減した。第2次大戦を経て新中国成立後の50年代初期から60年代にかけて、ソ連に移住する者が増えた。62年には、新疆からソ連側に6万人が移り住んだ。大部分がウイグル族、ウズベク族、カザフ族、漢族などの華僑だった。今日、一世の華僑は多くないが、華人・華裔は68万人を超える。ウイグル族が最も多い。8割以上がカザフスタン、ウズベキスタン、キルギスの3国に住み、残りはロシアの東部沿海地域と西シベリア地域にいる。多数が群居するチャイナタウンはないが、農村には彼らの集中地域がある。たとえば、キルギスやロシアのイルクーツク州には、彼らが集中する20余りの集団農場がある。新中国成立後、中国からの労働力輸出もあったが、ソ連崩壊後大きな変化が生じた。

個人商工業、株式会社などが出現するとともに、国境貿易、観光業などに従事する者も少なくない。国境貿易では、中国人が担ぎ屋として越境、各国に流入しており、その数は200万人ともいう。　　　　　　　　（游仲勲）

㊀ヨーロッパの華僑・華人、ロシアの華僑・華人、中央アジアの華僑・華人

㊩『世界華僑華人概況』欧洲・美洲巻。／游仲勲「ロシア」、同「中央アジア」可児弘明・游仲勲編、1995。／陳懷東・張良民『欧州華人経済現況与展望』台北：世華経済出版社、1998。／Gregor Benton & Frank N. Pieke (eds.). *The Chinese in Europe*. London: Macmillan Press Ltd., 1998.

東家 とうか

旧時中国商業における経営者、主人。「東家」に対し使用人・店員などを「西家」といった。また手工業部門をもつ商業資本家（東家）の場合は、商業を営むほか、職人の仕事場を所有して職人を支配したが、この場合には職人が西家である。旧時の華僑社会においても、今堀誠二によると、請負い事業であったペナンの建築業では、建築主（業主）が商業資本をもった親方と契約し、親方は単独もしくは左官・塗装業と共同で契約どおりの仕事の完成を請け負った。この場合、親方（東家）の下で労働する職人が西家である。また1870年代シンガポールの広東料理業の場合は、「老板」以上の資本主が東家であるのに対し、徒弟・雑役から始まって料理長にいたるまでの各段階の職人を西家とした。東西両家は共同体としての労資互助をうたったが、現実には賃金闘争やストライキがあり、後になると西家は幇ごとの工友会、その連合した工友聯合会を作るようになる。　（可児弘明）

㊩今堀誠二『マラヤの華僑社会』アジア経済研究所、1973。

頭家 とうか
t'ao ke ／ towkay

インドネシアやマレーシアでは、雇用主や企業主を「頭家」と呼ぶ。福建語（閩南語）起源の言い方。インドネシア語やマレー語では、taukeあるいはtaukehと表記する。字義は家長だが、店主、老板、祭礼時の役員にはじまり企業主、雇用主まで多様な意味に使われる。富裕な中国人であることを言外に示す点では共通。▼閩語・▼粤語ではt'ao keまたはtowkay。派生的に他民族の企業家またはボスをいうこともあった。インドネシアのスマトラ島において、オランダ人経営のプランテーションの農園主、総経理、経理、あるいは▼バンカ島、▼ビリトン島の錫鉱山のオランダ人鉱山主、総経理、経理は、華人労働者から「大頭家」あるいは「頭家」と呼ばれた。またマレー語のlaburとの合成語towkay-laburは、19世紀中葉からマレー錫企業を掌握していた「▼前貸し頭家」のことで、しばしば▼秘密結社の首脳というウラの顔をもった。　　　　　　　（山下清海）

唐貨 とうか

19世紀半ば以前、中国船（▼唐船）ないし▼華商（▼唐人）が海外にもたらした貿易品のことで、中国側の旅行記や貿易記録では漢語で「唐貨」と表現した。江戸期の日本では「唐貨」のほか一般的には「唐物」（トウブツ、トウモツ、カラモノ）が使われた。唐貨の数量、種類、基幹商品、流通、需要、商品の多国間分業のあり方、それらの長期の変動を解明することは、移住そのものの記述を一歩進めて、華僑の活動を広域的にまた総合的に考えるうえで欠かせない。

17、18世紀の東アジア貿易における唐貨はすべて96品目に分化していたとされるが（C.R.BOXER）、近年ではさらに研究が進んで、一次史料を動員した商品別の分析や中継港の貿易動向、沈船、漂着船の分析、流通経路の調査がなされ、関連知識が一新されつつある。その先鞭をつけたものは中国貿易陶磁の研究である。本土中国の陶磁史の知識を用い、海外出土陶磁の分布の知識や編年が緻密になった（三上次男、亀井明徳ら）。同じく遺物が残り、記録も残る中国銅銭の海外への流布、ことに日本の古代、室町・江戸期の「渡来銭」「出土銭」の状況、その影響も研究されている。江戸時代の1637年から1833年にわたり、長崎に入港した唐船の各船ごとの唐貨の品目と数量の全容について、『オランダ商館日記』『バタビア城日誌』『東インド到着文書』などから、幕府が掌握していた▼『唐船貨物改帳』▼『唐船帰帆荷物買渡帳』の原型が復元された。清朝の台湾平定直前の1682年

来航の広東船のおもな唐貨を例示すると、白糸2万2000斤、白砂糖7万斤、氷砂糖・黒砂糖1万5000万斤、蘇木360斤、白檀など332斤、各種薬種2万斤、各種絹2万3000万反、黒ビロード167反、各種インド更紗3790反、羅紗3反、歴史書7箱、総評価額は銀150万2865匁であった（永積洋子）。書籍の注文、舶載、長崎での目利き、種類、数量、流通についても研究されている（大庭脩）。対馬経由の日朝（日中が大半）貿易の委細についても分析され（田代和生）、琉球が集散した唐貨についても同様である（岩崎宏之編『沖縄の歴史情報』）。東シナ海を周航中に日本、朝鮮に漂着した唐船の唐貨の内容、その仕向先も研究されている（松浦章）。日本以外でこうした事情を復元する考察において手がかりを与えるものはバタビアの『オランダ商館日記』、フィリピン総督の報告、マニラ税関史料、『フィリピン諸島』などの記録である。個別の商品については砂糖（Christian DANIELS, Sucheta MAZUMDAR）、シャム米（Sarasin VIRAPOL）などの研究書がある。日本における唐貨、唐物の舶載、長崎会所の荷受けから落札ののち、京、大坂、江戸の問屋を経て全国流通に至る流通経路も究明されている（中村質）。　　　　（斯波義信）

同化 どうか
assimilation

「同化」とは厳密には生物学的（婚姻）同化を指すが、移民、マイノリティをめぐる政策的議論のなかで、文化変容や国民統合をめぐる議論と混同されてきた。あるいは通婚や混血、血統を文化的・社会的・政治的認同のメタファーとすることで、同化論はあらかじめ生物学的・文化的・社会的レベルを混同させたまま、移民がホスト社会に併呑される過程を問題にしていたともいえる。「人種」概念に基づく欧米やオーストラリアなどのかつての排華思想、大東亜共栄圏下の「華僑＝東洋のユダヤ人論」や「華僑有用論」、さらに1960年代インドネシアの強制帰化や改姓を伴う同化政策、60年代アメリカ流の移民研究における東南アジア華僑・華人社会の同化型（フィリピン、タイ）・非同化型（マレーシア、インドネシア）といった分類は、植民地主義から引き継いでナショナリズムが依然としてこの種の移民論、マイノリティ論を必要としてきたことを物語っている。肝心なことは、戴国煇も指摘するように、生物学的同化と国民統合にかかわる政治的認同、エスニック・カテゴリーや文化変容にかかわる社会的・文化的認同を区別し、通婚や混血の現状を把握しつつ（通婚・混血率の推定は多くの場合、数値ではなく、通婚の増加を批判する規範的言説に基づいてきた）、それぞれの華僑・華人居住地域に固有の歴史的文脈でそれがいかに政治的・文化的・認識論的意味を獲得してきたかを検討することである。

フィリピンでの華僑・華人と非華僑・華人通婚率は20世紀を通してほぼ男性20〜30％、女性5％以下であったと考えられる。混血の華僑・華人は「ツシア（chhut sì-á、出世仔）」という呼称で区別されるが、20世紀初頭までの独身社会期、1950年代、60年代のナショナリズム期、75年の大量帰化政策後で異なる政治的・文化的な意味づけを吸収しつつランラン（咱人）のカテゴリーに収斂される。

これに対して国民国家成立以前には、マレー半島のババ（baba）、インドネシアのプラナカン（peranakan）、タイのルークチン（luk-cin）、ベトナムの明郷（minh-huong）、フィリピンのメスティソ（mestizo）など、第3のカテゴリーの創出も見られた。またキューバのような混血社会、階層とエスニック・カテゴリーが錯綜する欧米社会でも、それぞれ通婚や混血の政治的・文化的意味合いを異にしつつ、独自の中国系エスニック・カテゴリーが形成されている。そうしたなか、彼らが彼らの中の一滴の華僑・華人の血を信ずることで世界中のチャイニーズとの連携を約束するチャイニーズ・ディアスポラの発想は、華僑・華人のエスニック・カテゴリーをめぐるダイナミズムを考えるうえでの新たな変数となりつつある。　　　（宮原曉）

▷『東洋のユダヤ人』、ディアスポラ
▣戴国煇『華僑』研文出版, 1980. ／宮原曉「通婚とエスニック・バウンダリー」『アジア経済』39-10, 1998.

東華医院 とうかいいん
Chinese Hospital

1900年サンフランシスコに設立された華僑

のための慈善病院。創設時は東華医局と称し、慈善活動としてもっぱら貧窮者に対する無料の診療・贈薬を行った。華僑の需要に応じて西洋医学の医師に加え、中国医学の医師も交替で勤務した。▼サンフランシスコ中華会館の指導のもと、同地の八つの会館から順次役員が選ばれた。1906年の地震で倒壊したが、1925年には移転、再建され、東華医院に改称された。カンフー俳優の▼ブルース・リーは1940年同病院で生まれている。また、ニューヨークでも1887年に小規模ながらも同名の東華医局が設立された。

(帆刈浩之)

同化缶詰工場 どうかかんづめこうじょう
同化缶頭廠

オーストラリア華僑の謝徳茂が資金を集めて▼スワトウで創業した缶詰工場。華僑の本国投資の一例。1925年、謝はスワトウに帰って労働者20人、パート100余人を雇用、資本金1万元(後に2万元に増資)で缶詰工場を始めた。月産2000箱で、荔枝の缶詰が60%、その他の果物缶詰が40%を占めた。販売先は約半分がシンガポール、マニラ、タイで、残りの半分は上海、▼広州など国内向けだった。37年日中戦争開始後、謝は同工場を呉煥堂に売却、資産を香港に移した。

(山岸猛)

⊟ 華僑投資

東華義荘 とうかぎそう

▼香港の▼東華三院が経営する棺の一時安置所。初め香港島西部の牛房近くにあったが、1899年現在地の大口環に移った。中国の旧俗では、異郷における死者は遺体を石灰詰めにしておき、もよりの便で中国大陸の死者生地または▼宗族の墓所へ送って土葬するのが理想であった。この間に棺を一度安置する寄棺施設を▼広東では義荘といった。東華義荘は香港で客死した者の寄棺施設であったが、香港が国際航路のターミナルであるところから、世界各地から船で送られくる華僑の棺と遺骨の一時保管をも業務とした。そのなかに、積替え、引取りに支障をきたすものがあり、さらに1952年から大陸への▼運棺が一時停止となったことも加わり、73年には遺体511、遺骨1007体分が17棟に安置されていた。「死者ホテル」の異名をとったのはこのため

香港・東華義荘の入り口。両側の対聯には故郷に帰葬される時を待つという意味が書かれている。撮影：可児弘明

である。なお、横浜大芝台の▼中国人墓地(中華義荘)も当初、寄棺施設から始まったものである。

(可児弘明)

⊟ 横浜中華義荘
📖『香港東華三院百年史略』上，香港：東華三院, 1970. / Lois Mitchson. *The Overseas Chinese*. London: The Bodley Head Ltd., 1961.

東華教育文化交流財団 とうかきょういくぶんかこうりゅうざいだん

日本の華僑・華人系教育・文化交流財団。日中間の留学生交流を促進し、両国の人材育成に貢献することを目的として、文部省の認可を経て1988年8月に基本財産3億円、第1期の奨学生数名でスタートした。日本の同種の財団と比べて、ファンドが比較的大きい。ファンドは有志の寄付が主で、亡くなった華僑・華人の遺産寄付が基金となった。各種のプロジェクトや在日華僑学校への援助、中国人学生の日本留学と日本人学生の中国留学に対する奨学金支給などを行っているが、奨学金は日本人学生よりも、中国人学生に重点がある。10周年を迎えた98年には基本財産27億円、10年間の奨学生は367人(中国から日本

へ213人、日本から中国へ154人)、日中間の教育・文化交流事業への助成は62件に及ぶ。▼東京華僑総会(大陸系)のイニシアティブで創立されたため東華の名があり、初代理事長の▼陳焜旺を経て、98年5月2代目の江洋龍に交替。ともに元東京華僑総会会長。所在は東京華僑総会と同じ東京華僑会館内。

(游仲勲)

湯覚頓 とう・かくとん
TANG Jue-dun

清朝末期、変法維新派に属する政治家。教育者。▼康有為、▼梁啓超の優秀な門下生。1898年の▼戊戌の政変に際し、康有為の手足となり、密使として北京から駐上海英国総領事のもとへ連絡に赴き活躍したことでも知られている。一時期横浜、神戸に在住。神戸華僑同文学校校長(1906-07年)。1910年5月、神戸、大阪、横浜、長崎の商務総会は共同して、湯を国会早期開催の請願のため北京に派遣した。

(陳來幸)

東華三院 とうかさんいん
Tung Wah Group of Hospitals

▼香港の華人社会における代表的な慈善団体。1851年に香港島に建てられた広福義祠を前身とする。広福義祠には位牌のほか、身寄りのない老人や重病者が死を待つために集まった。そのため環境衛生にかかわる問題が生じ、政府の主導で中国人のための病院、東華医院が1870年につくられた。建物は1872年に落成している。「東華」とは「広東華人」の略で、当初は広東人の▼同郷団体の性格が強かった。その後、各地の華人社会で同様の施設がつくられるようになるが、華人商業エリートが出資して経営する東華医院の運営方法は、その先駆的なモデルとなった。また香港社会内部では、華人が東華医院の理事になることによって植民地行政に参与する道がつくられたため、東華三院は▼保良局と並んで今日まで高い威信を保っている。一方、これら二つの慈善団体は、香港や海外で保護された男女の収容・送還・厚生と、物故者の棺の送還や、中国国内の災害救済に対する送金などの活動にとっては、内外の▼善堂、公私の諸機関を結ぶネットワークの結節点としての役割も果たした。「東華三院」という名称は、19 31年に九龍油麻地の広華医院の管理を引き継ぎ、香港島東部の東華東院と合わせて三つの病院の管理が統一されてからのものである。第2次大戦後も中国本土からの▼難民への救済など、積極的に慈善活動が行われ、99年12月末現在で、医療、教育、社会福祉の各サービスのための施設が香港各地に173ある。現在その経費の70%以上を政府が負担しているが、市民からの寄付金も多く、79年に始まった年に一度の大型TV番組「歓楽満東華」は著名な募金活動となっている。なお、この東華三院の歴史に関しては、70年に東華三院文物館が広華医院の敷地内につくられ、一般市民に対する展示と資料の保存・研究が行われている。

(芹澤知広)

▷東華義荘, 慈善・義捐・献金
📖可児弘明『近代中国の苦力と「猪花」』岩波書店, 1979./ Elizabeth Sinn. *Power and Charity*. Hong Kong: OUP, 1989.

東華社 とうかしゃ

アメリカのサンフランシスコにおける「外省籍」すなわち華東、華北、西南地方出身の華人の団体。1945年創立。カリフォルニアの▼ゴールドラッシュ以来、アメリカの華人社会においては▼広東人が中心で、広東語が最も重要な言語となってきた。このような状況下において、広東以外の出身で、上海語や北京語などを話し、アメリカ華人社会の中ではマイノリティであった外省籍の華人が、相互の親睦、扶助を目的に組織したものである。

(山下清海)

同化宣言 どうかせんげん
Piagam Asimilasi

1961年1月15日、中ジャワのバンドゥンガンで発表された、インドネシア華人の現地社会への▼同化を唱えた宣言。原案は、前年3月26日号の『スター・ウィークリー(*Star Weekly*)』に、カトリック党所属の政治家で『ケン・ポ(*Keng Po*)』紙幹部であったチュン・ティンジャン(TJUNG Tin Jan)ら10名の著名な▼プラナカン華人によりインドネシア語で発表された。少数民族問題の解決にはあらゆる分野における完全な自然的な同化が必要であると主張した。この宣言が同化をめぐる華人指導者間の論争を巻き起こし、同化運動を活性化させた。なによりもこの宣言

は、改姓改名や生物学的な同化は非民主的であり、基本的人権の侵害であるとの立場をとる華人系政治社会団体▼インドネシア国籍評議会（バペルキ）の▼ショウ・ギョクチャンに対する、明確な挑戦であった。論争の過程で、文化的多元主義をとるバペルキ指導者の一人であったヤップ・ティアンヒエン（YAP Thiam Hien）と議長ショウとの間の考え方の相違もはっきりした。また、この宣言が発表されてからというもの、同化運動の影響はジャワ各地に浸透していった。政治的に重要なのは、同化運動が時の国防大臣であり陸軍司令官であったナスティオン（NASUTION）将軍と接近した事実である。62年6月には、陸軍傘下に同化主義者と陸軍司令官との合同委員会が設置されるにいたった。
（山本信人）

同学会（どうがっかい）

第2次大戦後、日本で結成された中国大陸・台湾出身留学生、華僑学生の組織。北海道、盛岡、仙台、東京、横浜、京都、大阪、神戸、福岡、長崎などで各地の同学会が成立、これらの同学会を糾合する中華民国留日同学総会が1946年9月東京で結成され、機関紙『学生報』を発行した。総務、文化、組織、福利、会計の5部を置いて半年ごとに執行部を改選、困窮学生への補助や、帰国促進運動などを行った。54年頃から華僑学生を中心とする会へと変化し、10周年を記念した56年には各地青年団体を糾合して旅日華僑青年聯誼会を結成、同学総会が聯誼会事務局を担当した。その後、▼文化大革命の混乱の中で、自然解散した。
（陳來幸）

東莞（とうかん）

広東省中部、▼広州と▼深圳（しんせん）の中間に位置する地域。現在の行政区画上は東莞市。住民の多くは広東語の下位方言である「東莞話」を話すが、南西の山間地域などには▼客家（ハッカ）系の方言が話されている地域もある。華僑・華人の故郷としても広東省中部では▼四邑、中山地域に次ぐ主要地の一つである。また、地理的近さから、香港居住者のなかにも東莞出身者は多い。1980年代後半以降は、香港からの同地域への投資、とくに不動産投資が進んでいる。
（瀬川昌久）

唐館十三軒部屋（とうかんじゅうさんけんべや）

長崎にあったいわゆる▼唐人屋敷のこと。唐人屋敷が日本側からの呼称であるのに対し、唐館十三軒部屋は唐商側の事情も反映している。華僑が日本に継続的に定着しはじめたのは近世の長崎からである。清は日本銅（洋銅）調達のため官商1家と山西商人ら12家をもって白糸（生糸）を輸出し、日本銅を輸入した。それら13家は長崎の唐館十三軒部屋に居住を強制され、▼長崎奉行配下の諸役人の監視を受けた。
（川勝守）

『唐館騒動見聞志』（とうかんそうどうけんもんし）

1835年12月13日、午四番船主孫漁村の▼興福寺葬送の際、逃亡を企てた▼唐人5人の捕縛を端緒に騒動が勃発。翌日、筑前藩士ら200余人が▼唐人屋敷へ討ち入り、在館唐人180人を逮捕。大村牢へ護送された75人のうち、首謀者18人が日本再渡航禁止処分となった騒動の見聞録。柴秀夫編『長崎遺響』（双林社、1943年）に収録。唐人葬送の習俗や福岡・大村両藩士の衣装、討入りの状況が細やかに描写されている。記録者は不詳。巻末に「天保七年丙申四月下旬写之」とある。
（岩﨑義則）

圕『続長崎実録大成』長崎文献社、1974.

唐館前番所（とうかんまえばんしょ）

長崎の▼唐人屋敷前に置かれた番所。近世後期、長崎の唐館すなわち唐人屋敷に在住する唐人たちが館内を出て市内を動き、物品売買すなわち密貿易をすることが多くなった。1820（文政3）年幕府は大村藩主に命じて、唐館前に番所を建て、その家臣たち58人を勤務させた。唐館内唐人の出入りの取締まり、市中取締まりを兼任した。1823年には▼長崎奉行配下の地役人に任務交替となった。
（川勝守）

東京華僑総会［大陸系］（とうきょうかきょうそうかい）

日本最大の影響力をもつ総合的華僑団体。在日華僑全体を祖国中華人民共和国支持のもとに団結させ、会員相互の親睦、福祉増進を図ることを目的としている。台湾との特別の関係で日本には台湾出身者が比較的多いが、それでも日本華僑・華人の8割以上が大陸出身者である。政治的・イデオロギー的な台湾支持者もいるが、他方、台湾出身者のなかに

も同様な大陸支持者がかなりいる。このため、大陸系とか台湾系の組織といっても、前者の方が会員は圧倒的に多い。東京華僑総会は東京華僑聯合会の後身で、1946年4月、全日本の華僑統一組織として留日華僑総会が成立、下部組織として各都道府県単位に華僑聯合会が設立され、東京も翌5月に結成された。49年10月の新中国成立後、僑民大会名で新中国を支持する旨の声明を発表、51年に内部分裂が生じて、大陸系は各地聯合会の名称を華僑総会に改め、東京も現在名となった。53-58年、在日華僑が帰国して中国の社会主義建設に参加する運動を組織、帰国者数は数千人にのぼった。現在、会員は1万人余り。日本全国の華僑総会組織と提携関係にあり、それら全体の連合組織としての▼留日華僑聯合会に加入している。組織には会員代表大会、理事会、常務理事会、執行機関がある。99年12月、第5期会員代表182人が選ばれたが、最年長は85歳、最年少は25歳、うち女性44人、出身地別内訳は台湾40人、福建36人、浙江33人、江蘇・上海28人、北省（黄河以北の17省市）26人、広東19人。会長殷秋雄（江蘇）、副会長5人、名誉会長▼陳焜旺（台湾）。月3回の機関紙▼『華僑報』発行。事務局は中央区銀座8-2-12の東京華僑会館にある。関連団体として▼留日華僑北省同郷聯合会、留日華僑江蘇同郷会、▼留日華僑浙江同郷会、▼東京福建同郷会、▼留日広東同郷会、留日台湾省民会、▼東京華僑婦女会、▼東華教育文化交流財団など（いずれも現在名）。このうち江蘇、浙江、福建の各同郷会、婦女会、交流財団は、同じ東京華僑会館内に事務局がある。留日華僑聯合会、華東会館、華聯旅行社、華僑互助合作社、東華企業、中国通信社なども同会館に所在。

なお、東京以外にも大陸系の華僑総会組織がある。以下のとおりである（現在名）。北海道札幌、旭川、函館、岩手、秋田、宮城、群馬、埼玉、千葉、横浜、新潟、長野県、山梨、静岡県、愛知、三重、滋賀、京都、大阪、神戸、奈良、和歌山、鳥取、岡山県、広島、山口、四国、福岡、佐賀、長崎、熊本、大分、宮崎、鹿児島、沖縄の各華僑総会と、山形県華僑聯絡処の計36。　　（游仲勲）

㊂ 留日華僑浙江同郷会、東京華僑総会［台湾系］

㊞『華僑報』各号.

東京華僑総会［台湾系］　とうきょうかきょうそうかい
中華民国留日東京華僑総会

1951年成立の台湾系の東京華僑総会。正式名は中華民国留日東京華僑総会。台湾政権を支持し、当時の駐日大使館に申請、僑務委員会に登録された。陳礼桂、▼林以文、薛本貴、周祥賡、丁志明、楊承錦、張建国、陳正枝、呉泗村、蔡福仁、蔡枝元、陳道、蔡仲秋、荘海樹、林秋山、杜万齢などが会長を務め、現在は詹徳薫。会員は1997年当時で5351人。歴代会長の下で双十国慶大会、華僑節慶祝宴会、青年節慶祝大会などを開催している。所在は東京都中央区銀座6-13-6、3階。
　　　　　　　　　　　　　　　（游仲勲）

㊂ 東京華僑総会［大陸系］

東京華僑婦女会　とうきょうかきょうふじょかい

東京在住の華僑・華人婦人団体。大陸系。1961年に設立。相互の親睦・福祉の増進、文化的素養の向上、祖国に対する認識の向上、子女の民族教育支援、愛国精神の発揚などを目的とする。88年には会員数が150人を超えた。中国・日本各地の参観を行い、子女の教育などを討論している。かつては中華料理教室、旗袍服装教室、中国語教室、太極拳学習班などもやっていた。会長は張雪英。所在は▼東京華僑総会（大陸系）と同じく東京華僑会館内。なお、台湾系にも類似の名称をもつ旅日東京華僑婦女会がある。
　　　　　　　　　　　　　　　（游仲勲）

同郷団体　どうきょうだんたい

中国の内地および外地で、出身地が同一という関係で連帯して互助し、共同の利益を推進する団体。現代中国語でこの類のアソシエーションを広く「社団」と総称するが、それには同郷、同族（同宗、同姓）、同業、同学などの団体が含まれる。同郷団体は日本語による表現で、現代中国語では郷幇、英語では same-native-place association、ドイツ語で Landsmannschaft とする。郷幇が生ずる背景には、本籍地（▼原籍）を離れて遠方に流寓し出稼ぎすることが頻繁になるという社会事情がある。具体的には、移住、ないしは商工業者、運輸業者、サービス業者、学者・官吏、宗教者の長期短期の離郷ないし出

稼ぎが盛んになり、出先の地で地元民（本籍）や官憲の圧力に対抗するために、同郷をてこにして結束した。商工業者や交通業者ならば郷里からの資本援助、商品・人員の補給が得られ、学者・官吏であれば科挙の受験への往復や任地への旅行での宿泊、官界での庇護・栄進で、同郷団体からの支援は欠かせなかった。歴史的に郷幇の存在が目立つようになるのは、唐末、宋、元、明、清であるが、明末において国内商業が盛んになった頃、▼「会館」とか「公所」と呼ばれる郷幇の施設が首都から主要都市、鎮市にまで普及した。移住・出稼ぎ、在外商業運輸活動、および科挙での成功率の高い地方は郷幇の結束でもすぐれ、山西、陝西、徽州、寧波、山東、広東、福建、蘇州（洞庭）、江西、浙江衢州が十大商幇として知られる。中国内地でもそうだが、華僑・華人の組織においては郷幇が基本的な結束の形であって、▼同業団体＝業幇はふつう郷幇が分化して発達する。その理由は、外郷においては同族（▼同姓団体）をつくるほど近親者が多くなく、その一方で同郷の絆は融通性と包括性があって、県レベル、府州レベル、省レベル、2〜3の県、府州、省を自在に連合して団体を結成できるからである。　　　　　　　　　　　（斯波義信）

圖張海鵬・張海瀛主編『中国十大商幇』合肥：黄山書社，1993.

同業団体 _{どうぎょうだんたい}

同一職業の業種に帰属する関係によって結成される組織・団体。こうした団体形成は中国に限らないが、中国の都市では古くは行会、団行の名で知られる卸売業の組織があり、明末からは▼会館、公所という同郷性と同業性を交えた組織が発達し、清末1903年からは商工会議所にあたる総商会、▼商会、商工会と呼ばれる団体に改組されてきた。旧い同業団体の最盛期は明末から清代、民国初であり、北京では400余り、漢口でも100余りの各業の団体があった。これに並行して海外の諸都市に在住する華僑社会でも、中国式の特色を備えた同業団体の結成がさかんに見られ、シンガポール、バンコクなどではその歴史が詳しく知られている。ところで、漢語では同業団体のことを「同業」または「業幇」という。これは俗に「三縁」（郷縁、業縁、

血縁：同郷、同業、同宗）と並び称される中国で発達をとげた基本的な集団原理の一つである。それと同時に、経済目的の団体の形成・発展において、この三縁ことに「郷縁」と「業縁」が互いに混成し相補して機能した。すなわち、ある都市で団体が発展するとき、当初に優勢であった「郷縁」の絆が、商工業の発達・分化につれて同業の団体の優勢に移る傾きがある。ただし実際には、内部があまり分化せずに、同業、同郷、その混合によってつくられている単一な団体と、上部団体の下にこうした単一団体を連合し、したがって内部が分化しつつまとまる集成団体が並んで存在することが多く、後者の場合は広東会館、福建会館のように同郷性を掲げながら傘下の諸団体を統合した。1903年、商部の「商会簡明章程」によって近代商工会議所への移行が図られ、ペナン、マニラ、シンガポール、バタビア、長崎、サンフランシスコ、バンクーバー、バンコクでも、これに呼応して▼中華総商会が05から10年に生まれた。同業団体の祭神には、蔡倫（製紙業）、天后（運船業）、魯班（靴業）、老子（冶金業）、三皇（帽子業）、神農（薬屋）、梅葛二仙（染物屋）などがある。　　　　　　　　（斯波義信）

🔁 三縁関係，同業団体，宗親会，同姓団体

東京中華学校 _{とうきょうちゅうかがっこう}

東京の台湾系中国人小・中・高校。清末の1899年に改良派の▼梁啓超が横浜華僑から資金を集めて、東京牛込に東京（高等）大同学校を設立。生徒数30人余りで、これが東京最初の中国人学校である。日本で中国人学校が最も早く設立されたのは、中国からの留学生を目当てにした東京ではなく、在留華僑の子弟を対象とした横浜においてだった。のちに梁は日本を去り、同校は日本語専修学校となった。日本の政党から資金を集めて1900年に東亜商業学校となり、02年には清国駐日公使蔡均が受け継いで清華学校に改められたが、まもなくして廃校となった。29年小石川区に東京華僑学校成立、35年豊島区に新校舎完成。他にも少人数の塾的なものがあったが、日中戦争勃発とともに、教員が中国に帰ったり、校舎が焼けたりして、いずれも消滅。戦後の46年、東京華僑聯合会の成立とほぼ同時に、

同じ場所の中央区昭和小学校に間借りして復校、東京中華学校となった。小学部だけで生徒数約160人。48年千代田区五番町14の現在地に新校舎落成、同時に中学部を設けた。50年に最初の中学部の生徒15人が卒業、51年には日本政府から財団法人東京中華学校として認可された。49年から董事会を設け、59年理事会に改組。歴代会長は張和祥、張建国、校長は羅長闓ないがい、李政義、曲平。49年に新中国が成立したが、従来どおり国民政府（台湾に移転）の教科書を使い、青天白日旗を掲げた。56年台湾政権駐日大使館によって台湾から校長が派遣された。57年高等部開設、卒業すると台湾の大学に優先的に入学できた。今日、この優遇措置はないが、教室、講堂、体育館、運動場のほか、79年には電化、コンピュータ、タイプライター各教室増設。83年国際中正会館建設、体育館・運動場を整備。開校以来の卒業生は3000人を超え、95年現在、全部合わせて生徒数約270人、在留華僑の子弟は3分の1、残りは台湾、中国大陸から来た人々の、中国語で育った子弟である。

（游仲勲）

㊂ 東京の華僑・華人
㊝ 朱慧玲『当代日本華僑教育』太原：山西教育出版社，1996．／『華僑華人百科全書』教育科技巻．／『華僑大辞典』

道教と華僑・華人　どうきょうとかきょう・かじん

東南アジア、とくにマレーシアやシンガポールの華僑・華人社会の道教は、明・清時代、福建省・広東省の中国人を中心に東南アジアに移住した華人社会の道教である。明・清時代の道教については、龍虎山の正一派、浄明忠孝道、全真龍門派、金丹道（内丹）および三教合一帰儒の善書流通の地域的・文社的宗教結社、「白蓮・無為」教系宗教結社、さらに福建・広東地域の特殊の神々を含めた道教の神々などを考えなければならない。マレーシア、シンガポールでは、東マレーシアのクチンの上帝廟（玄天上帝、観音、娘々を祀る）、東嶽観（張天師符が行われる）、西マレーシアのマラッカなどの斗母宮（北斗九星を主神とする）、シンガポールの玉皇殿などは、道観（正一派中心）である。また街市では道士が宗教行事を行うのが見られる。以上のほか、三教帰一の道教信仰に基づく明・清時代の宗教結社三一教（明末の林兆恩の宗教結社）、清末から現代に至る間の中国本土で成立した真空教、紅卍字会（道院）、徳教会などの宗教結社が盛んである。民間の道教の神々としては土地神（伯公）、関帝、観音（媽祖）などの信仰が盛んである。さらに福建・広東の各地の地域的神（守護神）や宗族の祖先神があり、宗族の祖先の神霊位と地域的守護神位の合体した神がある（日本の氏神・鎮守の神の合体とは意味が違う）。地域的特殊の神としては福建省泉州府の清水祖師や保生大帝、開境祖師・地方守護神としては泉州府南安県の広沢尊王（各地の南安会館）、仙四師爺（クアラルンプール）、広東省潮州府掲陽県河婆埠の三山国王（クアラルンプールの河婆会館、客家会館、台湾南部の客家会館）などがある。宗族の祖先神・地域の守護神では、マラッカの陳氏穎川堂の開漳聖王は唐代の漳州刺史陳元光が開漳聖王として漳州府より移住した華僑社会の地域的守護神であるとともに陳氏の祖先神である。ペナンの葉氏公司は宗祠に祖先神の恵沢尊王を祀る。その他、邱氏龍山堂の大使爺、使頭公、林氏九龍堂の林姓（福建省泉州府恵安県出身）の媽祖（恵安県は媽祖の本廟のある興化府湄洲に接する）、林・鄧・池・魏・曾5姓（合族連姓宗祠の一）の五府王夫人、各宗族の某府王爺は、祖先神であり、5姓居住地域の地域的守護神ともなる。王爺は台湾では厄病神的性格が強いが、中国本土と同じく東南アジアでは守護神的性格が強い。宗族の場合の某府王爺は、祖先神である。マレーシア、シンガポールでは、大伯公廟が有名である。これは客家の土地神（社公）伯公を祀る。マレー人は土地神を拿督ダット（Dato）公という。東南アジア華人社会では、三保公（鄭和）と拿督公は戸ごとに祀られているが、拿督公の方が広く祀られている。三保公を祀った古廟には、マラッカに保山亭（三保公廟）がある。華人各戸の家屋内正庁に祖先を祀る祖堂があり、祖先の神位牌壇の下に屋敷神にあたる土地龍神の神位牌板（木製の朱塗りの板）が置かれる。この神位牌板には「唐番拿督神位」とか「五方五土龍神　唐番地主財神」の刻字が見られる。マラヤの唐人（華僑・華人）の各戸家屋内の土地龍神は、マラヤの土地神

（番拿督神）と同じく拿督神の名で祀られている。マレーシア・シンガポール社会では、マレー・イスラム文化と中国文化（とインド文化）とは、相互に寛容であり共存的である。唐番拿督神位牌は、華人文化のマレー人文化に対する共存関係を示す事例である。マレー人の拿督神は、特定の土地または地域的共同体の守護神である。マレー人の拿督（神・公）に対応する華人の神は、土地神、福徳正神、伯公（客家の土地神）などと呼ばれる。マレーシアやシンガポールの客家社会（会館）、とくに福建の漳州客家社会には、伯公を祀る大伯公廟が多い。マレー語の中に吸収された中国語は、漳州語系（漳州・汀州は、福建省で最も客家の多い地域）であるという。漳州客家の伯公がマレー語 Dato に吸収され、中国語・マレー語の合成語 Dato pekong、To'pekong となる。▼大伯公の「大」は、マラヤ語の To の訳音であるといわれる。　　　　　　　　　　（酒井忠夫）

㊂ 上帝廟, 北斗神, 斗母信仰, 九皇信仰, 道院紅卍字会, 徳教, 関帝廟, ダトゥー

㊷ Tadao SAKAI. Some Aspects of Chinese Religious Practices and Customs in Singapore and Malaysia. *Journal of Southeast Asian Studies*. 12-1, 1981.／酒井忠夫編, 1983（酒井論文・大川論文・野口論文・福井論文）.／林孝勝・呉華ほか『石叻古蹟』（南洋学会叢書第13種）シンガポール：南洋学会, 1975.

東京の華僑・華人　とうきょうのかきょう・かじん

古くからの開港地長崎や、新たに開港場となった横浜や神戸と比べると、東京に中国人が来るのは遅く、1870～80年代以降で、人数も少なかった。88年には鄭永慶によって上野に日本最初の喫茶店が開業、「カフェ」の名で全国に広がった。最初は留学生が多く、20世紀初頭にはとくに▼孫文の活動をはじめとする▼辛亥革命のための重要拠点となった。東京は在日中国人の経済活動の中心というよりも、むしろ政治活動の中心だった。経済では、長崎や横浜、神戸、函館などの商港の中国人のほうがより重要であった。東京には▼華僑学校はあるが、▼チャイナタウンや▼関帝廟、華僑寺廟などはない。1923年、関東大震災が発生し、東京華僑のかなりが親戚・知人が多くいる神戸、横浜などに逃避した。

東京の中国系人については、大きく言って、2度の大きな変化が見られた。第1は、1895年から1945年まで台湾が日本の植民地とされたことから、台湾から来る者が増えたことである（当時日本籍）。学生も多かった。彼らは長崎、横浜、神戸などよりも東京在住者が多かった。台湾とこれら地域との関係が、歴史的に見て大陸とこれら地域との関係ほど深くなかったからだろう。1930年には、在日台湾人は4611人だったが、その半分以上が東京在住者だった。東京の台湾人学生は1600人、中国籍・日本籍を合わせた東京中国系人の64％を占めた。日本全体でも、40年には大陸中国人2万0284人に対して、台湾人は2万2499人だったともいう。第2次大戦後、日本の政治経済が東京に一極集中化するとともに、在日華僑・華人も東京在住者が増えたが、とくに大きな変化だったのは、かつては「日本人」とされた台湾人が「中国人」となったことである。日本が1949年の新中国成立後も長く台湾の国民党政権を中国政府と見なして、これと外交関係を結んでいたことも台湾出身中国人を増加させたが（当時▼新華僑と呼ばれた）、彼らを含めることによって、数字的には東京が在日中国人の主たる居住地となった。台湾からの留学生出身の華僑も少なくない。戦後の東京の各種華僑・華人運動を見ても、大陸支持の運動・組織がけっこう台湾出身者によって担われている。

1999年末現在、外国人登録済みの日本在住中国人（中国籍保有者）は29万4201人、うち東京がいちばん多くて8万2911人、28.2％を占める。全体の3割近くで、2位の大阪が2万5933人、8.8％、1割に満たないのと比較すると、かなりの程度東京に集中していることがわかる。これ以外に日本国籍保有の華人、▼華裔がいるし、また東南アジア諸国からの華僑、華人、華裔もいる。その他、不法在留者なども入れると、東京華僑・華人は10万人を超えるだろう。

東京華僑については、他の日本各地と同様、中国の改革・開放以前から日本に来ていた▼旧華僑ないし▼老華僑と、それ以後の新華僑とに分かれる。1980年代後半以降、今度は大陸からの到来者が急増しだしたのである。台湾人の到来に次ぐ第2の大きな変化であ

る。ただ、他の地域と比べて2種類の新華僑（台湾および大陸出身）の比重が高いとみられるが、どれほどかは不明。また、全体としての人数も増え、企業人の到来も増えている。東京さらには広く東京圏で活躍する中国系の人々は多方面にわたり、そのなかにはいわゆる著名人もいる。研究者でも最近は大陸出身者の中国研究者が急増している。最近の日本における中国研究は、これら大陸中国人研究者によるところが小さくないが、東京圏でも多くの大陸中国人研究者が活躍している。中国系の留学生も中国大陸だけでなく、台湾、香港、あるいは東南アジアのそれも含めて、東京が最も多いとみられる。▼上海人、▼福建人、台湾人なども含めて、池袋や新宿、大久保などには準チャイナタウン的なものも出現している。不法在留者も少なくなく、新宿歌舞伎町には約300軒の中国人経営の飲食店があり、歌舞伎町全体からいえば1割にすぎないが、この界隈で数万人といわれる不法在留中国人の約3割のおもな食い扶持の供給源となっているという。
(游仲勲)

㋥ 横浜の華僑・華人，日本の華僑・華人，東京華僑総会［大陸系］，東京華僑総会［台湾系］

㋑ 森田靖郎『東京チャイニーズ』講談社文庫，1998.

東京福建同郷会 とうきょうふっけんどうきょうかい

東京在住福建省人の▼同郷団体。現在は大陸系で、会長は張仁猛。1945年に創立されたが、53年理事選出にあたって対立が発生、台湾系は別組織の留日福建同郷聯合会をつくった。なお、多くの地方に福建同郷会があり、東京が最大だが、各地が持回りで▼旅日福建同郷懇親会を開催、300～500人が参加する。61年9月の京都での開催以後、96年までに36回開かれ、福建省の省都福州で2回、北京の人民大会堂、日本の福建省人が比較的多い▼福清で各1回開催された。
(游仲勲)

㋑ E. Lee. *The towkays of Sabah.* Singapore UP, 1976.

唐桂良 とうけいりょう 1896-1983

戦後の横浜華僑リーダー、洋服仕立業。江蘇省上海出身。14歳で横浜へ。本職の洋服仕立ては名人芸といわれた。▼横浜華僑学校事件のおり、中華民国当局の学校占拠に憤り、仕事場を教室として提供。学校管理委員会会長として中華人民共和国支持の立場から愛国団結、民族教育を守る運動の最前戦に立つ。学校の建設、運営に尽力し、そのため本業がおろそかになったという話は有名である。京浜華僑洋服組合会長、京浜三江公所会長、横浜華僑聯誼会、▼横浜華僑総会（大陸系）の顧問などを歴任。
(符順和)

㋥ 横浜三江公所

董建華 とうけんか 1937-
TUNG Chee-hwa

▼香港特別行政区初代行政長官。上海で生まれ、1947年家族とともに香港に移住。60年にリバプール大学を卒業し、海洋事業に関する理学士の学位を取得。その後10年近くアメリカに居住したあと、父親董浩雲の事業を手伝うため、69年に香港に戻った。79年、董一族が経営する海運会社オリエント・オーバーシーズ（インターナショナル）の社長に就任。会社は80年代に世界的な海運不況により倒産の危機に陥ったが、各方面の支援を受け、再建に成功。92年に最後の香港総督クリス・パッテンにより総督への助言を行う行政評議会議員に任命された。13名の行政評議会議員のなかで、彼は唯一中国政府が任命した香港事務顧問であった。その後、返還後の行政長官候補に突然「ダークホース」として登場。江沢民総書記のお墨付きを経て、96年12月、香港特別行政区初代行政長官に選出された。中国指導者層の信頼は厚く、すでに2002年7月の再選が有力視されている。
(中園和仁)

『唐紅毛一件願書控』 とうこうもういっけんねがいがきひかえ

江戸後期の1797年6～9月、堺唐紅毛物問屋12軒が、柳屋勘兵衛、小西与七郎代啓助の両名を代表とし、堺、長崎、江戸の各奉行所へ出願した願書とその経過を記録した文書。柴秀夫編『長崎遺響』（双林社、1943年）に収録。底本は金田新平蔵本。当時、堺は、港湾の地勢変化や大坂の発展によって衰退過程にあった。1795年、大坂▼糸割符宿老が、堺への輸入貨物の移送差止めを画策。同調した長崎糸割符宿老が、堺問屋の入落札貨物を長崎で封鎖。堺問屋は、江戸初期1604年の▼糸割符120丸の認可、堺糸荷廻船35株の免許（慶長年中）などの旧特権をたてに、商人勝

手次第での貨物移送を求めて対抗措置に及んだ。輸入品取引の主導権をめぐる堺、大坂、長崎の各商人間の対立抗争の一端が窺える。原本の所在が不明なため、近世後期の貿易・商業史研究にとって有効な史料。　（岩崎義則）

同済病院（どうさいびょういん）
Tong Chai Hospital

シンガポールの▼華商・何道生らが発起人となって設立した慈善医療機関。漢方医療が主体。設立時期については、1861年、1867年、1885年の諸説がある。当初は石叻（シンガポール）同済医社といい、ノース・コンノート・ロードにあったが、1892年哇燕街に移り、現在の名に改めた。1970年振瑞路の同済大廈に移転し、もとの場所は国家の歴史遺産に指定されたが、診察は続けている。付属の漢方医薬研究所、漢方医薬図書館があり、漢方医の養成も行っている。　（田中恭子）

『東西洋考』（とうざいようこう）

明末の1617年頃、福建省延平府龍渓の人、張燮（ちょうしょう）が刊行した、おもに東南アジア海域、インド洋海域の諸国の状況、貿易などを詳述した書。東西洋とは、中国の東南海岸から真南に南下する軸線に対する東洋針路、西洋針路、すなわち航路上の方角をいう。12巻からなり、巻一～四の「西洋列国考」、巻五の「東洋列国考」は航路上の国々の風土、物産、交易を述べ、巻六の「外紀考」は日本とオランダについて記述し、巻七の「税餉考」と巻八の「税璫考」は当時の海上貿易・交通に対する明国の政策を述べ、巻九の「舟師考」は航海術および航路を具体的に詳述している。巻十一～十二は、海外に関する歴代の文章記述からの抜粋を集成している。なかでも明代の船舶、航海術、航路を記した巻九の内容がすぐれている。華僑についても役に立つ記述がある。　（斯波義信）

唐三か寺（とうさんかじ）

17世紀初期、長崎に建てられた臨済宗黄檗派の3唐寺、▼興福寺（南京寺）、▼福済寺（泉州寺、漳州寺）、▼崇福寺（福州寺）の総称。三福寺ともいう。郷貫と言語の違いにより3寺に分立し、読経も方言によった。長崎貿易に来航する唐商が、▼住宅唐人とともに航海の守護神▼媽祖を祀る祠廟を建てたこと

に始まる。この同郷会館を兼ねた祠廟を、江戸幕府によるキリスト教禁令に対応して、仏寺に改めて創建されたものである。しかし媽祖は今日に至るも、併せ祀られている。　（黒木國泰）

⊟ 唐寺［長崎］

東山マッチ工場（とうざんマッチこうじょう）
東山火柴廠

アメリカ華僑によって1919年に広東省広州市に創設されたマッチ工場。羅節若、陳達初を発起人（社長、副社長）に5万元の資本を調達、国産品振興のスローガンに呼応して国産原料の優先使用を進めたが、品質が舶来品に劣り競争に負ける。2度の増資でも改善が見られず、両トップが辞任。後任の羅雪甫が日本から新設備と原料を導入、旧工場の拡張や新工場の増設を行い、「舞龍」ブランドの製品を市場に投入したが、日中戦争下の戦災による損失や戦後のインフレ、競争激化で業績は不振。　（王効平）

投資移民（とうしいみん）

一定額以上の投資、事業創出を条件に受け入れられる移民のこと。▼商業移民とも呼ばれる。カナダ、オーストラリア、ニュージーランドなどの主要移民国や一部タックス・ヘイブン国が採用する移民政策で認められている。投資額やそれにともなう権利授与幅は各国の移民条例によって異なる。英連邦に属するこれら諸国が非差別的移民制度の導入で積極的に留学生、移民、難民を受け入れ、1980年代以後、とくに香港の中国への返還が日程にのぼってから、また台湾当局による対外投資の規制緩和措置施行にともなって、香港系、台湾系、または一部東南アジア華人によるこのような方式での移民、外国籍取得ケースが急増した。現地国における身分を確固たるものにした後、豊富なビジネスチャンスを求めてふたたび本拠地に戻る、いわゆる逆流現象も見られる。中南米諸国やタックス・ヘイブン諸国への投資移民が台湾系に目立つ。　（王効平）

同志劇場（どうしげきじょう）

大正期に▼横浜中華街にあった劇場。設立当初の状況は不明である。1918年4月24日の『横浜貿易新報』に、林鶴齢ほか45人が出資

して「中華劇場」設立・建設を計画中であり、神奈川県警察から建設の許可がおり、秋頃には竣工予定と報じられている。また、この劇場は大部分は鉄骨を使用して建設されるが、デザインは純中国式であり、舞台には中華街の慈善演劇団体である扶風社の人々が立つとも報じられている。『ジャパン・ディレクトリー』では、1919年版から23年版まで、山下町97番地に'Doshi Gekijo (Chinese Theatre)' と記載があるため、「中華劇場」は「同志劇場」と名づけられたと考えられる。同志劇場は22年4月26日に起こった地震で、正面と横の壁が倒壊する被害にあいながらも持ちこたえたが、翌年9月1日の関東大震災で瓦解した。

(伊藤泉美)

圏『横浜中華街』

唐人（とうじん）

近代以前、中国の周辺ないし海外において、出国し外地に滞在・居留する中国人を指した呼び名。記録を見るかぎり、旧時では中国人が自らのことを「中国人」「華人」と呼んだ例はごくまれで、外交などの公文書では「大唐人」「大宋人」「大元人」「大明人」「大清人」とするが、ふつうは「唐人」が多い。唐国の領域が清以前では史上最大で、しかも海上陸上ともに海外との交流も盛んであったから、中国人の代名詞として「唐人」が内外で慣用されたのだろう。西洋でもタウガス（＝唐家子の音訳）と呼ばれ、英語にいまでも Tang People とする例もある。日本、東南アジア、インド方面に滞在する中国人を、史書は唐人と伝え、唐船、唐貨の語も使われた。日本でも唐人街、唐物、▼唐船、▼唐人屋敷、唐桟などの用法がある。ただし朝鮮半島の使節を含めて唐人と呼んだこともある。唐と同じく大帝国だった漢にちなんで「漢人」と呼んだ例は少なく、むしろ秦の存在が海外に広く聞こえて、チナ、China から Chinese、China man 系列の呼び名が長く残った。

(斯波義信)

唐人街（とうじんがい） ⇨ チャイナタウン

唐人墓（とうじんばか）

八重山諸島石垣島の富崎臨海公園にあり、島で死亡したロバート・バウン号関係中国人128人の霊を祀る廟。1852年の▼ロバート・バ

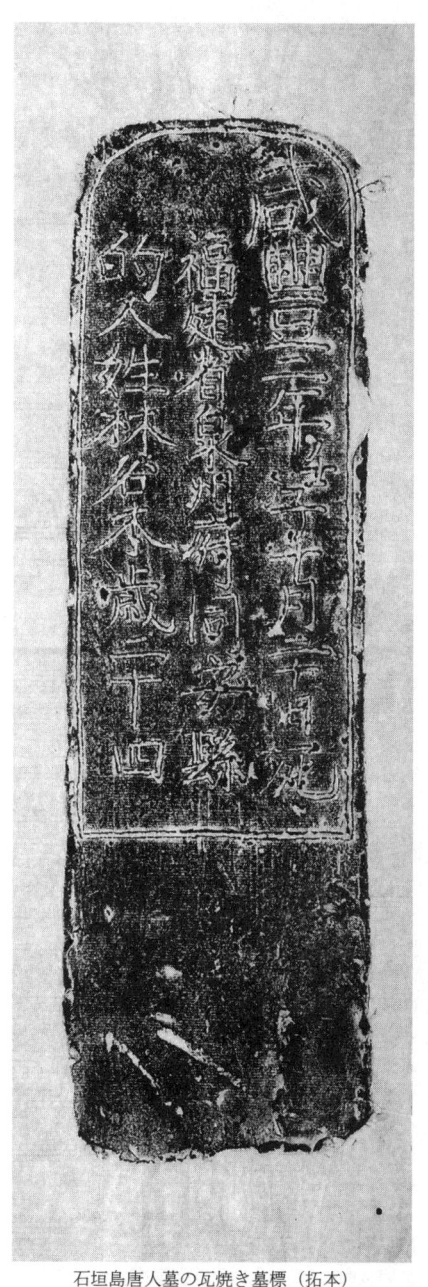

トウジンバカ

石垣島唐人墓の瓦焼き墓標（拓本）
所蔵：石垣市立八重山博物館

555

トウジンフチョウ

ウン号事件で石垣島に上陸した中国人380人のうち、53年10月末、琉球の護送船2隻で那覇から▼福州へ送還されたのは蔡祥慶ら172人だけであった。1年7か月の滞在中、マラリアなどによる病死、山中に逃亡して自殺・餓死した者、英米軍艦による捜査時の被弾死亡などで多数の死亡者、逮捕者を出したからである。富崎野に散在する、珊瑚礁をバラ石積みにした彼らの野墓を、1971年9月になって合祀し、現在の唐人墓が竣工した。別に八重山桃林寺、石垣市立八重山博物館、沖縄県立図書館八重山分館に、出身地・姓名・死亡年月日・年齢を刻み、野墓の上に置いてあった瓦焼きの墓標、合計6が保存されている。

(可児弘明)

㋺ ロバート・バウン号事件, 苦力貿易
㋶ 陳哲雄「八重山唐人墓についての史的研究」『宮村真演教授還暦記念論文集南島史論』琉大史学会, 1972.／『沖縄大百科事典』中, 沖縄タイムス社, 1983.／田島信洋『石垣島唐人墓事件』同時代社, 2000.

唐人符丁 とうじんふちょう

中国の商業、帳簿などに使われてきた略式数字の書式の「号馬」(号碼、碼字、暗碼)、および歳月・量目などの別字、略字、略式書法のこと。江戸時代、これを「唐人符丁」といった。起源は春秋・戦国あたりに遡り、下って北宋の司馬光の『潜虚』にも記されている。若干の地方差を伴いながら「厦門式」「広東式」「寧波式」「天津式」などの簿記で使われたほか、官庁の財務文書、司法文書、さらに個人の私信などでも用いられ、現代中国の簡体文字のなかにもかなりが使われている。具体的な使われ方や用例について系統的に解説したものとして、東亜同文会編『清国商業綜覧』(1906年)第1巻第2編「支那商業簿記法一斑」、第2章「記帳」、第1節「暗碼数字及商業省筆法」、▼根岸佶『商事に関する慣行調査報告書』(1943年)第3篇「合股会計」、第8章「帳簿」の用字などの記述が参考になる。

(斯波義信)

㋺ アモイ式簿記, 華僑帳簿

唐人町 とうじんまち

唐人町には、いわゆる中華街、中国人町という華人(▼唐人)居留地をいう場合と、単なる地名としてつけられた町名という両義がある。もっとも、町の地名としての唐人町も過去に華人・華僑の居留があったという伝承に根ざすことが多いが、九州地方には豊臣秀吉の朝鮮出兵に際して連行された朝鮮人が居住を指定された地区を指す場合もある。16世紀後半、明の海禁令が緩くなるのに乗じて華人の海外移住が増加し、加えてポルトガルの白糸(生糸)中継貿易の独占を破るために明人の日本招聘が試みられると、九州各地に唐人町が形成された。日本華僑社会の母型である。豊後府内・▼臼杵(大分県)、肥前▼口之津(長崎県)、肥後伊倉・熊本(熊本県)、大隅小根占・高山・串良、薩摩▼坊津(鹿児島県)などに中華街ができた。一方、筑前福岡、肥前佐賀、肥後人吉などは朝鮮人町である。なお、臼杵などには中国人・朝鮮人混住も多かった。肥前▼平戸・長崎・福江、肥後川尻、薩摩鹿児島、大隅高須などにも華僑が多かった。ただし、高須や川尻には現在、唐人町の地名は残らない。逆に筑後八女(福岡県)の唐人町は14、15世紀に形成されたものらしく、町名のみで実態は消失している。近世に入り唐人町の実態を維持したのは長崎のみであるが、婚姻、不動産土地所有(居住地)、職業などで外国人としての法的差別はなかったと思われる。ただし、薩摩藩では唐人だけの戸籍が作成された。長崎では17世紀中葉までに、▼唐三か寺や唐人墓地を創建し、華宇、三官、二官、ペッケイのごとき朱印船主や▼唐通事などの有力唐人を核として、ごく限られた自治が認められた。だが、鎖国下で▼唐人屋敷の建設が長崎に限られると、各地の華僑は帰国か、長崎移住しか道はなかった。さもなければ、日本人となって現地社会に融合することになり、華僑・華人の否定となってしまう。

(川勝守)

㋶ 山脇悌二郎『長崎の唐人貿易』吉川弘文館, 1964 (新装版1995).／中村質「近世の日本華僑」箭内健次監修『外来文化と九州』平凡社, 1973.

唐人屋敷 とうじんやしき

江戸時代、長崎に対日貿易に来航した▼唐人を収容した施設。唐館ともいう。現長崎市館内町にあった。1684年、台湾の鄭氏の滅亡により、清朝は遷界令を解き、中国大陸からの海外渡航を公許した。このため日本への来航▼唐船は激増。金銀の流出増大や、市場の

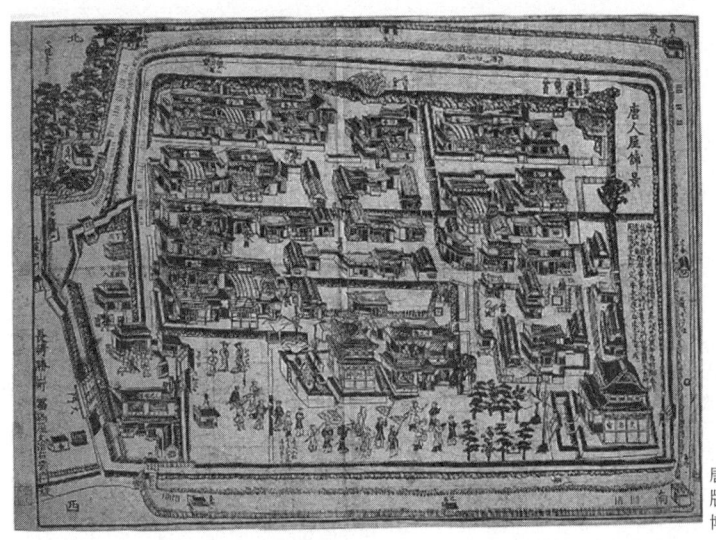

唐人屋舗景（冨嶋屋版）。所蔵：神戸市立博物館

混乱を予想した幕府は、翌85年8月、年間貿易取引高を制限する「御定高」仕法を制定した（唐船は銀6000貫目）。だが、来航唐船は、市法貿易期（1672-84年）の年20艘台から増加をとげ、1688年には194艘にも及んだ。積荷高を下回る取引許可額の割付により、唐船の取引要求は満たされず、また、余船には積戻りが命じられた。1688年より船数を起帆地別に計70艘に限定したが、載来品のだぶつきや、積戻り船の多発から、密貿易（抜け荷・隠し荷）が激増。その対策として長崎に唐人屋敷が設立された。唐人屋敷は、市中（宿町・小宿）散宿の来航唐人を、一括収容するもので、唐人は土庫とも呼んだ。1688年7月、幕命により十膳寺郷の幕府御薬園の地を選定し、町年寄を支配人として工事が行われ、翌89年4月に完成。総坪数は9300坪余で、一度に唐船50艘分の収容能力があった。総工費は銀634貫目余（うち400貫目は幕府貸与銀、234貫目余は長崎地下配分金からの支出）。唐人は手回り品だけで入館し、唐人屋敷の各部屋は、唐船滞在期間中にだけ利用された。唐船貨物は、宿町・付町支配の蔵本（1702年からは新設の新地荷蔵）に収蔵し、奉行所検使の封印を受けた。屋敷内には、唐人部屋20、市店107、媽姐堂（ ▼天后堂）、▼土神堂、▼観音堂、涼所、乙名部屋、通事部屋、大門番所、新番所、二ノ門番所、探番詰居所、貫屋、牢屋、波戸場番所、矢来門番所などがあり、一般日本人では、遊女・禿、門鑑を持った指定商人らが入館を許されたが、二ノ門内への出入は▼長崎奉行以下係役人、長崎町年寄、唐人屋敷乙名、同組頭、日行使、▼唐通事、遊女のほかは許されていない。毎年正月15日には蛇踊り、2月2日は唐人踊りなどが挙行された。長崎開港以後、貿易特権を失った唐人のなかには、新地などへ移住する者も現れた。1870年に焼失し、跡地は市民に分譲された。 （岩﨑義則）

山本紀綱『長崎唐人屋敷』謙光社，1983．

東成汽船会社 とうせいきせんがいしゃ
東成公司

華僑資本によって1931年に▼スワトウに設立された汽船会社。1910～20年代に広東省東部、韓江流域の潮汕ー▼大埔・▼梅県間内航航路に従事する汽船会社が30社余りあり、うちタイ、マレー、インドネシアなどの華僑が投資するそれが31年に合併したもの。資本金90万元、華僑のシェアは40%。内航汽船26隻、総積載量3.5万トン、従業員600人余り、韓江を航行する汽船会社中最大規模だった。

（王効平）

同姓団体 <small>どうせいだんたい</small>

同じ中国姓を有することを基本資格とする任意加入団体であり、移民社会に発達をみた。某姓宗親会、某姓宗親総会、某氏公会などのように姓を明示した団体名称の場合はわかりやすいが、シンガポールの潮州西河公会（1879年成立）のように広東省旧潮州府出身の林姓の人々の団体ではあっても、組織名称には林姓の堂号（姓の発祥地）が示されるのみで宗親会であるとはわかりにくい団体もある。また、同姓者の間のみならず、往古に祖先が兄弟関係にあったことを根拠として複数の異なる姓が連合して結成する場合もあり、談・譚・許・謝の4姓で構成する昭倫公所（香港、東南アジア、北米）はその一例である。こうした団体は「聯宗会」と呼ばれ、北米や東南アジアの華僑社会で発達した。同姓者の人口規模が比較的小さい姓が大姓に対抗して結成した場合もあるが、香港龍岡親義総会のように、劉・関・張・趙という必ずしも弱小ではない姓が、それぞれの単姓団体がすでにあるにもかかわらず、小説『三国演義』の登場人物の義兄弟関係および親交を根拠にして結成された場合もあり、同姓・血縁関係を極端に拡大解釈して組織規模を大きくすること自体が目的化したともみなされる。会員数が多ければ財政基盤を強め、会員がトラブルに巻き込まれた際に他の同種の団体に対抗する力を大きくできたからである。

以上のようなさまざまな名称をもち、同姓であることは父系血縁関係があることの証であるというイデオロギーに基づいた任意加入団体を総称するための研究用語として、「同姓団体」は考案された。世界各地の華人社会に存在する同姓団体の実態はまだ十分に解明されてはいないが、いくつかの類型があると思われる。1番目は、住民が同姓の宗族によって占められる村や郷からの出身者によって結成された同郷会で、会員はすべて同姓者であることが多く、宗親会という名称の団体と実質は同じである。たとえば、香港の旅港波羅同郷会（周姓、1985年成立）のように周姓の開村始祖を祀る祭壇を会所に有し、祖先祭祀儀礼を重視し、郷里である広東省開平県の波羅との繋がりを保ちつづけている団体がある。2番目は、メンバーシップにおいて1番目よりも規模が大きく、かつ県内の同姓宗族が共同して大宗祠を建造したことを根拠にして、クラン的関係を復活させて結成され、新中国成立以前から香港にある共有財産を継承し維持・発展させている団体、たとえば香港周濂渓宗親会（周姓、1976年成立）。3番目は、かつて府あるいは省内の同姓の宗族の一部有志が資金を供出してその中心都市に合族祠を建設し、共通祖先の祭祀を大義名分として政治・経済的な実利を目的にクラン的結合を図ったことにちなみ、単に同姓であることを入会の基本資格として結成した団体である。方言が共通している会員によって構成されている場合には、多くは某姓宗親会という団体名称を用いている。複数の方言使用者によって構成される団体の多くは、某姓宗親総会と命名されていることが多い。たとえば、周氏宗親総会（1948年成立）。4番目は、すでに述べた複数の姓が連合して結成した団体であり、香港の例では、ほかに区欧欧陽同宗会（1957年成立、区<small>おう</small>・欧・欧陽の3姓）、香港遡源堂雷方鄺宗親会（1958年成立、雷・方・鄺の3姓）、香港至徳総会（1960年成立、呉・周・蔡・翁・曹の5姓）などがある。これらは、各姓が分立する以前は祖先が父を同じくする兄弟であったことを、連合する根拠としている。

同姓団体の類型は事例の分析と地域間比較が進むにつれてさらに細分化される可能性がある。また香港の事例の類型化を通じて気づく点の一つは、たとえば、周姓の団体の場合、四つの類型すべてに周姓がかかわる団体が含まれていることである。周姓の一個人が類型1と類型2の団体に二重所属していることがあることは確認されているが、他の類型間では確認されていない。さらに同姓の団体間の関係も考慮に入れる必要もあろう。

（吉原和男）

⇨ 郡号牌，同郷団体

📖 吉原和男「香港の同姓団体」塚田誠之ほか編『流動する民族』平凡社，2001．

唐船 <small>とうせん</small>

日本中世・近世における唐船の語義には、(1)中国から来た船、(2)中国式の船、(3)中国へ向かう貿易船という3義がある。唐船の内容は近世、江戸時代に格段に詳細になった。そ

船首の大きな目、高い船尾楼、巨大な舵とマストが唐船の外観的特徴。出典：『長崎名勝図絵』（文政1［1818］年刊）

の唐船は原則として長崎に入港する船で、ベトナム（東京トンキン、広南クアンナム）、カンボジア（柬埔寨カンボジャ、万丹バンタン）、タイ（暹羅シャム、六昆リゴール）、マレー（大泥ダイディ、パタニ）、ジャワ（咬噹吧カルパ／ジャガタラ）、マラッカ（麻六甲）方面からの船も含んでいた。唐船は出港地によって、口船、中奥船、奥船の区別がある。口船に所属する船は南京、蘇州、鎮江、揚州、淮安、寧波の各船、中奥船は福建・広東方面の船、奥船はジャワなど南海方面からの船。近世の時期によっても変化がある。1680年頃までは台湾鄭氏政権が制海権を握り、清朝も鄭氏政権の経済封鎖のために遷界令を布いた。長崎へは当初は▼鄭成功が支配した長江下流域の船（南京船、普陀山船、寧波船）か台湾船（思明州船、東寧船）、または平南王尚可喜・尚之信や靖南王耿仲明、呉三桂らの三藩の船（福州船、泉州船、厦門船、潮州船、広東船、高州船）、あるいは東南アジア方面の船（東京船、広南船、柬埔寨船、万丹船、暹羅船、六昆船、大泥船、咬噹吧船、麻六甲船）であった。それが清朝の台湾統一後（1683年、天和3年）には、海上交易が活発になり、中国各地からの船が多くなる。また、唐船は季節により、春船20艘（南京5、寧波7、普陀山2、福州6）、夏船26艘（南京3、泉州4、漳州3、普陀山1、アモイ5、福州4、広州2）、秋船14艘（南京2、高州2、福州3、寧波1、広州4、潮州2）となっていた。唐船がもたらす中国情報、風説書は、▼『華夷変態』に編纂された。唐船ごとの分類によって各年次ごとに編纂されている。　（川勝守）

「唐船」とうせん

謡曲の曲名。日本と唐土の船争いで日本の九州箱崎に連れて来られた祖慶官人を中国の子供が連れ戻しに来て、帰国するという話。前期▼倭寇によって捕らえられて来た中国人を題材にしたという説と、1523年の寧波の乱を題材にしたという説がある。世阿弥の時代から確認される「ウシヒキノ能」が「唐船」と同一であれば、前者のほうが有力。舞台である筥崎宮境内には「唐船塔」がある。

（佐伯弘次）

参 秋山謙蔵「謡曲『唐船』と『倭寇』」『市村博士古稀記念東洋史論叢』冨山房，1933.

同善医院 どうぜんいいん

Tung Shan Hospital

マラヤ最初の漢方病院。1881年に華人カピタンの葉観盛が▼クアラルンプールに創設、錫鉱山労働者や貧困層に医療を無料提供。当初の名称は培善堂、94年同善医院と改称、現在に至る。1961年入院施設を増設。70年西洋医学部門を増設。83年政府より漢方部門に対し民間医療施設法の制限を免除された。

（蔡史君）

唐船請人 とうせんうけにん

長崎地役人の一。来航唐船の身元保証人。

広義の▼唐通事に含まれる。初め1635（寛永12）年、来航唐船のキリシタンでないことの保証から始まったとされるが、63（寛文3）年または71年、▼住宅唐人のうち福州人陳九官、泉州人江七官、浙江人楊一官、福州人薛八官、南京人李八官、漳州人王二官を任じた。以後6人を定員として子孫がその職を伝えたが、しだいに唐通事の下僚になり、1764（明和元）年廃止されて内通事小頭見習末席と称した。
（林陸朗）

唐船貨物改帳 とうせんかもつあらためちょう

江戸時代、▼唐船の貿易総額を銀6000貫目と定めた制限額が正確に守られているかを監査するために、▼唐通事により作成された記録。定高貿易が行われた1685年から1714年までのものが内閣文庫に現存する。毎年積荷の取引が終わると、船1艘ごとに、唐通事がその品名と数量を検査し、署名する。さらに、帰り荷の取引終了後には、同様の検査により、▼唐船帰帆荷物買渡帳が作成された。この2種の帳簿を合冊にして幕府の勘定所に送り、取引総額の監査が行われた。（永積洋子）

参『唐蛮貨物帳』全2冊、内閣文庫、1970.

唐船帰帆荷物買渡帳 とうせんきはんにもつかいわたりちょう

江戸時代、▼唐船の定高貿易の輸出割当額が守られているかを監査するために、▼唐通事により作成された記録。船1艘ごとに、割り付けられた売立銀高とそれを金に換算した金高を記し、そのために支払われた銀、銅のほか、小間物、煎海鼠、干鮑、鱶鰭、▼昆布、醬油、狐皮、炭などの品目の明細を記す。オランダはこれらの輸出品と輸入品の数量を、唐通事、オランダ通詞を介して、できるかぎり手に入れているので、定高貿易期以外の年の記録も、オランダ史料により復元できることが多い。（永積洋子）

□ 唐船貨物改帳
参『唐蛮貨物帳』全2冊、内閣文庫、1970.／永積洋子編『唐船輸出入数量一覧 1637～1833年』創文社、1987.

『唐船進港回棹録』 とうせんしんこうかいとうろく

1715年から1733年の唐船の長崎入出港の一覧記録。全1冊（38丁）。県立長崎図書館蔵。1735年までの出港船が記録されているため、書物の成立はこれ以降となる。1719年、唐稽古通事から聖堂書記役へと信牌の記録係が変更されたことから、作成は聖堂書記役と推定。『信牌方記録』（県立長崎図書館）などとあわせ、▼唐船貿易の貴重な史料。（岩崎義則）

参『唐船進港回棹録・島原本唐人風説書・割符留帳』関西大学東西学術研究所、1974.

唐船の図 とうせんのず

江戸時代に長崎に来航した中国の貿易船を一般に▼唐船と呼称したが、これら中国商船の姿を一般に普及したのは、長崎に来着した旅客の土産とされたと思われる「長崎版画」である。さらに、平戸市にある松浦史料博物館に正確に描写したとされる18世紀初期頃の「唐船之図」図や、同図の模写とされる長崎県立図書館所蔵の「唐船之図」などがある。これらの図が、当時の中国帆船の状況を如実に描写して貴重な資料となっている。
（松浦章）

参 大庭修『江戸時代における中国文化受容の研究』同朋舎、1984.

唐船風説書 とうせんふうせつがき

江戸時代、▼唐船が長崎に入港したとき、▼唐通事が聴取し、幕府に提出した海外情報。1644年から1724年の風説書は林鵞峰・鳳岡父子が編纂して『華夷変態』と題した。この時期は明が滅じ、清が興る変革期にあたり、明の遺臣が幕府にたびたび援助を求めたため、幕府は中国の情報収集に努めていた。初期のものは勅諭、咨文、檄文、時務論策などを含み、またキリスト教に関する情報もある。
（永積洋子）

参『華夷変態』全3冊、東洋文庫、1958-59.

唐船貿易 とうせんぼうえき

江戸時代における▼唐船による中国との貿易で、唐人貿易ともいう。1662年（▼鄭成功没）から85年、幕府による長崎貿易の定高法制制定の年までに唐船の長崎入港は平均年30艘、86年から1707年まで（清朝康熙帝最盛期）は最も多く年平均70艘を下らない。輸入品は生糸（白糸）、絹織物各種、木綿、茶や、漢籍図書、文具、陶磁器、薬種、香料、水銀、虎皮、砂糖、鼈甲など、輸出品は金、銀、銅が大部分で、蒔絵、刀剣のほか、▼俵物と呼ばれる煎海鼠、干鮑、鱶鰭、▼昆布、錫、天草などの海産物、これは時

代とともに増加した。17世紀は生糸・絹織物の輸入が多く、圧倒的な入超で金・銀が流失した。新井白石の正徳（長崎）新例は1715年に施行され、唐船の入港数を1年30艘、定高銀6000貫とし、年額300万斤の銅を売り、不足が出れば俵物で補う。この時期より次の8代将軍徳川吉宗の享保・元文年間（1716-41年）に幕府も諸藩も諸物産増産に努め、とくに養蚕を振興し、生糸・絹織物の自給を図った。その結果、日中貿易関係は逆転し、多くの金・銀が流入し、銅でさえも輸出量が激減、ために清朝は乾隆期に雲南銅を開発する必要が生じた。中国における銅生産は有史以来、4000年以上の歴史があって、すでに内地、主要部の原料銅は涸渇し、日本からの輸入に頼っていた。清朝は輸入業者として内務府商人を弁銅官商に、民間の山西商人ら12家を指定して十二家額商とし、銅輸入を請け負わせた。吉宗時代、清朝は雍正時代であったが、なんとか日本からの銅輸入量を確保するようにとの悲痛な指示を総督李衛ら江南現地地方官に出している。清国商人たちは幕府の指示により長崎で唐船を待ち受ける▼長崎奉行の種々の難題に出遇う。▼黄檗宗僧侶や医者から武芸者にいたる人物が渡来するのみならず、2頭の象とクジャクやオウムなど珍奇な動物が持ち込まれ、そして『大清会典』から大量な各地の府志県志など地方志、これらは国外どころか部外持出し禁止の禁制の書物であるが、それがいともたやすく長崎に舶載され、江戸の将軍の御文庫、紅葉山文庫に架蔵される。将軍だけではない、尾張や紀伊の御三家、各地松平、井伊、本多、酒井らの譜代大名、加賀前田侯以下の外様大名、好書家であれば、徳山毛利家や豊後佐伯の毛利家など小藩領主も漢籍を購入した。出超時代の長崎、唐船貿易の結果である。　（川勝守）

🔲山脇悌二郎『長崎の唐人貿易』吉川弘文館，1964（新装版1995）．／大庭脩『江戸時代における唐船持渡書の研究』関西大学，1967．／川勝守『日本近世と東アジア世界』吉川弘文館，2000．

唐船見送番所　とうせんみおくりばんしょ

江戸時代中期に長崎に置かれた▼唐船の活動監視の番所。幕府が清国からの輸入制限を強めていた正徳（1711-16年）以後、日本からの貿易商品は長崎で売残りがちであった。そこで1716（享保元）年、港外の木鉢浦に最初に番所が設けられた。唐船の帰国に際しては、その売残り荷物が抜け荷、密貿易品とならないように監視するのが目的であった。船姿三里、帆姿三里、あるいは船影三里、帆影七里など、帰り荷が問題となった。また、日本から機密情報を持ち出すのを規制すること、これも監視の目的である。不審な行動を監視するのである。　（川勝守）

同宗団体（どうそうだんたい）⇒ 宗親会（そうしんかい）
同族経営（どうぞくけいえい）⇒ 股份制度（こぶんせいど）

唐通事　とうつうじ

主として▼長崎奉行配下の地役人である中国語の通訳官をいう。1604（慶長9）年、山西省出身と伝える長崎在住の▼馮六をを登用したことに始まる。その後しだいに人数を増し、40（寛永17）年には大通事4人・小通事2人と大小2階級に分かれ、のち定員には異動があったが、72（寛文12）年大通事4人・小通事5人となって固定した。また53（承応2）年に小通事の下に稽古通事若干名をおき、66（寛文6）年には私的な通訳である内通事のうち7人を内通事小頭と名づけて業務の補佐とした。その後職制が分化して大通事の上に唐通事目附、直組定立合（ねぐみさだためたちあい）通事、風説定（ふうせつさだめ）役、御用通事、唐通事諸立合、唐通事頭取などがおかれ、大小通事の下にそれぞれ同過人、同助、同並、同末席が、稽古通事の下に同見習がおかれるなど複雑となり、人数も1866（慶応元）年には稽古通事見習以上が74人、内通事小頭などを入れると84人に達した。大小通事の地位は役株として、主として帰化中国人の子孫である一定の家筋の者が世襲した。その家では幼少のときから中国語の会話を習い、稽古通事見習として業務を習練し、経験を積んでしだいに昇進した。業務は通訳のほかさまざまな貿易実務に参加し、長老は奉行の外交・貿易の諮問に与り、1715（正徳5）年以後は通商許可証である信牌をその名で発給するなど商務官的な性格が強かった。通常業務は大小通事各1名の年番通事を中心に運営された。なお大小通事とその分化職以外に▼唐年行司、▼唐船請人（のち内通事小頭見習末席）、時期によっては▼暹羅（シャム）通事、▼東京（トンキン）通事、▼モフル通事なども広

義の唐通事に含まれる。以上は長崎の唐通事であるが、薩摩藩でも交易地に唐通事をおき、琉球国も明と縁のある▼久米村出身者を唐通事に任じた。
（林陸朗）

圏宮田安『唐通事家系論攷』長崎文献社，1979．／林陸朗「長崎唐通事の職制と役株」『近世国家の支配構造』雄山閣出版，1986．／同『長崎唐通事』吉川弘文館，2000．

唐通事会所 とうつうじかいしょ

長崎唐通事の役所。▼唐通事がおかれて以来、長く会所（役所）はなく、年番大通事などの家を役宅としたが、1751（宝暦元）年6月初めて会所が今町元人参座屋敷の跡地におかれ、62年7月本興善町の糸荷蔵跡に移された。現在の新興善小学校敷地の場所。ここで年番大小通事を中心に平常業務が行われた。なお職務上の記録『唐通事会所日録』が編纂され、1663（寛文3）年から1715（正徳5）年の分が公刊されている。
（林陸朗）

圏東京大学史料編纂所編『唐通事会所日録』7冊、東京大学出版会，1955-68．

唐通事の家系 とうつうじのかけい

▼唐通事を勤めた家はおよそ70数家であるが、明末渡来人を始祖とする本宗は30家ほどで、他はその分家か、唐船請人などから転じた家系である。彼らは、姓は中国姓のままのものもあったが、日本人妻の姓を称すもの、中国の▼原籍地にちなんだものなどさまざまであって統一はない。しかし名前（名乗り）はすべて市兵衛、仁左衛門のように日本名を称し、結髪・服装なども日本風にした。以下にその主要な氏族の始祖・出自・改姓などについて述べる。最初の▼馮六は山西省出身と伝えられ、その子孫は初代の妻の姓平野氏を称した。次に頴川氏は福建省漳州府出身の陳冲一を始祖とする家のほか、陳九官（▼頴川官兵衛）、陳敬山、陳清官、陳三官、陳一官をそれぞれ始祖とする6系統の頴川氏があるが、冲一系の分家には葉姓を称する家もある。頴川は陳姓の祖籍の地といわれる河南の頴川郡（禹県）または頴水という川にちなむと見られる。次に彭城氏には福建省福州府出身の劉一水を始祖とする家、その分家の一つに游龍氏があるほかに、江蘇省淮安府の劉鳳岐、出身地不詳の劉焜台を始祖とする彭城氏がある。彭城は原籍江蘇省銅山県の地名の和訓とされるが、同姓各家の関係はわからない。次に林氏は福建省福州出身の林公琰、▼林太卿（林楚玉）の2系統があるが、前者の分家には2祖▼林道栄の号官梅を姓とする家がある。呉氏には福建省▼漳州出身の呉振甫、▼呉宗園、同▼泉州出身の呉栄宗をそれぞれ始祖とする3系統、蔡氏には泉州の蔡昆山、▼蔡二官を祖とする2系統があり、同じ泉州出身の周辰官を祖とする周氏がある。また福州人としては▼何高材を祖とする何氏、▼薛八官および▼薛姓由の薛氏、▼王心渠の王氏、鄭二官の鄭氏らも本姓のままを日本姓としたが、馬栄宇を祖とする中山氏は妻の姓によった改姓であり、▼兪惟和の河間氏は祖籍の河北省河間府によるという。また漳州出身の▼高寿覚を祖とする深見氏はその祖先が渤海の出身であるというのでその和訓として深見を当てたといい、陳潜明を祖とする西村氏は妻の姓を名乗り、▼欧陽雲台の子孫は1字を取って陽氏と称し、福建省延平府の盧君玉の子孫はそのまま盧氏を称している。東京商人の▼魏之琰は福建省福州府の人で、子孫は祖籍河北省鉅鹿を「おおが」と読んで姓とした。浙江省紹興府の徐敬雲の子孫の東海氏は原籍の江蘇省海州府東海県によるものと見られる。同じ浙江省の楊鳴悟はそのまま楊氏と称し、四川省達陽府出身と伝える▼張三峯の子孫は祖籍江蘇省淮安府清河県（淮陰）によって清川（河）氏を称したとされる。また出身地は不詳であるが神代氏の本姓は熊で神代は妻の姓かと見られ、柳屋氏の本姓は柳とされ、高尾氏の始祖は樊玉環、吉島氏の始祖は鄭崇明とされるが詳しいことはわからない。このほか始祖や出身地の不詳の氏もある。
（林陸朗）

圏宮田安『唐通事家系論攷』長崎文献社，1979．／李献璋『長崎唐人の研究』親和銀行，1991．

唐寺［長崎］ とうでら

中国人の貿易業者と長崎在住の▼唐人が航海守護神の媽祖像を安置し祀る同郷幇会館の祠堂から発達した▼黄檗宗の諸仏寺をいう。もと臨済宗黄檗派であったが、1876（明治9）年から黄檗宗とされた。17世紀初め、元和から寛永初年にかけて、熾烈化しつつあっ

たキリシタン取締まりから自衛するために、仏教信仰を前面に出し、それぞれ郷幇の祖籍から唐僧を招聘して住持とした。寺廟は唐商と▼住宅唐人の布施によって維持された。とくに『唐三か寺住持は』唐通事とともに唐商の利益代弁者として、トラブル発生に際しては▼長崎奉行との交渉に当たった。反面、奉行から唐商に対する管理統制が期待されていた。18世紀には唐僧の来日中止と江戸幕府の貿易制限令により、寄進額も減少し、唐寺経営が悪化した。

毎年、定期的に挙行される清明祭、媽祖祭、関帝祭、盂蘭盆会(うらぼんえ)、観音祭と、▼唐人屋敷で行われる土神祭などの祭礼と饗宴を主催した。また航海中や長留期間中に死亡した唐船員の葬礼・埋葬のほか、長崎飢饉の際の施粥(せがき)などの福祉活動も行った。唐寺を媒介にして、黄檗宗法の伝来はもとより、書道、絵画、医学、建築、飲食文化などの多分野で、日本文化の形成に大きな貢献をした。

(黒木國泰)

㊂唐四か寺
📖李献璋『媽祖信仰の研究』泰山文物社、1979.／『長崎市史』地誌篇仏寺部上．

凳頭金 とうとうきん

水辺の波止場(埠頭)においてマレー人首長が取り立てる税。19世紀初頭の清人航海者の謝清高の口述を筆記した『▼海録』のマレー半島東岸「咭囒丹(クランタン)国」の条に見られる。中国人移民が商業、コショウ栽培、錫や砂金の採掘などに来ると、埠頭において首長に税を納めるが、税賦以外に、商船が到るとその船の貨物の軽重により洋銀200枚から500枚を税として進上させた。これを凳頭金といったとある。

(小川博)

唐内通事 とうないつうじ

江戸時代の長崎に来航した中国人の私的な通訳や身辺の雑用、貿易業務の下働きなどに従事した人々。1666(寛文6)年▼長崎奉行は唐内通事仲間168人を認め、このうち7人を唐内通事小頭に任じて正規の▼唐通事に進む道を開いた。また89(元禄2)年▼唐人屋敷を設置したとき内通事のうち30人を選んで唐人屋敷詰番内通事に任じ、93年そのうちの3人を小頭に加えた。内通事そのものは1708(宝永5)年に廃止された。

(林陸朗)

唐年行司 とうねんぎょうじ

江戸時代初期、長崎に集住した中国人らを統制するために▼住宅唐人の有力者を任じた▼長崎奉行配下の地役人。1635(寛永12)年長崎以外での▼唐船貿易は禁止され、同時に中国人の法律の遵守、紛争の調停などのためにこの職がおかれた。この年、▼欧陽雲台、何三官、江七官、張三官、何八官、陳奕山(いさん)の6人が、翌36年林一官(▼林公琰)が任ぜられその子孫が世襲した。初めは権威があったが、しだいに▼唐通事に権限が奪われ、その地位も低下した。

(林陸朗)

『唐蛮貨物帳』 とうばんかもつちょう

長崎の▼唐通事、オランダ通詞らの作成した唐・蘭船の取引帳簿。全13冊(もと全20冊のうち7冊を欠く)。内閣文庫所蔵。取引帳簿(7種類)は、▼長崎奉行の手を経て幕府へと提出されたが、そのうち、1709年から1714年までの帳簿が整理・再調され、『唐蛮貨物帳』と名づけられた。1685(貞享2)年の貞享令の適正な遂行を証明する目的で作成されたため、記載数値の信憑性は高い。正徳新例の基礎資料ともなったといわれる。

(岩崎義則)

📖『唐蛮貨物帳』全2冊、内閣文庫、1970.

同美バス会社 どうびバスがいしゃ
同美汽車公司

海外華僑の出資で福建省同安に創設された輸送会社。1921年にシンガポール華僑実業家▼タン・カーキー(陳嘉庚)が発起人となり、自分の出資分(全株式の4分の1)を含む計25万銀元を調達。22年に着工し、30年に同安から集美まで全長20kmの道路(橋11、トンネル15の難工事)を完成させ、民営道路の手本を示した。バス5台を常備。日中戦争中に同安、集美両営業所が日本軍の爆撃で破壊され、営業停止に。46年に▼シンガポールで株主総会を開催、同額資本の増資による修復、車両増置が決定され、事業が再開されたが、55年に国有化された。

(王効平)

銅貿易 どうぼうえき

日本銅は15世紀の日明・日朝両貿易に登場し、16世紀琉球王国の外交文書『歴代宝案』の琉球進貢に倭銅の名がある。鎖国以後、江

戸幕府は金銀流出を規制したので銅輸出は増加した。足尾、尾去沢、秋田、別子銅山の原料銅（荒銅）は大坂の泉屋（住友）などの吹屋が銀を抜いた鉸銅に吹き、輸出用の棹銅とした。1698（元禄11）年に規定された890万2000斤（4451トン）の輸出定額は維持が困難で、幕府は輸出銅確保のために、1701年以降、大坂に銅座を置き、銅の集荷、精錬、売買を管理した。清朝の康熙・雍正時期（1662-1735年）、銅銭鋳造用銅を日本銅（洋銅）に仰ぎ、官商1家と民商12家を額商として銅貿易の認可を与え、内務府などの官資本をもって長崎に来航、▼長崎会所で銅を買い付けた。雍正時期まで年額2000～3000トン、乾隆期（1736-95年）には1000トン以下に激減し、その不足を西南の雲南銅の京運をもって充てた。▼長崎貿易における銅の不足は鱶鰭、煎海鼠、干鮑などの海産物（俵物）が代替した。乾隆期以降の弁銅官商は范、王、銭、程、汪氏などの両淮塩商や内務府商人が多く、額商は楊裕和、李予来、王履階などの総商の下に、蘇州、湖州、寧波、泉州および上海など各地の民間商人が参加した。　（川勝守）

⇨ フカひれ、ナマコ

📖 山脇悌二郎『長崎の唐人貿易』吉川弘文館、1964．／劉序楓「清日貿易の洋銅商について」『九大東洋史論集』15、1986．

東方銀行 とうほうぎんこう
United Orient Bank

アメリカの華人系銀行。アメリカ華僑と香港人実業家によって1981年4月にニューヨークで創設された。資本金400万ドル、会長兼頭取に梁嘉朝。83年に支店を増設しはじめる。ニューヨーク在住華僑・華人ビジネスの支援が設立主旨。世界主要銀行との間に幅広い業務関係を構築した。86年11月に所有権の45.8％を大きな資本力と銀行専門家を有する華人富商の劉氏財団に売却。　（王効平）

『東方時報』とうほうじほう

1995年5月に東京で創刊された、在日中国人向けの中国語総合新聞。毎週木曜日発行、タブロイド判48頁（2001年9月現在）。中国と日本の政治、社会、経済、在日中国人情報、芸能、スポーツなど、あらゆる情報を網羅。おもな紙面は「中国重大ニュース」「東方評論」「華人ニュース」「日本ニュース」「国際ニュース」「東方芸能情報」「東方スポーツ」など。発行元は東方インターナショナル。　（段躍中）

📖 東方時報ホームページ http://www.toho-jp.com/

『東方日報』とうほうにっぽう

香港で最大の日刊華字紙。発行部数は公称64万部（1999年6月現在）で、馬澄坤（MA Chingkwan）率いる東方報業集団の主力の大衆紙。1969年に創刊され、70年から80年代にかけて読者を広げた。ほかに若者向け娯楽紙『太陽報』（99年3月18日創刊、同34万部）や週刊娯楽誌『東周刊』（15万部）などを発行。94年2月1日から英字紙『イースタン・エキスプレス』を発行したが、発行部数が伸びず96年6月29日に廃刊となった。

（濱本良一）

同民医院 どうみんいいん

海外華僑の寄付により福建省同安で創設された公立病院。1946年▼タン・カーキーの呼びかけに呼応して、シンガポール華僑が資金を寄付、翌年ビルが完成、正式に開業した。53年シンガポール同安会館主席陳文確の提案で同安馬巷分院建設。67年までで同院への▼華僑・華人の寄付金は41万人民元を超えた。救急車、医療器具、関係設備、医薬品などの寄付も多い。　（廖赤陽）

東洋外国人 とうようがいこくじん ⇨ 外来東洋人 がいらいとうようじん

『東洋のユダヤ人』とうようのユダヤじん
The Jews of the Orient

タイのラーマ6世が1914年に執筆した華僑論。辛亥革命直後の在タイ海南・潮州系華僑の間では民族主義が勃興し、国語（中国語）学校の開設や華字紙創刊が続いた。20世紀初頭より英国人の顧問や局長が華僑とユダヤ人を同一視する意見をバンコクで公表しており、近代化を進める王族・高官は西欧の自民族中心主義や▼黄禍論に接して類似の政策を打ち出していた。1910年に登位したワチラブット王（ラーマ6世）は英国留学後、英文著作や英文学翻案で健筆を振るったが、14年7月『サイヤム・オブザーバー（Siam Observer)』誌に「東洋のユダヤ人」と題する華僑論を4回連載した。アッサワバフーという筆名を用いて、当時シャム国内で行われていた

中国人の活動を観察し、拝金主義で、国民であるための徳性がなく、日和見主義、タイ人に対する優越感を抱いているとし、一種の脅威を述べた。この英文著作より29頁のタイ語版の方がより知られている。著者のラーマ6世自身は4分の3近く中国人の血を有するシャム王であったから、タイ国首相が反華僑演説を議会で行い、家庭では❜閩語や❜潮州語でくつろぐ姿と似た二重性がある。　(星野龍夫)

唐四か寺　とうよんかじ

17世紀に長崎に建てられた❜興福寺、❜福済寺、❜崇福寺の❜唐三か寺と❜聖福寺を合わせ❜黄檗宗の4寺を唐四か寺という。聖福寺は、唐商檀家も多かったとはいえ、建立した鉄心も和僧とみなされ、歴代住持は日本人であり、唐三か寺のような唐人郷幇の強い背景がなかった。また唐三か寺は独立の寺院であったが、聖福寺は万寿寺の末寺であり、「唐船の❜媽祖を預かることも許されない」など、唐三か寺とは種々区別された。　(黒木國泰)

⇨ 唐寺［長崎］
📖 李献璋『媽祖信仰の研究』泰山文物社、1979.

糖寮　とうりょう

製糖工場の俗称。サトウキビの❜プランテーションや砂糖製造工場で労働に従事させられた、主としてキューバなどの中国人労働者がこう呼んだ。ただし、単に一般的な名称としての製糖工場を指すのではなく、19世紀半ば頃の中南米において、中国人労働者たちが直面した、きわめて厳しい労働条件を象徴する存在でもある。19世紀半ばのキューバの糖寮における賃金は、糖寮の周辺にある商店のみで通用するチケットで支給されたりしたが、じつはそれらの商店も糖寮の工場主が経営するものだった。長時間労働や低賃金といった苛酷な労働条件と相まって、中国人労働者は糖寮という存在から徹底的に収奪された。彼らは契約移民という形態をとりながらも、事実上奴隷労働を強いられ、その舞台の一つとなったのが、たとえばキューバにおいては糖寮だった。　(松本武彦)

⇨ 官工所、満身紙

トゥン
敦　Tun

マレーシアのマレー人ラジャ・スルタン制社会の最高の貴族称号。敦はその音訳漢字。ラジャ・スルタン制国家の最高元首が、マレー人、華人ら各族の人士にして社会にとくに貢献した者にこの称号を授ける。19世紀末から20世紀前期の華僑の華人化、土生化運動の代表的人物、❜タン・チェンロク（陳禎禄）や❜タン・シュウシン（陳修信）らは、トゥンの称号を授けられた。敦陳禎禄の旧居は、現在、マラッカの荷蘭街にある。　(酒井忠夫)

⇨ ダトゥー
📖 黄尭『馬・星華人志』ペナン、香港、1967.

徳教　とくきょう
Moral Uplifting Society

中国大陸で生まれて海外の華人社会で大きく発展した民衆宗教の一つ。1939年に広東省東部の潮州地方で創始されて、その後に潮州系華僑の国外進出にともなって香港、タイ、マレーシア、シンガポールで広まった。各国では教団や慈善団体の形態をとり、相互に交流がある。徳教には道教から影響を受けた教義・儀礼のほか、仏教的要素も多い。徳教は民衆の間で行われていた❜扶乩（扶鸞）という降霊術を行い、かつ慈善事業を行う❜善堂を組織して興された宗教である。大陸での最盛期の頃、徳教は潮州地方で1万世帯もの信徒を獲得したといわれるが、その理由の一つは、教団の慈善事業を金銭的に支持することを通じて積徳が容易に実践できるという教えのわかりやすさにあった。祀られる神格は老子、済公仏、玉皇上帝などである。信者は比較的裕福な潮州人が多く、現世利益信仰と並んで祖先祭祀も行われている。組織面では国ごとに連合組織があり、また儀礼実施と親睦のための国際交流が盛んに行われる。　(吉原和男)

⇨ 道教と華僑・華人、黄老仙師慈教
📖 吉原和男「タイ華人社会の民衆教団」『講座文化人類学・宗教の現代』岩波書店、1997.

徳泰号　とくたいごう

長崎❜福建幇の有力華僑貿易商社の一つ。1867（慶応3）年、傅維澄（傅池水、1832-99年）ら❜泉州出身者により❜外人居留地大浦10番地に創立され共同出資会社、71（明治

4）年に新地町1番地に移る。香港に支店を置き、香港、中国華南・東北地方をおもな取引先とし、海産物、肥料、薬草などの輸出入に従事。1886年頃に号主となった欧陽仁（欧陽琢淋、1855-1917年）は、*長崎福建会館総代、*長崎華商商会助理、清国福建省諮議局参議員などを歴任。1921年に同号は閉業。

（陳東華）

独立中学 どくりつちゅうがく

マレーシアの華人社会が自力で運営する私立の中学校・高校を指す。マレー半島およびサラワク、サバに合わせて60校（2001年現在）あり、生徒数は1校数十人から5000人規模のものまである。学校での教授用語は華語であり、中華文化の維持と継承を掲げている。国民中学（教授用語はマレー語）への改制を拒否して成立したので、運営は華人団体、華人企業、個人などの寄付に頼っている。1970年代に展開された独立中学復興運動により、入学者は増加し、5万人（2001年現在）を維持している。　　　（小木裕文）

徳齢 とくれい 1884?-1944
Der Ling

アメリカ華人の女流作家。満洲貴族の父裕庚の任地フランスで教育を受ける。1903年帰国し、妹の容齢とともに西太后の女官として出仕したが、父の死で05年退官し上海に住んだ。07年米人ホワイトと結婚、まもなく渡米、*帰化した。11年上海で出版した *Two Years in the Forbidden City*（邦題『西太后に侍して』）がベストセラーとなる。20～30年代にも『西太后秘話』（原題 *Old Buddah*)、『西太后絵巻』（*Imperial Incense*)、『天子』（*Son of Heaven*) など清末の宮廷を題材とした作品を次々に発表した。カナダで自動車事故死。　　　（可児弘明）

圏実藤恵秀訳『西太后秘話』東方書店、1983.

杜国輝 と こき 1943-

横浜生まれの華僑二世で、教育家。両親の本籍は広東省高明県。来日後、中華料理店で生計を営む典型的な横浜華僑の家庭に育つ。横浜中華中学（現在名*横浜中華学院）の高等部を経て、東海大学原子力学科卒。65年より横浜中華中学の専任教師になり、91年より校長職に就任。横浜華僑学校初めての日本生まれの校長である。華僑子弟教育に従事し、とくに、文部省の外国人学校に対する国立大学受験差別撤廃運動に尽力した。著作に『多文化社会への華僑・華人の対応』（トヨタ財団助成研究報告書、1997年）がある。（陳天璽）

杜子威 と し い 1932-
DU Ziwei

日本華僑の医師。脳神経外科、脳腫瘍外科専門。江蘇省蘇州人。東京生まれ。1961年慶応義塾大学医学部卒、医博。足利市日赤脳外科部長を経て、72年中国に帰国。蘇州医学院脳外科教授・院長。国務院学位委員会第2期評議員、江蘇省帰国華僑聯合会副主席、同省第5期政治協商会議副主席、同省第7期人民代表大会常務委員会副主任。第5～7期全国人民代表大会代表、華僑委員会委員。その後日本に戻り、現在、蘇州大学医学院名誉院長・脳外科教授、名古屋保険衛生大学・昭和大学医学部脳外科各客員教授、日中医学協会評議員、*東京華僑総会（大陸系）常務理事、*東華教育文化交流財団評議員など。（游仲勲）

土神堂 どじんどう

長崎*唐人屋敷内に建立された土地神を祀るお堂。1691（元禄4）年*唐船船主たちにより、土地神（福徳正神）を祀る石殿が建立された。その後幾度か改修されたが、1905（明治38）年華僑により改修された建物は、面積30.25坪、木造、瓦葺き、単層、入母屋造。これも50年石殿だけを残して倒壊。現在の建物は77年長崎市により復元されたもの。74年に長崎市指定文化財となる。（陳東華）

杜聡明 と そうめい 1893-1986

台湾の医学者、教育者。台湾淡水郡の生まれ。1914年台湾総督府医学校卒業。入学と卒業試験ともにトップをとった秀才。15年京都帝国大学医学部に進学、最初は内科学、のちに薬理学を勉強し、森島庫太の指導を受けた。21年台湾総督府医学専門学校の助教授に任命され、同時に台湾総督府中央研究所の技師を兼任。22年京大から医学博士の学位を取得。明治維新以降に台湾人で医学博士号を取得した最初の例である。30年台湾総督府警務局の台北更正院の初代院長となる。37年台北帝国大学薬学部教授に任命され、46年台湾医学会会長となる。54年私立高雄医学院を創

立、校長を務め、58年に山地医者医学専修科を創立して多くの医者を育成した。　　　（許紫芬）

トトク
totok

　おもに現在のインドネシアで、「純血」の中国系移民・定住者を指す呼称。通常は新来の移民一世であり、この点、英領マレー地域で一般的に使われた▼新客〈シンケ〉にほぼ相当する言葉。ただし、スマトラ東岸やカリマンタン西部のように中国系コミュニティの対ホスト人口比がかなり高い地域では、世代を超えて母語など中国的な文化・社会的要素が伝えられることが多く、たとえ現地で生まれた二世以降でもトトクとみなされることがある。自称というより元来はジャワ人などによる他称であったとみられる。植民地時代には、Belanda totok（新来、ひいては純血のオランダ人）、Sunda totok（純血のスンダ人）のようにさまざまな住民集団について用いられた。1949年のインドネシア独立後は、おもに中国系住民のサブ・カテゴリー名としてプラナカンと対語的に使用されている。トットッ（ク）と発音したほうが原音に近い。
　　　　　　　　　　　　　　　　（貞好康志）

　🔁 プラナカン，ババ

賭博〈とばく〉

　金品を賭けて勝負を競うこと。勝敗の分かれる遊戯にはすべて賭博性があるので、遊戯と賭博との境界を引くことは現実には難しい。コオロギやウズラを養い育て闘わせて勝負を競うのは、旧中国の人にとっては楽しみであり、また賭けでもあった。マルコ・ポーロは地球上の誰よりも中国人は賭けごとにふけるとしたというが、林語堂が書いたように、中国人は、麻雀、囲碁、将棋に限らず、小鳥を買い、謎なぞをし、花に水をやるなど、余暇を潰す楽しみと聡明さをもっていた（『我国土・我人民』）。海外の華僑・華人社会にも、麻雀をはじめ多種多様な遊戯、賭博が持ち込まれた。19世紀後半▼海峡植民地に勤務したVaughanは、大金の動くサイコロ賭博、女性に人気のカード遊戯、あり金だけでなく夫まで失う女性さえ少なくない富くじが主流だとしている（J. D. Vaughan. *The Manners and Customs of the Chinese in the Straits Settlements*. Kuala Lumpur & Singapore: OUP, 1974）。華僑・華人の賭博をどう扱うかは、華僑・華人を商人や労働移民として導入した初期の欧人統治者の間で、モラルだけでなく税収の問題や▼秘密結社の関与問題ともからんで、相反する見解がみられた。華僑・華人にとって、賭博は一種の気晴らしであり、最高に勤勉な男性たちが賭博場（賭館、攤館）にいつも出入りしているように、欧人が考えるほど背徳的な営為ではないとするのがその一つ。他の一つは、犯罪の背後には賭博が介在しており、市民道徳の犠牲に立って賭館を公認し、税収をあげることは政府事業としてふさわしくないとするものであった。賭博からの徴税は、納税義務者から直接政府機関が徴収するのではなく、マラヤでもインドネシアでも当初のうち独占的な▼徴税請負い方式によった。政府が公開入札によって一番札となった者と一定期間特定種目の徴税独占請負い契約を結ぶものである。請負い人は自己の費用で独占的に納税義務者から徴税し、契約どおりの額を政府に納入すれば、後は可能なかぎりの額を徴収できた。▼海峡植民地▼ペナンでは1818年、▼シンガポールでは1829年に賭博が禁止（徴税請負いの方は1827年に廃止）となった。しかしマラヤ諸州では1912年末まで賭博と徴税請負い制度が存続した。中国からマラヤに低賃金で雇用されてきて苦役に従った苦力〈クリ〉にとって、賭博やアヘン、酒はいわば米や衣類と同じ生活必需品に近いものであった。裏返してみれば雇用サイドにとって苦力を苛酷な労働に繋ぎとめる手段の一つであった。またマラヤの地方的首長が封建的な強制取り立てを行っていた時代から規律ある財政制度確立へと移行する過渡期にあっては、独占的な徴税請負いも避けがたい選択肢であったのである。しかしこの仕組みのもとで、その大半が華僑であった徴税請負い人が莫大な富を手にして華僑財閥への第一歩を歩みはじめた。他方、お決まりどおり賭博に負けた苦力たちは、負債を増やし、労働契約期限を延ばした。図式的な華僑資本の原始的蓄積が進行したのである。しかし制度として賭博が禁止されたことで華僑・華人社会の賭博が消滅したわけでなく、非合法の賭館、市場、裏通りや屋内で秘密裏

に賭博が行われた。後にスポーツ、各種競技、映画の普及が若者の賭博離れを若干ながら促すようになった。

(可児弘明)

トプレイ、マージョリー
Marjorie TOPLEY

イギリスの人類学者。1960年代から70年代にかけて、香港社会や中国伝統文化に関する人類学的研究をリードした研究者。50年代、シンガポールの華僑・華人研究を通して中国研究を志し、広東系女性移民の集う▼斎堂に関する論文でロンドン大学の博士号を取得した。その後、香港大学などで教鞭をとるとともに、王立アジア協会香港支部の再興に携わり、72年からは総裁を務めた。著作のテーマは▼先天大道、民間信仰、民間医療など多岐にわたる。

(志賀市子)

斗母信仰 とぼしんこう

北斗七星(補星、弼星を加えて北斗九皇という)の母とされる斗母に対する道教系の信仰。この信仰は中国各省にあって、たとえば東南アジアの▼ペナンにも咸豊4(1854)年丁巳に江西省で刊行した『太上玄霊北斗延生妙経』が伝わり、これに似た経典が『道蔵輯要』にも見られる。九皇を祀る斗母宮の霊符には光明や鎮宅の文字を掲げ、北斗を図示する。九皇を祀る斗母宮に司命神との関連をいうものがあるが、『後漢書』の李固伝に、北斗が人間の生命をつくる元気を天より酌みとることをいう。東南アジアの華僑の斗母信仰に光明と平安を祈ることのあるのも当然であろう。斗母はまた摩利支天と合体して、摩利支天九皇斗姥元天尊と呼ばれる。九皇斗母宮にこうした伝説があるかどうか明らかではないが、東南アジアで光明を求める神としてはふさわしい。

(原田正己)

☐ 九皇信仰、北斗神
☒ 朱金濤「一百年来的吉隆坡華人寺廟」『雪蘭莪中華大会堂慶祝五十四周年紀念特刊』クアラルンプール、1977.

トライショー
trishaw

シンガポールの人力の三輪タクシーのこと。二輪のついた屋根なし座席(1ないし2人乗り)を自転車で牽引する。いつ、どこで、だれによって考案されたかは不明。1914

トライショー。自転車が客座の前、横、後ろにつく3タイプがある。これは横のタイプ。
写真提供:シンガポール政府観光局

年に15台の「ペダル式人力車」が営業許可を得たが、不人気で数週間後にジャワに転売された記録がある。本格的な普及は1930年代からで、安い料金と小まわりのきく利便性から貨客の近距離輸送に重宝され、また中国移民に車夫の職を提供し、19世紀末以来の▼人力車の地位を奪った。しかし▼チャイナタウンの特徴的な点景であったトライショーの方もモータリゼーションの進行にともなって減少し、現在ではほとんどが観光用となっている。現在、他の東南アジア諸国には、客席を後ろから自転車で押すインドネシアの「ベチャ」、ベトナムやカンボジアの「シクロ」など、トライショーとは異なる形態と呼び名の人力の三輪タクシーがあり、都市域の近距離輸送手段として重要な役割を担っている。

(吉田建一郎)

☐ 一人一元
☒ 前川健一『東南アジアの三輪車』旅行人、1999.

渡来人 とらいじん

中国大陸、朝鮮半島から日本に到来し、永住して土着化(英語naturalize)した人々のことで、中国人、中国系人については在日華僑のルーツといってよい。これまではふつう「帰化人」としてきたのだが、太古から9世紀まで日本に来住した中国人、朝鮮半島人の規模が大きかったこと、また「帰化」という漢語は高度な文化の域に憧れてその周辺から来るという意味なのだが、この頃の日本では

国家が新生途上の状況だったから帰化には当たらない、などの事情を勘案して、日本古代史の歴史用語として「渡来人」という呼び名が行われつつある。しかし大陸、半島からの永住者は日本の中世、近世でも規模は減っても続いて存在したのだから、適当な表現法ではないという意見もある。

古代の渡来人の到来は、文献で察するかぎり、2世紀、5世紀、9世紀を各ピークに波状的に生じた。この動きの背景には、前108(元封3)年に漢の武帝が朝鮮半島に楽浪など四郡を置き、こうした郡県が変遷しながら西晋の313年まで続き、漢族の定住者やその子孫はもとより、中国伝来の文字言語、行政、各種技術、儒教・仏教に通じた朝鮮半島民の階層が育っていたことが考えられる。彼らは、あるいは政治亡命により、あるいは7世紀半ばに統一が成る大和政権やその傘下の首長たちに招請され、畿内、近江を中心に一族集団をなして次々に来住し、職能に応じて朝廷および貴族の庇護を受けた。奈良期814(弘仁5)年撰の『新撰姓氏録』に載る左右京・五畿内の1182氏(1065が確認ずみ)のなかで、「諸蕃＝帰化」326、うち漢(中国系)163、百済104、高句麗41、新羅9、任那9である。遣隋使、遣唐使の人員のなかにも渡来人が少なくない。

(斯波義信)

📖 関晃『帰化人』日本歴史新書18、至文堂、1956.／上田正昭『帰化人』中公新書、1965.／網野善彦『日本社会の歴史』上、岩波新書、1997.

渡来僧 とらいそう

明末・清初の混乱期に、戦乱を避け中国からいろいろな人が日本に渡来したが、なかでも江戸初期の1619年に渡来した陳元贇(1587-1671年)は、絵画や書跡に通じ、少林寺拳法を伝えたほか、尾張の徳川義直など多くの文化人と交友、大きな影響を与えた。一方、日本「黄檗宗の開祖」隠元が1654年に渡来すると、翌55年には隠元の法子木庵(1611-84年)が、1657年には同じく即非(1616-71年)が渡来した。なかでも隠元の渡来は総勢30人もの人たちであったが、そのなかには仏師や絵師などさまざまな職能の人たちも含まれるなど、まさに教団ぐるみの渡来であった。さらに1661年黄檗宗が開立されると、以後、隠元の法系の黄檗僧のみが渡来を許された。その数は1723年の竺庵(1696-1756年)までじつに40人にものぼったが、とくに1654年から61年頃にかけては20人以上が渡来、活発な交流が行われた。なかでも、1653年に渡来、後に隠元の弟子となった独立(1596-1672年、初め戴立)は、医術で知られ、天然痘の治療法を伝え、その治療法を一新した。また、万事に通じ、岩国の錦帯橋架橋にも示唆を与えたほか、日本の唐風書道の祖と称された。1677年に渡来、徳川光圀も師とした心越(1639-95年)も書画や篆刻、琴楽などに長じたが、とくに篆刻に優れ、日本篆刻の祖と称された。長崎の絵画は、同じく1644年渡来僧の逸然(1601-68年)が伝えた漢画がその主流とされた。しかし、1731年に来航した沈南蘋(1682年生、没年不詳)によって緻密な写生と鮮やかな色彩を特徴とする南蘋派が伝えられると、長崎画壇に大きな影響を与え、以後、熊斐や鶴亭らによって全国に広められた。一方、18世紀になると、黄檗僧に代わって来舶清人と呼ばれる貿易商が盛んに来航した。彼らはいずれも文化人であったが、なかでも1720年以後しばしば来航した伊孚九(生没年不詳)によって伝えられた南画は、19世紀になると、鉄翁や木下逸雲らによって大成され、長崎南画と称された。

(原田博二)

📖 大庭脩『古代中世における日中関係史の研究』同朋舎、1996.

ドラムライト報告 ドラムライトほうこく
Drumright's Report

1955年、「香港の米総領事エベレット・F.ドラムライトが国務省に提出した反共主義に基づく中国人不法移民報告書。報告書は中国人の組織的な偽造旅券問題を指摘し、大量不法移民の背景に中国共産党の力が働いていると非難した。その結果、中国人「不法移民の取締まりが強化された。中華人民共和国誕生以来続く米中関係の緊張と、50年代前半米国に吹き荒れたマッカーシズム(赤狩り)が、急増する中国人移民に向けられた一件。

(櫛田久代)

トランスバール
徳蘭士瓦　**Transvaal**

南アフリカ共和国の産金地帯(通称ラン

ド)。ボーア戦争（1899-1902年）後、アフリカ人鉱山労働者の不足に悩む鉱山会議所はイギリス政府に働きかけ、イギリスは1904年、北京政府と中国人契約労働者を移入することに合意し、トランスバール立法審議会は移民法を制定した。この結果、同年に2万3517人、05年に2万7016人、06年に1万1039人、07年に2123人の合計6万3695人の中国人労働者が3か年契約で移入された。移入された中国人は華南人が多く、移出港は▼香港、南アの受入れ港はナタールのダーバン港であった。

鉱山会議所労働移入局（CMLIA）は移入した中国人労働者を各鉱山に配分した。しかし、鉱山側は契約条件以下の賃金や労働条件で中国人労働者を酷使したため、1905年、ノース・ランドフォンテイン鉱山などいくつかの鉱山でストライキが起こり、その結果、労働条件は若干改められた。同時に、このことはイギリス本国議会でも問題となり、トランスバール立法審議会は07年8月、移民法を廃止し、中国人契約労働者の移入を禁止した。

(林晃史)

㊂ナタール法，ジャンパーズ・ディープ金山ストライキ

⛬ Francis Brett Young. *The City of Gold: the story of Johannesburg.* Mayflower Books, 1939.

トロントの華僑・華人　トロントのかきょう・かじん

19世紀末から中国系社会の形成が見られたビクトリアやバンクーバーなどのカナダ西海岸都市とは異なり、内陸部に位置するトロント（Toronto、多倫多）で中国系社会が形成されるのは20世紀に入ってからのことであった。1970年代の新市庁舎建設のためトロントの旧▼チャイナタウンは現在のダウンタウン西部に移転したが、そこに▼洗濯業、料理業などの100前後の中国人商店と1000人をこえる中国人の集住が見られたのは1910年頃といわれている。その後、大陸横断鉄道によって西海岸から移動してきた移民やアメリカからの移住者によってトロントの中国系社会はしだいに発展していくが、その規模は比較的小さく、第2次大戦前の最盛期である1923年で2500人程度、排華法期（1923-47年）を過ぎた50年代においても7000人ほどのものであった。これらの期間のほとんどを通じてトロントのチャイナタウンは、北米の多くのチャイナタウンと同様、差別と偏見にさらされ洗濯業、家事使用人などの限られた職業に閉じ込められたゲットーのコミュニティであり、とくにトロントのチャイナタウンは、その規模の小ささから、目立った排斥事件さえ起きないほど社会的に無視された存在であったといえる。

こうしたトロントの中国系社会は60年代以降大きく変化する。50年代後半から60年代のオンタリオ州の経済ブームによってトロントは内陸部の中都市からカナダ第一の産業都市に変貌していくが、67年の移民法改正によって大量に生じた主として香港からの中国人移民は大都市となったトロントに向かうことになった。70年代の末にはトロントはバンクーバーを抜いてカナダ最大の中国系人口をもつ都市になるのである。こうした中国系人口の増大は、中国系社会にも大きな変化をもたらした。ダウンタウン西部に移転した旧チャイナタウンは急速に拡大し、中国系の大商業センターに発展し、トロントの観光名所ともなっていった。また、旧チャイナタウンに吸収しきれなかった新移民たちの町として、市東部に新しいチャイナタウン（チャイナタウン・イースト）が生まれた。これらのチャイナタウンは79年以降にはインドシナからの中国系▼難民や開放政策後の中国からの移民を加えてさらに大規模化していくのである。この時期にはまた、中国系グループ自体も多様化していく。移民法改正以降の移民のなかには香港の商業者層や比較的高学歴の移民も含まれ、彼らと、カナダ化の進んだ戦前の移民の二世たちはチャイナタウンを離れ、しだいにトロントの下層中流階層の一部となっていった。

60年代末から80年代にかけて急速に拡大・多様化していったトロントの中国系社会は80年代後半以降さらに大きく変化する。84年に決定された97年の香港の中国への返還に不安をもった香港市民は、資産をもった香港市民を誘致しようとするカナダ政府の政策もあり、大挙してカナダに移民するようになり、トロントは毎年その半数を受け入れる都市となった。90年代半ばにはトロントの中国系人口は総人口の1割の30万人をこえるようにな

り、そのほぼ3分の2が香港出身者となったのである。彼らはその数において中国系社会を圧倒しただけでなく、前例のない新しい中国系のグループとなった。彼らの多くはすでに先進的な産業社会になっていた香港からの投資家、企業家、ホワイトカラー層であり、トロントにおいても彼らは積極的な経済活動を行い、中・上層の都市市民として定着していった。彼らが多く住むトロント北東部のスカーボロやマーカムは元来郊外の高級住宅地であったが、香港系移民の増加にともなって、豊かで洗練された香港の市民生活が再現された新しい中国系地域となっていった。トロント中国系社会はかつての差別された貧しいチャイナタウンの住民というステレオタイプから、豊かで高学歴の都市中・上層グループとしての彼らに代表されるようになったのである。

97年の香港の中国への返還後、トロントへの香港からの移民は急減したが、トロントの中国系社会は代わって増加した中国本土からの移民によってさらに拡大しつつある。だが、これらの中国からの移民も多様な階層性をもっており、もはやトロントでは中国系グループは単一の少数グループとしては見られない存在となっている。香港からの移民が典型であったように、80年代以降のトロントでは多様なエスニック・グループが垂直的階層性をもって存在する都市ではなくなっており、新しい中国からの移民も含めて、トロントの中国系グループはこうした21世紀的な都市状況の中で将来を模索しているといえよう。

(森川眞規雄)

㊀カナダの華僑・華人、バンクーバーの華僑・華人、香港特別行政区、モントレーパーク
㊂ Richard H. Thompson. *Toronto's Chinatown*. NY: AMS-Press, 1989. ／ R. スケルドン編『香港を離れて』行路社、1997.

トンカン
舯舡　tongkangs

河川・港湾で荷役に従事するハシケ（駁船）を▼シンガポールではtongkangs（舯舡）とtwakows（大舡）に区分した。トンカンは島嶼間と、橋がかかるまではシンガポール川の水上運輸に従事した。福建省晋江人のほかインド人船主があった。橋ができ橋下を潜れなくなるとカラン方面や海岸部に移り、船体が低く、船首の赤い潮州系、赤・緑・白の福建系の大舡に河川を譲った。ハシケの集まる河口はシンガポールの代表的な風物であったが、コンテナの登場によって消滅した。

(可児弘明)

㊀紅頭船
㊂ *Singapore Lifeline*. Singapore: Times Books International and the Govt. Dept. of Oral History, 1986.

東京通事 トンキンつうじ

▼長崎奉行配下に置かれた東京語の通訳官。広義の▼唐通事に含まれる。東京は現在のベトナム北部、▼ハノイ地方を指す。17世紀にはこの地方と日本との間で朱印船その他の貿易が盛んであった。明暦年間（1655-58年）に東京久蔵が東京通事に任ぜられたが、その事情は明らかではない。1699（元禄12）年▼魏五平次がその職を継ぎ、以後魏氏の子孫が世襲した。しかし地位はしだいに低くなり、1855（安政2）年阿蘭陀通詞に吸収された。

(林陸朗)

ドン・ファン号事件 ドン・ファンごうじけん

マカオ苦力貿易に従事した苦力船ドン・ファン（Don Juan）号で発生した▼苦力の焼死事件。同船はもともとはサルバドル船籍のDelores Ugarte号であった。1870年の苦力輸送で大量の死亡者を出して非難を浴びたところから、船名をドン・ファン号、船籍をペルーに変え、苦力665人（一説に650人）をペルーのカリャオへ輸送するため71年5月4日▼マカオを出港したが、5月6日、船艙から出火（一説に苦力の放火）した。苦力の大部分が下甲板に閉じ込められていた。船長と乗員は下甲板への昇降口を遮断したまま（一説に遮断して）ボートで脱出したが、火災と混乱で苦力の焼死、窒息死、溺死600人の大惨事となり、50人ほどが漁船に救助されただけであった。生存者の一人である陳阿新が香港警察で行った供述によって、マカオ▼苦力貿易の悪辣な内幕が暴露され、翌72年の▼マリア・ルス号事件、▼ファッチョイ号事件と相まって、苦力貿易停止を国際的に促す契機となった。なお苦力船の火災は、叛乱によるものを含め、少なくも計6件が知られている。

(可児弘明)

ドンファンゴウジケ

🉂 Robert L. Irick. *Ch'ing Policy toward the Coolie Trade 1847-1878*. San Francisco: Chinese Material Center, 1982.

ナ

奶街 ないがい

タイ国アユタヤ王朝（1351-1767年）の首都▼アユタヤにあった華人街。明の嘉靖15（1536）年の自序をもつ黄衷の『海語』「暹羅」に「有奶街、為華人流寓之居」とある。奶はおそらく外国人居留地の長を示したタイ語「ナーイ」であろう。1688年にタイを訪れたド・ラ・ルベールの報告書所収の市街図には、城内の南東隅と城外の東方ならびに南方に華人街の位置が示されている。いずれも河川の合流点に近い交易上の要衝を占める。

（石井米雄）

内地雑居令 ないちざっきょれい

1899（明治32）年7月、外国人の居留地制限を撤廃した勅令352号をいう。安政の五か国条約は関税自主権の欠如、領事裁判権の容認、開港場に▼外国人居留地を設けるなど、課題を残すものであった。明治政府は幾多の紆余曲折を経て、陸奥宗光外相時代（第2次伊藤博文内閣）にイギリスとの日英通商航海条約（1894年）をはじめ、欧米諸国との改正条約調印にこぎつけ、批准後5年すなわち1899年発効を約し、国内に賛否両論の論争を巻き起こしたが、外国人の内地雑居を認め、治外法権を回収した。

この内地雑居令により、日本政府は外国人管理の二つの方式を決定した。一つは、外国人の登録を義務づけたことである。すなわち内務省令32号「宿泊ソノ他ニ関スル件」（1899年7月）によって、90日以上同一市町村居住者は姓名・住所等を、旅館経営者は外国人宿泊者を警察に届け出ることなどを定めた。現行の外国人登録の原型をなすものであるが、警察の管轄であった。もう一つは、勅令352号（同年8月4日施行）によって、無条約外国人および無籍外国人の処遇を定めたことである。すなわち条約もしくは慣行により居住の自由を有しない外国人でも、従前の居留地および▼雑居地以外において居住、移転、営業その他の行為をなすことができる。ただし、労働者はとくに行政官庁の許可を受けなければ、従前の居留地および雑居地以外において居住し、またはその他の業務を行うことをしてはならないとして、原則として労働者の移入を禁止した。施行細則内務省令42号において労働者の種類を農業、漁業、鉱業、土木建築、製造、運搬、挽車、仲仕業その他雑役に従事する者と定め、ただし家事使用人、炊爨（すいさん）、給仕などに従事する者は禁止の対象から除外した。同勅令は中国人を対象として立案・審議・可決されたが、所定の国を明示するのを避け「条約若ハ慣行ニ依リ居住ノ自由ヲ有セサル外国人ノ居住及営業ニ関スル件」とした。

（許淑真）

⇨ 華僑・華人政策［日本］, 内務省令
参 法務省入国管理局編・刊『出入国管理』1975. ／許淑真, 1990.

内務省令 ないむしょうれい

内務省より中国人労働者入国に関して発令した重大な法令に、1899（明治32）年7月28日の内務省令42号（勅令352号施行細則）および内務大臣訓令728号、1912年11月16日の内務大臣訓令192号、18年1月24日の内務省令第1号がある。

欧米諸国との改正条約発効の年である1899年、無条約外国人および無籍外国人の処遇についての取決めを迫られた日本は7月28日に勅令352号（いわゆる▼内地雑居令）を発布、その内地雑居を認めたが、労働者はとくに行政官庁の許可を得なければ、従前の居留地および▼雑居地以外において居住、移転、営業その他の行為をなすことをしてはならないと規定した。同日、施行細則内務省令42号を発布、第2条において労働者の種類を農業、漁業、鉱業、土木建築、製造、運搬、挽車、仲仕業その他雑役に関する労働に従事する者とし、ただし、家事に使用される者、炊爨（すいさん）、もしくは給仕に従事する者はこの限りにあらずと定めた。

同日、各庁府県長官宛てに、内務大臣訓令728号を発令、従業を拒否すべき労働、なら

びに裏伺のうえ許否を決定すべき労働の種類を指定した。要旨は 3 点あった。(1)勅令352号および施行細則省令42号は主として清国労働者を取り締まる主旨であること、すなわち彼らは風俗を乱す恐れがあるのみならず、国内労働者と業務上競争の結果、軋轢を生じ、産業社会に紛擾をきたすのはもちろん、公安秩序を害するに到るものであるので、省令42号第 2 条に該当する労働者は雑役に従事する者以外は、すべて従前の居留地および雑居地以外において居住し、その他の業務を行うことを許可してはならない、(2)雑役に従事する者は当分の間、いちいち内務大臣の指揮を待って許否するべきこと、(3)無条約外国人および無籍外国人は従来の経験から厳密に制限しなくても取締まり上差し支えないので、勅令352号第 1 条により許可を願い出た者があるときは、公安もしくは風俗を害する恐れがある者、または居住後自活の途がない者以外は、各庁府県長官においてすべてこれを許可してもよい。つまり内務省令において労働者の入国は裏伺すれば許可する可能性を覗かせながら、即日、現場の各庁府県長官に清国労働者は雑役に従事する者以外すべて入国を禁止せよと指令したのである。

1912年11月16日、雑役労働に従事する者について、内務大臣訓令192号を発令して、理髪従業者、料理従業者はいちいち内務大臣に許否を裏請せずとも各庁府県長官の判断で許否してもよいと訓令した。いわゆる▼三刀業のなかで洋服仕立業が外されているが、明治政府は陸海軍の軍服、郵便夫や警察、鉄道員などの制服に洋服をいち早く採用した（1870-72年）ので、洋服仕立ては国家機密にかかわる分野であったこと、また大正年間になると、日本人の洋服仕立ての人材も多数育成されたからではないかと考えられる。

労働者の入国拒否にさらなる打撃を与えたのは1918年 1 月24日の内務省令第 1 号「外国人入国ニ関スル件」（1921年 4 月15日省令第12号改正、1924年 4 月 1 日省令第10号改正）である。以下の 6 項に該当する者は地方長官（東京府においては警視総監）において上陸禁止をしてもよいと指令した。(1)旅券または国籍証明書を所持せざる者、(2)帝国の利益に背反する行動をなし、または敵国の利便を図る恐れのある者、(3)公安を害し、または風俗を乱す恐れのある者、(4)浮浪または乞丐の常習ある者、(5)各種伝染病患者その他、公衆衛生上危険な疾患ある者、(6)心神喪失者、心神耗弱者、貧困者その他、救助を要すべき恐れのある者。(3)と(4)には外観と主観的な要素が多分にあり、労働者ならずとも上陸拒否の対象とされた。

(許淑真)

⊟ 華僑・華人政策［日本］

▣ 内務省警保局編『外事警察関係例規集 昭和6年』龍渓書舎, 1979.／許淑真「日本における労働移民禁止法の成立——勅令352号をめぐって」松田孝一ほか編『東アジアの法と社会』汲古書院, 1990.／外務省外交記録「大正11年度支那労働者入国取締関係一件」MT.3.9.4.121.

内流 ないりゅう

中国系のヒト、モノ、カネ、企業、サービス、情報などが移住国・地域から、中国を含むもとの国・地域に戻る動き。中国および移住国・地域から外に向かう▼外流に対していう。たとえば、中国からベトナムに移住した中国系の人々が、迫害されて難民としてもとの宗主国フランスに脱出したが、ふたたびベトナムに戻るのも内流だし、ベトナムではなく中国に行くのも内流である。ただ、中国向けでは観光で行くのは多いが、住みつく人は多くない。また中国に向かっても、必ずしももとの出身地（▼僑郷）に戻らないが、中国に戻ることには変わりない。今日の内流では外流同様、資産家や専門家が動くことが少なくなく、ヒトだけでなく、モノ、カネや企業、サービス、情報その他も同時に動いている。このため、いまでは外・内流ともにヒトだけでなく、モノやカネその他の移動を含むとみてよい。とくに、1992年の鄧小平の▼南巡講話以降、▼香港、台湾、東南アジアなどから中国系の外資が中国に向かいはじめた。三つの内流で、中国への外資の 3 分の 2 以上を占めた。

(游仲勲)

⊟ 中国の遠心力と求心力, 中国回帰

中川忠英 なかがわ・ただてる 1753-1830

江戸時代中期の幕臣。通称は重三郎、勘三郎。飛騨守を称す。1767（明和 4）年家禄1000石を継ぎ、小普請組組頭、次いで目附に任じ、1793（寛政 5）年松平定信に従って海岸を巡視した。95年長崎奉行に転じ、その任中

に手附出役の近藤重蔵らに命じて清国人の風俗文物を聞書きした『清俗紀聞』を編纂した。のち勘定奉行兼関東郡代、大目附を歴任し、1807（文化4）年には蝦夷地を視察した。その蔵書は現在、内閣文庫に所蔵。

（林陸朗）

長崎海産物問屋（ながさきかいさんぶつとんや）

近世長崎の日中貿易において銅の代替品として重要な地位を占めた▼俵物（煎海鼠、干鮑、鱶鰭などの海産物）を取り扱った問屋。1699年、長崎町年寄の下に俵物総問屋、問屋、小問屋が置かれた。1744年、長崎町人8名が俵物一手請方に指名され、長崎、下関、大坂に俵物会所を設け、江戸、松前には指定問屋を置いた。だが、資金繰りの悪化から仕法が破綻。1785年より、▼長崎会所直轄の俵物役所（長崎西浜町）による直仕入れ体制が確立した。

（岩崎義則）

長崎会所（ながさきかいしょ）

近世長崎における貿易・財政の総勘定所。長崎八百屋町に設置。1697年ないし98年の創設をめぐり、新説が近年展開された（実質的な機能の開始は1698年）。運上を含む貿易会計を総括し、貿易利銀の地下配分などの出納業務を管掌。幕府の保護と統制のもと、幕末開港まで貿易を独占した。長崎会所調役、目付、吟味役、請払役などの諸役人から構成され、18世紀中頃以降は、銅、▼俵物の独占的集荷も行った。

（岩崎義則）

㊂長崎海産物問屋，長崎御用銅
㊉「長崎会所五冊物」長崎県史編纂委員会編『長崎県史』史料編4，吉川弘文館，1965.

長崎華僑研究会（ながさきかきょうけんきゅうかい）

1984年に長崎で設立された華僑研究者の集まり。98年に▼九州華僑華人研究会に改組。研究会結成の発端は、長崎市新地18番地で開港以前から貿易を行ってきた▼金門島出身の華商▼陳世望による「▼泰益号」の残した膨大な営業記録を親族陳氏の好意で83年に地元十八銀行の研究助成を得てまず地元研究者有志が長崎市立博物館に収納、調査整理し、広く内外の研究者の利用に供したことに始まる。これを契機に84年に長崎華僑研究会が生まれ、98年九州華僑華人研究会へ発展したが、一貫して同記録・文書の研究を行ってきた。現在、事務局を北九州地区、活動の拠点を西九州＝長崎、南九州＝宮崎の3地区におき、年1回の定例研究会を開催している。登録会員数は、海外を含め約80名。年1回『会報』を出すほか、過去10年間に行った研究プロジェクトの成果『研究報告書』7冊を出している。台湾、大陸との国際的学術交流も活発。2000年にはアメリカのオハイオ大学で開催の国際華僑研究組織創立大会に、▼神戸華僑華人研究会とともに出席加盟した。

（市川信愛）

㊂神戸華僑華人研究会，横浜華僑華人研究会
㊉長崎華僑研究会『長崎華商泰益号関係文書・資料目録』1，2，長崎文献社，1984-85．

長崎華僑時中小学校（ながさきかきょうじちゅうしょうがっこう）

1905（明治38）年から84年まで存続した長崎の▼華僑学校。日本唯一の清朝政府公認の華僑学校として05年、大清国長崎時中高等小学堂が大浦の▼長崎孔子廟内に設立された。第7代長崎駐在領事卞淙昌の提唱により、長崎華僑、広東、福建、三江3幇の財政的協力のもと、日本の学制に準拠する条件で実現。だが基本的には清朝政府の「華僑小学暫定条例」に基づいたもので、1890年インドネシアのバタビアに開設された中華学堂と同じ孔子廟中心の配置。同じ明治末に開校した横浜の華僑学校が革命派▼孫文、神戸が改革派▼梁啓超の提唱であるのと対照的である。校名の「時中」は儒教の中庸を意味し、「両等小学」とは初等・高等合わせて6年とする日本の学制に従ったもの。民国以後、長崎華僑時中小学校に改名、教育内容も中国本土の三民主義教育から、日中戦争期の日本官憲の圧迫、戦後の中国語・中国文化中心へと大きな振幅を経験しながら創立80周年を迎えたが、華僑社会の現地化や大陸・台湾両派への亀裂のなか、日本の学校へ入学する傾向が強まり、入学志望生徒ゼロとなってついに閉校した。

（市川信愛）

㊉時中・編集委員会編・刊『時中・長崎華僑時中小学校史——文化事誌』1991．

長崎華僑総会（ながさきかきょうそうかい）

第2次大戦後に成立した長崎華僑の中心団体。1945年の終戦直後に華僑維持会が発足、その後、台湾省民会と合併して長崎華僑連合会が結成され、特配物資の申請と配給や税務対策など華僑の諸問題の処理にあたった。51

年に長崎華僑総会に改称。52年台湾系駐"長崎領事館開設後、その影響下に置かれたため、新中国を支持する華僑はこれに反発し、53年に長崎華僑政治協商会議（劉時中会長）を結成、華僑の愛国団結、台湾解放・祖国統一、日中友好・国交正常化を掲げて活動。62年各地僑団と足並みを揃え、長崎華僑聯誼会に改称。72年日中国交回復後の74年に正統派を主張し長崎華僑総会と改称（台湾系は長崎中華総会と改称）、長崎－上海定期航空路の開設、長崎・"福州友好都市締結、長崎県・福建省友好都市締結、中国駐長崎総領事館開設にあたっては県市に協力し大きな役割を果たした。劉時中に続き趙松年、兪雲登が歴代会長に就任。会所は長崎市新地町10番にある。

（陳東華）

長崎華商商会 ながさきかしょうしょうかい

長崎華僑社会の三幇会所を基礎とする中心的組織。1903年、清朝政府は民間団体の統治方策として商会法を公布、中国各省都市および海外の華商が多く居住する都市に商会設立を命じた。長崎では、神戸、横浜に先駆け、1907（明治40）年清国領事館主導のもとで長崎華商商務総会が成立。中華民国成立後、長崎中華総会、さらに30年に長崎華商商会と改称。商会は明治初期に成立した"長崎福建会館（"福建幇）、"広東会所（"広東幇）、"三江会所（"三江幇）を基礎とした長崎在留華僑を統括する政治的・経済的活動の中心組織で、商事仲裁、対外折衝をはじめ"長崎華僑時中小学校の運営などの活動にあたった。役員は3幇から構成、代表は原則として3幇の輪番制とされ、初代会長に沈明久（三余号、三江）、副会長に潘達初（"万昌和、広東）、欧陽仁（"徳泰号、福建）が就任。その後、繆玉庭（広東）、周馥葆（三江）、蘇道生（"源昌号、三江）、簡心茹（"裕益号、広東）、"陳世望（"泰益号、福建）らが会長に就任。日中戦争勃発後、商会の活動は実質停止した。

（陳東華）

長崎居留地 ながさききょりゅうち

幕末の開港により長崎に設けられた外国人の居留地。1854（安政元）年の日米和親条約で下田、箱館（函館）、同年の日英和親条約で長崎が開港したが、幕府は外国人の居住を認めなかった。58年安政五か国条約で外国人の貿易・居住のために箱館、神奈川（後の横浜）、長崎、兵庫（後の神戸）、新潟が開港場に江戸、大坂が開市場に認められた。長崎は翌59年から63（文久3）年にかけて梅ヶ崎から大浦海岸、下り松が埋め立てられ、それに東山手、南山手、出島を加え、従来のオランダ人、唐人のほかにイギリス人、アメリカ人、ロシア人、フランス人らの"外国人居留地が形成された。中国人居留地としては、新たに新地と広馬場などが指定された。60年には"長崎奉行と外国領事との間で長崎地所規則が締結され、居留地は居留地委員の自治行政が行われた。これは他の居留地にも適用された。しかし、その後長崎ほか各地居留地で居留民と日本側行政との間に紛争が起こり、いずれも廃止される傾向となった。長崎では59年に開設された大浦海岸の外国人居留地には洋館が建ち並び、商社・商会やホテルが立ち、長崎独特の西洋風都市景観を作った。居留地は99（明治32）年の条約改正でその制限が撤廃されたが、一方、それにより居留地以外での外国人居留が自由になった。（川勝守）

⊟ 長崎買弁
◈ 菱谷武平『長崎外国人居留地の研究』九州大学出版会，1988.

長崎孔子廟 ながさきこうしびょう

1893（明治26）年長崎華僑有志の寄付と清国政府の援助で、長崎市大浦に創建された中国伝統様式の聖堂。当初祀られた孔子像は、1711年以降明治初年まで向井一族が酒祭を務めた長崎中島聖堂から移されたという。1905年、長崎駐在清国総領事卞㴋昌の提唱と華僑の募金で公認の中国伝統の時中学堂（のち"長崎華僑時中小学校）が併設され、在日華僑子弟の教育の場となった。廟宇の原型は45年に原子爆弾で破損されるまで維持された。戦後、再三修復されたが、67年には資材を香港、台湾から運び、台湾の職人によって増改築がなされた。これを契機に生徒の減少した僑校を近くに移転、"孔子廟は華僑の手で独立運営されることとなった。83年には、日中国交回復をうけ中国から資材、文物、石像を購入し大改造を行い、中国歴代博物館が増併設され、昔のおもかげは一新した。現在長崎市の観光名所の一つで、年間の入場者は40万

人に及ぶといわれる。　　　　　（市川信愛）

📖 長崎市編・刊『長崎市史』全8巻，1923-38.／同『長崎市制六十五年史』1956.

『長崎古今集覧名所図絵』ながさきこきんしゅうらんめいしょずえ

江戸後期長崎の石崎融思筆による図絵。3巻3冊。天保12（1841）年序。長崎市立博物館所蔵（稿本）。本図絵は、松浦東渓編『長崎古今集覧』に付録する予定であったが、饒田西疇にぎたせいちゅうが『長崎名所図絵』の挿絵として、この稿本の絵を使用したとされる。四大州並長崎地方景、唐人之図、阿蘭陀人並魯西亜人之図、異国ヨリ持渡鳥獣草木之図、長崎風俗行事之図、長崎工芸之図、長崎社寺之図などが収録されている。越中哲也の解説を付し、長崎文献社より刊行（1975年）。（岩﨑義則）

長崎国旗事件 ながさきこっきじけん

長崎で起きた中国国旗引き下ろし事件。1958年5月、浜屋デパートで開かれた日中友好団体主催の中国切手展会場に掲げられた中国国旗（五星紅旗）が、一青年に引き下ろされた。中国を承認していなかった日本政府は、五星紅旗を国旗と認めず、遺憾の意を表さなかったため、中国政府はこの国旗事件を中国に対する侮辱・挑発だとして岸内閣の責任を激しく追及し、日中貿易全面停止、漁業協定延長拒否などあらゆる日中関係を断絶。60年8月になって、中国政府は対日貿易三原則を発表、貿易を再開した。　　　　　（陳東華）

長崎御用銅 ながさきごようどう

江戸幕府が、大坂銅座や長崎御用銅会所などを設け、長崎へ廻送させた中国、オランダへの輸出用の銅。中国大陸ではおもに鋳銭原料に用いられた。幕府は1698年より銅の年間輸出量を890万2000斤と定め（定高）、その確保のため、1701年、銀座加役の大坂銅座を設け、精錬業者である大坂銅吹屋らを統制し、国内需要向けの地売銅の統制にも乗り出した。1712年には銅座を廃止し、大坂銅吹屋に長崎廻銅を請け負わせ、廻船調達や海難処理など、彼らを中心に長崎御用銅の輸送機構が確立した。正徳新例（長崎廻銅高400万〜450万斤）をうけ、1716年より、銅の供出高を割り付ける御割合御用銅が実施されたが（1721年廃止）、こうした長崎銅貿易を重視した幕府銅統制策は、銅買入れ価格の低固定化と相まって、しだいに産銅へ影響を及ぼす。また、銅の中国、オランダへの輸出価格は、1721年より半減固定化され、会所の買入れ価格との差額「銅償銀」が、漸次、会所財政を構造的に圧迫した。▼長崎会所はこの頃より、大坂での会所（長崎御用銅会所）を整備し、1733年、大坂阿蘭陀宿長崎屋（為川）にこれを定置した。中国雲南銅の開発、長崎唐船貿易の不振、国内鋳銭事業の勃興などを背景とし、1738年、銀座加役の大坂銅座が再度設置された。だが、長崎廻銅は進捗せず、幕府は1750年銅座を廃し、長崎会所（長崎御用銅会所）による御用銅の買入れ体制を本格的に整備した。これより長崎への廻銅は比較的順調であったが、秋田・南部銅の廻銅減少により、1766年、長崎御用銅会所を勘定・長崎両奉行支配の大坂銅座へと強化再編し、ここで確立した御用銅統制は、1866年まで継続された。御用銅の供出母体であった秋田、南部、別子立川の御用三山へは、諸手当銀の交付措置がとられたが、産出高は漸減。▼アヘン戦争以後、長崎への来航唐船の激減によって、だぶついた御用銅は大坂御蔵へと返上納された。
（岩﨑義則）

📖 住友史料館（住友修史室）編・刊『泉屋叢考』1951-.／住友史料館編『住友史料叢書』思文閣出版，1985-.

『長崎志』ながさきし

江戸中期の長崎聖堂書記役田辺茂啓編による長崎の記録。全16巻。『長崎実録大成』と名づけられたが、のち『長崎志正編』と称した。1764年9月、長崎奉行所へ奉献され、官命により1767年まで稿が続けられ、翌68年、茂啓死去の後も『長崎志続編』として書き継がれた。長崎奉行所直纂的性格をもつ書物。長崎の歴史、政治、宗教、対外交渉、外国地誌、漂流漂着、年表を収録。1937年、長崎文庫刊行会より「長崎志正編附考」（古賀十二郎著）を付して刊行された。（岩﨑義則）

『長崎叢書』ながさきそうしょ

1926年、長崎市役所編により刊行された4冊の叢書。内容は、『耶蘇会年報』（第1冊）、『長崎夜話草』『原城紀事』（第2冊）、『増補長崎略史上巻』（第3冊）、『同下巻』（第4冊）よりなる。『増補長崎略史』は、長崎年

表、市街・諸役所の沿革、長崎会所財政、幕末外交の記録、長崎貿易の仕法沿革などを、金井俊行が編んだもの。1972年、原書房より上・下2冊で復刊された。

(岩崎義則)

⊟『長崎夜話草』

長崎中華街 ながさきちゅうかがい

▼横浜中華街、▼神戸南京町とともに日本にある三大中華街の一つ。長崎市中心街の新地町にあって、新地中華街ともいわれる。そこはもともと▼新地蔵所（倉庫）があった場所で、1689（元禄2）年に開設された▼唐人屋敷の付属倉庫として1702年に同屋敷前方の海面を埋め立てて築造されたものであった。安政開国により鎖国時代の唐人独占貿易が終わり、1868（明治元）年に新地が▼外国人居留地に編入されると、唐人屋敷や大浦外国人居留地にいた中国人たち（おもに▼福建幇、▼三江幇、▼広東幇）が次々と新地に進出し貿易を始め、新地は倉庫から貿易商の街に変貌した。日中戦争勃発で経済的打撃を受けた貿易商の多くは本国へ引き揚げ、さらには1947年の大火に見舞われたことで新地の中国風の建物はほとんどなくなった。戦後、長崎に踏みとどまった福建幇、とりわけ▼福州幇は、もともと料理業などの雑業に従事している人が多く、また一部の貿易商も日中貿易の断絶でやむなく料理業に転業した。こうして新地は中華料理店や雑貨店などが並ぶ街にふたたび変貌した。日中国交回復以後、日中友好の気運が盛り上がるなかで84年に街の活性化を図るため新地中華街商店街振興組合（33店舗、華僑と日本人事業者各半々）が結成され、86年新地町の中心をなす十字路の東西南北に中華門を建設、石畳舗装とし、各店舗も競って中国風に改装した。この頃から中華街と呼ばれるようになった。87年同組合は、中華街の新装1周年を記念し中国の春節（旧正月）にちなんだ灯籠祭を開催、その後年々盛り上がりを見せ、95年には長崎市も冬季観光振興対策の一環として参画し、新地に隣接する湊公園をメイン会場として規模は一挙に拡大され、名称もランタン・フェスティバルと改称された。今日では札幌の雪祭りと並ぶ冬季観光の一大イベントになっている。

(陳東華)

⊠菱谷武平『長崎居留地の研究』九州大学出版会, 1988.／王維『日本華僑における伝統の再編とエスニシティ』風響社, 2001.

長崎中国領事館 ながさきちゅうごくりょうじかん

長崎と中国の深い関係を反映して、明治以来、長崎に中国の領事館、総領事館が置かれてきた。1878（明治11）年7月、長崎市大浦町海岸に初めて清国理事府が開設された。1905年、長崎領事の提唱によって▼長崎孔子廟内に▼長崎華僑時中小学校が開設され、華僑子弟の教育が進められた。12年、中華民国が誕生すると、清国領事館は中華民国領事館に変わった。日中戦争の勃発で、38年2月、長崎領事館は閉鎖。代わって同年11月、日本に協力的であった汪兆銘政権の長崎弁事処が開設された。戦後に入り、52年に台湾の中華民国駐長崎領事館が長崎市中川町に開設されたが、70年に福岡総領事館に併合された。この間の最大の出来事は58年4月の「▼長崎国旗事件」である。中国物産展示即売会に掲揚されていた大陸の五星紅旗が日本人青年によって引き降ろされ、日中関係が著しく悪化した。日中国交正常化後の85年5月、中国人民共和国駐長崎総領事館が開設され、91年に現在の橋口町に移った。

(横山宏章)

長崎唐館役所札 ながさきとうかんやくしょさつ

1725（享保10）年、長崎唐館すなわち▼唐人屋敷に設けられた▼長崎奉行配下の役所から発行された銀札。長崎奉行石河土佐守政郷の在勤中である。唐館内の者および出入り者の在留諸費用支払い用として、唐館の乙名おとならの役人が1か月通用の期限付き銀札を発行した。その表には「唐館通宝」という銭形や「銭五分」などの額が刷られ、裏面には「長崎唐館役所」とあった。銀札は正銀と引き替える必要があった。一時停止時期もあったがその後も幕末まで継続された。

(川勝守)

長崎の華僑・華人 ながさきのかきょう・かじん

長崎の華僑・華人がもつ独特な意義は3点が重要である。(1)2000年に及ぶ九州の華人・華僑の歴史の継承があること。(2)鎖国下で日本唯一の華人居留地となり、しかも、唐館（▼唐人屋敷）という施設に収容されたこと。一方、▼唐通事は母語である中国語使用を職務・職業とする家柄で、日本帰化の一形態とはいえ、華僑・華人の生き方のモデルを提供

していることである。(3)近代以降の長崎華僑が日本華僑のルーツといわれること、横浜、神戸、函館など5港開港後の華僑がいずれも長崎を窓口にしていることである。

まず、第1点に関しては、17世紀の明末・清初に日本に渡航した人々が自分たちを▼唐人と称し、その船が▼唐船と呼ばれたことにかかわる。遣唐使の記憶は九州には鮮やかに残る。それ以上に金印と卑弥呼の鏡、「それ楽浪海中倭人有り」の中国史書の記憶は中国側より、むしろ日本側に強烈に残る。九州は華人の国家と一衣帯水の近さである。しかも、2000年来の中国の王朝交替や異民族の侵入、大農民反乱などの動乱、政治変動のたびに、多くの難民、亡命者が国外に出た。出国先は10世紀以前はほとんどが朝鮮半島か日本列島であった。日本側もその受入れ準備が整っていた。日本の文字・文章は漢字・漢文である。法律制度は唐の律令制度による。均田制から大学制度にいたるまで、李白や杜甫の唐詩から『文選』『史記』『漢書』にいたるまでの文学、法相宗、華厳宗から天台宗、真言宗の仏教、そして儒教も日本にある。中世はあげて禅宗である。粽（ちまき）、饅頭（まんじゅう）から茶、麵にいたるまで、日本はじつに中国物産・文物を取り入れた。逆に、日本にはその時々の中国に必要な産物がある。唐以後では金、銀、銅、そして硫黄や刀剣、蒔絵などの工芸品、等々。日中往来は十分に商売になる。日本に渡れば生活できる。近代100年の逆転時期を除き、概して日本・日本人は政府も民間も華人・唐人の来航を歓迎し、その持参文物を珍重した。これが唐以後、1400年近い伝統である。九州では博多（福岡市）が九州の行政中心の▼大宰府の外港として、遣唐使時代以来の港湾都市である。華人・唐人の居住もあった。唐末・五代の動乱時期でも、江南杭州の呉越国との往来は盛んであり、次いで宋となると、▼日宋貿易は中世都市博多を現出せしめた。日宋、日元、日明の通商貿易活動は「宋商百余家」の「大唐街」（▼長崎中華街）を形成した。中世後期から戦国時代、九州一円に博多が拡大した。豊後の▼臼杵、▼大分府内、肥前の▼唐津、▼平戸、▼口之津、さらに長崎、熊本の天草、薩摩の▼坊津（ぼうのつ）、▼川内（せんだい）、等々。これらの地に▼唐人町が形成された。

第2点目はそこから始まる。近世、幕藩制国家の成立は、九州・西国大名のもってきた対外貿易や華僑・華人との関係を幕府が独占的に管理することを目指した。平戸から長崎にイギリス、オランダの商館は移転され、次いで出島が作られる。▼鎖国が完成する。長崎に唐人屋敷が建てられ、日本唯一の華人居留地となる。華商・華僑商人は▼長崎貿易に従事する。その一面の性格は、中世末期から近世初頭、鎖国直前時期までの▼倭寇や海寇の通商貿易形態を継承していることに現れる。人物では▼王直、▼李旦、▼顔思斉、そして▼鄭芝龍らである。▼五島福江から薩摩坊津・川内、豊後臼杵・府内、そして肥前平戸と彼らは通商相手を求め、その土地土地に住宅・屋敷を構え、日本人妻をもつ。鄭芝龍の子▼鄭成功は中世華僑の傑作である。父の国に帰り、士大夫としての教養を身につけ、明朝に忠義を尽くす。同時代の日本人は彼に拍手喝采する。しかし、その日本は鎖国時代であった。長崎くんち祭（九日祭、9月9日重陽節）は今日に続く長崎名物であり、獅子舞（▼舞獅）、蛇踊り、それに▼崇福寺以下▼唐四か寺の年中行事、長崎は明清風俗の博物館である。

さて、第3点目は近代華僑の部分であるが、長崎が他に類を見ないのは近世から近代に連続したこと、次いで幕末5港開港後、華僑・華人受入れがいち早く整備されたことである。やがて上海との航路が開設され、近代長崎華僑が成立する。華僑はまず長崎に到着し、次に福岡、佐賀、熊本、鹿児島、宮崎、大分と九州各地に定着した。そして神戸、横浜と全国に展開した。その場合、長崎の華僑社会としての重要性は、近世期にすでに、江浙出身、福建出身、その他という中国各地出身者が居留し、近代になると▼三江会所・▼三江幇、福建会館・福建泉漳幇、▼広東会所・▼広東幇など、華僑の出身地ごとの組織が存在していたことである。しかも、明治・大正期に▼裕益号の簡心茹が広東幇総代、▼泰益号の陳世望が福建幇総代、▼豊記号の范茂桐が三江幇総代と華僑3グループのバランスがとれていた。長崎における華僑の協調はじつに円滑であったといえよう。長崎は日本華僑の揺籃であり、教育の場であった。しかし、長崎

は明治以降年次を経るごとに、日本全国中での華僑・華人商業の比重が低下していった。政治行政の中央中心である東京に近い横浜、経済の中心阪神の神戸が躍進した。神戸には、長崎華僑の限界であった、せいぜい貿易商、商業資本的形態に留まることなく、産業資本・土地不動産資本・金融資本として巨大な富を蓄積して日本資本主義社会に食い込み、日本華僑社会の中心的存在となった▼呉錦堂がいた。長崎は中国上海に近いというだけでは日本での華僑の活動に有利ではない。日本の政治・経済の発展に比例して長崎華僑の比重が低下したことになる。

長崎華僑はいかに生きたか。一つの生き方が泰益号にある。その出自は福建南部のアモイ沖合の▼金門島である。まずは九州長崎と上海、そして日清・日露両戦争以後には日本利権拡大の道に沿って南は台湾、北は大連と繋がり、さらに南方広東、というように中国海の東海・南海一帯に▼アモイ・ネットワークと称される商圏が張り巡らされる。▼孫文以下の中華民国要人とのコネクションも意味をもっていたのであろう。だが、泰益号自身が神戸進出を図るところに長崎華僑の苛立ちが窺える。もう一つ、別の生き方を紹介しよう。それは意外と成功した。地域密着型、文化伝統に則った商売と文化芸能との結合が資本になる。一例を長崎きっての中華料理▼四海楼、現社長陳名時に見る。▼長崎孔子廟の再建から博物館建設まで、長崎観光を一変させる見事な事業展開である。もう一例が他ならぬ泰益号現当主の陳東華に見られる。同家伝来の泰益号文書の研究活用から、唐人屋敷復興の夢まで、その過程としての長崎ランタン祭、等々。長崎をオランダ・南蛮のみではない、唐人文化の地として、その伝統建立に邁進している。

(川勝守)

㋳ 長崎福建会館

長崎買弁 ^{ながさきばいべん}

幕末開港後、長崎でイギリス商会などの貿易業務に関係した中国人▼買弁。長崎は1854（安政元）年の日英和親条約で開港したが、幕府は外国人の居住を認めなかった。58年安政五か国条約で外国人の貿易・居住のために開港場に認められ、59年から63（文久3）年にかけて▼外国人居留地が形成された。ここにジャーディン・マセソン商会、グラバー商会、ビナテール商会、ホームリンガー商会などのイギリス・アメリカ系商会が設立された。当時、各開港都市への中国人の進出はいまだ無条約国人のため、外国商社の名義やその買弁・使用人などの便法を用いることが必要であった。とくに長崎では近世初頭のポルトガル商人の▼糸割符仲間制度以来、オランダの中継貿易にしても中国人を買弁とする伝統があった。しかし、安政開港以後、日本に先がけて開港した中国の上海、アモイ、広州などにおけるイギリス資本と中国人買弁との関係が長崎に直接導入された点が重要である。

(川勝守)

㋳ 長崎居留地
㋥ 石井寛治『近代日本とイギリス資本』東京大学出版会，1984.

長崎奉行 ^{ながさきぶぎょう}

近世、長崎に置かれた役職。豊臣秀吉が1588年に鍋島直茂を長崎代官として任用したことに始まる。徳川家康は1603年小笠原為宗（一庵）を初代長崎奉行に任じ、以後側近を任用し、幕府直轄地として長崎を掌握した。幕府需要品の調達、外国貿易の監督管理、対外応接と対外情報の収集、異国警備、キリシタン禁制、町方支配などを職掌とし、西国一般にも権限を及ぼした。1638年より幕府老中直属となる。通例500～1500石の役方出身の旗本が任ぜられた。総数260名がその任に就いたとされる。人員は1～4名で、1年交替が原則。輸入品の原価買上げ、八朔銀の受納などさまざまな経済的特権を享受。格式は、1689年より従五位下・諸大夫席とされ、1699年以降は京都町奉行、大坂町奉行を含めた遠国奉行の筆頭となる。奉行の東西両役所は隣接していたが、1673年、立山に東役所（立山役所・東屋敷と称す）が移転。1855年より西役所には海軍伝習所が置かれた。維新後の1868年に廃止。

(岩崎義則)

㋥ 外山幹夫『長崎奉行』中公新書，1988.

長崎福建会館 ^{ながさきふっけんかいかん}

長崎の▼福建幇の商工団体。唐館（▼唐人屋敷）貿易の流れを汲む福建幇は、安政開港後に造られた▼外国人居留地にいち早く進出し貿易を再開した。唐人屋敷解散後、1869（明

治2）年同靽商社は、自らの権益擁護と官署との交渉の窓口として八間<ruby>靽<rt>ぱん</rt></ruby>会館を設立、初代総代に▼鈕<ruby>春杉<rt>ちゅん</rt></ruby>（元唐館公司、江蘇省江洲県出身）、総管に鄭仁瑞（福建省長楽県出身）が就任。会館は唐人屋敷跡に残された5堂（▼土神堂、▼天后堂、▼観音堂、▼仙人堂、聖人堂）と▼稲佐唐人墓地を継承、聖人堂跡地を会館所在地とし天后堂、会議堂を建立した。88年に焼失、97年に▼陳国樑総代らにより再建、これを機に福建会館と改称。再建された天后堂は2000年5月に長崎市指定文化財となった。会員数は、多いときで27社、少ないときで4社。蕭<ruby>仰<rt>ぎょう</rt></ruby>敬輝（蕭仰斎、▼泰昌号）、陳国樑（陳瑞椿、▼泰昌号・▼泰益号）、欧陽仁（▼徳797号）、陳世望（泰益号）、陳金鐘（泰益号）らが歴代総代を務めた。▼広東会所、▼三江会所が日中戦争の最中に解散したのに対し、唯一長崎福建会館が現在も存続。現理事長は陳東華（陳金鐘の子）。土神堂、天后堂、観音堂は38年長崎市に寄贈された。泰益号文書に同会館の文書資料多数が残されている。会館の建物は長崎市館内町3番にある。
（陳東華）

長崎福建同郷会 <ruby>ながさきふっけんどうきょうかい<rt></rt></ruby>

長崎の▼福建幇に属する▼福州幇の▼同郷団体。1916（大正5）年に福州幇の相互扶助と親睦団結を目的として長崎福州同郷会が成立。初代総代には、陳秋浦（陳宝善）が就任、▼長崎福建会館副総代も兼任した。1899（明治32）年に同じく福州幇が組織した▼崇福寺の維持団体である▼三山公所とは表裏一体で、構成員もほとんど重複していた。長崎は第2次大戦前まで▼三江幇、▼広東幇、▼福建幇の3幇の人たちが居留していたが、日中戦争中に、とりわけ貿易を営む華僑は本国へ引き揚げたり、神戸など他地区へ移転していったため、戦後の長崎に留まった華僑の大多数は、▼行商や料理業など雑業を営んでいた福州幇であった。三山公所は途切れることなく活動してきたが、同郷会は戦前戦後にかけて中断していたので、各地同郷団体との連携上の必要から1975年頃に復活させ、名称を長崎福建同郷会とした。初代会長は陳良官、現会長（2代目）は潘美官。同会は、毎年各地持ち回りで開かれる「▼旅日福建同郷懇親会」

の長崎大会を1980年と2000年に担当した。事務所は長崎市新地町10番にある。
（陳東華）

『長崎聞見録』 <ruby>ながさきぶんけんろく<rt></rt></ruby>

江戸後期長崎についての広川<ruby>獬<rt>ひろかい</rt></ruby>著の見聞録。寛政9（1797）年自序。初版は1800年、京大坂の書林より刊行。その他、1856年版と57年版がある。木版刷で全5巻5冊。京都の医者であった著者が、寛政年間、吉雄耕牛から蘭学・蘭方医を学ぶため、2度長崎に遊学。6年間に及んだ滞在の間に、調査・見聞した長崎の風俗、唐人、紅毛人、動植物、什器物などを、挿絵を豊富に交えて紹介した。別称『長崎見聞録』。
（岩崎義則）

㊝『長崎土産・長崎不二贅・長崎万歳』長崎文献社, 1975.

長崎貿易 <ruby>ながさきぼうえき<rt></rt></ruby>

日本近世の▼鎖国時代に長崎においてオランダ、清国を対象として行った貿易。先行するものとしては、南蛮貿易といわれるスペイン、ポルトガルとの貿易が長崎でも行われたが、幕府が長崎を直轄地とし、貿易統制を図った近世期のそれが、長崎貿易と一般的にいわれる。清朝が▼広東においてイギリスを相手にした広東貿易と一見似ているが、大きな差違がある。長崎貿易は朝貢貿易ではない。その開始は、1641年オランダの平戸商館の移転にあり、清（当初は明国）はポルトガルの白糸（生糸）貿易独占の打破が目的で招聘された。これより先、1623年イギリスは平戸商館を閉鎖して日本から撤退し、翌年スペイン船の来航禁止があって、ポルトガル貿易も不振になっていた。鎖国前夜は東アジアではオランダ勢力が優勢であった。日本にしても、武器や眼鏡、ガラスやビロード、毛織物など西洋産物は必要であった。一方、中国は明・清両朝とも日本の金・銀・銅や硫黄、その他日本物産が必要であり、生糸・絹織物、木綿や人参などの薬種は日本への輸出が利益があった。「地大物博」の朝貢貿易の国の船が長崎に来航して、日本側の種々の制限、▼唐人屋敷収容や会所貿易、さらに信牌制度などに甘んじたゆえんである。
（川勝守）

長崎貿易銭 <ruby>ながさきぼうえきせん<rt></rt></ruby>

鎖国時代、長崎において外商のために鋳造した銭貨。徳川幕府は政権確立のため鋳造貨

幣の統一を図り、さらに貿易利潤の独占をねらって1639年▼鎖国を行い、オランダと中国のみに長崎を開いた。その後1644年、中国に明清交替の政治変動があり、東アジアの基軸通貨の明銭に終末がきた。国際貿易商人は日本の通貨に頼らざるをえず、幕府はそれを国内通貨の「寛永通宝」と区別して、宋銭の「元豊通宝」「祥符元宝」「天聖元宝」「嘉祐通宝」「熙寧元宝」「紹聖元宝」「治平元宝」などが1659（万治2）年から85（貞享2）年まで26年間鋳造された。なぜ宋銭の文様なのか、明銭でないのか、その発行額数量は、等々、不明な点が多い。しかし、「寛永通宝」が、日本年号による通貨として平安時代前期の皇朝十二銭以来700年ぶりに復活していた。皇朝十二銭に代わったのは北宋銭であったことを考えれば、「寛永通宝」を国際通貨の変動から防衛したものと考えられる。　　　　（川勝守）

『**長崎土産**』ながさきみやげ

江戸後期の長崎の地誌。磯野信春（文斎）著・画。天保4（1847）年序。1巻1冊。▼眼鏡橋、諏訪神社、▼唐寺、媽姐揚げなどの名勝・風俗、唐・蘭船など貿易関連の図録を前半部に多数収録。長崎今鍛冶屋町大和屋による地元開板。中島広足らもその製作に参加。1966年、長崎文献社より原本の体裁で復刊された。なお、同名の書で遊女評判記（1681年版）がある。　　　　　　　　（岩崎義則）

『**長崎名所図絵**』ながさきめいしょずえ

江戸後期の長崎の地誌。稿本が長崎市立博物館に所蔵される（5巻17冊）。文政（1818-30年）の初年、▼長崎奉行筒井政憲の命により、長崎聖堂助教饒田西疇、野口淵蔵らが編述。挿絵は打橋惟敬画。脱稿まで時間を要し、稿本のまま蔵された。内容は詳細かつ緻密で、長崎の地誌類では秀逸。唐僧や長崎▼住宅唐人らの詩文が多く載せられている。1931年、長崎史談会より刊行。1974年、長崎文献社より詩文などを省略した抄録本が刊行された。　　　　　　　　　　　　（岩崎義則）

㊂『長崎古今集覧名所図絵』

『**長崎夜話草**』ながさきやわそう

長崎の天文・地理学者▼西川如見の見聞・談話を、三男西川正休が編纂したもの。享保5（1720）年跋。全5巻。第1～3巻は、外国船の長崎入港、日本人の海外渡航、漂着・漂流関連の記事。第4巻は「長崎孝子伝」、第5巻は「長崎土産」となっている。おのおのに如見の考証が加えられているのが特徴。長崎の歴史や異国事情を記した近世長崎の代表的書物の一つ。　　　　　　　　　　（岩崎義則）

㊂西川忠亮編『西川如見遺書』全18冊，東京求林堂，1898-1907．

ナコーンシータマラート
那空是貪瑪叻　Nakhor Sreethammaraach

南タイ中央部の同名県の県都で、シャム湾に面した交通の要衝。華語で洛坤是貪瑪叻、略して洛坤、リゴール（Ligor）とも呼ぶことから六坤とも表記。マレー半島につくられた最も古い都市の一つ。創建は紀元前344年と伝えられる。唐代頃より中国と交流があり、唐・宋時代の磁器などが出土する。唐代に何人かの僧侶が仮寓した室利仏逝国との説もある。10世紀前後、インド人が城を築いている。13、14世紀には同地はマレー半島を横断しインド・西方貿易に従事する中国商人の拠点の一つとなった。のちに錫鉱の発見と現地政権の優遇策もあり、華僑の進出が続く。17世紀のヨーロッパ勢力の南タイ進出時、すでに華僑は同地の錫産業を押さえていた。20世紀初頭以来、市街地で商業に従事する華僑人口が増加し、1924年には洛坤中華商会が、27年には南タイ最初の▼華僑学校である光華学校が創立された。現在でも▼ハジャイ、▼パタニとともに南タイ有数の華僑・華人集中居住地区として知られる。　　　　（樋泉克夫）

ナショナリズム
nationalism

19世紀ヨーロッパで誕生した概念で、民族、言語、宗教、歴史文化、地域などを共有する人々の間の帰属意識、それを基礎にした自立的国家への要求を指す。中国から世界各地に移住した華僑・華人のナショナリズムをめぐる問題は複雑で多面的だが、大きく三つの局面に分けられる。第1が中国大陸のナショナリズムとの関係、第2が華僑・華人自らのナショナリズム意識、第3が移住先の現地民族ナショナリズムとの関係である。ナショナリズムは日本語では民族主義、国民主義、国家主義と訳されるが、三つのうち、第1が

国家主義、第2が民族主義、第3が国民主義の意味に近い。

(1)中国大陸ナショナリズムとの関係　華僑は中国にいるときは国家や政治への意識が希薄だったが、故郷を遠く離れた海外社会で中国国家意識や中国人意識に目覚め、中国大陸ナショナリズムに深く関わった。関与は三つの側面に現れ、一つが中国革命支援である。▼孫文が主導し「反清復明」をスローガンに掲げた革命運動は中国ナショナリズム運動の一形態であったが、孫文が「華僑は革命の母」だとして支援を呼びかけると、華僑、とりわけ東南アジア（▼南洋）華僑は革命資金の提供に応じ、▼中国同盟会や▼中国国民党に加わる人々もいた。19世紀末以降、中国の主権や領土が欧米列強に侵食されていく事態への抵抗支援も中国ナショナリズム運動の一つにあげられる。支援は1930年代における日本の中国侵略で頂点に達し、東南アジア華僑は▼日貨ボイコット運動を組織しただけでなく、ゴム事業で巨富を築いた▼タン・カーキーを指導者に南洋華僑祖国救援基金を組織し、巨額の義捐金を送付し、多くの青年を▼抗日運動支援要員として中国に送り込んだ。もう一つが、中国近代化への支援である。第2次大戦前は海外社会で財を成した華僑実業家が故郷に学校や病院を寄付するのが一般的だったが、これは故郷への郷愁というだけでなく、中国を近代化させる中国ナショナリズム運動の側面ももっていたと考えられる。これらの華僑を中国支援に突き動かした意識が「▼遠隔地ナショナリズム」で、彼らは「愛国華僑」と呼ばれた。国民党政府も華僑の経済力を巧みに利用したのである。

(2)華僑・華人ナショナリズム　第2次大戦後、中国人移民の多くは現地国籍を取得して「華僑」から「華人」となり現地社会への同化が始まったが、祖国愛の強い一部華僑・華人は中国への政治的支援だけでなく、移民先社会に中国的共同体を創ろうと試みた。この運動を支えた意識が華僑・華人ナショナリズムで、華僑・華人国家の建設、中国文化や価値の保持運動として現れたが、現地民族ナショナリズムと鋭く衝突し政治的疑念や反発を招いた。

(3)現地民族ナショナリズムとの関係　第2次大戦後、第三世界諸国で独立運動が本格化したが、運動の背後には、欧米諸国や外国人には自分たちを支配する権利はない、自分たちの国は自分たちで統治するという意識があった。これが現地民族ナショナリズム、あるいは反植民地ナショナリズムと呼ばれるものである。中国民族意識が強く現地社会への同化を拒んだ人々は華僑・華人ナショナリズムを唱えたが、他の人々は現地民族ナショナリズムに積極的に呼応するか、距離を置く道を選んだ。前者が少数派、後者が多数派だった。前者を代表するのがマレーシアの華人ビジネス・エリートで、現地マレー人の政党である統一マレー人国民組織と協調し、マレー人ナショナリズムを原理とする国家建設に加わった。後者は、現地民族ナショナリズム運動にクールな立場を採ったこと、現地民族と比べ所得が高かったことから、現地国家によりしばしば現地民族ナショナリズム高揚の口実に使われた。華人の職業規制や華語教育禁止などがそうだが、華人襲撃など暴力的行為を採ることもあった。華人は現地社会が抱える問題から目をそらす「スケープゴート」にされたわけだが、これは独立運動が高揚した第2次大戦直後の時期だけでなく、1998年のインドネシアのスハルト体制崩壊における華人商店襲撃や華人女性への暴行のように、現代でもときとして起こる。華僑・華人が住民の多数派を形成するシンガポールの場合は、華僑・華人が華僑・華人ナショナリズムだけでなく現地民族ナショナリズムの担い手でもあったため、複雑な道をたどった。　　（岩崎育夫）

參 松本三郎・川本邦衛編『東南アジアにおける中国のイメージと影響力』大修館書店，1991．／田中恭子「中国の対外関係と華僑・華人」岡部達味編『中国をめぐる国際環境』岩波書店，2001．

ナショナル・パッキング
聯興缶頭公司　National Packing Co.

アメリカの華人系資本による食品加工メーカー企業。華僑李栄、蔡貴を発起人とし、1936年にカリフォルニア州アイルタウン（Isletown）に創設された。トマト、アスパラガス、ホウレンソウなどの缶詰を製造。初期には業務が順調に進められ、リースしていた工場の買取り、設備拡張、鉄道幹線へのアクセスラインの敷設まで行った。ピーク時の

従業員数500人、年間売上高数百万ドルに達したが、経営の失策により業績不振に陥り、51年に倒産した。
(王効平)

ナタール法 ナタールほう
Transit Immigration Act

南アフリカ共和国の内陸にあるトランスバールの産金地帯（通称ランド）へ中国人契約労働者を送り込むため、受入れ港ダーバンのあるナタール立法審議会が1904年に制定した入国一時通過の手続きに関する法律。これによってランドの鉱山会議所は、年間1000ポンドを支払いダーバンにあるトランスバール外国人労働支局に、到着した中国人契約労働者の資格審査を委託した。まず病疫予防と鉱山での重労働に耐えられるか否かを検査するため港湾保健局の係員が乗船し、船医の立合いの下にすべての中国人労働者の健康診断を行い、支障がなければ上陸許可証を発給する。ついで入国制限係員が「入国一時通過法」に基づき入国許可証を発給する。次に入国係員が船長にトランスバール移民局が発行した中国人契約労働者輸送に関する正式の許可証の有無を調べ、また船内もチェックする。同時に入国係員は船医の航海中の診断書を受け取り、自身の調査結果とともに上司に提出する。上司はこの書類の写しをトランスバールにある鉱山会議所労働移民局に送付する。一方、これと並行してダーバンの保健担当員が中国人契約労働者たちが携帯してきた米やその他の食材の検査を行う。これらの検査のあと、中国人たちは初めて上陸を許可されるが、目的地のランドにただちに送られず、しばらくの間、ダーバンの街から湾を挟んで対岸部の鉄道沿線にあるヤコブス収容所（コンパウンド）に入れられる。この収容所で初めて登録が行われ、指紋をとられたあとビザが発給される。そして中国人契約労働者をトランスバールに運ぶ特別列車が出るまで収容所で待機する。ヤコブスからランドまで鉄道で400マイル、27時間を要する。中国人たちはランド到着後、トランスバール外国人労働局の管理下に置かれる。
(林晃史)

📖 P. C. Campbell. *Chinese Coolie Emigration to Countries within the British Empire*. rep. Taipei: Chieng Wen Publishing Company, 1970. ／ P. Richardson. *Chinese Mine Labour in the Transvaal*. London: MacMillan Press, 1982.

那覇福州園 なはふくしゅうえん

那覇市久米（もと中国人居留地・久米村の地）にある中国式庭園。那覇市制70周年記念ならびに那覇市と中国福州市の友好都市締結10周年記念事業として1992年に建設された。那覇市は、明代に琉球に移住した久米三十六姓の子孫の故郷を思う心と、都市景観や市民の憩いの場を融合させた都市公園として福州園を位置づけている。総面積8500㎡、総工費9億9000万円。建設にあたっては福州市産の石材、木材、瓦などが使われ、福州市が工事の基本設計、木造・石造物加工および技術指導などをしている。園周囲の外壁（塀）は白漆喰仕上げで漏窓を設け上部を瓦葺きし、園内は福州を代表する三山（于山、烏山、屏山）、二塔（白塔、烏塔）、一流（閩江）といった名勝地の風景や建築物をモチーフに、伝統的な民家式門、青石彫刻の獅子、山石、花木、対聯、扁額などを随所に配置している。春景色を彷彿させる東部空間、夏景色を彷彿させる中部空間、秋・冬景色を彷彿させる西部空間の3部空間で構成されている。
(赤嶺守)

ナマコ
海鼠

隋唐時代から滋養・強壮用に、食用また薬用とされたきた海産の棘皮動物（その腸を取り去ってゆでて乾燥させたものを、いりこ〔煎海鼠〕という）。宮廷料理としてだけでなく清代以降には一般に普及し、中国の東北および南方諸地域からのナマコ交易が展開し

久米三十六姓の原住地に福州をミニアチュール的に再現した福州園。撮影：可児弘明

た。交易用とされたナマコのうち、樺太・千島から沿海州、日本列島、朝鮮半島にかけて産するものは体表面に突起のある刺参（マナマコ、フジコ）である。他方、奄美以南の琉球列島から東南アジア、インド・太平洋の南方海域産のものは20～30種類と多様であり、そのほとんどが突起のない無刺参である。ナマコは華夷体制下の清代には、李氏朝鮮や琉球王国、フィリピンのスル王国などからの朝貢品であった。また幕藩体制下の日本にとって中国向けの重要な銀代替輸出品であり、フカひれ、干しアワビと並ぶ俵物のなかで最も重要な商品であった。長崎俵物会所に集荷されたナマコは品質に応じて10等級に選別後、中国人商人に売り渡された。琉球産ナマコは那覇から直接、福州に運ばれた。南方産ナマコの産地はフィリピンのスル海、インドネシア東部、オーストラリアのアーネムランドなどであり、マカッサルやマニラなどの集散地から広州、マカオ、香港に輸出された。17世紀以降、西欧列強がアジアの植民地経営と交易の独占化を進めるなかでナマコ交易を掌握できなかったのは、東南アジア地域における中国人の広域経済ネットワークの存在による。ナマコを産する末端の生産地においては、中国人商人は村に定住し、あるいは頻繁に来訪し漁民との間で売買契約関係を結び、安定的かつ独占的にナマコを買い付けた。さらに中国人は生産地から都市部の集散地へ、集散地から輸出港へと至る流通機構の結節点で姓・出身地・言語などをもとにした仲間同士の経済ネットワークを通じてナマコの物流に携わった。海外の中国人は、ナマコ以外のフカひれ、高瀬貝、夜光貝、真珠母貝、タツノオトシゴ、サンゴ、クラゲなど種々の海産物流通についても中心的な役割を果たした。

(秋道智彌)

📖 鶴見良行『ナマコ』みすず書房, 1999.

成田節男　なりた・せつお

日本初の華僑通史の著者。生没年不詳。1935年東京帝国大学東洋史学科卒業、外務省南洋局を経て大東亜省南方事務局に勤務、本務のかたわら華僑史に関する研究を行い、日本で初めての包括的華僑通史『華僑史』（蛍雪書院、1941年）を出版した。戦争遂行上、華僑問題研究の急務を主張すると同時に、同僚の協力を得て仏印華僑や蘭印華僑に関する文献の翻訳紹介に努め、基礎的研究を行った。とりわけ満鉄東亜経済調査局や企画院の華僑研究の不備を補うことに努めた。柔順で事業に明敏、貯蓄心に富む華僑は、南洋社会にとって有益・不可欠な人材であるとし、それへの対応の重要性を強調した。日本軍の仏印、インドネシア進攻にはこれらの著作が手引書となったといわれる。

(市川信愛)

📖 W. J. ケーター『華僑の経済的地位――東印度』日本公論社, 1942.

南海　なんかい　⇨　南洋　なんよう

南華公会　なんかこうかい

大阪市難波周辺、旧南区の華商のための組合。事務所は中央区難波3-7-9。月額最低5000円の会費を徴収し、社団法人納税協会南華支部として会員の納税手続き円滑化を図り、商売上の相談などにも応じた幅広い活動を行っている。また三井海上火災など4社の保険代理店として、華商の生活擁護の重要な柱を担っている。1946年11月創立当初、最大の目的は繁華街の焼け跡占拠をめぐる華僑と地主の紛争解決にあった。大阪のこうした団体で現存する他のものは野田華商公会、東大阪華商公会および北天満自治会である。おのおのの納税申告業務などを行っており、相互の交流はない。

(二宮一郎)

📖 許淑真「留日華僑総会の成立に就いて（1945-1952）」山田信夫編, 1983.

南京街上段　ナンキンがい・じょうだん
Upper Nankin Street

シンガポールのチャイナタウンにあった旧街路名で、中国語では音訳した盆巴や南京街とも表記した。牛車水と呼ばれる広東人街の一角を占め、そのおおよその位置はピープルズパーク・センターからニューブリッジ・ロードを挟んだ反対側にあたり、クロス・ストリートと平行していた。1955年3月当時、長さ約200m、幅15mの街路を挟み、両側に2ないし3階建ての老朽化したショップハウスが連なり、632世帯、1814人（男性870人、女性944人）が居住したが、403世帯が三水県人を含む広東人の世帯で、客家世帯がこれに次いだ。ガーナ大学高級講師ケイの調査によって、住民とその厳しい生活実態が明

らかにされた。ここでは居室の33%が窓をもたず、住民は採光・通風ともに劣悪な室内で過密状態で暮らしており、半ばスラム化した、しかし得体の知れぬエネルギーを発散させる古いチャイナタウンの景観モデルとして広く知られるようになったが、ケイ自身が述べているように、50年代シンガポール・チャイナタウンの随所で同じように見られた生活であった。都市再開発によって旧地は高層ビルの福海大厦に改造されている。　　（可児弘明）

📖 Barrington Kaye. *Upper Nankin Street Singapore*. Singapore: Univ. of Malaya Press, 1960.

南京町商店街振興組合 ナンキンまちしょうてんがい.しんこうくみあい

▼神戸南京町の商店主らによって1977年に設立された商店街振興組合。組合設立後、神戸市景観形成指定地域に指定され、町並みが整備された。事務所は臥龍殿（市民トイレ）3階にあり、2000年10月現在、加盟97店舗のうち6割が日本人による経営。初代から理事長は日本人であったが、第5代目に初めて華僑が就任し、華僑・華人と日本人の協力によってさまざまな事業が推進されている。吼獅堂や舞龍隊を組織し、1987年から始まった春節祭で活躍している。98年から中秋節も開始された。　　（陳來幸）

『南京町通信』 ナンキンまちつうしん

▼神戸南京町の▼南京町商店街振興組合の機関誌。月1回刊。特集記事（春節祭や中秋節の報告）、南京町ニュース、from 南京町ホームページ、新聞報道、電脳網絡、議事録、収支決算などテーマ別記事からなる。20～30頁の冊子。組合の理事会、総会のほか、楊貴妃会（会員の妻たちの会、商店街の清掃などでも活躍）、イベント部会、神戸南京町中華料理店協会の議事録を公開するだけでなく、各種イベントの収支報告を開示し、ホームページに寄せられた市民の意見を分析するなど、活動の詳細を記録している。　　（陳來幸）

南巡講話 なんじゅんこうわ

鄧小平が1992年の春節に、▼深圳、▼珠海、上海などを訪問して、現在が改革・開放努力を再開する好機にあり、この好機を逃してはならないと「檄」を飛ばした有名な講話が「南巡講話」である。同年10月中旬に開かれた第14回中国共産党大会は「南巡講話」に代表される鄧小平路線の総仕上げの場となった。保守派優位の下で推移してきた中国の政局はこれによって逆転した。1989年の北京天安門事件後の経済的低迷はこの「南巡講話」によって終息し、以降、中国経済の超高成長が開始された。「南巡講話」は鄧小平思想のエッセンスである。生産力の発展に資するものがすなわち社会主義であると捉える視点が鄧小平のものであるが、「南巡講話」はこの思想に貫かれている。　　（渡辺利夫）

🔲 経済改革対外開放

南進政策［台湾］ なんしんせいさく

1993年3月に台湾行政院経済部が提唱した対東南アジア投資誘導政策。「南進政策説帖」（同年11月）に初構想が示され、戦前日本の類似イメージを避けるため、のちに南方政策とも呼ばれた。対中国大陸集中投資のリスクを分散し、海外生産基地の拡大とAFTA（ASEAN自由貿易地域。93年1月発足、2002年前倒し完成の予定）への対応が意図された。具体的には、(1)ASEAN諸国との間に投資保証協定と二重課税回避協定を締結する。(2)台湾域内伝統産業によるASEAN諸国およびベトナムの工業開発区造成促進と関連製造業投資への支援。(3)台湾企業の対東南アジア投資への融資。(4)「台湾商会聯誼会」の結成、など。台湾はASEAN地域フォーラム（ARF、94年7月発足）に招かれておらず、同政策の実施は厳しい試練にある。一方、香港の中国返還により台湾をその代替中継基地（ハブ）とする「アジア太平洋オペレーションセンター（APROC）」構想が95年1月浮上した。

　　（涂照彦）

南生百貨店 なんせいひゃっかてん

インドネシアの▼客家華僑が1911年に創業した▼スワトウの大型百貨店で、創業時は南生号と称した。華僑の本国投資の一例。33年にインドネシア華僑李海烈らの増資により南生百貨公司と改称、スワトウ市街地に7階建てのビルを建設。百貨店のほかレストラン、旅行社も経営、従業員200人以上を有しスワトウ最大の総合商業企業となった。39年の日本軍侵略、華僑の出入国停止、▼華僑送金中断により営業は大打撃を受けた。日中戦争終

結後に復活。56年に▼公私合営となる。

(山岸猛)

㊂ 華僑投資

南靖廟 なんせいびょう

ジャカルタにある華人寺廟。1824年創建。福建省漳州府南靖県から来た華僑カピタン戴亮輝が建立したので、出身地の名がつけられた。戴亮輝に後継ぎがなく、この寺廟を建造して死後の葬儀場とし、遺体を廟内に埋葬することを遺嘱した。以後、南靖公会によって管理され、正殿に関帝を、後庁に戴の位牌を祀っている。1936年に改修、ウィハラ・アリヤ・マルガ（Wihara Arya Marga, 阿里亜瑪爾加廟）と改名された。

(張祥義)

南投華人 なんとうかじん

異民族の征服王朝である清の支配下になった中国を離れ、南下して東南アジアに身を投じ、東南アジアの新天地で明の香火（祭祀）を守り継ごうとした移住者。満洲女真族の清は明を滅ぼすと被支配者の漢族に対し、恭順のあかしとして、満洲族の風習である▼辮髪を徹底的に強制した。この辮髪令（1644年、1645年の再度）に従わず、東南アジアに移住する者を生じたのである。南ベトナムの地誌『嘉定府志』の著者▼鄭懐徳は、祖父の鄭会が辮髪を結わず、漢族の風習である総髪のまま南投したのだと東南アジア移住の動機を語っている（『艮斎詩集』自序）。またタイとカンボジアを結ぶ重要な港町であったハーティエン（河仙）を建設した広東省雷州出身の▼鄭玖（1671年頃渡南）についても、同様の移住動機がグエン（阮）朝ベトナムの史書『大南列伝前編』第六「鄭玖伝」に記されている。南投した明人にとってみれば、異民族に屈して辮髪に改めることは漢族としての尊厳にかかわる問題であったのだといえる。南投した華人のなかには、義によって清朝に仕えず1682、83年頃ベトナムに亡命してきた明の将兵3000余人の、いわゆる「龍門の衆」もあった。こうした南投華人の入植によってベトナム南部の開拓が進み、ビエンホア、旧サイゴンなどの都市が開かれた。

(可児弘明)

藤原利一郎『東南アジア史の研究』法蔵館、1986。／陳荊和「清初鄭成功残部之移殖南圻」上・下『新亜学報』5-1, 1960; 8-2, 1968.

南蛮貿易 なんばんぼうえき

ポルトガル、スペインの日本貿易。ポルトガル船は1550年から64年は▼平戸に来航、1572年以降は▼マカオから長崎に定期的に来航する。当時中絶していた日明貿易に代わって、ポルトガル船は中国産の絹糸、絹織物をもたらし、日本の銀を買い入れた。1604年に▼糸割符制度が始まる頃には、生糸を求めて上方をはじめ、九州各地からの商人も集まり、長崎は繁栄した。マカオの生糸貿易は利益が大きいため、幕府の閣老、長崎代官などもこれに投資し、寛永期の1620年代末頃には、ポルトガル船がマカオに運ぶのはほとんど日本人の資金といわれた。長崎・マカオ間の海上でオランダ船がポルトガル船を襲撃しないよう、オランダ船はポルトガル船の出帆後20日間出帆を許されなかった。日本人の▼ルソン島渡航は、永禄期の1560年代に始まる。日本人は中国人とともに、ルソン島経由で生糸、陶磁器、木綿などを日本にもたらし、金と蠟を輸出していた。スペインの総督レガスピが1571年にマニラに入り、ここをフィリピン支配の拠点とすると、町は急激に発展した。84年にはスペイン船がルソンから平戸に来航し、松浦氏と総督との間で書翰が交換された。大村純忠はマニラに船を派遣し、1620年代にはマニラの周辺に2000人の日本人が在住した。この頃中国人は20万人いたといわれる。この時期には、日本船は銀をもたらし、中国産の生糸、金、▼アユタヤ産の鹿皮、蘇木などを買い入れた。マニラの貿易については史料が乏しい。マニラから平戸に移住し、朱印船貿易で活躍した▼李旦、肥前の大村からマニラに移住して日本と貿易を営み、家康に信頼されて日本とルソンの国交・貿易の調整にあたったキリシタンの西類子は、ルソン貿易で活躍したことがわかる人たちである。スペイン貿易は1624年、ポルトガル貿易は39年に、幕府が禁令を出し、途絶した。

(永積洋子)

㊂ 糸割符

南方人 なんぽうじん

中国本土で西の四川から東に秦嶺・淮河に至る南北の風土境界線より南、本土全体の3分の2にあたる地域を「南方」といい、この

南方は内地の開発・移住、海外への移住と深い関わりがある。古代の漢族の住地・文化の中心地は華夏、中華、中原つまり河南の洛陽盆地地方であったが、後漢、三国から徐々に南、西南、東南に向けてそれが広がり、清末までに亜熱帯の華南、そして熱帯の▼南洋に及んだ。これを「熱帯へのマーチ」（H. J. WIENS）ともいう。この間、宋代から海上交通が興って東南部の浙江、福建、広東が主要な華僑の送出地となった。この移住過程で同族、同郷の絆が重きをなしたので、移住の先端地帯である東南部はそれが強く、この地域の文化を携えて出洋した華僑も同様である。また南方全体の人口は移住にからんで全土の7割を占めるようになり、中国の政治・文化・経済をリードする積極性・適応性を示すようになった。かつては北方人から周縁の人々とみなされていて、それが系図上の遠祖の来源を北方に求めるところに残っているが、後年になるほどむしろ南方出身を▼アイデンティティとして誇るようになった。

(斯波義信)

圏 E. Friedman. *National Identity and Democratic Prospects in Socialist China.* NY: M. E. Sharpe, 1995.

南方大学華僑学院 なんぽうだいがくかきょうがくいん

1949年の▼広州解放後、華僑工作の幹部養成のための専門学校として、51年に南方大学内に開設された学校。南方大学は50年開設、教育、行政、財政経済、労働者の4学院、学長は葉剣英。華僑学院は高校か中学卒業以上の15～30歳の華僑青年が入学。1ないし半年の在学期間中、食事、宿舎、被服を支給、生活困窮者には生活費が支給された。タイ、マレーシア、カンボジア、ベトナム、アメリカなどから3回に分けて入学した学生数合計624人。卒業後は大部分が▼広東にとどまった。52年全国学制改革で南方大学自体廃止された。

(市川信愛)

南北行 なんぼくこう

東南アジアと中国大陸の間の貿易を仲介する中国資本の商人。各々が船舶を所有したりチャーターして、中国の特産物を東南アジアへ、東南アジアの物産を中国大陸へ仲介する。香港の南北行公所が成立したのは1868（同治7）年であるが、この商業会議所が設立されるはるか前から南北行は存在していた。文字通り南と北の商品を交易する商人グループが香港に南北行として活躍した背景には、▼広州の十三行の歴史がある。広東十三行といわれているが、これは13人の商人でなければならないということはなかった。十三行の商人の営業範囲は大きく分けて三つあり、第1は外国商人の貿易を請け負うこと、第2は外国商人に代わって税金その他の費用を納めること、第3に外国商人の営業のサービスをすることであった。たとえば通訳とか▼買弁とかいうものが歴史的には見られる。しかし、1760（乾隆25）年に十三行の中ではすでに分化が始まっており、外洋行は9家あり、もっぱらヨーロッパ商品を扱っていた。本港行は4家あり、東南アジア諸国からの広東への貿易船を扱っていた。福潮行は7家あり、もっぱら近隣諸省から広東に来る貿易の船を扱っていた。十三行はこのように南線、北線、そしてヨーロッパ線に分かれており、実際には南北行はすでにその頃から始まっていたと考えることができる。香港が1842（道光22）年に開港した後、ヨーロッパ線にいたイギリス商人の地位が一転して、香港の権力を握ることになった。彼らはすべて中国貿易を中心としており、みな中国から香港に来て移り住んだ。例えばジャーディン・マセソン商会などは1843年に広州から香港に移った。その後、南線と北線の商人もまたすべて香港にやってきた。ただし彼らの社会的地位はイギリス商人とは同じではなく、統治者と被統治者の区別があり、このような環境の下で当然のことながら、商人たちは結束して1868年に南北行公所を組織したわけであり、19世紀末から20世紀初頭にかけて活動のピークを向かえ、中国沿海と東南アジアとの交易のほかに、日本、アメリカとの交易にも活躍した。戦後、香港島の西環区を中心に米・海産物を中心とした商業区を形成し、それが今日にまで至っている。

(濱下武志)

難民 なんみん
refugee

「迫害を受けるおそれがあるという恐怖のために国外にある人々」というのが、1951年

7月，26か国の全権代表がジュネーブに集まって採択した難民条約にいう定義である。しかし、これに収まらないものもあり、先の「条約難民」もしくは「狭義の難民」に対して「広義の難民」といわれる。「移民」が一般に金儲けのために出国するのに対して、「難民」は直接、身に危険が及ぶことから出国する。政治的亡命者や「避難民」がこれである。しかし、後述する二つの華僑・華人「大量難民」のうち、インドシナのそれには「政治難民」を口実にした移民（偽装難民）がかなり含まれ、「経済難民」と呼ばれた。もっとも、彼らは89年のインドシナ難民国際会議で難民保護の対象から除外されたが、当時経済難民の大部分は純粋のインドシナ人だった。国共内戦で新中国成立時に台湾、香港その他海外に逃れた人々は「戦災難民」に入るだろうし、ワヒド大統領就任前からの東ティモールや、就任後のスマトラ、カリマンタンなどからの華僑・華人の逃避も、国連難民高等弁務官事務所が保護を決めた「国内難民」に属するだろう。その他の分け方もあるが、華僑・華人の場合も、移民先で激しい中国人排斥がなされたから、難民は最初から、しかも先進国でも存在した。極端にいえば、中国人が動いたのも、金儲けを除けば、かなりが難民としてである。戦後の五つの大きな外流も難民に関係するところが小さくない。第1はベトナムを含むインドシナから、第2は中国返還にともなう香港から、第3は中台関係が悪化する台湾から、第4はインドシナを除く東南アジア、とくにインドネシアから、第5は中国からである。1949年10月の新中国成立後だけに限って見ても、二つの大量中国系難民流出事件が起きている。65年のいわゆる9月30日事件後のインドネシアからと、70年代後半からのベトナムをはじめとするインドシナからの二大事件である。

この第2次大戦後の二大中国系難民事件のなかでも、最大なのはインドシナからの難民、とくにベトナムからのそれである。1956年8月、ベトナム政府は同国生まれの中国人をすべて同国籍とする第48号法令を公布、翌年4月、「華僑」という外国人の居住証を全廃し、華僑の帰国探親や華僑が中国に手紙を書いたり送金したりするのを禁止、62年には華僑青年に兵役に就くことを強制した。すでにフランスからの独立戦争でもそうだったのだろうが、米国との間のベトナム戦争中にも多くの華僑・華人が戦難を避けて海外に流出（戦災難民）、戦後の社会主義統一ベトナム成立後は排斥・迫害はむしろ強化され、70年代にはインドシナ全体から数百万人の中国系難民が流出した。20世紀最大の華僑・華人排斥（排除）事件といってよいだろう（もっとも、しだいに経済難民が増えたが）。その結果、ベトナム以外の世界の多くの地域にベトナム華僑・華人によるチャイナタウン（リトル・サイゴンなどのベトナムタウン）ができ、ベトナムは自国の経済発展で他の多くの東南アジア諸国の後塵を拝する結果となった。

一方、インドネシアでも中国系難民が何回か発生したが、最大なのは1965年の9月30日事件によるそれである。軍部と共産党が衝突し、後者を中国共産党が強力に支持していたこともあって、インドネシア共産党には多くの中国系党員・シンパが含まれた。結局軍部が勝ったため、中国と協力関係にあったスカルノ大統領体制は崩壊、何十万人ともいわれる華僑・華人の投獄、処刑、流刑や、中国大陸、香港、旧宗主国オランダなどへの海外逃避が生じた。最近でも直接的には97年の経済危機から始まって政治危機に至ったインドネシアで、中国系住民に数多くの迫害が加えられ、とくに女性に対するレイプ事件が続発した。800億ドルの資本が外国に逃れ、自身華裔ともいわれるワヒド大統領による説得でも4分の1しか戻らなかったと伝えられるなど、傷痕は大きい。資産家ほど逃避が可能で、シンガポール、オーストラリアなどに向かった。逃避は中産階級にまで及び、大金をかけて逃避したのだから、資産家とは違ってほとぼりが冷めたらもとに戻るということはあるまいといわれている。

(游仲勲)

㊂外流，ベトナムの華僑・華人，リトル・チャイナ

㊨本間浩『難民問題とは何か』岩波新書，1990．／古田元夫「アクチュアリティ」小林康夫・船曳建夫編『知の技法』東京大学出版会，1994．／楊松主編『世紀華人風雲実録』上，北京：経済日報出版社，1998．

南門シルクロード協議会 (なんもんシルクロードきょうぎかい)

▼横浜中華街南門から大通りまでの通り(南門シルクロード)に位置する店舗の団体。かつてこの一帯は中華街プロムナード促進協議会が管理・運営。1989年、通りの活性化とイメージ刷新のため新たに現協議会を設立。会長は進藤幸彦。ヨーロッパ調の元町と中華街を結ぶ通りのため、シルクロードの名が付いている。また中央アジア原産の姫りんごの並木道でもある。アジア各地からの民芸品を扱う店が多く、エスニックな雰囲気が特徴。4月下旬の「花鳥節・姫りんご祭」ではチャイナドレス歓迎祭、鹿踊り、獅子舞(▼舞獅)などが披露される。 （陳天璽）

南洋 (なんよう)

東南アジア海域、およびインド洋ではインド亜大陸の西南部までを指した中国語で、広く西洋語でもNanyang、日本語でも南洋として使う。漢語では古くからこの方面を南海と呼んできたが、宋代に海上貿易が栄え、元・明・清にさらに発展するにともない、▼泉州ないし▼広州から子午線沿いに南下する航海針路を境に、東南海、西南海、さらに東洋、西洋という区別をした。明の西洋には北ベトナム、チャンパ、タイ、パレンバン、マラッカ、ボルネオの南が入り、東洋にはルソン、スル、モルッカ、ブルネイが入り、ボルネオ島の西で分けたらしい。インドのどこまでを西洋に入れるかは一定しない。以上とは別に、上海、舟山列島から北方の黄海、遼東沖に向かう航路を北洋、南に上記の南洋・東西洋に向かう航路を南洋、北・南それぞれの海運業者・海軍と船を北号(北幇)、南号(南幇)とする呼び方が遅くとも清代にはあり、これとの関係で日本は東洋とされた。おそらく上海周辺の港湾の役割が明・清に重くなってきた事情と関係があるだろう。 （斯波義信）

南洋学会 (なんようがっかい)
South Seas Society

シンガポールの東南アジア研究の学術団体。1940年創設。当初の名称は中国南洋学会で、58年に「中国」の文字を取った。「南洋文化学術の研究と発揚」を趣旨とする。創設発起人は▼姚楠、劉士木、▼李长傅、関楚璞、▼郁達夫、張礼千、▼許雲樵など。初期の会員は19名で、うちシンガポール居住者9名、バンコク居住者3名、マレー半島居住者3名、インドネシア居住者2名、上海と香港居住者各1名。40年『南洋学報 (Journal of the South Seas Society)』を創刊、編集責任者は許雲樵(創刊から58年まで)。日本軍のシンガポール占領期、常務理事の姚楠、理事の張礼千は中国重慶で南洋学会叢書9種を出版。45年同学会はシンガポールで活動を再開。46年9月『南洋学報』を復刊、英文論文の掲載も開始。71年英文刊行物 Review of Southeast Asian Studies [Nanyang Quarterly] (『南洋季刊』)を創刊(85年廃刊)。77年『東南亜教育学報 (Southeast Asian Journal of Educational Studies)』を創刊。2000年、創立60周年にあたり、若手会員の積極的獲得、出版活動の強化、研究範囲の拡大など学会の新方針を宣言した。 （蔡史君）

南洋共産党 (なんようきょうさんとう)
Nanyang Communist Party

シンガポールに本拠のあった非合法左翼政党。1926年10月結成の▼中国共産党南洋区部委員会(27年4月中国共産党南洋部委と改称)が起源。28年1月中国共産党南洋臨時委員会となり、これが通称「南洋共産党」(「南洋」は東南アジアの意)。管轄範囲はマラヤからインドネシア、インドシナ、タイにも及んだ。東南アジアの植民地統治からの解放が最大の目標。マラヤでは20世紀初頭からタン・マラカなどインドネシア共産党(1920年結成)の指導者がひそかに入国、マレー人社会での反植民地主義運動発展に努めたが成功せず、共産主義運動はおもに華人社会に広まった。南洋共産党が中国共産党の支部として発足したのもそのためである。上記3組織でも中国共産党の派遣した同党党員、とくに海南出身者が最高指導部を形成した。南洋共産党はマレー人部門を設けてインドネシア共産党幹部やマラヤ土着の幹部が指導した。英国植民地当局はマレー人社会の動揺を恐れてマレー人幹部を根こそぎ逮捕、マレー人への思想・組織・運動の拡大を阻止しようとした。華人党員も厳しい弾圧の対象となり、指導部はほとんどが就任後すぐに逮捕され、中国に強制送還された。20年代末に逮捕・国外追放さ

れた党関係者は年平均千数百人。一方、中国で27年に第1次国共合作が崩れ、多くの共産党員が国外に逃亡、指導者は比較的容易に補充された。中国共産党の支部として発足したため、中国政治への関与、帝国主義諸国の対中干渉反対、国民党打倒が党の重要な目標とされた。同時に労働者の権利擁護、マラヤ社会主義国樹立など、土着化の傾向も示した。しかし、当時の共産主義運動の国際的指導機関コミンテルンが、その中国色を薄め東南アジア各地の状況にきめ細かく対応する必要があると判断、30年南洋共産党に代わってマラヤ、インドシナ、タイに独自の共産党が生まれることになる。

（原不二夫）

㊑マラヤ共産党

㊐ C. F. Yong. *The Origins of Malayan Communism.* Singapore: South Seas Society, 1997.／原不二夫『マラヤ華僑と中国』龍渓書舎、2001.

南洋兄弟タバコ会社（なんようきょうだいタバコがいしゃ）
南洋兄弟烟草公司

　20世紀初め、華僑資本などをもとに広東省南海県出身の簡照南・簡玉階兄弟が創設した中国のタバコ会社。簡兄弟は初め▼香港で同地と日本、タイなどを結ぶ小規模な海運会社を経営しており、また照南は日本の神戸で海産物を扱う商社を開き、日本籍を取得して松本照南と名乗っていた時期もあるなど、香港を中心に東アジア一帯の中国人社会で手広く経済活動に従事していた。兄弟は1905年香港に、簡家および香港の中国人やベトナム華僑などの資本によって広東南洋烟草公司を興したが、欧米のタバコ会社との競争に敗れた。しかしこのときの経験をもとに09年、資本金13万元で、照南が総経理、玉階が副総経理を務める広東南洋兄弟烟草公司を同じ香港で創業した。業績は▼辛亥革命前後の実業振興・国産品愛用運動とも相まって順調に推移し、やがて欧米や日本のタバコ会社の製品に対抗する中国製タバコとして著名になり、第1次大戦中に訪れた中国の好況の中で急成長した。18年に本社を上海に移転、南洋兄弟烟草股份公司に改名し、翌年株式を公開。漢口、▼広州、北京などに工場を展開するなどして、同社で働く労働者は1万人余りに達し、勃興する中国民族産業の象徴的企業となった。同時に、経営にあたる簡照南は中国民族資本家を代表する人物の一人となり、上海総商会の会董（理事）を務めるなどした。しかし20年代後半から30年代には、欧米のタバコ会社の中国進出や、宋子文による株の買占めにも遭って苦境に立たされることとなった。さらに日中戦争中は、上海の本社や各地の工場が機能を停止したが、漢口の工場だけは重慶に移って操業を続け、中国製タバコを供給した。新中国成立後、51年に▼公私合営となり、66年国営化された。

（松本武彦）

㊐中国科学院上海経済研究所・上海社会科学院経済研究所編『南洋兄弟烟草公司史料』上海人民出版社、1958.

『南洋商報』[シンガポール]（なんようしょうほう）
Nanyang Siang Pau

　シンガポールの有力▼華字紙。1923年9月6日、▼南洋の「ゴム王」と呼ばれた▼タン・カーキー（陳嘉庚）が創刊。タンは同紙「開幕宣言」で教育、実業と国家の盛衰との関係を指摘、先進的商業経営・管理の重要性を強調した。同紙の誕生は、東南アジアの華字紙が政論紙の段階を脱し、企業化の時代に移ったことを示す。32年、世界恐慌で打撃を受けた陳嘉庚有限公司から離脱。37年の盧溝橋事件から42年のシンガポール陥落まで、同紙は抗日救国の宣伝を積極的に行った。41-42年には政論家として名高い▼胡愈之を総主筆に迎えた。45年9月8日に復刊したのち、李玉栄社長のもと着実に発展を続け、有力日刊紙の地位を維持するとともに、戦後の情勢および読者の意識の変化にともない、華僑紙から一般紙へと性格を変えていった。71年5月、新聞界に対する一連の取締まり活動（「五月風暴」）のなか、当局は公安法令に基づき、「共産主義を喧伝し華人ショービニズムを煽った」として同紙幹部ら4人を逮捕した。83年3月16日、政府の指導により、同紙と『星洲日報』は合併し、『南洋・星洲聯合早報』（『聯合早報』）と『南洋・星洲聯合晩報』（『聯合晩報』）を創刊した。

（卓南生）

『南洋商報』[マレーシア]（なんようしょうほう）
Nanyang Siang Pau

　マレーシアの有力▼華字紙。もとはシンガポール『南洋商報』のマラヤ版。シンガポー

ル本社は1962年8月31日のマラヤ連邦成立5周年を機にクアラルンプール事務所をマラヤ支社に格上げし、マラヤ版の印刷発行を現地で行うことを決定。69年、マラヤ版はシンガポール『南洋商報』から分離し、マレーシア『南洋商報』として独立した。91年、巨大華人資本▼マレーシア・ホンリョン・グループが同紙の支配権を獲得。本社は▼クアラルンプール。国内主要都市に事務所を設置。紙面は全国版と各州ごとの地方版で構成、日曜に『南洋週刊』を発行。2001年6月、連立与党の一翼を担う華人政党▼マレーシア華人公会が同紙買収に意欲を見せたが、華人社会と同紙社員の激しい反対に遇った。 (卓南生)

南洋書局 なんようしょきょく
Nanyang Shuchu / Nanyang Book Company

1935年に▼陳育崧がシンガポールに創設した出版社。東南アジア華僑学校用の教科書、華文読物などを出版し、華文読物普及と文化事業に貢献した。38年、39年に▼ペナン、▼クアラルンプールに分局を開設、40年にラングーン(▼ヤンゴン)、▼マラッカ、バダビア(ジャカルタ)にも分局を設置した。日本占領時代(1942-45年)にペナン、ラングーンその他の支局は被害を受けたが、シンガポール総局の建物は損壊を免れた。しかし、蔵書は喪失した。46年営業を再開し、華文教科書を編集・出版し、47年に▼許雲樵を迎え『南洋雑誌』『南洋児童文庫』『馬来亜少年報』を編集した。49年に印刷所および発行所、63年に南洋印務公司を設立した。 (明石陽至)

南洋総工会 なんようそうこうかい
南洋各業総工会
Nanyang General Labour Union

シンガポールに本部のあった華人系左派労働組織。正式名称は南洋各業総工会。1926年5月結成。蔣介石政権の弾圧を逃れて中国からマラヤに渡った▼中国共産党派青年が結成したもので、実質的には広東総工会の支部。▼南洋共産党の基盤となり、指導者は重複する。27年マラヤ、インドネシア、タイ、サラワクなどに42支部設立、組合員は6000人に達し、29-30年にはマラヤだけで1万ないし1万5000人に。30年4月、南洋共産党とともに再編され、マラヤ総工会が生まれた。

(原不二夫)

⊟ マラヤ共産党

南洋大学 なんようだいがく
Nanyang University

1955年、東南アジアで唯一、▼華語で教育を行う最高学府としてシンガポールに設立された大学。南洋大学設立以前、シンガポール・マレーシア地域における大学としては、英語教育の最高学府としてイギリス植民地政府が創設したマラヤ大学(シンガポール大学の前身)のみであった。南洋大学設立運動の際には、▼トライショー車夫もトライショーに募金箱をぶら下げて南洋大学設立を支持したエピソードは有名。しかし、75年には、英語重視政策をとる政府の方針を受けて、中文系を除くすべての講義は英語で実施されるようになった。これは、華文中学を卒業しても、大学レベルでは華語で講義を受けることができないことを意味し、華文小・中学校の英文学校化を促進させた。80年には、シンガポール大学との合併で▼シンガポール国立大学が設立され、南洋大学は実質的に閉校された。

(山下清海)

⊟ 南洋理工大学, 一人一元
参 山下清海, 1987.

南洋理工大学 なんようりこうだいがく
Nanyang Technological University

シンガポールのジュロン地区にある理工系の国立大学。1955年に東南アジア初の華語教育の最高学府として▼南洋大学が創設された。南洋大学は80年、政府の方針でシンガポール大学と合併し、▼シンガポール国立大学となった。その翌81年に南洋大学のキャンパスに南洋理工学院(Nanyang Technological Institute)が開設された。91年教員養成系の教育学院と合併し、南洋理工大学となった。2001年現在、七つの学部を有する。 (山下清海)

二

ニエ、ファーリン 1925-
聶華苓 Hua-ling NIEH

中国系アメリカ人作家。別名宜生。湖北省宜昌の生まれ。1948年南京中央大学を卒業し、翌年家族と台湾へ移った。『自由中国』雑誌の文芸編集者を務めたが、60年に同誌は台湾政府に発禁とされた。62年から台湾大学と東海大学（台湾）で教鞭をとった。アメリカ詩人のポール・アングル（Paul Engle）と結婚した後、64年に渡米し、アングルが主宰するアイオワ大学の作家センターで文学創作に専念する。67年にアングルとともに国際創作プロジェクトを始め、77年に定年になったアングルを継いでプロジェクトを主宰し、国際的文学交流に力を注ぐ。81年にデューブック大学とコロラド州立大学から文学栄誉博士学位が与えられた。代表作品に『失去的金鈴子』『桑青与桃紅』『葛藤』『千山外、水流長』ほか。

(曾櫻)

二縁関係（にえんかんけい） ⇨ 三縁関係（さんえんかんけい）

二縁群居（にえんぐんきょ）

華僑社会で同じ業を営む同郷人が特定地区に集居すること。商業の場合、同一業種の店舗が軒を連ねて並ぶので、町並みが特定方言の飛び交う問屋街的な景観を呈した。黄枝連が「聚居性の"両縁結合体"」としたのがこれである。移住先において同郷人が同じ職業に就く「一業一幇」がごく当たり前のこととして自然に組織化された時代でも、同業の同郷人が特定の地区に群居するとは限らなかった。しかし同じ漢語方言を常用し、信仰、地方戯、郷土料理、風俗、習慣など中国の地方文化を日常的に共有する同郷人が一個所に固まって住み、同一業種を営むならば、日常の社会活動、経済活動において結束しやすく、そのぶんだけ集団的利己主義を強化できる。英領時代のシンガポールで二縁群居が随所に見られたのはこのためであり、黄は事例をいくつか挙げている。その代表は潮州人経営のガンビール・コショウ商である。コショウはガンビールと組合わせで栽培されたのであるが、ジョホール・バルの▼潮州人によるガンビール・コショウ栽培の盛期には、フォート・カニング麓下のヒル・ストリートだけで▼潮州幇のガンビール・コショウ店が50以上集まり、対岸のニューマーケット・ロード一帯のそれを加えると、じつに100店以上を数えた。シンガポール以外でも、マレー半島の小ゴム園や鉱山のなかに二縁群居が見られたし、▼港主制のもとでサラワク、▼ジョホールなどの開拓を行った農業移民も、二縁群居であったといってよい。さらに地縁・業縁の紐帯に血縁を加えた三縁を根拠に集居することを黄枝連は「三結縁体式」と称し、広東省澄海県外沙郷の小農であった王姓と謝姓がマレーシアのポート・スウェッテンハム近く、プロ・ケタム（Pulau Ketam）に集居して漁業に従った事例を挙げている。ただし、三縁群居はマレーシア、シンガポールには少なかったという。二縁群居、三縁群居はいずれも幇派の個別主義が居住形態として表出したものであり、幇派主義の弛緩と運命をともにした。

(可児弘明)

⊟ 三縁関係、新福州、広東港
📖 黄枝連『馬華社会史導論』シンガポール：万里文化企業公司, 1971.

2月12日事件（にがつじゅうににちじけん）

第2次大戦勃発直前に行われたタイ政府による華僑救国組織摘発事件。盧溝橋事件を機に抗日戦争支援のための募金活動を強めていた華僑組織に対し、親日路線を採っていた当時のタイ政府は前年に公布した募金統制に関する法律に基づき、1938年2月12日、華僑の医者、教師、企業家など22人を逮捕。取調べのうえ、▼林玉興らを国外追放処分とした。以後、抗日支援募金・祖国難民救済などの華僑運動は地下潜行を余儀なくされる。

(樋泉克夫)

二級市民（にきゅうしみん）

スハルト新秩序体制（1966-98年）がイン

ドネシア在住華僑・華人を社会文化的に位置づける際に用いた概念。インドネシアでは1965年の9月30日事件を受けて、66年には中国系の文化・宗教的行事は禁止され、街中から漢字は消え、華語教育機関はすべて閉鎖された。国家情報局バキン（BAKIN）の検閲の下、『印度尼西亜日報』が唯一の「華字紙」としてごく限定的に流通していた。政官界への進出は基本的に閉ざされたため、華人はいきおい財界に活躍の場を求めざるをえなかった。これが歪んだ華人像を構築した構造であった。役所では「インドネシア国民（Warga Negara Indonesia、WNI）」として華人用の窓口が用意されていた。構造的・政策的な差別によってインドネシア社会への同化も阻まれていたために、華人はつねに「対等な」インドネシア国民としては認知されず、いわゆる「二級市民」の地位に甘んじざるをえなかった。　　　　　　　　　　（山本信人）

二言語教育 にげんごきょういく
bilingual education

ある個人あるいは人間集団が二つの言語を使用すること、ないしはその言語能力をバイリンガリズムという。二つの言語の間には、明瞭な社会的機能分離があり、歴史的ないし文化的な優位・劣位が存している。東南アジア諸国では、さまざまな現実の中で、二言語あるいは多言語教育上の施策がとられていて、華語教育は勢いを取り戻しつつある。

マレーシアは、マレー人、中国人、インド人を主体とする多民族国家である。総人口2220万人のうち、マレー人は約58％を占めている。中国人は25％の550万人、インド人は約7％を占める。言語は、マレー語、華語、英語、ヒンディー語などが話され、クアラルンプール、ペナン、マラッカなど華人が集中して住む都市部では華語が使用されている。マレーシアでは、国の教育体系の中で正規の学校として位置づけられる小学校ではマレー語、華語、ヒンディー語、英語による教育が行われ、国語としてのマレー語を学ぶことが義務づけられている。華語を授業の媒介とする小学校は「華文小学」（略称は「華小」）と呼ばれている。華文の中学や高校ではマレー人教師が多くなり、華人の教師もみなマレー語で授業を行っている。

シンガポールは、総人口310万のうち、華人は77.5％を占める。高等学校以上の進学率も41％（1990年）と高く、華文教育が効果をあげて、識字率は90％になっている。第2次大戦後は英語の地位が上がり、華語の地位が下がった一時期もあったが、1979年以降は政府による華語運動が推進された。90年では、家庭で華語を用いる比率は32.8％であり、方言を使用する比率は、80年の76.2％から46.2％と下降している。

タイでは、戦前は300校にのぼる華僑の華文学校があった。戦後は減少したが、1990年代では、次々に旧華文学校が再興されたり創設されて、いまでは150校以上にのぼり、華文教育が行われている。

ベトナムの総人口は7850万人。華人の人口は1.4％に相当する90万人。南ベトナムでは、1956年からのベトナム化によって華僑学校は改名されて、ベトナム語による教育が行われ、受難の時期があった。南北統一後のベトナムでは、89年以後、華人に対する教育緩和施策により華語を奨励するにいたった。91年にはホーチミン市で、初めてのベトナム教育部による華語統一試験が行われた。

フィリピンの総人口は7200万。70種もの言語が話されている。フィリピン語（タガログ語）が国語であり、英語も普及している。華人の人口は約110万。福建籍が85％を占めている。フィリピンの華人家庭では、1960年代、主としてフィリピン語と英語を使用している者が47％、華語を使用している者が53％であったのが、89年の調査では、フィリピン語と英語を話す者は77.9％と増加し、華語を話す者は10.5％と減少している。これは政府のフィリピン化の施策の効果である。90年代では、台湾、香港、中国大陸からの移民の増加、フィリピンと中国の貿易の拡大、東南アジアでの華語の復興の波と同調しながら、華語の必要度が上がり、回復しつつある。
　　　　　　　　　　　　　　　（中嶋幹起）

圏 薛君度・曹雲華主編『戦後東南亜華人社会変遷』北京：中国華僑出版社，1999.

西アジアの華僑・華人 にしアジアのかきょう・かじん

西アジアの華僑・華人は約25万から28万人で、そのうち95％以上がサウジアラビアとト

ルコに住んでいる。1999年のサウジアラビアの華僑・華人は約17万人から20万人で、そのうちウイグル族華人が85％以上を占めると推計する研究者もいる。80年代末、サウジアラビア華僑・華人の95％以上がサウジアラビア国籍をもっていた。中国の改革・開放後、サウジアラビアに渡った数千人の新移民は、中国のパスポートをもつ"新華僑である。1代目の華僑は主として雑貨店、小売業、料理店を経営しているが、紡織業、肉類加工業を経営する者もいる。2代目の華人は学歴が高く、いろいろな職業に従事している。サウジアラビアの華僑・華人は自身の社会団体、学校、新聞をもてず、冠婚葬祭を通してたがいに交誼を結んでいる。トルコの華僑・華人は約8万人で、ほとんどがイスタンブールに住み、うちウイグル族が5万人、カザフ族華僑が約2万5000人で、主として料理店経営、サービス業、商業に従事している。 (李国梁)

西川如見 にしかわじょけん 1648-1724

江戸中期の天文・地理学者。諱は忠英、通称次郎右衛門。如見（恕見）のほか、求林斎、淵梅軒とも号す。家は長崎地役人の糸目利。儒学を南部草寿、暦・天文学を林吉左衛門、小林義信らに学ぶ。1718年江戸へ招聘され、翌年将軍吉宗へ天文学に関する意見を申述。また、長崎で著した天文・地理書を献上した。『増訂華夷通商考』『日本水土考』など、著述は多数。"『長崎夜話草』はその見聞・談話を三男西川正休が編纂したもの。墓地は長崎の長照寺。 (岩崎義則)

參 西川忠亮編『西川如見遺書』全18冊、東京求林堂、1898-1907.

『二十一世紀』 にじゅういっせいき

香港中文大学・中国文化研究所が1990年10月27日に創刊したインテリ向けの隔月刊思想雑誌。大陸を中心とした中国世界の学術・文化に関する論文が主体。編集長は劉青峰、編集委員に夫の金観濤のほか、楊振寧（▼チェンニン・ヤン）、"李遠哲・余英時、劉再復、李沢厚らがいる。香港だけでなく北京、台北、東京、メルボルン、ニューヨーク、トロント、ロンドン、パリ、シンガポールの中国書籍を扱う書店で販売されている。

(濱本良一)

二重国籍問題 にじゅうこくせきもんだい

中国は、1909年、29年、80年の3回、"国籍法を制定しているが、いずれも「中国国民の子は中国国民である」という血統主義原則をとっている。ただし、80年国籍法は、生地主義原則をとる国で生まれ、自動的にその国の国籍を付与された者には、中国国籍を認めていない（第4条）。09年、29年の法は二重国籍を否定せず、海外へ移民した中国人の子孫は、すべて中国国民とみなされた。台湾は現在も29年国籍法の原則を変えず、二重国籍を認めている。これに対して、移民先の国々の多くは「自国領内で生まれた者は自国民である」という生地主義原則をとっていたため、現地生まれの華人は、その国の国籍をもち、二重国籍者となった。これが問題になったのは、冷戦下においてである。すなわち、東南アジア諸国は、中国が自国民保護を口実に華僑・華人居住地に介入し、共産党政権を樹立するのではないかと恐れた。55年、中国は問題解決のために、インドネシアとの間に華人の二重国籍を否定する二重国籍防止条約を結んだが、両国間に相互不信感があり、双方とも条約を遵守しなかったため、問題の解決には至らず、69年、インドネシアが一方的に同条約を破棄した。70年代以降、中国と東南アジア諸国との国交正常化の共同コミュニケにおいて二重国籍が否定され、また、80年の中国国籍法にも二重国籍否定が明文化されて、問題は基本的に解決をみた。

(田中恭子)

參 平野健一郎編『講座現代アジア4 地域システムと国際関係』東京大学出版会、1994.

日露戦争と華僑 にちろせんそうとかきょう

日露戦争は1904（明治37）年から翌年にかけて戦われた、中国東北部と朝鮮半島への支配権をめぐるロシアと日本との間での帝国主義戦争である。これに対して華僑の大半は清朝と同様に中立を維持した。"孫文も英文で「中国問題の真の解決」と題した論文を発表し、東アジアの根本問題の解決にはならないと訴える。留日学生は「拒俄義勇隊（学生軍）」を組織し清朝に反露政策を求めながら、裏面ではロシア・ナロードニキに範を求め軍国民教育会を結成し、日露の開戦に対応し華

興会、光復会という最初の革命組織を生み出す。また、神戸の▼呉錦堂は海運業者として日本の軍事輸送に協力した。
(中村哲夫)

『日華』にっか

▼神戸日華実業協会の機関誌。第2次大戦前の機関誌『日華実業』は停刊を余儀なくされていたが、戦後の1948年、協会再興の動きが結実し、戦前同様、日中の親睦と貿易の促進を目的に活動を再開、53年に『日華』と改名して年1回刊。
(陳來幸)

『日華実業』にっかじつぎょう

神戸日支実業協会(のち▼神戸日華実業協会。神戸商業会議所内)の会報。1922年9月5日創刊。編集主幹は、最初は西島良爾(号は函南、1924年没)、のち稲毛重穀。神戸大学図書館に現存する原本からみて、27年1月号(第6巻第1号、巻頭に昭和天皇改元即位の記事あり)までの刊行は確認できる。記事の使用言語は、漢語と日本文とが混用されている。西島は静岡県人、日清貿易研究所へ留学、荒尾精の薫陶を受ける。関西の漢語教育界の先覚者、函南の学識に負うところの多い雑誌といえる。
(中村哲夫)

『日華新報』にっかしんぽう

1904年頃から20年代中頃まで神戸元町で発行された日中両国語まじりの新聞。神戸や大阪の商況や中国の政情、日中関係に絞ったニュースが主体。社長は品川仁三郎、編輯主任は王津(蘇州大学、日本大学卒)。東京青山と上海共同租界に支局をもっていた。資本金5000円、発行部数は2000部で、上海、香港、天津、漢口などで販売されたほか、日本在留華商や官僚、留学生などが購読していた。
(陳來幸)

日貨ボイコット にっかボイコット

中国で1910~20年代に展開された日本商品ボイコット運動。19世紀末、中国では銀の対金価格が約3分の1に下落したため、外国から輸入される製品は国内では大幅に価格高騰となり、輸入工業製品に対する価格の壁ができた。そのため、国内市場向けに中国国内で生産し、販売する起業の条件が生まれた。日本は実質的には銀と金との2通貨体制のため、下関条約で中国へ直接の工業投資権を得て軽工業分野からの対中進出を始めた。日本で使い古された中古の製造機械が上海に持ち込まれた。中国では、1897(光緒23)年に盛宣懐の主導で中国通商銀行が設立され、ここに寧波系と広東系の商人による原基的な製造工業の基盤が生まれた。タオル、マッチ、石鹸、歯ブラシ、洋傘、製粉などいわゆる洋行の製品に顕著である。中国における民族工業のための金融システムと市場が、こうして1900年の初頭には大きく初期軌道に乗る。

第1次大戦は、中国の民族工業に東南アジアの広大な市場への飛躍の機会を生み、しかも銀貨は対金相場において約3倍に高騰したので、輸出代金の回収により中国の民族工業は多大の資本蓄積を可能にする循環過程へと移行した。ここに、1919(民国8)年の愛国主義国民運動の嵐、つまり五四運動を経て、中国の民族資本のいわゆる「黄金の20年代」を迎えることになる。

このような基本情勢のもと、日本は日露戦争の直後から、外貨の過剰流動性に見舞われ、それを中国に投資し「円と元」との金融リンクの経済を目指した。とくに、第1次大戦の勃発とともに、長く世界を制覇してきたイギリスのポンド・金本位の貿易決済のシステムが瓦解し、日本は未曾有の対外投資の機会を得ることになる。そのような中国と日本のビジネス・チャンスの二つの波が、最初に激しく衝突するのが1910年代である。

1915年、日本に留学していた中国人学生たちは、対華21か条要求の危険性を祖国に訴えた。しかし、当初の国内の反応は弱く、21か条要求の受諾日の5月7日を「国恥記念日」と定め、日本製品の中国市場からの排斥を訴えた。しかし、最初は挫折する。2度目の「国恥記念日」のための学生デモが、歴史的な五四運動となる。1919年の上海、天津の総商会をリーダーとする日本商品ボイコット運動の高揚を生み出す。その後に、たびたび排日運動が提起されるが、それ以上に日本側の政治的、軍事的な中国侵略が強まり、やがて1930年代の抗日運動へと統合されていく。

1917年、神戸で中日親善会が企画され、やがて▼神戸日華実業協会が設立されるのは、排日運動の直接の摩擦が上海―神戸に現れたためである。上海には、欧米系の外国銀行も

多く、民族工業への直接、間接の金融取引もあり、排日、対日のボイコットの愛国主義が成立する基盤が存在した。上海に進出した日本人実業家は、明治時代の岸田吟香を例に出すまでもなく、漢語が深く理解できる知識人であった。しかし、大正期の上海の日本人実業家の団体の出版物を見ると、いたずらに「支那」呼ばわりをして、文化的にも中華の伝統が理解できず、モノとカネの唯銭思想の域を出ていない。このように、1910年代は、政界における対華21か条が排日の機運を逆にかきたてたと理解されるが、そればかりではなく、浴衣、下駄履きという「倭俗」が反日意識を駆り立てたことも注目すべきであろう。

　上海で民族工業を創業した世代には、親日派が比較的に優勢であった。しかし、日本政府が袁世凱政権に始まる北洋軍閥政府系と利権関係を裏面でリンクさせ、安徽出身の商人・軍人と縁故を深めたため、広東、福建、浙江という海外華僑にリンクした郷土を同じくする南方系の中国人社会とは、関係が希薄となってくる。▼中国国民党、▼中国共産党の初期の幹部は、南方系で親日感が強いのに、後に反日に転じる。それは、日貨ボイコット運動の拠点が上海にあり、日本人はそういう抵抗地区を避け、比較的に民族工業の弱い北中国を進出基盤にしたためである。日本の学者が、中国を南北二分された社会だと分析、南北二分論を宣伝したこととも関係している。こうした中国側の反日感情に同情し、正しい摩擦解消の道を探り出していたのは吉野作造であろう。

(中村哲夫)

　📖 片岡一忠「天津五四運動小史」京都大学人文科学研究所共同研究報告『五四運動の研究』1－2、同朋舎、1982.

日清修好条規　にっしんしゅうこうじょうき

　1871（明治4年）年締結の日本と清国の修好条約。「大日本国大清国修好条規」といい、18条の条規と付属通商章程33款、大日本国海関税則、大清国海関税則を含む。71年9月13日天津で調印、73年4月30日批准交換。1904年日清開戦により失効。日中間最初の条約、第2次大戦終結まで両国間唯一の平等条約であり、日本にとっても江戸幕府以来、外国と締結した最初の平等条約。幕府は日本在留中国人の取締まり、日本人との紛争、密貿易などに苦慮し、▼長崎奉行と上海道台の間で予備交渉が開始された（1862年、文久2年）が、上海道台は開港場における日本人商人の貿易活動を承認したものの、通商条約締結の必要性を認めなかった。明治政府になって外務権大丞柳原前光、外務権少丞花房義質、文書権正鄭永寧らを天津に派遣（70年9月27日）して総理各国事務衙門との交渉を要求したが果たせず、私案の和親条約草案16条を提出して、両江総督曾国藩、直隷総督李鴻章に条約締結の必要性を説いて帰国。翌年6月14日、大蔵卿伊達宗城を欽差全権大臣、外務権大丞柳原前光を副使として、清国側全権大臣李鴻章と交渉の結果、清米条約（天津条約続増条款、69年11月23日批准交換）を基礎として起草された新案に調印した。日本は1858（安政5）年以来アメリカなどとの修好通商条約において強制された治外法権、関税自主権に関する不平等条約を清国に認めさせようとしたが受け入れられず、相互に領事裁判権を認める対等の条約となった。清国は清米条約の中から最恵国待遇と内地通商の利権を削除したので、日本は改正を申し入れるが、清国は応じなかった。この条規によって、条約によらず慣習によって居住を許されていた在日中国人の開港場（中国は上海、▼寧波など15港、日本は横浜、神戸など8港）における往来貿易が正式に認められ（第7条）、開港場における理事官（領事）の設置によって家財、産業、公事、訴訟に関する事件の裁判を委ねることになった。日本人との訴訟で理事官が調停できないときは、地方官に掛け合い双方出会して公平に裁断すること（第8条）、理事官を置かない開港場においても、最寄り開港場の理事官の関わりが認められた（第9条）。初代の駐華公使副島種臣は72年6月17日に着任、中国は駐英副公使許鈴身を駐日公使に、翰林院侍講何如璋を副公使に任命（76年9月30日）したが、許は実際には着任せず、翌年1月15日解任、何が公使に任命され77年12月24日着任した。78年、横浜、長崎、神戸に理事府が設けられた。

(許淑真)

　🔲 通商章程、中国領事館、雑居地
　📖 王鉄崖編『中外旧約章彙編』1、北京：生活・読書・新知三聯書店、1981./故宮博物院明清檔

案部・福建師範大学歴史系合編『清季中外使領年表』北京:中華書局,1985./外務省編『日本外交年表並主要文書』上,原書房,1965./外交時報社編・刊『支那及ビ満州関係条約及公文集』1934.

日清戦争と日本華僑 にっしんせんそうとにほんかきょう

1894(明治27)年7月に勃発した日清戦争は、幕末の開港期以降発展してきた横浜、神戸などの華僑社会に経済的・社会的衝撃を与えた。7月25日、豊島沖海戦で日本軍による清国艦隊への攻撃が始まり、翌26日、日本各地の開港・開市場所在地の知事に対して、「中国人の安全確保」のための警備強化が指示され、▼横浜中華会館にも警備の警官が配置された。これに先立ち、日清両国は開戦に至った場合の敵国在住自国民の保護について検討し、日本在住中国人については、各地の米国領事館が人道的な立場からその身体および財産を保護することになった。当時、条約改正を目前にした日本政府にとって、戦時下の在住中国人の処遇を国際法に基づいて行うことが、「文明国」としての資質を示すうえで重要なことであった。しかし7月下旬より中国人の帰国が相次いだ。一方、各居留地在住の欧米人にとっても、商取引の現場や日常生活上のサービスといった点で、中国人の存在は重要であり、彼らの帰国は憂慮すべき事態であった。8月1日、日清両国は宣戦布告し、日清戦争が本格的に開始された。これにより駐横浜清国領事館は国旗を降ろし、領事は駐日清国公使・汪鳳藻とともに帰国する。神戸では▼神阪中華会館が領事館の建物と家財に火災保険の手続きをとり、また下層華僑のために帰国費用を負担するなど、領事撤退と華僑帰国のための準備が進められた。8月5日、日本に居住する中国人の処遇に関する「勅令第137号」(▼居留清国人に関する勅令)が発布され、中国人は20日以内に居住地の府県知事に住所・職業・氏名を届け出て登録することが義務づけられた。これにより中国人は無条約国人となり、領事裁判権は否定され、日本の裁判所の管轄下に入った。登録制度が実施されると帰国者が続出し、1893年と94年の統計に見る在住中国人人口は、横浜が3325人から1174人へ、神戸では1004人から455人へ、大阪では330人から64人へと激減した。

1894年11月、横浜中華会館は中国の各開港場に、戦時居住不適格者の横浜再来を禁止する布告を配布し、アヘンの売買・吸飲者、賭博を行う者、正業を持たない無頼の徒、法律を遵守しない者の来浜厳禁を言明した。外交団撤収以後、横浜華僑社会の対外代表機関の性格を帯びた中華会館によるこの布告は、華僑社会の秩序を保ち、居住社会とのこれ以上の関係悪化を防ごうとした華僑の意思の表れといえる。経済面では、日清戦争の開始で日本人一般の中国人に対する感情が悪化するなかで、日本人商人による対中国人商権回復運動が再燃した。居留地貿易においては、西洋人商人と日本人商人との仲介者として、中国人▼買弁が不可欠な存在であった。そのため日本人商人は、秤量立会い料の「看貫料」、取次手数料の「南京口銭」などを中国人に支払っていた。日本人商人が西洋の言語や商習慣に習熟するにつれて、こうした習慣が不公正商習慣とみなされた。日清戦争によって在住中国人が無条約国人となり、法律的にも不利な立場に置かれると、まず大阪で対中国人貿易商取引改善運動が起こり、続いて横浜でも貿易商青年会が取引慣習改善運動を開始し、口銭や看貫料の廃止を唱えた。結果として口銭の全廃には至らなかったが、中国人商人は特権喪失の危機に立たされた。95年4月の下関条約の締結で日本勝利のうちに戦争が終結すると、横浜、神戸、大阪など各地で華僑が戻りはじめ、経済活動も再開された。横浜では96年には在住中国人人口は2268人となり、98年には3284人と戦前のレベルまで回復した。

(伊藤泉美)

⊟ 永昌和事件
⊠ 岩壁義光「日清戦争と居留清国人問題」『法政史学』36,1984./『横浜中華街』/『落地生根』

日清貿易 にっしんぼうえき

日清貿易は幕末の日本の開港によって、長崎における制限貿易から自由貿易の時代に移行した。長崎、横浜、函館、神戸、大阪などの開港・開市場には、欧米商人を上回る数の中国商人が新たに来航し、彼らの活発な商業活動によって日清貿易は飛躍的に拡大した。1880(明治13)年頃の貿易は海産物、石炭、マッチ、銅を日本から輸出し、赤砂糖、白砂糖、米などを中国から輸入しており、海産物

と砂糖という主要商品の構成は長崎貿易時代とさほど変わらなかった。華僑は、豊富な資金力と情報力をもって、石炭と銅を除く上記商品の多くを独占的に取り扱った。日本は1876年に広業商会を設立して日本人による海産物の直輸出を目指したが、この試みは失敗に終わった。また、日本が外国製綿布をさかんに輸入していた時期には、神戸や長崎に輸入されたイギリス綿布の大部分は中国商人によって上海から輸入されたものであった。中国、香港を市場とするマッチの輸出も中国商人に多くを依存しており、神戸や大阪のマッチ製造業者のなかには有力華僑の融資を受けるものも多かった。しかし、1890年代末には、近代紡績業の展開を受けて綿糸が日本からの輸出品のトップに現れ、石炭、海産物、マッチがこれに続く商品になった。一方、中国からの輸入品は綿花が首位を占め、豆類、砂糖、米などがこれに続いた。綿糸輸出には、大阪川口に居住する山東系中国商人が華北向けの輸出に新たに参入する一方、三井物産など日本の有力商社は鐘淵、摂津などの上位紡績企業と連携して、中国商人に依存しない日本人による綿糸輸出の拡大に努力した。20世紀初頭には海運や金融面での整備も進み、日清貿易における日本人の通商力も強まった。
(古田和子)

⊟長崎の華僑・華人,神戸の華僑・華人,横浜の華僑・華人,函館の華僑・華人,川口華商,長崎貿易,日本郵船,大阪商船

▣高村直助『日本資本主義史論』ミネルヴァ書房,1980./籠谷直人『アジア国際通商秩序と近代日本』名古屋大学出版会,2000./古田和子『上海ネットワークと近代東アジア』東京大学出版会,2000.

日清紡績 にっしんぼうせき

1907(明治40)年2月5日、日比谷平左衛門、佐久間福太郎らによって、東京に資本金1000万円で設立された紡績会社。同社設立の最初の発起人大会は、06年11月3日に開かれ、発起人は76人、根津嘉一郎、馬越恭平らの財界の有力者が名を連ねたが、その中に3人の横浜華僑、曾星舫、鄭曉初、盧棣生がいた。11月15日に第2回発起人大会が開かれ、日清紡績株式会社定款(原始定款)を定めるとともに、平沼専蔵、佐久間福太郎、福沢桃介、渡辺福三郎、若尾幾造、安部幸兵衛らの14人を創立委員に指名した。日清紡績会社は京浜の実業家が出資した会社であり、同社に横浜華僑が投資したということは、華僑の地元経済界との関わりを考えるうえで重要である。
(伊藤泉美)

⊟『横浜中華街』

日宋貿易 にっそうぼうえき

10世紀後半、唐末・五代の後に宋が中国を統一すると、それまで江浙地方や福建地方で局地的に取引されていた海上地域間交流や国際貿易は急速に進展を見せた。しかも、宋は国初以来、契丹(遼)、西夏、金との戦争に軍事費と歳賜・歳幣の支払いに苦しみ、外国貿易は政府の重要な財源となった。宋は広州、泉州、明州(寧波)、杭州などの貿易港に市舶司を置き、貿易船団の責任者を綱司に任じて管理した。宋船はすでに龍骨(船底の艫から舳先まで貫く梁材)をもつ構造船で外洋航海が可能で、その活動は高麗、日本から南海諸国に及んだ。日本九州は博多が最大の港湾で、その管理は▼大宰府政庁が受け持った。大宰府と宋の明州、杭州などの市舶司とはしばしば公文書を交換し、それぞれの商人、僧侶たちの相手側での行動の自由と身の安全の保障を求めた。宋商人は日本へ、沈香・麝香などの香木、虎・豹皮、白磁・青磁の陶磁器、綾錦などの絹製品、それに茶、宋版大蔵経から書籍一般、文房具、書画を輸出し、帰路日本から、砂金、真珠、硫黄、扇、刀剣、蒔絵などの工芸品を持ち帰った。日本に大量の銅銭(宋銭)がもたらされたところをみると、貿易は日本の出超であろうが、事実は日本の金・銀との交換である。12世紀以降、貿易の拠点の博多は空前の繁栄を見せ、「大唐街」と呼ばれる中華街が形成された。
(川勝守)

日中経済発展センター にっちゅうけいざいはってんセンター

1995年1月に▼新華僑が設立した日中経済研究・経済交流推進団体。創設以来、その活動は日中両国の多くのマスコミに報道されて、広く注目されている。会員数およそ350名、うち日本人(各企業の幹部を中心)約4分の3。法人会員25組織。設立の趣旨は、日中両国の人的交流を促進し、専門家・企業家

の相互連絡の緊密化を図ることにある。毎年10～15回の研究会、実務セミナー、シンポジウムを開催し、中国の経済的人材を養成、月刊の機関紙『日中経済新聞』と『中国経済時報』を発行。事務局は東京都江東区亀戸2-6-2-315。　　　　　　　　　　　（廖赤陽）

㊀日本の新華僑

日中戦争と日本華僑(にっちゅうせんそうとにほんかきょう)

1931年9月18日に満洲事変が起こると、日本在住中国人の帰国者が相次いだ。横浜では、1930年末の中国人人口は3958人であったが、31年末には2401人と1500人余り減少した。37年7月7日の蘆溝橋事件と日中戦争の勃発は、在日中国人にさらに大きな衝撃を与え、大量帰国が始まった。36年末には2万7090人であった在日中国人は、37年末には1万5526人に減少した。8月に入って中華民国政府は駐日各領事館に対し、各館所管内の中国人帰国希望者を横浜、神戸、長崎の3か所に集め、そこから帰国させる旨の訓令を発した。8月14日、中華民国駐横浜総領事館は、定住華僑については戦争終結後の再来時に入国しやすいように登録手続きを受けてから帰国するようにとした、引揚げに際しての「注意書」を出した。8月末には各地からの帰国者が▼横浜中華街にあふれた。9月23日までに横浜港から帰国した中国人は、関東・東北地方在住者を含めて2834人にのぼった。そのうち、中華街在住者は7割を占めたが、長年横浜に在住している華僑の多くは愛着のある横浜にとどまった。横浜に残った華僑たちはさまざまな試練に立たされた。横浜総領事・邵毓麟(しょういくりん)が抗日意識の高揚に努め、反日の姿勢を明らかにしたのに対して、地元華僑は総領事を必ずしも支持しなかった。華僑社会内は、中華民国南京政府を支持するか、日本の傀儡(かいらい)政権である北京臨時政府を支持するかで揺れ動き、▼横浜中華会館は臨時理事会を開いて対応を協議した。また、横浜福建連合会事務所が北京臨時政府の旗「五色旗」を掲揚したため、総領事館は中華民国の国旗「青天白日旗」を掲げるよう要請する事態も起こった。

1938年1月16日、日本政府が「国民政府を相手とせず」との「対支重大声明」を発すると、横浜中華会館は北京臨時政府支持を表明するに至った。また、総領事館と連携して活動していた▼中国国民党駐横浜直属支部は神奈川県警の圧力を受け解散に追い込まれた。華僑のなかには、「日華融和」の道を選択し、商取引の閉塞状況を打開しようとする機運が高まり、「皇軍慰問」や「国防資金」などの献金をする者も増えた。こうして地元での支持層も失い、2月6日、横浜総領事館は閉鎖され、外交団は帰国した。翌39年4月5日には、中区山下町の▼横浜親仁会事務所に中華民国臨時政府駐横浜弁事処が開設され、40年9月1日には、正式に汪精衛国民政府の領事館が開設された。華僑は「日華融和」を標榜し、山下町出身出征兵士の区民葬や靖国神社の大祭に代表を派遣した。しかし、貿易面では輸入制限や中国での日本製品ボイコットが起こり大打撃を受け、料理店や理髪店でも反中国感情や華僑の帰国によって経営困難に陥る。また敵性国民の立場に置かれ、店舗の強制移転や都道府県外への行動に厳しい制限が加えられた。さらに、外国語に堪能な者は諜報活動の嫌疑をかけられて弾圧を受けた。神戸では、1938年1月18日、▼神阪中華会館において華僑600人が参加して「新政府成立慶祝擁護大会」を開催し、臨時政府支持を決議した。中華民国駐神戸総領事館は閉鎖された。8月1日、中華民国臨時政府駐神戸弁事処が開設され、その後、汪精衛国民政府の総領事館となった。一方、国民党員一斉検挙事件や福建呉服商弾圧事件など激しい弾圧が加えられ、貿易活動も大幅に縮小した。また、全国規模で華僑組織の再編がなされ、40年3月、在日華僑の大同団結を図り、東亜新秩序建設に協力させるため、全日本華僑総会が発足した。アジア太平洋戦争へと拡大された戦争は45年8月の日本敗戦によって集結するが、横浜では同年5月29日の大空襲によって、神戸では6月5日の大空襲によって、多くの華僑の命と、中華会館、関帝廟、学校など長年にわたり華僑が築いてきた社会的資産が失われた。
　　　　　　　　　　　　　　　（伊藤泉美）

㊀横浜中国領事館
📖『横浜市史Ⅱ』1-下．／『落地生根』

日中友好会館 にっちゅうゆうこうかいかん
Japan-China Friendship Center

日中友好のために設立された会館。前身は満州国留学生会館。1983年、財団法人善隣学生会館から改組。日中両国政府の合意のもと、日中友好を目的として設立されたため、理事、幹事には日本側だけでなく、中国側、華僑側も含まれる。88年、新ビル完成。本館12階建て、別館4階建て。後者には善隣学生会館時代からの後楽寮、日中学院がある。後楽寮は中国人留学生、華僑学生が入寮。善隣学生会館は、文化大革命時の日中両国共産党の対立の影響で紛争が生じた。所在地は東京都文京区後楽1-5-3。　　　（游仲勲）

日本郵船 にっぽんゆうせん

1885（明治18）年、郵便汽船三菱会社と共同運輸会社の合併により設立された日本最大の海運会社。三菱が1875年に開始した上海航路や70年代後半に整備した朝鮮航路を引き継ぐとともに、86年には天津線、91年には牛荘線を開設して定期航路網を華北、満洲方面に拡大した。海産物や雑貨、綿糸、綿織物などの日中貿易に従事していた長崎、神戸、大阪、横浜、函館在留華僑は、中国人荷主として日本郵船東アジア諸航路の重要な顧客を構成していた。また上海-ウラジボストーク線の旅客には山東からウラジボストークへの出稼ぎ中国人も多かった。93年には初の遠洋定期航路であるボンベイ航路の開設によってインド綿花の直輸入を実現し、海運同盟に加入して国際定期船企業としての地位を確保した。長江航路では、1906年に▶大阪商船など日本系の運輸会社と共同して日清汽船を設立し、日本政府の補助に支えられて経営を拡大して日本綿糸の長江中流域への進出を助けた。　　　　　　　　　　　　（古田和子）

　㊉ 日清貿易

ニパット・チンナコーン 1886-1972
謝枢泗　Niphat JINNAKHON

南タイの主要都市▶ハジャイ建設の功労者。広東省梅県生まれの▶客家。故郷で父の商売の手伝いをした後、移民ブームの波に乗り1904年にバンコクに渡り德興泰酒店で店員となる。当時、タイ国王のラーマ5世が推進する近代化の一環として南タイ開発が提唱され、南タイとバンコクとを結ぶ鉄道建設が進められていたことから、労働者として鉄道建設に参加。一工区の現場監督から工事全体の総責任者にまで昇進。数千人の潮州・客家労働者を統括した。13年、鉄道終点予定のソンクラー県の海辺の未開地50ライ（1ライは約16アール）をタイ政府より購入。ここをハジャイ（「大いなる砂浜」の意）と名づけ、16年に自宅、雑貨店、泗発旅店などを、17年には南タイ鉄道の完成と前後して謝枢泗路と名づけた幹線道路を建設。その後、数百ライの土地を購入しゴム園を経営する一方、錫鉱山開発にも着手し、インドネシア、シンガポール、マレー半島からの華僑労働者も大量に受け入れた。24年、彼が設計したハジャイ駅舎とハジャイ市場が完成。30年代半ばになると、ハジャイは1000軒を超える住宅と3本の幹線道路（枢泗一、二、三街）に病院、学校、体育施設、慈善施設、公共墓地などが加わった都市へと変貌を遂げた。29年、南タイを巡行途中のラーマ7世からハジャイ建設の功によりクン（Khun）の爵位を贈られ、以後、クンニパット・チンナコーンを名乗る。39年にタイ籍に編入。41年末に爵位制度が廃止されたことから、ニパットを名前に、チンナコーンを一族の苗字とする。72年に87歳で死去。ラーマ9世は棺を覆う土を贈り、その栄誉を讃えた。墓地を中心に謝枢泗公園が建設された。2000年末現在、ハジャイはタイ全体で第3位、南タイ最大の国際都市。
　　　　　　　　　　　　　　　　（樋泉克夫）

　㊉ 華人の官爵［タイ］
　㊐ 許瑞安主編『泰国華僑人物誌』バンコク：自由文化事業出版社，1956．／温広益主編『広東籍華僑名人伝』広州：広東人民出版社，1988．

日本華僑軍事学校 にほんかきょうぐんじがっこう

別名東京革命軍事学校または青山軍事学校。1903年、▶孫文が日本の東京に設立。中国人自費留学生中、軍事を志す李自重、黎勇錫ら14人を学生とした。小室友次郎騎兵少佐、日野熊蔵歩兵大尉を教官に招聘、校舎は最初牛込区にあったが、のちに青山練兵場近くに移った。8か月で卒業、入学時には中華回復、民国樹立、平均地権を宣誓した。孫文離日後、内紛が生じて、閉校した。　（游仲勲）

日本華僑経済合作社 にほんかきょうけいざいがっさくしゃ

日本華僑・華人の相互出資による経済福利協同組合。正称は協同組合日本華僑経済合作社。日本の金融機関から華僑が融資を受けられないため、1951年（50年ともいう）に東京で設立。おもな事業は組合員に対する融資、福利厚生、税務知識の授与その他の教育情報活動で、政治的には中華人民共和国支持、祖国の平和統一を掲げる。組合員には飲食店、医療、不動産、貿易、娯楽業などの経営者が多い。95年の組合員は団体・個人合わせて550単位、うち台湾籍70％、大陸籍30％、資産は組合加入金、資本金、金融・不動産収入の3部分からなり、資本総額30億円、加入金1億5000万円だった。毎年1回総会を開き、7人の理事と3人の監事を選出、任期2年で毎月1回理事会が開催される。理事長は蔡慶播。東京都港区新橋3-21-6に所在。なお、別に協同組合華僑互助合作社があり、福建、江蘇、浙江など3省出身者を中心に75年に設立された。金融、不動産などを主たる営業範囲としている。理事長は林金順、王家福、張瓏堂に続いて4代目の陳立清。また、台湾支持派系の台湾同郷協同組合もある。東京都新宿区歌舞伎町1-10-8、台湾同郷協同組合ビル6階に所在。

(游仲勲)

日本華僑貿易商公会 にほんかきょうぼうえきしょうこうかい

日中両国の国交が正常化される以前の1955年7月に、新中国を支持する神戸の華僑商社が両国の交易事業を発展させようとして設立した協同組合。正称は協同組合日本華僑貿易商公会。初代理事長は台湾省出身の林清木。組合の成立と活動の歴史は、法人登記された年より3年前の52年に遡る。組合運営は順調で、高率の配当を行った。58年5月、長崎国旗事件の発生で両国間貿易が中断、組合運営は暗礁に乗り上げ、67年3月、解散した。

(王柏林)

日本乞師 にほんきっし

清の攻略に苦しむ南明から日本への軍事支援の要請。中国では1644年李自成の北京攻略以後、明の崇禎帝の自尽、清の入関から北京入城、南京弘光帝の敗北と動乱が続き、その間に清の大軍の前に揚州や嘉定の都市民が玉砕全滅する。明救援の請願が日本からローマ法王まで及ぶ。とくに日本には鄭芝龍・鄭成功父子をはじめ、黄宗羲から朱舜水に至るまでが派遣された。日本側はとくに薩摩島津氏が出兵に熱心であった。しかし、幕府は乞師に同意しなかった。

(川勝守)

『日本僑報』 にほんきょうほう

1996年8月1日に段躍中によって埼玉で創刊された、日中両国語の月刊誌（2001年9月現在、B5判16頁）。在日中国人学者・文化人・経営者の動態や社会団体の活動などを取り上げていることが大きな特色。メールマガジンも発行。増刊号として『在日中国人大全』『在日中国人媒体総覧』『中国人の日本語著書総覧』などがある。発行元は在日中国人文献資料センター（元中国留学生文庫。埼玉県川口市）。

(廖赤陽)

🏠 日本僑報ホームページ http://cf.net/cpj/

日本軍政と華僑 にほんぐんせいとかきょう

アジア太平洋戦争の勃発とともに日本が占領した東南アジア地域の交易・物流の中心を担っていたのは華僑であった。第1次大戦中の日本の中国に対する「二十一か条要求」、満洲事変、日中戦争に対して、東南アジアの華僑は日貨ボイコット運動の展開や抗戦する中国政府に対する資金援助を通じて、多様な抗日運動を行ってきた。したがって日本軍は、蔣介石政権に繋がる勢力として、東南アジア華僑を警戒の目で見ていた。開戦に先立って占領政策の基本を定めた「南方占領地行政実施要領」によれば、「華僑に対しては、蔣政権より離脱し、我が政策に協力同調せしむものとす」としていた。しかし日本軍のシンガポール占領に際しては、華僑の義勇軍が最も勇敢に抗戦しており、日本軍のシンガポール入城後の華僑虐殺事件はそれが遠因だったといわれている。したがって一部の親日華僑を除けば大半は日本の占領政策に批判的・非協力的であり、日本軍の華僑対策も厳しいものになっていった。たとえばシンガポールを中心としたマラヤの華僑に対しては、協力の証しとして資金提供が求められた。日本軍は「服従を誓い協力を惜しまざる者に対しては、その生業を奪わず権益を認め、然らざる者に対しては、断固その生存を認めざるものとす」として、「シンガポールを中心とし

て主要都市の有力華僑全体に対し、最低5000万ドルの資金調達を命ずるものとす」「協力に参加せざる者に対しては、極めて峻厳なる処断を以って処理す。即ち財産の没収、一族の追放、再入国の禁止を行うとともに、反抗の徒に対しては極刑をもって之に答え、華僑全体に対する動向決定に資せしむ」という強硬なものであった。この強制的募金のため、華僑たちは土地を売り、高利貸に借金するところまで追い込まれたという。それでも2800万ドルしか集まらず、軍政当局は不足額2200万ドルを横浜正金銀行から華僑協会に貸し付け、その結果5000万ドルの小切手が日本軍に渡されたという。日本軍は、占領にともなって東南アジア各地で物流の中枢から華僑を排除していった。占領地に対して統制経済を実施し、日本人商人を中核とした配給組合を作り上げた。その結果、多くの華僑系の商店や企業は倒産や廃業に追い込まれていった。実際には、長年にわたって培ってきた華僑の経済力はそう簡単についえさるものではなく、彼らの協力なしには物資が動かない状況がしばしば出現した。しかしこの時期、華僑が日本軍政によって痛めつけられた存在であることには変わりはなかった。

(小林英夫)

→『昭南日報』、昭南島華僑協会、シンガポール華僑虐殺事件

⇒篠崎護『シンガポール占領秘録』原書房、1976./小林英夫『日本軍政下のアジア』岩波新書、1993.

日本神戸中華義園記 にほんこうべちゅうかぎえんき

▼神阪中華義荘の由来を記した全文500字弱の木刻の掛け札。▼神戸関帝廟寺務所(中華会館事務所)に現存。1887(明治20)年秋に完成、文の作者は▼徐広坤(神戸理事府通訳官)、書は衛鋳生。記文によると、1871年夏に神戸近郊宇治野村(現在の中央区中山手通)に▼華商たちが土地600坪を購入して義園を建設し、客死したが故郷に▼運棺できない者のためにここで暫時埋葬することにした。その後73年夏に142坪、87年夏に1629坪を買い足し、さらに傍らに病院を併設して医薬を施す予定であることが記されている。

(陳來幸)

日本占領時期死難人民紀念碑 にほんせんりょうじきしなんじんみんきねんひ
Memorial to the Civilian Victims of the Japanese Occupation 1942-1945

シンガポールの第2次大戦期虐殺犠牲者紀念碑。ビーチ・ロードとコノート・ドライブの間に建つ。1962年1月、シンガポール各地で日本軍占領期に虐殺された人々の遺骸が相次いで発見され、▼シンガポール中華総商会は同月31日、遺骸の発掘と善後処理を行う「日本占領時期死難人民遺骸善後委員会」を設置した。63年3月13日、シンガポール政府は紀念碑・公園建設用地の提供、民間の1ドル献金に対して政府が1ドル拠出することを発表。同月19日、中華総商会は募金委員会を設置し、他民族の代表とも費用調達と建設計画の協議を開始した。被害者の民族・宗教が異なることを配慮して、遺骸を火葬せず、各壺に複数体の遺骨を収めて紀念碑基部の安置室に納骨することを決定(計606壺)。67年2月15日、紀念碑の除幕式が行われた。毎年2月15日、紀念碑の下で追悼式が行われる。

(蔡史君)

→シンガポール華僑虐殺事件
⇒許雲樵・蔡史君編『新馬華人抗日史料』シンガポール:文史出版社、1984.

日本中華総商会 にほんちゅうかそうしょうかい

在日華僑・華人や日本に進出した中国系企業の経済団体。1999年9月9日正式に発足。日本にもとからいる▼旧華僑に加えて、日本にやってくる中国系人の企業も増え、すでに3300社以上あるといわれる。▼世界華商大会は、91年の▼シンガポールを皮切りに2年おきに開かれて、99年には▼シドニーで開催され、各国・地域の中国系経済人が参加したが、参加者は日本を除いて、すべて各国・地域の▼中華総商会代表団の名目だった。2001年には中国南京で開催されたが、アジアの経済大国日本でも開催してほしいという希望がある。だが、受け皿がなく、東京中華総商会設立構想もバブル崩壊の影響で実現しなかった。こうした経緯も踏まえて、日本全体の中華総商会をつくる案が浮上、実現した。会員数は157社。▼横浜中華街で老舗の中華料理店「万来軒」経営の二世経営者で、▼横浜華僑総会(大陸系)会長(現名誉会長)の▼呂行雄が初代会長に選ばれた。事務局は東京都中央

区京橋2-4-14、新風ビル5階。　　　（游仲勲）

日本中華宗親譜系学会 にほんちゅうかそうしんふけいがっかい

中国の▼宗族・親族の系譜の研究者や専門家、また道教や儒教など哲学思想に関心をもつ知識人によって、1986年7月に結成された学術団体。▼呉主恵、▼陳福坡など在日華僑の知識人たちや三瀦信吾など多数の日本人学者が協力して立ち上げた。中国の▼族譜や歴史、哲学の研究をおもな課題とし、会員同士の研究交流をはじめ、海外で行われるシンポジウムにも多数参加している。現在地は横浜市中区山下町166番地、会長は陳福坡。

（陳天璽）

日本中華聯合総会 にほんちゅうかれんごうそうかい

日本全国の台湾系の華僑総会・中華総会の連合組織。大陸系と台湾系との対立関係は中国の改革・開放以前ほどでなくなったとはいえ、まだ残っており、華僑総会組織も二つある。台湾系では日本中華聯合総会傘下にいずれも「中華民国留日」の名がつく東京、横浜、神戸、札幌、宮城、福島、名古屋、京都、岐阜、島根、山口、四国、愛媛、高知、大分県、宮崎の各華僑総会、それに「留日」のつかない中華民国琉球華僑総会と、「留日」の名がつく青森、秋田、岩手、山形県、群馬県、栃木県、山梨県（山梨中華華僑総会ともいう）、静岡県、大阪、岡山、広島、福岡県、熊本県の各中華総会、それに「留日」の名がつかない中華民国岡山中華総会、千葉県、長崎の各中華総会、新潟県中華親睦総会がある（いずれも正式名。ただし「中華民国」や「留日」の語があるかないかは、必ずしも厳密でないようにも見える）。第2次大戦後の1945年秋に、中華民国政府駐日代表団の指示によって42の都道府県に華僑聯合会が組織され、翌46年1月に各県の代表が東京で全日本華僑総会準備会を開催、4月の熱海での華僑代表大会を経て、留日華僑総会が設立された。51年春に各県華僑聯合会の名称を華僑総会に、留日華僑総会を留日華僑聯合総会に改めた。日本が中国と外交関係を正常化させた72年に名称を中華民国留日華僑聯合総会としたが、日本国籍に▼帰化する者が多かったため、翌年日本中華聯合総会に改め、各県の華僑総会でも中華総会となったものがある。日本中華聯合総会は会長1人、副会長は東京、横浜、大阪、神戸、福岡各総会会長計5人、代表大会で選出された2人、合わせて7人からなり、任期2年。陳礼桂、黄廷富、林炳松、林以文、李合珠、薛国樑、蔡仲秋が歴代会長を務めた。所在は東京都千代田区丸の内1-5-1、新丸ビル6階108号。　（游仲勲）

参『華僑大辞典』

日本の華僑・華人 にほんのかきょう・かじん

［近世以前］

日本列島は、日本海、東シナ海、朝鮮半島を介して中国大陸に近接しているため、日本史を通じて継続的に中国の北部、東部、東南部の沿海域からの中国人の往来、滞留、定住があった。記録に徴せられる中国大陸民、朝鮮半島民の日本への往来・定住、すなわち古代の▼渡来人（帰化人）の数は想像以上に大きく、紀元2世紀、5世紀、6世紀初期、7世紀後半を画期に高まり、平安朝前期の9世紀をもってその規模を縮小する。初期の渡来中国系人のようすは外交使節団としての来往が知られる程度であるが、秦の▼徐福の伝説、魏の張政の史実が伝えるように、長期滞留も稀ではなかった。5世紀前後からは中国系あるいは朝鮮半島南部民の職能人ないしその集団や一族が招請され、あるいは乱を避けて来住する記録が目立つようになる。文字の伝播にともなう外交、文筆、通訳の担当者、軍事技術にかかわる馬飼、武具づくり、さらに製陶、機織、製鉄、酒造、仏師、画工、土木建築の専門職人、知的職能としての儒家、僧侶、占い師、陰陽家、医術家がそれで、こうした職能集団は、技術を世襲しながらその首長を通じて近畿の大王ないしは有力な首長に直属する部民となった。7世紀後半に大和政権による統一が成ると、中国大陸、朝鮮半島からのこうした移住民の集団は、畿内および近江の一帯に濃密に分布していたことが知られているし、遣隋使・遣唐使一行の留学生、留学僧のなかには中国系渡来人の活躍が認められる。9世紀になると唐朝の衰微に応じて渡来人の盛期は過ぎ、国風文化の台頭のもと後続の渡来を絶たれてなしくずしの▼同化の過程に入った。

中世にも、また近世にも、中国からの儒

者、文筆家、僧侶、武芸者、医師、陶工、織工、画工、仏師の来日と永住、これにともなう文化の移植・移転は、規模を減じつつも連綿と続いた。なかんずく宋・元時代の禅宗・浄土宗の中国▼渡来僧が日本の宗教界、精神文化にもたらした影響は、計り知れないものがある。しかし、律令行政がすたれて士大夫官僚文化を接受する動機も失われ、また鎌倉、室町、江戸と交代した統一政権は、外国人の移住に対して抑制的になった。その反面で10世紀から海上貿易が飛躍的に発展し拡大するとともに、中国人の日本への来往のパターンは商業移住、一時滞在へと大きく変化した。

（斯波義信）

[近代・現代]
　1858（安政5）年、米国は日米友好通商条約（安政条約）締結を迫り、翌年神奈川（後の横浜）、長崎、兵庫（後に神戸）、新潟、箱館（函館）の5港での通商が認められた。米国人の5港および江戸、大阪在留が実際には欧米人一般に拡大され、▼外国人居留地には欧米人に随行して中国人もやってきた。上海あたりから欧米人用の洋服仕立て、理髪、中華料理（三把刀、▼三刀業）などのサービス提供のため来日したのである。これらの業種は彼らを通じて日本に伝来した。1871（明治4）年、▼日清修好条規締結で中国人は長崎以外での居住を認められ、外国人居留地の一角ないし近辺に中国人居留地（▼雑居地）が出現した。1894-95年の日清戦争による台湾の植民地化の結果、台湾人の来日が増えた。1899年、外国人居留地は廃止され、「内地雑居」（外国人の日本人との混住）が始まった。日中戦争期、一部は中国へ引き揚げだが、他方、中国人労働者が日本に強制連行された。戦後は社会主義中国の成立によって中国大陸からの来日は基本的に停止、一方、外交関係があった台湾からの来日が増えた。いわゆる▼新華僑である。

　1972年の日中国交正常化以後、とくに79年の中国の改革・開放への政策大転換後、中国人、とくに研修生、就学生、留学生の来日が急増した。目的を達したあとも日本で働く者が増え、「第2の新華僑」となった。その数は年々増加している。他に不法入国・在留者もいるから、これらも含めると全部で（中国籍保有者だけだが）40万人近くというところか。中国籍、日本国籍以外の外国籍をもつ華人は統計数字がなく不明。日本国籍への▼帰化も進んでいる。97年1年間に4729人で、全帰化人の31.4％を占めた。人口比率から見て高い。出身地別では台湾が多かったが、上海に逆転され、99年には後者4万2375人（外国人登録済み中国人中14.4％）、前者3万8258人（13.0％）。以下、黒龍江、遼寧、福建、吉林、北京の順（黒龍江、遼寧、吉林は、中国残留邦人またはその家族が多い）。言い換えると、大陸出身者が87％の圧倒的大多数で、台湾は1割余りにすぎない。在住地域別では99年現在、東京が多く8万2911人（外国人登録済み中国人中28.2％）、以下1万人以上が大阪（8.8％）、神奈川（8.3％）、埼玉（6.2％）、千葉（5.5％）、兵庫（5.0％）、愛知（4.7％）の順。かつて最多だった長崎は1927人にすぎない。職業別では無職（老人、主婦、児童など）が全体の76.8％と圧倒的に多いのは別として、事務従事者が6.2％と多く、以下、技能工・生産工程従事者、サービス業、技術者、販売従事者、管理的職業、教員、その他専門家・技術家、科学研究者、医療・保健技術者と続く。多様化し知的職業も少なくない。かつての三刀業者には中華料理以外昔日の面影はない。日本は最初から底辺の外国人単純労働者は入れず、中国人も手に職のある者だけが渡来したから、日本の華僑・華人には貧困者は比較的少ないが、それでも日本はすでに高い経済発展段階にあり、その中で資本力の弱い彼らが一般の日本人以上に経済力をつけるのは容易でない。今後、日本の華僑・華人はしだいに増えようが、特別のことがないかぎり激増はあるまい。ただ、留学生などの出身者や不法入国者、不法就労者、ギャングなどはひきつづき増え、各種の摩擦が激化するかもしれない。　（游仲勲）

㋤安政開港，東京の華僑・華人，横浜の華僑・華人，神戸の華僑・華人，大阪の華僑・華人，日本の新華僑

㊝司馬純詩「近くて遠い国、日本」可児弘明・游仲勲編，1995．／法務省入国管理局編『出入国管理』大蔵省印刷局，1998．／法務大臣官房司法法制調査部編『第39出入国管理統計年報』平成12年版，大蔵省印刷局，2000．／『在留外国人統計』平成12年版，入管協会，2000．／Yu

Chunghsun. "Ethnic Chinese in Japan." in Yu Chunghsun (ed.). *Ethnic Chinese*. The Japan Times, 2000.

日本の新華僑 にほんのしんかきょう

1970年代末、ことに80年代の中国における改革・開放政策の展開、および同時期における日本の国際化進行を背景に、中国を離れて日本に入国し、日本で生活する中国人をいう。通常、日本に滞在する中国人に対する包括的な呼び方として「在日中国人」が最も広く使われ、政府統計もこれによるが、2000年の入国管理局の統計では、その総数およそ33万人、加えて7万人の超過滞在者・密入国者などがおり、合わせて40万人にのぼる。そのうち、▼新華僑以外の▼老華僑（旧華僑）がおよそ4万人、約1割で、9割を新華僑が占める。

新華僑の構成はきわめて多様であるが、高学歴で、専門技術と技能をもつ者の多いことが特色である。彼らはもともと就学生や留学生として日本に渡り、大学または大学院を卒業したあと日本の大学、研究所、企業などに就職している。経済的な基盤はまだ弱いが、ハイテク、バイオ、コンピュータ、薬学などの分野で企業を起こす者も増えている。最近の統計では、研究、教育、医療、技術、技能、法律・会計、芸術、人文知識・国際業務、投資・経営などの在留資格で滞在する者はおよそ3万5000人で、ワーキングビザ取得者の中心を構成している。アメリカの新華僑と比べて、人口規模こそ小さいが、科学、文化、技術に立脚することは共通している。2000年現在、非常勤講師も含めて、教授ビザで在留する新華僑は1000人を超え、うち約半数は大学の専任教員である。国立研究所などで研究ビザで就職する研究者も1000人を超える。大企業やハイテク産業部門を中心に技術・技能ビザで就職する者は1万5000人にのぼる。1990年からの約10年間に、日本で1000冊以上の新華僑による日本語著書が出版された。気功、中国医学、武術、芸能などの伝統文化の分野で、新華僑の活動が目立つ。老華僑には中国の国籍を残した者が多いものの、文化や言語、生活慣習などではすでに日本化しているのに対して、新華僑はより強い「▼中国人性」をもっている。また、地域分布から見れば、老華僑は▼福州幇、▼福清幇を除いて、ほとんど東京、長崎、阪神、横浜、函館のような旧開港場に集中し、伝統的な商業社会を形成しているのに対し、新華僑は都市圏を中心に全国各地に分散しており、サラリーマン社会を形成している。

【新華僑のおもなメディア】 80年代後半から新華僑を中心に創刊された各種の新聞・雑誌は140種類余り。2001年現在の発行新聞は、『▼留学生新聞』『中文導報』『聯合週報』『東方時報』『日本僑報』『華人週報』『華風新聞』『大富節目報』『知音』『中華時報』『中国巨龍』『中国語世界週刊』『中日新報』『中和資訊』『唐人報』『東海国際新聞』『二十一世紀新聞』『日中新聞』『日本新華僑報』『半月文摘』『法制与生活』『▼列島週末』など。以上の新聞のほとんどが週刊紙であり、そのほとんどが▼華字紙である。そのうち、『留学生新聞』（継続年数13年）、『中文導報』（同9年）、『聯合週報』（同7年）、『東方時報』（同6年）、『日本僑報』（同5年）などが比較的影響力が大きい。また、日本語新聞としては『中国巨龍』（同7年）が広く読まれている。雑誌は、『愛華』『華声女性月刊』『現代日本経済』『中国経済週刊』『東瀛さぐ求索』『信息』など。電子マガジンは『東北風』『華声和語』『日本僑報電子版』など。これらのうち、『信息』（日本語版は『情報』、英語版は*Information*）は全日本中国人博士協会の機関誌で、学術論文を中心に理工系在日新華僑の活動を知るための最も重要な資料の一つである。TV局としては、「▼CCTV大富」は株式会社大富と中国中央テレビ局が提携、日本の衛星放送を通して中央TV局の番組を放送している。「▼楽楽中国」は98年から衛星放送開始。中文産業、KDDがおもな株主。両岸三地（中国大陸・台湾・香港）の各地のTV番組を放送、自らのニュース番組も制作している。

【新華僑のおもな団体】 90年代以降、新華僑の組織化の動きが注目される。これらの組織は、およそ以下のように分類できる。(1)学術団体 ▼中国社会科学研究会、▼在日中国科学技術者聯盟、▼日中経済発展センターなど。(2)▼同業団体 在日華人漢語教師協会（日本の各大学などの教育機関で中国語教育にかか

わっている中国人教員の団体)、在日中国人弁護士聯合会(中国、日本の弁護士資格をもつ者の団体)、日本関西中国人交流協会、関西在職中国人交流協会(ともに日本就職者の地域的交流・親睦団体)など。(3)▼同郷団体 おもに以下の組織がある。天津同郷会、▼江西の友聯誼会、▼留日華僑浙江同郷会、▼在日湖北同郷会、▼在日吉林同郷会、在日湖南人同郷会、▼日本北京同郷会、日本四川同郷会、▼山西同友会、日本雲南聯誼会。老華僑の地縁組織が共通の▼原籍地をもつ人々の組織であるのに対して、新華僑の地縁組織は、原籍地のほか、当該地域で生まれ、または勉学や仕事をしたことのある者、当該地域に興味や関心をもつ者なども受け入れている。(4)学縁組織 日本で就職した者が所在地域あるいはもとの出身校を中心に結成。おもに以下の組織がある。全日本中国人博士協会、中国留日同学総会、日本九州地区在職中国留学人員聯誼会、在日遼寧留学人員聯誼会、北洋・天津大学日本校友総会、北京工業大学計算機学院校友会東京分会、清華大学東京校友会、日本南開校友会、早稲田大学中国校友会、北京郵電大学校友会、東北大学日本同窓会、在日浙江大学校友聯誼会、北京大学校友会。(5)地域コミュニティ互助組織 分散居住している新華僑が、老華僑のように地域社会の互助組織を形成するのは難しい。しかし、外国人が入居しやすい公営団地を中心に、こうした組織が存在する。埼玉の芝団地にある中国人互助会はその一つである。日本最初の在日中国人NPO法人・華僑特定非営利法人も互助組織の一つと見られる。(6)日中友好交流文化団体 おもに中国の気功、武術、伝統音楽、舞踊、書道、絵画、中国語などを普及。東南アジアにも多くの同様の団体があり、その会員のほとんどは華人であり、また日本でも老華僑の団体が閉鎖性を保持しているのに対して、日本の新華僑が設立・主宰する友好交流文化団体はほとんどが「会籍開放」の方針をとっている。

(廖赤陽)

日本の新華僑とインターネット

日本の▼新華僑は、▼老華僑に比べて、あるいは他の外国籍の日本居住者、一般の日本人に比べて、インターネットの利用が顕著である。新華僑には高学歴者が圧倒的に多く、パソコン所持者の割合は半分を超えるといわれる。近年では、パソコンを持たない人も、華人経営のインターネットカフェや携帯電話を利用してインターネットにアクセスするケースが多くなっている。インターネットの活用は、▼幫とか同郷会、▼会館などを通じて広げられていた旧来のネットワークづくりに別の形をもたらし、日本の新華僑社会の形成に役立っている。インターネットを利用した新華僑・華人の情報交換はたいへん活発になっていて、その動きは次の3点から伺える。

(1)直接の対面交流よりも多くなってきたネット交流。大量のホームページ(新華僑・華人関係の会社、団体、個人のホームページは少なくとも2000以上のタイトルがある)とメーリング・リスト、談話室(チャット、会議室)開設は、日本各地に分散している新華僑たちの情報交換に役立っている。たとえば、▼中国論壇は、日本の都道府県、中国の省市区ごとにメーリング・リストを開設している。そして、内容によって20の会議室を設けている。新華僑・華人はメーリング・リストや会議室を利用して活発な議論をしている。また、メーリング・リストである「CCJ」「CCK」「ドラゴン」「旅日華人信息」などもよく利用されている。顔の見えない交流は多くなっている。固定した活動場所をもたない、事務所なしの団体が多くなっている。

(2)情報伝達の速さ、時間の節約、コストの削減などにたいへん効果がある。いまでも活字媒体や口こみ、電話、ファクシミリなどを利用している老華僑と比べれば、新華僑・華人は現代の通信手段を十分に生かして情報交換活動を行っている。定期的に配信している代表的なメールマガジンである「華声和語」「東北風」「偉大中華ニュース」「中国最新情報」「日本僑報電子週刊」などは、中国大陸や中日関係、とくに在日中国人に関する情報を毎週あるいは隔週発行している。「日本僑報電子週刊」によれば、毎回約1万人の読者への配信が、すべて無料で瞬間的に送信できる。

(3)ホームページやメーリング・リスト、メールマガジンなどの利用は、新華僑自身の歴史記録になり、しかもネットに公開され、読

者・研究者・発信者たちの共同財産になっている。1998年8月に創刊された「日本僑報電子週刊」を例にしてみると、華僑・華人の最新情報を細かく分類して、毎週水曜日の発信内容は自動的にホームページになり、いつでもどこでも閲覧することができる。2001年10月現在150号を発行し、研究者たちの間では、新華僑・華人の動きを知るうえで欠かせないメールマガジンといわれている。メールマガジンはいまのところ完全ボランティアで発行、購読無料の形にしている。

〔段躍中〕

日本の南方関与と華僑(にほんのなんぽうかんよとかきょう)

日本の南方関与は、植民地台湾の統治（1895年）に始まり、「南支・南洋」への進出とその後の敗戦（1945年）までの50年間に及び、四つの時期に分けられる。(1)揺籃期（1895-1914年）：華南向けの文化工作と貿易拡大の企画、(2)大正南進期（15-23年）：台湾でも南進を策し東南アジアに拡張、(3)沈滞期（24-36年）：不況続きのなか、南進事業の維持、南方の研究、地力の蓄積を持続、(4)南進政策の展開期（37-45年）：「大東亜共栄圏」確立（43年5月）に向けて本格化。その過程で台湾総督府の演じた役割が大きい。南洋協会（15年）、華南銀行（19年）、南洋倉庫（20年）などの支援、臨時産業調査会（30年）、台湾領有40周年記念と銘打った熱帯産業調査会の設立（35年）、その諮問で国策会社台湾拓殖発足（36年）、台湾南方協会設置（39年）、南洋華僑調査（同）と続く。太平洋戦争が始まる（41年12月）と、同戦争を「大東亜戦争」と呼び、「大東亜（共栄圏）会議」を開催。大東亜共栄圏にかかわる「南洋華僑」研究が時代の要請となり、華僑の人口構成、本国（中国）との投資・貿易・送金の経済関係、さらには人文調査も研究の対象となった。タイ（300万）、マレーシア（170万）、インドネシア（123万）、インドシナ（40万）などに在住する華僑は合わせて674万人（33-36年）、世界華僑の87.8％占め、中国の貿易入超額の61％（約2億円）が▼華僑送金によって賄われたという。なおこの間、「南方政策ニ於ケル台湾ノ地位」（閣議、41年）に続く大東亜省の設置（42年、拓務省廃止）により、台湾の南進関与は日本本土の中央政府に統一・集中された。南方関与が強まるなか、南洋華僑（マレーシア、シンガポール）は日本占領軍による42年2月の「大検証」（▼シンガポール華僑虐殺事件）のあと、「華僑協会」の下で「奉納金」5000万円と「勤労奉仕」を強要された。日本軍が濫発した「軍用票」（終戦時残高195億円）などとあわせて、被害は甚大なものであった。一方、中国（国民党政府）に対する「義捐」（華僑抗敵後援会、各地合計50億元）も要請され、華僑は二重の負担を背負わされた。結果的に華僑社会の中に日本追随派（少数）と反日中国派（▼タン・カーキーら）との亀裂が生じた。総じて南方関与は、その背後には日本の「近代化」（「富国強兵、脱亜入欧」）のために東南アジアを「物」（天然資源、商品市場、廉価な労働力、と女性など）の供給地と位置づけ、日本はそのための「人」（技術、文化、文明など）を提供するという日本優越主義の「北人南物」論が一貫して流れていた。この点は、戦後日本のアジア復帰にも相通じるとの批判が現地から起こっている。

〔涂照彦〕

日本北京同郷会(にほんペキンどうきょうかい)

1999年4月に▼新華僑によって東京に設立された北京関係華僑・華人の地縁組織。在日の北京出身者、北京で仕事や勉学をした華僑・華人によって構成されている。設立の趣旨は、会員同士の団結・友愛と相互交流、協力を促進し、日本社会、北京、中国各地、および海外各地の繋がりを強めることにある。

〔廖赤陽〕

⇨ 日本の新華僑，同郷団体

二爺伯(にやはく)

城隍(じょう)神の配下にある司法神で、謝必安将軍（別称は七爺）と范無救将軍（別称は八爺）を指す。人の死後を支配する城隍神は、この世の人間の悪事をも監視し、疾病・貧困などの陰罰を加え、悪事をことごとく察知できない行政官、司法官を補助すると信じられた。二爺伯は悪人を検挙して城隍爺の法廷に護送するのが役目であり、背が高い謝将軍、黒面で背が低い范将軍の道像が廟に祀られており、賭けごとをする華僑がこれら道像の口にアヘンを塗って、悪事を見逃してもらおうとする習俗があった。別に城隍神の配下には

延寿司、奨善司、増禄司など、人間の隠れた正善を見つけにこの世を巡視するとされる神もいる。
(吉原和男)

ニュージーランドの華僑・華人

ニュージーランド（新西蘭、紐西蘭）の中国人菜園経営受入れはイギリス植民地時代の1866年10月が最初とされるが、本格的な中国人移住は、1861年から南島のオタゴ地方に始まり20年ほどの間に南島西海岸や北島のコロマンデル地方に広がっていった▼ゴールドラッシュ時代である。1871年の中国人人口は4215人。西海岸への最初の中国人鉱夫の来住は73年とされている。81年の南島西海岸地方の人口は1万5000人で、うち8000人が鉱夫。中国人は1000人だった。同年の中国人労働者は全国で約5000人。過酷な条件でも勤勉に働く中国人鉱夫に対する懸念で、ヨーロッパ系住民の間に中国人排斥の気運が高まりはじめ▼排華法が制定される。同年制定された中国人移民法で中国人には10ポンドの人頭税が新設され、88年には輸送船は積荷100トンごとに中国人移民輸送は1人と制限され、96年には人頭税は100ポンドに増額されたため、同年の中国人人口は3700人に減少している。世界に先駆けた社会福祉の充実は、一方では海外からの移住者受入れにブレーキをかけ、99年に犯罪者、精神異常者、伝染病患者などに対する移民制限法が制定された。1898年に無拠出老齢年金が実現したときも中国系住民は除外された。こうして1900年には中国系住民は男性2515人、女性55人に減少。彼らは鉱夫や菜園経営者のほか洗濯業や青果業に従事していた。ニュージーランドは1907年自治領となるが、08年からは入国する中国人に英語試験が始められ、中国人のみに帰化料が課せられ、出入国に指紋押捺が求められるなど排斥の動きは強まった。しかし、恐慌の時代の35年に成立した最初の労働党政権は、不況で移民が減少したこともあって同年、すべての国民に社会福祉を平等に供与し、39年には中国から入国する男性労働者の扶養家族同行入国制限を緩和したため、女性・子どもの中国からの来住者が微増した。太平洋戦争中の44年には中国系住民に対する人頭税も廃止された。戦後47年にニュージーランドは完全独立を達成、52年に中国系住民は完全な市民権を獲得した。その後、62年から71年には香港、インドネシアから新たな中国人▼難民が到着。77年の新市民権法は英連邦からの移住者の特権を廃止し、86年に移民政策が転換されると、90年前後には香港、台湾からのビジネス移住や専門技術者の移住が増加した。91年にはアジア系国民は9万9000人、うち中国系は4万5000人にのぼる。90年代後半には中国本土の開放政策による国際的教育の需要増とニュージーランドの教育による外貨獲得政策を背景に、中国からの留学生数が増大、毎年4000人の定員が割り当てられている。

(田辺眞人)

⑳ Ng Bickleen Fong. *The Chinese in New Zealand.* Hong Kong UP, 1959. ／ Peter Butler. *Opium and Gold.* Martinborough: Alister Taaylor, 1977. ／ Malcolm McKinnon. *Immigrants and Citizens.* Victoria Univ. of Wellington, 1996.／石田寛「オーストラリア・ニュージーランドにおけるアジア人」『東南アジア研究会会報』8，1966.

ニューヨーク械闘

ニューヨークの華人社会における華人の団体間の、とくに1920年代に起こった武闘をいう。アメリカの華人社会では、一般に▼堂と呼ばれるさまざまな団体、▼秘密結社が、資金源として、賭博、アヘン売買、密入国などの反社会的な不正事業の経営も行っていた。各堂は武装した自衛的組織を備えており、勢力拡大やなわばり争いなどにより、たびたび複数の堂との間で▼械闘（堂闘）が発生した。1924年には、ニューヨークの華人団体、安良堂の内部における維網派と護法派の勢力争いで、械闘が発生した。その結果、敗れた維網派の一部が協勝堂に加わったため、安良堂と協勝堂との衝突事件に拡大した。これらの械闘は、アメリカ国内の七つの都市に波及し、2か月の間に20人余りの死者を出した。このような事態に対し、ニューヨークの中国領事館や中華公所が調停に乗り出したが、効果はなかった。暴力行為はしだいにエスカレートし、白人やフィリピン人の殺し屋を雇ったり、爆弾で相手側の会館を爆破したりする事態にまでなった。アメリカ当局は多数の警官を投入して、関係者を逮捕した。最後には、

華人社会の指導者らが仲裁組織を結成して、事態の収拾にあたった結果、25年3月、両派は和解に合意した。しかし、同年8月にはふたたび衝突事件が起こり、14人の死者を出した。械闘の期間中、ニューヨークのチャイナタウンの経済は大きな打撃を被ったが、中国領事館と中華公所が調停仲裁に乗り出し、再度、両派の和解が成立した。

また、1930年7月にも、ニューヨークの華人社会において、大規模な堂闘が発生した。アメリカ当局は、これを収束させるために、中国領事館や中華公所と連携して、「維持和平仲裁委員会」を組織し、「和平仲裁公約」が制定された。〈山下清海〉

🔖『世界華僑華人詞典』/陳国霖『帮会与華人次文化』香港：商務印書館, 1992./内田直作『東洋経済史研究』Ⅱ, 千倉書房, 1976.

ニューヨーク・チャイナタウン歴史博物館
紐約華埠歴史博物館
New York Chinatown History Museum

ニューヨークのチャイナタウンの歴史資料を保存するために、1980年に陳国維（Jack CHEN）と黎重旺（Charles LAI）により美国紐約華人歴史研究社として設立された博物館。チャイナタウンの二大産業である洗濯工場や衣料品工場を視察し、資料を収集し展示会を行うなどの活動をしている。また、初期移民の故郷、広東省台山の故事「亜芝的一生」の放送を流すなど、移民の歴史をたどる。1991年3月、ニューヨーク・チャイナタウン歴史博物館として新たに発足、3500枚をこす写真と1200冊以上の関連書籍が展示されている。〈森田靖郎〉

ニューヨーク中国歴史博物館
紐約中国歴史博物館
Hall of Chinese History, New York

ニューヨークの中国歴史文物を陳列する私設博物館。1990年香港移民張永文の個人資本で、ニューヨーク・チャイナタウンに開設。中国の歴史と伝統文化を広めることを目的とした博物館で、規模は小さいが、企画展示に趣向を凝らす。最初の展示は秦の兵馬俑の複製品、書画古物、歴代皇帝の肖像画、歴代の陶磁器（漆器）類。現在は閉館している。

〈司馬純詩〉

ニューヨークの華僑・華人

ニューヨーク（紐約）といっても、州と市の二つがある。まず前者の州・地区別では、全米華僑・華人人口に占めるニューヨーク華僑・華人人口の割合の順位を見ると、1960年にはカリフォルニア、ハワイに次いで3位、70年にはニューヨークとハワイが逆転し、ニューヨークはカリフォルニアに次いで2位、80年、90年も70年と同様だった。太平洋沿岸にあってアジアに近いカリフォルニアが最多であるが、ニューヨークが後を追っており、ニューヨークそのものではなくとも、その近隣の州にも増えている。

ニューヨーク州の中でも華僑・華人が最も多いのは、いうまでもなくニューヨーク市である。1992-93年頃、アジア系が最も多い米国の都市はロサンゼルスで92万5561人、次いでニューヨークの55万3443人であったが、中国系について最多なのはニューヨークで24万6817人、ロサンゼルスはわずかに少なく24万5033人であった。ただ、当該都市人口における割合でいうと、最大なのはサンフランシスコの10.5％、次いでホノルルの7.6％で、ニューヨークは第5位の2.9％だった。ニューヨークはロサンゼルスとともに市全体の人口が多く、中国系人口の比率としては順位が低い。アジア系人口に占める中国系の割合では、サンフランシスコ51％、ボストン47％で、ニューヨークは第3位の45％。26％のロサンゼルスに比べると、ニューヨークのアジア系に占める中国系の比率は倍近い。

ニューヨーク市のアジア系人口は1990年の49万人から99年末には70万人に達したものとみられ、その人口増加速度は全米平均の7倍で、その購買力は2250億ドルにのぼる。その中産階級は他のどのエスニック・グループよりも10～15％も多い。いうまでもなく、このアジア系のうち最多は中国系で、今日30万人を超える。同市人口の3％余りを占め、全米華僑・華人人口240万人近くが全米人口の0.9％で1％にも満たないのと比較すると、ニューヨークのそれがきわめて高いことがわかる。うち約15万人（現在では25万人ともいう）がマンハッタンのチャイナタウンおよ

びその周辺に住んでおり、しかもその数はさらに増えつつある。かつては˹広東と˹香港からの移民が多かったが、ベトナム戦争終結後インドシナから、次いで他の東南アジアや中南米から˹広東人がやってきた。縫製業、中華料理業、雑貨商がニューヨーク中国系人の代表的三大産業であるが、これが底辺の労働者を引きつけている。76年以降台湾から、79年以降中国全土から、84年以降香港からも到来した。60年には中国系人口は3万人に満たなかった。しかし20～30年後の80年代後半には、15万人を超えた。90年の1年間に、ニューヨークに来た中国系人は4万人にのぼったという。最初はマンハッタンだけだったが、それだけでは足りず、同区外のクイーンズ区フラッシングやアムハースト街、ブルックリン区サンセットパークなどにも第2、第3、第4のチャイナタウンが出現した。その結果、ニューヨークの中国系人口約30万人中、20万人近くがチャイナタウンに住むという。しかし同じくチャイナタウンといっても、「棲み分け」も見られる。たとえば、フラッシングのそれには台湾人が少なくない。ニューヨークは国際金融センターであるが、同時に中国系人の集中地域であるため、中国系の銀行が続々と設立された。中国の改革・開放後まもなくの、したがってまだ大陸系の銀行が進出する前の、香港系、マカオ系、台湾系や、あるいは海外の中国系の銀行が主として活躍していた84年には、チャイナタウンだけで少なくとも26の銀行があり、そのうち7行は支店だった。84年には、蔡仁泰らニューヨーク在住の中国系人実業家が500万ドルを出資して、チャイナタウンに亜細亜銀行を設立した。他方、犯罪も少なくなく、強力なギャングたち(黒社会)も存在していて、90年代前半にはニューヨーク市警察に270人の中国系の警官が勤務していた。

(游仲勲)

㊂アメリカの華僑・華人、ニューヨーク槭闘

㊐游仲勲、1990、/『世界華僑華人概況』欧洲・美洲巻。/『海外華人百科全書』/『福建僑報』各号、福州:福建省海外交流協会。

ニューヨークのチャイナタウン

ニューヨーク(紐約)にはいくつかの˹チャイナタウンがあるが、最も古く最も大きくて代表的なのは、マンハッタン(曼哈頓)区、エンパイア・ステート・ビルが目前にそびえるソーホーの南、ロワーイーストのキャナル、バクスター、バワリー各ストリートに囲まれた一画のそれである。ニューヨークのチャイナタウンというと、ふつうはこれを指している。モット・ストリートが中心だが、中国系人は同区の大半のストリートで商売をしていて、そのストリートの数は数年前の約6倍にのぼる。市庁舎ビルから北東に向かうと、まもなく大理石の基礎の上にのった高さ1m余り、台と合わせて3mぐらいの孔子像がある高層の孔子ビルが見えてきて、ここからチャイナタウンに入る。同ビルは1976年に落成、44階建てと19階建てのビル各1棟、併せて3300の部屋、中流家庭762戸の居住が可能で、学校、託児所、青少年活動センター、養老院、運動場、店舗、200台収容可能な駐車場などがある。97年、チェルシリング・スクエア(且士林果広場)に林則徐の銅像が据えられ、99年4月ニューヨーク市議会は同スクエアの一部をリンゾーシュイ・スクエア(林則徐広場)と命名することを決議した。

1865年に終結した南北戦争直後頃から中国人が多数、全米各地に流れ込みはじめ、とくに西部から中西部にかけて多くのチャイナタウンが形成された。ニューヨークにも最初船員などの中国人が流入したが、マンハッタン・チャイナタウンは73年に香港商人ウォ・キー(Wo KEE)が、その雑貨店をチェリー・ストリート近くのオリバーから、モット・ストリート34番地に移転した頃から始まった。当時ニューヨークにはすでに500人ぐらいの中国人が定住、68年初めにはバクスター・ストリートにも複数いた。69年に大陸横断鉄道が開通したこともあって、西部の中国人は中西部、東部に移動、のちに「先駆的な社会建設者・チャイナタウン指導者」と呼ばれる24歳のチューフン・ウィン(Chu Fung WING)が、西部から雇用のあった東部の大都市ニューヨークに到着したのはキーの移転よりも早い69年のことである。しかし˹黄禍論が台頭、中国人排斥が続き、82年に最初の˹排華法が成立、これによってチャイナタウンの多くが消滅した。その後、第2次大戦後の1965年の移民法改正以降、ふたたび大量の

中国系移民が殺到、全国各地にチャイナタウンができた。かつてのものが再建されただけでなく、新しいものも続々出現している。今日では最大のニューヨークのほか、サンフランシスコ、ロサンゼルス、シカゴ、ワシントン、▼ボストン、▼シアトル、▼ヒューストン、アトランタ等々、主要都市のほとんどにあり、黒人暴動があって撤退したデトロイトでも復活しつつある。

ニューヨークでも既存のチャイナタウンが拡大・膨張する一方、数が増えて新しいチャイナタウンが形成されている。前者では、マンハッタンのそれが1965年以後人が増え、面積も二つの方向で拡大している。一つは東方向のユダヤ人街、もう一つは北方向のイタリア人街に向かってで、前者のユダヤ人街の侵食は、ユダヤ人宝石商・時計商などが小金を貯めて、より安全で、商売もしやすい豪邸の立ち並ぶ郊外に移動したあとに中国系人が進出したのに対して、後者は、イタリア・マフィアの根拠地を中国系が侵食していることを意味する。前者には新来の福建省人が多く、▼福州の食料が売られていて、小福州の名がある。後者ではイタリア系と中国系とのマフィア戦争で中国系が優位に立ち、すでに同地域住民の70％以上が中国系である。多くの店が中国系に併呑され、イタリア系は二つのストリートの料理店とその他何軒かの店を残すだけである。マンハッタン・チャイナタウンは毎月1500人ずつ人口が増え、3km四方に25万人が住む北米最大の規模となった。今日、▼香港、▼シンガポールと並ぶ世界三大チャイナタウンの一つに、マンハッタンのそれを挙げる人もいる。そこにはチャイナタウン特有の伝統的な中華料理店やクリーニング店、洋服店、宝石・首飾り店、漢方薬店、雑貨商などの店が立ち並ぶ。90年代初めには全米に8000軒余りの中華料理店があり、ニューヨークには700軒余りあるといわれた。マンハッタン・チャイナタウンの特徴は、そこに住む中国系人が生活する場としての生活型、観光客も来る観光型であるだけでなく、衣料を生産する縫製工場が建物の中にある小工業生産型でもあることである。かつての香港のようにビルが工場になっている。同チャイナタウンには▼ニューヨーク・チャイナタウン歴史博物館、▼ニューヨーク中国歴史博物館などもある。

新しいチャイナタウンの出現では、クイーンズ区フラッシングやアムハースト街、ブルックリン区サンセットパークなどにも第2、第3、第4のチャイナタウンが形成されている。現在のニューヨークには、マンハッタン以外にもチャイナタウンがあることを見落としてはならない。これらのなかでは最も大きく、ニューヨーク第2のチャイナタウンともいわれるのが、クイーンズ区フラッシングのそれである。フラッシングにアジア人が多数住むようになったのは、1964年の万博以後のことである。最初は日本人が多く、800世帯ほどいたという。60年代、70年代と日本人が多かったが、中国人も住んでいた。彼らは第2次大戦後やってきた台湾からの留学生たちだった。しかし日本人はニューヨーク州ウェストチェスター郡のような閑静な一戸建て高級住宅地へと移っていった。それにともない日本人相手の店もなくなり、代わって台湾人や韓国人が経営する日本料理店が出現しはじめた。中国系は70年代にはまだ留学生が多かったが、80年代には移民がやってきた。80年代前半当時で7万人の中国系がいた。ブルックリン区サンセットパーク周辺はニューヨーク第3のチャイナタウンといわれる。かつて欧州系の地域だったが、80年代まで荒廃が続き、中国からの新移民が活性化させた。87年の中国系人口1万人から97年には7万人となり、縫製工場など500社が1万2000人を雇用している。以上のいずれのチャイナタウンでも、アメリカ系、中国系などの銀行が軒を並

マンハッタンのチャイナタウン（キャナル・ストリート）。撮影：増井由紀美

べ、各通りの銀行数は他に比べて多く、預金者が長蛇の列で、休日も休まないという。

(游仲勲)

㋺ ニューヨークの華僑・華人，アメリカの華僑・華人
㋫ Peter Kwong. *Chinatown New York*. NY: Monthly Review Press, 1979. / idem. *The New Chinatown*. NY: Hill and Wang, 1987 (ピーター・クォン『チャイナタウン・イン・ニューヨーク』筑摩書房，1990)./海野弘『千のチャイナタウン』リブロポート，1988./田中道代『ニューヨークの台湾人』芙蓉書房出版，1997./蔡之岳「中国新移民在紐約」『華人文化世界』6月号，天津：天津市海外聯誼会，1999./John Kuo Wei Tchen. *New York before Chinatown*. Baltimore and London: The Johns Hopkins UP, 1999.

ニューワールド・グループ
新世界集団　New World Group

不動産・ホテル事業を中核とする▼香港最大級の総合企業集団で、当主は▼チェン・ユートン（鄭裕彤）。新世界発展集団（New World Development Group）とも。上場会社の新世界発展有限公司（ニューワールド・ディベロップメント社）が集団の持株会社（1999年6月現在、純資産704億HKドル、売上高175億HKドル）としてグループの事業を統括する。グループ全体で香港、中国を中心に多量・多種の不動産を保有し、その量は香港企業最大級を誇る。グループは香港における不動産関連（香港会議展覧中心など）、ホテル（ニューワールド、リージェント、グランドハイヤットなど）、通信（新世界電話など）、港湾貨物（アジアターミナルズ社など）、建設（協興建築など）、サービス（新世界創業など）ほかの各事業を統括する。このほか、新世界発展のおもな傘下企業として、上場企業の新世界基建（インフラ事業）、新世界数碼基地（通信事業）、新世界中国地産（中国不動産事業）など、およびニューヨークで上場するルネッサンス・ホテルズ・グループがある。

グループの起源はチェン・ユートンが1961年に設立したチョウタイフック・エンタープライゼス（周大福企業）で、70年に同社と▼郭得勝ら数人が共同で新世界発展を創設、72年の上場後に現グループの中核会社となった。その後、76年に獲得した上場不動産会社・啓徳置業を通じて行ったニューワールド・ホテル（新世界酒店）などの買収（78年）により現在のホテル事業の基盤が確立（現在は非上場会社・新世界酒店（集団）が事業を統括）、不動産・ホテル事業を中心に以後も飛躍的に発展した。89年に息子のチェン・カーシュン（鄭家純）が董事総経理として実務を引き継ぎ、近年は情報通信、インフラ、中国、サービスの各事業に力を入れている。

(山崎勝彦)

㋫ 山崎勝彦『香港の財閥と企業集団』(1995年版) 日本経済調査協議会, 1995. /『新世界発展有限公司年報』香港：新世界発展有限公司, 1999.

ニョニャ
娘惹　nyonya

シンガポール、マレーシアの混血の華人女性。男性は▼ババ（峇峇）と称される。マレー人を母親とするニョニャの結婚相手はかつてババに限られていたが、19世紀に入り新たな中国人移民が増えるにともない、これら新移民もニョニャの婚姻対象となった。ニョニャと新移民との間にできた子は、家庭・教育環境などの違いによりマレー文化の影響程度に差異がある。ニョニャの生活習俗はマレー人に類似し、衣服はサロンとクバヤ（薄地のブラウスで、ボタンがなく、独特なデザインのブローチで前をとめる）、言葉は福建語語彙が混在したマレー語であり、料理は豚肉、野菜、味噌、醬油など中国料理の要素と、香辛料などマレー料理の要素が融合した独特な料理で、ニョニャ料理と呼ばれる。 (蔡史君)

㋺ ババ文化

任政光　にんせいこう　1940-

横浜華僑の事業家、華僑社会のリーダー。横浜華僑経済協会会長。福建省福清人。長崎出身。日本大学経済学部卒。在学中から同学会で活躍。中ソ論争後に設立された中国書籍販売の中華書店に入社。1967年、後楽寮（現在の▼日中友好会館）で起きた善隣学生会館事件で重傷を負う。68年横浜で「中国貿易公司」1号店を開業。現在、中華街で7店舗を有し、横浜そごうやランドマーク、そして長崎にも店舗をもつ企業家である。▼横浜華僑総会（大陸系）副会長、▼横浜華銀理事を

歴任。　　　　　　　　（符順和）

ヌ

ヌーベル・ペネロープ号事件

フランス船籍苦力船の奪取事件。ヌーベル・ペネロープ（Nouvelle Pénélope）号は苦力310人を乗せ、1870年10月1日マカオを出港してペルーのカリャオへ向かった。乗船した苦力のうち130人は、出港前日になって1日で集められた者で、渡航を無理強いされた者が100人もいた。船は頑丈な格子と砲で苦力の騒動に備えていたが、10月4日、苦力の襲撃が起こり、船長と乗組員9人が殺害された。残りの乗組員に命じ船をマカオの南、広東省電白湾に回航させた。1850年から72年までの間、苦力船で起きた苦力の叛乱は50件近いが、この事件はじつは苦力に紛れ込んだ海賊が計画的に船をハイジャックしたとされる点で特異である。犯人は後日逮捕され、16人が71年2月、清国当局によってマカオ近くで公開のうえ斬首された。他方、香港に逃げた郭阿盛（音訳）に対し、香港の首席判事ジョン・スメイルが、ヌーベル・ペネロープ号は奴隷貿易を働き、かつ苦力を拉致した海賊船であるから、苦力は殺害に訴えても自己の自由を回復する権利があるとして、郭を無罪釈放したことでも知られる。　（可児弘明）

⇨苦力貿易

📖 Robert L. Irick. *Ch'ing Policy toward the Coolie Trade 1847-1878*. San Francisco: Chinese Material Center, 1982.

ネ

寧波 ねいは
ニンポウ　Ningbo

上海市の真南150km、浙江省の北東の角で杭州湾に臨む海港都市（省直轄市）とその周辺を指す地名。華僑とのかかわりでは、日本華僑の三大幇のうち▼三江幇の故郷であるほか、同じ三江幇が南は東南アジア、北は東北、沿海州、遠くは北米の諸港市に広く分布している。唐の821年に甬江の河口（鎮海）から13海里地点に明州（舟山群島を含む6県を管轄）の州城が築かれ、明初に海寇の平定にちなんで寧波府と改めた。この港は杭州に運河で繋がるので、大運河南端に広がる江南経済地域の外港の役を果たし、しかも舟山群島以北の「北洋」海域と以南の「▼南洋」海域を繋いでこれを内陸水運に接合できるポジションにあった。甬江河口から寧波まで大型の海舶が通えるため、華中でも屈指の帆船港となった。寧波は宋・元・明にわたり市舶司の駐在する中継港として栄え、造船、海運、漁業、木材加工、畳表でも知られたが、その商勢は▼福建、▼広東、徽州、山西人に抑えられていた。清代になると、北洋海運、東洋海運（対日貿易）の興りに乗じて、隣の紹興府を合わせた寧紹幇として台頭し、過帳という金融決済法を案出して▼銭荘（銀行業）でも躍進を遂げ、急成長した上海に進出して1797年に四明公所を設け、蘇浙合同の三江幇、後年の上海グループの中枢の座を占めた。1842年、条約5港の一つになる。蒸気船の就航で▼アモイと寧波の帆船海運は凋落するが、江南の首位都市に成長した上海に足場を築いた寧波人は、鉄鋼、石油、ガラス、舶来綿織・毛織物の貿易、新式銀行業、新式海運・水運業、製造業、買弁業の分野で成功し、内地水運の主要な港市はもとより、沿岸の海港、日本（長崎、神戸、横浜、東京、函館）、東南アジア、北米に会館ないし公所を設けた。近年の寧波は上海の衛星港として再生しつつある。

（斯波義信）

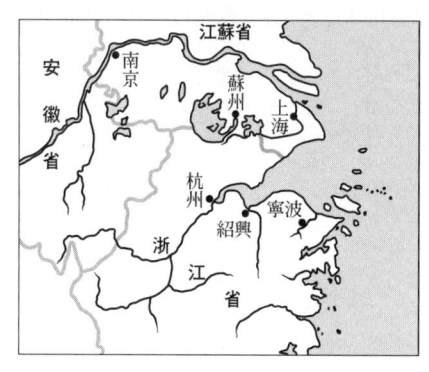

寧波周辺図

📖 斯波義信「港市論：寧波港と日中海事史」荒野泰典ほか編『アジアのなかの日本史』東京大学出版会，1992．／楊捷編『寧波港史』北京：人民交通出版社，1989．

寧波大学 ねいはだいがく

1995年1月設立が決まった浙江省教育委員会直属の総合大学。96年9月、既存の寧波大学、寧波師範学院、浙江水産学院寧波分校が統合、学生募集を開始。前身の寧波大学は解放前、香港環球航運集団名誉主席の▼Y.K.パオが中心となって、寧波師範学院は解放後、香港▼ショウ・ブラザース主席の▼ラン・ラン・ショウの出資により、水産学院分校は86年に開校されたもの。2000年現在、文、史、理、農、工、経、法、管理、教、医の10学部がある。教職員1600余人（うち専任800人）、通信・夜間を含む在学生9600余人を数える、キャンパス面積約106ha、建物総敷地28.6万m^2、図書館の蔵書81.5万冊を越える。

（市川信愛）

根岸佶 ねぎしただし 1874-1971

中国の商事制度・慣行、商業事情研究の先駆者。経済学博士（1921年）。学士院賞受賞者（1953年）。和歌山県生まれ。1901年東京高等商業学校専修科を卒業とともに上海の東亜同文書院の教授となり、16年に東京高等商業学校教授、35年に退官。『清国商業総覧』

(06-08年)、『支那省別全書』(07-08年)、『支那経済全書』(17-20年)を編纂。『支那ギルドの研究』(32年)、『華僑襍記』(42年)、『商事の慣行調査——合股の研究』(43年)、『中国社会に於ける指導層』(47年)、『買弁制度の研究』(49年)、『上海のギルド』(51年)、『中国のギルド』(53年)の著述がある。華僑そのものの研究は畢生の中国商事制度の調査研究の一部であるが、商事が法律の形よりも慣行として発展し、政府・知識人の文献に登場しにくい特色を熟知して、長江流域を中心に初めて全国規模で実態調査をし、歴史を参照しながら知識を体系化した。晩年は上海総商会などを念頭に、官・民の中間に立つ商業エリートの役割を論じた。

(斯波義信)

ネットワーク

アジア経済を考える時、華僑資本に限らず、印僑資本やムスリム商人の活動が広く見られる。しかも海上のみではなく、砂漠ルートを通した、あるいは草原ルートを通った通商活動が積極的に行われていた。このように広域で活動する華人資本を考えた時、それがどのように一つの広域貿易、長距離貿易のモデルになるかという課題が出てくるであろう。とりわけ国民経済の議論の下では、一応、人は国の領域の中に固定しているものとして考え、それほど大量に出入りしないと想定する。むしろ資本と商品が、如何なる形で投資として、あるいは貿易として外と出入りするかという議論になる。一方、この華僑商人あるいは華僑のネットワークという議論は、むしろ人が移動して行くということが前提となっている。人の移動によって、地域間関係の結びつきが出来上がり、そこにネットワークが形成される。ネットワークというキーワードは、広域地域を議論する時、一つの重要な概念になってくると考えられる。

華僑資本のネットワーク、あるいは華僑商人のネットワークは、広域地域経済の原理として歴史的な▼朝貢貿易システムを持っており、その担い手として見た時の華僑商人の交易ネットワークという角度から、広域地域経済の歴史的な形成が明らかとなる。

一九世紀に入り、ヨーロッパによる黒人労働力の強制移動や、奴隷貿易が禁止されると、アジアからの苦力に貿易が労働力不足を補うために、インド、中国あるいは日本の労働力が特に砂糖プランテーション、鉱山、鉄道開発に動員された。この労働移動としての移民ネットワークからも広域の経済関係の形成をみることが出来る。

アジアの金融市場の重要な要素として、▼華僑送金や印僑送金の流れをあげることができる。送金ネットワークは、ネットワーク本来の特徴と利点を体現したものであると言える。華僑送金は、ローカルなレベルでは、移民先から移民元への送金であると表現できるが、このレベルは東南アジアから華南にいたるという長距離にわたっているため、その内実はきわめて多層であり、経路はきわめて複雑である。また、外国銀行も積極的に送金業務に参入している。

移民とその本国送金は、2点間の関係である。しかし、この2点間のつながりは、どれだけ大量になってもばらばらな二点間の関係が拡大するのみである。これは、ネットワークの基本ではあるが、これのみではネットワークの本来の可能性と役割とを十分に引き出しているとはいえない。次に、ある地点から放射状に複数に展開するネットワークを考えてみよう。これは、2点間のつながりがそれぞればらばらに存在したものから、2点間の一方が、1点に収斂したものと考えることができる。たとえば、▼香港を中心にして、さまざまな方向に移民とその送金網が張り巡らされている状況を想定すると、このような放射上のネットワークを考えることができる。これは、センターを中心として、2点間よりはるかに広い範囲をカバーし、拡大された2点間のネットワークとみなすことができる。しかし、この放射状の関係も、相互性のみのつながりの複合であり、ネットワークの機能を十分に発揮してはいない。

第3に、放射状のネットワークが、外に向かっていた他の一端が相互に結びついた関係に展開する。この形は、先の2点関係の総和よりもはるかに多方向の関係を可能にする。ただ、中心の中継作用が見込まれるものの、中心の存在がむしろ、多様な2点間の直接なつながりを、妨げているともいえる。もちろん、ネットワークの中に3角関係が形成され

たことにより、いずれからの方向においても発信と着信を可能とする、多角関係が形成されたと見なすことができ、移民と故郷送金の関係の中でこの関係を見て初めて、送金のための資金がその固有の性質を離れて、資金一般として動くことができるようになったということが可能である。しかしここでは、やはりハブやネットワークセンターの役割を果たす「場」が必要とされ、本来の意味における、二地点間がどのような条件においても、他のネットワークの動きによって妨げられたり、他のそれを妨げたりすることなく、多角関係のなかで交流する形とはいえない。

第4に、上記のネットワークモデルから、中心をはずして、各地点間が相互に双方向に関係付けられるネットワークが導かれる。いわば、言葉の本来の意味において、ネットワークが完成するということになる、ここでは、故郷送金を例に取ると、送金者本人の手を離れた金は、どこからきてどこへ行くのかという、来源と目的を完全に消去された形で、市場を動く資金として、単にその多寡が問題になるに過ぎない存在となる。

このように、送金に関連して商品先物取引や金取引も行われており、あたかも現代経済における金融工学が示すデリヴァティヴに似て、さまざまな資金運用の形態があり、それらをいわば歴史的経験的に先取りしていたともいえる、きわめて多角的な資金の動きをともなっていた。したがって、華僑送金ネットワークは、華僑経済のみならず、アジアの金融問題を考える場合においても、きわめて重要な歴史的な経験を示している。　　（濱下武志）

年紅 ねんこう 1939-
Nian Hong

　マレーシアの華人作家。本名は張発。原籍は福建省晋江。マレーシアのムアールに生まれる。児童文学作家として名が知られている。筆名には年紅のほか、魯師、晋渓、夏之雷などがある。華語小学校の教師を30年余り務め、華語教育と華文文学の発展に貢献。現在、南マレーシア文芸研究会会長、マレーシア華文作家協会副会長。出版した著作は75冊あり、小説、散文、詩集、脚本、児童文学、翻訳など幅広いジャンルにわたっている。　　　　　　　　　　　　　（小木裕文）

ハ

馬［姓］ば ⇨ 馬ま

培英学校 ばいえいがっこう

バンコクにある潮州系僑校。正式名称は旅暹潮州公立培英学校。鄭智勇（▼ホン・テチャワーニット）らによって当時のタイで最大規模をもつ僑校として1920年にバンコクに創設された。以来、潮州系企業家の多くが経営に参画。30年代後半には「国語」の普及運動を積極推進。タイ政府により39年に閉鎖される。46年の中国（国民政府）とタイとの間の友好条約締結により他の僑校とともに再開され現在に続く。生徒数は60年代末の1300人超を最多に、以後、減少を続ける。　（樋泉克夫）

⊡ 華僑学校

排華運動 はいかうんどう ⇨ 華僑・華人の排斥 かきょうかじんのはいせき

排華法 はいかほう

［総説］

中国からの移民を制限ないし禁止するための立法をいう。通常、新たに入移民してくる中国人を制限ないし禁止する排斥的移民法を指すが、本項目では、すでに在留している中国移民の人数削減、活動制約目的の差別的な立法処置も含めて扱うことにする。両者あいまって目的達成を図ったからである。また一連の排華法は中国人労働移民の制限を動機としたものであり、米国の1882年排華法においても、商人とその法律の認めるところの妻子、教師・宣教師・新聞人など公共的なインストラクターの役割を果たす中国人、観光客、政府官員とその家族・随行者、合法的な永久居住権をもち一時的に国外へ出た後で米国へ戻ろうとする中国人、途中とぎれなく米国を通過する者、米国出生者とその子弟、合法的な米国市民で隣接する外国領土を通って米国の一地方から他地方へ通過移動中の者、真正なる船員、学生などは、一定期間を限って入国が許された。中国人移民を禁止ないし制約する立法措置で著名なのは▼白豪主義時代のオーストラリアのそれであり、中国人だけでなく日本人や太平洋島嶼地域の先住民であるカナカなどの入国・定住を禁止したのであるが、南アフリカの▼ナタール法にならった言語試験を課してまで中国人移民を閉め出した。この場合でも、特殊産物である真珠貝を採取するダイバーだけは除外された。また、特殊技能者だけでなく、安価な労賃で熱帯プランテーションのような劣悪な自然条件下で単純かつ過重な労働に従事する中国人労働者に産業・経済が依存する国や地域では、移民労働者を全面的に閉め出すと労働力不足、労賃上昇が生ずるため、多くの場合、労働移民を全面的に停止するのではなく、各種の手段によって調整を図る措置が講じられた。中国人移民に対する割当制度、入国税の徴収、労働移民を輸送してきた船舶の登簿トン数に応じた労働移民の上陸制限、あるいは積載してきた労働移民各人に対する人頭税の船長・船主・荷受人からの徴収、季節や性別などによる入国調整や入国資格の厳格化などがそれであり、そのなかには当該国において違憲とされる立法も含まれた。

また、すでに入国した中国人移民に対しては、国外追放措置、居住地制限、不動産取得の制限、居住税の強化、移動の制限、職業制限、営業鑑札税の徴収、帰化ないし市民権申請の否認、投票権行使の拒絶、裁判法廷における権利の制限などの立法手段がとられた。カナダのブリティッシュ・コロンビア州では、中国人移民の炭鉱地下労働が禁じられたり（1890年）、選挙権が剥奪された（1902年）。内陸部のサスカチェワン州のような遠隔地でさえも、東洋人の経営する酒場・洗濯業・商店・娯楽施設では、白人女性を雇用することが禁止された（1902年）。また、米国のカリフォルニア州では、帰化申請の否認や、子弟を通学させている白人父兄から異議があれば公立学校で教育を受ける権利が拒絶され（1866年）、法廷においても白人に対し有利または不利な証言をすることを禁じられた（1854年）ほか、各種の差別的な排華目的の州法や判決が出された。監獄に拘禁中の中国人移民

に▼辮髪⁂を切るか頭皮から長さ1インチ（約2.5cm）に巻きとめることを課したサンフランシスコ市条例（1873年）は市長の拒否権に遭ったが、天秤棒で荷物を運搬する際は歩道を行くことを禁ずるような市条例（1870年）が州最高裁で支持されるなど、生活のすみずみにわたって排華的な立法が張りめぐらされた。

こうした法の網目を突破し、スロット・ケースと呼ぶ手段で米国へ入国した▼ペーパー・サンや、第1次世界大戦後に学生名目でカナダ入国を図る者が増加したような、不法な入移民があり、これを取り締まるために厳しい移民資格審査が行われた。サンフランシスコ湾内の▼エンジェル島に設置された移民局の隔離施設において、中国人移民が長期間拘束されたうえ、人種差別的な鉤虫（十二指腸虫）検査、ジストマ検査を含む悲惨な体験をさせられたことはよく知られている。

（可児弘明）

📖 Thomas W. Chinn (ed.). *A History of the Chinese in California*. San Francisco: Chinese Historical Society of America, 1969.

［アメリカ］

太平洋戦争以前のアメリカで立法された一連の中国人移民制限法。1868（同治7）年米中両国は天津条約追加協定（通称▼バーリンゲーム条約）を結び、両国民の自由往来を相互に認めあった。しかし在米中国人移民労働者に対する暴力的な迫害が全国化したところから、両国はバーリンゲーム条約を修正し、80年11月17日清国移民取締条約を調印、在米中国人の保護と引き換えに、米国は中国からの労働移民を制限ないしは一時停止する権利を得た。この条約は中国からの労働移民を絶対的に禁止する協定のはずではなかったが、82年5月6日になって米国は中国からの労働移民を、熟練・未熟練の別を問わずに10年間停止することにし、かつ、すでに米国に在留する中国人移民の帰化権をも否定する立法を行った。この82年排華法を契機にして米国の中国人移民に対する制限措置はしだいに強化されていき、88年10月1日にはいったん国外へ出た中国人移民労働者すべての再入国を禁止した（Scott Act）。この時点で有効な再入国ビザを所持して一時的に米国を離れていた中国人は2万余人あり、うち600人は米国へ戻る汽船に乗っていたが、この全員が米国への再入国を拒否された。また82年排華法で定められた10年間の移民停止期間は、1892年5月5日（Geary Act）と1902年4月29日にさらに10年ずつ延長されたうえ、04年になって中国人移民に関するすべての法律を定限なく延長したのである。これに対し中国の内外では激しい反米ボイコットが発生したがその効果はなく、太平洋戦争によって両国が同盟関係を結んだ後、43年12月13日になってようやく廃止され、米国在留の中国人移民に市民権の申請を認め、かつ年間105人を受け入れる▼クォータ制に移った。

（可児弘明）

㊂ 華工禁約

［カナダ］

カナダでの中国人移民への差別・迫害は、19世紀中葉にカナダ西部での▼ゴールドラッシュによる移民の開始当初から生じていたが、19世紀後半からはしだいに法制的差別が強化されていった。中国人を投票権、土地所有、就業から排除する法制はブリティッシュ・コロンビア州から始まり、1880年代には連邦レベルでの人頭税の導入、連邦選挙権の否定と進んでいった。こうした動きは1923年移民法（The 1923 Immigration Act、一般的には Chinese Exclusion Act と呼ばれる）によるほぼ全面的な中国人の移民禁止に至る。この法律は、富裕な商人と大学生以外のすべての中国人移民を禁止するものであり、これによってカナダ中国人社会は47年に同法が廃止されるまでの25年間にわたって、孤立した▼チャイナタウンに押し込められた社会であることを余儀なくされた。

（森川眞規雄）

㊂ ゴールドラッシュ［カナダ］、僑恥日、キング報告書

［中南米］

中南米はスペイン、ポルトガルの支配後、19世紀から20世紀初めにかけて独立、代わって米国が、とくに経済上はこれを支配した。このため、とくに米国の影響が強く、多くの点で米国に追随した。排華法も同様である。米国が奴隷を解放し、中国人労働者を導入すると、中南米諸国もこれにならった。たとえば、ペルーは1849年移民法を制定して華工の導入を奨励した。だが、早くも19世紀末には

619

多くの中南米諸国は経済恐慌に見舞われ、中国移民の流入を禁止した。しかも米国も中国人排斥へと方向変換し、1882年以降各種の排斥法を公布すると、中南米も同様の法を公布した。たとえば、グアテマラは1897年に中国人移民の入国を禁止し、キューバも中国人排斥の1902年移民法（米国総督のもとでの155号軍事法令）以降各種の法を制定した。米国が1882年法を撤廃するのは1943年になってであるが、たとえばキューバでは1951年に新しい法が出るなど排華法は第2次大戦後まで続いた。　　　　　　　　　　　　（游仲勲）

　⇨華僑・華人の排斥［中南米］，中南米の華僑・華人，キューバの華僑・華人

[オーストラリア]
　オーストラリアでは、まず1850年代からのゴールドラッシュで開発された金鉱での中国人・白人鉱夫間の摩擦が中国人排斥の風潮を高め、各州で中国人の上陸を制限する法律が制定された。1855年のビクトリア州の、船荷10トンごとに上陸1人に制限、1人あたり10ポンドの入国税を課す法律が最初で、同様の法律が57年サウスオーストラリア州、61年ニューサウスウェールズ州、77年クイーンズランド州で成立した。86年のウェスタンオーストラリア州では、50トンごとに1人の上陸と30ポンドの課税、87年のタスマニア州では100トンごとに1人と10ポンド。1901年のオーストラリア連邦の成立とともに、非ヨーロッパ人の上陸を制限する移民制限法が成立、外国語書き取り試験でアジア人の上陸が制限され、中国人の上陸は阻止された。上陸できても、非ヨーロッパ人には市民権を得る資格が与えられなかった。こうした上陸制限のほかに、1896年にはニューサウスウェールズ州とビクトリア州で、家具職人から中国人を締め出す法律などがみられる。　（増田あゆみ）

　⇨華僑・華人の排斥，オーストラリアの華僑・華人，白豪主義

[ハワイ]
　ハワイ王国時代と合衆国併合以降の1900年代でその内容が区別される。(1)ハワイ王国時代　排華は、法的には1883年、外務大臣の通告により、3か月につき600人以内とする入移民制限のかたちで開始された。84年になると、中国に一時帰国してハワイに再入国する中国人男子ならびに労働者以外の中国人を対象に、ハワイ政府の通航券（passports）をホノルルまたは香港において発給し、これを所持しない中国人の入国は、1船25人以内というクォーター制をとった。85年9月には、中国人削減を図り、通航券の発行条件を、商人とハワイ滞在が1か月以上の製造業者に限定した。そして最終的には、86年4月よりクォーター制を廃止し、有効な通航券を所持しないいっさいの中国人の入国を拒否した。(2)アメリカ時代　ハワイ共和国時代の95年には入国規制が若干緩和されたが、98年アメリカに併合され、1900年準州になると、すでにアメリカで施行された1882年排華法が適用され、中国人労働移民の移民停止措置がとられた。1904年の改定では移民停止措置の永久化が規定された。太平洋戦争勃発後の43年、米中同盟を契機として排華法は廃止され、翌44年から、割当制の下で、中国移民の受入れが再開する。　　　　　（中間和洋）

　⇨ハワイの華僑・華人

[フィリピン]
　アメリカ領フィリピン諸島では、20世紀初めから半ばにかけて、苦力などの中国人労働移民の入国を排除するために一連の法案（中国人移民排斥法）が制定された。スペインは、16世紀後半のフィリピン領有後、中国人移民の居住、職業、旅行に関して種々の制限を加え、中国人の追放もたびたび行ったが、排華法といえるものは制定しなかった。一方、アメリカ合衆国は、1882年の中国人労働者入国禁止条例に始まる中国人移民排斥法を、98年12月領有のフィリピンにも適用することとし、1903年3月、フィリピン委員会は中国人登録法（Act 702: Chinese Registration Act）を制定した。その後、中国人の入国に際して人頭税を徴収し、外国人移民の上陸地をマニラ1港に限り、入国資格要件を強化するなどした。これらの背景には、米本国の利害、すなわち、フィリピン経由の中国人労働者の流入阻止、農業利害を背景にした併合反対派の孤立主義、それとも関連する「フィリピン人のためのフィリピン」論があった。35年に発足した独立準備政府は、血統主義を採る憲法や帰化法により中国人のフィリピン国籍取得を困難にした。さらに38年に

は、中国人移民だけでなく、ダバオのアバカ（マニラ麻）農園開発をはじめとして急増する日本人移民および日本の軍事的脅威の増大に対応するためもあって、移民の入国にあたって男子2000ペソ、女子1000ペソ、子ども500ペソの身元保証金を徴収し、40年の新移民法は、各国からの移民割当てを年間500人までとし、労働移民の排除を強化した。この間、1921年の欧文簿記条例は、会計簿の英語、スペイン語、フィリピン主要諸語以外での記帳を違法とし（中国人の法廷闘争により米国憲法違反とされ、26年失効）、23年の内海航運法は、中国人所有の船舶の航行を原則禁止した。40年には中国人の小売業を圧迫する目的で、マニラの公設市場における外国人の営業を禁止する条例が制定された。一方、中国人移民は、▼康有為らの変法運動、▼孫文の革命運動により、中国人としての自覚を高め、本国への関心を深めたが、日本の中国侵略ともあいまって、いわゆる▼華僑送金を増大させた。このことは、19世紀末葉のフィリピン革命を経験し、さらにアメリカの統治政策の下で民族意識を高め、独立準備政府を樹立するにいたったフィリピン人の中国人に対する反感を増大させた。たとえば、1924年には反中国人暴動が起こるなどした。排華法が具体的にどれほど中国人の入国阻止に貢献したのかは不明であるが、苦力などの労働者の流入を最低限にし、フィリピンにおける中国人移民の人口を一定以下に抑えるには効果があった（1939年センサスで11万7487人）。その一方、苦力などの流入が抑えられたことは、中国人移民の商業活動に対する制限の間隙をついて、彼らが商業分野の実権を握る結果をもたらした。　　　　　　　　（菅谷成子）

　⊠満鉄東亜経済調査局『フィリピンにおける華僑』1939（青史社、1986復刻）./George Henry Weightman. "The American Colonial Policy toward the Chinese." *Filipinas*, 7, 1986.

［東南アジア］

　第2次大戦直後の1940年代後半、東南アジアに盛り上がったナショナリズムを背景に、多くの国々で外国人排斥の法令・通達が出された。これらは事実上、華僑・華人を標的にしたもので、主たる内容は国籍、職種制限、教育であったが、国籍と職種の制限は非現実

1959	インドネシア　大統領令第10号
	首都・州都を除く地域での外国人の小売業禁止
1960	フィリピン　穀物業フィリピン化法
	外国人の穀物を扱う業務経営を禁止
1961	インドネシア西ジャワ州　外国人工業経営制限措置
	同州内で特定の種類（13種）の工業を外国人が経営している場合は、一定期間内にインドネシア人に譲渡するか、あるいは共同経営に変えなければならない
1968	フィリピン　1968年外資制限法
	華僑資本の投資活動を制限

的であったため、ほとんど実施されないまま、まもなく改廃された。また1972年、タイの軍事政権が公布した外国人の職業を制限する条例、外国人の商業経営を制限する条例も、ほとんど実効をもたなかった。

　しかし、華語学校の禁止あるいは制限を命じた法令や通達は、各国とも厳しく実施された。マレーシアとシンガポールを除く諸国では華語学校は禁止され、マレーシアでは小学校のみ公教育の枠内で華語教育が許されている。シンガポールは60年代まで行政的に華語学校に制約を加えた。

　表に掲げるのは、実際に華僑・華人の生活に多大な影響を及ぼした、差別的な法令である。なかでもインドネシアの大統領令第10号は、実施地域は少なかったが、一部地域で、農村の小売業者を軍用トラックに押し込んで都市へ連れ去るという乱暴な実施方法がとられ、華人社会はパニック状態に陥ったといわれる。

　排華政策は、法令化されないもののほうが多い。たとえば、インドネシア、マレーシアで実施されている、華人の政府部門への就職制限、国立大学への進学制限は、きわめて厳しいものであるが、法令化されず、行政通達のかたちで行われている。また、インドネシアは1965年以降、▼華字紙や漢字の使用を禁止している。　　　　　　　　　　（田中恭子）

梅県　ばいけん

　広東省北東部の地域名。韓江支流の梅江上流域にあり、▼客家の代表的な居住地域とされる。清代には▼嘉応州、またそれ以前には程郷県、梅州などと呼ばれたが、現在は中

心市街地を梅江区、後背地区を梅県として区分し、周辺6県をも併せた広域行政区域の名称として梅州市を用いている。▼客家語梅県方言（嘉応方言）は、最も標準的な客家語とされており、また多くの客家系華僑・華人の故郷（▼僑郷）としても知られる。「梅県客家」には、興寧、五華、蕉嶺、平遠の近隣4県出身者をも含める場合が多い。

（瀬川昌久）

培元学校 ばいげんがっこう

▼シャウフッセン・シーブンルアンらによってバンコクに設立された福建系▼華僑学校（小・中）。▼辛亥革命前後の中華民族主義の高まりのなかで、ヤワラートの福建会館跡地に1914年に設立された。正式名称は福建公立培元学校。学校では福建方言ではなく中国語を使い、22年にはタイの僑校としては唯一の学費免除の義務教育を実施するなど、他の僑校とは異なる画期的教育を行った。タイ、中国を問わず社会奉仕活動を積極的に進めたが、33年に資金不足のため閉校となった。

（樋泉克夫）

梅県東山中学 ばいけんとうざんちゅうがく

海外▼客家の子弟が帰国・勉学する目的で、▼辛亥革命直後の1913年、広東省▼梅県市状元橋に創立された全国・広東省の重点中学。革命運動および東南アジア華僑とかかわりの深いことで有名。学生自治会の初代会長は葉剣英。27年梅県にソビエト臨時革命政府が成立したとき、教師と生徒が率先して参加、国民党政府は「赤色学校」の罪名の下に強制閉校処分を行ったが、葉剣英や海外華僑の努力により28年復校。新中国成立後の51年、広東省立となる。▼文化大革命で破壊されたが、創立70周年を機に復興。90年の在校生1910人、教職員206人、校地6万m²、建物2万5120m²、開校以来の卒業生8万人。

（市川信愛）

売春 ばいしゅん

女性が金品を受けて、常習的に不特定多数の相手に性サービスをすることであり、男性側のあり方を問題にする立場から「買春」の語も使われる。歴史的にいうと、娼妓に登録と営業税納付を義務づける形で売春を公認した社会では、公の許可を受けて営業する「公娼」のほかに、許可なく営業する「私娼」があった。また返すべき借金を背負わない自由娼妓と、年季を定めて娼妓として働くことで債務を返すものとがあった。19世紀中葉以降、契約移民または渡航費後払いの▼欠費制移民として大量出国した中国移民は、男性の単身出稼ぎ者に偏る点で世界史的な特徴をもった。たとえばバンコクの街頭では1910年頃まで中国人女性の姿を見ることは稀であったという。これより早く、1863年以降にごく少数ながらたえず中国人女性が到着するようになった旧▼海峡植民地においても、移民統計が性別に集計されるようになった当初の1878年、到着した中国移民のうち女性が占める比率はわずか3.14％、1901年になっても5.91％にすぎなかった。ちなみに▼シンガポールでは中国人女性1000人に対し、中国人男性は1891年には4680人、1901年には3871人であった。この異常な性比不均衡のもとで、中国からの女性移民が求められ、女性の身価（人身売買の値段）が高騰したが、その当時強い僑居的性格をもっていた現地の中国移民の社会が必要としたのは、共に家庭を築きあげていく女性でも、労働に従事する女性でもなく、一時的な慰みものとしての侍妾、娼妓の類であった。このことは、中国からの労働移民を導入して経済開発を進めていた英植民地主義者のプログラムとも矛盾するものではなかった。中国人女性の導入が、同国人男性の確保、現地定着に役立つと考えられたからである。1930年まで海峡植民地当局が中国からの入移民を自由に任せて入境制限を加えなかったことや、みずから娼妓であると明言する女性のシンガポール上陸を禁止するのが1927年、また多年公認してきた娼家の営業を非合法とするのが1930年になってからのことであったのがよく物語っている。ちなみに1885年シンガポールには営業免許を受けた娼家が226軒、娼妓は1813人で、うち中国人が1707人（94％）を占めた。この娼妓のなかに中国から金銭売買あるいは誘拐、騙売されてきた「▼猪花」が多数含まれていた。

中国人娼妓の出現が東南アジアより一足早かったのはカリフォルニアであり、1849年▼ゴールドラッシュとともに▼亜彩という自由娼妓がサンフランシスコに登場している。50年代以降まとまった数の娼妓と、広東で人身売買されて元値の100～300倍でサンフランシ

スコの娼家に引き取られる女性が増加した。1877年サンフランシスコに在留する女性1385人のうち、妻の身分の女性はわずか57人（4％強）であり、残りが娼妓・侍妾などであった。こうした女性を中国で確保し、サンフランシスコに上陸させて巨利を得たのは、犯罪組織化した「堂会」であった。彼らは「猪花」輸送だけでなく、娼家から保護費を徴収し、その見返りに娼家に対する法の干渉を妨害したり、警察官を買収したり、娼家・娼妓が法廷に召喚されると証人を恐喝あるいは買収によって偽証させた。さらに娼妓の逃亡を常時監視しており、逃亡すれば追跡して連れ戻したうえで制裁を加え、また逃亡を助けた男性があれば代償を迫ったり、殺傷して娼家の非合法営業を助け、売春をみずからの財源としたことが知られている。19世紀アメリカにおいて、中国人社会が男子過剰であることや、売春慣行の存在することが排華運動の口実の一つになった。当時サンフランシスコには他国人の娼妓もいたのであるが、中国人のそれがことさら標的となったのは、中国式の売春慣行が搾取関係にある多数の重なりによっていて、強制関係のない性の商品化ではなかったことと無関係ではない。また海外娼妓の存在を、中国における経済的圧迫の深まり、海外における女性身価の高騰、前近代的な性意識の貧しさという文脈でとらえるだけでは十分でなく、中国の前近代的な家、あるいは社会体系が誘発した側面を考慮する必要がある。

〔可児弘明〕

ハイデュース、マリー・F. ソマース 1936-
Mary F. Somers HEIDHUES

ドイツ人学者で、国際関係論、東南アジア華僑・華人問題の専門家。アメリカのフィラデルフィアで生まれ、1965年コーネル大学Ph.D.取得後、ドイツのゲッティンゲン大学、アメリカのウィスコンシン大学で教え、ドイツのハンブルク大学、オーストラリア国立大学太平洋研究大学院に招かれて研究。主著に *Peranakan Chinese Politics in Indonesia* (1964)、*Southeast Asia's Chinese Minorities* (1974)、*Banka Tin and Mentok Pepper* (1992)、編著に *Secret Societies Reconsidered* (with David Ownby, 1993)、近著に "Chinese Settlements in Rural Southeast Asia: Unwritten Histories" (in A. Reid (ed.). *Sojourners and Settlers.* 1996) がある。

〔斯波義信〕

ハイフォン
海防 Hai phong

ベトナムのホンハー（紅河）デルタのタイビン（太平）川河口に位置し、サイゴン港とともにベトナム最大港を称するハイフォン港を擁する港湾都市。重要な工業都市にも数えられ、仏領インドシナ連邦（仏印）時代は保護領トンキンにありながらフランス直轄領となり、外国船舶の寄港地、貿易港として発展した。工業と商業が発展した近代都市には技能労働者を含む華僑の増加が著しく、多くの華僑経営の工場や大商店が市内の活況を維持した。そのため仏印時代にはベトナム人の反感も比較的強く、1927年の略奪・放火を交えた排華事件は当時の日本の新聞にも報じられた。華僑の大部分は▼広東幇と▼福建幇に属したが、38年に設立された海防中華商会に統合され、海防中華商会は40年に河内（▼ハノイ）、南定ナムデ、海陽ハイズ、建安キエンアン、芒街〔モンカイ〕などの華僑も加盟する越南東京〔トンキン〕中華商会に改組されたが、翌年、日本軍の進駐によって活動を停止した。ベトナムの独立（45年）後、中華民国領事館に推進された海防中華商会が復活したが、中華人民共和国が加わったジュネーブ協定の締結（54年）後、ふたたび活動を停止した。ベトナム戦争後に中越関係が悪化し、技能労働者や工場労働者を中心とする華僑が大量に脱出した時期には、工業都市としての機能はほとんど麻痺した。

〔川本邦衛〕

買弁 ばいべん

買弁（買辦）は、洋行（外国商社。中国語の「▼行」とは行業、行業組織を意味する）が中国の貿易活動に参入しようとする際に、取引契約を結んだ中国商人である。買弁は洋行と契約し、取引手数料について、輸出と輸入を異にした規定がある。また、買弁は、完全な雇用関係の下にあるのではなく、独立した商人としての地位をもっているという点も注目される。歴史的に遡ると、来航した外国人に食料、水を供給することを意味した買弁

の登場は10世紀頃にすでに見られるが、1842（道光22）年の5港開港以前の広東十三公行時代においては、買弁の職能は限定されていた。同年、アヘン戦争後に締結された南京条約によって、公行の対外貿易独占は停止されるのであるが、公行は実質的には中国商人そのものであり、貿易取引を継続・拡大するためには、外国商社は依然として仲介機能を果たす買弁を必要とし、積極的に雇い入れた。そこでは旧来の純然たる買弁の職能にとどまらず、内地中国商人に対する取引の取次を委託されるなど、広い権限が与えられた。買弁は、その全盛期にあっては、外国商社と中国商人との間に生ずる一切の取引を仲介し、かつそれを保証し、取引に関するすべての手続きを遂行した。ジャーディン・マセソン商会もその初期から楊坊（寧波出身）、唐景星（広東出身）らの紳商を買弁として雇い、生糸や茶の輸出貿易を拡大した。

買弁は契約に際し、身元保証人を立てて担保金を納める必要があった。契約の内容は、取次手数料や月給額、契約期間、契約解除、外国商社に故意に損害を与えたときなどの訴訟、などが規定され、他に会計方法、身元保証金利子、買弁債務利子などが規定された。このようにして、外国商社と契約関係を取り結んだ買弁は、外国商社の資金あるいはそれに加えて自己資金を利用して他の中国商人に対しては独立商人としても振る舞い、自己の裁量によって資金を運用した。またときには、中国役人が中国商人間の自国品売買に課す流通税（里金）を免れるために、買弁は独立商人として行動する際にも外国商社の名の下に行動することがあった。このため、通常の取引において生ずる責任問題とともに、買弁による一方的な外国商社名義使用問題はしばしば訴訟に持ち込まれた。　　　（濱下武志）

バイリンガル ⇨ **二言語教育**

牌楼

観光名所や街の重要な場所などに建てられている中国様式の楼門。観光地化が進んでいるチャイナタウンでは、多数の観光客を吸引するためのシンボルとして建設されることが多い。日本の中華街についてみると、横浜中華街で最初の楼門が1955年に建てられ、95年には、8基の牌楼の新改築が完成した。また、82年に神戸南京町の南楼門が、そして86年に長崎新地中華街の中華門が、それぞれの地区の最初の牌楼として建設された。東南アジアのチャイナタウンでは、マニラのチャイナタウンに牌楼が建設されている。欧米やオセアニアのチャイナタウンのなかには観光地化が進んでいるところが少なくないが、それらの地区における牌楼の建設の歴史は比較的新しい。アメリカでは、1979年の中国との国交正常化以降、米中関係の友好のシンボルという意味も含めて、各地のチャイナタウンで牌楼の建設が進められた。　　（山下清海）

山下清海, 2000.

バウリング条約
Bowring Treaty

1855年、イギリスがシャム（タイ）と締結した修好通商条約。シャムのチャクリー朝は1782年の建国以来、伝統的な王室貿易を行ってきた。しかし18世紀の末からイギリス東インド会社が東南アジア群島部に進出し、イギリス人貿易商人が海峡植民地（ペナン、マラッカ、シンガポール）を基地としておもにマレー半島で活動するようになった。このためイギリス東インド会社は1825年にヘンリー・バーネイをシャムに派遣して、シャムとの間にバーネイ条約を締結し、イギリス船の貿易参入が認められるようになった。その後イギリスはアヘン戦争によって香港を獲得し、東南アジア、東アジアに一連の植民地ネットワークを作り上げたが、そこに住む人々の食料の供給を確保するために、シャムから自由貿易の許可を得ようとした。このため香港総督であったジョン・バウリング（John BOWRING）が1854年にバンコクに赴き、シャムの王室当局と交渉を行った。その結果、全文12条からなる修好条規、6条からなる通商章程、および付属税率表からなるいわゆるバウリング条約が締結された。その内容で注目すべき点は、イギリスに対して自由貿易を認めること、治外法権を認めること、輸出入に対して一律3％の関税を課し、税率の変更についてはイギリス側の同意を必要とすることなどである。こうした点でバウリング条約は日米和親条約、日米通商条約と

同様に「不平等条約」であり、シャムは以後「条約改正」のために長い間努力しなければならなかった。

　バウリング条約によって王室、特権的商人による貿易の独占は破れ、王室の財政的基盤は関税収入から国内における税収へと大きく変化し、近代的国家への転換が必要となった。またマレー半島などイギリスの勢力範囲での米の需要が増大した結果、シャムはその供給地として位置づけられるようになり、国内でも農業が米の生産に特化し、いわゆるモノカルチャー経済を押しつけられることになった。またこれまで国際貿易で活動していた特権的華僑・華人商人は、イギリス人の活動に押されて国際貿易から撤退し、国内での米の集荷や徴税請負人として活動するようになった。

〈生田滋〉

🔁 タイの王室貿易, 徴税請負い

バウリング、ジョン 1792-1872
John BOWRING

　イギリスの政治家、外交官、言語学者。言語学者として、東ヨーロッパ諸国の言語や文学を研究し、この方面の著書を多く発表している。1824年、思想家J.ベンサムに協力し『ウェストミンスター・レビュー』紙を創刊、自らも主筆として活躍した。また、38年から43年にはベンサムの文学関係の著作を編纂し、全集として出版した。35-37年、41-49年には下院議員となり、自由貿易主義を唱え、外交面では中国問題に関する発言力を増していった。49-53年に広東領事、次いで54-57年駐華全権公使および54-59年イギリス駐華通商監督兼香港総督となり、対中国交渉の任に当たった。中国における自由貿易の拡大を主張し、中国に対して強硬姿勢をとった。米仏と共同して南京条約改正交渉を始めたが、清国に拒否された。56年、アロー号事件を口実に広東を砲撃してアロー戦争の火口を切り、本国政府を動かして全面的な武力行使を断行させ、58年には清国に天津条約を締結させ、貿易の承認、港湾都市の開放などを認めさせた。また、54年にはタイに赴き、通商条約（▼バウリング条約）を締結している。

〈曽士才〉

パオ、Y. K. 1918-91
包玉剛　Yue-kong PAO

　▼香港最大級の企業集団である会徳豊（▼ウィーロック）／九龍倉集団グループ（ザ・ワーフ）の創始者で、「香港の船舶王」と呼ばれた。浙江省寧波生まれ。高卒後すぐに銀行へ就職し、後に上海市銀行の副総経理となる。1949年香港に移り、55年に中古汽船1隻を日本の山下汽船へ長期リースして実質的なグループの起源会社である環球輪船を創業、以後、飛躍的に発展。さらに積極的な船舶関連企業の買収にも成功して、グループは保有船舶数世界一を誇る海運企業集団となった。70年代末から不動産、貿易などの事業投資に重点を移し、現在の会徳豊と九龍倉集団を中核とする総合企業グループの基礎を確立した。86年の引退後は次女蓓容（ベッシー）と結婚した▼ピーター・ウー・クォンチン（呉光正）がグループを継承、現在に至る。なお、78年英国からナイトの称号を授与された。

〈山崎勝彦〉

🔁 ワーフ・ホールディングス

博多綱首　はかたごうしゅ

　中世博多における華僑（中国商人）の責任者。11世紀後半から12世紀にかけて、中国で北宋から南宋に代わる頃、博多に多くの宋商人の集住が見られる。1097年大宰府長官源経信が▼大宰府で没したとき、博多在住の多くの▼唐人が弔問している。次いで1147年8月、日本都綱黄文仲ら21名が高麗に行った。都綱は綱首と同じで、博多綱首とされる。黄文仲らは、博多を根拠地にして南宋・高麗間の貿易通商に従っていた博多綱首である。乾道3（1167）年4月の年次銘のある3石の碑文が寧波市天一閣に所蔵される。3石いずれも、博多・大宰府在住の華僑が郷里▼寧波の寺院参道石畳の寄進を申し出たものである。一方、博多では1970年代の地下鉄工事に際して、「丁綱」「張綱」「九綱」などの墨書銘をもつ陶磁器片が大量に出土した。「綱司」というのもある。寧波の市舶司配下の綱司と博多綱首との関連を物語る。筥崎宮大神殿の四面玉垣の工事負担役は博多綱首の張興と張英に課されていたことを示す史料がある。もっとも、博多綱首は筥崎宮から税金免除の田26

町を与えられていた。博多には「通事船頭綱首秀安」という史料も残る。最も著名な博多綱首は`謝国明である。博多華僑社会の自治のようすが偲ばれる。

(川勝守)

📖 川添昭二編『東アジアの国際都市博多』平凡社，1988．

バーカービル関帝廟 バーカービルかんていびょう
巴克維爾関帝廟

カナダのブリティッシュ・コロンビア州中国人金鉱山労働史記念館。1862年、`ゴールドラッシュ初期の鉱山町であるバーカービル（Barkerville）に、`秘密結社「洪門致公堂」によって設立された`関帝廟。ゴールドラッシュ終息後、バーカービルはゴーストタウンとなり、関帝廟も放置されたが、1958年、ブリティッシュ・コロンビア州文化財委員会によって修復され、現在は中国人鉱山労働の資料や再現展示のある歴史資料館となっている。

(森川眞規雄)

⇒ ゴールドラッシュ［カナダ］

バガン・シャピアピ
Bagan Siapiapi

スマトラ、リアウ州ブンカリス県内の郡庁所在地で、海運と華僑・華人漁業の町。地名は漁具バガンと集魚火アピに由来するという。ロカン川の河口右岸に位置し、流域周辺はマングローブが繁茂する湿原で、護岸のない上流から流出する多量の土砂の堆積により、大型機帆船が着岸する河口港の岸壁は約15年ごとに数十mも沖だし改築を必要とする。19世紀後半からの隣接`メダンの華僑人口増大とマラッカ海峡対岸都市との交流拡大、20世紀初頭からの海峡漁業の拡大と100トン級の機帆船で塩蔵魚をジャカルタに輸送する海運の増加により、内外華僑・華人の移住が進み、湿原の辺境から市街をもつまでになった。国籍の有無を問わなければ大部分が華僑・華人で、推定人口4万から5万に達している。海峡対岸両国の社会経済的影響は大きく、医薬品、電気器具などの仕入れにはルピア以外の通貨決済も残り、言語、宗教、風俗は華南の伝統が存続する。今後は海峡の自然環境と国際関係の変化に左右されやすい立地の海運と漁業の町である。

(岩切成郎)

⇒ スナボイ

📖 岩切成郎「東北スマトラの華僑水上部落の生態」『季刊人類学』4-2，1973．

白雲山華僑墓 はくうんさんかきょうぼ

広州郊外にあるカリフォルニア華工・華僑の集団墓地。1870年代から80年代にアメリカの華僑排斥のさなかに死亡した多くの華工・華僑の遺体のうち、祖国に親族のいない無主の遺体の処理について、広州の慈善事業団体愛育善堂は、アメリカから船を借りて1000人近い無主の遺体や遺骸を広州に運び、1887（光緒13）年、白雲山山麓の横枝崗に埋葬した。その後、この墓地の存在が忘れられていたが、1983年、広州市により墓地が発見され、石碑には「旧金山（サンフランシスコ）の故友四百五十七、婦四百六十七位の墓」、下に「愛育善堂立石」と刻まれていて、史実が確認された。

(坂出祥伸)

📖『世界華僑華人詞典』

鄚玖 ばく・きゅう 1655-1735
マク・キュウ

清初にシャム湾沿岸のハーティエン（河僊）に小規模自立政権を建設した`南投華人。広東省雷州府海康県黎郭社の出身。清朝の遷界令による沿海統制のさなかの1671年にカンボジア方面に移住した。鄚玖は移住当初はウドンのカンボジア宮廷と従属関係を結び、のちメコン・デルタのシャム湾岸一帯に勢力を広げた。ハーティエンは、カンボジアからシャム湾に抜ける交易港であり、カンボジア側からはバンテアイ・メアス、中国史料では「港口」と呼ばれた。16世紀段階からカンボジアの外港としての役割を果たしていたことが知られるが、1690年頃の鄚玖の移住により一大勢力に発展した。交易・賭博をはじめとする経済活動の統制、軍事力の保持、下位行政単位の設置などを行い、自立的権力を形成したとみられる。この地には華人、ベトナム人、クメール人、マレー人が集住した。他方、シャム湾に面していたため、タイが海上からメコン・デルタに侵攻する場合にはつねに攻撃目標となった。1708年には鄚玖はベトナム中部を支配していたグエン（阮）氏に帰順し河僊総鎮に任じられたが、実質的には独自の勢力を保ちつづけた。鄚玖と同じ頃にベトナム南部の山沿いにあるビエンホアに入植した南投華人`陳上川の子陳大定は鄚玖の娘

と婚姻関係を結んでおり、1731年に陳大定が冤罪でグエン氏政権に捕らえられ獄死した後、その部隊の残党もハーティエンに合流した。

鄭玖の子鄭天賜の代になると、ハーティエンに各地の文学者が招かれ、「河僊十詠」と呼ばれるような東南アジアの▼華人文学の一中心が形づくられた。鄭天賜はベトナムとカンボジアの紛争に介入して勢力を拡大、1757年にはグエン氏に対して現在のキエンザン・ミンハイ地方を献上した。18世紀末、ベトナムのタイソン勢力の拡大の中でタイのトンブリーに逃げた鄭氏の一族の多くは、1780年に潮州華僑の▼タークシン王に殺害され、その後ベトナムのグエン朝の統治下では自立政権の回復はならなかった。　　　　　（嶋尾稔）

▣陳荊和「河僊鎮叶鎮鄭氏家譜注釈」『国立台湾大学文史哲学報』7，1956．／同「河僊鄭氏世系考」『華崗学報』5，1969．／藤原利一郎『東南アジア史の研究』法蔵館，1986．

白豪主義　はくごうしゅぎ
白澳政策　white Australia policy

オーストラリアの有色人種排斥の主義、政策。豪州では1901年連邦成立と同時に移民制限法を制定した。欧州言語の書き取り試験によって恣意的に非欧州人の入国を制限、非欧州人に市民権取得を認めず、「白人による豪州」保持を狙うもので、白豪主義の成立を意味した。その後、市民権取得のための居住期間が57年には15年に設定（白人は5年）され、66年には5年に短縮されたが、73年の移民法の改定まで人種差別が継続された。同年の多文化主義政策の導入によって、移民受入れ基準から一切の人種差別的側面が排除され、政策としての白豪主義は終了した。市民権取得の居住年数も3年に、84年には2年に短縮。

ニュージーランドでも、1920年の移民制限法によってホワイト・ニュージーランド政策が成立した。移民申請に教育試験と指紋押捺が課され、移民審議官は恣意的に移民拒否ができ、実際上非欧州人の上陸拒否に働いた。中国人への入国課税と船荷トン数による人数制限は26年まで続いた。それ以降もアジア系の入国制限は継続したが、80年代後半にホワイト・ニュージーランド政策は放棄された。

（増田あゆみ）

▣排華法［オーストラリア］，華僑・華人の排斥［オーストラリア、ニュージーランド］，オーストラリアの華僑・華人，ゴールドラッシュ［オーストラリア、ニュージーランド］

白手起家　はくしゅきか

裸一貫でスタートしながらも苦難を乗り越え、成功を収めること。とくにビジネスの世界において、具体的な戦略というよりは華僑・華人経営の特徴としてよく指摘される勤勉さや開拓者精神といった個人の主体性を評価する場合に用いられる。そこには、階層間の社会移動の激しさを背景に、商売による「成り上がり」志向を許容するような中国社会の特質の一端が窺える。また、地縁・血縁関係を総動員し、族人や同郷者の成功を助け、最終的に集団の利益をあげようという華人経営のあり方とも関係している。代表的人物としては、第2次大戦下の香港で家族を養いながらプラスチック工場を始め、後に不動産業に乗り出して香港を代表する企業家となった▼リー・カシン、福建省福清県の農家の次男として生まれ、インドネシアのスハルト大統領との関係を利用しながら、政商として財をなした▼スドノ・サリムなどがいる。

（帆刈浩之）

麦少彭　ばく・しょうほう　1861-1910

神戸の貿易商▼怡和号の店主。広東省南海県生まれ。長崎から神戸、大阪へ移った貿易商の父梅生に伴われ20歳のとき来日、▼滝川弁三がマッチ工場を開設すると、その代理販売を委託され、マッチの中国向け輸出で発展した。1899年、▼梁啓超の呼びかけに応じて神戸華僑同文学校の設立に奔走、初代総理となる。生田神社前にあった居宅留春別荘は庭園で有名。鐘紡株の買占めに失敗し、横浜正金銀行買弁葉鶴齢による行金着服事件も発覚、その保証人であったことも重なり、ついに破産に追い込まれ、香港で自ら命を絶ったといわれている。

（陳來幸）

爆竹　ばくちく

短い紙筒に火薬を詰めたものを多数繋いでおき、その一端に火を点じて紙筒が次々に爆発するよう仕掛けたもの。爆竹が次々に弾けていくけたたましい音で悪霊を払い地を清め

るために、中国で古くから各種祝祭や葬儀に際し用いられた。華僑社会でも盛んに用いられ、ときによると事故で火傷者が出ることがあった。大晦日などは、町中で夜を徹して鳴り響く音のすさまじさを避けるため、華僑集住地区を離れて新年を迎える人があったほどである。しかし太平洋戦争後になると、現地ナショナリズムの高揚や新しい国づくりが進むなかで、爆竹を鳴らし派手に中国らしさを発散させると、中華ショービニズムとか華僑の不同化と誤解され、民族紛争を起こしかねないので、死傷事故防止を理由に、マレーシアが正月3日間の爆竹を禁止、続いてシンガポールが1970年の春節限りで爆竹を周年禁止した。

(可児弘明)

莫登庸 ばくとうよう 1483-1541
マク・ダン・ズン　MAC Dang Dung

ベトナムのマク（莫）朝（1527-1677年。1592年まで▼ハノイに都し、その後、山地部へ亡命）の創始者（在位1527-29年、上皇1529-41年）。廟号はタイトー（太祖）。現在の▼ハイフォン市の生まれ。ベトナムのチャン（陳）朝（1225-1400年）期の状元マク・ディン・チー（莫挺之）の末裔を自称するが、その祖を蜑民とする説もある。もともと漁業を生業としていたが、16世紀初頭にレー（黎）朝（1428-1789年）の武臣となり、これを簒奪して新王朝を建てた（レー朝はマク氏の簒奪により1527-32年の間、一時断絶）。制度はレー朝のものを引き継ぎ、明からは安南都統使の称号を与えられた。

(嶋尾稔)

白鷹幇 はくようバン
White Eagles

アメリカの▼チャイナタウンで、恐喝、強盗、麻薬密売、売春、殺人、賭博などの犯罪で暗躍する黒社会の華人ギャング・グループの一つ。アメリカ出生の華人青年を中心に組織され、1960年代から70年代に勢力を拡大し、黒鷹幇とともに、一時期▼ニューヨークのチャイナタウンの黒社会を支配した。同様の組織として、▼鬼影幇、▼飛龍幇などがある。

(山下清海)

▷ 三黒問題

▣ K. Chin. *Chinatown Gangs*. NY: OUP, 1996.

パケ
Paké

ハワイ語で中国人を意味する語。Pake、Pakey とも書く。年長者を呼びかける広東語「伯爺」からの借用語とされる。19世紀前半には中国出身者、中国出生者など、もっぱら民族的帰属を示した。1839年10月華僑で初めてハワイに帰化したアパナ・パケ（Apana PAKÉ）、1842年ホノルルで病死したジョーン・パケ（Jone PAKE）など、華僑自身が自己のハワイ名に使用した例が知られている。ところが排華風潮の影響を受け、1880年代には華僑の行動、とりわけ金銭的態度を表すようになり、英語の Jew と同じく金持ち、欲深い、しみったれ、貪欲といった言外の意味をもった。子どもの縄とび歌にも「パケ」の語で華僑の行商人を揶揄した例がある。かつての「チャイナマン（Chinaman）」「チンク（chink）」「チニー（chinee）」「▼チャーリー」などのように差別の感情が込められているので、現在でも▼華僑・華人に対して「パケ」の語を用いることは名誉を著しく傷つける結果となる。その一面、アメリカ本土ではレストランのメニューに中国風という意味でパケ・スタイルの表記を見ることがある。

(可児弘明)

▷ ハワイの華僑・華人

筥崎八幡宮 はこざきはちまんぐう

福岡市東区箱崎にある八幡神社。923年に筑前国穂波郡（福岡県嘉穂郡）大分宮を遷座したもので、新羅来襲の危機と日中間の私貿易の増大に深い関心をもつ▼大宰府官僚の意向という。以後、日宋関係、貿易通商にかかわる神社として重要視される。博多在住の宋商人たちのかかわりもある。韓国新安沖から発見された沈没船中からも筥崎八幡宮の荷札が出た。元寇に際して、「敵国降伏」が祈願され、その亀山上皇宸筆になる扁額が楼門に懸かる。戦国期には明との通商を求める小早川隆景が社殿を寄進するといった対外関係の由来の多い神社である。

(川勝守)

函館関帝廟 はこだてかんていびょう

函館市旧富岡町三番に1910年に建てられ、今もその壮麗な偉容を誇っている木造の関羽の廟。日本現存の最古で中華会館と公称す

清朝末期、上海の寺廟建築の様式を伝える函館関帝廟の内部。創建当初の姿をそのまま残している。写真提供：函館中華会館

る。関帝は民間信仰の武神だが、義と信の権化として地方の英雄神・守護神・財神をこえる汎商業神であり、清政府も諸神の格付けで官祀と民祀の接点に位置づけていた。日本の華僑街で関帝の大廟を祀るのは領事の在駐と関係があり、商民への領事の法の保護と同じく、商民全体への精神的な保護者として関帝を祀り、この廟を中華会館と称した。函館では華僑をリードする三江集団の公所建物が領事事務所を兼ねることがあったが、1907年の大火で類焼ののち、敷地に中華会館・関帝廟を建てることとなり、三江幇が筆頭となり、全道・樺太の華僑から寄付を仰いで1910年に竣工した。寧波・上海の設計者、監督、大工、彫刻師、漆工を呼び、木材、建具、什器も運び、上海様式の堂々たる廟宇を建てた。

(斯波義信)

参 斯波義信『函館華僑関係資料集』(『大阪大学文学部紀要』22), 1982.

函館居留地 はこだてきょりゅうち

函館（箱館）開港とともに開設された外国人用居住地域。函館は1854（嘉永7）年の日米和親条約で、下田とともに最初に外国人に開かれた港。ただしこれは狭義の開港で、船舶の薪水の補給や遭難者の一時的滞在のためであった。本格的には、横浜、長崎とともに、安政5か国条約により、59（安政6）年7月1日に開港された。開港されると少数ながらも外国人が住みはじめる。しかし横浜などと異なり、ただちに居留地は設定されず、寺院が提供されたり、商家の家屋や蔵などが貸し出されたり、雑居の状態であった。その後、居留地造成が計画され、61（文久元）年6月に「箱館地所規則」が制定されるが、大町、地蔵町などの居留地の候補地がいずれも居住に適さず、外国人には不評であった。結局中浜町の埋立て地に居留地が設定されるが、外国側はここに集中するのを嫌った。以後、函館市街での外国人の雑居が慣行として定着し、函館居留地はほとんど有名無実の存在であった。

(伊藤泉美)

⊟ 函館の華僑・華人

箱館戦争 はこだてせんそう

1868（慶応4・明治元）年から翌年にかけて、旧幕臣が明治政府への投降を拒んで起こした戊辰戦争の最終段階の戦い。五稜郭の戦いともいう。榎本武揚の率いる幕府の遺臣は海路から箱館（函館）に上陸して五稜郭に拠り、江差などの一帯を押さえたが、69年4月、黒田清隆の政府軍と戦って敗れ、5月18日に降伏した。前年にたまたま漂着したペル

一行きの清国民41人を乗せたカヤルティ号が箱館に漂着、この戦役に使役されて、2人が落命した。
(斯波義信)

🔗 カヤルティ号事件

函館中華会館 はこだてちゅうかかいかん

函館市旧富岡町三番に1910年に建てられ、関帝を祀る廟宇でもあるので関帝廟ともいい、建物は現在も健在である。中華会館は18世紀末～19世紀初に海外の▼チャイナタウンに生まれ、郷幇をこえた結束の組織だった。横浜（1873年）、神戸（1892年）に続き、函館では三江幇の公所の地に1910年に建てられた。運営・維持の会費は三江幇が支えたが、建設は全北海道・樺太の拠金で成り、全道の福清幇を含めた華僑のセンターという性格をもった。第2次大戦中に会館敷地を買収取得するとき、全道に支援を呼びかけた函館の福清幇が運営・維持の会員・役員となり、今日に及ぶ。
(斯波義信)

🔗 函館関帝廟

『函館中華会館帳簿』 はこだてちゅうかかいかんちょうぼ

函館市にある中華会館（関帝廟）の運営・維持の会計を記録した帳簿一式。1904-31年に記帳され、この間、直接には▼三江幇の海産物商が運営していたので、董事、副董事以下、輪番制の司月、司年の役員が、会員商店主から毎月の売上げ商品の各項につき定率の「▼厘金」（会費）として報告される「月捐報単」をもとに記入し、各年帳簿（総清）に整理した。各冊は「中華山荘」「集義公所」「百十三銀行」「第三銀行」「厘捐」「利金」「修造」「置物」「税捐」「雑項」「倖俸」「各税」「回佣」「火険」「暫記」「寿具」の項目に分かれる。他に補助簿、転記簿がある。
(斯波義信)

🔗 函館中華会館、函館関帝廟

📖 斯波義信『函館華僑関係資料集』（『大阪大学文学部紀要』22）、1982.

函館中国領事館 はこだてちゅうごくりょうじかん

函館に在住する中国人人口は多数に至らなかったので、1884（明治17）年2月から86年までは横浜の清国領事館が兼轄していた。86年2月に函館副領事として劉坤が着任し、新潟夷港も管轄する。91年に領事館が竣工するが、日清戦争勃発によって、94年8月10日に副領事洪濤が撤退帰国する。戦争終結後、95年9月に副領事林浚月が着任するが、97年に領事館は閉鎖された。なお、1980年8月、札幌市中央区南13条西に中華人民共和国駐札幌総領事館が開かれ、現在にいたっている。
(伊藤泉美)

🔗 横浜中国領事館

函館同徳堂三江公所 はこだてどうとくどうさんこうこうしょ

函館の三江出身者を中心とした▼同郷団体。1859（安政6）年に条約港の一つとして開港した箱館（1869年より函館）は、明治期を通じて北海道産の海産物を清国の上海、揚子江流域に輸出する港として知られた。当初、清国人は無条約国民であって、香港、上海方面からの海上輸送を担う英米などの外国船、外国商社の▼買弁として居留地に居住した。この関係で広東幇のリードのもと、三江幇、一部福建幇を混成した函館清商の団体が80年頃に成り、「同徳堂」と称した。この70、80年代は上海市の興隆期、したがってその近隣の三江幇が商勢を拡大した時期であり、函館でも居留する清商の商店勢力のうえでも、三江、福建、広東の順位となった。1875-78年に清商代表であった▼黄宗佑（広東省香山）は79年、▼潘延初（浙江省湖州）との訴訟に敗れて横浜、神戸へ去り、80年から同徳堂の正・副惣代（董事）は寧波人が占め、1885-1916年の32年間は正董事張尊三（寧波）、副董事潘延初（湖州）、つまり三江幇リードの体制が固まり、名称も「同徳堂三江公所」とした。同徳堂が成る前の1877年にすでに清商集団は中華義塚（墓地）を山背泊町に租借しているが、同徳堂三江公所は頻発する大火を避けるねらいもあって、93年イギリス商人の租借する富岡町三番の地を租借し、98年以後再度租借して家屋を建て、92年に常設となった清国駐函館領事もここで執務した。1910年には募金によって建物を一新し、関帝像を安置して▼函館関帝廟とするとともに、公称としては▼函館中華会館とした。その運営は三江幇の会員商店が支えたが、その性格としては募金に応じた北海道華僑全体の連帯の中心となり、のちに三江幇の過半が帰国して福清幇が主力となっても、この中華会館を運営して在住華僑・華人をまとめている。1904年から

31年にかけて、公所から会館にかけての会計収支の総簿・補助簿・転記簿、備品目録の一切がよく保存されていて、この団体の発展史をたどることができる。　　　　　　　（斯波義信）

🖳 斯波義信『函館華僑関係資料集』（『大阪大学文学部紀要』22），1982．／同，1983．

函館の海同事件 はこだてのかいどうじけん

大正期に函館で華商の日本同業組合への帰属をめぐって生じた争い。明治末から大正初期に、函館を中心とする北海道海産物の対中国輸出では、日露戦争までは▼華商が商戦を有利に展開した。1910年、函館海産物同業組合（海同）の成立を機に、日本業者は結束を強め、輸出の主流になってきた鮭鱒塩蔵品に対し、政府・道庁は横浜・神戸（属人主義）と違って、外国人（華僑）業者も海同規則のもと全員加盟（属地主義）を求め、品質・荷造り検査に従わせた。1913-15年に華商は無検輸出、日貨不買、一斉休業で応じ、妥協が成って、非加盟は認めるが検査料を負担することになった。この機会に▼張尊三ら在函華商の約半数は撤退した。　　　　（斯波義信）

🖳 田村謙吉『風雪の碑——函館海産商同業組合概史』北海商報株式会社，1975．／斯波義信，1983．

函館の華僑・華人 はこだてのかきょう・かじん

北海道の函館に中国系人が来住するのは幕末からである。その人口規模は長崎、神戸、大阪、横浜に比べれば少なくて、中華街をつくることはなかった。しかし、函館の華僑・華人は明治期、大正初期の日清貿易においては大きな存在でありつづけ、1910年に竣工した広壮華麗な▼函館中華会館（▼函館関帝廟）を現在まで守り、さらに来住以来の記録文書をよく保存して結束を固めているという、日本でも異色のコミュニティである。函館が華僑・華人の渡来地となったのは、幕末の▼安政開港（1859年）からである。しかし、幕府が18世紀に入って、清国向けの金・銀・銅の輸出額を抑え、その代替に北海道産の▼昆布などの海産物をあてたので、長崎の華商にはその産地事情は知られていた。開港とともに諸外国の居留地ができ（▼函館居留地）、1871（明治4）年の▼日清修好条規までは無条約国民であった華商店主約40人は、外国商社の▼買弁として来住し、この頃の海運を制していた英米船とのかかわりで、▼広東人が多かった。だが、60、70年代には、寧波を中心に湖州、徽州、南京出身者を交えた▼三江幇の海産物商が渡来して広東勢が退き、80年頃に▼函館同徳堂三江公所が結成された。

函館に来住した清商は、資本力と流通知識にすぐれ、日露戦争まで函館の海産物の対清輸出をリードし、日本側が興した保任社、広業商会、日本昆布会社などの国策会社に競り勝ち、明治末年には100余人が住み、年商も50万～100万円に及んだ。これに対して、日本側の業界は、商業会議所およびその傘下の同業組合を組織し、大陸の商況実地調査を進めて対抗し、日露戦後に遠洋の近代漁業が興って貿易の主導権を握った。1915年、二十一か条要求に抗する▼日貨ボイコットが上海を中心に広がり、三江公所の董事を歴任してきた寧波人▼張尊三はじめ、▼華商の半ばは帰国した。19年、福建省福州の福清県人で、大阪本田町をベースに中国雑貨や日本産・中国産の呉服を農村部に▼行商していた▼陳必挙とその仲間は、函館を足場に北海道奥地に商売を始め、残留した海産物商と合流し、38年時点で、海産物商3店、呉服商など38店となった。運営が苦しくなった▼函館中華会館につき、▼福清幇を主力とする華商は、北海道、樺太在住の華僑・華人に拠金を呼びかけ、政府から会館の敷地を事実上買い取った。

第2次大戦後の北海道では、函館、札幌、旭川に華僑総会ができ、福清幇も旭川、室蘭、苫小牧、釧路、名寄などの都市に広がった。函館華僑総会は会長陳上梅のもと、会員100人弱を数え、貿易商、金融不動産業、料理店、医師、会社員など、多彩な業種に従事している。函館の関帝廟（中華会館）は、1910年の創建以来、現存し完全に保存された日本では唯一のものである。その敷地はもとイギリス商の租借地を借りて、函館同徳堂三江公所を設けていた場所である。函館の海産物華商が主力となり、北海道、樺太の華僑・華人からも寄付を集め、上海から職人、資材、什器を運んで、07-10年に成り、その祭壇、木彫の関帝聖経、扁額、柱銘、木彫の詩文など、華僑・華人団体のシンボルたるにふさわしい偉容を備えている。なお、この中華会館の帳簿（原簿、転記簿、備品簿）をはじめと

する記録類も、よく保存されている。

(斯波義信)

㋪ 北海道の華僑・華人，函館中国領事館
㋫ 斯波義信『函館華僑関係資料集』(『大阪大学文学部紀要』22)，1982.／同「函館華僑と文化摩擦」「函館華僑史年表」山田信夫編，1983.／許淑真「函館における福清幇」飯島渉編，1999.

バザール・マラヤ
Bazaar Malaya

マレー語のこと。マレー語は、マレーシアとインドネシアの全域で第二言語として広く話されている。約1000万人の母語でもある。マレー半島南部の方言が標準語の地位を占めている。Bazaar Malay（共通マレー語）として知られているピジン化したマレー語は、インドネシア諸島で、リンガ・フランカとして広く使用されている。この言語は、17世紀にヨーロッパ諸語と接触をもつはるか以前から使用されていた。

(中嶋幹起)

ハサン、モハマド 1931-
鄭鑒信　Mohamad HASAN

インドネシア華人の実業家。スハルト期には森林王の異名を誇った。スハルトの盟友で、ゴルフ仲間としても知られていた。通称ボブ・ハサン（Bob HASAN）中国名テー・キアンセン（THE Kian Seng）。イスラムに改宗したために華人コミュニティの代表とはみなされない。1970年代末以降、スハルトとの関係を活用して、カリマンタンなどを拠点とした森林業を中心に事業展開。パン・フタン・ヌサンタラ社（PT Pan Hutan Nusantara）、スルヤ・フタニ・ジャヤ社（PT Surya Hutani Jaya）、マピンド・パラマ社（PT Mapindo Parama）などが傘下の中核企業。また、インドネシア森林業協会（APHI）会長、東南アジア・チーク生産者協会（SEALPA）議長などを歴任。80年代以降、森林業で蓄財したスハルト三男フトモ・マンダラ・ブトラとの親交もあった。98年3月、スハルトの身内で固めた内閣と批判された第7次開発内閣で産業貿易相として入閣（5月22日まで）。スハルト退陣後は各種構造汚職の罪に問われた。2000年3月、森林省の公金流用の咎で禁固6年の実刑が確定、現在服役中。

(山本信人)

㋪ インドネシアの華僑・華人

パシフィック・センチュリー・グループ
盈科集団　Pacific Century Group

香港のリチャード・リーが1993年に創設した企業集団。傘下に不動産企業・香港サイバーポートの開発管理業務を担当するパシフィック・センチュリー・ディベロップメント、高速通信サービスのパシフィック・センチュリー・サイバーワークス（インテル社との合弁）、パシフィック・センチュリー保険などがあり、ITコンセプトを有する多数の企業に資本参加。リーが株式の54.5%を保有。2000年3月香港テレコム社買収、2000年の*Business Week*誌による世界上位1000社ランキングの244位にランク（発行株式時価総額順）、香港上場企業中初めての本格的IT株として注目されている。

(王効平)

バーシャー
巴刹　basha

シンガポールやマレーシアにある市場（マレー語でパサル、pasar）、日本で言うところのバザールを、華人はバーシャー（巴刹）と呼ぶ。都市の旧市街地の中心部には、たいていこのようなバーシャーが設けられている。華人にとってバーシャーは、安い料金で食事や買物をしたりできる生活の中心地の役割を果たしている。シンガポールの中心業務地区のシェントン・ウェイにあるフードセンターLau Pa Sat Festival Marketは、1894年に建てられた市場を改築したもので、Lau Pa Satは「老巴刹」の音をあてたものである。

(山下清海)

㋪ 夜市

ハジャイ
合艾　Hadyai

南部タイ随一の通商都市。ハートヤイとも。歴史的また行政的にはこの地域の中心は30km離れたソンクラーであるが、ハジャイは20世紀前半に、広東人、福建人の商業中心として急激に発展した。その発展は、広東客家の企業家ニパット・チンナコーン（謝枢泗、CHUA Kiisii）に負うところが大きい。タイ国有鉄道の南部線建設計画を請け負った謝は、1912年にはペッブリからウタパオに至る全線を開通させた。福建人が優勢であったこの地域に広東人が移入してくるのはこの時

期である。謝は無名の荒地ハジャイを開発して道路を建設し、24年には鉄道駅と市場をつくり、病院、学校など公共施設を寄進して、街の基礎をつくりあげた。▼潮州人が多く移入してくるのは第2次大戦後である。現在のハジャイは鉄道だけでなく、タイとマレーシア、シンガポールを高速道路で結ぶ陸路交通の中心でもある。中心産業は、錫、天然ゴム、果物など。特産の▼燕の巣や▼フカひれなどの海産物と娯楽を求めてマレーシアの▼ペナンあるいはシンガポールからやって来る華人観光客も多い。　　　　　　　（黒田景子）

⑱呉翊麟『暹南別録』台北：台湾商務印書館、1985.

パタニ
北大年　Pattani

マレー半島中南部の東海岸、現在のタイのパタニーを中心とした地域。この地域にはマレー人が住み、1351年にアユタヤ王国が成立すると、その影響を受けてマレー人を支配者とする王国が成立した。王国はアユタヤ王国の朝貢国であった。王国の成立とほぼ同じ頃にイスラムが伝えられた。王国はアユタヤ、中国、琉球などとの貿易によって繁栄した。1567年に明の▼海禁令が解除されると、パタニには多数の中国人が来航して、中国人社会が形成され、中国とマレー半島、およびブルネイとの間の貿易の基地となった。1578年に福建省の海賊林道乾が部下を率いて亡命し、同地に定住した。林は女王と結婚し、大砲の鋳造技術を伝えたとされる。1584年から1624年までは2代にわたって女王が王国を支配した。17世紀に入るとオランダ東インド会社が日本貿易のために商館を開設した。アユタヤ王国はパタニを直接支配しようとして、1629年には山田長政の率いる日本人部隊が派遣されたこともあったが、成功しなかった。のち1785年になってシャムの▼チャクリー朝の支配下に入った。　　　　　　　　（生田滋）

バタビア　⇒　ジャカルタの華僑・華人

バタビア華僑虐殺事件
紅渓惨案

1740年にバタビア（ジャカルタ）で起こったオランダ人による華僑・華人虐殺事件。1730年代の後半にバタビア周辺の製糖業が衰退するとともに、本国から多数の▼広東人が来航したこともあって、多数の華僑・華人がバタビアの市外に住みついた。オランダ東インド会社は治安の悪化をおそれ、1740年に彼らの一部をセイロン島に移そうとした。ところが華僑・華人の間で、沖合に出たところで海に投げこまれるという噂が立った。同年10月に入ると華僑・華人住民が市外に集まり、市の防衛施設を攻撃するようになった。このため市内のオランダ人などヨーロッパ系住民はパニックに陥り、同月9、10日に市内に住む華僑・華人のほとんどを虐殺した。犠牲者の血で川が赤く染まったとして、華僑・華人はこれを「紅渓惨案」と呼んでいる。市外の華僑・華人の一部は中部ジャワに逃れ、同地で蜂起していた華僑・華人と合流した。マタラム王国のパクブオノ2世は彼らと手を結んで会社に対して反抗の態度を示したが、会社の軍隊に敗れて降伏した。しかし王の変節に怒った臣下は華僑・華人と手を結び、王の孫スナン・クニンを立てて44年まで戦った。なお、この事件によってバタビアの華僑・華人は一時ほとんど姿を消したが、まもなく本国から多数の移住者が来航し、華僑・華人の数はたちまちもとに戻った。　　　　（生田滋）

⇨ジャカルタの華僑・華人

バタビア華人裁判所

1740年の▼バタビア華僑虐殺事件の後、オランダ東インド会社はバタビア華人裁判所を設置した。設置の正確な日時は不明である。裁判に際してはオランダ法と中国人の慣習法が適用された。1874年に▼オランダ東インド政庁は中国人を「▼外来東洋人」の範疇に含めることとし、華僑裁判所を廃止した。
　　　　　　　　　　　　　　（生田滋）

バタビア議事庁
吧国公堂

バタビアの中国人のカピタンの事務所。中国語での正式の名称は「吧国公堂」というが、一般には「公館」と呼ばれることが多かった。1742年に当時バタビアの華僑・華人カピタンであった林明光（在任1740-45年）がオランダ東インド会社に対してその設置を建言して認められた。そのため宏壮な中国風の建物がティアン・ブンデラ（Tiang Bendera）

街に建てられた。1809年に当時のカピタン陳炳郎（在任1809-28年）が別に事務所を構えたが、重要な儀式や会議は前記の建物で行われた。1831年にライテナントであった高長宗（在任1831-37年）がカピタンに昇任すると、私財を投じて政府からトンカンガン（Tongkangan）街に土地を購入し、ここに公館を建てた。以後これが議事庁となった。1829年にカピタンであった陳永元（在任1827-28年）が初代のマヨールに任命された（在任1829-65年）。このときから公館はマヨールの事務所となった。彼は1851年に高長宗の子孫からその土地建物を8000ギルダーで買い上げた。以後ここがマヨール、カピタン、ライテナントの事務所となった。ここはバタビア在住華僑・華人の活動の中心となり、さまざまな資料も収集保存されている。そのなかでも『開吧歴代史記』が重要である。 　　　　（生田滋）

『バタビア城日誌』 バタビアじょうにっし
Dagh-Register gehouden int Casteel Batavia

オランダ東インド総督府の置かれたバタビア城（現在のジャカルタ）で記された日誌。「ダハ・レジスター」（オランダ読みは「ダッハ・レヒステル」）ともいう。バタビアで起こった重要な出来事を記録しただけではなく、東インド各地からバタビアに船が入港すると、そこの商館から送られてくる報告の主要な記事を、その日の条に略記してある。「東インド」とは、南アフリカの喜望峰から日本までの広汎な地域を指すので、17世紀の最も重要な史料の一つである。1621年にアムステルダムの東インド会社重役会（17人会）は、バタビア総督府と各地の商館に日誌の作成を命じ、その写本を便船があるたびに、バタビアあるいは本国に送ることにした。『バタビア城日誌』の原本は1624年から1807年までが現存し、その大部分はジャカルタの国立文書館に保管されている。このなかで、1624年から1682年までが、31分冊として1887年から1931年までかかって刊行された。現在ジャカルタの国立文書館の所蔵本はマイクロフィルムとして、ハーグの国立文書館に所蔵されているが、その刊行計画は未定である。日本では村上直次郎による日本・台湾関係記事の抄訳が、中村孝志の校注つきで、1624年から1669年まで『バタヴィア城日誌』（全3巻、平凡社東洋文庫、1970-75年）として刊行されている。　　　　　　　　　　　　（永積洋子）

📖 J. E. Heeres and H. T. Colenbrander, et al. (eds.). *Dagh-Register gehouden int Casteel Batavia vant passerende daer ter plaetse als over geheel Nederlandts-India*. 31 vols. The Hague: Martinus Nijhoff and Batavia: Landsdrukkerij, 1887-1931.

パタ・ピンクラオ・アーケード
博大洋行　Pata Pinklao Arcade

1982年にバンコクに開店した大型デパート。通称でパッピンクラオ。屋台の洋服商より身を起こし75年にインドラ・ホテルにパタ・デパートを併設したウィナイ・サームシリモンコン（蔡明祥）がチャオプラヤー川に架かるプラ・ピンクラオ橋の袂に建設したもの。バンコク最大の売場面積を誇り、遊園地、動物園、映画館、劇場などを併設。90年代以降、経済成長による消費ブームはバンコク市内に続々と超大型デパートを生むが、その先駆けともいえるだろう。　　　　（樋泉克夫）

『八桂僑刊』 はちけいきょうかん

広西華僑歴史学会が発行する学術性と情報性の両方を兼ねる季刊雑誌。1992年創刊の『八桂僑史』が前身。翌年から全国発行、中国初の地方の華僑史公開刊行物。2000年1月から現在の誌名に。華僑・華人史、経済、文化、人物、回想録、海外の風土人情や華僑の動向、友好交流、華僑事務、華僑政策、僑郷の歴史と現状、華僑企業、研究論評、新聞ダイジェスト、関連動向・情報など、広西出身者を中心に華僑・華人関係の記事・論評を幅広く掲載。　　　　　　　　　　　　（廖赤陽）

客家 ハッカ
Hakka

漢語方言の一つである客家語を常用する漢族のサブ・エスニック・グループ。自らは「客人」と称するが、福建人や潮州人は「客」と呼ぶ。客家を広東語でハッカといい、これが英語のHakkaとなり、日本でのハッカとなったと思われるが、「きゃくか」と読む人も少なくない。北は江西・湖南から南は海南島まで、東は台湾から西は四川まで広く中国大陸に居住するが、海外移住に深く関わった

のは、韓江上流の広東省嘉応（▼梅県）や、▼大埔、豊順、旧汀州府の永定・上杭（福建省）、嘉応の西南旧恵州府など、広東・福建両省の奥地丘陵地帯である。普通名詞の客人、客家は、本地人（土地の人）に対する新しい後来者の意味である。客家が客人を自称する内奥には、自分たちは古代中原を起源地とする正統漢族の末裔であり、中華文明の正統な継承者であるとする強烈な自己認識がうかがえる。客家語と北方漢語、とくに宋代の中原漢語音との近縁性が指摘されている。中原から福建・広東・江西3省の境界地域など華南一帯への移住経路を含め、客家という名で総体化されてきた人々の社会、文化について微視的な研究が出揃っているわけではないが、多人数を農業で養うことができない山地、丘陵に住みつかざるをえなかったことから、刻苦して勤労する精神を身につけ、また森林業、石材業、鉱山業や出稼ぎ労働、女性の労働参加などの伝統慣行を生んだことは確かである。さらに後来の少数派として本地人から差別、偏見を蒙ったことから、中華の正統な継承者とする共通意識で結ばれる強い団結心をもっている。客家の海外移民について、1852年、広州のイギリス領事館員であったハリー・パークスは次のように観察している。嘉応州は土地が痩せ、かつ農業人口が多いところから、集団を組んで、省内いたるところに出稼ぎし、客家として知られている。年季または月決めで労働者として雇用されたり、歩合制でより長期の農耕に雇用される。森林伐採に巧みなところから新しい土地造成や丘陵開拓に雇用され、あるいは故郷の鉱山で常日頃培われる採鉱知識が▼海峡植民地で役立っているし、同時に冶金においても評価されている。妻子も出稼ぎに同行して、男たちとともに戸外での労働に従事する…と。故郷の山がちの風土で培われた労働慣行が海外出稼ぎでも威力を発揮したことが理解できる。その一面、華僑の東南アジア進出に関して、客家がまず開拓し、後から来る福建人がおいしい果実を得るという類の俚諺も生まれた。

（髙木桂蔵）

㊂ 広東，崇正総会
㊛ 髙木桂蔵『客家』講談社現代新書，1991．／瀬川昌久『客家』風響社，1993．

八角堂 はっかくどう ⇨ **孫中山記念館** そんちゅうざんきねんかん

客家語 ハッカご

　中国大陸で話されている中国語方言を六大支系に分けたとき、北方語、呉語、湘語、▼粤語、▼閩語とともに一支系をなすのが客家語である。▼客家は、華南沿海の丘陵地帯、四川盆地、台湾、東南アジア諸国（インドネシア100万人、マレーシア90万人、タイ45万人、ベトナム30万人、▼シンガポール15万人、ビルマ12万人）、南アメリカ、インド洋島嶼部およびアフリカ南部に分布し、それぞれ集団で生活している。華南では、広東省北東部の▼梅県、福建省西部の汀州および江西省南部の贛州を中心とするおもに三つの地域に集中していて、広西や湖南にも散在する。使用人口は約3700万。客家たちの祖先は中国の北方から南方に移住し、江西に至り、さらにそこから南遷していった。客家の強い自我意識に支えられ、この方言は使用領域は広いにもかかわらず、言語として共通性があり、そのうちでも梅県方言が最も格調正しいと考えられている。客家語は長い間、粤語、閩語、西南官話など他の方言との接触があったためにその影響を受ける一方、客家人と居住地区を同じくするヤオ族やシェー族など周辺の少数民族に影響を与え、これらの少数民族は客家語を使用するようになっている。

（中嶋幹起）

客家幫 ハッカパン
Hakka (Khek, Kejia) Group

　▼客家、客属、客籍民とも呼ばれる客家出身者の扶助組織の総称。客家は、中国古代の中原文化を担った漢民族のうち、戦禍や災害を逃れて華南や海外へ移住し、中原の古音を保つ▼客家語と伝統的な習俗を共有する独自の民系であるとされる。現在の人口数は、概略、中国大陸の17省・自治区、230余県・市に約6000万人、香港・台湾に約1000万人、海外80余国に約1000万人、合計約8000万人を超えると見られる。相互扶助のための会館、聯誼会、同郷会、宗親会、協同組合など、血縁、地縁、語縁、業縁を契機とする多様な結社があるが、それらを総称して客家幫と呼ぶのは、▼洪門や▼紅幇というる▼秘密結社の流れを汲む歴史に由来する。

中華思想を代表する朱子学と陽明学を信奉する客家は、北方異民族の侵略に抵抗し、南宋末の文天祥による反元闘争に結集した。その後、華南から四川にいたる山間地帯で鉱業や林業に依拠しつつ同族的結合を強め、明末に反清闘争を闘い、清末には洪門天地会や▼三合会を組織して反清復明・滅満興漢闘争を進めた。太平天国運動では指導者の洪秀全をはじめ客家の貧農、鉱夫、運輸労働者が活躍した。▼辛亥革命の▼孫文、▼廖仲愷、宋子文らも洪門致公会の幇的結合によって活動し、海外華僑から革命資金を集めた。華僑資本の初期の形成過程においても、客家は、マレーの錫鉱開発に成功した▼葉亜来、ボルネオの金山開発で▼蘭芳公司を設立した▼羅芳伯、やや後れて▼万金油でタイガーバーム医薬事業を成功させた▼胡文虎らを輩出した。現代革命でも朱徳、葉剣英、鄧小平、胡耀邦が新中国建設に貢献し、シンガポールの李光耀（▼リー・クアンユー）、台湾の李登輝、フィリピンの▼コラソン・アキノらが活躍している。1省出身者からなる▼広東幇、▼福建幇と異なり、福建、広東、広西、四川、湖南、江西など数省出身の客家の横の横断組織である客家幇は、共通の客家語と文化伝統による団結を、その▼世界客属懇親大会によって強化しつづけている。 (中川學)
　⊟崇正総会

ハック、アーサー
Arthur HUCK
オーストラリアの現代中国および華僑・華人研究者。著作に、1970年刊行の『オーストラリア華人の同化 The Assimilation of the Chinese in Australia』がある。同書は、20世紀オーストラリアの華人が、鉱山から都市にその活動の場を移すなかでマイノリティとしてのさまざまな制約を受けつつ、民族的アイデンティティを強固に維持しながらも、一方で他民族との通婚などによって、現地社会への▼同化が静かに進行していることを指摘している。 (松本武彦)

バティック
batik
インドネシアのジャワ島の、蝋防染法を用いた染物。ジャワ更紗（さらさ）とも呼ばれる。もともと各地の宮廷で奢侈品として作られていたが、19世紀に各地で企業化する。華人は当初、商人として原料供給、製品買付けにかかわっていたが、やがてジャワ人、アラブ人と並んで製造分野にも進出する。北海岸のブカロガン、ラスムなどが華人系バティックの中心としてとくに名高く、地味な宮廷系のバティックに対し多色の華やかな柄を特徴とする。 (関本照夫)

パテコアン
八帝貫　Patekoan
ジャカルタの華僑・華人居住区を指す。漢字では八茶罐とも書く。語源については諸説があるが、ジャワ語およびスンダ語のパチナン（pacinan、中国人集落の意）の訛ったものと考えるのが適当である。 (生田滋)
　⊟カンポン・チナ

花岡事件　はなおかじけん
太平洋戦争の終戦直前に、秋田県花岡町（現大館市）にあった鹿島組（現鹿島建設）花岡鉱山出張所での中国人蜂起と日本側の弾圧事件。鹿島組は、中国人労働者移入に関する日本政府の方針に基づき、華北労工協会を通じて、1944年8月294人、45年5月587人、6月98人と合計979人を受け入れ、働かせていた。苛酷な待遇に怒った中国人労働者は、45年6月30日（一説には7月1日）、元国民政府軍将校の耿諄（こうじゅん）を隊長として一斉に蜂起し、日本人補導員（看守）4人と日本側に通じた中国人1人を殺害、獅子ケ森にたてこもった。花岡警察署、憲兵、それに一般人など2万人余りが動員され、792人を逮捕し共楽館（劇場）に収容、拷問など激しい弾圧を加え113人が死亡した。こうして花岡での犠牲者は、蜂起参加以外の者も含め418人（全体の42.7％）にも及んだ。耿諄ら13人が逮捕され、9月、秋田地裁は耿諄に死刑、11人に終身・有期の判決を下した（1人無罪）。しかし、日本の敗戦により彼らは減刑され、進駐してきた米軍により10月には釈放された。逆に弾圧した日本人7人が逮捕され、横浜のB・C級戦犯裁判で6人が死刑または無期・有期の有罪判決を受けた（後に減刑）。87年、耿諄らは花岡受難者聯誼準備会を結成、89年、鹿島建設に対して謝罪と補償の要求を提

出し、90年7月、鹿島建設も謝罪、解決への努力を表明（「共同発表」）したが、実行を伴わなかった。そこで95年、耿諄ら11人の生存者とその遺族が鹿島を相手に東京地裁に提訴したが、97年12月敗訴、東京高裁に控訴した。2000年11月、東京高裁の勧告で和解が成立（原告の一部は批判）、鹿島は花岡到着前に死亡した者も含む全連行被害者986人を対象として中国紅十字会に5億円の信託金を支払った。

（安井三吉）

参 野添憲二『聞き書き花岡事件〈増補版〉』御茶水書房, 1983. ／陳理昂・朱鉄英編『花岡暴動』北京：中国青年出版社, 1992. ／劉智渠述『花岡事件』岩波同時代ライブラリー, 1999. ／張国通編『花岡事件』鄭州：河南人民出版社, 1999.

パナマ
巴拿馬　Panama

中国人のパナマ到来は、19世紀半ば、カリフォルニアのゴールドラッシュの影響で、太平洋と大西洋を連結するパナマ鉄道の建設が計画されたときに始まる。1850年の着工から55年の鉄道完成までに多くの中国人契約労働者（華工）が建設工事に参加した。苛酷な労働条件と疫病のために、多数が命を落とした。一部の華工はその苦しみに耐えられずジャマイカなどへ脱出した。1881年から1914年までのパナマ運河建設工事では、さらに多くの華工が雇われ、労働災害や過労で犠牲となった華工は数千人にのぼるといわれた。しかし、運河建設が完成した後、パナマ政府は23年に移民制限法、26年に東洋人入国制限条令、30年に中国人居留制限法案など、中国人の移住を制限する法令を続々と公布し、中国人のパナマ移住および居留はきわめて難しくなった。1986年現在の華僑・華人人口は3万3000人である。89年12月のアメリカのパナマ軍事侵攻以来、アメリカやカナダなどの第3国への移住を目的に観光ビザや投資ビザでパナマに到来する中国人が増え、その人数は数万人にのぼるといわれる。

（曾櫻）

パナマ鉄道
巴拿馬鉄路　Panama Railway

パナマ地峡上の太平洋岸と大西洋岸を結ぶ全長61.6kmの鉄道。1855年に完成した。多くの中国人労働者が熱帯の過酷な気候のもと建設に従事した。19世紀半ば北米カリフォルニアで金鉱が発見され、大量の移民がパナマ地峡を通過して北米太平洋岸を目指した。このため、この移民ルート上に鉄道を建設する必要性が生じたのである。アメリカ人ジョン・ロイド・ステファンスとヘンリー・ションシーはパナマ鉄道会社を設立し、1850年建設を開始した。このとき投入された中国人労働者は約1000人であったが、疫病で多くの者が倒れ、数週間後に生存していたのはわずか200人余だったと伝えられている。

（塩出浩和）

参 『世界華僑華人詞典』

ハノイ
河内　Ha Noi

ベトナムの首都。北部平野のホンハー（紅河）右岸に位置し、人口約230万、面積921km²。古代のベトナムは漢の交趾九郡における南方の3郡として中国の版図に入り、唐の安南都護府による統治の終焉まで中国の属領であった。漢代の交趾郡の治所はハノイ北東方の紅河対岸の龍編に、安南都護府はハノイ南東部辺の宋平に所在し、ベトナム人が北属期と称するこの時代からハノイ一帯は中国南辺統治の中心で、本土の官吏の赴任にともない中国人の往来や移住が少なくなかった。

10世紀に独立した後の最初の長期政権リー（李）朝は、宋平の西に接する蘇歴川と紅河の挟地に昇龍城を築いて都を定め（1009年）、今日のハノイの基礎が発軔した。昇龍は時代によって中京、東都、中都、奉天城、東関城などとも呼ばれ、レー（黎）朝（1428-1789年）初めから、後に西洋人がベトナム北部を指していうトンキン（Tonkin）の語源になった東京の名でも呼称したが、レ朝滅亡まで780年にわたり大越国ベトナム歴朝の帝都であった。口語では古くから「都会」を意味するケ・チョ（Ke Cho）で呼ばれて、城下に商賈の集まる坊が発達し、レ朝の初めには72坊からなる商業区があり、毎月朔日と15日に市（cho）が立ったとされる。華僑もそのあたりに集まり、チャン（陳）朝が華僑集居区に指定した街媔坊もそうした坊の一つであった。

17世紀には城壁南東に、後の「ハノイ36坊（または庸）」が形成されたが、そこには当

初より広東出身の華僑が集団的に商いを行う唐人坊があり、この坊を華僑は延興坊と自称した。華僑の増加により雑居するベトナム人に影響が及ぶのを慮ったレ朝は、1650年におもに華僑を対象とする外国人の雑居禁令を下し、その僑居を昇龍城外に規制して紅河南岸沿いの郊外や南東40kmを隔てた興安近郊の鋪憲フォヒェンに退居させたが、50年後には昇龍における華僑の僑居状況は旧に復した。レ朝は中国人の一時的滞在者と永住者を峻別し、つねに両者の実態を地方行政司に調査把握させ、ベトナム籍への編入を望む者には衣服住居をベトナム風に改めさせるなど華僑の規制を厳しくする一方で、城内の僑民については延興坊に次いで蘇瀝川河口の河口坊にも集居を認めた。グエン(阮)朝の創立(1802年)により帝都が中部ベトナムの順化(フエ)に遷ると昇龍は昇隆と改められ、北城総鎮が置かれる北部ベトナムの中心都市となり、北城とも呼ばれた。帝都でなくなるとともに外国人の居住規制も緩み、延興坊や河口坊を延長して居を移す者が増え、太平天国の動乱を契機に昇隆に入った福建出身の華僑が河口坊に接続して福建庯をつくって集居するなど19世紀に華僑街はしだいに拡張されたが、この頃、商業区はすでに21坊に変貌していた。

1831年に省制による行政がしかれて河内省の省治となったハノイは、1873年と84年の2次にわたりフランス軍の侵略を受け、仏領インドシナ(仏印)時代に入って市街地が36坊と称した商業街から南方に中心を移された。しかし華僑街はおおむね保存され、坊を庯と称し、延興坊はハンガン(Hang Ngang)庯(横木店舗通り)、河口坊はハンブオム(Hang Buom)庯(帆屋通り)、福建坊はランオン(Lan Ong)庯(漢方医通り)として昔日の面影を今日まで残している。

仏領期には、ハノイは仏印連邦の首都となり、南部のサイゴンがインドシナ経済の中心となったのに対して政治と文化の中心として発展した。仏印政府はフランス商人の保護のために華僑に対する関税政策を実施したが、仏印発展のために華僑の経済活動を必要とし、アジア系外国居留民としての特権も与え、これによって1910年代に市内の華僑は酒造、タイル・ガラス製造、紡織業などにも進出し、フランス人企業と拮抗した。ハノイの華僑はおよそが広東、潮州、福建の出身で、おのおの帮に属したが、広東帮は1840年に河口坊に粤東会館を設立し、福建帮も薬種街として発展した今日のランオン通りに福建会館を建て各帮がそれぞれに独自の商業を維持し、その状況は1945年まではほぼ変化がなかった。インドシナ戦争末期の市内在住華僑は2万5000ないし5万といわれ、広東帮と福建帮を合併した河内中華理事会によって運営された。ジュネーブ協定(1954年)後に河内中華理事会は中華人民共和国の華僑機関と連繫する越南華僑聯合総会に属する河内華僑連合会に改組され、その傘下で華字紙『太平洋日報』と『新越華報』が発行されていた。

ハノイの華僑学校は1908年に粤東会館敷地内に創立され、その後に新設された福建小学校と合併して35年には中学校の規模になったが、ジュネーブ協定による居住地選択でほとんどの教員が南ベトナムに移ったため一時閉校した。後に本国から教員を招聘したものの58年に教育部の権限下に移管され、63年までは華僑学校の面目を保ったが、ベトナム戦争後に、1924年に広東で仏印総督を襲って自殺したベトナム人青年の名を冠した公立范鴻泰中学校となった。華僑の国籍編入を既定事実化するこうした措置が華僑にとって圧迫または迫害と解釈され、少数民族としての待遇を忌避する風潮が高まって、78年の大量の華僑帰国の一因にもなった。

〈川本邦衛〉

⇨ ベトナムの華僑・華人，ボート・ピープル

ハノイ同盟会 ハノイどうめいかい
河内同盟会

1907年春に▼ハノイで組織された，▼興中会系の革命同盟会支部。▼孫文は，ハノイを南中国における革命運動の発信地と構想した。ハノイの古い中国人街には広東系，福建系の商人百十数名が商店登録されていたにすぎないが，1907-08年の間に楊寿彭，黄隆生を中心に各界の僑胞を募り，入会者は職人，店員などを含め数百人に及んだ。▼ハイフォンに同会の分会も設立。▼辛亥革命に至るまでの時期に，▼秘密結社を通して，活発に中国への武器援助，義捐金，人的供出の直接支援活動を展開した。
　　　　　　　　　　　　　　　　(高田洋子)

⇨ ベトナムの華僑・華人

ババ
峇峇　baba/babah

シンガポール、マレーシアの混血の華人で、男性をババ、女性を▼ニョニャ（娘惹）と呼ぶ。オランダと英国が進出する以前からこの地域に居住し、マレー半島では当初▼マラッカに集中、英国が▼ペナンとシンガポールを植民地にした後、相次いで両地に移転。▼海峡植民地成立後は▼海峡華人、または中国からの新移民で英国籍を取得した者と区別するために海峡出生華人（Straits-born Chinese）と称され、多くがマレー人を母親とし、マレー文化の影響を受けるが、イスラム教信仰者は非常に少なく、父親から中国伝統文化を受け継いだ。19世紀初め、一部の裕福なババ子弟は華文私塾で教育を受けた。ババ富裕層は寺院建立や学校創設など幇・華人社会で一定の役割を果たし、経済活動でも緊密に協力した。ヨーロッパと居住地双方の言葉ができ、双方の文化と伝統に通じ、一定の経済的基盤があったババの多くは代理商や仲介商として活動し、一部は富商さらには華人社会のリーダーとなった。19世紀末以降、新移民の経済力増大にともない、ババの経済的優位はしだいに失われ、第2次大戦後さらに低落した。ババ関連の団体に慶徳会（1831年創設）、ウィークリー・エンターテインメント・クラブ（1892年創設）、▼ストレーツ・チャイニーズ・ブリティッシュ・アソシエーション（シンガポール、マラッカは1900年創設、ペナンは1920年創設）などがある。1894年雑誌『スラット・カバル・プラナカン』（ジャウィ文字によるマレー語、英語）、マレー語新聞『ビンタン・ティモル』が創刊。97年雑誌『ストレーツ・チャイニーズ・マガジン』が創刊。マラッカ居住のババ、ニョニャの大多数は英語、および中国の南方方言の語彙が混在したマレー語を話し、商売上の必要から福建語を話す者もいる。ペナンのババ、ニョニャは現地化した簡単な福建語と、英語を話す。中国の古い習俗、祭祀、宗教を維持するものの、中国との関係は希薄。
　　　　　　　　　　　　　　　　(蔡史君)

参 林孝勝『新加坡華社与華商』シンガポール：亜洲研究学会，1995.／陳志明「海峡植民地的華人」林水檺・駱静山編『馬来西亜華人史』クアラルンプール：馬来西亜留台校友会聯合総会出版，1984.

ババ文化 ババぶんか
峇峇文化

シンガポール、マレーシアの土着華人（男性は▼ババ、女性は▼ニョニャと呼ばれる）の文化。中国伝統文化とマレー文化が融合、以下のような特徴をもつ。中国南方方言が混在したマレー語を話す。観音、関帝をはじめとする諸々の仏教・道教神を祀り、マレー人の精霊も信仰する。春節や▼清明節など中国の伝統的祝祭を行う。年長者に対しては跪拝して敬う。婚礼は中国の古式に則り、新郎は長衫（ひとえの長い中国服）、馬掛（礼服として長衫の上に着る短い中国服）、新婦は緞子の豪華な婚礼衣装と鳳冠を着用し、祖霊と家長の前で三跪九叩の礼を行う。ニョニャの伝統的な衣服はマレースタイル（クバヤと呼ばれるブラウスと腰衣のサロン）で、ビーズ刺繍のスリッパを履く。料理はニョニャ料理と呼ばれる独特のもので、多種の香辛料を使う。ババ文化の中国的要素はやがて中国本土との繋がりを失い固定的なものとなり、中国的伝統も多くが形式的なものとなった。ババ社会に英語教育とキリスト教信仰が広まり、また拡大する華人社会にババの子孫が融合していくにともない、ババ独特な冠婚葬祭、宗教信仰、生活習俗はしだいに簡素化し、多くが変形あるいは消失していったが、ニョニャ

料理などババ文化の一部は現在もシンガポール、マレーシア文化の中に受け継がれている。
(蔡史君)

⊟ 華人マレー語
㊥ 陳志明「海峡殖民地的華人」林水檺・駱静山編『馬来西亜華人史』クアラルンプール：馬来西亜留台校友聯合総会出版、1984.

パプアニューギニアの華僑・華人

1997年現在、パプアニューギニアに住む華僑・華人はおよそ7500人。その多くは近代に広東省の開平、台山などの県から渡った契約労働者の後裔である。そのほか、近年中国や東南アジアから移住した工商業・貿易活動従事者、あるいは親族に身を寄せる者がいる。華僑・華人はラバウル、ポートモレスビーなどの都市その他各地に居住している。その多くは雑貨小売業、輸出入業、不動産業、観光業、ヤシ栽培業、木材加工業などに従事している。華僑・華人経営のヤシ、ココアの▼プランテーションが200余りあり、それが同国華僑・華人の重要な経済的特徴になっている。新移民の多くはレストラン、映画館、ナイトクラブなどを経営している。華人のなかには地位がかなり高い者もいる。たとえば、実業家の陳秉達はオーストラリアの不動産に投資して、現地大富豪200名の一人となった。華裔政治家の▼ジュリアス・チャンは人民進歩党の党首で、蔵相、副首相、首相を歴任した。
(李国梁)

パブリック銀行
大衆銀行 Public Bank Berhad

マレーシアの商業銀行。1965年▼テー・ホンピョウによって設立。資産規模では国内銀行4位。パブリック・ファイナンス（Public Finance Bhd.）など、国内に16の金融関係子会社・系列会社をもつ。2000年現在、国内の銀行支店網177、金融会社支店網168。85年以降海外にも進出、▼香港、スリランカ、ラオスに支店、香港、カンボジアに子会社（香港のJCG Financeには支店37）、ベトナムに合弁銀行（4市に支店）、中国、ミャンマー、カンボジア、ニュージーランドに事務所をもつ。会長は元大蔵次官のトン・ユーホン（THONG Yaw Hong, Tan Sri Dato'、湯耀鴻、86年就任）、テーは頭取兼最高経営責任者（CEO）。他の4人の取締役にはパブ

ン州のスルタンの子息もいる。経営は堅調、2000年に政府が発表した銀行整理統合案でも、同行の存続が決まっている。
(原不二夫)

馬聘三 ばへいさん

神戸華商。貿易商社復和裕号代表。三江幫の代表として1909年▼神戸中華商務総会創設時の協理（副会長）を務めた。▼辛亥革命に呼応して成立した▼中華民国僑商統一聯合会の議董（理事）として、▼旅日華僑敢死隊に同伴して上海に渡る。12年2月、上海で成立した▼華僑聯合会の発起人に名を列ね、日本華僑として総商会ネットワークを通じ中国内外の▼華商と重要な関係を築いた。馬の事業は中国への日本産精糖輸出に特色があり、上海復和裕号は大日本精糖の特約販売店として成長した。1915-16年神戸華僑同文学校副董事長。
(陳來幸)

バモー
八莫 Bhamo

ビルマに入った雲南華僑最初期の居住地。エーヤーワディ川を遡航してきた外洋船の終着地で、物資はここからキャラバンで雲南に送られた。17世紀頃から中緬貿易の拠点として栄え、イギリスやオランダの商館も置かれ、19世紀初めにはビルマ第3の都市とまでいわれた。町はエーヤーワディ川の自然堤防上に沿って伸び、中央に位置する中国人街には、嘉慶年間（1796-1820年）に創建されたと伝えられるビルマで最も有名なバモー関帝廟があった。
(伊東利勝)

⊟ 陸路移住

林兼正 はやしけんせい 1941-

華人実業家。横浜生まれ。横浜中華学校、関東学院中等部、横浜山手のセント・ジョセフ・カレッジに学ぶ。父林達雄（▼麗柱琛）より中華料理店萬珍楼を引き継ぎ発展させる。現在は萬珍楼のほか、各種事業を営む。また、横浜中華街「街づくり」団体連合協議会会長、横浜中華街発展会協同組合理事長として、中華街の街づくりと文化・伝統の継承に努め、地域社会の発展に力を注ぐ。▼留日広東会館会長、▼横浜関帝廟管理委員会委員長などの要職を務める華僑社会の重鎮。▼林康弘は弟。
(伊藤泉美)

林康治 はやし・こうじ 1930-

熊本市の中堅スーパー・ニコニコ堂の創業者、熊本県華僑総会会長。一時は呉百福（▼安藤百福）、▼孫忠利とともに日本三大華人経営者ともいわれた。父母は福建省福清県出身。12人兄弟の3番目として鳥取県境港市生まれ。1932年家族全員で熊本市に移住。52年独立、父親からの創業資金10万円で繊維製品問屋創設。60年衣料品販売中心のスーパー・ニコニコドー創業、取締役社長に。のちに食料品を含む総合スーパーマーケットへの事業転換に成功。72年本社ビルの新築を契機にレジャー産業（パチンコ、ボウリング場）、家電製品中心のディスカウントショップの経営にも進出。85年以降、北京、上海、大連、桂林などで縫製、ホテル、小売業を積極的に展開。福建省政治協商会議委員にも。それが日本のマスコミに大々的に取り上げられ、華人系資本の企業として知れわたる。スポーツを愛好、社内に陸上部、野球部、ラクビー部を抱え、中距離ランナー松野明美の国際試合での活躍や社会人野球全国大会での好成績により、経営規模以上に同社の知名度をあげた。88年の胃癌手術を機に90年から会長。94年に福岡証券取引所での上場を成功させ、華人企業初の上場企業に。90年代後半からの国内需要低迷にともなう販売不振や急拡大戦略にともなう資金繰り難による業績不振の責任をとり、弟で社長の林瑞栄をはじめとする一族が経営第一線から退いた。薛光枝夫人との間に2男1女。
(王効平)

📖 林康治『報恩感謝』熊本日日新聞社，1996.

林道栄 はやし・どうえい 1640-1708

唐大通事、風説定役。漢詩文、書家として著名。先名市兵衛、諱は応寀。欵雲、墨癡、蘿山、官梅と号す。▼唐年行司▼林公琰りんこうえんの子。▼黄檗宗の▼隠元、即非に参禅して学び、1661（寛文元）年江戸に出て文名を挙げたが、63年長崎で唐小通事に任用される。これ以後、▼唐通事の道を歩むが、その間、ことに書家として天下に知られた。その書は明の系統を引く唐風で隠木即の流れを汲み、高玄岱（▼深見玄岱）、北山雪山と並び称された。詩文の作品も多いが、なかでも奉行所の詩宴で杜甫の詩にちなんで▼彭城さかき宣義に東閣道栄に官梅の号を賜った話が知られている。唐通事としては74（延宝2）年大通事となり、次いで唐通事目附・風説定役として唐通事最高の地位に昇った。99（元禄12）年家督を長男三郎兵衛に譲り、自らは姓を官梅と改めて別家として唐通事の新株を立てた。
(林陸朗)

🗂 官梅三十郎［初代］
📖 宮田安『唐通事家系論攷』長崎文献社，1986.／林陸朗『長崎唐通事』吉川弘文館，2000.

林仁兵衛 はやし・にへい 1610-94

▼唐通事、のち僧独振。福州▼福清人林楚玉（太卿）の子。守墅と号す。鹿児島に生まれ、少年時に父と長崎に移住し、1640（寛永17）年唐小通事に登用され、翌年大通事に昇進した。44年父子で▼崇福寺の山門（海天門）を寄進し、54（承応3）年アーチ石橋中川橋を寄付した。▼隠元、即非に参禅し、62（寛文2）年家督を子の甚吉（のち仁兵衛）に譲り、69年宇治の黄檗山に昇り、出家して独振性英と称し、塔頭宝善庵を開き、そこで没した。
(林陸朗)

🗂 万福寺

林梅卿 はやし・ばいけい 1727-94

唐大通事、通事頭取。先名は豊十郎、市兵衛。▼林公琰りんこうえん系▼唐通事林家第5代。1740（元文5）年稽古通事を振出しに累進して、58（宝暦8）年大通事に就任。63年唐銀輸入の途を開くことに尽力して褒賞され、66（明和3）年子孫は幼年でも小通事に任用される特権を許された。75（安永4）年退職したが、82（天明2）年再勤して唐方通事頭取に任ぜられた。85年町年寄末席兼長崎会所改役に挙げられたが、翌年退職した。
(林陸朗)

林道三郎 はやし・みちさぶろう 1842-73

幕末の▼唐通事、明治初期の外交官。諱は昌言。▼游龍ゆうりゅう彦十郎の子で、父の実家唐通事林氏を継いだ。1859（安政6）年稽古通事、66（慶応2）年小通事助となったが、翌年神奈川詰となり、維新後は神奈川県訳官・権典事に任じた。最初の本格的英和辞書『英和字彙』の編纂に加わり、▼マリア・ルス号事件では同船に乗り込んで臨検・尋問を行い、裁判記録を著した。72（明治5）年外務省に転じて最初の香港副領事に任じたが、翌年没

林康弘 はやし・やすひろ 1947-

華人実業家。横浜生まれ。カリフォルニア大学卒。学生時代に日本で▼エディ・潘らとともに音楽活動を展開。卒業後は外資系企業での経験を経て、後に父林達雄（▼麗柱琛）から聘珍楼を譲り受け経営をまかされる。以後国内および香港など海外にレストランおよび食品販売業を展開。またオーガニック食材のみを使用する平成フードサービスを設立し、さらに日本食レストランも展開。横浜中華街「街づくり」団体連合協議会などの要職につき、華僑社会への貢献にも熱心である。▼林兼正は兄。

(伊藤泉美)

バララット
巴拉臘特　Ballarat

オーストラリア、ビクトリア州の都市で、中国人集中地。同州の金鉱地の一つであるバララットには、1851年の金鉱発見後多くの中国人が集まった。54年、白人鉱夫が金鉱採掘権料と労働条件の不満を理由にユーリカ砦に立てこもり反乱を起こした。この不満は中国人鉱夫にも向けられ、反中国人暴動が起こった。後に、バララットは有数の中国人集中地として発展、57年には同市人口の4分の1を中国人が占めた。また、中国人医師が多数この地で医療活動をしたことでも知られている。

(増田あゆみ)

⊡ 華僑・華人の排斥［オーストラリア、ニュージーランド］、ゴールドラッシュ［オーストラリア、ニュージーランド］、ベンディゴ

パランカ、カルロス 1844-1901
陳謙善　Carlos PALANCA

フィリピン華僑のカピタン。漢字名によりタン・キエンシェン（TAN Quien Sien）ともいい、陳最哥（TAN Chue Co）または陳最良とも。号して楽峰。▼カルロス・パランカ・ジュニアに対してシニアの名で呼ばれることも。福建省同安人。若いときフィリピンに移住、多角的な商業を展開、闘鶏場やアヘン専売など、輸入以外の各専売業を請け負い、▼契約華工のブローカーとなるなど、儲かるものにはすべて手を出し、マニラ華僑最大の資産家となる。1875年から3期カピタン。華僑に対する死刑廃止、福建女性が娼妓になるのを阻止、華僑墓地に無縁塚を設けるなどに尽力。91年、▼中華崇仁病院を設立、貧困華僑が恩恵を受けた。▼華字紙の創刊を支持、初めて学校を開設し、華僑児童に無料教育、99年息子▼陳綱と小ルソン華僑中西学校設立。清朝にフィリピンに領事館を設置するよう要求、陳綱が初代領事となる。中国にも災害その他への寄付を行い、清朝は光禄大夫相当の称号を授与。死後、崇仁病院に銅像が建てられた。

(游仲勲)

パランカ・ジュニア、カルロス 1869-1950
陳迎来　Carlos PALANCA, Jr.

フィリピン華僑の実業家、社団の指導者。漢字名によりタン・グインライ（TAN Guin Lai）とも。福建省思明生まれ。家が零落、フィリピンに移住、1890年に衣料品店を開業。まもなくして▼カルロス・パランカを名付け親とし、その名にジュニアを付けて名乗った。1902年、馨泉酒廠（La Tondena, Inc.）創立、サツマイモ酒造に従事、これが成功して馨泉公司に発展、「酒王」として世に知られた。次いで製紙、缶詰製造、銀行などに投資。14-28年華僑教育会会長を務め、華僑教育発展のため努力、23年にはフィリピン華僑中学を創立した。また華北や福建の災害救済、華僑救国運動など、大事件で寄付集めに奔走。30-31年▼マニラ中華商会会長を務めた。死後、英文、フィリピン文の文学に対するカルロス・パランカ記念文学賞基金会が設けられた。

(游仲勲)

パリアン
parian / parián

スペイン領フィリピン（マニラ、セブなど）に設置された中国人などの指定居住区かつ商業中心。主として非カトリック教徒の単身者を収容した。フィリピン総督ロンキーリョは、おもに関税徴収の便宜のため、イントラムロス（マニラ城壁内、すなわち本来のマニラ市）の一郭に、マニラ・ガレオン貿易の隆盛にともなって多数来島した中国人貿易商や職人などの指定居住地を設置した（1581年頃）。その後、マニラのパリアンは、管理統制の機能が強化され、その位置も変遷したが、おおむねイントラムロス東側の堀に隣接した低湿地にあった（中国資料では澗内）。

イントラムロスにはパリアンへの通路としてパリアン門が設置された。1783年にマニラ防衛計画により廃されたパリアンに代わってイントラムロスに新たに商業中心として設置されたパリアン・デ・サン・ホセは1860年まで存続したが、中国人指定居住区ではなかった。

(菅谷成子)

㊀ アルカイセリア・デ・サン・フェルナンド
㊃ 箭内健次「マニラの所謂パリアンに就いて」『台北帝国大学文政学部史学科研究年報』5, 1938.

『ハリアン・ラヤット』
Harian Rakyat

▼インドネシア共産党の機関紙。1959年1月からインドネシア共産党機関紙として『スアラ・ラヤット (*Suara Rakyat*)』が発行されていたが、59年7月から『ハリアン・ラヤット』と改称、65年10月、つまり▼9月30日事件直後まで発行された。51年から53年まで編集長であったシャウ・ギョクチャン (Siauw Giok Tjhan) が同時に華人組織であるインドネシア国籍協議体 (Badan Permusyawaratan Kewarganegaraan Indonesia, Baperki) の創設者でもあったことからわかるように、同紙は、階級問題と華人問題とを区別することを主張、おおむね華人に好意的な立場をとっていた。逆に、このことは当時の雰囲気において華人と共産主義とがいっそう結びつけられる要因の一つとなった。

(土佐弘之)

㊃ Donald Hindley. *The Communist Party of Indonesia 1951-1963*. Berkeley: Univ. of California Press, 1966./Leo Suryadinata. *Pribumi Indonesians, the Chinese Minority and China*. Singapore: Heinemann Asia, 1978.

巴力頭（はりきとう）
クパラ・パリット kepala parit

錫鉱山地帯であるインドネシアの▼バンカ島および▼ビリトン島において、中国人労働者は錫採掘鉱区を「巴力」（インドネシア語の parit に由来）と呼び、また、錫採掘鉱区の管理を任されている責任者を、「巴力頭 (kepala parit、クパラ・パリット)」と呼んでいた。kepala は頭、首領を意味する。なお、錫採掘に従事する一般の中国人労働者は、「巴力仔」と呼ばれた。

(山下清海)

㊃ 『世界華僑華人詞典』

パリ豆腐公司（パリとうふこうし）
巴黎豆腐公司 Usine Caséo-Sojaine

フランス在住の中国人が創設した企業。1908年に李石曾 (1881-1973年)、斉竺山 (社長) などがパリ郊外の村で始めた。李は後に北平大学校長などを務め、「国民党四大元老」の一人と呼ばれた人物で、パリ大学で生物学を学んだ。機械生産による豆腐がフランス人に受け入れられ、売行きを順調に伸ばした。李が中国から呼び寄せた労働者たちは働きながら、夜学に通って勉強した。李はこの豆腐会社での経験をヒントに、帰国後は若者たちの「勤工倹学」（フランスで労働しながら勉学する）を積極的に支援した。

(曽士才)

バリト・パシフィック・ティンバー・グループ
巴里多太平洋木業集団 Barito Pacific Timber Group

インドネシアの林業・木材加工業を中核とする企業グループ。▼プラヨゴ・パンゲストゥが創業者。1996年の企業グループ別売上げ順位で15位。77年プラヨゴは大手林業企業を退職、既存林業会社を買収、PT Barito Pacific Timber (BPT) と改称。その後も林業権益を次々に買収、80年代前半までに50万ヘクタールに拡大。80年代後半スハルト政権のクローニー化し、国営銀行からの資金調達が容易になる。以後林業権益の買収を大規模化、野心的な多角化も推進。その結果林業権益はインドネシア最大の550万ヘクタール、28工場、68製造ラインの世界最大の合板企業グループに。同国合板輸出の20%を占める。90年代半ばまでに砂糖、紙・パルプ、紡織、金融、海運、石油化学、不動産の分野を加え、全120社の企業集団化。しかし過大債務の中での97年からの経済危機により致命的打撃を受けた。多角化部門の大部分が失われ、林業関連で複数の不正行為が告発された。

(三平則夫)

パリのチャイナタウン

パリの華僑・華人密集地。パリ (巴黎) にはもともと中国移民は少なく、旧来型の、しかし萌芽的なチャイナタウンが3区、5区、12区にあり、ヨーロッパに伝統的な江蘇移

民、浙江移民、とくに後者の温州人、青田人が多かった。しかし1970年代から80年代にかけて、旧植民地のインドシナ、とくにベトナムから多数の中国系難民が殺到、急遽彼らを収容するアパート群が作られ、そこを中心に2か所の新型チャイナタウン、東南部13区（ショワジー通り）と東北部19区（ベルビュー通り）が出現した。88年の同国華僑・華人約18万人中、4万人がここに集中。とくに、13区の「ショワジー三角地帯」と呼ばれる一角では、アジア系が人口の20％を占めた。新型なのは、チャイナタウンが政府によって上からいっきに形成され、新しい地域にいわば無から作られたこと、他国・地域経由者も多いこと、流入した中国系人のなかには資産をもち、学歴も高く、フランス語のできる者もいて、不動産、金融、保険、貿易等々の分野へも進出したことなどによる。▼タン・フレールなど中国系大資本による大規模マーケットがいくつも出現する一方、ベトナム語の看板やフランス式のモダンな店もあって旧来型のチャイナタウンとは趣を異にする。今日、大パリ地区の華僑・華人は20万人程度。13区、15区、19区の市街地、10区、市郊外のローヌなどに多い。パリ東部15kmに位置するローヌは、近年ますます中国系の住民が増え、約6000人、全人口の33％を占める。彼らの多くは▼華裔で、急速な発展により13区、19区の住民も移転中である。

(游仲勲)

㊀ヨーロッパの華僑・華人
㊁陳懷東・張良民『欧州華人経済現況与展望』台北：世華経済出版社，1998.／Gregor Benton & Frank N. Pieke (eds.). The Chinese in Europe. London: Macmillan Press Ltd., 1998.

バーリンゲーム条約
蒲安臣条約

在米中国人について清国とアメリカとの間で1868（同治7）年に締結された、天津条約への追加協定。協定締結の立役者アンソン・バーリンゲーム（Anson BURLINGAME、中国名は蒲安臣）の名をとって通常こう呼ばれる。バーリンゲームはアメリカの駐華公使を6年間務めた。この間に清国側の深い信頼を得ることとなり、67年に公使の職を辞して清朝皇帝の外交官僚となった。68年清国側の使節代表としてワシントンに赴き、国務長官ウィリアム・H.シューアドと交渉した結果、58年に締結された天津条約の追加協定として7条の条文に調印した。協定では相手国へ観光、貿易、長期滞在のいずれの目的であっても両国公民の自由往来を認めており、また、アメリカの公立学校へ入学を希望する中国人は最恵国待遇国の国民として扱われるとしている。この協定によりそれまでに成立したアメリカ国内の反中国的な法令は違憲となったが、同時にこの協定は排華主義勢力の主要な攻撃目標となった。

(曽士才)

バルット
鴨仔胎　balut

フィリピンの食品で、受精後16日から19日の孵化しかけたアヒルの卵をゆでたもの。おもに夜食や旅行用の間食として食され、売り子の呼び声は、夜の街の風情ともなっている。17日目のものをバルット・サ・プティ（balut sa puti）、胚の成長がより早い段階で停止したものをペノイ（penoy）という。かつて中国福建省には死肉食の慣行があり、孵化できなかったアヒルの卵も炭火であぶり食していたが、その製法が中国系商人の手でフィリピンに伝えられたと思われる。

(宮原暁)

パレンバン
巨港　Palembang

インドネシア、スマトラ南部の港市。7世紀の前半にマラッカ海峡を経由してインドと中国を結ぶ航路が利用されるようになると、その航路上の寄港地として発展した。7世紀から12世紀にかけては同地にシュリビジャヤ王国があった。シュリビジャヤ王国の中心地がジャンビに移った後は、中国人は同地を旧港と呼んでいた。以後一時、中部ジャワ、西部ジャワの王国の支配を受けたことがあったが、16世紀の中頃に王国が成立した。パレンバンは周辺で生産されるコショウの輸出港として繁栄した。王国は1825年に蘭領東インドに併合されたが、貿易港としての繁栄は続き、多くの華僑・華人が住みついていた。19世紀の初めに水月宮が建設された。これは観音廟とも呼ばれ、パレンバンで華僑・華人が建設した寺廟のうち、現存最古のものである。また19世紀末に▼関帝廟が建設された。

1908年には巨港中華学校が開設され、日本軍の占領時代を除き、66年にインドネシア政府の命令によって閉鎖されるまで活動した。また1947年1月のインドネシア国軍とオランダ軍との攻防戦で多くの華僑・華人が犠牲となった。
（生田滋）

ハワイの華僑・華人　ハワイのかきょう・かじん

ハワイが世界史に登場するのは、1778年クックの上陸からである。まもなくハワイは、アメリカ商船や、捕鯨船の重要な基地となった。中国人のハワイ在留が確認されるのは18世紀末のことである。19世紀初頭に▼ホノルルの華商によって中国在来の甘蔗（サトウキビ）糖業が取り入れられた。しかしプランターへと脱皮したヨーロッパ人資本が、近代的で効率の良い甘蔗糖業を確立した結果、中国糖業は後退し、中国人はプランテーションが需要する良質、大量の労働力供給源へと転化した。その後の展開は以下の3時期に区分できる。

(1)華工時代　1852年シーティス号で最初の契約移民293名が▼アモイからハワイに到達した。この時期の中国系契約移民はアメリカ本土からの再移民もあり、5年の契約期間が明けて一部帰国した者を除き、各種職業に就業した。ハワイは60年代、南北戦争により国内生産が停滞したアメリカに砂糖をはじめ農産物を大量に輸出した。75年アメリカ・ハワイ互恵条約の締結後、砂糖ブームが起こり、プランテーション労働力の需要が高まる。中国本土からの移民が本格化するのはこの時期からであり、ホノルルの▼チャイナタウンが形成されるのもこの頃からである。

(2)入移民制限時代　互恵条約以後、甘蔗糖業の活況に刺激され各種産業が興り労働者の需要が高まる中で、海外各地から移民がなされた。1885年からは日本人の「官約移民」も本格的に始まるが、互恵条約後10年間近く主流をなしたのは中国系移民であった。しかし中国人人口の急増にともない、排華運動が生じ、84年以降、入移民制限政策が強化されていき、最終的には86年4月より有効な通航券を所持しないいっさいの中国人のハワイ入国を拒否した。この頃から、中国系移民の代替労働力として日系移民が主力になっていく。

(3)アメリカ時代　1892年8月12日、クーデタによりハワイ王国は滅び、一時共和国となったが、98年アメリカに併合され、1900年にはアメリカの準州としてその統治下に置かれた。さらに59年に50番目の州となり今日に至っている。併合にともない、アメリカは1882年排華法をハワイ準州にも適用した。ただしハワイはアジア人の後裔が圧倒的多数を占めており、華僑の境遇はアメリカ本土よりも比較的緩やかであった。契約の明けた者の多くは、自営農となったり、牧場経営、また、小売業にも及んだ。代表的な人物として、陳芳（CHUN Afong、1825-1906年）は甘蔗プランテーションなどの事業で富を築いた。▼孫眉はマウイ島の荒地を開墾し牧畜業を営み、またマウイ島のカフルイ、オアフ島のホノルルで農産物商店を経営し成功を収め、後に実弟▼孫文の革命運動支援におおいに貢献した。20世紀以降、華僑の経済的地位が上昇するにつれ、中国系子女の教育水準もますます向上し、弁護士、医者、教育者、技師など、知的エリート層が輩出されるようになった。▼ハイラム・フォンは、両親は甘蔗プランテーションの労働者であったが、ハーバード大学法学部を卒業後、弁護士事務所を開設するとともに、不動産、金融、保険業でも成功し、後に連邦議会で初のアジア系議員として上院で17年間活躍した。

ハワイの華僑・華人社会を代表する組織として、中華総会館と中華総商会があげられる。中華総会館は、同郷会館の集成組織であり、中国系社会の全ての利益の調整役となることを目的に1882年に設立された。しかし1911年には、▼辛亥革命期の本国政府の政治情勢を反映して、相互の経済協力の促進を目的に中華商会が設立された。1926年、中華総会館がやや失墜し指導者層も重なることから、二つの組織は同じ本部で活動する方針をとり、商会は中華総商会と改称した。現在、最も有力な社団の一つである。

このようにして、ハワイ社会において華人の影響力が大きくなっていくなかで、1970年にはハワイ華人歴史研究センターがホノルルに設立された。そのおもな活動内容は、中国系人のルーツ、家族史および地方史の研究に携わることであり、85年には華人の家譜研究

会を興し、88年にはハワイにおける中国系移民200周年記念にハワイ華人歴史討論会を催した。定期出版物以外に2か月に一度会報を発行し、また、華人・華僑関係の学術的著作、たとえば、˚謝廷玉の The Sandalwood Mountains、クラレンス・E.グリックの Sojourners and Settlers: Chinese Migrants in Hawaii などを刊行している。　　　　　　（中間和洋）

　⇨排華法［ハワイ］
　📖中間和洋「中華総会館の役割」可児弘明編『民族で読む中国』朝日選書，朝日新聞社，1998.

ハワイ・ファースト・インターステート銀行 <small>ハワイ・ファースト・インターステートぎんこう</small>
夏威夷第一聯美銀行
First Interstate Bank of Hawaii

1935年に華僑・華人がハワイに開設した銀行。当初は中美銀行、83年にファースト・インターステート・バンキング・コーポレーションに参加して現在の行名に。資本金2400万ドル。その後、州立銀行となり、連邦預金保険会社に参加。87年当時ハワイ島、オアフ島など支店16店、本土11州に出張所1000か所近くがあった。　　　　　　　　　　（司馬純詩）

ハワード論争 <small>ハワードろんそう</small>
Immigration Debate 1988

オーストラリアの反アジア移民・反多文化主義論争の一つ。1988年、ジョン・ハワード（John HOWARD）が野党自由党の党首であったときに、アジア移民の削減と多文化主義への否定的意見を述べ、反アジア移民論争を巻き起こした。彼の「一つのオーストラリア主義（One Australia）」宣言は、同国を˚白豪主義の時代へと逆行させる思想であり、当時の与党労働党のみならず、自由党内部からも反発を招いた。自由党党首として、88年の選挙で政府の多文化主義政策に不満をもつ層を取り込もうとしたギャンブル的な発言でもあったが、結果として自由党はアジア系コミュニティからも多くの反発を呼び、ハワードは同党党首を退かざるをえなくなった。この論争に反応して、シドニーではエスニック系ロビー団体のエスニック評議会（ECC）の副会長に初めてのアジア系（華人系）として˚ヘンリー・ツァンが選出された。（増田あゆみ）

　⇨オーストラリアの華僑・華人，ブレイニー論争

幇 <small>パン</small>
pang / bang

もとの意味は、助ける、そばから手を貸すこと。転じて仲間、たとえば同郷や同業や結社の組合、その会員のこと。˚福建幇（福幇、閩幇）、˚広東幇（広幇）、˚客家幇（客幇）、米業幇など。˚秘密結社は幇会とか会党ともいう。正しくは幇と書くが、これを省略した帮も正字。帮は俗字で正しくない。
　　　　　　　　　　　　　　（斯波義信）

　📖周育民・邵雍『中国幇会史』上海人民出版社，1993.

潘、エディ <small>ばん、エディ</small> 1947-

横浜生まれのミュージシャン。本名は潘広源。潘家は広東省南海県の出身で、父の代に来日し、神戸を経て、1946年頃˚横浜中華街で料理店鴻昌を開業。エディ・潘は、横浜中華学校からアメリカンスクールに進み、米国人教師からギターを習ったことを契機に音楽に目覚め、関東学院在学中に˚林康弘らとともにファナテックス・バンドを結成。その後進駐軍のキャンプや米国で演奏を行い、66年にゴールデン・カップスを結成して音楽活動を展開。74年のグループ解散以後は、実家の鴻昌の経営も行う。現在はソロで音楽活動を行っている。　　　　　　　　（伊藤泉美）

潘延初 <small>はん・えんしょ</small> 1850-1917

函館にあった海産物商慎昌栄号の店主で、˚張尊三董事のもとで˚函館同徳堂三江公所の永年副董事を務めた人物。潘家は浙江の湖州府の富家で、延初は来日時、五品銜（捐官）を帯びていた。江蘇方面での˚行商ののち、1869年、19歳で上海の成記号（広幇）から派遣されて長崎に来た。73年に函館に移り、78年に在函館清商の惣代の˚黄宗佑と貿易上の訴訟を起こして黄が敗れ、その数年後に張尊三が同徳堂三江公所の董事に就任したとき、その副董事となる。日本に帰化し、1912年に帰国、上海で死去。姪の潘蓮夫が慎昌栄号を継ぎ、16年に義記号を興し、張を継いだ裕源成号の張定卿とともに、三江幇、˚函館中華会館のリーダーとなった。（斯波義信）

バンカ［島］
邦加　Bangka

インドネシア西部、ジャワ海に浮かぶ島で、バンカ海峡を隔ててスマトラ島に隣接する。バンカ島は、インドネシア最大の錫産出地域である。1710年以降、相次いで錫鉱脈が発見され、スマトラ島の▼パレンバンのスルタンはその帰属を宣言し、採掘労働者を中国南部に求めた。1812年、バンカ島はパレンバンのスルタンからイギリスに割譲されたが、イギリスは2年後、これをオランダに譲渡した。その後、華人の移住が増え、1840年には6000人、1893年には1万1446人、そして1920年には2万2365人に増加した。しかし1929年の世界恐慌の影響で華人は激減し、1934年にはわずか1454人まで減少した。オランダ植民地時代には、華人は圧迫、搾取された。1839年から1950年まで、華人は幾度も反抗闘争を行い、とくに1900年と1924年の錫鉱山のストライキは最大規模。1981年、バンカ島の人口（45万人）の約3分の1は華人であった。

（山下清海）

⇨ ビリトン［島］

📖 Mary F. Somers Heidhues, *Banka Tin and Mentok Pepper: Chinese Settlement on an Indonesian Island*. Singapore: Institute of Southeast Asian Studies, 1992.

幇会 ハンかい ⇨ 秘密結社 ひみつけっしゃ

汎華人運動 はんかじんうんどう

20世紀初頭のインドネシア華人の民族主義運動。1900年にバタビア（現ジャカルタ）に中華会館を設立したことが端緒。当初、▼中華会館と中華学校を各地に創建することを目指したが、しだいに華人社会における華語教育普及、中華文化高揚、旧俗陋習排除、文化水準向上へと拡大。07-08年各地に寄南社の名で中国同盟会蘭印支部が出現、中国革命の宣伝活動を展開。17年スマランの華人大会で、寄南社などの影響を受けた『新報』グループが植民地▼国民参議会への華人の参加いかんに関して論争を提起、運動の中核勢力となった。19-20年『新報』グループは対オランダ国籍法・蘭印植民地徴兵制反対闘争を発動、運動は頂点へ向かう。20年と27年、『新報』グループは上海へ代表を送り、オランダ国籍法を受け入れた中蘭領事条約の破棄を求めたが、果たせなかった。14-18年、蘭印総督府は華人通行証条例、居住区条例、警察裁判権制度を廃止、19年▼プラナカン華人の兵役義務規定を破棄。29年総督府は翌年初から中国人の法的地位のヨーロッパ人、日本人との同一化を宣言した。

（三平則夫）

⇨ インドネシアの華僑・華人

パンカダ
pancada

ポルトガル語に由来し、近世アジア各地で行われた商品の多量一括販売・購入を指す。スペイン領マニラでは、1580年代後半に、マニラ・ガレオン貿易の主要輸出品であった中国産生糸や絹織物を安定的かつ適正な価格で中国人商人から入手するために導入された。これは、個別の価格交渉を排除して、スペイン人および中国人の代表者が一種の委員会を組織し、6月末頃に出航するマニラ・ガレオン船の積込みに合わせて生糸などの一括購入価格を定めるもので、政府官僚や資本をもつスペイン人らによる中国商品の買占め、商品価格の高騰などの防止が期待された。実際にはこの枠外での取引が行われ、16世紀末にはパンカダの対象は一部の高級品に限られ、17世紀後半までには形骸化した。これに代わって、中国人商人が政庁に8000ペソを納めるのと引換えに、6月4日までに開催されたフェリア（市）では生糸などのガレオン貿易品が卸売りされた。日本では、江戸時代の長崎において糸割符仲間が組織され、中国産生糸に対して価格を決め一括購入するパンカダを行った。

（菅谷成子）

⇨ マニラの華僑・華人、アカプルコ貿易、糸割符、ガレオン

『犯科帳』 はんかちょう

長崎奉行所編纂の1666年から1867年の裁判記録。全146冊。県立長崎図書館所蔵。森永種夫編『犯科帳』全11冊として刊行された（犯科帳刊行会、1958-61年）。廃藩置県とともに長崎県庁へと引き継がれ、1916年、他の旧奉行所関係史料とともに立山奉行所跡近傍の長崎図書館の収蔵に帰した。寛文期から享保期の初めまでは数年分が1冊。1729（享保14）年以降は1年分がほぼ1冊。後年には1年分が数冊に及ぶこともある。1849年には、

取扱いの利便性を考慮し、紙質を美濃紙として、簿冊の小型化がなされた。1850年10月～57年8月、1862年10月～63年4月、1866年1～8月の記録を欠く。総収録件数は約8200件に及ぶ。伊藤小左衛門らの密貿易事件、シーボルト事件、高島秋帆事件などの代表的な事件をはじめ、貿易都市長崎を特色づける多くの事件・出来事が収録されている。なかでも、▼唐人相手の密貿易に関する記事は豊富。近世長崎研究の第一級史料。　　　（岩崎義則）

📖 森永種夫『犯科帳』岩波新書、1969.

潘玉良 はん・ぎょくりょう 1899-1977
PAN Yuliang

フランスで活躍した中国人女性美術家。もとの名は張玉良。江蘇省揚州出身。8歳で孤児、14歳で叔父に妓楼に売られ、16歳で安徽蕪湖税関監督潘賛化の妾になる。以後、上海美術専門学校で絵画などを学び、自ら潘玉良と改名。1923-29年フランスとイタリアで油絵と彫刻を学ぶ。帰国後、母校と中央大学（南京）の教員になり、中国と西洋を融合させた独特な画風を形成。37年ふたたびパリに行く。欧米諸国や日本で個展、数多くの美術賞受賞、作品はパリ現代美術館などで所蔵。「エコール・ド・パリ」の主要なメンバーの一人。長年パリ中国芸術会長を務めた。　（過放）

バンクーバー中山公園 バンクーバーちゅうざんこうえん
温哥華中山公園
Dr. Sung Yat-Sen Classical Garden

バンクーバーの▼チャイナタウン内にある公園。1885年の大陸横断鉄道完成、翌年のバンクーバー市創設の100年後にあたる1986年に、▼孫文（中山、逸仙）を記念し、バンクーバー中国系社会のシンボルとして建設された公園。建設にあたっては、省、市政府、一般市民および多様な華僑団体の援助のほか、江蘇省政府から物資・技術者の提供があった。公園中の「逸園」は中国明時代の園林建築を再現しており、観光名所となっている。
　　　　　　　　　　　　（森川眞規雄）

⇨ バンクーバーの華僑・華人

バンクーバーの華僑・華人 バンクーバーのかきょう・かじん

バンクーバー（Vancouver、温哥華）はカナダではビクトリアに次いで2番目に古い大規模な華僑集住地であり、また、1970年代にトロントが最大の中国系人人口をもつ街となるまで、カナダで最大の中国系人口を抱える街だった。1885年の▼カナダ太平洋鉄道の完成により、バンクーバーは西海岸での交通の要衝として急速に発展し、19世紀以来▼ゴールドラッシュに引き寄せられた中国人移民や鉄道建設に従事した中国人労働者の流入する町となった。バンクーバー中国系社会の発展はその後も続き、市北東部海岸沿いに成立した▼チャイナタウンを中心に中国系人口は1930年代には1万3000人をこえる規模となり、「咸水埠」「雲高埠」（バンクーバーの中国語名称）はサンフランシスコに次ぐ北米西海岸の中国系移民の拠点都市となった。バンクーバー中国系社会のこうした発展は、一方では、最も激しい中国人排斥運動をもたらしたものでもあった。19世紀以来ブリティッシュ・コロンビア州各所で生じていた中国人への襲撃・迫害はバンクーバーの発展とともに排華運動、排華暴動として組織的なものとなり、1907年にはチャイナタウンとそれに付属する日本人街を襲撃した大規模な「バンクーバー反アジア人暴動事件」（Vancouver Riot）に繋がっていった。これら一連の排華事件はやがて1923年の「▼排華法」実施に結びついていくのである。

バンクーバー中国系社会は1947年まで続く排華法時代には停滞を余儀なくされるが、戦後にはふたたび大きく発展することになる。とくに、移民法が改正された60年代以降には香港からの移民をはじめとした新しい移民者が流入するようになり、バンクーバーの中国人口は60年代後半には2万5000人をこえるようになる。チャイナタウンには多数の商店が林立するようになり、中華会館や同郷会・宗親会などの戦前からの中国人諸団体に加え、新しい親睦団体、キリスト教団体、地域運動団体などの多数の団体がバンクーバーを拠点に活動するようになった。また、比較的豊かな新移民の増加や高学歴の旧移民の二、三世世代の増加にともなって、中国系市民の居住形態もかつてのチャイナタウン集住から市内各所へ拡散するようになっていった。こうした中国系社会内部の変化は70年代半ばの「中国文化センター」設立をめぐる事件に象徴的に示されることになった。比較的若い地

域リーダーたちを中心とする文化センター設立運動に対して、戦前からチャイナタウンを支配してきた親国民党派の中華会館から強い妨害工作がなされたが、文化センターのリーダーたちは法廷闘争で対応し、78年には中華会館役員の公開選挙が命じられ、国民党派の役員は一掃されることになったのである。

バンクーバーの中国系社会は70年代には数の上ではトロントに追い越されることになるが、中国系社会自体の発展はその後も続く。とくに80年代後半以降は、香港の中国返還問題を嫌っての香港系中国人の移民が急増することによってバンクーバーは新たな発展を迎える。香港系を中心とする新しい移民の増加によってバンクーバーの中国系人口は90年代半ばには28万人規模に成長したが、それにともなってバンクーバーそのもののあり方も大きく変化した。香港系企業の大量進出や香港系移民による投資によって製造業をはじめとするバンクーバー経済は急速な発展をとげたし、富裕な香港系移民によって同市南部のリッチモンドや同市東部および北部対岸エリアは新しい中上層中国系の居住区に変化した。こうした変化は同市全域に及び、バンクーバーは「ホンクーバー」(「小香港」)とさえ呼ばれるようになったのである。こうした変化に対して、バンクーバーの「中国化」を憂い、香港の経済的・文化的「侵略」を非難する声は少なくなく、香港系ショッピングモールや香港移民の「大きすぎる家」(モンスター・ハウス)をめぐって小規模な紛争がしばしば見られる。だが、一方で、こうした変化を通じてバンクーバーは、西海岸の小都市からアジアを結ぶ人流と環太平洋経済の結節都市としての地位を獲得したともいえ、他の北米都市がもたない新たな発展の可能性を得たといえるだろう。　　　　　　　　　(森川眞規雄)

㊁華僑・華人の排斥［北米］, バンクーバー中山公園, 香港特別行政区

㊅ D. C. Lai. *Chinatowns: Towns within Cities in Canada*. Vancouver: Univ. of British Columbia Press, 1988. / E. Wickberg, et al. (eds.). *From China to Canada: A History of the Chinese Communities in Canada*. Toronto: McClelland and Stewart, 1988.

潘景赫 はん・け いかく 1857-1937
PHOA Keng Hek

インドネシアの華人社団指導者。西ジャワのボゴール生まれ。父は華人カピタン。幼少時にキリスト教宣教師から教育を受け、オランダ語と西欧的知識を身につけた。バタビア中華会館設立の中心人物で、1900年の設立以後23年まで連続24期、中華会館の主席を務めた。在任中、インドネシア各地の中華会館、華僑学校の設立、華人公益事業の発足・運営などに大きく貢献。　　　　(張祥義)

パンゲストゥ、プラヨゴ 1944-
彭雲鵬　Prajogo PANGESTU

インドネシアの企業グループ、▼バリト・パシフィック・ティンバー・グループの創業者。西カリマンタン州シンカワン生まれの▼客家で▼トトク。中学卒業後、塩魚行商人やタクシー運転手を経て1969年、林業大手ジャヤンティ・グループに就職。77年独立、友人と既存林業会社を買収、PT Barito Pacific Timberと改称。その後次々と林業権益を買収、80年代前半までに50万ヘクタールを取得。80年代後半スハルト大統領一族の知己を得てクローニーの一角に入る。とくに大統領の長女、次男と緊密な関係を結び、80年代末から90年代前半にかけて彼らの威を借りて主として国営のブミダヤ銀行とダガンヌガラ銀行から巨額の融資を得、林業権益の急拡大とグループの多角化を推進。80年代末までに大手企業グループとしての地歩を固める。とくに次男との共同事業は金融部門など数件あるが、最大は17億ドルの工費で92年に着工したチャンドラ・アスリ(CA)・エチレン工場。次男の参加で工費が膨らんだこともあって生産品目には25％の保護輸入関税を政府に認めさせた。93年同国2位の▼アストラ・グループの創業者▼ウィリアム・スルヤジャヤが実子の負債弁済のため持株会社アストラ・インターナショナル(AI)の持株を手放した際、国営金融機関や大手企業グループと株式を分け持ち、プラヨゴは最多の10.12％。スハルト一族の代理取得かとの疑念を抱かせ、プラヨゴの存在は強く印象づけられたが、批判の目も強まった。巨額借入れに依存しつつの急拡大の最中に97年の経済危機、98年のスハルト政

権崩壊に見舞われ、プラヨゴの事業は暗転した。債務返済に困難を来してAIの持株は銀行再建庁へ、CAの持株は外資に売却、林業関連では6件もの不正行為を林業農園省から告発される状況に陥った。　　　（三平則夫）

⬚廖建裕『印尼華人』新加坡亜洲研究学会叢書，1993．／月刊誌 *Swasembada*. 10, 1, 1994．／週刊誌 *Tempo*. 21, 5, 2000.

パンゲストゥ，マリ・エルカ 1956-
Mari Elka PANGESTU

インドネシアの民間シンクタンク所属の女性経済学者。ジャカルタ生まれの▼プラナカン。経済学者▼ユスフ・パンライキムの娘。1986年カリフォルニア大学デイビス校で経済学博士。インドネシア戦略国際問題研究センター（CSIS）入所。経済部長，Executive Director などを歴任。世界銀行，アジア開発銀行，太平洋経済協力会議，APECなどの受託研究に精力的に取り組み，著書・論文多数。専門領域は通商，金融，海外直接投資，産業など。　　　　　　　　　　（三平則夫）

バンコク銀行　磐谷銀行　Bangkok Bank Ltd.

タイ最大の商業銀行。全世界の華人経営銀行中最大規模のもの。盤谷銀行，曼谷銀行とも書く。1944年▼チン・ソーポンパニットらが資本金400万バーツでバンコクに創業。経営のおもな対象を華人企業家とし，タイ国内産業の発展に大きく寄与。52年，チンは董事経理から総裁に就任し経営の全権を掌握。翌年，ピブン軍事政権下での実力者であるシリ少将を董事長に迎え，政府融資を受け，タイ最大の商業銀行となる。以後もチンはタイ国軍の実力者を経営陣の一角に加えることで銀行経営を有利に展開。50年に最初の国内支店を，54年に最初の海外支店を香港に設立。チンが52年に個人名を冠した持株会社を設立したのを皮切りに，一族はそれぞれが持株会社を所有し系列企業に投資。57年，米穀貿易の大幅緩和を機に▼サマーン・オーパーサウォンのホワイチュワン（滙川），▼プラチャイ・リョウパイラットのホンイーセン（鴻益成）などの大手米穀商社を系列下に置く。70年にはバンコク銀行への預金高はタイ全体の預金高の30％弱を占めた。73年の長期軍事政権崩壊以後，経営中枢への人材登用は銀行内部からとなる。近代的経営方法の導入と▼ブンチュー・ロジャナスティエンら一族外からの人材登用がバンコク銀行成功の要因といわれる。88年のチンの死後，90年代初期にかけての一族内の経営権をめぐる争いが経営基盤の動揺を招いた。83年より代表執行役員として機構改革を進めた▼アムヌアイ・ウィラワンは92年に退任。チンの次男▼チャートリー・ソーポンパニットの後任として93年に総裁となったウィチット・スラポンチャイは94年に退任。94年にはチャートリーが会長，その子のチャートシリー・ソーポンパニットが総裁に就任し，親子で経営の中枢を握る。97年の経済危機以後，新株を発行し，米・日に加え中国，台湾，香港，シンガポールなどの資本が注入される一方，チャートリーの兄の▼ロビン・ソーポンパニット親子が経営の建直しに加わる。99年末現在で総資産1兆バーツ強，店舗数550余，従業員2万人強のバンコク銀行を中核に，証券，保険，不動産，製造業，運輸などの企業を傘下に置く。香港を中心に周辺諸国，中国，リベリアなどへも進出。　　　（樋泉克夫）

⬚『盤谷銀行年報』（各期）バンコク：盤谷銀行．／『Forbes資本家』（各期）香港：呉興記書報社．／ Sathier Canthimaathr. *KING OF THE BANK*. Bangkok: Matichon, 1994.

バンコク精米所ストライキ

1948年1月にバンコクの華人精米所で発生したストライキ。47年12月，タイの米取引は政府のタイ・ライス社に一元化された。48年1月，同社傘下の華人経営精米工場の華人労働者とタイ人労働者が待遇改善を要求してストライキを行うや，タイ・ライス社の一元化に反対する華人米業者などが支援。これが契機となり，政府は一元化を断念，米取引は従前同様に自由化することを明らかにした。併せてタイ・ライス社傘下の労働者の待遇が改善された。45年11月にも，精米工場労働者が待遇改善を求めてストライキを行っている。
（樋泉克夫）

バンコク泰華進出口商会　曼谷泰華進出口商会

タイ華人の輸出入業者と製造業者によりバンコクに設立された貿易振興団体。タイと中国間の潮州系海上交易ルートの要であった

'スワトウに両国間の貿易拡大を目指して19世紀中期に設立されたスワトウ公郊所が前身。第1次大戦後、交易ルートが香港、シンガポールにも拡大し、両地の会員も多数参加したことから、1925年、香叻汕公所と改名。朝鮮、ベトナム両戦争の間に会員の貿易対象地域も世界大に拡大したこともあり、65年にタイ政府に登記し、バンコク泰華進出口商会と改め、現在に至る。 〈樋泉克夫〉

万国道徳会日本総会 ばんこくどうとくかいにほんそうかい

道徳・倫理を重んじることを提唱し、それを具現することをおもな活動とする横浜華僑・華人の団体。道徳会は、第1次大戦や科学の進歩により社会が混乱している現実に対する危機感から、科学進歩よりも前に道徳教育を広め、孔孟思想や世界大同の理念を広めることを目的に、江希張が1921年山東省泰安で設立。日本でも、世界総会の理事長だった尹子寛の依頼を受け、横浜華僑'陳福坡が日本総会を1977年に設立、世界の関連団体と定期的に交流している。事務所所在地は中区山下町166番地。 〈陳天璽〉

バンコクの華僑・華人 バンコクのかきょう・かじん

現在のタイの'チャクリー朝を開いたラーマ1世が1782年にバンコク（曼谷、盤谷）を王都に定めて以来、バンコクの華僑・華人はバンコクの都市機能の変化と規模の拡大に対応するかのように変容してきた。ラーマ1世は対ビルマ戦争での防衛上の配慮から王宮を現在の所在地であるチャオプラヤー川東岸に建設し、同地にあった華僑居住区をチャオプラヤー川に沿ってやや下った現在のヤワラート（Yawaraat）に移した。ここにタイ全体の貿易・商業・流通の機能が集中し貿易・商業都市としてのバンコクの基礎が築かれたことに、後に華僑・華人企業家がタイ経済の主流をなした根本要因があったといえる。タイ語でサンペンと呼ばれ、漢字で三聘と表記する同地区（'サンペン街）がバンコクのチャイナタウンの発祥地であり、バンコクの華僑・華人の揺籃の地でもある。ウォンリー家（'ウォンリー・グループ）、'ラムサム家など戦前からの有力ファミリーに加え、現在のタイを代表する'CPグループや'バンコク銀行など有力華人企業集団、'ウテン・テチャパイブーンや'モンコン・カーンチャナパートなどの有力華人企業家もまた、時代や華種の違いにかかわらず、この街からスタートしている。

1855年、イギリスとの間に'バウリング条約を締結したことを機にタイとヨーロッパ諸国との通商は本格化し、バンコクの通商都市化が始まる。この動きに対応し、サンペン一帯もまた内外の物流拠点として発展する。従来の物流ルートである運河に代わり道路建設が始まり、サンペンに加え、ヤワラート、ソンワート、チャルンクルンなどの幹線道路が建設され、さらに無数の路地が網の目のように整備され、ヤワラートで総称されるタイ最大の'チャイナタウンが形成され、住民は潮州、広肇、福建、海南などの出身地別に住み分け、各郷党にちなんだ職業が独占的に営まれた。各地区には出身地にゆかりの'廟が建てられたが、この廟に同郷会館や'華僑学校が付設される。19世紀末には増大する就業機会を捉えようと、血縁や地縁を頼って大量の華僑が流入した。ヤワラートの物流の血管ともいえる路地には、その地域にちなんだ職種や歴史的出来事を表す漢字の名前が付けられた。たとえば演説街は、20世紀初頭、バンコクを訪れた'孫文が最初に革命演説をしたことちなんでいる。タイ華僑の最高機関である'タイ中華総商会は1911年にヤワラートに設立された。第2次大戦中、ヤワラートはバンコク華僑の'抗日運動の活動拠点ともなっている。中国における国共内戦の余波から、バンコクの華僑は国共双方に分かれ対立をみせたこともある。第2次大戦後、ことに1960年代以降、タイ政府は軍事独裁型の経済開発政策を強力に推し進めるが、多くの華人企業家はこの動きに応じて事業規模を拡大させ、70年代前後からビジネス拠点をヤワラートの外に求めるようになり、バンコクの拡大にともない華人の商業・生活圏も拡大をみせる。

現在、タイの主要な同郷会館、宗親会館、'華僑報徳善堂に代表される慈善団体などの華人全国組織の本部、『星暹日報』『中華日報』など8社を数える華字新聞社、中国や諸外国の華人との友好団体などの本部は、すべてバンコクに置かれ、バンコクの華人を中心にして運営されている。華僑学校も数多く経

営されているが、中国語教育は制限されている。だが、中国の対外開放や経済発展にともない、中国への関心も高まり、中国に留学する華人子弟も珍しくない。1991年、おもに華人子弟のための高等教育機関としてバンコクの華人企業家の寄付をもとに▼華僑崇聖大学がバンコク郊外に設立された。95年の第5回▼世界華商大会開催にみられるように他国の華人組織との連携活動も活発化し、同郷・宗親組織の世界大会もしばしば開催されている。彼らの祖先のタイでの出発点であるヤワラートを再認識しようという動きから、タイ政府の観光振興政策に呼応しチャイナタウンとしてのヤワラートの再開発に着手した。

(樋泉克夫)

㊀ タイの華僑・華人, タイ中華会館.
㊂ 樋泉克夫「華語表現から見たチャイナタウンの構造」『アジア史研究』18,1994./Larry Sternstain. *Portrait of Bangkok. Bangkok* Administration, 1982.

バンコク・メトロポリタン銀行
京華銀行　Bangkok Metropolitan Bank

かつてテチャパイブーン一族の企業経営の中核だったタイの華人銀行。1950年、▼ウテン・テチャパイブーンを総経理とし、▼ウ・チュリアン、▼リアオ・コンポ、広東銀行バンコク支店経理のキアット・シーファンフンらの資金をもとに広東銀行バンコク支店を改組して発足。後に香港に香港京華銀行を設立。65年以降、政府と合弁で▼バンプー工業団地開発を進め、83年、傘下のウォンペチャブン社は王室財産管理局がバンコクの中心地にもつ土地の使用権を獲得し世界貿易センターを建設している。80代末には100を超える支店、200を超える系列企業をもつ華人系中位行だったが、極端な家族支配と人脈頼みのずさんな融資が災いし、97年の金融危機の直撃を受け多額の不良債権を抱え倒産。ウテンの長男のウチィエン・テチャパイブーンは頭取を解任され、97年末にタイ中央銀行に接収された。その後、イギリスの▼香港上海銀行と買収交渉を進めたが、2000年末、事実上決裂した。2001年半ばには、資金難から世界貿易センターの当初建設計画が大幅に遅れたことを理由に、ウォンペチャブン社は王室財産管理局から契約破棄と用地の返還を求められた。

2002年3月、バンコク・メトロポリタン銀行はタイ政府の命令でサイアム・シティー(京都)銀行に吸収・合併されて消滅。　(樋泉克夫)

パンコール条約
Pangkor Treaty

マレー半島における英国の伝統的な不干渉政策を終わらせ、植民地英領マラヤ成立への道を開いた条約。英国は、1786年に▼ペナン、1819年に▼シンガポール、1824年に▼マラッカを領有し、それらを▼海峡植民地とするが、この英国の政治権力の確立は、マレー半島全域に新たに起こりつつあった政治的・経済的な変化を加速することになった。1870年代、ペラのスルタンの継承をめぐる争いは、当時、西海岸一帯の錫鉱山の開発をめぐり対立するマレー人王族、貴族、マラッカやシンガポールの中国人資本家、錫鉱山で働く中国人労働者、▼秘密結社、シンガポールのヨーロッパ人資本家などを巻き込み、ペラ、スランゴール、ヌグリスンビランに広がる深刻な抗争に発展した。当時、マレー半島全域で中国人移民は経済の発展に重要な役割を果たしていた。タピオカ、コショウ、ガンビールなどの栽培、および錫鉱山はほとんど中国人が独占していた。豊富な資金や労働力を提供でき、組織力をもつ中国人は、マレー人支配階級にとっても、得がたい協力者であった。

西海岸におけるこの不安定な内戦状態は、海峡植民地を中心に発展しつつあった経済活動にとっても、深刻な打撃を与えた。新たにシンガポールに着任した海峡植民地総督アンドリュー・クラークは、このような状況の解決は英国の介入以外にないと考え、抗争を停止させ、ペラの関係者をパンコール島に集めて、協議し、条約を締結した。1874年1月20日に締結されたパンコール条約によって、ラジャ・アブドゥッラーがペラのスルタンとして承認され、スルタンは英国人の▼レジデント(駐在官)を受け入れることに同意した。レジデントはスルタンに「マレーの宗教および習慣」以外のすべてのことに「助言」をすることになっていたが、「助言」の実態はスルタンを通しての間接統治であった。

(中原道子)

㊂ Khoo Kay Kim, "The Pangkor Engagement of 1874." *JMBRAS*. vol. XLVII, Part

1, 1974.

范歳久 はん・さい・きゅう 1912-
デンマーク華人実業家。浙江省杭州出身。1935年日中関係の悪化で日本留学から帰国、同年デンマーク農業大学に留学。博士学位取得後、戦争のためデンマークに定着。初め農産品加工の研究に従事したが、60年頃からコペンハーゲンで春巻の手作り販売を始め、これが当たり、まもなく大龍食品会社を興して春巻を機械生産に移す。さらに工場をニュボル（Nyborg）に移し、また80年代には同国内とイギリスのニューアークに分工場を設けて生産を拡大し、ヨーロッパ、日本を含むアジア20余か国で販売するにいたり、「春巻大王」と呼ばれるようになった。　　（可児弘明）

📖 沈立新主編『海外上海名人録』上海教育出版社，1991.

パンシット
便食　pansit
フィリピンで焼き麺を総称する語で、主としてパンシットを供する食堂をパンシテリア（pansiteria）という。もともとパンシットは簡単な食物を意味する「便食ペンシット」の訛音であったが、すでにフィリピノ語化。パンシテリアは必ずしも中華料理店を指さない。閩南語からの借用語のうち比較的古い語彙は、フィリピン諸語の語彙として、華僑・華人によって再獲得されている。パンシットもこの例。こうした古い時代の借用は、フィリピン諸島における中国系移民史の連綿性を主張する根拠としてしばしば言及される。（宮原暁）

📖 Gloria Chan Yap. *Hokkien Chinese Borrowings in Tagalog.* Pacific Linguistics Series B, No.71, Canberra: Australian National Univ., 1980.

バンジャルマシン
班賈爾馬辛　Banjarmasin
インドネシア、南カリマンタン州の州都で、バリト川とマルタプラ川の合流点に生まれたカリマンタン南部の重要な港市であった。古くは文郎馬神と書かれた。バリト川上流には12世紀頃から王国があったものと思われるが、16世紀の初めにこの地に移動してきて、イスラムに改宗し、貿易活動を基盤として繁栄した。オランダはしばしばここを占領しようとしたが、成功せず、バンジャルマシン戦争（1859-63年）によってようやく1860年に王国を消滅させ、直接支配のもとに置いた。　　（生田滋）

潘受 はん・じゅ
パン・ショウ　P'AN Shou
福建省泉州府出身で、現代シンガポール文化界を代表する詩人であり書家である。その書は清代道光期の何紹基の流れをくむ。「中日15年戦争」期の日本軍の中国本土侵攻、とくに太平洋戦争期の日本軍のマラヤ・シンガポール侵攻に対する華僑・華人の抗日意識は、とくにシンガポールでは強い。戦中・戦後のシンガポールの文化人は、華僑・華人の抗日運動の先頭を切って活躍する。戦後の日本人は過去を払拭して改変した。そういう日本人に対してはシンガポールの文化人は、対等の立場から友人として交流する。いわゆる「報怨以徳」（『老子』の語句。『論語』の「以徳報怨」ではない）の態度である。潘受はそういう文化人の代表である。　　（酒井忠夫）

万昌和 ばんしょうわ
長崎の▼広東幇の有力華僑貿易商社の一つ。1885（明治18）年頃、新地町3番地に開設。号主は広東省南海県出身の潘達初。香港に本店をもち、対香港貿易を主とし、海産物と雑貨の輸出、米穀の輸入に従事した。潘達初は▼広東会所総代（1915年同会所改築時）、▼長崎華商商会初代副会長を歴任。同号を継承した甥の潘景波は広東会所総代、▼長崎華商商会会長、▼長崎華僑時中小学校董事長、長崎新華僑民団団長を歴任。　　（陳東華）

阪神淡路大震災 はんしんあわじだいしんさい
1995年1月17日未明に発生した兵庫県南部地震（阪神淡路大震災）は6300人をこえる尊い人命を奪った。地震直後の中国籍犠牲者は44人（留学生およびその家族など24人、華僑20人）、確認しえた日本籍華人は4人、華僑・華人経済に与えた損失額は600億円にのぼると推定される。地震直後の20日、神戸華僑震災対策本部（▼林同春本部長）が発足、▼神戸華僑総会（大陸系）の被害が甚大で、▼神戸中華同文学校に事務局が設置された。対策本部は「自力更生」で災害に対処する方針を固めるとともに、同郷会単位ごとに華僑・華人の安否確認を行い、国内外から救援物資や義

阪神淡路大震災から1か月後の神戸南京町。
撮影：増井由紀美

捐金を受け付け、被災者へ配布、建築対策室を設けるなど、救援活動に従事した。3月26日、徐敦信駐日本中国特命全権大使、貝原俊民兵庫県知事らの列席のもと「阪神大震災華僑留学生犠牲者追悼会」が中華同文学校で開かれた。国内各地の華僑団体のみならず中国大陸や台湾、香港、シンガポールなどの政府・民間団体からも数多くの義捐金が寄せられ、対策本部のほか、▼神戸華僑総会（台湾系）や台北駐大阪経済文化弁事処を通じて、被災華僑・華人、留学生に配布された。中華同文学校は付近住民の避難先となった。ピーク時には日本人、華僑、留学生がほぼ同数の合計171人が寝泊まりし、交通手段が麻痺するなか、同校は2週間後の1月31日に再開したが、登校できた生徒は60％にすぎず、しばらくは大阪、明石、神戸市北区に分校を設けたり、通信教育を実施するなどで対応した。被災した▼神戸南京町の立ち上がりは速かった。予定されていた春節祭は中止となったが、旧正月の元旦にあたる1月31日、商店街振興組合ではラーメン、水餃子、紹興酒などを無料で振る舞い、被災者に大歓迎された。ライフラインが復活した3月12日、「南京町復活宣言」と銘打ち、南京町中華料理店協会の主催により▼舞獅、胡弓、和太鼓などの催しが開かれた。97年4月、▼神戸中華義荘に「▼阪神淡路大震災華僑留学生犠牲者慰霊碑」が建てられた。▼神戸関帝廟は壁が崩れ落ちるなど壊滅的な被害を受けたが、国内外からの善意の寄付によって復興・再建され、99年

2月に落慶法要が営まれた。　　　（陳來幸）
📖 安井三吉ほか編『阪神大震災と華僑』神戸商科大学・神戸大学, 1996.

阪神淡路大震災華僑留学生犠牲者慰霊碑
はんしんあわじだいしんさいかきょうりゅうがくせいぎせいしゃいれいひ

1995年1月17日未明に発生した▼阪神淡路大震災で犠牲になった中国系人は合計48人（華僑20人、華人4人、留学生と家族など24人）に及んだ。3月26日、神戸中華同文学校で震災対策本部主宰の阪神大震災華僑・留学生犠牲者追悼会が開催された。2年後の97年清明節（4月5日）に、犠牲者を供養するため、▼阪神中華義荘に各人の氏名が刻まれた阪神淡路大震災華僑留学生犠牲者慰霊碑が建てられ、その除幕式が行われた。　（陳來幸）

晩清園 ばんしんえん

シンガポールの大人路12号にある▼孫文ゆかりの地。もとは、広東系華僑の梅氏が建てた「明珍廬」。のち▼張永福が買収し晩清園と改名。1906年孫文がここに▼中国同盟会のシンガポール分会をもうけ、滞在する。40年に華僑たちは、これを孫逸仙別墅と呼び、孫文を記念した。しかし、42年日本軍の攻撃により壊滅。51年に中華華僑総会が土地（敷地面積は1万8000m²）を接収、建物を建て、66年2月15日から孫文の革命活動の記念館として公開された。　　　　　　　（中村哲夫）
📖 張磊主編『孫中山辞典』広州：広東人民出版社, 1994.

ハン・スーイン 1917-
韓素音　HAN Suyin

中国系英国人の女流作家。本名は周月賓（周月瑚の説も）。中国人の父（▼原籍は広東省嘉応）とベルギー人の母の間に、河南省で生まれる。幼年時代を北京で過ごし、1933年燕京大学医科に入学。35年ベルギーに渡り、ブリュッセル大学でも医学を学ぶ。38年に帰国し、日中戦争期の重慶で中国人将校と結婚するが、内戦で夫は戦死。重慶や成都で助産婦などに従事。42年、韓素音の筆名で処女作 *Destination Chunking* を出版。同年イギリスに渡り、ロンドン女子医科大学でも医学を学び、卒業後ロンドンで外科医に。49年▼香港に渡り、イギリス国籍を取得。香港やマレーシアなどで医師として働く。*A Many-*

splended Thing (Boston: Little, Brown, 1952.『慕情』角川書店、1970年）を52年に出版。56年以降、毎年のように中国を訪れ、中国革命の研究を行う。代表作は、The Crippled Tree、A Mortal Flower（ともに NY: G. P. Putnam's Sons, 1965）、Birdless Summer (London: J. Cape, 1968) の自伝三部作（『悲傷の樹』『転生の華』『無鳥の夏』春秋社 1970、71、72年）のほか、中国革命に関しては、Eldest Son: Zhou Enlai and the Making of Modern China, 1898-1976 (London: J. Cape, 1994.『長兄：周恩来の生涯』新潮社、1996年）、The Morning Deluge: Mao Tsetung and the Chinese Revolution, 1893-1954 (London: J. Cape, 1972.『毛沢東』毎日新聞社、1973年）など。86年に韓素音中国欧州科学交流基金会が成立し、その主席を務めている。 　　　（西澤治彦）

潘清簡 はん・せいかん 1796-1867
ファン・タイン・ザン　PHAN Thanh Gian

ベトナムのグエン（阮）朝期の官僚、文人。その祖は明末に福建よりベトナム中部に渡り、後に南部に遷った。1826年南部初の進士に及第後、グエン朝の官職を歴任した。62年南部に侵攻したフランスとの和議交渉の任に当たり、南部東3省を割譲させられた。翌年フランスに渡り再交渉を図るが失敗。さらに、67年フランスによる南部西3省侵攻に対して交渉に当たるが再び失敗し、その責任をとり自殺した。トゥドゥック帝はその失敗を怒り文廟に刻まれた彼の碑名を削ったが、1886年に名誉を回復した。　　　（大野美紀子）
参『大南正編列伝二集』巻26『大南寔録』20）.

幇制度 ［ベトナム］ ばんせいど
congrégation

中国人渡来者を出身地別の幇籍にまとめ、代表者に人数や資力を書いた幇簿を作らせて納税単位とした19世紀ベトナムのグエン（阮）朝時代の慣習を、仏領インドシナ植民地政庁が踏襲して20世紀初頭に明文化した移民統治制度。19世紀末から植民地に急増しつつあった華僑に対して、政庁は、入国手続き、通行証、滞在許可証、身元証明、人頭税などの税に関する詳細な規定を設けて統制強化を試みた。これに加えて、出身地、言語、または宗教別に各行政区域内に設けた団体＝幇（仏語ではCongrégation、ベトナム語ではBang）への移民者の登録を義務づけた。幇より選出された幇長および補佐役の副幇長は、幇員名簿の作成、警察事務、幇員の受入れと追放、収税、行政府との仲介などの任務を負わされた。中国人については広東、福建、潮州、客家、海南の5幇、インド人にはイスラム教徒および仏教徒の2幇、またマレー人、ジャワ人、アラブ人にも各幇があった。コーチシナは1906年、トンキンは13年、カンボジアは19年、アンナンでは28年に、それぞれ総督令として発布された。　　（高田洋子）
参 五大幇
参 高田洋子「フランス植民地期ベトナムにおける華僑政策」『国際教養学論集』1, 1991.

潘醒農 はん・せいのう 1904-87
プアン・チェンロン　PHUA Chay Long

シンガポールの著名文化人。本名は鏡澄、字は子淳。祖籍は広東省潮安県。1921年にシンガポールに移住、布店従業員となる。商売のかたわら振智夜学の運営を引き継ぐ。32年南島出版社を創設し、『青年週刊』『南島旬刊』などの華字雑誌を出版。33年から42年のシンガポール陥落まで青年励志社の常務理事。シンガポール潮州八邑会館と義安公司の書記も務める。『新加坡指南』『東南亜地名街名録』『馬来亜潮僑通鑑』などの編著書がある。　　　（卓南生）

反ダミー法 はんダミーほう
Anti-Dummy Law

1936年、コモンウェルス期（1935-46年）のフィリピンにおいて、外国籍である華僑がフィリピン籍の者を名目上の経営者として、実質的な事業主となることを禁止した法律。反傀儡法とも。(1)事業主たる個人・企業・組合は、フィリピン市民権を有する者か、もしくはその資本の60％以上がフィリピン市民権を有する者で構成されなければならない、(2)これらの事業主は、上記の要件を満たさない個人などを役員、従業員、労働者として経営に関与させることはできない（ただし技術者は認可制）、を趣旨とする。39年、および独立後の47年に修正されたが、効果はあまりなかった。54年、小売業フィリピン化法の成立

にともない、反傀儡委員会が設置され運用が大幅に強化された。　　　　　　　　（宮原曉）

📖 Adolfo Azcuna. "The Chinese and the Law." In Alfonso Felix, Jr. (ed.). *The Chinese in the Philippines*. vol.2, Manila: Solidaridad Publishing House, 1969.

ハン、チンチャン 1949-
韓錦嫦　Chin-chang HAN

中国系アメリカ人政府官僚。本籍は上海だが、ヨーロッパで生まれた。香港中文大学崇基学院を卒業した後、アメリカへ留学し、ブリン・マール（Bryn Mawr）大学から修士学位を取得。アメリカ駐カメルーン平和部隊の首席代表、共和党少数民族委員会主席助手などを歴任し、1989年にアメリカ内務省部長補佐に任命された。　　　　　　　　（曾櫻）

バンテン
万丹　Banten

インドネシア、西ジャワ州のバンテン港を中心とした地方。ヨーロッパ文献ではバンタム（Bantam）という。11世紀頃から周辺の地域で産出するコショウの輸出港となった。1527年ころ中部ジャワのドゥマから来たイスラム聖人スナン・グヌン・ジャティがここに王国を建設した。1567年に明で海禁令が解除されると、中国船がコショウを求めて多数来航し、パチナンと呼ばれる中国人町が形成された。1596年からオランダ、イギリスの船隊の来航が始まった。中国人町はたびたび火災にあったために、1602年以後、建物が石造のものに改められた。バンテンのモスクには高さ35mのミナレットがあるが、これは1620年に中国人イスラム教徒のチェク・バン・チュト（叔万朱）が建設したものである。国王アブドゥル・マファキールは彼にパンゲラン・ウィラディグナ（Pangeran Wiradiguna）の称号を与えた。モスクから約1kmのところに観音廟がある。これはインドネシアで最も古い華僑・華人の寺廟で、現在でも多くの華僑・華人の参詣者が訪れる。王国は1682年にオランダ東インド会社に服属したが、バンテンはそれ以後も港市として繁栄し、とくに中国人商人によるジャンク貿易の基地として重要な役割を果たした。現在はインドネシア共和国セーラン市の一部となっている。　（生田滋）

📖 Claude Guillot. *The Sultanate of Banten*. Jakarta: Gramedia, 1990.

バンドゥン
万隆　Bandung

インドネシア、西ジャワ州の州都。1810年に蘭領東インド総督ダーンデルスによってここに市街地が建設された。62年から州都となり、84年に鉄道によってバタビアと結ばれた。この地域は高地で気候が快適なので、オランダ人はここを第2の首都として、都市計画に基づいて開発を進めた。鉄道線路の北側にはヨーロッパ風の快適な住宅地域が広がり、そこに行政機関、教育機関が点在した。線路の南側は商業地域で、華僑・華人が多く居住した。オランダ人はここを「ジャワのパリ」と称して誇った。第2次大戦後の独立戦争時の1946年3月、オランダ軍の攻撃に対抗するために、インドネシア共和国軍は市の南部に放火して周辺の山中に撤退した。49年の独立後、55年には第1回アジア・アフリカ会議が同地で開催された。バンドゥンはまたイスラム教育の盛んなところでもある。そのためもあってインドネシア人と華僑・華人との対立も厳しく、73年8月5日から8日にかけて反華僑・華人暴動が起こった。　（生田滋）

バンドゥン大火
Bandung Lautan Api

インドネシア独立戦争中の1946年3月、西部ジャワのバンドゥンで撤退を余儀なくされた同国軍が英蘭連合軍に対して行った焦土作戦。当初、連合軍は市内を南北に分ける鉄道線路北側を、インドネシア軍は南側を支配した。ところが連合軍はその後インドネシア軍に南側からの撤退を求めた。やむなく同国軍は火を放ち市外に後退した。華人系住民のなかには、連合軍のスパイや協力者の嫌疑をかけられ、混乱の中で命を失う者も少なくなかった。　　　　　　　　　　（深尾康夫）

バンハーン・シルパーアーチャー 1932-
馬德祥　Banharn SILPAARCHAA

タイの元首相。タイ国民党党首。タイ西部の米所で知られるスパンブリーの農家生まれ。バンコク商業学院卒業後、印刷、建設会社を設立。夫人とともにセメント、石油化学事業などを手がける。1973年以来、圧倒的な資金力を背景にスパンブリーより下院議員連

続当選。79年選挙のみ、父が華僑一世であったことから被選挙資格なく不出馬。幹事長として▼プラマーン・アディレクサーン、▼チャーチャーイ・チュンハワンの両党首を支える。93年に党首となり、95年7月〜96年11月首相。金権の噂は強い。
（樋泉克夫）

バンプー工業団地 バンプーこうぎょうだんち
万富工業城
バンコク南郊のサムットプラカーン県バンプー（Banpu）にある工業団地。挽蒲工業城とも。1960年代中期、▼ウ・チュリアンを董事長、▼ウテン・テチャパイブーンを副董事長に発足したタイ工業土地開発会社（Industrial Estate Development Thailand）が開発を進める一方、経営にはウテンを董事長としたバンプー工業団地会社（Banpu Public）が当たった。70年代、タイ政府が東部臨海工業地帯開発に本格的に乗り出し、同地帯のうち最もバンコクに近接していることからバンプーは内外の注目を集めた。78年、万富工業中心はタイ工業省管轄の工業地区機構の資本参加を得ると同時に、政府から同工業団地進出企業に対する減免税措置などの特典を与えられた。海岸と首都圏に隣接する好立地条件もあり、80年代後半からのタイ経済の急成長の波に乗って内外の企業が進出、タイ有数の製造業基地となった。約1万ライ（約16.2km²）の敷地に工場群に加え、住宅、商業、リゾート地域などを備える。
（樋泉克夫）

反米ボイコット はんべいボイコット
排華法など中国系移民への差別に対してアメリカ国内と中国各地で起きた米貨ボイコット運動。ゴールドラッシュと鉄道建設が山場を越えると、アメリカ西海岸は白人労働者と中国人労働者が競合することになり、中国人労働者は同化不能人種として差別の対象となった。やがて中国人労働者の排斥や排華暴動が起き、西海岸各地に排華的雰囲気が充満する。1880年に清国移民取締条約が結ばれ、82年には排華法が成立する。蔓延する差別は10年と限られた排華法をその後1902年にも延期継続させる。1903年にサンフランシスコに出張した清国ワシントン駐在武官が、警察官の暴行を受けたうえ牢に入れられる侮辱を受けた。外交官に及んだ差別に現地の中国系は立ち上がり、米貨ボイコット運動を宣言する。運動は全米各地の中国系人や、中国国内の共感を呼び、05年に排華の継続を憂いて上海で抗議した▼馮夏威の自殺をきっかけに主要都市で米貨ボイコット運動を引き起こした。ローズベルト大統領は10月、遺憾と反省の意を演説に込めている。06年のサンフランシスコ大地震で公式書類が焼失したことにより、多くの中国系人は居住権を獲得し、運動はいったん沈静化する。排華法は43年に廃止されるまで続くが、人種偏見を乗り越えるにはなお半世紀近くを必要とした。
（司馬純詩）

※ John W. Foster. "The Chinses Boycott." *The Atlantic Monthly*. vol. 97, no. 1, January 1906.

バンヨン・ラムサム 1933-
伍捷樸　Banyong LAMSAM
タイの▼ラムサム家の総帥。ラムサム家3代目のチョーティ・ラムサム（伍柏林）の次男としてバンコクに生まれる。兄はバンチャー・ラムサム（伍班超）。妹のチャッチャニー・チャティカワニットは一族の経済活動の柱の一つである総合商社のロクスレイ・グループ（1925年設立）を率いる。アサンプション学院卒業後、アメリカのニューメキシコ大学（商学部）、ロンドンのインスティチュート・オブ・バンカーズ、ハーバート・ビジネス・スクールに留学。父親や叔父のチュリン・ラムサム（伍竹林）が同じ客家系の羅光華らと1944年に設立した▼タイ・ファーマーズ銀行に、60年に入行。輸入部職員、副主任、執行役員会秘書、副総裁（支店、国際金融担当）、執行副総裁を経て総裁（76-92年）。92年、バンチャーの後任として董事長。93年、バンチャーの病死を機にバンチャー長男のバントゥーン総裁に董事長を譲り、自らは新設の主席となるが、タイ・ファーマーズ銀行とロクスレイ・グループを中核とする一族傘下企業グループの実権を掌握。94年、チュッタクーン家が経営するサン・サムラン・グループとサンシリ社を設立し会長となる。同社はバンコクの商業地区にオフィスビル、郊外リゾート地にコンドミニアムなどを所有。タイ・ファーマーズ銀行をバンコク銀行に次ぐ商業銀行に成長させた最大の功労者との評価の高かった兄のバンチャーが経営全般から華人色を払拭

させ、華人企業家と一線を画す経営姿勢を明確に打ち出していたのに対し、パンヨンは華人企業家との結びつきを強める傾向がみられる。この姿勢は90年代以降に顕著になり、▼泰中促進投資貿易商会顧問に就任する一方、姻戚関係を結んだ▼スチャイ・ウィラマタクーンを通じ▼タニン・チョウラワノンなど有力華人企業家と提携し、96年に上海に設立された▼泰華国際銀行の副董事長に就任。　(樋泉克夫)

 Geoff Hiscoch, *Asia's New Wealth Club*. London: Nicholas Brealey Publishing, 2000.／樋泉克夫『華僑の挑戦』ジャパン・タイムズ、1994.

パンライキム、ユスフ 1922-86
彭来金　Jusuf PANGLAYKIM

インドネシアの経済学者、企業家。ユスフ・パンゲストゥ（Jusuf PANGESTU）とも。西ジャワ州▼バンドゥン生まれの▼プラナカン。1956年インドネシア大学経済学部卒。57年ハーバード大学上級経営プログラム修了。61年カリフォルニア大学大学院留学。63年インドネシア大学経済学博士。67年同大学教授。67-68年オーストラリア国立大学上級客員研究員、70-72年シンガポール南洋大学教授、72-73年シンガポール大学経営管理学教授。かたわら70年から実業界へ。帰国後▼ソフヤン・ワナンディらと企業グループ、パカルティ・グループを立ち上げたほか、小規模銀行の頭取、内外合弁ノンバンク監査役会長などに。国内外でマーケティング、金融、経営関連の著書を多数刊行。73年からインドネシア戦略国際問題研究センター（CSIS）でも要職。女性経済学者▼マリ・エルカ・パンゲストゥは娘。　(三平則夫)

潘樂 1879-?
William PANLOOK

オーストラリア華人の実業家。中国生まれでカトリック信者の父親がオーストラリアのビクトリア州に移住後雑貨商となり、オーストラリア人妻との間に生まれた4人の子の末子。1890年に兄弟とともに従事したタバコ栽培に失敗するが、のちにビール醸造用ホップの栽培に成功、潘樂兄弟公司を設立、社長を務めた。アメリカからの良品種導入、新技術採用で、同国のホップ栽培の空白を埋めただけでなく、南半球最大のホップ生産業者に成長した。　(王効平)

パン・リン 1945-
潘翎　PAN Lynn

英国籍をもつ心理学者、作家。上海生まれ。幼時に家族とボルネオに移住、北京語、英語を含む初等教育を受けたあと、▼ロンドンで高等教育を受けた。1966年ロンドン大学で心理学学士を取得し、リサーチ・サイコロジストとして、ロンドン、ジュネーブなどヨーロッパ各地で活躍した。77年ケンブリッジ大学でオリエンタル学の修士を取得して、香港の『アジアウィーク』および『ファーイースタン・エコノミック・レビュー』の編輯や、ロンドン大学とケンブリッジ大学の中国語講師を務めた。91年よりフリーランサー。95-98年、シンガポールの▼南洋理工大学に新設された▼華裔館の初代館長。*The Encyclopedia of the Overseas Chinese*（Archipelago Press & Harvard UP, 1998. 中文版▼『海外華人百科全書』香港：三聯書店）を編輯出版。現在は上海在住。著書多数。　(許淑真)

 Pan Lynn. *Old Shanghai*. Hongkong: Heinemann Books, 1984.／idem. *Sons of the Yellow Emperor*. London: Secker & Warburg, 1990（『華人の歴史』みすず書房、1995）．／idem. *Tracing it Home*. London: Secker & Warburg, 1992.

ヒ

費彝民 1908-88

中国のジャーナリスト。香港『大公報』社長。上海生まれ。1925年北京高等法文学堂を卒業して、30年天津『大公報』に入社。31年9月の柳条湖事件当時は瀋陽通信員として日本軍の進攻を報じた。日中戦争後の45年上海『大公報』副経理兼社評委員。48年香港に赴き、日本軍の香港攻撃のため休刊した香港『大公報』の復刊工作に携わり、同紙経理に。52年同紙社長。全国人民代表大会常務委員や全国政協常務委員などを歴任した。

(戸張東夫)

東ジャワ事件

1967年前半、インドネシアの東ジャワ州で軍当局によって反華人政策が強行された結果、多くの犠牲と社会的・経済的混乱が引き起こされた事件。1966年末日に東ジャワ軍区司令官のスミトロ（Sumitro）は中国籍者に対し、(1)卸売業・小売業の活動停止に近い制限、(2)転居の禁止、(3)1人2500ルピアの「特別寄付金」の納付、(4)ビジネスや通信における中国語と漢字の使用禁止、の4項目からなる軍令を発布した。この軍令がインドネシア国籍者をも巻き込んで実施に移されたことから、67年初めからほぼ半年間にわたり、同州のマランやクディリなど各地で、華人側の反対デモ、軍との衝突、大量の逮捕者や死傷者の発生などの騒乱が生じた。この間、同州の経済は混乱をきわめ、スミトロはまもなく中央政府によって更迭された。この事件はまた、同年4月にジャカルタで生じた大規模な反華人騒乱とともに、スハルト新政府が「華人問題解決のための国家委員会」を設置し、包括的な華人政策を策定する契機となった。

(貞好康志)

㊅ 草埔事件,『インドネシアン・チャイニーズ・イン・クライシス』

美華百貨店

美華公司

アメリカ帰りの朱英南、朱立戸、朱立徳が1946年に広東省広州市で組織した百貨店。「美観華麗」「美国華僑が抱く中華への愛郷の念」とのイメージで命名。48年11月に広州市永漢北路（現北京路）で開業。商品は一部アメリカ、香港からの輸入を除いて国内良品の仕入れによった。新中国成立後も事業は順調に発展したが、56年に社会主義改造により公私合営化、広東省における代表的華僑投資企業として広く知られる。

(王効平)

ピカリング、ウィリアム・アレクサンダー 1840-1907
William Alexander PICKERING

海峡植民地の英人官吏。スコットランド出身。華僑からピキリン（吡麒麟）とか、バキリン（北麒麟）と呼ばれた。初め東南アジアで商船の実習についたが、1862年から福建、台湾などで海関職員を務め、北京語、閩南語を習得。71年にはシンガポール高等法院通訳となる。中国語を解し、また華人問題とくに械闘解決の実績を評価されて、77年初代護衛司に任命される。中国人はピカリングにちなんで護衛司の役所をピキリンと呼んだ。87年一華人に斧で襲われて負傷し、療養のため本国に戻ったが、90年に引退した。シンガポールにピカリング通り（俗称玻璃街）の名が残っている。

(可児弘明)

㊟ Eunice Thio. "The Singapore Chinese Protectorate." *Journal of the South Seas Society*. 16, 1960. / R. N. Jackson. *Pickering*. Kuala Lumpur: OUP, 1965.

ビガン
美岸／維甘　Vigan

フィリピン、ルソン島西岸に位置する南イロコス州の州都。明代の『順風相送』や『東西洋考』には「密雁」とある。18世紀中葉以来、富裕な中国系メスティソの築いた「石の家（bahay na bato)」からなるスペイン時代のメキシコ風街並みは、ユネスコ世界遺産（1999年）に登録された。キリノ（Elpidio QUIRINO）大統領の出身地。妻の実家シキ

ビガンの町並。1999年ユネスコ世界遺産に登録された。撮影：菅谷成子

ア（SYQUIA）家は「石の家」の一つ。北ルソンの要衝として、1574年スペイン人はフェルナンディナ町（Villa Fernandina）を設置した。ヌエバ・セゴビア司教座がおかれ、パリアンシリョ（小規模な▼パリアン）も形成された。中国人が製法を伝えたという陶器（呂宋壺）や木綿織物などが特産。アメリカ統治下で華文学校として、1928年に美岸中山学校、37年に美岸南光学校が開設された（46年合併）。美岸中華基督教会（United Evangelical Church of Vigan）が存する。

（菅谷成子）

🔁 メスティソ, フィリピン中華キリスト教会

批局(ひきょく) ⇨ 民信局(みんしんきょく)

ビクトリアの華僑・華人(ビクトリアのかきょう・かじん)

ブリティッシュ・コロンビア州の州都ビクトリア（維多利亜）は、カナダで最も早く中国人移民社会が見られた都市でもある。1858年にフレーザー川流域で金が発見され、終焉しつつあったカリフォルニアの▼ゴールドラッシュ地域から白人とともに多くの広東系中国人が移動してきた。ビクトリアはこの移動の要衝となり、その後も中国からの移民が多数流入することで、▼チャイナタウンが形成された。1884年には中国人人口は2000人をこえ、ビクトリアは「小広州」と呼ばれた。これ以後、最初の合法的中国人組織であるビクトリア中華会館や華僑学校、各種の同郷・宗親団体も設立され、カナダ中国人社会の原型となった。ビクトリア中国人社会の盛況はその後急速に発展したバンクーバーに移り、現在は6000人程度の比較的小規模な中国系人社会となっているが、チャイナタウンは近年の再活性化と地区保全運動によって蘇り、重要な歴史・観光地域となっている。

（森川眞規雄）

ピグ・トレード ⇨ 苦力貿易(クーリーぼうえき)

美色甘晋(びしょくかんしん)

バタビアにあった華僑・華人を対象とした孤児・救貧院。名称はオランダ語のウェースカーメル（Weeskamer）孤児院の音を写したもの。ウェースカーメルは1625年に総督ピーテル・デ・カルペンティエールによって現地住民以外の孤児を収容するために開設された施設。1690年にバタビアの第6代カピタン郭郡観がそれにならって、華僑・華人の孤児、老人、病人を収容するための施設としてこれを開設した。診療所も併設され、また教師を招いて初等教育を行った。経費は▼バタビア議事庁が負担するとともに、華僑・華人からの寄付で賄われた。

（生田滋）

ピジン・イングリッシュ
pidgin English

西洋列強に開港した中国沿岸の港で、通商その他の目的でたがいに話をしたいと思う中国人と西洋人との間において、言語伝達の手段として発達した英語を基盤とするピジン語。かつては上海や▼広東で盛んに用いられ、これは植民地化の歴史を反映したものであると考えられる。現在では使用されていない。中国語では「洋経浜英語」という。ピジンとは、「間に合わせ」「最小限の」あるいは「混合した」などのように、いろいろと解釈されている。ピジン・イングリッシュは、英語に比べれば、語彙は限られており、文法構造は単純化されていて、機能する範囲ははるかに狭い。チャイニーズ・ピジンについての初期の記述には、英語とポルトガル語の混合した方言への言及がある。これは、イギリス人が広東貿易の主役となる以前、16世紀以降マカオで形成されたポルトガル人と中国人との間の伝達の手段として使用された混合語が存在していたことを物語っている。

（中嶋幹起）

ピチャイ・ラットクーン 1926-
陳裕財　Bhichai RATTAKUL

　タイの元副首相。元民主党党首。ヤワラート製薬の総帥。香港留学中に日本軍の手で強制退去させられる。帰国後、タイ北部で林業に従事。1953年、父親創業のヤワラート製薬の経営を引き継ぐ。「口香丹」の製造・販売で経営規模拡大に成功。現在は薬品を中核とする総合商社。69年以降、民主党所属でほぼ連続して下院議員当選。外相、副首相を歴任。89年末、副首相と党首を辞任。90年代末、ふたたび副首相。長男のピチット・ラットクーンは下院議員、バンコク都知事を務めた。
〔樋泉克夫〕

一人一元　ひとりいちげん

　1953年3月、東南アジア初の華語大学▼南洋大学設立のための寄付呼びかけに応えて、シンガポールの華人▼トライショー（客席つきの三輪自転車）組合は、組合員1人が1海峡ドルを寄付する「一人一元」運動を展開した。「一華一元」ともいう。翌54年4月20日、1577人のトライショー労働者が、この日の売上げを南洋大学に寄付する運動に参加し、2万1660ドル51セントを寄付した。これに触発されて、同年8月7日にはタクシー運転手団体も同じ運動を行い、この日の売上げ3万103ドル51セントを寄付した。
〔田中恭子〕

ピーナツ飴　ピーナツあめ

　1930年代の世界恐慌中、オランダに滞在していた中国人失業船員が自らを救済するために製造販売した行商品。19世紀末から20世紀初め、オランダの汽船会社は廉価な中国人を船員として雇用しはじめ、とくに1911年のオランダ船員の大規模ストライキ後、中国人船員の雇用が激増した。ところが、30年代の世界恐慌で多数の中国人失業船員が生じた。31年、中国人失業船員の一人が中国のピーナツ飴販売を行ったところ、売行きがよく、多くの中国人失業船員が一斉にこれをまねた。ロッテルダムの神父や宗教慈善家がオランダ人にピーナツ飴購入、中国人救済を呼びかけたこともあり、数年後には、中国人のピーナツ飴▼行商はオランダ中に広まった。しかし、第2次大戦になると、オランダの経済状態悪化などによりピーナツ飴行商も終わりを告げた。
〔張祥義〕

ピパット・タンティピパットポーン
陳德樹　Pipat TANTIPIPHATPHOL

　タイ・パイナップル会長。元▼タイ福建会館主席。▼バンコク銀行董事で、個人株主としては▼チャートリー・ソーポンパニットに次ぐ株式を保有。また台湾の世華銀行の個人筆頭株主でもある。パイナップル加工、食品製造に加え、不動産、建設業にも進出。1990年代初期には祖先の出身地である福州市政府などと共同で▼福州に食品加工、建築材料、セメント工場などを建設。バンコク市内でも不動産開発を進める。
〔樋泉克夫〕

秘密結社　ひみつけっしゃ

　中国の秘密結社は、前史として、出稼ぎの民、つまり交通労働者、遍歴する小商工業者、鉱山採掘者、農業入植者らの集団の間で自生した相互扶助と自衛のための兄弟的な組織が存在したことがあげられる。その後、商業経済が発展していく社会の中で農本主義を捨てきれない民衆の一部は、宗教として仏教、道教（のちには回教）などに奉じる勢力となり、儒教によって支配しようとする時の権力側からは反社会的な存在とみなされるようになった。戦国、秦漢、三国から唐宋、元、明清にかけて、一般に任俠、豪宗、流氓、小販（移民や地方農民の商品流通網。清末の単幇）、客民などとして知られた集団が、家族主義の絆や儒教の教化から離れた兄弟団、血盟団の縁で結束した。それらが大規模な宗教反乱に広がったとき、政府は「教匪」の徒、「教門」の徒として弾圧した。弾圧を避けるために結社の多くは、細部については機密保持を原則とした。これを「会党」「幇会」というが、ときとして秘密宗教と対峙して秘密会党といわれる。

　こうした前史をうけて、秘密結社は中国国内に限らず17世紀以後には海外華僑の間にも広まった。その背景としては、「反清復明」があげられる。満洲族である清が漢民族の明を滅ぼしたあと、華中・華南で反抗した▼鄭成功が蒔いた「反清復明」の蜂起を鎮めるのに40年弱を費やした。秘密結社の多くは拠点を中国東南海岸部に構えた。そして、時間の経過とともに、これに連なる東南アジアに「反

清復明」の抵抗意識が広がっていった。国内においては東南海岸から長江流域、大運河流域の交通幹線の一帯には、交通業者などの流動人口が多く、さらに鉱山地帯には入植者が押し寄せた。こうした移民は、地元民からよそ者扱いを受け、お互いは兄弟的な絆を結び助け合った。これを、天地を父母とする結義の兄弟という意味の天地会と呼んだ。天地会には、哥老会、小刀会、三合会、三点会などの分派があり、いずれも「反清復明」を掲げ、明の火徳にちなんで「紅家」「紅門」と呼び合い、普通から「洪門」というようになる。儒教の教化から離れ、義の兄弟や血盟団を結ぶ天地会は、権力側の弾圧から逃れるために、白羽会や、添弟会そして三合会と名前を変えていくが、その基本である「反清復明」の原則は守りとおした。「反清復明」の秘密結社と、清朝を倒し、漢民族による共和国を建国しようとする▼孫文の革命運動は、密接な関係を築いていく。孫文は広東省を中心として「▼興中会」という会党を結成し、三合会の会員も多くこれに参加した。浙江省の▼章炳麟らが起こした光復会では陶成章が会党に働きかけ、興中会も光復会と南洋華僑に支援を呼びかけた。

こうした会党は洪門（▼紅幇）と青幇の二大系統に分けられる。華南系の洪門は華僑とともに海外にネットワークをもち、革命運動のために祖国を追われた孫文を支援しつづけた。しかし、▼辛亥革命（1911年10月10日）が成功すると洪門は「反清復明」という政治的野望を失っていく。さらに、孫文の死後（1925年）、洪門には軍閥のはぐれ者や貧民、流民らが会員となり、政治的結社から反社会的集団へと変貌していく。一方、青幇は内陸型で、清朝時代の国家事業である漕運や水運などの利権を得て、近代都市社会に存在価値をもちはじめる。太平天国の乱によって中国の内陸部では水運などの運送業が困難となった青幇は多くの失業者を生み出し、さらに流氓たちも加わり、組織化していく。そして、1920年代の▼上海で国民党の蔣介石と結びつき、都会の幇派として反共クーデタに協力することでその存在感を生み出した。1930年代の上海は青幇の全盛期であった。上海のフランス租界を拠点に、黄金栄、張嘯林、そして杜月笙のいわゆる「三大亨」が暗躍した時代を築く。なかでも杜月笙は「影の上海市長」とまでいわれるほど政治権力を握った。1949年▼中国共産党が政権を取ると、青幇の首領たちは▼香港へと逃れ、都市の黒社会へと化していく。一方、洪門は海外へとその拠点を移していく。

明代から近代にかけて華僑が移民先を求めて海を越えるとともに、先に海外に渡っていた洪門の会員が華僑たちを受け入れるために相互扶助社会を築く。この会党が華僑社会で大きな存在となる。同時に「華僑は革命の母」といわれるように、海外の華僑たちは祖国の動向に注目しつづけ孫文の革命に支援を続けた。海外における初期の洪門組織としては、西ボルネオにおける▼蘭芳公司（▼羅芳伯）がある。18世紀から19世紀にかけて東南アジアの各地に天地会が次々と生み出される。マレー半島では義福会、▼義興会、建徳会、義興会、▼海山会などの分派が生み出された。フィリピンでは進歩会、致公堂、秉公社、竹林協議総団、協和競業者の洪門五房が登場する。華僑社会ではこうした洪門が同郷、同族の福利相互活動を行い、同郷会の基礎ともなった。海外の洪門で最も強大なのは北アメリカ致公堂である。カナダやイギリスでは洪順堂、致公堂が生まれ、多くの分派は致公堂に統一されていった。世界洪門大会を開くなど、華僑活動を支援し、団結させ、援助する中心的存在である。1978年からの中国の改革・開放後は、華僑の祖国送金・投資を増大させ、共産党との協力関係を深めている。

（森田靖郎）

山田賢『中国の秘密結社』講談社, 1998.／酒井忠夫『中国民衆と秘密結社』吉川弘文館, 1992.／ロジェ・ファリゴ, レミー・クーファー『中国諜報機関』光文社, 1990.／森田靖郎『上海セピアモダン』朝日新聞社, 1990.／須山卓『華僑経済史』近藤出版社, 1972.／根岸佶『華僑襍記』朝日新聞社, 1942.

『百姓』 ひゃくせい

香港の華字半月刊の時事評論誌。ジャーナリストの陸鏗とコラムニストで雑誌編集者の▼胡菊人が1981年創刊し、陸鏗が社長に、胡菊人が編集長になった。中立の立場に立って地元香港だけでなく中国や台湾の時事問題を

論評したり、解説したりする総合雑誌。社長の陸鏗は、社会主義中国成立前から中国で活躍していたジャーナリストで、中国に豊かな人脈をもっていた。それを利用して85年5月胡耀邦中国共産党総書記との単独会見を実現して『百姓』誌上に発表、香港の読者を驚かせた。経営難のため94年停刊した。

(戸張東夫)

百人会 ひゃくにんかい
Committee of 100

1990年5月にニューヨークで設立された、科学者、政治家、企業家、音楽家など各分野の代表的華人を会員とするアメリカの超党派・超業種の全国的華人社会団体。会員の社会的地位やリーダシップを頼りに華人社会全体の権益改善、地位向上、中米親善の促進を目的としている。ちょうど100人からなる組織ではなく、「結集が知恵となり、団結が力となり」の意で、多数参加・組織化を目指すための命名。初代会長を前GM市場開発部副部長のシャレー・ヨン(楊雪蘭)が務める。会員に▼アンナ・シェンノート、▼ウー・シェンビオー、▼ジュディ・M.チュウ、リリー・ワン ジュ・リー・チェン、▼マイケル・ウー、▼チャールズ・ワン、▼ジェリー・ツァイ、▼チェンシュン・ウー、▼チャン・リン・ティエン、▼イオミン・ペイ、▼ヨーヨー・マ、▼デイビッド・D.ホーなどがいる。

(王効平)

百八兄弟神 ひゃくはちきょうだいしん

タイ、ベトナム、マレーシア、シンガポール、フィリピンなどの海南島出身華人が信仰する海上安全の神。バンコクの挽叻昭応廟ではこの神を主神とするが、シンガポールの瓊州天后廟では主神天后(▼媽祖)の右に照烈百八兄弟諸水神、左に豊漁と航海の神である南天水尾聖娘を寄祀する。兄弟神の身世については、海南島から移民する途中大波にあい海難死した▼新客108人というものと、別に九死に一生を得てベトナムに上陸したが海賊と間違われて殺害されたとするものがある。いずれにせよ非業の死をとげたものである。旧中国では非業の死者を含め、幽鬼を厚く祀れば応分の吉利が授かるとする「好兄弟」の俗信があった。この俗信は別にしても、海上往来と不可分の関係にあった華僑は

海上安全を熱心に祈願し、また海難者を悼む心情はことのほか深かった。シンガポールの海唇福徳祠は、海岸に漂着した陳姓の水死体を広客7幫派共同で葬り土地神としたのが縁起である。

(可児弘明)

⊟ 大伯公, シンガポール天后廟
⊟ 陳育崧序, 林孝勝ほか著『石叻古蹟』南洋学会叢書13, シンガポール: 南洋学会, 1975.

繆輝堂 びゅうきどう

横浜華僑の銀行▼買弁。生没年不詳。広東省香山県出身。1872年頃から▼香港上海銀行横浜支店の買弁を務める。78年当時では、▼横浜居留地62番地の香港上海銀行の敷地内に家族・使用人7人とともに居住。初期横浜華僑のなかで富裕層に属する。

(伊藤泉美)

⊟『横浜市史』3-下.

ヒューストン
休斯敦 Houston

テキサス州政府所在地で、華人主要居住都市の一つ。1980年代末の華人人口は10万人と推定される。情報産業がリーディング産業となるにつれて、華人エンジニアや創業者が集積しつつある。レストラン、観光土産物屋中心のオールドチャイナタウンとは別に、同市の西側にショッピングモール、銀行、新興住宅、学校からなるニューチャイナタウンと称される新華人居住区が出現。

(王効平)

馮 [姓] ひょう ⇨ 馮 ふう

廟 びょう

道教、仏教、儒教、民間信仰などの神仏を祀る宗教施設。庿とも書く。華僑・華人社会で信仰されている代表的な神として、▼媽祖、関帝、観音、土地神などを挙げることができるが、故郷を離れて暮らす華僑・華人にとって、これら郷土の神仏を祀った廟は、精神的な支柱として重要な役割を果たしてきた。神仏の誕生日などには定期的に祭祀が行われ、集団の結束が強められる。廟の役員には、祭典の代表責任者である▼炉主と、▼廟産の維持管理に携わる管理人(董事)がある。前者は神意(擲筶ポエ)、後者は信徒の互選によって選ばれる。また日々の献香や掃除などの雑用をする廟祝(廟公)がいる。廟は▼同郷団体や▼同姓団体によって創建されたものが多く、▼会館としての機能を兼ね備えている場合も

少なくない。廟は宗教施設であると同時に集会所でもあり、奨学金などの経済的援助、冠婚葬祭における相互扶助、演劇・武術などの文化活動も行う、複合的機能をもつ組織となっている。　　　　　　　　　　　（高橋晋一）

　⇨進香，分香

兵庫県華商綢業公会（ひょうごけんかしょうちゅうぎょうこうかい）

　1935年2月に神戸で設立された福建出身呉服行商人の同業組合。事務所は湊東区多聞通4丁目82番地にあった。設立時の会員数は180人。神戸における呉服行商は長崎から来た福州人によって始められ、開始された時期も長崎、大阪より遅い。大正時代以降、親方制度の下に多数の売り子が集まった。公会結成前後の最盛期には親方8人、独立行商と売り子を含めて210余人がいたといわれ、福州系の伝統行事である"普度勝会"が神戸中華義荘で初めて行われたのも1934年。日中戦争後、親方のほとんどが帰国、制度は自然消滅した。　　　　　　　　　　　　（陳來幸）

兵庫県広東同郷会（ひょうごけんカントンどうきょうかい）

　兵庫県在住の広東省出身者の"同郷団体。1982年6月に設立。会員は270世帯、700人余り（96年現在）。兵庫県と広東省とが姉妹関係を結んでいることから、両者間の人的往来が盛んで、広東省からの訪問団が来ると、華僑総会とともに同郷会が接待に当たっている。また、"広東人が比較的集住する神戸市中央区中山手3丁目を再開発し、新中華街を建設する計画において、中心的役割を果たしている。　　　　　　　　　　　　（曽士才）

兵庫県江蘇省同郷会（ひょうごけんこうそしょうどうきょうかい）

　兵庫県在住の江蘇省出身者の"同郷団体。1972年4月に設立。会員の多くは揚州と鎮江の出身者で、かつては理髪業者が多かったが、その後職種は多様化している。中日国交正常化前後から相次いで同郷会が設立されたが、他の同郷会と同様に中国の出身省との交流活動の受け皿となっている。　（曽士才）

　⇨神戸華僑理容公会

兵庫県山東省同郷会（ひょうごけんさんとうしょうどうきょうかい）

　兵庫県在住の山東省出身者の"同郷団体。1983年8月に設立された。北幇公所としての要素もある。大阪には中国東北や華北の出身者からなる同郷会として"大阪中華北幇公所があるが、神戸には従来なかった。神戸にも設立をという周囲の声が契機で設立された。山東省煙台市付近の牟平、福山、蓬萊3県の出身者が多いが、河北省、遼寧省、北京市出身者も少数参加している。親の代はほとんどが飲食業を営んでいた。団体誌『兵庫県山東省同郷会』（1984年創刊）。　　（曽士才）

兵庫県浙江省同郷会（ひょうごけんせっこうしょうどうきょうかい）

　兵庫県在住の浙江省出身者の"同郷団体。1989年6月に設立。会員は60世帯、250人（94年現在）。年1回の活動報告会のほか、旅行や運動会などの親睦活動を行っている。以前は上海や江蘇省の出身者とならんで洋服の仕立て職人が多かったが、現在は職種が多様化している。事務所は神戸市中央区山本通3丁目。　　　　　　　　　　　　（曽士才）

　⇨神戸華僑洋服商組合

兵庫県台湾同郷会（ひょうごけんたいわんどうきょうかい）

　兵庫県在住の台湾省出身者による親睦を目的とした社団法人。入会資格に国籍条件なし。事務所は神戸市中央区北長狭通3丁目キタビル203号。1973年1月に創設され、同年9月『会報』創刊。当初は月刊。現在年4回発行。歴代会長は徐燦生（1973-83年）、尤進徹（1983-89年）。現在は鄭正秀（1989年以降）。理事29名、監事2名。理事会の下に総務部、財務部、文化第1～3部を置く。初年度会員142所帯、2001年現在215所帯。旅行や懇親大会などの家族親睦活動と、文化・スポーツ活動、奨学事業、社会福祉事業などを行う。　　　　　　　　　　　　　　　（陳來幸）

兵庫県中華料理業組合（ひょうごけんちゅうかりょうりぎょうくみあい）

　1946年設立の兵庫県下の華僑中華料理業者の同業組合。北幇出身者を主とする。所在地は神戸市中央区中山手3丁目、"兵庫県山東省同郷会と同じ。初代理事長は呉振東。初期の頃、組合のおもな仕事は組合員の納税事務の代行であった。69年5月兵庫県中華料理業環境衛生同業組合が成立、本組合と"神戸中華料理加工品組合の会員はこれに協同して参加した。環境衛生同業組合はほとんど活動のない組合であったが、93年に再建され活動が活発になり、現在は兵庫県中華料理業生活衛生同業組合と改称、事務所を中華料理業組合に置き、むしろ中華料理業組合が有名無実

化している。
(陳來幸)

兵庫県中華料理業生活衛生同業組合
ひょうごけんちゅうかりょうぎょうせいかつえいせいどうぎょうくみあい

　兵庫県下の中華料理業者の同業組合。1957年環境衛生法の成立により、各都道府県に寿司、麵類、喫茶など各種飲食業者別に同業組合が組織され、兵庫県中華料理業環境衛生同業組合が▼兵庫県中華料理業組合と▼神戸中華料理加工品組合の会員を母体に69年に設立された（理事長は呉振東）。しかし旧来から二つの組合が独自に活動していたので、本組合は有名無実のものであったが、93年に再建され、李楽邦が理事長となり、広東幇など北幇以外も加入、日本人も会員に含め、活動も活発化した。2001年、兵庫県中華料理業生活衛生同業組合と改称。理事長は黄棟和。現在会員は約100人。日本人会員は半数を越える。所在地は神戸市中央区中山手通3丁目。▼兵庫県山東省同郷会、兵庫県中華料理業組合と同じ。
(陳來幸)

廟産
びょうさん

　▼廟が所有する共有財産のことを廟産と呼ぶ。具体的には、廟宇とその敷地、また田畑、建造物、養魚池などの付属財産、および机、椅子、テント、祭具、神轎（神輿）などの備品が含まれる。廟産は、廟の管理人または▼炉主が管理する。所有財産からの収益、信徒の寄付などによる収入は、おもに廟の維持管理費や祭典費にあてられるが、剰余分は積み立てられたり、田畑や建造物の購入、公益慈善事業などに使われることもある。

(高橋晋一)

㊂ 祭祀公業

苗秀 びょう・しゅう 1920-80
MIAO Hsiu

　先駆的▼馬華文学作家。▼シンガポール生まれ、祖籍は広東。中学の英語教師、▼『星洲日報』文芸副刊編集者、▼南洋大学中文系講師を歴任、シンガポール作家協会創立に参画。『新馬華文文学大系小説二集』（1970年）、『馬華文学史話』（1968年）等を編著、雑誌『南方文芸』出版など文学運動に寄与し、多産の創作活動をした。掏摸り、売春婦、やくざなど底辺に生きる人物の描写にすぐれ、中編「新加坡屋頂下」（1951年）はたがいに職業を偽って恋しあう掏摸りと売春婦の物語。ある夜偶然、女は男が警察に追い詰められ逮捕される現場に居あわせた。たがいの正体を知っても、悪の根源が不合理な社会にあることを覚った二人は、許しあい将来の結婚を約束した。長編「火浪」（1960年）は第2次大戦開戦前後の70日間の出来事を通じて華人の各階層市民の生活と意識を描き、強硬な抗日分子、臆病な小市民、反動的な商人、売国奴等々の典型を塑像した。大衆の言葉を自在に用いた素朴な筆致が苗秀の作品の特徴である。

(今冨正巳)

漂流唐船 ひょうりゅうとうせん

　帆船時代において海難に遭遇して漂流し、日本などの外国に漂着した中国船のこと。明清時代を通じて中国を唐と呼称したことから、日本では中国船を▼唐船と呼び、漂着した中国船を漂流唐船と呼んだ。中国の帆船が海外に進出するにあたり海難事故に遭遇した例は古くから見られたであろうが、記録が顕著に残されているのは清代以降であり、中国域外の朝鮮半島、日本列島、南西諸島などに多くの記録を残している。中国船はとくに清代康熙期（1662-1722年）以降において沿海海域のみならず、海外に進出した。日本には長崎以外の地に、▼長崎貿易を目的とした中国の長崎貿易船のほか、中国沿海の交易などに使用されていた帆船も漂流している。朝鮮半島に漂着した中国船はおもに沿海貿易に関係する船舶が多く、琉球を含む南西諸島に漂着した中国帆船も沿海の商船が多い。1749（乾隆14）年には20隻近い沿海商船が南西諸島に漂着した。いずれも年末の同じ頃に山東半島沿海付近で暴風に遭遇し、南に流されたと考えられ、興味深い記録を多く残している。

(松浦章)

📖 松浦章「李朝時代における漂着中国船の一資料」『関西大学東西学術研究所紀要』15, 1982. ／同「十八〜十九世紀における南西諸島漂着中国帆船より見た清代航運業の一側面」『関西大学東西学術研究所紀要』16, 1983. ／同「李朝漂着中国帆船の『問情別単』について」上, 下『関西大学東西学術研究所紀要』17, 18, 1984, 85.

ピョンヤン
平壌

　朝鮮民主主義人民共和国（北朝鮮）の首都。高麗時代の926年に西京に改称、1369年ピョンヤン府に。第2次大戦後、1946年に特別市となり、48年南北分断により樹立された共和国の実質上の首都となる。中国殷朝末、箕子が朝鮮に入植し、ピョンヤンの王位を授けられ、その流れを引き継ぐかたちでピョンヤンに定住、ピョンヤン華人という呼称が定着し、華人集中地の一つとなった。近代華人の移民は1883年に始まり、1930年には473世帯、1995人を記録した。31年の排華運動（万宝山事件）で甚大な被害を受け、以降、ピョンヤン華人経済は疲弊し再起不能となる。同事件の死者（埋葬推定750人）を祀る華人受難記念塔が同地に建てられている。共和国樹立後、ピョンヤンに華僑聯合総会が発足し、各地に分会がおかれた。朝鮮戦争（1950–53年）で犠牲となった中国人民義勇軍烈士を祀る朝中友誼塔も建てられた。63年の国籍法によって華僑の帰化が進められ、朝鮮籍華人は約8000人と推定される。56年にはピョンヤン中国人高級中学が創設された。
〔涂照彦〕

平戸（ひらど）

　長崎県北部の市で、北松浦半島の西に位置する平戸島、度島、および周辺の小島からなる。古来、北九州の博多、▼大宰府と大陸との海上交通の要衝で、次いで▼五島となる日本本土最西端である。中世には水軍松浦党の根拠地の一つであったが、平戸をして世界に著名にしたのは16、17世紀の大航海時代、まず▼倭寇大頭目▼王直が当地に屋敷を構え、次いで海寇首領の▼李旦、さらに▼鄭芝龍が居をおき、その子▼鄭成功がここで生まれたことである。一方、西洋勢力も、まずポルトガルが来航、次いで17世紀にはオランダ、イギリスが相次いで商館を建て平戸全盛時代となった。しかし、1641年平戸オランダ商館は閉鎖、長崎移転で国際都市平戸は終焉する。
〔川勝守〕

平野善次右衛門（ひらの・ぜんじえもん）　1744–1823

　唐大通事、通事頭取。先名は長十郎、平兵衛。諱は祐英。字は楼梧。▼馮六を祖とする▼唐通事平野家の第6代。▼平野繁十郎祐章の孫。1761（宝暦11）年の稽古通事を振出しに、小通事、大通事助などを経て87（天明7）年大通事、1805（文化2）年直組定立合兼目附大通事兼役となり、09年林梅卿に次いで2人目の唐方通事頭取の地位に就いた。23（文政6）年その職で没した。
〔林陸朗〕

平野繁十郎（ひらの・はんじゅうろう）　1692–1749

　唐通事風説定役。諱は祐章。▼馮六を祖とする▼唐通事平野家の第4代。父平兵衛は内通事であったが、繁十郎は1717（享保2）年稽古通事に登用され、小通事を経て、42（寛保2）年風説定役になった。この間、1729（享保14）年御墨所の御用として唐人から唐国製墨の法を習得し、42年に「唐通事始之覚」「長崎居住唐人覚」を書き（『江戸長崎談叢』1・2号）、45（延享2）年には来泊清人の李仁山による中国式種痘法の書を翻訳した。
〔林陸朗〕

ビリトン［島］
勿里洞　Billiton/Belitung

　インドネシア西部、スマトラ島とカリマンタン島の間のジャワ海に浮かぶ島で、東西88km、南北69km、面積4833km^2。西隣に位置する▼バンカ島とともに世界有数の錫産地として知られている。錫採掘においては、華人労働者が重要な役割を果たしてきた。ビリトン島では15世紀初め、▼鄭和の南海遠征の一行が寄港して以降、華人の移住者が増加していった。1710年頃、スマトラ島の▼パレンバンのスルタンがビリトン島の領有を宣言し、華人を派遣して錫採掘の監督・管理に当たらせた。1825年、オランダ植民地政府は約20人の華人とともに錫鉱の探査を行い、27年、オランダ植民地政府と華人の両者は、合同で錫採掘を行うことで合意した。以後、ビリトンにおける錫鉱業が発展していき、錫採掘労働者の不足を補うため、中国で募集した華人労働者を導入するようになった。1860年にはビリトン公司が設立され、その後、華人労働者数は急速に増加していった。1920年代初めにはその数は2万人に達した。29年の世界恐慌の影響で錫産出は停滞し、華人人口は減少した。30年のビリトンの華人人口は2万8614であり、これは総人口の31％に相当した。

オランダ植民地時代には、錫鉱山における劣悪な労働条件の下での重労働、圧迫、搾取に耐えかねて、華人労働者は反抗闘争を行い、たびたびオランダ側との衝突事件が発生した。なかでも、1927年に起こったビリトン錫鉱華工ストライキは大規模なものであったが、最終的にはオランダ側に武力鎮圧されて終わった。47年、ビリトン中華労工総会が設立された。　　　　　　　　　　　　（山下清海）

□ 巴力頭
圖 呉鳳斌『契約華工史』南昌：江西人民出版社、1988。／『世界華僑華人詞典』

飛龍幇 ひりゅうパン
Flying Dragons

アメリカのチャイナタウンで、恐喝、強盗、麻薬密売、売春、殺人、賭博などの犯罪で暗躍する黒社会の華人ギャング・グループの一つ。60年代後半から組織として拡大し、今日に至る。このほかに、▼鬼影幇、▼白鷹幇、黒鷹幇などの類似組織がある。アメリカのチャイナタウンでは、近年、これらの伝統的な華人ギャング・グループに、香港系、福建系、ベトナム系が加わり、なわばり争いが続いている。　　　　　　　　　（山下清海）

□ 三黒問題
圖 K. Chin. *Chinatown Gangs*. NY: OUP, 1996.

ビルマ華僑興商総会 ビルマかきょうこうしょうそうかい
緬甸華僑興商総会

ミャンマー（ビルマ）で地方産物を扱う華人業者団体。前身は1911年にラングーン（現▼ヤンゴン）で組織された興商公司。当初は▼孫文らの革命活動を支援したこともあった。各少数民族商人のための交易センターの建設（28年）、『興商日報』創刊（30年）、中国領事館建設支援（31年）、ビルマ華僑救災総会の組織（37年）がおもな活動。太平洋戦争下で一時活動停止の後、46年に再開。新中国成立後はビルマと中国との貿易・友好促進を掲げ、ミャンマー華人の社会・文化活動の中心となる。　　　　　　　　　　　　（樋泉克夫）

ビルマ華商総会 ビルマかしょうそうかい
緬甸華商総会

ミャンマー（ビルマ）華僑の商業者団体。前身は1908年に組織されたビルマ商務団体会。翌年にビルマ中華商務総会に、さらに30年にビルマ華商総会となる。初期は福建系、広東系が中心で、華僑の査証業務、会員間の利害調停、商業活動の発展などを目的としていた。日中戦争時は▼抗日運動を支援。日本軍のビルマ駐屯中は活動を停止。48年ビルマ独立後に活動を再開。当初のおもな業務は華人のビルマ定住、出入国手続き援助。後に福利厚生活動に重点が移る。
（樋泉克夫）

ビルマ式社会主義 ビルマしきしゃかいしゅぎ

1962年から88年まで26年間続いたビルマ（ミャンマー）における社会主義体制。1948年独立以降、西欧的社会民主主義を志向したビルマだが、62年ネ・ウィン大将によるクーデタ以後、独自の社会主義路線を歩みはじめた。国軍と表裏一体のビルマ社会主義計画党（BSPP）による一党体制下、唯物論を否定し、環境（物質）と人間（精神）の相互作用を重視する哲学に立った。しかし実際の政策は、少数民族の政治的権利を削減して中央集権化を推進し、外資を排除のうえ国内のインド・中国系の人々の経済力を無力化すべく、農業を除く全産業を国有化した。また消極中立外交政策をとり、自国民の出国と外国人の入国にも厳しい制限を課し、検閲強化を通じて外国文化の流入も阻止するなど、政治、経済、国防、文化、教育の分野における徹底したビルマ化を推し進めた。その結果、経済は長期的に低迷しヤミ経済がはびこり、人権も抑圧され、国民の不満は増大した。88年、全土的な反体制運動が起こるなか、BSPP体制は崩壊し軍事政権と入れ替わった。　（根本敬）

ビルマ市民権法 ビルマしみんけんほう

▼ビルマ式社会主義下の1982年に制定された国籍法。ビルマ（89年よりミャンマー）では48年の独立後2年間施行された旧国籍法（▼ビルマ連邦国籍法）の下でビルマ国籍を取得せずに残ったインド・中国系の人々が多かったが、70年代に入りそれらの人々の扱いを厳格にしようとする動きが強まり、その目的から新たな法的措置として本法が制定された。国民は「市民」「準市民」「帰化市民」の三つに分類され、「市民」の要件は、土着の民族のいずれかに属し国内に1823年（第1次英緬戦争の前年）以前から住んでいる者（血統主義と居住地主義の累積適用）、「準市民」

は、旧国籍法に基づいて国籍を申請し獲得した者、「帰化市民」は、旧法による国籍申請をせずに1948年4月以前から入国・居住している者とその子孫で帰化手続きをした者、とされた。「準市民」「帰化市民」は3世代目以降「市民」に分類されるが、本法の制定はその後、「市民」以外の人々への経済活動や高等教育における権利差別の合法化をもたらし、問題を残した（1987年以降、経済活動の権利差別は解消）。 (根本敬)

ビルマ私立学校登録条令 ビルマしりつがっこうとうろくじょうれい

1954年にビルマ（ミャンマー）政府により施行された私立学校登記条令。51年に一部地域で施行されたが、52年になり、54年6月より全国施行と公布された。この条令では、宗教教育機関、または僧侶養成機関を除いて、非官立で生徒20人以上をもつものを私立学校と見なし、54年6月から12月の間に関係当局への登記を義務づけた。この条令の目的は主として私立学校の登記にあり、教員資格や教育内容まで干渉することはなかった。当時、ビルマでは205校の▼華僑学校（僑校）を数え、16校が中学校で他は小学校。総勢36万人が学んでいた。政治的には、親中国が60校、中立が42校、親台湾が103校。63年、ビルマ政府は僑校への管理を強化し、ビルマ語で教育を行うことを規定した。その結果、華語教育は放課後に実施せざるをえなかった。66年に200校余の僑校を含む全国800余の私立学校が国有化されたことで、ビルマにおける僑校教育は終焉し、華語教育の場は家庭と、生徒19人以下の補習班へと移った。 (樋泉克夫)

ビルマの華僑・華人 ビルマのかきょう・かじん ⇒ ミャンマーの華僑・華人 ミャンマーのかきょう・かじん

ビルマ連邦国籍法 ビルマれんぽうこくせきほう

1948年ビルマ連邦独立にあたって制定された国籍法。独立前年に制定された憲法では、ビルマ（89年よりミャンマー）国内で生まれ、両親双方がビルマ土着の民族（ミャンマー、カレン、シャンなど）に属する者、もしくは祖父母のいずれかがビルマ土着の民族に属する者には自動的にビルマ国籍が付与されると定められていた（血統主義と生地主義の累積適用）。しかし、それ以外の人々の国籍取得に関する法的規定は、この連邦国籍法によって定められた。同法では、英国、英連邦、英領植民地内で生まれ、1948年1月4日（独立の日）もしくは1942年1月1日（日本軍侵入時）より以前の10年間のうち8年間継続してビルマ連邦内に居住し、ビルマでの永住とビルマ国民になることを希望し、国籍取得後は他の国籍・市民権を放棄する者については、申請を通じて国籍が取得できるとした（出生地制限つきの居住地主義）。この法はしかし2年後の50年に施行停止となり、結果的にインド・中国系住民を中心に多くの国籍未取得者を生み出すことになった。 (根本敬)

⇨ ビルマ市民権法

ピレス、トメ 1466頃-1524頃
Tomé PIRES

▼マラッカ滞在中の見聞をもとに16世紀初頭の東南アジアなどについて記述した『東方諸国記（スマ・オリエンタル）』（邦訳：岩波書店、1966年）の著者で、ポルトガルが派遣した初めての中国使節の大使。リスボン生まれ。1511年、インドに赴き、カナノール商館勤務の後、12年にマラッカ商館に移り、書記兼会計掛および香料の管理人となった。15年、帰国するべくコーチンに滞在したが、中国使節に任命された。16年に出発し、17年8月、▼広州港外屯門澳の泊地に留められた後、10月に上陸。20年まで広州に留め置かれた後、北京に上ったが、明朝との紛争により、皇帝に拝謁できないまま広州に戻り捕縛された。迎えのポルトガル船も退けられた。24年以降の消息は不明で、その頃客死したと推測される。『諸国記』第4部の「シナからボルネオにいたる諸国」には、広州における貿易に関する記述などがあるが、ピレスの直接の見聞によるものではない。マラッカおよびジャワやスマトラなどの記述は自身の見聞に基づき、資料的価値が高い。 (菅谷成子)

閩語 びんご

中国大陸で話されている中国語の方言を六大支系に分けたとき、北方語、呉語、湘語、▼客家語、▼粤えつ語とともに一支系をなしているのが閩びん語である。福建語ともいい、使用地域は、中国福建省を中心に大陸沿海部を帯状に伸び、広東省東部の潮汕地区、雷州半島、▼海南島に及んでいる。台湾、▼シンガポ

ール、マレーシア、フィリピンなどもこの地域に入る。使用人口は合わせて4000万を超える。閩語は各種の下位方言を含むが、そのうちでも閩東語（福州語を代表とする）と閩南語（アモイ語を代表とする）が優位に立っている。海峡を隔てた台湾では、約1100万人の閩南語の使用人口がある。この閩南語を台湾では、民族意識の高まりと相まって「台湾語」と呼んでいる。台湾語は、おもに、▼アモイ、▼漳州、▼泉州の方言が基礎となって形成された混淆語である。これには、明末、アモイが▼鄭成功の根拠地になったこと、清朝になって台湾渡航の港に指定され、▼アヘン戦争後には南京条約によって開港されて貿易港として発展をとげ、多くの東南アジア華僑を出すようになった歴史的背景がある。日本の長崎には、明末以後移住してきた▼福州や福清を出身地とする中国人の後裔たちが多く住んでいる。

(中嶋幹起)

を主張する運動が湧き起こった。　　(曾櫻)

閩南人（びんなんじん）⇨ **福建人**（ふっけんじん）
閩南幇（びんなんパン）⇨ **福建幇**（ふっけんパン）

閩西大学（びんせいだいがく）

▼客家の▼僑郷・▼福建省龍岩市曹渓郷にある同市政府管轄下の大学。▼香港、▼マカオや海外の同郷人の援助で1983年設立。88年までの5年間に、園芸、林業、工業と民用建築、中文秘書、経済管理などのコースを開設。学制は2〜3年。86年段階の学生数373人、教職員120人。董事会には省市の指導者と著名な海外華僑や香港、マカオの同郷人が就任。名誉董事長伍洪祥、名誉学長陸維特。校地20万m²、建物1万2000m²、蔵書2万冊余り。

(市川信愛)

ビンセント・チン事件（ビンセント・チンじけん）
陳果仁事件

中国系アメリカ人殺害事件。1982年6月17日、27歳の中国系アメリカ人ビンセント・チン（Vincent CHIN、陳果仁）がデトロイトのバーで友人と独身生活の最後を祝っていたとき、白人労働者のロン・イベンスが人種主義的侮蔑語でチンに喧嘩を売った。チンがバーを出たとき、イベンスは追いつき、目撃者の前でチンの頭部などを野球バットで殴り、死に至らしめた。法廷では、過失致死罪として、イベンスに執行猶予3年と罰金3000ドルを言い渡した。▼アジア系アメリカ人社会はこの結果にショックを受け、全国的に公民権

フ

『ファーイースタン・エコノミック・レビュー』
Far Eastern Economic Review

香港の時事英字週刊誌で、1946年10月16日号が創刊号。発行部数は9万6451部（香港ABC調べ、2000年上半期）。アジアを対象とした最も歴史の古い英字週刊誌。香港のユダヤ系実業家ローレンス・カドーリを中心に香港上海銀行やジャーディン・マセソン商会などの投資で始まった。現在はアメリカのダウジョーンズ社の経営。ベトナム戦争や香港返還交渉など数々の特ダネや深い分析記事でアジアに関する時事雑誌として定評がある。
(濱本良一)

ファー・イースト信託銀行 _{ファー・イーストしんたくぎんこう}
遠東信託銀行
Far East Bank and Trust Company

フィリピンのマニラに本店を置いていた華人系商業銀行。1970年代半ばからはアメリカのケミカル銀行、日本の三井銀行の資本参加があった。しかし、90年代末の金融危機下で財務状況が悪化したため、99年にはフィリピン最古でスペイン系アヤラ財閥のバンク・オブ・ザ・フィリピン・アイランズ（BPI）に吸収・合併された。その結果、BPIは支店数（680）、資本金、流動資産などでフィリピン金融界の首位となった。
(津田守)

ファーイースト・ナショナル銀行 _{ファーイースト・ナショナルぎんこう}
遠東国家銀行 Far East National Bank

アメリカの華人系銀行。在米華人資本によって1974年にロサンゼルスに創設された。資本金3700万ドル、会長兼頭取に黄仲元（Henry Y. HWANG）。各種商業融資、不動産ローン、自動車ローン、学資ローン、クレジットカード発行、輸出入信用供与などの業務を取り扱う。華人ビジネスをめぐる金融業者間の競争が激しいなか、82年から86年までの間、5年連続業績トップの優良アジア系金融機関として注目を集めた。
(王効平)

ファースト・パシフィック
第一太平有限公司　First Pacific Co. Ltd.

インドネシアの▼サリム・グループの海外拠点で、香港上場企業。同グループは、1979年に▼香港で▼華聯銀行の貯蓄部を買収、さらに上海地産公司を買収合併して、81年に現社名に変更した。アジアの華人企業は香港法人を国際拠点にすることが多く、同グループの場合も、ビジネスがインドネシア内で過大に集中してしまったので、バランスをとり、かつリスク分散のためにも当社を設立したといわれる。子会社に、メトロ・パシフィック社、ハーヘマイヤー社（商業）、スマート・コミュニケーションズ社（通信）、ファースト・パシフィック・ダビ社（不動産）、ファースト・パシフィック銀行などがある。一時は4万人以上の社員によって20か国に展開したが、96年の通貨危機および98年のインドネシア暴動で、サリム・グループ全体が大きなダメージを受け、北米およびヨーロッパでは事業を撤退あるいは縮小し、アジアに事業を集中している。
(山田修)

→サリム、スドノ

蔡仁龍『インドネシアの華僑・華人』鳳書房、1993.

ファースト・バンコク・シティ銀行 _{ファースト・バンコク・シティぎんこう}
泰国第一銀行　First Bangkok City Bank Ltd.

タイの商業銀行。戦前に設立された陳炳春銀行を、国軍幹部のクリット・シワラー大将や▼キエット・ワッタナウェキンが1960年に買収し、泰商（タイ・ディベロッピング）銀行と改名。70年、大蔵省、中央銀行、銀行協会によって現在名とされ再々出発。71年、▼ウテン・テチャパイブーンの実弟のカムロン・テチャパイブーン（鄭可楼）が副社長から社長に昇格。以来、カムロンは一族とは一定の距離を置く姿勢を貫いてきたが、80年代後半に破綻が表面化。政府の介入を受け、テチャパイブーン家の手を離れ、97年の経済危機の後、タイ中央銀行に接収され、さらに政府系のクルンタイ銀行に統合された。
(樋泉克夫)

ファッチョイ号事件 ファッチョイごうじけん

苦力船の苦力虐待事件。同船は香港のドイツ商会がイギリス船ビクスン号を買い取ってファッチョイ（Fatchoy）と船名を改め、さらに船籍をスペインに移したもので、暴力的・詐欺的手段で集めた苦力1005人を乗せ、1872年8月26日▼マカオを出港してキューバのハバナへ向かった。出港前に船から投水して逃亡を図る者が多かったが、両舷に配備された船に捕らえられ、連れ戻された。航海中に苦力は3回にわたり叛乱を起こしたが、いずれも成功せず、鎮圧された後に下甲板で▼辮髪を鉄格子に繋がれ、あるいは甲板で流血の笞打ち、殴打を受けた。叛乱のうち1回は船に火を放ったもので、この火災で苦力の8％が命を落とした。さらにハバナ到着後に奴隷同様に売られる者もあった。横浜の▼マリア・ルス号事件で、苦力船の船長が初めて法廷に引き出された矢先の事件であっただけに、▼苦力貿易に対する国際的な非難が高まり、74年のマカオ苦力貿易停止に向かわせるのである。 （可児弘明）

📖 Yen Ching-Hwang. *Coolie and Mandarins.* Singapore UP, 1985. ／ Sing-Wu Wang. *The Organization of Chinese Emigration 1848-1888.* San Francisco: Chinese Material Center, 1978.

ファン、アルフレッド 1938-
黄国鑫　Alfred HUANG

オーストラリア有数の大都市▼アデレードで初めての華人系市長。全豪では▼ダーウィン市長▼アレックス・ホン・リムに次いで史上2人目。中国四川省生まれ。香港に移住し、英語と土木工学を学ぶ。1965年豪州に渡り、メルボルン王立工科大学、モナッシュ大学、ニューサウスウェールズ大学で学び商学修士。その後、▼メルボルン、▼シドニー、アデレードでエンジニア、マネージャーとして働く。92年アデレード市会議員、95年から同市副市長に。2000年5月の選挙で市長に選ばれた。 （増田あゆみ）

ファンキア
番仔　fankia

▼潮州語で、マレー・インドネシア系の人々に対する蔑称。番仔とも。マレーシア地域においてマレー人として括られるカテゴリーは、多くの場合イスラム教徒のインドネシア系の人々を含んでいる。中国人たちは土着支配勢力であるマレー人たちに対して敵対意識をもっていることが多く、そうした感情と中華意識が相まって、こうした蔑称が使われる。マレー人たちは中国人たちを▼オラン・チナと呼ぶことも多く、この呼称も中国人たちにとっては不愉快の種である。 （川崎有三）

フィッツジェラルド、C. P.
C. P. FITZGERALD

オーストラリアの人類学者。中国の移住史、華僑史の専門家。人類学の指導をマリノフスキーに受け、1937-38年に雲南省大理で少数民族の白族の調査をして、その成果を *The Tower of Five Glories* (Westport, Connecticut: Hyperion Press, 1941) に著した。のちオーストラリア国立大学（ANU）の極東学科長、国際関係学科教授、太平洋研究大学院院長に任じた。同大学における中国・東南アジア関係史、華僑史研究を開拓。著書に英文で書かれた『中国文化小史』『則天武后』『中国の高揚期』『共産中国の誕生』などがあるが、*The Southern Expansion of the Chinese People* (ANU Press, 1972) は、後世の華僑にいたる中国人の東南アジア進出史の体系叙述として著名。 （斯波義信）

フィッツジェラルド、スティーブン 1938-
費思芬・菲茨杰拉徳／斯蒂芬・菲茨杰拉徳　Stephen A. FITZGERALD

オーストラリア国立大学極東歴史学部教授。ステフェン・フィッツジェラルドとも。その著作 *China and the Overseas Chinese: A Study of Peking's Changing Policy 1949-1970* は、1972年にケンブリッジ大学から出版され、日本語訳もある。フィッツジェラルドはこの本において、中国のマスコミや調査資料、▼香港と華僑・華人居留地の新聞・資料などをもとに、1949年から70年までの中国政府の華僑政策（国内政策と海外政策）とその変化について詳しく研究した。西側の研究者として系統的に新中国の華僑政策、僑務を研究したのはこれが初めてである。この20年間に華僑を東南アジアにおける中国の「第五列」とみなしたことには根拠がない、華僑の政治動向は中国政府の意図とは

何の関係もない、というのが著者の主張である。

(李国梁)

📖 スティーヴン・フィッツジェラルド『中国と華僑』鹿島研究所出版会，1974．

フィフィ・ヤン 1914-75
菲菲陽　Fifi Young

インドネシアの女優。本名陳金娘（TAN Kiem Nio）。14歳で映画監督兼劇作家の陳章生と結婚。1920年代末から30年代、いくつかの劇団に所属、シンガポール、マラヤ、インドなどへ巡回公演。続く日本軍政期、独立後も、夫とともにさまざまな演劇活動。51年初の映画出演で母親役を好演、55年にも母親役を演じて映画祭で最優秀演技賞受賞、72年、73年にも相次いで最優秀賞、演技賞受賞。ほかにも数十の映画に出演、銀幕のインドネシアの母親像を作り上げた。

(三平則夫)

フィリピノ・ファースト政策 フィリピノ・ファーストせいさく
Firipino first policy

1959年のフィリピン大統領選挙においてナショナリスタ党のガルシア候補が打ち出したスローガン。フィリピン経済を外国人からフィリピン国民に帰すことを訴え、華僑・華人の経済支配に反感を抱くフィリピン国民の反華ナショナリズムを煽り、同候補は地滑り的勝利を収めた。フィリピノ・ファーストの方針は、ガルシア大統領就任後の60年1月25日の初国会で確認され、この時期、米・トウモロコシ関連産業国民化法（61年）、セブ市の映画館経営国民化条例（59年）など、おもな国家政策で32件、地方自治体の条例レベルでは無数の特定産業の国民化に関連する法案・条例案が審議された。同政策は、(1)アメリカ人の内国民待遇が温存されたこと、(2)外資および華僑・華人資本の逃避により経済が停滞したこと、など矛盾を抱えていた。また華僑・華人も資本を避難させる一方で、フィリピン国籍取得やダミー名義、「法の下の平等」を楯に法廷闘争に持ち込むなど抵抗した。この結果、同政策は実をあげる前に、62年マカパガル大統領により放棄が宣言された。

(宮原暁)

📖 蕭曦清『中菲外交関係史』台北：正中書局，1995．

『フィリピン・アイランド』
Philippine Islands

スペイン支配時代のフィリピンに関する史料集。アメリカは米西戦争の結果、1898年にフィリピンを領有したが、本書はその後エンマ・ヘレン・ブレア（Emma Helen BLAIR）とジェームス・アレクサンダー・ロバートソン（James Alexzander ROBERTSON）が編纂したもの。史料はすべて英訳され、重要なものについては原文が付されている。全55巻で、第54巻と55巻は索引である。スペイン支配時代のフィリピン史研究のために便利、かつ重要な史料集であるが、利用に際してはアメリカのフィリピン占領を正当化するために編纂されたものであることに留意すべきである。

(生田滋)

フィリピン華裔青年聯合会 フィリピンかえいせいねんれんごうかい
菲律濱華裔青年聯合会　Kaisa Para sa Kaunlaran Inc.

フィリピン華人による文化活動を目的としたNGO組織。第2次大戦後、フィリピンにおける民族意識の高揚の中で、政治的文化的に華人社会に危機感が浸透していった。その対抗現象として、1970年代に宗親会や同郷会の設立などによる華人としての民族意識の高揚が見られた。同時に、別の思潮として、多民族国家であるフィリピンの一員としてフィリピン社会に同化融合すべきであるという「華菲融合論」が唱えられ、文化人類学者であるチンベン・シーによって合一協進会が組織された。チンベン・シーの死の翌年、1987年に、その遺志を継いで、彼の妻であるテレシタ・アン・シーや呉文煥（GO Bon Juan）らによって、合一協進会を発展させる目的でフィリピン華裔青年聯合会が結成された。月刊誌 *Tulay*（橋）の発行や華人研究に関する書籍発刊、シンポジウムなどの文化活動のほか、医療や貧困民、被災者に対する義捐やボランティア活動も盛んである。1999年には、マニラの旧中国人居住区に華裔文化伝統中心を設立し、フィリピン華人の歴史をテーマにした博物館のほか図書館を併設し、そこを活動の拠点としている。

(小熊誠)

🔁 華裔，多文化社会

フィリピン華僑抗日遊撃支隊

日本占領期のフィリピンにおける最も著名な左派華僑の抗日ゲリラ組織。略称、華支。1942年5月に創設され、最盛期には5大隊、隊員700余名の規模にまで発展した。総隊長は黄傑（王漢傑）、政治委員は蔡建華（余志堅）。華僑抗日反奸大同盟、『華僑導報』とともに、フィリピン華僑抗日の「三つの旗」と称された。戦後、"マニラ華僑義山（墓地）に犠牲者の追悼碑として、フィリピン華僑烈士記念碑が建てられた。
（廖赤陽）

フィリピン華僑善挙公所

菲律濱華僑善挙公所　Philippine Chinese Charitable Association, Inc.

フィリピン華人社会における唯一の福利および慈善組織。スペイン統治時代、華僑を管理する役職であるカピタンの下に菲律賓中華総会善挙公所（Comunidad de Chinos）が1870年に組織され、慈善事業、商業事務、中西学校の管理を行った。米国統治に移り、商業事務は1904年成立の中華商務局、教育も同年成立の華僑教育会に業務分割された。慈善事業の業務を管理するため、1900年に華僑善挙公所が設立された。以後100年にわたって"マニラ華僑義山や"中華崇仁医院の管理・運営を行ってきた。困窮者に対する診察や施薬、葬式や墓の面倒などの慈善活動を行っている。
（小熊誠）

🗐 崇文書院
📖 劉芝田編著『中菲関係史』台北：正中書局, 1964.

フィリピン華商聯国旗事件

1975年6月、フィリピン華人経済界を代表する組織である"フィリピン華人商工聯合総会の建物内に中華人民共和国の国旗を掲揚するかいなかをめぐってなされた争い。翌年11月、マルコス大統領の裁決によりフィリピン国旗のみを掲揚することで決着。中比両国の国交樹立の年に起きた国旗事件は、母国の政治分裂に基づく東南アジア華人社会の歴史的構造、および中国志向から居留国志向に切り替えるという時代の大転換の一側面を反映している。
（廖赤陽）

📖『菲華商聯総会銀禧記念特刊』／鄧英達, 1988.

フィリピン華人商工聯合総会

菲華商聯総会　Federation of Filipino-Chinese Chambers of Commerce and Industry, Inc.

フィリピン華人経済界を代表する組織。略称は「商総」。1954年マニラおよび各地の中華商会や各業種の商会組織214団体を連合してマニラで創設。同会の主旨は、(1)フィリピン華人工商団体の相互協力関係の促進、内部紛糾の調停・仲裁、会員の福利増進、(2)フィリピン政府に協力して同国の経済発展を促進、(3)華人のフィリピン社会への融合、地域の母集団との親睦関係増進、(4)各種の社会福利・慈善・文化教育事業の推進。成立以来のおもな活動は、華人社会の合法的権益の保護、フィリピン政府の経済・社会発展政策への協力、農村の学校校舎建築への寄付、医療衛生・防火・防災などの慈善事業展開、華文教育推進など。
（廖赤陽）

📖『菲華商聯総会銀禧記念特刊』／鄧英達, 1988.

フィリピン商業国際銀行

菲律賓商業国際銀行　Philippine Commercial International Bank

フィリピンのマニラに本店を置いていた華人系商業銀行。創設は1938年。81年までにはフィリピン・バンク・オブ・コマースなど2行の吸収・合併を経て同国第4の地位を占め、その名のとおり外国為替に強い銀行として知られていた。しかし、90年代末に到来した金融危機のもと、多額の不良債権を抱えることとなったため、99年には"エクイタブル銀行に株式の72％を買収され、エクイタブルPCI銀行となった。
（津田守）

フィリピン中華キリスト教会

菲律濱中華基督教会　United Evangelical Church of the Philippines

第2次大戦前、フィリピンで設立された四つの中国系プロテスタント教派の一つ。1929年に正式発足。戦後46年、嘉南中学（Hope Christian High School）を設立。フィリピン全土に福音站（gospel center）11、支会6、堂会6を擁する。他の教派には、1903年設立の聖ステフェン教区（St. Stephen's Parish）、30年設立で中国大陸にその淵源を

もつクリスチャン福音センター（Christian Gospel Center）、32年聖公会の主導で設立された広東系の聖ピーター教区（St. Peter's Parish）がある。このうち最も古い聖ステフェン教区は、アモイの長老会と改革派教会、およびアメリカから派遣された聖公会ミッションの協力により設立された。しかし、1928年会員の一部が聖公会主導の教会運営および聖職者が閩南語を解さないことに対する反発を強め、分派。翌年、フィリピン中華基督教会が設立された。こうした分派には、フィリピンの華僑・華人の出身地、すなわちアモイを中心とした福建省南部において、もともと長老会の影響が強く、フィリピンにやってきた人々のなかに、すでに長老会系のプロテスタントとなっている者が少なくなかったことが背景として存在している。　　　（宮原曉）

▷フィリピンの華僑・華人

フィリピンの華僑・華人

フィリピンに居住する華僑・華人は、2000年人口センサスによれば、人口の1.6%、約120万人といわれており、そのうち過半数がマニラ首都圏に居住している。マニラにおける居住地は、パシグ川北岸地区（ビノンド、サン・ニコラス、サンタ・クルス）に位置する▼チャイナタウンを中心に、マニラ首都圏北部全体に幅広く分布している。しかし、中国人の流入が長い歴史を有するにもかかわらず、華僑・華人人口は上記センサスのとおりであり、東南アジア諸国のなかではその規模は著しく小さい。フィリピンの華僑・華人を論じる際の大きなポイントはここにある。

華僑・華人人口が少ない主たる理由は、イスラム、スペイン、アメリカといった外部勢力の断続的侵入というフィリピンの歴史そのものによると考えられる。まず第1は、15世紀のイスラムの侵入である。フィリピンと中国の関係は、アラブ商人に代わり中国人による商業活動が開始された9世紀に遡る。10世紀には、中国人はフィリピンに上陸して居留区地区を建設し、15世紀までに内陸を含め、フィリピンとの交易を独占的に支配した。ところが、15世紀初めにミンダナオ島から侵入したイスラム勢力は、こうした中国人のフィリピン国内における経済活動を駆逐してしまったのである。かくして、中国人中継貿易の主体としてだけの地位に追いやられてしまったといえる。

第2は、スペイン占領下の弾圧である。16世紀に入ってフィリピンはスペイン植民地下に置かれる。金銀や香辛料をほとんど産出しないため、植民者の関心はもっぱら、フィリピンをメキシコとスペインの中継地とする▼アカプルコ貿易（ガレオン貿易）に注がれた。ところが、その貿易の陰の主役は中国人であり、彼らは中国との補完的な貿易やスペイン人を対象としたサービス業に従事し、アカプルコ貿易を支えていたのである。そのため中国人人口がスペイン人を凌駕するに至ると、スペイン植民地政府は彼らの流入規制やマニラへの▼居住制限を実施したり、3度にわたる中国人追放令を出し、中国人の増加を抑制した。17世紀から18世紀半ばまでに5度にわたって発生した中国人大虐殺事件の背景である。このような弾圧の中で中国人系メスティソが中国人に取って代わる。19世紀まで地方商業の担い手として台頭、土地を買収し中小地主となる者が現れたのである。こうして、スペイン統治下の時代も中国人は全面的に力を伸張することはできなかった。

第3は、アメリカによる抑圧政策である。スペイン統治後期の1834年にマニラが開港され、取引の自由を保証された中国人商人がふたたびフィリピン経済を席巻したが、こうした復調傾向も、アメリカの植民地統治で抑制されることになる。すなわち、1903年に制定された中国人排斥法によって大規模な移住が生じなかったので、中国人は20世紀になっても少数であった。以上のように、中国人は早くからフィリピンと交渉をもち、フィリピン社会に入り込みながらも、イスラムの侵入とスペインやアメリカの植民地統治のため人口は停滞していた。

したがって、現代フィリピンの華僑・華人社会の基礎は、19世紀半ば以降に続いた福建省からの移民によって形成されたといえよう。現在、中国系フィリピン人の8割が福建省出身といわれている。華僑が▼帰化し、中国人社会が華僑から華人へ変化したのは、1970年代に入ってからである。フィリピンでは、第2次大戦後から60年代にかけての輸入

代替工業化期には、アメリカや日本の外国資本を導入する一方で、国内の企業育成政策はきわめて民族主義的なものであった。すなわち、フィリピン人への外貨優遇割当制度が実施され、フィリピン第一主義（産業と外国貿易のフィリピン化）がとられた。さらに決定的な政策は、54年の小売業フィリピン化法の制定である。こうして、この法律が施行された64年以後は、フィリピン人のみが小売業者として認可されることになり、多くの華僑は、当時はフィリピン人への帰化が手続き上は不可能に近かったため、小売業からの撤退を余儀なくされた。中国人が再び小売業に台頭してくるのは、第2次マルコス政権下で、1975年の中華人民共和国との国交回復に至るまでの、華僑へのフィリピン国籍付与条件の大幅な緩和によってである。こうして70年代後半には中国人のフィリピン人への帰化ラッシュが続き、中国籍を有する華僑人口はごく僅かとなる。

以上のような経緯から判断すると、フィリピンには、絶対数こそ少ないものの、華僑・華人に固有のネットワークが機能しやすい環境が歴史的に整えられていたともいえよう。福建省からの移民が大宗を占め、戦前戦後をとおして、経済政策における中国系人排斥が断続的に行われたことは、福建人のネットワーク形成をかえって促進し、その後の中国系人の経済力形成に貢献したと考えられるからである。現在、父系制氏族集団が単位となり、さまざまな中国系人の団体が形成されているが、このような各種団体こそ、フィリピンにおける流通部門を全分野にわたって独占した中国系人の強力なネットワークの根幹である。ネットワーク形成は、フィリピンのような不確実性の高い社会における情報収集などのさまざまな取引費用を削減するのに貢献する。フィリピンでは、情報収集力を最も必要とするサービス業を中心に中国系人の経済的影響力が甚大であるが、そればかりでなく、フィリピンへの外国投資を見ると、中国（香港・マカオ地域を含む）、台湾、シンガポールの中国系資本のシェアが圧倒的に高い。このような中国系人の経済力の背景には、歴史的に培われてきたネットワーク基盤の存在があるといえよう。

ところで、他のアジア諸国に見られるような現地社会における大きな民族的対立を生まなかったのも、中国系人口の規模の小ささによる。中国系人は、所与の条件の下でアイデンティティを保とうとすれば、たえずフィリピンの文化との融和を意識しなければならなかった。実際、新しい世代の中国系人の多くは、英語やフィリピノ語そして地方語を日常語として話すが、むしろ中国語は話せなくなり、カトリックに改宗する者も多い。今後も、中国系人が固有のネットワークの基盤を十分に活用していくためには、フィリピン人社会の文化を受容することが不可欠であることは強調されてよい。　　　　（中西徹）

▷マニラの華僑虐殺事件，メスティソ，排華法［フィリピン］，小売業の現地化，二言語教育，キリスト教改宗，マニラの華僑・華人

フィリピンの共産主義運動 〈フィリピンのきょうさんしゅぎうんどう〉

フィリピンの共産党には、1930年クリサント・エバンヘリスタ設立のPKP（Partido Kommunista sa Pilipinas）と第2次大戦後の68年ホセ・マリア・シソンが結成したCPP（Communist Party of the Philippines）があり、これとは別に中国人系の中国共産党フィリピン支部がPKPと同時期にマニラに設立された。1942年、PKPがフィリピン社会党とともに抗日人民軍（フクバラハップ、以下フク）を創設すると、中国共産党フィリピン支部は華僑抗日遊撃支隊（華支、Hua Chi）を組織し共闘、戦後も中国共産党から約20万ドルの資金供与を得てフクの反政府武装闘争を支援した。52年当時、中国共産党フィリピン支部は約2000人の党員、3万人近い潜在的支持者を抱える勢力となっており、政府の度重なる取締まりの対象となった。なかでも1952年12月27日、「禁僑案」と呼ばれる一斉検挙では、中国国民党の領袖や帰化者を含む300余人が逮捕、獄死者3人、国外追放者14人、最終的に99名の嫌疑不十分が確定するまで処理には10年の歳月を要した。その後、57年には華僑共産主義者の即時国外退去を可能とする破壊活動防止法が成立した。60年代、フィリピンの共産主義運動は対華僑・華人工作、とくに文化団体を通しての資金調達の面でインドネシア共産党（CI）の影響を強く受ける。そうしたなかPKPから分派

したCPPもCIとの関係を保ちつつ、毛沢東思想に基づく農民革命を目指し（後に毛沢東賛美は停止）、69年新人民軍を組織、数々の爆弾テロを敢行するなど反政府武装闘争を展開している。フィリピンの共産主義運動はしばしば反華的ともなるフィリピノ・ナショナリズムを旗印とし、PKPも表向き中国共産党フィリピン支部との関係を否定している。このためフィリピンの共産主義運動と華僑・華人の関わりは微妙な点を多く含んでいる。

(宮原曉)

▣ Justus M. van der Kroef. "Philippine Communism and the Chinese." *China Quarterly*, 30. 1967.／蕭曦清『中菲外交関係史』台北，正中書局，1995.

フィリピン・マニラ中華商会
菲律濱岷尼拉中華商会　Philippine Chinese General Chamber of Commerce

フィリピンにおける華人同業組織。スペイン統治時代は、▼カピタン制によって華僑統治が行われていたが、1898年以降のアメリカ統治下では、1904年に成立した小呂宋中華商務局がそれに代わった。その後、小呂宋中華商務総会、小呂宋中華総商会と改称し、31年に菲律賓岷尼拉中華商会に改称した。この組織は単なる同業組合的な組織ではなく、イロイロ、セブ、サンボアンガなど地方の商会組織と連携をとり、フィリピン華人社会を代表する全国的な最高組織の機能を果たした。その目的は、国内華人の利益団体としてその権益を守ると同時に会員相互の紛争調停を行い、また会員の福利厚生を図ることである。1921年の欧文簿記法案に対し、中華商会が華人を代表して米国最高裁判所に控訴して勝訴した。対外的には、中国本土の災害に対して義捐金を募ったり、抗日救国運動への資金援助を行った。54年、商業団体を統合するフィリピン華商聯合総会が成立し、本会はその一団体となったが、91年に脱退した。

(小熊誠)

⊟ フィリピンの華僑・華人

▣ 劉芝田編著『中菲関係史』台北：正中書局，1964.

馮夏威　ふうかい　?-1905

広州府南海県出身の▼華工。1905年春、移民先のメキシコから帰国したが、おりから清国移民取締条約（グレシャム・ヤン条約，1904年12月7日満期）延長に反対する▼反米ボイコット運動が高揚するなかで、人境学社のメンバーであった馮は排華の継続を憂い、7月16日、上海のアメリカ領事館前で服毒自殺をとげて禁約反対運動を激励した。上海のいわゆる拒約大会から2か月余り後のことである。馮の追悼大会が上海，▼広東，▼マカオ，▼香港などで開かれ、華人社会でも12月3日にシンガポールの同済医院、12月16日にクアラルンプールの同善医院で追悼大会がもたれた。またシンガポールのワヤン街の広東劇場では、平易な広東語（▼粤語）を使った馮の芝居が上演された。華工の惨状が歌謡で告げ知らされたことと併せ、馮の芝居は波止場の荷揚げ▼苦力や妓女までを含む華人社会の広い層のボイコット理解・支持となり、華字紙のキャンペーン、反米集会、公開講演とは別の影響力をもった。

(可児弘明)

⊟ 華工禁約，排華法

▣ 黄賢強「海外華僑馮夏威与一九〇五年抵制美貨運動」『海外華人研究』3，1995.

風鋸　ふうきょ

ジャワ島のバタビア近くの島に居住していた中国人木工が使用していた、風力で回転する鋸。1820（嘉慶25）年に刊刻された世界地誌『海録』の「噶喇叭」の条によれば、バタビア近くの「海次山」に属するある島に住む「中華」の「木工」が使用していたという。

(井上裕正)

▣ 可児弘明「東南アジアにおける華僑のイメージとその影響力」松本三郎・川本邦衛編著，1991.

馮鏡如　ふうきょうじょ　?-1913
F. Kingsell

横浜華僑。原籍は広東省南海県。▼馮自由の父。幕末・明治初年に香港から来日するが、幕末に長崎経由か、明治初年に直接横浜に来たのかは不明。1874（明治7）年には▼横浜居留地70番地に居住。78年頃には横浜居留地53番地で雑貨輸出・印刷業の文経印刷店（Kingsell & Co.）を経営。95年に亡命してきた▼孫文を受け入れ、▼興中会横浜支部を設立し、会長となる。1900年に文経印刷店が焼失して帰国。晩年は▼広東で暮らす。

(伊藤泉美)

▣『革命逸史』4．

馮景禧 ふう・けい 1922-85
FUNG King Hey

1960年代の▼香港で、▼サンフンカイ・プロパティーズ（新鴻基地産）とヘンダーソンランド（恒基兆業地産）の起源となる不動産会社・新鴻基企業を創設した一人。広東省南海生まれ。ともに「三剣俠」と呼ばれた▼郭得勝、李兆基（▼リー・シャウキー）らと58年永業公司を設立。63年に発展解消して新鴻基企業を創設。馮は69年に新鴻基証券で独立し、香港最大の華人系証券会社にした後、現行の新鴻基へ改名・改組。死後は息子の馮永祥が継承したが、1997年までに手放す。

（山崎勝彦）

馮紫珊 ふう・し・さん

▼孫文をかくまったことで知られる横浜の華僑。孫文が1895年に広州蜂起で失敗、横浜に亡命した際、兄▼馮鏡如とともにかくまった。生没年不詳。広東省南海県出身。1885年頃、▼横浜居留地60番に印刷製本業の致生号を開業。のちに保皇派へ変わり、▼康有為や▼梁啓超などと関係を結び、横浜保皇会の会長を務めた。保皇派の機関紙『▼新民叢報』は彼が営む致生号で印刷された。

（陳天璽）

興中会横浜支部

馮自由 ふう・じ・ゆう 1882-1958

横浜生まれの革命家。原名は懋龍、字は建華。原籍は広東省南海県。父は▼馮鏡如。幼年期は▼広東で教育を受け、1895（明治28）年横浜に戻る。この頃、父鏡如は▼孫文と出会い、▼興中会横浜支部を設立する。馮も革命に目覚め、興中会に最年少で入会する。また横浜大同学校に入学。その後、鏡如や叔父▼馮紫珊は保皇派に傾斜し、宣伝誌『清議報』『新民叢報』を発行する。馮は保皇派の思想的締めつけに憤慨し、名を自由と改め、革命派の雑誌『横浜開智録』を発行した。1901年早稲田大学の前身東京専門学校英語政治科に入学し、東京の中国人留学生と革命運動を行う。その後、香港、シンガポール、カナダ、アメリカと活動の舞台を広げ、『中国日報』『中興日報』などを発行、革命思想の普及と資金の調達に東奔西走する。▼辛亥革命後は一時政府の要職につくが、政治闘争から身をひき、『中華民国開国前革命史』『革命逸史』などを著す。1951年台湾に渡り総監府国策顧問に就任。陽明山第一公墓に永眠。

（伊藤泉美）

📖『革命逸史』4．

馮承鈞 ふう・しょう・きん 1885-?

中国の東西交渉史の研究家。湖北省夏口の出身で、字は子衡。フランスに留学してパリ大学の法学士号を取得。初め政界に入って副総統秘書などを務めたが、のち、西欧ことにフランス東洋学者の著した東西交渉史にかかわる名著を正確に中国訳しつつ自らの研究を付する事業に専心した。西域史、元代の白話などのほか、南海、南洋史研究の訳出も多く、『西域南海史地考証訳叢』『中国之旅行者』『交広印度両道考』『崑崙及南海古代航行考』『蘇門答剌古国考』『諸蕃志訳註』があり、華僑史の研究に貢献した。

（斯波義信）

📖『諸蕃志』。

風水 ふう・すい

風水とは元来、東洋的自然や環境を指すが、転じてその独特な環境アセスメントや測定術をいう。東南アジアでは華人社会のほか、中国や華人からの影響の及んだ大陸山岳部や都市の諸民族にも、名を変え方法を変えて、風水判断がなされている例が見られる。風水は、中国殷～周代の卜宅、周～春秋戦国時代の地理・相宅、漢代の堪輿かんよなどにその淵源が求められる。風水が定義づけられたのは、晋代の郭璞かくはくの書だと仮託された『葬経』からである。風水とはすなわち風と水であり、気の動きを操作する地理的条件をいった。専門家を風水師（風水先生）、地理師（地理先生）、陰陽師（陰陽先生）、地師、地官、南蛮子などと称する。判断の特徴は、(1)環境が死者（祖先）や人間（子孫）に対して強い影響を及ぼすとし、(2)その影響が地形・水流・気候・地質・植生などの自然環境と、陰陽・五行・八卦・天干地支などの宇宙の運行との相関性をもって及び、(3)さらにその影響が吉凶禍福を伴って現れるとすることにある。環境からの好影響を得るには、死者や人間に好影響を与える生気を確保して、悪影響を与える殺気を防ぐ生活空間を構築する必要があるとされる。陰宅風水（墓地風水、墓相）と陽宅風水（住宅風水、家相）の2種がある

が、今日では風水といえば、通常は陰宅風水をいう。陽宅風水は室内インテリア風水とエクステリア風水に二大別され、エクステリア風水はさらにコミュニティ風水と住宅風水に分けられる。中国に限らず東アジア諸国では風水判断はしばしば国策として実施され、明清期から現代に至ってしだいに民間の未来予知の占法にもなった。東南アジア華人社会でも民間の占法として、どの民系といわず盛んに用いられているが、都市部では陰宅風水よりも陽宅風水が、陽宅風水のなかでも室内インテリア風水が流行している。　　　（渡邊欣雄）

囗 術士，中国人墓地
圏 S. Noble. *Feng Shui in Singapole*. Singapole: Graham Brash Ltd., 1994.／劉麗芳・麦留芳『曼谷与新加坡華人廟及宗教習俗的調査』民族学研究所資料彙編9, 台北：中央研究院民族学研究所, 1994.／渡辺欣雄・三浦国雄編『風水論集』凱風社, 1994.

馮乃超 1901-83
FANG Nai Chao

中国の作家。帰国華僑。祖籍は広東省南海。横浜生まれ。東京の第一高等学校予科、名古屋の第八高等学校を経て、京都帝大文学部、東京帝大文学部で学び、マルクス主義サークルに参加。1927年帰国して創造社に参加、翌年中国共産党に入党。中国左翼作家聯盟初代書記長兼宣伝部長、全国文聯理事（1940年から）、中山大学副学長（1951年から）などを務める。代表作品に『傀儡美人』『阿珍』『県長』があるほか、『芥川龍之介集』など日本文学の翻訳も多数。　　（荒井茂夫）

馮六 ?-1624

長崎で1604（慶長9）年に初めて置かれた唐通事。名は「ほうろく」と読む説もある。六官と称し、山西省潞安府の出身と伝える。渡来年代や由来は不詳。住宅唐人の一人であったが、幕府が長崎を直轄地として長崎奉行をおいた直後に中国語の通訳官として登用された。1624（寛永元）年まで勤めて、その職で没した。子孫は馮六の妻の姓によって平野氏を称した。その子は唐通事にならなかったが、3代平兵衛は内通事、4代平野繁十郎は唐通事となり、以後子孫は世襲した。　　　　　　　　　（林陸朗）

傅雲龍
FU Yunlong

清代末期の外交官。浙江省徳清の生まれ。生没年不詳。1889年にペルーへ赴任し、その見聞を『游歴秘魯図経』に記録した。1901年に出版されたこの著作は4巻に及び、在ペルー華人の実情を詳しく記述した。　（曾櫻）

フエ
順化　Hue

中部ベトナムに位置するグエン（阮）朝（1802-1945年）の故都、紫禁城や歴代皇帝の陵墓などの史跡で知られる文化都市。人口28万6000（1996年）。漢名は順化（Thuan Hoa）、1307年にチャン（陳）朝がチャンパの烏州と里州に属すこの地方を割譲させ、順州、化州としたことに発祥する。フエは「化」の字音ホア（Hóa）の訛音。レー（黎）朝（1428-1789年）の実権を握ったチン（鄭）氏から離反したグエン氏が1558年に順化処に駐札した後、ベトナムが南北に分裂し、北のチン氏領に対するグエン氏の広南領の本拠となった。チン氏領に比べて外国人の規制が緩かったグエン氏領には、17世紀末に華僑の進出が急増し、順化の香茶県には大明客庸を称する華人街ができて、後に交易港地区として発展した。政治都市フエの経済的側面を支えるためにグエン氏が貿易を奨励したことで、南方100kmの国際交易港ホイアン（会安）に外国商船が出入港し、日本人町とともに唐人町が形成されて広南華僑の中心勢力になると、フエの客庸は会安庸に属した。僑生世代に明香清河庸と明香会安庸に分かれ、分割自治制をしいていた会安華僑の差配を受けたが、19世紀以降、中部ベトナムの華僑の中心がホイアンからダナン（沱㶞。仏領期のトゥーラン、漢名は峴港）に移ると、2庸はともにダナンの華僑と密接に連繫した。　　　　　　　　　（川本邦衛）

フェイ、バーバラ 1935-
費明儀　Barbara FEI

香港のソプラノ歌手。江蘇省呉県人。上海で成長。父は著名な上海の映画監督、費穆。環境に恵まれた幼少時より音楽に親しみ、南京国立音楽学院でピアノを習得。同時に父親の薫陶下、中国的発声の京劇と昆曲も学ぶ。

香港に留学しクラシック声楽を習得、のちパリ大学へ音楽留学。1960年香港へ移住、64年香港で明儀合唱団"Allegro Singers"を創設し、音楽総監督、指揮、独唱で活躍。65年から78年まで香港のTVでクラシック音楽番組パーソナリティを務め、クラシック音楽の啓蒙に努めた。また世界各地の公演では西洋音楽的見地から中国伝統歌曲を紹介し好評を得ている。大陸内地でも精力的に活動し、長年にわたり内地と香港の音楽交流に貢献。香港大学、香港中文大学などで講師を歴任、論文、著書を発表する一方、映画にも出演し、音楽、演劇、文学と広い範囲で活躍する芸術家。81年唐詩による歌曲アルバム「唐詩新境界」をリリース。96年から香港芸術発展局委員。

(壬生昌子)

フォン、エディ 1954-
方令正　Eddie FONG

オーストラリア華人で香港出身の映画監督、脚本家。高校卒業後▼ショウ・ブラザースで一時働いたのち、香港バプティスト学院でマスコミュニケーションと映画を専攻。在学中に撮った実験映画『出走』(1975年)が注目され、無綫電視台(TVB)に脚本家として入社した。80年『山狗』で映画脚本家デビュー。その後イギリスに留学、帰国後『殺出西営盤』(82年)などの脚本を執筆し、『唐朝豪放女』(84年)で監督としてもデビュー。監督作品は他に『郁達夫伝奇』(85年)、『川島芳子』(90年)、『非常偵探』(94年)がある。80年代後半から現在の妻である▼クララ・ロー監督を補佐、脚本の共同執筆ほか製作全般に協力している。94年オーストラリアに移住、クララ・ローとの共同脚本で、オーストラリアに移住した香港人を描く『フローティング・ライフ』(96年)を完成、ロカルノ国際映画祭で銀豹賞を受賞した。クララ・ローの"The Goddess of 1967"(2000年)にも脚本その他でかかわった。

(松岡環)

フォン、ハイラム 1907-
鄺友良　Hiram FONG

ハワイ華裔の実業家、政治家。ハイラム・レオン・フォン(Hiram Leong FONG)ともいう。同地中国系人中、最も有名な人物の一人。▼原籍は広東省斗門だが、現地生まれ。米国最初の華裔上院議員のため、セネター・フォンと呼ばれる。ビジネスにもすぐれ、ファイナンス・エンタープライズを創設、企業集団(銀業集団)に育て上げた。両親はサトウキビ園労働者で、11人中7番目の子のフォンは苦労してハワイ大学に入学、のちハーバード大学法学部に転じた。1935年に卒業したときには財布に1ドルしかなかったという。共同で弁護士事務所を開いたのが成功し、蓄えた資金を商売に向けた。38年にハワイ州議会下院議員に当選(共和党)、副議長にも就任したが、54年に小差で落選、59年8月にハワイが合衆国に参加した最初の国会選挙で白人候補者を押さえて大差で上院議員に当選。64年、70年と連続再選されたが、71年に引退。ビジネスも長男のハイラム・フォン・ジュニア(鄺亮義)に譲った。

(游仲勲)

フォン、ハロルド・マイケル 1938-
鄺和勝　Harold Michael FONG

中国系アメリカ人判事。本籍は広東省台山だが、ハワイで生まれた。1960年に南カリフォルニア大学を卒業、64年ミシガン大学法学院から法律博士学位を取得。ホノルル市弁護士、ホノルル郡弁護士、ハワイ州弁護士、連邦弁護士などを歴任し、82年にハワイ州連邦判事、84年からハワイ州連邦首席判事を務め、アメリカ建国以来最高位に立つ中国系アメリカ人判事となった。

(曾嬰)

フォン、マチュー・キップリング 1953-
鄺杰灵　Matthew Kipling FONG

中国系アメリカ人政府官僚。「マット」という愛称で呼ばれる。カリフォルニア州オークランドで生まれた。母親は著名な中国系アメリカ人政治家の▼マーチ・フォン・ユー。1975年アメリカ空軍士官学校を卒業、82年ペパーダイン大学からMBA、85年サウスウェスト法律学校から法律博士を取得。カリフォルニア州出納官を長く務めた後、90年に共和党から州財務長官に推薦された。

(曾嬰)

フカひれ
鱶鰭

軟骨魚類のサメのひれ(フカと呼ばれるのはサメの関西以西での別称。またサメの大型のものをいう)。▼ナマコ(いりこ)、▼燕の巣などとともに中国の宮廷・高級料理の食材と

して明代初期～中期以降利用されてきた。サメの各部にあるひれを魚体から切り離し、天日乾燥したものがフカひれ（中国では魚翅という）であり、色により白魚翅と黒魚翅に大別される。サメの種類やひれの大きさにより価格は大きく異なり、白魚翅のサカタザメが最高級品とされる。ふつう、背ひれ1、胸ひれ2、尾ひれ1（下部）を一組として出荷する。18世紀中葉から日本産、琉球産のフカひれは、いりこ、干しアワビとともに「俵物として清国に輸出された。1980年代後半からフカひれの需要増を背景にアラフラ海でサカタザメの底刺網漁が開始される。サメ刺網船の船主兼フカひれの買付け、集荷に従事したのが、アル一諸島ドボ島在住の中国人たちである。サメ漁のためにオーストラリア領内へ越境して拿捕される事態も発生した。しかし乱獲のためにサメ資源が減少し中国人は撤退した。太平洋では、日本および台湾船がサメ漁に従事している。　　　　　　　　（秋道智彌）

深見玄岱 ふかみげんたい 1649-1722

▼唐通事の家から出て、書家、文筆家として著名。高玄岱ともいう。字は子新。天漪と号した。唐大通事深見久兵衛（▼高一覧）の子。初め岩永宗故、のち戴曼公（独立性易どくりゅうしょうえき）に学び、天和から貞享（1681-87年）頃医師として薩摩藩に仕えたが、まもなく長崎に帰り、書が巧みで▼林道栄と「二妙」といわれた。また儒学、文筆にすぐれ、1709（宝永6）年江戸幕府に召されて学問を講じ、新井白石、室鳩巣と並び称された。　（林陸朗）

　　　　　　石村喜英『深見玄岱の研究』雄山閣、1973.

ブキット・チナ ⇨ 三保山 さんぽうさん

武俠小説 ぶきょうしょうせつ

　中国武術と任俠の徒の活躍をテーマとした小説。古く司馬遷の『史記』に「遊俠列伝」「刺客列伝」があるように、武術と任俠の精神は中国社会の中で重要な位置を占めており、文学の素材とされてきた。唐代後期に作られた伝奇小説にはすでに武俠小説の原型ともいえる作品が見える。次の宋・元代には、都会の盛り場での講釈師の語りに基づく口語体の小説が生まれるが、そこでも武俠は重要なテーマの一つであった。そのいわば集大成が『水滸伝』である。しかし真の意味での武俠小説の源流は19世紀の清朝末期にはやった「俠義小説」に求められる。俠義小説とは、大岡越前のような名裁判官の活躍を描いた公案小説（大岡越前の話の多くは、宋代の実在の人物、包拯ほうじょうを主人公とする公案小説の翻案である）に武俠的要素を付け加えたもので、清代の実在の裁判官を主役とした『施公案』や、包拯の手下となった俠客たちを描いた『三俠五義』などが有名である。武俠小説は、清末・民国初の政治的混乱期を経て、俠義小説の名裁判官が代表する体制的正義の要素が抜け落ち、もっぱら武俠の徒の活躍に焦点を当てたところに誕生した。1920年代、上海で『武俠世界』という専門雑誌が刊行されるが、これには日本の押川春浪が1912年に創刊した同名の雑誌の影響があるかもしれない。代表作には、平江不肖生の『江湖奇俠伝』や環珠楼主人の『蜀山剣俠伝』などがあるが、この時期の作品には内容が荒唐無稽なものが多く、後の新派に対して旧派武俠小説と呼ばれる。50年代に入り、中国本土では武俠小説が禁止されたため、その中心は香港と台湾に移った。なかでも香港の梁羽生（1922年生）と`金庸（1924年生）は新派武俠小説流行の火付け役で、これに台湾の古龍（1937-85年）が続く。彼らの作品の多くは映画、TVドラマ化され、香港、台湾をはじめ海外の華僑の間で熱狂的に迎えられ、現在では本土でも高い評価を得ている。　　（金文京）

　⇨ カンフー映画

　　　岡崎由美・伊藤卓・浦川とめ『武俠小説』賓陽社、1996.

複合社会 ふくごうしゃかい
plural society

　イギリスの社会学者ファーニバル（J. S. FURNIVALL）が提唱した概念で、同一の政治単位の中で隣接して生活していながらも、相互に交わることのない、独立した複数の諸集団が異なる原理で運行する社会をいう。典型例である旧英領のマラヤ（現マレーシア）の住民は、グループの間の深い溝が、宗教、言語、慣習などの文化的要素によって分断されている状態にあり、その構成は、マレー人が50％、中国人が40％、そしてインド人が10％だった。複合社会という術語は、このような状況を観察したファーニ

バルが、著書 Netherlands India（1939）および Colonial Policy and Practice（1948）において、英領ビルマや蘭領東インドの政治社会構造を説明するために用いたものである。下ビルマやインドネシアは、植民地期より、マレー人、中国人、インド人や諸少数民族からなる多民族国家であった。このような状況が現出されるのは、各民族間の秩序が経済的インセンティブによって裏づけされ形成されているためである。各民族が相互浸透することのない安定均衡の社会をもたらした理由がそこにある。したがって、このことは、▼ナショナリズムが高揚したり、法治主義が貫徹しないかぎり、各民族に政治的統合のインセンティブがないことを意味する。分割し統治するまでもなく、社会が初期条件として分断されているこの種の状況は、宗主国の植民地経営を容易にしたといえよう。フィリピン社会においても、この観察は適用可能である。スペイン人、スペイン系▼メスティソ、マレー系諸族、中国人の複数民族の安定的並存は他の東南アジア諸国同様に、居住形態や財閥関係などに典型的に現れている。これは民族間に階層意識をもたらし、地主–小作関係や雇用主–労働者関係の補完・強化をもたらし、社会階層間の流動性の欠如をより強いものにしている。
(中西徹)

福済寺（ふくさいじ）

長崎市筑後町にある▼黄檗宗の寺。分紫山福済寺。長崎▼唐三か寺の一。泉州寺、漳州寺ともいう。もと明人海商の漳泉人が航行の安全を守る女神▼媽祖を祀るため、▼福建幫の集会所に置かれた祠堂から発達した。独立の媽祖祠廟となったのち、大明寺とも称せられたが、1628年に泉州人の唐僧覚悔を招き、福済寺に改めた。唐船キリシタン事件などの刺激で、檀家の唐大通事頴川（えがわ）藤左衛門らが1649年に泉州府出身の蘊謙（うんけん）を招聘し、ついに仏教寺院化した。▼隠元は1655年弟子木庵を長崎に呼び、福済寺住持とした。蘊謙は木庵が1660年長崎を離れた後、ふたたび福済寺住持となり、中興開山とされる功績を挙げた。開基の覚悔から7代の大鵬まで11人の住持・監寺などの原籍は、泉州府の8人が最多であり、漳州府2人、延平府が1人である。南福建出身者のための同郷会館的な寺院であった。しかし原爆による火災のため全焼し、往時の姿はない。
(黒木國泰)

参 李献璋『媽祖信仰の研究』泰山文物社，1979．／『長崎市史』地誌篇仏寺部上．

福州（ふくしゅう）

福建省の行政機関所在地。全省の政治・経済・文化の中心。榕城あるいは三山ともいう。福建省第1の大河閩江の下流にある福州市の歴史は2200年前に遡る。中国の東南沿海に位置し、漢代以来の貿易の良港だった。福州市所轄地域の海岸線は福建省海岸線の全長の3分の1を占め、福清湾、羅源湾、興化湾などの天然の港湾を抱えている。改革・開放後、同市はいち早く対外開放地域の一つに指定された。1999年現在、同市は5区6県2市を管轄、人口570万人。中国の著名な▼僑郷の一つであり、250万人の▼福州人が世界50余の国、および香港、マカオ、台湾に居住している。華僑・華人および香港・台湾資本の投資の便宜を図るために、福州地域は福州経済技術開発区、融僑経済技術開発区、福州保税区、台商投資区、高新科技園区、元洪投資区などの国家クラスの投資開発区が設けられている。
(廖赤陽)

参 福州幫，福清融僑工業区，福建

福州琯江鉄道（ふくしゅうかんこうてつどう）

福州琯江鉄路

マラヤ華僑の黄怡益が建設しようとした▼福州・琯江間の鉄道。民国初期、中国国内では地方自治が行われ、福建省籍華僑の間では帰国して鉱山を開発しようと思う者が少なくなかった。1913年、同省籍の黄が資金200万元を集めて福州・琯江間の鉄道を開設、沿線の鉱山を採掘しようという計画を立てたが、当時、地方では軍閥が混戦し、官吏に金銭を強要されたり、匪賊に強奪されたりして、この計画もふいになった。
(劉暁民)

福州語（ふくしゅうご） ⇨ 閩語（びんご）

福聚寺（ふくじゅうじ）

北九州市小倉区にある▼黄檗宗の寺。山号は広寿山福聚寺。1665年に▼隠元禅師の弟子の即非如一が小倉藩初代藩主の小笠原忠真の創建の請いを受けて建立した。黄檗宗第2の大寺院として知られ、北九州地方における黄

檗禅の布教基地。伽藍様式は宇治黄檗山▼万福寺と同様に明朝様式の設計施工。不二門、鐘楼、小笠原忠真墓上建造物（いわゆる霊屋）が創建当初の姿で現存する。なお、福聚寺は千葉県香取郡東庄にも黄檗宗寺院として存在し、当地の新田開発に関与していた。何らかの関連が想定される。
（川勝守）

福州幇 ふくしゅうバン

福州方言を常用する地縁集団。その出身地が▼福州、閩侯、福清（平潭）、長楽、連江、永泰、閩清、古田、屏南、羅源など、福建北東部の10県に及ぶので、「福州十邑」と称する。なお、福州の別称が「三山」であるため、福州幇の会館は「三山幇」または「三山公所」と称するものが多い。福州幇の華僑・華人は50余の国に分布し、海外、台湾、香港、マカオなどに在住する福州人はおよそ250万。閩南幇と比べれば小さな地縁集団だが、マレーシアのサラワクの福州幇人口は華人総数の3分の1を占める。日本では福州幇人口は閩南幇を上回り、福建各幇の主流を構成している。近年来、福州幇の諸団体は世界的規模の聯誼会を組織し、ネットワーク的繋がりで同郷人間の経済・文化交流の促進を図っている。1990年5月、第1回世界福州十邑同郷大会がシンガポールで開かれ、世界福州十邑同郷総会が結成された。99年現在、総会長はマレーシア華人顔清文。
（廖赤陽）

㊀福建、福建幇
㊤『福建省志 華僑志』／シンガポール福州会館編『三山季刊』．／『福建僑報』1999年3月16日．

福州幇［長崎］ ふくしゅうバン

長崎の▼福建幇に属し、福建省北部にあたる▼福州府出身者の団体。福州府の中でも福清、長楽、閩、侯官などの各県を主とする同幇は、同じ福建幇に属する▼泉漳幇とともに、長崎開港以来の▼唐船貿易に従事。徳川幕府のキリスト教禁教令に対応して福州幇は▼崇福寺を建立、それを菩提寺として貿易の安全確保に努めた。安政開港後の同幇は、他幇のごとく純然たる貿易団体ではなく、福清県出身の呉服雑貨行商人たち（▼福清幇）を主体とし、それら行商人に中国雑貨を輸入供給する胴元としての少数の雑貨輸入商が所属していた。それら貿易商は、泉漳幇が主導する▼長崎福建会館に参加した。1899（明治32）年に▼三山公所を設立し、彼らの菩提寺である崇福寺の維持と、祭祀の伝統を継承。1916（大正5）年、▼辛亥革命後の民族昂揚の中で、同幇の互助親睦と団結を目的に長崎福州同郷会が結成されたが、構成員は三山公所と重複していた。第2次大戦後は、▼長崎福建同郷会がこれを継承。会所は長崎市新地町10番にある。
（陳東華）

福州料理 ふくしゅうりょうり

福州菜

福建省の省都▼福州の料理。福州は古くから東アジアの海運基地として栄え、新中国成立後は工業都市として発展、茶、果物、木材の集散地でもある。台湾海峡を隔てた台湾には、福建原籍の人が多く、食文化も近い。榕樹（ガジュマル）が多く植えられていることから榕城といい、福州菜のことを榕城菜とも呼ぶ。▼福建料理の主流をなし、とくに湯（スープ）に長じ種類も多い。代表料理は肉類、海産物、フカひれなどを紹興酒の甕で煮込んだ仏跳牆で、中華料理の最高峰のスープ料理。海産物や貝類の料理も多く、蝦醬や蝦油などの小エビの発酵調味料をよく使う。肉や魚の生臭さを取り除くために、酢と砂糖を巧みに使ってあっさりした風味を出す。また紅糟（もち米、紅麹、塩から作る調味料）を用いて、煎糟、酔糟、𤆵糟、拉糟などの調理法で、こくと香りが特徴の酔糟鶏、糟汁川海蚌など名菜を作る。五香粉（桂皮、丁香、花椒などの混合スパイス）や苦杏（杏仁の粉）も特産品。
（飛山百合子）

福寿所 ふくじゅしょ

葬儀所。大難館ともいった。死者の枕、死者に着せる衣服をはじめとして、死者があの世へ旅立つのに必要なあらゆる品々や、あの世で死者が必要とする物品を紙または紙張子で作ったミニアチュール、花輪など、葬式を出すのに必要なすべてを取り寄せて葬儀万端の準備をするだけでなく、喪主に代わり、葬儀を執行する僧侶、道士、ブラスバンド、提灯持ち、紙銭まきから風水師にいたるまでの職業人を手配するなど、葬儀関連業者の結節点となっていた。大型チャイナタウンには、その昔、福寿所がいくつも並び、それに混じ

って葬儀に関連する各種商店が集まる街路があった。かつてのシンガポールのサゴ街はその一例である。また病院で息をひきとる人が稀であった時代には、福寿所は死に際の人間、とくに末期の老人を預かった。広東華僑のなかに見られた旧慣であり、死者が発する「死人風」に触れると、死者の不幸が乗り移ると信じられていたからである。この死穢を忌む習慣から、故郷の広東省では方便医院、移住先の海外では福寿所に、臨終の人間を預けたのである。

(可児弘明)

福清人 ふくせいじん

福清は福建省福州市の南の海岸沿いにある市。水産業および製塩が盛んである。市の南西の黄檗山には万福寺（創建は唐代中期789年）がある。日本の▼黄檗宗の祖、▼隠元のいた寺である。福清市の西にある魚渓地区はインドネシア華人の代表的な▼僑郷である。福清市籍の華僑や華人の4分の3は、インドネシア（主としてジャワ島）に居住している。インドネシアで最大の華人系財閥であるサリム財閥を率いる林紹良（インドネシア名▼スドノ・サリム）は、1916年福清市海口鎮牛宅村の出身、38年に兄や義兄を頼ってインドネシアに渡った。日本華僑のうち、▼福州や福清など福建省籍者の占める割合は高い。長崎華僑のうちでは、同安とともに、福清の出身者が高い割合を示している。函館や、京都、神戸においても、多数の福清人が居住している。第2次大戦以前の福清人の職業は、主として呉服、衣料品の▼行商があげられる。福清人は、戦後は行商をやめて、衣料品店や中華料理店を開いて現在に至っている。

(中嶋幹起)

㊂ 福清幇

福清幇 ふくせいバン

福建省福清を地縁、血縁とし、相互の福利と繁栄を目的として強固に結束した同郷集団。旧福州府に属する閩侯、長楽、平潭、福清、屏南、連江、門清、羅源、永泰の10県は「福州十邑」と呼ばれ、この地区の出身者を広義に福州人と呼ぶことがある。この旧福州府では▼福州語が優位に立つ言語として用いられている。福清（1991年に県から市に昇格した）の言語は隣接する興化（莆田）の方言とも似ているので、▼福清人は興化人の組織する同郷会館に加わっていることもある。興化人は、▼シンガポールやマレーシアの各地に「興安会館」を組織している。

(中嶋幹起)

福清幇［長崎］ふくせいバン

長崎の▼福州幇に属する福清県出身者の団体。▼福建幇を構成する福州幇と▼泉漳幇は、ともに長崎開港以来の▼唐船貿易に従事した。福清幇は、▼三江幇が清朝の貿易政策（官商・額商制を敷き、浙江省乍浦を唯一の窓口とした）により長崎貿易を独占した後も、引き続き下級船員として参加した。明治以降、同幇の進出はすさまじく、福州幇の中で大多数を占めた福清幇は呉服雑貨行商人たちを主体とし、それら行商人に中国雑貨を輸入供給する胴元としての少数の雑貨輸入商が所属した。行商の品は、中国製の絹、綢、緞子、羅、麻類で、同郷の貿易商を通じて上海あたりから取り寄せた。1899（明治32）年の治外法権撤廃と労働者以外の雑業者の内地進出を認めた外国人▼内地雑居令公布により同幇はさらに増大をみせ、長崎から九州はじめ日本各地に▼行商を広げ、行く先々で店を構えて定着する者も現れた。同幇は、▼崇福寺の維持団体である▼三山公所、長崎福州同郷会、戦後に発足した▼長崎福建同郷会の主要構成員である。会所は長崎市新地町10番にある。

(陳東華)

福青幇［ニューヨーク］ふくせいバン

▼ニューヨークのチャイナタウンの福建人街リトル福州（イーストブロードウェイ）を縄張りとするストリート・ギャングのこと。福建青年幇とも。▼老華僑の広東人街（オールドチャイナタウン）が国民党支持なのに対し、福建人街の新移民は共産党派のために対立意識が強い。ストリートの用心棒、賭博場の運営、さらに風俗店の経営など、裏社会の顔役的存在である。▼香港の黒社会の五大幇（本地、上海、福建、潮州、客家）の一つ▼福建幇に属す▼福建人が1970年代のニューヨークへ移民後、独自の▼幇を構成した。さらに80年代から始まった福建人の新移民の激増にともない、密入国を幹旋する▼蛇頭稼業で頭角を現す。密航船▼ゴールデン・ベンチャー号事件（1993年6月）では、300人近い密航者

の上陸に失敗、その後の幇の権力闘争へと発展し、当時のボス（アー・ケイこと郭良其）は殺人罪で服役中。FBIのニューヨーク部長が「これでニューヨーク・チャイナタウンの無用の殺人は減る」とコメントするほど恐れられている。
(森田靖郎)

📖 グウェン・キンキード『チャイナタウン』時事通信社，1994。／森田靖郎『東京チャイニーズ』講談社，1998。

福清融僑工業区 ふくせいゆうきょうこうぎょうく

外国資本、華僑・華人資本の投資を誘致するために、福州市所轄の福清市に設けられた経済開発区。1987年5月から着工、計画開発面積18km²。同区内には交通、水道、電力、通信などのインフラ施設が整備され、投資項目に応じて六つの特化地域に分けられている。リードする製品はプラスチック製品、化繊製品、紡績品、靴製品、皮革加工品、電子・パソコン部品、自動車部品、アルミ製品など。
(廖赤陽)

福善医院 ふくぜんいいん
Hopital de Foukien

ベトナムのサイゴン（現▼ホーチミン市）、▼チョロン地区に開設された▼福建幇の病院。中華第三医院とも呼ばれた。1909年に福建人の義祠と墓地が郊外へ移されるのにともなって、跡地に病院が建てられたことに始まる。当初は中国医学だけであったが、その後46年に西洋医学の部門も設けられた。75年のサイゴン解放後は政府が接収し、現在はグエンチャイ病院という。敷地内には義祠に使われた建物が残されており、現在、保存が検討されている。
(芹澤知広)

⊟ 広肇医院，潮州六邑医院

服喪制 ふくそうせい

親族が亡くなった場合の、孝（喪）の服し方に関する制度。死者の親族は、葬儀その他の祭儀の際、死者との親等の距離に応じて異なった色の孝服（喪服）を着用する習わしである。孝服の色には白、黒、藍、緑があるが、たとえば、死者に最も近い関係にある子どもは、綿製の白い上下の孝服を着用する。しかしシンガポールの華人社会ではこうした習俗はしだいに簡略化され、多くの人は白か黒の孝服を着用するようになっている。伝統的には、守喪（喪に服すること）が始まる初日に「上孝」の儀式を行い、孝服を着用する以外に、上着の袖に「孝布」と呼ばれる長さ3cm程度の小さな布をつける。これを「載孝」という。孝布は、死者が男性であった場合は左の袖、女性であった場合は右の袖につける。孝布の色は死者との関係によって異なるが、その基準は孝服に準ずる。かつて中国では家族は「脱孝」（喪明け）までの3年間孝布をつけていなければならなかったが、シンガポールの華人社会では49日間ないし100日間に短縮されている。守喪および載孝の期間は質素な色の衣服を身につけなければならず、赤や黄色などの華やかな色の衣服を着ることは忌まれる。
(高橋晋一)

⊟ 死の儀礼，孝子公

福田省三 ふくだしょうぞう 1903-73

経済学者、日本における東南アジア華僑研究の先駆者。1927年東京帝国大学経済学部卒業。東亜同文書院教授時代、商業政策・植民政策を担当講義するかたわら、アジア経済の中枢を掌握する華僑経済の重要性を認識、現地調査研究を踏まえて『華僑経済論』（巌松堂、1939年）、『南方建設の基本問題』（南方経済懇談会編、内外書房、1942年）を著し、政策提言を行った。戦後は学究に入り、58年以降中央大学教授となり、工業経済研究で経済学博士を取得、『新工業経済論』（中央経済社、1964年）、『産業経済論』（同、1968年）の著作がある。
(市川信愛)

福東華商公会 ふくとうかしょうこうかい

1942年に創設された、大阪に拠点を置く福建省福州府ならびに山東省出身の呉服行商による同業団体。福州人による呉服行商は長崎に始まり、日清戦争後に大阪に進出する福州人が急増、1906年には福邑公所が組織された。しかし、日中戦争の間、帰国する者が急増し、会員減少の結果、自発的に解散することとなり、別に山東省出身の行商と合同して福東華商公会を組織した。42年当時の会員数は28人。解散し、現存しない。
(陳來幸)

福佬 ふくろう
ホクロー

福建省南部の沿海部福建人の自称。他者の▼福建人に対する愛称あるいは蔑称としても

使われる。「鶴佬ホクロー」あるいは「河佬ホーロー」とも書かれる。▼香港では、広東省東部の▼スワトウ、▼潮州、海豊、陸豊（▼海陸豊とあわせ称されることもある）の出身者で、この地域の閩南ミンナン語を母語とする船上生活者をこのように呼ぶ。広東省東部のみならず、海南島、台湾、浙江省の舟山群島の一部、平陽県などでもこのように呼ばれることがある。「福佬」の船上生活者は、香港では「牙帯」（タチウオの意）とも呼ばれることがある。▼福州では船上生活者は「科題」と呼ばれる。広東語では船上生活者のことは「蛋民タンカ」という。華南の船上生活をする社会集団を、常用する方言の違いによって、呼び方を異にしているのである。

（中嶋幹起）

扶乩 ふけい
フーチー

扶鸞フーラン、扶箕フーキともいい、文字を介して神からの託宣を得る中国古来の占術。「乩」は占いの意味で、通常、桃や柳の木で作られたT字形あるいはY字形の「乩筆」を一人か二人の「乩手」で支え、砂や香灰を敷いた「沙盤」の上に自動筆記された文字や記号を読み取って神の「乩示」とする。降臨する神霊は、関帝、呂洞賓、文昌帝君などがとくに人気がある。扶乩の原型は「請紫姑」という江南の民間信仰に遡るとされるが、一方で文字を媒介とする性格により、高次宗教とそれを担う知識人層に早くから浸透した。とりわけ道教と扶乩の結びつきは深く、現在までに伝わる道教経典の多くが、扶乩による神仙の降筆によって書かれたものであるといわれる。宋代以降、扶乩は、知識人が科挙の試験問題を占ったり、道教の秘儀的な知識を神に問う手段として普及し、清代には、民衆教化と救済を旨とする▼善堂、道教や三教合一の宗教結社（▼三一教など）などで盛んに行われるようになった。こうした宗教慈善結社から生まれた乩示は編集製本され、「善書」という形をとって広範な地域と階層に流布し、大衆的な宗教倫理観念の確立に大きな役割を果たした。清末、急激な社会変動の中で、扶乩は熱狂的ともいえるブームとなり、近代の新しい宗教潮流を生み出す原動力の一つとなった。▼道院紅卍字会、同善社、救世新教、▼一貫道など、近代に出現した新宗教教団はいずれも、神々の乩示を指針としていた。その潮流は台湾や香港、東南アジア諸国において現在も活発な活動を行っている宗教結社へと連なっている。たとえば東南アジア華人社会で大きな勢力をもつ▼徳教は、広東省潮陽県の乩壇から出発し、潮州人の香港、東南アジアへの移民とともに教勢を拡大した。ベトナムのカオダイ教でも、神託を得るために、中国の扶乩にも見られる竹籠と竹枝を用いた方法を取り入れている。台湾では、一貫道や慈恵堂などの宗教結社や、鸞堂と呼ばれる慈善結社で行われており、多くの信者を獲得している。

（志賀市子）

📖 可児弘明「扶鸞雑記」『史学』45-1，1972．／志賀市子『近代中国のシャーマニズムと道教』勉誠出版，1999．

プーケット［島］プーケットとう
普吉島　Phuket Island

南部タイ、半島部西岸に位置する面積800 km²の小島。プーケトとも表記する。近年、風光明媚な国際的観光地として開発が進んだが、錫の大鉱床があり、早くから中国人移民による露天掘りの錫採掘が島の主産業であった。東南岸のプーケットが主集落で、トンカ（Tongka）とも呼ばれた。錫採掘の中心地で、錫鉱石をペナン、シンガポールへ積み出す港であった。鉱夫は熱病や肝臓、脾臓の肥大に悩まされたが、全員が自由労働者で賃金も比較的高かったので、南部タイの半島部と併せて中国人人口は1870年2万8000人、84年4万人に達した。80年代末に錫相場の下落と圧政から集団下山が起こり、97年プーケット島の中国人は1万2000人以下に減少した。1907年にはオーストラリア企業によるドレッジ方式の採掘が始まり、29年頃までに中国人企業を上回る生産量をあげるようになった。また1907年当時、南部タイの錫生産の約半量が中国人企業によって溶解されていたが、30年頃までに全量が鉱石のままマレーに輸出されるようになり、中国人企業による溶解は消滅した。しかし第2次大戦後、錫産額が減少し、1965年プーケットに開設の溶解所で処理可能になった。

（可児弘明）

🔎 許泗漳
📖 W.スキナー『東南アジアの華僑社会』東洋書

店, 1981.

ブーケ、ユリウス・ヘルマン 1884-
Julius Herman BOEKE

オランダの社会学者。著書『二重社会の経済学と経済政策（Economics and Economic Policy of Dual Societies）』（1953年）において、オランダ植民地の東インド（インドネシア）を事例として、二重社会（dual society）論を展開した。すなわち、植民地期のインドネシアは、西欧資本主義的な「輸入された社会制度」とアジアの前資本主義的な「土着の社会制度」が、長期にわたって交渉のないまま異なるメカニズムによって併存している社会であると考えた。

（中西徹）

舞獅 ぶし

獅子舞。中国の国術の一種。春節などの祭祀に神に奉献し邪気を祓う武技。一人は獅子頭、一人が獅子の尾を持ち、槍・刀で武装した隊伍を従え、太鼓、銅鑼に合わせて勇壮に舞う。獅子の形には開口獅、閉口獅などの種類がある。またその技法も、たとえば開口獅の場合、咬脚（脚を噛む）、翻身（転がる）、踏七星（北斗七星の形に足を踏む）、踩八卦（八卦の形に歩行）、過橋（橋を渡る）、卓上探井（高い所から下を覗く）など、拳術の粋を尽くす。

（田仲一成）

㊀国術社、舞龍
㊇呉騰達、1984.

シンガポール、友芸体育会の舞獅（ライオンダンス）。撮影：可児弘明

フー、シオウイン 1908-
胡秀英　Hsiu-Ying HU

中国系アメリカ人植物学者。江蘇省徐州の生まれ。南京金陵女子大学を卒業し、1937年に広州の嶺南大学から修士学位を取得。南京中山植物園、華西大学などで勤めた後、46年に渡米し、49年ハーバード大学から博士学位を取得。以降、同大学のアーノルド樹木園で中国植物やラン科植物を中心に研究を続け、120編以上の学術論文を書き上げた。著書にFood Plants of China（2000）ほか。

（曾櫻）

普浄法師 ふじょうほっし 1901-86

タイの華人の高僧。広東省に生まれ、1927年タイへ移住。仏足山清水寺で出家し普浄と号した。その後、中国、チベットを往来して仏学研究に励み、48年、中国の律宗を継承し、律宗第19代祖師となる。普仁寺、甘露寺など五精舎を創建し、56年、普仁寺に華宗仏教僧伽学院を創立し、普仁寺住持のみでなく、華宗左僧長、右僧長、華宗大尊長などの要職を歴任した。東南アジア全域の仏教弘法に尽くし、東南アジア華人の第一の高僧といわれた。

（鎌田茂雄）

㊇『世界華僑華人詞典』

プスパ、ティティ 1937-
Titiek PUSPA

インドネシア華人の歌手、ソングライター、タレント。本名はスマルティ・プスポウィジョヨ（Soemarti Puspowidjojo）。1950年代よりラジオ歌手として活躍するほか、映画にも出演。そのかたわら数々のヒット曲を次々に発表し、インドネシアの大衆芸能界をリードしてきた国民的スター。現在に至るまで老若男女を問わず高い人気を保ちつづけ、国民協議会議員を務めたこともある多彩な芸能人として知られる。1999年に教育文化大臣より芸術文化活動に貢献した人物として表彰された8人のうちの一人。

（風間純子）

布袋戯 ふたいぎ

小型の人形の首に衣裳を着せ、下半身の裳の布袋の部分に掌を入れて全身を動かす人形劇。別名、掌中戯。一人の演技者が舞台の後ろから同時に二つの人形を操る。激しい跳躍や格闘を演ずる武戯を得意とする。歌唱や音楽には南管派（閩南▼潮州）と北管派の別が

ある。内容は荒唐無稽、低俗と評されるが、老人には人気がある。現在、台湾、東南アジアの福建人の間に、神誕祭祀や願かけ、願ほどきなどで酬神戯として上演されている。

(田仲一成)

📖『民俗曲芸』67・68「布袋戯専輯」台北施合鄭民俗文化基金会、1990.

物縁ぶつえん ⇨ **五縁関係**ごえんかんけい
仏教と華僑・華人ぶっきょうとかきょう・かじん

仏教が華僑・華人社会においてもつ意味と役割について、東南アジアの、とくにマレーシア、シンガポール、フィリピンの場合を取り上げる。東南アジア各地への仏教の伝播はきわめて古い時代に遡る(西マレーシアのケダ州では4世紀のサンスクリット仏教碑文その他が発見された)が、今日各地の華僑・華人社会に見られる仏教は、だいたい15世紀以降、華僑・華人により中国大陸から将来された中国仏教である。そして仏教寺院を含む種々の仏教施設(学校、養老院、施療院など)が各地に数多く出現するのは、19世紀半ば以降における各地への華僑・華人の大規模な到来による。一般に華僑・華人社会の仏教は仏・道混交のシンクレティックな形態とされるが、この見解は必ずしも正しいとはいえない。最近の調査結果からすると、等しく仏教寺院といっても、性格や役割においてかなりのバリエーションが見られるからである。

シンガポールの仏教を人類学的に調査・研究したV.ウィーは、当地の宗教施設(寺院と▼廟)と職能者(僧と霊媒)および信者・依頼者関係を3区分している。(1)明白な大乗仏教寺院=仏教教理の中核である縁起や無我の思想を体して民衆の教化を意図する男僧または尼僧が常在=信者・依頼者は仏教教理を理解。(2)性格上曖昧な寺院=男僧または尼僧は仏教にもシンクレティックな▼神教にも関係=信者・依頼者は仏教徒であるとともに神教徒。(3)明白な非仏教的寺・廟=シンクレティックな神教を奉ずる霊媒(▼童乩タンキーや乩姨キーイー)が関与=信者・依頼者は明白な神教徒。▼シンガポール宗郷会館聯合総会が1988年に行った華人の宗教意識調査では、神教の信者46.3%、仏教の信者38.7%となっている。神教の信者はウィーの区分の(2)と(3)にかかわり、仏教の信者は(1)と(2)にかかわっていると見ることができよう。(1)には知識人がかかわり、(2)と(3)には一般民衆が集う。(1)に属する寺院として、シンガポールの▼双林寺や龍山寺、西マレーシアの▼ペナン極楽寺、フィリピンのマニラの信願寺などを挙げることができる。これらの寺院は修行道場としての性格と役割を備えている。(2)の枠には、シンガポールの観音堂や福寿堂、西マレーシアの▼青雲亭、マニラの宿燕寺などが含まれよう。(3)は数多く、ウィーは、シンガポールには霊媒が関与する施設が数百もあると記している。

もっとも、(3)に属する宮や壇がすべて非仏教的といえるかとなると、問題がなくはない。シンガポールの南海観音仏祖堂は世襲的な女性霊媒(童乩)の寺院として有名であるが、祀られている観音像は中国大陸の観音霊場から迎えたものであり、観音の大祭には(1)または(2)の寺院から僧を招いて読経してもらうからである。観音を主尊として祀る(3)タイプの施設は少なくない。一般に華僑・華人社会の宗教においては観音が民衆と仏教を媒介する役割を果たしている観がある。南方上座部仏教の進出も近来目覚ましい。▼クアラルンプールのスリランカ系仏教の国際寺、サラワク州▼クチンのタイ系クチン仏教会、シンガポールの▼千灯寺などは華僑・華人の知識人層に浸透している。

華僑・華人社会は福建系、広東系のように民系(方言)別に構成されていたため、これが寺院にも反映した。ある民系集団の移住の際に僧も一緒に移住し寺院を建立、ある集団が新寺を建立し大陸や台湾から同一民系の僧を招請、事業で大成功した富裕者が同じ民系集団のために巨費を投じて一寺を建立(シンガポールの双林寺)、などの例がある。

仏教儀礼のおもなものは葬送とこれに関連する行事である。葬儀の際、僧は死者の霊魂を死体から分離させ、浄土船に乗せて浄土に送る。霊魂が途中で迷っているとされるときには、破地獄や打城などを行い、霊魂を送り直す。これら行事は盂蘭盆会うらぼんえの儀礼と強くかかわっている。

(佐々木宏幹)

📖 鎌田茂雄『中国の仏教儀礼』大蔵出版、1986./ V. Wee. "Buddhism in Singapore." In R. Hassan (ed.). *Singapore: Society in Transition*. Kuala Lumpur: OUP, 1976./佐々木宏幹

「宗教と世界観」綾部恒雄・石井米雄編『もっと知りたいシンガポール』弘文堂, 1995.

福建 ふっけん

中国東南沿海の一省で、別称は閩。八閩ともいう。清代に台湾を含めたが、1887年台湾省として独立した。台湾人の80％は福建省が原籍である。代表的な▼僑郷で、華僑・華人のうち、▼福建人（閩南人）、福州人、▼福清人、興化人、それに少数の▼客家の故郷である。西の江西省、北の浙江省、南の広東省との境はいずれも山地であり、江西省との境をつくる武夷山脈（高峰は1500～2000m）が東北から西南方向に連なる。これと平行して省中部に高原状の戴雲山脈が走る。これら山脈を横切って南中国海に注ぐ閩江、晋江、九龍江、汀江（韓江上流）の本・支流が河谷の狭い平野をつくる。しかし低い山地がそのまま海岸まで迫って典型的なリアス式海岸となるため、河口の小三角州が連なるだけで、広い海岸平野に恵まれない。このため山地丘陵が省面積の95％を占める山国である。古く「閩越」と称される非漢族が先住していた。武夷山脈には、西南から大嶺隘、杉関、分水関、楓嶺関などの峠があり、山越えの山道が開かれていたが、華中方面から陸路ではアクセスしにくい陸の孤島であった。このため広東省に比べ漢族の入殖がおくれた。漢族の入殖による内地化が本格的に進むのは唐末であり、福建という名称が初めて現れるのもこの時代である。しかし、2～3世紀のうちに人口過剰地域に変身をとげた。

福建は北回帰線のすぐ北側にあり、亜熱帯性気候で沿海性も著しく、ほとんどの地域で植物が1年中生育する好条件をもつが、山がちの地形で耕地が全省面積の12～16％にとどまった。農業の発展に限りがあるのに加えて、台風が災害を引き起こし、沿海の航運をさまたげる不利もあった。しかし、福建の特色は悪条件を克服して経済の先進地に変身させたことである。長い間稲米を他省と海外からの搬入に頼りながら、福州杉、桐油、樟脳、砂糖、書籍、陶磁、鉄器などの特産品を育成し、また無煙炭、鉄、明礬石などの地下資源を開発した。さらに、広東省に次ぐ長い海岸では漁業、塩業、養殖業、造船業を

興し航海術を発達させた。また、芸能関係、僧侶や道士への進出、科挙に合格して官界へ進む者なども多かった。いわば、商業化した農村であった。この福建で、富の追求の最大のものとなったのは、出入りに富むリアス式海岸に相次いで貿易港を興隆させた海員の活動と商業的海運の展開である。12世紀▼泉州の海商でカンボジアで財をなしたとされる王元懋の逸話が物語るように、海上商業の中国における先進地として、南の▼広州・マカオ、ルソン・▼マラッカなどの中継センターを利用して東南アジアとアモイ沿海貿易ネットワークを結びつけ、さらに北の寧波・蘇州・上海・天津に基地をつくり、これら中継港を通して海の航路を揚子江と結びつけ、日本・東南アジアなど国外市場と有機的につながるアジア域内貿易だけでなく、アジア通商圏に参入してくる西欧商船とも深く関わった。中国でもっとも商才にたけたとされ、商業的海運で中国をリードした風土は、同時に台湾や東南アジアへの出稼ぎ、移住の先進地となる基盤条件ともなった。

とくに18世紀末以降には東南アジアの西欧植民地への労働移民も盛んで、鉱山開発、森林伐採、経済作物の栽培、各種土木工事など、商業化された農村の特性を発揮し、世界的規模で広がる福建各幇のルーツとなった。近代における大規模移住の主な出国港はアモイであり、74％の移民の出国理由は経済的困難、天災、地方情勢の不安にあった。したがって、移民の構成も、契約華工や出稼ぎ労働者中心に大きく変わった。

1949年新中国成立の後、福建省は対台湾の最前線に位置しているため、経済の発展は長い間遅れてきた。1980年代以降、同省は中国沿岸部における改革開放がいち早く進んだ地域の一つとなり、華僑・華人、台湾、香港資本の進出により、同地域経済発展の歴史的な活力がよみがえった。

(廖赤陽)

福建会館 ふっけんかいかん

世界各地における福建省出身者の地縁団体。福建省から出てきた商人が▼同郷団体を結成し、福建会館をその活動拠点としてきた。明・清時代に天津、上海、▼広州など中国国内の大都市にすでに福建会館が設立されて

いた。福建会館は、同郷人の友情を深め、会員間の助け合いや会員の福祉を求め、会員の名誉と利益を守り、中国事情や中国文化を紹介することなどを趣旨とし、公益事業に参与し、とりわけ教育を重要視し、財力・物力を集めて、教育基金を設立して、学校を設けたり、会員子女の教育奨励金に当てたりしている。マレーシアには福建会館が40ぐらいあって最も多く、代表的なのはヌグリスンビラン（1897年成立）、ジョホールバル（1920年）など。そのほかにはシンガポール（1860年以前）、タイ（1911年）、オーストラリア（1981年）、北カリフォルニア（1985年）などにもある。日本の星聚堂福建会館（1736年。ふつう長崎八閩会館という）も古い。　　（劉暁民）

⇨会館、シンガポール福建会館、タイ福建会館、長崎福建会館、神戸福建会館

福建暨南局 ふっけんきなんきょく

1912年、中華民国政府が▼アモイに設立した地方初の華僑事務行政機構。▼福州、晋江、龍渓などに分局が設けられた。18年北京政府内務部は「福建暨南局章程」を公布、総理、協理各1人は省長の任命を受け任期3年とされ、顧問、幹事長のほか、幹事若干名がそれぞれ総務、調査、交流の3課に配属された。暨南局の主要職能は華僑保護で、華僑教育、実業投資、旅行証明、華僑状況の調査、公債の発行なども扱った。22年福建省の政局変動などの原因で、僑務機関の設置や人事の異動が頻繁に行われ、経費も大幅に削減された。26年北洋政府はアモイで華僑保護処、華僑検護処を設立、華僑事務に関する行政は混乱に陥り、暨南局の管轄は華僑の出国と帰国保護に限られた。27年北伐軍が福建省に入った後、福建僑務委員会を設立、福建暨南局はついに終わりを告げた。　　（廖赤陽）

📖『福建華僑檔案史料』上・下

『福建僑報』ふっけんきょうほう

1956年1月1日、福建省華僑事務部門が福州市で創刊した郷報、▼僑報。創刊時の名は『福建僑郷報』。初代社長は高明軒、編集長は黄猷。56年9月『僑郷報』と改名したが、65年に『福建僑郷報』に復帰、67年から▼文化大革命で停刊、81年に復刊、89年1月1日から『福建僑報』と改名した。二つ折りで4面、中国の対外方針・政策、福建省の事情、海外華僑・華人事情などを内容とし、▼福州とマニラで印刷、中国国内と72か国・地域で発行している。　　（劉暁民）

福建経済建設会社 ふっけんけいざいけんせつがいしゃ
福建経済建設公司

東南アジア華僑が福建省を発展させようとして設立した大型企業。1946年8月、▼胡文虎らはマラヤで100億元、フィリピン、インドネシア、タイ、ベトナム、ビルマで100億元、福建省、▼香港、上海で100億元、計300億元を集めて会社を設立することを計画した。胡文虎を主任に、葉玉堆、林慶年を副主任に設立準備委員会が成立、▼リー・コンチェン、▼タン・ラクサイらも委員だった。46年11月に▼アモイで会議を開き、福建省政府主席の劉建緒も出席した。金融、交通、鉱業、農林水利、工業、海産、特産を経営することに決め、47年7月に会社を設立したが、資本金が55億余元しか集まらなかったため、アモイに小鉄工場を設立しただけで、主として他の組織と貿易会社を経営し、東南アジア、上海、寧波、無錫、省内各地の貿易を扱った。▼福州のバス会社、アモイのフェリー会社など、経営難に陥った企業にも投資したが、資金不足のため、49年に同社は倒産しかかっていた。　　（劉暁民）

📖『近代華僑投資国内企業史資料選輯（福建巻）』

福建語 ふっけんご ⇨ 閩語 びんご

福建商人 ふっけんしょうにん

▼福建幇、閩幇として10世紀以後の中国内外で聞こえた同郷商人集団。華僑各▼郷幇のうち、▼広東幇が頭角を現すのは、広東がフルに開発され、南洋・西洋貿易の基地となった清代のことで、それまでは▼華商、▼華工、▼ジャンクの出洋の基地は福建の▼泉州、▼アモイ地方であり、華僑勢力の海外分布状況にも反映している。それは、(1)福建が宋元に始まる遠洋進出の拠点であり、航海、造船、海運の先進地であったこと、(2)東南海岸部のなかで蘇州、杭州、上海（清）という生産・市場の中枢に近く、華中に良い帆船港がないため、中継交易を独占したこと、(3)清代までの福建は交通業、中継商業、農業移住、官僚、

僧侶、芸人の分野で、内地への進出でも傑出していた、ことによる。清代になり、遼東半島向けの北洋海運、日本向けの東洋海運、南洋および西洋との海運が成長し、そのため海上商業の拠点が北は上海・▼寧波、南は▼広州・▼マカオに移り、さらに19世紀後半に蒸気船が登場したとき、そのための良港に乏しい福建の海上商業は不利になった。

（斯波義信）

福建人 ふっけんじん

閩南人のこと。「閩」は福建省の略称なので、「閩南」は福建省南部を指す。福建省は省面積の95％を占める山地・丘陵と河谷によって、住民はいくつもの地域に分立して相互の交流が少なく、同族あるいは同じ地域ごとに団結を強め、独自の地方文化を発展させた。言語生活において、同じ▼閩語でありながら福州系、省北沿海の福清系と興化系、九龍江流域の閩南系の方言群に分かれる。このうち閩南語地域出身の華僑・華人が「閩南人」と呼ばれる。東南アジアでは福建省出身者の多くが閩南人であるため、ふつう閩南人のことを単に「福建人」と呼ぶ。閩南各市・県のなかで、▼アモイ、▼泉州、漳州、晋江、石獅、南安、恵安、永春、安渓、龍海、詔安、龍渓の12の市・県から海外へ出た華僑・華人が各15万人から100万人余りで最も多い。永春県東山村は国外人口が6000人余りであるのに対して国内人口が2000人余りというように、国外の華僑・華人数が国内の人口よりも多い▼僑郷が少なくない。シンガポール首相の▼ゴー・チョクトン、有名な華僑・華人では▼タン・カーキー、▼エカ・チプタ・ウィジャヤ、▼ルシオ・タン、▼リム・ゴートン、▼クエック・レンベン、▼クエック・レンチャンらが閩南人である。福建人は海外で生存を求めるために、▼福建会館など▼同郷団体を組織して、同郷・同族の人を集め、内部では団結を固くし、対外では行動を一致させる。福建人は素朴・勤勉で、賢くて商売がうまい。同じ地域にいる同郷の人は同じような職業に従事することがふつうである。たとえば、マラヤではゴム業、フィリピンでは店員、インドネシアでは特産物商売に従事する人が多かった。その多くは家族を国内に置いて海外へ渡航したので、国内の親族と密接な関係を保っている。

金を儲けると故郷に送金して土地を買い家を建てた人もいるし、親族の商売に金を貸した人もいる。海外で大資本家になった人には、故郷へ投資して、交通運送業、工業、鉱業、金融業、不動産、サービス業など、企業を興す人も少なくなかった。もっとも、広義には福建人は福建省籍人とされることがある。

（劉暁民）

⇨ 福建，福建幇

福建製紙会社 ふっけんせいしがいしゃ
福建造紙公司

華僑、▼帰国華僑から株式募集を行い、1929年▼福州郊外に創立された製紙会社。創立者はフィリピン帰国華僑陳天恩・陳希慶。天恩が、故郷の福建省に樹木などの製紙原料が豊富にあることに着目、製紙会社を設立して外国輸入紙に依存する中国市場の利権挽回を図った。計画募集株100万銀元。32年正式な操業を始め、従業員数500人弱。日中戦争までの月平均生産量110トン、主要市場は広東、東南アジア。しかしコストが高いため輸入紙との競争に負け、赤字経営に。日中戦争中、工場は奥地移転や日本軍の占領などによって大きな損害を被った。戦後新たに株式募集、全国十大化学工場の一つに指定され新たな転機を迎えたが、40年代後半の内戦とインフレで経営再建を果たせず、希慶はフィリピンに帰った。新中国成立後の55年、▼公私合営化。

（廖赤陽）

📖 林金枝，1988.

福建鉄道会社 ふっけんてつどうがいしゃ
福建鉄路公司

1905年華僑資金で福建省に創設された鉄道会社。漳厦鉄路公司ともいう。社長は陳宝琛で、インドネシア華僑をはじめ華僑から資本金170余万銀元を集め運営を始めた。06年にアモイ・漳州間、全線45kmの漳厦鉄道を建設しはじめたが、資金が不足だったため、まずアモイ嵩嶼・漳州江東橋間の28kmから着工、09年に不足分の50万元を交通銀行から借り、10年に開通させた。だが、その他の道路に通じなかったので、経営が難しく、年間赤字6000元を出していたため、14年民国政府交通部に接収された。19年、交通部よりの支出金70余万元で嵩嶼埠頭を建設して発展を図った

が、工事中の23年7月漳厦一帯が広東軍に占領されたため、職員らが重要物件をアモイ鼓浪嶼に移動、営業を続けた。27年から福建省建設庁が鉄道を管理したが、30年漳州・嵩嶼間道路が開通、公路所に鉄道業務を移し、同11月営業を停止、その後いろいろの試みが行われたが、結局42年に倒産した。　　（劉暁民）

📖『世界華僑華人詞典』

福建幇 ふっけんパン

華僑・華人社会で福建省南部の▼泉州、▼漳州、▼アモイなど閩南語地域の出身者からなる地縁団体または勢力。泉漳幇または閩南幇ともいう。閩南語地域には泉州、漳州、アモイ、晋江、石獅、南安、恵安、永春、安渓、龍海、詔安、龍渓、同安、漳浦、長泰、南靖、平和、海澄、雲霄、金門（清朝当時は同安県所属）などの市・県が含まれる。閩南は古くから対外交通・貿易が発達していたので、生計を立てるために外国へ行って商売をする者が多かった。移住先は世界各地に分布しているが、その多くが東南アジアに集中している。華僑人口における福建幇の比率は、フィリピンで約80％、インドネシアでは過半数、ミャンマーで約半数、シンガポールで約40％、マレーシアで約33％となっているから、福建幇は東南アジア諸国において華僑・華人社会の主要勢力といえる。とりわけシンガポールでは福建幇は人数、財力、活動分野などにおいて圧倒的な優位を占め、各地域の福建幇に比べてもずば抜けている。福建幇の人々は勤勉で商売がうまく、歴史上も▼タン・カーキー（シンガポール）、▼リー・コンチェン（同）、李清泉（フィリピン）、▼黄仲涵（インドネシア）などが輩出した。福建幇は同郷者の利益の保護や福祉の増進などを主目的とする相互扶助団体である▼福建会館、漳州会館、永春会館、晋江会館などをつくり、それらを拠点に活動するとともに、病院、学校、慈善団体、寺廟なども経営している。とくに教育事業に熱心で、多くの学校を設立した。1907年に▼林文慶らが創設したシンガポール道南学校、1953年に▼シンガポール福建会館主席▼タン・ラクサイの発起で設立した▼南洋大学などがそうである。彼らはおおむね積極的な性格をもち、思想的にも進歩的

で、政治意識も高かった。タン・カーキーは20世紀の初めすでに▼孫文の中国革命同盟会に加盟し、日中戦争中も救国献金集めに活躍した。現在、福建幇を福建省籍華僑・華人団体およびその勢力の通称とする人もいる。
　　（劉暁民）

㊀ 福建，福建人

📖『世界華僑華人詞典』／須山卓・日比野丈夫・蔵居良造『華僑』NHKブックス，1982.

福建幇［長崎］ ふっけんパン

長崎で▼三江幇、▼広東幇と並ぶ三大幇の一つ。同幇は▼泉州府、▼漳州府、▼永春府など閩南出身者からなる▼泉漳幇と、閩北にあたる福州府出身者からなる▼福州幇によって構成され、三江幇とともに長崎開港以来の唐船貿易に従事してきた。幕府のキリスト教禁教令に対応し、泉漳幇は▼福済寺を、福州幇は▼崇福寺をそれぞれ建立し、貿易の安全確保に努めた。安政開港後、自由貿易が始まると、福建幇は▼外国人居留地にいち早く進出、商社を設立して貿易を継続した。▼唐人屋敷解散後、同幇の泉漳幇を主とする貿易商たちは自らの権益擁護や官署との折衝の必要から1869（明治2）年に▼長崎福建会館（八閩会館）を創立、同時に屋敷跡に残された▼天后堂などの5堂と▼稲佐唐人墓地を引き継ぎ、その祭祀と伝統を継承した。同幇は、三江幇、広東幇と共同して▼長崎華商商会や▼華僑学校の運営にあたった。第2次大戦後、貿易以外で生計を立てられる同幇の、とりわけ福州幇が、長崎華僑人口の大多数を占めるにいたった。
　　（陳東華）

福建料理 ふっけんりょうり
閩菜

福建省の料理。中国八大菜系の一つ。福建省は海岸線と山地があり、温暖多雨で稲作、野菜・果樹の栽培に適す。また山間地のキノコ類、野生鳥獣、沿海の海産物にも恵まれ、茶の栽培も盛ん。古くから海運基地として栄え、各地の物産や、広東や北京の調理技術が伝わり、それらを吸収して福建料理は形成された。福州菜（▼福州料理）が福建料理の主流で、材料、火かげん、包丁さばき、湯（スープ）を重視するのが特徴で、仏跳牆ほとひしょうは豪華スープとして有名。福州菜のほかに、芋

泥（芋の汁粉）、湯円（団子のシロップ煮）などデザート類や、蠔煎（カキ入りクレープ）、魚丸湯（つみれ入りスープ）、肉粽（ちまき）などと、沙茶醤（サテソース）、芥末醤（マスタード）、蝦醤（小エビの発酵調味料）などを使うことで潮州菜（▼潮州料理）に近い閩南菜や、山間部には山里特産の材料を塩味と辛みをきかせて調理した閩西菜がある。台湾、インドネシア、シンガポール、マレーシア（とくにペナン）、フィリピンの華商料理は福建の影響が濃い。アモイ米粉（ビーフン）も名物。

（飛山百合子）

復興号 ふっこうごう

福建省同安県出身の▼王明玉が神戸で興した商社。1885（明治18）年に神戸海岸通2丁目と大阪川口本田町に復興号を開設し貿易業務に従事すると神戸税関に報告している。88年王明玉の甥で養子となった▼王敬祥が来日した。その後も血縁の王敬済、王敬斗、王敬施、同郷の陳東東、周起搏らが来日し、復興号の業務を拡大した。1910年の復興号の輸出品は海産物、マッチ、雑貨、綿布、輸入品は米穀、砂糖、豆粕、雑穀、綿花であり、取引先は台湾、アモイ、上海、営口、マニラであった。王明玉を引き継いだのが王敬祥である。王敬祥は福建公所や中華会館などで活動する一方、13年に横浜正金銀行神戸支店の▼買弁となり、為替売買を行って信用を博したが、後に大きな損失を被った。また王敬祥は▼孫文の革命運動を支持し、資金援助を行った。王敬祥が死去した21年の復興号の貿易額は500万円であったといわれる。王明玉―敬祥と続いた復興号は神戸の▼福建幇を代表する商社であった。

（洲脇一郎）

📖『落地生根』

プッサディー・ケータワラナ 1940-
何韻　Phusadii KEETAVARANAT

タイの代表的女性ジャーナリストで、▼華字紙『新中原報』の総編集兼総経理。バンコク生まれ。父親は海南系の造船工。▼華僑学校を4年で卒え、小学校教師に。以後、働きながら中学・高校と進み、1963年にタマサート大学新聞学科を卒業。在学中より新聞社で働く。タイ政府に翻訳官として勤めたが、ほどなく退職し本格的にジャーナリストとしての道に進む。タイ字紙、英字紙、華字紙の記者に加え、ラジオやTVの報道番組も担当。専門は政治で、鋭い分析には定評がある。70年代末、反共・国粋色の強かった有力政治家への批判が原因で華字紙『京華日報』を解雇されている。一般的にタイの華人記者はタイ字紙や英字紙への記事を自ら翻訳し華字紙に提供するが、華字紙専門になることは少なく、華字紙を選んだ彼女の例は稀である。89年の天安門事件の後、『新中原報』で中国政府支持のキャンペーンを張り、中国政府批判・民主派擁護を掲げる他の華字紙やタイ字紙から激しい批判を受けた。『新中原報』のポーンチェット・ケータワラナ（方思若）董事長は夫。

（樋泉克夫）

📖 天安門事件と華僑・華人
📖 何韻『女記者生涯伝真』1，バンコク：新中原報，1988.

仏山鎮 ぶっさんちん

広東省南海県に近接する市鎮。天下四大鎮の一つ。明・清の間、16世紀から18世紀の間に、鍛鉄業、陶瓷製造業、紡績業によって繁栄した。鍛鉄業は明代初期から、鶴園洗氏、石頭霍氏、細巷李氏、金魚堂陳氏などの有力▼宗族が独占し、陶瓷製造業は石頭霍氏と石湾梁氏が独占している。その経営は炉房を中心に行われ、万名炉、隆盛炉、万聚老炉、信昌老炉などの老舗の名が伝わる。乾隆年間、仏山鍛鉄業の工匠は2万～3万人を下らないといわれ、その製造技術は高く、製品の種類も多かったが、とくに鉄鍋が主産品であった。そのほか、鉄犂、鉄釘、鉄鎖、鉄竈、鉄錨、鐘鼎、紡績機械の部品など各種の日用品、さらには兵器、大砲なども鋳造した。仏山の鉄器具は東南アジア、およびアメリカのサンフランシスコにも輸出され、華僑社会に声望があった。また、ここには広東俳優のギルド会館（瓊花会館）跡や、清初創建の北帝廟（祖廟）付設舞台（万福台）があり、仏山商工人の富を物語る。

（田仲一成）

📖 羅紅星「明至清前期仏山冶鉄業初探」『中国社会経済史研究』1983年4期.／羅一星「明清時期的仏山商人」『学術研究』1985年6期.

ブディマン、アリフ 1941-
蘇福仁　Arief BUDIMAN

インドネシアの社会学者、作家、評論家、

社会活動家。ジャカルタ生まれの▼プラナカン。中国名ス・ホクジン（SOE Hok Djin）。1968年インドネシア大学心理学部卒。60年代後半に反共反スカルノの学生行動戦線デモに積極参加、70年代初頭以降は汚職、スハルト政権、政商を厳しく攻撃。フランス文化団体、米国プリンストン大学で調査スタッフ後、カリフォルニア大学で教壇に立ちつつ、81年ハーバード大学で博士号。帰国後サティア・ワチャナ・キリスト教大学教員のかたわら文芸誌編集長。94年学長選挙をめぐって政治権力の介入を受けた学園財団と対立し解職、メルボルン大学へ移る。創作・評論・社会活動は続行。
（三平則夫）

普度（ふど）

毎年旧暦7月15日（中元節。三官大帝のうち、中元地官赦罪青霊帝君の誕生日とされる）前後に、陰間（あの世）から陽間（この世）に降りてくる孤魂野鬼の供養を目的として行われる行事。中元節、中元祭、中元普度ともいう。普度は本来は仏教用語で、普く人々を済度する（衆生済度）ことを意味するが、民間では日本でいう施餓鬼の行事のことを指す。普度は、地域の守護神を祀る▼廟や、街市（地区）を中心として行われる。普度の運営責任者を▼炉主といい、神意（擲筶ポエ）によって選出される。炉主は寄付集め、祭品の購入など、祭事全般を司る。普度の準備は数日前から始められる。祭場にはいくつもの祭壇が設けられ、大士爺（鬼王、観音の化身）、観音など諸神の神像が並べられる。また付近には戯台（舞台）が設けられ、数日に及ぶ普度の期間中、奉納劇が上演される。普度の当日、信徒たちは果物、麺類、お菓子、米などの供物を山のように持ち寄り、祭場の卓の上に並べ、孤魂に饗応する。また、道士または僧侶による普施（孤魂への布施・供養）の儀礼が行われる。信徒たちはおのおの金紙・銀紙を焼いて孤魂に送金する。いずれも、浮遊する孤魂による危害を未然に防ぎ、あるべき世界に戻してこの世の秩序を維持するための行為である。最後に大士爺の神像を焼き、浮遊している鬼魂、陽間のあらゆる災厄を陰界に送出し、普度の行事は終了する。普度は、人と超自然的存在（神・鬼）の関係を再確認する祭りであるとともに、さまざまな関連行事を通じて、コミュニティの人間関係を強化する機能も果たしている。なお仏教では、旧暦7月15日に、各家の先祖および有縁無縁の万霊を供養するために、盂蘭盆会（盂蘭勝会、普度勝会）の行事が行われるが、普度は死者儀礼としての盂蘭盆会に、道教の中元節の祭りが結びついて成立したものとされる。同じ死者儀礼でありながら、盂蘭盆会では目蓮救母の故事に基づき祖先祭祀（孝道）の面が、普度では孤魂祭祀の面が重視される。
（高橋晋一）

⊟ 中元会、筶ポエ
⊠ 渡辺欣雄「マレーシア・ペナン島における中元節の儀礼過程」直江広治・窪徳忠編『東南アジア華人社会の宗教文化に関する調査研究』南斗書房，1987．

［各地の普度］

日本華僑においては、『長崎名勝図会』に江戸末期の行事が記録されている。現在でも長崎の▼崇福寺では福建系の在日華僑が旧暦の7月26日、27日、28日の3日間に「盂蘭盆会」を、宇治の▼万福寺では福建系・三江系（浙江）の在日華僑が旧暦9月20日に「普度勝会」を挙行している。香港では福建系エスニック・グループに属する▼潮州人、▼海陸豊人の間で、旧暦7月に3日間の「盂蘭勝会」が盛行している。故郷を離れ異郷に死した同郷人の孤魂を慰めるためである。また災害で多数の死者が出た場合、大規模な「普度勝会」を行うことが必要と考えられた。シンガポールの広東系華僑の共同墓地、碧山亭には、1923年に北伐軍の広東系戦死者の霊を鎮めるために挙行した「万縁勝会」の碑、1943年の日本軍南進による中国人犠牲者の霊を弔うために挙行した「超度幽魂万縁勝会」の碑が残っている。海外中国人はこのような故郷の習慣を盛大に挙行することによって同郷意識を再確認し、結束を強化したのである。
（田仲一成）

⊠ 田仲一成「長崎華僑盂蘭盆会行事の構造とその変容」山田信夫編『日本華僑と文化摩擦』東京巖南堂書店，1983．／「碧山亭万縁勝会碑」『新加坡華文碑銘集録』

斧頭仔（ふとうし）

19世紀中葉、アメリカの中国人社会に出現

した武装犯罪集団をいう。手斧（hatchet）を用いて武闘、殺傷などを行ったのが呼称の由来であり、英語では殺し屋（hatchet man）またはペテン師（high-binder）と呼ばれた。たかり、ゆすり、暗殺に雇われる在米中国人集団、とりわけ▼秘密結社のメンバーという意味で使われたが、本来は▼宗親会や地縁団体を形成することができないような弱小、孤立勢力が本国の▼会党にならって組織した集団で、有力な中国人集団に対抗したり、ホスト社会の不当な圧迫を軽減することを目的とする自衛的な武装集団であった。しかし現実には本来の目的がねじまげられ、手斧を用いて他の斧頭仔と武力対決する以外に、恐喝、殺傷、アヘン販売、▼賭博、▼売春、人身売買など非合法の活動を財源化して生存を図り、逆に同国人を圧迫する危険で嫌悪される存在となった。広徳堂、協意堂など、▼堂を名乗ったところから「堂会」とか、堂の1字を英語化して tong といい、堂会どうしの縄張りや利権争いを「堂闘」、英語で tongwar といった。　　　　　　　　（可児弘明）

参　内田直作「三藩市唐人街の社会構造」5『経済研究』24, 1966. / G. F. Seward. *Chinese Immigration, Its Social and Economical Aspects.* NY: Arno Press, 1970.

プノンペン
Phnom Penh

1867年以降のカンボジアの首都。国内随一の商業都市でもあり、メコン川とトンレサップ川およびバサック川の合流と分流地点の南岸に位置する。広東語で金辺、ベトナム語でナムバン（南栄）。カンボジアは17世紀以降に中国人を入植させて領土の拡張を図ったベトナムにメコン・デルタを奪われ、次いでその属国となったため、ベトナム人と中国人の著しい進出を許し、その数が住民人口に占める比率が高かった。1947年仏連合内の独立獲得時に華僑は25万人をこえ、インドシナ戦争期にベトナムから避難した華僑でその数はさらに増加した。その半数以上がプノンペン市内に居住し、▼潮州、広肇、▼福建、▼海南、▼客家の五つの▼幇に分かれた華人社会を運営していた。フランスは中国の要請でこれを金辺理事会に統合させ、5幇の調解と、華僑の地位・権益の保護を斡旋したが、1953年の王国独立達成後、華僑は18種の職業と営業行為を禁じられ（カンボジア王国第83号命令）、僑生の国籍編入の法制化（同NS第201号法令、1957年）などによって権益が縮小した。71年以後、ロン・ノル政権の圧迫と取締まり強化で華僑の国外脱出が始まり、ポル・ポト政権下で経済行為が事実上不可能となって、そのほとんどが南ベトナム経由で出国した。
　　　　　　　　　　　　　　　　（川本邦衛）

歩引　ぶびき

大阪川口貿易において、契約値段よりある一定の歩合を割引する商慣習。通常、加工綿布1分、雑貨2分。中国側商人の手数料と見なされ、在留中国商人はこれを経費とした。また川口の三江幇商人には箱引（解し賃）と称する、雑貨1箱につき50銭歩引の慣習があった。他の居留地における見本料に相当するもので、看貫料（南京口銭）、不公正秤とともに、中国商人と日本商人間の摩擦の一因となった。　　　　　　　　　　　　　（許淑真）

関　川口華商
参　大阪市役所産業部調査課『大阪在留支那貿易商及び其の取引事情』大阪市役所, 1927. / 商工省貿易局『阪神在留ノ華商ト其ノ貿易事情』商工省, 1938. / 許淑真, 1984.

不法移民　ふほういみん

正規の移民手続きをとらずに入国し、不法に働く非合法移民のこと。19世紀末、アメリカへ移民を目指す中国人は、▼排華法の下で、「スロット・ラケット」（▼ペーパー・サン）という抜け道を考え出した。最近では天安門事件を前後して、政治難民を理由に不法移民が激増、その背景には不法移民を斡旋するブローカー▼蛇頭の存在がある。激増する不法移民にアメリカ政府移民帰化局では、難民審査の期間だけ労働を認めるC8カードを発行して、不法移民の対策にあたっている。政治目的が認められれば難民ビザが適用される。C8カードの申請は雇い主に義務づけられ、違反すると2000ドルの罰金が雇い主に課せられる。また、日本でも1990年代に入り、出稼ぎ目的の▼福建人の不法移民が年々増加した。不法滞在、不法就労の対策として、2000年2月に「改正入管法」が施行され、不法滞在の外国人の摘発にあたっている。　（森田靖郎）

関　偽装難民, 出入国管理

ブミプトラ政策(ブミプトラせいさく)
Bumiputera Policy

マレーシアのマレー系住民優先政策。「▼新経済政策」のいわば俗称。日本ではよく用いられるが、マレーシアでは公式な用語ではない。ブミは土地、プトラは子どもの意で、ブミプトラとは土着の民を指す。移民とその子孫の華人、インド人を対極とする概念。マレー人以外の土地所有を制限するマレー人保留地法、公務員へのマレー人優先採用など、イギリス植民地時代からマレー人優先策が実施されたが、マレー人の経済発展には繋がらなかった。1957年独立後、マレー人優先策の最大の柱は農村・農業への補助だったが(マレー人の多くは農民だった)、これはマレー人が工業発展から取り残される結果を招いた。こうしてマレー人の不満が爆発したのが69年の「▼5月13日事件」だった。これを受けて政府はラザク副首相(70年首相に)の下で、国家の主導によるマレー系住民の経済参加促進を目指して、71年から90年までの長期計画「新経済政策」を策定・施行した。「民族の経済的特性の解消」「民族を問わない貧困の解消」が2本柱だが、力点は前者にあった。その最大の指標は株式会社におけるマレー人資本保有率を70年の1.9%から90年に30%に引き上げること、第2、3次産業におけるマレー人雇用比率を人口構成に見合うよう引き上げることだった。経済以外の分野でもマレー語教育の徹底、大学におけるマレー人枠の設定(マレー人学生の比率が大幅に拡大)、マレー文化を機軸とする国家文化の策定などマレー系優先策が進められ、華人など非ブミプトラは疎外感を募らせ、民族間の対立感情が高まった。85年各州の中華大会堂、中華総商会など27の主要華人団体が、民族的差別停止を求める「華団宣言」を政府に提出した。

20年にわたるマレー系優先策の結果、マレー人の経済水準は向上し、いまやマレー人企業、企業集団はいくつかの面で華人企業を凌ぐにいたった(恩恵を受けたのはごく一部、マレー人の中の経済格差はむしろ開いたとの指摘も)。しかし、過度のマレー系優先はマレー系自身の政府依存体質を生み、経済停滞を招き、民族間の対立感情を高めたという側面もある。そのため政府は1991-2000年の「国家開発政策」においては、マレー系優先をやや後退させ、効率重視を前面に押し出した。

(原不二夫)

🔄 ブリブミ優先政策

武鳴華僑農場(ぶめいかきょうのうじょう)

1960年に▼帰国華僑のために▼広西チワン族自治区に設けられた国営農場。土地1万7000km²を有し、インドネシア、ベトナムからの中国系難民が多く、60年代初期にインドネシアなどから983戸4125人、78年以降ベトナムから917戸4621人を受け入れた。91年現在、全農場人口3万3900万人中、帰国華僑・中国系難民とその子女8813人。農業のほか農産物加工工場、玩具、紙袋、製薬、衣服製造工場なども経営。

(山岸猛)

🔄 華僑農場

プラクラン(ホン) 1750-1805
Phrakhlang (Hon)

歴史小説『三国演義』の最初のタイ語訳者。福建系で、タイ生まれ。本名はホン(宏または洪)またはホントーン。アユタヤ、トンブリー両王朝に仕え、大蔵大臣、外務大臣などを務める。トンブリー王朝を開いた▼タークシン(鄭昭)王の一族ともいわれる。現▼チャクリー朝を樹立したラーマ1世を支持し、チャオプラヤー(Chaophrayaa)の爵位を賜る。『三国演義』はタイでは『サームコック(Saamkok)』の名で知られ、彼の格調高い訳文が描き出す権謀術数渦巻く英雄物語は、後世のタイの散文小説に大きな影響を与えた。

(樋泉克夫)

プラシット・カーンチャナワット 1915-99
許敦茂 Prasit KAANCANAVATH

タイの元国会議長、▼バンコク銀行前会長。生年は1914年とも。祖父が広東省饒平から渡タイ。上海の▼暨南大学で華語教師教育を受け、バンコクの黄魂学校で教員となる。1929年に同校が閉鎖され失職の後、タマサート大学で法律を学び弁護士となる。47年前後、法律事務所を開設。当時バンコク銀行の経営に苦慮していた▼チン・ソーポンパニットの顧問

弁護士に就任。友人▼ブンチュー・ロジャナスティエン（後に同銀行頭取）とともに経営に参加し、同銀行の基礎を築いた。52年の下院議員当選以来、副首相以下、司法、商務、経済、組合大臣などを歴任。政治的影響力が銀行経営に大いに発揮されたといわれる。最も注目を集めたのは、70年代初期、対中関係打開を政治基盤強化の手段に狙っていた当時の政権の意を受け、卓球代表団顧問として訪中したこと。75年には国会議長としてふたたび訪中し、周恩来首相との間でタイ・中国国交正常化の基本合意をとりつけた。「タイ版ピンポン外交」を推進した「タイのキッシンジャー」として知られる。88年のチン死去にともない、バンコク銀行会長に就任。同じ饒平系の▼キティー・ダムノーンチャーンワニット経営のスンホワセン・グループ会長として、キティーの事業を資金的にも支援したことで知られる。　　　　　　　　　　（樋泉克夫）

プラシット・シリモンコンカセム 1930–
陳興勤　Prasith SIRIMONGKOLKASEM

タイの企業団体ボー・チャロンパン・グループ（アグリ・ビジネス）総帥。広東省潮陽出身。16歳でタイ在住の父のもとへ。港湾荷役、車引き、炭売りなどの後、1950年代半ばに米の売買を始めるが失敗。だが裏庭で始めた小型飼料工場が成功し、養鶏、養豚、農業、水産業などに事業を拡大。▼CPグループに次ぐタイ第2のアグリ・ビジネスに発展。90年代前半、広東、江西を中心に大型飼料工場を建設するなど中国進出にも積極姿勢をみせた。広大な不動産をももつ。　　　（樋泉克夫）

ブラジル移民節　ブラジルいみんせつ

多民族国家ブラジルにおいて開催されている民族交流の行事。1976年以降毎年5月から7月頃の10日間、▼サンパウロで開催される。それぞれの民族衣装で母国語の歌や演劇を披露するなどして、文化的な面から相互理解を図ることを目的としている。ブラジル華人は、サンパウロのブラジル華人協会が中心となって参加しており、▼舞獅、京劇、武術、中国の伝統音楽を演ずることで、民族の▼アイデンティティ確認の場ともなっている。
　　　　　　　　　　　　（松本武彦）

🔁 サンパウロ

ブラジルの華僑・華人　ブラジルのかきょう・かじん

中南米で華僑・華人の経済力が最大なのはブラジル（巴西）である。19世紀初頭、経済的困難に直面していた同国は、コーヒー、茶の熱帯性経済作物栽培・輸出で切り抜けようとして、1810年に茶栽培技術工400人を中国から導入した。これが最初の中国人移民である。第2次大戦後、大量の移民がやってきて、今日までに計12万人余りが住みついた。多くがサンパウロ、ミナスジェライス、パラナ、リオデジャネイロの各州・市に集中している。大別して、(1)1911年の▼辛亥革命からのち、とくに第2次大戦後、国共内戦、中国革命を避けて香港に移住、さらにはブラジルに来て製造業に従事した上海、江蘇、浙江の▼三江幇（旧▼浙江財閥系）、(2)中華料理業に従事する▼広東幇、(3)新中国成立以降、とくに近年移住して百貨店、輸出入業、卸売業に従事する台湾、▼香港、▼マカオの▼新華僑、とくに▼台湾幇の3者に分かれる。(1)は同国華僑・華人工業の主力軍で、西半球最大の途上国で規模最大の紡織、油脂製造、化学工業、プラスチック、製粉の各工場を経営し、(2)は名高い広東料理店の経営で、非広東系の追随を許さず、(3)は台湾、香港、マカオ、中国大陸という商品源をもち、東南アジア、北米、西欧にも関係の深い商業販売拠点と情報ネットワークをもっていて、他の業種を経営するよりも有利な地位にある。農業面でも、コーヒーと並ぶ重要輸出品の大豆や小麦生産の大型農業があり、大部分が同国南部、リオグランデドスル州一帯に集中している。農牧場約300か所、うち大型農場60か所前後、沈鵬佐・沈鵬元兄弟経営の養鶏場は年間売上高2億ドルにのぼる。サンパウロ郊外のモジダスクルーゼスには、数千戸の華僑・華人農家が散在、小麦栽培、養鶏、野菜・果物栽培、養蚕・紡糸などの小農業を営んでいる。知識人、芸術家等々の活躍も盛んで、若い世代には医師、弁護士などの専門職も少なくなく、有力な政治家、軍人も出現している。
　　　　　　　　　　　　（游仲勲）

🔁 中南米の華僑・華人

📖 游仲勲「中南米，とくにブラジル」可児弘明・游仲勲編，1995．／李君哲『戦後海外華僑華人社会変遷』瀋陽：遼寧教育出版社，1998．

プラチャイ・リョウパイラット 1944-
廖漢渲　Prachai LIEWPAIRAT

タイ・ペトロケミカル・インダストリー（TPI）の元最高経営責任者。ホンイーセン（鴻益成）総支配人。父親のポン・リョウパイラット（廖景暉）は1950年代初期に創業したホンイーセンをタイ有数の米輸出商社に成長させた。長男のプラチャイは家業を継ぐと同時に、▼カチョン・ティンターナティクンが率いるタイ・ペトロ・トレーディングの経営に参加。78年にTPIを設立、10年ほどで同社を東南アジア唯一の石油化学一貫プラント企業に成長させた。その背景に、友人の▼チャートリー・ソーポンパニットを通じての▼バンコク銀行（BB）からの融資があったが、97年の経済危機で総額37億ドルの負債を抱えることとなる。BBや米輸出入銀行など内外の大手金融機関を軸とする債権者団の更生計画の撤回を狙い、旧従業員を動員して債権者会議の妨害や法廷闘争を続けたが、2001年初頭TPIの経営から撤退。タイ米業界最大の実力者▼サマーン・オーバーサウォンとは親戚。90年代に入り立法議会議員、上院議員など政界へも進出。

(樋泉克夫)

プラナカン
peranakan

インドネシアやマレーシア地域で、現地生まれの中国系子孫、とくに母系を通じ現地社会と混血した層を指す。18世紀から19世紀を頂点に、衣食住や言語などの面で中国風、マレー風などの混交した独特の文化を発展させた。マレーシアやシンガポールでは、住居跡や博物館に名をとどめる歴史用語となっている。また英領時代以来、現地生まれという点では▼僑生、現地社会との混交という観点からは▼ババ（峇峇）という呼称のほうが一般的である。したがって以下ではインドネシアに重点を置いて記述する。

子どもを意味する anak に per-、-an という接頭・接尾辞がついたマレー語の構造からも推察できるとおり、プラナカンは元来「血統」にかかわる観念だった。すなわち男性を主体とする移民と現地女性の通婚による子孫を指したのである。20世紀初頭までは中国系に限らず、ヨーロッパ系の男性と現地女性の混血児を指す場合も少なくなかった。中国系プラナカンは商人や徴税請負人などオランダ植民地経済の仲介役として富を蓄積したほか、20世紀初頭にはマレー語による文学を発展させインドネシア文学の先駆けをなした。1949年のインドネシア独立後は、混血性のいかんにかかわらず、インドネシア生まれ、かつ中国系諸語でなくインドネシア語やインドネシアの地方語を母語とする華人をプラナカンと呼び、中国生まれもしくは中国語を母語とする▼トトクとの対比において、華人社会内部の二大サブ・カテゴリーとする見方が研究者を中心に定着した。このように出生地と使用言語を基準にみると、インドネシアの中でもジャワ島のとくに中・東部ではプラナカンがトトクに対し優勢で、20世紀を通じ中国系人口の3分の2以上を占めていたとみられる。逆に、ジャワ島以外のいわゆる外島ではトトクのほうが優勢な傾向が一般的である。なお、プラナカンはおもに学術用語であり（この面での中国語訳は「土生華人」）、植民地期以来、一部の知識人を除いて当人たちがこれを自称する例はまれである。同じ言葉が動植物の交配種を意味することもあり、対面状況ではプラナカンという表現はときに失礼にあたる。日常生活では、中国系など広く外国系住民を意味するクトゥルナン（keturunan）のほうが、自他称としてより一般的に用いられる。

(貞好康志)

📖 G. William Skinner. "Creolized Chinese Societies in Southeast Asia." In Anthony Reid (ed.). *Sojourners and Settlers.* St. Leonards (Australia): Asian Studies Association of Australia in Association with Allen & Unwin, 1996.

プラマーン・アディレクサーン 1931-
馬達紅　Pramarn ADIRECSARN

タイの元副首相、元タイ国民党党首。1950年代のタイで絶対的権力を誇っていたピン・チュンハワン元帥の娘婿。57年に同元帥らが政界を追放された後、実業界へ。日本の帝人と提携しタイ帝人を経営し、一時は「タイの繊維王」と呼ばれた。70年代中期、義弟の▼チャーチャーイ・チュンハワンとタイ国民党を結成。以後、90年代初頭まで重要閣僚、主要政党党首として政界に影響力を発揮してき

た。93年、力を増してきた▼バンハーン・シルパーアーチャー幹事長に党首の座を明け渡す。現在、同党最高顧問。　　　　　（樋泉克夫）

フランケ、ウォルフガンク 1912-
傅吾康　Wolfgang FRANKE

ドイツの現代東洋学者。父はハンブルク大学中国学の初代講座主任 O. フランケ（1863-1946年）。中国学、日本語学をベルリン大学、ハンブルク大学で学び、ハンブルク大学博士。第2次大戦の直前、1937年中国に行き、輔仁大学、四川大学、北京大学の教授を務めて50年に帰国、ハンブルク大学中国言語文化講座主任教授を経てマラヤ大学中国語講座主任教授となり、77年退職。その後もマラヤ大学などで研究、ヨーロッパ中国学界の重鎮として活躍中。中国の明清史および華僑史の労作が多く、42年から88年にかけての主要論文を集録した自著 Sino-Malaysiana: Selected Papers on Ming & Qing History and on the Overseas Chinese in Southeast Asia, 1942-1988 (Singapore: South Seas Society, 1989, 616 頁) がある。またタイ、マレーシア、インドネシアの華僑碑文の収集・整理で知られ、Wolfgang Franke & Chen Tieh-fan(eds.), Chinese Epigraphic Materials in Malaysia (vols. I-III, Kuala Lumpur: 1982-87)、Chinese Epigraphic Materials in Indonesia (Singapore: vol. I, 1988) などがある。　　　　　（斯波義信）

プランテーション
plantation

もともと17世紀のイギリスで植民地のことをプランテーションと呼び、本国の過剰人口を移して開墾と耕作をさせた。のちこの呼び名がすたれて、植民地を colony と呼ぶようになったが、この間にプランテーション奴隷制度（19世紀半ばまでの数十年間）が生じた。colony のうち、熱帯・亜熱帯のそれは、少数の資本家、行政官吏、軍隊からなる植民者が現地住民労働力を用いて資本家的企業を営むもの（投資植民地）で、これをまた栽植植民地（plantation colony）ともいう。熱帯植民地では現地住民と欧米植民者の間に言語、宗教、人種、法律などに違いがあるため、二元ないし多元的な経済集団が形成される（複合経済、二重経済）。またこの形を背景にして、栽植制農園（plantation farm）の上に、栽植制（plantation system）、栽植制生産（plantation system of production）が行われる。その耕作の形態は地域・地方・時期ごとに多様である。栽植企業側には外国会社・工場・企業、現地住民地主・首長などがあり、契約移民労働、労働側には契約ないしその満期後不定期で働く現地住民労働などがある。南洋華僑については、プランテーション奴隷制の廃止後は、外国栽植制企業が現地住民労働力を利用できない事情のため、所有地ないし借入地に中国人移民を年季契約労働者（indentured laborors）として招いたものが多く、華僑側は契約期間終了後は現地にとどまり、不定期的な労働に従う者が多かった。
　　　　　（斯波義信）

ブリスベン
布里斯班　Brisbane

オーストラリア、クイーンズランド州の州都。1847年に羊番として雇われた6人が同州で最初の中国人だった。60年代から80年代にかけては金鉱に、90年代の金鉱衰退以降は熱帯性作物農業に移行する者が、ケアンズを中心に東海岸地域に移住した。1901年移民制限法で中国人人口が激減したが、1980年代にかけて中国系移民は増加傾向を示した。市内には1885年建立の中国寺廟があり、中国系組織も多数存在、1987年には同市の北部地区に▼チャイナタウンを建設した。　（増田あゆみ）

プリーチャー・ピシットカセム 1913-96
謝慧如　Preecha PISITKASEM

タイ華人の慈善事業家、華人指導者。広東省潮州の農家生まれ。軍閥抗争による社会混乱が続くなか、家庭の経済状況から1927年に渡タイ。当初は東北タイで店員などをしながら貯えた資金で小規模な精米と製材の工場を開業。24歳でバンコクに泰聯企業公司を創業し、精米、製材、製氷に加え、保険、倉庫、建築、製糖、製麻、農産物貿易などの業界に進出。戦後、酒の製造・販売、亜鉛板製造、銀行、南タイの錫鉱山開発に乗り出した。70年代に入り、日本、シンガポール、マレーシア、香港、台湾などの企業と積極的に取引を進め、経営を拡大した。86年のタイ赤十字病

院建設への高額寄付と前後して企業経営の第一線を離れ、慈善活動に取り組む。タイ国内はもちろん、中国でも慈善活動家として知られる。アメリカ籍華人指導者の「アンナ・シェンノート」らと中華民族文化促進会を組織し、92年には潮州市に自らの名前を冠した図書館、潮劇芸術センターのほか、学校、名利開元寺の仏殿、体育館などを寄付。　（樋泉克夫）

🕮 荘炎林主編『世界華人精英伝略』泰国巻、南昌：百花洲文芸出版社，1995.

フリードマン、モーリス 1920-75
Maurice FREEDMAN

イギリスの人類学者。ロンドンのユダヤ系移民の子として生まれ、インドでの兵役体験から人種関係に興味をもち、人類学を志した。2年近くの調査に基づく Chinese Family and Marriage in Singapore (London: H.M.S.O., 1957) は手堅い記述であるが、彼が社会人類学での地位を確立したのは、漢族社会に関する Lineage Organization in Southeastern China (London: Univ. of London, 1958)、Chinese Lineage and Society (The Athlone Press of the Univ. of London, 1966) による。これらは、現地調査ではなく英文および仏文の文献資料を渉猟し、いわば「故人とインタビューする」方法で中国社会を再構成しモデル化を試みた。その中心となった分析枠組みは、イギリス社会人類学がアフリカを中心に磨き上げた単系出自論であった。しばしば論じられるように、これが弱点となっていないのは、生硬な適用でなく、文明社会としての経済基盤、紳士層と官僚組織との関係、任意集団、秘密組織などについて、広く目配りしていたことによる。彼が文献を用いて文明社会の研究に成果を挙げえたのは、その天性の洞察力とともに、従来の人類学的方法では捉えにくい華僑を対象とした調査経験をもっていたことによると考えられる。　（末成道男）

🕮 末成道男「解説」M.フリードマン『中国の宗族と社会』弘文堂，1966.

プリブミ優先政策

インドネシアにおいて、経済の実権をプリブミ（インドネシアの土着の人々）の手中に取り戻すために講じられた諸政策をいう。まず1950年代末にはスカルノ政権下で、華人の居住地を県庁所在地以上の都市に制限して、農村経済から彼らの影響力を排除することが試みられた。66年以降はスハルト政権下で、共産主義禁止との関連で中国文化の影響を抑えようとする動きがみられ、漢字の使用、中国語の書籍輸入、「舞獅」などの中国的な文化活動の実施に際しては許可が必要となり、現実にはほとんど禁止に近い状況になった。また華人学校閉鎖、華人のインドネシア名への変更が進められたほか、華人の国立大学入学や公務員や軍人、警察官などへの登用も現実には制限された。ところが99年にワヒド政権が誕生すると、これまでの抑圧的な政策に大幅な修正が加えられ、中国文化に対する制限が解除され、儒教を正規の宗教として認知する動き、旧正月を国民の祝日として認めようとする動き、中国語を使用するTV局開設の動きなどがみられるようになった。　（倉沢愛子）

🕮 インドネシア国籍評議会，華人事務特別機構，華人問題解決基本政策，中国名変更，外国籍小売商排斥，ベンテン計画

舞龍 ぶりゅう

龍の舞。中国の国術の一種。竹籠十数段をつなげて龍の体を作り、布を張ったうえ、金紙で鱗甲を張り、龍首をとりつけ、角をつける。集団演技には、「穿龍柱」「跳龍門」「反龍背」「穿龍尾」「蟠龍」「臥龍」「跳龍」などの多様な種類がある。また双龍が向かいあって舞う演技もある。龍は冬は地中に潜み、春節の頃に昇天して、夏に雨を降らせ農耕を助けると信じられており、地中の龍の昇天を示す舞龍は正月の重要な演し物となっている。華僑は故郷の舞龍を子弟に伝えている。　（田仲一成）

🕮 国術社，舞獅

🕮 盧子俊『潮連郷志』巻七「夜色」香港：旅港新会潮連同郷会，1946.／田仲一成，1981.

ブリュッセイ、レオナルド 1946-
ブルセ 包楽史 Leonard BLUSSÉ

ライデン大学教授。ライデン大学の中国学、歴史学科を卒業、台湾大学人類系と京都大学人文科学研究所で研究に従事。その研究領域は、台湾、華僑、東シナ海貿易、オランダ東インド会社、日蘭交渉史と多方面にわたる。台湾の『ゼーランディア城日記』、長崎オランダ商館日記の主要記事の英訳

春節のドラゴンダンス（ニューヨーク市クイーンズ区フラッシング）。撮影：増井由紀美

Marginalia の校閲など、史料集の刊行を企画、校閲している。1997年以降バタビアの公館の文書（1780-1960年）の調査研究の大計画を主宰、オランダの中国・日本学の中心的存在である。　　　　　　　　　（永積洋子）

㊉台南

㊷ L. Blussé. *Strange Company*. Amsterdam: Foris Publications, 1986.／L. Blussé, et al. (eds.). *De Dagregisters van het Kasteel Zeelandia, Taiwan*. 4 vols. the Hague: Instituut voor Nederlandse Geschiedenis, 1986-2000.

ブルジャヤ・グループ
成功集団　Berjaya Group

マレーシアの企業集団。ビンセント・タン（Vincent TAN Chee Yioun, Tan Sri、陳志遠、1952年生）の下で1980年代初頭に創設され、多数の企業を買収することで急拡大した。タンの成功の第一歩は82年に食品のマクドナルドの販売代理権を得たことで（これはまもなく手放した）、84年のブルジャヤ・インダストリアル（Berjaya Industrial Bhd.）買収以後、積極的に集団形成を進めた。85年国営スポーツ賭博会社スポーツ・トトの民営化にともなって同社を買収（Berjaya Sports Toto Bhd. に）、集団形成の跳躍台とした。この頃から始まった民営化の受け皿はマレー人企業が普通で、華人企業の場合もマレー人の政府首脳との緊密な関係がなければ不可能だといわれる。現在集団の中核となっているブルジャヤ・グループ社（Berjaya Group Bhd.）の前身は67年設立の英国系自転車製造会社ラレイ・サイクルズ（Raleigh Cycles [M] Bhd.）で、88年にタンが買収、89年インター・パシフィック・インダストリアル・グループ社（Inter Pacific Industrial Group Bhd.）と改称、91年ブルジャヤ・グループ社と再改称、持株会社化した。関連産業に拡大していくのでなく、収益の見込まれる業種ならどんな分野にも素早く進出するのが特徴、逆にいったん購入したあと手放した企業も多い。上記のブルジャヤ・インダストリアル（現名 Reka Pacific Bhd.）も96年に売却。現在、集団の業務は製造業（空調機など）、通商、不動産、ホテル、賭博、通信、金融、病院、建設など、あらゆる分野に及ぶ。2000年現在、クアラルンプール証券市場にはブルジャヤ・グループ社のほか、ブルジャヤ・ランド（Berjaya Land Bhd.）、ブルジャヤ・スポーツ・トト（前掲）、ブルジャヤ・キャピタル（Berjaya Capital Bhd.）、コスウェイ・コーポレーション（Cosway Corporation Bhd.）、ダンハム・ブッシュ・マレーシア（Dunham-Bush [M] Bhd.）、ウンザ・ホールディングス（Unza Holdings Bhd.）の6社が上場。コスウェイは89年に傘下に収めたミシンのシンガー（Singer Malaysia Bhd.）を98年に改称。ダンハム社の起源は84年設立のミー・タト（Mee Tat Sdn. Bhd.）で、88年にトップ・グループ・ホールディングス、96年現名に。金融を中心に海外展開も盛んで、96年現在、子・系列会社は国内217社、国外86社。タンの実弟タン・チーシン（Danny TAN Chee Sing, Dato'、陳志成）も経営に参画。経営陣にはマレー人有力者も多い。

（原不二夫）

㊷ 游仲勲編, 1991.

ブルック、ジェームズ 1803-68
James BROOKE

1841年、ボルネオ北西部サラワク地方のラジャ（王）になったイギリス軍人で、3代続くサラワク白人支配の始祖。イギリス東インド会社員の子としてベナレスに生まれ、長じて軍人となり、1838年この地に赴任、ブルネイとの紛争を解決した代償に41年サラワク地方の土地収用をはじめ政治・通商の全権を取得し、▼クチンを首都とし、サラワク王を称した。彼の政治はラジャを絶対権力者とする専制的なものであったが、同時に法律を制定し、商工業の繁栄、とくに人口の多数を占める華僑との融和を図り、その権益を保護するとともに治安の維持など民心の安定にも心がけたため、サラワクの人口と領土は拡大し、1863年イギリス政府はこれを独立王国として承認、外交特権を付与している。ブルックの死後、ラジャの地位は甥のチャールズ・ジョンソン（在位1868-1917年）が受け継ぎ、その後は第2次大戦後までジョンソンの子チャールズ・バイナ（在位1917-46年）が継承した。
(小林文男)

▷サバ・サラワクの華僑・華人

▶劉伯奎「早期華人与布洛克政府的関係」『古晋潮州公会百周年記念特刊』古晋潮州公会, 1966.

ブルネイ
汶萊　Brunei

東南アジアのボルネオ（カリマンタン）島の北部に位置する立憲君主国。人口32万人（1998年）。1888年イギリスの保護国となり、1984年イギリスから完全独立するとともに、ASEANに加盟。ブルネイの経済は、石油と天然ガスに大部分依存しており、国民の所得水準は、アジア有数の高さである。マレー人が69％を占め、イスラム教が国教に指定され、公用語はマレー語。華人の比率は18％にすぎない。華人はイギリスの保護下で、ブルネイへの移住が奨励され、金融や石油関連の産業で積極的に登用された。商業部門では、華人が重要な役割を果たしている。華人は首都のバンダルスリブガワンやセリア油田の発見で発展した西部の港湾都市クアラブライトに集中している。バンダルスリブガワンでは、▼福建人とくに金門出身者が多く、クアラブライトでは▼広東人や▼客家が多い。
(山下清海)

▶山下清海「ブルネイの地域性と華人社会の特色」今冨正巳先生古希記念論文集刊行会編『馬華文学とその周辺』東洋大学文学部中国語研究室, 1992.

ブレイニー論争
Great Immigration Debate 1984

オーストラリアの反アジア移民・反多文化主義論争の一つ。1984年、メルボルン大学歴史学教授のジェフリー・ブレイニー（Gffrey Blainey）がワルナンブール・ロータリークラブでの演説で、経済不況下にアジアからの移民が多すぎると発言し、政府の多文化主義政策を批判した。彼はその批判を著書 *All for Australia* (Melbourne: Methuen Haynes, 1984) でも表明、アジア移民の受入れ、多文化主義政策の是非をめぐる大論争を巻き起こした。それまでタブーとされてきた移民論争が一気に噴き出し、さまざまなメディアで世論を二分する意見が表明された。約1年間、移民論争が新聞紙上をにぎわし、73年に人種差別をなくした多文化主義政策が同国に導入されて以来初めての移民論争となった。▼シドニーの華人社会では、この論争がきっかけで政治への積極的参加を訴える組織が結成され、政治参加の必要性が以後、華人社会で注目されるようになった。
(増田あゆみ)

▷オーストラリアの華僑・華人, ハワード論争

ブロック、ジュリア・チャン 1942-
張之香　Julia Chang BLOCH

中国系アメリカ人外交官、銀行重役。山東省煙台で生まれたが、9歳のとき両親と香港に移住し、のち渡米した。1964年カリフォルニア大学バークレー校を卒業、67年ハーバード大学から修士学位を取得。その後、平和部隊、国際交流機関アフリカ部、国際開発局食料品部などの役人を歴任し、89年に米国駐ネパール大使に任命され、アメリカ史上初の中国系人女性大使となった。1977年中華婦女総会を創立し、自ら主席を務める。▼アジア系アメリカ人女性のリーダーとしてさまざまな賞が与えられた。93年国家公務から引退し、バンク・オブ・アメリカの重役に就任した。
(曾瓔)

文化大革命

1960年代半ばから70年代半ばにかけて展開された中国の政治闘争。正しくはプロレタリア文化大革命、文革と略称される。大躍進と人民公社政策の失敗の責任をとって毛沢東は59年国家主席の地位を劉少奇に譲った。劉は、鄧小平らとともに調整政策をとって生産力の回復を図った。こうした動きを毛沢東は、ソ連で進行中の「修正主義」化の中国における表れとして警戒を強め、63年「過渡期階級闘争論」を提起して、資本主義から共産主義に至る全期間は社会主義で、この間はプロレタリアートとブルジョアジーの間で長期にわたる激しい階級闘争が続くとの考えを提出した。66年、毛沢東は大学生、高校生ら青少年を紅衛兵、造反派として組織し、劉、鄧をはじめとする幹部を「資本主義の道を歩む実権派」(走資派)、修正主義者として糾弾させ、党と国家の各級の権力を奪取(奪権)しようとした。67年に入ると、各地で奪権闘争が展開され、旧来の権力機構に代わり、革命委員会が設立されていった。しかし紅衛兵と造反派は、武力闘争による激しい内部抗争を続け、新しい秩序を樹立することができなかった。そこで、毛と文革の指導部は、労働者と人民解放軍を動員してこうした内部抗争を鎮圧し、治安の回復を図った。69年、中国共産党第9回全国代表大会は毛の「最も親密な戦友」と称されていた林彪を毛の後継者として指名したが、71年9月、林は、搭乗機もろともモンゴル草原に墜落、死亡した。この事件の真相はなお不明だが、文革のはらんでいる深刻な矛盾の存在を世界に露呈した。

文革の後半は、老いゆく毛沢東の下で、その妻江青、張春橋ら4人の指導者と、国家の行政を担当しているᵛ周恩来、周によって復活を遂げた鄧小平らとの激しい闘争が続いた。1976年1月に周恩来が死去、4月、天安門における周追悼の大衆運動の高まりを口実に文革派による弾圧で鄧小平はふたたび失脚したが、7月、唐山大地震と軍の長老の朱徳の死去、そして9月に毛沢東が亡くなり、10月、ついに「四人組」が逮捕されて文革に終止符が打たれた。

文革時期、ᵛ帰国華僑(帰僑)とその親族(帰眷)は、「海外関係」を問題とされ、ブルジョアジーなどといったレッテルを貼られて迫害を受け、家や財産なども没収されたりした。帰国華僑青年は「上山下郷」の呼びかけのもと、ᵛ華僑農場などへ下放していった。

文革時期には、ᵛ香港やインドネシアなどでも中国系人による激しい反政府闘争が展開され、北京の在外公館も修正主義あるいは帝国主義などの出先機関として激しく攻撃された。こうした革命外交は、海外華僑・華人の中国からの離反をもたらした。しかし、周恩来らはこの間、1971年キッシンジャー米大統領補佐官の訪中を実現、国連での中国代表権を回復、さらに72年ニクソン米大統領と毛沢東との会談を実現して中米対立を解消し、また日中国交正常化を実現し、フィリピン、ビルマ、マレーシアなど東南アジア諸国との国交関係を樹立するなど、対外関係の修復の面では大きな進展をもたらした。

1978年12月の11期3中全会において文革は、「十年の動乱」として全面否定された。その後、「四人組」を公開裁判にかける一方、文革で迫害された人々、さらには反右派闘争で処分を受けた人々の「平反」(再審査)が行われ、人的にも大規模な是正措置がなされた。華僑・華人関係で再審査の対象とされた文革中の事件は約3万5000件にのぼり、そのうち約3万3000件、96％について是正措置がなされた。また、歴史的な帰僑と僑眷に関する文書約64万8000件について、約32万3000件が差別的内容を含むとして廃棄された。

〈安井三吉〉

參「廖承志文集」編輯弁公室編『廖承志文集』上・下，徳間書店，1993．／厳家祺・高皋『文化大革命十年史』上・下，岩波書店，1996．／陳東林ほか主編『中国文化大革命事典』中国書店，1997．

分割統治 ぶんかつとうち

オランダ東インド会社はバタビア(ジャカルタ)を統治するに際し、華人、アラブ人などのᵛ外来東洋人を統治するためカピタン(Capitein。ポルトガル語原語。首長、頭、頭領の意味。中国語では甲必丹などの文字を当てた)を任命し、カピタンのもとにあった役人とともに当該住民の統治に当たらせ、法令の伝達、徴税、裁判などに関与させた。初

代の華人カピタンは1619年に任命された蘇鳴崗であった。このような方式はポルトガル人も採用し、たとえば▼マラッカでは、16世紀中頃以前に鄭啓基をカピタンに任命した。華人役人とオランダ東インド会社は1655年、信託（Boedelmee）会議をつくり華人の相続問題や契約問題などの処理に当たり、同時に華人のための医療・衛生問題も扱った。1740年の▼バタビア華僑虐殺事件の後、それまでバタビア内のどこでも居住可能であった華人はバタビア内の華人地区でしか居住できなくなり（居住地区制度、wijkenstelsel）、またその地区外に出る際には華人役人が発行する旅券を持たなければならなくなった（旅券制度、passenstelsel）。これらはアラブ人らにも適用された。華人は、華人の服装をまとうことも義務づけられ、ヨーロッパ人や在地の住民の服装をした華人は刑罰を受けた。オランダ人は、華人負債者が在地住民の間に紛れてしまうことを恐れたのであった。バタビアにおけるこのようなシステムは、オランダ東インド会社が支配したスマラン、プカロンガン、ジュパラなどでも適用された。

19世紀に入り▼オランダ東インド政庁の司法制度が整備されると、ヨーロッパ人、在地住民、さらに華人とアラブ人などがひとまとめにされた外来東洋人の三つのグループ間で、適用される法律および裁判制度が異なった。三つのグループ間の統治制度の相違は、税制、教育、兵役など幅広い領域に及んだ。華人らに対する居住地区制度と旅券制度は、その適用が1830年以降強化され、1916年にまで継続された。また華人らによる在地住民からの土地購入は1960年まで厳しく制限された（その後、インドネシア国籍華人のみ購入が可能となる）。華人らの自由な移動と経済活動の制限は、在地住民社会を貨幣経済に巻き込み華人金貸しなどによって住民が支配され零落するのを避けることを名目としていたが、一方、オランダは、華人を統治に利用し、17世紀から請負制度を始め、18世紀に土地税や関税の徴収請負いを発展させた。その結果、19世紀初めには、塩・アヘン専売、質屋、賭博、影絵芝居、河川通行などの徴税の請負制が実施され、この事業請負いは入札されてオランダ官僚によって業者が決定され

た。任命を受けた華人事業家はその雇員を比較的自由に領域内を移動させることができた。このように、一方で住民を分割し、他方これを統治に利用する政策は、住民間の▼同化を妨げ、また請負制度は華人の蓄財（在地住民に対する搾取）をもたらし、華人とオランダ人との間の贈収賄関係をはびこらせた。蘭印（オランダ領東インド）における倫理政策の開始とともに、華人金貸しの搾取から住民を守ることを理由に官営質屋や村落米穀倉庫が20世紀の初めに創設され、最後まで残っていた質屋とアヘンの請負制度が廃止された。カピタンの制度は、19世紀終わりからの華人間における民族主義の高まりのなか、差別的制度として反対が強まり、また請負制度や旅券制度などの廃止にともなって意義を失い、1928年に最終的に廃止された。

〈水野広祐〉

文化伝信 ぶんかでんしん

香港の代表的な漫画書の出版社。新聞や雑誌も発行している。正式名称は文化伝信集団有限公司。前身は1979年に創設された出版社、玉郎国際集団有限公司。91年星島グループが玉郎国際の株式の40.4％を取得して公司名を変えた。漫画書が同公司のドル箱で、『龍虎門』と『中華英雄』で香港の漫画市場をリードしている。92年には日本の漫画の翻訳刊行も始めた。漫画雑誌『Ex-am』のファンも少なくない。日刊紙『天天日報』も発行している。

〈戸張東夫〉

分香 ぶんこう

既設の著名な▼廟から、神前の香火（香炉の中の線香の灰。神の象徴とされる）を分けてもらい、それを奉祀して新しい廟を創建すること。分霊ともいう。華僑社会においては、出身地や南中国の著名で霊験あらたかな廟の香火を携えて渡海し、移住先で新しい廟を建て守護神として祀るケースが少なくない。分香によって生まれた子廟は定期的に祖廟（香火を分けてもらった廟）に▼進香（巡礼）し、香火を更新、霊力を増強する。

〈高橋晋一〉

ブンシット・チョークワッタナー 1937-
李文祥　Bunsithi CHOOKHVATANAA

タイの企業集団サハ・パッタナーパイブー

ン・グループ（協成昌集団）の総帥。同集団の前身である日用雑貨商店のヒャップセンチャン（協成昌）を創業したティエム・チョークワッタナー（李興添）の三男。潮州系の培英学校卒業後、11歳で家業の手伝いを始める。1952年、社名をサハ・パッタナーパイブーンと改め組織を拡大した際、外国部に配属される。この間、夜間速成中学を卒業。55年より日本に派遣され、主として大阪、京都に駐在し、洗剤、繊維、化粧品などの関連日本企業の経営について学ぶ。61年に帰国し、化粧品部門の立ち上げに成功。グループ内で影響力を強め、三男ながらティエムの後継者の地位を確実にしたのが、74年に着手した東部海岸のシーラチャー工業団地建設。同計画は政府の開発計画に呼応すると同時に、その後の東部海岸の工業地帯化の先鞭をつけた。日本企業の技術を積極導入し、生活用品の製造に重点を置き、不動産や株式投資に過度に傾斜しなかったことが、96年後半より顕著になったタイのバブル経済破綻の被害を最小限に食い止めたと評価されている。　　　（樋泉克夫）

ブーンスリー・ソーポンパニット 1917-
姚文莉　Buunsree SOOPHONPHANICH

タイの▼バンコク銀行創業者▼チン・ソーポンパニットの第二夫人。1938年にチンとバンコクで結婚し、4男1女をもうける。チン亡き後のバンコク銀行の経営権をめぐり、次男のチョート・ソーポンパニット（姚永建。当時バンコク銀行副頭取）を立てて▼チャートリー・ソーポンパニット現バンコク銀行会長（第一夫人の次男）と争う。88年のチンの死去にともないチャートリーが経営の全権を掌握。チョートらはバンコク銀行の経営中枢から離れ系列企業を担当。彼女は緑宝（泰国）公司、『世界日報』などを経営。　（樋泉克夫）

ブンソン・アッサワポーキン 1916-
馬陳茂　Bunsong ASAVAPHOKIN

タイの▼ランド・アンド・ハウス・グループ、マンダリン・ホテル創業者。曾祖父は広東省潮陽県成田郷出身者としては最も早く渡タイした3人のうちの一人で、綿織物業と質屋を経営。ブンソンはスワトウの廻瀾中学卒業後、バンコクに戻って家業を引き継ぎ、建築、ホテル、不動産、金融業に進出。1970年代以降、華人経営としては最初の近代的設備をもつマンダリン・ホテルを建設したほか、バンコク市民の生活水準の向上と住宅不足を見越してバンコク近郊に高級住宅団地を次々に開発し成功した。80年代後半以降のタイの経済成長にともなって起こった不動産ブームの波に乗り、すでに所有していた膨大な不動産が莫大な富を生み、経営基盤の強化と拡大をもたらした。長男のアナン・アッサワポーキン（馬国長）に加え、次男のアヌポン・アッサワポーキン（馬国智）もブーンチャイ・グループを設立し不動産業界へ。ブンソンはタイの馬氏宗親総会、▼タイ中華総商会、▼タイ潮州会館、タイ潮陽同郷会、タイ質屋協会などの幹部役員を歴任。蟻春娥夫人はタイ質屋協会理事や労働裁判所陪審員などを歴任。
（樋泉克夫）

ブーンソン・シーファンフン 1924-
鄭明如　Boonsong SRIFUNGFUNG

▼タイ中華総商会主席。キャセイ・トラスト・グループ総帥。タイ中西部の穀倉地帯のスパンブリ生まれの華人三世。第2次大戦中に中国空軍士官を務めた兄のキアット・シーファンフン（鄭亮蔭）とともに、戦後、精米業を興す。1952年、中国名が同姓の▼ウテン・テチャパイブーンに誘われ▼バンコク・メトロポリタン銀行の創設に参加。当時、政権中枢にいた▼プラマーン・アディレクサーンの知遇を得て運輸、保険業界に進出。64年に日本の旭ガラスと合弁でタイ旭ガラスを創立。91年に死亡した兄に代わり製造業、金融、貿易、運輸、不動産など50社を超えるグループの頂点に立つ。異母兄弟が経営の実務を担当。後継はキアットの長男のチャイキリ・シーファンフンが有力。ブーンソンは82年に中華総商会主席に就任以降、改革・開放路線を歩む中国と企業活動の枠を大幅に拡大した華人企業家との連携が進むなかで、中華総商会の影響力拡大に尽力。貿易・投資面での中国とタイ華人企業との橋渡し役を務める。95年にバンコクで実施された第3回▼世界華商大会を主宰した。　　　　　　　　（樋泉克夫）

圕 張桂琴『鄭明如伝』北京：東方出版社、1995. / Arunee Sopitpongstorn. *Kiarti Srifungfung*. Bangkok: Sri Yarnie Corp., 1991.

ブンチュー・ロジャナスティエン 1922-
黄聞波　Bunchuu ROJANASTIEN

タイのバンコク銀行（BB）の元総裁。元副首相。海南系三世。タイ国立銀行外為課勤務のかたわらタマサート大学（経理学）へ。1944年、会計検査事務所を設立。53年にチン・ソーポンパニットBB総裁に才能を認められ同行へ。以後、会計部長、副支配人などを経て74年に総裁へ。同行を東南アジア最大の地場銀行に成長させた功労者。75年、社会行動党副党首として下院議員に当選し蔵相。80年には経済担当副首相として入閣。BBを退職、後任総裁にはチンの息子チャートリー・ソーポンパニットが就任。絶頂期の70年代前半から80年代初めまで、アムヌアイ・ウィラワンら有力エコノミスト・企業家を傘下に政財界に強い影響力を発揮した。その後、経済政策失敗の責任をとり副首相を辞任。83年、同じ海南系のマハーダムロンクーン一族がオーナーのサイアム・シティ銀行の経営に会長として参加したが、同一族との確執が高まり退任。政界復帰も経済界での復権もならなかった。

(樋泉克夫)

文明の衝突　ぶんめいのしょうとつ

ポスト冷戦期、さらにはこれからは、文明の対立が国際政治を動かす最大の要因となるとする、米国の歴史学者S.ハンチントン（ハーバード大学教授）の主張。資本主義・共産主義のイデオロギー対立が20世紀の国際政治を動かした最大の要因であるが、西欧、儒教、日本、イスラム、ヒンドゥー、スラブ、ラテンアメリカの七つの、さらにはアフリカを加えた八つの主要な文明がこれからを動かす。経済的地域主義が成功するのは、EU（欧州連合）のように、それが共通の文明に根ざす場合だけであり、日本は社会と文化がユニークで、経済圏を形成するのは難しい。他方、共通の文明が中国と香港、台湾、シンガポールその他のアジア諸国の華僑・華人との間の経済関係の急速な緊密化と膨張を促進しており、将来の主要なアジア経済ブロックが中国を中心としてすでに姿を現しつつある、というのがその内容。だが、今日の海外華僑・華人と中国との結びつきは、主として経済的利益に発しており、この結びつきがブロック化して、他の文明と政治勢力争いをするなどということはありえない。

(游仲勲)

参 サミュエル・ハンチントン『文明の衝突』集英社，1998．

『文匯報』　ぶんわいほう

香港の大陸系日刊華字紙。創刊は1948年9月9日。共産党中央宣伝部の管轄下にあり、幹部は北京や広東省などの党関係者が送り込まれる。党中央の資金支援もある。2001年1月1日からロサンゼルスで『文匯報』北米華字版を、同年4月1日からはジャカルタで『文匯報』東南アジア華字版の印刷・発行を開始。もともと1938年1月25日に上海で左派系紙として誕生、47年5月に国民党政権によって発禁となり、同紙編集者らが香港で再刊した。現在の上海『文匯報』は49年に復刊した。

(濱本良一)

ペイ、イオミン 1917-
貝聿銘　Ieoh Ming PEI

中国系アメリカ人建築家。本籍は江蘇省蘇州だが、広州で生まれた。1935年に渡米し、40年マサチューセッツ工科大学から建築学学士、46年ハーバード大学から建築学修士学位を取得。45年から48年までハーバード大学で助教授として教鞭をとり、48年からウェブ・アンド・ナップ事務所に建築士として勤める。58年にニューヨークで自らの建築事務所を設立し、その優れた建築設計は世界的にさまざまな賞が与えられた。代表作はアメリカ国立大気研究センター、ダラス市音楽ホール、ボストンJFK図書館、ワシントン国家芸術館東館、ニューヨーク・レジェント・ホテル、カナダ連邦銀行商業コンビナート、シンガポール華僑銀行センター、ハワイ大学イーストウェストセンター、パリのルーブル博物館修復拡大、北京香山ホテル、香港中国銀行、アテネ現代美術博物館、滋賀ミホ博物館ほか。

(曾櫻)

平権会　へいけんかい
Chinese Canadian National Council

中国系カナダ人人権団体。略称CCNC。1979年に起こった中国系に対する差別的TV番組をめぐる「▼キャンパス・ギブアウェー事件」で結成された抗議のための委員会は、事件後、恒久的な団体 Chinese Canadian National Council for Equality (CCNCE) として80年再組織され、翌年 Chinese Canadian National Council と改名された。平権会は、主として二、三世の中国系カナダ人専門職や香港出身のインテリを中心として運営されており、そのエリート性や独善性が批判されるが、全国組織の中国系人権団体として現在も有力な存在である。平権会の活動家の一人であったレイモンド・チャンは政界入りし、93年の民主党政権発足とともに連邦外務大臣（アジア太平洋担当）となり、現在（2001年）も在任中である。

(森川眞規雄)

『萍洲可談』へいしゅうかだん

北宋末の随筆集で、萍は浮草、漂泊、洲は砂洲、広州一帯。12世紀初めの広州港におけるアジア諸国との貿易状況についての重要な情報を含んでいる。著者の朱彧は浙江の湖州の人。高官で使節も務めた父の朱服が広州一帯の安撫使（軍事の監督官）などの地方官を歴任、その見聞を中心にして各地の制度や土俗を記した。広州市舶司（貿易監督官）の話、その統制下にあった蕃坊（外国商人の居留地）の話、羅針盤の記述など、貴重な史実に満ちていることで有名。

(斯波義信)

ヘイト・クライム
hate crime

アメリカ社会において、人種、宗教、出身国、▼エスニシティ、性別などの違いに基づく、個人や組織に向けた嫌がらせ、侮辱、脅迫、攻撃といった行為を指す。最悪の場合には殺人に及ぶこともある。法的な処罰に至るかどうかはFBIなどの調査によって決定する。アメリカ社会では長年、人種・エスニシティ差別が根強かったが、1960年代の公民権運動により各種の差別是正措置（▼アファーマティブ・アクション）が成立、原則的には差別的行為や言動は禁じられているが、多民族・多文化社会では「他者」との共生がときに摩擦を生むこともある。とくにアジア系はその容姿から「アウトサイダー」視されやすく、「中国へ帰れ！」とか「出ていけグーク」（グークはGI用語で「アジア現地人」の蔑称）、「チンク」「▼チャイナマン」「ジャップ」といった侮蔑的言葉を浴びせられることもある。「他者」認識とは、「自己」アイデンティティ認識の裏返しでもあり、「自己」グループの被害者意識が昂じたときに「他者」グループに対して攻撃性が噴出しやすい。1982年デトロイトで中国系青年が殺害された▼ビンセント・チン事件はその最たる例で、日本に自動車産業を乗っ取られたと苛立つブルーワーカーの白人父子が、チンと口論するうちに

彼を日本人だと思い込み、野球バットで撲殺した事件。アジア系市民はこれをアジア系への差別意識を象徴する重大事件としていまでも記憶にとどめている。また、96年の大統領選挙の際に問題となったアジア系の「不正外国献金疑惑」の後には、アジア系市民に不信の目が向けられ「疑わしい外国人」扱いを受けた者が続出した。さらに、99年にはロスアラモス国立研究所の科学者、中国系のウェンホー・リーが核スパイ疑惑で免職処分となり、アメリカでは「スパイ・ヒステリア」が吹き荒れるとともに、中国系アメリカ市民に対する侮辱的言動が増え、アジア系市民グループはヘイト・クライムに対して警戒を深めた。

(村上由見子)

⇨ チャイナマン, パケ

ベチャ ⇨ トライショー

ペッブリ

仏丕　Petchaburi

バンコク南方に位置しシャム湾に面する都市。華語では碧武里、碧布里とも。早くから華僑が住みついた地域として知られ、県都には、清の嘉慶・道光年代（1796-1850年）の文字が刻まれた扁額が掛かる老本頭公廟、清水祖師古廟などが見られる。1919年に学善善堂と育英学校が、28年には学好女学が創設された。華人としての活動の活発化を目的に、90年に萍楽興典善壇など7団体によりペッブリ七僑聯合機構が組織された。漢代の都元国、唐代の陀洹国との説がある。　（樋泉克夫）

ベトナム勤皇運動と華僑

フエ（順化）朝廷がフランスの攻略に屈して1884年にベトナム全土の植民地化を約束するや、尊室説によるハムギ帝の「勤王の詔」に呼応して、北部や中部の地方官吏、村の文紳階級（伝統的知識人）は一斉に義軍に参じた。この勤皇運動を北部の多数の在ベトナム華僑が支援した。梁俊秀は、北寧一帯でベトナム人混合部隊を組織して、ともに戦った。また中部での藩廷逢（ファン・ディン・フン）の勤皇運動（1885-96年）にも、華僑は少なからず参加したとされる。　（高田洋子）

ベトナムの華僑・華人

今日のベトナム人の通念では、国内に居住する人種的意味の中国人またはその血統者は、公務や商用による暫時的居留者を除きすべて中国系ベトナム人であり、いわゆる華僑は存在しない。漢代から唐代まで約1000年にわたって中国の属領であったベトナムには、古くから、中原政権の積極的な移住政策や官吏の赴任にともなう一般人の中国からの移住が少なくなかった。10世紀に独立したベトナムはなお政治的に中国と密接な従属関係の継続を余儀なくされ、再三にわたってその侵略も被った。その歴史過程で、17世紀以降に商業活動を目的に入境して長期的に僑居し、または永住したり帰化する華僑が増加する以前にも、さまざまな状況と条件で移住した中国人がベトナム人社会に比較的に濃い中国人の要素を生んだ。

中国の政治的圧力に対して対抗意識を維持する一方で中国文化を積極的に受容したベトナムの社会は、それゆえに中国人の僑居にとって支障が少なく、ベトナム人側からも著しい違和感がなかったことが文献から窺われる。漢字を正式の文字として用い、独自の漢字音が形成されたベトナムでは、中国人の姓名を字音で読んでベトナム人同様の名乗りが可能であったこともその理由であろう。近世の王朝の大官にしばしば華僑の子孫が見られるのもこのことと無関係ではない。しかし、仏領インドシナ期に華僑の活動が域内経済を構造的に把握するほど顕著になると両者間の軋轢がしだいに醸され、太平洋戦争終結後の独立国家意識が華僑の存在自体を問題とせざるをえなくなった。いわゆる華僑は、ジュネーブ協定（1954年）直後に5万人が南ベトナムに移ったとされる1957年当時の北ベトナムに5万数千人、中国の社会主義化の過程で難民として上陸する華僑が継続的に増加する傾向にあった同時期の南ベトナムには100万人以上を数えた（1978年の推定数では北ベトナムに12万5000人、南ベトナムに132万人）。

中華人民共和国成立後における北ベトナム華僑の心理には、社会主義兄弟国の居留民としての身分が保証されるという願望があったとみられるが、国内に54種類の少数民族が居住する多民族国家ベトナムでは、いかなる歴史的背景をもって定住したかにかかわりなく、およそ国内に居住する中国人または中国

系住民は権利と義務においてたがいに平等な、ベトナムの国家を構成する複数の民族中の一個の民族であるとする見解に立つ政策がとられた。それは、ベト族（＝キン族）を多数民族とし、その他を少数民族とする立場で、華僑を含む中国系住民の全体を少数民族の▼ホア（華）族とする理解であった。華僑は特殊な条件で定住する外国僑民ではなく、居住地の別や中国の北方諸省を含む本国の出身地および唐代から清代までの移住時期の別などで分類され、それぞれ個別の下位呼称で呼ばれる7種のホア族のなかのとくにハン（漢）族とも呼ばれる都市部に定住する「グオイ・ホア（người Hoa 華人）」にすぎない。

1955年、ベトナム労働党と中国共産党は、北ベトナム在住華僑がベトナム人民の享有するすべての権利の付与を前提にベトナム国籍を取り、ベトナム公民になることに合意した。ベトナム公民としての権利の付与は、同時に、兵役を含むすべての国民義務を負い、仏領期に華僑が有したアジア系外国人居留民（▼外来アジア人、Asiatiques étrangèrs）としての特権を喪失することを意味した。社会主義兄弟国の居留民としての身分が保証されない現実は華僑に対する圧迫と理解され、▼華僑学校が教育部の管轄に移されて公立学校となり、本国から招聘した教員が帰国を要求される状況なども、華僑にとって迫害と解釈された。

一方、南ベトナムではゴ・ディン・ジエム政権が1955年の発足直後から翌年にかけて、華僑の経済力を排除し資産を間接的に吸収するために経済攪乱行為処罰令、不動産所有統制令、11種の営業禁止令などを施行し、華僑や▼僑生に兵役義務を負わせることを目的として生地主義による国籍法を制定し、翌56年、華僑に対する出国停止措置令に続いてベトナムで出生した華僑と僑生を出生時に遡ってベトナム国籍とする国籍法改正令を公布したほか、60年にすべての華僑団体の資産接収令を布告した。一連の対華僑政策はかえって南ベトナム経済の混乱を招き、63年のクーデタでゴ政権が崩壊するとサイゴン・チョロン地区の華僑団体が結束して7項目の華僑政策の撤回を要求し、軍事革命政権は大幅な融和政策をとらざるをえなかった。

64年に米国の対北ベトナム直接攻撃によって本格的にベトナム戦争が開始され、華僑が携わる商況は戦時特需を反映してふたたび活況を呈したが、75年北ベトナムの南部解放後に130万人以上の華僑は、外国僑民とみなされず、北ベトナムにおける華僑と同様に華族＝中国系少数民族として扱われる現実に直面し、中国人が主に海上に出てベトナムを脱出した。その数は78年以後に北ベトナムに発生した難民よりはるかに多数にのぼった。同じころに小型船舶で脱出したベトナム人難民をボートピープルという時、これらの中国人の一部を含む。

〔川本邦衞〕

⇨ホア族，ボート・ピープル

ペトロパル・グループ
Petropar Group

林訓明がつくりあげたブラジルの華人企業集団。林は浙江省温州籍、1921年北京生まれ。中国革命の際に台湾経由、52年にブラジルに来た。友人朱孔恵と油脂工場の株式を取得、55年以降全土で大豆栽培・加工を推進、買付け・輸出の改善によって同国は世界2位の生産国となった。50年代末、オルベブラ（Olvebra、ブラジル植物油公司）に改組、75年に輸出額最大の企業となり、缶詰、化学工業、肥料製造などの工場を創設。70年代「大豆大王」、80年代「石油化学巨人」の名を得た。朱が65年に死去、林が独力で支えたが、88年に分割、朱家は油脂、食品などの工場と貿易企業を得てオルベブラの名をとり、林は石油化学製品加工、農林牧業、肥料製造などの事業を得てペトロパル・グループを名乗ったが、業績不振の肥料製造、農場などはやめ、石油化学事業に集中した。米国に繊維製品製造の子会社を設立、東南アジア、中国大陸にも投資して、その資産額は90年代中頃約2億ドルといわれた。

〔游仲勲〕

ペナン
檳榔嶼／檳城　Penang

マレーシア北部の島。対岸部のマレー半島プロビンス・ウェレズレイ（P.W.）を含む州名でもある。マレー語でプラウ・ピナン（Pulau Pinang）。華語名の檳榔嶼（檳城）は檳榔樹を意味するマレー語 pinang からきている。同島は1786年イギリス東イン

会社のフランシス・ライト（Francis LIGHT）がクダー王国のスルタンから割譲させ、英国のマラヤ進出の拠点とした。1800年に割譲させたP.W.と併せ、1946年のマラヤ連合成立まで英国の直轄植民地となった（1826年以降▼マラッカ、▼シンガポールとともに▼海峡植民地）。ライトが上陸したときマレー人が52人住んでいただけというが、翌々1788年には華僑400人、総人口1000人を数えた。以後、マラッカに代わる東西貿易中継地、マラヤ開発の拠点として急速に発展、華僑人口も1812年7291人、42年9715人、60年2万8000人と急増。先人を祀る最初のトポコン（▼大伯公）と最初の仏教寺院「▼広福宮」はともに1799年に建立され、この頃すでに相当規模の華人社会が形成されていたことがうかがえる。1819年シンガポールが英国の植民地になってから英国のマラヤ統治の拠点は同地に移り、華僑人口も1830年代にはシンガポールに抜かれるが、政治・経済・社会のあらゆる面で北マラヤ華人社会の中心地であることは今日もなお変わっていない。華文学校のチュンリン（鍾霊、1915年創立）、ハンチャン（韓江、1919年創立）両校は国内屈指の名門校。最初の清国駐ペナン領事は1890年に任命され、1903年にはペナン中華総商会結成。この頃華僑の支持を求めて▼康有為や▼孫文がたびたびペナン入りした。1946年マラヤ連合の、48年マラヤ連邦の一州となった。今日でも華人人口がマレー人人口を上回り（91年の国勢調査ではマレー人40万5000、華人52万3000）、州首相は独立以来ずっと華人である。

(原不二夫)

📖 Historical Personalities of Penang Committee. *Historical Personalities of Penang*. Penang, 1986.

ペナン極楽寺 ペナンごくらくじ

マレーシアの▼ペナン島にある東南アジア最大の中国寺院。ジョージタウンから約6km。1898年（一説に1891年）、福州鼓山の出身である妙蓮法師が創建、1920年に完成。寺内には大雄宝殿、法堂、蔵経閣、斎堂、香積厨、鐘鼓楼、放生池、蓮花池などがある。蓮花池の中の巨石には▼康有為が1900年6月に書した「勿忘故国」の4字があり、また岸壁には章太炎らの題詩が刻まれている。大雄宝殿の正面に「律紹南山」と書かれた扁額があり、南山律宗を継承していることを示している。極楽寺で最も有名なのは山上にある万仏宝塔である。この宝塔は1915年に創建、30年に完成したものである。この宝塔の頂層はビルマ式、中層はタイ式、下層は中国式の様式で造られている。下層の中央には毘盧舎那（びるしゃな）仏が安置され、壁には四仏が飾られている。万仏宝塔の右にある大願殿には地蔵菩薩が祀られている。極楽寺は仏教の大寺院ではあるが、中には道教や民間信仰の神像も祀られている。

(鎌田茂雄)

📖『世界華僑華人詞典』／鎌田茂雄『中国の仏教儀礼』大蔵出版、1986.

ペーパー・サン
paper son

米国市民であるアメリカ華人の米国外で出生した子どもであると書類上で偽って、米国へ移民した中国人をいう。スロット・ケース（slot case）とかスロット・ラケット（slot racket）と呼ぶこの手段は、市民権をもつアメリカ華人男性に米国外で生まれた子どもの移民資格申請を認めた1855年の法律条項を利用し、不正の証明書を米国市民の華人と米国移民を願う中国人との間で売買し、▼排華法による厳しい入国規制をかいくぐろうとしたものである。1934年になって、米国市民である華人が米国外にいる子どもの移民資格を要求するとき、その子どもの出生前に少なくも10年間米国に居住するものと法改正がなされた。アメリカ華人は61年間にわたる排華法によって論理的には消滅状態に近いと仮定された。ところが43年、排華法の廃止時に約7万8000人を数えた。うち80%が中国を主として米国外で生まれた中国人であり、そのかなりがスロット・ケースによるものとみられた。ペーパー・サンは米国において実名と書類上の姓名の双方を使い分けて生活した。

(可児弘明)

⊟ 排華法［アメリカ］

📖 *Dictionary of Asian American History*. NY: Greenwood Press, 1986. ／ T. W. Chinn (ed.). *A History of the Chinese in California*. 3rd printing, San Francisco: Chinese Historical Society of America, 1971.

蛇寺(へびでら)
福興宮　Snake Temple

　マレーシアのペナンにある寺廟。ペナン国際空港の近くにある観光名所。19世紀半ばに設立され、1880年に改修された。開祖は福建省永春出身の清水祖師とされる。同師は万病を治す霊力をもち、同師のおかげで病の癒えた患者が彼を祀るためにこの廟を建てたという。廟内には裏山から蛇が入り込んでつねに祭壇にたむろしているため、蛇廟、青龍廟とも呼ばれる。近年は周辺の開発が進み、蛇もめっきり少なくなった。
（原不二夫）

ペルーの華僑・華人(ペルーのかきょう・かじん)

　海岸地帯の大農園における労働力不足が深刻となっていたペルーでは、1849年、「移民法」が制定され、外国人移民の導入が奨励されることになった。同年到着した75人の中国人▼苦力を嚆矢に、香港や▼マカオから大量の中国人契約労働者がペルーへ送られることになった。奴隷制の残滓を残すペルーで、大農園、グアノ採掘現場、鉄道建設現場などに送られた中国人は、半奴隷的な扱いを受け、過酷な条件の下での労働を強いられ、逃亡、反乱、自殺などさまざまな形での抵抗を試みたが、その勤勉さは周囲の認めるところであった。人種的な偏見に基づく中国（アジア）人移民導入反対論は根強かったが、イタリア、ドイツ、スペインなどヨーロッパからの移民が芳しい成果を挙げることができなかったこともあり、1874年までの間に、9万～10万人がペルーに上陸したといわれる。中国人移民たちは、契約満了後も、労働契約を更新したり、耕地で小規模商店を開き、後続移民に日用・食料品などの販売を行いつつ蓄えを増やし、しだいに周辺の地方都市や首部▼リマに出て日用雑貨店、飲食店、洗濯店などで成功を収めた。19世紀末以降は、香港などから資本を持った中国人も渡来するようになり、「街角の中国人」「中国人の雑貨屋」というイメージがペルー人の間に抱かれるようになった。1884年には相互扶助組織として中国人慈善中央会が、1917年には中国人を中心にラ・ウニオン保険会社が設立され、24年には中国人社交クラブも開かれた。1911年創刊の華字週刊紙『僑声報』は、22年には日刊となった。しかし、1920年代後半の不況の深化とともに、反アジア人運動が強まり、30年、サンチェス・セロの革命をきっかけに国内政治が混乱した時期には、中国人商店に対する掠奪事件も生じた。現在、中国人の混血化、社会的同化はかなり進行しており、華人人口は混血層を加えて一般に約100万人といわれている。
（柳田利夫）

⇨チーファ，エリアス，ドミンゴ，ガルボン，チンチャ［諸島］

📖 H. Rodríguez. *Los hijos del Celeste Imperio en el Perú (1850-1900)*. Lima: Instituto de Apoyo Agrario, 1989. ／ W. Derpich. *El otro lado azul, 150 años de inmigración china al Perú*. Lima: Fondo Editorial del Congreso del Perú, 2000. ／ Watt Stewart. *Chinese Bondage in Peru*. Durhm, N. C.: Duke UP, 1951.

ベンクーレン事件(ベンクーレンじけん)

　ヨーロッパの七年戦争（1756-63年）にからんで展開された英仏の植民地戦争下、イギリス海軍はインド洋のモーリシャス島を封鎖した。フランス人はこの封鎖に苦しみ、1759年10月に数隻の軍艦を脱出させた。軍艦はスマトラのベンクーレン（Bencoolen、現ブンクル Bunkulu）を襲撃し、イギリス東インド会社の商館などを略奪し、同地に住む華僑・華人商人をモーリシャスに連行した。フランスは彼らを農業労働者として使役するつもりであったが、彼らが反抗したために、結局は送還しなければならなかった。
（生田滋）

ヘンダーソンランド・グループ
恒基地産集団　Henderson Land Group

　▼リー・シャウキーのフラッグ・シップ企業で、▼サンフンカイ・プロパティーズとともに▼香港の二大不動産企業グループの一つ。恒基兆業ともいう。1998年現在の保有資産は750億HKドル。サンフンカイ社の経営から別れたリーが76年に同グループを設立。香港上場の持株会社としてのヘンダーソンランド・ディベロップメント（恒基兆業地産）社は以下の代表的な子会社を有する。(1)ヘンダーソン・インベストメント（恒基兆業発展）社：香港島と九龍側にあるニュートン・ホテルと小売業シティストアーズを所有。(2)ホンコン・アンド・チャイナ・ガス社：100万世帯以

上の家庭にガスを供給。鉄道関連や一般不動産開発投資も行う。(3)ホンコン・フェリー社：香港から珠江デルタの沿岸都市に海上フェリーを運行。一般不動産開発も行う。(4)ミラマー・ホテル：香港島の高級ホテル。(5)ヘンダーソン・チャイナ社：中国本土内に投資し、北京、上海などで積極的にビジネス展開中。

（山田修）

ベンチャロン

タイ向けに作られた中国の五彩（色絵）磁器。ベンチャはタイ語の「五」、ロンは「色」。17世紀、中国の明末清初の頃、タイのアユタヤ朝の王室が、中国景徳鎮窯に五彩磁器を注文したのが、ベンチャロンの始まりという。その後、景徳鎮窯では、タイ向けとしてこれを量産するようになり、さらに景徳鎮の素地に広東で上絵付けすることが一般的になった。遺例は飲食器や小型の装飾品、文様は草花文、唐草文、神仏像、人物像などをタイ風にアレンジしたもので、外側全面に多色で文様を描きつめたものが多く、なかには金彩を加えた例もある。なお18世紀には、王室の注文によって、金地に粉彩で草花文などを表した「ライナムトン」と呼ばれる精品が景徳鎮窯で作られた。

（長谷部楽爾）

ベンディゴ
本迪弌　Bendigo

オーストラリア、ビクトリア州の都市。同州の金鉱地の一つで、最初に大きな反中国人運動が起こった。1854年、白人鉱夫によって組織された集会で、中国人追放が決議された。実行が遅れたため、軍隊の増員派遣がまにあい、暴動は防げたが、この事件がきっかけとなって他の金鉱でも反中国人の風潮が高まり、60年には死者を多数出す反中国人暴動がニューサウスウェールズ州レーミングフラットで起こった。これらの反中国人暴動は、その後の排華法の成立へと繋がった。

（増田あゆみ）

⇨華僑・華人の排斥［オーストラリア、ニュージーランド］、ゴールドラッシュ、バララット、排華法［オーストラリア］

ベンテン
文登　Benteng

ジャカルタ西郊外のタンゲラン（Tangerang）地区の別称。同地に住む華僑・華人はインドネシア人と雑居し、風俗習慣もほとんど差がない。以前は太陽暦の新年を祝う風習があったが、現在では失われている。また彼らの語彙には閩南語からの若干の借用語を含む。インドネシア独立戦争時の1946年5月、オランダ軍がこの地域に侵入し、華僑・華人にインドネシア国旗を下ろさせ、代わりにオランダ国旗を掲揚させた。このためインドネシア人による華僑・華人の虐殺事件が起こり、656名が殺されるなどの被害が生じた。この事件はインドネシア、オランダ、中華民国の間で国際問題となり、結局インドネシア政府が遺憾の意を表明して落着した。

（生田滋）

ベンテン計画
Program Benteng

インドネシア政府が1950年代前半に行った民族系資本保護政策。ベンテンとは城、城塞の意。具体的には、華僑を含む外国人業者を除く輸入業者に対し、特定物品輸入にかかわる許可や融資を優先的に与えた。計画は達成できないまま終わったが、その最大の原因は、優遇措置を受けた民族系企業の大半が経営経験の欠如や資金不足から、自ら輸入業をせず、許可証を華人系業者に転売するなどブローカー化したり、国営銀行の融資返済を滞らせたりしたからである。

（深尾康夫）

辮髪
queue

アジア北方諸民族男子の古来の髪形で、頭髪の一部を残して他を剃り落とし、残した頭髪をお下げのように編んで後ろに垂らした髪形。満洲女真族の征服王朝である清朝の統治下で、漢族は服従のあかしに満洲族の習俗、辮髪を強制された。剃髪に抵抗して東南アジアに亡命する「▼南投華人」が出現したが、時が経つにつれて辮髪はしだいに漢族男子の髪形として根着いていき、やがて民族的帰属を示すシンボル機能をもった。▼華僑・華人のなかには長い海外生活で辮髪を切る者があった。しかし、喧嘩相手から辮髪を切られた華人が首を切られたにも等しいと嘆き悲しんだとか、華僑の商家で使用人の懲罰として辮髪を切った話などがあることからすると、辮髪

を守る華僑・華人が多かったようである。またグエン（阮）朝ベトナムの明命帝（在位1820-40年）は▼僑生の華風模倣を禁止したが、紹治帝（在位1841-47年）が僑生の辮髪を禁止したことも知られている。

▼アヘン戦争後になると、辮髪は中国にやってくる外国人の間でピグティル（豚の尻尾）と呼ばれ、敗者・劣等・不潔など負のシンボルとなった。▼苦力（クーリー）貿易をピグ・トレード（猪仔（チューチャイ）貿易）とかセリング・ピグといったのはこのためである。アメリカでは同化しようとしない華人のシンボルとして、排華デモで辮髪姿の紙張子が担ぎまわされた。さらに侮辱・虐待・憎悪の鉾先を辮髪に向け、馬の尻尾に結びつけて曳きずりまわしたり、悪ふざけで辮髪を切ったりする者があった。辮髪を数珠つなぎにされて招工船に乗せられる出稼ぎ移民を▼容閎（ヨウコウ）はマカオで目撃し、また▼孫文は苦力の悲惨なありさまを清朝の悪政によるものとし、革命を決意したといわれる。▼辛亥革命は孫文の生まれ故郷がマカオの北隣であったことと無関係ではない。その招工船上では衛生を口実に辮髪を切る命令がしばしば出され、命令を断固として拒否し海中に投身自殺をしたり、射殺された例も知られている。また▼ロバート・バウン号事件をはじめ、船長・船員を殺害して船を奪取する原因となったことも数多く知られている。辮髪が日本の丁髷（チョンマゲ）のように個人や民族の尊厳にかかわるものであったのである。しかし中国で革命運動が高揚すると、みずから辮髪を切って清朝打倒の心意気を表すようになった。第1回蜂起に失敗した孫文が1895年10月日本に逃れ、辮髪を切り、洋装をして世界周遊の旅に出たことや、ジャワの砂糖王▼黄仲涵が1904年に辮髪を切ったことはよく知られている。

(可児弘明)

参 可児弘明「辮髪」『雑誌』13, 1989.

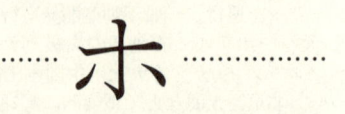

ホ

ホア族 ホアゾク
華族 Hoa toc

ベトナム北部各省の中国国境地帯や中部の山麓高原で農耕や漁労によって生活する中国語系移住少数民族の総称。出身地の別や移住時期による類称があり、別個の自称をもつものもある。広東省防城県出身のガイ族、廉州や欽州から清代に移住してきたリエムチャウ（廉州）族に対して、嘉應県から太平天国の乱後に移住したものをハッカ（▼客家）と称し、中国北部出身のサンファン（上方）人と江南地方出身のシアファン（下方）人を一括してスオンフォン族という。また唐代と明代に移ったとされ、それぞれがドゥオンニャン（唐人）、ミンフォン（明郷）を自称するものをトンニャン族、クアンニン省海岸部やトンキン湾の諸島に居住して蛋家老を自称するグループをダン族と呼ぶ。ほかに1955年のベトナム労働党と中国共産党の合意によってベトナム国籍に編入された華僑を中国系ベトナム人に数え、少数民族のハン（漢）族またはグオイホア（華人）と称する。以上の全体がホア族に含まれるが、ほかに中国系移住少数民族として、中部と北部の各省の山麓に住むサンゼオニン（山傜人）を自称する明末・清初の移住者サンジウ族があり、クアンニン省のシン族と呼ばれる中国化したタイ族やターイ族のグループも中国系少数民族に数える。

(川本邦衞)

参 川本邦衞「ヴェトナムにおける『華僑』と『華裔』および『華人』などについて」三田ASEAN研究会編『現代アジアと国際関係』慶応通信, 1991. ／ Vien Dan toc hoc. *Cac dan toc et nguoi o Viet Nam*. Ha Noi: Nha xuat ban khoa hoc xa hoi, 1978.

ホアン・ジェンチョン 1941-
黄健中　HUANG Jianzhong

映画監督。インドネシアのスラバヤ生まれの▼帰国華僑。1948年中国に帰国。60年北京撮影所付属の映画学校脚本クラスに入学したが、途中で学校が閉鎖され、そのまま撮影所に記録係として入所した。助監督として崔嵬、陳懐皚（『黄色い大地』などの監督陳凱歌の父）ら一流監督のもとで働き、82年『如意』で監督としてデビュー。85年、解放前の山村を舞台に労働力として買われてきた年上妻の悲劇を描く『トンヤンシー・夫は六歳』を発表、国内外の映画祭で多くの賞を受賞し、一流監督として認められた。続く『死者の訪問』（86年）は前衛的な舞台を映画化したもので、現在と過去、現実と非現実を錯綜させた意欲的な作品としてこれも高い評価を受けた。その後も、『過ぎにし年・迎えし年』（90年）、『龍年警官』（91年）など、話題作・人気作を作っており、中国国内各映画祭では作品ノミネートの常連となっている。

（松岡環）

ホアン、ジョン 1945-
黄建南　John HWANG

クリントン政権下のアメリカ民主党全国委員会財務副委員長。福建省生まれ。台湾で大学教育を受けたのちに渡米、コネティカット大学大学院卒。国際金融畑を歩み、インドネシア財閥▼リッポー・グループの米国法人社長、商務省国際経済政策担当次官補代理を経て民主党へ。1996年の大統領選挙の際、ホアンの関係したアジア系からの政治献金が、じつはアジア各国から流れた裏金ではないかと「外国献金疑惑」としてマスコミから弾劾され、政界を退いた。

（村上由見子）

📖 村上由見子『アジア系アメリカ人』中央公論新社, 1997.

ホイ、アン 1947-
許鞍華　Ann HUI

香港の女性映画監督。遼寧省生まれ。1972年香港大学卒業後イギリスに渡り、ロンドン・フィルム・スクールで２年間学ぶ。75年香港に戻り、胡金銓（キン・フー）監督の助手に。その後、無線電視台（TVB）と香港電台（RTHK）でTVドラマやドキュメンタリーの演出に携わり、79年映画『瘋劫』で監督デビュー。解放後のベトナムを描いた『投奔怒海（望郷 ボートピープル）』で83年の第2回香港電影金像奨（香港アカデミー賞）の最優秀作品賞と最優秀監督賞を受賞した。

（戸張東夫）

ホイアン
会安　Hoi An

ベトナム中部の港市。チャム時代にはシンハプラとして栄えたが、16世紀よりベトナムの南進でグエン（阮）氏の拠点となり、交易都市として発展した。会安庸の音訳Faifo、Faifoo の名でヨーロッパ世界にも知られた。福建からの移住者たちの街ができたのは1610年代とみられ、明末清初の移住で17世紀半ばには明香社（1826年に明郷社と改められる）が存在していたといわれ、1653年には▼関帝廟が建立された。17世紀末にホイアンを訪問した清の僧侶釈大汕は、外国交易の船の往来で賑わっていると記録している。18世紀末の西山の乱では、明香社は西山政権の命により艦船修理に従事した。1773年には華僑の中心となる洋商会館が設立され、福建、潮州、海南、広東などの各幇の会館も設立され、ホイアンの交易・商業活動は華僑によって掌握された。明郷社（もともとは明香社）を創設した先賢として孔、顔、余、徐、周、黄、張、陳、蔡、劉の十老が祀られているが、ベトナム政権は十老をそれぞれ郷長に任命し、行政の末端組織として運営にあたらせた。ホイアンは、トゥボン川の河床が上がって外航船の運航に支障が出て、ダナンが交易・商業活動の中心となって活動は停止した。街路はベトナム戦争でも破壊から免れ、華僑街は200年ほど前の形状を遺している部分もある。

（小倉貞男）

🔗 明郷

📖 陳荊和「十七、八世紀之会安唐人街及其商業」『新亜学報』3-1, 1974.／陳荊和「会安明香社に関する諸問題について」『アジア経済』11-5, 1970.

保育園小紅 ほいくえんしょうこう

横浜華僑の保育園。僑会・僑団で働く華僑婦人の自主運営の無認可保育園として1967年に発足。翌年、婦人運動の一翼として▼横浜華僑婦女会運営の愛児園と合併、婦女会付属

の保育園となる。97年、運営母体の横浜華僑小紅の会を結成、横浜型保育室として認可を受け、名称を横浜華僑小紅の会・保育園小紅に改める。2001年改築成った中区山下町の3階建ての横浜華僑婦女会館の1階フロアで、中国の歌や舞獅などを取り入れた、特色ある保育を行っている。現園長は符美和。

(符順和)

ホイ、サミュエル 1948-
許冠傑　Samuel HUI

香港を代表する作詞作曲家。歌手、俳優。広州で生まれ、2歳で香港へ移民、難民居住区で育つ。高校卒業後に結成した英語バンド"The Lotus"のリーダー、サム・ホイ（Sum HUI）として活躍後、香港大学在学中に兄マイケル・ホイ（許冠文）と制作出演したTVバラエティで人気獲得。1974年兄が監督し兄弟で出演したコメディ映画『鬼馬双星（Mr. Boo! ギャンブル大将）』がヒット。サミュエル名義の同名広東語アルバムも大ヒットし、英語と北京語指向の流行音楽界に広東語ポップスブームをもたらした。兄と出演した一連の人情味あふれるコメディは、現在も華人社会全体で愛されつづけている。

(壬生昌子)

> 林穂紅編『チャイニーズ・ポップスのすべて』音楽之友社, 1997.

ホイ、スー 1837?-1901
徐肇開　Sew HOY

ニュージーランド華人の金鉱経営者。広東省番禺で生まれたが、ゴールドラッシュにのり、アメリカのサンフランシスコやオーストラリアへ出稼ぎ、1869年にニュージーランドへ移住し、金鉱労働者を対象とする雑貨店を開いた。のち資金を集め、鉱山区で会社を設立し、四つの金鉱を経営して成功を収めた。

(曾縈)

幇（ほう）⇨ 幇（パン）
鮑頴思（ほうえいし）

神戸華僑、中国国民党員。生没年は不詳。広東省中山県人。ドイツの染料会社社員だったが、1924年11月、来神中の孫文と会って感銘を受け、国民党に入党。北伐後援会を組織するなど中国国民党神戸支部役員として活躍。37年7月、日中全面戦争が勃発するや、9月、神戸で「外諜容疑」の名目で逮捕され、拷問を受けたのち、12月、熱田丸で香港に強制送還された。

(安井三吉)

> 『落地生根』

防疫（ぼうえき）

防疫は、伝染病を防ぐための検疫、および衛生事業に大別される。現在の検疫制度や公衆衛生制度の基礎となった制度は、植民地主義の展開による経済社会の世界化にともなうコレラやペストなどの急性伝染病の世界的な流行と19世紀後半の近代西洋医学や細菌学の発達を背景として成立した。

華僑・華人社会との関係では、雲南を起源とした腺ペストの1894年香港での流行が重要であり、香港での流行以後、腺ペストは、台湾、日本などの東アジアや東南アジア、インド、アフリカ、さらにはハワイ、北米などにも伝染した。中国の衛生状態の悪さや遺体の処理（土葬や移葬のための棺での遺体の保存）が腺ペストの世界化の背景にあるとされたため、各地でさまざまな事件が発生した。1900年ホノルルでの「ハワイ黒死病事件」はその一つである。ホノルルでは、腺ペストの発生（香港からの伝染とされる）の中で、中国人、日本人、先住民の隔離、居住地域の焼却が実施されたが、このとき、ホノルルに大火が発生した。この火事自体も放火であるとの噂があった。こうして、腺ペストの流行を契機として、各地で排華主義的な事件が発生した。20世紀初頭、北米大陸へのアジア系移民の入国制限も腺ペスト対策が理由とされた。また、1904年「中英保工章程」では、中国人の海峡植民地などへの入境に際して、イギリス人医師の検診が義務づけられるなどの措置がとられ、シンガポールでは、衣服をぬがせる「赤身験体」が行われるなど差別的な対応がとられることとなった。

(飯島渉)

⇨ 華僑・華人の排斥
> 飯島渉『ペストと近代中国』研文出版, 2000.

貿易業整備要綱（ぼうえきぎょうせいびようこう）

太平洋戦争突入直後の1941年12月22日に日本で、戦争の長期化に備え、「円貨決済域、満支、泰、南方占領諸地域」内での物資確保と流通の円滑化、自給自足体制の確立を目指して、商工省貿易局長官名で通達された要綱。同年5月に公布された貿易統制令を具

体化したもので、これらの地域のうち、円域貿易は日本人以外の参入を許さず、華僑の貿易商は輸出割当てから除外される不安が生じた。そのため、神戸中華総商会は当局に対して陳情を続ける一方、華僑商社の統合を進めた。
(王柏林)

貿易統制令 ぼうえきとうせいれい

太平洋戦争を控えた1941年5月14日に日本で、国家総動員法第9条に基づき、輸出入貿易の管理体制を強化するために公布された法令。前年9月、日本軍の北部仏領インドシナへの武力進駐によって東南アジアに軍事的緊張が高まるなか、この法令の公布により戦時貿易の統制と管理がいちだんと強化された。この統制令を具体化して開戦後の同年12月22日に通達された▼貿易業整備要綱により、円決済域貿易への日本人以外の参入が排除され、貿易を営む華僑は転廃業を強いられることになり、華僑貿易商の苦境はより深刻なものとなった。
(王柏林)

豊記号 ほうきごう

長崎の▼三江幇の有力華僑貿易商社の一つ。1876（明治9）年頃、上海豊記号の支店として新地町27番地に開設され、主として華中・華北方面への海産物、雑貨の輸出に従事。初代号主は朱輔清（浙江省鎮海県出身）。その後任として1901年に着任した范茂桐（1865-1934年、浙江省鎮海県出身）は、釜山支店を開設し業績を挙げた。海産物取引で上海最大手となった豊記号も32年に勃発した上海事変でやむなく閉業。范は▼三江会所総代、▼長崎華商商会副会長を務めた。
(陳東華)

方言集団 ほうげんしゅうだん

言語のうえでアイデンティティとなるものとして、最も広く認められているものは方言という特徴である。2人の人がたがいに言うことが理解できるか否か、すなわち「相互理解可能性」という基準によって、同じ言語であるか否か、または同じ方言であるか否かを決定することができる。この話し言葉についての基準と同時に、共通の書き言葉を共有していることも必要な条件となる。華人が「漢字」を共有していることは比類ない「中華」意識をもつ要件である。華人の同一の方言集団は、血縁的、地域的、社会的連帯を生み、自我意識を育ててきた。

東南アジアの華人は、大多数が▼福建、▼広東、▼海南から移住したものである。彼ら移民は中国本土との往来はとだえて定住化しているとはいえ、後裔まで郷里の方言を継承している。東南アジアでは、▼閩びん語、▼粤えつ語、▼客家ガッ語がおもな方言である。閩語には、東南アジアに分布している方言として閩東語と閩南語の2種があり、閩南語の下位方言には泉州語、漳州語、▼潮州語、海南語がある。さらに泉州語の下には、晋江語、安渓語、永春語のような小方言がある。このような方言群が、それぞれに血縁的、地縁的集団をなしているのである。
(中嶋幹起)

房口 ぼうこう
ファンコウ fangkou

カナダ移民初期にみられた寄宿所。初期の移民は経済力もなく、おおむね単身であったことから、郷里の村や▼宗族を同じくする者の共同居住が多くみられた。その後、華僑の居住形態はしだいに改善され、共同居住も減っていくが、房口での共同性は、いくつかの房口が協同して設立される▼善堂（出身地域単位の福利施設）や、同郷会、会館、公所などのより大きな華僑社会内組織が発展する基盤となった。
(森川眞規雄)
🔁 估里間

鮑焜 ほうこん ?-1923

横浜営業のイギリス商社、英一番館ジャーディン・マセソンの▼買弁。広東省出身。1869年から半世紀にわたり横浜の貿易業界に大きな力をもち、中国人社会の長老的存在であった。82年に建立された▼横浜中華義荘の「倡建地蔵王廟」の碑文では董事の筆頭にその名を見ることができる。関東大震災の際、自宅で家族14人とともに犠牲となる。
(符順和)
📖 鳥居民『横浜山手』草思社，1977.／横浜市役所市史編纂係編・刊『横浜市震災誌』1945.

方修 ほう・しゅう 1922-
FANG Hsiu

▼馬華文学の指導的理論家。広東省潮安出身、本名は呉之光。16歳でマラヤに南渡、現在は▼シンガポール国民。▼星洲日報』記者、シンガポール国立大学兼任講師を歴任。『馬華新文学史稿』（1962年）、『馬華新文学大系』

(1972年)など著書多数。馬華文壇で紛糾した1947～48年の頃の僑民文学論争を分析し、中国の政局に巨大な変化が生じ華人の前途に影響を及ぼすときは中国僑民の意識が強くなるが、華人の関心を呼ぶ重大問題が現地に生じたときは現地人として華人独自の意識が強くなると説いた。

(今冨正巳)

方召麟 ほうしょうりん 1914-

香港の女性中国画家。江蘇省無錫生まれ。父は織物工場を経営していたが、召麟が11歳のとき死去。母は彼女に中国古典のほか英語を学ばせた。子どもの頃から絵を描くのが好きだったという。1937年マンチェスター大学に入学、同じ留英学生の方心浩と結婚した。その後中国に戻ったが、50年夫は香港で死去、召麟は8人の子を育てるために貿易業を営んだ。54年貿易会社をたたみ、香港大学のヨーロッパ哲学科に入学。卒業後、オックスフォード大学大学院に学んだ。この時期、若い頃から親しんできた絵画に本格的に打ち込むようになる。山水花鳥を銭松岩、陳旧村に学び、後に陸辛農（天津）と趙少昴（香港）に花鳥画を習ったが、中国画の習得において彼女の最大の師は▼張大千である。53年から彼について絵の勉強をし、65年ロンドンで彼の展覧会を設営している。83年張は台北で死去したが、彼女はその死を哀しみ、大作「寄哀思」など11幅の絵を連作した。以後中国をたびたび旅行し、その自然に取材しながら、おもに香港とロンドンで制作活動を続けている。その作風は、中国伝統技法の上に現代性が加味されたもので、高い評価を受けている。代表作は「長江大小」「越南船民流亡図」など。作品集に『方召麟書画作品選集』（香港大学、83年）がある。

(塩出浩和)

亡人節 ぼうじんせつ
All Saints' Day / All Soul's Day

フィリピンの中国系住民の間で見られる新暦11月1日、2日の墓参日。カトリック教会暦にいう万聖節、万霊節にあたり、フィリピンでは祭日として広く墓参が行われる。このため中国系住民もこの日に墓参し、祖先に五牲五果などの供物を供え、献香し、紙銭を燃やす。近年、中国系住民の墓参に対する態度は多様化し、万聖節・万霊節や伝統的な祭日である▼清明節を避ける者、毎週墓参する者、墓参放棄する者もいる。

(宮原曉)

墓暦, マニラ華僑義山

放水灯 ほうすいとう

▼シンガポールの華人社会などで▼普度（日本でいう施餓鬼）の前夜、水灯を川や海に流す行事。水灯は、竹や木の骨組みに紙を貼って作った家型や蓮花型の灯籠で、中に灯火を入れる。参加者はそれぞれ水灯を捧げ持ち、水辺に到着すると僧侶または道士の読経が行われる。その後、各自水灯に点火し、水面に流す。放水灯の行事は、その灯りによって、祀られない水中の孤魂野鬼（無縁仏）を普度に招くために行われるものである。

(高橋晋一)

宝大号 ほうだいごう

近代長崎に店舗を開いていた華僑貿易商号。1919（大正8）年に編纂された長崎商工会議所編『長崎商工会議所二十五年史』によれば、同年に新地町、広馬場町、梅ヶ崎町に店舗を開いている在留長崎華僑貿易商22軒の一つ。店舗の所有者は桑宝楚で、福建幇か三江会所所属の三江幇かと思われるが、区別の史料はない。華中・華北方面に海産物・雑貨の輸出を行い、中国物産を輸入していた。本店および主要な取引先はいずれも上海である。

(川勝守)

彭沢民 ほうたくみん 1877-1956
PENG Zemin

華僑出身の政治家。広東省四会人。1906年クアラルンプールで▼中国同盟会に入会。中華革命党、▼中国国民党に参加、クアラルンプールで『益群報』を発行した。25年香港ストライキ支持でイギリス植民地当局により追放され、26年国民党2全大会に出席して中央執行委員兼海外部長、国民政府委員を務めた。党務整理案など蒋介石の方針には批判的だった。27年8月の南昌蜂起に参加し、敗北後、▼香港で国民党臨時行動委員会（第三党）の南方幹事会を組織して活躍した。抗日戦争時期は国外で『抗戦華僑』などを刊行、救国活動に従事していた。47年、中国農工民主党、中国民主同盟の一員として活動し、中華人民共和国建国に参画した。建国後、中央人民政府委員、全国人民代表大会常務委員、中

国人民政治協商会議常務委員、農工民主党中央副主席、僑務委員、帰国華僑聯合会副主席などを歴任した。
(安井三吉)

龐柱琛 ほう・ちゅうしん 1892-1976
林達雄

横浜華僑。広東省高明県石廟村に生まれ、16歳で故郷を離れる。その後広州、神戸、名古屋と移り住み、戦後横浜に移る。1940年代後半に中華街の老舗聘珍楼と萬珍楼を譲り受ける。その頃中華街は戦後の混乱期にあったが、55年竣工の▼善隣門設立にあたっては中心的役割を果たし、その後の▼横浜中華街発展の礎を築く。また、中華料理の分野での功績を認められ、勲五等瑞宝章を受章。現在、萬珍楼は長男の▼林兼正が、聘珍楼は次男の▼林康弘が引き継ぐ。日本国籍取得後の名前は林達雄。
(伊藤泉美)

鮑棠 ほう・とう 1855-1905

横浜開港当時の華僑。広東省香山県出身。▼鮑博公の父。1869年頃、14歳で来日。長崎で2、3年働き、横浜へ。ペンキ職人や雑貨商など、さまざまな職業を経て、外国商社の雇い人として働く。やがて▼横浜中華街で料理店を経営、のちに伊勢佐木町に進出し中華料理店博雅亭を経営。生活は楽ではなかったが、11人の子どもたちの多くは優秀な成績で最高学府に進む。自宅2階から誤って落ち死去。
(符順和)

報徳善堂 ほうとくぜんどう ⇨ 華僑報徳善堂 かきょうほうとくぜんどう

坊津 ぼうのつ

南九州、薩摩半島南西端にあるリアス式海岸の良港。奈良時代の753 (天平勝宝5) 年、秋目あき浦に唐僧▼鑑真が上陸。中世は日明勘合貿易の基地となり、「日本国総路」「入唐道」と称される。近世初期、久志くしに唐人町が形成されたが、江戸幕府の鎖国強化（唐船領内寄港禁止令、1634年）により消滅。唐人墓の碑が残る。1600 (慶長5) 年日明国交回復のため捕虜の茅国科ぼうこくかを明に送還したのは坊津の朱印船貿易家鳥原宗安である。鎖国下にも密貿易で繁栄したが、1726 (享保11) 年、清船の一斉撃攘（「享保の唐物崩れ」）で漁村化した。その後も、森吉兵衛家は海商として薩摩藩海運体制を支えた。現在はカツオ漁業基地で、鹿児島県川辺郡坊津町に属する。歴史民俗資料館に近世の媽祖像がある。
(原口泉)

📖 坊津町郷土誌編纂委員会編『坊津町郷土誌』上, 1969.

胞波 ほうは

親戚・同胞を意味するビルマ（ミャンマー）語 Baut Pow の音訳。瑞苗胞波、胞頗とも表記し、とくに華僑・華人を指す。太陽神と結婚した王女が龍の卵を三つみごもり、一つがビルマの宝石に、一つが中国の皇后に、一つがビルマの英雄に成長したとのビルマの神話から、ビルマ人と中国人とは兄弟との考えが生まれた。具体的には清の乾隆年代（1736-95年）のビルマ討伐の際、捕虜となった兵士が現地女性と通婚したことから、この言葉が多く使われるようになったといわれる。
(樋泉克夫)

鮑博公 ほう・はくこう ?-1958

戦前・戦後の横浜華僑リーダー。▼鮑棠ほうとうの四男。横浜出身。1905年父の急死で旧制第一高等学校を中退、伊勢佐木町にあった博雅亭2代目を継ぐ。考案した貝柱入りの海老をたっぷり使った焼売シウマイは、「博雅の焼売」として日本全国に知れ渡り、家業は業績を大きく伸ばした。その収入を惜しげなく、▼横浜中華義荘にある地蔵王廟の修復や、空襲で焼けた校舎の建設や学校教育のために寄付した。横浜市指定有形文化財に指定され、1995年に修復なった地蔵王廟正面入り口の扁額に、今なおその名を見ることができる。また、戦前に日赤神奈川支部に高額寄付を行い、その功績でのちに紺綬褒章を受章した。戦前、▼横浜中華会館理事を務めた。
(符順和)

望夫石 ぼうふせき

広東省には子を背負った女人の形に似た岩を望夫石と呼ぶ地方があり、山頂に立って夫の帰りを待つうちに石と化したという伝説が伴う。夫の不在は出漁、軍役、旅などによるというが、清初の書『広東新語』巻五には「広東の望夫石、広西の留人石」、また清末の書『粤遊えつゆう小志』巻八には「広西の留人洞、広東の望夫山」の俚諺りげんが見られる。『広東新語』によると、▼広東の商人が広西に行って戻ってこないのは、南寧江北岸にある女人の姿をした留人石が男たちを足止めするから

である。そのため広東の妻たちは西の彼方を望んで呪詛する。これが望夫石のいわれであるといい、省内4か所の望夫石をあげている。本来は広西への客商に関した石伝説であったことがわかる。しかし望夫石には夫の海外出稼ぎに関連した伝説が多いとする説もある。▼僑郷の風土を反映した新しい解釈の石伝説が生まれ、流布したのであろうか。

(可児弘明)

参 河部利夫『華僑』潮新書, 1972.／可児弘明「イギリス植民都市の形成」『岩波講座世界歴史』20, 岩波書店, 1999.

方北方 ほう・ほくほう 1919-
FANG Bei Fang

▼馬華文学の元老作家。広東省恵来出身。幼時▼ペナンに南渡、汕頭 $_{スワトウ}$ 南華大学に学ぶ。現在はマレーシア国民。教師のかたわら創作に従事、三部作『遅亮的早辰』(1957年)、『刹那的正午』(1968年)、『幻滅的黄昏』(1976年)、長編『頭家門下』(1980年)、『樹大根深』(1982年) 等で華人社会の栄光と哀歓を描く。『馬華文芸泛論』(1981年)、『馬華文学及其他』(1982年) の文学理論書がある。華人社会の多様な思想意識の克明な分析や、民族融和の途を模索して苦悩する諸民族の老若男女の心理描写はすぐれている。　(今冨正巳)

豊隆集団 ほうりゅうしゅうだん ⇨ シンガポール・ホンリョン・グループ, マレーシア・ホンリョン・グループ

馮六 ほう・ろく ⇨ 馮六 ふう・ろく

筶 ボエ

▼廟や家庭などに備えられた、神意を知るための占具。筊、杯珓、杯筊、盃筊などとも書く。擲筶 $_{ボエボエ}$、問杯（筶を投げて占うこと）は、神意を問うための最も単純かつ一般的な方法である。12世紀頃には蛤 $_{はまぐり}$ の貝殻2枚を用いていたようであるが、後に、現在見るような、片面が平面、もう一方が曲面となった半月型の一対の道具（木製または竹製）が使われるようになった。神明に祈願した後、一対の筶を両手に捧げ持ち、放り投げるようにして地上に落とし、そのときの表裏の出方によって神意を判断する。一般に、平面を陽、曲面を陰とし、陽面と陰面が出ると「聖筶 $_{シンボエ}$」と呼び、神の嘉納が得られたとすることが多いが、判断方法には地域差、個人差がある。

中元会でボエを投げて、神意にかなった来年の炉主を選ぶ情景。撮影：可児弘明

る。擲筶は単純な方法であるため、個人的な祈願や引いた▼籤 $_{せん}$ の諾否といった私的なものから、祭礼日程の決定、祭礼役員の選出といった集団の重要な意志決定にいたるまで、さまざまな場面で使われる。ただし、擲筶では諾否以上の複雑な神意は問うことはできず、さらに詳しく神意を知るためには、▼扶乩 $_{フーチー}$ や、▼童乩 $_{タンキー}$ による託宣などの方法が用いられる。

(高橋晋一)

ボーガン、ジョナス・ダニエル 1825-91
J.D.沃恩　Jonas Daniel VAUGHAN

1897年に初版がシンガポールで出版された *The Manners and Customs of the Chinese of the Straits Settlements* (OUP) の著者。この本は、ペナン警察長官など著者の45年に及ぶ▼海峡植民地官吏としての経験と収集した資料に基づいて、19世紀▼海峡華人の冠婚祭礼や家庭生活、風俗習慣、娯楽、教育、▼アヘン問題など多方面にわたる社会生活を記した貴重なもの。1971年、74年、77年など、何回か版を重ねている。

(田村慶子)

北進政策 [台湾] ほくしんせいさく

台湾の投資を北（中国大陸）に向けようとする政策で、東南アジア（ASEAN）向けの▼南進政策に相対するかたちで呼ばれる。1990年代に入って以降、台湾企業の対外投資が活発化するが、政府の投資誘導（南進）に対して、むしろ大陸向け投資の誘導（北進）に力点をおく主張が政財界の一部から生まれた。台湾に進出した西側先進国（日米欧）資

本を背景に、直接投資を通じて大陸共産党政権とその支配を「融解」させ、よって平和的に「革命」が達成できるといういわば「平和変革」論がそのバックボーンをなす。一方、大陸向け投資を通じて台湾経済自体の産業レベルアップが図られ、貿易黒字の創造に繋がるという経済論理がその支えの論拠とされる。北進政策は政府の対中国投資抑制策（いわゆる「戒急用忍」、急がず忍耐強く待つ）と正面から対峙、これを批判し、南進政策との対照性を浮彫りにすることによって、国内政財界から一定の政治的支持を得ようとする。当初は西進政策と呼ばれた。
（涂照彦）

⇨南進政策［台湾］

北斗神 ほくとしん

　北斗星君とも呼ばれる。北斗神の信仰は古代の星辰崇拝に遡り、北斗七星が神格化したものである。本来は農作の時令、暦法の制定、方位の確定などに必要とされて崇拝されたのであるが、道教にこの信仰が流入すると北斗七星に人間の生死禍福、除災招福を司る役割があると信じられるようになった。北斗神はつねに天官、地官、水官の三官とともに四方を巡遊して人間の功過・善悪を調べ、三官は北斗神に報告した後、悪人を地獄に陥れた。さらに後には、人の生を司る南斗神に対して北斗神はもっぱら死を司る司命神ともなった。しかも、おそらく唐代頃までには、北斗七星に輔星・弼星の2星を加えた九星の信仰が生じ、これが神格化されて九皇と称されるようになった。この信仰との前後関係はわからないが、一方に北斗星の母を斗母と称し、彼女は天地が初めて開かれた龍漢のとき、周御王の妃であったが、王のために9人の子をもうけたとされる。この信仰は、九皇信仰と融合し、さらに南斗星の信仰とも融合して、より大きな斗母星君の信仰（斗母信仰）ができあがる。それは、おそらく福建地方が中心であったろう。また、所依の経典として『玉清無上霊宝自然北斗本生真経』があり、『正統道蔵』洞真部に収められているから、明代初めまでには、斗母星君信仰はほぼ成立していたのであろう。その現存する典型的な実例は、台南の天壇に見ることができる。ここの後殿の神明龕には、三目、四首、六臂の斗母星君が主神として祀られ、右に北斗星君、左に南斗星君が配されている。さらに、東斗星君、西斗星君が前方の左右に配されている。東南アジアではペナンの升旗山の天公壇後殿に斗母、北斗星君、南斗星君が祀られているほかに、マレーシアのアンスンの福順宮内に斗母宮があり、クアラルンプールの南天宮にも斗母宮がある。また、バンコクの華人街にも斗母宮があり、北斗星君と南斗星君を配している。インドネシアでは、スマトラ島のバガン・シャピアピにある天武山斗母宮、龍山寺斗母宮が知られている。
（坂出祥伸）

北洋艦隊の日本寄港 ほくようかんたいのにほんきこう

　1886（明治19）年および91年の清国北洋艦隊の日本寄港。北洋海軍は李鴻章の下で建設され、1886年8月、丁汝昌提督に率いられた旗艦「定遠」以下「鎮遠」「経遠」「靖遠」が仁川からの帰途、長崎に寄港、上陸した水兵と巡査の間で衝突になり、双方に死傷者を出した。翌87年2月、議定書に調印、事件は解決に至った。91年6～8月、丁汝昌提督に率いられた旗艦「定遠」以下「鎮遠」「経遠」「靖遠」「来遠」「致遠」の6隻、乗員約2000人が長崎、神戸、横浜を親善訪問した。中国側は、一般市民とのトラブルの発生を警戒して水兵の上陸を極力抑えた。6月30日に神戸到着、華僑たちの大歓迎を受け、7月3日、丁提督は周布公平兵庫県知事を訪問、4日、横浜に向け出港した。10日、榎本武揚外務大臣の園遊会に丁提督以下50人の士官が参加した。夜、丁提督らが亜細亜協会主催の懇親会に出席。14日、丁提督が松方正義首相らを「定遠」での懇親会に招待、16日、丁提督と李経芳駐日公使が貴族院、衆議院両院議員を「定遠」に招待、懇親会を開催。19日、ふたたび神戸港に入港、華僑の歓待を受ける。丁提督と李経芳公使らは周布兵庫県知事を訪問。24日に神戸出港、呉、長崎を経て威海衛基地に帰還。
（安井三吉）

参 外務省編『日本外交文書 明治期』19, 20, 巌南堂, 1947.／『清光緒朝中日交渉史料』上（再版）台北：文海出版社, 1970.／中山泰昌編著『新聞集成 明治編年史』6, 8, 財政経済学会, 1959.

保皇会 ほこうかい
Chinese Reform Association

清末改良派の立憲団体。中国維新会とも称する。1899年7月、▼康有為がカナダ華僑の李福基、葉恩らの援助を得てカナダのビクトリアで創設する。その後、▼南洋各地、ハワイ、南北アメリカ、オーストラリア、日本など各地に保皇会の海外支部がつくられた。保皇会は28か条の規約を定めたが、その要点は、光緒帝を擁して変法を実現し国家と民族を守ることにあった。本部は▼マカオに置かれ、会長には康有為が就任した。同会は日本で『▼清議報』『▼新民叢報』、シンガポールで『天南新報』、サンフランシスコで『文興報』などを発行し、これらを媒体として各地の華僑の間で自らの政治的主張の宣伝を行った。また、横浜大同学校、神戸同文学校、輔仁学校（ラングーン）など各地で学校を設立したほか、銀行やレストランを経営するなど実業活動をも行っている。1906年9月、清朝が預備立憲の詔勅を発すると、康有為は翌年3月各地の保皇会に通告を発して同会を国民憲政会と改称した。

（嵯峨隆）

保山亭 ほざんてい

▼鄭和を祀る三保（三宝）廟は、ジャワ、スマトラ、マレーシアの▼マラッカなどにある。マラッカの三宝廟は、「保山亭」（別称、宝山亭、三保公廟）の名で、マラッカの▼三保山の南西麓にある。廟の所伝によれば、マラッカ王国の隆盛期のスルタン、マンスール・シャー（在位1456-77年）の時代の創建という。三保太監鄭和の第3回南海遠征のとき、鄭和はタイ、ジャワの外圧に苦しむマラッカ王国を助けた。その結果、マラッカ王国の勢力はしだいに盛んとなり、15世紀中頃からマラッカの領土は拡大した。マンスール・シャーの時代に鄭和を祀る寺廟を建てたとの所伝は、ほぼ事実であろう。

（酒井忠夫）

→三保公廟
圖『世界華僑華人詞典』

戊戌の政変 ぼじゅつのせいへん

1898（光緒24）年9月、清朝の西太后ら保守派が起こした改革運動に対する弾圧事件。▼康有為やその弟子▼梁啓超らは、清仏戦争後、「変法」（これまでの政治のやり方を変えること）を主張して、清朝改革運動を開始した。日清戦争の頃から清朝内部にも共鳴する者が現れ、98年、光緒帝とともに日本の明治維新をモデルとして清朝を立憲君主制の国に変革しようとして、変法維新運動を起こした。しかし、それがあまりに急激で、官僚の既存の権利に触れることもあって、西太后ら保守派の弾圧（政変）を招いた。康有為と梁啓超らは日本に亡命したが、光緒帝は幽閉され、譚嗣同らは処刑された。変法運動は挫折したが、この後、ある者は清朝打倒の革命運動に向かい、また康有為と梁啓超らは日本やハワイなど海外各地の華僑の間で清朝の改革を訴え、大きな反応を呼び起こした。▼孫文らの革命派も華僑を基盤としていたので、海外各地で彼らと革命派との間で激しい勢力争いが起こった。

（安井三吉）

補助移民 ほじょいみん
assisted emigrants / assisted immigrants

一般的には、移民送出地・受入れ地の政府や民間諸組織が移民の費用（おもに旅費）を援助した制度。歴史的には、19〜20世紀のアジア方面では、1830年前後に始まるイギリス本国からオーストラリアへの大規模な補助移民や、20世紀初頭のイギリス▼海峡植民地へのインド人のタミル（インド）移民基金による補助（または官助）移民が知られている。華僑の場合、香港政庁が1908年に既成の中国人移民条例（1889年）を修正して導入した補助移民制度を意味する。これは1906年の香港政庁と海峡植民地政府との協定の具体化と思われ、後の1915年アジア人移民条例にも引き継がれた。香港の補助移民を従来の契約移民と比べると、移民が移民業者（ないし雇用主）から借りる渡航費・生活費を移民先での賃金から返却する点で共通しているが、移民先の労働条件が事前に本人に開示されるなど、詐欺や強制を防ぐ措置が講じられている点で異なっている。すなわち、自由意思の有無や雇用関係の調査が必要とされ、補助移民の宿泊所も免許制とされ、宿泊移民の数や姓名、写真・年齢等詳細の提出義務などが厳しく規定された。補助移民は、香港政庁の報告形式でも、通常の移民に関する港務局報告ではなく、▼華民政務司報告の移民項目に入っ

ている。同項目には、1889年移民条例や上記1915年アジア人移民条例が法源として明示され、婦人・子どもの小項目 "Emigration of Women and Children, (Free)" の後に、男子移民（補助）小項目 "Male Emigration, (Assisted)" として、増減傾向や言語集団別人数が報告され、また、面接者、合格者、不合格理由、不合格者の扱い、出身地、行き先別の数表が付されている。たとえば、1925-28年華民政務司報告の補助移民の年平均は1万6859人であるが、港務局報告の通常移民の同期間の年平均は22万4954人であり、その約7％である。

（藤村是清）

㊂契約華工、自由移民

㊢ Persia Crawford Campbell. *Chinese Coolie Emigration to Countries within the British Empire*. London: P. S. King & Son, 1923./ International Labour Office. *Migration Laws and Treaties*. vols. 1-3, Geneva: [International Labour Office (League of Nations)]; London: P. S. King & Son, 1928-29./重松伸司『国際移動の歴史社会学』名古屋大学出版会，1999./ Robin F. Haines. *Emigration and the Labouring Poor, Australian Recruitment in Britain and Ireland, 1831-60*. Basingstoke: Macmillan, 1997.

保商局 _{ほしょうきょく}

清末の華僑受入れ機関。1899年▼アモイに設置されたのが始まり。1900年には▼広州など沿海各地にも設置された。清朝の指示によるものだが、経費は地元の郷紳などの拠金によった。▼帰国華僑の登記と彼らの帰国後の安全、生活を保障することを目的とし、それにより華僑の投資の増加が期待された。▼華工の帰国の便も図ったが、後に華僑から金品の略取を行うなどして批判を受け、商務局に移管されたが、結局廃止されてしまった。

（安井三吉）

㊢『世界華僑華人詞典』

ホー、スタンレー 1921-
何鴻燊　Stanley Hung Sun HO

▼マカオの「賭王」として有名な華人企業家。信徳（集団）有限公司（Shun Tak Holdings Ltd.）会長。原籍は広東省宝安県。香港生まれ。祖父の兄が、香港華人最大の名士として知られた何東。何東は20世紀初め、貿易や不動産事業で財をなした香港随一の富豪

で、▼太平紳士（J.P.）などに叙された。父親の何世光も太平紳士（J.P.）に叙された名士。母親はポルトガル人。13歳のとき父が株で失敗し、苦学生となった。太平洋戦争のため、香港大学を中退して、マカオに渡り聯昌公司で働く。香港に戻り、1945年に▼霍英東などと信徳船務公司を設立。朝鮮戦争中、欧米諸国が禁止していた薬品などの物資を中国に輸出して、1000万元を蓄積。61年にふたたびマカオに渡り、霍英東、葉漢、葉德利などとマカオ旅遊娯楽公司を設立、300万マカオ・ドルでマカオのカジノ独占権を得た。75年に葉漢の後任として社長となる。与えられたカジノの独占権は2001年に終了したが、「カジノ王」としての地位に影響は出ていない。▼賭博に費やされる賭け金は、1998年には20億USドル以上で、マカオのGDPの6倍にのぼり、ホー管轄下のカジノが納税する額は40億HKドル以上で、マカオの納税総額の半分以上に相当、マカオの30％以上の人々がカジノ関連で働いていた。経済界、政界、裏社会にも強い影響力をもち、「マカオの影の総督」的存在である。マカオ旅遊娯楽公司はフィリピン、イラン、パキスタン、インドネシア、ベトナム、ヨーロッパにもカジノを展開している。ホテルとレストランの経営や、マカオ空港建設、飛行機会社、発電所などの事業も行っている。信德船務公司は62年から香港・マカオ間のフェリー事業を開始、今日同社が運ぶ船客数は年間750万人を超える。香港、マカオ、中国本土でのホテル、不動産の経営も行っている。グループの持株会社である信徳（集団）有限公司は72年に設立され、73年に香港で上場された。嘉城集団は工業部門である。2000年の推定資産は25億ドル（『フォーブス』誌）。テニスと社交ダンスが趣味。

（山田修）

㊢冷夏『何鴻燊伝』香港：明報出版社，1995.

ボストン・チャイナタウン
Boston Chinatown

ボストン（波士頓）の▼チャイナタウンはあまり注目されないが、じつはサンフランシスコ、ニューヨーク、シカゴに次いで全米第4の規模を有している。しかも歴史は古く、華人コミュニティの成立は1870年代に遡る。

中国系移民労働者が西海岸での鉄道建設を終え、職を求めるなか、ボストンにおいて通信システムの整備が計画されており、一部の労働者はパール・ストリートの電話局建設に従事するために移り住んできた。それが現在のボストン華人コミュニティの原点であるといわれている。ボストンのチャイナタウンは、エセックス・ストリートから北側、マサチューセッツ高速道路から南側、サウスイースト高速道路から東側、そしてハリソン・アベニューから西側を占めている。それは長距離鉄道の始点や高速道路の出入り口、重要な商業金融センター、そしてボストン・コモン（革命発祥の公園）に隣接し、きわめて便利な立地条件にある。反面、地価が高いうえ、家屋の老朽化など生活条件は悪く、多くの華僑・華人は他の市外に移り住んでいる。現在、大同村と呼ばれる団地などチャイナタウン内に在住する華僑・華人は8000人ほどおり、ボストン近辺の市外には6万人ほど、そしてマサチューセッツ州には15万人の華僑・華人がいるといわれている。

1943年に移民政策が緩和されるまで、コミュニティは単身の男性労働者の短期滞在という色彩が強かった。彼らは差別されていたため、外部との交流も少なかった。しかし、移民政策が緩和されると、妻や子どもを呼び寄せ永住する動きが現れる。そのため人口は増加し、コミュニティ内には各種の社団、学校などが多数成立した。60年代以降、台湾や香港、ベトナムなどからの中国系新移民が増え、コミュニティの多様化が進んでいる。とくにベトナム系は、中心街であるビーチ・ストリートの北部に軒を連ねている。また、他のコミュニティと比較して、ボストンは知識層が多いことが一つの特徴としてあげられる。それは、ボストンがハーバード大学やマサチューセッツ工科大学などがあるケンブリッジ（市）と隣接しているだけでなく、文化的色彩の強い街であるため、多くの研究者や知識階級を集めていることによる。なかでもコンピュータのメモリを開発した▼アン・ワンは有名であり、彼が寄付したワン・センターはボストン有数の劇場である。世界的に有名なチェリストの▼ヨーヨー・マもボストンの文化界を代表する華人である。　　　　（陳天璽／黄鏡明）

㊂ 郊外型チャイナタウン
㊥ 陳依範『美国華人史』北京：世界知識出版社，1987.／Charels Sullivan & Kathlyn Hatch. *The Chinese in Boston, 1970*. Boston: Action for Boston Community Development, 1970.

墓厝（ぼせき）

▼マニラ華僑義山にある家屋式の墓。外形は、教会、仏寺、古廟、宮殿などを模したもののほか、別荘形式やスペイン文化の影響を受けて墓庭に彫刻を配したものなど千差万別である。これらは、いずれも家屋式構造で、なかには冷房や家具を備えている豪華なものもある。華僑義山にはさまざまな形態の墓が混在し、観光ルートにもなっている。家型構造以外では、福建の代表的な墓形である亀甲墓がある。コンクリート製で長方形の棺形の墓が一般的である。また、経済的理由その他で墓地を確保できない場合は、遺骨を収めるだけの壁穴式の墓が用意されている。広大な墓地の外壁には、50cm四方、奥行き1mほどの壁穴式墓が、壁の下から上まで整然と並んでいる。また、▼宗親会や同郷会などの華人組織が公墓を建設しており、個人の墓を確保できない会員の遺骨を収めている。これらの墓の多様性は、華人社会の縮図である。墓参りは、フィリピンの習慣と同様、10月1日の▼亡人節に行われる。　　　　　　（小熊誠）

保赤宮（ほせききゅう）

保赤宮陳氏宗祠

シンガポール陳姓の▼同姓団体が連合して維持管理する宗祠。1878年福建省出身の陳姓が創建した。祖先の位牌や物故者の位牌、ならびに観音を祀る祭壇があり、また保赤学校（1889年開設）の校舎としても使用された。

マニラ華僑義山の墓厝。写真提供：小熊誠

マガジンロードの保赤宮。もともと福建系の有力僑生陳金鍾、陳明水が開漳聖王（陳元光）を祀って1878年に創建。撮影：可児弘明

1884年以降は、四邑陳氏会館（広東省台山県など）、瓊崖陳氏公会（海南省）、客属陳氏公会（客家）などの団体の代表も参加している。

(吉原和男)

📖『保赤宮陳氏宗祠月報』2、シンガポール：保赤宮陳氏宗祠、1955.／呉華『新嘉坡華族会館志』2、1975.

ボータン 1945-
牡丹 Botan

タイの二世華人作家。本名スパー・シリシン（Suphaa SIRISINGH）。夫のウイリヤ・シリシンも文学者。多作な小説家であるが、長編第3作の『タイからの手紙』(1970年)で名声を得た。同書は作者の父親（李姓）らしい人物陳璇有（タン・スワンウー）が故郷潮州に住む母親に書き送った100通の手紙から構成されており、タイ社会批判も盛んだが、一世華僑としてはかなり急速なタイ人化の例が描かれている。二世のボータンもタイの最高学府で学び、漢字文化から遠のいている。

(星野龍夫)

ホーチミン［市］
胡志明 Ho Chi Minh

ベトナム南部の最大都市。1945年に独立したベトナム民主共和国に対抗して1949年と55年にそれぞれ成立したベトナム国とベトナム共和国（南ベトナム）の首都サイゴンが、75年の北ベトナムの南部解放後にザーディンと合併して、ベトナム社会主義共和国の中央直属市となり、ベトナム解放運動の指導者ホー・チ・ミン（胡志明）の名をとってホーチミン市となった。面積2090 km²、人口486万

(1996年)。南シナ海に注ぐドンナイ川（福隆江）の河口から約80km遡った支流のベンゲ川（サイゴン川）に臨む。河港のサイゴン港は北部のハイフォン港とともにベトナム最大の国際港。17世紀初めにはカンボジア領ドンナイ・デルタの林産物の集散を行う商業の中心で、副王が居住する都プレイノコール（カンボジア語で「都の森」）であった。16世紀後半以降、南北に分裂したベトナムの南方政権、広南のグエン（阮）氏が勢力を南方の沃野に拡張し、1623年にカンボジアの内紛に乗じてドンナイ・デルタを事実上の領土として東浦と称し、プレイノコールを熱帯植物カポキエの俗名でサイゴンと呼び行政上の地名を柴棍と改めて、ベトナム人の入植を奨励した。グエン氏は、1679年に清国に服従せず麾下の兵数千を率いて入境した明の総兵楊彦迪、陳上川らが保護を求めると、東浦各地に分住させ、言語と風俗の自由を許し開拓に従わせた。こうした南方開発にともない新天地を求める中部ベトナムの華僑や僑生が移住し、明郷社を組織したばかりでなく、本国から新たな上陸者がサイゴンとその南西に隣接するチョロンに年を追って増えつづけた。1698年に一帯を統治する嘉定府が置かれてサイゴンはその新平県となり、新平の藩鎮営に軍隊が駐屯した。メコン・ドンナイ・デルタの中心としての基礎を固めたサイゴンは、18世紀に交易港を擁する経済都市に発展した。19世紀後半、仏領コーチンシナの首府となり、1880年にチョロンを吸収、88年に分離したが、1931年に再合併してサイゴン・チョロン市となった。デルタで生産される米穀の集散売買を中心に活発な経済活動を展開するチョロン地区と、インドシナ最大の輸出入をサイゴン港で取り扱うサイゴン地区によって、東南アジア有数の商業都市となったが、その経済の総体の90％は華僑によって運営された。サイゴンの華僑はそれぞれ会館を有する広肇幇と福建幇にその大部分が属し、その数は1890年の統計でチョロンの1万7000人に対しサイゴンが7000人であったが、仏領インドシナ期を通じて増加の一途をたどり、とりわけ第2次大戦後に急増した。1973年にサイゴン・チョロン全体で120万人（うちチョロンが80万人）に達した華僑

は、全市人口の3分の1を占めていた。

(川本邦衛)

北海道の華僑・華人 ほっかいどうのかきょう・かじん

北海道が▼華商の往来→定住→華僑社会の形成の地となったのは、1854年の安政の開国以降であるとみてよいだろう。安政条約で箱館(1869年より函館)が条約港になると、英・米・露・独などの商社の▼買弁華商、あるいは長崎から神戸、大阪、横浜を経て来た華商十数軒が居留し、上海の問屋に向けて道内の▼昆布などの海産品を集荷・輸出するようになった。初めは広東系、福建系と三江系が合同していたが、上海系の郷幇である三江系が明治期を通じて主力となり、1910年▼函館中華会館を建て、清国理事府(領事)あるいはその弁事処もこの地に置かれるなど、名実ともに函館が北海道の華僑社会の中心をなした。やがて華僑の拠点は札幌をはじめ道内から樺太に広がった。それは一つには根室、釧路などに海産物産地が拡散したほか、日露戦争後に新式の遠洋漁業が躍進して旧漁業が衰えたことにもよるが、札幌が1871年の開拓使本庁設置を経て86年に道庁の所在地となり、鉄道網の中心となるとともに、農林漁業をはじめ鉱業、重化学工業が興り、ために都市化が道内に進んだことにもかかわる。函館の中国人海産物商の半数は、輸出品の品質検査にからむ同業組合規則への加盟要請に抗しきれずに上海へ撤退した(1915)。一方、1899年発布の勅令第352号(▼内地雑居令)により、日本内地における華僑の行商活動が自由となり、北海道の発展や都市化に呼応して、福建の福清県をはじめ浙江の南部、山東などからの呉服行商、料理人その他が、道内の諸都市および樺太に進出し、そのなかで函館、旭川、室蘭、名寄では福清系が多いが、札幌その他では山東など北方系が目立った(1938年統計)。1944年、日本政府によって道内58事業所に1万9053名の中国人労働者が連行され、うち2989名が死亡した。戦後、道内で百万都市札幌の急速な都市化が生じ、台湾出身者も交えて、華僑・華人の人口分布でも札幌が最大となり、北海道華僑総会の拠点もここへ移動した。この間、就業の制限も改善され、不動産業、建設業、金融業、貿易業、商事会社、開業医、レストランなどに多面化した。

(斯波義信)

㊀ 函館の華僑・華人,安政開港
㊢ 斯波義信,1983.

北客 ほっかく

バックハック Bac khach

ベトナムに僑居して商業や手工業を営む中国人を称する字音語(漢越語)。王朝期ベトナムの漢文文献では中国に対抗する民族意識で中国人を「北人バックニャン」と書くことが多かったが、「北客バックハック」はその類推的用語で、グエン(阮)朝前期の学者潘輝注ファンヒチューの『皇越地輿志』に中国の紡織技術が伝わった史実に関して、織物職人が「北客」から技術を習得したと書かれているのはその一例。華僑を称して「北幇バックバン」と書く語も同様の類語で、ともに「北人」に比べて雅語的含蓄があり、やや稀用。

(川本邦衛)

ポッター、ジャック・M.
Jack M. POTTER

アメリカの文化人類学者。カリフォルニア大学で博士号を取得した後、同大学の人類学科の助教授、教授を歴任した。主たるフィールドは中国南部。学位論文でもある *Capitalism and Chinese Peasant: Social and Economic Change in a Hong Kong Village* (Univ. of California Press, 1968) は、▼香港の新界西部の屏山でのフィールドワークに基づく▼宗族組織や経済生活、社会変化についての詳細な研究。また、妻のスラミス・H.ポッター(Sulamith H. POTTER)との共著 *China's Peasants: The Anthropology of a Revolution* (CUP, 1990) は、1979年から85年にかけての広東省▼東莞県でのフィールドワークに基づく農村社会研究であり、文革期以降の中国本土農村の本格的調査研究としては最早期のものである。

(瀬川昌久)

ポット・サーラシン 1906-2000
Phoch SAARASIN

タイの第9代首相(1957年9月〜58年1月)。バンコク生まれで、タイの海南系名門▼サーラシン家の2代目。父親はプラヤー・サーラシン・サワーミポット(黄天異)。戦前、英米で法律を学び、司法省に勤務。1947年に上院議員に就任後、ピブン政権下で外

相、中米大使。57年、初代の東南アジア条約機構（ASEAN）事務局長。同年、クーデタで発足した選挙管理内閣を率いる。60年代から73年まで続いたタノーム政権で国家開発相、副首相など。同時に、タイ・ダヌー銀行、コカ・コーラ、錫鉱山などを経営。タイ有数の富豪。5男1女はともにタイの政・官・経済界で活躍。

（樋泉克夫）

ホー、デイビッド・D. 1952-
何大一　David Da-i HO

アメリカのエイズ研究第一人者。台湾生まれ、12歳で家族と渡米。マサチューセッツ工科大とカリフォルニア工科大では物理を専攻、その後、ハーバード大学医学部へ進みエイズ研究の道へ。初期段階のエイズ感染者に複数のタンパク質分解酵素抑制剤などを混合したものを与えることで、エイズウイルスを著しく減少させることに成功。その功績が高く評価され、1996年には『タイム』誌の「今年の人物」に選ばれ、その表紙を飾った。

（村上由見子）

ボードウィン銀鉱
包徳温　Bawdwin

ミャンマー（ビルマ）北東部、シャン州の大銀鉱。出国華僑（南渡）によって開採されたので、南渡銀鉱ともいう。18世紀に中国では貨幣として銀の流通が盛んになり、銀の需要が増大したので、多数の華僑が出境してボードウィン銀鉱へ来集した。最盛期には4万人以上の華僑が毎年100万両を超える巨額の銀を中国へもたらしたといわれる。この銀鉱を当時の中国人は波龍廠、大山廠、桂家廠、貴家廠などと呼んでいた。しかし、ビルマのタウング一朝を倒した新興のアラウンパヤー（在位1752-60）は、銀鉱を占拠すると破壊し、華僑をすべて駆逐した。この銀鉱を華僑が再開したのは19世紀中頃以後のことである。

（和田博徳）

㊂ 送星廠, 呉尚賢, 陸路移住
㊨ 和田博徳「清代のヴェトナム・ビルマ銀」『史学』33-3・4, 1961. ／ N. M. Penzer. *The Mineral Resources of Burma.* London: G. Routledge, 1922. ／ J. G. Scott. *Gazetter of Upper Burma and the Shan States.* Rangoon, 1900.

ボート・ピープル
船民　boat people

1975年4月のサイゴン陥落によってベトナム戦争が終結するが、社会主義政権を嫌って旧南ベトナムから、数十万の人々が出航していった。当初は政府関係者や軍属などが多く、アメリカなどが受け入れた。78年には華僑や一部のベトナム人の出航が目立つようになった。彼らは小さな漁船やボートなどで南シナ海に流出したため、ボート・ピープルと呼ばれた。当時、近隣諸国は経済的負担などを恐れて、ベトナム難民の受入れを拒否したことから、ボート・ピープルは国際的な人道問題にまで発展した。

日本は長い間、難民を受け入れてこなかったが、ベトナム難民の受入れを契機として、81年に「難民の地位に関する条約」を批准し、「出入国管理及び難民認定法」を制定した。93年末現在、日本に到着したボート・ピープルは1万人を超えるが、日本政府は1万人の定住枠を設けて受入れを進めている。なお、1989年夏に発覚した中国からの▼偽装難民事件は、ベトナムからのボート・ピープルを日本政府が受け入れている、という情報が伝わり、これに便乗して発生したものであった。

（西澤治彦）

㊂ 偽装難民, 蛇頭, サンパン協会

ホノルル
火奴魯魯／檀香山　Honolulu

ハワイ州の人口は約118万7000人（1995年）であるが、その約74％にあたる87万人がホノルルとその周辺の都市部に集中している。1990年の合衆国センサスによると、ハワイ州には6万8800人の中国系人が居住しており、うち6万3000人がホノルル都市圏の居住者で、大多数は英語を第一言語とする現地生まれの華人である。

ハワイ在住華人の多くは、19世紀半ば以降、甘蔗（サトウキビ）プランテーションの労働需要を満たすために、契約移民として渡来した中国人の子孫である。出身地はおもに広東省の珠江デルタ地区の香山県（現在の中山市）と▼四邑、それに福建省三邑（晋江・南安・恵安3県）である。契約期間明けには、甘蔗プランテーションの重労働から離れ、帰

国する一部の者を除き、自営農のほか、都市部ホノルルに移住して、小売業などに進出した。既存の華人コミュニティは、▼華字紙クラブをはじめ、宗親会、政治・経済団体など200をこえる個別の組織を築くなど、強い民族的・文化的アイデンティティを維持しながらも、ハワイ社会との繋がりを重視してきた。1965年のアメリカ移民法改定後は、▼香港、台湾、中国大陸から、在住華人の親族および専門的知識・技能を有する中国人の大量移民があった。また近年は、97年の主権返還に起因し、香港からの移民が注目されてきたが、5000人規模の「香港中国人」にとって、ハワイは北米大陸など最終目的地までの一時的滞在地であり、独自の組織的発展には至らず、華人が多数定着しているエリア内に散居しているのが現状である。

ホノルルの▼チャイナタウンは、現在のダウンタウンにあり、オアフ・マーケット、マウナケア・マーケット・プレースなど数か所に市場があり、生鮮食料品を販売する市場として重要な役割を果たしている。また、70年代後半以降、チャイナタウンの外に流出した華人の残した商店がインドシナ難民の手に渡った結果、ベトナム系のカフェ、レストランなど飲食店が目立ってきた。フィリピン系住民も多く、オリエンタルな地区として新たなショッピングゾーンへと変容しつつある。市場付近は賑わっているが、観光客向けの中華料理店、地場の物産店は少なく、観光ガイドの紹介記事も少なくなっているのが実状である。チャイナタウンの振興を図るため、旧正月の▼水仙祭りと女王コンテスト、5月1日の▼レイ・デーなど年中行事に合わせた各種アトラクションが催されている。ワイキキ地区の発展や、アラモアナ・ショッピングセンターなど多くの商業施設の建設が、ダウンタウン地区の経済的地位低下を招いたことは否めない。しかしこのような状況にあって、近年新しいメディアとしてチャイナタウンのホームページが開設され、世界に情報が発信されるようになり、再開発への新たな取組みもなされている。 (中間和洋)

⊟ ハワイの華僑・華人
参 ロナルド・スケルドン編『香港を離れて』行路社, 1997. ／山下清海, 2000.

ホノルル・リバティ銀行
共和銀行　Liberty Bank of Honolulu

華僑・華人資本が1922年にハワイの▼ホノルルに開設した銀行。主要な株主は、陸関忠 (Kan Jung LUKE) と程延焯 (Clarence CHING)。82年末の総資産2億7000万ドル。純利益30万ドル。83年、陸・程両家は分離し、以後、程一族のものとなる。87年段階で資本金1000万ドル。ハワイ各島に支店10店。当初は当地華僑のための業務、その後、各種業務を多方面の顧客に展開。93年、バンク・オブ・アメリカに買収された。 (司馬純詩)

ホーパー・ブラザーズ・グループ
虎豹兄弟集団　Haw Par Brothers Group

▼タン・カーキーのライバル、オー(胡)兄弟が創りあげた、製薬・新聞を中心に1950年代から60年代に全盛を誇ったシンガポールの華人企業グループ。オー・ブンホー (AW Boon Haw、▼胡文虎) とオー・ブンパー (AW Boon Par、胡文豹) 兄弟が、中国からラングーンに移民して製薬業を始めた父親の死後 (1908年)、それを継承して事業が始まった。1920年代初め、タイガーバーム (▼万金油) ブランドで有名になる医薬品を開発して飛躍的に発展する。26年▼シンガポールに移り、製薬会社インアントン (永安堂) を開設、同社は最盛期には300人の従業員を抱え、ラングーン、▼香港にも工場をもった。29年には薬の宣伝を兼ね『▼星洲日報』を刊行している。32年に製薬会社の親会社としてホーパー・ブラザーズ社を設立し、以降、同社がグループ中核企業となる。日本軍占領期に、兄は香港、弟はミャンマーに逃れ、弟は44年に同地で亡くなる。戦後、胡文虎を中心に事業が再開され、50年に崇僑銀行を設立するが、同行は華僑銀行などの名門銀行に対抗して、庶民銀行戦略を打ち出して成功した。このように製薬、新聞、銀行業を軸に東南アジア・香港に広がる企業グループが形成されたが、胡文虎は54年アメリカでの病気治療の帰途ハワイで亡くなった。胡文虎の死後、第2世代が企業グループを継承したが、政府の華字紙弾圧、74年の第2世代経営者の中心人物オー・チェンチャイの飛行機事故死などで経営が弱まり、ホーパー・ブラザーズ社と崇

僑銀行が買収されてしまい（銀行は▼大華銀行傘下へ）、70年代後半にシンガポールの巨大企業網が崩壊した。現在は、胡文虎の長女▼胡仙が所有する香港の新聞事業が主要なもの。胡文虎は社会事業家としても有名で、多額の寄付をしたが、他方では、1937年に観光地として有名なホーパービラ（▼タイガーバーム・ガーデン）、高価な翡翠を展示する「翡翠館」を開くなど派手な一面もあった。

(岩崎育夫)

📖 Sam King. *Tiger Balm King*. Singapore: Times Books International, 1992.

ホー、バンセン 1939-
何万成　Ban Seng HOE

カナダの文化人類学者。マラヤ生まれ。シンガポール▼南洋大学を卒業後、1967年にカナダに渡る。アルバータ大学で修士、バンダービルト大学で博士修得後、カナダ国立博物館東洋文化研究所員となる。89年にハル市（オタワ近郊）の文明博物館で開催されたカナダ中国系人史の展示 'Beyond the Golden Mountain' の中心的な企画者として知られる。他に、アルバータ中国系社会史の著述がある。

(森川眞規雄)

🔗 カナダの華僑・華人

📖 Ban Seng Hoe. *Beyond the Golden Mountain*. Hull: Museum of Civilization, 1989.

ホープ・シティ
希望城　Hope City

英領ギアナに設立された、労働契約満了後の中国人移民のための居住地区。中国人キリスト教徒胡大全が植民地当局からその設置を承認され、1865年、首都ジョージタウンから30kmほど離れた、デメララ川支流の湿地地帯に建設を始める。同年末には177人の中国人が居住し、1871年には800余人にまで達した。しかし、同地は作物の栽培に適さず、周辺住民の侵入も加わって、ほどなく中国人の流出が始まり、しだいに衰退した。

(柳田利夫)

📖『世界華僑華人詞典』

ホーホン・グループ
和豊集団　Ho Hong Group

福建省に生まれたリム・ペンシアン（LIM Peng Siang、林秉祥、1872-1944年）が、弟と2人で創った第2次大戦前期を代表する華人企業グループ。1904年にシンガポールで海運業ホーホン（和豊）社が設立され、これを端緒に製油、石鹸、銀行、精米、セメントと製造業を中心にした多角的な企業グループが形成された。活動地域は▼シンガポール、マレーシア、タイ、▼香港、▼スワトウ各地に及んだが、世界大恐慌をきっかけに事業が傾き、戦後にグループは消滅した。

(岩崎育夫)

ポリネシアの華僑・華人

南太平洋ポリネシアの華僑・華人は、19世紀中頃にヨーロッパ人経営者が▼プランテーションの労働力として調達した▼苦力におおむね由来する。1865年仏領ポリネシアのタヒチ島に拓かれた綿花プランテーションには香港経由で1000余人の中国人労働者が送り込まれた。同島は現在2万人を超える華人系住民を擁し、ポリネシア華人社会の拠点をなす。西サモアでは、ヤシ・カカオ・プランテーションを営むドイツ系のゴドフロイ会社などにより独身の中国人契約労働者が募集され、その数は1903年から34年の間で総計5663人にのぼった。彼らは土地取得やサモア人との結婚・同棲すら法で禁じられた。ヨーロッパ列強勢力下のポリネシアで華人はかなりの行動規制にさらされたものの、その定着率は高く、商店経営、換金作物栽培、貿易関係、観光産業などの分野で主導的地位を確保した。1970年代以降、仏領ポリネシアや北部クック諸島では華人企業が黒真珠などの養殖産業を展開し、地域の基幹産業となっている。

(棚橋訓)

🔗 オーストラリアの華僑・華人、ニュージーランドの華僑・華人、ハワイの華僑・華人、パプアニューギニアの華僑・華人、ミクロネシアの華僑・華人、メラネシアの華僑・華人

保良局
Po Leung Kuk Society

東華医院から1878年分離、開設された香港の人身保護団体。良民保護の趣旨から保良局と命名された。局と称するが民間の組織である。当初局舎は香港島普仁街にあったが、1932年現在地のレイトン道に移った。香港は大量の人員が往来する港市であったが、それに紛れ込む婦女子の誘拐・略売を防止し、被害者を救護するため設立された。香港の警察署や▼華民政務司署から託された被害者を収容

するだけでなく、自己の探査員を雇用し、誘拐予防と犯人摘発に専従させた。なかでも海外へ連れ出される▼豬花・▼妹仔の救護は、保良局当初数十年間の中心業務であった。保護・収容した婦女子は身元確認と事情聴取の後、中国の家族・親類のもとに護送した。また身元不明や、送還しても再度人身売買が懸念される場合には、暫時収容のうえ、親代わりとなって配偶者を選ぶか（択配、領婚）、希望する人家に養子女として養育させた（領育）。さらに海外の華僑▼同郷団体や慈善団体から送還されてくる婦女子の身柄を引き取り、リレー式に中国へ送還することも行った。こうした事業上、内地と海外華僑社会にわたり、慈善団体、同郷団体、社学などを結ぶ広域組織網が構築され、保良局がその中枢機能を担って、英植民地政庁、外国公館、地方官署、船会社などと接触しつつ事業を推進した。事業に要する高額な経費は、当初は地場ギルド、富商、文武廟などからの寄付金により、1930年前後からはギルド寄付金や不動産賃貸料、政庁補助金を財源とした。この意味では清末中華全土に設置された▼善堂の系譜に繋がるものだが、保良局の場合、英植民地政庁と密接不可分に結合していた。なお香港保良局にならって、1885年シンガポール保良局、88年ペナン保良局が開設され、マレーシア内陸部でも▼クアラルンプール、▼イポー、スンガイパタニに保良局が出現している。香港が百万都市に接近した1930年以降になると、保良局は香港内の家庭紛争、児童虐待、その他婦女子養護一般により多く関わるようになった。今日の保良局は乳幼児や児童の養保護が主業務である。　　　　（可児弘明）

　🔁 東華三院
　📖『香港保良局史略』香港：香港保良局, 1968./可児弘明, 1979.

ホー、ロバート 1941-
何鍵剛　Robert HO
オーストラリアの▼シドニー市会議員。同市▼チャイナタウンを代表する人物。香港生まれ。1960年に移住、同市チャイナタウンで中華料理店、不動産業、中国貿易、観光業など経営。中国とも関係が深い。中華慈善基金委員長、シドニー中華街商業会会長、アジア太平洋研究所顧問、豪州潮州会、豪州北京会顧問など就任。長年自由党党員として活動、96年の反アジア移民論争を契機に離党、99年に労働党候補としてシドニー市長選に出馬したが落選。95年、オーストラリア・メダル（OAM）受賞。初のアジア系州議員▼ヘレン・シャンホーの夫。　　　　（増田あゆみ）

　🔁 ワン・ネーション・パーティ

ホンゲイ炭鉱　ホンゲイたんこう
鴻基炭鉱
ベトナム華僑がベトナム北部のクアンニン省のホンゲイ（Hon Gai）で開発した炭鉱。東南アジア最大の無煙炭炭鉱。豊富な埋蔵量をもち、露天掘りが行われている。採炭した石炭はベトナム国内に供給されるほか、東南アジア、東アジア、さらにはヨーロッパにまで輸出され、ベトナムで最も重要な炭鉱基地となっている。1856年に華僑によって発見・開発され、77年（一説に88年）からフランスの炭鉱会社の経営となるが、労働者の大半は依然として華僑であった。1954年、フランス植民地政府が解体されベトナムが南北に分裂した当時、ホンゲイ鉱区の人口は7万人余。2万人余の労働者中、華僑が1万5000人ほどを占めていた。70年代末に発生した中越戦争を契機とするベトナム政府による華僑排斥運動直前、ホンゲイ地区には2万2000人余の華僑が居住し、採炭労働に従事していた。ホンゲイ炭鉱は17世紀中葉から始まった華僑によるベトナムでの銀・鉄・銅などの鉱山開発の象徴的事例。　　　　（樋泉克夫）

香港　ホンコン
Hong Kong
香港の600万余の人口のうち、98％が中国人であるが、その内部を世代的に見ると、(1)1842（道光22）年のイギリスへの割譲以降に大陸、とくに広東から移民した初期世代およびその一族、(2)1899（光緒25）年の中英条約以降に香港に編入された「新界」地域に所属する世代、(3)1943-45年の日本の占領期以降、とりわけ49年の中華人民共和国成立後に大陸から移民した世代、(4)これらの背景をもって香港において出生した世代、以上の4代にわたる世代が、それぞれに異なるアイデンティティをもって共存している。そして1997年の香港の主権の中国への返還時には香港からカ

ナダ、オーストラリアへ移民するという新たな移民世代が登場しており、返還以後には香港への大陸からの移民が問題となっているという移民都市である。

香港はその社会を構成する世代間関係ならびに地域間関係を反映して、「広東社会」として、言語や歴史的背景を広東と共有しており、さらに、中国の南の門戸としての役割を果たし、経済的・政治的にも中国大陸との相互依存関係をもっている。また、東南アジアとの関係が経済的にも人的にも強く、とりわけシンガポールとの関係は、金融関係を中心として、さらに運輸貿易関係においてきわめて密接である。香港社会は、1842年から1997年まで、日本占領期以外はイギリスの植民地統治であったが、植民地政府は「小さな政府」であり、中央政府がもつべき機能である中央銀行も形式としては存在せず、民間の業種別グループや商業会議所などの統率に負っていた。これら民間社会の諸組織は内的なネットワークをもっており、中国人のなかでも圧倒的な数を占める広東系のほかに、上海系や潮州系が存在している。また、イギリス系商業会議所のほかに、インド系やアラブ系商人グループも存在しており、それぞれが独自の社会集団を構成している。

香港経済は、貿易および金融の中継地として機能してきたことから、国民経済的な分析視角から、それ自体を一つのまとまりとして捉えることは困難であった。さらにまた、香港が商業金融の中心地であり、外部の景気動向を敏感に反映させてきたことから、「自由貿易港」という形容や「国際金融センター」という形容が定着してきた。同時に、香港（あるいは広東デルタ地域）は、歴史的には中国華南経済の一部として位置しつづけてきたという中国大陸との地域的連続性をもち、東南アジアおよび日本との繋がりをもっていることも無視できない。華南経済は東南アジアとの米、砂糖、海産物の交易を不可欠としており、ジャンク貿易によって強く結ばれていた。両者の関係は、19世紀後半以降、東南アジアに対する労働移動の増大と、それに伴って生じた商業関係の緊密化、さらには東南アジア華僑からの本国送金の増大という展開を示している。また、日本との交易も、日本からは海産物輸出を中心としたものから、しだいに工業製品輸出の中継地として、香港の役割が重要性を増していくようになる。シンガポールならびに香港を中継地とする東南アジア—東アジアの交易網の形成は、ジャンク貿易網の存在を前提として、香港経済の新たな歴史的役割を特徴づけた要因である。

19世紀末から20世紀初頭までの時期は、対外経済関係（対東南アジア、日本、中国、イギリス）において、香港の地位が飛躍的に強化される時期に相当している。また、対内関係にあっても、1898年の中英条約による新界租借地の獲得は、香港に本格的対内政策の確立を迫るものであった。この期間のうち1915年には、香港に登記してある香港中国会社（Hong Kong China Company）はすべて上海にも登記すべきことが規定され、イギリスは、上海を企業活動の中心とすることを表明した。ただし、これによって香港の機能に変化が生じたのではなく、香港と上海との結合がいっそう強化された。第2次大戦後、68年には文化大革命の影響を受けたいわゆる反英香港暴動が発生した。80年代以降、中国の改革・開放政策の下で海外華人資本の中国投資を中継する役割を果たしている。〔濱下武志〕

⇨香港特別行政区、香港上海銀行

※ Ronald Skelton (ed.). *Emigration from Hong Kong*. Hong Kong: Chinese Univ. of Hong Kong, 1995.／浜下武志『香港』筑摩書房、1997.

香港映画 ホンコンえいが

香港映画の最大の特徴はエンターテインメント（娯楽）性が強いことである。天安門事件でも、▼香港の中国返還問題でも、何でもエンターテインメント映画にしてしまうのが香港映画だ。香港は「東洋のハリウッド」と呼ばれ、長い間エンターテインメント映画のアジアにおける重要な発信基地だった。この状況は1997年7月1日の香港の中国返還後も基本的には変わっていない。西欧化している（バタ臭い）ことや政治色が希薄なことも特徴に数えられよう。香港映画のこのような特徴を生み出した背景としては、(1)香港は150年余の長期にわたって中国から切り離されてイギリスの植民地にされていた、(2)1949年中華人民共和国が誕生して以来、中国の共産党

政権と台湾の国民党政権が香港を舞台に激しい政治宣伝戦を展開したため、香港映画にとって政治は扱いにくいものになってしまった、(3)香港映画の大きなマーケットである海外の華人社会はさまざまな理由から政治をタブー視する傾向が強い——などを指摘することができよう。また1973年には映画検閲のためのガイドライン「電影検査標準指南」が制定された。これは「香港と隣接地区との友好関係を損なう」「社会の安寧秩序の破壊を宣伝する」など香港映画のタブー8項目を規定したもので、いまなお用いられている。要するにエンターテインメントでなかったら、香港映画は生き残ることができなかった、ということである。なお香港映画には中国の方言である広東語（▼粵ぇ語）を使ったものが多い。広東語の映画を大量に作っているのは中国国内でも香港だけである。香港映画の一つの課題は、香港の映画産業の不振をどう克服するかである。「全盛期には香港映画は毎年200本前後作られていたが、いまではわずか3分の1に減ってしまった。映画産業で働く人たちは生活のために転業を余儀なくされている」と『香港経済年鑑1999』（香港：経済導報社）は関係者の談話を紹介している。香港の中国返還後発足した▼香港特別行政区政府も1億HKドルを投じて映画発展基金を設立するなど、香港映画支援に乗り出した。

（戸張東夫）

㊀ 閩語
⊕『中国大百科全書 電影』北京：中国大百科全書出版社、1991.

香港広東銀行 ホンコン・カントンぎんこう
広東銀行　Bank of Canton

1912年にサンフランシスコ華僑の陸蓬仙らが香港で設立した、華僑出資による最初の銀行。伝統的な「銀号」（両替商）が密集する上環地区を離れて、中環地区で開業。34年世界的な不況の影響を受けていったん清算。2年後に宋子文が出資して再建（後に傘下に収める）、香港、上海、▼広州、タイで営業再開。60年代の香港銀行危機で米国のパシフィック銀行が資本参加し、84年までに買収完了。

（山崎勝彦）

香港僑友社 ホンコンきょうゆうしゃ

香港にある帰僑親睦団体。1982年4月18日に設立。会員はおもに香港に居住する帰僑（▼帰国華僑）によって構成され、初代理事は鄭光煌、王欣賢ら31名。英雄印刷有限公司、僑友旅社、新僑医療中心などの企業・施設を運営する。職業紹介、貿易投資相談など各種のサービスを提供するといった活動とあわせて、華僑政策の現状において未解決の問題を中国当局に指摘し、改善を求めるといった活動を行っている。

（三橋秀彦）

⊕『世界華僑華人詞典』

香港工商銀行 ホンコンこうしょうぎんこう
Hongkong Industrial and Commercial Bank

1964年に香港人が▼シンガポール、タイ、マレーシアなどの中国系人と共同で▼香港に設立した銀行。李木川が初代の董事兼総経理に就く。68年にマレーシア華僑・張明添の企業集団の傘下に入り、5年後に同集団の上場会社・海外信託銀行に買収され、80年11月に同行も単独で上場。その後、親会社の海外信託銀行の経営不振で同行の売却が図られたが、結局、85年ともに倒産し、香港政庁に接収された。

（山崎勝彦）

『香港時報』 ホンコンじほう

台湾に移った▼中国国民党が1949年8月に香港で創刊した日刊華字紙。93年2月17日に廃刊、43年余りの歴史を閉じた。廃刊直前には毎月の赤字が1000万HKドルに達した。イギリス植民地だった香港の世論に反共＝国民党の見解や影響力を行使することを狙いとしており、中国大陸の情勢について厳しい見方を伝える役割を果たし、共産党系の▼『文匯報』や▼『大公報』と好対照をなした。『香港時報』の母体は、上海で発行されていた『国民日報』で、許孝炎、李秋生が初代の発行人だった。

（濱本良一）

香港上海銀行 ホンコン・シャンハイぎんこう
滙豊銀行　Hong Kong and Shanghai Banking Corp.

1865（同治4）年に香港と上海とにおいて営業を開始した銀行。中国名は滙豊ホイフォン銀行。当時アジアにおいては、すでにイギリス資本のマーカンタイル銀行、チャータード銀行が

いわゆる植民地銀行として存在していた。これに対して香港上海銀行は、インド、東南アジア、香港、中国に活動拠点を置く各国の洋行が、相互の金融的便宜を図ることを目的として設立した。この洋行連合ともいえる香港上海銀行は、その後にジャーディン・マセソン商会も主たる構成メンバーとなることからも知られるように、アジアを活動の場とする「地場」洋行のアジア域内交易のための金融的便宜を主たる目的としていたことがわかる。

まず地域的な特徴から見るならば、インドと中国の綿布貿易あるいはアヘン貿易を中心としたかかわりが初期には存在しており、デント商会、後にはジャーディン・マセソン商会が銀行の中で重要な位置を占めるようになると、インド・中国交易の金融としてボンベイ、カルカッタに支店を設立している。日本については、横浜、兵庫に設立の翌年、1869（明治2）年にすでに支店を設立しており、日本市場に対して積極的な支店戦略を展開していたことがわかる。日本支店に対しては上海と近い額の自己資金を配分しており、貿易金融に強い意欲を示していることが理解されるし、香港上海銀行の理事は貿易関係と密接な関係ももっている。また日本は外国銀行に対して、輸入金融にはタッチさせたものの輸出金融にはタッチさせることがなかったので、兵庫支店においては自己資金が蓄積され、それが外国商社、外国銀行とともに日本に進出した中国商人に対する貸付けとなった。また手元の余剰資本は上海に送金され、上海の金銀市場に投資された。これは日本の横浜正金銀行や、台湾銀行の国策銀行としての輸出金融が、強力に進められた結果でもある。たとえば1906年に香港上海銀行が台湾や大連に支店を出す許可を日本に対して求めたことに対して、日本はこれを拒否している。

次に沿海の支店経営であるが、上海と香港の間にあっては、とくに1873年にアモイに支店が設置されている。これは▼華僑送金を対象とした支店設立であり、台湾銀行とも競争しながら香港を経由して福建・広東に送金される東南アジアからの華僑送金を担当しようとするものであった。ジャカルタ、フィリピンのイロイロなどは植民地経営の農業金融、農業製品の輸出金融を行うために設立されたものである。また東南アジアの華僑送金をめぐっては、1870年代から香港上海銀行はすでに東南アジアに広く展開していた華僑の集中的な居住区、あるいは経済的な中心地にはりめぐらされていた華僑送金ネットワークに重ね合う形で支店を設立し、▼民信局の零細な送金網に対して大量のあるいは大規模な送金網を作りあげることによって、華僑送金を東南アジアの交易資金として活用した。

1935年の中国の幣制改革に対してはそれを支持し、第2次大戦で日本軍が41年に香港を占領すると、拠点を一時インドに避難させた。戦後、香港の経済発展にともなって準中央銀行としての役割を果たした。

1991年の2月1日に、香港上海銀行の100％出資子会社であるウォードリー金融会社と、独立の他の2金融会社とが、全株主に対して、「香港上海銀行は、新たにイングランドに登記される持株会社である香港上海銀行ホールディングス会社によって保有される」と公表してロンドンに登記を移し、以後はHSBCのイニシャルを正式名としている。

(濱下武志)

圏 Frank H. H. Kong. *The History of Hong kong and Shanghai Corporation, 1865-1945.* 4 vols., Cambridge: CUP, 1987-91.

香港集友銀行 ホンコンしゅうゆうぎんこう
Chiyu Banking Corp. Ltd.

1947年に▼タン・カーキーが次男・陳厥祥に指示して香港に設立した銀行。43年に集美学校の運営財源確保のために福建省永安で設立され、戦後▼アモイに本店を移した集友銀行が起源。50年、タン・カーキーが女婿の▼リー・コンチェンらと創設した「集美学校基金」を通じて増資し、発展の基礎を固める。70年には▼中国銀行が資本参加、同銀行グループの一員となったが、依然、毎年利息の1割を同校に寄付している。アモイの集友銀行は72年に中国人民銀行に編入。　(山崎勝彦)

回 集美学村

香港商業銀行 ホンコンしょうぎょうぎんこう
Commercial Bank of Hongkong Ltd., The

1934年に馬沢民が設立した香港スワトウ銀行を起源とする海外華僑資本による銀行。第2次大戦中は停業、戦後46年に馬がタイの

▼チン・ソーポンパニット（後の▼バンコク銀行頭取）に共同出資を依頼、香港商業銀行として再建。64年に▼シンガポールの黄松俊、72年に日本の東海銀行などの出資で資本増強。90年に亜洲保険とともに設立した金融グループの亜洲金融集団（チン・ソーポンパニットの長男▼ロビン・ソーポンパニットが主席兼重事総経理）の完全子会社となり、94年に現在の亜洲商業銀行（Asia Commercial Bank）に改称。　　　　　　　　　　（山崎勝彦）

香港崇正総会　ホンコンすうせいそうかい

客家ハッカ系華人の世界的組織。1921年9月に▼香港において結成され、59年には香港政庁により公認された有限会社組織となった。71年には同総会が主体となって「第1回▼世界客属懇親大会」が香港で開催され、世界22か国36地域の客家系の社団組織が代表を派遣した。同総会自体の会員の多数は香港住民だが、世界各地に居住する▼客家の連絡と団結を目的として掲げており、事実上は世界各地の客家系社団組織を束ねる上部組織としての役割を果たしている。3年に一度の選挙による理事・監事制をとっているほか、世界各地の客家系社団組織から顧問が推薦されている。また、▼胡文虎、胡文豹、▼胡仙など客家出身の華人著名実業家が永久名誉会長となっている。　　　　　　　　　　　　（瀬川昌久）

😀崇正総会

『ホンコン・スタンダード』
The Hong Kong Standard

1949年3月に香港で創刊された英字紙。『サウスチャイナ・モーニング・ポスト』と二大英字紙の地位を保っていたが、2000年5月27日を最後に廃刊となった。最終発行部数は公称4万部。同5月29日からタブロイド紙『ホンコン・アイメール』として発刊されている。富豪の▼胡文虎によって創刊され、子女の▼胡仙を後継者として、▼華字紙『星島日報』とともに胡の主力紙だったが、90年代末に部数の水増し詐欺事件が発覚、老舗の信用は凋落した。　　　　　　　（濱本良一）

『香港中外新報』ほんこんちゅうがいしんぽう

中国初の新聞紙形式両面印刷で発行された近代的中国語新聞で、略称は『中外新報』。前身は『香港船頭貨価紙』で、親新聞の『デイリー・プレス（The Daily Press）』に遅れることわずか1か月余の1857年11月3日に創刊、初期は週3回発行。船積み日、商品価格、相場など商業記事が主で、中国初の商況新聞といえる。初期の編集者は黄勝。『香港船頭貨価紙』はタブロイド判だが、『香港中外新報』と改称した際にブランケット判となった。改称の正確な期日は不明だが、1864-65年の可能性が強い。73年に日刊となった。90年代まで同紙は基本的に『デイリー・プレス』の付属新聞としてのみ機能した。1919年に廃刊。　　　　　　　　　　　　（卓南生）

📖 卓南生『中国近代新聞成立史　1815-1874』ぺりかん社，1990．

香港特別行政区　ホンコンとくべつぎょうせいく
Hong Kong Special Administrative Region

中華人民共和国の一部としての▼香港の正式名称。1984年の中英共同宣言によって香港の中国返還が定められ、97年7月香港は中国の一部となり、中華人民共和国香港特別行政区となった。香港の中国への返還は、香港の行政的自立、返還以後50年間の資本主義の維持を約束したうえでのものだったが、社会主義中国からの避難者とその子孫が中核をなす香港社会では返還後への不安が高まり、80年代後半以降には大規模な移民の流出が見られるようになった。この「移民潮」は89年の天安門事件や広東省での原発建設計画などでさらに加速され、97年の返還時点までに香港からは約60万人の移民が流出した。その約半数はカナダを、残りの半数はアメリカ合衆国とオーストラリア、ニュージーランドを目的地とするものであったが、彼らによってこれらの地域の中国系人社会は一変することになった。かつての中国系移民とは異なり、豊かで近代的な香港社会からの移民は移民先への経済進出の側面をもち、香港人移民の資本力が突出して見られたバンクーバーは「ホンクーバー」になったとさえいわれた。また、個々の移民レベルにおいても香港人移民の適応力は高く、都市ホワイトカラーや専門職を中心とする「アジア系ミドルクラス移民」という新しい移民グループを出現させた。現在では、香港人移民はこうした特性を背景に、単に移民先社会に適応するだけではなく、香港を中心とした、南中国、東南アジア、環太平

洋に広がる拡大された香港人社会・経済圏を形成しつつあり、香港返還は結果的には繁栄する香港社会の「終焉」ではなく、むしろ、国境を越えた香港社会の展開をもたらしたといえる。　　　　　　　　　　（森川眞規雄）

㊀郊外型チャイナタウン，太空人

㊕R.スケルドン編『香港を離れて』行路社，1997.／森川真規雄「近代性の経験——香港アイデンティティ再論」可児弘明ほか編『民族で読む中国』朝日新聞社，1999.

香港マフィア ホンコンマフィア

香港マフィアは総じて「▼三合会」（広東語でサムハップウィ、英語ではトライアド[Triad]）と称される。香港警察の発表では10系列、57組織が存在するが、構成員の総数は明らかでない。三合会とは、本来は華南地方に存在した天地会といわれる▼秘密結社の一分派とされる。「反清復明」という大義名分によって結成された政治結社であるが、1911年の▼辛亥革命の後、三合会は政治的野望が薄れ、都市部に暗躍する犯罪結社へと変貌していく。現在、香港最強のマフィアが、一説では香港警察の2倍にあたる7万4000人余りの構成員を擁する潮州系の「新義安（サンイーオン）」である。麻薬売買や売春などで得たアングラマネーをマネーロンダリングするために、香港では映画産業やホテル業、タクシー業などビジネスを手がけている。また、▼中国共産党と関係が深く、トップの向華強は1992年に北京入りし、政府系企業と開発事業にも取り組んでいる。一方、歴史と伝統のあるのは「▼14K」である。国民党と関係が深く、1949年の国共内戦末期に広州市埔華路14番地で結成された。国民党が敗れて組織が香港に逃れてから「14K」と改称。一説には金の硬さを表すカラットの14Kを意味し、その結束の固さを強調している。入会には鶏の血を飲むという儀式も最近まで残されていた。組織は、武闘役の「紅棍（ホンガソ）」、軍師役の「白紙扇（パクジーシン）」、連絡係の「草鞋（ﾁｬｵﾊｲ）」と役割分担ができあがっている。　　（森田靖郎）

㊕石田収『香港黒社会』ネスコ，1994.／森田靖郎『チャイナ・コネクション』日本評論社，1992.／山田賢『中国の秘密結社』講談社，1998.／W. P. Morgan. *Triad Societies in Hong Kong*. Hong Kong Press, 1960.

ホン・スイセン 1916-84
韓瑞生　HON Sui Sen

▼シンガポールの公務員出身の著名な政治家。マレーシアのペナン生まれの広東系▼華裔。▼ラッフルズ・カレッジ卒業後の1939年に▼海峡植民地政府公務員に採用された。進出企業への融資と出資、工業団地の造成などを行う経済開発庁（EDB）の創設に尽力し、61年から68年までその初代長官の任にあった。その後2年間シンガポール開発銀行（DBS）初代会長を務めた後、70年から政界入りし、おもに蔵相としてシンガポールの発展を牽引した。　　　　　　　　　（田村慶子）

ホン・テチャワーニット 1851-1935
鄭智勇　Hong TECHAVAANICH

タイの賭博王。潮州（潮安）系でタイ生まれ。14歳で中国に戻り（16歳ともいう）、2年後にベトナム経由でバンコクに。当時、フランスがタイで治外法権をもっていたことから、ベトナムで取得したフランス国籍を利用し仕事を有利に展開。鄭謙和宝号を興し、精米、両替、質屋、貿易業などを営む一方、タイ政府より賭博場経営権を取得、「花会」と呼ばれる賭博を経営し巨額な税金を国庫に納入（▼賭博は1918年に禁止）。その功績により国王ラーマ6世から「プラアヌワットラーチャニヨム（Phraanuvatraachniyom）」の爵位を受領、彼を記念してバンコク市内の道路に「テチャワーニット」の名前が付けられた。▼培英学校や▼華僑報徳善堂の設立に参加するなど慈善事業にも努めたが、バンコク洪字会の最高指導者（裏社会での通称が「二哥豊」）として華僑裏社会を牛耳った。1903年に革命宣伝のためバンコクを訪れた▼孫文と知り合い中国革命同盟会に参加。「花会大王」の異名をもつ。　　　　　　　　（樋泉克夫）

本頭公 ほんとうこう

タイ華僑などが土地神（土地公）をいう語。土地神はある一定範囲の土地を管轄する神であり、その土地を耕作ないし使用、居住する者が、域内の無事、平安を願って奉祀する神である。風土病や先住民との衝突を解決しながら荒地を開拓していった台湾への農業移民が、土着の機運に向かうとまず土地神の祠を祀った経緯からみると、海外における本

頭公奉祀の背後には、共同墓地の造営と同様に、その地域における華僑社会の形成あるいは定着過程が刻まれているとみてよい。ちなみに土地神は、岩の下や樹の根元に建てた小石、家宅に置かれた木札、小さな野外の祠、公廟などさまざまな形態をとる。また自然物を神格化したもの、地方官とか財神の役割を仮託されたものなど多様である。フィリピン南部スルにある白本頭公の墓というのは、明代に同地で客死した河南省人（白姓？）を土地の守護神として神格化し祀ったものか。

(可児弘明)

⊟ 大伯公

紅幇 ホンパン
Hong Bang

中国の幇会（▼秘密結社、会党）には、紅幇（洪門、洪幇）と青幇（清門、清幇）がある。青幇、紅幇の呼称が文献に現れたのは、清末頃（1900年頃）のことである。紅幇には天地会系と哥老会系がある。東南アジア、アメリカに進出した紅幇は、天地会（▼三合会）系の会党である。東南アジアに三合会系の会党のほかに青幇が進出したとする学者がいるが、それは誤りである。

(酒井忠夫)

⊟ 致公堂
⊠ 平山周『中国秘密社会史』上海：商務印書館，1912．／蔡少卿『中国秘密社会』浙江人民出版社，1989．／酒井忠夫『中国幇会史の研究紅幇篇』国書刊行会，1998．

ホン・リム、アレックス 1931-90
鄺鴻銓　Alex FONG Lim

オーストラリア初のアジア系（華人系）市長。オーストラリア北部準州生まれ。▼ダーウィン、▼アデレードで学ぶ。共同出資で仕立屋、酒屋などの経営をしながら、公益・社会活動に熱心に従事。国際赤十字会会員、オーストラリア癌基金理事、救世軍委員会代表、北部準州オーストラリア・日本委員会会長など歴任。1984年北部準州州都ダーウィン市長に選出された。

(増田あゆみ)

ホンリョン ⇨ シンガポール・ホンリョン・グループ，マレーシア・ホンリョン・グループ

マ

馬［姓］☞ 馬

馬偉鴻 まいこう 1914-96

▼横浜華僑総会（大陸系）名誉会長、横浜山手中華学園理事会顧問、▼京浜華厨会所顧問。広東省順徳県出身。1933年山下町で漢方、雑貨、両替商を営むおじを頼って来日。戦後、市場通りに「同順利」薬局を開設。67にはさらに「鳳城酒家」を開業。72年日中国交回復後、横浜華僑総会正常化委員会委員長として活躍、76年には23年ぶりに開かれた横浜華僑総会僑民大会で委員長として重責を担う。翌77年から90年まで横浜華僑総会会長に。80年横浜文化賞を受賞（横浜華僑初めて）。　　　　　　　　　　　（符順和）

妹仔 まいし
bondservant

　養女を名目に、身価を授受して、生家から養家（買主）へ人身支配権を移転された売買養女をいう広東方言。養家に入り姓名を改めるが、身分的な奉公人として無償私役される幼女・少女であり、養女の名を借りるが、慈しんで育てる純粋な養女ではなかった。養家（原買主）から別の養家（転買主）へ転売されたり、買入れの対象にもなりえた。生家の困窮をやわらげて「溺女」（嬰児殺害）の弊害を防ぎ、貧家の幼女に活路を与える善挙とされて、旧中国社会では普遍的な慣行の一つであった。売買にあたり不道徳目的の人身売買や略売でない証しに、売買担保と免責の文言入りの文書がつくられた。しかしあくまで形式上のことであり、現実は善挙の美名と異なり、家内の雑役に酷使され、殴打など虐待を受けることもしばしばであった。さらに養女の名を借り、娼家あるいは歌舞を業とする家筋に転売されたり、結婚の名を借り侍妾として転売された。また男性過剰の海外華僑社会に侍妾・妓女・妹仔として転売すれば利得はさらに大であった。香港には▼広州をはじめとして内地から送られてくる妹仔が多く、1879年にその数は1万人、在住中国人のおよそ13人に1人が妹仔であった。香港からシンガポール方面に転売・略売されていく妹仔が後を絶たず、その一部が▼保良局に救出されたのはそのためである。他の華南諸港でも同じことが見られたにちがいない。妹仔を法律上どう扱うかは香港政庁、▼海峡植民地政庁、英植民地省、英議会を巻き込む長い論議の対象となり、1918年頃には妹仔の広東音 mui tsai がそのまま英公文書に使用されるようになった。これに先立ち清朝は1909年に人身売買を永久禁止としたのであるが、香港が妹仔の新たな売買を禁止するのは23年、海峡植民地とマラヤ連邦では33年であった。ちなみに1933年9月末、今日のシンガポールとマレーシア域内に合わせて3004人の妹仔が登録されていた。養女を偽装する妹仔の売買は、その後も華僑社会に根強く残った。　（可児弘明）

　⇨女子移民、豬花、売春

　📖 *Mui Tsai in Hong Kong and Malaya*. Colonial, No. 125, London: HMSO, 1937.／Maria Jaschok. *Concubines and Bondservants*. Hong Kong: OUP, 1988.／可児弘明, 1979.

前貸し頭家 まえがしとうか

　旧▼海峡植民地やマラヤ諸州において、商業活動によって富を蓄積した中国商人で、錫鉱山の開発に乗り出そうとする企業主に対して担保なしで一定期間現物の形で融資を行った有力者。中国語の「▼頭家」とマレー語の labur を合成したタウケ・ラーブー（towkay labur）、すなわち「融資元の旦那」「大貸元」と呼ばれた。中国人企業家が経営したマラヤ錫鉱業の特殊な性格を分析した山田秀雄によると、前貸し頭家は錫鉱山を融資面で支配するだけでなく、会党の首脳というもう一つ別の顔で、中国大陸南部からの労働力調達に辣腕を振るい、彼らを自己の組織に引き入れ、融資と同じルートで融資先あるいは提携関係にある中小頭家の錫鉱山へ送り込んだという。　　　　　　　　　　　（可児弘明）

　⇨現物前貸し制度

　📖山田秀雄編『植民地経済史の諸問題』アジア

経済研究所，1973.

マカオ
澳門　Macau / Macao

東アジア最古のポルトガル植民地だった陸繋島。現地（広東語）ではオウムン、標準中国語（普通話）ではアオメン。1999年12月20日、中国に返還され「中華人民共和国澳門特別行政区」となった。広東省の▼珠海市に接し、珠江の河口西岸に位置する。香港の東約60km、広州の南約145kmである。面積は23.6km²（1999年）、人口は43万人（98年）。通貨はパタカで、香港ドルとほぼ等価。98年の域内総生産は約68億ドル。産業はカジノを含む観光業が卓越し、ほかに軽工業や不動産・金融業がある。旧称は蠔鏡、濠鏡、鏡湖、香山澳など。明代中期の16世紀前半、アフリカを南回したポルトガル人が中国南部沿海地方に到達し、マカオを含む華南の各地に拠点を設けた。1535年、明朝地方官吏はマカオを国際貿易港として認めた。ポルトガル人の居住が認められたのは1557年である。1849年までポルトガル人は香山県に地租または貢金を納めていた。

16世紀後半から1639年まで、マカオの繁栄を支えたのは対日貿易であった。ポルトガル船は中国から絹を運び、日本からは銀を持ち込んだ。しかし江戸幕府がポルトガル船の来航を禁止するとマカオの経済は衰退し、しだいに人身売買的貿易や賭博、アヘン取引といった裏の経済活動に依存するようになった。マカオからアメリカ大陸への中国人契約労働者の送り出し、いわゆる「マカオ苦力（トレード）」は19世紀初頭に盛んになり、1873年まで続いた。最盛期には約300の「豬仔館」が、年に3万から4万の中国人をペルー、キューバ、カリフォルニアなどの地に送り込んでいた。中南米の銀鉱開発や▼プランテーションでの労働、北米の鉄道建設などは、マカオなどから渡った中国人労働者が担っていたのである。1887年の葡清北京条約によってマカオは正式にポルトガルの支配地となるが、この頃すでに貿易と人の移動の華南における中心地は香港に移っていた。1987年4月、中葡両国は「一国家二制度」方式によるマカオ返還について合意した。現在のマカオは、人の移動という点では台湾と中国大陸間の航空路の中継基地として重要である。マカオ国際空港には多くの台湾・大陸接続便が就航している。
〈塩出浩和〉

⇨ マカオ特別行政区，マカオ人，マカオ紳士

📖 塩出浩和『可能性としてのマカオ』亜紀書房，1999.

マカオ国際銀行　マカオこくさいぎんこう
澳門国際銀行　Luso International Banking Ltd.

海外華僑・華人が▼マカオで最初に設立した銀行。略称LIB。1974年9月に銀行免許を獲得した奇珍銀号が起源。75年8月、インドネシアの▼リッポー・グループ系のパンイン（Panin、泛印）・グループに属する香港泛印集団が買収して現名に改称。85年香港泛印、福建省政府系企業2社、中国工商銀行が共同で設立したアモイ国際銀行の完全子会社になる。88年香港泛印はアモイ国際銀行とともに香港上場企業の閩信びん集団の傘下に入った。日本の新生銀行（旧日本長期信用銀行）も1991年以来10％資本参加。
〈山崎勝彦〉

マカオ人　マカオじん
澳門人　Macaos

▼広東人の別称。広東人はマラヤ華僑社会で「澳門人」と呼ばれることがあった。広東人が早くから▼マカオ（澳門）を乗船地として移民してきたことによる。1842年南京条約の後、▼広州が5港のなかでいちばん早く新しい制度による港（条約港）として43年7月27日開かれたが、少なくも48年まではマカオが広東移民を輸送する▼ジャンクの主要港であった。「澳門人」の呼称は1940年代まで死語とならずに用いられた。
〈可児弘明〉

⇨ 広東幇

📖 Cheng Lim-Keak. *Social Change and the Chinese in Singapore.* Singapore UP, 1985.

マカオ紳士　マカオしんし
澳門紳士

かつて朝鮮半島・マカオ間の密輸で財をなした朝鮮半島の中国人たちをいう。1882年、朝中間で「商民水陸貿易章程」が締結され、とくに山東から多く移住、各地に居留地（租界、清館）が設けられた。たとえば、仁川1884年、釜山87年、元山89年。ソウル（漢城）も1882年に中国人の定住が始まり、租界が設

置された（いずれも1913年に廃止）。朝中貿易は山東など中国北部だけでなく、上海、▼広州、▼香港、▼マカオ、台湾などにまで及んだ。
（游仲勲）

マカオ特別行政区　マカオとくべつぎょうせいく
澳門特別行政区
Região Administrativa Especial de Macau da República Popular da China

1999年12月20日に成立した中華人民共和国内の特別行政区。もとポルトガル植民地。住民の96％は中国語、とりわけ▼粤ぅ語（広東語）を母語とし、ポルトガル語を母語とする者は約2％である。タイやインドネシアの華僑とその子孫も多く住むほか、▼文化大革命期に大陸から逃げてきた▼帰国華僑も居住している。特別行政区の設置は中華人民共和国憲法第31条の規定に基づき、香港に次いで2番目。「一国家二制度」の考え方のもと、「中華人民共和国澳門特別行政区基本法」（1993年採択、公布）というミニ憲法が施行されている。特別行政区政府は外交と国防以外の広範な自治権をもっている。初代行政長官は地元の大豊銀行オーナー何厚鏵。基本法以外の立法権は立法会が行使する。立法会は選挙区直接選挙、職能別選挙、行政長官指名の議員によって構成されている。国家行為以外についての司法権も特別行政区法院がもっている。香港同様、中国への返還前にはカナダ、オーストラリア、ポルトガルへの住民の移住もみられたが、マカオ生まれの者（中国系を含む）はポルトガル本国籍をもっていたため、その数は大きくなかった。
（塩出浩和）
⇨マカオ

『澳門日報』　マカオにっぽう
Macao Daily News

1958年8月に創刊された▼マカオ最大の▼華字紙。マカオ内の販売部数は10万、マカオ以外での販売部数は5万といわれている。中国政府の立場を代表する新聞である。現社長李成俊は創刊時からの幹部で、日中戦争中は抗日ゲリラ隊員であった。北京とリスボン、そして珠江沿岸の各県に記者を派遣・駐在させている。香港、広州、珠海では毎日販売されており、東南アジアにも定期購読者がいる。また、マカオ空港から空輸され北京のホテルでも販売されている。
（宜野座伸治）

馬華公会　まかこうかい　⇨ マレーシア華人公会　マレーシアかじんこうかい

馬華文学　まかぶんがく

狭義の馬華文学とは、マレーシアの華文文学をいう。華人はまとまった数で異国に移住したとき、故郷の地縁、血縁に基づいて集まり、郷里の神仏を移して拝み、同郷人を組織化し、互助福祉のため同郷会館をつくり、帰属感を強調する。この一連の行為の中に意識形態のための努力を見出すことができる。華人の集団がいくつか連合したり連携したりすれば華人社会の力量はさらに増すが、なかには華語で書く文学活動を擁するまでに成熟した集団も現れる。たとえば、多数の華人が集中している東南アジアには、タイ華人の「泰華文学」、フィリピン華人の「菲華文学」など比較的小規模のものがあり、シンガポール華人の「新華文学」、マレーシア華人の「馬華文学」など規模の大きいものがある。後者の二つは1919年五四運動、すなわち反帝封建の運動の余波を受けてマラヤ地区に興った馬華文学を源流とするものである。1965年にシンガポールがマラヤから分離独立したので馬華文学も二つに分かれたが、馬華文学には両地一体の広義の意味と、分離後のマレーシア華文文学のみを指す狭義の意味の二つがある。

ところで、マレーシア政府はマレーシアの土着人文化を国家文化とし、土着人文化はイスラム文化を基盤とすると規定し、それにともない文学についても、(1)マレー人がマレー語で書いた作品は国家文学、(2)非マレー人がマレー語で書いた作品はマレーシア文学、(3)非マレー人がその母語で書いた作品は移民文学とする差別を設けた。また、マレーシアの公用語はマレー語と規定している。言うまでもなく華文文学を支える読者層を維持するためには公教育の場の華語教育が不可欠だが、公立小学校の華語教育は細々と行われているにすぎず、中学以上の華語教育はさらに徴々たるものになる。ゆえにマレーシアの華文文化の前途は楽観を許さず、危機感を抱く華人集団は正規の学制とは別に私立の三三制「▼独立中学」を設けて華語教育を維持してい

る。マレーシアの馬華文学にはこのような環境の中に生きる華人が自らの思想と生活を描く郷土文学の性格がある。馬華作家の元老▼方北方は、この文学は華人社会を浮彫りにし、国内の三大民族であるマレー人、華人、インド人の融和を展望に入れつつ人々の生活と思想を描くものと述べたが、馬華文学はマレー土着人優先政策に対する抵抗の意識の表現であり、華人の自己認識の手段だと見る人もいる。ここには中国伝統の文学有用主義がある。

一方、シンガポール政府は国の英語化政策推進に懸命だが、華人が8割を占めるこの国が偽物の西欧社会に変質し、思想的に無国籍化し、価値観、倫理感が曖昧になるのを防ぐ最良の方法は、中国文学と血縁関係にある新華文学を振興し、民族の心の記憶を受け継ぎそれを子孫に伝えることだと認め、あらためて新華文学の支援を始めた。その基盤となる華語教育では、1980年代末から小学校では旧来の順位を覆して母語を第一言語、英語を第二言語とし、中学以後では英語を第一言語にし、母語を第二言語とした。その結果、華語はそれなりに一定の水準を保ち、新華文学を支える読者層を確保することになった。当時の副首相は「文章は経国の大業、不朽の盛事」を引用して華文文学を奨励した。マレーシアとは別の意味でここにも文学の有用性が主張されている。

シンガポールとマレーシアは華人人口は合計500万人をこえ、両国の国立大学には中国文学を修める学系があり、華字新聞の文芸専門欄も盛んで、文学団体の活動もあるが、専業の作家は少なく、ほとんどが業余作家である。これは文学市場が小さいうえ、大陸、香港、台湾の優勢な華語書籍や文化の供給者が近くにあり、独自の出版や文芸の活動を維持するのが難しいためである。

泰華文学運動の規模は小さく、それも華文文学の消滅を遅らせるための組織にすぎないと自ら認めており、菲華文学も弱体で、インドネシアではごく少数の作家が私費を投じて奮闘している状態である。現在、新華文学と馬華文学は世界最大の華人文学組織である。

(今冨正巳)

📖 方北方

📖 苗秀ほか編『新馬華文学大系』全8巻, シンガポール：教育出版社, 1970-71.

マカリオ・キング事件 マカリオ・キングじけん

1958年に、「フィリピンの商業組織は外国人を雇うことができるか否か」をめぐって争われた訴訟事件。フィリピン国籍の華人マカリオ・キング（Macario KING）は、自らが経営する冷蔵肉店に3人の華僑を雇っていた。これが違法かどうかをめぐって、フィリピン華商聯総会とフィリピン工商部との間に訴訟事件が起きたのである。63年、フィリピン最高裁判所はキングは違法との判決を下し、被傭者フィリピン人化の動きに拍車をかけた。

(廖赤陽)

マーキュリー・ドラッグ
水銀薬房公司　Mercury Drug Corporation

国内に100店舗以上の販売拠点をもつフィリピン最大の医薬品小売チェーン。1945年、マリアノ・ケ（Mariano QUE、郭麦連洛）が100ペソを元手にマニラのサンタ・クルス地区バンバンでスルファチアゾールの露店販売を始めたことに端を発する。「迅速なサービス」をモットーに、ローマ神話の神の名をとって「マーキュリー」と命名。その後、カウンターの導入、24時間営業、薬品のピース売りなど、アイディア商法を相次いで打ち出す。とりわけピース売りは消費者ニーズに合致し、成功の原動力となった。今日、無料診療所の開設や薬品の無料配布など、福祉面での活動にも力を入れている。

(宮原暁)

📖 PMA-AGORA Publication Committee (ed.). *AGORA: The Search for Marketing Excellence.* 2nd edition, Manila: Philippine Marketing Association / AMA-DDBN Foundation, 1994.

マク・ラウファン 1942-
麥留芳　MAK Lau-Fong

シンガポールの社会学者。国立台湾大学を卒業後、ウェスターン・オンタリオ大学で修士号、ウォータールー大学で博士号を取得。マレーシア、シンガポール地域の中国人の▼秘密結社や▼方言集団の特徴を、歴史的な資料と自身のフィールドワークによる成果を合わせた多面的な分析で明らかにしている。中国語、英語の資料を合わせてふんだんに使

い、研究報告も英語、中国語で発表している。代表的な著書に The Sociology of Secret Societies (OUP, 1981)、『方言群認同』(中央研究院民族学研究所、1985年) などがある。
(川崎有三)

馬広秀 まこうしゅう 1923-2000

元▼横浜山手中華学校校長。遼寧省丹東出身。1942年来日。岩手県黒沢尻工業、盛岡工専を経て、東京工業大学機械科計測学部卒。中国同学会執行委員、同学総会主席を歴任。51年横浜中華学校に赴任。翌年▼横浜華僑学校事件が発生し分裂する。大陸系と台湾系の二つの中華学校が対峙するなか、新中国の成立や現状を伝え、簡体字を取り入れ、新しい歴史観、教育観による民族教育を行うなど、華僑運動の組織者、指導者として活躍。校長在職中 (1972-83年) 小学部の中国語教科書を編纂するなど、生涯、民族教育と大陸系華僑の団結のためにつくした。
(符順和)

📖 馬広秀「戦後横浜における華僑教育の実践」西村俊一編『現代中国と華僑教育』多賀出版、1991.

マサグン 1927-90

蔣維泰 Masagung

インドネシアの企業家。中国名チオ・ウィタイ (TJIO Wie Tay)。書籍販売・出版が中核のグヌン・アグン・グループ創業者。ジャカルタ生まれの▼プラナカン。▼チャイナタウン路傍のタバコのばら売りから身を起こし、53年書店 PT Gunung Agung を設立。株主にはハッタ副大統領らの政界・文化界名士が名を連ねた。直後スカルノ大統領とも知己を得、長く親交を結ぶ。70年代事務用品販売、ホテル、両替商、写真フィルム・食品販売などへ多角化。50歳でイスラムに改宗、以後イスラム社会へ献身した。80年代訪中演説でインドネシア政府を批判、当局に咎められた。
(三平則夫)

マジャパイト

満者伯夷 Majapahit

東部ジャワを支配したいわゆるヒンドゥー・ジャワ時代の最後の王国。その前身であるシンゴサリ王国 (1222-92年) の王族であるラーデン・ビジャヤが簒奪者ジャヤカトワンを滅ぼして、マジャパイト (現在のトゥロウラン) に王国を建てた。もっとも、最初は東部ジャワの一部を支配しているだけであったが、第4代のハヤム・ウルク王 (在位1350-89年) の時代になってほぼ東部ジャワ全体、マドゥラ島、バリ島を完全に支配するようになった。王国はまた東南アジア群島部のかなりの部分を支配下に置いたとされるが、それはジャワ人の移住者が進出・定住した範囲を意味するものと思われる。王国は▼鄭和の西征隊の来訪に対応して中国に朝貢の使者を派遣している。しかし15世紀の中頃よりマラッカ王国から来航したイスラム商人が海岸地帯の港市にイスラム国家を建設し、王国を内陸部に閉じ込めるようになった。王国は1527年頃にそうしたイスラム港市国家の一つドゥマによって滅ぼされたとされるが、史料がほとんどないために、詳しい状況を知ることはできない。
(生田滋)

媽祖 まそ

中国南部の沿海地域、および世界各地の華僑・華人社会で厚い信仰を集めている、航海安全守護の女神。天上聖母 (天后聖母)、天后、天妃ともいう。媽祖は名を林黙といい、北宋の960 (建隆元) 年に福建省莆田県湄州島で生まれ、987 (雍熙4) 年に羽化昇天したとされる。実在の人物であるが、生没年には異説が多い。林黙は幼少から吉凶禍福を予知する能力をもち、女巫として付近の人々の信仰を集めていたが、死後、信者らによって▼廟に祀られた。その後、さまざまな伝説、霊験譚が付加され、さらに莆田県地区の船員や航海業者たちによって航海守護神とされるにいたり、その信仰はさらに広がりをみせ、13世紀には中国各地に廟が建てられるようになった。元朝は天妃、清朝は天后という封号を媽祖に下賜し、以後、媽祖の別名として用いられるようになる。その航海守護神という性格から、海外に出ていく華僑 (とくに福建華僑) は必ず媽祖を伴い、移住先で守護神として媽祖廟 (天后廟、天妃廟などともいう) を建てて祀るのが常であった。中国沿海地域、台湾、香港、マカオなどは言うに及ばず、東南アジア各地、ヨーロッパ、アメリカ、アフリカ、オーストラリアなど、およそ華僑・華人の居住する地域にはすべて媽祖廟

がある。現在、世界には数千座の媽祖廟があるといわれている。タイ（バンコク）には6座、シンガポールには3座の媽祖廟があるが、多くは福建華僑により奉祀されたものである。媽祖は台湾でとくに信仰が厚く、台湾の媽祖廟は現在515座を数える。3月23日の媽祖の誕生日前後には、北港朝天宮など著名な媽祖廟は多くの進香団でごったがえす。近年、海峡両岸（福建、台湾）、さらには世界各地の華僑・華人の共通文化である媽祖信仰・媽祖文化への関心が高まりを見せている。1989年5月には、福建省莆田県湄州島で「媽祖研究会」が発足した。同会は、海峡両岸・世界各地の媽祖研究者の相互交流、および媽祖研究のいっそうの進展を図るために結成されたもので、90年には媽祖国際学術シンポジウムが開催された。　　　　　　　　（高橋晋一）

　📖李献璋『媽祖信仰の研究』泰山文物社、1979。／財団法人北港朝天宮董事会・台湾省文献委員会編・刊『媽祖信仰国際学術研討会論文集』台中、1997。／『世界華僑華人詞典』

マッカーシー、チャールズ・J. 1911-91
翟光華　Charles J. McCARTHY

マニラ華人社会で活動したイエズス会士。カリフォルニア州モデスト生まれ。1974年の編著で「エスニック・チャイニーズ」の定義を行ったことで知られる。フィリピンのコンテクストにおいて中国籍・フィリピン籍のいかんを問わず、「中国大陸からフィリピン諸島に移住した中国系移民およびその子孫で、自他ともに中国系と呼ぶに十分な中国の言語、文化を維持している人々」を「エスニック・チャイニーズ」とし、「外国籍チャイニーズ（alien Chinese）」という中国系に対する従来の見方と対比してみせた。当時の「フィリピン生まれ、フィリピン育ち」の新たなアイデンティティを模索する運動や、1973年憲法起草の際の出生地主義に基づく国籍取得要求に概念的基礎を与え、その後のフィリピンにおける華僑・華人研究、アイデンティティを模索する運動を方向づけた。　（宮原暁）

　📖Charles J. McCarthy (ed.). *Philippine Chinese Profile*. Manila: Pagkakaisa sa pagunlad, 1974.

松方幸次郎　まつかた・こうじろう　1866-1950

鹿児島県生まれの実業家、美術品収集家。歴代の神戸財界人中、滝川父子と並んで中国との関係が親密。政治家松方正義の三男。東京大学を中退して、渡米、のちパリ遊学。帰国後新聞社経営に参加。1896年川崎造船所の創業者川崎正蔵引退後、社長に就任。1927年の恐慌で倒産の危機に見舞われ翌年社長辞任。後年は連続して衆議院議員。美術品の収集でも有名。その一部は「松方コレクション」として国立西洋美術館に収められている。3度にわたり神戸商業会議所会頭（1908-10年、11-14年、15年）を務める。13年8月亡命してきた孫文の上陸の手引きをした。
（陳來幸）

　⇨滝川弁三，滝川儀作

マッカラン・ウォルター移民帰化法　マッカラン・ウォルターいみんきかほう
Immigration and Nationality Act of June 27, 1952 / McCarran-Walter Act

アメリカ合衆国移民帰化法。上院議員ポール・マッカラン（Paul MCCARRAN）と下院議員フランシス・ウォルター（Francis WALTER）が共同で提出した。1952年6月27日に承認され、アメリカ合衆国に現存する多数の移民帰化に関する法律・条例を一つの法令にまとめるという内容である。具体的には、(1)すべての人種に帰化の資格を与え、人種を移民の障碍とすることをなくす。(2)移民に関して性別に対する差別をなくす。(3)出身国別割当て方式（national origins quota formula）を改正することにより、1924年の移民法に規制された出身国定数システムを修正する。(4)毎年一つの地域からの移民定数を、1920年現在アメリカ合衆国大陸部に居住している該当地域を出身地（または祖先の出身地）とする人の人口の1％の6分の1とする。(5)すべての国に最少100人の定数を与えるが、ほとんどのアジアの国を含むアジア-太平洋三角地域の諸国に対しては定数の最大限を2000人にする、等々。　　（曾櫻）

　⇨排華法［アメリカ］

マッキー、J. A. C. 1924-
J. A. C. MACKIE

オーストラリア国立大学（ANU）太平洋研究大学院政治社会変化部門の名誉教授で、現代東南アジア華僑・華人問題の研究で著名。セイロンで生まれ、オーストラリアに移住。

太平洋戦争直後にメルボルン大学を卒業、オックスフォード大学大学院で政治・経済を修め、メルボルン大学、モナシュ大学でインドネシア／マレーシア研究、東南アジア研究の講座の教授を経てANUに移る。著述に編著 The Chinese in Indonesia: Five Essays (Melbourne: Nelson in association with Australian Institute of International Affairs, 1976) 収載の "Anti-Chinese Outbreaks in Indonesia: 1959-68" ほか、"Changing Economic Roles and Ethnic Identities of the Southeast Asian Chinese: A Comparison of Indonesia and Thailand" (in Jenifer Cushman & Wang Gungwu (eds.). Changing Identities of the Southeast Asian Chinese since World War II. Hong Kong UP, 1988)、"Introduction" (in A. Reid (ed.). Sojourners and Settlers: Histories of Southeast Asia and the Chinese. St. Leonards: Allen & Unwin, 1996)。　　　　　　　　（斯波義信）

マッチ商標問題　マッチしょうひょうもんだい

1880年代後半に神戸で生じたマッチ類似商標係争事件。当時、マッチは輸出商品の主役の一つだったが、中国市場に評判のよい欧米の商標を模倣することから始まり、無登録の商標が原因で係争事件が頻発した。89（明治22）年、秦銀兵衛が黄礼蘭の経営する広駿源号を商標模倣で訴えたのがその代表的な例。広駿源号がマッチ製造を始めたのは比較的早く、1879年に生田神社近くで製造を始めたとの記録もある。90年、神戸商業会議所会頭村野山人の仲裁で和解成立。　　（王柏林）

マニラ華僑義山　マニラかきょうぎざん
馬尼拉義山　Manila Chinese Cemetery

マニラ市の北にある華僑墓地。沾水地てんすいち、マニラ義山などの別称がある。スペイン統治時代、非カトリック教徒である華僑は、カトリック教会の墓地に埋葬を許されなかった。そこで、1870年、華僑組織の長であるカピタン林旺が、華僑墓地のために土地を寄付し、さらに、78年にカピタンのマリアノ・フェルナンド・ユー・チンコが現在の華僑義山の基礎を築き、その後、徐々に拡大して今日に至った。その管理は、フィリピン華僑善挙公所が行っている。面積は52万km²以上あり、中は自動車通行可能な道路が何本も走っている。富裕な華僑・華人の墓は、2階・3階建てで、墓参りのために冷房、冷蔵庫、TVなどの設備を有した別荘のようなものもある。豪華な墓地の見学を目的に観光ルートにすらなっている。しかし、義山の周囲はスラム街で、墓にお金をかけすぎるという華僑・華人への批判もある。実際は、中産階級の箱型の墓や、貧窮層の遺骨を安置するための壁穴式墓もある。また、宗親会や同郷会などの組織が公墓を建て、貧窮会員の葬儀を行い、その遺骨を公墓に収めている。マニラの華僑・華人社会の縮図を、そこに見ることができる。　　　　　　　　　　　　　　　　（小熊誠）

㊂墓厝、亡人節
㊏劉芝田編著『中菲関係史』台北：正中書局、1964.

マニラの華僑・華人　マニラのかきょう・かじん

マニラ（馬尼拉）に居住する華僑・華人はフィリピンの全華僑・華人人口の約半数の約60万人にすぎないが、対総人口比が他の東南アジア諸国ほどには高くないわりには存在感がある。マニラ市北部の高架鉄道（LRT）のカリエド駅西側のサンタ・クルス、サン・ニコラス、ビノンドの各地区には、他国同様にチャイナタウンが形成されている。さらにLRTで北上すると、アバド・サントス駅南から五番街駅西に至るまで、東側には総面積50ヘクタールを超える広大な中国人墓地（華僑義山）を見ることができる。

このようなチャイナタウンができた背景には、16世紀半ばからのスペイン植民地統治時代の中国人管理政策が大きく影響している。当時、中国人はさまざまな分野で大きな経済力を有していた。彼らは中国産生糸を中心とする輸入業者としてスペイン人の生活を支える一方、アカプルコ貿易の担い手として活躍していた。医師をはじめとする各種サービス業従事者も、中国人のみならず、スペイン人向けのサービスを提供した。しかし、こうして経済的に支配力を有する非カトリックの中国人人口が増加することは、政府に対し大きな脅威をもたらす。このため、スペイン政庁は1581年からパシグ川河口南岸沿いに指定中国人居住区パリアンを建設し、隔離政策

をとったのである。すなわち、商業活動と一定の自治を保証する一方で、重税を課して経済力の弱体化を図り、同時にスペイン政庁の財源を確保しようとした。政庁は、パリアン内に店舗などの建物を建設して賃料を徴収すると同時に、中国人に対する特別な重税在留許可税、三分税（3％の輸入関税）を中国人に課したのである。さらに、カトリックへの改宗者には減税やパリアン外居住を認めるなどのインセンティブを付与し、同化政策を試みた。しかし、中国人のカトリックへの改宗はなかなか進まず、度重なる反乱がパリアン内で発生し、それらに対する弾圧によって政庁による華僑虐殺事件が起こった。

こうして中国人の経済活動は、イントラムロス（城壁都市）のスペイン人から常に監視され続けてきたが、18世紀までに中国人の経済活動は最盛期を迎えた。しかし、スペイン人の人口が中国人の10分の1の2000人ほどに過ぎなかったため、18世紀半ばには中国人移民はカトリック教徒のみに制限され、パリアンはその存在意義を失い、解体された。

以上がマニラにおけるチャイナタウンの背景である。すなわち、このパリアンこそ中国系人のマニラへの集住状況とチャイナタウン形成を決定づけた歴史的条件である。現在では、中国系人は、マニラの北方を中心として、こうした歴史の中で培った中国系人の間の緊密なネットワークを活用し、フォーマル部門からインフォーマル部門まで、金融・商業を軸とするサービス業の幅広い分野で大きな力を握っている。とくに、マニラ北西部に集住するマレー系のフィリピン人の貧困層に与える影響は重要である。雑貨を中心とする都市インフォーマル部門製造業やゴミ捨て場における廃品回収業では、多くの貧困層が雇用されているが、それは、北西部に集中しており、これらの企業の経営者やこの種の産業の流通過程のほとんどが中国系人によって支配されているのである。　　　　　（中西徹）

⊟ フィリピンの華僑・華人，マニラ華僑義山，キリスト教改宗，マニラの華僑虐殺事件，ダスマリニャス殺害事件

マニラの華僑虐殺事件 マニラのかきょうぎゃくさつじけん

スペイン統治下のフィリピン諸島では6次の中国系住民虐殺事件がよく知られているが、うちマニラが舞台となったものは次の4件である。(1)1603年、張嶷なる者の「カビテに金の豆が自生する」との具申に基づき、明の神宗皇帝がフィリピン諸島に特使を派遣。マニラ総督はこれを侵略の意図と捉え、中国系住民の殺戮を企図したが、永江（あるいは黄江、洗礼名ホアン・バウティスタ・デ・ベラ）に率いられた住民は事前に察知して蜂起したが、2万4000人ないし2万5000人が殺戮された。(2)1662-62年、鄭成功がマニラ総督に招降の書を呈したことに関連して、パリアンの中国系住民が多数殺害された。(3)1686年、元受刑者の丁戈（哥）ら一党の暴動鎮圧にともない、一味を殺害したもの。中国系住民のなかに賛同者は少なく、住民すべてが殺害の対象となったわけではない。(4)1762年、イギリス軍のマニラ侵攻に同調した中国系住民が蜂起を企てたが、密告により事前に露呈。諸島全体で約6000人が殺害された。　（宮原暁）

⊟ シンガポール華僑虐殺事件，バタビア華僑虐殺事件

📖 G. F. Zaide (ed.). *Documentary Sources of Philippine History*. vols. 1–12, Manila: National Book Store, 1990.

マ、ヨーヨー 1955-
馬友友　Yoyo MA

中国系アメリカ人音楽家、チェロ奏者。本籍は浙江省寧波だが、パリで生まれた。4歳で父親にチェロを学び、6歳のときパリ大学でリサイタル。1962年に両親とアメリカへ移住し、ニューヨークでヤーノシュ・シュルツに師事し、2年後レナード・ローズに学んだ。高校卒業後コロンビア大学に入ったが、まもなく退学し、のちハーバード大学に転入した。75年ハーバード大学を卒業してから、プロの音楽演奏生活を始める。たびたびベルリン・フィルハーモニー、ウィーン・フィルハーモニーなどと共演し、世界的にチェロ演奏家としての名が知られる。78年にエーブリー・フィッシャー賞、88年にフォーリン・ボーン・アメリカンズ賞を受賞し、相次いで8回グラミー賞を受賞した。50枚以上のアルバムをつくりだし、92年にジャズボーカルのボビー・マクファーリンとデュエットしたアルバム"Hush"が大ヒットした。　　　　（曾櫻）

マヨール
瑪腰　Major

　植民地下インドネシアの中国人居留地最高位の官職。オランダは東インド会社時代にカピタンなど行政事務を担う中国人官吏を任命したが、その後居留民の増大にともないバタビア、スマラン、スラバヤで上位のマヨールを加えた。19世紀ジャワでは、アヘンなどの各種▼徴税請負いの華僑が特権的立場を利用して村落市場を支配した。概してマヨールには徴税請負人中の成功者が任命され、名実ともに当時の華僑エリート層を形成した。

(深尾康夫)

⇨ カピタン制

マラッカ
馬六甲　Malacca

　マレーシア、ムラカ州の州都。マレー語ではムラカ（Melaka）。古くは満刺加と書かれた。東南アジア群島部で最も重要な港市の一つであった。

(1)王国期（1400年頃から1511年）　マラッカに王国が成立したのは14世紀の末、あるいは15世紀の初めであったと思われる。王国を建てたのは▼マジャパイト王国の攻撃を避けて▼パレンバンから逃亡してきたパラメスワラである。彼は初めアユタヤ王国に服属していたが、やがて1405年から33年にかけての▼鄭和の西征の際にここが船隊の基地となると、それを利用して独立した。鄭和の西征が終わると、王国はアユタヤ王国の攻撃を受けたが、国王ムザッファル・シャーがこれを撃退して独立を守った。この時代にイスラムがマラッカに定着した。以後マラッカはアユタヤに代わって国際貿易港として繁栄するとともに、マレー半島、スマトラの各地を支配下に置いた。

(2)ポルトガル支配期（1511-1641年）　マラッカ王国はその繁栄の絶頂の時期に、1511年にポルトガル人によって占領された。マラッカ王国は▼ジョホールに移ってジョホール王国となり、マラッカで活動していたイスラム商人はアチェなどの各地に分散した。このためマラッカはポルトガル人のモルッカ諸島、中国、日本向けの航海の基地としての役割を残すだけになった。しかしマラッカはマレー人にとっては心のふるさととして憧れの地であった。マラッカにはこの時期にも中国人の集落があり、その頭目はカピタン・チナと呼ばれていた。

(3)オランダ支配期（1641-1795年）　オランダ東インド会社は1641年にマラッカを占領した。会社はここに商館を開設し、マレー半島で産出する錫などを入手しようとした。この時期、マラッカは地方的な貿易港にすぎなかった。オランダ東インド会社がマラッカを占領したときには、住民約2700人のうち、中国人は約300人であった。会社はマラッカの住民に食糧を供給するために、バタビアから中国人を移住させるなどした。これらの中国人のほとんどは男性で、その多くはバリ人女性と結婚した。それとともに、主として福建省からの移住者が来航した。1673年頃、カピタン鄭芳揚が観音菩薩を祀る▼青雲亭を建立した。以後ここが中国人の信仰の中心となり、さまざまな神々が合祀された。また中国人航海者孫士林がこの付近で遭難漂着し、マレー人女性と結婚してイスラム教徒となった。彼は大商人となり、1780年に私財を投じて清真寺を建立した。彼はそこに「大」という字を書いた旗を掲げたので、このモスクは「大字回教堂」と呼ばれるようになった。

(4)イギリス支配期（1795-1942年）　1786年にイギリス東インド会社の代理人フランシス・ライトが▼ペナンを占領し、やがてイギリス東インド会社の植民地となった。イギリスはナポレオン戦争の際、1795年にマラッカを占領したが、同地を保有する考えはなく、これを完全に破壊しようとした。しかしペナンのイギリス東インド会社の商館の書記であったラッフルズの建言もあって、同地を植民地として保有することにした。1819年に▼シンガポールに植民地が建設されると、やがてペナン、マラッカ、シンガポールは▼海峡植民地と総称されるようになった。マラッカに住む中国人はペナン、シンガポールにも移住し、東南アジア群島部で貿易活動を行った。しかしシンガポールに比較すると、ペナン、マラッカの商業的な役割は問題にならなかった。人口も減少し、時代に取り残された町となった。1825年にイギリス東インド会社は▼カピタン制度を廃止したので、以後中国人の頭目

は「青雲亭亭主」と称した。1913年に馬六甲培風中学が開設された。最初は小学部だけであったが、25年から初等部、中等部となった。

(5)日本軍占領期（1942-45年）　日本軍の占領によってマラッカには大きな変化が生じた。日本軍は飛行場を建設したが、▼泰緬鉄道建設の資材を調達するためにタンピン-マラッカ間の鉄道を撤去した。小規模ながら華僑・華人虐殺事件も起こった。全般的な食糧不足のため、市内の華僑・華人商人、手工業者は周辺の農村に出て、不法に土地を占拠した。これが戦後、華僑・華人とマレー人の対立・衝突の原因の一つとなった。またマラヤ全体としてマレー人、インド人は日本軍に協力的で、華僑・華人は敵対的であった。

(6)独立期（1945年以降）　戦争終結直後から華僑・華人とマレー人の人種対立が爆発した。華僑・華人社会はイギリスそしてマラヤ連合、連邦に忠誠を誓うグループと、マラヤ共産党としてこれに抵抗するグループに分裂した。マラッカは前者の有力な地盤となった。馬華公会（現▼マレーシア華人公会）創設者の一人▼タン・チェンロクはマラッカ出身である。

（生田滋）

『満喇加国訳語』 マラッカこくやくご

16世紀に中国で編纂されたマレー語の語彙集。明の時代（1368-1644年）には外国からの使節を接待するために礼部に四夷館という役所が設けられた。ここで通訳および文書の翻訳用に各国語の語彙集が編纂された。これをまとめて「華夷訳語」という。現存する「華夷訳語」はそれを編纂した機関、時期などによって4種に分けられている。『満喇加国訳語』はそのなかでも丙種本と呼ばれるグループに属し、1549年に楊林によって編纂された。全部で482語のマレー語が15の部門に分けてジャウィ（ペルシャ文字を指す）で記録され、中国語の対訳、それに漢字で発音が付されている。マレー語の語彙集としては早いもので、マレー語の研究のために重要な文献の一つである。

（生田滋）

マラヤ共産党 マラヤきょうさんとう
馬来亜共産党　**Malayan Communist Party**

マラヤ-マレーシアの非合法左翼政党。1930年4月、▼南洋共産党を再編して結成。30年代後半に▼抗日運動を主導、飛躍的に勢力を拡大した。39年書記長に就任したライテク（ベトナム人）は、47年までその地位にあって独裁権をふるった。彼はイギリスのスパイとして党に潜入、日本占領下では日本のスパイとなって多数の有力党幹部を売り渡し、党に大きな打撃を与えた。占領下で同党が組織した▼マラヤ人民抗日軍は民衆の支持を得て着実に力を伸ばし、終戦時にはマラヤ最大の政治・軍事勢力となった。しかし同党は、日本軍が降伏した時点で闘いを反英独立戦争に転換する道を選ばず、武器を放棄し抗日軍を解散。このときが権力を獲得できる唯一の機会だった、と回想する関係者は多い。戦後しばらく植民地当局から合法活動を認められたが、対立はしだいに強まり、48年6月反英武装闘争を開始、全土に非常事態が宣言された。49年2月同党指導下のゲリラ組織、マラヤ民族解放軍を設立。この間47年にライテクのスパイ行為が暴露され、弱冠23歳の▼チン・ペンが書記長に就任。55年マラヤ自治政府のラフマン主席大臣（後の首相）とチン書記長がケダ州バリンで和平会談開催、政府側がマラヤ共産党の合法化を拒否したことで決裂。ゲリラはしだいに弱体化、南タイへ避難し、闘争は下火となった。60年代後半東南アジア各国でふたたび武装闘争が活発化、同党にも69年の▼5月13日事件で議会の途に失望した青年多数が加わって、活発なゲリラ戦を展開した。しかし新規参加者多数のスパイ嫌疑による処刑、最大の後援者中国の政府間関係重視で、70年に党は3分裂、83年に2分派が統合してマレーシア共産党を結成した。同党は87年にタイ政府と協定を結んで武装闘争を停止、マラヤ共産党も80年代初頭からタイ政府を介してマレーシア政府との和平の途を探り、89年12月南タイの▼ハジャイで和平協定締結、同党の長い闘争の歴史に幕が降ろされた。元ゲリラ隊員の多くはいま、南タイの入植村に暮らし、一部はマレーシアに戻った。政治活動は認められていない。　（原不二夫）

圏 C. F. Yong. *The Origins of Malayan Communism*. Singapore: South Seas Society, 1997.／原不二夫『マラヤ華僑と中国』龍渓書舎, 2001.

マラヤ人民抗日軍 マラヤじんみんこうにちぐん
馬来亜人民抗日軍
Malayan People's Anti-Japanese Army

マラヤの抗日ゲリラ組織。1942年1月1日スランゴールで結成された第1独立隊を皮切りに、45年にケダ州で結成された第8独立隊まで、マラヤ全国に8独立隊（連隊）が組織され、終戦時その規模は6000人から1万人といわれた。▼マラヤ共産党の指導下にあり、占領下の厳しい華僑弾圧の影響で多くの華僑がゲリラに参加、隊員のほとんどが華僑だった。党内で独裁的権力をふるったライテク書記長が日本軍のスパイだったため、幹部の多くが密告・逮捕・殺害された。戦後45年12月、党の方針で解散した。
（原不二夫）

マラヤ労働党 マラヤろうどうとう
馬来亜労工党　Labour Party of Malaya

マラヤ－マレーシアの華人系左翼政党。1951年結成のペナン労働党が起源。52年全国組織の汎マラヤ労働党となる。英語教育を受けた華人の主導下に民主社会主義・反共親英路線を採ったが、54年マラヤ労働党と改名した頃から主導権は反植民地・社会主義路線の急進派の華文教育層に移る。57年マレー人主体の左派政党の人民党と▼社会主義戦線を結成、59年の総選挙で8人（うち労働党6人）当選。華人勤労階層の支持を集めたが、終始厳しい弾圧を受け、60年代後半に合法闘争から院外闘争路線に転換。中国▼文化大革命の影響もあった。幹部のほとんどが逮捕され、72年解党。
（原不二夫）

マラヤン・ユナイテッド・インダストリーズ
馬聯工業有限公司
Malayan United Industries Bhd.

マレーシアの企業。略称はMUIB。1960年▼ペナンの実業家チェア・ピーチョク（CHEAH Phee Cheok、謝丕雀、1907-80年）により Malayan United Industrial Co. Ltd. の名で設立、71年株式公開、現名称に。71年6月上場時の会長はチェア、副会長はモハマド・ノア（Mohamad Noah bin Omar、ラザク、フセイン両元首相の義父）。チェア死後、ノアが会長に昇格。当初は琺瑯器、歯ブラシなどを生産する小企業だったが、当初からの取締役クー・ケイペン（KHOO Kay Peng, Tan Sri Dr.、邱継炳、1938年生）が76年に最高責任者となって以後、金融、製糖、ホテルを手はじめに、積極経営によって急速に事業を拡大・多角化、国内で十指に入る企業集団を形成した。クーはノア死後の87年会長兼任、名実ともにMUIグループの最高指導者となった。しかしこの時期、経済運営面でも絶大な力を握っていた最大与党・統一マレー国民組織内に亀裂が生じ、クーが反マハティール首相と近かったことから、グループ運営に陰に陽に支障をきたしたといわれる。77年に傘下に入れた製糖会社（Central Sugars Bhd.、83年 Malayan United Mfg. Bhd. と改名）は95年に手放した。82年銀行業への参入を図ってクウォン・リー銀行（Kwong Lee Bank Bhd.、広利銀行。本店はサラワクの▼クチン）を買収、MUI銀行（馬聯銀行）と改名、94年同行を▼マレーシア・ホンリョン・グループに売却。しかし事業全体が縮小したわけでなく、国内では製造業、不動産、ホテル、大型店舗、通信、学校経営などを中心に陣容を整備する一方、国外への発展も図っている。国内の系列企業にはパン・マレーシア・セメント・ワークス（Pan Malaysia Cement Works Bhd.）、パン・マレーシアン・インダストリーズ（Pan Malaysian Industries Bhd.、持株会社・大形店舗）、各地のミンコート（明閣）・ホテル、馬聯産業（MUI Properties Bhd.、不動産）など。国外では▼シンガポール、▼香港、フィリピン、オーストラリア、中国、インドネシア、英国、米国などで事業を展開。クーは▼ロバート・クオク・ホクニエンのケリー社の大株主でもある。
（原不二夫）

📖 Kuala Lumpur Stock Exchange. *Annual Companies Handbook.*（各年）

マリア・ルス号事件 マリア・ルスごうじけん

ペルーへ中国人▼苦力クーリー231人を輸送途中のペルー帆船マリア・ルス号（The Maria Luz）350トンが帆柱修理のため1872年7月9日横浜に入港、停泊中に苛酷な扱いから逃亡をはかった一苦力が英軍艦に救助され、日本側に引き渡された。これを発端にして日本・ペルー間で苦力解放をめぐり発生した事件。日本政府は同船の出港を差し止め、神奈川県庁に臨時法廷を開いた。裁判を担当した

神奈川県権令大江卓は苦力全員を証人として喚問、事件を奴隷売買であるとし、マカオにおける労働契約書の無効を宣言、苦力を釈放した。一方、船長は「マカオでの移民契約の履行を求める訴訟を起こしたが、大江はこれを棄却した。船長は船を放棄して上海に退去し、苦力は清国官吏に引き渡された。翌年、日本の処置を不法とするペルーとの間でロシア皇帝アレクサンドル2世の仲裁裁判に付託することで合意が成立し、その結果、75年になって日本政府に賠償責任なしとされた。この事件はマカオ「苦力貿易の人道上の問題が法廷で裁かれ国際的反響をよんだこと、また日本国内では裁判に関連して娼妓解放令が布告されたことで歴史的意味が大きい。

(可児弘明)

⊟『僑人の檻』
⊛外務省編『日本外交文書』5./武田八洲満『マリア・ルス事件』有隣堂, 1981./R. L. Irick. *Ching Policy Toward the Coolie Trade 1847-1878.* Taiwan: Chinese Materials Center, 1982.

マリー・タンシン 1927-
詹美珠　Malee TANGSIN

タイのメナム・ホテル・グループの総帥。4歳のとき、父とともに広東省普寧から渡タイ。幼時より家計を助け仕事に出る。1947年に中国生まれの陳洪振と結婚。陳坤興両合五金公司を創業し水道関連器材を販売。50年代に観光業の将来性に着目しバンコク市内ヤワラートの一角に簡易ホテルを、63年に中規模ホテルを、86年にチャオプラヤー河畔に大型メナム・ホテルを開業。タイ各地に所有する広大な土地でホテル建設中。夫の死後、長男のピチャイ・タンシン(陳本銘)とともに経営。

(樋泉克夫)

マルクス、アリム 1951-
林文光　Alim MARKUS

「インドネシアの松下電器」ともいわれるマスピオン・グループの総帥。東ジャワ州スラバヤ市生まれの「トトク。父は福建省福清生まれの「客家で、若年でインドネシアへ渡航。1967年父は近親者とともにスラバヤで金物商を設立、マルクスは中華中学卒業と同時に父親の金物商に入る。71年両親、近親者、マルクスの4人で、PT Maspion(プラスチック製品)とPT Indal Aluminium Industries(アルミ圧延)を設立。78年アルミフォイル製造会社設立。80年代初頭、グループ社長に就任、PT Maspionを持株会社としてグループの多角化・国際化を推進した。プラスチック原料製造、PVC乳剤・樹脂製造、PVCパイプ製造、扇風機製造、蛍光灯製造、工業団地(4か所)運営、不動産、建設、銀行、証券、保険に相次いで進出。90年代には冷蔵庫・冷房機・洗濯機(韓国企業との合弁)、ステンレス管・板製造(日本企業との合弁)、テフロン加工フライパン製造(米社ライセンス)、農産加工品、包装材製造、板ガラス製造に進出、上海に石鹸・洗剤製造、歯磨き剤製造、インク製造の3社を、台湾、タイにも合弁企業各1社を設立。97年経済危機直前でグループ企業全45社、従業員2万2000人、商品5000品目を生産、日米をはじめとする40か国に年間1億ドル強を輸出するまでになった。2000年時点でのグループ関連企業も合わせて企業数合計120社、中国本土の合弁企業も10社。「家庭内にあるものは何でも生産する」という方針だが、TV受像器などの複雑で高度な技術を多く要する分野には当面は進出しないという慎重さも併せ持つ。ワンマン型経営で、小さなことでも可能なかぎり自ら意志決定しようとする。社名のMaspionはMas Pioneerの短縮語で先駆者の意。97年からの経済危機下でも輸出を維持し、輸出貢献企業として政府に賞賛された。ワヒド政権では国家産業振興会議委員や経済政策アドバイザリー・チームのメンバーに就任した。

(三平則夫)

⊛Tempo (eds.), 1986./週刊誌 *Usahawan.* 25, 7, 1996./週刊誌 *Warta Ekonomi.* 24, 4, 2000.

マルコス・クローニー
Marcos Croney

フィリピンのマルコス政権(1965-86年)下、大統領との個人的な結びつきをもとに膨大な利権を手中にした取り巻きグループ。このように権力者と権力者の取り巻きによって独占される経済をクローニー・キャピタリズムという。ココナツ産業を独占したエドワルド(ダンディン)・コファンコ(Eduardo "Danding" COJUANGCO)、砂糖産業のロベルト・ベネディクト(Roberto "Bobby" S.

BENEDICTO)、タバコ産業のヘルミニオ・ディシニ (Herminio DISINI)、繊維業界のデューイ・ディー (Dewey DEE)、フィリピン建設開発会社のロドルフォ・クエンカ (Rodolfo M. CUENCA)、タバコと酒造の˹ルシオ・タン（アモイ出身）ら約30人の新興企業家がおもなクローニーであるが、政権の破綻とともに、多くは経営難に陥り、デューイ・ディーにいたっては1981年、いわゆるデューイ・ディー事件によりフィリピン金融界に混乱をもたらした後、海外への逃亡を余儀なくされた。ルシオ・タンは政権崩壊後も生き残った数少ない一人である。 　　　　　　　　　　　　　　　（宮原暁）

📖 Jovito Salonga. *Presidential Plunder.* Quezon City: Univ. of the Philippines, 2000.

マルティニーク［島］ _{マルティニークとう}
Martinique

旧仏領西インド諸島の一島。1946年からギアナ、グアドループとともにフランスの海外県となる。1859年12月、広東に設立されたフランスの中国人労働者請負会社は、翌60年の清仏北京条約によって公認されると、おもにスペイン領キューバへの中国人労働者送出を行った。同会社は、1848年の奴隷解放以降大農園における労働力不足をきたしていた西インド諸島の植民地、グアドループ島、マルティニーク島へも中国人移民を送り出した。仏領に渡った中国人は、農園での契約期間を満了すると、しだいにマルティニーク島に集まるようになり、その首都サン・ピエールには一時2000人近い中国人が居住し、˹チャイナタウン˼も形成されていた。しかし、1902年にプレー山が噴火し、サン・ピエールの町が潰滅したため、チャイナタウンも姿を消した。1918年に同島に居住する中国人はわずか25人、混血の華人を含めても400人に満たなかった。　　　　　　　　　　　　（柳田利夫）

📖『世界華僑華人詞典』/ J. Hung Hui. *Chinos en América.* Madrid: Editorial Mapfre, 1992.

マルティパーパス・ホールディングス
馬化控股有限公司
Multi-Purpose Holdings Bhd.

マレーシアの企業。華人与党・˹マレーシア華人公会が、広く華人社会から資金を募って華人企業近代化を進めようと、1975年に˹リー・ロイセンら有力実業家の協力を得て設立。マレー人企業が政府資金の後ろ盾で急速に発展していたことが背景にあった。株式発行は77年。この頃最高指揮者となった˹タン・クンスワンは、積極的な企業買収と新規企業設立によってアブラヤシ・ゴム園、不動産、貿易、海運、金融、製造業などに急速に事業を拡大した。しかし80年代半ばの不況とタン自身の背任容疑による逮捕とで行き詰まり、87年˹ロバート・クオク・ホクニエン、リー・ロイセンが請われて事業の整理にあたった。89年にリム・アータム（林木栄）、リム・ティアンキアト（林天傑）父子のカムンティン社 (Kamunting Corp. Bhd.) の傘下に入り、ゴム園 (Dunlop Estate) の売却などいっそうの再編が進められた。現在、上場子会社にMagnum Corp. Bhd.（万能企業・宝くじ）、Bandar Raya Developments Bhd.（大城市発展）ほか2社。系列会社のマルティパーパス銀行（旧マレーシア・フレンチ銀行）は、政府の銀行整理統合案で存続が決まっている。　　　　　　　　　　　　　　（原不二夫）

丸山町 _{まるやまちょう}

長崎市内の近世より現在の町名。江戸時代は長崎外町の一町。長崎港に注ぐ中島川下流左岸に位置。初め太夫町と称し、寛永年間 (1624-44年) には市中の寄合町（現、古町）とともに遊女屋が集められ、傾城町の異称もある。丸山町最盛期の延宝年間 (1673-81年) の『長崎土産』には紀国屋、俵屋、美濃屋、油屋などの遊女屋30軒、遊女335人、うち太夫69人という。幕末安政期 (1854-60年) では津国屋、大坂屋、東屋など遊女屋6軒、遊女166人という。丸山遊女と唐紅毛人との関係が古来よく話に仕立てられた。　（川勝守）

マレーシア華社資料研究センター _{マレーシアかしゃしりょうセンター}
馬来西亜華社資料中心　Malaysia Chinese Resource and Research Center

マレーシア華人社会で独自に運営される研究機構。略称「華研」。1985年1月スランゴール中華大会堂内に設立された。運営予算はすべて華人社団の支援による。おもな活動は、内外の出版物、新聞、雑誌中の華人問題に関わる記事の収集と整理、および華人問題研究資料の提供である。啓蒙活動や出版、学会活動を行う。学術誌『馬来西亜華人研究学

刊』を発行。機関誌は『華研之声』。理事長陳忠登以下23人の理事によって運営。99年度の会員総数は497人、団体会員は69。

(荒井茂夫)

マレーシア華人公会　マレーシアかじんこうかい
馬来西亜華人公会
Malaysian Chinese Association

マレーシアの華人政党。略称は、馬来公会、MCA。1949年にマラヤ華人公会として発足、マレーシア結成（63年）にともなって現党名に。中国籍を維持する華僑に対して、現地国籍をもち意識・生活ともに現地に根づいた人々を指す語として「華人」が組織名に用いられた最初。第2次大戦前からの華人社会指導者だったマラッカの▼ババ華人▼タン・チェンロクが華人の権利擁護を目的に1947年末に設立を提唱、イギリス植民地当局、中華民国領事館、▼同郷団体などさまざまな華人団体の支持を背景に結成された。結党当初の最重要課題は、▼マラヤ共産党の武装闘争の支持基盤になっているとして植民地政府当局が強制移住させた（新居住地は▼新村と呼ばれた）華人農民数十万人の救済だった。一方、独立に向けてマレー人勢力との提携を模索、52年のクアラルンプール市議会議員選挙でマレー人政党の統一マレー国民組織（United Malays National Organization、UMNO、1946年結成）と組んで12議席中9議席（MCAが6、UMNOが3）獲得。55年両党にインド人政党のマラヤ・インド人会議（1946年結成。のちマレーシア・インド人会議に）を加えて連立政党として連盟党（Alliance Party）を結成し、これが今日まで続く政治体制の根幹を形成した。民族ごとに政党を結成、それらの政党が連立政党に参加して協調を図るというもので、70年代初頭にはさらに多くの政党が加わって▼マレーシア国民戦線（NF）となった。連盟党時代はMCAが同党を資金面で支え、それなりの発言権を確保したが、NF時代に入り▼新経済政策が実施されるとUMNOの政治力・経済力が他党を圧倒、MCAは華人社会の要望反映に苦慮する局面が増えた。総選挙では華人社会が、MCAはUMNOに譲歩しすぎると見るときは野党の▼民主行動党に、UMNOとの協調で華人の権利が守られると見るときは与党のMCAや▼マレーシア民政運動党に投票することが多い。「資産家の党」との批判がつねに付きまとう。現委員長は▼リン・リョンシク。

(原不二夫)

⊟ タン・クンスワン，リー・サンチュン
圏 唐松章『マレーシア・シンガポール華人史概説』鳳書房，1999.

『馬来西亜華人史新編』　マレーシアかじんししんぺん
A New History of Malaysian Chinese

マレーシアの華人史研究書。全3冊。1998年に▼マレーシア中華大会堂総会が出版。「新編」とあるのは84年の林水檺・駱静山編『馬来西亜華人史』（馬来西亜留台校友会聯合会総会）を受けてのもの。編者には何国忠、何啓良、頼観福も加わり、執筆陣にはマレーシア、▼シンガポールの著名な華人史研究者多数が参加。第1冊は▼マラッカ王国以来の華人社会発展史で、第2次大戦以前、日本統治期、独立まで、独立以後、の時代区分がなされている。第2冊では独立（1957年）前後に分けて、華人政治、華文教育、華人経済、▼新村（1950年代、共産勢力とみなされた華人村民数十万人が強制移住させられ、未開地に造営）を論じているほか、サバ、サラワクの華人政治にもそれぞれ1章があてられている。第3冊では同じく独立前後に分けて、文化思想、新聞、文学、組織、宗教を分析。

(原不二夫)

マレーシア華文作家協会　マレーシアかぶんさっかきょうかい
馬来西亜華文作家協会

1978年、マレーシアの華人作家が組織した文芸団体。華文作家協会は▼馬華文学すなわちマレーシアの華文文学を、移民文学ではなく、国家文学の構成部分として位置づけ、華文文学の発展と地位向上を図ることを目的にしている。事業として、会誌『馬華作家』の定期発行や作家協会叢書の出版、文芸座談会、講演会、学術討論会の開催、中国、台湾、香港および世界の華人作家たちとの文芸交流を行っている。歴代の会長には原上草、▼方北方、孟沙、呉岸、駝鈴、雲里風が選出されている。90年代末の会員数は270名。

(小木裕文)

マレーシア国民戦線
国民戦線　ナショナル・フロント
National Front

マレーシアの連立与党。マレー語でバリサン・ナショナル（Barisan Nasional）。現在14政党からなる。マラヤでは独立運動の過程でマレー人、華人、インド人をそれぞれ代表する政党、統一マレー国民組織（UMNO）、マラヤ華人公会（▼マレーシア華人公会、MCA）、マラヤ・インド人会議（MIC）が連立政党・連盟党（Alliance Party）を結成、同党が独立以来政権を担当してきた。1963年サラワク、サバを加えてマレーシアが結成されると、両州の主要政党も連盟党に参加した。しかし同党は69年の総選挙で大幅に議席を減らし、「▼5月13日事件」の混乱を招いた。70年9月就任のラザク首相の下で政権基盤拡大が図られ、マレー人宗教政党の全マレーシア・イスラム党（PAS）、華人系政党の▼マレーシア民政運動党（GRM）、サラワク人民連合党（SUPP）などが順次与党入りして72年に「国民戦線」が結成された（正式登録は74年7月。PASは77年離脱）。国民戦線は以後、74、78、82、86、90、95年に行われた総選挙でつねに3分の2以上の安定多数を確保、99年の総選挙では3分の2は得たもののUMNOが90から71へと大幅に議席を減らし、そのぶん連立野党・代替戦線（Alternative Front）の中でPASが7から27へと急伸した。▼新経済政策実施以来強められたUMNO支配、とりわけ81年以来その座にあるマハティール首相の独裁的手法が、マレー人社会の反発を招いたためといわれる。この選挙では華人票が国民戦線を支えたとされる。

（原不二夫）

　㋥新経済政策［マレーシア］, ブミプトラ政策

マレーシア中華大会堂総会
馬来西亜中華大会堂総会　**Federation of Chinese Associations Malaysia**

マレーシア華人社会団体の最高機関。略称「華総」。1991年全国13州の華人大会堂を結集して結成されたマレーシア中華大会堂連合会（Federation of Chinese Assembly Halls in Malaysia）が97年に改称して現名称に。傘下に4000余の華人民間団体を擁する。スランゴール中華大会堂が82年に各州組織に呼びかけて、9年がかりで実現。呼びかけの時点では、州単位の大会堂は、スランゴール中華大会堂（1923年設立）、ペナン華人大会堂（1881年平章会館として設立、1974年華人大会堂に）、ペラ中華大会堂（1938年設立）の3組織しかなく、他は市や地区単位の華人公会や中華公会が散見されるだけだったが、全国組織結成の呼びかけに応えて全州に大会堂が設立された。目的として、国内各民族の友好・団結、会員に関係ある問題の討議、政策について政府に意見提出、憲法に沿いつつ文教・福利・社会工作に参加、などを掲げる。

（原不二夫）

マレーシアの華僑・華人

マレーシアに住む中国血統の住民。日本では通常、中国国籍保持者を「華僑」、現地国国籍保持者を「華人」と呼ぶが、マレーシアや▼シンガポールでは「華人」が中国血統住民全般を指す場合が多く、したがって狭義の「華人」（現地国国籍保持者）と華僑とを総称して「華人」と表記するのがふつうで、「華僑・華人」と併記することはほとんどない。マラヤで「華人」が現地化の進んだ中国血統住民の意味で用いられたのは、1900年に結成された▼海峡英籍華人公会（Straits Chinese British Association）が最初である。ただし、これはマラヤ指向というよりイギリス指向の上層華僑のみの組織で、「華人」の用語も一般化しなかった。「華人」の語をマラヤ社会に定着させるうえで大きな役割を果たしたのは、1949年に結成されたマラヤ華人公会（▼マレーシア華人公会の前身）だった。「華人」の用語は、マラヤから東南アジアの他の国々へ、さらには日本、中国へと広まったのである。

マラヤではマラッカ王国（1398-1511年）の時代からすでに300〜400人の華僑社会が形成されていた。ポルトガル支配下（1511-1641年）、オランダ支配下（1641-1786年）で華僑はおもに中間商人としてしだいに増加したが、イギリス支配下（1786-1941年）で19世紀半ば以降錫生産が、20世紀初頭以降天然ゴム生産が盛んになると、おもにその労働者として、年に数万人、最大時の1927年には44万

人弱がマラヤ（シンガポールを含む）入りした。しかし30年代初頭の世界大恐慌でゴム産業は大打撃を受け、移民制限が施行されて入国は急減した。太平洋戦争による中断後、48年に結成された「マラヤ連邦」が華僑のマラヤ公民権取得に厳しい条件を課したこと、49年には中国に共産党政権が樹立されたことで、華僑の流れは止まり、マラヤ独自の華僑社会が形成されることになった。91年の国勢調査によれば、マレーシアの華人人口は494万5000人、全人口の28.1%。70年には372万人、35.6%だったから、相対的には大幅に減っている。マレー系住民の増加が大きいためで、比重の低下が発言力の低下に繋がるとして危機感を募らせる華人も多い。

戦前は、華僑がマレー半島西海岸の大都市に、マレー人が農村に住んでいて、接点があまりなかったためもあり、華僑とマレー人との関係が緊迫したことはほとんどなかった。しかし日本占領期に日本軍が抗日華僑の鎮圧にマレー人を利用したことが両者の敵対感情をあおり、戦争末期から戦後1年余り、マラヤ各地で流血の民族衝突が続いた。今日なお残る民族対立（コミュナリズム）の種はこの時期にまかれたとする説が根強い。57年に独立したマラヤ連邦政府も、63年にサバ、サラワク、シンガポールを加えて発足したマレーシア政府（シンガポールは65年分離独立）も、マレー人政党・統一マレー国民組織（UMNO）主導下に結成された民族政党の連合体（70年代初頭までは連盟党、次いで国民戦線）の手で、マレー系優先の政策を遂行してきた。華人とマレー人との間の経済格差を是正するためだったが、民族に焦点を当てつづけたことがかえって民族間の溝を広げ融和を妨げる作用を果たしたことも否定できない。公共事業入札や就職の際のマレー系優先は、▼新経済政策期より多少緩められたとはいえ今日も続いている。公的華文教育は小学校段階でしか認められておらず、しかも最終的には国語（マレー語）教育に一本化することが目標とされている。政策決定過程におけるUMNOの主導権は近年ますます強まり、▼マレーシア華人公会など華人政党は影が薄まる一方である。こうしたことで、華人社会にはいまなお「二等国民」意識が残る。しかし80年代後半以降マレー系優先策に一定の歯止めがかけられたことは事実で、それが総選挙における華人与党の「連勝」、華人野党の「連敗」に繋がった。

他の東南アジア諸国と比べた場合、マレーシア華人は多くの分野において華人としての特性を認められている。華人名、華人政党、準国立華文小学校（National Type Primary School）、私立華文短大（90年半ばに2校認可）、華語によるTV・ラジオ番組、などである。3割近い人口比が可能にした面が強いが、華人自身の不断の権利擁護運動の結果でもある。

なお、マレーシアの華語文献は通常マレー人、華人、インド人などを「民族」でなく「種族」と表記するが、本事典ではマレーシア関連の項目でも「民族」とした。

(原不二夫)

▷ マレーシア国民戦線，ブミプトラ政策
▣ 堀井健三・萩原宜之編『現代マレーシアの社会・経済変容』アジア経済研究所，1988. ／原不二夫『マラヤ華僑と中国』龍溪書舎，2001.

マレーシア・ホンリョン・グループ
馬来西亜豊隆集団
Malaysia Hong Leong Group

マレーシア華人企業のなかで一、二の規模を誇る企業グループ。そもそもは▼シンガポール・ホンリョン・グループのマレーシア支社だったが、1965年の▼シンガポールとマレーシアの分離後、「独立」してホンリョン（マレーシア）社となり独自の発展を遂げた。グループ発展の基礎は、1964年に設立された鋼製品とオートバイ部品製造のホンリョン・インダストリーズ社にあり、とくにヤマハ・オートバイのフランチャイズを得て、同製品の独占組立て・販売を行ったことが成長のてことなった。ここで蓄積した資本をもとに、80年代に大胆な買収を進め、巨大企業グループを築きあげた。第1弾が82年のセメント、パイプ管など建設資材会社のヒューム社買収で、その後、半導体チップ製造会社、エアコンと冷蔵庫製造のOYLインダストリーズ社（90年）などを買収する。さらには製造業関連会社だけでなく、不動産（ベドフォード社）、宝くじ（マイコム社）、新聞（▼『南洋商報』）各企業の買収も行った。この間、94年

に買収した銀行をホンリョン銀行と改名し、グループ銀行をもつにいたる。他方では、1980年代になると積極的な海外投資を展開し、83年に買収した香港の銀行を90年にグオコ社と改名し、同社を軸に香港、中国、東南アジア地域で多角的な投資を進めている。海外投資は、ホンリョン単独ではなく投資先国の有力資本と提携して行うことを特徴とする。

マレーシア・ホンリョン・グループの所有と経営を、クエック4兄弟の三男クエック・ホンライ（郭芳来）が受け持ち、1965年の分離独立後、実質的経営権を握ったのが長男の▼クエック・レンチャンであった。レンチャンは1969年ホンリョン（マレーシア）社社長となり、独力で今日のグループを築きあげたが、マレー人有力政治家とのコネクションが活用されたといわれる。 （岩崎育夫）

📖 岩崎育夫，1997.

マレーシア民政運動党 マレーシアみんせいうんどうとう
馬来西亜民政運動党
Parti Gerakan Rakyat Malaysia

マレーシアの華人系政党。英語名 People's Movement Party。1968年3月労働党を離党した穏健左派と中道政党の民主連合党（United Democratic Party）とが統合、結成。当初、有名な華人問題の権威▼王賡武も幹部だった。69年の下院・州議会選挙で躍進、ペナン州の政権を握り、以後現在まで同州の州首相は同党党員である。72年に与党連合▼マレーシア国民戦線に参加。党員の7割ほどが華人だが、▼マレーシア華人公会に比べて他民族との協調を求める姿勢が強い。

（原不二夫）

万金油 まんきんゆ
タイガーバーム　Tiger Balm

ビルマ（ミャンマー）生まれの福建華僑▼胡文虎が考案した虎印の塗り薬、頭痛など「なんにでも効く」といわれた漢方の膏薬。「タイガーバーム（Tiger Balm）」の名でも知られる。1908年胡が26歳のとき父が病死、弟胡文豹と家業「永安堂」漢方薬店を継承。西欧の薬業界を考察、漢方の調薬技術を研鑽。20年シンガポールで「虎印万金油」など5種類の漢方調薬を一斉に販売、東南アジア、中国と欧米諸国で爆発的な人気になり、

胡は「万金油大王」と呼ばれた。 （過放）

万聚桟 まんしゅうさん

近代長崎に店舗を開いていた華僑貿易商号。1919（大正8）年に編纂された長崎商工会議所編『長崎商工会議所二十五年史』によれば、同年に新地町、広馬場町、梅ヶ崎町に店舗を開いている在留長崎華僑貿易商22軒の一つ。店舗の所有者は朱秀山で、福建幫か三江会所所属の三江幫かと思われるが、区別の史料はない。華中・華北方面に海産物・雑貨の輸出を行い、中国物産を輸入していた。本店および主要な取引先はいずれも上海である。

（川勝守）

満身紙 まんしんし

契約移民が労働期間などの契約条件を満たしたことを証明する一種の証明書。多年の労働の後に雇用主などが発行することになっていた。▼苦力（クーリー）貿易のなかでも、キューバ、ペルーなどへの移民は中国本土において労働契約を結んで移民する契約移民だったが、しばしば書類の不備や甘言・脅迫によって契約が反故にされ、中国人労働者たちは事実上奴隷労働を強いられた。満身紙が発行されなかったり、発行を条件に契約の延長が押しつけられたりした。

（松本武彦）

⇨ 官工所

マンダレー
曼徳勒　Mandalay

ミャンマー（ビルマ）中部の中心都市で、首都ヤンゴンに次ぐ同国第2の都市。人口53万（1983年）。イラワディ川中流の東岸に位置する。マンダレーヒル（標高300m）のふもとに、城壁と堀に囲まれた正方形の王城がある。華人はこの王城を「瓦城」と呼び、また「瓦城」はマンダレーの中国語呼称となっている。マンダレーは、1857年、ミンドン王によって新都として建設され、翌58年に完成した。1885年にイギリスが占領するまで、コンバウン（アラウンパヤー）朝ビルマ王国（1752-1885年）の最後の王都であり、その後首都は▼ヤンゴンに移された。マンダレーは、古くから中国の雲南とビルマとの交易拠点であった。このため、マンダレーの華人社会は雲南人を中心に構成され、雲南会館の規模は大きく、会員数も多い。鉄道のマンダレー駅

マンテツナンヨウカ

付近の一角はかつて「漢人街」と呼ばれ、華人が多く居住したが、その名残として、いまでも華人の▼会館や▼廟が見られる。

(山下清海)

参 山下清海, 1987.

『満鉄南洋華僑叢書』まんてつなんようかきょうそうしょ

第2次大戦中に日本の満鉄（南満洲鉄道）東亜経済調査局が刊行した全6巻（うち翻訳1を含む）の華僑調査・研究報告書。同局は1938年3月調査部を設立、日本政府唯一の国策調査機関として、政府各省庁の委託を受け、全アジア・▼南洋の基礎調査を行った。日中戦争勃発まで日本政府は華僑問題にほとんど無関心だったが、36年ベトナムに調査員を派遣、東南アジア華僑経済力の調査を行い、それを陸軍参謀本部へ提供したのが華僑調査の始まり。40年7月局を拡充し東京支社に移管、業務の重点を東南アジアに置き、タイと仏領インドシナに駐在員事務所を設置、翌年10月11人を派遣、英領マレー、蘭領東インド、フィリピンの統治方策全般を調査、華僑調査もそれとともに拡充した。叢書は第1巻『タイ国に於ける華僑』（宮原義登）、第2巻『仏領印度支那に於ける華僑』（杉原茂顕・山川寿）、第3巻『比律賓に於ける華僑』（井出季和太）、第6巻『南洋華僑と福建広東社会』（陳達著・雪竹栄訳、以上4巻は1939年）、第4巻『蘭領印度に於ける華僑』（岩隈博ら、1940年）、第5巻『英領馬来・緬甸及び濠洲に於ける華僑』（井出季和太・須山卓・岡本嘉平次、1941年）の調査報告5巻と翻訳1巻。

各巻の序で叢書の目的は、「我等の協力者たるべき南洋華僑について」、その実状を国別、政治・経済・社会・文化の各部門について究明、参考に資するにあるという。戦前の日本国の南洋華僑の組織的調査研究としては、一つの到達点であった。しかし取り上げられた各部門に濃淡・精粗があった。華僑団体の組織や人脈ではかなりの情報収集を行ったものの、とくに経済部門における華僑事業内部の実態（形態、組織、資金関係、資産状態など）については具体的で正確な資料の収集は困難だった。また、各地の華僑とその出身地（▼僑郷）との関連についても、日中戦争で直接現地調査ができず、この分野の成果を翻訳・紹介するにとどまった。しかし調査・執筆を担当したスタッフのなかから、優れた華僑研究者が輩出。しかも▼井出季和太や▼須山卓らは、叢書で果たせなかった各分野について、その後おりにふれ補正ないし敷衍し、戦後の華僑研究の発展への基礎となった功績は小さくない。

(市川信愛)

参 蘇崇『満鉄史』葦書房, 1999.

万福寺 まんぷくじ

京都府宇治市に所在する▼黄檗宗大本山。江戸初期の1661（寛文元）年、福建省から来日した▼隠元禅師のために将軍家綱によって建立された。明代の伽藍がらん様式を伝える。貴重な歴史文物を収蔵・研究する文華殿が付置されている。隠元禅師は福建省福清にある黄檗山万福寺の住職でもあったが、長崎在住の華僑に招かれて▼唐寺を教化してまわった後、京都に住んだ。1930年から京都在住の福清出身の華僑による▼普度勝会ふどしょえ（盆行事）が毎年10月に行われている。これは祖先祭祀と施餓鬼せがき供養を内容とする儀礼である。福建出身華僑の普度勝会は、それ以前は長崎の崇福寺と大阪の南京寺だけで行われていたが、反物行商に従事する福州・福清人が京都周辺に多くなると、同郷の隠元禅師開山の万福寺でも行われるようになったのである。現在この行事を主催するのは京都福建同郷会の人々である。日本全国の福建同郷会の会員である華僑や帰化した元華僑が集い、3日間かけて実施される。本殿にあたる大雄宝殿とその前の広場が主たる祭場であり、施餓鬼壇は本殿内に設置される。仏僧による読経がここで行われる。本殿の前面には華僑の人々の直系先祖を追善供養するための臨時祭壇（冥宅）が置かれて、位牌や供物が並べられる。冥宅は独特のものであり、竹ひごで骨組みを作り紙を張ったもので、死者の冥界での住宅とされる。儀礼様式は基本的に中国伝来のものであり、読経も明音による。精進落としや散会前の宴会には福建の郷土料理が出される。近年では「華僑青年交流会」を開催して若年層の参加を促す企画や一般市民の参加を求める企画が実施される一方、第2次大戦時に北海道へ強制連行され死亡した中国人の慰霊をする儀式も行われ、華僑が主催する行事であるこ

との意志表示が明確である。　　　（吉原和男）

📖 吉原和男・曽士才・谷口裕久「在日福建華僑による盆行事」宗教社会学の会編『宗教ネットワーク』行路社，1995.

万律 まんりつ

　もとポルトガル語 mandor（mandur）に由来する職長、作業監督の呼称。オランダ東インド会社領のスマトラ島、ジャワ本島において、タバコ、ゴム農園で労働者を監督していた者を華僑側で万律といった。▼バンカ島の錫鉱山における万律は、これとはちがって器材生産部門の技術者、ないし保健診療所の医員を指した。
（斯波義信）

三上豊夷 みかみ・とよつね 1863-1942

　神戸の海運業者。▼孫文の革命運動を支援。越前丸岡の出身。1878年神戸に出る。苦労のすえ三上廻漕店を開く。1907年、幸運丸をチャーターして革命派のために武器を輸送、広東での武装蜂起を支援。▼宮崎滔天や▼黄興らにも資金援助。▼辛亥革命に際しては南京臨時政府の中央銀行設立に動く。13年8月、亡命してきた孫文の神戸上陸に奔走した。19年、内国通運（現日本通運）社長に就任。
（安井三吉）

📖 一隅社編集部『通運読本 通運史料 三上豊夷』通運業務研究会，1985.／陳徳仁・安井三吉『孫文と神戸』神戸新聞出版センター，1985.

ミクロネシアの華僑・華人 ミクロネシアのかきょう・かじん

　植民地開発に中国人移民が利用されなかったミクロネシアでは、華僑・華人の影響は限られている。例外はドイツ、イギリスによる燐鉱石採掘である。1906年から14年の間、ドイツはアンガウル島（パラオ）とナウル島で中国人労働者を利用した。イギリスは1900年からバナバ島（オーシャン島）で燐鉱石を採掘していた。ドイツは主として山東半島で、イギリスは香港で労働移民を集めた。第1次大戦のドイツ敗戦後、ナウルはイギリス、オーストラリア、ニュージランドの委任統治領となり、イギリス系の太平洋燐鉱会社（Pacific Phosphate Company）がナウルとバナバ島の採掘を引き継いだ。太平洋燐鉱会社はギルバート諸島、エリス諸島などの近隣諸島出身者とともに中国人労働者を利用した。1952年以降、当初禁じられていた家族の呼び寄せが可能となったが、労働が3年間の契約労働に基づいていたため、恒久的な華僑・華人居住区は発達しなかった。
（柄木田康之）

神輿行列 (みこしぎょうれつ)

台湾や東南アジアの華人社会で信仰されている神々(玉皇上帝、玄天上帝、'斉天大聖、関帝など)の聖誕日や'廟の増改築を記念して、神々を神輿に載せ一定の街区・地区を練り歩く大規模な行列(パレード)。神輿の巡行ルートには当該神と縁の深い神々の廟があり、神輿の神は何か所かの廟に立ち寄り挨拶する。この巡行の範囲を台湾では友誼境と呼ぶ。神輿行列に参加するのはその廟と友廟の役職者、信者、協力者などで、数百人にのぼることが少なくない。行列の巡行において主役を務めるのは当該廟や友廟から集まった'童乩(タンキー)たちである。彼らは神の憑依(ふじょう)を得てトランス状態になり、剣や刺球、斧でみずからの身体を傷つけ、血だらけになって神威を示す。神輿を担ぐ者もトランス状態になり、そのため神輿が激しく動き観衆の中に突っ込み、怪我人が出ることもある。各廟の関係者は自廟の行列の豪華さや規模を他廟のそれと比較し、互いに競い合う。'神教の特色が発揮される行事である。

(佐々木宏幹)

ミス・チャイナタウン
華府小姐 Miss Chinatown

フィリピンおよびアメリカ各地の'チャイナタウンで開催される華人系美人コンテストの優勝者。フィリピンでは、1974年から華商聯合総会の主催で毎年ミス・チャイナタウンを選出していたが、経費を理由に79年を最後に打ち切られた。一方、米国では、1925年に初めてサンフランシスコで行われ、48年以降同市「同源会」の下で年次大会となり、58年からは同市中華総商会主催で全米各地のミス・チャイナタウンを集め全米大会が開催されるようになった。春節に、全米ミス・チャイナタウン、ミス中華総商会、ミス・タレントなどを選ぶ全米大会は、同市チャイナタウンの観光振興に一役買っている。また、ロサンゼルス、シカゴ、ハワイなど各地の大会は華人社会の一大行事となっている。なお、今日のミス・チャイナタウンは友好親善大使として華人社会のイメージ向上を担うだけでなく、華人の歴史的・文化的遺産を継承し、中国系アメリカ人の模範となることが期待されている。

(櫛田久代)

水戸学 (みとがく)

江戸期、水戸藩で生起した尊王論を中核とする思想。通常、前期と後期に分けられる。(1)前期 明から亡命した儒者'朱舜水を重用した2代藩主徳川光圀(みつくに)が17世紀後半開始した『大日本史』編纂事業の間にその学問的基礎が確立した。(2)後期 18世紀末から幕末期にかけて、深刻化した内憂外患の国家的危機に対応し尊王攘夷論を理論的に体系化、尊王攘夷運動の指導理念となり全国の志士の信望を集めた。9代藩主徳川斉昭の就任後は内政改革を目指した実践的政治論として展開、藩外にも大きな影響を与えた。代表的著作に会沢正志斎『新論』、藤田東湖『回天詩史』などがある。幕末の水戸藩内の混乱によってその思想的影響力は失われたように見えるが、水戸学の根幹をなす「国体」の理念は明治の指導者たちに継承され、近代天皇制の思想的根拠として近現代までその生命を保ちつづけた。

(星山京子)

星山京子「国学と後期水戸学の比較」『季刊日本思想史』47、ぺりかん社、1996.

ミトキナ
密支那 Myitkyina

ミャンマー(ビルマ)北部の華僑集住地。ミッチナともいう。エーヤーワディー川(中国名は大金沙江)上流の西岸に臨み、ビルマ中部のマンダレーや首都ヤンゴン(ラングーン)へも鉄道が通じ、中国雲南省の騰衝から陸路約150kmと近いので、国境を越えて多数の華僑が来住している。古来、中国・ビルマ間の交通貿易の要衝として繁栄した。1586(万暦14)年に明軍がビルマのタウングー朝の軍と戦った際に争奪の地として『明実録』万暦16年3月癸卯条に見える「密堵」はミトキナであるに相違ない。ミトキナは後に「密支那」と漢字音訳されるが、すでに16世紀以来の要衝であったことが知られよう。

(和田博徳)

⇨ ミンゴン

南アジアの華僑・華人 (みなみアジアのかきょう・かじん)

南アジアに共通するのは、陸続きに中国の'少数民族が移住して、華僑・華人(漢族のみの狭義に対して広義)の重要な一部を構成していることである。インド、パキスタン、ス

リランカ3国を見よう。インドには、チベット（蔵）族約9万人、漢族約3万人、ウイグル族、カザフ族合わせて1万人余り、計13万5000人の華僑・華人がおり、民族により状況が異なる。最も多いチベット族は農業、軽工業を主とし、農業は紅茶、大豆、コーリャンを栽培、軽工業は中小企業による紡織、服飾、日用品などの生産である。地域的には農業はアッサムの山地で、軽工業はダージリンその他の都市で行われている。ウイグル、カザフ両族も農業、牧畜業、日用品販売を主とし、カシミールやヒムラなど北部山地に分布している。農業はインド人農家に雇用され、賃金は低い。漢族については、1962年の中印国境紛争以前は両国間の関係は良好だったが、紛争発生後、交戦国国民の子孫の市民権は取り消された。2000人を超す中国系人が拘留され、ラージャスターン州のキャンプに収容された。2500人を超す中国系人がインドを追われ、引き取りに中国は船を派遣した（▼インド難民華僑事件）。1950年以降、インド生まれの華人は法的にはインド市民だったが、安心できず、多くの家庭が家族を海外に出国させた。このため、60年代末にヨーロッパ、オーストラリア、北米への移動が始まった。カナダのトロントには数千人のインド華人がいる。71年には、インドの華僑・華人（狭義の漢族）は1万1000人にまで減った。インドに戻った者もいるが、大半は労働者で、海外で失業したため▼カルカッタに戻り、家内工業的な皮革製造に従事している。

インドの漢族華僑・華人は主として▼客家、広東人、湖北人の3種で、客家が圧倒的に多い。事業は主として5種にわたる。(1)皮革製造。70年ほどの歴史があり、1990年末の統計では200工場余り、事業主は9000人前後、インド人労働者を10万人以上雇用している。大は資本額1000万ルピー（40万ドル）から小は100万ルピー以下まである。大半がカルカッタとその東部郊外の工業区タナ（タングラ）にある。80年代から環境汚染防止、品質向上のため、家内工業式手工業から機械制生産へと変貌しつつある。(2)製靴業。皮革製造の延長線上にあり150軒以上、カルカッタのビンディン街一帯に比較的多い。(1)(2)ともにほとんどが客家。(3)中華料理。全インドで40軒余

りという。(4)歯医者。全員湖北人で、先祖伝来の入れ歯技術と現代医学を結合して、評判はよい。ニューデリー、ムンバイ、カルカッタなどの大都市に150軒以上ある。(5)製造業。カルカッタの皮革製造機械生産工場50社のほか、醬油、辣油（ラー油）などの食品加工工場4社、カルカッタなど大都市の木材加工、木製家具製造など80社余り。近年、▼香港、▼シンガポールなどからの▼新華僑・華人がインドに来て投資・設立した紡織・服飾の中小企業70社余りもある。

パキスタンの華僑・華人は90年末現在、約4000人、うち漢族80％、ウイグル、カザフ両族15％、チベット族5％。漢族は▼広東、山東、湖北などの出身が多く、ラホール、カラチ、ペシャワール、クエッタなどに、ウイグル、カザフ、チベット各族はギルキット、ラホール、カラチなどに分布している。インド同様、香港、シンガポールからの新華僑・華人が増えている。

スリランカには3700人余りの華僑・華人がいる。▼老華僑はインド、パキスタンから移ってきた人々、あるいは上陸・定住した元船員だが、ここ10～20年のうちに投資に来た新華僑・華人もいる。▼原籍では山東40％、湖北、広東それぞれ20％、▼福建10％、その他10％。多くが首都のスリジャヤワルダナプラコーッテと、キャンディその他の大中都市に住み、商業に従事する者が多い。　　（游仲勲）

▣ Ellen Oxfeld. *Blood, Sweat, and Mahjong*. Ithaca: Cornell UP, 1993.／李君哲『戦後海外華僑華人社会変遷』瀋陽：遼寧教育出版社，1998.／『海外華人百科全書』

都城
みやこのじょう

宮崎県南西部の市。天正末年（16世紀末）北郷時久の時代、安永の諏訪馬場に▼唐人をおいたという。北郷氏領の大隅国内之浦に来航した明人のなかに、居住する者があったのであろう。のち1595年に時久は薩摩国祁答院に移されたときに唐人を随行し、湯田八幡宮の鳥居側に居住させた。1599年に時久の孫忠能が都城に戻り、八幡宮を都城に勧請し、そこに▼唐人町をおいた。1615年一国一城令による領主館の移動により、唐人町が城内に入ったため、中町に移された。のち内之浦に広東省潮州の船が入り、何欽吉（医師）、天水

二官、江夏生官、清水新老、汾陽清音、林六官を都城に召し置いたという(『庄内地理志』)。'泉漳幇の長崎唐寺'福済寺を'唐四か寺中最も壮麗な大伽藍をもつ寺院に発展させた唐大通事'潁川えが'藤左衛門(陳道隆)は、都城生まれである。同じく泉漳幇の大立者の'高一覧(高寿覚の養子)も都城の郷士鎌田新右衛門の子である。長崎華僑社会の泉漳幇が、薩摩藩とりわけ都城唐人町と深いかかわりをもっていたのである。

(黒木國泰)

⌘ 小葉田淳「唐人町について」『日本歴史』9, 1947.

宮崎兄弟資料館 みやざききょうだいしりょうかん

熊本県玉名郡荒尾村(当時)の郷士・宮崎長蔵の子として生まれ、幕末・明治・大正を通じ維新変革の精神を維持し活躍した四兄弟、八郎、民蔵、弥蔵、寅蔵の事績を記念した資料館。長兄八郎(1851-77年)は自由民権運動の先駆で、西南の役で西郷党に加担し戦死。次兄民蔵(1865-1928年)は「土地平均論」を唱え、同志を募り社会改革運動に没頭した。三兄弥蔵(1867-96年)は全アジアの解放を志向、その死後に志を継いだ末弟寅蔵(1870-1922年、滔天と号)は、亡命中の'孫文、'黄興らと知り、東京で'中国同盟会の結成に奔走、'辛亥革命の勃発と同時に中国に赴き南京政府の成立に献身した。1912(大正1)年孫文公式訪日の際に訪ねた四兄弟の生家は、彼らの思想と行動に関する資料館として、現在、荒尾市の管理下に一般に展示公開されている。

(市川信愛)

⌘ 孫中山記念館、宮崎滔天

⌘ 上村希美雄『宮崎兄弟伝』全5巻、葦書房、1984-99./ 上村希美雄監修『夢翔ける』荒尾市宮崎兄弟資料館、1995./ 葛生能久著『東亜先覚志士記伝』大空社、1997.

宮崎滔天 みやざきとうてん 1870-1922

19世紀末から20世紀のアジア主義者にして中国革命運動家。本名虎蔵、通称寅蔵。熊本藩玉名郡荒尾村(現、熊本県荒尾市)の豪農に生まれる。長兄八郎は中江兆民の盟友の自由民権運動家で、西南戦争で戦死。六男民蔵も兆民に学び社会運動家となり、人民自立の基本である土地に対する人間の権利回復を志す。後に寅蔵とともに'孫文と交友し、その三民主義の民生(「耕す者に土地を」)の考え方に影響を与えた。寅蔵は徳富蘇峰の大江義塾に転じ、東京専門学校(早稲田大学)に学んだ。キリスト教に入信し、社会改革を模索するが、その限界を感じ棄教。すぐ上の兄弥蔵が懐く中国革命主義に傾倒し、アジア主義者を指向、1891年上海に渡ったが荒尾精と合わず帰国。日清戦争前に韓国で金玉均と提携。戦後は移民を率いてタイに移住などの曲折を経て、東京で犬養毅と知り合い、その斡旋を得て外務省から中国視察の特命を受け、平山周、可児長一らと相前後して'香港、'マカオ、'広東に旅行、'康有為、'梁啓超らと接触、さらに小林樟雄、曾根俊虎らや大陸浪人と知り合い、曾根を通して孫文、陳少白を知った。孫文の恵州起義に参加、失敗後に帰国。一時運動に失望、後に自伝『狂人譚』や『三十三年之夢』を執筆。1905年、孫文が中国革命同盟会を結成すると、日本側委員となる。'辛亥革命後、ふたたび大陸に渡り、孫文と行をともにする。晩年は亡命者の世話などをして、東京雑司ヶ谷で病死した。自伝『三十三年之夢』は1926年に吉野作造によって校訂復刻され人気を博した。熊本県荒尾の宮崎滔天兄弟の生家には孫文も1週間滞在し、また長い両者の交友から同家に多くの孫文遺品が残り、孫文記念館の様相を呈している。1970年'廖承志がここを訪れ、「孫中山曾游之地」と題書し石に刻んだ。中国側でも注目する日本における華僑・華人関連史跡とされる。

(川勝守)

⌘ 宮崎兄弟資料館

⌘ 上村希美雄『宮崎兄弟伝』日本篇・アジア篇、葦書房、1984./ 宮崎滔天著、宮崎龍介・衛藤瀋吉校注『三十三年之夢』平凡社東洋文庫、1967.

宮田安 みやた やすし 1911-94

'黄檗宗研究家。長崎市生まれ。九州大学卒業後、戦後は行政監察局に勤務、そのかたわら唐寺を中心に長崎の歴史、とくに日中交渉をテーマに研究、その成果は『長崎崇福寺論攷』『唐通事家系論攷』などにまとめられた。とくに『唐通事家系論攷』は、'『訳司統譜』や渡辺庫輔校の『訳司彙伝』『投化唐人墓碑録』などをもとに、約80家の'唐通事の家系をまとめたもので、『訳司統譜』の欠を補う事実も多く、唐通事家系史の集大成といえる。

(原田博二)

▣唐通事の家系

ミャンマーの華僑・華人 ミャンマーのかきょう・かじん

中国とミャンマー（ビルマ）とは長い国境を接し、戦国時代以来、交流は盛んであり、おもに中国の塩、茶、生糸、薬材、ビルマの綿花、宝石、生漆、象牙、▼燕の巣などが交易されていた。明の隆慶年間（16世紀の60年代）の『西南夷風土記』（朱孟震）には、北部の「江頭」（現在の▼バモー）に「大明街」と呼ばれる中国人街があり、雲南人以外に、福建、広東、四川の商人ら数万人が居住し交易に従事していたとある。17世紀半ば、明朝最後の永暦帝（桂王）に従ってビルマ入りした数万の将兵のうち、北部に定着し現地女性と通婚、同化した者を▼桂家（Gwe Chia）と呼ぶが、後に中国・ビルマ混血を指す通称となる。北部には、交易に従事しながら定着した山地中国人（Mountain Chinese）、コカン地方を統治してきたコカン華人（Kokang Chinese）、清軍の攻撃を避け定着した雲南回教徒の後裔である回教徒華人（Panthaya）などの住民もいる。世界有数のルビーと翡翠の産地であるカチン州に定着した多くの華僑宝石商の手で、1770年以前にマンダレー付近のアバに観音寺が創建されている。清代前半には北部で銀鉱山を経営する華僑も生まれ、18世紀半ばの最盛時には数万人の雲南人が働いていた。同時期、海路で▼ラングーン入りし定住した福建、広東の商工業者の手で観音古廟が建設された。1886年、イギリス併合後のビルマには▼海峡植民地を経由して大量の福建・広東系華僑が都市部に移住し▼苦力ク、港湾労働者、車夫などの肉体労働に従事した。1931年の統計では、華僑は貿易、商人、大工、金属・皮革工などが多く、小規模ながら精米、製材、搾油工場なども経営。華僑人口の戦前のピークは1930年代から40年代半ばで、全人口の約1％（30万人弱）が新聞・学校・社団を軸に活発な華僑活動を展開した。48年の独立前、植民地政府で大臣、立法議員などを務めた者もいた。独立後、華人社会は親中国、親台湾の両派に分裂。62年にネ・ウィン政権が成立し、ビルマ式社会主義が推し進められるや、華人活動は停滞化の道をたどる。だが88年の同政権崩壊後、軍事政権は海外華人の投資を歓迎する一方、親中国路線を採っていることもあり、▼華字紙の発行が許可されるなど、華人としての活動も再開しつつある。67年のビルマの▼チャイナタウンを中心とする全国規模のものを最後として、排華運動はみられなくなった。90年代以降、雲南経由の「▼新華僑」の流入もみられる。現在、華人人口は不明。4500万人の全人口の1％から3％まで諸説がある。88年の政変以降、ビルマはミャンマーにラングーンはヤンゴンに改められた。　　　　（樋泉克夫）

⬚方雄普『朱波散記』香港：南島出版社，2000.

ミラー、スチュアート・クレイトン
Stuart Creighton MILLER

アメリカの歴史学者。生没年不詳。1969年にアメリカにおける中国人排斥運動の歴史的研究書である *The Unwelcome Immigrant: The American Image of the Chinese, 1785-1882* (Berkeley: California Univ. of California Press, 1969) を発表した。内容は、アヘン戦争前後からの米中関係史を背景に、初期の比較的友好的な中国人イメージから、中国人を文化的に受け入れがたい存在として排斥し、ついには排華運動にいたるアメリカ人の中国人観の変遷を、とくにアメリカにおける排他的人種主義のあり方と関連づけて論じている。中国人排斥運動の研究書として最も早い時期に出版されたものであり、また、比較的公平な観点から中国人移民およびアメリカ人種思想を分析したもので、先駆的な価値をもつものといえる。　　（森川眞規雄）

民運 みんうん
Min Yuen

1948年に武装蜂起した▼マラヤ共産党が、一般大衆との結びつきを維持するために華人居住者が多い地域で結成した組織およびその運動。「民衆運動」を略した名称。ジャングルで戦う共産ゲリラへ向けた大衆からの食糧、資金、情報などの提供を仰ぐとともに、大衆に向けた共産主義の宣伝、支持者の獲得、ゲリラへの勧誘などの活動を行った。英国植民地当局はこのような動きを封じ込めるために「▼新村」への華人移住政策を実施した。　　　　　　　　　　　　（金子芳樹）

民光紡織工場 みんこうぼうしょくこうじょう
民光布廠

1929年フィリピン華僑楊兆昆の投資でアモイの禾山に創設された織布会社。上海および地元の機械会社から紡績機械を購入。投資額延べ20余万元。上海から技師を招聘、地元から120〜130人の労働者を雇った。月間生産量約1200ヤール。経営管理上の問題などにより、労働争議などのトラブルが絶えず、34年ついに操業停止、創業者の楊はふたたびフィリピンに戻った。

(廖赤陽)

圏『近代華僑投資国内企業史資料選輯（福建巻）』

ミンゴン
孟拱 Mingon

ミャンマー（ビルマ）北部の玉の産地。漢字では猛拱とも書き、「もうく」とも呼ぶ。ミトキナの南西約60kmに位置する。明末の1637年に著された宋応星『天工開物』巻十八「珠玉」の条はビルマの玉についてまったく記していない。ミンゴンの玉は清初に発見されたと伝えられている。ビルマでは華僑が宝石を明代以前から開採したのに対して、玉の開採は後れて清代になってからであった。とくに清末の光緒年間（1875-1908年）に雲南省騰衝出身の張宝廷（1859-1928年）がミンゴンに来て、玉の採掘を盛んにして、玉加工業に成功し、その後、民国年間まで、騰衝、広州、上海など各地に玉販売店を設けて富を成し、「翡翠大王」と呼ばれた。

(和田博徳)

→モゴック、陸路移住

圏 N. M. Penzer. *The Mineral Resources of Burma.* London: G. Routledge, 1922.

民主行動党 みんしゅこうどうとう
Democratic Action Party

マレーシアの華人系政党。略称DAP。シンガポールがマレーシアに加わっていた1964年に人民行動党（PAP）マラヤ支部として発足。66年民主行動党に。民主社会主義、全民族の平等な地位の確立を目指す。党員の8割ほどが華人で、しばしば華人利益の代弁者と批判される。総選挙では、マレー人与党の統一マレー国民組織（UMNO）の意向を尊重するなかで華人の活路を見出そうとするマレーシア華人公会やマレーシア民政運動党と一進一退を繰り返したが、95年、99年の選挙では、イスラム政党の全マレーシア・イスラム党（PAS）などと提携したこと（99年4野党で代替戦線〔Barisan Alternatif〕を結成）で華人社会の反発を買い、敗北した。2001年9月、イスラム国家化を主張するPASとの対立から代替戦線離脱。

(原不二夫)

→リム・キトシアン

民信局 みんしんきょく

本来「民間の信局」という意で、中国で20世紀前半に至るまで、華南─東南アジア交易圏を形成し維持する金融的機能を中心的に担った華僑の本国送金機関。信局、銀信局、銀信匯兌局（ともに福建系）、批局（広東系）などと称されるように、郵便局と為替銀行の両面をもっていた。さらに、貿易事業を兼営する者も多く、貿易金融ならびに金銀取引にも深くかかわっている。外国銀行の進出以前にすでに為替送金網が形成されており、外国銀行も資金吸収のために、競って送金業務に参画している。大規模な銀信局のうち、たとえばアモイに本店を置いた「天一局」などは、20世紀初頭にはマニラ、サイゴン、ペナン、シンガポール、メダン、バタビア、バンドン、サマラン、ラングーンなどに支店・代理店を置き、中国には泉州、漳州、同安、安渓、金門、恵安など福建省各地に分局をもち、福建系華僑の送金を大規模に取り扱っている。また、東南アジアを本拠とする銀信局はさらに多く、彼らはシンガポール、バンコク、マラッカ、バタビア、マニラなどを拠点とし、香港、広東、海南島、福建各地に支店・代理店をもっていた。20世紀初頭の東南アジア華僑の人数はおよそ400万人、送金額は年間およそ5700万ドルと見積もられている。また、この過程で送金通知や返信用の手紙を一括して郵送したため、1920年代には万国郵便法に抵触するとして批判され、その後このような郵送方法は禁止された。ただし、東南アジアでは小規模な送金・金融業者として存続した。

20世紀初頭から戦前までの民信局による送金方法は、現金送金、為替送金、商品送金などがある。このうち、為替送金については次の方法で行われる。送金依頼者が民信局において現地通貨を用い、中国元の一定額の送金

を求める。中国華南受取側信局はこれをただちに送金せず、相当額の集積をまって初めて送金するか、あるいは最も有利な為替相場が現出するときを選ぶ。また、送金を行うかわりに、有利な中国向け商品、あるいは金銀を購入する。このプロセスは、中国元建てで直接なされる場合と、中継地香港の香港ドルを仲介手段とする場合があり、香港ドルの対中国、対東南アジア決済手段としての機能の大きさにより、本国送金は、最終的には郷里の家族に届くとしても、貿易資金、金融資金、投資に利用されるべく、多種多様の形態転化を遂げる。これら華僑送金の送金方法のなかで、おもに為替送金の方法は、香港を介するという二重為替送金を特徴としている。このほか、実際の送金は行わず、商品取引で香港における輸入代金の支払いと相殺する方法、また、金銀市場を利用し、シンガポールと香港との地金価格差から利益を導きながら送金機能を完結させる方法もあり、商品市場と為替市場とは相互促進の作用が生じていた。

資金の移動においては、華南地方が一方的に受取超過になるならば、為替価格に影響を及ぼすことになる。したがって、華南は、金銀受入れや輸入によって相殺することにより、すなわち、上海や香港に対して債務関係を作り出すことにより、華僑送金の一方的受入れによる東南アジア為替の下落を防ごうとする関係が形成されていた。そこでは、外国銀行を介して日本・欧米との関係が密接化し、イギリスのアジアにおける経済的利害は、香港とシンガポールを金融的支柱として再編した、中国―東南アジア―インドの経済域の動向に基づいて変動することとなった。

(濱下武志)

㊂鄭順栄批館、再和成偉記滙兌信局
㊂広東省集郵協会編『潮汕僑批論文集』北京：人民郵電出版社、1993.

民星不動産会社 みんせいふどうさんがいしゃ

民星公司

アメリカ華僑資本が1923年に広東省広州市に設立した大手不動産会社。資本金50万元。陳漢子、曾詩伝、葉崇謙が共同創業者。24年広州市恵福西路に土地を購入、民星新街の建設を進め、ビル37棟の建設・販売を皮切りに事業を拡大。代表的建設事業に民星新街、僑興新街、中国劇場、中山劇場、東楽劇場、西堤劇場、華民劇場などがあり、広州市の都市・住宅建設と文化事業の振興に貢献した。日中戦争による広州市陥落で38年に廃業に追い込まれた。

(王効平)

民生紡織工場 みんせいぼうしょくこうじょう

民生布廠

1929年、陳英南が華僑資金12万元を集めてアモイ市に設立した紡績・織布工場。機械は紡錘が360本、織機が100台あった。労働者は100人余りで、年に3万6000匹の布を織り、生産高は12万元にのぼった。「成功」を商標に自強ラシャ、経済ラシャ、中山ラシャ、人字ラシャなどを製造した。31年に禾山蓮坂に新工場をつくり、新設備を購入したが、世界恐慌に見舞われ、35年6月営業を停止した。

(劉暁民)

㊂『近代華僑投資国内企業史資料選輯（福建巻）』

民族主義 みんぞくしゅぎ ⇨ 華僑・華人ナショナリズム かきょう・かじんナショナリズム, ナショナリズム

華僑送金を取扱った信局の看板。信局ごとに送金の扱い方を異にした。今は銀行の業務に移った。撮影：可児弘明

民族問題 みんぞくもんだい

　民族問題とは、一国家内部の異民族間あるいは複数の国家にまたがる異民族間の摩擦、対立、紛争を指す。現在、世界には190余の国家が存在する（このうち国連加盟国は2001年現在で189か国）が、民族ないし民族集団の数は4000〜5000にのぼると考えられる。したがって単一の民族によって構成されている国はほとんど存在せず、大多数の国の住民はきわめて多数の民族集団から成り立っている。単一国家が複数の民族によって構成されるようになったプロセスは多様であるが、強大な民族による少数民族の征服、植民地主義による民族の分布範囲を無視した行政的分割、強制移住、異なる宗教を信仰する民族間の争いなどさまざまな原因が考えられる。1999年から2001年までの世界的民族紛争を見ると、コソボ紛争（セルビア民族とアルバニア民族）、チェチェン紛争（ロシア民族とチェチェン民族）、スリランカ問題（シンハラ民族とタミル民族）、ルアンダ紛争（ツチ民族とフツ民族）、パレスチナ問題（ユダヤ民族とアラブ系諸民族）、アチェ独立紛争（アチェ民族とジャワ民族ほか）、フィジー問題（フィジー民族とインド系民族）、チベット問題（チベット民族と漢民族）、クルド問題（クルド民族とトルコ民族ほか）などをあげることができるが、その多くがナショナリズムに結びついているといえよう。ナショナリズムは多義的であるが、要点は、一つの民族が一つの独立国家を創ろうとするところにある。カナダにおけるケベコワ（フランス人）、スリランカにおけるタミル民族、ロシアにおけるチェチェン民族、インドネシアにおけるアチェ民族などのナショナリズムはそうした分離独立運動を典型的に表すものである。第2次大戦中のナチス・ドイツやコソボ紛争時のセルビア人の民族浄化運動などは、民族的に「純粋」な地域を確保するための、少数派民族に対する極端なナショナリズムの表れである。また、アジア・アフリカで生じている民族問題の多くは、西欧列強による、民族の分布範囲を無視した領土分割に起因していることが多い。　　　　　　　（綾部恒雄）

　🔁 多文化社会

『民報』 みんぽう

▼中国同盟会の機関誌。発行地は東京、発行期間は1905年11月26日から10年2月1日。発行号数は全26（25、26号は復刊号で、08年10月の日本政府による発禁令のためパリで発行されたといわれていたが、実際は秘密裏に東京で発行された）。ほかに、号外1と臨時増刊号（天討号、1907年4月25日）がある。『民報』は留日学生中心に読まれていたが、東南アジア各地にも送られ、華僑に大きな影響を与える。発行部数は最大時、1万2000部。編集者は張継（1、5、19号）、章炳麟（6〜18、23、24号）、陶成章（20〜22号）、汪精衛（25、26号）。執筆記事の最も多いのは、胡漢民（14編）と汪精衛（13編）である。孫文のものは、「発刊の詞」を含めて3編を収録している。『民報』の資料的意義は、辛亥革命以前のブルジョア民主革命派の政治主張を知ることができると同時に、当時論争していた改良派の『新民叢報』の論調をも知ることができることにある。『民報』発禁の際の日本政府からの示談金をめぐって、章炳麟が孫文を批判し、「孫文罪状」と題するパンフレットを東南アジア各地にばらまき反孫文運動を展開する。　　　　　　　　（家近亮子）

　🔁 中国同盟会、孫文、章炳麟
　📖 家近亮子「資料としての『民報』」『中国国民党史資料研究会通訊』1，中国国民党史資料研究会，1991.

『明報』 みんぽう
Ming-pao Daily News

　1959年創刊の香港華字紙。歴史小説作家の査良鏞（▼金庸）が創刊。発行部数は約12万で、学生と知識人に読者が多い。長く中立系と見られていたが、香港返還前後から対中批判を弱めた。それでも「自由論壇」という討論ページには多様な論説が香港各界リーダーや学者から寄せられ、紙上で時事問題についての論争が展開される。91年明報集団は香港株式市場に上場している。香港『明報』記事をもとにサンフランシスコでも『明報』米国版が編集されている。これはロサンゼルス、ニューヨーク、ホノルル、バンクーバーなどで販売され、部数約6000。　（塩出浩和）

ム

ムイ、アニタ 1963-
梅艶芳　Anita MUI

　香港の女性歌手。映画スターとしても知られている。1982年無線電視台（TVB）主催の第1回新人歌唱コンテストに出場して才能を認められ、香港華星娯楽公司の歌手に。85年12月に紅磡体育館で開いたソロ・コンサートが大成功を収め、歌手としての地位を確立する。東南アジアやアメリカなどでたびたびコンサートを開いている。映画界での活動も活発で、『胭脂扣（ルージュ）』で89年の第8回香港電影金像奨（香港アカデミー賞）の最優秀主演女優賞を受賞した。
(戸張東夫)

ムセ
木姐　Mu Se

　ミャンマー（ビルマ）北東部の都市。ミャンマーと中国の国境を流れるシュエリ川の南側がムセで、対岸の北側は中国雲南省の瑞麗市である。イギリスがビルマ北部を領有した1886年までムセは瑞麗と同じくシャン族の猛卯土司に属し、清朝の支配下にあった。それゆえ、ムセには雲南省から多数の華僑が来住し、中国・ビルマ貿易の中継地として栄えた。1897年の清英中緬画界条約によって、ムセが英領ビルマに編入されると、中国はその永久租借権を得た。しかし、第2次大戦後、ビルマが独立すると、1960年、中国はムセの永久租借権をビルマに返還した。
(和田博徳)

㊀ 陸路移住
㊃ 薛福成『庸庵海外文編』（『庸庵全集』台北：華文書局、1971所収）。

武藤長蔵 1881-1942

　経済史・交通史学者、資料収集家。愛知県生まれ。1905年東京高商（現一橋大学）専攻部貿易科卒業と同時に上海東亜同文書院に就職、07年長崎高商（現長崎大学）教授となり、商業学・経済史を担当。36年退官。明治末に3年間米・英・仏に留学、近隣中国・東南アジアにしばしば出張し、その間に収集した資料類は和洋書1万余冊のほか、稀覯文献・図書・資料・書画・写真・陶器などが少なくない。これらはすべて遺族より寄贈され、「武藤文庫」として現長崎大学付属図書館経済学部分館に展示されている。そのなかには、シーボルト、長崎出島、▼唐人屋敷、▼唐船、▼媽祖の図や像など数多くの華僑関係の文物・史資料が含まれる。研究では英・仏・独・伊・西・葡・蘭の語学力を駆使し、日英、日蘭、日葡の交通史研究が有名。とくに長崎の歴史的価値を重視し、長崎史談会の創設にかかわった。また歌人斎藤茂吉とも親しく短歌をよくし、その幅広い学風は「ムトウイズム」と評された。
(市川信愛)

㊀ 長崎居留地
㊃ 長崎大学付属図書館経済学部分館編・刊『武藤文庫主要稀書・資料及びその解説』1973。

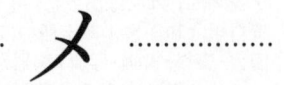

目明かし唐人 めあかしとうじん

　1644年、長崎在津唐人林友官(異名小歌八右衛門)の訴えから、同年入港の広東船2艘にキリシタン唐人がいたことが相次いで発覚した。キリシタン唐人の入国を阻止するため、幕府は、黄五官、楊六官、周辰官ら広東船乗組員を「宗門改ノ目明」に任用、長崎の▼唐通事らに預け、地役人として扶持を給与し、後には古川町の闕所屋敷も貸与した。周辰官は貞享(1684-88年)頃まで存命。その後は断絶した。
(岩崎義則)

　📖『長崎実録大成正編』長崎文献社、1973.

明郷 めいきょう
ミン・フォン　Minh Huong

　一般にはベトナムに住む中国人混血を意味し、ミン・フンともいう。黎貴惇『撫辺雑録』(1776年)によれば、語源とみられる明香社は、16~17世紀、中部の国際港市フェイフォ(会舗、▼ホイアン)の華僑集落を指した。また17世紀末以降に南部の▼嘉定(ザーディン)地方に渡来し、コーチシナ平原の開拓と貿易の発展に寄与した華僑とその混血の住む集落も明香(Minh Huong)社と記された。17世紀末に▼フエ(順化)のグエン(阮)氏の許可を得て移住した明の遺臣、武装軍団とその子孫を明郷と呼んだり、単に華僑の父とベトナム女性の間に生まれた混血を指す場合もある。しかし、厳密には『大南会典事例』(1842年)において初めて「明郷(社)」が用いられ、渡来者である華僑によって構成される幇籍から18歳を超えた華僑の子孫が離脱させられ、移籍された社(集落)を意味した。この頃から華僑のベトナム出生の子孫(▼僑生)は、強制的に明郷社に組み込まれ、規定の税を課された。明郷とは、華僑の子孫を純粋のベトナム(安南)人化させる階梯と考える学者もいる。フランス植民期にも、民族別人口統計に Minh Huong の分類が見られた。その場合メコン・デルタ南西部では、中国人と先住クメール人の混血もこの分類に含められた。単身でベトナムに渡来した中国人が地方や農村部の現地女性と通婚してもうけた混血児は、概して土着化する傾向が強かった。しかしグエン朝時代と異なり、植民地政府はむしろ明郷の現地人への積極的同化策はとらず、法律上は華僑と同様の地位を付与しようとした。フランス裁判所に提訴する有利な権利を与える一方で、華僑と同様の税を課そうとした。このような取扱いは、トンキンやアンナンでは多少異なる。明郷は、華僑の大多数が存在したコーチシナに多く分布し、メコン川下流のソクチャン、バクリュー、チャビンの諸省にとりわけ多かった。明郷やその子孫がメコン・デルタの富裕層であった例も見られる。
(高田洋子)

　⊞幇制度

　📖藤原利一郎『東南アジア史の研究』法蔵館、1986.／満鉄東亜経済調査局『インドシナにおける華僑』青史社、1986(『仏領インドシナに於ける華僑』1939の復刻).

眼鏡橋 めがねばし

　長崎市の中島川に懸かるアーチ橋。1634(寛永11)年江西省撫州府建昌県人▼黙子如定が懸け、その後1648(慶安元)年に修理された。中島川の12橋中、最も古く、唯一の二連アーチ橋。現在、国の重要文化財指定を受けている。しかし、(1)創建時は木橋で後に石橋に懸け替えた、(2)オランダ・西洋技術である、という2点の異論がある。眼鏡橋の石組は横組みで、中国江南虹橋の縦組みでない。西洋系の要石(キー・ストーン)がある。中国石橋でも、安徽・浙江・江西各省山間部の石橋は長崎眼鏡橋と同構造が多い。長崎では高麗橋、一覧橋が華僑関係。九州では他に大牟田市旧三池藩の早鐘〓眼鏡橋、鹿児島の吉野実方〓太鼓橋などが17世紀渡来明人の手になる。長崎県平戸市の平戸城大手門前の幸橋はオランダ橋ともいい、西洋系統と称するが、他の九州石橋と同技術である。沖縄では首里城天女橋は15世紀建造で、福建の駱駝橋と同じ石橋様式。浦添市などには長崎眼鏡橋と同

構造の石橋がある。　　　　　（川勝守）

メスティソ
mestizo

　スペイン語でメスティソ（男性：mestizo）、メスティサ（女性：mestiza）とは、スペイン人と異民族との混血をいい、ラテンアメリカ諸国においても広く観察される。フィリピンではメスティソというと、スペイン系と中国系の2系統を考えるのがふつうである。フィリピンのスペイン系メスティソは、植民地時代に買弁資本として力をつけ、スペイン人とともに独立後も伝統的大農園地主としてフィリピン社会に君臨してきた。これに対して、中国系メスティソがフィリピン社会で台頭するのは19世紀になってからである。18世紀半ばにフィリピン政庁は、商人として地方を席巻していた中国人に対して3度の追放を実施した。この結果、一時期、中国人は経済の表舞台から姿を消す。代わって、フィリピン社会に"同化し、地方商業の担い手となったのが、スペイン政庁から原住民商人と同等に扱われていた中国系メスティソだったのである。

　スペイン人は、フィリピンの経済に中国人は必要不可欠であると考えていたが、同時に、その数と経済力に対して大きな脅威も感じていた。そこでスペイン政庁は、中国人に対して、カトリックへの改宗とフィリピン人女性との結婚を奨励し、改宗者には移動の自由などのさまざまなインセンティブを与えるなど、中国人のフィリピンへの同化政策を実施した。この結果、中国系メスティソは、数と経済力両面において、フィリピン社会において大きな力を握るようになった。さらに、18世紀半ばには、中国人の非キリスト教徒の大部分がフィリピンから追放され、キリスト教への改宗者5000人のみがマニラに滞在を許可されることになった。この中国人弾圧によって、1750年代から1850年代にかけて、中国人による地方商業が衰退する一方で、中国系メスティソは卸売りから小売りにいたる流通業に進出し、社会的・経済的に飛躍的な上昇を遂げた。

　やがて19世紀半ば以降、経済再建の必要性からスペイン政庁がふたたび中国移民を厚遇し移動の自由を付与すると、中国人は地方商人としての地位を回復する。しかし、中国人に商業部門の主導権を明け渡したあとも、中国系メスティソの勢力は衰えなかった。中国系メスティソは、中国人とともに高利貸となり、中部ルソン地方の米作地を中心に土地を集積して大土地所有者層となり、新興エリート層として台頭していった。すなわち、彼らは修道院領の差配人（"インキリーノ）になり、中間地主として高額の小作料を稼得し、それを元手として小規模土地所有者に対して「買戻し契約」（パクト・デ・レトゥロベンタ）によって信用貸付けを行い、貸倒れを誘発させて、担保とした農地を取得していったのである。こうして、中国系メスティソは、19世紀末までにスペイン人に取って代わる規模の大土地所有を実現し、現在に至る政治経済力の基盤を確立した。

（中西徹）

メダン
綿蘭　Medan

　インドネシアのスマトラ島北部にある同島最大の都市。マラッカ海峡に注ぐデリ川の上流25km、支流のバブラ川との合流点付近に位置する。華僑・華人人口は約30万人で全人口のおよそ5分の1。17世紀頃に勃興したマレー人スルタンの支配するデリ王国の都であった時期があり、かつてはデリ（Deli, 日里）と呼ばれた。19世紀後半以降、オランダ人経営のタバコ、茶、ゴムなどの"プランテーションが展開し、いわゆる強制栽培制度のもとで農園労働者として中国人やジャワ人が導入された。中国人労働者は斡旋業者を介して集められたほか、栽培業者組合が設置した移民局を通じて、採用や輸送にかかわる実務、中国への労賃の送金などが処理された。中国人労働者は1880年代末から90年代末の10年間だけで、"アモイや"スワトウから累計6万人がスマトラ島に上陸したほか、シンガポールの"ペナンでも募集された。1880年当時の契約条件は契約期間3年、1日の労働時間は10時間とされた。また1900年に中国人労働者が中国へ送金した額は21万ドルを超えた。彼らの出身地は1910年代の調査では70％以上が広東省で、福建省は5％にすぎなかった。富商の出資によって1885年に"関帝廟、翌86

年に清音禅寺、1911年には天后宮と、順次精神的よりどころも整備され、労働者層の存在を基盤に流通業者などの集住が進んだ結果、現在メダン中央駅東側一帯にチャイナタウンが形成されている。近年顕著になった政府の経済政策に対する批判、華僑・華人資本家とインドネシア人労働者の階級矛盾、加えて文化的民族感情の齟齬といった要素が、スハルト政権崩壊に結びついた1998年5月の暴動でも噴出した。メダンの華僑・華人やチャイナタウンも略奪・放火・暴行の標的とされ、多数の華僑・華人が周辺諸国に避難したり、チャイナタウンに自警団が組織されたりした。

(松本武彦)

㊐デリ社
㊞唐松章『インドネシア華人社会経済論』鳳書房，1993．／『蘭領印度に於ける華僑』満鉄東亜経済調査局，1940．

メトロ・グループ
美羅集団　Metro Group

シンガポールのデパートを中核にする華人企業グループ。1912年に福建省に生まれたオン・ジョーキム（ONG Tjoe Kim、王梓琴）が一代で創りあげた。オンは27年にジャカルタに渡り、父親が経営する雑貨商を手伝った。その後、デパート会社に23年間勤め、53年に独立してスラバヤにメトロ・デパートを開店し、2年後にはジャカルタにも店舗を出した。しかし、インドネシアでは反華僑意識が強いためシンガポールに移り、57年、資本金25万Sドルでメトロ・デパートを開店する。その後、香港、マレーシアにも支店を出し、80年代にはシンガポールに6店舗をもつ最大の華人デパートとなった。73年、持株会社としてメトロ・ホールディングズ社が設立され、現在は、不動産、建設、コンピュータに広がる多角的企業グループとなり、イギリスで工学を学んだオンの長男、ジョピー・オン（Jopie ONG、王希権）が経営を継承している。

(岩崎育夫)

メトロポリタン銀行
首都銀行
Metropolitan Bank and Trust Company

フィリピン国内最大規模の複合企業であるユニバーサル銀行。通称メトロ・バンク。銀行業務とともに証券業務も引き受ける。メトロポリタン銀行の取締役会長であり最大株主であるジョージ・S.K.ティらによって、1962年にマニラのビノンド地区に設立された。現在、アメリカ、イギリス、日本、香港、台湾、中国、韓国を含む822の国内外の支店とオフィスを有している。

(中西徹)

メラネシアの華僑・華人

メラネシア（南西太平洋）地域への中国人の移民は、19世紀後半期にドイツ領ニューギニアで始まった。おもに広東および香港からの移住者である。当初その多くは、植民地における農業開発や、ナマコ、シンジュガイ、白檀などの交易に従事していたが、やがて大工、造船工、仕立業、エンジニア、商店経営などにも進出し、ラバウル、ケビエン、ラエ、マダンなどの諸都市に華人コミュニティを形成するようになった。20世紀初頭にラバウル市街の建設に尽力した李譚徳、パプアニューギニア独立後に首相に就任したジュリアス・チャンやニューアイルランド島出身の国会議員ペリー・クワン（関子載）など、政治や経済の領域で活躍する華人も少なくない。現在、パプアニューギニアには約7500人の華人系住民が居住する。

パプアニューギニアの東方に位置するソロモン諸島には、現在、首都ホニアラと一部の地方都市を中心に約1300人（全人口の0.3％）の華人系住民が居住する。ホニアラにはチャイナタウンも形成されている。イギリス領時代の1910年におもに香港や台湾から来住し、国内外における交易活動やよろず屋風の商店経営を中心に、同国の経済活動を担ってきた。ホニアラにおける商業資本の多くが華人系である。一般に華人は、地元のメラネシア系住民との間に親密な人間関係を形成することは稀である。メラネシア系住民を商店の従業員として雇用するものの、人材育成の観点に立って接することはない。また、メラネシア系住民との間に通婚関係を築くこともない。国内では華人中心の閉鎖的な人間関係を基盤にした生活を送っている。政治的には、97年の総選挙で初めて2人の華人系国会議員が首都の選挙区などで当選し、徐々に政治参加も進みつつある。

(関根久雄)

㊞ C. Inglis. "The Chinese of Papua New Guinea." *Asia and Pacific Migration Journal*,

6, 3-4, 1997.

メルティング・ポット論 メルティング・ポットろん
"melting pot" theory

アメリカ合衆国という巨大な「人種のるつぼ」のなかで、多様な人々が一つに溶け合い、新しい社会が形成されるという考え方。1908年にニューヨークのブロードウェイで大成功を収めたユダヤ系英国人作家イズラエル・ザングウィル（Israel ZANGWILL）の戯曲『ザ・メルティング・ポット（The Melting Pot）』は、アメリカに移住したロシア系ユダヤ人の作曲家が多くの困難を乗り越えながら非ユダヤ系の女性と結ばれる物語で、以来、その題名がアメリカの特質を表す常套句として定着した。しかし60年代以降、グレイザー（Nathan GLAZER）とモイニハン（Daniel Patrick MOYNIHAN）による『人種のるつぼを超えて（Beyond the Melting Pot）』などを通じて、民族の融合装置は実際に機能していないという批判が展開された。移民や少数民族の側でも、▼同化による独自の宗教・言語などの喪失への抵抗感があり、とくに公民権運動の高まりによって、多元的な社会を目指すべきだという考え方が広まった。　　　　　　　　　（能登路雅子）

↩ サラダ・ボウル論，多文化社会
📖 明石紀雄・飯野正子『エスニック・アメリカ』有斐閣，1997.

メルボルン
墨尔本　Melbourne

オーストラリア第2の都市、ビクトリア州の州都。米国サンフランシスコの旧金山に対して、新金山と呼ばれる。1851年のビクトリア州での金鉱発見がオーストラリアの▼ゴールドラッシュの始まりである。この金鉱発見により、多くの中国人が同州を目指した。金鉱が衰退する70年代まで、同州が中国人の最も多い州だった。メルボルンのチャイナタウンは1850年代にすでにリトル・ブローク・ストリートを中心に形成されつつあり、70年代以降同市の中国人が急増しはじめた。広東省▼四邑出身者が多く、1854年創立の四邑会館はメルボルンで最古、最大の同郷会である。1990年代には中国系人口は市人口の2％を超え、▼シドニーに次いで中国系人口の多い都市である。華人系組織も30を超え、シドニーと同様、▼華僑学校も数校存在する。

同郷会では四邑会館のほか、▼梁啓超がメルボルン滞在中に訪れた岡州会館が古くて、規模も大きい。同郷会以外で初期に設立された組織には反清朝を掲げた1902年成立の断髪会（華装断髪会）がある。同じく02年に同市最初の▼華字紙が誕生、09年には共和派支持の機関誌『民報』も発行され、▼孫文支援の活動が活発だった。現在、メルボルンを代表する華人系団体は78年設立のビクトリア州華人社団連合会（維省華人社団聯合会、FCA）と82年成立のビクトリア中華協会（維多利亜省中華協会、CAV）。前者は11のさまざまな華人系組織の連合体で、華人社会を代表して州政府と交渉を行う。後者は会員の権利・福利のための活動、中国文化の保護と促進を行う。85年設立の華人歴史博物館は同市のみに存在し、オーストラリアの華僑・華人の歴史、中華文化を紹介している。「華人安老之家」は85年に設立、高齢者に健康維持活動、文化活動などを提供し、州政府からの積極的な援助も受けている。華人系政治家では市会議員、州会議員、国会議員がいる。（増田あゆみ）

📖 C. Y. Choi. *Chinese Migration and Settlement in Australia*. Sydney UP, 1975. ／ J. Jupp(ed.). *The Australian People*. North Ryde: Angus and Robertson Publishers, 1988.

猛虎山農場（もうこざんのうじょう）

インドネシア華僑の尤扬祖が1953年、3万元を全額出資して福建省▼永春に開設した農場。農業への華僑の本国投資の一例。桃、梨、杉などを栽培。54年漳州から柑橘類の良種を導入した。56年福建省農業庁に引き渡され、地方国有化され、永春国営猛虎果林場と改称。70年代以降柑橘類の栽培面積を拡大し、猛虎山柑橘場と改称。85年、従業員120人以上、柑橘類の栽培面積43万m²、年産800トン。　　　　　　　　　　　（山岸猛）

🔁 華僑投資

盲流（もうりゅう）

「盲流」とは、文字どおり、盲目的な人の流動を意味する造語で、改革の進む1980年代以降の中国で使われるようになった。すなわち、改革によって現金収入と移動の自由を得た各地の農民が、農閑期に仕事を求めて大量に都市に流出するようになり、交通の混乱や治安の悪化など、社会問題化していった。もっとも、出稼ぎなどの季節的な労働者の移動は革命以前からみられるもので、たとえば満洲への季節的な農業労働者は、春節が過ぎた頃から誘いあって大挙して押しかけていた。「盲流」には、こうした伝統的な労働者の季節移動に加えて、流民的なニュアンスが付加され、どちらかというと否定的な意味で使われた。

とくに1989年に全国規模で発生した盲流現象は、数が急増し、時期も集中していたため、大きな社会問題となった。農村部にいるとされる8000万ほどの失業者のうち、800万人ほどが、この時期、おもに長江流域の諸省から中国各地の都市に流出し、政府も農民の強制送還などの措置をとって対応した。その後、政府は農村の余剰労働力を積極的に活用する方向に転じ、近年では代わって農民出身の労働者という意味で「民工」という言葉を使うようになっている。　　　（西澤治彦）

📖 葛象賢・屈維英『中国民工潮』北京：中国国際広播出版社、1990（『盲流』東方書店、1993）．

モー、エリック　1963-
巫啓賢　Eric MOO

シンガポール華人の歌手、男優。マレーシアで生まれ、幼時にシンガポールに移住。1983年の歌手デビュー後、活動の場を台湾に移し、歌手リウ・ウェンチェン（劉文正）のプロデュースでアルバム『妳是我的唯一』（88年）を発表。自ら作曲した同名の曲がヒットし、台湾での地歩を築いた。94年のアルバム『太傻』は香港でもヒット、華人世界全体に知られる人気歌手となった。出したアルバムは約40枚にのぼる。▼香港映画『慈雲山十三太保』（95年）などにも出演した。（松岡環）

木魚書（もくぎょしょ）

広州を中心とする広東省西部と広西省の一部、および東南アジア、北アメリカの広東系華僑居住地域でかつて行われていた広東語（▼粤語）による語り物芸能の歌詞を記した書物のこと、またその芸能自体をもこの名で呼ぶ。南音、龍舟などともいわれるが、厳密には形式が若干異なる。明末・清初の広東の詩人、鄺露（1604-50年）の詩に、「琵琶にて木魚を弾く」と見え、また清代広東の文人、屈大均（1630-96年）の『広東新語』では「摸魚歌」と表記する。康熙52（1713）年の序をもつ『花箋記』が現存最古の作品である。おもに女性を聴衆としたため、恋愛物語が多く、未婚女性の結義姉妹団体である金蘭会など広東女性独特の風習が反映されている点が注目される。その歌詞を木版で刷った冊子は、18世紀以来、仏山、広州、香港などで大量に出版されたが、新中国成立以後は、香港の五桂堂のみが1972年まで出版を続けていた。　　　　　　　　　　　（金文京）

📖 稲葉明子・金文京・渡辺浩司編『木魚書目録』好文出版、1995．

黙子如定（もくすにょじょう）　1597-1657

江戸初期に長崎に来住した▼黄檗宗の唐僧。江西省撫州府建昌県出身。1632（寛永9）年

に渡来、36歳で↑興福寺第2代住職となり、磨屋町と酒屋町の間に↑眼鏡橋を懸けた。43年東盧庵（幻寄山房）を寺の上に建て、45（正保2）年住持を逸然に譲り隠居、57（明暦3）年幻寄山房で生涯を終えた。華僑にその徳を慕う者多く、後に享保年間（1716-36年）に興福寺第9代竹庵浄印の画賛「黙子禅師像」が作成された。黙子は象嵌技術でも優れ、長崎文化に影響を残した。岩国錦帯橋設計の唐僧独立𠮷󠄁ｸ𠀉は弟子の一人。　　（川勝守）

木版印刷 もくはんいんさつ

木板に文字などを彫りつけた版による印刷。雕版𠮷󠄁ﾊﾝ印刷とも。スペイン領フィリピンでは、活版印刷が導入される以前、布教関係書は、在住中国人への布教を担当したドミニコ会士などの指導の下で、中国人の木版印刷技術により出版された。フィリピン最初の印刷物と確定できるのは、ドミニコ会のコボ（Juan COBO、日本にも来航、1592年没）による『弁正教真伝実録』、スペイン語・タガログ語版の *Doctrina Christiana*（カトリック要理）の2書で、いずれも1593年の出版である。また、コボやマルドナド（Juan MALDONADO）らによる中文版の *Doctrina Christiana*（1605年頃）は、マニラの↑パリアンにおいて、中国人ケン・ヨン（Keng Yong）が木版印刷した。本書は 'Dios' を「僚氏」、'Jesús' を「西士」とするなど、閩南音表記に特徴がある。また、マニラのビノンド地区で、ドミニコ会士の指導の下、中国人カトリック教徒のフアン・デ・ベラ（Juan de VERA）と弟ペドロ・デ・ベラ（Pedro de VERA）の兄弟は、最初期の活版印刷に携わった（現存最古、1604年）。　（菅谷成子）

▣ 施振民「華人引進的印刷術」『菲華週刊』1983年2月23日。

モク、ヒュー 1951-
莫虎　Hugh MOK

中国系アメリカ人警察官。上海で生まれたが、幼児時代に母親に連れられ香港、台湾、スペインなどを転々とし、1960年にアメリカへ移住した。76年にボストン大学法学院を卒業後、マンハッタン地方警察署に入り、初めての中国系人検察官となった。84年にニューヨーク市警察総局の副局長に任命された。

（曾櫻）

モゴック
抹谷　Mogok

ミャンマー（ビルマ）北部の宝石産地。中国の明・清両王朝に服属した孟密土司の地にあり、多くの華僑が宝石の採掘に来集した。宝井と呼ばれる深い井戸を掘って、その底から猫目石や琥珀などの宝石を採取する方法は、すでに明末の17世紀の宋応星『天工開物』巻十八「宝」の条に図解で記されている。モゴックで採取した宝石を中国雲南省の永昌まで運ぶ路は宝井路と称されて、華僑宝石商人の往来で賑わった。明末の「鉱税の害」に際して、派遣された宦官の楊栄が宝石廠で苛酷な徴求をしたため、1606（万暦34）年に華僑や少数民族の反乱を惹起して殺された事件は史上に名高い。　（和田博徳）

▣ ミンゴン、陸路移住
▣ N. M. Penzer, *The Mineral Resources of Burma*. London: G. Routledge, 1922.／沈徳符『万暦野獲編』巻三十「土司・滇南宝井」1619（北京：中華書局、1959新刊）。／文秉『定陵注略』巻五「地方激変」、北京大学出版社、1985。

モデル・マイノリティ
model minority

北米において、中国系、日系、韓国系などの社会階層的上昇速度の速いアジア系移民少数グループを賞賛して指す呼称。北米における彼らは、他の移民少数グループと同様に貧しい移民として出発し、差別や偏見の対象となってきたが、二世、三世世代における社会的上昇は速く、移民少数グループの中では突出して中流階層化してきた。このため、これらアジア系はしばしば彼らに先立って社会的上昇を果たしたユダヤ系と比較され、また、少数グループの中の優等生として「モデル・マイノリティ」と呼ばれるようになった。この呼称は本来賞賛的なものであったが、他方、アジア系を賞賛することで、他の少数グループの窮状を彼ら自身の責任であるように扱う欺瞞的なものであり、また、アジア系を白人支配層と下層少数グループとの中間に位置するグループ（middle-man minority）として固定化しようとする意図をもつものだとして、しばしばそのイデオロギー性が批判の対象となっている。　（森川眞規雄）

⇒ ガラスの天井

モフル通事 モフルつうじ

長崎奉行配下のモフル（モウル）語の通訳官。モウル通事ともいう。広義の「唐通事」に含まれる。モフルとはムガルの訛でインド地域を指すと思われるが、史料上の事例からみるとイスラム系でペルシャ語の可能性がある。重松十右衛門と中原伝右衛門を1672（寛文12）年に唐内通事に加えて担当させたが、正式な任命は1687（貞享4）年である。初め2人制でのち中原氏だけが世襲したが、その地位は低くなり、1855（安政2）年阿蘭陀通詞に吸収された。　　　　　　　　（林陸朗）

📖 中村質「近世における日本・中国・東南アジア間の三角貿易とムスリム」『近世対外交渉史論』吉川弘文館, 2000.

モーリシャス
毛里求斯　Mauritius

インド洋上の島国で、華人の希薄なアフリカ方面で最も華人の居住が多い。サトウキビの「プランテーション」で知られたこの島には、蘭領（1598-1710年）、仏領（1715-1810年）時代、すでに東インド諸島から再移民してきた「華工」があった。1814年英領となり、イギリスの1833年奴隷解放にともない代替労働力がインドと中国から導入された。英領後の華工は1848年レユニオン島、ブルボン島からの再移民29人に始まる。華人は1861年1552人（うち女子2人）、1930年6747人（1575人）に増大したが、性比が示すように典型的な出稼ぎ社会であった。性比が均衡するのは50年代以後である。68年独立を達成し英連邦の共和国となった後も農業を主体とするが、70年代中国からの借款により工業発展策がとられた。また中国、台湾の遠洋漁業基地でもあった。投資・技術移転、経営管理関係で「香港、台湾などから一時在留する中国人と東南アジア華人を除き、87年末現在、華人は3万0700人で、同国総人口の3.2%を占める。華人の約45%は首都ポートルイスに居住する。祖籍からすると梅県「客家」が最も多く、次いで南海、順徳両県の「広東人、台山人の順となる。食品、雑貨など各種小売商業が中心であるが、輸出入業、卸売商業、工業に従事する者もある。「華字紙が発行され、小規模ながら寺廟も存在するが、華人の約半数はカトリック教徒である。華人子弟には高等教育を受け、専門職あるいは政府関係に勤務する者も少なくない。　　　　　　　　（可児弘明）

📖『華僑経済年鑑』民国72-73年版。／方積根『非州華僑史資料選輯』北京：新華出版社, 1986.

モルガ、アントニオ・デ 1559-1636
Antonio de MORGA, Sánchez, Garay Y López de Garfias

スペインの植民地司法官兼行政官。1593年、フィリピン諸島総督ダスマリニャスがテルナテ遠征途上、中国人漕手の反乱により横死するなか、代理総督に任命され、95年着任。98年、廃止されていたフィリピナス王立司法行政院の再開にともない審議官。以後、1603年、メキシコの司法行政院刑事法官に転出するまで、政敵との抗争にさいなまれながらも、8年間、厳格な官吏として中国人問題、王室金庫問題、修道会問題などの難問に当たった。メキシコ転出後、著書『フィリピン諸島誌』を公刊。当時のスペインにとって、チナ（中国）は交易と布教の両面で魅力的な存在であり、同著にも、諸島内外における中国人（「サンレイ）の動勢（とりわけ反乱をめぐる）、交易品、改宗状況、身体的特徴、慣習、現地住民に及ぼす悪影響に関する詳細な記述が見られる。これらの記述には、「大食漢」「男色の弊風」など多分に偏見に基づく記述もあるが、駐屯部隊などの迫害、略奪が反乱の引き金になっていること、強欲、不誠実な者がいる反面、大部分は高い技術と自分の財産に対する強い関心をもち、増えすぎない範囲で植民地経営に必要不可欠であることなど、実務家として抑制のきいた鋭い観察も随所に見られる。　　　　　　（宮原曉）

⇒ ダスマリニャス殺害事件
📖 アントニオ・デ・モルガ『フィリピン諸島誌』大航海時代叢書Ⅶ, 岩波書店, 1966.

モルッカ［諸島］
馬魯古　Moluccas

スラウェシとニューギニアの間に点在する群島。香料群島の別名が示すように、チョウジとニクズクの原産地。自生地は、チョウジがティドレ・テルナテなど北モルッカ諸島の四つの小さな火山島、ニクズクが中央モルッ

カのバンダ諸島と限られていた。中国人のかかわりは、もっぱらこの香料、とくにチョウジを通してであった。チョウジは、薬用、あるいは息を甘い香りに変えるものとして後漢末には知られ、唐代には食物への香りつけとしても用いられるようになる。しかし、モルッカ諸島をその産地として認識したのはようやく14世紀に入ってからであり、▼『島夷志略』がその最初の記録とされる。そのころフィリピン経由の航路が開発され、16世紀後半には、テルナテの成人男性人口が2000人のところ、中国人商人は、ジャワ人、アチェ人とともに1000人を数えた。16世紀以降は、ポルトガル、オランダがたびたび香料の独占を試みたが、各地で持ち出された原木の植栽・生産が進んだこともあり、香料群島としての重要性は著しく低下した。

(阿部健一)

モンカイ
芒街　Mong Cai

ベトナム北部中国国境に位置するクワンニン（広寧）省の沿海都市。Mong Cai は漢名ではなく、芒街（ベトナム漢字音は Mang Nhai）は広東語音 Mōng Gāi による当て字。川を隔てて中国の広西チワン族自治区東興県に接する、古くから中越双方の越境者の通過拠点。20世紀初め、中国の陶工が集団的に入境し6基の製陶工場を経営、1910年代に年産200万kgの陶器生産を達成してから陶器の生産地として知られた。第1次大戦後に工場は倍増し、29-30年頃には仏領インドシナ連邦全域に出荷した製品は2000万kgに達し、陶工数千人を含む華僑は全市人口の80％に達していた時期がある。1896年フランスは仏領マダガスカルの道路建設のためにモンカイの華僑から労働者を募り、約3000人が移民としてマダガスカルに渡ったが、2、3年の間に3分の1が死亡、完工後の残留者が現地在住華僑となった。

(川本邦衛)

モンゴルの華僑・華人　モンゴルのかきょう・かじん

モンゴル（蒙古）在住華僑は現在1300人前後。数万人もの不法滞在者がいるとの報道は誤りで、多くは1950年代の善隣友好関係発展の中で移住した人々である。中国の旅券を持ち、首都ウランバートルに集中、ほぼ全員モンゴル華僑協会に登録。協会は▼華僑学校の運営がおもな仕事で、校長は協会主席を兼任。民族意識が強烈で就学率は高く、移行期の混乱で問題になる不登校者はほとんどいない。83年、約3万人いた中国人は、帰国の「許可」というよりは「勧告」に近いモンゴル政府の言い分に応えて大部分が帰国、85年以降のモンゴル版ペレストロイカ「オールチロルト・シネチレル」政策によって中国から衣料品などを運ぶ担ぎ屋を開始、居残り組も90年代に入って同様の活動を始めたが、利権に無縁だったことなどから、モンゴル人担ぎ屋に比して、大成功の例は少ない。19世紀に中国系隊商の活動がモンゴルを越えてシベリアに及んだのとは異なる。90年代後半に中国系の直接投資は一部アングラ化したが、不動産向けが増加、ホテル、商店、バー、レストラン等向けも相次ぎ、政権の座にあった民主連盟支持派の企業家たちに、内モンゴル、香港、マカオ系の資本が流れたという。また、カシミヤ原毛など畜産原材料買付けにおける内モンゴル人の活躍は、モンゴル国内工場の原材料不足を招いた。

(窪田新一)

モンコン・カーンチャナパート　1920-
黄子明　Mongkol KAANCANAPHAAS

タイの企業集団ムアン・トン・グループ（通城集団）、バンコク・ランド（曼谷置地）創立者。生年は1921年とも。祖籍は広東省普寧で、バンコク生まれ。幼少時を中国で送る。12歳のとき、父の黄邦賢がヤワラートで経営する時計・眼鏡店でレンズ磨きとして働きはじめた（1930年代に香港で商売をした後に渡タイしたとの説ある）。26歳のとき、同業者であった▼ディロック・マハーダムロンクーンらと合弁で時計・眼鏡販売の通城鉅行公司を創業。60年前後にディロックと共同でヤワラートに金島燕窩公司を創設、政府よりタイ南部の▼燕の巣の採取権を獲得した。それで得た莫大な資金を投入してバンコク周辺で購入した広大な土地が、後にバンコク・ランドを中核とする不動産開発事業の基礎となる。税制が簡単なうえに国際港としての条件を備えた香港の将来性に注目したモンコンは、60年代初期に一族の中核事業を香港に移した。62年に日本のセイコーの東南アジア地区総代理店となり、翌年、長男のアナン・カーンチャ

ナパート（黄創保）が宝光実業を創設、一族の香港拠点とした。70年代初期、タイのサイアム・シティ銀行（泰国京都銀行）、香港の香港京華銀行の株式を取得したが、70年代末、両銀行株を売却、不動産、時計事業拡大にまわす。香港では時計以外の事業を扱う華基泰集団を設立し、傘下にスポーツ用品、レストラン、ホテル、投資、不動産開発などを経営、80年代以降は香港の有力地場企業集団としての地位を維持。タイ経済が急成長した80年代後半、タイにUターンし、バンコク・ランドを中心にバンコク周辺に所有していた広大な土地で野心的な不動産開発を展開。さらに通信・衛星事業に進出する一方、タナヨンを創設、バンコクで高架鉄道建設を手がけた。90年代前半、最大時でバンコクの上場株式の15％前後を押さえ、香港の▼リー・カシンを超える世界最大の華人資産家とまで呼ばれたが、95年後半よりタイの不動産バブルが崩壊。タイ政界の内紛にも巻き込まれ鉄道建設も大幅に遅れ、倒産寸前までに追い込まれたが、高架鉄道は完成し、2000年には大型融資のめどが立ち路線拡張計画を発表している。アナンがタイの上院議員に選ばれた92年前後が一族の絶頂期といえる。 〔樋泉克夫〕

参 涂照彦編『華人経済圏と日本』有信堂, 1998.／曹淳亮主編『香港大辞典』経済巻, 広州出版社, 1994.／Borisuth Kaasinphilaa & Canphen Vivathsukhaseree. *Baankooklend Len End Haos*. Bangkok: Mathichon, 1994.

モントリオールの華僑・華人 _{モントリオールのかきょう・かじん}

カナダ東部に位置するモントリオール（蒙特利爾・満地可）では華僑社会の成立は遅く、大陸横断鉄道完成（1885年）後のことであった。ただ、産業都市としてのモントリオールはその後多くの中国人をひきつけ、1920年代には2000人弱の人口をもつ▼チャイナタウンができあがっていた。日中戦争期には北米での有力な抗日団体であるモントリオール華僑統一抗日救国会さえ組織されるようになっていたのである。戦後、▼排華法の撤廃にともない、モントリオールの華人社会も順調に発展し、60年代には5000人規模、現在では6万人を超えるものになっている。モントリオールはフランス語圏であることから、中国系人社会には香港系、台湾系や大陸系華人、および旧華僑とその子孫以外に、比較的多数のインドシナ難民系華人が含まれている。華人団体もこれを反映し、80年に結成された老舗団体のモントリオール華人連合総会以外にもいくつかの有力な団体が組織されている。 〔森川眞規雄〕

モントレーパーク
蒙特雷公園　Monterey Park

ロサンゼルス郊外にある中国系移民が集住する都市。近年の台湾や香港出身の中国系移民は教育、職業、資産などの点で高い適応力をもつ者が多く、彼らは▼チャイナタウンでの居住ではなく、大都市郊外の中流住宅地を選好し、いわゆる「▼郊外型チャイナタウン」を形成する傾向が強い。モントレーパークはそうした傾向がアメリカで最も早く見られた市で、中国系不動産業者が顧客をひきつけるために使ったキャッチフレーズ「▼中国人のビバリーヒルズ」はこの市の代名詞となった。同市では市議会議員の輪番で市長が指名されるので、中国系議員が生まれると数年で中国系市長が誕生することになり、1990年全米で初めて中国系市長をもつ市ともなった。現在までにすでに複数の中国系議員が市長となっている。 〔森川眞規雄〕

⇨ 郊外型チャイナタウン, 中国人のビバリーヒルズ

ヤ

ヤウ・シントン 1949-
丘成桐　YAU Shing-Tung

中国系アメリカ人数学者、教育者。広東省▼スワトウで生まれたが、幼年期に両親と香港に移住した。香港中文大学崇基学院を2年間で卒業した後、1969年にアメリカへ留学し、71年カリフォルニア大学バークレー校から数学博士学位を取得。カリフォルニア大学バークレー校、プリンストン大学、スタンフォード大学などで教鞭をとり、微分幾何学、解析幾何学、広義相対性理論などさまざまな領域で著しい成果を収めた。77年に幾何学理論のカラビー仮説を証明したことで、数学学界で国際的に名が知られた。79年にカリフォルニア州科学技術と工業博物館から科学家賞、81年にアメリカ数学学会からウィボロン賞、同年アメリカ科学院からカリ賞が与えられ、82年に世界数学学界最高名誉のフィールズ賞の初めての華人受賞者となった。　(曾櫻)

『訳司統譜』やくしとうふ

1897（明治30）年に▼潁川えが君平が編纂・刊行した▼唐通事と関係諸役人の系譜。初めの由緒書に続いて、唐通事目付、大通事、小通事、稽古通事など、役職ごとに任命された人の名前、昇進、引退、死亡などの年月日を記す。唐通事頭取、唐通事諸立合など短期間だけおかれた役職についても記載されている。『唐通事会所日録』(1663年から1715年）とともに、唐通事に関する最も基本的な史料である。　(永積洋子)

⊟ 唐通事の家系

圏『訳司統譜』(『長崎県史』史料編第4、吉川弘文館、1965、所収）／『唐通事会所日録』全7冊（東京大学史料編纂所編『大日本近世史料』東京大学出版会、1955-68、所収）。

薬種目利 やくしゅめきき

江戸期、長崎に置かれた輸入薬種の評価・鑑定役。「長崎諸役人増減書」によれば、寛永年間（1624-44年）、10人が薬種目利に任命されたのが発端。貞享年間（1684-88年）に2名、さらに1741年に1名を増員。舶来薬種に関する専門的知識をもち、また御薬園掛として薬草木の栽培にも携わった。なかでも、薬種目利頭取中島真兵衛と、本草学に精通し『拾品考』を著した門人野田青蓝（通称源三郎）らは著名。薬種目利のほか、小薬屋（20数人）、油薬目利（2人）などもあった。

(岩﨑義則)

⊟ 書物目利

柳谷謙太郎 やなぎや・けんたろう 1847-1923

幕末の▼唐通事、のち明治政府官僚。長崎の中尾氏に生まれ、唐通事柳屋八十八の養子となり、柳屋美浦松として1860（安政7）年稽古通事となった。長崎の済美館でフルベツキらに英語を学び、維新後は柳谷謙太郎と改名し、神奈川県出仕となり、1871（明治4）年米国に留学した。帰国後、横浜税関長となる。76年サンフランシスコ領事、外務省書記官となったが、のち農商務省に転じ、大臣秘書官、局長を歴任して1901年退官し、以後実業界に入った。

(林陸朗)

柳屋次左衛門 やなぎや・じざえもん 1639-1700

▼唐通事柳屋氏の初代。本姓は柳、父は1677（延宝5）年80歳で没した▼住宅唐人柳屋庄兵衛。1658（万治元）年小通事に登用され、61（寛文元）年には大通事となり、93（元禄6）年に退職したが、95年再勤して唐通事目附となった。このとき名を石崎友少と改名した。子孫は柳屋を継いだが、のち分家が唐通事新株を立てたとき、石崎姓を称した。また柳屋は明治初年柳谷と改め、サンフランシスコ領事となった▼柳谷謙太郎はこの子孫である。

(林陸朗)

柳屋治郎左衛門 やなぎや・じろうざえもん ?-1742

▼唐通事柳屋氏の2代目。1697（元禄10）年長崎本紺屋町中村権平が初代▼柳屋次左衛門（石崎友少）の養子に迎えられ柳屋次兵衛と名乗って名跡を相続し、稽古通事に採用された。その後小通事を経て、1713（正徳3）年に大通事となり、名を治左衛門と改め、25

(享保10)年には風説定役となった。その後38(元文3)年ふたたび名を治郎左衛門と改めた。
(林陸朗)

『夜半鐘声』(やはんしょうせい)

1872年7月に起こった▼マリア・ルス号事件の顛末をつづった冊子。事件の経過と▼苦力(クーリー)貿易の悲惨さを記した内容で、横浜の中華会館が出版した。この本には出版費を負担した人々の芳名録が掲載されている。芳名録には各人の出身地も明記されており、当時の横浜華僑の広東人中心の状況を推察できる資料でもある。
(伊藤泉美)

　⊡横浜中華会館
　⊛『横浜中華街』

ヤフー
雅虎　YAHOO!

スタンフォード大学大学院生であった台湾生まれの▼ジェリー・ヤンとカナダ出身のデイビッド・ファイロ(David FILO)によって1994年にカリフォルニアのシリコンバレーで創業されたインターネット無料検索システム運営会社。YAHOO!とは「もう一種の正式な階層化(検索)システム(Yet Another Hierarchical Officious Oracle)」の略で、ユーザーによる無料検索、当該サイトへの広告掲載業者からの広告料のみを収入源とするビジネスの発想と、そのユニークな社名、創業者の旺盛な企業家精神が事業の成功をもたらした。96年の上場以来同業種トップの座にあったが、2000年末のネットバブル崩壊の影響で、業績を急に悪化させている。
(王効平)

飲茶(ヤムチャ)

▼広州で生まれた喫茶文化、「点心をつまみながらお茶を飲む」▼広東料理の特徴ある食スタイル。初めはお茶を飲むことに重点がおかれていた。約150年前、庶民は二厘館という平屋の粗末な茶店で、お茶を飲んでいた。その後、茶居(平屋)に発展すると、店内の腰かけの数は増え、瓜子(スイカやカボチャの種を干して炒ったもの)や餅食がお茶受けに出されるようになる。茶居が▼茶楼に発展した1880年頃から、蝦餃(ハーガウ)、焼売、叉焼包(チャーシューパウ)などの点心が提供されるようになる。普洱(プーアル)、水仙、鉄観音、龍井、寿眉、紅茶、六安などから好みの茶を選び、焗盅(ヤックチョン)という茶碗蒸し容器のような茶器を用いて茶をいれる。清末以来、飲茶は広東人男性の生活習慣となり、富貴な人たちが長衿(ちゃんしゃん)を着て鳥籠を持って茶楼に出かけ、小鳥自慢や世間話をした。その後、庶民にも飲茶が広がり、商談や情報交換の場としても機能する。「一盅(いっちょん)両件」(1盅のお茶と2種の点心)が、第2次大戦前の広東人の標準的な飲茶といわれた。1930年代に星期美点(週替わりの点心)を出す店が競い合い、点心の種類を増やした。戦後の不況期から酒楼でも飲茶を営業するようになり、飲茶はさらに普及した。大酒楼では一度に数百人が飲茶するため、蝦餃や焼売など手間や技術のいる伝統的点心のほかに、屋台食や小菜(総菜)、▼粥麺(しょくめん)専家や甜品(ティンパン)店(甘味処)のメニューが取り入れられ、ワゴンに点心を載せて売り売る方式が始まる。同時に飲茶は「点心を食事がわりにお茶を飲む」ものに目的も変化、また女性の社会進出と核家族化が進む70年代から、気軽な外食の場としても欠かせないものとなっている。
(飛山百合子)

ヤワラート事件(ヤワラートじけん)

第2次大戦直後にバンコクの▼チャイナタウンの中心街ヤワラート(Yavaraach)で発生した華僑とタイ人の対立事件。大戦中、同盟関係にあった日本からの要請もあり、タイ政府が▼抗日運動に繋がるとして華僑活動に制限を加えたことに華僑は不満を募らせていた。大戦が終結、世界の五大国入りを果たした中国の国際的影響力を背景に、華僑は中国国旗を掲げ華僑活動の全面的復活への象徴としたが、これにタイ人が反発、1945年9月21日、衝突が発生し華僑に犠牲者が出た。タイ政府は警察軍にヤワラートを包囲させる一方、治安維持を目的に華僑側の各出身地代表とともに中暹憲警隊(維持費の半額は華僑側が負担)を組織した。4か月の活動を経て事態は沈静化。事態収拾の証として、国王ラーマ8世が弟(現国王)とともにヤワラートを巡視した。46年1月、中国・タイ友好条約が締結され両国間に正式な外交関係が成立、華僑の国籍問題が外交課題となり、華僑は中国からタイへと国籍を移しタイ籍華人へと立場を変えた。この事件はタイ華僑による華僑とし

ての自己主張の最後であり、彼らにタイ社会との融和なしでは生きていけないことを自覚させた最初の体験といえる。　　　　(樋泉克夫)

ヤング、ケティ 1935-
黄琚寧　Katie YOUNG

オーストラリアの華人系社団の女性指導者。香港生まれ。英米の大学で学ぶ。1969年から81年までタスマニア州都ホバートで教職に就いた後、移民リソース・センター、多文化研究所に勤務。69年から同州華人協会理事・会長、連邦民族問題委員会執行委員を歴任。86年度に開かれた全豪華僑・華人集会の発起人。中国系の人々の団結、華人社会の中国文化普及、福祉の増進、豪中関係の友好促進のために活動している。　　(増田あゆみ)

ヤンゴン
仰光　Yangon

ミャンマー(ビルマ)の首都であり、同国の最大都市。人口387万(1995年)。イラワディ川支流であるフライン川(ヤンゴン川)とペグー川の合流点に位置する。1989年、軍事政権の下で、それまでの国名ビルマがミャンマーへ変更され、そして首都ラングーン(Rangoon)もヤンゴンに改称された。1852年の第2次ビルマ戦争後、戦火で荒廃したヤンゴンは、イギリスによって植民地支配の拠点として再建された。綿密な都市計画に基づいて、道路は格子状に整然とつくられた。第2次大戦前、ヤンゴンは、ビルマ人よりも、移住してきたインド人や華人を中心に構成されていたといえる。1931年、ヤンゴンの人口40万のうち、インド人が39.5%(15.8万)、ビルマ人が30.0%(12.2万)、華人が7.6%(3.1万)であった。ヤンゴン市街地の中心にあるスーレパゴダの西側にインド人街が広がり、華人は、そのさらに西側のタロクタン(Taroktan、チャイナタウンの意味)と呼ばれる地区に集中していた。そこには、チャイナタウンのシンボル的存在として観音古廟(広東人が設立)と慶福宮(福建人が設立)がある。ヤンゴンのチャイナタウンは、ラタ街(Latha Street、百尺街)、マハバンドーラ街(Mahabandoola Street、広東大街)、ランマドゥ街(Lan Ma Daw Street、南勃陶街)を中心に形成されている。1962年に発生したネ・ウィン将軍による軍事クーデタ以後、ミャンマーは独自の社会主義の道を歩むことになった。この「ビルマ式社会主義」体制下で、従来ミャンマー経済の実権を握ってきたインド人や華人などから、ミャンマー経済をミャンマー人の手に戻す政策が採られ、華人の経済活動は大幅に制限され、華人経済は衰退していった。ヤンゴンのチャイナタウンで見られる食堂や商店も規模が小さいものが多く、活気に乏しい。　　(山下清海)

圏山下清海, 1987.

ヤン、ジェリー 1968-
楊致遠　Jerry YANG

インターネット検索サービスの最大手「▼ヤフー」の共同創業者の一人。中国名ではヤン・チーユアン(YANG Chih-Yuan)。台湾から10歳のときに家族でアメリカへ移民。スタンフォード大学電気工学博士課程の1994年、同級生のデイビッド・ファイロとインターネットにのめり込み、独自に検索エンジンのソフトを開発、翌年8月にベンチャー資金を得て「ヤフー」を立ち上げ急成長、一躍シリコンバレーの寵児になる。大企業となった現在も同社のCEO(経営最高責任者)。夫人は日本人の山崎あき子。　　(村上由見子)

ヤン、チェンニン 1922-
楊振寧　Chen Ning YANG

中国系アメリカ人物理学者、教育者。安徽省合肥で数学教授の長男として生まれた。1942年昆明西南聯合大学物理学学士、44年同大学物理学修士の学位を取得。翌年公費留学生として渡米し、世界的に名が知られる物理学者E.フェルミに師事し、48年シカゴ大学から物理学博士学位を取得。49年よりプリンストン大学高等研究所の研究員、55年より同大学物理学教授、66年よりニューヨーク州立大学ストーニーブルック校アインシュタイン物理学教授、理論物理学研究所長などを歴任。理論物理学をはじめ、数学、統計力学などの分野で著しい成果を収めている。1949年にフェルミとともにフェルミーヤン・モデルと呼ばれる素粒子の構成モデルを発表した。54年にR. L.ミルズとともに、素粒子と場の基本的相互作用を記述する非アーベル的ゲージ理論を提唱し、それはヤン-ミルズ理論とし

て知られている。56年に`ツンダオ・リーと共同研究し、素粒子間の弱い相互作用ではパリティ保存則が破れることを指摘し、衝撃的な波紋を起こした。ツンダオ・リーとともに57年にアインシュタイン記念科学賞を受賞し、同年ノーベル物理学賞を受賞した。58年プリンストン大学、79年ミネソタ大学など、さまざまな大学から名誉博士号を与えられた。80年にアメリカ科学芸術学会からランフォード勲章を与えられ、86年にアメリカ国家科学勲章を受賞した。71年からたびたび中国を訪問し、中国の科学技術近代化政策のアドバイザーとして活躍し、米中科学技術交流に力を注ぐ。また名誉教授として中国のさまざまな大学の教育研究に貢献し、有望な学生を選抜してアメリカへ留学させ、人材育成に努力を惜しまない。著書 Elementary Particles: A Short History of Some Discoveries in Atomic Physics などが多種の言語に翻訳され、物理学界に大きな影響を与えた。　　　(曾櫻)

⇨ ウー、チェンシュン

ユ

ユアン、D. Y.
阮大元　D. Y. YUAN

社会学者。中国の南京生まれ。*Chinese-American Population* (Hong Kong: UEA Press Ltd., 1988) の著者。著者の論文集であり、1963年に発表された "Voluntary Segregation: A Study of New York Chinatown" が第1章として収録されている。この著作が刊行された当時はマカオの東亜大学教授。`チャイナタウンが形成されるおもな理由を、差別や偏見から自衛するために集団が自発的に行う多数派からの隔離と見なす。制度的差別が少なくなった現在では、チャイナタウンはかつての自発的隔離のシンボルと見なされる。　　　(吉原和男)

俞惟和 ゆいわ 1605-74

長崎の`住宅唐人。`唐通事河間氏の祖。字は道通。八官と称した。福建省福州府福清県の人。1622 (元和8) 年伯母の夫`林太卿 (楚玉) を頼って長崎に渡来したと伝える。林太卿 (1572-1645年) は唐大通事林仁兵衛の父で、1609年鹿児島に渡来し、19年長崎に移住していた。俞氏の先祖は明朝の将軍であったという。祖籍の地北京直隷省河間を日本読みにして姓とした。`崇福寺の創立に尽くした一人である。子の河間八郎兵衛以後、唐通事を世襲した。　　　(林陸朗)

裕益号 ゆうえきごう

長崎の`広東幇の有力華僑貿易商社の一つ。明治中期、新地町2番地に開設。号主の簡心茹 (1866-1930年) は、広東省新会県出身、1887 (明治20) 年長崎に渡来。香港に本店をもつ同号は、対香港貿易における海産物や雑貨の輸出、米穀の輸入に従事した。簡心茹は、`広東会所総代 (1916-30年) を務め、19

15(大正4)年の広東会所改築では中心的な役割を果たした。▼長崎華商商会会長(1916-22年、26-30年)、▼長崎華僑時中小学校名誉校長などを歴任、長期にわたり長崎の広東幇と華僑社会のリーダーの一人であった。

(陳東華)

ユウ、ジョン 1934-
余森美 John YU

オーストラリア最初のアジア系大学長。南京生まれ。シドニー大学で医学を学び、豪州で小児医療に献身する。医療関係のみならず、文化・社会活動においても積極的に貢献し、数々の委員会の委員を務める。1978-97年、ニュー・チルドレンズ病院院長。96年度オーストラリアン・オブ・ザ・イヤーにも選ばれる。99年ニューサウスウェールズ大学学長に選任された。

(増田あゆみ)

熊斐 ゆうひ 1712-72

江戸中期、長崎の画家。本名神代甚左衛門。先名彦之進、字は淇瞻、号は繡江。▼唐通事神代氏の分家久左衛門の女婿。唐通事としては稽古通事にとどまったが、絵画にすぐれ、初め渡辺秀岳に習い、1731(享保16)年清の画家沈南蘋、次いでその弟子高乾が来日すると就いて学び、花鳥画を中心とする南蘋派の画風を身につけ、その子斐文、斐明をはじめ僧鶴亭、宋紫石、真村蘆江などに伝え諸国に広まった。

(林陸朗)

越中哲也「熊斐(神代甚左衛門)について」『長崎談叢』48、1969.

ユーチェンコ、アルフォンソ・T. 1923-
楊応琳 Alfonso T. YUCHENGCO

フィリピン華人の実業家、外交官。保険・銀行業務を主軸として、35社以上の会社を保有する代表的華人財閥ユーチェンコ家の総帥。福建省から移住したパンガシナン州米作地地主のエンリケを父として生まれた。エンリケは建設会社を設立して蓄財し、1930年に中国保険保証(China Insurance and Surety Company)を設立して、ユーチェンコ財閥の基礎を築いた。アルフォンソは、こうした恵まれた環境下でアメリカ留学を果たし、コロンビア大学のMBA(経営学修士)を取得した。日本占領下で父が開業した会社は解散させられたが、戦後にはマラヤ保険(Malayan Insurance Company)として復興する。すなわち、父が築いた基盤をアルフォンソは50年以降に発展させ、マラヤ保険のみならず、銀行業(▼リサール商業銀行)、生命保険グレート・パシフィック生命保険(Great Pacific Life Insurance Companies)および投資会社ハウス・オブ・インベストメンツ(House of Investments)の四つの金融会社を率い、銀行、消費者金融、建設、エネルギー、石油、農業関連産業、不動産、伐採、薬品など多角的な製造業ならびにサービスに関係する。また、外交においても、アキノ政権では駐中国大使、ラモス政権では駐日大使を歴任し、外交官退官後もエストラダ政権ではアジア太平洋経済協力会議(APEC)の大統領補佐を務め、アロヨ政権下では特使として訪中するなどの重責を果たしてきた。

(中西徹)

ユー・チンコ、マリアノ・フェルナンド 1843-1913
楊尊親 Mariano Fernando YU Chingco

マニラの中国人社会(スペイン当局設置の管理・自治組織、Gremio de Chinos)の頭領(カピタン、Gobernadorcillo de Chinos、在任1877-79年)。フィリピンで最も早く組織された▼宗親会の一つ、フィリピン弘農楊氏宗親会の前身である四知堂の創設者の一人。福建省南安県出身。幼少時に来島し、食肉供給やアヘン専売請負いで財をなした。頭領在任中の1878年、ドミニコ会の管区長より土地を購入してマニラの華僑義山(華僑の墓地)を現在地に拡張し、さらに財を投じて、義山の中心に、先達の功績を記念する崇福堂(Chong Hock Tong)を建設した。

(菅谷成子)

マニラ華僑義山

ユナイテッド・セイビングズ・アンド・ローン・アソシエーション
聯合儲蓄貸款会
United Savings and Loan Association

1952年に米国シアトルに創設された、華人と日系人共同出資による最初の金融機関。聯合銀行ともいう。資本金40万ドル。取締役会が常設され、連邦住宅ローン金融協会、連邦貯蓄・融資保険機構の会員である。会長は陳

光民（Robert CHINN）、頭取はビクター・コナー（Victor S. CONER）。業務内容は預貯金、融資、手形割引、トラベルチェック発行、為替などの通常の金融取引のほかに、住宅修繕ローンや電話料金の徴収代行も行う。
（王効平）

ユー、マーチ・フォン 1922-
余江月桂　March Fong EU

アメリカで活躍した華人系政治家。カリフォルニア生まれの中国系三世。カリフォルニア大学で学士号、ミルズ・カレッジで修士号、スタンフォード大学で教育学博士号を取得。1974年から20年間にわたりカリフォルニア州政府で州務長官を務める。94年、クリントン大統領からミクロネシアのアメリカ大使に任命される。熱心な民主党員だが、98年に息子のマット・フォン（共和党）が上院選に出馬した際には母親として応援、民主党対立候補を批判して話題になった。
（村上由見子）

游龍梅泉 ゆりゅう・ばいせん 1786-1819

江戸中期、長崎の画家。本名は彦次郎。諱は俊良。梅泉は雅号。また吟香、其章、浣花道人とも称した。彭城氏の出で、1801（享和元）年游龍俊次郎の跡を継いで唐稽古通事となった。▼唐通事としては小通事並にとどまったが、絵画にすぐれ、1804（文化元）年来日した江稼圃に就いて学び文人画を描いた。また文筆もよくした風流人として知られ、大田南畝、僧抱一、谷文晁、田能村竹田、頼山陽と親交があり、梁川星巌は梅泉没後の詩を作っている。
（林陸朗）

游龍彦十郎 ゆりゅう・ひこじゅうろう 1803-62

幕末の▼唐通事、大通事過人。諱は聿之。唐通事林氏第7代市兵衛昌風の二男。唐通事游龍辰三郎の養子となりその名跡を継いだ。1829（文政12）年小通事末席から小通事を経て、56（安政3）年大通事となった。▼崇福寺の檀越として49（嘉永2）年発願して山門を再建し、龍宮門と呼ばれる唐風楼門とした。59（安政6）年子の道三郎（▼林道三郎）を実家に入れ唐通事株を得て、絶えていた唐通事林氏を再興した。
（林陸朗）

ユー、ロニー 1950-
于仁泰　Ronny YU

アメリカで映画製作に従事する香港出身の映画監督。香港に生まれ、アメリカのオハイオ大学で経営学を、南カリフォルニア大学で映画学を修めた。ABCのTV局で一時働いたあと1975年に帰国、CF制作に携わった。79年に『牆内牆外』の共同監督で監督デビュー、次作の『救世者』（80年）で一本立ちした。以後『霊幻追鬼』（82年）、『ファイヤー・ドラゴン』（87年）、『チャイナ・ホワイト』（90年）などの娯楽作を次々と発表。人気俳優▼レスリー・チャン主演の『キラーウルフ白髪魔女伝』（93年）や『夜半歌声 逢いたくて、逢えなくて』（95年）では、その凝ったセットや衣裳による耽美的世界が話題になった。97年特撮によるファンタジー・アクション"Warriors of Virtue"でハリウッドに進出、続いて悪の人形チャッキーを主人公にしたシリーズの4作目『チャイルド・プレイ チャッキーの花嫁』（98年）を監督してヒットさせ、ハリウッドでの地位を確立した。
（松岡環）

ヨ

夜市 (よいち)
night market

夕方から夜にかけて開かれる市場。マレー語でパサル・マラム（pasar malam）という。チャイナタウンや華人が比較的多く居住する地区では、このような夜市や朝市が開かれるところがある。おもに食料品、衣類、雑貨などが多く、華人に限らず地元の庶民にとって、夜市は重要な買物の場であり、夕涼みがてら散策する場となっている。▼クアラルンプールのチャイナタウンの夜市は規模も大きく、観光地としてもよく知られている。毎日、夕方になると主要道路が歩行者天国となり、多数の屋台が集まり、外国人観光客も訪れ、夜遅くまで大いに賑わう。大規模な都市再開発が実施される以前のシンガポールでも、1970年代には各地で夜市が見られた。バンコクのチャイナタウンも、夜、多くの食べもの屋台やさまざまな露店が集まり活気がある。夜市が開かれるには、治安がよいことが必須条件である。　　　　　　　（山下清海）

⇒バーシャー
参 山下清海, 2000.

葉亜来 (ようあらい) 1837-85
ヤップ・アーロイ　YAP Ah Loy

19世紀マラヤの華人カピタン。広東省恵陽▼客家だが、祖先は嘉応に住んだ。亜来（阿来）は呼び名で、名を徳来といい、茂蘭を号した。1856年▼マラッカに渡った。おりからマレー西海岸では中国人の錫鉱山進出が本格化しており、葉もスランゴールで錫の採掘に進出し、マレー首長のラジャ・マハディと結び、▼クアラルンプールの第3代華人カピタンに就いた。その後も▼恵州客家を構成主体とする海山公司山主という「裏の顔」でしきりに傭兵を蓄え、敵対勢力を退けてカピタンの地位を維持し、錫鉱山への投資と▼徴税請負いシンジケートを可能にした。1873年イギリスがマラヤ内陸干渉に政策を転換すると、葉はイギリス駐在官と緊密に結びつき、華人社会と駐在官とのブリッジ役を務め、スランゴールの秩序維持、経済発展に協力し、イギリスも1880年、葉をスランゴール州の中国人政務顧問に任用して報いた。実際はイギリス勢力に接近することによって反対勢力の力をそぎ、以前にも増して安定した権力を華人社会で振るったのである。クラン川上流にブームタウンとして出現したクアラルンプールの土地は、その3分の2が葉の所有とされた。葉が活躍したのは、産業革命を経たヨーロッパ資本主義工業が工業原料として錫を大量に需要し、マレー西海岸の錫産地では各首長が中国企業を誘致し、錫の収益によって軍事力を養い自己の勢力強化を図り、その一方でイギリスの影響が浸透してくるという錯綜の時代であった。そのなかで葉は、本来私的な集団安全保障を目的とする▼公司機能のうち、内部規制と武装部分を突出させて「表の顔」であるカピタンの地位を維持し、また大手の▼頭家として錫鉱山を支配したのである。イギリスもまた、公司の山主が山主であることを明白に公然化させないかぎり、その立場を擁護した。法治主義によるマラヤ統治への移行段階に現れた特異な▼新客という意味で、「葉の前に葉なく、葉の後に葉なし」といえよう。死後アンパン・ロードの1マイル・ストン近くに埋葬され、またクアラルンプール仙四爺廟に祀られた。▼梁啓超は葉を中国の八大殖民偉人の一人にあげている。　　（可児弘明）

⇒カピタン制
参 許雲樵選訳「葉阿来札記」『南洋学報』13-1, 1957. / L. F. Comber. *Chinese Secret Societies in Malaya.* NY: J. J. Augustin, 1959. / W. Blyth. *The Impact of Chinese Secret Societies in Malaya.* London: OUP, 1969. / 山田辰雄編『近代中国人物研究』慶応義塾大学地域研究センター, 1988.

葉会 (ようかい)

19世紀前半にカンボジア、ベトナムで活躍した華僑官僚、政治家。生没年不詳。当初はカンボジア王朝に仕え能力を高く評価されて

いた。元来、グエン（阮）王朝は華僑によるカンボジアの土地所有を禁止していたが、1817年、嘉隆帝（▼グエン・フック・アイン）は肥沃で人口希少なカンボジアのチョウドクに現地人と華僑を移住・雑居させることを決定し、その責任者に葉会を任命した。葉会は官費で資金を提供するなどして、同地で農業、牧畜、商業など各種産業の振興に尽くした。

(樋泉克夫)

楊建成 ようけんせい 1941-

台湾の南洋華僑研究家。広東省宝安県の出身で、台湾の国立政治大学政治研究所の国家法学博士を取得した。アメリカのコーネル大学東南アジア研究所を経て、中華学術院南洋研究所所長、▼中国国民党中央委員会の海外工作会専門委員、中国国民党サンフランシスコ支部の書記長、華僑通訊社の副社長などを歴任した。現在はボストン華僑文教服務中心の主任を務めている。中華学術院南洋研究所の所長在任中、1930年代南洋華僑に関する書物28冊を編集、出版した。代表的著作は『華人与馬来西亜之建国1946-1957』（台北：商務印書館、1972年）、『馬来西亜人的困境──馬来西亜華巫政治関係之探討1957-1978』（台北：文史哲出版、1982年）、『向李光耀学習』（同、1991年）。

(許紫芬)

楊彦迪 ようげんてき ?-1685

清初に現在のベトナム南部に移住した▼南投華人。別名楊二。ベトナムに接する廉州府の欽州湾内にある龍門島を根拠に海上勢力を築き、▼鄭成功らとともに反清運動を展開したが、清朝により駆逐。1680年頃に黄進や▼陳上川とともにベトナム中部を支配していたグエン（阮）氏に帰順。黄進とともにメコン・デルタへの入植を許され、ミートーにマーケットタウンを建設し、カンボジアに抜けるメコン川交通を支配した。また、グエン氏のメコン・デルタ進出の先兵となり、カンボジアを攻撃した。部隊の主導権争いで副将黄進に殺害された。

(嶋尾稔)

🔲 ザーディン

📖 陳荊和「清初鄭成功残部之移植南圻」上・下、『新亜学報』5-1，1960，8-2，1968.

容閎 ようこう 1828-1912
YUNG Wing

清末の改良主義者。米国の大学を卒業した最初の中国人留学生。広東省香山県南屏（現在珠海県所轄）人。マカオのモリソン学校に学び、1847年渡米。50年エール大学進学、54年卒業。55年帰国、▼広州の米国公使館、▼香港の高等裁判所、上海の海関や外国商社などで勤務。茶や生糸の商人であった60年に太平天国の天京（南京）を訪問、洪仁玕に西洋式軍隊の編成、陸海軍学校の創設、有能者による善良政府の組織、銀行制度と度量衡制度の制定、学校教育制度の確立、実業学校の設立など、7項目にわたって進言した。太平天国と直接接触した結果、かえってその運動に失望、清政府側の高級官僚曾国藩の洋務運動陣営に身を投じた。曾の命令で渡米し機械を購入、江南製造局の設立に貢献した。同製造局に兵工学校の付設を曾に建議し実現した。また江蘇省巡撫丁日昌を通して汽船会社の設立、青少年の米国への留学派遣、鉱山の採掘、鉄道の修築、外国教会による中国人訴訟への干渉禁止を清政府に進言した。70年念願の「幼童出洋肄業局」副委員に任命され、72-75年の4年間に、合計120名の少年を米国に留学させた。しかし、国内の保守派の頑強な抵抗に遭い、81年留学生全員召還の勅命が発布され、計画は中断した。その間、74年に李鴻章の要請で、ペルーの中国人労働者の実態を調査、虐待の証拠となった24枚の写真を調査報告書とともに李に提出。82-94年米国在住。95年帰国、国立銀行の設立などを清政府に提言したが実現できず、その後▼康有為らの変法運動に参加する。1900年上海で中国国会の会長として自立軍蜂起計画に参加、計画が失敗すると従弟の容星橋を介して▼孫文とともに日本に逃れ、米国で余生を送った。晩年は康有為陣営から離れ、孫文の革命運動を支持した。著書に自伝の *My Life in China and America*（1900年、邦訳・華訳ともに『西学東漸記』）。

(容應萸)

🔲 戊戌の政変

📖 百瀬弘訳注『西学東漸記』平凡社東洋文庫、1969./陳翰笙主編『華工出国史料匯編』1-3，北京：中華書局，1985.

楊光泩 ようこうしょう 1900-42

日本軍に処刑された中華民国在マニラ総領事。上海生まれ。精華大学卒業後、アメリカのプリンストン大学院留学、経済学博士。1939年マニラ総領事着任。太平洋戦争下の42年1月4日、マニラ入城直後の日本軍により領事館員7名とともに拘束され、当初丁重な扱いを受けたが、忠誠の証としての2400万ペソの献金を拒否、3月15日サンチャゴ要塞に移管された。国際法上の身分保障にもかかわらず、4月17日、憲兵隊により▼マニラ華僑義山で処刑。処刑地には、戦後、烈士記念碑が建立された。
(宮原曉)

⧈蕭曦清『中菲外交関係史』台北:正中書局、1995.

葉祥明 ようしょうめい 1946-

日本華人の画家、詩人。▼原籍は福建。熊本県の生まれ。1990年創作絵本『風とひょう』でイタリアのボローニャ国際児童図書展グラフィック賞、96年絵本『地雷ではなく花をください』で日本絵本賞読者賞、98年創作絵本『森が海をつくる』で第8回けんぶち絵本の里大賞びばがらす賞各受賞。91年神奈川県北鎌倉に「葉祥明美術館」開館。92年オリジナル・キャラクター「JAKE」が「ふみの日」記念切手に採用。2000年、長崎の原爆被害の実態を子どもたちにわかりやすく伝えようと長崎市企画の原爆絵本『あの夏の日』を英訳つきで出版。2001年『生んでくれて、ありがとう』出版。
(游仲勲)

楊仙逸 ようせんいつ 1891-1923

中国空軍の父。広東省香山県(現在中山県)生まれ。1909年ハワイ大学留学。卒業後、カリフォルニア州のハーリ大学、カーティス大学で飛行機の性能や操縦などを学ぶ。17年中国に帰国、19年中国史上初の空軍飛行チームの一つである閩粵軍救援飛行隊を結成、▼孫文の革命を支援した。さらに海外華僑から募金を集めて飛行機を購入、中国空軍の発展に貢献した。23年大元帥府航空局局長に任命され、また国産の飛行機の製造に力を注いだ。20年代の陳炯明の叛乱で戦場に赴き戦死した。
(馬曉華)

楊騒 ようそう 1900-57
YANG Sao

中国の詩人。▼帰国華僑。名は古錫、字は維銓。福建省漳州出身。1918年渡日、21-24年東京高等師範学校に留学。25-27年シンガポールで教員になる。27年帰国。30年上海で中国左翼作家聯盟に参加、文学創作と翻訳に従事。37年福州、39年重慶で抗日救亡運動に身を投じる。41年皖南事変後、シンガポールに行き、南僑総会機関紙『闘潮』の編集主任、抗日宣伝に従事。50年ジャカルタ『生活報』編集主任。52年帰国。広州作家協会主席、広東省1期人民代表大会代表。詩集、脚本と文学翻訳がある。
(過放)

陽惣右衛門 ようそうえもん ?-1675

▼唐通事陽氏の第2代。先名総三郎。諱は国瀾。▼唐年行司欧陽雲台の子。姓の欧陽を改めて陽の一字姓とした。1658(万治元)年小通事に登用され、62(寛文2)年大通事に昇任した。また大光寺の大欄越としてその本堂を寄進したと伝え、また『長崎名勝図絵』に載せる寛文12年4月の鐘銘を撰し、同寺の創建のこととともに陽氏先祖の功績を記した。明治初年『横浜毎日新聞』を創刊し活版印刷業界で活躍した陽其二はその子孫である。
(林陸朗)

楊祖佑 ようそゆう

アメリカ華人の金属工学者。米国国防総省の空軍部と海軍部、国家航空宇宙局(NASA)、アメリカ科学財団の科学顧問など歴任。世界で初めて航空・宇宙航空の分野に応用できる薄肉シェール有限要素法を開発・応用し、金属の形成、切り割および冷・熱感過程分野の研究に優れた研究業績を残した。1991年米国国家エンジニアリング学院院士に選ばれ、米国のエンジニアリング科学の分野で最高の栄誉を与えられた。
(馬曉華)

楊大釗 ようだいしょう

インド華僑の開拓者、茶商。広東省中山県出身。生没年不詳。19世紀前半、ベトナムやシャムなどに茶を輸出して利益をあげる。1845年、インドの▼カルカッタで茶を珍重品として重税を課すことを知り、茶のコストより税の方が高いところから、手持ちの茶すべてを無償で現地政府に提供したところ、恒河右

岸の肥沃な土地を報酬として受領。そこでサトウキビを栽培し、製糖工場を設立、製糖業は日に発展していった。華人は楊大釗が開いた土地という意味でその地を阿釗坡といい、インド人は中国人居留地という意味でInchiporeと呼んだ。
(帆刈浩之)

姚楠（ようなん） 1912-
YAO Nan

かつてシンガポールに在住し、1941年に上海に帰国した、東南アジアおよび華僑の研究家。東南アジア各地において史料を集め、『馬来亜華僑史綱要』『古代南洋史地叢考』『中南半島華僑史綱要』などの著述がある。1940年、▼許雲樵、▼郁達夫らと▼南洋学会を創立。帰国後は上海訳文学会編集委員を経て、復旦大学、北京大学の教授、中国東南アジア研究会顧問、中国華僑歴史学会顧問などに就任した。
(斯波義信)

楊明斎（ようめいさい） 1882-1931

ロシア華僑の革命家。別名楊好徳。山東省平度人。1901年ウラジボストークに赴き、十月革命後ボルシェビキ党入党。モスクワ東方大学で学習後、ウラジボストーク華僑連合会責任者に。20年春、党の命令でコミンテルン代表の助手として帰国、陳独秀・李大釗との会談の通訳を務め、▼中国共産党の創立に携わった。21年モスクワで開かれたコミンテルン第3回大会に張太雷とともに出席。
(廖赤陽)

余英時（よえいじ） 1930-
YU Yingshi

中国系米国人学者で、中国、ことに思想史の専門家。プリンストン大学教授。河北省天津で生まれたが、本籍は安徽省安慶の潜山県。父の余協中（香港、新亜書院教授）は北京の燕京大学出身で▼洪業の門弟。余英時は新亜書院の第1回卒業生で、思想史家の銭穆（きんぼく）に学び、アメリカに移ってハーバード大学で経済史家の楊聯陞に師事、ハーバード大学、エール大学教授を経て現職。宋学の流れの中にプロテスタンティズムに通底する商人精神を見いだし、『中国近世の宗教倫理と商人精神』（台北：1987年、森紀子訳、平凡社東洋文庫、1991年）を著した。華僑の商業経営の理解にも参考になる。
(斯波義信)

ヨー・ギムセン 1918-
楊錦成　YEOH Ghim Seng

▼シンガポールの政治家、医師。マレーシアの▼イポー生まれの福建系▼華僑。ケンブリッジ大学で医学を学び、シンガポール総合病院勤務（1951-55年）、シンガポール大学医学部教授（55-62年）などを歴任した後、1969年から国会議員となり、70年からは国会議長を務めた。それまでの国会議長はすべて法律分野の専門家であったことから、ヨーは異色の抜擢であった。70-71年と80年には大統領代行も務めた。88年に政界を引退。
(田村慶子)

『横浜開智録』（よこはまかいちろく）

横浜で発刊された革命雑誌。1899（明治32）年▼梁啓超の▼ホノルル行き以後、▼康有為の▼『清議報』論調への介入に反対し、自由・平等を求めて、鄭貫公、▼馮（ふう）自由らが発刊したもの。清議報館の機材を使い、半月刊の雑誌として出版されたが、清議報館の経理で馮自由の叔父にあたる保皇派の▼馮紫珊の反対にあい、半年余りで廃刊となった。
(伊藤泉美)

㊂『新小説』
㊅『革命逸史』1.

横浜華僑華人研究会（よこはまかきょうかじんけんきゅうかい）

横浜華僑華人研究会（代表＝飯島渉）は、19世紀半ばから現在に至る横浜を中心とした▼華僑・華人の歴史と現状を研究することを目的として1995年に設立された。同研究会は、横浜を中心としながらも、函館、大阪、神戸、長崎などの日本の華僑・華人社会との比較と関係や、▼僑郷である中国社会、東南アジアを中心として国際的に展開した華僑・華人との比較と関係を意識することも課題としている。また、ともすれば資料の消費者となりがちな研究活動の中で、むしろ「資料をつくる」ことに留意し、現在までに、横浜を中心とする華僑・華人および関係者への聞取り調査の実施とその記録化、横浜華僑・華人関係資料の整理として、▼中華義荘に関する写真資料の保存・整理などを行い、研究会（不定期）を開催している。97年12月に国際ワークショップ「華僑・華人研究の現在」を開催した。現在、事務局を横浜国立大学国際社会

科学研究科飯島研究室に置いている。
(飯島渉)
🔗 神戸華僑華人研究会、九州華僑華人研究会、長崎華僑研究会
📚 飯島渉編『華僑・華人史研究の現在』汲古書院、1999.

横浜華僑学校（よこはまかきょうがっこう） ⇨ 横浜の華僑学校

横浜華僑学校事件（よこはまかきょうがっこうじけん）

1952年、自主運営の横浜中華学校に対する台湾政府の政治的干渉で引き起こされた学校分裂事件。生徒の作品に「解放」の2字を見つけ危機感をもった駐日代表団が、新中国を支持する教師の追い出しを図り、教師や父母の意に反して台湾から校長と教師を派遣して、同年8月1日に学校を占拠し、9月1日には日本官憲と台湾の海軍当局とを使い、始業式で登校した教師と生徒を暴力で排除し、逮捕した事件である。学校を追われた教師と生徒は、父兄が提供した14か所に分かれて授業を再開、いわゆる分散教育が始まった。父兄も、理事会に代わる管理委員会を結成、学校再建に乗り出した。翌年山手町に横浜中華学校臨時校舎を建設。約800人いた生徒のうち、600人が分散教育ののち山手校舎に移り、120人がアメリカンスクールや日本の学校に移り、学校に残ったのはわずか70人であった。台湾の政治的干渉は学校を二分しただけでなく、華僑社会に分裂と対立を生んだ。その後、山手校舎は57年に▼横浜山手中華学校と改名、一方、横浜中華学校は55年に横浜中華中学、68年に▼横浜中華学院と改名、今日に至っている。
(符順和)
📚 馬広秀「戦後横浜における華僑教育の実践」西村俊一編『現代中国と華僑教育』多賀出版、1991.／田福「横浜僑校事件的経過」横浜山手中華学校編・刊『校園』1962.

横浜華僑基督教会（よこはまかきょうキリストきょうかい）

▼横浜中華街近辺に住む華僑・華人キリスト教信者が集う教会。礼拝は日中同時通訳で行われる。中国大陸で宣教経験をもつバーザー・ハンネスター（Bertha HANNESTAD）夫人（ノルウェー人）が来日、中華街を訪れた際、華人教会がないことを発見。中国人への福音宣教に使命感を抱いていたハンネスターは1950年、中区山下町220番地の自宅を「福音堂」とし、家庭集会を始めた。これが教会の発端となる。当初4～5名だった信者が日ごとに増え、4年後に教会が成立。57年、山下町82-2番地に聖堂が建設されるとともに、宗教法人横浜華僑基督教会が正式に設立された。牧師はおもに台湾から招聘され、教会の運営は華僑・華人や信者の寄付によって支えられている。建物が老朽化したため寄付を集め、礼拝堂を88年に再建。信者は華僑・華人だけでなく、日本人や西洋人もおり、また台湾からの留学生も多い。日曜学校や、聖歌隊、聖書勉強会などさまざまな活動が行われ、華僑・華人信者の心の拠り所となっている。
(陳天璽)

横浜華僑経済協会（よこはまかきょうけいざいきょうかい）

横浜華僑のさまざまな職種の経営者が集まり、経済や経営などの勉強会や情報交換、親睦などを行うことを目的として1981年に結成された経済団体。講師を呼んでの勉強会や、つりの会、旅行会などの親睦会なども盛んに行われた。86年、会員の共同出資により、中国天津市に華僑の合弁企業としてゴルフ場を開設。現会長は中国貿易公司社長の▼任政光。事務所は中区山下町、▼京浜華厨会所内。
(符順和)

横浜華僑商公会（よこはまかきょうしょうこうかい）

横浜華僑の経営コンサルタント的役割を果たすべく組織された経済団体。1949年設立の華僑生活擁護同盟伊勢佐木支部がその前身、51年に華僑伊勢佐木自治会として発足。66年自治会事業部の協和物産は横浜在住の華僑全体の企業として独立、株式会社協和物産となる。その後、華僑経済団体としての業務を充実させ、81年横浜華僑商公会と改称。華僑社会員の経済地位の向上、福利の増進、親睦を目的とし、税務、経営、福利などを主要な業務としつつ、市内各華僑団体と交流を図っている。現会所は中区山下町にある。
(符順和)
📚 曾徳深編『横浜華僑商公会50周年 横浜華僑商公会の歩み』横浜華僑商公会、1998.

横浜華僑青年会（よこはまかきょうせいねんかい）

1970年に結成された横浜華僑青年の団体。横浜華僑青年の活動は、それまでそのほとんどが▼横浜山手中華学校の卒業生であったため、校友会が青年運動を担ってきたが、青年

運動の高まりから校友生以外の広範な青年を結集すべく新たに横浜華僑青年会を組織，それまで行ってきた活動を青年会の傘下に組み入れた。▼横浜華僑総会（大陸系）の行うイベントや日中韓の共同主催イベントなどさまざまな活動を繰り広げている。初代会長楊柏華，現会長葉志勳。事務所は中区山下町中華ビル横浜華僑総会内にある。青年会の中でとくに活躍しているのが▼舞龍・▼舞獅の龍獅団と鳳凰組民族舞踊団。龍獅団の歴史は古く，国慶節や春節祭，関帝誕などで活躍するほか，東南アジアで行われる獅子舞の競技会などに出場して技を磨いている。また結婚式や開店祝いなどの縁起物としてプライベートの出演にも応じている。責任者唐朱維。鳳凰組は横浜山手中華学校で民族舞踊を経験したOBの集まりで，高校生や大学生がほとんどで，最近は一部の人が龍獅団といっしょに獅子の練習をし，女獅子を舞うようになった。

(符順和)

横浜華僑総会［大陸系］ よこはまかきょうそうかい

　1976年の僑民大会を経て新たに設立された横浜華僑の団体（本事典では同名の団体と区別して「大陸系」と呼ぶ）。1946年，横浜に華僑聯合会が成立し，51年に留日横浜華僑総会と改名した。52年の▼横浜華僑学校事件で台湾当局から派遣された人事に反対した人々は台湾政府総領事の干渉で53年の華僑総会役員選挙への立候補を認められず，総会事務局長に台湾から来た▼李海天が就任した。55年，学校行事や華僑の集会などに使われた華僑総会の講堂が使用不可能となる。華僑総会から締め出された華僑は，60年に華僑総会に代わる▼横浜華僑聯誼会を結成した。72年に中日国交が正常化された後，華僑の長老たちが華僑社会の統一について話し合い，署名運動を行う。76年5月25日の横浜華僑総会正常化僑民大会開催に先立って，華僑総会に話合いに行った正常化委員会代表が逮捕される事件が発生。県警などの妨害のなか，僑民大会が開かれ，大会の決議として「横浜華僑総会」を名乗ることを宣言した。▼李天図を会長に選出し，事務所を華僑婦女会館に置き，聯誼会の業務を引き継いだ。これにより横浜に二つの華僑総会が対峙した。その後，幾多の対立と抗争を乗り越え，関帝廟の再建，地蔵王廟の修復など，華僑間の対立から協力と協調への融合を図る。95年に事務所を華僑婦女会館から中区山下町126番地の中華ビルに移転。99年留日華僑聯合総会や日本中華総商会の設立，また2001年7月開催の全世界華僑華人中国平和統一促進大会—新世紀東京大会の推進に寄与した。現会長は▼曾徳深。

(符順和)

□横浜華僑総会事件

横浜華僑総会［台湾系］ よこはまかきょうそうかい

　横浜華僑社会の相互協力のために組織された親台湾派の自治団体。横浜には中国の政治分裂に影響されて，親中派と親台派の二つの▼華僑総会があり，後者は中区山下町の▼横浜関帝廟の裏に所在，名称が繁体字の「橫濱」，「總會」で表される。華僑社会内の連絡交流のほか，台湾政府との連絡も頻繁に行われている。1945年に横浜華僑臨時総会が設立され，戦後の華僑社会の復興を目的としたのが起源。その後，東京に中華民国駐日軍事代表団が設立され，横浜には僑務処が設けられた。翌46年3月中華民国横浜華僑聯合会が成立，初代会長は鮑博公。▼横浜中華会館の土地・財産の運営業務，横浜関帝廟や▼横浜中華義荘の管理など，すべて聯合会が行った。51年，全日本に中華民国系華僑の聯合総会が成立，各地で華僑事業を行う組織は華僑総会と称されるようになり，同聯合会も中華民国留日横浜華僑総会と改名した。72年，中華人民共和国と日本の国交正常化が声明されたため，73年，現在の名称に改名。▼陳洞庭，▼薛来宏，▼呉笑安らが会長を務め，現会長は▼譚璞秋。

(陳天璽)

横浜華僑総会事件 よこはまかきょうそうかいじけん

　1976年，横浜華僑総会正常化の要求に加えられた弾圧事件。同年5月25日の横浜華僑総会正常化僑民大会を前にした22日，横浜の各華僑団体の代表である正常化僑民委員会の代表たちが横浜華僑総会（台湾系）を訪れ，中華会館移管の話合いを求め会館内に入ったところ，ビールびんや石などを投げ込まれ，身に危険を感じ戸を閉めたのを，「建造物侵入」として，神奈川県警と加賀町署の機動隊に逮捕され，長期拘留された事件。逮捕された19人のうち6人は「建造物侵入」および「威力

業務妨害」の罪名で起訴された。この公判の中で、中華人民共和国とすでに国交が回復しているにもかかわらず、75年12月に横浜地方法務局は登記申請が出された中華会館を「中華民国留日横浜華僑総会」として台湾系の7人の名儀での登記を認めていたことが判明した。これに対し、僑民大会で成立した華僑総会こそが県下在住のすべての華僑を代表していると、「自由華人」を名乗る台湾系の人たちの華僑総会・中華会館の私物化に反対し華僑総会正常化要求の正当性を明らかにするため、華僑624人が原告団を組み民事訴訟を起こした。84年2月、横浜地方裁判所で訴えられた6人は罰金刑を言い渡され、民事裁判も94年2月、86年に焼失した関帝廟の再建のため『▼横浜華僑通訊』紙上に発表された▼呂行雄前会長の「訴訟終結声明」により終結。

(符順和)

⇨ 横浜中華会館
⊛ 横浜華僑総会正常化弾圧事件裁判資料集刊行委員会編・刊『横浜華僑総会正常化弾圧事件裁判資料集』1977.

『横浜華僑通訊』よこはまかきょうつうしん

▼横浜華僑総会（大陸系）発行の月刊紙。毎月1日発行、部数2000部、タブロイド判6頁。写真を多く取り入れ、読まれる紙面を心がけている。横浜はもとより日本中の僑会・僑団、友好諸団体、および広く中国国内にも愛読者をもつ。創刊年月日は不明だが、2001年現在で通算330号をこえている。ちなみに▼横浜華僑聯誼会の新聞創刊は1960年7月17日で『僑連報』、3号からは『僑聯報』となっていて、76年5月15日号と6月30日号では『僑聯通訊』に変わり、その後『横浜華僑通訊』に変わったものと思われる。 (符順和)

横浜華僑婦女会 よこはまかきょうふじょかい

▼横浜華僑学校事件を契機に母親たちが1953年に結成した組織。逮捕された教員や生徒の釈放を求める運動の先頭に立つ。その後中区山下町山下町公園隣に横浜華僑婦女会館を建設、会員子弟のための託児所として愛児園を併設する。粤劇の公演を行い、識字運動や中国の歌・踊りなどをとおして、新中国への理解を深め、国交のない代表団を羽田で出迎えるなど先進的な役割を果たす。59年▼横浜山手中華学校家長会が成立するまでその役割を担っていた。新たな婦人運動の拠点として2001年、3階建ての新会館落成。 (符順和)

横浜華僑聯誼会 よこはまかきょうれんぎかい

1952年の▼横浜華僑学校事件後、華僑総会に代わるものとして60年に成立した横浜華僑の組織。53年5月、横浜華僑総会役員改選のおり、台湾政府の総領事は、自分の許可がない立候補者は認めないと、台湾から派遣された校長▼王慶仁に反対する者を華僑総会から閉め出した。そのため大多数の華僑は、華僑総会を利用できなくなり、新中国への理解を深め華僑の正当な権益を守る目的から、横浜華僑聯誼会を設立した。初代会長は蘇夢輝。横浜華僑聯誼会の業務はその後76年に開かれた僑民大会で成立した▼横浜華僑総会（大陸系）に引き継がれた。 (符順和)

⊛ 馬広秀「戦後横浜における華僑教育の実践」西村俊一編『現代中国と華僑教育』多賀出版, 1991.

横浜華銀 よこはまかぎん

▼横浜中華街にある信用組合。1952年12月、横浜華僑独自の金融機関として、信用組合国際興業合作社が神奈川県知事より設立認可される。54年5月、名称を信用組合横浜華銀に変更。横浜地域の華僑・華人の金融の利便を図ることを目的とするが、現在は組合員資格を「中国人（元中国人を含む）と親族関係（内縁関係を含む）にある日本人でも妨げない」と拡大されている。2000年度末で預金残高112億4500万円、貸出残高73億9900万円、業務純益は1億3700万円。理事長は江夏良明、所在地は横浜市中区山下町154番地。

(伊藤泉美)

横浜華商会議所 よこはまかしょうかいぎしょ

1899（明治32）年8月設立の横浜最初の中国人商業会議所。亡命中の▼康有為らの思想的影響を受け、居留地撤廃と内地雑居時代に向けて、華僑の団結と日本人との経済交流を図るため設立された。開所式の8月4日は▼横浜居留地撤廃の当日にあたる。設立時の会長は盧栄彬、総幹事は▼呉植垣。他の役員も大半が▼広東幇に属する貿易商。横浜華商会議所はその後▼横浜中華商務総会、横浜中華総商会へと改組される。

(伊藤泉美)

⇨ 居留地撤廃と横浜華僑

横浜関帝廟 よこはまかんていびょう

関聖帝君（関羽）を祀る▼廟。横浜市中区山下町140番地に所在。古くから華僑・華人たちの心の拠り所として、また▼横浜中華街の守り神として存在。正殿の関羽は義理がたく人情深いことから華僑の神仏英雄とされ、その左右に観音菩薩、地母娘娘、そして土地公（福徳正神）を合祀。横浜開港後、中国人が増加し、異郷に住む彼らの故郷への思いをはじめ、▼祖先崇拝や子孫繁栄、事業発展の祈願など、華僑の精神的拠り所として1873（明治6）年に創建。以後、1923（大正12）年の関東大震災、45年の空襲、86年元旦の火災などによって幾度か修復・再建される。現在の廟は、多くの華僑・華人の協力、寄付を得て90年に落成した。伝統ある文化遺産を残すため、横浜華僑が政治分裂などの難問を越え、一致団結して建設した一大事業である。金や赤で飾りつけられたきらびやかな装飾や、三国志の物語に関する彫刻が施された柱、そして白玉石の階段など豪華な建築から、中華街の観光名所にもなっている。　　　（陳天璽）

🔗 横浜関帝廟管理委員会

横浜関帝廟管理委員会 よこはまかんていびょうかんりいいんかい

▼横浜関帝廟の管理をはじめ、廟に関連した諸事業を行う組織。かつては▼横浜華僑総会（台湾系）、▼横浜中華会館の管理下にあったが、1986年旧関帝廟が炎上、再建事業を進める際、親台、親中の二つの華僑総会の間で廟の土地や所有権問題などが浮上。長年対話を閉ざしてきたため、共同で事業を行うのは困難だった。しかし政治を分離して子孫に継承する廟堂を建てようと比較的中道派といわれる▼林清文や▼林兼正などが仲介、88年に再建委員会が発足。4億5000万円の寄付金を集め豪華な現在の関帝廟を建設した。90年落成後は管理委員会と改名。　　　（陳天璽）

横浜居留地 よこはまきょりゅうち

1858（安政5）年に徳川幕府とアメリカ、オランダ、ロシア、イギリス、フランスとが結んだ安政5か国条約に基づき、59年7月1日、横浜は開港場として開かれた。開港場の一角には、条約締結国の国民が居住し、経済活動を行うことを許可した居留地が設けられた。開港当初は、条約には「神奈川」と記されていたにもかかわらず、幕府が横浜に開港場を設けたことに対して、外国側の反対があり、居留地の建設が本格化するのは60年春からとなった。横浜居留地は関内居留地と山手居留地とからなり、前者は商業地域、後者は住宅地域といえる。それぞれ現在の横浜市中区山下町と山手町にあたる。横浜居留地全体の広さは、1.33km^{2}である。71（明治4）年の▼日清修好条規調印まで中国人が居留地に居住する法律的根拠はなかったが、開港当初より横浜居留地には多くの中国人が訪れ、居留地貿易においても▼買弁などとして重要な役割を果たしていた。このため、居住中国人の扱いに関しては、幕府および条約締結国側も苦慮していたが、67年に制定された「横浜外国人居留地取締規則」第4条に基づき、籍牌規則が定められた。この規則によって、事実上中国人を示す「条約未済国人」は、「▼籍牌」という住民登録を行い、神奈川奉行（のちに県庁）と条約国領事の共管ということになった。やがて横浜居留地の一角には、中国人の商店や関帝廟、中華会館などが立ち並ぶ中華街が築かれた。99年の条約改正によって横浜居留地が撤廃され、外国人の「内地雑居」が実施された。この居留地撤廃時には、事実上中国人を対象とする、旧居留地・旧雑居地以外での経済活動に職業の制限を加える勅令第352号が発布された。　　　（伊藤泉美）

🔗 居留地撤廃と横浜華僑、横浜の華僑・華人、内地雑居令
📖 『横浜中華街』

横浜三江公所 よこはまさんこうしょ

横浜における、三江地方出身者の▼同郷団体。1887（明治20）年10月に設立。設立後長らくは▼横浜居留地72番地の万泰号内に所在していたと思われる。万泰号は▼三江幇の重鎮▼孔雲生が経営する両替商。1900年5月20日の『横浜貿易新聞』に「三江公所発会式」の記事があるが、これは独立した事務所を設けたという意味か。この頃、万泰号は70番地に移転している。1900年時点での会長は露清銀行▼買弁の袁子荘。関東大震災で三江公所は倒壊・焼失した。25年には現中区山下町245番地で再開。会長は孔雲生、副会長は黄鋭昌。黄鋭昌は震災以前は貿易商・同春号を営むとともに、三江幇の学校・中華学校の理事

を務めていた。26年当時の会員数は72人。三江公所は金融関係および貿易商が指導的立場にある団体であった。なお、横浜三江公所は三江幇以外にも、福建省出身者も含んでいたことが特徴で、内部組織には浙籍、蘇籍、閩籍の3僑務部長がおかれていた。45年の横浜大空襲で公所はふたたび焼失。47年に山下町166番地に建物を再建。その後「京浜三江公所」と改称した。70年、現在の建物を新築。現会員数は約90人で、浙江省、江蘇省、安徽省出身者。三江公所が行う年中行事には、元旦の新年団拝、4月の▼清明節、旧暦7月15日の七月半、12月の冬至などがある。98年4月8日、京浜三江公所創立百周年記念祝賀会を開催。第9期(1999年10月~2002年9月)の会長は華勝楼社長の方均。顧問は胡夏氏、顧雲海、相談役は汪近発、王文献、副会長は潘匯珍、顧徳園、専務理事は沈栄根、常務理事は張丽捷、張丽振、方耀海、虞港龍、また理事は孫勇利、周明輝、鄒銀宝、陳徳良、周福徳、監事は楊国宝、招茂林。

(伊藤泉美)

㊂関東大震災と横浜華僑
参 内田直作, 1949.

横浜三点会 よこはまさんてんかい

横浜天地会とも称する。日本華僑と留学生による清朝転覆を目的とする▼秘密結社で、1904年春に結成された。盟主は駱観明。最初の入会者は、▼馮自由、胡毅生、李自平、▼廖翼朋、陳撮芬の5人。胡が洪棍、李が紙扇、馮が草鞋という洪門三及第となった。当時、留学生の多くは会党と連絡をもつことが革命運動の近道と考えていたため、その年のうちに留学生の秋瑾、劉道一らが参加し、会員は数十人となった。

(伊藤泉美)

横浜三邑公所 よこはまさんゆうこうしょ

横浜における、広東省南海、番禺、順徳3県出身者からなる▼同郷団体。▼横浜親仁会の下部組織。1921年9月創立。25年当時の所在地は山下町143番地、会員数は44人、会長は陳耀堂、副会長は▼程毓林、曾信廷、馬樵亭。37年度の会員数は115人、業種的には雑貨商、料理業、印刷業、ペンキ業、会社員など。

(伊藤泉美)

参 内田直作, 1949.

横浜自由華僑婦女協会 よこはまじゆうかきょうふじょきょうかい

▼横浜華僑総会(台湾派)系の婦人たちによって結成された組織。1953年7月、200名ほどの婦人が横浜中華学校に集まり会を設立。初代会長は曾淑銘、当時横浜華僑総会の会長だった▼龐柱琛の夫人。華僑・華人から寄付金を集め、57年6月、中区山下町221番地に会館・華興大楼を落成。婦女協会は、▼横浜中華義荘や安骨堂の修建、水子地蔵の設立のほか、台湾での奨学金設置など多くの社会福祉活動に尽力してきた。97年に『成立四十五周年記念集』が編集された。

(陳天璽)

横浜四邑公所 よこはましゆうこうしょ

横浜における、広東省新会、新寧、恩平、開平4県出身者からなる▼同郷団体。▼横浜親仁会の下部組織。1919年あるいは20年の創立。26年当時の所在地は山下町125番地、会員数は91人、代表者は李象琴、委員長は▼温炳臣。37年度の会員数は85人。その業種は雑貨商、両替商、料理業、ペンキ業などで、とくに料理職人が多い。

(伊藤泉美)

参 内田直作, 1949.

横浜清国人民入籍名簿 よこはましんこくじんみんにゅうせきめいぼ

明治十年在横浜清国人民入籍名簿

1877年に神奈川県庁に「籍牌(名籍・居住)登録した中国人1142人の名簿。1878年2月の駐横浜清国理事府(領事館)の開設にともない、神奈川県庁より清国領事館に移管された文書の写し。『神奈川県史料』の原本は内閣文庫所蔵だが、刊行された『神奈川県史料』巻7に収録されている。

(伊藤泉美)

㊂横浜中国領事館

横浜親仁会 よこはましんじんかい

横浜の▼広東幇系有力商人の組織。1898年4月設立。設立当初の状況は明らかでないが、1917年当時の会長は劉杏村、事務所は山下町166番地。親仁会は▼横浜三邑公所、▼横浜四邑公所、要明鶴公所など、広東幇系諸団体の上位に位置する団体で、貿易商、両替商、雑貨商、料理業、会社員などの有力者によって組織されていた。関東大震災で一時休止となるが、1924年に復活し、事務所を山下町87番地におき、会員数は80名であった。

(伊藤泉美)

参 内田直作, 1949.

ヨコハマタイワンド

1930年の横浜中華街。
所蔵：横浜開港資料館

横浜台湾同郷会（よこはまたいわんどうきょうかい）

1953年、林挺生が発起人となって結成された、横浜在住もしくは横浜を活動の拠点とする台湾出身者・子弟の同郷組織。会所は中区山下町222-1番地。日本の台湾統治など歴史的な背景から、日本には多くの台湾出身者が在住する。台湾同郷人の親睦と経済交流、事業発展の互助をおもな目的とする。1969年には会員の出資により、会の母体である蓬萊会館を設立。現会長は日本生まれの陳正雄。

(陳天璽)

横浜中華街（よこはまちゅうかがい）

横浜市中区山下町（旧外国人居留地）に所在する日本最大の中華街。現在横浜中華街には500m四方の中に、中華料理店が190店強、中華食材店、雑貨店、貿易会社、生鮮食料品店など約500店舗が軒を連ねている。横浜中華街は日本有数の観光地で、2000年12月中の横浜中華街発展会協同組合ホームページへのアクセス件数は70万件をこえ、多くの人々の関心を集める街である。しかし横浜中華街は単なる中華料理店が並ぶ観光の街ではない。そこには、▼横浜華僑総会、▼横浜中華会館、留日広東会館、京浜三江公所、▼横浜中華学校校友会、▼京浜華厨会所、横浜華僑商公会など、自治・同郷・商業など各種組織が存在する。また、▼横浜関帝廟、▼横浜中華学院、▼保育園小紅などもあり、華僑・華人の生活の場である。華僑総会は中華人民共和国（大陸）系と中華民国（台湾）系の二つがあり、学校も前者は▼横浜山手中華学校、後者は横浜中華学院に分かれている。なお、横浜山手中華学校は中華街ではなく、山手町にある。中華民国系の人々のなかには、1972年の日本と中華人民共和国との国交樹立に際し、日本国籍を取得して▼帰化した人が多い。したがって正確な人口統計を得ることは困難であるが、中華街を生活の場とし、旧来の華僑社会に属する華僑・華人は4000人から5000人といわれる。中華街には横浜中華街街づくり団体連合協議会がある。「街づくり」という共通の目的のもと、政治思想の違いなどを乗り越え、24団体が参加する。この協議会では、横浜中華街発展会協同組合が中心となり、地元行政にも働きかけ、中国の伝統様式を生かした公園、▼牌楼、街路標識、展示スペース「九龍陳列窓」、公衆トイレ「手洗亭」などの施設を整え、住民・来街者にとって魅力的で安全な街であるための整備を進めている。牌楼には、中央の▼善隣門と、東西南北に朝陽門、延平門、朱雀門、玄武門などがある。こうした街づくりには中華街で生鮮食料品店や中華料理店などを営む日本人も積極的に参加している。また、横浜中華街はバンクーバーの▼チャイナタウンと友好提携を結んでいる。

(伊藤泉美)

⊟ 横浜の華僑・華人

📖 菅原一孝『横浜中華街探検』講談社、1996。／飯島渉編、1999。

786

横浜中華街市場通り会 よこはまちゅうかがいいちばどおりかい

▼横浜中華街の大通りと関帝廟通りのおよそ中心部分と交差する形で伸びている一本の小道（市場通り）に位置する店舗の団体。この通り一帯は、かつて肉、魚、野菜などの生鮮食料品店や乾物屋、酒屋などが密集し、街の人がものを調達する、まさに市場であった。第2次大戦後まもなく会が結成される。通りにあるすべての事業団体（40店舗弱）がメンバー。メンバーの多くは日本人である。月に一度役員会が行われ、中華街の発展に協力している。小道だが活気があり、近年では飲食店も増えている。 （陳天璽）

▣ 中華街関帝廟通り会

横浜中華海員の家 よこはまちゅうかかいいんのいえ
横浜中華海員之家

横浜港に寄港した船舶の華人系船員が休憩、相互情報交換を行った場。いわゆる華人系向けのシーメンズクラブ。第2次大戦後、海運事業が栄えた際、貿易船の往来が頻繁化し、とくに日中間の商船は横浜と神戸に寄港した。長旅に疲れた華人船員たちの海外における休憩と慰安のため、▼横浜華僑総会（台湾系）前副会長張湖順が場所を提供（中区山下町166番地）、他の華僑リーダーとともに「横浜海員倶楽部」を設立。後に「横浜中華海員之家」と改名。1971年12月まで存続した。 （陳天璽）

横浜中華会館 よこはまちゅうかかいかん

横浜に設立されている、福利・教育・慈善事業を行う中国人の団体。正式名は財団法人中華会館。1867（慶応3）年張煕堂らにより居留地59番地に設立された「清国人集会所」が中国人団体の始まりといわれている。71（明治4）年には同じメンバーが中華会館董事として墓地の申請をしている。会の名称が変わったのかどうか明らかではない。73年には居留地140番地に中華会館の建物が建設され、その後90年に大改築が行われた。中華会館のおもな役割は、まず対官庁機関として▼籍牌の手続きが挙げられる。次に墓地の管理と祭礼を運営する機能をもつ。死者の仮埋葬から帰葬船の手配、棺の世話や、関帝誕など祭礼を仕切った。また社会福祉的な機能をもち、同済医院の経営や故郷や地元横浜への義捐活動などを行った。第2次大戦後の長い時期、その役割は機能していなかったが、近年、関帝廟再建、▼横浜中華義荘の整備・管理、地蔵王廟の修復など本来の目的事業を展開している。現在、中区山下町、関帝廟裏の▼横浜華僑総会（台湾系）の建物の中にその事務所がある。 （符順和）

▣ 『横浜市史』3-下／『横浜中華街』

横浜中華街のタウン誌 よこはまちゅうかがいのタウンし

横浜中華街からはいくつものタウン誌が発行されているが、最近の代表的なものをとりあげる。1993年8月創刊の『勉斗雲きんと』は横浜中華街「街づくり」協議会広報部発行の季刊誌で、毎号発行部数1万部。観光客の声を写真入りで発表するなど、観光客をも取り込んだ紙面作りをしていたが、95年5月初夏号をもって停刊。『匠ジン』は1994年4月創刊準備号、10月に創刊号が発刊。月刊誌と銘打っていたが、第4号から隔月刊に。97年2月第15号を最後に停刊。創刊準備号から第11号までは Jang 編集委員会の編集、台湾系の▼横浜華僑総会、▼横浜中華学校校友会、▼中華学院の公認紙として発行。第13号以降は編集兼発行人▼陳志瑋。発行部数不明。『豆菜とう』は1997年2月創刊。顧客とおいしさネットワーク通信加盟店との絆を深めるコミュニケーション紙。おいしさネットワーク本部有限会社珠江実業公司『豆菜』編集部編集、発行人▼曾徳深。中華街のニュースのみならず広く中国の文化、風俗習慣を紹介。隔月刊。 （符順和）

横浜中華街パーキング協同組合 よこはまちゅうかがいパーキングきょうどうくみあい

▼横浜中華街で最大の収容台数を有する自走式大型有料駐車場・横浜中華街パーキングを運営する協同組合。中華街は来街者の増加にともない、駐車場不足が積年の課題であった。地権者などとの長期にわたる調整を終え、1998年8月、中区山下町94番地に横浜中華街パーキングが開業した。この駐車場は大型バス11台を含む514台を収容でき、24時間営業。提携店舗は60余り。理事長は江夏良明。 （伊藤泉美）

横浜中華学院 よこはまちゅうかがくいん

横浜にある華僑・華人子弟の通う全日制の

学校。所在地は中区山下町142番地。1898（明治31）年設立の大同学校を前身とする。横浜の華僑学校はそののち統廃合を重ねるが、第2次大戦後、1946年に中華民国▼僑務委員会から横浜中華学校として認可、68年に神奈川県より横浜中華学院として学校法人の認可を取得（ただし現行は各種学校扱い）。幼稚園部、小学部、中学部、高等部までを有し、1学年1学級編成で、各クラスの学生は平均十数名。中学部までほぼ中華民国教育部のカリキュラムに従い、台湾と同じ教科書を使用して教育を施している。特色として中・日・英の3か国語を幼稚園部から学習し、課外活動では中国の民族芸能（▼舞獅、▼舞龍、民族舞踊など）に力を入れて伝授している。1952年、学校は政治イデオロギーの影響を受け、理事会派と教職員派の2校に分裂。以後、本校は理事会派の中華民国（台湾）支持者によって運営され現在に至る。校名は横浜中華学校から、55年高等部の増設を機に横浜中華中学、68年鉄筋新校舎改築を機に現在の横浜中華学院に改名。日本にある5校の▼華僑学校のなかで校史がいちばん古い。高等部の卒業生は、2000年から開放された大検制度によって日本の国公立大学受験資格取得も可能となり、近年国立大の合格者も出している。ちなみに、系列校の▼横浜中華保育園も校庭に隣接して設置されている。革命詩人▼蘇曼殊も本校の前身大同学校の卒業生である。

（陳天璽）

▷ 張柩，杜国輝，横浜華僑学校事件

横浜中華学院校友会 よこはまちゅうかくいんこうゆうかい

台湾系の▼横浜中華学院同窓会。中区山下町142番地の中華学院校庭内の会館が活動拠点。卒業生の親睦や連絡を図るため定期的に会合し、キャンプなどを企画。なかでも最も盛んな活動は華僑・華人としての▼アイデンティティを鼓動させる獅子舞（▼舞獅）。かつて▼横浜中華青年会から獅子を受け継いだのが活動のきっかけで、街の祭りや国際的な大会などに多数参加、注目を浴びる。その収益により会を運営している。母校の建設や発展にも寄与。

（陳天璽）

横浜中華学校 よこはまちゅうかがっこう ⇨ 横浜の華僑学校

横浜中華学校校友会 よこはまちゅうかがっこうこうゆうかい

横浜中華学校卒業生の校友会。横浜校友会ともいう。1950年12月、横浜中華公立学校第16回、18回、19回と横浜中華学校第1回の卒業生有志十数名により話合いがもたれ、翌年5月に創立大会が開かれ、役員を選出、会章が制定された。第1期主席は張師捷。▼横浜華僑学校事件後も、読書会や演劇などの文化活動を行い、積極的に母校を支援した。山手町に校舎が建設され、校名が▼横浜山手中華学校と変わってからも、校友会名は、設立当時の横浜中華学校校友会を名乗っている。現会長は謝成発。

（符順和）

横浜中華義荘 よこはまちゅうかぎそう

横浜の▼中国人墓地。横浜では幕末の開港後、外国商社の▼買弁や使用人として来る中国人が増えるにつれて、墓地の需要も増した。当初は山手の外人墓地に葬られたが、中国人には異郷で客死した者の遺体を故郷に送り帰すという帰葬の習慣があり、習慣の違いから独自の墓地を必要とした。1873（明治6）年神奈川県は▼横浜中華会館の請願により久良岐郡大尻（現中区大芝台）の地1000坪を貸与、翌年さらに255坪が貸与され現在の規模となる。92年墓地内に地蔵王廟が建立される。1923年関東大震災後、これまで3年ないし8年に1度は行われたという▼運棺が行われず、遺体は火葬されるようになった。墓地内には関東大震災で亡くなった人のための慰霊碑が建立されている。41年中華会館慈務理事霍成は私財を投じて安骨堂を建築した。52年にシンガポール華僑により参道が修復される。71年重建安骨堂発起人会曾淑銘ら10人の婦人の呼びかけにより3階建ての安骨堂が再建され、地蔵王廟内に仮設された納骨棚に溢れんばかりだった遺骨は1階に収められた。その際、休憩所や安霊堂が建設され、崩れそうな小屋にあった木棺を安霊堂に収めた。88年中華会館は本格的な墓地整備を開始し、土葬されていた無縁仏を火葬して、完成したばかりの中華公墓に改葬した。墓地は区画整備され、毎年のように一般華僑に公募され、需要に応えている。中華公墓にある地蔵王廟は関東大震災のおり倒壊を免れ、横浜大空襲の戦火にもあわず、その原型をとどめて

おり、横浜開港時の最古の建物として90年横浜市指定文化財に指定された。幾度かの修復を経たものの、傷みがひどく、93年から廟の歴史調査と修復工事が大々的に行われ、95年に落慶した。
（符順和）

㊂ 関東大震災と横浜華僑

参『横浜市史』3-下／中華会館（横浜）編刊『地蔵王廟』1997.／符順和「横浜中華義荘の調査について」飯島渉編、1999.

横浜中華商務総会 よこはまちゅうかしょうむそうかい

1909年に▼横浜華商会議所を改組して設立された横浜の中国人商業会議所。1903年本国での商部設立・商会簡明章程奏定によって、海外の華僑居住地にも商務総会の設立が奨励された。駐日公使胡惟徳、駐横浜総領事呉仲賢は、横浜中華商務総会の設立を商部に稟議し、09年11月14日、商部は横浜中華商務総会の設立と関防（官印）の発行を奏上した。奏上文によれば、その年旧暦5月に中華商務総会の選挙が行われ、盧瑞棠が総理に、呉廷奎（▼呉植垣）と魏之俊が協理に就任した。12年には呉植垣が総理となり、会員数は104人。その後、15年に本国で改訂商会法が公布され、商務総会が総会と改称されたのにともない、横浜中華商務総会は横浜中華総商会と改称された。20年の総理は劉杏村、会員数は139人に増加。関東大震災後の25年では総理は鄭宗栄、会員数は80人へと減少した。横浜中華総商会は45年にいたるまで▼横浜中華会館内に所在した。
（伊藤泉美）

参 伊藤泉美「横浜における中国人商業会議所の設立をめぐって」『横浜と上海』横浜開港資料館、1995.

横浜中華青年会 よこはまちゅうかせいねんかい

スポーツ振興、知識文化向上などを目的として、1946年4月に結成された横浜華僑青年（16歳以上）の会。中区山下町218番地に会所を置く。初代会長は容振権。手製の獅子を作成し、街の祭りや仮装行列などで舞を披露、これがきっかけで横浜で獅子舞（▼舞獅）の行事や活動が発展した。親善野球試合や粤劇などの活動も活発だった。現在では会員の高齢化により獅子舞などの活動は▼横浜中華学院校友会が受け継ぐ。現在のおもな活動は新年会や親睦旅行など。会長は鄭幹栄。
（陳天璽）

㊂ 横浜華僑青年会

横浜中華仏教会 よこはまちゅうかぶっきょうかい

在日華僑・華人の仏教信者が結成した会。前身は「曇瑞精舎」。仏学研究のため日本に留学した僧侶曇瑞法師、俗名田養民が創設した。1982年、田の夫人であり敬虔な仏教信者陳培欽が土地を提供、横浜市中区山下町219番地に仏堂を建立した。仏堂内の大きな観音像は陳詹佩筠、呉延信、李錫蘭などの華僑・華人婦人が寄進した。能果法師が仏堂の管理とともに華僑社会での冠婚葬祭で誦経役を務める。1999年、仏堂は閉鎖され、仏教会は能果法師の自宅、山下町84-6に移転した。
（陳天璽）

横浜中華保育園 よこはまちゅうかほいくえん

▼横浜中華街の一角、中区山下町142番地にある華僑・華人経営の保育園。主として華僑・華人の子どもたちを預かる目的で設立され、園児には簡単な中国語を教え、日常会話に取り入れているが、多様な国籍の子どもたちが入園している。1968年、▼横浜中華学院の新校舎落成にともない、付属保育園を開設したのが始まり。88年より中華学院から分離、現在の園名に改名。2001年には2階建ての新しい保育室を建設した。現在、0歳から3歳児を対象に4クラス70名の園児、職員数約30名を擁する。現理事長は鍾潔芳、園長は陳淑明。
（陳天璽）

横浜中国領事館 よこはまちゅうごくりょうじかん

▼日清修好条規は1871（明治4）年9月に調印されたが、その後しばらく公使・領事は着任しなかった。78年1月23日、前年の12月に駐日公使として着任した何如章の報知に基づき、寺島外務卿は范錫朋の横浜領事任命を許可した。同年2月3日、正式に駐横浜清国理事府（領事館）が▼横浜居留地145番地に開設された。領事館開設にともない、それまで横浜在住中国人を管轄してきた神奈川県より、清国領事館へ「明治十年在横浜清国人民入籍名簿」「已決囚懲役人名簿」「未決刑事被告人名簿」の3点の行政文書が渡され、横浜在住中国人の管轄業務が清国理事府に移管された。また、横浜の領事館は築地居留地と▼函館居留地に居住する中国人の管轄も兼務することになった。83年8月に居留地135番

地に領事館は移転し、97年から総領事館となる。1911年の'辛亥革命によって清朝が倒れ、政権交代がなされ、清国総領事館は中華民国総領事館となった。

1923年の関東大震災で中国領事館は倒壊し、長福総領事が死亡したため、副領事の孫士傑が代理総領事となり、'横浜中華会館とともに善後処理にあたった。領事館自体は西戸部や山下町141番地に一時移転するが、25年には同135番地に戻り、33年まで同地に所在した。33年以降は日中関係の混迷とともに領事館も移転を繰り返す。37年7月、日中戦争が勃発し、日本が北京臨時政府を樹立すると、横浜華僑社会は「日華融和」を選択、中華民国政府の外交団は引き揚げ、総領事館は38年2月6日に閉鎖となる。その後4月5日に山下町202番地の'横浜親仁会事務所に'中華民国臨時政府駐横浜弁事処が開設される。正式に汪精衛国民政府の領事館が開設されるのは40年9月1日のことである。その後45年5月の横浜大空襲により領事館は焼失する。戦後は72年まで中華民国総領事館が横浜に置かれ、その後は中華人民共和国の総領事館機能は東京に移り、中華民国の領事館機能を果たす台北駐日経済文化代表処横浜分処は現在、中区日本大通りに所在する。　（伊藤泉美）

㊂　横浜清国人民入籍名簿、横浜の華僑・華人
㊃　『横浜中華街』／伊藤泉美「山下町135番地考」『開港のひろば』69、横浜開港資料館、2000.

横浜の華僑・華人（よこはまのかきょう・かじん）

1980年代以前から横浜に暮らす、いわゆる'老華僑に属する人々とその子孫は、現在4000人とも5000人ともいわれる。日本に'帰化した華人が含まれるため、正確な人口は把握できない。政治的には中華人民共和国支持層と中華民国支持層とがあり、華僑総会、学校、同郷会などの組織も2系統が存在する。近年は'横浜中華義荘の整備、'横浜関帝廟建設などで双方の協調への努力が見られる。歴史的には、横浜華僑社会の形成は1859（安政6）年の日本の開国、横浜の開港に遡る。'横浜居留地に進出してきた西洋商人は、漢字で日本人と意思の疎通が図れる中国人に仲介者の役割を期待し、香港、上海などから中国人を随伴した。こうした'買弁と海産物・砂糖などの貿易商のほか、西洋建築、ペンキ塗装、活版印刷、西洋楽器製造などさまざまな近代的技術を身につけた中国人が横浜に渡来した。70年頃には横浜の中国人は約1000人で、関帝廟、中華会館、劇場などを開き、横浜居留地の一角に中華街を築いていく。71（明治4）年に'日清修好条規が結ばれると、横浜に中国領事館が開設される。しかし94年に日清戦争が勃発し、敵性国民の立場になり、3分の1が帰国する。戦争が終結すると経済関係も回復し、中華街に大同学校が開かれるなど、華僑社会は発展していく。99年に居留地が撤廃されると、実質的に中国人に対しては、旧居留地外での経済活動に職業的制限が加えられ、徐々に理髪業、洋裁業、料理業など許可された職業を営む華僑が増えていった。1923年9月1日、関東大震災が起こり、中華街は壊滅的な打撃を受け、多くの華僑が命を落とした。生き残った人々も神戸、大阪、さらに広東や上海に帰国し、震災以前は5700人余りいた横浜華僑は200人弱に激減した。しかし、震災以後はふたたび人々が戻りはじめ、中華街には料理店、雑貨店、理髪店が立ち並び、30年代初頭には華僑人口は3000人余りに回復する。

しかし平和な時代は続かず、1937年7月に日中戦争が勃発した。8月から東京在住中国人の帰国が始まる一方で、横浜生まれでこの地を生活の基盤とする華僑の多くは帰国せず、傀儡政権の北京臨時政府の支持を選択し、南京政府の駐日中国大使・横浜総領事ら外交団は撤退する。貿易面では輸入制限や中国での日本製品ボイコットが起こり、大打撃を受ける。また料理店や理髪店でも反中国感情や華僑の帰国によって客足が途絶えていく。こうしたなかでも戦死者追悼会に代表を送るなど地元との関係を保つ努力を続け、華僑は戦時下の日々を耐えた。

1945年5月の横浜大空襲で中華街一帯は焼け野原となった。8月15日の日本敗戦とともに復興が始まる。華僑はバラックの店でアメリカ進駐軍の配給物資でつくった食べ物などを売った。自治組織も復活し、46年には関帝廟と学校が再建された。49年の中華人民共和国成立にともない、政治的に新中国支持派と台湾派が分立した結果、'横浜華僑学校事件などが起こった。55年には中華街復興のシン

ボル▼善隣門が建設され、その後は日本の高度経済成長のなかで中華街も発展していく。1980年代に入ると日本のバブル経済、グルメ・ブームに乗って、中華料理店がひしめく中華街は観光スポットとしても活況を呈した。華僑人口は戦後は4000人台が続いていたが、この頃から増加しはじめ、80年代後半からはいわゆる▼新華僑が急増し、99年の横浜市内在住中国人は約1万4000人である。旧来の華僑社会に属する老華僑は、新華僑との共存という新しい課題にも直面している。

(伊藤泉美)

㊂ 横浜買弁, 横浜中華街, 日清戦争と日本華僑, 内地雑居令, 関東大震災と横浜華僑
㊆『横浜中華街』/飯島渉編, 1999.

横浜の華僑学校 よこはまのかきょうがっこう

横浜の華僑学校の歴史はいくつかの時期に分けて見ることができる。明治期、1871年日清修好条約が批准され、横浜でも居留地には身分が保証された中国人が増加し、その逗留が長期化、定住化された。それにともない華商子弟の教育が問題となり、学校設立の機運が高まった。97年、おりしも横浜を訪れた▼孫文に相談したのが学校設立の始まりだという。孫文は校名を「中西学校」と命名し、教員探しに一役買うが、横浜にやって来たのは▼康有為を師と仰ぐ▼徐勤だった。校名を「大同学校」と変更、99年3月18日、徐勤を校長として居留地140番地で盛大に大同学校開校式が挙行された。名誉校長に犬養毅を迎え、式典には▼梁啓超はじめ中華会館の董事▼孔雲生ら横浜華僑の有力者と日本各界を代表する大隈重信、高田早苗らが参列した。1904年幼稚園が創設される。これに対し、「華僑学校」は08年、孫文を支持する▼広東人の子弟の初等・中等教育機関として山下町215番地に設立され、幼稚園、専攻科を有した。両校とも広東語で授業を行うが、前者は康有為を支持する保皇派で、後者は孫文を支持する革命派であるところから、両校は常に対立していたという。次に、「中華学校」は、当初は「啓蒙学校」といっていたのが13年に改名したもの。山下町141番地にあり、孔子像に拝跪することに反発するキリスト教徒と、広東語の授業に不満をもつ江蘇、浙江省出身の子弟の初等・中等教育機関で、上海語(寧波語)で授業。13年12月22日に行われた開校式には、駐日公使馬廷亮、駐横浜総領事▼王守善、大同学校校長劉康甫、中華商務会代理▼温徳林、上海製造局長李平書ら来賓が出席。校長は孫詠。「啓蒙学校」がいつ頃設立されたのか不明である。また、「志成学校」は東京築地の立教大学内にあったのが、聖公会と中国人の協力により、16年9月に山下町53番地に移転してきたもの。中学程度の教科を教え、精神教育を重視したキリスト教教育の学校で、高等学校、高等師範、医学専門学校へ進学するための準備校であった。そのほかに「中華聖公会華僑夜間英語学校」があったいうが明らかではない。聖公会ということから、あるいは「志成学校」の夜間英語学校とも考えられる。

以上の各校は23年9月1日に起きた関東大震災のため、すべて倒壊し灰燼に帰した。翌年3月、被災し帰国していた呉肇揚、▼呉伯康父子が日本に戻り新山下でバラックを建て広東語による教育が行われ、「大同」「華僑」「中華」の3校の70人ほどの生徒が集まった(一説には「広ану小学校」という校名で、「中華公立小学堂」に改名し、さらに「横浜中華公立学校」に改名したとあるが、これも定かではない)。学校再建の気運が高まるなか、孔雲生、黄焯民らの横浜在住の有力者が外務省へ学校再建のために補助金交付を申請した。25年3月20日、外務大臣幣原喜重郎より、中国人の教育機関大同学校校舎再建の費用として2万5000円が交付された。その後、「大同」「華僑」「中華」の3校が合併し、校名を「横浜中華公立学校」と改め、26年10月16日、山下町141番地で落成式が行われた。「横浜中華公立学校」の生徒数は戦争の影響を受け、帰国するなど増減が激しく、学校も日本の政府の監視下に置かれた。45年の横浜大空襲で学校はまたもや灰燼と帰す。

日本敗戦後、華僑は焦土の上に「横浜中華学校」を再建する。再建は3期に分けて行われ、小学、中学、幼稚園、二部の成人班クラスも作られ、生徒数は800人に達した。初めて北京語(標準語)で授業が行われることになり、教師は留学生で占められた。49年10月1日中華人民共和国が誕生したが、日本では台湾に逃れた者が「代表団」として華僑の教

育に介入し、留学生の教師が生徒たちに新中国のことや共産主義思想を教えないよう干渉した。このような状況から、学校や華僑社会までが二分されるという▼横浜華僑学校事件が起こった。現在は台湾系の▼横浜中華学院と大陸系の▼横浜山手中華学校が併存、それぞれ華僑子弟の教育を行っている。　（符順和）
　📖『横浜中華街』／日比野重郎『横浜近代史辞典』湘南堂書店、1986（1918年刊の『横浜社会辞彙』の改題複製）./杜国輝「日本華僑学校沿革と現況」『近代日本華僑・華人研究』近代日本華僑学術研究会、1988.

横浜梅桜獅子会　よこはまばいおうししかい
　▼横浜中華街のメンバーによって組織されたライオンズ・クラブの支部。会名に「梅桜」とあるのは、中華民国（台湾）と日本の代表的な花から。また、「獅子」は獅子舞ではなく、「ライオン」の意。同クラブは、1917年米国シカゴで形成、国際的な実業家のネットワークを保持することで知られる。横浜梅桜獅子会は、▼李海天の発議により1970年6月、中華街重慶飯店別館で結成会。社会福祉や相互扶助のため、事業の利益を日中両社会に還元しようという華僑・華人企業家が集まっている。　（陳天璽）

横浜買弁　よこはまばいべん
　開港とともに横浜に進出した西洋人商人と日本人との間の仲介役を務めた中国人。西洋人商人は、香港、上海などから中国人▼買弁を伴ってきた。その第1の理由は言語の問題である。西洋人と日本人はともに相手の言葉を解さない。そこで、日本人と漢字という手段で筆談できる中国人に通訳の役割が期待された。横浜の買弁の嚆矢は、安政6年（1859年）8月18日、売込商（輸出商）の中居屋重兵衛と「仏商二番館ロレル」（英二番館ロレイロのことか）との生糸売買を仲介したハショウとされる。買弁の役割は通訳だけではない。当時日本人は西洋の通貨や秤量単位に不慣れであったため、買弁が日本人商人が外国商館に生糸、茶などを売り込む場合に取次をしたり、商品を受け取る際に品質検査や秤量を行ったりした。その見返りとして、買弁は日本人商人より南京口銭（取次手数料）、拝見料（品質検査料）、看貫料（秤量立会い料）を受け取った。ただし、日本では居留地外での外国人の経済活動が厳禁されていたため、中国本国のように買弁が外国商人に代わって内地買付けなどを行うことはできなかった。多くの商館で買弁が働いており、なかでもジャーディン・マセソン商会の▼鮑焜、オーガスティン・ハード商会の▼陳玉池、▼香港上海銀行の▼繆輝堂、フランス郵船会社の▼黎炳垣、ドッドウェル商会の▼アクアイなどが有名である。こうした買弁は外国商館の社員というよりは専属の独立した商人であり、この点は外国商館の雇用人である日本人番頭とは性格を異にする。買弁は契約を結び、雇用期間や保証金の額を取り決め、また買弁専用の倉庫係、会計係、集金係などを雇うことが認められていた。買弁自身も相当な資産と信用を有する人物であった。なお、陳玉池、繆輝堂、鮑焜、黎炳垣らはすべて▼広東人であり、初期横浜に進出してきた買弁層が▼広東幇であったことが、その後に広東幇が優勢でありつづけた横浜華僑社会の幇派構成の起源であったといえよう。
　　　　　　　　　　　　　　　（伊藤泉美）
　📖『横浜中華街』

横浜福建同郷会　よこはまふっけんどうきょうかい
　1940年、魏敦明など横浜在住の福建系華僑・華人によって組織された親台湾派の同郷会。同郷人の親睦と相互扶助を目的としている。日中戦争期末の45年には活動は一時期中断、64年に再建組織委員会が結成され、活動が再開された。同郷人の出資により、横浜市中区の中華街福建通り、山下町221番地に福建ビルを建設、その3階が会所である。現会長は林訓一。　　　　　　　（陳天璽）

横浜山手中華学校　よこはまやまてちゅうかがっこう
　1952年の▼横浜華僑学校事件を契機に翌53年にできた学校。寺小屋式の分散教育を続ける600名の生徒のため、中区山手町に横浜中華学校臨時校舎が建てられた。57年校名を横浜山手中華学校と改め、家長会（PTA）が成立。59年に新しい校章・校歌（▼馬広秀作詞・▼黄偉初作曲）が採択され、翌年元町に学生宿舎を建設。50年代から五星紅旗を掲げた中華学校で、李徳全、▼廖承志、魯迅夫人の許広平ら、中国の代表団が次々と来訪した。66年5階建の現校舎が落成し、翌年高校が増設され（82年廃止）、学校法人横浜山

手中華学園横浜山手中華学校となる。初代理事長▼李天図。70年北方に学生宿舎新築（収容120人、88年廃止）。90年代には日本語速成班を設置する。老朽化した設備の改修や、コンピュータの導入、冷暖房を完備するなどよりよい教育環境づくりに力を入れ、話せる中国語、中国語教育のレベルアップを図る教育改革を行う。小学部の中文、会話の教科書の編纂、教授法の研修、中国国内の数学教科書の導入など、国際社会で通用する自ら学ぶ生徒の育成を目標に改革を進めている。年々生徒数が増え、400名に迫る勢いで、現在、幼稚部、小学部、中学部をもつ。校長は▼黄偉初。

(符順和)

参 馬広秀「戦後横浜における華僑教育の実践」西村俊一編『現代中国と華僑教育』多賀出版、1991.

横浜要明公所 よこはまようめいこうしょ

1920年に横浜在留の広州府高要、高明両県人によって組織された▼同郷団体（『旅日要明鶴同郷会四十周年』誌では1917年成立とある）。ほとんどが料理業者で、同職という面をもった同郷組織である。関東大震災で多くの会員が亡くなり、残った者のほとんどが帰国、会は有名無実となる。▼横浜中華義荘には要明同郷会の名で25年9月1日の日付で「大震災本会殉難先友記念碑」が建立されている。52年▼旅日要明鶴同郷会が結成される。

(符順和)

余樹標 よ・じゅひょう

タイの書家で改良毛筆の発明家。父親の余孟斌の影響で幼少時より書画・詩詞に接する。広東省豊順県湯抗中学卒業。第2次大戦後、20歳代半ばで渡タイ。いくつかの職業を兼業。32歳当時、体調を崩したことを機に兼職を解き、余暇に書法を学ぶ。万年筆と同じような利便性を備えた改良毛筆を発明する一方、鋼筆書法の利点を取り入れ、新たな書法を生み出すなど、タイにおける書法の普及に努力。

(樋泉克夫)

ヨットピープル

1997年7月1日、▼香港が中国に返還されたが、それを嫌って海外に逃避した人々を比喩的に称した呼び方。インドシナ（ベトナム）からの中国系難民はほとんど着のみ着の

ままの無一文で、ぼろ船（ボート）に乗って海外に脱出したが、香港から逃避した人々は資産家や技能をもつ専門家など、経済的に比較的恵まれた人々が少なくなかったから、前者の▼ボートピープルに対して、豪華客船（ヨット）で逃避するヨットピープルと呼んだのである。

(游仲勲)

⇒難民

ヨーティン・ブーンティチャローン
荘育民　Yothin BOONDICHAROEN

タイの企業集団ユニベスト・グループ（裕益集団）の総帥。生年は不詳。祖籍は広東省潮州。1980年代末頃より実弟のパッチャリー・ブーンティチャローン（荘育燦）とともに▼CPグループと合弁でタイ、香港、上海（浦東）などで不動産開発を進めてきた。だが、経営方針の違いから、93年には合弁を解消。香港の富泰地産をCPグループに渡し、タイのサイアム・フォーチューンを譲り受けてユニベスト・ランドに改名。傘下にビスタ・リアルティ、ユニベスト産物などをもつ。

(樋泉克夫)

余東璇 よ・とうせん 1877-1944
EU Tong Sen

広東華裔の企業家。マレー半島ペラ州の錫鉱山主であった余剛の子としてペナンで生まれた。幼少時に広東で教育を受けた後、15歳でマラヤへ戻り、1898年父の死により21歳で事業を継承。錫業、ゴム栽培、不動産業をマラヤ全域、シンガポール、香港、広州で展開し、成功させた。1903年捐納（金を出して官を買うこと）によって清朝官位の道員および花翎四品銜を得た。しかし1896年イギリスがマレー半島統治のため発足させたマラヤ連合州参事会の華人代表（1911-20年）を務めたように、親英路線を歩んだ。在任中に第1次大戦が勃発したが、兵器として新登場した戦車と飛行機各1を率先して献納している。シンガポール市街にある余東璇街（俗称南天前）は余を記念した命名である。文慶路（▼林文慶）など、シンガポールには民族リーダーにちなむ華語の街路名が多く、「華僑の町」であった歴史が刻まれている。

(可児弘明)

参 柯木林主編『新華歴史人物列伝』シンガポー

ル：教育出版公司，1995.

ヨーヒャップセン
楊協成　Yeo Hiap Seng

シンガポールの工業化時代に成長した同国の代表的な華人食品企業だが，1990年代に創業一族の手を離れ，別の華人企業家に渡っている。略号YHS。同社は，福建省で醤油工場を営むヨー・ティエンイン（YEO Thian In，楊天恩，長男）など5人兄弟が中国の政情不安で1938年にシンガポールに工場を移設したことに始まる。資本金150Sドルで YHS 醤油工場を開設し，戦後は製品販売をマラヤ，サラワクにも広げ，53年には醤油のほかに缶詰，ソフトドリンク製造も始め，ペプシ・コーラ，味の素などの代理店となるなど，多角化が進められた。56年に現名のヨーヒャップセンに改名された。60年代に，イギリスで化学や経済学を学んだティエンインの長男アラン・ヨー（Alan YEO）が加わると，さらなる発展を遂げる。フレーザー＆ニーブ社に次ぐ国内第2位の食品総合メーカーとなっただけでなく，アメリカ，イギリス，カナダなどに投資して世界各地に生産工場や研究・開発部門をもつ，グループ全体で3600人の従業員を擁する多国籍企業に発展した。創業者兄弟5人の息子たちが同社の経営と所有に参加するなど典型的な同族所有・経営企業で，第2世代経営者のアラン・ヨーとマイケル・ヨー（Michael YEO）はシンガポール製造業者協会会長を務めた。

しかし1990年代になると崩壊への道をたどる。89年に政府の経済開発庁と共同投資で買収したアメリカ食品会社チュンキン社が赤字に転落したのをきっかけに，第2世代経営者の間で，アラン会長派とアランのワンマン経営を批判するマイケル派に分裂する争いが起こった。94年，同社の内紛に乗じて，アラン側に▼マレーシア・ホンリョン・グループ，マイケル側に▼ン・テンホン・グループがつき，さらにホンリョン側にはインドネシアの▼スドノ・サリム，シンガポール政府資本も加わるなど，半年間に及ぶ激しい買収合戦が繰り広げられた。最終的には，ン・テンホンが同社株式の46％を取得し，創業者ヨー一族の手を離れた。　　　　　　　　　　（岩崎育夫）

📖 岩崎育夫『華人資本の政治経済学』東洋経済新報社，1997.

余本 よほん 1905-95
YU Ben

中国の画家。▼帰国華僑。本名は余建平。広東省台山出身。1918年カナダ留学，23年帰国。27年ふたたびカナダに行き，31年まで油絵を学ぶ。以降，絵画で暮らす。36-56年香港に在住して画室を開く。日中戦争中は一時▼マカオに移住。56年▼広州に移った。中国美術協会理事，広東省美術協会副主席，広東画院副院長などを歴任。全国各地で個展，また作品140点収めた『余本画集』がある。（過放）

ヨー、ミシェール 1964-
楊紫瓊　Michelle YEOH

香港とハリウッドで活躍するマレーシア華人女優。▼イポーで生まれ，中学卒業後イギリスに7年間バレエ留学。留学中にモダンダンスや演技，カンフーの基礎も習得した。背中を痛めてバレエを断念後，1983年ミス・マレーシアに選ばれ，香港映画界に招かれて『生死線』（85年）で女優デビュー。当時の名前はミシェール・キング，あるいはミシェール・カーン。新興映画会社D＆Bの専属女優となり，『レディ・ハード　香港大捜査線』（86年）などのヒットでアクション女優としての地位を確立。その後D＆Bの社長と結婚して一時引退したが，離婚とともに『ポリスストーリー3』（92年）で映画界復帰。時代劇▼カンフー映画や現代アクションものに主演したほか，『宋家の三姉妹』（97年）では演技力も示した。007シリーズ『トゥモロー・ネバー・ダイ』（97年）ではボンドと対等に活躍するヒロインを演じ，全世界の注目を集め，また▼アン・リー監督の『グリーン・デスティニー』でもその華麗なカンフーが評判になった。
　　　　　　　　　　　　　　　　（松岡環）

ヨーロッパ華僑団体聯合会議 ヨーロッパかきょうだんたいれんごうかいぎ
旅欧華僑団体聯合会議　**Conference of the Overseas Chinese Federation**

ヨーロッパにおける台湾支持の立場に立つ華僑・華人団体。中国名の略称は欧華会議または欧華年会。1971年中国が国連復帰した後，海外華僑・華人への台湾の影響力を強化するために，ヨーロッパの親台湾派の華僑・

華人指導者が呼びかけて組織された。第1回会議は75年4月16日ドイツのハンブルクで開催された。以後、ヨーロッパ各地で毎年1回大会が開催されてきた。この聯合会議の成立が契機となり、アジア華人聯誼会、全米僑団聯合会、オセアニア華僑団体聯合会、アフリカ華人聯誼会、世界五大洲華人会議、世界五大洲華人団体聯誼総会が設立された。なお、92年には大陸支持の立場に立つヨーロッパ華僑華人社団聯合会（中国名の略称は欧華聯会）がオランダで設立され、90年代末現在で東欧諸国を含む21か国の160余の社団が加盟し、毎年1回大会を開催している。　（曽士才）

→ ヨーロッパの華僑・華人

ヨーロッパ華人学会 ヨーロッパカじんがっかい
欧洲華人学会　Association of Chinese Scholars in Europe

ヨーロッパの華僑・華人の学術団体。1981年8月27日フランスのリヨンで成立。人文・社会科学を専攻するヨーロッパ在住の華僑・華人学者の多くは中国で高等教育を受けた後に現地国で教育・研究活動に従事する場合が多く、中国語による研究発表の機会が少ないうえ、研究成果の発表がいらぬ政治的紛争に巻き込まれはしないかと危惧して発表を渋る場合が多かった。そうしたなか、78年の欧州漢学会イタリア大会において、スウェーデンのエーテボリ大学の黄祖瑜教授が大会に参加していた十数人の中国人研究者と語らい、翌79年8月ドイツのハンブルク近郊に20数人がふたたび集まり、学会準備会を発足させた。そして81年8月リヨン郊外エブにある修道院に30数人が集まり、正式に成立した。初代理事長は黄祖瑜。会員資格は欧州各地の大学、研究所およびその他の機関で教育・研究活動を行う華僑・華人であること。2年に1回大会を行い、学術刊行物『欧華学報』（中国語）を発行している。　（曽士才）

ヨーロッパ崇正総会聯合会 ヨーロッパすうせいそうかいれんごうかい
欧洲崇正総会聯合会

ヨーロッパにおける客家系華人の連合組織。全ヨーロッパの「客家の人々の連携と団結のために、1990年9月ロンドンで設立された。設立にあたっては「香港崇正総会の理事長である黄石華の尽力に負うところが大き
く、名誉会長には黄石華が就任している。初代会長はイギリス崇正総会会長張醒雄がなり、理事会メンバーにはヨーロッパ各国の客家の有力者がなっている。　（曽士才）

ヨーロッパの華僑・華人 ヨーロッパのかきょう・かじん

ヨーロッパは、今後中国系移民が最も増える地域、少なくともその一つである。欧州にも古くから中国人は来たが、定住者は少なかった。移民を送り出す「旧世界」に属し、外部から移民を受け入れる余裕がなかったからである。欧州に向かった中国人は陸海両路を経たが、陸路では17世紀以前にシベリア経由で、海路では19世紀半ば以前に移住した。海路最も早く中国人が移住したのはフランスである。同国さらには欧州には浙江省青田人が多いが、19世紀末に特産品の青田石（浮彫りをきざむ）を同県人の陳元豊がもたらしたことによる。イギリスにも比較的早くから中国人が来た。オランダには旧植民地インドネシアからの者が少なくなかった。ドイツには最初陸路のシベリア経由でポーランド、チェコスロバキアに行き、そこから入国した。これらを基地として、フランス、イギリスの華僑はベルギー、スイス、スペイン、イタリアなどに赴き、ドイツ、オーストリア、とくにオランダの華僑はデンマーク、スウェーデンなどに分布した。第1次大戦頃には大別して、(1)元船員の「広東人、(2)浙江省「青田籍、温州籍の小商人、(3)「参戦華工で残った者、(4)中国大陸、「香港、台湾、欧州各国旧植民地の中国系留学生、の4種がいた。その後、ロシア、中央アジア、モンゴルなどで社会主義体制が成立し、第2次大戦もあって中国からの移住は中断、1940年代末には欧州全体で華僑・華人は1万5000人にすぎなかった。第2次大戦後、欧州が移民受入れ地域に変化する一方、中国も変化した。旧植民地の独立によりその地の華僑・華人が旧宗主国に向かい、また、香港新界から工業革命により多くの農民がとくにイギリスに流入した50～60年代の第1期、さらに70年代中後期に大量のインドシナ中国系難民がとくにフランスに流入した第2期に続いて、主として中国大陸から来る80～90年代が第3の高潮期となった。

今日、欧州の華僑・華人は150万人とも200

ヨーロッパノカキョ

万人ともいう。人数も最多、持続期間も最長で、空前の大移民期となった。40年代末と比べて100倍以上、その約6割が西欧諸国に集中している。全欧州の合法移民2000万人、難民400万人のうち、中国系は6〜8％を占め、(1)多くが50〜60年代に欧州に赴いた香港系、(2)50年代にすでに欧州にいた約1000人と、70年代末以降青田、温州から家族合流などで来た主として農民からなる連鎖移民の2種の浙江人、(3)旧植民地インドネシア、インドシナなどからの難民、移民、(4)90年代以降の台湾企業の多国籍企業化にともなう台湾移民、(5)90年代に中国大陸から来た新移民、(6)留学生、の6種からなる。フランス約30万、イギリス約25万、ドイツ約11万、オランダ、イタリア各約10万、スペイン、ベルギー各約3万、オーストリア、スウェーデン各約2万、アイルランド約1万、スイス約7500、デンマーク約6000、ポルトガル、ノルウェー各約500、フィンランド約1000、ルクセンブルク約600、ギリシャ約300、これにロシア約6万（大量の担ぎ屋は除く）、ハンガリー、ルーマニア各2万〜3万、旧チェコスロバキア約1万、ポーランド約1500の分布で、「大分散、小集中」の傾向が見られる。以下、歴史の古いフランス、イギリス、オランダの3国を見よう。

【フランス】　同国に中国人が移住したのは18世紀に遡るともいうが、第1次大戦時の参戦華工や、大戦後やってきた中国人留学生（そのなかには▼周恩来、鄧小平はじめ中国革命で活躍した者が多い）のうち、残留した者もいたとはいえ、全体としてはそう多くなかった。だが、第2次大戦後は、1975年から80年代にかけて、さらに90年代に入って急増する。インドシナとくにベトナムからの多数の中国系難民、中国大陸からの移民である。台湾政権駐仏代表処の推定では、96年当時20万人に近い華僑・華人がおり、9割が広東籍だった。そのうちインドシナ半島から約16万人、中国大陸3万人余、台湾5200人、香港と▼マカオ3000人余。フランス国立科学研究院の調査では、在仏東南アジア人は約40万人、半分以上が中国系とみられ、うち大パリ地区に居住する中国系は約15万人。しかし現在では同国に25万〜30万人の華僑・華人がいるものとみられている。

【イギリス】　記録に表れた限りでは、すでに18世紀にはイギリス・東アジア間貿易に従事する船に乗船した中国人船員が▼ロンドン、リバプールに到達、一部がそのままとどまった。その後在英華僑が増え、1902年にはジャーナリストのジョージ・シムズによって初めて、ロンドンのライムハウスの中国人居留地が▼チャイナタウンと呼ばれた。もっとも、当時の町は現存せず、カントン、ペキンなどの通りの名が残るだけである。今日では、非公式な推定で25万人以上に達したとみられ、香港、▼シンガポール、マレーシアなどの旧英領地域からの者が多い。大部分がロンドンとその近郊に集中、これ以外でも大都市に多い。ロンドン地域に6万人近くが居住、対人口比率がいちばん高いのはリバーサイド、ペッカムの各2％。100年余りの努力の結果、全体として中産階級に上昇、26％が高学歴で、白人の倍の比率である。二世華人の所得は各民族中最高。97年の香港の中国への返還の際には、5万世帯の香港家族がイギリスでの居住権を得、今後も同国への移住が増えよう。

【オランダ】　中国系はアムステルダムに集中、次いでロッテルダムである。同国内政部によれば、中国系は約12万人、うち香港とマカオから3万2000人、中国大陸2万5000人、ラテンアメリカのスリナムやシンガポール、マレーシア合わせて1万5000人、インドシナ難民5500人、台湾1500人、その他の地域6000人、現地生まれ2万5000人、不法在留者1万余。多くが江蘇、浙江、広東、客家系である。78年に全国組織の全荷（オランダ）華人社団聯合会が設立され、EU（欧州連合）の発展を見越して、92年5月、欧州華僑華人社団聯合会（略称、欧華聯会）がオランダに登記された。英国以外では最も英語が通じ、交通も便利だからである。事務局はパリに置かれ、94年6月末当時、13か国、35の社団が加盟していた。
(游仲勲)

▷ ロンドン，パリのチャイナタウン，アムステルダムのチャイナタウン，参戦華工，東欧・旧ソ連の華僑・華人

▣ 劉漢標・張興漢編『世界華僑華人概況』欧洲・美洲巻．／陳懐東・張良民『欧州華人経済現況与

展望』台北：世華経済出版社，1998．／Gregor Benton & Frank N. Pieke (eds.). *The Chinese in Europe*. London: Macmillan Press Ltd., 1998．／朱慧玲「欧州華僑華人社会的現状及其特点」『華僑華人歴史研究』4，1999．／游仲勲「ヨーロッパの華人・華僑」『異文化コミュニケーション研究』13，神田外語大学異文化コミュニケーション研究所，2001．

ヨン・ギー 1906-63
朱源芷　Yun Gee
　中国系アメリカ人画家。広東省開平で生まれたが、15歳のとき父親とアメリカへ移住した。カリフォルニアで美術を専攻した後、1927年にフランスへ留学し、3年後アメリカに戻った。戦前からアメリカ絵画界での誉れが高かったが、貧しい生活を送ったすえ、独り暮らしのニューヨークの画室で胃癌のため世を去った。
（曾櫻）

四種人　よんしゅじん
　主として中華人民共和国において、華僑、香港・マカオ同胞、台湾同胞、外国籍華人の4者を一括して呼ぶ場合に使用される呼称。中国国内の中国公民とは異なった社会的仕組みのもとで生活している中国系人の総称。中国籍をもっていても、中国国内では、政治・経済活動の面で一般中国公民と異なる権利や義務をもつ場合がある。また実生活上で、たとえばレストランなどにおいて、外国人並みのサービスと料金で扱われるといったこともある。
（松本武彦）

ヨン、チンファト 1937-
楊進発　Chin Fatt YONG
　オーストラリア華人の歴史学者。マラヤ生まれ。シンガポール、オーストラリアで教育を受けた後、フランダース大学（オーストラリア）上級講師となる。1977年に出版された *The New Gold Mountain* (Richmond: Raphael Arts) はオーストラリア華僑史の基礎文献となっている。また、東南アジア華僑史研究として *Tan Kah Kee* (陳嘉庚) (Singapore: OUP, 1986.) などがある。
（森川眞規雄）

▷オーストラリアの華僑・華人

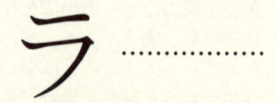

ライオングループ

ラ

ライオン・グループ
金獅集団　Lion Group

マレーシアを代表する、鋼鉄、チョコレート、不動産などを中核にした多角的華人企業グループ。1943年、シンガポールに生まれた潮州系華人▼ウィリアム・チェン・ヘンジェムが一代で創りあげたもの。チェンは中学卒業後、16歳で家業の鉄工所を手伝い、父の死後、兄弟がシンガポールとマレーシアのビジネスをそれぞれ分担し、チェンはマレーシアを継承した。事業の飛躍の機会は、アマルガメーテッド・スティール・ミルズ社（後にアムスティール・コーポレーション社に改名。中国語名、合営製鋼有限公司）の鋼鉄ビジネスで、これで基礎を築くと、チョコレートや製菓にも事業を広げた。不動産開発への参入は、80年代半ばに「パン・エル社」スキャンダルで破産した会社を91年買収してライオン・ランド社と改名して始まった。グループ中核企業のライオン・コーポレーション社（Lion Corporation）は、1972年に三つの鉄鋼製品会社を合併し、81年に現在の名称にしたもので、82年にクアラルンプール証券取引所に上場された。

現在、ライオン・グループは、鋼鉄、モーター、タイヤ、コンテナ、チョコレートと菓子の製造・小売・流通、貿易、建設、不動産開発、ファイナンス、保険、証券、農業関連製品、プランテーションの多様な事業からなり、グループ企業は中核のライオン・コーポレーション社を軸に、アムスティール社、アンカサ・マーケティング社、アマルガメーテッド・コンテナ社、チョコレート・プロダクツ社、ライオン・ランド社、ポジム社の六つの上場企業の下に100を超える子会社をもつ。海外投資も活発で、シンガポール、香港、インドネシア、中国などで行われている。

〔岩崎育夫〕

▩ E. Terence Gomez. *Chinese Business in Malaysia.* Surrey: Curzon, 1999.

ライ、スタン 1954-
頼声川　Stan LAI

台湾現代演劇の第一人者である演出家。映画監督でもある。ワシントンD.C.にアメリカ華人として生まれ、1966年に家族とともに台湾に移住。その後カリフォルニア大学バークレー校に留学、優秀な成績を修めて、83年に演劇芸術博士号を取得した。卒業後台湾に戻り、国立芸術学院に招かれて教鞭をとる。84年に芸術学院の学生と舞台劇『我們都是這樣長大的』を発表、実験的な演劇の誕生と話題になった。同年、俳優リー・リーチュン（LI Li-chun、李立群）らと演劇集団「表演工作房」を旗揚げ、『暗恋桃花源』（86年）などの舞台で注目を集めた。92年に『暗恋桃花源』を台湾の有名女優ブリジット・リン（Brigitte LIN、林青霞）主演で再演したのに続き、ほぼ同じキャストで映画版『暗恋桃花源』（92年）を監督、東京国際映画祭ヤングシネマ部門シルバー賞など数々の賞に輝いた。続いて映画第2作『飛侠阿達』（94年）も世に出したが、その後は演劇活動に専念、ミュージカル作品『這児是香格里拉』など意欲的な作品を発表しつづけている。

〔松岡環〕

ライ、デイビッド 1937-
黎全恩　David Chuenyan LAI

カナダの地理学者。▼広州生まれ。香港大学講師を経て、現在、ビクトリア大学教授。ビクトリアをはじめとしたカナダ各地の▼チャイナタウン研究で知られる。著書に *Chinatowns: Towns Within Cities in Canada* (Vancouver: Univ. of British Columbia, 1988) などがある。また、長期にわたってチャイナタウンでの地域文化活動にかかわり、1983年カナダ勲章を受章している。

〔森川眞規雄〕

▣ 郊外型チャイナタウン

ライ、ヒムマーク 1925-
麦礼謙　Him Mark LAI

中国系アメリカ人歴史学者。本籍は広東省

南海だが、『サンフランシスコ・チャイナタウン』で生まれた。1947年カリフォルニア大学バークレー校から工学士を取得し、エンジニアとしてユティリティス・エンジニアリングに3年間勤めた後、ベッテル社に入り、84年まで勤めた。青年時代から中国系アメリカ人の歴史に興味をもち、資料収集や研究に余暇を費やした。1967年からエッセイや論文を続々発表し、69年非常勤講師としてサンフランシスコ州立大学で初めての中国系アメリカ人の歴史を教え、のちカリフォルニア大学バークレー校でも教鞭をとった。80年からサンフランシスコの華字紙『時代報』で連載された「美国華人史綱」が注目され、香港の三聯書店から『従華僑到華人』(1992年)を出版。84年に仕事を辞め、中国系アメリカ人歴史研究に専念した。『アメリカ華人歴史学会会長、サンフランシスコ中華文化基金会会長などを歴任し、同僚研究者から中国系アメリカ人歴史研究分野の長老といわれる。英文著書に Chinese of America, 1785-1980: Exhibition Catalog (1980)、Island: Poetry and History of Chinese Immigrants on Angel Island, 1910-1940 (1980)、A History Reclaimed: An Annotated Bibliography and Guide of Chinese Language Materials on the Chinese of America (1986) など。(曾櫻)

ラウ、アンディ 1961-
劉徳華　Andy LAU

香港の映画スター。歌手としても人気がある。香港生まれ。TV俳優として芸能界に踏み出す。1980年代の初めから活動の舞台を映画に移し、『英雄好漢(愛と復讐の挽歌)』『賭神(ゴッド・ギャンブラー)』などに出演。91年には天幕電影製作公司を創り自ら映画の製作に乗り出した。歌手活動も活発で、89年にはレコード会社香港宝芸星唱片公司と契約した。96年には日本でコンサートを開いた。
(戸張東夫)

ラウ、フレッド 1949-
劉百安　Fred LAU

サンフランシスコ市警察署長。中国系三世。1995年、市長に当選した黒人のウィリー・ブラウンによって任命された。ハワイを除き、アメリカ本土では初のアジア系アメリカ人の警察署長。サンフランシスコ市立カレッジから青少年ソーシャルサービスの団体を経たのち、71年サンフランシスコ市でアジア系アメリカ人としては5番目の警官に就任。当時、警官の資格条件「身長173cm以上」に足らず、抗議して入署した。
(村上由見子)

羅栄渠　らえいきょ
ロウ・ロンチュウ　LUO Rongqu

中国人歴史学者。1960年代からアメリカ大陸発見についての研究に取り組み、88年に重慶出版社から出版した『中国人発見美洲之謎』で中国人がコロンブスより先にアメリカ大陸を発見したとする説を否定し、中国とアメリカ大陸の歴史関係や19世紀アメリカ大陸への中国人移民史などについて論述した。
(曾櫻)

ラオスの華僑・華人　ラオスのかきょう・かじん

ラオスと中国の関係は考古的には漢代、歴史的にも六朝・唐代から明・清まで記録があり、とくに清朝資料は多数にのぼる。19世紀も雲南、ベトナム、タイから華商がラオス入りし、海南、広東、潮州系人が定住するが、フランス官憲の人口統計では1927年に中国系人は2000人とされている。たとえばアヘン輸入の禁を破り、雲南紅河県商人がサムヌーア、シエンクアーン両県の苗族(モーング)山地にケシの栽培を依頼し、毎年ロバ隊を組んで買付けに来た。華僑幇会が作られ、両県の幇長は代々紅河県人が当たった。メコン川沿岸のビエンチャン(永珍、万象)、サワンナケーレー(索旺)、パークセー(百細)には潮州・広東系が多く、1960年代前半4万人、後半から70年代約6万人に増加した。75年現社会主義ラオスとなって激減し、現在5000人ほどの定住会員と家族が各地の中華理事会サマコム・チーンに登録されている。ベトナム戦争期にラオスはインドシナとタイの華僑・華人の活動の場として栄え、ビエンチャンの寮都中学にはその充実した教育のため留学生が多かったほどである。
(星野龍夫)

落地生根　らくちせいこん

「落ちた地に根をはる」の意。中国系移民が異国の地に根を下ろして現地社会に順応していくことを表すために使われている。第2次大戦後、世界情勢の変化のなか、中国や移

住国の社会的変動、および中国と移住国の間の関係の変化による移住国側の中国系移民に対する政策の変化などによって、中国系移民は一時滞在精神を放棄し、移住国に順応することを選択する。　　　　　　　　　　（曾櫻）
　🔃落葉帰根

落馬 らくば

「落車」が「車から降りる」の意のように、「落」は▼広東語（▼粤語）で乗り物から降りることを意味する。したがって「落馬」（広東語音でロックマー）とは広東語で「馬から降りる」、転じて、目的地に着いて旅装を解く、という意味になる。▼広東や▼福建一帯の地域では、外国から華僑が帰郷すると、親戚や親友が豚肉や鶏卵などの贈り物で出迎え、歓迎会を開いて遠来の客をもてなす習慣があるが、これを俗に「落馬」と呼んでいる。帰郷した華僑も、面巾（タオル）や糖餅（飴やおかき）などの返礼をする。　（西澤治彦）
　🔃探親
　📖『世界華僑華人詞典』

落葉帰根 らくようきこん

「落ちた葉は根に帰る」の意。初期中国系移民の一時滞在精神を表すために使われている。初期中国系移民のほとんどは商売や出稼ぎを目的として異国の地に渡り、伝統的な中国社会に帰郷することこそが望ましいと考える社会的・文化的価値観をもつため、最終的には中国の故郷に帰ることが望まれていた。一時滞在精神は中国での文化的ルーツと密接に結びついて、移民たちが移住地で遭遇した人種差別によってさらに強められた。この精神は多くの初期中国系移民の▼アイデンティティの基本になっていた。　　　　（曾櫻）
　🔃落地生根

楽楽中国 らくらくちゅうごく

1998年から始まった日本最初の中国語TV放送の通称（楽楽チャイナとも）。784チャンネル。東京都品川区西五反田7-13-6に所在。日本にはすでに中国系のメディアが数十種あり、総合的なものだけでなく、娯楽雑誌、経済雑誌などの専門誌もあるが、同TVは1年半余り経った99年末には、利用家庭が1万戸を超えた。在日華僑・華人の生活に深く入った番組も制作、99年後半には中国の建国50周年や、▼マカオの中国返還などを実況放送して、好評を博した。24時間放送。
　　　　　　　　　　　　　　（游仲勲）

羅孝明 ら・こうめい 1902-73

大正・昭和期の横浜華僑の有力者。▼羅佐臣の四男として横浜市山下町に生まれ、横浜大同学校に学ぶ。羅家は1923年関東大震災以前は中華街で貿易商恭安泰を営み、震災以後は料理店安楽園を経営。羅佐臣・孝明の親子は多くの新来の華僑の身元保証人となったことでも知られる。孝明は長年アメリカン・プレジデント・ラインズに勤めるとともに、▼中華留日聖公会に参加し、同会が営む夜学で英語を教えた。また、▼蘇曼殊について研究し、『曼殊大師伝補遺』（1975年）をまとめた。
　　　　　　　　　　　　　（伊藤泉美）

羅香林 ら・こうりん 1906-78

広東省興寧県出身の歴史学者。1926年清華大学歴史学科入学、30年同大学大学院に進学し、隋唐五代史および中華民族史を研究する。31年燕京大学研究所の招きに応じて広東省北部の▼客家を調査し、『客家研究導論』を著す。32年中山大学教授、35年南京国立大学および▼暨南大学教授、36年広州中山図書館長兼中山大学教授などを歴任する。『広州学報』『書林』を創刊する。39年には雲南中山大学歴史学教授、42年には重慶に赴き中央政治学校研究部教授を兼任する。45年の日中戦争終結後は広東省政府委員兼省立理学院院長となり、広東文献館の建設を建議する。47-49年は中山大学および広州国民大学特約教授を務める。49年7月に香港に移住し、香港の各大学で歴史学の教鞭をとりながら客家研究の業績を多く残した。羅香林の客家研究はいわゆるアカデミックな世界の外にも大きな影響を与え、客家自身のアイデンティティの強化にも寄与した。しかしその研究態度には自身が客家であることを反映した強い主観性が含まれ、自己正当化の偏向を伴ったものであるという批判がある。とくに客家の人々のもつ族譜を中心的な資料として描いた中原から華南一帯への客家の移動経路はきわめて刺激的だが、批判的な検討の余地が多く残されている。68年に香港大学を退職後、珠海書院文学院長となる。日本やアメリカにも赴き講義

を行った。著書に『客家源流考』『客家研究導論』『客家史料滙編』『中国民族史』『国父家世源流考』『百粵源流与文化』『中国族譜研究』『羅芳伯所建西婆羅洲坤甸蘭芳大総制考』『流行于贛閩粵及馬来西亜之真空教』『唐代講習光孝寺与中印交通之関係』『香港与中西文化交流』『顔師古年譜』『一八四二年以前之香港及其対外交通』などがある。 (川崎有三)

羅佐臣 らさしん 1862-1936

横浜華僑の貿易商。広東省高明県出身。明治初期に来日し、▼横浜中華街の居留地145番地で貿易商恭安泰を創業する。1899年8月に設立された▼横浜華商会議所初代幹事の一人。横浜華僑の有力者で、多くの新来華僑の身元引受人となった。1923年の関東大震災で恭安泰は倒壊し、その前後に中華料理店安楽園を興す。現在子孫の安楽家は中華街で安楽園を経営。▼羅孝明は四男。 (伊藤泉美)

羅森 らしん ?-1899
LO Shen

広東省南海県人。字は祥。1854年、香港の英領事館秘書のとき、日本に向かうペリー艦隊の正通訳官▼サミュエル・ウェルズ・ウィリアムズの補佐通詞として同行、下田、浦賀、函館を訪れて帰国した。このとき、自著で太平天国の乱を記録した野史『満清紀事』(吉田松陰抄訳『清国咸豊乱記』1855年)を携え、また往復の航海を『日本日記』に誌した。この書は香港の華字誌『遐邇貫珍』に載り、幕末外交史料として『大日本史料』に収まっている。 (斯波義信)

 羅延年撰『予章羅氏源流考』1982./斯波義信『函館華僑関係資料集』大阪大学文学会、1982./大石圭一『昆布の道』第一書房, 1987.

羅大佑 らたいゆう 1954-
ロオ・ターヨウ LO Ta-yu

台湾、香港を拠点に、民族音楽の香りをもったフォークロックで社会派のメッセージを伝える歌手、プロデューサー。台湾出身ながら、その枠を超えて中国語圏に広く影響を及ぼす。1982年初アルバム『之乎者也』発表。反体制的と見られ収録曲数曲は放送禁止。85年音楽活動休止、医師となるため渡米。その後、香港に拠点を移し88年「音楽工廠」設立、台湾、香港で音楽活動を続けている。91年香港の歌手とともに制作したアルバム『皇后大道東』は返還間近の香港人の情感を刺激しヒットする。これに手を加え台湾で発売した『原郷』は、7割近く台湾語で、台湾語民謡などをロックにリメイクしていた彼の台湾、台湾人の▼アイデンティティへの思いを鮮明にしたアルバムといっていい。その後も映画音楽制作やプロデュースも含めて活動を続けている。台湾、香港ともに地元で活動する音楽製作者に、80年代からこのような題材を真っ向から捉えてきた人々は少ない。故郷を離れて見つめる彼の音楽は、音楽における中国語圏の人々のアイデンティティの揺れの表出を考えるとき、重要なものと思われる。
(小川正志)

ラッフルズ・カレッジ
Raffles College

▼海峡植民地シンガポールの高等教育機関。中等教育の名門ラッフルズ学院(Raffles Institution)とは別。1929年、植民地政府が創設、近代シンガポール建設の父であるトマス・スタンフォード・ラッフルズ(1781-1826年)にちなんで名づけられ、エドワード7世医学校とともに、現地人エリートを養成した。文科系を中心に、英語でイギリス式の教育を行い、教授陣のほとんどはイギリスの名門大学出身のイギリス人、学生の大部分は華人であった。学生数は1学年30人程度(文科系20人余、理科系10人弱)。3年間のコースを修了した卒業生は、ほとんどが学校教師となったが、34年以後、植民地政府が成績優秀な者をエリート官僚として採用するようになった。彼らは、太平洋戦争後、撤退するイギリス人に代わってトップ官僚となり、シンガポールの行政を指揮した。日本占領期(1942-45年)には、ラッフルズ・カレッジは日本軍に接収され、軍政本部として使われた。46年に再開され、戦時中の学生を含めて67名の卒業生を出した。49年、エドワード7世医学校と合併して、マラヤ大学、62年にシンガポール大学、さらに80年南洋大学と合併して▼シンガポール国立大学となった。 (田中恭子)

ラノン
拉儂 Ranong

タイ南部の華僑集住地。マレー半島クラ地

峡のインド洋側に位する。19世紀まで寒村であったが、1845年に福建省漳州府出身の▼許泗漳がこの地で錫鉱山を開採してから急速に発展し、多くの華僑が来住した。許泗漳は開拓の功績によってタイ国王ラーマ3世（在位1824-51年）から州知事に任ぜられ、さらにラーマ4世（在位1851-68年）から侯爵に封ぜられた。1882年に許泗漳の死後、子の▼許心美は錫鉱山を継承発展させたのみでなく、ゴム栽培業を始めて、ラノンを中心とする南タイをマラヤと並ぶゴム産業の繁栄地とした。

(和田博徳)

ラハルジャ、ヘンドラ 1942-
陳子興　Hendra RAHARDJA

インドネシアのハラパン・グループ（希望集団）の創業者・所有経営主。中国名タン・チュエヒン（TAN Tjoe Hing）。南スラウェシのマカッサル生まれ。父ハリー・タンシル（TAN Tek Hoat）は福建省福清生まれ。ヘンドラは1970年代初めにヤマハ二輪車の総代理権を取得、組立て、車体製造（ヤマハとの合弁）を開始し、その後オフィスビルなどの不動産業を拡大してハラパン・グループを形成。さらに▼シンガポール、香港で不動産投資をしたが、86年財務破綻を起こし、財界から一時姿を消した。しかし88年の金融自由化後、ハラパン・サントサ銀行を新設、支店網を急拡大して民間銀行第15位の資産規模に躍進。しかし財務内容は悪く、97年の通貨危機後の最初の銀行再編策で同銀行は閉鎖された。弟エディ・タンシル（Eddy TANSIL、陳子煌、TAN Tjoe Hong、1953年マカッサル生）は父とともに中国、▼香港でゴールデン・キイ・グループを形成、インドネシアにも化学品で投資したが、94年政府融資の不正借入で有罪となった。服役中に脱獄した後、行方不明である。

(佐藤百合)

ラビング
rubbing

金貨を鹿皮などの袋に入れて長時間摩擦して、袋に残った金の粉末を得る行為。▼ゴールドラッシュ時にアメリカ西部の金鉱地帯でこの行為によって投獄される▼華工があった。早乙女貢の小説『『僑人の檻』にも、ラビングと、ラビングした後の金貨を紙幣に換えることに執念を燃やす華工が登場する。スウェット・ゴールド（sweat gold）ともいう。

(可児弘明)

⊟ ゴールドラッシュ

▣ Stephen Williams. *The Chinese in the California Mines, 1848-1860*. M.A. Thesis, Dept. of History, The Leland Stanford Junior Univ., June 1930.

羅文 ら・ぶん 1949-
Roman TAM

1960年代後半から香港ポップスシーンの最も幅広い音楽ジャンルで、トップの一角を保った歌手の一人。ローマン・タムの名でも知られる。67年、英米ポップス・カバーの羅文四步合唱団を結成。地元ミュージシャンのヒットチャート登場の先駆の一人となる。70年代、それまで注目されなかった香港制作の広東語ポップスが主流を占めはじめると広東語歌唱に転じ、TV時代劇主題歌で一世を風靡した作曲家顧嘉輝の一連の「武俠曲」でヒットを飛ばす。74年から3年間、日本で活動。70年代後半、中村雅俊や西城秀樹の広東語カバーをヒットさせ、80年代の日本語カバー曲全盛期の先駆けになる。77年、TV主題歌「家変」「小李飛刀」のヒットで中国語圏全体にも広く知られる。80年代以後も、カーネギー・ホールで東洋系初のコンサート、香港ポップス歌手初の中国国内コンサートなど活躍。96年の引退後もチャリティ活動などを継続。幅広い芸風で社会・政治状況を反映して変化する香港音楽シーンのトップの一角を占めつづけた活動は、注目に値する。

(小川正志)

羅芳伯 ら・ほう・はく 1738 ? -95

18世紀末から1世紀余にわたり西ボルネオで隆盛を誇った華人集団▼蘭芳公司の創設者、初代首領。広東省嘉応州（現在の梅県）出身の▼客家で、1772年故郷を離れ西ボルネオのポンティアナクに入植した。当時、カリマンタンからサラワクに至るこの地方では土着のスルタンの要請で中国から金採掘の技術者が多数招かれており、それにともない、故郷を追われた中国農民が職を求め次々と渡来していた。彼はこれに目をつけ労働者を組織し、貢税を支払うことでスルタンより金の採掘権を得て事業を広げ、やがてこの地方の経

済権益を掌握したばかりか、独自の軍隊を擁してダヤクなどの先住民を抑圧、1777年、自主権をもつ蘭芳公司を設立した。蘭芳公司は鉱山企業体でありながら客家を主体とする同族共同体でもあり、ために羅芳伯は「蘭芳国王」を称したという。　　　　　　(小林文男)

⬚ 羅香林『羅芳伯所建婆羅洲坤甸蘭芳大総制考』(長沙版) 商務印書館, 1941. ／同『西婆羅洲羅芳伯等建共和国考』香港：香港中国学舎, 1961.

ラムサム家 <small>ラムサムけ</small>
伍家　LAMSAM

▼タイ・ファーマーズ銀行を中核に70社を超える企業をもつタイ有数の華人財閥一族。1860年代に広東の▼梅県から渡タイした▼客家のゴーウシエムグワン・ラムサム(伍淼源。号の蘭三が一家のタイ名の苗字となる)がタイ王室よりチーク材の伐採・販売特許権を取得し1901年に興した広源隆行が源流。三男のユックローン・ラムサム(伍佐南)が家業を継ぎ金融・保険業に進出し、東南アジア各地に支店網を拡充する。07年に官営の精米工場を取得し、30年代末にはタイ最大の米輸出商社となる。1930年にユックローンの末弟のウートンバック・ラムサム(伍東白)がドイツ製機械・工業製品輸入商社を創業。これが現在の一族の商社部門の中核であるロクレー・グループ(Loxley Group)の前身。戦前は批館と呼ばれる華僑社会特有の金融・郵便業も経営。1944年、一族は同じ客家系企業家とともにタイ・ファーマーズ銀行を創業し、一貫して経営の中枢にあり、現在▼バンヨン・ラムサムが経営のトップ。タイ王室に加え、ウォンリー家など戦前からの華人財閥と姻戚関係をもつ。90年代初期にはウィラマタクーン家と姻戚関係を結んでいる。2000年5月にはロクレー・グループはITビジネスに進出したが、ネットバブル崩壊からIT部門のリストラを行う。一族から上院議員、大蔵次官、政府系銀行会長、政府投資奨励委員会理事長などを輩出。　　　　　　(樋泉克夫)

⇨ スチャイ・ウィラメタクーン

ラム、サンディ 1966-
林憶蓮　Sandy LAM

都市に住む自立した女性の感覚を歌う香港の女性歌手。DJ出身で、1985年のデビュー当時は松田聖子のカバーなどアイドル路線の歌手であった。後に日本、欧米などのカバー曲を自分なりの感覚で消化した歌唱で人気を得る。ディック・リーらアジアの先鋭的な音楽人との交流を通し音楽性を高め、中国語圏での人気を維持している。「日本、欧米から他のアジア地域へ」という一方通行に見られがちなこのようなカバー曲の流れだが、中国語のカバーによりアジアの中国語圏に広がるという「中心」「周辺」の変容を考えるのに、重要な歌手の一人である。　　(小川正志)

ラム、デイビッド 1923-
林思斉　ラム・シーチャイ
David LAM See-Chai

カナダ華人の銀行家、不動産業者、慈善家、前ブリティッシュ・コロンビア州総督(連邦副総督)。香港の著名な石炭・海運業者、銀行家であり、香港バプティスト教会の指導者でもあった林子豊の9人の息子の2番目として香港で生まれる。嶺南大学で学士、テンプル大学で修士取得後、一族の銀行である嘉華銀行の役員として太平洋・北米地域で活動する。1967年、香港の将来への対策と一族の事業の拡大を目指しカナダに移民する。移民後はカナダ・インターナショナル・プロパティ社を設立し不動産開発業に専念、主としてバンクーバー地域の主要な開発業者として成功、カナダ有数の富豪となる。事業の成功とともに慈善活動も活発に行い、83年にはデイビッド・アンド・ドロシー・ラム基金を設立、以後▼バンクーバー中山公園、ブリティッシュ・コロンビア大学やサイモン・フレーザー大学などに多額の寄付を行い慈善家としても著名な存在となる。これらの社会貢献により、88年にはアジア系として初めてブリティッシュ・コロンビア州総督(lieutenant-governor)に指名され、95年まで在任した。こうした経歴から、ラムは長期にわたってカナダ中国系社会のシンボル的存在となっているが、彼はまた、早くからバンクーバーをアジア太平洋経済の主要都市として位置づけ、香港、日本、シンガポールなどとの緊密な経済関係を築くことによって事業を展開してきたことにおいて、今日のバンクーバー経済への主要な貢献者でもあり、また、バンクーバー

を「ホンクーバー」と呼ばせるにいたった80年代後半以降の香港人移民による活発な経済活動の先駆者でもあるといえる。　（森川眞規雄）
　　🔎 バンクーバーの華僑・華人，バンクーバー中山公園，香港特別行政区
　　📖 R. H. Roy. *David Lam*. Vancouver: Douglas & McIntyre, 1996.

ラム、リンゴ 1955-
林嶺東　Ringo LAM

　香港の映画監督。一時ハリウッドでも映画を撮った。香港に生まれ，高校卒業後，無綫電視台（TVB）の俳優養成所に入り，TV俳優としてデビュー。その後スタッフに転じ，1976年監督に。78年に別のTV局に移ったあとカナダに留学，ヨーク大学で映画学を修めた。82年に帰国し，『アラン・タムの怪談・魔界美女物語』(83年)で映画監督としてデビュー，『スペクターX』(86年)などをヒットさせた。87年，チョウ・ユンファ主演で『プリズン・オン・ファイアー』を撮り，続いて『友は風の彼方に』(87年)、『学校風雲』(88年)など原題に「風雲」がつくシリーズで人気監督となった。ドライなアクション映画を得意とし、「風雲」シリーズやその後の『フル・コンタクト』(92年)などで海外華人はもちろん欧米人の間でも多くのファンを獲得、96年にはハリウッドに招かれて『マキシマム・リスク』を撮った。その後香港に戻り，『高度戒備』(97年)、『目露凶光』(99年)など秀作を発表している。　（松岡環）

ラングーン ⇨ ヤンゴン

藍卓峰　らんたくほう　1848-1926

　明治期の神戸華僑。広東省香山県出身。別号は万高。1867年に横浜に来て▼香港上海銀行に勤務し、次いで70年に開設された神戸支店の▼買弁となった。神戸の銀行帮を代表する人物。85年には神戸税関に升記号の開設を報告している。▼神阪中華会館創建の5董事の一人になるなど中華会館の運営にも寄与し，1908年には社団法人中華会館の社員となっている。長男の藍抜群も香港上海銀行の買弁となった。　（洲脇一郎）
　📖『落地生根』

ランド・アンド・ハウス・グループ
玲英豪集団　Land & House Group

　タイ最大級の不動産開発会社。質屋・ホテル経営などで財をなした▼ブンソン・アッサワポーキンが創業。バンコク近郊に高級住宅団地を建設していたが，1980年代後半以降のタイの経済成長にともなう不動産バブルで急成長。長男のアナン・アッサワポーキン（馬国長）が経営を引き継ぎ金融部門に参入。タイで▼アジア銀行などの金融業に投資するほか、フィリピンのスービック基地跡地の総合開発や、中国の広西、瀋陽での不動産開発など、積極的な海外展開を見せる。クオリティ・ハウスも経営。　（樋泉克夫）

ランドン、ケネス・ペリー 1903-
Kenneth Perry LANDON

　アメリカのタイ研究者。1927-40年バンコク、トランなどの地に滞在し、32年の立憲革命前後におけるタイの社会的激動期を体験した。41年に出版した『タイ国の華僑』（日本語訳、同盟通信社、1944年）はタイ華僑に関する著書であり、太平洋戦争前の華僑社会の状況やタイ人との▼同化の程度、タイ政府の華僑に対する姿勢や行動を理解するのに役立つ。　（曽士才）

蘭芳公司　らんほうこうし
Lan Fang Konsi

　1777年、広東客家の▼羅芳伯により西ボルネオ、カリマンタンのポンティアナクに設立された鉱山企業体を中核とする華人共同体。18世紀中葉、金鉱開発を目指した西ボルネオへの中国からの植民は年ごとに増加し、1770年代までには3万〜4万人が定着していたといわれる。彼らはこの地の商工業を掌握するとともに、政治的にも土着のスルタンの勢力を凌駕し、公司制度という特殊な組織形態のもと、さながら小華人国家を形成していた。羅芳伯を首とする蘭芳公司はこれら▼公司のうちの最大のものであったと思われる。蘭芳公司は本来が鉱山開発を目的とする企業体でありながら、その組織構成は羅芳伯の生地である広東客家の文化と生活様式を堅持し、中国的家族制度と企業管理形態の合体において事業を行う公社的存在であった。つまり、小鉱山をもつ同族各企業を連合一体化すること

で、経営の合理化と大規模化を図り、生産と収益の増大を企図しており、内部構成としては同族の長が管理権とともに保護権を行使していた。蘭芳公司の場合、当然のことながら羅芳伯を最高権威とする客家の系列が重視され、長との血縁関係の濃淡に応じて処遇・職階が決められていた。同族外、または非血縁者は、一般労働者にしかなれなかった。このような構造の公司制度は血縁・地縁を尊ぶ中国家族制度の相互扶助の伝統によるものであるが、同時に、異郷の地での危険と不安から同族の生命と財産を護ることの必要性から生まれたものであろう。蘭芳公司がどの程度の収益を挙げ、それをどう使ったのかという資料がなく、詳細は不明である。ただ羅芳伯が自らの公司を「大総制」と呼び、「華人王国」として独立宣言をしたことを考えれば、そこには絶えざる望郷の念と自己を追放した母国への叛意、つまり清王朝への果てることのない対抗意識を見ることができる。　　（小林文男）

㊂蘭芳大総制
⑱羅香林『西婆羅洲羅芳伯等所建共和国考』香港：香港中国学舎，1961.／小林文男「サラワクの華僑」『アジア経済』1970. 5.

蘭芳大総制 らんほうだいそうせい
Lan-fang Presidential System

▼羅芳伯が西部ボルネオのポンティアナク、マンパワ一帯に勢力を確定させた1777年以後に採用した▼蘭芳公司の管理制度。公司を拡充して政治的、経済的に自立した一国とし、国号を蘭芳大総制、年号を蘭芳とし、首都をマンドールに定め、国旗には黄色長方形で中に「蘭芳大総制」の5字を書いたものを用いた。マンドールに建てた壮麗な総庁には「雄鎮華夷」と大書した扁額をかけたという。またポンティアナクの新埔頭に副庁を設け、各埠にはおのおの裁判庁、交通の要所には税を徴収する税柵を置いた。また地方はセラマン省の下に府県を設けた。実業の蘭芳公司に対し、大総制は土地と人民の管理を担ったのである。嘉応または大埔客家のなかから推挙される総長と副総長をリーダーとし、副頭人、尾哥、老大などの諸役が補佐した。初代総長には羅芳伯が推され、羅は大唐総長を称し、総庁において大総制関係の公務ならびに公司の業務を処理した。大総制には成文法がな

く、すべて慣習によって規律がたてられた。慣行の変更が「衆議」によって決定されたことや、意識的に王号を避けて「総長」としたことを論拠にして、蘭芳大総制を自主的な共和政体であり、アメリカ大統領選（1789年）に先立つ快挙だと主張する説がある。羅芳伯とその片腕であった梅県人呉元盛のことが文献に初見するのは、同時代の謝清高が口述した『海録』である。外国船に乗って東南アジアを航海していた人物の口述にしては内容があまりにも簡略であるところから、羅芳伯の事蹟は英雄視されすぎているのではないかという説もある。清朝との関係についても、清朝の外藩となって毎年朝貢する計画があったというが（『蘭芳公司歴代年冊』）、これもはっきりしない。

大唐総長の職位は、2代目江戊伯（嘉応人）、3代目闕四伯（梅県人）、4代目宋挿伯（嘉応人）、5代目劉台二（嘉応人）と継承されたが、1824年になって植民地化を進めていたオランダの主権を認める結果を招いた。次いで12代目劉生が死亡した84年、マンドールに出兵してきたオランダに敗れ、その圧力下に大総制は解散させられた。抗戦を続けた副総長李玉昌、義士梁路義も86年敗れ、クアラルンプールに逃れ、蘭芳大総制は約110年の歴史を閉じた。　　（可児弘明）

⑱成田節男『華僑史』蛍雪書院，1941.／羅香林『西婆羅洲羅芳伯等所建共和国考』香港：中国学社，1961.

ランラン
咱人　lán lâng

フィリピンにおける閩南系華僑・華人の自称。原義は「われわれ」であるが、「我是咱人」（私はランランです）、「伊是無是咱人」（彼はランランですか）といった用例に見られるように、人称代名詞的にではなく、エスニック・カテゴリーの表現として用いられる。「ランラン」という自称に対して、非華人系フィリピン人は「ファンナ（hoan-á、番仔）」（原義は野蛮人）、「ランラン」と「ファンナ」の間に生まれた子は「ツシア（chhut si-á、出世仔）」と呼ばれる。これら三つのカテゴリーは、最終的に「ツシア」が「ランラン」に収斂されていくとしても、彼らのエスニック・アイデンティティを生み出す基本

的な枠組みとなっている。華僑・華人に対する呼称には「ランラン」以外に、華僑、華人、エスニック・チャイニーズ（ethnic Chinese）、チャイニーズ・フィリピノ（Chinese Filipino）、ピンシノ（Pinsino）、チノイ（Tsinoy）といった自称や、インチック（Intsik）という非華人系からの他称がある。これらのうち数々の自称は、フィリピン国民としての政治的アイデンティティ（華人、チャイニーズ・フィリピノ、ピンシノ）やエスニック・グループとして文化的アイデンティティ（エスニック・チャイニーズ、チノイ）が模索されるなかで提唱されたものであるが、いずれの呼称も、「ランラン」「ファンナ」「ツシア」という三つのカテゴリーが織りなす政治・文化的プロセスをうまく汲み取っているとは言いがたい。　　　　　（宮原暁）

⇨ファンキア

宮原暁「通婚とエスニック・バウンダリー」『アジア経済』39-10, 1998.

リ

リアウ［諸島］　リアウショトウ
廖内　Riau

　マラッカ海峡の東の入り口に位置する島群で、スマトラのリアウ州に属し、英語でRhio、オランダ語でRiouwと音訳する。もともとジョホール王国の一部であったが、ほぼ18世紀を通して南セレベスから来たブギス人の支配が続いた。その間、海上交通の要衝リアウが東インド会社のヨーロッパ人、マレー人、ブギス人、中国人などの海上商人を集め、マレー諸島域内を結ぶ商業ネットワークの結節点となった。また中国からは農民と鉱山労働者も移民してきた。1819年▼シンガポールの出現によってリアウはその地位を失い、中国人もシンガポールへ転出するが、中国人にとってリアウがシンガポールへのドア・ステップとなった歴史的意義をもつ。その後も約1万人の中国農業移民が島に残り、森林面積の減少によってガンビールやコショウの栽培が困難になってからは、多数が小自作農、漁民、小商人として現地に定着した。主体は潮州系と福建系華人であるが、近数十年間に華人の占める人口比率は低下している。
　　　　　　　　　　　　　　　（可児弘明）

リアオ・コンポ　1892-1980
廖公圃　RIAO Kong Po

　タイの華僑指導者。タイ名のクンセー・パクディー（Khunsaettha PAKDI）で知られる。ラーマ7世王よりクンの爵位を授かった。南タイ生まれ。父親の廖長順が興した廖栄興行の業務を拡大させ、南タイで製氷工場などを経営。後にバンコクで銀行、保険、精米、海運業などに従事。1937年以降、潮州系有力者とともに『中国報』を刊行。▼タイ潮州会館創設に参加。救国公債勧募委員会など

により▼抗日運動を展開。41年、日本軍のタイ上陸を機にビルマへの潜行を計画するが断念。日本軍への協力を拒否し逮捕・投獄。終戦の翌月釈放。以後、慈善事業に尽くす。

(樋泉克夫)

㊅ 華人の官爵

リアディ、ジェームズ 1957-
李白　James RIADY

インドネシアの企業グループ、▼リッポー・グループ副会長。創業者▼モフタル・リアディの第4子、後継者。ジャカルタ生まれの▼プラナカン。中国名リ・バイ。10歳で単身▼マカオへ、中学から大学までメルボルン。卒業後ニューヨークと▼香港で国際銀行業務を研修。1979年末帰国。81年父親が買収した不振銀行を、アメリカの銀行の中堅幹部を採用して2年で健全化。クリントン米大統領と面識があり、米民主党への10万ドル献金が96年に報道された。99年5月から11月、ASEAN担当大使。

(三平則夫)

リアディ、モフタル 1929-
李文正　Mochtar RIADY

インドネシアの▼リッポー・グループ創業者。東ジャワ州マラン市生まれの▼トトク。両親は福建省莆田市生まれ。1947-49年中国へ渡り東方書院などで学ぶ。63年銀行業界入り、相次ぐ2行の経営建直しで手腕を発揮。71年義弟が既存3行統合の Bank Pan Indonesia (Panin) を発足させ、モフタルは頭取に就任。Panin は吸収合併を重ねて急成長、75年資産額で地場民間非外為銀行の首位へ。同年3月▼サリム・グループ会長▼スドノ・サリムの求めで、▼セントラル・アシア銀行 (BCA) の株式17.5%を与えられて頭取に就任。3年間で資本金の大幅増額、吸収合併、外為銀行化、籤付き積立預金など多様なサービス導入で同行を地場民間の首位行に育てた。並行して保険、リース、新銀行などを加えてサリム・グループの金融部門を拡充。この間の76年からリッポー・グループの育成を開始、81年既存銀行を買収健全化後にリッポー銀行 (Lippo Bank) と改称、グループの中核とした。当初スドノ・サリムもリッポー・グループに資本参加、90年モフタルはBCAを退職、翌年スドノ・サリムとの株式持合いも解消、

モフタルは82年からの構造調整政策の下、グループの業容を、銀行、不動産開発を中核として、投資、保険、製造業、通信に拡大した。90年代前半の不動産開発事業は大規模で各案件に斬新なアイデアを盛り込み、「モフタルはコンセプトを売る」という評価を確立。キャッシュ・フロー極大化を経営指針とし、傘下企業の株式上場に積極的で、90年代のバブル期はビルを建築途上の段階で分譲販売する手法で97年からの経済危機の影響も軽微で切り抜けた。92年から▼香港を拠点に中国、東南アジア、オセアニア、北米へと積極的に海外へ展開。自身と企業のイメージをとくに重視、そのため誇大PRを辞さず、スハルト、ハビビ、李鵬らの内外権力者に接近、親密を誇示する癖がある。クリントン米大統領への献金報道で注目された。

(三平則夫)

📖 Tempo (eds.), 1986. ／週刊誌 Asia, Inc. 8, 1993.／Lippo Limited. Annual Report 1994. 1995.／月刊誌 Info Bank. 11, 1996.

リー、アン 1954-
李安　Ang LEE

アメリカで映画製作に従事している台湾出身の映画監督。台北生まれ、1975年国立芸専卒業。78年アメリカに留学し、イリノイ大学とニューヨーク大学で映画製作を学んだ。在学中からドキュメンタリー作品で数々の賞を受賞。卒業後アメリカで執筆した脚本『推手』が90年に台湾の脚本コンクールで入賞、91年同名映画で監督デビューを果たした。やはりアメリカ華人が主人公の第2作『ウェディング・バンケット』(93年) はベルリン国際映画祭金熊賞 (グランプリ) を獲得、台湾に舞台を移した第3作『恋人たちの食卓』(94年) も米アカデミー賞外国語映画賞にノミネートされた。その後アメリカ映画『いつか晴れた日に』(95年) を監督、ベルリン国際映画祭金熊賞、米ゴールデングローブ賞作品賞などを受賞し、一流監督の地位を確立した。2000年には中国ロケによりカンフー・アクション満載の時代劇『グリーン・デスティニー』を完成させ、全世界でヒットさせた。

(松岡環)

リアンティアルノ、ナノ 1949-
Nano RIANTIARNO

インドネシア華人の俳優、演出家、劇作家。本名ノルベルトゥス・リアンティアルノ (Norbertus Riantiarno)。国立演劇学校で学び、1977年に劇団テアトル・コマを設立。舞台演劇の創作活動を行うほか、TVドラマの作品も手がける。音楽、舞踊、スペクタクルに富んだ娯楽的要素の濃い舞台を展開するが、痛烈な社会批判をも含むその芝居は都市部のエリート層に人気が高い。おもな作品に『サンペク・エンタイ（梁山伯と祝英台）』、開発問題を鋭く抉った『ごきぶりオペラ』、ラーマーヤナ物語をもとにした『ハノマーン・オペラ』など。

(風間純子)

李怡 1936-
LEE Yee

香港のジャーナリスト。月刊政治評論誌『九十年代』編集長。コラムニストとしても知られる香港の有力なオピニオンリーダーの一人。斉辛のペンネームを使うときもある。広東省広州生まれ。1948年両親とともに香港に移る。高校卒業後、親中国の出版社に入る。63年独立して半月刊誌『伴侶』を創刊、66年にはまた『文芸伴侶』を創刊したが、70年いずれも停刊にして、『九十年代』の前身である新たな月刊政治評論誌『七十年代』を創刊して編集長に。97年の香港の中国返還後も『経済日報』と『蘋果日報』にコラムを書きつづけている。『知識分子与中国』『香港一九九七』などの著書がある。

(戸張東夫)

リー、ウェリントン
李錦球　Wellington LEE

オーストラリア、メルボルンの華人市会議員、社会活動家。移民四世。オーストラリア空軍の幹部軍人として勤務。1977年から数回メルボルン市会議員に当選。民族問題、チャイナタウンの企画などを市政で担当。メディアによく登場することで知られる。ビクトリア州華人社団連合会会長、同州華人職業会会長などを歴任。オーストラリア退役軍人協会区域代表など、コミュニティ活動にも積極的。99年ノースクイーンズランド大学で名誉博士号を授与される。

(増田あゆみ)

リエム・スウィーキン 1956-
林水鏡　LIEM Swie King

1970～80年代インドネシアの有力バドミントン選手。少年時代より父やコーチをしていた従兄弟の指導を受け、18歳のときに全国制覇した。78年の全英男子シングルスでルディ・ハルトノ・クルニアワンを破り優勝。その後79年、81年とタイトル防衛に成功したが、以後は振るわなかった。84年のトマス杯では中国選手に敗れ国民を失望させたが、ルディと組むダブルスで優勝した。80年代末に引退し、ジャカルタでホテル経営者に転じた。

(深尾康夫)

リエン・インチョウ 1906-96
連瀛洲　LIEN Ying Chow

一代で華聯銀行（OUB）グループを築いたシンガポールの企業家。潮州に生まれ、14歳でシンガポールに渡り、船舶関係商店で働く。1926年に仲間と船舶雑貨商を設立、29年に設立した貿易会社ワーヒン社（Wah Hin Co.、華興公司）で財を築いた。第2次大戦中は中国重慶に滞在して蒋介石の国民党政府を助け、滞在中に華僑送金を扱う銀行業を始める。戦後シンガポールに戻ると、49年に華聯銀行を設立、副会長兼社長に就任し、同行を大華銀行、華僑銀行などに次ぐシンガポール第3位の華人銀行に育てあげた。その後、保険、ファイナンス、証券へと多角化、66年にはマンダリン・ホテルをオープンしてホテル業にも参入し、企業グループを創りあげる。再婚した夫人マーガレット・チャン（陳文賢）はロンドン大学卒の弁護士で、現在は息子・娘がグループ企業の経営にあたっている。シンガポール中華総商会会長（41-45年）、経済開発庁など多くの政府機関役員を務めた。

(岩崎育夫)

李遠哲 1936-
Yuan T. LEE

台湾生まれのノーベル化学賞受賞者。世界の華人系著名人の一人。台湾で最も名声が高く、人望の厚い人物。台湾の新竹に生まれ、著名な画家の父と教員の母を両親にもつ。少年の頃からよく学びよく遊ぶタイプの秀才の誉れ高く、エリート・コースの台湾大学、清華大学を経てカリフォルニア大学（UC）バ

ークレー校に学び、化学動態学を専攻。分子や原子の動態現象解明で研究成果を積み上げ、1967年、ハーバード大学での交叉分子線の方法を駆使して化学反応を解明する実験成果が、人類の物質燃焼がもたらす大気汚染問題の解決に貢献する創造的発明・発見とされ、86年のノーベル化学賞受賞に輝く。この間、シカゴ大学教授、UCバークレー校教授を歴任、各国の最高学府から通算18の名誉博士、11の名誉教授称号を授けられ、数々の世界の著名な化学賞を総なめにする。一方で祖国愛、郷土愛の情熱やみ難く、台湾海峡両岸の科学技術の進歩のために奔走。94年、台湾に戻り、中央研究院院長の要職に就き、台湾の学術向上と教育改革に身を投じる。2000年の台湾総統選で国民党から民進党への政権交替に大きな影響力をみせた。
(劉進慶)

李海天 (り・かいてん) 1923-

横浜華僑の実業家。河北省武清県出身。大学卒業後、天津の商社に勤務していたが、1946年2月、共産党軍の接近にともない、天津を脱出。国共内戦の激戦下、済南、青島、上海を経由し台湾に到着。台北の華泰行での勤務の後、51年8月、横浜中華学校の教師として赴任。その後、▼横浜華僑総会（台湾系）副会長を経て、貿易会社・龍門商事を興す。59年に四川料理の重慶飯店を開業。81年にホリデイイン・ヨコハマを開業。現在は重慶飯店および龍門商事の取締役会長。中華民国総統府国家統一委員会委員、総統府国策顧問、日本中華連合総会常任顧問などの要職にある。
(伊藤泉美)

リー・カシン 1928-
李嘉誠　LI Ka-Shing

華人を代表する香港の企業家で、▼チュンコン・グループの総帥。中国とも強い関係をもつ。広東省潮安出身の父・李雲経の長男。1940年に一家で香港に移住、14歳のとき、父の死により装身具メーカーの営業となる。22歳で長江塑膠廠を設立、57年に長江工業有限公司に改名、プラスチック造花の大成功で「フラワー・キング」と呼ばれた。58年に香港島の北角(インポ)に土地を求め、不動産投資を開始した。67年以降地価が暴落したとき、大胆に土地を手当てして成功、71年に設立した長江地産を72年に長江実業（集団）有限公司に社名変更して、香港、カナダのオタワで上場した。上場益でさらに不動産事業を拡大し、79年にはハチソン・ワンポア（和記黄埔）の株式を取得、華人企業家として初めて英国系大企業を支配した。85年には香港電灯公司、86年にはカナダのハスキー・オイル社を傘下に収めた。92年から中国への投資を開始、王府井ショッピングセンター、汕頭発電所、高速道路などを建設した。また米国やパナマ運河周辺にも活発に投資し、90年代末からは、通信情報、インターネットなどへの事業進出を開始していて、新規事業の中心はハイテク・ビジネスに移行しつつある。香港基本法起草委員会委員、港事顧問、中国国際信託投資公司董事。出身地にある汕頭(スワトウ)大学に多額の寄付をしている。中国政府との強い関係で、96年に長男のビクター・リー（李沢鉅）が誘拐されたときも、犯人は本土で検挙されるとただちに死刑に処せられた。企業家としては、粘り強い交渉力と和を尊び、ビジネス相手にも利を残すことを旨としている。華人企業家としての推定資産はつねに最上位にあり、99年の推定資産は113億ドル。「スーパーマン・リー」の異名をもつ本人は、比較的質素な生活を送っていて、散歩が趣味。長男のビクターを長江実業の副会長に、次男の▼リチャード・リーをハチソン・ワンポアの副会長に配して後継としている。
(山田修)

📖 夏萍『李嘉誠伝』香港：明報出版社、1995.

李嘉誠 (り・かせい) ⇨ リー・カシン

李家燿 (り・かよう) 1901-
LEE Kah Yew

マレーシア華人の画家。企業家李延年（▼リー・ヤンリアン）の兄。福建省永春生まれ。1919年北京大学理科に入学するが、絵画の趣味が長じて上海美術専門学校に移り西洋画を学ぶ。22年卒業、帰郷して教師となるが、父親が土匪に殺害されたためアモイに移り省立中学の美術教師となる。26年一家を挙げてシンガポールに移住して美術教師となった。29年▼クアラルンプールに移り多年美術教師を務めたが、40年ゴム、錫や雑貨を扱うビジネスの世界に転じた。58年ビジネスから手を引いて、作画活動に専念した。自己の作

品および収集文物多数をシンガポール南洋大学、マレーシア国立美術館に寄贈した。『家燿書画集』などの画集、出版物が多数ある。

(荒井茂夫)

李翰祥 1926-96

香港の代表的な映画監督。古装戯（伝統劇）や歴史ドラマが得意で、1950年代から90年代まで活躍した。遼寧省生まれ。北京国立芸術専科学校で洋画を学ぶ。48年香港に移り映画を志す。54年監督として処女作『雪裏紅』を発表。その後▼ショウ・ブラザースと契約して『江山美人』などを作り一躍売れっ子監督に。63年独立するが、72年ショウ・ブラザースに戻り『大軍閥』などで健在ぶりを示した。83年自ら新昆侖影業有限公司を設立して中国との合作に乗り出した。次の作品の準備中に北京で急逝した。

(戸張東夫)

リー・キムター 1902-?
李金塔 LEE Kim Tah

シンガポールの著名な建設企業グループであるリー・キムター・グループ創業者。数年間の英語教育を受けた後に家業を手伝っていたが、26歳のときにシンガポールの英軍に物資を供給する事業を自ら始め、その後建設会社を創設、1960年代に公共事業や公共住宅の建設を請け負うことで会社を飛躍的に発展させた。70年代には海外にも事業を展開し、つねにシンガポール売上げ上位100社にランクされるようになっている。

(田村慶子)

リー・キムチュアン 1916-
李金泉 LEE Kim Chuan

シンガポールの▼華字紙ジャーナリスト。祖籍は福建省同安。シンガポールに生まれ、英語と華語の教育を受け、とくに中国の古典を愛読した。日本占領以前は▼『星洲日報』と▼『南洋商報』の記者として抗日の記事を数多く書いていた。1945年に▼136部隊（イギリスが組織した抗日ゲリラ部隊）に参加したが、まもなく日本軍に投降。戦後は▼『南洋商報』社長のかたわら、数多くの短編小説を発表。

(田村慶子)

李兄弟ピアノ製作所
T. A. Lee Piano

横浜で李佐衡が経営したピアノ製作所。李佐衡は1884年浙江省鎮海県に生まれ、20歳のとき▼周興華楽器店を経営していた叔父の周筱生を頼って横浜に渡り、同店で研鑽を積む。1920年、弟の李良鑒とともに、横浜市南区堀ノ内に李兄弟ピアノ製作所を開いた。その後事業は軌道に乗り、故郷の村に邸宅を建て、妻を迎える。しかし、23年の関東大震災に見舞われ、家族と親戚の周一族とともに故郷に避難した。震災後まもなく、李佐衡は横浜に戻る。工場を再開するとともに、震災復興にも尽力し、『横浜復興録』（1925年）の「横浜市民感謝録」にその名が見える。30年代には事業は順調に進んだが、戦時下で部品の輸入や資材の調達が困難となる。45年4月の空襲により、工場は焼失する。李佐衡をはじめ李一族の多くは帰国したが、長男の李民華・李全英夫婦は横浜にとどまった。現在は3台の李ピアノが確認されている。

(伊藤泉美)

⊟ 関東大震災と横浜華僑
圏 伊藤泉美「華僑が生んだ横浜のピアノ」『開港のひろば』57、横浜開港資料館、1997.

厘金

▼会館・公所などのギルドが、経常の事業費または建設費などを弁ずるため、その会員から徴集した月、年単位の賦課金・献金で、月捐、歳捐ともいう。清末にあった地方税としての厘金は、この古くから広く行われてきた商事慣行に乗じたもの。賦課は取扱商品の取引ごとにその額を自己申告し、商品内容に応じて一定の100分の1、1000分の1の率でかけた。詳しい具体例は日本の函館の中華会館文書でわかるが、中国本土の各商港にもあった。

(斯波義信)

⊟ 『函館中華会館帳簿』
圏 斯波義信『函館華僑関係資料集』（『大阪大学文学部紀要』22), 1982. / W. Rowe. *Hankow: Commerce and Society in a Chinese City, 1796-1889*. Stanford UP, 1984.

李金福 1853-1912
LIE Kim Hok

インドネシア華人の作家、翻訳家。ボゴール生まれ。家が貧しく教会の学校で数年学び、のち私塾で華語を学ぶ。1873年ボゴールの教会学校の低学年教師となり、同時に印刷の仕事を担当。80年に教会を離れるまでの

間、オランダ語、マレー語、スンダ語を学んだ。土地測量の仕事に従事した後、85年借金をして教会学校の印刷工場を買い取り、李金福印刷工場を設立。華語教科書や中国通俗小説の翻訳出版をするかたわら詩集『シティ・アクバリ』『女人』を発表。86年ジャカルタに移り、印刷業を続ける一方、新聞業界にも事業を広げ、『バタビア新聞（Pemberita Betawi）』の株を半分買収し、編集と出版業務を始めたが、翌年6月、事業に失敗した。家族の生活を支えるために鉄道敷設労働者となり2年間働いた後、90年米穀業陳偉祥に職を得た。『聖人孔夫子伝記』ほか中国民間物語など25の作品を通俗マレー語（Melayu Rendah）に翻訳し、同時代の華人青年に影響を与えた。

(荒井茂夫)

リー・クアンユー 1923-
李光耀　LEE Kuan Yew

　1959-90年に▼シンガポール首相を務めた政治家で、シンガポール国家の「創設者」でもある。▼客家系移民の第4世代としてシンガポールに生まれ、幼時から英語教育を受けて▼ラッフルズ・カレッジに学んだ。日本軍のシンガポール占領中は、共同通信社などで日本語の翻訳の仕事をした経験をもつ。戦後、1946年にイギリスのケンブリッジ大学に留学（法律）し、優秀な成績で卒業した。イギリス留学時代に政治意識に目覚めて、独立運動に身を捧げる決意を固め、同地でトー・チンチャイ（杜進才）、ラジャラトナムら、のちの▼人民行動党幹部となる人々と親交を深めている。50年に帰国すると弁護士事務所で働き、弁護活動を通じて華語教育を受けた労働者や学生など共産系グループとの関係を深めた。これをもとに54年、英語教育グループのリーダーとして、共産系グループとともに人民行動党を結成、書記長に就き、59年総選挙で同党が圧勝すると首相に就任した。61年にマレーシアとの合併をめぐり共産系グループが離脱して▼社会主義戦線を結成し、人民行動党と激しく対立するが、リーは巧妙な戦術で同戦線を押さえ込み、63年総選挙で勝利して人民行動党一党支配を確立した。この時期の政治家リーは、共産系グループとの対決、それにマレーシアへの併合に政治生命を賭け、共産系グループに勝利はしたが、マレーシアへの併合はわずか2年で失敗し、分離独立を余儀なくされた。リーは人前ではほとんど涙を見せたことがないが、その1回がマレーシアとの分離を発表した65年8月の記者会見の場であった。分離独立した65年以降は、首相として絶対的権力を握り、堅固な一党支配体制を基盤に経済開発を進めていく。70年代末になると、シンガポールは発展途上国のなかでも例のない政治安定と経済成長を享受する国となった。リーの国家形成と経済開発を支えたのが、▼ゴー・ケンスイ、ラジャラトナム、トー・チンチャイなどイギリス留学組の結党以来の幹部であった。90年11月にリーは首相ポストを▼ゴー・チョクトンに禅譲して、新設の上級相ポストに就き、92年にはもう一つの権力ポスト、人民行動党書記長もゴーに譲り、政府と党の要職を離れた。現在は、上級相として閣内から第2世代政治家の国家統治を見守りながら、頻繁に国際会議に出席して、世界政治や経済を縦横無尽に論じている。リーの政治統治スタイルは、一部の人々の間では権威主義的、家父長的と批判されているが、東南アジア小国の政治的自立と経済繁栄を達成して、世界にその名を知らしめた歴史的功績は大きい。

　家族は、祖父は企業家、父親はシェル石油の職員で、母親はニョニャ料理家として有名。クワ・ギョクチュー（柯玉芝）夫人はマレーシア出身の華人で、ラッフルズ・カレッジ時代にすでに知り合いで、ケンブリッジ大学で共に学び当地で秘密結婚をした仲。夫人は、1952年に2人で設立し、いまやシンガポール最大の法律会社になった「リー＆リー法律事務所」を切りまわしながら、リーの外遊に必ず同行するなど、政治家リーを影で支えた。子どもは3人で、長男のリー・シェンロン（LEE Hsien Loong、李顕龍、1952年生）は、大学卒業後、職業軍人となり、84年に政治家に転じ、現在は第一副首相。ポスト・ゴーの最有力候補とみられている。夫人のホー・チン（何晶）は政府系企業経営者。次男のリー・シェンヤン（LEE Hsien Yang、李顕楊、1958年生）も大学卒業後、職業軍人となり、92年にシンガポールの巨大政府系企業シンガポール・テレコム社経営者に転じ、現

在は会長。長女のリー・メイリン（李瑋玲）は小児科医。リー夫妻、長男・次男夫婦の6人全員がケンブリッジ大卒のエリート。またリーの兄弟は、クアンユーを長男に兄弟4人、妹1人で、次男キムユー（李金耀）は弁護士ながらシンガポール有力企業の経営者を歴任、三男ティアムユー（李天耀）は証券会社経営者、四男シェンユー（李祥耀）は医師。妹のキムモン（李金満）はアメリカ華人実業家と結婚している。　　　　（岩崎育夫）

　Lee Kuan Yew. *The Singapore Story.* Singapore: Times Books International, 1998.／岩崎育夫『リー・クアンユー』岩波書店, 1996.

陸路移住 りくろいじゅう

　陸路を通じる中国人の移住。南方への陸路移住は、雲南省から交易ルートなどを通じてベトナムやビルマ（ミャンマー）に至る。これらの雲南人は、ビルマにおいて南部の海路中国人（Maritime Chinese）と区別して山地中国人（Mountain Chinese）と呼ばれたように、概して中国国境近くに集住した。満鉄東亜経済調査局の報告（1939年、41年）掲載の1931年人口調査により、両地の陸路移住者と海路移住者を比較してみると、ベトナムについては陸路移住者の比率は小さい。トンキン地方全体の華僑数は約3万2000人で、同年のインドシナ全体の華僑総数約41万8000人の約8％を占めるにすぎず、華僑の大半は海路移住者で、南部のコーチシナ地方（コーチシナ約20万5000人、隣接するカンボジア約14万8000人）に集中していた。この理由を、満鉄東亜経済調査局（1939年）は、同地方の商業機会の多さと広東省、福建省からの海路の便に求めている。他方、ビルマについては、陸路移住華僑の比率は高い。同じ1931年の英領ビルマの調査による華僑の地方別分布は、国境沿いの北部シャン州が6万0550人（男3万5737人、女2万4813人）で最も多く、2位ラングーン（現▼ヤンゴン）3万0626人のほぼ倍となっており、しかも、在ビルマ華僑総数19万3594人中、雲南人は6万7691人で約35％を占め、グループとしては、▼広東人3万3990人、▼福建人5万0038人、その他4万1875人を凌駕しているのである。北方の、山東省、河北省や満洲から朝鮮やロシア（部分的には海路）、東ヨーロッパへの陸路移住につ

いては、別項目を参照されたい。　（藤村是清）

　中国人の海外移住, 海路華僑, ロシアの華僑・華人, 東欧・旧ソ連の華僑・華人, 朝鮮半島の華僑・華人, 青田, シベリア鉄道, ミトキナ, ムセ, モゴック, ボードウィン銀鉱

　満鉄東亜経済調査局『インドシナにおける華僑』青史社, 1986（1939年刊の復刻）．／同『マレーシア・ビルマにおける華僑』青史社, 1986（1941年刊の復刻）．／Victor Purcell. *The Chinese in Southeast Asia.* London: OUP, 1951.

利群織布工場 りぐんしょくふこうじょう
利群布工場

　南洋華僑が資金を集めて福建省晋江で創業した織布工場。華僑の本国投資の一例。1931年インドネシア華僑の張遜琛、フィリピン華僑の黄振煥らが資金を集めて出身地の▼永春に工場建設の予定であったが、匪賊への不安から33年晋江東石で開業。電動織布機62台、足踏織布機20台、従業員130人。織布生産量は年間86万4000ヤード、その販売地は永春、▼泉州、莆田などだった。開業初期、年に1万元以上の利益をあげたが、日中戦争初期に工場を内陸の永春に移転、燃料供給困難などから停業した。　　　　　　　　（山岸猛）

　華僑投資

リー・クンチョイ 1924-
李炯才　LEE Khoon Choy

　シンガポールの政治家、外交官、著作家。祖籍は広東省海豊。マレーシアのバターワースに生まれる。1941年ペナン鐘霊中学を卒業後、『星檳日報』▼『星洲日報』▼『南洋商報』を経て、57年に▼『ストレーツ・タイムズ』に入り、奨学金を得て英国で新聞学を学ぶ。59年の国会議員選挙で▼人民行動党から立候補し当選。文化省政務次官、教育省政務次官、首相府上席政務次官を歴任。のちにシンガポール大使としてアラブ首長国連邦、エチオピア、ユーゴスラビア、インドネシア、日本などに駐在。趣味は文芸、絵画、音楽。多数の著書があり、邦訳書は『インドネシアの民俗』『七カ国目の駐日大使』『南洋華人』。
　　　　　　　　　　　　　　　　（卓南生）

李恵英 り・けいえい

　アメリカ華人の女流作家、社会活動家。1930年代に湖南省湘潭県に生まれる。46年北京大学卒業後、50年代から香港においてジャー

ナリズムに携り、社会活動にも参加。70年代からロサンゼルスに移住、南カリフォルニア大学東南アジア研究センターの研究員として研究活動を続ける一方、作家として活躍。おもな作品には、『難志的旅程』『九個女性及其他』『李恵英通訊集』などがある。また中国の平和統一、台湾海峡両岸出身の在米華人の相互交流・理解促進の友好に尽力。　　（馬曉華）

李啓新 り・けいしん　LI Chi Sin

戦前の"マラヤ共産党、戦中・終戦直後のタイ共産党の最高幹部。別名閔𢛶徳才（BUN Teck Chai）。生没年不詳。"海南島出身。1929年に"中国共産党から派遣されて"ペナン入りし、共産主義青年団、マラヤ共産党（30年結成）を指導、33年同党書記（最高指導者）に。34年イギリス植民地当局に逮捕され、懲役4年の後38年に中国に強制送還。40年タイに渡ってタイ共産党の最高幹部となったが、47年タイ当局によりふたたび強制送還され、人民共和国成立後、官職についた。42-47年にタイ共産党機関紙『真話報』に掲載された論説が、90年に『湄江𢛶留言』と題して中国で復刻されている。　　（原不二夫）

李献璋 り・けんしょう　1914-99
LI Hsien-chang

留日台湾華僑、中国学者。1934年台湾桃園で社会改革運動に従う。思想的亡命を兼ねて39年早稲田大学東洋哲学科に留学。戦後は東京で『中華日報』編集長のかたわら、華僑の物資調達、同郷会結成、日中漢学者の交流に奔走。帰国の機を失い、大陸書籍輸入業の泰山文物社を出版業に改め『華僑生活』（1962-64年）、『中国学誌』（1964-73年）を刊行。歴史・言語・宗教・民俗分野の中国研究者としても知られ、主著に『媽祖信仰の研究』（泰山文物社、1979年）がある。文学博士。
　　　　　　　　　　　　　　（李柏如）

李公蘊 り・こうう ん　974-1028
LY Cong Uan

ベトナムの最初の長期安定王朝であるリー（李）朝（1009-1225年）の創始者（在位1009-28年）。廟号はタイトー（太祖）。現在のバクニン省の生まれ。仏寺で育てられ、万行禅師を中心とする仏教勢力を後ろ盾として即位、各地に寺院を建設した。1010年に現在の"ハノイに新都タンロン（昇龍）を建設、各地の地方勢力を征討した。外交では宋に朝貢して交趾郡王に封じられた。中国側史料のなかには閩𢛶人とするものもあるが、ベトナム史料はこれを否定している。リー朝の後を継いだチャン（陳）朝（1225-1400年）については、ベトナム史料もその祖を"福建あるいは桂林出身の漁民としている。　（嶋尾稔）

李合珠 り・ごうしゅ　1919-85

日本華僑の実業家。台湾桃園県出身。日本の中央大学卒業後、日本で商売に従事、不動産開発と料理店経営の中台工業不動産株式会社創設。1974年、25億円をかけて東京新宿に12階建て、1000人収容可能な大ホールを擁する東京大飯店落成。台湾でも国賓大飯店や金融業、グアム、ハワイでも不動産開発。76年から10年間、台湾系の日本中華聯合総会会長。副会長時代の6年間と合わせて16年間、同会に多大の貢献。会長時代に蔣経国・国民党主席より華夏一等奨章授与。80年、華僑選出（東北アジア地域）中華民国立法委員当選、2期6年。毎年、団を率いて双十節に参加、世界五大洲華人聯誼会の結成に努力。華僑社会の発展のために寄贈した金額は1億円を超える。死後、中台工業不動産の経営は妻の李林麗美が引き継いだ。　　（游仲勲）

李国樑 り・こく りょう　1942-
リ・グオリアン　LI Guoliang

中国の華僑・華人研究者。とくに日本の「華僑・華人研究」については日本人以上によく知る第一人者で、中国に日本の研究を多く紹介。本籍は湖北省髄県。1965年武漢大学歴史系卒、以降一貫して廈門𢛶大学南洋研究所（現"廈門大学南洋研究院）に勤務。84-90年副所長、90-97年科研処副処長、『廈門大学学報（哲学社会科学版）』副編集長。92年教授。"中国華僑歴史学会常務理事、福建省華僑歴史学会副会長、中国太平洋学会、中国東南アジア研究会各理事。84年長崎大学、95-96年名古屋大学、96年アジア経済研究所各客員研究員。筆名郭梁。おもな著作『東南亜華僑華人経済簡史』（経済科学出版社、98年）、編著『華僑抗日救国史料選輯』（中国華僑歴史学会、88年）、同『戦後海外華人変化国際学術

研討会論文集』(中国華僑出版社、90年)、共著『華僑華人与中国革命和建設』『東南亜華僑通史』(ともに福建人民出版社、93年、94年)、訳書『華僑資本的形成和発展』(福建人民出版社、83年)、『東南亜華僑経済簡論』(厦門大学出版社、87年)など。　　(游仲勲)

リー・コンチェン 1893-1967
李光前　LEE Kong Chian

シンガポールとマレーシアでゴム事業を軸に巨大な家族企業グループを築いた創業者。福建省で裁縫業を営む家の三男に生まれ、幼時に一家でシンガポールへ移住。15歳のとき勉学のため中国に渡り南京や北京の大学で学ぶが、中途でシンガポールに戻り、1916年、当時の有力華僑企業家▼タン・カーキーのゴム会社に勤めた。リーはタンに才能を見込まれて20年にタンの長女と結婚、ゴム会社の経理の仕事を任されただけでなく、タン所有の華人系銀行の株式も譲り受けた。28年、自分のリー・ゴム社(Lee Rubber、南益樹膠公司)を設立、これが後の巨大な家族企業グループの中核会社となる。その後、世界大恐慌の影響を受けて経営不振に陥った義父タンのゴム会社を継承し、パイナップル加工やビスケット製造にも事業を広げて、第2次大戦前にはシンガポールとマレーシアの地で巨大な家族企業王国を創り上げた。この間、32年には当時の東南アジア最大規模の華僑銀行(OCBC)創設の推進役を務め、ゴム事業で蓄えた資金で華僑銀行の持株を増やし、華人企業家の共同所有だった同行をリー家の銀行とした。戦後は、イギリス系大企業が現地資本家に売りに出されると、華僑銀行の経営を委ねられていた▼タン・チントゥアンが、次々と保険会社、ビール会社、錫精錬会社など巨大企業を買収して華僑銀行傘下に収めた。これによりリー家は、シンガポール最大の▼華僑銀行グループも所有することになった。67年のリーの死後は▼リー・センウイら3人の息子が分担して家族企業グループと華僑銀行グループの所有と経営に当たり、現在は第3世代も参加する。リーは1938年にリー財団(Lee Foundation、李氏基金)を創設して巨額な私財を寄付し、▼シンガポール中華総商会会長(39-40年、46-57年)も務めるなど華人社会の指導者でもあった。しかし第2・3世代はマスコミに登場するのが稀で、その素顔はほとんど知られていない。　　(岩崎育夫)

圖林孝勝「李光前的企業王国(1927-1954)」『亜州文化』第9期, 1987.

リサール商業銀行 リサールしょうぎょうぎんこう
Rizal Commercial Banking Corporation

フィリピンのユーチェンコ財閥全体のメインバンク。略称RCBC。1960年に▼アルフォンソ・T.ユーチェンコによって設立された。総資産では国内第6位の市中銀行。73年には日本の三和銀行と提携し、三和は持株を84年に10%から25%まで増やした。89年には銀行業務と証券業務の双方を許可され、ユニバーサル銀行となった。　　(中西徹)

リサール、ホセ 1861-96
Jose RIZAL

フィリピンの思想家。国民英雄。ラグナ州カランバの資産家(▼インキリーノ)に生まれる。父はフランシスコ・メルカード、中国人移民ドミンゴ・ラムコから5代目の混血。母はスペイン系・中国系の血を引くテオドラ・アロンソ。アテネオ学院、サント・トマス大学を経て、1882-87年ヨーロッパに留学し、医学、哲学、文学を修める。本国においてフィリピン統治の改革を求めるプロパガンダ運動に従事し、多数の著述を行う。87年、修道会をはじめとする腐敗したスペイン支配を批判し漸進的改革を主張する『ノリ・メ・タンヘレ(われに触れるな)』を発表(禁書となる)。88年に再渡欧。プロパガンダ運動の限界を認識して、91年に『エル・フィリブステリスモ(反逆)』を刊行し、スペインからの分離・独立の方向を示す。92年帰国。民族意識の普及と相互扶助を目指した「フィリピン同盟(La Liga Filipina)」を結成するが逮捕され、ミンダナオ島ダビタンに流刑。フィリピン革命の勃発により、スペイン官憲より「革命の首謀者」と断定され、96年12月30日、マニラで銃殺された。死後、リサールをメシアとして崇める宗教集団(リサリスタ)が各地に結成され今日に至っている。　　(菅谷成子)

リー・サンチュン 1935-
李三春　LEE San Choon

マレーシアの政治家、実業家。ペラ州ブカ

ン生まれ。別名リー・スンセン（李順成）。▼ジョホール州政府役人、縫製会社職員を経て、1959年の下院選挙に▼マレーシア華人公会から当選。65年労働人力省政務次官、73年技術・調査・新村調整相、74年労働人力相、78年建設・公益事業相、79年運輸相。公会内では青年部長、副委員長、主席副委員長を歴任、74年▼タン・シュウシン引退を受けて委員長代理、75年委員長。▼マルティパーパス・ホールディングス設立など、華人企業近代化に努めたが、83年突如閣僚、議員、党職を辞任。以後は大成集団（Mahajaya）を率い、96年不動産開発の上場企業・陽光有限公司（Sunrise Bhd.）の筆頭株主兼会長となるなど、財界人として積極的に活動している。マレーシア政府から Tan Sri Dato' の称号を受けた。
(原不二夫)
⊟ ダトゥー

李氏総公所 ［カナダ］ りしそうこうしょ
Lee Association, Canada

カナダにおける李姓の宗親組織。李氏宗親組織は19世紀末にビクトリアで組織された▼善堂に始まるが、その後、規模を拡大しバンクーバーで李氏総公所として設置された。現在では、トロント、カルガリーなどカナダに15の支所・連絡所をもち、カナダ最大規模の宗親組織となっている。1962年以来『李氏月刊』を刊行し、南中国、カナダ、アメリカに広がる宗親の連絡網としている。
(森川眞規雄)

⊟ 宗親会，同姓団体

李氏総公所 ［ニューヨーク］ りしそうこうしょ
Lee Family Association of New York

▼ニューヨークのチャイナタウンにある李姓中国人の任意加入団体。広東省台山県の出身の有力姓である李姓によって結成された。会所には李姓の偉大な先祖とされる老子が祀られるとともに、会員の直系先祖の位牌が祀られる。会員への身元証明書の発給、資金融資のほか、会員が紛争に巻き込まれた際には助力し、相互扶助と懇親のための各種行事を行う。
(吉原和男)

リー・シャウキー 1928-
李兆基　LEE Shau Kee

▼リー・カシンとともに香港を代表する華人企業家で、▼ヘンダーソンランド・グループ（恒基地産集団）会長。ホンコン・アンド・チャイナ・ガス社会長、ホンコン・フェリー社と東亜銀行の役員を兼ねる。広東省順徳市で豪商の子として生まれたが、学歴は小学校卒のみ。1948年に共産党による解放を逃れ、1000元のみ持って香港に移住した。初め金融と外為店舗のディーラーを務めた後、56年に郭得勝、馮景禧（ともに故人）らと永業公司を設立した。63年に改組、社名も新鴻基企業（サンフンカイ）公司に改めた。72年の上場にあたり、リーは5000万HKドルの上場益を得て独立、他の友人たちと永泰建業有限公司を設立した。ただし、その後も副会長としてサンフンカイ社に名を連ねてはいる。73年の大不況の際に不動産価格が下落したところで大胆に物件を手当てして成功し、75年にヘンダーソンランド・ディベロップメント（恒基兆業地産）を設立、81年に上場した。香港政庁が払い下げる入札物件などは避け、有望と思われる物件を一本釣りで入手するのを得意とする。新界シンチェリトリー の沙田シャテン地区の大開発、若者向け小型マンションの発売、海外在住華僑・華人所有の在香港資産の買集めなどでも成功した。中国本土への投資も盛んで、記憶力と計算に優れ、「鉄算盤」の異名をもつ。85年、永泰公司を買収、恒基兆業発展（ヘンダーソン・インベストメント）と改名した。ビジネス上のモットーは「先急後緩」で、水泳、ゴルフ、スキーなどのスポーツ好きである。『フォーブス』誌の世界富豪ランキングの常連で、96年にリー・カシンを押さえて華人最高の資産家とされたときの推定資産は127億ドル（2000年は86億ドル）。3男2女の5人の子どもはいずれもグループ企業に勤務するが、長年リーを補佐した妻、劉恵娟とは離婚した。
(山田修)

⊟ サンフンカイ・プロパティーズ

📖 梁亭・兪千峰ほか『富豪精英録』香港：明報出版社，1995．／何文翔『香港富豪列伝』香港：明報出版社，1995．

リー、ジョン 1911-88
李約翰　John LIE

インドネシアで独立戦争から1960年代にかけて活躍した華人系の海軍提督。スラウェシ島メナドに生まれ、若干のオランダ語教育を

受ける。第2次大戦前はオランダ船の船員として働いていた。独立戦争勃発の翌1946年、インドネシア海軍に入隊、シンガポールを拠点に革命軍のための物資調達にあたる。49年この間の功績を認められ、海軍中佐に任ぜられる。57-58年にはスマトラとスラウェシで起きた反乱の鎮圧に貢献、60年海軍大将に昇進する。67年に退役、同年ヤヒヤ・ダニエル・ダルマ（Jahja Daniel Dharma）と改名する。晩年は慈善事業やプロテスタントの布教に尽力したことでも知られる。

（貞好康志）

リー・シンハン 1932-
李善恒　LEE Sin Hang

中国系アメリカ人病理学者。香港の生まれ。1956年に武漢医学院を卒業し、四川医学院で教鞭をとった。61年に香港に戻り、63年アメリカへ移住。実習医、研修医などを経て、68年にカナダのマックギル大学の助教授に就任し、73年からエール大学病理学教授および聖ラファエル病院の病理医を務める。乳癌などのステロイド受容器官の細胞分析や肺炎感染の早期診断などの領域で卓越した研究業績をあげた。

（曾櫻）

利生マッチ工場
利生火柴廠

タイ華僑で「マッチ王」の王鳳翔が▼スワトウで創業した大型マッチ工場。華僑の本国投資の一例。資本金20万元のうち75％が華僑資本で、株主は32人、王栄勲が最大株主で社長。1931年から準備し、33年工場が完成、生産を開始した。「大沙頭」「猴王」などの銘柄があり、販売先は福建省が50％、残りを嘉応や潮汕各地で販売。37年日中戦争開始により生産停止、工場は日本軍が占用した。戦後の46年、生産再開。56年、社会主義化により▼公私合営となった。

（山岸猛）

◎華僑投資

リー・センウイ 1927-
李成偉　LEE Seng Wee

シンガポール、マレーシア地域でゴム事業を中心に現在でも巨大家族企業グループを維持するリー（李）一族の中心人物。戦前にゴム事業で巨大資産を築いた▼リー・コンチェンの三男で、アメリカの西オンタリオ大学で経営学を学んだ。リー一族は、ゴム、パイナップルなど伝統的産業を軸にした家族企業集団（南益集団）と、華僑銀行（OCBC）を軸にした企業集団の二つを所有する。コンチェンの死後は息子3人（娘3人）がこれらを分担する体制が採られ、長男センギ（成義）がリー・ゴム社とリー財団（Lee Foundation、李氏基金会）、二男センティ（成智）がパイナップル会社、三男センウイが家業企業グループ全体の販売と▼華僑銀行グループを担当した。しかし1980年代になるとセンウイがリー・ゴム社会長や華僑銀行会長も兼任して、一族を代表する経営者となる。現在、同族企業の経営に第3世代が参加するが、マスコミのインタビューに登場しないので有名。

（岩崎育夫）

李先念備忘録 りせんねんびぼうろく

1979年の中越戦争中に中国が公表した「李先念副総理とファム・バン・ドン首相の談話備忘録」。77年に北京で行われた中越首脳会談に際して中国側が行った8項目にわたるベトナム政府の反中国的言動に対する警告の覚書。両国関係悪化の素因には、75年南部解放後のベトナムの厳しい華僑政策によって生じた、78年の大量出国に至る華僑の難民化問題があり、8項目中にはそれが含まれた。「備忘録」の公表はこの警告を内外に明らかにし、あらためて交戦中のベトナムを攻撃したもの。

（川本邦衛）

圏「77年6月10日李先念副総理同范文同総理談活備忘録」『人民日報』1979年3月23日。／吉田元夫『ベトナムから見た中国』日中出版，1979.／川本邦衛「ベトナムにおける中国または中国人のイメージ」松本三郎・川本邦衛編著『東南アジアにおける中国のイメージと影響力』大修館書店，1991．

李旦 りた ?-1625

明末の華僑商人にして海寇の首領。福建省泉州の人。若くして呂宋（マニラ）に渡り、華僑の首領になったが、スペイン人にその富を狙われて投獄された。脱して日本の▼平戸に来航し、平戸華僑の頭目になる。イギリス商館の日記に彼はチャイナ・カピタン・アンドレア・ディッティス（Andrea Dittis）と呼ばれる。ポルトガルの貿易独占打破を目指す幕府の明人優遇策で平戸・長崎に移住する華僑が多く、李旦は平戸の長野松左衛門一家と互い

に縁を結び、1614（慶長19）年頃から幕府の朱印状を得て、弟の華宇とともに商船を台湾、交趾ｼｰ（ベトナム北部）、東京ﾄﾝｷﾝ（ハノイ）や呂宋などに年々派遣して貿易を行った。イギリスが1613年に平戸に商館を建設したとき、彼の持家を借り受けた。以後、平戸閉館まで10年間にわたり李旦は商館長コックス以下と交際を続け、中国貿易を斡旋し、多額の金品を取得して巨利を博した。1624年にオランダ人が台湾を占拠したのも、李旦が福建官憲とオランダとの間に立って交渉したためといわれる。　　　　　　　　　　（川勝守）

リー・チェン、リリー・ワンジュ 1936-
陳李琬若　Lily Wan-Joh LEE CHEN

中国系アメリカ人政治家、社会福祉活動家。天津で生まれたが、小さい頃両親と台湾に移った。1957年台湾中興大学を卒業した後、59年アメリカに留学。60年サンフランシスコ州立大学を卒業、64年ワシントン大学から社会福祉修士学位を取得。59-67年ラジオ局ボイス・オブ・アメリカのアメリカ西海岸記者。67-70年カリフォルニア州ロングビーチのエル・セリト郡立病院社会医療福祉部部長、70-72年ロサンゼルス郡社会福祉部アジア局局長、72-74年同郡計画発展部部長、74年より同郡の資源と特別計画部部長などを歴任し、1972年からTV局KKTVのレポーターとコメンテーターを兼任した。82年にモントレーパーク市市議員に当選、翌年市長に就任し、アメリカ史上初の中国系アメリカ人女性市長となった。　　　　　　　　　　（曾櫻）

李長傅 1899-1966
LEE Cháng Fū

歴史学者。中国の南東部と東南アジアの歴史地理研究の著作を残した。1927年に『華僑』（「常識叢書」、上海中華書局）を著す。29年に日本に留学、東亜高等予備学校、早稲田大学に学び、35年にもふたたび日本で学習。37年夏にはシンガポール、マニラ、バンコク、サイゴンで資料を集め、38年から曁南大学、51年から開封市の河南大学で歴史地理学を教えた。『中国殖民史』（「中国文化史叢書」、商務印書館、1936年）は半谷高雄訳『支那殖民史』（生活社、1939年）、『南洋史綱要』（商務印書館、1935年）は今井啓一訳『南洋史入門』（葦牙書房、1942年）として邦訳刊行されている。著書20冊、論文47点があり、李長傅校注『清・陳倫炯・海国聞見録』（中州古籍出版社、1984年）に「伝略・著作目録」が載せられている。　　　　（小川博）

リッポー・グループ
力宝集団　Lippo Group

インドネシアの華人企業家▼モフタル・リアディが創業した企業グループ。1996年の同国企業グループ別売上高順位はサリム、アストラ、シナル・マスに次いで第4位。第4子の▼ジェームズ・リアディが後継者。金融・不動産開発を中核とする典型的な華人企業グループ。起源は76年にジャカルタで設立されたPT Lippo Indah Trading Corporation (LITC) と見られる。82年からの構造調整政策とその後の経済バブル化を背景にグループは急拡大。とくに90年代に入ってからの不動産開発事業は、郊外のニュータウン開発、工業団地開発を含めて目覚ましかった。買収などによって保険、証券、商業、通信、百貨店、ショッピングモール、ホテル、病院経営、製造業へも事業拡大。キャッシュ・フロー極大化の経営指針下、傘下企業の株式上場に積極的で、99年末までに傘下16社上場。その後上場企業の不明朗な持株関係を指摘されて96年9月、金融部門を再編。97年の経済危機でグループ中核のリッポー銀行も打撃を蒙り、99年銀行再建庁の資本注入を受けることに成功。他方92年から▼香港、中国本土を中心として海外進出を本格化。リッポー・リミテッドが海外持株会社、傘下に香港チャイナ、HKCBバンク・ホールディングなど17社（うち6社は香港上場）、さらに膨大な数のペーパーカンパニーを英領バージン諸島などに設立。主力の中国投資ではモフタルの両親の出生地莆田市総合開発事業とその他に分かれ、前者は忠門半島および媽祖信仰の湄洲島の観光開発など、後者は各地の不動産開発、コンデンサー生産、フロートガラス生産、銀行業など。中国以外ではアジア太平洋が中心で、▼シンガポール、台北、ロサンゼルス、サンフランシスコ、シドニー、▼クアラルンプール、バンコク、ハノイ、▼ホーチミン市に子会社。　　　　　　　　（三平則夫）

⊠ 週刊誌 Asia, Inc. 8, 1993. ／ Lippo Limited. Annual Report 1994. 1995. ／ 月刊誌 Info Bank. 11, 1996.

リー、ツンダオ 1926-
李政道　Tsung-Dao LEE

中国系アメリカ人物理学者。上海の生まれ。1940年日本軍が上海を侵略した後、江西、貴州、雲南などに逃れ、43-44年浙江大学、45-46年昆明西南聯合大学で学び、46年に一等奨学金を得て渡米。50年にシカゴ大学から物理学博士学位を取得した後、50-51年カリフォルニア大学バークレー校、51-53年プリンストン大学高等研究所で研究し、53年からコロンビア大学で教鞭をとった。素粒子物理学、統計力学、核物理学、場の理論、そして乱流の各分野に貢献している。56年に▼チェンニン・ヤンと共同研究し、素粒子の崩壊過程においていわゆる弱い相互作用が働き、パリティ保存法則が破れる可能性があることを予言し、57年にヤンとともにアインシュタイン記念科学賞、そしてノーベル物理学賞を受賞した。プリンストン大学などから名誉博士号が与えられた。70年代からたびたび中国を訪問し、79年にCUSPEA（中米連合物理学博士育成プログラム）を設立し、中国の若手研究者の育成に力を注ぐ。　（曾櫻）

🡒 ウー、チェンシュン

李電英 りでんえい 1888-1966

戦後の横浜華僑のリーダー。広東省▼中山県出身。▼興中会横浜支部に参加。戦後は華僑社会の復興に尽力する。▼横浜中華会館の理事。1953年▼横浜華僑総会（台湾系）副会長を務める。▼中国国民党駐横浜直属支部で常務委員として活躍。　（符順和）

⊠『横浜華僑誌』

李天図 りてんと 1906-91

横浜華僑の事業家、華僑の権益を守る運動の指導者。広東省新会県出身。1935年来日。中華料理店、不動産経営。▼横浜華僑学校事件後に成立した横浜中華学校管理委員会の副委員長、委員長を歴任。65年新校舎落成後、学校法人認可を受け横浜山手中華学園理事長に就任、民族教育の発展に大きく寄与。68年勇退後、顧問に。横浜華僑聯誼会会長、▼横浜華僑総会（大陸系）名誉会長、▼横浜華銀理事、▼京浜華厨会所顧問など多くの要職を兼任、在日華僑愛国運動に貢献した。

（符順和）

リード、アンソニー
Anthony REID

ニュージーランド出身の東南アジア史家。ブローデルの「全体史」概念に基づく主著 Southeast Asia in the Age of Commerce 1450-1680 (Vol. 1, 1988, Vol. 2, 1993) は東南アジア史研究に大きな影響を与えた。1965年、ケンブリッジ大学で華僑研究の泰斗▼ビクター・パーセルの指導の下に学位論文を執筆。65-70年にはマラヤ大学、70-86年にはオーストラリア国立大学（ANU）において同僚のワン・ガンウー（▼王賡武）と東南アジアの華僑・華人研究を積極的に推進した。とりわけ90年代以降、東南アジア社会に同化してエリート層に参入した華人に注目した Sojourners and Settlers: Histories of Southeast Asia and the Chinese (1996)、停滞的な前近代の東南アジアが西欧列強の植民地化によって近代化したというこれまでの歴史観を批判し、清初の展海令（1684年、康熙23年）施行以後、大挙して東南アジアに定住した華人が、同地域の経済的停滞の克服に貢献し、「華人の世紀（Chinese century）」とも名づけるべきダイナミックな時代を開くという華人の歴史的役割の重要性を指摘した The Last Stand of Asian Autonomies: Responses to Modernity in the Diverse States of Southeast Asia and Korea, 1750-1900 (1997)、華人の移動を▼ディアスポラととらえ、ユダヤ人との比較においてその資本形成における役割を指摘した Essential Outsiders: Chinese and Jews in the Modern Transformation of Southeast Asia and Central Europe (1997)、Imagining the Chinese Diaspora (1999) など、近世東南アジアにおける華人の諸活動についての編著を精力的に発表しつづけている。　（石井米雄）

李徳清 りとくせい 1931-
リー・テクティエン　LIE Tek Tieng

インドネシア華人の歴史学者。カトリック教徒。スマトラ生まれ。1954年インドネシア大学卒、文学士。56年ハーバード大学修士、

62年東京大学で学位。63年ジャカルタに戻り、インドネシア大学文学部講師、日本研究室主任、国家文化研究所主任など歴任。おもな著作は、The Chinese Problem in Indonesia following the September 30 Movement, The "Chinese Problem" within the Framework of Political Stability などがある。
(廖赤陽)

リトル・チャイナ
小中国　little China
　既存の▼チャイナタウンの一部として、または独立して形成された、新しい中国系移民の集住地区の俗称。北米やオセアニアのチャイナタウンは第2次大戦期以前に主として広東系移民によって形成され、現在も広東系住民が多いが、近年ではベトナム中国人難民系、大陸系、香港系、台湾系などの新しい移民グループが見られるようになっている。彼らはしばしばチャイナタウンの内部、周辺、またときにはチャイナタウンから離れた地域に集まる傾向がある。そうした地域を、移民グループの出身地に応じて、「小中国（リトル・チャイナ）」「小福建」「小上海」（大陸系）、「リトル・サイゴン」「リトル・ショロン」（ベトナム系）、「リトル・ホンコン」「リトル・タイペイ」（香港・台湾系）などと呼んでいる。これらの地域には、モントレーパークのような富裕な台湾・香港系によって形成されている郊外都市、サンフランシスコ・ベイ・エリア各地に見られる小規模なベトナム系住民の街区、ニューヨークやトロントのチャイナタウン内部に見られる数ブロックの大陸系（おもに福建系）移民の集住区などさまざまな形態がある。
(森川眞規雄)

リ・ドンファ　1967-
李東華　LI Donghua
　中国生まれのスイス籍体操選手。1996年のアトランタ五輪のあん馬で優勝した。四川省成都市生まれ。7歳で体操を始め、78年から83年にかけて四川省運動技術学院体操学部で学ぶ。83年中国国家体操隊隊員に選ばれる。88年スイス人女性と結婚するが、これが原因で中国国家体操隊隊員の資格を失う。89年スイスへ移住し、94年スイス国籍を取得した。99年『突破極限——我的奥運冠軍之路』（『極限突破——我がオリンピック金メダルへの道』）と題する自伝を北京で出版する。
(戸張東夫)

リー・ハウシク　1901-88
李孝式　LEE Hau Sik
　マレーシアの実業家、政治家。通称 H. S. Lee。香港生まれ。祖籍は広東。ケンブリッジ大学経済・法学修士。1924年マラヤに渡り、錫鉱山を経営。36年スランゴール州中華総商会会長。戦前の同州▼抗日運動の中心人物。戦中はビルマで連合軍の抗日作戦に参加、大佐となる。戦後マラヤに戻り、華人鉱務総会会長、マラヤ広東会館連合会会長など歴任。49年のマラヤ華人公会結成に参画、マレー人政党の統一マレー国民組織（UMNO）との提携に尽力。57年のマラヤ独立時に蔵相。59年政界引退。65年マレーシア興業銀行を創設、死去まで会長を務めた。マレーシア国王から Tun、イギリス政府から Sir の称号を受けた。
(原不二夫)

リバティー・ホール
自由大厦　Liberty Hall
　フィリピンに11の支党部、130の区党部をもつ中国国民党文化協会のマニラにおける本拠、しばしば同協会と同一視される。華字新聞社の聯合日報、菲律浜各宗親会聯合会、反共抗俄総会などの関係諸団体も入居。国民党文化協会は中国国民党フィリピン総支部から発展、フィリピン華商聯総会、宗親会聯合会などと並ぶ華僑・華人五大団体の一つ。1975年、国交樹立により中華人民共和国は同協会の解散を申し入れたが、フィリピン政府は協会に中華人民共和国を刺激しないよう勧告するにとどまり、協会側も了承、公には大同文化総会、ないし菲華文経総会の名称を使用することとなった。
(宮原曉)

📖 蕭曦清『中菲外交関係史』台北：正中書局、1995.

李万之　1914-2000
　教育者で、神戸華僑社会の中心人物。河北省立第一師範学校芸術科卒業後、1935年に来日、神阪中華公学で教職についた。41年に一度帰国したが、43年、▼神戸中華同文学校の校長として招かれて再来日、82年まで校長を務め、以後、名誉校長となる。現在の校歌の

作詞者でもある。また、46-48年と76-86年の2度にわたり神戸華僑総会会長を務め、以後、名誉会長となる。長年にわたる日中文化交流と日中友好における貢献に対し、84年春、兵庫県国際文化賞受賞、秋、勲五等双光旭日章を受章した。　　　　　　　　（陳來幸）

📖 神戸華僑総会

リー、ビル・ラン 1949-
Bill Lann LEE

クリントン政権下のアメリカ司法省公民権局司法次官補代行。ニューヨーク生まれの中国系二世。父親は洗濯業を経営。エール大学、コロンビア大学ロースクール卒業後、NAACP（全米有色人種地位向上協会）で人権問題弁護士として手腕をふるう。クリントン政権時の1997年夏、司法省公民権局のトップである司法次官補に任命されたが、共和党優位の上院で最終認可をめぐって紛糾、クリントンが大統領権限を行使して「代行」の肩書で任命した。　　　　　　　（村上由見子）

李岷興不動産会社 りびんこうふどうさんがいしゃ
李岷興公司

1927年にフィリピン華僑の李昭以・李昭北兄弟が資本金190余万銀元で福建省アモイ市に創設した大型不動産会社。とくに海岸埋立てに投資した。鷺江道一帯の埋立ては27年から着工し、36年に竣工した。李昭以は息子の李清泉と「関帝廟、大生理、中山路、大同路などに数十棟の商住兼用ビルを造り、なかでも30余万元を投じて中山路に鉄筋コンクリート造りのビルを11棟建設、営業や居住用に賃貸した。　　　　　　　　　（劉暁民）

📖『世界華僑華人詞典』

リー、ブルース 1940-73
李小龍　Bruce LEE

アメリカ生まれのカンフー映画スター。広東オペラの俳優である父の李海泉の影響で幼いときから香港やアメリカの映画やTVドラマに出演していた。一方、中国の武術にもかねて強い関心を抱いていた。香港で学んだ武術に空手を取り入れるなどして独自の拳法「截拳道」を創始し、1964年アメリカで開かれた世界空手大会で優勝した。1971年香港映画『唐山大兄（ドラゴン危機一発）』に出演したが、鍛えぬいたからだとカンフーの技でファンを魅了して成功を収めた。引き続き香港で『精武門（ドラゴン怒りの鉄拳）』に出演、翌72年には自らプロダクション「コンコルド・プロ」を設立して『猛龍過江（最後のブルース・リー　ドラゴンへの道）』を製作して出演した。73年コンコルド・プロとアメリカの大手映画会社ワーナー・ブラザーズとの合作映画『龍争虎闘（燃えよドラゴン）』に出演して国際的スターの地位を確立したが、この映画の公開を待たずに急死した。
　　　　　　　　　　　　　　　　　（戸張東夫）

📖 Newsweek. July 30, 1973.

李文光 りぶんこう
リー・バン・クアン　LY Van Quang

18世紀半ばベトナム南部ビエンホアの港市大舗州（一名東庸）で活動していた福建出身の華人商人。生没年は不詳。1757年自ら東庸大王と称し、同地で仲間300人以上を率いてクアンナム・グエン（阮）氏のビエンホアにおける軍営を襲撃したが失敗した。李文光ら57人はグエン氏の軍に捕らえられたが、クアンナム王グエン・フック・コアットは彼らが華人であることを理由に獄に下すのみの処断とし、1766年に清朝の難破船に託して残党16人を福建に送還した。　　　　　（大野美紀子）

📖『大南実録前編』巻10（『大南寔録』1）．／『嘉定城通志』巻2、ホーチミン市：教育出版社、1998.

李平凡 りへいぼん 1922-

木版画家、神戸中華同文学校教師。天津の人。本名は李文昆。天津市美術館西画科で学ぶ。1943年に来神、同文学校で美術を教え、神戸華僑新集体版画協会を組織して木版画の普及に努めた。43年12月、兵庫県警察の弾圧を受ける。戦後、現代中国版画展を各地で開催、50年帰国。59年「我們要和平」で国際版画大展銀賞受賞。作品は『平凡版画集』（43年）、『浮萍集』など。　　　（安井三吉）

📖 李平凡「風塵録——日中版画交流史」1-6，補遺『記録』記録社、1983年12月号-84年7月号.

リマ
利馬　Lima

ペルーの太平洋岸に位置する同国の首都。19世紀後半、内陸のオロヤ地方で発見された大量の銀鉱を採掘するために、リマーオロヤ鉄道が建設された。すでにアメリカ大陸横断

鉄道建設などに多大な貢献をしてきた中国人労働者（▼華工）が雇われ、建設労働者の半数以上を占めた。太平洋戦争（1879-84年）でチリとの戦争中に敗北を重ねたペルーは、その責任をチリ軍隊に参加した華工に転嫁しようとして排華運動を推進した。1881年1月15、16日にリマの中国系人居住区が襲撃され、300人以上が死亡するなど、ペルー全国で殺害された中国系人は4000人以上とされている。1886年リマにペルー中華通恵総局が成立し、ペルー国内の華僑・華人の慈善事業に尽力する。1921年にはペルー独立100年を記念して、通恵総局が組織した祝賀委員会は華僑・華人から寄付金を集め、リマ大公園に大噴水や記念像を建設した。華字紙に『利光民醒報』があり、中国語学校に利馬中華学校と利馬三民学校が合併した中三聯校がある。

（曾櫻）

リマ-オロヤ鉄道 リマーオロ ヤてつどう
利馬奥羅亜鉄路 Lima Oroya Railway

南米ペルーの首都リマと中部山岳地帯の主要都市オロヤ（ラ・オロヤ）を結ぶ鉄道。アメリカ人エンリケ・メイグスが1869年ペルー政府との間で鉄道合弁契約を締結し、オロヤ一帯の銀鉱山開発に乗り出した。70年、メイグスはペルー政府から8000名の中国人労働者を導入する許可を得て、彼らを鉄道建設に動員した。建設従事者の半分が中国人であったという。オロヤの銀産出は86-95年の10年間で3200万ドルに達し、この時期のペルー経済を支えた。この鉄道が、ペルーにいわゆる「銀の時代」を現出させたのである。

（塩出浩和）

李曼峰 リ・まん ほう 1913-88
LI Mang Fong

インドネシアの画家。本名は李紹昌。広東省▼広州生まれ。1916年一家で▼シンガポールへ。16歳から油絵を学ぶ。32年『新僑周報』に漫画連載。同年末バタビア（現ジャカルタ）の新聞『時報』へ寄稿開始。蘭印へ移住し、同紙美術主任。36年第1回蘭印美術展出品作の一つを蘭印総督が買い上げ、名声を得る。46-49年オランダへ留学。55-61年インドネシア華人芸術家協会会長。61年スカルノ大統領お抱え画家に指名される。一時シンガポールへ移住後、ジャカルタで病没。

（三平則夫）

リー・ミンティー 1941-
李明治 LEE Ming-tee

香港の▼アライド・グループ（AG）の創業者で、M&Aに秀でた事業家。マレーシア生まれ。▼原籍は福建省。1959年シドニー大（土木工学）卒業後、マレーシアでエッソ石油に勤める。ゴム精製の特許を手放して、78年にナショナル・ディベロップメント・アンド・ファイナンス社を買収したのが事業の始まりで、84年にオーストラリアに移住。サンシャイン・オーストラリア社、エナコン・プリントロニック社、ウォーマル社を買収。同年、香港の富豪酒店の役員に就任し、翌年には香港上場の偉東地産公司を入手した。M&Aについてオーストラリア証券監督局の調査を受け、86年に香港に移住。ただちに兆安地産と新昌地産を買収し改名・上場したAG社とアライド・プロパティーズ（AP）社を基軸として、さらに多数の会社の買収、売却を繰り返した。93年に株式取引で香港政庁から処分を受け、顧問に退く。一族は香港、オーストラリア、マレーシアに居住。自ら「典型的な北方人であり、決断が早い」と評している。推定資産約1億5000万ドル。

（山田修）

リム・イークク 1915-
林怡玉 LIM Yee Kuk

マレーシアの実業家。福建省福州生まれ。7歳で父が死去、14歳から染物工場などで働く。21歳のときマラヤのペラ州トゥルク・アンソン（現トゥルク・インタン）に渡り、自転車店見習に。数年後独立し怡公司を設立。日本占領下では同社を義弟に任せて「大東亜食堂」を経営。義弟がこの自転車店を▼マラヤ人民抗日軍の秘密事務所にしていたためリムも逮捕されたが、処刑は免れた。戦後逆に対日協力の嫌疑をかけられて抗日軍に拘留されたが、ほどなく放免された。1946年にペナンに移って自動車部品、ミシン、電気器具などを扱う万豊公司（Ban Hong & Co.）設立。72年にはペナン州政府が工業化政策の一環として造成したプライ工業区に、友人とともに初の国産ミシン製造企業、馬来西亜縫衣機製造廠有限公司（Malaysian Sewing Machine Manufacturing Sdn. Bhd.）を設立、社長に就任。また、ペナン福州会館主席など多くの華人団体、華文学校の役員を歴任した。　　　　　　　　　　　　　（原不二夫）

リム・キトシアン 1941-
林吉祥　LIM Kit Siang

マレーシアの華人系野党▼民主行動党の最高幹部。▼ジョホール州バトゥ・パハ生まれ。1969年▼マラッカから下院議員当選、以後95年の選挙まで連続7選。69年以後書記長、73～99年下院の野党院内総務。99年の総選挙でイスラム政党との選挙協力が華人社会の反発を買い落選。政府に対する厳しい批判で知られ、69年、78年、87年の3回逮捕、一時は議員資格を失う。党運営の独裁的な手法で批判もあった。99年選挙敗北の責任をとって書記長を辞任したが、直後の党大会で委員長に選ばれた。長男のリム・グアンエン（LIM Guan Eng、林冠英）も86年から下院議員、97年不当裁判を批判し懲役刑、議席を失う。
　　　　　　　　　　　　　（原不二夫）

リム、キャサリン 1942-
Catherine LIM

シンガポールの中国系英語作家。マラヤ（現マレーシア）のペナン生まれ。1967年以来シンガポールに移り、中学、高校などで教え、教育省でカリキュラム改定に携わり、また応用言語学で学位を取得する一方、おもに短編を発表。いくつかある短編集のうち、78年に初出版の『小さな皮肉（*Little Ironies*）』が最も良い。短編においてリムは、主として中国系シンガポール人の男女、親子、嫁姑などの人間関係を辛辣な目で観察し、価値観や生き方の対立を描いている。やがて長編に転じ、95年に『娘奴隷（*The Bondmaid*）』（数か国語に翻訳出版）、98年にはイギリスで『涙物語の女（*The Teardrop Story Woman*）』を上梓。この2編においてはリムは50年代のマラヤを舞台に父権的な華人社会で逞しく生きる女性をフェミニスト的な視点で描き、現代のシンガポール人の文化的アイデンティティの中にもある伝統的な要素に対して問題意識を喚起しようとしている。99年度東南アジア文学賞などを受賞。（幸節みゆき）

📖キャサリン・リム『シンガポーリアン・シンガポール』段々社, 1984.

リム・ケンキム 1923-
林慶金　LIM Kheng Kim

マレーシアの実業家。福建省恵安生まれ。18歳のとき裸一貫でマラヤの▼ペナンに渡って工員に。日本占領下では大工見習。戦後靴作り見習を経て靴店開業。いったん中国に帰って結婚し再渡来、1951年にはトラックを購入し土砂運搬に従事、これが成功して砕石業、建築業などに進出。60年代にはオランダ製チョコレートの販売代理権を得て「チョコレート大王」の異名をとった。70年代以降一大企業集団を形成、各地の大規模土地・住宅開発を手がけ、ペナン中華総商会副会長（80年代初め）や多数の華文学校役員にも就任した。　　　　　　　　　　　　　（原不二夫）

リム・ゴートン 1918-
林梧桐　LIM Goh Tong

マレーシアの実業家。福建省安渓生まれ。1937年マラヤに渡り木工に。日本占領下で露天商、屑鉄商。50年代に新設の建築会社・建発（Kien Huat Realty）が道路建設などの公共事業を受注して急成長したほか、錫鉱山、ゴム・アブラヤシ園にも事業を拡大。65年にはクアラルンプール郊外50kmのゲンティン山頂に賭博場建設を計画。ラフマン首相（当時）やモハメド・ノア（ラザク、フセイン両首相の義父）の後ろ盾でイスラム教国には稀な賭博営業許可を得、68年にゲンティン高原ホテル社（Genting Highlands Hotel Sdn. Bhd.、78年 Genting Bhd. に）を設立、山頂までの大規模な造成工事の後に71年に営業を開始した。この事業の成功により、リムは「賭場大王」の異名をもつ。娘のリム・シュウキム（LIM Siew Kim、林秀瓊）はフィリピンでメトロプレックス社（Metroplex Bhd.）などを経営する。現在では、老齢のゴートンに代わって息子のリム・コクタイ（LIM Kok Thay、林国泰）がグループを統括している。　　　　（原不二夫）

リムハップ、マリアノ 1856-1926
林合　Mariano LIMJAP

19世紀後半から20世紀初頭にマニラを中心に活躍した著名な▼メスティソ実業家。父ホアキン・バレラ・リムハップ（Joaquin

Barrera LIMJAP、林光合、LIM Cong-jap）は福建出身の富商。マリアノは兄弟のハシント（Jacinto）と林合公司（Limjap & Company）を設立、海上保険業務を手がけ、ペナン建源保険公司（Penang Khean Guan Insurance）に加えて▼香港の海上保険会社の代理店となった。またフィリピン革命（1896-1902年）に身を投じ、資金調達面で活躍、革命後はBank of Philippine Islandsの取締役に就任。不動産に投資するかたわら、将来を有望な学生に奨学金を提供した。　　　　　　　　　　　（宮原暁）

📖 Edgar Wickberg. *The Chinese in Philippine Life 1850-1898*. New Haven and London: Yale UP, 1965.

リム・ボーセン 1909-44
林謀盛　LIM Bo Seng

シンガポールの▼抗日運動指導者。福建省南安生まれ。1925年シンガポールに渡る。▼ラッフルズ・カレッジ卒業後、父の事業を継ぎ、中華商会理事などに就任。38年3月のトレンガヌ州（マラヤ）日系鉄鉱山労働者の総下山など抗日運動を指導。42年2月のシンガポール陥落直前にインドに脱出、いったん中国に戻った後、重慶政府の命を受け大佐としてインド、スリランカに赴き▼136部隊に参加、マラヤ・グループ華人班班長となる。43年11月潜水艦でマラヤ潜入、44年3月日本軍に逮捕され、同6月獄死。戦後シンガポールでは抗日の英雄と称えられて記念碑が立てられ、中国政府は少将を追贈した。（原不二夫）

リム・ユーホック 1914-84
林有福　LIM Yew Hock

▼シンガポール第2代主席大臣（在任1956-59年）。祖籍は福建省。シンガポールに生まれ、ラッフルズ学院卒業後にイギリスに留学し、労働組合運動を学ぶ。48年に立法評議会に総督任命の民間議員として参加、55年には初代内閣の労働・厚生大臣兼副主席大臣として入閣し、56年に主席大臣となった。当時は地下の▼マラヤ共産党が指導する学生運動や労働運動の盛んな時代であったが、リムはイギリスと協力してこれらの鎮圧に回った。59年の総選挙で▼人民行動党に敗れ、63年政界から引退した。　　　　　　　　（田村慶子）

リム、リンダ
Linda LIM

シンガポール出身の経済学者。1978年ミシガン大学経済学博士、その後国立シンガポール大学助教授、またマレーシア、シンガポールにおいて多国籍企業研究を継続。1970年代から見られた東アジア、東南アジアにおける経済的発展は、「4匹の小龍」の登場として、韓国、台湾、香港、シンガポールの急激な経済成長が進み、アジアの奇跡とも呼ばれた。この動きの中で、華人系資本の経済活動・投資活動が注目を集め、華人資本に関する研究が80年代から盛んになった。このような動きの中で、リンダ・リムは華人系資本の商業戦略の特徴について議論し、低資本・低利潤という条件の下で大量に商業取引を行うという点を指摘した。この議論は、華人系資本の経営の特徴を論じた、家族企業性、ネットワーク性、華人企業精神、企業ごとの個別性、などの特徴とともに、華人系企業の特徴を代表する論点の一つである。　　　　（濱下武志）

📖 Linda Lim & Pang Eng Fong (eds.). *The Electronics Industry in Singapore*. Singapore: Chopmen Enterprises, 1977.／Linda Lim & Peter L. A. Gosling (eds.). *The Chinese in Southeast Asia*. Singapore: Maruzen Asia, 1983.

リー・モック、フリーダ 1943-
李娟　Freida LEE MOCK

ドキュメンタリー映画監督・製作者。サンフランシスコ生まれ。カリフォルニア大学バークレー校で歴史を専攻、大学院では法律を専攻するが、のちに映画監督に転身。1995年、映画『マヤ・リン――強く明快なビジョン（Maya Lin: A Clear and Strong Vision）』でアカデミー賞ドキュメンタリー部門でオスカーを受賞。▼マヤ・リンはベトナム戦争戦没者記念碑をデザインした中国系アメリカ人女性。候補のうち、本命といわれていたバスケット選手をめざす黒人少年の生活を描いた『フープ・ドリームズ』を押さえての受賞だったため、マイノリティのバランスをとる政治的配慮が審査員にあったのではないかと一部で論争となった。初めての映画製作は90年の "Rose Kennedy: A Life to Remember"。98年、ベトナム戦争で捕虜とな

った元米兵にインタビューしたドキュメンタリー映画『名誉の帰還（Return with Honor）』を共同監督、99年には"Bird by Bird with Annie"を監督。なお、97年には同じく中国系アメリカ人女性、ジェシカ・ユーが同部門でオスカーを受賞している。

(村上由見子)

リー・ヤンリアン 1906-83
李延年　LEE Yan Lian

マレーシアの実業家。福建省永春生まれ。1924年マラヤのスランゴールに。26年▼シンガポールに移り、叔父の貿易会社で働く。35年▼クアラルンプールでゴム会社・万利公司（Ban Lee Sdn. Bhd.）を設立。62年に開始したクアラルンプールおよび周辺地域の不動産開発で成功を収め、事業は貿易、観光、ホテル、銀行などに拡大。万利のほか、李延年有限公司、リー・ラバー（李延年膠廠）など20余社の会長を務め、75年から死去まで▼華字紙▼『南洋商報』会長。シンガポールの▼リーワー銀行取締役にも就いた。華人社会における活動にも積極的で、マレーシア中華商会連合会（現名称はマレーシア中華工商連合会）会長、マレーシア福建社団連合会、マレーシア永春連合会、スランゴール中華大会堂、スランゴール精武体育会、クアラルンプール黎明小学校、李延年基金などの主席を歴任。75年マラヤ大学から名誉法学博士号を贈られた。マレーシア政府からは Tan Sri Datuk の称号を受けた。

(原不二夫)

▷ダトゥー

リュウ、ウィリアム 1893-1983
劉光前　William LU

オーストラリアにおける華人系貿易商人の先駆者。華僑・華人の権利の主張・擁護者として知られる。アンクル・リュウという呼び名で親しまれた。中国人の父と英国人の母との間に▼シドニーで生まれる。幼少時、台湾で中国語を学ぶ。1917年豪州で初の華僑系貿易会社を華僑の共同出資で設立。21年中国に渡り▼孫文に会う。日中戦争時はプロパガンダ隊で戦う。豪州帰国後、国民党英文秘書に。同時に、シドニーで華人商業会その他の華僑団体に入り、華僑・華人の権利を豪州政府、英国政府に主張しつづけた。

(増田あゆみ)

劉永福 りゅう・え いふく 1837-1917
LIU Yung-fu

19世紀後半から20世紀初頭の欧米勢力の侵略に対して、東アジアおよびベトナム周辺部で、排外運動および反植民地主義闘争を率いた武装グループの首領。広東省欽州の貧農の家に生まれる。別名劉義。幼少の頃に流民となって広西の上思州、遷隆州に移り、武技を身につけた。21歳のときに天地会の一派に身を投じたが、太平天国の乱に敗れて呉鯤とともに中越国境地帯に逃れ、ベトナムのグエン（阮）朝嗣徳帝に帰順。その後18年の間ベトナム・中国国境地帯に勢力を置いた。1867年に六安州で、黒地に義と朱書きした旗を掲げるゲリラ黒旗軍を編成。要衝ラオカイを拠点に、グエン朝官軍や清朝派遣軍と協力して、越境してくる中国人土匪グループやレー（黎）朝残党などを撃破し、嗣徳帝から官を授けられた。独自の勢力増大がグエン朝を警戒させる一方、紅河を通じた中国・ベトナム間交易税、また鉱山開削による利益を独占して軍資金とした。1870年代初頭に、紅河を遡って雲南地方への接近を図るフランスと対立。黒旗軍を率いて攻撃し、▼ハノイを占領したフランス軍司令官ガルニエ（Marie Joseph François Garnier、1827-73年）を倒した。その後もフランス側についた黄旗軍をグエン朝の命で討伐し、さらに1883年には反仏檄文を掲げて、ハノイの再占領を果たしたリビエール（Henri Laurent Rivière、1827-83年）将軍を殺害。この事件がフランスの反撃を本格化させて清仏戦争を招来し、ベトナム北部の植民地化への道が開かれた。清仏戦争では清朝、グエン朝の軍に協力して各地で戦い、1885（光緒11）年に帰国。翌年、広東南澳鎮総兵に任じられた。96年、日清戦争の際には台湾防衛に派遣された。下関条約の後に台湾民国総統に推されたものの、数日で辞退して抗日闘争に加わった。また96年には南寧でふたたび黒旗軍を組織して、湖南での義和団事件に参加、中国に干渉する列強に抗して排外運動に身を尽くした。蘭領東インドの▼バンカ島錫鉱山では1900年にオランダの圧迫に耐えかねたチン兄弟が、「劉義」の名を押し立てて武装蜂起した。ベトナムの民

族主義者藩佩珠（1867-1940年）も1905年、広東に劉永福を訪ねて「維新会章程」を示した。さらに1912年の広州における「ベトナム光復会」の設立時にも、劉永福が立ち会ったとされる。
(高田洋子)

参 Henry McAleacy. *Black Flags in Vietnam*. NY, 1968.／小玉新次郎「阮朝と黒旗軍」『東洋史研究』13-5，1955.

留園（りゅうえん）

1961年東京都港区芝に開業した中国レストラン。店主盛毓度（せいいくど）は清末・民初の官僚資本家盛宣懐の嫡孫。留園は歴代首相やニクソン、カーターなども足を運んだ高級レストランであったが、土地高騰などのあおりで経営困難となり、1988年店じまいした。内装品などは祖父が設立した南洋公学の後身である上海の交通大学に寄贈され、寄付金と併せ、同大学閔行（びんこう）キャンパス内に瑠璃瓦、5階建ての教員クラブ上海留園として89年に生まれ変わった。
(可児弘明)

参『世界華僑華人詞典』／『読売新聞』1988年10月7日付朝刊コラム「おおあしす」.

留学生（りゅうがくせい）

海外の教育機関で学ぶ者。現代の中国では、一般に「中国人留学生」は一時的に外国に滞在し学業を修めてから帰国する者、「華僑」は居住国で生活基盤をもって暮らす中国人（彼らの学生の家族を含む）を指す。だが、留学生を含む在留中国人を一括して「華僑」（広義）と呼ぶこともあり、国ごとの華僑数を示す場合に在留中国人数がよく使われる。留学生は費用の出所から、「公費（官費、国費）留学生」と「自費（私費）留学生」に類別される。日本では、在留許可の種類によって大学と大学院の学生を「留学生」、それ以外の日本語学校や専門学校の学生を「就学生」と呼ぶ。

近代中国の留学生は1724年の清朝政府によるフランス派遣で誕生したが、のちの1872年アメリカへの公費派遣から数えるのが定説である。その後、77年西欧諸国、96年日本への公費派遣留学生が始まった。1906年私費、公費を含め、留日学生が8000人を越え、中国近代史上の留学ブームとなった。さらに民国成立後、25年ソ連への留学が大きな流れに変わった。人民共和国建国初期はソ連・東欧諸国への公費留学が主流となるが、のち中ソ関係の悪化により激減した。▼文化大革命中、留学生派遣は中断された。72年中国政府は公費留学生の派遣を再開、78年から本格化した。80年代に公費留学生の大量派遣が行われ、それにともない私費留学も許されるようになった。以後、留学ブームが起き、北米、西欧、日本がおもな渡航先になる。中国の公式統計では1978年から2001年半ばまでで留学生総数は38万人に達する。そのうち来日の留学生（就学生を含む）は1984年の9499人から2000年末の7万1863人に増加した。また近年、オーストラリアなどへの留学生が急増している。他方、中国滞在中の世界各国からの留学生は2001年現在、5万2000人余りである。

清朝末以来、近代中国の建設を目指す中国人留学生は熱心に近代自然科学・社会科学の理念と知識を吸収してきた。ハワイ留学経験者で建国の父と呼ばれる▼孫文、フランス留学の▼周恩来、鄧小平などを含め、中国の各歴史的時期また各分野において多くの留学経験者がリーダーシップをとり、優れた役割を果たしてきた。
(過放)

⇨ 頭脳流出，私費留学出国規定，清国人留学生
参『華僑華人百科全書』法律条例政策巻.

『留学生新聞』（りゅうがくせいしんぶん）

1988年12月1日、日本人と在日中国人の協力によって中国人▼留学生を対象に東京で創刊された日中2国語新聞。当初は月刊、94年6月から半月刊、タブロイド判40頁、毎月1日・15日発行（2001年9月現在）。政治経済、社会文化、両岸三地、留学生活、総合情報をキーワードに、おもな紙面は「焦点ニュース」「大陸通信」「在日華人」など。発行元はアジア・パシフィック・コミュニケーションズ。
(段躍中)

参 留学生新聞ホームページ http://plaza13.mbn.or.jp/~apcom/

琉球の華僑・華人（りゅうきゅうのかきょう・かじん） ⇨ 沖縄の華僑・華人（おきなわのかきょう・かじん）

劉杏村（りゅうきょうそん） 1850?-?

関東大震災前の横浜華僑社会のリーダー。字は槐青、杏村は号。広東省台山県出身。五品周知（県知事）の官位を有す。1886（明治19）年来日。海産物・雑貨の輸出入商広勝隆を営み、ニューヨーク、サンフランシスコに

も支店を置き業務の拡張を果たす。大同学校総理、志成学校幹事長、中華商会会長などの要職を務め、広東幇系の有力者で組織された団体▼横浜僑仁会の会長を務める。1915年中華民国都督唐継尭より護国軍の横浜籌餉委員に委任される。　　　　　　　　　　（符順和）

劉抗（りゅうこう） 1911-
シンガポールを代表する華人画家の一人。福建省生まれ。両親とともにマレーシアで少年時代を過ごした。1926年中国に帰国、上海美術専門学校で劉海粟の教えを受けた。卒業後、パリで西洋画を学び、とくに印象派や野獣派の影響を受けた。33年から上海美術専門学校で教えはじめたが、42年にシンガポールに移住。54年に友人の画家3人と一緒にバリ島に約1か月間の写生旅行に出かけ、やがて「南洋画風」を確立していった。　（曽土才）

劉亨賻（りゅうこうふ） 1872-1922
フィリピン革命軍将軍。別名侯阿保、侯甫鮑、侯甫胞、侯宝華、ホセ・イグナシオ・パワ（Jose Ignacio PAWA）など。生年は一説に1856年とも。福建省南安県生まれ。▼三合会に加盟したが、内部対立を嫌いマニラへ。鍛冶屋業のかたわら、三合会マニラ分会を領導。1896年同会の3000人を率いてエミリオ・アギナルドの革命軍に参加。1900年3月27日、レガスピで米軍に投降するまで武器補修・製造、中国系住民からの資金調達に活躍した。1989年、▼フィリピン華裔青年聯合会により「フィリピン革命に参加した中国人」として顕彰、アギナルド記念館に記念碑、シランに全身像が建立され、同聯合会が主張する「フィリピン史の主流をなす中国系」のシンボル的存在となっている。　（宮原暁）

📖 周南京『菲律濱与華人』マニラ：菲律濱華裔青年聯合会，1993．／ Edgar Wickberg. *The Chinese in Philippine Life 1850-1898*. New Haven and London: Yale UP, 1965.

隆固頌慈善会（りゅうこしょうじぜんかい）
タイの潮州系華人の慈善団体。別名を潮州慈善会。1964年、当時の▼タイ潮州会館主席だったクンコエム・スラタナカウィクーン（蘇君謙）の呼びかけで、潮州会館幹部役員を中心に華人社会における各種慈善事業を目的に設立された。67年に弥博中学の経営に参加したが、おもな事業は共同墓地の維持・経営。潮州会館所有の潮州義山亭、ナコンサワン潮州山荘が手狭になったことから、69年にバンコク北郊のサラブリに30万m²の規模をもつ匯西がい山荘を建設。80年以来、金獅子山荘も所有。　　　　　　　　　　（樋泉克夫）

劉子健（りゅうしけん） 1919-93
LIU Tzu-chien ／ James LIU
中国系米人の中国史学者。雲南省に生まれ、父は北京の銀行家。清華大学に学び、燕京大学大学院に進んだ。日本軍が北京に侵入し、燕京大学の学長L.スチュアート、文学部長の▼洪業らスタッフとともに憲兵隊に抑留され、拷問を受けた。戦後、ハーバード大学大学院でPh.D.を取得、ピッツバーグ大学、スタンフォード大学、プリンストン大学で教授を務め、宋代史の王安石、欧陽修の研究、北宋末に始まる中国政治・文化の内向的な転換についての著述で著名。パリ大学主宰の国際宋史共同研究の推進者の一員となり、欧米、中国、日本、台湾学者の国際協力による中国学の研究に大いに貢献した。

　　　　　　　　　　（斯波義信）

📖 James T. C. Liu. *China Turning Inward*. Cambridge, Mass.: Harvard UP, 1988. ／劉子健博士頌寿紀念宋史研究論集刊行会編『劉子健博士頌寿紀念宋史研究論集』同朋舎出版，1989．

劉芝田（りゅうしでん） 1904-
フィリピン華僑の学者、教育者、ジャーナリスト。広東省台山人。マニラ華僑中学校卒業後、中国杭州の之江文理学院留学、フィリピン大学、セント・トマス大学に入る。マニラの『中国日報』『公理報』、サンフランシスコの『金山時報』の編集・主筆、フィリピン華僑愛国学校校長、マニラ師範専門学校（のち大学）教授、香港東南アジア研究所教員など歴任。主著『中菲関係史』（台湾：正中書局，1964年）は878頁の大著で、華人史を中心に考古時代から1950年代までの中国・フィリピン関係を記す通史として広く引用されている。　　　　　　　　　　（廖赤陽）

劉寿鑑（りゅうじゅかん）
初代神戸駐在清国理事（領事）。生没年不詳。理事在職は1878年6月〜79年2月。劉寿鑑は初代日本公使何如璋に随行して77年に来

日していた。78年9月に海岸通に理事府（領事館）を開設、各国領事に通知するとともに、神戸、大阪の外国人の自治組織である居留地会議に出席。大阪の居留地会議では、例年どおり警察費を徴収するよう意見を述べた。なお華僑の保護については兵庫県の方式を踏襲したものとみられる。　　　（洲脇一郎）

⇨ 清国領事
⇩『落地生根』

隆昌号（りゅうしょうごう）

近代長崎に店舗を開いていた華僑貿易商号。1919（大正8）年に編纂された長崎商工会議所編『長崎商工会議所二十五年史』によれば、同年に新地町、広馬場町、梅ヶ崎町に店舗を開いている在留長崎華僑貿易商22軒の一つ。店舗の所有者は陳錦堂で、三江会所所属の三江幇かと思われるが、明確でない。華中・華北方面に海産物・雑貨の輸出を行い、中国物産を輸入していた。本店および主要な取引先はいずれも上海である。　　　（川勝守）

劉天禄（りゅうてんろく）　?-1986

日本華僑の実業家。台湾出身。幼時に父親を失い、母親によって養育。日本大学商学部卒業後、貿易に従事、成功を収めた。同時に、三民主義普及運動の分野でも活躍。死後、天禄基金が設立され、たとえば1990年6月には筑波大学天禄基金華僑研究グループ主催のシンポジウム「環太平洋地域の華僑社会における伝統と変化」が開催され、93年に報告書が出された。　　　（游仲勲）

留日華僑浙江同郷会（りゅうにちかきょうせっこうどうきょうかい）

日本在住の浙江省人全体の▼同郷団体。会長は張瓏堂。以前から中華民国名をつけた▼寧波や温州の同郷組織があったが、大陸系の組織として1968年7月に設立された。類似の組織として48年創立、中断後の60年代に再興された上海出身者を含む留日華僑江蘇同郷会があり（会長陳学全）、72年浙江、江蘇、福建の3同郷組織は共同で会館を購入（華東会館。社長は3同郷会長の持回り）。同会館は89年に▼東京華僑総会と共同で中央区銀座8-2-12に東京華僑会館を新築、一部を所有、3同郷会の活動拠点とした。なお、他に台湾系の寧波旅日同郷会がある。　　　（游仲勲）

留日華僑代表会議（りゅうにちかきょうだいひょうかいぎ）

1999年まであった日本全国の大陸系華僑総会の連合組織。69年、佐藤内閣が国会上程を目指した出入国管理法案、外国人学校法案の2法案に対して、日本在留華僑・華人からも反対の声が上がり、結局両法案とも国会上程を見送られたが、その反対運動の中で全国の華僑・華人団体が団結、自らの権益を守る必要があるとして結成された。99年、▼留日華僑聯合総会に発展的に改組された。（游仲勲）

留日華僑北省同郷聯合会（りゅうにちかきょうほくしょうどうきょうれんごうかい）

黄河以北の17省市出身在日華僑の▼同郷団体。1950年に東京のほか神奈川の住民も含め、山東、河北、遼寧などの出身者を主として同郷人親睦のための留日華僑北省同郷会を設立、51年現在名に。他の諸国と違い、日本では北方各省出身者がかなりいるが、独自に同郷会を作るほどの力はなく共同で設立した。52年に東京都新宿区に建設の北省会館を82年に壊して、土地を北京市に貸与、北省側は北京側が建設した北京会館の一部を使用したが紛糾し、98年に東京地裁により和解、北省側の持ち分を北京側が買い取り、北省側は東京都中央区日本橋人形町2-22-11、グランディクビル6階に新会館を購入。会長は内蒙古出身の博仁特古斯（はくじんとくじ）。　　　（游仲勲）

留日華僑聯合総会（りゅうにちかきょうれんごうそうかい）

日本全国の大陸系華僑総会の連合組織。▼留日華僑代表会議が発展的に改組して、1999年5月27日に結成。東京、横浜、大阪、神戸、京都など日本各地の▼華僑総会21と、横浜、神戸の▼華僑学校2校の代表74人が参加した。初代の会長に東京華僑総会元会長の▼陳焜旺が選出され、東京、横浜、大阪、神戸の各華僑総会会長が副会長に就任。東京華僑総会が中心的役割を果たし、事務局も同じ中央区銀座8-2-12の東京華僑会館に置かれている。　　　（游仲勲）

留日華文作家聯誼会（りゅうにちかぶんさっかれんぎかい）

文芸を愛好する東京・横浜在住華僑・華人によって結成された親睦組織（台湾系）。発起人は『横浜華僑誌』の編集を行ったことで知られる王良、新聞記者の斉壽、そして劉興尭など。1982年9月、当時の亜東関係協会東京弁事処（現、台北駐日経済文化代表処）横浜

分処処長の喬鍾州や、文化組の陳燕南の協力を得て、横浜で結成会開催。移住先日本における祖国中国文化の伝承と中国文学の発展を唱えている。初代会長は王良。現会長は『台湾新聞』の編集者彭筱琪。
(陳天璽)

留日広東会館 リュウニチカントンカイカン

日本在住の広東系華僑・華人によって1952年に横浜で結成された親台湾派の同郷組織と建物。広東系は在日華僑・華人人口の5分の2。人口が多いこともあり、広東系は出身地や方言ごとに組織があったが、全▼広東人の結束を強めるために本会結成。初代会長は▼龐柱琛。相互扶助や親睦だけでなく、日本や中国（当初はとくに中華民国）との国民外交を行うなど、影響力をもつ。会所はかつての中区山下町164番地から、94年に現在の山下町118番地に移転、中国南方の伝統的な建築様式で飾られ、街の活動や冠婚葬祭に利用、多くの人が集う場である。現会長は▼林兼正。
(陳天璽)

留日広東同郷会 リュウニチカントンドウキョウカイ
社団法人留日広東同郷会

広東省出身の留日華僑の▼同郷団体。戦前の東京広東華僑会所を復活させるべく、1949年に東京留日広東同郷会として結成された。65年社団法人の認可を受け、現在の名称となる。会員は東京、神奈川、埼玉、千葉と関東一円に広がり、広東語講習会、旅行会、飲茶会など多彩な活動を行う。会員子弟のため奨学金を設け、中国広東省でキャンプを行ったりしている。毎年会報誌『会刊』発行。現会長は陸煥鑫。会所は東京都中央区日本橋浜町。
(符順和)

圏留日広東同郷会編・刊『留日広東同郷会記念特刊』(10周年、20周年、30周年号)、1975、85、95。

留日台湾省民会 リュウニチタイワンショウミンカイ

日本の台湾省人の▼同郷団体。大陸支持派系。1972年の日中国交正常化を契機に、74年台湾省民会が結成された。台湾の中国との平和的統一、会員相互間の親睦の増進などを目的として、関東地区に住み、祖国統一を支持、台湾独立に反対する台湾省籍民が正式な会員。95年の正式会員は140人、準会員180人。月刊『台湾省民報』発行。98年、現在名に改めた。名誉会長劉啓盛、会長蔡慶播。所在は東京都渋谷区神泉町20-21、みどりマンション1階。
(游仲勲)

留日台湾同郷会 リュウニチタイワンドウキョウカイ

日本の台湾省人の▼同郷団体。台湾支持派系。1945年9月に結成され、46年の全国大会で留日華僑総会と改名、包括的な諸機能を併せもつ総合団体となった。50年代中頃、馬朝茂が発起人となって同郷会を再興。蔡長庚が22年間にわたって会長を務めたが、77年6月、楊文魁が会長に就任、東京で懇親大会を毎年開くこととなった。96年には800人ほどが参加した。親睦の増進、福利事業や子女の教育事業の発展などが目的。台湾同郷協同組合と同じ東京都新宿区歌舞伎町1-10-8の同組合ビルに同居。会長は黄宗敏。
(游仲勲)

劉伯驥 リュウ・ハクキ
Pei Chi LIU

広東省台山県出身のアメリカ華人。サンフランシスコで多年華僑団体と▼僑報の仕事にかかわり、その間の体験や見聞をもとに『美国華僑史 1848～1911』(台北：行政院僑務委員会、1976年)を著した。アメリカ建国200年(1976年)を契機に、華僑・華人のアメリカへの貢献や、中米交流の足取りをたどろうとする意図がうかがえる。再版が1982年台北の黎明文化事業社から刊行されている。またその続編『美国華僑史 続編 1912～61』も1981年同社から刊行をみた。
(可児弘明)

劉文波 リュウ・ブンパ 1870-?

マダガスカル島東方にあるインド洋上の島レユニオンの有力華人。原籍広東省順徳県。フランス東インド会社は1643年同島領有後、奴隷を使役してサトウキビ・プランテーションを興したが、1844年にシンガポールから在外華工を、続いて45、46年からは直接アモイから広東客家を主体とする▼華工を導入しはじめた。苦力貿易の最も早い例である。1858年に初の華僑商店が順徳県人陳璋満によって同島に開業し、以後20世紀初頭までに80店近くまで成長、食料品業をほぼ独占、排華キャンペーンを誘発したように、同島はインド洋、アフリカ方面で華僑・華人人口の多い地域の一つとなった。1901年劉がこの島に到り開業した広劉信号は華僑資本の同島におけ

る貿易会社第1号だとされる。その後、家族も移住、21年にはフランス籍に入った。タバコ工場を経営するかたわら、首都セント・デニスの市政や華僑学校の創設に関与している。33年帰国して香港に在留、一時サイゴンに移ったが、太平洋戦争後香港に戻り、同地で病死したと伝えられる。　　　　（可児弘明）

梁亜勝(りょうあしょう)
レオン・アーセン　LEONG Ah Seng
　シンガポール草創期の植民地政府（イギリス東インド会社）職員。またの名を寿公。生没年不詳。広東省▼中山県生まれ。1819年、▼ペナンからイギリスの植民地行政官トマス・スタンフォード・ラッフルズの率いる艦隊のコックをしてシンガポールに赴く。シンガポールの都市建設の初期において、ラッフルズの下でシンガポール華人警長を務め、治安維持を担当した。また、シンガポール中山会館（中山県出身者の同郷団体およびその建物）の創設者としても知られている。　（田中恭子）

両岸経済圏(りょうがんけいざいけん)
　台湾は現在、大規模な対中投資を展開している。この対中投資は文化的・言語的関係の深い対岸の福建省や広東省、とくに後者に集中しており、台湾海峡を挟んだ両岸に一つの経済圏が生成しつつある。これを「両岸経済圏」という。台湾の対中投資が本格化したのは、大陸への親族訪問（「▼探親」）が解禁された1987年のことであった。その後、90年には台湾経済部によって「大陸投資管理弁法」が公布された。さらに97年には「大陸投資基準」が経済部によって設定され、以降、台湾の対中投資は加速的に増大した。99年現在、台湾企業の広東省への投資件数は8000件弱、企業数では約1万社に及ぶ。都市別にみると▼東莞市2600社、広州市700社、恵州市500社である。2500社をこえるエレクトロニクス企業が進出している東莞市などにおいては、台湾企業の巨大な産業集積が形成されている。
　　　　　　　　　　　　　　　（渡辺利夫）

廖暉(りょうき) 1942-
LIAO Hui
　中国の華僑問題の指導者。広東省恵陽人。▼廖承志の息子。1965年人民解放軍軍事工程学院を卒業して軍隊に勤務し、▼中国共産党入党。▼文化大革命後、83年廖承志の死去に伴い、国務院▼僑務弁公室副主任に就任、84年同主任となり、85年中共中央委員に選ばれる。同年、中日友好二十一世紀委員に就任。97年澳門(マカオ)事務弁公室主任となる。第6期以来、全国人民代表大会代表。　　（安井三吉）

梁銶琚中学(りょうきゅうきょちゅうがく)
　広東省順徳県杏壇鎮にある中学・高校。1984年香港順徳聯誼会主席名誉会長、香港大昌貿易行副董事長の梁銶琚の現金370万HKドル、コンピュータや教学機器の現物10万HKドル相当の寄付で設立。面積約30万m²、主要設備は科学楼、教室楼、講堂、学生宿舎、教職員宿舎からなり、建物の総面積は9000m²に及ぶ。87年段階で18クラス（中学8クラス、高校10クラス）、在校生1085人、教職員80人。
　　　　　　　　　　　　　　　（市川信愛）

梁金(りょうきん)
LEUNG Quinn
　南アフリカの華僑指導者。生没年不詳。広東省出身。1896年南アフリカの▼トランスバール州へ移住。ヨハネスブルグ華僑広東クラブ主任。1907年南アフリカ華僑協会主席に就任。同年、南アフリカ英国籍インド人協会の指導者モハンダス・ガンディーとともに、トランスバール州政府の公布した「アジア人登録法」に反対する運動を起こしたが、12月に逮捕される。08年2月、政府は梁やガンディーの主張を一部認めて、強制登録から自主登録に切り替えた。しかしその後、政府は強制登録に戻したため、梁らは反対運動を再開し、彼は10年に国外追放となった。11年トランスバールに帰るが、再度逮捕され、その後、長期間拘留された。拘留中に健康を害し、しばらくして死亡したという。
　　　　　　　　　　　　　　　（塩出浩和）

廖遇常(りょうぐうじょう) 1954-
LIVE Yu-Sion
　フランスの華人社会学者、歴史学者。祖籍は広東省南海。アフリカのマダガスカル島生まれ。1972年にパリ第五大学で社会学を専攻、博士の学位を取得。その後、フランス移民適応研究センターの研究員となり、フランス華僑・華人史の研究を行った。ジャクリーヌ・コスタ・ラスクとの共著 *Paris-XIIIème*,

lumières d'Asie が1995年に刊行されている。
(曽士才)

梁慶桂 りょうけいけい
リャン・チングェイ　LIANG Qinggui

清代末期の官僚。生没年不詳。広東省番禺の生まれ。▼僑生・▼華裔の教育問題に関心をもち、清政府にアメリカ大陸で僑民学校をつくるために人材を派遣するよう提言した。1908年に清政府から派遣されてサンフランシスコに着き、現地の領事館や僑民組織の支持のもとで、アメリカ全国各地で僑民学校をつくることに力を尽くした。
(曾櫻)

梁啓超 りょうけいちょう 1873-1929
リアン・チチャオ　LIANG Qichao

19世紀末から20世紀前半の中国人の知識人社会に最大の影響を残した啓蒙思想家。▼僑郷としても有名な広東省新会県の挙人。字は卓如。任公と号した。筆名として哀時客、中国之新民などを用いた。室名は飲冰室主人。1890年の会武に応じ失敗、帰途、上海で初めて西洋の学術に触れ、強い関心をもった。帰郷ののち、友人陳千秋の紹介で▼康有為に師事し、万木草堂を開き、康有為の学問の薫陶を受けた。『飲冰室文集』に見られるように、その学識は経、史、子、集の四部の国学に及び、かつ西洋文化への造詣も深い。梁の新文体が、20世紀中国の中国語を築いたともいえる。98年の▼戊戌ぼじゅつの政変で所期の改革の志が敗れ、日本政府の外交ルートを利用して日本に亡命。そこで、明治期の和文訳の西洋知識を積極的に摂取した。梁の文体を通じ、明治の漢訳用語が中国にもたらされ、いまなお現代中国語に定着している。師の康有為が光緒帝を仰ぐ帝政思想と孔子教を掲げる旧態の枠を出られなかったのに比べ、新中国への全文化領域において基礎を建設した。その中華民族の近代的な再生に寄与した功績は、▼孫文と比較してもなんら遜色はない。世界の華僑が康有為の保皇思想と孔子教思想という古風な意識から早く脱皮し、孫文を指導者とする中華民国の建設を支援する近代的な政治思想になじめたのは、梁啓超が世界各地の華僑へ新思考を啓蒙して養ってきた素地によるところが大きい。1911年▼辛亥革命ののちは、かねて革命か変法かで激論を交わした国学大師の▼章炳麟と親しく交際する。神戸市須磨海岸での苦しい亡命生活のなかで学んだ経済学と財政学の知識を生かし、官界では中華民国政府の財政部長に昇進する。袁世凱の帝政を阻止するなど、大きな政治的功績を重ねるが、民国の政治世界に見切りをつける。1年に及ぶ西欧留学を体験し、第1次大戦を経て落日の射すヨーロッパ文化の現実に気づき、帰国後、中華伝統の文化の再生に学者として力を尽くし、最後は清華大学教授としてアジアの思想家としての、万古に揺るぎない墓標を築いた。主著『清代学術概論』。
(中村哲夫)

梁厚甫 りょうこうほ 1913-
アメリカの華人国際政治評論家。本名は梁寛、ペンネームは宋敏希、馮宏道、呉嘉璈。広東省順徳の生まれ。1930年代中頃、広州のミッション系大学の嶺南大学英文系で学んだ。日本軍が広州を占領すると香港に移り、新聞▼『大公報』でおもに英文電信の翻訳のほか、編集や評論も担当した。後に『工商日報』や『新生晩報』の編集長となった。59年にアメリカに渡り、フリーの記者兼作家として活躍。香港の▼『星島日報』、▼『明報』、シンガポールの▼『南洋商報』、マレーシアの『中国報』などに特約記事や特約評論を寄稿。アメリカの政治、経済、軍事、社会問題などに精通し、実地調査と丹念な資料分析に基づいた明快な文章によって、彼の評論はアメリカ、香港、東南アジアで大きな影響力をもっていた。また、非公開刊行物の新聞『参考消息』を通じて中国の読者にもよく読まれている。著書に『旅美漫筆』『旅美随筆』『梁厚甫通訊評論選』などがある。
(曽士才)

廖承志 りょうしょうし 1908-83
LIAO Chengzhi

中国の政治家。日本の東京生まれ（▼原籍は広東省恵陽）。父は▼廖仲愷、母は▼何香凝、姉は廖夢醒。1919年日本から帰国して、▼広州の嶺南大学付属中学に入学。25年▼中国国民党に入党、同年8月の廖仲愷暗殺後、日本に渡り、早稲田大学第一高等学院入学。27年の4・12クーデタ後、国民党を離党、日本で反日大同盟に参加して逮捕される。28年上海に戻り、▼中国共産党に入党する。同年11月、ドイツに渡り、ドイツ共産党に入党。30年モ

スクワに行き、東方大学に入学、蔣経国と知り合う。32年上海に戻り、33年工部局に逮捕される。釈放後、川陝ソビエトに入り、34年長征に参加。38年八路軍香港弁事処を開設、42年国民党により逮捕、46年1月に釈放。南京駐在共産党代表団に参加し、延安で『新華社』社長に就任。49年共産党7期2中全会で中央委員に選出された。

1949年、中華人民共和国建国後は、華僑・華人、日本問題など対外関係の面で活躍した。49年10月、政務院華僑事務委員会副主任（主任は母の何香凝）に就任、他方で共産党中央統一戦線部副部長、対外連絡部副部長も歴任。53年全国政治協商会議常務委員に選出される。54年と56年、中国紅十字代表団副団長として来日。55年バンドン会議に出席。58年国務院外事弁公室副主任、59年華僑事務委員会主任、61年『華僑大学校長、62年高碕達之助との間で「日中総合貿易に関する覚書」（LT貿易）に調印、63年中日友好協会会長に就任。66年に『文化大革命が始まり、「海外関係」問題で攻撃を受ける。72年来日。78年国務院『僑務弁公室主任に就任、鄧小平に随行して来日、82年「蔣経国先生への手紙」を発表し、台湾に向け祖国統一を訴えた。同年共産党中央政治局委員に選出される。

(安井三吉)

参『廖承志文集』編輯弁公室編『廖承志文集』上・下、徳間書店、1993.／中国新聞社編『廖公在人間』香港：三聯書店、1983.／鉄竹偉『廖承志伝』香港：三聯書店、1999.

廖仲愷 りょうちゅうがい 1877-1925

『中国国民党左派の指導者、財政専門家。サンフランシスコ生まれ。『原籍は広東省帰善県（現在の恵陽県）。夫人は『何香凝、長男は『廖承志。アメリカ、香港の皇仁書院、日本の早稲田大学、中央大学で教育を受ける。1905年9月『中国同盟会に参加し、中国の東北地方で革命工作に従事する。11年『辛亥革命後、広東省軍政府財政副部長となる。14年中華革命党に参加、『孫文に接近し、軍閥に反対する護法運動に携わる。この間、一貫して革命運動を支える財政工作に従事する。また、ヘンリー・ジョージらの欧米や日本の社会思想を翻訳・紹介し、孫文と国民党のイデオロギーに影響を与える。19年に改組した中国国民党で孫文を助け、中国共産党・ソ連との提携政策を積極的に進め、引き続き広東革命政府の財政面の仕事を担当した。24年に選出された中央執行委員会では工人部長、農民部長となり、25年3月孫文亡き後は共産党・ソ連との提携の要となった。そのため右派勢力の反感を買い、25年8月20日広州で暗殺された。

(山田辰雄)

参尚明軒・余炎光編『双清文集』上、北京：人民出版社、1985.／尚明軒『廖仲愷伝』北京：北京出版社、1982.

両頭家 りょうとうか

故郷を離れるときにすでに妻がいた華僑が、渡航後に居住地でも妻を娶り、二つの家庭を維持すること。とくに第2次大戦前に見られた。逆に、独身で渡航後に現地で結婚したが、故郷に一時帰国したおりに後継子孫を故郷に残すため再度の結婚をする場合もあった。前者の場合には、渡航後に中国に共産党政権が成立したために帰郷を断念したケースも含まれる。家庭の個別事情によっては、一方の妻子との間の送金や家族関係が疎遠になる場合も多く、何十年も夫と離れて暮らしながら子どもを養育して自活した妻も少なくない。経済的に成功した華僑には、故郷と海外居住地の両方で事業所を有し、息子に経営参加させている場合がある。中国人の家族は父系出自原理によって異母兄弟間には権利義務に差別がないためである。死後の位牌には夫を中心にして左側に第一夫人、右側に第二夫人の名が記される。渡航先で生まれた男子を幼少時に、故郷の親と第二夫人のいる家庭に送って中国人としての教育を受けさせることは珍しくなかった。

(吉原和男)

梁発 りょうはつ 1789-1855
LEONG Fatt

マラヤで最初の華人牧師。広東省高明生まれ。私塾教育を受けたが、14歳でやめ、広州に出て『木版印刷工になる。イギリス人牧師ロバート・モリソンに雇われて聖書の中国語訳本の木版作成に従事。1815年モリソンの指示でイギリス人牧師ウィリアム・ミルンに従ってマラッカに渡り聖書の木版作成に従事、同時にマラヤで最初の華字紙『察世俗毎月統記伝』の創刊に協力した（1821年停刊）。16

年洗礼を受け、19年広州に戻り布教宣伝文書を印刷・発行して清朝政府に逮捕されたが、2日後にモリソンの働きで釈放され、ふたたびマラッカに渡った。27年牧師となる。34年広州に戻り、布教活動を行い逮捕。モリソンの息子（イギリス領事館館員）の働きで釈放されたのち、家族とともにマラッカに移住。シンガポールとの間を行き来して布教活動を行った。39年故郷へ帰った。著書『初学使用勧世良言小書』はのちに洪秀全が翻印し、広くゆきわたった。広州に梁発記念堂がある。

（荒井茂夫）

梁百財事件（りょうひゃくざいじけん）

1950年代カナダにおける中国系移民による訴訟事件。バンクーバー在住の梁百財（LEONG Ba Chai）が未成年の子の移民申請をしたところ、移民局は子が庶子であることを理由に拒否した。梁側は、中国では庶子も合法子と認められることから、これを差別とし移民局を告訴した。裁判は梁側の勝訴となったが、結審までに梁が死亡し、子の移民は保証人不在として認められなかった。事件後、移民法に、婚姻の合法か否かはカナダ法によるべく修正が加えられた。 （森川眞規雄）

梁碧霞事件（りょうへきかじけん）

第2次大戦後、米国移民局による執拗な取調べに耐えかねて中国人女性が自殺した事件。1945年末、同国議会は大戦中に米国人兵士が外国で結婚した現地女性を救済する目的で、軍人の配偶者の入国を認める戦争花嫁法を制定した。48年9月、梁碧霞は退役軍人の妻の資格で米国に入国したが、移民局の3か月にわたる審査に憤慨して自殺した。全米の華僑・華人社会から抗議の声が上がり、移民局は職員数を増やして審査の迅速化を図った。 （曽士才）

廖翼朋（りょう・よくほう）

清朝末期、留日学生出版の新聞・雑誌等の横浜における取次店▼振華商店の経営者。生没年不詳。広東省恵州人。▼孫文とともに広州の博済医院で医学を学ぶ。1903年来日。振華商店は孫文の横浜の寄寓先で、廖と黄宗仰は1階、孫文は2階に同居。横浜で結成された地下組織▼横浜三点会の連絡と集会の秘密の場所であったが、のちに孫文来日時の連絡

は▼黎炳垣にまかせた。08年郭外峰を助け中区山下町に華僑学校を創立する。 （符順和）

　⃞『世界華僑華人詞典』／馮自由『華僑革命開国史』台湾：商務印書局出版，1946．

梁霊光（りょう・れいこう） 1916-
LIANG Ling Guang

マラヤ左派華僑組織のリーダーの一人。福建省、広東省の党・政府最高責任者を歴任、中国における華僑事務の主要指導者の一人でもある。福建省▼永春人。1936年マラヤに赴き、▼クアラルンプールで中学教員、同時にスランゴール華僑反帝大同盟主席、左聯主席。日中戦争勃発後に帰国。新中国成立後アモイ市長、軽工業部部長、福建・広東省省長、同共産党書記、共産党中央委員、人民代表大会委員、人民代表大会華僑委員会副主任、▼暨南大学学長など歴任。 （廖赤陽）

旅日華僑敢死隊（りょにちかきょうかんしたい）

▼辛亥革命に呼応して組織された在日華僑青年による義勇軍組織。1911年秋の武昌蜂起成功後、中国同盟会会員の積極的動員の結果、横浜、神戸、長崎などから在日華僑青年が上海軍政府の要求に応じ、革命軍へ参加した。横浜決死隊44名は12月8日、▼神戸義勇軍38名と合流し、▼神阪中華会館で婦女子や神戸華僑同文学校生徒を含む600人からなる盛大な壮行会で見送られた。両隊の統轄リーダー梁慕光ほか華僑同文学校から伍雨生が上海まで同行。成立直後の▼中華民国僑商統一聯合会から▼馬聘三と黄卓山が同行し、軍政府との連絡役を果たすこととなった。翌9日、博愛丸に乗船して長崎からの参加者数名と合流したこの主要グループのほか、相前後して合計約110名が12月中頃までに帰国し、上海軍政府によってそれぞれ陸戦隊や北伐軍に編入されたり、予備軍で訓練を受けたりした。これらを総称して旅日華僑敢死隊という。 （陳來幸）

旅日福建同郷懇親会（りょにちふっけんどうきょうこんしんかい）

日本全国に住む福建出身の華僑・華人が毎年1回開く懇親会。毎年、宇治▼万福寺で行われる盆行事「普度勝会（ふどしょうえ）」と並んで、在日福建華僑の社会的▼ネットワークにとって重要な行事となっている。同郷間の交流を深めるとともに、子弟の教育、就職、▼結婚問

題など全国の同郷人が直面する問題を共に解決するために始まった。第1回は1961年京都の温泉地で行われ、▼神戸福建同郷会、▼京都福建同郷会、および、当時はまだ同郷会組織のなかった大阪の福建省出身者が中心となって企画。毎年の日程が2泊3日、開催地は観光地というのがほぼ共通している。84年に福建省▼福州で第24回が開催されたのを機に、中国でも開催されるようになった。在日福建華僑の主体は福建北部の福清県や福州市の出身者で、彼らは戦前までは呉服行商を生業とし、その職業がら全国津々浦々に分布していたが、他省出身者と比べて集団としての凝集力は逆に高い。　　　　　　　　（曽士才）

📖 林伯誠編『旅日福建同郷懇親会 "二十年の歩み"』旅日福建同郷懇親会, 1982.

旅日要明鶴同郷会 りょにちようめいかくどうきょうかい

横浜在留の広東省高要、高明、鶴山3県の出身者による▼同郷団体。第2次大戦後、同郷会の復活を望む声に発起人会が結成され、1952年2月に成立。会員の相互扶助、親睦を目的としており、会館には常時人が集まっている。毎年、祖国探親旅行会などを行い、また冠婚葬祭の手伝いなど組織的、積極的に行っていて、長年にわたり大陸系と台湾系に分裂を余儀なくさせられていた横浜華僑の統一のために、大きく貢献している。会所は中区山下町。　　　　　　　　　　　（符順和）

🏠 横浜要明公所, 夏東開
📖 『旅日要明鶴同郷会記念成立四十周年会刊1952-1992』1992.

リョン・キーセオン、ポール 1939-
梁棋祥　Paul LEONG Khee Seong

マレーシアの政治家。ペラ州生まれ。▼イポーの名門華文学校の育才小学校、セント・マイケル学院、オーストラリアのサウスウェールズ大学卒。1971年に▼マレーシア華人公会に入党。72年同党ペラ州連絡委員会委員長代理として改革運動を主導し除名処分に。同年▼マレーシア民政運動党入党。同党書記長、筆頭副委員長歴任。78年初めから86年8月まで第1次産業相を務めてゴム、ヤシ油（パーム油）、錫などマレーシアの主要1次産品の価格維持、発展に努力した。　（原不二夫）

リー、リチャード 1966-
李沢楷　Richard LI Tzar-kai

香港の企業家▼リー・カシンの次男で、パシフィック・センチュリー・グループ（PCG）の会長。通信やインターネットなどのハイテク・ビジネスに先駆的に参入し、新世代華人実業家として最も注目されている。スタンフォード大卒（コンピュータ）。1990年に衛星放送の▼スターTV社を設立、アジアと中近東38か国で2億人以上の視聴者を獲得した。93年に9億5000万ドルでルパート・マードック（豪）に売却、香港とシンガポールを拠点とするPCGを設立、99年にはインテル社と合弁でPCサイバーワークス（PCCW）社を設立した。急騰したPCCW社株との交換により、ケーブル・アンド・ワイヤHKT（旧香港テレコム）社を2000年に買収。94年『タイム』誌「21世紀の世界のリーダー100人」に選ばれた。自身が副会長だったハチソン・ワンポア（HWL、和記黄埔）社と合弁で、97年に東京駅前の土地を870億円で買収、ビル建設が始まった。2000年の個人資産は43億ドル（『フォーブス』誌）。ただし、その後ハイテク産業の不調などでハチソン・ワンポア社の役員を辞任するなど、失速気味。　（山田修）

🔗 チュンコン・グループ

リー、レスター 1933-
李心培　Lester LEE

中国系アメリカ人企業家。湖南省の生まれ。1950年にアメリカへ留学し、のちスタンフォード大学から博士学位を取得。70年から起業し、電器製品を製造する会社を大きく発展させた。91年にブッシュ大統領に任命され、大統領行政管理交流委員会初めての中国系人委員となった。　　　　　（曾櫻）

リー・ロイセン 1921-93
李萊生　LEE Loy Seng

マレーシアの実業家。▼客家人。ペラ州▼イポーの錫鉱山経営者の家に生まれる。戦後シドニーの医学校に留学したが兄の反対で中退、15年間一族の錫鉱山経営に携わる。しかし錫の将来性に見切りをつけ、1957年からゴム園の買収を進めた。イギリス資本が撤退しつつあった時期で、▼クアラルンプール・クポン社（Kuala Lumpur Kepong Bhd.）など

を次々に傘下に収めた。リーはKLクポン社をマレーシア最大手の農園企業(アブラヤシ、ゴムの生産・加工・販売・輸出)に成長させたほか、不動産開発、農場(オーストラリア)経営でも成功、80年代半ばには上場企業8社の会長を兼ねて国内最大の企業家の一人に数えられた。75年▼マルティパーパス・ホールディングス社の設立にも携わり、83年まで会長。▼マレーシア華人公会党員として上院議員を1期(1972-80年)、イポー市長を1年(1975年)務めてもいる。ペラ嘉応会館会長、ペラ中華大会堂理事、ペラ客属公会名誉会長などを歴任。マレーシア政府から Tan Sri Datuk の称号を受けた。長男のリー・オイヒアン(李愛賢)が後を継いだ。 (原不二夫)

⇒ダトゥー

リーワー銀行
利華銀行　Lee Wah Bank

▼シンガポールの華人銀行の一つで、現在は▼大華銀行(UOB)傘下にある。ペナンの生まれのゴム事業家、ユー・トンセン(EU Tong Sen、余東旋)が1920年に設立した古い銀行で、ユーが初代会長、長男が2代目会長を務め、同行はユー家の家族企業であった(一族が株式の80%を所有)。しかし、60年代になると経営不振に陥り、72年に大華銀行が約55%の株式を取得し、同行傘下銀行となった。 (岩崎育夫)

林[姓]りん ⇒ 林はやし

林以文 りんいぶん 1913-

日本華僑の実業家。台湾霧峯生まれ。父親は地方の名家で裕福。結婚し職業をもったが、25歳のとき日本留学、学生時代から株式売買に従事。第2次大戦末期、就職が困難なため姉の夫経営の製薬工場に入社、工場長となったが、空襲で工場は焼失、のち再興して中国薬品公司経営。戦後、恵通公司を創業。不動産開発、ナイトクラブやパチンコなどのレジャー産業に従事、8階建ての東京ジョイパーク・ナイトクラブはダンスホール、中華料理店を有し、従業員2000人余り。台北、高雄や、香港、ブラジルなどにも投資。1952年、▼東京華僑総会(台湾系)会長に就任。のちに中華民国留日華僑聯合総会成立後、同会長に。73年、華僑選出の中華民国立法委員に当選、75年再選。のちに台湾政権より海光奨章を授与された。 (游仲勲)

📖『華僑大辞典』/『華僑華人百科全書』人物巻

林海峯 りんかいほう 1942-

中国上海生まれの囲碁棋士。台湾籍。1952年に▼呉清源に見いだされ10歳で渡日。最初、日本棋院関西に所属、のちに東京に移る。62年に七段、67年に九段に昇段。62年、66年に大手合第1部優勝。65年の名人戦で坂田栄男の挑戦者となり、4-2で下し、23歳の史上最年少で名人位に就く。以後、名人位獲得は通算8期に及ぶ。本因坊戦では68年から3連覇するなど通算5期。89年に天元位を奪取し、5連覇で名誉天元の資格も獲得。重厚な二枚腰の碁として定評がある。 (日暮高則)

林義順 りん・ぎじゅん 1879-1936
LIN Yi Shun

シンガポール華僑の富商。字は発初。号は蔚華、其華。原籍は広東省▼澄海県、シンガポール生まれ。1906年▼中国同盟会に加入、翌年シンガポール同盟会機関紙『中興日報』を創刊。また、同盟会シンガポール支部の活動の歴史をまとめた▼『星洲同盟会録』を編集。▼孫文の委任でマレー半島およびビルマに同盟会支部を創設した。ゴム栽培で巨富をなし、▼シンガポール中華総商会会長に就いた。24年上海に渡り、国民党西山会議派を援助、27年南京国民政府華僑委員会委員、32年国民党国難会議委員となった。上海で死去。 (一谷和郎)

林玉興 りん・ぎょくこう 1870-1947

「廊主徳」(徳親方)とも呼ばれたタイの抗日企業家。別名は林徳興。広東省普寧生まれ。19世紀末に渡タイ。鉄道工夫から身を起こし建設業者に。精米、製粉、海運業にも進出。タイ王族と結婚。20世紀初頭、バンコクの主要建築を受注。潮州系▼洪門を糾合し盟主となる。日中戦争当時、鋤奸団を組織し親日華僑商人を摘発。1938年の▼2月12日事件で国外追放され、中国▼スワトウで中国共産党潮汕委員会の指導により暹羅せん回国華僑抗敵同志会を組織し会長に就任。39年初めにタイに戻る。 (樋泉克夫)

林金枝（りん・きん し）1932-
リン・ジンジ　LIN Jinzhi

中国の経済学者。▼華僑送金・本国投資の研究で有名。マラヤ生まれ、1937年中国帰国。本籍は福建省永春。56年に▼厦門ｱﾓｲ大学歴史系を卒業後、同大学南洋研究所（現▼厦門大学南洋研究院）に入所、90年に教授、95年に定年退職。中国東南アジア研究会副会長、▼中国華僑歴史学会、中国海洋法学会、中外関係史学会など各常務理事。おもな著作『近代華僑投資国内企業史研究』（福建人民出版社、83年）、『近代華僑投資国内企業概論』（厦門大学出版社、88年）、共・編著『近代華僑投資国内企業史資料匯編・福建巻』『同・広東巻』（ともに福建人民出版社、85年、89年）、『同・上海巻』（厦門大学出版社、92年）、『華僑華人与中国革命和建設』『東南亜華僑通史』（ともに福建人民出版社、93年、94年）、『祖国的南疆——南海諸島』（上海人民出版社、88年）、『我国南海諸島史料匯編』（東方出版社、88年）、『外国確認中国擁有西沙和南沙主権的論拠』（香港嶺南学院亜洲太平洋中心出版、93年）など。
〈游仲勲〉

林金順（りん・きん じゅん）1906-88

▼横浜山手中華学校家長会初代会長、福建同郷会名誉会長。東京出身。20歳まで福建の原籍地で過ごし、日本に。戦後の中華民国駐日代表団の干渉を排し、福建同郷会の正常化を図るため尽力。1954年の会員大会で副会長に。59年から7年間横浜山手中華学校家長会の会長を務める。かたわら福建同郷会会長として会館の取得に尽力。72年江蘇・浙江・福建同郷会設立の有限会社華東会館の初代社長となる。
〈符順和〉

［参］日本華僑華人研究会編集委員会『戦後華僑・留学生運動史』東京華僑総会、2000.

林群賢（りん・ぐん けん）1896-1952
LIEM Koen Hian

インドネシアの華人ジャーナリスト。インドネシア中華党の創設者。バンジェルマシン生まれ。辛亥革命の影響を受け、華人民族主義運動に参加。1918年から38年にかけて『蘇島之光』『泗水新報』『新直報』などの各種マレー語紙の編集長を務めた。25年頃から、インドネシア民族主義者との提携による独立達成を目標として掲げ、華人性を保持しつつインドネシア社会の一員として然るべき地位を築くことを主張、32年にインドネシア中華党を創設。39年離党し、インドネシア人民運動党に移る。45年インドネシア独立調査委員会委員、47年レンビル休戦協定出席のインドネシア共和国代表団団員。50年▼帰化したが、インドネシア政治に失望して中国籍に戻る。
〈張祥義〉

林奎（りん・けい）

横浜大同学校校長。別名は林慧儒。広東省新会県人。生没年不詳。1902年発行された横浜大同学校の教科書『小学新読本』の編集者。一時大同学校を辞職し、東南アジアに行き28か所の学校を設立したが、07年に請われて再び校長に就任。同校教科書は東西諸国の教科書を参考に編纂した。興味をもつ内容を、句点をつけ読みやすくし、やさしいものから学んで、字数も徐々に増やしていくという、学ぶ者を意識した、画期的な教科書である。東京都立中央図書館所蔵。
〈符順和〉

［参］『横浜中華街』

林慧卿（りん・けい けい）1941-

インドネシア生まれの▼帰国華僑で女子卓球選手。ジャカルタの中学を卒業後、1959年中国に移り、上海卓球選手団に入団した。第28回世界卓球選手権に中国チームの主要メンバーとして参加し、チームを団体優勝に導いた。この大会では鄭敏之と組み、女子ダブルスでも優勝した。第31回世界卓球選手権では、女子シングルス、女子ダブルス、混合ダブルスで優勝し、三冠となる。中国の「スポーツ健奨」「体育スポーツ栄誉奨」などを受ける。79年中国卓球協会副主席、全国華僑連合会第2期副主席、第4・5期全国人民代表大会代表、第6期政治協商会議全国委員会委員。
〈塩出浩和〉

林恵祥（りん・けい しょう）1901-58
LIN Huixiang

中国の人類学者。福建省晋江県出身。▼厦門ｱﾓｲ大学、フィリピン大学などに学び、日本統治下の台湾に潜入して台湾先住民に関する調査を行うなどした。また、その後はシンガポールで教師をするかたわら民族問題の研究に従事したが、1947年には中国に戻ってアモ

イ大学教授となり、同大学人類博物館館長、歴史系主任、南洋研究所（現▼厦門大学南洋研究院）副主任などを歴任した。主著に『羅羅標本図説』『民俗学』『文化人類学』『世界人種志』『神話論』などがある。
（瀬川昌久）

林公琰 りんこうえん 1598-1683

長崎の▼住宅唐人、▼唐年行司。諱は時亮。一官と称した。福建省福州府福清県の人。▼唐通事林氏の祖。1623（元和9）年大村に渡来し、28（寛永5）年長崎永住を許された。36年唐年行司に任用された。▼隠元、即非と交流があり、80（延宝8）年には江之浦に普同寺を建立した。子の▼林道栄は唐大通事となり、書家として知られた。子孫は代々唐通事を世襲した。
（林陸朗）

📖 林陸朗『長崎唐通事』吉川弘文館, 2000.

林克漢 りん・くかん 1932-
リム・ケックハン　LIEM Kek Han

香港で活躍するバイオリン奏者、オーケストラ指揮者。オーストラリアの華人音楽家林克昌の弟。インドネシアのカリマンタン島生まれ。1948年アムステルダム王立音楽学校に入り、バイオリンを学ぶ。その後、パリ国立音楽学校でバイオリンと指揮を勉強した。オランダ交響楽団コンサート・マスターを務めた後、チャイコフスキー音楽学校（モスクワ）で学び、ソ連の音楽家と数多くの共演をこなした。周恩来の招きで中国に移り、59年から北京中央音楽学院で教壇に立った。中国中央楽団のバイオリン独奏者にも就任。68年上海音楽学院に移籍したが、▼文化大革命による迫害を受け、5年間の肉体労働を経験した。周の助けを得て、71年香港に出国。香港でバイオリン教育を続けるかたわら、香港管弦楽団の指揮をし、また独奏者としても活躍。78年林克漢管弦楽団を組織し、自ら指揮者となった。その後、香港で演奏・録音・教育などの音楽活動を続けている。近年は中国現代音楽の紹介に力を入れる。
（塩出浩和）

『蘋果日報』 りんごにっぽう

実業家の黎智明（ジミー・ライ）が1995年6月20日に創刊した香港の大衆紙。発行部数は約37万部（香港ABC調べ、2000年上半期平均）。派手なカラー刷りと写真を多用した社会ダネ中心の編集方針が特色。創刊時、1部5HKドルが相場の新聞界で2HKドルの安売り戦術を展開、発行部数を一気に伸ばした。ライバル紙『東方日報』を巻き込む新聞安売り合戦の原因となった。週刊誌『壱週刊』（発行部数14万5565部、香港ABC、2000年上半期）がある。
（濱本良一）

林思顕 りん・しけん 1922-
ダニエル・ラム・シーヒム
Daniel LAM See-him

香港嘉華銀行（現CITIC嘉華銀行）元会長。香港生まれだが、原籍は広東省掲陽県。父は香港名士の林子豊。子豊は東南アジアとの貿易で成功して同銀行を創業、かつ捷和集団の役員となった。思顕はフィリピンの国立大学卒（工学）。在学中に太平洋戦争になり、タクシー会社を経営。1946年香港に戻り、父の捷和製造工場で働く。57年に独立し捷和電灯有限公司を創立、製造業として香港で最大手に成長させた。58年から64年にかけて、香港工業総会と香港貿易発展局の創設のために尽力し、65年の国連極東アジア経済委員会バンコク会議の香港主席代表。嘉華銀行を継いだ弟の林思斉（▼デイビッド・ラム）が67年にカナダに移住したので、会長に就任。86年から非常勤取締役。香港政庁立法局および行政局の非官吏議員、商工業顧問委員会、公共交通顧問委員会各委員、香港潮州商会会長などを歴任。英国よりOBEおよびCBEの叙勲、▼太平紳士（J.P.）。
（山田修）

林社事件 りんしゃじけん

20世紀初期アメリカにおける排華事件。「鉤虫事件」ともいう。1910年に中国人移民林社がアメリカに上陸した際、鉤虫（十二指腸虫）症感染を理由に、入国を拒否された。アメリカのマスコミはこれを機に、中国人移民はアメリカに伝染病を持ち込むおそれがあると宣伝し、排華運動を助長した。それに対して▼サンフランシスコ中華会館は首都ワシントンに中国人医師を派遣して、熱帯性鉤虫症は伝染病ではないと主張して政府と交渉し、林は治療を受けてから上陸を許可される結果となった。しかし、アメリカ側は依然として鉤虫症を理由にしばしば中国系および日系移民の上陸を拒否しつづけた。日中政府は相次いで米国政府と交渉し、鉤虫症にかかっ

ている移民は治療後上陸を許可するとの妥協案で合意し、事件は終わりを告げた。　　（曾纓）

リン、ジャヒャ 1951-
林秉楽　Jahja LING

アメリカの指揮者、ピアニスト。インドネシアのジャカルタで華人系音楽家の家に生まれ、6歳から本格的にピアノを始めた。17歳でインドネシア国内のピアノ・コンクールに優勝し、その後ロックフェラー奨学金を得てジュリアード音楽院に留学し、ピアノと指揮法を学んだ。1977年にイスラエルで開催されたアルトゥール・ルービンシュタイン・マスター国際ピアノ・コンクールで第3位、翌年チャイコフスキー国際コンクールのピアノ部門でも入賞した。ピアニストとして活動する一方、75年ジュリアード音楽院修士課程を卒業後、指揮法を学ぶためにエール大学に進学し、85年に博士号を取得した。その間、81年サンフランシスコ・シンフォニーの副指揮者、84年クリーブランド・オーケストラの副指揮者、88年フロリダ・オーケストラの音楽監督に就任した。現在、世界各国のオーケストラを客演指揮し、世界的に活躍している。

（櫛田久代）

📖 Helen Zia & Susan B. Gall (eds.), *Notable Asian Americans*. NY: Gale Research, 1995.

林浄因 りん・じょういん

14世紀に来日した中国人で、饅頭の祖。生没年は不詳。宋代の詩人林和靖の末裔で、1349（貞和5）年来日、奈良に住み、日本で初めて餡入りの饅頭を作った。発酵した皮の香りと小豆餡の甘みは当時の日本人にとって画期的なもので、宮中に献上され、後村上天皇の御嘉賞を受け宮女を賜る。子孫は饅頭屋を続け、のち京都に移る。応仁の乱の難を逃れ、三河国塩瀬村に行き、それより塩瀬の姓を受け、屋号を塩瀬と名乗り、ふたたび京都に戻る。室町時代、後土御門天皇より五七の桐紋を許され、足利義政より「日本第一番饅頭所」の直筆の看板を贈られる。のち江戸に進出し幕府御用達となり、塩瀬饅頭は名物となり繁盛した。明治初年より宮内庁御用となり、創業より650余年35代、連綿と今日に至っている。浄因は饅頭の神として奈良の林神社に奉られており、4月19日例大祭が行われている。塩瀬は1986年浄因の郷里杭州西湖に「日本饅頭始祖林浄因記念碑」を建立し、以来毎年10月に饅頭祭りを挙行して遺徳を顕彰し、日中友好に貢献している。

（川島英子）

林清文 りん・せいぶん 1914-2001

日本の植民地統治の経験をもつ台湾出身者で、横浜に在住し華僑社会で活躍した代表的人物の一人。台湾台南市生まれ。生家はアヘンや米、タバコを扱う商売をしていた。台湾出身でありながら日本国籍をもつことから、複雑な民族意識をもつ。1944年、徴兵から逃れる理由もあり来日。47年より在日華僑連合総会中央委員兼財政部長。東京で貿易会社開業後、65年より横浜に移り飲食店経営。▼横浜華銀理事長、▼横浜中華街発展会協同組合理事長など多数歴任。

（陳天璽）

林太卿 りん・たいけい 1572-1645

江戸時代初期の長崎の▼住宅唐人。字は楚玉。福建省福州府福清県の人。1609（慶長9）年鹿児島に渡来し、その地の篠原氏を妻としたが、19（元和5）年妻子を伴い長崎に移住した。貿易商と見られるが、▼崇福寺の大檀越として殿堂・山門の建立に尽くした。子の▼林仁兵衛守壁は唐大通事となり、以後代々▼唐通事を世襲したが、1768（明和5）年7代幸兵衛のとき欠落してこの家は絶えた。祖祀は親族▼兪惟和の子孫河間氏によって継がれた。

（林陸朗）

林同春 りん・どうしゅん 1925-

在日華僑貿易商。神戸華僑社会の中心人物。福建省福清県生まれ。1935年に母とともに来日、丹後半島、津山での生活を経て、戦後は神戸で実業家として根をおろす。現在、中央実業代表。▼神戸中華同文学校理事長（1969-85年、現在名誉理事長）、社団法人福建同郷会会長（1972-82年）、▼神戸華僑総会（大陸系）会長（1987-2000年、現在名誉会長）、▼神戸中華総商会会長（1991年以降）を歴任。95年、▼阪神淡路大震災からの復興と外国人学校の地位向上を期し、兵庫県外国人学校協議会を設立し、会長。華僑子弟や故郷児童の教育、国内外の災害に対する寄付・義捐活動に熱心で、兵庫県などから「国際功労賞」「国際平和賞」「讃」ほか受賞多数。

（陳來幸）

林徳甫 りんとくほ 1910-
リム・テックフー　LIM Teck Hoo

▼ブルネイの富裕な華人商人。福建省の金門で生まれ、1927年にブルネイに移住。ブルネイ中華商会の副会長、会長を歴任。58年にカピタンとなる。シンガポール、台湾、香港などでも海運業、貿易業を発展させ、ブルネイを代表する資産家となる。ブルネイ政府の各種委員を務める。華語教育事業にも熱心で、ブルネイ中華中学校の董事長を長年務め、多額の寄付を行った。　　　（山下清海）

📖『世界華僑華人詞典』

リン・トンイェン 1911-
林同炎　LIN Tung Yen

中国系アメリカ人工学者。福建省▼福州で生まれたが、4歳のとき家族と北京へ移った。1931年唐山交通大学を卒業した後、アメリカへ留学し、33年カリフォルニア大学バークレー校から工学修士学位を取得。帰国後、鉄道エンジニアとして活躍し、成渝鉄道の設計に参加した。39年から41年まで同済大学で教鞭をとった。46年アメリカへ移住し、カリフォルニア大学バークレー校で助教授、教授、構造工学学科長などを歴任。55年出版の*Design of Prestressed Concrete Structures*はプレストレス力学の権威的著作と認められ、多国語に翻訳され、教科書として使われている。フレシネット勲章、AIA名誉賞、メリット賞、大統領国家科学勲章など数多くの賞が与えられた。Lin Tung Yen Internationalを主宰する。　　　（曾櫻）

林文慶 りんぶんけい 1869-1957
リム・ブンケン　LIM Boon Keng

シンガポール華人の医師、学者、実業家、社会活動家。字は夢蔘。シンガポール生まれ。祖父が福建省▼海澄県から移民。祖母、母はともに▼ニョニャ。幼少に私塾で学び、後に公立学校に転じ、ラッフルズ学院で学んだ。1887年、華人初の英女王奨学生となり、エディンバラ大学医学部に留学、92年栄誉医学士の学位を取得。1896年福建出身の才媛黄端瓊と結婚。1893-1921年シンガポールで開業、名医として知られる。娼婦のために独自に病院を運営する一方、迷信追放運動、アヘン禁止運動、儒教復興運動などを推進した。

実業家としては、ゴム産業などで活躍し、▼シンガポール中華総商会の創設に参画した。1899年▼宋旺相らとシンガポール華文女学校を設立、1905年エドワード7世医学校の設立運動でも活躍した。1895年立法評議会議員に任命され、華人参事会議員も務めた。親英家として知られ、1900年に▼ストレーツ・チャイニーズ・ブリティッシュ・アソシエーションを組織、会長となる一方、06年には▼中国同盟会に参加。1905年に妻を失い、1908年社会活動家の▼殷碧霞と再婚。21-36年▼厦門アモイ大学学長。42-45年、日本軍占領下でシンガポール華僑協会会長を務め、戦後、対日協力者として批判される。　　　（田中恭子）

林鳳 りんほう
明代後期に活動した▼海賊。生没年不詳。『明史』巻222「殷正茂伝」には、林鳳は広東省の▼潮州の出身であったとある。中国の史書には呂宋ルソンを襲撃した海賊として林鳳が知られる一方、1574（万暦2）年にフィリピンのマニラ湾を襲撃した海賊にリマホン（Limahong）がいる。中国文献の林鳳とスペイン文献のリマホンとが同一人物とされている。明朝の万暦時代（1573-1619年）にあって首輔として実権を握った張居正も林鳳のことをしばしば書状に記しており、林鳳が呂宋方面に逃れたことが知られる。また海賊討伐に功績のあった兪大猷も、林鳳が呂宋方面に逃れ、呂宋の港でしばらく停泊し、勢力を回復させていることなどを記し、『蒼梧総督軍門志』巻21には、林鳳が数千の衆を擁し多年にわたり海賊行為を行っていたという。1575年には広東を襲撃したが、▼広東の軍官が撃退し、その後、明の官兵に追われ外洋に去ったとされている。　　　（松浦章）

📖 藤田豊八「葡萄牙人澳門占拠に至るまでの諸問題」『東西交渉史の研究　南海篇』岡書院、1932.／張星烺「斐律賓史上李馬奔 Limahong 之真人考」『燕京学報』8、1930.／ゴンサーレス・デ・メンドーサ『シナ大王国誌』大航海時代叢書Ⅵ、岩波書店、1965.

リン、マヤ 1959-
林瓔　Maya LIN

彫刻家、建築家。オハイオ州生まれ。両親は1940年代にアメリカへ移民、ともにオハイオ州立大学の学者。エール大学建築科在学中

の21歳のとき、ワシントンのベトナム戦没者記念碑のデザイン・コンクールに応募、覆面審査で１等を勝ち取るが、巨大なＶ字型の黒壁という斬新なデザインが賛否両論を呼び紛糾をきわめた。その後、自らのオフィスを構え、アラバマの公民権記念碑などの彫刻作品、建築プロジェクトを多く手がける。

(村上由見子)

リン・リョンシク 1940-
林良実　LING Liong Sik

マレーシアの政治家。ペラ州生まれ。祖籍は福建省福州。1966年シンガポール大学卒業の年、▼マレーシア華人公会入党。74年以来下院７選。78年副情報相、82年副蔵相、85年副教育相。86年から運輸相。84年の公会主導権争いで▼タン・クンスワン派に与していったん党を除名されたが、85年復党、88年筆頭副委員長に。88年にタン・クンスワンが逮捕され委員長を辞任した後、今日まで委員長。マハティール首相に近く、華人社会には不満の声もある。

(原不二夫)

⇨マレーシア国民戦線

林麗韞 りん・れいおん 1933-
LIN Liyun

▼中国共産党活動家。▼帰国華僑。台湾の台中出身。1940年親とともに日本に移住。▼神戸中華同文学校、県立第一中学校と湊川高校で学んでから、神戸中華同文学校の教員になる。52年７月帰国。北京大学で生物学を学ぶ。卒業後、中国人民保衛世界平和委員会、中日友好協会と中国共産党対外連絡部で働くほか、毛沢東主席をはじめ国家指導者の日本語通訳をも務める。72年９月田中角栄首相が中国を訪問した際、毛沢東主席と周恩来総理の通訳を担当。78年以降、中国共産党河北省廊坊地委副書記長、全国婦聯副主席、全国婦聯書記処書記長を歴任。81年以降、中華全国台湾同胞聯誼会理事・常務理事・会長、全人代華僑委員会副主任委員など歴任。現在、中華全国帰国華僑聯合会副主席のほか、中国▼海峡両岸関係協会顧問と中国国際文化交流センター副理事長兼任。中国共産党10～15期中央委員。４～８期全人代常務委員。

(過放)

林蓮玉 りん・れんぎょく 1901-85
LIM Lian Geok

マレーシアの華語教育者。本名は林采居。福建省永春生まれ。1924年アモイの集美学校師範部を卒業。25年以後マラヤ、インドネシアで教師となる。33年母親の葬儀で帰国。35年マラヤに戻り▼クアラルンプールで尊孔中学の教師となる。▼抗日運動に参加。51年マラヤ華校教師総会設立に奔走し、８年間にわたり華語教育運動を指導した。61年煽動罪で教師資格を剥奪され、64年には市民権を剥奪された。没後、林蓮玉教育基金が設立された。命日12月18日は華語教育節。

(荒井茂夫)

ル

ルイス、ロレンソ 1600?-37
Lorenzo RUIZ

「マニラの聖ロレンソ・ルイス（San Lorenzo Ruiz de Manila）」と称され、フィリピン最初のカトリック聖人。日本殉教者。マニラのビノンド生まれ。父は中国人移民（李姓？）で、母は地元のタガログ人。敬虔なカトリック信徒であったが、1636年、罪を得たためマニラ脱出を図り、妻子を残し、行く先を知らずに、日本潜入を目ざすドミニコ会士ら5人に同行した。一行は琉球に上陸したが、捕縛され長崎に送られた。翌年、拷問に耐えて棄教せず、西坂の刑場で絶命した。1981年、15人の日本殉教者とともに福者に列せられた。87年10月18日、教皇ヨハネ・パウロ2世は、これら福者に生起した奇蹟により、聖人に列した。
(菅谷成子)

ルー・ギムゴン 1858-1925
劉金繢 LUE Gim-Gong

アメリカ華僑、園芸職人。劉金贊、劉錦濃、雷振光、廖振光、呂金広、呂継剛などとも表記するが、本来の名前は劉金繢。広東省新寧（現台山県）の生まれ。1872年渡米し、サンフランシスコなどの製靴工場で働いた後、園芸職人になったが、86年に健康状態のために一時帰国した。のち、もとの雇い主に誘われ、ふたたび渡米し、フロリダ州でチェリー、リンゴ、オレンジなどを栽培した。88年からオレンジの新品種の開発に専念し、ルー・ギムゴン・オレンジの栽培に成功、1911年にアメリカ果樹学会からワイルダー勲章（Wilder Medal）を与えられた。
(曾櫻)

ルーク、キー 1904-91
陸錫麟 Keye LUKE

俳優。数多くのハリウッド映画、TVドラマに東洋人の脇役で出演。1930年代、中国人探偵を主役とした人気のB級映画「▼チャーリー・チャン」シリーズでコミカルな長男役ナンバー・ワン・サンを演じる。戦後はTVドラマ「カンフー」シリーズで盲目のマスター・ポー役でレギュラーに。そのほか、ハリウッド映画では『グレムリン』（84年）やウディ・アレン監督『アリス』（91年）にも謎めいた中国老人役で出演。
(村上由見子)

ルークチン
碌津 Lukjin

タイ生まれの華人を指すタイ語。「ルーク」は子、「チン」は中国の意味。本来は父親が華僑、母親がタイ人女性の間に生まれた子どもを指していたが、後にはタイ生まれの華人の総称となった。ただし父親がタイ人で母親が華人の場合はたとえタイ生まれであってもこの範疇に入らない。ちなみにタイでは新来の華僑すなわち▼新客を「コンチーン」（中国人）と呼び、「ルークチン」と区別している。
(曽士才)

⇨僑生、十一点、ババ、ブラナカン

ルソン［島］
呂宋 Luzon

フィリピン諸島中最大の島。フィリピンの首都マニラを擁し、フィリピン華僑・華人の約75％が居住している。明・清代の史籍に「呂宋」と見え、明代の海道針経や『東西洋考』巻九「舟師考」は、福建からルソン島西岸各地に至る中国商船の航路（東洋針路）を載せている。1571年にスペインがマニラを植民地首府として以降、マニラ・ガレオン貿易の隆盛により、福建から多数の中国人が来島した。▼パリアンも設置され、17世紀前葉にはマニラ周辺に居住した中国人は2万人から3万人に達した。中国人は関税、貢税、滞留許可税の納入などによりフィリピン政庁の財政に貢献したが、スペイン人は彼らの人口を凌駕する中国人人口を脅威と捉え、両者の緊張関係から中国人の「叛乱・虐殺事件」も起こった。中国人は、とくに19世紀中葉以降、商品農業の発展にともない、マニラを拠点にマニラ周辺各州、パンガシナン、イロコス・ノルテ、カガヤン州をはじめとしてルソン島各地に定着し、精米業者や雑貨商などとして

ルー、リサ 1931-
盧燕　Lisa LU

女優。北京生まれ、上海育ち。母親は中国歌劇の有名なスター、父親は外交官。ハワイへ移住し、ハワイ大学を卒業後、『ホノルル・アドバイザー』紙で働く。映画『チャイナ・ドール』に出演以降、ハリウッドやTVで女優として活躍。マーロン・ブランド監督・出演の『片目のジャック』（1961年）に出たほか、「ボナンザ」や「スパイ大作戦」など数多くのTVドラマにも脇役で出演した。その一方でアジア系アメリカ人劇団の演劇活動にも参加。1987年にはベルトリッチ監督の大作『ラスト・エンペラー』で皇太后の役を熱演して注目される。93年、中国系の4組の母娘を描いた『ジョイ・ラック・クラブ』（ウェイン・ワン監督）では母親役の一人を演じた。その後の映画出演は"I Love Trouble"（94年）や"Blindness"（99年）など。　（村上由見子）

⇨『ジョイ・ラック・クラブ』

レ

霊応寺（れいおうじ）
Wihara Lali Tawis Tara

インドネシアの首都ジャカルタの仏教寺院。1960年にジャカルタ郊外タンジュンク・プリオク（Tanjunk Priok）東部に建立された。創建者は彰華（Zhang-hua）大師。黄帝、慚愧祖師、大仏を祀る。運営基金は豊富で、敷地も広く、創建後、多くの付属施設が新設された。近年、ジャカルタ華人の間でも火葬が増加し、死者の骨灰を安置する万霊祠が建てられた。芝霊津廟（Klenteng Cilincing）とも呼ばれる。　（山下清海）

⇨『世界華僑華人詞典』

厲樹雄（れいじゅゆう）1891-1987
リー・スシュン　James Hsiong LEE

戦前の上海の代表的企業家、戦後は香港に移る。原籍は浙江省定海。宦官を輩出した名門の出身。若くして不動産で成功、華人による最初の近代ビル厲氏大厦煕々を上海に建設。電力会社9社、電灯会社と水道会社各1社、電話会社2社を創設した。二つの保険会社を創業して、上海保険連合会長に選ばれ、紡績分野でも信和紡績社と和豊紗社を設立した業界第一人者。兼任で中国通商銀行の常務取締役、中国最大の鉱業会社だった湖北漢冶萍鉄鋼公司の取締役。1948年に香港に移住。17社あった紡績会社のうち14社を集め、綿紡聯営機構を設立。同機構と、それに信用供与した信昌機器工程公司（China Engineers Ltd.）は、香港の紡績業発展のために不可欠な貢献をした。香港で創業した信昌機器は、建設業も請け負う建設土木用の重機・機器の販売会社で、米国キャタピラー社の独占販売権を有した。51年からサンフランシスコに遊び、60年に香港に戻る。65年に引退。　（山田修）

黎崱（れいしょく）
レー・タック　LE Tac

ベトナムのチャン（陳）朝の文人。レー・チャック（LE Trac）とも。生没年は不詳。タインホア出身。東晋交州刺史阮敷の末裔と称し、後にレー（黎）氏に改姓した。チャン（陳）朝節度使チャン・キエムの幕僚として元軍と戦い投降、随軍して漢陽に寓居した。漢陽滞在中に当時の文人・官人と交流を深め、1333年に『安南志略』20巻を著す。同書は古代からチャン朝までのベトナム各代王朝の歴史や地理、風俗、物産、制度を記した歴史地理書として史料的価値が高い。　　（大野美紀子）

▣『安南志略』

レイ・デー
花串節　Lei Day

ハワイ華人が5月1日に定めた祭日であり、ハワイ州全土で祝日になっている。朝鮮戦争勃発後、アメリカが対中国貿易の禁止措置を行ったため、経済的圧迫を受けたハワイの▼華商が、▼中華総商会を中心にハワイ市場を活性化させる目的で始めた祭礼である。手で巧みに編んだランなどの各種のレイを並べ掛け、チャイナタウンを飾る。また青少年がアトラクションとして古典舞踊、龍灯、▼舞獅、および民族音楽の実演などを行い、中国文化を披露し観光客を魅了している。
　　（中間和洋）

▣ ハワイの華僑・華人，ホノルル

嶺南画派（れいなんがは）

清末、広東（嶺南）出身の現代中国画の画家グループ。広州府番禺県生まれの高剣父（1879-1951年）、高奇峰（1889-1933年）、陳樹人（1883-1948年）の3画家は、清末に日本に留学し、竹内栖鳳らの京都画派と交流、当時日本で▼孫文が組織した同盟会に加盟し、孫文の革命運動に協力した。高剣父らは、▼香港、▼アモイで活躍し、東南アジア移住の▼広東人（▼客家を含む）を中心に、シンガポール、マレーシアの華人画壇に影響を与え、美術館には3画家の作品が多く収蔵されている。マレーシアの▼クアラルンプールの鍾正山は、現代マレーシア嶺南画派の代表的画家である。第2次大戦後、香港から台湾に移った欧豪年（広東省茂名県の人）は、現代中国の嶺南画派嫡流の代表的画家である。
　　（酒井忠夫）

▣ 欧豪年「中国絵画之伝統与現代化――兼介嶺南画派三大家」酒井忠夫先生古稀祝賀記念の会編『歴史における民衆と文化』国書刊行会，1982．

黎炳垣（れい…へいえん）　?-1910
LAI Bing Woon

横浜華僑。広東省南海県出身。▼横浜居留地のフランス郵船会社（Compagnie des Messageries Maritimes）の▼買弁として、1886年より1910年までその職にあった。彼の後継の買弁には親族と思われる LAI Chun Woon が1911年から15年まで就任し、さらにその後1916年から19年までは LAI Kui Woon が継いでいる。なお、黎炳垣は▼興中会横浜支部の会員でもあり、亡命中の▼孫文を支援した。　　（伊藤泉美）

▣ 横浜買弁
▣『革命逸史』4．

黎明大学（れいめいだいがく）

1984年福建省人民政府と▼泉州市▼僑務弁公室が、海外、とくに▼香港・▼マカオの同郷人に呼びかけ、第1期の資金2400万元を集めて開設した大学。別名黎明職業大学。前身は1925年創立の黎明高校が校舎を改築、81年に設立した私立黎明学園（中国作家協会主席の巴金が名誉董事長、盛子治が院長）。84年3月黎明大学に。敷地は黎明高校内にある。学部は、当初からの民用建築と企業管理、85年設置の中文秘書と夜間部をベースに2001年4月改組、経済管理、中文、経営、外語、コンピュータ、土木建築の6学部、20の専門課程を設けた。在学生2300人余り、就学年限は2～3年制。教職員約100人、蔵書10万冊。敷地約24万m²、校舎面積7000m²。　　（市川信愛）

レオン・ポーチ　1939-
梁普智　LEONG Po-chih

イギリス華人の映画監督。ロンドンに生まれ、ロンドン国際映画学校卒業後、BBCのTV局で働いた。1967年に香港に移り、無線電視台（TVB）に就職、ドラマの演出を担当した。76年『跳灰』の共同監督で劇映画監督デビュー。現在までに十数本の映画を作っているが、なかでも『風の輝く朝に』（84年）は、日本軍占領時代における香港の若者群像

を描いた傑作として名高い。その他主要な作品としては、香港の映画会社で撮った『ザ・ポップマン』(79年)、『バナナ・コップ』(84年)、『迷宮少女 サイキック・ガール』(85年)のほか、香港・アメリカ合作で▼ジョン・ローンを主役にした『上海1920 あの日みた夢のために』(91年) などがある。香港返還直後には娘のレオン・シーウィン (LEONG Sze-wing、梁思穎) との共同監督で、返還前後の香港に焦点を当てたドキュメンタリー映画の連作 "Riding the Tiger" (98年)、"Riding the Tiger 1997-98" (99年) を発表し、大きな話題となった。　　　　(松岡環)

『歴代宝案』れきだいほうあん

明・清両王朝と琉球国中山王府との冊封関係を中心とした外交文書を琉球王国側が編纂した文書。詔・勅・諭・旨・令・檄などのほかに、題・奏・啓・表・箋・進章・書状・文牒・掲帖・制対・露布・訳などと呼ぶ各種形式の文書群があり、琉球国と日本、朝鮮、安南、暹羅シャム、満剌加マラッカ、爪哇ジャワ、蘇門答剌スマトラの各国との咨文があある。正本は首里の王府で作成、所蔵されたが、天后宮にその写しが蔵された。1697年に伝来残存文書が編纂されて、第1集第1巻以下に分類され1867年に及んだ。第1集42冊、第2集200冊、第3集13冊、別集7冊ある。明治初めの琉球処分に際しては▼久米村に隠し蔵された。第2次大戦末期の沖縄戦で焼失したが、戦前期に鎌倉芳太郎、東恩納寛淳、横山重、鄭良弼や旧沖縄県立図書館、旧台北帝国大学南方史研究室、東京帝国大学史料編纂所などの個人・機関によって筆写本が伝承された。沖縄県では復帰20周年事業に校訂本・訳注本の作成を進めている。漂流漂着や華僑関係の史料としても有用である。
(川勝守)

冊封使

レジデント
resident

英国がシンガポール、マレー半島など東南アジア各地の植民地に置いた駐在官。マレー半島における英国の政治的介入は、1874年、英国政府とペラ王国のマレー人支配者たちとの間で締結された▼パンコール条約に始まる。この条約でペラは英国人レジデントを受け入れることになった。レジデントは、「マレー人の宗教と習慣」を除き、すべての国政についてスルタンに「助言」することになっていたが、実際はレジデントによる間接統治で、ペラは英国の保護下に入った。このシステムはやがてマレー半島全域に及んだ。
(中原道子)

J. M. Gullick. *Rulers and Residents*. Singapore, Oxford: OUP, 1992.

『列島週末』れっとうしゅうまつ
Islands Weekend

1999年4月2日に在日中国人によって東京で創刊された隔週刊行の中国語総合新聞。毎月の第2・第4土曜日に発行。タブロイド判52頁 (2001年9月現在)。おもな紙面は「総合ニュース」「日本ニュース」「中国ニュース」「特集のページ」「中国投資情報」「株式投資情報」「芸能情報」「スポーツ情報」「生活情報」「ファッション情報」「読者のページ」など。発行元は衆和情報。　(段躍中)

衆和産業ホームページ http://www.syuwa.net/

レッドウッド銀行 レッドウッドぎんこう
紅木銀行　Redwood Bank

カリフォルニア州の華人系銀行。1977年に香港と東南アジアの華人財閥が共同で現地米国系資本から買収した。資本金1300万ドル。本社所在地はサンフランシスコで、カリフォルニア州に複数の支店をもつ。預貯金、為替業務のほか、南カリフォルニア建設業支援のためのレッドウッド取引国家担保会社を傘下にもつ。買収後、業務の発展は順調である。
(王効平)

連環図 れんかんず

ある物語のストーリーを絵で表現した小型の本。漫画、劇画と似ているが、1頁に1こまの絵を入れ、また吹出しがなく、せりふや説明は絵の下にある。いわば紙芝居を本にしたようなもの、ただし色はふつう着いていない。おもに子ども向けのため「小人書」とも呼ばれる。その起源は古く仏教の絵解きにまで遡る。14世紀、元代に南方の福建で出版された『三国平話』(小説『三国志演義』の前身) などの小説本は、上半分が絵で下半分が文章の上図下文形式をとっており、その後も

レンギカイ

110 楊業奉命,連夜赶往边境。这时辽兵已逼近遂城。杨业兵马刚到,辽国先锋耶律沙,引一支人马挡住去路。杨业大骂辽兵不该侵犯大宋疆土。

武侠物の連環図の1頁。出典:趙健明編『楊業帰宋』北京:人民美術出版社,1958.

この種の体裁の本の出版は続くが、現在見るような連環図が生まれたのは、20世紀初頭の上海においてである。内容は伝統小説から現代小説まで多様で、貸本屋を通じて大量に出まわり、子どもだけでなく農民などへの文化の普及に貢献した。また漢字をあまり知らなくとも楽しめるので海外の華僑にも人気が高い。昨今の香港・台湾の漫画ブームの背景には、この連環図の文化があろう。　（金文京）

聯誼会 れんぎかい

華僑・華人による親睦・親善を旨とする団体をいう。同種の団体が相互の交流を深めるために結成することもあり、ネットワークを緻密化し、拡大するのに役立つ。たとえば1993年に結成された世界王氏懇親聯誼会のように、タイ、ミャンマー、マレーシア、シンガポール、台湾、中国本土、香港の王姓が山西省太原市に始祖祠を建設し世界王氏懇親大会を開催している。タイでは1970年成立の泰華（タイ華人）各姓宗親総会聯誼会は各姓の宗親総会の連絡交流を促進するために結成され、55団体が参加している。同郷会の世界的聯誼会もいくつか結成されている。1957年に成立した僑港潮汕文教聯誼会は香港在住の▼潮州人で教育関係や文筆業に従事する者によって結成され、潮州系財界人の支援を受けて活動し、定期刊行物を出している。カナダのカナダ・インド華僑聯誼会（インドからカナダに再移住した華僑）やエドモントン・ベトナム華僑聯誼会（エドモントン在住のベトナムからの華僑）のように、方言や姓によって団体を結成できない場合に、カナダへ再移民する前の居住地という大きなまとまりで聯誼会を結成して会員の相互交流・扶助を目的としているものがある。　（吉原和男）

『聯合週報』れんごうしゅうほう

東京で発行されている中国語総合新聞。『華人時報』『華声新聞』『時代』『中和資訊』の4紙が合併して1996年3月15日に『聯合新報』として創刊され、2000年より現在の紙名に変更。毎週木曜日発行、タブロイド判48頁（2001年9月現在）。おもな紙面は「重大ニュース」「論壇」「在日華人」「世界華人」「日本ニュース」「中国ニュース」「芸能ニュース」「スポーツニュース」「特集」など。発行元は共同メディア。　（段躍中）

『聯合早報』れんごうそうほう
Lianhe Zaobao

正式名は『南洋・星洲聯合早報（Nanyang Xingzhou Lianhe Zaobao）』。シンガポールの二大華字紙▼『南洋商報』と▼『星洲日報』が合併し、新会社シンガポール・ニューズ・アンド・パブリケーションズ（Singapore News & Publications Co. Ltd.、略称SNPL）のもとで1983年3月16日に創刊された日刊▼華字紙。あわせて夕刊紙『南洋・星洲聯合晩報』（通称『聯合晩報』）も創刊された。84年、シンガポールの新聞界は再度統合し、SNPLはライバルのストレーツ・タイムズ・プレス（Straits Times Press Co. Ltd.）などと合併、シンガポール・プレス・ホールディングス（Singapore Press Holdings Co. Ltd.、略称SPH）を設立、『聯合早報』はSPH傘下の華字紙グループの中核となり、シンガポール唯一の日刊華字紙として現在に至る。同紙の発行部数は20万6000部、日曜は22万部を超える。地元ニュースはもちろん、アジア各地のニュースも重視、ジャカルタ、バンコク、北京、上海、広州、香港、台北、東京などに特派員あるいは特約通信員を配置。同紙は「欧米のニュースソースに頼りきるのではなく、アジア人の視点でアジアの出来事を報道する」ことの重要性を強調。同紙が1995年8月

に開始したインターネット版のアクセス件数は毎月2600万件に達しており、世界において中国語圏の影響力が拡大しつつあるといえる。　　　　　　　　　　　　　（卓南生）

  新加坡報業控股華文報集団編『我們的70年』1993.／「新動力・新視野・新紀元」（『聯合早報』75周年特輯）『聯合早報』1998年9月6日.

『聯合報』 れんごうほう
Lien-ho Pao / United Daily News

▼『中国時報』▼『自由時報』と並ぶ台湾の有力民間紙の一つ。1951年9月16日『全民日報』『民族報』『経済時報』の民間3紙が合併し、『聯合版』として創刊、2年後『聯合報』と改称。初期の同紙は自由主義的色彩がきわめて濃厚、後に保守的傾向を強め、台湾初の新聞閥となった。創設者王惕吾（1913-96年、国民党中央委員、同中央常務委員などを歴任）が率いる『聯合報』グループは、『経済日報』（創刊は67年）、『民生報』（78年、スポーツ・レジャー紙）、『聯合晩報』（88年、夕刊）、『星報』（99年、娯楽情報紙）のほか、おもに海外の華僑を対象にした▼華字紙として、ニューヨークで▼『世界日報』（76年）、パリで『欧州日報』（82年）、バンコクで『世界日報』（国民党が55年に創刊した『世界日報』を『聯合報』グループが86年に委託経営）などの系列新聞を発行している。『聯合報』の発行部数は、59年に党営や公営の新聞を上回り、80年には初めて100万部を突破した。
　　　　　　　　　　　　　　　（劉文甫）

連鎖移住 れんさいじゅう
chain migration

移住という行為を長いタイム・スパンでみると、多くの場合、移住者の輩出において数世代に及ぶ連続性が認められる。これは、移住が特定の地域から特定の地域へ行われることに基づくもので、先に移住した者を頼ってその兄弟や子孫、あるいは同郷の者が後に続く傾向が強い。これをチェーン・マイグレーションといい、日本語では連鎖移住と訳されている。とくに移住先で成功を収めた場合には、移住するという行為が同族や同郷の者によって独占されることもある。　　（西澤治彦）

  移住，中国人の海外移住

連士升 れん・ししょう 1907-73
LIAN Shisheng

シンガポールの華人作家。福建省福安生まれ。1931年に燕京大学経済系を卒業、広州の嶺南大学で3年間教鞭をとった。48年にシンガポールに移住、翌年、請われて『南洋商報』に入社、編集主幹を20年間務めた。シンガポール南洋学会会長、シンガポール大学理事、シンガポール作家協会顧問を歴任。『回首四十年』『南行集』『給新青年』『海浜寄簡』などの作品があり、新加坡世界書局から文集が刊行されている。　　　　　　（曽士才）

連宗通譜 れんそうつうふ

複数の▼宗族が、共通の祖先をたどり、同一の父系血縁に属することを確認して、共通の系譜を編むこと。連譜ともいう。一般に、▼族譜の編纂過程においては、遠くに住む同姓の人々との系譜関係が再確認されることも少なくないが、とくに都市や移民社会では、直接的な系譜関係をもたない人々が、遠い古代の有名人物からの共通の系譜を主張することにより、一つの連合組織を形成する場合があった。清代に広州などの都市に形成された合族祠も、一種の連宗通譜による宗族連合組織である。　　　　　　　　　　（瀬川昌久）

聯通バス会社 れんつうバスがいしゃ
聯通汽車公司

マレーシアのペナンからの▼帰国華僑、林連登によって1948年に広東省恵来に創設されたバス会社。林は日中戦争終了後、故郷の広東省隆江に帰り、恵来県知事の要請で同社の設立にとりかかる。資本金60万元、バス26台を擁し、潮陽―恵来間、潮陽―普寧間を往復輸送。49年に40万HKドルを投じてフェリー4隻を購入、スワトウ西堤港―潮陽磊口間の旅客を運んだ。　　　　　　　（王効平）

連富光 れん・ふこう 1710-45
ニ・フコン　NI Hoekong

1740年の▼バタビア華僑虐殺事件時のカピタン。バタビア生まれの華僑。1723年ブルクメーステルに任命され、32-36年ライテナント、38年にカピタンに任命された。40年にバタビア華僑虐殺事件で蜂起に関与したとして逮捕された。裁判の結果、43年にセイロン島に25年間流刑の判決を受けたが、のち本人の

上申によって流刑地がアンボン島に変更された。45年2月に同地に到着したが、同年12月に死亡した。
(生田滋)

蓮舫 1967-
　父が台湾人、母が日本人で、東京に生まれたタレント。台湾籍だったが、1988年に日本に▼帰化。青山学院大学法学部学生時代の同年、クラリオンのキャンペーンガールに選ばれたのを機にタレントに。舞台、TVドラマをこなすほか、「3時にあいましょう」、「スーパーJocky」などでキャスターや司会を務める。旧姓は斉藤蓮舫だが、93年にフリーライター（村田姓）と結婚。夫とともに北京大学に語学留学し、その後、国際情報番組のリポーターなどもこなしている。
(日暮高則)

ロ

ロイ・ヘアンヘオン 1936-97
雷賢雄　LOY Hean Heong
　マレーシアの実業家。金融のMBfグループ（馬婆集団）創業者。ペラ州の貧しい小ゴム園の家庭（父は福建省古田から渡南）生まれ。溶接工、自動車修理店経営の後、1960年代に撤退するイギリス企業からゴム園を購入、分割販売して得た資金で製造業（ゴム、パーム油）、ホテル業に参入。74年不振のマレーシア・ボルネオ・ファイナンス社（MBf Finance Bhd.の前身）を買収、同社を起点に80年代に▼MBfホールディングスを持株会社とする金融中心の一大企業集団を作り上げた。90年代、太平洋諸島、▼香港などを中心に海外にも活動を拡大。マレーシア政府からTan Sri Dato'の称号を受けた。死後、子のロイ・テクガン（雷徳雁）、ロイ・テクホク（雷徳鶴）が継承。
(原不二夫)
→ダトゥー

ロイ・リョンワイ 1956-
呂良偉　LUI Leung-wai
　香港の男優。英語名はレイ・ロイ（Ray LUI）。1968年にサイゴン（現▼ホーチミン市）から戦火を逃れ、家族に従い香港に移住した▼帰国華僑。高校卒業後、76年にTV局の俳優養成所に入所。80年にチョウ・ユンファ主演のテレビ連続ドラマ『上海灘』で準主役を演じ、名前を知られるようになった。同年『金手指』で映画俳優としてもデビュー。90年代に入ると『跛豪』（91年）、『歳月風雲之上海皇帝』（93年）など実録もの映画で重用され、多数の作品に出演した。
(松岡環)

老華僑
　第2次大戦後、とくに1970年代末の改革・開放政策以来、世界各地で増加した新しい中

国人移民、すなわち「▼新華僑」に対して、初期中国人移民およびその子孫に対する呼称。国によってその区分が違う。たとえば、アメリカの場合は、1965年の移民法改正を境目にするのが一般的だが、日本の場合は1972年の日中国交正常化あるいは改革・開放を境にするのがふつうである。　　　　（曾櫻）
　㊂旧華僑

老客（ろうきゃく）　⇨　**老客**（ロウケ）
老客（ロウケ）
　海外華僑社会において、一定期間の居留体験を有し、現地生活の困難を克服して根づいた華僑が自らのことを、とうの昔にやって来た者の意味で「老客」または「旧客」と称し、後から来た「▼新客シン」との距離を保った。老客と新客の判断基準は、おおよそ次の3点からなる。(1)居留期間の長短、(2)経済力（資産が中心）の大小、(3)中国意識の濃淡。老客の成功者は郷里に戻り、居留する地方の状態を知らせ、子弟、友人、親族、同郷人に必要であれば移民の資金を贈与または貸与して居留地に呼び寄せたので、華僑社会におけるたえざる中国的要素の補充に一役買った。また、1930年代の抗日救国運動にみられたように、新客のインテリ層（教育・新聞界出身者など、さらには華僑各種団体の専従者たち）が、信望の厚い老客の指導者を表に立てて、華僑社会をまとめたことも注意される。ただし、両者は危急に対し団結を対外的に示しても、平時には社会生活を必ずしも共有することがなかった。　　　　（中間和洋）

老人問題（ろうじんもんだい）
　海外の移民先で暮らす華僑にとって、単身で老後を迎えたときの生活問題は困難なものがある。19世紀後期から海外華僑社会では、頤老院、安老院、または医院や公所などの名で養老施設をつくり、身寄りのない老人を収容した。こうした慈善事業の運営は、華僑有力者のほか、公所、▼会館、または宗教団体による寄付金でまかなった。他方、華僑は仏教、道教など信仰心に厚く、また敬老などの伝統観念に厚かった。日頃から寺廟に寄進をしておくと寺廟が老後の面倒をみてくれ、死後は葬式を出し、供養してくれると考え、観音堂や斎教などの宗教活動に参加する慣習が、とくに女性の間で見られた。これらの文化背景と互助団体に基づく慈善事業は、のちにホスト社会の人々の間に輪を広げていき、老人問題の緩和と改善にある程度の役割を果たした。近年、これら華僑・華人の慈善事業の業績が認められ、現地の政府から資金の援助を受けるなど、老人問題の改善は多様な形で行われているが、その解決は移民であるだけにより困難である。　　　　（過放）
　㊂斎堂

ロウ、デューイ 1924-
劉国英　Dewey Kwoc Kung LOWE
　中国系アメリカ人軍人。本籍は広東省▼中山市だが、カリフォルニア州オークランドで生まれた。1943年に航空学校を卒業後、空軍少尉としてアジア地域で参戦した。46年に退役し、49年カリフォルニア大学を卒業、1952年サンフランシスコ大学から法学博士学位を取得。のち空軍に戻り、ベトナム戦争に参戦した。76年に空軍少将に昇進し、アメリカ軍における最高級中国系人将校となった。　　　　（曾櫻）

盧栄枬（ろえいたん）1940-
　横浜華人の事業家。広東省順徳県人。日本生まれ。横浜市立大学卒業後、▼横浜中華街にある1926年創業の中華菓子の老舗翠香園を引き継ぎ、75年広東料理店を併設。大学在学中はアイスホッケー部に属し、神奈川県代表になる。卒業後も仕事のかたわら、長年にわたり横浜市立大学アイスホッケー部監督を務める。現在、同業組合的組織の▼京浜華厨会所の8代目会長を務め、▼横浜華僑総会（大陸系）理事、横浜中華街発展会理事など役職を歴任。　　　　（符順和）

六条規定（ろくじょうきてい）
　香港、マカオや海外に関係をもつ党・政府幹部に関する▼文化大革命期中国の規定。四人組が1970年に決めた。「およそ香港、マカオ、海外に関係をもつ党・政府幹部が、思想教育を受けても依然として政治的・経済的関係を保つ場合、厳しく処罰される」、「状況に応じて必要な批判闘争・教育・審査を行い、状況が深刻な場合は現職からはずしたり、退職させる」、今後は「海外や香港、マカオに関係のある者を採用して幹部に登用することは

一切しない」などをおもな内容とした。広東省の幹部のうち、6割は「海外関係」を有したので、広東省の一部の地域で深刻な影響を与えた。78年12月に▼中国共産党第11期中央委員会第3回全体会議（3中全会）でこの規定は「黒六条」とされ、完全に否定された。

(曽士才)

ロクシン家 <small>ロクシンけ</small>
LOCSIN

フィリピンの西ネグロスを中心とする西ビサヤ地方に拠点を置く華人・スペイン系の砂糖貴族一族。世界的建築家のレアンドロ・V・ロクシン（Leandro V. LOCSIN）や『フリー・プレス（Free Press）』を編集したテオドロ・M・ロクシン（Teodoro M. LOCSIN）などの著名な文化人も輩出している。

(中西徹)

『叻報』 <small>ろくほう</small>
Lat Pau

東南アジアで最も古いシンガポール発行の日刊華字紙。創刊は1881年12月10日。創刊者はシンガポール生まれの薛有礼、主筆は「南洋第一のジャーナリスト」といわれた葉季允。地元ニュースのほか、香港、上海の新聞記事を転載。初期は中国の政局をほとんど掲載しなかった。立場は保守的で、英国植民地政府と清朝を擁護。1932年3月31日に廃刊。51年間の紙面からシンガポール華人社会の変貌を窺うことができる。

(卓南生)

ロク・ユウ 1846-1917
陸佑 LOKE Yew

マラヤの▼クアラルンプール草創期の実業家、華僑社会指導者。別名陸弼臣。祖籍は広東省鶴山。11歳のとき父に従ってシンガポールに渡り雑役工に。1862年錫鉱生産地として開けてまもないペラ州ラルート（中心地は▼タイピン）に移り、錫鉱山を共同経営するかたわら食料品店設立。しかし72年に発生した錫採掘権をめぐる▼秘密結社（海山党と義興党）間の「械闘」に巻き込まれたり錫価格が低迷したりで、70年代末には事業は破綻。81年にクアラルンプールに拠点を移し、イギリス植民地当局の協力を得て、1900年までの間に各地で賭博場、酒販売、質屋、アヘン販売の▼徴税請負いとなる一方、錫鉱山、セメント工場、鉄工所、精油所、ゴム園、稲作、発電なども手掛けて大きな利益をあげた。華僑社会の発展にも尽力、各種華僑団体に巨額の寄付を行ったほか、クアラルンプール尊孔学校、坤成女学校などの創設を主導、シンガポールの▼ラッフルズ・カレッジ、香港の香港大学にそれぞれ5万、50万海峡ドルを助成（香港大学は名誉法学博士号を授与）。1904年に結成されたスランゴール中華総商会初代会長。13年マラヤ初の華僑銀行として広益銀行設立。傘下の諸事業のなかから、20世紀初頭の有力実業家が輩出した。

(原不二夫)

▼ロク・ワントー，相続

📖 Lee Kam Hing & Chow Mun Seong. *Biographical Dictionary of the Chinese in Malaysia*. Petaling Jaya, Malaysia: Pelanduk Publications, 1997.

ロー、クララ 1957-
羅卓瑶 Clara LAW

オーストラリア華人の女性映画監督。マカオ生まれ。香港大学卒業後、香港電台（RTHK）に入社。社会派TVドラマシリーズ『獅子山下』の助監督、『執法者』の監督などを務めた。イギリス留学から帰国後、1988年に『あの愛をもういちど』で映画監督としてデビュー。社会派からアイドル映画まで、さまざまなジャンルが撮れる実力派に成長し、日本資本の連作『アジアン・ビート』の1本『オータム・ムーン』（92年）は、ロカルノ国際映画祭でグランプリを獲得した。他に香港時代の代表作としては、『愛在別郷的季節』（90年）、『誘僧』（93年）などがある。94年にオーストラリアに移住し、長年のパートナーである▼エディ・フォンと結婚。その協力を得て、ロカルノ国際映画祭で銀豹賞を受賞した『フローティング・ライフ』（96年）、そして日本人を主人公にした"The Goddess of 1967"（2000年）を監督した。

(松岡環)

ロク・ワントー 1915-64
陸運濤 LOKE Wan-tho

マレーシアの企業家。マレー半島に一大娯楽コンツェルンを築き上げ、香港、台湾にも影響力をもった▼キャセイ・オーガニゼーション（国泰機構）の社長。マレーシアの▼クアラルンプール生まれ。父▼ロク・ユウは広東系の歴史的華僑財閥。2歳になる前に父を亡くしたが、母や異母兄たちが事業を継ぎ、なに

不自由なく育った。スイスで中等教育を受け、ケンブリッジ大学で英文学と歴史学を学び、ロンドン・スクール・オブ・エコノミックスでも学んだ。1940年にシンガポールに戻り、キャセイ・オーガニゼーションの長として映画館やレストラン、ホテル経営などの事業を受け継いだ。日本軍占領期は海外に逃れたが、戦後すぐに事業を再開、映画製作も開始した。▼ショウ・ブラザースと覇を競い、シンガポールのみならず香港にも進出して、56年には映画会社国際電影懋業（略称電懋アイエー、MP & GI）を設立、北京語映画のヒット作を多数世に送った。その絶頂期に台湾で飛行機事故のため急死、各地での盛大な葬儀の後、クアラルンプールに葬られた。　　　（松岡環）

ロサンゼルス・キャセイ銀行 <small>ロサンゼルス・キャセイぎんこう</small>
洛杉幾国泰銀行　Cathay Bank of Los Angels

　アメリカ華人と現地米国系資本共同出資・経営の銀行。1962年に華人陳鳳儔、関倫堂を中心に、米国人と共同でロサンゼルスに設立。陳が初代会長、共同創設者ジェラルド・ディール（Jerald DEAL）が2代目の会長を務めた。業務が安定的に成長し、80年代初頭、預貯金総額が1億4000万ドルに達し、ロス上位20大銀行の仲間入りを果たす。▼モントレーパークなどに複数の支店を設けている。　　　（王効平）

ロサンゼルス・チャイナタウン
洛杉磯唐人街 / 洛杉磯華埠　Los Angeles Chinatown

　ロサンゼルスのチャイナタウンは、市庁舎の北400mほどのダウンタウン北端に位置する。サンフランシスコやニューヨークのそれに比べると、観光地としての知名度はやや劣るが、アメリカ合衆国の三大チャイナタウンの一つに数えられる。1870年代半ば、サザン・パシフィック鉄道の建設に従事した華人の多くは、鉄道の完成後、ロサンゼルスへ移住してくるようになった。それにつれ、白人の華人に対する排斥運動が高まっていった。華人の多くは、鉄道駅に近い地区に集中してチャイナタウンを形成した。その後、チャイナタウンはノース・ヒル街、ノース・ブロードウェイなどに拡大していった。華人は▼洗濯業、中国料理店経営、家事使用人、コック、野菜・果物の▼行商などに多く従事した。上述の2本の通りとカレッジ街の交差する付近が、今日のチャイナタウンの中心部となっている。

　ノース・ブロードウェイ沿いに中国式楼門（中国城牌楼、Chinatown Gateway）が建てられ、広場（Bamboo Plaza）がつくられている。この広場付近には中国物産店、みやげ物店、貴金属店などが集中し、▼孫文の銅像が設けられている。チャイナタウンにはいくつかのショッピングセンターが設けられ、その中には中国料理店や各種商店が多数収容されており、ロサンゼルスおよびその郊外に住む華人にとって商業中心地として重要な役割を果たしている。また、中華会館、岡州会館、潮州会館などの華人会館も存在する。

　2000年の人口センサスによれば、ロサンゼルスの総人口370万余りのうち、華人は1.7％（約6万3000人）を占めるにすぎない。しかし、ロサンゼルス郊外の特定の地区に、華人人口の集中がみられる。その代表的な例の一つが、ロサンゼルスのダウンタウンにあるチャイナタウンから10kmほど東の郊外に位置する▼モントレーパーク市である。1970年代以降、台湾、香港、東南アジアからの華人の新移民は、ロサンゼルス周辺、とりわけモントレーパークに多数来住するようになった。ここは、台湾系の比較的豊かな新移民が多いために、「リトルタイペイ（小台北）」あるいは▼「中国人のビバリーヒルズ」とも呼ばれ、▼郊外型チャイナタウンの典型例の一つになっている。もともとモントレーパークは、白人中産階級の住宅地であった。1960年には同市の人口の85％は白人が占めていた。その後、65年の移民法の改正、79年のアメリカの中国との国交回復、70年末代以降の中国の改革・開放政策などの影響で、台湾、香港、中国大陸からの華人の流入者が急増した。90年には、モントレーパークの人口（6万0738人）の37％を華人が占めるようになった。日本人、ベトナム人、フィリピン人、韓国人などを含めると、同市のアジア系人口は全人口の58％にも及ぶ。そのほか、ヒスパニック系人口が全体の30％を占め、ヒスパニック系を除く白人人口は12％にまで減少してしまっ

た。モントレーパークには、華人が経営するスーパーマーケット、中国料理店、書店、法律・保険事務所、学習塾など華人同胞相手のエスニックビジネスが多く見られ、新来の華人にとっては、生活に便利な地区である。

ロサンゼルスの中心部にあるチャイナタウンでは、最近、ベトナムを中心とするインドシナ系華人の進出が顕著になってきた。インドシナ系華人が経営するジーンズやTシャツなどの衣類や雑貨を販売する小規模商店、レストラン、カフェなどがチャイナタウンで営業する例は、ロサンゼルスに限ったことではなく、アメリカ各地のチャイナタウンに共通して見られる現象である。ロサンゼルスの中心部から南西40km余りに位置するウェストミンスター市には、大規模なベトナム人街「リトルサイゴン」が形成されている。

(山下清海)

> 山下清海, 2000./沈立新『世界各国唐人街紀実』成都：四川人民出版社, 1992./Timothy P. Fong. *The first suburban Chinatown*. Philadelphia: Temple UP, 1994.

ロシアの華僑・華人 ロシアのかきょう・かじん

17世紀から18世紀、ロシアにはすでに中国商人がいた。モスクワの近郊に「中国城」があったといわれる。1917年までのツァーリ時代に、約100万人の中国人がロシアの極東地域やヨーロッパ地域でビジネスおよび鉄道建設、木材伐採、採鉱などの重労働に従事していた。十月革命後、ソビエト政府が国有化政策を実行したので、商売を営む華僑は相次いで帰国した。新中国成立後の中ソ友好時期に華僑の生活環境が良くなり、多くの者がソ連国籍を取った。統計によれば、旧ソ連の6万8000人の華僑のうち、5万9000人（86％）がソ連国籍を有した。

1988年以後、中ソの国交が正常化し、91年に旧ソ連が解体したこともあって、ロシアの華僑・華人にも新しい変化が起こった。ロシア政府が出入国の規制を緩和したため、多数のロシア華人が中国へ親族訪問すると同時に、中国・ロシア間貿易にも携わることができるようになった。ロシアの華僑・華人は経済的にも発展しており、華僑・華人経営の料理店、レストラン、雑貨店、写真店、パン屋などが都市や農村にあまねく分布している。

そのほかに華僑・華人の栽培業や養殖業も発展してきた。一方では、中国からロシアに向かう商人（国境貿易も含む）、親族訪問者、留学生、出稼ぎ者などが急速に増え、うち一部はすでに現地に定住、「新華僑」や「新華人」となっている。統計によると、ロシア極東地域に「新華僑」が5000人余りいる。彼らは主として商業や農業に従事し、副業を営んでいた。推計によれば、90年代半ばに中国・ロシア国境地帯に進出した中国人は約10万人にのぼるといわれる。華僑・華人人口が増え、経済活動も広がってきたことから、モスクワの華僑・華人連合会、「中華総商会など、たがいに助け合う華僑・華人団体も次々と成立した。

(李国梁)

⇒ 中央アジアの華僑・華人

> 庄国土ほか編『世紀之交的海外華人』上冊, 福州：福建人民出版社, 1998./可児弘明・游仲勲編, 1995./方雄普ほか編『華僑華人概況』北京：中国華僑出版社, 1993.

炉主 ろしゅ

「廟の祭事いっさいを司る責任者。字義は、廟の香炉（神の象徴）を祀る祭主の意。炉主は神に選ばれた象徴的な祭主として、廟の祭祀において重要な位置を占める。なお、「神明会、祖公会、「祭祀公業などにおいても、祭祀の責任者を炉主と呼ぶ。炉主の任期は通常1年間となっている。一般に炉主は、信徒のなかから神意によって選ばれる。候補者が神前で順に「筊を投げ、聖筊の出た回数の最も多い者が選任される。炉主の下に副炉主、または炉主の補助役である「頭家数名を置くこともある。炉主の職務は祭礼費の徴収、祭品の準備、僧侶道士・劇団の招聘など祭事全般に及ぶ。炉主は祭礼において相応の寄付をすることが求められる。また祭礼費が不足した場合、穴埋めにかなりの負担を強いられることもある。財産家でないと炉主を引き受けられないという面もあるが、そうした行為が炉主の幸運を約束すると考えられており、また、地域社会における社会的地位を誇示する機会ともなっている。

(高橋晋一)

盧艸拙 ろそう せつ 1675-1729

長崎聖堂の学頭、漢学者、天文学者。通称は元右衛門、諱は元敏。葆真、清素軒と号した。艸拙は字である。盧君玉を祖とする盧氏

の第4代。父卹碩（1647-88年）は医師、本草学者。卹拙は天文を関庄三郎、国雅を高田宗賢に学び、1713（正徳3）年聖堂学頭となった。1718（享保3）年天文御用のため西川如見と江戸幕府に召され、22年『大清会典』の和点付を命ぜられた。南蛮天文学を取り入れて異彩を放ったとされる。
（林陸朗）

ロタリー

東南アジアの華僑・華人社会で行われていたロト形式の富くじ（彩票）。もとは中国国内で行われていたもの。代表的なものに「山票」「白鴿票」がある。前者は、決められた120字（『幼学千字文』の冒頭部分から選ばれたもの）のなかから、任意の15字を選ぶ。抽選は毎月3回（旧暦2、12、22日）行い、公開の席で字の書いてある当たり球を30個選び、当たり字の多い上位3名が賞金を獲得する。後者も前者と同じ文字当てロトだが、80字から10字を選び、選ぶ方法が複数ある。抽選は毎日2回行われる。両者とも少ない賭け金で大きな賞金額を獲得できるので、たいへん人気があった。また、1835年中国からバンコクに持ち込まれた「花会」は、本来は紙片に36人の豪俠の名が書いてあり、そのなかの1枚を取って賭け、当たれば賭け金の30倍がもらえる富くじだが、タイに入ってからはタイ文字で書かれるようになり、現地での変化が見られる。
（曽士才）

ロード、ベッティ・バオ 1938-
包柏漪 Bette Bao LORD

中国系アメリカ人作家。本籍は安徽省桐城だが、上海で生まれた。9歳のとき母親と、当時父親が仕事で滞在しているアメリカへ移住。1959年タフツ（Tufts）大学を卒業、翌年法律と外交の修士学位を取得。64年に妹の実経験に基づいた *Eighth Moon: The True Story of a Young Girl's Life in Communist China* が出版され大ヒット、81年に出版した小説 *Spring Moon* がベストセラーになり、十数か国語に翻訳された。85年から89年まで中国大使に就任した夫（Winston LORD）とともに北京に駐在し、その経験をもとに書き上げた *Legacies, A Chinese Mosaic* もベストセラーになった。
（曾櫻）

ロハス、エミリア・ビエンビエン 1958-
鄭綿綿 Emilia Bien Bien ROXAS

主として台湾で活躍するフィリピン華人の女性実業家。アジアワールド・グループ（亜洲世界集団、亜世集団）の創設者タン・ユーの次女。フィリピンの生まれ。15歳で中卒後、昼は亜洲国際公司で働き、夜に大学で会計学、企業管理を学び、ついには社長に昇任。1977年に大学卒業、79年亜洲国際公司集団会長、台湾に行き、父親を手伝う。各社の社長も兼ね、父親から正式に亜世集団を受け継ぐ。88年、アジア・トラスト（亜洲信託有限公司）の社長となり、他の社長職を引く。89年、父親とマニラで十大プロジェクトを含むアジアワールド・ニューシティ建設に着手。その一つとしてマニラに5000床の世界最大の鄭龔抱月（タン・ユーの母親）記念医院センターを建設。同年9月、米国のロックフェラー財団の当初基金1億ドルよりも多い25億ペソ（1億1700万ドル）を70年創立の鄭龔抱月国際基金会に提供。楊孟霖と結婚し、亜世集団と台湾の東帝士集団との関係が強まった。
（游仲勲）

ロバート・バウン号事件

日本が苦力貿易に関与した最も早い事件。福建苦力410人を米国西海岸に輸送予定の米国帆船ロバート・バウン号（the Robert Bowne）が1852年3月30日台湾沖を航行中、苦力が船長と一部船員を殺害して船を奪取した。4月8日、八重山諸島の石垣島崎枝に着岸したが、船員によって船は無血奪回されてアモイに戻り、石垣島には苦力380人が置き去りになった。上海とアモイから英米軍艦が苦力の逮捕に出動したが、69人を捕えるにとどまった。事件を海賊行為と確信していた米国側は、苦力貿易の取締まり強化を期待して清国自身の審理に委ねることにし、有罪とする17人を引き渡した。ところが清国側の審理は、船長の行動が事件を招いたことや、殺害者を特定しがたいこと、事件の人身略売的性格などをあげ、結局1人を有罪とするにとどまった。
（可児弘明）

回 唐人墓
圏 平和彦「アメリカ苦力貿易船ロバート・バウン号の八重山漂着」南島史学会編『南島』国書刊行会, 1976. ／可児弘明「ロバート・バウン号

事件と日本漂流民」『史学』63-1・2合併号，1993．

ロームシャ
労務者　Laowuche / Romusha

ロームシャとは日本が東南アジア占領時代（1942-45年）、使役として軍に徴用された現地人。ロームシャという言葉はケンペイタイとともに現地語化している。華僑ロームシャはマラヤとタイからおもに徴用された。マラヤでは、軍政監部の下部機構である州政庁警察部が隣組に人員を割当てし、華僑協会が供出に協力した。一部の華僑は応募した者もいる。マラヤから徴用された華僑ロームシャ数はマレー人、インド人と比較すると少ない。たとえば、鉄道第9連隊第4大隊に配置されたマラヤのロームシャ1000人中、華僑は25人であった。最も多く契約ロームシャとして応募したのはタイ華僑であった。1943年2月、大本営陸軍部からの『泰緬鉄道工期短縮方策』に基づいて、在泰大使館武官山田国太郎少将は▼タイ中華総商会（会長陳守明，CHEN Shou ming）にロームシャの供出を要請した。同総会は契約ロームシャを募集し、同年4月中旬から5月下旬までに1万1350人の華僑を送り、7月中旬から8月下旬期間に追加募集をし1万3089人を供出した。このほか、10月に特殊技術者176人を募集したが、日本側の期待どおりに集まったか不明である。43年4月から45年2月までに▼泰緬鉄道建設・補修に動員されたタイ華僑は2万9874人と記録されている。過酷な労働条件、劣悪な衛生設備、医薬品不足が原因で、多数の病死者が出た。たとえば、あるマラヤ華僑ロームシャは、20日間で200人が死亡したと証言している。英国軍側の資料によれば、43年2月から45年2月までに、徴用されたタイ華僑ロームシャ総数5200人中、死者数は500人と記録している。ロームシャ供出を斡旋したタイ中華総商会会長陳守明は45年8月16日バンコク市内で何者かに射殺された。

（明石陽至）

呂行雄　ろゆきお　1939-

▼日本中華総商会初代会長、▼横浜華僑総会（大陸系）名誉会長。広東省鶴山県人。横浜出身。家業の料理店「万来軒」を経営するかたわら、横浜の若手華僑リーダーとして1960年代より長年にわたり活動、90年横浜華僑総会会長に就任。温厚な人柄と華僑社会にかける真摯な態度はこれまで対立を繰り返してきた華僑社会に融和と協調をもたらし、関帝廟再建、地蔵王廟の修復など中華街の発展にも大きく寄与した。99年横浜華僑総会会長を退き、日本中華総商会会長に。

（符順和）

ロー、ローウェル　1950-
盧冠廷　Lowell LO

アメリカ華人で、香港で活躍する作曲家、歌手。香港で生まれ、少年時代に米国へ渡り、1974年米国籍を取得。米国を放浪した後、ソング・コンテスト入賞をきっかけに83年香港で歌手デビュー。作曲家としても活躍、とくに映画音楽は多作。89年北京の民主化運動に呼応し香港芸能界が決起した際に運動支援歌「為自由」を作曲、6月4日天安門事件発生後は事件を題材にしたアルバム『1989』をリリースした。香港で天安門事件をアルバムにしたのは米国籍の彼のみ。

（壬生昌子）

㊀天安門事件と華僑・華人
㊇大須賀猛ほか編『エイジアン・ポップ・ミュージックの現在』新宿書房，1993．

ロン、アンソニー　1956-
倫永亮　Anthony LUN

香港の作・編曲家、歌手。香港生まれ。米国の大学で音楽の専門教育を受け、ソングコンテスト入賞をきっかけに1987年香港で歌手デビュー。▼サンディ・ラムや▼アニタ・ムイなどの音楽プロデューサーとしても知られる。96年に森進一、キム・ヨンジャらと日本で共演、97年、99年には関西地区でソロコンサート・ツアーも行った。来日時には中学で音楽交流を行った親日家。楽曲制作、映画や舞台劇の音楽制作ほか、広く音楽活動を続けている。

（壬生昌子）

㊇大須賀猛ほか編『エイジアン・ポップ・ミュージックの現在』新宿書房，1993．

ローン、ジョン　1955-
呉国良　John LONE

アメリカの華人映画俳優。1985年マイケル・チミノ監督の『イヤー・オブ・ザ・ドラゴン』でチャイニーズ・マフィアの若きドンを

演じ、次いで翌86年ベルナルド・ベルトリッチ監督の『ラストエンペラー』で中国最後の皇帝溥儀に扮して国際的スターに。

香港生まれ。だが、両親の記憶はなく、幼児期の記憶もないという。孤児の彼をだれかが京劇の学校に入れてくれた（『朝日新聞』1987年8月20日夕刊）。この学校で8年間演技や舞踊を学んだ。18歳で渡米し、パサデナ・プレイハウスでアメリカの演技の訓練を受けた後、まず舞台で活躍、アメリカの著名な華人劇作家デイビッド・ヘンリー・ワンの『新客（Fresh Off the Boat）』など2作品の演技によってオフ・ブロードウェイの年次賞であるオビー賞を2回受賞した。「舞台俳優としての実力はあるのにチャンスがない。一時は自殺を考えたこともあるんですよ。アメリカは多民族国家なのに、黒人と並んでアジア系はどうも分が悪い」と語っている（『読売新聞』1988年1月18日夕刊）。そんな時期を経て1984年フレッド・スケピシ監督の『アイスマン』で映画デビューを果たした。

(戸張東夫)

参『世界華僑華人詞典』

ロンドン
倫敦　London
[18世紀から第2次大戦まで]

中国人がイギリスに登場するのは18世紀に遡り、いわゆる東インド貿易に従事するイギリス船に船員として乗務しロンドン、リバプールその他の港町に入港した東南アジア在留華人に始まるとみられる。19世紀以後は広東省でイギリス東インド会社船などに乗務してイギリスに到った者もあったにちがいない。ロンドンで最初に中国人街となったのはシティから東部の地区、ドックや工場の多かったいわゆるイースト・エンドのライムハウスである。イースト・エンドには別にユダヤ人などの移民街もあった。華人船員が次の雇用を待つ間、一時的に上陸して仮住まいするが、その仲間の中から一時滞在する華人船員のために客棧・飲食店を営む者が現れたとか、船からジャンプ・シップして飲食店、洗濯店を開業するものが現れたというが、中国人街の詳しい発端は不明である。イングランドとウェールズ併せて中国人人口は78人（1851年）、147人（61年）、202人（71年）程度であったことや、流動的な職業を考えると、リトル・チャイナ的な小規模な中国人の集居から始まったのであろう。20世紀初めには、白人女性と結婚してライムハウスに定住する華人についての見聞もある。第2次大戦前のイギリスでは排華感情が強く、当局もまた華人の国外追放に傾いていたから、イースト・エンドに逼塞することが華人には不可避であったのだが、ライムハウス一帯は第2次大戦中に空襲で廃墟と化し、現在は北京街、広東街など街路名に中国人街であった当時の名残をとどめるだけである。

(可児弘明)

[第2次大戦後]

ヨーロッパ有数の華人集中居住地の一つ。ロンドン港近くの華人居住地区が第2次大戦の空爆と戦後のスラム一掃により消滅した後、ソーホー地区のジェラード街に、新たな華人の拠点が形成された。中華料理店、中国書店、旅行社、雑貨店などが建ち並び、英国最大の華人コミュニティとなっている。ロンドンの華人の多くは、香港、東南アジア、モーリシャス、ジャマイカなどからの戦後の新たな移民である。中心をなす香港からの移民は、1950年代後半に外国産米の流入によって稲作を放棄した新界農民が、海外での中華料理店経営に乗り出したことにより生じた。ロンドンの中華料理店は、当時の英国のエスニック料理ブームに支えられて成長し、さらに付属の諸業種も加わって、80年代半ばには華人人口は2万5000人に達した。現在、移民は第2、第3世代に入っており、英国への定着と、中華料理店以外への就業が進展しつつある。また、90年代には、再開発によってロンドン港地区に新たなチャイナタウンが造成された。

(瀬川昌久)

参 J. L. ワトソン『移民と宗族』阿吽社、1995.／R. スケルドン『香港を離れて』行路社、1997.

ロン、ポール 1923-
梁佩璐　Paul LEONG

中国系アメリカ人工学者。広東省三水の生まれ。中山大学を卒業後、1949年にアメリカへ留学し、52年ヒューストン大学から工学修士学位を取得。エンジニアとしてベッテル社に勤めながら、カリフォルニア大学ロサンゼ

ルス校および南カリフォルニア大学で教鞭をとる。熱力学応用経済学の分野で卓越の業績をあげ、国際的なエネルギー専門家としてさまざまな賞を与えられた。　　　　（曾櫻）

ローン・ワード
loan word

　借用語。ある言語（あるいは方言）の話し手が、他の言語からそれまで自分の言語になかった語彙を採り入れた場合、その語彙をローン・ワード（借用語）という。借用は言語接触による結果である。ある文化が異なった文化に接した場合、その宗教、制度、風俗、技術、産物などの名称を借用する。借用語の音形は、借用する側の言語の音や音節構造に応じて変わり、意味も、もとの言語とは異なることが少なくない。東南アジアでは、華人は▼華語（標準中国語）やさまざまな漢語方言、マレー語やベトナム語、タイ語、フィリピン語などの現地語などを理解することができる一方、マレー人やベトナム人、タイ人、フィリピン人も華語や漢語諸方言を理解できる。

　マレーシアは、マレー人、中国人、インド人を主体とする多民族国家である。総人口2220万人のうち、マレー人は約58％を占めている。中国人は25％の550万人、インド人は約7％を占める。▼シンガポールは、総人口310万のうち、華人は77.5％を占める。マレーシアやシンガポールの華僑の大多数は閩粤(びんえつ)一帯から移住したので、▼福建の▼漳州、▼アモイ、▼泉州地区、広東の潮汕、海南地区の閩南語を話している。マレー語と閩南語との言語接触を通じて、相互間で大量の借用の関係が認められる。それらは人称名詞、地名、食品名、道具名、職業名、動植物名、建物名、風俗習慣名、動詞および形容詞に及んでいる。このような借用関係はフィリピン語、タイ語、ベトナム語などにおいても同じく認められるものである。　　　　　（中嶋幹起）

📖 李如龍「閩南方言和印尼語的相互借詞」『中国語文研究』第10期、香港中文大学中国文化研究所呉多泰中国語文研究中心，1992.

ワ

YTLコーポレーション（ワイティーエル・コーポレーション）
楊忠礼機構有限公司　YTL Corporation Bhd.

マレーシアの建設企業。イェオ・ティオンライ（YEOH Tiong Lay、楊忠礼、1929年生）が1982年にイギリス系錫会社の香港ティン（Hongkong Tin Corp.）を買収して88年に自身の頭文字により現名称に。84年に登録地をイギリスからマレーシアに移しクアラルンプール証券取引所に上場、96年には初のアジア企業としてYTLコーポの名で東京証券取引所に上場した。イェオ自身は55年に「楊忠礼建設社」を設立し、政府事業受注などで70年代には大手建設企業の仲間入りを果たしていた。YTLコーポレーションへの改称に伴って同社はイェオの中核企業となり、建設業を中心とする国内屈指の企業集団に成長していく。2000年現在同社の事業は、建設、セメント製造、発電、不動産開発、ホテル・観光の5部門にわたり、事業地もシンガポール、イギリス、南アフリカ、中国、パプアニューギニアなどに広がっている。現会長はイェオ・ティオンライ、社長は長男のイェオ・ソクピン（楊粛斌）で、ソクピンはすでに集団内の多くの事業を継承している。

（原不二夫）

和群陸運会社（わぐんりくうんがいしゃ）
和群行車公司

1927年に広東省・梅県に・華僑投資によって創設された陸運会社。資本金11万銀元、華僑資本60％、インドネシア華僑の饒彩臣（らうさいしん）が2.4万銀元で最大の株主。27-31年に梅県―松口間45kmの道路を建設、地方政府から10年間の営業権獲得。32年から日中戦争直前まで同道路は市街区改造で需要が多く、停留所3か所、旅客・貨物用自動車30台、従業員100人余りを擁し、同社の黄金時代だった。日中戦争による潮汕地方の陥落後、業績悪化。新中国成立直前に政府によるガソリン供給停止で閉業。

（王効平）

倭寇（わこう）

朝鮮半島から中国大陸、南海に活動した海寇、海賊、戦争集団に対して中国人・朝鮮人がつけた称呼。語義は「日本人の侵略」であるが、主体が中国人の場合もあった。用字例を見ると、高句麗好太王碑文の甲辰年（404年）条にさかのぼり、豊臣秀吉の対明戦争も20世紀日中戦争も倭寇と称された。歴史上の概念用語としては、(1)14～15世紀の高麗末から李朝前期の朝鮮沿海に活動した倭寇と、(2)14世紀と16世紀の2時期に山東半島から長江下流域、および・福建・・広東沿海に活動した倭寇が内容となる。

当時、九州各地から瀬戸内海の土豪、商人、海上民などが船団を組み、朝鮮・中国の沿海一帯に行き、通商活動を行った。しかし、朝鮮も中国も通商交易の自由は制限されており、通商場でしばしば紛争を起こした。紛争は戦闘に拡大し、朝鮮・中国の官憲、正規軍と衝突した。中国・朝鮮側で描かれた画像は多く、とくに16世紀の明の仇英筆とされる『倭寇図巻』は最も信用のおけるもので、書肆文求堂が中国よりもたらし、東京帝国大学に所蔵され、同史料編纂所に現存する。服装は鎧兜を着けた者もいるが、大多数は浴衣のような衣類か、上半身が裸、尻からげの赤脚で、中国人から見て、いかにも文化程度の低い、野蛮人風情に描かれている。類型固定化された倭寇像、『籌海図編』や『武備志』に描かれたものと対比すると、船舶や武器の描写が精細である。時代的には16世紀の嘉靖大倭寇時代のもので、日本風の兜と中国風の鎧を着けた人物が登場し、・王直や徐海らしい存在が確認される。彼らが海外持ち出し禁制品の生糸（湖糸）や絹、綿布を持って日本に渡ったことから見ると、地方官と結託したか福建の林次崖のような郷紳層を背景にしたことが窺われる。大倭寇王直らは胡宗憲、戚継光らの努力で平定されるが、その激しい交戦は隆慶年間（1567-72年）以後に張居正によって・海禁が緩められる契機となり、17世紀

には▼李旦や▼鄭芝龍ら海寇の日本や南海への雄飛に繋がる。華僑の源流は王直らの築いた日本ルートを頼り、南海にも繋がりが延びて、南洋華僑の形成に役立った。　　　（川勝守）
圏　石原道博『倭寇』吉川弘文館，1964．

和順公司　わじゅんこうし

西カリマンタンの有力産金地モントラードにおいて、1776年大港公司が中心となり計14の採金公司がおのおの独立経営のまま組織した上部の協議機構で、19世紀初めまでにラグ・マンドールの▼蘭芳大総制に対抗する勢力となった。モントラードの中国人▼公司が1820年までに開いた採金場は大小70以上に達したとされる。しかし公司間の不和から37年3公司に減じ、50年には大港公司のみになった。一方オランダ東インド会社は1824年蘭芳大総制を主権下におき、さらに北のモントラードに勢力を伸ばしていった。大港公司は50年オランダの攻撃をかわしたが、54年蘭芳大総制と連合したオランダ軍に敗れて消滅した。　　　　　　　　　　　（可児弘明）
参　蘭芳公司

和昌号　わしょうごう

長崎の▼福建幇の華僑貿易商社の一つ。1880（明治13）年頃、福建省▼泉州府同安県金門出身の梁有道が新地町29番地に創設、後に同9番地に移転。2代目の梁肇三（？-1912年）は事業を拡大、ウラジボストーク、中国東北部、上海などへの海産物輸出に従事。▼長崎福建会館副総代を務める。3代目の梁順来（1887年生）は、▼陳世望（▼泰益号）の長女と結婚。1929年経営難のため、商屋を泰益号に売却し金門へ引き揚げる。同号の貿易文書22冊（1908-29年）が泰益号文書の一部として残されている。　　　　　　（陳東華）

和信グループ　わしんグループ
和信集団

台湾の企業グループ。台湾のほかの企業集団に比べると、その形成の歴史は比較的古い。総帥である▼辜振甫の父辜顕栄は第2次大戦前、砂糖、塩、樟脳、アヘンなどの専売事業や茶、パイナップルの栽培地を大量に所有、彰化銀行も創設した人物。残した巨大な富が辜振甫の事業展開の基盤となった。1953年の農地改革で、辜振甫は地主に対する地価補償として台湾セメントの株式を取得したことを契機に、商工業に従事する資本家に転身。グループの傘下には100近い企業があり、主力の台湾セメント、中国信託商業銀行、国喬石油化学、福聚、中国合成ゴムなどが上場。辜振甫の甥にあたる辜濂松が董事長を務める中国信託商業銀行は、97年4月香港で支店開設、台湾の民営銀行の第1号支店となった。同行は、米国、タイ、マレーシア、インドネシア、ベトナムなど各地で支店、事務所や合弁企業の金融拠点をもち、グループの国際化を目指している。国喬石油化学や中国合成ゴムは米国や東南アジアにも積極的に投資。グループが海外で知名度が高いのは、辜振甫がAPEC（アジア太平洋経済協力会議）非公式首脳会議に李登輝総統の代理として出席したことや、辜濂松が台湾当局の経済貿易外交の推進者であることにも関連があるといえる。

経営効率の追求を重視する和信グループは、各企業が独立採算性を原則とし、しかも相互間に株式を持たない。また、私情や縁故を重んじないため、人事面では独立性を保っている。▼家族経営が多くを占める台湾では、和信グループの経営理念はほかの企業集団にない特色をもっている。「謙沖致和、開誠立信」（謙虚で和に致り、誠意を尽くして信用を確立する）の社訓がグループ命名の基となっている。グループの運営は現在、辜振甫の長男である辜啓允が中国人寿保険、次男辜成允が台湾セメント、辜濂松の長男辜仲諒が中国信託商業銀行の経営をそれぞれ掌握することによって、次世代に移行しつつある。
　　　　　　　　　　　（劉文甫）

ワシントンの華僑・華人　ワシントンのかきょう・かじん

アメリカの首都ワシントン（華盛頓）に中国人移民が初めて移住したのは、1882年排華法が成立した直後であった。アメリカ西海岸の排華運動を避けるためにワシントンに移住した中国人移民は小さな▼チャイナタウンをつくったが、1930年に連邦政府による公共施設建設計画地域にあたったためそこを立ち退き、のち七番街、H街とニューヨーク街あたりに新しいチャイナタウンをつくった。第2次大戦後、中国系人の人口が徐々に増え、40

年の656人から50年の1825人に、そして80年には2475人になった。84年5月ワシントンと姉妹都市の北京市が結んだ協定によって、「世界一」といわれる幅約23m、高さ約14mの明清式アーチ「友誼牌楼」がチャイナタウンに建てられ、話題を呼んだ。　　（曾櫻）

渡辺庫輔　わたなべくらすけ　1901-63
　長崎史研究の郷土史家。中学時代から同郷の郷土史家・古賀十二郎の感化を受け、長崎先賢の墓碑銘を調査、注目された。一時進学のため長崎を離れたこともあったが、終生古賀の学風を受け継ぎ、本格的な文献史家への道を歩んだ。とくに埋没しつつあった長崎関係史資料・古文書を発掘・収集・復刻、長崎史研究の体系化への努力と功績では、鋭い問題意識とともに他の郷土史家の追随を許さなかった。在野の研究家として一貫したが、長崎学会の創設などの活動を通じて広く交友を得、歴代長崎県立図書館の幹部・スタッフや長崎市立博物館に多くの知己をもち、蒐集した原資料は散逸せず「渡辺文庫」として県立図書館に所蔵、一部は博物館に保存。華僑・華人関係では「在宅唐人止宿町名」「投化唐人諸家略記」「同墓碑録・附唐通事」「唐寺過去帳」などが有名。　　（市川信愛）

　㊀宮田安、長崎会所
　㊁長崎県立長崎図書館編・刊『渡辺文庫・目録』1965./渡辺庫輔『崎陽論攷』親和銀行済美会、1934.

ワーチャン・グループ
華昌集団　Wah Chang Group
　商業や金融基盤型が多いシンガポールの華人企業のなかで、技術と化学を中核にした異色の製造業基盤型多国籍企業グループ。1917年にシンガポールで生まれたホー・リーホワ（HO Rih Hwa、何日華）が創りあげたもの。ホーは東京水産大学の前身校で水産学、南京大学で農業経済学を学んだ後、44年にコーネル大学（農業経済学修士）に学ぶ。コーネル時代に学友のリー・リエンフェン（LI Lien Feng、李廉鳳、化学研究者）と結婚し、卒業後、義父（在アメリカ華人企業家）が営むタイの貿易会社ワーチャン社でタングステン貿易に従事、この間、夫人と製粉会社を創った。61年に義父が亡くなると、ホーは貿易とエンジニアリング関連事業を引き継ぎ、62年にアメリカでワーチャン・インターナショナル社を設立し、72年に本社をシンガポールに移転する。シンガポールでは、アグロ・インダストリー、エンジニアリング、不動産、貿易業などへと多角化し、マレーシア、タイ、香港、台湾、中国、アメリカに子会社をもつ多角的な多国籍企業へと発展した。この間、ホーは駐タイ大使（67-71年）、駐ベルギー大使兼EEC・西ドイツ担当外交官（72-74年）を務め、異色の企業家外交官でもあった。80年代になると、グループ企業の経営が1952年生まれの長男ホー・クオンピン（HO Kwon Ping、何光平）に継承された。クオンピンは父親の仕事の関係でタイ、アメリカ、香港などに滞在し、アメリカの大学で学ぶ。卒業後は一時期香港の『ファーイースタン・エコノミック・レビュー』誌の記者を務め、77年にシンガポールの軍事産業機密を漏らしたという理由で数か月投獄された経験をもつ。81年に家業に加わってからは、タイで不動産投資をするなど積極的な経営を進め、現在は政府経済機関の顧問を務めるなど、シンガポールを代表する若手経営者の一人となった。　　（岩崎育夫）

　㊁Ho Rih Hwa. *Eating Salt.* Singapore: Times Books International, 1996.

ワーチャン・コーポレーション
華昌公司　Wah Chang Corp.
　アメリカ華僑資本によって設立された歴史の最も長い華人系大企業。20世紀初頭、中国湖南省でのタングステン鉱山の発見、採掘を契機に、米国向け鉱物輸出の拡大を図るため、華昌精錬公司の分公司として、1916年にニューヨークで華僑鉱山実業家李国欽によって創業。第2次大戦前、中国への機械、鋼材、化学製品の輸出、中国からの鉱物資源、農産物の輸入を主要業務としたが、大戦後、世界最大規模のタングステン精錬メーカーに成長。53年のロングアイランドへの本社移転にともなって社名をワーチャン精錬コーポレーション（Wah Chang Smelting and Refining Corporation）に変更、その後ワーチャンコーポレーションを本社に、製造と貿易事業の両方を手掛けてきた。タンタラム、ジルコニウム、ハフニウムなどの希有金属の精製事業にも参入し、世界最大の希金属精製メ

ーカーに成長。精製設備の生産プラント輸出も手がける。サンフランシスコ、ブラジル、シンガポール、タイ、香港に子会社を設立している。　　　　　　　　　　　　　（王効平）

ワッタナー・アッサワヘム 1935-
馬裕炎　Vatanaa ASSAVAHEM

タイの華人政治家。「政界の渡り鳥」で知られる。バンコク近郊のサムットプラカーン県生まれ。同県を中心に水産、海運、石油販売会社などを経営。1970年代中期より総選挙に連続当選しているが、所属政党は毎回異なる。初当選以来、地元での利権を背景に一定数の下院議員を傘下に抱え、一貫して与党入りを果たそうと行動。80年代末以降、内務副大臣、タイ国民党副党首など要職を歴任してきたが、ダーティなイメージは払拭できそうにない。2001年1月の総選挙で落選。
　　　　　　　　　　　　　　　　（樋泉克夫）

ワトソン、ジェームズ・L.
James L. WATSON

アメリカの文化人類学者。中国人社会についての研究では、1970年代、80年代と欧米の文化人類学界をリードしてきた人物の一人。カリフォルニア大学で▼ジャック・M.ポッターの指導のもとに人類学を学び、ロンドン大学、ピッツバーグ大学などで教鞭を執り、現在はハーバード大学で教える。*Emigration and the Chinese Lineage: the Mans in Hong Kong and London* (Berkeley: Univ. of California Press, 1975) は、▼香港の新界北部の▼宗族村落・新田ならびにそこからの英国への出稼ぎ者についての詳細な研究として出色の一著である。また、P.エブリーとの共編著である *Kinship Organization in Late Imperial China 1000-1940* (Berkeley: Univ. of California Press, 1986) は、歴史学と人類学の連携によって中国の親族組織についての概念枠組みおよびその歴史的変化について体系的に分析した好著である。また、最近ではハンバーガーショップのマクドナルドのアジア進出を文化人類学的に分析した編著 *Golden Arches East: McDonald's in East Asia* (London: Stanford UP, 1998) などがある。夫人は▼ルビー・S.ワトソン。
　　　　　　　　　　　　　　　　（瀬川昌久）

⇒ロンドン，中国人の海外移住

ワトソン、ルビー・S.
Rubie S. WATSON

アメリカの文化人類学者。カリフォルニア大学、ロンドン大学で人類学を学んで学位を取得した後、ピッツバーグ大学助教授を経て、現在ハーバード大学ピーボディ博物館長ならびに同大学人類学科上級講師を兼任。専門は中国人社会、とくに▼広東人社会の女性文化、家族構造、婚姻、▼風水など。1970年代には▼香港の新界西部の広東人村落・厦村において長期滞在のフィールドワークを行い、その成果を *Inequality among Brothers: Class and Kinship in South China* (CUP, 1985) として発表。同著は、厦村鄧氏一族についての詳細な分析により、▼宗族組織と社会階層化の問題を掘り下げて論じた好著。ほかに共編著 *Marriage and Inequality in Chinese Society* (Berkeley: Univ. of California Press, 1990) などがある。夫は▼ジェームズ・L.ワトソン。
　　　　　　　　　　　　　　　　（瀬川昌久）

ワナンディ、ソフヤン 1941-
林綿坤　Sofyan WANANDI

インドネシアの企業家。政治経済社会問題に関しての華人の立場からのスポークスマン。スハルト・クローニーの若手論客。中国名リム・ビアンクン（LIEM Bian Khoen）。西スマトラ州サワルント生まれの▼プラナカン。政治学者▼ユスフ・ワナンディの弟。1957年高校進学でジャカルタへ。私大1年在学後、61-68年インドネシア大学経済学部在籍。当初カトリック学生連盟活動家。65年の▼9月30日事件後、陸軍とともに反共反スカルノ運動を展開した学生行動戦線のリーダーの一人として頭角を現す。67-74年スハルト大統領の経済担当個人補佐官S.フマルダニ将軍の秘書に。同時期に政治担当個人補佐官A.ムルトポ将軍の秘書となったユスフ・ワナンディとともに、スハルト政権初期の政治経済外交政策立案・執行で両将軍を補佐、ときには両将軍の名で深く関与した。とりわけ初期の外国民間投資許可、政府開発援助受入れ策定に影響力を行使。他方、両将軍が率いた国軍情報将校人脈と強固な関係を築く。74年野戦エリート部隊・陸軍戦略予備軍司令部所有

のダルマプトラ財団傘下企業グループ（VW組立て、マンダラ航空、貿易など）の経営を任され、国軍人脈を拡大強化、これらによって奔放な発言の安全を確保した。70年代後半、▼ユスフ・パンライキムらとともにバカルティ・グループ（大部分が日本企業との合弁で自動車・自動二輪車部品製造企業）、一族企業グループのワナンディ・グループを立ち上げる。98年初めスハルト大統領最後の選出前に、反華人のハビビの副大統領就任に公然と反対、一時国外に退避。99年情報将校人脈と繋がりの強いワヒド政権成立後、国家産業振興会議議長就任。このほか、67-68年学生代表で国会議員、72-98年国民協議会議員。80年以降インドネシア戦略国際問題研究センター理事。

(三平則夫)

參 Tempo (eds.), 1986.／リチャード・ロビソン『インドネシア』三一書房, 1991.

ワナンディ、ユスフ 1937-
Jusuf WANANDI

インドネシア華人の政治学者、政治家。出生時の名はリエム・ビアンキー（LIEM Bian Kie、林綿基）。1960年インドネシア大学卒業後、大学講師や枢密院書記を務めた。スカルノからスハルトへの政権移行過程で反共・反スカルノ学生運動指導者として頭角を現し、アリ・ムルトポ大統領補佐官に認められ政界入りした。以後80年代中頃まで与党副幹事長、国民協議会議員を歴任、▼戦略国際研究所（CSIS）役員として政権初期の政策立案に深く関与した。

(深尾康夫)

ワーフ・ホールディングス
九龍倉集団　Wharf Holdings, The

▼香港最大級の総合企業集団の中核上場会社である九龍倉集団有限公司（ワーフ・ホールディングス社）とそのグループを指す。単にザ・ワーフ（The Wharf）とも。1886年にイギリス系資本が創設。1980年までに「香港の船舶王」故▼Y. K.パオの隆豊国際（ワールド・インターナショナル社、現会徳豊（▼ウィーロック社））の傘下に入り、86年のパオ引退で女婿の▼ピーター・ウー・クォンチン（呉光正）が継承、現在に至る。経営は主席兼行政総裁のゴンザガ・リー（李唯基）が担当。不動産開発、港湾施設運営、有線TV・通信・ホテル保有、公共輸送などを行う多数の傘下企業を統括し、98年末で、純資産826億HKドル、売上高100億HKドル、保有不動産951万平方フィート。傘下の上場企業には、香港法人の香港隧道や海港企業、▼シンガポールのホテル・不動産事業を統括する現地法人マルコ・ポーロ・ディベロップメンツ社（馬哥孛羅発展）がある。

(山崎勝彦)

和平仲裁公約 わへいちゅうさいこうやく

アメリカ華人社会における華人団体間の▼械闘を和解させるために制定された条約。1930年7月、ニューヨークにおいて安良工商総会、協勝公所、東安公所など六つの華人団体による大規模な械闘が発生した。アメリカの地方政府は、中国領事館や中華公所とともに調整した結果、和平維持仲裁委員会を組織した。そして、12条からなる規定を作成し、同年9月、各団体の首領に調印させた。

(山下清海)

參『世界華僑華人詞典』

ワヤン
wayang

ワヤンとはジャワ語で「影」の意味。一般に影絵芝居およびその人形を指す語で、おもにジャワ島、バリ島、マレーシア半島において用いられている。影絵から派生してワヤンにはいくつもの種類が発展した。木偶人形芝居ワヤン・ゴレ、人間による芝居ワヤン・オラン、仮面劇ワヤン・トペンなどがその例である。とくに20世紀前半にはそれらをもとにさまざまな新しいワヤンが創作された。そのなかで華人の関与したものには、中部ジャワ在住の華人ガン・ドワン・シン（GAN Dhwan Sing、1967年死去）の創作によるワヤン・ティティが挙げられる。これに関する記録は少なく実態は明らかではないが、ジャワの影絵芝居を参考にし、ジャワ語を用いて中国の物語を上演したものであるといわれる。彼の死後上演された記録はない。また、やはり華人であるとされているボ・リム（Bo Liem）が1925年に創作したワヤン・カンチルは、動物を主人公とした子ども向けの影絵芝居であり、同名のジャンルはマレーシアにも存在する。このほか、別名ワヤン・チナ（中国のワヤン）と呼ばれるのはワヤン・ポテヒ

(wayang po-te-hi)である。これは中国の指人形劇『布袋戯』(ポテヒ)そのままの形が，20世紀初頭に華人によってもたらされたものと考えられる。おもにジャワ島の仏教寺院における祭礼にともなって行われ，華人社会を中心に楽しまれてきた。公演の形態は中国の布袋戯と同様で，演目は『三国志』や『西遊記』などである。語りはインドネシア語を中心としてしばしば福建語の台詞や歌が交えられ，中国の太鼓や胡弓，三線などの楽器で伴奏される。ワヤンはジャワからの移民がもたらした影絵芝居を通して広くマレーシア，シンガポールにおいても親しまれているが，ワヤンという言葉自体は一般に「芝居」を意味して用いられる場合もあるので，注意が必要である。　　　　　　　　　　　(風間純子)

圏 松本亮『ワヤンを楽しむ』めこん, 1994./ Victoria M. Clara van Groenendael. "Po-te-hi." In Bernard Arps (ed.). *Performance in Java and Bali*. London: SOAS, Univ. of London, 1993.

和楽映画会社 わらくえいがかいしゃ
和楽影業公司

1945年末，シンガポール華僑の林紹裘，林維楽，林紹宗，林金滄の4人兄弟が福建省『アモイ市に創設した大型文化娯楽会社。資本金2万5000ドルを投じてアモイ市内と鼓浪嶼に中華，鼓浪嶼，開明，大同の4戯院(映画館)を経営した。各戯院に支配人を置いて管理，主としてアメリカなどの外国映画を上映した。49年以降，戯院はアモイ市文化局に管理されるようになった。　　(劉暁民)

⊖ 中華劇場
圏『世界華僑華人詞典』

ワルン
warung

飲食の提供や日常雑貨販売を手がけるインドネシアの屋台あるいは小さな店。移動が自在な屋台を中心に，概して簡単な作りである。道路脇に5〜6人用のテーブル，椅子を置き，屋根代わりの布を小屋掛けしたワルンをよく見かける。低所得者が客層のワルン経営者はほとんど土着インドネシア人だが，オランダ植民地時代より独立後1950年代中頃までは，都市や農村で小売商の大部分を占めた華僑・華人が，ワルン経営者でもあった。

(深尾康夫)

ワン，L.リンチ 1938-
王霊智　L. Ling-chi WANG

アメリカ華人で，華人問題専門家，マイノリティ権益保護活動家，カリフォルニア大学バークレー校教授。福建省『アモイ市生まれ。1948年両親とともに『香港に移住，高校卒業後，57年に米国に留学，音楽と作曲を専攻した。卒業後，ミシガンホッポ大学とシカゴ大学の大学院に進学した。後にカリフォルニア大学バークレー校大学院博士課程に転じ，中東研究と中東言語学を専攻したが，60年代末に公民権運動に身を投じ，チャイナタウン青年協進会，チャイナタウン青年センター，中国文化センター，サンフランシスコ法律援助会を創設。68-74年華人創刊の英文週刊誌『東西報』の編集者，70-72年『サンフランシスコ週報』のコラムニストを務めた。69年，バークレー校にアジア系アメリカ人研究センターが創設されると同時にその教職に招かれた。81年に同大学の複数のマイノリティ研究センターが民族学部に統合され，初代学部長を務めた。一貫して少数民族の権益保護にかかわる啓蒙運動を指導するかたわら，世界華人研究学会の秘書長を務めている。　(王効平)

ワン，アン 1920-90
王安　An WANG

アメリカ華人のコンピュータエンジニア，実業家。本籍は江蘇省昆山。1940年上海交通大学電気工学部卒。45年にハーバード大学に留学し応用物理学の博士号を取得。51年にボストンでワン・アン実験室を創設し，55年にコンピュータ会社ワン・ラボラトリーズ社(Wang Laboratories)を創業した。PC，ワープロ機器をはじめ，生涯で40数件の特許の取得に成功，米国を代表するパソコンメーカーの一つに育て上げ，コンピュータ産業の発展に大きな貢献をした。公益・教育事業にも身を投じ，母校をはじめ，多数の教育・文化・科研組織に寄付し，ボストン市やマサチューセッツ州の高等教育委員会委員，ハーバード大学と科学博物館の監事を歴任。86年に全米最優秀移民12人の一人に選ばれ，「自由勲章(Medal of Liberty)」を受賞。トップ経営者のポストを長男フレッド・ワンに譲ったの

を契機に、王国は崩壊しはじめた。華人系事業の継承失敗のよい事例を提示している。

(王効平)

ワン、イバン 1868-
黄恩秀　Evan WONG

　英領ギアナ（現ガイアナ）華商。ウォン・ヤンソー（WONG Yan-sau）とも。香港で生まれたが、11歳のとき両親とギアナの首都ジョージタウンへ移住した。両親の助けで商売を始め、しだいに富をもたらす。のち、ゴムノキ、ココア、コーヒー、ココナツなどを栽培するプランテーションを経営し、同時にギアナ各地で多数の商店をもち、宝石業や木材業にも投資し、ギアナ有数の富商となった。

(曾櫻)

ワン、ウェイン 1948-
王穎　Wayne WANG

　アメリカでインディペンデント系映画を撮っている香港出身の映画監督。英語名は映画好きの父がジョン・ウェインにちなんで命名したという。1967年に渡米し、カリフォルニア芸術工芸大学で美術を専攻。その後TV・映画学科の修士課程に入る。在学中に処女作"A Man, A Woman and A Killer"を監督した。78年に帰国、香港電台（RTHK）で社会派TVドラマシリーズ『獅子山下』の数回分を監督した。同年ふたたび渡米。82年に、失跡した華人を追った"Chan Is Missing"を撮って注目された。以後、アメリカ華人を主人公に『スラムダンス』（87年）、『一碗茶（Eat A Bowl of Tea）』（89年）、『ジョイ・ラック・クラブ』（93年）などの作品を作るが、中国的文化背景から離れてブルックリンの煙草屋を舞台にした『スモーク』（95年）が好評を博し、以後はアメリカを代表するインディペンデント系監督の一人として作品を世に送っている。その後の作品に『チャイニーズ・ボックス』（97年）などがある。

(松岡環)

→『ジョイ・ラック・クラブ』

ワンチャイ・チラーティワット 1930-
鄭有英　Vanchai CIRAATHIVATH

　タイの企業集団▼セントラル・グループの総帥。父のティエン・チラーティワット（鄭汝常）は海南島出身で、1926年の渡タイ後に雑貨店を創業。3人の夫人との間に26人の子女をもうけた。47年、第一夫人の長男でタイ語教師などを務めたサムリット・チラーティワット（鄭有華）が創業した外国新聞・書籍の輸入業が成功。父の資金援助を得て他の商品の輸出入も手がけ、57年にタイで本格的デパートとしてセントラル・デパート（中央洋行百貨公司）を創業した。第一夫人の次男のワンチャイは、一貫してサムリットを助け、一族の中核である同デパートをはじめ、衣料、ショッピングモール、ホテル、貿易、不動産開発などの経営に当たった。93年、亡くなったサムリットの後を継いで一族のトップに立ったワンチャイは、ミャンマーやロサンゼルスのホテル経営に進出するなど積極的な国外進出も見せるものの、グループ経営の中核は一族が独占するなど、父以来の強固な▼家族経営形態を踏襲する。

(樋泉克夫)

ワン、チャールズ 1944-
王嘉廉　Charles WANG

　アメリカ華人の企業家。業界第2位のソフトウェア開発会社 Computer Associates Internationals（CA）の創業者、現役最高経営責任者。上海生まれ。父親はハーバード大学法学部卒で上海最高裁判所の裁判官を務めた。1952年家族とともにニューヨークに移住し、ブルックリン工業高校、市立クイーンズカレッジ卒業後、コンピュータのソフトウェア開発に関心を持ちはじめ、コロンビア大学電子研究実験室で4年間専門的教育を受け、最良の事業パートナー、ラス・アルツ（Russ Artzt）と出会う。2人が Standard Data Corporation に就職した後、76年仲間4人でCA社を創設し、81年上場に成功。M&Aによる拡大戦略を遂行し（98年現在60件近く成功）、創業後年平均30％以上の成長を遂げ、93-97年の5年間は年平均54％の自己資本利益率を達成している。ソフトウェア市場ではマイクロソフトに次ぐ商用ソフトウェア最大手に成長させた。目下、従業員数1万1000名、30数か国に計150の子会社を有する。フラット型の経営組織、自由な社風、独特な動機付けシステムをもつ企業文化を有する企業として注目を集めてきた。

(王効平)

ワン・チーユアン 1910-
王紀元　WANG Ji Yuan

　第2次大戦前後にシンガポール、ジャカルタで活動した文化人。浙江省生まれ。明治大学新聞科留学。1932年上海で『申報』紙に参画して以降、各地で左派系新聞工作に携わる。40年12月胡愈之に随行してシンガポールに渡り、『南洋商報』紙で抗日論を展開。日本占領期にはインドネシアに潜伏。47年ジャカルタで『生活報』創刊、華僑社会の中で中国共産党への支持を訴えた。51年強制送還。56年共産党入党。政治協商会議委員（2～4期）、帰国華僑聯合会常務委員（1～3期）。
（原不二夫）

ワン、デイビッド・ヘンリー 1957-
黄哲倫　David Henry HWANG

　劇作家。アメリカ生まれの中国系二世。スタンフォード大学在学中から戯曲を書きはじめる。中国系新移民とアメリカ生まれ中国系のやりとりを描いた"FOB"（1979年）でオビー賞を受賞、ニューヨークのパブリック・シアターで上演される。1988年、ブロードウェイ演劇『M・バタフライ』で演劇界のアカデミー賞といわれるトニー賞を受賞。同名映画化（デイビッド・クローネンバーグ監督）の脚本も担当。最近の戯曲作品は"Golden Child"。
（村上由見子）

ワン、テイラー 1940-
王贛駿　Taylor G. WANG

　アメリカ華人で、最初の華人宇宙飛行士。江西省贛県生まれ。1950年両親とともに台湾に移住。63年渡米。67年カリフォルニア大学ロサンゼルス校に入学、物理学を専攻。71年に博士学位（物理学）取得。カリフォルニア工科大学宇宙開発研究プロジェクトの責任者となり、カリフォルニア大学の客員教授を兼任。流体力学測定儀を使用した研究プロジェクトが76年に国家航空宇宙局（NASA）に採用された。83年から宇宙飛行のための特別訓練を受け、85年4月29日宇宙船チャレンジャー号に搭乗、宇宙で天体、物理、生物などの総合研究を行い、5月6日帰還。現在も研究活動を続けている。
（馬暁華）

ワン、ニナ
龔如心　Nina WANG

　香港のチャイナケム・グループ（華懋集団）の会長で、華人女性企業家として代表的な存在。生年は1930年代前半とみられる。同グループは不動産を主とした香港企業で、香港に広大な土地と200以上のビルを所有し、非上場の個人所有企業としてはアジア最大級の会社の一つ。『フォーブス』誌が毎年行う世界富豪ランキングでも近年は常連であり、アジアの女性富豪としてはつねに1位にランクされている。2000年の同誌による個人推定保有資産は37億ドル。1990年に夫のテディ・ワン（Teddy WANG Teh Huei、王徳輝）が2回目の誘拐に遭い、以来行方不明となった。ニナ・ワンは身代金として推定3300万ドルを支払ったといわれるが、結局テディが返されることはなかった。夫の行方不明にともない、チャイナケム・グループを引き継いだ。しかし同グループの創業者である夫の父親の王庭欣が権利を主張して裁判を起こした。99年に裁判所は行方不明のままのテディ・ワンの死亡宣告を行い、それによって相続が発生したとして、相続権者の一人である父親に対してニナ・ワンから一定の補償がなされた。このような出来事で報道されることが多く、長い「おさげ」のような特徴的な髪型とともに、香港で最もよく知られている女性の一人となった。香港の新界に、世界最高となるはずだった108階建てのニナ・タワー建設を計画したが、アジア経済情勢のために計画は見直しを迫られ、現在はホテルやオフィスビルなどの大規模複合施設となるニナ・ワン・プラザ（如心広場）として計画を進めている。中国本土にも活発に投資しており、香港不動産協会副会長、ジェネラブス社（Generabs、米国カリフォルニア州のバイオ開発会社）の役員。中国赤十字社、香港婦人連盟の名誉総裁。週末も出社する働き者として知られる。
（山田修）

ワン・ネーション・パーティ
One Nation Party

　反アジア移民、反多文化主義、反アボリジニー（先住民）を掲げるオーストラリアの政党。同党は、1996年にクイーンズランド州オ

ックスリーで国会議員に当選したポーリン・ハンソン（Pauline HANSON）が97年に設立。彼女の人種差別的言動は多くの注目を集め、右翼団体からの支持とともに一部の選挙民からも支持された。国会での初演説時に、オーストラリアはアジア化の危機にあるなど、差別的言動を繰り返したため、よりいっそうの注目を浴びるようになった。その言動はメディアを通して大きく取り上げられ、ハンソン現象といわれる反アジア系移民の風潮が一世を風靡した。ハワード首相は当初その言動を黙認する姿勢を見せたが、国内のみならずアジア各国からも強い批判を招いた。結局、その後はハンソンも力を失い、国会選挙で敗れたが、州選挙で復活、問題の根が深いことを示している。　　　　　　（増田あゆみ）

→オーストラリアの華僑・華人、ハワード論争、ウォン、ピーター、シャンホー、ヘレン、ホー、ロバート

ワン・ハオ 1921-
王浩　WANG Hao

中国系アメリカ人哲学者、数学者。山東省済南の生まれ。1943年西南聯合大学から理学士、45年清華大学から修士、48年ハーバード大学から博士学位を取得。1943-46年中国で教鞭をとり、50年からスイスのチューリヒ大学で2年間研究員を務めた。ハーバード大学助教授、ブロース社（Burroughs）研究技術者、オックスフォード大学高級講師、ハーバード大学教授などを歴任し、67年からロックフェラー大学教授に就任。アメリカ文理学会（AAAS）、イギリス科学学会特別会員。著作に『中国的思考』『数理邏輯通俗演義』（以上中国語）や、*Beyond Analytical Philosophy*、*From Mathematics to Philosophy*、*Reflections on Kurt Gödel*、*A Logical Journey* ほかがある。　　　　　　（曾櫻）

ワン、ピーター 1941-
王正方　Peter WANG

アメリカ在住の映画監督、男優。北京で生まれ台湾で成長した。18歳のときにアメリカに留学し、ペンシルベニア大学で電気工学の博士号を取得。IBM勤務を経てアメリカ各地の大学で教鞭をとるかたわら、脚本家・演出家として活躍し、また独立系映画『チャンは行方不明』（1981年）、香港映画『半辺人』（82年）に出演。83年以降、大学での生活に終止符を打ち、ニューヨークに移り映画製作に専念する。監督処女作の米中合作映画『グレート・ウォール』（86年）で自らも主役で出演、中国系アメリカ人家族が里帰りして北京の親戚を訪問するストーリーで、家族のカルチャー・ギャップをユーモラスに描き好評を博した。その後も自主製作の『レーザーマン』（88年）に続き、台湾で自らの10代を回顧した『ファースト・デート 夏草の少女』（89年）を監督した。　　（松岡環・村上由見子）

ン

ング・ポーンチュー 1866-1931
伍盤照　NG Poon Chew

中国系アメリカ人ジャーナリスト。"Dr. Chew"として知られていた。広東省台山で生まれたが、1881年に渡米し、翌年キリスト教に改宗した。84-89年オクシデンタル学院で勉強し、92年サンフランシスコ神学校を卒業、長老派教会の牧師として活躍する。99年に聖職を辞して週刊『華美新報』を創刊し、のち『中西日報』と改称、成功を収めた。排華運動の最中で、講演を通してアメリカ大衆社会に中国系人の貢献と現状をアピールすることに努力を尽くした。1913年に中華民国駐サンフランシスコ副領事に任命され、米中関係の向上にも貢献した。著書にNon-Exclusion、Treatment of Exempt Classes of Chinese in Americaほかがある。　　　（曾櫻）

ン・テンホン・グループ
黄廷芳集団　Ng Teng Fong Group

▼シンガポール最大の不動産王で開発業者のン・テンホン（NG Teng Fong、黄廷芳、1928年生）が一代で創りあげたグループ。創業者のンは中国に生まれ、若い頃シンガポールに渡った。父親は食品雑貨商と醬油製造を営んだ。ンは1962年にシンガポール郊外で住宅開発業を始めた。これがシンガポールのマイホーム・ブームに乗って成功し、80年頃にはシンガポール最大の不動産所有者、住宅開発業者となった。グループの中核企業、ファーイースト・オーガニゼーション社（Far East Organization、遠東集団）傘下の住宅開発会社ラッキー・リアルティ社は、シンガポール民間住宅市場の20％を支配している。グループは、シンガポール最大のショッピング街オーチャード通り沿いに数多くの不動産を所有し、ラッキー・プラザ、ファーイースト・プラザ、ファーイースト・ショッピングセンター、オーチャード・ショッピングセンター、オーチャード・プラザなどの高層ショッピングセンター、それに高級アパートや一流ホテルなどがおもなもので、「オーチャードの不動産王」と呼ばれている。グループは▼香港でも活発な不動産投資を行い、1974年に九龍の空地に2000万ドルを投資して、商業・小売・住宅の複合ビル、ツィム・シャッツイ・イーストの開発に成功した。

現在、グループのおもな事業はシンガポールと香港からなり、シンガポールはファーイースト・オーガニゼーション社、香港はサイノ・グループ（Sino Group、信和集団）が中核会社で、香港の主要傘下企業にはツィム・シャッツイ・プロパティーズ社（全株式の70.4％を保有）、サイノ・ランド社（61.67％）などがある。グループ従業員はシンガポールが3000人、香港が4500人を擁し、1990年代には▼福州など中国本土でも高層ビル開発を進めている。グループの事業は不動産に集中し他分野に関心がないといわれるが、94年には食品総合メーカーYHS社の買収に成功した。ンの子どもは3人で、長男（ロバート・ン、黄吉祥）がサイノ・グループ会長を務める。

（岩崎育夫）

→ヨーヒャップセン

▩ Chew Melanie. Leaders of Singapore. Singapore: Resource Press, 1996.

ン・ビクリーン・フォン 1930-
呉碧倫　NG Bickleen Fong

ニュージーランド初の華人学者。広東生まれ。1924年に同地に渡った父と離れて中国で育つが、39年の移民政策変更で在ニュージーランド中国人労働者の扶養家族として移住。小学校卒業後、ウェリントンのクイーン・マーガレット高校初の中国人生徒となる。50年にオタゴ大学入学、54年に中国人初の修士号を取得。そのときの研究を59年にThe Chinese in New Zealand: A Study in Assimilation（Hong Kong UP, 1959）として出版。同国における中国人初のこの著作は、いまもこの分野の基本的文献とされる。一時、台湾国立大学講師を務めた後、帰国し、オタゴ大学図書館などに勤務。98年オークランド大学

で博士号取得。　　　　　　　　（田辺眞人）
⬜ Manying Ip. *Home Away from Home.* Auckland: New Women's Press, 1990.／Peter Kitchin. "Bridging Two Worlds, and Leaving Her Mark." *The Evening Post.* edition 3, 19 Nov. 1998.／渡辺良雄「呉碧倫：ニュージーランドの華僑」『地理学評論』35-10, 1966.

■華僑・華人関係文献選録（単行本を中心に）

斯波義信 選

【事典・全書など】

- Lynn Pan (general ed.). *The Encyclopedia of the Chinese Overseas*. Singapore: Archipelago Press & Landmark Press, 1998.
- 華僑華人百科全書編輯委員会編（周南京主編）『華僑華人百科全書』北京：中国華僑出版社，「教育科技巻」1999；「社団政党巻」1999；「新聞出版巻」1999；「社団民俗巻」2000；「文学芸術巻」2000；「法律条例政策巻」2000；「人物差」2001.
- 周南京主編『世界華僑華人詞典』北京：北京大学出版社，1993.
- 華僑経済年鑑編輯委員会編『華僑経済年鑑』台北：世界華商貿易会議総連絡処，1958-.
  『世界華商経済年鑑』北京：企業管理出版社，世界知識出版社.
  『華人経済年鑑』北京：中国社会科学出版社.
- Kim Hyung-chan(ed.). *Dictionary of Asian American History*. NY: Greenwood Press, 1986.
- 姚楠・周南京主編『東南亜歴史詞典』上海：上海辞書出版社，1995.
- Franklin Ng (ed.). *Asian American Encyclopedia*. NY: Martin Cavendish, 1995.
- 華僑協会総会編『華僑大辞典』台北：正中書局，2000.

【講座】

- 満鉄東亜経済調査局『南洋華僑叢書』全6巻，1939-41.
- 『海外華人社会研究叢書』全13冊，台北：正中書局，1985.
- 若林正丈・谷垣真理子・田中恭子編『台湾・香港・華僑華人』第3部「華僑・華人」（『原典中国現代史』第7巻）岩波書店，1995.
- 桜井由躬雄編『東南アジア近世国家群の展開』II「華人の世紀」（『岩波講座　東南アジア史』第4巻）岩波書店，2001.

【解説書・入門書】

- 根岸佶『華僑襍記』朝日新選書，朝日新聞社，1942.
- 福田省三『華僑経済論』巖松堂書店，1937.
- 成田節男『華僑』蛍雪書房，1941.
- 呉主恵『華僑本質論』千倉書房，1944.
- 須山卓・日比野丈夫・蔵居良造『華僑』NHKブックス，日本放送出版協会，1967（改訂版1974）.
- 須山卓『華僑経済史』近藤出版社，1972.
- 戴国煇『華僑——「落葉帰根」から「落地生根」への苦悶』研文出版，1980.
- 戴国煇『もっと知りたい華僑』弘文堂，1975.
- 戴国煇編『東南アジア華人社会の研究』上・下，アジア経済研究所，1974.
- 日本経済新報社編『華僑——商才民族の素顔と実力』日本経済新報社，1981.
- 游仲勲『華僑——ネットワークする経済民族』講談社現代新書，講談社，1990.
- 樋泉克夫『華僑コネクション』新潮選書，新潮社，1993.
- 斯波義信『華僑』岩波新書，岩波書店，1995.

【華僑・華人論】
■書誌・目録

- Wolfgang Franke. "European Contributions to the Research on the Relations between China and Southeast Asia and on the Overseas Chinese in that Area." In Ming Wilson (ed.). *Europe Studies China*. London: Han-shan Tang Books, 1995, pp. 430-465.
- 曾伊平，陳麗娘編『華僑華人問題研究文献索引：1980-1990』アモイ：厦門大学出版社，1990. 曾伊平編『同：1991-1995』同，1994.
- 鄭民ほか編『華僑華人史書刊目録』北京：中国展望出版社，1984.
- 福崎久一編『華人・華僑関係文献目録』アジア経済研究所，1996.

文献選録

- 末成道男編『中国文化人類学文献解題』東京大学出版会，1995.
- 末成道男編『中国に関する文化人類学的研究のための文献解題』東京大学東洋文化研究所，1992.
- 岡部達味・安藤正士編『原典中国現代史』別巻，『文献解題』岩波書店，1996.
- George Hicks. *A Bibliography of Japanese Works on the Overseas Chinese in Southeast Asia, 1914-1945*. Hong Kong: Asian Research Service, 1992.
- George Hicks. "The Four Dragons: An Enthusiast's Reading Guide." *Asia-Pacific Economic Literature*, vol. 3, no. 2, 1989.
- Leo Suryadinata (ed.). *The Ethnic Chinese in the ASEAN States: Bibliographical Essays*. Singapore: Institute of Southeast Asian Studies, 1989.
- Tay Lian Soo. *Classified Bibliography of Chinese Historical Materials in Malaysia and Singapore*. Singapore: South Sea Society, 1984.
- Chinben See & T. Ang See. *The Chinese in the Philippines: A Bibliography*. Manila: De La Salle UP, 1990.
- T. Ang See. "Philippine-Chinese Literature in English and Filipino: An Introduction." *Asian Culture*, 17, June, 1993.

■一般
- Victor Purcell. *The Chinese in Southeast Asia*. 2nd. ed., London: OUP, 1965.
- Maurice Freedman, "The Chinese in Southeast Asia: A Longer View." In Maurice Freedman & G. William Skinner (eds.). *The Study of Chinese Society: Essays by Maurice Freedman*. Stanford: Stanford UP, 1979.
- Mary F. Somers-Heidhues. *Asia's Chinese Minorities*. Melbourne: Longman Australia Ltd., 1974.
- Wang Gungwu. *Community and Nations: Essays on Southeast Asia and the Chinese*. Singapore: Heinemann Educational Books, 1981.
- Wang Gungwu. *China and the Chinese Overseas*. Singapore: Times Academic Press, 1991.
- H. F. MacNair. *The Chinese Abroad: Their Position and Protection*. Shanghai: Commercial Press Ltd., 1924.
- 華僑志編纂委員会編『華僑志』台北：華僑文化出版社，「総志」1956；「新加坡」「越南」「東埔寨」「韓国」「寮国」「印度」「馬来亜」「印尼」「北婆羅洲」「婆羅及破労越」1963.
- 陳烈甫『東南亜洲的華僑華人与華裔』台北：台湾正中書局，1970.
- Jaques Amyot. *The Chinese and the National Integration in Southeast Asia*. Bangkok: Chulalongkorn Univ., 1972.
- Anthony Reid (ed.). *Sojourners and Settlers: Histories of Southeast Asia and the Chinese: in Honour of Jennifer Cushman*. St. Leonards, NSW: Allen & Unwin, 1996.
- Wang Ling-chi & Wang Gungwu (eds.). *The Chinese Diaspora: Selected Essays*. vols. I and II, Singapore: Times Academic Press, 1998.

■歴史展望・史料
- Roderick Ptak. *China's Seaborne Trade with South and Southeast Asia (1200-1750)*. Aldershot, Hampshire: Ashgate Publishing, 1999.
- David G. Marr & A. C. Milner (eds.). *Southeast Asia in the 9th to 14th Centuries*. Singapore: Institute of Southeast Asian Studies and Canberra: The Research School of Pacific Studies, ANU, 1986.
- Billy K. L. So. *Prosperity, Region, and Institutions in Maritime China: The South Fukien Pattern, 946-1368*. Cambridge, Mass.: Harvard UP, 2000.
- Paul Wheatley. *The Golden Kersonese: Studies in the Historical Geography of the Malay Peninsula before A.D.1500*. Kuala Lumpur: Univ. of Malaya Press, 1961.
- 石井米雄ほか編著『東南アジア世界の歴史的位相』東京大学出版会，1992.
- Anthony Reid. *Southeast Asia in the Age of Commerce, 1450-1680*. New Haven & London:

- Yale UP. vol. I: *The Lands below the Winds,* 1988; vol. II: *Expansion and Crisis,* 1993.
- Leonard Blusse. *Strange Company, Chinese Settlers, Mestizo Women and the Dutch in VOC Batavia.* Dordrecht: Foris for KITLV, 1986.
- 田汝康『17-19世紀中葉中国帆船在東南亜洲』上海：上海人民出版社，1957.
- 田汝康『中国帆船貿易与対外関係史論集』杭州：浙江人民出版社，1987.
- 曹永和『中国海洋史論集』台北：聯経出版事業公司，2000.
- 王賡武著姚楠編訳『南海貿易与南洋華人』中華書局香港分局，1988.
- 松浦章『清代海外貿易史の研究』朋友書店，2002.
- 中国海洋発展史論文集編輯委員会主編『中国海洋発展史論文集』1-7（上・下）台北：中央研究院中山人文社会科学研究所，1984，86，88，91，93，97，99.
- 田中健夫『中世対外関係史』東京大学出版会，1975.
- 松浦章『中国の海賊』東方選書，東方書店，1995.
- Dian H. Murray. *Pirates of the South China Coast 1790-1810.* Stanford: Stanford UP, 1987.
- Ng Chin-keong. *Trade and Society: The Amoy Network on the China Coast, 1683-1735.* Singapore: Singapore UP, 1983.
- Ho Ping-ti. *Studies on the Population of China, 1368-1953.* Cambridge, Mass.: Harvard UP, 1959.
- C. P. FitzGerald. *The Southern Expansion of the Chinese People.* Canberra: ANU Press, 1972.
- Herold J. Wiens. *Han Chinese Expansion in South China.* Hamilton, Conn.: Shoe String Press. 1967.
- Chen Han-sheng. *Landlord and Peasant in South China.* NY: International Publishers, 1936.
- Evelyn S. Rawski. *Agricultural Change in China.* Cambridge, Mass.: Harvard UP, 1972.
- Chen Ta. *Chinese Migrations, with Special Reference to Labor Conditions.* Washington D.C.: Government Printing Office, 1923.
- Chen Ta. *Emigrant Communities in South China: A Study of Overseas Migration and Its Influence on Standards of Living and Social Change.* NY: Institute of Pacific Relations, 1940.
- Persia Crawford Campbell. *Chinese Coolie Emigration to Countries within British Empire.* London: P. S. King and Sons, Ltd., 1923.
- 李長傅著，半谷高雄訳『支那殖民史』生活社，1939.
- 温雄飛『南洋華僑通史』上海：東方印書館，1929.
- B. Lasker. *Asia on the Move: Population Pressure, Migration and Resettlement in Eastern Asia under the Influence of Want and War.* NY: IRP, 1945.
- Jerome Ch'en & Nicholas Tarling (eds.). *Studies in the Social History of China and Southeast Asia.* Cambridge: CUP, 1970.
- Yen Ching-hwang. *Coolies and Mandarines: China's Protection of Overseas Chinese during the Late Ch'ing Period (1851-1911).* Singapore: Singapore UP. 1985.
- H. B. Morse. *The International Relations of the Chinese Empire,* vol. I, The Period of conflict, 1834-60. London & NY: Longmaus, Green & Co., 1910. vol. II, The Period of submission, 1861-93. Shanghai, 1918. vol. III, The Period of subjection, 1894-1911. Shanghai, 1918.
- 可児弘明『近代中国の苦力と「豬花」』岩波書店，1979.
- 陳翰笙主編『華工出国史料匯編』北京：中華書局（第1輯1-4「中国官文書選輯」1985；第2輯「英国議会文件選訳」1980；第3輯「英国外交和国会文件選訳」1981；第4輯「関于華工出国的中外綜合著作」1981；第5輯「関于東南亜華工的私人著作」1984；第6輯「拉丁美洲華工」1984；第7輯「美国与加拿大華工」1984；第8輯「太平洋洲華工」1984；第9輯「非洲華工」1984；第10輯「第一次大戦時期赴欧華工」1984）.
- 中央研究院近代史研究所編『清季華工出国史料（1863-1910）』台北：中央研究院近代史研究所，1995.
- 陳三井ほか主編『欧戦華工史料（1912-1921）』台北：中央研究院近代史研究所，1997.
- 陳三井主編『加拿大華工訂約史料（1906-1928）』台北：中央研究院近代史研究所，1998.
- Wolfgang Franke & Chen Tieh Fan (eds.). *Chinese Epigraphic Materials in Malaysia.* Kuala Lumpur: Univ. of Malaya press., 1982-87.

文献選録

- Claudine Salmon (ed.). *Chinese Epigraphic Materials in Indonesia*. Singapore: South Seas Society, 1988.
- 陳荊和・陳育崧編著『新加坡華文碑銘集録』香港：香港中文大学出版部，1970年序．
- 張少寛『檳榔嶼福建公冢暨家冢碑銘集』シンガポール：新加坡亜洲研究学会，1997．
- 福建省地方志編輯委員会編『福建省華僑志』福州：福建人民出版社，1992．
- 厦門華僑志編輯委員会編『華僑志』アモイ：鷺江出版社，1991．
- 晋江市地方志編撰委員会編『晋江市志』上海：三聯書店，1994．
- 陳克振主編『安溪華僑志』アモイ：厦門大学出版社，1994．

■現代華僑・華人

- Wu Chun-hsi. *Dollars, Dependents and Dogma: Overseas Chinese Remittances to Communist China*. Stanford: Hoover Institution, 1967.
- George Hicks (ed.). *Overseas Chinese Remittances from Southeast Asia: 1910-1940*. Singapore: Select Books, 1993.
- C. P. FitzGerald. *The Third China: The Chinese Communities in Southeast Asia*. Melbourne: F. W. Cheshire, 1965.
- Wu Yuan-li & Wu Chun-hsi. *Economic Development in Southeast Asia: The Chinese Dimension*. Stanford: Hoover Institution, 1980.
- John Naisbitt. *Megatrends Asia: The Eight Asian Megatrends That Are Changing the World*. London: Nicholas Brealey Publishing, 1996.
- Rajeswary Ampalavanar Brown. *Chinese Big Business and the Wealth of Asian Nations*. NY: Palgrave, 2000.
- Murray Weidenbaum & Samuel Hughes. *The Bamboo Network*. NY: Simon & Schuster Inc., 1996.
- Frank N. Pieke & Hein Mallee (eds.). *Internal and International Migration: Chinese Perspectives*. Surrey, Richmond G. Britain: Curzon Press, 1999.
- 原不二夫編著『東南アジア華僑と中国』アジア経済研究所，1993．
- 浜下武志『近代中国の国際的契機』東京大学出版会，1990．
- Xia Chenghua『近代広東省僑匯研究，1862-1949』シンガポール：南洋学会，1992．
- 林金枝『近代華僑投資国内企業概論』アモイ：厦門大学出版社，1988．
- 内田直作『東洋経済史研究』千倉書房，Ⅰ，1970；Ⅱ，1976．
- 内田直作『東南アジア華僑の社会と経済』千倉書房，1982．
- 今堀誠二『中国封建社会の構成』勁草書房，1991．
- 李国卿『華僑資本の生成と発展』文真堂，1980．
- 田中恭子編『国際関係――アジア太平洋の地域秩序』（『現代中国の構造変動』8）東京大学出版会，2001．
- 游仲勲『華僑経済の研究』アジア経済研究所，1969．
- 游仲勲『東南アジアの華僑』アジア経済出版会，1970．
- 游仲勲『華僑政治経済論』東洋経済新報社，1976．
- 游仲勲編著『世界のチャイニーズ――膨張する華僑・華人の経済力』サイマル出版会，1991．
- 游仲勲『華僑は中国をどう変えるか――未来の「資本主義」大国の行方を探る』PHP研究所，1993．
- 游仲勲『華僑はアジアをどう変えるか――中国系経済圏の挑戦』PHP研究所，1995．
- 游仲勲『世界経済の覇者――華人経営者の素顔』時事通信社，1995．
- 游仲勲編著『華僑・華人経済』ダイヤモンド社，1995．
- Yu Chunghsun (ed.). *Ethnic Chinese: Their Economy, Politics and Culture*. Tokyo: The Japan Times, 2000.
- 游仲勲編著『21世紀の華人・華僑――その経済力が世界を動かす』ジャパンタイムズ，2001．
- 岩崎育夫『華人資本の政治経済学』東洋経済新報社，1997．
- 可児弘明・游仲勲編『華僑 華人――ボーダレスの世紀へ』東方書店，1995．
- 松本三郎・川本邦衛『東南アジアにおける中国のイメージと影響力』大修館書店，1991．

- 朱炎編著『徹底検証アジア華人企業グループの実力』ダイヤモンド社, 2000.
- 王効平『華人系資本の企業経営』日本経済評論社, 2001.
- 市川信愛『華僑社会経済論序説』九州大学出版会, 1987.
- 市川信愛『現代南洋華僑の動態分析』九州大学出版会, 1991.
- Karl Anton Sprengard & Roderich Ptak (eds.). *Maritime Asia: Profit Maximization, Ethics and Trade Structure*. Wiesbaden: Harrassowitz Verlag, 1994.
- M. Jocelyn Armstrong, R. Wawick Armstrong & Kent Mulliner (eds.). *Chinese Populations in Contemporary Southeast Asian Societies: Identities, Interdependences and International Influence*. Richmond: Curzon Press, 2001.
- 郭梁主編『戦後海外華人変化国際学術討論会論文集』北京：中国華僑出版社, 1990.
- 郭梁『東南亜華僑華人経済簡史』北京：経済科学出版社, 1998.
- 陳懐東『海外華商貿易現状与発展』台北：華僑協会総会, 1977.
- Christine Dobbin. *Asian Entrepreneurial Minorities: Conjoint Communities in the Making of the World-Economy, 1570-1940*. Richmond: Curzon Press, 1996.
- Ruth McVey. *Southeast Asian Capitalists*. Ithaca: Cornell Univ. Southeast Asia Publication; Berlin & NY: Walter de Gruyter., 1988.
- Peter Berger & Hsin-Huong Michael Hsiao (eds.). *In Search of an East Asian Development Model*. New Brunswick, NJ: Transaction Books, 1988.
- Gary Hamilton (ed.). *Business Network and Economic Development in East and Southeast Asia*. Hong Kong: 1991.
- Michael Backman. *Overseas Chinese Business Networks in Asia*. Canberra: East Asia Analytical Unit, Department of Foreign Affairs and Trade, 1995.
- C. Burton. "Trust and Credit: Some Observations concerning Business Practices of Overseas Chinese Traders in South Vietnam." In Linda Lim & L. A. Peter Gosling (eds.). *The Chinese in Southeast Asia*, 2 vols.: Singapore & Ann Arbor: Maruzen & Univ. of Michigan, Center for South and Southeast Asian Studies, 1983.
- Wong Siu-lun. *Emigrant Entrepreneurs: Shanghai Industrialists in Hong Kong*. Oxford: OUP, 1988.
- Gordon Redding. *The Spirit of Chinese Capitalism*. Berlin & NY: Walter de Gruyter, 1993.
- A. Brown Rajeswary. *Chinese Business Enterprise in Asia*. London & NY: Routledge, 1995.
- D. Faure, et al. (eds.). *From Village to City: Studies in the Traditional Roots of Hong Kong Society*. Hong Kong: Univ. of Hong Kong, 1984.
- Yoshihara Kunio. *The Rise of Ersatz Capitalism in Southeast Asia*. Singapore: OUP, 1988.
- Yoshihara Kunio. *Oei Tiong Ham Concern: The First Business Empire of Southeast Asia*. Kyoto: Center for Southeast Asian Studies, 1989.
- Rupert Hodder. *Merchant Princes of the East: Cultural Delusions, Economic Success and the Overseas Chinese in Southeast Asia*. Chichester, West Sussex: John Wiley & Sons, 1995.
- Amy L. Freedman. *Political Participation and Ethnic Minorities: Chinese Overseas in Malaysia, Indonesia, and the United States*. NY: Routledge, 2000.
- 林孝勝編『東南亜華人与中国経済与社会』シンガポール：新加坡亜洲研究学会, 南洋大学畢業生協会, 新加坡宗郷会館聯合総会, 聯合出版, 1994.
- 林孝勝『新加坡華社与華商』シンガポール：新加坡亜洲研究学会, 1995.
- Bob Dye. *Merchant Prince of the Sandalwood Mountains: Afong and the Chinese in Hawaii*. Honolulu: Univ. of Hawaii Press, 1997.
- John Wong, Rong Ma & Mu Yang (eds.). *China's Rural Entrepreneurs: Ten Case Studies*. Singapore: Times Academic Press, 1995.
- 可児弘明編『香港及び香港問題の研究』東方書店, 1991.
- Ronald Skeldon (ed.). *Reluctant Exiles?: Migration from Hong Kong and the New Overseas Chinese*. NY & London: M. E. Sharpe, 1994 (可児弘明・森川真規雄・吉原和男監訳『香港を離れて——香港中国人移民の世界』行路社, 1997).

文献選録

- 野村総研香港有限公司編『香港と華人経済圏――アジアを制する華人パワー』日本能率協会マネージメントセンター，1992．

■アイデンティティ

- Tu Wei-ming. *Confucian Tradition in East Asian Modernity: Moral Education and Economic Culture in Japan and the Four Mini-Dragons.* Harvard, Mass.: Harvard UP, 1996.
- Gilbert Rozman (ed.). *The East Asian Region: Confucian Heritage and Its Modern Adaptation.* Princeton: Princeton UP, 1991.
- Tu Wei-ming (ed.). *The Living Tree: The Changing Meaning of Being Chinese Today.* Stanford: Stanford UP, 1994.
- Jennifer Cushman & Wang Gungwu (eds.). *Changing Identities of the Southeast Asian Chinese since World War II.* Hong Kong: Hong Kong UP, 1988.
- 中央研究院近代史研究所編『認同与国家――近代中西歴史的比較』台北：中央研究院近代史研究所，1994．
- Leo Suryadinata (ed.). *Ethnic Chinese as Southeast Asians.* Singapore: Institute of Southeast Asian Studies, 1997.
- Leo Suryadinata (ed.). *Southeast Asian Chinese: The Socio-Cultural Dimension.* Singapore: Times Academic Press, 1995.
- Leo Suryadinata (ed.). *Southeast Asian Chinese and China: The Politico-Economic Dimension.* Singapore: Times Academic Press, 1995.
- Steven Harrell (ed.). *Cultural Encounters on China's Frontiers.* Seattle: Univ. of Washington Press, 1995.
- Lai Ah Eng. *Meanings of Multiethnicity: A Case-study of Ethnicity and Ethnic Relations in Singapore.* Kuala Lumpur: OUP, 1995.
- Wang Ling-chi & Wang Gungwu (eds.). *The Chinese Diaspora: Selected Essays.* vols. I and II, Singapore: Times Academic Press, 1998.
- Francis L. K. Hsu & Hein Mallee (eds.). *The Overseas Chinese: Ethnicity in National Context.* Maryland: UP of America, 1998.
- 原不二夫『マラヤ華僑と中国――帰属意識転換過程の研究』龍渓書舎，2001．
- Hara Fujio. *Malayan Chinese and China: Conversion in Identity Consciousness, 1945-1957.* Tokyo: Institute of Developing Economies, 1997.
- 陳天璽『華人ディアスポラ――華商のネットワークとアイデンティティ』明石書店，2001．
- Edwin Thumboo (ed.). *Perceiving Other Worlds.* Singapore: Times Academic Press, 1991.
- Constance Lever-Tracy, David Ip & Noel Tracy. *Chinese Diaspora and Mainland China.* London: Macmillan Press, 1996.
- Robert L. Irick. *Ch'ing Policy toward the Coolie Trade 1847-1878.* Taipei: Chinese Materials Center, 1982.

■華僑政策

- Stephen FitzGerald. *China and the Overseas Chinese: A Study of Peking's Changing Policy 1949-1970.* Cambridge: CUP, 1972; paperback, 1980.
- 毛起雄・林暁東編著『中国僑務政策概述』北京：中国華僑出版社，1993．
- 国務院僑務弁公室政策研究室編『僑務法規文件匯編』北京：1989．
- 荘国土『中国封建政府的華僑政策』アモイ：廈門大学出版社，1989．
- 荘国土『華僑華人与中国的関係』広州：広東高等教育出版社，2001．
- 曁南大学東南亜研究所・広州華僑研究会編著『戦後東南亜国家的華僑華人政策』広州：曁南大学出版社，1989．
- 中華民国僑務委員会編『僑務五十年』台北：中華民国僑務委員会，1982．
- 李盈慧『華僑政策与海外民族主義（1912-1949）』台北：国史館，1997．
- 『華僑華人僑務大辞典』済南：山東友誼出版社，1997．

■社会組織：僑郷・会館・宗族・宗教
- David Faure & Helen Siu (eds.). *Down to Earth: The Territorial Bond in South China*. Stanford: Stanford UP, 1995.
- James Watson. *Emigration and the Chinese Lineage: The Mans in Hong Kong and London*. Berkeley: Univ. of California Press, 1975.
- George Hicks (ed.). *Chinese Organizations in Southeast Asia in the 1930s*. Singapore: Select Books, 1996.
- 庄国土主編『中国僑郷研究』アモイ：厦門大学出版社，2000.
- 可児弘明編『僑郷 華南――華僑・華人研究の現在』行路社，1996.
- 何炳棣『中国会館史論』台北：学生書局，1966.
- 全漢昇『中国行会制度史』上海：新生命書局，1934.
- 方雄普・許振礼編著『海外僑団尋踪』北京：中国華僑出版社，1995.
- 張海鵬・張海瀛主編『中国十大商幫』合肥：黄山書社出版，1993.
- G. William Skinner. "Mobility Strategies in Late Imperial China: A Regional Systems Analysis." In Carol A. Smith (ed.). *Regional Analysis*. Vol. 1, NY: Academic Press, 1976.
- 李喬『中国行業神崇拝』北京：中国華僑出版社，1990.
- 羅香林『流行於贛閩粤及馬来亜之真空教』香港：中国学社，1962.
- M.フリードマン著，田村克己・瀬川昌久訳『中国の宗族と社会』弘文堂，1987.
- M.フリードマン著，末成道男・西沢治彦・小熊誠訳『東南中国の宗族組織』弘文堂，1991.
- 曾玲・荘英章『新加坡華人的祖先崇拝与宗郷社群整合――以戦後三十年広恵肇碧山亭為例』台北：唐山出版社，2000.
- Cheu Hock Tong (ed.). *Chinese Beliefs and Practices in Southeast Asia*. Selangor: Pelanduk Publications, 1993.
- 酒井忠夫編『東南アジアの華人文化と文化摩擦』巌南堂書店，1983.
- J. J. M. de Groot. *Het kongsiwesen van Borneo: eene verhandeling over den grondslag en den aard der Chineesche politieke vereenigingen in de kolonien*. The Hague: M. Nijhoff, 1885.
- Wang Tai Peng. *The Origins of Chinese Kongsi*. Selangor: Pelanduk Publications, 1988.
- 窪徳忠『東南アジア華人社会の宗教文化』耕土社，1981.
- 吉原和男，クネヒト・ペトロ共編『アジア移民のエスニシティと宗教』風響社，2001.

■チャイナタウン
- 山下晴海『東南アジアのチャイナタウン』古今書院，1987.
- グウェン・キンキード著，沢田博・橋本恵訳『チャイナタウン』時事通信社，1994.
- C. C. Dobie. *San Francisco's Chinatown*. NY: D. Appleton-Century Company, 1936.
- Peter Kwong. *Chinatown, New York: Labor & Politics, 1930-1950*. NY: Monthly Review Press, 1979.
- Peter Kwong. *The New Chinatown*. NY: Hill & Wang, 1987（芳賀健一・矢野祐子訳『チャイナタウン イン・ニューヨーク』筑摩書房，1990）.
- John Kuo Wei Tchen. *New York before Chinatown: Orientalism and the Shaping of American Culture, 1776-1882*. Baltimore: Johns Hopkins UP, 1999.
- 陳祥水『紐約皇后区新華僑的社会結構』台北：中央研究院民族学研究所，1991.
- Timothy P. Fong. *The First Suburban Chinatown: The Remaking of Monterey Park, California*. Philadelphia: Temple UP, 1994.

■客家
- 羅香林『客家研究導論』新寧：西山書藏，1933；台北：古亭書屋，1981.
- 中川学編『客家論の現代的構図』現代中国研究叢書17，アジア政経学会，1980.
- 瀬川昌久『客家――華南漢族のエスニシティーとその境界』風響社，1993.
- Nicole Constable (ed.). *Guest People: Hakka Identity in China and Abroad*. Seattle: Univ. of Washington Press, 1996.

文献選録

■秘密結社
- 酒井忠夫『中国民衆と秘密結社』吉川弘文館，1992．
- 酒井忠夫『酒井忠夫著作集 3 紅幇篇』国書刊行会，1998，『同 4 青幇篇』同，1997．
- David Ownby & Mary Somers-Heidhues (eds.). *'Secret Societies' Reconsidered*. Armonk, NY: M. E. Sharpe, 1993.
- Dian H. Murray. *The Origins of the Tiandihui: The Chinese Triads in Legend and History*. Stanford: Stanford UP, 1994.
- Leon Comber. *Chinese Secret Societies in Malaya: A Survey of the Triad Society from 1800 to 1900*. NY: J. J. Augustin, 1959.
- Mak Lau Fong. *The Sociology of Secret Societies: A Study of Chinese Secret Societies in Singapore and Peninsular Malaysia*. Kuala Lumpur: OUP, 1981.
- W. L. Blyth. *The Impact of Chinese Secret Societies in Malaya: A Historical Study*. Oxford: OUP, 1969.

■華僑・華人文学
- Tham Seong Chee (ed.). *Essays on Literature and Society in Southeast Asia: Political and Sociological Perspectives*. Singapore: Singapore Univ. Press, 1981.
- Hsin-sheng C. Kao (ed.). *Nativism Overseas: Contemporary Chinese Women Writers*. NY: State Univ. of New York Press, 1993.
- 方修『馬華新文学史稿』シンガポール：星洲世界書局，上巻，1962；下巻，1965．
- 方修編『馬華新文学大系』10冊，シンガポール：星洲世界書局，1970-72．

■伝記
- P. Lim Pui Huen, James H. Morrison & Kwa Chong Guan (eds.). *Oral History in Southeast Asia: Theory and Method*. Singapore: National Archives of Singapore & Institute of Southeast Asian Studies, 1998.
- 柯木林主編『新華歴史人物列伝──附録新華歴史名詞解釈，新加坡宗郷会館成立年份表，等』シンガポール：教育出版私営有限公司，1995．
- Lee Kam Hing & Chow Mun Seong (eds.). *Biographical Dictionary of the Chinese in Malaysia*. Selangor: Institute of Advanced Studies, Univ. of Malaya, Pelanduk Publications, 1997.
- 朱杰勤編『海外華人社会科学家伝記』広州：広東人民出版社，1991．
- 劉子政編著『黄乃裳与新福州』シンガポール：南洋学会，1979．
- 庄炎林主編『世界華人精英伝略』南昌：百花洲文芸出版社，「港澳巻」1994；「大洋洲与菲洲巻」1994；「泰国巻」1995．
- Leo Suryadinata (ed.). *Prominent Indonesian Chinese: Biographical Sketches*. Singapore: Institute of Southeast Asian Studies, 1995.
- Leo Suryadinata. *Peranakan's Search for National Identity: Biographical Studies of Seven Indonesian Chinese*. Singapore: Times Academic Press, 1993.
- 邱新民『新加坡先駆人物』シンガポール：勝友書局出版，1991．
- 楊東溢『世界華人富豪榜』香港：三思伝播有限公司，1994．
- 海天出版社編『世界華人億万富豪榜』香港：海天出版社．
- 超金『海外著名華人列伝』北京：工人出版社，1988．
- 陳嘉庚『南僑回憶録』陳嘉庚国際学会，1993．
- 葉宋曼瑛著『也是家郷 (*Home Away From Home: Life Stories of the New Zealand Chinese Women*)』香港：三聯書店，1994．
- Chan Kwok Bun & Claire S. N. Chiang (co-authored). *Stepping Out: The Making of Chinese Entrepreneurs*. Singapore: Prentice Hall, 1994.
- 岩崎育夫『リー・クアンユー──西洋とアジアのはざまで』岩波書店，1996．
- C. F. Yong. *TAN KAH-KEE: The Making of an Overseas Chinese Legend*. Singapore: OUP, 1989.

- 宗哲美主編『星馬人物誌』香港：東南亜研究所，1969.
- Lien Ying Chow with Kouis Kraar. *From Chinese Villager to Singapore Tycoon: My Life Story.* Singapore: Times Books International, 1992.
- Hsuan Owyang. *The Borefoot Boy from Songwad; The Life of Chi Owyang,* Singapore: Times Books international, 1996.

■孫文
- 張希哲・陳三井編『華僑与孫中山領導的国民革命研討会論文集』台北：台湾国史館出版，1996.
- 日本孫文研究会・神戸華僑華人研究会編『孫文と華僑』汲古書院，1999；『孫文与華僑』孫中山記念会，1997.
- 中国社会科学院近代史研究所近代史資料編輯組編『華僑与辛亥革命』北京：中国社会科学出版社，1981.

【地域】
■日本
- 上田正昭『帰化人』中公新書，中央公論社，1965.
- 井上満郎『古代の日本と渡来人』明石書店，1999.
- 福岡ユネスコ協会編『外来文化と九州』平凡社，1973.
- 川勝守編『日本近世と東アジア世界』吉川弘文館，2000.
- 大庭脩『古代中世における日中関係史の研究』同朋舎出版，1996.
- 村井章介『東アジア往還——漢詩と外交』朝日新聞社，1995.
- 大庭脩『江戸時代の日中秘話』東方書店，1980.
- 大庭脩『江戸時代における唐船持渡書の研究』関西大学東西学術研究所，1967.
- 内田直作『日本華僑社会の研究』同文館，1949.
- 長崎県『長崎県史・対外交渉編』吉川弘文館，1986.
- 中村質『近世長崎貿易史の研究』吉川弘文館，1988.
- 永積洋子『唐船輸出入品数量一覧1637〜1833——復元唐船貨物帳・帰帆荷物買渡帳』創文社，1987.
- 荒居英次『近世海産物貿易史の研究』吉川弘文館，1977.
- 小川国治『江戸幕府輸出海産物の研究——俵物の生産と集荷機構』吉川弘文館，1973.
- 宮田安『長崎崇福寺論攷』長崎文献社，1975.
- 宮田安『唐通事家系論攷』長崎文献社，1979.
- 宮田安『長崎墓所一覧——風頭山麓篇』長崎文献社，1982.
- 林陸朗『長崎唐通事——大通林道栄とその周辺』吉川弘文館，2000.
- 李献璋『長崎唐人の研究』親和銀行，1991.
- 山岡由佳（許紫芬）『長崎華商経営の史的研究』ミネルヴァ書房，1995.
- 朱徳蘭『長崎華商貿易の史的研究』芙蓉書房出版，1997.
- 廖赤陽『長崎華商と東アジア交易圏の形成』汲古書院，2000.
- 重藤威夫『長崎居留地と外国商人』風間書房，1967.
- 菱谷武平『長崎外国人居留地の研究』九州大学出版会，1988.
- 岩崎宏之編『文部省科学研究費補助金重点領域研究「沖縄の歴史情報研究」総括班研究成果報告書——平成6年度—平成9年度』事務局筑波大学人文・社会学系，1998.
- 市川信愛『東アジア海域と華商ネットワーク』九州国際大学，1994.
- 籠谷直人『アジア国際秩序と近代日本』名古屋大学出版会，2000.
- 古田和子『上海ネットワークと近代東アジア』東京大学出版会，2000.
- Paul Harrell. *Sowing the Seeds of Change: Chinese Students, Japanese Teachers, 1896-1905.* Stanford: Stanford UP, 1992.
- 陳徳仁『辛亥革命と神戸』孫中山記念会，1986.
- 中村哲夫『移情閣遺聞——孫文と呉錦堂』阿吽社，1990.
- 陳徳仁・安井三吉『孫文と神戸』神戸新聞総合出版センター，1985.
- 中華会館（神戸）編『落地生根——神戸華僑と神阪中華会館の百年』研文出版，2000.

文献選録

- 鴻山俊雄『神戸大阪の華僑——在日華僑百年史』華僑問題研究所, 1979.
- 神戸新聞社編『素顔の華僑——逆境に耐える力』人文書院, 1987.
- 陳徳仁編『学校法人神戸中華同文学校八十周年紀年刊』学校法人神戸中華同文学校理事会, 1984.
- 安井三吉・陳来幸・過放編著『阪神大震災と華僑』神戸商科大学商経学部, 神戸大学国際文化学部, 1996.
- 外国人地域情報センター編『阪神大震災と外国人』明石書店, 1996.
- 王柏林・松本武彦『王敬祥関係文書目録』王柏林, 1996.
- 堀田暁生・西口忠共編『大阪居留地の研究』思文閣出版, 1995.
- 「横浜と上海」共同編集委員会編『横浜と上海——近代都市形成史比較研究』横浜開港資料館, 1995.
- 菅原一孝『横浜中華街の研究』日本経済新聞社, 1988.
- 王良主編『横浜中華学院百周年院慶紀年特刊』横浜中華学院, 2000.
- 伊藤泉美「横浜華僑社会の形成」『横浜開港資料館紀要』9, 1989.
- 伊藤泉美「横浜中華街——開港から震災まで」横浜開港資料館, 1994.
- 王良主編『横浜華僑誌』中華会館（横浜）, 1995.
- 陳水発『横浜の華僑社会と伝統文化』日中文化研究所, 1997.
- 村上令一『横浜中華街的華僑伝』新風舎, 1997.
- 奥田道大・田嶋淳子『池袋のアジア系外国人——回路を閉じた日本型都市ではなく』明石書店, 1995.
- 奥田道大・田嶋淳子『新宿のアジア系外国人——社会学的実態報告』めこん, 1993.
- 斯波義信『函館華僑関係資料集』(『大阪大学文学部紀要』22), 1982.
- 許淑真「函館における福清幇」飯島渉編『華僑・華人史研究の現在』汲古書院, 1999.
- Hsu Shu-chen (許淑真), "Communities: Japan." In Lynn Pan (general ed.). *The Encyclopedia of the Chinese Overseas*. Singapore: Archipelago Press & Landmark Press, 1998.
- 大石圭一『昆布の道』第一書房, 1987.
- 山田信夫編『日本華僑と文化摩擦』巌南堂書店, 1983.
- 飯島渉編『華僑・華人史研究の現在』汲古書院, 1999.
- 過放『在日華僑のアイデンティティの変容』東信堂, 1999.
- 菅原幸助『日本の華僑』朝日新聞社, 1979.
- 池歩洲『日本華僑経済史話』上海：上海社会科学院出版社, 1993.
- 涂照彦編著『華人経済圏と日本』有信堂高文社, 1998.
- 王維『日本華僑における再編とエスニシティー——祭祀と芸能を中心に』風響社, 2001.
- 段躍中編『在日中国人媒体総覧』日本僑報社, 2000.

■インドネシア
- Mona Lohanda. *The Kapitan Cina of Batavia, 1837-1942*. Jakarta: Djambatan, 1996.
- Mary F. Somers-Heidhues. *Bangka Tin and Mentok Pepper: Chinese Settlement on an Indonesian Island*. Singapore: Institute of Southeast Asian Studies, 1992.
- Charles A. Coppel. *Indonesian Chinese in Crisis*. Kuala Lumpur: OUP, 1983.
- Donald E. Willmott. *The Chinese of Semarang: A Changing Minority Community in Indonesia*. Ithaca: Cornell UP, 1960.
- Giok-lan Tan. *The Chinese of Skabumi: A Study in Social and Cultural Accommodation*. Ithaca: Cornell Univ. Modern Indonesia Project, 1963.
- Ng Chin-keong. *The Chinese in Riau: A Community on an Unstable and Restrictive Frontier*. Singapore: Nanyang Univ. School of Humanities and Sciences, 1976.
- Robyn Maxwell. *Textiles of Southeast Asia: Tradition, Trade and Transformation*. Canberra: ANU Gallery & Melbourne: OUP, 1990.
- M. R. Fernando & David Bulbeck (eds.). *Chinese Economic Activity in Netherlands India: Selected Translations from the Dutch*. Singapore: Institute of Southeast Asian Studies, 1992.
- Leo Suryadinata. *The Culture of the Chinese Minority in Indonesia*. Singapore: Times Books International, 1997.
- Leo Suryadinata (ed.). *Political Thinking of the Indonesian Chinese*. Singapore: Singapore UP,

1997.
- H. J. de Graaf & Th. G. Th. Pigeaud. *Chinese Muslims in Java in the 15th and 16th Centuries.* Melbourne: Monash UP, 1984.
- 羅香林『西婆羅洲羅芳伯等所建共和国考』香港：中国学社, 1961.

■タイ
- G. William Skinner. *Chinese Society in Thailand: An Analytical History.* Ithaca: Cornell UP, 1957.
- G. William Skinner. *Leadership and Power in the Chinese Community of Thailand.* Ithaca: Cornell UP, 1958.
- Jennifer Cushman. *Family and State: The Formation of a Sino-Thai Tin-Mining Dynasty, 1797-1932.* Kuala Lumpur: OUP, 1991.
- Ian Brown. *The Elite and Economy in Siam c.1890-1920.* Singapore: OUP, 1988.
- Richard J. Coughlin. *Double Identity: The Chinese in Modern Thailand.* Hong Kong: OUP, 1960.
- Sarasin Viraphol. *Tribute and Profit: Sino-Siamese Trade 1652-1853.* Cambridge, Mass.: Harvard UP, 1977.
- Suehiro Akira. *Capital Accumulation in Thailand, 1885-1985.* Tokyo: UNESCO The Center for East Asian Cultural Studies, 1989.

■マレーシア，シンガポール
- Song Ong Siang. *One Hundred Years' History of the Chinese in Singapore.* London: John Murray, 1923; reprint, Singapore: Univ. of Malaya Press, 1967; Singapore: OUP, 1984.
- Victor Purcell. *The Chinese in Malaya.* Kuala Lumpur: OUP, 1967.
- J. K. T'ien (田汝康). *The Chinese of Sarawak: A Study of Social Structure.* London: London School of Economics and Politics, 1953.
- John M. Chin. *The Sarawak Chinese.* Kuala Lumpur: OUP, 1981.
- Daniel Chew. *Chinese Pioneers on the Sarawak Frontier, 1841-1941.* Singapore: OUP, 1990.
- Edwin Lee. *The Towkays in Sabah.* Singapore: Singapore UP, 1977.
- K. G. Tregonning. *A History of Modern Sabah 1881-1963.* Singapore: Univ. of Malaya Press, 1980
- Terrence McGee. *The Southeast Asian City.* London: G. Bell & Sons, 1967.
- William H. Newell. *The Treacherous River: A Study of Rural Chinese in North Malaya.* Kuala Lumpur: Univ. of Malaya Press, 1962.
- Judith V. Strauch. *Chinese Village Politics in the Malaysian State.* Cambridge, Mass.: Harvard UP, 1981.
- Hua Wu Yin. *Class & Communalism in Malaysia: Politics in a Dependent Capitalist State.* London: Zed Books, 1983.
- Lawrence K. L. Siaw. *Chinese Society in Rural Malaysia: A Local History of the Chinese in Titi, Jelebu.* Oxford: OUP, 1983.
- Peter J. Rimmers & Lisa M. Allen (eds.). *The Underside of Malaysian History: Pullers, Prostitutes, Plantation Workers.....* Singapore: Singapore UP, 1990.
- Ernest C. T. Chew & Edwin Lee (eds.). *A History of Singapore.* Singapore: OUP, 1991.
- Maurice Freedman. *Chinese Family and Marriage in Singapore.* London: HMSO, 1952.
- Yen Ching-hwang. *A Social History of the Chinese in Singapore and Malaya, 1800-1911.* Singapore: OUP, 1986.
- Yen Ching-hwang. *The Overseas Chinese and the 1911 Revolution: With Special Reference to Singapore and Malaya.* Kuala Lumpur: OUP, 1976.
- Yen Ching-hwang. *Community and Politics: The Chinese in Colonial Singapore and Malaysia.* Singapore: Times Academic Press, 1995.
- Lee Poh Ping. *Chinese Society in Nineteenth Century Singapore.* Kuala Lumpur: OUP, 1978.

- J. C. Jackson. *Planters and Speculators: Chinese and European Agricultural Enterprise in Malaya, 1786-1921.* Kuala Lumpur: Univ. of Malaya Press, 1968.
- James Francis Warren. *Rickshaw Coolie: A People's History of Singapore (1880-1940).* Singapore: OUP, 1986.
- M. R. Godley. *The Mandarine Capitalists from Nanyang: Overseas Chinese Enterprise in the Modernization of China, 1893-1911.* Cambridge: CUP, 1985.
- 岩崎育夫『シンガポールの華人企業集団』アジア経済研究所, 1990.
- Edmund Terence Gomez. *Chinese Business in Malaysia: Accumulation, Accommodation and Ascendance.* Surrey, Richmond: Curzon Press, 1999.
- Lee Kam Hing & Tan Chee-Beng (eds.). *The Chinese in Malaysia.* Oxford: OUP, 2000.
- Abdul Rahman Embong. *State-Led Modernization and the New Middle Class in Malaysia.* Basingstoke: Palgrave, 2002.
- Lim-keat Cheng. *Social Change and the Chinese in Singapore: A Socio-Economic Geography with Special Reference to Bang Structure.* Singapore: Singapore UP, 1985.
- John R. Clammer. *The Ambiguity of Identity: Ethnic Maintenance and Change among the Straits Chinese Community of Malaysia and Singapore.* Singapore: Institute of Southeast Asian Studies, 1979.
- M. R. Godley. *The Mandarine Capitalists from Nanyang: Overseas Chinese Enterprise in the Modernization of China, 1893-1911.* Cambridge: CUP, 1985.
- Heng Pek Koon. *Chinese Politics in Malaysia: A History of the Malaysian Chinese Association.* Singapore: OUP, 1988.
- James V. Jesudason. *Ethnicity and the Economy: The State, Chinese Business, and Multinationals in Malaysia.* Singapore: OUP, 1989.
- J. Faaland, J. R. Parkinson & Rais Saniman. *Growth and Ethnic Inequity: Malaysia's New Economic Policy.* London: Hurst & Co., 1990.
- Tan Chee Beng. *The Baba of Melaka: Culture and Identity of a Chinese Community in Malaysia.* Selangor: Pelanduk Publications, 1988.
- 李業霖主編『吉隆坡開拓者的足迹——甲必丹葉亜来的一生』クアラルンプール：華社研究中心, 1997.
- 林孝勝ほか編『石叻古蹟』シンガポール：南洋学会, 1975.
- 山下清海『シンガポールの華人社会』大明堂, 1988.
- 可児弘明『シンガポール 海峡都市の風景』岩波書店, 1985.

■フィリピン
- Alfonso Felix (ed.). *The Chinese in the Philippines.* 2 vols., Manila: Solidaridad Publishing House, 1966-69.
- Go Bon Juan & Teresita Ang See. *Heritage: A Pictorial History of the Chinese in the Philippines.* Manila: Kaisa Para Sa Kaunlaran & Prof. Chinben See Memorial Trust Fund, 1987.
- Edgar Wickberg. *The Chinese in Philippine Life, 1850-1898.* New Haven: Yale UP, 1965.
- Theresa Carino (ed.). *Chinese in Philippines.* Manila: De La Salle Univ., 1985.
- Antonio S. Tan. *The Chinese in the Philippines, 1898-1935: A Study of Their National Awakening.* Quezon City: R. P. Garcia Press, 1972.
- Teresita Ang See (ed.). *The Chinese Immigrants: Selected Writings of Professor Chinben See.* Manila: Kaisa Para Sa Kaunlaran & Chinese Studies Program, De La Salle Univ., 1992.
- Teresita Ang See (ed.). *The Chinese in the Philippines: Problems & Perspectives.* vol. I, vol. II, Manila: Kaisa Para Sa Kaunlaran, Inc., 1997.
- Gerald McBeath. *Political Integration of the Philippine Chinese.* Berkeley: Univ. of California Press, 1973.
- John T. Omohundro. *Chinese Merchant Families in Iloilo: Commerce and Kin in a Central Philippine City.* Quezon City: Ateneo de Manila UP & Athens, Ohio: Ohio UP, 1981.

■ベトナム，カンボジア，ビルマ＝ミャンマー
- Tsai Maw-kuey. *Les Chinois au Sud-Vietnam*. Paris: Ministère de l'Éducation Nationale, Comité des Travaux Historiques et Scientifiques, Bibliothéque Nationale, 1968.
- Chen Ching-ho. *A Brief Study of Family Register of the Trans: A Ming Refugee Family in Minh Huong Xa, Thua Thien*. Hong Kong: New Asia Research Institute, Chinese Univ. of Hong Kong, 1964.
- Chen Ching-ho. *Historical Notes on Hoi-An*. Carbondale: Center for Vietnamese Studies, Univ. of Southern Illinois, 1974.
- Li Tana & Anthony Reid (eds.). *Southern Vietnam under the Nguyen*. Singapore: Institute of Southeast Asian Studies, 1993.
- David G. Marr. *Vietnamese Anticolonialism: 1885-1925*. Berkeley: Univ. California Press, 1971.
- Martin Murray. *The Development of Capitalism in Colonial Indochina (1870-1940)*. Berkeley: Univ. of California Press, 1980.
- Nguyen Quoc Dinh. *Les congrégations chinoises en Indochine Française*. Paris: Librairie du Recueil Sirey, 1941.
- William E. Willmott. *The Chinese in Cambodia*. Vancouver: Univ. of British Columbia Publications Center, 1967.
- William E. Willmott. *The Political Structure of the Chinese Community in Cambodia*. London: Athlone Press, 1970.
- Kathleen Barry (ed.). *Vietnam's Women in Transition*. London: Macmillan Press & NY: St. Martin's Press, 1996.
- Tran Khanh. *The Ethnic Chinese and Economic Development in Vietnam*. Singapore: Institute of Southeast Asian Studies, 1993.

■オーストラリア，ニュージーランド
- Yong Ching Fatt. *The New Gold Mountain: The Chinese in Australia 1901-1921*. Richmond, SA.: Raphael Arts, 1977.
- M. Willard. *History of White Australia Policy*. Victoria: Melbourne UP, 1923; reprint, 1967.
- A. Yarwood. *Asian Migration to Australia: The Background to Exclusion, 1896-1923*. Victoria: Melbourne UP, 1964.
- Eric Rolls. *Sojourners: The Epic Story of China's Centuries Old Relationship with Australia: Flowers and Its Wide Sea*. St. Lucia: Queensland UP, 1992.
- C. Price. *The Great White Walls Are Built: Restrictive Immigration to North America and Australia, 1836-1888*. Canberra: ANU Press, 1974.
- Wang Sing-wu. *The Organization of Chinese Emigration, 1848-1888: With Special Reference to Chinese Emigration to Australia*. San Francisco: Chinese Materials Center, 1978.
- Choi Ching-yan. *Chinese Migration and Settlement in Australia*. Sydney: Sydney UP, 1975.
- A. Huck. *The Assimilation of the Chinese in Australia*. Canberra: ANU Press, 1974.
- Robert Travers. *Australian Mandarine: The Life and Times of Quong Tart*. Kenthurst: Kangaroo Press, 1981.
- 劉渭平『澳洲華僑史』台北：星島出版社，1989.
- 黄昆章『澳大利亜華僑華人史』広州：広東高等教育出版社，1999.
- J. Rian. *Chinese in Australia and New Zealand: A Multidisciplinary Approach*. New Delhi: New International Publishers, 1995.
- Abel I. Wade Ata (ed.). *Religion and Ethnic Identity: An Australian Study*. Richmond, Victoria: Spectrum, 1989.
- Andrew Markus. *Australian Race Relations*. Sydney: Allen & Unwin, 1994.
- Michael Backman. *Overseas Chinese Business Networks in Asia*. Canberra: Dept. of Foreign Affairs and Trade, 1995.
- T. Dang & A. Borowski. *Split Family Migration among Business and Skilled Migrants*. Canber-

ra: Breau of Immigration Research, 1991.
- Diana Giese. *Astronauts, Lost Souls, and Dragons: Conversations with Chinese Australians.* St. Lucia: Queensland UP, 1997.
- Paul Macregor (ed.). *Histories of the Chinese in Australia and the South Pacific: Proceedings of an International Public Conference Held at the Museum of Chinese Australian History, Melbourne, 8-10 Oct. 1993.* Melbourne: The Museum of Chinese Australian History, 1995.
- Andrew D. Trlin & Paul Spoonley (eds.). *New Zealand and International Migration: A Digest and Bibliography.* no. 2, Palmerston North: Dept. of Sociology, Massey Univ., 1992.
- Ng Bickleen Fong. *The Chinese in New Zealand: A Study in Assimilation.* Hong Kong: Hong Kong UP, 1959.

■カナダ
- 李勝生『加拿大的華人与華人社会』香港：三聯書店，1992.
- Jorgen Dahlie & Tissa Fernando (eds.). *Ethnicity, Power and Politics in Canada.* Toronto: Methuen, 1981.
- Edgar Wickberg (ed.). *From China to Canada: A History of the Chinese Communities in Canada.* Toronto: McClelland and Steward, 1982.
- Peter S. Li. *The Chinese in Canada.* Toronto: OUP, 1988.
- Peter Ward. *White Canada Forever: Popular Attitude and Public Policy towards Orientals in British Columbia.* Montreal & Kingston: McGill-Queen's UP, 1990.
- Lai David Chuen-yan. *Chinatowns: Towns within Cities in Canada.* Vancouver: Univ. of British Columbia Press, 1988.
- Kay J. Anderson. *Vancouver's Chinatown: Racial Discourse in Canada, 1875-1980.* Montreal: McGill-Queen's UP, 1991.
- Richard Thompson. *Toronto's Chinatown: The Changing Organization of an Ethnic Community.* NY: AMS Press, 1989.
- Ma L. Eve Armentrout. *Revolutionaries, Monarchists and Chinatown: Chinese Politics in Americas and the 1911 Revolution.* Honolulu: Univ. of Hawaii Press, 1990.
- Lai David Chuen-yan. *The Forbidden City within Victoria: Myth, Symbol and Streetscape of Canada's Earliest Chinatown.* Victoria: Orca Book Publishers, 1991.
- Patricia Roy. *A White Man's Province: British Columbia Politicians and Chinese and Japanese Immigrants, 1858-1914.* Vancouver: Univ. of British Columbia Press, 1989.
- Freda Hawkins. *Canada and Immigration: Public Policy and Public Concern.* Montreal: McGill-Queen's UP, 1972.
- Hoe Ban Seng. *Structural Changes of Two Chinese Communities in Alberta, Canada.* Ottawa: National Museum of Man, 1976.
- Evelyn Huang with Lawrence Jeffery. *Chinese Canadians: Voices from a Community.* Vancouver: Douglas and McIntyre, 1992.
- Paul Yee. *Saltwater City: An Illustrated History of the Chinese in Vancouver.* Vancouver: Douglas and McIntyre, 1988.
- Chan Kwok Bun. *Smoke and Fire: The Chinese in Montreal.* Hong Kong: Chinese UP, 1991.
- Denise Chong. *The Concubine's Children: Portrait of a Family Divided.* Toronto; Viking, 1994.
- Paul Evans & Michael Frolic (eds.). *Reluctant Adversaries: Canada and the People's Republic of China, 1949-1971.* Toronto: Univ. of Toronto Press, 1991.

■アメリカ合衆国
- Lew Ling. *The Chinese in North America: A Guide to Their Life and Progress.* Los Angeles: East-West Cultural Publishing Association, 1949.
- M. R. Coolidge. *Chinese Immigration.* NY: Henry Holt & Company, 1909; reprint, Taipei: Ch'eng Wen Publishing Company, 1968.

- Otis Gibson. *The Chinese in America*. Cincinnati: Hitchcock & Walden, 1877; reprint, NY: Arno Press Inc., 1978.
- Lisa See. *On Gold Mountain*. NY: St. Martin's Press, 1995.
- George Frederick Seward. *Chinese Immigration: in Its Social and Economical Aspects*. NY: Charles Scribner's Sons, 1881; reprint, NY: Arno Press & The New York Times, 1970.
- Jack Chen. *The Chinese of America: From the Beginning to the Present*. San Francisco: Harper & Row, 1980 (陳依範著, 殷志鵬・廖慈節合訳『美国華人発展史』香港：三聯書店，1984).
- Chan Sucheng. *This Bitter-sweet Soil: The Chinese in California, 1860-1910*. Berkeley: Univ. of California Press, 1986.
- Chinese Historical Society of America. *Chinese America: History and Perspectives*. San Francisco: Chinese Historical Society of America, 1994.
- Thomas W. Chinn, Him Mark Lai & Philip P. Choy (eds.). *A History of the Chinese in California: A Syllabus*. San Francisco: Chinese Historical Society of America, 1975.
- T. LaFargue. *China First Hundred: Educational Mission Students in the US 1872-1881*. Pullman: Washington State UP, 1993.
- Charles J. McClain. *In Search of Equality: The Chinese Struggle against Discrimination in Nineteenth Century America*. Berkeley: Univ. of California Press, 1994.
- Alexander Saxton. *The Indispensable Enemy: Labor and the Anti-Chinese Movement in California*. Berkeley: Univ. of California Press, 1995.
- Paul C. P. Siu. *The Chinese Laundryman: A Study in Social Isolation*. NY: New York UP, 1987.
- Shih-shan Henry Tsai *China and the Overseas Chinese in the United States, 1868-1911*. Fayetteville: Univ. of Arkansas Press, 1983.
- Judy Yung. *Unbound Feet: A Short History of Chinese Women in San Francisco*. Berkeley: Univ. of California Press, 1995.
- John Horton. *The Politics of Diversity: Immigration, Resistance, and Change in Monterey Park, California*. Philadelphia: Temple UP, 1995.
- 麦礼謙『従華僑到華人──二十世紀美国華人社会発展史』香港：Joint Publishing Co., 1992.
- Char Tin-yuke (ed.). *Sandalwood Mountains: Readings and Stories of the Early Chinese in Hawaii*. Honoluu: UP of Hawaii, 1975.
- Clarence E. Glick. *Sojourners and Settlers: Chinese Migrants in Hawaii*. Honolulu: UP of Hawaii, 1980.
- Arlene Lum (ed.). *Sailing for the Sun: The Chinese in Hawaii 1789-1989*. Honolulu: Univ. of Hawaii, Center for Chinese Studies, 1988.
- Rose Hum Lee. *The Chinese in the United States of America*. Hong Kong: Hong Kong UP, 1960.
- Wang Xinyang. *Surviving the City: The Chinese Immigrant Experience in New York City: 1890-1970*. Maryland: Rowman & Littlefield Publishers, 2001.

■その他
- Cecil Clementi. *The Chinese in British Guiana*. Georgetown: Argosy, 1915.
- Denise Helly. *Idéologie et ethnicité: Les Chinois Macao à Cuba, 1847-86*. Montréal: Presses de l'Université de Montréal, 1979.
- Lai Look Walton. *Indentured Labor, Caribbean Sugar: Chinese and Indian Migrants to the British West Indies, 1838-1918*. Baltimore: Johns Hopkins UP, 1993.
- Lai Look Walton. *The Chinese in the West Indies 1806-1995: A Documentary History*. Jamaica: Univ. of the West Indies Press, 1998.
- David Y. H. Wu. *The Chinese in Papua New Guinea: 1880-1980*. Hong Kong: Chinese Univ. of Hong Kong Press, 1982.
- Frank N. Pieke & Gregor Benton (eds.). *The Chinese in Europe*. Basingstoke: Macmillan Press & NY: St. Martin's Press, 1998.

- International Office for Migration. *Chinese Migrants in Central and Eastern Europe: The Cases of the Czech Republic, Hungary and Romania*. Brussels: Migration Information Programme, 1995.
- 陳三井『華工与欧戦』台北：中央研究院近代史研究所，1986．
- Jessie Lim & Li Yan (eds.). *Another Province: New Chinese Writing from London*. London: Lambeth Chinese Community Association & SiYu Chinese Times, 1994.
- David Owen. *Ethnic Minorities in Great Britain: Settlement Patterns*. Coventry: Center for Research in Ethnic Relations, Univ. of Warwick, 1992.
- David Owen. *Ethnic Minorities in Great Britain: Economic Characteristics*. Coventry: Center for Research in Ethnic Relations, Univ. of Warwick, 1993.
- David Parker. *Through Different Eyes: The Cultural Identities of Young Chinese People in Britain*. Aldershot: Avebury, 1995.
- Monica Taylor. *Chinese Pupils in Britain*. London: National Foundation for Educational Research, 1987.
- George Condominas & Richard Pottier. *Les réfugiés originaires de l'Asie du Sud-Est*. Paris: La Documentation française, 1982.
- François Ponchaud & François Bonvin. *Les réfugiés du Sud-Est asiatique, leur insertion en région parisienne*. Paris: Fondation pour la Recherche Sociale, 1980.
- G. Cross. *Immigrant Workers in Industrial France*. Philadelphia: Temple UP, 1983.
- 陳懷東・張良民『欧州華人経済現況与展望』台北：世界経済出版社，1998．

索引

和文事項

和文人名

欧文事項

欧文人名

漢字画数順難読語

凡例

◆ページ数を表す数字の後のl、rはそれぞれページの左段、右段を意味する。
◆見出し語(解説本文の前に掲載されている和文・欧文表記のすべて)はページ・段を太字で示した。
◆濁点、半濁点、記号類(中黒や長音)を無視して読みの五十音順に配列した。
◆その結果、同音となる場合は、下記の方法で配列を決定した。
・直音→促音(ッ)、直音→拗音(ャ、ュ、ョ)
・清音→濁音→半濁音
・中黒(・)はあるほうを優先する。
・長音(ー)はないほうを優先する。
◆上記により配列が決定しない場合、下記の方法で配列を決定した。
・用語表記のかな→カナ→漢字の順
・人名は出生年順
◆欧文はアルファベット順に配列した。欧文人名は、ファミリーネームを冒頭に出して配列している。
◆漢字表記の中国語、中国語人名は検索の便のため、索引の上では日本語読みを原則とした。ただし香港(ホンコン)、福建(フッケン)など慣用に従った場合もある。
◆漢字画数順難読語索引では、文字を総画数に従って配列した。
同一画数のなかでは、部首別とし(『大漢和辞典』の部首配列の順に配列)、部首内画数>『大漢和辞典』の検字番号>検字番号のない文字の順で配列した。

和文事項索引

［ア］

愛育善堂	626r
アイオワ大学国際創作センター	147r
『愛華』	606r
愛郷的愛国的送金	130r
アイクホー社	460l
鞋作	236l
愛国華僑	112r, 329l, 583l
愛国商社会	261l
愛国心	477r
愛国的投資	131r
愛国党	447l
愛国民族主義	103r
ICCインターナショナル	1l
愛詩詩英徳（大衆）有限公司	1l
愛着意識	63l
愛着感情	63l
IT（情報技術）	106l
アイディア商法	738r
ITコンセプト	632r
アイデンティティ	1l, 59l, 67l, 68l, 103r, 117r, 142l, 274l, 318r, 489l, 588l, 675r, 728r, 740l, 788l, 800l
愛同学校	2l
アイヌ	5r
アイルランド	796l
アオメン	736l
赤井電機	2l, 408l
アカイ・ホールディングス社	408l
アカプルコ貿易	2l, 273l, 674r, 741r
アカルチュレーション	3l, 489r
アギナルド記念館	826l
アキノ家	288l
アキノ政権	85l
秋船	559l
アクション映画	172l
アグリビジネス	7l, 39l, 40l, 272l, 330r, 696l
悪霊	372l, 627r
赤穂義士	447l
朝市	777l
旭川	724l
アサンプション商業学院	51l
アジア域内貿易	688r
アジア・インシュアランス社	426l
アジア・インベストメント・サービス社	426l
アジアウィーク	658r
アジア化の危機	863l
『アジア華文作家』	4l
アジア華文作家会議	4l
アジア華文作家協会	4l
アジア銀貨圏	6l
アジア銀行	4l, 804l
アジア銀本位圏	6l
アジア系アメリカ研究センター	17r, 464r
アジア系アメリカ人	4r, 474l, 669l, 841l
アジア系アメリカ人研究	475l
アジア系アメリカ文学	524l
アジア系外国人居留民	638l, 708l
アジア系国会議員	463l
アジア経済研究所	435l
アジア経済ブロック	705l
アジア系市長	734r
アジア系州知事	322r
アジア系女性キャスター	474r
アジア系大学長	775l
アジア系マイノリティ	8r
アジア系ミドルクラス移民	732r
アジア・シティ銀行	451r
アジア主義者	756r
アジア商業銀行	5l, 426l, 455r
アジア人女子の家	5l
アジア太平洋系	4r
アジア太平洋経済協力会議	284r, 775r, 856r
アジア太平洋不動産連盟	467l
アジア・タワー	6l
アジア通商圏	688r
亜細亜通信社	493l
アジアティック開発社	234l
アジア・テレコム	331l
アジアTV	359l
アジア・トラスト	6l, 459r, 851r
アジア内貿易	5l
アジアの奇跡	823r
アジアの時代	115r
アジア・ファイナンシャル・ホールディングス	426l
『亜細亜報』	239l
アジアワールド・グループ	6l, 459l, 851r
アジアワールド・ニューシティ	6l, 459r, 851r
足利学校孔子廟	246l
阿斯特拉集団	7l
亜洲華商国際貿易交誼会	401r
亜洲華商貿易会議	401r
亜洲銀行	4l
亜洲金融集団	732l
亜洲工商銀行	4l
亜洲国際公司集団	851r
『亜洲週刊』	6r
亜洲商業銀行	5l
亜洲商業銀行	732l
亜洲信託	472l
亜洲世界集団	6l
亜洲台湾商会聯合会総会	401r
『亜洲文化』	6r, 367l
亜洲文化叢書	367l
阿叔	36l
アストラ・インターナショナル	7l, 319l, 393l
アストラ・グループ	7l, 38r, 319l, 393l, 649l
アスパラガス王	497r
ASEAN自由貿易地域	586r
ASEAN諸国	440r
ASEAN地域フォーラム	586r
亜世集団	6l
亜太通訊衛星公司	331l
アーチ石橋	58l, 179r
アチェ	743l
アチェ人（民族）	760l, 769l
アッサム	755l
圧冬	7r
アップタウン・チャイニーズ	7r
アデレード	7r, 65r, 671l
アデレード大学	165r
亜東関係協会	827l
阿得雷徳	7r
亜特蘭大中国城	8l
アドバンスト・インフォ・サービス	330l
アトランタ	612r
アトランタ五輪	819l
アトランタ中国城	8l
亜熱帯植物移植	18r
アバカ	449l
アバ観音寺	757l
亜板	95r
亜庇	286l
アピ	286r
アヒルの卵	644l
アファーマティブ・アクション	8r, 706l
油椰子	9l
アブラヤシ	9l
アブラヤシ農園	308r, 329r, 822r
アフリカ	9l
アフリカ華僑協会	829l
アフリカの華僑・華人	9l
アフリカン・ディアスポラ	530l

884

和文事項索引（ア）

アヘン　10r, 77r, 81l, 193r, 234r, 246l, 248l, 293l, 373l, 467r, 508r, 567r, 598r, 608r, 609r, 694l, 736l, 799r, 838l, 848l
アヘン館　247r
アヘン吸飲　80r, 119l, 205l, 382l, 468r, 514r, 537l
アヘン吸飲の禁止　34r
アヘン禁止大会　11r
アヘン焼却事件　10r
アヘン戦争　10l, 11l, 12l, 24l, 82r, 92l, 222l, 338r, 374r, 398l, 512l, 577r, 624r
アヘン販売禁止　352l
アヘン貿易　731l
アヘン貿易禁止　24r
アヘン撲滅　417r
アヘン問題　11l
阿姆斯持丹　12r
アマ　11r, 170r, 292r, 299l, 398l
阿媽　11r
アマ公司　12r
奄美大島　5r
奄美諸島　12r
アマリン開発　174r, 395r
阿弥陀仏　372r
アムスティール・コーポレーション社　798l
アムステルダム　383r, 469l, 796l
アムステルダムのチャイナタウン　12r
アムール州の金採掘　543r
アメラジアン　4r
アメリカ　5r, 119l, 208l, 450l, 502l, 693r, 732r
アメリカ・アジア銀行　13r
アメリカ移民　350l
アメリカ移民法　182r
アメリカ化　148r
アメリカ華僑　173r, 270r, 271l, 347r, 429r, 516l
『アメリカ華僑実録』　14l
アメリカ華商総会　505l
アメリカ華人　47l, 49l, 105l, 412r, 426l, 462r, 499r, 520r, 526l, 537l, 709r, 779r, 798l, 807r, 812r, 852r, 860r, 861l, 861r
アメリカ華人歌劇と舞台芸術センター　462l
アメリカ華人文学　147r
アメリカ華人歴史学会　14l, 799l
アメリカ合衆国移民帰化法　740r
アメリカ合衆国最初の中国系公民　242r
アメリカ洪門致公堂⇒致公堂
アメリカ洪門致公堂

アメリカ三大中華総商会　17l
アメリカ三邑会館　14r
アメリカ資本主義　107r
アメリカ商船　645l
アメリカ人の中国人観　757r
アメリカ西北華人歴史学会　14r
アメリカ同盟総会　14r, 238l, 271l, 493l
アメリカナイゼーション運動　14r
アメリカの華僑・華人　15l
アメリカの中華会館　16r
アメリカの中華総商会　17l
アメリカの排華事件　171r
アメリカ・ハワイ互恵条約　645l
アメリカ保皇会　17r
アメリカ留学　396r
アメリカ留学組　17r
アメリカ領事　158r
アメリカン・スタンダード　289r
『アメレイシア・ジャーナル』　17r
アモイ　18l, 18r, 19l, 19r, 20l, 23r, 42r, 97l, 131r, 154l, 168l, 183l, 188l, 210r, 222l, 228r, 230l, 236r, 238r, 242r, 248r, 321l, 331r, 337l, 344r, 352l, 407l, 407r, 409l, 419r, 443r, 449l, 460r, 478r, 490r, 504r, 512l, 522l, 534l, 539l, 540l, 645l, 669l, 674l, 688r, 689l, 689r, 690r, 691l, 692l, 721l, 731l, 758r, 759r, 820l, 851r, 860l
廈門⇒厦門（かもん）
アモイ海関税務司　18l
アモイ華僑服務社　495r
アモイからの出国　20r
アモイ帰国華僑連合会　18r
アモイ経済特区　70l
アモイ語　506l, 669l
アモイ港　411r
アモイ国際銀行　736r
アモイ式簿記　18r, 131r
アモイ商人　358l, 443r
アモイ・ネットワーク　20r, 411r, 580l
アモイ米粉　692l
アヤ　11r
アヤ⇒アマ
アユタヤ　21r, 45r, 146r, 337r, 439l, 536r, 573l, 587r
阿瑜陀耶　21r
アユタヤ王　447l
アユタヤ王国　633l, 743l
アユタヤ銀行　22l, 222l, 440r, 501l
アユタヤ在住華僑　439r
アユタヤ朝　111r, 439l, 506r, 711l
アユタヤ・ディベロップメント・リー

ス　22r
アユタヤ保険　501l
アライド・カジマ　22r
アライド・グループ　22r, 821r
アライド・プロパティーズ　22r
アラスカ　202l
アラブ商人　247r
アラフラ海　680l
アララット　121l, 295l
阿里亜瑪爾加廟　587l
アリサン　206r
アリババ商法　22r, 121r
RHB銀行　23l
アルカイセリア・デ・サン・フェルナンド　23l
アルゴバンテス・グループ　538l
アルゼンチン　498r
アロー号事件　625l
アロー戦争　351l
アワビ漁　201l
安益堂　146r
安海　533l
安海港　23r
アンカーウーマン　474r
アンガウル島（パラオ）　753r
安徽省　262r
アングラマネー　733l
安渓　23r, 194r, 318r, 344r, 411r, 758r
安渓語　715r
安渓民営自動車運送会社　23r
安渓弁汽車路公司　23r
安骨堂　136r, 788r
暗殺　176l, 239l
安政開港　24l, 110l, 170l, 242l, 311r, 312r, 631l
安政五か国条約　24r, 93l, 573l, 576r, 580l, 784l
安政条約　724l
安全太平洋銀行　14l
安定　226l
『アンティ・チャイニーズ・バイオレンス・イン・ノース・アメリカ』　24r
晏店　24r
『安南供役紀事』　25l
『安南志略』　25r, 842l
安南船　527r
安平商人　23r
安平鎮　23r
安豊公司　497l
アンボン島　846l
暗碼　556l
暗黙の差別　153r
安楽園　801l
安良総堂　329l
安良堂　174l, 329l, 474l, 609r

885

和文事項索引（ア～イ）

安老院	847*l*

［イ］

医院	128*r*, 847*l*
イエズス会士	740*l*
イエドウ号事件	26*l*
家を守る	179*l*
硫黄	69*l*, 187*l*, 496*l*, 581*r*, 599*r*
位階秩序	97*l*
位階田	146*r*
医学博士	566*r*
筏式海面養殖	201*r*
医学校	388*r*
伊佳蘭	**58***l*
維甘	**659***l*
衣館	413*l*
壱岐・対馬	**26***r*, 187*l*, 496*l*
イギリス	5*r*, 315*l*, 442*r*, 795*r*, 853*l*
イギリス王立アジア学会	128*l*
イギリス華人	842*r*
イギリス議会文書	139*r*
イギリス商社買弁	312*r*
イギリス商人	237*l*
イギリス崇正総会	795*l*
イギリス駐在官	777*r*
イギリスの海上活動	2*r*
イギリス東インド会社	
	90*r*, 337*r*, 338*r*, 624*r*, 710*r*, 743*r*
イギリス東インド会社船	853*l*
イギリス綿布	599*l*
衣錦還郷	490*l*
育英学校	100*l*, 707*l*
育僑中学	99*l*
育才小学校	833*l*
育民公学	27*l*, 100*l*
伊倉	556*l*
囲碁	112*l*, 567*l*
囲碁棋士	285*l*, 834*r*
異国船打払令	527*l*
『異国漂泊記』	27*l*
遺骨	492*l*
遺骨送還	347*r*
遺産相続	272*r*
医師	35*r*, 150*l*
石垣島	79*l*, 555*l*, 851*r*
石工	310*r*
石伝説	718*l*
石の家	659*r*
移住	27*r*, 490*l*
移住機関	341*r*
移住資金	184*l*
移住者集団	530*l*
移住制限	340*l*
移住の地域的連続性	27*r*
移住の動機	587*l*
移住目的	209*r*

移情閣⇒孫中山記念館	
移情閣	268*l*, 276*l*, 428*l*
怡錩号	76*l*
偉昌鋼鉄	305*l*
維持和平仲裁委員会	610*l*
『イースタン・ウェスタン・マンスリー・マガジン』	**28***r*
『イースタン・エキスプレス』	564*r*
『イースタン・サン』	**28***r*
イースト・エンド	853*l*
イスラム	476*l*, 633*l*, 653*l*, 656*l*, 674*l*, 743*l*
イスラム化	143*l*
イスラム改宗	42*l*, 84*l*, 160*r*, 739*l*
イスラム改宗運動	29*l*
イスラム教	28*r*, 117*r*, 342*l*, 639*l*
イスラム教育	656*r*
イスラム教受容	**28***r*
イスラム兄弟協会	**29***l*, 342*r*
イスラム教徒	143*r*, 290*l*, 342*l*, 408*l*, 743*r*
イスラム国家	739*l*
イスラム商人	5*l*, 97*l*, 739*r*
イスラム聖人	391*l*
イスラム同盟	30*l*
イスラム同盟党	30*l*
怡生号	267*r*
偉成鉄絲廠	305*l*
偉成発集団	**304***r*
遺体処理	714*l*
意大泰集団	30*l*
板ガラス製造	456*r*
委託投資	142*l*
イタリア	399*l*, 795*r*
維多利亜	660*l*
イタリアン・タイ・ディベロップメント	30*r*, 470*l*
イタルタイ	30*r*
イタルタイ・グループ	440*r*, 470*l*
一業一幇	61*r*, 593*l*
一元二位制	397*r*
一国家二制度	496*l*
一国家両制度	392*l*
136部隊	30*r*, 380*r*, 524*r*, 810*l*, 823*l*
一時滞在精神	800*l*
『壱週刊』	836*l*
一瀬橋	58*l*
一栗園	139*l*
市場町研究	385*l*
一覧橋	238*l*, 762*l*
逸園	648*l*
一華一元	661*l*
一貫道	30*r*, 685*l*
一脚踢	12*l*
イック・ウオ対ホプキンス裁判	413*l*
『一個頭家』	69*l*

一斉休業	631*l*
逸然	69*l*
一般僑郷	191*l*
一夫多妻婚	119*l*
イデオロギー対立	705*l*
伊豆号事件	**26***l*
移動のコスト	278*l*
移動の自由	65*l*
移動の制限	618*l*
糸掛役	140*l*
糸抜きかがり	505*r*
糸割符	**31***r*, 172*r*, 553*r*
糸割符制度	587*l*
糸割符仲間	647*r*
糸割符貿易	140*l*
稲佐	284*l*
稲佐国際墓地	284*l*
稲佐国際墓地管理委員会	32*l*
稲佐唐人墓地	**32***l*, 312*r*, 416*l*, 581*l*
位牌	492*l*, 831*l*
異文化間接触	59*r*
異文化との接触	116*l*
イブン・バットゥータ	410*r*
怡保	**32***r*
イポー	**32***r*, 33*l*, 191*r*, 833*l*, 833*r*
偉豊鋼鉄廠	305*r*
怡保花園	**33***l*
イポー花園	**33***l*
イポー華僑	168*l*
移民⇒移住	
移民	63*l*, 373*r*, 504*l*
移民街	853*l*
移民家族問題	434*l*
移民官	490*l*
移民局	619*l*, 832*l*
移民クオータ制度	33*l*
移民契約	746*l*
移民国家	450*r*
移民資格審査	619*l*
移民資格申請	709*r*
移民周旋業者	231*l*
移民少数グループ	767*l*
移民審査	64*l*, 230*r*, 512*r*
移民制限⇒排華法	
移民制限	637*l*
移民制限法	328*l*, 609*l*, 619*l*, 620*l*, 627*l*
移民政策	89*l*, 128*r*, 207*r*
移民選別	207*r*
移民第1世代	117*r*
移民多様化計画	33*r*
移民潮	732*l*
移民停止	620*r*
移民同化運動	14*r*
移民統制	207*r*
移民都市	729*l*
移民の斡旋人	383*l*

和文事項索引（イ～ウ）

移民のタイ往来	505r	ペーパー	40r, 329r	インドネシア華僑難民	123r
移民のピーク	506r	陰宅風水	677r	インドネシア華人	29r, 161l, 208r,
移民の雇主	231l	インターネット	63r, 104l, 133l, 141l,		362r, 632l, 647l, 683l, 686r, 808l,
移民排斥	120l		402l, 607l, 772l, 845l		810r, 818r, 859l
移民ブーム	601l	インターネットカフェ	607r	インドネシア華人芸術家協会	821l
移民文学	737r, 748r	インターネット・ニュースサイト		インドネシア華人党	351l, 391r, 460r
移民法	351r, 352l, 648l		35r	インドネシア・カトリック党	362r
移民法違反	384l	インチク	36l	インドネシア共産党⇨9月30日事件	
移民法改正	570r	インチック	806l	インドネシア共産党	
移民保護	351r	インティ・インドレーヨン・ウタマ			216l, 351l, 460r, 494l, 643l, 675r
移民募集	229r		36l	インドネシア国籍華人	703l
移民募集機関	351l	インディペンデント系映画	861l	インドネシア国籍華人基本政策	38l
移民マイノリティ	3l	インド	160r	インドネシア国籍協議会	643l
移民モデル	88l	インド移民	291l	インドネシア国籍評議会	
移民輸送	537r	インド英語	11r		37l, 351l, 494r, 548l
移民労働者		インド華裔	453r	インドネシア国民	594l
	91l, 138l, 221l, 229r, 234r, 294r, 618r	インド華僑	36r, 160r, 779r	インドネシア語紙	69l
移民労働力	109r, 119l	インド華僑人文学者	453r	インドネシア史研究	68r
移民労働力の定義	224r	インド華人	755l	インドネシア人民運動会	835r
移民論	545r	インド産綿花	248l	インドネシア戦略国際問題研究センタ	
移民論争	701r	インドシナ	102r, 589l, 644l	ー	385r, 650l, 658l, 859l
移民割当て	621l	インドシナ華人難民	324l	インドネシア大統領令第10号	621r
移民割当制度	15r, 33l	インドシナ系華人	850l	インドネシア中華僑団総会	333r
維網派	609l	インドシナ系中国系難民	446l	インドネシア中華党	391l, 835l
『イヤー・オブ・ザ・ドラゴン』		インドシナ中国系難民	795l	インドネシア独立運動	79r
	34l, 474l	インドシナ難民⇨難民		インドネシア独立闘争	151l
医薬品小売チェーン	738r	インドシナ難民		インドネシア・ナショナリズム	82r
偉雄鋼板	305l		80r, 154l, 589l, 726l, 770r	インドネシアの華僑・華人	37l
依利安達国際	62l	インドシナ半島	99r	インドネシア不動産業協会	467l
入江商店	34l	インド商人	97l	インドネシア文学の先駆者	697l
西表炭坑	79l	『インド商報』	36l	インドネシア民族解放運動	150r
いりこ	452r	『印度商報』	36r	インドネシア民族主義運動	136l
煎海鼠	560l, 564l, 584r	インド人	206r, 450l	『インドネシアン・チャイニーズ・イ	
医療設備	541r	インド人街	773l	ン・クライシス』	38r
イルクーツク	543l	インド人労働者	212r	インド綿布	2r
慰霊碑	654r	インド茶	6l	インド洋	5l, 590l, 828r
イロイロ	81l	印度中華総商会	36l	イントラムロス	23r, 742l
頤老院	336l, 847l	インド中華総商会	36l	印尼化繊廠	36l
岩倉遣欧大使	161l	インド難民華僑事件	36l	陰陽師	677r
怡和軒倶楽部	34r	『印度尼西亜日報』			
怡和軒精神	34l		37l, 122r, 196l, 594l	**[ウ]**	
怡和号	34r, 267r, 627r	『印度日報』	36l	ウィークリー・エンターテインメン	
印僑	63r, 106l	インドネシア	9l, 12r, 22r, 36r, 37l,	ト・クラブ	639l
インキリーノ	34r, 763r, 814r		56l, 100l, 102r, 109r, 113l, 118r,	ウイグル人	353l
イングルウッド号事件	35l		121l, 140r, 142r, 146l, 201l, 272r,	ウイグル族	477l, 543r, 755l
隠元	683l		291l, 308l, 309r, 342l, 357r, 385r,	ウイグル族華人	477l, 595l
印刷業	676r, 785l		386l, 450l, 455r, 500l, 535l, 567l,	ウイスキー戦争	40r, 51r, 473l
印刷術	112l		567r, 586r, 589l, 589r, 593r, 636l,	ウイスキー専売	40r
印刷メディア	197l		681l, 686l, 697l, 795l	ウィーバービルの械闘	41l
隠者の王国	509l	インドネシア・イスラム華人連合		ウィハラ・アリヤ・マルガ	587l
引叔	36l		29r	ウィラダヤ	58r
飲食業	77l	インドネシア・イスラム同盟党	30l	ウィラメタクーン家	803l
インスタント麺	308r	インドネシア外僑雇用法	36r	ウィルソン・パーキング社	319l
インスタントラーメン	25l, 77l	インドネシア華僑		外郎	44l
姻戚関係	803l		194r, 331r, 535l, 766l, 812r	外郎売	44l
インダ・キアット・パルプ・アンド・		『インドネシア華僑史』	299l	ウィーロック	44l, 859l

887

和文事項索引（ウ～エ）

ウィンオン・インターナショナル・ホールディングス	44*l*	永安堂国薬行	288*r*	衛生管理	541*r*
ウィンタイ・ホールディングス	44*r*	永安百貨店	44*l*, 54*l*	衛星港	23*r*, 615*l*
ウィン・ルーク・アジア系博物館	322*r*	永安紡織印染公司	54*l*	衛星事業	447*l*
ウェースカーメル孤児院	660*r*	永安紡織会社	54*l*	衛星通信	330*l*
ウェストミンスター	850*l*	永安有限公司	54*l*	衛星通信事業	330*l*
ウェスト・レイク不動産	45*l*, 505*l*	永安和	54*r*, 283*r*	永生の縁起	204*l*
『ウェディング・バンケット』	807*r*	映画	141*l*	衛生の改善	34*r*
ウェハート・チャムルーン	45*r*	『瀛涯勝覧』	54*r*, 409*l*, 536*r*, 542*l*, 542*r*	衛星放送	488*r*
ウェリントン中華会館	45*r*	映画館	849*l*, 860*l*	衛生保養院［神戸］	56*r*, 379*l*
ウォールストリート証券	40*l*	映画館経営国民化条例	672*l*	永生隆	56*l*
ウォンペチャブン社	652*l*	映画監督	21*l*, 34*l*, 46*l*, 49*l*, 161*l*, 243*r*, 359*l*, 462*r*, 509*l*, 526*r*, 527*r*, 679*l*, 713*l*, 776*r*, 798*r*, 804*l*, 807*l*, 810*l*, 823*r*, 842*r*, 848*l*, 861*l*, 863*r*	永泰	44*r*, 411*r*
ウォンリー・グループ	46*l*, 47*r*, 651*l*			永代借地権	304*l*
ウォンリー一家	46*l*, 437*r*, 440*l*, 651*l*, 803*l*			永代租借権	73*l*
				永定	57*l*, 635*l*
浮き地獄	223*l*	盈科集団	632*r*	永定県の客家	443*r*
請負い公司	278*r*	映画女優	347*l*, 388*l*, 463*l*, 526*l*	永春国営猛虎果林場	766*l*
請負制度	703*l*	映画スター	761*l*, 799*l*	ABC	465*r*
宇治	641*r*, 752*r*	映画製作	491*r*	『英文虎報』	285*r*
烏戎潘当	49*l*	映画製作会社	293*r*, 355*r*	英文碑銘	368*l*
ウジュンパンダン	49*l*	映画の普及	568*l*	永楽銭	57*l*
臼杵	32*l*, 49*r*, 496*l*, 556*r*	映画プロデューサー	511*r*, 526*r*	永楽通宝	57*l*
ウズベキスタン	543*r*	永記号	54*r*, 171*r*	英領ギアナ	26*l*, 270*l*, 498*l*, 727*l*
ウズベク族	543*r*	永吉昌匯兌信局	55*l*	衛良局	57*r*
宇宙飛行士	471*l*, 862*l*	永久居住権	618*l*	英領マレー	681*l*
宇宙物理学者	344*l*	永久合法居留民	194*l*	『英和字彙』	641*r*
海協	91*r*	営業鑑札税	618*r*	潁川	225*r*, 562*l*
海のシルクロード	344*r*	永業公司	815*r*	潁川氏	562*l*
「海」の中華系経済	485*l*	永義和	283*r*	『益群報』	716*r*
海の中国	52*l*, 154*r*, 223*r*	営口	692*l*	疫病	134*l*, 637*l*
梅ヶ崎町	57*l*, 235*l*, 311*r*, 321*r*, 374*l*, 398*l*, 466*l*, 576*r*, 716*r*, 751*l*, 827*l*	永興号	55*l*	疫病流行	92*l*
		英語教育	75*l*, 215*l*, 366*l*, 388*r*, 480*r*, 639*r*	役務契約	230*l*
梅ヶ崎唐船繋場	52*r*	英語教育エリート	113*r*	益隆号	324*l*
ウラジボストーク	601*l*	英語教育グループ	381*l*	益和樹胶公司	460*l*
ウラジボストーク華僑連合会	780*l*	英国籍華人	388*l*	エクアドル	498*r*
盂蘭盆会 ⇨ 普度		英国への義務	388*l*	エクイタブル銀行	58*r*, 282*r*, 673*r*
盂蘭盆会	246*l*, 423*l*, 687*r*, 693*r*	英国への出稼ぎ	858*r*	エクイタブルPCI銀行	58*l*
盂蘭勝会	61*l*, 282*l*, 435*l*, 492*r*, 693*r*	英語圏先進3か国	102*r*	エクラン	58*l*
運棺	53*l*, 546*l*, 603*l*, 788*l*	英語試験	609*l*	SMプライム・ホールディングス	322*l*
雲高埠	648*l*	エイサー・グループ	55*l*	エステート	290*r*
運送業者	414*r*	『エイジアン・ウォール・ストリート・ジャーナル』	55*r*	エステート労働者	291*l*
雲台雕	71*l*			エストラダ政権	461*l*
雲頂集団	234*l*	英字紙	141*l*, 302*l*, 388*l*, 469*r*, 564*r*, 692*r*	エスニシティ	58*r*, 68*l*, 706*l*
雲南回教徒	757*l*	英字週刊誌	670*l*	エスニシティ論	457*r*
雲南華僑	640*l*, 761*l*	英字新聞	400*l*	エスニック・アイデンティティ	1*r*, 457*r*, 805*r*
雲南人	751*r*, 757*l*, 812*r*	永住権	120*l*	エスニック・グループ	420*r*
雲南銅	564*l*	永住権取得者	113*l*	エスニック研究	1*l*
ウーン・ブラザーズ社	125*l*	永住者	94*l*, 332*l*, 348*r*	エスニック・チャイニーズ	59*r*, 151*l*, 740*l*
[エ]		永春	54*r*, 55*r*, 165*r*, 691*r*, 766*l*, 812*r*, 832*r*	エスニックビジネス	850*l*
恵安	321*l*, 411*r*, 758*r*	永春会館	56*l*, 691*l*	エスニック評議会	527*l*, 646*l*
永安系企業集団	54*l*	永春語	715*r*	エスノセントリズム	59*r*
永安公司	44*l*, 436*l*	永春北硴華僑茶果場	442*r*	SPグループ	500*l*
永安国際集団有限公司	44*l*	永昌和事件	56*l*	SP国際	500*l*
永安堂	726*r*, 751*l*	英植民地省	735*r*	蝦夷地	575*l*

888

和文事項索引（エ～オ）

粤海関	169r, 236r, 247r	閻王	116l	王室華人	22l
粤海清廟	174l, 371l	燕窩	529l	王室資金	472l
『越華晩報』	514r	沿海地域経済発展戦略	62r	王室独占貿易	146r
粤漢鉄道	50r, 508l	沿海貿易	236r	王室貿易	22l, 111r, 439l, 624r
越境	769l	遠隔地ナショナリズム	63l, 583l	欧州華僑華人社団聯合会	796r
粤僑公塚	60l	円貨決済網	714r	欧州華人学会	795l
越境中国人	421l	沿岸汽船	537r	澳州僑青社	79r
粤曲	60l	沿岸ジャンク貿易	504l	『欧州時報』	491r
粤曲茶座	60l	燕京華僑大学	63r, 504r	『澳洲新報』	197l
エッグ・フウヨン	60l	燕京大学	242l, 347l	欧洲崇正総会聯合会	795l
粤劇	60l, 232r, 467r, 481r, 783l	燕京図書館	242l	欧洲同盟会	493r
粤語	60l, 167r, 737l	延興坊庙	638l	『欧州日報』	845l
粤菜	170r	園芸職人	840l	王醮	83r
醮		円形土楼	57l	黄色人種	239l
閩書報社	360r	園芸農業	377r	汪精衛国民政府	480r, 600r, 790l
粤人	233r	縁故	224r	王船	70r, 83r
越青幇	60r	炎黄子孫	255r	王先生	69l
粤東会館	638r	エンジェル島	63r, 619l	王台農場	125r
越南	504r	煙糸行	236l, 236r	澳大利亜籌餉会	80l
『越南華僑商業年鑑』	60r	エンジニア	764r	澳太利亜連邦華人大会	81l
『越南雑記』	61l	演出家	798l, 863r	黄檗画像	69r
越南東京〔トンキン〕中華商会	623r	塩商	564l	黄檗山	641r
粤方言	138l	援蔣ルート建設隊	39l	黄檗山万福寺	683l, 752l
『越棉寮行』	196r	苑生号	356l	黄檗宗	35l, 57r, 69r, 72r, 258r, 262r, 302r, 422r, 561l, 562r, 569l, 641l, 681l, 681r, 683l, 752r, 756r
『粤遊小志』	717r	演説街	651r		
越隆潮州山荘	61l, 492l	塩倉集団	217r		
江戸開市	93l	燕梳保険公会	236r	黄檗僧	57r, 139l, 181l
江戸昌平黌	531l	煙台	315r, 511l	黄檗文化	35l
『江戸長崎談叢』	666r	煙台張裕葡萄醸酒公司	511l	王彬街	85r
エドモントン・ベトナム華僑聯誼会	844r	遠東学堂	83r	王府井ショッピングセンター	809r
NTSグループ	310l	遠東銀行	41l, 432l	欧文簿記条例	621r
NT鋼鉄	310l	遠東国家銀行	670l	オウム	736l
エバーグリーン・グループ	61l, 503l	遠東集団	864r	澳門⇨マカオ	
エバーグリーン・ローレルホテル	61r	遠東信託銀行	670l	澳門	736l
夷港	304l	『遠東日報』	64l, 514r	澳門国際銀行	736l
エビ底引網漁	201r	捐納	793r	澳門事務弁公室	200l, 829r
エビそば	61l	煙葉行	236r	澳門人	736l
蝦麺	61r	遠洋進出	689r	澳門紳士	736l
エビ養殖	141r	厭穢	64r	澳門特別行政区	737l
MKグループ	500r			『澳門日報』	133r, 491r, 737l
MT銀行	432l	[オ]		王爺	70r, 83r, 551r
MTグループ	387r, 432l, 438l	欧華会議	794r	王爺会	381r
MPH社	335l	王家外事件	66l	王爺廟	70r
MBfグループ	846r	『欧華学報』	795l	応和会館	90l
MBfホールディングス	62l, 846r	澳華公会	329l	大字回教堂	743r
エリス島	64l	欧華聯会	795l, 796r	大分	71r, 496l
エリート華人	818r	王敬祥関係文書	66r	大浦	576r
エル・ドラド	294l	押工	95l	大浦外人居留地	436l
恵霊頓	45r	『黄金海岸』	67l, 380r	鉅鹿	562r
エレク・アンド・エルテク・インターナショナル	62l	『黄金世界』	139l	大型デパート	634r
エレクトロニクス企業	829l	黄金潮	339l	大型リゾート地区開発	303r
延安	62r	黄金の三角地帯（閩南）	23r	大久保	553l
延安華僑救国聯合会	62r	黄金仏	444l	大坂	554l
延安華僑聯合会	62r	王氏	562r	大阪	34r, 56r, 71r, 72r, 74l, 74r, 75r, 77r, 78l, 241l, 250r, 266l, 304l, 375r, 378r, 585r, 598l, 598r, 601l, 724l,
		枉死城	67r		
		鴨仔胎	644r		

889

和文事項索引（オ～カ）

	790*r*, 827*l*	オーシャン・トランプ	79*r*	オランダ領東インド	
大阪衛済堂病院	71*r*	オーストラリア	65*r*, 79*r*, 119*l*, 208*r*,		193*r*, 435*r*, 450*l*, 681*l*
大阪開市	78*l*, 93*l*	237*l*, 450*l*, 498*r*, 618*r*, 636*l*, 671*r*,		オラン・チナ	83*l*, 671*r*
大阪華僑	71*r*, 72*l*, 73*r*	720*r*, 732*r*		オラン・ラウト	201*r*
大阪華僑青年会	71*r*	オーストラリア華僑	80*l*, 546*l*	オリエンタル	4*r*
大阪華僑総会	72*l*, 75*l*, 77*l*, 77*r*	オーストラリア華僑史	797*r*	オリエンタル・スクール	83*l*
大阪華僑婦女会	72*l*	オーストラリア華商	65*r*	オリエンタル特急	30*r*
大阪華商	75*r*	オーストラリア華人		オリエンタル・ホテル	30*r*
大阪華商商会	72*l*, 75*r*		658*l*, 679*l*, 797*r*, 848*r*	オリエンタル・ホールディングス	
大阪川口⇨川口		オーストラリア華人史	68*l*		83*l*
大阪	76*l*, 162*l*, 244*l*, 599*l*, 694*r*	オーストラリア華人第1次大会	81*l*	「オールチロルト・シネチレル」政策	
大阪川瀬商店	72*r*	オーストラリア僑青社	79*r*		769*r*
大阪関帝廟	71*r*, 72*r*, 73*r*, 76*l*, 78*l*	オーストラリア国立大学	67*l*	オールドチャイナタウン	
大阪居留地	72*r*	オーストラリア進出	66*l*		203*r*, 663*r*, 683*l*
大阪広業公所	262*r*	オーストラリア台湾友好協会	497*r*	オルペブラ	708*r*
大阪江蘇同郷会	73*r*	オーストラリア致公堂	466*l*	オレゴン	201*r*, 202*l*
大阪三江公所	74*l*, 76*l*	オーストラリア籌餉会	80*l*	卸売業・小売業の活動停止	659*l*
大阪三光社	74*l*	オーストラリア伝統文化計画	329*l*	オロヤ	821*l*
大阪商船	74*l*, 76*r*, 162*l*, 244*r*, 601*l*	オーストラリアの華僑・華人	80*l*	OYLインダストリーズ	214*l*, 750*r*
大阪商人	162*l*	オーストラリアの香港人	679*l*	瘟疫神	70*r*, 83*l*
大阪商務総会	76*r*	オーストラリア連邦華人大会	81*l*	温哥華	648*l*
大阪庶民信用金庫	493*l*	オーストラリアン・オブ・ザ・イヤー		温哥華中山公園	648*l*
大阪振華小学校	72*l*, 76*l*, 76*r*		476*l*	音楽	82*l*, 112*l*
大阪総商会	77*l*	オーストリア	795*r*	音楽家	742*r*
大阪中華学校	74*r*	オタゴ地方	609*l*	音楽プロデューサー	852*r*
大阪中華従善会	75*l*	小田原	44*l*	温敬賢の二重国籍問題	84*l*
大阪中華商務総会	72*l*, 75*r*	男社会	358*l*	温州	124*l*, 795*r*, 796*l*
大阪中華総会	72*l*, 75*l*, 77*l*, 130*l*	オーナー経営者	144*l*	温州市	84*r*
大阪中華総商会	72*l*, 74*r*, 75*r*, 76*l*, 76*r*	オーバーシーズ・チャイニーズ	105*r*	温州人	192*l*, 644*l*
大阪中華南幇商業公所		オーバーシーズ・ユニオン・バンク		温州大学	84*r*
	74*l*, 75*l*, 75*r*, 379*l*		161*l*	オンピン街	85*r*
大阪中華北幇公所	72*l*, 75*l*, 75*r*, 76*r*,	親方	544*l*	恩平	87*l*
162*l*, 379*l*, 424*l*, 664*l*		親方制度	664*l*	恩平県	341*l*
大坂銅座	577*r*	お雇清国人	82*l*, 253*l*	「恩平文史」	87*l*
大坂銅吹屋	577*l*	親子分関係	239*l*		
大阪南京寺	752*r*	オランダ	5*r*, 535*l*, 795*r*, 805*r*	[カ]	
大阪の華僑・華人	76*l*	オランダ華僑総会	311*r*	靴鞋行	236*r*
大阪の近代化	76*r*	オランダ軍	856*l*	ガアウジ	217*r*
大阪博愛診療所	77*r*	オランダ国籍法	136*l*, 349*l*, 647*l*	ガイアナ	861*l*
大阪博覧会事件	77*r*	オランダ式学校	82*r*	ガイアナ華人移民記念碑	87*l*
大阪兵庫外国人居留地約定書	78*l*	オランダ商館長	155*r*	会安	713*l*
大阪福井商店	78*l*	『オランダ商館日記』	544*r*	淮安	562*l*
大阪福建同郷会	78*l*	オランダ人	93*l*	夏威夷第一聯美銀行	646*l*
大阪分銅社	78*l*	オランダ臣民法	82*r*	海員	688*r*
大阪マッチ会社	270*l*	オランダ船	82*r*, 587*r*	海運	82*l*
大島町事件	167*l*	オランダ中華会	460*r*	海運王	224*r*
大鶴商店	78*l*	阿蘭陀通詞	336*l*, 571*r*, 768*l*	海運業	350*l*
大海日	628*l*	オランダ東インド会社	9*l*, 37*r*, 82*l*,	海運業務	47*r*
オーガスティン・ハード商会	516*r*	101*r*, 203*l*, 258*l*, 333*l*, 391*l*, 476*l*,		外華	223*r*
沖仲士	452*l*	515*r*, 633*l*, 633*r*, 656*l*, 702*r*, 743*r*,		海外移住	27*r*, 490*l*
沖縄華僑総会	79*r*	753*l*, 856*l*		海外移住の現実性	494*l*
沖縄の華僑・華人	78*r*	オランダ東インド政庁		海外移住の必然性	494*l*
奥船	559*l*		82*l*, 193*r*, 258*l*, 280*l*, 633*r*	海外移住のプッシュ要因	494*l*
億彬企業集団	500*l*	阿蘭陀風説書	82*r*	海外移動	543*l*
オークランド	317*r*, 323*l*	阿蘭陀屋敷	93*l*	海外移民を公認	358*l*
オーケストラ指揮者	836*l*	オランダ領人民	194*l*	『海外恩平人』	87*l*

890

和文事項索引（カ）

『海外華裔精英』	87*l*	
海外華僑	177*l*	
海外華僑工作	123*r*	
海外華僑商人	10*l*	
海外華僑新聞	133*r*	
海外華商金融機構	418*r*	
海外華人家庭	88*l*	
『海外華人経済叢書』	418*r*	
海外華人経済叢書⇨曾慶輝（人名）		
『海外華人研究』	87*r*	
海外華人研究学会	87*l*	
『海外華人作家散文選』	87*r*	
『海外華人作家小説選』	87*r*	
海外華人社会研究叢書	87*r*	
海外華人青少年叢書	88*l*	
海外華人と中国	88*l*	
海外華人の宗教信仰	88*l*	
『海外華人百科全書』		
88*l*, 104*l*, 297*r*, 344*l*, 369*r*, 401*l*, 658*r*		
海外関係	126*l*, 178*l*, 191*r*, 483*r*,	
702*l*, 831*l*, 848*l*		
「海外関係」批判	108*l*	
『海外紀事』	88*r*	
海外僑胞	176*r*, 319*l*	
『海外月刊』	88*r*	
海外月刊社	88*r*	
海外五洲中華憲政会僑民	17*r*	
海外出土陶磁	544*l*	
海外出版社	88*r*	
海外娼妓	512*l*	
海外情報	82*r*, 560*r*	
海外親族	191*l*	
海外信託銀行	730*r*	
海外直接投資	269*r*	
海外出稼ぎ	12*r*, 90*r*, 635*l*, 718*l*	
海外逃避	109*l*	
海外渡航禁止	515*l*	
海外農園開発	9*l*	
『海外排華百年史』	89*l*	
『海外福建名人録』	89*l*	
『海外文摘半月刊』	88*r*	
外貨獲得	20*r*	
改革・開放	154*l*, 228*l*	
改革・開放政策		
18*r*, 131*r*, 224*r*, 423*r*, 484*r*		
改革・開放路線	483*l*	
『海華雑誌月刊』	199*r*	
海華体育祭	133*r*	
会館⇨公所		
会館	28*l*, 50*l*, 89*l*, 94*r*, 115*r*, 128*r*,	
166*l*, 286*l*, 292*r*, 350*r*, 371*l*, 380*l*,		
414*l*, 417*l*, 424*r*, 438*l*, 477*r*, 507*r*,		
550*l*, 607*r*, 715*r*, 810*r*		
海関	92*l*, 169*l*	
会館志	507*l*	
海関職員	659*r*	
華夷観念	59*r*
会館の歴史	157*l*
会館録	90*l*
海基会	91*l*
海折事件	90*l*
会議室	607*r*
海客	90*r*, 183*r*
階級的アイデンティティ	1*r*
回教	661*r*
海峡英籍華人公会	388*r*, 418*l*, 749*r*
海峡華英協会（SCBA）	457*l*
海峡華人	90*r*, 292*r*, 417*r*, 639*l*, 718*r*
海峡華人協議会	457*r*
『海峡華人雑誌』	417*r*
海峡華人社会	91*r*
海峡華人フットボール協会	35*r*
海峡漁業	201*r*, 626*l*
海峡交流基金会	91*l*, 284*r*, 497*l*
海峡出生華人	639*l*
海峡植民地	91*l*, 157*r*, 193*r*, 224*l*,
358*l*, 386*l*, 567*r*, 622*r*, 624*r*, 635*l*,	
639*l*, 652*r*, 659*r*, 709*l*, 735*r*, 743*r*,	
757*l*, 801*l*	
海峡植民地総督	224*l*
海峡錫	234*r*, 386*l*
回教徒華人	757*l*
海峡両岸	91*l*, 489*l*, 740*l*, 809*l*
海峡両岸関係協会	
91*l*, **91***l*, 284*r*, 497*l*, 839*l*	
海禁	91*r*, 111*r*, 142*l*, 169*r*, 277*l*, 352*r*,
420*l*, 512*l*, 855*r*	
海禁政策	490*r*
海禁令	143*l*, 167*r*, 556*r*, 633*l*, 656*l*
海軍提督	815*r*
海軍伝習所	161*l*
回鶏	100*r*
開元寺仏殿	699*l*
『海語』	64*r*, 92*r*, 573*l*
海口	98*l*, 100*l*, 124*l*
海寇	69*l*, 164*l*, 169*r*, 533*r*, 534*l*, 579*r*,
816*r*, 855*r*	
外交官	71*l*, 235*r*, 281*l*, 287*r*, 314*l*,
406*r*, 502*r*, 701*r*	
外江漢劇	467*r*
海口市	99*l*, 99*r*
『海交史研究』	411*l*
開港場	93*l*, 110*l*, 128*r*, 266*r*, 303*r*,
393*r*, 529*l*, 573*l*, 576*r*, 597*r*, 784*l*	
外交部商務専員	479*r*
開国	91*l*
開国勧告	82*r*
外国汽船会社	537*r*
回国僑民	176*r*
外国僑民	92*r*, 708*r*
外国僑民登録	**92***l*
外国商社	623*r*
外国商社の神戸移転	73*l*
外国人学校	75*l*
外国人学校禁止	122*r*
外国人学校法案	827*l*
外国人居留地	72*r*, 78*l*, **93***l*, 162*l*,
204*r*, 260*r*, 263*l*, 304*l*, 335*r*, 378*l*,	
573*l*, 576*r*, 578*l*, 580*r*, 605*l*, 691*r*	
外国人経済	109*l*
外国人登録	348*l*, 499*r*, 573*l*
外国人登録法	**93***r*, 301*r*, 332*l*, 348*l*
外国人登録令	301*r*
外国人土地所有権制限	509*r*
外国人取締役	405*l*
外国人の小売商排斥	122*r*
外国人の雑居	263*r*
外国人の雑居禁令	638*l*
外国人の遊歩区域	24*r*
外国人労働者	278*l*
外国籍華僑	38*l*
外国籍華僑の就業管理	36*r*
外国籍華人	191*l*
外国籍小売商排斥	**94***l*
外国籍チャイニーズ	740*l*
外国船コック	262*r*
回国的中国公民	176*r*
『海国聞見録』	**94***r*, 378*l*
外国貿易港	18*l*
外国貿易のフィリピン化	675*l*
開境祖師	551*r*
ガイサノ百貨店	81*r*, 407*l*
海山会	**94***l*, 176*l*, 442*l*, 662*r*
海山公司	94*r*, 212*l*
海産物	56*l*, 76*l*, 85*l*, 235*l*, 452*r*, 505*r*,
598*r*, 601*l*, 653*r*, 692*l*, 715*r*, 751*r*,	
774*r*, 790*l*, 827*l*	
海産物華商	631*r*
海産物貿易商	34*r*
海産物輸出	34*l*, 54*r*, 382*r*, 398*r*, 856*l*
海産物流通	585*l*
外資	667*r*
外資系企業	125*r*
外事警察	110*r*
外事警察概況	110*r*
外事警察資料	110*r*
外事警察報	110*r*
外事月報	110*r*
海事交渉史	128*r*
海事史	128*r*
開市場	73*l*, 93*l*, 303*r*
外資導入	132*l*, 168*l*
回賜品	97*l*
会首	207*l*
改宗	143*l*
改宗者	742*l*, 763*l*
街坳坊	100*r*
会所	89*l*, 168*l*, 374*r*, 433*l*, 434*r*, 438*l*,

和文事項索引（カ）

	442r, 558l
海商	23r, 49r, 71r, 96r, 169r, 312l, 688r, 717l
海上安全	663r
海上企業	95r, 142l
海上交易活動	490l
海上交通	588l
海上交通史	417r
海上商業	92r, 690l
開漳聖王	96l, 551l
外省籍	547r
海上反乱勢力	92l
海上貿易	554l
海上密貿易	419r
外食	772r
外人居留地大浦	565r
改姓	545l
改姓改名	548l
匯西（潮洲）山荘	492l, 826r
外籍華人	151l, 175l
海鮮	96l
匯川企業集団	306r
匯川米業	306r
海鮮酒家	96l
回葬	53r, 379r
海藻採取	202l
階層的複合社会	111l
海賊	18l, 96l, 614r, 838l
回族	28r, 252l, 353l, 477l, 521r, 543l
ガイ族	712r
海賊行為	851r
回台僑生	519r
開拓移民	483l
開拓使函館支庁	252r
開拓者精神	627r
開拓精神	169l, 374l
開拓農家	79l
海壇島	180r
華夷秩序	96l
海澄	97l, 411r
外諜容疑	714l
買付け商人	291l
改訂商会法	350l
回転寿司	58l
海天楼	97l
械斗	97l
会党⇨秘密結社	
会党	158l, 231l, 270r, 298l, 298r, 646r, 661r, 694l, 735r, 785l
海盗	96l
械闘	15r, 42l, 97l, 98l, 146r, 167r, 176l, 219l, 233r, 313r, 405r, 411r, 421l, 421r, 434l, 442l, 491l, 505r, 609r, 659r, 848l, 859l
外島	697l
会同館市易	163l
回頭紙	98l
回頭准照	98l
会徳豊	48l, 625r, 859l
会徳豊有限公司	44l
海南	98l, 154l, 490r
海南会館	100l
海南華僑中学	99l
海南キャプテン	99r
海南鶏飯	99l
海南語	715r
海南菜	170r
海難事故	665r
海南出身者	590r
海南省	98l, 99l, 99r
海南省出身華僑・華人	400r
海南省立完成中学科学館	124l
海南人	99l, 99r, 169l, 231r, 288l, 366l, 368r, 370r, 467r
海南人街	369l
海南大学	99r
海南島	55l, 90r, 98l, 99l, 154l, 191r, 227l, 228r, 368r, 454r, 663l, 758r
海南島出身者	55l
海南裔	99r, 231l, 286r, 299l, 358l
海南方言	286r, 368r
海南料理	99l
開発主義	100r
開発戦略	62r
開発独裁	100l
開発プロジェクト	49l
外蕃交通之禁	91r
街媽坊	100r, 637r
会票	412r
匯票	412r
該府	326r
該府・記府	101l
解付僑匯	484r
開平	640l
開平県	340r
皆兵制導入	113l
『華夷変態』	101l, 559r, 560r
海豊	102l
海防	623r
匯豊銀行	730r
『解放軍報』	35r
『解放月刊』	101l
海防策	92r
『開放雑誌』	101l
開放地区	154l
海防中華商会	623r
『解放日報』	399r
会芳楼	101r
海味行	236l
回民	353l
外務省漢語学所	58l
外務省書記官	58l, 771r
外務書記官	161l
外務大臣秘書官	281l
改名奨励	122r, 494l
買戻し契約	763r
華夷訳語	744l
外洋行	236r, 248l, 588r
海洋船	111r, 337l
外来アジア人	101l, 708l
外来東洋人	29r, 82l, 101r, 633r, 702r, 703l
快楽蜂（峰）食品	362l
海陸豊	102l
海陸豊劇	232r, 467r
海陸豊人	467r
戒律制度	165l
回流	481r
外流	102r, 389l, 481r, 494l
外領	38l
改良主義者	778r
改良毛筆	793l
海路華僑	103l
『海録』	90r, 103l, 563l, 676r, 805r
海路出国	252l
海路中国人	812l
下院議員	349r
華裔	8l, 56l, 103l, 106l, 106r, 114r, 151l, 193l, 250l, 277l, 321r, 365r, 484r, 644l, 830l
華裔型	103r, 142l
華裔館	88l, 103r, 183l, 369r, 658r
華裔研究センター	103r
華裔上院議員	679r
華裔政治委員会	104l
華裔政治家	640l
華裔退役軍人会	104l
華裔ネット	104l
華裔文化伝統中心	672r
嘉応	95l, 635l, 777l, 805l
嘉応会館	90l
嘉応五属	104l
嘉応州	104l, 249r, 490l, 505l
嘉応州人	245l
嘉応大学	104r, 124l
嘉応客家	95l, 104l
嘉応方言	104r, 622l
カオダイ教	685r
華夏	489r, 588l
画家	302l, 334l, 347r, 533l, 716l, 775l, 776l, 779l, 794r, 809r, 821l, 826l
花会	733r, 851l
花会大王	733r
我華会（阮氏）	79l, 220r
『華夏海外科技精英』	105l
嘉華銀行	803r, 836r
科学・技術交流	202l
科学技術者	105l

和文事項索引（カ）

科学顧問	779*r*
化学染料	247*l*
華夏主義	97*l*
嘉禾電影有限公司	**293***r*
カガヤン地方	324*r*
華基泰集団	770*l*
家郷	233*l*
華僑	59*r*, 127*l*, 138*l*, 142*r*, 163*r*, 177*l*, 275*l*, 349*r*, 429*l*, 480*r*, 663*r*, 707*r*, 825*l*
華僑愛国運動	818*r*
華僑愛国主義	142*l*
華僑圧迫政策	449*r*
華僑医院	129*l*
華僑委員会	198*l*, 410*l*
華僑維持会	575*r*
華僑移住	157*l*
華僑遺跡	496*l*, 496*r*
華僑伊勢佐木自治会	781*r*
華僑一地方一組織の方針	77*l*
華僑裏社会	733*r*
華僑運動	105*r*, 172*r*, 237*l*, 739*l*
華僑運動講習所	105*r*
華僑会館［台湾］	105*l*, 188*r*
華僑械闘	98*l*
華僑傀儡団体	354*r*
華僑・華僑親族の権益	234*l*
華僑学	127*r*
華僑学生	177*l*, 548*l*, 601*l*
華僑学生宿舎	191*r*
華僑学堂規則	123*l*
華僑・華人	**105***r*, **490***r*
華僑・華人街	337*r*
華僑・華人学者	795*l*
華僑・華人関係事典	401*l*
華僑・華人虐殺事件	744*l*
『華僑華人僑務大辞典』	401*l*
華僑・華人漁民	201*l*, 389*l*
華僑・華人経営の特徴	627*r*
華僑・華人経済研究者	418*r*
華僑・華人経済の産業構造	**106***l*
華僑・華人研究	41*l*, 818*r*
華僑・華人研究者	636*l*
華僑・華人工業	696*r*
華僑・華人国家	113*l*
華僑・華人財閥	**106***l*
『華僑華人史研究集』	482*l*
『華僑華人史書刊目録』	482*l*
華僑・華人事典	88*l*
華僑・華人資本主義	**107***l*
華僑・華人資本の逃避	672*l*
華僑・華人資本誘致	132*l*
華僑・華人社会における「うわさ話」	81*l*
華僑・華人社会のニュース	141*l*
華僑・華人ショービニズム	113*l*
『華僑華人資料報刊剪輯』	482*r*
華僑・華人政策	**107***r*, 484*l*, 497*r*
華僑・華人政策についての是正	108*l*
華僑華人第三民族論	**111***l*
華僑・華人と技術移転	**111***r*
華僑・華人と政治	**112***l*
華僑・華人と兵役	**112***l*
華僑・華人ナショナリズム	113*l*, 583*l*
華僑・華人のアイデンティティ	1*r*
華僑・華人の１人当たり所得	115*l*
華僑・華人農民	**113***r*
華僑・華人の階層構成	**114***l*
華僑・華人の企業家精神	**114***l*
華僑・華人の経営方式	272*l*
華僑・華人の経済支配	672*l*
華僑・華人の経済力	**114***r*
華僑・華人の権利	824*l*
華僑・華人の再定位	192*r*
華僑・華人の社会組織	222*l*
華僑・華人の宗教	**115***r*
華僑・華人の守護神	217*r*
華僑・華人の人口	37*r*, **117***r*
華僑・華人の中国からの離反	702*r*
華僑・華人の逃避	589*l*
華僑・華人のネットワーク	135*r*
華僑・華人の排斥	89*l*, 118*r*, 317*l*, 589*r*
華僑・華人の富豪	115*l*, **121***r*, 192*r*, 237*l*, 470*r*
華僑・華人排斥事件	132*l*
華僑・華人博物館	158*r*
『華僑華人百科全書』	122*l*, 128*l*, 344*l*, 401*l*, 482*l*
華僑・華人文学	128*r*
華僑・華人問題	82*r*, **122***l*
華僑・華人問題解決基本政策	**122***r*
華僑華人問題国際学術討論会	482*l*
『華僑・華人歴史研究』	482*l*
華僑・華人を呼び戻す	109*r*
華僑型	103*r*, 142*l*
華僑学校	13*l*, 56*l*, 79*r*, 113*l*, **123***l*, 135*r*, 141*l*, 163*r*, 164*r*, 166*r*, 170*l*, 174*r*, 191*r*, 216*r*, 224*l*, 241*r*, 247*l*, 289*l*, 313*l*, 316*r*, 322*r*, 323*l*, 328*l*, 336*l*, 375*r*, 379*l*, 384*r*, 440*l*, 514*l*, 552*l*, 575*r*, 592*l*, 638*r*, 649*r*, 651*r*, 660*l*, 668*l*, 691*r*, 708*l*, 765*r*, 769*l*, 788*l*, 791*l*, 829*l*, 832*r*, 841*l*
華強学校	259*r*, 265*l*
華僑学校の教員育成	165*l*
華僑学校の統制	229*l*
華僑学校閉鎖	439*r*
華僑活動	23*r*
華僑活動禁止措置	439*r*
華僑活動制限諸政策	172*r*
華僑から華人へ	**112***r*
華僑関係碑文	310*l*
華僑幹部養成	105*r*
華僑官僚	777*r*
華僑議員	361*r*
華僑紀功碑	188*l*
華僑帰国興弁実業奨励法	132*l*
華僑帰国投資条例	108*r*, 132*l*
華僑義山	407*r*, 741*l*, 741*r*
華僑汽船公司	**124***l*, 509*r*
華僑虐殺	167*l*
華僑虐殺事件	200*r*, 602*r*
華僑救援物資	422*r*
華僑救郷運動	411*r*
華僑義勇軍	257*r*, 454*l*
華僑救国聯合総会	**124***l*, 192*r*, 198*l*, 402*r*
華僑教育	108*l*, 199*r*, 288*l*, 532*l*
華僑教育実態調査	239*l*
華僑教育政策	**123***r*
華僑教育叢書	163*r*
華僑協会総会	88*l*, 131*l*, 134*r*
華僑共産主義者	675*r*
華僑禁圧政策	421*l*
華僑銀行	**124***r*, 219*l*, 366*r*, 453*r*, 457*r*, 458*l*, 538*l*, 726*r*, 814*l*, 816*r*
華僑銀行グループ	**124***r*, 371*r*, 457*r*
華僑クリオール化	385*l*
華僑系国内企業史	20*l*
『華僑経済』	201*l*
華僑経済研究者	390*l*
華僑経済史	324*r*, 390*l*
華僑経済団体	781*l*
『華僑経済年鑑』	**125***l*
華僑経済の商品経済的特質	107*l*
華僑研究	67*l*
華僑研究者	271*l*, 340*r*, 780*l*
華僑研究所	182*l*, 346*r*
華僑検護処	689*l*
華僑検証大屠殺	**367***l*
華僑興会社	**125***r*
華僑興業公司	**125***r*
華僑工作	197*r*, 588*l*
華興公司	808*r*
華僑工場	199*l*, 200*l*
華僑抗敵後援会	257*r*
華僑抗日運動	176*l*
『華僑抗日救国史料選輯』	299*l*
華僑抗日協会	217*l*, 257*l*
華僑抗日軍	257*r*
華僑抗日ゲリラ組織	324*r*
華僑抗日後援総会	188*l*
華僑抗日遊撃支隊	675*r*
華僑互助合作社	602*l*
華僑互助社	284*l*
華僑米業者	47*r*

和文事項索引（カ）

華僑財閥　390*l*, 453*r*, 567*r*
『華僑雑誌』　135*l*, 346*r*
華僑三山　470*r*
『華僑誌』　346*r*
『華僑志』　125*r*
華僑史　127*l*, 134*r*, 677*r*, 698*l*
華僑資金　690*r*, 759*r*
華僑史研究　39*r*, 671*r*
華僑史研究者　157*l*, 524*r*
華僑史専門家　671*r*
華僑子弟　123*l*, 493*l*, 550*r*
華僑子弟教育　379*r*
華僑子弟の帰国就学政策　123*r*
華僑指導者　332*r*
華僑資本
　20*l*, 327*l*, 341*r*, 394*r*, 408*r*, 509*l*, 828*r*
華僑資本企業　125*l*
華僑資本主義　107*l*
華僑資本の原始的蓄積　567*r*
華僑事務委員会⇨僑務弁公室
華僑事務委員会
　175*l*, 177*l*, 198*l*, 198*r*, 200*l*
華僑事務委員会（中僑委）　177*l*
華僑事務弁公室　200*l*
華僑社会　735*r*
華僑社団　194*l*
華僑襦袢　616*l*
華僑集居区　637*r*
華僑集住地　648*l*
華僑住宅政策　126*l*
華僑住宅の返還　126*l*
華僑城⇨チャイナタウン
華僑商社　602*l*
華僑商社の統合　715*l*
華僑小説　126*r*, 380*r*
華僑招待所　188*r*
華僑商人　10*l*
華僑少年聯歓節　129*r*
『華僑商報』　127*r*
華僑商法⇨華人経営
華僑商法　143*l*
華僑商報事件　127*r*
華僑職業制限政策　439*r*
華僑資料　127*l*
『華僑史論集』　134*r*
華僑人口　512*l*
華僑人材の育成　181*r*
華僑シンジケート　465*r*
華僑親族　134*l*, 168*l*, 175*r*, 177*l*, 181*r*,
　189*r*, 190*l*, 200*l*, 331*l*, 345*l*, 345*r*
華僑新村設立計画委員会　234*l*
華僑新聞　191*l*
華僑新聞社　68*r*
華僑信用金庫⇨神栄信用金庫
華僑信用金庫　68*r*, 133*l*, 363*r*
華僑崇聖大学

華僑生活　52*l*, 129*l*, 134*r*, 449*l*, 652*l*
『華僑生活』　201*l*
華僑生活擁護同盟　781*r*
華僑政策
　82*l*, 101*l*, 111*l*, 295*r*, 375*r*, 483*r*, 671*r*
『華僑政治生活』　134*r*
華僑政党　329*r*, 493*l*
華僑青年交流会　129*l*, 752*r*
華僑青年団体　79*l*
華僑青年聯歓節　129*r*
華僑青年聯誼会　129*r*
華僑節　129*r*, 191*r*
華僑節慶祝宴会　549*l*
華僑総会　129*l*, 260*r*, 604*l*, 782*l*, 782*r*
華僑送金　28*l*, 108*l*, 128*r*, 130*l*, 161*r*,
　178*l*, 234*l*, 287*l*, 298*l*, 301*r*, 383*l*,
　482*l*, 484*r*, 491*l*, 522*l*, 533*l*, 608*l*,
　616*r*, 621*l*, 731*l*, 759*l*, 808*r*, 835*l*
華僑送金為替　130*l*
華僑送金取扱店　55*l*, 539*l*
華僑送金ネットワーク　617*r*, 731*r*
華僑祖国慰問団　454*l*
華僑組織・団体　191*r*
華僑大学　131*l*, 177*l*, 199*l*, 200*l*, 299*l*
『華僑大辞典』　131*l*
華僑代表　255*r*
華僑逮捕事件　230*l*
華僑大量虐殺　366*l*
華僑タウン　200*l*, 468*r*
華僑立入り禁止地区　225*r*
華僑弾圧　111*l*, 257*r*, 745*l*
華僑弾圧事件　225*r*
華僑団体　124*l*, 191*r*, 199*r*, 268*l*
華僑団体史　50*r*
華僑団体統合政策　264*l*, 265*l*
華僑団体の育成　108*l*
華僑団体の資産接収令　708*l*
華僑団体の調査　33*l*
華僑仲介商業　192*r*
華僑中学校　504*r*
華僑帳簿　131*l*
華僑追放　225*r*
華僑通訊社　199*r*, 778*l*
『華僑動員半月刊』　198*l*
華僑投資　18*r*, 19*l*, 23*r*, 108*l*, 131*r*,
　157*r*, 191*r*, 248*r*, 269*r*, 339*l*, 394*r*,
　402*r*, 408*r*, 411*r*, 465*r*, 482*l*, 502*l*,
　721*l*, 855*l*
華僑投資企業　659*r*
華僑投資公司　276*r*
華僑同文学校　231*r*
華僑同胞⇨三胞
華僑特定非営利法人　607*l*
華僑ナショナリズム　375*r*
『華僑日報』　133*r*, 176*l*, 403*l*
華僑ネット　121*r*

華僑農業　315*r*
華僑農場
　36*r*, 132*r*, 169*l*, 199*l*, 200*l*, 702*r*
華僑農民　106*l*
華僑の家屋新築　178*l*
華僑の活動域　420*l*
華僑の帰郷　800*l*
華僑の帰国　92*r*, 491*l*, 790*l*
華僑の義勇軍　602*r*
華僑の居住区　82*l*
華僑の結婚　129*l*
華僑の結社禁止　387*r*
華僑の現地化　265*r*
華僑の権利　499*r*
華僑の国外脱出　694*r*
華僑の国籍編入　638*r*
華僑の国籍問題　772*r*
華僑の国内での参政権問題　107*r*
華僑の社会構造　385*l*
華僑の出洋　91*r*
華僑の商業禁令　38*l*
華僑の商業経営　780*l*
華僑の生活　159*r*
華僑の政治運動を抑圧　229*l*
華僑の送出地　588*l*
華僑の大同団結　378*l*
華僑の中国国籍離脱　357*l*
華僑の中国文化教育　532*l*
華僑の登録制度　374*r*
華僑の難民化　816*r*
華僑の反日運動　229*l*
華僑の反日感情　260*l*, 260*l*, 499*l*
華僑の不同化　628*l*
華僑の保護　136*l*
華僑の菩提寺　354*l*
華僑の本国送金機関　758*l*
華僑の本国投資　131*r*, 394*r*, 546*l*,
　586*r*, 766*l*, 812*r*, 816*l*, 835*l*
華僑の町　793*r*
華僑のマラヤ公民権取得　750*l*
華僑排斥運動　728*r*
華僑排斥感情　121*l*, 357*l*
華僑排斥事件　391*l*
華僑は革命の母
　112*r*, 360*r*, 429*r*, 583*l*, 662*l*
華僑博物館（アモイ）　454*r*, 523*l*
華僑反帝大同盟　832*r*
華僑日　129*r*
華僑碑文　698*l*
華僑碑文集　128*r*
華僑服役者　384*l*
華僑福利合作社　68*r*, 133*l*, 268*l*, 363*r*
華僑婦人運動　142*r*
華僑不信感　121*r*
華僑不変論　59*l*
華僑文学　310*l*

894

和文事項索引（カ）

華僑文教決議案	108r
華僑文教サービスセンター	133l
華僑文教事業委員会	134r
華僑文教服務処	133l
華僑便衣隊	216r
華僑変動論	59l
『華僑報』	133r, 196l, 409r, 549l
華僑貿易商	268r
『華僑報業史』	133r
華僑宝石商	757l, 767r
華僑報徳善堂	52l, 129l, 134l, 651l, 733r
華僑北伐後援会	134l
華僑保護	120r, 406r, 689l
華僑保護処	689l
華僑保護政策	197r, 375r
華僑補修学校	134l, 200l
華僑本質論	282r
華僑問題	107r, 200r, 435l, 522l, 752l
華僑問題研究	585l
華僑問題研究室	134r, 484l
華僑問題研究所	271l
華僑問題研究叢書	134r
華僑問題担当局	82r
華僑問題の基本方針	341r
華僑有用論	545l
華僑洋服商	261r
華僑抑留所	134l
『華僑与抗日戦争論文集』	134r
華僑予備軍	135l, 278r
華僑理学院	129l
華僑利権	124l
華僑理髪聯合会京都本部	195l
華僑林場	199l, 200l
華僑輪船公司	124l
『華僑歴史』	482r
華僑歴史学会	482l
『華僑歴史学会通訊』	482r
華僑歴史研究所	482r
華僑聯誼会	130l
華僑聯合会	66r, 72l, 129r, 135l, 549l
華僑聯合銀行	161r
『華僑聯合総会会報』	436r
華僑労働運動	216l
華僑労働者	601r
科挙官位	532r
火鋸公会	100l
科挙国家	209r
学縁	135r
学縁組織	607l
郭兄弟有限公司	215r
学好女学	707l
鶴山県	291r
学術関心	82l
学術人類館事件	77l
学術団体	367l, 482l, 590l, 606r, 795l
額商	312l, 564l
各崇正公会	415r
核スパイ疑惑	707l
学生革命	22l, 501l
学生行動戦線	858r
家具製造	80l, 160r
『学生報』	548l
学善善堂	707l
家具の製造・販売	311r
隔壁板	337r
革命家	677l
革命資金	636l
革命の三尊	356l
革命の母	364l
革命派	140r, 720r
隔離医療施設	56r
隔離政策	741r
鶴佬	169l, 685l
家訓	521l
掛売り	192r, 308l
影絵芝居	859r
賭王	721l
賭館	567r
歌劇『マルコ・ポーロ』	458l
華研	747r
『華研之声』	748l
華語	137r, 280l, 367l, 566l, 594l, 854l
雅虎	772l
華工	138l, 170l, 192l, 208r, 221l, 224l, 229r, 237l, 295l, 315r, 321r, 350r, 498l, 542l, 689r, 721l, 768l, 828r
華興会	364l, 429l, 595r
華工型	103r, 142l
華工虐待	139l
華工禁止条約	138l
華工禁約	138l
華工研究	139r
『華工出国史料滙編』	128l, 139r, 230l, 516l
華工出洋	142r
華興大楼	785r
華工によるゼネスト	257r
河口坊	638l
牙行貿易	163l
華語運動	594r
華語学校⇒華僑学校	
華語学校	2l, 14r, 252r, 329l, 333r, 515l, 517r, 621r
華語教育	59l, 113r, 237r, 346r, 349l, 366r, 380l, 384r, 592r, 594l, 617r, 647l, 668l, 737r, 811l, 838l
華語教育運動	839l
華語教育禁止	583r
華語教育グループ	381l
華語教育節	839r
華語教科書	811l
華語作家セミナー	277r
鹿児島	556r, 641l, 774r, 837r
鹿児島県華僑	517r
華語中学	165r
華語統一試験	594r
華語の街路名	793r
華語の必要性	594r
華語の復興	594r
華語文芸界	277r
「華語を話そう」運動	139l, 367l
花紗行	236l
カザフ人	353l
カザフスタン	543r
カザフ族	477l, 543r, 755l
カザフ族華僑	595l
禾山	407l
過汕水	394l
家産の分割	422l
何氏	562r
家祠	327r
華支	673l
加爾各答	160r
遅邏貫珍	801l
華字官報	140r
歌仔戯	231r, 445l, 467r
華字月刊誌	423r
華字雑誌	655r
華字紙	26r, 36r, 37l, 64l, 84r, 113l, 119r, 122r, 127r, 133r, 140l, 141r, 168r, 191r, 209l, 216r, 246r, 289l, 298l, 315r, 332r, 349l, 354r, 366r, 388r, 397r, 399r, 400l, 403l, 403r, 431r, 435l, 440r, 451r, 491r, 509r, 538r, 564r, 591r, 594l, 621r, 638r, 676r, 692l, 732l, 737l, 757r, 760r, 765r, 821l, 831r, 844r, 845l
華字紙弾圧	726r
華字紙弾圧事件	298l
華字紙の統廃合	64r
華字紙廃刊	140r
華字紙発行停止	439r
華字週刊誌	6r
華字紙輸入禁止	140r
家事使用人	99r, 849l
華字新聞⇒華字紙	
華字新聞	738l
華字新聞社	651r
『華字日報』	141l
カジノ	336r, 721r
カジノ王	721r
鹿島組	636r
華字マスメディアの原則禁止	494r
カシミール	755l
ガジャ・トゥンガル・グループ	141l
ガジャ・トゥンガル社	141l

和文事項索引（カ）

歌手	31*l*, 66*r*, 71*l*, 84*l*, 404*l*, 437*r*, 438*r*, 451*l*, 462*l*, 474*l*, 476*r*, 526*r*, 540*r*, 678*r*, 686*r*, 714*l*, 761*l*, 766*r*, 799*l*, 801*l*, 802*r*, 803*l*, 852*r*
加州広東銀行	160*l*
華宗仏東僧伽学院	686*r*
加州太平洋銀行	160*l*
華潤公司	388*l*, 426*r*
華商	65*r*, 111*r*, 138*l*, **142***l*, 343*r*, 479*r*, 689*r*, 861*l*
粿条	**213***l*
瓦城	751*r*
華商型	103*r*, 142*l*, 350*r*
華商銀行	124*r*, 237*r*
華昌公司	**857***r*
華昌集団	**857***l*
華祥製糖会社	142*l*
華祥製糖公司	142*l*
華昌精錬公司	857*r*
華商総会	17*l*, 530*l*
華商租界	424*l*, 509*l*
華商の保証金	74*l*
華商料理	170*r*, 508*l*, 692*l*
柏原文太郎文書	283*r*
華人	59*l*, 105*r*, 114*r*, 137*l*, 151*l*, 277*l*, 365*r*, 450*l*, 484*r*, 538*r*, 708*l*, 712*r*, 748*l*
華人企業	366*r*
華人企業精神	823*r*
華人企業投資	56*l*
華人アイデンティティ	233*r*, 491*l*
華人安老之家	765*r*
華人意識	122*r*
華人移住政策	757*r*
華人移民検疫所	179*r*
華人移民収容所	179*r*
火神営	**142***l*
華人エリート	38*l*
華人エンジニア	202*l*, 663*r*
華人街	213*l*, 468*l*, 573*l*
華人型経営	151*l*
華人画壇	842*l*
華人学校閉鎖	699*r*
華人金貸し	703*l*
華人カピタン	163*l*, 210*l*, 212*l*, 435*r*, 515*l*, 519*l*, 559*r*, 703*l*, 777*l*
華人官僚	145*r*
華人ギャング	667*l*
華人教会	781*l*
華人行政官	203*r*
華人共同市場	478*r*
華人漁業集落	389*l*
華人居住地	202*r*
華人居留地	203*l*
華人銀行	5*l*, 23*l*, 41*l*, 124*r*, 161*r*, 221*l*, 431*r*, 448*r*, 808*l*, 834*l*
華人企業グループ	440*r*
華人系イスラム教徒	**142***r*
華人経営	143*l*
華人経営銀行	650*l*
華人系銀行	406*r*, 469*r*, 564*l*, 670*l*, 843*r*
華人系国会議員	764*r*
華人経済圏	144*l*, 478*l*, 497*l*
『華人経済年鑑』	145*l*
華人系左翼政党	745*l*
華人系事業の継承	861*l*
華人系市長	671*l*, 734*r*
華人系商業銀行	58*l*, 670*l*, 673*r*
華人系政党	758*l*
華人系のビジネス	271*r*
華人系バティック	636*r*
華人系ムスリム組織	160*l*
華人家族企業	407*r*
華人研究	51*l*, 127*r*, 218*r*
華人県長	145*r*
華人抗日史料	380*r*
華人国家	145*l*, 366*r*
華人コミュニティセンター	49*l*
華人財界組織	402*r*
華人財閥	47*r*, 803*l*
華人作家⇨作家	
華人作家	87*r*, 451*r*, 617*r*, 723*l*, 748*r*, 845*r*
華人参事局	**145***r*
華人寺院	424*l*
華人資産家	770*l*
華人寺廟	587*l*
華人資本	9*l*, 52*r*, 272*l*, 823*r*
華人資本主義	107*l*
華人資本の導入	228*r*
華人事務司	145*l*
華人事務特別機構	**146***l*
華人社会	6*r*, 101*r*
華人社会研究	51*l*
華人社会団体	663*l*
華人社会問題	43*l*
華人ジャーナリスト	280*r*
華人集中地	424*l*
華人州副知事	49*l*
『華人週報』	**146***l*, 606*r*
華人商店襲撃	583*r*
華人商人	97*l*
華人商人グループ	97*l*
華人商人の工業への進出	38*l*
華人色	437*r*, 657*r*
華人ショービニズム	591*r*
『華運新報』	332*r*
華人政策	659*l*
華人政治家⇨政治家	
華人政治家	351*l*, 440*l*, 457*l*, 858*l*
華人政党⇨華僑・華人と政治	
華人政党	748*l*
華人政務司	**146***l*
華人船員	853*l*
華人大会堂	219*l*
華人退役軍人	104*l*
華人大衆団体	37*l*
華人タウン	468*r*
華人通貨圏	144*l*
華人データバンク	104*l*
華人天文学者	535*l*
華人同化政策	494*r*
華人同化論	39*l*
華人と非華人	88*l*
華人に対する偏見	217*l*
華人ネットワーク	122*r*
華人ネットワーク形成	310*l*
華人のインドネシア名への変更	699*r*
華人の官爵［タイ］	**146***l*
華人の帰属意識	297*r*
華人の権利確保	37*l*
華人の宗教意識	687*l*
華人の宗教的態度	372*r*
華人のスクォッター集落	385*l*
華人の世紀	818*r*
華人の政治活動を規制	146*l*
華人の政治参加	38*r*, 200*r*
華人の政治参加意識	104*l*
華人の大量流入	146*r*
華人の同化	280*r*
華人の兵役義務	647*r*
華人の歴史的役割	818*r*
華人排斥	317*l*
華人ビジネスネットワーク	392*r*
華人廟	32*r*, 163*l*, 194*r*, 245*r*, 258*r*, 435*r*, 464*l*
華人病院	478*r*
華人負債者	703*l*
華人文化	318*l*, 449*l*
華人文学	126*r*, **147***l*, 627*l*
華人文学作家	147*r*
華人文化ネットワーク	4*l*
華人兵士	113*l*, 230*l*
華人弁護士	137*l*
華人法廷	146*l*
華人暴動	203*l*
華人墓地	163*l*, 315*r*
華人マレー語	**150***l*
華人民族主義	349*l*
華人民族主義運動	835*l*
華人問題	146*l*, 342*l*, 459*l*, 643*l*, 659*l*, 860*l*
華人問題解決基本政策	38*l*
華人問題解決のための国家委員会	659*l*
華人問題研究	747*l*
華人問題調整局	122*r*, 146*l*
華人政党	748*l*

華人役人	146*r*	合勝堂	146*r*, **152***r*	金儲け精神	114*l*
華人歴史博物館	765*r*	活版印刷	790*r*	金儲けの神様	185*r*
華人労働者の貢献	153*l*	カップヌードル	25*l*	夥伴	338*l*
華人をめぐる政治力学	38*r*	嘉定	**304***r*	華菲烟草公司	**155***l*
綻止め職人	**150***l*	嘉定城	304*r*, 513*r*	『華美新報』	864*l*
ガス灯	73*l*	『嘉定城通志』	531*l*	華菲タバコ会社	**155***l*
霞が関ビル	137*l*	嘉定府	304*r*, 513*r*, 723*r*	カピタン	37*r*, 82*l*, 85*l*, 95*l*, 194*l*, 386*l*, 389*l*, 396*l*, 502*l*, 508*r*, 519*l*, 634*l*, 642*l*, 702*r*, 741*l*, 743*l*, 775*r*, 777*l*, 838*l*, 845*r*
嘉盛会館	514*l*	『嘉定府志』	587*l*		
『華声月報』	**150***r*	華東会館	827*l*, 835*l*		
花生芝麻行	236*r*	過渡期の一般方針	246*r*		
『華声女性月刊』	606*r*	カード遊戯	567*l*	カピタン制	**155***l*, 676*l*
華声TV	45*l*	カトリック	94*r*, 117*l*, 205*r*	カピタン制度	743*r*
『華声日報』	197*l*	カトリック改宗	27*l*, 675*r*, 742*l*, 763*l*	カピタン・チナ	173*l*, 743*r*
『華声報』	84*r*, 150*l*	カトリック教会墓地	741*l*	カピテ	161*r*
華声報社	199*l*, 200*l*	カトリック教徒	742*l*	咖啡	**288***l*
風待ち	337*r*	カトリック教徒中国人	23*l*	華菲融合論	327*l*, 672*r*
河仙	587*l*	河内	**637***r*	家廟	327*r*
花串節	**842***l*	家内安全	299*l*	家譜	425*l*
火葬	492*r*, 788*l*, 841*l*	河内華僑連合会	638*r*	華埠	468*l*
華総	749*l*	河内中華理事会	638*r*	『華風新聞』	**156***l*, 606*r*
華装断髪会	765*r*	河内同盟会	**639***l*	華風模倣	712*l*
華族	**151***l*	神奈川	784*l*	歌舞伎町	553*l*
華族（ホア族）	708*l*, 712*r*	神奈川県山東同郷会	**152***l*	家譜研究会	645*r*
家族移民	119*l*	神奈川県中日調理師会	**152***l*	株式会社	143*r*, 243*l*
家族関係	831*r*	神奈川県訳官	641*r*	株式会社化	289*r*
家族企業	218*l*, 834*l*	神奈川奉行	405*l*	株式譲渡の制限	106*r*
家族企業王国	814*l*	カナダ	5*l*, 118*r*, 119*l*, 207*r*, 270*l*, 450*l*, 498*r*, 618*r*, 619*r*, 648*l*, 660*l*, 727*l*, 732*r*, 770*l*, 798*r*, 803*r*, 815*l*	華府小姐	**754***l*
家族企業グループ	814*l*			家父長主義的な企業文化	151*l*
家族企業集団	816*r*			家父長制的支配	144*l*
家族企業性	823*r*	カナダ移民	715*r*	『華埠暴風雨』	**156***r*
家族経営	48*l*, **151***l*, 377*l*, 431*l*, 519*l*, 520*r*, 856*r*, 861*r*	カナダ・インド華僑聯誼会	844*l*	華文学校 ⇨ 華僑学校	
		カナダ華人	32*l*, 465*l*, 803*r*	華文学校	594*r*, 660*l*, 709*l*
家族合流	796*l*	カナダ華人下院議員	349*r*	華文義塾	383*l*, 384*r*
家族合流移民	130*l*	カナダ華人社会	43*r*	華文教育	594*r*, 673*r*
家族主義	661*r*	カナダ総督	220*r*	華文教育センター	135*r*
家族主義的構成	143*r*	カナダ太平洋鉄道	**152***r*, 294*r*, 648*r*	華文教育層	745*l*
華族宗郷博物館	369*l*	カナダ中国人史	727*l*	華文教育問題	274*r*
家族的互助	292*r*	カナダ鉄道華人労働者記念基金会	153*l*	華文教育機関	594*l*
家族同伴の移住	179*l*			華文高等教育機関	**156***r*
家族の呼び寄せ	349*r*, 358*r*, 753*r*	カナダの華僑・華人	**153***l*	華文作家	4*l*
家族法	102*l*	カナダ李氏総公所	89*r*	華文私塾	639*l*
家族持株会社	218*l*, 330*l*, 452*r*	カナル・ボーイズ	60*r*	華文小学	594*l*
華陀	251*l*	華南	114*r*, 588*l*	華文小・中学校	592*l*
科員	685*l*	華南銀行	608*l*	華文大学設立運動	**156***r*
牙帯	685*l*	華南経済	729*l*	華文中学	594*l*
華泰公司	**152***l*	華南経済圏	144*r*, **154***l*	華文碑銘	368*l*, 518*l*
華泰電力会社	**152***l*	嘉南実業貯蓄銀行	155*l*	華文文学	4*l*, 26*r*, 617*r*, 737*r*, 748*r*
華団	194*l*	嘉南中学	673*l*	『華文毎日』	**156***l*
華団宣言	695*l*	嘉南堂置業公司	**154***l*	華文読物普及	592*l*
火長	95*r*, 245*l*	嘉南堂不動産会社	**154***l*	貨幣発行	247*l*
過帳	615*l*	カーニズム	155*l*	華宝鉱山会社	**157***l*
家長会	135*r*	カニ漁	202*l*	華宝鉱務公司	**157***l*
花鳥節	590*l*	火奴魯魯	**725***l*	華懋集団	862*l*
担ぎ屋	192*l*, 769*l*, 796*l*	カーネギー・ホール	802*l*	華北航路	76*l*, 162*l*, 244*l*
合作事業	314*l*	金のなる木	512*r*	華北農業移民	316*l*
合唱団	240*r*	金儲け	209*l*, 245*r*, 298*l*	華北労工協会	636*l*

和文事項索引（カ）

897

鎌倉義烈荘 **157r**
神 (shen) 372l
紙・パルプ 36r, 40l, 40r, 329r
華民政務局 443l
華民政務司 145r, **157r**, 720r, 727r
華民保護司 157r
カム・ワァ・チュン博物館 **158r**
カムンティン社 747r
貨物受渡 452l
厦門⇨アモイ
厦門 **18l**
厦門亜熱帯植物引種場 **18r**
厦門亜熱帯植物農場 **18r**
厦門商業銀行 **18r**
厦門浄水場会社 **19l**
厦門小刀会 **19l**
厦門醬油工場 20r
厦門自来水公司 **19l**
厦門水道会社 20l
厦門船 559l
厦門大学 **19r**, 165r, 289l, 453r, 454r, 515l, 523l, 532r
厦門大学海外函授部 164r
厦門大学海外教育学院 164r
厦門大学華僑函授部 164r
厦門大学南洋研究院 **19r**, 131l, 813r, 835l
厦門大学南洋研究所 229l, 813r, 835l
厦門中山医院 **20l**
厦門電影院 332l
厦門電灯公司 **20l**
厦門電力会社 **20l**
厦門淘化食品缶詰会社 **20l**
厦門淘化食品罐頭公司 **20l**
『厦門日報』 518l
厦門簿記 **18r**
厦門水電公司 19l, 20l
カヤルティ号 630l
カヤルティ号事件 **158r**
唐絵目利 **159l**
ガラスの天井 153r, **159l**
唐津 **159r**, 187l, 218l, 287l, 496l
唐津焼 159r
唐泊 **159r**
樺太 304l, 724l
唐物崩れ 717l
唐物道具目利 **159r**
からゆきさん 218l, 315r, 512r
カリフォルニア 15r, 120l, 184r, 208r, 294l, 622r
カリフォルニア華工 626r
カリフォルニア広東銀行 **160l**
カリフォルニア広東国際銀行 160l
カリフォルニア勤労者党 155l
カリフォルニア大学バークレー校校長 530r
カリフォルニア太平洋銀行 **160l**
カリブ海地域 498l
カリマンタン 111r, 138l, 532r, 589l, 701l
カリャオ 158r, 571r, 614r
臥龍殿 586l
加留巴 **220r**
カルカッタ 36r, **160r**, 755l, 779r
カルカッタ華僑皮革工場スト **160r**
カルガリー 185l, 815l
咬嚁吧船 559l
ガルボン **161l**
カルロス・バランカ 642r
カルロス・バランカ記念文学賞基金会 642r
家礼戯 232l
ガレオン 2l, **161l**
ガレオン貿易 642r, 674r
カレッサ **161r**
ガレラ船 448l
華聯銀行 5l, 71r, **161r**, 442r, 808r
『華聯報』 164l
河佬 685l
哥老会 662l
哥老会系 734l
川口⇨大阪川口
川口 70l, 72r, 74l, 76l, 78l, 78r, 276l, 692l
川口華商 76r, **162l**, 245l
川口居留地 72r, 93l
川尻 556r
為替銀行 758r
為替送金 394l, 758r
為替手形 268r, 394l
河間 562r
河間氏 837r
棺 53l
棺安置場 53r
『勧学篇』 374r
カンガニ 183r
『韓華日報』 381r
漢奸糾弾 431r
看貫事件 **162r**, 510l
看竿事件 162r
看貫問題 162r
乾元利行 47r
看貫料 56l, 162r, 268r, 598r, 694r, 792l
寒期の離宮 45r
環境汚染訴訟 36r
鹹魚行 236l
玩具の製造 390l
関係⇨関係
漢語 137r
漢口 75r, 591r
韓江 505l, 557r, 635l, 688l, 709l
完劫寺 **163l**
官工所 **163l**
漢口商務局 350r
勘合船 163l
韓江デルタ 505l
勘合符 92l
勘合貿易 112l, **163l**, 420l
韓江流域経済圏 393r
皖江聯盟会 68r
韓江六邑医院 508l
観光ワニ園 50l
漢語教授 201l
『韓国華僑教育』 **163r**
『韓国華僑経済』 **163r**
『韓国華僑志』 **163r**
韓国華僑自治区 **164l**, 381r
韓国華僑自治聯合総会 164l, 424r
韓国華僑組織 164l
韓国系移民 413r
韓国の華僑政策 163r
看護婦学校 134l
漢語方言 593l, 854l
『関西華僑報』 72l, **164l**, 196l, 268l
関西崇正会 384l
関西中華国文学校 74r
干乍那武里 **166l**
丸散行 236r
漢字 111r, 594l, 707r, 715l
漢字教育 141l
観自在菩薩 117l
敢死隊 263l, 832r
漢字の看板 333r
漢字の使用 699r
漢字の使用禁止 333r
漢字文化 489r
函授学校 133l
函授教育 **164r**
甘粛 353l
官商 312l
漢城 **424l**
感情 225l
官職名 146r
甘蔗糖業 645l
甘蔗プランテーション 725r
漢人 555l
漢人街 752l
咸水埠 648r
関税自主権 24r
関税自主権の欠如 573l
関聖帝君 194r, 262r, 371l, 784l
瞰青別荘 238r
観世音菩薩 171r
「看世界」 173r
貫籍 28l
漢籍購入 561l
漢籍図書 560r

和文事項索引（カ）

間接統治	82*l*, 109*l*	
漢族	708*l*, 712*r*	
漢族の国内移住	28*l*	
漢族の入殖	688*l*	
環太平洋経済	649*l*	
乾泰隆行	47*r*	
カーンチャナブリー	166*l*	
缶詰会社	227*l*	
缶詰工場	322*l*, 546*l*	
関帝	72*r*, 74*l*, 116*l*, 117*l*, 170*r*, 171*r*, 209*r*, 248*r*, 298*r*, 372*r*, 396*l*, 424*r*, 455*r*, 551*r*, 629*l*, 639*r*, 685*l*, 754*l*	
関帝祭	72*r*, 78*l*, 313*r*	
関帝信仰	166*l*	
関帝生誕祭	72*r*, 73*r*	
関帝像	630*r*	
関帝祖廟	166*l*	
関帝誕	782*l*, 787*l*	
関帝堂	72*r*	
関帝廟	166*l*, 262*r*, 298*r*, 327*l*, 433*l*, 433*r*, 514*l*, 552*l*, 626*l*, 630*l*, 644*r*, 713*r*, 782*r*, 784*r*, 787*r*, 852*r*	
寒天	202*l*	
関東大地震	288*l*	
関東大震災	3*r*, 85*l*, 166*r*, 231*r*, 238*l*, 343*l*, 343*r*, 480*r*, 522*r*, 530*l*, 552*l*, 555*l*, 715*r*, 784*l*, 784*r*, 785*r*, 788*r*, 789*l*, 790*l*, 790*r*, 791*r*, 793*l*, 800*r*, 801*l*, 810*r*	
関東大震災と横浜華僑	166*r*	
監督	462*l*	
カントリー	303*r*	
カントン	247*r*	
広東	65*r*, 154*l*, 167*l*, 168*r*, 236*r*, 449*l*, 689*r*, 758*r*, 838*r*	
広東オペラ	359*l*	
広東会館	169*r*, 550*l*	
広東会所	168*l*, 581*l*	
広東医院	794*r*	
広東華僑	272*r*, 506*l*, 683*l*	
広東華僑投資公司	276*r*	
広東革命政府	176*r*	
広東漢劇	467*r*	
広東観音古廟	537*l*	
広東義荘	170*l*	
広東旧山場	60*l*	
広東僑刊郷訊研究会	189*l*	
広東兄弟ゴム公司	168*l*	
広東兄弟橡公司	168*l*	
『広東僑報』	168*r*	
広東銀行	730*l*	
広東銀行バンコク支店	652*l*	
広東系移民	819*l*	
広東系華僑	167*r*	
広東系華僑・華人	828*l*	
広東劇	232*r*, 279*l*, 467*r*	
広東語⇨粤（エツ）語		
広東語	60*r*, 167*r*, 169*l*, 488*r*, 514*l*, 547*r*, 730*l*, 737*l*, 766*r*	
広東港	168*r*	
広東語の通事	179*l*	
広東語ポップス	802*r*	
広東蚕糸業	12*r*	
広東寺	355*l*	
広東十三公行	10*l*, 50*r*, 236*r*, 248*l*, 624*l*	
広東十三行	236*r*, 248*l*, 588*r*	
広東省	133*l*, 725*r*	
広東省華僑実業総公司	168*r*	
広東省華僑農場管理局	169*l*	
広東省僑刊郷訊管理弁法	188*l*	
広東省僑務弁公室	168*r*, 188*r*	
広東省籍	169*l*	
広東省籍華僑	169*l*	
広東省籍華人	368*r*	
広東省商人	170*l*	
広東省美術協会	794*r*	
広東省訪問団	664*r*	
広東省民の海外渡航	351*r*	
広東人	169*l*, 169*r*, 315*l*, 366*l*, 547*r*, 632*r*, 633*r*, 701*r*, 736*r*, 768*l*	
広東人街	585*r*	
『広東新語』	717*r*, 766*r*	
広東人コック	260*r*, 262*l*	
広東新山場	60*l*	
広東政府内務部僑務局	197*r*	
広東船	559*l*	
広東デルタ	729*l*	
広東南洋烟草公司	591*l*	
広東農業公司	168*r*	
広東芭	168*r*	
広東客人	828*r*	
広東幇	54*l*, 169*r*, 204*l*, 231*l*, 286*l*, 299*l*, 689*r*	
広東幇［神戸］	262*r*, 532*r*	
広東幇［朝鮮］	315*r*, 509*r*	
広東幇［長崎］	32*l*, 168*l*, 170*l*, 321*r*, 374*l*, 466*l*, 653*r*, 691*r*, 774*r*, 775*l*,	
広東幇［函館］	630*r*	
広東幇［ブラジル］	696*l*	
広東幇［横浜］	792*r*	
広東幇商人	110*l*	
広東幇ビジネス	170*l*	
広東人買弁	170*l*	
カントン貿易	247*l*	
広東貿易	10*r*	
広東方言	735*l*	
広東料理	170*r*, 772*l*	
広東料理店	696*r*	
関内居留地	784*r*	
漢乳媽	12*l*	
カンヌ国際映画祭	46*l*	
観音	116*l*, 372*r*, 455*r*, 551*r*, 639*r*, 687*r*, 693*l*, 784*l*
観音会	299*r*
観音古廟	757*l*
観音娘娘	170*r*
観音信仰	117*l*, 170*r*
観音大士	371*l*
観音大師	262*r*
観音亭⇨青雲亭	
観音亭	396*l*
観音島	217*r*
観音堂	55*l*, 171*r*, 581*l*, 687*r*, 847*l*
観音廟	170*r*, 644*r*, 656*l*
観音菩薩	224*r*
観音祭	73*r*
官梅	562*r*, 641*r*
官梅家	171*r*
肝肺虫事件	171*r*
ガンバン・クロモン	512*r*
甲板乗客	**537***r*
官費留学生	375*l*
ガンビール	247*l*, 254*r*, 362*l*, 505*r*, 593*r*, 806*r*
ガンビール王	337*l*
ガンビール農園	337*l*
カンフー	293*r*, 359*l*, 840*r*
カンフー映画	171*r*, 461*r*, 794*r*, 820*l*
漢方医	282*r*, 471*r*, 539*l*
漢方薬研究所	554*l*
漢方医薬図書館	554*l*
『寛宝日記』	172*r*
漢方病院	559*r*
漢方薬	541*l*
漢方薬局	529*r*
柬埔寨船	559*l*
カンボジア	10*r*, 64*l*, 163*l*, 208*l*, 357*r*, 382*r*, 420*l*, 688*r*, 812*l*
カンボジア王朝	777*r*
カンボジア華人の研究	43*r*
カンボジア観光	471*r*
カンボジアの華僑・華人	**172***l*
カンボジア華人支援	440*l*
カンボジア紛争	174*r*
カンポット	173*l*
カンボン・チナ	173*l*
漢民族	661*r*
官約移民	645*l*
官利	243*l*
環流型労働者	278*l*
官僚行政	111*r*
顔料行	236*l*, 236*r*
官僚資本	484*l*
官僚テクノクラート	100*l*
関勒銘公司	**173***r*

899

和文事項索引（キ）

［キ］

キアッタナキン証券	174*l*
ギアナ	224*l*
ギアリー法	419*l*
義安公司	90*l*, 174*l*, 370*r*, 655*r*
義安中学	514*l*
生糸	31*r*, 69*l*, 112*l*, 187*l*, 312*l*, 560*r*, 581*r*, 647*r*, 855*r*
生糸業	447*r*
生糸貿易	581*r*, 587*r*
戯院	860*l*
鬼影幇	174*l*, 628*l*, 667*l*
義園	603*l*
義捐	**325***r*
義捐金	74*l*, 326*l*
キエンテク	219*l*
祇園山笠	334*r*
帰化	30*l*, 51*l*, 58*l*, 84*l*, 130*l*, 136*l*, 174*r*, 179*r*, 244*l*, 279*r*, 285*l*, 291*r*, 300*l*, 428*r*, 464*r*, 475*l*, 476*r*, 509*l*, 518*r*, 519*r*, 530*r*, 566*l*, 568*r*, 604*l*, 618*r*, 628*r*, 646*r*, 666*l*, 674*r*, 790*l*, 835*r*, 846*l*
起家	529*l*
義会⇨銀会	
義会	465*l*
機械方職人	510*r*
機械製糸	518*r*
機械的合理主義	346*l*
企画院	585*r*
帰化権	619*l*
帰化市民	668*l*
帰化人	174*r*, 568*r*, 604*r*
帰化申請	120*l*, 618*l*
帰化中国人	561*r*
帰化の資格	740*l*
帰化不能外国人	120*l*
帰化法	120*l*, 273*l*
帰化料	609*l*
機関誌	397*l*
寄棺施設	546*l*
寄棺処	492*r*
義記号	646*l*
帰僑	106*l*, 175*r*, 176*r*, 177*r*, 191*l*, 702*l*, 730*r*
帰郷	414*r*
帰僑安置委員会	175*l*, 175*r*
帰僑安置章程	**175***r*
企業家	238*r*, 349*l*, 862*r*
帰僑学生	177*l*
企業家精神	114*l*, 114*r*, 143*l*
帰僑僑眷権益保護法	108*l*, **175***l*, 177*l*, 178*l*, 410*l*
企業経営形態	22*r*
企業組織	143*l*
義兄弟の契り	182*r*
帰僑代表	175*r*
帰僑頂埔集団農場	132*l*
帰僑の定義	177*r*
企業買収	308*r*
基金会	465*l*
義鑫会	434*l*
希金属精製メーカー	857*r*
帰春	702*r*
危険分散	143*r*, 272*l*
気功	606*l*
義興	80*r*
義興会	95*l*, **176***l*, 417*l*, 434*l*, 442*l*, 662*r*
義興公司	176*l*, 182*r*
『崎港商説』	101*l*
帰国	515*l*
帰国華僑	20*l*, 24*l*, 56*l*, 57*l*, 62*r*, 63*r*, 106*l*, 108*l*, 132*l*, 134*l*, 135*l*, 136*l*, 154*r*, 162*l*, 168*l*, 175*l*, 175*r*, **176***l*, 181*r*, 182*r*, 191*l*, 199*l*, 200*l*, 246*r*, 250*r*, 252*r*, 255*r*, 256*l*, 321*r*, 331*l*, 341*l*, 343*r*, 344*l*, 345*l*, 345*r*, 410*l*, 411*l*, 411*r*, 417*l*, 481*r*, 482*l*, 493*l*, 510*l*, 516*r*, 518*l*, 523*r*, 539*r*, 678*l*, 690*r*, 695*r*, 702*l*, 713*l*, 721*l*, 779*r*, 794*r*, 835*r*, 839*l*, 845*r*, 846*l*
帰国華僑・華僑親族教育政策	177*l*
帰国華僑・華僑親族政策	**177***r*
帰国華僑学生	177*l*, 193*l*
帰国華僑学生の就職	177*r*
帰国華僑作家	380*r*
帰国華僑による工業投資	518*l*
帰国華僑の代表	198*l*
帰国華僑の名誉回復	176*r*
帰国華僑保護弁法	107*l*
帰国華僑聯合会	410*l*
帰国子女	264*l*
帰国者の増加	506*r*
帰国促進運動	548*l*
帰国中国人労働者	175*r*
帰国投資	327*l*, 431*r*
帰国呼びかけ	353*l*
帰国率	**179***l*
義山	100*l*, 326*l*, 470*r*, 491*r*, 775*r*
義山亭	61*l*, 492*l*
義祠	492*l*, 684*l*
擬似親族組織	421*r*
徽州	363*l*
徽州商人	23*r*, 363*l*
技術移転	111*r*
技術・技能ビザ	606*l*
技術者	150*r*
技術大国	111*r*
妓女	735*r*
徽商	363*l*
儀杖行	236*l*
棋樟山	179*r*
亀嶼大伯公廟	**217***r*
寄進	847*l*
汽水養殖池	201*r*
擬制家族	299*r*
擬制の血縁	226*l*
季節労働	90*r*
季節労働者	202*l*
汽船	223*l*, 358*l*, 541*l*
汽船会社	341*l*, 557*r*, 661*l*
帰葬	53*l*, 414*l*, 788*r*
義荘	326*l*, 546*l*
偽造貨幣	268*l*
偽装結婚	121*l*
偽装難民	180*l*, 511*r*, 725*r*
偽造旅券問題	569*r*
貴族院議員	161*l*
北アメリカ致公堂	662*r*
北オーストラリア鉄道	180*r*, 446*l*
北回帰線	688*l*
北カリフォルニア潮州会館	89*r*
北加里曼丹共産党	**181***l*
北カリマンタン共産党	**181***l*
北天満自治会	585*r*
北と南	10*r*
北ベトナム華僑	707*r*
北ボルネオ会社	316*l*
義塚	237*l*, 245*l*, 371*l*, 492*l*
吉隆坡	**212***l*
吉隆坡甲洞	**213***l*
亀甲墓	491*r*
狐皮	560*l*
吃飯	466*l*
吉林省	300*l*
義徳互助社	284*l*
暨南学堂	123*r*, 181*l*, 532*l*
暨南局⇨福建暨南局	
暨南国際大学	**181***r*, 198*l*
寄南社	647*l*
暨南大学	123*r*, 157*l*, 177*l*, **181***l*, 199*l*, 200*l*, 289*l*, 346*r*, 436*r*, 532*l*, 832*l*
暨南大学華僑研究所	346*r*
絹	187*l*, 312*l*
絹織技術	112*l*
絹織物	97*l*, 560*r*, 581*r*, 647*l*
絹織物売り	69*l*
絹市場	23*l*
絹製品	599*r*
絹問屋街	23*l*
跪拝	639*l*
戯班行	236*l*
ギーヒン⇨義興会	
ギヒン	219*l*
記府	101*l*, 326*l*
義福	176*r*, **182***r*
戯服行	236*l*

和文事項索引（キ）

機房錦綸行	236*l*
希望集団	802*l*
希望城	**727***l*
棄民	107*r*
棄民政策	222*l*
義務教育	622*l*
キムセン・ブリッジ	517*r*
キムセン・ロード	517*r*
客	634*r*
虐殺事件	711*r*
客桟	76*l*, 244*l*, 853*l*
客商	183*l*, 718*l*
客人	634*r*
客桟行	236*r*
客属	635*r*
客属会館	289*l*
客属義山	433*l*
客長	90*r*, 183*l*, 183*r*
客頭	90*r*, 183*l*, 183*r*, 229*r*, 231*l*, 335*r*, 359*r*, 383*l*, 414*r*
客販	183*r*, 222*r*
脚本家	679*l*, 863*r*
客民	661*r*
逆流現象	554*r*
キャスター	474*r*, 846*l*
キャセイ・オーガニゼーション	184*l*, 848*r*
キャセイ・シネマ	184*l*
キャセイ証券	152*l*
キャセイ・トラスト・グループ	704*r*
キャセイ・ホテル	219*r*
客家⇨客家（ハッカ）	
キャッサバ	362*l*, 452*l*
キャデット	224*l*
キャバレー	77*l*
キャメロン・ハウス	184*r*
ギャラクシーTV	488*r*
キャリコ銀鉱	**184***l*
ギャング	13*l*, 605*r*
ギャング抗争	211*r*
キャンパス・ギブアウェー事件	185*l*, 465*l*, 706*l*
キャンプ	202*l*
旧移民	648*r*
旧華僑	**185***r*, 364*r*, 552*r*, 603*r*
旧華文学校再興	594*r*
久記号	311*r*
旧技法の鉱山	377*r*
旧客	847*l*
旧金山	208*r*, 317*l*, 351*r*
旧金山中華会館	**317***r*
旧金山中華総商会	17*l*
旧金山唐人街	**317***l*
義勇軍	263*l*
旧港	325*l*, 644*r*
九皇	117*l*, 568*l*
九皇斎節	**185***r*
九皇信仰	**185***r*, 719*l*
旧港宣慰使	325*r*
救国運動	238*r*
救国公債	289*l*
救済金	272*r*
救済事業	239*r*
九思堂西薬房	35*r*
休斯敦	**663***r*
牛車水	186*l*, 585*r*
九州華僑華人研究会	186*r*, 575*l*
『九十年代』	186*r*, 423*r*, 808*l*
九州の華僑・華人	**187***l*
邱氏龍山堂	226*l*, 551*r*
急進左派華人	181*l*
急進的政治改革要求	539*l*
9聖人	29*l*
九星の信仰	719*l*
旧世界	795*r*
義勇隊	267*r*
9・30事件⇨9月30日事件	
9・20事件⇨9月20日事件	
九天雷祖	251*l*
給人情	225*l*
旧ネットワーク	144*r*
救貧院	660*r*
宮粉行	236*l*
九龍江	352*l*, 688*l*
九龍倉集団	44*l*, 48*l*, 625*r*, **859***l*
九龍バス	319*l*
丘陵開拓	635*l*
キューバ	223*l*, 287*r*, 351*r*, 375*r*, 498*l*, 565*l*, 620*l*, 671*l*, 747*l*
キューバ革命	**188***l*
キューバ華工	454*r*
キューバ苦力実態調査	223*r*
キューバ三民間報社	90*r*
キューバ独立	287*r*
キューバ独立戦争	230*l*
キューバの華僑・華人	**188***l*
恭安泰	800*r*, 801*l*
教育	263*r*
教育家	26*l*, 328*l*
教育差別	509*r*
教育者	52*r*, 273*r*, 288*l*, 357*l*, 839*r*
教育水準	59*l*
教育による外貨獲得政策	609*r*
協議堂	694*l*
僑園	105*r*, **188***l*
郷縁	550*l*
業縁	274*l*, 310*r*, 550*l*
僑匯⇨民信局，華僑送金	
僑匯	130*l*, 484*r*, 491*l*
教会	117*l*
教会学校	810*l*
僑改戸	**188***r*
僑匯証	130*l*
僑匯票	484*r*
強学会	271*r*
恐喝	623*l*
興化芭	168*r*
僑刊	**188***l*
協義堂	14*r*
恭禧発財	209*l*
僑居	112*r*, 707*r*
僑郷	20*l*, 55*r*, 57*l*, 87*l*, 123*r*, 131*r*, 144*r*, 167*r*, 188*r*, **189***r*, 200*l*, 251*r*, 270*l*, 291*r*, 398*r*, 443*l*, 490*r*, 493*r*, 505*l*, 511*l*, 540*r*, 574*r*, 669*l*, 681*r*, 683*l*, 688*l*, 690*l*, 718*l*, 830*l*
僑郷の概念	88*l*
僑居華民	105*r*
僑居の性格	622*l*
僑区	191*l*
僑眷	56*l*, 59*l*, 175*r*, 177*l*, 177*r*, **191***l*, 193*l*, 200*l*, 321*r*, 331*l*, 345*l*, 482*l*, 491*l*
崎陽軒	283*l*
僑眷生	193*l*
僑眷の条件	178*l*
僑股	125*r*
僑工⇨華工	
僑校⇨華僑学校	
僑校	16*l*, 123*l*, 191*r*, 192*l*, 195*r*, 576*r*, 618*l*, 668*l*
協合	306*l*
仰光	**773***l*
僑興公司	**191***r*, 481*r*
僑工事務局	107*r*
僑港潮汕文教聯誼会	844*l*
僑光堂	**191***l*
『仰光日報』	289*l*
共産ゲリラ	377*r*, 757*r*
共産主義	591*r*
共産主義運動	591*l*, 675*r*
共産主義思想	357*r*
共産党	486*l*
共産党員容疑	280*r*
共産党狩り	38*l*
共産党系華人学生	200*r*
共産党中央宣伝部	705*r*
僑資⇨華僑投資	
僵屍	53*l*
僑資企業	125*r*
『僑史研究十年』	482*l*
『僑史資料』	**191***r*, 482*l*
僑社三宝	**191***l*, 195*l*
教授	543*l*
教授ビザ	606*l*
行商	65*r*, 110*r*, **192***l*, 195*l*, 195*r*, 247*r*, 269*r*, 308*l*, 313*r*, 383*r*, 390*l*, 399*l*, 406*r*, 487*r*, 503*r*, 520*r*, 539*l*, 581*l*, 631*r*, 646*r*, 661*l*, 683*l*, 684*r*, 724*l*

901

和文事項索引（キ）

	833*l*, 849*r*
協商会議	516*r*
行商活動	724*l*
協勝堂	64*r*, 146*r*, 209*l*, 609*r*
行商人	76*r*, 628*r*, 682*l*, 683*r*
行商の原籍	236*r*
僑親⇨僑眷	
『僑訊』	192*r*
郷訊	188*r*
『僑人の檻』	192*r*, 802*l*
郷神廟	251*r*
『僑声』	436*r*
僑生	103*l*, 193*l*, 304*r*, 341*l*, 358*r*, 396*r*, 514*l*, 519*l*, 678*r*, 697*l*, 708*r*, 712*l*, 830*l*
僑生層	349*l*
僑政委	193*l*
僑政委員会	193*l*
強制移住	173*l*, 377*r*, 748*l*, 760*l*
強制帰化	545*l*
強制献金	366*l*
僑生公会	193*l*, 388*r*
強制栽培制度	193*r*
僑生字	194*l*
強制収容所	230*l*
強制出国	423*r*
僑生証	193*l*
協成昌公司	306*l*
協成昌集団	305*r*, 704*l*
強制送還	84*l*, 277*l*, 384*l*, 487*l*, 590*r*, 714*r*, 813*l*, 862*l*
強制退去	661*l*
強制的移住措置	353*r*
強制的募金	603*l*
僑生のベトナム籍編入	92*r*
『僑声報』	710*l*
強制連行	110*r*, 130*l*, 194*l*, 444*l*, 605*l*, 752*r*
強制連行補償請求訴訟	194*l*
強制労働	135*l*, 444*l*
僑属⇨僑眷	
僑属	191*l*
郷族の結合	272*l*
僑村	191*l*
兄弟間の均等所有	40*l*
兄弟的な組織	661*r*
兄弟分関係	239*r*
僑団	16*l*, 191*l*, 194*l*, 195*r*, 576*l*
僑恥日	153*l*, 194*l*
僑長	517*l*
郷長	713*r*
僑通行	194*l*
共通祖先	255*r*, 420*l*, 558*r*
共通マレー語	632*l*
協定関税	24*l*
協天宮	194*r*, 378*r*
京都	683*l*
郷党	50*r*, 95*r*, 245*r*, 651*r*
共同運輸会社	601*l*
共同居住	715*r*
協同組合日本華僑経済合作社	602*l*
協同組合日本華僑貿易商公会	602*l*
共同社会アイデンティティ	1*r*
郷党集団	97*r*, 142*l*
共同炊飯	441*r*
共同租界	338*r*
郷党組織	263*l*
共同体規制	326*l*
郷党別の華僑学校	27*l*
共同墓地	32*l*, 53*r*, 60*l*, 61*l*, 134*l*, 245*l*, 312*r*, 438*r*, 442*r*, 470*r*, 537*l*, 734*l*, 826*l*
共同墓地利用	326*l*
郷土画家	334*l*
京都華僑会館	418*l*
京都華僑学校	195*l*
京都華僑倶楽部	195*l*
京都華僑光華小学校	195*l*
京都華僑青年会	195*l*
京都華僑総会	72*l*, 195*l*
京都華僑聯誼会	195*l*
京都華僑聯合会	195*l*
京都の華僑・華人	195*l*
京都福建同郷会	195*l*, 195*r*, 233*l*, 269*r*, 752*r*
京都普度勝会	129*l*
僑日共済会京都支部	195*l*
僑眷の権益	191*l*
郷梓⇨同郷団体	
郷梓	50*r*, 94*r*, 155*r*, 411*r*, 477*r*, 549*r*, 630*l*, 689*r*
業幇⇨同業団体	
業幇	550*l*
教匪	661*r*
僑批業	484*r*
僑批局	507*l*
轎夫	405*r*
『僑報』	491*r*
『鏡報』	358*r*, 423*r*
僑報	16*l*, 79*r*, 106*l*, 192*l*, 195*r*, 268*l*, 689*l*, 828*r*
僑胞⇨三胞	
僑胞	325*r*
郷報	689*l*
僑豊公司	191*r*, 424*l*
僑民	197*l*, 197*r*
僑民学校	830*l*
僑民教育函授学校	164*r*, 165*r*, 198*l*, 213*r*
僑民商務調査	495*l*
僑民文学	126*r*
僑民文学論争	716*l*
僑民保護専章	197*r*
僑務	106*l*
僑務委員会	105*r*, 108*r*, 125*r*, 133*l*, 134*r*, 191*r*, 197*r*, 199*r*, 213*r*, 402*r*, 484*l*, 487*l*
僑務委員会委員長	532*l*
僑務委員長	250*l*
僑務活動	134*r*, 256*l*
僑務関係組織［中国］	198*l*
僑務幹部学校	199*l*, 200*l*
僑務機構の再建	178*r*
僑務局	198*l*, 199*r*, 429*r*, 487*l*
『僑務月報』	199*r*
僑務工作者	182*r*, 255*r*, 343*r*, 417*r*, 423*r*
僑務綱領［台湾］	108*r*, 198*l*, 199*l*
僑務処	199*r*
僑務政策⇨華僑・華人政策	
僑務政策	107*r*, 108*r*, 198*l*, 199*r*, 200*r*, 402*r*, 429*r*
僑務弁公室	126*l*, 134*r*, 177*l*, 177*r*, 181*r*, 191*l*, 198*l*, 199*l*, 200*l*, 363*r*
『僑務報』	200*l*
協茂桟	245*l*
教門	661*r*
『郷友』	269*r*
僑立墾植公司	191*r*
僑輪公司	191*r*
僑聯	198*l*, 417*r*
協聯集団	306*l*
僑聯総会	124*l*
僑聯通訊	783*l*
僑聯報	783*l*
僑連報	783*l*
共和銀行	726*r*
共和大学	200*r*
共和党華人協会	200*r*
共和党支持	200*r*
協和物産	781*r*
拒俄義勇隊	595*r*
清川（河）氏	505*l*, 562*r*
漁業	99*r*, 593*r*
漁業移民	201*l*
玉器行	236*l*, 236*r*
玉皇上帝	539*r*, 565*r*, 754*l*
玉皇大帝	117*l*
玉皇殿	551*l*
玉皇二太子	117*l*
玉山科学技術協会	202*l*
旭電	427*l*, 524*l*
玉の採掘	758*l*
玉林	252*l*
玉郎国際集団有限公司	703*r*
魚渓	683*l*
巨港	644*l*
巨港中華学校	645*l*

和文事項索引（キ～ク）

居住区域制限	110*l*, 204*r*
居住権	657*r*
居住権証明	419*l*
居住国の市民	103*r*
居住地主義	667*r*
居住税	618*r*
居住制限	202*r*, 397*l*, 674*r*
居住地区制度	703*l*
居住地制限	618*r*
魚生	**204***l*
魚生粥	204*l*
『拒約奇譚』	139*l*
居留清国人に関する勅令	110*l*, 204*r*
居留制限	637*l*
居留地	76*r*
居留地会議	73*r*, 827*l*
居留地自治	263*r*
居留地撤廃	783*r*
居留地撤廃と横浜華僑	**204***r*
居留地貿易	34*r*, 56*l*, 93*r*, 404*r*, 598*r*, 784*r*
キリシタン	287*r*
キリシタン禁制	93*l*
キリシタン唐人	762*l*
ギリシャ	796*l*
キリスト	372*r*
キリスト教	117*r*, 205*l*, 253*l*, 303*l*, 372*r*, 480*l*, 560*r*
キリスト教会	264*l*, 342*l*, 380*l*
キリスト教改宗	**205***r*
キリスト教禁令	258*r*, 312*r*, 554*r*
キリスト教信仰	639*l*
キリスト教徒	117*r*, 253*l*
義理の親子関係	**206***l*
キルギス	543*r*
ギルド	312*l*, 616*l*, 810*l*
ギルド商人	248*l*
ギルドの研究	33*l*
キレンキア	**206***r*
義和拳	247*l*
義和団事件	396*r*
金	560*r*, 581*r*, 587*r*, 599*r*
銀	69*l*, 496*l*, 560*l*, 560*r*, 581*r*, 587*r*, 599*r*
銀会	**206***r*
金華銀行	365*l*
「金学」	211*l*
銀貨圏	5*r*
金華実業公司	365*l*
金華昌公司	158*l*
金華昌博物館	**158***l*
禁僑案	675*l*
銀業行	236*r*
銀業集団	679*l*
金銀	187*l*
金銀取引	758*r*
キング報告書	**207***r*
金鶏奨	388*l*
錦江	97*l*
金行	**207***r*, 236*l*, 236*r*
金鉱	80*l*, 121*l*, 201*r*, 294*r*, 446*l*, 620*l*, 642*l*, 698*r*, 711*l*
銀行	13*r*, 160*l*, 208*r*, 224*r*, 236*l*, 293*l*, 612*r*, 646*l*, 726*r*
銀鉱	421*l*, 725*l*
銀号	394*l*, 730*l*
銀行家	238*r*
金鉱会社	227*l*
金鉱開発ブーム	237*l*
金鉱経営者	714*l*
勤工倹学	643*r*
金鉱採掘	314*l*
銀鉱山	757*l*, 821*l*
金光集団	329*r*
銀行買弁	268*r*
金鉱山労働者	153*l*
銀採掘	283*r*
銀札	578*l*
金山	208*l*, 294*l*, 317*l*, 351*r*
金山亜伯	**208***l*
金山開発	636*l*
金山華商総会	17*l*
金山華人仁済医院	**316***r*
金山客	208*r*
金山銀行	**208***r*
金山行	236*l*
金山商務学堂	**208***r*
金山商務学校	**208***r*
金山船	208*r*, **208***r*
金山荘	208*r*, 236*l*, 237*l*
金山通商銀行	**318***r*
『金山日新録』	**209***l*
金山伯	208*l*
金山埠	208*r*
金紙・銀紙	693*l*
金獅子山荘	492*l*, 826*r*
金獅集団	**798***l*
欽賜名	146*r*
欽州	252*l*
禁書	29*l*
金鍾公司	517*l*
謹将神戸各捐金芳名開列	379*l*, 419*r*
均昌洋服店	458*r*
銀信匯兌局	6*l*, 758*r*
銀信局	535*r*, 758*r*
金声公司	517*r*
金星バー事件	**209***l*
禁制品	92*l*
金星門	**209***l*
金線行	236*l*
金銭出納簿	298*l*
金銭態度	**209***l*, 628*r*
キン族	708*l*
金属工学者	779*r*
近代華僑社会	223*r*, 540*r*
『近代華僑投資国内企業史料選輯』	417*l*
近代華僑の研究	516*l*
錦帯橋	569*r*, 767*l*
キンタ州	541*r*
キン・チェー	**210***l*
金島燕窩公司	529*r*, 769*r*
錦堂学校	276*l*
『勍斗雲』	787*r*
金徳院	**210***l*, 333*r*, 435*r*
金箔行	236*l*
金馬奨映画祭	**210***l*
銀票	412*r*
均分相続	422*l*
勤勉	209*r*
金ペン生産	162*r*
金辺理事会	694*l*
金舗	207*l*
金峰地産	449*l*
金門	520*r*, 758*r*, 856*l*
金門出身者	701*l*
金門島	18*l*, 66*l*, 85*l*, **210***r*, 431*l*, 534*l*, 537*l*, 580*l*
金門民族文化村	210*r*
禁約反対運動	139*l*, 676*l*
金融	509*l*, 807*l*, 817*r*
金融機関	133*l*
金融業	272*l*
金融センター	339*l*
金融魔術師	526*l*
金洋銀行	**293***l*
金蘭会	766*l*
金利生活者	422*l*
金龍酒家事件	**211***r*
金輪集団	456*l*
銀楼	465*l*

［ク］

クアサ	**228***l*
グアテマラ	620*l*
グアドループ島	747*l*
グアノ	522*l*
グアノ採掘	62*l*, 223*l*, 522*l*, 710*l*
クアラカンサール	290*r*
クアラルンプール	94*r*, 165*r*, **212***l*, 274*r*, 398*l*, 477*r*, 559*r*, 592*l*, 777*l*, 805*r*, 822*r*, 824*l*, 848*l*, 849*l*, 855*l*
クアラルンプール・クボン	213*l*, 833*l*
クアラルンプール仙四爺廟	777*r*
クアラルンプールの同善医院	676*r*
クイティアオ	**213***l*
クウォン・リー銀行	745*r*

空襲	265*l*, 853*r*		78*r*, 220*l*, 533*l*, 562*l*, 584*r*, 843*l*	軍需品の献納	258*l*
空中書院	165*l*, 213*r*	久米村強化策	78*r*	『訓女三字経』	**227***l*
グエン(阮)朝	712*l*	久米村孔子廟	533*l*	軍人	183*l*, 847*r*
グオコ社	751*l*	久米村梁氏	297*l*	軍人政権	30*r*, 470*l*
クォータ制	619*r*, 620*l*	クラパ	**220***r*		
クォータ制度⇒移民割当制度		倉番口銭	268*r*	**[ケ]**	
クォック・グループ	9*l*	グラベル・ポンプ	386*r*		
9月5日事件	**216***l*	クランの同族結合	420*r*	契	206*r*
9月30日事件	37*l*, 38*l*, 42*l*, 62*l*, 83*l*,	グラント街	317*r*	渓亜婆中西学校	384*r*
	109*r*, 119*r*, 121*l*, 122*l*, 140*r*, 146*l*,	苦力(クーリー)	15*r*, 25*l*, 26*l*, 33*r*,	恵安華僑	227*r*
	200*r*, 216*l*, 333*l*, 333*r*, 351*l*, 460*r*,		138*l*, 142*l*, 158*r*, 221*l*, 222*l*, 230*l*,	渓安汽車公司	227*r*
	494*r*, 589*l*, 589*r*, 594*l*, 643*l*, 858*l*		307*l*, 321*r*, 350*r*, 351*l*, 389*r*, 413*l*,	『恵安県華僑志』	227*r*
9月18日事変	195*l*		490*r*, 521*l*, 538*r*, 567*r*, 571*r*, 614*r*,	瓊安膠園	**227***r*
9月20日事件	217*l*		621*l*, 671*r*, 727*r*, 745*r*, 757*l*	瓊安公司	227*r*
苦汗工場	**384***r*	苦力移民	512*l*	瓊安ゴム園	**227***r*
苦行者	324*r*	クリエイティブ・テクノロジー	**221***r*	渓安自動車運送会社	227*r*
グーク	706*r*	クリオール	221*r*	恵安人	321*r*
狗紙	**217***l*	クリスチャン	398*r*	経営人材登用	254*r*
櫛田神社	334*l*	クリスチャン福音センター	674*l*	経営モデル	151*l*
『苦社会』	139*l*, 380*r*	苦力船	571*r*, 614*r*, 671*l*	桂家	**228***l*, 757*l*
グジャラート商人	5*l*	苦力船の火災	571*r*	瓊崖	98*l*
串良	556*r*	クリニック経営	284*l*	瓊崖華僑救郷聯合総会	257*r*
釧路	724*l*	クリーニング店	419*l*, 612*l*	瓊崖華僑聯合総会	257*r*
クス大伯公廟	**217***l*	苦力の虐待	223*l*	京果海味行	236*r*
屑鉄輸出阻止行動	257*r*	苦力の叛乱	614*r*	京華銀行	51*l*, **652***l*
クス島	116*r*, 217*l*	苦力の叛乱事件	158*l*	『京華通訊』	164*l*
グダン・ガラム	318*r*	苦力ブローカー	183*r*, 307*l*	瓊僑夜校	27*l*
グダン・ガラム・グループ	**217***r*	苦力貿易	6*l*, 35*l*, 159*l*, 183*r*, 208*r*,	瓊劇	231*r*, 467*r*
口船	559*l*		219*l*, **222***l*, 230*l*, 237*l*, 490*l*, 498*l*,	稽古通事	171*r*, 561*r*
口之津	218*l*, 496*l*, 556*r*		616*r*, 671*l*, 712*l*, 746*l*, 772*l*, 828*r*,	挂沙	**228***l*
クチン	41*l*, 42*l*, **218***l*, 305*r*, 431*r*, 701*l*		851*r*	経済改革対外開放	**228***l*
クチン上帝廟	551*l*	苦力貿易停止	571*r*	経済開発区	684*l*
クチン潮州公会	89*r*	苦力募集停止	222*l*	経済開放区	18*r*, 410*r*, 489*r*
クチン仏教会	687*r*	クルンタイ鋼鉄	310*l*	経済学者	531*l*, 658*l*, 823*r*
クック諸島	727*r*	クレジット・チケット制	230*l*	経済活動の制限	703*l*
グッドウッド・パーク・ホテル		グレシャム・ヤン条約	676*l*	『経済月刊』	370*l*
	218*r*, 219*r*	グレーター・タイワン	154*r*	経済建設支援	431*r*
クディリ	**217***r*	グレーター・チャイナ	144*r*, **223***r*	経済支配批判	121*l*
クーデタ		グレーター・ホンコン	154*r*	経済事犯	449*r*
	388*l*, 440*l*, 451*r*, 471*r*, 521*l*, 725*l*	グレート・イースタン・ライフ・アシュアランス社	124*l*	経済自由主義	100*r*
クドゥス	308*l*, 309*l*, 387*r*			経済先進地域	338*l*
クトゥルナン	697*r*	「グローカリズム」方式	55*r*	経済専門年鑑	145*l*
国の中の国	119*l*	黒子島媽祖廟	**224***l*	経済ダイナミズム	114*l*
国許送金	130*r*	グロドック	203*l*, 333*l*	経済特区	21*l*, 131*l*, 132*l*, 154*l*, 168*l*,
グヌン・アグン・グループ	739*l*	グロドック地区	423*r*		**228***r*, 345*r*, 376*r*
グヌン・セウ・グループ	285*l*, 295*r*	クローニー	643*r*, 649*r*, 858*r*	経済ナショナリズム	94*l*
クパヤ	613*r*, 639*r*	クローニー・キャピタリズム	746*r*	経済難民	589*l*
クパラ・パリット	**643***l*	グローバリズム	109*r*	経済発展優先路線	539*l*
クパン	535*r*	グローバル化	102*r*, 289*r*	経済評論家	185*l*, 213*r*
神代氏	562*r*	グローバル・スタンダード	289*r*	経済福利協同組合	602*l*
熊本	556*r*	グローバル・ユニオン銀行	**224***r*	警察官	767*l*
熊本県華僑総会	641*l*	関係(グワンシ)	151*r*, **224***r*, 346*l*	警察裁判権制度	647*r*
久見崎	413*l*	軍禁区事件	**225***l*	警察裁判所	102*l*
久米三十六姓	5*r*, 220*l*, 293*l*, 584*r*	郡号牌	**225***l*	警察署長	799*l*
久米崇聖会	79*l*	軍事工場	77*l*, 110*r*	乩示	542*r*
久米村		軍事スパイ	110*r*	刑事訴訟	101*r*
				鶏糸麺	77*l*

904

和文事項索引（ケ～コ）

恵州	95*l*, 102*l*, 490*r*, 635*l*, 829*l*	ケダ州	687*l*	拳術	278*r*, 686*l*
瓊州会館	100*l*, 169*r*, 370*r*, 431*l*	血液検査法	**230***r*	源昌号	233*l*, 269*l*, 311*r*
恵州華僑	116*l*	血縁	151*r*, 239*r*, 250*r*, 310*r*, 550*r*	元宵節	231*r*
恵州起義	254*l*	月捐報単	630*l*	検証大屠殺	367*r*
瓊州公所	100*l*, 431*r*	結伙	90*r*	健身院	279*l*
瓊州山荘	431*r*	結伙方式	90*r*	遣隋使	569*l*, 604*r*
恵州人	232*r*, 467*r*	月刊誌	602*r*	元帥府	**233***l*
瓊州天后廟	90*l*, **370***r*, 663*l*	月刊『美国華人』	473*r*	現世利益	1117*l*, 298*r*, 372*r*, 565*r*
瓊州客家	95*l*, **228***r*, 777*l*	月港⇨海澄		原籍	**233***l*, 549*r*, 562*l*
瓊州幇	99*r*	月港	23*r*, 92*l*, 97*l*	原籍地	88*l*
恵州蜂起	85*r*	結婚	735*l*	建設企業	30*r*
慶祝事件	**229***l*	結婚促進	418*l*	建設集団	446*l*
継昌隆	518*l*	結婚問題	129*l*, **230***r*	源泰号	**233***r*, 351*l*
軽食堂業	61*r*	血債	367*r*	元泰興入口行	226*r*
傾城町	747*r*	結彩豊盈	**230***r*	現代の価値	345*r*
馨泉公司	642*r*	結社法	434*l*	『現代日本経済』	606*r*
携帯電話	330*l*, 607*r*	ゲットー	570*r*	現単	341*l*
恵沢尊王	551*r*	血統主義	106*l*, 108*r*, 279*r*, 667*r*, 668*l*	現単新客⇨自由移民	
慶弔記事	197*l*	血統主義原則	595*r*	現単新客	341*l*
恵通公司	834*l*	血統の永続	230*r*	建築請負い	237*l*
慶徳会	639*l*	血統の連続性	345*r*	建築家	137*l*, 706*l*, 838*r*, 848*l*
景徳鎮	159*r*	欠費制移民	622*r*	建築僑匯	**234***l*
瓊幇	286*r*	欠費制度	138*l*, **183***r*, **231***l*, 341*r*	現地国籍	109*l*, 484*r*
瓊幇	99*r*	ケッペル・グループ	448*r*	現地国籍取得	357*l*
京阪神華僑聯合会京都本部	195*l*	血盟団	661*r*	現地出生証明書	194*l*
警匪片	172*l*	ケビエン	764*r*	現地人資本	272*r*
京浜華僑洋服組合	553*r*	ケーブル・アンド・ワイヤHKT		現地定着	53*r*
京浜華僑洋服組合会	510*r*		833*r*	現地同化	106*l*
京浜華厨会所	152*r*, **229***l*, 735*l*, 786*l*, 847*l*	ケリー・グループ	215*r*	現地ナショナリスト・アイデンティティ	1*r*
京浜三江公所⇨横浜三江公所		ケリー社	745*r*	現地ナショナリズム	628*l*
京浜三江公所	785*l*, 786*l*	下痢止め薬	390*r*	現地マレー人	113*r*
京浜日華協会	**229***l*	ゲリラ活動	30*r*	現地民族資本主義	107*l*
系譜	604*l*	ゲリラ闘争	524*r*	現地民族ナショナリズム	113*l*, 582*r*
系譜関係	226*l*	『源』	421*l*	ゲンティン・グループ	**234***l*
慶福宮	537*l*	権威主義的開発体制	100*l*	ゲンティン高原ホテル社	456*l*, 822*r*
恵民公司	**229***r*	検疫検査	179*l*	玄天上帝	174*l*, 251*l*, 354*l*, 455*r*, 754*l*
啓蒙学校	791*l*	検疫体制	541*l*	玄天上帝廟	354*l*
啓蒙思想家	830*l*	軒轅皇帝	251*l*	原銅	453*l*
契約移民	35*l*, 223*l*, 237*l*, 341*r*, 351*r*, 467*r*, 541*r*, 622*r*, 645*l*, 698*r*, 720*r*, 725*r*, 751*r*	献戴	**231***r*	遣唐使	569*l*, 604*r*
		研究ビザ	606*r*	遣唐使船	159*r*
		献金	258*l*, 272*r*, **325***r*	建南銀行	**58***r*
契約華工	20*l*, 26*l*, 188*l*, **229***l*, 282*r*, 398*r*, 498*l*, 642*l*, 688*r*	現金送金	758*r*	原爆投下	311*r*
		建源公司	254*l*	元発盛	437*l*
契約労働	736*l*	建源私人有限公司	255*l*	現物前貸し制度	**234***l*
契約労働者	336*l*, 340*l*, 340*r*, 467*r*, 570*l*, 584*l*, 637*l*, 640*l*	建源貿易有限公司	254*l*	憲兵	26*r*
		元洪投資区	681*r*	憲兵隊	779*l*
		源香隆醸酒廠	174*r*	源豊水	**235***l*
恵陽	777*l*	言語学者	470*r*	遣明船	163*l*
恵来	845*r*	建国救郷運動	431*l*	倹約	209*r*
敬老の伝統	261*l*	言語試験	618*r*	県立長崎図書館	647*r*
KMPグループ	308*r*	言語接触	854*l*	元禄寿司	**58***l*
外科治療	541*l*	元山	424*l*, 509*l*		
劇作家	524*l*, 862*l*	現実主義	381*l*	[コ]	
劇団	434*l*	元始天尊	372*r*		
ゲシュタポの華僑逮捕事件	230*l*	研修生	135*l*, 605*l*	故衣行	236*l*
ケソン	323*l*	研修制度	110*r*	語彙集	744*l*

和文事項索引（コ）

菱		718*l*
行		236*l*, 623*r*
「号」		479*r*
興安会館		683*r*
興安丸	237*r*, 288*l*, 409*r*, 494*r*	
広域経済ネットワーク		585*l*
広域地域秩序理念		96*r*
広域貿易圏		5*l*
合一協進会		327*l*, 672*r*
黄栄遠堂		238*r*
抗英武装闘争		524*r*
広益銀行		237*r*, 848*r*
交易ネットワーク		616*l*
鰲園墓地		454*l*
校園民歌		438*l*
黄遠庸暗殺事件		239*l*
港澳同胞		319*r*
公恩会		434*l*
黄禍		239*l*
興化		683*l*
港華		408*l*
紅家		662*l*
合伙	90*r*, 183*r*, 242*r*, 245*l*	
合夥		242*r*, 245*l*
公会	89*l*, 128*r*, 239*l*, 350*r*	
行会	251*l*, 443*r*, 550*l*	
合会		206*r*
合艾		632*r*
航海安全		540*l*
郊外型チャイナタウン	7*r*, 240*l*, 446*r*, 468*r*, 491*l*, 770*r*, 849*r*	
江海関		338*r*
行街紙⇨官工所		
行街紙		163*l*
黒孩子		313*l*
航海守護神		739*l*
航海術		688*r*
公開処刑		449*r*
航海針路		590*l*
光華学校		582*r*
黄河合唱団	237*r*, 240*l*	
黄河技術大学		241*r*
『広角鏡』		240*l*
香格里拉酒店		338*l*
缸瓦行		236*l*
黄花崗事件	241*l*, 275*l*, 429*r*	
黄花崗七十二烈士		364*l*
港華集団		2*l*
興化人	168*r*, 310*l*, 683*r*, 688*l*	
黄河大学	241*r*, 531*r*	
高架鉄道建設		770*l*
『光華日報』		493*l*
紅河の役		9*r*
光華幼稚園		261*l*
光華寮	195*l*, 241*l*	
黄禍論	15*r*, 121*l*, 392*l*, 564*r*, 611*r*	
侯官		682*l*
公館		633*l*
校刊		189*l*
黄旗軍		251*l*
鴻基炭鉱		728*l*
恒基地産集団	710*r*, 815*r*	
恒基兆業		710*r*
恒基兆業地産	677*l*, 710*r*, 815*r*	
恒基兆業発展	710*r*, 815*r*	
高級官僚		426*l*
興行		82*l*
行業		236*l*
交響曲1997〈天・地・人〉		458*l*
興業銀行		23*l*
興業公司		242*r*
広業公所		262*r*
工業従事者		106*l*
広業商会	242*l*, 453*l*, 599*l*	
奸兄弟	225*l*, 299*l*, 663*l*	
工業団地	181*r*, 657*l*	
工業団地開発	310*l*, 387*r*	
公共電視		488*l*
興業不動産会社		242*r*
後期倭寇	169*r*, 420*l*	
行金着服事件		627*r*
港区		247*l*
「洪」家		310*r*
黄家		307*l*
紅渓惨案	9*r*, 333*r*, 633*l*, 633*r*	
後継子孫		831*r*
広恵肇庁便留医院		242*r*
黄家渡		238*r*
広源隆行		803*l*
合股	95*r*, 106*r*, 143*r*, 242*r*, 245*r*, 289*r*, 412*r*, 616*l*	
峇峇	37*r*, 639*l*	
公行	170*l*, 624*l*	
香行		236*l*
高甲戯		467*r*
広興昌	54*r*, 283*r*	
公行組織	236*r*, 247*r*	
口香丹		661*l*
峇峇文化		639*r*
光興利航業行		176*l*
宏碁集団		55*l*
甲骨文書道		71*l*
宏碁電脳		55*l*
公債応募		272*r*
行桟	162*l*, 244*l*, 350*r*	
鉱山		593*l*
香山		804*l*
香山会館		90*l*
鉱山会社		157*r*
鉱山開発	247*r*, 681*r*, 728*l*	
鉱山企業体		804*r*
鉱山業		635*l*
香山県	428*r*, 495*r*, 725*r*	
鉱山採掘	38*l*, 92*l*	
鉱山採鉱		245*l*
行桟制度		76*r*
恒山亭	245*l*, 368*l*, 371*l*, 406*r*	
『香山宝港』		171*l*
鉱山町		377*r*
鉱山労働		626*l*
鉱山労働者	95*l*, 153*l*, 806*r*	
鉱山労働力		237*l*
公司	94*r*, 128*r*, 151*l*, 155*r*, 245*l*, 386*l*, 777*r*, 805*l*, 856*l*	
公祠		327*r*
港市		95*r*
綱司	599*r*, 625*l*	
合資会社	243*l*, 245*l*	
合資企業		95*r*
孔子紀年		542*l*
合資銀行		318*r*
合資経営		424*l*
孝子公	245*l*, 298*r*	
公私合営	173*r*, 246*l*, 271*l*, 287*l*, 394*r*, 587*l*, 591*r*, 659*r*, 816*l*	
公私合営銀行		484*l*
孔子思想		543*l*
公司制度		804*r*
孔子像	247*l*, 611*r*	
合資組織		142*l*
孔子大廈		247*l*
吼獅堂		586*l*
公司の慣下		245*r*
孔子廟	79*l*, 246*l*, 379*l*, 391*l*, 575*r*, 576*r*	
孔子ビル		611*r*
孔子プラザ		247*l*
孔子祭		379*l*
公車上書		271*r*
港主	95*l*, 237*l*, 247*l*, 517*l*	
綱首		338*l*
広州	60*r*, 92*l*, 96*l*, 133*r*, 134*r*, 154*r*, 167*r*, 168*r*, 181*r*, 199*l*, 230*l*, 247*l*, 248*l*, 419*r*, 443*r*, 481*r*, 490*r*, 504*r*, 512*l*, 585*l*, 588*l*, 588*r*, 590*l*, 659*r*, 688*r*, 690*l*, 721*l*, 735*r*, 737*l*, 759*l*, 793*r*, 829*l*	
岡州		248*r*
杭州	615*l*, 689*r*	
豪宗		661*l*
岡州会館	16*r*, 248*r*, 849*r*	
広州華商電灯会社		248*l*
広州華商電灯公司		248*l*
広州起義		253*r*
黄重吉工廠		248*r*
黄重吉工場		248*r*
広州港		706*r*
岡州古廟		248*r*

広州菜	170r	江西の友聯誼会	252r		257l, 267r, 329l, 358r, 377r, 380l,
広州作家協会	779r	江西之友聯誼会	252r		439r, 583l, 596r, 602r, 651r, 653r,
広州市華僑投資優遇規定	248r	紅磚瓦蓋行	236r		667r, 744r, 772r, 807l, 819r, 823l,
広州市人民政府	248r	『抗戦華僑』	716r		839r
広州市舶司	706r	江蘇	263r	抗日英雄	823l
広州織造土布行	236r	合族祠	327r, 420r, 558r, 845r	抗日華僑	750l
広州船	101l	後続世代	377l	抗日歌曲	307r
高州船	559l	高速道路網	49l	抗日活動	30r, 343r, 376l
広州総商会	236r	合族譜	425r	抗日救国	26r, 189l
豪州・太平洋諸島華僑・華人研究会		江蘇省出身者	261r, 664l	抗日救国運動	51l, 676l, 847l
	183l	江蘇陽光集団公司	339r	抗日救国公債	438l
広州電車公司	248r	江蘇料理	340l	抗日救国組織	62r
広州電鉄公社	248r	公泰号	510l	抗日救亡	779r
広州屠牛行	236r	恒大号	238l	抗日ゲリラ	315l, 673l, 737l, 745l
広州の役	241l	皓台寺	253l	抗日人民軍	675r
広州煤油公会	152l	巧大聯合火柴廠	270l	抗日戦争	84r, 136l
広州府	169l, 169r	広沢尊王	372r, 551r	抗日戦争支援	437r, 593r
広州蜂起	241l, 254l, 488l, 677l	興中会	253r, 364l, 428r, 429l, 485r,	抗日宣伝	258l, 292l, 510l, 591r, 779r
広州方言	286l		488l, 493r, 639l, 662l	抗日組織	217l
公衆有限公司	243l	興中会横浜支部		抗日団体	770r
岡州六邑	255l		85r, 254l, 429l, 458r, 676r, 677l, 842r	抗日地下活動	226r
杭州湾	615l	黄仲涵企業グループ	254r	抗日闘争	217l, 824r
港主制	247l, 593r	鉤虫事件	836r	抗日民族解放大同盟	257r
口述	128l	公塚	414l	抗日民族統一戦線	486l
広駿源号	250l, 741l	広肇	169r	公認貿易	92l
広駿源事件	250l	広肇医院	255l, 434r, 514r	紅白歌合戦	71l, 451l
『黄遵憲与日本友人筆談遺稿』	532r	広肇会館	255l, 328l	後発移住民	28l
洪順堂	662r	広肇学校	40r, 49r	広幇⇨広東幇	
公所⇨会館		広肇青磚窯行	236r	広幇	169r, 315r
公所	28l, 90l, 101l, 128r, 269r, 350r,	広肇善堂	255l	洪幇	270l
	424r, 477r, 550l, 715r, 810r, 847l	広肇幇	255l	紅幇	270l, 298r, 635r, 662l, 734l
公娼	622l	郷鎮企業	18r, 62r, 207l, 338r, 521r	公班衛	258l
皇商	314r	交通史研究	761r	公班牙	258l
工商銀行	41l, 432l	交通大学	825l	合板企業	643r
鴻昌合記	136l, 319r	黄帝	251l	甲必丹	37r
興商公司	667l	皇帝権	96r	甲必丹制	155r
杭上集落	389l	黄帝子孫	255r, 489r	公費留学生	825l
香蕉人	250l	工程島	384l	孝布	684r
鴻昌進出口有限公司	136l	黄廷芳集団	864l	広府	167r
『興商日報』	667l	黄帝陵参詣	255r	鉱夫	245r
『工商日報』	830r	公的華文教育	750l	工部局	339l
広勝隆	825r	工頭	183r	孝服	684l
広昌隆	78r	鉸銅	564l	光復会	364l, 429l, 596l, 662l
広昌隆号	250r	弘道館	247l	広福宮	258r, 709l
紅色中華通訊社	365l	行動規制	727r	広福山廟	258r
行神	251l	紅頭船	256l, 399r	黄福山	237l
工人	12l	行動パターン	225l	興福寺	35l, 57r, 69r, 71l, 238l, 258r,
高新科技園区	681r	広徳号	516r		284r, 311r, 312l, 312r, 343r, 355l,
広仁学校	504r	広徳堂	694l		423l, 548r, 767l
抗清復明	534l	江南	338r	幸福貯金	300r
紅頭巾	314r	江南経済地域	615l	広府人	167r
広西華僑歴史学会	634r	江南事件	256r	工夫茶	506l
恒生銀行	464l	江南製造局	338r	洪武通宝	57l
江西省	252r	江南船	559l	広府幇	95l
江西壮（チワン）族自治区	251l	江南大学	256r	弘文学院	374r
江西之友	252r	抗日運動	43l, 134r, 176l, 182r, 252r,	神戸	34r, 56r, 68l, 70l, 74r, 76l, 78l,

907

和文事項索引（コ）

	78r, 133l, 167l, 170r, 241l, 250r,	
	253l, 261l, 262l, 262r, 264l, 266l,	
	266r, 283r, 287l, 304l, 312l, 335r,	
	357r, 375r, 378r, 429r, 433r, 446r,	
	477r, 510l, 519l, 535l, 542l, 576r,	
	580l, 581l, 591l, 596l, 598l, 598r,	
	600r, 601l, 602l, 605l, 615r, 630l,	
	683l, 692l, 719l, 724l, 790r, 827l	
神戸開港	78l, 93l, 263r, 268r	
神戸華僑	66l, 66r, 70l, 141r, 259r,	
	263r, 264l, 267l, 267r, 270l, 405r,	
	413r, 714l, 819l, 837r	
神戸華僑会館	**259l**
神戸華僑開墾隊	264r
神戸華僑海務聯合会	**259l**
神戸華僑華人研究会	**259r**
神戸華僑研究会	259r, 523l
神戸華僑講学会	231r, **259l**
神戸華僑商業研究会	**259r**
神戸華僑女性	260r
神戸華僑新興会	141r, **260l**, 263l, 379l
神戸華僑震災対策本部	653r
神戸華僑新集体版画協会	820r
神戸華僑青年会	262l
神戸華僑総会	129r, 259l, **260l**, 260r,
	262l, 264r, 268l, 379l, 445r, 516r,
	523l, 820l, 837r
神戸華僑総会［台湾系］	**260r**, 654l
神戸華僑同志会	**260r**
神戸華僑同文学校	
	259l, 265l, 547l, 627r, 832r
神戸華僑南洋輸出協会	**260r**
神戸華僑婦女会	**260r**
神戸華僑文化経済協会	445r
『神戸華僑報』	164l
神戸華僑貿易商社会	**261l**
神戸華僑貿易振興会	**261l**
神戸華僑幼稚園	261l, 268l
神戸華僑洋服商組合	**261r**
神戸華僑理髪商組合	**261r**
神戸華僑理髪業聯合会	**261r**
神戸華僑理容公会	**261r**
神戸華僑臨時弁事処	**261r**
神戸華僑歴史博物館	262l, 265l, 523l
神戸華僑聯誼会	260l, **262l**, 268l, 516r
神戸華商	264r, 640r
神戸華厨聯誼会	262l
神戸皖江聯盟会	**262r**
神戸関帝廟	167l, 261l, **262r**, 269r,
	357r, 379l, 419r, 603l, 654l
神戸広公所	262r, 269l, 424r
神戸広東軍	532r
神戸義勇軍	**263l**, 832r
神戸僑務弁事処	**263l**
神戸居留地	263l, 267r
神戸工業	446r
神戸広業公所	264r, 357l, 378r
神戸財界人	740r
神戸雑居地	263r
神戸三江会館	**263l**
神戸三江公所	
	167l, **263r**, 265l, 269l, 378r, 424r
神戸三師会	264l
神戸三師学友会	**263r**
神戸商法会議所	250l
神戸税関長	58l
神戸総領事館	76l, 600r
神戸大空襲	379l
神戸台湾帽子商業組合	264l
神戸中華会館⇒神阪中華会館	
神戸中華会館	378r
神戸中華学校	259r, 265l
神戸中華義園	357l
神戸中華義荘⇒神阪中華義荘	
神戸中華義荘	
	269l, 357l, 379l, 418l, 654l, 664l
神戸中華基督教改革宗長老会教会	
	264l
神戸中華倶楽部	264l
神戸中華会館	
	264r, 479r, 532r, 640r
神戸中華青年会	260l, 261l, **264r**, 523l
神戸中華青年会館	259l
神戸中華総商会	262l, 263l, 263r,
	264r, 267r, 268l, 269l, 523l, 532r,
	837r
『神戸中華総商会会報』	265l
神戸中華同文学校	48r, 252r, **265l**,
	265r, 268l, 378r, 413r, 523l, 653r,
	654l, 819l, 820r, 837l, 839l
神戸中華同文学校校友会	265r
神戸中華料理加工品組合	
	265r, 664r, 665l
神戸中国慈善会	**266l**
神戸中国領事館	260l, **266l**
神戸東亜貿易株式会社	141r, **266r**
神戸同文学校	720l
神戸塗業同業公会	**266r**
神戸南京町⇒南京町	
神戸南京町	
	266r, 267r, 586l, 624r, 654l
神戸日華実業協会	267l, 596l, 596r
神戸日支実業協会	267l, 596l
神戸の華僑・華人	**267r**
神戸買弁	**268r**
神戸八閔公所	269l, 378r
神戸福建会館	167l, **269l**, 269r
神戸福建華商	411r
神戸福建同郷会	265l, **269l**, 424r
神戸福建幇	**269r**
神戸福建幇	540l
神戸復興号	267l
神戸理事府	357l, 418l
神戸領事	67r
合弁企業	106l, **269r**
合弁事業	306l, 313r, 456r
公墓	722l, 741r
工棚	245l
公貿易	163l
香木	599r
黄埔公司	235r
号馬	556l
号碼	556l
糠米行	236r
紅卍字会	542r, 551l
皇民化教育	354l
公民権運動	8r, 14l, 15r, 247l, 669l,
	706r, 765l, 860r
公民権法	8r
礦務公会	236r
巧明火柴廠	**269r**
巧明光記火柴廠	270l
『光明日報』	36l
巧明マッチ工場	**269r**
紅毛	270l
紅毛工	12r
紅毛埠	270l
紅木銀行	**843r**
紅門	662l
江門	270l, 270r, 340r, 341r
洪門	238r, **270l**, 493r, 635r, 662l, 834r
洪門会	145l
洪門五房	662l
江門市	167r, 288l, 291r
江門製紙会社	**270r**
江門造紙廠	**270r**
洪門致公会	636l
洪門致公堂⇒致公堂	
洪門致公堂	329l, 465r, 626l
洪門籌餉局	270r, **271l**
洪門天地会	636l
洪門堂	209l
高山	556l
工友会	544l
校友会	135l
『光裕月刊』	189l
恒裕公司	407r
行裕油廠	407l
工友聯合会	544l
香油銭	299r
高麗橋	762l
後楽寮	601l, 613r
紅利⇒合股（ごうこ）	
紅利	243l
高利貸	272l, 763r
高利貸資本	508r
小売業	192l, **271r**, 273l, 357l
小売業国民化法	273l, 308l

和文事項索引（コ）

小売業支配	273*l*
小売業スペイン化法	273*l*
小売業の現地化	**273*l***
小売業フィリピン化法	655*r*, 675*l*
広利銀行	745*r*
広利行	**273*r***
夥利桟	47*r*
夥利桟銀行	47*r*, 48*l*
夥利集団	**47*r***
公立病院	564*r*
恒隆銀行	455*r*
広劉信号	828*r*
香料	69*l*, 560*r*
香料群島	768*r*
香料独占	769*l*
降霊術	565*r*
香炉	424*r*, 703*r*, 850*l*
高楼行	236*l*
黄老仙師慈教	**273*r***
鴻臚館	447*r*
香叻油公所	651*l*
『公論報』	466*l*
合和会館	16*r*, 318*l*
合和実業集団	48*r*
港湾労働者	757*l*
護衛司	157*l*, 659*r*
五縁	135*l*, 225*l*
五縁関係	274*l*
五華	104*r*
ゴカキ	275*r*
コカ・コーラ	307*l*, 725*l*
小刀会	662*l*
5月事件	388*l*
5月13日事件	121*l*, 156*r*, 176*r*, **274*l***, 290*r*, 368*l*, 695*l*, 749*l*
五家頭	282*l*
小為替業者	6*l*
許賽哥家	**288*l***
コカン華人	757*l*
五脚基	**275*r***, 359*r*
五教一致	116*r*, 542*l*
五教合一	117*r*
行業七十二行	236*l*
故郷に錦を飾る	490*r*
呉錦堂池	286*l*
呉錦堂合資	276*l*
五斤飛び	162*r*
国営華僑投資会社	131*l*, **276*l***
国営華僑投資公司	**276*l***
国営厦門電廠	20*l*
国営通信社	365*l*
国営農場	132*r*, 411*l*, 695*l*
国王の奏法	92*l*
黒家	313*l*
国外華僑民主人士代表	483*r*
国外僑務政策⇨華僑・華人政策	
国外退去	405*l*, 675*r*
国外追放	119*r*, 298*l*, 391*l*, 515*l*, 593*r*, 618*r*, 834*r*, 853*r*
国外留学	177*r*
国喬石油化学	856*r*
国語	137*l*
黒工	313*l*
黒号	**276*l***
国語（中国語）学校	564*r*
国語教育	103*r*
「国語」の普及運動	618*l*
国語ローマ字ピンイン方式	470*r*
国際アヘン会議	11*r*
国際化	**277*l***
国際華僑・華人学会	67*l*
国際華商500	1*l*, 330*l*
国際合衆銀行	**224*r***
国際華文文芸営	**277*r***
国際為替	484*l*
国際行商	192*r*
国際金融センター	729*r*
国際結婚	78*l*, 129*l*, 230*r*
国際興業合作社	783*r*
国際寺	687*r*
国際信託投資公司	276*r*
『国際新聞』	**277*r***, 436*r*
国際政治評論家	830*r*
国際中正会館	551*l*
『国際潮訊』	89*r*, 507*r*
国際潮団聯誼年会	507*r*
『国際電影』	184*r*
国際派女優	462*r*
国際仏光会世界総会	396*l*
国際不動産業協会連盟	467*l*
国際放送	488*l*
国際労働力移動	**277*r***
国際労務輸出	**278*l***
国策会社	242*l*
国産飛行機製造	779*l*
国産ミシン製造	821*l*
黒社会	156*l*, 313*l*, 345*l*, 434*l*, 445*l*, 467*r*, 628*l*, 662*r*, 667*l*
国術	686*l*, 699*r*
国術社	**278*l***
黒人奴隷	109*l*, 498*l*
黒人奴隷貿易	222*l*
国籍	59*l*, 174*r*, 277*l*, 444*l*, 668*l*
国籍協商会	37*l*
国籍取得	740*l*
国籍取得手続き	444*l*
国籍編入	638*l*
国籍法	84*r*, 92*r*, 509*r*, 666*l*, 667*l*
国籍法［中国］	84*r*, 106*l*, 279*l*
国籍法［台湾］	108*l*, 279*l*
国籍放棄	127*l*
国籍未取得者	668*r*
国籍問題	109*l*, 772*r*
国籍離脱	357*l*
国葬	456*r*
国泰機構	**184*l***, 848*r*
国泰グループ	301*l*
国泰人寿保険	300*r*
国恥記念日	596*r*
国鼎会（毛氏）	79*l*, 220*l*
黒糖	111*l*
国内移住	490*l*, 494*l*
国内親族	248*r*
国内難民	589*l*
国内旅行案内	495*r*
「告別南洋」	**307*r***
国民外交	523*r*, 530*l*, 828*l*
国民革命	429*l*
国民型華語小学	280*l*
国民型小学	**280*l***
国民救済局	271*l*
国民経済の形成	109*l*
国民憲政会	720*l*
国民国家	450*l*
国民参議会	**280*l***
国民参政会の華僑参政員	329*l*
国民小学	280*l*
国民政府	108*l*, 197*r*, 199*r*, 279*r*, 289*l*, 339*l*, 436*r*
国民政府実業部	378*r*
国民戦線	**749*l***
国民大会などの議席	108*l*
国民中学	566*l*
国民党	105*r*, 345*l*, 485*r*, 488*l*, 705*r*, 733*l*
国民党アメリカ総支部	14*r*
国民党活動の抑制	224*l*
国民党京都支部	195*l*
国民統合	385*l*, 545*l*
国民党統合促進協会	**280*l***
国民党神戸支部	267*r*
国民党左派	486*l*
国民党サンフランシスコ支部	778*l*
国民党政府	808*r*
国民党政府の華僑政策	163*r*
国民党浙江派	276*l*
国民党駐京都分部	195*l*
国民党四大元老	643*r*
『国民日報』	730*r*
国民文化	367*l*
国務院僑務弁公室	491*l*
国有企業	246*r*
黒鬮制	628*l*, 667*l*
小倉	57*l*
国立第一僑民中学	99*l*
黒六条⇨六条規定	
黒六頭	848*l*

909

和文事項索引（コ）

伍家	803*l*	コーチシナ華僑	61*l*	コミュナリズム	290*l*, 750*l*
戸県農民画	302*r*	国会議員	463*l*, 465*l*	コミュニティ	808*l*
呉健雄星	50*l*	国家開発政策	695*r*	ゴム	41*l*, 91*l*, 168*r*, 290*r*, 362*l*, 366*l*,
5港開港	10*l*	国華銀行	286*r*		507*l*, 509*l*, 822*r*, 833*l*
呉江会（梁氏）	79*l*, 220*r*	国家銀行	484*l*	ゴム園	99*r*, 172*l*, 212*l*, 227*r*, 290*r*,
五公司	477*r*	国家最高科学技術賞	485*r*		508*r*, 593*r*, 601*r*, 833*r*
護国軍の横浜籌餉員	826*l*	国家情報局バキン	122*r*, 594*l*	ゴム王	591*r*
五国夫人	117*l*	国家総動員法	715*l*	ゴム栽培	793*l*, 834*l*
五股頭	282*l*	国家発展党	471*r*	ゴム産業	204*l*
ココナツ	273*l*	国家文学	748*r*	ゴム事業	
ココナツ産業	288*r*, 746*r*	黒旗軍	251*r*, 824*l*		448*r*, 453*l*, 457*l*, 460*l*, 814*l*, 816*l*
ココナツ農園	219*l*	国旗事件	673*l*	ゴム生産	255*l*
孤魂	282*l*, 480*l*, 693*l*	国共合作	486*l*	ゴム製品製造工場	291*l*
ゴコンウェイ財閥	282*l*	国境紛争	36*r*	ゴム大王	291*l*
孤魂野鬼	716*r*	国境貿易	544*l*	ゴムノキ	290*r*
澀菜	340*l*	コック	76*l*, 99*r*, 110*l*, 262*l*, 849*r*	米	507*l*, 599*l*, 625*l*
湖糸	31*r*	コッククラブ	152*r*, 229*l*	コメディアン	392*r*
孤児	326*l*	コック見習少年	260*r*	米輸出業	292*l*
互市	91*r*	国慶節	782*l*	米輸出商社	697*l*, 803*l*
呉氏	562*r*	ゴ・ディン・ジエム政権	708*l*	米輸出入銀行	697*l*
孤児院	289*l*	股東	243*l*, 289*r*	米輸入	443*r*
五四運動	485*r*, 539*l*, 596*r*	五島	69*l*, 187*l*, 218*l*, 224*r*, 287*l*, 496*l*,	五邑	255*l*, 270*l*, 291*l*
五色旗事件	391*l*		505*l*, 579*r*	五邑大学	291*l*
互市国	96*r*	五島一官	505*l*	雇用機会均等委員会	8*r*
互市舶	92*l*	御ート船造り御物目利	287*r*	御用商	314*r*
胡志明	723*l*	5頭の虎	306*r*	娯楽コンツェルン	184*l*
梧州	252*l*	コネクション	224*r*	娯楽情報	156*l*
顧繡行	236*l*	小根占	556*r*	コラムニスト	275*r*, 808*l*
『五十年来的華僑与僑務』	134*l*	子の移民申請	832*l*	咕哩／估里	221*l*
顧繡斑靴行	236*l*	『古巴雑記』	455*l*	估里間	292*r*
コショウ	69*l*, 168*r*, 389*r*, 505*r*, 508*r*,	五䑩	326*l*	咕哩房	292*r*
	593*r*, 806*r*	コーヒー店	98*r*, 99*r*, 288*l*, 369*l*	古琉球	292*r*
コショウ栽培	99*r*	虎標	289*l*	五稜郭の戦い	629*r*
コショウの輸出港	644*l*, 656*l*	虎豹兄弟集団	726*r*	『五稜郭血書』	159*l*
コショウ農園	337*l*	虎標製薬会社	289*l*	ゴールデン・キイ・グループ	802*l*
互助団体	283*r*	虎豹別荘	289*l*	ゴールデンスター・バー	209*l*
古晋	218*l*	虎豹別墅	432*l*	ゴールデン・トライアングル	
悟真寺	32*l*, 170*l*, 284*l*	コファンコ家	288*l*		293*l*, 469*l*
個人主義	209*r*, 346*l*	五府王夫人	551*r*	ゴールデン・パシフィック・ナショナ	
個人的通信手段の発達	63*r*	戸部銀行	484*l*	ル銀行	293*l*
個人伝記	128*l*	呉服	517*r*	ゴールデン・ハーベスト	
個数賃金	209*r*	呉服行商			184*r*, 293*l*, 511*r*
ゴースト・シャドーズ	174*l*		269*r*, 487*l*, 664*l*, 684*r*, 724*l*, 833*l*	ゴールデン・ベンチャー号事件	
コスモポリタン	277*l*	呉服雑貨行商	313*r*		293*l*, 683*r*
コスモポリタン化	103*r*	故布行	236*l*	ゴールド・ストレッジ社	125*l*
胡靖祖師	251*l*	コブラ	40*l*	ゴールドラッシュ	15*l*, 80*l*, 111*r*,
戸籍	248*r*	股份公司	143*r*		153*l*, 208*r*, 294*l*, 317*l*, 318*l*, 322*l*,
小束野	286*l*	股份制度	289*l*		328*r*, 446*l*, 468*r*, 469*r*, 547*r*, 609*l*,
『五祖廟』	69*l*	『コーベ・クロニクル』	535*l*		619*r*, 620*l*, 622*r*, 626*l*, 637*l*, 648*r*,
五大会館	477*r*	コペンハーゲン	653*l*		660*l*, 714*l*, 765*l*, 802*l*
五大米輸出業者	306*r*	五方五土龍神	299*l*, 551*r*	コレラ	541*l*, 714*l*
『古代南洋史地叢考』	780*l*	護法派	609*r*	コレラ流行	71*r*
五大幫	286*l*	湖北省	300*l*	鼓浪嶼	18*l*, 20*l*, 238*r*, 691*l*, 860*l*
コタキナバル	286*r*, 305*r*, 316*l*	湖北人	160*r*, 755*r*	五路財神	298*r*
コタ地区	333*l*	小間割	159*r*, 560*r*	コロマ	467*r*
コーチシナ	236*r*, 812*l*	コミッション・マーチャント	244*r*	コロマンデル地方	609*l*

和文事項索引（コ～サ）

コロンビア	498r	
婚姻対象	613r	
婚姻紐帯	81r	
コングロマリット	254r, 308r	
コングロマリット型華人企業	371r	
コングロムラット	38r	
混血	118l, 173l, 408l, 545r, 613r, 639l	
混血児	90r	
混交宗教	372r	
コンゴ大西洋鉄道	295l	
『艮斎詩集』	531l	
コンサルティング会計事務所	325l	
公司⇨公司（こうし）		
坤成女学校	848r	
コンチーン	840r	
コンツェルン	106r	
『今日僑情』	295r	
『コンビネーション・ブラター』	295r	
コンピュータ	442l, 606l	
コンピュータ・ネットワーク	495r	
コンピュータ・リース業	447r	
昆布	242l, 295r, 452r, 560l, 724l	
コンポンチャム	173l	
婚礼	639r	
コンワ	408l	

[サ]

サイアム・コラカーン	297l	
サイアム・シティ銀行	501l, 536l, 705l, 770l	
サイアム・シティ・セメント	501l	
サイアム商業銀行	427l	
サイアム・スティール・パイプス	426r	
サイアム・セメント	427l	
サイアム・フォーチューン	793l	
サイアム・モーター・グループ	297l, 440r, 500l, 521l	
再移住⇨外流		
再移住	27r, 102r	
再移民	102r, 645l, 768l	
菜園経営者	609l	
菜園農業	8l, 80l	
西家⇨東家		
在外華人資本	154l	
在外台僑処理弁法	301r, 480l	
斎教	299l, 847l	
在京華字紙	297r	
採金公司	856l	
最恵国待遇	597r, 644r	
財庫	245r	
柴行	236l	
採鉱税	201r	
採鉱知識	635l	
蔡・呉事件	298l	
サイコロ賭博	567l	

サイゴン	20r, 61l, 449r, 482r, 587l, 638l, 758r, 829l, 846r	
サイゴン⇨ホーチミン［市］		
サイゴン陥落	725r	
サイゴン・チョロン市	723r	
サイゴン・チョロン地区	708l	
祭祀	116r	
蔡氏	562r	
祭祀演劇	232l	
祭祀公業	298l, 850r	
祭祀団体	279l	
菜仔店	308l	
採芝堂	298l	
材昌	266r	
妻妾制度	422l	
栽植植民地	698l	
栽植制	698l	
栽植制生産	698l	
栽植制農園	698l	
採芝林	298l	
財神	210l, 245r, 298l, 629l, 734l	
財神爺	72r	
賽先生	539l	
財団法人中華会館	787l	
斎堂	299l, 424l, 568l	
ザイトン	410r	
在日華僑	78r, 300l, 693l	
在日華僑・華人	133r, 552r, 828l	
在日華僑学校	546r	
在日華僑子弟	494r	
在日華僑青年	832l	
在日華僑の青年団体	264r	
在日華僑のルーツ	568r	
在日華僑・留学生の帰国	237r	
在日吉林同郷会	300l	
在日湖北同郷会	300l	
在日台湾人	445r, 552r	
在日台湾籍華僑	300l	
在日中国科学技術者聯盟	300r	
在日中国人	495r, 564l, 606l	
在日中国人NPO法人	607l	
『在日中国人大全』	602r	
『在日中国人媒体総覧』	602r	
在日中国人文献資料センター	602r	
在日福建華僑	832l	
在日留学生	494r	
在日遼寧留学人員聯誼会	136l	
再入国	620l	
再入国禁止	619l	
再入国証⇨回頭紙		
再入国証	98l	
サイノ・グループ	864r	
サイノ・ランド社	864r	
財帛星神	262r	
財閥	106r	
裁判官	86l	

裁判制度	703l	
彩票	851l	
財副	95r, 338l	
サイムダービー・グループ	456r	
菜欄行	236l, 852l	
在留許可税	742l	
在留資格	94l, 301l, 348l	
在留清国人管理	204r	
在留清国人民籍牌規則	73r, 405r	
蔡倫	550r	
再和成偉記滙兌信局	301l	
サウジアラビアの華僑・華人	595l	
『サウスチャイナ・モーニング・ポスト』	216l, 302l, 732l	
坐売り	192l	
棹銅	564l	
堺	163l, 553r	
彭城氏	562l	
『沙架免度新録』	196r	
作業監督	753l	
砂金	599r	
砂金採取	294r	
サクセス・ストーリー	117r	
サクディナー	146r	
冊封関係	97l	
冊封使	302l, 363l	
冊封使録	363l	
冊封正使	515r	
冊封体制	352l	
サクラメント	45l, 196r, 202l, 317l	
酒	508r	
酒王	642r	
サケ缶詰工場	202l	
鎖国	5r, 91l, 172r, 303l, 343r, 579r	
鎖国政策	112l	
鎖国体制	71r	
サゴ街	683l	
「ササ」ブランドの調味料	456l	
座山	470r	
沙汕頭	503r	
サザン・パシフィック鉄道	303l	
刺身	204l	
砂錫	386l	
咱	805r	
サスカチェワン州	618r	
沙船	337l	
沙船会館	312l	
定高	557l, 560l, 577l	
定高貿易	560l	
撮影監督	46r	
作家⇨華人作家		
作家	4l, 68r, 136l, 148r, 185l, 207l, 321l, 350l, 380r, 462r, 501l, 502l, 519r, 524l, 566l, 593l, 654r, 678l, 810r, 812r, 851l	
雑貨	159r, 235l, 692l, 751l, 774r, 827l	

911

和文事項索引（サ）

雑貨行商	520r	差別	121l, 594l, 635l	三号幹線	319l
雑貨商	80r, 717l	差別政策	424r	三江公会	311r
雑貨店	308l	差別的華僑同化政策	122r	三江公所	311r, 312l
雑業者	150r	差別撤廃措置	8r	三江祠堂	259l, 311r, 312r
作曲家	438l, 458l, 502r, 714l, 852r	差別・迫害	120r	三江商業会	263r
雑居地	73l, 76r, 93l, 162l, 266r, 267r, 303r, 529l, 573r, 605l	乍浦	95r	『参考消息』	365l, 830r
		サマラン	758r	三江総会	311r
雑砕	472l	『サームコック』	695r	三江幇	311r, 405r, 615l, 696r
『察世俗毎月統記伝』	196l, 831r	サムスイポー	314l	三江幇［大阪］	76l
薩南諸島	12r	サムセン	306r	三江幇［神戸］	263r
雑木行	236l, 236r	サムットプラカーン・ワニ動物園	50l	三江幇［長崎］	32l, 170l, 233l, 233r, 235l, 258r, 312l, 356r, 496l, 691r, 715l
札幌	724l	サメ漁	201l, 680l	
札幌総領事館	630r	ザ・メルティング・ポット	765l	
薩摩	238l, 249l, 303l	皿うどん	324l	三江幇［函館］	523r, 629l, 630l, 630r, 631l, 646r
サツマイモ	412l	砂拉越人民聯合党	307r	三江幇［横浜］	238l
薩摩藩	5r, 556r, 562l	サーラシン家	307l, 388l, 432r, 724r	三江幇のネットワーク	312l
ザーディン	215l, 304r, 513r, 723r	サラダ・ボウル論	307l	『三国演義』	558l, 695r
砂糖⇨唐貨		「さらば南洋」	307r	『三国志演義』	128l, 166l, 440l
砂糖	503r, 545l, 560r, 599l	サラワク	138l, 168r, 181l, 201r, 218l, 247r, 253l, 336r, 380l, 593r, 682l, 701l	三黒問題	313l
砂糖王	215l, 254r, 338l, 391l, 392l			三期末劫思想	31l
砂糖会社	254r			サン・サムラン・グループ	657r
砂糖貴族	848l	サラワク王	701l	三山	681r, 682l
サトウキビ	142r, 505r, 645l	サラワク州	307r	三山会館	327l
サトウキビ栽培	111r, 166l, 395r	サラワク人民連合党	307r	三山公所	313l, 418r, 503r, 522r, 581l, 682r, 682l
サトウキビ農園	219l, 288l	サラワクの華人	275l	
サトウキビ・プランテーション	223l, 725r, 828r	サリサリ・ストア	273l, 308l	三山公幇	313l
		サリム・グループ	38r, 308l, 309l, 336l, 387l, 415l, 467l, 670r, 807l	三山国王	116l, 551r
砂糖地主	3l, 288r			三山大王	313r
砂糖商	238l			三山幇	682l
砂糖ブーム	645l	沙林集団	308l	3次の移住	103r
里帰り	177l	サロン	613r, 639r	サンジウ族	712r
サバ	201r, 286r, 315l, 316l	ザ・ワーフ	48l, 625r, 859l	散仔機関	313l
サハウィリヤ・グループ	22r, 304r	サワンカローク	395l	三資企業	63l, 313l
サハウィリヤ・スティールワーク	305l	三一教	117r, 310l, 551r, 685l	参茸行	236l, 236r
		三一教総堂	310l	サンシャイン60ビル	137l
サハウィリヤ・パニット	305l	『残糸の曲』	520l	山主	212l
サハウィリヤ・メタル・インダストリー	305l	三縁	151l, 225l, 550l	『三洲日記』	314l, 502r
		三縁関係	310r	三州府	91l
サハウィリヤ・ライトゲージ・スティール	305l	三縁社会	135l	36姓	293l
		山貨行	236l	山庄	491r
左派華僑	66l, 216l, 673l	三華人寺	443r	汕樟軽便鉄路	394r
左派華僑運動	66l	三跪九叩	639r	汕樟自動車路	394r
サバ・サラワクの華僑・華人	305l	三教合一	117r, 310l	サンシリ社	657r
サハ・パタナ	306l	産業国民化法	672l	三水	168l
サハ・パッタナーパイブーン	306l, 704l	産業国有化	667r	三水県	314l
		三結縁体式	593l	三水県人	585r
サハ・パッタナーパイブーン・グループ	1l, 305l, 306r, 451l, 521l, 703r	三剣俠	136r, 319l, 677l	山水電気	408l
		三行	310l	三水婆	314l
サハ・ユニオン	306l	三皇	550l	三水表嬸	314l
サハ・ユニオン・グループ	13l, 306l, 451r	杉行	236l, 236r	山西	543r
		三合会	270l, 310l, 365l, 636l, 662l, 733l, 734l	参政権	198l
左派労働組織	592l			山西省	314r
サービス業	498r	三江会館	263r, 311l, 311r	山西商人	239r, 314l
サービス産業	106l	三江会所	233l, 233r, 259l, 311r, 312r, 356r, 581l, 715l	山西同友会	314l
サブセイケイ	345l			
サブタウン	468l	三合会マニラ分会	826l	サンセットパーク	612r

912

和文事項索引（サ〜シ）

参戦華工	138r, 139r, 229r, 276r, 314r, 399l, 419l, 543r, 795r	
山荘	491r, 492l	
『三台青年』	189l	
三大チャイナタウン	849l	
サンダカン	286r, 315l, 449r	
山打根	315l	
『山打根日報』	315r	
山地中国人	757l, 812l	
サンチャゴ	188l	
汕澄電話公司	250l	
サンディエゴ	201r	
『サンデー・ガゼッタ』	292r	
サンテック社	310l	
三点会	662l	
汕頭⇨スウトウ		
汕頭	393l	
山東	736r	
山東移民	315r	
汕頭開明電灯公司	250l	
汕頭開明電灯股份有限公司	394l	
汕頭開明電力会社	394l	
山東・河北人労働者	543l	
三刀業	16l, 76l, 110l, 114l, 195l, 205r, 268l, 316l, 498r, 529l, 574l, 605l	
山東苦力	315r	
山東系中国商人	599l	
汕頭国際銀行	387r	
山東省華僑中学校	316l	
汕頭自来水公司	250l, 394l	
汕頭水道会社	394l	
汕頭大学	395l	
汕頭電力廠	394l	
山東同郷会	315l	
山東芭	316l	
山東村	316l	
山東省苦力	138l	
三奶夫人	171l	
サンノゼ	4l	
サンパウロ	316r, 696r	
サンパウロ魏氏公司	179l	
三把刀	195l, 268l, 316l, 605l	
三幇会所	576l	
サンパン協会	316l	
三藩市唐人街	317l	
山票	851l	
三埠	341l	
サンファン人	712r	
サンフェリペ鉱山	67r	
サンフェルナンド大トンネル	303r	
三福寺	554l	
産婦人科医	334r	
三分税	742l	
サンフランシスコ	3r, 13r, 14l, 45l, 63r, 83l, 111r, 155l, 201r, 208l, 208r, 209l, 239l, 323l, 329l, 351r, 375r, 398l, 465l, 477r, 547r, 550r, 612l, 619l, 623l, 648r, 657l, 828r, 843r, 849l	
サンフランシスコ華僑	730l	
サンフランシスコ華人仁済医院	316r	
サンフランシスコ三邑会館	321l	
『サンフランシスコ週報』	860l	
サンフランシスコ総領事	249l	
サンフランシスコ大地震	318l, 657l	
サンフランシスコ・チャイナタウン	50r, 148r, 184r, 208r, 211r, 248r, 317l	
サンフランシスコ中華会館	317r, 505l, 546l	
サンフランシスコ中華総商会	17l	
サンフランシスコ中華文化基金会	318l, 799l	
サンフランシスコ中華文化センター	318l	
サンフランシスコ潮州同郷会	89r	
サンフランシスコ通商銀行	318r	
サンフランシスコ・ベイ・エリア	819l	
サンブルナ・グループ	318r	
散文家	518l	
サンフンカイ	815r	
サンフンカイ・プロパティーズ	22r, 136r, 137l, 319l, 677l, 710r	
三聘街	319r	
サンペン街	226r, 319r, 651l	
三保	536l	
サンボアンガ	449r	
『汕報』	509r	
三胞	132l, 319r	
三宝	140l, 536l	
三保公	320l, 551l	
三宝公	320l, 536l	
三保公廟	320l, 390l, 720l	
三宝公廟	320l	
三保山	320l, 720l	
三宝井	320l, 536l	
三宝洞	32r	
三宝飯	320r	
三保廟	720l	
三宝廟	320l, 536r, 720l	
三宝壟	320l, 390l	
サンミゲル社	288r	
三民主義	397r, 429l, 756l	
三民主義教育	575r	
三民主義青年団	320l	
算命師	347r	
三邑［広東］	167r, 169r, 255l, 321l	
三邑［福建］	321l	
三邑会館	16r, 318l	
三友寺	444l	
三邑幇	42l	
山徭人	712r
三余号	311r
残留孤児	483l
三林集団	308l
サンレイ	321l, 768r
三朗橋碑文	427r
三和号	321l

［シ］

CITIC嘉華銀行	836r
シアトル	14r, 227l, 322l, 612l, 775r
シアトル華僑学校	227l
シアトル圏	322l
シアトル大火後	322r
シアヌークビル	173l
シアファン人	712r
シアンタル抑留所	135l, 217l
四夷館	744l
死穢	683l
紙衣	426l
自衛機関	378r
市易法	50r
CSIグループ	330l
子日館	323l
ジェンダー問題	459l
塩瀬	837l
私貨	95r
歯科	160r
私会党	176l, 369l
『四海之友月刊』	199l
四海楼	187r, 323l, 580l
鹿皮	587r
資格外活動	348l
シカゴ	318l, 612l
シカゴ・チャイナタウン	324l
値嘉島	287l
値賀島	111r
時間給	209r
史記	360r
瓷器行	236r
識字運動	783l
指揮者	458l
シクロ⇨トライショー	
シクロ	568r
慈鶏	35l
試験管ベビーの研究	476r
四抗	324r
柴棍	513r, 723r
自殺	832l
「視察秘魯華工記」	281l
時事月刊誌	101l
シシップ家	324r
CCTV大富	325l, 606l
CCTV中国中央電視台	325l
時事評論誌	662l
獅子舞	579l, 590l, 788l, 789l

913

和文事項索引（シ）

死者儀礼	330*l*
刺繡	505*r*
私塾	323*l*
私塾教育	203*r*
私娼	622*l*
市場	192*l*, 272*l*, 484*r*
侍妾	422*l*, 512*r*, 622*r*, 735*l*
市場経済	345*r*, 489*l*
市場経済活動	224*r*
市場経済体制	228*l*
市場主導型経済結合体	145*l*
詩人	779*r*
私人有限公司	243*l*
泗水	**391*l***
泗水開明中小学	391*r*
泗水華僑師範専科学校	391*r*
泗水光復会	391*l*
泗水戦時華僑服務団	391*r*
泗水大衆社	391*r*
泗水中華中学	391*r*
泗水服務中学	391*r*
泗水連合中学	391*r*
シスター	27*l*
ジストマ検査	64*l*
志成学校	791*r*
志成中学	85*l*, 480*r*
至聖廟	79*l*
私設博物館	610*l*
紙銭	400*l*, 426*l*
慈善	27*l*, 238*r*, **325*r***
慈善家	288*r*, 356*l*, 523*l*
慈善活動	373*l*, 437*r*, 546*l*, 547*r*, 673*l*
慈善救済	542*r*
慈善・救済組織	75*l*
慈善結社	685*r*
四川行	236*l*
自然再調整作用	224*l*
市船司	247*r*
自船自運	95*r*
慈善事業	50*l*, 51*l*, 52*l*, 152*l*, 176*l*, 251*r*, 284*l*, 419*l*, 437*l*, 449*l*, 698*r*, 733*l*, 807*l*, 847*l*
慈善組織	266*l*
慈善団体	134*l*, 316*r*, 380*l*, 440*r*, 491*r*, 565*r*, 728*l*, 826*l*
四川飯店	518*r*
慈善病院	20*l*, 237*r*, 546*l*
四川料理	518*r*
四川料理人	519*l*
地蔵	116*l*, 372*r*
地蔵王廟	136*r*, 717*r*, 782*r*, 787*r*, 788*r*, 852*r*
始祖祠	844*l*
自梳女	12*l*, 171*l*
『時代』	189*l*
シータイ・プラスチック・グループ	

仕立業	390*l*
仕立業	764*r*
仕立職従業員	261*r*
「七悪分子」	108*l*
七家頭	326*r*
七国夫人	117*l*
七股頭	**326*l***
七・七献金	325*r*
七大会館	477*l*
自治団体	245*r*
質店	247*r*, 848*l*
自治能力	326*l*
7 幇	101*l*
七府公所	477*l*
七府五幫	326*l*
七府武廟	327*l*
質屋業	208*l*
時中学堂	576*r*
時中小学校	578*r*
私鋳銭	57*l*
市長	46*r*, 496*l*, 671*l*, 734*r*, 817*l*
失業	119*l*, 192*r*
実業愛国	276*l*
実業家	813*r*, 827*l*, 833*r*, 851*r*
実業華僑爵賞章程	327*l*
失業者	119*l*, 222*l*
実業振興・国産品愛用運動	591*l*
失業船員	661*l*
漆喰塗り技術者	49*l*
実践女学校	375*l*
悉尼	328*l*
ジッパー製造	306*r*
疾病	119*l*
シッポク料理	327*l*
実利主義的行動	209*r*
シティコンテンポラリー・ダンス・カンパニー	526*r*
シーティス号	645*l*
子弟の教育	369*l*
私的金融機関	465*l*
私闘	97*r*
祠堂	225*r*, 245*r*, 327*l*, 412*l*, 421*r*, 425*l*, 425*r*, 491*l*
祀堂	310*l*
使頭公	551*r*
自動車運送会社	227*r*, 408*r*, 409*l*
自動車運輸会社	411*l*
自動車関連企業	457*r*
自動車・機械工業	7*l*
自動車組立	308*r*
自動車事業	7*l*, 297*l*
自動車道路建設	23*r*, 227*r*, 408*r*
児童文学作家	617*r*
至徳三徳総公所	403*l*
司徒賛科学館	328*l*
シドニー	65*r*, 80*l*, 80*r*, 225*l*, **328*l***,

	328*r*, 351*r*, 527*l*, 701*r*, 728*l*, 765*l*, 824*l*
シドニー濠華公会	**328*r***
シドニー華人共済会	80*l*
シドニー四邑廟	345*l*
シドニー中国花園	328*l*
市内雑居の慣行	93*r*
『支那殖民史』	817*l*
「支那」呼ばわり	597*l*
シナル・マス・グループ	40*l*, 40*r*, 42*r*, **329*l***
シナワット・グループ	330*l*, 440*r*, 447*l*
指南広義	533*l*
死肉食	644*r*
死人風	683*l*
シノ・エンジニアリング	473*l*
死の儀礼	330*l*
市舶港	23*r*, 92*l*
市舶使	360*l*
市舶司	410*r*, 599*r*, 615*l*, 625*r*
市舶制度	92*l*, 420*l*
市舶の制	92*l*
C 8 カード	694*r*
自発的隔離	774*r*
泗発旅店	601*r*
「地場」洋行	731*l*
支払い移民	341*l*
CP グループ	330*r*, 332*l*, 432*r*, 440*r*, 449*l*, 651*l*, 793*l*
子廟	373*r*, 703*r*
私費留学出国規定	**331*l***
自費留学出国規定	**331*l***
私費留学生	389*l*
『泗浜日報』	391*l*
シブ⇨新福州	
シブ	168*r*, 253*l*, 380*l*
芝罘	10*l*
シブ開拓	168*r*
シブ市	380*l*
自文化中心主義	59*l*
自分史	192*l*
シベリア経由	795*r*
シベリア鉄道	**331*l***, 543*l*
試弁銀行章程	484*l*
『時報』	297*l*
私貿易	163*l*, 504*l*
『時報附刊』	488*l*
市法商法	453*l*
司法神	608*r*
死亡通知	197*l*
死亡保険金	299*r*
資本再生産	272*r*
資本集中	95*l*
資本集約	234*r*

和文事項索引（シ）

資本蓄積	509*l*
資本の（原始的）蓄積	107*l*, 272*r*
姉妹関係	664*l*
姉妹都市	857*l*
市民権	120*l*, 609*r*, 618*r*, 655*r*
市民権の申請	619*l*
市民権法	128*l*
自民族中心主義	59*r*
市民的権利	153*r*
シー・ムアン保険	51*r*
事務所なしの団体	607*r*
『時務報』	249*l*
シムリム社	395*l*
四明	477*l*
思明戯院	**331***l*
思明劇場	**331***l*
四明公所	615*l*
思明州	18*l*, 20*r*, 534*l*
思明州船	559*l*
シーメンズクラブ	787*l*
下田	629*l*
下関条約	300*l*, 339*l*, 596*l*, 598*r*
指紋	584*l*
指紋押捺	609*l*
指紋押捺制度	93*r*, **332***l*, 348*r*
社	710*r*
謝アジア太平洋研究室	335*l*
社会移動性	103*r*
社会階層の上昇速度	767*l*
社会学者	829*r*
社会活動	225*l*
社会活動家	39*l*, 252*r*, 812*r*
社会行動党	307*l*, 705*l*
社会事業	356*l*
社会主義改造期	132*l*
社会主義陣線	**332***r*
社会主義戦線	332*l*, 366*r*, 381*l*, 745*l*, 811*l*
社会主義中国	114*r*
社会主義の改造	339*l*
社会的生残り戦略	239*r*
社会的弱者	446*l*
社会的上昇	159*l*
社会的ネットワーク	286*l*
社会的融合	111*l*
社会福祉	609*l*
社会福祉活動	34*r*
社会福祉事業	240*l*
車花行	236*l*
ジャカトラ	220*r*
釈迦仏	372*l*
ジャカルタ	20*r*, 29*l*, 121*l*, 163*l*, 200*r*, 203*l*, 221*l*, 330*l*, 333*l*, 435*r*, 626*l*, 633*l*, 634*l*, 659*l*, 705*r*, 764*l*, 841*r*
ジャカルタ華人街	423*r*
ジャカルタ効忠大会	333*l*
ジャカルタ中華総会	333*r*
ジャカルタ中華中学	333*r*
ジャカルタの華僑・華人	**333***l*
ジャカルタのチャイナタウン	203*l*
ジャカルタ反華人暴動	42*l*
ジャカルタ暴動	309*r*
邪教	413*r*, 542*r*
爵位	146*r*
爵位制度	601*r*
借用語	653*l*, 711*r*, 854*l*
蛇口	**334***l*, 376*r*
社交クラブ	284*l*
社交場	97*r*
謝枢泗公園	601*r*
謝枢泗路	601*r*
除単	341*l*
社団	549*r*
余単新客⇨自由移民	
除単制	398*r*
社団組織	88*l*
社団法人中華会館	378*r*
社団法人留日広東同郷会	**828***l*
ジャック・チア・MPH	334*r*
ジャーディン・マセソン商会	237*l*, 588*r*, 624*l*, 670*l*, 715*r*, 731*l*
蛇頭	**335***l*, 445*l*, 683*r*, 694*r*
ジャーナリスト	84*r*, 136*l*, 173*l*, 332*r*, 349*l*, 473*l*, 659*l*, 692*l*, 808*l*, 835*l*
シャーパンダル	156*l*, **335***l*
『ジャパン・ディレクトリー』	335*l*, 351*l*, 353*r*, 555*l*
謝必安	608*r*
車夫	161*r*, 757*l*
ジャマイカ	498*l*, 637*l*
ジャマイカの華僑・華人	**336***l*
シャーマニズム	372*r*
シャーマン	455*l*
シャム	10*r*, 92*l*, 97*l*, 163*l*, 236*r*, 420*l*, 506*r*
シャム語通訳官	336*l*
シャム朝廷	504*l*
シャム米	169*r*, 248*l*, 504*r*, 506*r*, 545*l*
ジャヤカトラ	221*l*
ジャヤ・グループ	**336***l*, 466*r*
ジャヤ・ティアサ・ホールディングス	336*l*
ジャワ	82*l*, 99*r*, 236*r*, 290*r*, 375*r*
ジャワ更紗	636*l*
ジャワ人	450*r*, 769*l*
ジャワ新村	536*l*
ジャワ島	636*l*, 697*l*
ジャワの砂糖王	254*l*
ジャワのバリ	656*r*
ジャワ本島	753*l*
ジャンク	2*l*, 7*r*, 95*r*, 98*l*, 103*l*, 142*l*, 146*r*, 256*l*, **337***l*, 360*l*, 399*l*, 537*r*, 689*r*
ジャンク・セイロン	386*l*
ジャンク船頭	99*r*
ジャンク貿易	344*r*, 656*l*, 729*l*
シャングリラ・ホテル	215*l*, **338***l*, 392*l*
上海	5*r*, 68*l*, 75*r*, 78*r*, 155*l*, 173*r*, 177*r*, 182*l*, 187*r*, 198*l*, 233*l*, 255*l*, 260*r*, 262*r*, 263*r*, 312*l*, 313*l*, **338***r*, 340*l*, 343*l*, 353*r*, 356*r*, 432*l*, 452*r*, 498*l*, 590*l*, 597*l*, 599*l*, 615*l*, 662*l*, 689*r*, 692*l*, 729*r*, 730*r*, 756*r*, 759*l*, 790*l*, 792*l*, 827*l*, 830*l*, 851*l*, 856*l*
上海海関税務司	18*l*
上海器機織布局	338*r*
上海曁南大学	84*r*
上海クラブ	311*r*
上海グループ	312*l*, 615*l*
上海行	236*l*
上海航路	601*l*
上海市場	242*l*
上海市商会	312*r*
上海時装商店	410*r*
上海事変	313*l*, 339*l*
上海資本	339*l*
上海商業会議所	312*r*
上海商務総会	312*r*, 350*r*
上海人	231*r*, 312*l*, **339***l*
上海燈生	446*l*
上海総商会	312*r*, 591*r*
上海第一食料品商店	376*r*
上海第一百貨商店	436*r*
上海第十貨商店	54*l*
上海幇	340*l*
上海料理	340*l*
ジャンパーズ・ディープ金山ストライキ	340*l*
ジャンプ・シップ	340*l*, 853*l*
儒医	249*l*
寿衣	330*r*
朱戎	706*r*
朱印船	571*r*, 717*l*
朱印船貿易	587*r*
四邑	60*r*, 167*r*, 169*l*, 169*r*, 255*l*, 291*r*, 340*r*, 344*r*, 725*r*, 765*l*
十一点	341*l*
自由移民	230*l*, **341***l*
自由往来	644*r*
四邑会館	248*r*, 318*l*, 345*l*
『従華僑到華人』	799*l*
就学生⇨留学生	
就学生	180*r*, 511*l*, 605*l*, 606*l*, 825*l*
住家工	12*l*
酬神戯	231*r*, 440*r*, 687*l*
週刊紙	156*l*
週刊新聞	297*r*

和文事項索引（シ）

四邑汽船会社	**341**r	十二家額商	561l		318l, 321l, 490r, 505l, 725r
宗教教育	668l	十二字原則	331r	守護神	90l, 231r, 239r, 629l
宗教施設	117l	十二指腸虫検査	64l	「儒商」	144l
就業人口構成	106r	『自由日報』	343l	朱子学	636l
宗教の職能者	117l	住番	**344**r	種族社会協議会	329l
宗教の団結	273l	集美	123r, 134l, 453r, 563r	出海	95r, 338l
宗教の秘密結社	30r	集美学村	**344**r, 454l	出口車糸行	236l
宗教反乱	661l	集美学校	344l, 731r	出港票	**347**r
宗教問題	**342**l	収批荘	507l	出国申請	331r
重慶	134r, 176l, 198l, 486r, 591r	集美大学	344r	出国理由	688r
重慶政府	329l	四邑廟［オーストラリア］	**344**r	術士	**347**r
重慶飯店	809l	宗譜	425l	出資と経営	95r, 142l
重建広東公所碑記	321r, 374l, 466l	修譜作業	425l	『出使美日秘日記』	298l
周興華楽器店	**343**l	自由貿易	24l, 439l, 624r	出身国別割当て方式	740l
周興華洋琴工場	343l	自由貿易港	203l, 729l	出世仔	545r, 805r
戎克	**337**l	自由貿易主義	625l	出生地主義	82l
舟山群島	69l, 92l, 419r	『自由報周刊』	514r	出生地制限	668l
十三行	247r	住民法廷	101r	出生率の抑制	373r
十三公行	170l	集友銀行（アモイ）	731r	出張員	244r
周氏	562r	14K	345l, 445l, 733l	出土銭	544l
『自由時報』	343l	四邑輪船公司	**341**r	出入国管理	**347**r
自由娼妓	622l	十老	713r	出入国管理及び難民認定法	348l
重商主義の政策	10r	十六字方針	178l, 345l	出入国管理法案	827r
十信不正融資事件	301l	珠海	133r, 154l, 154r, 168l, 228r,	出入国管理令	93r, 301l
絨線行	236l, 236r		345r, 586l, 736l, 737l	出番	348l
「自由タイ」運動	343l, 451l, 521r	朱葛礁	435r	出版社	482l
自由大厦	**819**l	儒教	111r, 310l, 372r, 489l, 604l,	出番人	146r, 348l
集体帰化案	**444**l		661l, 705l	出洋禁製品	92l
十大商幇	550l	儒教イデオロギー	297l	首都銀行	**764**l
周大福企業	464l, 613l	儒教教育	367l	ジュパラ	703l
周大福珠宝金行	464l	儒教研究	543l	樹必寿船務公司	407r
住宅唐人	57l, 68r, 71l, 139l, 140l,	儒教再生	346l	種苗販売	330r, 332l
	179l, 181l, 201l, 219r, 253l, 256r,	儒教資本主義	346l	酒米行	236l
	273l, 285r, 299r, 343l, 355l, 360l,	儒教の家制度	358l	焼売	717r
	406l, 423l, 425l, 505l, 522l, 554l,	儒教の価値観	151l	シューマート	322l
	560l, 563l, 582l, 678l, 774l, 836l,	儒教的人倫観念	346l	寿理居	405r
	837r	儒教的ヒューマニズム	346l	酒類	234l
住宅風水	677l	儒教道徳	326r	酒楼	473l
「重建広東公所碑記」	56r	儒教と華僑・華人	**345**r	酒楼茶室行	236r
集団安全保障	226l	儒教復興運動	838l	ジュロン	454l
集団移住	530l	宿燕寺	687r	ジュロン工業団地	281r
集団虐殺事件	367r	熟膏行	236l	ジュロン地区	592r
集団原理	550l	熟食中心	441r	順化	88r, 638l, **678**r
集団自殺	223l	宿務	**407**l	順海閣	283l
集団的利己主義	593r	宿務東方中学	407l	準華僑	135l
集団入植	79l	粥麺専家	**346**r	『循環日報』	141r
集団の意志決定	718r	粥麺店	204l	順記号	311r
集団農業組織	338l	熟薬行	236l	準国立華文小学校	750r
集団農場	132l, 411l, 543l	熟薬材行	236l	準市民	667r
集団反乱	223l	受験差別撤廃運動	566r	春節	
集団避難	121l	主公	38r, 500l		267l, 317r, 578l, 586l, 628l, 639l, 782l
州知事	322l	酒訂	236l, 236r	淡諜船	234r, 386r
四邑地方	189r	手工業	544l	順天宮	251r, **349**l
重点僑郷	191l	珠江グループ	422r	順徳	170r, 321l, 344l, 829r, 830r
住冬	337r, 360l	珠江三角洲経済開放区	270l	順徳会館	321l
自由な移動	703l	珠江デルタ	154r, 167r, 209l, 317l,	順徳県	12l, 828r

916

和文事項索引（シ）

順徳菜	170r	章興	266r	小説・劇作家	244l
順和桟	**349r**	紹興	57r, 360l, 562r	商戦	162r, 312r, 631l
順和盛米業集団	181l	上杭	635l	漳泉厦汽車公司	409l
『ジョイ・ラック・クラブ』	148r, **350**l, 471l, 861l	城隍	116l, 608r	乗船切符	341l
ジョイ・ラック・クラブ	47r, 841l	商工会	550l	乗船貿易	504r
醮	**350**l	商工会館	90l	肖像画家	515r
『匠』	519r, 787l	商工会議所	550r	小台北	849r
上院議員	679r	商工ギルド史	33r	小中華	97l
章苑生華文義学	356l	招工公所	**351**l	掌中戯	686r
章苑生坊	356r	小公司	245r	小中国	**819**l
昭応廟	431r	『商工時報』	488r	小通事	561r
娼家	3r, 622r, 735l	小広州	**351**r, 660l	勝通米業	292l
商会	**350**l, 479l, 550l	招工章程	**351**r	勝通貿易	292l
商会簡明章程	75r, 350l	松江人	5r	上帝廟	**354**l
蒋介石政権	488r	招工船	223l, 712l	承天寺	334r, **354**l, 355l, 426l, 496r
松海荘	276l, 428l	招工頭	183r, 222r	小桃園	493r
商会法	72l, 576l	漳江流域商業圏	352r	浄土宗	605l
商会連合会	479l	商才	688r	『昭南新聞』	388l
正月料理	204l	商才民族	121l	昭南島	354r, 366l
漳厦鉄路公司	690r	上座部仏教	342l, 415l	昭南島華僑協会	**354**r
商慣習	162r, 694r	小桟	244r	昭南島華僑総協会	354l
商館長日記	128r	上山下郷	702r	『昭南日報』	140r, **354**l
娼妓	3r, 5l, 512l, 622l	「上山下郷」運動	178r	商人移民	504l
将棋	567l	蒋氏	391l	商人精神	346l, 780l
娼妓解放令	746l	邵氏影城	355r	『少年中国晨報』	238l, 493r
升記号	804r	商事慣行	50r, 810r	商売は商売、道理は道理	225l
象記集団	**141**r	邵氏兄弟（香港）有限公司	355r	商売繁昌	217r, 298r
蒸気船	615l, 690l	蒋氏工業慈善基金	485r	小販	661r
娼妓登録	158l	商事仲裁	75r	商標係争	741l
小客頭	183r, 222r	娘惹	**613**r, 639l	商標侵害	283r
商業	192l	小上海	819l	商標模造	250l
商業移民	**350**r, 554r	小朱	435r	商品作物栽培	114l
商業会議所	236r, 479l	漳州	23r, 32l, 96l, 97l, 236r, 249l, 281l, 285r, 343r, **352**l, 352r, 411r, 505r, 522r, 539l, 540r, 562l, 691l, 691r, 758r	商品送金	758r
商業化した農村	688r			聖福寺［長崎］	170l, 262r, **355**l, 522r, 565l
商業型移民	350r				
商業管理能力	146r	漳州会館	691l	聖福寺［博多］	354r, **355**l, 426l, 496r
商業金融機関	412l	漳州華僑	96l	小福州	612l
商業経営制限	621r	漳州語	715r	小福建	819l
商業コロニー	350r	漳州寺	681l	ショウ・ブラザース	184l, **355**r, 356l, 512l, 615r, 679l, 810l
商業資本	272l	漳州人	231r, 245l, 467r		
商業資本家	326l, 544l	漳州大学	**352**r	昌平黌	201l
商況情報	162r	韶州幇	421l	城壁都市	742l
商業戦略	224r, 823r	上昇可動手段	209r	省別意識	418l
商業組織	88l	招商局	334l	漳浦	411r
商業帳簿	128r	娘々神	116l	『商報』	127r, 403l
商業的海運	688r	少女売買事件	35l	『情報』	606r
商業ネットワーク	806r	小新福州	380l	小方言	715r
商業簿記法	556l	精進料理	210l	情報産業	305l
商業ラジオ	488r	少数派民族	760l	情報収集	192r, 675l
貞享令	453l	少数民族	251l, **352**r, 543l, 667r, 754r	情報ネットワーク	56l
消極中立外交政策	667r	少数民族商人	667l	情報媒体	197l
小金山	351r	少数民族問題	547r	章芳林街	356r
商権回復運動	56l, 598r	常成控股有限公司	**336**r	小香港	315l, 649l
小紅	714l	硝石	69l	商務印書館	516l
招工	503r	小説家	520l	商務局	479l
				商務公所	479l

917

和文事項索引（シ）

商務総会	350*l*, 479*l*, 547*l*, 789*l*
浄明忠孝道	117*r*
祥茂号	**356*r***
宵夜	441*r*
条約改正	78*l*, 93*r*, 204*r*, 266*l*, 529*l*, 576*r*, 784*l*
生薬行	236*r*
条約港	12*l*, 505*r*, 724*l*, 736*r*
条約システム	10*l*
条約難民	589*l*
醬油	560*l*
醬油事業	41*l*
上陸拒否	574*r*
上陸制限	618*r*
昇隆	638*l*
昇龍	813*l*
祥隆号	74*l*, 76*l*
昇龍36坊	100*r*
昇龍城	637*r*
商旅	321*r*
醬料行	236*r*
醬料雑貨行	236*l*
樟林	394*r*
昭倫公所	558*l*
少林寺	311*l*
少林寺拳法	569*l*
小ルソン華僑中西学校	642*r*
蕉嶺	104*r*
鍾霊	709*l*
昭烈百八兄弟	370*r*
小呂宋中華商務局	676*l*
小呂宋中華商務総会	127*r*, 676*l*
小呂宋中華総商会	676*l*
昭和の碁聖	285*l*
商話別所	**357*l***
女王コンテスト	726*l*
書家	641*l*, 680*l*, 793*l*
書画	599*r*
『初学使用勧世良言小書』	832*l*
鋤奸団	834*r*
辱華	34*l*
職業規制	583*l*
職業制限	93*r*, 357*l*, 618*r*, 784*r*
職業祖神	239*r*, 251*l*
殖産興業	242*l*
職住分離	468*l*
職種制限	621*l*
食創会	25*l*
職長	753*l*
食堂業	294*r*
正徳新例	453*l*, 563*r*
職人	150*l*, 239*r*, 540*l*
食品加工	755*r*
織布会社	758*l*
織布工場	812*r*
植物学者	686*r*
食文化	204*l*, 505*r*
植民	109*r*, 179*l*
植民主義	760*l*
植民主義者	622*r*
植民政策	316*l*
植民地	109*l*, 326*l*, 450*l*
植民地銀行	731*l*
植民地経営	202*r*, 681*l*
植民地政策	272*r*
植民地政庁	443*l*
植民地宗主国資本主義	107*l*
植民地統治	443*l*
植民地の独立	795*l*
食糧加配制度	357*l*
食糧政策	506*l*
食糧特別配給制度	**357*l***
女子移民	158*l*, 358*l*
諸色	452*r*
女子教育	235*r*
女子卓球選手	835*l*
書信	**359*l***
女性移民	99*l*, 299*l*, 568*l*, 622*r*
女性解放	326*l*
女性歌手	71*l*, 473*r*, 761*l*
女性企業家	349*l*, 862*r*
女性キャスター	474*r*
女性裁判官	86*l*
女性作家	321*l*, 451*l*, 501*r*, 502*l*, 566*l*, 654*l*, 812*r*
女性市長	496*l*, 817*l*
女性実業家	851*r*
女性指導者	773*l*
女性社会活動家	39*l*
女性ジャーナリスト	173*l*, 692*l*
女性大使	701*r*
女性帯同者	99*r*
女性童乱（タンキー）	455*l*
女性の渡航	358*l*
女性の本務	358*l*
女性の労働参加	635*l*
女性霊媒	687*l*
女性労働者	314*l*
書籍	599*r*
書籍販売・出版	739*l*
助葬	326*l*
ショッピングモール	174*r*, 362*r*, 861*r*
ショッピングモール王	322*r*
ショップハウス	151*l*, 186*l*, 275*r*, 314*l*, **359*l***, 390*l*, 585*r*
諸蕃志訳註	677*r*
『諸蕃志』	**360*l***, 542*r*
女婢	5*l*, 184*r*
徐福伝説	360*r*
徐福村	360*r*
徐聞	90*r*
処分退去	110*l*, 204*l*
書法	793*l*
書報社	**360*r***, 397*r*
ジョホール	215*l*, 237*l*, 247*r*, **361*l***, 366*l*, 380*l*, 454*r*, 505*r*, 517*l*, 593*r*
ジョホール王宮	237*r*
ジョホール王国	743*l*, 806*r*
ジョホール華僑の僑長	517*l*
ジョホール・バル	237*l*, 593*r*
庶民金融機関	208*l*
書物目利	303*l*, 362*l*
女優	44*r*, 78*r*, 158*r*, 251*r*, 347*l*, 388*l*, 404*l*, 462*r*, 463*l*, 471*l*, 474*l*, 526*l*, 526*r*, 672*l*, 794*r*, 841*l*
所有と経営の分離	124*l*
ジョリビー・フーズ	**362*l***
ショロン	513*l*
ショワジー三角地帯	644*l*
ショワジー通り	644*l*
ジョン・デイ市	158*l*
白糸貿易	581*r*
シリコンバレー	45*l*, 202*l*, 317*r*, 427*l*, 772*l*, 773*r*
私立学校国有化	668*l*
私立華文短大	750*l*
自立вет	254*l*
使琉球録	**362*l***, 515*l*
死霊	455*l*
紙料行	236*l*
飼料工場	696*l*
芝霊津廟	841*r*
素人専属劇団	231*r*
使録	362*r*
城皇廟	427*r*
新亜酒店	**363*l***
新亜書院	780*l*
新亜ホテル	**363*l***
新安商人	23*r*, 239*r*, **363*l***
新衣行	236*l*
秦偉田	379*r*
神意判断	718*l*
新移民	15*r*, 103*r*, 240*l*, 317*r*, 365*l*, 648*r*, 796*l*, 849*r*
新営職業技術学校	**363*l***
神栄信用金庫	68*r*, 133*l*, 268*l*, **363*l***
親英路線	793*r*
『新越華報』	638*l*
『新越晩報』	64*r*
神縁⇒五縁関係	
神縁	274*l*
親縁	274*l*
新家	373*l*
身価	622*r*
新界	728*r*, 795*l*
辛亥革命	17*l*, 85*r*, 96*r*, 103*r*, 135*l*, 250*l*, 261*r*, 263*l*, 267*r*, 311*l*, **363*l***, 396*r*, 479*r*, 484*l*, 485*r*, 512*r*, 622*l*,

和文事項索引（シ）

636*l*, 677*l*, 682*r*, 753*r*, 756*l*, 756*r*, 830*l*	シンガポール・アジア研究学会 6*r*, 367*l*	2*l*, 41*l*, 371*l*, 383*l*, 517*l*
辛亥革命祝賀パレード 446*r*	シンガポール英語文学 149*l*	シンガポール・プレス・ホールディングス 388*l*, 844*r*
新会県 340*r*	シンガポール開発銀行 733*r*	シンガポール保良局 728*l*
新開地の開墾 38*l*	シンガポール嘉応五属公会 89*r*	シンガポール・ホンリョン・グループ
振華学校 74*r*	シンガポール華僑	214*l*, 214*r*, **371***r*
新華戯院 **365***l*	19*l*, 55*l*, 336*r*, 478*r*, 539*l*, 834*r*, 860*l*	新華網 35*r*
新華僑 15*r*, 28*l*, 72*r*, 103*l*, 135*r*, 185*r*,	シンガポール華僑虐殺事件	清館 736*r*
252*l*, 265*r*, 300*l*, 314*r*, **364***r*, 477*l*,	367*l*, 608*r*	信願寺 687*r*
483*l*, 489*l*, 491*l*, 552*r*, 595*l*, 599*r*,	シンガポール華僑義勇軍 367*r*	新義安 733*l*
605*l*, 606*l*, 608*r*, 696*r*, 755*r*, 757*r*,	シンガポール華僑協会 838*l*	『清季華工事出国史料：1863-1910』
791*l*, 850*r*	シンガポール華僑抗敵動員総会 257*r*	128*l*
新華劇場 **365***l*	シンガポール華僑ゴム公所 **368***l*	新紀元学院 156*r*
新華社 **365***l*, 491*r*, 493*l*	シンガポール華僑総会 **368***l*	新禧公司 319*l*
新華社華僑放送 510*l*	シンガポール華僑総商会 370*l*	仁記公司 **372***l*
新華社通信 35*r*, 491*r*	シンガポール華人 474*l*, 766*r*	『清議報』 381*l*, **397***l*, 677*l*, 720*l*, 780*r*
振華商店 **365***l*, 832*l*	シンガポール華人警長 829*r*	新希望党 13*l*
シンガーソングライター 256*l*	シンガポール華人社会 848*l*	新客 ⇒ 新客（シンケ）
新型華僑・華人社会 **365***l*	シンガポール華人婦女協会 39*l*	鍼灸術 112*l*
新型チャイナタウン 468*r*, 612*l*, 644*l*	シンガポール華文女学校 418*l*, 838*r*	神教 116*r*, 290*l*, **372***l*, 687*l*, 754*l*
新河鎮 316*l*	『シンガポール華文碑銘集録』 **368***l*	新僑 103*r*
新加坡 **365***r*	シンガポール川 571*l*	新疆 352*r*
新加坡華僑樹胶公所 **368***l*	シンガポール広東会館 **368***r*	『新僑郷』 252*l*
新加坡華僑総会 **368***l*	シンガポール銀行 125*l*	『新僑周報』 821*l*
『新加坡華文碑銘集録』 515*l*	シンガポール瓊州会館 **368***r*, 400*r*	信局 98*r*, 130*l*, 359*r*, 383*l*, 539*l*, 758*r*
『新加坡華文碑名集録』 **368***l*	シンガポール国立大学	新金山 208*r*, 317*l*, 765*l*
『新加坡簡史』 137*r*	67*l*, 297*r*, **369***l*, 393*l*, 457*l*, 592*r*, 801*r*	真空教 117*r*, **372***r*, 551*r*
新加坡広東会館 **368***l*	シンガポール孤児院 356*l*	新宮市 360*r*
新加坡瓊州会館 **368***r*	シンガポール・ゴム取引協会 **368***l*	新客（シンケ） 36*l*, 37*r*, 83*l*,
新加坡社団法令 **369***l*	シンガポール三大華人銀行 5*l*	192*l*, 358*r*, **373***l*, 378*l*, 567*l*, 777*r*,
新加坡宗郷会館聯合総会 **369***l*	シンガポール志願兵部隊 388*r*	840*r*, 847*l*
新加坡中華総商会 **369***l*	シンガポール社団法令 **369***l*	『新仰光報』 358*l*
新加坡潮州八邑会館 370*r*	シンガポール宗郷会館聯合総会	新経済政策［マレーシア］
新加坡福建会館 **371***l*	41*l*, 88*l*, 103*r*, **369***l*	22*r*, 23*l*, **373***l*, 695*l*, 748*l*, 750*l*
新加坡豊隆集団 **371***l*	シンガポール宗郷総会 369*r*	新客成功者 237*l*
新家廟 163*l*	シンガポール総領事 249*r*	人権 326*r*
新華文学 737*r*	シンガポール大学 287*r*, 367*l*, 369*l*	人権団体 465*l*, 706*l*
シンガポール 20*r*, 28*r*, 33*l*, 34*r*, 35*r*,	シンガポール大使 812*r*	人権ニュース賞 101*r*
41*r*, 42*r*, 61*r*, 65*r*, 71*l*, 90*l*, 90*r*, 91*l*,	シンガポール第4代大統領 39*r*	人権問題運動家 52*l*
94*r*, 99*l*, 100*l*, 103*r*, 113*l*, 113*r*, 118*r*,	シンガポール・タウン 469*l*	人権問題弁護士 820*l*
145*l*, 149*l*, 157*r*, 169*l*, 186*l*, 187*r*,	シンガポール中華商務総会 369*r*	進香 **373***r*, 703*r*
200*r*, 203*l*, 204*r*, 208*l*, 212*l*, 237*l*,	シンガポール中華総商会	晋江 130*r*, 321*l*, 407*l*, 411*l*, 411*r*,
245*l*, 245*r*, 252*l*, 254*r*, 273*r*, 277*l*,	41*l*, 242*r*, **369***l*, 402*l*, 479*r*, 808*r*, 838*l*	449*l*, 688*l*, 689*l*, 835*l*
279*l*, 281*l*, 287*r*, 289*r*, 290*l*, 307*l*,	シンガポール中国同盟会 253*l*	進貢 220*r*
314*l*, 326*r*, 337*l*, 349*r*, 354*r*, 355*r*,	シンガポール中山会館 829*l*	人口圧力 27*r*, **373***r*
356*l*, 358*l*, **365***l*, 367*l*, 367*r*, 368*r*,	シンガポール潮州八邑会館	晋江会館 691*l*
369*l*, 369*r*, 370*r*, 371*l*, 372*l*, 372*r*,	370*r*, 655*r*	人口過剰地域 688*l*
380*r*, 383*l*, 384*r*, 388*r*, 398*l*, 406*l*,	シンガポール・テレコム社 811*r*	新興華人企業家集団 432*r*
413*r*, 417*l*, 450*r*, 455*r*, 468*l*, 476*r*,	シンガポール天后廟 **370***r*	新興華人実業家 460*r*
480*r*, 485*l*, 485*r*, 495*l*, 505*l*, 512*l*,	シンガポール天福宮	新鴻基（集団） 137*l*, 319*l*
515*l*, 519*l*, 523*l*, 532*r*, 550*l*, 567*l*,	371*l*, 384*r*, 406*r*, 523*l*	新鴻基企業 136*r*, 319*l*, 677*l*, 815*r*
585*r*, 590*r*, 591*r*, 592*l*, 592*r*, 593*r*,	シンガポール道教総会 116*l*	新鴻基証券 677*l*
603*r*, 622*l*, 632*r*, 639*l*, 639*r*, 655*r*,	シンガポール道南学校 691*l*	新鴻基地産 137*l*, 319*l*, 677*l*
683*l*, 687*l*, 729*l*, 735*r*, 743*r*, 758*r*,	シンガポール同盟会 493*r*	新鴻基地産発展有限公司 319*l*
759*l*, 777*l*, 779*r*, 780*l*, 796*r*, 811*l*,	シンガポール福清会館 387*r*, 404*l*	晋江県 274*l*, 530*r*, 532*r*
812*r*, 823*l*, 826*l*, 844*r*, 848*l*	シンガポール福建会館	晋江語 715*r*

919

和文事項索引(シ)

晋恒号	**374***l*	信昌機器工程公司	841*r*	清朝官位	793*r*
人口史	157*l*	『新小説』	**376***l*	『清朝探事』	349*l*
晋江人	321*r*	新植民地主義	181*l*	清朝の外藩	805*r*
信仰生活	292*r*	新新公司	436*l*	人的結合	107*l*
進貢船	220*l*	人身売買		人的交流	599*r*
進香団	740*l*		96*l*, 119*l*, 512*l*, 622*r*, 694*l*, 728*l*, 735*l*	人の信用関係	243*l*
「振興通宝」	427*r*	新新百貨公司	**376***l*	新唐	94*r*, **378***l*
秦皇島	10*l*	新新百貨店	**376***l*	人頭税	
人口販子	184*l*	人身保護団体	512*r*, 727*r*		65*l*, 120*l*, 609*l*, 618*r*, 619*r*, 620*r*
新光貿易	422*r*	新人民軍	676*l*	人頭税課税	153*l*
進貢貿易	163*l*	人身誘拐	326*l*	人頭税賠償要求	153*r*
晋江モデル	321*r*	人身略売	851*l*	人痘接種	541*l*
人口抑制の社会慣習	374*l*	新萃堂	146*l*	進徳学校	27*l*
晋江湾	23*l*	新税創出	508*l*	信徳船務公司	721*l*
清国移民取締条約	138*r*, 619*l*, 676*l*	『新生晩報』	830*l*	信徳有限公司	721*l*
清国商業綜覧	556*l*	新西蘭	609*l*	新奴隷貿易	222*l*
清国商人保護規則	374*l*	新世界	118*r*	新南宮酒店集団	3*r*
清国人集会所	374*l*, 405*l*, 787*l*	新世界集団	464*l*, **613***l*	『振南日報』	187*r*
清国人取締仮規則	193*l*, **374***l*	新世界酒店(集団)	464*r*	新南洋出版社	292*l*
清国人留学生	**374***r*	新世界発展	464*l*	親日華僑	602*r*
清国駐神戸理事府	267*l*	新世界発展集団	613*l*	親日華僑商人	176*l*
清国初の公使館	375*r*	新世界発展有限公司	613*l*	新寧公立学堂	435*r*
清国理事官	266*l*	新世代華人実業家	833*l*	『新寧雑誌』	189*l*
清国理事府	578*r*	深圳		新寧鉄道	341*l*
清国留学生取締規則	375*l*		49*l*, 150*r*, 154*l*, 168*l*, 228*r*, **376***l*, 586*l*	新寧鉄道公司	516*l*
清国留学生部	375*l*	神籤	408*l*	新年	209*l*
清国領事	**375***l*	仁川	78*l*, 315*r*, 424*l*, 509*l*	新年大巡遊	317*r*
清国領事館	101*r*, 576*l*, 630*l*	深圳経済特区	334*l*	神農	550*r*
シン・コーポレーション	330*l*, 447*r*	『新撰姓氏録』	569*l*	神農氏	251*l*
人材育成	764*r*	『深圳特区報』	403*l*	信牌	561*l*, 581*r*
人才外流	**389***l*	神仙薬	360*r*	『信牌方記録』	560*l*
シン・サテライト	330*l*	心臓外科医	476*l*	振発布製	**378***l*
シン蛇	335*l*	『信息』	606*r*	振発紡織	**378***l*
真珠	599*r*	シン族	712*r*	シンハブラ	713*r*
神主(位牌)	330*l*	『清俗紀聞』	376*r*, 575*l*	神阪華僑会館	260*r*
新宗教	117*l*, 273*l*	親族組織	**377***l*	神阪華僑救済団	167*l*
新宗教教団	685*r*	親族訪問	482*l*, 850*l*	神阪華僑聯衛会	**378***r*, 532*r*
シンジュガイ	764*r*	新村	377*r*, 748*l*, 757*r*	神阪中華会館	56*r*, 76*r*, 141*r*, 231*r*,
人種隔離教育政策	83*l*	振泰号	382*r*		241*r*, 260*l*, 267*r*, **378***l*, 379*l*, 379*r*,
新儒教(宋学)	346*l*	真大道教	117*r*		413*r*, 419*r*, 532*l*, 535*l*, 598*l*, 600*r*,
新宿	553*l*	『新大陸遊記』	139*l*		804*l*
新宿三井ビル	137*l*	親台湾	668*r*	神阪中華会館創建寄贈者芳名録	379*l*
人種差口		信託会議	703*l*	神阪中華会館定款	**379***l*
	81*l*, 159*l*, 391*l*, 627*l*, 701*r*, 800*l*	人多地少、山多田少	374*l*	神阪中華義荘⇒神戸中華義荘	
人種差別解消	153*r*	新地	57*l*, 93*l*, 319*l*, 576*r*	神阪中華義荘	**379***l*, 603*l*, 654*r*
人種差別主義	155*l*	新地居留地	520*r*	神阪中華公学	265*l*, 819*r*
新珠山	380*l*	新地蔵所	52*r*, **378***l*, 578*l*	『新晩報』	211*l*, 399*r*
人種対立	744*l*	新地大火災	398*l*	新福州	253*r*, **380***l*
人種のパッチワーク	307*r*	新地中華街	578*l*	新福州王	253*r*
人種のるつぼ	307*l*, 765*l*	新地荷蔵	557*l*	振武社	11*r*
人種偏見	657*r*	新地町	235*l*, 321*r*, 374*l*, 398*l*, 466*l*,	『新婦女』	376*l*
人種問題⇒黄禍(こうか)			716*r*, 751*r*, 827*l*	振武善社	11*r*, 35*r*
晋商	314*r*	振智夜学	655*r*	神物	481*l*
紳商	326*l*	『新中原報』	452*l*, 491*r*, 692*l*	清仏戦争	65*l*, 824*l*
清商	479*r*	親中国	668*l*	新聞	499*l*, 825*l*
慎昌栄号	646*r*	清朝	222*l*, 358*l*, 735*r*	新聞・印刷報道法	388*l*

920

和文事項索引（シ～ス）

『新聞日報』	64*l*	『水客と工頭』	69*l*		213*l*, 219*l*, 245*r*, 307*l*, 362*l*, 456*l*,
新聞発行	287*l*	水銀	560*r*		502*l*, 508*r*, 559*r*, 601*r*, 643*l*, 652*r*,
新聞安売り合戦	836*r*	水銀薬房公司	**738*r***		698*r*, 725*l*, 735*r*, 753*l*, 777*l*, 793*r*,
『信報』	399*r*, 491*l*	水月宮	644*r*		802*l*, 822*r*, 848*l*
『新報』	136*l*, 196*r*, 349*l*	水彩画家	533*l*	錫鉱山経営	833*r*
『申報』	511*r*	随使	95*r*	錫鉱山ストライキ	647*l*
『晨報』	289*l*	水手	95*r*	錫鉱石	91*l*
『新報』グループ	647*l*	水手館	**383*r***	錫鉱脈	647*l*
新報集団	349*l*	スイス	795*r*, 819*l*	錫採掘	202*r*, 389*r*, 666*r*, 685*r*
親睦組織	264*r*	水仙花節	**383*r***	錫採掘労働者	666*r*
人本主義	144*l*	水仙祭り	383*r*, 726*l*	錫産業	212*l*
『新馬華人抗日史料 1937-1945』		水葬	53*r*	錫生産	749*r*
	201*l*, 380*r*	水道会社	19*l*, 394*r*	錫精錬業	386*r*
新民学会	504*l*	水尾娘娘	370*r*	錫の採鉱	166*l*
人民共和国	339*l*	水尾聖娘	100*l*	鈴蘭台	262*l*
新民啓智会	11*r*	水尾聖娘廟	251*r*	『スター・ウィークリー』	547*r*
人民行動党	48*l*, 113*r*, 281*l*, 286*r*,	瑞苗胞波	717*r*	スターTV	387*l*, 488*r*, 833*l*
346*r*, 366*r*, 380*r*, 460*l*, 476*r*, 758*l*,		水房	345*l*	スタンダード・チャータード銀行
811*l*, 812*r*		水陸道場	282*l*		219*r*
『新民叢報』	376*l*, **381*l***, 677*l*, 720*l*	水牢	**384*l***	ステート・チャイニーズ	193*r*
『人民日報』	35*r*	スウェット・ゴールド	802*l*	ステートレス	277*l*
『人民日報海外版』	**381*l***	スウェーデン	795*l*	ステロタイプ	209*r*
人民幣	484*r*	数学者	531*r*, 711*l*	ストックトン通り	317*r*
人民網	35*l*	数環路、路環路	225*l*	スト破	322*r*
神明会	381*r*, 850*l*	崇僑銀行	41*l*, 432*l*, 726*r*	ストライキ	
新銘号	**381*r***	嵩嶼埠頭	690*r*		80*l*, 160*r*, 340*l*, 570*l*, 650*r*, 667*l*
新約聖書	505*l*	崇正医院	514*r*	ストリート・ギャング	174*l*, 683*r*
震雄集団	462*l*	崇正学校	349*r*, 514*l*	『ストレーツ・タイムズ』
信用貸付け	763*l*	崇正客属総会	384*l*		39*r*, 388*l*, 812*l*
信用金庫	363*r*	崇正公会	384*l*	ストレーツ・タイムズ社	125*l*
信用組合	783*l*	崇正総会	**384*l***	ストレーツ・タイムズ・プレス	844*r*
信用組合大阪華銀	493*l*	崇正総会館	289*l*	ストレーツ・チャイニーズ・ブリティッシュ・アソシエーション	
信用組合大阪中銀	493*l*	崇徳善堂	41*l*		388*r*, 418*l*, 639*l*, 838*l*
信用組合横浜華銀	783*r*	崇華女学校	384*r*	『ストレーツ・チャイニーズ・マガジン』	
新四軍事件	486*r*	崇文閣	384*r*, 517*r*		639*r*
人力車	161*r*, 382*l*, 405*r*	崇文書院	**384*r***	ストレーツ・トレーディング社	124*r*
人力車夫	83*l*	スエット・ショップ	**384*r***	スナボイ	**389*l***
振利号	**382*r***	スオンフォン族	712*r*	スネーク・ヘッド⇒蛇頭	
診療所	660*r*	スカイトレイン	30*r*	スネーク・ヘッド	335*l*
森林王	632*l*	スカブミ	**385*l***	頭脳流出	**389*l***
森林業	635*l*	スカーボロ	240*l*	スパイ活動	230*l*
森林公司	395*r*	スカルノースハルト時代	100*l*	スーパーコンピュータ	520*r*
森林伐採	635*l*	スカルノ政権	699*l*	スーパーマン・リー	809*r*
人類学者	51*r*, 221*l*, 671*r*	スクォッター	114*l*, **385*l***	スハルト新秩序体制	593*r*
『真臘風土記』	382*l*, 542*l*	スケープゴート	80*l*, 294*r*, 583*r*	スハルト政権	38*l*, 109*r*, 121*r*, 308*r*,
新浪網	36*l*	スコタイ	166*r*, **385*r***		309*r*, 336*r*, 387*r*, 494*r*, 500*l*, 643*r*,
針路図	337*r*	スコタイ王朝	395*l*		693*l*, 699*r*, 858*r*
仁和園醤園	**40*r***	スコタイ窯	385*l*	スハルト体制	122*r*
人和会館	16*r*, 318*l*	双六	112*l*	スービック基地跡地	804*r*
信和集団	864*r*	錫⇒海峡錫		スペイン	5*r*, 795*l*
人和幇	42*l*	錫	234*r*, 366*l*, **386*l***, 507*l*, 743*r*, 833*l*	スペイン政庁	273*l*, 763*l*
『真話報』	431*l*	錫王	2*l*, **387*l***	スポーツ	568*l*
		錫鉱	582*r*	スポーツ・トト	700*l*
[ス]		錫鉱開発	636*l*	『スマ・オリエンタル』	668*r*
萃英書院	383*l*, 517*r*	錫鉱業	95*l*, 386*l*	スマトラ	290*r*, 512*l*, 589*l*, 806*r*
水客	184*l*, 383*l*, 414*r*, 539*l*	錫鉱山	32*r*, 112*l*, 172*r*, 176*l*, 203*r*,		

921

和文事項索引（ス～セ）

スマトラ華僑民主同盟		69*l*
スマトラ人民反ファシスト同盟		217*l*
スマトラ島		753*l*
スマトラ島の華僑・華人		**389***r*
スマトラ葉		538*r*
スマートン・テレコム社		319*l*
スマラン	43*l*, 65*r*, 101*r*, 238*r*, 254*r*,	
	320*l*, **390***l*, 456*l*, 703*l*	
『スマランの歴史』		390*l*
住み分け		467*r*
スモール・ホールディングス		290*r*
スラウェシ		330*l*
スラット・カバル・プラナカン		639*r*
スラ・テップ		473*l*
スラバヤ	40*l*, 65*r*, 67*l*, 295*r*, 318*r*,	
	330*l*, 337*l*, **391***l*, 391*r*, 452*r*, 460*r*,	
	764*l*	
スラバヤ・サッカー事件	391*l*, **391***r*	
スラ・マハラート		473*l*
スラム		240*l*
スラム化		586*l*
スランゴール	212*l*, 386*l*, 777*l*, 832*l*	
スランゴール州		95*l*
スランゴール戦争		97*r*
スランゴール中華総商会		848*r*
スランゴール中華大会堂	747*r*, 749*l*	
スリーチャイナ	144*r*, **392***l*	
スリナム	**392***r*, 498*l*, 796*r*	
スリメダン鉄山		362*l*
スリランカ		755*r*
スル	449*r*, 590*l*, 734*l*	
スルタン	85*l*, 212*l*, 247*l*, 361*r*, 386*l*,	
	448*l*, 652*r*, 720*l*, 802*r*, 804*r*, 843*r*	
スルタン（ジョホール）		517*l*
スルヤ・フタニ・ジャヤ社		632*l*
スロット・ケース	619*l*, 709*r*	
スロット・ラケット	694*r*, 709*r*	
汕頭⇨汕頭（さんとう）		
スワトウ	154*l*, 168*l*, 228*r*, 230*l*, 301*r*,	
	331*l*, **393***l*, 394*l*, 394*r*, 395*l*, 398*r*,	
	471*r*, 490*r*, 503*r*, 505*r*, 506*l*, 508*l*,	
	522*l*, 546*l*, 557*r*, 586*r*, 651*l*, 816*l*	
スワトウ公郊所		651*l*
スワトウ-樟林軽便鉄道		**394***r*
スワトウ-樟林自動車道路		**394***r*
スワトウ民政長		250*l*
スンガイ・メラ		380*l*
スンコロク		**395***l*
スンダカラバ		65*l*
スンホワセン・グループ	181*l*, 696*l*	
スンマ・グループ		393*l*

［セ］

西安事件		486*l*
成育儀礼		206*l*
正允荘		507*l*
青雲亭	320*r*, **396***l*, 406*r*, 687*r*, 743*r*	
『青雲の軸』		520*l*
西欧植民地		688*r*
西王母		171*l*
『星火』		483*r*
製靴		160*r*
西家	358*r*, 544*l*	
政界の渡り鳥		858*l*
清華学堂		396*r*
清華学校	**396***r*, 550*r*	
青果業		609*l*
世華銀行		661*r*
『西学東漸記』		778*r*
西河郡		225*r*
清河社	326*r*, **396***r*	
西雅図		**322***l*
生活エネルギー源		209*r*
生活信条		237*r*
生活費		272*r*
『生活報』	779*r*, 862*l*	
生活用品製造		704*l*
『星華日報』		289*l*
星華日報		397*l*
精簡		178*r*
成記号	76*l*, 263*r*	
星系新聞グループ		289*l*
星系報業グループ		28*r*
星系報業有限公司	285*r*, 397*r*	
制限誓約		**397***l*
『星光画報』		26*r*
成功集団		**700***l*
『成功日報』		514*r*
『星光日報』		289*l*
西江流域		540*r*
西湖地産公司		**45***l*
製材	99*r*, 322*l*, 509*l*	
『星槎勝覧』	536*r*, 542*r*	
生産技術		111*r*
青山軍事学校		601*r*
生産的投資		143*r*
政治家⇨華人政治家		
政治家		
	33*l*, 46*r*, 52*l*, 465*l*, 496*l*, 640*l*, 812*r*	
製紙会社	270*l*, 510*r*, 690*l*	
政治学者	426*l*, 497*r*	
政治協商会議		486*r*
製糸工業		518*l*
政治参加	49*l*, 59*l*, 81*l*, 701*r*, 764*r*	
政治スキャンダル		461*l*
政治団体		104*l*
政治的アイデンティティ		806*l*
政治的移民		353*l*
政治と華人ビジネス		40*r*
政治難民	120*l*, 244*l*, 589*l*	
姓氏の発祥地		226*l*
政治への参加意識		271*l*
政治亡命		569*l*
西沙群島		90*l*
税収		567*l*
星洲華僑義勇軍		**367***l*
星洲修道院義学		356*l*
星洲書報社		**397***l*
星聚堂福建会館		689*l*
『星洲同盟会録』	**397***r*, 834*l*	
『星洲日報』	26*r*, 28*r*, 140*r*, 187*r*,	
	200*r*, 277*r*, 280*r*, 289*l*, 336*r*, 388*l*,	
	397*r*, 491*r*, 591*r*, 665*l*, 726*r*, 810*l*,	
	812*r*, 844*r*	
『星洲晩報』		26*r*
聖女		27*l*
政商	38*r*, 308*r*, 627*r*, 693*l*	
正昌号		**398***l*
聖書の木版作成		831*r*
生死連続の観念		326*l*
清真寺	143*l*, 743*r*	
西進政策		719*l*
聖人堂	540*l*, 581*l*	
清燈社		446*r*
清水祖師	117*l*, 551*r*, 710*l*	
清水祖師古廟		707*l*
聖ステフェン教区		673*r*
「性生活の知恵」		334*r*
『星運日報』	397*r*, 452*l*, 491*r*, 651*r*	
生泰号	128*r*, **398***l*, 520*r*, 522*r*	
西太后		566*l*
『西太后に侍して』		566*l*
正大集団⇨CPグループ		
正大集団	330*l*, 449*l*	
正大荘菜行		330*r*
正大荘種子農場		331*l*
正大貿易出口公司		331*l*
青単客		**398***r*
青竹行		236*r*
生地主義		
	33*r*, 59*l*, 108*r*, 279*r*, 595*r*, 668*l*, 708*l*	
製茶		82*l*
『星中日報』		289*l*
正庁		425*r*
西猪欄行		236*r*
西堤中華理事総会	514*l*, 514*r*	
青田		**398***r*
青田石	192*l*, 399*l*, 795*r*	
斉天大王		116*l*
斉天大聖	117*l*, 258*r*, **399***l*, 455*r*, 754*l*	
青天白日旗		551*l*
製糖	38*l*, 92*l*, 166*l*, 633*l*	
成道協会		397*l*
製糖工場		
	142*r*, 336*l*, 391*l*, 395*r*, 565*l*, 780*l*	
星島グループ		703*l*
星島集団		285*r*
製糖術		111*r*

和文事項索引（セ）

青頭船	399*l*
『星島日報』	285*r*, 289*l*, 397*r*, **399*r***, 403*l*, 491*r*, 732*l*, 830*r*
『星島日報』海外版	285*r*, 399*r*
『星島晩報』	285*r*, 399*r*
星島報業社	399*l*
星島報業有限公司	285*l*
青島燐寸	446*l*
生土行	236*l*
『西南夷風土記』	757*l*
西南海	590*l*
『西南日報』	400*l*
青年節慶祝大会	549*r*
青年励志社	655*r*
精白糖	111*r*
西伯利亜鉄路	**331*l***
聖バルナバ病院	73*l*
青靑	298*r*, 662*l*, 734*l*
性比	120*l*
聖ピーター教区	674*r*
性比のアンバランス	358*l*, 622*r*
製氷工場	806*r*
『星檳日報』	26*r*, 289*l*, 812*r*
精武会	279*l*
政府官僚	656*l*, 679*r*
政府系企業	125*l*, 221*l*, 286*r*, 366*r*, 733*l*
政府系企業グループ	448*r*
西部戦線	315*r*
生物学者	476*r*
西部鉄道	516*l*
政府発注公共工事	30*r*
『星報』	253*l*
聖保羅	**316*r***
清邁	**464*l***
精米	509*l*
精米業	4*l*, 47*r*, 181*l*, 439*r*, 704*r*
精米工場	13*l*, 47*r*, 250*l*, 650*l*, 803*l*
精米工場主	470*r*
精米工場労働者	405*r*
精米所	308*l*, 650*l*
聖マーチン	372*l*
清明節	32*l*, 61*l*, 245*l*, 313*r*, **400*l***, 492*r*, 639*l*, 716*r*
聖約翰島棋楼山検疫站	179*r*
西洋⇨南洋	
西洋	590*l*
西洋医学	316*r*, 505*r*, 508*l*, 541*l*, 684*l*
西洋楽器製造	790*l*
西洋下り	536*l*
西洋建築	790*l*
西洋産物	581*r*
西洋針路	554*l*
『西洋番国志』	536*r*
西洋貿易	236*l*
西洋ポンド秤	162*l*
西来寺	396*l*
税率変更	624*r*
政略結婚	107*l*
青龍廟	710*l*
清涼飲料水製造	458*r*
精霊信仰	639*r*
精霊小屋	386*l*
政論紙	140*r*
世界遺産	659*r*
世界王氏懇親聯誼会	844*l*
世界海外華人研究学会	24*l*, **400*l***
世界海南郷団聯誼大会	400*r*
『世界華僑華人詞典』	122*l*, 344*l*, **401*l***
『世界華僑史叢書』	347*l*
世界華商会議	265*l*
『世界華商経済年鑑』	401*l*
世界華商経貿会議	401*r*
世界華商大会	115*l*, 144*r*, 370*l*, 401*l*, 401*r*, 437*r*, 485*l*, 603*r*, 652*l*, 704*r*
世界華商貿易会議	401*r*
世界華人研究学会	860*r*
世界華文作家会議	4*l*
世界客属懇親大会	384*l*, **402*l***, 416*l*, 636*l*, 732*l*
世界客属崇正会聯合総会	384*l*
世界客属総会	384*l*
世界恐慌	88*r*, 155*l*, 399*l*, 661*l*, 666*r*
世界僑務会議	124*l*, 198*l*, 199*r*, **402*r***
世界許氏宗親総会	402*r*
世界経済恐慌	291*l*
世界広西同郷聯誼会	403*l*, 434*r*
世界濟宗親総会	662*r*
世界至徳宗親総会	403*l*
世界大恐慌	124*r*, 191*r*, 224*l*, 750*l*, 814*l*
世界中文報業協会	403*l*
世界的人口移動	530*r*
世界的ネットワーク	384*r*
『世界日報』	64*l*, 140*r*, **403*r***, 509*r*, 521*r*, 704*l*, 845*l*
世界福州十邑同郷総会	**403*r***, 682*l*
世界福清同郷総会	404*l*
世界貿易機関	228*r*
世界貿易センター	137*l*
世界頼羅傳宗親聯誼会	404*l*
世界林氏懇親大会	404*l*
施餓鬼供養	752*r*
施粥	563*l*
籍安号	266*r*
籍貫	233*l*
錫器行	236*l*
赤渓庁	513*l*
石行	236*l*
蓆行	236*l*
石材業	635*l*
石獅	411*l*
石獅鎮	130*r*
赤色学校	622*l*
赤身験体	714*r*
石炭	515*l*, 598*r*
石炭補給	24*r*
『赤潮』	391*l*
籍牌	110*l*, 374*l*, 374*r*, **404*r***, 785*r*, 787*l*
籍牌規則	374*l*, 404*r*, 405*l*, 784*r*
籍牌制度	266*l*
石碼鎮	352*l*
石碑	379*l*, 419*l*
石油化学	141*r*, 308*r*, 697*l*, 708*r*
石龍軍事件	**405*r***
石叻同済医社	554*l*
世代	728*r*
世代変化	103*r*
セダン・チェアー	**405*r***
石鹸製造	78*l*
浙江	263*r*
浙江財閥	276*l*, 339*l*, **405*r***
浙江省出身者	664*r*
浙江省青田人	192*l*
浙江料理	340*l*
薛氏	406*l*, 562*r*
接待和安置帰国華僑委員会	175*l*
摂津普門寺	360*l*
折票	412*r*
雪梨	**328*l***
ゼネラル通商銀行	**406*r***
ゼネラル・ミリング	407*l*
セブ	282*r*, **407*l***, 460*r*, 492*r*, 672*l*
セブ州	323*l*
セブ中華商会	407*l*
セブ・パシフィック	282*r*
セブ・パリアン	81*r*
セブ呂氏	**407*r***
セマラン三宝廟	536*r*
セミテック・グループ	**407*r***
セミテック・コーポレーション社	407*r*
セメント業	308*r*
セラム人	**408*l***
セラン	135*l*
ゼーランディア	534*r*
ゼーランディア城	439*l*, 699*r*
セランバン	251*l*
施療病院	241*l*
セリング・ピグ	138*l*, 712*l*
セルプラス	406*l*
簎	347*r*, **408*l***
泉安汽車公司	**408*r***, 411*l*
泉安自動車運送会社	**408*r***, 411*l*
繊維王	697*r*
繊維企業	36*l*
泉囲汽車公司	**408*r***
泉囲自動車運送会社	**408*r***

923

和文事項索引（セ～ソ）

船員 99r, 661l, 853l	先施有限公司 410l	セントン・ライス 292l
泉永徳汽車公司 408r	泉州語 715r	全日本華僑総会⇨日本中華聯合総会
泉永徳自動車運送公司 408r	泉州港 411r	全日本華僑総会 141l, 260l, 600r
泉永徳道路 408r	泉州市 411l	全日本崇正聯合総会 415l
全欧華僑抗日救国連合会 257l	泉州寺 681l	全日本中国人博士協会 606r
善会⇨善堂	泉秀自動車公司 411l	仙人堂 416l, 581l
善会 414l	泉州市舶司 23r	専売請負 254l
遷海（界）令 2r, 423l, 439l, 444r, 534l, 556r, 559l, 626r	泉州人 231r, 245l, 467r	専売塩 314r, 363l
	泉州船 559l	船舶王 625r
全荷（オランダ）華人社団聯合会 796r	泉州双陽華僑農場 411l	先発移住民 28l
	泉州電灯電力公司 411l	1882年排華法 119l, 202l, 242r, 618l, 619l, 620r, 645r, 856r
鮮果行 236l, 236r	泉州電力公司 411l	
磚瓦行 236l	泉州府 410r, 411r	戦犯裁判 367r, 380r
全家逃 409l	泉州湾 344r	戦犯法廷 367r
全禾民営自動車運送会社 409l	泉州湾古船陳列館 411l	善美環球 2l
全禾民弁汽車公司 409l	善書 685l	善美集団 407r
専館 323l	船匠 111r	銭票 412r
船妓 512l	占城 475r	全米アジア系アメリカ人協会 464r
前期的華僑商業 508r	泉漳永公所 411r	全米華僑・華人人口 610r
全球華商資訊網 133l	泉漳幇 411r, 691l	全米黄氏宗親総会 416l
全球華文網路教育中心 133l, 214l	泉漳幇［長崎］ 54r, 313l, 382r, 411r, 436l, 519l, 521l, 682l, 691r	全米最優秀移民 860r
全球僑務会議 402r		全米有色人種地位向上協会 820l
宣教活動 514l	船上宿 383r	腺ペスト 714r
宣教師 196l, 374r	先薯祠 412l	銭舗 412l
銭業総公所 312l	全真教 117r	占ト 529l
『邏京日報』 196r	全人代議席枠 178r	星馬華文碑刻系年 354l
銭局 412l	陝西 353l	銭店 412l
選挙権 618r	銭荘 98l, 130l, 312l, 312r, 405r, 412l, 615l	船民 725r
選挙権の否定 619r		『先民伝』 416l
鮮魚行 236l	戦争税 254l	全民電視 488r
鮮魚欄行 236r	戦争花嫁法 832l	『全民報』 298l
前近代華僑社会 223r, 358l	先祖帰り 481r	専門技術者の移住 609r
暹郊 507l	川内 249l, 413l, 496l	『戦友報』 463r
銭号 412l	船体塗装 353r	暹羅 92r, 443r, 504r, 506r
選好制度 33r	洗濯 537r	暹羅華僑各界建国救郷聯合総会 182r
戦後華僑の帰国 409l	洗濯業 14l, 148l, 294r, 322l, 413l, 472r, 570l, 609l, 618r, 820l, 849l, 853l	暹羅華僑救済祖国糧荒委員会 227l
『戦後華僑・留学生運動史』 409r		暹羅機器集団 297l
全国華僑華人歴史学術討論会 482r	洗濯工場 610l	暹羅客属公所 433l
全国帰国華僑聯合会 410l	センター・ポイント・プロパティーズ社 125l	暹羅行 443r
全国人民代表大会華僑代表 410l		暹羅船 559l
全国政協 199l	禅寺 354r, 355l	暹羅中華総商会 437r
全国政治協商会議華僑代表 410l	先天教 117r	暹羅通事 336l, 561r
戦災難民 589l, 589r	青田人 644l, 795r	暹羅米 248l, 443r, 504r, 505r, 506r
先施公司 376l, 436l	先天大道 413r, 568l	戦略国際研究所 416l
仙四師爺 116l, 551r	先天道 31l	千竜新聞網 36l
『戦時萃村』 189l	善堂 14r, 128r, 134l, 255l, 326l, 436l, 547l, 565r, 685l, 715r, 728l, 815l	染料行 236l
先施百貨店 376l, 410l		善隣学生会館 601l
船主 95r, 338l	船頭行 414r	善隣学生会館事件 613l
泉州 23r, 40l, 97l, 136l, 194r, 236r, 247r, 295r, 300l, 321r, 337r, 343r, 360l, 382r, 408r, 410r, 411r, 436l, 452r, 519l, 562r, 565r, 590l, 668r, 689r, 691l, 691r, 758r, 842r, 856l	千灯寺 415l, 687r	善隣門 416r, 717l, 786r, 791l
	宣徳通宝 57l	
	セントラル・アジア銀行 308r, 415l	［ソ］
	セントラル・グループ 415l, 861r	
	セントラル・デパート 415l, 861r	鯧 420l
	セントラル・パシフィック鉄道 303r, 415r	宋卡 427l
禅宗 346l, 355l, 579l, 605l		『総匯報』 398l
泉州海外交通史博物館 411l		曹家館 417l
泉秀汽車公司 411l	セントン貿易 292l	宋卡呉氏 427l

総管	95*r*, 269*l*, 338*l*, **418***l*	相続婚姻	101*r*	祖籍	233*l*
象嵌技術	767*l*	宗族連合組織	845*r*	蘇浙会館	312*l*, 477*r*
相記	353*r*	惣代	253*l*, 477*r*	蘇浙集団	312*l*
葬儀	197*l*, 284*l*	総代	418*l*	祖先	116*r*
双喜会	418*l*	相対売買	209*r*	祖先祭祀	233*l*, 298*l*, 327*r*, 377*l*, 422*l*,
崇記号	418*l*	宋大峯祖師	134*l*		425*l*, 425*r*, 558*l*, 565*r*, 693*r*, 752*r*
葬儀支援	537*l*	『増訂華夷通商考』	595*l*	祖先崇拝	179*l*, 255*r*, 342*r*, **425***r*, 784*l*
送金	258*l*, 831*r*	曹洞宗	253*l*	祖先の墓	179*l*
送金為替	412*r*	総督府命令航路	74*r*	祖先発祥の地	226*l*
送金業	47*r*, 130*l*	宗藩関係	374*l*	祖宗の墳墓	358*l*
送金業務	532*r*	荘票	412*r*	袖の湊	**426***l*, 496*r*
送金取扱機関	130*l*	増福財神	298*r*	祖堂	327*r*
象牙	69*l*	崇福寺	58*l*, 68*r*, 139*l*, 179*r*, 259*l*,	蘇南モデル	339*r*
象牙行	236*l*		284*l*, 313*l*, 343*r*, 355*l*, **422***r*, 503*r*,	ソビエト臨時革命政府	622*l*
捜狐	36*l*		531*l*, 581*l*, 641*r*, 682*l*, 691*r*, 752*r*,	祖廟	373*r*, 703*r*
総合スーパーマーケット	641*l*		774*r*, 776*l*, 837*r*	ソフトボール選手	51*l*
総合病院	134*l*, 539*r*	掃墓	400*l*	蘇木	587*r*
倉庫群	47*r*	草埔事件	423*r*	蘇利盛号	226*r*
相互扶助	326*l*, 434*l*, 505*r*, 661*r*	『増補長崎略史』	577*r*	蘇里南	**392***r*
宋胡録	**395***l*	曾媽庇街	419*l*	祖霊	455*l*
捜冊	419*l*	『争鳴』	**423***l*	ソレクトロン社	427*l*, 524*l*
『瘠山の海』	**419***r*	相命師	347*r*	算盤	298*l*
『瘠山之海』	**419***r*	総理衙門	375*l*	ソロモン諸島	764*r*
宗氏	5*r*	僧侶	231*r*, 330*r*, 682*r*	孫逸仙別墅	654*r*
宗祠	327*r*, 414*l*, 558*r*	双林寺	**424***l*, 687*r*	ソンクラー	427*l*, 438*r*, 601*r*, 632*r*
葬式	682*r*	ソウル	164*l*, 381*r*, **424***l*, 509*r*	ソンクラー呉氏	**427***l*
創始産業	463*r*	ソウル華僑協会	382*l*	尊孔学校	848*l*
双十国慶大会	549*r*	ソウル華人	424*l*	孫悟空	258*r*
創修中華会館記	379*l*, 419*l*	ソウル自治区	381*r*	孫氏企業有限公司	428*r*
贈収賄関係	703*r*	挿炉金	**424***r*	孫中山記念会	**428***l*
宗主国	795*r*	租界	93*r*, 338*r*	孫中山記念館	
総商会	50*r*, 271*r*, 479*l*, 550*l*, 789*l*	蘇加巫眉	**385***l*		268*l*, 276*r*, **428***l*, 430*l*, 523*l*
宋商人	347*r*, 355*l*, 599*r*, 625*r*, 628*r*	族刊	189*l*	孫中山の生誕地	495*r*
宋商百余家	355*r*	測距儀	337*r*	尊王攘夷論	754*r*
双嶼島	92*l*, **419***l*	族産	421*l*, **424***l*	孫臏	251*l*
體人	**420***l*	族産解体	425*l*	孫文銀紙	**429***r*
宗親会	240*l*, 268*l*, 279*l*, 284*l*, 377*l*,	族産復興	425*l*	孫文研究会	259*r*, **430***l*
	420*l*, 425*l*, 672*r*, 694*l*, 722*r*, 775*r*	属人主義	631*l*	孫文公式訪日	756*l*
宗親会館	651*l*	促成昆布	296*l*	「孫文罪状」	356*l*
宗親会聯誼総会	**420***r*	即席めん開発	25*l*	孫文生誕100周年	428*l*
創新科技	**221***l*	属地主義	631*l*	孫文の豪州訪問	80*r*
宗親総会	284*l*, 377*l*, 420*l*, 438*l*	続定招工章程条約	222*l*, 351*l*	孫文の生誕地	495*r*
宗親組織	815*l*	『続長崎鑑』	**425***l*	村落賃貸制	38*l*
宗親団体	313*l*, 440*l*	族譜	28*l*, 255*r*, **425***l*, 604*l*, 845*l*	ソンワート	651*r*
走水客	184*l*	息覧人	**408***l*		
送星廠	**421***l*	祖公会	850*r*	**[タ]**	
宋星廠	**421***l*	蘇広雑貨	507*l*	タイ	99*r*, 111*l*, 113*l*, 121*r*, 140*r*, 203*r*,
宋船	599*r*	祖国探親旅行	833*l*		284*l*, 291*l*, 330*r*, 343*r*, 352*l*, 358*l*,
宋銭	582*l*, 599*r*	祖国熱愛	419*r*		386*l*, 450*r*, 512*l*, 590*l*, 657*r*
造船	95*r*, 99*r*	蔬菜栽培	114*l*	岱	252*l*
造船業	688*l*	組織技術	111*r*	ダイ	252*l*
造船工	764*r*	祖師信仰	251*l*	タイ旭ガラス	704*r*
葬送	687*r*	蘇州	338*l*, 689*r*	体育活動	437*l*
創造社	678*l*	蘇州工業団地	469*l*	太一教	117*r*
宗族	326*l*, 420*l*, **421***l*, 424*r*	蘇州人	5*r*	第1次外流	102*r*
相続	**422***l*	訴訟事件	738*r*	第1次外流中心型社会	365*r*

和文事項索引（タ）

第1次大戦	276r, 314r, 378r, 591l, 596r, 793l, 795l, 830r	
第一太平有限公司		670r
第一太平洋集団		308r
大員		438r
大運河船		337l
戴雲山脈		688l
泰益号	128r, 131r, 210r, 230r, 431l, 436l, 519l, 520l, 575l, 580l, 856l	
泰益号文書	186r, 424r, 856l	
泰益洋行		519l
大円		111r
タイ汪氏宗親総会		395r
タイ王室		803l
タイ王室の祠堂		45r
対外開放	21l, 154r, 228r	
タイ海南会館	286l, 431r	
タイ開発銀行		174r
大会ボイコット		391r
泰華各姓宗親総会聯誼会		844l
タイ華僑	250l, 733r, 772r	
対華為替仲買人		66r
タイ華僑経済		509l
タイ華僑建国救郷運動		431r
大華銀行	41l, 431r, 727l, 834l	
大学学長		775l
大覚寺廟		390l
泰華国際銀行	388l, 432l, 449l, 658l	
泰華写作人協会		452l
タイ華人	440l, 448r, 650r, 698r	
タイ華人社会		51r
タイ華人女性社会		305l
対華21か条要求	499l, 596r	
泰華農民銀行		442l
タイガーバーム	285l, 334r, 636l, 726r, 751l	
タイガーバーム・ガーデン	285r, 432l, 727l	
タイガーバーム製薬		41l
泰華文学		737r
『泰華報』		452l
『タイからの手紙』		723l
大企業家		115r
大企業経営華僑		121r
タイ帰国華僑		19l
タイ客属総会		433l
大客頭	183r, 222r	
泰京広肇会館		434r
泰京鋼鉄集団		310l
タイ共産党		813l
台旭繊維工業		65l
大金行		207r
大工	170l, 333r, 764r	
大虞		275r
大空襲		600r
大空襲と華僑		433l

太空人		433r
タイ軍人銀行		387r
大鶏眼		256l
太原		226l
大圏仔		434l
大元人		555l
大航海時代		155r
泰興鋼管		426r
大港公司		856l
大公	95l, 245r, 405r	
大光寺		779r
タイ洪字会		434l
大公司制度		540r
大洪水災害		325l
タイ広西会館		434r
タイ江浙会館		434r
タイ広肇会館	255l, 434r	
戴公亭		433l
『大公報』	211l, 435l, 491r, 659l, 730r, 830r	
泰国海南会館		431r
『泰国華僑大辞典』		509r
泰国客属総会		433l
『泰国僑団名録』		194l
泰国京都銀行		770l
タイ国軍		650l
泰国広西会館		434r
泰国江浙会館		434r
泰国第一銀行		670r
泰国中華会館		437l
泰国中華総商会		437l
泰国潮州総会		438l
『タイ国の華僑』		804r
泰国福建会館		442l
タイ国民党	656l, 697r, 858l	
タイの米業界	362r, 697l	
太鼓橋		762l
ダイコベト		535l
台山	167r, 188l, 237l, 270r, 317l, 481r, 498r, 640l	
大桟		244r
台山県	189l, 191l, 340r, 828r	
「第三国人」		110r
第3次外流		102r
台山人	227l, 768l	
台山第一中学		435r
第三中国論		59l
泰山亭		245l
第三の中国		145r
タイ産品		226r
第三民族社会		111l
大使		701r
大使館		17l
タイ字紙		692r
太子党	17r, 434l	
大使廟		435l

大使爺		551r
大士爺	170l, 481l, 693l	
大朱		435l
大衆教育運動		26l
大衆銀行		640l
大衆食堂		288l
大衆爺		414r
大出海		96r
代書		359l
大城銀行		22l
大城銀行集団		500r
泰昌号	436l, 519l, 520r	
台商投資区		681r
大乗仏教寺院		687l
タイ・シルク製品		447r
タイ人		450r
『大清会典』		530r
対人関係のあり方		224r
大清銀行		484l
大新公司		436l
大清国籍条例		279l
対清国直輸出		242l
大震災本会殉難先友記念碑		793l
大清人		555l
タイ人僧侶		225r
大清中華南帮商業公所		76r
大清南帮商業会議所	74l, 75r	
大新百貨店		436l
多維新聞網		36l
大清北帮商業会議所	75r, 76l, 76r, 162l	
タイ人労働者		225r
大豆栽培・加工		708r
大豆大王		708r
タイ姓		390r
大成集団		815l
タイ製糖組合		395r
大聖爺		399l
タイ籍華人		772r
タイ赤十字病院		698r
大千寺		372r
大宋人		555l
体操選手		819l
太蔵爺		396l
タイ族		353l
タイ台湾会館		436l
タイ台湾同郷会		436l
タイ・ダヌー銀行	307l, 725l	
大地系財閥		51l
『大地の子』		483l
『大地報』		436l
タイ中央銀行		652l
大中華	144r, 223l	
タイ中華会館		437l
大中華経済圏⇒華人経済圏		
大中華経済圏	144r, 224l, 478l	

926

和文事項索引（タ）

大中華圏　223r
タイ中華総商会　13l, 41l, 52l, 176l, 437l, 440r, 511r, 521r, 651r, 704r, 852l
大中国　223r
対中国投資　499l
タイ・中国友好協会　471r
『台中自強日報』　343l
対中送金　469r
泰中促進投資貿易商会　387l, 432r, 438l, 449l, 658l
大中通宝　57l
対中投資　125r, 314l, 392r, 829l
タイ中友好協会　152l
泰中友好協会　449l
タイ潮州会館　52l, 61l, 226r, 438l, 492l, 507l, 521r, 806r, 826l
大通事　561r
大泥船　559l
『大同』　438l
大東亜共栄圏　157l, 400l, 608l
大東亜省　585l, 608l
大東亜食堂　821l
大頭家　544r
大唐街　187l, 355r, 426l, 496r, 579l, 599r
大同学校　166r, 254l, 522r, 788l, 791l
対等条約交渉　91r
大同醬油工場　20r
大唐人　555l
大唐総長　805l
大同村　722l
大同拓殖株式会社　79l
『大同日報』　466l
大同文化総会　819l
大同燐寸　446l
大統領選挙　397l
大統領の顧問　426l
大都市の多文化化傾向　240r
大土地所有者　763l
台南　111r, 438r
大難館　682r
大南新村　242r
『大南列伝前編』　587l
第2次外流　102l
第2次・第3次外流中心型　365r
第2次大戦　104l, 343r, 530l
第二辰丸事件　257l
対日協力（者）　821l, 838l
対日賠償要求　380r
大日本史料　801l
大寧波утлер　312l
大農園地主　763l
タイの王室貿易　439l
タイの海南会館　27l
タイの華僑・華人　439l

タイのキッシンジャー　696l
タイのケネディ一家　307l
タイの砂糖王　391r
タイの散文小説　695r
タイの首相　447l, 724r
タイの精米業　272l
タイの繊維王　697r
タイのホテル王　470l
タイの元首相　451r, 471r, 501l, 656r
タイの元副首相　661l
タイの柳田国男　8l
ダイバー　618r
大牌檔　441l
タイバイトン　441l
タイ・パイナップル　661r
大伯公　116l, 217r, 349r, 441l, 709l
大伯公会　95l, 219l
大伯公廟　116r, 245l, 551r
大馬集団　452l
大パリ地区　796l
大パリ地区の華僑・華人　644l
タイ版ピンポン外交　696l
タイ・ピュア・ドリンク　307l
タイヒュンチャイ　434l
タイピン　32r, 176r, 442l
大埠　317l
タイ・ファーマーズ銀行　307l, 432r, 442l, 657r, 803l
『大富節目報』　325l, 606r
タイ福建会館　442r
タイフンヤン　433l
太平　442l
台北　134l
太平華興公司　442r
太平華興農林会社　442r
台北僑務会議　402r
太平局紳　443l
泰平銀行　160l
台北金馬影展　210l
台北国際放送　488r
太平紳士　326r, 337l, 356l, 388r, 442r, 523l
太平清醮　350l
台北駐大阪経済文化弁事処　654l
台北駐日経済文化代表処　790l, 827r
太平天国　65r, 324r, 374r, 466r
太平天国運動　636l
太平天国の乱　662l, 801l
『太平洋月刊』　514r
太平洋戦争　140l, 194l, 266r, 290l, 391r, 433r, 608l, 715l
『太平洋日報』　638r
太平洋燐鉱公司　753r
タイ・ペトロケミカル・インダストリー　697l
タイ・ペトロリアム　152l

大埔　443l, 508l, 557r, 635l
大豊銀行　137l, 737l
大峰祖師廟　251r
大舖州　820l
大埔客家　443r, 805l
大埔幫　443l
大本頭公廟　251l
タイ米貿易　443r
泰密寺　443r
大明人　555l
大明街　757l
大明客属清河庿　397l
大明客庿　397l, 678r
タイ・メロン・グループ　427l
泰緬鉄道　225r, 444l, 744l
タイヤ会社　141r
『太陽報』　564r
タイ・ライス社　650l
大陸横断鉄道　15r, 153l, 239l, 294l, 294r, 303l, 317l, 322l, 415r, 611r, 648l, 770l
大陸外中国系（人）外資　485l
大陸華僑の帰国　409l
大陸中国人研究者　553l
大陸投資管理弁法　829l
大陸投資基準　829l
大陸への親族訪問　829l
大陸向け投資　718r
代理商　639l
大利大吉　298r
大龍食品会社　653l
大量帰化政策　444l
大量（華僑）帰国　381r, 638r
大量虐殺　173l
タイ料理チェーン店　331l
大旅社　448r
タイ・ルッタ証券　39l
タイ・ルンルワン製糖グループ　391r
泰聯企業公司　698r
大倭寇　363r
タイワーホン製糖　51l
台湾　5l, 18l, 25l, 52l, 74r, 92l, 100l, 102r, 108l, 108r, 112r, 131l, 154l, 180l, 192r, 198l, 202l, 223r, 240l, 264l, 321l, 343l, 392l, 427l, 435l, 437l, 438l, 458r, 477l, 480l, 485l, 485r, 487l, 488r, 496r, 498r, 508r, 520l, 523r, 524l, 534r, 552r, 566r, 574r, 589l, 669l, 677r, 692l, 730r, 733r, 764r, 770r, 772l, 781r, 794r, 808r, 810l, 813r, 827l, 834l, 837l
台湾移住　311l, 444r, 490r
台湾移民　796l
台湾映画　67l, 445l, 488l
台湾解放　496r
台湾華僑　813l

927

和文事項索引（タ）

台湾企業の対外投資	718r
台湾僑務委員会	125l
台湾銀行	731l
台湾語	669l
台湾公会	436r
台湾航路	74r
台湾語映画	210r, 445l
台湾黒幇	**445l**
台湾資本	394r
台湾出身者	77l, 110r
台湾省	688l
台湾商人	77l
台湾省人	828l, 828r
台湾情報	141l
台湾省民会	828l
台湾省民会〔神戸〕	129l, 260l, 260r, 445r, 516r
台湾省民会〔長崎〕	575r
『台湾省民報』	828l
台湾人	301r, 319r, 365l, 688l
台湾人坑夫	79l
『台湾新聞』	828l
台湾政権	498l
台湾青年隊	445l
台湾政府	199r
台湾籍華僑	300l
台湾セメント	308r
台湾船	559l
台湾総督府	31l, 74r, 608l
台湾総督府医学校	566r
台湾第十信用合作社	300l
台湾タウン	469l
台湾拓殖	608l
台湾中央研究院民族学研究所	87r
台湾鄭氏政権	559l
台湾電視	488l
台湾統一系	188l, 392l
台湾同郷会	75l, 446l
台湾同郷協同組合	602l, 828l
台湾逃避	459l
台湾同胞	319r
台湾独立	496r, 497l
台湾独立運動	185l, 210r
台湾の華僑・華人政策	484l, 497r
台湾の華僑政策	295r
台湾の僑務政策	198l, 199r
台湾幇	379l, **445l**, 696r
台湾プラスチック	65l
タイワン・ヘバン	445l
台湾ポップス	425r
台湾村	469l
台湾旅券所持者	92r
ダーウィン	180r, **446l**
ダーウィン市長	734r
ダウジョーンズ社	55r, 670l
ダウ船	5l
ダウンタウン・チャイニーズ	**446l**
高尾氏	562r
高須	556r
高鍋	496l
陀洹国	707l
ダガン・ナショナル・インドネシア銀行	141l
タクシー大王	48l
択日師	347l
多久聖廟	247l
託宣	117l, 273r, 455l
択配	728l
多元的社会	307l
舵工	95r, 338l
多国間の物流	142l
多国籍企業	125l, 143r, 221l, 330r, 366r, 794l, 857l
多国籍企業グループ	6l, 308l
多国籍企業集団	106r, 449l
大宰府	12r, 187l, 447l, 579l, 599r, 625l, 628r
ダージリン	755l
ダスマリニャス殺害事件	**447l**
卓球選手	30l, 291r, 835r
卓球代表団	696l
脱・現世利益	117r
脱孝	684r
脱走参戦華工	276r
脱中国民族化	277l
タッピング	291l
達明一派	**448l**
達利銀行	**448l**
建全置業集団	500l
建徳会	219l
ダト	116r
ダトゥー	414r, **448l**, 517l, 531l
ダトゥク	**448l**
拿督	414r, **448l**
拿督神	441r, 552l
タートリー銀行	**448l**
タナ	160r, 755l
タナヨン	770l
ダン	713r
種籾の貸付け	308l
頼母子講	206r
ダバオ	**449l**
煙草	234r
タバコ会社	591l
タバコ工場	829l
タバコ栽培	658l
タバコ製造	155l
タバコ・プランテーション	223l
ダハ・レジスター	634l
タピオカ工場	254r
タヒチ島	727r
WTO	228r
タブロイド紙	732l
多文化社会	**450l**
多文化主義	63l, 307r, **450l**
多文化主義政策	80r, 328l, 627l, 701r
多磨維賈亜廟	435r
魂の救済	117r
ダミー名義	672l
タミル語紙	388l
多民族国家	672r, 681l, 707r
多民族・多文化社会	706r
タムネン	146r
ダヤ族	118r
タリー・クラーク	452l
タリーマン	259l, **452l**
ダルマディ・グループ	452l
ダルマラ銀行	452l
ダルマラ・グループ	295l, **452l**
タロクタン	773l
俵物	78l, 187l, **452l**, 560r, 575l, 585l, 680l
俵物三品	452r
俵物役所	575l
蛋家	169l
タン・カーキー星	**515r**
蛋家老	712r
攤館	567r
童乩（タンキー）	273r, 372l, 399l, 455l, 687l, 754l
短期信用貸付	412r
短期投資	106l
童乩廟	399l
タングラ	160r, 755l
タングラン事件	**455r**
タンゲラン	711l
儻県錫鉱	191r
淡港	**218l**
団行	550l
檀香	535r
炭鉱会社	728r
檀香行	236l
檀香山	**725l**
檀香山中華会館	17l
炭鉱地下労働	618r
断鴻零雁記	426r
ダンサー	526r
短袖人⇒長袖人	
短袖人	506l
男女の性比	179l
探親	**456r**, 829l
単身移民	118r, 119l, 179l, 358l
探親帰国	298l
単身出稼ぎ	179l, 622r
ダン族	712r
タンチョン・モーター・ホールディングス	**457r**, 460l

和文事項索引（タ～チ）

タン・トックセン病院	517*l*		チノ	105*r*, 321*r*		チャイニーズ・オーバーシーズ	105*r*
タントンファット	297*l*		チノイ	806*l*		チャイニーズ・シアター	**470*l***
タン・フレール	**458*r***		治病	455*l*		チャイニーズ・シンガポーリアン	
蜑民	685*l*		チーファ	**466*r***			103*r*
反物行商	324*l*, 752*r*		チブトラ	336*l*		チャイニーズ・ディアスポラ	
潭門港	90*r*		チブトラ・グループ	467*l*			530*l*, 545*r*
タンヤ・タイ	13*l*		チベット人	353*r*		チャイニーズネス	290*l*, 489*l*
男優	47*l*, 766*r*, 846*r*, 863*r*		チベット族	755*l*		チャイニーズ・ピジン	660*r*
タンロン	813*r*		チベット方式	392*l*		チャイニーズ・プラナカン	193*r*
			地方華僑誌	227*l*		茶園	442*r*
[チ]			地方戯	593*l*		チャオ・スワ	**470*r***
治安	192*l*		地方劇	**467*l*, 481*l*		チャオプラヤー	695*r*
治安維持	111*l*, 443*l*		地方貿易商人	248*l*		茶居	772*l*
チアンシ	233*l*		地母娘娘	784*l*		茶業	55*r*
治安判事	442*r*		チマヒ	135*l*		着衣の欧風化	261*l*
地域経済統合体	478*l*		チマヒ抑留所	135*l*		チャクリー朝	111*r*, 427*l*, 439*l*, 439*r*,
地域係争問題	496*r*		茶	187*l*, 560*r*, 599*r*			**471*l***, 506*r*, 624*l*, 651*l*
地域主義	10*r*		チャイナ・エコノミック・エリア			茶行	236*r*
小さな政府	729*l*			392*l*		茶栽培	696*r*
地位上昇	114*l*		チャイナ・カピタン	816*r*		茶箱行	236*l*
チウィ・キミア社	329*r*		チャイナ・キャンプ	**467*r***		チャータード銀行	730*l*
チェコスロバキア	543*l*, 795*r*		チャイナケム・グループ	862*r*		チャット	607*r*
チェティア	6*l*		チャイナ・コネクション	467*r*, 469*l*		チャートリー一族	521*l*
チェロ奏者	742*r*		チャイナタウン	8*l*, 15*r*, 32*r*, 34*l*, 60*l*,		チャプスイ	60*l*, **472*l***
地縁	226*l*, 250*r*, 274*l*, 310*r*			115*r*, 142*l*, 153*l*, 156*r*, 160*r*, 166*l*,		チャム族	476*l*
地縁組織	300*l*, 314*r*, 608*r*			174*l*, 186*l*, 188*l*, 192*l*, 207*r*, 240*l*,		チャーリー	**472*r*, 628*r*
地縁団体	252*r*, 286*l*, 691*l*, 694*l*			267*l*, 304*l*, 314*r*, 315*l*, 316*r*, 318*l*,		チャーリー・チャン	472*r*, 840*r*
チェンマイ	332*l*, **464*l***			319*r*, 322*l*, 324*l*, 333*l*, 359*r*, 365*r*,		チャルンクルン	651*l*
チェーン・マイグレーション				383*r*, 389*r*, 390*l*, 397*l*, 413*r*, 435*r*,		チャレンジャー号	862*r*
	490*r*, 845*l*			445*r*, 446*l*, **468*l***, 469*l*, 491*l*, 513*l*,		茶楼	**473*l***, 772*l*
雛鴨行	236*l*			520*l*, 543*l*, 570*r*, 585*r*, 589*r*, 619*r*,		チャローンクルン通り	405*r*
『知音』	606*r*			624*l*, 628*l*, 630*l*, 645*l*, 648*l*, 648*r*,		チャローン・ポカパン	332*l*
治外法権	73*r*, 573*l*, 624*l*, 733*r*			651*r*, 660*l*, 667*l*, 674*l*, 682*r*, 698*r*,		チャローン・ポカパン・グループ	
地下銀行	465*l*			721*r*, 726*l*, 728*l*, 741*r*, 754*l*, 757*r*,			330*r*, 331*l*, 449*l*
地下経済	465*l*			764*l*, 770*l*, 770*r*, 774*r*, 777*l*, 798*l*,		チャンサモーン夫人	174*r*
地下抗日組織	217*l*			808*l*, 819*l*, 842*l*, 849*l*, 853*r*, 856*r*,		チャン（陳）朝	517*l*, 813*l*
地下タウン	468*r*			860*r*		チャンパ	163*l*, 475*r*, 590*l*
竹器行	236*l*		チャイナタウン・イースト	570*r*		チャンパ遠征	518*l*
『逐客篇』	249*r*		チャイナタウン群落	468*l*		ちゃんぽんの元祖	323*r*
竹渓事件	**465*r*, 516*l*		チャイナタウン集住	648*r*		中印国境紛争	755*l*
チーク材の伐採	803*l*		「チャイナタウン・チャイニーズ」			中印対立	36*r*
畜産	114*l*			13*r*		中英保工章程	714*r*
竹升仔	**465*r***		チャイナタウンの女武者	148*r*		中越戦争	728*r*
竹聯幇⇨台湾黒幇			チャイナタウンの治安維持	16*r*		中央アジアの華僑・華人	477*l*
竹聯幇	445*l*		『チャイナ・デイリー』	35*r*, 302*l*		中央亜州銀行	**415*l***
致公堂	270*r*, 271*l*, 329*r*, **465*r***, 662*r*		チャイナ・バンキング	324*l*		中央研究院社会科学研究所	516*l*
致祥号	**466*l***		チャイナビレッジ	468*r*		中央寺の壁画	427*l*
『知新報』	357*l*		チャイナビレッジ⇨華僑・華人農民			中央人民放送局	488*r*
血筋の継承	422*l*		チャイナ・ホワイト	**469*l***		中央太平洋鉄路	**415*r***
致生号	677*l*		チャイナマン	469*r*, 628*r*, 706*r*		中央と地方	10*r*
地政的産業構造	316*l*		『チャイナ・メール』	**469*r***		『中央日報』	477*l*
地政的中国	489*l*		『チャイナ・メン』	207*r*, 469*r*		中央洋行百貨公司	415*r*
知的エリート（層）	442*r*, 645*r*		チャイナメン	105*r*		中奥船	559*l*
千歳丸	**466*r***		チャイナ・ロビー	323*r*		中華	588*l*
チナ	37*r*, 105*r*, 122*r*, 555*l*, 768*r*		チャイニーズ・アメリカン	103*r*		中華医院	379*r*
チニー	628*r*		チャイニーズ・アメリカン銀行	469*l*		「中華」意識	715*l*

和文事項索引（チ）

仲介商	639*l*	中華総会	130*l*, 477*r*, 604*l*	中華民族意識	277*l*
中外新聞七日報	469*r*	中華総会館	645*r*	中華民族解放先鋒隊南洋総隊	510*l*
『中外新報』	732*l*	中華総商会	16*r*, 350*l*, 375*r*, **479***l*,	中華民族主義	431*r*, 622*l*
仲介貿易	521*l*		550*r*, 603*r*, 645*r*, 695*l*, 850*r*	中華民族文化促進会	699*l*
中華街	93*r*, 187*r*, 355*r*, 468*l*, 556*l*,	中華第一医院	255*l*	中華楽善会	75*l*
	578*l*, 784*r*, 790*r*	中華大会堂	477*r*, 695*l*	中華留日聖公会	**480***r*, 800*r*
中華会館	16*r*, 166*r*, 241*l*, 317*r*, 433*r*,	中華第三医院	684*l*	中華料理	
	477*l*, 628*r*, 784*r*, 849*r*	中華第二医院	508*l*		170*r*, 323*r*, 344*l*, 518*r*, 605*l*, 755*l*
中華街関帝廟通り会	**478***l*	中華的資本主義圏	489*r*	中華料理業	
中華会議所	374*l*	中華電影院	478*r*		205*r*, 265*r*, 313*r*, 611*l*, 664*r*
中華会所	437*l*	中華電視	488*r*	中華料理店	68*l*, 266*r*, 320*r*, 398*r*,
中華街西門通り振興会	**478***l*	中華ナショナリスト・アイデンティティ			466*r*, 578*l*, 612*l*, 653*l*, 786*l*, 853*r*
中華・華夏文化	489*l*		1*r*	中華料理の代表的な食材	529*l*
中華学堂	575*r*	中華ナショナリズム	30*l*, 82*r*, 342*r*	中華聯誼会	477*r*
中華革命軍籌餉局	429*l*	『中華日報』	436*l*, 651*r*, 813*l*	中華聯合会	477*l*
中華革命党	429*r*, 485*l*	中華婦女総会	701*r*	中間寄航地	24*r*
中華学校		中華仏教連合会	259*l*	中間商人	749*r*
	166*r*, 407*l*, 504*r*, 647*l*, 784*r*, 791*l*	中華文化の維持	566*l*	中間媒介機能	192*l*
中華学校閉鎖	494*r*	中華文明	635*l*	中僑委	177*r*, 191*l*, 198*r*
中華函授学校	165*l*, 198*l*, 213*r*	中華墓地	128*r*, 253*l*	中僑総公司	482*l*
中華戯院	**478***r*	中華民国	283*l*	中共の華僑政策	483*r*
中華義荘⇒中国人墓地		中華民国維新政府	263*l*	中継港	142*l*, 544*r*
中華義荘	56*r*, 546*l*, 780*l*	中華民国海外華人研究学会	87*l*, 87*r*	中継交易	689*r*
中華義塚	630*r*	『中華民国・華僑』	50*r*	中継地域	120*r*
中華僑団総会	328*l*	中華民国僑商統一聯合会		中継貿易地	18*l*
中華拒日後援会	257*r*		264*r*, 479*l*, 640*r*, 832*r*	中原	588*l*
中華経済協作系統	144*r*, 224*l*, **478***l*	中華民国僑商統一連合会	66*r*, 267*r*	中元会	170*r*, **480***l*
中華経済圏	392*l*	中華民国金幣券	429*r*	中元節	231*r*, 245*l*, 282*l*, 693*l*, 693*r*
中華恵通総局	436*r*	『中華民国公報』	466*l*	『中原報』	51*l*, 280*r*, 451*r*, 509*r*
中華劇場	478*r*, 555*l*	中華民国国籍	280*l*	艀舡	**571***l*
中華公所⇒会館		中華民国国籍法	279*l*	中興戯院	481*r*
中華公所	16*r*, 64*r*, 318*l*, 477*r*	中華民国国民抗日救国会	257*r*	中興劇場	481*r*
『中華国際新聞』	277*r*	中華民国国商会法	75*r*, 264*r*	『中興日報』	
中華国貨公司（シンガポール）	418*r*	中華民国総領事館	790*l*		361*l*, 493*r*, 521*l*, 677*l*, 834*r*
中華思想	59*r*, 97*l*, 123*l*, 277*l*	中華民国駐神戸総領事館	263*l*	駐神戸僑務弁事処	68*l*, 266*l*
中華実業銀行	418*r*	中華民国駐日代表団	111*l*, 357*l*, **480***l*	中国医学	112*l*, 316*r*, 541*l*, 606*l*
『中華時報』	606*r*	中華民国南京政府	480*r*, 600*l*	中国意識	847*l*
中華主義	92*l*	『中華民国之華僑与僑務』	88*l*	中国維新会	720*l*
中華商会	350*l*, 673*r*	中華民国－菲律濱共和国友好条約		中国移民	201*r*
中華商務局	673*l*		499*r*	中国インド学会	453*r*
中華書店	613*r*	中華民国福州同郷会京都本部	195*l*	中国映画	488*l*
中華ショービニズム⇒華僑・華人ナショナリズム		中華民国横浜華僑聯合会	782*r*	中国回帰	53*r*, 106*l*, **481***l*
中華ショービニズム	628*l*	中華民国琉球華僑総会	604*l*	中国解放区帰国華僑聯合会	62*r*
『中華晨報』	84*l*	中華民国留日華僑総会	77*l*, 129*l*	中国海洋法学会	835*l*
中華人民共和国華僑事務委員会	191*l*	中華民国留日華僑聯合総会	604*l*	中国華僑華人歴史研究所	482*r*
中華人民共和国国籍法	279*l*	中華民国留日神戸華僑総会		中国華僑国際文化交流会	481*r*
中華人民共和国国歌の作曲者	352*l*		260*l*, 260*r*, 268*l*	中国華僑撮影学会	**482***l*
中華人民共和国の総領事館	790*l*	中華民国留日同学総会	548*l*	中国華僑出版公司	482*l*
中華崇仁医院	478*r*, 673*l*	中華民国留日東京華僑総会	**549***r*	中国華僑出版社	482*l*
中華崇仁病院	642*r*	中華民国留日横浜華僑総会	782*r*	中国華僑旅行社	495*r*
中華聖公会華僑夜間英語学校	791*l*	中華民国留日横浜東北同郷会	480*l*	中国華僑旅遊僑匯服務総公司	**482***l*
中華世界	97*l*	中華民国領事館	76*r*, 578*r*	中国華僑歴史学会	
中華全国帰国華僑聯合会	198*r*, 255*r*,	中華民国臨時政府	263*l*		191*r*, 299*l*, 344*l*, **482***l*, 813*r*, 835*l*
	417*r*, 481*r*, 482*r*, 504*r*, 510*r*,	中華民国臨時政府駐横浜弁事処	480*l*	中国学	826*r*
	839*l*	中華民国臨時政府東京弁事処	229*l*	『中国学誌』	813*l*
		中華民衆抗日救国会	257*r*	中国学者	33*l*

和文事項索引（チ）

中国革命支援	583*l*	
中国革命同盟会	437*l*, 756*r*	
中国華興公司	199*l*	
中国型市場経済	339*r*	
中国河	**482***r*	
中国帰国者	483*l*	
中国帰国者問題	**483***l*	
中国僑工事務局	175*r*	
中国共産党	62*r*, 113*r*, 444*l*, 483*l*, 524*l*, 592*l*, 597*l*, 662*r*, 675*r*, 780*l*, 862*l*	
中国共産党機関紙	381*l*	
中国共産党日本特別支部	483*r*	
中国共産党フィリピン支部	675*r*	
中国僑政学会	134*r*, 295*r*, 484*l*	
中国僑民	197*r*	
中国漁民	201*r*	
『中国巨龍』	606*r*	
中国銀行	484*l*, 731*r*	
中国銀行ニューヨーク支店	469*r*	
中国空軍の父	779*l*	
中国系アイデンティティ	122*r*	
中国系アメリカ人	26*l*, 33*l*, 35*r*, 44*r*, 46*r*, 50*l*, 50*r*, 52*l*, 86*l*, 148*r*, 157*l*, 173*l*, 182*r*, 183*l*, 242*l*, 282*r*, 323*l*, 323*r*, 347*r*, 430*r*, 462*l*, 464*r*, 470*r*, 473*l*, 474*l*, 475*l*, 476*r*, 496*l*, 497*r*, 502*r*, 524*l*, 530*r*, 531*r*, 593*l*, 656*l*, 679*r*, 686*r*, 701*r*, 706*l*, 742*r*, 754*l*, 767*l*, 771*l*, 773*r*, 780*l*, 797*l*, 798*r*, 816*l*, 817*l*, 818*l*, 833*r*, 838*l*, 847*r*, 851*l*, 853*r*, 863*l*, 864*l*	
中国系アメリカ人音楽家	742*r*	
中国系アメリカ人外交官	701*r*	
中国系アメリカ人画家	347*l*, 797*l*	
中国系アメリカ人学者	157*l*, 242*l*, 475*l*, 780*l*	
中国系アメリカ人漢方医	282*r*	
中国系アメリカ人企業家	323*r*, 464*r*, 497*r*, 833*r*	
中国系アメリカ人教育家	26*l*	
中国系アメリカ人軍人	183*l*, 847*l*	
中国系アメリカ人警察官	767*l*	
中国系アメリカ人言語学者	470*r*	
中国系アメリカ人建築家	706*l*	
中国系アメリカ人工学者	530*r*, 838*l*, 853*r*	
中国系アメリカ人作家	148*r*, 593*l*, 851*l*	
中国系アメリカ人作家，劇作家	524*l*	
中国系アメリカ人作家，歴史学者	462*l*	
中国系アメリカ人作曲家	502*r*	
中国系アメリカ人史	462*l*	
中国系アメリカ人実業家	35*r*	
中国系アメリカ人ジャーナリスト	473*l*	
中国系アメリカ人植物学者	686*r*	
中国系アメリカ人女性裁判官	86*l*	
中国系アメリカ人女性市長	817*l*	
中国系アメリカ人女性TVジャーナリスト	173*l*	
中国系アメリカ人女優	44*r*	
中国系アメリカ人数学者	475*l*, 771*l*	
中国系アメリカ人政治家	33*l*, 46*r*, 52*l*, 496*l*, 817*l*	
中国系アメリカ人政府官僚	656*l*, 679*r*	
中国系アメリカ人生物学者	476*r*	
中国系アメリカ人哲学者	863*l*	
中国系アメリカ人の参政運動	33*l*	
中国系アメリカ人の歴史	430*r*	
中国系アメリカ人判事	679*r*	
中国系アメリカ人病理学者	816*l*	
中国系アメリカ人物理学者	50*l*, 50*r*, 773*r*, 818*l*	
中国系アメリカ人歴史学者	323*l*, 430*r*, 798*r*	
中国系アメリカ人歴史博物館	14*l*	
中国系インドシナ難民	252*l*	
中国系インドネシア人	460*r*	
中国系・華人ネットワーク	154*l*	
中国系カナダ人	207*r*	
中国系カナダ人作家	519*r*	
中国系キューバ軍人	287*r*	
中国系経済圏	144*l*, 224*l*	
『中国経済時報』	600*l*	
『中国経済週刊』	606*r*	
中国系市議会議員	322*r*	
中国系市長	770*r*	
中国系資本	675*l*	
中国系女性市長	496*l*	
中国系ショッピングモール	240*l*	
中国系人	484*r*, 498*r*	
中国系人女性大使	701*r*	
中国系人の貢献	864*l*	
中国系ディアスポラ	41*r*	
中国系難民	644*l*, 695*r*	
中国系NIES	**485***l*	
中国系ニュージーランド人企業家	500*l*	
中国系の宇宙飛行士	475*r*	
中国系の外資	574*r*	
中国系の時代	115*r*	
中国系の世紀	**485***l*	
中国系のノーベル賞	462*r*, **485***l*	
中国系排斥	498*r*	
中国系人排斥経済政策	675*l*	
中国系フィリピン人	453*l*	
中国系プロテスタント教派	673*r*	
中国系ベトナム人	707*r*	
中国系マルコムX	148*r*	
中国系メスティソ	35*l*, 41*r*, 206*l*, 273*l*, 453*l*, 659*r*, 763*l*	
中国留学生	795*r*	
中国劇場	101*r*	
中国研究者	553*l*	
中国拳法	171*r*	
中国合成ゴム	856*r*	
中国広西東亜糖業機構	395*r*	
中国交通銀行	229*r*	
中国広播広司	488*r*	
中国公文書	139*r*	
中国公民	177*l*, 345*l*	
中国洪門致公党	329*r*	
中国語学校	564*r*	
中国語教育	71*l*, 192*l*, 421*l*, 652*l*	
中国語教育・出版	38*l*	
中国国籍法	595*r*	
中国国籍放棄	279*r*	
中国国籍離脱	112*r*	
中国国民党	66*r*, 68*r*, 297*r*, 323*r*, 429*r*, 469*r*, **485***r*, 487*r*, 496*r*, 508*r*, 583*l*, 597*l*, 675*r*, 730*r*	
中国国民党革命委員会	**487***r*	
中国国民党機関紙	477*l*	
中国国民党神戸支部	714*l*	
中国国民党駐札支部	487*l*	
中国国民党駐横浜直属支部	487*r*, 600*r*	
中国国民党フィリピン総支部	819*r*	
中国国民党横浜支部	85*r*	
中国語圏	31*l*, 801*l*, 802*r*, 803*r*, 845*l*	
中国語圏映画	488*l*	
中国語雑誌	542*l*	
中国語新聞	156*l*, 436*l*	
『中国語世界週刊』	606*r*	
中国語総合新聞	146*l*, 499*r*, 564*l*, 843*r*, 844*r*	
中国語TV・ラジオ	488*l*	
中国語と漢字の使用禁止	659*l*	
中国語の書籍輸入	699*r*	
中国語半月刊誌	156*l*	
中国語放送	45*l*	
中国祭	282*l*	
中国最初のゴム製造会社	168*l*	
中国最初の対外開放地区	376*l*	
中国雑貨	398*r*, 520*r*	
中国雑技芸術家	379*r*	
中国残留孤児	483*l*	
中国残留日本婦人	195*l*	
中国残留婦人	483*l*	
中国残留邦人	483*l*, 605*l*	
中国史学者	826*r*	
中国式種痘法	666*r*	
中国市場	331*l*, 437*l*	
『中国時報』	**488***r*	
中国社会科学研究会	**489***l*

931

和文事項索引（チ）

中国写真家協会	482l
中国ジャンク	540l
『中国修辞学史稿』	532r
『中国修辞学的変遷』	532r
中国十大菜	340l
中国城	468l, 543r, 850l
中国商業銀行	453r, 457r
中国商業史	33r
中国将軍	84r
中国商事制度	616l
中国城牌楼	849l
中国情報	101l, 141l
中国情報紙	499l
中国商民	138l
中国人	628l
中国人意識への回帰	103r
中国人イスラム教徒	143l, 656l
中国人移民禁止法	120l
中国人移民排斥法	620r
中国人移民法	120l
中国人イメージ	757r
中国人街⇨チャイナタウン	
中国人街	439r, 853l
中国人海産物商	724l
中国人海賊	325l
中国人科学技術者	300r
中国人学生寮	241r
中国人学校	550l
中国人虐殺	273l
中国人教区	117r
中国人居留地	535r
中国人系メスティソ	674r
中国人契約労働者	727l
中国人ゲリラ	427r
中国人鉱夫	386l, 609l
中国人商業会議所	238l
中国人商人	769l
中国人錫鉱業	386l
中国人ステレオタイプ	148l, 472r
中国人性	209r, 290l, 345r, 489l, 606l
中国人船員	12r, 260r, 264l, 383r, 661l
中国人船客法	490l
中国人洗濯業者連合	413l
中国人漕手の反乱	768l
中国人大虐殺	674r
和国信託商業銀行	856l
中国信託投資公司	284r
中国人弾圧	763l
中国人・中国系人	484r
中国人登録法	620l
中国人内地雑居問題	205l
中国人荷主	74r, 601l
中国人の海外移住	490l
中国人の追放	620r
『中国人の日本語著書総覧』	602l
中国人のビバリーヒルズ	

	468r, 491l, 770r, 849r
中国人のフィリピン国籍取得	620r
中国人の法的地位	647r
中国人排斥	109r, 188l, 609l, 611r, 620l
中国人排斥運動	80r, 648r
中国人排斥法	15r, 674r
中国人買弁	3r
『中国人発見美洲之謎』	799l
中国人「番頭」	268r
中国人病	541r
中国人漂流民	12r
中国人不法移民	15r, 569r
中国新聞社	199l, 200l, 491l
中国人墓地	491r, 546r, 741r, 788r
中国人町	656l
中国人民銀行	731r
中国人モスク	143l
中国人問題	768r
中国信用組合	493l
中国人留学生	129r, 241r, 257l, 365l, 409r, 601l, 677l, 778r
中国人労働者	38l, 67r, 110l, 194l, 205l, 212l, 294r, 303r, 314r, 331r, 340r, 387l, 415r, 498l, 502r, 508r, 636r, 637r, 643l, 648r, 727r, 753r, 763r, 778r, 821l
中国人労働者記念碑	303r
中国人労働者雇用促進運動	247l
中国人労働者入国	573r
中国人労働者連行	724l
中国政府の華僑政策	671r
中国政府反対のデモ	538l
中国政府批判	538l
中国僧	69l
中国第一歴史檔案館	139l
中国対外友好協会	252r
中国太平洋学会	813r
中国タイ友好条約	772r
中国大陸	223r
中国大陸のナショナリズム	582r
中国大陸民	604r
中国致公党	172l, 199l, 270r, 410l, 466l, 493l
『中国地方志綜録』	347l
中国中央電視台	488l
中国中心主義	97l
中国朝鮮商民水陸貿易章程	424l, 509l
中国通商銀行	508l
『中国通信』	493l
中国通信社	493l
中国通訊社	436r, 493l
中国的温情主義	427l
中国的コネクション	209r
中国的文化活動	699l

中国哲学	543l
中国電視	488r
中国伝統学術	242l
中国投資	308r, 330l, 331l, 367l, 432l, 817r
中国陶磁器	292r, 426l, 496r
中国陶磁貿易史	162l
中国・東南アジア関係史	671r
中国東南アジア研究会	344l, 813r, 835l
中国同盟会	14r, 138r, 172l, 241l, 243l, 271r, 275l, 356l, 364l, 381l, 397r, 418r, 429l, 434r, 453r, 485r, 493l, 583l, 654r, 716r, 756l, 760r, 831l, 834r, 838r
中国同盟会シンガポール支部	503l, 521l
中国同盟会の海外組織	493r
中国同盟会ペナン支部	524r
中国と華僑の連携	121l
中国との交流	263r
中国南洋学会	590l
『中国日報』	35r, 51l, 64l, 176l, 514r, 677l
中国日本史学会	341l
中国の影響力	440l
中国の遠心力と求心力	493l
中国の対外開放	228r
中国の「第五列」	671r
中国の知恵	346l
中国の陶工	769l
中国の飛び地	468l
中国八大菜	170r, 691l
中国初の対外開放の工業団地	334l
中国版『おしん』	27l
中国帆船貿易与対外関係論集	540r
『中国晩報』	64l
中国美術協会	794r
『中国秘密社会』	298l
中国・ビルマ混血	757l
中国風プエブロ婦人服	152l
中国仏教	687l
中国物産	159l, 187l, 235l
中国文化センター	648l
中国文化大学	346l
中国文化の影響	440l
中国文化の伝承	133l
中国文化の導入	79l
中国文化への愛着心	345l
「中国文化」への回帰	117l
中国平和統一促進会	84l
中国への帰国ブーム	494l
『中国報』	806l, 830l
中国貿易公司	613r
中国民	105r
中国民主同盟	

和文事項索引（チ）

	172r, 297r, 343r, 376l, 510l
中国名の使用	38l
中国名変更	**494r**
中国網	36l
中国網上報刊大全	36l
中国留日京都同学会	195l
中国留日同学総会	136l
中国領事	477r
中国領事館	**495l**
中国料理	320r, 613r
中国料理店	315l, 849l
中国旅行社	200l, **495l**
中国歴代博物館	576r
中国烈士紀念碑	315l
中国六大公司	318l
中国ロケ	807r
中国論壇	**495r**, 607r
駐在官	158l, 386l, 843l
仲裁裁判	746l
中策現象	42r
中策投資	240r
中策投資公司	40r
中策投資集団	330l
中桟	244r
中山	133r, 169l, 170l, **495l**, 498r
中産階級	114l, 143r
中山艦事件	486l
中山記念堂	487r
中山市	725r
中山大学	289l, 532l
中三聯校	821l
『中時晩報』	488r
中秋節	245l, 586l
籌餉局	238l
中心小中学	124l
中心的労働市場	118r
中西学校	384r, 673l, 791l
中世九州の華僑遺跡	**496l**
『中西日報』	864l
中世博多の華僑遺跡	**496l**
中西病院	514l
紐西蘭	609l
中暹憲警隊	772r
中台関係	141l
中台経済	497l
中台工業不動産	813r
中台統一	384l
中台問題	**496l**
中タイ友好	437l
駐中国大使	775r
中朝合弁	124l
中南銀行	478l
『中南半島華僑史綱要』	780l
中南米の華僑・華人	**498l**
『中南報』	196l
中日協会	229r
中日興業会社	**499l**
中日興業公司	276l, 428l, **499l**
中日実業公司	499l
『中日新報』	**499l**, 606r
駐日大使	775r
駐日代表団神阪分処	75l
中日文化関係史論	341l
中日友好協会	252r, 839l
『中非関係史』	826r
「中非関係与菲律浜華僑」	521r
中美銀行	**469r**, 646l
駐米中華総会館	16r
中非友誼門	85r
中非友好条約	**499l**
中文学校	8l
中文TV局	173r
『中文導報』	**499l**, 606r
中米関係史料	347l
駐ペナン初代総領事	508l
中緬貿易	640r
紐約	610r, 611l
紐約華埠歴史博物館	**610l**
紐約中国歴史博物館	**610l**
駐横浜清国理事府	789r
駐横浜中華民国総領事館	166r
中蘭領事条約	647l
中流階層	767r
中旅社	495r
『中和資訊』	606l
チュコン	22l, 38l, 121r, 308r, 309r, **500l**
チュッタクーン家	657r
チュンコン	6r
チュンコン・グループ	115r, **501l**, 809l
チュンリン	709l
潮安	508l
弔意広告	197l
長栄海運公司	61l, 503l
長栄桂冠酒店	61r
長栄航空公司	61l
長栄国際公司	61r
長栄集団	**61l**, 503l
澄海	378r, **503l**, 593r
潮海関	393r, 503r
澄海港	23r
澄海振武布局	250l
澄海土着布業	378l
肇記号	**503r**
長期投資	106r
超傅	362l
肇慶会館	16r, 318l
肇慶府	169l, 169r
趙玄壇	298l
朝貢	5l, 91l, 805r
長江インフラストラクチャ・ホールディングス	501r
朝貢関係	504l
長江基建	501r
長江航路	74l, 601l
朝貢国	96r
朝貢使節	97l
長江実業	501r
長江実業集団	**501l**
長江実業（集団）有限公司	501l, 809l
朝貢政策の転換	10l
朝貢船	443r
朝貢品	443r
朝貢貿易	5l, 10l, 97l, **504l**, 506r, 616l
朝貢貿易網	504l
長江ホールディングス	501r
彫刻家	838l
潮汕	855r
長衫	639r
長衫人	506l
潮汕鉄道	502l
潮汕鉄路	237r
チョウジ	768r
丁字タバコ	217r, 318r
潮州	60r, 236r, 301r, 490l, **505l**, 565r
潮州移民	505r
潮州会館	90l, 507r, 511r, 849l
潮州会館常駐事務所	226r
潮州華僑	256l, 439r, 447l
潮州華僑優遇策	439r
潮州華人	463r
潮州義山亭	826r
潮州系	806r
潮州系華僑	426r, 565r
潮州系華人	247r
潮州劇	231r, 449l, 467r
潮州語	167r, **506l**, 715r
潮州語圏	505l
潮商互助社	284l
潮州菜	170r, **508l**, 692l
潮州山荘	61l, 492l
潮州市	505l
潮州慈善会	826l
潮州商人	443r, 505r
潮州人	90l, 102l, 167r, 210l, 218r, 231r, 245l, 247r, 366l, 370r, 443r, 467r, **506l**, 565r, 844l
長袖人	**506l**
潮州人経営	593r
潮州人農耕者	166l
潮州船	559l
潮州同郷会	507r
潮州の開港	393r
潮州の華僑史	**506r**
潮州八邑会館	169r, 174l, 370r
潮州幫	99r, 231l, 256l, 286l, 421l,

和文事項索引（チ～テ）

	438*l*, 507*l*, 593*r*
潮州府	503*l*
潮州米業平糶公司	51*l*, 438*l*
潮州方言	286*l*
潮州料理	506*l*, 508*l*
潮州六邑医院	508*l*
チョウジ輸入	309*r*
徴信新聞	488*r*
徴税	203*r*, 247*r*
徴税請負い	38*l*, 82*l*, 107*l*, 193*r*, 202*r*, 219*l*, 231*l*, 390*l*, 502*l*, 508*l*, 567*r*, 703*l*, 743*l*, 777*l*, 848*l*
徴税請負人	95*l*, 247*l*, 447*l*, 567*r*, 625*l*, 697*r*
徴税業	286*l*
長生行	236*l*
朝鮮	69*l*, 419*r*
朝鮮華僑	315*r*, 374*l*, 509*r*
朝鮮工	316*l*
朝鮮航路	74*l*, 601*l*
朝鮮出兵	556*l*
朝鮮人	301*r*
朝鮮人町	556*l*
朝鮮籍華人	666*l*
朝鮮戦争	152*l*, 164*l*
朝鮮族	353*l*
朝鮮族出稼ぎ	509*l*
朝鮮人参の輸出	315*l*
朝鮮半島	315*l*
朝鮮半島の華僑・華人	509*l*
朝鮮半島民	569*l*, 604*r*
朝鮮燐寸（マッチ）	446*l*
朝鮮李朝政府	374*l*
チョウタイフック・エンタープライゼズ	613*l*
知用中学	514*l*
朝中友誼塔	666*l*
提灯行列	479*l*
提灯行列事件	446*l*
超度	282*l*
チョウドク	778*l*
潮福行	414*r*
徴兵逃避	77*l*
帳簿	436*l*, 556*l*
帳簿資料	398*r*
帳簿文書	230*r*
張裕酒造会社	511*l*
張裕酒造公司	508*l*
徴用少年工	77*l*
長楽	511*l*, 520*l*, 522*r*, 682*l*
長楽県	180*r*, 412*l*, 531*l*
長楽県人	220*l*
調理師	152*r*
長老会系プロテスタント	674*l*
長老会（アモイ）	674*l*
長老派教会	184*r*, 864*l*
兆和缶詰会社	512*l*
兆和公司	512*l*
猪花	358*l*, 512*l*, 622*r*, 728*l*
チョーカンチャーン・グループ	446*l*
直庫	338*l*
勅令352号	573*r*
勅令第137号	204*l*
チョケ踊り	512*l*
チョコレート大王	822*l*
猪仔	138*l*, 512*l*, 513*l*
猪仔館	223*l*, 736*l*
猪仔客	513*l*
猪仔頭	183*r*, 222*r*
猪仔販	222*l*
猪仔貿易	222*l*
猪肉行	236*l*
チョロン	61*l*, 68*l*, 101*l*, 449*r*, 477*r*, 482*r*, 513*l*, 723*r*
チリ	821*l*
地理学者	798*r*
地利鉱山会社	514*l*
地利公司	514*l*
地理師⇒術士	
地理師	347*r*, 677*r*
地理書	542*r*
チワン（壮）	252*l*
陳怡老事件	515*l*
鎮海	35*l*
鎮海王	96*r*
鎮海県	419*r*
陳嘉庚魚	515*l*
陳嘉庚水母	515*r*
陳嘉庚研究室	19*r*
陳嘉庚星	515*l*
陳果仁事件	669*l*
陳華泰行	390*l*
陳元利行	47*r*
陳旭年大厦	517*l*
チンク	628*r*, 706*r*
鎮江	261*r*, 664*l*
陳靉利行	47*r*
陳国榟	581*l*
陳坤興両合五金公司	746*l*
鎮市	23*r*
陳氏頴川堂	96*l*, 226*l*
陳氏兄弟公司	458*r*
陳氏宗祠	517*l*
陳氏百貨店	458*l*
陳将軍廟	520*l*
陳唱摩多控股有限公司	457*r*
陳水扁政権	496*r*
陳姓	562*l*
沈船	544*r*
陳埭	521*r*
チンチャ［諸島］	62*l*, 522*l*
陳同発	297*l*
陳篤生医院	242*r*, 523*l*
陳炳春銀行	670*r*
チン・ホー	353*l*

［ツ］

追放	273*l*, 763*l*
『通航一覧』	349*l*, 527*r*
通航券	620*l*, 645*l*
通行公共汽車公司	528*l*
通行バス会社	528*l*
通婚	88*l*, 636*l*, 717*r*, 757*l*, 764*r*
通婚率	545*r*
通詞	82*l*, 560*l*
通事⇒唐通事	
通事	179*l*, 220*l*, 348*r*, 560*l*
通書	347*l*, 528*l*
通勝	528*r*
通商港	5*l*
通商章程	529*l*
通城銭行公司	769*r*
通信衛星	63*r*
通信教育⇒函授教育	
通信教育	164*r*, 165*l*, 198*l*
通信社	491*r*, 493*l*
通信手段の発達	63*r*
通俗マレー語	150*l*, 811*l*
通蕃下海之禁	91*l*
『通報』	542*l*
通訳	110*l*
ツオッミンジンガー	346*r*
築地居留地	93*l*, 789*r*
ツシア	545*r*, 805*r*
対馬	545*l*
燕の巣	529*l*, 536*l*, 633*l*, 679*r*, 757*l*, 769*r*
妻呼び寄せ	452*r*
積戻り	557*l*

［テ］

ディアスポラ	67*l*, 107*l*, 530*l*, 818*r*
ディアスポラ資本主義⇒華僑・華人資本主義	
ティアン・アン・チャイナ	22*r*
鄭王記念碑	447*l*
鄭王節	447*l*
泥瓦工	310*r*
定価売買	209*r*
帝漢	535*r*
堤岸	513*l*
堤岸関帝廟	514*l*
堤岸国民中学	514*l*
堤岸七府武廟	514*l*
堤岸穂成学校	514*l*
堤岸天后廟	514*l*
堤岸博愛学院	514*l*
堤岸明郷廟	514*l*

和文事項索引（テ〜ト）

堤岸嶺南中学	514*l*
鄭龔抱月記念医院センター	851*r*
テイクアウト・ショップ	320*r*
鄭謙和宝号	733*r*
汀江	688*l*
鼎工	245*l*
『鄭洪年華僑教育言論集』	532*l*
鄭氏	562*l*
鄭氏政権	92*l*
鄭芝龍	534*l*
Tシャツ	141*l*
亭主⇨青雲亭	
亭主	396*l*
鄭州	241*r*
定住	177*l*
汀州会館	90*l*
汀州大学	531*r*
汀州府	635*l*
鄭順栄批館	**532***l*
泥水行	236*l*
ディスカウントショップ	641*l*
『抵制禁約記』	139*l*
鄭成功生誕地	224*l*
鼎泰号	311*r*
定着	433*l*
定着過程	734*l*
低賃金移民	144*l*
低賃金労働	120*l*
「ディノ」ブランドの洗剤	456*l*
鄭明通宝	535*l*
ティモール［島］	**535***l*
締結国外国人	304*l*
『デイリー・プレス』	732*l*
鄭和来航の記念日	320*l*
ディン（丁）朝	535*l*
手斧	694*l*
出稼ぎ	272*r*, 441*l*, 494*l*, 800*l*
出稼ぎ移民	192*r*, 231*l*, 291*l*, 491*l*
出稼ぎ中国人	601*l*
出稼ぎ労働	120*l*, 353*l*, 635*l*, 688*l*
擲筶	381*r*, 481*l*, 663*r*, 693*l*, 718*l*
溺女	735*l*
「敵性」華僑	134*l*
出来高払い	209*r*, 291*l*
擲斗籮	**537***l*
テクグァン・グループ	85*l*, 537*l*
テクグァン社	85*l*
出島	93*l*
出島築造	172*r*
手相	347*l*
テチャバイブーン一族	51*r*, 652*l*
テチャワーニット	733*r*
鉄	92*l*
哲学者	836*l*
デッキ・パッセンジャー	**537***l*
テックヘンユー・グループ	390*l*
鉄工	310*r*
鉄鋼王	463*r*
鉄鋼生産	305*l*
鉄算盤	815*r*
鉄道	331*r*, 637*l*
鉄道建設	180*r*, 303*r*, 314*l*, 415*r*, 444*l*, 505*l*, 601*l*, 648*r*
鉄道工事	67*r*
デッドウッド	468*r*
鉄道敷設	223*l*
鉄鍋	169*r*
『鉄炮記』	69*l*
鉄梨行	236*l*
デトロイト	612*l*
テニス選手	203*r*, 476*l*
デパート・チェーン	415*r*
デマク王国	29*l*
デラウェア州	49*l*
デリ	538*r*, 763*r*
デリ社	538*l*
テルナテ	768*r*
TV	141*l*
TV局	325*l*, 606*r*
TV番組	185*l*
TVプロデューサー	173*r*
天安門事件	46*r*, 185*l*, 244*l*, 465*l*, 586*r*, 692*r*, 694*r*, 732*r*, 852*r*
天安門事件と華僑・華人	**538***r*
天一局	758*r*
天一信局	**539***l*
天翁	539*r*
店屋	359*r*
天華医院	41*l*, 539*l*
展海令	818*r*
電器行	236*r*
天公	**539***l*
天后	396*l*, 550*r*, 739*r*
天后宮	378*r*
天后聖母	74*l*, 170*r*, 174*l*, 262*r*, 370*r*, 371*l*, 540*l*, 739*l*
天公壇	719*r*
天后堂［唐人屋敷］	581*l*, **540***l*
天后堂［福建会館］	581*l*, **540***l*
天后廟	327*l*, 371*l*
天公炉	539*r*
篆刻の祖	569*r*
電子企業	55*l*
電子工学者	105*l*, 520*l*
電視広播有限公司	355*r*
天使島	63*l*
電子版	150*r*
転車	386*l*
天上聖母	739*l*
電信為替	394*l*
天津行	236*r*
天津公幇司	236*r*
天津条約	24*r*, 393*r*, 625*l*
天津条約への追加協定	644*l*
沽水地	741*l*
『天声日報』	196*r*, 346*l*
伝染病	56*r*, 541*l*, 836*l*
纏足	3*r*, 77*r*, **540***l*
纏足地帯	540*r*
天尊廟	79*l*
天地会⇨三合会	
天地会	97*r*, 245*l*, 270*l*, 310*r*, 465*l*, 662*l*, 733*l*, 734*l*, 824*r*
添弟会	662*l*
天道	31*l*
伝統観念	847*l*
電灯事業	248*l*
天道総天壇	31*l*
伝統的華人経営	254*r*
天道盟	445*l*
天徳洋行	424*l*
デント商会	510*l*, 731*l*
『天南新報』	187*r*, 720*l*
天女橋	762*r*
天然ゴム	290*r*, 749*r*
天然痘	**541***l*
天然痘の治療法	569*r*
電白	90*r*, 614*r*
天妃	739*r*
天妃宮	79*l*
甜品店	772*r*
天秤棒	619*l*
天福宮⇨シンガポール天福宮	
天福宮	90*l*, 517*l*
天福宮福建会館	371*l*
天武山斗母宮	719*r*
電懋	184*l*, 849*l*
店舗商人	192*l*
デンマーク	653*l*, 795*r*
天明殿	45*r*
電力会社	20*l*, 152*l*, 394*l*, 411*r*
天禄基金	827*l*

[ト]

トアペコン	219*l*
トアマシナ−アンタナナリボ道路	**542***l*
ドイツ	795*r*
ドイツ領ニューギニア	764*r*
堂	225*r*
堂（トン）	60*r*, 64*r*, 146*r*, 465*r*, 609*r*, 694*l*
銅	187*l*, 453*l*, 560*l*, 560*r*, 575*l*, 577*l*, 581*r*, 598*r*
東亜経済調査会	390*l*
東亜商業学校	550*r*
東亜女館	5*l*
東亜セメント	276*l*, 286*l*

935

和文事項索引（ト）

東亜同文会	499*l*	唐館	362*l*, 378*l*, 412*l*, 556*l*, 580*r*		663*r*, 728*l*, 784*r*, 785*l*, 785*r*, 828*l*, 828*r*
東亜同文書院	71*l*, 615*r*	唐館公司	496*l*	同郷団体⇨業縁	
『東亜報』	542*l*	唐館十三軒部屋	548*r*	同業団体	100*l*, 229*l*, 239*r*, 440*r*, 479*l*, 480*r*, 550*l*, 606*r*
同安	70*l*, 382*r*, 411*r*, 515*r*, 519*l*, 520*r*, 525*r*, 563*r*, 564*r*, 683*l*, 692*l*, 758*r*, 856*l*	東干人	353*l*	東京中華学校	550*r*
		『唐館騒動見聞誌』	548*r*	同郷的結合	98*r*
		東幹族	477*l*	同郷同業結束	76*r*
同安県	344*r*	唐館体制	404*r*	同業同職組合	261*l*, 266*r*
『島夷誌』	542*r*	唐館貿易	170*l*	道教と華僑・華人	551*l*
『島夷誌校注』	542*r*	唐館前番所	548*r*	東京日華親交会	229*l*
『島夷誌略』	542*l*, 769*l*	東莞話	548*l*	東京の華僑・華人	552*l*
同一民族	277*l*	陶器	53*r*	東京客家同郷会	415*r*
道院	542*l*	投機の性格	143*r*	道教廟	389*l*
道院紅卍字会	117*l*, 414*l*, 542*l*, 685*l*	東京	304*l*, 615*l*	東京福建同郷会	553*l*
唐営	78*r*, 220*l*	同教	239*l*	東京留学生会館	77*r*
唐栄	78*r*, 220*l*	同郷	272*l*, 550*l*, 588*l*	東京留日広東同郷会	828*l*
『東瀛求索』	489*l*, 606*r*	道教	209*r*, 298*l*, 310*l*, 345*r*, 350*l*, 372*r*, 424*r*, 604*l*, 661*r*, 685*l*, 847*l*	童乩⇨童乩（タンキー）	
同益泰有限公司	13*l*			当行	236*l*
桃園堂	299*r*	同業	550*l*, 550*r*	豆行	236*l*
東欧・旧ソ連の華僑・華人	543*l*	同郷意識	693*l*	統合	494*l*
ドゥオンニャン	712*r*	同郷会	89*l*, 240*l*, 328*l*, 420*r*, 438*l*, 558*l*, 607*r*, 664*l*, 672*r*, 715*r*, 722*r*	東江菜	170*l*
ドゥオンニャン坊	100*r*			統購統銷	484*r*
同化	3*l*, 37*l*, 59*l*, 175*l*, 280*r*, 385*l*, 494*l*, **545***l*, **547***l*, 583*l*, 594*l*, 604*r*, 636*l*, 657*l*, 703*r*, 757*l*, 804*r*, 818*r*	同郷会館	90*l*, 232*l*, 258*r*, 339*r*, 350*l*, 368*r*, 651*r*, 737*r*	東江客家	228*r*
				『唐紅毛一件願書控』	553*r*
		同業会館	279*l*	唐国製墨の法	666*r*
東家	95*r*, 358*r*, **544***l*	同郷会名簿	418*l*	銅座	564*l*
頭家	95*l*, **544***l*, 735*r*, 777*r*	東京華僑会館	549*l*, 827*l*, 827*r*	『豆菜』	787*r*
唐貨	382*r*, **544***l*	東京華僑学校	550*r*	同済医院［横浜］	787*l*
東海	562*r*	東京華僑総会［大陸系］	130*l*, 133*r*, 172*r*, 237*r*, 409*r*, 547*l*, 548*r*, 827*l*	同済医院［シンガポール］	676*r*
堂会	184*r*, 313*r*, 623*l*, 694*l*			東西交渉史	677*r*
東華医院	347*r*, **545***l*, 547*l*, 727*r*	東京華僑総会［台湾系］	130*l*, **549***l*	同済病院	**554***l*
東華医局	546*l*	東京華僑婦女会	**549***r*	『東西報』	860*l*
『東海国際新聞』	606*r*	東京華僑聯合会	549*l*, 550*l*	『東西洋考』	183*l*, 542*l*, **554***l*, 840*l*
東海氏	360*l*, 562*r*	『東京華僑聯合会報』	436*r*	『東西洋考毎月統紀伝』	28*r*
同化運動	15*l*, 160*r*, 547*l*	東京革命軍事学校	601*l*	唐山	36*l*, 470*r*
同化缶詰工場	**546***l*	同郷関係	355*l*	唐桟	555*l*
同化缶頭廠	**546***l*	東京広東華僑会所	828*l*	唐山阿叔	36*l*
東華義生	**546***l*	道教経典	685*l*	東山火柴廠	**554***r*
東華教育文化交流財団	519*l*, **546***l*, 549*l*	同業組合	259*l*	唐三か寺	32*l*, 343*r*, 355*l*, 423*l*, **554***l*, 556*r*, 565*l*, 681*l*
		同郷者の親睦組織	76*l*		
同学	239*r*	同郷者のネットワーク	404*l*	東山株式会社	299*l*
東嶽観	551*l*	同郷集団	147*l*, 683*l*	東山マッチ工場	**554***r*
同学総会	129*l*	同郷商工団体	312*l*	投資	152*l*, 238*r*, 758*l*
籐家具店	167*l*	同郷商人集団	689*r*	道士	310*l*, 330*r*, 682*r*
東華三院	53*r*, 546*l*, **547***l*	道教神	210*l*, 298*r*, 639*r*	投資移民	114*r*, **554***l*
東華三院文物館	547*l*	同郷人	143*r*, 145*l*, 277*l*, 593*l*	陶磁器	187*l*, 395*l*, 560*r*, 587*r*, 599*r*
唐家子	555*l*	東京崇正公会	384*l*	同志劇場	167*l*, **554***l*
東華社	**547***l*	東京崇正総会	415*r*	投資植民地	698*l*
同化主義	200*r*, 548*l*	同郷性	50*r*	投資送金	130*r*
同化政策	59*l*, 106*l*, 113*l*, 440*l*, 450*r*, 742*l*, 763*l*	同郷組織	245*l*, 286*l*, 786*l*, 827*l*	投資地	272*l*
		東京大同学校	550*r*	ドゥシット・ホテル・グループ	472*l*
同化宣言	**547***l*	東京大阪店	813*r*	『東周刊』	564*l*
同学会	241*r*, 548*l*	同業団体⇨業縁		同春号	784*r*
同化不能なグループ	153*l*	同業団体	53*l*, 89*l*, 100*l*, 233*r*, 239*r*, 268*l*, 269*l*, 279*l*, 284*l*, 326*l*, 370*r*, 374*l*, 411*r*, 415*r*, 436*r*, 440*r*, 445*r*, 479*l*, 480*r*, 507*l*, **549***l*, 581*l*, 607*l*	同順泰	509*l*
『桃花流水』	520*l*			同順泰貿易商行	124*l*
同化論	450*l*				
東莞	154*r*, 540*l*, **548***l*, 829*l*				

和文事項索引（ト）

唐商	284*l*, 554*l*
頭錠	95*r*
同省	398*r*
東昇公司	215*l*
東祥号商店	523*r*
唐招提寺	165*l*
同職団体	50*r*
唐人	26*r*, 49*r*, 71*r*, 105*r*, 128*r*, 138*l*, 378*l*, 544*l*, **555***l*, 556*r*, 579*l*, 625*r*, 712*r*, 755*r*
頭人	155*r*
童身	273*r*
唐人踊り	557*r*
唐人街⇨チャイナタウン	
唐人街	350*r*, 447*r*, 468*l*, 555*l*
唐人死者	284*l*
唐人葬送の習俗	548*r*
唐人墓	355*l*, **555***l*, 717*l*
唐人符丁	**556***l*
『唐人報』	606*r*
唐人坊	100*l*, 638*l*
唐人貿易	560*r*
同仁輔元堂	312*r*
唐人町	32*l*, 49*r*, 69*r*, 71*r*, 123*l*, **556***l*, 579*l*, 678*r*, 717*l*, 755*r*
唐人屋敷	55*l*, 93*l*, 168*l*, 171*r*, 187*r*, 284*l*, 303*l*, 362*l*, 378*l*, 416*l*, 423*l*, 496*l*, 540*l*, 548*l*, 555*l*, **556***l*, 563*l*, 566*l*, 578*l*, 579*l*, 580*l*, 581*l*, 691*l*
唐人屋敷貿易	170*l*
同清医院	522*l*
同姓華僑・華人団体	416*l*
同姓関係	420*l*
東成汽船会社	**557***l*
東成公司	**557***l*
陶成章	662*l*
同姓組織	226*l*
同姓団体	100*l*, 402*l*, 404*l*, 491*r*, 550*l*, 558*l*, 663*r*, 722*r*
党・政2系統	487*l*
同姓村	97*l*
唐船領内寄港禁止令	717*l*
銅銭	51*l*, 92*l*, 314*r*, 337*r*, 544*r*
唐船	32*l*, 49*r*, 52*r*, 92*l*, 101*l*, 111*r*, 128*r*, 247*l*, 287*r*, 303*l*, 337*l*, 355*l*, 413*l*, 416*l*, 423*l*, 453*l*, 496*l*, 544*r*, 555*l*, 558*l*, 560*l*, 560*r*, 566*r*, 579*l*, 665*r*
「唐船」	**559***l*
同善医院	**559***l*
唐船請人	406*l*, **559***l*, 561*r*
唐船貨物	378*l*
唐船貨物改帳	159*l*, 544*l*, **560***l*
唐船帰帆荷物買渡帳	544*l*, **560***l*
唐船キリシタン事件	681*l*
『唐船進港回棹録』	**560***l*
唐船塔	559*r*
銅銭の海外流出	92*l*
唐船の情報	101*l*
唐船の図	**560***r*
唐船の長崎入港	560*r*
唐船の長崎入出港	560*l*
唐船風説書	560*l*
唐船貿易	172*r*, 311*r*, 312*r*, 313*l*, 343*r*, **560***l*, 563*r*, 682*l*, 683*r*, 691*r*
唐船見送番所	**561***l*
唐僧	259*l*, 423*l*, 563*l*, 582*l*
同宗	550*r*
道像	608*r*
同宗団体⇨宗親会	
唐僧渡来	57*r*
闘争民主党	213*r*
同族	97*l*, 143*l*, 145*l*, 272*l*, 550*l*, 588*l*
同族企業	816*r*
同族経営⇨股份（こふん）制度	
同族所有・経営企業	794*l*
同族所有と経営	214*r*
同族団体	226*l*
東大寺大仏殿	165*l*
唐大通事	171*r*, 302*r*, 641*l*
透頂香	44*l*
唐通事	12*r*, 57*r*, 58*l*, 68*r*, 71*l*, 128*r*, 139*r*, 161*l*, 171*r*, 179*r*, 181*l*, 201*l*, 219*r*, 221*r*, 238*l*, 253*l*, 274*l*, 300*l*, 336*l*, 343*r*, 360*l*, 376*r*, 406*l*, 505*l*, 530*r*, 531*l*, 556*r*, 560*l*, 560*r*, **561***r*, 562*l*, 563*l*, 563*r*, 571*r*, 641*r*, 666*l*, 666*r*, 678*l*, 680*l*, 762*l*, 768*r*, 771*l*, 771*r*, 775*l*, 776*l*, 779*r*, 837*l*
唐通事会所	562*l*
『唐通事会所日録』	562*l*, 771*l*
唐通事河間氏の祖	774*r*
唐通事呉氏	281*l*, 285*r*
唐通事西村氏	522*l*
唐通事の英語兼学	531*l*
唐通事の家系	**562***l*
唐通事の教本	179*l*
唐通事始之覚	299*r*
唐通事林氏	776*l*
唐通事林氏の祖	836*l*
東帝士集団	6*r*, 851*l*
銅鉄行	236*l*, 236*l*
唐寺［長崎］	172*r*, 355*l*, **562***l*, 582*l*, 752*l*
堂闘	57*r*, 152*r*, 610*l*, 694*l*
道堂	372*r*
発頭金	**563***l*
道徳会	651*l*
同徳書報社	361*l*
同徳堂	630*r*
唐内通事	171*r*, 563*l*
『東南亜華僑史』	347*l*
『東南亜華僑史叢書』	346*r*
『東南亜華僑通史』	299*l*
東南亜教育学報	590*r*
『東南亜研究』	201*l*
東南亜研究叢書	367*l*
東南アジア	23*l*, 118*l*, 397*l*, 498*l*, 587*l*, 688*l*
東南アジア海域	590*l*
東南アジア海域史	540*l*
東南アジア華僑	18*l*, 287*l*, 393*r*, 512*l*, 542*l*, 602*l*
東南アジア華僑・華人問題	623*l*, 740*l*
東南アジア華僑史研究	797*r*
東南アジア華僑の研究	20*l*, 50*l*
『東南アジア華僑の社会と経済』	50*r*
東南アジア華工	139*r*
東南アジア研究所	182*l*
東南アジア史学者	200*r*
東南アジア条約機構	725*l*
『東南亜洲的華僑・華人・華裔』	525*r*
『東南亜著名華僑華人伝』	299*l*
東南亜与華人	67*l*
東南海	590*l*
道南中学校	504*r*
ドゥニ・ロンバール	309*r*
東寧船	559*l*
唐年行司	68*r*, 71*l*, 140*l*, 219*r*, 256*r*, 273*r*, 343*r*, 406*l*, 561*r*, **563***l*, 836*l*
『唐蛮貨物帳』	**563***r*
唐蕃拿督公	116*r*
唐番拿督神位	551*r*
唐番地主財神	299*l*, 551*r*
唐蕃那督尊	116*r*
同美汽車公司	**563***r*
同美バス会社	**563***r*
投票権	618*r*
豆腐	643*r*
唐風書道	569*r*
豆腐街	314*l*
豆腐行	236*l*
東部戦線	315*l*
同孚泰号	76*l*, 78*l*, 532*r*, 535*l*
唐物	544*r*, 555*l*
『同文通信』	265*r*
東庸	820*r*
東浦	513*r*, 723*l*
銅貿易	**563***r*
銅貿易商人	5*r*
東方銀行	247*l*, **564***l*
逃亡苦力の横取り	307*l*
塔棚行	236*l*
東方控股有限公司	83*l*
『東方時報』	**564***l*, 606*l*
『同胞受虐記』	139*l*
『東方諸国記』	668*r*

和文事項索引（ト～ナ）

『東方日報』	275r, 399r, **564r**, 836r	都綱	625r	富の追求	688r
東方報業集団	564r	渡航禁止	222l	トーメイ	408l
東方魅力集団	451l	渡航公認	222l, 351r	巴西	696r
東方網	36l	渡航証明書	163l	巴力仔	643r
同民医院	**564r**	渡航唐人	343r	トライショー	568l, 592r, 661l
東茗	408l	土司	96r	渡来人	
同盟会	842l	都市ゲットー	153r		111r, 128r, 174r, 562l, **568r**, 604r
同盟会蘭印支部	647l	土糸行	236l, 236r	渡来銭	544r
桐油	337r	都市戸籍への変更	234l	渡来僧	57r, 69r, 128r, 181l, **569l**, 605l
東洋	590l	都市スラム	446l	虎皮	560r
東洋海運	615l, 690l	図書館	397l	虎印万金油	751l
東洋外国人⇒外来東洋人		図書館学者	412r	ドラムライト報告	**569r**
東洋外国人	101r, 280l	土神祭	563l	トランスナショナル	277l
『東洋経済史研究』Ⅰ	50r	土神堂	416l, **566r**, 581l	トランスバール	**569r**, 584l, 829r
東洋人入国制限	637l	土生華人	697l	トランスバール金鉱	138l
東洋針路	554l	土生唐人	341l	トリサクティ大学	200r
東洋のスパルタクス	142r	土生両字人	341l	トリニダード・トバゴ	498l
東洋のハリウッド	729r	土葬	491r	トルコ	543r
『東洋のユダヤ人』	**564r**	塗装業者	266r	トルコの華僑・華人	595l
東洋のユダヤ人	439r, 545l	土地改革	126l, 188r	トルデシリャス条約	5r
東洋燐寸	446r	土地改革の再審査	188r	奴隷制度	698l
「東洋を見る」	173r	土地公	117l, 217r, 251r, 441r, 784l	奴隷制度の廃止	118r
唐四か寺	142l, 424r, **565l**, 579r	土地購入	703l	奴隷貿易	229r, 614r
糖寮	**565l**	土地所有権制限	424l	ドレッジャー	234r, 386r
灯籠祭	578l	土地神	170r, 206r, 299l, 551r, 566r,	トロント	153r, 185l, 240l, 468l, 648r,
登録義務	110l, 204r		663r, 733r		755l, 815l, 819l
トゥン	**565l**	土地の子	290r	トロントの華僑・華人	570l
トゥンク・ラザク奨	456r	土地没収	178l	敦	**565r**
土官	96r	土着化	568r	トン	15r
トーキー映画館	365l	土茶行	236l	トンカ	685r
『徳臣報』	469r	土地龍神	551r	トンカン	**571l**
徳教	116r, 117r, 414r, **565r**, 685r	特許商人	97l	東京（トンキン）	
徳教会	551r	特高警察	110r		179l, 337r, 637r, 812l
徳源社	85l	ドッドウェル商会	3r	東京語の通訳官	571r
徳源集団	537l	徒弟（制度）	239r, 544l	東京船	559r
徳恒裕集団	390r	トトク	37r, 83l, 238r, 285l, 393r,	東京通事	179l, 561r, **571r**
徳治	97l		567l, 649r, 697r, 807l	トンキン湾	92l
独資事業	314l	トトッ（ク）	567l	トンティン	206r
徳新号	510l	『図南日報』	140r, 361l, 503l, 521l	ドン・ファン号事件	**571r**
徳先生	539l	賭場	247l	呑府銀行	46l
独占的徴税請負い制度	508r	賭博	80r, 119l, 146r, 223l, 382l, 468r,	トンブリー	447l
徳泰号	76l, **565r**		502l, 508r, 537r, **567l**, 598r, 609r,	トンブリー朝	439r, 447l
得泰号	95r		694l, 721r, 733r, 848l		
特定産業の国民化	672l	賭博営業	822r	**[ナ]**	
特別永住者	94l, 332l, 348r	賭博王	733r	奶街	573l
特別行政区	737l	賭博場	567r	内閣文庫	560l, 563r
德蘭士瓦	**569r**	賭博場経営	452l, 733r	内河船	337l
独立行商	664l	賭博税	519l	内科治療	541l
独立戦争	589l	賭博離れ	568l	内国博覧会	77r
独立大学	156r	トバコン	709l	内国移住	157l
独立中学	**566l**, 737l	賭場大王	822r	内地行商	523r
徳和号公安泰	85l	斗母	117l, 186l, 719l	内地雑居	73r, 93r, 162l, 204r, 283r,
徳和隆	283r	斗母宮	551l, 568l, 719l		573r, 605l, 783r, 784r
都元国	707l	斗母信仰	**568l**, 719l	内地雑居令	93r, 110l, 150l, 195l,
土庫	557l	斗母星君	719l		204r, 205l, 304l, 529l, **573l**, 573r, 724l
杜康	251l	富くじ	508r, 567l, 851l	内地商業の禁止	529l

和文事項索引（ナ）

内地進出	529*l*
内地通商	597*r*
内地旅行	24*l*
内通事	561*r*
内務省令	110*l*, 150*l*, **573***l*
内務省令第1号	110*r*, 574*l*
内務大臣訓令192号	574*l*
内務大臣訓令728号	573*r*
内陸重視	92*l*
内流	154*l*, 481*r*, 494*l*, **574***l*
ナイン・トゥエンティ	184*r*
ナウル島	753*r*
直木賞	192*r*
中川橋	641*r*
長崎	5*r*, 32*l*, 34*l*, 52*r*, 57*r*, 58*l*, 68*r*, 70*l*, 71*l*, 74*r*, 78*l*, 82*r*, 93*l*, 95*r*, 139*l*, 140*l*, 142*l*, 159*l*, 168*l*, 170*l*, 171*r*, 172*r*, 179*l*, 181*l*, 187*l*, 219*r*, 238*l*, 253*l*, 256*r*, 259*l*, 262*l*, 276*l*, 284*l*, 303*l*, 304*l*, 311*r*, 312*l*, 312*r*, 313*r*, 324*l*, 324*r*, 327*l*, 335*r*, 337*r*, 343*r*, 349*l*, 360*l*, 375*r*, 382*r*, 416*l*, 418*l*, 431*b*, 496*l*, 503*r*, 519*l*, 520*r*, 522*r*, 534*r*, 544*r*, 548*r*, 550*r*, 554*l*, 556*r*, 559*l*, 559*r*, 560*r*, 561*l*, 561*r*, 562*l*, 563*l*, 563*r*, 564*l*, 566*r*, 575*r*, 576*l*, 577*l*, 578*l*, 578*r*, 579*r*, 580*r*, 581*r*, 582*l*, 587*l*, 595*l*, 598*r*, 601*l*, 605*l*, 613*r*, 615*r*, 629*l*, 641*l*, 641*r*, 646*r*, 647*r*, 648*l*, 664*l*, 666*r*, 669*l*, 676*r*, 678*l*, 680*l*, 681*l*, 683*r*, 717*l*, 719*r*, 724*l*, 747*r*, 752*r*, 756*l*, 761*r*, 762*l*, 762*r*, 771*r*, 774*r*, 775*l*, 776*l*, 816*r*, 836*l*, 837*l*, 840*l*, 857*l*
『長崎遺響』	548*l*, 553*r*
長崎移住	556*r*
長崎海産物問屋	**575***l*
長崎会所	159*r*, 453*l*, 545*l*, 564*l*, **575***l*, 577*l*
長崎華僑	321*r*, 351*l*, 374*l*, 398*l*, 466*l*, 575*r*, 576*r*, 578*r*, 579*l*, 683*l*, 716*r*, 751*r*, 827*l*
長崎華僑研究会	186*r*, **575***l*
長崎華僑時中小学校	233*l*, 356*r*, 418*r*, 431*l*, 521*l*, 522*r*, **575***r*, 576*l*, 576*r*, 653*r*, 775*l*
長崎華僑政治協商会議	576*l*
長崎華僑総会	**575***r*
長崎華僑貿易商	235*l*
長崎華僑聯誼会	576*l*
長崎華僑連合会	233*r*, 575*r*
長崎華商	128*l*, 131*r*, 431*l*, 431*r*
長崎華商商会	170*l*, 233*l*, 313*l*, 356*r*, 521*l*, 566*l*, **576***l*, 653*r*, 691*l*, 715*r*, 775*l*
長崎華商商務総会	576*l*
長崎画壇	569*r*
長崎居留地	**576***l*
長崎くんち祭	579*r*
『長崎見聞録』	581*r*
長崎県立図書館所蔵	560*r*
長崎孔子廟	247*l*, 324*l*, 519*r*, 575*r*, **576***r*, 580*l*
長崎港湾規則	404*r*
『長崎古今集覧名所図絵』	577*l*
『長崎古今集覧』	577*l*
長崎国旗事件	261*l*, 296*l*, 437*l*, **577***l*, 602*l*
長崎御用鋼	577*l*
長崎裁判所	201*l*
『長崎志』	**577***l*
長崎史研究	857*l*
『長崎志正編』	577*r*
『長崎志続編』	577*r*
『長崎実録大成』	577*r*
長崎商業会議所常議員	34*r*
長崎食文化	324*l*
長崎市立博物館	577*l*, 582*l*
長崎新華僑民団	418*r*
長崎新地中華街	624*r*
長崎聖堂	247*l*, 362*l*, 577*r*, 582*l*, 850*l*
『長崎先民伝』	416*l*
『長崎叢書』	**577***l*
長崎総領事館	576*l*
長崎大火	425*l*
長崎俵物会所	585*l*
長崎中華街	378*l*, **578***l*, 579*l*
長崎中華総会	576*l*
長崎中華総商会	576*l*
長崎中国領事館	**578***r*
長崎出島	155*r*
長崎での唐人貿易	511*l*
長崎唐館役所札	578*r*
長崎唐三か寺	258*r*
長崎唐船貿易	577*r*
長崎唐四か寺	355*l*
長崎南画	569*r*
長崎の英語所	161*l*
長崎の華僑・華人	**578***r*
長崎の聖堂	416*l*
長崎買弁	**580***l*
長崎派絵画	159*l*
長崎八閩会館	689*l*
長崎版画	560*r*
長崎奉行	31*r*, 57*r*, 82*r*, 101*l*, 284*l*, 336*l*, 376*l*, 405*l*, 548*r*, 561*l*, 561*r*, 563*l*, 563*r*, 571*r*, 574*r*, 576*r*, 578*r*, 580*l*, 582*l*, 597*r*, 678*l*
長崎奉行所	425*l*, 577*r*, 647*r*
長崎福州同郷会	581*l*, 682*r*
長崎福建会館	32*l*, 54*r*, 382*r*, 412*l*, 416*l*, 418*l*, 436*l*, 496*l*, 503*r*, 519*l*, 521*l*, 522*r*, 540*l*, **580***l*, 691*l*, 856*l*
長崎福建同郷会	581*l*, 682*r*
『長崎聞見録』	**581***l*
長崎弁事処	578*r*
長崎貿易	327*r*, 423*l*, 534*l*, 564*l*, 579*r*, 581*r*, 599*l*, 665*r*
長崎貿易銭	**581***l*
『長崎土産』	**582***l*, 747*r*
『長崎名勝図絵』	779*r*
長崎名勝図会	693*r*
『長崎名所図絵』	577*l*, **582***l*
『長崎夜話草』	577*r*, **582***l*, 595*l*
長崎ランタン祭	580*l*
長崎領事官	65*r*
長崎領事館	233*r*, 576*l*
中島聖堂	247*l*, 576*r*
仲間組合	245*r*
仲間的結合	95*l*
中山氏	562*r*
那空是貪瑪叻	**582***r*
ナコンサワン潮州山荘	826*r*
ナコーンシータマラート	439*l*, **582***r*
ナコントン銀行	46*l*, 48*l*
ナショナリスト	462*l*
ナショナリズム	63*l*, 103*r*, 106*l*, 107*l*, 109*l*, 111*l*, 123*l*, 124*r*, 140*r*, 366*l*, 453*l*, 499*r*, 545*r*, **582***r*, 681*l*, 760*l*
ナショナリズム運動	29*r*, 342*r*
ナショナル・パッキング	**583***r*
ナショナル・フロント	**749***l*
ナスダック	221*l*
ナタール	570*l*
ナタール法	**584***l*, 618*r*
夏船	559*l*
『七十年代』	186*r*, 808*l*
浪花隊	73*r*
名乗り	562*l*
那覇	556*l*
那覇市久米	78*r*, 220*r*, 584*l*
那覇福州園	**584***l*
那・福州間の航海	533*r*
ナポレオン戦争	743*r*
海鼠	**584***l*
ナマコ	584*r*, 679*r*, 764*l*
ナマコ交易	584*l*
波の上護国寺	79*l*
名寄	724*l*
ならずもの	307*l*
奈良の林神社	837*l*
ナ・ラノーン家	203*r*
「成り上がり」志向	627*r*
縄張り争い	110*r*
南安	321*l*, 363*r*, 411*r*, 449*l*, 533*r*, 534*l*, 551*r*
南安人	321*r*
南益集団	816*r*
南画	569*r*

939

和文事項索引（ナ～ニ）

南海⇨南洋	
南海	321*l*, 590*l*, 829*r*
南海会館	321*l*
南海観世音菩薩	170*r*
南海観音仏祖堂	687*r*
南海県	271*l*
内海航運法	621*l*
南海大士	170*r*
南海布行	236*r*
南海貿易	352*l*
南海貿易与南洋華人	67*l*
南華公会	585*r*
南折華僑救国同盟	257*r*
難僑	132*r*, 252*l*
南僑総会	257*r*, 779*l*
南僑中学校	408*r*
『南僑日報』	246*r*, 292*l*, 376*l*, 510*l*
南京	134*r*, 182*l*, 197*r*, 199*r*, 343*r*, 458*r*, 486*l*, 540*l*
南京街上段	**585***r*
南京方内通事	219*r*
南京口銭	56*l*, 598*r*, 694*r*, 792*l*
南京国民政府	176*r*, 484*l*
南京条約	10*l*, 24*l*, 91*l*, 338*r*, 350*r*
南京政府	486*r*
南京船	101*l*, 559*l*
南京寺	258*r*, 262*r*, 312*l*
南京街	12*r*
南京町 [神戸]	263*r*, 266*r*, 468*l*
南京町 [横浜]	416*r*
南京町商店街振興組合	266*r*, 586*l*
『南京町通信』	586*l*
南京町復活宣言	654*l*
南拳派	279*l*
南郊	443*r*
南号	337*l*, 590*l*
南巡講話	574*r*, 586*l*
南進政策 [台湾]	586*r*, 718*r*
南靖	411*r*
南生公司	586*r*
南西諸島	665*r*
南生百貨公司	586*r*
南生百貨店	**586***r*
南靖廟	166*r*, 587*l*
南線	237*l*
南天水尾聖娘	663*l*
南天宮	185*r*, 186*l*
南渡	725*l*
南投華人	520*l*, 587*l*, 626*r*, 711*r*, 778*l*
南島出版社	655*r*
南渡銀鉱	725*l*
南斗星君	719*r*
南幇	315*r*, 337*l*, 379*l*, 509*r*, 590*l*
南番押行	236*r*
南番下則押行	236*r*
南蛮天文学	851*l*
南蛮貿易	**587***r*
南蘋派	569*r*
南部カリフォルニア華人歴史学会	303*r*
南米老華僑	498*r*
南方	587*r*
南方学院	156*r*
南方上座部仏教	687*r*
南方人	**587***r*
南方政策	586*r*
南方大学華僑学院	588*l*
南北	236*l*, 236*r*, 588*l*
南北港行	507*l*
南北公所	236*r*, 588*l*
南北二分論	597*l*
難民	4*r*, 63*l*, 102*r*, 153*r*, 252*l*, 446*l*, 547*r*, 570*r*, 574*r*, 579*l*, **588***l*, 609*r*, 707*r*, 796*l*
難民華僑	36*r*, 132*r*, 411*l*
難民救済	437*r*
難民条約	589*l*
難民船	180*l*
難民ビザ	694*r*
南門シルクロード協議会	590*l*
南洋	236*r*, 337*l*, 588*l*, 590*l*, 615*l*
『南洋遺留の古外鉋陶瓷』	162*r*
南洋華僑	18*l*, 393*r*, 662*l*, 698*r*, 752*l*
「南洋華僑教育商榷書」	239*l*
南洋華僑教師訓練班	182*l*
「南洋華僑」研究	608*l*
南洋華僑研究資料	272*r*
南洋華僑祖国救援基金	112*r*, 366*l*, 583*l*
南洋華僑籌賑祖国難民総会	34*r*
『南洋華僑通史』	86*l*
『南洋華僑問題』	137*r*
南洋各業総工会	**592***l*
南洋各属華僑籌賑祖国難民大会	257*r*
『南洋学報』	200*r*, 532*r*, 590*l*
南洋革命党	360*r*
『南洋華僑俚俗辞典』	36*l*
『南洋華人小説選』	482*l*
南洋学会	26*r*, 200*l*, 590*l*, 780*l*
南洋学会叢書	590*r*
南洋画派	513*l*
南洋画風	826*l*
南洋客属総会	169*r*, 402*r*
南洋協会	608*l*
南洋共産党	590*l*, 592*l*, 744*r*
南洋兄弟烟草公司	**591***l*
南洋兄弟烟草服份公司	591*l*
南洋兄弟タバコ会社	**591***l*
『南洋研究』	201*l*
南洋研究所	165*r*
南洋公学	825*l*
『南洋雑誌』	201*l*
南洋史研究の訳出	677*r*
「南洋史地」	200*l*
『南洋史入門』	817*r*
南洋出版社	376*l*
『南洋商報』[シンガポール]	68*l*, 140*r*, 252*r*, 292*l*, 388*l*, 398*l*, 454*l*, 510*l*, **591***l*, 810*l*, 812*r*, 830*r*, 844*r*, 845*l*, 862*l*
『南洋商報』[マレーシア]	36*l*, 455*l*, **591***l*, 750*l*, 824*l*
南洋書局	515*l*, 592*l*
南洋女子師範学校	418*r*
南洋女子中学校	504*r*
『南洋資料訳叢』	20*l*
南洋真空教天霊総堂	372*r*
『南洋・星洲聯合早報』	398*l*, 591*r*, 844*r*
『南洋・星洲聯合晩報』	398*l*, 591*r*, 844*r*
南洋船	337*r*
南洋倉庫	608*l*
南洋総工会	**592***l*
南洋大学	41*l*, 123*r*, 135*r*, 165*r*, 201*l*, 273*r*, 297*r*, 366*r*, 369*l*, 371*r*, 460*l*, **592***r*, 661*l*, 691*l*
南洋中華滙業総会	194*r*
『南洋日報』	246*r*
南洋客家	508*l*
南洋幇	315*r*, 509*r*
「南洋文化」	200*r*
南洋報社	214*l*
南洋網	36*l*
『南洋問題研究』	20*l*
南洋理工学院	**592***r*
南洋理工大学	**592***r*

［ニ］

新潟	304*l*, 375*r*, 576*r*, 605*l*
新潟夷港	630*l*
新潟開港	93*l*
二縁関係⇨三縁関係	
二縁群居	**593***l*
2月12日事件	**593***r*, 834*l*
二哥豊	733*r*
二級市民	**593***l*
肉親探し	483*l*
ニクズク	768*r*
二言語教育	139*r*, **594***l*
ニコニコ堂	187*r*, 641*l*
西アジアの華僑・華人	**594***r*
2次移住	103*r*, 173*l*
西インド諸島	351*r*
西カリマンタン	856*l*
西サモア	727*r*
西村氏	562*r*
『二十一世紀』	**595***l*

『二十一世紀新聞』		606r
二重経済		698l
二重国籍		
	59l, 108l, 112r, 175l, 279l, 279r	
二重国籍協定		216r
二重国籍者		106l, 595r
二重国籍防止条約		595l
二重国籍法の破棄		122r
二重国籍問題		84l, 595l
二重国籍問題に関する条約		341r
二重国籍を否定		279l
二重社会		686l
二重登録		332l
NIES企業		269r
NIES-3		485l
偽札事件		465r
日英和親条約		576l, 580l
日米修好通商条約		24r
日米友好通商条約		605l
日米和親条約		576l
日明勘合貿易		717l
日明貿易		163l, 587r
日里		763r
日里公司		538l
日露戦争		499l, 595r
日露戦争と華僑		595r
『日華』		596l
『日華月報』		271l
『日華実業』		596l
日華実業協会		268l
『日華新報』		596l
日貨排斥		439r
日貨不買		631l
日貨ボイコット		112r, 162r, 260r,
	270l, 583l, 596l, 602r, 631r	
日華融和		229r, 600r, 790l
日刊華字紙		297l, 343l, 381r, 564r,
	705r, 730r, 848l	
日刊新聞		277l
日僑		106l
日系移民		645l
日支実業協会		268l
日清汽船		74l, 601l
日清修好条規		58l, 76l, 110l, 193l,
	267r, 304l, 405l, 529l, 530r, 597l,	
	605l, 631l, 784r, 789l, 790l	
日清食品		25l, 77l
日清戦争		56r, 74l, 76r, 110l, 204r,
	205l, 266l, 268l, 274l, 350r, 374r,	
	598l, 605l, 630l, 790l	
日清戦争と日本華僑		598l
日清通商航海条約		205l
日清貿易		453l, 598l
日清紡績		599l
日宋貿易		12r, 426l, 496r, 599l
日中学院		601l
『日中経済新聞』		600l
日中経済発展センター		599l
日中国交正常化		260l, 483l
『日中新聞』		606r
日中戦争		76r, 155l, 170l, 194l, 229r,
	241r, 260l, 270l, 363l, 378r, 394r,	
	462l, 480r, 481l, 521l, 528l, 546l,	
	550r, 576l, 578l, 581l, 586r, 600l,	
	605l, 759l, 790l, 790r, 812r, 816l,	
	834r, 845r, 855r	
日中戦争開始後		195l
日中戦争と日本華僑		600l
日中文化交流		71l
日中貿易		575l, 601l
日中友好会館		601l
日中友好事業		261l
入唐説話		159r
入唐道		717l
日本郵船		74l, 76r, 162l, 244r, 601l
二等国民		750l
ニナ・タワー		862r
荷主		95r, 338l
日本		419r
日本華僑		53l, 66r, 84r, 269r, 299l,
	378r, 394l, 394r, 408r, 556r, 615l,	
	683l, 785l, 813r, 827l	
日本華僑・華人		409r, 548r
日本華僑・華人研究会		409r, 519r
日本華僑軍事学校		601l
日本華僑経済合作社		602l
『日本華僑研究』		520r
『日本華僑社会の研究』		50r
日本華僑の実業家		834l
日本華僑のルーツ		579l
日本華僑貿易商公会		261l, 602l
日本各地の華僑社会		400l
日本華人		185l, 779l
日本乞師		534r, 602l
日本九州地区在職中国留学人員聯誼会		
		136l
日本共栄会		331r
『日本僑報』		602r, 606r
「日本僑報電子週刊」		607r
日本軍政と華僑		602l
日本軍占領下のシンガポール		380r
日本軍の華僑対策		602r
日本軍のシンガポール占領		602r
日本神戸中華義園記		603l
日本語学校		400l
『日本国志』		249r
日本国籍取得		786r
日本語専修学校		550r
日本在住中国人		552r
『日本雑事詩』		249l
日本産精糖輸出		640r
日本三大華人経営者		641l
日本資本主義		107r
日本殉教者		840l
日本商品ボイコット		229l, 257l
日本商品ボイコット運動		596l
日本徐福会		360r
日本人移民		413r
『日本新華報』		606l
日本人帰国問題		409l
日本崇正総会		415r
日本製品ボイコット		600r, 790l
日本赤十字社		409r
日本占領時期死難人民紀念碑		
	367r, 380r, 603l	
日本茶		6l
日本中華総商会		
	422r, 479r, 603r, 852l	
日本中華宗親譜系学会		523r, 604l
日本中華聯合総会		130l, 604l, 809l
日本的集団主義		427l
日本銅		563r
日本銅貿易		312l
日本渡航		165l
日本日記		801l
日本に学べ		43l
日本の大阪華僑		99l
日本の華僑		258l
日本の華僑・華人		604r
日本の帰化制度		175l
日本の三大華人企業家		428r
日本の新華僑		606l
日本の新華僑とインターネット		607l
日本の中国籍人口		118r
日本の南方関与と華僑		608l
日本文学の翻訳		678l
日本北京同郷会		608l
日本貿易		69l, 587r, 633l
日本亡命		347l
日本本土空襲		433r
日本漫画の翻訳		703r
日本饅頭始祖		837l
日本綿糸		601l
日本優越主義		608r
日本律宗		165r
日本林氏宗親会（東京）		421l
日本レコード大賞		71l, 84l
ニャーヴォフォン		100r
二爺伯		608r
ニューアイルランド島		764l
ニュー・インペリアル・ホテル		473l
ニュー・インペリアル・ホテル・グループ		3r
入移民		119r
入移民制限		620l, 645l
入移民政策		118r
入管法		348l
入管法改正		301r

和文事項索引（ニ～ハ）

入境制限	622r
入国緩和	81l
入国拒否	620r
入国資格	618r
入国税	618r, 620l
入国制限	110l, 120r, 204r, 714r
入社式	182l
入植者世代	377l
ニュージーランド	119l, 498r, 714l, 732r, 864r
ニュージーランド華人	714l
ニュージーランド洪門致公堂	466l
ニュージーランドの華僑・華人	609l
ニュースサイト	36l
ニュー・タイ・スティール・グループ	310l
ニューチャイナタウン	203r, 317r, 663r
ニューチャーシュイ	186l
ニューデリー	755r
ニューヨーク	16r, 17l, 209l, 224r, 289r, 317l, 318l, 329l, 403r, 468l, 469l, 520l, 564l, 610l, 610r, 611l, 663l, 819l, 849l, 859r
ニューヨーク械闘	609l
ニューヨーク金融センター	224r
ニューヨーク州税務財政局長官	500r
ニューヨーク大陸総商会	17r
ニューヨーク・チャイナタウン	64r, 148l, 474l
ニューヨーク・チャイナタウン歴史博物館	610l, 612l
ニューヨーク中華総商会	17r
ニューヨーク中国歴史博物館	610l, 612l
ニューヨークの華僑・華人	610r
ニューヨークのチャイナタウン	34l, 60r, 148l, 183l, 216l, 247l, 320r, 384r, 467r, 610l, 611l, 683r, 815l
ニューワールド・グループ	44r, 464l, 613l
ニューワールド・ディベロップメント	464l, 613l
女仙麻姑	298r
ニョニャ	116l, 613r, 639l, 639r
ニョニャ料理	613r, 639r, 811r
二厘館	772l
二輪車	802l
二輪馬車	161r
任侠	661r
人情	225l
人相	347r
ニンポウ	615l

［ヌ］

ヌエバ・ギポスコア	449l

ヌーベル・ペネロープ号事件	614r

［ネ］

寧紹幇	615l
寧波	45l, 75r, 124l, 233r, 260r, 262r, 312l, 337r, 356r, 419r, 443r, 452r, 477r, 504r, 505l, 540r, 615l, 625r, 690l
寧波事件	420l
寧波商人	405r
寧波船	101l, 559l
寧波租界	510l
寧波大学	615l
寧波の乱	163l
寧波幇	263r, 276l, 312l
寧波方言	339l
寧波旅日同郷会	827l
寧陽会館	16r, 90l, 318l, 417l
ネ・ウィン政権	757l
熱帯産業調査会	608l
熱帯植民地	222l
熱帯性鉤虫症	836l
熱帯病	150r
熱帯へのマーチ	588l
ネット企業	6r
ネットワーキング	151r
ネットワーク	97l, 114l, 143l, 144r, 224r, 271r, 310r, 400r, 401r, 438r, 465r, 616l, 832r
ネットワーク形成	675l
ネットワーク性	823r
ネプチューン・オリエント・ライン	286r
根室	724l
年鑑	125l, 145l, 401l
年季契約	119l, 698r
年中行事	292r
年番通事	561r
燃料所	236l

［ノ］

納卯	449l
農園主	112l
農業移民	168r, 593r, 733r, 806r
農業開拓者	168r, 380l
農業開発	764r
農業労働（者）	15r, 452r, 505r, 710r
農・漁業労働者	153l
農作物	192l
農作物の集荷	308l
農産物輸出	181l, 306r
農場経営	332l
農商務省に転じ、大臣秘書官	771r
納税義務	396r
納税事務代行	266l, 664r
農牧場	696r

農本主義	92l, 661l
農民階級	114l
能力主義	209r, 381l
野田華商公会	585r
ノーベル化学賞	808r
ノーベル賞	16l, 537l
ノーベル物理学賞	537l, 774l, 818l
ノーベル文学賞	244l
野間権弥	224r
ノン（農）	252l
ノンバンク	4l
ノンフィクション作家	461r
ノン・プリビミ	37r

［ハ］

馬［姓］⇨馬（ま）	
培英学校	27l, **618l**, 733r
バイオ	606l
排華	189l, 314l, 628r, 676r, 714r
排外運動	163r
排華移民法	194r, 239r
排華運動⇨華僑・華人の排斥	
排華運動	24r, 65r, 107r, 249r, 302r, 316l, 322r, 358r, 491l, 509r, 541r, 623l, 645l, 648r, 666l, 757r, 821l, 836r, 856r
排華運動指導者	155l
排華感情	541r, 853r
排華期	209r
排華キャンペーン	828r
排華事件	623r, 836r
排華思想	545l
排華主義	239l
排華主義勢力	644r
排華条例	298l
排華団体	322r
梅葛二仙	550r
排華的な活動制限	202l
排華デモ	712l
排華風潮	36r
排華法	33r, 63r, 80r, 83l, 119l, 121l, 153l, 155l, 207r, 294l, 322r, 609l, 611r, 620l, 648l, 657l, 694r, 709r, 711l, 770r
排華法［総説］	**618l**
排華暴動	49l, 322l, 648l, 657l
排華法廃止	33r, 620l
配給集貨網	272r
拝金主義的	209r
梅県	84r, 104l, 104r, 105l, 124l, 167r, 301r, 433l, 435l, 557r, **621r**, 622l, 635l, 820l, 855l
培元学校	**622l**
梅県で「五洲城」	349l
梅県東山中学	**622l**
梅県客家	105l, 228r, 443l, 622l, 768l

和文事項索引（ハ）

梅県客家華僑	105*l*	
梅県方言	443*l*, 635*l*	
拝見料	792*l*	
梅江	505*l*	
梅江菜	170*r*	
歯医者	755*l*	
買収	623*l*	
梅州市	622*l*	
売春	119*l*, 146*r*, 184*r*, **622***l*, 694*l*, 733*l*	
買春	382*l*, 622*l*	
排斥運動	298*l*, 849*l*	
排斥の移民法	618*l*	
培善堂	559*l*	
排他的人種主義	757*r*	
ハイテク	606*l*	
ハイテク華人企業	221*l*	
ハイテク関連華人系企業	202*l*	
ハイテク専門家	105*l*	
パイナップル加工	814*l*	
パイナップル缶詰	337*l*	
パイナップル大王	291*l*	
ハイナンジーファン	**99***l*	
排日移民法	239*r*	
排日運動	596*r*	
「排日」教科書問題	195*l*	
売人行	223*l*	
売買養女	512*r*, 735*l*	
ハイフォン	**623***r*, 723*r*	
買弁	3*r*, 56*l*, 110*l*, 170*l*, 222*r*, 268*r*, 312*l*, 312*r*, 405*r*, 422*r*, 516*r*, 519*l*, 529*l*, 580*l*, ·588*r*, 615*l*, **623***r*, 630*r*, 631*l*, 663*r*, 692*l*, 715*r*, 784*r*, 788*r*, 790*l*, 792*l*, 804*l*, 842*r*	
買弁華商	724*l*	
牌圕行	236*l*	
買弁資本	763*l*	
買弁性	50*r*	
買弁手数料	268*r*	
俳優	47*r*, 451*l*, 476*r*, 502*r*, 509*l*, 714*l*, 808*l*, 840*l*, 852*r*	
貝葉系	128*l*	
バイリンガリズム	594*l*	
バイリンガル⇨二言語教育		
牌楼	317*r*, 416*r*, **624***l*, 786*r*	
パインクリーク	180*r*	
ハウス・コック	260*r*	
バウリング条約	439*l*, 508*r*, **624***l*, 625*l*, 651*l*	
破壊活動防止法	675*r*	
博多	32*l*, 69*l*, 159*r*, 163*l*, 187*l*, 218*l*, 287*l*, 334*l*, 354*r*, 355*l*, 424*r*, 426*l*, 496*l*, 496*r*, 579*l*, 599*r*, 625*r*, 628*r*	
博多綱首	334*r*, **625***r*	
博多津	447*l*	
博多湾	159*l*	
バーカービル	294*l*	

バーカービル関帝廟	**626***l*	
バカルティ・グループ	658*l*, 859*l*	
巴眼亜比	626*l*	
バガン・シャビアビ	**626***l*, 719*r*	
パキスタン	755*r*	
白雲山華僑墓	626*l*	
白澳政策	627*l*	
迫害	588*r*	
博雅亭	717*l*, 717*r*	
柏貴	351*r*	
迫撃団三九九部隊	324*r*	
伯公	206*r*, 441*r*, 551*r*	
白豪主義	80*r*, 328*r*, 618*r*, **627***l*, 646*l*	
白鴿票	851*l*	
博済医院	365*l*, 832*l*	
白山丸	409*r*	
白手起家	114*l*, 209*r*, **627***l*	
白色人種	239*l*	
白人採金者	294*l*	
白人労働者	119*l*, 153*l*, 155*l*	
駁船	571*l*	
博大洋行	**634***l*	
爆竹	400*l*, **627***l*	
白糖行	236*l*	
博物館	610*l*	
白本頭公の墓	734*l*	
白鷹幇	174*l*, **628***l*, 667*l*	
舶来薬種	771*l*	
パケ	**628***l*	
巴克維爾関帝廟	626*l*	
吧国公堂	**633***l*	
宮崎宮	334*r*, 559*r*, 625*r*	
宮崎八幡宮	**628***l*	
函館	78*r*, 304*l*, 312*l*, 375*r*, 477*r*, 510*l*, 576*l*, 598*r*, 601*l*, 615*r*, 629*l*, 631*l*, 646*r*, 683*l*, 724*l*	
箱館	93*l*, 158*r*, 605*l*, 630*r*, 724*l*	
函館海産物同業組合	631*l*	
函館華僑	453*l*	
函館華僑社会	252*r*	
函館華僑総会	631*l*	
函館関帝廟	510*l*, 523*r*, **628***l*, 630*l*, 630*l*, 631*l*, 631*l*	
函館居留地	629*l*, 631*l*, 789*l*	
函館清商	630*r*	
箱館戦争	158*r*, **629***l*	
函館中華会館	128*l*, 510*l*, 523*r*, **630***l*, 630*r*, 631*l*, 631*l*	
『函館中華会館帳簿』	**630***l*	
函館中華会館文書	810*l*	
函館中国領事館	**630***l*	
函館同徳堂三江公所	162*r*, 510*l*, **630***r*, 631*r*, 646*r*	
函館の海同事件	631*l*	
函館の華僑・華人	631*l*	
箱引	694*r*	

巴利	**632***r*	
バザール	632*r*	
バサル・マラム	777*l*	
バザール・マラヤ	**632***l*	
破産農民	222*l*, 329*l*	
バシグ市	282*r*	
ハシケ	571*l*	
艀賃	694*r*	
艀輸送	500*r*	
波士頓	721*r*	
パシフィック・センチュリー・グループ	**632***r*, 833*r*	
パシフィック・ブルアリー社	124*r*	
バーシャー	632*r*	
馬車	73*l*, **161***l*	
ハジャイ	39*r*, 438*l*, 525*l*, 582*r*, 601*l*, **632***r*	
ハジャイ駅舎	601*r*	
ハジャイ市場	601*r*	
『巴城新報』	280*r*	
バス	845*l*	
バス会社	528*l*	
ハスキー・オイル社	501*r*, 809*l*	
パスポート	75*r*, 419*l*, 495*l*, 595*l*	
パソコン	55*l*, 607*r*	
機織	92*l*	
バタカ	736*l*	
パタニ	582*r*, **633***l*	
巴拿馬	**637***l*	
巴拿馬鉄路	**637***l*	
バタビア	22*l*, 92*l*, 101*r*, 111*r*, 118*r*, 155*r*, 221*l*, 333*l*, 337*r*, 508*l*, 515*l*, 550*r*, 633*l*, 634*l*, 656*r*, 676*r*, 702*r*, 743*r*, 758*r*, 845*l*	
バタビア⇨ジャカルタの華僑・華人		
バタビア華僑虐殺事件	9*l*, **633***l*, 633*r*, 703*l*, 845*l*	
バタビア華人裁判所	633*r*	
バタビア議事庁	**633***r*, 660*r*	
『バタビア城日誌』	544*l*, **634***l*	
バタビア人	408*r*	
『バタビア新聞』	811*l*	
バタビア政庁	435*r*	
バタビア中華会館	647*l*, 649*l*	
バタビア中学	333*r*	
バタ・ピンクラオ・アーケード	**634***r*	
バダン	389*l*	
ハチェット（斧）マン	15*r*	
『八桂僑刊』	**634***l*	
『八桂僑史』	634*l*	
八字	206*l*, 347*l*	
八字方針	176*l*, 178*l*, 345*l*	
『八十自選集』	250*l*	
八仙閣	27*l*	
ハチソン・ワンポア	6*r*, 501*r*, 809*r*, 833*l*	

943

和文事項索引（ハ）

八大殖民偉人	777r
八茶罐	636l
八帝貫	**636r**
パチナン	173l
叭莫	**640r**
八閩	688l
八閩会館	581l, 691r
八宝山革命公墓	329r
8ポンド人生	413l
パチンコ	77l
客家（ハッカ）	95l, 102r, 104l, 160r, 169l, 212l, 218r, 228r, 231r, 245r, 249r, 273r, 286r, 305r, 315l, 366l, 384l, 389r, 402l, 433l, 467r, 524r, 539r, 601l, 621r, 622l, **634l**, 635r, 669l, 688l, 701r, 712r, 755l, 795l, 800r, 803l
客家系移民	313r
客家系企業家	803l
客家アイデンティティ	402r
客家華僑	540r
八角堂⇨孫中山記念館	
客家系華人・華人	402l
客家研究所	105l, 124l
客家語	57l, 138l, 167r, 488l, 506l, 634l, **635r**
客家鉱夫	245r
客家菜	170r
客家籍華僑・華人	415r
薄荷如意油行	236r
客家幇	95l, 286l, 289l, **635r**
客家方言	286l
客家労働者	601r
白鬼	184r
バーツ危機	13l
バックハック	**724r**
バックランドリバー	121l, 295l
パッケージ的輸出	130r
発財	209r
発財願望	299l
バッタンバン	173l
パッピンクラオ	634r
ハーティエン	587l, 626r
バティック	513l, **636l**
バテコアン	**636r**
バトゥ・カワン社	213l
バドミントン選手	42l, 223r, 241l, 385r, 460l, 523r, 808r
ハートヤイ	632r
花岡鉱山	636r
花岡事件	194l, **636r**
花岡受難者聯誼会準備会	636r
パナイ島	753r
パナマ	336l, 498l, **637l**
パナマ運河建設工事	637l
パナマ鉄道	**637l**

パナマ帽子	264l
ハニ族	353l
バーネイ条約	624r
ハノイ	**637r**
ハノイ極東学院	518r
ハノイ同盟会	639l
ババ	22r, 37r, 116l, 150l, 193l, 221r, 385l, 545r, 613r, **639l**, 639r
馬婆集団	846r
ハーバード大学燕京図書館	242l
ハバナ	188l, 671l
ババ文化	**639l**
ババ文化活動	193r
ババ・マレー語	150l, 221r
パプアニューギニア	336r, 474r, 764r
パプアニューギニア華人	474r
パプアニューギニアの華僑・華人	**640l**
パブリック銀行	538l, **640l**
パベルキ	37l, 200r, 351l, 548l
パーム油	9l
パーム核油	9l
バモー	**640r**, 757l
バモー関帝廟	640r
早鐘眼鏡橋	762r
林氏	562r
バラ・ウィンザー	51r
パラグアイ	498l
バラクーン	223l
バラス号の船員	15l
巴拉腊特	642l
パラナ	696r
ハラパン・グループ	802l
ハラパン・サントサ銀行	802l
パラメスワラ	743l
バララット	65r, **642l**
パリ	469l
パリアン	7r, 23l, 203l, 407l, **642r**, 660l, 741r, 840r
パリアンシリョ	660l
『ハリアン・ラヤット』	351l, **643l**
ハリウッド	34l, 44r, 46r, 47r, 49l, 470l, 471l, 472r, 527l, 776r, 804l, 840l, 841l
巴力門	**643l**
パリサン・ナショナル	749l
バリ人	743r
ハリス	24r
巴里多太平洋木業集団	**643l**
バリ中国芸術会長	648l
バリ豆腐会	**643l**
パリト・パシフィック・ティンバー・グループ	**643r**, 649r
パリのチャイナタウン	**643r**
パーリンゲーム条約	340r, 619l, **644l**
春巻大王	653l

バルット	**644r**
バルブ事業	218l
春船	559l
春和有限公司	51r
巴黎	643r
巴黎豆腐公司	**643r**
パレンバン	325l, 337r, 389r, 409l, 536l, 590l, **644r**, 647l, 666r
ハワイ	17l, 79r, 202l, 253r, 375r, 428r, 485r, 488l, 541r, 628r, 646l, 725r, 726r
ハワイ王国	620l
ハワイ華裔	679l
ハワイ華人	335l, 842l
ハワイ華人歴史研究センター	645r
ハワイ・クリオール	221r
ハワイ黒死病事件	714l
ハワイ中華総商会	17l
ハワイ東西センター	51r
ハワイの華僑・華人	**645l**
ハワイ・ピジン	221r
ハワイ・ファースト・インターステート銀行	**646l**
ハワード論争	**646l**
幇	113l, 151l, 233r, 326r, 424r, 507r, 607r, **646r**, 655r
反アジア移民	862r
反アジア移民・反多文化主義論争	646l, 701r
反アジア移民論争	46r, 81l, 340r, 527l, 728r
反アジア人運動	710r
反アジア人暴動事件	648r
藩安鎮	482r
汎印	736r
バンイン	736r
番禺	321l
番禺県続志	236l
反英共産勢力	377r
万永昌号	502l
反英独立戦争	744r
反英武装闘争	744r
反英香港暴動	729r
パン・エレクトリック社	456l
バンカ［島］	245r, 386l, 387l, 389r, 643l, **647l**, 666r, 753l, 824r
幇会⇨秘密結社	
幇会	57r, 315r, 646r, 661r, 734l
反傀儡法	655r
反華感情	308l, 453l
反華僑意識	112r, 764l
反華僑・華人感情	122l
反華僑・華人暴動	30l, 656r
反華僑政策	122l
反華僑暴動	121l
班買爾馬辛	**653l**

和文事項索引（ハ～ヒ）

汎華人運動	647*l*
反華人感情	29*l*, 423*r*
反華人政策	659*l*
反華人騒乱	659*l*
反華人暴動	119*r*, 274*l*, 342*l*, 455*r*
反華人暴動事件	423*r*
バンカダ	31*r*, 647*r*
『犯科帳』	647*l*
反華ナショナリズム	672*l*
ハンガリー	543*l*, 796*l*
ハンガン	638*l*
反共華字紙	403*r*
反共救国運動	124*l*, 192*r*
反共クーデタ	486*l*
反共軍人政権	440*l*
反共主義	163*r*
反共反スカルノ運動	858*l*
反共反スカルノの学生行動戦線	693*l*
バンク・インターナショナル・インドネシア	329*r*
バンクーバー	153*l*, 185*l*, 240*l*, 273*r*, 351*r*, 419*r*, 550*r*, 570*l*, 570*r*, 648*l*, 660*r*, 786*r*, 803*r*, 815*l*
バンクーバー洪門籌餉局	466*l*
バンクーバー致公堂	466*l*
バンクーバー中山公園	648*l*, 803*r*
バンクーバーの華僑・華人	648*l*
ハングリー精神	114*r*
幇経済	201*l*
万頃沙華僑集団農場	132*l*
『半月刊』	365*l*
半月刊新聞	297*r*
『半月文摘』	606*r*
バンコク	13*l*, 27*l*, 100*l*, 129*l*, 251*r*, 283*r*, 306*l*, 405*r*, 436*r*, 440*r*, 492*l*, 550*l*, 601*l*, 618*l*, 622*r*, 624*r*, 651*l*, 758*r*, 772*r*, 777*l*
バンコク学院	391*l*
万国共同租界	18*l*
万国銀行	13*l*, 39*r*, 181*r*, 308*r*, 309*r*, 343*r*, 426*r*, 427*l*, 440*l*, 442*l*, 471*r*, 506*l*, 521*l*, **650***l*, 651*l*, 657*l*, 695*l*, 697*l*, 704*l*, 705*l*
磐谷銀行	**650***l*
盤谷銀行	**650***l*
バンコク洪学会	733*r*
バンコク支店	652*l*
バンコク精米所ストライキ	**650***l*
バンコク泰華進出口商会	**650***l*
バンコク・チャイナタウン	319*r*
バンコク朝	471*l*
万国道徳会日本総会	117*r*
バンコクの華僑・華人	523*l*, **651***l*
バンコクのチャイナタウン	**651***l*
バンコク・メトロポリタン銀行	51*l*, 51*r*, 227*l*, 440*r*, 506*l*, **652***l*, 704*r*
バンコク・メトロポリタン信託	343*r*
バンコク・ユニオン銀行	511*r*
バンコク・ランド	440*r*, 769*r*
バンコール条約	386*l*, **652***l*, 843*l*
犯罪	110*r*, 119*l*
犯罪集団	182*r*
犯罪プロ集団	313*l*
番仔	671*l*, 805*r*
蕃仔	671*l*
バンシット	653*l*
バンシテリア	653*l*
反社会的集団	662*l*
バンジャルマシン	653*l*
バンジャルマシン戦争	653*l*
万順号	510*l*
汎商業神	629*l*
万昌和	168*l*, **653***l*
反植民地主義運動	590*r*
反植民地闘争	524*r*
反植民地ナショナリズム	583*r*
蕃薯林公廟	412*l*
阪神淡路大震災	264*l*, 267*l*, **653***r*, 654*r*
阪神淡路大震災華僑留学生犠牲者慰霊碑	654*r*
晩清園	654*r*
阪神華僑	379*r*
反人種差別政党	46*r*
反清復明	270*r*, 444*r*, 661*r*
反スカルノ学生運動	859*l*
パンゼー	353*l*
万聖節	716*l*
幇制度［ベトナム］	655*l*
反政府武装闘争	675*r*
幇籍	762*l*
帆船	223*l*, 340*l*, 411*l*, 665*r*
帆船海運	615*l*
帆船港	615*l*, 689*r*
帆船時代	23*r*, 358*l*
ハンセン病	541*r*
ハン（漢）族	708*l*
反孫文運動	760*r*
万泰	238*l*
万泰号	784*r*
パンダ諸島	769*l*
反多文化主義	862*r*
反ダミー法	655*l*
バンタム	656*l*
万丹	**656***l*
万丹船	559*l*
ハンチャン	709*l*
汎中国系組織	80*r*
反中国人感情	294*r*
反中国人暴動	642*l*, 711*l*
幇長	101*l*, 326*r*, 514*l*, 655*r*, 799*r*
バンテン	310*l*, **656***l*
番頭口銭	268*r*
バンドゥン	194*r*, **656***l*
バンドゥン会議	123*l*
バンドゥン大火	**656***l*
半奴隷的移民労働者	118*l*
バンドン	758*l*
反日意識	597*l*
反日運動	229*l*
反日感情	260*l*, 260*r*, 499*l*
反日組織	176*l*
万人墓	61*l*
半脳子	341*l*
幇派	60*r*, 174*l*, 291*l*, 358*r*
半買弁的	192*r*
幇派主義	390*r*, 593*r*
幇派闘争	350*r*
幇派の個別主義	593*r*
幇派論争	390*r*
『反美華工禁約文学集』	139*l*
反避妊キャンペーン	378*l*
藩部	96*r*
バンブー	657*l*
反ファシズム文学運動	68*l*
ハンブオム甫	638*l*
バンブー鉱業	395*l*
万富工業城	**657***l*
バンブー工業団地	51*l*, 652*l*, **657***l*
万富工業中心	**657***l*
バン・フタン・ヌサンタラ社	632*l*
万仏宝塔	709*l*
ハンブルク	230*l*
ハンブルク大学	698*l*
反米ボイコット	139*l*, 619*l*, **657***l*, 676*r*
幇簿	655*l*
蕃坊	247*r*, 706*r*
挽蒲工業城	657*l*
范無救	608*r*
潘樂兄弟公司	658*l*
反乱事件	26*l*
万隆	**656***l*
万隆茶行	426*r*
半佬妹	341*l*
挽叻昭応廟	663*l*

［ヒ］

ピアノ製作所	810*l*
ピアノ製造	343*l*
ビエンチャン	440*r*, 799*l*
ビエンホア	397*l*, 520*l*, 587*l*
美華園	187*r*, 517*l*
美華協会	500*l*
皮革	508*r*
皮革製造	36*r*, 160*r*, 399*l*, 755*l*
美華公司	**659***l*
東アジアの海上貿易	92*l*

945

東アジア貿易	544r	ビジネス移住	609r	兵庫県山東省同郷会	**664l**, 664r, 665l
東アジア冷戦	496r	ビジネス学校	208l	兵庫県浙江省同郷会	**664r**
東インド	634l	PCB製造	62r	兵庫県台湾同郷会	**664r**
東インド会社	248l	比重選鉱	386r	兵庫県中華料理業環境衛生同業組合	
『東インド到着文書』	544r	非熟練労働者	446r		266l, 664r, 665l
東インド貿易	853l	美術家	648l	兵庫県中華料理業組合	
東大阪華商公会	585r	美色甘賀	**660r**		266l, **664r**, 665l
東シナ海	5l	ビジン	632l	兵庫県中華料理業生活衛生同業組合	
東ジャワ事件	**659l**	ビジン・イングリッシュ	**660r**		664r, 665l
東ティモール	589l	ビジン語	221r, 660r	兵庫県立歴史博物館	66l
東マレーシア	168r, 380l	翡翠	757l	廟産	**665l**
菲華商聯総会	**673r**	翡翠館	727l	美容師	535l
非華人国家	367l	翡翠大王	758l	廟祝（廟公）	**663r**
非カトリック教徒	23l	ビスケット製造	814l	標準アイデンティティ	1r
美華百貨店	**659l**	筆談	110l	美容専門学校	535r
菲華文学	737r	ビデオ	141l	漂着	5r
菲華文経総会	819r	「非敵性」華僑	134l	漂着船	544r
光ファイバー研究	105l	人買い商人	184l	平等条約	597l
批館	803l	一つのオーストラリア	646l	病理学者	816l
比干	298l	一人一元	**661l**	漂流唐船	**665l**
美岸	**659l**	ピーナツ飴	**661l**	漂流民保護	24l
ビガン	**659l**	ビノンド	533l, 764l	ピョンヤン	316l, **666l**
非漢族	688l	避病院	71r	ピョンヤン華人	**666l**
美岸中山学校	660l	碑文	368l	ピョンヤン中国人高級中学	**666l**
美岸南光学校	660l	秘密会党	661r	美羅集団	**764l**
四頭代	236l, 236r	秘密結社	19l, 50r, 94r, 97r, 152r,	平底海船	96r
批局⇨民信局			176l, 182r, 212l, 219l, 245r, 253r,	平戸	49r, 69r, 187l, 218l, 224r, 287l,
批局	130l, 394l, 758l		270l, 284l, 307l, 329l, 405r, 429l,		303l, 337r, 424r, 496l, 533r, 556r,
非キリスト教徒	763l		434l, 442l, 542l, 567r, 635r, 639l,		560r, 579r, 587r, **666l**, 816r
ビクトリア	153l, 273r, 294l, 570l,		646r, **661r**, 694l, 733l, 738r, 785l	平戸華僑	164l, 816r
	648l, 798r, 815l	ヒムラ	755l	平野氏	562l
ビクトリア華人戒煙会	11r	姫りんご祭	590l	菲律濱華裔青年聯合会	**672r**
ビクトリア州華人社団連合会	765r	『百姓』	275r, **662r**	菲律賓華僑義勇軍	324r
ビクトリア中華会館	660l	白檀	535r, 764r	菲律賓華僑青年戦時特別工作総隊	
ビクトリア中華協会	765r	百人会	**663l**		324r
ビクトリアの華僑・華人	**660l**	百八兄弟神	299l, **663l**	菲律濱華僑善挙公所	**673l**
ピグ・トレード	222l, 712l	百花撲	388l	菲律賓商業国際銀行	**673l**
ピグ・トレード⇨苦力貿易		百貨店	44r, 659l	菲律賓戦地民主血幹団	324r
非業の死	67r, 282l	ヒャップセンチャン	451r	菲律賓中華基督教会	**673l**
非合法政党	181l	ヒャップセンチャン公司	306l	「菲律濱民族文化与華僑同化問題」	
非合法中国系移民	349r	日雇い労働	314l		525r
『瀦江留言』	813l	ヒューストン	612l, **663r**	菲律賓岷尼拉中華商会	**676l**
美国亜洲銀行	**13r**	ヒューム社	750r	ビリトン	387l, 643l
『美国華僑史 1848～1911』	828r	廟	117l, 491l, 651r, **663r**, 754l	ビリトン［島］	**666l**
『美国華僑史 続編 1912～61』	828r	廟宇	116l	ビリトン中華労工総会	667l
『美国華僑史略』	134r	標会	206r	飛龍帮	174l, 628l, **667l**
『美国華僑史略与美国華僑社会之発展』		病気治し	399l	被虜人	26r
	134r	兵庫	266l, 379r, 731l	ビルマ	39r, 228l, 310r, 358r, 439r,
『美国華僑年鑑』	473l	票号	314r		725l, 754r, 758l, 761l, 767r, 773l, 812l
『美国華人年報』	473l	兵庫開港	78l, 267r	ビルマ華僑	419l
美国華人歴史学会	**14l**	兵庫県外国人学校協議会	837r	ビルマ華僑興商総会	667l
美国西北華人歴史学会	**14r**	兵庫県華商繭業公会	**664l**	ビルマ華僑総会	667l
ビザ	495l	兵庫県広東同郷会	523l, **664l**	ビルマ国籍	667r, 668l
ビザ免除	543r	兵庫県江蘇省同郷会	261r, **664l**	ビルマ式社会主義	667r, 757l
ビサヤ地方	324r, 848l	兵庫県国際文化賞	820l	ビルマ市民権法	**667r**
PCサイバーワークス	833r	兵庫県在住中国人	267r	ビルマ社会主義計画党	667r

和文事項索引（ヒ〜フ）

ビルマ商務団体会	667*l*	
ビルマ私立学校登録条例	668*l*	
ビルマ中華商務総会	667*l*	
ビルマ討伐	717*l*	
ビルマの華僑・華人⇨ミャンマーの華僑・華人		
ビルマ連邦国籍法	667*r*, 668*l*	
広馬場	93*l*, 576*r*	
広馬場町	57*l*, 235*l*, 321*r*, 374*l*, 398*l*, 466*l*, 716*r*, 751*l*, 827*l*	
閩	682*l*, 688*l*	
閩粤地方劇	467*l*	
『蘋果日報』	**836*l***	
閩語	488*r*, 506*l*, 668*r*, 690*l*	
閩侯	532*l*	
閩江	688*l*	
貧困華僑	336*l*	
閩菜	**691*r***	
ビンシノ	806*l*	
檳城	**708*r***	
閩人	233*r*	
閩人三十六姓	220*l*	
閩清人	168*r*	
閩西菜	692*l*	
閩姓三十六姓	293*l*	
閩西大学	**669*l***	
閩西客家	57*l*	
ビンセント・チン事件	474*l*, 669*l*, 706*r*	
ビンタン・ティモル	639*r*	
『閩潮』	779*r*	
ヒンドゥー教	372*r*	
閩東語	506*l*, 669*l*	
閩南	490*r*, 508*l*	
閩南系	467*l*	
閩南劇	231*r*	
閩南語	506*l*, 669*l*, 674*l*, 711*r*, 854*l*	
閩南語映画	210*r*	
閩南語地域	691*l*	
閩南菜	692*l*	
閩南三角地帯	410*r*	
閩南人⇨福建人		
閩人	688*l*, 690*l*	
閩南幇⇨福建幇		
閩幇方言	286*l*	
閩幇	689*r*	
閩方言	138*l*	
閩北	511*l*	
閩北系	467*l*	
貧民救済	356*l*	
閩南幇	682*l*, 691*l*	
檳榔嶼	**708*r***	

[フ]

府	101*l*	
『ファーイースタン・エコノミック・レビュー』	658*r*, 670*l*, 857*r*	
ファーイースト・オーガニゼーション社	864*l*	
ファー・イースト信託銀行	670*l*	
ファーイースト・ナショナル銀行	670*l*	
歩合制	635*l*	
ファイナンス・エンタープライズ	679*r*	
ファイナンス・ワン・グループ	4*l*	
ファクシミリ	398*l*	
ファースト・パシフィック	**670*r***	
ファースト・パシフィック・グループ	308*r*	
ファースト・バンコク・シティ銀行	670*r*	
ファストフード・チェーン	362*l*	
ファッションショー	17*l*	
ファッション・デザイナー	451*l*	
ファッチョイ号事件	571*l*, **671*l***	
ファンキア	671*l*	
ファンコウ	**715*r***	
ファンナ	805*r*	
フイ（回）	252*l*	
フィギュア・スケーター	225*r*, 522*l*	
武夷山脈	688*l*	
VCT社	41*l*	
フィリピノ語	675*r*	
フィリピノ・ナショナリズム	41*r*, 676*l*	
フィリピノ・ファースト政策	**672*l***	
フィリピン	2*l*, 3*l*, 6*l*, 20*r*, 66*l*, 111*l*, 127*l*, 161*r*, 206*l*, 216*l*, 236*r*, 240*r*, 255*r*, 272*r*, 308*l*, 322*r*, 324*r*, 325*l*, 362*l*, 407*l*, 407*r*, 420*l*, 444*l*, 460*r*, 533*l*, 644*r*, 653*l*, 655*r*, 687*l*, 716*l*, 738*r*, 764*l*, 826*l*, 848*l*	
『フィリピン・アイランド』	**672*r***	
フィリピン華裔青年聯合会	24*l*, **672*r***, 826*l*	
フィリピン華僑	20*l*, 155*l*, 242*r*, 363*r*, 408*r*, 521*r*, 525*r*, 642*l*, 642*r*, 758*l*, 812*r*, 820*l*, 826*l*	
フィリピン華僑・華人	13*r*, 459*l*, **674*l***	
フィリピン華僑抗日の「三つの旗」	673*l*	
フィリピン華僑抗日遊撃支隊	**673*l***	
フィリピン華僑善挙公所	479*l*, **673*l***, 741*l*	
フィリピン華僑中学	642*r*	
フィリピン華僑烈士記念碑	673*l*	
フィリピン革命	85*r*, 823*l*	
フィリピン革命軍	826*l*	
フィリピン化施策	594*r*	
フィリピン華商聯合会総会	676*l*	
フィリピン華商聯国旗事件	**673*l***	
フィリピン華商聯総会	819*r*	
フィリピン華人	24*l*, 85*l*, 459*l*, **673*l***, 851*r*	
フィリピン華人社会	676*l*	
フィリピン華人商工聯合総会	**673*l***	
フィリピン経済	674*l*	
フィリピン航空	460*r*	
フィリピン国籍	273*l*, 675*l*	
フィリピン国籍取得	672*l*	
フィリピン史研究	672*r*	
フィリピン商業国際銀行	58*r*, **673*l***	
フィリピン諸島	653*l*	
フィリピン女性の理想像	27*l*	
フィリピン諸島	545*l*	
フィリピン諸島誌	768*r*	
フィリピン人化	738*l*	
フィリピン占領	672*r*	
フィリピン総督	545*l*	
フィリピン中華キリスト教会	206*l*, **673*l***	
フィリピン長距離電話会社	3*l*, 288*r*	
フィリピン同盟	814*r*	
フィリピン独立	85*r*	
フィリピン農村再建運動	26*r*	
フィリピンの共産主義運動	**675*l***	
フィリピン・マニラ中華商会	**676*l***	
フィリピン領有	672*r*	
フィールズ賞	771*l*	
フィンランド	796*l*	
風鋸	**676*l***	
風水	327*l*, 347*l*, 491*r*, 529*l*, **677*l***, 858*r*	
風水師	347*l*, **677*l***, 682*r*	
風水説	299*l*, 426*l*	
風説書	101*l*, 560*l*	
風俗改良運動	17*r*	
風土境界線	587*r*	
風土病	733*r*	
フエ	88*r*, 215*l*, 337*r*, 475*r*, 638*l*, **678*r***	
フェアバンク	10*l*	
フェイフォ	762*l*	
フエ交易	397*l*	
フェニックスTV	488*r*	
フェリー	845*r*	
フェリア（市）	647*r*	
フォーシーズ・コミュニケーション銀行	125*l*	
フォーチュン・タバコ社	461*l*	
『フォーブズ』	115*l*	
賦課金	810*r*	
フカひれ	202*l*, 452*r*, 585*l*, 633*l*, **679*r***	
鱶鰭	560*l*, 564*l*, **679*l***	
深氏	238*l*, 562*l*	
ブカロンガン	703*l*	
武漢	486*l*	

947

扶箕	685*l*
武戯	279*l*, 686*r*
武技	279*l*
ブギス人	806*r*
普吉島	685*l*
ブキット・チナ⇒三保山	
ブキット・チナ	320*l*, 320*r*, 536*l*
武俠映画	463*l*
武俠小説	36*r*, 211*l*, 680*l*
布教宣伝文書	832*l*
武俠片	171*r*
福江	556*r*
福岡総領事館	578*r*
複合アイデンティティ	1*l*
複合経済	698*r*
複合社会	119*r*, 450*l*, 680*l*
複合民族国家	212*r*, 377*r*
福済寺	58*l*, 259*l*, 284*l*, 343*r*, 355*l*, 412*l*, 519*l*, 521*l*, **681***l*, 691*r*, 756*l*
福山宮	116*l*
福山亭	492*l*
複式簿記	231*l*
福祉団体	329*l*
福州	68*r*, 78*l*, 97*l*, 199*l*, 236*r*, 269*r*, 302*r*, 343*r*, 412*l*, 418*l*, 505*l*, 511*l*, 533*l*, 562*l*, 562*r*, 661*r*, 669*l*, **681***r*, 682*l*, 684*l*, 689*l*, 690*r*, 774*l*, 833*l*, 864*r*
福州園	584*r*
福州琯江鉄道	**681***r*
福州琯江鉄路	**681***r*
福州経済技術開発区	681*r*
福州劇	231*r*, 467*l*
福州語⇒閩語（びんご）	
福州語	669*l*, 683*l*
福州菜	**682***r*, 691*r*
福州市	584*r*
福州寺	423*l*
福聚寺	57*l*, **681***l*
福州十邑	682*l*
福州出身華僑・華人	403*r*
福州商務総会	66*r*
福州人	5*r*, 168*r*, 192*l*, 253*r*, 288*l*, 380*l*, 406*l*, 467*l*, 664*l*, 681*r*, 683*l*, 688*l*
福州船	101*l*, 559*l*
福州幫	**682***l*
福州幫[長崎]	313*l*, 412*l*, 418*r*, 520*r*, 522*l*, **682***l*, 691*r*
福州方言	682*l*
福州方言圏	423*l*
福州保税区	681*r*
福州料理	**682***l*
福寿所	**682***l*
福寿堂	687*l*
福順宮（アンスン）	719*r*
福新楼	187*r*

福清	35*l*, 110*r*, 124*l*, 139*l*, 179*l*, 217*r*, 269*r*, 308*r*, 324*l*, 387*r*, 490*r*, 503*r*, 669*l*, 682*l*, 683*l*, 746*l*, 752*r*, 802*l*, 837*r*
福清会館	309*r*, 387*r*
福清華僑・華人	404*l*
福清行商	76*l*
福清県	180*r*, 233*l*, 309*l*, 511*l*, 833*l*, 836*l*, 837*r*
福清市	517*r*
福清人	61*r*, 192*l*, **683***l*, 688*l*
福清人の職業	683*l*
福清幫	**683***l*
福清幫[長崎]	682*l*, 683*l*
福清幫[函館]	523*l*, 630*l*, 630*r*
福青幫[ニューヨーク]	**683***l*
福青幫行商	503*r*
福清融僑工業区	684*l*
福善医院	**684***l*
服喪制	684*l*
福潮行	236*r*, 248*l*, 588*r*
福東華商公会	**684***l*
福徳祠	90*l*, 492*r*
福徳正神	217*r*, 245*l*, 441*r*, 552*l*, 566*r*, 784*l*
福徳正神廟	320*l*
フクバラハップ	675*r*
福物	481*l*
福邑公所	684*l*
福佬	102*l*, 228*r*, 411*r*, **684***l*
福佬劇	232*l*
福禄寿	116*r*, 209*l*
復和裕号	640*r*
扶乩	31*l*, 565*r*, **685***l*
父系血縁	422*l*
父系血統主義	279*l*, 279*l*
父系出自原理	377*l*, 831*r*
父系親族集団	421*l*
父系直系祖先	425*r*
プーケート[島]	202*r*, 434*l*, **685***r*
プーケート省	203*r*
布行	236*l*
富豪	115*l*, **121***r*, 192*r*, 273*l*, 470*r*
不公正秤	694*r*
富国炭鉱公司	515*l*
富崎臨海公園	555*l*
釜山	424*l*, 509*l*, 715*l*
舞獅	17*l*, 278*r*, 384*l*, 590*l*, **686***l*, 699*r*, 714*l*, 788*l*, 789*l*, 842*l*
フジオ	585*l*
武術	606*l*
武術拳法	278*r*
武術指導	359*l*
婦女子の渡航	358*l*
婦女子養護	728*l*
武神	298*r*
婦人運動	713*r*, 783*r*

武装組織	313*r*
武装犯罪集団	694*l*
武装蜂起	113*r*
舞台演劇	808*l*
舞台監督	526*l*
布袋戯	232*l*, **686***r*
普陀山船	559*l*
二つの華僑総会	782*l*
二つの家庭	831*r*
豚肉食の禁忌	342*l*
ブダペスト	150*r*, 543*l*
フーチー	**685***l*
普茶料理	69*r*, 327*r*
普通話	137*r*
物縁⇒五縁関係	
物縁	274*l*
仏教	290*l*, 310*l*, 345*r*, 372*r*, 424*r*, 489*l*, 639*r*, 661*r*, 847*l*
仏教研究団体	259*r*
仏教寺院	443*r*, 841*r*
仏教施設	687*l*
仏教信者	687*l*
仏教と華僑・華人	**687***l*
仏教文化交流	231*r*
福建	12*l*, 97*l*, 154*l*, 293*l*, 302*r*, **688***l*
福建会館	56*l*, 332*r*, 371*l*, 454*l*, 550*r*, 638*r*, **688***l*, 690*l*, 691*l*
福建会館ビル	269*l*
福建海商	423*l*
福建華僑	129*l*, 506*l*
福建華僑・華人	832*l*
福建華僑投資公司	136*l*
福建学院	289*l*
福建・広東商人	5*r*
福建基金	371*l*
福建暨南局	**689***l*
『福建僑報』	**689***l*
福建僑務委員会	689*l*
福建系華人	806*r*
福建経済建設会社	**689***r*
福建経済建設公司	**689***r*
福建語⇒閩語（びんご）	
福建語	275*l*, 370*r*, 488*l*
福建公所	269*l*, 442*l*
福建公立培元学校	622*l*
福建呉服商弾圧事件	600*r*
福建師範大学	523*l*
福建省	5*r*, 691*r*, 725*r*
福建省歴代四大港	97*l*
福建省語議局	521*l*, 566*l*
福建省籍華僑	681*r*
福建商人	368*l*, 505*r*, 511*l*, **689***l*
福建私立集美学校	124*l*, 344*l*
福建人	231*l*, 245*l*, 366*l*, 371*l*, 427*l*, 632*r*, 684*r*, 688*l*, **690***l*, 701*l*
福建人宗郷組織	406*l*

和文事項索引（フ）

福建製紙会社	690*r*	
福建青年幇	683*r*	
福建造紙公司	690*r*	
福建鉄道会社	690*r*	
福建鉄路公司	690*r*	
福建南曲	232*r*	
福建の三邑	321*l*	
福建幇	169*r*, 204*l*, 286*l*, 689*r*, **691***l*	
福建幇［神戸］	269*l*, 692*l*,	
福建幇［シンガポール］	691*l*	
福建幇［長崎］	32*l*, 54*r*, 170*l*, 382*r*, 398*r*, 411*r*, 418*l*, 436*l*, 496*l*, 503*r*, 519*l*, 565*l*, 580*l*, 581*l*, 682*l*, **691***r*, 856*l*	
福建幇［横浜］	349*r*	
福建幇の比率	691*l*	
福建ビル	792*r*	
福建坊	638*l*	
福建料理	72*r*, 682*l*, **691***l*	
福建路提挙市舶使	360*l*	
福興宮	**710***l*	
復興号	66*l*, 70*l*, 76*l*, 210*r*, 269*l*, **692***l*	
仏光山	117*r*, 396*l*	
復興社	320*r*	
仏山	154*r*, 269*r*	
仏山鍛鉄業	692*r*	
仏山鎮	**692***r*	
仏師	69*r*	
物資の優待制度	130*l*	
ブッシュ要因	28*l*, 277*r*, 494*l*, 507*l*	
仏祖	117*l*	
ブッドウッド・グループ	219*l*	
仏丕	**707***l*	
物理学者	49*l*, 50*l*, 50*r*, 499*l*, 537*l*, 773*l*, 818*l*	
勿里洞	**666***r*	
物流センター	319*r*	
仏領ギアナ	498*r*	
不定期遠洋貨物船	79*r*	
武帝廟	166*l*	
普度	282*l*, 480*l*, **693***l*, 716*r*	
附塔	95*r*	
武闘	95*l*, 694*l*	
不動産	40*l*	
不動産王	135*r*, 864*r*	
不動産会社	45*l*, 759*l*, 820*l*	
不動産開発	58*r*, 213*l*, 295*r*, 305*l*, 310*l*, 336*l*, 452*l*, 467*l*, 769*r*, 793*l*, 804*r*, 807*l*, 817*r*, 861*r*	
不動産開発会社	33*l*	
不動産業	77*l*, 452*l*, 793*r*	
不動産購入	272*r*	
不動産事業	44*l*, 136*r*	
不動産取得	618*r*	
不動産投資	802*l*	
不動産売buy	452*l*	
不動産バブル	770*l*	
斧頭仔	**693***r*	
普同寺	836*l*	
普度公	481*l*	
普度勝会	129*r*, 195*l*, 195*r*, 269*r*, 282*l*, 313*r*, 664*l*, 693*l*, 752*r*, 832*l*	
府内図	71*r*	
船会社買弁	268*r*	
船大工	111*r*	
船賃	231*l*	
船荷証券	268*r*	
『赴日渡世記』	27*l*	
舟工	220*l*	
富農階級	188*r*	
プノンペン	61*l*, 173*l*, 337*r*, **694***l*	
歩引	**694***r*	
『武備志』	536*r*	
武廟	101*l*, 166*l*	
巫術体験	455*l*	
不平等条約	24*r*, 93*r*, 597*r*, 625*l*	
扶風社	555*l*	
不法移民	295*l*, 365*l*, 384*r*, 543*l*, 569*r*, **694***l*	
不法在留	543*l*, 552*r*, 531*l*, 796*r*	
不法就労	313*l*, 605*r*, 694*r*	
不法滞在	313*l*, 694*r*	
不法入国	313*l*, 605*r*	
富邦物産保険	301*l*	
父母双系主義	279*r*	
父母両血統主義	279*r*	
ブミプトラ	23*l*, 274*r*, 290*r*, 342*r*	
ブミプトラ銀行	23*l*	
ブミプトラ政策	121*r*, 122*l*, **695***l*	
ブミプトラ優先政策	373*l*	
『ブムダ』	351*l*	
武鳴華僑農場	132*r*, **695***l*	
部門別法人所有	452*r*	
舞踊家	61*r*, 251*l*	
扶養家族同行	609*l*	
扶養送金	130*r*	
芙蓉蟹	60*l*	
ブラキストン・マール商社	510*l*	
ブラジル	696*r*, 708*r*	
ブラジル移民節	**696***l*	
ブラジル華人	179*r*, 406*l*	
ブラジル華人協会	316*r*, 696*l*	
ブラジル植物油公司	708*r*	
ブラジルの華僑・華人	316*r*, **696***l*	
プラスチック工業	451*r*	
プラスチック産業	4*l*, 462*l*	
プラスチック製造	306*l*	
ブラスバンド	682*r*	
フラッシング	612*r*	
ブラナカン	29*r*, 37*r*, 82*l*, 83*l*, 149*l*, 213*r*, 385*l*, 385*r*, 390*l*, 393*l*, 459*l*, 531*l*, 538*l*, 545*r*, 650*l*, 658*l*, 693*l*,	697*l*, 739*l*, 807*l*, 858*r*
ブラナカン・アソシエーション		193*r*
ブラナカン関連大臣		351*l*
ブラナカン紙		351*l*
ブラナカン社会		310*l*
ブラヤー・ターク		447*l*
フラワー・キング		809*l*
扶鸞		685*l*
フランシス・ライト		743*r*
フランス		137*l*, 229*r*, 276*r*, 315*l*, 399*l*, 574*r*, 795*r*
フランス移民適応研究センター		829*r*
フランス華裔互助会		137*l*
フランス華僑・華人史		829*r*
フランス租界		662*l*
フランス潮州会館		137*l*
フランス東インド会社		828*r*
プランター		645*l*
プランテーション		142*r*, 168*r*, 287*r*, 336*l*, 362*l*, 389*l*, 467*r*, 490*r*, 502*l*, 509*l*, 538*r*, 565*l*, 618*r*, 640*l*, **698***l*, 727*r*, 736*l*, 763*r*, 768*l*
プランテーション労働		505*r*
プランテーション労働力		645*l*
布里斯班		**698***l*
ブリスベン		65*r*, **698***l*
ブリティッシュ・コロンビア州		153*l*, 202*l*, 294*l*, 648*l*
ブリティッシュ・コロンビア州総督		803*r*
プリブミ		7*l*, 37*r*, 309*r*, 699*l*
プリブミ優先政策		38*r*, 122*l*, 255*l*, **699***l*
プリブミ登用		393*l*
『フリー・プレス』		848*l*
舞龍		278*r*, **699***l*, 788*l*
舞龍隊		586*l*
不良外国人		384*l*
ブルサトゥアン・ブラナカン・チナ・ムラカ		193*r*
ブルジャヤ・グループ		336*r*, **700***l*
ブルジョアジー規定		483*r*
ブルック家		168*r*, 380*l*
ブルネイ		85*l*, 337*l*, 450*r*, 537*l*, 590*l*, **701***l*, 838*l*
ブルネイ王室		219*l*
ブルネイ国民銀行		219*l*
ブルネイ中華商会		85*l*, 537*l*
ブルネイ中華中学		838*l*
ブルボン島		222*l*, 768*l*
ブル要因		28*l*, 277*r*, 494*l*, 506*r*
プレイニー論争		**701***r*
フレーザー＆ニーブ社		124*r*
プレストレス力学		838*l*
ブレム政権		470*l*
ブレーメン		230*l*

949

フレンドシップ	224r	文房具	599l	北京臨時政府	480r, 600l, 790l, 790r	
風呂敷南京	77l	文明の衝突	705l	ベチャ	568r	
『フローティング・ライフ』		汶莱	701l	ベチャ⇨トライショー		
	679l, 848r	分割械闘	95l	ベチューン医院	20l	
プロテスタンティズム	780l	『文匯報』		鼈甲	560r	
プロテスタント	30l, 205r, 816l		349r, 423r, 491r, 705r, 730r	蔑称	209r, 469r	
ブロードウェイ・ミュージカル	148r	『文匯報』東南アジア華字版	705r	別段風説書	82r	
プロビンシア	534r	『文匯報』北米華字版	705r	ペップリ	707l	
プロ野球	67r			ペップリ七僑聯合機構	707l	
フロンティア	118r	[ヘ]		ベト族	708l	
文革	702l			ベトナム	10r, 64l, 92l, 97l, 109l,	
文学有用主義	738l	兵役	112r, 589r		118r, 357r, 421l, 512l, 518l, 574r,	
文化交流財団	546r	兵役義務	647r, 708l		589l, 590l, 644l, 812l	
文化人	655r	兵役反対	349l	ベトナム華僑	238r, 728r	
文化人類学者	463l, 727l	米貨ボイコット運動	657l	ベトナム勤皇運動と華僑	707l	
文化相対主義	59r	平権会	185l, 465l, 706l	ベトナム光復会	825l	
文化大革命	18r, 42r, 80r, 99l, 99r,	餅行	236l	ベトナム国籍	708l	
	108l, 119r, 123r, 126l, 130l, 176r,	米行	236l	ベトナム青年幇	60r	
	177r, 182l, 189r, 211l, 244l, 247l,	秉公堂	146r	ベトナム籍への編入	638l	
	328l, 345l, 435r, 454r, 483l, 515r,	米国アジア協会	182r	ベトナム戦争	473l, 589r, 611l	
	519r, 601l, 702l, 745l, 836l, 847r	米国科学院院士	537l	ベトナムタウン	589r	
文化多元主義	450l	米国華人協会	49l	ベトナム難民	180l	
文化中国	489l	米国国家エンジニアリング学院院士		ベトナムの華僑・華人	707l	
「文化中国」世界	346l		520r, 779r	ベトナムの華僑政策	816r	
分割統治	702l	『萍洲可談』	344r, 706r	ベトナムの華僑迫害	92r	
文化的アイデンティティ	1r, 806l	平壌	666l	ベトナム反戦運動	15r	
文化的多元主義	548l	平章会館	477r, 749r	ベドフォード社	750r	
文化的多元論	450l	平西市場	136l	ベトロパル・グループ	708r	
文化の偏見	120l	米西戦争	672r	ペナン	33l, 48l, 55r, 65r, 83r, 90l,	
文化のルーツ	800l	兵団クーデタ	22l, 500r		90r, 91l, 94r, 157r, 166r, 219l, 226l,	
文化伝信	703r	米中科学技術交流	774l		241l, 245r, 251l, 258r, 281r, 292r,	
文化変容	3l, 116l, 489l, 545l	米中関係史	757r		307l, 398l, 417l, 440r, 477r, 515l,	
文化変容論	457r	米中人民友好協会	84r		550r, 567r, 639l, 708r, 709l, 710l,	
文具	560r	聘珍楼	642l, 717l		743r, 758r, 793r, 822r	
文経印刷店	676r	ヘイト・クライム	706r	ペナン華僑	423r	
文芸工作員	69l	米埠行	236l	ペナン華人大会堂	749r	
文芸交流	748l	平民医院	523l	ペナン極楽寺	687r, 709l	
文経文具店	254l	平和	411l	ペナン升旗山の天公壇	719r	
文慶路	793l	平和と部隊	701r	ペナン鐘霊中学	812l	
『文憲報』	403r	「平和変革」論	719l	ペナン中華総商会	709l	
分号	245l	碧山亭	245l, 693r	ペナン陳氏頴川堂	96l	
分香	373r, 703r	僻地教育普及	280l	ペナン福建公塚	219l	
『文興報』	403r, 720l	碧布里	707l	ペナン分会	388r	
豊後府内	556r	碧武里	707l	ペナン平章会館	219l	
文昌	98l	北京	134r, 150r, 199l, 396r, 608r	ペナン保良局	728l	
文昌帝君	251l, 685l	北京会館	827r	ペナン労働党	745l	
文人画	776l	北京会同館	97l	ベネズエラ	498l	
紛争	760l	北京華僑補習学校	504r	ベノイ	644l	
紛争解決	16r	北京語	488l	ペーパーカンパニー	817r	
フンタクーン家	3r	北京語映画	849l	ペーパー・サン	619l, 694r, 709l	
ブーンチャイ・グループ	704r	北京市	857l	蛇踊り	557r, 579r	
文登	711l	北京市帰国華僑聯合会	63r	蛇寺	710l	
分割自治制	678l	北京新東安広場	319l	蛇廟	710l	
分割制	101l, 514l	北京大学	344l, 396r	ヘマラート社	473l	
文筆家	680l	北京大学日本研究センター	341l	ヘマラート地産	310l	
文廟	655l	北京の都市再開発事業	500r	ベラ	95l, 176l, 386l	
		北京放送局	493l			

和文事項索引（ヘ～ホ）

ペラ王国	843*l*	ボイコット	30*l*, 342*r*, 443*l*	報徳善堂	251*r*, 284*l*, 539*l*
ペラ嘉応会館	834*l*	ボイコット運動	257*l*	報徳善堂大学	123*r*
ペラ客属公会	834*l*	ホイテンラオ	97*r*	報徳堂	251*r*
ペラ州	793*r*	帮⇨幫（バン）		奉納金	354*r*, 367*r*
ペラ中華大会堂	749*l*	方位測定器	337*r*	坊津	32*l*, 187*l*, 218*l*, 224*r*, 287*l*, 424*r*,
ペリー	24*r*	豊永大	443*l*		496*l*, 556*r*, **717***l*
ペリー艦隊	43*l*, 801*l*	防疫	**714***r*	胞波	**717***r*
ペリー来航	82*r*	貿易	236*r*, 378*l*, 412*l*, 580*r*	望夫石	**717***r*
ペルー	158*l*, 223*l*, 281*l*, 375*r*, 498*l*,	貿易関係	5*l*	方便医院	683*l*
	571*r*, 614*l*, 619*l*, 745*l*, 778*l*, 820*l*	貿易関連事業	507*l*	方便の門	326*l*
ペルー華僑	436*r*	貿易葉整備要綱	266*r*, **714***r*, 715*l*	亡命	587*l*
ペルー華人	678*r*	貿易金融	758*r*	亡命者	579*l*
ベルギー	795*l*	貿易金融業	507*l*	亡命渡来人	238*l*, 249*l*
ペルー苦力の実態調査	223*r*	貿易陶磁	544*r*	蓬莱会館	786*l*
ペルー政府	159*l*	貿易統制令	266*r*, **714***r*, 715*l*	蓬莱社	510*l*
ペルー中華通恵総局	821*l*	貿易ネットワーク	436*l*	豊隆	371*l*
ペルーの華僑・華人	**710***l*	貿易買弁	268*r*	豊隆集団⇨シンガポール・ホンリョン・グループ、マレーシア・ホンリョン・グループ	
ベルビーユ通り	644*l*	貿易文書	436*l*		
ヘロイン	174*l*, 293*l*, 467*r*, 469*l*	鳳凰影業公司	347*l*		
扁額	225*r*, 805*l*	邦加	647*l*	豊隆集団	214*r*
ペンキ業	785*l*, 785*r*	芒街	623*r*, **769***l*	暴力	512*l*
ペンキ職人	266*r*, 310*r*, 717*l*	刨花行	236*l*	暴力組織	434*l*
ペンキ塗装	353*r*, 790*l*	豊記号	76*l*, 311*r*, **715***l*	暴力的迫害	619*l*
ベンクーレン事件	**710***r*	防共条令	280*r*, 298*l*	暴力拉致	223*l*
偏見	635*l*	望郷の念	63*l*	芳林苑	356*r*
弁護士活動	501*l*	傍系親族	422*l*	芳林公園	356*r*
ヘン・サムリン政権	173*l*	宝源局	57*l*	芳琳埔	356*l*
便食	**653***l*	方言集団	715*l*, 738*r*	芳林路	356*r*
ヘンダーソン・インベストメント		包公	117*l*	笛	718*l*, 850*l*
	710*r*, 815*l*	房口	**715***r*	ボーカルグループ	448*l*
ヘンダーソンランド	677*l*	帽行	236*l*	簿記	556*l*
ヘンダーソンランド・グループ		宝光実業	770*l*	募金統制	593*l*
	710*r*, 815*l*	奉公人	735*l*	北澳鉄路	180*r*
ヘンダーソンランド・ディベロップメント		鳳山廟	435*r*	卜卦師	347*l*
	710*r*, 815*l*	報酬方式	222*r*	北号	337*l*, 590*l*
ペンチャロン	**711***l*	豊順	635*l*	北江転運行	236*r*
ペンディゴ	**711***l*	豊順客家	443*l*	牧師	397*r*, 831*l*, 864*l*
ペンテン	**711***l*	宝鈔	57*l*, 92*l*	墨尔本	**765***l*
ペンテン計画	**711***r*	鳳城菜	170*r*	北省会館	827*r*
弁銅官商	561*l*, 564*l*	鳳城風味	170*r*	北人	724*r*
辮髪	17*r*, 223*l*, 261*l*, 281*r*, 417*l*, 587*l*,	紡織工場	378*l*	北進政策［台湾］	**718***l*
	619*l*, 671*l*, 711*r*	亡人節	716*l*, 722*r*	「北人南物」論	608*r*
変法派	107*r*, 374*l*	放水灯	**716***l*	北線	237*l*
片務的最恵国待遇	24*r*	縫業	611*l*	北大年	**633***l*
弁理旅日僑民登記弁法		報税行	236*r*	北斗戯	232*l*
	111*l*, 301*r*, 480*l*	縫製工場	612*l*	北斗九皇	568*r*
［ホ］		法政大学清国留学生政法速成科	375*l*	北斗神	**719***l*
		『法制与生活』	606*r*	北斗娘娘	117*l*
ホー（胡）	275*r*	紡績・織布工場	759*r*	北幇	76*r*, 162*l*, 315*r*, 337*l*, 379*l*, 480*l*,
ホア族	708*l*, **712***r*	放送網拡大	63*r*		509*r*, 590*l*, 724*r*
蒲安臣条約	644*l*	宝大号	**716***r*	北幫華商	244*l*
ボーイ	76*l*, 99*l*, 110*l*	法治主義	681*l*	北幫公所	245*l*
ホイアン	25*l*, **713***l*	防諜	192*r*	北幫公所大厦	76*l*
ホイアンの大唐街	88*l*	法廷闘争	649*l*	北幫公所ビル	75*r*
保育園	713*l*, 789*l*	包徳温	**725***l*	北幫商業会議所	74*l*
保育園小紅	**713***l*	報徳善堂⇨華僑報徳善堂		北碧	166*l*

951

和文事項索引（ホ）

木浦	337r	ホットグッズ	384r	本国送金	
卜蜂国際	331l	ホップ栽培	658l		6l, 18r, 119l, 237l, 383l, 414r, 729l
卜蜂集団	330r	ポップス歌手	802r	本国投資⇨華僑の本国投資	
北洋	337l, 590l, 615l	北方会館	315r	本国投資	835l
北洋海運	690l	北方漢語	635l	香港	6r, 20r, 46l, 52l, 55r, 57l, 60r,
北洋艦隊の神戸寄港	379l	北方人	588l, 821l		67r, 101l, 102l, 102r, 130r, 131l,
北洋艦隊の日本寄港	**719r**	ホテル	363l, 849l		133r, 135r, 150r, 153r, 154l, 168l,
北洋政府	175r	ホテル王	470l		170l, 172l, 194r, 208l, 208r, 215r,
北洋船	337l	ホテル経営	861l		222l, 223r, 230l, 236r, 240l, 253r,
北洋幇	509r	ホテル従業員	99r		255r, 284l, 289r, 293r, 301r, 302l,
ホクロー	**684r**	ホテル長城飯店	323r		315l, 329l, 331l, 335r, 339l, 352l,
捕鯨船	24r, 541l, 645l	莆田	310l, 683l, 739r		355r, 381r, 392l, 394l, 403l, 423r,
保険	507l	莆田人	231l, 310l		433r, 437l, 442r, 462l, 485l, 485r,
甫郊	507l	ボードウィン銀鉱	228l, **725l**		490l, 490r, 498r, 502l, 511r, 512l,
保皇会	17r, 187r, 253r, 271r, **720l**	ボート・ピープル			516r, 547l, 548l, 564r, 570r, 574r,
保皇党	238l, 357l		180l, 316r, **725r**, 793r		585l, 588l, 589l, 591l, 599l, 614r,
保皇派	140l, 275l, 361l, 381l, 397l,	ポートルイス	768l		616r, 620r, 648r, 653r, 662r, 676r,
	429l, 677l, 780r	ホニアラ	764r		705r, 720r, 727r, **728r**, 729r, 730l,
母語教育	280l	ホノルル	79r, 253r, 383r, 397l, 466l,		730r, 732l, 735r, 737l, 758r, 764r,
保護清商規則	**374l**		620r, 645l, **725r**		769r, 770l, 774r, 790l, 792l, 793l,
保護費	623l	ホノルル華僑	15l		793r, 796l, 803r, 812r, 829l, 830r,
ボサアゲ	540l	ホノルル大火	714r		836l, 852r, 858l
墓参	716l	ホノルル中華会館	17l	『ホンコン・アイメール』	732l
保山亭	551r, **720l**	ホノルル中華総商会	17l, 383r	香港アカデミー賞	46l
干しアワビ（干鮑）		ホノルル・リバティ銀行	**726r**	香港移民	853r
	452r, 560l, 564l, 585l, 680l	ホーバービラ	727l	香港永安公司	54l
補習学校	123r	ホーパー・ブラザーズ	432l	香港映画	293r, 488l, **729l**
戊戌の政変	547l, **720l**, 830l	ホーパー・ブラザーズ・グループ		香港エレクトリック	501r
戊戌変法	271l, 542l		**726r**	香港澳門	248r
補助移民	341r, **720l**	ホープウェル・グループ	48r	香港華字紙	469r
保商局	**721l**	ホープ・シティ	727l	『香港華字日報』	469r
輔仁学校	**720l**	ホープガル・グループ	727l	香港華人銀行	40l
ポストコロニアル	192r	ホーホン・グループ	**727l**	香港華星娯楽公司	761l
ホスト社会	3l, 117l, 209r	ホーホン社	727r	香港監督協会賞	463l
ボストン	612l	ホームページ	35r, 586l, 607r, 726l	香港広東銀行	160l, **730l**
ボストン・チャイナタウン	**721r**	ホリデーイン・ホテル	219r	香港企業	154l
保生大帝	206r, 371l, 547l	ポリネシアの華僑・華人		香港僑友社	**730r**
墓厝	**722r**		39l, 512r, 547l, **727r**, 735r	香港系移民	571l, 649l
保赤宮	517l, **722r**	保良局	428l, 780l	香港京華銀行	652l, 770l
保赤宮陳氏宗祠	**722r**	ポルシェビキ	428l, 780l	香港系企業	649l
莆仙劇	231r, 232r, 467l	ポルトガル	5r, 743l	香港系グループ	153r
ボーダーレス	103r	ポルトガル語	753l	香港工商銀行	387r, **730l**
ボーダーレス・エコノミー	269r	ポルトガル人	93l	香港サンプラザ	428r
墓地	379r, 425r, 787l	ポルトガル船	587l	『香港時報』	**730r**
墓地風水	677r	ポルトガル貿易	31r	香港上海銀行	268r, 293l, 652l, 670l,
ホーチミン［市］		ボルネオ	92l, 118r, 512l, 540l, 701l		730r, 792r, 804l
	136r, 166r, 449l, 482r, **723l**	ポル・ポト政権	173l, 471r	香港上海銀行横浜支店	663r
ボー・チャロンパン・グループ	696l	ホワイチュワン・グループ	306r	香港集友銀行	**731r**
渤海	562r	ホワイト・ニュージーランド政策		香港順徳聯誼会	829l
渤海高氏	249l		627l	香港商業銀行	426r, 521l, **731r**
北海道海産物	242l	ホワイト・ニュージーランド連盟		香港人	319r, 679l
北海道の華僑・華人	**724l**		121l	香港人移民	433r, 732r, 804l
北客	**724r**	ホンイーセン	697l	香港崇正総会	384l, **732l**
北碚華僑茶果場	132r	盆行事	269r, 832r	『ホンコン・スタンダード』	
北江紙行	236r	ホンクーバー	649l, 732r, 804l		285r, 511l, **732l**
ポツダム政令	301l	ホンゲイ炭鉱	**728r**	香港正大集団	432l
		本港行	236r, 248l, 588r		

952

和文事項索引（ホ～マ）

香港政庁	224*l*, 735*r*
香港先施公司	410*r*
『香港船頭貨価紙』	732*l*
香港総督	224*l*
香港大学	848*r*
香港大新公司	436*l*
香港タウン	115*r*, 468*l*
『香港中外新報』	**732***l*
香港中国会社	729*l*
香港中国人	726*l*
香港中国通訊社	491*r*
香港中策投資有限公司	42*r*
香港中文大学	595*l*
香港中文大学学長	105*l*
香港潮州会館	89*r*
香港電影金像奨	388*l*, 713*r*, 761*l*
香港電台	21*l*, 713*l*
香港電灯	501*r*
香港特別行政区	**732***l*
香港ドル	759*l*
香港ニューウェーブ	527*r*
香港の船舶王	625*r*
香港の中国返還	392*l*, 399*r*, 586*r*, 732*l*
香港の中国返還問題	649*l*
香港の紡績業	841*r*
香港ノワール映画	49*r*
香港繁栄集団公司	516*l*
香港副領事	641*r*
香港返還	449*l*
香港貿易	170*l*
香港法人	670*r*
香港マフィア	34*l*, 733*l*
香港旅券所持者	92*r*
ホンダのオートバイ	83*r*
本地	169*l*
本地人	635*l*
ポンチャイ	306*l*
本辿代	**711***l*
ポンティアナク	804*r*, 805*l*
本頭公	433*l*, 441*r*, **733***r*
本頭公廟	707*l*
本頭古廟	464*l*
本頭媽宮	442*r*
ボンベイ航路	601*l*
翻訳家	810*r*
ホンリム・グリーン	356*l*
ホンリョン⇒シンガポール・ホンリョン・グループ，マレーシア・ホンリョン・グループ	
ホンリョン（豊隆）	371*l*
ホンリョン銀行	214*l*, 751*l*
ホンリョン（マレーシア）社	750*l*

[マ]

マイコム社	750*l*
妹仔	158*l*, 358*r*, 512*r*, 728*l*, **735***l*
舞鶴港	237*r*
マイノリティ	8*r*, 34*l*, 239*r*, 545*l*, 636*l*, 823*r*, 860*r*
マイノリティ運動	148*r*
マイノリティ銀行開設計画	208*r*
マイノリティ・マジョリティ・シティ	468*r*
マイバケ	541*r*
前貸し頭家	95*l*, 234*r*, 544*r*, **735***r*
マオ・プリント	451*l*
馬褂	639*r*
マカオ⇒澳門（おうもん）	
マカオ	35*l*, 60*r*, 67*r*, 102*r*, 131*l*, 133*r*, 209*l*, 222*l*, 223*r*, 230*l*, 247*r*, 345*r*, 352*l*, 357*l*, 400*l*, 417*l*, 485*l*, 518*l*, 571*r*, 585*l*, 587*r*, 614*r*, 671*l*, 688*r*, 690*l*, 712*l*, 721*l*, **736***l*, 737*l*, 796*l*
マカオ苦力貿易	571*r*, 671*l*, 736*l*
マカオ語	221*r*
マカオ国際銀行	**736***r*
マカオ人	319*r*, **736***r*
マカオ紳士	**736***r*
マカオ特別行政区	**737***l*
マカオの影の総督	721*r*
マカオ旅游娯楽公司	721*l*
馬華公会⇒マレーシア華人公会	
馬華公会	377*r*, 456*r*, 744*l*
馬化控股有限公司	**747***l*
馬華作家	748*r*
マカッサル	40*l*, 40*r*, 310*l*, 329*r*, 585*l*, 802*l*
馬華文学	126*r*, 147*l*, 665*l*, 715*r*, 718*l*, **737***r*, 748*l*
マカリオ・キング事件	738*l*
マーカンタイル銀行	730*r*
マーキュリー・ドラッグ	738*l*
マクドナルド	858*l*
摩擦	106*l*, 118*r*, 377*r*, 605*r*, 694*r*
碼字	556*l*
まじない	529*l*
マジャパイト	**739***l*
マジャレンカ	393*l*
麻雀	567*l*
マスビオン・グループ	746*l*
媽祖	72*r*, 100*l*, 116*l*, 117*l*, 170*r*, 206*r*, 224*l*, 258*r*, 355*l*, 396*l*, 423*l*, 424*r*, 540*l*, 554*l*, 663*l*, 681*l*, **739***l*
媽姐	12*l*
媽姐揚げ	582*l*
媽祖会	381*r*
媽祖研究会	740*l*
媽祖祭	313*r*
媽祖信仰	813*l*, 817*r*
媽祖像	496*l*, 717*r*
媽祖堂	168*l*
媽祖廟	166*r*, 373*r*, 739*r*
マダガスカル	9*r*, 542*l*, 769*l*
マダガスカル島	828*r*, 829*r*
『マタ・ハリ』	351*l*
マタラム王国	391*l*
マダン	764*r*
馬潮聯会	370*r*
松浦史料博物館	560*r*
マッカーシズム	569*r*
マッカラン・ウォルター移民帰化法	33*r*, 740*l*
抹谷	**767***r*
松下電器（インドネシア）	746*l*
マッチ	692*l*
マッチ王	816*l*
マッチ工業	74*l*
マッチ工場	269*l*, 554*r*, 627*r*, 816*l*
マッチ商標	250*l*
マッチ商標問題	**741***l*
マッチ製造	34*r*, 78*l*, 250*l*, 446*r*, 599*l*, 741*l*
マッチ貿易	276*l*
マッチ輸出	599*l*
松前藩	5*r*
マディウン事件	351*l*
マドラス号	79*l*
マニラ	2*l*, 5*r*, 7*r*, 20*r*, 23*l*, 58*r*, 65*r*, 111*r*, 118*r*, 119*r*, 155*r*, 203*l*, 216*r*, 288*l*, 323*l*, 325*l*, 337*r*, 372*r*, 375*r*, 478*r*, 492*r*, 499*r*, 519*l*, 550*r*, 585*l*, 587*r*, 647*r*, 670*l*, 672*r*, 673*r*, 674*l*, 692*l*, 741*l*, 742*r*, 758*r*, 763*l*, 764*r*
マニラ-アカプルコ間貿易	161*r*
マニラ麻	273*l*, 449*l*
マニラ開港	273*l*
マニラ華僑義山	673*l*, 722*r*, **741***l*, 779*l*
マニラ華人	740*l*
マニラ・ガレオン船	647*r*
マニラ・ガレオン貿易	2*l*, 840*r*
馬尼拉義山	**741***l*
マニラ義山	**741***l*
マニラ清国領事	519*l*
マニラ税関史料	545*l*
マニラ総領事	66*l*, 779*l*
マニラ大教区	378*l*
マニラ中華商会	216*r*
マニラの華僑・華人	13*r*, **741***r*
マニラの華僑虐殺事件	**742***l*
マニラのスペイン人	2*l*
マニラのチャイナタウン	533*l*, 624*r*
マネーロンダリング	**733***l*
マハーク財閥	511*r*
馬婆控股有限公司	**62***l*
マハーダムロンクーン一族	705*l*
マピンド・パラマ社	632*l*
マフィア戦争	612*l*

953

和文事項索引（マ）

マーブンクロン		362*r*
マーブンクロン・グループ		362*r*
マーブンクロン・サイロ		362*r*
マーブンクロン・センター		362*r*
麻婆豆腐		518*r*
麻薬	219*l*, 293*l*, 313*l*, 345*l*, 445*l*	
麻薬中毒治療所		179*r*
麻薬売買		733*l*
瑪瑙		743*l*
マヨール	82*l*, 391*l*, 634*l*, 743*l*	
『馬来亜華僑史綱要』		780*l*
馬来亜華僑殉難名録		200*r*
馬来亜共産党		744*l*
『馬来亜少年』		201*l*
馬来亜人民抗日軍		745*l*
馬来亜労工党		745*l*
馬来公会		748*l*
馬来西亜華社資料中心		747*l*
馬来西亜華人公会		748*l*
『馬来西亜華人史』		748*l*
馬来西亜華文作家協会		748*l*
馬来西亜中華大会堂総会		749*l*
馬来西亜豊隆集団		750*l*
馬来西亜民政運動党		751*l*
『馬来西亜華人研究学刊』		747*r*
『馬来西亜華人史新編』		748*l*
マラッカ	5*r*, 22*l*, 33*l*, 55*r*, 64*r*, 65*r*, 70*r*, 90*r*, 91*l*, 94*r*, 143*l*, 158*l*, 196*l*, 212*l*, 337*l*, 366*l*, 388*r*, 406*r*, 419*r*, 457*l*, 457*r*, 517*r*, 523*l*, 536*l*, 590*l*, 639*l*, 688*r*, 703*l*, 743*l*, 758*r*, 777*l*, 831*r*	
マラッカ王国	29*l*, 335*r*, 342*l*, 361*r*, 720*l*, 739*r*	
マラッカ海峡		806*r*
マラッカ・ゴム		290*r*
マラッカ三宝廟		536*r*
マラッカ商館		668*r*
マラッカ中華総商会		457*l*
マラヤ	94*r*, 118*r*, 358*r*, 450*l*, 567*r*	
マラヤ華僑	248*r*, 409*l*, 442*l*, 681*r*	
マラヤ華僑総協会		354*l*
マラヤ華人		292*r*
マラヤ華人公会	84*l*, 274*l*, 749*l*, 749*r*, 819*l*	
マラヤ共産党	30*r*, 42*r*, 84*l*, 112*r*, 113*r*, 215*r*, 257*l*, 367*r*, 463*r*, 524*r*, 744*l*, 745*l*, 748*l*, 757*r*, 813*l*	
マラヤ銀行		219*r*
マラヤ高等弁務官		224*l*
マラヤ出版社		335*l*
マラヤ人民抗日軍	257*r*, 463*r*, 744*r*, 745*l*, 821*r*	
マラヤ人民抗日同盟		257*r*
マラヤ錫鉱業		735*r*
マラヤ錫鉱業史		48*l*
マラヤ総工会		592*r*
マラヤ大学	67*l*, 273*r*, 369*l*, 592*r*, 698*l*, 801*r*	
マラヤ潮州公会聯合会		370*r*
マラヤ内陸介入		95*l*
『マラヤの華僑社会』		33*l*
マラヤ・フォーラム	281*l*, 476*r*	
マラヤ保険		775*r*
マラヤ連合		212*r*
マラヤ連合州	386*l*, 793*r*	
マラヤ連邦	212*r*, 735*r*	
マラヤ労働党	275*l*, 332*r*, 745*l*	
マラヤン・ブルアリー社		124*r*
マラヤン・ユナイテッド・インダストリーズ		745*l*
マラリア		541*l*
マラリア診療所		35*r*
マリア		372*r*
マリア・ルス号事件	159*l*, 192*r*, 516*r*, 530*l*, 571*r*, 641*r*, 671*l*, 745*l*, 772*l*	
マルクス主義サークル		678*l*
マルコス・クローニー	3*l*, 288*r*, 461*l*, 746*r*	
マルコス財閥		459*r*
マルコス政権	378*l*, 444*l*, 746*r*	
マルコーニ賞		105*l*
マルコ・ポーロ・ディベロップメンツ社		859*r*
マルティニーク［島］		747*l*
マルティパーバス銀行		747*r*
マルティパーバス・ホールディングス	216*l*, 456*l*, 747*l*, 815*l*, 834*l*	
丸山町		747*r*
マレー		290*r*
マレー系住民優先政策		695*l*
マレー系優先の政策		750*l*
マレー語	613*r*, 632*l*, 639*r*	
マレー語映画		184*l*
マレー語彙集		744*l*
マレー語紙	349*l*, 388*r*	
マレー語出版		390*l*
マレー語新聞	391*l*, 639*r*	
マレーシア	9*l*, 22*r*, 33*l*, 55*r*, 61*r*, 111*l*, 113*l*, 113*r*, 176*l*, 212*r*, 279*l*, 280*l*, 342*l*, 368*l*, 386*l*, 450*r*, 566*l*, 591*l*, 593*r*, 594*l*, 632*r*, 639*r*, 680*r*, 687*l*, 697*l*, 796*r*, 814*l*, 821*r*, 822*r*, 833*l*, 855*l*	
マレーシア華僑		168*l*
マレーシア華社資料研究センター		747*l*
マレーシア華人	215*l*, 273*r*, 334*l*, 380*l*, 526*r*, 749*l*, 794*r*, 809*l*	
マレーシア華人公会	214*r*, 274*l*, 112*r*, 456*r*, 457*l*, 592*l*, 744*l*, 747*l*	
マレーシア華文作家協会	748*l*, 749*l*, 749*r*, 750*l*, 758*l*, 815*l*, 833*l*, 839*l*	617*r*, 748*r*
マレーシア華文文学		737*r*
マレーシア共産党		744*r*
マレーシア興業銀行		819*r*
マレーシア国際海運会社		215*r*
マレーシア国民戦線	275*l*, 748*l*, 749*l*	
マレーシア・シンガポール航空		215*r*
マレーシア『星洲日報』		398*l*
マレーシア中華工商会連合会		824*l*
マレーシア中華商会連合会		824*l*
マレーシア中華大会堂総会	748*r*, 749*l*	
マレーシア潮州公会聯合会	370*r*, 507*r*	
マレーシアの華僑・華人		749*l*
マレーシアの華人系政党		751*l*
マレーシアの華人系野党		822*l*
マレーシアの華人社会		457*r*
マレーシアの華人人口		750*l*
マレーシアの鉄鋼王		463*r*
マレーシア・ババ協会		456*r*
マレーシア・ホンリョン		214*r*
マレーシア・ホンリョン・グループ	214*l*, 371*r*, 592*l*, 745*r*, 750*l*, 794*l*	
マレーシア民政運動党	749*r*, 751*l*, 758*l*, 833*l*	
マレーシア連邦		366*l*
マレー首長		386*l*
マレー人	95*l*, 113*r*, 450*r*, 671*l*	
マレー人重用策		215*r*
マレー人ナショナリズム		583*r*
マレー人優遇政策		290*r*
マレー半島	99*l*, 99*r*, 512*l*	
マレー文化	639*l*, 639*r*	
マレー料理		613*r*
マレー連邦州		212*l*
馬聯銀行		214*l*
馬聯工業有限公司		745*l*
馬六甲		743*l*
麻六甲船		559*l*
馬魯古		768*r*
漫画市場		703*r*
漫画書		703*r*
万金油	57*l*, 285*l*, 288*r*, 432*r*, 636*l*, 726*r*, 751*l*	
万金油大王	285*r*, 397*r*, 751*r*	
曼谷銀行		650*l*
曼谷泰華進出口商会		650*r*
曼谷置地		769*r*
満刺加	92*r*, 743*l*	
『満喇加国訳語』		744*l*
満者伯夷		739*l*
満洲語		531*l*
満洲国		532*l*

和文事項索引（マ～ム）

満州国留学生会館	601*l*	南ベトナム政府	449*r*	民族系資本保護政策	711*l*
万聚桟	751*r*	未払い移民	341*l*	民族芸能	788*l*
満洲事変	195*l*, 600*l*	身分証明書	121*l*, 217*r*	民族工業発展	250*l*
饅頭屋	837*l*	身分的雇用制度	326*l*	民族差別	66*l*
満清紀事	801*l*	未亡人	326*r*	民族産業	591*l*
満身紙	163*l*, 751*l*	見本商品	162*r*	民族資本	107*l*
マンダリン・ホテル	704*l*, 808*r*	見本料	694*l*	民族資本家	591*r*
マンダレー	751*r*, 757*l*	ミャオ（苗）	252*l*	民俗宗教	455*l*
満地可	770*l*	都城	755*r*	民族主義⇨華僑・華人ナショナリズ	
萬珍楼	640*r*, 717*l*	宮崎兄弟資料館	756*l*	ム，ナショナリズム	
満鉄東亜経済調査局		ミャンマー⇨ビルマ		民族主義	329*l*, 703*r*
	31*l*, 390*l*, 585*r*, 752*l*, 812*l*	ミャンマー	57*l*, 288*r*, 310*r*, 450*l*,	民族対立	366*r*
『満鉄南洋華僑叢書』	31*r*, 752*l*	725*l*, 751*r*, 754*r*, 758*l*, 761*l*, 767*r*,	民族的特徴	209*r*
曼徳勒	751*l*	773*l*	民族的ネットワーク	63*r*
マンドール	805*l*	ミャンマー華人	667*l*	民族統一指導協会	333*l*
万年筆製造	162*r*, 173*r*	ミャンマーの華僑・華人	757*l*	民族統一促進協会（LPKB）	200*r*
マンハッタン	610*r*, 611*l*	ミュージカル女優	78*l*	民族舞踊団	782*l*
万福寺	35*l*, 69*r*, 129*l*, 139*l*, 195*l*,	ミュージシャン	646*r*	民族紛争	450*l*, 628*l*
195*r*, 355*l*, 752*r*, 832*r*		ミルウォーキー・ホテル	227*l*, 322*r*	民族別居住区画	203*r*
万豊公司	821*l*	民運	757*r*	民族マッチ工業	270*l*
万宝山事件	509*r*, 666*l*	民革	487*l*	民族問題	183*l*, 760*l*, 773*l*, 808*l*
万律	753*l*	民間医療	559*r*	民族リーダー	326*l*
		民間庶民金融	206*r*	ミンダナオ	407*l*, 449*r*
［ミ］		民間シンクタンク	385*r*, 650*l*	明の香火	587*l*
		民間信仰	245*r*, 299*l*, 629*l*	ミン・フォン	712*r*, 762*l*
ミクロネシアの華僑・華人	753*l*	民間文化交流機構	481*r*	ミン・フン	762*l*
神輿行列	754*l*	民工	766*r*	『民報』	
未熟練労働者	205*l*	民光布廠	758*l*		275*l*, 356*l*, 364*l*, 381*l*, 493*r*, 760*l*
水子地蔵	785*l*	民光紡織工場	758*l*	『明報』	6*r*, 211*l*, 275*r*, 760*l*, 830*r*
ミス水仙	384*l*	明国	554*l*	明報集団	760*l*
ミス・チャイナタウン	317*l*, 754*l*	『民国日報』	426*l*	『明報』米国版	760*l*
道之島	12*r*	ミンゴン	758*l*	明楽の祖	179*r*
密航	180*r*	民事訴訟	101*r*		
密航協議書	335*l*	民衆運動	757*r*	**［ム］**	
密航者	340*l*	民衆宗教	565*r*		
密支那	754*l*	民主行動党	758*l*, 822*l*	ムアー	251*l*
ミッションスクール	73*l*	民主大同盟	66*l*	ムアン・トン・グループ	769*r*
ミツチナ	754*l*	民主党派	199*l*, 493*l*	無煙炭炭鉱	728*l*
三つの中国	66*l*	『民主日報』	69*l*	無縁仏	492*l*
密入国	332*l*, 609*r*	民主派弾圧	538*l*	無拠出老齢年金	609*l*
密貿易	18*l*, 31*r*, 69*l*, 92*l*, 164*l*, 169*r*,	民主派批判	539*l*	無検輸出	631*l*
303*l*, 548*r*, 557*l*, 597*r*, 648*l*, 717*l*		民信局	6*l*, 128*r*, 130*l*, 194*r*, 301*r*,	無国籍者	279*l*
密貿易品	561*r*	383*l*, 394*l*, 532*r*, 731*r*, 758*r*		無産階級	114*l*
密輸	110*r*, 736*l*	民星公司	759*l*	無資本者	231*l*
ミートー	778*l*	民生布廠	759*l*	無錫	256*r*
水戸学	754*l*	民星不動産会社	759*l*	無常鬼	246*l*, 298*r*
ミトキナ	754*r*, 758*l*	民生紡織工場	759*l*	無条約国	76*l*, 304*l*
ミトラポン製糖機構	395*r*	民族意識	58*r*, 78*l*, 477*r*, 583*r*	無条約国人	529*l*
ミドルマンの役割	443*l*	民族・エスニック紛争	63*l*	無尽	171*l*, 299*r*
ミナスジェライス	696*r*	民族エリート	95*l*	ムセ	761*l*
南アジアの華僑・華人	754*l*	民族感情	63*l*	無生老母	30*r*
南アフリカ	10*l*, 217*r*, 340*l*, 569*r*, 584*l*	民族間矛盾	192*r*	無線電視台	
南タイ	203*r*	民族教育			34*l*, 46*l*, 463*l*, 713*l*, 761*l*, 842*r*
南タイ開発	601*l*	53*l*, 123*l*, 142*r*, 508*r*, 553*r*, 818*l*		「武藤文庫」	761*r*
南タイ鉄道	601*r*	民族系企業	711*r*	ムラカ	743*l*
南太平洋華人史研究	43*l*	民族経済の発展	109*l*	『ムーラン』	207*r*
南太平洋鉄路	303*l*			無料医療施設	336*l*

955

和文事項索引（ム〜ヤ）

無料診察	20*l*	
無料診療所	738*r*	
室蘭	724*l*	
ムンバイ	755*l*	

［メ］

目明かし唐人	762*l*
明儀合唱団	679*l*
明郷	61*l*, 326*r*, 545*r*, 712*r*, 762*l*
明郷社	518*r*, 713*r*, 723*r*
明郷帮	514*l*
明香	762*l*
明香会安廟	678*l*
明香社	326*r*, 713*r*
明香清河廟	678*l*
明治維新	271*r*
明治十年在横浜清国人民入籍名簿	785*l*
明州	615*l*
迷信追放運動	838*l*
明泰集団	387*r*, 432*l*
冥宅	752*l*
メイド	11*r*, 398*l*
明徳学校	27*l*
『明報月刊』	275*r*
名目上の経営者	655*r*
名誉職	442*l*
名誉中国領事	225*r*
名流	326*l*
明倫堂	79*l*, 533*l*
メガ・コンペティション	107*r*
眼鏡橋	258*r*, 582*l*, 762*l*, 767*l*
女神信仰	171*l*
メガモール	323*l*
目利	159*l*, 545*l*
メキシコ	2*l*, 67*r*, 498*l*
メキシコ華僑	152*l*
メキシコ銀	2*l*
メコン・ウイスキー	40*r*, 51*l*
メスティサ	763*l*
メスティソ	81*l*, 308*l*, 385*l*, 545*r*, 763*l*, 822*r*
メスティソ・サンレイ	407*l*
メダン	65*r*, 69*l*, 121*r*, 389*l*, 502*l*, 538*r*, 626*l*, 758*l*, 763*r*
メダン中国副領事	502*l*
メダンのチャイナタウン	764*l*
メトロ・グループ	**764***l*
メトロ・デパート	764*l*
メトロ・バンク	764*l*
メトロプレックス社	822*l*
メトロポリタン銀行	533*l*, **764***l*
メトロ・ラジオ	488*r*
メナド	815*r*
メナム・ホテル	746*l*
メナム・ホテル・グループ	746*l*
メヒカリ	351*r*
メラネシア系住民	764*r*
メラネシアの華僑・華人	**764***r*
メリダ	67*r*
メーリング・リスト	67*r*
メルティング・ポット論	**765***l*
メルボルン	65*r*, 80*l*, 80*r*, 81*l*, 208*r*, 317*l*, 514*r*, **765***l*
メルボルン四邑廟	345*l*
メルボルンのチャイナタウン	765*l*
メールマガジン	602*r*, 607*r*
綿織物	601*l*
綿花	599*l*
綿花の輸入	315*r*
綿糸	599*l*, 601*l*
綿糸輸出	599*l*
綿製品貿易	76*l*
緬甸華僑興商総会	**667***l*
緬甸華商総会	**667***l*
綿布貿易	731*l*
緬蘭	**763***r*

［モ］

網易	36*l*
蒙恬	251*l*
孟拱	**758***l*
猛虎山柑橘場	766*l*
猛虎山農場	**766***l*
毛沢東思想	676*l*
毛沢東バッジ	141*l*
蒙特雷公園	770*l*
蒙特利爾	770*l*
毛里求斯	**768***l*
盲流	313*l*, 766*l*
モウル通商	768*l*
木魚書	171*l*, 766*l*
木偶戯	232*l*
木材王	42*r*
木材加工	643*r*, 755*r*
木材輸出商	336*r*
木製家具製造	755*r*
木姐	**761***l*
木版印刷	227*l*, 767*l*
木版印刷工	831*r*
木版画家	820*r*
目標地域	120*r*
モゴック	**767***r*
モザイク論	307*r*
文字当てロト	851*l*
モスクワの華僑・華人連合会	850*r*
持株会社	106*r*
持株企業	245*r*
木工	310*r*, 822*r*
木工業	434*r*
木刻師	525*l*
モデル・マイノリティ	4*r*, 153*r*, **767***l*
元船員	795*r*
モノカルチャー経済	625*l*
モフル語通訳官	768*l*
モフル通事	561*r*, 768*l*
木綿	560*r*, 581*r*, 587*r*
森吉兵衛家	717*l*
モーリシャス	9*r*, 768*l*
モーリシャス島	710*r*
モリソン号事件	43*l*
茂隆銀鉱	283*l*
モール	323*l*
モルッカ［諸島］	590*l*, 743*l*, **768***l*
モール・ロビンソン	282*r*
モンカイ	623*r*, **769***l*
モンゴル華僑協会	769*l*
モンゴル帝国の侵入	518*l*
モンゴルの華僑・華人	**769***l*
モンスター・ハウス	649*l*
モントリオール華僑統一抗日救国会	770*l*
モントリオール華人連合総会	770*l*
モントリオールの華僑・華人	**770***l*
モントレーパーク	104*l*, 240*l*, 468*r*, 491*l*, 770*l*, 819*l*, 849*l*, 849*r*
問杯	718*l*
紋眉	535*r*

［ヤ］

椰陰館主	515*l*
椰陰館文存	515*l*
八重山諸島	79*l*
八重山桃林寺	556*l*
八重山博物館	556*l*
ヤオ（瑶）族	252*l*, 353*l*
冶金	635*l*
『訳詞長短話』	179*l*
『訳司統譜』	58*l*, 336*l*, 771*l*
薬種	187*l*, 560*r*, 581*r*
薬種目利	**771***l*
薬籠	408*l*
焼け跡占拠	585*r*
「野鶏路」	192*r*
野菜の種	315*r*
ヤシ油	407*l*, 833*l*
ヤシ油大王	407*r*
屋台	777*l*, 860*l*
屋台街	441*l*
屋台食	772*r*
柳屋氏	562*r*
『夜半鐘声』	517*l*, **772***l*
ヤフー	772*l*, 773*r*
山川	496*l*
山手居留地	784*r*
大和政権	569*l*, 604*r*
山東省出身者	262*r*, 664*l*
ヤミ	110*r*

和文事項索引（ヤ～ヨ）

飲茶	60*l*, 315*l*, 473*l*, **772***l*	ユナイテッド・アジア・ファイナンス社	22*r*	榕城菜	682*r*
八女	556*r*			養生成号	76*l*
ヤワラート	27*l*, 48*l*, 97*r*, 176*l*, 306*l*,	ユナイテッド・エンジニアーズ社	125*l*	『羊城晩報』	380*r*
	319*r*, 330*r*, 332*l*, 352*l*, 437*r*, 448*r*,	ユナイテッド・セイビングズ・アンド・ローン・アソシエーション		葉祥明美術館	779*l*
	471*r*, 529*l*, 536*l*, 622*l*, 651*l*, 769*r*			養殖業	202*l*
ヤワラート事件	**772***r*		**775***r*	養殖産業	727*r*
ヤワラート製薬	661*l*	ユナイテッド・パシフィック鉄道		葉姓	562*r*
ヤンゴン	60*l*, 751*r*, 754*r*, **773***l*		415*r*	揺銭樹	512*r*
ヤンゴンのチャイナタウン	773*l*	ユニオン・キャピタル	451*r*	洋装糸業公会行	236*r*
ヤンヒー電力公社	427*l*	ユニオン銀行	292*l*	瑶族	**252***l*
ヤンワーユン醤園	40*r*	ユニオンスクエア	317*r*	陽宅風水	677*r*
		ユニバーサル銀行	533*r*, 764*l*, 814*r*	楊忠礼機構有限公司	**855***l*
［ユ］		ユニバーサル・ロビナ	282*r*	楊忠礼建設社	855*l*
UICグループ	40*l*	ユニベスト・グループ	793*l*	洋銅	564*r*
ユイサン	**204***l*	ユニベスト・ランド	793*r*	洋灯行	236*l*
唯銭思想	597*l*	輸入関税	742*l*	洋服仕立	
裕益号	168*l*, 321*r*, **774***r*	輸入代替工業	674*r*		76*l*, 110*l*, 428*r*, 553*l*, 574*l*, 605*l*, 664*r*
裕益集団	793*r*	游龍氏	562*l*	洋服商	313*l*
誘拐	223*l*, 230*l*, 512*l*, 622*r*, 727*r*	『游歴秘魯図経』	678*r*	洋務運動	338*l*, 778*r*
幽鬼	298*r*, 663*l*			洋務派	374*r*
遊戯	567*l*	**［ヨ］**		洋務派官僚	350*r*
友誼境	754*r*			陽明学	636*l*
友誼牌楼	857*l*	夜明けのスローボート	47*r*, 148*r*	要明鶴公所	785*r*
遊休資本	243*l*, 289*r*	夜市	777*l*	養老院	289*r*, 329*l*, 336*l*, 434*r*
融儒経済技術開発区	681*r*	『葉阿来札記』	95*l*	養老施設	847*l*
裕源成号	510*l*, 646*r*	洋貨	169*r*	陽和会館	16*r*, 318*l*
融合	27*l*, 59*l*, 277*l*	揺貨	206*r*	抑制政策	272*r*
裕興号	413*r*	洋学	374*r*	世桂聯	403*l*
友好都市	576*l*	洋貨行	236*l*	予言	455*l*
幽魂	245*l*	洋傘製造卸商	72*r*	横浜	3*r*, 53*r*, 66*r*, 68*l*, 68*r*, 78*l*, 78*r*,
遊魂	282*l*	楊貴妃会	586*l*		85*l*, 85*r*, 93*l*, 101*r*, 152*r*, 166*r*, 193*l*,
有産階級	114*l*	楊協成	**794***l*		229*r*, 228*l*, 254*l*, 255*l*, 283*r*, 298*l*,
遊資	243*l*, 289*r*	養鶏場	696*r*		335*r*, 343*l*, 349*r*, 351*l*, 353*r*, 365*l*,
融資	735*r*	洋涇浜	338*l*		375*r*, 376*l*, 381*l*, 404*r*, 419*r*, 422*r*,
有進街	337*l*	洋涇浜英語	660*r*		458*r*, 465*r*, 477*l*, 480*l*, 480*r*, 487*r*,
有線TV	488*r*	容閎	712*l*		508*r*, 516*r*, 519*r*, 530*l*, 546*r*, 550*r*,
裕貞祥号	76*l*	洋行	312*r*, 507*l*, 623*r*, 731*l*		576*r*, 580*l*, 598*l*, 598*r*, 600*l*, 600*r*,
郵便汽船三菱会社	601*l*	陽光有限公司	815*r*		601*l*, 604*l*, 605*l*, 615*r*, 629*l*, 630*l*,
郵便送金	383*l*	洋裁	82*l*		676*r*, 677*l*, 715*r*, 717*l*, 719*r*, 724*l*,
裕豊号	311*r*	洋裁業	205*r*, 790*r*		731*l*, 745*r*, 772*l*, 780*r*, 781*r*, 782*r*,
裕豊徳号	315*r*	洋裁店	458*r*		783*r*, 784*l*, 785*r*, 786*l*, 787*r*, 788*r*,
遊歩規定	73*l*	洋雑貨行	236*r*		789*r*, 790*l*, 792*l*, 792*r*, 804*l*, 828*l*,
幽霊堂	416*l*	楊氏	562*r*		837*r*
融和	675*r*	陽氏	562*r*	横浜海員倶楽部	787*l*
融和論	450*r*	養子縁組み	102*l*	横浜外国人居留地取締規則	784*r*
ユーカリの栽培	181*l*	養子女	728*l*	横浜外国人取締規則	405*l*
歪んだ華人像	594*l*	洋紙製造	510*r*	『横浜開智録』	677*l*, 780*r*
油行	236*l*, 236*r*	養子相続	422*l*	横浜華僑	3*r*, 54*r*, 85*l*, 85*r*, 136*l*, 152*r*,
油脂加工	329*l*	揚州	165*l*, 261*r*, 363*l*, 540*r*, 648*l*, 664*l*		167*l*, 205*l*, 229*r*, 280*r*, 283*r*, 290*l*,
油漆行	236*l*	揚州大明寺	165*l*		334*r*, 351*l*, 357*l*, 397*l*, 422*r*, 480*r*,
湯島聖堂	247*l*	養女	735*l*		510*r*, 516*r*, 550*r*, 553*l*, 566*l*, 599*l*,
輸出許可	268*r*	榕城	681*r*		613*r*, 651*l*, 663*r*, 676*r*, 717*l*, 717*r*,
輸出代替産業	306*l*	養生院	150*r*		772*l*, 781*r*, 783*r*, 791*l*, 800*r*, 801*l*,
ユダヤ人	63*r*, 332*l*, 818*r*, 853*l*	養生院医師・看護婦医療隊	150*r*		809*l*, 818*l*, 825*r*, 842*r*
ユーチェンコ家	775*l*	洋商会館	713*r*	横浜華僑華人研究会	**780***r*
ユーチェンコ財閥	325*l*, 814*r*	羊城菜	170*r*	横浜華僑学校⇨横浜の華僑学校	

和文事項索引（ヨ〜ラ）

横浜華僑学校事件　　52r, 66r, 142r,
　553l, 739l, **781**l, 782l, 783l, 783r,
　788r, 790r, 792l, 792r, 818l
横浜華僑基督教会　　　　　　　781l
横浜華僑経済協会　　　　　　　781r
『横浜華僑誌』　　　　　　　　827r
横浜華僑社会　　　　　　　　　166r
横浜華僑商公会　　290l, 422r, 781l, 786l
横浜華僑小紅の会　　　　　　　714l
横浜華僑震災善後会　　　　85l, 167l
横浜華僑青年会　　　　　　　　781r
横浜華僑総会［大陸系］
　422r, 603r, 735l, **782**l, 783l, 783r,
　786l, 852l
横浜華僑総会［台湾系］
　85r, 282r, 290l, 438r, 456l, 458r,
　510r, 523r, **782**r, 785r, 786l, 809l
横浜華僑総会事件　　　　　　　782r
『横浜華僑通訊』　　　　　　　783l
横浜華僑の教育者　　　　52r, 288l
横浜華僑婦女会　　　　　　　　783l
横浜華僑婦女会館　　　　714l, 783l
横浜華僑貿易商　　　　　　　　167l
横浜華僑臨時総会　　　　　　　782r
横浜華僑聯誼会　　　782l, 783l, **783**r
横浜華銀　　　　290l, 406r, **783**r, 837r
横浜華商会議所
　238l, 283r, 422r, **783**r, 789l, 801l
横浜華商貿易公会　　　　　　　530l
横浜華人　　　　　　　　406r, 847r
横浜関帝廟
　　　　　　166r, 478l, 782r, 784l, 786l
横浜関帝廟管理委員会　　　　　784l
横浜居留地　　85l, 101r, 238l, 283r,
　349l, 351l, 365l, 374l, 404r, 676r,
　784l, 784r, 789l, 790l, 842r
横浜居留地覚書　　　　　　　　304l
横浜決死隊　　　　　　　　　　832l
横浜校友会　　　　　　　　　　788r
横浜在住の華僑　　　　　　　　781l
横浜三江公所　　　　167l, 238l, 784r
横浜三点会　　　　　　　785l, 832l
横浜三邑公所　　　　255l, 785l, 785r
『横浜市商工録』　　　　　　　343l
横浜自由華僑婦女協会　　　　　785l
横浜四邑公所　　　　　　255l, 785r
横浜正金銀行
　34r, 66r, 242l, 269l, 603l, 627r, 731l
横浜正金銀行神戸支店　　　　　692l
横浜商工会議所　　　　　　　　229l
横浜清国人民入籍名簿　　405r, 785l
横浜清国領事館　　　　　405r, 598l
横浜親仁会
　　166r, 480r, 600l, 785l, **785**r, 826l
横浜総領事　　　　　　　　　　67r
横浜総領事館　　　　238l, 480r, 600l

横浜大空襲
　　　　785l, 788r, 790l, 790r, 791r
横浜大同学校
　　283r, 426r, 677l, 720l, 800r, 835r
横浜台湾同郷会　　　　　290l, 786l
横浜中華街　166r, 317r, 344l, 416r,
　422r, 456l, 478l, 540r, 554r, 590l,
　600l, 603r, 624l, 646r, 717l, 781l,
　783r, 784l, **786**l, 787l, 787r, 789r,
　792l, 837r, 847r
横浜中華街市場通り会　　　　　787l
横浜中華海員の家　　　　　　　787l
横浜中華海員之家　　　　　　　787l
横浜中華会館　205l, 229l, 238l, 374l,
　379l, 405r, 480r, 519r, 530l, 598l,
　600l, 782r, 784l, 786l, **787**l, 788r,
　790l, 818l
横浜中華街のタウン誌　　　　　787r
横浜中華街パーキング協同組合　787r
横浜中華街発展会協同組合　　　786l
横浜中華街「街づくり」協議会　787r
横浜中華街街づくり団体連合協議会
　　　　　　　　　　　　　　786r
横浜中華学院　283l, 508r, 519r, 566l,
　781l, 786r, **787**l, 788l, 789r, 792l
横浜中華学院校友会　　　788l, 789l
横浜中華学校⇨横浜の華僑学校
横浜中華学校　66r, 85r, 646r, 781l,
　785r, 788l, 788r, 791l, 809l
横浜中華学校友会　　　　786l, 788r
横浜中華義荘　85l, 136r, 522r, 715r,
　782r, 785r, 787r, **788**r
横浜中華公立学校　　　　788r, 791r
横浜中華商務総会　　283r, 783r, 789l
横浜中華青年会　　　　　　　　789l
横浜中華総商会　85l, 166r, 783r, 789l
横浜中華中学　　　　456l, 566l, 788l
横浜中華仏教会　　　　　　　　789r
横浜中華保育園　　283l, 788l, **789**r
横浜中国領事館　　　　　　　　789r
横浜天地会　　　　　　　　　　785l
横浜の華僑・華人　　　　　　　790l
横浜の華僑学校　　　　　　　　791l
横浜の中国人商業会議所　　　　205r
横浜梅桜獅子会　　　　　　　　792l
横浜買弁　　　　　　　　　　　792l
横浜福建同郷会　　　　　　　　**792**l
横浜福建連合会　　　　　　　　600l
『横浜復興録』　　　　　　　　810l
横浜文化賞　　　　　　　　　　735l
『横浜貿易新聞』　　　　283r, 784r
『横浜貿易新報』　　　　　85l, 554r
横浜保皇会　　　　　　　　　　677l
『横浜毎日新聞』　　　　　　　779r
横浜山下町　　　　　　　　　　468l
横浜山手中華学園　　　　735l, 792l

横浜山手中華学校　237r, 739l, 781l,
　781r, 783l, 786r, 788r, 792l, **792**r,
　835l
横浜要明公所　　　　　　255l, **793**l
横浜領事　　　　　　　　　　　789r
吉島氏　　　　　　　　　　　　562r
四つの現代化　　　　　　　　　188l
四つの小龍　　　　　　　　　　489l
四つの中華経済　　　　　　　　478l
四つの中国経済　　　　　　　　478l
ヨット　　　　　　　　　　　　146l
ヨットピープル　　　　　　　　**793**l
四人組　　　　　　　　　　　　847r
4人組　　　　　　　　　　　　309r
呼売り　　　　　　　　　　　　192l
ヨーヒャップセン　　　　　　　**794**l
嫁入り支度　　　　　　　　　　422l
よろず屋　　　　　　　　　　　764l
ヨーロッパ　　　　　　　　　　314r
ヨーロッパ華僑華人社団聯合会　795l
ヨーロッパ華僑史　　　　　　　525l
ヨーロッパ華僑団体聯合会議　　**794**r
ヨーロッパ華人学会　　　　　　795l
ヨーロッパ商人　　　　　　　　97l
ヨーロッパ人法廷　　　　　　　101r
ヨーロッパ崇正総会聯合会
　　　　　　　　　　　　384l, 795l
ヨーロッパ崇正聯合総会　　　　384l
ヨーロッパ線　　　　　　　　　237l
ヨーロッパの華僑・華人　　　　**795**r
ヨーロッパの中華料理店　　　　491l
四抗記念碑　　　　　　　　　　324r
四種人　　　　　　　　　　　　797l
四清運動　　　　　　　　　　　126l
四大僑郷省　　　　　　　　　　191l
4匹のリトルドラゴン　　　　　485l

［ラ］

ライオン・グループ　　　463r, 798l
ライオン・コーポレーション社　798l
ライオンズ・クラブ　　　　　　792l
ライオン・バンコク　　　　　　306l
雷州半島　　　　　　　　　　　99l
ライテナント　　194l, 254r, 515l
ライデン大学　　　　　　　　　542l
ライナムトン　　　　　　　　　711l
来舶清人　　　　　　　　　　　569r
ライフヒストリー　　　　　　　128l
ライムハウス　　　468l, 796r, 853l
ラエ　　　　　　　　　　　　　764r
ラオス　　　　　　　　　64l, 357l
ラオス華僑　　　　　　　　　　458r
ラオスの華僑・華人　　　　　　**799**r
老家　　　　　　　　　　　　　233l
洛坤　　　　　　　　　　　　　582r
洛坤中華商会　　　　　　　　　582r

958

和文事項索引（ラ～リ）

洛杉磯華埠		849*l*
洛杉磯国泰銀行		849*l*
洛杉磯唐人街		849*l*
落籍		233*r*
駱駝橋		762*r*
落地生根	59*l*, 103*r*, 400*l*,	799*r*
落馬		800*l*
落葉帰根	53*l*, 59*l*, 103*r*,	800*l*
楽楽チャイナ		800*l*
楽楽中国	606*r*,	800*l*
拉関係		225*l*
ラザード・アジア		285*r*
ラジオ		488*r*
ラジオ局		134*l*
ラジオ通信教育		165*l*
ラジオ・TV香港		488*r*
ラジオ放送		213*l*
ラジャ・ガルーダ・マス・グループ		
		36*l*
ラジャワリヌシンド株式会社		255*l*
羅針盤	112*l*, 337*r*,	706*r*
ラタナコーシン朝		471*l*
ラーチャティンナナーム		146*r*
ラッキー・リアルティ社		864*l*
ラッフルズ・カレッジ		
	215*l*, 369*l*, 801*l*,	848*r*
ラッフルズ大学		457*l*
ラッフルズ・ホテル		219*l*
ラテンアメリカ華工		139*l*
拉儂		801*l*
ラノン	202*l*,	801*l*
ラバウル	474*r*,	764*l*
ラビング		802*l*
羅芳伯	90*r*,	305*r*
ラーマ1世	471*l*,	695*l*
ラーマ5世		45*l*
ラーマ8世		772*l*
ラーマ4世		535*l*
ラーマ6世	390*r*, 471*r*,	764*l*
ラムサム家	48*l*, 51*l*, 332*r*, 432*r*,	
	437*l*, 440*l*, 442*l*, 501*l*, 651*l*, 657*l*,	803*l*
ラーメン記念日		25*l*
ラモス政権	378*r*,	461*l*
ラル		95*l*
ラルート	176*l*, 442*l*,	848*l*
蘭印植民地徴兵制		647*l*
蘭印臣民		102*l*
蘭印民法		102*l*
ランオン庯		638*l*
ラングーン⇨ヤンゴン		
ラングーン	60*l*, 65*r*, 419*l*, 726*r*, 754*r*,	
	757*l*, 758*r*,	773*l*
ランタン・フェスティバル		578*l*
ランド	340*l*, 569*l*,	584*l*
ランド・アンド・ハウス・グループ		
	704*l*,	804*r*

ランドリー		413*l*
蘭芳公司	38*l*, 90*r*, 245*r*, 270*r*,	305*r*,
	540*r*, 636*l*, 662*r*, 802*r*, 804*r*,	805*l*
蘭芳大総制	103*l*, 805*l*,	856*l*
ランラン		805*r*
鑾利保険		47*r*
蘭領ギアナ		498*l*
蘭領東インド		644*r*

[リ]

リアウ［諸島］		
	68*r*, 201*r*, 505*r*, 519*l*,	806*r*
利馬三民学校		821*l*
利馬中華学校		821*l*
『利馬民醒報』		821*l*
リエムチャウ（廉州）族		712*r*
梨園戯	232*l*,	467*r*
李延年基金		824*l*
リオデジャネイロ		696*r*
利害調整		16*r*
利華銀行		834*l*
リー・カシン・グループ		387*l*
リキショー		382*l*
力宝集団		817*r*
李兄弟ピアノ製作所	343*l*,	810*l*
厘金	630*l*,	810*r*
李金福印刷工場		811*l*
陸羽		251*l*
陸海豊		102*l*
陸軍士官学校		375*l*
陸軍通訳官		274*l*
陸の孤島		688*l*
陸の中国	52*l*,	223*r*
陸豊		102*l*
陸佑財閥		50*r*
陸路移住		812*l*
陸路移住者		812*l*
陸路交通		524*r*
利群織布工場		812*l*
利群布工場		812*l*
俚諺		717*r*
リー・ゴム社		816*r*
リゴール		582*r*
リー財閥	814*l*,	816*r*
リサール商業銀行	325*l*, 775*r*,	814*l*
離散		530*l*
理事	241*l*, 495*l*,	826*r*
理事官（領事）		597*r*
『李氏月刊』		815*l*
李氏公所		247*l*
李氏総公所［カナダ］		815*l*
李氏総公所［ニューヨーク］		815*l*
李氏朝鮮		92*l*
理事府	76*l*, 266*l*, 375*r*, 495*l*,	597*r*
リース権		40*r*
リー（李）朝		517*r*

利生火柴廠		816*l*
李姓中国人		815*l*
利生マッチ工場		816*l*
李先念備忘録		816*l*
リゾーツ・ワールド社		234*l*
リーダーシップ		385*l*
李中堂		378*r*
立憲派	107*r*,	429*l*
リッチモンド	240*l*,	649*l*
リッポー		208*r*
リッポー銀行	807*l*,	817*r*
リッポー・グループ		
	713*l*, 736*r*, 807*l*,	817*r*
李登輝政権		496*r*
リトル・サイゴン		
	4*r*, 468*r*, 589*r*, 819*l*,	850*l*
リトル・ショロン		819*l*
リトル・タイペイ	468*r*, 819*l*,	849*r*
リトル・チャイナ	819*l*,	853*r*
リトル福州		683*r*
リトル・ホンコン	468*r*,	819*l*
利馬		820*r*
利馬奥羅亜鉄路		821*l*
理髪	574*l*,	605*l*
理髪業	73*r*, 76*l*, 78*l*, 100*l*, 110*l*,	167*l*,
	170*l*, 205*r*, 261*r*, 664*l*,	790*r*
理髪職人		73*r*
リー・パッタナー飼料		39*r*
理髪店		790*r*
リバティー・ホール		819*r*
リパブリック・クラブ		200*r*
リバプール	796*r*,	853*l*
李岷奥公司		820*l*
李岷奥不動産会社		820*l*
『リベルティ』		351*l*
リマ		820*r*
リマ-オロヤ鉄道	820*r*,	821*l*
略式数字		556*l*
略売	512*l*, 727*r*,	735*l*
龍		699*r*
留医所		336*l*
留園		825*l*
「琉華」		79*r*
龍海市		97*l*
留学生	135*l*, 135*r*, 147*l*, 195*l*,	197*r*,
	264*l*, 374*r*, 389*l*, 409*l*, 477*l*,	548*l*,
	550*r*, 552*l*, 605*l*, 606*l*, 612*r*,	785*l*,
	796*r*, 825*l*,	825*r*
留学生交流		546*r*
『留学生新聞』	606*r*,	825*l*
留学生政策		389*l*
留学生同学会		129*r*
留学生文学		147*r*
留学ブーム		825*r*
龍岩		669*l*
琉球	5*r*, 92*l*, 97*l*, 112*l*, 187*l*,	220*l*,

959

和文事項索引（リ～レ）

	292r, 297l, 362r, 419r, 504r, 515r,	梁銶琚中学	**829r**	林氏九龍堂	551r
	545l, 556l, 584r, 585l, 633l, 665r, 680l	両舷	671l	臨時居住権	543r
琉球王国	12r, 585l	領婚	728l	臨時産業調査会	608l
琉球化	79l	領事	241l, 406r, 477r, 629l, 826r	臨時人権委員会	185l
琉球華僑総会	79r	領事館	65r, 136l, 266l, 375r	林氏西河堂	225r
琉球華僑文化センター	79r	領事館設立	519l	『林氏族譜』	404l
琉球国	293l, 302r, 562l, 843l	領事裁判権		林社事件	**836r**
琉球国王	220l, 515r		24r, 73r, 205l, 266l, 573l, 597r, 598l	輪船公司	507l
琉球語研究	516l	領事証明書	479r	リンゾーシュイ・スクエア	611r
琉球進貢	563r	領事府	266l	倫敦	853l
琉球台湾商工協会	79r	良鑾社	446r	林邑	475r
琉球の華僑・華人⇨沖縄の華僑・華人		両頭家	358l, 422l, **831r**	林邑国	475r
龍渓	58l, 65r, 411r, 532r, 689l	両頭材外	339r	倫理政策	703r
龍渓県	97l	寮都中学	799r	林蓮玉教育基金	839r
流血事件	118r	廖内	**806r**		
隆固頌慈善会	**826l**	梁発記念堂	832l	**[ル]**	
龍山寺	687r	梁百財事件	**832l**	ルイシタ農園	288r
龍山寺斗母宮	719r	梁碧霞事件	**832l**	ルクセンブルク	796l
龍獅団	782l	寮棚	**161l**	ルークチン	545r, 840r
留春別荘	627r	『瞭望』	365l	流刑	846l
隆昌号	827l	良木園酒店	**218r**	ルソン［島］	
留人石	717r	料理	60l, 96l, 170r, 327l, 340l, 472r,		587r, 590l, 659r, 688r, 840l
流通企業	106r		508l, 682r, 691r	ルーツ	103r
流通業	272l	料理業	167l, 322l, 570l, 578l, 581l,	ルック・ノース	475l
流通知識	631r		785l, 785r, 790r	ルーツ探し	318r
龍的伝人	256l	料理店	790r	ルビー	757l
『留日華僑経済分析』	50l	料理人	262l, 262r, 724l	ルーマニア	796l
留日華僑江蘇同郷会	827l	料法法	112l	ルンルワン証券	392l
留日華僑青年聯誼会	71r	旅欧華僑団体聯合会議	**794l**		
留日華僑浙江同郷会	827l	『旅韓六十年見聞録』	381r	**[レ]**	
留日華僑総会	549l, 604l, 828l	緑宝公司	704l	霊安所	416l
留日華僑代表会議	130l, **827l**	緑野亭	245l	玲英豪集団	**804r**
留日華僑北省同郷会	827l	旅券	703l	霊応寺	**841r**
留日華僑北省聯合会	**827l**	旅券制度	703l	霊魂堂	416l
留日華僑聯合総会		旅暹潮州公立培英学校	618l	廬氏大厦	841l
	130l, 519l, 549l, 604l, **827l**	旅日大阪中華婦女会	72l	黎刹	25r
留日学生	381l	旅日華僑敢死隊		霊籤	408l
留日華文作家誼会	827r		263l, 479r, 640r, **832r**	レイ・デー	726l, **842l**
留日広東会館	85r, 255r, 786l, **828l**	旅日華僑青年聯誼会	548l	麗的電視	359l
留日広東同郷会	**828l**	旅日華人服務中心	264l	嶺南	169l
留日神戸華僑総会	262l	旅日東京華僑婦女会	549l	嶺南会所	168l
留日台湾省民会	**828l**	旅日兵庫県華商綢業公会	269r	嶺南画派	**842l**
留日台湾同郷会	**828l**	旅日福建同郷懇親会		嶺南大学	289l
留日東京華僑総会	130l		129l, 195r, 269r, 553l, 581l, **832r**	嶺南幇	170l
留日福建同郷聯合会	553l	旅日要明鶴同郷会		霊媒	372l, 687l
流氓	306r, 661l		152r, 255r, 793l, **833l**	霊媒信仰	372r
隆豊国際	44l, 48r, 859l	旅美華僑統一義捐救国総会	257r	黎明職業大学	**842r**
龍門商事	809l	旅美三邑総会館	**14r**	黎明大学	**842r**
龍門の衆	587l	旅費の補助	299r	歴史家	341l
領育	728l	旅法広肇同郷会	255l	歴史学者	39r, 204r, 323l, 412r, 430r,
両縁結合体	593l	旅舗客桟	507l		462l, 464r, 757r, 797r, 798r, 829r
両替商	238l, 351l, 412l, 784r, 785r	リーワー銀行	41l, 432l, **834l**	歴史資料館	626r
両岸経済圏	144r, 154r, **829l**	林業会社	643r, 649r	歴史地理学者	347l
両岸三地	144r, 462r	燐鉱石採掘	753l	歴史的アイデンティティ	1r
両岸四地	144r	臨済宗	354r, 355l	『歴代宝案』	54r, 563r, 843l
両儀製糖機構	395l	林三漁奨学金	84r	レジデント	386l, 652r, 843l

和文事項索引（レ～ワ）

レジャー産業	641*l*, 834*l*
レス・ププリカ大学	200*r*
烈士記念碑	779*l*
『列島週末』	606*r*, 843*l*
レッドウッド銀行	843*r*
レッドパージ	277*l*
『レプブリク』	351*l*
レーミングフラット	121*l*, 295*l*, 711*l*
レユニオン	9*r*, 828*r*
レユニオン島	768*l*
連環図	843*l*
聯誼会	844*l*
『聯僑報』	196*l*
レーンクロフォード	44*l*
連号	245*l*
聯興缶頭公司	583*l*
聯合集団	22*r*
『聯合週報』	606*r*, 844*l*
『聯合新報』	844*r*
『聯合早報』	36*l*, 141*l*, 277*l*, 388*r*, 398*l*, 491*l*, 591*r*, 844*l*
聯合儲蓄貸款会	775*r*
『聯合晩報』	277*r*, 844*l*
連合東インド会社	258*l*
『聯合報』	488*r*, 845*l*
連鎖移住	28*l*, 490*l*, 845*l*
連鎖移民	796*l*
廉州族	712*r*
連城街	337*l*
連昌銀行	432*l*
聯宗会	558*l*
連宗通譜	845*r*
聯泰工業建築	473*l*
聯通汽車公司	845*l*
聯通バス会社	845*l*
レント・シーキング	461*l*
連譜	425*l*, 845*l*
連邦判事	679*r*

［ロ］

老移民	103*l*
老華僑	28*l*, 103*l*, 135*r*, 185*r*, 445*r*, 491*l*, 552*l*, 606*l*, 683*r*, 790*l*, 846*l*
臘丸行	236*l*
老客⇨老客（ロウケ）	
老僑	103*l*, 106*l*
老僑郷	252*l*
老君	251*l*
老家	232*l*
老客	847*l*
老客の指導者	847*l*
老後施設	299*l*
老子	550*l*, 565*r*
廊主徳	834*l*
老祥記	266*l*
老人いこいの場	264*l*
老人福祉	263*r*
老人問題	847*l*
隴西	226*l*
壟川	390*l*
労働移動	729*l*
労働移民	119*l*, 139*r*, 192*r*, 222*l*, 540*r*, 618*l*, 619*l*, 688*r*, 753*r*
労働移民の排除	621*l*
労働騎士団	322*r*
労働組合の活動	120*l*
労働契約期間	192*l*
労働契約書	223*l*, 229*r*
労働災害	637*l*
労働市況	231*l*
労働者	205*l*
労働者の移入	573*r*
労働集約	234*r*
労働争議	121*r*, 434*l*
労働賃金	119*l*
労働輸出	138*l*
老板	77*l*
老媽	184*r*
労務請負い	278*l*
労務者	852*l*
労務輸出	135*l*, 278*r*
楼門	849*r*
六坤	582*r*
「六師」業	16*l*
六条規定	847*r*
叻嶼岬	91*l*
磘津	840*r*
ロクシン家	848*l*
ロクスレイ・グループ	657*r*
六大会館	477*r*
六大会η	15*r*
六度投資公司	524*l*
『叻報』	140*l*, 196*l*, 848*l*
六邑医院	514*r*
ロクレー・グループ	803*l*
蘆溝橋事件	486*r*
鷺江第二戯院	478*r*
ロサンゼルス	13*r*, 160*l*, 317*l*, 406*r*, 612*l*, 670*l*, 705*r*, 770*r*, 849*l*
ロサンゼルス・キャセイ銀行	849*l*
ロサンゼルス・チャイナタウン	849*l*
盧氏	562*r*
ロシア	315*l*, 796*l*
ロシア華僑	780*l*
ロシア華工	427*r*
ロシアの華僑・華人	850*l*
呂氏3傑	407*r*
炉主	381*r*, 481*l*, 663*r*, 665*l*, 693*l*, 850*r*
露清キャフタ条約	91*r*
呂宋	838*r*, 840*r*
呂宋壺	660*l*
呂祖廟	433*l*
ロダ・マス・グループ	456*l*
ロタリー	851*l*
ロック	801*l*
ロックミュージシャン	527*l*
六昆船	559*l*
ロッテルダム	383*r*, 796*r*
呂帝廟	251*l*
露店	406*r*, 738*r*, 777*l*, 822*r*
露天掘り	234*r*, 386*l*
呂洞賓	206*r*, 251*l*, 685*l*
ローヌ	644*l*
ロバート・バウン号事件	555*l*, 712*l*, 851*l*
魯班	251*l*, 550*l*
魯班廟	333*r*
ロビンソン社	124*r*
ロビンソン百貨店	407*l*
ローマ	469*l*
ロームシャ	852*l*
呂裕・呂音公司	407*r*
論争メディア	196*r*
『論壇報』	256*r*
ロンドン	469*l*, 796*r*, 853*l*
ロンドン大学政治経済学院	540*l*
ロン・ノル政権	173*l*
ローン・ワード	854*l*

［ワ］

YHS醤油工場	794*l*
YKK吉田工業	306*r*
Y. K.バオ一族	426*r*
匯西（潮州）山荘	492*l*, 826*r*
匯川企業集団	306*r*
匯川米業	306*r*
YTLコーポレーション	855*l*
滙豊銀行	730*r*
『ワイルド・スワン（鴻）』	461*r*
若者ファッション	141*l*
和記黄埔	501*r*, 809*r*, 833*r*
ワーキングビザ	606*l*
和群行車公司	855*l*
和群陸運会社	855*l*
倭寇	26*r*, 69*l*, 233*l*, 287*l*, 292*r*, 534*r*, 559*r*, 579*r*, 666*l*, 855*r*
『倭寇図巻』	855*r*
和順公司	245*r*, 540*r*, 856*l*
和昌号	856*l*
和信グループ	284*r*, 856*l*
和信集団	856*l*
ワシントン	202*l*, 612*l*
ワシントンの華僑・華人	856*r*
早稲田大学清国留学生部	375*l*
倭俗	597*l*
綿	187*l*
渡辺文庫	857*l*
ワーチャン・インターナショナル社	

961

和文事項索引（ワ～ン）

	857*r*
ワーチャン・グループ	**857***l*
ワーチャン・コーポレーション	**857***r*
ワーチャン社	857*l*
ワット・トライミット	443*r*
倭鋼	563*r*
ワナンディ・グループ	859*l*
ワニ園経営者	49*r*
ワニ王	49*r*
ワニ皮商	49*r*
ワヒド政権	699*r*, 746*r*, 859*l*
ワーヒン社	808*r*
ワーフ・ケーブル	488*r*
ワーフ・ホールディングス	44*l*, **859***l*
和平総会	347*r*
和平仲裁公約	610*l*, 859*r*
和豊銀行	124*r*
和豊社	727*r*
和豊集団	**727***l*
ワヤン	**859***r*
ワヤン・チナ	859*r*
ワヤン・ティティ	859*r*
ワヤン・ポテヒ	859*r*
和楽映画会社	478*r*, **860***l*
和楽影業公司	**860***l*
割当制度	618*r*
ワリ・ソンゴ	29*l*
ワールド・インターナショナル	44*l*, 48*r*, 859*l*
ワールド・ディアスポラ	530*l*
ワルン	**860***l*
椀掛け	386*l*
ワンス・ア・チャイニーズ、オールウェーズ・ア・チャイニーズ	489*l*
ワン・センター	722*l*
ワン・ネーション・パーティ	862*r*
ワン・ラボラトリーズ社	860*r*

［ン］

ン・テンホン・グループ	794*l*, **864***l*

和文人名索引

[ア]

アウイチャイ・アッサウィンウィチット　292*l*
アウ、サリー　285*l*
阿英　139*l*
アギナルド、エミリオ　85*r*, 826*l*
アキノ、コラソン
　3*l*, 288*r*, 378*r*, 402*r*, 459*r*, 461*l*, 636*l*
アキノ、ベニグノ　3*l*, 459*r*
アクアイ　3*r*, 792*r*
アー・ケイ　684*l*
アーコン・フンタクーン　3*r*, 473*l*
亜彩　3*r*, 622*r*
アーサー・サーラシン　307*l*
アッサウィンウィチット、アウイチャイ　292*l*
アッサウィンウィチット、コラボット　292*l*
アッサダートン、スリ　391*r*
アッサワヘム、ワッタナー　858*l*
アッサワボーキン、アナン　704*r*, 804*r*
アッサワボーキン、アヌポン　704*r*
アッサワボーキン、ブンソン　704*l*, 804*r*
アディレクサーン、ブラマーン　297*l*, 471*r*, 657*l*, 697*r*, 704*r*
アナン・アッサワボーキン　704*r*, 804*r*
アナン・カーンチャナパート　769*r*
アナン・タンタサワッディー　22*l*
アナン・パンヤラチョン　306*r*, 440*l*, 451*r*
アヌティン・チャーンウィラクン　473*l*
アヌポン・アッサワボーキン　704*r*
アヌマーンラーチャトン　8*l*
アムヌアイ・ウィラワン　13*l*, 306*r*, 451*r*, 521*r*, 650*r*, 705*l*
アムボーン・ブーンパクディー　13*l*
アムヨ、ジャック　13*r*
アモン、ロウレンス　21*l*
アルビノ、シシップ　324*l*
アロヨ　378*r*
アンクル・リュウ　824*l*
アンコスプロト、ダスキ　285*l*, 295*r*
アン・シー、テレサ　24*l*, 400*r*, 672*r*
アンダーソン、ベネディクト　63*l*
アン、ダララット　451*r*
安藤宏基　25*r*

安藤百福　25*l*, 77*l*, 641*l*
晏陽初　26*l*

[イ]

韋暈　127*l*
イェオ・ソクビン　855*l*
イェオ・ティオンライ　855*l*
イェー、サリー　31*l*
イェン、ジェームズ・Y. C.　26*l*
郁達夫　26*r*, 280*r*, 398*l*, 590*l*, 780*l*
井口貞夫　50*r*
イグナシア・デル・エスピリトゥ・サント　27*l*
韋香園　101*r*
石崎融思　376*r*
泉屋七三郎　336*l*
韋晴光　30*l*
偉関晴光　30*l*
逸然　35*l*, 259*l*, 569*r*
イッブ、サリー　31*l*
井出季和太　31*l*, 752*r*
イートン、イーディス　148*l*
犬養毅　265*l*
イー、ビル　32*l*
伊孚九　569*r*
イー、マエ　33*l*
今堀誠二　33*l*
イム・ホー　34*l*
入江米吉　34*l*
隠元　35*l*, 57*r*, 58*l*, 68*r*, 69*r*, 139*l*,
　172*r*, 179*r*, 238*l*, 259*l*, 302*r*, 423*l*,
　534*r*, 569*l*, 641*l*, 641*r*, 681*r*, 752*r*,
　836*l*
イン、ジェームズ　35*r*
尹子寛　651*l*
殷雪村　35*r*
イン・ビーシア　39*l*
殷碧霞　39*l*

[ウ]

ウアチューキエット、チャローン　4*l*
ウィー、V.　372*r*, 687*l*
ウィ・イーチョン　41*l*, 432*l*
ウ・イエセイン　39*r*
ウィ・キムウィー　39*r*
ウィ・ケンチャン　41*l*, 42*r*, 431*r*
ウィシット・リーラチトン　39*r*
ウィジャヤ、インドラ　40*l*
ウィジャヤ、エカ・チプタ　40*l*, 40*r*, 42*r*, 329*r*, 690*l*
ウィジャヤ、スクマワティ　40*l*
ウィジャヤ、トゥグー・ガンダ　40*r*

ウィジャヤ、フランキー・ウスマン　40*l*
ウィジャヤ、ムクタル　40*l*
ウィチエン・タンソムパットウィシット　40*r*
ウィ・チェンヒエン　160*r*
ウィチット・スラポンチャイ　472*l*, 650*r*
ウィ・チョーヤオ　13*r*, 41*l*, 369*r*, 432*l*
ウィックバーグ、エドガー　41*r*
ウィット・ブラバイキット　304*r*
ウィナイ・サームシリモンコン　634*l*
ウイハルジョ、ウェラワティ　42*l*
ウィビソノ、クリスティアント　42*l*
ウィー・ブンピン　42*l*
ウィ・ホンレオン　40*l*, 42*r*, 240*r*, 330*l*
ウイ・モンチェン　42*r*
ウィラメタクーン、スチャイ　305*l*, 306*r*, 387*l*, 432*l*, 438*l*, 449*l*, 658*l*
ウィラワン、アムヌアイ　13*l*, 306*r*, 451*r*, 521*r*, 650*r*, 705*l*
ウィラワン、サニット　539*l*
ウィリアムズ、サミュエル・ウェルズ　43*l*, 222*l*
ウィリアムズ、リー・E.　43*l*
ウィリヤプラパイキット、プラバー　304*r*, 387*l*
ウィルモット、ウィリアム・E.　43*r*
ウィルモット、ドナルド・アール　43*r*
ウィン、チューフン　611*r*
ウェイ、アンナ・メイ　44*r*
ウェイ・エクチホン　40*l*
ウェイ、キャサリン　45*l*
ウェン、バイロン　45*r*
ウォード、バーバラ・E.　45*r*
ウォノウィジョヨ、シギット・スマルゴ　218*l*
ウォノウィジョヨ、スシロ　218*l*
ウォノウィジョヨ、スマルト　218*l*
ウォラウィー・ウォンリー　46*l*, 48*l*
ウォン、エレナー　149*r*
ウォン、カーウァイ　46*l*
ウォンクソンキット、ストーン　395*r*
ウォン、ジェイド・スノウ　148*l*
ウォン、ダニエル・K.　46*r*
ウォン、ハウ、ジェームズ　46*r*
ウォン、ピーター　46*r*, 81*l*
ウォン、ブハーダ、エンリーケ　47*l*
ウォン、マイケル　47*l*

和文人名索引（ウ～オ）

ウォン・ヤンソー	861*l*
ウォン、ラッセル	47*r*
ウォンリー、ウォラウィー	46*l*, 48*l*
ウォンリー、スウィット	46*l*, 48*l*
ウォンリー、タンシウティン	46*l*
ウォンリー、タンシウモン	46*l*
ウォン・リンケン	48*l*, 292*r*
ウォン・ルムコン	83*l*
ウー・クォンチン、ピーター	44*l*, 48*l*, 625*r*, 859*l*
ウー、ゴードン・インシュン	48*r*
宇佐美和彦	50*r*
ウー、シエンビオー	49*l*, 104*l*, 663*l*
ウー、ジョン	49*l*
于仁泰	776*r*
ウ・ジンタン	276*l*
ウタイ・ヤンプラパーコン	49*l*
ウー、チェンシュン	50*l*, 663*l*
内田直作	50*l*, 422*l*
ウー、チャーウェイ	50*r*
ウ・チュリアン	51*l*, 51*r*, 652*l*, 657*l*
于長庚	127*r*
于長城	127*r*
宇津木麗華	51*l*
ウー、デイビッド	16*l*
ウー、デイビッド・Y. H.	51*r*, 463*l*
ウテン・テチャパイブーン	4*l*, 40*r*, 51*l*, 51*r*, 129*l*, 134*l*, 227*l*, 392*l*, 437*l*, 473*l*, 506*l*, 651*l*, 652*l*, 657*l*, 670*r*, 704*r*
ウートンパック・ラムサム	803*l*
ウー、ハリー	52*l*
ウー、マイケル	52*l*, 663*l*
于沫我	127*l*
ウー・リエンテー	52*r*
烏勒吉	52*r*
吾勒吉和希格	52*r*
ウワッタナクーン、パイチット	51*l*
蘊謙	681*l*
雲大功	3*r*
云達忠	43*r*
雲達楽	43*r*
雲竹亭	286*l*, 437*l*
雲天樸	286*l*
雲逢松	427*l*
雲茂修	286*l*
雲里風	748*l*

［エ］

衛三畏	43*l*
衛省軒	269*r*
永昌和	56*l*
衛老英	57*l*
穎川官兵衛	57*r*, 259*l*, 562*l*
江川金鐘	57*r*
穎川君平	58*l*, 771*l*
穎川重寛	58*l*
穎川藤左衛門	58*l*, 259*l*, 681*l*, 756*l*
易潤堂	346*l*
エクチョー・チョウラワノン	332*l*
エストラダ	378*r*
エディ・ダルマ	452*l*
エフリン	61*r*
エリアス、ドミンゴ	62*l*
エリオット、A.	372*l*
円爾	354*r*
袁子荘	784*r*
袁世凱	239*l*
エン、ペニー	64*r*

［オ］

王震	428*l*, 499*l*
王安	860*r*
翁毓麟	84*l*
汪印章	235*l*
王穎	861*l*
王永慶	65*l*
王永在	65*l*
翁栄綬	356*r*
王栄和	65*r*, 495*l*
王炎之	84*l*
欧華宇	32*l*
王家衛	46*l*
王嘉廉	861*l*
王希権	764*l*
王紀元	862*l*
王杏洲	539*l*
王金紀	85*l*, 537*l*
王金玉	472*l*
王景宏	320*l*
王敬済	692*l*
王敬施	692*l*
王敬祥	66*l*, 66*r*, 210*r*, 267*l*, 267*r*, 269*r*, 479*l*, 487*r*, 521*l*, 692*l*
王慶仁	66*r*, 783*r*
王敬斗	692*l*
王傑	66*r*
王建	62*r*
王元辰	269*l*
王元懋	688*r*
王浩	863*l*
応行久	35*r*
王贛駿	862*l*
王廣武	1*l*, 67*l*, 103*r*, 142*l*, 400*r*, 463*l*, 751*l*, 818*r*
汪五峰	363*l*
王貞治	67*l*
王梓琴	764*l*
王守善	67*r*, 264*l*
翁紹裘	84*r*
王省吾	68*l*
王松興	68*l*
汪少庭	68*l*
王昭徳	68*r*, 133*l*, 265*r*, 363*r*
翁松燃	45*r*
王心渠	68*l*
王任叔	68*l*
王慎徳	47*r*
汪精衛	135*l*, 269*l*, 486*r*
王正方	863*r*
翁倩玉	84*l*
汪大淵	542*r*
王大川	264*r*
王直	31*r*, 69*l*, 71*r*, 164*r*, 287*l*, 363*r*, 666*l*, 855*r*
汪直	69*l*
王楊吾	403*r*
王韜	141*r*
汪道涵	91*l*
汪東発	395*r*
王徳純	85*l*, 537*l*
王徳望	537*r*
王敏徳	47*l*
王彬, 羅伯特	85*l*
王彬, 羅曼	85*l*
王文華	524*r*
王文達	259*r*
王文邦	85*l*, 537*l*
汪慕恒	70*l*
王慕能	22*l*
王明玉	70*l*, 692*l*
汪明荃	70*l*
オウヤン・フィフィ	71*l*
欧陽雲台	71*l*, 258*r*, 563*r*, 779*l*
欧陽華宇	343*r*
欧陽可亮	71*l*
欧陽奇	71*l*
欧陽仁	566*l*, 581*l*
欧陽菲菲	71*l*
王霊智	860*r*
王蓮香	385*r*
大江卓	517*l*, 746*l*
鉅鹿	179*r*
鳳蘭	78*r*
岡本嘉平次	31*r*
オーサターヌクロ、スラット	390*l*
オスメニャ、セルヒオ	81*l*, 407*r*
オー・チェンチャイ	726*r*
オーバーサウォン、サマーン	305*l*, 306*r*, 438*l*, 472*l*, 650*l*, 697*l*
オー・ブンパー	288*r*, 726*r*
オー・ブンホー	288*r*, 432*r*, 726*r*
オモフンドロ、ジョン・T.	81*r*
於梨華	277*r*
オールコック、R.	304*l*
オン・エンチー	84*l*
オン、オマール・ヨクリン	84*l*
温輝	423*r*
オン・キムキー	85*l*, 537*l*

和文人名索引（オ～キ）

オング、ジュディ	84*l*	郭沫若	409*l*	河部利夫	59*l*
温佐慈	84*r*	郭茂林	137*l*	関偉林	162*l*
オン・ジョーキム	764*l*	郭有品	539*l*	関羽	262*r*, 784*l*
オン、ジョビー	764*l*	郭楽	44*l*, 54*l*	関穎珊	225*r*
オン、ジョン	84*r*	郭梁	813*r*	簡英甫	514*r*
温生才	241*l*	郭良其	684*l*	韓槐准	162*r*
オン・テクスーン、スティーブン		郭令燦	214*l*	簡玉階	591*l*
	85*l*, 537*r*	郭令明	**214***r*	韓錦嫦	**656***l*
オン・テクモン	537*r*	郭令裕	214*r*	簡敬可	542*l*
温徳林	85*l*	何啓	253*r*	関元禎	**391***l*
オンピン、ロバート	85*l*	何啓抜	137*r*	関子載	764*r*
オンピン、ローマン	85*l*	何賢	**137***r*	顔思斉	164*l*, 287*r*
オン、フセイン	215*l*	何鍵剛	**728***l*	韓章慶	391*l*
温炳臣	85*r*, 785*l*	柯謙友	269*r*	簡照南	591*l*
温雄飛	85*l*	何厚鏵	137*r*	鑑真	96*l*, **165***l*, 717*l*
オン、ロクサン・ケイ・ソン	86*l*	何香凝	138*r*, 200*l*, 830*l*, 831*l*	韓振華	165*r*
		何高材	68*r*, 139*l*, 423*l*	簡心茹	57*l*, 168*l*, 321*l*, 579*r*, 774*r*
［カ］		何鴻燊	2*l*, **721***l*	韓瑞生	**733***r*
何毓楚	259*l*	何光平	857*r*	顔清湟	165*r*, 400*r*
艾青	277*r*	何国雄	**310***l*	韓素音	**654***r*
何韻	**692***l*	何三官	140*l*, 563*r*	関楚璞	398*l*, 590*l*
ガオ・シンジェン	**244***l*	夏志清	147*r*	カーンチャナパート、アナン	769*r*
カオ、チャールズ・クーエン	105*l*	何日華	857*l*	カーンチャナパート、モンコン
華兗階	56*r*	何芍鋌	**141***r*, 260*l*		501*l*, 529*r*, 536*l*, 651*r*, **769***r*
柯玉芝	811*r*	何晶	811*r*	カーンチャナワット、ブラシット
郭一官	343*r*	何肖胞	**142***r*		181*l*, 521*l*, **695***r*
霍英東	135*r*, **721***l*	何世光	721*r*	ガン・ドワン・シン	859*r*
覚梅	681*l*	カセム・ラムサム	422*l*	官梅三十郎［初代］	**171***r*
郭鶴挙	215*r*	何善衡	464*l*	官文森	**172***l*
郭鶴年	**215***l*	柯全寿	150*l*	甘文芳	172*r*
郭鶴麟	215*r*	何大一	**725***l*	カン、ユエーサイ	**173***l*
郭欽鑑	215*l*	カタリナ	152*l*	関勤銘	173*r*
郭郡観	660*l*	カチョン・ティンターナティクン		**［キ］**
郭建義	**213***l*		152*l*, 697*l*
郭光甲	27*l*	何東	721*l*	キアット・シーファンフン
郭克明	136*l*, 349*l*	夏東開	152*r*		343*r*, 704*r*
霍佐生	452*l*	カドーリ、ローレンス	670*l*	魏安国	**41***r*
霍佐幼	452*l*	カーナスット、チャイユット		キー、ウォ	611*r*
郭志権	44*r*		30*r*, 470*l*	キエット・ワッタナウェキン
郭順	54*l*	カーニー、デニス	155*l*, 239*l*		174*r*, 395*r*, 670*r*
郭瑞人	**136***l*	金子陳美齢	**473***r*	キエン・ティーラウィット	**174***r*
郭嵩燾	136*l*, 375*r*, 495*l*	金子光和	229*r*	蟻光炎	51*l*, **176***l*, 182*r*, 437*l*
霍成	136*l*	何八官	563*r*	魏五平次	**179***l*, 571*r*
郭泉	44*l*	何炳松	157*l*, 182*l*	箕子	666*l*
郭琰	136*r*	何炳棣	157*l*	魏之琰	**179***l*, 423*l*
郭仲誼	472*l*	何万材	**727***l*	魏之俊	789*l*
郭禎祥	142*r*	夏夢	158*l*	魏重慶	45*l*
郭東坡	200*l*	カムロン・テチャパイブーン	670*r*	蟻春娥	704*r*
郭得勝	136*r*, 137*l*, 464*l*, 613*l*, **677***l*	何茂雄	140*l*	魏書騏	**179***r*
郭麦連合	738*l*	カリーニョ、テレサ	159*r*	紀政	**180***l*
郭彪	137*l*	カリム、アブドゥル	160*l*	希宗	407*r*
郭炳江	137*l*, 319*l*	嘉隆帝	482*r*, 778*l*	北山寿安	**181***l*
郭炳湘	137*l*, 319*l*	何麟書	227*r*	キティー・ダムノーンチャーンワニッ
郭炳聯	137*l*, 319*l*	化林性偲	181*l*	ト	181*l*, 696*l*
郭芳楓	214*l*, 214*r*	カルヤ、トゥグ	161*l*	キー、ノーマン・ラウ	**182***l*
郭芳来	214*r*, 751*l*	何礼忠	161*l*	蟻美厚	182*r*, 431*r*

和文人名索引（キ～コ）

キー・ブーコン	104*l*, 183*l*
紀宝坤	183*l*
キマーノン、タナブーン	448*r*
キムロウ、ベンジャミン・ラルフ	183*l*
キャメロン、ドナルディナ	184*r*
邱永漢	185*l*
邱漢陽	219*l*
邱継炳	745*r*
丘細見	174*r*
邱菽園	187*r*
邱新民	187*r*
邱垂亮	497*r*
丘成桐	771*l*
邱天徳	219*l*
邱徳抜	219*l*
邱万福	219*r*
ギュツラフ、チャールズ	28*r*
許鞍華	713*l*
龔詩貯	344*l*
龔如心	862*l*
龔慎甫	192*r*
許雲樵	26*r*, 200*r*, 221*l*, 380*l*, 590*l*, 780*l*
清河磯次郎	201*l*
許賽哥	288*r*
許冠傑	714*l*
許冠文	509*l*, 714*l*
許桂芳	259*r*
許広平	792*l*
許泗漳	202*r*, 203*r*, 802*l*
許承基	203*r*
許植楠	427*l*
許心広	203*r*
許心美	202*r*, 203*r*, 802*l*
許甦吾	204*r*
許達然	147*r*
許通美	287*r*
許滌新	395*l*
許敦茂	695*r*
許伯高	528*l*
靳羽西	173*l*
キングストン、マキシーン・ホン	148*l*, 207*l*, 469*r*
金鐘	101*l*
金崇儒	448*l*
金美倫	184*r*
金美齢	210*l*
金文泰	224*l*
金庸	211*l*, 680*l*, 760*l*

［ク］

クィーラム、ン	432*l*
クウィック・キアンギー	213*r*
クエック・ホンブン	214*l*, 214*r*
クエック・ホンライ	214*l*, 751*l*
クエック・レンジュー	214*r*
クエック・レンチャン	214*l*, 690*l*, 751*l*
クエック・レンペン	214*r*, 372*l*, 690*l*
クエンカ、ロドルフォ	747*l*
グエン・フック・アイン	214*r*, 482*r*, 778*l*
クオク・ケンカン	215*l*
クオク・ホクニエン、ロバート	23*l*, 215*l*, 302*l*, 338*l*, 392*l*, 747*r*
クオク・ホクリン、ウィリアム	215*r*
クオック、ウォルター	137*l*
クオック、トマス	137*l*
クオック、ピンシュン	137*l*
クオック、レイモンド	137*l*
クオ・パオ・クン	149*r*
クォン、ピーター	216*l*
ククリット・プラモート	440*l*
クー・ケイベン	745*l*
虞治卿	276*l*
虞港龍	785*l*
クック	645*l*
クッシュマン、ジェニファー・ウェイ	218*r*
クー・ツンフー	284*r*
クー・テアンテク	219*l*
クー・テックパ	219*l*
クー・パンホック	219*r*
クー・フンヤン	219*l*
神代四郎八	219*l*
クラークソン、アドリアンヌ	153*r*, 220*r*
クラーブラユーン、スチンダー	388*l*, 392*l*, 440*l*
クリスマン、ローレンス	221*r*
グリック、クラレンス・E.	646*l*
クリット・ラッタナラック	22*l*, 222*l*, 501*l*
クルニアワン、ルディ・ハルトノ	223*r*
クレメンティ＝スミス、セシル	224*l*
クレメンティ、セシル	224*l*
クワ・ギョクチュー	811*r*
虞和徳	406*l*
クワン・タート	225*l*
クワン、ペリー	764*r*
クワン、ミシェル	225*l*
クンコエム・スラタナカウィターン	226*l*, 826*l*
クンサ	293*l*, 467*r*
クンセー・パクディー	806*r*
グーン・ディップ	227*l*, 322*r*
クンニパット・チンナコーン	601*l*

［ケ］

ケザダ、ゴンサロ・デ	230*l*
ケータワラナ、ブッサディー	692*l*
ケータワラナ、ポーンチェット	692*r*
ケ、マリアノ	738*l*
顕蔭和尚	231*r*, 259*r*
厳浩	34*l*
阮洽	227*l*
原上草	127*l*, 748*r*
阮大元	774*r*
阮福暎	214*r*
阮福映	214*r*
ケン・ヨン	767*l*

［コ］

胡亜基	53*l*, 136*l*, 235*r*, 375*r*, 495*l*
顧維鈞	235*r*
黄亜福	237*l*, 242*r*
黄偉初	237*r*, 793*l*
黄一宗	41*r*
高一覧	238*l*, 249*l*, 253*l*, 259*l*, 756*l*
孔雲生	238*l*, 784*r*, 791*l*
黄蘗蘇	238*l*, 271*l*
洪英	465*r*
黄鋭昌	784*r*
黄栄年	40*l*
黄栄良	45*r*
黄奕住	19*l*, 20*l*, 238*l*
鴻益成	697*l*
黄奕聡	40*l*
黄炎培	181*r*, 239*l*
黄恩秀	861*l*
向華強	733*l*
黄家権	80*l*
侯加昌	241*l*
洪遐昌	241*l*
江稼圃	776*l*
黄義華	55*l*
高暉石	437*l*, 539*l*
洪業	242*l*, 780*l*, 826*r*
黄玉英	393*r*
洪玉華	24*l*, 400*r*
黄琚寧	773*l*
黄金栄	662*l*
黄金輝	39*l*
黄金徳	242*r*
黄錦波	46*r*
康啓階	277*r*
黄慧児	261*l*
黄慶昌	41*l*, 431*r*
黄景鋪	269*l*
鄺杰灵	679*r*
黄建国	42*l*
黄健中	713*l*
黄建南	713*l*
黄興	66*r*, 241*l*, 243*l*, 356*l*, 493*r*, 753*r*, 756*l*
侯孝賢	210*r*, 243*r*

和文人名索引（コ）

高行健	244*l*	黄長水	255*r*	胡季犛	275*r*
鄭鴻銓	734*r*	黄兆鎮	237*r*	胡金銓	713*l*
黄鴻年	42*l*	黄直卿	250*r*	呉錦堂	34*r*, 72*r*, 263*r*, 267*l*, 267*r*,
黄公理	482*l*	黄廷芳	864*l*		276*l*, 286*l*, 405*r*, 428*l*, 580*l*, 596*l*
黄国鑫	671*l*	黄哲倫	862*l*	呉遇孫	283*l*
高錕	105*l*	黄天異	307*l*, 724*r*	国姓爺	533*r*
黄作明	13*l*	黄登保	256*l*	辜啓允	856*r*
ゴーウシエムグワン・ラムサム		黄棟和	665*l*	呉繼岳	280*l*
	539*l*, 803*l*	侯德健	256*l*	呉桂顕	280*r*
黄志源	40*l*	江南	256*r*	呉慶瑞	281*l*
洪絲絲	246*l*	黄二官	256*r*	呉啓太	281*l*
黄志信	254*r*	黄飛鴻	172*l*	伍佳兆	64*r*
江七官	563*r*	黄福	237*l*, 247*r*	呉啓鼎	406*l*
鄺治中	216*l*	黄文山	270*l*	呉啓藩	406*l*
黄市閣	435*r*	黄文湘	87*l*	辜顕栄	284*r*, 856*l*
黄子明	769*r*	黄文仲	625*r*	呉剣華	281*l*
洪秀全	636*l*, 832*l*	黄聞波	705*l*	ゴー・ケンスイ	281*l*, 366*l*, 811*r*
高寿覚	238*l*, 249*l*, 413*l*	黄文彬	42*l*	呉元盛	805*r*
黄寿銘	270*l*	黄望青	42*r*	呉健雄	50*l*
黄守庸	466*l*	黄鵬年	40*l*	呉剣雄	87*r*
耿諄	636*r*	黄埔先生	235*r*	胡蛟	28*r*
黄遵憲	249*r*, 495*l*, 532*r*	黄万居	277*r*	呉光偉	304*r*
高繩芝	250*l*, 378*r*, 394*l*, 394*r*	黄安右衛門	257*l*	呉光正	44*l*, 48*l*, 625*r*, 859*l*
黄祥年	40*l*	鴻山俊雄	271*l*	呉弘達	52*l*
黄紹倫	250*r*	黄耶魯	43*l*	辜鴻銘	281*r*
黄枝連	478*l*, 593*l*	康有為	17*r*, 107*r*, 123*l*, 187*r*, 253*r*,	伍克誠	442*l*
高信	250*l*		271*l*, 283*r*, 379*l*, 429*l*, 499*l*, 502*r*,	呉国良	852*r*
黄進	778*l*		547*l*, 621*l*, 709*l*, 720*l*, 756*r*, 778*r*,	ゴコンウェイ・ジュニア、ジョン・L.
呉宇森	49*l*		780*r*, 783*l*, 791*l*, 830*l*		282*l*, 407*l*
黄箴観	435*r*	鄺友良	679*l*	呉作棟	286*l*
黄信侯	436*l*	黄耀庭	260*l*, 265*r*	呉莎治	81*r*, 407*l*
黄崇英	251*l*	黄耀明	448*l*	伍佐南	97*r*, 437*r*, 539*r*, 803*l*
江青	251*l*	黄柳霜	44*l*	伍子念	158*r*, 282*r*
伍雨生	832*l*	鄺亮義	679*l*	呉士敏	81*l*
黄清興	160*l*	洪林	451*r*	胡始明	258*l*
黄青年	40*l*	黄臨江	83*r*	胡秀英	686*r*
侯西反	252*r*	黄麟根	48*l*	呉主恵	282*r*, 604*l*
黄世明	252*l*	黄麗松	273*l*	呉湘	361*l*
黄石華	795*l*	黄礼蘭	250*l*, 741*l*	呉譲	427*l*, 529*l*
黄宗羲	534*r*, 602*r*	鄺和勝	679*r*	呉笑安	282*r*, 782*r*
黄宗仰	832*l*	呉栄宗	273*l*	胡紹基	52*l*
黄宋考	254*r*	呉奕輝	282*l*	呉尚賢	283*l*
黄宋宣	254*r*	呉燕和	51*r*	伍捷樸	657*r*
黄宗霑	46*r*	胡応湘	48*l*	呉植垣	54*r*, 283*r*, 789*l*
黄創保	770*l*	呉家瑋	50*r*	呉振偉	16*l*
黄宗佑	252*l*, 630*l*, 646*r*	呉華昌	407*l*	呉振東	266*r*, 664*r*, 665*l*
黄祖瑜	795*l*	伍佳兆	64*r*	辜振甫	91*l*, 284*r*, 856*l*
黄祖耀	41*l*, 371*r*	ゴ・カヒム	295*l*	呉水閣	448*r*
黄存燊	292*r*	呉家熊	295*l*	ゴ・スイキ	285*l*
黄乃裳	253*l*, 380*l*	呉岸	748*r*	呉瑞基	285*l*, 295*r*
黄卓山	479*r*, 832*l*	胡漢民	275*l*, 493*r*	伍瑞龍	481*r*
黄仲涵	38*l*, 254*l*, 390*l*, 691*l*, 712*l*	胡菊人	275*r*, 662*r*	辜成允	856*r*
黄仲訓	238*r*	胡毅生	785*l*	呉清源	285*l*, 834*r*
黄肇強	46*r*	呉玉音	304*r*	呉星楼	87*l*
黄兆珪	354*l*	呉玉臣	265*l*, 265*r*	胡仙	57*l*, 285*l*, 399*r*, 403*l*, 727*l*, 732*l*
黄兆琨	237*r*	胡玉麟	306*r*	呉仙標	49*l*

967

和文人名索引（コ～シ）

呉宗園		**285**r
コソン・フンタクーン		
	27l, 97r, **286**l, 427l, 437l, 437r	
呉泰蔵		274l
呉多禎		536l
呉多福		536l
呉多禄		**535**r
コー・チェンリー		392r
伍竹林		442l, 539r, 657r
辜仲諒		856r
ゴー・チョイコク		448r
呉肇揚		**288**l
ゴー・チョクトン		286r, 690l, 811r
呉廷奎		789l
伍廷芳		169l
胡鉄梅		**287**l
呉天為		81r, 407l
呉天栄		298l
伍東白		803l
胡徳		**287**r
顧徳園		785l
コー、トミー		**287**r
胡南生		235r
呉伯康		**288**l
伍柏林		442l, 657r
呉端賢		295r
呉端生		295r
伍盤照		**864**l
伍班超		442l, 657r
呉百福		25l, 77l, 641l
伍淼源		539l, 803l
伍冰枝		**220**r
コファンコ、アントニオ		288l
コファンコ、エドワルド		3l, 288l
コファンコ、エドワルド・ジュニア		
		288r, 746r
コファンコ・シニア、ホセ		3l, 288l
コファンコ・ジュニア、ホセ		3l
コファンコ、ホセ		288r
コファンコ、メレシオ		288l
コファンコ、ラモン		3l, 288r
呉文換		672r
胡文虎		39l, 57l, 140r, 162r, 285r,
	288r, 368l, 397r, 399r, 432r, 454l,	
	511r, 636l, 689r, 726r, 732l, 751l	
呉文鯤		81r, 407l
胡文豹		
	285r, 288r, 397r, 726r, 732l, 751l	
呉碧倫		**864**l
コベル、チャールズ		38l
五峰先生		69l
ゴー・ポー・セン		149r
呉正男		**290**l
呉百福		25l, 77l, 641l
小山ちれ		**291**l
胡愈之		26r, 292l, 376l, 591r, 862l

胡耀邦		636l
コラボット・アッサウィンウィチット		
		292l
五柳		292r
ゴー・レアントゥク		52r
辜濂松		284r, 856r
伍連徳		52r
吾勒吉和希格		52r
ゴンザガ・リー		44l, 48r, 859l
コン、ステラ		149r
近藤重蔵		376r, 575l
ゴンドクスモ、スハルゴ		**295**l, 452l
ゴンドクスモ、スヤント		295r
ゴンドクスモ、トリヨノ		295r

[サ]

蔡雲輝		217r
蔡温		**297**l
崔貴強		88l, **297**r
蔡琴		526r
崔健		527l
蔡牽		96r
蔡権蔵		299r
蔡興		436l
崔国因		**297**r
蔡昆山		300l
蔡史君		201l, 380r
蔡志宏		298l
蔡志勇		**526**l
載寿隆		233l
蔡昌		436l
蔡少卿		298l
蔡仁龍		**299**l
蔡世金		**299**l
蔡善進		**476**l
蔡道安		218l
蔡道行		218l
蔡道升		218l
蔡道平		218l
蔡二官		**299**l
蔡文玄		64l
蔡万霖		**300**r
蔡明祥		634r
蔡明亮		526r
蔡良珠		**501**l
ザオ・ウーキー		302l
早乙女貢		192r, 802l
彭城宣義		302r, 641l
彭城仁左衛門		423l
サクストン、アレクサンダー		302l
サタウット・テーチャブーン		303r
サティアン・テチャパイブーン		4l
サニット・ウィラワン		539r
実藤恵秀		532r
サハー・マハークン		511r
サマーン・オーバーサウォン		

	305l, **306**r, 438l, 472l, 650l, 697l	
サームシリモンコン、ウィナイ		634r
サムリット・チラーティワット		
		415l, **861**r
サーラシン、アーサー		307l
サーラシン、スパット		307l
サーラシン、パオ		307l
サーラシン、バンディット		307l
サーラシン、ポット		307l, **724**r
サーラシン、ポン		307l
サリム、アントニー		**308**l, **309**l, 309r
サリム、スダルモ		**309**l
サリム、スドノ		**308**l, 308r, **309**l,
	404l, 415l, 521r, 627r, 683l, 794l, 807l	
サリム、スハンダ		309l
査良鏞		211l, 760l
サルモン、クローディーヌ		
		309r, 400r
サワット・ホールンルアン		
		310l, 473l
ザン・ダーチェン		**510**l
サンプルナ、アガ		318r
サンプルナ、プトラ		**318**r
三毛		**321**l

[シ]

シイ、ヘンリー		**322**r
シェン、イヤオウ		**323**l
ジェン、ギッシュ		148l
シェン、チェンパイ		**323**r
シェンノート、アンナ		
	104l, **323**r, 663l, 699l	
シェンノート、クレア・リー		**323**r
塩脇幸四郎		50r
斯琴高娃		**388**l
竺庵		569r
慈苦大老師		**324**r
重藤威雄		**324**r
施堅雅		**385**l
施済孫		325r
施至成		**322**r
シシップ、デイビッド		**324**r
シシップ、ホセ		**324**r
シシップ、ワシントン		325l
施振栄		55l
施進卿		**325**l
施振民		**327**l
シー、チンペン		24l, **327**l, 407r, 672r
斯蒂芬・菲茨杰拉徳		**671**l
司徒贊		**328**l
司徒美堂		**329**l, 410r
シナワット、タクシン		
	330l, 440l, 447l	
施二姐		325l
斯波義信		400r
シーファンフン、キアット		

和文人名索引（シ）

シーファンフン、チャイキリ	343r, 704r
シーファンフン、チャイキリ	704r
シーファンフン、プーンソン	
	51r, 437r, 704r
シーブンルアン、シャウフッセン	
	51l, 332l, 437l, 439r, 622l
施木樵	516r
シームアン、チャムロン	388l
シム・ウォンフー	221l
謝易初	330r, 332l, 449l, 506r
シャウフッセン・シーブンルアン	
	51l, 332l, 437l, 439r, 622l
謝栄	449l
謝家麟	332r
謝漢本	393l
佘経文	13r
謝玉謙	334l
釈大仙	713r
謝慧如	698r
謝傑立	334r
謝建智	393l
謝建友	393l
謝建隆	393l
謝克	127r
謝国民	331l, 449l
謝国明	334l, 354r, 626l
謝国権	334r
謝讃泰	253r
謝重生	393r
謝尚成	334r
謝少飛	331l
謝樞泗	601l, 632r
謝中民	432r, 449l
謝廷玉	335l, 646l
謝丕雀	745l
佘有進	336r, 337l, 370r
佘連城	337l
シャンホー、ヘレン	340r, 728r
シューアド、ウィリアム・H.	644r
シューアド、ジョージ・F.	340r
周貽春	396r
周一良	341l
周恩来	108l, 123r, 138r, 341l, 696l, 702l, 796l, 825r, 836l
周雅定	86l
蕭乾	277l
周起搏	692l
蕭玉燦	351l
秋瑾	785l
蕭軍	277l
周采芹	526l
周祥	500l
周筱生	343l, 810l
周慎九	315r
周星馳	509l
周錚	343r
周達観	343r
周富輝	344l
周富徳	344l
周南京	122l, 344l, 401l
周培源	344l
周仏海	483r
周文中	502r
周木松	493l
朱英南	659l
叔華	147r
祝秀俠	346l
ジュク・ユエントン	346r
朱慶光	513l
朱経武	499r
朱傑勤	346l
朱源芷	797l
朱虹	347l
朱孔恵	708r
朱国良	184r
朱士嘉	347l
朱之瑜	534r
朱秀山	751r
朱舜水	25r, 347l, 534r, 602r, 754r
シュー、チンイ	347l
朱徳	636l
朱佩章	349l
朱輔清	715l
朱茂山	136l, 349l
朱立戸	659r
朱立徳	659r
シュレーゲル、G.	542l
朱蓮芬	349l
ジュ・レンフン	349l
ジュン、ダグラス	349r
葉［姓］⇨葉（よう）	
邵毓麟	600l
蔣維泰	739l
邵逸夫	355r, 356r
蔣介石	99r, 176l, 276l, 320r, 333l, 422r, 486l, 496r, 592l, 662l
聶華苓	87r, 147r, 277r, 593l
蔣既淑	391l
ショウ・ギョクチャン	37l, 351l, 548l
蕭敬輝	436l, 581l
蔣経国	487l
邵結萍	351l
庄国土	400r
聶耳	307r, 352l
鍾焯興	352l
蔣震	462l
邵仁枚	355r
邵酔翁	355r
招清相	353l
饒宗頤	354l
鍾楚紅	463l
鍾廷基	463r
	463r
妊森	344l
饒・ナンジン	855l
蕭仏成	332r
章炳麟	356l, 364l, 662l, 760l, 830l
章芳琳	356l
ショウ、ラン・ラン	338l, 355l, 356r, 615r
焦立中	471l
蔣麗莉	462r
徐克	527r
徐勤	357l, 791l
徐敬雲	259l
徐広坤	357r
徐賛周	358l
徐燦生	664r
徐四民	358r
徐小明	359l
徐清華	466r
徐靖沂	347r
徐前園	343r
徐肇開	714l
徐徳政	360l
徐福	360r, 604r
ジョンソン、チャールズ	253l, 701l
シララヒ、ハリー・チャン	362r
シリシン、スパー	723l
シリチャイ・ブンクン	362r, 472l
シリモンコンカセム、プラシット	696l
シリワッタナパックディー、チャローン	3r, 473l
シルバーアーチャー、バンハーン	440l, 656r, 698l
岑維休	133r
沈栄根	785l
心越	569r
真円	71l
辛海棉	378l
沈己尭	323l
沈慧霞	340r
沈堅白	323l
岑才生	403r
沈茲九	376l
心笛	147r
沈南蘋	569r, 775l
ジン、ハ	149l
シン、ハイメ	378l
秦斌	379r
沈慕羽	380l
沈鵬元	696r
沈鵬佐	696r
沈望伝	221l
秦牧	67l, 139l, 380l
秦裕光	381r

969

和文人名索引（ス～タ）

[ス]

スウィット・ウォンリー・・・411r
鄭文懐　540r
菅原幸助　540r
スキナー、G.ウィリアム　59l, 385l
ススストロ、ウォト・ハディ
　　　　385r
スシ・サンティ　385r
スタント、ジュハル　309l, 309r, 387r
スチャイ・ウィラメタクーン
　305l, 306r, 387l, 432l, 438l, 449l, 658l
スーチン・ガオワー　388l
スチンダー・クラープラユーン
　　　388l, 392l, 440l
スパシット・マハクン　539r
スパー・シリシン　723l
スパット・サーラシン　307l
スハルト　319l, 415l, 632l
ス・ホクジン　693l
スミット・ロートスミットクーン
　　　390l, 438l
スメット・チョウラワノン
　　　432r, 449l
須山卓　31r, 390l, 752r
スラタナカウィクーン、クンコエム
　　　226r, 826l
スラット・オーサターヌクロ　390r
スラポンチャイ、ウィチット
　　　472l, 650r
スリ・アッサダートン　391l
スリブト、アテン　392r
スリヤディナトラ、レオ　6r, 393l, 400r
スルヤ・ウォノウィジョヨ　217r
スルヤジャヤ、ウィリアム　7l, 393l
スルヤジャヤ、エドウィン　393r
スルヤジャヤ、エドワード・セキ
　　　393r
スー・レイ　425r
スン・ウェン　428r
スーン・チューテク　395l
スントーン・ウォンクソンキット
　　　395r
スーン・ペンヤム　395r
スン、ポール　428l

[セ]

施［姓］⇒施（し）
盛毓度　825l
星雲大師　396l
斉竺山　643r
成之凡　397l
セイゼ、マリア　3r, 398l
盛宣懐　825l
成龍　293r, 461l
西類子　587r

464r
悳　404l
薛性由　406l
薛祖恒　406l
薛多瑪斯　406l
薛八官　406l
薛福成　406r, 495l
薛仏記　406l
薛有礼　140l, 848l
薛来宏　406r, 782r
銭鴻翔　398l
船主仏　47r
蒋心　147r
銭存訓　412l
詹廷英　266r, 413l
詹美珠　746l
詹敏崇　418l
銭穆　780l
ゼン・ミンミン　535l

[ソ]

曹亜志　417l
荘為璣　98l, 417l
宗毓華　474l
荘育燦　793l
荘育民　793r
荘因　147l
曹永和　417l
荘炎林　417l
宋旺相　417r, 838l
宋嘉樹　99l
荘希泉　417l, 418l
曾慶輝　418l
荘恵泉　380r, 418l
宋慶齢　431r
曾憲建　9r
曾江水　291l
曾広培　419l
曾広庇　419l
曾国藩　338l, 374r
宋子文　160l, 484l, 591r, 636l, 730l
曾淑銘　785r
曾筱龍　527l
曹誠淵　526r
荘西言　257l
曾星舫　599l
曾卓軒　422r
曾德深　422r, 782r
宋美齢　422l
桑宝楚　716l
荘明理　423r
蘇旭明　473l
即非　57r, 68r, 139l, 179r, 423l, 569l,
　641l, 641r, 681r, 836l
蘇君謙　226r, 826l
蘇豪傑　407r

蘇芮　425r
ソー、デイビッド　62r
蘇道生　233l
蘇福仁　692l
祖炳民　426l
ソーポンパニット、チャートシリー
　　　472l, 650l
ソーポンパニット、チャートリー
　306r, 426r, 427l, 438l, 471l, 521l,
　650r, 661l, 697l, 704l, 705l
ソーポンパニット、チン　13r, 40l,
　51r, 306r, 309r, 338l, 343r, 426l,
　440l, 471l, 506l, 521l, 650l, 695r,
　704l, 705l, 732l
ソーポンパニット、ブーンスリー
　　　521l, 704l
ソーポンパニット、ロビン
　　　426l, 471l, 650r
蘇曼殊　376l, 426r, 788l, 800r
ソムサック・リーサワットラクーン
　　　426r, 472l
ソムマイ・フンタクーン　286l, 427l
蘇鳴崗　703l
ソン・オンシアン　417r
ソンクラーム、ピブン　440l
孫継五　427r
孫士傑　238l, 790l
孫士林　743r
孫中山　20l, 429l
孫忠利　428r, 641l
孫眉　428l, 429l, 645r
孫文　14r, 66l, 66r, 80l, 84r, 85r, 97r,
　99r, 103r, 107r, 112l, 123l, 135l,
　140r, 157r, 197r, 199r, 209l, 212r,
　238l, 241l, 253l, 253r, 254l, 267r,
　270r, 271l, 275l, 277l, 311l, 329l,
　332r, 356l, 357l, 360r, 364l, 379l,
　391l, 422r, 428l, 428r, 429r, 430l,
　434r, 438r, 446r, 453r, 466l, 485r,
　487r, 488l, 493r, 499l, 516l, 521l,
　523r, 532r, 552l, 580l, 583l, 595r,
　601r, 621l, 636l, 639l, 645r, 648l,
　651r, 654r, 667l, 676r, 677l, 692l,
　709l, 712l, 714l, 720l, 733r, 740r,
　753r, 756l, 765r, 778r, 779l, 791l,
　824l, 825r, 830l, 831l, 832l, 834r,
　842l, 842r, 849r
孫炳炎　395r
ソン、ベティー・リー　430r

[タ]

戴喜雲　433l
タイ・キーユン　433l
タイ・クオフエイ　435l
戴建偉　531l
戴国煇　435l, 545r

970

和文人名索引（タ～チ）

戴春栄	433*l*
大成和尚	72*r*
戴宗漢	**436***r*
タイ・チュンヨン	433*l*
邰肇玫	**438***l*
戴培玢	433*l*
タイ・ペイユエン	433*l*
戴亮輝	587*l*
ターウォン・ポンプラパー	297*l*, 500*l*
ターウォン・リーサウァウェット	**446***l*
滝川儀作	**446***l*
滝川弁三	34*r*, **446***l*, 627*r*
タークシン	427*l*, 439*r*, **446***r*, 507*r*, 627*l*, 695*r*
タクシン・シナワット	330*l*, 440*l*, **447***l*
武林治庵	**447***r*
武林唯七	**447***r*
田中角栄	839*l*
タナブーン・キマーノン	**448***l*
ダニエルズ、ロジャー	24*r*
タニン・チョウラワノン	134*l*, 306*r*, 331*l*, 332*l*, 387*r*, 432*r*, 438*l*, **449***l*, 506*r*, 658*l*
タノト、スカント	36*l*
タ・ビン	**449***r*
タム、アラン	**451***l*
ダムノーンチャーンワニット、キティー	181*l*, 696*l*
タム、ビビアン	**451***l*
ダムリー・ダーラカーノン	13*l*, 306*r*, **451***l*
タム、ローマン	802*r*
ダムロン・ナワサワット	**451***l*
ダライ・ラマ	353*r*
ダーラカーノン、ダムリー	13*l*, 306*r*, **451***l*
ダララット・アン	**451***r*
タラーン・ラオチンダー	40*r*
ダルマディ、ヤン	**452***l*
駝鈴	126*r*, 748*r*
タン、アントニオ・S	**453***l*
譚雲山	**453***r*
タン、エイミ	148*r*, 207*r*, 350*l*
譚詠麟	**451***l*
タン、エルトン	6*r*
タン・エンキム	368*l*, **453***l*
譚燕玉	**451***l*
タン・エンスーン	**457***r*
タン・カーキー	2*l*, 19*r*, 20*l*, 34*r*, 112*r*, 123*r*, 140*r*, 252*r*, 257*l*, 291*l*, 344*r*, 366*l*, 371*l*, 410*l*, **453***r*, 460*l*, 515*r*, 563*r*, 564*l*, 583*l*, 591*r*, 608*r*, 690*l*
	691*l*, 731*r*, 814*l*
タン・カクティオン、トニー	362*l*
タン・カーホー	**454***r*
譚乾初	**454***r*
タン・キエンシェン	642*l*
タン・キムセン	**517***l*
タン・キムチュア	**455***l*
タン・キムチン	**517***l*
タン・キムホー	457*r*, 459*r*
タン・キムユー	33*l*
タン・ギョクラン	**459***l*
タン・キン・ユン	**531***r*
タン・クンスワン	216*l*, **456***l*, 747*r*, 839*l*
譚慶秋	**456***l*, 782*r*
タンシウティン・ウォンリー	46*l*
タンシウモン・ウォンリー	46*l*
タン・シオンキ	**456***l*
タン・シュウシン	281*l*, **456***r*, 457*l*, 565*r*, 815*l*
譚盾	**458***l*
タンシル、エディ	802*l*
タンシル、ハリー	802*l*
タンシン、ピチャイ	746*l*
タンシン、マリー	**746***l*
タンソムバットウィシット、ウィチエン	40*r*
タンタサワッディー、アナン	22*l*
タン・チェンロク	456*l*, 457*l*, 565*r*, 744*l*, 748*l*
タン・チーシン	700*r*
タン・チーペン	**457***l*
タン・チュエヒン	802*l*
タン・チョン	**459***r*
タン・チントゥアン	124*l*, 219*l*, **457***r*, 458*l*, 814*l*
タン・チンナム	33*l*
タンティピパットポーン、ピパット	**661***l*
ダンディン	288*l*, 746*r*
ダーンデルス	656*r*
タン・ドゥン	**458***l*
タン・トックセン	**523***l*
タン・トニー	**458***l*
段柏林	**458***l*
譚発	**458***r*
タンプー、エドウィン	149*l*
タン・ペイリン	**456***r*
タンマティタム、チュワン	**500***r*
タン、メイ・チン	149*l*
タン、メリー・G.	385*l*, **459***l*
タン・ユー	6*l*, **459***l*, 851*r*
譚雄	**462***l*
タン・ユエフォー	457*r*, **459***r*
タン・ユエミン	385*l*
タン・ユホック	**460***l*
タン・ヨクニー	247*r*, **517***l*
タン・ラクサイ	162*l*, 368*l*, **460***l*, 689*r*, 691*l*
タン・リンジェ	**460***r*
タン、ルシオ	**460***r*, 690*l*, 747*l*

［チ］

チア・キアンティ	393*l*
チア・キアンリオン	393*l*
チア、ジャック	334*r*
チアン、ユン	**461***l*
チェア・ピーチョク	745*l*
チェオン、カロリン	13*l*
チェン・カーシュン	464*r*, 613*r*
チェン、ジャッキー	172*l*, 293*r*, **461***r*, 512*l*
チェン、ジャック	**462***l*
チェン、ジュアン	**462***l*, 485*r*
チェン、ジョアン	**462***r*
チェン、チアケン	**453***r*
チェン、チェリー	**463***l*
チェン、チーナン	**463***l*
チェン、ツービン	**463***l*
チェン、ティアン	**463***l*
チェン、テンキー	**463***r*
チェン、ヘンジェム、ウィリアム	**463***r*, 798*l*
チェン、ユートン	426*r*, **464***l*, 613*r*
チェン、リリー・ワンジュリー	**663***l*
チェン、リン	**464***r*
チェン、ルーシー	**464***r*
チェン、レイモンド	**465***l*
チェン、ワイクン	44*r*
チオ・ウィタイ	739*l*
竹渓	**465***r*
チ・チンホアン	**466***l*
チプトラ	**466***l*
チャイキリ・シーファンフン	704*r*
チャイユット・カーナサット	30*r*, **470***l*
チャイロート・マハーダムロンクーン	536*l*
チャオ、エレーン	**470***r*
チャオ・チャリン	471*l*
チャオ、ユアンレン	**470***r*
チャオ、リロイ	**471***l*, 475*r*
チャオ、ロザリンド	**471***l*
チャーチャーイ・チュンハワン	297*l*, 305*r*, 387*r*, 438*l*, 440*l*, **471***r*, 657*l*, 697*r*
チャッチャニー・チャティカワニット	**657***r*
チャティカワニット、チャッチャニー	**657***r*

971

和文人名索引（チ）

チャートシリー・ソーポンパニット	472*l*, 650*r*	チュー、ルイス	148*r*	張戎	461*r*
		チュー、ロドリック・G.W.	500*r*	趙春琳	61*r*
チャートリー・ソーポンパニット		チュワン・タンマティタム	500*r*	張燮	554*l*
306*r*, 426*r*, 427*l*, 438*l*, **471***r*, 521*r*,		チュワン・ラッタナラック		趙紫陽	62*r*
650*r*, 661*r*, 697*l*, 704*l*, 705*l*			22*l*, 222*l*, 387*r*, **500***r*	趙小蘭	470*l*
チャニット・ピヤウイ	472*l*	チュワン・リークパイ	440*l*, **501***l*	張嘯林	662*l*
チャムロン・シームアン	388*l*	チュン、ジャッキー	474*r*	趙汝适	360*l*
チャローン・ウアチューキエット	4*l*	チュン・ティンジャン	547*r*	張振勲	502*l*, **508***l*, 511*l*
チャローン・シリワッタナパックディ		チュンハワン、チャーチャーイ		張瑞芬	87*l*
ー	3*r*, 473*l*	297*l*, 305*l*, 387*r*, 438*l*, 440*l*, **471***r*,		張枢	508*r*
チャワラット・チャーンウィラクン		657*l*, 697*r*		張政	604*r*
	473*l*	チュンハワン、ピン	697*r*	超然	423*l*
チャワリット・ヨンチャイユット		チュン・ワ	322*l*	チョウ・センチー	509*l*
	446*l*	チョア、マーガ	501*l*	張綜霊	509*r*
チャン、N.C.	473*l*	チョア・リアンチョエ	501*r*	張楚琨	510*l*
チャン、アグネス	473*l*	張愛玲	502*l*	張尊三	510*l*, 631*l*, 631*r*, 646*r*
チャン、アンソン	473*l*	張煜南	502*l*	張存武	87*r*, 400*r*
チャーンウィラクン、アヌティン		張維平	313*r*	張大千	**510***l*, 716*l*
	473*l*	張蔭桓	297*l*, 314*l*, **502***r*	張卓如	539*r*
チャーンウィラクン、チャワラット		チョア・ウェンチュン	502*r*	張卓雄	**514***r*
	473*l*	張瑛	502*l*	張朝	500*l*
チャン、エディ	34*l*, 474*l*	刁永祥	510*l*	張定卿	646*r*
チャン・カイン	517*r*	張栄発	61*l*, **503***l*	張徳澄	263*r*
チャン・キット	474*l*	張永福	360*r*, 397*l*, 493*r*, **503***l*, 521*l*	張徳培	476*l*
チャン、コニー	474*r*	張永文	610*l*	張任謙	476*l*
チャン、ジュリアス	474*r*, 640*l*, 764*l*	張珂旭	181*l*	趙美心	496*l*
チャーン・シンシェン	475*l*	張学友	474*r*	張弼士	443*l*
チャン、スーチェン	475*l*	趙家玲	471*l*	張福林	475*r*
チャン、チェルシー	463*r*	張巍	742*r*	張方広	510*l*
チャン・チュンホック	362*r*	張吉泉	32*l*	張法寿	510*l*
チャン−ディアス、フランクリン・		張熙堂	787*l*	張宝廷	758*l*
R.	475*r*	張奇夫	293*l*	趙無極	302*l*
チャン、トニー	295*r*	張暁卿	336*r*, 398*l*	張明覚	476*r*
チャン、ビクター・P.	476*l*	張玉良	648*l*	張明添	730*r*
チャン、マイケル	476*l*	張錦程	181*l*	張友深	75*l*
チャン、ミンチュエ	476*l*	張鑾	276*l*	チョウラワノン、エクチョー	332*l*
チャン、ラン・サマンサ	148*r*	趙建秀	524*l*	チョウラワノン、スメット	
チャン、ランチェン	511*r*	趙元任	470*r*		432*r*, 449*l*
チャン、リン・ティエン	663*l*	趙光華	500*r*	チョウラワノン、タニン	134*l*, 306*r*,
チャン、レイモンド	706*r*	張光直	503*r*	331*l*, 332*l*, 387*r*, 432*r*, 438*l*, **449***l*,	
チャン、レスリー	476*r*, 776*l*	張晃禎	418*l*	506*r*, 658*l*	
チャン、ロビン	426*l*, 471*r*	張鴻南	502*l*	張蘭臣	
チュア・シェンチン	476*r*	張国栄	476*l*	13*l*, 40*r*, 51*r*, 437*r*, 440*l*, **511***r*, 539*r*	
チュウ、ジュディ・M.	496*l*, 663*l*	張国基	504*r*	張立才	154*r*
鈕春杉	496*l*, 581*l*	張蔡雨	446*l*	張礼千	590*l*
チュウ・チュエイリャン	497*l*	張済民	45*l*, **505***l*	チョウ、レイモンド	293*r*, 511*r*
チュウ、トーマス・フォーン	497*r*	張錯	147*r*	チョークワッタナー、ティエン	
チュウ、ポール	499*r*	趙燦垣	497*l*	306*l*, 306*r*, 451*r*, 704*l*	
チュー・コクリョン	184*l*	張三官	563*r*	チョークワッタナー、ブンシット	
チュー・チョン	500*l*	張三峯	505*l*	1*l*, 306*l*, **703***l*	
チュピン・テチャパイプーン	51*r*	張之香	**701***l*	チョー・ケンクワン	513*l*
チュムポン・ポンプラパーン	500*l*	張師捷	785*l*	チョーティ・ラムサム	657*r*
チュー、メイリーン	184*r*	張師振	785*l*	チョート・ラムサム	442*l*
チュー、ライモント・アサー	87*l*	張志端	168*l*	チョン、コリン	149*r*
チューリン・ラムサム		張枝超	365*l*	チョン・チョクホン	514*r*
	442*l*, 539*l*, 657*l*	張之洞	65*r*, 350*l*, 374*r*, 495*l*, 532*l*	チラーティワット、サムリット	

	415*l*, 861*r*	陳景鎮	473*l*	陳祥水	520*l*
チラーティワット、ティエン		陳炯明	199*l*, 466*l*, 493*l*	陳上川	304*r*, 513*r*, **520***l*, 626*r*, 778*l*
	415*l*, 861*l*	陳迎来	642*l*	陳尚智	398*r*, **520***l*, 522*r*
チラーティワット、ワンチャイ		陳莉和	368*l*, 515*l*, **518***r*	陳上梅	523*r*
	51*r*, 415*r*, **861***l*	陳月火	459*r*	陳昌福	520*l*
沈［姓］⇨沈（しん）		陳潔儀	474*l*	陳璋満	828*r*
陳亜九	516*r*	陳厭祥	731*r*	陳汝舟	473*l*
陳毓宜	517*l*	陳擷芬	785*l*	陳振伝	457*r*, 458*l*
陳育崧	368*l*, **515***l*, 592*l*	陳建一	519*l*	陳振南	33*l*
陳一官	562*l*	陳憲章	384*l*	陳振龍	412*l*
陳依範	**462***l*	陳謙善	642*l*	陳清	254*l*
陳因	264*l*	陳元鑾	569*l*	陳清官	562*l*
陳蔭全	**500***l*	陳元豊	795*r*	陳世卿	520*r*
陳永	291*l*	陳建民	**518***l*	陳斉賢	290*l*
陳永栽	**460***l*	陳綱	519*l*, 642*l*	陳世望	210*l*, 431*l*, 519*l*, **520***l*, 579*r*,
陳栄順	457*r*	陳興勤	**696***l*		581*l*, 856*l*
陳奕山	563*l*	陳浩盛	519*l*	陳正雄	525*l*, 786*l*
陳延謙	453*r*	陳興東	692*l*	陳錫堯	473*l*
陳学書	**515***r*	陳香梅	**323***r*	陳宣衣	47*r*
陳学忠	99*l*, 124*l*	陳克威	458*r*	陳増錦	22*l*
陳嘉庚⇨タン・カーキー		陳国維	610*l*	陳宗敬	44*l*
陳嘉庚	34*r*, 140*r*, 252*r*, 291*l*, **453***r*,	陳克光	458*r*	陳祖義	325*l*, 409*l*
	515*r*, 591*r*	陳国樑	431*l*, 436*l*, **519***l*, 540*l*, 581*l*	陳素貞	**475***l*
陳果仁	669*l*	陳焜旺	519*l*, 547*l*	陳楚楠	140*r*, 291*l*, 360*r*, 397*r*, 493*r*,
陳家和	**454***l*	陳最哥	642*l*		503*l*, **521***l*
陳侃	363*l*, **515***r*	陳三官	562*l*	チン・ソーボンパニット	13*r*, 40*l*,
陳漢子	481*l*	陳三井	87*l*		51*r*, 306*r*, 309*r*, 338*l*, 343*r*, 426*l*,
陳翰笙	128*l*, 139*r*, **516***l*	陳參盛	14*l*		440*l*, 471*r*, 506*l*, **521***l*, 650*l*, 695*r*,
陳宜禧	**516***l*	陳志瑋	519*r*		704*l*, 705*l*, 732*l*
陳吉梅	217*l*	陳紫衍	519*l*	陳太宗	517*r*
陳其南	**463***l*	陳志遠	700*l*	陳大定	626*r*
チン・ギーヒー	322*r*, 463*l*	陳子興	802*l*	陳台民	**521***r*
陳義方	133*l*, 363*r*, 445*r*, **516***r*	陳志鴻	**500***l*	陳沢憲	222*l*
陳九官	57*r*, 562*l*	陳子煌	802*l*	陳卓豪	**390***l*
陳九官	560*l*	陳慈黌	47*r*	陳卓生	523*l*
陳仰臣	261*l*	陳志成	700*r*	陳卓愉	**465***l*
陳玉書	516*r*	陳子超	474*l*	陳達	**522***l*
陳玉池	**516***l*, 792*r*	陳日峰	398*r*	陳達初	554*r*
陳旭年	517*l*	陳之藩	147*r*	陳竹如	**451***r*
陳玉波	168*l*	陳之彬	**463***l*	陳智榘	472*l*
陳玉蘭	459*l*	陳志明	**457***l*	陳冲	**462***r*
陳金火	459*r*	陳若曦	87*r*, 519*l*	陳冲一	58*l*, 343*r*, 562*l*
陳金鍾	517*l*	陳若錦	337*l*, 418*l*, 517*r*	陳仲民	**474***r*
陳金鐘	57*r*, 431*l*, 521*l*, 581*l*	陳秋霞	**463***l*	陳中和	349*l*
陳金声	383*l*, 384*r*, 517*l*	陳修信	456*r*, 565*r*	チン・チュンホック	322*l*
陳錦泉	**455***r*	陳秋浦	581*l*	陳婷婷	**522***l*
陳錦堂	827*l*	陳守国	**453***l*	チン、ティファニー	**522***l*
陳錦耀	33*l*	陳孺性	**39***l*	陳禎禄	457*l*, 565*l*
陳金和	**517***r*	陳守鎮	46*l*, 48*l*	陳田	**463***l*
陳群川	**456***l*	陳守度	518*l*	陳天鹿	520*r*
陳煲	**517***r*	陳樹彬	357*l*	陳天爵	46*l*, 48*l*
陳慧瑛	**518***l*	陳守明	46*l*, 47*l*, 437*l*, 852*l*	陳天杖	520*r*
陳慶炎	**458***l*	陳舜臣	**520***l*	陳天聡	**46***l*
陳啓沅	**518***l*	陳唱	457*r*, 459*r*	陳天珍	398*r*, **520***r*, 522*r*
陳敬山	562*l*	陳祥基	**456***l*	陳天徳	470*l*
陳啓樞	518*l*	陳省身	**475***l*	陳東華	580*l*

和文人名索引（チ～テ）

陳道秀	**522**r	陳烈甫	525r	鄭鴻標	**538**l
陳洞庭	**522**r, 782r	陳憐如	460r	鄭午楼	**51**r
陳徳樹	**661**r	陳廉伯	514r	鄭芷蓀	303r
陳独秀	780l	陳六使	291l, 371r, **460**l	ディシニ、ヘルミニオ	747l
陳徳仁	262l, 265l, 265r, 428l, **522**r	陳和泉	517r	鄭子彬	51l, 51r
陳篤生	517l, 517r, **523**l			鄭子瑜	**532**r
チンナコーン、ニパット	601l, 632r	[ツ]		鄭周敏	459l
陳倍凌	456r	ツァイ、ジェリー	526l, 663l	鄭祝三	259r, 264r, 267l, 378r, **532**l
陳伯勤	58r	ツァイ・チン	**526**l	程順則	**533**l
陳必挙	**523**l, 631r	ツァイ・チン	**526**r	鄭昭	446r, 507r, 695r
陳弼臣	**521**l	ツァイ・ミンリャン	**526**l	鄭少堅	**533**l
陳美齢	473r	ツァイ・ワンリン	**300**r	鄭松隆	**533**l
陳福謙	349l	ツァオ、ウィリー	**526**r	鄭松林	6r
陳福寿	**523**r	ツァン、ヘンリー	328r, **527**l, 646l	ティ、ジョージ・S. K.	
陳福坡	**523**r, 604l, 651l	ツァン・ロンファ	**503**l		**533**l, 764r
チン、フランク	148r, **524**l	ツィアン、H. T.	148l	鄭汝常	415r, 861l
陳文煥	313r	ツイ・ジェン	**527**l	鄭芝龍	23r, 31r, 164l, 287r, **533**l,
陳文雄	427l, **524**l	ツイ・ハーク	21l, 47l, **527**l		534l, 602r, 666l, 856l
陳平	**524**r	ツン・ルオシー	87r, **519**l	鄭信	**446**l
陳平順	324l			鄭仁瑞	581l
陳秉達	640l	[テ]		鄭成功	18l, 20r, 31r, 354l, 439l, 444r,
陳丙丁	23r	丁謂	407r		505l, **533**l, 559l, 602r, 661l, 669l,
陳炳郎	634l	程毓林	**530**l, 785l		778l
陳璧君	**524**l	鄭永超	54r, 171r	鄭正秀	664r
陳碧笙	**524**r	鄭永寧	**530**r	鄭雪濤	532r, **534**l
チン・ペン	463r, **524**l, 744r	ティエンアークン、アンドレ	9r	鄭藻如	281l
チン・ホアイ・ドゥック	**530**l	程延焯	726r	鄭竈伯	532r
陳芳	645l	ティエン、チャン・リン	**530**r	鄭宗明	531l
陳方安生	473r	ティエン・チョークワッタナー		鄭智勇	618l, **733**r
陳芳博	517r		306r, 306l, 451r, 704l	鄭貞伯	532r
陳朴純	355l	ティエン・チラーティワット		ディー、デューイ	747l
陳本銘	746l		415l, 861l	鄭天華	349l
陳正雄	**525**l, 786l	ティオン・ヒュウキン	336r	鄭年錦	**538**l
チン・ムー	380r	鄭	587l	鄭伯信	535l
陳名時	580l	鄭懐徳	**530**l, 587l	鄭伯齢	266l
陳名治	324l	丁家駿	152l	丁部領	535l
陳明水	384r, 517l, 517r	鄭家純	464r, 613l	鄭芳揚	743r
陳明達	436l	鄭可楼	670r	鄭保哥	459l
チン・ヤン・リー	148l	鄭官応	499l	鄭明	535l
陳友	**459**l	鄭貫公	780r	鄭明如	**704**r
陳有漢	471r	鄭鑒信	632l	鄭明明	535l
陳有慶	426l	鄭幹輔	161l, **531**l	鄭綿綿	6r, 851r
陳裕財	**661**l	テイ・キアホン	**531**l	鄭有英	**861**l
陳有福	**460**l	テイ・キアンウィ	**531**l	鄭有華	415l, 861l
陳揚春	324l	鄭鏡鴻	**531**l	鄭裕彤	**464**l
陳耀堂	785l	鄭暁初	599l	ティーラウィット、キエン	**174**r
陳蘭彬	223l, **525**l	鄭琴淵	**531**l	鄭亮蔭	343r, 704r
陳李琬若	817l	程君復	**531**r	鄭良淡	**451**l
陳立梅	47l, 437l	鄭啓基	703l	鄭麗麗	6r
陳里特	**525**l	鄭瓊瓊	6r	ディレック・マハーダムロンクーン	
陳龍堅	297l, 500l	丁肇中	17r, **537**l		535l
陳龍燦	500l	鄭継烈	303r	ディロック・マハーダムロンクーン	
陳良官	581l	鄭彦棻	**531**r		438l, 501l, 529r, **535**r, 769l
陳亮生	388l	鄭幸胥	**532**l	鄭和	9l, 29l, 54r, 320l, 325r, 342l,
陳霖	**464**l	鄭光添	5l		390l, 409l, **536**l, 542r, 551r, 666r,
陳麗娜	515r	鄭洪年	181r, **532**l		720l, 739r, 743l

974

和文人名索引（テ～ハ）

ティン、サミュエル	17r, 537l	
ティン、ジェームズ・ヘンリー	407r	
ティンターナティクン、カチョン	152l, 697l	
ティン・ペキン	58r	
ディン・ボ・リン	535l	
テー・キアンセン	632l	
翟光華	740l	
テチャパイブーン、ウテン	4l, 40r, 51l, 51r, 129l, 134l, 227l, 392l, 437l, 473l, 506l, 651l, 652l, 657l, 670r, 704r	
テチャパイブーン、カムロン	670r	
テチャパイブーン、サティアン	4l	
テチャパイブーン、チュピン	51l	
テーチャブーン、サタウット	303r	
テチャワーニット、ホン	134l, 434r, 618l, 733r	
鉄心道胖	355l	
テ・ニンキン	538l	
デ・ホロート	542l	
テー・ホンビョウ	538l, 640l	
田家柄	443l, 539l	
田漢	307r	
田汝康	540l	
田長霖	530r	
テン、テレサ	540l	

[ト]

ドイフェンダク	542l	
杜維明	543l	
トウ、J. S.	148l	
トゥ・ウィミン	346l, 543l	
湯覚頓	547l	
鄧恭叔	168r	
湯欽明和尚	261l	
トゥグー・ガンダ・ウィジャヤ	40l	
唐景星	624l	
唐桂良	553l	
董建華	48r, 403l, 553r	
董浩雲	13r, 224r, 553r	
鄧小平	154r, 228l, 574r, 586l, 636l, 702l, 796l, 825r	
鄧稚鳳	33l	
湯婷婷	207l	
唐徳剛	147l	
鄧文福	40r	
鄧鳳犀	168l	
東方白	147r	
東甫大王	820l	
湯耀鴻	640l	
鄧麗君	540l	
独健	57r	
独振性英	641r	
独立	57r, 181l, 569r, 680l, 767l	
徳齢	566l	
杜月笙	662l	

杜国輝	566l	
杜子威	566l	
屠汝涷	14l	
杜進才	281r, 811l	
杜聡明	566l	
トー・チンチャイ	281r, 811l	
トプレイ、マージョリー	568l	
ドメス	406l	
東京久蔵	179l, 571r	
曇瑞法師	789r	
トン・ユーホン	640l	

[ナ]

中井曾弘	377l	
中川忠英	574r	
中島栄三	78r	
中島真兵衛	771r	
成田節男	31l, 585l	
ナワサワット、ダムロン	451r	

[ニ]

仁井田陞	33l	
ニエアル	352l	
ニエ、ファーリン	87r, 147r, 277r, 593l	
ニオ・ハップリアン	223r	
西川如見	582l, 595l	
西島良爾	596l	
西村公一	427l	
西村七兵衛	522r	
ニパット・チンナコーン	601l, 632r	
ニ・フコン	845r	
任政光	613r	

[ヌ]

ヌルサリム、シャムスル	141r	

[ネ]

根岸佶	50r, 89r, 615r	
年紅	617r	

[ノ]

野田青葭	771r	

[ハ]

貝津銘	706l	
梅艶芳	761l	
馬偉鴻	735r	
梅光達	225l	
バイチット・ウワッタナクーン	51l	
ハイデュース、マリー・F. ソマース	623l	
バイナ、チャールズ	701l	
バウリング、ジョン	624l, 625l	
馬応彪	410r	
バオ・サーラシン	307l	

バオ、Y. K.	44l, 48l, 615r, 625l, 859l	
馬歓	29l, 54r	
バキリン	659r	
巴金	842r	
馬釣利	362r	
鄭玖	587l, 626r	
莫虎	767l	
麦少甫	124l	
麦少彭	34r, 265l, 267r, 627l	
パークス、ハリー	505r, 635l	
バクディー、クンセー	806r	
鄭天賜	627l	
莫登庸	628l	
麥留芳	738l	
麦礼謙	798r	
馬鴻金	292l	
馬広秀	739l	
馬国智	704r	
馬国長	704r, 804r	
ハサン、モハマド	632l	
ハジ・ユヌス・ヤヒヤ	30l	
ハショウ	792l	
巴人	68r	
秦銀兵衛	741l	
馬濯	67r	
馬沢民	731r	
馬達紅	697r	
馬澄坤	564r	
馬陳茂	704l	
ハック、アーサー	636l	
パッチャリー・ブーンティチャローン	793r	
馬定偉	292l	
馬典娘娘	227l	
馬燊政	362r	
馬徳祥	656l	
馬敏郷	76r	
馬聘三	264r, 267l, 479r, 640l, 832l	
林兼正	640r, 717l, 784l	
林宏一	406r	
林康治	124l, 641l	
林達雄	640r, 642l, 717l	
林道栄	171r, 641l	
林仁兵衛	259l, 423l, 641l, 837l	
林梅卿	641l	
林道三郎	641l	
林康弘	642l, 717l	
馬裕炎	858l	
馬友友	742r	
バランカ、カルロス	478r, 519l, 642l	
バランカ、ジュニア、カルロス	642l	
馬立群	362r, 437l	
ハリム、アルバート	309r	
ハリム、アンドレー	309r	
ハリム、ラフマン	218l	
バーリンゲーム、アンソン	644l	

975

和文人名索引（ハ～フ）

ハワード、ウィリアム	209*l*	
ハワード、ジョン	646*l*	
パン、アルビン	149*r*	
潘、エディ	642*l*, 646*l*	
潘延初	253*l*, 510*l*, 630*r*, 646*l*	
潘玉良	648*l*	
潘景赫	649*l*	
潘景波	168*l*, 653*l*	
パンゲストゥ、ブラヨゴ	649*l*	
パンゲストゥ、マリ・エルカ	650*l*	
パンゲストゥ、ユスフ	658*l*	
潘根元	266*r*	
范蔵久	653*l*	
范氏	314*r*	
范錫朋	253*l*, 789*l*	
潘受	653*l*	
パン・ショウ	653*l*	
潘振成	236*r*	
ハン・スーイン	654*r*	
潘清簡	655*l*	
潘醒農	655*l*	
ハンソン、ポーリン	863*l*	
潘達初	57*l*, 168*l*, 653*l*	
パンチャー・ラムサム	442*l*, 657*r*	
ハン、チンチャン	656*l*	
バンディット・サーラシン	307*l*	
藩廷逢	707*l*	
范道生	69*r*	
藩佩珠	825*l*	
パンハーン・シルバーアーチャー	440*l*, 656*r*, 698*l*	
潘美官	581*l*	
范茂桐	579*r*, 715*l*	
パンヤラチョン、アナン	306*r*, 440*l*, 451*r*	
パンヨン・ラムサム	388*l*, 432*r*, 442*l*, 449*l*, 657*r*, 803*l*	
パンライキム、ユスフ	650*l*, 658*l*, 859*l*	
潘樂	658*l*	
パン・リン	88*l*, 104*l*, 369*r*, 658*l*	
潘翎	88*l*, 658*l*	
潘蓮夫	510*l*, 646*l*	
潘匯珍	785*l*	
潘和五	448*l*	

［ヒ］

費彝民	659*l*	
ピカリング、ウィリアム・アレクサンダー	224*l*, 659*l*	
ピキリン	659*r*	
ビクター・バーセル	59*l*	
ビクター・リー	501*r*, 809*r*	
費孝通	339*r*	
ピシットカセム、ブリーチャー	698*l*	
費思芬・菲茨杰拉徳	671*r*	
ピチット・ラッタクーン	661*l*	
ピチャイ・タンシン	746*l*	
ピチャイ・ラッタクーン	661*l*	
呎麒麟	659*r*	
ビニョー	214*r*	
ピパット・タンティビパットボーン	661*r*	
菲菲陽	672*l*	
ピブン・ソンクラーム	440*l*	
費明儀	678*r*	
ビヤウイ、チャニット	472*l*	
繆輝堂	663*r*, 792*r*	
馮［姓］⇨馮（ふう）		
苗秀	665*l*	
平野善次右衛門	666*l*	
平野繁十郎	666*l*	
美蘭姑娘	152*l*	
ビレス、トメ	668*r*	
ビンセント・タン	700*l*	
ビンセント・チン	669*l*	
ビン・チュンハワン	697*l*	
閔徳才	813*l*	

［フ］

フー・アーキー	235*l*	
ファジリン、ウェラワティ	42*l*	
ファーニバル、J. S.	111*l*, 450*l*, 680*r*	
ファン、アルフレッド	8*l*, 671*l*	
ファン・ジンド	242*r*	
ファン・タイン・ザン	655*l*	
ファン・チェンコオ	42*l*	
ブアン・チェンロン	655*r*	
ファン・デ・ベラ	767*l*	
傅維澄	565*r*	
フィッツジェラルド、C. P.	59*l*, 671*l*	
フィッツジェラルド、スティーブン	671*r*	
フィフィ・ヤン	672*l*	
フィリップ・クオク・ホクキー	215*r*	
馮夏威	657*r*, 676*l*	
馮鏡如	168*l*, 254*l*, 397*l*, 458*r*, 488*l*, 676*l*, 677*l*	
馮景禧	136*l*, 677*l*	
馮権耀	174*l*	
馮紫珊	254*l*, 381*l*, 397*l*, 677*l*, 780*r*	
馮自由	254*l*, 381*l*, 426*r*, 676*r*, 677*l*, 780*r*, 785*l*	
馮如	87*l*	
馮承鈞	677*r*	
馮相	87*l*	
馮乃超	678*l*	
馮六	258*r*, 343*r*, 561*r*, 562*l*, 666*l*, 678*l*	
傅雲龍	678*r*	
フェイ、バーバラ	678*r*	
フェイ・ミエン・イン	148*r*	
フォン、エディ	679*l*, 848*r*	
フォン・ジュニア、ハイラム	679*r*	
フォン、セネター	679*r*	
フォン、ハイラム	645*r*, 679*l*	
フォン・ハロルド・マイケル	679*r*	
フォン、マチュー・キップリング	679*r*	
フォン、マット	776*l*	
渤海久兵衛但有	238*l*	
深見玄岱	253*l*, 680*l*	
溥儀	532*l*	
福田省三	31*l*, 684*r*	
フク・ヨヤン	452*l*	
巫啓賢	766*l*	
ブーケ、ユリウス・ヘルマン	686*l*	
傅吾康	698*l*	
フー、シオウイン	686*l*	
藤田豊八	542*r*	
普浄法師	686*l*	
プスパ、ティティ	686*l*	
ブスボウィジョヨ、スマルティ	686*l*	
フー・ダ	287*r*	
ブッサディー・ケータワラナ	692*l*	
ブディクスマ、アラン	385*r*	
ブディマン、アリフ	351*l*, 692*l*	
傅無悶	398*l*	
ブアヌワットラーチャニヨム	733*r*	
ブクラン（ホン）	695*l*	
ブラシット・カーンチャナワット	181*l*, 521*l*, 695*r*	
ブラシット・シリモンコンカセム	696*l*	
ブラチャイ・リョウパイラット	306*r*, 472*l*, 650*l*, 697*l*	
ブラバイキット、ウィット	304*r*	
ブラバー・ウィリヤブラバイキット	304*r*, 387*r*	
ブラマーン・アディレクサーン	297*l*, 471*r*, 657*l*, 697*l*, 704*r*	
ブラモート、ククリット	440*l*	
ブラヤーサーラシン・サワーミポット	307*l*, 724*l*	
ブラヤーシリーサーンワーチャー	286*l*	
ブラヤーラーシャダヌー・ブラディシャ・タマヒシャ・バクティ	203*l*	
ブラヨゴ・パンゲストゥ	643*l*	
フランケ、ウォルフガンク	698*l*	
ブリーチャー・ピシットカセム	698*l*	
フリードマン、モーリス	13*l*, 68*l*, 385*l*, 699*l*	
ブリュッセイ、レオナルド	699*l*	
ブルセ	699*r*	
ブルック、ジェームズ	218*r*, 305*r*, 701*l*	
ブレイニー、ジェフリー	701*l*	

和文人名索引（フ～ヤ）

ブロック、ジュリア・チャン **701***r*	方耀海 **785***l*	**536***l*
ブンクン、シリチャイ **362***r*, **472***l*	彭来金 **658***l*	マハーダムロンクーン、ディレック **535***r*
ブンシット・チョークワッタナー	包楽史 **699***r*	マハーダムロンクーン、ディロック
1*l*, **306***l*, **703***r*	方令正 **679***l*	**438***l*, **501***l*, **529***r*, **535***r*, **769***r*
ブーンスリー・ソーポンパニット	ボーガン、ジョナス・ダニエル **718***r*	マー・ブンクン **362***r*
521*r*, **704***l*	ホー・クイ・リー **275***r*	マ、ヨーヨー **663***l*, **722***l*, **742***r*
ブンソン・アッサワポーキン	ホー・クオンビン **857***r*	マリアノ・フェルナンド・ユー・チンコ **741***l*
704*l*, **804***r*	繆玉庭 **168***l*	
ブーンソン・シーファンフン	北麒麟 **659***r*	マリー・タンシン **746***l*
51*r*, **437***r*, **704***l*	ホー、スタンレー **2***l*, **721***l*	マリノフスキー **671***r*
フンタクーン、アーコン **3***r*, **473***l*	ボータン **723***l*	マルクス、アリム **746***l*
フンタクーン、コソン	牡丹 **723***l*	万寿 **9***l*
27*l*, **97***r*, **286***l*, **437***l*, **437***r*	ホー・チン **811***r*	
フンタクーン、ソムマイ **286***l*, **427***l*	ポッター、ジャック・M.	[ミ]
ブンチュー・ロジャナスティエン	**724***r*, **858***l*	三浦按針 **156***l*
13*l*, **472***l*, **521***l*, **650***l*, **696***l*, **705***l*	ポッター、スラミス・H. **724***r*	三上豊夷 **753***r*
ブーンティチャローン、パッチャリー	ポット・サーラシン **307***l*, **724***r*	宮崎民蔵 **756***l*
793*l*	ホー、デイビッド・D. **663***l*, **725***l*	宮崎滔天 **753***r*, **756***l*
ブーンティチャローン、ヨーティン	ホー、バンセン **727***l*	宮田安 **756***l*
793*l*	ボブ・ハサン **319***l*, **632***l*	ミラー、スチュアート・クレイトン
文天祥 **636***l*	ホー・リーホワ **857***l*	**757***r*
ブンナムチャート、ブンナム **427***l*	ホールンルアン、サワット	
ブンナム・ブンナムチャート **427***l*	**310***l*, **473***l*	[ム]
ブーンパクディー、アムポーン **13***l*	ホー、ロバート **728***l*	ムイ、アニタ **761***l*, **852***l*
	ポーロ、マルコ **410***r*	武藤長蔵 **761***l*
[ヘ]	ホワチョ **9***l*	
ベイ、イオミン **663***l*, **706***l*	ポン・サーラシン **307***l*	[モ]
ベネディクト、ロベルト **746***r*	ホン・スイセン **733***l*	孟沙 **748***r*
ヘン・シオク・ティアン **149***r*	本田宗一郎 **83***r*	毛沢東 **454***r*, **486***l*, **504***r*
	ボーンチェット・ケータワラナ **692***r*	モー、エリック **766***r*
[ホ]	ホン・テチャワーニット	木庵 **58***l*, **360***l*, **569***l*, **681***l*
ホアン・ジェンチョン **713***l*	**134***l*, **434***r*, **618***l*, **733***r*	黙子如定 **258***r*, **762***r*, **766***r*
ホアン、ジョン **713***l*	ポンプラパー、ターウォン	モク、ヒュー **767***l*
ホイ、アン **713***l*	**297***l*, **500***l*	モース、H. B. **18***l*
ボイ・キム・チェン **149***r*	ポンプラパー、チュムポン **500***l*	モートン、ジェームズ **419***r*
ホイ、サミュエル **293***r*, **714***l*	ホン・リム、アレックス **671***l*, **734***r*	モリソン、ロバート **28***r*, **831***l*
ホイ、スー **714***l*		森田長助 **336***l*
ホイ、マイケル **509***l*, **714***l*	[マ]	モルガ、アントニオ・デ **7***r*, **768***l*
ホー・イン **137***l*	馬[姓] ⇨馬（ば）	モンコン・カーンチャナパート
方安生 **473***r*	馬偉鴻 **735***l*	**501***l*, **529***l*, **536***l*, **651***r*, **769***l*
彭雲鵬 **649***l*	マエロア、ルディ **40***l*	
鮑穎思 **487***r*, **714***l*	マク・キュウ **626***r*	[ヤ]
包玉剛 **625***l*	マク・ダン・ズン **628***l*	ヤウ・シントン **771***l*
方均 **785***l*	マク・ラウファン **738***l*	ヤップ、アーサー **149***l*
鮑煜 **205***l*, **715***r*, **792***l*	馬広秀 **739***l*	ヤップ・アーロイ **212***l*, **777***l*
方思若 **692***r*	マサグン **739***l*	ヤップ・クワンセン **212***r*
ホウ・シャオシエン **243***r*	マッカーシー、チャールズ・J.	ヤップ・ティアンヒエン **548***l*
方修 **126***r*, **715***r*	**740***l*	柳谷謙太郎 **771***l*
方召麟 **716***l*	松方幸次郎 **740***l*	柳屋次左衛門 **771***l*
彭沢民 **212***r*, **716***r*	マッキー、J. A. C. **740***r*	柳屋治郎左衛門 **771***l*
龐柱琛 **640***r*, **642***l*, **717***l*	松野明美 **641***l*	ヤヒヤ・ダニエル・ダルマ **816***l*
鮑棠 **717***l*	マーティン、ソフィア **227***l*	山口一郎 **428***l*, **430***l*
ホウ・トゥチエン **256***l*	マードック、ルパート **387***l*, **833***r*	山田長政 **336***l*, **633***l*
包柏漪 **851***l*	マハークン、サハール **511***r*	山田秀雄 **735***r*
鮑博公 **717***l*, **717***r*, **782***l*	マハクン、スパシット **539***r*	ヤング、ケティ **773***l*
方北方 **127***l*, **277***l*, **718***l*, **738***l*, **748***r*	マハーダムロンクーン、チャイロート	

和文人名索引（ヤ～ラ）

ヤン、ジェリー	772l, 773r	
ヤン、シャオエン	45l	
ヤン、チェンニン	50l, 773l, 818l	
ヤン、チーユアン	773r	
ヤンプラバーコン、ウタイ	49l	

［ユ］

ユアン、D.Y.	774r
俞惟和	343r, 774r, 837l
ユウ、ジョン	775l
尤進徹	664r
熊斐	219l, 775l
ユー、オビディア	149l
ユー、ジェシカ	824l
俞子常	233l
ユー、ターフ	26r
ユーチェンコ、アルフォンソ・T.	775l
ユー・チンコ、マリアノ・フェルナンド	775l
ユックローン・ラムサム	97r, 539l, 803l
ユー・トンセン	432l, 834l
ユー、マーチ・フォン	679r, 776l
游龍梅泉	776l
游龍彦十郎	641l, 776l
ユー、ロニー	776l

［ヨ］

ヨー、アラン	794l
葉亜来	95l, 169l, 212l, 636l, 777l
楊溢隣	368l
楊応琳	775l
葉会	777r
楊海泉	49l
楊格非	20l
葉鶴齡	627l
葉漢	721r
楊官勝	266l
葉観盛	212l, 559l
葉季允	848l
陽其二	779l
楊錦成	780l
葉剣英	168r, 588l, 622l, 636l
楊建成	778l
楊彦迪	304r, 520l, 778l
容閎	148l, 169l, 223r, 374l, 778l
楊光泩	779l
楊好徳	780l
葉倩文	31l
楊紫瓊	794l
楊粛斌	855l
楊寿彭	259l, 267l, 378l, 487l
楊小燕	45l
葉祥明	779l
葉肖麟	283l

楊振寧	773r
楊進発	797l
楊雪蘭	663l
楊仙逸	779l
楊騷	779l
陽惣右衛門	779l
楊祖佑	779l
楊尊親	775l
楊大剣	779l
楊致遠	773r
楊忠礼	855l
葉德忠	503l
葉德利	721r
姚楠	26r, 200r, 590l, 780l
姚文莉	704l
楊坊	624l
楊邦孝	124l
楊明斎	780l
楊孟霖	851l
楊良	265l
楊林	744l
楊聯陞	780l
余英時	780l
余覚人	270l
余紀忠	488l
ヨー・ギムセン	780l
余協中	780l
沃恩、J. D.	718r
余剛	793l
余宏栄	32l
余江月桂	776l
余樹標	793l
余子亮	51l
余森美	775l
余鑪	65l
ヨー・ティエンイン	794l
ヨーティン・ブーンティチャローン	793l
余東璇	291l, 432l, 793l, 834l
余本	794l
ヨー、マイケル	794l
ヨー、ミシェール	794l
ヨー、ロバート	149l
ヨン・ギー	797l
ヨン、シャレー	663l
ヨンチャイユット、チャワリット	446l
ヨン、チンファト	797r
ヨン・ブンハウ	124l

［ラ］

雷賢雄	846l
ライ、ジミー	836l
ライ、スタン	798l
頼声川	798l
ライ、デイビッド	798l

ライテク	524r, 744r, 745l
雷德鶴	846r
雷德雁	846r
ライト、フランシス	709l
ライ、ヒムマーク	798r
頼ウ栄輝	40l
ラウ、アンディ	799l
ラウ、フレッド	799l
羅栄渠	799l
ラオチンダー、タラーン	40r
駱家輝	322r
駱観明	785l
駱清燕	83r
洛夫	277l
駱文秀	83l
羅光華	657l
羅孝明	480r, 800r
羅香林	800r
ラザク	215l
羅佐臣	800r, 801l
羅森	801l
羅節若	554l
羅大佑	801l
羅卓瑶	848r
ラッタクーン、ピチット	661l
ラッタクーン、ピチャイ	661l
ラッタナラック、クリット	22l, 222l, 501l
ラッタナラック、チュワン	22l, 222l, 387l, 500r
ラッフルズ、スタンフォード	203l, 417l, 743r, 829l
ラハルジャ、ヘンドラ	802l
羅文	802r
羅芳伯	103l, 636l, 662r, 802r, 804r, 805l
ラーマ1世	651l
ラーマ9世	601l
ラーマ5世	202r, 539l, 601l
ラーマ3世	202r
ラーマ7世	601l
ラーマ6世	439r, 733l
ラム、ウィリー	302l
ラムサム、ウートンパック	803l
ラムサム、カセム	442l
ラムサム、ゴーウシエムグワン	539l, 803l
ラムサム、チューリン	442l, 539l, 657l
ラムサム、チョーティ	657l
ラムサム、チョート	442l
ラムサム、バンチャー	442l, 657l
ラムサム、バンヨン	388l, 432l, 442l, 449l, 657l, 803l
ラムサム、ユックローン	97r, 539l, 803l

和文人名索引（ラ～リ）

ラム、サンディ	803*l*, 852*r*	
ラム・シーチャイ	803*r*	
ラム・シーヒム、ダニエル	836*r*	
ラム、デイビッド		
	153*r*, 506*r*, 803*l*, 836*r*	
ラム、リンゴ	804*l*	
藍卓峰	804*l*	
ランドン、ケネス・ベリー	59*l*, 804*r*	
藍抜群	804*l*	

[リ]

李愛賢	213*l*, 834*l*
リアオ・コンボ	652*l*, 806*r*
リアディ、ジェームズ	807*l*
リアディ、モフタル	
	208*r*, 308*r*, 415*l*, 807*l*, 817*r*
李安	807*r*
リー、アン	794*r*, 807*r*
リアン・チチャオ	830*l*
リアンティアルノ、ナノ	808*l*
リアンティアルノ、ノルベルトゥス	
	808*l*
李怡	187*l*, 808*l*
李為経	396*r*
李偉南	301*r*
李偉抜	374*l*
李瑋玲	812*l*
リー、ウェリントン	808*l*
李雲真	36*r*
リエム・スウィーキン	808*r*
リエム・チョアンホック	161*l*
リエム・ビアンキー	859*l*
李娟	823*r*
リエン・インチョウ	161*r*, 808*l*
李遠哲	17*r*, 808*l*
李延年	824*l*
リー・オイヒアン	213*l*, 834*l*
李海天	782*l*, 792*l*, 809*l*
リー・カシン	6*r*, 115*r*, 338*l*, 387*l*,
	395*l*, 426*r*, 501*l*, 506*r*, 627*r*, 770*l*,
	809*l*, 815*l*, 833*r*
リー、ガス	148*r*
李嘉誠⇨リー・カシン	
李嘉誠	809*l*
李家燿	809*r*
李翰祥	810*l*
李其昌	13*r*
リー・キムター	810*l*
リー・キムチュアン	810*l*
李玉栄	591*r*
李玉昌	805*r*
李錦球	808*l*
李金泉	810*l*
李金倉	516*r*
李金塔	810*l*
李金福	810*l*

リー・クアンユー	100*l*, 115*r*, 215*r*,
	281*l*, 286*r*, 366*l*, 381*l*, 388*r*, 458*l*,
	477*l*, 636*l*, 811*l*
陸運濤	848*r*
リ・グオリアン	813*r*
陸関忠	726*r*
陸鏗	662*r*
陸錫麟	840*l*
リークパイ、チュワン	440*l*, 501*l*
陸弼臣	848*l*
陸佑	848*l*
リー・クンチョイ	812*r*
李恵英	812*r*
李景河	387*r*
李炯才	812*r*
李啓新	813*l*
李献璋	813*l*
李顕楊	811*r*
李顕龍	811*r*
李公蘊	813*l*
李光栄	8*l*
李孝式	819*l*
李合珠	813*r*
李鴻章	
	223*r*, 338*r*, 374*r*, 472*r*, 529*l*, 597*r*
李光前	291*l*, 814*l*
李興添	306*l*, 704*l*
李光耀	811*l*
李光隆	39*r*
李国欽	857*r*
李国樑	813*l*
リー・コン・ウアン	813*l*
リー・コンチェン	124*r*, 291*l*, 368*l*,
	689*l*, 691*l*, 731*r*, 814*l*, 816*l*
李済深	487*r*
リーサウアウェット、ターウォン	
	446*l*
李佐衡	810*l*
リサール、ホセ	161*r*, 814*l*
リーサワットラクーン、ソムサック	
	426*r*, 472*l*
李三春	814*r*
リー・サンチュン	814*r*
リー・シェンヤン	811*r*
リー・シェンロン	811*r*
李自平	785*l*
リー・シャウキー	
	136*r*, 319*l*, 677*l*, 710*r*, 815*l*
李順成	815*l*
李祥	273*l*
李象琴	785*r*
李彰明	36*r*
李小龍	172*l*, 820*l*
リー、ジョン	815*r*
李心培	833*r*
リー・シンハン	816*l*

李菶石	374*l*
李瑞芳	430*l*
リー・スシュン	841*r*
リー・スー・ペン	149*l*
リー・スンセン	815*l*
李成偉	816*l*
李成輝	22*r*
李清泉	257*l*, 691*l*
李政道	818*l*
李石成	426*r*
李石曾	643*r*
李是男	14*r*
リー・センウイ	814*l*, 816*l*
李善恒	816*l*
リー・センフイ	22*r*
李祖沢	403*l*
李大釗	780*r*
李沢楷	833*r*
李沢鉅	501*r*, 809*r*
李旦	156*l*, 164*l*, 287*r*, 533*r*, 587*r*,
	666*l*, 816*r*, 856*l*
李譚徳	764*r*
リー・チェン、リリー・ワンジュ	
	817*l*
リ・チーシン	813*l*
李智正	222*l*
李兆基	319*l*, 677*l*, 815*l*
李長傅	86*l*, 590*l*, 817*l*
リー、ツンダオ	50*l*, 774*l*, 818*l*
リー・テクティエン	818*l*
李電英	818*l*
李天図	782*l*, 818*l*
リード、アンソニー	818*r*
李東華	819*l*
李登輝	343*r*, 487*l*, 636*l*
李徳清	818*l*
李徳全	792*r*
リ・ドンファ	819*l*
リー・ハウシク	23*l*, 819*r*
李白	807*l*
リー・パン・クアン	820*l*
李万之	260*l*, 819*l*
リー、ビル・ラン	820*l*
リー、ブルース	
	47*l*, 172*l*, 293*r*, 511*r*, 820*l*
李文光	820*r*
李文祥	703*r*
李文正	807*l*
李平凡	820*r*
李木川	500*r*
リマホン	838*r*
李曼峰	821*l*
リー・ミンティー	22*r*, 821*l*
リム・イークク	821*l*
リム・ウェンキアン	387*r*
リム・キトシアン	822*l*

979

和文人名索引（リ）

リム、キャサリン	149r, 822l
リム、グアンエン	822l
リム、クリスティン	149r
リム、ケックハン	836l
リム、ケンキム	398l, 822l
リム、コクタイ	822l
リム、ゴートン	234l, 690l, 822l
リム、シアン・スー	149l
リム、シュウキム	822l
リム、スィウリオン	309l
リム、センティー	318r
リム、ティエンパオ	318r
リム、テックフー	838l
リムハップ、マリアノ	822r
リム、ビアンクン	858l
リム、ブンケン	838l
リム、フンセン	308l
リム、ペンシアン	727l
リム、ボーセン	30r, 823l
リム、ユーホック	823l
リム、リンダ	823r
李明治	821l
リー、メイリン	812l
リー、モック、フリーダ	823r
李約翰	815r
リャン・チングェイ	830l
リー・ヤンフォー	148l
リー・ヤンリアン	824l
李唯仁	44l, 48r, 859l
李勇	156r
劉以達	448l
劉一水	343r, 562l
リュウ、ウィリアム	824l
劉永順	295l
劉永福	251r, 824r
劉延勲	40r
劉覚	258r
劉杏村	789l, 825l
劉宜良	256r
劉金鑽	840l
劉継賓	539l
劉抗	826l
劉亨賻	826l
劉光福	824l
劉国英	847l
劉国昌	21l
劉国梁	183l
劉坤	630l
劉坤一	350r
劉焜台	562l
劉子健	826r
劉時中	576l
劉芝田	826r
劉士木	200r, 590l
劉寿鑑	266l, 826l
劉春沢	407l
劉錫基	376l
劉聡敏	539l
劉台二	805r
劉伝能	400l
劉天禄	827l
劉道一	785l
劉徳華	799l
劉徳光	182l
劉伯驥	828r
劉百安	799l
劉文波	828r
劉鳳岐	562l
劉連仁	194l
梁亜勝	829l
廖橐	147r
梁永恩	75l
梁海量	223r
廖漢渲	697l
梁暉	200l, 829l
梁菊東	87l
梁棋祥	833l
梁京	502l
梁金	829r
梁観三	298l
廖遇常	829r
梁慶桂	830l
梁啓超	107r, 139l, 205l, 249r, 254l, 265r, 267r, 271l, 271r, 276l, 283r, 381l, 397l, 499l, 502r, 547l, 550r, 575r, 627r, 720l, 756r, 765r, 777r, 780r, 791l, 830l
廖建裕	393l
梁光栄	158r
梁厚甫	830r
廖公圃	806r
梁淑儀	500r
廖俊	273r
梁俊秀	707l
梁順来	856l
廖承志	126l, 131l, 138r, 175l, 175r, 182l, 200l, 409r, 756r, 792r, 829l, 830r, 831l
廖仲愷	138r, 636l, 830r, 831l
梁肇三	856l
梁道明	325l
廖道明	283r
リョウパイラット、プラチャイ	306r, 472l, 650l, 697l
梁佩璐	853l
梁発	831r
梁普智	842r
梁慕光	832r
廖夢醒	138l
梁有道	856l
廖翼朋	365l, 832l
李耀旅	250r
梁良貫	126r
梁霊光	832r
梁路義	805r
リョン・キーセオン、ポール	833l
李栄生	833r
李楽邦	665l
リーラシトン、ウィシット	39r
リー、リチャード	387l, 501r, 632r, 809l, 833l
リー、レスター	833l
李烈鈞	157r
李連傑	172l
李廉鳳	857l
リー・ロイセン	213l, 747l, 833l
林[姓] ⇒ 林（はやし）、林（りん）	
林怡玉	821r
林一官	563r
林以文	834l
林雲逵	168l
林瓔	838l
林栄三	343l
倫永亮	852r
林旺	741l
林憶蓮	803l
林海峯	285l, 834l
林懐蘭	412l
林冠英	822l
林義順	291l, 361r, 397l, 493r, 834l
林吉祥	822l
林玉興	434r, 593r, 834l
林金枝	98r, 131l, 835l
林金順	602l, 835l
林群賢	391r, 835l
林訓明	708r
林奎	835r
林慶金	822l
林慧卿	835l
林慧儒	835l
林恵祥	835l
林合	822l
林公琰	343r, 563r, 836l
林江石	367l
林克漢	836l
林克昌	836l
林国泰	822l
林梧桐	822r
林三官	343l
林三漁	124l
林芝英	382l
林思顕	836l
林思斉	803r, 836l
林日光	13l
林子豊	803r, 836l
リン、ジャヒャ	837l
林秀瓊	822r

和文人名索引（リ～ワ）

林網光	435r	林麗韞	839l	ロジャナスティエン、ブンチュー	
林樹彦	194r	林嶺東	804l		13l, 472l, 521l, 650r, 696l, 705l
林書晏	155l	林蓮玉	839l	魯迅	792r
林浄因	837l	林連登	845r	盧瑞棠	789l
林紹喜	309l	林和立	302l	盧千里	416l
林紹裘	478r, 860l			盧岫拙	850r
林紹根	309l	[ル]		盧棣生	599l
林紹良	309l, 683l	ルイス、ロレンソ	840l	ロー・チェンヤン	83r
リン・ジンジ	835l	ルー・ギムゴン	840l	ロック、ゲーリー	322r
林水鏡	808r	ルーク、ウィン	322r	ロー・ティアック・チュアンブンスック	
林推遷	2l	ルーク、キー	840l		4l
リンゼー、H. H.	338r	ルディ・ハルトノ・クルニアワン		盧礟川	4l
林清志	269r		808r	呂天保	354r
林聖宗	309l	ルー、リサ	841l	ロートスミットクーン、スミット	
林生地	318r				390l, 438l
林聖斌	309l	[レ]		ロード、ベッティ・パオ	851l
林清文	784l, 837r	黎重旺	610l	ロハス、エミリア・ビエンビエン	
林清木	602l	厲樹雄	841r		459r, 851l
林楚玉	68r	黎剿	842l	ロビン・ソーポンパニット	
林則徐	10r	黎全恩	798r		426l, 471r, 650l
林太卿	68r, 423l, 837l	黎智明	836l	ロー・ブンシュウ	83l
林探知	390l	黎炳垣	792r, 832r, 842r	呂裕	407l, 407r
林兆恩	310l	レオン・アーセン	829l	呂行雄	783l, 852l
林朝聘	155l	レオン・ポーチ	842r	呂良偉	846r
林天宝	318r	レー・タック	842l	ロー、ローウェル	852r
林天佑	390l	レー・チャック	842l	ロン、アンソニー	852r
林天霊	318r	レ・パン・クエン	449l	ローン、ジョン	34l, 474l, 843l, 852l
林同炎	838l	連瀛洲	169r, 808r	ロン、ポール	853r
林道乾	633l	連士升	845r		
林同春		連富光	845r	[ワ]	
	124l, 260l, 265l, 265r, 653r, 837l	蓮舫	846l	渡辺庫輔	857l
林同福	265r			ワッタナー・アッサワヘム	858l
林徳興	834r	[ロ]		ワッタナウェキン、キエット	
林徳祥	141r	ロイ・テクガン	846r		174r, 395r, 670r
林徳発	390r	ロイ・テクホク	846r	和藤内	534l
林徳甫	838l	ロイ・ヘアンヘオン	621, 846r	ワトソン、ジェームズ・L.	
リン・トンイェン	838l	ロイ・リョンワイ	846r		858l, 858r
林日光	13l	ロイ、レイ	846r	ワトソン、ルビー・S.	858r
林白青	390r	老子	815l	ワナンディ、ソフアン	658l, 858r
林文鏡	387l	ロウ、デューイ	847r	ワナンディ、ユスフ	385r, 858r, 859l
林文慶	19r, 20l, 35r, 39l, 187r, 291l,	ロウ、パーディー	148l	ワン、アン	722l, 860l
	354r, 368l, 417r, 691l, 793r, 838l	ロウ・ロンチュウ	799r	ワン、イバン	861l
林文光	746l	盧栄枌	847r	ワン、ウェイン	47l, 471l, 861l
林秉祥	152l, 478r, 727l	盧燕	841l	ワン、L. リンチ	400r, 860r
林秉楽	837l	ロオ・ターヨウ	801l	ワン・ガンウー	67l, 463l
林鳳	838r	呂音	407r	ワン、シドニー	68l
林逢生	308l, 309r	盧冠廷	283r, 852l	ワンチャイ・チラーティワット	
林謀盛	823l	呂基文	501l		51l, 415r, 861l
リン、マヤ	823r, 838l	盧金河	388l	ワン、チャールズ	663l, 861l
林明光	633l	ロクシン、テオドロ・M.	848l	ワン・チーユアン	862l
林綿基	859l	ロクシン、レアンドロ・V.	848l	ワン、デイビッド・ヘンリー	
林綿坤	858l	ロク・ユウ			148l, 853l, 862l
林有福	823l		184l, 212r, 422l, 848l, 848r	ワン、テイラー	475r, 862l
林来栄	539r	ロー、クララ	462r, 679l, 848l	ワン、ニナ	862r
林良実	839l	ロク・ワントー		ワン・ハオ	863l
リン・リョンシク	748r, 839l		162l, 184l, 219l, 422l, 848l	ワン、ピーター	863r

981

和文人名索引（ワ～ン）

ワン・ブアスワン　　　　　22*l*
ワン・ヤンチ　　　　　　　**84***l*

［ン］

ン・クィーラム　　　　　　432*l*
ング・ポーンチュー　　　　**864***l*
ン・テンホン　　　　　　　864*l*
ン・ビクリーン・フォン　　**864***r*

欧文事項索引

[A]

ABC	250*l*, 465*r*
acculturation	3*l*
Acer Group	55*l*
ACSEJ	300*r*
Adelaide	7*r*
affirmative action	8*r*
AFTA	145*l*, 586*r*
Aiiieeeee!	148*r*, 524*l*
Aik Hoe Co.	460*l*
Akai Electric Co., Ltd.	2*l*
Alcaicería de San Fernando	23*l*
Alibaba Business	22*r*
alien Chinese	740*l*
All for Australia	701*r*
Allied Group	22*r*
All Saints' Day	716*l*
All Soul's Day	716*l*
ama	11*r*
amah	11*r*
Amerasia Journal	17*r*
Amerasian	4*r*
American Asian Bank	13*r*
American Chinese Report-book of the Year	473*r*
Americanization movement	14*r*
Amoy	18*l*
A New History of Malaysian Chinese	748*r*
Angel Island	63*r*
Angro-conformity	450*r*
Anhai gang	23*r*
Anti-Chinese Violence in North America	24*r*
Anti-Dummy Law	655*r*
APEC	145*l*, 284*r*, 392*l*, 775*r*, 856*r*
ARF	586*r*
ASEAN	725*l*
Asia Commercial Bank	5*l*
Asia Commercial Bank	732*l*
Asian Americans	4*r*
Asian Culture	6*r*
Asian Pacific	4*r*
Asiatic Development Bhd.	234*l*
Asiatiques étrangèrs	101*r*, 708*l*
Asia World Group	6*l*
assimilation	545*l*
assisted emigrants	341*r*, 720*r*
assisted immigrants	720*r*
Association for Chinese Community in Sydney, Australia	328*r*
Association of Chinese Scholars in Europe	795*l*
Association of Chinese Scientists and Engineers in Japan	300*r*
Astra Group	7*l*
astronaut	433*r*
Atlanta Chinatown	8*l*
ATM	442*l*
ATV	359*l*, 488*r*
Austrarian Chinese Daily	197*l*
ayah	11*r*
Ayutthaya	21*r*

[B]

baba	150*l*, 639*l*
babah	639*l*
Baba Malay	150*l*, 221*r*
Bac khach	724*r*
Badan Permusjawaratan Kewargaraan Indonesia	37*l*
Bagan Siapiapi	626*l*
Bahasa Melayu Tionghua	150*l*
BAKIN	122*r*, 594*l*
Ballarat	642*l*
balut	644*r*
banana man	250*l*
Bandung	656*r*
Bandung Lautan Api	656*r*
bang	646*r*
Bangka	647*l*
Bangkok Bank Ltd.	650*l*
Bangkok Metropolitan Bank	652*l*
Ban Hong & Co.	821*r*
Banjarmasin	653*l*
Bank Central Asia	415*l*
Bank of Asia	4*l*
Bank of Ayudhaya	22*l*
Bank of Canton	730*l*
Bank of Canton of California	160*l*
Bank Pan Indonesia	807*l*
Bank Vereenings Oei Tion Ham	254*l*
Banten	656*l*
BAPERKI	37*l*
Barisan Nasional	749*l*
Barito Pacific Timber Group	643*r*
basha	632*r*
Batallon Vulcano	142*r*
batik	636*l*
Batu Kawan Bhd.	213*l*
Bawdwin	725*l*
Bayside Canning Co.	497*r*
Bazaar Malaya	632*l*
BCA	415*l*
Belitung	666*r*
Bendigo	711*l*
Benteng	711*l*
Berjaya Group	700*l*
Berjaya Sports Toto Bhd.	700*r*
Bhamo	640*r*
bilingual education	594*l*
Billiton	666*r*
boat people	725*r*
bondservant	735*l*
Born To Kill	60*r*
Boston Chinatown	721*r*
Bowring Treaty	624*r*
Brisbane	698*r*
Brunei	701*l*
BTK	60*r*
Bukit cina	320*l*
Bumiputera Policy	695*l*
Burma-Siam Railway	444*l*
Business Week	632*r*

[C]

cadet	224*l*
Cai phu	101*l*
Calcutta	160*r*
Calico	184*r*
Canadian Pacific Railway	152*l*
Canton	247*r*
cao-sua	470*r*
Cathay Bank of Los Angels	849*l*
Cathay Organization	184*l*
CCNC	185*l*, 706*l*
CCTV	488*l*
Cebu	407*l*
Central Group	415*l*
Central Pasific Railway	415*r*
Centre for Strategic and International Studies	416*r*
chain migration	845*l*
Champa	475*r*
Changle	511*l*
"Chan Is Missing"	861*l*
Charlie	472*r*
Charlie Chan	472*r*
Charoen Pokphand Group	330*r*
Cheng Hoon Teng	396*l*
Cheng Ming	423*r*
Cheung Kong Group	501*l*
Chicago Chinatown	324*l*
Chieng Mai	464*l*

983

欧文事項索引（C～F）

chifa 466r
China 105r
China camp 467r
China connection 467r
China Forum 495r
China Insurance and Surety Company 775l
Chinaman 469r, 628r
China Men 207r, 469r
Chinamen 105r
China News Service 491r
Chinatown 468l
China White 469l
Chincha 522l
chinee 628r
Chinese Advisory Board 145r
Chinese American Association of Commerce 505l
Chinese American Bank 469r
Chinese American Veterans Association 104l
Chinese Association in Thailand 437l
Chinese Beberly Hills 491l
Chinese Boarding House 383r
Chinese Canadian National Council 706l
Chinese characteristics 489l
Chinese Commercial Bank 124r
Chinese Consolidated Benevolent Association of San Francisco 317r
Chinese Culture Center of San Francisco 318l
Chinese Exclusion Act 618l
Chinese General Hospital 478r
Chinese Heritage Centre 103r
Chinese Historical Society of America 14l
Chinese Historical Society of the Pacific Northwest 14r
Chinese Hospital 545r
Chinese Language Press Institute 403l
Chinese laundry 413l
Chineseness 489l
chinesenewsnet. com 36l
Chinese NIES 485l
Chinese overseas 105r
Chinese Passengers Act 490l
Chinese Reform Association 720l
Chinese Review Weekly 499r
chink 628r
Chino 105r, 321r
Chiyu Banking Corp. Ltd. 731l
cho 637r

Cholon 513l
chop sooy 472l
chop suey 472l
Chowking 362l
CHSA 14l
Chui Eng School 383l
Chung Hwa Correspondence School 165l
Chung Wen Ke 384r
CKH 501l
CKI 501r
CNS 491r
coffee shop 288l
cokek 512r
colony 698l
"Combination Platter" 295r
Commercial Bank of Hongkong Ltd., The Ltd. 731r
Committee of 100 663l
communalism 290l
Compagnie 258l
Computer Associates Internationals 861r
Conference of the Overseas Chinese Federation 794r
Confucius Plaza 247l
Congo Atlantic Ocean Railway 295l
congrégation 655l
coolie 221l
Coolie trade 222l
coordination system for the Chinese economies 478l
Council of Taiwanese Chambers of Commerce in Asia 401r
CPP 675r
Creative Technology 221l
credit-ticket system 231l, 341r
Creole 221r
CSIS 362r, 385r, 416r, 650l, 658l, 859l
CTV 185l
cukong 500l
cultural relativism 59r
cultuurstesel 193r

[D]

Dagh-Register gehouden int Casteel Batavia 634l
Dalforce 367r
Darwin 446l
Dato 448l
Datoh 441r
Dato pekong 552l
Datuk 448l
Davao 449l

DBS 733r
deck passenger 537r
Deli 763r
Deli Maatschappij 538l
Democratic Action Party 758l
Dharmala Group 452l
Diaspora 530l
Dog Licence 217r
downtown Chinese 446l
Dr. Sung Yat-Sen Classical Garden 648l
Drumright's Report 569r
dual society 686l
dulang washing 386l

[E]

Eastern Asia News 542l
Eastern Sun 28r
Eastern Western Monthly Magazine 28r
ECC 527l, 646l
Ee Hoe Hean Club 34r
egg fuyung 60l
Ekran Bhd. 58r
Elec & Eltek International Co. Ltd. 62l
encek 36l
encik 36l
Equitable Banking Corporation 58r
ethnic Chinese 59r, 151l
ethnicity 58r
ethnic minority 352r
ethnocentrism 59r
EU 144r
Evergreen Group 61l

[F]

Faifo 713r
Faifoo 713r
fangkou 715r
fankia 671l
Far East Bank and Trust Company 670l
Far Eastern Economic Review 670l
Far East National Bank 670l
Far East Organization 864l
Federation of Chinese Associations Malaysia 749l
Federation of Filipino-Chinese Chambers of Commerce and Industry, Inc. 673r
Federation of Overseas Chinese Associations 124l
Firipino first policy 672l
First Bangkok City Bank Ltd.

欧文事項索引（F～K）

First Interstate Bank of Hawaii	670r
	646l
First Pacific Co. Ltd.	670r
five-foot way	275r
"Flower Drum Song"	526l
Flower Drum Song	148r
Flying Dragons	667l
Force 136	30r
Free Press	848l

[G]

G-30-S PKI	216r
Gajah Tunggal Group	141r
galeón	161l
galleon	161l
galpón	161l
Geary Act	419l, 619r
General Association of Overseas Chinese in Singapore	368l
General Bank of Commerce	406r
Genting Group	234l
Ghee Hin Konsi	176l
Ghost Shadows	174l
Gia dinh	304r
glass ceiling	159l
Global Union Bank	224r
Golden Dragon Restaurant Massacre	211r
Golden Harvest Ltd.	293r
Golden Hill's News	209l
Golden Horse Film Festival	210l
Golden Pacific National Bank	293l
Golden Star Bar Massacre	209l
golden triangle	293l
Golden Venture incident	293r
gold rush	294l
Goodwood Park Hotel	218r
Greater China	223r
Great Immigration Debate 1984	701r
Great Pacific Life Insurance Companies	775r
Guangdong Overseas Chinese News	168r
Guangdong Qiaobao	168r
Guanxi	224r
Gudang Garam Group	217r
Gwe Chia	757l

[H]

Hadyai	632r
Hainanese chicken rice	99l
Hai phong	623r
Hakka	634r
Hakka Association	384l
Hakka Group	635r
Hall of Chinese History, New York	610l
Ha Noi	637r
Harian Indonesia	37l
Harian Rakyat	643l
Hasil-Hasil Panitya Perumus Kebidyaksanaan Penjelesaian Masalah Tjina	122r
hatchet man	694l
hate crime	706r
Haw Par Brothers Group	726r
Heap Eng Moh Steamship Co	254r
Henderson Land Group	710r
Hiap Thian Kiong Bandung	194r
high-binder	694l
HKE	501r
Hoa toc	712r
Ho Chi Minh	723l
Ho Hong Bank	124r
Ho Hong Group	727l
Hoi An	713r
Hon Gai	728r
Hong Bang	734l
Hong Kong	728r
Hong Kong and Shanghai Banking Corp.	730r
Hongkong Industrial and Commercial Bank	730r
Hong Kong Special Administrative Region	732r
Honolulu	725r
Hooithianlao	97r
Hope City	727l
Hopital Cantonnais	255l
Hopital de Foukien	684l
Hopital de Trieu-Chau	508l
House of Investments	775r
Houston	663r
Huaqiao baoyeshi	133r
Huasheng Monthly	150r
Huaxia haiwai keji jingying	105l
Hue	678r
Humiliation Day	153l, 194r
HWL	501r, 833r

[I]

IBM	427l
I.C.C. International Public Co., Ltd.	1l
ICSI	330l
identity	1l
IGB Corporation Bhd.	33l
IMEM	26l
Immigration and Nationality Act of June 27, 1952	740r
Immigration Debate 1988	646l
inchik	36l
Inchipore	780l
indentured laborors	698r
independent emigrants	341l
Indochinese News	196r
Indonesian Chinese in Crisis	38r
Information	606r
inquilino	34r
International Chinese Literature Camp	277r
International Cosmetics Co.	1l
internationalization	277l
international labour migration	277r
International Society for the Studies of Chinese Overseas	400l
In the Sea of Sterile Mountain	419r
Inti Indorayon Utama	36l
Intsik	806l
Ipoh	32r
Ipoh Garden Bhd.	33l
Island Hotels & Properties Bhd.	62l
Islands Weekend	843r
ISSCO	400l
IT	143r
Italian-Thai Development	30r

[J]

Jack Chia-MPH	334r
Japan-China Friendship Center	601l
Japan Directory	335r
Jaya Group	336l
Jaya Tiasa Holdings Bhd.	336l
Jeddo	26l
Johore	361r
Jollibee Foods Corporation	362l
Journal "Va Kio"	133r
J.P.	442r
jump ship	340l
junk	337l
Justice of the Peace	442r

[K]

Kaancanaburee	166l
KAISA	24l
Kaisa Para sa Kaunlaran Inc.	672r
kalesa	161l
kampung cina	173l
Kamunting Corp. Bhd.	747r

985

Kam Wah Chung & Company Museum	158r	
kangchu	247l	
Ke Cho	637r	
Kejia Group	635r	
Kelapa	220r	
kepala parit	643l	
keturunan	697r	
Khek Group	635r	
kin chee	210l	
King's Statement	207r	
kirenkia	206r	
Klenteng Cilincing	841r	
Klenteng Sentiong	163l	
Klian Pauh	442l	
Kobe Chinese Chamber of Commerce	264r	
Kobe Chinese Reformed Presbyterian Church	264l	
Kokang Chinese	757l	
Kong Hock Keong Temple	258r	
Kong Wah Holding	2l	
Kota Kinabalu	286r	
Kreta Ayer	186l	
Kuala Lumpur	212l	
Kuala Lumpur Kepong Bhd.	213l, 833r	
Kuan-hsi	224r	
Kuasa	228l	
Kuching	218l	
Kuok Brothers Sdn. Bhd.	215r	
Kwong Lee Bank Bhd.	745r	
Kwong Wai Shiu Free Hospital	242r	
Ky phu	101l	

[L]

Labour Party of Malaya	745l
La Liga Filipina	814r
Land & House Group	804r
Lan Fang Konsi	804r
Lan-fang Presidential System	805l
lán lâng	805r
Laowuche	852l
Larut	442l
Lat Pau	848l
Lee Association, Canada	815l
Lee Family Association of New York	815l
Lee Wah Bank	834l
Lei Day	842l
Lembaga Pembinaan Kesatuan Bangsa	280r
Let She	506l
Liangpo	419r
Lianhe Zaobao	844r

LIB	736r
Liberty	351l
Liberty Bank of Honolulu	726r
Liberty Hall	819r
Lien-ho Pao	845l
Ligor	582r
Lima	820r
Lima Oroya Railway	821l
Lion Group	798l
LippoBank, California	208r
Lippo Group	817r
Little Canton	351r
little China	819l
loan word	854l
local-born Chinese	193l
London	853l
long distance nationalism	63l
Looking East	173r
Loongphayabaal Thianfaa	539l
Los Angeles Chinatown	849l
Loxley Group	803l
LPKB	200r, 280r
Lukjin	840r
Luso International Banking Ltd.	736r
Luzon	840r

[M]

M&A	821r
Macao	736l
Macao Daily News	737l
Macaos	736r
Macau	736l
Mahajaya	815l
Majapahit	739l
Major	743l
Malacca	743l
Malayan Bank	219r
Malayan Chinese Resistance to Japan 1937-1945 —— Selected Source Materials	380r
Malayan Communist Party	744l
Malayan Insurance Company	775l
Malayan People's Anti-Japanese Army	745l
Malayan United Industries Bhd.	745l
Malaya Publishing House	335l
Malaysia Borneo Finance Corp.	62l
Malaysia Chinese Resource and Research Center	747r
Malaysia Hong Leong Group	750r
Malaysian Chinese Association	748l
Mandalay	751r

Manila Chinese Cemetery	741l
Mann's Chinese Theatre	470l
Marcos Croney	746r
Martinique	747l
mass naturalization	444l
Mata Hari	351l
Mauritius	768l
MBf Holdings Bhd.	62l
MCA	274r, 456r, 457l, 748l
McCarran-Walter Act	740r
Medan	763r
Melaka	743l
Melbourne	765l
"melting pot" theory	765l
Memorial to the Civilian Victims of the Japanese Occupation 1942-1945	603r
Mercury Drug Corporation	738r
mestizo	763l
Mestizo Sangley	407l
Methodist Home for Chinese and Japanese Girls	5l
Metro Group	764l
Metropolitan Bank and Trust Company	533l, 764l
middle-man minority	767r
migration	27r
Mingon	758l
Ming-pao Daily News	760r
Minh Huong	762l
Min Yuen	757r
Miss Chinatown	754l
model minority	767r
Mogok	767r
Moluccas	768l
Mong Cai	769l
Monte Jade Science & Technology Association	202l
Monterey Park	770r
Moral Uplifting Society	565r
Mountain Chinese	757l
MP & GI	184l, 849l
MPH	335l
MUIB	745l
mui tsai	735r
multicultural society	450l
Multi-Purpose Holdings Bhd.	747l
Mu Se	761l
Myitkyina	754r

[N]

NAFTA	144r
Nakhor Sreethammaraach	582r
Nanyang Book Company	592l
Nanyang Communist Party	590r
Nanyang General Labour Union	

	592*l*
Nanyang Shuchu	592*l*
Nanyang Siang Pau	591*r*
Nanyang Technological Institute	592*r*
Nanyang Technological University	592*r*
Nanyang University	592*r*
Narcissus Festival	383*r*
National Bank of Brunei	219*r*
National Front	749*l*
nationalism	582*r*
national origin quota system	33*l*
National Packing Co.	583*r*
National University of Singapore	369*l*
New Economic Policy	373*l*
new villages	377*r*
New World Development Group	613*l*
New World Group	613*l*
New York Chinatown History Museum	610*l*
người Tàu	420*l*
Ng Teng Fong Group	864*l*
night market	777*l*
Ningbo	615*l*
Northern Australia Railway	180*r*
North Kalimantan Communist Party	181*l*
Nueva Guipozcoa	449*l*
N. V. Midden Java Veem	254*r*
nyonya	613*r*

[O]

OCBC	124*r*, 457*r*, 458*l*, 816*r*
ocean tramp	79*r*
oil palm	9*l*
One Nation Party	862*r*
Orang Betawi	408*l*
Orang Cina	83*l*
Orang Selam	408*l*
Orang Tjina	83*l*
Oriental Holdings Bhd.	83*l*
Oriental School	83*l*
OUB	161*r*, 808*r*
Oversea Chinese Bank	124*l*
overseas Chinese	59*r*, 105*r*
Overseas Chinese Banking Corporation	124*r*
overseas Chinese nationalism	113*l*
Overseas Union Bank	161*l*

[P]

Pacific Century Group	632*r*
Pagkakaisa sa Kaunlaran	327*l*
Paké	628*r*
Palembang	644*r*
Panama	637*l*
Panama Railway	637*l*
pancada	647*r*
pang	646*r*
Pangkor Treaty	652*r*
Panin	736*r*
pansit	653*l*
Panthaya	757*l*
paper son	709*r*
parian (parián)	642*r*
Parti Gerakan Rakyat Malaysia	751*l*
partnership	242*r*
Pata Pinklao Arcade	634*r*
Patekoan	636*r*
Pattani	633*l*
PCCW	833*r*
PCG	833*r*
Pemuda	351*l*
Penang	708*r*
People's Action Party	380*r*
peranakan	697*l*
Peranakan Association	193*l*
Peristiwa Gerakan Tigapuluh September PKI	216*r*
Petchaburi	707*l*
Petropar Group	708*r*
Pewarta Soerabaia	391*l*
Philippine Chinese Charitable Association, Inc.	673*l*
Philippine Chinese General Chamber of Commerce	676*l*
Philippine Commercial International Bank	673*r*
Philippine Islands	672*r*
Philippine Scholastic Academy	384*r*
Phnom Penh	694*l*
Phraya Tak	447*l*
Phuket Island	685*r*
Phuong Nha Vo	100*r*
Piagam Asimilasi	547*r*
Pidgin English	660*r*
Pinsino	806*l*
PKP	675*r*
plantation	698*l*
plantation colony	698*l*
plantation farm	698*l*
plantation system	698*r*
plantation system of production	698*r*
plural society	680*r*
Po Leung Kuk Society	727*r*
population pressure	373*r*
Program Benteng	711*r*
PT Pembangunan Jaya	336*l*, 467*l*
Public Bank Berhad	640*l*

[Q]

queue	711*r*

[R]

Radio Institute Chung Hwa Correspondence School	165*l*, 213*r*
Raffles College	801*r*
Ranong	801*r*
Redwood Bank	843*r*
refugee	588*r*
Região Administrativa Especial de Macau da República Popular da China	737*l*
Republic Council	200*r*
Republik	351*l*
resident	843*l*
Resorts World Bhd.	234*l*
restrictive covenant	397*l*
RHB Bank Bhd.	23*l*
Rhio	806*r*
Riau	806*r*
rice stick	213*l*
Riouw	806*r*
Riwajat Semarang	390*l*
Rizal Commercial Banking Corporation	814*r*
Romusha	852*l*
RTHK	488*r*, 713*l*
rubbing	802*l*

[S]

Saha Pathanaapibul Group	305*r*
Saha Union Group	306*l*
Sahaviriya Group	304*r*
Sakaya Muni Buddha Gaya Temple	415*l*
"salad bowl" theory	307*l*
Salim Group	308*l*
Sampheng	319*r*
samsengs	306*r*
Sam Sui Po	314*l*
Sam Yup Benevolent Association	14*r*
Sandakan	315*l*
San Francisco Bank of Trade	318*r*
San Francisico's Chinatown	317*l*
sangley	321*r*
São Paulo	316*r*
sappsei kei	345*l*
Sarawak United Peoples' Party	307*r*

Sarekat Islam	30*l*	
sarisari store	308*l*	
SCBA	193*l*, 388*r*	
Scott Act	619*l*	
sea. nanyang. lycosasia	36*l*	
Seattle	322*l*	
Secretary for Chinese Affairs	157*r*	
sedan chair	405*r*	
Semarang	390*l*	
Semi-Tech Group	407*r*	
Senaboi	389*l*	
Seoul	424*l*	
shahbandar	335*r*	
Shangri-La Hotels	338*l*	
Shaw Brothers (Hong Kong) Ltd.	355*r*	
Shenism	372*l*	
Shinawatr Group	330*l*	
shophouse	359*r*	
Shun Tak Holdings Ltd.	721*l*	
Siam Korakaan	297*l*	
Siam Motor Group	297*l*	
Sim Lim	395*r*	
Sinar Mas Group	329*l*	
Sincery Co., Ltd.	410*l*	
Sin Chew Jit Poh	397*l*	
Singapore	365*r*	
Singapore Chinese Chamber of Commerce	369*r*	
Singapore Chinese Girls' School	418*l*	
Singapore Chinese Rubber Dealers' Association	368*l*	
Singapore Hokkien Huay Kuan	371*l*	
Singapore Hong Leong Group	371*r*	
Singapore Kiung Chow Hwee Kuan	368*r*	
Singapore Kwangtung Hui Kuan	368*r*	
Singapore Reeding Room	397*l*	
Singapore Societies Act	369*l*	
Singapore Society of Asian Studies	6*r*, 367*l*	
Singapore Teochew Poit Ip Huay Kuan	370*r*	
singkeh	373*l*	
singkek	373*l*	
Sing Tao Daily	399*r*	
Sino Group	864*r*	
Six Companies	318*l*	
slot case	709*r*	
slot racket	709*r*	
snake head	335*l*	
Snake Temple	710*l*	
SNP	388*l*	
Socialist Front	332*r*	
Solectron Corporation	427*l*	
Songkhla Wu Family	427*l*	
Soon Thian Keng Temple	349*r*	
Southern Pacific Railroad	303*r*	
South Seas Society	590*l*	
"Speak Mandarin" Campaign	139*r*	
special economic zone	228*r*	
squatter	385*l*	
SSP	426*r*	
Staf Chusus Urusan Tjina	146*l*	
Star TV	387*l*	
Star Weekly	547*r*	
St. John's Island Quarantine Station	179*r*	
Straits Chinese	90*l*	
Straits Chinese British Association	388*r*	
Straits Chinese Magazine	417*r*	
Straits Exchange Foundation	91*l*	
Straits Settlements	91*l*	
Straits Times	388*l*	
suburban Chinatown	240*l*	
Sukabumi	385*l*	
Sun Hung Kai Properties	319*l*	
Sunrise Bhd.	815*l*	
Surabaya	391*l*	
Surinam	392*r*	
Swatow	393*r*	
sweat gold	802*r*	
sweat shop	384*r*	
syahbandar	335*r*	
Sydney	328*l*	
Syonan-to Overseas Chinese Association	354*r*	

[T]

taaihyunn chai	434*l*	
Taiping	442*l*	
T. A. Lee Piano	810*l*	
tallyman	452*l*	
Tan Chong Motor Holdings Bhd.	457*r*	
Tang Frères A.R.L.	458*r*	
Tang People	555*l*	
t'ao ke	544*l*	
Tat Lee Bank	448*r*	
tàu	420*l*	
Tau nhan	420*l*	
Teck Guan Group	537*l*	
Thai-Chinese Chamber of Commerce, Bangkok, Thailand	437*l*	
Thai Farmers Bank	442*l*	
Thanh ha xa	396*r*	
That phu ngu bang	326*r*	
The Asian Wall Street Journal	55*r*	
"The Chickencoop Chinaman"	524*l*	
The China Mail	469*r*	
The Chinese in Philippine Life	41*r*	
The Chinese of America	462*l*	
The Chinese Repository	43*l*	
The Chinese World	403*r*	
The Daily Chinese Herald	197*l*	
The Encyclopedia of the Chinese Overseas	88*l*	
The Hong Kong Standard	732*l*	
The Jews of the Orient	564*r*	
"The Joy Luck Club"	526*l*	
The Joy Luck Club	350*l*	
The Liem Investors	309*l*, 309*r*	
The New Comers News	196*r*	
The New Gold Mountain	797*r*	
The Real Chinese in America	14*l*	
The Sandalwood Mountains	335*l*	
The South China Morning Post	302*l*	
The Wharf	859*l*	
The Woman Warrior	207*r*	
"The World of Suzie Wong"	526*l*	
"The Year of the Dragon"	524*l*	
The Year of the Dragon	148*r*	
three China	392*l*	
Three-People's-Principles Youth Corps	320*r*	
Tiger Balm	751*l*	
Tiger Balm Garden	432*r*	
Timor	535*r*	
tong	694*l*	
Tong Chai Hospital	554*l*	
Tongka	685*r*	
Tongkah	386*l*	
tongkangs	571*l*	
tongwar	694*l*	
To'pekong	552*l*	
totok	567*l*	
towkay	544*l*	
towkay labur	735*r*	
Transit Immigration Act	584*l*	
Trans-Siberian Railroad	331*r*	
Transvaal	569*l*	
Treaty of Amity between the Republic of the Philippines and the Republic of China	499*l*	
trishaw	568*l*	
Tsinoy	806*l*	
Tulay	24*l*, 672*r*	
Tun	565*r*	
Tung Shan Hospital	559*l*	
Tung Wah Group of Hospitals	547*l*	

欧文事項索引（T～Z）

TVB　　34*l*, 46*l*, 355*r*, 463*l*, 488*r*, 713*l*, 761*l*

[U]

Ujung Pandan　49*l*
United Daily News　845*l*
United Evangelical Church of the Philippines　673*r*
United Orient Bank　564*l*
United Overseas Bank　431*r*
United Pacific Bank, California　160*l*
United Savings and Loan Association　775*r*
Universitas Res Publica　200*r*
UOB　834*l*
Upper Nankin Street　585*r*
uptown Chinese　7*r*
U.S.-Asia Institute　182*r*
Usine Caséo-Sojaine　643*r*

[V]

Vancouver　648*l*
Vigan　659*r*
Volksraad　280*l*

[W]

Wah Chang Corp.　857*r*
Wah Chang Group　857*l*
Wah Hin Co.　808*r*
Waiting　149*l*
Wang Laboratories　860*r*
Wanglee Group　47*r*
warung　860*l*
Wat Traimit　443*r*
wayang　859*r*
Way of Unity　30*r*
Weaverville War　41*r*
Wehaas Camruun　45*r*
West Lake Development Co., Inc.　45*l*
Wha Chang Trading Corp.　857*r*
Wharf Holdings, The　859*l*
Wheelock and Co. Ltd.　44*l*
white Australia policy　627*l*
White Eagles　628*l*
Wide Angle　240*r*
Wihara Buddhayana　163*l*
Wihara Dharma Bhakti　210*l*
Wihara Dharma Wijaya　435*r*
Wihara Lali Tawis Tara　841*r*
Wihara Satyo Budhi　194*r*
William MCFARLANE　511*l*
Wing On Co., Ltd.　54*l*
Wing On International Holdings Ltd.　44*l*
Wing On Knitting Factory　54*l*
Wing On Woh & Co.　54*r*
Wing Tai Holdings　44*r*
Wiradaya Sdn. Bhd.　58*r*
Wong Family Benevolent Association　416*l*
World Chinese Entrepreneurs Convention　401*r*
World Chinese Traders Convention　401*r*
WTO　228*r*

[Y]

YAHOO　772*l*
Yangon　773*l*
Yayasan Ukhuwah Islamiyah　29*l*
Yearbook of the Huaren Economy　145*l*
Yearbook of the World Chinese Entrepreurs　401*l*
"Year of the Dragon"　34*l*
Yellow Bus Co.　83*r*
yellow peril　239*l*
Yeo Hiap Seng　794*l*
YHS　794*l*
YTL Corporation Bhd.　855*l*

[Z]

zaobao. com　36*l*

989

欧文人名索引

[A]

Aakor HUNTRAKUUL	3r
ADIRECSARN, Pramarn	697r
AH MON, Lawrence	21l
Ah Qwai	3r
Ah Toy	3r
Amporn BOOLPAKDEE	13l
Amunuai VIRAWAN	13l
AMYOT, Jacques	13r
ANDERSON, Benedict	63l
ANG, Dararat	451l
ANGKOSUBROTO, Dasuki	285l, 295r
ANG Lim	451r
ANG SEE, Teresita	24l, 400r
Anumaanrajadhon	8l
AQUINO, Corazon COJUANGCO	3l
ASAVAPHOKIN, Bunsong	704l
ASAVINVICITR, Korapote	292l
ASSADAATHR, Suri	391r
ASSAVAHEM, Vatanaa	858l
AW Boon Haw	288r, 726r
AW Boon Par	288r, 726r
AW, Sally	285l
AW, Sian	285l

[B]

Banharn SILPAARCHAA	656r
Banyong LAMSAM	657r
Bhichai RATTAKUL	661l
BLOCH, Julia Chang	701r
BLUSSÉ, Leonard	699r
BOEKE, Julius Herman	686l
BOOLPAKDEE, Amporn	13l
BOONDICHAROEN, Yothin	793r
Boonsong SRIFUNGFUNG	704r
Botan	723l
BOWRING, John	624r, 625l
BROOKE, James	701l
BUDIMAN, Arief	692r
BULKUL, Sirichai	362r
Bunchuu ROJANASTIEN	705l
Bunsithi CHOOKHVATANAA	703r
Bunsong ASAVAPHOKIN	704l
BUN Teck Chai	813l
Buunsree SOOPHONPHANICH	704l

[C]

CAI Renlong	299l
CÀI Shao-ging	298l
CAMERON, Donaldina	184r
CARIÑO, Chong Theresa	159r
Catalina	152l
Chaatree SOOPHONPHANICH	471r
Chaiyuth KARNASUTA	470l
CHAN, Agnes	473r
CHAN, Anson	473r
CHAN, Chelsea	463r
CHAN, Eddie	474l
CHAN-FANG On-sang	473r
CHANG Dachian	510l
CHANG-DIAZ, Franklin Ramon	475r
CHANG, Jung	461r
CHANG, Kwang-chih	503r
CHANG Lan-ch'en	511r
CHANG, Lan Samantha	148r
CHANG, Michael	476l
CHANG Min Chueh	476r
CHANG, T. M.	505l
CHANG Tsun-wu	400r
CHANG Yung-fa	503l
Chanit PIYAUI	472l
CHAN, Jackie	461r
CHAN, Julius	474r
CHAN, Kit	474l
CHAN, N. C.	473l
CHAN, Raymond Cheuk Yu	465l
CHAN, Robin SOPHONPANICH	426l
CHAN, Suchen	475l
CHAN, Tony	295r
CHAN, Victor P.	476l
CHAO, Elaine	470r
CHAO Jyalin	471l
CHAORAVANON, Thanin	449l
CHAO, Rosalind	471l
CHAO, Yuan Ren	470r
CHARNVIRAKUL, Chavarat	473l
Charoen SIRIVATHANAPHAKDEE	473l
Chartchai CHUNHAVAN	471r
CHAR, Tin Yuke	335l
Chavarat CHARNVIRAKUL	473l
CHEA Geok Kian	334l
CHEAH Phee Cheok	745l
CHEANG Hong Lim	356l
CHEN Bisheng	524r
CHEN Changfu	520r
CHEN, Chi-nan	463l
CHEN, Chingho A.	518r
CHEN Fushou	523r
CHENG, Boey Kim	149r
CHENG Heng Jem, William	463r
CHENG Ho	536l
CHENG Junfu	531r
CHENG, Lucie	464r
CHENG Ming Ming	535l
CHENG Theng Kee	463r
CHENG Wai Keung	44r
CHENG Yu-Tung	464l
CHEN Hansheng	516l
CHEN Hsiang-shui	520l
CHEN Huiying	518l
CHEN, Jack	462l, 610l
CHEN, Joan	462r
CHEN, Juan	462l
CHEN Lan Bin	525l
CHEN Lin	464r
CHEN Lite	525l
CHENNAULT, Anna	323r
CHEN Shou Soo	515r
CHEN, Ta	522l
CHEN Tian	463r
CHEN, Winston H.	524l
CHEONG, Caroline	13l
CHEONG Cheok Hong	514r
CHEONG, Colin	149r
CHERN Shiing-Shen	475l
CHEUNG, Jacky	474r
CHEUNG, Leslie	476r
CHEW Chong	500l
CHEW, Thomas Foon	497r
CHIA, Jack	334r
CHIANG Ching	251l
CHIAO, Leroy	471l
CHIAU Sing-chi	509l
CHIAU, Stephen	509l
CHIEN Chia-keng	453r
CHIN, Frank	524l
CHING, Clarence	726l
CHIN Gee Hee	516l
CHINN, Thomas	14l
CHIN Peng	524r
Chin SOOPHONPHANICH	521l
CHIN, Tiffany	522l
CHIN, Vincent	669l
CHIOU Chwei Liang	497l
CHIU Sin Min	187r

990

欧文人名索引（C～H）

CHOI Kwai Keong	297r	
CHOO Keng Kwang	513l	
CHOOKHVATANAA, Bunsithi	703r	
CHOO Kok Leong	184r	
CHOO, Meileen	184r	
CHOU Wen-chung	502r	
CHOW Ah Chey	417l	
CHOW Ah Chi	417l	
CHOW, Raymond	511r	
CHUA Kiisii	632r	
Chuan LEEKPAI	501l	
Chuan RATTANARAK	500r	
Chuan TANGMATITHRRM	500r	
CHUA Sian Chin	476r	
Chu Fung WING	611r	
CHU, Judy M.	496l	
CHU, Louis	148r	
Chumpol PHORPLAPHAA	500l	
CHUNG, Cherie	463l	
CHUNG, Connie	474r	
CHUNHAVAN, Chartchai	471r	
CHU, Paul	499r	
CHU, Roderick G. W.	500r	
Ciputra	466r	
CIRAATHIVATH, Vanchai	861l	
CLARKSON, Adrienne	220r	
CLEMENTI, Cecil	224l	
CLEMENTI-SMITH, Cecil	224l	
CO Guioc Huang	288r	
COJUANGCO	288l	
COJUANGCO, Eduardo "Danding"	746r	
COJUANGCO, Eduardo, Jr.	288r	
COJUANGCO, Jose	288r	
COPPEL, Charles A.	38r	
COUGHLIN, R. J.	59l	
CRISSMAN, Lawrence William	221r	
CUENCA, Rodolfo M.	747l	
CUI Guo Yin	297r	
CUI Jian	527l	
CUSHMAN, Jennifer Wayne	218r	

[D]

DAARAKAANON, Damree	451r
DAI Guo-hui	435l
DAMNERNCHAANVANICH, Kitti	181l
Damree DAARAKAANON	451r
DANIELS, Roger	24r
Dararat ANG	451r
DARMADI, Jan	452l
DEE, Dewey	747l
Der Ling	566l
de VERA, Juan	767l

Dilok MAHAADAMRONGKUUL	535r
DINH Bo Linh	535l
DISINI, Herminio	747l
DUYVENDAK, Jan Julius Lodewik	542l
DU Ziwei	566r

[E]

EATON, Edith	148l
ELIAS, Domingo	62l
ENG, Benny	64r
EU, March Fong	776l
EU Tong Sen	793r, 834l
Evlyn	61r

[F]

FAJRIN, Verawati	42l
FANG Bei Fang	718l
FANG Hsiu	715r
FANG Nai Chao	678l
FEI, Barbara	678r
Fifi Young	672l
FITZGERALD, C. P.	671r
FITZGERALD, Stephen A.	671r
F. Kingsell	676r
FOK Ying-tung, Henry	135r
FONG, Eddie	679l
FONG, Harold Michael	679r
FONG, Hiram	679l
FONG Lim, Alex	734r
FONG, Matthew Kipling	679r
FRANKE, Wolfgang	698l
FREEDMAN, Maurice	699l
FUK Jo Jan	452l
FUK Jo Sien	452l
FUNG King Hey	677l
FURNIVALL, J. S.	680r
FU Yunlong	678r

[G]

GAISANO, Modesta Singson	81r
Gam Yong	211l
GAN Dhwan Sing	859r
GAO Xingjian	244l
GO Bon Juan	672r
GOCONGWEI, Jr., John L.	282l
GOH Chok Tong	286r
GOH Keng Swee	281l
GOH Poh Seng	149r
GOH Tjoei Kok	448r
GO Ka Him	295l
GONDOKOESOEMO, Soehargo	295l
GOON Dip	227l
GOTIANUY, Manuel	81r

GOTIAOCO, Pedro	81r
GO Twan Hian	295r
GO Twan Seng	295r
GOW Swie Kie	285l
GUAN Wen-sen	172l
GU Hong Ming	281r
GUO Ruiren	136l
GUTZLAFF, Charles	28r

[H]

Haji Junus Jahja	30l
HALIM, Rachman	218l
HAN, Chin-chang	656l
HAN Suyin	654r
HAN Zhenhua	165r
HARRIS, Karen L.	400r
HARRIS, Townsend	24r
HASAN, Bob	632l
HASAN, Mohamad	632l
HAU Say Huan	252r
HE Bingsong	157r
HEIDHUES, Mary F. Somers	623l
Hendra Kartanegara	460l
HENG Siok Tian	149r
HE Qi Ba	137r
HE Sui Hang	36l
HE Xiangyi	138r
HO, David Da-i	725l
HOE, Ban Seng	727l
HO Kwon Ping	857r
HONG Sisi	246r
Hong TECHAVAANICH	733l
HON Sui Sen	733l
HOO Ah Kay	235r
HOORUNGRUANG, Savas	310l
HO Ping-ti	157l
HO Qui Ly	275r
HO Rih Hwa	857l
HO, Robert	728l
HO, Stanley Hung Sun	721l
HOU De Jian	256l
HOU Hsiao Hsien	243r
HOU Jia-chang	241l
HOWARD, John	646l
HOWARD, William	209l
HO Yin	137r
HOY, Sew	714l
HSU, Ching-yi	347r
HSU Yun Tsiao	200r
HUANG, Alfred	671l
HUANG Chien-kuo	42l
HUANG Chong Ying	251r
HUANG Jianzhong	713l
HUANG, Rayson Lisung	273r
HUANG Shiming	252l
HUANG Yan Pei	239l

欧文人名索引（H～L）

HUANG Yun Su	238*l*	
HUANG Zunxian	249*r*	
HUCK, Arthur	636*l*	
HU Han-min	275*l*	
HU, Hsiu-Ying	686*r*	
HUI, Ann	713*l*	
HUI, Samuel	714*l*	
HUNG, William	242*l*	
HUNG Yeh	242*l*	
HUNTRAKUL, Kosol	286*l*	
HUNTRAKUL, Sommai	427*l*	
HUNTRAKUUL, Aakor	3*r*	
HU Yuzhi	292*l*	
HWANG, David Henry	862*l*	
HWANG, John	713*l*	
HWANG Ye Ching	503*l*	

[I]

Ignacia del Espiritu Santo 27*l*

[J]

Jahja Daniel Dharma	816*l*
JAO Tsung-I	354*l*
JEK Yuen Thong	346*r*
JEN, Gish	148*r*
JIANG Qing	251*r*
JIN, Ha	149*l*
JINNAKHON, Niphat	601*l*
JUNG, Douglas	349*l*

[K]

KAANCANAPHAAS, Mongkol	769*l*
KAANCANAVATH, Prasit	695*l*
KANG You-wei	271*l*
KAN, Yue-Sai	173*l*
KAO, Charles Kuen	105*l*
KARIM, Abdul	160*l*
KARNASUTA, Chaiyuth	470*l*
KARYA, Teguh	161*l*
KAW Su Chiang	202*r*
KEARNEY, Denis	155*l*
KEE, Norman Lau	182*l*
KEE Pookong	183*l*
KEETAVARANAT, Phusadii	692*l*
KEE, Wo	611*r*
Keng Yong	767*l*
Khacor TINGTHAANATHIKUL	152*l*
KHAW Soo Cheang	202*r*
Khien THEERAVIT	174*r*
KHOO Kay Peng	745*l*
KHOO Teck Puat	219*l*
KHOO Thean Tek(Teik)	219*l*
KHO Tjeng Lie	392*l*
KHOUW Sin Kie	203*r*

Khunsaettha PAKDI	806*r*
KHURAAPRAYUUR, Suchindaa	388*l*
Kierti VATTANAVEKIN	174*r*
KIMAANON, Thanabuul	448*r*
KIMLAU, Benjamin Ralph	183*l*
KINGSTON, Maxine Hong	207*l*
Kitti DAMNERNCHAANVANICH	181*l*
KOH Soh Goh	204*r*
KOH, Tommy	287*r*
KOO Chen-fu	284*r*
KOO, Wellington	235*r*
Korapote ASAVINVICITR	292*l*
Kosol HUNTRAKUL	286*l*
Krit RATTANARAK	222*l*
Kunkhoem SURATANAKAWIKUL	226*r*
KUOK Hock Nien, Robert	215*l*
KURNIAWAN, Rudy Hartono	223*r*
KWAN, Michelle	225*r*
KWA Tjoan Sioe	150*r*
KWEE Kek Beng	136*l*
KWEK Hong Png	214*r*
KWEK Leng Beng	214*r*
KWEK Leng Joo	214*r*
KWIK Kian Gie	213*r*
KWOK, Karl	44*r*
KWOK Ping-sheung, Walter	137*l*
KWOK Tak Seng	136*r*
KWONG, Peter	216*l*

[L]

LAI Bing Woon	842*l*
LAI, Charles	610*l*
LAI, David Chuenyan	798*r*
LAI, Him Mark	798*r*
LAI, Stan	798*r*
LAM, Ringo	804*l*
LAMSAM	803*l*
LAMSAM, Banyong	657*r*
LAM, Sandy	803*l*
LAM See-Chai, David	803*r*
LAM See-him, Daniel	836*l*
LANDON, Kenneth Perry	804*r*
LAU, Andy	799*l*
LAU, Fred	799*l*
LAW, Clara	848*r*
LEASSUMITRAKUL, Sumitr	390*l*
LEE, Ang	807*r*
LEE, Bill Lann	820*l*
LEE, Bruce	820*l*
LEE Cháng Fū	817*l*
LEE CHEN, Lily Wan-Joh	817*l*
LEE, Chin Yang	148*r*

LEE, Gus	148*r*
LEE Hau Sik	819*r*
LEE Hsien Loong	811*r*
LEE Hsien Yang	811*r*
LEE, James Hsiong	841*r*
LEE Kah Yew	809*r*
LEE Khoon Choy	812*r*
LEE Kim Chuan	810*l*
LEE Kim Tah	810*l*
LEE Kong Chian	814*l*
LEEKPAI, Chuan	501*l*
LEE Kuan Yew	811*l*
LEELASITHORN, Visit	39*r*
LEE, Lester	833*r*
LEE Loy Seng	833*r*
LEE Ming-tee	821*r*
LEE MOCK, Freida	823*r*
LEE San Choon	814*r*
LEESAVAVECH, Thavorn	446*l*
LEE Seng Hui	22*r*
LEE Seng Wee	816*l*
LEE Shau Kee	815*l*
LEE Sin Hang	816*l*
LEESWADTRAKUL, Somsak	426*r*
LEE, Tsung-Dao	818*l*
LEE Tzu Pheng	149*l*
LEE, Wellington	808*l*
LEE Yan Lian	824*l*
LEE Yan Phou	148*l*
LEE Yee	808*l*
LEE, Yuan T.	808*r*
LEONG Ah Seng	829*l*
LEONG Fatt	831*r*
LEONG Khee Seong, Paul	833*l*
LEONG, Paul	853*r*
LEONG Po-chih	842*r*
LE Tac	842*l*
LE Trac	842*l*
LEUNG Quinn	829*l*
LIANG Ling Guang	832*l*
LIANG Qichao	830*l*
LIANG Qinggui	830*l*
LIAN Shisheng	845*l*
LIAO Chengzhi	830*r*
LIAO Hui	829*l*
LI Chi Sin	813*l*
LI Donghua	819*l*
LIE, John	815*r*
LIE Kim Hok	810*r*
LIEM Bian Khoen	858*r*
LIEM Bian Kie	859*l*
LIEM Fung Seng	308*l*
LIEM Kek Han	836*l*
LIEM Koen Hian	835*l*
LIEM Oen Kian	387*r*
LIEM Seng Tee	318*r*

992

LIEM Sioe Liong	309l	LONE, John	852r	NGUYEN Phuc Anh	214r
LIEM Swie King	808r	LORD, Bette Bao	851l	NG Yeh Lu	43l
LIEM Swie Ling	318r	LO Shen	801l	Nian Hong	617r
LIEM Thian Joe	390l	LO Ta-yu	801l	NIEH, Hua-ling	593l
LIEM Tien Pao	318r	LOWE, Dewey Kwoc Kung	847r	NI Hoekong	845r
LIEM Tjoan Hok	161l	LOWE, Pardee	148l	NIO Hap Liang	223r
LIEN Ying Chow	808r	LOY Hean Heong	846r	Niphat JINNAKHON	601l
LIE Tek Tieng	818r	LU Do	407r	NURSALIM, Sjamsul	141r
LIEWPAIRAT, Prachai	697l	LUE Gim-Gong	840l		
LIGHT, Francis	709l	LUI Leung-wai	846r	**[O]**	
LI Guoliang	813r	LUI, Ray	846r	OEI Ek Tjhong	40l
LI Hsien-chang	813l	LUKE, Kan Jung	726r	OEI Ek Tjoe	238r
LI Ka-Shing	809l	LUKE, Keye	840l	OEI Hong Leong	42r
LI Lien Feng	857l	LUKE, Wing	322r	OEI Jong Nian	40l
LI Mang Fong	821l	LU, Lisa	841l	OEI Pheng Lian	40l
LIM Boon Keng	838l	LUN, Anthony	852r	OEI Siong Lian	40l
LIM Bo Seng	823l	LUO Rongqu	799r	OEI Sui Hoa	40l
LIM, Catherine	822l	LU, William	824l	OEI Tion Ham	254r
LIM, Christine	149r	LU Ym	407r	OEI Tjie Sien	254r
LIM Goh Tong	822r	LY Cong Uan	813l	OEI Tjong Hauw	254r
LIM Guan Eng	822l	LY Van Quang	820r	OEI Tjon Swan	254r
LIM (HE) Sui Hang	36l			OEY Giok Eng	393r
LIMJAP, Mariano	822r	**[M]**		OEY Tjeng Hieng	160r
LIM Kheng Kim	822r	MAC Dang Dung	628l	OMOHUNDRO, John T.	81r
LIM Kit Siang	822l	MACKIE, J. A. C.	740r	ONG Boon Hua	524r
LIM Kok Thay	822r	MAELOA, Rudy	40l	ONGG, Judy	84l
LIM Lian Geok	839r	MAHAADAMRONGKUUL, Dilok		ONG, John S. C.	84r
LIM, Linda	823r		535r	ONG, Jopie	764l
LIM Peng Siang	727l	MAHAKUN, Sahat	511r	ONG Kim Kee	85l
LIM Siew Kim	822r	MAK Lau-Fong	738r	ONG, Omar Yoke Lin	84l
LIM Teck Hoo	838l	Malee TANGSIN	746l	ONGPIN, Robert	85l
LIM Thean Soo	149r	MARKUS, Alim	746l	ONGPIN, Roman	85r
LIM Yee Kuk	821r	MARTIN, Sophia	227l	ONG, Roxanne Kay Song	86l
LIM Yew Hock	823l	Masagung	739l	ONG Teck Mong, Timothy	537r
LINDSAY, H. H.	338r	MA, Yoyo	742r	ONG Teck Soon, Stephen	85l
LING, Jahja	837l	McCARTHY, Charles J.	740l	ONG Tjoe Kim	764l
LING Liong Sik	839l	MIAO Hsiu	665l	ONG Yen Chee	84l
LIN Huixiang	835r	MILLER, Stuart Creighton	757r	OPHASAVONG, Samaan	306r
LIN Jinzhi	835l	MOK, Hugh	767l	OSATHANUKHROH, Surat	390r
LIN Liyun	839l	Mongkol KAANCANAPHAAS		OSMEÑA, Sergio	81l
LIN, Maya	838r		769l	OWYANG Chi	71l
LIN Tung Yen	838l	MON, Ramon	400r		
LIN Yi Shun	834r	MOO, Eric	766r	**[P]**	
LIN Yutang	148l	MORGA, Sánchez, Garay Y López		Paichit UWATTANAKUL	51l
LI Tzar-kai, Richard	833r	de Garfias, Antonio de	768r	PAKDI, Khunsaettha	806r
LIU, James	826r	MORRISON, Robert	28r	PALANCA, Carlos	642l
LIU, Pei Chi	828r	MORTON, James	419r	PALANCA, Carlos, Jr.	642l
LIU Tzu-chien	826r	MUI, Anita	761l	PANG, Alvin	149r
LIU Yung-fu	824r	MUNG, Emmanuel Ma	400r	PANGESTU, Jusuf	658l
LIVE Yu-Sion	829r			PANGESTU, Mari Elka	650l
LOCSIN	848l	**[N]**		PANGESTU, Prajogo	649l
LOH Boon Siew	83l	NAVASAVAT, Thamrong	451r	PANGLAYKIM, Jusuf	658l
LOH Cheng Yean	83r	NG Bickleen Fong	864r	PANLOOK, William	658l
LOKE Wan-tho	848r	NG, Fae Myenne	148r	PAN Lynn	658r
LOKE Yew	848l	NG Poon Chew	864l	P'AN Shou	653r
LO, Lowell	852r	NG Teng Fong	864l	PAN Yuliang	648l

PAO, Yue-kong	625r	
PEI, Ieoh Ming	706l	
PENG Ze Min	212r	
PENG Zemin	716r	
PERRY, Matthew C.	24r	
PHAN Thanh Gian	655l	
PHOA Keng Hek	649r	
Phoch SAARASIN	724r	
PHORPLAPHAA, Chumpol	500l	
phrakhlang (Hon)	695r	
Phraya Rashadanu Pradisha Thamahisha Bhakti	203r	
PHUA Chay Long	655r	
Phusadii KEETAVARANAT	692l	
PICKERING, William Alexander	659r	
Pipat TANTIPIPHATPHOL	661r	
PIRES, Tomé	668r	
PISITKASEM, Preecha	698r	
PIYAUI, Chanit	472l	
POTTER, Jack M.	724r	
Prachai LIEWPAIRAT	697l	
Pramarn ADIRECSARN	697r	
Prasith SIRIMONGKOLKASEM	696l	
Prasit KAANCANAVATH	695r	
Preecha PISITKASEM	698r	
PUSPA, Titiek	686r	

[Q]

QIN Bin	379r
Qin Mu	380r
QIU Shu Yuan	187r
QUACH Dam	136r
QUEK Leng Chan	214l
QUEZADA, Gonsalo de	230l
Quong Tart	225l

[R]

RAHARDJA, Hendra	802l
RATTAKUL, Bhichai	661l
RATTANARAK, Chuan	500r
RATTANARAK, Krit	222l
REID, Anthony	818r
RIADY, James	807l
RIADY, Mochtar	807l
RIANTIARNO, Nano	808l
RIANTIARNO, Norbertus	808l
RIAO Kong Po	806r
RIZAL, Jose	814r
ROJANASTIEN, Bunchuu	705l
ROXAS, Emilia Bien Bien	851r
RUIZ, Lorenzo	840l

[S]

SAARASIN	307l
SAARASIN, Phoch	724r
Sahat MAHAKUN	511r
SALIM, Anthony	308l
SALIM, Soedono	309l
SALMON, Claudine Marie Helen	309r, 400r
Samaan OPHASAVONG	306r
SAMPOERNA, Putera	318r
Satavut TAECHAVBUUL	303r
Savas HOORUNGRUANG	310l
SAXTON, Alexander	302r
SEAH Eu Chin	336r
SEAH Liang Seah	337l
SEE, Chinben	327l
SEISE, Maria	398l
SEWARD, George F.	340r
SHAM-HO, Helen	340l
SHAW, Run Run	356r
SHEN, Chien-Pai	323r
SHEN, I-Yao	323l
SHEN Ziji	376l
SHIBA Yoshinobu	400r
SHILALAHI, Harry Tjan	362r
SHINAWATRA, Thaksin	447l
SIAUW Giok Tjhan	351l
SI Hoot Keh	406r
SIIBUNRUANG, Siyauhudseng	332r
SILPAARCHAA, Banharn	656r
SIM Mow Yu	380l
SIM Wong Hoo	221l
SIN, Jaime Lachica	378l
SINN, Elizabeth	400r
Siqin Gaowa	388l
Sirichai BULKUL	362r
SIRIMONGKOLKASEM, Prasith	696l
SIRISINGH, Suphaa	723l
SIRIVATHANAPHAKDEE, Charoen	473l
Siyauhudseng SIIBUNRUANG	332r
SKINNER, G. William	385l
SO Cheung Sing, David	62r
SOE Hok Djin	693l
Soemarti Puspowidjojo	686r
SOERYADJAYA, William	393l
SOESASTRO, Marwoto Hadi	385r
SOETO Tjan	328l
Sommai HUNTRAKUL	427l
Somsak LEESWADTRAKUL	426r
SONG Meiling	422r
SONG Ong Siang	417r
SOONG, May-ling	422r
SOON Peng Yam	395r
SOOPHONPHANICH, Buunsree	704l
SOOPHONPHANICH, Chaatree	471r
SOOPHONPHANICH, Chin	521l
SOPHONPANICH, Robin	426l
SRIFUNGFUNG, Boonsong	704r
Suchai VIRAMETAKUL	387r
Suchindaa KHURAAPRAYUUR	388l
Sui Sin Far	148l
Sumitr LEASSUMITRAKUL	390l
SUNG, Betty Lee	430r
SUN Mei	428r
SUN, Paul	428r
Sunthorn VONGKUSOLKIT	395r
SUN Yat-sen	428r
Suphaa SIRISINGH	723l
SURATANAKAWIKUL, Kunkhoem	226r
Surat OSATHANUKHROH	390r
Suri ASSADAATHR	391r
SURIPTO, Ateng	392r
SURYADINATA, Leo	393l, 400r
Susi Susanti	385r
SUTANTO, Djuhar	387r
SYCIP	324r
SY, Henry	322r

[T]

TAECHAVBUUL, Satavut	303r
Taksin	446r
TAM, Alan	451l
TAM, Roman	802r
TAM, Vivienne	451l
TAN, Amy	148r, 350l
TAN, Antonio S.	453l
TAN Chee Beng	457l
TAN Chee Sing, Danny	700r
TAN Chee Yioun, Vincent	700l
TAN Cheng Lock	457l
TAN Chin Nam	33l
TAN Chin Tuan	457r
TAN Chor Nam	521l
TAN Chue Co	642l
TAN Dun	458l
TAN Ean Kiam	453l
TAN Eng Soon	457r
TAN Giok Lan	459l
TAN Giok Sie	516r
TANG Jue-dun	547l
TANG, King Yung Anna	531r
TANGMATITHRRM, Chuan	500l
TANGSIN, Malee	746l
TANGSOMBATIVISIT, Vichier	40r
TAN Hiok Nee	517l

欧文人名索引（T～W）

TAN Joe Hok	460*l*	TING, Samuel Chao Chun	537*l*	[W]	
TAN Kah Hoe	454*r*	TINGTHAANATHIKUL, Khacor			
TAN Kah-kee	453*r*		152*l*	WANANDI, Jusuf	859*l*
TAN Keng Yam, Tony	458*l*	TIONG Hiew King	336*r*	WANANDI, Sofyan	858*r*
TAN Kim Ching	517*l*	TJAN Tjoen Hok	362*r*	WANG, An	860*r*
TAN Kim Chua	455*r*	TJIA Han Poen	393*r*	WANG, Charles	861*r*
TAN Kim Hor	459*r*	TJIA Han Sek	393*r*	WANG Gungwu	67*l*, 400*r*
TAN Kim Seng	517*r*	TJIA Kian Liong	393*l*	WANG Hao	863*l*
TAN Kim Yew	33*l*	TJIA Kian You	393*r*	WANG Ji Yuan	862*l*
TAN Koon Swan	456*l*	TJIE Tjin Hoan	466*r*	WANG Jung-ho	65*r*
TAN Kou Sing	519*l*	TJIO Wie Tay	739*l*	WANGLEE, Voravii	46*l*
TAN Lark Sye	460*l*	TJOA Liang Tjoe	501*r*	WANG, L. Ling-chi	400*r*, 860*r*
TAN Ling Djie	460*r*	TJOA, Marga	501*r*	WANG Muheng	70*l*
TAN, Lucio	460*r*	TJOE Bon San	349*l*	WANG, Nina	862*r*
TAN Mei Ching	149*r*	TJUNG Tin Jan	547*r*	WANG, Peter	863*r*
TAN, Mely G.	459*l*	TOPLEY, Marjorie	568*l*	WANG Shoushan	67*r*
TAN Pei Ling	456*r*	TOW, Julius Su	14*l*, 148*l*	WANG, Sidney	68*l*
TAN Qianchu	454*r*	TRAN Canh	517*r*	WANG Sing-wu	68*l*
TAN Quien Sien	642*l*	TRINH Hoai Duc	530*r*	WANG, Taylor G.	862*l*
TAN Siew Sin	456*r*	TSAI Chin	526*r*	WANG, Wayne	861*l*
TANSIL, Eddy	802*l*	Tsai Chin	526*l*	WANG Yung-ching	65*l*
TAN Siong Kie	456*l*	TSAI, Jerry	526*l*	WARD, Barbara E.	45*r*
TAN Tek Hoat	802*l*	TSAI Mingliang	526*r*	WATSON, James L.	858*l*
TANTIPIPHATPHOL, Pipat	661*r*	TSAI Wan-lin	300*r*	WATSON, Rubie S.	858*r*
TAN Tjoe Hing	802*l*	TSANG, Henry	527*l*	WAY, Anna May	44*r*
TAN Tjoe Hong	802*l*	TSAO, Willy	526*r*	WEE Boon Ping	42*l*
TAN Tock Seng	523*l*	TSIANG, H. T.	148*l*	WEE Cho Yao	41*l*
TAN Yeok Seong	515*l*	TSUI Hark	527*r*	WEE Ee Cheong	41*r*
TAN Yu	459*l*	TUNG Chee-hwa	553*r*	WEE Kheng Chian	431*r*
TAN Yueh Ming	385*r*	TU Weiming	543*l*	WEE Kim Wee	39*r*
TAN Yuet Foh	459*r*	TYE Kee Yoon	433*l*	WEE Mon Cheng	42*r*
TAN Yun-shan	453*r*	TY, George S. K.	533*l*	WEI, Katherine	45*l*
TAN Yun-shen	453*r*	TZENG Cheng-hui	418*r*	WEI, Kathie	45*l*
TA Vinh	449*r*			WEI Shuqi	179*r*
TAY Kia Hong	531*l*	[U]		WENG, Byron S. J.	45*r*
TCHENG Houo	536*l*	U Chuliang	51*l*	WEN Xióng Fei	85*r*
TCHEN, Tsebin	463*l*	Uthai YANGPRAPHAAKR	49*r*	WEN Zuoci	84*r*
TECHAPHAIBUUL, Uthen	51*r*	Uthen TECHAPHAIBUUL	51*r*	WIBISONO, Christianto	42*l*
TECHAVAANICH, Hong	733*r*	UWATTANAKUL, Paichit	51*l*	WICKBERG, Edgar	41*r*
TEH Hong Piow	538*l*	U Ye Sein	39*r*	WIDJAJA, Eka Tjipta	40*l*
TENG, Teresa	540*r*			WIDJAJA, Teguh Ganda	40*r*
Thaksin SHINAWATRA	447*l*	[V]		WIHARJO, Verawati	42*l*
Thamrong NAVASAVAT	451*r*	Vanchai CIRAATHIVATH	861*l*	WILLIAMS, Lea E.	43*l*
Thanabuul KIMAANON	448*r*	Vatanaa ASSAVAHEM	858*l*	WILLIAMS, Samuel Wells	43*l*
Thanin CHAORAVANON	449*l*	VATTANAVEKIN, Kierti	174*r*	WILLMOTT, Donald Earl	43*r*
Thavorn LEESAVAVECH	446*l*	VAUGHAN, Jonas Daniel	718*r*	WILLMOTT, William E.	43*r*
THEE Kian Wie	531*l*	Vichier TANGSOMBATIVISIT		WONG Ah-Fook	237*l*
THEERAVIT, Khien	174*r*		40*r*	WONG, Daniel K.	46*l*
THE Kian Seng	632*l*	Vincent TAN Chee Yioun	700*l*	WONG, Eleanor	149*r*
THE Ning King	538*l*	VIRAMETAKUL, Suchai	387*r*	WONG, Evan	861*l*
THE Pik Sin	535*l*	VIRAWAN, Amunuai	13*l*	WONG Howe, James	46*r*
THONG Yaw Hong	640*l*	Visit LEELASITHORN	39*r*	WONG, Jade Snow	148*r*
THUMBOO, Edwin	149*l*	VONGKUSOLKIT, Sunthorn	395*r*	WONG Jung Jim	46*r*
TIEN, Chang-Lin	530*r*	Voravii WANGLEE	46*l*	WONG Kar-wai	46*l*
TING, James Henry	407*r*			WONG Lin Ken	48*l*
TING Pek Khiing	58*r*			WONG Lum Kong	83*r*

WONG, Michael	47*l*		YING, James	35*r*
WONG Nai-siong	253*l*		YIN Pi Hsia	39*l*
WONG, Peter	46*r*		YIN Suat Chuan	35*r*
WONG PUJADA, Enrique	47*l*		YIP, Sally	31*l*
WONG, Russell	47*r*		YONG, Chin Fatt	797*r*
WONG Siu-lun	250*r*		YONG Pung How	124*r*
WONG Yan-sau	861*l*		Yothin BOONDICHAROEN	793*r*
WONOWIDJOJO, Sigit Sumargo			YOUNG, Katie	773*l*
	218*l*		YUAN, D. Y.	774*r*
WONOWIDJOJO, Sumarto	218*l*		YU Ben	794*r*
WONOWIDJOJO, Surya	217*r*		YUCHENGCO, Alfonso T.	775*l*
WONOWIDJOJO, Susilo	218*l*		YU Chingco, Mariano Fernando	
WOO, Chia-Wei	50*r*			775*r*
WOO, John	49*l*		YU Dafu	26*r*
WOO, Michael	52*l*		YU, John	775*l*
WOO Shien Biau	49*l*		Yun Gee	797*l*
WU, Chien-Shiung	50*l*		YUNG Wing	778*r*
WU Chu hui	282*r*		YU, Ovidia	149*r*
WU David	16*l*		YU, Ronny	776*r*
WU, David Y. H.	51*r*		YU Yingshi	780*l*
WU, Gordon Ying Sheung	48*r*			
WU, Harry	52*l*		[Z]	
WU Jintang	276*l*		ZAO Wouki	302*l*
WU Kwong-ching, Peter	48*l*		ZENG He	536*l*
WU Lien Teh	52*r*		ZHANG Chukun	510*l*
Wu Liu	292*r*		ZHANG Guang-zhi	503*r*
WU Zinian	282*r*		ZHANG Guoji	504*r*
			ZHENG Zhusan	532*r*
[X]			ZHOU Nanjing	344*l*
XIE Jia-lin	332*r*		ZHOU Pei-yuan	344*l*
XUE Zuheng	406*l*		ZHUANG Guotu	400*r*
			ZHUANG Wei Ji	417*l*
[Y]			ZHU Jieqin	346*r*
YANG, Chen Ning	773*r*		ZHU Lien-fen	349*l*
YANG Chih-Yuan	773*r*		ZHU Shijia	347*l*
YANG, Jerry	773*l*			
YANGPRAPHAAKR, Uthai	49*r*			
YANG Sao	779*r*			
YAO Nan	780*l*			
YAP Ah Loy	777*l*			
YAP, Arthur	149*l*			
YAP Kwan Seng	212*r*			
YAP Thiam Hien	548*l*			
YAU Shing-Tung	771*l*			
YEE, Bill	32*l*			
YEN Ching-hwang	165*r*, 400*r*			
YEN, James Y. C.	26*l*			
YEN Yang-chu	26*l*			
YEO, Alan	794*l*			
YEOH Ghim Seng	780*r*			
YEOH, Michelle	794*r*			
YEOH Tiong Lay	855*l*			
YEO, Michael	794*l*			
YEO, Robert	149*r*			
YIH, Mae	33*l*			
YIM Ho	34*l*			

漢字画数順難読語索引

［2画］

八閩会館	581*l*, 691*r*
刁永祥	510*l*

［3画］

三奶夫人	171*l*
大虞	275*r*

［4画］

『文匯報』	349*r*, 423*r*, 491*l*, **705***r*, **730***r*
王贛駿	862*l*

［5画］

北戎号	337*l*, 590*l*
『叻報』	140*l*, 196*r*, 848*l*
叻嶼岬	**91***l*
奶街	**573***l*
石叻同済医社	554*l*
禾山	407*l*
艾青	277*r*

［6画］

乩示	542*r*
伍淼源	539*l*, 803*l*
合伙	183*r*
合艾	**632***r*
戎克	337*l*
朱佩章	**349***l*
朱彧	706*r*
汕樟自動車路	**394***r*
汕樟軽便鉄路	**394***r*
自梳女	12*l*, 171*l*
『艮斎詩集』	531*l*

［7画］

何苟筵	**141***r*, 260*l*
何毓楚	259*l*
佘有進	336*r*, 337*l*, 370*r*
佘連城	**337***l*
余鑣	65*r*
宋卡呉氏	**427***l*
庇姨	455*l*, 687*l*
岑才生	403*l*
扶鸞	685*l*
李怡	187*l*, 808*l*
李炯才	**812***l*
李娟	**823***r*
汶萊	**701***l*
芝罘	10*l*
貝聿銘	706*l*

［8画］

周眙春	396*r*
周筱生	343*l*, 810*l*
怡和号	**34***r*, 267*r*, 627*l*
怡保	**32***r*
怡保花園	**33***l*
怡錩号	**76***l*
『東瀛求索』	489*l*, 606*r*
枉死城	**67***r*
林怡玉	**821***l*
林秉祥	152*l*, 478*r*, 727*l*
林綗光	**435***r*
沽水地	741*l*
泛印	**67***l*
盂蘭盆会	246*l*, 423*l*, 687*r*, 693*r*
盂蘭勝会	61*l*, 282*l*, 435*l*, 492*r*, 693*r*
秉公堂	146*r*
范錫朋	253*l*, 789*r*
邰肇玫	**438***r*
邵結萍	**351***l*
邵毓麟	**600***l*
長衫人	506*l*
陀洹国	707*l*

［9画］

南圻華僑救国同盟	257*r*
南蘋派	509*r*
咱人	**805***r*
城隍	116*l*, 608*r*
姚文莉	**704***l*
姚楠	26*r*, 200*r*, 590*l*, 780*l*
峇峇	37*r*, 613*r*, **639***l*
峇峇文化	**639***l*
海圻事件	**90***l*
盈科集団	**632***r*
神代氏	562*r*
紅軒	270*l*, 298*l*, 622*l*, 635*r*, **734***l*
『勯斗雲』	787*r*
香叻汕公所	651*l*

［10画］

娘々神	116*l*
娘惹	613*r*, 639*l*
孫臏	251*l*
徐燦生	664*r*
拿督	414*r*, **448***l*
挽叻昭応廟	663*l*
流氓	306*r*, 661*l*
秦斌	**379***l*
翁毓麟	84*l*
耿諄	636*l*

［11画］

艸釭	**571***l*
菁仙劇	231*r*
華懋集団	862*r*
財帛星神	262*r*
連瀛洲	169*r*, 808*r*
張燮	554*l*
張謇	276*l*
『晨報』	289*l*
梁佩璐	**853***l*
梁肇三	856*l*
梁録琚中学	**829***r*
枫城	**708***l*
枫欖嶼	**708***l*
淮安	562*l*
深圳	49*l*, 150*r*, 154*l*, 168*l*, 228*r*, **376***l*, 586*l*
甜品店	772*r*
『萍洲可談』	344*r*, 706*r*
郭嵩燾	136*r*, 375*r*, 495*l*
陳侃	363*l*, **515***r*
陳秉達	640*l*
陳奕山	563*r*
陳炯明	199*l*, 466*l*, 493*l*
陳埭	**521***r*
陳弼臣	**521***l*
陳煚	**517***r*
陳毓宜	**517***l*
陳攖芬	785*l*
黄奕住	19*l*, 20*l*, **238***r*
黄奕聡	**40***l*
黄箴観	435*r*
黒孩子	313*l*

［12画］

厦門	**18***l*
帮	113*l*, 151*l*, 233*r*, 326*r*, 424*r*, 507*r*, 607*l*, **646***l*, 655*r*
彭城仁左衛門	423*l*
彭城氏	562*l*
彭城宣義	**302***r*, 641*l*
曽筱龍	**527***l*
渤海久兵衛旧有	238*l*
『湄江留言』	813*l*
皓台寺	**253***l*
皖江聯盟会	68*l*
程毓林	**530***l*, 785*l*
童乩	273*r*, 372*l*, 399*l*, **455***l*, 687*l*, 754*l*
筊	718*l*
筏式海面養殖	201*l*
粤曲茶座	**60***l*

漢字画数順難読語索引（12〜27）

粤語	60*l*, 167*r*, 737*l*
粤劇	60*l*, 232*r*, 467*r*
粥麺専家	346*r*
葉倩文	31*l*
街媚坊	100*r*, 637*r*
費彝民	659*l*
辜仲諒	856*r*
辜振甫	91*l*, 284*r*, 856*l*
辜啓允	856*r*
辜濂松	284*r*, 856*l*
辜顕栄	284*r*, 856*l*
辜鴻銘	281*l*
鈕春杉	496*l*, 581*l*
閔徳才	813*l*
陽其二	779*l*
馮乃超	678*l*
馮六	258*l*, 343*r*, 561*l*, 562*l*, 666*l*, 678*l*
馮如	87*l*
馮自由	254*l*, 381*l*, 426*r*, 676*r*, 677*l*, 780*r*, 785*l*
馮相	87*l*
馮紫珊	254*l*, 381*l*, 426*r*, 676*r*, 677*l*, 780*r*
馮景禧	136*r*, 677*l*
馮鏡如	168*l*, 254*l*, 397*l*, 458*r*, 488*l*, 676*r*, 677*l*

[13画]

匯川企業集団	306*r*
匯川米業	306*r*
匯西山荘	826*l*
匯西潮州山荘	492*l*
墓暦	722*r*
媽祖	72*r*, 100*l*, 116*l*, 117*l*, 170*r*, 206*r*, 224*l*, 258*l*, 355*l*, 396*l*, 423*l*, 424*r*, 540*l*, 554*l*, 663*l*, 681*l*, 739*r*
嵩嶼埠頭	690*l*
煎海鼠	560*l*, 564*l*, 584*r*
筶	718*l*, 850*l*
虞洽卿	276*l*
蜑民	685*l*
蜑家	169*l*
詹廷英	413*l*
詹美珠	746*l*
詹敏崇	418*l*
遐邇貫珍	801*l*
鉅鹿	179*r*
電懋	184*l*, 849*l*

[14画]

髪頭金	563*l*
厲氏大厦	841*l*
厲樹雄	841*l*
廖俊	273*l*
滬菜	340*l*
翟光華	740*l*
肇記号	503*r*
除単制	398*l*
銭穆	780*l*
閩西大学	669*l*
閩粤地方劇	467*l*

[15画]

僵屍	53*l*
儋県錫鉱	191*r*
劉亨賻	826*l*
潘翎	88*l*, 658*l*
潘匯珍	785*l*
潤内	7*r*, 642*r*
潭門港	90*r*
鄭竈伯	532*r*
鄭鑒信	632*l*
頴川氏	562*l*
頴川君平	58*l*
頴川官兵衛	57*r*, 259*l*, 562*l*
頴川重寛	58*l*
頴川藤左衛門	58*l*, 259*l*, 681*l*, 756*l*
頤老院	336*l*, 847*l*
黎刹	842*l*

[16画]

曁南大学	181*r*
曇瑞法師	789*r*
澳門	736*r*
薛八官	406*l*
薛仏記	406*r*
薛氏	562*l*
薛有礼	140*l*
薛来宏	406*r*
薛性由	406*l*
薛福成	406*r*
盧艸拙	850*r*
盧欥川	4*l*
盧棣生	599*l*
暹羅	92*r*, 443*r*, 504*r*, 506*r*
暹羅米	443*r*
暹羅行	443*r*
霍成	136*l*
霍英東	135*r*, 721*r*
鮑穎思	487*r*, 714*l*

[17画]

繆玉庭	168*l*
繆輝堂	663*r*, 792*r*
謝丕雀	745*l*

[18画]

瓊安ゴム園	227*r*
瓊安公司	227*r*
瓊州山荘	431*r*
瓊州公所	431*r*
瓊州天后宮	90*l*, 370*r*
瓊州天后廟	663*l*
瓊州会館	431*r*
瓊州幇	99*l*
瓊崖	98*l*
瓊劇	231*l*, 467*r*
聶耳	307*r*, 352*l*
聶華苓	593*l*
藩佩珠	825*l*
鄺杰灵	679*l*
鎹止め職人	150*l*
麗柱琛	640*r*, 642*l*, 717*l*

[19画]

『瀛涯勝覧』	54*l*, 409*l*, 536*l*, 542*l*, 542*r*
蘇芮	425*l*
蘊謙	681*l*
『蘋果日報』	836*l*
醮	350*l*

[20画]

籌餉局	238*r*
辮髪	17*r*, 223*r*, 261*r*, 281*r*, 417*r*, 587*l*, 619*l*, 671*l*, 711*r*

[21画]

纏足	3*r*, 77*r*, 540*r*
饒宗頤	354*l*

[22画]

攤館	567*r*
鰲園墓地	454*l*
龔慎甫	192*r*
龔詩貯	344*l*

[23画]

籤	408*l*

[25画]

糶利集団	47*r*

[26画]

蠵鮨	560*l*, 564*l*, 679*l*

[27画]

钂利保険	47*r*

□編集委員□

可児弘明（かに・ひろあき）
　1932年生まれ
　敬愛大学教授、慶應義塾大学名誉教授

斯波義信（しば・よしのぶ）
　1930年生まれ
　財団法人東洋文庫理事長、前東京大学教授

游仲勲（ゆう・ちゅうくん）
　1932生まれ
　亜細亜大学教授

華僑・華人事典

平成14年6月15日　初版1刷発行

編　者　　可 児 弘 明
　　　　　斯 波 義 信
　　　　　游 仲 勲
発行者　　鯉 渕 年 祐
発行所　　株式会社 弘 文 堂　　101-0062　東京都千代田区神田駿河台1の7
　　　　　　　　　　　　　　　TEL 03(3294)4801　振替 00120-6-53909
　　　　　　　　　　　　　　　http://www.koubundou.co.jp
組版・印刷　図書印刷株式会社
製　　本　　牧製本印刷株式会社

Ⓒ 2002 Printed in Japan

Ⓡ　本書の全部または一部を無断で複写複製（コピー）することは、著作権法上での例外を除き、禁じられています。本書からの複写を希望される場合は、日本複写権センター（03-3401-2382）にご連絡ください。

ISBN4-335-55080-4

島尾伸三・潮田登久子
『中国庶民生活図引』全3巻

食

定価（本体1600円+税）

市場 乾物店、卵、野菜、蟹、恵安女、鮮魚店、鳥、野味香、羗（キョン）、猪（ブタ）

台所 鍋と包丁、店先も台所、路上の竈、路上生活者の台所、道端で調理、竈の神様、小作人の台所、農家の台所、漁民の台所

昼食 食べ姿、理髪店、漁船、小さなテーブル、経済飯店、農家の昼食、飲茶、茶餐廳、弁当屋、売り子、商家

屋台 油條・腸粉、大牌檔、露店商、夜食、物産展、焼栗屋、内職のパン屋さん

菓子 駄菓子屋、おやつを食べる、雪糕（アイスクリーム）、花蛋糕（デコレーションケーキ）、果物、ジュース・牛乳、豆腐花と山査餅

食堂 中菜、佛跳墻、点心、メニュー、配膳係、新旧の伙記、礼儀、食堂車

遊

定価（本体1600円+税）

賭銭 麻雀、象棋、紙牌、ギャンブルの道具、盲公骨、コリントゲーム、トランプ、台湾将棋、宝くじ、魚蝦蟹

花鳥 盆栽、鳥の散歩、鳥籠、ハトとオウム、虫、虫籠、金魚満堂、ペットショップ、イヌ・ネコ

趣味 筆、玉、骨董、郵趣、読書、模型工作、琵琶とピアノ

遊山 行楽地、猿回し、遊園地、旅のかたち、バス旅行、デパート見物、観劇、雑技、記念写真

体育 遠足、ローラースケート、ピンポン、スポーツジム、ボディービル、水泳、少数民族運動会

遊技 ゴム跳び、おゆうぎ、子供将棋、煮飯仔、お手玉、たこ揚げ、目隠し鬼、ビリヤード、康楽棋、ゲームセンター

癒

定価（本体1600円+税）

体操 目と鼻の体操、ひじと腰、リハビリ、武術、木に触れる、太極拳の先生、伝統操、ラジオ体操とダンス

酒・烟・茶 飲酒、量り売り、薬酒、食煙、タバコ市場、茶館、ジャスミン売り、羅漢果、涼茶

中薬 薬材行商、珍珠と黄蓮、中薬市場、売薬行商、調剤、座堂先生、薬局

治療 路上治療、路上から大病院へ、外来、医師の一日、気功、痔の手術、入院生活

医食 薬膳、冬瓜、湯、薬行街、食斎、フレッシュジュース、蜂蜜大王

暇人 おしゃべり、道端、仙人気分、公園、道草

休息 昼寝・路上、昼寝・ベンチ、吊床（ハンモック）、仕事中、動かぬ人、小休息、桑拏（サウナ）、澡盆

弘文堂